Wörterbücher
Dictionaries
Dictionnaires

HSK 5.2

Handbücher zur Sprach- und Kommunikationswissenschaft

Handbooks of Linguistics
and Communication Science

Manuels de linguistique et
des sciences de communication

Mitbegründet von
Gerold Ungeheuer

Herausgegeben von / Edited by / Edités par
Hugo Steger
Herbert Ernst Wiegand

Band 5.2

Walter de Gruyter · Berlin · New York
1990

Wörterbücher
Dictionaries
Dictionnaires

Ein internationales Handbuch zur Lexikographie
An International Encyclopedia of Lexicography
Encyclopédie internationale de lexicographie

Edited by / Herausgegeben von / Editée par
Franz Josef Hausmann · Oskar Reichmann
Herbert Ernst Wiegand · Ladislav Zgusta

Zweiter Teilband / Second Volume / Tome Second

Walter de Gruyter · Berlin · New York
1990

CIP-Titelaufnahme der Deutschen Bibliothek

Handbücher zur Sprach- und Kommunikationswissenschaft / mitbegr. von Gerold Ungeheuer. Hrsg. von Hugo Steger; Herbert Ernst Wiegand. — Berlin; New York: de Gruyter.
 Teilw. mit Parallelt.: Handbooks of linguistics and communication science. — Früher hrsg. von Gerold Ungeheuer u. Herbert Ernst Wiegand
NE: Ungeheuer, Gerold [Begr.]; Steger, Hugo [Hrsg.]; PT
Bd. 5. Wörterbücher.
 Teilbd. 2 (1990)

Wörterbücher: ein internationales Handbuch zur Lexikographie = Dictionaries / hrsg. von Franz Josef Hausmann ... — Berlin; New York: de Gruyter.
 (Handbücher zur Sprach- und Kommunikationswissenschaft; Bd. 5)
NE: Hausmann, Franz Josef [Hrsg.]; PT
Teilbd. 2 (1990)
ISBN 3-11-012420-3

© Copyright 1990 by Walter de Gruyter & Co., D-1000 Berlin 30.
Dieses Werk einschließlich aller seiner Teile ist urheberrechtlich geschützt. Jede Verwertung außerhalb der engen Grenzen des Urheberrechtsgesetzes ist ohne Zustimmung des Verlages unzulässig und strafbar. Das gilt insbesondere für Vervielfältigungen, Übersetzungen, Mikroverfilmungen und die Einspeicherung und Verarbeitung in elektronischen Systemen.
Printed in Germany
Satz und Druck: H. Heenemann GmbH & Co, Berlin
Buchbinderische Verarbeitung: Lüderitz & Bauer, Berlin

Inhalt / Contents / Table des matières

Zweiter Teilband / Second Volume / Tome Second

Kartenverzeichnis / Map Index / Index des cartes géographiques XXIV

VIII. Wörterbuchtypen III: Paradigmatische Spezialwörterbücher
Dictionary Types III: Paradigmatic Dictionaries
Typologie des dictionnaires III: Les dictionnaires paradigmatiques

101. Oskar Reichmann, Das onomasiologische Wörterbuch: Ein Überblick 1057
(The Onomasiological Dictionary: a Survey · Le dictionnaire onomasiologique: vue d'ensemble)

102. Franz Josef Hausmann, The Dictionary of Synonyms: Discriminating Synonymy 1067
(Das Synonymenwörterbuch: die distinktive Synonymik · Le dictionnaire de synonymes: synonymie distinctive)

103. Franz Josef Hausmann, Das Synonymenwörterbuch: Die kumulative Synonymik 1076
(The Dictionary of Synonyms: Cumulative Synonymy · Le dictionnaire de synonymes: synonymie cumulative)

104. Franz Josef Hausmann, Das Antonymenwörterbuch 1081
(The Dictionary of Antonyms · Le dictionnaire d'antonymes)

105. Carla Marello, The Thesaurus 1083
(Das Begriffswörterbuch · Le dictionnaire idéologique)

106. Franz Josef Hausmann, Le dictionnaire analogique 1094
(Das Analogiewörterbuch · The Thesaurus in Dictionary Form)

107. Franz Josef Hausmann, Das Umkehrwörterbuch 1100
(The Reverse Dictionary · Le dictionnaire inversé)

108. Werner Scholze-Stubenrecht, Das Bildwörterbuch 1103
(The Pictorial Dictionary · Le dictionnaire d'images)

109. Giovanni Meo Zilio, Le dictionnaire de gestes 1112
(Das Gestenwörterbuch · The Dictionary of Gestures)

110. Franz Josef Hausmann, Das Wörterbuch der Homonyme, Homophone und Paronyme 1120
(The Dictionary of Homonyms, Homophones and Paronyms · Le dictionnaire d'homonymes, d'homophones et de paronymes)

111. Nicole Celeyrette-Pietri, Le dictionnaire de rimes 1125
(Das Reimwörterbuch · The Rhyming Dictionary)

112. Kurt Gärtner/Peter Kühn, Das rückläufige Wörterbuch 1131
(The A Tergo Dictionary · Le dictionnaire inverse)

113. Franz Josef Hausmann, Wörterbücher weiterer ausdrucksseitiger Paradigmen . 1144
(Dictionaries Based on Other Paradigmatic Relations of Word Forms · Le dictionnaire du scrabble et types apparentés)

114. Gerhard Augst, Das Wortfamilienwörterbuch 1145
(The Dictionary of Word Families · Le dictionnaire de familles de mots)

IX. Wörterbuchtypen IV: Spezialwörterbücher zu markierten Lemmata der Standardsprache
Dictionary Types IV: Dictionaries Dealing Specifically With Marked Standard Language Entrywords
Typologie des dictionnaires IV: Dictionnaires des entrées marquées de la langue standard

115. Oskar Reichmann, Wörterbücher archaischer und untergegangener Wörter . . . 1153
(Dictionaries of Archaic and Obsolete Words · Le dictionnaire des mots vieillis et disparus)

116. Robert Barnhart/Clarence Barnhart, The Dictionary of Neologisms 1159
(Das Neologismenwörterbuch · Le dictionnaire de néologismes)

117. Wilfried Seibicke, Wörterbücher des landschaftlich markierten Wortschatzes . . 1166
(Dictionaries of Regionalisms · Le dictionnaire de régionalismes)

118. Alan Kirkness, Das Fremdwörterbuch 1168
(The Dictionary of Foreign Words · Le dictionnaire de mots étrangers)

119. Franz Josef Hausmann/Wilfried Seibicke, Das Internationalismenwörterbuch . 1179
(The Dictionary of Internationalisms · Le dictionnaire d'internationalismes)

120. Franz Josef Hausmann, Das Wörterbuch der Sprechsprache, des Argot und des Slang 1184
(The Dictionary of Spoken Vocabulary · Le dictionnaire de la langue parlée)

121. Wilfried Seibicke, Das Schimpfwörterbuch 1190
(The Dictionary of Insults · Le dictionnaire d'injures)

122. Edgar Radtke, Das Wörterbuch des sexuellen Wortschatzes 1193
(The Dictionary of Sexual Vocabulary · Le dictionnaire du vocabulaire sexuel)

123. Manfred Kaempfert, Das Schlagwörterbuch 1199
(The Dictionary of Catchwords · Le dictionnaire des mots-clés d'une époque donnée)

124. Franz Josef Hausmann, Das Wörterbuch der schweren Wörter 1206
(The Dictionary of Hard Words · Le dictionnaire des mots difficiles)

125. Jean-Paul Colin, Le dictionnaire de difficultés 1210
(Das Schwierigkeitenwörterbuch · The Dictionary of Difficulties)

X. Wörterbuchtypen V: Wörterbücher zu bestimmten weiteren Lemmatypen
Dictionary Types V: Dictionaries Dealing With Certain Other Types of Entrywords
Typologie des dictionnaires V: Dictionnaires traitant certains autres types d'entrées

126. Franz Josef Hausmann/Gerhard Jerabek, Le dictionnaire grammatical 1218
(Das grammatische Wörterbuch · The Grammatical Dictionary)

127. Franz Josef Hausmann, Wortklassenbezogene Wörterbücher 1221
(Dictionaries Dealing With Specific Parts of Speech · Dictionnaires se limitant à certaines parties du discours)

128. Elisabeth Link, Das Wörterbuch der Wortbildungsmittel 1223
(The Dictionary of Word Formation Elements · Dictionnaires des éléments formants)

129. Oskar Reichmann, Erbwortbezogene Wörterbücher im Deutschen 1231
(Dictionaries of Native Words in German · Dictionnaires des mots du fonds germanique)

130. Erwin Reiner, Le dictionnaire de doublets 1241
(Das Dublettenwörterbuch · The Dictionary of Doublets)

Inhalt VII

131. Franz Josef Hausmann, Das Onomatopöienwörterbuch 1245
(The Dictionary of Onomatopoeic Expressions · Le dictionnaire d'onomatopées)

132. Dieter Kremer, Das Wörterbuch der Berufsbezeichnungen 1248
(The Dictionary of Names of Professions · Le dictionnaire des noms de métiers)

133. Lothar Voetz, Wörterbücher von Tier- und Pflanzenbezeichnungen 1254
(The Dictionary of Plant and Animal Names · Le dictionnaire des noms de plantes et d'animaux)

134. Charles Bernet, Le dictionnaire d'éponymes 1258
(Das Eponymenwörterbuch · The Dictionary of Eponyms)

135. Hans-Bernd Menzel, Das Abkürzungswörterbuch 1261
(The Dictionary of Abbreviations · Le dictionnaire d'abréviations)

XI. Wörterbuchtypen VI: Namenwörterbücher (unter besonderer Berücksichtigung des Deutschen)
Dictionary Types VI: Onomastic Dictionaries (With Special Reference to German)
Typologie des dictionnaires VI: Dictionnaires de noms propres (référence spéciale à l'allemand)

136. Wilfried Seibicke, Personennamenwörterbücher 1267
(Dictionaries of Personal Names · Le dictionnaire des noms de personnes)

137. Albrecht Greule, Ortsnamenwörterbücher 1276
(Dictionaries of Place Names · Le dictionnaire des noms de lieux)

138. Wolfgang P. Schmid, Gewässernamenwörterbücher 1284
(Dictionaries of River Names · Le dictionnaire d'hydronymes)

139. Wilfried Seibicke, Weitere Typen des Namenwörterbuchs 1291
(Further Types of Onomastic Dictionaries · Autres dictionnaires onomastiques)

XII. Wörterbuchtypen VII: Spezialwörterbücher mit bestimmten Informationstypen
Dictionary Types VII: Dictionaries Offering Specific Types of Information
Typologie des dictionnaires VII: Dictionnaires specialisés donnant certains types d'informations

140. Dieter Nerius, Das Orthographiewörterbuch 1297
(The Spelling Dictionary · Le dictionnaire d'orthographe)

141. Henriette Walter, Le dictionnaire de prononciation 1304
(Das Aussprachewörterbuch · The Pronunciation Dictionary)

142. Franz Josef Hausmann, Das Flexionswörterbuch 1311
(The Dictionary of Inflections · Le dictionnaire de conjugaison et de déclinaison)

143. Willy Martin, The Frequency Dictionary 1314
(Das Frequenzwörterbuch · Le dictionnaire de fréquences)

144. Yakov Malkiel, Das etymologische Wörterbuch von Informanten- und Korpussprachen 1323
(The Etymological Dictionary of Informant and Corpus Languages · Le dictionnaire étymologique des langues à informateurs ou à corpus)

145. Bernhard Forssman, Das etymologische Wörterbuch rekonstruierter Sprachen . 1335
(The Etymological Dictionary of Reconstructed Languages · Le dictionnaire étymologique des langues reconstruites)

146. Wilhelm Kesselring, Das chronologische Wörterbuch 1342
(The Chronological Dictionary · Le dictionnaire chronologique)

147. Franz Josef Hausmann, Le dictionnaire humoristique 1348
(Das humoristische Wörterbuch · The Dictionary of Levities)

XIII. Wörterbuchtypen VIII: Didaktische Spezialwörterbücher
Dictionary Types VIII: Specialized Teaching Dictionaries
Typologie des dictionnaires VIII: Les dictionnaires pédagogiques

148. Peter Kühn, Das Grundwortschatzwörterbuch 1353
(The Dictionary of Basic Vocabulary · Le dictionnaire du vocabulaire fondamental)

149. Franz Josef Hausmann, Das Kinderwörterbuch 1365
(Children's Dictionaries · Le dictionnaire pour enfants)

150. René Lagane, Les dictionnaires scolaires: enseignement de la langue maternelle . 1368
(Schulbezogene Wörterbücher: Muttersprachendidaktik · School Dictionaries for Native Language Teaching)

151. Thomas Herbst, Dictionaries for Foreign Language Teaching: English 1379
(Wörterbücher der Fremdsprachendidaktik: Englisch · Les dictionnaires pour l'enseignement de la langue étrangère: anglais)

152. Franz Josef Hausmann, Les dictionnaires pour l'enseignement de la langue étrangère: français 1386
(Wörterbücher der Fremdsprachendidaktik: Französisch · Dictionaries for Foreign Language Teaching: French)

XIV. Wörterbuchtypen IX: Auf die Varietäten der Sprache bezogene Wörterbücher
Dictionary Types IX: Dictionaries Dealing With Language Varieties
Typologie des dictionnaires IX: Dictionnaires traitant différentes variétés de la langue

153. Oskar Reichmann, Das gesamtsystembezogene Wörterbuch 1391
(Dictionaries Dealing With the Whole Language System · Dictionnaires traitant l'ensemble du système)

154. Oskar Reichmann, Das Sprachstadienwörterbuch I: Deutsch 1416
(The Period Dictionary I: German · Dictionnaires de périodes historiques I: allemand)

154a. Piet van Sterkenburg, Das Sprachstadienwörterbuch II: Niederländisch . . . 1430
(The Period Dictionary II: Dutch · Dictionnaires de périodes historiques II: néerlandais)

155. Richard W. Bailey, The Period Dictionary III: English 1436
(Das Sprachstadienwörterbuch III: Englisch · Dictionnaires de périodes historiques III: anglais)

156. Bodo Müller, Das Sprachstadienwörterbuch IV: Die romanischen Sprachen . . 1457
(The Period Dictionary IV: The Romance Languages · Dictionnaires de périodes historiques IV: langues romanes)

157. Pierre Rézeau, Le dictionnaire dialectal: l'exemple français 1467
(Das Dialektwörterbuch am Beispiel des Französischen · The Dialect Dictionary With Special Reference to French)

158. Manfred Görlach, The Dictionary of Transplanted Varieties of Languages: English 1475
(Die Wörterbücher des Englischen außerhalb Großbritanniens · Les dictionnaires de l'anglais exporté)

Inhalt IX

158 a. Franz Josef Hausmann, Les dictionnaires du français hors de France 1500
(Die Wörterbücher des Französischen außerhalb Frankreichs · The Dictionaries of French Outside France)

159. Kurt Opitz, The Technical Dictionary for the Expert 1505
(Das Fachwörterbuch für den Fachmann · Les dictionnaires de langues de spécialités à l'usage du spécialiste)

160. Hartwig Kalverkämper, Das Fachwörterbuch für den Laien 1512
(The Technical Dictionary for the Layman · Les dictionnaires de langues de spécialités destinés au grand public)

161. Dieter Möhn, Das gruppenbezogene Wörterbuch 1523
(Dictionaries Dealing With Languages of Specific Groups · Les dictionnaires des langues de groupes)

162. Edgar Radtke, Wörterbücher von Geheimsprachen 1532
(Dictionaries of Secret Languages · Dictionnaires de langues cryptées)

XV. Wörterbuchtypen X: Auf Texte bezogene Wörterbücher
Dictionary Types X: Dictionaries Dealing With Texts
Typologie des dictionnaires X: Dictionnaires traitant de textes

163. Oskar Reichmann, Das textsortenbezogene Wörterbuch 1539
(Dictionaries Dealing With Specific Text Types · Dictionnaires se limitant au traitement de certaines sortes de textes)

164. Josef Mattausch, Das Autoren-Bedeutungswörterbuch 1549
(Dictionaries of Texts by Single Authors · Dictionnaires de définitions se limitant aux textes d'un seul auteur)

165. Suzanne Hanon, La concordance 1562
(Die Konkordanz · The Concordance)

166. Paul Sappler, Der Index/Das Belegstellenwörterbuch 1567
(The Index · L'index)

XVI. Arbeitsverfahren in der Lexikographie
Procedures in Lexicographical Work
Les méthodes du travail lexicographique

167. Claude Dubois, Considérations générales sur l'organisation du travail lexicographique 1574
(Allgemeine Fragen der Wörterbuchorganisation · General Aspects of Dictionary Organization)

168. Oskar Reichmann, Formen und Probleme der Datenerhebung I: Synchronische und diachronische historische Wörterbücher 1588
(Forms and Problems of Data Collection I: Synchronic and Diachronic Historical Dictionaries · Collecte des matériaux: formes et problèmes I: dictionnaires historiques, synchroniques et diachroniques)

169. Henning Bergenholtz/Joachim Mugdan, Formen und Probleme der Datenerhebung II: Gegenwartsbezogene synchronische Wörterbücher 1611
(Forms and Problems of Data Collection II: Synchronic Dictionaries of Contemporary Usage · Collecte des matériaux: formes et problèmes II: dictionnaires synchroniques de la langue contemporaine)

170. Kurt Opitz, Formen und Probleme der Datenerhebung III: Fachwörterbücher . 1625
(Forms and Problems of Data Collection III: Technical Dictionaries · Collecte des matériaux: formes et problèmes III: dictionnaires de langues de spécialités)

171.	Martha Ripfel, Probleme der Erhebung metalexikographischer Daten (Problems of Collection of Metalexicographic Data · Problèmes de la collecte des données métalexicographiques)	1631
172.	Burkhard Schaeder, Quantitative Datenerhebung (Quantitative Aspects of Data Collection · Aspects quantitatifs de la collecte des matériaux lexicographiques)	1638
173.	Francis E. Knowles, The Computer in Lexicography (Der Computer in der Lexikographie · La lexicographie à l'ère de l'ordinateur)	1645
173 a.	Gérard Gorcy, L'informatisation d'un dictionnaire: l'exemple du Trésor de la langue française (Die Computerisierung eines Wörterbuchs: das Beispiel des Trésor de la langue française · A Case of Computerization: Trésor de la langue française)	1672

XVII. Lexikographie der Einzelsprachen I: Die alten Sprachen des Nahen Ostens und die klassischen Sprachen
Lexicography of Individual Languages I: The Ancient Languages of the Near East and the Classical Languages
Lexicographie des langues particulières I: Les langues anciennes d'Asie mineure et les langues classiques

174.	Jürgen Osing, Ägyptische und koptische Lexikographie (Egyptian and Coptic Lexicography · Lexicographie égyptienne et copte)	1679
175.	Miguel Civil, Sumerian and Akkadian Lexicography (Sumerische und akkadische Lexikographie · Lexicographie sumérienne et akkadienne)	1682
176.	Annelies Kammenhuber, Hethitische Lexikographie (Hittite Lexicography · Lexicographie hittite)	1686
177.	Stanislav Segert/Françoise Grillot/Volkert Haas/John A. Brinkman, The Lexicography of Other Ancient Languages of the Near East (Die Lexikographie anderer Sprachen des Alten Orients · Lexicographie d'autres langues du Proche-Orient antique)	1690
178.	Ladislav Zgusta/Demetrius J. Georgacas (†), Lexicography of Ancient Greek (Altgriechische Lexikographie · Lexicographie du grec ancien)	1694
179.	Demetrius J. Georgacas (†)/Barbara Georgacas, The Lexicography of Byzantine and Modern Greek (Die Lexikographie des Byzantinischen und des Neugriechischen · Lexicographie du grec byzantin et du grec moderne)	1705
180.	Dietfried Krömer, Lateinische Lexikographie (Latin Lexicography · Lexicographie latine)	1713

XVIII. Lexikographie der Einzelsprachen II: Die romanischen Sprachen
Lexicography of Individual Languages II: The Romance Languages
Lexicographie des langues particulières II: Les langues romanes

181.	Dieter Woll, Portugiesische Lexikographie (Portuguese Lexicography · Lexicographie portugaise)	1723
181 a.	José Luis Pensado, Galician Lexicography (Galizische Lexikographie · Lexicographie galicienne)	1736
182.	Günther Haensch, Spanische Lexikographie (Spanish Lexicography · Lexicographie espagnole)	1738

183.	Günther Schütz, Cuervos Wörterbuch als herausragendes Werk der hispanischen Lexikographie	1767
	(The Dictionary of Cuervo as an Outstanding Accomplishment in Latin America · Le dictionnaire de Cuervo, œuvre majeure de la lexicographie hispanique)	
184.	Günther Haensch, Katalanische Lexikographie	1770
	(Catalan Lexicography · Lexicographie catalane)	
185.	Laurent Bray, La lexicographie française des origines à Littré	1788
	(Die französische Lexikographie von den Anfängen bis Littré · French Lexicography From the Beginning to Littré)	
186.	Alain Rey, La lexicographie française depuis Littré	1818
	(Die französische Lexikographie nach Littré · French Lexicography After Littré)	
187.	Max Pfister, Die italienische Lexikographie von den Anfängen bis 1900 . . .	1844
	(Italian Lexicography From the Beginning Till 1900 · La lexicographie italienne des origines à 1900)	
188.	Aldo Duro, La lexicographie italienne du XXe siècle	1863
	(Die italienische Lexikographie des 20. Jahrhunderts · Italian Lexicography in the 20th Century)	
189.	Paul Miron, Rumänische Lexikographie	1880
	(Romanian Lexicography · Lexicographie roumaine)	
190.	Johannes Kramer, Die Lexikographie des Provenzalischen, Rätoromanischen, Sardischen und Dalmatischen	1891
	(The Lexicography of Provençal, Rhaetian, Sardinian and Dalmatian · Lexicographie du provençal, du rhéto-roman, du sarde et du dalmate)	
191.	Heinrich Kohring, Judenspanische Lexikographie	1905
	(The Lexicography of Ladino · Lexicographie du judéo-espagnol)	
XIX.	Lexikographie der Einzelsprachen III: Die germanischen Sprachen Lexicography of Individual Languages III: The Germanic Languages Lexicographie des langues particulières III: Les langues germaniques	
192.	Elfriede Stutz (†), Gotische Lexikographie	1908
	(Gothic Lexicography · Lexicographie gothique)	
193.	Poul Lindegård Hjorth, Danish Lexicography	1913
	(Dänische Lexikographie · Lexicographie danoise)	
194.	Dag Gundersen, Norwegian Lexicography	1923
	(Norwegische Lexikographie · Lexicographie norvégienne)	
195.	Magnus Pétursson, Inselnordische Lexikographie	1928
	(Insula Nordic Lexicography · Lexicographie islandaise et féroïenne)	
196.	Lars Holm/Hans Jonsson, Swedish Lexicography	1933
	(Schwedische Lexikographie · Lexicographie suédoise)	
197.	Noel Edward Osselton, English Lexicography From the Beginning Up To and Including Johnson	1943
	(Die englische Lexikographie von den Anfängen bis Johnson · La lexicographie anglaise des origines à Johnson)	
198.	John A. Simpson, English Lexicography After Johnson to 1945	1953
	(Die englische Lexikographie nach Johnson bis 1945 · Lexicographie anglaise après Johnson jusqu'en 1945)	
199.	Robert Ilson, Present-Day British Lexicography	1967
	(Die britische Lexikographie der Gegenwart · La lexicographie britannique contemporaine)	

199 a.	Adam Jack Aitken, The Lexicography of Scots (Lexikographie von Schotten · La lexicographie des Ecossais)	1983
200.	John Algeo, American Lexicography (Amerikanische Lexikographie · Lexicographie américaine)	1987
201.	Hans Heestermans, Niederländische Lexikographie und Lexikographie des Afrikaans (Dutch and Afrikaans Lexicography · Lexicographie néerlandaise et afrikaans)	2010
202.	Nils Århammar, Friesische Lexikographie (Frisian Lexicography · Lexicographie frisone)	2022
203.	Klaus Grubmüller, Die deutsche Lexikographie von den Anfängen bis zum Beginn des 17. Jahrhunderts (German Lexicography From the Beginning Up To the Beginning of the 17th Century · La lexicographie allemande des origines jusqu'au début du 17e siècle)	2037
204.	Peter Kühn/Ulrich Püschel, Die deutsche Lexikographie vom 17. Jahrhundert bis zu den Brüdern Grimm ausschließlich (German Lexicography From the 17th Century Up To, but not Including Grimm · La lexicographie allemande du 17e siècle aux frères Grimm)	2049
205.	Peter Kühn/Ulrich Püschel, Die deutsche Lexikographie von den Brüdern Grimm bis Trübner (German Lexicography From Grimm to Trübner · La lexicographie allemande des frères Grimm à Trübner)	2078
206.	Herbert Ernst Wiegand, Die deutsche Lexikographie der Gegenwart (Present-Day German Lexicography · La lexicographie allemande contemporaine)	2100
207.	Joshua Fishman, The Lexicography of Yiddish (Die jiddische Lexikographie · La lexicographie yiddish)	2246

XX. Lexikographie der Einzelsprachen IV: Die slawischen Sprachen
Lexicography of Individual Languages IV: The Slavic Languages
Lexicographie des langues particulières IV: Les langues slaves

208.	Franz Wenzel Mareš, Altkirchenslavische Lexikographie (Old Church Slavonic Lexicography · La lexicographie du vieux slave)	2255
209.	Stanisław Urbańczyk, Polnische Lexikographie. Polabische Lexikographie (Polish and Polabic Lexicography · Lexicographie polonaise et polabe)	2268
210.	Siegfried Michalk, Sorbische Lexikographie (Sorbian Lexicography · Lexicographie sorabe)	2274
211.	Alois Jedlička, Tschechische Lexikographie (Czech Lexicography · Lexicographie tchèque)	2278
212.	Ján Horecký, Slowakische Lexikographie (Slovak Lexicography · Lexicographie slovaque)	2284
213.	Radoslav Katičić, Serbokroatische Lexikographie (Serbo-Croatian Lexicography · Lexicographie serbo-croate)	2288
214.	Katja Sturm-Schnabl, Slowenische Lexikographie (Slovene Lexicography · Lexicographie slovène)	2296
215.	Blaže Koneski, Makedonische Lexikographie (Macedonian Lexicography · Lexicographie macédonienne)	2302
216.	Klaus Steinke, Bulgarische Lexikographie (Bulgarian Lexicography · Lexicographie bulgare)	2304

217.	Helmut Jachnow, Russische Lexikographie	2309
	(Russian Lexicography · Lexicographie russe)	
218.	Jaroslav B. Rudnyckyj, Ukrainian Lexicography	2329
	(Ukrainische Lexikographie · Lexicographie ukrainienne)	
219.	Peter J. Mayo, Belorussian Lexicography	2335
	(Weißrussische Lexikographie · Lexicographie biélorusse)	

Erster Teilband (Übersicht)
First Volume (Overview of Contents)
Tome Premier (articles parus)

I. Lexikographie und Gesellschaft I: Wörterbücher und Öffentlichkeit
Lexicography and Society I: Dictionaries and Their Public
Lexicographie et société I: Les dictionnaires et leur public

1.	Franz Josef Hausmann, Die gesellschaftlichen Aufgaben der Lexikographie in Geschichte und Gegenwart	1
2.	Franz Josef Hausmann, Das Wörterbuch im Urteil der gebildeten Öffentlichkeit in Deutschland und in den romanischen Ländern	19
3.	John Algeo, Dictionaries as Seen by the Educated Public in Great Britain and the USA	28
4.	John Algeo, The Image of the Dictionary in the Mass Media: USA	34
5.	Laurent Bray, Le dictionnaire dans les mass-médias en France	38
6.	Jean-Claude Boulanger, Lexicographie et politique langagière: l'exemple français des avis officiels	46
7.	Yakov Malkiel, Wörterbücher und Normativität	63
8.	Ladislav Zgusta, The Role of Dictionaries in the Genesis and Development of the Standard	70
9.	Jean-Pierre Beaujot, Dictionnaire et idéologies	79
10.	Janet Whitcut, The Dictionary as a Commodity	88
10a.	Edward Gates, The Training of Lexicographers	94
11.	Franz Josef Hausmann, Dictionary Criminality	97

II. Lexikographie und Gesellschaft II: Wörterbücher und ihre Benutzer
Lexicography and Society II: Dictionaries and Their Users
Lexicographie et société II: Le dictionnaire et ses utilisateurs

12.	Reinhard Rudolf Karl Hartmann, Sociology of the Dictionary User: Hypotheses and Empirical Studies	102
13.	Peter Kühn, Typologie der Wörterbücher nach Benutzungsmöglichkeiten . . .	111
14.	Ulrich Püschel, Wörterbücher und Laienbenutzung	128
15.	Laurent Bray, Consultabilité et lisibilité du dictionnaire: aspects formels . . .	135
16.	Giovanni Nencioni, The Dictionary as an Aid in Belles Lettres	146

17. Rolf Bergmann, Wörterbücher als Hilfsmittel der philologischen Arbeit . . . 152
18. Gisela Harras, Wörterbücher als Hilfsmittel der linguistischen Forschung . . . 159
19. Jochen Hoock, Wörterbücher als Hilfsmittel für den Historiker 163
20. Juan C. Sager, The Dictionary as an Aid in Terminology 167
21. Hans J. Vermeer, Wörterbücher als Hilfsmittel für unterschiedliche Typen der Translation 171
22. Gaston Gross, Le dictionnaire et l'enseignement de la langue maternelle . . . 174
23. Reinhard Rudolf Karl Hartmann, The Dictionary as an Aid to Foreign-Language Teaching 181
24. Martha Ripfel, Die normative Wirkung deskriptiver Wörterbücher 189
25. Henri Béjoint, The Teaching of Dictionary Use: Present State and Future Tasks . 208

III. Geschichte und Theorie der Lexikographie: Allgemeine Aspekte
History and Theory of Lexicography: General Aspects
Théorie et histoire de la lexicographie: Aspects généraux

26. Franz Josef Hausmann, Pour une histoire de la métalexicographie 216
27. Noel Edward Osselton, The History of Academic Dictionary Criticism With Reference to Major Dictionaries 225
28. Oskar Reichmann, Geschichte lexikographischer Programme in Deutschland . 230
29. Herbert Ernst Wiegand, Der gegenwärtige Status der Lexikographie und ihr Verhältnis zu anderen Disziplinen 246
30. Luis Fernando Lara, Dictionnaire de langue, encyclopédie et dictionnaire encyclopédique: le sens de leur distinction 280
31. Dirk Geeraerts, Principles of Monolingual Lexicography 287
32. Ladislav Zgusta, The Influence of Scripts and Morphological Language Types on the Structure of Dictionaries 296
33. Josette Rey-Debove, La métalangue lexicographique: formes et fonctions en lexicographie monolingue 305
34. Elisabeth Link/Burkhard Schaeder, Fachsprache der Lexikographie 312
35. Claude Poirier, Les différents supports du dictionnaire: livre, microfiche, dictionnaire électronique 322

IV. Theorie der einsprachigen Lexikographie I: Bauteile und Strukturen von Wörterbüchern
Theory of Monolingual Lexicography I: Components and Structures of Dictionaries
Théorie de la lexicographie monolingue I: Éléments et structures du dictionnaire

36. Franz Josef Hausmann/Herbert Ernst Wiegand, Component Parts and Structures of General Monolingual Dictionaries: A Survey 328
37. Werner Wolski, Das Lemma und die verschiedenen Lemmatypen 360
38. Herbert Ernst Wiegand, Aspekte der Makrostruktur im allgemeinen einsprachigen Wörterbuch: alphabetische Anordnungsformen und ihre Probleme 371

38 a.	Herbert Ernst Wiegand, Der Begriff der Mikrostruktur: Geschichte, Probleme, Perspektiven	409
39.	Herbert Ernst Wiegand, Formen von Mikrostrukturen im allgemeinen einsprachigen Wörterbuch	462
40.	Nina Catach, L'orthographe dans le dictionnaire monolingue	501
41.	Elmar Ternes, Die phonetischen Angaben im allgemeinen einsprachigen Wörterbuch	508
42.	Joachim Mugdan, Information on Inflectional Morphology in the General Monolingual Dictionary	518
43.	Patrick Dockar Drysdale, Etymological Information in the General Monolingual Dictionary	525
44.	Herbert Ernst Wiegand, Die lexikographische Definition im allgemeinen einsprachigen Wörterbuch	530
45.	Anthony Paul Cowie, Information on Syntactic Constructions in the General Monolingual Dictionary	588
46.	Harald Burger, Phraseologismen im allgemeinen einsprachigen Wörterbuch	593
47.	Robert Martin, L'exemple lexicographique dans le dictionnaire monolingue	599
47 a.	Gisela Harras, Zu einer Theorie des lexikographischen Beispiels	607
48.	Werner Wolski, Die Synonymie im allgemeinen einsprachigen Wörterbuch	614
49.	Wolfgang Müller, Die Antonyme im allgemeinen einsprachigen Wörterbuch	628
50.	Josette Rey-Debove, Le traitement analogique dans le dictionnaire monolingue	635
51.	Franz Josef Hausmann, Les homonymes et les paronymes dans le dictionnaire monolingue	640
52.	Wolfgang Rettig, Die Wortbildungszusammenhänge im allgemeinen einsprachigen Wörterbuch	642
53.	Franz Josef Hausmann, Die Markierung im allgemeinen einsprachigen Wörterbuch: eine Übersicht	649
54.	Günter Dietrich Schmidt, Diachronische Markierungen im allgemeinen einsprachigen Wörterbuch	657
55.	Hermann Niebaum, Diatopische Markierungen im allgemeinen einsprachigen Wörterbuch	662
56.	Broder Carstensen, Die Markierung von Entlehnungen im allgemeinen einsprachigen Wörterbuch	668
57.	Pierre Corbin, Les marques stylistiques/diastratiques dans le dictionnaire monolingue	673
58.	Hartwig Kalverkämper, Diatechnische Markierungen im allgemeinen einsprachigen Wörterbuch	680
59.	Burkhard Schaeder, Diafrequente Markierungen im allgemeinen einsprachigen Wörterbuch	688
60.	Ulrich Püschel, Evaluative Markierungen im allgemeinen einsprachigen Wörterbuch	693
61.	Michel Glatigny, Les commentaires normatifs dans le dictionnaire monolingue	700

62.	Werner Hupka, Die Bebilderung und sonstige Formen der Veranschaulichung im allgemeinen einsprachigen Wörterbuch	704
63.	Laurent Bray, Les renvois bibliographiques dans le dictionnaire monolingue	726
64.	Joachim Mugdan, Grundzüge der Konzeption einer Wörterbuchgrammatik	732
65.	Dieter Herberg, Wörterbuchvorwörter	749
66.	Betty Kirkpatrick, User's Guides in Dictionaries	754
67.	Margaret Cop, Linguistic and Encyclopedic Information Not Included in the Dictionary Articles	761
67 a.	Alan Kirkness, Wörterbuchregister	767

V. Theorie der einsprachigen Lexikographie II: Ausgewählte Beschreibungsprobleme im allgemeinen einsprachigen Wörterbuch
Theory of Monolingual Lexicography II: Selected Problems of Description in the General Monolingual Dictionary
Théorie de la lexicographie monolingue II: Problèmes choisis de la description dans le dictionnaire monolingue

68.	Henning Bergenholtz, Probleme der Selektion im allgemeinen einsprachigen Wörterbuch	772
69.	Ekkehard Zöfgen, Homonymie und Polysemie im allgemeinen einsprachigen Wörterbuch	779
70.	Gerhard Strauß, Angabe traditioneller Wortarten oder Beschreibung nach funktionalen Wortklassen im allgemeinen einsprachigen Wörterbuch?	788
71.	Günther Drosdowski, Die Beschreibung von Metaphern im allgemeinen einsprachigen Wörterbuch	797
72.	Werner Wolski, Die Beschreibung von Modalpartikeln im allgemeinen einsprachigen Wörterbuch	805
73.	Werner Holly, Die Beschreibung sprachhandlungsbezeichnender Ausdrücke im allgemeinen einsprachigen Wörterbuch	814
74.	Armin Burkhardt, Die Beschreibung von Gesprächswörtern im allgemeinen einsprachigen Wörterbuch	822
75.	Peter Kühn, Die Beschreibung von Routineformeln im allgemeinen einsprachigen Wörterbuch	830
76.	Walther Dieckmann, Die Beschreibung der politischen Lexik im allgemeinen einsprachigen Wörterbuch	835
77.	Günter Kempcke, Probleme der Beschreibung fachsprachlicher Lexik im allgemeinen einsprachigen Wörterbuch	842
78.	Ludwig Jäger/Sabine Plum, Probleme der Beschreibung von Gefühlswörtern im allgemeinen einsprachigen Wörterbuch	849
79.	Gottfried Kolde, Probleme der Beschreibung von sog. Heckenausdrücken im allgemeinen einsprachigen Wörterbuch	855
80.	Ewald Lang, Probleme der Beschreibung von Konjunktionen im allgemeinen einsprachigen Wörterbuch	862

81.	Wolfgang Müller, Die Beschreibung von Affixen und Affixoiden im allgemeinen einsprachigen Wörterbuch	869
82.	Peter von Polenz, Funktionsverbgefüge im allgemeinen einsprachigen Wörterbuch	882
83.	Dieter Viehweger, Probleme der Beschreibung semantischer Vereinbarkeitsrelationen im allgemeinen einsprachigen Wörterbuch	888
84.	Immo Wegner, Lexikographische Definition und Frame-Theorie im allgemeinen einsprachigen Wörterbuch	893
85.	Fritz Neubauer, Vocabulary Control in the Definitions and Examples of Monolingual Dictionaries	899
86.	Gérard Gorcy, Différenciation des significations dans le dictionnaire monolingue: problèmes et méthodes	905
87.	Reinhold Werner, Probleme der Anordnung der Definitionen im allgemeinen einsprachigen Wörterbuch	917
88.	Josette Rey-Debove, Les systèmes de renvois dans le dictionnaire monolingue	931
89.	Danielle Corbin/Pierre Corbin, Sélection et description des dérivés et composés dans le dictionnaire monolingue	937
90.	Heidrun Gerzymisch-Arbogast, Standardisierte Wörterbuchartikel des allgemeinen einsprachigen Wörterbuches als Texte: Probleme der Kohärenz und der Thema-Rhema-Struktur	946
90a.	Werner Wolski, Formen der Textverdichtung im allgemeinen einsprachigen Wörterbuch	956

VI.	Wörterbuchtypen I: Allgemeine Aspekte der Wörterbuchtypologie und allgemeine einsprachige Wörterbücher Dictionary Types I: General Aspects of Dictionary Typology and Monolingual Dictionaries Typologie des dictionnaires I: Aspects généraux et types principaux	
91.	Franz Josef Hausmann, Wörterbuchtypologie	968
92.	Franz Josef Hausmann, Das Definitionswörterbuch	981
93.	Werner Hupka, Das enzyklopädische Wörterbuch	988

VII.	Wörterbuchtypen II: Syntagmatische Spezialwörterbücher Dictionary Types II: Syntagmatic Dictionaries Typologie des dictionnaires II: Dictionnaires syntagmatiques	
94.	Ekkehard Zöfgen, Das Konstruktionswörterbuch	1000
95.	Franz Josef Hausmann, Le dictionnaire de collocations	1010
96.	Hans Schemann, Das phraseologische Wörterbuch	1019
97.	Wolfgang Mieder, Das Sprichwörterbuch	1033
98.	Franz Josef Hausmann, Das Zitatenwörterbuch	1044
99.	Franz Josef Hausmann, Das Satzwörterbuch	1050
100.	Franz Josef Hausmann, Weitere syntagmatische Spezialwörterbücher	1054

Dritter Teilband (Übersicht über den vorgesehenen Inhalt)
Third Volume (Overview of Contents)
Tome Troisième (articles prévus)

XXI. Lexikographie der Einzelsprachen V: Weitere europäische und ihnen benachbarte Sprachen
Lexicography of Individual Languages V: Further Languages of Europe and Adjacent Areas
Lexicographie des langues particulières V: Autres langues européennes et langues avoisinantes

220. Karl Horst Schmidt, Altirische Lexikographie
221. Elmar Ternes, Die Lexikographie der neukeltischen Sprachen
222. William R. Schmalstieg, Lexicography of the Baltic Languages I: Lithuanian, Old Prussian
223. Wolfgang P. Schmid, Die Lexikographie der baltischen Sprachen II: Lettisch
224. Armin Hetzer, Albanische Lexikographie
225. Gevork Djahukian, Armenian Lexicography
226. Miren Azkarate, Basque Lexicography
227. Ferenc Bakos, Die Lexikographie der uralischen Sprachen I: Ungarisch
228. Jarmo Korhonen/Ingrid Schellbach-Kopra, Die Lexikographie der uralischen Sprachen II: Finnisch
228 a. Mikko Korhonen, Die Lexikographie der uralischen Sprachen III: Lappisch
229. Alo Raun, Lexicography of the Uralic Languages IV: Estonian and Livonian
230. Daniel Abondolo, Lexicography of the Uralic Languages V: Other Uralic Languages
231. Andreas Tietze, Lexikographie der Turksprachen I: Osmanisch-Türkisch
232. Gerhard Doerfer, Lexikographie der Turksprachen II: Sonstige Turksprachen
233. Brian George Hewitt, Lexicography of the Caucasian Languages I: Georgian and Kartvelian
234. Brian George Hewitt, Lexicography of the Caucasian Languages II: Northwest Caucasian Languages
235. Johanna Nichols, Lexicography of the Caucasian Languages III: Northeast Caucasian Languages

XXII. Lexikographie der Einzelsprachen VI: Die semitohamitischen Sprachen
Lexicography of Individual Languages VI: The Hamito-Semitic Languages
Lexicographie des langues particulières VI: Langues chamito-sémitiques

236. Stanislav Segert/Yona Sabar, Hebrew and Aramaic Lexicography
237. John A. Haywood, Arabic Lexicography
238. Wolf Leslau, Lexicography of the Semitic Languages of Ethiopia
239. Abdallah Bounfour, La lexicographie berbère
240. Paul Newman/Roxana Ma Newman, Lexicography of the Chadic Languages
241. Gene Balford Gragg, Lexicography of the Cushitic Languages

XXIII. Lexikographie der Einzelsprachen VII: Die iranischen Sprachen
Lexicography of Individual Languages VII: The Iranian Languages
Lexicographie des langues particulières VII: Langues iraniennes

242. Manfred Mayrhofer, Altiranische Lexikographie
243. David Neil MacKenzie, Middle Iranian Lexicography
244. John R. Perry, Modern Iranian Lexicography: Persian/Tajik
245. Sonja Gippert-Fritz, Die Lexikographie der übrigen neuiranischen Sprachen

XXIV. Lexikographie der Einzelsprachen VIII: Die Sprachen des indischen Subkontinents
Lexicography of Individual Languages VIII: The Languages of the Indian Subcontinent
Lexicographie des langues particulières VIII: Les langues du sous-continent indien

246. Sumitra Katre, Lexicography of Old Indo-Aryan: Vedic and Sanskrit
247. Elisabeth Strandberg, Lexicography of Middle Indo-Aryan
248. Ram Adhar Singh, Lexicography of New Indo-Aryan
249. Bhadriraju Krishnamurti, Dravidian Lexicography
250. Norman Zide, Lexicography of Other Languages of the Indian Subcontinent

XXV. Lexikographie der Einzelsprachen IX: Die tibetobirmanischen Sprachen
Lexicography of Individual Languages IX: The Tibeto-Burman Languages
Lexicographie des langues particulières IX: Les langues tibéto-birmanes

251. Melvyn C. Goldstein, Tibetan Lexicography
252. John Okell, Burmese Lexicography
253. Jim Matisoff, Lexicography of Other Tibeto-Burman Languages

XXVI. Lexikographie der Einzelsprachen X: Die austronesischen Sprachen
Lexicography of Individual Languages X: The Austronesian Languages
Lexicographie des langues particulières X: Les langues austronésiennes

254. John V. Wolff, Javanese Lexicography
255. John V. Wolff, Lexicography of Indonesian
256. John V. Wolff, The Lexicography of the Languages of Indonesia Aside From Indonesian and Javanese
257. R. David Paul Zorc, Tagalog Lexicography
258. R. David Paul Zorc, Lexicography of Other Philippine Languages
259. John V. Wolff, Polynesian and Melanesian Lexicography

XXVII. Lexikographie der Einzelsprachen XI: Südostasiatische Sprachen
Lexicography of Individual Languages XI: The Languages of Southeast Asia
Lexicographie des langues particulières XI: Les langues du Sud-Est asiatique

260. Theraphan L. Thongkum/Pranee Kullavanijaya, Lexicography of the Thai Language

261. Dinh-Hoa Nguyen, Vietnamese Lexicography
262. David Thomas, Lexicography of Other Southeast Asian Languages

XXVIII. Lexikographie der Einzelsprachen XII: Ostasiatische Sprachen
Lexicography of Individual Languages XII: The Languages of East Asia
Lexicographie des langues particulières XII: Langues est-asiatiques

263. Thomas B. I. Creamer, Chinese Lexicography
264. Key P. Yang, Korean Lexicography
265. Bruno Lewin, Japanische Lexikographie
266. Michael Weiers, Mongolische Lexikographie

XXIX. Lexikographie der Einzelsprachen XIII: Arktische und pazifische Sprachen
Lexicography of Individual Languages XIII: The Languages of the Arctic and of the Pacific
Lexicographie des langues particulières XIII: Les langues de l'Arctique et de l'Océanie

267. Robert Austerlitz, Lexicography of the Paleosiberian Languages
268. Steven A. Jacobson/Lawrence D. Kaplan, Lexicography of Eskimo-Aleut Languages
269. Stephen Adolphe Wurm, Lexicography of the Languages of New Guinea
270. Peter Austin, Australian Lexicography

XXX. Lexikographie der Einzelsprachen XIV: Die Sprachen Schwarzafrikas
Lexicography of Individual Languages XIV: The Languages of Black Africa
Lexicographie des langues particulières XIV: Les langues d'Afrique noire

271. Lionel Bender, Nilo-Saharan Lexicography
272. Edgar C. Polomé, Lexicography of the Niger-Kordofanian Languages
273. Eric P. Hamp, Lexicography of the Khoisan Languages

XXXI. Lexikographie der Einzelsprachen XV: Die Indianersprachen Amerikas während der Kolonialzeit
Lexicography of Individual Languages XV: The Languages of the American Indians in the Colonial Period
Lexicographie des langues particulières XV: Les langues amérindiennes pendant la période coloniale

274. Frances Karttunen, Nahuatl Lexicography
275. Norman A. McQuown, Lexikographie der Mayasprachen
276. Wolf Dietrich, Die Lexikographie des Tupí-Guaraní
277. Bruce Mannheim, Lexicography of Colonial Quechua
278. Martha J. Hardman-de Bautista, Aymara Lexicography

Inhalt

XXXII. Lexikographie der Einzelsprachen XVI: Die Indianersprachen Amerikas seit ca. 1800
Lexicography of Individual Languages XVI: The Languages of the American Indians From About 1800 On
Lexicographie des langues particulières XVI: Les langues indiennes d'Amérique depuis env. 1800

279. Richard Rhodes, Lexicography of the Languages of the North American Indians
280. Doris Bartholomew, Lexicography of the Languages of the Mesoamerican Indians
281. Mary R. Key, Lexicography of the Languages of the Indians of the Orinoco and Amazon Area
282. Mary R. Key, Lexicography of the Languages of the Andean Indians
283. Harriet E. Manelis Klein, Lexicography of the Languages of the Indians of Southern Brazil and the Rio de la Plata Area
284. Harriet E. Manelis Klein, Lexicography of the Languages of the Indians of Southern South America

XXXIII. Theorie der zwei- und mehrsprachigen Lexikographie I: Prinzipien und Bauteile
Theory of Bilingual and Multilingual Lexicography I: Principles and Components
Théorie de la lexicographie bilingue et plurilingue I: Principes et éléments

285. Hans-Peder Kromann/Theis Riiber/Poul Rosbach (†), Principles of Bilingual Lexicography
286. Franz Josef Hausmann, Spezifische Bauteile und Strukturen zweisprachiger Wörterbücher: eine Übersicht
287. Hans-Peder Kromann/Theis Riiber/Poul Rosbach (†), Grammatical Constructions in the Bilingual Dictionary
287a. Margaret Cop, Collocations in the Bilingual Dictionary
288. Ronald Lötzsch, Die Komposita im zweisprachigen Wörterbuch
289. Jane Rosenkilde Jacobsen/James Manley/Viggo Hjornager Pedersen, Examples in the Bilingual Dictionary
290. Hans Schemann, Die Phraseologie im zweisprachigen Wörterbuch
291. Franz Josef Hausmann, Die Paradigmatik im zweisprachigen Wörterbuch
292. Reinhold Werner, Die Markierungen im zweisprachigen Wörterbuch

XXXIV. Theorie der zwei- und mehrsprachigen Lexikographie II: Ausgewählte Beschreibungsprobleme
Theory of Bilingual and Multilingual Lexicography II: Selected Problems in Description
Théorie de la lexicographie bilingue et plurilingue II: Problèmes choisis de description

293. Bernard P. F. Al, Dictionnaire bilingue et ordinateur
294. Veronika Schnorr, Problems of Lemmatization in the Bilingual Dictionary
295. Alain Duval, L'équivalence dans le dictionnaire bilingue

296. Ilse Karl, Grammatische und lexikalische Kategorisierung im zweisprachigen Wörterbuch
297. Bernard P. F. Al, L'organisation microstructurelle dans le dictionnaire bilingue
298. Werner Wolski, Formen der Textverdichtung im zweisprachigen Wörterbuch
299. Reinhard Rudolf Karl Hartmann, Contrastive Linguistics and Bilingual Lexicography
300. Josette Rey-Debove, La métalangue dans les dictionnaires bilingues
301. Alain Rey, Divergences culturelles et dictionnaire bilingue
302. Annegret Bollée, Problèmes de description lexicographique des langues pidgins et créoles

XXXV. Typologie und ausgewählte Typen der zwei- und mehrsprachigen Lexikographie
Typology and Selected Types of Bilingual and Multilingual Lexicography
Typologie et types choisis de la lexicographie bilingue et plurilingue

303. Franz Josef Hausmann, Typologie der zweisprachigen Spezialwörterbücher
304. Adeline Gorbahn-Orme/Franz Josef Hausmann, The Dictionary of False Friends
305. Ekkehard Zöfgen, Bilingual Learner's Dictionaries
305 a. Heike Abend, Reisewörterbücher
306. Günther Haensch, Die mehrsprachigen Wörterbücher und ihre Probleme
307. Günther Haensch, Die zweisprachige Fachlexikographie und ihre Probleme

XXXVI. Die zweisprachigen Wörterbücher in Geschichte und Gegenwart
Bilingual Dictionaries Past and Present
Les dictionnaires bilingues hier et aujourd'hui

308. Roger Jacob Steiner, Bilingual Lexicography: English-Spanish and Spanish-English
309. Franz Josef Hausmann, La lexicographie bilingue anglais-français, français-anglais
310. Kurt-Michael Pätzold, Bilingual Lexicography: English-German, German-English
311. Desmond O'Connor, Bilingual Lexicography: English-Italian, Italian-English
312. Robert A. Verdonk, La lexicographie bilingue espagnol-français, français-espagnol
313. Franz Josef Hausmann, Die zweisprachige Lexikographie Spanisch-Deutsch, Deutsch-Spanisch
314. Annamaria Gallina, La lexicographie bilingue espagnol-italien, italien-espagnol
315. Wolfgang Rettig, Die zweisprachige Lexikographie Französisch-Deutsch, Deutsch-Französisch
316. Nicole Bingen/Anne-Marie Van Passen, La lexicographie bilingue français-italien, italien-français
317. Laurent Bray/Maria Luisa Bruna/Franz Josef Hausmann, Die zweisprachige Lexikographie Deutsch-Italienisch, Italienisch-Deutsch
318. Stefan Ettinger, Die zweisprachige Lexikographie mit Portugiesisch
319. Dietfried Krömer, Die zweisprachige Lexikographie des Lateinischen
320. Noel Edward Osselton, Bilingual Lexicography With Dutch

Inhalt XXIII

321. André Kahlmann, La lexicographie bilingue suédois-français, français-suédois
321a. Gustav Korlén, Die zweisprachige Lexikographie Schwedisch-Deutsch, Deutsch-Schwedisch
321b. Arne Olofsson, Bilingual Lexicography: Swedish-English, English-Swedish
322. Jens Rasmussen, La lexicographie bilingue avec le danois
323. Jan A. Czochralski, Die zweisprachige Lexikographie mit Polnisch
324. Wolfgang Eismann, Die zweisprachige Lexikographie mit Russisch
325. John A. Haywood, Bilingual Lexicography With Arabic
326. K. Balasubramanian, Bilingual Lexicography on the Indian Subcontinent
327. Thomas B. Creamer, Bilingual Lexicography With Chinese
328. Daisuke Nagashima, Bilingual Lexicography With Japanese

XXXVII. Lexikographie von Hilfssprachen und anderen Kommunikationssystemen
Lexicography of Auxiliary Languages and Other Communication Systems
Lexicographie des langues auxiliaires et d'autres systèmes de communication

329. Reinhard Haupenthal, Lexikographie der Plansprachen
330. Fritz Haeger (†), Lexikographie der Kurzschriften
331. Jerome D. Schein, Dictionaries of Deaf Languages
332. Hilda Caton, Dictionaries in and of Braille
333. Joachim Knape, Wörterbücher zu Bildsymbolen
334. Ladislav Zgusta, Probable Future Developments in Lexicography

XXXVIII. Bibliographischer Anhang und Register
Bibliographic Appendix and Indexes
Annexe bibliographique et index

335. Margaret Cop, Bibliography of Dictionary Bibliographies
336. Thorsten Roelcke, Sachregister
337. Jenifer Brundage/Gisela Schmidt, Namenregister

Kartenverzeichnis / Map Index / Index des cartes géographiques

Karte 174.1: Alte Sprachen des Niltals
(Ancient languages of the Nile valley · Langues anciennes de la vallée du Nil) 1680
Map 175.1: Geographical distribution of Sumerian and Akkadian
(Geographische Ausdehnung des Sumerischen und Akkadischen · Extension géographique du sumérien et de l'akkadien) 1682
Karte 176.1: Kleinasien zur Hethiterzeit (aus: Akurgal/Hirmer 1961, 108)
(The Near East in the age of the Hittite · Le Proche-Orient à l'époque hittite) 1686
Map 177.1: Areas of other ancient languages of the Near East
(Die Ausbreitung anderer Sprachen des Alten Orients · L'extension géographique d'autres langues du Proche-Orient antique) 1691
Map 178.1: The Greek Language area in the Mediterranean (from: Schwyzer 1939, 134)
(Das Griechische im Mittelmeerraum · La langue grecque dans les pays méditerranéens) 1695
Map 178.2: The Greek Dialects in the area of the Aegean Sea (from: Schwyzer 1939, 83)
(Die griechischen Dialekte im Umkreis der Ägäis · Les dialectes grecs autour de la mer Égée) 1695
Karte 182.1: Sprachgebiete der iberischen Halbinsel
(Language areas of the Iberian Peninsula · Aires linguistiques de la Péninsule Ibérique) 1739
Karte 189.1: Skizze des rumänischen Sprachgebietes
(Romanian language area · L'aire linguistique du roumain) 1881
Karte 190.1: Der Sprachraum des Provenzalischen, Rätoromanischen und Dalmatischen
(Language areas of Provençal, Rhaetian and Dalmatian · Les aires linguistiques du provençal, du rhéto-roman et du dalmate) 1891
Map 196.1: Areas of the Scandinavian Languages
(Die Sprachräume der skandinavischen Sprachen · Les aires linguistiques des langues scandinaves) 1933

Karte 202.1: Skizze des friesischen Sprachraumes
(Frisian language area · L'aire linguistique du frison) 2023
Map 207.1: Historical areas of the Yiddish Language (from: Katz 1983, 1023)
(Der historische Sprachraum des Jiddischen · L'extension historique du yiddish) 2247
Karte 208.1: Das Verbreitungsgebiet der (alt-) kirchenslavischen Sprache
(Old Church Slavonic language areas · L'extension géographique du vieux slave) 2255
Karte 209.1: Das polnische Sprachgebiet
(The area of the Polish language · L'aire linguistique du polonais) 2269
Karte 210.1: Das sorbische Sprachgebiet (nach Faßke/Jentsch/Michalk 1986)
(The area of the Sorbian language · L'aire linguistique du sorabe) 2275
Karte 213.1: Das Verbreitungsgebiet der serbokroatischen Sprache
(The area of the Serbo-Croation language · L'aire linguistique du serbo-croate) 2288
Karte 214.1: Das slowenische Sprachgebiet
(The area of the Slovene language · L'aire linguistique du slovène) 2297
Karte 215.1: Der makedonische Sprachraum
(The area of the Macedonian language · L'aire linguistique du macédonien) 2297
Map 218.1: The area of the Ukrainian language in Eastern Europe (adapted from Rudnyckyj 1977, 61)
(Der Sprachraum des Ukrainischen in Osteuropa · L'aire linguistique de l'ukrainien) 2330
Map 219.1: The Belorussian language area
(Der weißrussische Sprachraum · L'aire linguistique du biélorusse) 2335

VIII. Wörterbuchtypen III: Paradigmatische Spezialwörterbücher
Dictionary Types III: Paradigmatic Dictionaries
Typologie des dictionnaires III: Les dictionnaires paradigmatiques

101. Das onomasiologische Wörterbuch: Ein Überblick

1. Obligatorische Positionen
2. Die Makrostruktur
3. Die Mikrostruktur
4. Benutzungsmöglichkeiten und Zukunftsperspektiven
5. Literatur (in Auswahl)

1. Obligatorische Positionen

Das onomasiologische Wörterbuch hat zwei obligatorische Positionen. In der ersten Position steht immer ein (seltener: mehrere) Zeichen (im folgenden auch *Ausgangszeichen* genannt), das (die) als Repräsentation eines Begriffes zu interpretieren ist (sind). Verkürzt kann man deshalb sagen: In der ersten Position steht ein Begriff. Ein Begriff soll immer dann gegeben sein, wenn die Sprecher einer Sprache oder einer Sprachvarietät einen bestimmten Ausdruck nach den gleichen (durch eine Definition festgelegten oder durch den Sprachgebrauch eingespielten) Regeln verwenden. In der zweiten Position stehen ein oder mehrere dem Ausgangszeichen zugeordnete Ausdrücke. — Schematisch veranschaulicht ergibt sich folgendes:

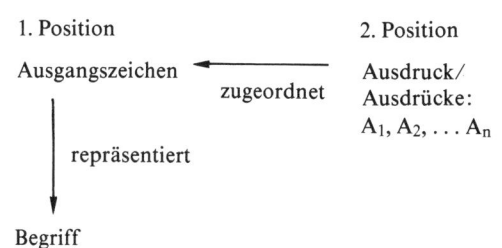

```
1. Position                    2. Position
Ausgangszeichen  ←——————  Ausdruck/
                 zugeordnet    Ausdrücke:
     |                         A₁, A₂, ... Aₙ
repräsentiert
     ↓
Begriff
```

Abb. 101.1: Obligatorische Positionen des onomasiologischen Wörterbuches

Die begriffsrepräsentierenden Zeichen der ersten obligatorischen Position des Wörterbuches können völlig unterschiedlicher Art sein, z. B. Tonfolgen, zeichnerische Punkt-, Strich-, Flächen- oder Farbgestaltungen, Raumfiguren, sprachliche Einheiten. Dabei wäre jeder dieser Zeichentypen im Sinne der altgriechischen Philosophie als Nomos (also durch Übereinkunft und Herkommen begründet) oder als Physis (durch Natur und Wesen begründet) denkbar. In der Lexikographie der größeren germanischen und romanischen Sprachen, die hier ausschließlich zur Debatte steht, wird von all diesen Möglichkeiten der zeichenhaften Repräsentation des Begriffes vereinzelt und selbst dann nur inkonsequent die der Physis-These verpflichtete zeichnerische Gestaltung, in der überragenden Mehrzahl aller Fälle aber die Sprache, vorwiegend ihre Lexik, genutzt. Zu den entsprechenden Verfahren in der Lexikographie von Sprachen mit einem logographischen Schriftsystem vgl. man die einschlägigen Artikel (Nr. 263—266) des Kapitels XXVIII; über Vergleichbares in den Hilfssprachen und sonstigen Kommunikationssystemen orientiert Kapitel XXXVII. Die Tatsache, daß ein Begriff immer nur zeichenhaft in Erscheinung tritt — in der Regel in lexikalischen Mitteln natürlicher Sprachen, das ist in praxi eine der Sprachen, aus denen auch die Ausdrücke der zweiten Position des onomasiologischen Wörterbuchs stammen — mag dafür verantwortlich sein, daß die Zeichen der ersten Position oft auch als *Stichwort* und als *Lemma*, andererseits oft als *Begriff* bezeichnet werden.

Die dem Ausgangszeichen (bzw. Begriff) zugeordneten Ausdrücke sind sprachliche Zeichen, meistens, aber nicht ausschließlich der lexikalischen Ränge einer oder mehrerer Sprachen.

Der von onomasiologischen Wörterbüchern gelieferte Informationstyp hat demnach folgende allgemeine Form: Dem meist sprachlichen Ausgangszeichen x, das den Begriff 'x' repräsentiert, sind die sprachlichen Zeichen a bis n der im Wörterbuch beschriebenen Sprachen L_1 bis L_n zugeordnet. Für das einzelne onomasiologische Wörterbuch wie für einzelne seiner Typen kann ein spezifischerer Typ der Information kennzeichnend sein.

2. Die Makrostruktur

Unter der *Makrostruktur* des onomasiologischen Wörterbuches soll die Gesamtheit aller Ausgangszeichen (= aller Zeichen in der ersten Position des onomasiologischen Wörterbuches) verstanden werden. Sie sind für den Nachschlagenden über vorgeordnete Zugriffsstrukturen (z. B. den Gliederungsplan Dornseiffs 1970, 17—23, besondere Register o. ä., vgl. Art. 38) verfügbar. Bei ihrer metalexikographischen Beschreibung ist auf folgende Probleme einzugehen: (1) Inwieweit sind die Ausgangszeichen von den Bearbeitern der einer onomasiologischen Anlage verdächtigen Wörterbücher wirklich so gemeint, daß sie Begriffe repräsentieren? (2) Falls dies plausibel nachgewiesen werden kann: welche unterschiedlichen Typen von Begriffen begegnen in der onomasiologischen Lexikographie? (3) Nach welchen Gesichtspunkten werden die in der ersten Position repräsentierten Begriffe ausgewählt? (4) Wie wird die Menge der Begriffe geordnet?

2.1. Die Frage, ob die Ausgangszeichen tatsächlich so gemeint sind, daß sie einen Begriff repräsentieren — das ist die Frage nach dem onomasiologischen Charakter eines Wörterbuches — stellt sich aus zwei Gründen. Einmal erlaubt es die Bilateralität des sprachlichen Zeichens, eine vom Lexikographen als Inhaltsseite gemeinte und damit zumindest begriffsähnliche Gegebenheit auch als solche der Ausdrucksseite oder als lexikalische Zeichenganzheit zu lesen und umgekehrt. Und zweitens können selbst Bearbeiter ausgezeichneter Wörterbücher das erstere mit dem letzteren und letzteres mit dem ersteren verwechseln. Dies kann im Vorwort ihrer Werke ebenso deutlich werden (Brunner/Conze/Kosselleck 1972ff.; Frauenstädt 1871) wie z. B. darin, daß man der Ausgangseinheit eine kurze Etymologie beigibt (Boissière 1862) und sie damit ungewollt als Zeichenganzheit behandelt. Beide Gründe der Statusvermischung können so miteinander verwoben sein, daß höchstens die Betrachtung des gesamten Artikelaufbaus Entscheidungen zuläßt, je nach Konstellation eine solche aber auch gar nicht definitiv getroffen werden kann. Zweifelsfälle für die deutsche Lexikographie bilden z. B. Frauenstädt 1871, Hartmann 1975, Görner/Kempcke 1978 und Brunner/Conze/Kosselleck 1972ff. Vor jeder Entscheidung darüber, ob die Ausgangszeichen tatsächlich Begriffe repräsentieren sollen, wäre zu prüfen, ob ihnen in den nachfolgenden Artikelteilen Ausdrücke zugeordnet werden (Görner/Kempcke 1978; ansatzweise, nämlich mit den partiell synonymischen Ausdrücken Brunner/Conze/Kosselleck 1972ff.), oder ob sie deshalb eher als Zeichenganzheit zu verstehen sind, weil im weiteren Artikel ihre Bedeutungen erläutert werden (Frauenstädt 1871, Hartmann 1975, insgesamt auch Brunner/Conze/Kosselleck 1972ff.). Trotz dieser Prüfungsregel sei aber betont, daß es durchaus möglich ist, das Lemma eines als semasiologisch gemeinten Wörterbuches als Begriff und den synonymischen Teil seiner Bedeutungserläuterung als Häufung von Ausdrücken für den Begriff zu lesen. Ein semasiologisches Wörterbuch hat (mit seinen synonymischen Teilen) bei dieser Lesart weitgehende Ähnlichkeiten mit dem Synonymenwörterbuch vom Typ Görner/Kempcke (1978), das dann als onomasiologisch aufzufassen ist, wenn man die Ausgangseinheit als Begriff, die Zieleinheiten als dessen sprachliche Ausdrücke auffaßt. Der onomasiologische Charakter eines Wörterbuches ist demnach nur zum Teil ein vernünftigerweise nicht bestreitbares Faktum, zum Teil ist er Ergebnis der Interpretation. Insbesondere beim Bildwörterbuch ist keineswegs vorgegeben, ob die Lemmata Bezeichnungen für das in diesem Wörterbuchtyp Abgebildete und die Abbildungen/Zeichnungen/Skizzen deren Erläuterungen sind oder ob umgekehrt die Abbildungen (usw.) zeichnerische Repräsentationen von Ausgangsbegriffen sind und die zugeordneten Ausdrücke deren sprachliche Fassungen. Die Reihenfolge von Bild und zugehörigen Ausdrücken kann schon deshalb nur eine beschränkte Entscheidungshilfe sein, weil sie von drucktechnischen Anordnungsnotwendigkeiten abhängt.

2.2. Jede kommunikationsrelevante Gegebenheit kann Gegenstand der Bildung von Begriffen sein (nämlich dadurch, daß man in gleicher oder ungefähr gleicher Weise über sie spricht) und führt dementsprechend zu unterschiedlichen Begriffstypen. In der onomasiologischen Lexikographie begegnen vor allem die folgenden:

(1) die Einheiten eines wissenschaftlich gegliederten und allgemein anerkannten Systems eines relativ klar abgrenzbaren Teilbereiches der konkreten Wirklichkeit, z. B. der Linnéschen Gliederung der Pflanzenwelt (Marzell 1943—74),
(2) die Einheiten eines ideologischen Systems der konkreten und gedachten Wirklichkeit oder von Ausschnitten aus ihr (Tradition Roget 1852; Sanders 1873—1877/1985; Buck 1949; Wehrle/Eggers 1968; Dornseiff 1970; vgl. das Begriffssystem von Hallig/von Wartburg 1963),
(3) die sog. „Urbegriffe" der Wurzeln von Sprachgruppen, z. B. der indogermanischen (ansatzweise bei Kehrein 1863),
(4) einzelne oder jede Bedeutung jedes Wortes mindestens der drei Nennwortarten von semasiologischen Wörterbüchern (Synonymenwörterbücher, Antonymenwörterbücher, Umkehrwörterbücher),
(5) eine bestimmte Menge von Begriffen, die für bestimmte Zwecke als relevant erachtet werden (Schröpfer (1979, XXI) gibt für die 3000 Begriffe seines Wörterbuches der vergleichenden Bezeichnungslehre folgende Grundsätze für die Stichwortfestlegung an: „1. Häufigkeit im Alltag, 2. Interessehaltigkeit für die Fachöffentlichkeit (a. Wortforscher, b. Begriffsforscher), 3. Interessehaltigkeit für die Nachbardisziplinen, 4. Interessehaltigkeit für die weitere interessierte Öffentlichkeit"),
(6) begriffliche Abstraktionen der geschichtlichen, geographischen, sozialen, situativen usw. Verwendungsdimension sprachlicher Einheiten, z. B. „Hochdeutsche Familien, a) schon für das Alt- oder Mittelhochdeutsche belegt", „b) erst neuhochdeutsch literarisch bezeugt" (Liebich 1905, 513—14),
(7) begriffliche Abstraktionen von Gegebenheiten der Wörterbuchbenutzung, wie z. B. der 'Erwartbarkeit eines Nachschlageganges unter einer bestimmten sprachlichen Einheit' (dieses Kriterium führt zum Umkehrwörterbuch, vgl. Art. 107).

Die Typen 1—5 dieser Reihe umfassen Abstraktionen darstellungsfunktionaler Art, also der Bezugnahme von Kommunizierenden auf Gegenstände einer realen oder gedachten Wirklichkeit. Innerhalb dieser Gegenstände dominiert generell diejenige Kategorie, die man sich gemeinhin durch Substantive ausgedrückt denkt, vor den Vorgängen und Handlungen (verbaler Ausdruck), den Qualitäten (adjektivischer/adverbialer Ausdruck), Beziehungen (Ausdruck mittels Partikeln) und sonstigem. Typ 6 bezieht sich auf die Symptomfunktion sprachlicher Einheiten, damit auf die sprecherbezogene Information, die mit der Verwendung sprachlicher Zeichen immer mitgegeben ist, Typ 7 hat eine benutzungspragmatische Ausrichtung. — Es sei ausdrücklich betont, daß die aufgeführte Reihe von Typen der begrifflichen Abstraktion keineswegs vollständig ist. Sie hat lediglich den Zweck, dem verbreiteten Urteil, die Begriffe onomasiologischer Wörterbücher seien vorwiegend Einheiten ideologischer Systeme, die Fülle von Möglichkeiten der Bildung onomasiologischer Ausgangsbegriffe entgegenzuhalten.

2.3. Die Gesichtspunkte, nach denen die in der ersten Position des onomasiologischen Wörterbuches zeichenhaft repräsentierten Begriffe ausgewählt werden, sind ebenfalls außerordentlich unterschiedlich. Häufig begegnen (oft in Kombination miteinander):

(1) Gesichtspunkte der bewußten Vermittlung religiös begründeter Weltanschauungen (Tradition der Sachglossare des späten Mittelalters und der frühen Neuzeit, z. B. Schöpper 1551),
(2) Gesichtspunkte fachlicher, z. B. juristischer (schon Schwartzenbach 1564), geschichtswissenschaftlicher (Brunner/Conze/Koselleck 1972ff.: „Leitbegriffe der geschichtlichen Bewegung"), theologischer (vgl. Friedrich 1972/73), philosophischer (vgl. Rothacker 1950) Belehrung,
(3) Gesichtspunkte, die sich aus der sprachwissenschaftlichen Herausforderung ergeben, das gesamte Wortmaterial einer Sprache onomasiologisch zu dokumentieren (Roget-Tradition) oder bestimmte Relationen des Lexikons umfassend zusammenzustellen (Synonymenwörterbuch, Antonymenwörterbuch, sofern man sie als onomasiologisch betrachtet),
(4) Gesichtspunkte der zeichnerischen Darstellbarkeit eines Begriffs (Bildwörterbücher, sofern sie als onomasiologisch betrachtet werden),
(5) Gesichtspunkte der Pragmatik der Wörterbuchherstellung, darunter z. B. das onomasiologische Vermögen von Begriffen, das ist der Grad ihrer Eignung, ein ganzes onomasiologisches Feld erschließbar zu machen (vgl. Art. 106),
(6) Gesichtspunkte der Benutzungspragmatik: von welcher Einheit eines onomasiologischen Feldes wird der antizipierte Benutzer wohl am ehesten ausgehen (vgl. Art. 107)?

Je nach dem für die Begriffsauswahl leitenden Gesichtspunkt wird ein breiteres (vgl. (1), (3), (4)) oder ein engeres (vgl. (2)) Benutzerspektrum anvisiert. Die Auswahlgesichtspunkte bestimmen außerdem die Anzahl der Begriffsansätze mit: (3) tendiert bei konsequenter Anwendung für die Synonymenwörterbücher in die Richtung, daß für jede Bedeutung jedes Wortes einer Sprache ein Ausgangszeichen erscheint, (1) kann, muß aber nicht zu höheren Zahlen als (2) führen, nach dem ausschließlich die Fachbedeutungen fachlich verwendeter Wörter angesetzt werden können. (5) und (6) sind unter Aspekten wie 'Breite des Benutzerspektrums' oder 'Anzahl der Begriffsansätze' nicht interpretierbar.

2.4. Die Ordnung der ausgewählten Menge von Begriffen (streng genommen: der Zeichen, die die Begriffe repräsentieren) ist meist wie folgt bestimmt:

(1) nach dem Alphabet (Synonymenwörterbücher: vgl. Art. 102 und 103; Antonymenwörterbücher: vgl. Art. 104; analogische Wörterbücher: vgl. Art. 106; Umkehrwörterbücher: vgl. Art. 107),

(2) nach irgendeiner religiös (Tradition der spätmittelalterlichen Sachglossare), philosophisch (z. B. thomistisch-aristotelisch, vgl. Art. 105), fachlich begründeten Auffassung von der Welt oder einzelner ihrer Teile; die Anzahl der Gliederungspunkte hängt grundsätzlich von der Weltanschauung ab.

(3) durch die Kombination ideologischer und alphabetischer Ordnungsprinzipien (vgl. Art. 105).

3. Die Mikrostruktur

Die Mikrostruktur onomasiologischer Wörterbücher, hier verstanden als die geordnete Gesamtheit der zu einem Ausgangszeichen gegebenen Informationen, enthält obligatorisch und minimal entweder einen oder mehrere Verwendungszusammenhänge für die Ausgangszeichen (3.1.) oder einen oder mehrere Ausdrücke, die zu ihnen in bestimmten lexikalischen Relationen stehen. In der Praxis sind beide Typen der Mikrostruktur oft miteinander kombiniert.

3.1. Falls Verwendungszusammenhänge für die Ausgangszeichen geboten werden, entsteht entweder ein kumulatives Konglomerat von oft nicht einmal assoziativ miteinander verbindbaren Syntagmen, Sätzen, Textfragmenten, Redensarten, Sprichwörtern usw. oder aber das Wörterbuch nach frames. Frames sind die sozialkognitiven Rahmen, nach denen das Handlungswissen von Sprechern einer Sprache organisiert ist; ein frame enthält also die assoziativ durch eine Begriffsnennung aufgerufenen, sozial und historisch bestimmten Kenntnisse typischer Handlungsweisen der an ihnen beteiligten Personen, ihrer Umstände, Bedingungen, Folgen, der in sie involvierten Bezugsgegenstände usw. (genaueres bei Wegner 1985). Die Information des Wörterbuches nach frames hat demnach folgende Form: Das den Begriff 'x' repräsentierende Zeichen x wird in der Sprache L (oder in mehreren Sprachen) in Handlungszusammenhängen verwendet, die mit den Ausdrücken $A_1, A_2, A_3 \ldots A_n$ evoziert oder mitgeteilt werden. Dabei können A_1 bis A_n allen sprachlichen Rängen zwischen dem Wort und dem Textausschnitt angehören, sie haben in aller Regel keine gemeinsame endozentrische Konstruktion, sondern nutzen die exozentrischen Möglichkeiten der Sprache voll aus.

Züge des Wörterbuches nach frames können vor allem die Sachglossare des späten Mittelalters und der frühen Neuzeit, die Thesauri (vgl. Art. 105), die analogischen (vgl. Art. 106) und die Bildwörterbücher (vgl. Art. 108) enthalten. Die Textbeispiele 101.1 und 101.2 repräsentieren ein frühes (Schwartzenbach 1564) und ein spätes Exemplar (Dornseiff 1970) aus der Wörterbuchgeschichte des Deutschen.

3.2. Onomasiologische Wörterbücher, die statt frames einen oder mehrere Ausdrücke (meist einer, selten mehrerer Sprachen) enthalten, die zu dem Ausgangszeichen in bestimmten lexikalischen Relationen stehen, haben diesen Aufbauelementen entsprechend die allgemeine Informationsform: Dem Ausgangszeichen, das einen Begriff 'x' repräsentiert, werden in der beschriebenen Sprache L (oder in den Sprachen L_1 bis L_n) die Ausdrücke A_1 bis A_n in bestimmten lexikalischen Relationen zugeordnet. Die einzelnen Ausdrücke sind deshalb meist lexikalisierte Einheiten, darunter Phraseme aller Art, Komposita und Ableitungen; es können aber auch freie Syntagmen, unter diesen vollständig motivierte Komposita und sonstige Wortbildungen, vorliegen. Sie haben in aller Regel endozentrische Konstruktion. Die häufigsten lexikalischen Relationen zwischen Ausgangszeichen und zugeordneten Ausdrücken sind:
— die Synonymie und partielle Synonymie (vgl. Art. 102 und 103),
— die Antonymie und Komplenymie (vgl. Art. 104),
— die Hyponymie und die Hyperonymie (vgl. Art. 102 und 103),
— die sog. Analogie; das soll sein: irgendein nicht näher bestimmtes assoziatives Verhältnis zwischen dem Ausgangszeichen und den Ausdrücken der Mikrostruktur (vgl. Art. 106),
— eine Kombination von alledem.

Vertragen.

Vertrag machen.
Die sachen in einen gütlichen abtrag wenden.   } [1]
Ein sachen mit gebürlicher erkanntnuß erörteren.

Verthaidingen.
Entschaiden.
Vergleichen.   } [2]
Verrichten.
Verainbarn.
Eins machen.

In ein ainigkeyt bringen.
Ein span oder zwispalt zerlege̅/Oder/
Zu gütlicher handlung bringen.   } [1]
Ein sachen gütlich beyzulegen vnd zu vertragen vndernemmen.
Die Partheyen jrer gebrechen gütlich verainigen vnd vertragen.

Vnd ob eins oder mehr stuck gütlich nicht möcht hingelegt werden / vmb
dieselben die Partheyen mit jrem Rechtspruch entschaiden.   } [3]

Wölleft sie jrer speen/jrrung/strittbans/ auch anderer beschwerung vnd
forderung halben/so sie gegen vnd zueinander haben/gütlich entschaiden.

Wo du aber der gütligkeyt nicht statt noch volg finden möchst/sie vermah-
nen/daß sie sich zu einem Rechtlichen vngewaigerten Spruch vnd entschied   } [4]
in dich ergeben vn̅ verwillkören/ nachmals die sach mit Rechtlichem spruch
vnd erkanntnuß entschaidest.

Textbeispiel 101.1: Onomasiologisches Wörterbuch nach frames I (aus: Schwartzenbach 1564).

Legende und Erläuterung: [1] phrastische Erläuterung, [2] (partiell) synonymische Erläuterung. In anderen Beispielen stehen auch Ausdrücke der lateinischen Rechtssprache, [1] und [2] sind endozentrische Konstruktionen. [3] Handlungsanweisung ohne Anrede eines Adressaten. [4] Handlungsanweisung mit expliziter Anrede eines Adressaten. [3] und [4] stehen zu [1] und [2] in exozentrischem Verhältnis.

39. Beglückwünschung *s. Ehrenerweisung 16. 87.*
ein kräftiger Händedruck ¶ Vivat! Hoch! ein Schmollis! · Tusch! · Hut ab! · alle Achtung! ¶ beglückwünschen · gratulieren · Glückwünsche darbringen · Glück wünschen · seine Freude ausdrücken (über ein freudiges Ereignis) · sich mit jemand freuen · die besten Wünsche aussprechen ¶ Gratulant · Ehrenjungfrauen · Schützenkönig am Bahnhof · Jubilar ¶ Angebinde · Auffahrt · Blumenarrangement · Böllerschießen · Brautgabe · Ehrengabe · Festschrift · Glückwunschadresse · Glückwunschtelegramm (auf Schmuckblattformular) · Gratulationskarte · Geschenk · Spende · Hochzeitsgeschenk · Kaffee und Kuchen · Lorbeerkranz · Strauß ¶ Ehrentag · bestandenes Examen · Freudentag · Geburtstag · Jubiläum · Konfirmation · Namensfest · Tag der Beförderung · Trauung · Verlobung · Wiegenfest ¶ Aufwartung · Besuch · Glückwunsch · Gratulation · Neujahrswunsch.

Textbeispiel 101.2: Onomasiologisches Wörterbuch nach frames II (aus: Dornseiff 1970).

Legende und Erläuterung: Kennzeichnet man die Strecken zwischen den Alineazeichen von [1] bis [7], dann ist [1] ein Ausdruck für die nicht verbale Komponente der Vollzugsform einer Beglückwünschung, [2] ein Kumulus von Hochrufen/Interjektionen als verbaler Komponente einer Beglückwünschung, [3] ein Kumulus synonymischer und phrastische Ausdrücke für Glückwunschhandlungen, [4] eine offene kumulative Reihe von Beteiligten an einem öffentlichen Glückwunschzeremoniell, [5] eine Kumulation von Umständen einer Beglückwünschung, [6] ein Kumulus von Anlässen einer Beglückwünschung, [7] eine Häufung von Ausdrücken für den Begriff 'Beglückwünschung'.

Die Ausdrücke der Mikrostruktur können rein kumulativ in alphabetischer Anordnung aneinandergereiht sein (vgl. Art. 103), sie können mittels unterschiedlicher lexikographischer Kommentarsymbole, vorwiegend des Kommas, des Semikolons und des Punktes, nach inhaltlichen (meist darstellungsfunktionalen, darunter Gattungs-/Art-Gesichtspunkten, aber auch nach symptomfunktionalen und sonstigen) Gesichtspunkten gruppiert und innerhalb der Gruppen wieder alphabetisch oder nach einer inhaltlichen Detailgliederung geordnet sein; sie können aber auch durch unterschiedlich ausführliche semantische Kommentare in ein explizit begründetes Verhältnis gebracht, mit anderen Worten: semantisch voneinander distingiert (= diskriminiert, vgl. Art. 102) sein. In diesem letzteren Falle ist die bisher (unter 3.2.) immer vorausgesetzte Minimalinformation onomasiologischer Wörterbücher überschritten.

3.3. Onomasiologische Wörterbücher, darunter auch diejenigen nach frames (vgl. 3.1.), können bezüglich der Ausdrücke der Mikrostruktur prinzipiell jede der Informationspositionen enthalten, die für das semasiologische Wörterbuch gang und gäbe sind. Insbesondere die folgenden kommen in Betracht, und zwar jeweils sowohl mit deskriptiver wie mit normativer Absicht des Lexikographen:

(1) Aussprache-, Betonungs- und Orthographiekommentare,

(2) flexions- und wortbildungsmorphologische Kommentare,

(3) etymologische Kommentare zum Zwecke der Bedeutungserläuterung und zugehöriger enzyklopädischer Information, zum Zwecke der vergleichenden Bezeichnungslehre, zu symptomfunktionalen Informationszwecken, darunter insbesondere zum Zwecke der Unterscheidung von Lehnwort und Erbwort,

(4) semantische Kommentare aller Art, die auf die genaue inhaltliche Bestimmung des Ausgangszeichens sowie der einzelnen Ausdrücke der Mikrostruktur untereinander und ihres Verhältnisses zum Ausgangszeichen hinzielen (dies letztere ist konstitutiv speziell für das distinktive im Gegensatz zum kumulativen Synonymenwörterbuch),

(5) Kommentare zu den Symptomwerten der einzelnen Ausdrücke, insbesondere zu ihrer zeitlichen, räumlichen, sozialschichtigen, gruppenspezifischen, situationsspezifischen Verwendungsdimension,

(6) enzyklopädische Erläuterungen aller Art, oft in Verbindung mit (4) stehend,

(7) Beispielsyntagmen, darunter Kollokationen,

(8) Beispielbelege, darunter Sprichwörter und Belegstellenangaben,

(9) Häufigkeitsangaben zu den einzelnen Ausdrücken wie zu ihren graphischen, phonischen, flexions- und wortbildungsmorphologischen Varianten und zu ihrer Syntax,

(10) Literarangaben.

Textbeispiel 101.3 hat die Funktion, diese Positionen, soweit sie realisiert sind, exemplarisch an einem Wörterbuchtext nachzuweisen.

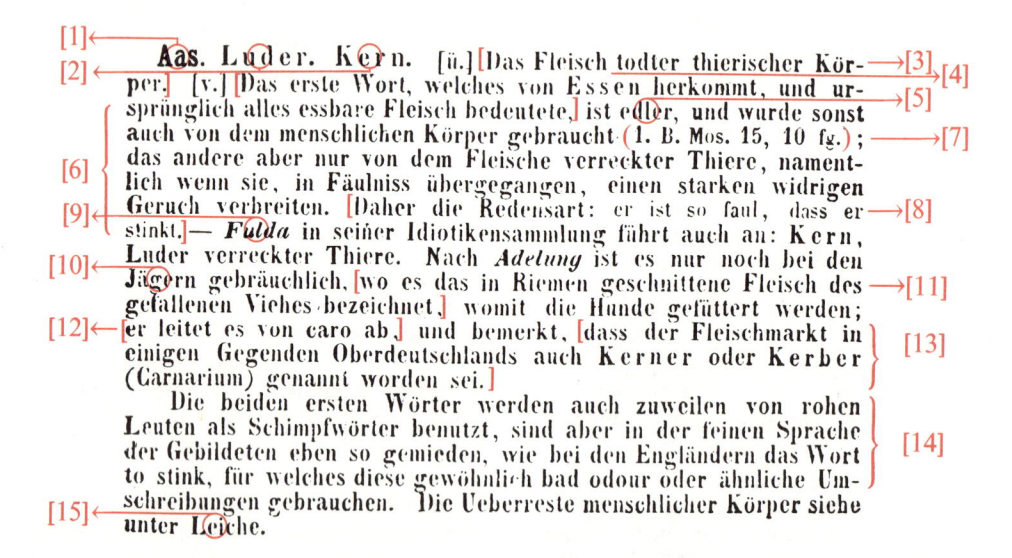

[1] **Aas.** *Luder. Kern.* [ü.] [Das Fleisch todter thierischer Körper.] [v.] [Das erste Wort, welches von Essen herkommt, und ursprünglich alles essbare Fleisch bedeutete,] ist edler, und wurde sonst auch von dem menschlichen Körper gebraucht (1. B. Mos. 15, 10 fg.); — das andere aber nur von dem Fleische verreckter Thiere, namentlich wenn sie, in Fäulniss übergegangen, einen starken widrigen Geruch verbreiten. [Daher die Redensart: er ist so faul, dass er stinkt.] — *Fulda* in seiner Idiotikensammlung führt auch an: **Kern**, *Luder verreckter Thiere.* Nach *Adelung* ist es nur noch bei den Jägern gebräuchlich, [wo es das in Riemen geschnittene Fleisch des gefallenen Viehes bezeichnet,] womit die Hunde gefüttert werden; [er leitet es von *caro* ab,] und bemerkt, [dass der Fleischmarkt in einigen Gegenden Oberdeutschlands auch **Kerner** oder **Kerber** (*Carnarium*) genannt worden sei.]

Die beiden ersten Wörter werden auch zuweilen von rohen Leuten als Schimpfwörter benutzt, sind aber in der feinen Sprache der Gebildeten eben so gemieden, wie bei den Engländern das Wort *to stink*, für welches diese gewöhnlich *bad odour* oder ähnliche Umschreibungen gebrauchen. Die Ueberreste menschlicher Körper siehe unter *Leiche*.

Textbeispiel 101.3: Onomasiologisches Wörterbuch (aus: Eberhard/Maaß/Gruber 1852—1853).

Legende und Erläuterung: [1] Typographisch herausgehobener Teil des Ausgangszeichens und zugleich eines der partiellen Synonyme, [2] dem Ausgangszeichen zugeordnete partielle Synonyme, [3] generische Erläuterung aller dreier partieller Synonyme gemäß (4), [4] etymologischer Kommentar zu *Aas* gemäß (3), [5] Kommentar zum Symptomwert von *Aas*, hier zum sozialschichtigen, gemäß (5), [6] Erläuterung der differentia specifica von *Aas* gegenüber *Luder* und *Kern* sowie umgekehrt von *Luder* gegenüber *Aas* gemäß (4), [7] Belegstellenangabe für *Aas* gemäß (8), [8] Redensart/Sprichwort zum frame von *Aas, Luder, Kern* gemäß (8), [9] Belegstellenangabe für *Kern* gemäß (8) oder Literaturangabe gemäß (10) (je nach Interpretation), [10] Kommentar zum Symptomwert von *Kern*, hier zum gruppenspezifischen, gemäß (5), [11] Erläuterung der differentia specifica von *Kern* gemäß (4), [12] etymologischer Kommentar zu *Kern* gemäß (3), [13] enzyklopädische Erläuterung gemäß (6), hier mit Öffnung zum etymologischen Kommentar gemäß (3), [14] Kommentare zum Symptomwert, hier: dem sozialschichtigen, gemäß (5), [15] ein Verweis.

4. Benutzungsmöglichkeiten und Zukunftsperspektiven

4.1. E contrario gesagt: Die entscheidenden Funktionen aller Typen des semasiologischen Wörterbuches bestehen darin, dem Leser einzelner Texte Auskunft über ihm unbekannte Wörter, über ihm unbekannte Wortbedeutungen, über Nuancen von Wortbedeutungen oder über sonstige Eigenschaften von Wörtern, darunter vor allem über ihre Symptomwerte zu geben, sowie dem Wörterbuchbenutzer — ausgehend vom Einzelwort — über den aktuellen einzeltextbezogenen Nachschlagezweck hinaus kognitive, darunter auch enzyklopädische Hilfestellung für die Bewältigung einzeltexttranszendierender Anliegen zu vermitteln (FWB 1, 26—30). Demgegenüber hat das onomasiologische Wörterbuch mit allen seinen Typen die Funktionen, dem Nachschlagenden Hilfestellung bei der Produktion einzelner Texte zu geben, sowie ihm — ausgehend vom Begriff (bzw. einem den Begriff repräsentierenden Zeichen) — eine den einzelnen Textproduktionsprozeß transzendierende Schulung zu vermitteln. Im Detail ergeben sich folgende Modalitäten dieser allgemeinen Funktionsbestimmung:

(1) Wortfindungshilfe, vorwiegend beim Formulieren von Texten, auch z. B. bei der Lösung von Kreuzworträtseln, bei Wortspielen aller Art,

(2) Hilfe bei der Findung von Synonymen oder partiellen Synonymen zu verfügbaren Wörtern, vor allem zum Zwecke stilistischer Variation (Vermeidung von Wortwiederholungen), zum Zwecke der Nuancierung, der Spezifizierung und Bewertung des Gesagten, jeweils anläßlich des Formulierens von Texten,

(3) Vermittlung von Entscheidungshilfen für die normativ richtige oder (je nach Zweck) von der Norm abweichende Verwendung von (partiellen) Synonymen, die als lexikalische Einheiten verfügbar, in einzelnen ihrer Eigenschaften aber nicht sicher bekannt sind,

(4) Vermittlung des Handlungsrahmens (= des frames) oder einzelner seiner Teile, in dem ein bestimmtes Zeichen regelhaft verwendet wird,

(5) Vermittlung von Komplexen von Handlungsrahmen, letztlich des gesamten Weltaufbaus, in dem sich der Sprecher kognitiv zu orientieren und dieser Orientierung gemäß sprachlich zu handeln hat,

(6) Vermehrung des für einen bestimmten Ausgangsbegriff beherrschten Wortschatzes, wie sie auf niederer Anspruchsstufe in den (oft kumulativen) Wortfeldübungen des Sprachunterrichts erstrebt wird,

(7) Schulung des Scharfsinns des gebildeten Teils der Nation (so Eberhard/Maaß/Gruber 1826, XIII f.), des logischen Unterscheidungsvermögens (im Englischen dafür oft: sharpening the sense of logic) insbesondere durch klare Distinktionen von partiellen Synonymen (vgl. Art. 102),

(8) Bereitstellung des Ausgangsmaterials für begriffsgeschichtliche, -geographische, -soziologische Untersuchungen aller Art, darunter für Wortfelduntersuchungen innerhalb der Einzelsprache und sprachinterne und sprachexterne Wortvergleiche, ferner für die Kultur- und Einflußforschung wie für die Universalienforschung (vgl. Schröpfer 1979, XX).

4.2. Eine wesentliche Voraussetzung für die Erfüllung dieser Funktionen ist, daß der Wörterbuchbenutzer beim Nachschlagen eine Erfolgsquote erzielt, die derjenigen beim Nachschlagen alphabetischer semasiologischer Wörterbücher zumindest nahe kommt. Dies ist besonders für alle Typen des nicht alphabetischen onomasiologischen Wörterbuches schwierig.

Die Lösung hätte zunächst in einer überlegteren Auswahl der Ausgangszeichen zu liegen (das ist insofern etwas anderes als: *Auswahl der Begriffe*, da jeder Begriff durch mehrere Zeichen repräsentierbar ist); dazu müßte deren onomasiologisches Vermögen Gegenstand vorheriger lexikologischer Untersuchungen sein, darunter solcher Untersuchungen, die die sozial- und geschichtstypische Organisation des sprachlichen Wissens, gleichsam die Knotenpunkte zu eruieren hätte, von denen aus andere Wortschatzteile assoziiert werden.

Eine weitere Voraussetzung für den Nachschlageerfolg wäre ein für onomasiologische Wörterbücher spezifisches Verweissystem. Damit soll der Nutzen von alphabetischen Registern als Wörterbuchanhang nicht geleugnet werden; sie haben aber den Nachteil, das onomasiologische Wörterbuch automatisch zu einem Zwei- oder Mehrwegewörterbuch zu machen. Das bedeutet eine Verdopplung oder gar Vervielfachung des Nachschlageaufwandes, insbesondere dann, wenn das Register einen eigenen Band bildet (Muster Sanders 1873—1877). Wörterbuchinterne Verweise hätten mithin den Zweck, diesen Nachteil speziell für die Nachschlagehandlungen, die der raschen Hilfe bei der Produktion einzelner Texte dienen, so weit wie möglich zu reduzieren.

Drittens hängt der Nachschlageerfolg immer auch von dem Inhalt des eingesehenen Werkes ab. Nun begegnen onomasiologische Wörterbücher im Vergleich zu den semasiologischen rein quantitativ aber in allen mittel-

und westeuropäischen Sprachen viel seltener. Speziell für das Deutsche gibt es z. B. zu den meisten Dialekten und Historiolekten hochwertige alphabetisch-semasiologische Wörterbücher, aber durchgehend keine onomasiologischen; auch hinsichtlich des Umfangs sind letztere den semasiologischen unterlegen: Das umfangreichste onomasiologische Wörterbuch des Deutschen ist mit vier Bänden Marzell 1943—1979 (X S., 6591 Sp.); die gemeinsprachlichen onomasiologischen Wörterbücher erreichen einmal zwar sechs (Eberhard 1795—1802; LII, 2074 S.), einmal drei (Weigand 1852), selten einmal zwei Bände, in der Regel aber nur einen einzigen (vgl. Kühn 1978, 38—42). Auch qualitativ haben onomasiologische Wörterbücher im Durchschnitt nicht den Standard der semasiologischen erreicht; die unter 3.3. erwähnten Informationspositionen sind in aller Regel nicht gefüllt. Wo aber nichts oder nur quantitativ und qualitativ Unterlegenes existiert, bleibt der Nachschlageerfolg aus und gerät der Wörterbuchtyp in den Ruf mangelnder Leistungsfähigkeit.

4.3. Daraus ergeben sich einige Forderungen an die zukünftige onomasiologische Lexikographie; sie laufen darauf hinaus, diese in Analogie zur semasiologischen Lexikographie zu bringen. Im einzelnen ergeben sich folgende Anliegen:

(1) Das für alle semasiologischen Wörterbücher geltende Prinzip einer quantitativ angemessenen, d. h. vom Zweck, von der Quellengrundlage u. a. abhängigen äußeren (lemmatischen, zum Begriff Wiegand 1984, 595) Vollständigkeit, ist auf onomasiologische Wörterbücher zu übertragen. Die Differenzen zwischen der Anzahl der Stichwörter semasiologischer und der Anzahl der Einträge zum mindesten einiger Typen des onomasiologischen Wörterbuches (vor allem des Synonymenwörterbuchs und des analogischen, aber auch des Antonymenwörterbuchs) hat keine sachliche Begründung.

(2) Art und Anzahl der Informationspositionen, die für den Artikel des semasiologischen Wörterbuches relativ akzeptiert sind und gleichsam zum Standardpaket seiner Ausrüstung gehören (vgl. z. B. Drosdowski 1983; Kempcke 1984), sind analog auch für das onomasiologische Wörterbuch zu fordern.

(3) Als Gipfel der semasiologischen Wörterbuchkultur gelten allgemein die großen Wörterbücher einer Gesamtsprache vom Typ des DWB (vgl. Art. 153). Gesamtsystembezogene onomasiologische Wörterbücher sind ebenso gut machbar. Sie hätten bei konsequenter Ausführung die Wörter aller dialektalen, historischen, gruppen- und schichtensoziologischen, situationsspezifischen usw. Varietäten des Deutschen pro Ausgangsbegriff zu verzeichnen und diskriminierend zu erläutern und würden ein optimales Quellenmaterial für alle Untersuchungen bilden, die sich in irgendeiner Weise im Sinne der sprachlichen Weltbildthese verstehen (vgl. 4.1. Punkt (8)). Beiliegende Abbildung bringt ein Inhaltsschema des onomasiologischen Gesamtwörterbuches.

(4) Die nicht alphabetischen onomasiologischen Wörterbücher haben sehr oft alphabetische Register über die Begriffseinträge sowie die ihnen in den einzelnen Artikeln zugeordneten sprachlichen Ausdrücke. Dies ist als Zeichen der Einsicht in die Findeprobleme zu werten, die ein Benutzer bei nicht alphabetischer Ordnung von Wörterbüchern notwendigerweise haben muß. Die analoge Einsicht von Bearbeitern semasiologischer Wörterbücher, die darin bestehen müßte, dem onomasiologisch Interessierten die Bedeutungen zu erschließen, die in dem betreffenden Wörterbuch unter den einzelnen Lemmazeichen erläutert werden, scheint regelhaft zu fehlen, denn semasiologische Wörterbücher haben im allgemeinen keine bedeutungsbezogenen Register. Man kann gegen die Forderung solcher Register einwenden, diese seien für das hochsprachlich-einsprachige Wörterbuch gar nicht sinnvoll anzulegen, denn jede Bedeutung werde außer phrastisch auch synonymisch erläutert und könne deshalb unter dem angegebenen Synonym an alphabetisch passender Stelle aufgefunden werden, man müsse das Lemmazeichen dann eben statt als Wort als Bedeutung (und damit als Begriff) lesen. Entsprechendes gilt für das zweisprachige Wörterbuch. Indem man ihm die Umkehrung beigibt, erscheinen die synonymischen Einheiten des Erläuterungswortschatzes als Lemmazeichen, die wiederum als Bedeutungen/Begriffe gelesen werden können. Gegeneinwände die-

Varietät	Dialekte				Historiolekte			[...]
Begriff	Hess.	Pfälz.	Thür.	[...]	Ahd.	Mhd.	[...]	[...]
‚Begriff a'	Wörter 1; 2; 3	Wörter 2; 3; 4	Wortlücke	[...]	Wörter 4; 5; 6	Wort 4	[...]	[...]

Abb. 101.2: Inhaltsschema des gesamtsprachbezogenen onomasiologischen Wörterbuches (aus: Reichmann 1986).

ser Art betreffen aber nicht die varietätenbezogenen Wörterbücher, diejenigen also, die dialektales, historiolektales usw. Wortgut einer Sprache mit hochsprachlichen Mitteln erläutern. Eine onomasiologische Aufbereitung dieser Wörterbücher durch Heraushebung bestimmter Ausdrücke des Erläuterungswortschatzes, eine Uminterpretation zu Begriffen und die anschließende Monosemierung des Begriffsausdruckes ist eine der fruchtbringendsten Aufgaben zukünftiger Varietätenlexikographie (vgl. Anderson/Goebel/Reichmann 1983; Reichmann 1985; 1986; FWB 1986, 160—163).

(5) Da geschlossene Begriffssysteme als Grundlage für die onomasiologische Lexikographie des Thesaurustyps eine allgemein akzeptierte Weltauffassung voraussetzen, eine solche aber etwa in den sich als pluralistisch verstehenden Demokratien der Gegenwart zumindest dauernd in Frage steht, stoßen die den Konsens der Sprachgemeinschaft voraussetzenden Thesauri viel offensichtlicher an Realisierbarkeitsgrenzen als die alphabetisch geordneten semasiologischen Wörterbücher. — Dann stellt sich die lexikographiepädagogische und -politische Frage, ob deshalb auf Thesauri verzichtet werden sollte oder ob sie von den Vertretern der einzelnen Weltanschauungen viel eher als Instrumente ihrer Überzeugung eingesetzt und damit als Beitrag zu einer demokratischen Wörterbuchkultur verstanden werden sollten. Unter diesem Aspekt ist jedenfalls das Zeitalter der Thesauri, das man gerne mit dem Mittelalter und der frühen Neuzeit verbindet, noch keineswegs zu Ende. — Ohne jeden Zweifel sind einzelfachbezogene Thesauri eine Aufgabe der Zukunft.

5. Literatur (in Auswahl)
5.1. Wörterbücher

Boissière 1862 = Prudence Boissière: Dictionnaire analogique de la langue française. Répertoire complet des mots par les idées et des idées par les mots. Paris 1862 [XI, IV, 1439, 32 S.; 9. éd. 1900].

Brunner/Conze/Koselleck 1972ff. = Otto Brunner/Werner Conze/Reinhart Koselleck (Hrsg.): Geschichtliche Grundbegriffe. Historisches Lexikon zur politisch-sozialen Sprache in Deutschland. Stuttgart 1972 ff. [Bisher: 5 Bde., 5117 S.].

Buck 1949 = Carl Darling Buck: A Dictionary of Selected Synonyms in the Principal European Languages. A Contribution to the History of Ideas. Chicago 1949 [XVII; 1515 p.].

Dornseiff 1970 = Franz Dornseiff: Der deutsche Wortschatz nach Sachgruppen. 7., unveränderte Aufl. Berlin 1970 [922 S.].

Drosdowski 1983 = Duden. Deutsches Universalwörterbuch. Hrsg. [...] unter Leitung v. Günther Drosdowski. Mannheim. Wien. Zürich 1983 [1504 S.].

DWB = Deutsches Wörterbuch von Jacob Grimm und Wilhelm Grimm. 16 Bände in 32 Bänden. Quellenverzeichnis. Leipzig 1854—1971 [Nachdruck 1984; XCI S., 67 744 Sp.].

Eberhard 1795—1802 = Johann August Eberhard: Versuch einer allgemeinen Synonymik in einem kritisch-philosophischen Wörterbuche der sinnverwandten Wörter der hochdeutschen Mundart. 6 Theile. Halle (Saale) 1795—1802 [LII S., 2074 S.].

Eberhard/Maaß/Gruber 1852—1853 = Deutsche Synonymik v. Eberhard/J. G. E. Maaß/J. G. Gruber. 4. Aufl. durchgesehen, ergänzt und vollendet v. Carl Hermann Meyer. 2 Bde. Leipzig 1852—1853 [IV, 548, 563 S.; Nachdruck 1971].

Frauenstädt 1871 = Schopenhauer-Lexikon. Ein philosophisches Wörterbuch [...] bearb. v. Julius Frauenstädt. 2 Bde. Leipzig 1871 [IX, 382 S., 508 S.].

FWB = Frühneuhochdeutsches Wörterbuch. Hrsg. v. Robert R. Anderson/Ulrich Goebel/Oskar Reichmann. Bd. 1 [in Lieferungen] Berlin. New York 1986 ff. [Bisher: 1 Bd.: XX, 285 S., 1632 Sp.; a-äpfelkern].

Görner/Kempcke 1973 = Herbert Görner/Günter Kempcke: Synonymenwörterbuch. Sinnverwandte Ausdrücke der deutschen Sprache. Leipzig 1973 [643 S.].

Hartmann 1975 = Reinildis Hartmann: Allegorisches Wörterbuch zu Otfrieds von Weißenburg Evangeliendichtung. München 1975 [559 S.].

Kehrein 1863 = Joseph Kehrein: Onomatisches Wörterbuch [...]. 2. Ausg. Wiesbaden 1863 [1244 S.].

Kempcke 1984 = Handwörterbuch der deutschen Gegenwartssprache. In zwei Bänden. Von einem Autorenkollektiv unter der Leitung v. Günter Kempcke. Berlin 1984 [XXXI, 1399 S.].

Liebich 1905 = Bruno Liebich [Bearb.]: Die Wortfamilien der lebenden hochdeutschen Sprache als Grundlage für ein System der Bedeutungslehre. Nach Heynes deutschem Wörterbuch bearb. v. Bruno Liebich. 2. unveränderte Aufl. Breslau 1905 [IV, 521 S.].

Marzell 1943—74 = Heinrich Marzell: Wörterbuch der deutschen Pflanzennamen. Bearb. v. Heinrich Marzell unter Mitwirkung v. Wilhelm Wissmann. 4. Bde. Leipzig. Stuttgart 1943—74 [X S., 6591 Sp.].

Roget 1852 = Peter Mark Roget: Thesaurus of English words and phrases. London 1852. New Ed. prepared by Susan M. Lloyd 1952 [XXXXXII, 1249 S.].

Sanders 1873—1877 = Daniel Sanders: Deutscher Sprachschatz geordnet nach Begriffen. [...]. Hamburg 1873—1877. [Nachdruck mit einer ausführlichen Einleitung und Bibliographie v. Peter Kühn. Tübingen 1985; LXXVII, 2136 S.].

Schöpper 1551 = Die Synonyma Jakob Schöppers neu hrsg. [...] v. Karl Schulte-Kemminghausen. Dortmund 1927 [LIV, 8, 179 S.].

Schröpfer 1979 = Wörterbuch der vergleichenden Bezeichnungslehre. Onomasiologie. Begr. und hrsg. v. Johannes Schröpfer. Bd. 1. Heidelberg 1979 ff. [Bisher: 8 Lieferungen; CXVI; 514 S.].

Schwartzenbach 1564 = Ulrike Haß: Leonhard Schwartzenbachs „Synonyma". Beschreibung und Nachdruck der Ausgabe Frankfurt 1564. [...]. Tübingen 1986 [394 S., C Bl.].

Wehrle/Eggers 1954 = Hugo Wehrle/Hans Eggers: Deutscher Wortschatz. [...]. Stuttgart 1968 [XXXI, 821 S.].

Weigand 1852 = Friedrich Ludwig Karl Weigand: Wörterbuch der deutschen Synonymen. 2. Ausg. mit Verbesserungen und neuen Artikeln. 3 Bde. Mainz 1852 [XXVIII S., 576 S., XII S., 1249 S.; 1. Aufl. 1840—1843].

5.2. Sonstige Literatur

Altermann 1985 = Richard Altermann: A Dictionary Based on Concept Coherence. In: Artificial Intelligence 25. 1985, 153—186.

Anderson/Goebel/Reichmann 1983 = Robert R. Anderson/Ulrich Goebel/Oskar Reichmann: Ein Vorschlag zur onomasiologischen Aufbereitung semasiologischer Wörterbücher. In: Zeitschrift für deutsche Philologie 102. 1983, 391—428.

Baldinger 1952 = Kurt Baldinger: Die Gestaltung des wissenschaftlichen Wörterbuches. Historische Betrachtungen zum neuen Begriffssystem als Grundlage für die Lexikographie von Hallig und Wartburg. In: Romanistisches Jahrbuch 5. 1952, 65—94.

Baldinger 1960 = Kurt Baldinger: Alphabetisches oder begrifflich gegliedertes Wörterbuch? In: Zeitschrift für romanische Philologie 76. 1960, 521—536.

Baldinger 1971 = Kurt Baldinger: Semasiologie und Onomasiologie im zweisprachigen Wörterbuch. In: Interlinguistica. Sprachvergleich und Übersetzung. Festschrift zum 60. Geburtstag von Mario Wandruszka. Hrsg. v. Karl-Richard Bausch/Hans-Martin Gauger. Tübingen 1971, 384—396.

Bardosi 1983 = Vilmos Bardosi: La rédaction d'un dictionnaire onomasiologique de locutions: esquisse d'une problématique. In: Annales Universitatis Scientiarum Budapestinensis de Rolando Eötvös Nominatae. Sectio Philologica Moderna 14. 1983, 97—106.

Chapman 1974 = Robert L. Chapman: Roget's „Thesaurus" and Semantic Structure: A Proposal for Work. In: Language Sciences 31. 1974, 27—31.

Courtés 1980 = Joseph Courtés: Dictionnaire de langue et dictionnaire conceptuel. In: Le bulletin du Groupe de Recherches sémio-linguistiques 13. 1980, 16—20.

Friedrich 1972/73 = Gerhard Friedrich: Das bisher noch fehlende Begriffslexikon zum Neuen Testament. In: New Testament Studies 19. 1972/73, 127—152.

Glinz 1954 = Hans Glinz: Die Darstellung eines Wortschatzes. Zum „Begriffssystem als Grundlage für die Lexikographie" von R. Hallig und W. von Wartburg. In: Zeitschrift für Mundartforschung 22. 1954, 34—45.

Hallig/von Wartburg 1963 = Rudolf Hallig/Walther von Wartburg: Begriffssystem als Grundlage für die Lexikographie. Versuch eines Ordnungsschemas. 2. Aufl. Berlin 1963.

Jansen 1977 = Louise M. Jansen: Zur begrifflichen Ordnung substantivischer Lexikoneinheiten. In: János S. Petöfi/Jürgen Bredemeier (Hrsg.): Das Lexikon in der Grammatik — die Grammatik im Lexikon. 2. Halbbd. Hamburg 1977, 335—379.

Kühn 1978 = Peter Kühn: Deutsche Wörterbücher. Eine systematische Bibliographie. Tübingen 1978 (Reihe Germanistische Linguistik 15).

McArthur 1986 = Tom McArthur: Thematic Lexicography. In: The History of Lexicography. Papers from the Dictionary Research Centre Seminar at Exeter. March 1986. Ed. by R. R. K. Hartmann. Amsterdam. Philadelphia 1986, 157—166.

Mezger 1956 = F. Mezger: Systems of Linguistic Expression, Conceptual Dictionaries, and Dictionaries of Usage. In: Proceedings of the Seventh International Congress of Linguists London, 1.—6. Sept. 1952. Ed. by F. Norman/P. F. Ganz. London 1956, 77—89.

Olšanski 1981 = Igor G. Olšanski: Das onomasiologische Prinzip der lexikographischen Erfassung von Phraseologismen. In: Wissenschaftliche Zeitschrift. Karl-Marx-Universität Leipzig. Ges. u. sprachwiss. Reihe 30. 1981, 465—469.

Püschel 1986 = Ulrich Püschel: Vom Nutzen synonymisch und sachlich gegliederter Wörterbücher des Deutschen. Überlegungen zu ausgewählten historischen Beispielen. In: Lexicographica 2. 1986, 223—243.

Reichmann 1985 = Oskar Reichmann: Sprachgeschichte als Kulturgeschichte: Historische Wortschatzforschung unter gegenwartsbezogenem Aspekt. In: Das Fremde und das Eigene. Prolegomena zu einer interkulturellen Germanistik. Hrsg. v. Alois Wierlacher. München 1985 (Publikationen der Gesellschaft für interkulturelle Germanistik 1), 111—122.

Reichmann 1986 = Oskar Reichmann: Die onomasiologische Aufbereitung semasiologischer Dialektwörterbücher. Verfahrensvorschlag und Nutzen. In: Lexikographie der Dialekte. Beiträge zur Geschichte, Theorie und Praxis. Hrsg. v. Hans Friebertshäuser unter Mitarbeit v. Heinrich J. Dingeldein. Tübingen 1986 (Reihe Germanistische Linguistik 59), 173—184.

Rothacker 1950 = Erich Rothacker: Das akademische „Wörterbuch der Philosophie". In: Das goldene Tor 5. 1950, 94—97.

Schmidt 1978 = Klaus M. Schmidt: Wege zu Begriffsglossaren und einem Begriffswörterbuch mittelhochdeutscher Epik. In: Maschinelle Verarbeitung altdeutscher Texte II. Beiträge zum Symposium Mannheim 15./16. Juni 1973. Hrsg. v. Winfried Lenders/Hugo Moser. Berlin 1978, 127—146.

Schröpfer 1982 = Johannes Schröpfer: Das „Wörterbuch der vergleichenden Bezeichnungslehre" als Instrument der Slavistik und der allgemeinen Sprachwissenschaft. In: Literatur und Sprachentwicklung in Osteuropa im 20. Jahrhundert. Ausgewählte Beiträge zum Zweiten Weltkongreß für Sowjet- und Osteuropastudien. Hrsg. v. Eberhard Reißner. Berlin 1982, 157—165.

Schumacher 1986 = Helmut Schumacher: Beschreibungssprache im onomasiologischen Verbwörterbuch für Deutsch als Fremdsprache. In: Neue Entwicklungen der Angewandten Linguistik. Kongreßbeiträge zur 15. Jahrestagung der Gesellschaft für Angewandte Linguistik, GAL e. V. Hrsg. v. Wolfgang Kühlwein. Tübingen 1986, 72—74.

de Tollenaere 1960 = Felicien de Tollenaere: Alfabetische of ideologische lexicografie? Leiden 1960.

Trüb 1986 = Rudolf Trüb: Schweizer Wörterbücher zwischen Alphabetik und Systematik. In: Textlinguistik contra Stilistik? — Wortschatz und Wörterbuch — [...] Hrsg. v. Walter Weiß/Herbert Ernst Wiegand/Marga Reis. Tübingen 1986, 253—261.

Wartburg 1957 = Walther von Wartburg: Betrachtungen über die Gliederung des Wortschatzes und die Gestaltung des Wörterbuches. In: Zeitschrift für romanische Philologie 57. 1957, 296—312.

Wegner 1985 = Immo Wegner: Frame Theorie in der Lexikographie. Untersuchungen zur theoretischen Fundierung und computergestützten Anwendung kontextueller Rahmenstrukturen für die lexikographische Repräsentation von Substantiven. Tübingen 1985 (Lexicographica. Series Maior 10).

Wiegand 1984 = Herbert Ernst Wiegand: Prinzipien und Methoden historischer Lexikographie. In: Sprachgeschichte. Ein Handbuch zur Geschichte der deutschen Sprache und ihrer Erforschung. Hrsg. v. Werner Besch/Oskar Reichmann/Stefan Sonderegger. 1. Halbband. Berlin. New York 1984 (Handbücher zur Sprach- und Kommunikationswissenschaft 2, 1), 557—620.

Wüster 1959 = Eugen Wüster: Die Struktur der sprachlichen Begriffswelt und ihre Darstellung in Wörterbüchern. In: Studium Generale 12. 1959, 615—627.

Oskar Reichmann, Heidelberg
(Bundesrepublik Deutschland)

102. The Dictionary of Synonyms: Discriminating Synonymy

1. Introduction: Prodicos
2. From Fronto to Girard
3. Girard's Influence in Europe
4. Discriminating Synonymy and Structuralism
5. Discriminating Synonymy and Etymology
6. Discriminating Synonymy Today
7. How Useful Is Discriminating Synonymy?
8. Selected Bibliography

1. Introduction: Prodicos

It is hardly a coincidence that we first meet with discriminating synonymy in Prodicos, one of the Sophists in Plato's dialogue *Protagoras* (cf. Di Cesare 1980, 75—81; Mayer 1913, Auroux 1986): reflection about the meaning of words by means of comparison, i.e. by seeking that which they have in common and that which distinguishes them is in fact the point at which philosophy and linguistics overlap. What is more, this kind of reflection is a fundamental part of every speaker's language competence: here is an area in which he can freely participate in philosophy and linguistics without having had specialized training in either of the fields. Its immediate accessibility for every member of a language community, linked with a strong degree of philosophical and linguistic relevance, explains the popularity that discriminating synonymy has enjoyed throughout the centuries.

Here are two examples: At the end of chapter 5 in Jane Austen's *Pride and Prejudice,* one of the main characters engaged in social conversation reflects: "Vanity and pride are different things, though the words are often used synonymously. A person may be proud without being vain. Pride relates more to our opinion of ourselves, vanity to what we would have others think of us". This example of classic synonym discrimination as practised at the beginning of the 19th century shows that synonymy was by this time an established social pastime. A century and a half later Webster 1942 (1973) was to become a bestseller with "phenomenal acceptance" (Leavitt 1947, 95).

2. From Fronto to Girard

Numerous Latin authors have cultivated the art of Prodicos, Cornelius Fronto being one of the more significant ones (Beck 1883), and Ausonius Popma's *De differentiis verborum libri quatuor* (1606) is the epitome of all efforts in this direction: its publication in several revised editions up to the late 18th century is proof of its wide circulation. Popma's dictionary is alphabetically arranged with illustrative citations following the concisely formulated discriminations; words without headword status are listed in an index (cf. dict. excerpt 102.1).

Corrigere eſt rectum facere, & in locum ſuum reſtituere; *Emendare* verò eſt ab omni macula & labe purgare, qvod plus eſt. Livius Lib. 52. *Si qvid fecerim imprudentiâ lapſus*, corrigi *me ac* emendari *hac caſtigatione poſſe*. Gellius Lib. 6. *Spes contra nulla eſt*, emendari *eum poſſe*, & corrigi. Tacitus Hiſtoriar. Lib. I. *Aut ipſe praedicat* emendata *& correcta*. Plinius in Panegyricô: *Corrupta eſt diſciplina caſtrorum, ut tu* corrector emendatorqve *contingeres*.

Dictionary excerpt 102.1: Article *corrigere — emendare* (in: Popma 1606 [1708], 140)

The numerous existing Latin "Diacritici, sive scriptores, qui differentias vocabulorum explicuerunt" (Noltenius 1780, 23) have certainly played a role in establishing a current of discriminating synonymy in linguistic reflection on modern languages since the Renaissance. In France, we find it strongly represented in Malherbe's well-known *Commentaires sur Desportes* of 1607 (cf. Hausmann 1986a, 44 f.) as in Vaugelas's *Remarques* of 1647 (cf. Chevalier 1971, Fuchs 1979). Against the background of Latin synonymy and in continuation of this 17th century French purist trend towards the sporadic distinguishing of synonyms, abbé Gabriel Girard published in 1718 the first discriminating synonymy of a modern language in book form (but not in alphabetical order; Gauger 1973). This work was to set off a wave of imitation throughout Europe — at best comparable to the effect P. M. Roget's work had on thesaurus lexicography (cf. art. 105).

3. Girard's Influence in Europe

In Germany it was Gottsched (1733, 1758, cf. Püschel 1978, Sparnaay 1944) who prepared the ground for Stosch 1770—75 and the Deutsche Gesellschaft zu Mannheim (Synonymen 1794), but more especially for Eberhard 1795—1802 (cf. Henne 1972, Püschel 1986, 1986a), whose monumental work was to be continued by others up to 1852 in its 4th edition and right to 1910 in its abridged edition. A contemporary of Eberhard's, Heynatz, also tried his hand at a synonymy (Heynatz 1795—98, begun in 1775), but gave up at the letter E. Delbrück 1796, Löwe 1798 and Jahn 1806 published completions to Eberhard. In England Girard was translated literally (Girard 1762, also partially translated by Trusler 1766). Johnson's dictionary having been criticized for its lack of discriminating synonymy (cf. Hausmann 1978, 248), his close friend, Hester L. Piozzi (Mrs. Thrale, cf. Clifford 1952), published the successful *British Synonymy* in 1794; it was to be followed by Taylor 1813 and, more importantly, by Crabb 1816, the oldest synonymy in the world which is still on sale in book shops today (on the early history of English synonymy cf. Egan 1942 and Noyes 1951).

In France, Condillac's methodically interesting attempt of 1760 (cf. Hausmann 1978) was still no more than a manuscript. But the fact that the only purely linguistic element that Diderot and d'Alembert integrated into their *Encyclopédie* was a discriminating synonymy which completed that of Girard clearly demonstrates the importance attributed to synonymy by the philosophers (cf. art. 48). Amongst many successors to Girard the most significant are Roubaud 1785 (cf. Gauger 1973), Guizot 1809 and finally, as the crowning glory, Lafaye 1841 and 1858, who integrated Condillac's manuscript into his work (for more on this tradition cf. Berlan 1981).

The success which Girard enjoyed in several editions and reprints up to 1808 was also to give Latin synonymy new impulses: Gardin 1777 was translated into German by Ernesti 1799. On early Spanish synonymy beginning with Huerta 1789, cf. Levy 1942. In Italy, a final Girard-translation appeared in 1829 (Albrecht 1829) before Tommaseo wrote the definitive Italian synonymy which is still on sale today. Synonymies were written in this period for Danish (Sporon 1775, Müller 1829), Hebrew (Pappenheim 1789, cf. Mühlau 1863), Dutch (Bruining 1820, Weiland 1821—5), and Swedish (Dalin 1870).

4. Discriminating Synonymy and Structuralism

As has been recognized by representatives of the modern school of structural semantics (cf. Hausmann 1976), methodology in discriminating synonymy resembles a kind of early form of structural semantics and seme analysis. This can be said of Girard's practical work (cf. Gauger 1973), and even more so of the theories which several synonymists have developed in the prefaces to their dictionaries. The first significant text of this nature is Eberhard 1795 (cf. Henne 1972), who strongly influenced Guizot 1809 (cf. Glatigny 1980). This theory was to reach its apotheosis with Lafaye 1858 (beginning already in Lafaye 1841), who goes as far as to speak of «traits distinctifs» (distinctive features) and who judges the analysis of the field «banc, chaise, fauteuil et tabouret» ('bench, chair, armchair and stool') too banal to merit his attention (Lafaye 1858, XLII). It is Abel 1882, who, with the express intention of continuing Lafaye's theory, completes the step from lexicography to lexicology (cf. Hausmann 1976).

5. Discriminating Synonymy and Etymology

While discriminating synonymy as practised by Popma or Girard was strictly synchronic, the end of the 18th century brought with it an increasing interference from diachronic language study then on the upswing. Differentiation between synonyms was increasingly based on etymology (as in Stosch 1770—75), and thus both structural and etymological reasoning, astute and absurd explanations are often found side by side in publications of the time. This confusion of «étymologie et analyse» (Roubaud 1785, XXXVIII) leads, for example, to the all-inclusive listing of affixes in synonymies, as is best exemplified by Lafaye (cf. Auroux 1986). In Germany, the most outstanding example of this infelicitous influence of historical linguistic science on synonymy is Weigand 1840—43 (Meyer 1849 is also of significance here); Weigand's express intention was to counteract Eberhard's "predominantly philosophical influence and affectation". (On the influence of diachronic linguistics on Latin synonymies of this time cf. Doederlein 1826—39). It was around 1870 that historical linguists recognized the irrelevance of etymology for the contemporary meaning of words and thereafter synonymies based on etymology ceased to be compiled.

6. Discriminating Synonymy Today

The 20th century in Girard's and Lafaye's homeland has not produced any significant discriminating synonymies. Bailly 1946 and Bénac 1956 have compiled dictionaries partially containing material as old as that of Girard (Hausmann 1977, 96 f.); Younes 1981 is in turn based on Bailly, and in Genouvrier 1977 the discriminating element has been greatly reduced (cf. art. 103). The picture is much the same in Eberhard's homeland. Practical, pedagogically oriented synonymy had reached its zenith with Sanders 1871 and 1896 (cf. Kühn 1979, 1985a) and came to a temporary end with the last edition of Hoffmann 1859; Grebe/Müller's effort (1964) at a revival of this trend remained unsuccessful. At present, Müller 1977 is the only work of this kind still on the market. Today, it is the English language which, with Webster 1973 (1942) and Hayakawa 1968, 1971, has two contemporary works of rank, and Russian lexicography has made outstanding achievements with Evgen'eva 1970—71 (cf. also Zainqui 1973 for Spanish).

7. How Useful Is Discriminating Synonymy?

Opinions vary on the usefulness of discriminating synonymy. Standop 1985, 10 recommends reading Webster 1973 to users who wish to sharpen their sense of logic; for those, however, who are looking for the right word, it is virtually useless. On the other hand, Ickler 1982, 16 claims that a representative German synonymy is most urgently needed on the German dictionary market. Which functions can and should discriminating synonymies fulfil? Because of their high degree of headword selectivity, they are unsuitable for the reception of texts. They can only serve as text production aids if they include more syntagmatic information (see below) than most of them have offered till now. There remains a didactic function which consists in improving the *Sprachgefühl* and language knowledge of native speakers and, more especially, of foreign learners. (Two further functions need not be dealt with here: the

	F	E	D	Sp.	L/Gr/P	others
1720	Girard 1718				[Popma 1606—1769]	
1730	Girard 1736					
40						
50			Gottsched 1733			
60	Condillac 1760	Girard 1762	Gottsched 1758			
	Beauzée 1769	Trusler 1766				
70			Stosch 1770/5		Gardin 1777 (L)	Sporon 1775 (DK)
80	Roubaud 1785			Huerta 1789		Pappenheim 1789 (Heb)
90	Roubaud 1796	Piozzi 1794	Synonymen 1794		Ernesti 1799 (L)	
			Eberhard 1795/02			
			Delbrück 1796			
			Heynatz 1795—98			
			Löwe 1798—1800			
1800	Morin 1801		Jahn 1806	Jonama 1806	Schmitson 1804 (L)	
	Boiste 1803				Hill (1804) (L)	
	Guizot 1809					
1810	Piestre 1810	Taylor 1813				
	Leroy 1812	Crabb 1816				
20	Laveaux 1826			Sicilia 1827	Saraiva 1821 (P)	Romani 1825 (I)
	Boinvilliers 1826					Grassi 1823 (I)
						Bruining 1820 (Ne)
						Weiland 1821/5 (Ne)
						Albrecht 1829 (I)
						Müller 1829 (DK)
30	Eymery 1835		Mayer 1837—41	March 1834	Doederlein 1826—39	Tommaseo 1830 (I)
	Caillot 1839		Genthe 1838		(L)	
40	Lafaye 1841	Graham 1846	Weigand 1840—43	Olive 1843	Pillon 1847 (Gr.)	Zecchini 1848 (I)
	Sommer 1849		Meyer 1849	Cortina 1845	Roquete 1848 (P)	
50	Sardou 1857	Whately 1851	Eb/Ma/Gra/Mey 1852	Mora 1855		
	Lafaye 1858	Fenby 1853	Hoffmann 1859	Barcia 1864		
		Goodrich 1859				
60						
70		Smith 1871	Sanders 1871		Schmidt 1876—86 (Gr.)	Dalin 1870 (S)
80					Schmidt 1889 (L, Gr.)	Fanfani 1884 (I)
90		Fernald 1896	Sanders 1896			
1900			Eberhard 1910			
1910						
20		Allen 1921				
		Baugh 1927				
30			Hoffmann 1936			
40	Bailly 1946	Webster 1942			Barbosa 1946 (P)	
50	Bénac 1956	Opdycke 1949		Gili Gaya 1958	Nascentes 1957 (P)	Strömberg 1953 (S)
		Gause 1955				Kljueva 1956 (R)
60		Hayakawa 1968	Grebe/Müller 1964			Cesana 1967 (I)
70	Genouvrier 1977	Hayakawa 1971	Müller 1977			Evgen'eva 1971 (R)
80	Younes 1981	Kent 1980		Zainqui 1973		
		Room 1981		Vox escolar 1979		
				Alonso 1984		

Fig. 102.1: Synopsis of the discriminating synonymies since Girard 1718

browsing function and the function of synonymy as a preliminary source in the study of word fields). Didactically appropriate is also the microstructure of discriminating synonymies, which generally has texts that are more readable than those of many other dictionaries. A further development of this element in synonymies could lead to a kind of alphabetically arranged semantic handbook for everyone; this would take us back again to Prodicos and to the discriminating synonymy tradition as a parlour game in the 18th and 19th centuries. Jacob Grimm's idyllic image of family members gathering for evening dictionary readings would then appear somewhat less fanciful that it does to us today.

But most important in contemporary discriminating synonymy is the need to describe each field of synonyms in terms of its own specific structure instead of subjecting them all to the same kind of treatment: a) some fields have a primarily distinctive structure and can therefore be adequately described, for example, by attributing their individual members to specific groups of persons, or by describing their expression of certain speakers' intentions; an example of this type of field is the German, *dick, korpulent, beleibt, stark, vollschlank, füllig, mollig, pummelig, drall* etc. (fat, corpulent, paunchy, heavy-built, matronly, buxom, tubby, chubby, curvaceous); b) other fields have a structure based on linguistic variation, so that all synonyms can be defined with one and the same definition, the difference between the synonyms being situated on another level; in the following German example, it is on the level of style: *dumm, dämlich, doof, blöde, idiotisch* etc. (silly, stupid, etc.); c) very many synonym fields have a structure which is partially distinctive (type a) and partially based on variation (type b). Such fields can only be adequately described on the basis of collocational analysis and substitution tests (cf. Hausmann 1986 using the German examples *lächerlich* [ridiculous], *lachhaft* [laughable], and *grotesk, absurd*). In the case of type c, the contextual part (the syntagmatic base) is indispensable in a discriminating synonymy. In the case of type a, it helps in the text production function of the synonym dictionary. The extent of lexicological research needed before a discriminating synonymy based on contextual analysis can be made, should not be underestimated. However, as we have seen, it would not be the first time that Lexicology could profitably further the aims of Lexicography.

8. Selected Bibliography

8.1. Dictionaries

Albrecht 1829 = J.-H. Carl Albrecht: I sinonimi francesi dall'abbate Girard et dal Sgr Beauzée, tradotti. Paris 1829.

Allen 1972 = F. Sturges Allen: Allen's Synonyms and Antonyms. Ed. T. H. Vail Motter. New York 1972 [427 p.; 1. ed. 1921].

Alonso 1984 = Martín Alonso: Diccionario de sinónimos explicados. Matización, aclaración, antónimos y frases. Madrid 1984 [324 p.].

Bailly 1946 = René Bailly: Dictionnaire des synonymes de la langue française. Paris 1946 [626 p.].

Barbosa 1964 = Osmar Barbosa: Dicionário de Sinónimos Comparados. Sao Paulo 1964.

Barcia 1864 = Roque Barcia: Filosofía de la lengua española. Sinónimos castellanos. 2 vol. Madrid 1864 [460, 512 p.; — 1939].

Baugh/Kitchen 1927 = Albert C. Baugh/Paul C. Kitchen: Synonyms, antonyms, and discriminations. In: The New Century Dictionary of the English Language. Ed. by H. G. Emery/K. G. Brewster. New York 1927, 2251—2405.

Bénac 1956 = Henri Bénac: Dictionnaire des synonymes. Paris 1956 [1026 p.].

Boinvilliers 1826 = J. E. I. F. Boinvilliers: Dictionnaire universel des synonymes de la langue française. Nouv. éd. Paris 1826 [L, 889 p.].

Boiste 1829 = Dictionnaire complet des synonymes. In: P. C. V. Boiste: Dictionnaire universel de la langue française [...] Pan-Lexique. Paris 1829 [Complément, 3—26; 1. ed. 1803].

Bruining 1820 = G. Bruining: Nederduitsche Synonymen of Woorden, die elkanderen somwijlen vervangen kunnen, doch somwijlen niet. Rotterdam 1820 [38, 439, 454 p.].

Caillot 1839 = Napoléon Caillot: Dictionnaire (le seul complet) des synonymes français, ou Code de la justesse du langage. Paris 1839 [350 p.].

Carrión 1873 = J. Carrión: Diccionario de sinónimos o sea la propriedad del lenguaje filosófico. Madrid 1873 [115 p.].

Cesana 1967 = Gianni Cesana: Dizionario ragionato dei sinonimi e dei contrari. Milano 1967 [662 p.].

Condillac 1760 = Etienne Bonnot de Condillac: Dictionnaire des synonymes. In: Id., Oeuvres philosophiques, éd. G. Le Roy. Vol. 3. Paris 1951 [365 p.].

Cortina 1845 = J. Gómez de la Cortina: Diccionario de sinónimos castellanos. Mexico 1845 [231 p.; 2. ed. 1853, 554 p.].

Crabb 1816 = George Crabb: Crabb's English

Synonyms arranged alphabetically with complete cross references throughout. Rev. ed. London 1916 [716 p., 1. ed. 1816 English Synonyms explained].

Dalin 1870 = Anders Fredrik Dalin: Svenska Sprakets synonymes. Stockholm 1870 [430 p.; 7. ed. 1971].

Delbrück 1796 = J. F. Gottlieb Delbrück: Deutsche sinnverwandte Wörter, verglichen in Hinsicht auf Sprache, Seelenlehre und Moral. Leipzig 1796.

Doederlein 1826—1839 = Ludwig Doederlein: Lateinische Synonyme und Etymologien. 6 vol. Leipzig 1826—1839.

Eberhard 1795—1802 = Johann August Eberhard: Versuch einer allgemeinen deutschen Synonymik in einem kritisch-philosophischen Wörterbuche der sinnverwandten Wörter der hochdeutschen Mundart. 6 vol. Halle. Leipzig 1795—1802. [2. ed. J. G. E. Maas, Halle 1818—1821; 3. ed. J. G. Gruber, Leipzig 1826—1830; 4. ed. Eberhard 1852].

Eberhard 1852 = Johann August Eberhard/Johann Gebhard Ehrenreich Maass/Johann Gottfried Gruber/Carl Hermann Meyer: Deutsche Synonymik. Leipzig 1852 [IV, 548, 563 p.; reprint 1971].

Eberhard 1910 = Johann Aug. Eberhard: Synonymisches Handwörterbuch der deutschen Sprache für alle, die sich in dieser Sprache richtig ausdrücken wollen. 17. ed. Otto Lyon. Leipzig 1910 [1. ed. Joh. Gottfr. Ruff: Handbuch der allgemeinen deutschen Synonymik. Halle 1802].

Ernesti 1799 = Johann Christian Gottlieb Ernesti: Versuch einer allgemeinen lateinischen Synonymik [...] aus dem Französischen des Herrn Gardin Dumesnil Synonymes latins, zum Gebrauch für Teutsche bearbeitet. 3 vol. Leipzig 1799, 1800 [XIV, 374, 322, 424 p.].

Evgen'eva 1971 = A. P. Evgen'eva: Slovar' sinonimov russkogo jazyka. 2 vol. Moscow 1970, 1971 [678, 856 p.].

Eymery 1835 = Alexis Eymery: Petit dictionnaire synonymique de morale ou Définition claire et précise des mots de la langue française les plus en usage parmi les enfants. Paris 1835 [275 p.].

Fanfani 1884 = Pietro Fanfani: Vocabolario dei sinonimi della lingua italiana. 2. ed. G. Frizzi. Rom 1884 [523 p.].

Fenby 1853 = Thomas Fenby: A Copious Dictionary of English Synonyms Classified and Explained [...] with a list of French and English abbreviations. London 1853 [224 p.; —1924].

Fernald 1896 = James C. Fernald: English synonyms and antonyms, with notes on the correct use of prepositions. New York 1896 [564 p.; 2. ed. 1914, 708 p.; Funk & Wagnall's Standard handbook of synonyms, antonyms, and prepositions. 1947, 515 p.].

Finály 1870 = Henrik Finály: Adalékok a magyar rokonértelmü szók értelmezéséhez [Beiträge zur Deutung der sinnverwandten Wörter im Ungarischen]. Budapest 1870.

Fronto 1961 = Cornelius Fronto: De Differentiis Liber. In: H. Keil (ed.): Grammatici latini. Vol. VII. Hildesheim 1961, 515—532.

Gardin-Dumesnil 1777 = Jean Baptiste Gardin-Dumesnil: Synonymes latins et leurs différentes significations avec des exemples tirés des meilleurs auteurs. Paris 1777 [XLVIII, 522 p.; —1879].

Gause 1955 = John T. Gause: The Complete Word Hunter. New York 1955 [497 p.].

Genouvrier et al. 1977 = Emile Genouvrier/Claude Désirat/Tristan Hordé: Nouveau dictionnaire des synonymes. Paris 1977 [510 p.].

Genthe 1838 = F. W. Genthe: Handwörterbuch deutscher Synonymen, oder Erklärung der ähnlich- und gleichbedeutenden (sinnverwandten) Wörter in der deutschen Sprache. Ein Hilfsbuch für Lehrer in der deutschen Sprache und für Jeden, der richtig und genau bezeichnend sprechen und schreiben will. 2. ed. Eisleben. Leipzig 1838 [344 p.; 1. ed. 1834].

Gili Gaya 1958 = Samuel Gili Gaya: Vox. Diccionario de sinónimos. 7. ed. Barcelona 1980 [XVI, 357 p.; 1. ed. 1958; 5. ed. "abreviada", 1982, 350 p.].

Girard 1718 = Gabriel Girard: La justesse de la langue française, ou les différentes significations des mots qui passent pour synonymes. Paris 1718 [LVIII, 263 p.].

Girard 1736 = Gabriel Girard: Synonymes françois, leurs différentes significations et le choix qu'il faut en faire pour parler avec justesse. Paris 1736 [XIV, 490 p.; 13. ed. —1766; ed. 1769 N. Beauzée; —1808].

Girard 1762 = Gabriel Girard: A new guide to eloquence; being a treatise of the proper distinctions to be observed between words reckoned synonymous. London 1762 [67 p.].

Goodrich 1859 = Chauncey A. Goodrich: Table of Synonyms. In: N. Webster, American Dictionary. Springfield 1859, CLXV—CCXXXII.

Gottsched 1733 = J. Chr. Gottsched: Von den gleichgültigen Wörtern (Synonymis) in der deutschen Spache. In: Id., Beyträge zur Critischen Historie der deutschen Sprache. Vol. 2,5. Leipzig 1733, 1—23.

Gottsched 1758 = J. Chr. Gottsched: Beobachtungen über den Gebrauch und Mißbrauch vieler deutscher Wörter und Redensarten. Straßburg. Leipzig 1758 [390 p.].

Graham 1846 = George F. Graham: English Synonyms Classified and Explained. London 1846 [3. ed 1858, 429 p.].

Grassi 1823 = Giuseppe Grassi: Saggio intorno ai sinonimi della lingua italiana. 3. ed. Milano 1824 [173 p., 2. ed. 1823; —1920].

Grebe/Müller 1964 = Paul Grebe/Wolfgang Müller: Duden. Vergleichendes Synonymwörterbuch. Sinnverwandte Wörter und Wendungen. Mannheim 1964 [792 p.].

Guizot 1809 = François P. G. Guizot: Nouveau dictionnaire universel des synonymes de la langue française. Paris 1809 [XL, 1007 p.; 9. ed. 1885].

Hayakawa 1968 = S. I. Hayakawa: Funk and Wagnalls Modern Guide to Synonyms and related words. List of antonyms. Copious cross-references. A complete and legible index. New York 1968 [X, 726 p.].

Hayakawa 1971 = S. I. Hayakawa: Cassell's Modern Guide to Synonyms and Related Words. Rev. by P. J. Fletcher. London 1971 [XI, 707 p.].

Heynatz 1795—98 = Johann Friedrich Heynatz: Versuch eines möglichst vollständigen synonymischen Wörterbuchs der deutschen Sprache. 2 vol. A-EINHALTEN. Berlin 1795—98.

Hill 1804 = John Hill: The synonyms of the Latin language alphabetically arranged. Edinburgh 1804 [782 p.].

Hoffmann 1859 = P. Fr. L. Hoffmann: Volkstümliches Wörterbuch der deutschen Synonymen nach alphabetischer Ordnung, oder Erklärung der in der deutschen Sprache vorkommenden sinnverwandten Wörter für alle, welche die feinen Unterschiede der Begriffe kennenlernen und die Fertigkeit eines leichten, richtigen und bestimmten Ausdrucks sich erwerben wollen. Leipzig 1859 [351 p.; 10. ed. 1936].

Huerta 1789 = J. López de la Huerta: Examen de la posibilidad de fijar la significación de los sinónimos de la lengua castellana. Wien 1789 [225 p. —1835].

Jahn 1806 = Johann Fr. L. Chr. Jahn: Bereicherung des hochdeutschen Sprachschatzes versucht im Gebiethe der Sinnverwandtschaft, ein Nachtrag zu Adelungs und eine Nachlese zu Eberhards Wörterbuch. Leipzig 1806.

Jonama 1806 = S. Jonama: Ensayo sobre la distinción de los sinónimos de la lengua castellana. Madrid 1806 [192 p.; 2. ed. 1836].

Kent 1980 = Ruth Kimball Kent: Webster's New World Dictionary of Synonyms. New York 1980 [255 p.].

Kljueva 1962 = V. N. Kljueva: Kratkij slovar' sinonimov russkogo jazyka. 2. ed. Moscow 1962 [1. ed. 1956].

Lafaye 1841 = Pierre Benjamin Lafaye: Synonymes français. Paris 1841 [XII, 625 p.].

Lafaye 1858 = Pierre Benjamin Lafaye: Dictionnaire des synonymes de la langue française avec une introduction sur la théorie des synonymes. Paris 1858 [83, 1106 p.; Suppl. 1865, 336 p.; 8. ed. 1903].

Laveaux 1826 = Jean Charles Thibault de Laveaux: Dictionnaire synonymique de la langue française. Paris 1826.

Leroy 1812 = J.-B. Leroy de Flagis: Nouveaux choix de synonymes françois. Paris 1812.

Löwe 1798—1800 = Joel Löwe: Nachlese zur deutschen Synonymik. Breslau 1798—1800.

March 1834 = J. March: Sinónimos de la lengua castellana. Barcelona 1834 [179 p., 2. ed. 1838, 214 p.].

Mayer 1837—41 = Johann Baptist Mayer: Synonymisches Handwörterbuch der deutschen Sprache. Kempten 1837—1841.

Meyer 1849 = Christian Friedrich Meyer: Handwörterbuch deutscher sinnverwandter Ausdrücke. Leipzig 1849 [2. ed. 1863].

Mora 1855 = J. J. de Mora: Colección de sinónimos de la lengua castellana. Madrid 1855 [168 p.].

Morin 1801 = Benoît Morin: Dictionnaire universel des synonymes de la langue française. 3 vol. Paris 1801 [10. ed. —1855].

Müller 1829 = Peter Erasmus Müller: Dansk Synonymik. 2 vol. Copenhagen 1829 [1853, 1872].

Müller 1977 = Wolfgang Müller: Schülerduden. Die richtige Wortwahl. Ein vergleichendes Wörterbuch sinnverwandter Ausdrücke. Mannheim 1977 [480 p.].

Nascentes 1957 = Antenor/O. A. Nascentes: Dicionário de sinónimos. Rio de Janeiro 1957 [1969, 1981, 384 p.].

Olive 1843 = P. M. de Olive: Diccionario de sinónimos de la lengua castellana. Madrid 1843 [326 p.; —1908].

Opdycke 1949 = John Baker Opdycke: Mark my Words. A Guide to Modern Usage and Expression. New York 1949 [687 p.].

Pappenheim 1789 = Solomon Pappenheim: [Hebräische Synonymik]. 3 vol. Dyrenfurth 1789—1831.

Piestre 1810 = J. L. Piestre: La synonymie française ou Dictionnaire de tous les synonymes. Paris 1810.

Pillon 1847 = Alexandre Pillon: Synonymes grecs. Paris 1847 [VIII, 536 p.; ed. Th. K. Arnold: Handbook of Greek Synonyms, London 1850].

Piozzi 1794 = Hester Lynch Piozzi: British Synonymy. Or an Attempt at Regulating the Choice of Words in Familiar Conversation. 2 vol. London 1794 [Repr. in: British Library. Vol. 14, 16, 18, 20. Paris 1804; in: Gentleman Magazine 1849/50].

Popma 1606 = Ausonius Popma: De Differentiis verborum libri IV. Antwerpen 1606 [—1769].

Quillet 1976 = Dictionnaire des synonymes. In: Nouvelle encyclopédie autodidactique Quillet. Tome 1. Paris 1976, 231—284.

Romani 1825 = Giovanni Romani: Dizionario generale de'sinonimi italiani. 3 vol. Milano 1825, 1826.

Room 1981 = Adrian Room: Room's Dictionary of Distinguishables. Boston. London 1981 [132 p.].

Roquete 1848 = José Inácio Roquete/José da Fonseca: Dicionário dos sinónimos, poético e de epítetos da língua portuguesa. Porto 1974 [785 p.; 1. ed. 1848].

Roubaud 1785 = Pierre Joseph Roubaud: Nouveaux synonymes français. 4 vol. Paris 1785—86 [éd. alphabét. 1796].

Sanders 1871 = Daniel Sanders: Wörterbuch deutscher Synonymen. Hamburg 1871 [743 p.; 2. ed. 1882].

Sanders 1896 = Daniel Sanders: Deutsche Synonymen. Gesamt-Ausgabe der Neuen Beiträge zur Deutschen Synonymik [1881] und der Bausteine zu einem Wörterbuch der sinnverwandten Ausdrücke im Deutschen [1889]. 2 vol. Berlin 1896.

Saraiva 1821 = Cardeal Saraiva (Francisco de S. Luiz): Ensaio sobre alguns Synonymos da Linga Portuguesa. Lisboa 1821 [5. ed. 1877].

Sardou 1857 = Antoine-Léandre Sardou: Nouveau dictionnaire des synonymes français. Paris 1857 [580 p.; —1942].

Schmidt 1876—1886 = J. H. Heinrich Schmidt: Synonymik der griechischen Sprache. 4 vol. Leipzig 1876—1886.

Schmidt 1889 = J. H. Heinrich Schmidt: Handbuch der lateinischen und griechischen Synonymik. Leipzig 1889 [XII, 884 p.].

Schmitson 1804 = Anton Schmitson: Genauere Bestimmung fast gleichbedeutender Wörter in der lateinischen Sprache. In: Id., Geist der lateinischen Sprache. Leipzig 1804, 1—140.

Schneider 1673 = Michael Schneider: Differentiae vocum non nullarum collectis hinc inde Grammaticorum versiculis inclusae. Osterode 1673.

Schultz 1841 = Ferdinand Schultz: Lateinische Synonymik. 7. ed. Paderborn 1872 [396 p.; 1. ed. 1841, 8. ed. 1879].

Sicilia 1827—8 = M. J. Sicilia: Diccionario de sinónimos de la lengua castellana. 4 vol. Paris 1827—1828.

Smith 1871 = Charles John Smith: Synonyms discriminated. A dictionary of synonymous words in the English language illustrated with quotations from standard writers. Ed. H. P. Smith. New York 1903 [VI, 781 p.; repr. Detroit 1970; 1. ed. London 1871].

Sommer 1849 = Edouard Sommer: Petit dictionnaire des synonymes français [...]. Paris 1849 [VIII, 316 p.].

Sporon 1775/92 = Benjamin Georg Sporon: Eenstydige danske ords Bemaerkelse. 2 vol. Copenhagen 1775, 1792 [2. ed. 1807].

Stosch 1770—75 = Samuel J. E. Stosch: Versuch in richtiger Bestimmung einiger gleichbedeutender Wörter der deutschen Sprache. 3 vol. Frankfurt a. O. 1770—1775 [2. ed. Berlin 1780].

Strömberg 1968 = Strömbergs Synonymordboken. Stockholm 1968 [523 p.; 1. ed. 1953].

Synonymen 1794 = [W. Petersen/K. G. Fischer/ Chr. L. Sander/Fr. Schlüter] Deutsche Synonymen oder sinnverwandte Wörter. 2 vol. (Schriften der Deutschen Gesellschaft zu Mannheim 9, 10). Mannheim 1794.

Taylor 1813 = William Taylor: English Synonyms Discriminated. London 1813.

Tommaseo 1830 = Nicoló Tommaseo: Dizionario dei sinonimi della lingua italiana. 4 vol. Firenze 1973 [CXX/X, 2221 p.; 1. éd. 1830].

Trusler 1766 = John Trusler: The difference between words esteemed synonymous in the English language and the proper choice of them determined: together with so much of Abbé Girard's Treatise on this subject, as would agree with our mode of expression. Useful to all who would either write or speak with property and elegance. 2 vol. London 1766 [24, 215, 243 p.; —1835; repr. 1970].

Vox escolar 1979 = Vox. Diccionario escolar de sinónimos y antónimos. Barcelona 1979 [370 p.].

Webster 1973 = Webster's New Dictionary of Synonyms. A dictionary of discriminated synonyms with antonyms and analogous and contrasted words. Springfield 1973 [32, 909 p.; 1. ed. 1942; pocket ed. 1972, 441 p.].

Weigand 1840—43 = Friedrich Ludwig Karl Weigand: Wörterbuch der deutschen Synonymen. 3 vol. Mainz 1840—1843 [XVIII, 576, XII, 1244 p.; 2. ed. 1852].

Weiland 1821—5 = Petrus Weiland/G. N. Landré: Woordenboek der Nederduitsche Synonimen. 3 vol. The Hague 1821—25 [1379 p.; Antwerpen 1845, 371 p.].

Whately 1851 = Elizabeth Jane Whately: A Selection of English Synonyms. London 1851.

Wi(e)demann 1602 = Bernhard Wiedemann: De proprietate et differentiis Latini sermonis. Genevae 1602.

Younes 1981 = Georges Younes: Dictionnaire Marabout des synonymes. Verviers 1981 [452 p.].

Zainqui 1973 = José Maria Zainqui: Diccionario razonado de sinónimos y contrarios. La palabra justa en el momento justo. Barcelona 1973 [1073 p.].

Zecchini 1848 = Stefano Pietro Zecchini: Dizionario dei sinonimi della lingua italiana. Torino 1848 [XXXII, 936 p.; —1924].

8.2. Other Publications

Abel 1882 = Carl Abel: On the discrimination of synonyms. In: Carl Abel, Linguistic Essays, London 1882, 137—156.

Auroux 1986 = Sylvain Auroux: La synonymie et la contrainte de la science. Roubaud, 1785. In: Autour de Féraud. La lexicographie en France de 1762 à 1835. Paris 1986, 73—81.

Beck 1883 = Janus Wibertus Beck: De differentiarum sciptoribus latinis. Groningen 1883.

Berlan 1981 = Françoise Berlan-Lacourt: Traités de synonymie de Girard (1718) à Lafaye (1858): constantes et ambiguïtés. In: Le Français Moderne 49. 1981, 299—320.

Chevalier 1971 = Jean-Claude Chevalier: Note sur la notion de synonymie chez trois grammairiens des XVIIe et XVIIIe siècles. In: Langages 24. 1971, 40—47.

Clifford 1952 = James L. Clifford: Hester Lynch Piozzi (Mrs. Thrale). 2. ed. Oxford 1952.

Di Cesare 1980 = D. Di Cesare: La semantica nella filosofia greca. Rom 1980.

Egan 1942 = Rose F. Egan: Survey of the history of English synonymy. In: Webster 1973, 5a—31a.

Fuchs 1979 = Catherine Fuchs: La synonymie dans les *Remarques* de Vaugelas (1647). In: Historiographia Linguistica 6. 1979, 285—293.

Gauger 1973 = Hans-Martin Gauger: Die Anfänge der Synonymik: Girard (1718) und Roubaud (1785). Tübingen 1973.

Glatigny 1980 = Michel Glatigny: Contribution à la préhistoire de l'analyse sémique. Le Dictionnaire des synonymes de Guizot. In: Bulletin du Centre d'Analyse du discours 4. 1980, 181—235.

Hausmann 1976 = Franz Josef Hausmann: Strukturelle Wortschatzbetrachtung vor Saussure. In: Romanische Forschungen 88. 1976, 331—354.

Hausmann 1977 = Franz Josef Hausmann: Einführung in die Benutzung der neufranzösischen Wörterbücher. Tübingen 1977.

Hausmann 1978 = Franz Josef Hausmann: Le "Dictionnaire" de Condillac. In: Le Français Moderne 46. 1978, 226—249.

Hausmann 1986 = Franz Josef Hausmann: Für und Wider einer distinktiven Synonymik des Deutschen. In: Kontroversen, alte und neue. Akten des VII. Internationalen Germanisten-Kongresses Göttingen 1985. Bd. 3. Tübingen 1986, 237—241.

Hausmann 1986a = Franz Josef Hausmann: Le langage littéraire dans la première moitié du 17e siècle. In: La poésie française du premier 17e siècle. Ed. D. L. Rubin. Tübingen 1986, 35—53.

Henne 1972 = Helmut Henne: Semantik und Lexikographie. Untersuchungen zur lexikalischen Kodifikation der deutschen Sprache. Berlin 1972.

Ickler 1982 = Theodor Ickler: Ein Wort gibt das andere. Auf dem Weg zu einem 'Wörter-Lesebuch' für Deutsch als Fremdsprache. In: Linguistik und Didaktik 49/50. 1982, 3—17.

Kühn 1979 = Peter Kühn: Daniel Sanders' Beiträge zur lexikographischen Synonymik des Deutschen. In: Muttersprache 89. 1979, 187—200.

Kühn 1984 = Peter Kühn: "Wegweiser zum treffenden Ausdruck"? oder Gibt es sinnvollere Zielsetzungen für Synonymenwörterbücher? In: Wirkendes Wort 35. 1984, 39—52.

Kühn 1985 = Peter Kühn: Gegenwartsbezogene Synonymenwörterbücher des Deutschen: Konzept und Aufbau. In: Lexicographica 1. 1985, 51—82.

Kühn 1985a = Peter Kühn: Der "Deutsche Sprachschatz" von Daniel Sanders. In: Daniel Sanders: Deutscher Sprachschatz. Tübingen 1985, V—LXXVII.

Leavitt 1947 = Robert Keith Leavitt: Noah's Ark, New England Yankees and the Endless Quest. A Short History of the Original Webster Dictionaries. Springfield, Mass. 1947.

Levy 1942 = Bernard Levy: Libros de sinonimia española. In: Hispanic Review 10. 1942, 285—313.

Mayer 1913 = Hermann Mayer: Prodikos von Keos und die Anfänge der Synonymik bei den Griechen. Paderborn 1913.

Mühlau 1863 = F. Mühlau: Geschichte der hebräischen Synonymik. Ein literarhistorischer Versuch. In: Zeitschrift der Deutschen morgenländischen Gesellschaft 17. 1863, 316—335.

Müller 1965 = Wolfgang Müller: Probleme und Aufgaben deutscher Synonymik. In: Die Wissenschaftliche Redaktion 1. 1965, 80—101.

Nagy 1966 = G. O. Nagy: The function of lexemes and synonymy: the bases of a linguistically oriented dictionary of synonyms. In: Acta Linguistica Academiae Scientiarum Hungaricae 16. 1966, 29—42.

Noltenius 1780 = Johann Friedrich Noltenius: Bibliothecae latinitatis restitutae conspectus. In: Id., Lexici latinae linguae antibarbari quadripartiti tomus posterior. Berlin 1780, 1—512.

Noyes 1951 = Gertrude Noyes: The Beginnings of the Study of Synonyms in England. In: Publications of the Modern Language Association 66. 1951, 951—970.

Püschel 1978 = Ulrich Püschel: Von mehrdeutigen und gleichgültigen Wörtern. Gottscheds Beitrag zur einsprachigen Lexikographie. In: Germanistische Linguistik 2—5/78. 1978, 285—321.

Püschel 1986 = Ulrich Püschel: Johann August Eberhards Synonymik — bloß historisches Dokument oder auch Vorbild für heute? In: Kontroversen, alte und neue. Akten des VII. Internationalen Germanisten-Kongresses Göttingen 1985. Bd. 3. Tübingen 1986, 242—247.

Püschel 1986a = Ulrich Püschel: Vom Nutzen synonymisch und sachlich gegliederter Wörterbücher des Deutschen. Überlegungen zu ausgewählten historischen Beispielen. In: Lexicographica 2. 1986, 223—243.

Romani 1826 = Giovanni Romani: Teorica de' sinonimi italiani. Napoli 1826.

Sparnaay 1944 = H. Sparnaay: Die erste deutsche Synonymik. Ein vergessenes Buch Gottscheds. In: Neophilologues 29. 1944, 166—171. Auch in: H. Sparnaay, Zur Sprache und Literatur des Mittelalters, Groningen 1961, 67—76.

Standop 1985 = Ewald Standop: Englische Wörterbücher unter der Lupe. Tübingen 1985.

Verdelho 1981 = Evelina Verdelho: Lexicografia sinonímica portuguesa: o Vocabulário de Sinonimos, e Phrases, de Rafael Bluteau e o Ensaio sobre Alguns Synonymos, do Cardeal Saraiva. In: Biblos 57. 1981, 171—221.

Franz Josef Hausmann, Erlangen
(Federal Republic of Germany)
(Translated from the German by Margaret Cop)

103. Das Synonymenwörterbuch: Die kumulative Synonymik

1. Definition und Funktion
2. Typologie
3. Identifikation durch den Käufer und durch die Wörterbuchforschung
4. Literatur (in Auswahl)

1. Definition und Funktion

Wir nennen kumulative Synonymik ein Wörterbuch mit alphabetischer Makrostruktur, das zu den Lemmata Synonyme auflistet, ohne diese, wie in der distinktiven Synonymik, explizit miteinander zu vergleichen. Zwar ist, wie gezeigt werden soll, der Übergang zwischen distinktiver und kumulativer Synonymik typologisch fließend, doch stehen im Kern beider Begriffe zwei völlig verschiedene Wörterbücher, die auch historisch gesehen in klar getrennten Traditionen stehen. Schon Noltenius 1780, 20, der für die „Diacritici" ein eigenes Kapitel vorsieht, stellt die kumulativen Synonymiker, davon getrennt, in die Gruppe der „elegantiarum scrutatores" (zusammen mit der Antonymik und der Kollokationslexikographie).

Die kumulative Synonymik ist ein Wortwahlwörterbuch *(word-finding list, word-supplier)*. Ihre einzige Funktion ist die der Textproduktionshilfe. Beim Verfassen von Texten brauche ich oft Wörter, die ich zwar passiv kenne, im Moment aber nicht parat habe, sei es, daß ich mich besonders adäquat ausdrücken will und das sogenannte richtige Wort suche (frz. *le mot propre*, z. B. nicht *heureux, content*, sondern, mit einem pejorativen Beigeschmack, *béat*), sei es, daß ich einfach ein anderes Wort brauche, um den Stilfehler der Wiederholung zu vermeiden. Da die kumulative Synonymik den Unterschied zwischen den Synonymen nicht beschreibt, läßt sich in ihr der Wortgebrauch nicht lernen. Das Wörterbuch setzt die Gebrauchskompetenz der Wörter voraus. Aus diesem Grund ist es in der Regel für Nicht-Muttersprachler unbrauchbar (wenn nicht gar gefährlich) und ebensowenig geeignet, den Wortschatz des Muttersprachlers zu erweitern. Hingegen erfüllt die kumulative Synonymik die ihr zukommende Funktion der Erinnerung an bereits beherrschte Wörter offenbar hervorragend, sonst wäre der Boom dieser Wörterbücher sowohl in der heutigen Zeit als auch etwa in der Renaissance kaum zu erklären. Als heutiges Beispiel mag Großbritannien stehen, wo von 1984—1986 drei dicke Synonymiken erschienen: McLeod 1984 (vgl. auch McLeod 1986), Seaton et al. 1986 und Urdang 1986 (diese allerdings fast identisch mit Rodale 1978). Als historisches Beispiel stehe der deutschsprachige Raum im 16. Jahrhundert (Schöpper 1550, Schwartzenbach 1554, Ulner 1577), über den wir durch Joachimsohn 1893, Schulte-Kemminghausen 1927, vor allem aber jetzt durch Haß 1986 hervorragend unterrichtet sind. Wenn auch zahlreiche Sprachen in bestimmten Epochen überhaupt keine Exemplare dieses Wörterbuchtyps aufweisen, so liegt das daran, daß seine Funktion durch andere Typen übernommen wurde, namentlich durch Kollokationswörterbücher (vgl. Art. 95), mehr noch aber durch die zweisprachigen Wörterbücher (was etwa in Frankreich bis zu Livoy 1767 gilt). Vor allem für das Lateinische gibt es jahrhundertelang die Tradition der Verbindung von kumulativer Synonymik und Kollokationswörterbuch im Gradus ad Parnassum (siehe dazu Art. 95).

2. Typologie

Kumulative Synonymiken (die fast alle glattalphabetisch sind, siehe aber den nestalphabetischen Sisson 1969) lassen sich nach vier Typologiekriterien unterscheiden: Paradigma, Register, Mikrostruktur und Kommentar.

2.1. Was den Typ des berücksichtigten semantischen Paradigmas betrifft, so gilt zuerst einmal, daß viele Synonymiken mit einer Antonymik kombiniert sind (vgl. Art. 104). Andere Werke dehnen ihren Synonymiebegriff auf die Hyponymie aus, z. B. Müller 1972 s.v. **Gebäck** mit einer langen Liste verschiedener Gebäckstücke oder Laird 1971 s.v. **muscle** mit einer Liste von Muskeln (z. B. *biceps*).

2.2. Die Synonymenliste im Artikel der kumulativen Synonymik wird unter ein willkürlich ausgesuchtes Lemma (als Suchausgang) eingetragen, z. B. *dumb, thick, silly, foolish* s.v. **stupid**. Da der Benutzer möglicherweise ein Synonym zu *dumb, thick, silly* oder *foolish* sucht, ergibt sich für die kumulative Synonymik grundsätzlich das Problem des Verhältnisses von Lemmabestand und Wortbestand in den Listen. Folgende Lösungen kommen vor: a) Das Wörterbuch enthält ein Register

von Wörtern, die nicht lemmatisiert sind, von denen man sich aber vorstellt, daß sie als Suchausgang in Frage kommen. Da periphere Wörter wie z. B. deutsch *down* für *niedergeschlagen* als Suchausgang wenig wahrscheinlich sind, decken solche Register den Wortbestand in den Artikeln selten vollständig ab. Das Register kommt als Anhang oder in die Makrostruktur integriert vor. Im letzteren Fall sind in der Synonymik Eingangslemmata und Verweislemmata zu unterscheiden. Das seltene Beispiel einer vollständigen integrierten Registrierung bietet Müller 1972.
b) Das Wörterbuch verzichtet auf jegliche Register oder Verweise. Alle wesentlichen Suchausgänge werden lemmatisiert und die Synonyme folglich in mehreren Artikeln wiederholt. Rodale 1978 kommt auf diese Weise auf 1,5 Millionen Synonyme. Das System kostet Platz, ist aber benutzerfreundlich.

2.3. Die Anordnung der Synonyme in der Mikrostruktur der kumulativen Synonymik kann semasiologisch bestimmt sein, alphabetisch oder ohne erkennbares Ordnungsprinzip.

2.4. Die Wörterbücher unterscheiden sich schließlich darin, in welchem Ausmaß sie die Synonymenliste um distinktive Elemente bereichern. Am einen Ende der Skala steht die nackte Wortliste, am anderen Ende steht der explizit vergleichende Kommentar der distinktiven Synonymik (siehe Art. 102), die hier ausgeklammert wird. Als Elemente einer Distinktion kommen vor allem folgende vor: diasystematische Markierung der Synonyme, Eingrenzung der Synonymie auf eine bestimmte ausformulierte Definition des Lemmas, Eingrenzung der Synonymie auf einen bestimmten Kontext (Satz, Kollokation). Definitionen und Kontexte finden sich häufig in der angelsächsischen Tradition (Perry 1805, Kay 1976, De Mello 1980), siehe aber auch in Frankreich Mortier 1942. Den seltenen Typ einer reinen Kontextsynonymik vertritt Macé 1984, dessen Methode einem allgemeinen einsprachigen Wörterbuch entlehnt ist, DFC 1966.

3. Identifikation durch den Käufer und durch die Wörterbuchforschung

Für die kumulative Synonymik gibt es keinen spezifizierenden Titel, da der Terminus „Synonym" dazu nicht ausreicht und obendrein

genuine *adj* 1 *syn* AUTHENTIC 2, bona fide, indubitable, real, sure-enough, true, undoubted, unquestionable, veritable, very
con artificial, ersatz, factitious; counterfeited, sham, simulated; sophisticated
ant fraudulent
2 *syn* ACTUAL 2, absolute, factual, hard, positive, sure-enough
con uncommon, unordinary, unusual; alleged, apocryphal, apparent, fabulous, fictitious, mythical
3 free from hypocrisy or pretense <a *genuine* love for his fellowman>
syn heart-whole, honest, real, sincere, true, undesigning, undissembled, unfeigned; *compare* NATURAL 5, SINCERE 1
rel reliable, trustworthy, unaffected, unimpeachable, veritable
con affected, hyprocritical
ant insincere

---

syn synonym(s)   *rel* related word(s)
idiom idiomatic equivalent(s)   *con* contrasted word(s)
ant antonym(s)   * vulgar
‖ use limited; if in doubt, see a dictionary
The first word in a synonym list when printed in SMALL CAPITALS shows where there is more information about the group. For a more efficient use of this book see Explanatory Notes.

Textbeispiel 103.1: Wörterbuchartikel einer kumulativen Synonymik mit Definitionen und Beispielkontexten (aus: Kay 1976, 366)

PUBLICATION
- La publication d'une loi : PROMULGATION.
- La publication d'un livre : PARUTION, SORTIE.
- Les nombreuses publications que l'on trouve chez un marchand de journaux : PÉRIODIQUE, REVUE.

PUBLICITÉ
- Les média ont donné une grande publicité à cet événement : RETENTISSEMENT.
- Faire de la publicité pour une idée : PROPAGANDE.
- Faire de la publicité pour un nouveau produit : RÉCLAME.
- Les murs sont couverts de publicités : AFFICHE, PLACARD.

Textbeispiel 103.2: Wörterbuchartikel einer Kontextsynonymik (aus: Macé 1984, 259)

den Nachteil hat, in vielen Sprachen ein schweres Wort zu sein (weswegen es oft vermieden wird). Man versteht deshalb, warum die angelsächsische Tradition mehr und mehr dazu übergeht, der kumulativen Synonymik den Titel „Thesaurus" zu geben. Das ist zwar eine Art Verrat an Roget (vgl. Art. 105), aber es drückt den kumulativen Charakter aus, den die kumulative Synonymik mit dem Begriffswörterbuch à la Roget teilt. (Bezeichnenderweise ist der Titel „Thesaurus" für die distinktive Synonymik bislang nicht aufgetaucht). Der Terminus „Thesaurus" tendiert dazu, alle paradigmatisch gegliederten kumulativen word-finding lists zu bezeichnen (siehe auch Art. 106).

Die Unschärfe der Titelgebung wirkt sich auf die Wörterbuchbibliographien aus, die oft nicht in der Lage sind, ein Wörterbuch zweifelsfrei als Synonymik zu identifizieren und erst recht nicht, als welchen Typ. Im Gefolge dieser Unsicherheit fehlt bislang für die meisten Sprachen eine Geschichte der kumulativen Synonymik (im Unterschied zur erforschten distinktiven Synonymik), und auch die Zahl theoretischer Studien ist umgekehrt proportional zum Marktwert dieses Wörterbuchtyps (vgl. aber Kempcke 1968, Lamizet 1975, Kahlmann 1978, der Noter 1969 mit dem Computer analysiert, Marcotorchino 1983 und Kühn 1985).

4. Literatur (in Auswahl)

4.1. Wörterbücher

Aedos 1959 = Diccionario español de sinónimos, equivalencias e ideas afines. 8. ed. Barcelona 1979 [443 p.; 1. ed. 1959, M. F. Andrés].

Albeck 1979 = Ulla Albeck/Mikal Rode/Eric Timmermann: Dansk Synonym Ordbog. Copenhagen 1979.

Aleksandrova 1968 = Z. E. Aleksandrova: Slovar' sinonimov russkogo jazyka. Moskau 1968.

Alonso 1947 = Martin Alonso: Diccionario ideoconstructivo. In: Id., Ciencia del lenguaje y arte del estilo. 12. ed. Madrid 1982. Bd. 2, 277—727 [1. ed. 1947].

Bar 1926 = Elvire D. Bar: Dictionnaire des synonymes. Paris 1981 [394 p.; 1. ed. 1926].

Bauer 1960 = B. Bauer: Synonymen-Lexikon. Deutsches Wahlwörterbuch. Frankfurt 1960 [193 p.].

Bejarano 1941 = A. Bejarano/C. Peña: Diccionario de sinónimos e ideas afines. Barcelona 1949 [403 p.; 1. ed. 1941].

Bertaud 1971 = Henri Bertaud du Chazaud: Dictionnaire des synonymes. Paris 1979 [468 p.; 1. ed. 1971].

Brady 1832 = John H. Brady: The Writer's and Student's Assistant. London 1832.

Bulgar 1972 = Ch. Bulgar: Dicţionar de sinonime. Bucureşti 1972.

Calagius 1579 = Andreas Calagius: Synonyma Latina vocum phrasiumque. Breslau 1579 [600 p.; 1595, 1597].

Canal 1961 = Julio de la Canal: Diccionario de ideas afines. Mexico 1961 [346 p.; 1972].

Carpenter 1835 = William Carpenter: A Comprehensive Dictionary of English Synonyms. 2. ed. London 1835 [180 p.; 7. ed. 1866].

Christ 1943 = G. Elgie Christ: The Nuttal Dictionary of English Synonyms and Antonyms. 12 000 words showing 100 000 parallel expressions with opposite examples. London 1943 [305 p.; 1. ed. 1940].

Cingularius 1513 = Hieronymus Cingularius: Synonymorum collectanea. 1513 [bis 1544].

Cinti 1979 = Decio Cinti: Dizionario dei sinonimi e dei contrari. Novara 1979 [587 p.; 1. ed. Milano 1952].

Corripio 1971 = Fernando Corripio: Gran diccionario de sinónimos, voces afines e incorrecciones. Barcelona 1971 [1128 p.].

Corripio 1976 = Fernando Corripio: Diccionario abreviado de sinónimos. Barcelona 1976 [478 p.].

Costa 1958 = Agenor Costa: Dicionário geral de sinónimos e locuções da língua portuguesa. Rio de Janeiro 1958 [3. ed. 1967, 2370 p.; 1. ed. 1950].

De Ferrari 1962 = R. de Ferrari: Repertorio dei sinonimi della lengua italiana. Milano 1981 [463 p.; 1. ed. 1962].

De Mello 1980 = Fernando de Mello Vianna (ed.): Roget's II The New Thesaurus. Boston 1980 [1072 p.].

Devlin 1961 = Joseph Devlin: A Dictionary of Synonyms and Antonyms with 5 000 Words Most Often Mispronounced. Ed. Jerome Fried. New York 1961 [1. ed. 1938; pocket ed. 1982, 384 p.].

DFC 1966 = Jean Dubois et al.: Dictionnaire du français contemporain. Paris 1966 [1224 p.].

Digest 1978 = Reader's Digest Family Word Finder. A new thesaurus of synonyms and antonyms in dictionary form. London. New York 1978 [880 p.].

Distein 1976 = Diccionario actualizado de sinónimos y contrarios de la lengua española. Barcelona 1976 [521 p.; ed. in: Diccionario ideológico manual de la lengua española].

Dostal 1957 = K. A. Dostal: Das richtige Wort. Wien 1957 [3. ed. 1966].

Fallows 1883—1902 = Samuel Fallows: A Complete Dictionary of Synonyms and Antonyms [...] with an appendix. Chicago 1883—1902 [512 p.].

Federspiel 1942 = Georg Federspiel: Das richtige Wort zur rechten Zeit. Zürich 1942 [263 p.; ed. Emil Oesch, 1945—1960].

Fernandes 1980 = Francisco Fernandes/C. P. Luft: Dicionário de sinónimos et antônimos da língua portuguesa. 3. ed. Porto Alegre 1980 [870 p.; 1. ed. 1945].

Fleming 1913 = L. A. Fleming: Synonyms, Antonyms and Associated Words. New York 1913.

Gabrielli 1967 = Aldo Gabrielli: Dizionario dei sinonimi e dei contrari. Analogico e nomenclatore. Milano 1967 [866 p.].

Görner 1973 = Herbert Görner/Günter Kempcke: Synonymwörterbuch. Sinnverwandte Ausdrücke der deutschen Spache. Leipzig 1973 [643 p.; München 1981: Das große Lexikon der Synonyme].

Gundersen 1964 = Dag Gundersen: Norsk synonym ordbok. Oslo 1964 [224 p.].

Irvine 1977 = A. H. Irvine: Collins GEM Thesaurus. A dictionary of synonyms and antonyms. London 1977 [447 p.; 1. ed. 1964].

Karker 1957 = Allan Karker: Synonymordbog. Copenhagen 1957 [514 p.; 7. ed. 1980, 346 p.].

Kay 1976 = Mairé Weir Kay (ed.): Webster's Collegiate Thesaurus. Springfield, Mass. 1976 [32, 944 p.; Pocket ed. The Merriam-Webster Thesaurus 1978].

Kivimies 1974 = Yrjö Kivimies: Synonyymisanasto [Synonymer Wortschatz]. 7. ed. Otava 1974.

Kloosterziel 1985 = Ute Kloosterziel/Margret Löwi: Sag's genauer. Das Wörterbuch der treffenden Ausdrücke. Wiesbaden 1985 [344 p.].

Laird 1971 = Charlton Laird: Webster's New World Thesaurus. New York 1971 [678 p.; ed. Collins New World Thesaurus, London 1979; 1. ed. Laird's Promptory, New York 1948; Pocket ed. 1974].

Livoy 1767 = Thimothée de Livoy: Dictionnaire de synonimes françois. Paris 1767 [XV, 565 p.; éd. N. Beauzée 1788; 3. éd. Lepain 1828; 1836].

López 1986 = Angel López García-Molins: Diccionario de sinónimos y antónimos de la lengua española. Valencia 1986 [1114 p.].

Macé 1984 = Pierre-Antoine Macé/Madeleine Guinard: Le grand dictionnaire des synonymes. Paris 1984 [444 p.].

McLeod 1984 = William T. McLeod: The New Collins Thesaurus. London. Glasgow 1984 [VIII, 759 p.].

McLeod 1986 = William T. McLeod: The Collins Paperback Thesaurus in A-to-Z Form. London. Glasgow 1986 [VIII, 632 p.].

Melo 1949 = Alfredo Leite Pereira de Melo: Dicionário de sinónimos da língua portuguesa. Lisboa 1949.

Mortier 1942 = Raoul Mortier/Augustin Louis Gazier: Synonymes. Paris 1942 [226 p.].

Müller 1968 = Wolfgang Müller: Sinn- und sachverwandte Wörter und Wendungen. Mannheim 1968 [219 p.].

Müller 1972 = Wolfgang Müller: Duden. Sinn- und sachverwandte Wörter und Wendungen. Wörterbuch der treffenden Ausdrücke. Mannheim 1972 [797 p.; 2. ed. 1986, 801 p.].

Nagy/Ruzsiczky 1978 = Gábor O. Nagy/Eva Ruzsiczky: Magyar szinonimaszótár. Budapest 1978 [593 S.].

Nisiello 1641 = Udeno Nisiello: Rimario e sillabario. Firenze 1641 [1644].

Noter et al. 1912 = Ralph de Noter et al.: Dictionnaire des synonymes. Paris 1969 [283 p.; 1. éd. 1912].

Ortega 1984 = David Ortega Cavero: Thesaurus Gran Sopena de sinónimos y asociación de ideas. Diccionario analógico de la lengua española. 2 vol. Barcelona 1984 [1550 p.].

Palmér 1960 = Johan Palmér/Herbert Friedländer: Ord för ord: Svenska synonymer och uttryck. Stockholm 1960 [XX, 815 p.].

Peltzer 1955 = Karl Peltzer/Reinhard von Normann: Das treffende Wort. 17. ed. Thun 1980 [695 p.; 1. ed. 1955].

Perry 1805 = William Perry: Synonymous, Etymological, and Pronouncing English Dictionary. London 1805 [830 p.].

Pey 1981 = Santiago Pey/Juan Ruiz Calonja: Diccionario de sinónimos, ideas afines y contrarios. 9. ed. Barcelona 1981 [527 p.; 1. ed. 1966].

Pitman 1935 = Pitman's Book of Synonyms and Antonyms. London 1935 [134 p.].

Platts 1845 = John Platts: A Dictionary of English Synonyms. New ed. London 1845.

Radszuweit 1982 = Siegrid Radszuweit/Martha Spalier: Knaurs Lexikon der sinnverwandten Wörter. 20 000 Stichwörter mit ihren Synonymen. München 1982 [560 p.].

Rodale 1978 = Jerome Irving Rodale: The Synonym Finder. Completely Revised by Laurence Urdang and Nancy La Roche. Emmaus, Pa. 1978 [1361 p.].

Ruiz 1959 = Alberto Ruiz Cárdenas: Nuevo diccionario de sinónimos y palabras afines. Lima 1959 [530 p.].

Rulandus 1563 = Martinus Rulandus: Synonymorum graecorum sylva, alphabetico ordine consita. Basel 1563 [Augsburg 1567, 1571, 1585: Synonyma seu copia verborum graecorum, Genf 1592, 1612].

Sáinz 1946 = F. C. Sáinz de Robles: Diccionario español de sinónimos y antónimos. Madrid 1981 [1149 p.; 1. ed. 1946].

Sansone 1960 = Maria Teresa Sansone: Dizionario dei sinonimi e dei contrari. Milano 1960 [681 p.; 2 ed. 1962: Dizionario ideologico; 3. ed. 1968].

Santamaria 1972 = Andrés Santamaria: Diccionario de sinónimos, antónimos e ideas afines. Barcelona 1972 [507 p.].

Sattler 1607 = Johann Rudolph Sattler: Teutsche Phraseologey. In: Id., Teutsche Orthographey. Basel 1607, 40—410.

Schéfer 1905 = Pierre Schéfer: Dictionnaire des qualificatifs classés par analogies. Paris 1926 [304 p.; 1. ed. 1905].

Schöpper 1550 = Jacob Schöpper: Synonyma. Das ist Mancherley gattungen Deutscher Wörter so im Grund einerley bedeutung haben. Dortmund 1550 [Ed. Schulte-Kemminghausen 1927].

Scholastic 1965 = Scholastic Dictionary of Synonyms, Antonyms, Homonyms. New York 1965 [220 p.; 1. ed. Webster's D., 1953].

Schwartzenbach 1554 = Leonhard Schwartzenbach: Synonyma. Formular wie man einerley meinung auff mancherley ahrt und weise soll außsprechen. Fur die ungeübten Schreiber gestellet. Nürnberg 1554 [156 p.; 1556, Frankfurt 1564, 203 p.; 1571, 1580; repr. 1564 in: Haß 1986].

Seaton et al. 1986 = M. A. Seaton/G. W. Davidson/C. M. Schwarz/J. Simpson: Chambers 20th Century Thesaurus. A comprehensive word-finding dictionary. Edinburgh 1986 [IX, 750 p.].

Seche 1982 = Luiza Seche/Mircea Seche: Dicţionarul de sinonime al limbii Române. Bucarest 1982 [XVI, 1113 p.].

Serranus 1552 = Johannes Serranus: Synonymorum libellus. Nürnberg 1552 [bis 1587].

Sisson 1969 = Albert Franklin Sisson: Sisson's Synonyms. An Unabridged Synonyms and Related-Terms Locater. West Nyack, N.Y. 1969 [691 p.].

Skorupka 1971 = S. Skorupka: Słownik wyrazów bliskoznacznych [Wörterbuch der sinnverwandten Wörter]. Warschau 1971.

Smith 1867 = Charles J. Smith: A Complete Collection of Synonyms and Antonyms. London 1867 [406 p.].

Soule 1938 = Richard Soule: A Dictionary of English Synonyms and Synonymous Expressions. Revised by Alfred D. Sheffield. London 1938 [614 p.; 1. ed. 1871; pocket editions].

Strömberg 1975 = Alva Strömberg: Stora synonymordboken. Vällingby 1975 [725 p.].

Tetzner 1896 = F. Tetzner: Wörterbuch sinnverwandter Ausdrücke. Leipzig 1896 [472 p.].

Textor 1955 = A. M. Textor: Sag es treffender. 9. ed. Essen 1974 [365 p.; 1. ed. 1955].

Ulner 1577 = Hermann Ulner: Copiosa Supellex elegantissimarum Germanicae et Latinae linguae phrasium. Frankfurt 1577 [472 p.; 12. ed. 1598, 1620].

Urdang 1960 = Laurence Urdang: The Random House Vest Pocket Dictionary of Synonyms and Antonyms. New York 1960 [310 p.; pocket ed. 1981, 137 p.].

Urdang 1978 = Laurence Urdang: The Basic Book of Synonyms and Antonyms. New York 1978 [374 p., ed. M. Manser: The Pan dictionary of synonyms and antonyms, London 1981, 346 p.].

Urdang 1986 = Laurence Urdang: Longman Synonym Dictionary. London 1986 [1356 p.].

Vergara 1930 = Gabriel Maria Vergara y Martín: Diccionario hispanoamericano de voces sinónimos y análogos. Madrid 1930 [285 p.].

Vivre 1569 = Gerard de Vivre: Synonymes. C'est à dire Plusieurs propos, propres tant en escrivant qu'en parlant tirez quasi tous à un mesme sens, pour monstrer la richesse de la langue françoise. Recueilliz en François et aleman. Cöln 1569 [284 p.].

Wittels/Greisman 1982 = H. Wittels/J. Greisman: Young People's Pocket Thesaurus. London 1982 [224 p.].

Wohlwend 1938 = Max Wohlwend: Der träfe Ausdruck. Zürich 1938 [4. ed. 1954, 130 p.].

Zamora 1954 = Antonio Zamora: Diccionario de sinónimos españoles. Buenos Aires 1954 [393 p.].

4.2. Sonstige Literatur

Haß 1986 = Ulrike Haß: Leonhard Schwartzenbachs „Synonyma". Beschreibung und Nachdruck der Ausgabe Frankfurt 1564. Tübingen 1986.

Joachimsohn 1893 = Paul Joachimsohn: Aus der Vorgeschichte des „Formulare und Deutsch Rhetorica". In: Zeitschrift für deutsches Alterthum 37. 1893, 24—121.

Kahlmann 1978 = André Kahlmann: La symétrie des relations dans un dictionnaire de synonymes. In: Le Français Moderne 46. 1978, 250—255.

Kempcke 1968 = Günter Kempcke: Probleme des Synonymwörterbuchs. In: Wissenschaftliche Zeitschrift der Karl-Marx-Universität Leipzig. Ges.- und sprachwiss. Reihe 17. 1968, 229—233.

Kühn 1985 = Peter Kühn: Gegenwartsbezogene Synonymenwörterbücher des Deutschen: Konzept und Aufbau. In: Lexicographica 1. 1985, 51—82.

Lamizet 1975 = B. Lamizet: Pour une approche formelle de la synonymie lexicographique. In: Cahiers de lexicologie 26. 1975, 15—46.

Marcotorchino 1983 = F. Marcotorchino/I. Warnesson: Pertinence synonymique. Recherche algorithmique par agrégation de similarités. In: Cahiers de lexicologie 42. 1983, 28—62.

Noltenius 1780 = Johann Friedrich Nolten: Bibliothecae latinitatis restitutae conspectus. In: Id., Lexici latinae linguae antibarbari quadripartiti tomus posterior. Berlin 1780, 1—512.

Schulte-Kemminghausen 1927 = Karl Schulte-Kemminghausen: Die „Synonyma" Jacob Schöppers, neu hrsg., sowie mit einer Einleitung und einem deutschen und lateinischen Register versehen. Dortmund 1927.

Franz Josef Hausmann, Erlangen
(Bundesrepublik Deutschland)

104. Das Antonymenwörterbuch

1. Geschichte
2. Literatur (in Auswahl)

1. Geschichte

Da die Antithese zu den klassischen Redemitteln der griechischen und lateinischen Rhetorik gehörte, die in der Renaissance ausgiebig rezipiert wurde, kann es nicht verwundern, daß man zwischen 1550 und 1650 mindestens sieben Antonymensammlungen des Lateinischen findet (Schorus 1551, Toscanella 1563, Vogelmann 1609, Philomusus 1575, Goclenius 1598, Gambarellius 1606 und Fusius 1648), die mit Ausnahme von Philomusus 1575 allesamt in der Bibliographie von Noltenius 1780, 21 im Kapitel über die „elegantiarum scrutatores" zusammengestellt sind. Die Antitheta (oder Opposita) wurden von diesen Autoren dem klassischen Schrifttum (namentlich Cicero) entnommen und in bis zu 1000 Artikeln kumulativ aufgelistet. In den meisten Fällen stehen die Antonymenwörterbücher in Sammelpublikationen zusammen mit anderen onomasiologischen Spezialwörterbüchern. Dabei fällt auf, daß sie in dieser Zeit nicht mit den kumulativen Synonymiken (vgl. Art. 103) zusammengestellt sind, sondern meist im Umkreis von Kollokationssammlungen erscheinen; der typische Titel heißt: *Epitheta, Antitheta et Adiuncta* (Toscanella 1563), was darauf schließen läßt, daß die Grenzlinie zwischen Syntagmatik und Paradigmatik nicht, oder anders als heute, gezogen wurde.

Es muß als ein Rätsel angesehen werden, warum diese blühende Antonymenlexikographie des Lateinischen über drei Jahrhunderte hinweg keinerlei entsprechende Sammlungen in den lebenden Sprachen zur Folge hatte. So war es dem 19. Jahrhundert vorbehalten, die Antonyme lexikographisch regelrecht wiederzuentdecken. Zwar hatten die «opposés» in der Synonymik Girards (vgl. Art. 102) schon eine gelegentliche Rolle gespielt und waren auch in einem Wörterbuchprojekt Antoine Rivarols vorgesehen, aber nachdem offenbar Robespierre das Wort *antonymie* zum ersten Mal öffentlich im Munde führte, dauerte es noch ein halbes Jahrhundert, bis der Elsässer Paul Ackermann, ein Mitarbeiter Charles Nodiers, das erste entsprechende Wörterbuch unter dem Titel *Dictionnaire des antonymes ou contremots* (1842) publizierte. Ackermanns Verfahren ist syntagmatisch. Er zitiert klassische Texte, in denen die Autoren Wörter antonymisch verwenden, z. B.:

abattre, — *élever:* On craint qu'en *abattant* la statue de l'homme qui n'est plus, il ne prétende *élever* à sa place celle d'un homme vivant CONDORCET, Vie de Voltaire

Dieses Buch mag als Auslöser gewirkt haben, zumindest in der französischen Tradition. Denn während die reichhaltigen *Compléments* des Wörterbuchs von P. C. V. Boiste (vgl. Art. 185) zwar seit Beginn des Jahrhunderts Synonym-, Homonym-, Paronym- und Reimwortlisten enthielten, aber Antonyme vermissen ließen, stellte Louis Barré im *Complément* von N. Landais' großem Wörterbuch 1853 zum ersten Mal Gegensatzwörter in 3000 Artikeln zusammen, und zwar diesmal kumulativ. Zur gleichen Zeit lehrte Pierre Larousse die Antonymik in Übungsbüchern für die Schule (Hausmann 1976, 342) und integrierte eine kumulative Antonymik in die Artikel seines *Grand Dictionnaire universel du XIXe siècle* (vgl. Art. 186). Das war aber keineswegs der Beginn einer blühenden Antonymlexikographie. Auf ein weiteres Antonymenwörterbuch mußte man in Frankreich bis Rameau 1933 warten, und selbst da ist die Antonymik mit einer Synonymik kombiniert. Seither begnügt sich die französische Tradition mit kumulativen Synonymiken, welche die Antonymik integrieren (Dupuis 1961, Boussinot 1973).

Ganz anders verlief die Entwicklung der englischen Antonymik. Sie hat es nie zu einem eigenen Antonymwörterbuch gebracht, nicht einmal zu einer separaten Antonymenliste. Dafür aber spielten die Antonyme bereits 1852 in Rogets *Thesaurus* (vgl. Art. 105) eine tragende Rolle und fehlen auch seit Smith 1867 in kaum einer englischen oder amerikanischen kumulativen, oft auch distinktiven, Synonymik (vgl. die Titel in Art. 103). Eine ähnliche Situation ergibt sich für das Italienische und Spanische (vgl. auch hier die Titel in Art. 103) mit der Ausnahme von Cruz 1965.

In Deutschland gab es bis vor kurzem keinerlei Antonymlexikographie. Wohl unter dem Eindruck der sehr rührigen russischen Lexikographie (Vvedenskaja 1971, Kolesnikov 1972) schufen dann Chr. u. E. Agricola (1977) in der DDR das erste entsprechende deutsche Werk. Seither haben E. u. H. Bulitta (1983) auch in der BRD mit einem Buch

Weib: Mann
weibisch: männlich, hart
weiblich: männlich ✧ unweiblich ✧ sächlich
weich: hart (Material; Wasser) ✧ hart, scharf (Brot) ✧ starr, steif (Material) ✧ hart, grell (Farbe; Licht) ✧ hart, gellend, grell (Ton; Stimme) ✧ rauh (Klima) ✧ aufrecht, fest, stark (Mensch) ✧ hart, herzlos (Mensch)
¹weichen: standhalten, ausharren ✧ vorgehen, vorrücken, vordringen, vorwärtsgehen
²weichen: [er]härten, hart werden / machen
Weichheit: Härte, Festigkeit (Material) ✧ Härte, Stärke (Charakter)
Weichholz: Hartholz
weichlich: herzhaft (Speise) ✧ resolut, abgehärtet ✧ kernig, hart
weichlöten: hartlöten

Textbeispiel 104.1: Ausschnitt aus einem Antonymenwörterbuch (aus: Agricola 1977, 263)

2. Literatur (in Auswahl)

2.1. Wörterbücher

Ackermann 1842 = Paul Ackermann: Dictionnaire des antonymes ou contremots. Ouvrage fondé sur les écrivains classiques, destiné à la jeunesse et aux écrivains français. Paris. Berlin 1842 [303 S.].

Agricola 1977 = Christiane und Erhard Agricola: Wörter und Gegenwörter. Antonyme der deutschen Sprache. Leipzig 1977 [280 S.].

Barré 1853 = Louis Barré: Dictionnaire des antonymes. In: Napoléon Landais, Dictionnaire général et grammatical des dictionnaires français. 12e éd. Paris 1853. Complément, 159—166.

Boussinot 1973 = Roger Boussinot: Dictionnaire des synonymes, analogies et antonymes. Paris 1973 [1031 S.].

Bucá/Vinţeler 1974 = Marin Bucá/O. Vinţeler: Dicţionar de antonime. Bukarest 1974 [260 S.].

Bulitta 1983 = Erich und Hildegard Bulitta: Wörterbuch der Synonyme und Antonyme. Frankfurt a. M. 1983 [795 S.].

Cruz 1965 = José Cruz Aufrere: Antónimos castellanos. La Paz 1965 [209 S.].

Dupuis 1961 = Hector Dupuis: Dictionnaire des synonymes et des antonymes. Montréal 1961 [607 S.; Ed. R. Legaré, 1975].

VICIU
Pornire statornică spre a comite fapte imorale, rele; apucătură rea; patimă.

VIRTUTE
Urmărirea statornică a idealului etic, a binelui moral; integritate morală.

„E o **virtute** să administrezi şi să conduci cu exigenţă întreprinderea ori instituţia de care răspunzi, în numele colectivităţii, şi e un **viciu** să o transformi într-o feudă, în care guvernează subiectivitatea ta, arbitrariul exclusivist şi bunul plac."
Ion Dodu Bălan, *Ethos şi cultură sau vocaţia tinereţii*, p. 12

„Aş vrea **virtutea** să triumfeze,
Viciul să piară de noi zdrobit!
Şi România să prospereze,
Să se înalţe neamu-mi iubit!"
Al. Macedonski, *Ce-aş vrea?...*

Textbeispiel 104.2: Wörterbuchartikel in einem zitierenden Antonymenwörterbuch (aus: Bucá/Vinţeler 1974, 243)

nachgezogen, das zur Hälfte der Antonymik gewidmet ist (vgl. auch Art. 206, 2.3.). Daß aber die separate Antonymlexikographie heute die Domäne der kommunistischen Staaten ist, zeigen noch L'vov 1984 und Bucá/Vinţeler 1974, deren Wörterbuch dem von Ackermann 1842 gleicht und so den Übergang in besonderer Weise markiert.

Fusius (1648) = Adam Fusius: Verborum et phrasium pugnis. s. l. s. d.

Gambarellius 1606 = Augustin Gambarellius: Oppositorum e Plauto, Terentio, Caesare, Cicerone liber. Mediolani 1606 [847 S.; 2. Aufl. 1619 u. d. T. Antithetorum liber].

Goclenius 1598 = Rudolph Goclenius: Antitheta Ciceronis. In: R. G., Observatorium linguae Latinae. Lichae 1598 [Ed. 1621, 426—440, Ciceroniana antitheta seu opposita].

Kolesnikov 1972 = N. P. Kolesnikov: Slovar' antonimov russkogo jazyka. Tbilissi 1972.

L'vov 1984 = M. R. L'vov: Slovar' antonimov russkogo jazyka. 2. Aufl. Moskau 1984 [384 S.].

Philomusus 1575 = Petrus Philomusus: M. Tullii Ciceronis clausulae, locutiones, epitheta, adiuncta, antitheta & coniuncta. Venedig 1575. 2. Teil, 127—140.

Rameau 1933 = Marcel Rameau/Henri Yvon: Dictionnaire des antonymes ou contraires avec indication des synonymes. Paris 1933 [294 S.; 10. Aufl. 1943].

Schorus 1551 = Antonius Schorus: Thesaurus Ciceronianus. Straßburg 1551.

Smith 1867 = Charles John Smith: Synonyms and Antonyms. London 1867 [450 S.].

Toscanella 1563 = Orazio Toscanella: Ciceroniana epitheta, antitheta et adiuncta. Venedig 1563 [Straßburg 1592].

Vogelmann 1609 = Georg Vogelmann: Elegantiae Latini sermonis. Magdeburg 1609.

Vvedenskaja 1971 = L. A. Vvedenskaja: Slovar' antonimov russkogo jazyka. Rostow 1971.

2.2. Sonstige Literatur

Hausmann 1976 = Franz Josef Hausmann: Strukturelle Wortschatzbetrachtung vor Saussure. In: Romanische Forschungen 88. 1976, 331—354.

Jacobsen 1984 = Sven Jacobsen: Three Types of Terminologies. In: LEXeter '83 Proceedings. Ed. by R. Hartmann. Tübingen 1984, 355—361.

Noltenius 1780 = Johann Friedrich Nolten(ius): Bibliothecae latinitatis restitutae conspectus. In: Id.: Lexici latinae linguae antibarbari quadripartiti tomus posterior. Berlin 1780, 1—512.

Franz Josef Hausmann, Erlangen (Bundesrepublik Deutschland)

105. The Thesaurus

1. Definition and Types
2. Functions
3. Encyclopaedic Features in Thesauri
4. Macrostructure
5. Microstructure
6. History
7. Thesauri Today
8. Metalexicographic Research on Thesauri
9. Selected Bibliography

1. Definition and Types

The word *thesaurus* derives from the Greek word meaning 'treasure'. It was common in the Western, Arabic and Chinese lexicographic traditions to give collections of words and related information titles which brought to mind gathered and stored riches (Rey 1982). The word thesaurus appears in titles of Renaissance dictionaries both alphabetically and non-alphabetically arranged, but it is only since Peter Mark Roget published his *Thesaurus of English Words and Phrases* (1852) that the term has begun slowly to spread in the restricted meaning of a dictionary arranging words according to their meaning relations and reference fields.

Thesauri are also called onomasiological dictionaries and their titles often reveal the thesaural arrangement through adjectives such as systematic, methodical, ideological, mnemonical or nomenclatory.

There are three main types of thesauri:
(a) cumulative thesauri, which list under a headword groups of related words without defining them (e.g. Roget 1852, Sanders 1873—77);
(b) defining thesauri, which define all the words grouped under a certain subject (e.g. Carena 1846, McArthur 1981);
(c) bilingual or plurilingual thesauri for travellers.

Thesauri, which can cover any area of the vocabulary or special fields, are generally synchronic.

2. Functions

The main purpose of thesauri is to suggest the right word for the concept you have in mind. Alphabetically arranged dictionaries destroy the links between the word and its context and between the word and other words having a related meaning. The thesaurus tries to reinstate such links. While modern compilers stress their very practical purposes such as helping in word games and crossword puzzles, in avoiding repetition, in increasing vocabulary, etc., compilers of the past openly pursued more ambitious aims, i.e. spreading encyclopaedic knowledge and teaching how to link thoughts logically. It has been remarked (Kühn 1985) that the largest and most thoroughly organised thesauri seem often to forget their readers' needs, as if their authors were enchanted by the idea of putting world and words in order or of revealing the hidden order of nature.

As regards the facilitating of the expressions of ideas and assisting in written composition, the thesaurus is intended to have a twofold function: to remind the writer of a word he already knows, but has momentarily forgotten, or to suggest a new word, more understandable or more exact or stylistically refined. But if we think of the actual use of this lexicographic tool, we realize that a cumulative thesaurus is not helpful to people of a low cultural level who have never met most of the words suggested and therefore do not know how to use them unless they look for their meaning in an alphabetical dictionary. On the other hand, it is unlikely that cultivated writers will make frequent use of thesauri. Experimental research on thesauri users, their needs and skills, for the moment has been developed only in the field of information retrieval in electronic data banks (Lancaster 1968).

Defining thesauri are generally easier to use, but, since they devote a lot of space to definitions, necessarily cover a smaller vocabulary. For instance, McArthur (1981) describes 15,000 entries and Italian defining thesauri of the last century mainly dealt with arts and crafts and 'domestic' vocabulary. Moreover, defining thesauri often contain anecdotes, etymologies and quotations which have an encyclopaedic function. Some Italian thesauri of the last century were actually used in classrooms in order to teach Italian vocabulary to pupils who spoke a dialect as their mother tongue. Authors such as Fecia and Fornari also prepared grammatical handbooks and considered their thesauri as a complement in a language course. McArthur (1981) introduces examples, pronunciation and a grammar table in his work so that it can be said to be a learner's thesaurus.

Thesauri for special fields were and are often multilingual. Nowadays they play an important role in standardizing terminology (Sager 1984), above all when they are implemented and used for indexing purposes. Linguists often start from the ready-made semantic fields of thesauri in elaborating their researches into meaning relations and representations (Petöfi 1974, Neumann 1977, Jansen 1977).

As regards bilingual or plurilingual thesauri for travellers, since the Middle Ages they have followed a different path because they are mainly for spoken production. They are linguistic first aid and their categories have always been determined by the practical interests of travellers: numbers, food, transport, hotels, etc. Their function determines their strictly synchronic character and the fact that they have many more syntagmatic lemmas (sentence patterns, stereotyped expressions) than the other thesaurus types.

3. Encyclopaedic Features in Thesauri

The first and most evident encyclopaedic feature is represented by the synoptic tables often present in thesauri. Such tables immediately convey the vision of the world adopted. Monolingual alphabetical dictionaries also have some ideology in the background, but as it is revealed through scattered definitions, it does not strike the reader so clearly. Comparing the plans of thesauri of the more distant past with the plans of those of the last century, one can easily discern the shift from an Aristotelian-Thomistic view to a positivistic one.

Those works which contain only part of the vocabulary, i.e. only some semantic areas, do not display tables, but their encyclopaedic nature is revealed by
(i) the predominance of nouns as lemmas or headwords;
(ii) the content of defining glosses, describing the object or concept referred to and ignoring the linguistic behavior of the word used to refer;
(iii) meaningful typographical arrangement of headwords, lemmas and definitions.

Encyclopaedic information is also conveyed by the illustrations which sometimes appear in defining thesauri. Large cumulative thesauri generally have no illustrations. Paganini (1857) is an interesting example of a bilingual illustrated defining thesaurus. He had in mind Genoa users, who had a Gallo-Italic dialect as their mother tongue and great difficulty in understanding definitions written in Italian. To help them Paganini not only used a thesaural arrangement, but added translations in Genoa dialect and illustrations.

4. Macrostructure

Large thesauri consist generally of two main sections: the thesaural part and an alphabetical index of defined lemmas or of the words listed under each headword. This alphabetical list, which links a word with the place(s) in the thesaurus where it is dealt with, is the quickest means of finding one's way in the categorization system adopted by the author. It can be very detailed like the one by Sanders (1873—77), who under **Aal** 192a lists also *den — beim Schwanz halten, packen (wollen), (sich umsonst abmühen; verkehrt anfassen etc.) 452f; 454b; 492d;* or remain at a more general level as in Roget (1982), where under **eel** we simply find *serpent 251n, fish food 301n.*

Nowadays a thesaurus always has an alphabetical index but in the past there were authors who showed such great confidence in their categorization system that they did not include it. Curiously enough they are also the authors of rather unpredictable systems or of disordered works (e.g. Fornari 1878, Palma 1870, 1877).

The thesaural part can be described and summarized by Fig. 105.1 (where ± alph = ± alphabetically ordered).

In the bottom row of the typology we have specified 'lemmas or words' because in the case of cumulative thesauri they are undefined words and in the case of defining thesauri lemmas plus defining glosses. Cumulative thesauri such as Roget (1982) and Sanders (1873—77) do not have alphabetically ordered chapters subdivided into sections. Such sections contain headwords arranged according to some relational criteria, contrast, for instance. The words listed under a headword are divided according to the part of speech to which they belong. In Roget (1982) the class MATTER has three sections:

1   Matter in general: Heads 319—323
2   Inorganic matter: Heads 324—357
3   Organic matter: Heads 358—446

The five heads of the first section are:
319 Materiality
320 Immateriality
321 Universe
322 Gravity
323 Lightness

A defining thesaurus devoted to 'domestic' vocabulary, such as Carena (1846), has chapters for clothing, household, foods, etc. Clothing is subdivided into four sections: for everybody, for men, for women and for children. Inside each section single articles of clothing are arranged starting from those worn next to the skin and continuing in the order you generally follow when dressing yourself. Taranto/Guacci (1850) also follow the same arrangement for clothing; Corazzini (1885) has a section devoted to 'antiques' in each chapter and therefore also in the one on clothing. If you compare these macrostructures to the corresponding ones in Roget (1982) and McArthur (1981) you will see that even such non-conceptual objects as articles of clothing can be very differently arranged.

There are defining thesauri (e.g. Fanfani/Frizzi 1883, Rambelli 1850) which inside each section give defined lemmas in alphabetical order but arrange the same lemmas (without definitions) in systematic tables at the beginning of the section. By so doing they

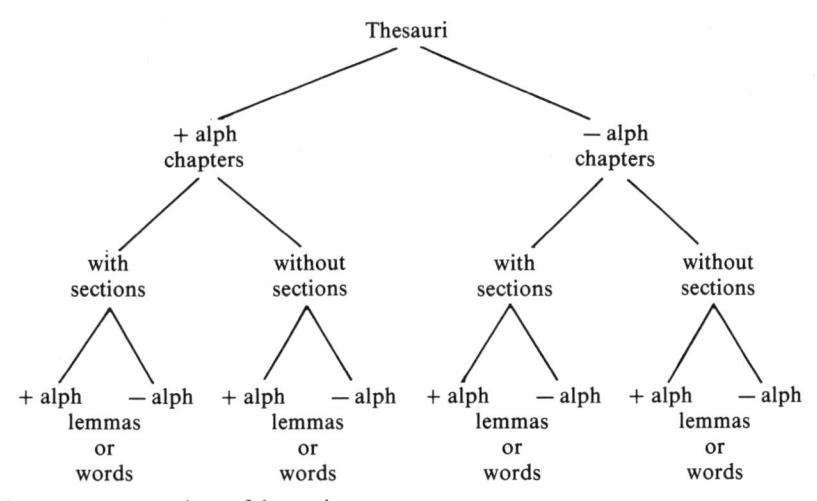

Fig. 105.1: Macrostructure typology of thesauri

ALBERO
O CLASSIFICAZIONE GENERALE DELLE MATERIE CONTENUTE NEL PRESENTE
VOCABOLARIO DOMESTICO

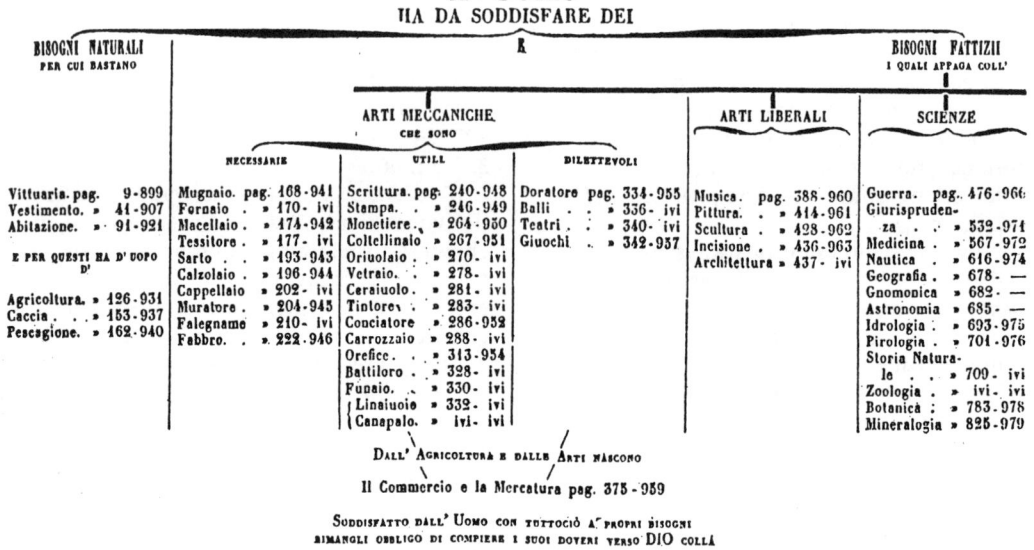

L' UOMO
HA DA SODDISFARE DEI

BISOGNI NATURALI PER CUI BASTANO						BISOGNI FATTIZII I QUALI APPAGA COLL'
	ARTI MECCANICHE CHE SONO			ARTI LIBERALI		SCIENZE
	NECESSARIE	UTILI	DILETTEVOLI			
Vittuaria. pag. 9-899	Mugnaio. pag. 168-941	Scrittura. pag. 240-948	Doratore pag. 334-955	Musica. pag. 388-960		Guerra. pag. 476-966
Vestimento. » 41-907	Fornaio . » 170- ivi	Stampa. . » 246-949	Balli . . » 336- ivi	Pittura. . » 414-961		Giurispruden-
Abitazione. » 91-921	Macellaio . » 174-942	Monetiere . » 264-950	Teatri . . » 340- ivi	Scultura . » 428-962		za . . » 532-971
	Tessitore . » 177- ivi	Coltellinaio » 267-951	Giuochi . » 342-957	Incisione . » 436-963		Medicina . » 567-972
E PER QUESTI HA D' UOPO D'	Sarto . . » 193-943	Oriuolaio . » 270- ivi		Architettura » 437- ivi		Nautica . » 616-974
	Calzolaio . » 196-944	Vetraio. . » 278- ivi				Geografia . » 678.—
Agricoltura. » 126-931	Cappellaio » 202- ivi	Ceraiuolo . » 281- ivi				Gnomonica » 682.—
Caccia . . . » 153-937	Muratore . » 204-945	Tintoreo . » 283- ivi				Astronomia » 685.—
Pescagione. » 162-940	Falegname » 210- ivi	Conciatore » 286-952				Idrologia . » 693-975
	Fabbro. . » 222-946	Carrozzaio » 288- ivi				Pirologia . » 701-976
		Orefice. . . » 313-954				Storia Natura-
		Battiloro . » 328- ivi				le . . » 709- ivi
		Funaio. . » 330- ivi				Zoologia . » ivi- ivi
		Linaiuolo . » 332- ivi				Botanica . » 783-978
		Canapaio. » ivi- ivi				Mineralogia » 825-979

DALL' AGRICOLTURA E DALLE ARTI NASCONO
Il Commercio e la Mercatura pag. 375 - 959

SODDISFATTO DALL' UOMO CON TUTTOCIÒ A'PROPRI BISOGNI
RIMANGLI OBBLIGO DI COMPIERE I SUOI DOVERI VERSO DIO COLLA
RELIGIONE psg. 848 - 980

Fig. 105.2: Synoptic table (from: Rambelli 1850)

lose all the benefits deriving from having definitions of related terms one after the other.

Defining thesauri with alphabetically ordered chapters are rare (e.g. Carbone 1863). Their macrostructure is only apparently similar to the macrostructure of analogical dictionaries (see Art. 106), because the titles of chapters are far fewer than analogical dictionaries headwords and cover a larger area of reference.

The number of sections and subsections in cumulative or defining thesauri depends on the largeness of the vocabulary covered. Generally, specialized thesauri do not go beyond chapters and sections because they choose chapters covering relatively smaller semantic areas.

5. Microstructure

5.1. The Microstructure of Cumulative Thesauri

If we consider the headword of cumulative thesauri as a lemma and the list of words grouped under each headword as the microstructure, we can see that the microstructure is formed of a set of nouns, adjectives and verbs; other parts of speech appear much more rarely. Phrases are allocated to the part of speech which most closely describes their function. At the end there are cross-references to other categories.

135 lateness
  n. lateness, belatedness, tardiness, retardation, slowness, dilatoriness, backwardness; late hour, high time, last minute; delay, deferment, postponement, adjournment, discontinuation, suspension, procrastination, cooling-off period, moratorium, respite, days of grace, stay, reprieve, remission, wait and see, filibuster; slow starter, late riser.
  adj. late, advanced, tardy, dilatory; too late, overdue, belated, delayed, behind, behindhand; last-minute; unready, unpunctual.
  vb. be late, stay up, burn the midnight oil; tarry, be slow, linger, saunter, dawdle, dally, shilly-shally; delay, defer, postpone, procrastinate, retard, stay, adjourn, put off, suspend, withhold, hold back, wait and see, play for time, filibuster; put in cold storage, mothball (*inf.*), put in mothballs (*inf.*), put on ice (*inf.*), shelve.

Dictionary excerpt 105.1: Cumulative thesaurus microstructure (from: Manser 1984, 139)

The words listed have each a slightly different meaning: some are operators, others operations, others tools or places. Only some of them are synonyms of the headword. Groups of nouns, adjectives and verbs are often subdivided into small sets enclosed by semicolons; between one set and another there is a bigger difference in meaning than among words belonging to the same set. Semicolons have therefore a very important function and must be carefully placed. In the example given *filibuster*, meaning 'obstructionist', ought to be preceded, not followed, by a semicolon.

Users are sometimes warned against register shifts by means of labels such as *inf* or *sl* (informal, slang).

Large cumulative thesauri can also have more complex microstructures with many keywords under the same headword. For instance Roget (1982) presents for the head 534 **Teaching** the following keywords for nouns: *teaching, education, curriculum, lecture;* for adjectives: *educational;* for verbs: *educate, teach, train*. Each keyword is followed by words grouped according to the previously explained criteria. While keywords have been introduced in Roget's *Thesaurus* only since the 1962 edition, they were already present and very well used in Sanders (1873—77), which also includes in its microstructures derived and compound nouns, a very important part of German vocabulary.

Cumulative thesauri which do not organize their headwords in contrasting couplets (master/servant, reward/punishment) devote a section of their microstructure to antonyms.

5.2. Microstructure in Defining Thesauri

Definitions specially conceived for thesauri are different from definitions for alphabetical dictionaries because they can avail themselves of the adjacent definitions of semantically related words. As Carena (1846, XIV—XV) points out, words come one after the other "called by the content itself of each definition". The final stage of macrostructure, the order of lemmas, is therefore determined by the content of the microstructure.

The most accurate thesauri (Carena 1846, 1853, Taranto/Guacci 1850) also use the typographical display of the page in order to convey visually the idea of enchainment and inclusion. Carena contents himself with a progressive indentation of lemmas in the systematic table opening each chapter:

```
Paste
 —   lunghe
 —    —    piene
 —    —    —    tonde
                        Capellini
                        Spilloni
                        Spaghetti
                        Vermicelli, ecc.
 —    —    —    piatte
                        Bavette
                        Nastrini
                        Strisce
                        Lasagne
                        Maccheroni
                        Pappardelle
 —    —    forate
                        Foratini
                        Cannelloni
 —   tagliate
 —    —    piene
                        Lentine
                        Semìni
                        Puntìne
                        Gràndine, ecc.
 —    —    bucate
                        Campanelline
                        Stelline, ecc.
             Nota 255.
 —   gialle
     al zafferano
 —   Casalinghe
         Tagliolini
             Nota 256.
         Tagliatelli
         Gnocchi
```

Dictionary excerpt 105.2: Methodical index (from: Carena 1851, 444)

Taranto/Guacci (1850) arrange not only lemmas but also definitions in columns. So you find the definition of a part of the human body in the first column on your left; indented you find the definition of a part of this part and even more indented any other part of the part of the part. See:
Hand: definition
    Finger: definition
        Knuckle: definition
The effectiveness of a definition often depends on its being preceded and followed by other, complementary, definitions.

Thesauri microstructures are always monosemous because polysemy affects words out of their context whereas thesauri offer words in thematic contexts, one at a time. Authors who fill their thesauri with ready-made definitions from alphabetical monolingual dictionaries (e.g. Martignoni

1743) split polysemous microstructures and distribute each sense under the appropriate chapter.

The tendency to homonymy also involves avoiding the indication of any metaphorical senses of the word. Palma, though aware that metaphorical senses might trouble 'the economy' of his work (1870), decided to register them, because he was fascinated by the close relations between "mondo morale" and "mondo corporeo". He also decided to group together definitions of words deriving from the same root, even when such derivates belong to distant semantic fields (i.g. *falce, strafalciare*).

Definitions generally describe the objects through broader terms, a list of properties or the process of production. They are given in the usual way (to the right of the lemma); since, however, thesauri take descriptions of objects or concepts as a starting point to arrive at words, we sometimes also find inverted microstructures. See, for instance
Una casa da signori, un vero palazzo, si dice ancora, ma più spesso in poesia che in prosa,
MAGIONE *s. f.* (Gotti 1883, 20).
Familio de regnestroj, sjnsekve heredantaj la tronon unu de la aliaj (Borbonoj, ks.)
DINASTI/O (Mariano 1986, 27).

Purely synonymic definitions are met only in the worst, low-price thesauri. Extensional definitions are generally avoided, but we can find lists of proper names of rivers, mountains, towns and seas; such lists in Arrivabene (1809) are explained as encyclopaedic information for schoolchildren.

Lists of animals and plants in Roget (1982) are retained to help "cross-word puzzle enthusiasts, and because it is often helpful to be able to look up the name of something, such as a particular kind of tool or aircraft, which cannot be found from a dictionary" (p. XI).

6. History

The first dictionary ever printed was a thesaurus, or rather, one of those linguistic companions for travellers ordered on pragmatic principles. It was a bilingual dictionary, Venetian-German, known as *Introito e porta* (1477) and *Solenissimo vochabuolista* (1479) (Bart Rossebastiano 1983). Such works belong to earlier national manuscript traditions (De Man 1964, Giustiniani 1987). They enjoyed an uninterrupted success: *Introito e porta* was reprinted 24 times from 1477 to 1522; some editions included four languages and later on editions with five, seven or eight languages were printed (Gallina 1959, 42). Noël de Berlaimont's *Colloquia et Dictionariolum* (1530, 1536^2), which originally was a Flemish-French dictionary with a thematic part, evolved to a plurilingual alphabetic work (more than 100 editions in 160 years).

Hadrianus Junius' *Nomenclator* (1567) was a plurilingual thesaurus consisting of 85 chapters; the source language is Latin, which is translated into Greek, German, Flemish, French, Italian, Spanish and English. It reached 40 editions in 150 years. Junius (1567) was imitated by Heinrich Decimator, who in the third part of the 1595 edition of his *Sylva Vocabulorum*, subdivided words in 149 chapters giving Greek, German and Hebrew translations of Latin lemmas. A modest bilingual, Italian-Spanish *Nomenclator* was published by Lorenzo Franciosini (1626); in 1626 there also appeared Juan Angel Sumaran's *Thesaurus Linguarum* with Latin, Italian, French, Spanish and German words distributed in 29 chapters. G. A. Noviliers de Clavel published in 1629 a trilingual thesaurus where Italian words and phrases were translated into French and Spanish. James Howell in the thesaural part of his *Lexicon Tetraglotton* (1659) copied Noviliers (1629), adopting English as source language (Gallina 1959, 319).

Monolingual cumulative and defining thesauri from the Renaissance to the last century belong to a complex but clearly traceable philosophical tradition. We shall not deal with the lexicographical tradition which links thesauri to ancient and medieval summae, lapidaria, herbaria and so on, because this is an evident genetic line, while the philosophical and rhetorical affiliation is generally less mentioned.

From the XIVth century to the end of the XVIIth century discussions of the art of memory, the alphabet of thoughts, the creation of encyclopaedias and ordered classifications of 'realia' were closely interwoven (see Yates 1966, Rossi 1983). Cosma Rosselli's *Thesaurus Artificiosae Memoriae* (Venice 1579) is but one of the many works in which the art of memory gradually evolves to a universal encyclopaedia with very detailed descriptions of heaven, hell, the tools of mechanical arts, precious stones, etc. Also in the very famous *Universae Naturae Theatrum* (Lyon 1590) by Jean Bodin we find a meticulous division into tables of elements, stones, metals, etc., clearly influenced by the French Lullist Pierre de la Ramée or Ramus. Ramon Lull's mnemotechnics and the works by his followers were well known to Giordano Bruno, Bacon and Descartes. The Bohemian pedagogist, Jean Amos Komensky, better known as Comenius, published the famous essay *Janua Linguarum* (1631), in which both the influence of his teacher Alsted, a follower of Lullism, and the legacy of Baconian 'real characters' are evident.

Comenius' 'pansophy' consists of a fixed scheme in which all things, present and future, are distributed in an orderly manner. Since the plurality of natural languages is an obstacle to the creation of such a scheme, he suggests creating a new artificial language with as many nouns as there are things. Wilkins (1668) was the best attempt at achieving Comenius's idea. Even though the main purpose of Wilkins was more of a mystical than lexicographic nature (he aimed at universal pacification through a common language), his 266 pages in-folio distributing English vocabulary in forty categories can be considered a thesaurus and in fact Wilkins's system of classification is echoed by Roget (1852). Wilkins's taxonomy is "from the bottom up": primitive concepts do not descend from an analysis of the vocabulary but are chosen a priori or according to common (English) sense. Thus in his universal language *wine* is among extraordinary foods and *beer* among ordinary foods (Frank 1979, 150).

What has been defined as "the dream of the French 18th century, i.e. the philosophical onomasiological arrangement of vocabulary" (Hausmann 1976, 343), was attained in the XIXth century by many lexicographers. Before Roget's work there had appeared in France a thesaurus by Pautex (1835), grouping eight thousand words around forty 'centres d'interêt'.

The suggestion contained in the preface by Roget (1852) that "on the same plan of classification there might be formed a French, a German, a Latin or a Greek thesaurus" was promptly followed. Sears in 1854 published a Bostonian imitation of Roget's work; Robertson (1859) is a French 'translation'; Schlessing (1881) a German one and Benot (1898) a Spanish version. In the XXth century we find revisions of the thesaurus by Schlessing/Wehrle 1913, Wehrle 1940, Wehrle/Eggers 1954, 1967[13], a Hungarian version (Póra 1907), a Dutch one (Brouwers 1928), a Swedish one (Bring 1930), a Greek one (Bostantzoglou 1949) and a Portuguese one (Ferreira 1950). Only partially indebted to Roget's model, Sanders (1873—77) stands out for its richness and carefully organised distribution of words.

The work of Elie Blanc (1882) also deserves mention. He allocated the words of the *Dictionnaire de l'Académie française* to a series of tables (see also Blanc 1886, 1892, 1899).

The Italian thesaurus tradition has consisted only of defining thesauri. The philosophical and rhetorical influence of Thomism, Lullism and medieval encyclopaedism was very strong in Italy. Two of the first monolingual dictionaries of the Italian language (Alunno 1548, Marinello 1562) were arranged according to the Aristotelian categories mixed with 'common sense' subjects. They are rather untidily organised and hold a more important position in the history of Italian monolingual lexicography (Tancke 1984, Nencioni 1983, 259—273) than in the history of thesauri.

De' vocaboli propri d'ogni arte e di ogni professione, an unfinished manuscript by Daniello Bartoli (who mentioned it in 1658), has recently been edited (1982) by Bice Mortara Garavelli; it is a hybrid between an analogical dictionary and a cumulative thesaurus. It was mentioned by many Italian compilers of thesauri and was copied by Margani (1839).

Martignoni (1743) is the largest XVIIIth century defining thesaurus in Italy. The author distributed *Vocabolario della Crusca* definitions under seven 'useful' arts and four 'fine' arts, each art being articulated in Subject (parts, qualities, actions, passions, effects), Tools, Operators and Operations. He was convinced that his method could be extended to every language.

Arrivabene's thesaurus (1809) for young students was compiled when the author was 15 years old. He filled the system designed in 1797 by Alberti di Villanova, one of the most distinguished Italian lexicographers, with the definitions of Martignoni (1743).

Carena's thesauri (1846, 1853, 1860) represent a landmark for Italian 'vocabolari metodici' of the past century. Carena, like Roget and Sanders, had a sound scientific background. His work was highly praised both because he highlighted an area of vocabulary neglected by the *Vocabolario della Crusca* and because of the clear methodical arrangement and definitions. He was criticized by, among others, Alessandro Manzoni and Niccolò Tommaseo because he did not follow an exclusively synchronic Florentine standard language.

The increase in thesauri for arts and crafts and for 'domestic' areas of reference was linked to the particular historical moment of the formation of the Italian nation, to the conviction that one could learn Italian vocabulary through pragmatic knowledge, without the mediation of homogloss (dialect-Italian) dictionaries. About twenty works are analysed in Marello (1980); the most remarkable are, besides Carena's thesauri, Taranto/Guacci (1850), Fanfani/Frizzi (1883), Palma (1870, 1877), Rambelli (1850) and Corazzini (1885).

7. Thesauri Today

In this century the following have been published: Dornseiff's interesting work of 1934 (which inspired Andersen 1945), Hallig/Wartburg (1952), a well known plan for an onomasiological dictionary, a *Diccionario temático de la lengua española* (Vox 1975), giving definitions, and, best of all, McArthur 1981, giving definitions and examples, thus being a complete dictionary in thesaurus form. *Chambers Thesaurus* is a classified word list grouping 18.000 entries into 40 subjects (see Seaton/Davidson et al. 1988). The *Macquarie Thesaurus*, a large thesaurus of the Australian version of the English language, based on the *Macquarie Dictionary* and mirroring Roget's organization, has appeared in 1984 (see Bernard 1984). An effort by Wittmer, in 1951, to carry out Bally's plan of 1909 for a complete thesaurus of the French language failed. The popularity of the thesaurus in the anglophone world has lead to the publication of a great number of pocket thesauri (e.g. Manser 1984) and specialized thesauri (Urdang 1986, see also art. 98 s.v. Tripp, art. 120 s.v. Berrey, art. 122 s.v. Borneman for German). An *Historical Thesaurus of English* is in preparation at the University of Glasgow (Kay 1984, see art. 156 for French). Examples of pragmalinguistic thesauri are Lee 1983 and Martins-Baltar 1976. For illustrated thesauri see art. 108. The Italian monolingual dictionary Palazzi (1939, 1974[2]) is an original attempt in that it inserts a cumulative thesaurus of 94 chapters in an alphabetical dictionary. The utopia of unified languages reappears in the thesauri by Mariano (1986) and by Burger (1984). The former is a sound thesaurus which arranges defined lemmas of *Plena Ilustrita Vortaro de Esperanto* (1970), both in chapters and geometrically on the page itself. The latter is the widely advertised *Wordtree,* which is both a thesaurus and an attempt at creating a unified terminology.

The true expansion of thesauri in our century is linked to information science. Generally, data banks are also provided with thesauri for information retrieval. A good bibliography about indexing languages, vocabulary control, thesaurus format and procedures used in on-line thesauri construction is Soergel (1974); a continuing bibliography can be found in the journal *International Classification* (1974—....) edited by J. Dahlberg.

8. Metalexicographic Research on Thesauri

Forewords to thesauri and analogical dictionaries are among the best sources of metalexicographic reflection on the topic: see Dornseiff (1934, 1970[7]), Casares (1942), Andersen (1945), Kühn (1985), Hallig/Wartburg (1952 and above all 1963). Tonelli (1971) and Zolli (1973) are bibliographic aids. Bart Rossebastiano (1983) and Gallina (1959) contain information about plurilingual thesauri; Dolezal (1985), Formigari (1970), Frank (1979) deal with Wilkins's work; Rossi (1960, 1983[2]), Yates (1966) are good reference books illustrating the cultural environment of Comenius and Wilkins.

Coseriu (1967) and Hausmann (1976) see in thesauri pre-Saussurean structural approaches to vocabulary: Geckeler (1971) mentions thesauri in relation to semantic field theory. Alinei (1974) is both a metalexicographic and a concrete proposal for thesaural treatment of the area of reference 'horse' in Italian. Baldinger (1952), Casares (1941), Tollenaere (1960), Rey (1965), Douglas (1976), Standop (1985) discuss the advantages and disadvantages of the thesaural approach in lexicography. The most authoritative voice against the naive conviction of the possibility of creating a network of concepts 'good for any language' remains Hjelmslev (1953, chapter 13).

9. Selected Bibliography

9.1. Dictionaries

Alberti di Villanova 1797 = Francesco D'Alberti di Villanova: Dizionario universale critico enciclopedico della lingua italiana. 6 vol. Lucca 1797—1805 [XLVII, 392, 417, 428, 340, 447 p.].

Alunno 1548 = Francesco Alunno: La fabrica del mondo [...]. Venezia 1548 [13th ed. 1612: 64, 236, 11 p.].

Andersen 1945 = Harry Andersen: Dansk begrepsordbog. Copenhagen 1945 [386 p.].

Arrivabene 1809 = Gaetano Arrivabene: Dizionario domestico sistematico. Brescia 1809 [2nd ed. Torino 1814, 526 p.].

Bally 1909 = Charles Bally: Tableau synoptique des termes d'identification et de leurs principaux synonymes. In: Ch. Bally: Traité de stylistique française. Genève 1909. Vol. 2, 223—264.

Bartoli 1982 = Daniello Bartoli: La selva delle parole. Ed. Bice Mortara Garavelli. Parma 1982 [217 p.; compiled ante 1685].

Benot 1898 = Eduardo Benot y Rodríguez: Diccionario de ideas afines. Madrid 1898 [1481 p.; Buenos Aires 1940, 1515 p.].

Berlaimont 1530 = Noel de Berlaimont: Colloquia et dictionariolum (...). 2nd ed. Antwerpen 1536 [1692 last ed. with eight languages].

Bernard 1984 = J. R. L. Bernard, general editor: The Macquarie Thesaurus. The national thesaurus. Dee Why N. S. W. Australia 1984 1st ed.; 1986 2nd ed.

Blanc 1882 = Elie Blanc: Le Dictionnaire logique de la langue française ou Classification naturelle et philosophique des mots, des idées et des choses. Ouvrage destiné à servir de complément aux dictionnaires et aux Encyclopédies alphabétiques et contenant 1. Tous les mots du Dictionnaire de l'Académie française, disposés par ordre logique dans une série de Tableaux, formant avec les références et les remarques qui les accompagnent un Dictionnaire des synonymes complet et très bien enchaîné; 2. Une série de considérations philosophiques, expliquant l'ordre établi et reliant étroitement entre elles toutes les connaissances humaines; 3. Une concordance alphabétique. Paris. Lyon 1882 [791 p.].

Blanc 1886 = Elie Blanc: Petit Dictionnaire logique de la langue française (...). Paris. Bruxelles. Genève 1886 [CCXVIII, 1718 col.].

Blanc 1892 = Elie Blanc: Dictionnaire alphabétique et analogique de la langue française à l'usage des écoles. Lyon 1892 [1115 p.].

Blanc 1899 = Elie Blanc: Dictionnaire universel de la pensée, alphabétique, logique et encyclopédique. Classification naturelle et philosophique des mots, des idées et des choses. Ouvrage spécialement destiné aux professeurs et aux écrivains. 2 vol. Lyon 1899 [800, 802 p.].

Bodin 1590 = Jean Bodin: Universae naturae Theatrum (...). Lyon 1590 [2nd ed. 1596].

Booth 1835 = David Booth: Analytical Dictionary of the English Language. London 1835 [455 p.].

Bostantzoglou 1949 = Th. Bostantzoglou: Antilexikon. Athens 1949 [1066 p.; 1962, 1138 p.].

Bring 1930 = Sven Casper Bring: Svenskt ordförråd, ordnat i begreppsklasser. Uppsala 1930 [586 p.].

Brouwers 1928 = L. Brouwers: Het juiste woord. Betekenis-woordenboek der nederlandse taal. Turnhout 1928 [1049 p.; 5. ed. 1973, 1573 p.].

Burger 1984 = Henry Burger: The Wordtree. Merriam, Kansas 1984 [380 p.].

Carbone 1863 = Gregorio Carbone: Dizionario militare. Torino 1863 [XXIII, 771, CXLIII p.].

Carena 1846 = Giacinto Carena: Prontuario di vocaboli attenenti a parecchie arti, ad alcuni mestieri, a cose domestiche [...]. Parte I: Vocabolario domestico. Torino 1846 [2nd ed. Napoli 1850; Torino 1851; Napoli 1858, 1859, 1889; XXVII, 563 p., 2nd ed. printed in Torino].

Carena 1853 = Giacinto Carena: Prontuario [...]. Parte II: Vocabolario metodico d'arti e mestieri. Torino 1853 [XVI, 612 p.; 2nd ed. Napoli 1854, 1858, 1859].

Carena 1860 = Giacinto Carena: Prontuario [...] parte III postuma contenente il vocabolario dei veicoli su terra [...]. Ed. Amedeo Peyron. Torino 1860 [148 p.].

Casares 1942 = Julio Casares: Diccionario ideológico de la lengua española. Barcelona 1942 [2. ed. 1959, LXXV, 482, 887 p.].

Comenius 1631 = Jean Amos Komensky: Janua linguarum reserata [...]. Lyon 1631.

Coppin 1959 = Joseph Coppin: Un répertoire du vocabulaire français. Lille 1959 [292 p.].

Corazzini 1885 = Francesco Corazzini: La città e lo stato. La casa e la famiglia. Dizionario metodico [...]. Torino 1885 [XXIV, 1047 p.].

Dornseiff 1934 = Franz Dornseiff: Der deutsche Wortschatz nach Sachgruppen. Berlin 1934 [7th ed. 1970, 166, 922 p.].

Fanfani/Frizzi 1883 = Pietro Fanfani/Giuseppe Frizzi: Nuovo vocabolario metodico della lingua italiana. Milano 1883 [874 p.].

Fecia 1939 = Agostino Fecia: Metodo pratico e progressivo per l'insegnamento della lingua italiana applicabile ad altre lingue [...]. Biella 1939 [205 p., 26 illustrations].

Ferreira dos Santos Azevedo 1950 = Francisco Ferreira dos Santos Azevedo: Dicionário analógico da Língua portuguesa (idéias afins). Sao Paulo 1950 [685 p.; 1974].

Fornari 1878 = Pasquale Fornari: Il nuovo Carena. La casa o vocabolario metodico domestico. Torino 1878 [2nd ed. 1888, XII, 460 p.].

Franciosini 1626 = Lorenzo Franciosini: Nomenclator [...]. Venezia 1626.

Golius 1579 = Theophilius Golius: Onomasticon Latinogermanicum. Ed. Gilbert de Smet. Hildesheim 1972 [XX S., 520 Sp.].

Gómez 1925 = Enrique Gómez Carillo/Alfonso de Sola: Diccionario ideológico para facilitar el trabajo literario y enriquecer el estilo. Madrid 1925 [661 p.].

Gotti 1883 = Aurelio Gotti: Vocabolario metodico della lingua italiana. Casa. Torino 1883 [XX, 368 p.].

Hallig/Wartburg 1952 = Rudolf Hallig/Walther von Wartburg: Begriffssystem als Grundlage für die Lexikographie. Versuch eines Ordnungsschemas. Berlin 1952 [XXXV, 140 p.; 2nd ed. 1963].

Howell 1659 = James Howell: Lexicon Tetraglotton. Dictionnaire François-Italien-Espagnol-Anglois [...]. London 1659.

Introito e Porta 1477 = Questo libro el quale si chiama introito e porta [...]. Venezia 1477 [56 sheets; 2nd ed. with the title Solenissimo vochabuolista, Bologna 1479; 1499, 1513; many other editions with different titles and four, five, six, seven, eight languages; last ed. (with six languages) Rouen 1631].

Junius 1567 = Hadrianus Junius: Nomenclator omnium rerum propria nomina variis linguis explicata (...). Antwerpen 1567 [570 p.; last ed. with eight languages 1633].

Laffal 1973 = Julius Laffal: A Concept Dictionary of English. New York 1973 [XI, 305 p.].

Lee 1983 = William R. Lee: A Study Dictionary of Social English. Oxford 1983 [174 p.].

Manser 1984 = M. H. Manser: Pocket Thesaurus of English Words. Feltham, Middlesex 1984 [328 p.; first publ. 1979].

Margani 1839 = Gaetano Margani: Sinonimi oratorî e voci proprie di alcune scienze, arti e mestieri [...]. Catania 1839 [XXXII, 175 p.].

Mariano 1986 = Michele Mariano: Sisteme Ordigita Vortaro. Savigliano 1986 [526 p.].

Marinello 1562 = Giovanni Marinello: La Copia delle parole [...]. Venezia 1562 [322 p.].

Martignoni 1743 = Girolamo A. Martignoni: Nuovo metodo per la lingua italiana la più scelta estensivo a tutte le lingue [...]. Milano parte prima 1743; parte seconda 1750 [34, 430, 12, 420 p.]

Martins-Baltar 1976 = Michel Martins-Baltar: Actes de parole. In: D. Coste et al.: Un niveau-seuil. Strasbourg 1976, 83—224.

Masson 1949 = Arthur Masson: Pour enrichir son vocabulaire. Brussels 1949 [356 p.; 7. ed. 1970].

McArthur 1981 = Tom McArthur: Longman Lexicon of Contemporary English. Harlow, Essex 1981 [XIII—910 p.].

Modest 1925 = Adolf Modest: Der geordnete Wortschatz. 2 vol. Insterburg 1925 [194, 226 p.].

Monroy 1911 = Benjamin Monroy Ocampo: Sinónimos castellanos y voces de sentido análogo. Madrid 1911 [412 p.].

Noviliers de Clavel 1629 = Guillaume Alexandre Noviliers de Clavel: Nomenclatura Italiana, Francese e Spagnola [...]. Venezia 1629 [411 p.].

Paganini 1857 = Angelo Paganini: Vocabolario domestico genovese-italiano con un'appendice zoologica. Genova 1857 [297 p., anastatic impression Genova 1968].

Palazzi 1939 = Fernando Palazzi: Novissimo Dizionario della lingua italiana. Milano 1939; edizione a cura di Gianfranco Folena 1974 [1624 p.].

Palma 1870 = Stefano Palma: Vocabolario metodico italiano parte che si riferisce all'agricoltura e pastorizia. Milano 1870 [XII, 348 p.].

Palma 1877 = Stefano Palma: Prontuario di voci e maniere di dire nel linguaggio mercantile, amministrativo ed economico. Milano 1877 [244 p.].

Pautex 1835 = Benjamin Pautex: Recueil de mots français rangés par ordre de matières [...]. 3rd ed. 1835 [120 p.; 42nd ed. rev. by Charles Bally, Lausanne 1963].

Ponton 1853 = A. de Ponton d'Amécourt: Panorama des mots. Paris 1853 [210 p.].

Póra 1907 = F. Póra: A magyar rokonertelmü szók és szólások kézikönyve. Budapest 1907.

Rambelli 1850 = Gianfrancesco Rambelli: Vocabolario domestico. Bologna 1850 [XVI, 988 p.].

Robertson 1859 = Théodore Robertson: Dictionnaire idéologique. Paris 1859 [480 p.].

Roget 1852 = Peter Mark Roget: Thesaurus of English Words and Phrases. London 1852 [1897 ed. John Lewis Roget; 1911, 1925, 1933 ed. Samuel Romilly Roget; 1962 ed. Robert A. Dutch; 1982 ed. Susan M. Lloyd, XXXXXII, 1247 p.; 1987 ed. Betty Kirkpatrick; Boston 1854, ed. Barnas Sears].

Roget 1977 = Roget's International Thesaurus. 4. ed. rev. by Robert L. Chapman. New York 1977 [XXIV, 1317 p.; 1. ed. rev. by C. O. Sylvester Mawson 1922; 2. ed. 1946; 3. ed. 1962].

Rosselli 1579 = Cosma Rosselli: Thesaurus artificiosae memoriae [...]. Venezia 1579.

Ruiz 1879 = José Ruiz León: Inventario de la lengua castellana. Indice ideológico del Diccionario de la Academia. Verbos. Madrid 1879 [310 p.; unfinished].

Sanders 1873—77 = Daniel Sanders: Deutscher Sprachschatz [...]. Hamburg 1873—77 [repr. Tübingen 1985, ed. Peter Kühn; LXXXVII, 2136 p.].

Schlessing 1881 = Anton Schlessing: Deutscher Wortschatz oder Der passende Ausdruck. Esslingen 1881 [4th ed. 1907].

Schlessing/Wehrle 1913 = Anton Schlessing/ Hugo Wehrle: Deutscher Wortschatz [...]. Stuttgart 1913, 1927 [XXVII, 544 p.].

Seaton/Davidson et al. 1988 = Chambers Thesaurus: A Comprehensive word-finding dictionary, edited by A. Seaton, G. Davidson, C. Schwarz, J. Simpson. Cambridge [appeared in 1986 as Chambers 20th Century Thesaurus].

Slaby 1965 = H. Slaby: Deutscher Wortschatz in Sachgebieten. Frankfurt 1965 [95 p.].

Sumaran 1626 = Juan Angel Sumaran: Thesauri Linguarum in quo nomenclatura et proverbia Hispanica, Gallica et Italica continentur [...]. Ingolstadt 1626.

Taranto/Guacci 1850 = Francesco Taranto/ Carlo Guacci: Vocabolario domestico italiano ad uso de'giovani, ordinato per categorie. Napoli 1850 [2nd and 3rd ed. Napoli 1851 and 1856, 32, 673 p.].

Urdang 1986 = Laurence Urdang et al.: -Ologies

and -Isms. A Thematic Dictionary. 3. ed. Detroit 1986.

Vox 1975 = Vox Diccionario temático de la lengua española. Barcelona 1975 [XXXI, 461 p.].

Wehrle 1940 = Hugo Wehrle: Deutscher Wortschatz. Stuttgart 1940, 1946.

Wehrle/Eggers 1954 = Hugo Wehrle/Hans Eggers: Deutscher Wortschatz. Stuttgart 1954, 1967.

Wilkins 1668 = John Wilkins: An Essay Towards a Real Character and a Philosophical Language. London 1668.

Wittmer 1951 = Louis Wittmer/Hugo Glättli: Dictionnaire idéologique de la langue française. Impression d'un paragraphe spécimen. § 82 VIE: MORT. Zürich 1951 [36 p.].

9.2. Other Publications

Alinei 1974 = Mario Alinei: La struttura del lessico. Bologna 1974.

Baldinger 1952 = Kurt Baldinger: Die Gestaltung des wissenschaftlichen Wörterbuchs. Historische Betrachtungen zum neuen Begriffssystem als Grundlage für die Lexikographie von Hallig und Wartburg. In: Romanistisches Jahrbuch 5. 1952, 65—94.

Bart Rossebastiano 1983 = Alda Bart Rossebastiano (ed.): Vocabolari veneto-tedeschi del secolo XV. Vol. I. Savigliano 1983.

Casares 1941 = Julio Casares: Nuevo concepto del diccionario de la lengua. Madrid 1941.

Chapman 1974 = R. L. Chapman: Roget's Thesaurus and Semantic Structure. In: Language Sciences 31. 1974, 27—31.

Coseriu 1967 = Eugenio Coseriu: Zur Vorgeschichte der strukturellen Semantik: Heyses Analyse des Wortfeldes 'Schall'. In: To honor Roman Jakobson. Den Haag 1967. Vol. I, 489—498.

De Man 1964 = Louis De Man: Middleeuwse Systematische Glossaria. Brussel 1964.

Dolezal 1985 = Fredric Dolezal: Forgotten but Important Lexicographers: John Wilkins and William Lloyd. A modern approach to lexicography before Johnson. Tübingen 1985.

Douglas 1976 = George H. Douglas: What's Happened to the Thesaurus? In: RQ, Winter 1976, 149—155.

Emblen 1970 = D. L. Emblen: Peter Mark Roget. The Work and the Man. London 1970.

Formigari 1970 = Lia Formigari: Linguistica ed empirismo nel Seicento inglese. Bari 1970.

Frank 1979 = Thomas Frank: Segno e significato. John Wilkins e la lingua filosofica. Napoli 1979.

Gallina 1959 = Annamaria Gallina: Contributi alla storia della lessicografia italo-spagnola dei secoli XVI e XVII. Firenze 1959.

Geckeler 1971 = Horst Geckeler: Strukturelle Semantik und Wortfeldtheorie. München 1971.

Giustiniani 1987 = Vito R. Giustiniani: Adam von Rottweils Deutsch-Italienischer Sprachführer. Tübingen 1987.

Hausmann 1976 = Franz Josef Hausmann: Strukturelle Wortschatzbetrachtung vor Saussure. In: Romanische Forschungen 89. 1976, 331—354.

Hausmann 1985 = Franz Josef Hausmann: Lexikographie. In: Handbuch der Lexikologie, hrsg. von Christoph Schwarze und Dieter Wunderlich. Frankfurt 1985, 367—411.

Henrion 1924 = Abbé Henrion: Le dictionnaire latin-français-allemand de Gaspard Hochfeder, Metz 1515. In: Annuaire de la Société d'Histoire et d'Archéologie de la Lorraine 33. 1924, 153—183.

Hill 1985 = C. P. Hill: Alternatives to Dictionaries. In: Dictionaries, Lexicography and Language Learning. Ed. R. Ilson. Oxford 1985, 115—121.

Hjelmslev 1953 = Louis Hjelmslev: Prolegomena to a Theory of Language. Bloomington, Ind. 1953 [Omkring sprogteoriens grundlaeggelse. Copenhagen 1943].

Hüllen 1986 = Werner Hüllen: The Paradigm of John Wilkins' Thesaurus. In: The History of Lexicography. Ed. R. R. K. Hartmann. Amsterdam 1986, 115—126.

Jansen 1977 = Louise M. Jansen: Zur begrifflichen Ordnung substantivischer Lexikoneinheiten. In: Petöfi/Bredemeier 1977, 335—379.

Kaiser 1984 = Stephan Kaiser: Der neue Dornseiff. Konzept einer Neubearbeitung von Franz Dornseiffs „Der deutsche Wortschatz nach Sachgruppen". In: Zeitschrift für germanistische Linguistik 12. 1984, 181—199.

Kay 1984 = Christian J. Kay: The Historical Thesaurus of English. In: LEXeter '83 Proceedings. Papers from the International Conference on Lexicography at Exeter, 9—12 September 1983, ed. R. R. K. Hartmann. Tübingen 1984 (Lexicographica. Series Maior 1), 87—91.

Kühn 1985 = Peter Kühn: Der „Deutsche Sprachschatz" von Daniel Sanders. In: Sanders 1873—77, ed. 1985, V—LXXVII.

Lancaster 1986 = F. W. Lancaster: Information retrieval systems: Characteristics, testing and evaluation. New York 1986.

Levy 1942 = Bernard Levy: Libros de sinonimia española. In: Hispanic Review 10. 1942, 285—313.

Marello 1980 = Carla Marello: Lessico ed educazione popolare. Dizionari metodici italiani dell' '800. Roma 1980.

McArthur 1986 = Tom McArthur: Worlds of Reference. Cambridge 1986.

McArthur 1986 a = Tom McArthur: Thematic Lexicography. In: The History of Lexicography. Ed. R. R. K. Hartmann. Amsterdam 1986, 157—166.

Nencioni 1983 = Giovanni Nencioni: La "galleria" della lingua. In: Giovanni Nencioni: Di scritto e di parlato. Discorsi linguistici. Bologna 1983, 244—276.

Neumann 1977 = Reimund Neumann: Thesauri und Klassifikation von Wissen. In: Petöfi/Bredemeier 1977, 163—227.

Petöfi 1974 = Janos S. Petöfi: Some aspects of a multi-purpose thesaurus. In: International Classification, vol. 1. no. 2, 69—76.

Petöfi/Bredemeier 1977 = Janos S. Petöfi/Jürgen Bredemeier (Hrsg.): Das Lexikon in der Grammatik — die Grammatik im Lexikon. 2 vol. Hamburg 1977.

Püschel 1986 = Ulrich Püschel: Vom Nutzen synonymisch und sachlich gegliederter Wörterbücher des Deutschen. In: Lexicographica 2. 1986, 223—243.

Rey 1965 = Alain Rey: Les dictionnaires: formes et contenu. In: Cahiers de lexicologie 7. 1965, 66—102.

Rey 1982 = Alain Rey: Encyclopédies et dictionnaires. Paris 1982.

Rossi 1960 = Paolo Rossi: Clavis Universalis. Arti della memoria e logica combinatoria da Lullo a Leibniz. Milano. Napoli 1960 [2nd ed. Bologna 1983].

Sager 1984 = Juan C. Sager: Terminology and the technical dictionary. In: LEXeter '83 Proceedings. Papers from the International Conference on Lexicography at Exeter, 9—12 September 1983, edited by R. R. K. Hartmann. Tübingen 1984 (Lexicographica. Series Maior 1), 315—326.

Smet 1973 = Gilbert de Smet: Ein Prager Druck des Antwerpener Nomenclators von H. Junius (1586). In: Niederdeutsches Jahrbuch 96. 1973, 65—74.

Soergel 1974 = Dagobert Soergel: Indexing Languages and Thesauri: Construction and Maintenance. Los Angeles 1974.

Standop 1985 = Ewald Standop: Englische Wörterbücher unter der Lupe. Tübingen 1985 (Lexicographica. Series Maior 2).

Tancke 1984 = Gunnar Tancke: Die italienischen Wörterbücher von den Anfängen bis zum Erscheinen des "Vocabolario degli Accademici della Crusca" (1612). Tübingen 1984.

Tiktin 1910 = H. Tiktin: Wörterbücher der Zukunft. In: Germanisch-romanische Monatsschrift 2. 1910, 243—253.

Tollenaere 1960 = F. de Tollenaere: Lexicographie alphabétique ou idéologique. In: Cahiers de lexicologie 2. 1960, 19—29.

Tonelli 1971 = Giorgio Tonelli: A short-title list of (two hundred) subject dictionaries of the sixteenth, seventeenth and eighteenth centuries as aids to the history of ideas. London 1971.

Wegner 1985 = Immo Wegner: Frame-Theorie in der Lexikographie. Untersuchungen zur theoretischen Fundierung und computergestützten Anwendung kontextueller Rahmenstrukturen für die lexikographische Repräsentation von Subsantiven. Tübingen 1985 (Lexicographica 10).

Yates 1966 = Frances A. Yates: The Art of Memory. London 1966.

Zolli 1973 = Paolo Zolli: Bibliografia dei dizionari specializzati italiani del XIX secolo. Firenze 1973.

Carla Marello, Torino (Italy)

106. Le dictionnaire analogique

1. Du dictionnaire idéologique au dictionnaire analogique
2. La macrostructure
3. La microstructure
4. Histoire des dictionnaires analogiques
5. Bibliographie choisie

1. Du dictionnaire idéologique au dictionnaire analogique

Sur le plan historique, le dictionnaire analogique est le prolongement du dictionnaire idéologique *(thesaurus, Begriffswörterbuch)* d'un P. M. Roget ou d'un D. Sanders (cf. article 105). C'est que ce dernier, en essayant de regrouper l'ensemble du vocabulaire d'une langue dans un millier d'articles arrangés par ordre de matières selon un système élaboré, encourt un inconvénient majeur. La systématicité du système adopté ne saurait être exprimée dans le dictionnaire parce qu'elle est nécessairement transformée en linéarité. Dans le dictionnaire idéologique, les articles juxtaposés n'ont souvent qu'un lien systématique lâche. Or, cet inconvénient fait perdre à la macrostructure une grande partie de sa raison d'être.

Il est par conséquent tentant de réarranger le millier d'articles selon l'alphabet des mots-vedettes (*vitesse, direction,* etc.) pour faciliter l'accès à une microstructure laissée intacte. Un dictionnaire de ce type s'appelle *dictionnaire analogique* en France et *thesaurus dictionary* aux Etats-Unis. (Mais les titres ne sont pas normalisés, d'où les écarts de Rouaix 1898, Casares 1942 ou Pernon 1986). En Grande-Bretagne et en Allemagne, le type est inexistant.

OPI   1029

secte, excrément.
Ontologie, sf. Ontologique, a. V. *exister, métaphysique.*
Onychogrypose (*ko*), sf. Onychomancie, sf. Onychophthorie, sf. Onychoptose, sf. V. *ongle.*
Onyx, sm. V. 3 *pierre.*
ONZE, a. sm. Onzième, a. sm. Onzièmement, adv. (*), 68.
Oolithe, sm. Oolithique, a. V. 2 *pierre, géologie.*
Oologie, sf. Oologique, a. V. *œuf.*
Oomancie *ou* Ooscopie, sf. V. *œuf.*

OPA, AUPA.

Opacité, sf. V. *obscur, épais.*
Opale, sf. V. 3 *pierre.*
Opaler, v. V. *sucre.*
Opalin, a. Opalisant, a. V. 3 *pierre.*

Opaque, a. V. *obscur, porcelaine.*

OPC, OPS, OPT.

Opéra, sm. 47. V. *théâtre, musique, carte.*
Opérateur, sm. 28. Opération, sf. Opératoire, a. V. *faire, chirurgie, calcul, effet, guerre, action.*
Opercule, sm. Operculé, a. V. *couvrir*, 2 *fleur, coquille*, 2 *poisson.*
Opérer, v. 132. V. *faire, chirurgie, calcul, effet, produire.*
Opes, smp. V. *maçon, ouvert.*
Ophiase, sf. V. *cheveu.*
Ophicéphale, a. sm. V. *serpent, poisson.*
Ophicléide, sm. V. *instrument.*
Ophidien, a. 27. sm. V. *serpent.*

Ophie, sf. V. 5 *oiseau.*
Ophioglosse, sf. V. *cryptogame.*
Ophiographie, sf. Ophiolâtre, a. s. Ophiolâtrie, sf. V. *serpent.*
Ophiolite, sf. Ophiolitique, a. V. *geologie.*
Ophiologie, sf. Ophiomancie, sf. Ophiomorphe, a. Ophiophage, a. V. *serpent.*
Ophisure, sm. V. *poisson.*
Ophite, sm. a. V. 2 *pierre, serpent.*
Ophthalgie, sf. Ophthalmiatrie, sf. Ophthalmie, sf. Ophthalmique, a. Ophthalmocèle, sf. Ophthalmodynie, sf. Ophthalmographie, sf. Ophthalmoncie, sf. Ophthalmonosologie, sf. Ophthalmoptose, sf. Ophthalmorrhagie, sf. Ophthalmorrhée, sf. Oph-

thalmoscopie, sf. Ophthalmotomie, sf. Ophthalmoxystre, sm. V. 2 *œil.*

OPI, HOPI.

Opiacé, a. V. *opium.*
Opiat (*ate*), sm. V. *médicament.*
Opilatif, a. 25. Opilation, sf. Opiler, v. V. *fermer.*
Opime, a. V. *prendre, guerre, vainqueur.*
Opinant, sm. 188. Opiner, v. V. *juger, juges*, pensée, *dire, opinion* (*).
Opiniâtre, a. s. Opiniâtrément, adv. Opiniâtrer, v. Opiniâtreté, sf. V. *entêté, continuer.*
OPINION, sf. (*). V. aussi *orgueil, public.*
Opisthocyphose, sf. V. *bosse.*
Opisthographe, a. Opisthographie, sf. V. *écrire.*

---

3 **Paronychie**, *ou* — Paronychium, panaris.
Pédicure, celui qui a soin des pieds.
PIED ; patte ; MAIN ; — Pince.
Ptérygion, excroissance qui vient aux ongles.
Racine des ongles.
Rétractiles (ongles) *et* semi-rétractiles ; — Rétractilité.
Sabot du cheval.
Seime, fente au sabot du cheval.
Sélénose, tache blanche sur les ongles.
Serres d'un aigle, d'un oiseau de proie.
Unguéal, qui a rapport à l'ongle ; — *ad Unguem*, avec un soin minutieux ; — Unguifère, qui porte l'ongle ; — Ungulé, qui a des ongles ou de la corne.

(*) ONZE
(En latin, *undecim*; en grec, *endeca* souvent remplacé par *hendeca*.)

Endécagone ; — Endécagyne ; — Endécasyllabe ; etc. V. *hendéc...*
Hendécagonal ; — Hendécagone, qui a onze angles ; — Hendécagyne, qui a onze pistils ; — Hendécagynie ; — Hendécandre, qui a onze étamines ; — Hendécandrie ; — Hendécasyllabe, qui a onze syllabes.
Onzième, qui en a dix avant lui ; partie onze fois plus petite ; — Onzièmement.
Undécimal, qui se rapporte au nombre onze ; — Undécimo, onzièmement.

(*) OPINION
(En grec, *doxa*.)

Abonder dans le sens, partager l'opinion.
Adopter, choisir, admettre une opinion.
Avis : être d'avis ; il m'est avis ; changer d'avis.
Bonnet (opiner du), par un signe.
Cause : embrasser une cause ; la bonne cause.
Chausser une opinion, — s'en Coiffer.
1 **Cocarde** : arborer telle cocarde.
CONSEIL ; — Conseiller ; etc.
Consultant ; — Consultation ; — voix Consultative, droit de donner son opinion.
Coreligionnaire, qui est de la même opinion.
Couleur d'un journal, d'un homme : être de la même couleur.
Cri public, opinion universelle.
Croyance. V. CROIRE.
Déclarer (se), dire, montrer son opinion.
Doctrine, ce qu'on croit, ce qu'on professe.
1 **Drapeau** : arborer tel ou tel drapeau.
2 **Dyscole**, qui s'écarte des opinions reçues.
1 **Écharpe** : changer d'écharpe, de couleurs.
École, tous ceux qui adoptent l'opinion d'un philosophe, d'un homme politique.

Embéguiner (s'), s'Emberlucoquer d'une opinion.
Embrasser une opinion.
Émettre une opinion, l'exprimer.
Endoctriner, faire adopter une doctrine.
Enrôlement ; — Enrôler *et* s'Enrôler dans un parti.
Entiché d'une opinion ; — s'Enticher de, — Epouser.
Esprit de corps, de parti, national, etc.
ESTIME ; — Estimer ; etc.
1 **Étendard** : marcher sous tel étendard, suivre telle bannière.
Fixé (être), avoir une opinion arrêtée ; — Fixer l'opinion.
2 **Hétérodoxe** ; — Hétérodoxie ; etc. V. ERREUR.
Imbu d'une opinion, pénétré, persuadé.
Inculquer, — Instiller, faire pénétrer dans l'esprit.
Jugement ; — JUGER ; — JUGES.
Manière *ou* façon de voir, de penser.
Mode (opinion à la), celle qui est en vogue.
Notion, connaissance.
Opinant, celui qui exprime son opinion ; — Opiner, exprimer son opinion ; — Opinioniste, celui qui a émis une opinion nouvelle.
Ouvrir un avis, le proposer.
2 **Paradoxal** ; — Paradoxe, opinion singulière ; — Paradoxisme ; — Paradoxologie, — Paradoxologue, celui qui émet des paradoxes.
Partager l'opinion de quelqu'un ; — les avis sont Partagés.
Parti : être du parti de. — Particularisme, opinion
2 particulière ; — Particulariste. — PARTISAN.
PENSÉE, conception, idée ; — Penser bien, mal, etc.
Philodoxe, qui tient fortement à ses opinions.
PRÉJUGÉ ; prévention ; etc.
Préopinant, celui qui donne son opinion avant un autre ; — Préopiner.
Probabiliorste, celui qui suit l'opinion la plus probable ; — Probabilisme, système attribué aux Jésuites ; — Probabiliste ; — opinion PROBABLE.
Professer une opinion, — en faire Profession.
Prononcer (se) pour telle opinion.
Proposant ; — Proposer un avis.
Qu'en-dira-t-on, ce que dira le public.
Rallier (se), — se Ranger à l'opinion de quelqu'un.
Raviser (se), changer d'avis.
Reine : l'opinion est la reine du monde.
Religion : c'est sa religion.
Respect humain, crainte de l'opinion.
SECTE religieuse ou philosophique.
Sens : à mon sens, selon mon opinion ; abonder dans le sens de quelqu'un.
Sentiment, opinion.
Sucé (avoir) une opinion avec le lait de sa mère.
Symbole, profession de foi.
SYSTÈME ; systématique ; etc.
Tendance, ce à quoi tendent les opinions : procès de tendance.

Extrait textuel 106.1: Page de dictionnaire analogique (tiré de: Boissière 1862, 1029)

2. La macrostructure

Le choix du mot-vedette dans un dictionnaire analogique est lourd de conséquences, car il décide de l'accessibilité de l'information. Ce doit être un mot à grande puissance onomasiologique, c'est-à-dire un mot dont on peut raisonnablement penser qu'il sera choisi comme entrée au cours d'un acte de consultation. Tel utilisateur à la recherche du mot *stalagmite* se reportera plutôt à l'article *caverne* (ou *grotte*) qu'à *antre* (où on le trouve dans Maquet 1936, vendu jusque dans les années 70). Le nombre des articles pose un second problème. Accès étroit vers une information immense, ou accès large vers une information limitée, telles sont les possibilités.

Les dictionnaires analogiques proprement dits (ce qui exclut les dictionnaires alphabétiques et analogiques à la façon de Robert 1977) choisissent un nombre d'articles qui se situe en-deçà de 3000. Cependant, ils tâchent d'élargir l'accès onomasiologique par un index comprenant entre 6000 et 25 000 mots et dont la position varie selon les dictionnaires. Il est annexé (Niobey 1980), intégré dans la macrostructure (Rouaix 1898, March 1902, Casares 1942, Delas 1971, Corripio 1985) ou accompagne la macrostructure sur une partie séparée de la page (Boissière 1862, Maquet 1936). Moyen supplémentaire d'accès, les renvois entre les articles sont largement exploités par Rouaix et Casares.

Le rapport 'nombre d'articles: richesse de l'article' varie sensiblement. Niobey 1980 verse 138 000 mots-cibles dans 2150 articles; Delas 1971 se contente, pour une richesse comparable, de 820 articles, nombre dont Gause 1955 (91 articles) et notamment Pernon (50 articles) sont très éloignés (cf. Pruvost 1983, 202).

3. La microstructure

Selon une terminologie établie, les adresses du dictionnaire analogique s'appellent «mots-centres» ou «mots-thèmes» (Delas 1971). Ils mènent l'utilisateur aux «mots-analogues» ou «mots analogiques» qui composent l'article. Pour éviter que ces termes ne soient en contradiction avec la définition de l'analogie comme d'un type particulier de paradigme (voir infra), on peut toutefois leur préférer le terme de *mot-cible (target word, Zielwort)* par rapport auquel le mot-centre peut être appelé *mot de départ*.

Quant à l'article du dictionnaire analogique, il varie selon les types de paradigme représentés, selon les types de commentaire utilisés, selon la structuration et selon la composante syntagmatique.

3.1. Les différents types de paradigmes

Le dictionnaire analogique étant la version alphabétique du dictionnaire idéologique, il en reprend les différents types de paradigme: synonymie, hyponymie, antonymie et analogie. L'analogie, c'est-à-dire le rapport associatif au niveau des choses de ce monde indépendamment des catégories grammaticales auxquelles appartiennent les mots associés *(Noël — berger,* mais aussi *nez — se moucher,* voire *chute — tomber)* n'est pas, dans le dictionnaire analogique, le seul type de paradigme exploité, elle en constitue seulement, par rapport aux dictionnaires de synonymes ou d'antonymes, le trait distinctif. A l'instar du dictionnaire idéologique, le dictionnaire analogique est un dictionnaire paradigmatique complet, du moins en ce qui concerne les paradigmes du contenu.

C'est ainsi que Niobey 1980 s. v. **grotte** rassemble entre autres les mots-cibles: *stalactites, stalagmites, siphon, troglodyte* et *spéléologie.* S. v. **automobile** on trouve un grand nombre de verbes (tel *démarrer, accélérer, débrayer).* L'article **augmenter** est riche en synonymes et cohyponymes selon les catégories de longueur, largeur, hauteur, volume, durée, etc. L'antonymie, délaissée par Niobey, joue un grand rôle chez March 1902 qui oppose dans deux colonnes des articles antonymes comme **liberty-subjection.** On considérera comme aberrant le mélange de synchronie et de diachronie dans Pernon 1986 qui rassemble par ex. *direction* et *adroit* s. v. **Droit.** (Voir aussi Grimblot 1902).

3.2. Les différents types de commentaires

Au niveau des commentaires, on peut opposer le dictionnaire cumulatif (Maquet 1936, Delas 1971) et le dictionnaire définissant (Boissière 1862, March 1902). Niobey 1980 définit avant tout les mots difficiles ou se sert des définitions comme ordonnateurs de l'article (cf. extrait textuel 106.2). Casares 1942 ajoute à une partie analogique cumulative un dictionnaire alphabétique de définitions. Gause 1955 combine l'analogie et la synonymie distinctive.

3.3. La structuration de la microstructure

L'utilité du dictionnaire analogique suppose une bonne structuration de l'article. Ranger

/ Décision : commande, régulation. Régulateur. / Action : action en retour, action par tout ou rien, action permanente, relais, servomécanisme. / *Moyens de programmation et de mémoire.* Ruban perforé, carte perforée. Perforatrice, poinçonneuse, tabulatrice, trieuse. Mémoires magnétiques : à disques, à tambour, à ruban, à tores de ferrite.
AUTOMATE (machine qui imite les actes des êtres animés). Robot. Androïde (automate à figure humaine). Jaquemart. Machine à sous. / *En parlant d'une personne.* Robot. Pantin. Marionnette.
AUTOMATIQUE. Machinal. Involontaire. Inconscient. Spontané. Mécanique.
AUTOMATIQUEMENT. Mécaniquement.
AUTOMATISER. *Automatiser quelqu'un.* Mécaniser. Faire devenir un robot.

automobile
(du gr. *autos*, soi-même, et du lat. *mobilis*, mobile)

Véhicule à quatre roues muni d'un moteur qui assure sa propulsion. Voiture de tourisme. Auto (fam.). / Autocar. Autobus. Bus (fam.). / Camion. Poids lourd. Fourgon. Camionnette. Fourgonnette. / Tracteur. / *Termes familiers.* Bagnole. Tacot. Teuf-teuf. Tire (argot). / *Puissance d'une automobile.* Chevaux. Cylindrée.

Parties d'un véhicule automobile. *Châssis.* Amortisseurs. Suspension. Direction. Volant. Voie. Empattement. Essieux. Fusées. Roues. Pneu. Chambre. Réservoir. Transmission. Cardan. Pont arrière. Différentiel. / Freins à tambour. Freins à disque. Frein à main ou de secours.
Moteur. Moteur à explosion (v. ce mot).
Boîte de vitesses. Sélecteur de vitesses. Première, deuxième, troisième, quatrième, cinquième vitesse. Marche arrière. Embrayage. Embrayage automatique. / Leviers. Pédales. Accélérateur. Champignon (fam.).
Carrosserie. Caisse. Capot. Calandre. Auvent. Ailes. Pare-brise. Déflecteur. Lunette arrière. Glaces. Vitres. Custodes. Portières. Hayon. Sièges. Plage arrière. Toit. Capote. Toit ouvrant. Coffre. / Ventilation. Chauffage.
Types de voitures. Conduite intérieure. Cabriolet. Limousine. Berline. Coach. Roadster. Break. Coupé. Landaulet. Décapotable. Familiale. Commerciale. Ambulance. Voiture de sport. Voiture de course.

Accessoires. Phares. Phares antibrouillard. Cataphotes. Clignotants. Feux de position, de gabarit, de route, de croisement, de stationnement. Feu stop. Feux de détresse.
Tableau de bord. Indicateur de vitesse. Compteur. Compte-tours. Jauge à essence. Thermomètre. Rétroviseur. Ceinture de sécurité. Clé de contact. Antivol. Essuie-glaces. Lave-glaces. Dégivreur. Plaque d'immatriculation, de nationalité. Numéro. Klaxon (nom déposé). Avertisseur sonore, optique. Pare-chocs. Enjoliveurs. Manivelle. Cric. Carte routière. Trousse à outils. Porte-bagages. Galerie. / Housse. Couverture. Plaid. Paillasson. Tapis.

Conduite. Mettre le contact, le starter. Partir à froid. Laisser tourner le moteur. Partir à chaud. Mettre en marche. Démarrer. Accélérer. Tenir le volant. Conduire. Piloter. / Débrayer. Point mort. Embrayer. Etre en prise. Prise directe. Passer les vitesses. Changer de vitesse. Rétrograder. Double débrayage. Faire patiner l'embrayage. / Braquer. Virer. Négocier un virage (fam.). Quitter la file. Déboîter. Doubler. Dépasser. Dépassement. Faire une queue de poisson. Faire des appels de phare. Accélérer. Appuyer sur le champignon (fam.). Pédale à fond (fam.). Avoir le pied au plancher (fam.). Rouler à tombeau ouvert, à pleins gaz. Lever le pied.
Observer les signaux. Tenir sa droite. Passer au vert. / Brûler un feu rouge, un stop. Refuser la priorité. Franchir une ligne continue.
Ralentir. Freiner. Bloquer. S'arrêter. Manœuvrer. Se garer. Braquer. Redresser. Ranger la voiture. Couper le contact.
Accidents. Perdre le contrôle. Déraper. Capoter. Chavirer. Culbuter. Se retourner. Tête-à-queue. Embardée. Tonneau. Collision. Télescopage. / Etre en panne. Crevaison. Crever (fam.). Couler une bielle. Dépannage. Dépanneuse. Réparation.
AUTOMOBILISTE. Conducteur. Chauffeur. Routier. / Chauffard (fam.). Fou de la route (fam.). Fou du volant (fam.).
Auto-école. Code de la route. Permis de conduire. Carte grise. Vignette. Attestation d'assurance.
Prévention routière. Secours routier. Antenne de secours. Police de la route. Motard (fam.).
Entretien. Roder. Rodage. Vidanger. Vidange. Graissage. Réparer. / Faire le plein. Station-service. Poste d'essence. / Garage. Box. Parking ou parc de stationnement.

Extrait textuel 106.2: Page de dictionnaire analogique (tiré de: Niobey 1980, 49)

les mots-cibles par ordre alphabétique (Boissière 1862) est contraire au principe onomasiologique. Et pourtant March 1902 conserve ce principe tout en le combinant avec l'ordonnance par parties du discours, seul principe adopté dans Rouaix 1898. Maquet 1936 est le premier à introduire une triple hiérarchisation conceptuelle. Plus explicite est Niobey 1980 grâce au principe des définitions ordonnatrices.

3.4. La composante syntagmatique

Le dictionnaire analogique collectionne en premier lieu des associations *in absentia* (grotte — troglodyte, maison — bungalow). Cependant la possibilité de passer d'une partie du discours à l'autre mène très souvent dans le champ des collocations et, partant, des syntagmes. C'est ainsi que Casares mentionne *plantear un problema* s. v. **problema** et que Delas 1971 recense 18 épithètes caractérisant l'état d'une maison à l'article **maison**. Certains procédés ressemblent à la synonymie contextuelle, par ex. Niobey 1980 s. v. **augmenter**: «*Augmenter un prix*. Majorer» où il faut lire «majorer un prix». Toutefois, une semblable lecture est à écarter dans «*Augmenter la hauteur*. Hausser» *(*hausser la hauteur)*. Dans l'optique de l'utilisateur étranger, de telles ambiguïtés devraient être évitées.

Les locutions figurées *(Redewendungen, idioms)* mettent l'auteur du dictionnaire analogique devant un redoutable problème. Ranger la locution *déchirer à belles dents* à l'article *dent* (Niobey 1980) est contraire au principe sémantique du dictionnaire. C'est la définition de la locution, et non les mots dont elle se compose, qui doit décider de l'article où elle devient mot-cible. Delas 1971 choisit judicieusement l'article *critique*.

4. Histoire des dictionnaires analogiques

La chronologie des dictionnaires analogiques (Ill. 106.1) montre que si Boissière (1862) a inventé le type, ce n'est qu'à partir de Rouaix 1898 (et la transformation opérée par ce lexicographe) qu'on l'a imité à l'étranger. Le dictionnaire analogique reste surtout vivant en France (et en Espagne, grâce à Casares). Aux États-Unis, il décline, après un certain engouement (mais des dictionnaires spéciaux comme Urdang/Ruffner 1982 reprennent partiellement ses techniques, notamment Urdang 1982 qui rattache un grand nombre d'adjectifs opaques aux substantifs qui leur correspondent d'un point de vue sémantique: **mouth**: *stomatal, stomatic, oral, buccal).*

5. Bibliographie choisie
5.1. Dictionnaires

Bivar 1948—1958 = A. Bivar: Dicionario geral e analógico da lingua portuguesa. 4 vol. Porto 1948—1958 [Partie analogique 1800 p.].

Boissière 1862 = Prudence Boissière: Dictionnaire analogique de la langue française. Répertoire complet des mots par les idées et des idées par les mots. Paris 1862 [XI, VI, 1439, 32 p.; 9. éd. 1900].

Bucă et al. 1978 = M. Bucă et al.: Dicţionar analogic şi de sinonime al limbii române. Bucureşti 1978 [479 p.].

Casares 1942 = Julio Casares: Diccionario ideológico de la lengua española. Desde la idea a la palabra, desde la palabra a la idea. Barcelona 1942 [1124 p.; 2. éd. 1959, LXXV, 482, 887 p.].

Corripio 1985 = Fernando Corripio: Diccionario de ideas afines. Barcelona 1985 [912 p.].

Criqui 1967—71 = Fernand Criqui: Mots et concepts. Lexique permanent. Strasbourg 1967—1971 [218, 16 p.].

Delas 1971 = Daniel Delas/Danielle Delas-Demon: Nouveau dictionnaire analogique. Paris 1971 [609 p.; éd. 1979: Dictionnaire des idées par les mots (analogique)].

Florescu 1938 = Ştefan Florescu: Dicţionar analogic. Bucureşti 1938.

Gabrielli 1967 = Aldo Gabrielli: Dizionario dei sinonimi e dei contrari: analogico e nomenclatore. Milano 1967 [866 p.].

Français		autres langues		
1862	Boissière			
1898	Rouaix			
		1902	March	(USA)
		1914	Orsat	(It.)
		1931	Mawson	(USA)
		1934	Hugon	(USA)
1936	Maquet	1938	Florescu	(Roum.)
		1942	Casares	(Esp.)
		1948—58	Bivar	(Port.)
		1955	Gause	(USA)
		1958	Morehead	(USA)
1967—71	Criqui (inachevé)			
1971	Delas			
		1978	Bucă	(Roum.)
1980	Niobey			
1984	Suzzarini			
1986	Pernon	1985	Corripio	(Esp.)

Ill. 106.1: Chronologie des dictionnaires analogiques

Gause 1955 = John T. Gause: The Complete Word Hunter. New York 1955 [497 p.; The Complete University Word Hunter, 1967].

Grimblot 1902 = L. Grimblot: Vocabulaire synthétique de la langue française. Paris 1902 [36, 180, 1158 p.].

Hugon 1934 = Paul D. Hugon: The Modern Word-Finder. New York 1934 [X, 420 p.; 1. éd.: Morrow's Word-Finder, 1927].

Maquet 1936 = Charles Maquet: Dictionnaire analogique. Répertoire moderne des mots par les idées, des idées par les mots d'après les principes de P. Boissière, rédigé sur un plan nouveau. Paris 1936 [VIII, 591 p.].

March 1902 = Francis A. March: A Thesaurus Dictionary of the English Language. Philadelphia 1902 [1189 p.; éd. N. Cousins, New York 1958: March's Thesaurus Dictionary, 1240 p.].

Mawson 1931 = C. O. Sylvester Mawson: The Roget Dictionary of Synonyms and Antonyms. New York 1931 [600 p.; éd. 1936: Roget's Thesaurus of the English Language in Dictionary Form; éd. Norman Lewis, 1961: The New Roget's Thesaurus in Dictionary Form, 552 p.; éd. 1978, 496 p.].

Morehead 1958 = Albert H. Morehead: The New American Roget's College Thesaurus in Dictionary Form. New York 1958 [440 p.; éd. Philip D. Morehead, 1978, 575 p.].

Niobey 1980 = Georges Niobey: Nouveau dictionnaire analogique. Paris 1980 [856 p.].

Orsat Ponard 1914 = Giulio Orsat Ponard: Vocabolario delle idee ossia Dizionario pratico della lingua italiana contenente i vocaboli disposti alfabeticamente e raggruppati secondo il loro significato. Milano 1914 [772 p.; Vocabolario ideologico (dalle parole ai concetti), 1953].

Pernon 1986 = Laure-Diane Pernon: Nouveau dictionnaire des synonymes. Rennes 1986 [290 p.].

Robert 1977 = Paul Robert: Le Petit Robert 1. Dictionnaire alphabétique et analogique de la langue française. Ed. A. Rey/J. Rey-Debove. Paris 1977 [XXXI, 2171 p.].

Rouaix 1898 = Paul Rouaix: Dictionnaire-manuel des idées suggérées par les mots, contenant tous les mots de la langue française groupés d'après le sens. Paris 1898 [538 p.; 30. éd. 1971].

Spitzer 1936 = Carlos Spitzer: Dicionário analógico da Lingua Portuguêsa. Tesouro de vocábulos e frases da Língua Portuguêsa. 2. éd. p. L. Santini. Rio de Janeiro 1952 [389 p.; 1. éd. 1936].

Suzzarini 1984 = François Suzzarini: Dictionnaire Marabout analogique. Alleur 1984 [478 p.].

Urdang 1982 = Laurence Urdang (ed.): Modifiers. A Unique, Compendious Collection of More than 16,000 English Adjectives Relating to More than 4,000 Common and Technical English Nouns, the Whole Arranged in Alphabetical Order by Noun, with a Complete Index of Adjectives. Detroit 1982 [9, 203 p.].

Urdang/Ruffner 1982 = Laurence Urdang/Frederick G. Ruffner, Jr.: Allusions — Cultural, Literary, Biblical, and Historical: A Thematic Dictionary. Detroit 1982 [20, 487 p.].

5.2. Travaux

Casares 1941 = Julio Casares: Nuevo concepto del diccionario de la lengua y otros problemas de lexicografía y gramática. Madrid 1941.

Celeyrette-Pietri 1983 = Nicole Celeyrette-Pietri: Des idées et des mots. In: Lexique 2. 1983, 89—98.

Celeyrette-Pietri 1985 = Nicole Celeyrette-Pietri: Les dictionnaires des poètes. De rimes et d'analogies. Lille 1985.

Hausmann 1977 = Franz Josef Hausmann: Einführung in die Benutzung der neufranzösischen Wörterbücher. Tübingen 1977.

Morkovkin 1970 = Valerij Veniaminovič Morkovkin: Ideografičeskie slovari. Moscow 1970.

Pruvost 1983 = Jean Pruvost: Le dictionnaire analogique: Boissière et ses successeurs. In: Le Français Moderne 51. 1983, 193—204.

Pruvost 1985 = Jean Pruvost: Les dictionnaires analogiques: présentation et perspectives. In: Les dictionnaires. Outils pédagogiques et culturels. Document de travail du Ministère de l'Education nationale. [Paris] Janvier 1985, 29—46.

Franz Josef Hausmann, Erlangen
(République Fédérale d'Allemagne)

107. Das Umkehrwörterbuch

1. Die Umkehrung der Definition
2. Funktionen und Typen von Umkehrwörterbüchern
3. Probleme der Lemmatisierung
4. Literatur (in Auswahl)

1. Die Umkehrung der Definition

Der Internationalismus *Troglodyt* wird von den Wörterbüchern definiert mit „Höhlenbewohner", «habitant des cavernes», "one who lives in a cave". Dabei wird das zu rezipierende schwere Wort mit Hilfe leichter Wörter erklärt. Welche lexikographischen Mittel stehen zur Verfügung, wenn es darum geht, den Benutzer zum ihm unbekannten oder momentan entfallenen Wort *Troglodyt* hinzuführen? Die Definitionswörterbücher versagen hier. Zwar gibt es für diesen onomasiologischen Benutzungszweck die Begriffswörterbücher (Art. 105) und die analogischen Wörterbücher (Art. 106), diese haben aber für die Sucharbeit nach *Troglodyt* wesentliche Nachteile: die selektive Makrostruktur mit kompliziertem Index und eine oft umfangreiche und komplizierte Mikrostruktur. Für Makrowie Mikrostruktur ist es erforderlich, die begriffliche Analyse des Autors nachzuvollziehen, was eine erhebliche geistige Anstrengung bedeuten kann.

Deshalb liegt es nahe, das Definitionsverfahren umzukehren, alle Definientia der schweren Wörter zu lemmatisieren und anstelle der Definition auf das ursprüngliche Definiendum zu verweisen. Ein onomasiologisches Wörterbuch dieses Typs nennen wir Umkehrwörterbuch. Es unterscheidet sich vom analogischen Wörterbuch durch die Vervielfachung der Lemmata, so daß in vielen Fällen einem Suchwort nur ein Zielwort gegenübersteht (**Seinslehre** → *Ontologie*), durch den Mehrwortcharakter vieler Lemmata, die ja Definitionen vertreten (**bischöfliche Messe** → *Pontifikalamt*), sowie durch die grundsätzliche Bewegung vom leichtverständlichen Lemma zum schweren Zielwort (nicht **Ontologie** → *Seinslehre*).

2. Funktionen und Typen von Umkehrwörterbüchern

Umkehrwörterbücher sind immer dann am Platze, wenn ein in irgendeiner Weise peripherer und damit schwerer Wortschatz onomasiologisch erschlossen werden soll. Sie treten deshalb vorzugsweise als onomasiologische Gegenstücke oder Indices zu (den erklärenden Teilen von) Fachwörterbüchern (Ahlheim 1970), Fremdwörterbüchern (Dultz 1978), Argotwörterbüchern (Berlin 1983, Giraud 1981, Küpper 1964), Dialektwörterbüchern (Weber/Bächtold 1983), Abkürzungswörterbüchern (Crowley/Sheppard 1985, Towell/Sheppard 1987, Rybicki 1971) oder Wörterbüchern alter Sprachstufen (Gorog 1973) auf und verwandeln dann diese Wörterbücher in sogenannte Zweiwegwörterbücher (Trüb 1986), in denen die semasiologische Komponente um eine separate onomasiologische Komponente bereichert ist. Der seltene Fall eines integrierten Zweiwegwörterbuchs, das in einem einzigen Alphabet gleichermaßen semasiologischen wie onomasiologischen Zwecken dienen will, liegt mit den Wörterbüchern von Paul Robert vor (vgl. Art. 50 und die Beschreibung des Robertschen Verfahrens in Hausmann 1982, 204 f.).

Zu den Umkehrwörterbüchern zählt des weiteren ein bestimmter häufiger Typ von Kreuzworträtselbüchern, der den Weg des Kreuzworträtsellösens von der Definition zum Definiendum nachzeichnet, z. B. «FEMMES DU SULTAN (Appartement des). — Harem» (Denis-Papin 1963). Entsprechend der Kreuzworträtseltradition des Landes werden dabei auch, wie in Frankreich, humoristische Definitionen aufgenommen, z. B. «PROPAGATEUR DE NOUVELLES. — On» (Ibid.). Da Kreuzworträtseldefinitionen sich oft mit dem *genus proximum* begnügen, sind diese Umkehrwörterbücher immer auch mit, z. T. langen, analogischen Listen durchsetzt, z. B. Niemann/Zeller 1982 s. v. **architektonischer Begriff** mit über hundert nach Buchstabenzahl geordneten Zielwörtern. Die Technik der Lemmatisierung kann aber diesen Zustand auch verschleiern. So geht Lasnier 1975 strikt itemalphabetisch vor, das heißt, er setzt für jedes Zielwort ein neues Lemma an, auch wenn dieses Lemma wiederholt werden muß (z. B. s. v. **Plante de la famille des composacées**, das 48mal wiederholt wird). Dieses Verfahren ähnelt frappierend der Eintragstechnik früher zweisprachiger Wörterbücher, wie überhaupt die Umkehrwörterbücher ihre Technik gemein haben mit allen jenen Einträgen in den zweisprachigen Wörterbüchern des 16. Jahrhunderts, die als Definitionslemmata anzusehen sind, weil sie ursprünglich im zielsprachlichen Teil z. B. eines lateinisch-französischen Wörterbuchs das nicht vorhandene Äquivalent ersetzen mußten und bei der Umkehrung des lateinisch-französischen Wörterbuchs zu einem französisch-lateinischen Wörterbuch, ganz so wie die Äquivalente, in Lemmaposition zu stehen kamen. Wegen dieser (üblichen) Technik hat Wooldridge 1975a Robert Estienne scherzhaft als «cruciverbiste» hinstellen können.

Wooldridge 1975a, 114—116 hat auch auf das erste Exemplar eines onomasiologisch-didaktischen Umkehrwörterbuchs zur Erlernung und Verwendung schwerer Wörter durch Cockeram 1623 hingewiesen. In dieser Tradition können noch Leslie 1806 und Perego 1844 genannt werden. In der Gegenwart ist der Typ durch Du Gran 1981, vor allem aber durch das weithin bekannte *Reverse Dictionary* von Bernstein 1976 vertreten.

3. Probleme der Lemmatisierung

Die Brauchbarkeit des Umkehrwörterbuchs ist abhängig von der konsequenten Lemmatisierung aller als relevant erkannten Definientia. Relevant sind diejenigen Definientia, unter denen ein Nachschlagen plausibel vorstellbar ist. Wenn z. B., wie in Weber/Bächtold 1983, *Oorthòi* definiert ist als „rauhes Heu", dann sollten sowohl **rauhes Heu** als auch **Heu, rauhes** lemmatisiert werden. Optiert man aus Platzgründen für eine einzige Lemmatisierung, so ist das Begriffszentrum *(Heu)* vorrangig zu lemmatisieren. Wo lemmatisiert man die Definition „rechtes Vorderbein des Pferdes" des Definiendum *Hottebäi?* Die Hierarchie der Zugänge lautet hier 1 *Pferd,* 2 *Bein,* 3 *Vorderbein,* 4 *rechtes.* Wenn kein Platz für den vierfachen Eintrag besteht, so ist entsprechend der Hierarchie zu verfahren. Der ausschließliche Eintrag s. v. **rechtes** (. . .) durch Weber/Bächtold ist falsch, weil die Nachschlagehandlung unter diesem Lemma am wenigsten zu erwarten ist.

4. Literatur (in Auswahl)

4.1. Wörterbücher

Ahlheim 1970 = Karl-Heinz Ahlheim: Duden. Wie sagt der Arzt? Kleines Synonymwörterbuch der Medizin. Mannheim 1970 [176 S.].

Alle Rätsel o. J. = Alle Rätsel leicht gelöst — das moderne Rätsellexikon von A—Z. Köln o. J. [352 S.].

Berlin 1983 = Antoine Berlin: Le français vagabond. Dictionnaire d'argot-français, français-argot. Paris 1983 [216 S.].

Bernstein 1976 = Theodore M. Bernstein: Bernstein's Reverse Dictionary. London 1976 [X, 276 S.].

Cockeram 1623 = Henry Cockeram: The vulgar words, which whensoever any desirous of a more curious explanation by a more refined and elegant speech shall looke into, he shall there receive the exact and ample word to express the same. In: Id., English Dictionarie. London 1634 [1. Aufl. 1623].

Crowley/Sheppard 1985 = Ellen T. Crowley/Helen E. Sheppard: Reverse International Acronyms, Initialisms and Abbreviations Dictionary. Detroit 1985 [709 S.].

Denis-Papin 1963 = Maurice Denis-Papin: Dictionnaire analogique et de synonymes spécialement conçu pour la résolution des problèmes de mots croisés et jeux divers. Dictionnaire „à re-

---

business that may hire nonunion workers, who are required to become union members by a specified time: UNION SHOP
businessman who assumes full control and risk of an enterprise: ENTREPRENEUR
bustle, excitement, fluster: POTHER
bustle about, rush pell-mell: HURRY-SCURRY
busybody: QUIDNUNC
butterfly or moth: LEPIDOPTERAN
buttocks: DERRIÈRE
buttocks: FUNDAMENT
buttocks: NATES
buttocks that are fat, especially in women: STEATOPYGIA
buttress joined to a wall some distance away: FLYING BUTTRESS
buy or sell order for securities good only for the day on which it is entered: DAY ORDER
buy up goods for reselling at a profit: FORESTALL
buy up with the aim of selling at a higher price: REGRATE
buyer beware: CAVEAT EMPTOR
buying and selling the same stock simultaneously in two different cities to realize a profit: ARBITRAGE
buying and selling volume of stocks relatively low: THIN MARKET
buying or selling sacred things: SIMONY
buying securities at stated intervals by the dollars' worth: MONTHLY INVESTMENT PLAN
by the very fact: IPSO FACTO
by-product, new application, incidental result: SPIN-OFF

Textbeispiel 107.1: Ausschnitt aus einem Umkehrwörterbuch (aus: Bernstein 1976, 23)

bours" de la langue française, donnant instantanément, par ordre alphabétique des mots clés de définitions ou suggestions: Les mots du vocabulaire usuel. — Les mots très courts. Les mots spéciaux, archaïques et rares. — Les termes, noms propres et curiosités de: Littérature, Grammaire, Histoire, Géographie, Mythologie, Sciences naturelles, Peinture, Musique, Métiers, Jeux, Sports, etc., et la Solution de Jeux de mots, Calembours et Equivoques. 11. Aufl. Paris 1979 [373 S.; 1. Aufl. 1963].

Du Gran 1981 = Claurène du Gran: Wordmanship. A Dictionary. Essex, Ct 1981 [95 S.].

Dultz 1978 = Wilhelm Dultz: Gebrauch von Fremdwörtern. In: W. D., Ullstein Fremdwörterlexikon. Gebrauch und Bedeutung von Fremdwörtern. Frankfurt 1978, 12—218.

Giraud 1981 = Robert Giraud: L'argot tel qu'on le parle. Dictionnaire français-argot. Paris 1981 [312 S.].

Gorog 1973 = Ralph de Gorog: Lexique français moderne-ancien français. Athens, Georgia 1973 [481 S.].

Gorys 1969 = Erhard Gorys: Lexikon für Rätselfreunde. Stuttgart 1969 [576 S.].

Groenewolt 1972 = L. van 't Groenewolt: Eerste Nederlandse Handwoordenboek voor oplossers en liefhebbers von Cryptogrammen en Doorlopers. Bergen N. H. 1972 [326 S.].

Hazuka 1986 = Werner Hazuka (Hrsg.): Da gibt es doch ein Fremdwort dafür. Wien 1986 [236 S.].

Küpper 1964 = Heinz Küpper: Wörterbuch Hochdeutsch-Umgangsdeutsch. In: H. K., Wörterbuch der deutschen Umgangssprache. Bd. 3. Hamburg 1964, 29—177.

Lasnier 1975 = Paul Lasnier: Dictionnaire des mots croisés. Noms communs. Montréal 1975 [317 S.].

Leslie 1806 = James Leslie: Dictionary of the Synonymous Words and Technical Terms in the English Language. London 1806 [Edinburgh 1817].

Marcillac 1968 = Jean Marcillac: Dictionnaire français-argot. Paris 1968 [254 S.].

Meyer 1988 = Willy Meyer: Fremdwort gesucht? Wörterbuch Deutsch-Fremd. Frankfurt a. M. 1988 [205 S.].

Neues Großes Rätselwb. 1981 = Neues Großes Rätselwörterbuch. Jetzt 110 000 Antworten auf Kreuzworträtselfragen. München 1981 (1987) [863 S.].

Niemann/Zeller 1982 = Peter Niemann/Alfred P. Zeller= Delphin Rätsellexikon. 150 000 Antworten. Alle Lösungen auf einen Blick. München 1982 [712 S.].

Noël 1978 = Léon et Marynel Noël: Le dictionnaire Marabout des mots croisés. 2 vol. Verviers 1978 [382, 412 S.].

Noël 1982 = Léon et Marynel Noël: Le dictionnaire Marabout des mots croisés. Tome 3: Noms propres. Verviers 1982 [467 S.].

Normann 1988 = Reinhard v. Normann: Deutsch-Medizinisch. Das umgekehrte Medizinwörterbuch. Frankfurt a. M. 1988 [504 S.].

Perego 1844 = Giovanni Angelo Perego: Vocabolario mnemonico della lingua italiana ovvero ajuto agli scriventi per ritrovare ad un bisogno una voce di raro uso sfuggita di memoria. Rom 1844.

Rätsel 1975 = Rätsel — leicht gelöst. 25 000 Wörter und Begriffe. München 1975 [272 S.].

Rybicki 1971 = Stephen A. Rybicki: Abbreviations: A Reverse Guide to Standard and Generally Accepted Abbreviated Forms. Ann Arbor 1971 [334 S.].

Schiefelbein 1982 = Hans Schiefelbein: Das Super-Kreuzwort-Rätsel-Lexikon. Niedernhausen 1982 [683 S.].

Towell/Sheppard 1987 = Julie E. Towell/Helen E. Sheppard: Reverse Acronyms, Initialisms, and Abbreviations Dictionary. 11. ed. 3 vol. Detroit 1987 [2877 S.].

Weber/Bächtold 1983 = A. Weber/J. M. Bächtold: Zürichdeutsches Wörterbuch. 3. Aufl. von J. M. Bächtold, J. J. Sturzenegger u. R. Trüb. Zürich 1983 [486 S.].

Winkler 1973 = Hans Jürgen Winkler: Der große Rätselknacker. Niedernhausen 1973 [544 S.; 1980 u. d. T. Das große Rätselwörterbuch, Osnabrück].

4.2. Sonstige Literatur

Hausmann 1982 = Franz Josef Hausmann: Neue Wörterbücher für den Französischunterricht II. In: Die Neueren Sprachen 81. 1982, 191—219.

Trüb 1986 = Rudolf Trüb: Schweizer Wörterbücher zwischen Alphabetik und Systematik. In: Kontroversen, alte und neue. Akten des VII. Internationalen Germanisten-Kongresses Göttingen 1985. Hrsg. v. A. Schöne. Band 3. Tübingen 1986, 253—261.

Wooldridge 1975 = Terence Russon Wooldridge: Le dictionnaire des mots croisés: types et méthodes. In: Cahiers de lexicologie 26. 1975, 3—14.

Wooldridge 1975 a = Terence Russon Wooldridge: Robert Estienne, cruciverbiste. Les équations sémantiques du *Dictionnaire françoislatin* (1623) de Henry COCKERAM. In: Cahiers de lexicologie 27. 1975, 107—116.

Franz Josef Hausmann, Erlangen
(Bundesrepublik Deutschland)

108. Das Bildwörterbuch

1. Definition, Typologie und Abgrenzung des Bildwörterbuchs
2. Funktionen des Bildwörterbuchs
3. Makro- und Mikrostrukturen des Bildwörterbuchs
4. Zur Geschichte des Bildwörterbuchs
5. Das Bildwörterbuch in der Gegenwart
6. Das Bildwörterbuch in der Wörterbuchforschung
7. Literatur (in Auswahl)

1. Definition, Typologie und Abgrenzung des Bildwörterbuchs

Bildwörterbücher sind Wörterbücher, deren Lemmata Bezeichnungen für in diesen Wörterbüchern Abgebildetes oder durch Abbildungen Symbolisiertes sind. Sie sind in der Regel onomasiologisch geordnet und mit einem oder mehreren alphabetisch geordneten Registern ausgestattet (vgl. Art. 67a). Sie enthalten meist auch eine Anzahl von Lemmata, die nicht unmittelbar einer Abbildung zugeordnet sind. Es können sich in ihnen auch zusätzliche, erläuternde oder beschreibende Texte finden. Sie enthalten keine Bedeutungsangaben, da die Abbildungen die Funktion der lexikographischen Definition übernehmen. — Nach den Parametern einsprachig-mehrsprachig und allgemeinsprachlich-fachsprachlich lassen sich vier Typen von Bildwörterbüchern unterscheiden: das einsprachige allgemeinsprachliche Bildwörterbuch (z. B. Solf/Schmidt 1977), das mehrsprachige allgemeinsprachliche Bildwörterbuch (z. B. Bragonier/Fisher 1983), das einsprachige fachsprachliche Bildwörterbuch (z. B. Technische Bild-Wort-Fibel 1971) und das mehrsprachige fachsprachliche Bildwörterbuch (z. B. Schopper 1955). — Die Bildwörterbücher sind abzugrenzen von den illustrierten Wörterbüchern, deren überwiegende Zahl semasiologisch strukturiert ist und in denen nur einem geringeren Teil der Lemmata Abbildungen zugeordnet sind (vgl. Art. 62). Obgleich die Bildwörterbücher oft auch beschreibende oder erläuternde Texte enthalten, wie es für Lehrbücher typisch ist, sind sie von Sach- und Fachlehrbüchern zu unterscheiden, da ihr Schwergewicht auf der engen Verknüpfung eines klar definierten Lemmabestandes mit Abbildungen und/oder Bildtafeln liegt.

2. Funktionen des Bildwörterbuchs

Die Grundidee des Bildwörterbuchs ist die Vermittlung der angemessenen sprachlichen Zuordnung von Bezeichnetem und Bezeich-

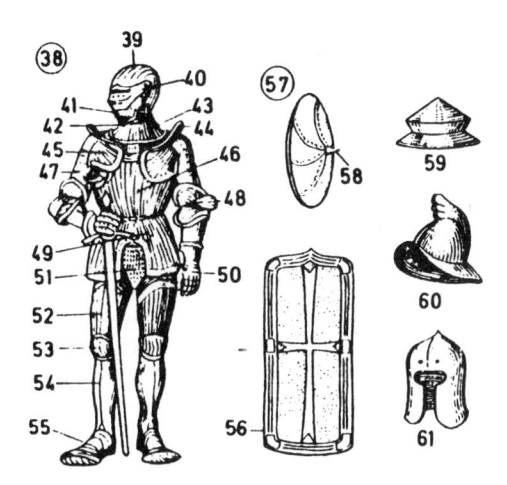

Wallgraben)
38–65 die Ritterrüstung
38 der Harnisch, ein Panzer *m*
39–42 der Helm
39 die Helmglocke
40 das Visier
41 das Kinnreff
42 das Kehlstück
43 die Halsberge
44 der Brechrand (Stoßkragen)
45 der Vorderflug
46 das Bruststück (der Brustharnisch)
47 die Armberge (Ober- und Unterarmschiene)
48 die Armkachel
49 der Bauchreifen
50 der Panzerhandschuh (Gantelet)
51 der Panzerschurz
52 der Diechling
53 der Kniebuckel
54 die Beinröhre
55 der Bärlatsch
56 der Langschild
57 der Rundschild
58 der Schildbuckel (Schildstachel)
59 der Eisenhut
60 die Sturmhaube
61 die Kesselhaube (Hirnkappe)
62 Panzer *m*

Abb. 108.1: Ausschnitt aus Bildtafel und Wortliste **Ritterwesen** (aus: Solf/Schmidt 1977, 568–569)

nung durch die Zuordnung von Abbildung und gedrucktem Wort. Dabei kann der Ausgangspunkt für den Benutzer sowohl das Wort (oder eine Wortgruppe) als auch die Sache sein. Wer z. B. ein mittelalterliches Schloß besichtigt hat und anderen davon berichten möchte, der kann in einem Bildwörterbuch etwa eine Tafel **Ritterwesen** aufschlagen und nachsehen, wie die einzelnen Teile der Ritterrüstung genannt werden, die er bei der Besichtigung gesehen hat, und damit seinen Wortschatz um Bezeichnungen wie **Halsberge, Diechling** oder **Bärlatsch** erweitern. Umgekehrt kann jemand, der z. B. in einem Ritterroman solchen Bezeichnungen begegnet, über das alphabetische Register zu den Abbildungen dieser Gegenstände finden, die ihm den Bedeutungsbeschreibungen im Bedeutungswörterbuch entsprechende, aber nichtsprachliche Informationen vermitteln. Je nach Art des Bildmaterials werden häufig neben dem Gegenstand selbst auch seine Bestandteile und/oder ein Ausschnitt seiner Umgebung dargestellt: Bei der Halsberge z. B., daß sie ein Teil der Ritterrüstung ist, wo sie sich an dieser Rüstung befindet, wie sich ihre Form und Position zur Form und Position der anderen Teile verhalten. Das Lemma **Ritterrüstung** wiederum führt zum Umfeld **Ritterburg, Ritterschlag, Turnier** und zu den verschiedenen Einzelteilen der Rüstung. Rückschlüsse auf die Funktion der Gegenstände sind aus der Abbildung selbst, der Zuordnung der einzelnen Bestandteile und der Position im Umfeld möglich. Dabei kann die Umsetzung der visuell gewonnenen Informationen zu Aussagen führen, die sich als Elemente einer sprachlichen Bedeutungsexplikation des Stichworts auffassen lassen (z. B.: „Die Halsberge ist ein Teil der Ritterrüstung. Sie schützt den Hals des Ritters."). — Die mehrsprachigen Bildwörterbücher bieten zum einen (über die Register) Informationen wie andere mehrsprachige Wörterbücher: Zu einem Wort oder einer Wortgruppe werden Äquivalente in einer oder mehreren anderen Sprachen angegeben. Hierbei entfällt weitgehend die Problematik der semantischen Polyvalenz, da die zugeordnete Abbildung in der Regel für Eindeutigkeit sorgt. Zum anderen kann ein Teil des zu einem Sachgebiet gehörenden Wortschatzes im unmittelbaren Zusammenhang erfaßt werden, was sowohl für den Spracherwerb als auch für Übersetzungsarbeiten vorteilhaft sein kann. Ein- oder mehrsprachige Bildwörterbücher sind für die Aneignung, Einübung und Verfestigung von Teilen des Wortschatzes besonders geeignet, da die Abbildung eine mnemotechnische Verstärkung des Lernvorgangs bewirkt.

3. Makro- und Mikrostrukturen des Bildwörterbuchs

3.1. Text

Der onomasiologisch geordnete Wortschatz des Bildwörterbuchs besteht zum deutlich größeren Teil aus Wörtern der Wortklasse Substantiv. Innerhalb dieser Wortklasse überwiegen die nomenklatorischen Bezeichnungen. Bei den substantivischen Lemmata finden sich meist Genusangaben. In Einzelfällen werden Synonyme, regionale Varianten, Hyponyme oder (häufiger) Hyperonyme angegeben. Seltener treten Ausspracheangaben auf.

> 1 el centeno (*también*: el grano; "grano" significa a menudo el principal grano panificable, en España: el trigo, en el norte de Alemania: el centeno, en el sur de Alemania e Italia: el trigo, en Suecia y Noruega: la cebada, en Escocia: la avena, en Norteamérica: el maíz, en China: el arroz)
> – rye (also: *corn, 'corn' often meaning the main cereal of a country or region; in Northern Germany: rye; in Southern Germany and Italy: wheat; in Sweden: barley; in Scotland: oats; in North America: maize; in China: rice*)

Abb. 108.2: Ausschnitt aus der Wortliste zur Tafel **Frutos del campo — Arable Crops** (aus: Oxford-Duden S-E 1985, 132)

Sehr häufig wird als Lemma eine Wortgruppe angesetzt. Hier dominiert die attributive Fügung wie **das versetzte vertikale Doppeltor** oder **das Winkellineal für Gehrungen** oder die **Abgasschornsteine der Generatoranlage** (alle in Solf/Schmidt 1977). In der Mehrzahl der Bildwörterbücher wird die reine Gegenüberstellung von Bezeichnung und Abbildung ergänzt. Dabei gibt es zum einen die Erweiterung des Vokabulars um Einträge, denen keine Abbildung zugeordnet ist (z. B. Pinloche 1923, Killer 1977), zum anderen finden sich zusätzliche Texte, die die Abbildungen in verbale Zusammenhänge setzen (z. B. Pinloche 1923, Meyer/Ehrich 1979) oder zu den jeweiligen Sachbereichen zusätzliche enzyklopädische Informationen geben (z. B. Schopper 1955).

3.2. Illustration

Die Abbildung im Bildwörterbuch kann eine Schwarzweißzeichnung, eine Farbtafel, eine Fotografie oder (in älteren Werken) ein Holzschnitt, ein Kupfer- oder Stahlstich sein. Es gibt Bildwörterbücher, die Abbildungen in verschiedenen Techniken enthalten (z. B. Bragonier/Fisher 1983). Die Abbildungen vermitteln ihren Gegenstand meist durch das „realistische" Bild; besonders im fachsprachlichen Lemmabereich gibt es aber auch Schema- und Schnittzeichnungen, Phantomzeichnungen, Bewegungs- und andere Funktions- oder Relationssymbole. In einem Fall (Wallnig 1981) wurden Szenen mit Spielzeugpuppen aufgebaut und abfotografiert. Alle bei Hupka 1984 aufgeführten Typen von Wörterbuchillustrationen lassen sich im Bildwörterbuch nachweisen. Die Abbildungen zu mehreren Lemmata werden im allgemeinen zu Bildtafeln zusammengefaßt. Eine Bildtafel kann entweder einen einzigen Gegenstand mit vielen Einzelteilen zeigen oder mehrere Gegenstände, die zu einem Sachbereich gehören. Dabei kann es sich um eine einfache Nebeneinanderreihung (z. B. verschiedener Getreidepflanzen) handeln oder um eine Szenerie, in der die Gegenstände in ihren funktionalen Zusammenhängen gezeigt werden (z. B. eine Bäckerei, ein Flughafen usw.). Die Verbindung des Lemmas mit der zugehörigen Abbildung erfolgt entweder durch eine Beziffferung in der Abbildung oder durch Eindrukken der Bezeichnung in oder neben die Abbildung, wobei die Zuordnung meist durch eine verbindende Linie verdeutlicht wird.

Die Illustrationen des Bildwörterbuchs haben ihren Ursprung in Didaktik und Wissenschaft (Enzyklopädie). Der Standardisierung der Sprache, wie sie für das Wörterbuch charakteristisch ist, entspricht eine Standardisierung der didaktisch-wissenschaftlichen Abbildung. Das Zufällige, Individuelle des abzubildenden Gegenstandes ist zu unterdrücken zugunsten des Arttypischen; nicht irgendeine Rose wird dargestellt, sondern ein Idealbild der Rose, das deren spezifische Merkmale im Unterschied zu denen der Nelke oder Tulpe erkennen läßt. Daraus leiten sich konkrete Anweisungen für den Illustrator ab: Es ist z. B. die Seite eines Gegenstandes zu wählen, die die wenigsten perspektivischen Verkürzungen bietet (in vielen Fällen das Profil), es sind natürliche Symmetrien deutlich herauszuarbeiten; Schatten, die bei der realistischen Darstellung Details verschlucken, sind aufzuhellen; scharfe, eindeutige Konturen sind anzustreben, Überschneidungen möglichst zu vermeiden.

4. Zur Geschichte des Bildwörterbuchs

Das Bildwörterbuch hat gemeinsame Wurzeln mit dem Lehrbuch und dem illustrierten

Abb. 108.3: Bildtafel und Text (aus: Comenius 1658, 14—15)

Sachlexikon. Als Urvater der Bildwörterbücher in ihrer heutigen Gestalt kann wohl der *Orbis Sensualium Pictus* des Johann Amos Comenius aus dem Jahre 1658 angesehen werden, also eines der am meisten verbreiteten Schulbücher des deutschen Sprachraums vom 17. bis zum 19. Jahrhundert. Es handelt sich hierbei um ein lateinisch-deutsches Lehrbuch, das die mnemotechnische Wirkung der Abbildung beim Spracherwerb konsequent und in enger Verbindung von Bild und Text (durch Bezifferung) einsetzt. Im erzählend-beschreibenden Kontext sind die Bezeichnungen der abgebildeten numerierten Gegenstände im Lateinischen durch Kursivdruck, im Deutschen durch eine Art Fettdruck hervorgehoben.

Läßt man die nicht hervorgehobenen Textteile weg, so entsteht das charakteristische Bild des heutigen Bildwörterbuchs. In der ersten Auflage sind nur die Tafelüberschriften in einem alphabetischen Register zusammengefaßt, in der dritten Auflage gibt es bereits das vollständige „Wörter-Register" für Latein und Deutsch. Damit ist das Bildwörterbuch in seinen wesentlichen Merkmalen entstanden, obwohl die Benennung „Bildwörterbuch" noch nicht existiert und der Orbis Pictus sich weiterhin als Lehrbuch und nicht als Nachschlagewerk versteht.

Im Jahre 1922 veröffentlicht Auguste Pinloche in Paris und Leipzig sein *Etymologisches Wörterbuch der deutschen Sprache, enthaltend: ein Bilder-Wörterbuch mit erklärenden Legenden zu 5700 Abbildungen*. Unter weitgehender Verwendung desselben Bildmaterials erscheint ein Jahr später vom selben Autor in Paris das *Vocabulaire par l'image de la langue française*. In ersterem ersetzt das vorangehende Wörterbuch das Register des Bildwörterbuchs, letzteres hat einen eigenen Index. Charakteristisch für den französischen Pinloche ist die Erweiterung des Textes um ein recht umfangreiches nicht illustriertes (meist abstraktes) Vokabular zum jeweiligen Sachbereich.

1935 erscheint im Bibliographischen Institut in Leipzig in der Reihe „Der Große Duden" ein *Bildwörterbuch der deutschen Sprache*. Der Herausgeber, Otto Basler, begründet im Vorwort die Notwendigkeit eines deutschen Bildwörterbuchs und den Aufbau des Bilderdudens mit folgenden Worten:

„Ernste Schwierigkeiten erwachsen den Wörterbüchern aus der Aufgabe, Sinn und Inhalt des Einzelwortes kurz und treffend zu geben. [...] Durch eine einfache Zeichnung sind Bedeutung und Anwendungsbereich bei einer großen Zahl deutscher Wörter unschwer festzulegen." (Basler 1935, V).

Fremdsprachige Ausgaben dieses Bilder-

La physionomie

23. A. air bête : crétin, idiot;
    B. air intelligent : rusé, malin.
24. A. air ouvert : regard franc;
    B. air louche, en dessous : regard fuyant.
25. A. air de santé, bien portant : visage gai, œil vif, joues pleines;
    B. air malade : visage triste, regard terne, joues creuses.

[5] **Visage, aspect, teint.**

clair.
frais.
florissant, épanoui,
vermeil.
couperosé.
pâle.
blême, livide.
basané.
hâlé, bruni, bronzé.
émacié.
maladif.
étiolé.

lisse, glabre.
ridé, plissé.
bouffi.
boursouflé.

l'aspect, *m.*
l'apparence, *f.*
le teint.
la fraîcheur.
la pâleur.
la lividité.
les taches de rousseur.

Abb. 108.4: Bildtafelausschnitt und zwei Textausschnitte (aus: Pinloche 1923, 6, 7 und 10)

108. Das Bildwörterbuch　　　　　　　　　　　　　　　　　　　　　　　　　　　　1107

dudens in Englisch, Französisch, Italienisch und Spanisch — jeweils mit deutschem und fremdsprachigem Register, aber nur mit fremdsprachigem Text bei den Bildtafeln — folgen in den Jahren 1937 bis 1940. Um diese Zeit entstehen in Europa auch rein fachspezifisch orientierte Bildwörterbücher wie z. B. Wentholt 1939, der Termini aus dem Bereich der Schiffahrt in sechs Sprachen verzeichnet. Hier wird das strenge Prinzip der Wort-Bild-Zuordnung wieder (wie auch in vielen anderen späteren Bildwörterbüchern) zugunsten eines erweiterten Lemmabestandes durchbrochen: Es gibt deutlich mehr Lemmata als Abbildungen, um auch den nicht oder nur

schlecht abbildbaren Wortschatz (z. B. das Lemma **natürliche schiffbare Wasserstraße**) erfassen zu können.

Während des Zweiten Weltkrieges erscheint eine Serie von kleinformatigen Heften mit je 25 Bildtafeln und etwa 64 Seiten unter dem Titel *Der kleine Bilderduden*. Neben einer zweisprachigen Ausgabe (Deutsch-Italienisch) handelt es sich hier um dreisprachige Bildwörterbücher mit Sprachenkombinationen wie Deutsch-Bulgarisch-Rumänisch oder Deutsch-Serbisch-Griechisch. Die Serie wird zum Teil auch als „Tornisterschrift des Oberkommandos der Wehrmacht" unter dem Titel *Bilderduden für Soldaten* herausgegeben. — Das gesamte Material des großen deutschen Bildwörterbuchs mit seinen vier fremdsprachigen Parallelaus-

Abb. 108.5: Bildausschnitt (aus: Backhausen 1956, 4)

gaben wird 1943 von einem New Yorker Verleger genutzt. Mit dem Hinweis „Published and distributed in the public interest by authority of the Alien Property Custodian, under License No. A-159" und unter geringfügigen Kürzungen bringt er *The Duden Pictorial Encyclopedia in Five Languages* heraus, also ein fünfsprachiges Bildwörterbuch in einem Band. — Auf vier Sprachen (Dänisch-Englisch-Französisch-Deutsch) beschränkt sich nach dem Krieg der Kopenhagener Politikens Forlag.

Fig. 5.21 Partial View of the Band Sawing Machine Illustrated in Fig. 5.20
Teilansicht der in Fig. 5.20 dargestellten Bandsäge / Vue Partielle de la Scie à Ruban Illustrée dans Fig. 5.20

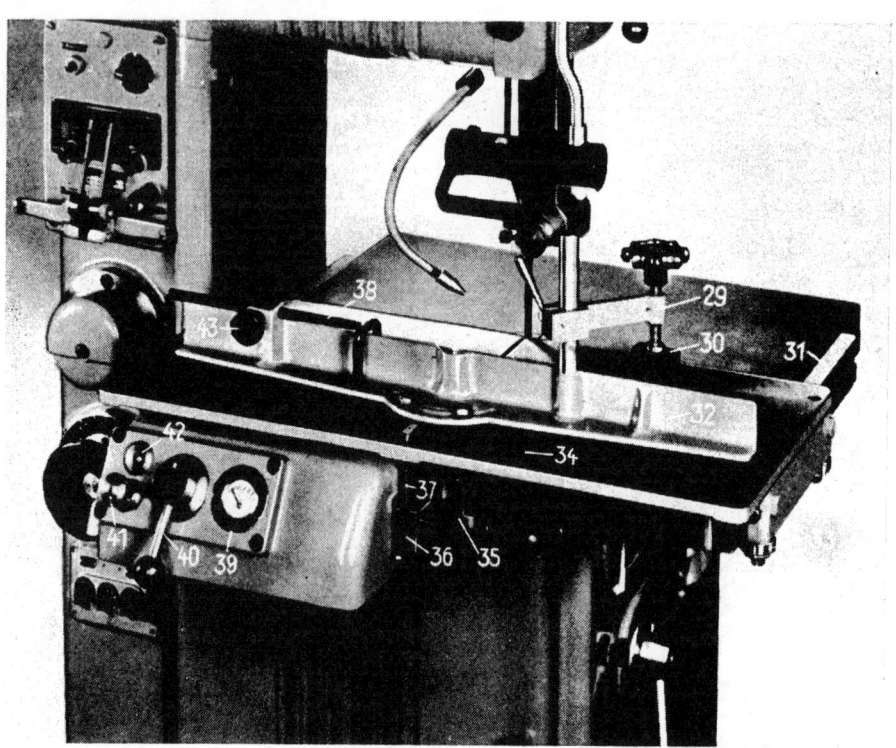

29 =	attachment to clamp the work	Einrichtung (f) zum Festspannen des Werkstückes	dispositif (m) de serrage de la pièce à scier
30 =	pressure piece	Druckstück (n)	pièce (f) de pression
31 =	guide rail	Führungsschiene (f)	guide (m); barre-guide (f)
32 =	abutment rail	Anschlaglineal (n)	règle (f) de butée
33 =	rollers on ball bearings	kugelgelagerte Laufrollen (f pl)	galets (m pl) sur roulements à billes
34 =	sliding table	Schiebetisch (m)	table (f) coulissante
35 =	pawl	Sperrklinke (f)	cliquet (m)
36 =	sliding piece for work feed	Schiebestück (n) für den Vorschub des Werkstücks	pièce (f) mobile pour l'avance de la pièce à scier
37 =	table driving dog	Schiebetisch-Mitnehmer (m)	griffe (f) d'attaque de la table coulissante
38 =	length stop	Ablängenanschlag (m)	butée (f) de la pièce à couper
39 =	hydraulic-oil pressure gauge	Hydrauliköl-Druckmesser (m)	indicateur (m) de pression d'huile
40 =	control valve	Steuerschieber (m)	tiroir (m) de distribution
41 =	valve to regulate the oil pressure	Öldruckdrossel (f)	soupape (f) d'étranglement de la pression d'huile
42 =	relief valve	Überdruckventil (n)	soupape (f) de sûreté
43 =	clamping screw for length stop	Klemmschraube (f) für Ablänganschlag	vis (f) de serrage pour la butée de la pièce à couper

Abb. 108.6: Text- und Bildausschnitt (aus: Schopper 1955, 132)

Unter dem Titel *Hvad hedder det?* erscheint 1948 ein Bildwörterbuch, bei dem sogar das Inhaltsverzeichnis in Bildern (Bildsymbolen) dargestellt ist (Backhausen 1956).

Auch die fachspezifischen Bildwörterbücher bieten nach dem Zweiten Weltkrieg überwiegend mehrsprachige Texte, so z. B. Schopper 1955 (Englisch-Deutsch-Französisch), dessen Abbildungen nicht wie bei den bisher genannten Werken aus reproduzierten Zeichnungen oder Stichen, sondern aus reproduzierten Fotografien bestehen.

Die Publikation der Duden-Wörterbücher wird nach dem Zweiten Weltkrieg zunächst sowohl in Leipzig als auch in Mannheim weitergeführt. In Mannheim folgt die zweite Auflage des Bildwörterbuchs dem Prinzip der alten Serie aus den dreißiger Jahren: Zunächst wird eine einsprachige deutsche Ausgabe erarbeitet, dann folgen darauf bezogene einsprachige fremdsprachige Ausgaben, die aber jeweils auch ein deutsches Register enthalten. In Leipzig beginnt man (zunächst noch im VEB Bibliographisches Institut) mit neuen, zweisprachigen Ausgaben, bei denen deutscher und fremdsprachiger Text der jeweiligen Bildtafel zugeordnet sind. Der Titel „Duden" entfällt bereits mit der deutsch-polnischen Fassung von 1954, die Serie wird später vom VEB Verlag Enzyklopädie Leipzig weitergeführt. Erst 1973, nach neun zweisprachigen Versionen, wird eine einsprachige deutsche Ausgabe veröffentlicht. Nach der dritten Auflage des einsprachigen deutschen Duden-Bildwörterbuchs werden auch in Mannheim die fremdsprachigen Ausgaben auf das zweisprachige Prinzip umgestellt. Aus dem in Zusammenarbeit mit Oxford University Press erstellten deutsch-englischen Band (mit dem Titel *Oxford-Duden*) wird eine einsprachige englische Version ausgekoppelt: es werden auch zweisprachige Ausgaben ohne Deutsch (z. B. Französisch-Englisch, Spanisch-Französisch) herausgegeben. Eine dreisprachige deutsch-englisch-französische Ausgabe erscheint als Ergänzungsband zu *Meyers Enzyklopädischem Lexikon*. Der niederländische Verlag Wolters-Nordhoff kombiniert die Texte mit Niederländisch zu einer Reihe von niederländisch-fremdsprachigen Bildwörterbüchern. — Das 1983 erscheinende französisch-englische Bildwörterbuch *Le Qu'est-ce Que c'est / Le What's What. La première encyclopédie visuelle franco-anglaise* greift auf eine erstaunliche Vielfalt verschiedener Illustrationsmöglichkeiten zurück. Neben technischen oder naturwissenschaftlichen Zeichnungen und Fotografien wird auch die Fotomontage eingesetzt, die z. B. bei der Illustration des Automobils die Heckflossen eines Straßenkreuzers mit dem charakteristischen „Buckel" des VW-Käfers kombiniert. Zusätzlich reproduziert man aber auch Werke der modernen Kunst (z. B. von Andy Warhol) oder Zeichnungen populärer Cartoonisten. Grundlage des Buches ist eine 1981 publizierte amerikanische Version; dies erklärt die unverkennbar US-amerikanische Prägung der dargestellten Welt.

5. Das Bildwörterbuch in der Gegenwart

Seinem Ursprung und seinen Zielgruppen gemäß schwankt das Bildwörterbuch zwischen den beiden Polen Lehrbuch und Wörterbuch. Die grundsätzlich didaktische Komponente der Verbindung von Wörtern mit Bildern sowie die onomasiologische Konzeption fördern den aktiven und passiven Spracherwerb: Das Wörterbuch stellt seine Informationen in den jeweiligen sprachlichen und außersprachlichen Zusammenhang. Es ist nicht verwunderlich, daß auch andere Wörterbuchtypen, vor allem das Bedeutungswörterbuch, immer wieder auf das Grundelement des Bildwörterbuchs, die Bildtafel mit unmit-

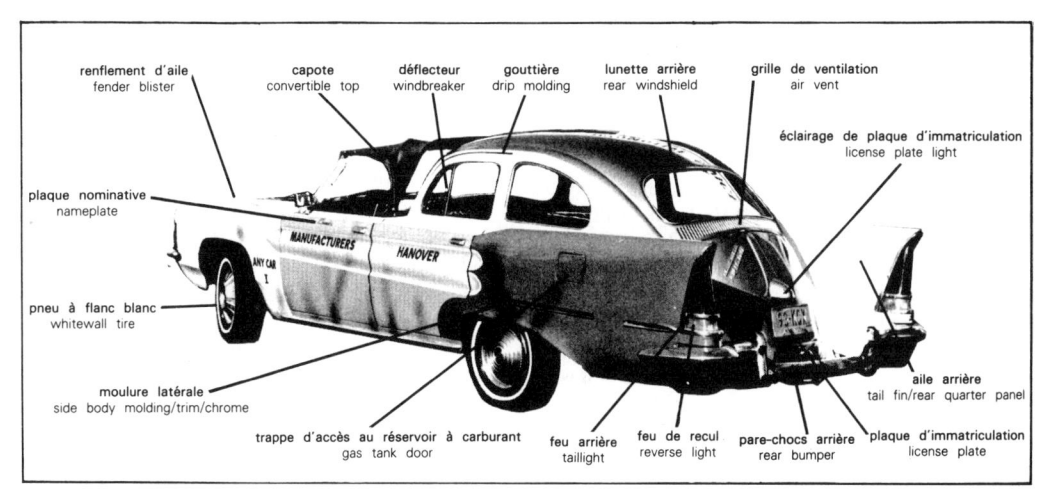

Abb. 108.7: Bildausschnitt (aus: Bragonier/Fisher 1983, 103)

telbarer Wort-Bild-Zuordnung, zurückgreifen (so z. B. Sprachbrockhaus 1986, Hornby 1980 und Clédière/Rocher 1976). — Das eigenständige Bildwörterbuch gehört zu den selteneren Wörterbuchtypen. Durch die Vielzahl der notwendigen Illustrationen und deren besondere Eigenschaften ist es aufwendig in der redaktionellen und technischen Herstellung, der Benutzerkreis dagegen bleibt durch die Begrenztheit der Stichwortauswahl eingeschränkt. Als Nachschlagewörterbuch kann es nur Ergänzung anderer Wörterbücher sein. Daher haben zur Zeit nur relativ wenige Verlage ein Bildwörterbuch oder gar eine Bildwörterbuchreihe in ihrem Programm.

6. Das Bildwörterbuch in der Wörterbuchforschung

Das Bildwörterbuch ist für die linguistische Forschung derzeit noch weitgehend Terra incognita. Es fehlt eine auch nur annähernd umfassende Bibliographie; für den zentralen Aspekt der Darstellung unserer Welt in einer Verbindung von Wort und Bild sind allein in den Untersuchungen zum illustrierten Wörterbuch erste Ansätze zu finden. Der Terminus „Bildwörterbuch" selbst ist in dem hier behandelten Sinne in der Wörterbuchpraxis keineswegs gängige Münze — man vergleiche die Titel der in der Auswahlbibliographie angeführten Werke.

7. Literatur (in Auswahl)

7.1. Wörterbücher

Backhausen 1956 = Nelly Backhausen (Bearb.): Hvad hedder det? Politikens Billedordbog Dansk-Engelsk-Fransk-Tysk. 3. Aufl. Kopenhagen 1956 [608 S.; 1. Aufl. 1948].
Basler 1935 = Otto Basler (Hrsg.): Der Große Duden. Bildwörterbuch der deutschen Sprache. Leipzig 1935 [796 S.].
Baurley/Goldman 1976 = George L. Baurley/Leonard Goldman (Bearb.): Bildwörterbuch Deutsch und Englisch. 6. Aufl. Leipzig 1976 [532 S.; 1. Aufl. 1957].
Beneš 1956 = J. Beneš (Bearb.): Bildwörterbuch deutsch und tschechisch. Leipzig 1956 [503 S.].
Bilderduden 1941 = Bilderduden für Soldaten deutsch-bulgarisch-rumänisch. Tornisterschrift des Oberkommandos der Wehrmacht Abt. Inland. Heft 40. Leipzig 1941 [64 S.].
Blanc 1892 = Elie Blanc: Dictionnaire alphabétique et analogique. Lyon. Paris 1892 [1115 S.].
Bott 1977 = Stefan und Helga Bott (Bearb.): Bildwörterbuch deutsch und französisch. 6. Aufl. Leipzig 1977 [524 S.; 1. Aufl. 1956].
Bragonier/Fisher 1983 = Reginald Bragonier Jr./David Fisher: Le Qu'est-ce Que c'est — Le What's What. La première encyclopédie visuelle franco-anglaise. Paris 1983 [XII, 594 S.].
Clédière/Rocher 1976 = Jean Clédière/Daniel Rocher: Dictionnaire français-allemand/allemand-français. Paris 1976 [1126 S.].
Comenius 1658 = Johann Amos Comenius: Orbis sensualium pictus. Die sichtbare Welt. Nürnberg 1658 [320 S.; wieder in: Die bibliophilen Taschenbücher Nr. 30. Dortmund 1978; 405 S.].
Corbeil/Manser 1988 = Jean-Claude Corbeil/Martin Manser: The Facts On File Visual Dictionary. Oxford. New York. 1988 [800 S.].
Danzer 1968 = Franz Danzer (Bearb.): Bildwörterbuch Deutsch und Spanisch. 3. Aufl. Leipzig 1968.
Daum 1959 = Edmund Daum (Red.): Bildwörterbuch deutsch und polnisch. 2. Aufl. Leipzig 1959 [496 S.; 1. Aufl. 1954].
Daum/Schenk/Kwech 1961 = Edmund Daum/W. Schenk/D. Kwech (Bearb.): Bildwörterbuch deutsch und russisch. Leipzig 1961 (754 S.; frühere Ausgabe: Duden: Bildwörterbuch deutsch und russisch, 1953).
Duden Español 1963 = Duden Español. Diccionario por la imagen. 2. Aufl. Mannheim. Wien. Zürich 1963 [896 S.; 1. Aufl. Scheppelmann 1940].
Duden Français 1962 = Duden Français. Dictionnaire en images. 2. Aufl. Mannheim. Wien. Zürich 1962 [912 S.; 1. Aufl. Snyckers 1938].
Duden Français 1981 = Duden Français. Bildwörterbuch Deutsch und Französisch. Mannheim. Wien. Zürich 1981 [372 S.].
Duden Italiano 1964 = Duden Italiano. Dizionario figurato. 2. Aufl. Mannheim 1964 [918 S.; 1. Aufl. Weith 1939].
Duden Pictorial Encyclopedia 1943 = The Duden Pictorial Encyclopedia in Five Languages. English-French-German-Italian-Spanish. New York 1943.
English Duden 1960 = The English Duden. A Pictorial Dictionary with English and German Indexes. 2. Aufl. Mannheim. Wien. Zürich 1960 [912 S.; 1. Aufl. Klien/Ridpath-Klien 1937].
Feneis 1974 = Heinz Feneis: Anatomisches Bildwörterbuch der internationalen Nomenklatur. 4. Aufl. Stuttgart 1974 [442 S.; 1. Aufl. 1967].
Hornby 1980 = A. S. Hornby: Oxford Advanced Learner's Dictionary of Current English. 3. Aufl., 11. Neuausgabe Oxford 1980 [1037 S.; 1. Aufl. 1948].
Killer 1977 = Wilhelm K. Killer: Bautechnisches Englisch im Bild. Illustrated Technical German for Builders. 4. Aufl. Wiesbaden. Berlin 1977 [184 S.; 1. Aufl. 1973].
Kleiner Bilderduden 1942 = Der kleine Bilderdu-

den. Heft 1, deutsch-russisch-ukrainisch. Leipzig 1942 (?) [64 S.].

Klien/Ridpath-Klien 1937 = Horst Klien/Marion Ridpath-Klien (Bearb.): The English Duden. Picture Vocabularies in English with English and German Indices, Adapted from Duden's „Bildwörterbuch". Leipzig 1937 [964 S.].

Macchi 1969 = V. Macchi (Bearb.): Bildwörterbuch deutsch und spanisch. 3. Aufl. Leipzig 1969 [484 S.; 2. Aufl. 1959].

Macchi 1955 = V. Macchi (Bearb.): Bildwörterbuch. Vocabulario illustrato. Deutsch und Italienisch. Leipzig 1955 [494 S.].

Marouschek 1941 = Herbert von Marouschek (Hrsg.): Für jedes Wort ein Bild. Das deutsche Bildwörterbuch. Wien. Leipzig 1941 [ca. 160 S.; nicht onomasiologisch, sondern semasiologisch strukturiert].

MEL 29 1981 = Meyers Enzyklopädisches Lexikon, Bd. 29. Bildwörterbuch Deutsch-Englisch-Französisch. Mannheim. Wien. Zürich 1981 [944 S.].

Meyer/Ehrich 1979 = Hans Meyer/Sigrid Ehrich (Bearb.): Deutsches Bildwörterbuch. 3. Aufl. Leipzig 1979 [524 S.; 1. Aufl. 1973].

Ogle/Thoburn/Knight 1985 = Lucille Ogle/Tina Thoburn/Hilary Knight: A Dictionary for Young Children — Words and Pictures. Chichester 1985 [160 S.].

Oxford-Duden D-E 1979 = Oxford-Duden Bildwörterbuch Deutsch und Englisch. Mannheim. Wien. Zürich 1979 [864 S.].

Oxford-Duden D-S 1985 = Oxford-Duden Bildwörterbuch Deutsch und Spanisch. Mannheim. Wien. Zürich 1985 [880 S.].

Oxford-Duden E 1981 = Oxford-Duden Bildwörterbuch Englisch. Mannheim. Wien. Zürich 1981 [822 S.].

Oxford-Duden F-E 1983 = Oxford-Duden Bildwörterbuch Französisch und Englisch. Mannheim. Wien. Zürich 1983 [880 S.].

Oxford-Duden S-E 1985 = Oxford-Duden Bildwörterbuch Spanisch und Englisch. Mannheim. Wien. Zürich 1985 [888 S.].

Oxford-Duden S-F 1985 = Oxford-Duden Bildwörterbuch Spanisch und Französisch. Mannheim. Wien. Zürich 1985 [896 S.].

Pinloche 1922 = Auguste Pinloche: Etymologisches Wörterbuch der deutschen Sprache. Enthaltend: Ein Bilder-Wörterbuch. Paris. Leipzig 1922 [807—1161: Systematisches Bilder = Wörterbuch mit erklärenden Legenden].

Pinloche 1923 = Auguste Pinloche: Vocabulaire par l'image de la langue française comprenant 193 planches avec 6000 figures accompagnées de leurs légendes explicatives et un vocabulaire idéologique. Paris 1923 [580 S.].

Preuß/Weith 1958 = Gisela Preuß/Otto Weith (Bearb.): Duden. Bildwörterbuch der deutschen Sprache. Der Große Duden Band 3. 2. Aufl. Mannheim 1958 [792 S.; 1. Aufl. Basler 1935].

Scheppelmann 1940 = Theodor Scheppelmann (Bearb.): Duden Español. Diccionario ilustrado de la lengua castellana. Adaptación española del „Bildwörterbuch de Duden". Leipzig 1940 [856 S.].

Schopper 1955 = Karl Schopper: Das Fachwort im Maschinenbau. Illustriertes technisches Wörterbuch in 3 Sprachen. Englisch-Deutsch-Französisch. Stuttgart 1955 [396 S.].

Silzer 1969 = E. Silzer (Bearb.): Bildwörterbuch deutsch und rumänisch. 2. Aufl. Leipzig 1969 [513 S.; 1. Aufl. 1960].

Snyckers 1938 = Alexander Snyckers (Bearb.): Duden Français. Dictionnaire illustré de la langue française correspondant au „Bildwörterbuch" de Duden. Leipzig 1938 [882 S.].

Solf/Schmidt 1977 = Kurt Dieter Solf/Joachim Schmidt (Bearb.): Duden. Bildwörterbuch der deutschen Sprache. 3. Aufl. Mannheim. Wien. Zürich 1977 [784 S.; 1. Aufl. Basler 1935].

Sprachbrockhaus 1986 = Der Sprachbrockhaus. 9. Aufl. Mannheim 1986 [972 S.; 1. Aufl. 1951].

Steinmetz 1976 = Heinrich Steinmetz: Landmaschinen und Geräte. Mehrsprachen-Bildwörterbuch. 3. Aufl. Betzdorf 1976 [528 S.; 1. Aufl. 1960].

Svenska Duden 1966 = Svenska Duden Bildlexikon. 2. Aufl. Mannheim 1966 [869 S.; 1. Aufl. ?].

Technische Bild-Wort-Fibel 1971 = Rationalisierungs-Kuratorium der Deutschen Wirtschaft. Zweigstelle Berlin (Hrsg.): Technische Bild-Wort-Fibel. Bereich: Metallbearbeitung I. Berlin. Köln. Frankfurt a. M. 1971 [69 Blatt, nicht paginiert].

Wallnig 1981 = Günter Wallnig: How to speak on site. Dialogues and Dictionary. So spricht man am Bau. Text- und Wörterbuch. Le langage des chantiers. Dialogues et Dictionnaire. Düsseldorf 1981 [122 S.].

Weith 1939 = Otto Weith (Bearb.): Duden Italiano. Dizionario illustrato della lingua italiana corrispondente al „Bildwörterbuch" di Duden. Leipzig 1939 [968 S.].

Wentholt 1939 = L. R. Wentholt: Dictionnaire technique illustré. Français, allemand, anglais, espagnol, italien, néerlandais. Chapitre II. Fleuves, rivières, canaux. Brüssel 1939.

Wolters D-N 1986 = Wolters' Beeld-woordenboek Duits en Nederlands. Groningen 1986 [870 S.].

Wolters E-N 1986 = Wolters' Beeld-woordenboek Engels en Nederlands. Groningen 1986 [872 S.].

Wolters F-N 1986 = Wolters' Beeld-woord-boek Frans en Nederlands. Groningen 1986 [870 S.].

7.2. Sonstige Literatur

Bruns 1922 = Ferdinand Bruns: Die Zeichenkunst im Dienst der beschreibenden Naturwissenschaften. Jena 1922.

Geck 1982 = Elisabeth Geck: Grundzüge der Geschichte der Buchillustration. Darmstadt 1982.

Hupka 1984 = Werner Hupka: Wort und Bild. Die Illustration in einsprachigen französischen Wörterbüchern. In: Dieter Götz/Thomas Herbst (Hrsg.): Theoretische und praktische Probleme der Lexikographie. München 1984, 166—207.

Nissen 1967 = Claus Nissen: Die botanische Buchillustration. Ihre Geschichte und Bibliographie. Stuttgart 1967.

Nissen 1978 = Claus Nissen: Die zoologische Buchillustration. Ihre Bibliographie und Geschichte. Band II: Geschichte. Stuttgart 1978.

Werner 1982 = Reinhold Werner: Das Bild im Wörterbuch. Funktionen der Illustration in spanischen Wörterbüchern. In: Linguistik und Didaktik 49/50. 1982, 62—94.

Werner Scholze-Stubenrecht, Mannheim (Bundesrepublik Deutschland)

109. Le dictionnaire de gestes

1. Introduction
2. Domaine catalan
3. Domaine français
4. Domaine italien
5. Domaines portugais et brésilien
6. Domaines espagnol et hispano-américain
7. Domaine anglo-américain
8. Bibliographie choisie

1. Introduction

Dans le *mare magnum* des diverses études sur le langage du corps et, plus particulièrement, sur celui des gestes, il n'est pas facile de distinguer les ouvrages que l'on peut considérer comme des répertoires de gestes (et encore moins comme des dictionnaires gestuels stricto sensu, qui restent rares). Beaucoup de publications en effet se présentent comme des répertoires de gestèmes plus ou moins larges, plus ou moins détaillés et plus ou moins précis. Aussi nous bornerons-nous ici à décrire et à examiner les ouvrages les plus significatifs et les plus accessibles dans le monde occidental, y compris ceux qui, bien qu'essentiellement non-lexicographiques, contiennent des répertoires de gestes, lesquels, à leur tour, pourraient être à la base de véritables dictionnaires. Nous ne traiterons pas ici les glossaires employés par certains groupes particuliers tels que les sourds-muets, les religieux, les scouts, etc.

Vu la confusion méthodologique régnant dans le domaine, nous indiquerons régulièrement les critères d'organisation lexicographique retenus par l'auteur, selon que son répertoire

a) part du signifié pour arriver à la description du geste — ou vice versa,

b) part de la (ou des) partie(s) du corps qui sont engagées dans le geste,

c) part des locutions ou des tournures qui accompagnent le geste,

d) mélange différents critères.

Nous signalerons le nombre de gestes décrits et la façon dont ils sont présentés. Notre bibliographie est résolument sélective. Pour d'autres travaux, on consultera Davis 1972, Davis 1982 et Hayes 1957.

Ill. 109.1: Jean-Paul II (couverture de «L'Espresso» de Rome, N° 41, XXVII du 18 octobre 1981). Pour le sens cf. Meo-Zilio 1983, § 212

2. Domaine catalan

En 1956 J. Amades publie *El gest a Catalunya*, petit dictionnaire de gestes articulé autour de 300 articles environ, lesquels sont agencés selon l'ordre alphabétique et décrivent chacun un geste et ses variantes. L'auteur donne alternativement des articles sémantiques (idéologiques), des articles qui concernent le mouvement (articles descriptifs) et des articles qui indiquent le nom habituel du geste (articles dénominatifs), se bornant aux gestes qu'il considère comme «linguistiques» et comme courants en Catalogne. Chaque article décrit les mouvements relatifs aux gestes, leurs synonymes et leurs variantes, avec différentes explications utiles concernant leur usage, leurs valeurs sémantiques, et les contextes dans lesquels ils apparaissent. Dans la deuxième partie du livre, une photographie complète chaque article important; ces photographies, malheureusement, n'explicitent pas la réalisation des mouvements qu'elles sont sensées illustrer, de sorte qu'il est difficile pour le lecteur de se rendre compte de la dynamique gestuelle. Toutefois les descriptions qui accompagnent chaque article restent claires. Le recueil de Amades, bien qu'on puisse lui reprocher une certaine hétérogénéité, notamment au niveau de la sélection et de l'organisation des matériaux, n'en reste pas moins un ouvrage fondamental.

3. Domaine français

Si l'on fait exception de certaines œuvres d'avant-garde — celle de E. Cuyer (1902), par exemple, qui contient un petit recueil de gestes — force est de constater qu'il faut attendre 1986 pour que paraisse dans le domaine français un authentique dictionnaire de gestes: celui de Geneviève Calbris et de Jacques Montredon intitulé *Des gestes et des mots pour le dire*. L'ouvrage présente par ordre alphabétique une cinquantaine d'aires sémantiques, divisées en plus de 150 sous-ensembles, eux aussi agencés selon l'alphabet, qui décrivent les gestes et leur réalisation, qui indiquent leurs synonymes et/ou leurs variantes, et qui signalent les tournures courantes de la langue parlée qui les accompagnent. A l'occasion l'article est complété d'une illustration. La présence et la richesse de tournures se rapportant aux gestes, tout en offrant un aperçu intéressant de la langue parlée aujourd'hui, représentent très certainement l'un des aspects les plus remarquables de l'ouvrage. Ces tournures, que nous retrouvons dans l'index alphabétique du livre, sont souvent situées dans des contextes verbaux, des situations particulièrement vivantes qui rendent possible une compréhension immédiate. On note en outre la présence de nombreux dessins, particulièrement expressifs et souvent amusants, dans lesquels le mouvement est représenté de façon adéquate par des lignes d'épaisseur décroissante, des superpositions partielles de pointillés ou des duplications de figures en position de départ ou d'arrivée. On trouve aussi dans certains articles des indications très utiles sur la situation socio-culturelle particulière à tel ou tel geste. Ouvrage de vulgarisation, le dictionnaire de Calbris et Montredon contient des matériaux gestuels et linguistiques d'un très grand intérêt qu'on a su présenter de façon efficace et suggestive. Pour ce qui est de la forme, nous constatons qu'il s'agit là de l'ouvrage le plus brillant et le plus captivant que nous connaissions.

P R O V O C A T I O N

Le **bras d'honneur** est un signe de dérision obscène effectué en plaçant une main à la saignée du coude du bras opposé et en relevant - ou en étendant - ce dernier, poing fermé* pour figurer le membre viril en érection" (Rey & Chantreau, p. 123).

C'est à l'origine une insulte grossière synonyme de *"Espèce d'enculé !"*, pratiquée entre automobilistes en colère, par exemple. Comme il a tendance à devenir dans certains milieux socioprofessionnels et parmi les adolescents une manière désinvolte de refuser *"Va te faire foutre"*, ou même de se dire au revoir, le bras d'honneur est parfois accompagné d'un complément équivalent : la langue tirée au maximum entre les lèvres. Il y a là redondance dans l'expression par cumul de symboles phalliques.
Ou bien, il est remplacé par un synonyme emprunté à l'étranger : le majeur tendu, vertical, main en supination. De façon équivalente, on a vu récemment des manifestants, bras levé, pointer l'index vers le haut, main en supination.

Extrait textuel 109.1: article de dictionnaire (tiré de: Calbris 1986, 103)

4. Domaine italien

Le premier ouvrage italien que l'on peut considérer comme un dictionnaire de gestes est *La mimica degli antichi investigata nel gestire napoletano* (De Jorio 1832). Ce livre n'est pas axé sur un critère de classement homogène. Dans la plupart des cas, on part des signifiés (articles sémantiques) qui sont suivis des gestes correspondants et/ou leurs variantes. Ailleurs, on part des gestes (articles descriptifs des mouvements) qui sont suivis de leurs signifiés (et/ou de leurs variantes). Ailleurs encore les articles représentent des catégories hétérogènes. Parfois, ces critères sont mélangés à l'intérieur de chaque article. La grande moisson de matériaux recueillis — remarquable si l'on tient compte de l'époque à laquelle ont été faites ces observations — est groupée en quelques 80 articles, auxquels il faut ajouter une dizaine d'articles relatifs à la réalisation des gestes (descriptions synthétiques) et plusieurs articles grammaticaux ou méthodologiques. En tout plus de 400 gestes (ou variantes) sont décrits. Outre l'hétérogénéité du classement des matériaux, le lecteur contemporain pourra être gêné par l'érudition démesurée, la verbosité et le goût de l'anecdote si particuliers à la mentalité de l'époque. Il n'en reste pas moins qu'on a affaire ici à un ouvrage remarquable qui mériterait, un siècle et demi après, une mise à jour et un remaniement complet.

En 1889 G. Pitré publie dans le tome XV de la *Biblioteca delle tradizioni popolari del popolo siciliano* un article intitulé «Il gestire» (341—377) qui contient la description non-alphabétique d'une cinquantaine de gestes: certains d'entre eux étant propres aux Siciliens, d'autres ayant un caractère plus général. La méthode retenue pour la présentation est hétérogène (on part tantôt du signifié, tantôt du geste). L'auteur introduit çà et là des expressions dialectales qui accompagnent les gestes. Les descriptions concernant les mouvements relatifs aux gestes sont souvent sommaires et le commentaire contextuel est chargé d'anecdotes, de références et de réflexions personnelles (selon le goût de l'époque); on y trouve aussi des notes historiques et socioculturelles particulièrement utiles. Un paragraphe décrivant les attitudes et les gestes injurieux particuliers aux disputes de femmes dans les bas-fonds siciliens conclut l'article de Pitré.

En 1963 paraît un petit dictionnaire de gestes de B. Munari: *Supplemento al dizionario italiano*. L'auteur se borne à grouper une soixantaine de gestes (sans suivre l'ordre alphabétique) en «omettant les gestes obscènes et grossiers». Il commente brièvement chaque geste en quatre langues (italien, français, anglais, allemand). On y relève malheureusement des imprécisions descriptives et sémantiques. Il s'agit d'une série d'échantillons limitée quant au nombre et sommaire quant à la description, série dont la finalité est essentiellement pratique.

Ill. 109.2: le Président du Conseil des Ministres italien, M. Goria (couverture de «Panorama» de Milan, N° 1113 du 16 août 1987). Pour le sens cf. Meo-Zilio 1980, § 52.1

5. Domaines portugais et brésilien

Il n'existe pas de dictionnaire de gestes stricto sensu dans le domaine lusophone. Cependant, si l'on excepte le petit essai de Leite de Vasconcelhos 1917 et l'étude, plus approfondie, de C. Basto 1938, on peut relever deux ouvrages pouvant servir d'introduction à un véritable dictionnaire de gestes. Le premier est celui du folkloriste L. Da Câmara Cascudo: *História dos nossos gestos: uma pesquisa na mímica do Brasil*, 1976 (cf. aussi son *Dicionário do Folclore Brasileiro*, 1962) qui, sans suivre l'ordre alphabétique, contient plus de 300 mots-articles, hétérogènes du point de vue catégoriel, dont chacun décrit les gestes qui le concernent. Ces mots sont, en réalité, des étiquettes diverses où se mélangent des articles sémantiques, des articles qui n'indiquent que la partie du corps concernant le geste, des articles concernant la réalisation du geste et d'autres qui présentent des tournures relatives au geste ou des dénominations de gestes déjà codifiés. Certaines entrées sont historiques ou anecdotiques. Les contenus des différents articles sont, eux aussi, hétérogènes, car on y voit des gestes authentiques à côté d'actions, de comportements ou de situations (avec leurs tournures) qui n'ont pas de rapport direct avec les gestes. Le tout est complété, à l'occasion, d'anecdotes personnelles ou familiales qui ne sont pas toujours pertinentes. Si la description des gestes et des signifiés reste plutôt sommaire, celle des contextes historico-culturels dans lesquels se placent ces gestes est, en revanche, particulièrement bien étoffée; ici l'auteur fait preuve d'une érudition remarquable. Par endroits apparaissent des indications sociolinguistiques particulièrement utiles comme celles concernant les gestes des femmes, ou celles qui sont relatives aux jeux des enfants ou aux «Gestos mágicos». Bref, le livre, malgré ses limites, est d'un grand intérêt en tant que premier répertoire de matériaux gestuels du domaine lusophone. Il est indispensable à qui veut rédiger un véritable dictionnaire de gestes.

Le deuxième ouvrage important est de M. Rector et A. Trinta: *Comunicação não-verbal: A gestualidade brasileira*, 1985, qui est remarquable non seulement à cause de la théorie et de la méthodologie exposées (qui occupent la plus grande partie du livre) mais surtout parce qu'il nous présente, en suivant une méthode particulièrement rigoureuse, un recueil de gestes-modèles (résultat d'une enquête menée in situ), recueil comprenant une cinquantaine de gestes et une douzaine de variantes qui, pour la plupart, sont «emblématiques» (avec un sens complet), la minorité de ces gestes étant «illustratifs». Ce recueil de gestes (non-alphabétique) a comme point de départ le (ou les) signifié(s), les tournures locales qui le représentent, les dénominations déjà codifiées de certains gestes ou d'expressions syntagmatiques cosémantiques qui font allusion au geste qui suit. Vient ensuite la description du mouvement concernant le geste, description le plus souvent exacte et mentalement réalisable. Des photographies viennent régulièrement compléter l'article, mais ne peuvent, malheureusement, nous redonner la dynamique du geste. Quoi qu'il en soit, il s'agit d'un ouvrage fondamental qui, par rapport au précédent, marque un progrès certain du point de vue méthodologique et descriptif.

6. Domaines espagnol et hispano-américain

En 1938 paraît le répertoire de Flachskampf: *Spanische Gebärdensprache* (qu'on ne peut pas encore considérer comme un dictionnaire). C'est un travail d'avant-garde, rédigé avec rigueur et enrichi de nombreuses données historiques, socio-culturelles et linguistiques. Les matériaux sont groupés selon leurs aires sémantiques; les articles, pour la plupart sémantiques, et les expressions linguistiques qu'on emploie couramment sont suivis de la description des gestes correspondants. Il y a de fréquentes références à des gestes analogues ou équivalents dans les domaines portugais ou italien — ce qui rend l'étude particulièrement enrichissante. L'auteur dresse une liste de quelques soixante-dix articles (dont chacun peut compter plus d'un geste) groupés en une douzaine d'aires sémantiques. Les articles ne sont pas tous réunis de façon homogène: on trouve en effet parmi les articles sémantiques des articles relatifs au mouvement ou des articles dénominatifs. Le répertoire se termine par une page-échantillon de dessins où le mouvement est indiqué par des flèches. Le livre est donc important non seulement parce qu'il est à l'avant-garde dans son domaine, mais aussi par la rigueur linguistique et philologique et par la richesse de ses données contextuelles.

En 1961 paraît un autre répertoire, plus vaste, plus systématique que le précédent, mais qu'on ne peut toujours pas considérer comme un véritable dictionnaire: c'est celui de G. Meo Zilio: *El lenguaje de los gestos en el Uruguay*. L'auteur décrit analytiquement (sans représentations graphiques) environ 200 gestes qu'il a relevés sur place et qui sont disposés d'après leurs signifiés, non pas par ordre alphabétique mais par catégories. Le travail descriptif avait été précédé d'une étude théorique (Meo Zilio 1960).

Nous avons ensuite le répertoire de A. Séré dans *Enquête sur le langage gestuel à Madrid* (thèse de doctorat, 1967—1968). Il s'agit d'un travail important, mené selon des critères méthodologiques très rigoureux, qui dépasse en quantité (environ 500 gestes) les répertoires précédents. L'ouvrage est réparti en grandes catégories qui ne suivent pas l'ordre alphabétique et où on présente (en partant d'une description très succincte des mouvements) les gestes correspondants avec, en regard, l'indication de chaque signifié spécifique (variante sémantique) et le code exprimé en symboles numériques et alphabétiques au moyen desquels il est possible de définir chaque geste par une formule. L'auteur indique l'endroit de Madrid où il a observé le geste, il indique aussi la catégorie sociale des sujets observés. Aucune représentation graphique (sauf quelques dessins explicatifs en appendice) n'accompagne les descriptions gestuelles qu'il est parfois difficile de comprendre.

En 1980 paraît le premier volume du premier dictionnaire de gestes proprement dit du domaine hispanique (à l'exception des manuels à l'usage des sourds-muets comme celui de Pinedo 1981): G. Meo Zilio/S.Mejía: *Diccionario de gestos: España e Hispanoamérica*, I, suivi, en 1983, du tome II (une autre recherche est prévue pour le Portugal et le Brésil). Les articles sémantiques y sont disposés par ordre alphabétique et décrivent environ 2000

un yucazo"), Esp., Méx. ("¡Chinga a tu madre!"; el nombre del g. es *mentada de madre* y ya se ha perdido conciencia de su motivación), Par., Perú (es reconocido como italianismo) [231], Urug. (plebeyo y varonil: "¡Pa vos y pa tu tía Gregoria!"), Ven. [232].

90.10 Como 90.9 pero acompañado de la *trompetilla* linguo-infradental grave y leve: Arg., Col., Ec. (como burla), Esp., Méx., Urug.

90.11 Como 90.9 pero con simultánea extensión vertical del medio (resto del puño cerrado) [233]: Col., Ec., Esp. ("¡Chúpamela!"), Méx.

90.12 Como 90.11 pero con simultáneo mov. de rotación del medio sobre su eje vertical: Esp., Méx.

[231] En efecto, el centro de irradiación de este g. debe de haber sido Italia en donde es frecuentísimo. Seguramente han contribuido a su difusión en Hispanoamérica las películas italianas. Famosa entre éstas *I Vitelloni* (*Los Inútiles*) de Fellini (1953), en la cual Alberto Sordi hace, con sádico esmero, este g. a un grupo de obreros que encuentra en la carretera y de los cuales, por consiguiente, recibe una merecida paliza.

[232] Para una evolución eufemística de este g. cfr. nota 242. Cfr. también 110.2 y nota 235.

[233] Como descrito en 90.5 y 90.6.

Extrait textuel 109.2: page de dictionnaire (tiré de: Meo-Zilio/Mejía 1980, 132)

gestes qui concernent le domaine de la langue espagnole. A la fin du livre se trouve un index des articles et des principaux synonymes avec leurs références, qui permet d'accéder aux mots-clefs. Dans chaque article on décrit le mouvement correspondant avec ses variantes morphologiques, sémantiques ou stylistiques, les pays qui le concernent et les expressions linguistiques qui l'accompagnent habituellement dans chaque pays. Les gestes les plus compliqués ou les plus difficiles à comprendre sont illustrés par des photographies où le mouvement est indiqué par des flèches. Chaque geste est décrit en détail. On indique en note, pour chaque cas, les oppositions fonctionnelles (au sens phonologique du terme) et les éléments sémantiques (traits pertinents) qui distinguent deux ou plusieurs gestes semblables. Nous croyons que c'est bien là ce qui fait l'originalité de l'ouvrage (outre la quantité des gestèmes, la rigueur des descriptions et le nombre des locutions dialectales coexistantes).

7. Domaine anglo-américain

R. L. Saitz et E. J. Cervenka publient en 1962 *Colombian and North American Gesture: A Contrastive Inventory*. C'est un répertoire de gestes recueillis en Colombie où sont aussi indiqués, en regard, les gestes correspondants spécifiques aux Etats-Unis. Les matériaux sont présentés selon les aires sémantiques. Les articles indiquent le signifié et sont suivis de dessins explicatifs ainsi que de la description des mouvements correspondants. Les dessins, bien qu'il s'agisse de croquis très simples et qu'on ne voie pas l'expression du visage, sont, pour la plupart, clairs et spontanés. Le mouvement est représenté par des flèches et des pointillés. Les commentaires des auteurs sont fréquents. Ils contiennent de nombreuses annotations contextuelles concernant tant l'aire colombienne que celle des Etats-Unis et accompagnent les descriptions des gestes. Un index des noms et des phrases clôture cet ouvrage très intéressant qui présente un total de 132 articles (mais le nombre réel des gestes correspondants est bien plus élevé: chaque article peut en effet comprendre différents gestes ou variantes). C'est là une des rares recherches de comparatisme qu'on a faites dans ce secteur.

En 1979 paraît *The International Dictionary of Sign Language* de T. Brun. Ce livre débute par quelques chapitres contenant des notices historiques et folkloriques et des re-

SEXUAL
B. (Phallic)

COMMON. One hand grasps bicep muscle of opposite arm while the arm, its hand in a fist, is raised and lowered several times. The fist may be shaken as well.

Extrait textuel 109.3: article de dictionnaire (tiré de: Saitz/Cervenka 1972, 114)

marques générales sur le langage des gestes. Le recueil de gestes proprement dit comprend deux parties. Dans la première on représente, par des dessins, des échantillons de gestes de certaines cultures: les Indiens de l'Amérique du Nord, les hommes de l'âge de la pierre, etc. La deuxième comprend de nombreux gestes habituels dans plusieurs pays (qu'ils soient anglophones ou non) groupés en une vingtaine d'aires sémantiques en fonction desquelles on donne les dessins gestuels correspondants (le mouvement est représenté par des flèches et des pointillés). A chaque figure correspond une légende sommaire avec le (ou les) signifié(s) du geste et l'indication du (ou des) pays où il a été relevé. L'intérêt de cet ouvrage, qui présente environ 500 gestes, réside surtout dans l'indication des pays dans lesquels chaque geste a été observé. Bien qu'il ne soit pas toujours systématique ni bien agencé, l'ouvrage marque pourtant un progrès dans le domaine de la méthodologie de la lexicographie gestuelle — et ce d'autant plus qu'il s'agit d'un ouvrage de vulgarisation.

En 1972 D. Efron publie sous le titre de *Gesture, Race and Culture* la deuxième édition de son *Gesture and Environment* qui avait paru en 1941. Dans cette nouvelle édition il ajoute un *Petit dictionnaire des gestes symboliques et descriptifs chez les Italiens du Midi* qui comprend 150 gestes recueillis parmi les Italiens du Midi immigrés aux Etats-Unis dont il compare la gestualité avec celle des Juifs orientaux plus ou moins assimilés résidant à New York. Les gestes sont représentés par des dessins accompagnés de légendes qui en expliquent sommairement le (ou les) sens. Le mouvement ainsi que sa vitesse et sa répétition sont indiqués au moyen de flèches ou de pointillés. Il s'agit d'un recueil de gestes très utile, même s'il n'a pas été envisagé comme un véritable dictionnaire mais comme un texte à l'appui de «l'enquête préliminaire sur quelques aspects spatio-temporels et linguistiques du comportement gestuel des Juifs orientaux et des Italiens du Midi habitant à New York». Il présente, dans la première partie, une série de gestes propres aux Juifs de New York mélangés à certains gestes particuliers aux Italiens du Midi: c'est l'embryon d'un dictionnaire gestuel qui contient des illustrations relatives à plusieurs catégories sans les signifiés correspondants, suivies d'une série de dessins de gestes «symboliques» avec, le plus souvent, leurs signifiés et la description sommaire des mouvements. On y compte environ quatre-vingts figures gestuelles (chacune représentant plusieurs gestes) dont l'hétérogénéité est la limite la plus évidente. L'ouvrage contient un total de 230 figures gestuelles — ce qui est remarquable.

En 1975 paraît *A Dictionary of Gesture* de J. et H. Bäuml, ouvrage fondamental et indispensable à toute recherche approfondie sur le sujet. Il est axé sur le dépouillement de toutes les données possibles publiées par différents auteurs, relatives à de nombreux pays et couvrant la période allant de l'antiquité à nos jours. Nous avons ici affaire à une somme de données monumentale, bien qu'hétérogène, de tous les genres, de toutes les époques et de tous les pays importants. On y a rassemblé et classé une grande quantité de matériaux qui pourront servir de questionnaire de base pour des recherches systématiques à venir. On y relève d'autre part l'exploitation systématique de nombreuses sources bibliographiques. La méthode suivie a consisté à grouper les gestes par ordre alphabétique des parties du corps concernant leur réalisation. Cette méthode assez compliquée est complétée par la méthode sémantique: on dresse en effet à chaque article «somatique» une liste alphabétique des alinéas sémantiques qui décrivent la réalisation de chaque geste avec ses variantes éventuelles. On indique ensuite le (ou les) pays où l'on a observé le geste et l'on complète l'article d'une information bibliographique précise. Souvent la description du geste est suivie d'indications relatives aux lieux et/ou à l'époque où on l'a signalé, à sa fréquence, au milieu socio-culturel dans lequel il apparaît. A la fin du livre un «Index des signifiés» renvoie aux articles «somatiques». Ce dictionnaire est remarquable non seulement par sa nouveauté, mais aussi par la quantité des articles sémantiques qu'il présente (environ 500, sans compter les variantes gestuelles).

Dans l'aire nord-américaine il faut aussi rappeler les publications consacrées au langage gestuel des Indiens. On signalera ici celle de W. Tomkins (1926), que l'on peut considérer comme le premier glossaire gestuel de la communauté indienne, et celle de Eyes Cody (1970). La première contient un dictionnaire alphabétique très dense d'une cinquantaine de pages (édition de New York 1969) où les principaux articles (qui sont suivis d'une description du geste) sont accompagnés, sur la page en regard, des dessins correspondants avec l'indication du mouvement au moyen de flèches et de pointillés. Le livre se termine sur un index al-

Ill. 109.3: le Président Reagan (couverture de «L'Espresso» de Rome, N° 247, XXXII du 30 novembre 1986). Pour le sens cf. Meo-Zilio 1980, § 31.7

phabétique des synonymes de certains articles, ce qui en facilite l'utilisation. Le deuxième de ces travaux compte environ 250 articles sémantiques classés par ordre alphabétique et accompagnés de photographies et de la description de la réalisation du geste (on ne trouve cependant aucune représentation graphique des mouvements). L'ouvrage est intéressant en raison de la quantité et de la diversité des matériaux recueillis et du caractère exhaustif de la documentation photographique.

8. Bibliographie choisie
8.1. Dictionnaires

Akisina 1980 = A. Akisina/Ch. Kano: Slovar' russkich žestov i mimiki. Tokio 1980.

Amades 1956 = Joan Amades: El gest a Catalunya. In: Anales del Instituto de Lingüística 6. 1956, 88—148.

Bäuml 1975 = Betty J. Bäuml/Franz H. Bäuml: A Dictionary of Gesture. Metuchen, New Jersey 1975 [XXX, 249 p.].

Brun 1969 = Theodore Brun: The International Dictionary of Sign Language. London 1969 [Edition italienne: Il linguaggio dei gesti. Milano 1976. 127 p.].

Calbris 1986 = Geneviève Calbris/Jacques Montredon: Des gestes et des mots pour le dire. Paris 1986 [159 p.].

Câmara 1962 = Luis da Câmara Cascudo: Dicionário do Folclore Brasileiro. Rio de J. 1962.

Câmara 1976 = Luis da Câmara Cascudo: História dos nossos gestos: Uma pesquisa na mímica do Brasil. São Paulo 1976.

Cuyer 1902 = E. Cuyer: La mimique. Paris 1902.

De Jorio 1832 = Andrea De Jorio: La mimica degli antichi investigata nel gestire napoletano. Napoli 1832 [Réimprimé Napoli 1964].

Efron 1972 = David Efron: Gesture, Race and Culture. The Hague 1972 [Première éd. sans dictionnaire: Gesture and Environment, New York 1941; édition espagnole: Gesto, raza y cultura, Buenos Aires 1970].

Eyes 1970 = Iran Eyes Cody: Indian Talk. Hand Signals of the American Indians. Healdsburg, California 1970.

Flachskampf 1938 = Ludwig Flachskampf: Spanische Gebärdensprache. Erlangen 1938 [Réimprimé in: Romanische Forschungen 52. 1938, 205—258. Résumé en espagnol sous le titre de El lenguaje de los gestos españoles, in: Ensayos y estudios 1. 1939, 248—279].

Meo Zilio 1961 = Giovanni Meo Zilio: El lenguaje de los gestos en el Uruguay. In: Boletín de Filología 13. 1961, 75—163.

Meo Zilio 1961a = Giovanni Meo Zilio: El lenguage de los gestos en el Río de la Plata. Montevideo 1961.

Meo Zilio 1980/82 = Giovanni Meo Zilio/Silvia Mejía: Diccionario de gestos: España e Hispanoamérica. 2 vol. Bogotá 1980, 1983 [190, 235 p.].

Monahan 1983 = Barbara Monahan: A Dictionary of Russian Gesture. Ann Arbor 1983 [184 S.].

Munari 1963 = Bruno Munari: Supplemento al dizionario italiano. Milano 1963.

Pinedo 1981 = Félix Jesús Pinedo Peydro: Diccionario mímico español. Madrid 1981.

Pitré 1889 = Giuseppe Pitré: Il gestire. In: Usi e costumi, credenze e pregiudizi del popolo siciliano. Vol. II. Bologna 1969 [Première édition in: Biblioteca delle tradizioni popolari del popolo siciliano, 1870—1913. Vol. 15. 1889, 341—377].

Rector 1985 = Mônica Rector/Almizio R. Trinta: Comunicação não-verbal: A gestualidade brasileira. Petrópolis 1985.

Saitz 1962 = Robert Saitz/Edward Cervenka: Columbian and North American Gesture: A Contrastive Inventory. Bogotá 1962 [Réimprimé sous le titre: Handbook of Gesture: Colombia and the United States. The Hague. Paris 1972, 164 p.].

Séré 1967 = Arlette Séré: Enquête sur le langage gestuel à Madrid. Université de Paris, Faculté des Lettres de Nanterre: Thèse de doctorat, 1967—1968.

Tomkins 1926 = William Tomkins: Indian Sign Language. San Diego 1926 [Réimprimé New York 1968].

8.2. Travaux

Basto 1938 = Claudio Basto: A linguagem dos gestos em Portugal. In: Revista Lusitana 36. 1938, 5—72.

Davis 1972 = Martha Davis: Understanding Body Movement. Bloomington 1972.

Davis 1982 = Martha Davis/J. Skupien: Body Movement and Nonverbal Communication: an Annotated Bibliography, 1970—1982. Bloomington 1982.

Hayes 1957 = Francis Hayes: Gesture: A Working Bibliography. In: Southern Folklore Quarterly 21. 1957, 219—317.

Leite 1917 = J. Leite de Vasconcelhos: A linguagem dos gestos. In: Separata Alma Nova. Vol. II, 21—24. Lisboa 1917, 5—37.

Leonhard 1949 = Karl Leonhard: Ausdruckssprache der Seele. Darstellung der Mimik, Gestik und Phonik des Menschen. Berlin 1949.

Mallery 1879 = Garrick Mallery: Sign Language among the North American Indians Compared with that among Other People and Deafmutes. In: U. S. Bureau of Ethnology 1. 1879, 263—552.

Meo Zilio 1960 = Giovanni Meo Zilio: Consideraciones generales sobre el lenguaje de los gestos. In: Boletín de Filología 12. 1960, 225—248. [Réimprimé in Meo Zilio 1961a].

Werner 1985 = Reinhold Werner: Compte rendu de Meo Zilio 1980/82. In: Iberoromania 22. 1985, 141—146.

Giovanni Meo Zilio, Venise (Italie)

110. Das Wörterbuch der Homonyme, Homophone und Paronyme

1. Ausdrucksgebundene Verwechslungsgefahr in der Sprache
2. Das Homonymenwörterbuch
3. Das Homophonenwörterbuch
4. Das Paronymenwörterbuch
5. Perspektiven
6. Literatur (in Auswahl)

1. Ausdrucksgebundene Verwechslungsgefahr in der Sprache

In vielen Sprachen gilt für die Bindung von Inhalten an Ausdrücke das Gesetz der Ökonomie. Den funktionalen Inhaltseinheiten, nennen wir sie Sememe, stehen nicht in gleicher Anzahl wohlgeschiedene Ausdruckseinheiten (Signifikanten) gegenüber. Vielmehr müssen sich oftmals mehrere Sememe einen Signifikanten teilen. Aufgrund der in der Rede üblichen starken Kontexteinbettung wird die grundsätzliche Schwäche dieses Zustandes meist nicht bewußt. Sie kann aber bewußt werden, z. B. dann, wenn sie Ursache für ein Mißverständnis ist oder wenn sie bewußt zur Produktion eines Wortspiels eingesetzt wurde und der Hörer dieses Wortspiel versteht. In der Bindung von Inhalten an Ausdrücke steht also dem Vorteil der Ökonomie der Nachteil der Verwechslungsgefahr entgegen. Bezeichnet man die linguistische Perspektive von den Ausdrücken zu den Inhalten als Semasiologie, so kann man von der semasiologischen Verwechslungsgefahr sprechen. Welche Arten semasiologischer Verwechslung sind denkbar? Unterscheidet man auf der Ausdrucksseite zwischen Phonie und Graphie, so sind bei verschiedenen Sememen folgende Fälle von Ausdrucksidentität zu unterscheiden:

a) Identität in Phonie und Graphie, z. B. *Schloß* (auf dem Berg) und *Schloß* (an der Tür). Diese Relation heiße H o m o n y m i e. Sie kommt auch mit grammatischen Verschiedenheitssignalen vor, wie z. B. (der) *Band* vs (das) *Band*.

b) Identität der Phonie bei Verschiedenheit der Graphie, z. B. *malen* vs. *mahlen*. Diese Relation heiße H o m o p h o n i e. Bei wenig segmentierenden Sprachen kommt die Homophonie über die Lexik hinaus auch syntagmatisch vor, z. B. frz. *indécence* vs *un des sens*.

c) Identität der Graphie bei Verschiedenheit der Phonie, z. B. (des) *Dachs* vs (der) *Dachs*. Diese Relation heiße H o m o g r a p h i e. (Im allgemeinen linguistischen Sprachgebrauch wird Homonymie auch als Oberbegriff für Homonymie und Homophonie verwendet; ferner wird Homographie auch im Sinne von Homonymie gebraucht.)

d) Als Ökonomie der Sprache muß darüber hinaus auch die Tatsache angesehen werden, daß oft genug Signifikanten zwar verschieden, aber nicht wohlgeschieden, sondern einander ähnlich sind. Auch diese Ähnlichkeit (Teilidentität), nicht nur völlige Identität, führt zur Verwechslung und erweist sich damit als Unzulänglichkeit des semasiologischen Systems einer Sprache. Wir nennen diese Teilidentitätsrelation P a r o n y m i e. (Der Terminus Paronymie wird hier entsprechend der in der Romanistik üblichen Bedeutung gebraucht. In der Germanistik bedeutet Paronymie die Relation Ableitung zum Stammwort, z. B. *aufgehen* zu *gehen*).

Bei der Paronymie kann man unterscheiden:

da) Substitution eines Phonems oder mehrerer Phoneme bei gleichzeitiger Beibehaltung eines oder mehrerer Phoneme in Lexemen gleicher Phonemzahl, z. B. frz. *remarquable* vs *remorquable*.

db) Substitution aller Phoneme durch verwandte Phoneme in Lexemen gleicher Phonemzahl: frz. *hausse* /os/ vs *onze* /õz/.

dc) Substitution eines Lexems durch ein Lexem unterschiedlicher Phonemzahl, dessen zahlengleiche Phonemsequenz homonym oder homophon ist oder wiederum paronym im Sinne von da und db: *tout* vs *atout*, *danser* vs *cadencer*, *rata* vs *radar*. (Ein Sonderfall dieses Substitutionstyps wird in der Germanistik Paronymie genannt). Die Relation da und db mag man bei geringer Abweichung Q u a s i - H o m o n y m i e nennen. Die Relation dc ließe sich in partielle Homonymie, partielle Homophonie und partielle Quasi-Homonymie unterscheiden. Ein besonderer Grad der Verwechslungsgefahr wird mit der Paronymie auch noch erreicht, wenn mit der Paronymie auch noch Synonymie (also semantische Teilidentität einhergeht). Man kann diese Relation S y n o n y m p a r o n y m i e nennen.

Eine genaue Definition der Paronymie ist nicht möglich, da sie an ein psychologisches Phänomen gebunden ist, die ausdrucksgebundene Verwechslungsmöglichkeit (vgl. Hausmann 1974, 61).

2. Das Homonymenwörterbuch

Für die Homonymie im oben definierten Sinne bedarf es in einer entwickelten Wörterbuchkultur nicht dringend des Spezialwörterbuchs, da Homonyme bereits im allgemeinen einsprachigen Wörterbuch hinreichend behandelt sind. Homonymenwörterbücher kommen deshalb nur unter bestimmten Voraussetzungen vor.

Einmal können sie am Beginn einer Wörterbuchtradition stehen und gleichsam als Vorläufer des semasiologischen Gesamtwörterbuchs fungieren. So beginnt die indische Lexikographie mit Abhandlungen, die aus einem Synonymen- und einem Homonymenwörterbuch bestehen (Vogel 1979, 305). In einem solchen Homonymenwörterbuch, das zum Durcharbeiten gedacht ist, erlernt man systematisch den Bedeutungsumfang und die Verwendungsbreite eines Wortes. Als primäres Lernwörterbuch der Wortsemasiologie hat ein solches Homonymenwörterbuch auch neben den Gebrauchswörterbüchern eine Funktion durch Konzentration auf plurivalente Wörter (der Unterschied zwischen Homonymie und Polysemie ist hier irrelevant) und durch eine Mikrostruktur mit Lerncharakter.

Ein solches Lernwörterbuch für Ausländer und französische Schüler mit Definitionen, Beispielen und lateinischen Übersetzungen publiziert Hurtaut 1775. In einem bislang Manuskript gebliebenen Wörterbuch hat Rodoni 1794 den Hurtautschen Typ des Homonymenwörterbuchs in engagierter Weise zur Darstellung von Bedeutungskonflikten benutzt, welche aus dem durch die französische Revolution bewirkten Bedeutungswandel erwachsen waren. Es stand nämlich der vorrevolutionären Bedeutung in vielen Fällen eine nachrevolutionäre gegenüber (vgl. Schlieben-Lange 1986, welche eine Edition vorbereitet).

Begreiflicherweise ist aber der Typ des Homonymenwörterbuchs ansonsten selten. Wie eine Neuauflage von Hurtaut nehmen sich die 543 Seiten „Homographes homophones polysèmes" von Camion 1986 aus, auf denen für jedes Semem, statt Definition, ein Kurzkontext geliefert wird (vgl. Textbeispiel 110.1).

3. Das Homophonenwörterbuch

Der Muttersprachler, der mit Homophonen aufwächst, muß deren wortdifferenzierende Graphie in der Schule erst lernen, denn bis zu diesem Zeitpunkt funktionieren sie für ihn wie Homonyme. Graphische Homophonendifferenzierung war deshalb zu allen Zeiten wichtiger (weil bedeutungsrelevanter) Teil der Lese- und Schreibschule von Fabritius 1532 bis heute. Das ersieht man an der von Quemada 1967 dokumentierten Geschichte der französischen Homophonenwörterbücher (vgl. auch Delesalle 1986), in der bereits um 1665 eine gewisse Belegdichte erkennbar ist (vgl. Abb. 110.1). Zum Boom dieses Wörterbuchs aber kam es im Gefolge der Französischen Revolution, hier dokumentiert durch die Belegdichte zwischen 1800 und 1850 sowohl in Frankreich (von Philipon 1799 bis Dégardin 1857, mit 15 000 Einträgen) als auch in Deutschland (von Kunitsch 1803 bis Petri 1834). Das Homophonenwörterbuch erweist sich damit, ähnlich wie etwa das Wörterbuch der sprachlichen Zweifelsfälle (cf. Art. 125), als Indikator eines tiefgreifenden Strukturwandels der Öffentlichkeit, der

Pays

n.m.	mon pays natal
n.m.	ce gars est un pays (il est de mon village)
nm.p.	les pays chauds
loc.n.	le mal du pays (nostalgie)
loc.n.	le pays de Cocagne

PC

sigle	poste de commandement
sigle	parti communiste
sigle	petite ceinture (autobus autour de Paris)
sigle	permis de conduire
sigle	permis de construire
sigle	Pax Christi
sigle	poste central
sigle	pour compte

Textbeispiel 110.1: Wörterbuchausschnitt eines Homonymenwörterbuchs (aus: Camion 1986, 346)

148 Märkte — merkte

a) Die Form *die Märkte* ist der Plural des Substantivs *der Markt* „Marktplatz; Verkauf und Kauf von Waren, Absatzgebiet":
Neue Märkte müssen erobert werden.

b) Die Form *(ich, er) merkte* gehört zu dem Verb *merken (gemerkt)* „im Gedächtnis behalten; bemerken":
Er merkte sich die Nummer des Wagens.
Zum kurzen Ä-Laut vgl. R 4.

Textbeispiel 110.2: Wörterbuchartikel eines Homophonenwörterbuchs (aus: Mentrup 1971, 93)

Le Soyeur 1661	Fabritius 1532			
Argent 1666				
Lesclache 1669				
Hurtaut 1775				
Rodoni 1794				
Philipon 1799				
	Kunitsch 1803			
	Petri 1805			
	Versuch 1810		Murdoch 1811	
	Bärmann 1810			
	Müller 1814			
Mayeux 1822	Scherwinsky 1816			
Vignaus 1830	Dewora 1817			
Belle 1830	Dietrich 1823			
Poitevin 1835	Robolsky 1830			
Demauny 1840	Petri 1834			
Gillard 1843				
Cocquempot 1845		Couto 1842		
Mège 1846				
Dégardin 1857				
Zlatagorskoï 1882 (1857)				
Baillairgé 1888				
				Lombarde 1918 (NL)
			Weseen 1932	
		Lazzati 1958		
			Whitford 1966	
Guillot o. J.		Cruz 1969/1972		Kolesnikov 1971 (Rus)
Savidis 1975	Mentrup 1971	Moreno 1975	Newhouse 1976	
Colignon 1978/1979	Müller 1973		Ellyson 1977	
Bertrand 1979/1980			Room 1979	
Zemb 1984	Ortmann 1981		Hagan 1982	Višnjakowa 1984 (Rus)
Colignon 1985			Powell 1982	
Camion 1986	Zemb 1984			

Abb. 110.1: Chronologische Übersicht über die Wörterbücher der Homonyme, Homophone und Paronyme

breite Schichten des aufsteigenden Bürgertums der Schulbildung zuführt.

Auch in der Gegenwart ist das Homophonenwörterbuch breit vertreten, in der Regel alphabetisch, mit Definitionen und Beispielsätzen (Mentrup 1971, cf. Textbeispiel 110.2),

/ aɪə /

buyer / byre / baɪə /
 buyer *n* The interests of a buyer are often opposed to those of the seller. She has a good job as chief buyer for a dress-shop.
 byre *n* A cowshed or byre is a building in which cattle are housed. The horses returned to their stable, and the cows to their byre.

Textbeispiel 110.3: Wörterbuchartikel eines Homophonenwörterbuchs (aus: Hagan 1982, 65)

bei Bertrand 1980 gar auf Zitatenbasis. Hagan 1982 ordnet das Alphabet 22 Vokal- bzw. Diphthonggruppen unter (cf. Textbeispiel 110.3).

Französische Wörterbücher bezogen früh die syntagmatische Homophonie mit ein (cf. Quemada 1967, 132). Baillairgé 1888 liefert vorgefertigte Wortspiele durch syntagmatische Dekomposition des Wortes, z. B. *paroxysme = parot que scie ce m...*

4. Das Paronymenwörterbuch

In der frühen Zeit sind die Paronyme oft mit den Homophonen in einem Wörterbuch vereinigt, da sie als gleichermaßen verwechslungsanfällig gelten. So versammelt der Eintrag G 111 von Kunitsch 1803 die Wörter *Grübeln* (mit *Grübelei* und *Grübelkopf*), *Krüppel* und *Krippe* mit Definition und einem selbstgebildeten Übungssatz: „Ungeachtet er ein Krüppel ist, so ist er doch ein starker Grübler, und ein wahrer Grübelkopf, denn er grübelt beständig, auch wenn er das Pferd an die Krippe bindet". Petri 1834 (1805), dessen Mikrostruktur aus einer lateinischen und französischen Übersetzung besteht, setzt sich vor allem aus Paronymen zusammen. Reine Paronymenwörterbücher sind nach wie vor selten. Für das Französische bietet Bertrand 1979 400 Paare mit Definition und Lückenzitat zum Einsetzen des Paronyms. Die Selektion beruht auf pädagogischen Erfahrungen, denn theoretisch käme eine große Zahl von Wörtern in Frage, man bedenke allein die Masse der von Ortmann 1981 dokumentierten Minimalpaare des Deutschen. Eine besondere Rolle spielt die Synonymparonymie des Typs *formal* vs. *formell*. (Eine Liste monosemer Paronyme findet man bei Camion 1986, 589—639). Deshalb nehmen sich manche Wörterbücher stellenweise wie distinktive Synonymiken aus (Müller 1973, mit besonders intensiver Mikrostruktur, cf. auch Room 1979). Eine Vorstellung gibt der folgende Ausschnitt (Buchstabe H) der Makrostruktur von Müller 1973:

haarscharf/haargenau/haarklein
handlich/handgreiflich
harmonieren/harmonisieren
harren/beharren/verharren/ausharren
heimelig/anheimelnd/heimisch/einheimisch/heimatlich/heimlich/geheim/insgeheim
heizen/beheizen/einheizen/verheizen
hermeneutisch/Hermeneutik/heuristisch/Heuristik/hermetisch
herzlich/herzig/herzhaft
hilfsbereit/hilfreich/behilflich
Hinterseite/Kehrseite
Hirn/Gehirn
hölzern/holzig
Homophilie/Hämophilie
human/humanitär/humanistisch
humorlos/witzig
hydro-/hygro-
hyper-/hypo-

Das *Homographenwörterbuch* existiert nur als Teil anderer Wörterbücher, z. B. in Hagan 1982, 122—128 und Camion 1986, 553—587 (cf. auch Art. 51).

5. Perspektiven

Aus zwei Gründen dürften die verwechslungsprophylaktischen Wörterbücher Zukunft haben. Zum einen sieht es so aus, als gerieten unsere Gesellschaften unter dem Einfluß der audiovisuellen Medien in eine neue Krise der Schriftlichkeit, die durch steigendes Analphabetentum gekennzeichnet ist. Der zweite Grund liegt in der besonderen Rolle, welche Homonymie und Homophonie in der linguistischen Informatik spielen. Die automatische Sprachanalyse, die an einem Höchstmaß von Unverwechselbarkeit interessiert ist, stützt z. B. jegliche orthographische Differenzierung, nicht zuletzt auch die der Majuskel-/Minuskel-Homophone des Typs *Ziele* vs. *ziele*. Das ist der Grund, warum unlängst in einer modernen Grammatik den ausdrucksgebundenen Verwechslungsmöglichkeiten breiter Raum gegeben wurde (Zemb 1984).

6. Literatur (in Auswahl)

6.1. Wörterbücher

Argent 1666 = J. d'Argent: Recueil de cinq cents vingt mots équivoques dont l'orthographe est difficile à cause de l'égale prononciation. In: Id., Traité de l'orthographe françoise. Paris 1666, 72—95.

Baillairgé 1888 = Charles Baillairgé: Noveau dictionnaire français, systématique „éducationnel". Rimes, consonances, homonymes. Décomposition des mots. Combinaisons variées de leurs éléments et équivalents. Jeux de mots. Québec 1888 [35, 600 p.].

Bärmann 1810 = Nikolaus Bärmann: Homonymicon der Deutschen. Hamburg 1810 [XV, 128 p.].

Belle 1830 = Alexandre Belle: Nouveau vocabulaire des homonymes français. Paris 1830 [47 p.].

Bertrand 1979 = H. Bertrand/M. Guinard: Dictionnaire pratique de faux frères. Mots à ne pas confondre entre eux. Paris 1979 [176 p.].

Bertrand 1980 = J. Bertrand/M. Guinard: Dictionnaire pratique des homonymes. Paris 1980 [224 p.].

Camion 1986 = Jean Camion: Dictionnaire des homonymes de la langue française. Paris 1986 [683 p.].

Cocquempot 1845 = J.-B. Cocquempot: Cours d'homonymes français. Paris 1845.

Colignon 1978 = Jean-Pierre Colignon/Pierre-Valentin Berthier: Pièges du langage 1. Gembloux 1978 [47—68: Quelques paronymes].

Colignon 1979 = Jean-Pierre Colignon/Pierre-Valentin Berthier: Pièges du langage 2. Homonymes — Paronymes — Faux amis — Singularités & Cie. Gembloux 1979 [96 p.].

Colignon 1985 = Jean-Pierre Colignon/Pierre-Valentin Berthier: Lexique des „faux amis". Paris 1985.

Couto 1842 = Antonio Maria do Couto: Diccionario da maior parte dos termos homónymos e equivocos da lingua portugueza. Lisboa 1842 [432 p.].

Cruz 1969 = José Cruz Aufrére: Diccionario de homónimos castellanos. Cochabamba 1969 [242 p.].

Cruz 1972 = José Cruz Aufrére: Diccionario de parónimos o voces de dudosa ortografía. Tunja 1972.

Dégardin 1857 = F. Dégardin: Les homonymes et les homographes de la langue française, ou traités et dictionnaires complets [. . .]. Paris. Lille 1857 [D. des homonymes, 73—246; D. des homographes, 257—272].

Delion 1805 = Delion-Baruffa: Nouveau dictionnaire des mots homonymes de la langue française. Sedan 1805 [264 p.].

Demauny 1840? = Ch. Demauny: Recueil complet des homonymes français. Paris 1840? [81 p.].

Dewora 1817 = Victor Joseph Dewora: Die meisten gleich- und ähnlich lautenden, aber der Bedeutung und Abstammung nach verschiedenen Wörter der deutschen Sprache, zum Gebrauche bei dem Dictir-Schreiben in Schulen (. . .). Coblenz 1817 [167 p.].

Dietrich 1823 = Karl Friedrich Dietrich: Versuch einer vollständigen, alphabetisch geordneten Sammlung der gleich- und ähnlich lautenden Wörter deutscher Sprache. Freiburg 1823 [528 p.].

Ellyson 1977 = Louise Ellyson: New Word Patterns. A Dictionary of Homonyms. Sherman Oaks, Cal. 1977 [166 p.].

Fabritius 1532 = Hans Fabritius: Das Büchlein gleichstimmender Wörter aber ungleichs Verstandes. Hrsg. v. John Meier. Straßburg 1895.

Gillard 1843 = Gillard de Nujac: Dictionnaire des homonymes, des locutions vicieuses et des difficultés de la langue française. Paris 1843 [120 p.].

Guillot o. J. = Henri Guillot: Ce qu'il ne faut pas confondre pour parler et écrire correctement la langue française. Paris o. J. [64 p.].

Hagan 1982 = S. F. Hagan: Which is which? A Manual of Homophones. London 1982 [128 p.].

Hurtaut 1775 = Pierre-Thomas-Nicolas Hurtaut: Dictionnaire des mots homonymes de la langue françoise. Paris 1775 [631 p.].

Kolesnikov 1971 = N. P. Kolesnikov: Slovar' paronimov. Tbilisi 1971.

Kunitsch 1803 = Michael Kunitsch: Grammatisch-orthographisches Wörterbuch der Homonyme der deutschen Sprache. Ein Handbuch für Kanzelleyen und Schulen nach Adelungs Grundsätzen. Erster Band. Grätz 1803 [36, 208 p.; A-M].

Lazzati 1958 = Santiago Lazzati: Diccionario de parónimos castellanos. Vocabolario sistemático de los voces castellanos cuya prosodia, ortografía y significación pueden ofrecer dudas. Buenos Aires 1958 [270 p.].

Lesclache 1669 = Ch. de Lesclache: Liste contenant certains mots écrits de diverses manières et d'un sens différent qui ont toutefois la même ou presque la même prononciation. In: Id., Traité de l'orthographe avec un traité d'homonymes. Paris 1669, 182—232.

Le Soyeur 1661 = Le Soyeur: Alphabet contenant les mots qui ont en une mesme prononciation diverse signification. Paris 1661 [44 p.].

Lombarde 1918 = Gaston Lombarde: Tierend Onkruid. Paroniemen, homoniemen. Antwerpen 1918 [107 p.].

Mayeux 1822 = F.-J. Mayeux: Dictionnaire des homonymes. Nantes 1822 [58 p.].

Mège 1846 = Amédée Mège: Dictionnaire des homonymes français. Paris. Carpentras 1846.

Mentrup 1971 = Wolfgang Mentrup: Duden. Mahlen oder malen? Gleichklingende, aber verschieden geschriebene Wörter. Mannheim 1971 (Duden Taschenbücher 13) [191 p.].

Moreno 1975 = Alvaro J. Moreno: Voces homófonos, homógrafos y homónimos castellanos. México 1975 [315 p.; Madrid 1977].

Müller 1814 = G. C. Müller: Gemeinnütziges, homonymisches Wörterbuch. Nürnberg 1814 [2. Aufl. 1825, 244 p.].

Müller 1973 = Wolfgang Müller: Duden. Leicht verwechselbare Wörter. Mannheim 1973 (Duden Taschenbücher 17) [334 p.].

Murdoch 1811 = John Murdoch: Dictionary of Distinctions. London 1811.

Newhouse 1976 = Dora Newhouse: The Encyclopedia of Homonymes, „Sound-alikes". A Reference Book for Everyone. Hollywood 1976 [238 p.].

Ortmann 1981 = Wolf Dieter Ortmann: Minimalpaare im Deutschen. Typen, Häufigkeiten, Übungsbeispiele, rechnersortiert anhand von 7995 hochfrequenten Wortformen der Kaeding-Zählung; mit einem Anhang: Reimlexikon zur Kaeding-Wortliste. München 1981 [55, 532 p.].

Petri 1805 = Friedrich Erdmann Petri: Versuch einer deutschen Homöophonik. Pirna 1805 [XV, 152 p.; 1807: Gleich- und ähnlich lautende Wörter der deutschen Sprache, XIX, 176 p.].

Petri 1834 = Friedrich Erdmann Petri: Lautverwandtschaften deutscher Sprache, durch lateinische und französische Wörter unterschieden. Als Beitrag zu vergleichender Sprachkunde (. . .) Gießen 1834 [64 p.].

Philipon 1799 = Louis Philipon-La-Madelaine: Dictionnaire des homonymes. Paris 1799 [XXXII, 240 p.; Des homonymes français, ou mots qui dans notre langue se ressemblent par le son et diffèrent par le sens. Ouvrage nécessaire à tous ceux qui désirent d'écrire et de parler correctement le français. 3. éd. Paris 1806, 464 p.; 1817].

Poitevin 1835 = P. Poitevin: Etude méthodique et raisonnée des homonymes français. Paris 1835.

Powell 1982 = David Powell: Look-alike, sound-alike, not-alike words. An Index of Confusables. Washington, D. C. 1982 [185 p.].

Robolsky 1830 = Hermann Robolsky: Deutsches Homonymicon. Dessau 1830.

Rodoni 1794 = Rodoni: Dictionnaire républicain et révolutionnaire. Genève. Paris 1793, 1974 [Manuscrit, éd. préparée par B. Schlieben-Lange].

Room 1979 = Adrian Room: Room's Dictionary of Confusibles. London 1979 [153 p.].

Savidis 1975 = Christoph Savidis: Les mots parallèles. Homographes, homonymes, homophones. Paris 1975 [95 p.].

Scherwinsky 1816 = Scherwinsky: Sammlung ähnlich- oder gleichklingender Wörter (...). Züllichen 1816 [XII, 239 p.].

Versuch 1810 = Versuch einer vollständigen alphabetisch geordneten Sammlung der ähnlich lautenden Wörter der deutschen Sprache. Ein bewährtes Hilfsmittel beim orthographischen Unterrichte (...). Wiesbaden 1810 [XI, 172 p.].

Vignaus 1830 = De Vignaus: Homonymologie ou Dictionnaire d'homonymes français. Paris 1830 [839 p.].

Višnjakova 1984 = O. V. Višnjakova: Slovar' paronimov russkogo jazyka. Moskau 1984 [352 p.].

Weiss 1847 = Friedrich Weiss: Die Homonymen. Laut- und klangverwandte Wörter der deutschen Sprache. Nürnberg 1845—1847.

Weseen 1932 = Maurice Harley Weseen: Words confused and misused. New York 1932 [310 p].

Whitford 1966 = Harold C. Whitford: A Dictionary of American Homophones and Homographes with Illustrative Examples and Exercises. New York 1966 [83 p.].

Zemb 1984 = Jean-Marie Zemb: Vergleichende Grammatik Französisch-Deutsch. Teil 2. Mannheim 1984 [460—478, 3000 homonymes français; 490—505, homonymes grammaticaux français et allemands; 459—475, homophones et paronymes allemands].

Zlatagorskoï 1882 = E. Zlatagorskoï: Essai d'un dictionnaire des homonymes de la langue française avec la traduction allemande, russe, anglaise et des exemples tirés des meilleurs auteurs. 2. éd. Paris 1882 [650 p.; Préface d'A. Peschier datée 1857].

6.2. Sonstige Literatur

Delesalle 1986 = Simone Delesalle: Le statut de l'homonymie avant la sémantique. In: Autour de Féraud. Paris 1986, 83—89.

Hausmann 1974 = Franz Josef Hausmann: Studien zu einer Linguistik des Wortspiels. Tübingen 1974.

Martinet 1987 = André Martinet: A propos d'un dictionnaire d'homonymes. In: La Linguistique 23. 1987, 143—146.

Quemada 1967 = Bernard Quemada: Les dictionnaires du français moderne 1539—1863. Paris 1967.

Schlieben-Lange 1986 = Brigitte Schlieben-Lange: Le traitement lexicographique du changement et du conflit des significations linguistiques pendant la Révolution française. In: Autour de Féraud. Paris 1986, 173—183.

Vogel 1979 = Claus Vogel: Indian Lexicography. Wiesbaden 1979.

Franz Josef Hausmann, Erlangen
(Bundesrepublik Deutschland)

111. Le dictionnaire de rimes

1. Historique du dictionnaire de rimes
2. Actualité du dictionnaire de rimes
3. Corpus et principes de classement
4. Fonctions du dictionnaire de rimes
5. Bibliographie choisie

1. Historique du dictionnaire de rimes

On nomme *Dictionnaire de rimes* des ouvrages très différents dont le caractère commun est de proposer des mots classés d'après leur fin. Les plus anciens sont liés à l'art des troubadours, au *trobar*. Le premier figure dans le Donat provençal (Faidit 1246) suivi au 14e siècle par les dictionnaires de rimes catalano-provençaux de L. de Averço et J. March (Casas 1956; Griera 1921); au 15e siècle par Guillén. En France au 15e siècle les Arts de seconde rhétorique (Langlois 1902) préparent les vrais dictionnaires de rimes de la Renaissance (Le Fevre 1572; Le Gaygnard 1585; La Noue 1596). La lexicographie française se développe sur ce modèle avec les transformations successives du classique Richelet (Frémont/Richelet 1667; voir Bray 1986). Dans l'œuvre du lexicographe le dictionnaire de rimes est complémentaire du dictionnaire de langue. — Les *rimari* italiens ont pris une autre voie. Construits sur un corpus clos, ils proposent les rimes d'une œuvre ou d'un auteur: Dante, Pétrarque (Moreto 1529), mais aussi Boccace, l'Arioste, Bembo, Molza etc. Ils vont de pair avec un art poétique fondé sur un vocabulaire attesté et une tradition archaïsante. Ridolfi (1537) invente le *rimario* à vers entiers qui donne non la seule liste des mots mais sous chaque entrée (*Abbia, Accia* etc.) les vers complets de Pétrarque où se rencontre cette rime. Noci (1602), Noci/Volpi (1727) continueront ce type d'ouvrage avec les vers de Dante. A côté du *rimario* d'auteur, le dictionnaire de rimes universel ouvert à tous les mots de la langue, commence avec Falco (1535) et Ruscelli (1559) souvent réédité et lié à un art poétique (voir Presa 1974). Nisieli (1641), Rosasco (1763), Antolini (1839), Giovanelli (1904) continueront dans cette voie. — En Allemagne, avec Alberus (1540) apparaît un autre type d'ouvrage qui n'est pas au sens strict un dictionnaire de rimes et peut servir aussi de dictionnaire bilingue allemand-latin classé selon les terminaisons. Si le problème de la référence latine excède la lexicographie de la rime, le phénomène se retrouve au 16e siècle avec le premier dictionnaire de rimes anglais (Levins 1570) le Manipulus verborum, A Dictionary of English and Latine Wordes. En 1702, la réédition par Du Fresne du Richelet (voir Bray 1986) introduit systématiquement le latin dans le dictionnaire de rimes français avec une assimilation de la rime et de la désinence. Comme chez Alberus (1540), le latin sert à éclairer le sens, et propose également dans les deux langues de longues listes de synonymes. Au mot *grâce,* dit un préfacier du Richelet, on trouvait «toutes les espèces de grâces qu'a jamais distinguées la théologie scolastique». Ce mélange des genres lexicographiques (voir aussi Boyer 1649), proscrit en France au 19e siècle, a une importance historique mais ne dure pas. Avec Zesen (1640), Titz (1642), Werner (1675), le dictionnaire de rimes est le complément pédagogique d'un art poétique, et (Zesen 1640) l'œuvre d'un écrivain. — Le lien entre le dictionnaire de rimes et l'art poétique s'est affirmé en Espagne avec Diaz Rengifo (1592) (Arte Poetica réédité jusqu'au 18e siècle) et Castillo Mantilla (1691) (Laverintho poetico); de même en Angleterre avec Bysshe (1702) puis Walker (1775) réédité au 20e siècle. Le Nouveau dictionnaire poétique (Hamoche 1802) et Le Gradus Français (Carpentier 1822) font de même. — Les dictionnaires de rimes se multiplient en France au 19e siècle en liaison avec l'essor de la poésie (voir Celeyrette-Pietri 1985). Ils deviennent des livres de petit format faciles à consulter: Philipon 1805, Laas 1834, en Espagne Peñalver 1843, d'abord lié comme Landa 1867 à un dictionnaire de langue. — Un courant savant de lexicographie de la rime naît en Allemagne au 19e siècle sous l'influence de Lachmann et de

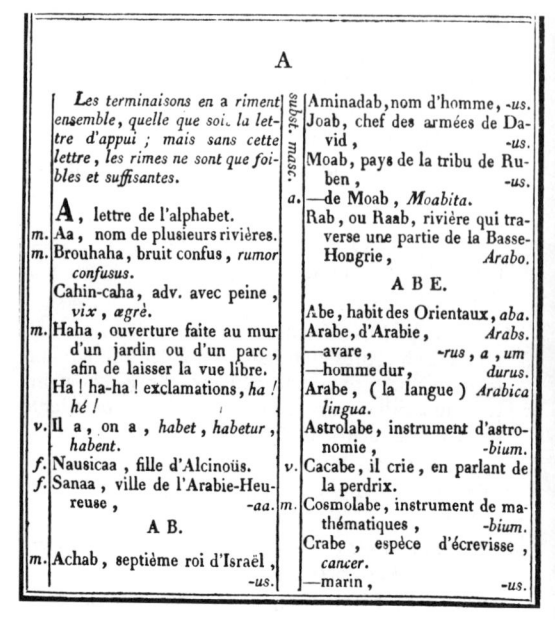

Extrait textuel 111.1: Début du dictionnaire de Richelet 1810, 1.

J./W. Grimm (voir Leclercq 1975). Consacré (Massmann 1842) aux poètes du Moyen âge allemand, il inaugure une longue suite d'ouvrages que Leclercq 1975 nomme *Reimwörterbuch* par opposition au classique *Reimlexikon*. L'école de Vienne au 20e siècle en a produit un nombre important (dissertations dactylographiées; voir Leclercq 1975).

2. Actualité du dictionnaire de rimes

Au 20e siècle, le dictionnaire de rimes conserve une place importante malgré le déclin de la poésie rimée. Il faut signaler (a) le reprint d'anciens ouvrages reconnus comme documents (Alberus 1540; Le Fevre 1587; Zesen 1640 etc.) (b) les rééditions actualisées (Walker 1775, Steputat 1891, Martinon 1905 disparu depuis peu) ou identiques (Desfeuilles 1925, Stillman 1966, Mongelli 1952) (c) la publication récente d'ouvrages nouveaux dans leur méthode (Warnant 1973; Leon 1976) (d) enfin et surtout l'utilisation de l'ordinateur (Fergusson 1985) qui permet aussi la réalisation de dictionnaires inverses ou l'exploration exhaustive des rimes d'un auteur (voir Tagliavini in Presa 1974; Anderson, Beyhl, Wisbey in Leclercq 1975). Le dictionnaire de rimes peut alors résulter d'un travail d'équipe.

3. Corpus et principes de classement

3.1. La nomenclature

Invariable dans le dictionnaire d'œuvre ou d'auteur, le corpus s'élargit cependant dans le lexique inverse qui offre tous les mots et non les seules rimes (Tagliavini in Presa 1974). Ce type porte presque exclusivement sur les œuvres anciennes. — En revanche le problème de la nomenclature est important dans le dictionnaire de rimes classique, qui se veut complet, ou sélectif. Le nombre des entrées peut aller de 6 000 à 300 000 selon les critères de choix: admission ou non des verbes conjugués; des archaïsmes; des néologismes; des termes techniques ou scientifiques; des noms propres; des mots étrangers etc. Même s'il se réfère à un dictionnaire de l'Académie (Lanneau 1852, Landa 1867), le dictionnaire de rimes a un vocabulaire à la fois plus large et plus restreint que le dictionnaire de langue, touchant aux encyclopédies, mais définissant parfois une langue poétique aux contours flous (Hamoche 1802; Martinon 1905). Il admet des rimes d'énoncé *(ai-je/ neige)*, ce que faisaient les listes médiévales. Très ouvert au 20e siècle il mêle les langues: *everyday/démodé* (Stillman 1966); *ma foi, terra incognita* dans les listes danoises (Sörensen 1900). Il touche parfois à l'argot (Franklyn 1960). — Pour éviter à l'utilisateur l'usage parallèle d'un dictionnaire de langue et distinguer les homographes, le dictionnaire de rimes a souvent donné un synonyme, une définition, un mot latin: *Aube: rivière; Aube: aurora* (Le Fevre 1587); *Der Rabe: corvus* (Zesen, 1640). Il indique parfois en abrégé la catégorie grammaticale ou le domaine lexical: *mus.* [ique] (Desfeuilles 1925). A l'heure actuelle il préfère être un catalogue de signifiants bruts (Stillman 1966; Warnant 1973; Fergusson 1985).

3.2. La taxinomie

Comme la nomenclature, la taxinomie importe pour permettre à l'auteur d'un dictionnaire de rimes de ne pas compiler des devanciers. Ce problème complexe est variable selon les langues.

Faidit (1246), modèle probable des *rimari* italiens, propose le classement sur les 5 voyelles A E I O U, en distinguant les longues et les brèves. Le principe des voyelles était d'abord celui de Le Fevre (1572), ouvrage posthume remanié par Tabourot qui introduit un classement par ordre alphabétique des finales: A B C D etc. donnant une importance énorme à l'entrée E. La Noue (1596) a la même méthode avec un classement vocalique dans les sous-rubriques (chapitre E, entrée BE, listes *Abe, Ibe, Obe, Ube*). La distinction des rimes masculines et féminines dont Zesen (1640) fait un principe fondamental apparaît en France avec Frémont/Richelet (1667). Un double débat, celui du classement alphabétique ou vocalique (de *ah* à *décousu* ou de *Aa* à *Styx*) et celui des listes selon la rime riche (ordre inverse: *fondeur, profondeur, rondeur*) ou suffisante (ordre alphabétique: *plaideur, profondeur, pudeur*) se poursuit à travers toute l'histoire du dictionnaire de rimes français (voir Celeyrette-Pietri 1985). Les langues accentuées classent selon la voyelle tonique et la place de l'accent. Après les premiers *rimari* la distinction se fait entre l'antépénultième, la pénultième et la finale accentuées. Pour l'allemand voir Leclercq 1975.

Un problème important est celui de la concurrence entre la graphie et le son: rime pour l'œil ou pour l'oreille?

La lexicographie anglaise donne deux exemples extrêmes: l'ordre alphabétique inverse rigoureux où la rime est souvent pour l'œil (Walker 1775) ainsi *Bough, Cough, Tough, Rough, Through;* l'ordre inverse d'un corpus ayant d'abord subi une transcription phonétique: sous *Er* on trouve alors *chamber, vodka, polka, Oscar, butcher, scripture* etc. (Fergusson 1985, travail avec ordinateur). A l'heure actuelle le souci de prendre en compte le son plutôt que l'orthographe l'emporte. Stillman (1966), en distinguant les rimes simples, doubles et triples, classe selon ā, ä, å, ē, ĕ, ī, ĭ, ō, ŏ,ô, ŏŏ, oi, ou, ū, ŭ. Chez Warnant (1973) l'ordre phonétique régit les grandes rubriques: [i] [e] [ɛ] [a] [ɑ] [ɔ] [o] [u] [y] [ø] [œ] [ɛ̃] [ɑ̃] [ɔ̃] [œ̃]. La base du classement veut être une description cohérente de la langue parlée donnée par un phonéticien.

La variété des solutions apportées au problème du classement des rimes est grande, rarement parfaitement rigoureuse. Il y a bien des manières d'inverser partiellement le lexique. Les dictionnaires inverses ne sont pas au sens strict des dictionnaires de rimes (cf. art. 112).

4. Fonctions du dictionnaire de rimes

On distinguera ici le dictionnaire d'auteur ou d'œuvre de l'autre type. — Le *rimario* italien qui accompagne au cours du temps l'édition des grandes œuvres a une double fonction: tenant lieu d'index général il est un moyen mnémotechnique de situer un vers ou une occurrence, et un outil d'approche d'un poète. Il veut d'autre part initier à la pratique du vers en offrant de bonnes rimes. Le *Reimwörterbuch* appartient à la lexicographie savante. La recension des rimes d'un poète est un élément essentiel de la critique de textes

En OEUL.

ung oeul
orgueul
je le veul
je me deul
bel aqueul
seul
je le recoeul
cerfeul
chievrefeul
Mons en Bareul, qui est ung vilaige prèz de Lile en Flandres.

Rimes fenissans par N.
Premierement en
LYON.

ung lion
Lyon
populeon
a Dieu se humili'on
saint Penthalion
tabellion
Pymalion
a bonne partie s'ali'on.
d'escus d'or ung milion
ung milion, qui est oisel de proye.

Extrait textuel 111.2: Liste de rimes du 15e siècle dans Baudet Herenc; Doctrinal de la seconde rhétorique (tiré de: Langlois 1902, 150)

du point de vue de la langue, de la littérature et de l'individualité de l'auteur.

Le dictionnaire de rimes classique a souvent été dédaigné bien que fort utilisé comme l'attestent son existence dans de nombreuses langues, de multiples rééditions et sa présence actuelle sur le marché. Il n'a plus l'ambition des anciennes préfaces: enseigner le latin, la grammaire, éclairer l'étymologie. Mais il se veut un moyen d'étudier la langue parlée et la prononciation. Il est au cours du temps un document sur le vocabulaire poétique, ses transformations et l'évolution de la nomenclature usuelle, sur les possibilités d'invention. Le jugement critique sur la poésie d'une époque s'éclaire dans la confrontation avec les dictionnaires de rimes contemporains. Jadis complément d'un dictionnaire de langue (Boiste 1803), il est maintenant un instrument inavoué de l'écriture comme le dictionnaire d'analogies. Il a un public ciblé: non plus les versificateurs mais les paroliers de chansons, les auteurs de slogans publicitaires, les amateurs de calembours. Surtout il est l'outil des écrivains qui trouvent dans les homophonies, dans l'ordre autre du lexique un stimulant de l'invention. Il a pris plus de sérieux avec l'ordinateur, perdant peut-être en efficacité réelle ce qu'il gagne en rigueur méthodique.

5. Bibliographie choisie

5.1. Dictionnaires

Abramov 1912 = N. Abramov: Dictionnaire complet des rimes russes. St. Pétersbourg 1912 [157 p.].

Alberus 1540 = Erasmus Alberus: Novum dictionarii genus [...]. Francoforti 1540 [XII, 823 p.]. Rep. Hildesheim 1975.

Alcina 1978 = Juan Alcina: Diccionario [...] de la versificación española. Valencia 1978.

Alencar 1911 = Mario de Alencar: Diccionario das rimas portuguezas. Rio de Janeiro. Paris 1911 [464 p.].

Antolini 1839 = Francesco Antolini: Rimario italiano [...]. Milano 1839.

Baruffaldi 1755 = Girolamo Baruffaldi: Dizionario nuove e copioso di tutte le rime sdrucciole. Venezia 1755.

Benot 1893 = Eduardo Benot y Rodríguez: Diccionario de asonantes y consonantes. Madrid 1893 [1096 p.].

Bloise 1946 = Pascual Bloise Campoy: Diccionario de la rima. Madrid 1946 [2. éd. 1952; 1389 p.].

Bobbio 1891 = Giacomo Bobbio: Prontuario del dantofilo. Roma 1891. 2. éd. 1918.

Boinvilliers 1828 = J. E. Boinvilliers: Dictionnaire portatif des rimes. Paris 1828 [414 p.].

Boiste 1803 = Pierre Cl. V. Boiste: Dictionnaire de rimes. In: Dictionnaire universel de la langue. Paris 1803. Nomb. rééd.

Bondy 1954 = Sigmund Al. Bondy: Reimlexikon der deutschen Sprache. Wien 1954 [110 p.].

Bonnonzio 1556 = Onofrio Bonnonzio: Rimario [...] dal Petrarca [...]. Cremona 1556.

Boyer 1649 = Paul Boyer de Petit-Puy: Dictionnaire [...] universel [dans l'ordre inverse]. Paris 1649 [VIII, 1198 p.].

Brewer 1893 = R. F. Brewer: Rhyming Dictionary. In: Orthometry. London 1893.

Brodovskij 1907 = M. Brodovskij: Slovar rim. In: Guide de versification. St. Petersbourg 1907 [p. 73—104].

Burjacok/Gurin 1979 = A. A. Burjacok/I. I. Gurin: Slovnik ukraininskikh rim. Kiev 1979 [338 p.].

Bysshe 1702 = Edward Bysshe: A Dictionary of Rhymes. In: The Art of English Poetry. London 1702. 2. éd. 1708 [36 p.].

Carpentier 1822 = L. J. M. Carpentier: Dictionnaire de rimes. In: Le Gradus français. Paris 1822 [50 p., 2. éd. 1825].

Castilho 1858 = Antonio Feliciano de Castilho: Metrificação portugueza a Diccionario de rimas. Lisboa 1858.

Castillo Mantilla 1691 = Gabriel de Castillo Mantilla y Cossio: Consonantes. In: Laverintho poetico. Madrid 1691.

Cayotte 1906 = Louis Cayotte: Dictionnaire de rimes françaises. Paris 1906 [281 p.].

111. Le dictionnaire de rimes

Cleri 1970 = A. Cleri: Rimario dialettale milanese. Milan 1970 [303 p.].

Desfeuilles 1925 = Pierre Desfeuilles: Dictionnaire de rimes. Paris 1925 [366 p., nomb. rééd.: 1961, 1975, 1985. Disp.].

Diaz Rengifo 1592 = Juan Diaz Rengifo: Sylva de consonantes. In: Arte Poetica española. Salamanca 1592. Madrid 1606 [364 p., nomb. rééd. Barcelona jusqu'en 1759).

Dolce 1554 = Lodovico Dolce: Rimario. In: Il Petrarca [. . .]. Vinegia 1554; 1557; 1560.

Faidit 1246 = Hugues Faidit: De las rimas. In: Donatz proensals. Ed. F. Guessard. Paris 1858. Rep. Genève 1973. The Donat Proensal. Ed. J. H. Marshall. New York. Toronto 1969 [p. 186—255].

Falco 1535 = Benedetto di Falco: Rimario del Falco. Napoli 1535 [588 p.].

Fergar 1823 = F. E. Fergar: Reimlexicon. In: Zwei Stunden Dichter zu werden. Pesth 1823.

Fergusson 1985 = Rosalind Fergusson: Penguin Rhyming Dictionary. Middlesex. New York. Victoria 1985 [IX, 530 p.].

Flodin 1851 = John Joakim Flodin: Svenskt Rimlexicon [. . .] Stockholm 1851.

Franklyn 1960 = Julian Franklyn: A Dictionary of Rhyming Slang. London 1960 [180 p.] Rééd. 1961; 1969; 1975 [202 p.].

Frémont/Richelet 1667 = Nicolas Frémont d'Ablancourt/Pierre Richelet: Nouveau dictionnaire de rimes françoises. Paris 1667.

Garcia Bellsola 1973 = Domingo Garcia Bellsola: Diccionario de la rima. Madrid 1973.

Garcia Oliveros 1947 = Antonio Garcia Oliveros: Ensayo de un Diccionario bable de la Rima. Oviedo 1947 [471 p.].

Giovanelli 1904 = Giuseppe Giovanelli: Rimario della lingua italiana. Roma 1904 [XVI, 733 p., 2. éd. 1905. 3. éd. 1912].

Guillén = Pedro Guillén de Segovia: La Gaya Ciencia. Selva de Consonantes y Asonantes Castellanos. 15e s. Transcripción de O. J. Tuulio. Madrid 1962.

Hamoche 1802 = L. A. Hamoche: Nouveau dictionnaire poétique. Paris 1802 [679 p.].

Hammarlöw 1920 = Ant. Hammarlöw: Svenskt Rimlexicon. Stockholm 1920. 1924.

Harbeck 1953 = Hans Harbeck: Reim dich oder ich fress dich. München 1953 [171 p.]. 2. éd. 1956, Hans & Anni H. s. t.: Gut gereimt ist halb gewonnen. 3. éd. 1969 [270 p.].

Holofcener 1960 = Lawrence Holofcener: A Practical Dictionary of Rhymes [. . .] for songwriters. New York 1960.

Hood 1877 = Thomas Hood: Dictionary of Rhymes. In: The Rules of Rhyme. 1877. 2. éd. New York 1914 [121 p.].

Horta 1970 = Joachim Horta Massanes: Diccionario de sinonimos [. . .] y de la rima. Madrid 1970 [363 p., 3. éd. 1981].

Hübner 1696 = Johann Hübner: Reimregister. In: Poetisches Handbuch. 1696. 2 éd. Leipzig 1742. Rep. 1969.

Ivančev 1967 = Sv. Ivančev/G. Klasov/L. Ljubenov/Iv. Trenev: Bŭlgarski rimen rečnik. Sofia 1967 [283 p.].

Johnson 1931 = Burges Johnson: New Rhyming Dictionary [. . .]. New York 1931 [X, 455 p.]. Ed. rev. 1957 [X, 464 p.].

Laas 1834 = E. M. P. Laas d'Aguen: Dictionnaire portatif de rimes. Paris 1834. 2. éd. 1862 [XXX, 318 p.].

Lalou 1834 = A. Lalou: Dictionnaire des rimes riches. Paris 1834 [240 p.].

Landa 1867 = Juan Landa: Novisimo diccionario de la rima. Barcelona 1867 [384 p.] Ed. in: Carlos de Ochoa: Novisimo diccionario de la lengua castellana. Paris 1893. Ed. seul: Paris. Mexico 1898.

Landais/Barré 1853 = Napoléon Landais/Louis Barré: Dictionnaire des rimes françaises. Paris 1853. 2. éd. 1863 [LV, 304 p.].

Lanfranco 1531 = Giov. Maria Lanfranco: Rimario [. . .] del Petrarca. Brescia 1531.

Langlois 1902 = Ernest Langlois: Recueil d'Arts de seconde rhétorique. Paris 1902 [Rep. Genève 1974. Listes de rimes in vol. 4: Art de rhétorique, du XVe siècle].

Lanneau 1852 = Pierre Antoine Lanneau de Marey: Petit dictionnaire portatif des rimes françaises. Paris 1852 [XLVIII, 240 p.].

La Noue 1596 = Odet de La Noue: Dictionnaire de rimes françoises. Genève 1596. 2. éd.: Le Grand Dictionnaire . . . 1624 [468 p.]

Le Fevre 1572 = Jehan Lefevre: Dictionnaire des rimes françoises, éd. E. Tabourot des Accords. Paris 1572. 2. éd. 1587; 3. éd. 1588 [282 ff.]. Rep. éd. 1587: Genève 1973.

Le Gaygnard 1585 = Pierre Le Gaygnard: Promptuaire d'unisons [. . .]. Poitiers 1585 [XXXVIII, 437 p.].

Lemare 1820 = Pierre Alex. Lemare: Dictionnaire français par ordre d'analogie [. . .]. Paris 1820 [808 p.].

Leon 1976 = Adolfo L. Leon: Nuevo diccionario de la rima. Miami 1976.

Levins 1570 = Peter Levins: Manipulus vocabulorum. A rhyming Dictionary of the English Language. 1570. Ed. by H. B. Wheatley. London 1867 [p. 1—230. Rep. 1937].

Lexell 1907 = L. J. L. Lexell: Sventskt Rimlexicon. Stockholm 1907.

Loring 1905 = Andrew Loring [= Lorin Andrew Lathrop]: The Rhymer's Lexicon. London 1905 [XLVIII, 879 p.]; 2. éd. 1907; 3. éd. 1922. Rep. 1971.

Lusitano 1794 = Candido Lusitano [= Francisco José Freire]: Diccionario poetico. 2. éd. Lisboa 1794; 3. éd. 1820.

Manderström 1779 = Christofer Manderström: Försök till et svenskt rim-lexicon. Stockholm 1779.

Martinon 1905 = Philippe Martinon. Dictionnaire méthodique et pratique des rimes françaises. Paris 1905. Nomb. rééd. jusqu'en 1973 [XV, 287 p.].

Massmann 1842 = H. F. Massmann: Reimbuch. In: Otte's "Eraclius". Leipzig 1842.

Milano 1735 = G. B. da Milano: [= Filippo Argelati]: Rimario [...] Milano 1735.

Miracchi 1958 = R. Miracchi: Lessico delle terminazioni italiane. Trieste 1958.

Modglin 1977 = Nel Modglin: The Rhymer and other Helps for Poets. Philadelphia 1977.

Mongelli 1952 = Giovanni Mongelli: Rimario letterario della lingua italiana. Milano 1952. Rééd. 1960; 1983 [433 p.].

Morandini 1886 = Ferdinand Morandini d'Eccatage: Grand dictionnaire des rimes françaises. Paris 1886 [XXIV, 508 p.].

Moreto 1529 = F. Pellegrino Moreto: Rimario de tutte le cadentie di Dante e Petrarca. Venetia 1529 [56 p.] Plusieurs rééd. [Moretto, Morato].

Müller 1870 = Otto Müller: Reimsammlung. In: Die Kunst Dichter zu werden. Wien 1870 [217 p.].

Nisieli 1641 = Udeno Nisieli [= Benedetto Fioretti]: Rimario e sillabario. Firenze 1641 [270 p.]. 2. éd. Venetia 1644.

Noci 1602 = Carlo Noci: Rimario [...] della Divina Commedia. Napoli 1602 [453 p.].

Noci/Volpi 1727 = Carlo Noci/Antonio Volpi: Rimario. In: La Divina Commedia. Padova 1727. Nomb. rééd. jusqu'en 1922. Rimario seul: nomb. éd. jusqu'en 1956.

Odhner 1952 = Einar Odhner: Svenskt rimlexicon. Stockholm 1952. 2. éd. 1964.

Olsen 1970 = H. Olsen: Was reimt sich auf? Das große Reimlexikon. München 1970 [383 p.].

Parisot/Liskenne 1834 = Valentin Parisot/L. Liskenne: Dictionnaire portatif des rimes riches. Paris 1834 [XV, 569 p.].

Peltzer 1966 = Karl Peltzer: Der treffende Reim. Ein Wörterbuch der Endreime. Thun. München 1966 [148 p.].

Peñalver 1843 = Juan de Peñalver: Diccionario de la Rima. Paris. Mexico 1843 [655 p.]. Nomb. rééd. jusqu'en 1919. 1. éd. in: Panlexico, t. 2. Madrid 1842.

Pendlebury 1971 = Bevis John Pendlebury: The art of Rhyme. London 1971.

Pérez 1910 = José Pérez Hervás: Manual de rimas selectas. Barcelona 1910 [277 p.].

Philipon 1805 = Louis Philipon de la Madelaine: Dictionnaire portatif des rimes. Paris 1805. 2. éd. 1815; 19. éd. Bruxelles 1845 [368 p.].

Platania 1892 = R. Platania d'Antoni: Rimario universale della lingua italiana. Acireale 1892 [XII, 592 p., 2. éd. 1919].

Poeticus 1921 = Ps.: Fried. J. Pesendorfer: Neues Deutsches Reimwörterbuch. 2. éd. München 1921.

Polacco 1893 = Luigi Polacco: Rimario [...] della Divina Commedia. Milano 1893; 1896. Rééd. Torino 1937.

Puchmajer 1824 = Anton Jaroslaw Puchmajer: Rýmovník; aneb rýmovni Slovník. Plzeň 1824 [XLVI, 151 p.].

Quitard 1867 = P. M. Quitard: Dictionnaire des rimes. Paris 1867. 9 rééd. [508 p.].

Random 1960 = The Random House Vest Pocket Rhyming Dictionary. Ed. by Jess. M. Stein. New York 1960 [230 p.].

Reed 1936 = Langford Reed: The complete Rhyming Dictionary. London 1936. 2. éd. 1946 [254 p., 3. éd. Boston 1961].

Richelet 1692 = Pierre Richelet: Dictionnaire de rimes. Paris 1692 [562 p., nomb. rééd. retouchées].

Richelet 1810 = Pierre Richelet: Dicionaire de rimes. Nouv. éd. revue par M. Barthelemi. Lyon 1810 [LXXIII, 691 p.; éd. Wailly/Drevet 1812; 1817].

Ridolfi 1537 = Lucantonio Ridolfi: Il Petrarca [...]. Lyon 1537 [Rééd. 1558; 1574].

Rippmann 1934 = Walter Rippmann: A Pocket Dictionary of English Rhymes. London 1932. 2. éd. 1934 [VII, 187 p.].

Rosasco 1763 = Girolamo Rosasco: Rimario toscano [...]. Padova 1763 [734 p., 2. éd. F. Antolini. Milano 1834].

Ruscelli 1559 = Girolamo Ruscelli: Rimario. In: Del modo di comporre [...]. Venetia 1559. Nomb. rééd. jusqu'en 1674. Ed. du Rimario seul jusqu'en 1859.

Šakhovskaja 1890 = L. Šakhovskaja: Slovar' rimu russkogo jazyka. Moskva 1890 [339 p., T. I, 1834, 230 p.].

Schäfer 1800 = Gottfr. Heinrich Schäfer: Hochdeutsches Wörterbuch nach den Endsilben geordnet. Leipzig 1800 [496 p.].

Sommer 1850 = Edouard Sommer: Petit dictionnaire des rimes françaises. Paris 1850. Nomb. rééd.; 19. éd. 1918 [VIII, 340 p.].

Sörensen 1900 = Axel Sörensen: Dansk Rim-Ordbog. Copenhague 1900 [XVI, 583 p.].

Stein 1960 = Jess Stein: The Random House Rhyming Dictionary. New York 1960 [239 p.].

Steputat 1891 = Willy Steputat: Deutsches Reimlexikon. Leipzig 1891 [230 p.]. Rééd. Willy Steputat/Karl Martin Schiller. Stuttgart 1963. 2. éd. 1981 [367 p.].

Stigliani 1658 = Tommaso Stigliani: Arte del Verso italiano [...] Roma 1658. Bologna 1693. Venezia 1730; 1766.

Stillman 1966 = Frances Stillman: Poet's manual, and Rhyming Dictionary. London 1966 [XV, 363 p. Dernière rééd. 1982. Basé sur Whitfield 1951].

Syntax 1826 = Peregrinus Syntax [= Fr. Ferd.

Hempel]: Allgemeines deutsches Reimlexikon. 2 vol. Leipzig 1826 [XXXII, 941, 828 p.; réimpr. Frankfurt 1982].

Szimay 1810 = Christoph Szimay: Veg-tagokra czedetett szó-tár. Bude 1810.

Tampucci 1864 = Hippolyte Tampucci: A E I O U ou les Rimes françaises [...]. Paris 1864. 2. éd. 1866; 3. éd. 1867 [V, 204 p.].

Taroni 1943 = Natale Taroni: Rimario italiano. Firenze 1943.

T[homas] 1831 = Eugène Thomas: Nouveau dictionnaire de rimes. Paris 1831.

Titz 1642 = Joh. Peter Titz: Reimlexikon. In: Zwei Bücher von der Kunst hochdeutsche Verse [...] zu machen. Dantzig 1642.

Tracia 1829 = Augustin [Aicart] Tracia: Diccionario de la rima [...] de la lengua castellana. Barcelona 1829 [412 p.].

Trebecki 1961 = Stanislaw Trebecki: Slownik rymów, pod redakją Haliny Turskiej. Toruń 1961.

Trusler 1783 = John Trusler: Poetic Endings. Dictionary of Rhymes. London 1783.

Walker 1775 = John Walker: The Rhyming Dictionary of English Language. London 1775. Nomb. rééd. By Dr Longmin 1866; by Lawrence H. Dawson 1924, s. t. Walker's Rhyming Dictionary. Dernière éd. 1973.

Warnant 1976 = Léon Warnant: Dictionnaire des rimes orales et écrites. Paris 1973 [XVIII, 554 p., 2. éd. 1980].

Werner 1675 = Gotth. Werner: Reimweiser. In: Deutscher Daedalus. Berlin 1675.

Whitfield 1951 = Jane Shaw Whitfield: The improved Rhyming Dictionary. New York 1951.

Wood 1936 = Clement Wood: The Complete Rhyming Dictionary. New York 1936. 2. éd. 1965. Ed. Cleveland 1944: Unabridged Rhyming Dictionary [XV, 1040 p.].

Zesen 1640 = Philipp von Zesen: Richtiger Anzeiger [...] der weiblichen und männlichen Wörter. In: Deutscher Helicon. Wittenberg 1640. Rep. Berlin 1971 [p. 467—570]. Id. in: Hochdeutscher Helicon. Iena 1656 [p. 415—459, Rep. Berlin 1977].

5.2. Travaux

Berca 1981 = Olimpia Berca: Principii şi metode în elaborarea unui dicţionar istoric de cuvinterima. In: Studii şi cercetări lingvistice 32. 1981, 641—646.

Bourquin 1986 = Jacques Bourquin: Le *Dictionnaire français par ordre d'analogie* de P. A. Lemare (1820). In: Autour de Féraud. Paris 1986, 91—100.

Bray 1986 = Laurent Bray: César-Pierre Richelet. Biographie et œuvre lexicographique. Tübingen 1986 (Lexicographica Series Maior 15).

Casas Homs 1956 = J. M. Casas Homs: „Torcimany" de Luis de Averçó [...] y diccionario de la rima. Barcelona 1956.

Celeyrette-Pietri 1985 = Nicole Celeyrette-Pietri: Les dictionnaires des poètes. Lille 1985.

Griera 1921 = Antoni Griera: Diccionari de rimas de Jaume March. Barcelona 1921.

Leclercq 1975 = Robert Leclercq: Aufgaben, Methoden und Geschichte der wissenschaftlichen Reimlexikographie. Amsterdam 1975.

Presa 1974 = Giovanni Presa e Ales. Uboldi: I Rimari italiani. Milano 1974.

Stein 1985 = Gabriele Stein: The English Dictionary before Cawdrey. Tübingen 1985.

Nicole Celeyrette-Pietri, Paris (France)

112. Das rückläufige Wörterbuch

1. Definition, Haupttypen und Abgrenzung rückläufiger Wörterbücher
2. Zur Geschichte rückläufiger Wörterbücher
3. Aufbau und Aufgaben rückläufiger Wörterbücher
4. Bestandsaufnahme
5. Literatur (in Auswahl)

1. Definition, Haupttypen und Abgrenzung rückläufiger Wörterbücher

1.1. Als 'rückläufiges Wörterbuch' (= RWb.), 'reverse/retrograde dictionary', 'dictionnaire inverse', 'obratnyi slovar'' oder 'Conträr-Index', 'index ab ultimo/a tergo', 'reverse index' usw. wird ein Wörterbuch (= Wb.) oder ein Wort(formen)register/-index bezeichnet, in dem die Stichwörter nicht in der normalen Leserichtung (von links nach rechts oder — wie im Hebräischen — von rechts nach links) alphabetisiert sind, sondern in umgekehrter Richtung vom Wortende zum Wortanfang 'rückläufig', 'invertiert' zu lesen sind. Das RWb. für das Deutsche von Mater (1965) z. B. beginnt mit *Saba* und endet mit *Negerjazz*, die wie in einem Palindrom als *abaS* bzw. *zzajregeN* gelesen und alphabetisiert werden. Zur Erleichterung der Benutzung werden die Wörter rechtsbündig untereinandergestellt, z. B.

Ei
bei
dabei
Salbei
Wiesensalbei

In der rückläufigen Anordnung der Stichwörter/Lemmata und Wortformen liegt der Hauptinformationswert der RWbb. Die Alphabetschrift bzw. die phonographische Verschriftung einer Sprache ist die Voraussetzung für die Erstellung eines RWb. Das gilt auch für die in Silben- oder Wortschriften geschriebenen Sprachen (z. B. das Mykenische, vgl. Lejeune 1964, 16, bzw. das Chinesische, vgl. Ueno/Aihara 1982).

1.2. Die meisten RWbb. sind keine selbständigen lexikographischen Werke, sondern lediglich rückläufig sortierte Stichwort-/Lemmaregister zu vorhandenen Wortverzeichnissen oder Wörterbüchern. Auch Wort(formen)konkordanzen und Wort(formen)indices können mit einem rückläufigen Formenverzeichnis im Anhang ausgestattet werden. Die selbständigen RWbb. bauen wohl auch auf vorhandenen Wörterbüchern und Wortschatzsammlungen auf, behandeln bzw. markieren jedoch die rückläufig sortierten Stichwörter unter bestimmten philologischen und/oder sprachwissenschaftlichen Gesichtspunkten (Quellen, Wortklasse, Flexion, Wortbildung, Stammbildung, Morphologie usw.). Gute Beispiele für selbständige RWbb. sind der Index von Buck/Petersen (1945) zu den Nomina im Griechischen; das 'Grammatische Wb.' zum Russischen von Zaliznjak (1977) und einige weitere bei Gerhardt (1980, 277f.) angeführte RWbb. zu verschiedenen slavischen Sprachen.

1.3. Die RWbb. unterscheiden sich von anderen Wbb., die gleichen oder ähnlichen Zwecken dienen (Beschreibung und Untersuchung der Wortausgänge, Reime, Flexion, Ableitungssuffixe, Komposita usw.), aber nicht die strenge rückläufige Anordnung aufweisen (vgl. die Art. 111, 127, 142). Diese Anordnung richtet sich in der Regel nach den überlieferten und/oder normalisierten bzw. normierten Schreibungen. Werden z. B. wegen des großen Abstandes zwischen Schreibung und Aussprache am Wortende ausnahmsweise phonetisch-phonologische Umschriften der Wörter der Alphabetisierung zugrundegelegt wie bei Juilland (1965) für das französische RWb., dann können die Schreibformen, die keinen Einfluß auf die alphabetische Anordnung haben, nur noch sekundär den Sprechformen zugeordnet werden. Die phonetisch-phonologisch orientierte Anordnung macht ein RWb. besonders brauchbar als Reimlexikon (s. Art. 111). Doch unterscheiden sich Reimlexika und Reimwörterbücher (zur Bestimmung s. Leclerq 1975, 3) ebenso wie die nach Endsilben und Ableitungssuffixen angeordneten Wbb. (Schaefer 1800, Pape 1836, Sanneg 1908—11) von den RWbb. prinzipiell dadurch, daß die Anordnung nach Reimtypen, Endsilben und/oder Suffixen nicht rückläufig, sondern in der gewöhnlichen Leserichtung erfolgt. — Die strenge rückläufige Anordnung, die sich an den Schreibungen orientiert, ist für ausschließlich phonologische Untersuchungszwecke (vgl. Hinderling 1979, XIII ff.) ebensowenig geeignet wie für ausschließlich morphologische (vgl. Bergmann 1984). Das dem RWb. zugrundeliegende mechanische Anordnungsprinzip mindert auch den Wert des RWb. für Wortbildungsuntersuchungen; selbst eine Anordnung nach erkennbaren Wortstämmen und Suffixen ohne Rücksicht auf die Flexionsendungen würde die Probleme nicht grundsätzlich lösen, denn Morphemgrenzen können sich verschieben (z. B. im älteren Nhd. *Schade-0*, Gen. *Schade-n* zu *Schaden-0*, Gen. *Schaden-s*), Fugenelemente die alphabetische Anordnung stören *(Abfahrt-(s)-gleis)*, Bedeutungswandel den etymologischen Zusammenhang verdunkeln (vgl. mhd. *hôch-vart* zu nhd. *Hoffart* neben *Hoch-fahrt*) usw. Wegen ihres Anordnungsprinzips können die RWbb. daher nur in begrenztem Maße als morphologische und/oder wortbildungsbezogene Wbb. dienen (vgl. Schlaefer 1984, 61—99), in denen morphologisch wie auch etymologisch zusammengehörige Morphemvarianten weitgehend zusammenbleiben sollen.

2. Zur Geschichte rückläufiger Wörterbücher

2.1. Das erste Wörterbuch mit einer rückläufigen Anordnung der Stichwörter wurde 1540 von Erasmus Alberus veröffentlicht. Die Neuartigkeit des Wörterbuchaufbaus kommt schon im Titel des Werkes 'Novum Dictionarii genus' zum Ausdruck (vgl. dazu de Smet 1975, V*). Die rückläufige Anordnung sollte wohl der Reimwortsuche dienen, jedoch zeigen die einzelnen Artikel, daß semasiologische und onomasiologische Zwecke überwiegen. Es handelt sich bei diesem Werk, sieht man von seiner neuartigen Makrostruktur einmal ab, im Grunde um ein Bedeutungs- und Sachwörterbuch. Für solche Wörterbücher aber spielte in der weiteren Wörterbuchgeschichte die rückläufige Anordnung keine Rolle mehr.

2.2. Nicht praktischen Nebenzwecken wie der Reimsuche, sondern sprachwissenschaftlichen Fragen der Grammatik und Wortbildung dienten die beiden ersten modernen rückläufigen Wortverzeichnisse, die Grassmann (1873) und Whitney (1881) ihren Wörterbüchern zum 'Rig-Veda' bzw. 'Atharva-Veda' beigaben. In jeweils getrennten rückläufigen Registern werden die flektierbaren und nicht flektierbaren Wörter sowie die Wurzeln erfaßt; ähnlich gliedert auch Bartholomae (1904) das rückläufige Verzeichnis zu seinem 'Altiranischen Wörterbuch'. Die Trennung nach morphologisch klar abgrenzbaren Wortklassen bestimmt die Makrostruktur dieser ersten RWbb. mit ihren klar formulierten linguistischen Zwecken. Inwieweit die Stichwörter präpariert werden sollen, etwa durch Wortbildungsstriche am Wortende, „um alles Zusammengehörige beisammen zu haben" (Grassmann 1873, 1686), ist von Anfang an nicht unumstritten. Whitney (1881, 343) spricht sich dagegen aus mit der heute im Zeitalter der automatischen Sprachanalyse wieder sehr aktuellen Begründung: „In a purely alphabetical arrangement one knows, at any rate, just what one has to expect and for how much to make allowance."

Einen in erster Linie hilfswissenschaftlichen Zweck verfolgte Gradenwitz (1900) mit seinem 'Conträr-Index' im Anhang zu seiner 'Einführung in die Papyruskunde'. Bei diesem Index handele es sich „um ein neuartiges Hilfsmittel zur Ergänzung lückenhafter Texte", das aber „auch für grammatische Studien seinen Wert hat" (Gradenwitz 1900, XI und XIV). Er ließ auch einen in normaler Leserichtung alphabetisierten Index zusammen mit einem rückläufigen zum lateinischen Wörterbuch von Georges ausarbeiten (Gradenwitz 1904). Den didaktischen Zweck solcher rückläufiger Wortlisten für das Memorieren von Suffixen hatte Gradenwitz ebenfalls schon erkannt (vgl. Gerhardt 1980, 275).

Drei Zwecke sind es also, denen die ersten modernen RWbb. dienen sollen: erstens einem sprachwissenschaftlichen, nämlich bestimmten Fragen der Grammatik und Wortbildung, zweitens einem textphilologischen, nämlich der Ergänzung lückenhaft überlieferter Texte, und drittens einem didaktischen, nämlich den Übungen zur Wortbildung und Flexion beim Sprachenlernen (vgl. hierzu auch Hinderling 1972).

Diese drei Zwecke und Aufgaben kehren mit unterschiedlicher Gewichtung in fast allen Einleitungen zu RWbb. moderner Sprachen toposhaft wieder.

Im ersten und für lange Zeit einzigen RWb. zu einer modernen Sprache, dem 'RWb. der russischen Sprache der Gegenwart' (1915), ist allerdings weder der linguistische noch der pädagogische Zweck, sondern der textrekonstruierende die Hauptsache: „Der Zweck der rückläufigen Ordnung ist, in lückenhaften Texten die Ergänzung solcher Wörter zu erleichtern, von denen nur die letzten Buchstaben erhalten sind" (Günther 1964, 693). Dieses RWb. war im Auftrage des deutschen Militärs entstanden, „um sich ein Hilfsmittel zum Lesen von teilweise entschlüsselten russischen Nachrichten zu schaffen" (ebda., 694; vgl. Gerhardt 1980, 278 f.).

Erst 1944 bzw. 1945 erschienen wieder zwei RWbb., beide zum Griechischen aufgrund des Wb. von Liddell/Scott: das schon genannte Werk von Buck/Petersen, an dem die Vorarbeiten kurz vor 1900 bereits begonnen hatten (Buck/Petersen 1945, IX), und das ganz nach dem mechanischen Prinzip angelegte von Locker (1944), das erstmals den Appellativwortschatz des Griechischen vollständig erfaßte (ein RWb. zu den griechischen Eigennamen arbeitete Hansen 1957 aus).

2.3. 1955 begann eine lebhafte und bis heute andauernde Phase der Herstellung von RWbb., in welcher RWbb. zu fast allen wichtigeren europäischen und manchen außereuropäischen Sprachen erstellt wurden (vgl. den Forschungsbericht bei Gerhardt 1980, 276—279; vgl. auch Mistrík 1976, 13—25). Der Anfang wurde zunächst aber wieder mit einer alten Sprachstufe, dem Altkirchenslavischen (Sadnik/Aitzetmüller 1955), gemacht. Das zweite RWb. zu einer lebenden Sprache nach dem russischen von 1915 scheint der 'Dicţionar invers' (1957) zum Rumänischen gewesen zu sein (dazu Schlaefer 1984, 112 f.). Die RWbb. dieser ersten Welle nach 1955 bauten fast ausschließlich auf vorhandenen semasiologischen Wbb. auf und waren nach dem mechanischen Prinzip angeordnet.

Mit dem Einsatz des Computers in der

Lexikographie beginnt eine neue Generation von RWbb. zu erscheinen, die sich z. T. von allen vorherigen dadurch unterscheiden, daß ihr Ausgangsmaterial nicht mehr ausschließlich die Lemmata vorhandener Wörterbücher sind, sondern die belegten Wortformen eines Textes (vgl. Schlaefer 1984, 108—110). Dieser erstmals von Wisbey 1967 als Anhang zu einer Wortformenkonkordanz eingeführte neue Typ des RWb. ist dann vorbildlich geworden für eine ganze Reihe von RWbb. (vgl. Gärtner/Kühn 1984). Die von Wisbey herausgegebene Serie COMPENDIA (Computer Generated Aids to Literary and Linguistic Research), insbesondere Wisbey/Hall 1969, setzte neue Maßstäbe. Auf dem Gebiet der älteren Germanistik werden solche RWbb. „inzwischen wohl am konsequentesten angewendet", und es wird hier „auch am vernünftigsten darüber reflektiert" (Gerhardt 1981, 12). Weiterentwicklungen des neuen Typs von RWbb. als Anhang zu einer Konkordanz oder einem Index brachten dann die Arbeiten Sapplers (1974, 189—235), der in seinem 'rückläufigen Formenverzeichnis' auch die Lemmata erfaßte, einschließlich der zum Zwecke der Lemmatisierung rekonstruierten, und diese durch einen andern Schriftgrad konsequent von den übrigen Wortformen unterschied (ebenso Bauer 1982 und 1984). Sappler gelang es auch, durch die Anwendung verschiedener Sortieralphabete zusammengehörige graphische Varianten wie z. B. *veind/feint/veint* zusammenzustellen, ohne das mechanische Prinzip zu stören. — Zu wortbildungsbezogenen Sortierungen von verbalen Präfixbildungen im rückläufigen Index zum Gotischen von de Tollenaere/Jones (1976) (vgl. Schlaefer 1984, 110f.). — Lemmata und Wortformen, die aus Wbb. und Corpora stammen, bilden auch die Quellen zu den neuartigen Werken von Juilland (1965) und Muthmann (1988).

Während die Makrostruktur der RWbb. Wisbeys wie einst des von Whitney ganz durch das mechanische Alphabetisierungsprinzip geprägt ist und diese RWbb. für philologische Zwecke der Textrekonstruktion, der Untersuchung der Morphologie, Wortbildung und Reimtechnik konzipiert sind, sind einige um die Mitte der 70er Jahre ebenfalls mit Hilfe des Computers erstellte RWbb. zu modernen Sprachen speziell für sprachwissenschaftliche Zwecke konzipiert, was schon ein Titel wie 'Grammatisches Wb.' (Grammatičeskij slovar', Zaliznjak 1977; vgl. auch Slavičková 1975) deutlich macht. Sie enthalten Hinweise zu Wortart, Flexion, Homo- und Polysemie, Produktivität von Wortbildungssuffixen, Frequenz bestimmter Wortausgänge, Diachronie usw. Die primär sprachwissenschaftliche Zielsetzung bestimmt — wie schon bei Buck/Petersen (1945) — auch die Makrostruktur dieser neuen RWbb. — Von den RWbb., wie sie in großer Zahl seit 1955 erschienen sind, wird gesagt, daß sie „die Neuzeit sprachwissenschaftlicher Methodik markieren" und schon durch ihre objektive mechanische Anordnung des Materials auch „die Widersprüchlichkeit der Wörterbücher", auf denen sie basieren, im Hinblick auf deren Stichwortansätze mit besonderer Klarheit zutage treten lassen (Kirchner 1963, 38 f.).

3. Aufbau und Aufgaben rückläufiger Wörterbücher

Das mechanische Prinzip, das den Aufbau der RWbb. bestimmt, ist immer wieder kritisiert worden, weil dadurch phonetisch, morphologisch und etymologisch Zusammengehöriges getrennt wird. Daher hat man versucht, das Material für phonetische, morphologische und wortbildungsbezogene Darstellungen in einem RWb. besonders zu präparieren und den Aufbau zu modifizieren, um dadurch den Nachteil des mechanischen Prinzips teilweise zu umgehen (vgl. auch oben 1.3.).

3.1. Soll die Hauptaufgabe eines RWb. nicht die Wortbildungsanalyse, sondern die „Beschreibung der terminalen Wortstruktur" aller Flexionsformen unter phonetischen Gesichtspunkten sein (so die theoretische Forderung Hinderlings 1979, XIII), so stört die Zusammenordnung bloß graphisch gleicher, aber phonetisch unterschiedlicher Wortausgänge erheblich. Phonetisch zusammengehörige Wortausgänge werden immer wieder getrennt durch phonetisch abweichende, von denen sie sich aber graphisch nicht unterscheiden. So ist z. B. bei Mater (1965, 244) *priapeisch* vom nächsten lautverwandten Suffixnachbarn *pythagoreisch* durch *Gekreisch* getrennt, oder (S. 6) *Job* von *Mob,* beide mit [-ɔb], durch *Lob,* mit [-oːp], und dessen Zusammensetzungen. Diese Ungereimtheiten des mechanischen Prinzips versucht Muthmann (1988) dadurch auszuschalten, daß er im erläuternden Teil seines RWb. einen Überblick über die Phonem-Graphem-Korrespondenzen gibt und im eigentlichen Wörterbuchteil unter leichter Modifizierung der alphabetischen Reihenfolge z. B. *Job* und *Lob* zu ihren phonetischen Verwandten stellt und auf die Störung der rückläufigen Anordnung durch Verweise aufmerksam macht. Das mechanische Prinzip läßt sich für phonetisch-phonologische Zwecke nur dann konsequent beibehalten, wenn wie bei Juilland die phonemischen Umschriften der Wörter/Wortformen alphabetisiert werden (vgl. oben 1.3.).

3.2. Die unter phonetisch-phonologischen Gesichtspunkten geforderte Beschreibung der Flexionsmorphologie mit Hilfe eines RWb. erfordert als Quellenbasis rückläufige 'Belegformenwörterbücher' statt der üblichen 'Lemmawörterbücher' (vgl. Schlaefer 1984, 108—110). Wenn aber repräsentative Ergebnisse erzielt werden sollen, wächst der Umfang des zu verarbeitenden Wortmaterials für stark flektierende oder agglutinierende Sprachen ins Unermeßliche. Schon Juilland (1965, XIV) hatte aus diesem Grunde die finiten Verbformen nicht in sein RWb. aufgenommen und dadurch seine Statistiken über die Frequenz der Auslautphoneme im Französischen um jede Repräsentativität gebracht (vgl. die Kritik Hinderlings 1979, XVII; Schlaefer 1984, 109f.). Das RWb. als Belegformenwörterbuch kann nur mittels einer geeigneten Verweistechnik übersichtlich und raumsparend angelegt sein (Vorschläge bei Hinderling 1979, XV bis XXXIII). Jedoch kann in einem RWb., dessen Kern ein rein mechanisch angeordnetes Lemmawörterbuch ist, die Flexion berücksichtigt werden, wenn es durch einen grammatischen Teil ergänzt wird, auf den von den Lemmata aus verwiesen wird (z. B. Zaliznjak 1977; Muthmann 1988).

3.3. Für die Untersuchung der Wortbildung eignen sich RWbb. seit je am besten gerade aufgrund ihrer mechanischen Anordnung in einem Lemmawörterbuch (zweifelnd Hinderling 1979, XXI—XXIV, im Hinblick auf Papp 1969, 25). Für die Analyse von Wortbildungssprachen wie das Griechische und Deutsche sind sie daher ein ideales Hilfsmittel. Die üblichen Einwände gegen das mechanische Prinzip, z. B. daß Komposita mit *Art* als Basis wie *Ab-art*, *Schreib-art* usw. durch *Bart*, *be-nachbar-t*, *Milch-bart* usw. getrennt würden, lassen sich durch die Einführung von Wortbildungsstrichen und deren Berücksichtigung bei der Sortierung oder durch die nach bestimmten Wortarten getrennte Erfassung des Materials (Grassmann 1873 und Whitney 1881 u. a., wieder bei Ruoff 1981) teilweise entkräften. Einen Ausweg aus dem Konflikt zwischen systematischer und mechanischer Anordnung bietet auch der von Buck/Petersen (1945) für das Griechische gefundene Kompromiß: in einer Liste sind z. B. alle Wörter auf -μος/-μον, Gen. -μου, zusammengefaßt, wobei es gleichgültig ist, ob das -μ- wie in ϑερ-μό-ς Suffix ist oder wie in δρόμ-ο-ς zur Wurzel gehört; ebenso wird z. B. φύλ-λον aus ✶φυλ-ιο-ν (= lat. *fol-iu-m*) nicht unter den Wörtern auf -ιον, sondern unter denen auf -λος/-λον eingereiht. In den Listen sind die Wörter ohne Rücksicht auf ihre Flexionsendungen rückläufig alphabetisiert (ein Lemmawörterbuch also), dabei werden aber Gruppen von Komposita mit derselben Basis nicht getrennt. Die Listen selbst sind dann zusammengeordnet in Gruppen, die nach vokalischen und diphthongischen Stämmen, nach Endungen mit Nasal (zu dieser Gruppe gehört die Liste mit Wörtern auf -μος/-μον), Liquid, Dental, Guttural und Sibilant bestimmt sind. Systematische Gesichtspunkte prägen also die Makrostruktur, das mechani-

θέρμος Alex. +
θερμός, adj. Hom. + ; σερμός Hesych.
  cpds. adj. except as noted
  ἀ-, τό Plat.
  διά- Hipp. +
  παρά- Diod. S. +
  κατά- Aët., Schol. Pind.
  περί- Theophr. +
  ἐκ- Gal. +
  ἐν- Hipp. +
  ὀλιγό- Arist.
  ὁμοιό- Tzetz.
  χαλκό-, τό Gloss.
  φιλό- Theophr., Plut.
  ἠρινό-θερμον· τὸ ἄνθεμον Hesych.
  ἀπό- Aretae. ; ὁ Hipp. +
  ὑπό- Hdt. +
  ὑγρό- Byz.
  ἀκρό- Philes
  αὐτό- Olymp.
  ὑπέρ- Sor., Geop.
  εὔ- Hipp. (comp.)
  πολύ- Plut. +
ἄνερμος, adj. IG a². 1544. 24
κίνερμοι· οἱ μικροὶ ἰχθύες Hesych.
-σπερμος (:σπέρμα), adj. except as noted
  ἀ- Hom. +
  μελάν-, τό Diosc., Plin. (*melasp-*)
  πάν- Anth. P.
  ἐν- Diosc.
  ὀλιγό- Arist. +

Textbeispiel 112.1: Ausschnitt aus einem RWb. (aus der Liste der Wörter auf -μος/-μον bei Buck/Petersen 1945, 199)

sche Prinzip der rückläufigen Alphabetisierung jedoch die Struktur der Listen, in denen das etymologisch Zusammengehörige auch weitgehend zusammenbleibt.

3.4. Weitere Aufgaben von RWbb.: Die Brauchbarkeit von RWbb. für metrische Untersuchungen hat als erster Ott (1974) überzeugend demonstriert. Den rückläufig sortierten Wortformen werden die metrischen Strukturen mit Belegstellenangaben zugeordnet. Auch für rhythmische Untersuchungen zum Satzschluß, zur Intonation vor Sprechpausen, zur Interpunktion usw. würden sich rückläufige Sortierungen, die die Wortgrenze überschreiten, eignen und zugleich spezielle syntaktische und stilistische Untersuchungen ermöglichen. Zu Versuchen auf dem Gebiete der älteren Germanistik vgl. Bäuml/Fallone (1976). Zur Erforschung der Schreibsprachengeschichte der meisten europäischen Nationalsprachen mit einer längeren schriftsprachlichen Tradition werden RWbb. überhaupt erst das Material für bestimmte Untersuchungen bereitstellen.

3.5. „The full usefulness of a reverse index reveals itself only after much use" (Wisbey 1968, VII; vgl. Muthmann 1988, 5). Gebraucht werden RWbb. auch heute noch vorwiegend in den Philologien der alten Sprachen und älteren Sprachstufen; für ihre Zwecke werden zahlreiche RWbb. hergestellt, die wegen ihres begrenzten Interesses aber in den seltensten Fällen auch gedruckt werden. Der Wort(formen)bestand jedes maschinenlesbaren Textes läßt sich rückläufig sortieren und für bestimmte Untersuchungszwecke anordnen (vgl. u. a. Rosengren 1972 und 1977). Für philologische Zwecke spielt ein RWb. zu den Lemmata eines Sprachstadienwörterbuchs wie zum Mittelhochdeutschen (Bachofer/von Hahn/Möhn 1984, VI f.) allerdings nur in begrenztem Maße eine Rolle, denn rückläufige Wortformenindices bzw. Belegformenwörterbücher sind da viel brauchbarer als rückläufige Lemmawörterbücher. Von diesen aber ist heute zu fordern, daß sie unter sprachwissenschaftlichen Gesichtspunkten bearbeitet werden und mehr bieten als bloß rückläufig angeordnete Lemmaregister. Die leichte Herstellbarkeit eines RWb. kann heute dazu führen, daß ohne Rücksicht auf die potentiellen Aufgaben und Benutzer und ohne längere Erprobung RWbb. veröffentlicht werden, die weit entfernt sind von dem seit der Mitte der 70er Jahre erreichten Standard.

4. Bestandsaufnahme

Zu einigen modernen Sprachen gibt es inzwischen mehrere, einen großen Teil ihres Wortschatzes umfassende RWbb., z. B. zum Russischen vier, zum Deutschen drei. Die als eigene Publikationen erschienenen neueren RWbb. basieren in der Regel auf umfassenden Wörterbüchern bzw. deren Lemmata; bei den als Anhängen publizierten RWbb. dagegen handelt es sich vielfach um rückläufige Wortformenregister zu einem Text(corpus). Publikationsform, Quellenbasis und die Art des Stichworts (Lemma oder Beleg-/Wortformen) stehen also in einer gewissen Abhängigkeit voneinander. Eine erste Bestandsaufnahme der RWbb. bietet Rowley (1979), die durch Gerhardt (1980/1981) vor allem für die slavischen Sprachen und durch Gärtner/Kühn (1984) für das Deutsche ergänzt und erweitert werden kann. Inzwischen ist die Produktion von RWbb. nicht mehr überblickbar. Trotzdem ist es erstaunlich, daß z. B. von den Afrikanisten bisher noch kein RWb. erstellt wurde. In der folgenden Aufstellung soll nur ein repräsentativer Überblick über diejenigen RWbb. gegeben werden, die lexikographiegeschichtlich am Anfang stehen und/oder im Hinblick auf Konzeption und Methode einen Fortschritt markieren. Wegen ihrer Vielfalt werden die RWbb. des Deutschen vollständig aufgeführt.

Erklärungen und Hinweise zur Tabelle: In Spalte (Sp.) 1 sind diejenigen Sprachen aufgeführt, zu denen in der Tabelle RWbb. bzw. rückläufige Wort(formen)listen genannt werden. Die rückläufige Wörterbuchschreibung des Deutschen ist zusätzlich noch in die historischen Sprachstufen Mittelhochdeutsch (Mhd.), Frühneuhochdeutsch (Frnhd.) und Neuhochdeutsch (Nhd.) unterteilt. Rückläufige Wort(formen)listen und Wbb. zu weiteren Sprachen können dem Literaturverzeichnis (5.1.) entnommen werden. Über die Namen der Bearbeiter/Herausgeber in Sp. 2 lassen sich im Literaturverzeichnis die genauen bibliographischen Daten ermitteln; die Anordnung in Sp. 2 ist chronologisch. Sp. 3 enthält Angaben darüber, ob es sich um ein selbständiges RWb. (RWb.) oder um eine rückwärtsalphabetisierte Wort(formen)liste in Form eines Anhangs (Anh.) handelt. Sp. 4 betrifft die Material- und Quellenbasis: RWbb. oder Wort(formen)listen basieren meist entweder auf einem vorhandenen Wb. bzw. auf mehreren Wbb. (Wb.) oder aber auf einem bestimmten Textcorpus bzw. mehreren Textcorpora (Cor.). Sp. 5 enthält

112. Das rückläufige Wörterbuch

Sprache(n), Sprachstufen	Bearbeiter/Herausgeber	Publikations-form	Quellenbasis	Sortier-einheit
Sanskrit	Grassmann 1873	Anh.	Cor.	L
	Whitney 1881	Anh.	Cor.	L
	Viśva Bandhu 1965	Rwb.	Wb.	L
	Schwarz/Pfeiffer 1978	Rwb.	Wb.	L
Altiranisch	Bartholomae 1904	Anh.	Wb.	L
Deutsch				
Mhd.	Wisbey 1967	Anh.	Cor.	WF
	Wisbey 1968 a	Anh.	Cor.	WF
	Wisbey 1968 b	Anh.	Cor.	WF
	Wisbey/Hall 1969	Anh.	Cor.	WF
	Wells/Wisbey/Murdoch 1976	Anh.	Cor.	WF
	Bäuml/Fallone 1976	Anh.	Cor.	WF
	Jones/Mück/Mück/Müller/ Spechtler 1978	Anh.	Cor.	WF
	Jones/Müller/Spechtler 1979	Anh.	Cor.	WF
	Boggs 1979	Anh.	Cor.	L
	Bachofer/v. Hahn/Möhn 1984	Rwb.	Wb.	L
Frnhd.	Alberus 1540	(Rwb.)	Original-werk	M
	Sappler 1974	Anh.	Cor.	L/WF
	Bauer 1982	Anh.	Cor.	L/WF
	Bauer 1984	Anh.	Cor.	L/WF
Nhd.	Mater 1965	Rwb.	Wb.	L
	Zikmund 1970	Rwb. (Ortsnamen)	Ortsnamen-verz.	L
	Rosengren 1972	Anh.	Cor.	WF
	Ortmann 1975	Anh.	Wb.	WF
	Bartlett 1976	Anh.	Cor.	WF
	Rosengren 1977	Anh.	Cor.	L
	Speidel 1978	Anh.	Cor.	WF
	Goldsmith 1980	Anh.	Cor.	WF
	Ruoff 1981	Anh.	Cor. (gespr. Sprache)	L
	Ortmann 1983	Anh.	Wb.	WF/M
	Ortmann 1983 a	Anh.	Wb.	L
	Brückner/Sauter 1984	Rwb.	Cor.	L
	Ortmann 1985	Anh.	Wb.	WF
	DFremdwb. 1986	Anh.	Wb.	L
	Muthmann 1988	Rwb.	Wb.	L/WF
Griechisch	Gradenwitz 1900	Anh.	Cor.	L
	Locker 1944	Rwb.	Wb.	L
	Buck/Petersen 1945	Rwb.	Wb.	L
	Hansen 1957	Rwb. (Eigennamen)	Wb.	L
	Lejeune 1964	Rwb.	Wb.	L
	Aland 1978	Anh.	Cor.	WF
Lateinisch	Gradenwitz 1904	Rwb.	Cor.	WF
	Maniet 1969	Anh.	Cor.	L
	Maniet/Paquot 1970	Anh.	Cor.	L
	Ott 1974	Rwb.	Cor.	WF
	Busa/Zampolli	Anh. (Enklitika)	Cor.	WF
	Delatte/Evrard/Goverts/ Denooz 1981	Rwb.	Cor.	WF
	Lomanto 1983	Anh.	Cor.	WF

Abb. 112.1: [Fortsetzung auf S. 1138]

Sprache(n), Sprachstufen	Bearbeiter/Herausgeber	Publikationsform	Quellenbasis	Sortiereinheit
Altkirchenslavisch	Sadnik/Aitzetmüller 1955	Anh.	Wb.	L
Russisch	Russischer Wortschatz 1915	Rwb.	Wb.	L
	Bielfeldt 1958	Rwb.	Wb.	L
	Vasmer/Greve/Kroesche 1958	Rwb.	Wb.	L
	Lazova 1974	Rwb.	Wb.	L
	Zaliznjak 1977	Rwb.	Wb.	L
Tschechisch	Slavíčková 1975	Rwb.	Wb.	L
Slowakisch	Mistrík 1976	Rwb.	Wb.	L
Französisch	Juilland 1965	Rwb.	Wb.	WF (Nomina)/L
Italienisch	Alinei 1962	Rwb.	Wb.	L
Englisch	Lehnert 1971	Rwb.	Wb.	L
Estnisch	Hinderling 1979	Rwb.	Wb.	L

Abb. 112.1: Rückläufige Wörterbücher und Wort(formen)listen (in Auswahl)

Informationen zur Sortiereinheit, denn die rückläufigen Einheiten können als Lemma/Grundform/Stichwort (L), als Wortform/Flexionsform (WF) oder als Morphem/Wortstamm (M) angeführt sein.

5. Literatur (in Auswahl)

5.1. Wörterbücher

Aland 1978 = Vollständige Konkordanz zum griechischen Neuen Testament. In Verbindung mit H. Bachmann u. W. A. Slaby hrsg. von Kurt Aland. Bd. II: Spezialübersichten. Berlin. New York 1978 [VII, 557 S.; Rückläufiges Wörterbuch der flektierten Formen S. 461—557].

Alberus 1540 = Erasmus Alberus: Novum Dictionarii genus, in quo vltimis seu terminalibus Germanicarum uocum syllabis obseruatis, Latina uocabula, cum suis quaecumque synonymis, additis loquendi etiam figuris ac modis protinus sese offerunt, Ex variis authoribus collectum. Frankfurt 1540. Nachdruck, mit einem Vorwort von Gilbert de Smet, Hildesheim. New York 1975 (Documenta Linguistica. R. I.). [XII*, o. S.; 2. Aufl. 1565].

Alinei 1962 = Mario L. Alinei: Dizionario inverso italiano, con indici e liste di frequenza delle terminazioni. A reverse index of the Italian language with frequency count and frequency lists of terminations. The Hague 1962 (Ricerche linguistiche e lessicografiche 1) [607 S.].

Allén 1981 = Sture Allén u. a.: Svensk baklängesordbog. Stockholm 1981 [483 S.].

Alsdorf-Bollée 1969 = Rückläufiger Stichwortindex zum romanischen etymologischen Wörterbuch. Zsgest. von Annegret Alsdorf-Bollée u. Isolde Burr. Heidelberg 1969 [124 S.].

Andrejčin 1975 = Obraten rečnik na săvremennija bălgarski ezik. (Otgovoren red. Ljobomir Andrejčin). Sofia 1975 [655 S.].

Anreiter 1987 = Peter P. Anreiter: Rückläufiges Wörterbuch des Bibelgotischen. Ein Entwurf. Insbruck 1987 [80 S.].

Aubineau 1985 = Frontini Index. Curante Ilnaro Costas Rodríguez. Hildesheim. Zürich. New York 1985 (Alpha-Omega A. 51). [III, 804 S.; Ordenación inversa de lemmas S. 703—768].

Bachofer/v. Hahn/Möhn 1984 = Wolfgang Bachofer/Walter von Hahn/Dieter Möhn: Rückläufiges Wörterbuch der mittelhochdeutschen Sprache. Auf der Grundlage von Matthias Lexers Mittelhochdeutschem Handwörterbuch und Taschenwörterbuch. Stuttgart 1984 [XL, 585 S.].

Bartholomae 1904 = Christian Bartholomae: Altiranisches Wörterbuch. 2., unveränderte Aufl. Berlin 1961 [XXXII, 2000 Sp.; rückläufiges Verzeichnis Sp. 1901—2000; 1. Aufl. Straßburg 1904].

Bartlett 1976 = James Ronald Bartlett: Word Index to Rainer Maria Rilkes German Lyric Poetry. Vol. II. Ann Arbor, Michigan 1976 (Xerox University Microfilms) [XIV, 429 S.; The Reverse Word Index S. 1—240].

Bauer 1982 = Heinrich Hallers Übersetzung der 'Imitatio Christi'. Hrsg. von Erika Bauer. Salzburg 1982 (Analecta Cartusiana 88) [224 S.; Rückläufiges Formenverzeichnis S. 179—214].

Bauer 1984 = Heinrich Hallers Übersetzung der 'Hieronymus-Briefe'. Hrsg. von Erika Bauer. Heidelberg 1984 (Germanische Bibliothek. N. F. Reihe 4. Texte). [536 S.; Rückläufiges Verzeichnis der lat.-dt. Wortgleichungen S. 287—319; Rückläufiges Formenverzeichnis S. 363—419].

Bäuml/Fallone 1976 = A Concordance to the 'Nibelungenlied' (Bartsch-de Boor Text) by Franz H. Bäuml and Eva-Maria Fallone. With a Structural Pattern Index, Frequency Ranking List, and Reverse Index. Leeds 1976 (COMPENDIA 7) [XIV, 901 S.; Reverse Index S. 879—801].

Becker 1980 = Donald Becker: Reverse Dictionary of Urdu. Columbia, Missouri 1980.

Bektaev 1971 = Qualdbai B. Bektaev: Quazag tilinin keri alfavitti sözdigi. Obratnyj slovar' kasachskogo jazyka. Alma-Ata 1971/1972 [173 S.].

Bennewitz-Behr 1984 = Ingrid Bennewitz-Behr/Diane Donaldson/George F. Jones/Ulrich Müller: Verskonkordanz zur Berliner Neidhart-Handschrift c (mfg 779). Band 1 u. 2: Verskonkordanz. Band 3: Kommentar. Göppingen 1984 (Göppinger Arbeiten zur Germanistik 418 I—III) [1892 S.; Alphabetisch rückläufiges Verzeichnis der Wort- bzw. Schreibformen (Lemmata), 1851—1892].

Berg 1972 = Berend van den Berg: Retrograad woordenboek van het Middelnederlands. Gravenhage 1972 [XII, 375 S.].

Bevzenko 1985 = Inversijnyï slovnyk ukraïnskoï movy. (Red.: S. P. Bevzenko). Kyïv 1985 [811 S.; Sonderband zu: Slovnyk ukraïnskoï movy. Red. kol.: I. K. Bilodid (et al.). T. 1—11. Kyïv 1970—1980].

Bielfeldt 1958 = Rückläufiges Wörterbuch der russischen Sprache der Gegenwart. Unter der Leitung u. Redaktion von Hans H. Bielfeldt. Berlin 1958 (Veröffentlichungen des Instituts für Slavistik. Sonderreihe Wörterbücher) [IV, 392 S.; 2. Aufl. 1965].

Boggs 1979 = Hartmann von Aue. Lemmatisierte Konkordanz zum Gesamtwerk. Bd. I u. II. Bearb. von Roy A. Boggs. Nendeln, Liechtenstein 1979 (Indices zur deutschen Literatur 12/13) [IX, 792 S.; Rückläufiges Verzeichnis der Lemmata: Konkordanz S. 763—786; Rückläufiges Verzeichnis der Lemmata: Lyrik-Index S. 787—792].

Bosque 1987 = Ignacio Bosque/Manuel Pérez Fernández: Diccionario inverso de la lengua española. Madrid 1987 [716 S.].

Brown 1963 = Normal and reverse English word list. Prepared at the Univ. of Pennsylvania under a contract with the Air Force Office of Scientific Research. Compiled under the direction of Augustus F. Brown. Philadelphia (?) 1963 [8 Bde.; nicht im Buchhandel].

Brückner 1984 = Tobias Brückner/Christa Sauter: Rückläufige Wortliste zum heutigen Deutsch. 2 Bde. Mannheim 1984 [856 S.].

Buck/Petersen 1945 = A Reverse Index of Greek Nouns and Adjectives. Arranged by terminations with brief historical introductions. By Carl Darling Buck and Walter Petersen. Chicago 1945 [XVII, 765 S.; Neudruck Hildesheim. New York 1970 u. 1984].

Busa 1975 = Roberto Busa/Antonio Zampolli: Concordantiae Senecanae. Accedunt index inversus, indices frequentiae. 2 Bde. Hildesheim. New York 1975 (Alpha-Omega A. 21) [Index inversus Bd. 2, S. 1—59].

Delatte 1981 = Louis Delatte/Etienne Evrard/Suzanne Govaerts/Joseph Denooz: Dictionnaire fréquentiel et index inverse de la langue latine. Liège 1981 [537 S.; Index inverse des formes S. 221—537].

DFremdwb. 1986 = Deutsches Fremdwörterbuch. Begründet von Hans Schulz, fortgeführt von Otto Basler, weitergeführt im Institut für deutsche Sprache. Bd. 7, Lfg. 2/3: Alphabetisches Register, rückläufiges Register [S. 337—432], chronologisches Register, Herkunftsregister. Bearbeitet von Alan Kirkness mit Andreas Huber/Hans Kubitscha/Uwe Sommer. Berlin. New York 1986.

Dicţionar invers 1957 = Dicţionar invers. Academia Republicii Populare Romîne. Institut de lingvistică. Bucureşti 1957 [772 S.].

Dolby 1967 = James L. Dolby/Howard L. Resnikoff: The English Word Speculum. The Hague. Paris 1967 [5 Bde.; Bd. 3: The Reverse Word List, XII, 339 S.; Bd. 5: Reverse Part-of-Speech Word List, XII, 339 S.].

Doria 1964 = Mario Doria: Indice retrogrado delle iscrizioni in lineare B di Pilo e di Micene. Trieste 1964 (Univ. degli studi di Trieste, Fac. di Lettere e Filosofia, Istituto di Glottologia 3) [40 S.].

Doroszewski 1965 = Indeks a tergo do słownika języka polskiego S. B. Lindego. Pod red. Witolda Doroszewskiego, elab. Renata Grzegorczykowa, Zofia Kurzowa a Jadwiga Puzyna. Warszawa 1965 [392 S.].

Dulewicz 1968 = Irena Dulewicz/Iryda Grek-Pabisowa/Irena Maryniak: Indeks a tergo do Materiałów do słownika języka staroruskiego I. I. Srezniewskiego. Oprac. pod kier. Antoniny Otrębskiej-Jabłońskiej. Warszawa 1968 [385 S.].

Faitelson-Weiser 1980 = Silvia Faitelson-Weiser: Dictionnaire inverse de l'espagnol à l'aide de l'ordinateur. Québec 1980ff.

Goldsmith et al. 1980 = Ulrich K. Goldsmith/Thomas Schneider/Robert C. Brownson/Samuel S. Coleman: A concordance to the complete lyrical poetry of Rainer Maria Rilke, including the German, French and Russian poems, with alphabetical and numerical indexes of first lines, ranking frequency list and reverse index. Leeds 1980 [XX, 1596 S.; Reverse Index to the German Forms in the German Poems S. 1281—1360; Reverse Index of French Forms S. 1563—1580].

Gordon 1956 = Cyrus Herzil Gordon: Ugaritic Textbook. 5. Aufl. Rom 1965 [XV, 361 S.; Anhang: Rückläufiges Verzeichnis der Wörter u. Eigennamen].

Gorog 1982 = Ralph de Gorog avec la collaboration de Lisa de Gorog: Dictionnaire inverse de l'ancien français. New York 1982 (medieval & renaissance. texts & studies 4) [X, 256 S.].

Gradenwitz 1900 = Otto Gradenwitz: Einführung in die Papyruskunde. I. Heft. Erklärung ausgew. Urkunden. Nebst einem Conträr-Index. Leipzig 1900 [Conträr-Index S. 167—189].

Gradenwitz 1904 = Otto Gradenwitz: Laterculi vocum latinarum. Voces latinas et a fronte et a tergo ordinandas curavit. Leipzig 1904 [546 S.; Voces ordinatur a tergo S. 281—546; Nachdruck Hildesheim 1966].

Gradenwitz 1931 = Otto Gradenwitz: Heidelberger Konträrindex der griechischen Papyrus-Urkunden. Bearb. von Friedrich Bilabel (u. a.). Berlin 1931 [X, 127 S.].

Grassmann 1873 = Hermann Grassmann: Wörterbuch zum Rig-Veda. 5., unveränd. Aufl. Wiesbaden 1976 [VIII, 1776 Sp.; Verzeichnisse nach dem Endlaute Sp. 1687—1740; 1. Aufl. Leipzig 1873].

Grzegorczykowa 1973 = Indeks a tergo do Słownika języka polskiego pod red. Witolda Doroszewskiego. Oprac. zespól pod kier. Renaty Grzegorczykowej i Jadwigi Puzyniny. Warszawa 1973 [558 S.; Index a tergo zu: Słownik języka polskiego. Red. W. Doroszewski. T. 1—11. Warszawa 1958—1969].

Gysseling 1977 = Corpus van middelnederlandse teksten (Tot en met het jaar 1300). Uitgegeven door Maurits Gysseling. Bd. 1—8. The Hague 1977 [Retrograde index S. 5475—5792].

Hansen 1957 = Rückläufiges Wörterbuch der griechischen Eigennamen. Im Auftr. d. Sächs. Ak. d. Wiss. unter Leitung von Franz Dornseiff ausgearb. von Bernhard Hansen. Berlin 1957 (Berichte über die Verhandlungen d. Sächs. Ak. d. Wiss. zu Leipzig. Phil.-hist. Kl. Bd. 102,4) [320 S.; Engl. Ausg.: Franz Dornseiff/Bernhard Hansen: Reverse Lexicon of Greek Proper Names. Chicago 1978. XIV, 340 S.].

Harris 1981 = Marvyn Roy Harris: Index inverse du Petit Dictionnaire Provençal-Français. Heidelberg 1981 [XII, 199 S.].

Hinderling 1972 = Robert Hinderling: Didaktik im germanistischen Lehrbuch. In: Linguistik u. Didaktik 3. 1972, 226—234. [S. 233f. Rückläufiges Verzeichnis der althochdeutschen Flexionsendungen].

Hinderling 1979 = Rückläufiges Estnisches Wörterbuch. Eesti keele pöördsõnaraamat (Sõnalõpuline leksikon). Reverse Dictionary of the Estonian Language. In Zusammenarb. mit Ludwig Hitzenberger, hrsg. von Robert Hinderling. Mit einer Bibliographie rückläufiger Wörterbücher von Anthony Rowley. Bayreuth 1979 (Bayreuther Beiträge zur Sprachwissenschaft 2) [LVIII, 635 S.].

Janssen 1984 = Lemmatisierte Konkordanz zu den Schweizer Minnesängern. Bearb. von Olga Janssen. Tübingen 1984 (Indices zur deutschen Literatur 17) [XII, 987 S.; Rückläufige Wortformenliste S. 948—987].

Jones 1978 = George Fenwick Jones/Hans-Dieter Mück/Heike Mück/Ulrich Müller/Franz Viktor Spechtler: Verskonkordanz zur Weingartner-Stuttgarter Liederhandschrift (Lyrik-Handschrift B). Aufgrund der revidierten Transkription von Otfried Ehrismann. Band 1 u. 2: Konkordanz. Band 3: Nachwort u. Materialien. Göppingen 1978 (Göppinger Arbeiten zur Germanistik 230/231) [985 S.; Alphabetisch rückläufiges Verzeichnis der Wort- bzw. Schreibformen (Lemmata) S. 931—965].

Jones 1979 = George Fenwick Jones/Ulrich Müller/Franz Viktor Spechtler unter Mitwirkung von Ingrid Bennewitz u. Renate Schaden-Turba: Verskonkordanz zur Kleinen Heidelberger Liederhandschrift (Lyrik-Handschrift A). Band 1 u. 2: Verskonkordanz. Band 3: Nachwort u. Materialien. Göppingen 1979 (Göppinger Arbeiten zur Germanistik 292—294). [1475 S.; Alphabetisch rückläufiges Verzeichnis der Wort- bzw. Schreibformen (Lemmata) S. 1445—1475].

Juilland 1965 = Alphonse Juilland: Dictionnaire inverse de la langue française. London. The Hague. Paris 1965 (Janua Linguarum, Series Practica VII) [LX, 504 S.].

Konjuchov 1975 = Nikolaj P. Konjuchov: Obratnyj slovar' novych slov i značenij russkogo jazyka. Słownik neologizmów języka rosyjskiego. Zielona Góra 1975 [80 S.].

Košak 1974 = Silvin Košak: Odzadni slovar hetitskih imen. Ljubljana 1974 [63 S.; Rückläufiges Wörterbuch der hethitischen Namen].

Kourmoulēs 1961 = Geōrgios Iōannou Kourmoulēs: Antistrophon lexikon tēs neas ellēnikēs. Athēnai 1961.

Kretschmer/Locker 1963 = Paul Kretschmer: Rückläufiges Wörterbuch der griechischen Sprache. Im Auftrag d. Wiener Ak. d. Wiss. 2., unveränd. Aufl. Mit Ergänzungen von Georg Kisser. Göttingen 1963 [VII, 717 S.; 1. Aufl. u. d. T.: Rückläufiges Wörterbuch der griechischen Sprache. Im Auftrag d. Wiener Ak. d. Wiss. unter d. Leitung ihres ord. Mitgl. Paul Kretschmer ausgearb. von Ernst Locker. Göttingen 1944; VII, 688 S.].

Krueger 1967 = John Richard Krueger: Mongolian Epigraphical Dictionary in Reverse Listing. The Hague 1967 (Uralic and Altaic Series 88) [60 S.].

Kuhn 1958 = Rückläufiges hebräisches Wörterbuch. Retrograde Hebrew Lexicon. Unter Mitarb. von Hartmut Stegmann u. Georg Klinzing hrsg. von Karl Georg Kuhn. Göttingen 1958 [144 S.; Wort-Lexikon S. 1—108; Eigennamen S. 109—144].

Kungurov 1969 = R. K. Kungurov/A. N. Tichonov: Uzbek tilinig čappa lugati. Obratnyj slovar' uzbekskogo jazyka. Samarkand 1969 [240 S.].

Kuraszkiewicz 1983 = Der polnische Wortbestand in J. Mączyńskis Lexicon Latino-Polonicum aus dem Jahre 1564. Bearb. u. hrsg. von Władysław Kuraszkiewicz. Unter Mitw. von Reinhold Olesch. Bd. II: Index a tergo. Köln. Wien 1983 (Slavistische Forschungen 44) [XXX, 192 S.].

Lazova 1974 = Obratnyj slovar' russkogo jazyka. Okolo 125 000 slov. (Glav. red.: M. V. Lazova). Moskva 1974 [944 S.].

Lehnert 1971 = Martin Lehnert: Rückläufiges Wörterbuch der englischen Gegenwartssprache. Reverse Dictionary of Present-day English. 2. Aufl. Leipzig 1973 [596 S.; 1. Aufl. 1971].

Lejeune 1964 = Michel Lejeune: Index inverse du Grec Mycénien. Paris 1964 (Éditions du Centre National de la Recherche Scientifique). [117 S.].

Locker 1944 s. *Kretschmer/Locker 1963*

Lomanto 1983 = Valeria Lomanto: Concordantiae in Q. Aurelii Symmachi Opera. A Concordance to Symmachus. Prepared under the supervision of Nino Marione and with computer assistance of Antonio Zampolli. Hildesheim. Zürich. New York 1983 (Alpha-Omega A. 54) [1112 S.; Reverse index S. 1055—1112].

Lutz/Strehle 1988 = Florentin Lutz/Dieter Strehle: Rückläufiges Wörterbuch des Surselvischen. Dicziunari Invers dil Romontsch Sursilvan. Tübingen 1988 [ca. 580 S.].

Maniet 1969 = Albert Maniet: Plaute. Lexique inverse, listes grammaticales, relevés divers. Hildesheim 1969 (Alpha-Omega A. 18) [VII, 201 S.; Lexique inverse S. 1—74].

Maniet 1970 = Albert Maniet/Annette Paquot: Plaute, Amphitryon. Index verborum, lexiques inverses, relevés lexicaux et grammaticals. Hildesheim. New York 1970 (Alpha-Omega A. 19). [VII, 220 S.; Lexique inverse S. 95—111; Liste inverse des formes S. 113—137].

Marvan = Jiří Marvan: Reverse Dictionary of Czech. University Park, Pennsylvania o. J.

Mater 1965 = Erich Mater: Rückläufiges Wörterbuch der deutschen Gegenwartssprache. 3. unveränderte Aufl. Leipzig 1970 [695 S.; 1. Aufl. 1965, 2. Aufl. 1967].

Matešić 1966/1967 = Josip Matešić: Rückläufiges Wörterbuch des Serbokroatischen. 2 Bde. Bd. 1: A—I. Bd. 2: I—Z. Wiesbaden 1966 u. 1967 [XI, 464 S. u. VII, 492 S.].

Mighetto 1985 = David Mighetto/Per Rosengren: Diccionario reverso (DR). Göteborg 1985 [VIII, 208 S.].

Miličik 1967 = Obraten rečnik na makedonskiot jazik. (Sost. Vladimir Miličik). Skopje 1967 [387 S.].

Mistrík 1976 = Retrográdny slovník slovenčiny. Bratislava 1976 [735 S.].

Muthmann 1988 = Gustav Muthmann: Rückläufiges deutsches Wörterbuch. Handbuch der Wortausgänge mit Beachtung der Wort- und Lautstruktur. Tübingen 1988 (Reihe Germanistische Linguistik 78) [998 S.].

Nieuwborg 1969 = Elie R. Nieuwborg: Retrograde woordenboek van de Nederlandse taal. Reeks theoretische en praktische voorstudies. Antwerpen 1969 [XV, 1115 S.].

Obratnyj slovar' russkogo jazyka s. *Lazova 1974*

Ortmann 1975 = Wolf Dieter Ortmann: Hochfrequente deutsche Wortformen I. 7995 Wortformen der Kaeding-Zählung in alphabetischer und rückläufiger Folge, nach Häufigkeit und nach Hauptwortarten. München 1975 [Rückläufige Sortierung S. B1—B68].

Ortmann 1983 = Wolf Dieter Ortmann: Wortbildung und Morphemstruktur eines deutschen Gebrauchswortschatzes. 4600 Wortformen und 1877 deutsche Morpheme aus vier neueren Häufigkeitslisten rechnersortiert nach morpho-phonematischen Merkmalen. München 1983 [529 S.; orthographisch-rückläufige Sortierung der 1656 einsilbigen dt. Morpheme S. 364—371; orthographisch-rückläufige Sortierung der 221 zweisilbigen dt. Morpheme S. 416—420].

Ortmann 1983 a = Wolf Dieter Ortmann: Hochfrequente deutsche Wortformen III. München 1983 [417 S.; rückläufige Sortierung der Lemmata S. 201—239].

Ortmann 1985 = Wolf Dieter Ortmann: Wortbildung und Morphemstruktur hochfrequenter deutscher Wortformen. München 1985 [531 S.; 182 zweisilbige deutsche Morpheme rückläufig alphabetisch S. 423f.].

Ott 1974 = Wilhelm Ott: Rückläufiger Wortindex zu Vergil: Bucolica, Georgica, Aeneis. Tübingen 1974 (Materialien zur Metrik und Stilistik 8) [VII, 192 S.].

Pape 1836 = Etymologisches Wörterbuch der griechischen Sprache. Zur Übersicht der Wortbildung nach den Endsylben geordnet von Wilhelm Pape. Berlin 1836 [XVI, 455 S.].

Papp 1969 = Ference Papp: A magyar nyelv szóvégmutató szótára. Reverse-alphabetized dictionary of the Hungarian language. Budapest 1969 [594 S.].

Počhua 1967 = Bidzina Počhua: Inversiuli leksik'oni. Inversionnyj slovar' gruzinskogo jazyka. Tbilisi 1967 [444 S.].

Poucha 1955 = Pavel Poucha: Institutiones linguae tocharicae. Pars 1: Thesaurus linguae tocharicae dialecti A. Prag 1955 (Monografie Archivu Orientálního 15) [Rückläufiges Verzeichnis S. 419—445].

Quemada 1961 = Bernard Quemada: Documents lexigraphiques français. I. Littré inverse. II. Larousse inverse. Besançon 1961 [Nicht im Buchhandel].

Reichert 1963 = Pierre Reichert: Glossaire inverse de la langue hittite. In: Revue Hittite et Asianique XXI, Fasc. 73, Paris 1963, 59—145.

Reineke 1963 = Adolf Erman/Hermann Grapow: Wörterbuch der ägyptischen Sprache. Bd. 8: Rückläufiges Wörterverzeichnis. Bearb. von Walter F. Reineke. Berlin 1963 [III, 132 S.].

Robinson 1976 = David F. Robinson: Lithuanian Reverse Dictionary. Cambridge, Mass. 1976 [IX, 209 S.].

Rosengren 1972/1977 = Inger Rosengren: Ein Frequenzwörterbuch der deutschen Zeitungssprache: Die Welt, Süddeutsche Zeitung. Bd. 1: Lund 1972 (Lunder germanistische Forschungen 41) [XLI, 1318 S.; Rückläufige Sortierungen S. 493—1314] Bd. 2: Lund 1977 (Lunder germanistische Forschungen 43) [XXIV, 1961 S.; Rückläufige Sortierungen S. 405—1073].

Rozycki 1981 = William Rozycki/Rex Dwyer: A Reverse Index of Manchu. Ed. by Denis Sinor. Bloomington, Indiana 1981 (Indiana Univ. Uralic and Altaic Ser. 140) [VI, 189 S.].

Ruoff 1981 = Arno Ruoff: Häufigkeitswörterbuch gesprochener Sprache, gesondert nach Wortarten alphabetisch, rückläufig alphabetisch und nach Häufigkeit geordnet. Unter Mitarb. von Harald Fuchs, Bernhard Gersbach, Rainer Graf, Simone Thiers. Tübingen 1981 (Idiomatica 8) [517 S.; Häufigkeitswörterbuch rückläufig-alphabetisch geordnet S. 191—352].

Russischer Wortschatz 1915 = Russischer Wortschatz in rückläufiger alphabetischer Folge. Berlin 1915 [318 S.; vgl. dazu Günther 1964; Keipert 1980 u. Gerhardt 1980, 278f.].

Sadnik 1955 = Linda Sadnik/Rudolf Aitzetmüller: Handwörterbuch zu den altkirchenslavischen Texten. The Hague. Heidelberg 1955 (Slavistic Printings and Reprintings 6) [XX, 341 S.; Teil II: Rückläufiger Index].

Sanneg 1908—1911 = Joseph Sanneg: Französisch-deutsches Wörter- und Namenbuch nach Endungen rückläufig-alphabetisch geordnet. Reim- und Ableitungswörterbuch der französischen Sprache. Hannover 1908—1911 [256 Sp.].

Sappler 1974 = Heinrich Kaufringer, Werke. Hrsg. von Paul Sappler. II. Indices. Tübingen 1974 [XXIV, 406 S.; Rückläufiges Formenverzeichnis S. 189—235].

Schaefer 1800 = Gottfried Heinrich Schaefer: Hochdeutsches Wörterbuch nach den Endsylben geordnet. Ein bequemes Hülfsbuch beym Sprachunterrichte, bey der Rechtschreibung und dem Reime. Weissenfels. Leipzig 1800 [LXXVI, 496 S.].

Schmitt 1973 = Rüdiger Schmitt: Reversindex zum Glossar der mittelpersischen und parthischen Steininschriften. In: Indo-Iranian Journal 15. 1973, 241—263.

Schwarz 1978 = Wolfgang Schwarz/Oskar E. Pfeiffer: Rückläufiges Wörterbuch des Altindischen. Reverse Index of Old Indian. Mit einem Vorw. von Manfred Mayrhofer. Wiesbaden 1978 [IX, 928 S.].

Slavíčková 1975 = Eleonora Slavíčková: Retrográdní morfematický slovník češtiny. S připojenými inventárními slovníky českých morfémů kořenových, prefixálních i sufixálních. Praha 1975 [645 S.].

Soida 1970 = Emilija Soida/Sarma Klaviņa: Latviešu valodas inversā vārdnīca. Red. K. Gailums, J. Karlins, A. Laua. Riga 1970 [256 S.].

Speidel 1978 = Walter Speidel: A Complete Contextual Concordance to Franz Kafka ‚Der Prozeß'. With Alphabetical and Reverse Word Indexes, a Ranking List of Frequencies and Several Indexes of Word Categories (Base Forms). Leeds 1978 (COMPENDIA 9) [XXIII, 1004 S.; Reverse Alphabetical Index to the Graphic Forms S. 963—1004].

Stahl 1973 = Fred A. Stahl/Gary E. A. Scavnicky: A Reverse Dictionary of the Spanish Language. Urbana. Chicago. London 1973 [181 S.].

Swanson 1967 = Donald C. Swanson: The names in Roman verse. A lexicon and reverse index of all proper names of history, mythology and geography found in the classical Roman poets. Madison 1967 [XIX, 425 S.].

Syntax 1826 = Allgemeines deutsches Reimlexikon. Hrsg. von Peregrinus Syntax. 1. u. 2. Bd. Mit einer Gebrauchsanleitung versehen von Hans Magnus Enzensberger. (insel taschenbuch 674) [XXXII, 829 S.; 1. Aufl. 1826].

Tollenaere 1976 = Felicien de Tollenaere/Randall L. Jones in Cooperation with Frans van Coetsem, Philipp H. Smith, Hon Tom Wong: Word-Indices and Word-Lists to the Gothic Bible and Minor Fragments. Leiden 1976 [XVI; 581 S.; Reverse Sorted Word-List S. 243—288].

Tuomi 1972 = Tuomo Tuomi: Suomen kielen käänteissanakirja. Reverse Dictionary of Modern Standard Finnish. Hämeenlinna 1972 [580 S.].

Ueno 1982 = Keiji Ueno/Shigeru Aihara: The Inverse-Compound Dictionary of Modern Chinese. Tokyo 1982 [671 S.].

Vasmer/Greve/Kroesche 1958/1959 = Russisches rückläufiges Wörterbuch. Zusammengest. von Rita Greve, Bärbel Kroesche unter der Leitung von Max Vasmer. 2 Bde. Bd. 1: A—N. Bd. 2: O— Я. Berlin. Wiesbaden 1958 u. 1959 [713 S. u. 595 S.].

Veenker 1968 = Wolfgang Veenker: Verzeichnis der ungarischen Suffixe und Suffixkombinationen. Zusammengest. und a tergo geordnet. Hamburg 1968 (Veröffentlichungen der Societas Uralo-Altaica 3) [105 S.].

Veenker 1969 = Wolfgang Veenker: Vogul Suffixes and Pronouns. An Index a tergo. The Hague 1969 [XIV, 65 S.].

Veenker 1971 = Wolfgang Veenker: Rückläufiges Wörterbuch der vogulischen Schriftsprache. Wiesbaden 1971 (Veröffentlichungen der Societas Uralo-Altaica 4) [94 S.].

Venezky/Butler 1985 = Richard L. Venezky/Sharon Butler: A Microfiche Concordance to Old English. The High Frequency Words. Newark. Toronto 1985 (Publication of the Dictionary of Old English 2). [als Anhang: Reversed spelling list].

Venezky/diPaolo Healey 1980 = Richard L. Venezky/Antonette diPaolo Healey: A Microfiche Concordance to Old English. Newark. Toronto 1980 (Publications of the Dictionary of Old English 1). [als Anhang: Reversed spelling list].

Vietze 1969 = Hans-Peter Vietze/Erich Mater/ Herwig Zeuner: Rückläufiges Wörterbuch zu 'Mang'hol un Niuca Tobca'an' (Geheime Geschichte der Mongolen). Leipzig 1969 [154 S.].

Vietze 1975 = Hans-Peter Vietze/Ludwig Zenker/ Ingrid Warnke: Rückläufiges Wörterbuch der türkischen Sprache. Leipzig 1975 [197 S.].

Vietze 1976 = Hans-Peter Vietze: Rückläufiges Wörterbuch der mongolischen Sprache. Unter Mitarb. von Ludwig Zenker. Leipzig 1976 [239 S.].

Viśva-Bandhu 1965 = Viśva-Bandhu: A Vedic Word-Concordance. Being a universal vocabulary register of about 500 Vedic works... Vol. 5,2: Index ab ultimo. Hoshiarpur 1965 (The Sāntakutī Vedic Series 15a) [628 S.].

Walker 1982 = Douglas C. Walker: Dictionnaire inverse de l'ancien français. Ottawa 1982 (Publications médiévales de l'Université d'Ottawa 10) [XXX, 832 S.].

Wells 1976 = David Wells/Roy Wisbey/Brian Murdoch: Concordances to the Early Middle High German Biblical Epic (Microfiche). Cambridge 1976 (Publications in Literary and Linguistic Computing). [David A. Wells: The 'Vorauer Bücher Moses'. Roy A. Wisbey: The 'Altdeutsche Exodus'. Brian O. Murdoch: The 'Anegenge'; mit Reverse indexes zu jedem Text].

Whitney 1881 = William Dwight Whitney: Index Verborum to the Published Text of the Atharva-Veda. In: Journal of the American Oriental Society 12. 1881 [Index by Finals S. 343—373].

Wisbey 1967 = Roy Wisbey: Vollständige Verskonkordanz zur 'Wiener Genesis'. Mit einem rückläufigen Wörterbuch zum Formenbestand. Berlin 1967 [842 S.; Anhang: Rückläufiges Wörterbuch zum Formenbestand der 'Wiener Genesis' S. 813—842].

Wisbey 1968a = A Complete Concordance to the Vorau and Straßburg 'Alexander'. With a Reverse Index to the Graphic Forms, an Index of Rhymes and a Ranking List of Frequencies. By Roy A. Wisbey. Leeds 1968 (COMPENDIA 1). [X, 563 S.; Reverse Index to the Graphic Forms S. 423—442].

Wisbey 1968b = A Complete Word-Index to the 'Speculum Ecclesiae' (Early Middle High German and Latin). With Reverse Index to the Graphic Forms. By Roy A. Wisbey. Leeds 1968 (COMPENDIA 2) [IX, 319 S.; Reverse Index to the Graphic Forms S. 287—319].

Wisbey 1969 = A Complete Concordance to the 'Rolandslied' (Heidelberg Manuscript). By Roy A. Wisbey. With Word Indexes to the Fragment Manuscripts by Clifton Hall. Leeds 1969 (COMPENDIA 3) [X, 750 S.; Reverse Index to the Graphic Forms S. 475—498; Reverse Indexes to the Fragments S. 643—648, 698—712, 733—739, 744f., 750].

Wolf 1971 = Elena M. Wolf/B. P. Narumov/A. S. Vaisbord/M. A. Kosarik: Obratnyj slovar' portugalskogo jazyka. Dictionario inverso da lingua portuguesa. Moskva 1971 [280 S.].

Zaliznjak 1977 = Andrej Anatol'evič Zaliznjak: Grammatičeskij slovar' russkogo jazyka. Slovoizmenenie. Okolo 100 000 slov. Moskva 1977 [879 S.; 2. Aufl. 1980; 3. Aufl. 1987].

Zikmund 1970 = Hans Zikmund: Rückläufiges Verzeichnis der Gemeindenamen der Deutschen Demokratischen Republik. Berlin 1970 [133 S.].

5.2. Sonstige Literatur

Bergmann 1984 = Rolf Bergmann: Prolegomena zu einem rückläufigen morphologischen Wörterbuch des Althochdeutschen. Göttingen 1984 (Studien zum Althochdeutschen. Hrsg. von der Kommission für das Althochdeutsche Wörterbuch d. Ak. d. Wiss. Göttingen 4).

Gärtner/Kühn 1984 = Kurt Gärtner/Peter Kühn: Indices und Konkordanzen zu historischen Texten des Deutschen. Bestandsaufnahme, Typen, Herstellungsprobleme, Benutzungsmöglichkeiten. In: Werner Besch/Oskar Reichmann/Stefan Sonderegger (Hrsg.): Sprachgeschichte. Ein Handbuch zur Geschichte der deutschen Sprache und ihrer Erforschung. Erster Halbband. Berlin. New York 1984 (Handbücher zur Sprach- und Kommunikationswissenschaft 2.1), 620—641.

Gerhardt 1980 = Dietrich Gerhardt: Wer hat das erste rückläufige Wörterbuch des Russischen verfaßt? Nachgedanken zu dem Aufsatz von Helmut Keipert (WS XXV, 1, S. 161—166). In: Die Welt der Slaven 25. 1980, 272—279.

Gerhardt 1981 = Dietrich Gerhardt: Nachtrag zum Nachtrag über rückläufige Wörterbücher. In: Die Welt der Slaven 26. 1981, 12—14.

Günther 1964 = Kurt Günther: Das erste rückläufige Wörterbuch der russischen Sprache. In: Zeitschrift für Slawistik 9. 1964, 693—695.

Hinderling 1969 = Robert Hinderling: Rez. zu Mater 1965. In: Neuphilologische Mitteilungen 70. 1969, 356—362.

Keipert 1980 = Helmut Keipert: Wer hat das erste rückläufige Wörterbuch des Russischen verfaßt? In: Die Welt der Slaven 25. 1980, 161—166.

Kirchner 1963 = Gottfried Kirchner: Rez. zu Bielfeldt 1958. In: Deutsche Literaturzeitung 84. 1963, 38—40.

Leclercq 1975 = Robert Leclercq: Aufgaben, Methode und Geschichte der wissenschaftlichen Reimlexikographie. Amsterdam 1975 (Amsterdamer Publikationen zur Sprache und Literatur 23).

Rowley 1979 = Anthony Rowley: Bibliographie rückläufiger Wörterbücher. In: Hinderling 1979, XLIII—LVIII.

Schlaefer 1984 = Michael Schlaefer: Formen lexikographischer Darstellungen morphologischer Zusammenhänge. In: Bergmann 1984, 61—116.

Schlaefer 1986 = Michael Schlaefer: Rez. zu Bachofer/v. Hahn/Möhn 1984. In: Beiträge zur Namenforschung. N. F. 21. 1986, 181—183.

Smet 1975 = Gilbert de Smet: Vorwort zum Nachdruck von Alberus 1540, I*—XII*.

Štindlová 1960 = Jitka Štindlová: Sur le classement inverse des mots et sur ce qu'on appelle 'Dictionnaire inverse'. In: Cahiers de lexicologie 2. 1960, 79—86.

Kurt Gärtner/Peter Kühn, Trier
(Bundesrepublik Deutschland)

113. Wörterbücher weiterer ausdrucksseitiger Paradigmen

1. Übersicht
2. Typologie
3. Literatur (in Auswahl)

1. Übersicht

Die quantitativ bedeutendste Lexikographie unserer Zeit ist vermutlich die Kreuzworträtsellexikographie. Diese fällt zudem auf durch absolute Unterordnung unter die Benutzerbedürfnisse. Kreuzworträtselwörterbücher sind inhaltsparadigmatisch, d. h. Wörterbücher nach Sachgruppen (Art. 105), analogische Wörterbücher (Art. 106) oder Umkehrwörterbücher (Art. 107). Das im Kreuzworträtsel gesuchte Wort steht aber nicht nur in sachlich-inhaltlichen Bezügen, es unterliegt auch formalen Zwängen wie z. B. Buchstabenzahl oder Position eines bestimmten Buchstabens im Wort. Zahlreiche Kreuzworträtselbücher, ferner Scrabble-Wörterbücher und Anagramm-Wörterbücher beschränken sich deshalb auf rein formale Paradigmen, die heutzutage mit dem Computer leicht sortiert werden können.

2. Typologie

Oberstes Typologiekriterium ist in den meisten Fällen die Buchstabenzahl, maximal zwischen 2 und 45 Buchstaben (Words 1986). Innerhalb der Buchstabenzahlgruppen sind drei Anordnungsprinzipien möglich, das einfachalphabetische, das positionsalphabetische und das kombinationsalphabetische.

Die einfachalphabetischen Wörterbücher enthalten Wörter (Hill 1977, mit Definitionen; M. R. W. 1983) oder Wortgruppen (Edwards 1981) in normaler oder rückläufiger Ordnung (Schwarz 1986, Edwards 1983, Fick 1938, Dictionnaire 1981, auch normal). Gelegentlich werden Wörter mit seltenen Buchstaben (J, Q, X, Z im Englischen) zusammengefaßt (Pulliam 1984, Words 1986).

Die positionsalphabetischen Wörterbücher listen alphabetisch alle Wörter auf, die in einer bestimmten Position den gleichen Buchstaben haben (Marshall 1982, auch wortalphabetisch, 750 000 Einträge; Weijters 1983 erfaßt zwei Positionen gleichzeitig, auch rückläufig), weil der Kreuzworträtsellöser oft bestimmte Positionen bereits gefüllt hat. Baker 1927 ist auf den ersten und letzten Buchstaben beschränkt.

Die kombinationsalphabetischen Wörterbücher folgen dem Prinzip des Anagramms (das bekanntlich keinen Geringeren als F. de Saussure fasziniert hat, vgl. Starobinski 1971, Wunderli 1972, Christmann 1974). Sie listen alphabetisch die mit der gegebenen Buchstabenzahl möglichen Buchstabenkonstellationen (z. B. **AAEILRSV**) auf und verweisen auf die Wortformen, die sich daraus bilden lassen (z. B. im Französischen *avaliser*, *laverais*, *salivera* und *valserai*). Mehr noch als dem Kreuzworträtsellöser (Edwards 1978) kommt dieses Verfahren dem Anagramm-Freund (Edwards 1985) und dem Scrabble-Spieler entgegen (Pialat 1981). Daneben gibt es Anagrammwörterbücher, die Wörter und Namen statt Buchstabenkonstellationen eintragen (Curl 1982, Hunter 1982, letzterer nach Buchstabenzahl geordnet).

AAEEHLMNNPT	ELEPHANT MAN
AAEEHLMRSTT	SET THE ALARM
AAEEHLNORTT	LEARN TO HATE
AAEEHLNPRSS	ENA SHARPLES
AAEEHLNPRTT	PLANET EARTH
AAEEHLQRSSU	EQUAL SHARES
AAEEHMNOORR	AMENORRHOEA
AAEEHMRRTWW	WARM WEATHER
AAEEHNOOSVZ	HAVE A SNOOZE
AAEEHNOSSVY	HAVE ONES SAY
AAEEHNOSVWY	HAVE ONES WAY
AAEEHPSTVWY	PAVES THE WAY
AAEEIILLTVV	ALLEVIATIVE
AAEEIILMRST	MATERIALISE

Textbeispiel 113.2: Ausschnitt aus einem Anagrammwörterbuch (aus: Edward 1985, 590)

```
**O**E*              *** WOORDLENGTE = 7, POSITIES <3,6> ***              **R**A*

klOppEn plOnzEn snOktEn trOniEs knOrrIg grOotMa woOnaRk stOrtTe gePopEl gePluKt laPweRk
klOppEr plOoiEn snOllEn trOnkEn koOlkIt quOruMs atOmiSt tjOepTe giPstEn gePooKt mePpeRs
klOptEn poOgdEn snOrdEn trOssEn koOltIp quOtuMs blOndSt toOstTe haPerEn gePraKt pyPweRk
klOpzEe poOidEn snOrdEr trOstEn koOlvIs blOzeNd blOodSt trOmpTe kaProEn gePriKt raPpoRt
klOssEn poOktEn snOrkEn trOtsEn koOrnIs drOgiNg blOotSt vlOekTe kaPstEr gePryKt ryPaaRd
klOstEn poOlzEe snOrkEr trOuwEn krOezIg geOpeNd brOedSe voOrsTe kePerEn gePulKt saPveRf
klOtsEn poOrtEn snOrrEn trOuwEr krOppIg gnOmoNs diOceSe vrOegTe kiPpeEi paPriKa taPpeRy
knObbEl poOsdEn soOrtEn viOliEr krOttIg klOviNg drOefSt wrOetEn saPryKe taPpeRs
knOedEl poOttEn spOedEn vlOedEn loOdwIt krOniNg drOgiSt zwOelTe koPieEn bePaaLd toPpeRs
```

Textbeispiel 113.1: Ausschnitt aus einem positionsalphabetischen Wörterbuch (aus: Weijters 1983)

Nur gelegentlich ist die Buchstabenzahl das nachgeordnete Ordnungskriterium, z. B. in dem nach Sachgruppen geordneten MacAuslane 1971. Zur Metalexikographie vgl. Wooldridge 1975 und Kister 1977.

3. Literatur (in Auswahl)

3.1. Wörterbücher

Baker 1927 = W. M. Baker: Bell's Acrostic Dictionary. New York 1927 [277 S.].

Christ 1747 = Johann Friedrich Christ: Anzeige und Auslegung der Monogrammatum, einzeln und verzogenen Anfangsbuchstaben der Nahmen, auch anderer Züge und Zeichen, unter welchen berühmte Mahler, Kupferstecher, und andere dergleichen Künstler, auf ihren Wercken sich verborgen haben. Leipzig 1747 [404 S.; Dictionnaire des monogrammes, chiffres, lettres initiales, logogryphes, rébus, etc. Traduit de l'allemand de M. Christ. Paris 1750, 1762].

Curl 1982 = Michael Curl: The Anagram Dictionary. London 1982 [248 S.].

Dictionnaire 1981 = Nouveau Dictionnaire des mots croisés. Paris 1981.

Edwards 1978 = R. J. Edwards: The Crossword Anagram Dictionary. London 1978 [274 S.].

Edwards 1981 = R. J. Edwards: The Crossword Phrase Dictionary. London 1981 [337 S.].

Edwards 1983 = R. J. Edwards: The Crossword Completion Dictionary. London 1983 [209 S.].

Edwards 1985 = R. J. Edwards: Longman Anagram Dictionary. London 1985 [1040 S.].

Fick 1938 = Auguste Fick: Panlexique. Dictionnaire des rimes spécialement composé à l'usage des mots-croisistes (...). Paris 1938 [Anderer Titel: Lexique mnémonique (...), 315 S.].

Hill 1977 = H. W. Hill: The Quickway Crossword Dictionary. 2. Aufl. London 1977 [484 S.; ¹1953].

Hunter 1982 = Samuel C. Hunter: Dictionary of Anagrams. London 1982 [267 S.].

MacAuslane 1971 = J. A. MacAuslane: Dictionary for Crossword Puzzles. London 1971 [504 S.].

Marshall 1982 = Evelyn Marshall: Longman Crossword Key. London 1982 [1209 S.].

M. R. W. 1983 = M. R. W.: The Crossword Companion. London 1983 [212 S.; 1. Aufl. 1952].

Pewters et al. 1986 = Chaz R. Pewters/Zac Wherpster/Ester C. Zwarp: Chambers Anagrams. Edinburgh 1986 [682 S.].

Pialat 1981 = Michel Pialat: Nouveau Larousse du Scrabble. Dictionnaire des jeux de lettres. Paris 1981 [34, 834 S.].

Pulliam 1984 = Tom Pulliam/Gorton Carruth: The Complete Word Game Dictionary. New York 1984 [XVI, 684 S.].

Schwarz 1986 = J. C. P. Schwarz: Back-Words for Crosswords. A reverse-sorted word list. Edinburgh 1986 [384 S.].

Weijters 1983 = Ton Weijters: Positiewoordenboek van de Nederlandse Taal. Lisse 1983 [ohne Pagin.].

Words 1986 = Chambers Words. Edinburgh 1986 [640 S.].

3.2. Sonstige Literatur

Christmann 1974 = Hans Helmut Christmann: Saussures Anagrammstudien. In: Romanische Forschungen 86. 1974, 229—238.

Kister 1977 = Kenneth F. Kister: Dictionary Buying Guide. New York 1977.

Kuhs 1982 = Elisabeth Kuhs: Buchstabendichtung. Heidelberg 1982.

Starobinski 1971 = Jean Starobinski: Les mots sous les mots. Les anagrammes de Ferdinand de Saussure. Paris 1971.

Wooldridge 1975 = Terence Russon Wooldridge: Le dictionnaire des mots croisés: types et méthodes. In: Cahiers de lexicologie 26. 1975, 3—14.

Wunderli 1972 = Peter Wunderli: Ferdinand de Saussure und die Anagramme. Linguistik und Literatur. Tübingen 1972.

Franz Josef Hausmann, Erlangen
(Bundesrepublik Deutschland)

114. Das Wortfamilienwörterbuch

1. Typen von Wortfamilienwörterbüchern
2. Funktionen von Wortfamilienwörterbüchern
3. Annäherungen an Wortfamilienwörterbücher
4. Makrostruktur der Wortfamilienwörterbücher
5. Mikrostruktur der Wortfamilienwörterbücher
6. Zur Geschichte der Wortfamilienwörterbücher
7. Die Wortfamilienwörterbücher in der Gegenwart
8. Das Wortfamilienwörterbuch in der Wörterbuchforschung
9. Literatur (in Auswahl)

1. Typen von Wortfamilienwörterbüchern

Ein Wortfamilienwörterbuch (WfWb.) ordnet den Wortschatz nicht primär alphabetisch-semasiologisch, sondern semasiologisch-wortbildungsbezogen. D. h., auf Grund der relativen Motiviertheit/Durchsichtigkeit lassen sich die komplexen Wörter, die ein gemeinsames Bauelement enthalten, zu Wortfamilien/Wortsippen/Nestern zusammenstellen (word family, famille des mots, gneszdo slov). Für das Bauelement finden sich u. a. die unterschiedlich definierten Begriffe Wurzel, Stamm, Grundwort; (Kern)-Morphem, Lexem, Element (vgl. Erk 1985, 14; Krallmann et al. 1972; zur historischen Entwicklung Jellinek 1914, 132). Solche Zusammenstellungen können sich entweder ergeben aus der synchronen Durchsichtigkeit einer Sprache auf Grund der metakommunikativen synchron etymologischen Kompetenz der Sprecher (Augst 1975 a, 156) oder aber diachron auf Grund der extrakommunikativen (wissenschaftlichen) Analyse des Zusammenhangs in früheren, gelegentlich sogar rekonstruierten Sprachstufen. Im ersteren Fall spricht man auch von „Fächerung" (Weisgerber 1963, 103) oder „Ableitungsgruppen" (Hansen 1982, 222).

2. Funktionen von Wortfamilienwörterbüchern

Ein WfWb. hat zwei Hauptfunktionen:

(a) Es dient als Lernerwörterbuch im (Fremd)-Spracherwerb; oft tritt es an die Stelle oder ist verbunden mit einer Wortkunde. Als Begründung gibt schon 1886 Pellisier für das Französische den Vorteil der inneren Struktur für das Lernen an; so auch Alfes (1980, 149) für das Englische und Erk (1985, 37) für das Erlernen des deutschen Fachwortschatzes. Dabei wird in der Literatur davor gewarnt, zu sehr auf Produktionsregeln zu setzen (Ortmann 1983, 111), da dem Fremdsprachenlerner oft nicht die speziellen Restriktionen der Fremdsprache bekannt sind. — Das WfWb. kann ferner den Rechtschreiberwerb stützen, besonders in Sprachen, die eine sehr morphologisch orientierte Rechtschreibung haben (Balhorn 1985).

(b) Es bildet eine Ordnungsstruktur des Wortschatzes ab, die diachrone und synchrone Relevanz hat. Ein diachrones WfWb. demonstriert die Entwicklung des Wortschatzes über die Jahrhunderte oder gar Jahrtausende. Munske (1985; speziell die Tabelle S. 37) hat das verbreitete Bild des ständigen Wachsens des „Stammbaumes" relativiert, indem er auch auf das Absterben von Wörtern und Wortfamilien hinweist.

Hundsnurscher/Splett (1982, 18) bemängeln, daß diachron und synchron „das alphabetische Prinzip [...] Bedeutungszusammenhänge nicht hervortreten /läßt/". Entscheidend für diese Funktion des WfWb.s ist, wieviel Wirkung man der etymologischen Motivation/der Motivbedeutung/der Bedeutungsindizierung/dem Bedeutungsmotiv im Gegensatz zur Zeichenfunktion der Wörter zusprechen will (Albrecht 1970, 27). De Saussure unterscheidet in diesem Sinne Sprachen mit einem mehr lexikologisch vs mehr grammatikalisch orientierten Wortschatz. — Neben dem diachronen Motiv des „Stammbaums" steht das synchrone Motiv der synchronen etymologischen Kompetenz des einzelnen, die neben dem kulturellen Wissen, das in der Wortbildung sich niederschlägt, die Regeln über die morphologische Struktur des Wortschatzes und die Möglichkeit seiner Erweiterung umfaßt. Jede nachfolgende Generation muß den Wortschatz neu durchstrukturieren und kann dabei zur selben Bedeutungsindizierung kommen oder eine Um- oder Entmotivierung vornehmen. Erst ein synchrones WfWb. kann die Elemente der Diskontinuität und Kontinuität für ein diachrones WfWb. aufdecken.

3. Annäherungen an Wortfamilienwörterbücher

Ein alphabetisch-semasiologisches Wörterbuch ist zur „Hälfte" ein WfWb., und zwar im Bezug auf alle Rechtserweiterungen. Sehr nahe verwandt mit dem WfWb. sind die etymologischen Wörterbücher (vgl. Art. 144). Auch sie sind oft nach Grundwörtern geordnet; bringen Ableitungen oder Zusammensetzungen (als Lemma) meist nur, wenn sie eine eigene besondere Etymologie oder Wortgeschichte haben; oder aber es werden ohne weitere Kommentierung unter den Artikel zum Stammwort alle/viele Zusammensetzungen oder Ableitungen hinzugesetzt (Wiegand 1984). Als Beispiele seien hier nur Partridge (1958) und Ernout/Meillet (1959) erwähnt. Dasselbe gilt für Wörterbücher, die ausschließlich oder zusätzlich (mehr) wortgeschichtlich ausgerichtet sind, z. B. Paul/Betz 1897.

4. Makrostruktur der Wortfamilienwörterbücher

Ein WfWb. kann als Alternative zu einem alphabetischen Wörterbuch verstanden werden. In diesem Sinne wurde es im 16.—18. Jh. konzipiert. Im 19. und 20. Jh. gilt es eher als ein Spezialwörterbuch und hat meist ein oder mehrere alphabetische Wörterbücher als Materialgrundlage, z. B. Liebich aus Heyne, Worth/Kozak/Johnson aus Ušakow, Ožegov/Šapiro. Der Ansatz von Grundwörtern/Stämmen/Lexemen aus komplexen Wörtern bringt in vielen Fällen die Frage mit sich, ob das komplexe Wort (durch Ableitung, Zusammensetzung, innere Flexion) noch durchsichtig ist. Dieselbe Frage stellt sich bei möglichen Metaphern, Metonymien und Lehnprägungen: Ist Polysemie, damit ein Lemma, oder Homonymie, damit zwei Lemmata, gegeben? Ein synchrones WfWb. kann dabei auf die synchrone etymologische Kompetenz der Sprachteilhaber rekurrieren. Der Umstand, daß unentscheidbare Fälle auftreten, spricht nicht dagegen, sondern ist Ausdruck eines Stadiums der diachronen Veränderung der Wortschatzstruktur (vgl. dagegen R. Bergmann 1973, 23). Ein diachrones WfWb. kann nicht oder nur bedingt auf den Sprachteilhaber Bezug nehmen, hat dafür aber den Vorteil, daß die sprachwissenschaftliche Analyse oder Rekonstruktion früherer Sprachstufen die Durchsichtigkeit von später verdunkelten Komposita, Ableitungen und Metaphern/Metonymien aufdecken kann. — Für den Benutzer eines WfWb.s ergibt sich, da er nicht das sinn-lose, aber sichere Auffindprinzip des Alphabets hat, die Anforderung, daß er grundsätzlich komplexe Wörter zu zerlegen in der Lage ist. Das funktioniert zudem beim synchronen WfWb. idealiter nur, wenn man eine Identität der synchronen etymologischen Kompetenz der Autoren/des Autors und des Benutzers annimmt, und beim diachronen WfWb., wenn der Benutzer über Kenntnisse in der historischen Sprachwissenschaft verfügt (am stärksten ausgeprägt bei dem althochdeutschen WfWb. von Graff). Die Autoren kommen daher den Benutzern oft dadurch entgegen, daß sie einen Verweis bei vermuteten strittigen Fällen aufnehmen (z. B. Pinloche) oder daß sie ein alphabetisches Register anfügen (z. B. Stieler, Massmann für Graff, Stucke, Tichonov). Einen ganz neuen Weg schlägt Rey-Debove im 'Robert Méthodique' ein, indem sie ein integriertes alphabetisches Wörterbuch und WfWb. in einem bietet, bei dem eine doppelte Verweisung von Stamm („élément") auf die Ableitung und umgekehrt erfolgt.

Viele WfWb.er bringen aus ihren Quellen nur eine begrenzte Auswahl: so machen Keller, Erk (mit Häufigkeitsangaben) und Ortmann die Frequenz zum Auswahlkriterium; Augst bringt Zusammensetzungen nur dann, wenn synchron die semantische Durchsichtigkeit zweifelhaft ist.

In der neusten Zeit hat man zur Aufarbeitung des Wortschatzes den Computer eingesetzt (Keller, Ortmann, Worth/Kozak/Johnson, Wolkonsky/Poltoratzky, Winter), jedoch kann es dabei zu sinnwidrigen Abtrennungen und damit Zusammenstellungen kommen (vgl. Schlaefer 1984, 87; Seibicke 1983, 272). Der Computer kann nur ein begrenztes Hilfsmittel sein. Die Lemmata und somit die Wortfamilien sind in den meisten Fällen alphabetisch geordnet, nur Graff folgt einem Prinzip der Systematik indogermanischer Wurzeln. Das Lemma wird meist durch Fettdruck, Versalien, Einzug der restlichen Information hervorgehoben. Manche Wörterbücher zählen die Wortfamilien durch (z. B. Stucke, Tichonov). Bei Pinloche und Cohen umfaßt eine zusätzliche senkrecht punktierte Linie unter dem Lemma die gesamte Wortfamilie.

5. Mikrostruktur der Wortfamilienwörterbücher

Der Wert eines WfWb.s ergibt sich daraus, wie es ihm gelingt, die Struktur der Wortfamilie darzustellen. Manche Wörterbücher stellen einfach alle Wörter zu einer Wortfamilie ohne weiteren Kommentar zusammen, bei Stucke sogar durchgezählt. Manche wenden auch ein festes Ordnungsprinzip nach Wortarten an, z. B. Wolkonsky/Poltoratzky. Pinloche versucht, diachrone und synchrone Informationen zu vereinen, indem er mit einem Winkelpfeil nur noch diachron anschließbare Wörter oder Wortgruppen hinzufügt. In vielen Wörterbüchern wird der etymologische Zusammenhang erklärt. — Die Ableitung wird oft dadurch verdeutlicht, daß in Ergänzung zum Wörterbuch Affixtabellen geboten werden, die die unterschiedliche Funktion der Präfixe, Suffixe, Präfixoide und Suffixoide deutlich machen (Bergmann, Keller, Pellissier, Wolkonsky/Poltoratzky); allerdings bleibt es dem Benutzer bei rein formalen Listen überlassen, welche Bedeutung (z. B. eines Präfixes) er bei einem bestimmten Wort für die Bedeutungsindizierung heranzieht. Nur bei wenigen Wörterbüchern wird beachtet, daß die Ableitungen und Zusammensetzungen ein Grundwort nicht total erfassen, sondern meist nur in einer bestimmten Bedeutung, z. B. Ortmann, am weitesten entwickelt bei Pinloche. — Das hervorstechendste Mittel zur Darstellung der Wortfamilienstruktur ist jedoch die ikonische Abbildung der Links-/Rechtsverzweigungen. Sehr ausführlich arbeitet schon Steinbach im

18. Jh. mit dem Mittel der Einrückung; Liebich, Keller im Anschluß an Worth/Kozak/ Johnson, Augst, Erk gehen noch einen Schritt weiter, indem sie das Grundwort in die Mittelachse stellen, so daß dann Links- und Rechtsverzweigungen deutlich hervortreten, z. B. Keller 1973, 33:

ab   gelt en
Ent   gelt
ent   gelt en
ent   gelt lich

ver   gelt en
Ver   gelt ung
un ent gelt lich

Das Beispiel stellt die eine Extremform des WfWb.s dar, da es sich darauf beschränkt, ein äußerlich, ikonisch geordnetes Inventar von Wortfamilien zu bieten; fast jede weitere Information über Semantik, Grammatik und Abhängigkeitsstruktur fehlt. Die andere Extremform ist ein „komplettes" semasiologisches WfWb., das alle Angaben,

---

gelten*, galt, gälte u. gölte, gegolten; bu giltſt, er gilt; gilt!, *intr.*: Wert haben: eine Mark gilt 100 Pfennige; dieses Geldstück gilt nicht in unserem Lande; ein Testament gilt; dieses Gesetz gilt noch immer; diese Verordnung gilt als Gesetz; sein Wort gilt überall; der Prophet gilt nicht in seinem Vaterlande, Spr.; er gilt für einen Ehrenmann; dasselbe gilt von allen ähnlichen Fällen; was gilt die Wette? die Wette gilt eine Flasche Wein; betreffen, angehen: wem gilt diese Rede, wen geht sie an? — sie gilt dir; gelten lassen, anerkennen: ich will diese Einwendung gelten lassen; bei Kampf und Gefahr: es gilt!; jetzt gilt's zu siegen; mit Angabe des Wertes oder Einsatzes: es gilt das Leben, den Frieden, deine Ruhe, dein Glück usw.; || bie **Geltung**, Wert: einen alten Gebrauch wieder zur Geltung bringen; eine Münze außer Geltung setzen; || *part. a.* **geltend**: Meinung usw.; man soll sein Recht geltend machen, machen, daß es anerkannt wird.
gelt?², *int.* = es gelte, fragender Ausruf, = nicht wahr?: du kommst, gelt?
entgelten*, *tr.*: Schaden büßen: das werde ich dich entgelten lassen; du sollst es mir entgelten; || baß **Entgelt**, -[e]s, Ersatz, Entschädigung: ohne Entgelt, ohne Kosten, gratis; || bie **Entgeltung**, Entgelten;|| *a.* **unentgeltlich**, umsonst, gratis: Unterricht usw.; bie **Unentgeltlichkeit**.
vergelten*, *tr.*: erwidern, belohnen, zurückzahlen: man soll nicht Böses mit Bösem vergelten; ich werde es dir vergelten; Gott vergelte es dir!; bie **Vergeltung**; baß **Vergeltungsrecht**; bie **Vergeltungsmaßregeln**, *pl.*, Repressalien; || *tr.* **wieder-vergelten***, erwidernd vergelten: einem etwas; bie **Wiedervergeltung**, Revanche: auf, zur Wiedervergeltung.

↑**Geld**, baß, -[e]s (ahd. u. mhd. gelt, Vergeltung, Bezahlung jeder Art): gemünztes Metall: kleines, bares, deutsches usw.; baß Kupfer-, Papiergeld; Geld schlagen, prägen, münzen; Geld borgen, vorstrecken, zahlen, einziehen, ausgeben, auftreiben, verdienen; zu Gelde machen, gegen Geld tauschen; [nicht] bei Geld[e] sein, [kein] Geld haben; von seinem Gelde leben; er hat Geld wie Heu, Spr., viel Geld; ich bin um mein Geld, es ist verloren; er kommt dabei nicht zu seinem Gelde; wieder zu seinem Gelde kommen; Geld regiert die Welt, Spr.; Geld behält das Feld, Spr.; kein Geld, keine Ware, Spr.; Geld ist die Losung, Spr.; wo Geld ist, will Geld hin, Spr.;

überhaupt was man zahlt, Abgabe, Steuer u. Ähnliches: baß **Brücken-, Dienst-, Fahr-, Opfer-, Straf-, Wegegeld** usw.; || *dim.* baß **Geldchen**, -s, kleine Habe: er wollte sein Geldchen auch dazu tun, zu einem Ankauf; || im Plural: bie **Gelder**, Fonds: öffentliche, private; Abgaben, Gebühren: bie Hafen-, Lotsengelder; || ber **Geldadel**, der nur durch Geld erreicht wird; Gesamtheit der reichsten Leute; -**beitrag**; -**beutel**; -**brief**, Geldsendung enthaltend; -**erwerb**; -**handel**; -**händler**, Bankier; -**kasten**, zur Aufbewahrung des Geldes; -**mäkler** 135,4; -**mann**, *pl.* Geldleute; -**mangel**; -**markt**; -**posten**, Summe; -**preis**, Kurs; -**sack**; -**schneider**, Schwindler; -**schrank** 134,6, Geldkasten; -**stolz**; -**wucher**; -**wucherer**; || bie **Geldangelegenheit**; -**anlage**; -**anleihe**; -**armut**; -**buße**, Geldstrafe; -**einnahme**; -**entschädigung**; -**erpressung**; -**forderung**; -**gier**; *a.* **geldgierig**; -**hilfe**; -**katze**, lederner Gürtel zur Aufbewahrung des Geldes; -**klemme**, Geldverlegenheit; -**krisis**; -**not**, großer Geldmangel; -**sorte**, Sorte der baren Geldes, Gold-, Silber-, Nickelmünze; -**spende**; -**strafe**: jemandem eine Geldstrafe auferlegen, oder: einen in [50 Mark] Geldstrafe nehmen; -**tasche** 73,14; -**verlegenheit**; -**verschwendung**; || baß **Geldstück** 135,1.
Angeld, baß: Geld zum Zeichen eines geschlossenen Vertrags.
Aufgeld, baß: Geld, welches zur Fertigung eines Vertrages oder beim Wechseln hinzu gegeben wird, Agio.
Ungeld, baß: (für Umgeld, entstellt aus Ohmgeld); ursprünglich nicht regelmäßige Abgabe; Steuer.
↑**Gilde**, bie, -n (engl. guild): geschlossene Körperschaft von Kaufleuten und Handwerkern, zunächst zur Bestreitung von Lebenskosten durch gemeinsames Geld; Innung, Zunft, Korporation.
↑**Gülte**, bie, -n: Zins, Abgabe (nur noch in Oberdeutschland).
↑**gültig** (richtiger als: giltig), *a.*: Geltung habend: Vertrag, Münze, Fahrschein usw.; bie **Gültigkeit**: dieser Fahrschein hat 45 Tage Gültigkeit; *a.* **ungültig**, nicht gültig: ungültig machen, annullieren; für ungültig erklären; Wahl usw.; bie **Ungültigkeit**; bie **Ungültigkeitserklärung**.

Textbeispiel 114.1: A. Pinloche, Etymologisches Wörterbuch der deutschen Sprache. Paris, Leipzig 1922, 172.

die ein alphabetisches Wörterbuch enthält, auch bietet, dazu aber noch die Einordnung der einzelnen Wörter zu und in Wortfamilien unter Beachtung der Bedeutung. Als bisher bestes WfWb. vgl. dazu zum selben Stamm/ Lexem einen Auszug aus Pinloche (Textbeisp. 114.1).

6. Zur Geschichte der Wortfamilienwörterbücher

Das WfWb. ist als Typ offensichtlich nur auf drei Sprachen beschränkt: das Deutsche, Russische und Französische. In vielen anderen Sprachen, z. B. dem Spanischen, Englischen, Nordischen, sonstigen slawischen Sprachen, Türkischen, ist es unbekannt. — Bei den ersten Bemühungen, nationalsprachliche Wörterbücher zu verfassen, tritt in der theoretischen Diskussion des 16.—18. Jhs. das WfWb. als Konkurrent zum alphabetisch-onomasiologischen Wörterbuch auf (Schlaefer 1984, 63).

In dieser Tradition stehen im Deutschen die Wörterbücher von Schottel(ius) (1663), Stieler 1691, Steinbach 1734. Die historische Forschung hat nur ansatzweise versucht, WfWb.er auf indogermanischer Grundlage zu entwickeln, so Graff (1834—1846) für das Althochdeutsche, Benecke/ Müller/Zarncke (1854—1861) für das Mittelhochdeutsche und Liebich (1899) für das Neuhochdeutsche. Mehr populärwissenschaftlich oder als Lernerwörterbücher sind konzipiert Hastings (1911), Stucke (1912), Pinloche (1922), Bergmann (1923). Für das Russische nennen Wolkonsky/Poltoratzky (1961: VII) als Vorläufer ein WfWb. von Reiff Korneslov (St. Petersburg 1835), ferner gibt es Leger (1894), Zelinskij (1905), Patrick (1938). Im Französischen ist der erste umfassende Versuch eines WfWb.s durch den Dictionnaire de l'Académie française (1695) gewagt worden. Er wurde jedoch von Diderot u. a. heftig kritisiert (vgl. Quemada 1967). Das wichtigste WfWb. stammt von Charrassin (1842) auf rein synchroner Grundlage mit einem sehr interessanten Artikelaufbau.

7. Die Wortfamilienwörterbücher in der Gegenwart

Die Einengung auf das Russische, Französische und Deutsche besteht auch in der Gegenwart, jedoch hat Krause (1975) ein Lernerwörterbuch für Esperanto, geordnet nach Wortfamilien, vorgelegt. Während Hansen (1982, 36) darauf hinweist, daß im Englischen oft unterschiedliche Stämme zu einer „Bedeutung" gehören, z. B. *mind — mental,* so daß deshalb ein WfWb. nicht lohnt, konstatieren Wolkonsky/Poltoratzky (1961) in ihrem „Handbook of Russian Roots": „The pattern of roots is more clearly preserved in Russian than in any other Slavic or indeed Indo-European tongue."

Neuere russische WfWb.er stammen von Poticha (1964), Worth/Kozak/Johnson (1970) und Tichonov (1985). Herman (1975) umfaßt vier slawische Sprachen (Russisch, Polnisch, Tschechisch und Serbokroatisch). Im Französischen (vgl. Hausmann 1983, 130—134) sind drei Wörterbücher mit unterschiedlichem Ansatz zu nennen: Rey/ReyDebove/Cottez (1971), Cohen (1973) und Rey-Debove (1982). Im Deutschen stehen neben dem Fremdwörterbuch von Schulz/Basler/Kirkness (1913—1983) in neuster Zeit Keller (1973, 1978), Augst (1975), Ortmann (1983), Erk (1985) und Kandler in Vorbereitung (vgl. Winter 1985).

8. Das Wortfamilienwörterbuch in der Wörterbuchforschung

Nach der frühen Grundsatzdebatte um das WfWb. im 16.—18. Jh. ist dieser Wörterbuchtyp kaum Gegenstand der Forschung gewesen. Im 19. Jh., der Zeit der historischen Sprachwissenschaft, blieb erstaunlicherweise das Interesse an einem diachronen WfWb. sehr gering. Das einzige WfWb. stammt von dem Sanskritforscher Liebich; Bergmann und Stucke haben mehr populärwissenschaftliche Absichten, wobei z. B. Bergmann die Wahl des Typs WfWb. zwar in der Einleitung (1923, VIII) erwähnt, aber nicht näher begründet. Nach dem Wandel zur strukturalistischen Linguistik wird öfters (z. B. Antal 1963, 76) „a new type of dictionary" gefordert, auf der Basis von Morphemen „as the only true dictionary" (81). Aber erst ab 1970 kommt es zu einer Diskussion über das WfWb. für das Russische, Französische und Deutsche: Worth/Kozak/Johnson diskutieren für ihr russisches WfWb. den Einsatz des Computers und die Grenzen der ikonischen Darstellung, z. B. bei doppelten Derivationsmöglichkeiten (S. XV). In Frankreich dreht es sich vor allem um das Homonymie-Polysemie-Problem (vgl. Hausmann 1983; für das Deutsche aber auch Bergmann 1973). In der deutschen Wörterbuchforschung gibt es vier Diskussionsansätze: (a) den Einsatz von Computern (Keller 1973, Schott 1984, Winter 1985), (b) die Problematik synchroner etymologischer Kompetenz vs Diachronie (Augst 1975 a), (c) das Vorhaben der semantischen Indizierung von Affixen (Schott 1984),

(d) das Vorhaben eines „Wortfamiliengeschichtenwörterbuchs" (Hundsnurscher 1985, Splett 1985, 1986).

Während die Probleme (a) und (b) oben schon erwähnt wurden, seien kurz (c) und (d) erläutert. Schott (1984) schlägt vor, nicht einfach dem WfWb. eine Affixtabelle hinzuzufügen, sondern die Affixe semantisch sowie nach ihrem Bildungstyp zu indizieren, z. B. -er^1 Nomen agentis, -er^2 Nomen instrumenti usw. Diese Indexzahlen sollen dann im WfWb. bei den betreffenden Ableitungen angefügt werden und somit die Zugehörigkeit zu semantischen Bildungsmustern verdeutlichen. Dadurch wird es auch möglich, komplexe Homophone als „Bedeutungsklumpen" (Weisgerber 1971, 201) zu zerschlagen, wie dies schon Liebich (1899) in seinem WfWb. versucht. *„verschreiben"* hat nicht mehrere Bedeutungen — wie uns die alphabetisch-semasiologischen Wörterbücher vorspiegeln —, sondern es gibt zu *schreiben* mindestens drei abgeleitete Wörter: *verschreiben*, 'falsch schreiben', *verschreiben* 'ärztlich verordnen' und *verschreiben* 'vererben'. — Hundsnurscher (1985) und Splett (1986) arbeiten an einer Geschichte der Wortfamilien vom Althochdeutschen bis zur Gegenwart. Sie soll die Enge isolierter Einzelwortgeschichten überwinden. Dazu werden sie zunächst vier Wortfamilienwörterbücher zum Althochdeutschen, Mittelhochdeutschen und Neuhochdeutschen des 18. Jh. und dem gegenwärtigen Deutschen erstellen. Die vier Wörterbücher sollen alle demselben Aufbau folgen, so daß Veränderungen leicht registrierbar sind. Neben der teils ikonischen Abbildung von Wortbildung wird jedem komplexen Wort eine Strukturformel zugeordnet, die durch Klammerung die Struktur und grammatische Einstufung deutlich machen soll, z. B. zu *brehhan* (Splett 1986):

brehhon	sw. V. (wV)Von/	'bedrängen, heimsuchen'
ana-	p((wV)Von)/	'heftig losbrechen (gegen)'
gi-	p(p((wV)Von))/	'zornig losbrechen (gegen)'
muot-	((wS)+(wV))Von/ (wS)((wV)Von	'(sich) in Gram verzehren'
zugil-	*(((wV)sS)+(wV))Von/ ((wV)sS)((wV)Von)	'die Zügel zerreißen'

Desiderate der Forschung sind: Für das WfWb. ist überhaupt noch nicht die Valenzentwicklung bei der Ableitung bedacht worden, z. B. *hoffen auf, Hoffnung auf;* aber: *etw. von jem. erwarten > Erwartung an jem.* — Nicht zureichend gelöst ist — neben der Affixindizierung — das Phänomen der semantischen Zuordnung, z. B. ist *verhütten* nur eine Ableitung zu *Hütte* 'Eisenerzbetrieb'. Aus diesem Grund wird es wahrscheinlich notwendig sein, selbst synchron nicht belegte Bedeutungen als Zwischenglieder hypothetisch anzusetzen. Nicht gelöst ist auch das Problem des doppelten Ableitungsweges (vgl. aber Splett 1986) und der Darstellung der Parallelität in der Wortbildung; einmal onomasiologisch, z. B. *Schinken* 'Fleisch' > 'Buch', *Schwarte* 'Fleisch' > 'Buch' oder *grün > grünlich, blau > bläulich;* zum anderen innerhalb der Wortfamilien, z. B. Abb. 141.1:

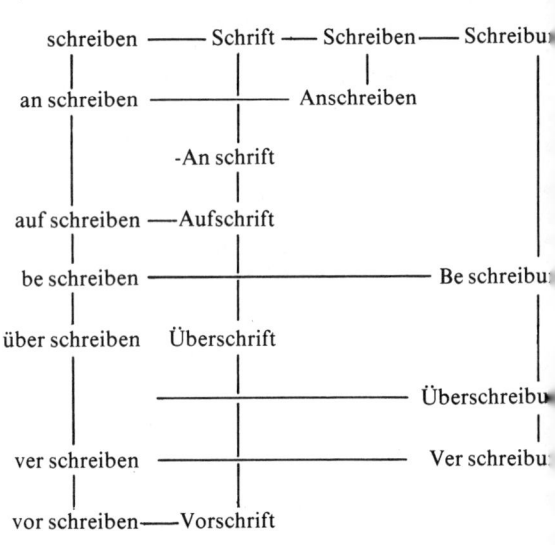

```
schreiben ——— Schrift ——— Schreiben ——— Schreibu
    |                          |
an schreiben ——————————— Anschreiben
                |
            -An schrift
                |
auf schreiben ——Aufschrift
    |
be schreiben ————————————————————— Be schreibu
    |
über schreiben  Überschrift
                ——————————————————— Überschreibu
    |
ver schreiben ————————————————————— Ver schreibu
    |
vor schreiben——Vorschrift
```

Abb. 114.1: Parallele Wortbildung in einer Wortfamilie

Aber vielleicht werden damit auch die Grenzen des ikonisch Darstellbaren überschritten.

9. Literatur (in Auswahl)

9.1. Wörterbücher

Académie 1695 = Le grand dictionnaire de l'Académie françoise. Seconde édition. Tome Premier. Amsterdam 1695 [406 S.].

Augst 1975 = Gerhard Augst: Lexikon zur Wortbildung. Morpheminventar. 3 Bde. Tübingen 1975 [zus. 1306 S.].

Balhorn 1985 = Heiko Balhorn: Grundwortschatz. Hamburg 1985 [240 S.].

Benecke/Müller/Zarncke 1854 = Mittelhochdeutsches Wörterbuch. Erarbeitet v. Georg Benecke/

Wilhelm Müller/Friedrich Zarncke. 4 Bde. Leipzig 1854—1866 [zus. 3664 S.].

Bergmann 1923 = Karl Bergmann: Deutsches Wörterbuch [...] alphabetisch und nach Wortfamilien geordnet. Leipzig 1923 [355 S.].

Charrassin 1842: Dictionnaire des racines et dérivés de la langue française [...] par Frédéric Charrassin. Paris 1842 [758 S.].

Cohen 1976 = Marcel Cohen/Maurice Davau/Maurice Lallemand: Dictionnaire du français vivant. Paris 1976 [1338 S.].

Erk 1985 = Heinrich Erk: Wortfamilien in wissenschaftlichen Texten. Ein Häufigkeitsindex. München 1985 [434 S.].

Ernout/Meillet 1959 = Alfred Ernout/Antoine Meillet: Dictionnaire étymologique de la langue latine. Histoire des mots. 4e édition. Paris 1959 [827 S.].

Graff 1834 = Eberhard G. Graff: Althochdeutscher Sprachschatz [...]. 7 Bde. Berlin 1834—1842 [zus. 6 490 S.].

Hastings 1911 = Florence Emily Hastings: Studies in German Words and Their Uses. Boston. New York. Chicago 1911 [259 S.].

Herman 1975 = Louis Jay Herman: A dictionary of Slavic word families. New York 1975 [667 S.].

Keller 1973 = Howard H. Keller: German Root Lexikon. Florida 1973 [149 S.].

Keller 1978 = Howard H. Keller: A German Word Family Dictionary. Together with English Equivalents. Berkely. Los Angeles. London 1978 [291 S.].

Krause 1975 = Erich Dieter Krause: Taschenwörterbuch Esperanto-Deutsch. 2. Aufl. Leipzig 1975 [190 S.].

Leger 1894 = Louis P. M. Leger: Les Racines de la langue russe. Paris 1894 [zit. nach Keller 1973].

Liebich 1899 = Die Wortfamilien der lebenden hochdeutschen Sprache als Grundlage für ein System der Bedeutungslehre [...] bearb. v. Bruno Liebich. Breslau 1899 [521 S.].

Ortmann 1983 = Wolf Dieter Ortmann: Wortbildung und Morphemstruktur eines deutschen Gebrauchswortschatzes. München 1983 [529 S.].

Partridge 1958 = Eric Partridge: Origins. A Short Etymological Dictionary of Modern English. London 1958 [972 S.].

Patrick 1938 = George Z. Patrick: Roots of the Russian Language. New York 1938 [239 S.].

Paul/Betz 1897 = Hermann Paul: Deutsches Wörterbuch. Bearb. v. Werner Betz. 6. Aufl. Tübingen 1966 [841 S.].

Pellissier 1886 = Eugène Pellissier: French Roots and Their Families. A Synthetic Vocabulary Based Upon Derivations [...]. London 1886 [429 S.].

Pinloche 1922 = A. Pinloche: Etymologisches Wörterbuch der deutschen Sprache. Paris. Leipzig 1922 [805 S.].

Poticha 1964 = Z. A. Poticha: Škol'nyi slovoobrazovatel'nyj slovar'. Moskau 1964 [390 S.].

Rey-Debove 1982 = Josette Rey-Debove (ed.): Le Robert méthodique. Dictionnaire méthodique du français actuel. Paris 1982 [1617 S.].

Rey/Rey-Debove/Cottez 1971 = Alain Rey/Josette Rey-Debove/Henri Cottez: Micro Robert. Dictionnaire du français primordial. Paris 1971 [1207 S.].

Sanders 1860—1865 = Daniel Sanders: Wörterbuch der deutschen Sprache. Mit Belegen von Luther bis auf die Gegenwart. 3 Bde. Leipzig 1860—1865 [3718 S.].

Schottel 1663 = Justus Georg Schottelius: Ausführliche Arbeit von der Teutschen Haubt Sprache [...]. Braunschweig 1663 [Nachdruck Tübingen 1967] [2 Bde., 1466 S.].

Schulz/Basler/Kirkness 1913 = Deutsches Fremdwörterbuch. Bd. 1 Hans Schulz. Straßburg 1913 [Nachdruck Berlin 1974]; Bd. 2 Otto Basler. Berlin 1942 [Nachdruck Berlin 1974]; Bd. 3—6 Alan Kirkness. Berlin 1977—1983 [zus. 3398 S.].

Steinbach 1734 = Christoph Ernst Steinbach: Vollständiges Deutsches Wörterbuch [...] 2 Bde. Breßlau 1734 [Nachdruck Hildesheim 1973; zus. 2220 S.].

Stieler 1691 = Caspar von Stieler: Der Teutschen Sprache Stammbaum und Fortwachs oder Teutscher Sprachschatz [...] Nürnberg 1691 [Nachdruck Hildesheim 1698] [3 Bde., ca. 4610 S.].

Stucke 1912 = Georg Stucke: Deutsche Wortsippen. Ein Blick in den Verwandtschaftszusammenhang des deutschen Wortschatzes. Ansbach o. J. [1912] [306 S.].

Tichonov 1985 = A. N. Tichonov: Slovoobrazovatel' nyj slovar' russkogo jazyka 2 Bde. Moskau 1985 [zus. 1737 S.].

WdG = Wörterbuch der deutschen Gegenwartssprache, hrsg. v. Wolfgang Steinitz und Ruth Klappenbach. 6 Bde. Berlin 1961—1977 [4579 S.].

Wolkonsky/Poltoratzky 1961 = Catherine A. Wolkonsky/Marianna A. Poltoratzky: Handbook of Russian Roots. New York. London 1961 [414 S.].

Worth/Kozak/Johnson 1970 = Dean S. Worth/Andrew S. Kozak/Donald B. Johnson: Russian Derivational Dictionary. New York 1970 [747 S.].

Zelinskij 1905 = Vasilij A. Zelinskij: Korni slov russkogo jazyka. St. Petersburg 1905 [zit. nach Keller 1973].

9.2. Sonstige Literatur

Albrecht 1970 = Jörn Albrecht: Le Français Langue abstraite? Tübingen 1970.

Alfes 1980 = Leonhard Alfes: Potentielle Wortkompetenz: Herkunft, Umfang, Didaktisierbarkeit. In: Linguistik und Didaktik 11. 1980, 149—159.

Antal 1963 = László Antal: A New Type of Dictionary. In: Linguistics 1. 1963, 75—84.

August 1975 a = Gerhard Augst: Überlegungen zu einer synchronen etymologischen Kompetenz. In:

Gerhard Augst: Untersuchungen zum Morpheminventar der deutschen Gegenwartssprache. Tübingen 1975, 156—230.

Bergmann 1973 = Rolf Bergmann: Zur Abgrenzung von Homonymie und Polysemie im Neuhochdeutschen. In: Archiv für das Studium der neueren Sprachen und Literaturen 125. 1973, 22—40.

Hansen 1982 = Barbara Hansen et al.: Englische Lexikographie. Leipzig 1982.

Hausmann 1983 = Franz Josef Hausmann: Wörterbücher in Frankreich und Deutschland: Ein Vergleich. In: Studien zur neuhochdeutschen Lexikographie III. Hrsg. von Herbert Ernst Wiegand. Hildesheim. Zürich. New York (Germanistische Linguistik 1—4/82), 119—155.

Holly 1986 = Werner Holly: Wortbildung und Wörterbuch. In: Lexicographica 2. 1986, 195—213.

Hundsnurscher 1985 = Franz Hundsnurscher: Wortfamilienforschung als Grundlage einer Bedeutungsgeschichte des deutschen Wortschatzes. In: Germanistik — Forschungsstand und Perspektiven. Vorträge des Deutschen Germanistentages 1984. Hrsg. v. Georg Stötzel. 1. Teil. Berlin 1985, 116—123.

Hundsnurscher/Splett 1982 = Franz Hundsnurscher/Jochen Splett: Semantik der Adjektive des Deutschen. Opladen 1982.

Jellinek 1914 = Max Hermann Jellinek: Geschichte der neuhochdeutschen Grammatik von den Anfängen bis Adelung. 2. Halbbd. Heidelberg 1914.

Keller 1973 = Howard H. Keller: Establishing a German Root System by Computer. In: Computers and the Humanities 7. 1973, 199—207.

Krallmann 1972 = D. Krallmann/U. Krumnack/H. G. Soeffner: Studien zur Morphologie des Deutschen. Hamburg 1972.

Malkiel 1976 = Yakov Malkiel: Etymological Dictionaries. A Tentative Typology. Chicago. London 1976.

Munske 1985 = Horst Haider Munske: Lexikologie und Wortgeschichte. In: Hundsnurscher 1985, 27—43.

Quemada 1967 = Bernhard Quemada: Les dictionnaires du français moderne 1593—1863. Etude sur leur histoire, leurs types et leurs méthodes. Paris 1967.

Schlaefer 1984 = Michael Schlaefer: Formen lexikographischer Darstellung morphologischer Zusammenhänge. In: Rolf Bergmann: Prolegomena zu einem rückläufigen morphologischen Wörterbuch des Althochdeutschen (Studien zum Althochdeutschen. Akademie der Wissenschaften in Göttingen Bd. 4). Göttingen 1984, 61—115.

Schott 1984 = Gerda Schott: Ein neues Wortfamilienwörterbuch? In: Der Deutschunterricht 36. 1984, H. 5, 28—44.

Seibicke 1983 = Wilfried Seibicke: Rezension zu Keller 1978. In: Muttersprache 93. 1983, 372—373.

Splett 1985 = Jochen Splett: Wortfamilien im Althochdeutschen. In: Hundsnurscher 1985, 134—153.

Splett 1986 = Jochen Splett: Bedeutung und Bedeutungsindizierung im Rahmen der Wortfamilien des Althochdeutschen [Im Druck].

Weisgerber 1963 = Leo Weisgerber: Die vier Stufen in der Erforschung der Sprache (Grundlegung Bd. II). Düsseldorf 1963.

Weisgerber 1971 = Leo Weisgerber: Grundzüge der inhaltsbezogenen Grammatik (Von den Kräften der deutschen Sprache I). 4. Aufl. Düsseldorf 1971.

Wiegand 1984 = Herbert Ernst Wiegand: Prinzipien und Methoden historischer Lexikographie. In: Sprachgeschichte. Ein Handbuch. Hrsg. v. Werner Besch/Oskar Reichmann/Stefan Sonderegger. 1. Halbbd. Berlin. New York 1984 (Handbücher zur Sprach- und Kommunikationswissenschaft 2.1.) 557—620.

Winter 1985 = Stefan Winter: Die synchrone Wortfamilie. In: M. Krüger/G. Grunst (Hrsg.), Perspektiven der Hörgeschädigtenpädagogik. Berlin 1985, 300—324.

Wittstock 1979 = Otto Wittstock/Johannes Kauczor: Latein und Griechisch im deutschen Wortschatz [...] Berlin (DDR) 1979 [223 S.; S. 185—222 Register].

Gerhard Augst, Siegen
(Bundesrepublik Deutschland)

IX. Wörterbuchtypen IV: Spezialwörterbücher zu markierten Lemmata der Standardsprache
Dictionary Types IV: Dictionaries Dealing Specifically With Marked Standard Language Entrywords
Typologie des dictionnaires IV: Dictionnaires des entrées marquées de la langue standard

115. Wörterbücher archaischer und untergegangener Wörter

1. Zur Bestimmung des Typs
2. Zur Geschichte des Typs im Deutschen
3. Zum Artikelaufbau
4. Archaische und untergegangene Wörter in sonstigen Wörterbüchern des Deutschen
5. Wörterbücher anderer Sprachen
6. Literatur (in Auswahl)

1. Zur Bestimmung des Typs

1.1. *Wörterbücher archaischer und untergegangener Wörter* ist eine verkürzende Bezeichnung für diejenigen Texte der Sprachlexikographie, die 1) die in einer bestimmten Zeit als archaisch geltenden Wörter, Wortbedeutungen und sonstigen Worteigenschaften und 2) die in einer bestimmten Zeit untergegangenen Wörter, Wortbedeutungen und Worteigenschaften älterer historischer Epochen behandeln. Die Grenze zwischen „archaisch" und „untergegangen" soll dabei wie folgt gezogen werden: Archaisch ist all dasjenige, was von den Sprechern einer Sprache unter dem temporalen Dia-Gesichtspunkt im neutralen Gebrauch als veraltend oder gar veraltet beurteilt und dementsprechend nur noch bei historisierendem Sprachhandeln zur Erzielung bestimmter stilistischer Effekte (aktiv) gebraucht wird. Unter passivem Aspekt ist all dasjenige archaisch, was bei der Lektüre historischer Texte noch verstanden wird. Als untergegangen soll alles gelten, was dem Sprachbenutzer unverständlich ist und deshalb auch nicht aktiv verwendet werden kann.

Da diese Begriffsbestimmung mit Größen wie dem Sprecher, dem Leser historischer Texte, generell: mit dem Sprachbenutzer arbeitet, ist sie unter mindestens zwei Aspekten zu relativieren: Das Wissen des Sprachbenutzers über die zeitliche Gültigkeit der Gebrauchsregeln von Wörtern, sein Verständnishorizont und seine Fähigkeit zu archaisierendem Sprachhandeln sind nämlich infolge individueller Gegebenheiten individuell und infolge sozialer Zugehörigkeiten sozial geprägt; sie unterscheiden sich also letztlich von Einzelperson zu Einzelperson. Wissen, Verständnis und archaisierende sprachliche Handlungsfähigkeit sind zweitens niemals vollständig und sicher, sondern in aller Regel partiell und kriterienabhängig gegeben, so daß selbst bei einer einzigen Person hinsichtlich der einzelnen, zur Beurteilung anstehenden lexikalischen Einheit Schwankungen begegnen. Die Grenze zwischen 'archaisch' und 'untergegangen' ist deshalb nicht objektiv zu ziehen. Für den einen ist längst untergegangen, was für den anderen nicht einmal archaisch ist, und für die gleiche Person kann eine Entscheidung im einen oder anderen Sinne nur mit vielen „Wenn und Aber" gefällt werden. Wenn *archaisch* und *untergegangen* trotzdem so verwendet werden, als kennzeichneten sie objektive Qualitäten der Sprache, so ist das nur möglich, weil es über die individuellen und sozialen Unterschiede sowie über die Beurteilungskriterien hinweg so etwas wie ein kollektives Wissen um die zeitliche Gültigkeit der Gebrauchsregeln von Wörtern, Wortbedeutungen, Worteigenschaften gibt. Dieses Wissen ist Teil des pragmatischen Wissens.

1.2. Aus diesen Überlegungen ergeben sich (zum Teil implizite) typusbedingte Entscheidungsnotwendigkeiten, denen sich jede Lexikographie archaischer und untergegangener Wörter zu stellen hat. Die wichtigsten sind:

(1) Es ist eine Zeitstufe festzulegen, in der Wörter (Wortbedeutungen usw.) als archaisch bzw. untergegangen gelten.

(2) Die historischen Epochen, aus denen sich der archaische und untergegangene Wortschatz einer nach Entscheidung (1) festgelegten Zeitstufe rekrutiert, sind anzugeben; am günstigsten ist die Setzung einer äußersten Zeitmarke gleichsam als

Grenze, bis zu der der Gegenstand zurückverfolgt werden soll. Geschieht dies nicht, so wird das Wörterbuch archaischer und untergegangener Wörter vor allem hinsichtlich des untergegangenen Wortschatzes zur Geschichte hin offen, mit zunehmendem Abstand der Zeit immer umfänglicher und damit letztlich uferlos. Wird die Menge der Archaismen und untergegangenen Wörter von vorneherein auf den Wortschatz einer großen historischen Einzelpersönlichkeit oder gar eines Einzeltextes beschränkt, so ist Punkt (2) implizit mitentschieden.

(3) Es ist festzulegen, auf welche Varietät einer Sprache sich ein Wörterbuch archaischer und untergegangener Wörter beziehen soll; in der Standardvarietät einer Sprache kann vieles archaisch oder gar untergegangen sein, was in den Dialekten, Fach- und Gruppensprachen noch gebraucht wird.

(4) Da speziell Archaizität nicht ausschließlich durch die Zeitdimension bestimmt wird, sondern auch räumliche und gruppengebundene Idiome umfassen kann, die nur deshalb als archaisch beurteilt werden, weil sie dem Benutzer der Standardvarietät fremd sind, ist festzulegen, ob der Archaismusbegriff gleichsam linguistisch zu reinigen ist und ausschließlich zeitbezogen bestimmt werden oder ob er das Urteil der Sprecher nachvollziehend auch alles andere (unter linguistischem Aspekt „fälschlicherweise") als archaisch Bewertete mitumfassen soll. Im ersterem Falle könnte man verdeutlichend von *Zeitarchaismen,* in den letzteren Fällen von *Scheinarchaismen,* im Detail von *Raum-, Schicht-* und *Gruppenarchaismen* sprechen, wenn diese Termini unter logischem Aspekt in sich auch kontradiktorisch sind.

(5) Es ist festzulegen, welche Qualität des Wortes den genauen Gegenstand des Wörterbuches archaischer und untergegangener Wörter bildet. In Frage kommen a) das Wort als Ganzes, b) eine oder mehrere Wortbedeutungen (nur bei Polysemie), c) jede sonstige Worteigenschaft, wie die Schreibung, die Aussprache, die Prosodie, die Wortbildung, die syntaktische Verwendungsweise, der textliche Gebrauch.

(6) Wie für jedes Wörterbuch sind die vom Lexikographen vertretenen Benutzungsanliegen offenzulegen. Das sind diejenigen Anliegen, die der Lexikograph dem Wörterbuchbenutzer als Nachschlagemotiv unterstellt.

2. Zur Geschichte des Typs im Deutschen

2.1. Wörterbücher und wörterbuchähnliche Texte, die die Kriterien des Typs 'Wörterbuch archaischer und untergegangener Wörter' zwar nicht prototypisch erfüllen, ihnen aber in unterschiedlich starkem Maße nahekommen, gibt es für die deutsche Sprache sporadisch seit der Gegenreformation, in einer gewissen Dichte zwischen dem 17. und 19. Jahrhundert und sporadisch wieder im 20. Jahrhundert. Sie haben ausnahmslos einen geringen Umfang, überschreiten nie die Grenze schmaler Bände und gehören mit Sicherheit nie zu den Werken, mit denen die wissenschaftliche Praxis Lexikographie ihre Leistungsfähigkeit zu beweisen beabsichtigt. Ihre Verfasser äußern ihre kulturpädagogische Absicht in der Regel mit einer über den üblichen Explizitheitsgrad hinausgehenden Deutlichkeit. Es mag damit zusammenhängen, daß Wörterbücher archaischer und untergegangener Wörter oft zu anderen Wörterbuchtypen wie auch zu lexikologischen Untersuchungen hin offen sind.

2.2. Hinsichtlich der unter 1. zusammengestellten Entscheidungsnotwendigkeiten ergibt sich folgende linguistische Charakterisierung:

(1') Die festgelegte Zeitstufe ist in allen Fällen die Gegenwart des jeweiligen Lexikographen, für Matthias Flacius als den Bearbeiter von Otfrids Evangelienbuch also die Zeit um 1570 und für den heutigen Lexikographen die Zeit nach 1945.

(2') Der Zeitraum, aus dem archaisches bzw. untergegangenes Wortgut gesammelt wird, wird im allgemeinen sehr exakt umrissen; für Osman (1971, 12) ist es das Grammatisch-kritische Wörterbuch der Hochdeutschen Mundart von Adelung in der Ausgabe von 1811, für Kuhberg die Epoche zwischen Josua Maaler (1561) und einer unscharfen Grenze im 18./19. Jahrhundert, für Lessing die Sinngedichte-Sammlung Logaus (1654), für die Bibelglossare des 17. und 18. Jahrhunderts (z. B. Teller 1794; 1795) die Luther-Bibel, für den Otfrid-Glossator die Evangelienharmonie von 865/871 (vgl. Flacius 1571).

(3') Alle Wörterbücher archaischer und untergegangener Wörter des Deutschen beziehen sich auf diejenige Varietät, die man für das 16. Jahrhundert als *werdende Schriftsprache,* für das 17. und beginnende 18. Jahrhundert als *Schriftsprache,* für das Ende des 18. Jahrhunderts als *Literatursprache* und für die Gegenwart als *Standardsprache* bezeichnet.

(4') Der Archaizitätsbegriff wird in keinem der Wörterbücher unter dem Aspekt seiner nachweisbar zeitlichen Bestimmung oder seiner raum- bzw. gruppenspezifischen und dann ausschließlich durch Sprecherurteile bedingten Bestimmung diskutiert. De facto sind die behandelten Archaismen in der überwiegenden Mehrzahl aller Fälle Zeitarchaismen, in Einzelfällen aber auch Raumarchaismen (Typ *Gaul* bei Kuhberg 1933, *glum* 'trübe' bei Osman 1971), Schichtarchaismen (Typ *Gemächt* bei Osman 1971) und Gruppenarchaismen (Typ *Kumpan* bei Kuhberg 1933).

(5') Auch über die genaue Qualität des Wortes, die den Anlaß zur Aufnahme in das Wörterbuch archaischer oder untergegangener Wörter bildet, gibt es kaum Aussagen. De facto sind es in der

Mehrzahl aller Fälle Wörter (z. B. *Brosam, Brünne, Buhle, Degen* bei Kuhberg 1933), seltener Wortbedeutungen (z. B. *Angel* 'Stachel', *Beute* 'Bienenstock', *Elend* 'Exil', *erkennen* 'beischlafen', *Gesicht* 'Sehkraft' bei Osman 1971) und Wortbildungsmittel (wie *Wat-* in *Watsack* 'Felleisen', *-en* in *weiden* 'aus Weidenholz' bei Osman 1971), überhaupt nicht sonstige Worteigenschaften.

(6') Die Benutzungsanliegen der Verfasser von Wörterbüchern archaischer und untergegangener Wörter werden im allgemeinen relativ explizit formuliert; der Herausgeber des Otfried-Glossars (Flacius 1571) möchte den Nachweis erbringen, daß sich die Kirche lange vor Luther um eine Umsetzung der Bibel in die Volkssprache verdient gemacht hat. Otfried liefert einen der Beweise dafür; die von ihm verwendeten, im 16. Jahrhundert unverständlich gewordenen Wörter dokumentieren gleichsam die Jahrhunderte umfassende Dauer kirchlicher Translationsbemühungen. Die Glossare vor allem zur Bibelsprache Luthers, vereinzelt zu sonstigen seiner Werke, haben teils den philologischen Zweck der Verständnissicherung für archaisch gewordenes Wortgut (so Balthasar Scheidt 1663; Philippus Saltzmann 1664; Diederich von Stade 1711, 2. Aufl. 1737, 3. Aufl. 1742; Joach. Ern. Berger 1719; Gottfried Schütze 1755, J. C. Vollbeding 1797), teils (vor allem Wilhelm Abraham Tellers 1794 und 1795 erschienene zweibändige Darstellung der Sprache von Luthers Bibelübersetzung) den Zweck seiner Wiederbelebung zur Vergrößerung des Reichtums der deutschen Sprache im Zusammenhang mit dem Purismus (bibliographische Nachweise bei Kuhberg 12–19 und 65–66). Dies ist auch das Anliegen Lessings, in dessen Wörterbuch zu Logaus Sinngedichten den besten Schriftstellern der Zeit vorgehalten wird, „keine geringe Anzahl guter, brauchbarer Wörter" veralten haben zu lassen, und dementsprechend empfohlen wird, sie „wieder einzuführen", womit der Sprache ein größerer Dienst als „durch die Prägung ganz neuer Wörter" erwiesen würde (353–354). Dazu eignen sich nach Lessings Meinung auch die Provinzialismen (in casu Silesiazismen) Logaus. Noch im 20. Jahrhundert vertritt Kuhberg (1933) mit Ausdrücken wie *Verlateinerung, Verwelschung, verwelschende Entnationalisierung* ein im Grunde ähnliches, nämlich puristisches Anliegen: Die Ausdrucksnotwendigkeiten, die das Fremdwort abdeckt, sollten besser durch verschollenes deutsches Wortgut erfüllt werden. Osman (1971) dagegen ist frei von puristischen Tendenzen. Für ihn dienen Wörterbücher archaischer und untergegangener Wörter als Beispiele für allgemeine kulturgeschichtliche und spezielle sprachgeschichtliche Belehrung.

3. Zum Artikelaufbau

3.1. Bei so unterschiedlich konzipierten Benutzungszwecken kann der Artikelaufbau nur ein Minimum an Invarianten, aber eine den Typ tendenziell transzendierende Menge von Varianten haben.

3.1.1. Zu den Invarianten zählen das Lemma, die explizite Angabe der Zeit bzw. die generelle Vorgabe des Bezugstextes (z. B. Logaus *Sinngedichte*), seit der bzw. seit dem der Wortschatz veraltet ist, und eine in aller Regel äußerst knappe Bedeutungserläuterung. Zum Beleg seien folgende Textbeispiele gebracht:

Daga/id est, tage.
Dagamuß/imbis/mittagmal.
Dati/that.
Datun/thetent.
Due/thuo.
Dilont/thilgent.
Duron/thüren/thor.
Duriwart/thürhieter/thorwart.
Drut/draut/werd/trewer diener,
Druthin/Gott/der draut herr/der trew

Textbeispiel 115.1: Artikel aus dem Otfrid-Glossar, hrsg. von Matthias Flacius (1571)

3.1.2. Zu den Varianten zählen:
— originale Belegstellen (z. B. Lessing)
— die Veraltungsgeschichte an Hand von markanten Punkten der Beleggeschichte (explizit Osman 1971 und Kuhberg 1933)
— linguistische Hypothesen über den Untergangsgrund (am deutlichsten bei Osman 1971)
— ein unterschiedlicher Skopus der überhaupt auswahlverdächtigen Lemmata; bei Kuhberg 1933 sind es nur Erbwörter, bei Osman 1971 auch Fremdwörter (z. B. *idealisch, Kofent, Pennal, Pedanterey, Rentenierer*)
— eine Erörterung des dem Lemmazeichen jeweils zugehörigen onomasiologischen Feldes einschließlich komplementär-semasiologischer Bedeutungsabgrenzungen und sprachkritischer Empfehlungen für die Wiederbelebung; vgl. Wendungen wie die folgende bei Lessing: „ein altes Wort, [...] welches [...] der Wiedereinführung vollkommen würdig ist: *Kebskind*".

3.2. Je nach der Ausführlichkeit und dem Gewicht der Varianten tendiert das Wörterbuch archaischer und untergegangener Wörter zur Transzendierung des Typs in Richtung auf Mischung mit anderen Wörterbuchtypen bzw. auch Typen lexikologischer Darstellung: Das Otfrid-Glossar (hrsg. v. Flacius)

Bankart, Bankkind; ein außer der Ehe erzeugtes Kind.

Man sehe, wie Logau Sinng. 975. die verschiedenen Benennungen solcher unehelichen Kinder ordnet:

Ein wohlbenamtes Volk sind gleichwohl Hurenkinder!
Bey Bauern heißt man sie zwar so nichts desto minder;
Bey Bürgern besser noch, Bankart; und im Geschlechte
Der Edeln, Bastarte; und Beyschlag auch Unächte
Bey Fürst und Königen.

Allein es ist falsch, daß sonst kein Unterschied unter diesen Wörtern seyn sollte. Bankart heißt jedes Kind, das außer dem Ehebette, welchem hier die Bank entgegen gesetzt wird, erzeugt worden. Bastart aber hat den Nebenbegriff, daß die Mutter von weit geringerm Stande, als der Vater, gewesen sey; ja dieser Nebenbegriff ist bey den mittlern Schriftstellern oft der Hauptbegriff, ohne daß dabey zugleich auf eine uneheliche Geburt sollte gesehen werden. Beyschlag klingt ziemlich nach der Stutterey. Unächte Kinder glaubt man itzt weit feiner natürliche Kinder nennen zu können; welche Benennung, nach Logaus Zeiten, aus der französischen in die deutsche Sprache gekommen ist. In dem so genannten Heldenbuche kömmt ein altes Wort vor, welches hieher gehört, und der Wiedereinführung vollkommen würdig ist: Kebskind. (Auf dem 49ten Blatte der Ausgabe von 1560.)

„Sie sagten seltzam Märe
„Wol auf den werden Mann,
„Wie er ein Kebskind were
„Und möcht kein Erbe han."

Textbeispiel 115.2: Artikel aus Lessings Logau-Wörterbuch (1759)

Watsack Felleisen
Adelung 4,1417: ein gemeiniglich ledernes Behältnis, Kleider und andere Geräthschaften darin auf der Reise bey sich zu führen, besonders auf den Reisen zu Fuße. In den meisten Fällen ist dafür das Wort Felleisen üblicher.
Campe 5,598: (+). – Oertel 4,234: Felleisen. – Hyrtl: Watsack heißt überhaupt jeder Behälter von Leder, zur Aufbewahrung der verschiedensten Gegenstände, wie er als Felleisen und Mantelsack auf Reisen gebraucht wird, um Kleider und Esswaren darin zu verpacken.
Untergangsgrund: Untergang des Bestimmungsteils der Zusammensetzung. Das Wort *Wat* „Kleid, Gewand" schied im 17. Jh. aus der Schriftsprache. Wunderhorn und Uhland versuchten im 19. Jh. vergeblich das Wort neu zu beleben. (s. Kl./Mi. Wb. 16,842). Das Wort *Watsack* ist mit dem Untergang seines Bestimmungsteiles undeutlich geworden.

Textbeispiel 115.3: Artikel aus Osman (1971)

hat Züge des Autoren-Bedeutungswörterbuches (vgl. Art. 164), die Glossare zu Luther und Lessings Logauwörterbuch tendieren zum einzeltextbezogenen Bedeutungswörterbuch, letzteres mit seinen Provinzialismen außerdem zum Wörterbuch des landschaftlich markierten Wortschatzes (vgl. Art. 117). Kuhberg (1933) hat infolge der Beschränkung auf den Erbwortschatz ein entscheidendes Charakteristicum des erbwortbezogenen Wörterbuches (vgl. Art. 129). Im übrigen ist er durch eine umfängliche Einleitung, Osman (1971) zusätzlich durch einen umfänglichen Schlußteil gekennzeichnet, was diese beiden Wörterbücher zur lexikologischen Untersuchung hin öffnet. Osman bietet immerhin eine linguistisch zwar nicht konsistente, aber detaillierte und mit Material gut dokumentierte Zusammenstellung der Gründe des Wortuntergangs. Kuhberg enthält einen kulturgeschichtlich interessanten Aufriß der Bemühungen des 16. bis 19. Jahrhunderts um veraltendes und veraltetes Wortmaterial.

4. Archaische und untergegangene Wörter in sonstigen Wörterbüchern

Bei fließenden Grenzen der weniger typischen Wörterbücher bleibt immer zu entscheiden, was in den Behandlungsrahmen hineingehört und was an anderer Stelle beschrieben wird. Hier wurden all diejenigen Werke in der Geschichte der deutschen Lexikographie unberücksichtigt gelassen, die in erheblichem Umfang archaisches und untergegangenes Wort- und Bedeutungsgut enthalten, insgesamt aber die Darstellung des unter dem Zeitgesichtspunkt neutralen Wortgutes zur Aufgabe haben (vgl. Reichmann 1984). Dazu zählen vor allem einige allgemeine einsprachige Wörterbücher (am deutlichsten vielleicht das *Deutsche Wörterbuch* von Jacob Grimm und Wilhelm Grimm sowie Weigand/Hirt 1909—1910) und viele Dialektwörterbücher (klassisches Beispiel: Fischer 1904—1936). Unbehandelt sollen hier auch die Sprachstadienwörterbücher bleiben (vgl. Art. 154—156); das ist ein Wörterbuchtyp, der von Wissenschaftlern einer späteren Zeitstufe über den Wortschatz eines historischen Sprachstadiums erstellt wurde und eher rein wissenschaftliche als sprach- und kulturpädagogische Ziele verfolgt.

5. Wörterbücher anderer Sprachen

In Frankreich ging es im 17. und 18. Jahrhundert Borel 1655 (1750), Lacombe 1766 und François 1777 (vgl. auch noch Rochefort 1808 und Laborde 1872) darum, die alt- und mittelfranzösischen Texte einem breiteren Publikum zu erschließen (Borel 1750, XXXVII zählt für sein Wörterbuch 11 Funktionen auf). Das war ab dem 19. Jahrhundert aussichtslos. Seither ist es die Sprache der französischen Klassik, deren adäquate Lektüre des Wörterbuchs bedarf (Huguet 1907, Cayrou 1923, Dubois 1971). Pougens 1825 geht es um Wiederbelebung (Stefenelli 1983). Von der französischen Tradition ausgehend, fordert Weinrich 1985, „wenn unsere Klassiker nicht dem Vergessen anheim fallen sollen", ein Zusatzwörterbuch für die Klassikerlektüre auch in Deutschland.

In England haben die Chaucer-Glossare des 15. und 16. Jahrhunderts eine wichtige Rolle als Vorläufer der hard word-dictionaries gespielt (vgl. Art. 197). Ein sehr erfolgreiches Wörterbuch der historischen faux amis erstellte im 19. Jahrhundert der Erzbischof von Dublin und Initiator des New — später: Oxford — English Dictionary, Trench (1859, vgl. auch Barlough 1974). Ähnliche Versuche, das Verstehen der klassischen Texte zu erhalten, machen für das Spanische Fontecha 1941, Navarrete 1973, Lerner 1974 und Alonso 1976, für das Italienische Pestelli 1961.

6. Literatur (in Auswahl)

6.1. Wörterbücher

Adelung 1808 = Grammatisch-kritisches Wörterbuch der Hochdeutschen Mundart, mit beständiger Vergleichung der übrigen Mundarten, besonders aber der Oberdeutschen, von Johann Christoph Adelung [...], revidiert und berichtigt von Franz Xaver Schönberger [...]. 4 Theile. Wien 1808 [7446 Sp.].

Alonso 1976 = Jose Luis Alonso Hernandez: Léxico del marginalismo del siglo de oro. Salamanca 1976 [801 S.].

Barlough 1974 = J. Ernest Barlough: The Archaicon. A collection of unusual, archaic English. Metuchen, N.Y. 1974 [312 S.].

Berger 1719 = Joach. Ern. Bergers Instructorium Biblicum oder Unterricht von den deutschen Bibeln [...]. Zweyte Auflage. Berlin 1719 [S. 40—50: Von den Alt-Deutschen Woertern in der Deutschen Bibel].

Borel 1655 = Pierre Borel: Trésor de recherches et antiquités gauloises et françoises. Paris 1655

[611 S.; 2. Aufl. u. d. T. Dictionnaire des termes du vieux françois. Paris 1750, XL, 224 S.; diese Aufl. (ohne Vorwort) auch in: G. Ménage, Dictionnaire étymologique de la langue françoise. Paris 1750 (Reprint Genf 1973)].

Cayrou 1923 = Gaston Cayrou: Le français classique. Lexique de la langue du XVIIᵉ siècle. Paris 1923 [2. Aufl. 1924, XXVIII, 888 S. + 69 Ill.; 6. Aufl. Paris 1948].

Dubois 1971 = Jean Dubois/René Lagane/Alain Lerond: Dictionnaire du français classique. Paris 1971 [564 S.; 1. Aufl. 1960, 508 S.].

Duchesne/Legnay 1988 = Alain Duchesne/ Thierry Legnay: L'obsolète. Dictionnaire des mots perdus. Paris 1988 [269 S.].

Fischer 1904—1936 = Schwäbisches Wörterbuch. [...] bearb. v. Hermann Fischer, zu Ende geführt v. Wilhelm Pfleiderer. 6 Bände. Tübingen 1904—1936 [13028 Sp.].

Flacius 1571 = Matthias Flacius (Hrsg.): Otfridi Evangeliorum liber [...]. Evangelien Buch, in altfrenckischen reimen, durch Otfriden von Weissenburg [...]. Basel 1571 [Mit einem Vorwort v. Flacius; 13 S.].

Fontecha 1941 = Carmen Fontecha: Glosario de voces comentadas en ediciones de textos clásicos. Madrid 1941 [409 S.].

François 1977 = Dom Jean François: Dictionnaire roman, walon, celtique et tudesque, pour servir à l'intelligence des anciennes lois et contrats, des chartes, rescripts, titres, etc. écrits en langue romance ou langue françoise ancienne. Bouillon 1777 [XII, 364 S.].

Grimm 1854—1971 = Deutsches Wörterbuch von Jacob Grimm und Wilhelm Grimm. 16 Bände in 32 Bänden. Leipzig 1854—1971 [67744 Sp.].

Huguet 1907 = Edmond Huguet: Petit glossaire des classiques français du 17ᵉ siècle contenant les mots et locutions qui ont vieilli ou dont le sens s'est modifié. Paris 1907 [409 S.].

Kuhberg 1933 = Werner Kuhberg: Verschollenes Sprachgut und seine Wiederbelebung in neuhochdeutscher Zeit. Frankfurt 1933 [66 S.].

Laborde 1872 = Léon de Laborde: Glossaire français du moyen âge à l'usage de l'archéologue et de l'amateur des arts. Paris 1872. [552 S.].

Lacombe 1766 = François Lacombe: Dictionnaire du vieux langage françois (...) utile aux légistes, notaires, archivistes, généalogistes, etc. (...). Paris 1766 [VIII, 493 S.; Supplement 1768, LXII, 560 S.].

Lerner 1974 = Isaías Lerner: Arcaísmos léxicos del español de América. Madrid 1974 [274 p.].

Lessing 1759 = Gotthold Ephraim Lessing: Wörterbuch. In: Gotthold Ephraim Lessings sämtliche Schriften. Hrsg. v. Karl Lachmann. Dritte [...] Aufl. besorgt durch Franz Muncker. Bd. 7, 352—411. Stuttgart 1891.

Maaler 1561 = Josua Maaler: Die Teutsch spraach. Dictionarium Germanicolatinum novum. Mit einer Einführung v. Gilbert de Smet. Hildesheim. New York 1971. Nachdruck der Ausgabe Zürich 1561 (Documenta Linguistica, Reihe I) [1074 S.].

Navarrete 1973 = Anita Navarrete-Luft: Diccionario de terminos anticuados y en desuso. Madrid 1973 [308 S.].

Osman 1971 = Nabil Osman: Lexikon untergegangener Wörter. Wortuntergang seit dem Ende des 18. Jahrhunderts. München 1971 [263 S., 3. Aufl. 1976].

Pestelli 1961 = Leo Pestelli: Dizionario delle parole antiche. Mailand 1961 [275 S.].

Pougens 1825 = Charles Pougens: Archéologie française, ou Vocabulaire de mots anciens tombés en désuétude, et propres à être restitués au langage moderne. 2 vol. Paris 1821, 1825 [338, 318 p.].

Rochefort 1808 = Jean Baptiste Bonaventure de Rochefort: Glossaire de la langue romane (...) contenant l'étymologie et la signification des mots usités dans les XI, XII, XIII, XIV, XV et XVIᵉ siècles, avec de nombreux exemples (...). Ouvrage utile à ceux qui voudront consulter ou connoître les écrits des premiers auteurs français. Paris 1908 [XXXII, 771 S.; Supplement 1820, 307 S.].

Trench 1859 = Richard Chenevix Trench: A Select Glossary of English Words Used Formerly in Senses Different from their Present. London 1859 [XII, 232 S.; 8. Aufl. 1895, 307 S.; Nachdruck u. d. T. Dictionary of Obsolete English. New York 1958. XII, 275 S.].

6.2. Sonstige Literatur

Reichmann 1984 = Oskar Reichmann: Historische Lexikographie. In: Sprachgeschichte. Ein Handbuch zur Geschichte der deutschen Sprache und ihrer Erforschung. Hrsg. v.-Werner Besch/Oskar Reichmann/Stefan Sonderegger. 1. Halbbd. Berlin. New York 1984, 460—492 (Handbücher zur Sprach- und Kommunikationswissenschaft 2.1).

Stefenelli 1983 = Arnulf Stefenelli: Der lexikologische Quellenwert und die wortgeschichtliche Relevanz von Charles Pougens' Archéologie française, ou Vocabulaire de mots anciens tombés en désuétude, et propres à être restitués au langage moderne. (1821/1825). In: Zeitschrift für französische Sprache und Literatur 93. 1983, 151—169.

Weinrich 1985 = Harald Weinrich. Eine deutsche Wörterbuchlandschaft. In: Frankfurter Allgemeine Zeitung. 1. 6. 1985.

*Oskar Reichmann, Heidelberg
(Bundesrepublik Deutschland)*

116. The Dictionary of Neologisms

1. The Collecting of Neologisms
2. The Selection and Editing of Neologisms
3. The Function of the Dictionary of Neologisms
4. Development of the Dictionary of Neologisms
5. Types of Neologistic Dictionaries
6. The Place of the Dictionary of Neologisms in Lexicography
7. Selected Bibliography

1. The Collecting of Neologisms

1.1. Neologisms are the breath of language — they indicate that it is active and functioning. Much disparaged by some speakers of a language — and these conservators provide a necessary restraint to runaway change that would eventually render the language incomprehensible to many of its speakers — neologisms provide the new material that is absolutely necessary to describe, "... such a variety of climates, of production, of arts ... to make it [language] answer its purpose of expressing all ideas, the new as well as the old. The new circumstances under which we are placed, call for new words, new phrases, and for the transfer of old words to new objects." Thomas Jefferson, in August of 1813, writing to the *Edinburgh Review,* puts the case quite clearly for the changes that take place in language, creating new words that will last as long as the thought, the event, or the object for which the word was created has any importance to the speakers and writers of that language.

Curiously the word *neologism* was not in the English language dictionaries of Jefferson's time (neither in Johnson nor Scott-Bailey); rather, scholars and writers were more interested in preserving the purity of their language, seemingly unmindful of the great tide of new words added to English in the 16th and 17th centuries. The use of new words was, however, a subject of discussion in the latter half of the 18th century if the first quotations in the *Oxford English Dictionary* for *neological, neology,* etc. are a reliable guide (1754, 1797, etc.).

1.2. Theoretically a *neologism* is any word, meaning, or expression that is considered to be an addition to a language at a particular time. If it is not accepted by a certain group of speakers, however, it quickly falls away as a temporary use. Among the thousands of neologisms coined ad hoc or borrowed by speakers each year in a language such as English, many are short-lived and disappear after their momentary usefulness or novelty has passed.

1.3. The chief characteristic of any neologism is its relative unfamiliarity: first in the general vocabulary, second in any vocabulary, such as students' slang, technical jargon, or substandard or uneducated use. Many words exist in a specialized vocabulary for generations before they become a part of the general vocabulary (for instance, *gurgle* 'a washing sound in the belly,' existed in the medical vocabulary of English for over 200 years before it was used to describe the sound of water in a stream; *gust* apparently was long confined to the specialized jargon of sailors before it became a part of the general vocabulary of English).

In proportion to new uses of older terms, there are very few newly created words in a language such as English today. Acronyms *(Nato, Salt, Asdic, laser)* come closest to being new words, except in some scientific disciplines, such as medicine and chemistry, where a Latinate tradition of nomenclature is long established, based on the once common familiarity with Latin among men of learning.

Some absorption of new terms is also the result of cultural contact, in which words or phrases from foreign languages become a part of one's native language. This has a limited effect on the borrowing language, except that occasional words or frequent contact can also promote changes in syntax (a case in point being Japanese poetry affected by English and the English imitation of some forms of Japanese poetry, all beyond the scope of new words). Broadly, such borrowing takes the form either of direct borrowing (the traditional form in English and more particularly in French of the 20th century), or loan translation (generally confined to the scholar or technician: the problem of *hopefully/hoffentlich,* being disposed of some time ago).

Another source of new words is the coinage of slang or adoption of usages that come from the speech of individuals not altogether familiar with the patterns of English. Student slang has a tendency to be identified with a particular generation, and closely identified with this is the slang of a group within a society: an economic group, such as young middle-class adults, an ethnic group, such as Mexican Americans, a cult group, such as the Rastafarians or Hare Krishna, or a cultural following, such as those who appreciate rock music, or are involved with the use of drugs.

Whether the source of new words in a language lies in its scientific community, its arts and artists, or a cultural group, whether the new words and phrases are coinages or shifted and extended uses of older terms, the practical classification of neologisms must rest with the dictionaries that record a given language. As a consequence most dictionary makers agree that a word or phrase is new if it is not entered in the standard dictionaries of record for that language.

There are, of course, exceptions to the rule: if the word is a revival (and has not been in use for a long period of time, such as *stonewall,* v. in English); if the word is a reborrowing from another language (and has fallen out of use, only to be borrowed again, as *chalice,* n. in Old English and reborrowed in Middle English), then it is an appropriate entry for a dictionary of neologisms that records the current status of the language. Also, and more especially in those languages in which the vocabulary is monitored or controlled by an academy or where the language of the past has been imperfectly recorded, then one must turn to other sources and establish other criteria.

1.4. A certain number of neologisms, perhaps as many as several hundred a year in English, attain sufficient currency among speakers and writers to last for a decade, a generation, or even longer; out of these comes the hard core of the "new words" that eventually makes its way into glossaries and dictionaries.

At first the typical neologism has limited currency in a subculture or social or professional group (as *beautility* in architecture). Gradually a word may emerge as a technical or slang term often recorded with signs that indicate its newness or doubtful status, such as quotation marks, italics, or parenthesized definition; as such it may gain currency among radio and television reporters or personalities for its novelty, and thus become a vogue word. It is at this stage that most neologisms are collected. The average user's first encounter with a neologism is usually in a daily newspaper, scientific or professional journal, or a new book. For the dictionary maker who maintains a controlled and systematic reading program, these sources are multiplied and supplemented to produce a representative sampling of neologisms.

If the method of collecting is a balanced one, the main speech communities in which the mother tongue is spoken will be represented; in English that would include publications from the United States, Canada, Great Britain, Ireland, Australia, New Zealand, Barbados, Trinidad, Guiana, and other countries in which English is widely used, such as India, South Africa, and some of the Pacific islands (Fiji, Philippines). It would also include some occasional attention to isolated areas of English language speakers, such as in Jerusalem, Buenos Aires, and Tokyo.

The techniques for collecting neologisms are as varied as the collectors, but the method of collecting today does not differ much from that used by Samuel Johnson for collecting citations for his dictionary. Some application of the computer to abstracting from a large database is used today, but this produces only more examples of usage already found rather than a systematic list of new words. The computer cannot, so far, be programmed to discover new uses of established words, to say nothing of idioms and shifts in parts of speech. The task of finding these new words and senses is largely one of painstakingly testing their "newness" by consulting the standard dictionaries of record, such as (for the English language) *Webster's Third New International Dictionary* and the *Oxford English Dictionary* and its Supplements. A word or sense that is not found in these sources is excerpted in an adequate citation with complete bibliographical reference and sufficient marking of antecedents, and is added to the file of neologisms.

In a given year as few as a dozen magazines may yield about 60,000 citations, and as few as a half dozen books may provide as many as 8,000 citations. However, such work requires constant supervision and monitoring, and those in charge of collecting must continually experiment with new techniques and refine old ones.

2. The Selection and Editing of Neologisms

2.1. Just as any collector of neologisms cannot find all new usage, no dictionary of neologisms can enter, or even has space to include, every new term in the language. Even dictionaries of record do not have adequate resources to obtain such data nor space for it. Thus the process of selection is essentially one of editorial judgment: the new terms selected for a dictionary are largely determined by the kind of dictionary being compiled or revised. In a dictionary of record all terms collected are possible candidates for entry, but many thousands of obvious derivative words must be omitted; in a dictionary of an academy only the most important new terms and those that parallel the established patterns of the language will be entered; in commercial or trade-market dictionaries only the barest sample of terms that a very limited space will permit are entered; but in a dictionary of neologisms the aim is to include what the editors hope will be a broad sampling of the most useful and important new words and expressions of the time their dictionary encompasses: a statistical sample that will give an all-around picture of the growth and development of the language.

In this process of selection obvious derivatives and compounds of established words are generally omitted, so too are equally obvious figurative, transferred, and extended uses of established senses. Many new terms are so limited in their technical or scientific application that they are of little interest to the average user and should be found only in specialized glossaries; innumerable new usages are individual coinages of very limited currency, often created for the occasion and have no place among the important additions to the language. Thus, in the process of selection, tens of thousands of terms collected over a set period are carefully examined and evaluated for their appropriateness as dictionary entries, their frequency of appearance, the range of sources in which they appear, their cruciality or importance, the length of time over which they reoccur, their topicality, and similar properties. Items that do not meet the standards set by these tests of importance and interest are excluded. Even so, some selected terms turn out to be "old" after all; they are recorded or somehow covered in various specialized dictionaries; others turn out to be faddish uses that are probably not destined to survive (a potentially hazardous guessing game for any dictionary maker). These vogue words and faddish uses, along with many perfectly valid neologisms are frequently poorly represented in a file because of inadequate sampling (often traceable to financial limitations that prevent the compiler from reading and collecting as widely as might be desirable).

The compiler who is fortunate enough to be aware of his faulty evidence does have some alternatives: he can seek additional evidence from specialized books or magazines; he can, at considerable expense, resort to a computer database, such as Mead Data Central's NEXIS, for additional and possibly earlier citations; or he can set aside the term and wait for further evidence to accumulate by his own collecting process.

2.2. Once reduced to a manageable selection of a few thousand items, the terms are edited as dictionary entries. Unlike the work of compiling a standard dictionary in which most material has already been well thought out and organized with examples for guidance, the editor of a dictionary of neologisms works mostly from raw source material in defining the terms and senses, splitting or coalescing definitions. He must decide, for instance, the question of transferred sense or use: whether a usage is new or is used on an author's assumption that a reader is already familiar with the concrete sense. New words and meanings are largely based on past use and its recognition when applied to new concepts, or new inventions, etc. The editors must further sort out the details of cross-referencing new variant forms and related terms as well as ascertaining and inserting necessary pronunciations and etymologies. The problems of origin are somewhat complicated in a dictionary of neologisms; for instance, the origin of loan words and loan translations is on occasion difficult to distinguish from coinages of native origin. Another factor of etymology and word structure is the extraction of new affixes or combining forms discovered in the corpus.

After completing this basic work, the editors must then write usage notes to explain (within the corpus at hand) the related terms of new findings or new fields of study or social trends, or new developments in usage. Finally, appropriate illustrative citations should be added. This task is perhaps the most important aspect of the editorial process, — one in which the editor chooses the context or the environment of use that helps explain a new term or meaning, and often suggests the underlying reason for a shift in part of speech, an extended meaning, etc.

3. The Function of the Dictionary of Neologisms

3.1. For about 1300 years the speakers of English have built a vocabulary and grammar that has been repeatedly tested and modified from generation to generation as English developed in Britain and scattered from there all over the world until standard English has become a *lingua franca*. Consequently one of the functions of a dictionary of neologisms in English is to maintain the understanding of this *lingua franca* by keeping speakers and writers of English abreast of the important changes and additions to the language.

The same function holds true in any other

language, as a dictionary of neologisms serves to supplement standard dictionaries by explaining neologisms with thoroughness, guiding the user more exactly and more effectively in writing and speaking. This can be of great service to any dictionary user, but it is especially helpful to a foreign or non-native speaker who often needs more informative explanation about new words and usage than a native speaker.

3.2. Another function of a dictionary of neologisms is to provide information to those with a special interest in language: to teachers and students of the language, writers, style editors, and word enthusiasts. The dictionary also serves as a source for editors of standard and specialized dictionaries. The editors of a business dictionary, for example, or of a bilingual dictionary, will find it easy and almost cost-free to consult a dictionary of neologisms for new words and changes in language.

3.3. Finally, the dictionary of neologisms serves as a record or lexical index to the interests, fashions, and preoccupations of a society at a specific period, and should be of great value to sociologists, psychologists, historians, and those active in the field of communications and information, though many of these specialists have yet to discover the value such a dictionary has.

4. Development of the Dictionary of Neologisms

Although neologisms appeared in hard-word dictionaries of the 1600's and are to be found in an embryonic stage in bilingual classifications (such as Florio's *A World of Words*, 1598) and the popular cant and argot dictionaries of the 1700's, particularly in English, the dictionary of neologisms is primarily a twentieth-century development in lexicography. It fills a need felt by users of a language to explain the words that have greatly and rapidly increased the vocabulary in science and technology during this century, and the borrowing from foreign languages that results from increased travel and contact between nations during this post-war half century of easy communication.

4.1. Historically, the hard-words lexicon, such as Thomas Blount's *Glossographia* (1656), which introduced the concept of neologisms, and the early general-purpose dictionaries, such as John Kersey's revision in 1706 that introduced the new scientific vocabulary of Newton into Edward Phillips' *New World of English Words* (1658), and the cant and argot dictionaries of the 18th and 19th centuries have only indirect links with the dictionary of neologisms (see art. 197). This latter is an innovation created to supplement modern standard dictionaries.

4.2. The first systematic treatments of neologisms in English appeared as addenda or appendices at the back of standard monolingual dictionaries. For example, the 1900 edition of Webster's *American Dictionary of the English language* (1828, see art. 200) included an "Appendix of New Words," which consisted of 121 carefully selected neologisms, such as *automobile,* adj., *bacterium, typist,* and *phonograph*. A vastly larger supplement of neologisms, and probably still the largest of its kind in any language, was *The Century Dictionary Supplement,* published in 1909—1910 as the 11th and 12th volumes of *The Century Dictionary and Cyclopedia* (1899). *The Century Dictionary and Cyclopedia,* edited by William Dwight Whitney, claimed to have increased by upward of 120,000 the number of words and phrases found in general dictionaries of English at that time. Ten years later *The Century Dictionary Supplement* recorded about 100,000 additional words, senses, and phrases, and yet its editor, Benjamin E. Smith, was able to state in his Prefatory Note that "the words and forms included, great as their number is, are still a selection..." (Smith 1909). Three years after the appearance of *The Century Dictionary Supplement* the G. & C. Merriam Company's *Webster's Revised Unabridged Dictionary of the English Language* (1913) included a "Department of New Words," consisting of over 5,000 neologisms, mostly of a scientific-technical nature. Thereafter "new words" supplements became a part of most large dictionaries, both in the United States and Great Britain, including the 1933 Supplement to the *Oxford English Dictionary,* the 1936 Appendix to H. C. Wyld's *Universal Dictionary of the English Language,* and the continuously revised Addenda of *The Shorter Oxford English Dictionary* (1933) (see art. 198).

After the 1930's the greatest impetus to the collection of neologisms (in the United States) was the outbreak of World War II.

Thousands of neologisms created by new needs and technologies of wartime society became prominent in the 1940's. In April 1941, the quarterly of linguistic usage, *American Speech,* introduced a neologism column ("Among the New Words") that has continued to this day. The column's editor since 1944, the late I. Willis Russell, also compiled a yearly "New Words and Meanings" column for the Encyclopedia Britannica during the war and for many years thereafter. The vocabulary explosion of World War II also affected other languages. For example, during the American military occupation of Japan (1945–52), there was a large borrowing of American English words into standard Japanese.

4.3. It was but one step from addendas and glossaries of neologisms to formalized dictionaries. The first of these dictionaries to appear in English was A. M. Taylor's *The Language of World War II* (1944); then Paul C. Berg's *A Dictionary of New Words in English* (1953), which was closely followed by Mary Reifer's *Dictionary of New Words* (1955). These works reflected the wartime English of the 1940's, and two decades later the first *Barnhart Dictionary of New English* (1973) reflected some of the influences of the Vietnam War of the 1960's.

4.4. During the past twenty years interest in neologisms has grown markedly among scholars and also on the popular level (newspaper and magazine columns devoted to neologisms appear regularly on both sides of the Atlantic), and that interest has led to a more informed acceptance of the process of change in language, in spite of the sometimes inflamed reaction of the occasional language conservator.

5. Types of Neologistic Dictionaries

A dictionary of neologisms is distinguished from other types of specialized dictionaries that contain neologisms principally by the breadth of its scope. Other dictionaries of current vocabulary are confined to slang, technical terminology, especially in a given field, such as geology, psychology, computers, or sports, and these dictionaries usually do have many entries that are current but not necessarily new. For example, a work entitled *Passing English of the Victorian Era,* by J. Redding Ware (1909), was decidely not a dictionary of neologisms, but rather, as the subtitle indicates, "A Dictionary of Heterodox English, Slang, and Phrase," many of which terms were first recorded in the late 18th and early 19th century (see art. 120). Similarly, recent works, such as Géo Sandry and Marcel Carrère's *Dictionnaire de L'Argot Moderne* (1957), Roy H. Copperud's *A Dictionary of Contemporary and Colloquial Usage* (1971), and Josette Rey-Debove and Gilberte Gagnon's *Dictionnaire des Anglicismes* (1980, see art. 118), are specialized dictionaries that happen to include a certain number of neologisms; but they are by no means intended to be devoted exclusively to neologisms.

5.1. Dictionaries of neologisms in English fall at present into three main types: a) the personal collections: A. M. Taylor's *The Language of World War II* (1944, 1948) and Paul C. Berg's *A Dictionary of New Words in English* (1953); b) the limited supplements to commercial dictionaries: the published addenda to various standard dictionaries, such as *The Shorter Oxford Dictionary, The World Book Dictionary,* and formerly to *Webster's Third;* c) the dictionary of record, such as the new *Oxford English Dictionary Supplement* (1972–1986), the Merriam *6,000 Words* (1976) and *9,000 Words* (1983) and the first and second *Barnhart Dictionary of New English* (1973, 1980).

5.2. These types of dictionaries describe the language from different points of view so that the manner in which they treat information about the development of English distinguishes each from the other by major differences in purpose, structure, and style.

5.2.1. The research approach, which is used in a dictionary of record, is patterned after the great historical dictionaries such as the *OED* and the *Dictionary of American English,* providing the user with as much information as it can about contemporary development in the lexicon. It includes explanatory definitions, variant forms, pronunciations where needed, usage and subject labels, cross-references to related forms, etymologies, illustrative quotations from various sources with bibliography, dates of earliest attestation, and so on.

5.2.2. In contrast, the popular approach, which is used in many supplements to particular standard (or commercial) dictionaries, is bound by certain restrictions of style and content. It is usually edited in the concise, uniform manner of the dictionary it supplements and is confined to a limited number of additions that include not only neologisms but terms omitted or overlooked in editing the main dictionary and which are, therefore, not actual neologisms. This popular approach to new words is prepared with the same care as the research dictionary, but because of the limitations of its specific function, it is necessarily not as informative as the research dictionary.

5.2.3. The glossary style dictionary is confined to a compilation of entries and definitions, sometimes only of technical neologisms which are often obtained second-hand from various technical sources or consultants. The style is spare, and the definitions are generally based on usage imposed by editors, specialists, experts, or consultants in various fields. Nevertheless these definitions may be quite accurate within the framework of a special field, but are often at odds with broader or more extended senses found in general usage. Interestingly, many such compilations are published by special-interest groups, such as technical societies, or by commercial enterprises such as oil and gas companies or public utilities, and the lists provide standard dictionary editors with the first recorded use of terms that later find their way into standard or even larger specialized dictionaries.

6. The Place of the Dictionary of Neologisms in Lexicography

6.1. Because of its comparatively recent appearance among other types of dictionaries, the dictionary of neologisms has not been tested for its utility. Presumably, such dictionaries will be widely used by editors of both scholarly and commercial dictionaries to modernize their books.

Generally, in languages such as French where an academy exists to set standards of acceptability, the dictionary of neologisms should provide a list from which to consider the addition of important terms, or from which to make appropriate loan translations if the dictionary of neologisms is in another language.

A dictionary of neologisms may also serve as a guide to authors who seek to capture contemporary vocabulary and can, as mentioned earlier, assist the social historian in providing evidence of societal change and innovation.

6.2. If a need for the dictionary of neologisms continues to exist, these books will appear in discussions of lexicography, but so far in the literature of dictionary making, such appraisal has been confined to occasional scholarly articles, chiefly in the form of reviews or analyses of the contents of various dictionaries of neologisms (see also art. 206, 2.4).

7. Selected Bibliography (R./C. B. and F. J. H.)

7.1. Dictionaries

Alletz 1770 = Pons Augustin Alletz: Dictionnaire des richesses de la langue française et du néologisme qui s'y est introduit. Paris 1770 [496 p.; reissued Genève 1968].

Barnhart et al. 1973 = Clarence L. Barnhart/Sol Steinmetz/Robert K. Barnhart: The Barnhart Dictionary of New English Since 1963. Bronxville, New York 1973 [512 p.].

Barnhart et al. 1980 = Clarence L. Barnhart/Sol Steinmetz/Robert K. Barnhart: The Second Dictionary of New English. Bronxville, New York 1980 [XV, 520 p.].

Berg 1953 = Paul C. Berg: A Dictionary of New Words in English. New York 1953 [175 p.].

Burchfield 1972−1986 = Robert Burchfield (ed.): A Supplement to the Oxford English Dictionary. 4 vol. Oxford 1972−1986 [XXIII, 1331, 1282, 1579, 1409, 45 p.].

Cellard 1979 = Jacques Cellard/Micheline Sommant: 500 mots nouveaux définis et expliqués. Paris 1979 [101 p.].

Čirrilov 1982 = I. Čirrilov: Rečnik novih reči. Belgrad 1982.

Cortelazzo 1986 = Manlio Cortelazzo/Ugo Cardinale: Dizionario di parole nuove 1964−1984. Torino 1986 [VII, 209 p.].

Depecker 1985 = Loïc Depecker/Alain Pagès: Guide des mots nouveaux. Paris (Commissariat général de la langue française) 1985 [160 p.].

Desfontaines 1726 = Pierre-François G. Desfontaines: Dictionnaire néologique à l'usage des beaux esprits du siècle. Paris 1726 [143 p.; 9ᵉ éd. 1798].

Dimitrescu 1982 = Florica Dimitrescu: Dicţionar de cuvinte recente. Bukarest 1982 [535 p.].

Fantapié 1984 = Alain Fantapié/Marcel Brulé: Dictionnaire des néologismes officiels. Tous les mots nouveaux. Paris 1984 [544 p.].

Gilbert 1980 = Pierre Gilbert: Dictionnaire des mots contemporains. Paris 1980 [739 p.; 1. ed. 1971, entitled Dict. des mots nouveaux, 572 p.].

Giraud et al. 1971 = Jean Giraud/Pierre Pamart/ Jean Riverain: Les Mots "dans le vent". Paris 1971 [251 p.].

Giraud et al. 1974 = Jean Giraud/Pierre Pamart/ Jean Riverain: Les Nouveaux Mots "dans le vent". Paris 1974 [272 p.].

Heberth 1977 = Alfred Heberth: Neue Wörter. Neologismen in der deutschen Sprache seit 1945. Wien 1977 [240 p.; vol. 2, 1982, 75 p.].

Kay/Mish/Woolf 1976 = Mairé Weir Kay/Frederick C. Mish/Henry Bosley Woolf: 6000 Words. A Supplement to Webster's Third New International Dictionary. Springfield, Mass. 1976 [220 p.].

Kotelova 1984 = N. Z. Kotelova: Novye Slova I Znacheniya 1970-x Godov. Moscow 1984.

Kotelova/Sorokina 1971 = N. Z. Kotelova/Y. S. Sorokina: Novye Slova Znacheniya 1960-x Godov. Moscow 1971.

Mercier 1801 = Louis Sébastian Mercier: Néologie ou Vocabulaire de mots nouveaux, à renouveler ou pris dans des acceptions nouvelles. 2 vol. Paris 1801 [LXXVI, 334, 384 p.].

Migliorini 1963 = Bruno Migliorini: Parole nuove. In: Panzini 1963.

Mish 1983 = Frederick C. Mish: 9,000 Words. A Supplement to Webster's Third New International Dictionary. Springfield, Mass. 1983 [218 p.].

Molde 1986 = Bertil Molde (ed.): Nyord i svenskan från 40-tal till 80-tal. Stockholm 1986 [312 p.].

Néol. 1984 = Néologismes du français actuel. Paris (Datations et documents lexicographiques. Matériaux pour l'histoire du vocabulaire français, 24) 1984 [236 p.].

Panzini 1963 = Alfredo Panzini: Dizionario moderno. 10. ed. Milano 1963 [1. ed. 1905].

Reifer 1955 = Mary Reifer: Dictionary of New Words. New York 1955 [IX, 234 p.].

Riber 1984 = Pia Riber Petersen: Nye ord i dansk 1955—1975. Copenhagen 1984 [678 p.].

Smith 1909/10 = Benjamin E. Smith: The Century Dictionary Supplement. New York 1909, 1910.

Uudiss. = Uudissanasto 80. Helsinki 1979.

Wieger 1925 = Léon Wieger: Néologie. 15 000 termes modernes. Paris 1925 [324 p.].

Wijnands/Ost 1980 = P. Wijnands/J. M. Ost: Mots d'aujourd'hui. Néerlandais-français, français-néerlandais. 2. éd. Antwerpen 1980 [322 p.].

7.2. Other Publications

Barnhart 1970 = Clarence L. Barnhart: Of Matters Lexicographical: Keeping a Record of New English, 1963—1972. In: American Speech 45. 1970, 98—107.

Barnhart 1977 = C. L. Barnhart: Methods and Standards for Collecting Citations for English Dictionaries. In: Proceedings of the Fourth International Congress of Applied Linguistics. Vol. 3. Stuttgart 1977, 275—287.

Burchfield 1980 = Robert W. Burchfield: Aspects of short-term historical lexicography. In: Proceedings of the Second International Round Table Conference on Historical Lexicography. Ed. W. Pijnenburg/F. de Tollenaere. Cinnaminson, N.J. 1980, 271—286.

Cannon 1977 = Garland Cannon: New Proper-Noun Derivatives in American English. In: Names 25. 1977, 213—220.

Cannon 1978 = Garland Cannon: Statistical Etymologies of New Words in American English. In: Journal of English Linguistics 12. 1978, 12—18.

Cannon/Mendez 1979 = Garland Cannon/Beatrice Mendez Egle: New Borrowings in English. In: American Speech 54. 1979, 23—27.

Filipović 1982 = Rudolf Filipović: The English Element in European Languages. Vol. 2. Zagreb 1982.

Foster 1968 = Brian Foster: The Changing English Language. Harmondsworth, England 1968.

Galinsky 1951 = Hans Galinsky: Die Sprache des Amerikaners. Heidelberg 1951.

Heller et al. 1988 = Klaus Heller et al.: Theoretische und praktische Probleme der Neologismenlexikographie. Überlegungen und Materialien zu einem Wörterbuch der in der Allgemeinsprache der DDR gebräuchlichen Neologismen. Berlin 1988 (Linguistische Studien. Reihe A. Arbeitsberichte 184).

Herberg 1988 = Dieter Herberg: Stand und Aufgaben der Neologismenlexikographie des Deutschen. In: Das Wörterbuch: Artikel und Verweisstrukturen. Jahrbuch 1987 des Instituts für deutsche Sprache. Hrsg. v. G. Harras. Düsseldorf 1988 (Sprache der Gegenwart 74), 265—283.

Herberg 1988a = Dieter Herberg: Ein Wörterbuch der DDR-Neologismen. Prinzipien seiner inhaltlichen und formalen Gestaltung. In: Symposium on Lexicography IV. Hrsg. v. K. Hyldgaard-Jensen/ A. Zettersten. Tübingen 1988 (Lexicographica Series Maior 26), 143—162.

Matsuda 1985 = Yutaka Matsuda: Cross-over Languages: Japanese and English I. (Kwansi Gakuin University Annual Studies, Vol. XXXIV). Nishinomiya, Japan 1985.

Mormile 1967 = Mario Mormile: Desfontaines et la crise néologique. Rome 1967.

Mormile 1973 = Mario Mormile: La néologie révolutionnaire de Louis-Sébastien Mercier. Rom 1973.

Müller 1987 = Wolfgang Müller: „Schlammschlacht". Schon gehört? Ein Desiderat: Das deutsche Neologismenwörterbuch. In: Sprache und Literatur in Wissenschaft und Unterricht 60. 1987, 82—90.

Pousland 1937 = E. Pousland: A propos du Dictionnaire de mots nouveaux. Enrichissement de la langue française par J.-B. R. de Radonvilliers. In: Le Français Moderne 5. 1937, 37—40.

Riber 1983 = Pia Riber Petersen: New Words in Danish 1955—75. A Dictionary Compiled and Worked Out in a Traditional Way and Managed and Typed Via Computer. In: Linguistica Computazionale 3. 1983, 179—186.

Ricken 1977 = Ulrich Ricken: Zur Neologie-Diskussion des 18. Jahrhunderts und ihrer Fortsetzung nach der Revolution. In: Wissenschaftliche Zeitschrift der Univ. Halle 26. 1977, 109—118.

Ricken 1978 = Ulrich Ricken: Merciers *Néologie* — ein Werk der Revolution? In: Lendemains 11. 1978, 87—95.

Taylor 1944 = A. Marjorie Taylor: The Language of World War II. New York 1944—1948.

Whitney 1875 = William Dwight Whitney: The Life and Growth of Language. New York 1875 [reissued New York 1979].

Zandvoort 1957 = R. W. Zandvoort: Wartime English — Materials for a linguistic History of World War II. Groningen 1957.

Zolli 1974 = Paolo Zolli: I dizionari di neologismi e barbarismi del XIX secolo. Note linguistiche e bibliografiche. In: Id., Saggi sulla lingua italiana dell'ottocento 5. 1974, 7—66.

Robert and Clarence Barnhart,
New York (USA)

117. Wörterbücher des landschaftlich markierten Wortschatzes

1. Die Lexikographie der regionalen Wortunterschiede
2. Literatur (in Auswahl)

1. Die Lexikographie der regionalen Wortunterschiede

In allen Standardsprachen gibt es regional gebundene sprachliche Varianten, die darauf beruhen, daß Elemente der jeweiligen dialektalen Basis in die gesprochene und zum Teil auch in die geschriebene Standardsprache und in die gehobene Umgangssprache übernommen werden. Für den Wortschatz bedeutet dies, daß es Ausdrücke gibt, die als landschaftliche Synonyme, Heteronyme oder Doubletten (s. a. Art. 129) nebeneinander in der Standardsprache existieren oder gleichsam komplementär über das Sprachgebiet verteilt sind, z. B. dt. *Samstag* und *Sonnabend, Heidelbeere* und *Blaubeere* oder *Fleischer, Metzger* und *Schlachter*. Den Spre-

> **Brötchen:** Je nach dem Mehl, der Zubereitung, Backart und Form gab und gibt es die verschiedensten Sorten dieses Gebäcks, und dementsprechend vielfältig sind die Bezeichnungen dafür und die landschaftlichen oder gar örtlichen Verwendungsweisen der einzelnen Ausdrücke. Als Einheitswort und Oberbegriff hat sich heute, so scheint es, zumindest in Nord- und Mitteldeutschland *Brötchen* durchgesetzt; es erscheint demnach auch mit den verschiedensten Zusätzen: *Milch-, Franz-, Kuchen-, Laugen-, Roggen-, Rosinen-, Weizenbrötchen* usw. Ebenfalls hochsprachlich ist *die Semmel* (< latein. *similia* ‚feines Weizenmehl'). Dieses Wort ist vor allem in der Südhälfte der DDR und im Bairischen — östlich einer Linie Nürnberg-Augsburg-Bodensee — heimisch. Im Südwestteil der Bundesrepublik kann man mehrere Varianten von *der Weck(en)* hören: *Weck* im Hess., Pfälz. und Moselfränk., *Wecken* (daneben die Verkleinerungsform *Weck(e)le*) im Südrheinfränk., Schwäb. und Niederalemannischen (*Weck(e)le* außerdem östlich Nürnbergs), *Weggli* in der Schweiz. Kleinere Workträume bilden: *das Rundstück* von der dänischen Grenze bis an die Unterelbe, *die Schrippe* hauptsächlich um Berlin und Frankfurt an der Oder, *das Kipf(e)l* etwa zwischen Würzburg und Donauwörth und schließlich — stark mundartlich — *das Laabla* (eine Verkleinerungsform von *Laib*) im Frankenwald und Fichtelgebirge. — *Der Laugenweck*, ein Salzbrötchen, ist besonders im Südwesten bekannt und beliebt. Das österreichische *Baunzerl* bezeichnet ein Milchbrötchen. Roggenbrötchen werden in Berlin *Schusterjungen* genannt. Kretschmer erwähnt auch noch berlin. *Knüppel*. (K 150 u. 605; WDU 59; Wolff 4) — Für *geriebene Semmel* (*Paniermehl, Semmelmehl*; in dieser Verbindung ist *Brötchen* völlig ausgeschlossen!) ist im Südosten *Semmelbrösel*, im Südwesten *Weckmehl* gebräuchlich. (K 309) — Siehe auch **Gebäck**.

Textbeispiel 117.1: Wörterbuchartikel *Brötchen* (aus: Seibicke 1983, 52)

chern ist dabei oft kaum bewußt, daß sie einen Ausdruck von räumlich begrenzter Geltung gebrauchen: erst wenn Sprecher aus verschiedenen Landschaften einander begegnen, zeigen sich die Unterschiede, bei denen jeder die Redeweise des anderen als landschaftlich markiert empfindet. Unterhalb dieser Ebene gleichwertiger Varianten in der Standardsprache gibt es weitere landschaftliche Unterschiede in der Lexik der großräumigen hochdeutschen „Umgangssprachen" (Eichhoff 1977—78), die zwischen Standardsprache und Mundart angesiedelt sind (z. B. oberdt. *heben* in der Bedeutung 'halten, festhalten', oberdt. *pappen, päppen* 'kleben' oder oberrhein. *Gutsel* 'Bonbon, Süßigkeit'). Sie sind überwiegend in gesprochener Sprache anzutreffen (im Alltagsgespräch unter Einheimischen und Bekannten). Die Übergänge zum rein dialektalen, kleinräumigen oder gar nur lokalen Wortschatz sind fließend (s. Seibicke 1983, 22 f.). Beide Arten von „Provinzialismen" werden gewöhnlich von den großen ein- oder zweisprachigen Wörterbüchern einer Hoch- oder Standardsprache erfaßt und durch Zusätze wie z. B. „süddt.", „westfäl.", „berlin." gekennzeichnet (s. Art. 55), wobei standardsprachliche und substandardsprachliche Varianten aufgrund von Abgrenzungsschwierigkeiten meist nicht deutlich voneinander abgehoben werden. Die großen Wörterbücher sind jedoch ungeeignet, sich schnell über solche landschaftliche Wortdifferenzen zu informieren, und derartige Informationen können bei Reisen oder bei Wohnortwechsel nicht nur für Muttersprachler, sondern erst recht für Ausländer nützlich sein. Der Plan zum „Wörterbuch der deutschen Umgangssprachen" ist nicht zufällig aus einem Seminar an der Universität Madison/Wisconsin hervorgegangen, und das Werk hat unbestreitbar auch sprachdidaktische Ziele (s. Eichhoff 1977—78, I, Vorwort.)

Erstaunlicherweise gibt es bisher erst wenige Wörterbücher, die diesen landschaftlich markierten Wortschatz überregional sammeln (regionale und lokale Wortschatzsammlungen dagegen — wie beispielsweise Wolff 1980 — sind reichlich vorhanden), und zwar nur solche für das deutsche Sprachgebiet: Kretschmer 1918, Seibicke 1983. Schriftliche und mündliche Befragungen und persönliche Beobachtungen (Kretschmer 1918) sowie zusätzlich die Auswertung der dialektgeographischen Literatur (bei Seibicke 1983) bilden den Grundstock der Wortschatzdarstellung. Als Lemmata sind hochsprachliche Ausdrücke angesetzt, denen im Wörterbuchartikel die landschaftlichen Varianten zugeordnet werden. Scharfe Grenzen lassen sich in der Regel nicht ziehen; deshalb werden zur Beschreibung der Verbreitung geographische Ausdrücke (wie *südwestdt., norddt.*) und dialektologische Termini (wie *Alemann., Bair.* usw.) zu Hilfe genommen, die zuvor kartographisch vorgestellt oder sprachlich erläutert werden müssen (s. Seibicke 1983, 18 f., 26 f.). Der besseren Übersicht halber kann die verbale Beschreibung um eine kartographische Darstellung ergänzt werden (Seibicke 1983, 51, 80 u. ö., alle auf der Grundlage von Eichhoff 1977—78).

2. Literatur (in Auswahl)

2.1. Wörterbücher

Kretschmer 1918 = Paul Kretschmer: Wortgeographie der hochdeutschen Umgangssprache. Göttingen 1918 [XVI, 638 S.; 2. Aufl. mit Nachträgen 1969, XVI, 641 S.].

Seibicke 1983 = Wilfried Seibicke: Wie sagt man anderswo? Landschaftliche Unterschiede im deutschen Sprachgebrauch. 2., neu bearb. u. erweiterte Aufl. Mannheim. Wien. Zürich 1983 (Duden-Taschenbuch, Nr. 15) [190 S.; 1. Aufl. 1972, 159 S.].

2.2. Sonstige Literatur

Eichhoff 1977—78 = Jürgen Eichhoff: Wortatlas der deutschen Umgangssprachen. 2 Bde., Bern. München 1977—78 [Bd. I: S. 1—52, Kte. 1—54; Bd. II: S. 1—39, Kte. 55—125, 8 unpaginierte Seiten, S. 41—50].

Wolff 1980 = Roland A. Wolff: Wie sagt man in Bayern. Eine Wortgeographie für Ansässige, Zugereiste und Touristen. München 1980 (Beck'sche Schwarze Reihe, Bd. 211) [134 S.].

*Wilfried Seibicke, Heidelberg
(Bundesrepublik Deutschland)*

118. Das Fremdwörterbuch

1. Zur Bestimmung des Gegenstands: Fremdwörter und Fremdwörterbücher im europäischen Vergleich
2. Funktionen des gegenwärtigen deutschen Fremdwörterbuchs
3. Makrostrukturen des gegenwärtigen deutschen Fremdwörterbuchs
4. Mikrostrukturen des gegenwärtigen deutschen Fremdwörterbuchs
5. Zur Geschichte der deutschen Fremdwortlexikographie
6. Zur deutschen Fremdwortlexikographie der Gegenwart
7. Das Fremdwörterbuch in der Wörterbuchforschung
8. Literatur (in Auswahl)

1. Zur Bestimmung des Gegenstands: Fremdwörter und Fremdwörterbücher im europäischen Vergleich

1.1. Das Fremdwörterbuch verzeichnet den (gesamten) Fremdwortschatz einer Sprache. Geht man zunächst vom Lemmabestand gängiger deutscher Fremdwörterbücher aus, so gehören zum (deutschen) Fremdwortschatz vor allem Wortentlehnungen, d. h. aus anderen Sprachen übernommene Wörter, und Lehnwortbildungen, d. h. im Deutschen partiell oder ganz mit Hilfe entlehnter Wörter und Wortbildungselemente gebildete Wörter, die ggf. kein Vorbild oder keine Entsprechung in einer Fremdsprache haben. Hierzu ist dreierlei anzumerken: (a) Die sog. Lehnwörter im engen Sinne, *Wein, Fenster, schreiben* u. a. m., werden in der Regel im Fremdwörterbuch nicht verzeichnet. (b) Ausgeklammert bleibt der Bereich des sog. inneren Lehnguts wie Lehnübersetzungen, -übertragungen und -bedeutungen (vgl. Bäcker 1975): Nur das ausdrucksseitig erkennbar und/oder nachweisbar Entlehnte und Lehngebildete wird in der Regel in das Fremdwörterbuch aufgenommen. (c) Die herkömmliche Fremdwortdefinition — aus einer fremden Sprache übernommenes, (noch) nicht ganz assimiliertes Wort — erfaßt nur einen Teil der im Fremdwörterbuch verzeichneten Wörter, die Wortentlehnungen, nicht jedoch die Lehnwortbildungen (vgl. 7.).

1.2. Diese anhand der Fremdwörterbücher im Deutschen gewonnene Begriffsbestimmung läßt sich nicht ohne weiteres auf andere europäische Sprachen und Lexikographien übertragen. Die Geschichte jeder europäischen Kultursprache kennzeichnet zwar u. a. eine Auseinandersetzung mit teils übernommenem, teils übersetztem fremdem Wortgut, dieses wird aber ggf. lexikologisch unterschiedlich klassifiziert und behandelt. Nehmen wir als Beispiel nur das gemeineuropäische (gräko- und neu-)lateinische Wortgut. Im Deutschen zählen diese Latinismen neben Anglizismen, Gallizismen u. ä. unter Hervorhebung ihrer nichtgermanischen Herkunft zu den Fremdwörtern. Im Französischen dagegen gelten sie nicht als *mots étrangers* (Guiraud 1965), sondern vielmehr als *mots savants* (Guiraud 1968) und werden dem Bildungs- und wissenschaftlichen Fachwortschatz zugerechnet. Im Italienischen werden sie ebenfalls meist als *parole dotte* nicht bei den *parole straniere* behandelt (Zolli 1976). Im Englischen steht nicht ihre fremde Herkunft, sondern in Anknüpfung an die alte Tradition der *hard words* (Scheler 1977, Leisi 1985) ihre sprachsoziologisch beschränkte Geltung und dadurch bedingte lexikalische Barrieren im Mittelpunkt der Betrachtung (Corson 1985). Im Russischen wird häufig ihr Charakter als Internationalismen oder Europäismen bes. hervorgehoben (Wilske 1978).

1.3. Fremdwort ist also europäisch betrachtet nicht gleich Fremdwort. Es verwundert deshalb nicht, daß die Fremdwörter (im deutschen Sinne) auch lexikographisch unterschiedlich behandelt werden (vgl. Art. 56). Dies spiegelt sich nicht zuletzt auch im Vorkommen von Fremdwörterbüchern in den europäischen Kultursprachen wider. Wir lassen sie hier zunächst bibliographisch Revue passieren und gehen dabei kurz auf Französisch und Englisch näher ein.

1.3.1. In den romanischen Sprachen Französisch, Italienisch und Spanisch sind Fremdwörterbücher im o. a. Sinne selten nachzuweisen. Für das Französische sei auch zum einen auf die Erfassung des (neo-)klassischen Wortbildungsreservoirs der wissenschaftlichen Fachlexik in Cottez 1980 hingewiesen (vgl. Art. 127), zum anderen auf einige neuere Entlehnungswörterbücher, die speziell den Fremdwortschatz englisch-amerikanischer Herkunft verzeichnen. Die wichtigsten dieser Anglizismenwörterbücher sind Rey-Debove/Gagnon 1980, eine breitangelegte Sammlung des äußeren und inneren englischen Lehnguts mit einer Fülle von sprachlichen und aus der Literatur zusammengestellten metasprachlichen Informationen, und Höfler 1982, eine mustergültige, aus den Quellen gearbeitete, gedrängte lexikographische Darstellung „des historischen Prozesses der Integration fremden Wortguts auf den verschiedenen Beschreibungsebenen" (Höfler 1980, 74) am Beispiel der geläufigen Anglizismen im heutigen Französisch.

1.3.2. Im Englischen sind einige wenige neuere Fremdwörterbücher nachweisbar, wie z. B. Mawson/Berlitz 1975, Bliss 1979, Urdang/Abate 1983 (vgl. Kister 1967). Sie verzeichnen bevorzugt fremdsprachige Syntagmen im Unterschied zu den allgemeinen Wörterbüchern, sind jedoch allesamt sehr stark abhängig von diesen, bes. dem Oxford English Dictionary, und bieten sehr viel weniger Information. Sie spielen lexikographisch betrachtet nur eine Statistenrolle, ganz im Gegensatz etwa zu der früheren Tradition des *dictionary of hard words* (vgl. Art. 124).

1.3.3. Im slawischen Sprachraum lassen sich Fremdwörterbücher etwa seit der Mitte des 19. Jahrhunderts für Tschechisch, Russisch (ca. 50 Titel), Polnisch und Bulgarisch, im 20. Jahrhundert auch für Ukrainisch und Serbokroatisch nachweisen (Lewanski 1972—73). In Skandinavien liegen sie seit 1769 für Schwedisch, seit 1880 für Dänisch (ca. 50 Titel, z. B. Gyldendal 1983) und seit 1848 für Norwegisch vor (Haugen 1984). Im Niederländischen sind seit 1650 ca. 50 Werke nachgewiesen (Claes 1980). In allen drei Fällen ist Beeinflussung durch das deutsche Fremdwörterbuch wohl anzunehmen.

1.3.4. Im deutschsprachigen Raum sind für den Zeitraum 1571—1945 mehr als 300 verschiedene Werke — z. T. mit vielen Ausgaben — bibliographisch erfaßt, und auch der Zeitraum seit 1945 bietet eine kaum überschaubare Fülle von Fremdwörterbüchern (Jones 1977, Kühn 1978, Kirkness 1984). Deutschland wird mit Recht als „das Land der Fremdwörterbücher" (von Polenz 1967, 71) bezeichnet: Kein anderer Sprachraum hat eine auch nur annähernd ähnliche Vielzahl und Vielfalt von Fremdwörterbüchern aufzuweisen, ja die Zahl der deutschen Fremdwörterbücher übertrifft bei weitem die aller anderen europäischen Sprachen zusammen. Aus diesem Grund, und weil eine gesamteuropäische Behandlung des Fremdwörterbuchs als Wörterbuchtyps allein aus Raumgründen hier ohnehin unmöglich ist, steht das deutsche Fremdwörterbuch, bes. das Gebrauchsfremdwörterbuch der Gegenwart, im Mittelpunkt der nachfolgenden Ausführungen. Erwähnt seien hier nur noch die einzelsprachspezifischen „Fremdwörterbücher" im Deutschen, z. B. Neske 1970 oder das geplante Anglizismenwörterbuch (Carstensen 1983), die meist als wissenschaftliche Monographien geführt werden, z. B. Ganz 1957, Jones 1976 und Brunt 1983.

2. Funktionen des gegenwärtigen deutschen Fremdwörterbuchs

2.1. Die große Beliebtheit des gegenwärtigen deutschen Fremdwörterbuchs, meist eines handlichen Einbänders, deutet darauf hin, daß es einem starken Frage- und Nachschlagebedürfnis in der breiten Öffentlichkeit entspricht. Dieses praktische Bedürfnis wird heute als die Daseinsberechtigung des Fremdwörterbuchs angeführt. Es ist handlich, weil es als Gebrauchsgegenstand zum ständigen Benutzen auf den Schreibtisch, nicht etwa in den Bücherschrank gehört. Es versucht, möglichst aktuell und umfassend zu sein, und zwar sowohl im Datenangebot in den Wörterbuchartikeln, um auf vielfältige Benutzerfragen bei der Textrezeption und -produktion zuverlässig antworten zu können, als auch im Lemmabestand, um mit dem ununterbrochenen Zustrom neuer Fremdwörter im Zuge des zunehmenden internationalen Güter-, Ideen- und Sprachaustausches und der schnellen Entwicklung von Wissenschaft, Kunst und Technik Schritt zu halten. In diesem Zustrom liegt zugleich das Erscheinen rasch aufeinanderfolgender neuer Auflagen begründet, das die Nähe des Fremdwörterbuchs zum Neologismenwörterbuch (vgl. Art. 116) nur noch unterstreicht. Durch den wiederholten Hinweis auf das stete Fortschreiten von Wissenschaft und Technik sowie auf die Verwissenschaftlichung und Verfachlichung des Alltags wird evident, daß das auf die Gemeinsprache zentrierte Fremdwörterbuch bes. zur bildungssprachlichen und zur explosionsartig ausfächernden fachsprachlichen Peripherie hin offen ist, an der Verständnisschwierigkeiten für den normalen Sprachteilhaber gehäuft auftreten können. Hierdurch wiederum wird die Nähe des Fremdwörterbuchs zum Sachlexikon und zum Fachwörterbuch (vgl. Art. 160) deutlich: „Das Fremdwörterbuch hat heute für den durchschnittlichen Sprachteilhaber eine ähnliche Funktion wie das Fachwörterbuch für den Fachmann" (Müller 1975, 221).

2.2. Hauptfunktion des Fremdwörterbuchs ist es, dazu beizutragen, daß (durch Fremdwörter bedingte) Verständigungsschwierigkeiten überwunden und Kommunikationsstörungen beseitigt werden. Denn gerade die Fremdwörter, heißt es, bereiten auf Grund ihrer Herkunft aus anderen Sprachen bes. große und sehr verschiedenartige Schwierigkeiten — Schwierigkeiten in der Aussprache, in der Silbentrennung, in der Schreibung, in der Satzverwendung, vor allem aber und immer wieder im Verstehen. Das Fremdwörterbuch stellt somit als Spezialwörterbuch den Teilwortschatz des Deutschen dar, „der infolge seiner Herkunft aus fremden Sprachen dem Angehörigen der deutschen Sprachgemeinschaft zuweilen schwer verständlich ist und dessen Verwendung ihm unter Umständen Schwierigkeiten bereitet" (Wahrig-Fwl 1983, 5).

2.3. Damit schließt sich gewissermaßen der Kreis zum ersten deutschen Fremdwörterbuch überhaupt (Rot 1571), das ebenfalls die Funktion eines Wörterbuchs schwieriger, insbes. schwer verständlicher Wörter hatte. In der jahrhundertelangen Geschichte des Fremdwörterbuchs reichte die Funktionsskala von der deskriptiv-informativen Erklärung bis zur normativ-puristischen Verdeutschung der Fremdwörter, wobei der Streit über Verstehen und/oder Vermeiden der Fremdwörter selten sachlich-neutral, sondern meist emotionell-betroffen und zuweilen recht kontrovers geführt wurde (vgl. 5.).

3. Makrostrukturen des gegenwärtigen deutschen Fremdwörterbuchs

3.1. Beschreibungsgegenstand des Fremdwörterbuchs sind die Fremdwörter im weitesten Sinn, d. h. vor allem Wortentlehnungen und Lehnwortbildungen (vgl. 1.1.). Die Auswahl der Lemmata ist eindeutig auf den gemeinsprachlichen Fremdwortschatz des gegenwärtigen Deutsch zentriert, schließt also in der Regel auch von allen Sprachteilhabern verstandene und verwendete Wörter mit „Lehnwort"charakter wie *Foto, Sport, Streik, Telefon* u. ä. mit ein. Die einzelnen Wörterbücher unterscheiden sich bes. in ihrer Offenheit zur Peripherie hin, die sich vor allem im (zuweilen extrem) hohen Anteil sowohl an Fachtermini als auch an sog. Bezeichnungsexotismen widerspiegelt.

3.2. Lemmatisiert werden in je nach Wörterbuch unterschiedlichem Maße
— feste Syntagmen wie *anni currentis, right or wrong, my country*
— (prinzipiell gebundene) Wortbildungseinheiten wie *anti..., ...ismus, log(o)..., ...logie*
— Abkürzungen wie *r.-k. (römisch-katholisch), dB (Dezibel)*
— (freie) Lexeme, darunter Simplicia, Ableitungen und (seltener) Zusammensetzungen.

3.3. Zu den Lexemen zählen u. a. sog. Kunstwörter, die zugleich oft Warenzeichen sind, wie *Nylon, Persil, Teflon, Trautonium,* und sog. Kurz- und Buchstabenwörter wie *NATO, EFTA, Laser, Telex.* Bei kombinierten Lexemen werden sog. hybride bzw. Mischbildungen wie *Bummelant, Radiostern, Antiheld* berücksichtigt. Der Lemmabestand schließt außerdem Verweislemmata verschiedenen Typs ein, z. B. Verweise auf Rechtschreibvarianten, auf bedeutungsgleiche oder leicht verwechselbare Wörter.

3.4. Die Anordnung der Lemmata ist in aller Regel alphabetisch. Häufig werden die Lemmata zu Nestern meist etymologisch verwandter Wörter zu-

radikal [*lat.-fr.*; eigtl. „an die Wurzel gehend"]: 1. a) bis auf die Wurzel gehend, vollständig, gründlich u. ohne Rücksichtnahme; b) hart, rücksichtslos. 2. einen politischen od. weltanschaulichen Radikalismus vertretend. 3. die Wurzel betreffend (Math.). **Radikal** *das;* -s, -e: 1. nicht auf andere Eigenschaften zurückzuführende Grundeigenschaft als Voraussetzung für den Personaufbau (z. B. Wahrnehmung, elementare Triebrichtungen; Psychol.). 2. das sinnbildliche Wurzelelement des chines. Schriftzeichens. 3. Gruppe von Atomen, die wie ein Element als Ganzes reagieren, eine begrenzte Lebensdauer besitzen u. chem. sehr reaktionsfähig sind (Chem.). **Radikal|in|ski** *der;* -s, -s: (ugs., abwertend) politisch Radikaler. **radikalisieren** [*lat.-fr.-nlat.*]: radikal, rücksichtslos, unerbittlich machen. **Radikalisierung** *die;* -, -en: Entwicklung zu einer radikalen (2) Form. **Radikalismus** *der;* -, ...men: 1. rücksichtslos bis zum Äußersten gehende [politische, religiöse usw.] Richtung. 2. unerbittliches, unnachgiebiges Vorgehen. **Radikalist** *der;* -en, -en: Vertreter des Radikalismus. **radikalistisch**: den Radikalismus (1 u. 2) betreffend, im Sinne des Radikalismus. **Radikand** [*lat.*] *der;* -en, -en: math. Größe od. Zahl, deren Wurzel gezogen werden soll (Math.). **Radikula** *die;* -: Keimwurzel der Samenpflanzen (Bot.)

Textbeispiel 118.1: Wörterbuchartikel (aus: Duden-Fwb 1982, 646)

sammengruppiert, wobei die strikte alphabetische Ordnung bald beachtet wird, bald nicht. Die Nester bestehen vor allem aus abgeleiteten und zusammengesetzten Formen. Syntagmen, Wortbildungseinheiten und/oder Abkürzungen können gelegentlich außerhalb der Hauptlemmareihe, etwa in einem Anhang, in Gruppen zusammengefaßt eigens lemmatisiert werden.

3.5. Kennzeichnend für die Makrostruktur des Fremdwörterbuchs sind — einer alten Tradition entsprechend (vgl. 5.3.2.) — über die obligatorischen Benutzungshinweise, Abkürzungs- und Zeichenerklärungen hinausgehende Zusatzinformationen, seien sie z. B. eine Einleitung in Geschichte und Funktion des Fremdworts oder Angaben zur Rechtschreibung im Vorspann (Duden-Fwb), seien sie z. B. zusammenfassende Beiträge zum Fremdwort, zu Wortbildungseinheiten, geflügelten Worten, Namen von Farben, chemischen Elementen und Ländern, zu internationalen Maßen und Gewichten u. ä. im Anhang (Herders-Fwb).

4. Mikrostrukturen des gegenwärtigen deutschen Fremdwörterbuchs

4.1. Die Wörterbuchartikel zu den Hauptlemmata enthalten in der Regel die nachfolgend beschriebenen Informationspositionen, die in je verschiedener Gewichtung und typographischer Hervorhebung und in je verschiedener Anordnung vorkommen können. In Nestern gruppierte Sublemmata enthalten oft eine vor allem semantisch reduzierte Beschreibung mit starkem (zirkulärem) Bezug zum Hauptlemma. Generell wird natiolektale bzw. großregionale Variation auf den verschiedenen Sprachebenen berücksichtigt.

4.2. Lemma: Im Lemma werden z. B. Vokallänge und -kürze, Betonung, (schwierige) Silbentrennung, seltener auch morphologische Regeln, etwa zur Trennbarkeit von Verbpräfixen, angegeben; Homographen werden ggf. kenntlich gemacht.

4.3. Varianten: Geläufige, speziell fachsprachliche, orthographische Varianten, die ggf. auch eine phonetische Variante darstellen können, erscheinen meist (extra gekennzeichnet) neben dem Lemma sowie als Verweislemma an alphabetischer Stelle.

4.4. Aussprache: Angaben zur Aussprache erscheinen in vereinfachter, volkstümlicher Umschreibung oder in der internationalen API-Lautschrift nicht durchgehend, sondern meist nur dann, wenn die Aussprache (eines Teils) des Stichworts als schwierig, weil etwa von indigendeutschen Regeln abweichend oder vom Schriftbild her nicht erschließbar, erachtet wird.

4.5. Grammatik: Die Wortart wird nur beim Substantiv überall angegeben, und zwar indirekt durch Angabe des Genus (durch den bestimmten Artikel, selten *m. f. n.*). Beim Substantiv wird durch Genitiv Singular und Nominativ Plural die Flexionsklasse angegeben, Besonderheiten des Plural- und/oder Singulargebrauchs werden notiert. Bei den anderen Wortarten, insbes. bei Verben (z. B. (in)transitiver, reflexiver Gebrauch, Partizipbildung) und Adjektiven (z. B. attributive, prädikative Verwendung, Steigerungsformen) sind morphologische und vor allem syntaktische Informationen — falls überhaupt vorhanden — sehr viel spärlicher (vgl. aber Ahlheim 1970). Bei Syntagmen fehlt jede nähere Bestimmung; bei einmal aufgenommenen Wortbildungseinheiten werden die vielfältigen Kennzeichnungen, u. a. Vor- und Nachsilbe bzw. Prä- und Suffix, Wortteil, (Bestimmungs- oder Grundwort) in Zusammensetzungen, auch in einem und demselben Wörterbuch uneinheitlich, sogar widersprüchlich verwendet.

(Dieses Manko direkt den Fremdwortlexikographen anzulasten, wäre verfehlt, stellt es doch vielmehr ein Defizit der germanistischen Wortbildungslehre dar; vgl. hierzu Hoppe u. a. 1987.)

4.6. Etymologie: Hinweise auf die Wortherkunft werden in fast allen Wörterbüchern gegeben, wird doch der Beschreibungsgegenstand — das Fremdwort — letztlich von der (nichtdeutschen) Herkunft des Wortes bzw. der/einzelner Wortteile her bestimmt. Sie weisen jedoch eine derartige Vielfalt an Gestaltung und Aussagekraft auf, daß die Variationsbreite hier zunächst an einem konkreten Beispiel, der Entlehnung *Musical,* nur angedeutet werden kann: (a) amerik.; (b) engl.; (c) griech → lat → engl.; (d) gr.-lat.-mlat.-fr.-engl.-amerik.; (e) aus gleichbed. amerik. *musical (comedy);* (f) engl., verkürzt < *musical comedy* „musikal. Lustspiel". Generell werden Ursprungs- und Vermittlersprache(n) berücksichtigt, die Bedeutungen der Etyma bzw. Vorbilder werden aber selten angegeben. Bei Kombinationen wird bald nur die Etymologie der einzelnen (entlehnten) Bestandteile *(Automobil:* gr.; lat.), bald auch die der Kombination *(Prestidigitateur:* (lat.-it.-fr.; lat.) fr.) angegeben. Bei eindeutigen Lehnwortbildungen *(Raffinesse)* erscheinen vereinzelt Angaben wie 'französisierende Bildung' oder 'zu raffiniert, beeinflußt von *Finesse',* bei hybriden Ableitungen *(Schwulität)* etwa 'dt. + f.E.' (= fremdsprachige Endung). Bei Nestalphabetisierung werden gelegentlich mehrere Glieder der Wortfamilie, meist aber nur das Hauptlemma etymologisiert. Einzelbedeutungsbezogene Etymologien werden nur in Ausnahmefällen angegeben, z. B. *realisieren:* 1) = verwirklichen, < franz. 2) = bewußt werden, < engl.

4.7. Pragmatik: Symptomwerte werden nur bei nichtgemeinsprachlichem Gebrauch notiert. Die häufig vorkommenden Angaben, die bei polysemen Stichwörtern einzelbedeutungsbezogen erfolgen, betreffen vor allem Stilschicht und Fach- oder Sachbereich, seltener Raum, Zeit und Häufigkeit.

4.8. Bedeutung: Entsprechend seiner Hauptfunktion, Verständnisschwierigkeiten (bei der Textrezeption) abzuhelfen (vgl. 2.2.), ist das Fremdwörterbuch primär als Bedeutungswörterbuch konzipiert, so daß semantische Informationen im Mittelpunkt stehen. Dabei sind potentiell fremdwörterbuchspezifische Beschreibungstechniken, wie etwa eine Unterscheidung zwischen entlehnten und innerhalb des Deutschen entwickelten Bedeutungen oder eine genaue Zuordnung der Stichwörter in ihrem Verhältnis zu anderen Fremdwörtern und zu indigendeutschen Wörtern zu einem Wortfeld (im Sinne einer distinktiven Synonymik), höchstens ansatzweise vorhanden, vor allem vielleicht in der Präponderanz von mehr enzyklopädischen Sacherläuterungen bzw. Realdefinitionen, die wohl mit dem hohen Anteil der Substantive am Fremdwortschatz im allgemeinen und hier wiederum bes. mit der sehr großen Anzahl von lemmatisierten Fachtermini, Namen und insbes. Bezeichnungsexotismen im Zusammenhang steht. Wenigstens tendenziell überwiegt bei Substantiven der phrastische oder umschreibende Typ der Bedeutungserläuterung, bei Verben dagegen der (partiell) synonymische; bei Adjektiven ist das Verhältnis eher ausgewogen. Bei den (Reihen von) synonymischen Interpretamenten überwiegen auffallend eindeutig indigene Ausdrücke (vgl. 6.1.). Syntagmen werden in der Regel wörtlich „übersetzt" und/oder mit einer (etymologisierenden) Zusatzerläuterung versehen. Wortbildungseinheiten werden meist durch Einheiten der gleichen Klasse erklärt, z. B. *anti* durch 'gegen, wider', nur vereinzelt konstruktiv, d. h. an ihrem Beitrag zur Bedeutung der Kombination orientiert, z. B. *anti* 'drückt aus, daß das so Bezeichnete ganz anders ist, als das, was das Grundwort angibt, daß es dessen Eigenschaften nicht enthält (z. B. *Antiheld*)'; vgl. auch Hoppe u. a. 1987. Die Ordnung der Einzelbedeutungen, die je nach Differenziertheitsgrad konventionell durch Komma, Semikolon, Kleinbuchstaben, arabische Ziffer u. ä. gegeneinander abgegrenzt werden, ist synchron-gegenwartsbezogen ausgerichtet: Tendenziell steht die geläufigere, zentrale, gemeinsprachliche Bedeutung vor der weniger geläufigen, peripheren, fachsprachlichen. Historisch-diachrone Aspekte werden nur beim gelegentlichen Versuch berücksichtigt, die Benennungsmotivik anzudeuten und die Bedeutung(en) in Relation zur etymologischen Bedeutung als einer Art „Ur-" oder „Grund"bedeutung zu setzen.

4.8.1. Über die eigentlichen Bedeutungserläuterungen und die häufigen sachlich-enzyklopädischen Kommentare hinausgehende Zusatzinformationen enthalten z. B. sporadische Hinweise auf (nur fremdwörtliche) Antonyme, wobei Konnotatives nicht berücksichtigt wird, oder die Angabe der lateinischen wissenschaftlichen Benennungen bei botanischen Namen.

4.9. Eine Position für authentische Textbelege oder für Literaturhinweise sieht kein Gebrauchsfremdwörterbuch vor, eine für (Anwendungs-)Beispiele nur Ahlheim 1970.

5. Zur Geschichte der deutschen Fremdwortlexikographie

5.1. Am Anfang dieses Sonderkapitels deutscher Wörterbuchgeschichte steht Rot 1571, nach dem Neudruck von Öhmann 1936 meist Fremdwörterbuch genannt, dem Konzept und ursprünglichen Titel nach jedoch ein deutsches Wörterbuch zur Erläuterung schwerer, unbekannter deutscher Wörter verschiedener, bes. lateinischer Herkunft, die im geschriebenen und gesprochenen Deutsch häufig zu Kommunikationsstörungen führten.

5.2. Nach Rot riß der Strom der fremdwortbezogenen Wörterbücher nicht mehr ab. Im 17./18. Jh. (Jones 1977, 93—111) behandelten sie zunächst (gelehrte) Wörter aus dem Latein, dann zunehmend auch Ausdrücke aus dem Italienischen und bes. aus dem Französischen. Die ersten Puristen meldeten sich mit Verdeutschungsvorschlägen lexikographisch zu Wort, z. B. Sprachverderber 1644. Es entstanden bereichsspezifische Glossare und Fremdwortverzeichnisse, bes. der kaufmännischen und militärischen Fachsprache. Allgemeine fremdwortbezogene (Teil-)Wörterbücher waren ebenfalls zu verzeichnen, allein zwischen 1680 und 1730 ein gutes Dutzend, die zugleich meist Zeitungs- und Konversationslexika waren, rückte doch in der Frühaufklärung die fremdwortdurchsetzte Sprache der Zeitung, dann auch die des gebildeten Umgangs bzw. der Konversation, in den Vordergrund, z. B. Nehring 1684 (^{16}1772), Wächtler 1703 (^{9}1757), Sperander 1727/28. Diese und ähnliche Werke wurden bis ins späte 18. Jh. mehrfach nach- und neugedruckt.

5.3. Um die Wende zum 19. Jh. wurde eine neue Phase in der Geschichte des Fremdwörterbuchs eingeleitet durch Campe 1801 (^{2}1813), ein umfassendes, von Zeitgenossen und Nachfolgern eifrig abgeschriebenes Verdeutschungswörterbuch, das Epoche und Schule machte. Allen Vorgängern an der Zahl der Stichwörter weit überlegen, enthält Campe in der Mikrostruktur vor allem teilweise ausführliche Diskussionen der (vielen) angeführten Verdeutschungen. Die befolgten

Verdeutschungsgrundsätze werden in einer einleitenden Abhandlung sehr detailliert erläutert; den Anhang bildet ein Verzeichnis der als Fremdwortersatz vorgeschlagenen indigenen Ausdrücke, die im Wörterbuch Adelungs fehlten.

5.3.1. Der Hinweis auf Adelung ist lehrreich: Campe konzipierte die erste Ausgabe seines Verdeutschungswörterbuchs als Ergänzungsband zu Adelung, die zweite als Ergänzung zu Adelung und zum eigenen deutschen Wörterbuch, weil diese die Fremdwörter nicht oder unbefriedigend behandelten, was ein fremdwortbezogenes Spezialwörterbuch erforderlich machte. Dieses Ergänzungsargument blieb im 19./20. Jh. insofern weiterhin gültig, als die bekannteren allgemeinen Wörterbücher des Deutschen von Adelung bis Trübner — einschließlich des Grimm — die Fremdwörter grundsätzlich (weitgehend) ausschlossen (vgl. Art. 205, 206; auch 6.4.).

5.3.2. Die Zusatzinformationen Campes stehen in einer langen Fremdwörterbuchtradition, die mit einer Liste entstellter Wortformen bzw. des Bauernlateins bei Rot 1571 beginnt und u. a. fortgesetzt wird mit Ausführungen zur Geschichte des Fremdwortpurismus etwa bei Petri 1806 und Dunger 1882 oder mit einem alphabetischen Verzeichnis der Fremdwörter nach ihrer deutschen Aussprache in möglichst 'phonetischer' Umschreibung, um auch dem Laienbenutzer nur gehörte Fremdwörter nachschlagbar zu machen (z. B. 'Bongwiwang' für *Bonvivant*, 'Schangschiren' für *changiren*), bei Beer 1838 (vgl. 3.5.).

5.4. Campe führt schon im Titel die beiden Schlagwörter 'Erklärung' und 'Verdeutschung' ein, die der Fremdwortlexikographie des 19./20. Jhs. den Stempel aufdrückten. Nach ihm steigerte sich der Strom der fremdwortbezogenen Wörterbücher im Zuge der puristischen Bewegung zur Flut. Im Schnitt erschienen jedes Jahr bis zum Zweiten Weltkrieg mehrere neue Werke oder Neuauflagen zum Verstehen, vor allem aber zum Vermeiden, oder zur Erklärung, vor allem aber zur Ersetzung bzw. Verdeutschung, der Fremdwörter (Kirkness 1984). An Verdeutschungswörterbüchern seien exemplarisch genannt Dunger 1882, Sanders 1884, Sarrazin 1886 ([5]1918), Engel 1918 (Neubearbeitung 1955), die zwölf Verdeutschungsbücher des Allgemeinen Deutschen Sprachvereins, und als puristisches Kuriosum Brugger 1855; an Fremdwörterbüchern nur Oertel 1804 ([4]1831), Petri 1806 ([42]1929), Kiesewetter 1841, Hoffmann 1845, Sanders 1871, Kehrein 1876, Liebknecht 1881 ([22]1953), Genius 1933 und insbes. Heyse 1804 ([20]1919), eine lexikographische Institution mit mehrfach aufgelegten Taschenbuchausgaben und zwei Raubdrucken, die sich zu selbständigen, mehrfach neubearbeiteten Fremdwörterbüchern entwickelten (Kirkness 1984, 119).

5.4.1. Fremd- und Verdeutschungswörterbücher lassen sich tendenziell-generalisierend in ihren Grundzügen etwa wie folgt unterscheiden: Das Fremdwörterbuch will prinzipiell alle Sprachteilhaber über Gebrauch und Bedeutung der (für schwer verständlich gehaltenen) Fremdwörter informieren, berücksichtigt mögliche Benutzungssituationen bei der Textproduktion und bes. -rezeption, strebt einen möglichst umfassenden Lemmabestand an, der im 19./20. Jh. zuweilen auch selten vorkommende und/oder verdunkelte, demotivierte und daher erklärungsbedürftige indigendeutsche Wörter einschloß, und sieht mikrostrukturell vielfältige Informationspositionen, zur Etymologie, Flexion, Bedeutung, Verwendung im Satz u. ä., vor (vgl. auch 2.—4.). Das Verdeutschungswörterbuch dagegen, seiner Hauptfunktion entsprechend, „das rasche Auffinden des treffenden deutschen Deckworts für das in einem gegebenen Satzbeispiele vorkommende Fremdwort" (Sarrazin [3]1906, VIII) zu gewährleisten, „will vor allem dem für den Augenblick um eine zutreffende deutsche Übertragung des Fremdworts verlegenen Schreibenden oder Schriftsteller eine solche darbieten" (ebd., VII). Dem eher gebildeten, mit Fremdwörtern (allzu) vertrauten Textproduzenten bietet es in der Mikrostruktur meist unter Ausschluß sonstiger Informationspositionen eine semantisch eher undifferenzierte Auswahl, gelegentlich sogar eine programmatische Anhäufung — um den Reichtum des indigenen Wortschatzes vorzuführen — von Ersatzwörtern bzw. Verdeutschungen an, die traditionell Neuprägungen, bes. Lehnübersetzungen und -übertragungen, Übernahmen aus den Mundarten und Fach- und Sondersprachen, wiederbelebte alte oder veraltete Wörter sowie Neubedeutungen darstellten, hat also eher die Funktion und Struktur eines Begriffswörterbuchs oder einer kumulativen Synonymik. In den Lemmabestand aufgenommen werden vor allem als entbehrlich angesehene Fremdwörter, wobei häufig nur ein Glied einer größeren Wortfamilie lemmatisiert wird (z. B. *intellektuell,* nicht *Intellektualismus, -ität* u. ä.) oder zuweilen angeblich mit deutscher Art nicht vereinbare fremdsprachige Ausdrücke einfach verschwiegen werden (vgl. auch Dunger 1882, IV; Sanders 1884, IX—XI; Sarrazin 1906, V—XVII).

5.4.2. Die Ansichten über Fremd- und/oder Verdeutschungswörterbuch gingen manchmal kontrovers auseinander. Setzte z. B. Kiesewetter [4]1863, III einerseits die beiden praktisch gleich mit seiner Behauptung, „daß der erklärte Zweck der Fremdwörterbücher von jeher der Krieg war gegen fremde Eindringlinge, der Kampf gegen gedankenlose, häßliche Sprachmengerei", so faßte Engel 1918, 20, 22 andererseits sein Verdeutschungswörterbuch vielmehr als eine Art Anti-Fremdwörterbuch auf:

„Alle Fremdwörterbücher bemühen sich liebevoll, den Benutzer doch ja zum richtigen, zum richtigsten mündlichen und schriftlichen Gebrauch des Welsch anzuleiten (...) Mein Buch soll nicht der Beherrschung der Fremdwörter und ihrem richtigen Gebrauche dienen: sondern es soll das bitterschärfste Messer zur Ausrottung dieses Krebsgeschwürs am Leibe deutscher Sprache, deutschen Volkstums, deutscher Ehre sein. Nicht in die Fremdwörterei hinein, sondern für immer heraus aus dieser Schande soll es jeden Benutzer führen."

5.4.3. Bei aller (behaupteten) Unterschiedlichkeit der Mittel blieb der Hauptzweck doch praktisch gleich: So gut wie alle fremdwortbezogenen Spezialwörterbücher des 19./20. Jhs., und es kamen in der Praxis meist Mischtypen vor, wie schon die Wörterbuchtitel anzeigen (z. B. Saalfeld 1898), wurden mehr oder minder explizit in den Dienst des Fremdwortpurismus (nationaler Prägung) gestellt. Fast allen Werken gemeinsam war ebenfalls die starke Hervorhebung des handlich-praktischen Charakters eines aktuellen Gebrauchswörterbuchs, mitunter im bewußten, konstruierten Gegensatz zum eher Wissenschaftlichen, Dokumentarischen.

5.5. Dokumentationszwecken dienten wohl nur Sanders 1871 und Kehrein 1876 mit ihren authentischen Textbelegen und Belegstellenangaben, vor allem aber das zu Beginn des 20. Jhs. von Friedrich Kluge nicht zuletzt als Ergänzung zum Grimm angeregte historische Deutsche Fremdwörterbuch, Schulz/Basler 1913 ff., der somit eine Sonderstellung unter den deutschen Fremdwörterbüchern einnimmt. Der erste Bearbeiter, Hans Schulz (A—K), wollte sein Werk als einen ersten Versuch der gedrängten Darstellung der innerdeutschen Geschichte nur allgemein geläufiger Fremdwörter verstanden wissen, die Kurzinformationen zu Form, Bedeutung, Gebrauch, Zeitpunkt des Aufkommens, geographischem Ausgangsgebiet und Sachbereich der alphabetisch angeordneten Lemmata sowie eine strenge Auswahl an Belegen und (Wörterbuch-)Buchungen mit genauen Quellenangaben enthält. Sein Nachfolger, Otto Basler (L—P, Q), erweiterte bei grundsätzlicher Beibehaltung der ursprünglichen Konzeption einer historisch-entwicklungsbezogenen Wortbeschreibung die Quellen- und Materialbasis beträchtlich, nahm in der Praxis mehr (periphere) Stichwörter auf, ging auf deren Etymologie, vor- und außerdeutsche Geschichte näher ein, führte viele Zusammensetzungen an und widmete den z. T. ausführlichen Belegreihen viel mehr Platz. Mit dem Zweiten Weltkrieg wurde jedoch die Ausarbeitung des Werks genauso wie die Produktion der Gebrauchsfremdwörterbücher unterbrochen, die Schwelle von der Geschichte zur Gegenwart erreicht.

6. Zur deutschen Fremdwortlexikographie der Gegenwart

6.1. Seit 1945 ist der Fremdwortpurismus kein öffentliches Anliegen mehr. Verdeutschungswörterbücher gibt es dementsprechend kaum noch (Engel Neubearb. 1955), wenn auch die Verdeutschung als lexikographisches Programm z. B. in der Aufnahme leichtverständlicher bzw. nichterklärungsbedürftiger Fremdwörter oder in der Angabe vor allem indigener Synonyme als Bedeutungserläuterungen in den gängigen Fremdwörterbüchern noch nachwirken mag (vgl. 4.8.; auch Hausmann 1982).

6.2. Das historische Fremdwörterbuch von Schulz/Basler wurde 1977—83 in institutionalisierter Teamarbeit fertiggestellt: Jeder Artikel zu den Stichwörtern R—Z enthält Angaben zur Wortklasse und Flexion, zur Etymologie und zum Zeitpunkt des ersten Auftretens (ggf. der einzelnen Bedeutungen), zu historischen Schreibvarianten und Nebenformen, zum syntaktischen und syntagmatischen Verhalten, zur stilistischen Charakterisierung und zum Anwendungsbereich, zur Wortbildung, insbes. zur Bedeutung(-sgeschichte) sowie einen Beleganhang. Durch diesen systematisierten Artikelaufbau und durch eine begründete Stichwortauswahl sowie durch die spätere Beigabe von Wortregistern (alphabetisch, rückläufig, chronologisch, nach Herkunft und nach Wortklasse) zur flexibleren Erschließung der Wörterbuchdaten wurde versucht, dem wissenschaftlichen Anspruch eines Dokumentationswörterbuchs gerecht zu werden.

6.3. Nach kurzer Unterbrechung während und nach dem Krieg setzt sich mit unvermindertem Erfolg beim breiten Publikum die Tradition des erklärenden Fremdwörterbuchs fort, dessen hauptsächliche Funktionen und Strukturen schon umrissen wurden (vgl. 2.—4.). Eine zunehmende Fülle von teilweise mehrfach neubearbeiteten Werken in verschiedenen Formaten und Preislagen liegt vor, von denen hier nur eine Auswahl exemplarisch genannt werden kann (vgl. Kühn 1978, 107—110) — an umfassenderen Kienle 1965, Herder 1974, Wahrig-Fwl 1974, Makkensen-Fwl 1975, und Duden-Fwb 1982 aus der BRD und Großes Fwb 1977 als Nachfolger von Klien 1964 aus der DDR, an kleineren Schülerduden-Fwb 1975 und Kleines Fwb 1974; an spezielleren Ahlheim 1970, ein phraseologisches (Stil-)Wörterbuch mit Anwendungsbeispielen, Freytag 1982, ein Lexikon naturwissenschaftlicher und mathematischer Fremdwörter, und Dultz 1973, das mit Hilfe einer im Grundsatz und erst recht in der Praxis fragwürdigen Zweiteilung „Deutsch — Fremdwort" und „Fremdwort — Deutsch" Gebrauch und Bedeutung der Fremdwörter erläutern will.

6.4. Anzumerken ist noch, daß die allgemeinen einsprachigen Wörterbücher der Gegenwart (vgl. Art. 206) Fremdwörter verzeichnen; von daher gesehen ist das Ergänzungsargument (vgl. 5.3.1.) für das gesonderte Fremdwörterbuch nunmehr hinfällig. Sie bieten außerdem eine benutzerfreundlichere, weil informativere Beschreibung der Fremdwörter im Gesamtzusammenhang des deutschen Wortschatzes, führen z. B. mehr Zusammensetzungen und insbes. Syntagmen an, weisen ggf. auf indigene wie entlehnte Antonyme und Synonyme hin und bringen z. T. aussagekräftigere, weil inhaltsbezogene Etymologien. Die Fremdwörterbücher können dieses ihr mikrostrukturelles Minus nicht durch ein geringes quantitatives Plus in der Makrostruktur aufwiegen, setzt sich dieses doch größtenteils aus wirklich Peripherem zusammen, z. B. Veraltetem, Fachspezifischem und bes. Fremdsprachig-Exotischem. Die allgemeinen Gesamtwörterbücher des heutigen Deutsch, zumal die handlichen Ein- oder Zweibänder, können somit m. E. sogar als die besseren „Fremdwörterbücher" gelten.

7. Das Fremdwörterbuch in der Wörterbuchforschung

Das Fremdwörterbuch ist für mehrere europäische Sprachräume bibliographisch erfaßt (vgl. 1.3.), spezielle Forschungsliteratur liegt aber m. W. nur für den deutschsprachigen Raum vor. Die Geschichte des deutschen Fremdwörterbuchs im 16./18. Jh. schildert Jones 1977, eine Fortsetzung für das 19./20. Jh. bereiten Kühn 1978 und Kirkness 1984 bibliographisch vor. Das Nachwort von Schulz/Basler (1988) enthält eine ausführliche Dokumentation zur Entstehung des Wörterbuchs und eine kurze Geschichte deutscher Fremdwörterbücher. Steht das Fremdwörterbuch einerseits nach wie vor beim Benutzer bzw. Käufer in Gunst, wird es andererseits seit kurzem zunehmend zum Gegenstand wissenschaftlicher Diskussion (Müller 1975, Kirkness 1975, Hausmann 1982). Die Diskussion steht im Zusammenhang mit starker Kritik am herkömmlichen Fremdwortbegriff (von Polenz 1967, Kirkness 1983, Link 1983; auch 1.1.) und setzt sich auseinander u. a. mit der Nichtberücksichtigung der Inhaltsseite (z. B. Unterscheidung zwischen entlehnten und nichtentlehnten Bedeutungen), mit der mangelhaften Differenzierung zwischen Wortentlehnung und Lehnwortbildung, was nachweisbare Defizite in der Terminologie und Begrifflichkeit der (Lehn-)-Wortbildungslehre wenigstens teilweise erklärt (Hoppe u. a. 1987), und mit dem vielfach postulierten (kausalen) Zusammenhang von fremder Herkunft, Undurchsichtigkeit bzw. Nichtmotivierbarkeit und Schwerverständlichkeit der Fremdwörter. Sie mündet

> **radikal:** bis auf die Wurzel, bis zum Äußersten gehend; gründlich; rücksichtslos ⟨lat⟩
> **Radikal,** das (_s, _e): als Bestandteil von Molekülen u. auch frei auftretende (dann meist sehr unbeständige) Atomgruppierung mit einem freien ungepaarten Elektron (z. B. Hexyl, Azetyl) — *Math* durch [mehrfaches] Wurzelziehen gebildete Größe ⟨lat⟩
> **radikalisieren:** radikal machen; den Radikalismus beschleunigen, verstärken ⟨lat⟩
> **Radikalismus,** der (_, ..men): [politisch-ideologische] Denk- u. Handlungsweise, die auf die grundlegende Umwandlung eines bestehenden Zustandes, bestehender gesellschaftlicher Verhältnisse abzielt; sowohl rechte als auch linke extreme polit. Strömung verschiedenen Klassencharakters ⟨lat⟩
> **Radikalist,** der (_en, _en): Anhänger des Radikalismus ⟨lat⟩
> **Radikand,** der (_en, _en): Zahl od. mathemat. Ausdruck, aus der bzw. aus dem eine Wurzel gezogen werden soll ⟨lat⟩
> **Radikula** ↑ Radicula

Textbeispiel 118.2: Wörterbuchausschnitt (aus: Großes Fwb 1977, 637)

zur Zeit in einen konkreten Versuch zur Neuorientierung der Praxis wissenschaftlicher Lexikographie (Kirkness 1986).

8. Literatur (in Auswahl)
8.1. Wörterbücher

Ahlheim 1970 = Karl-Heinz Ahlheim: Duden. Wie gebraucht man Fremdwörter richtig? Ein Wörterbuch mit mehr als 30 000 Anwendungsbeispielen. (Duden Taschenbücher, Bd. 9) Mannheim. Wien. Zürich 1970 [368 S.].

Alfaro 1983 = Ricardo Joaquín Alfaro: Diccionario de anglicismos. 3. Aufl. Madrid 1983 [530 p.; 1. Aufl. 1950].

Alzugaray 1985 = Juan J. Alzugaray Aguirre: Diccionario de extranjerismos. Barcelona 1985 [188 S.].

Baralt 1855 = Rafael María Baralt: Diccionario de galicismos. Madrid 1855 [1890, Buenos Aires 1945, 832 S.].

Beer 1838 = Eduard Beer: Neuestes Fremdwörterbuch zur Verteutschung und Erklärung aller in Sprache und Schriften vorkommenden nicht teutschen Wörter, Redensarten, Kunstausdrücke und Abkürzungen. Weimar 1838 [574 S.].

Bliss 1979 = Alan J. Bliss: A Dictionary of Foreign Words and Phrases in Current English. London 1979 [X, 389 S.].

Bonnaffé 1920 = Edouard Bonnaffé: Dictionnaire étymologique et historique des anglicismes. Paris 1920 [193 S.].

Brugger 1855 = Joseph Dominik Carl Brugger: Fremdwörterbuch für das deutsche Volk mit 14 000 Fremdwörtern. Heidelberg 1855.

Brunt 1983 = Richard James Brunt: The Influence of the French Language on the German Vocabulary (1649—1735). Berlin. New York 1983 [557 S.].

Buchanan-Brown 1980 = John Buchanan-Brown et al.: Le mot juste. A Dictionary of Classical and Foreign Words and Phrases. London 1980 [176 S.].

Campe 1801 = Joachim Heinrich Campe: Wörterbuch zur Erklärung und Verdeutschung der unserer Sprache aufgedrungenen fremden Ausdrücke. Braunschweig 1801 [2. Aufl. 1813, XIV, 673 S.].

Colpron 1982 = Gilles Colpron: Dictionnaire des anglicismes. Montréal 1982 [199 S.].

Cottez 1980 = Henri Cottez: Dictionnaire des structures du vocabulaire savant. Eléments et modèles de formation. Paris 1980 [XXXI, 515 S.].

Depecker/Pagès 1985 = Loïc Depecker/Alain Pagès: Guide des mots nouveaux. Paris 1985 [160 S.].

Doppagne/Lenoble-Pinson 1982 = Albert Doppagne/Michèle Lenoble-Pinson: Le français à la sauce anglaise. Lexique des termes anglais et américains relevés en une année dans un grand quotidien bruxellois. Brüssel 1982 [143 S.].

Duden-Fwb 1982 = Duden. Fremdwörterbuch. 4. Aufl. Bearbeitet von Wolfgang Müller u. a. (Der Duden in 10 Bänden, Bd. 5) Mannheim. Wien. Zürich 1982 [813 S.; 1. Aufl. 1960].

Dultz 1973 = Wilhelm Dultz (Hrsg.): Ullstein Fremdwörterlexikon. Gebrauch und Bedeutung von Fremdwörtern. Frankfurt. Berlin. Wien 1973 [512 S.].

Dunger 1882 = Hermann Dunger: Wörterbuch von Verdeutschungen entbehrlicher Fremdwörter. Leipzig 1882.

Engel 1918 = Eduard Engel: Entwelschung. Verdeutschungswörterbuch für Amt, Schule, Haus, Leben. Leipzig 1918 [618 S.; Neubearbeitung von Lutz Mackensen u. d. T. Verdeutschungsbuch. Ein Fremdwörterbuch. Lüneburg 1955.].

Fantapié 1984 = Alain Fantapié/Marcel Brulé: Dictionnaire des néologismes officiels: Tous les mots nouveaux. Paris 1984 [544 S.].

Fennell 1892 = Charles A. M. Fennell: The Stanford Dictionary of Anglicised Words and Phrases. Cambridge 1892 [XV, 826 S. Repr. 1964].

Freytag 1982 = K. Freytag (Hrsg.): Fremdwörterbuch naturwissenschaftlicher und mathematischer Begriffe. 4. Aufl. Bearbeitet von W. Ciba u. a. Köln 1982 [738 S.; 1. Aufl. 1966].

Ganz 1957 = Peter Ganz: Der Einfluß des Englischen auf den deutschen Wortschatz 1640—1815. Berlin 1957.

Genius 1933 = Adolf Genius: Neues großes Fremdwörterbuch. Ein Handbuch zur Verdeutschung der wichtigeren in der deutschen Schrift- und Umgangssprache vorkommenden fremden Ausdrücke. 3.—4. Aufl. Regensburg 1933 [1. Aufl. 1909].

Großes Fwb 1977 = Großes Fremdwörterbuch. Bearbeitet von Ruth Küfner u. a. Leipzig 1977 [824 S.].

Gyldendal 1983 = Gyldendals Fremmedordbog. Af Sven Brüel og Nils Åge Nilsen. 9. Ausg. Kopenhagen 1983 [1. Ausg. 1960].

Herders-Fwb 1974 = Herders Fremdwörterbuch. Begriffe unserer Zeit richtig verstehen, sicher anwenden. Verfaßt von Eugen Kuri. 4. Aufl. Freiburg 1974 [X, 626 S.; 1. Aufl. 1969].

Heyse 1804 = Johann Christian August Heyse: Allgemeines Wörterbuch zur Verdeutschung und Erklärung der in unserer Sprache gebräuchlichen fremden Wörter und Redensarten. Oldenburg 1804 [8. Aufl. u. d. T. Allgemeines verdeutschendes und erklärendes Fremdwörterbuch oder Handbuch zum Verstehen und Vermeiden der in unserer Sprache mehr oder minder gebräuchlichen fremden Ausdrücke. Bearbeitet von Karl Wilhelm Ludwig Heyse. Hannover 1838; 20. Aufl. 1919].

Hoffmann 1845 = Peter Friedrich Ludwig Hoffmann: Gedrängtes, aber vollständiges Fremdwörterbuch zur Erklärung und Verdeutschung aller in der Schrift- und Umgangssprache [...] vorkommenden fremden Wörter und Redensarten. Leipzig 1845 [27. Aufl. 1930].

Höfler 1982 = Manfred Höfler: Dictionnaire des anglicismes. Paris 1982 [XXV, 308 S.].

Jones 1976 = William Jervis Jones: A Lexicon of French Borrowings in the German Vocabulary (1575—1648). Berlin. New York 1976 [699 S.].

Kehrein 1876 = Joseph Kehrein: Fremdwörterbuch mit etymologischen Erklärungen und zahlreichen Belegen aus Deutschen Schriftstellern. Stuttgart 1876 [770 S.].

Kienle 1965 = Richard von Kienle: Fremdwörterlexikon. München o. J. [511 S.; 1. Aufl. Heidelberg 1950; 10. Aufl. 1965].

Kiesewetter 1841 = Ludwig Kiesewetter: Neuestes vollständiges Fremdwörterbuch zur Erklärung und Verdeutschung der in der heutigen deutschen Schrift- und Umgangssprache gebräuchlichen fremden Wörter, Redensarten, Vornamen und Abkürzungen. Glogau 1841 [8. Aufl. 1896].

Kleines Fwb 1974 = Kleines Fremdwörterbuch. 3. Aufl. Bearbeitet von Roselore Ehrlich u. a. Leipzig 1974 [383 S.].

Klien 1964 = Fremdwörterbuch. Bearbeitet von Horst Klien u. a. 9. Aufl. Leipzig 1964 [776 S.; 1. Aufl. 1954].

Liebknecht 1881 = Wilhelm Liebknecht: Volks-Fremdwörterbuch. Stuttgart 1881 [22. Aufl. Berlin 1953].

Mackensen-Fwl 1975 = Lutz Mackensen: Das moderne Fremdwörter-Lexikon. 2. Aufl. München 1975 [464 S.; 1. Auf. 1971].

Mawson/Berlitz 1975 = C. O. Sylvester Mawson: Dictionary of Foreign Terms. 2. Aufl. Revidiert von Charles Berlitz. New York 1975 [X, 368 S.].

Monesi 1987 = Auretta Monesi: Le mille parole da sapere. (Il piacere) Milano 1987 [180 S.].

Nehring 1684 = Johann Christoph Nehring: Manuale Juridico-Politicum, Diversorum Terminorum, Vocabulorum ... Oder Hand-Buch. Frankfurt 1684 [2. Aufl. 1687; 16. Aufl. (?) 1772].

Neske 1970 = Fritz und Ingeborg Neske: dtv-Wörterbuch englischer und amerikanischer Ausdrücke in der deutschen Sprache. München 1970 [314 S.].

Oertel 1804 = Eucharius Ferdinand Christian Oertel: Gemeinnütziges Wörterbuch zur Erklärung und Verdeutschung der im gemeinen Leben vorkommenden fremden Ausdrücke. Band 1—2. Ansbach 1804 [4. Aufl. 1831].

Petri 1806 = Friedrich Erdmann Petri: Neuer Dolmetscher für Volksschullehrer etc. oder Verdeutschungs-Wörterbuch der unter uns üblichen fremdbürtigen Ausdrücke. Leipzig 1806 [4. Aufl. u. d. T. Gedrängtes Handbuch der Fremdwörter in deutscher Schrift- und Umgangssprache, zum Verstehen und Vermeiden jener, mehr oder weniger, entbehrlichen Einmischungen. Dresden 1823; 42. Aufl. u. d. T. Handbuch der Fremdwörter in der deutschen Schrift- und Umgangssprache. Leipzig 1929].

Phythian 1982 = B. A. Phythian: A Concise Dictionary of Foreign Expressions. London 1982 [147 S.].

Rey-Debove/Gagnon 1980 = Josette Rey-Debove/Gilbert Gagnon: Dictionnaire des anglicismes. Les mots anglais et américains en français. Paris 1980 [XIX, 1152 S.].

Rot 1571 = Simon Rot: Ein Teutscher Dictionarius / dz ist ein außleger schwerer / vnbekanter Teutscher [...] wörter. Augsburg 1571. Neudruck hrsg. von Emil Öhmann u. d. T. Simon Roths Fremdwörterbuch. In: Mémoires de la Société Néophilologique de Helsinki 11. 1936, 225—370.

Saalfeld 1898 = Günther A. Saalfeld: Fremd- und Verdeutschungswörterbuch. Berlin 1898.

Sanders 1871 = Daniel Sanders: Fremdwörterbuch. Band 1—2. Leipzig 1871 [730, 616 S.; 2. Aufl. 1891].

Sanders 1884 = Daniel Sanders: Verdeutschungswörterbuch. Leipzig 1884 [255 S.].

Sarrazin 1918 = Otto Sarrazin: Verdeutschungs-Wörterbuch. 5. Aufl. Berlin 1918 [346 S.; 1. Aufl. 1886].

Schülerduden-Fwb 1975 = Schülerduden. Fremdwörterbuch. Herkunft und Bedeutung der Fremdwörter. Hrsg. von Günther Drosdowski. Mannheim. Wien. Zürich 1975 [466 S.].

Schulz/Basler 1913 ff. = Deutsches Fremdwörterbuch. Begonnen von Hans Schulz, fortgeführt von Otto Basler, weitergeführt im Institut für deutsche Sprache. Band 1—7. (Straßburg) Berlin. New York 1913—88. [1. (A—K) 1913, Nachdr. 1974, 416 S.; 2. (L—P) 1942, Nachdr. 1974, 748 S.; 3. (Q—R) 1977, 506 S.; 4. (S) 1978, 704 S.; 5. (T) 1981, 580 S.; 6. (U—Z) 1983, 444 S.; 7. (Quellenverzeichnis, Systematische Wortregister, Nachwort) 1988, 840 S.].

Sperander 1727/28 = Friedrich Gladow (?): A la Mode-Sprach der Teutschen / Oder Compendieuses Hand-Lexicon. Nürnberg 1727/1728.

Sprachverderber 1644 = Der Vnartig Teutscher Sprach-Verderber. 2. Aufl. (Bearbeitet von Christoph Schorer von Memmingen?) o. O. 1644.

Urdang/Abate 1983 = Laurence Urdang/Frank R. Abate: Loanwords Index. A Compilation of More than 14,000 Foreign Words and Phrases That Are not Fully Assimilated into English and Retain a Measure of Their Foreign Orthography, Pronunciation, or Flavor. Detroit 1983 [482 S.].

Wächtler 1703 = Johann Christian Wächtler: Commodes Manual, Oder Hand-Buch. Leipzig 1703 [9. Aufl. (?) 1757].

Wahrig-Fwl 1974 = Gerhard Wahrig: Fremdwörter-Lexikon. Gütersloh. Berlin. München. Wien 1974 [699 S.; 2. Aufl. 1983].

Wartburg 1967 = Walther von Wartburg: Französisches Etymologisches Wörterbuch. Vol. XVIII: Anglizismen. Vol. XIX: Orientalia. Vol. XX: Entlehnungen aus den übrigen Sprachen. Basel 1967, 1968 [144, 236, 127 S.].

8.2. Sonstige Literatur

Bäcker 1975 = Notburga Bäcker: Probleme des inneren Lehnguts dargestellt an den Anglizismen der französischen Sportsprache. Tübingen 1975.

Carstensen 1983 = Broder Carstensen: English elements in the German language: Their treatment and compilation in a dictionary of Anglicisms. In: Symposium zur Lexikographie. Proceedings of the symposium on lexicography, September 1—2, 1982 at the University of Copenhagen. Hrsg. von Karl Hyldgaard-Jensen und Arne Zettersten (= Germanistische Linguistik 5—6/1982). Hildesheim. Zürich. New York 1983, 13—34.

Claes 1980 = Frans M. Claes: A Bibliography of Netherlandic Dictionaries. Dutch — Flemish. Amsterdam 1980.

Corson 1985 = David Corson: The Lexical Bar. Oxford 1985.

Guiraud 1965 = Pierre Guiraud: Les mots étrangers. Paris 1965.

Guiraud 1968 = Pierre Guiraud: Les mots savants. Paris 1968.

Haugen 1984 = Eva Haugen: A Bibliography of Scandinavian Dictionaries. New York 1984.

Hausmann 1982 = Franz Josef Hausmann: Was taugen die Wörterbücher des heutigen Deutsch? In: Wortschatz und Verständigungsprobleme. Jahrbuch 1982 des Instituts für deutsche Sprache. Hrsg. von Helmut Henne und Wolfgang Mentrup. Düsseldorf 1983 (Sprache der Gegenwart LVII), 195—219.

Höfler 1980 = Manfred Höfler: Methodologische Überlegungen zu einem neuen Historischen Wörterbuch der Anglizismen im Französischen. In: Sprachkontakte. Zur gegenseitigen Beeinflussung romanischer Sprachen. Hrsg. von Reinhold Werner. Tübingen 1980, 69—86.

Hoppe u. a. 1987 = Gabriele Hoppe/Alan Kirkness/Elisabeth Link/Isolde Nortmeyer/Wolfgang Rettig/Günter Dietrich Schmidt: Deutsche Lehnwortbildung. Beiträge zur Erforschung der Wortbildung mit entlehnten WB-Einheiten im Deutschen. Tübingen 1987.

Jones 1977 = William Jones: German Foreign-Word Dictionaries from 1571 to 1728. In: Modern Language Review 72. 1977, 93—111.

Kirkness 1976 = Alan Kirkness: Zur Lexikologie und Lexikographie des Fremdworts. In: Probleme der Lexikologie und Lexikographie. Jahrbuch 1975 des Instituts für deutsche Sprache. Düsseldorf 1976 (Sprache der Gegenwart XXXIX), 226—241.

Kirkness 1983 = Alan Kirkness: Fremdwort und Fremdwortpurismus: Lehren aus der Sprachgeschichte für den Deutschunterricht. In: Sprache und Literatur in Wissenschaft und Unterricht 52. 1983, 14—29.

Kirkness 1984 = Alan Kirkness: Zur germanistischen Fremdwortlexikographie im 19./20. Jh.: Bibliographie der Fremd- und Verdeutschungswörterbücher 1800—1945. In Studien zur neuhochdeutschen Lexikographie IV. Hrsg. von Herbert Ernst Wiegand. Hildesheim. Zürich. New York 1984 (Germanistische Linguistik 1—3/83), 113—174.

Kirkness 1986 = Alan Kirkness: Vom Fremdwörterbuch zum Lehnwörterbuch und Schwerwörterbuch — auch zum allgemeinen einsprachigen deutschen Wörterbuch. In: Kontroverse, alte und neue. Akten des VII. Internationalen Germanisten-Kongresses Göttingen 1985. Tübingen 1986. Band 3, 153—162.

Kister 1977 = K. F. Kister: Dictionary Buying Guide. New York 1977.

Kühn 1978 = Peter Kühn: Deutsche Wörterbücher. Eine systematische Bibliographie. Tübingen 1978 (Reihe Germanistische Linguistik 15).

Leisi 1985 = Ernst Leisi: Das heutige Englisch. Wesenszüge und Probleme. 7. Aufl. Heidelberg 1985.

Lewanski 1972—73 = Richard C. Lewanski: A Bibliography of Slavic Dictionaries. Band 1—4. 2. Aufl. Bologna 1972—73.

Link 1983 = Elisabeth Link: Fremdwörter — der Deutschen liebste schwere Wörter? In: Deutsche Sprache 11. 1983, 47—77.

Müller 1976 = Wolfgang Müller: Fremdwortbegriff und Fremdwörterbuch. In: Probleme der Lexikologie und Lexikographie. Jahrbuch 1975 des Instituts für deutsche Sprache. Düsseldorf 1976 (Sprache der Gegenwart XXXIX), 211—225.

von Polenz 1967 = Peter von Polenz: Fremdwort und Lehnwort sprachwissenschaftlich betrachtet. In: Muttersprache 77. 1967, 65—80.

Scheler 1977 = Manfred Scheler: Der englische Wortschatz. Berlin 1977.

Wilske 1978 = Ludwig Wilske (Hrsg.): Lexikologie. (Die russische Sprache der Gegenwart, 4) Leipzig 1978.

Zolli 1976 = Paolo Zolli: Le parole straniere. Bologna 1976.

Alan Kirkness, Auckland (Neuseeland)

119. Das Internationalismenwörterbuch

1. Was sind Internationalismen?
2. Internationalismenwörterbücher
3. Literatur (in Auswahl)

1. Was sind Internationalismen?

Ein erheblicher Teil des Wortschatzes vieler europäischer Sprachen ist für den Leser mit anderer Muttersprache ohne Fremdsprachenkenntnis verständlich. Der Franzose, der den in Abb. 119.1 wiedergegebenen italienischen Text liest, wird weite Teile davon verstehen. Und sogar ein deutscher Leser kann manches deutsche Wort, identisch oder leicht verkleidet, wiedererkennen. Ursache der gegenseitigen Teilverstehbarkeit der Sprachen sind die Internationalismen, d. h. Wörter, die in gleicher Bedeutung und gleicher oder ähnlicher Form in zwei oder mehr Sprachen vorkommen. Das Phänomen dieses „shared vocabulary" (Nash 1980) oder der übereinzelsprachlichen „koiné" (Zemb 1978, 796), das in letzter Zeit zunehmend ins Bewußtsein rückt (Braun 1978, Callebaut 1987, Devoto 1957, Filipović 1974—1983 a, Greive 1976, Koppenburg 1976, Lerat 1988, Migliorini 1950, 1971, Muljačić 1979, Stefenelli 1983), geht zurück auf (a) etymologisch verwandte Wörter (*cognates*) im Rahmen der indoeuropäischen Sprachverwandtschaft, (b) auf lateinisches Kultursuperstrat (Stefenelli 1983) und (c) auf Entlehnung, namentlich aus dem Englischen. Erstrecken sich die Internationalismen auf mehrere Sprachfamilien Europas, z. B. die romanischen Sprachen *und* die germanischen, so spricht man von Europäismen (den Vorschlag einer genauen Definition macht Muljačić 1979).

Die semantische Übereinstimmung ist meist nicht vollkommen, oft stark abweichend. Dem auf Identifikation gerichteten methodischen Ansatz, der didaktisch gesehen die Fremdsprachen*rezeption* betont, steht deshalb ein die Unterschiede unterstreichender Ansatz gegenüber, dem es didaktisch um die korrekte Fremdsprachen*produktion* geht. Für diesen letzteren stehen die „false cogna-

bactérie	Baga*telle*
bagatelle	Ba*isse*
baïonnette	Bajo*nett*
baisse	Bak*te*rie
balance	Ba*lance*
balcon	Bal*kon*
ballade	Bal*la*de
banal	ba*nal*
banane	Ba*na*ne
bandit	Ban*dit*
banquier	Ban*kier*
baraque	Ba*ra*cke
barbare	Bar*bar*
barque	*Bar*ke
baromètre	Baro*me*ter
barricade	Bar*rie*re
barrière	Barri*ka*de

Abb. 119.2: Ausschnitt aus den Listen französisch-deutscher Internationalismen nach Zemb 1978, 800 f. Links die französische Liste mit Kursivdruck der Homographen. Rechts die deutsche Liste mit Betonungsangabe durch Kursivdruck.

It.	Un	curioso	dispaccio	trasmesso	nella	notte	dall'agenzia
F.	Une	curieuse	dépêche	transmise	la	nuit	de l'agence
D.		Kuriose	Depesche	(Transmission)		(Nacht)	
It.	Nuova	Cina	lascia	intendere	che	Li	Peng	è
F.	Neuve	Chine	laisse	entendre	que	Li	Peng	est
D.	(neue)	China	(läßt)			Li	Peng	(ist)
It.	un	uomo	morto	[...]	Un	millione	di	cittadini
F.	un	homme	mort		Un	million	de	citadins
D.		(homo)	(Mortalität)			Million		
It.	ha	scandito	slogan	contro	il	capo	del	
F.	a	scandé	slogan	contre		chef	du	
D.	(hat)	skandiert	Slogan	(Konter-)		Chef		
It.	governo							
F.	gouvernement							
D.	(Gouverneur)							

Abb. 119.1: Die im Französischen und Deutschen verständlichen Internationalismen eines italienischen Kurztextes (Corriere della Sera 24. 5. 1989) samt ihren Entsprechungen (entferntere in Klammern)

Latinē	Italiano	Español	Français	English
-oso, (-o)	-oso	-oso	-eux	-ous
»	»	»	-oux	»

481
[Amoroso]	Amoroso	Amoroso	Amoureux	Amorous
Amor(e)	Amore	Amor	Amour	
Delicioso	Delizioso	Delicioso	Délicieux	Delicious
Generoso	Generoso	Generoso	Généreux	Generous
Generositate	Generosità	Generosidad	Générosité	Generosity
Impetuoso	Impetuoso	Impetuoso	Impétueux	Impetuous
Impetu(s) >	Impetuosità	Impetuosidad	Impétuosité	Impetuosity
Insidioso	Insidioso	Insidioso	Insidieux	Insidious
Litigioso	Litigioso	Litigioso	Litigieux	Litigious
Litigio	Litigio	Litigio	Litige	Litigation
Litigare	Litigare	Litigar		Litigate
Odioso	Odioso	Odioso	Odieux	Odious
Odio	Odio	Odio	Haine	Odiousness
Odire	Odiare	Odiar	Haïr	
Officioso	Officioso, ufficioso	Oficioso	Officieux	Officious
Oneroso	Oneroso	Oneroso	Onéreux	Onerous
Exonerare	Esonerare	Exonerar	Exonérer	Exonerate
Exoneratio(ne)	Esonerazione, esonero	Exoneración	Exonération	Exoneration
Pernicioso	Pernicioso	Pernicioso	Pernicieux	Pernicious
Pio	Pio	Pio	Pieux	Pious
Pietate	Pietà	Piedad	Piété	Piety
Impietate	Empietà	Impiedad	Impiété	Impiety
Impio	Empio	Impio	Impie	Impious
Pietate	Pietà	Piedad	Pitié	Pity
[Impietate] >	Spietato	Desapiadado	Impitoyable	Pitiless
Serio, [serioso]	Serio	Serio	Sérieux a	Serious
Serietate, [seriositate]	Serietà	Seriedad	Serieux S	Seriousness
Sumptuoso	Sontuoso	Suntuoso	Somptueux	Sumptuous
Sumptuositate	Sontuosità	Suntuosidad	Somptuosité	Sumptuousness
Voluptuoso	Voluttuoso	Voluptuoso	Voluptueux	Voluptuous
Voluptate	Voluttà	Voluptuosidad	Volupté	Voluptuousness
Curioso	Curioso	Curioso	Curieux	Curious
Curiositate	Curiosità	Curiosidad	Curiosité	Curiosity
Famoso	Famoso	Famoso	Fameux	Famous
Audacem	Audace	Audaz	Audacieux	Audacious
Audacia	Audacia	Audacia	Audace	Audacity

481n Ainsi: E ambitious, capricious, contagious, copious, disastrous, dolorous, fabulous, furious, glorious, gracious, injurious, laborious, luminous, malicious, mysterious, nervous, oblivious, pretentious, prodigious, religious, rigorous, scandalous, sinuous, suspicious, tendentious, vertiginous, vicious, vigorous. Mais: fraudulent (F *frauduleux*), minute (F *minutieux*), astute (F *astucieux*), tubercular (F *tuberculeux*), harmonic (F *harmonieux*).

→ vicieus, vigoureus. | Mais: furieus, glorieus, rigoureus
vitiös, vigorös. | furios, glorios, rigoros.

Textbeispiel 119.1: Wörterbuchausschnitt (aus: Geysen 1985, 382 f., stark verkleinert)

tes", die „falschen Freunde" oder „faux amis" im Vordergrund. Vgl. dazu Art. 304.

2. Internationalismenwörterbücher

1948 publizierte Bolinger eine Liste von 1464 Wörtern, die im Englischen und Spanischen orthographisch identisch sind und gleiche Etymologie aufweisen (mit zweistufiger Markierung bei semantischer Abweichung). Zemb 1978, 798—811 liefert eine Liste mit 1000 alphabetisch geordneten Wörtern des Französischen, die deutsche Homographen oder Quasi-Homographen haben. Daneben stellt er die (ebenfalls alphabetische) Liste der deutschen Entsprechungen (vgl. Abb. 119.2).

119. Das Internationalismenwörterbuch

English	Nederlands	Nederlands	Deutsch	Deutsch
	-eus		-ös, [-os]	
481 Love	Amoureus	Verliefd (op)	Amourös	Verliebt (in + A)
		Liefde *f*	Amouren *pl*	Liebe *f*
Delightful	Delicieus	Heerlijk	Deliziös	Wonnevoll
	Genereus	Vrijgevig	Generös	Freigebig
	Generositeit	Vrijgevigheid	Generosität	Freigebigkeit
	Impetueus	Onstuimig	†Impetuös	Ungestüm
	Impetuositeit	Onstuimigheid	†Impetuosität	» *n*
	Insidieus	Arglistig	Insidiös	Arglistig
	Litigieus	Betwist	†Litigiös	Streitig
	Litigatie	Twist	Litigation	(Recht)Streit
	Litigeren	Twisten	Litigieren	Streiten
Hateful	Odieus	Hatelijk	Odiös	Gehässig
Hatred		Haat *m*		Hass *m*
Hate		Haten		Hassen
	Officieus	Half-ambtelijk	Offiziös	Halbamtlich
	Onereus	Bezwarend, lastig	†Onerös, †oneros	Lästig, beschwerlich
	Exonereren	Ontlasten	†Exonerieren	Entlasten
	Exoneratie	Ontlasting	†Exoneration	Entlastung
	Pernicieus	Verderfelijk	Perniziös	Verderblich
	Pieus, piëtisch	Vroom, godvruchtig	†Pietisch	Fromm, gottesfürchtig
	Piëteit	Vroomheid, godsvrucht	Pietät	Frömmigkeit, Gottesfurcht
	Impiëteit	Goddeloosheid	Impietät	Gottlosigkeit
	Impie	Goddeloos	«†Impie»	Gottlos
		Medelijden *n*		Mitleid *n*
	Impitoyabel	Onverbiddelijk	†Impitoyabel	Unerbittlich, mitleidlos
Earnest	Serieus	Ernstig	Seriös	Ernst(haft)
Earnest(ness)		Ernst	Seriosität	Ernst
	Somptueus	Weelderig	†Sumptuös, -uarisch	Üppig
	Somptuositeit	Weelderigheid	†Sumptuosität	Üppigkeit
	Voluptueus	Wellustig	†Voluptuös	Wollüstig
	Voluptueusheid	Wellust *m*		Wollust
	Kurieus	Nieuwsgierig	Kurios	Neugierig
	Kuriositeit	Nieuwsgierigheid	Kuriozität	Neugier(de) *f*
Famed	Fameus	Befaamd	Famos	Berühmt
		Koen		Kühn
		Koenheid	†Audazität	Kühnheit

481n Ainsi : N ambitieus, astucieus, capricieus, contagieus, copieus, desastreus, douloureus, fabuleus,
D ambitiös, †astutiös, kapriziös, kontagiös, [kopiös], †desaströs, doloros (-rös), fabulös,
fraduleus, gracieus, injurieus, laborieus, lumineus, malicieus, minutieus, mysterieus, nerveus, †oblivieus,
fraudulös, graziös, injuriös, laboriös, luminös, maliziös, minuziös, mysteriös, nervös, †obliviös,
pretentieus, prodigieus, religieus, schandaleus, sinueus, suspicieus, tendentieus, tuberkuleus, vertigineus,
prätentiös, †prodigiös, religiös, skandalös, [sinuös], †suspiziös tendenziös, tuberkulös, vertiginös.
←

Zemb analysiert ansatzweise die graphischen Korrespondenzregeln, die zwischen den Quasi-Homographen vermitteln. Diese stehen im Zentrum der Aufmerksamkeit der gewaltigen Internationalismensammlung von Geysen 1985. Geysen entfaltet die lexikalischen Konvergenzen der Sprachen Latein, Italienisch, Spanisch, Französisch, Englisch, Niederländisch, Deutsch in zweifacher Anordnung, zuerst nach Korrespondenzregeln sowie nach Wortbildungsgesichtspunkten (vgl. Textbeispiel 119.1), sodann nach Sachgruppen (hier ohne Latein), wobei jedesmal auch die idiosynkratischen Äquivalente verzeichnet werden. In einem dritten Teil werden die grammatischen Formen verglichen,

ЛЮД	LUD(Z)	LID, LÍD	LJUD
люд (arch.): people taken as a group (e.g. working people)	lud: people, nation; people taken as a group (e.g. working people)	lid: people, nation; people taken as a group (e.g. working people)	
люди (pl.): people (in general)	ludzie (pl.): people (in general)	lidé (pl.): people (in general)	ljudi (pl.): people (in general)
людный: populous; crowded	ludny: populous; crowded	lidnatý: populous; crowded	
	ludność: population		
людской: human	ludzki: human; humane	lidský: human; humane	ljudski: human; humane
	ludzkość: humanity, mankind; humanity, humaneness	lidskost: humanity, humaneness	ljudskost: humanity, humaneness
		lidstvo: humanity, mankind	ljudstvo: humanity, mankind; crowd; crew; staff
			ljudeskara, ljudina: giant
	ludobójstwo: genocide		
людоед: cannibal	ludojad: cannibal	lidojed: cannibal	
		lidumil: philanthropist, humanitarian	
	ludoznawstwo: ethnology		
	ludożerca: cannibal	lidožrout: cannibal	ljudožder: cannibal
многолюдный: populous; crowded			mnogoljudan: populous; crowded
	wielkolud: giant		
[R]	[P]	[Cz]	[S-C]
	nadludzki: superhuman	nadlidský: superhuman	nadljudski: superhuman
нелюдим: unsociable person, misanthrope			
	odludek: unsociable person, misanthrope		odljud: monster, inhumanly cruel person
	odludny: deserted, desolate		
		vlídný: affable, friendly	uljudan: polite
[R]	[P]	[Cz]	[S-C]

NOTES

Basic meaning of root: people

The Slavic root is related to Ger. Leute "people" and probably to Lat. liber "free" (>Eng. liberty, liberal), which is thought to have referred originally to those who were "of the people" as distinct from the slave population.

ljudeskara, ljudina: an instance of derivatives which refer to an individual rather than to people collectively; the suffixes have augmentative force.

ludobójstwo: See note under root БИ (etc.).
lidumil: Compare Eng. philanthropist (ult. ⟨Gr. φίλος "loving, friendly" + ἄνθρωπος "man, human being").
ludoznawstwo: See note under root ЗНА (etc.).
многолюдный-mnogoljudan: The first element is from мно́го-mnogo "much, many."
wielkolud: See note on ljudeskara, ljudina.
vlídný-uljudan: ="friendly toward, easily mingling with people"; compare Ger. leutselig "affable" (⟨Leute "people" + selig "happy, blissful").

Textbeispiel 119.2: Wörterbuchartikel *ЛюД/LUD(Z)/LID, LÍD/LJUD* (aus: Herman 1975, 261 f.) (verkleinert)

sowie ein Ausschnitt aus der Phraseologie. Das sehr unvollständige französische Register umfaßt rund 3500 Einheiten.

Einen ähnlichen Ansatz wie Geysen hat (in knapperer Form und ohne Niederländisch und Deutsch) Mader 1979. Das chronologische Wörterbuch von Messner 1977 konzentriert sich auf die französisch-spanisch-katalanisch-portugiesischen Interromanismen, die über die Erstdatierungsangabe der Referenzwörterbücher zugänglich sind. So steht z. B. die Gruppe *curieux/curioso/curios/curioso* unter der Jahreszahl 1125.

Geysen berücksichtigt in keiner Weise die internationalen Anglizismen, denen R. Filipović umfassende Forschungen gewidmet hat (siehe insbesondere Filipović 1982 und 1983) und über die, bezogen auf Deutsch, Französisch und Dänisch und hier wiederum im Rahmen der Terminologien, John Humbley eine Habilitationsschrift vorbereitet (vgl. Humbley 1988). Das fundierte Wörterbuch der Anglizismen in Europa (und der weiteren Welt) wird erst möglich sein, wenn die nationalen Anglizismenwörterbücher (vgl. Art. 118) vorliegen (vgl. zum Stand der Forschung Viereck/Bald 1986). Wie ein — freilich bescheidenes — Internationalismenwörterbuch (unter Einschluß der Anglizismen) mit Etymologie und Definitionen aus den nationalen Wörterbüchern zusammengestellt werden kann, zeigt an rund 100 Artikeln des Buchstaben R Grünhoff 1983. Den Internationalismen widmet sich in besonderer Weise der *Groupe d'Etudes sur le Plurilinguisme européen* (GEPE) unter der Leitung von Claude Truchot (Universität Straßburg).

Als Internationalismenwörterbuch der slawischen Sprachen Russisch, Polnisch, Tschechisch und Serbokroatisch kann das Wörterbuch der diachronischen Wortfamilien durch Herman 1975 gelten (vgl. Textbeispiel 119.2). Ein Wörterbuch der Gesamtnordismen publizierte Fynning 1958.

3. Literatur (in Auswahl)

3.1. Wörterbücher

Bolinger 1948 = Dwight L. Bolinger: 1464 Identical Cognates in English and Spanish. In: Hispania 31. 1948, 271—279.

Fynning 1958 = Andreas Fynning: Samnordisk ordbog-ordbok. Copenhagen 1958 [341 S., 2. Aufl. 1971, 997 S.].

Geysen 1985 = Raymond Geysen: Dictionnaire des formes analogues en 7 langues. Gembloux 1985 [831 S.].

Grünhoff 1983 = Helga Grünhoff: Die Internationalismen und ihre lexikographische Kodifizierung. Eine vergleichende Untersuchung über die international verbreiteten Ausdrücke in Wörterbüchern der deutschen, englischen und romanischen Sprachen: der Buchstabe R. Heidelberg 1983 [XXV, 201 S.].

Herman 1975 = Louis Jay Herman: A Dictionary of Slavic Word Families. New York 1975 [XV, 667 S.].

Mader 1979 = Michael Mader: Lateinische Wortkunde für Alt- und Neusprachler. Stuttgart 1979 [XVI, 240 S.].

Messner 1977 = Dieter Messner: Dictionnaire chronologique des langues ibéroromanes. Répertoire chronologique des mots français, IV. Heidelberg 1977 [X, 277 S.].

3.2. Sonstige Literatur

Braun 1978 = Peter Braun: Internationalismen. Gleiche Wortschätze in europäischen Sprachen. In: Muttersprache 88. 1978, 368—373.

Callebaut 1987 = Bruno Callebaut: De l'interférence au transfert, ou „peut-on enseigner le SAE?" In: A Spectrum of Lexicography. Ed. Robert Ilson. Amsterdam 1987, 115—128.

Devoto 1957 = Giacomo Devoto: Le sopravvivenze linguistiche latine nel mondo moderno. In: The Classical Pattern of Modern Western Civilization: Language. Kopenhagen 1957, 75—88.

Filipović 1974 = Rudolf Filipović: A contribution to the method of studying Anglicisms in European languages. In: Studia Romanica et Anglica Zagrabiensia 37. 1974, 135—148.

Filipović 1977 = Rudolf Filipović: English Words in European Mouths and Minds. In: Folia linguistica 11. 1977, 195—206.

Filipović 1982 = Rudolf Filipović (ed.): The English Element in European Languages (Vol. 2, Reports and Studies). Zagreb 1982.

Filipović 1983 = Rudolf Filipović: An etymological dictionary of Anglicisms in European languages. In: Theory, Methods and Models of Contact Linguistics. Ed. by P. H. Nelde. Bonn 1983, 59—68.

Filipović 1983 a = Rudolf Filipović: Can a dictionary of -isms be an etymological dictionary? In: LEXeter '83 Proceedings. Ed. R. R. K. Hartmann. Tübingen 1984, 73—79.

Greive 1976 = Artur Greive: Contributions méthodologiques à la lexicologie des mots savants. In: Actes du XIIe Congrès International de Linguistique et Philologie Romanes (1971). Québec 1976, 615—625.

Humbley 1988 = John Humbley: Comment le français et l'allemand aménagent la terminologie de l'informatique. In: La banque des mots. Numéro spécial. 1988, 85—148.

Koppenburg 1976 = Rudolf Koppenburg: Konvergenzen in einigen europäischen Kultursprachen.

Ein deutsch-englisch-französisch-italienisch-spanisch-russischer Übersetzungsvergleich. Tübingen 1976.

Lerat 1988 = Pierre Lerat: Les internationalismes dans les langues romanes. In: Hommage à Bernard Pottier. Tome II. Paris 1988.

Migliorini 1950 = Bruno Migliorini: Convergences linguistiques en Europe. In: Synthèses 1950, 185—191.

Migliorini 1962 = Bruno Migliorini: I latinismi. In: Cultura e scuola 3. 1962, 5—10.

Migliorini 1971 = Bruno Migliorini: Polysémie des latinismes dans le vocabulaire européen. In: Interlinguistica. Festschrift Mario Wandruszka. Tübingen 1971, 75—86.

Muljačić 1979 = Žarko Muljačić: Per un „Dizionario storico degli europeismi" (DSE). In: W. Mair/E. Sallager (Hrsg.): Sprachtheorie und Sprachpraxis. Festschrift für Henri Vernay zu seinem 60. Geburtstag. Tübingen 1979, 279—286.

Nash 1980 = Rose Nash: Parallexicon: A Dictionary of Shared Vocabulary. In: Readings in Spanish-English Contrastive Linguistics. Vol. 2. Ed. R. Nash et al. San Juan 1980, 136—153.

Stefenelli 1983 = Arnulf Stefenelli: Latinismen im Spanischen und im Französischen. In: Iberoamérica. Historia. Sociedad. Literatura. Ed. J. M. López/T. Heydenreich. München 1983, 883—901.

Svobodová 1982 = Jitka Svobodová-Chmelová: Problèmes de la traduction. I. Interférences lexicales: internationalismes, faux internationalismes et les problèmes liés à leur traduction. Praha 1982.

Viereck/Bald 1986 = English in Contact with Other Languages. Studies in honour of Broder Carstensen on the occasion of his 60th birthday. Ed. by Wolfgang Viereck/Wolf-Dietrich Bald. Budapest 1986.

Zemb 1978 = Jean-Marie Zemb: Vergleichende Grammatik Französisch-Deutsch. Comparaison de deux systèmes. Teil 1. Mannheim 1978.

Franz Josef Hausmann, Erlangen/
Wilfried Seibicke, Heidelberg
(Bundesrepublik Deutschland)

120. Das Wörterbuch der Sprechsprache, des Argot und des Slang

1. Frankreich von den Anfängen bis 1856
2. Frankreich seit 1856
3. Das sprechsprachliche Wörterbuch in den germanischen Sprachen
4. Methodische Probleme
5. Literatur (in Auswahl)

1. Frankreich von den Anfängen bis 1856

Seit dem Mittelalter hat die Volksschicht der organisierten Berufsbettler und Kriminellen (frz. *gueux*) ihren eigenen, literarisch bezeugten Jargon, dessen erstes Vokabular von 1455 stammt (Sainéan 1912). Das erste gedruckte Wörterbuch ist Dictionnaire 1596 über die Sprache der *blèche,* einem „Dienstgrad" in der Bettlerzunft. Seit 1628 ist zur Bezeichnung der Zunft das Wort *argot* bezeugt; 1634 erscheint das Wörterbuch der Zunft (Dictionnaire 1634, mit Einträgen wie **Dure,** *la terre.* **Frusquin,** *un habit.* **Roupiller,** *dormir*).

Im Laufe des 17. Jahrhunderts übernimmt Argot die Bedeutung „Wortschatz der Unterwelt", so benutzt in Dictionnaire 1725/26 oder Dictionnaire 1800.

Die bislang genannten *dictionnaires* erscheinen allesamt als kurze Anhänge zu Beschreibungen von Leben und Sprache der Unterwelt, allerdings in zahlreichen Auflagen. Zu einer Modeerscheinung, zu der die Romantik entscheidend beigetragen hat (Charles Nodier, Victor Hugo), wird das Argot-Wörterbuch ab 1827. Aus den umfangreichen Wortlisten des Polizeipräfekten Vidocq (Dictionnaire 1828, 1837) entnehmen die Schriftsteller (vornehmlich Eugène Sue) ihren Wortschatz, für dessen Verständnis dann wieder Wörterbücher notwendig sind (Dictionnaire 1843, 1844, vgl. bis 1849). 1856 faßt der romantisch beeinflußte Philologe Francisque Michel alle Vorgänger kritisch zusammen und schreibt eine erste Geschichte des Argot-Wörterbuchs.

Neben dem historischen Strang der Argot-Wörterbücher gibt es seit dem 17. Jahrhundert eine Tradition des auf die Alltagssprache (vornehmlich die Idiomatik) gerichteten Ergänzungswörterbuchs, vornehmlich für Ausländer, welche Autoren wie Rabelais oder Scarron verstehen wollen und diesen Wortschatz in den gängigen allgemeinen zwei- oder einsprachigen Wörterbüchern nicht finden. 1640 publiziert der Sprachlehrer am französischen Hof und Autor bedeutender italienisch-französischer und spanisch-französischer Wörterbücher, Antoine Oudin, seine *Curiositez Françoises pour Supplement aux Dictionnaires. Ou Recueil de plusieurs bel-*

les proprietez, avec une infinité de Proverbes et Quodlibets, pour l'explication de toutes sortes de Livres. Mit diesem 600 Seiten starken Buch, das Einträge enthält wie **il a un Chien d'esprit.** i. *un esprit inuentif ou bien malicieux;* **les Fesses lui font taf taf.** i. *il tremble de peur* leistet Oudin fünf Jahre nach der Gründung der Französischen Akademie einen nicht unbedeutenden Beitrag zur Lexikographie seiner Sprache, welchen die Akademie durch Übernahme in ihr Wörterbuch würdigt.

Der Autor des ersten allgemeinen einsprachigen Wörterbuchs des Französischen, Pierre Richelet, berichtet 1689 von der Existenz des Manuskripts eines *Dictionnaire burlesque* aus seiner Feder. Bray 1986 und 1986 a, 248—251 macht glaubhaft, daß dieses Manuskript die Basis für den *Dictionnaire comique, satyrique, critique, burlesque, libre et proverbial* von Le Roux ist, der 1718 in Amsterdam erscheint (vgl. auch Giraud 1983). Das Buch steht in der Tradition von Oudin und versteht sich als Lesehilfe für Ausländer. Le Roux erlebt bis 1808 8 Auflagen, zwei weitere als Caillot 1826 und 1829, der ihn nahezu vollständig abgeschrieben hat.

Im 19. Jahrhundert entstehen zwei Typen von Sprechsprachenwörterbüchern, die hier außerhalb der Betrachtung bleiben sollen. Es handelt sich einmal um das in der rationalistischen Sprachauffassung normativ verdammende Wörterbuch der „expressions vicieuses" (Michel 1807) oder des „mauvais langage corrigé" (Molard 1810), dessen Titel oft ausdrücklich auf die Sprecherschicht Bezug nimmt: *Dictionnaire du bas-langage et des manières de parler usités par le peuple* (Hautel 1808) oder *Le petit dictionnaire du peuple* (Desgranges 1821). Diese Wörterbücher enthalten reiches sprechsprachliches Material, gehören aber zum Typus der Schwierigkeitenwörterbücher (Art. 125). Ebensowenig können hier die Dialektwörterbücher berücksichtigt werden (Art. 157).

2. Frankreich seit 1856

Zur gleichen Zeit, in der Victor Hugo durch sein berühmtes 7. Buch der *Misérables* (erschienen 1862) den Argot salonfähig machte, beugten sich Pariser Lexikographen über diese „excentricités du langage". Larchey 1859 erschien in mehr als 10 Auflagen, Delvau 1866 wurde bis 1889 supplementiert. Hinzu kam Rigaud 1878, 1881. Macrobe 1883 sammelte den Wortschatz von Zola, Merlin 1886 die Soldatensprache (die während des 1. Weltkrieges noch Sainéan 1915, Déchelette 1918 und Esnault 1919 beschrieben). Neben den weiteren erklärenden Argot-Wörterbüchern von Timmermans 1892 (vgl. Nicolas 1977), Virmaître 1894, La Rue 1894 (das unter Verschleierung seines Alters noch heute verkauft wird), Delesalle 1896, Rossignol 1901 und France 1907 erscheinen nun auch aktive Wörterbücher, die vom französischen Eintrag zum Argot-Wort hinführen: Lermina/Lévèque 1897, Noter 1901, Bruant 1905 (als Anhang auch bei Delesalle 1896). Schon 1884 hatte C. Villatte ein französisch-deutsches Argot-Wörterbuch publiziert, das bis 1912 neun Auflagen erlebte.

Nach dem ersten Weltkrieg erschien der Klassiker von Bauche 1920, das ebenso erfolgreiche Buch von Lacassagne/Devaux 1928 und das reichhaltige, aber nur wenig bekannte Wörterbuch von Chautard 1931. Nach dem 2. Weltkrieg hatten den größten Erfolg Sandry/Carrère 1953 und Le Breton 1960, der zweimal überarbeitet wurde. Hinzu kamen die Bücher von R. Giraud 1965, 1968, 1971, 1981 (nicht zu verwechseln mit P. Guiraud), A. Simonins *Petit Simonin illustré par l'exemple* (1957, 1968), nach dessen Vorbild der Schlagersänger Pierre Perret einen *Petit Perret illustré par l'exemple* publizierte (1982), sowie Berlin 1983. Marcillac 1968 schrieb ein aktives Argot-Wörterbuch. Nouguier 1987 ist in Wirklichkeit 1899 entstanden. Herausragend sind: Esnault 1965, das Buch des bedeutendsten Argotforschers im 20. Jahrhundert, dessen reicher Nachlaß noch unpubliziert ist, und Doillon 1974 ff, das langsam fortschreitende Werk eines Indochina-Veteranen, der dort durch die zweimalige exhaustive Lektüre (!) des *Französischen Etymologischen Wörterbuchs* von W. von Wartburg zur Argotforschung kam.

Etwa seit 1968 ist ein großer Teil des Argot französisches Allgemeingut geworden und mit der Sprechsprache allgemein verschmolzen. Die Inventare des *français familier, populaire* und *argotique* (vgl. die Titel von Enckell 1981 und George 1983) sind schwer auseinanderzuhalten. Dem wollten Cellard/Rey 1980 durch die Bezeichnung *français non conventionnel* Rechnung tragen, ihr Wörterbuch hat aber eher den Charakter eines *dictionnaire érotique*. Die umfassendste Sammlung des Sprechwortschatzes (wenn auch in der Erklärung zu knapp) ist deshalb zur Zeit noch Caradec 1977. Vgl. aber jetzt Colin 1989. Die zweisprachigen Sammlungen von Marks 1984 und Hérail/Lovatt 1984 sind verdienstlich, aber nicht aktuell genug.

Das neueste Phänomen der französischen Sprechsprache ist eine durch die Medien verbreitete Jugendsprache, das *français branché* (vgl. Merle 1986 und Andréini 1985). Inzwischen haben die großen allgemeinen Wörterbücher den Sprechwortschatz in einem Maße verarbeitet (vgl. Hausmann 1982), daß es spezieller Wörterbücher nur noch für die jeweiligen Neologismen bedarf. Umfangreiche Inventare liegen im Institut National de la Langue française vor, werden aber nicht im wünschenswerten Rhythmus publiziert (vgl. Hausmann 1988, 122).

3. Das sprechsprachliche Wörterbuch in den germanischen Sprachen

Das auf Richelet zurückgehende französische Wörterbuch von Le Roux inspirierte am Ende des 18. Jahrhunderts F. Grose zu seinem *Classical Dictionary of the Vulgar Tongue* 1785 (vgl. Bray 1986, 20), worin man für gewöhnlich den Beginn der allgemeinen englischen Slang-Lexikographie sieht (vgl. Chapman 1986, VIII). Ihm folgten Hotten 1859 und Barrère/Leland 1889/90. Eines der monumentalsten je im Bereich der Sprechsprache erstellten Wörterbücher bilden die 7 Bände von Farmer 1890—1904, der semasiologisch und onomasiologisch, zitierend, historisch und vielsprachig vorgeht (vgl. den Auszug Farmer 1905). Die englische Ergänzung zu diesem amerikanischen Werk ist Ware 1909. Der bedeutendste Slang-Forscher des 20. Jahrhunderts ist E. Partridge mit seinen Wörterbüchern von 1937 und 1949. Nach dem Vorbild von P. M. Rogets *Thesaurus* stellten Berrey und van den Bark 1942 den amerikanischen Slang zusammen, dessen moderne Version dann in dem Standardwerk von Wentworth/Flexner 1960 beschrieben wurde (letzte Bearbeitung als Chapman 1986). Einen englischen *Thesaurus* publizierte Green 1986. Übersetzungen des Slang lieferten Baumann 1887 ins Deutsche, Manchon 1923, Marks 1984 und Adrienne 1988 ins Französische. Knappe aktuelle Zusammenstellungen bieten Phythian 1976 und Green 1985. Den *rhyming slang* verzeichnet Franklyn 1960.

Die Lexikographie der Sprechsprache war in Deutschland unbedeutend (Hoefer 1855, Söhns 1888, Genthe 1892, Hetzel 1896, Kron 1916), bis Heinz Küpper sich ab 1937 daran machte, mündliche und schriftliche Belege zu sammeln. Seine Methode der Enquete über die Medien brachte zwar ein ungeheures Material zusammen (Küpper 1955—1970, 1982, 1987), Küpper war jedoch nicht in der Lage, die Spreu vom Weizen zu trennen. Usuelles und Okkasionelles stehen unmarkiert nebeneinander, weshalb die Wörterbücher nur kritisch benutzt werden können und dem Ausländer nicht die richtige Einschätzung des Materials erlauben.

4. Methodische Probleme

Die theoretisch wünschenswerte Korpusbasierung von Wörterbüchern der Sprechsprache stößt in der Praxis auf erhebliche Probleme. Bei offenem Mikrophon neigen die Sprecher dazu, stark informellen Wortschatz zurückzuhalten. Andererseits liegen orale Korpora, die ohne Wissen der Sprecher aufgenommen sind, nicht hinreichend vor. Befragungen stoßen auf ähnliche Probleme wie in der Dialektologie. Die besten verwertbaren Korpora sind deshalb paradoxerweise literarische und journalistische Zeugnisse (Romane und Zeitungen). Ohne das Vertrauen in die orale Kompetenz von Autoren, welche in ihren Schriften Sprechsprache zitieren und imitieren, ist derzeit eine Lexikographie der Oralität nicht möglich.

5. Literatur (in Auswahl)

5.1. Wörterbücher

Adrienne 1988 = Adrienne: Le premier dictionnaire de l'américain parlé. Paris 1988 [700 p.].

Andréini 1985 = Luc Andréini: Le verlan. Petit dictionnaire illustré. Paris 1985 [61 p.].

Anker 1982 = Søren Anker-Møller/Hanne Jensen/Peter Stray Jørgensen: Politikens Slangordborg. Copenhague 1982 [241 p.].

Argot 1827 = Un Monsieur comme il faut [...]. Dictionnaire d'argot, ou Guide des gens du monde. Paris 1827.

Barrère/Leland 1889/90 = Albert Barrère/Charles G. Leland: A Dictionary of Slang, Jargon and Cant [...]. 2 Bde. London 1889, 1890 [Reprint Detroit 1967, XXIII, 528, 428 p. 1 Bd. 1897].

Bauche 1920 = Henri Bauche: Le langage populaire. Paris 1920 [Dictionnaire, 181—288; 4. Aufl. 1951].

Baumann 1887 = Heinrich Baumann: Londonismen: Slang und Cant. Berlin 1887 [106, 239 p.; Aufl. 1902, 118, 285 p.].

Berlin 1983 = Antoine Berlin: Le français vagabond. Dictionnaire d'argot-français, français-argot. Paris 1983 [216 p.].

Berrey 1942 = Lester V. Berrey/Melvin van den Bark: The American Thesaurus of Slang. 2. Aufl. London 1954 [35, 1272 p.; 1. Aufl. New York 1942].

Beses 1905 = Luis Beses: Diccionario de argot español. Barcelona 1966 [273 p. 1. Aufl. 1905 2. Aufl. 1931].

Bruant 1905 = Artistide Bruant [L. de Bercy]: L'argot au XXe siècle. Dictionnaire français-argot. Paris 1905 [468 p.; 1. Aufl. 1901].

Caillot 1826 = Antoine Caillot: Nouveau dictionnaire proverbial, satirique et burlesque. Paris 1826 [538 p.; 2. Aufl. 1829].

Caradec 1977 = François Caradec: Dictionnaire du français argotique et populaire. Paris 1977 [256 p.].

Casullo 1976 = Fernando Hugo Casullo: Diccionario de voces lunfardas y vulgares. 3. Aufl. Buenos Aires 1976 [219 p.; 1. Aufl. 1964].

Cellard/Rey 1980 = Jacques Cellard/Alain Rey: Dictionnaire du français non conventionnel. Paris 1980 [893 p.].

Chamberlain/Harmon 1985 = B. J. Chamberlain/ R. M. Harmon: A Dictionary of Informal Brazilian Portuguese. Georgetown 1985.

Chapman 1986 = Robert L. Chapman (ed.): New Dictionary of American Slang. New York 1986 [485 p.; 1. Aufl. cf. Wentworth 1960].

Chautard 1931 = Emile Chautard: La vie étrange de l'argot. Paris 1931 [720 p.].

Colin 1990 = Jean-Paul Colin: Nouveau dictionnaire d'argot. Paris 1990.

Deak 1964 = Etienne und Simone Deak: A dictionary of colorful French slanguage and colloquialisms. Paris 1964 [211 p.].

Déchelette 1918 = François Déchelette: L'argot des poilus. Paris 1918 [258 p.; Reprint Genève 1972].

Delesalle 1896 = Georges Delesalle: Dictionnaire argot-français et français-argot. Paris 1896 [426 p.].

Delvau 1883 = Alfred Delvau: Dictionnaire de la langue verte. Ed. Gustave Fustier. Paris 1883 [562 p.; Reprint Genève 1972; 1. Aufl. 1866; Suppl. par G. Fustier, 1889].

Desgranges 1821 = J. C. L. P. Desgranges: Le petit dictionnaire du peuple. Paris 1821.

Dictionnaire 1596 = Dictionnaire en langage blesquin avec l'explication en vulgaire. In: Vie des marcelots, gueuz et boemiens [...] par Pechon de Ruby. Lyon 1596 [Weitere Aufl. Paris 1612, 1618, 1622, Troyes 1627].

Dictionnaire 1634 = Le Jargon ou langage de l'argot reformé [...] augmenté de nouveau dans le dictionnaire des mots plus substantifs de l'argot. Lyon 1634 [Zuerst 1628, weitere Aufl. Troyes 1660, 1728 und öfter].

Dictionnaire 1725/26 = Dictionnaire argot-françois. In: Le Vice puni, ou Cartouche. Anvers 1725 [Aufl. 1726 auch mit Dictionnaire françois-argot; weitere Aufl. 1728; Leiden 1783 und öfter].

Dictionnaire 1800 = Dictionnaire d'argot ou langage des voleurs. In: P. Leclair: Histoire des brigands, chauffeurs et assassins d'Orgeres. Paris 1800.

Dictionnaire 1821 = Lexique d'Ausiaume, ou argot en usage au bagne de Brest en 1821. In : Le Français Moderne 11. 1943.

Dictionnaire 1827 = Dictionnaire d'argot ou guide des gens du monde, pour les tenir en garde contre les mouchards, filoux, filles de joie, et autres fashionables et petites maîtresses de la même trempe. Paris 1827.

Dictionnaire 1828 = Dictionnaire d'argot. In: Mémoires de Vidocq, chef de la police de sûreté. 4 Bde. Paris 1828—1829.

Dictionnaire 1829 = Nouveau dictionnaire d'argot. Paris 1829.

Dictionnaire 1835 = Dictionnaire d'argot. In: Nouveau dictionnaire de police. Par Elouin/A. Trébuchet/E. Labbat. Paris 1835.

Dictionnaire 1837 = Dictionnaire d'argot. In: Vidocq: Les Voleurs, physiologie de leurs mœurs et de leur langage. Paris 1837.

Dictionnaire 1841 = Vocabulaire indispensable pour comprendre le langage des souteneurs et des filles publiques. In: Aimée Lucas: Des dangers de la prostitution. 2. Aufl. Paris 1841.

Dictionnaire 1843 = Dictionnaire de l'argot moderne. Ouvrage indispensable pour l'intelligence des *Mystères de Paris* de M. Eugène Sue. Paris 1843.

Dictionnaire 1844 = Dictionnaire complet de l'argot employé dans les *Mystères de Paris*. Ouvrage recueilli par M. D. Paris 1844.

Dictionnaire 1846 = Dictionnaire des mots les plus usités dans le langage des prisons. In: L'Intérieur des prisons. Paris 1846.

Dictionnaire 1848 = Dictionnaire d'argot, ou la langue des voleurs dévoilée. Paris 1848.

Dictionnaire 1849 = Le nouveau dictionnaire complet du jargon de l'argot, ou le langage des voleurs dévoilé. Paris 1849.

Doillon 1974 ff. = Albert Doillon: Dictionnaire permanent du français en liberté. Paris 1974 ff. [Hefte im Selbstvertrieb].

Enckell 1981 = Pierre Enckell: Français familier, populaire et argotique du 16e au 19e siècle. Paris 1981 (Datations et Documents lexicographiques 19) [257 p.].

Endt 1972 = Enno Endt: Bargoens woordenboek. Amsterdam 1972 [11, 195 p.].

Esnault 1919 = Gaston Esnault: Le poilu tel qu'il se parle. Paris 1919 [603 p.; Nachdruck Genève 1971].

Esnault 1965 = Gaston Esnault: Dictionnaire historique des argots français. Paris 1965 [XVII, 644 p.].

Farmer 1890 = John Stephen Farmer/William Ernest Henley: Slang and its Analogues Past and

Present. A Dictionary, Historical and Comparative of the Heterodox Speech of All Classes of Society for More than Three Hundred Years, With Synonyms in Englisch, French, German, Italian etc. 7 Bde. New York 1890—1904 [2736 p.; Nachdruck New York 1965].

Farmer 1905 = John Stephen Farmer/William Ernest Henley: A Dictionary of Slang and Colloquial English. London 1905 [534 p.].

France 1907 = Hector France: Dictionnaire de la langue verte. Paris 1907 [495 p.].

Franco 1973 = Cid Franco: Dicionário de Expressoes Populares Brasileiras. Sao Paulo 1973.

Franklyn 1960 = Julian Franklyn: A Dictionary of Rhyming Slang. London 1960 [2. Aufl. 1961; 202 p.].

Galtier-Boissière 1939 = Jean Galtier-Boissière/ Pierre Devaux: Dictionnaire historique, étymologique et anecdotique d'argot. In: Crapouillot. Mai, septembre, octobre 1939.

Genthe 1892 = Arnold Genthe: Deutsches Slang. Eine Sammlung familiärer Ausdrücke und Redensarten. Straßburg 1892 [XV, 73 p.].

George 1983 = K. E. M. George: Abréviations de français familier, populaire et argotique. Paris 1983 (Datations et Documents lexicographiques 23) [265 p.].

Giraud 1965 = Robert Giraud: Le royaume d'argot. Paris 1965 [347 p.].

Giraud 1968 = Robert Giraud: Petite flore argotique. Paris 1968 [47 p.].

Giraud 1971 = Robert Giraud: L'Académie d'Argot. Paris 1971 [167 p.].

Giraud 1981 = Robert Giraud: L'Argot tel qu'on le parle. Dictionnaire français-argot. Paris 1981 [312 p.].

Gobello 1975 = José Gobello: Diccionario lunfardo. Buenos Aires 1975 [234 p.].

Green 1985 = Jonathon Green: The Dictionary of Contemporary Slang. New York 1985.

Green 1986 = Jonathon Green: The Slang Thesaurus. London 1986 [280 p.].

Grose 1796 = Francis Grose: A Classical Dictionary of the Vulgar Tongue. Third Edition London 1796. Ed. by E. Partridge. London 1931 [396 p.; 1. Aufl. 1785, 4. Aufl. 1811 u. d. Titel Lexicon Balatronicum, Nachdruck London 1981].

Hautel 1808 = D'Hautel: Dictionnaire du bas-langage. Paris 1808 [398 p., Nachdruck Genève 1972].

Hérail/Lovatt 1984 = René James Hérail/Edwin A. Lovatt: Dictionary of Modern Colloquial French. London 1984 [327 p.].

Hetzel 1896 = S. Hetzel: Wie der Deutsche spricht. Phraseologie der volkstümlichen Sprache. Leipzig 1896 [355 p.].

Hoefer 1855 = Edmund Hoefer: Wie das Volk spricht. Sprichwörtliche Redensarten. Stuttgart 1855 [75 p.; 10. Aufl. 1898, 227 p.].

Hotten 1859 = John Camden Hotten: The Slang Dictionary. London 1859 [305 p.; 5. Aufl. 1874, 382 p.; Nachdruck 1925].

Kron 1916 = Richard Kron: Alltagsdeutsch. Ein kleines Handbuch der geläufigeren familiären und Slang-Ausdrücke in der zwanglosen Umgangssprache. Freiburg 1916 [59 p.].

Küpper 1955—1970 = Heinz Küpper: Wörterbuch der deutschen Umgangssprache. 6 Bde. Hamburg 1955—1970.

Küpper 1982 = Heinz Küpper: Illustriertes Lexikon der deutschen Umgangssprache in 8 Bänden. Stuttgart 1982—1984 [3216 p.].

Küpper 1987 = Heinz Küpper: Wörterbuch der deutschen Umgangssprache. Stuttgart 1987 [959 p.].

Lacassagne 1948 = Jean Lacassagne/Pierre Devaux: L'argot du milieu. Paris 1948 [304 p.; 1. Aufl. 1928; 2. Aufl. 1935].

Lapa 1974 = Albino Lapa: Dictionário de calão. 2. Aufl. 1974.

Larchey 1859 = Lorédan Larchey: Les excentricités de la langue française en 1860. Paris 1859 [2. Aufl. 1861; 4. Aufl.: Les excentricités du langage, 1862; 6. Aufl.: Dictionnaire historique, étymologique et anecdotique de l'argot parisien, 1872, 236 p.; Nachdruck Paris 1985; 7. Aufl.: Dictionnaire historique d'argot, 1878; 8. Aufl. avec suppléments 1880; 10. Aufl. avec suppléments 1889, 365, VIII, 134 p., Nachdruck Paris 1982; Nouv. suppl. 1889].

La Rue 1894 = Jean La Rue: Dictionnaire d'argot [...] Paris 1894 [186 p.; Neue Aufl. 1948; Neuauflagen 1975, 1985].

Le Breton 1987 = Auguste Le Breton: Argotez, argotez, il en restera toujours quelque chose [...]. Dictionnaire réactualisé. Paris 1987 [706 p.; 1. Aufl. Langue verte et noirs dessins, 1960, 398 p.; 2. Aufl. L'argot chez les vrais de vrais, 1976, 512 p.].

León 1980 = Víctor León: Diccionario de argot español y lenguaje popular. Madrid 1980 [157 p.].

Lermina/Lévèque 1897 = Jules Lermina/Henri Lévèque: Dictionnaire thématique français-argot. Paris 1897 [220 p.].

Le Roux 1718 = Philibert-Joseph Le Roux: Dictionnaire comique, satyrique, critique, burlesque, libre et proverbial. Amsterdam 1718 [540 p.; 1735; 1750; 1752; 1786; 1787].

Macrobe 1883 = Ambroise Macrobe: La Flore pornographique. Glossaire de l'école naturaliste [...]. Paris 1883 [226 p.; Nachdruck Genève 1968].

Manchon 1923 = J. Manchon: Le Slang. Lexique de l'anglais familier et vulgaire. Paris 1923 [343 p.].

Marcillac 1968 = Jean Marcillac: Dictionnaire français-argot. Paris 1968 [254 p.].

Marcus 1947 = L'argot tel qu'on le parle. Dictionnaire d'argot [...]. Paris 1947.

Marks 1984 = Georgette A. Marks/Charles B. Johnson/Janet Pratt: Harrap's Slang Dictionary.

English-French, French-English. London 1984 [401, 476 p.; Vorh. Aufl. 1970].

Marquez 1975 = Luis Marquez Villegas: Vocabulario del español hablado (Niveles y distribución gramatical). Madrid 1975 [129 p.].

Martín 1979 = Jaime Martín: Diccionario de expresiones malsonantes del español. 2. Aufl. Madrid 1979 [368, 80 p.; 1. Aufl. 1974].

Merle 1986 = Pierre Merle: Dictionnaire du français branché. Paris 1986.

Merlin 1886 = Léon Merlin: La langue verte du troupier. Paris 1886 [68 p.; 2. Aufl. 1888, 91 p.].

Michel 1807 = Jean-François Michel: Dictionnaire des expressions vicieuses. Nancy 1807.

Michel 1856 = Francisque Michel: Etudes de philologie comparée sur l'argot et sur les idiomes analogues parlés en Europe et en Asie. Paris 1856 (Darin: Dictionnaire d'argot, 1—422].

Molard 1810 = Etienne Molard: Le mauvais langage corrigé. Lyon 1810.

Nobre 1980 = Eduardo Nobre: O calão. Dicionário de gíria portuguesa. Lisboa 1980 [159 p.].

Noter 1901 = Raphaël de Noter: Dictionnaire français-argot et des locutions comiques. Paris 1901 [119 p.].

Nouguier 1987 = Evariste Nouguier: Dictionnaire d'argot. Clichy 1987 [167 p.; abgefaßt 1899].

Oliver 1985 = Juan Manuel Oliver: Diccionario de argot. Madrid 1985 [314 p.].

Oudin 1640 = Antoine Oudin: Curiositez Françoises pour Supplement aux Dictionnaires. Paris 1640 [615 p.; Nachdruck Genève 1971].

Partridge 1937 = Eric Partridge: A Dictionary of Slang and Unconventional English. 5. Aufl. London 1961 [21, 1528 p. 1. Aufl. 1937. Ed. P. Beale, 1984, 1392 p.].

Partridge 1949 = Eric Partridge: A Dictionary of the Underworld British and American. 3. Aufl. London 1968 [15, 886 p. 1. Aufl. 1949].

Perret 1982 = Pierre Perret: Le Petit Perret illustré par l'exemple. Paris 1982 [349 p.].

Phythian 1976 = B. A. Phythian: A Concise Dictionary of English Slang and Colloquialisms. London 1976 [208 p. 1. Aufl. von W. Freeman, 1955].

Richard 1987 = Pierre-Maurice Richard/Heinz-Otto Hohmann: Découverte du français familier et argotique. München 1987 [164 p.].

Rigaud 1878 = Lucien Rigaud: Dictionnaire du jargon parisien. L'argot ancien et l'argot moderne. Paris 1878 [347 p.].

Rohr 1987 = Kerstin Ingeburg Rohr: Geldbezeichnungen im Neufranzösischen unter besonderer Berücksichtigung des Argot. Tübingen 1987 [441 p.].

Roland 1977 = Paul Roland: SKIDIZ. Lexique du français familier [...]. Paris 1977 [88 p.].

Rossignol 1901 = Rossignol: Dictionnaire d'argot. Paris 1901 [174 p.].

Sainéan 1915 = Lazare Sainéan: L'argot des tranchées d'après les lettres des poilus et les journaux du front. Paris 1915 [165 p.].

Salvador 1969 = Tomás Salvador: Diccionario de la Real Calle Española. Tomo I. Barcelona 1969 [56, 376 p.; bis algarabía].

Sandry/Carrère 1953 = Géo Sandry/Marcel Carrère: Dictionnaire de l'argot moderne. Paris 1953 [238 p.; 11. Aufl. 1978, 489 p.; verschiedene Aufl.].

Silva 1973 = Euclides Carneiro da Silva: Dicionário da Gíria Brasileira. Rio de Janeiro 1973.

Simonin 1968 = Albert Simonin: Petit Simonin illustré par l'exemple. Paris 1968 [284 p. 1. Aufl. 1957].

Söhns 1888 = Franz Söhns: Die Parias unserer Sprache. Eine Sammlung von Volksausdrücken. Heilbronn 1888 [126 p.].

Steegmüller 1981 = Bernhard Steegmüller: Das von der Schriftsprache abweichende Vokabular in Célines „Mort à crédit". Frankfurt a. M. 1981 [599 p.].

Tacla 1981 = Ariel Tacla: Dicionário dos marginais. Rio de Janeiro 1981 [99 p.].

Timmermans 1922 = Adrien Timmermans: L'argot parisien. Paris 1922 [436 p.; 1. Aufl. 1892].

Villarin 1979 = Juan Villarin: Diccionario de argot. Madrid 1979 [305 p.].

Villatte 1912 = Césaire Villatte: Parisismen. Ed. R. Meyer-Riefstahl/M. Flandin. 9. Aufl. Berlin 1912 [404 p. 1. Aufl.1884].

Virmaître 1984 = Charles Virmaître: Dictionnaire d'argot fin-de-siècle. Paris 1894 [336 p.; Suppl. 1899, 180 p.].

Ware 1909 = J. Redding Ware: Passing English of the Victorian Era. A Dictionary of Heterodox English Slang and Phrase. London 1909 [271 p.].

Wentworth 1960 = Harold Wentworth/Stuart Berg Flexner: Dictionary of American Slang. 2. Aufl. New York 1975 [18, 766 p.; 1. Aufl. 1960].

5.2. Sonstige Literatur

Bray 1986 = Laurent Bray: Richelets 'Dictionnaire françois' (1680) as a Source of 'La Porte des Sciences' (1682) and Le Roux's 'Dictionnaire comique' (1718). In: The History of Lexicography. Ed. R. R. K. Hartmann. Amsterdam 1986, 13—22.

Bray 1986a = Laurent Bray: César-Pierre Richelet (1626—1698). Tübingen 1986.

Giraud 1983 = Yves Giraud: Le 'Dictionnaire comique' de Le Roux (1718). In: Cahiers de l'Association Internationale des Etudes Françaises 35. 1983, 69—86.

Guiraud 1956 = Pierre Guiraud: L'argot. Paris 1956.

Hausmann 1982 = Franz Josef Hausmann: Gesprochene Sprache im *Trésor de la langue française*. In: Zeitschrift für französische Sprache und Literatur 92. 1982, 220—232.

Hausmann 1988 = Franz Josef Hausmann: Le TLF, prix d'excellence? La place du *Trésor de la langue française* dans la lexicographie internationale. In: Zeitschrift für französische Sprache und Literatur 98. 1988, 113—124.

Hérail 1981 = René James Hérail/Edwin A. Lovatt: A dictionary of modern colloquial French — why bother? In: The Incorporated Linguist 20, 1. 1981, 17—19.

Hyams 1981 = Phil. J. E. Hyams: Rhyming Slang and the Dictionary. In: Grazer Linguistische Studien 15. 1981, 129—142.

Küpper 1955 = Heinz Küpper: Werdegeschichte eines Wörterbuchs. In: Muttersprache 65. 1955, 350—353.

Küpper 1982 = Heinz Küpper: Bestandsaufnahme der deutschen Umgangssprache. In: Muttersprache 92. 1982, 15—26.

Lindvall 1977 = Lars Lindvall: Les caves ne sont pas des hommes. In: Moderna Språk 71. 1977, 141—153.

Lovatt 1984 = Edwin A. Lovatt: Illustrative Examples in a Bilingual Colloquial Dictionary. In: LEXeter '83 Proceedings. Ed. by R. R. K. Hartmann. Tübingen 1984, 216—220.

Lunt 1980/86 = Horace G. Lunt: A Dictionary of Unconventional Russian: 'Argot, Jargon and Slang' and a Nonstandard Russian-English Dictionary and Indexes to a Dictionary of Unconventional Russian (Project Harvard University 1980—1986). Angekündigt in: Dictionaries 5. 1983, 119.

Nicolas 1976 = Anne Nicolas: Les écuries d'Argo. In: Revue des sciences humaines 41. 1976, 587—603.

Nicolas 1977 = Anne Nicolas: L'énonciateur infatigable. In: Revue des sciences humaines 43. 1977, 241—259.

Rosten 1985 = Leo Rosten: Partridge's Slanguage. In: The Encounter. Februar 1985, 27—29.

Sainéan 1912 = Lazare Sainéan: Les sources de l'argot ancien. 2 Bde. Paris 1912.

Yve-Plessis 1901 = R. Yve-Plessis: Bibliographie raisonnée de l'argot et de la langue verte en France du XVIe au XXe siècle. Paris 1901.

*Franz Josef Hausmann, Erlangen
(Bundesrepublik Deutschland)*

121. Das Schimpfwörterbuch

1. Zum Begriff 'Schimpfwort'
2. Die Wörterbücher
3. Literatur (in Auswahl)

1. Zum Begriff 'Schimpfwort'

Wenn man in einem Gerichtsverfahren wegen Beleidigung das große Duden-Wörterbuch (GWDS) zugrunde legte, käme man zu folgender Gradation:

Esel: „u[m]g[angs]s[prachlich]"
Armleuchter: „salopp" und „verhüll[end]"
Lahmarsch: „derb"
Sau: „derb abwertend"
Arschficker: „vulgär abwertend"
Arschloch: „Schimpfwort"
Affe: „derbes Schimpfwort"

Diese Einschätzung dürften freilich nur wenige Mitmenschen teilen, und auch die Verteilung der metakommunikativen Angaben (lt. Einleitung zum Wörterbuch) (a) „stilistische Bewertung" auf die Erläuterungen zu *Esel* bis *Arschficker* und (b) „Gebrauchsangabe" auf die Erläuterungen zu den letzten beiden Beispielen ist nicht ohne weiteres nachvollziehbar; denn die Wörter von *Esel* bis *Arschficker* werden ebenso als Schimpfwörter gebraucht wie *Arschloch* und *Affe*. Mit anderen Worten, die Kategorien der „stilistischen Bewertung" und die der „Gebrauchsangabe" schließen einander nicht aus.

Brockhaus-Wahrig (BW) notiert bei allen sechs Wörtern einheitlich „Schimpfw[ort]" und weist sie damit einer bestimmten Wortkategorie zu, die man so beschreiben kann: Substantive, mit denen Personen anstatt mit ihrem Namen in abfälliger Weise angeredet bzw. benannt werden. Beispiele: „Affe!" — „Sie Hampelmann!" — „Du Mistkerl/ Heini/Scheißer/Heulsuse!" — „Ich Trottel!" — „Wer war die Drecksau?!" — „Mit diesem Lumpenhund..." Man könnte deshalb ebensogut von Schimpfnamen sprechen. Sie bilden den substantivischen Kern der Schimpfrede, der gewöhnlich durch verschiedene Zusätze wie beispielsweise *alt, dreckig, verdammt* „angereichert" wird und weitere sprachliche Elemente wie z. B. das Anredepronomen enthält.

Aus dieser Bestimmung von 'Schimpfwort' ergibt sich, daß man jemanden auch beschimpfen kann, ohne derartige Schimpfwörter zu benutzen, z. B. durch Äußerungen wie „Leck mich am Arsch!", „Du hast ja 'ne Meise/Macke!" — „Mach dir bloß nicht in die Hose!" oder „Nimm deine verdammten Quadratlatschen vom Tisch!" Das Schimpfwort ist folglich nur ein spezielles lexikalisches Mittel für Beschimpfungen. Übrigens zeigt sich am Gebrauch von *verdammt* oder *verflucht* in Verbindung mit Schimpfwörtern, wie eng (be)schimpfen und (ver)fluchen zusammenhängen.

Unter *Schimpfwort* wird hier also nur die nominale (substantivische) Personenschelte verstanden. Allerdings kann man Schimpfwörter und Beschimpfungen auch an Gegenstände und Sachverhalte aller Art richten, indem man jene wie Personen behandelt und anspricht, z. B. einem Gerät einen Fußtritt gibt und dazu „Du verdammtes altes Miststück!" ausruft. Hingegen fallen andere pejorative Bezeichnungen für Objekte, wie *Drahtesel* für das Fahrrad, *Quadratlatschen* oder *Flurschadenbretter* für die Füße, *Klimperkasten* für das Klavier und *Kintopp* für das Kino, nicht in die Kategorie 'Schimpfwort'. — Bei den Personenschelten läßt sich zwischen Schelten für Einzelpersonen — wie in den bisherigen Beispielen — und solchen für Personengruppen unterscheiden. Letztere werden gewöhnlich nochmals aufgeteilt in Berufsschelten, Ortsschelten (für die Bewohner benachbarter Orte oder Ortsteile) und ethnische Schelten.

2. Die Wörterbücher

Echte Schimpfnamen-Wörterbücher im vorhin beschriebenen Sinne sind selten. Die 160 in Kupfer gestochenen Karikaturen von Männern und Frauen zur Illustration personenbezogener Schimpf- und Spottbezeichnungen in Nürnberger Mundart von Gabler (1797—99) gehören hierher sowie der alphabetische Kommentar von Stoltze (1941) zu einem Schimpfwortkalender aus dem Jahre 1891. Die Mehrzahl der deutschen Schimpfwörterbücher enthält weit mehr, nämlich alles das, was man als Kraftausdrücke, Gassen- und Gossensprache zu bezeichnen pflegt oder was in den allgemeinsprachlichen Wörterbüchern stilistisch als derb, vulgär o. ä. markiert ist (s. die Beispiele und Auszüge bei Seibicke 1985). Damit gerät das Schimpfwörterbuch in die Nähe des Argot- und Slangwörterbuchs (s. Art. 120). und der Wörterbücher des sexuellen (obszönen) Wortschatzes (s. Art. 122).

Der Aufbau der deutschen Schimpfwörterbücher reicht von der bloßen alphabetischen Liste (Anonymus 1839) über Artikel mit Erläuterungen zur Bedeutung und Verwendung der Ausdrücke (Aman 1973, Ebel/Meininger 1983, Koch 1986, bei

CON. « *Grand* -- ! », « *Petit* -- ! », « *Vieux* -- ! », « *Sale* -- ! », « *Espèce de* -- ! », « *Bougre de* -- ! », « *Pauvre* -- ! », « *Tête de* -- ! », « *Foutu* -- ! », « *Sacré* -- ! », « *Damné* -- ! », « *Roi des* --s ! », « *Quel* -- ! », etc. = Se dit de tout gêneur ; de toute personne qui ne partage pas certaines de nos opinions ; de tout interlocuteur dont on ne parvient pas à se faire comprendre ; de tout fournisseur qui nous propose un produit autre que celui dont nous avons besoin ; de tout prestateur de services qui se permet d'interpréter à sa façon les ordres reçus ; se dit aussi d'un auteur, d'un peintre, d'un compositeur ou de tout autre artiste dont on n'apprécie pas les créations ; d'un homme politique, d'un critique, d'un éducateur, dont les conceptions nous indisposent : d'un employeur, d'un agent de l'État (Finances, Police, etc.) malveillant ou incompétent ; d'un fils, d'un frère, d'un père, d'un parent quelconque dont on pense avoir quelque raison de se plaindre.

Ce ne sont là que des exemples. En fait on traite de *con* toute personne - amie ou ennemie - avec laquelle on se trouve, momentanément ou définitivement, en désaccord.

Pierre Guiraud distingue :

« Le *grand con* qui rassemble en lui tous les attributs de la *connerie ;* le *petit con* dérisoire.

Le *jeune con* qui est un " niais " inexpérimenté ; le *vieux con* croulant et gâteux.

Le *sacré con* officiellement investi dans ses fonctions de *roi des cons*.

L'*espèce de con* qui est une des variétés du genre.

Le *pauvre con*, misérable traîne-patins.

Le *sale con*, en revanche, est à la fois " bête et méchant " ; de même son émule le *bougre de con*.

Le *con* donc c'est l'" objet " par opposition au " sujet " ; le " monde " par opposition au " moi ". » (*Les Gros Mots.*)

On dit *con* comme on dirait *ballot, idiot, imbécile*, sans y attacher la moindre importance, sans malice ni méchanceté.

◊ A : « *Tu me prends pour un con* » (ou : « *Me prends-tu pour un con ?* ») on réplique traditionnellement :

— Non, je t'y laisse !...

◊ « *Ne fais pas le con !* » = Se dit parfois pour : « Ne fais pas le clown ! »

◊ *L'autre con* = Se dit pour insinuer qu'il se trouve dans le voisinage un individu encore plus con que celui dont il est question : « *Et l'autre con, qu'est-ce qu'il fout ?* »

◊ *A la con* = à la diable, de façon stupide, à la mie de pain. « *Une histoire à la con* » = Un récit à peine croyable : une mésaventure imprévue.

◊ *Mon con* = Injure des plus blessantes, celui qui la formule s'appropriant abusivement la personne du destinataire : « *Oui, mon con !* », « *Tu as raison, mon con !* », « *Alors, mon con, tu roupilles ?* », « *Ma con, (ta con, sa con) de bonne femme !...* »

◊ On trouvera au chapitre « Remontons aux sources » une étude plus détaillée du mot *con*, de ses origines, de sa signification profonde et de ses innombrables possibilités.

Textbeispiel 121.1: Wörterbuchartikel *con* (aus: Edouard 1983, 206—207)

dem Juristen Kapeller 1962 sogar mit Hinweisen auf strafrechtliche Folgen) bis zur sprachhistorischen Deskription mit Datierungen und Belegen (Maas 1942, enthält auch Berufs- und Sachschelten). Was die Semantik und Syntax betrifft, gehen die Angaben in den Schimpfwörterbüchern kaum über die in den allgemeinsprachlichen Wörterbüchern hinaus. Kennzeichnend ist für sie vielmehr der stark mundartliche Einschlag, wodurch sie als eine Art Ergänzung zum Mundartwörterbuch oder auch nur als Auszug daraus wirken.

Den Berufsschelten und den scherzhaften Berufsbezeichnungen (*Feuerrüpel* für den Schornsteinfeger, *Zahnklempner* für den Zahnarzt usw.) sind die Wörterbücher von Klenz (1910) und Küpper (1966) gewidmet. Klenz ist stärker historisch ausgerichtet (ab 16. Jh.); die Erklärungen sind ausführlich, die Artikel weiten sich gelegentlich zu kleinen sprach- und kulturgeschichtlichen Abhandlungen. Bei Küpper liegt das Schwergewicht auf dem 20. Jahrhundert; im Material sind viele umgangssprachliche Gelegenheits- oder Individualbildungen enthalten. Ein hochsprachlich-umgangssprachliches Register im Anhang führt vor Augen, welche Berufe mit wievielen Scheltwörtern belegt wurden und welche Benennungsmotive und welche Wortbildungsweisen dabei mitgewirkt haben. — Ortsschelten und -necknamen sind in zahlreichen Aufsätzen zusammengetragen, aber — mit Ausnahme von Clément-Janin (1880) — bisher nicht in Wörterbuchform dargestellt worden, wofür vermutlich ihre kleinräumige Geltung und Bedeutsamkeit, ihr gleichsam „privater" Charakter verantwortlich ist. — Für ethnische Scheltnamen (*Iwan, Spaghetti, Kümmeltürke, Kraut* usw.) existiert offenbar nur das Wörterbuch von Roback 1979 (vgl. aber Baldinger 1973 und Seibicke 1985, 125, Fußn. 2). In der englischen und angloamerikanischen Lexikographie werden solche Ausdrücke meist in den „nickname"-Wörterbüchern mitbehandelt (s. Art. 139).

Außerhalb des deutschen Sprachraums gibt es den Typ des Schimpfwörterbuchs in Italien (Nanni 1953), vor allem aber in der Frankophonie. Der mehrfach aufgelegte Edouard 1983 (zuerst 1967) bietet die ausführlichste lexikographische Darstellung dieses Wortschatzbereichs (vgl. Textbeispiel 121.1), wobei dem alphabetischen Teil ein onomasiologischer beigefügt ist. In der ersten Auflage kam noch ein „traité d'injurologie" hinzu. Um eine Abhandlung bereichert ist auch das frankokanadische Wörterbuch von Pichette 1980. Die satirische Zeitschrift Crapouillot (1977) sammelte in einer Ausgabe politische Schimpfwörter. Auf der Grenze von Sprachführer und humoristischem Wörterbuch (s. Art. 147) stehen die mehrsprachigen Werke von Wolfe 1966 und Thal 1987, ersteres gar zur besseren Erlernbarkeit nach Sachgruppen (Redeanlässen) gegliedert.

3. Literatur (in Auswahl)

3.1. Wörterbücher

Altenkirch 1981 = Gunter Altenkirch: Moselfränkisches Schimpfwörterlexikon für Saarländer. Dillingen 1981 [157 S.].

Aman 1973 = Reinhold Aman: Bayrisch-österreichisches Schimpfwörterbuch. München 1973 [206 S.; Taschenbuchausgabe München 1979].

Anonymus 1839 = Deutsches Schimpfwörterbuch oder die Schimpfwörter der Deutschen. Zum allgemeinen Nutzen gesammelt und alphabetisch geordnet, nebst einer Vorvor-, Vor- und Nachrede, von Mir. Selbst. (d. i. Lorenz von Pansner). Arnstadt 1839 [84, 81, (3) S.].

Bungert 1984 = Gerhard Bungert: Graad selääds. Schimpfwörter auf pälzisch von *Affearsch* bis *Zoddelbock*. Kaiserslautern 1984 [76 S.].

BW = Brockhaus Wahrig. Deutsches Wörterbuch in sechs Bänden. Wiesbaden 1980—1984 [5121 S.].

Clément-Janin 1880 = M.-M. Clément-Janin: Sobriquets des villes et villages de la Côte d'or. 2e éd. Dijon 1880 [121 S.; Erstauflage 1876—78; 4 fasc.: arrondissements de Dijon, Beaune, Semur, Châtillon].

Constantin 1980 = Theodor Constantin: Berliner Schimpfwörterbuch. Berlin 1980 [93 S.].

Crapouillot 1977 = Dictionnaire des injures politiques. In: Le Crapouillot. Nouvelle Série 45. 1977 [81 S.].

Ebel/Meininger 1983 = Andreas Ebel/Herbert Meininger: 1000 Worte Pälzisch. Mit pälzischem Schimpfwörterlexikon. 5. Auflage, völlig neu bearb. von Gerd Runck. Neustadt a. d. Weinstraße 1983 [247 S.; Erstauflage 1965].

Edouard 1983 = Robert Edouard: Nouveau dictionnaire des injures. Nouv. éd. rev. et compl. par Michel Carassou. Paris 1983 [420 p.; 1. Aufl. 1967, 614 S.; 1979, 338 S.].

Gabler 1797—99 = A(mbrosius) Gabler: Die Nürnberger Schimpfwörter, bildlich dargestellt. Nürnberg 1797—99 [16 S.; 5. Nachdruck 1979 mit einer Einleitung und einem Nachwort von Herbert Maas].

GWDS = Duden. Das große Wörterbuch der deutschen Sprache in 6 Bänden. Mannheim 1976—1981 [2992 S.].

Kapeller 1962 = Ludwig Kapeller: Das Schimpfbuch. Von Amtsschimmel bis Zimtziege. Bad Herrenalb 1962 [240 S.; 3. Aufl. 1964; Taschenbuchausgabe unter dem Titel: Schimpflexikon von Armleuchter bis Zimtziege, München 1968 (Heyne-Sachbuch, Nr. 104)].

Klenz 1910 = Heinrich Klenz: Schelten-Wörterbuch. Die Berufs-, besonders Handwerkerschelten und Verwandtes. Straßburg 1910 [159 S.].

Koch 1985 = Hans-Jörg Koch: Wenn Schambes schennt. Ein rheinhessisch-mainzer Schimpf-Lexikon mit fast 2000 Spott-, Uz- und Gassenwörtern.

6., nochmals erweiterte Aufl. Alzey 1985 [244 S.; Erstausgabe 1975].

Küpper 1966 = Heinz Küpper: Wörterbuch der deutschen Umgangssprache. Bd. 4. Berufsschelten und Verwandtes. Hamburg 1966 [291 S.].

Maas 1942 = Herbert Maas: Das Nürnberger Scheltwort. In: Mitteilungen des Vereins für Geschichte der Stadt Nürnberg 43. 1942, 361—483.

Nanni 1953 = Ugo Nanni: Enciclopedia delle ingiurie, degli insulti, delle contumelie e delle insolenze. Milano 1953 [413 S.; „Dizionario delle ingiurie comuni" S. 259—366, „Dizionario delle ingiurie animalesche" S. 367—396].

Pichette 1980 = Jean-Pierre Pichette: Le guide raisonné des jurons. Langue. Littérature. Histoire. Et dictionnaire des jurons. Montréal 1980 [Wörterbuch, 167—289].

Righi 1909 = Alessandro Righi: Il vocabulario della ingiuria, con richiamo alla morale e al diritto. Carpi 1909 [zit. nach Nanni 1953].

Roback 1979 = Abraham A. Roback: A Dictionary of International Slurs (Ethnophaulismus) with a supplementary essay on aspects of ethnic prejudices. Waukesha, Wisc. 1979 (Maledicta Press Publication V) [394 S.; 1. Aufl. 1944].

Séguin 1976 = Robert-Lionel Séguin: L'injure en Nouvelle-France. Québec 1976 [252 S.; Wörterbuch S. 125—230].

Stoltze 1941 = Friedrich Stoltze: Altfrankfurter Spitz- und Schimpfnamen aus dem Altfrankfurter Stadt- und Landkalender auf das Jahr 1891. Hrsg. von Hans Ludwig Rauh. Frankfurt a. M. 1941 [78 S.].

Thal 1987 = Hella Thal (Hrsg.): Schmutzige Wörter Deutsch, Englisch, Französisch, Italienisch, Spanisch, Türkisch. Internationale Verbalinjurien. Eichborns sechssprachiges Wörterbuch der Schimpfwörter, Vulgärausdrücke und Flüche. Frankfurt a. M. 1987 [87 S.].

Troll 1987 = Thaddäus Trolls schwäbische Schimpfwörterei. Stuttgart 1987 [192 S.].

Wolfe 1966 = The Insult Dictionary. How to be abusive in five languages. London 1966 [127 S.; Englisch-Deutsch-Französisch-Italienisch-Spanisch].

3.2. Sonstige Literatur

Aman 1985 = Reinhold Aman: Bibliography. In: Maledicta 8. 1985, 293—317.

Baldinger 1973 = Kurt Baldinger: Die Völker im Zerrspiegel der Sprache. In: Überlieferung und Auftrag. Festschrift für Michael de Ferdinandy. Hrsg. von Josef Gerhard Farkas. Wiesbaden 1972, 158—178.

Holzinger 1984 = Herbert Holzinger: Beschimpfung im heutigen Französisch: Pragmatische, syntaktische und semantische Aspekte (Korpusauswertung literarischer Texte). Diss. Salzburg 1984.

Kiener 1983 = Franz Kiener: Das Wort als Waffe. Zur Psychologie der verbalen Aggression. Göttingen 1983.

Maledicta 1975 ff. = Maledicta. The International Journal of Verbal Aggression. Ed. by Reinhold Aman. Waukesha, Wisc. 1975 ff.

Seibicke 1985 = Wilfried Seibicke: Deutsche Schimpfwörterbücher. In: Lexicographica 1. 1985, 125—133.

*Wilfried Seibicke, Heidelberg
(Bundesrepublik Deutschland)*

122. Das Wörterbuch des sexuellen Wortschatzes

1. Die Sonderstellung des sexuellen Wortschatzes
2. Geschichtlicher Abriß
3. Die lexikographische Problematik im Aufbau der Mikrostruktur
4. Literatur (in Auswahl)

1. Die Sonderstellung des sexuellen Wortschatzes

Unter sexuellem Wortschatz sind grundsätzlich zwei verschiedene Sachbereiche zu verstehen: Zum einen bezeichnet er die denotativ bezogenen Begriffsfelder der Sexualität wie sexuelle Organe, Sexualakt, sexuelle Praktiken, physiologische Vorgänge (Schwangerschaft, Menstruation), pathologische Vorgänge (Geschlechtskrankheiten), Prostitution sowie soziale Institutionen und Wertungen im Zusammenhang mit der Sexualität (Ehe, vor- und außereheliche Beziehungen). Die minuziöseste Gliederung nach Sachgruppen des Sexuellen stellt Borneman 1969 mit 82 elementaren Themenbereichen dar. Zum anderen umfaßt der sexuelle Wortschatz zahlreiche entsexualisierte Lexeme, deren sexuelle Konnotation verblaßt (etwa engl. *to fuck* „to cheat", fr. *foutre* als Passepartout-Verb im Sinne von „faire", vgl. dazu Guiraud 1975, 41—55; it. *cazzo* „membro virile" in interjektionaler Verwendung „babbeo", vgl. zu diesen entsexualisierenden Ableitungen Radtke 1984, 156).

Obgleich der übertragene Gebrauch der Sexualia wortgeschichtlich den rein denotativen Sachbereichen nachgeordnet ist und quantitativ gegenüber den sexualisierten Verwendungen nachsteht, sind beide lexikalischen Bereiche für die Wörterbucharbeit von Bedeutung. Dem sexuellen Wortschatz kommt dabei insgesamt eine Sonderstellung zu, die primär von der gesellschaftlichen Einstellung zur Sexualität geregelt wird. Diese Sonderbehandlung betrifft in gleichem Maße die herausgestellten Tabubereiche Skatologica, Religion, Tod, die sich nach Partridge (1950, 48) auf die psychologisch bedingten Ursachen Furcht, Höflichkeit und Anstößigkeit zurückführen lassen. Für den sexuellen Bereich ist in erster Linie das Moment der Anstößigkeit, d. h. der Prüderie und der moralischen Abwertung, ausschlaggebend.

1.1. Die gesellschaftliche Gebundenheit

Es besteht also in zahlreichen Gesellschaften die Neigung, das sexuelle Vokabular zu tabuisieren und einer besonderen Handhabung zu unterziehen. Der Begriff des Sprachtabus trifft nicht immer zu, da sexuelle Begriffe nicht verschwiegen werden, sondern umschrieben werden, so daß eher von einer partiellen Tabuisierung die Rede sein sollte (Radtke 1979, 191). Für die Wörterbucharbeit bedeutet dies, daß gesellschaftliche Rücksichten bei der Behandlung des sexuellen Vokabulars eingearbeitet werden müssen: So erstellt Dornseiff 1933 für sein sachgruppenbezogenes Wörterbuch (nach dem Vorbild von Boissière 1862) einen Ergänzungsband für den Gelehrtengebrauch, der Sexualia und Vulgärsprachlichem vorbehalten ist. Ferner sind die Verleger bei ihrer Wörterbuchproduktion oftmals nicht bereit, die Aufnahme von Sexualia zu akzeptieren, da dem Empfinden des Benutzerkreises und auch der Eignung für Schüler als wichtigem Kundenkreis Rechnung getragen werden soll. Aus diesem Grunde vermißt man etwa im De Felice/Duro 1975 die Lemmata *cazzo*, *fica* u. ä.: Die ausgiebige Berücksichtigung von Sexualia schade dem Ansehen und beeinträchtige den Verkauf. Es liegt offensichtlich eine kulturelle Norm vor, die Wörterbuchautoren, Verleger und Benutzer gleichermaßen betrifft und die auf eine sprachliche und sprachwissenschaftliche Tabuisierung der Sexualität abzielt:

Le *rejet* est la forme la plus grave de la sanction culturelle. Il y a des mots, grammaticalement corrects, qui font partie de la langue et qui sont d'usage courant, mais qui ne sont pas acceptés dans la nomenclature des dictionnaires, ou, quand ils le sont, sont marqués d'une indication infamante. Ces termes constituent des *tabous culturels*: il y a des textes qui ne sont pas reçus dans le groupe socioculturel idéal que forment les 'lecteurs' d'un dictionnaire. Autrement dit, l'idéologie de la communauté, sa culture, se définit autant par ce qu'elle est, que par ce qu'elle rejette. (Dubois/Dubois 1971, 102)

Diese Erfahrung wird von Wörterbuchautoren des sexuellen Wortschatzes immer wieder betont, so auch im Vorwort Borneman 1969: „Entmutigend war die Unwilligkeit so vieler befragter Germanisten, Worte niederzuschreiben, die bisher nicht im Druck erschienen waren."

1.2. Lexikologische Charakteristika

Innersprachlich weist der sexuelle Wortschatz Besonderheiten auf, die die adäquate Beschreibung in einem Wörterbuch erschweren. Diese Charakteristika sind größtenteils von der gesellschaftlichen Wertung bedingt, wie es etwa der hohe Anteil an Euphemismen (Kany 1960, Galli de'Paratesi 1964, Widłak 1972, Montero 1981, Radtke 1983 a, Kröll 1984) und Dysphemismen (Sagarin 1962, Correia 1927, Radtke 1979, 194—196) nahelegt. Darüber hinaus zeichnet sich unter dem lexikologischen Aspekt der sexuelle Wortschatz durch eine Tendenz zur Synonymenreihung (Ageno 1957, 432), durch häufige Fremdwörter, Gelehrtenbildungen, Calques, Metaphern, Metonymien, Synekdochen, Antiphrasen, Periphrasen (Radtke 1979, 190—251) und speziell in den romanischen Sprachen durch eine Neigung zur Suffigierung aus (Radtke 1977). Grundsätzlich zielen die lexikologischen Tendenzen darauf ab, eine herausgehobene konnotative Markierung zu leisten, d. h. der sexuelle Wortschatz impliziert aufgrund besonderer lexikologischer Bildungsmuster Wertungen zum sexuell bezogenen Sachbereich. Für die Einarbeitung von Sexualia in Wörterbüchern bedeutet dies eine besondere Berücksichtigung der diasystematischen Markierungen (Radtke 1983 b).

2. Geschichtlicher Abriß

Die unter 1. behandelte Sonderstellung des sexuellen Wortschatzes gegenüber dem Gesamtwortschatz einer Einzelsprache hat für die Wörterbucherstellung zwei Auswirkungen:

a. Der sexuelle Wortschatz bedarf in einem ein- oder mehrsprachigen Wörterbuch einer gesonderten Behandlung (Ausklammerung, Einführen besonderer diasystematischer Informationen).

b. Der sexuelle Wortschatz bleibt einem Spezialwörterbuch vorbehalten. Der sexuelle Wortschatz im gemeinsprachlichen Wörterbuch ist bis Anfang des 19. Jahrhunderts recht vollständig aufgenommen worden, ohne daß diasystematische Markierungen wie „vulgärsprachlich" den Sexualia eine Sonderstellung zubilligen. Obwohl beispielsweise die französische Lexikographie des 17. Jahrhunderts über Indizierungen wie *populaire, ordinaire, bas, vulgaire* verfügt (Schmitt 1986, 142), bleiben die sexuellen Lexeme fast ausnahmslos unmarkiert; die sexuellen Lexeme etwa in den Wörterbüchern von Nathanael Duez, Giovanni Veneroni oder Matthias Kramer verstehen sich aufgrund der fehlenden Markierungen als Gebrauchswörter der Alltagssprache (Radtke 1986); für Begriffe wie fr. *putain, verge, vit,* it. *cazzo, fica,* dt. *Schwanz* fehlt offensichtlich im Bereich der Alltagskommunikation das Empfinden der Vulgarität oder Obszönität. Die systematische Indizierung der Vulgärsprachlichkeit setzt erst gegen Ende des 18. Jahrhunderts ein und verbreitet sich nachhaltig im 19. Jahrhundert (Radtke 1986), zu einem Zeitpunkt, als das Wörterbuch auch für das Kleinbürgertum zum Instrument der Bildungsemanzipation avanciert (Feldman 1980, 31). Die Verbannung der Sexualia aus dem *bon usage* der Wörterbücher stellt im 19. Jahrhundert einen Ausbau der Sprachnormierung dar, an dem erstmals neue Schichten der Gesellschaft partizipieren. Dieser gesellschaftliche Wandel bereitet mit seiner Festschreibung sexueller Sprachtabus letztendlich auch dem Wörterbuch des sexuellen Wortschatzes als eigenständigem Wörterbuchtyp den Weg.

Nicht zu verwechseln mit den Wörterbüchern des sexuellen Wortschatzes sind die sog. *Wörterbücher der Liebe* im europäischen Sprachraum, die bereits seit dem 18. Jahrhundert auf dem Buchmarkt in Erscheinung treten. Sie verfolgen aber keine sprachlichen Interessen, sondern verstehen sich als geistreiche, galante Spielerei mit dem Thema der Erotik und nehmen teilweise die Funktion eines Anstandsbuches ein, wie dies einige Lemmata aus dem *Dizionario dell'Amore* von 1789, dem seinerzeit ein großer Erfolg beschieden war, bezeugen (Altieri 1985):

Dizionario Felici, o infelici gli amanti che avranno bisogno di consultare il presente (30).
Rarità Due amanti fedeli (65).
Sodom... L'Amore proibisce di terminare questa parola (69).

Solche Sammlungen von Bonmots bestehen bis heute fort und pflegen ausschließlich literarische Ambitionen wie die Erläuterungen zur lesbischen Liebe bei Wittig/Zeig 1976.

Die Herausbildung des Wörterbuchs des sexuellen Wortschatzes als eigenständiger Wörterbuchtyp erfolgt erst im 19. Jahrhundert, allerdings bestehen Vorläufer im 18. Jahrhundert, die sich des Sachbereichs der Sexualität und Liebe annehmen wie Dreux du Radier 1741, partiell Leroux 1752, Maréchal 1788. Von den *dictionnaires d'amour* (Girard de Propiac 1807) gelangt das 19. Jahrhundert zu Glossaren, die die philologische Anlage in den Vordergrund rücken, wobei das Lateinische am nächsten lag (Aulnaye 1820, Pierrugues 1826, Rambach 1883, Blondeau 1885; als jüngste Veröffentlichung zu den Sexualia im Lateinischen vgl. Adams 1982).

Die im Anschluß daran aufkeimende Lexikographie der Sexualia in den lebenden Sprachen übernimmt von diesen Werken die ausschließliche Berücksichtigung schriftsprachlicher, d. h. literarischer Quellen, wie die ersten Wörterbücher des sexuellen französischen Wortschatzes de Landes 1861, Delvau 1864, Macrobe 1883, Vocabula 1896, denen aufgrund ihrer Pionierleistung Vorbildlichkeit für die anderen Sprachen zukam. Die Berufung auf die Literatur und insbesondere auf eine neue literaturfähige Lexik im Naturalismus legitimierten gewissermaßen diese Veröffentlichungen. Das sexuelle Vokabular wird dabei weniger zur Domäne der Philologen als vielmehr der Schriftsteller, Journalisten und Amateure. Von Anfang an hüten zahlreiche Autoren sexueller Lexika ihre Anonymität oder legen sich Pseudonyme zu wie Vocabula 1896 oder P.P. für Pierrugues 1826; diese Tendenz haben sie mit den Verfassern geheimsprachlicher Glossare und Schimpfwörterbücher gemein; sie hält bis in die jüngste Zeit unvermindert an, etwa für das mexikanische Spanisch Krack 1976 oder für das Mailändische Anonimo Meneghino 1977.

Im 20. Jahrhundert ist indessen ein rasches Anwachsen der Wörterbücher des Sexuellen zu verzeichnen, das kaum mehr zu übersehen ist, da das Gros der Publikationen weiterhin mehrheitlich aus der Feder von interessierten Laien stammt und insbesondere kleine, nur regional begrenzt ausliefernde, Verlage den Bekanntheitsgrad dieser Veröffentlichungen einschränken. Zudem besteht eine nicht unerhebliche Tendenz, diese Glossare im Selbstverlag zu vertreiben. Oftmals ergeben sich dabei Schwierigkeiten, die Abgrenzung sexuell bezogener Wörterbücher von Slang- und Schimpfwörterbüchern zu vollziehen. Es handelt sich hierbei um fest etablierte Formen einer *lexicographie popu-*

laire, die Kuriosa der Alltagskommunikation notiert, es aber bewußt nicht mit fachwissenschaftlichen Ansprüchen aufnehmen will.

An wissenschaftlichen Interessen orientieren sich Veröffentlichungen im Rahmen der Volkskunde, der Kriminalanthropologie und der Sexualwissenschaft, ohne daß dabei in aller Regel Linguisten zu Rate gezogen werden. So ist das umfassendste Manuskript zum sexuellen Wortschatz des amerikanischen Englisch, Cary 1916, Cary 1920, von einem Psychologen verfaßt worden, das *glossaire* von Zwang 1977, 291—311, ist der Annex eines sexualkundlichen und kulturanthropologischen Werkes, Corso 1914, 209—235, beschreibt den sexuellen Wortschatz aufgrund rein volkskundlicher Interessen. Auch der Verfasser des besten deutschsprachigen Wörterbuches des Sexuellen, Borneman 1969, ist von der Sexualwissenschaft und Psychotherapie her zur Dokumentation des Wortschatzes gelangt.

Die „genuin sprachwissenschaftliche" Behandlung des sexuellen Wortschatzes verfolgt zunächst die Dokumentation der Sexualia in sprachgeschichtlicher Sicht, wobei oftmals die Verwendung sexueller Wörter bei einzelnen Autoren im Vordergrund steht. Eine solche streng philologische Dokumentation stellt etwa das Glossar zur sexuellen Sprache in Shakespeares Werken von Partridge 1947 dar, dem ein hilfreicher Essay zur Bewertung der Sexualia vorangestellt ist. Die sprachgeschichtliche Beschreibung umfaßt jedoch gelegentlich größere Epochen wie bei Le Pennec 1979 für das Französische von 1600—1800 oder bei Toscan 1981 für das Italienische im 15. und 16. Jh. Im Gegensatz zu Wörterbüchern des sexuellen Wortschatzes einer Gegenwartssprache sind diese Lexika einem wissenschaftsinteressierten Publikum vorbehalten.

Wenngleich die Sexualia der Gegenwartssprachen oftmals sensationswirksam und bar jeglicher Seriosität auf den Buchmarkt gelangen (etwa Hunold 1972, Carciotto/Roberti 1980), bestehen dennoch einige Publikationen durch ihre Zuverlässigkeit und Brauchbarkeit, die hier verdienen aufgeführt zu werden: Guiraud 1978 für das Französische, Borneman 1969 für das Deutsche, Cela 1968 für das Spanische, Rodríguez Castelo 1979 für das Spanische Ecuadors, Cantagalli 1972 für das Italienische, wenngleich nach lexikographischen Kriterien das sexuelle Dialektwörterbuch Menarini 1982 ein weitaus höheres Niveau erreicht. Der dialektale Sexualwortschatz erfährt im Italienischen stets eine eigenständige Bearbeitung, neben Menarini 1982 für das Bolognesische, Carciotto/Roberti 1980 für das Romanesco wäre vor allem Dolcino 1978 zum Genuesischen anzuführen. Nicht zu vernachlässigen sind in diesem Zusammenhang onomasiologische Untersuchungen zu einzelnen sexuellen Begriffsfeldern, die allerdings nicht in Wörterbuchform vorliegen wie Rasmussen 1971 für das brasilianische Portugiesisch oder Radtke 1979 für das Italienische. Eine Sonderform stellen die Wörterbücher zu den Argots in Homosexuellenkreisen (Rodgers 1972, ferner die Wortlisten Farell 1972, De Mauro 1979) und im Prostituiertenmilieu (vgl. u. a. die Abhandlungen Niceforo 1897, 124—47, Chautard 1931, Maurer 1939, James 1972) dar. Obgleich sie Sexualia ausführlich registrieren, sind sie primär Argotwörterbücher (vgl. Art. 120 und 162).

3. Die lexikographische Problematik im Aufbau der Mikrostruktur

Der Aufbau der Wörterbücher des sexuellen Wortschatzes gibt oftmals Anlaß zur Kritik, da die Lexikographen kaum Wörterbücher dieses Typs verfassen. Dilettantische Methodik und unsystematische Dokumentation haben das Wörterbuch des sexuellen Wortschatzes in der Fachwelt in Verruf gebracht, obgleich sich die explizite Kritik an der Behandlung von Sexualia zumeist auf die angesehenen gemeinsprachlichen Wörterbücher bezieht (Radtke 1979, 177—190, Feldman 1980, D'Oria 1977). Mängel in der lexikographischen Aufbereitung betreffen:

3.1. Nicht-Notierung der Lemmata

Euphemismen, die fest lexikalisiert sind, werden in geringerem Maße aufgeführt, da sie oftmals größere phraseologische Einheiten umfassen (frz. *femme qui fait le truc*): Guiraud 1978, 350, nennt 18 Verbindungen mit *femme,* Radtke 1979, 100—102, zählt 42 Konstruktionen zu demselben lexikalischen Typus mit *femme.* Eine weitere Schwierigkeit besteht in der Zurückhaltung bei der Aufnahme substandardsprachlichen Sprechwortschatzes.

3.2. Definition

Die Definitionen sind über weite Strecken euphemistisch und damit gelegentlich mißverständlich angelegt (Radtke 1979, 185—189), etwa it. *passo falso* „Lo può fare solo una donna; e in genere cade su un letto" (Cantagalli 1972, 162). Die Definitionsschemata entsprechen nicht immer dem Bedürfnis nach Klarheit.

3.3. Diasystematische Markierungen

Eine so umfangreiche Dokumentation wie Borneman 1969 kommt fast gänzlich ohne diasystematische Markierungen aus, d. h. Informationen zu Häufigkeit, Alter der Wörter (Neologismus, Archaismus), Regionalität, Schichtenspezifik, Konnotationen, Normadäquatheit fehlen oder werden nur sporadisch hinzugefügt („*Phryne:* Studentenmädchen (um 1880), Prostituierte (um 1910)", Borneman 1969). Dies bedingt eine Gleichstellung von inkompatiblen Sprachebenen, wenn etwa nach „roter Riese: Penis erectus" bei Borneman 1969 in der Lemmataanordnung folgt: „Riesenbaby: körperlich voll entwickeltes Mädchen, das geistig unreif ist".

3.4. Normkennzeichnung

Die Normkonformität oder ihr Fehlen wird nicht festgeschrieben. Da Wörterbücher des Sexuellen zumeist sprechsprachlich ausgerichtet sind, ist es wünschenswert, *Schriftsprache/Sprechsprache, Standard/Substandard* durchgängig zu markieren. Da die Lexikographie des sprechsprachlichen und substandardsprachlichen Bereichs prinzipiell wenig in der Wörterbucharbeit repräsentiert wird, befinden sich Wörterbücher des Sexuellen von vornherein in einer ungünstigen Ausgangslage.

Von diesen vier Kritikpunkten auszunehmen ist unter den historischen Wörterbüchern Guiraud 1978, und unter den gegenwartssprachlichen Menarini 1982, denen im Vergleich zu den übrigen Lexika philologische Akkuratesse bescheinigt werden kann. Grundsätzlich bleibt jedoch die Forderung bestehen, daß die Wörterbücher des sexuellen Wortschatzes in Zukunft einer präziseren und verfeinerten lexikographischen Aufbereitung bedürfen, damit der Wörterbuchtyp auch qualitativ in diesem Randbereich der Spezialwörterbücher an Ansehen gewinnt.

Als Desideratum steht für Wörterbücher des sexuellen Wortschatzes eine angemessene Einarbeitung der Gestenlexikographie aus, wenngleich die viel zu wenigen Gestenwörterbücher dem Sexuellen einen festen Platz einräumen (wie Meo-Zilio/Mejía 1980/1983) (vgl. Art. 109).

Das Manuskript der vermutlich umfassendsten Studie zum sexuellen Vokabular der romanischen Sprachen von Max Leopold Wagner ist während des Zweiten Weltkrieges in Hamburg verlorengegangen. Die von R. Aman herausgegebene Zeitschrift *Maledicta* 1 (1977) ff. publiziert regelmäßig Beiträge zu sprachlichen Sexualia und verweist auf Neuerscheinungen zu Arbeiten des sexuellen Wortschatzes. Eine eigenständige bibliographische Erfassung von Wörterbüchern des sexuellen Wortschatzes liegt nicht vor, die Sichtung von ersten Materialien bietet Radtke 1981, 55—66.

4. Literatur (in Auswahl)

4.1. Wörterbücher

Adams 1982 = J. N. Adams: The Latin sexual vocabulary. London 1982 [XII, 272 S.].

Almeida 1980 = Horacio de Almeida: Dicionário Erótico da Língua Portuguesa. Rio de Janeiro 1980 [267 p.].

Altieri 1985 = Barbara Altieri (Hg.): Dizionario dell'Amore (1789). Neapel 1985.

Anonimo Meneghino 1977 = (Pseud.) Anonimo Meneghino: Vocabolari di porcad e alter robb in milanes. Mailand 1977.

Aulnaye 1820 = Stéphane de Aulnaye: Verba erotica. Paris 1820.

Averna 1980 = Giuliano Averna: Di alcune parole ... Appunti linguistici. Lido-Venezia 1980.

Blondeau 1885 = Nicolas Blondeau: Dictionnaire érotique latin-français. Ed. François Noël. Paris 1885. [LXXXIV, 150 S.].

Boissière 1862 = Prudence Boissière: Supplément du Dictionnaire analogique. Paris 1862 [32 p.].

Borneman 1969 = Ernest Borneman: Sex im Volksmund. Der obszöne Wortschatz der Deutschen. 2 vol. Reinbek 1969. [Taschenbuch Reinbek 1971; österr. Lizenzausgabe Herrsching 1984 mit geändertem Untertitel „Die sexuelle Umgangssprache des deutschen Volkes"].

Cantagalli 1972 = Renzo Cantagalli: Con rispetto parlando. Semantica del doppiosenso. Mailand 1972.

Carciotto/Roberti 1980 = Pino Carciotto/Giorgio Roberti: L'anima de li mottacci nostri. Rom [1980].

Cary 1916 = Henry N. Cary: Sexual vocabulary. 5 vol. Bloomington [ca. 1916]. [masch. schr.].

Cary 1920 = Henry N. Cary: Introduction to sexual vocabulary. 2 vol. Chicago 1920 [masch. schr.].

Cela 1968 = Camilo José Cela: Diccionario secreto. 3 vol., Madrid 1968. [Taschenbuchausgabe Madrid 1974, 278 S., 595 S.].

Choux 1881 = Jules Choux: Le petit citateur; notes érotiques et pornographiques. Recueil de mots et d'expressions anciens et modernes, sur les choses de l'amour. Paphos [Brüssel] 1881 [365 S.].

Courouve 1985 = Claude Courouve: Vocabulaire de l'homosexualité masculine. Paris 1985 [248 S.].

Criado de Val 1985 = Manuel Criado de Val: Palabras equívocas o malsonantes en España, Hispanoamerica y Filipinas. Madrid 1985 [121 S.].

De Felice/Duro 1975 = Emidio De Felice/Aldo Duro: Dizionario della lingua e della civiltà italiana contemporanea. Palermo 1975 [2221 S.].

Delvau 1864 = Alfred Delvau: Dictionnaire érotique moderne. Paris 1864. Basel 1891 [Reprint Genf 1968 von Paris 1864. Reprint Pianoro 1974 von Basel 1891, XXIV, 375 S.].

Dolcino 1978 = Michelangelo Dolcino: E parolle de l'amö. Dizionario genovese-italiano di termini, locuzioni e proverbi, casti e no, dedicati all'amore e alla donna. Genua 1978.

Dornseiff 1933 = Franz Dornseiff: Der deutsche Wortschatz nach Sachgruppen. Berlin 1933. 7. Aufl. 1970 [166, 922 S.].

Dreux du Radier 1741 = Jean-François Dreux du Radier: Dictionnaire d'amour dans lequel on trouvera l'explication des termes les plus usités dans cette langue. Osnabrück. Den Haag. Paris 1741 [235 S.].

Girard de Propiac 1807 = Catherine-Joseph-Ferdinand Girard de Propiac: Dictionnaire de l'amour. Paris 1807.

Goldenson/Anderson 1986 = Robert M. Goldenson/Kenneth N. Anderson: The Language of Sex from A to Z. New York 1986 [314 S.].

Gombert 1883 = Albert Gombert: Nomenclator amoris; oder Liebeswörter. Straßburg 1883.

Guiraud 1978 = Pierre Guiraud: Dictionnaire historique, stylistique, rhétorique, étymologique de la littérature érotique. Paris 1978 [640 S.].

Hermann 1988 = Pierre Hermann: Le dictionnaire des mots tabous. Alleur 1988 [255 S.].

Hunold 1972 = Günther Hunold: Lexikon des pornographischen Wortschatzes. München 1972 [Neuaufl. u. d. T. Sexualität in der Sprache. Lexikon des obszönen Wortschatzes. München 1978, 222 S.].

Krack 1976 = (Pseud.) Krack: Tabu Spanish of Mexico. San Diego, Ca. 1976.

Kunitskaya-Peterson 1981 = Christina Kunitskaya-Peterson: International dictionary of obscenities. A guide to dirty words and indecent expressions in Spanish, Italian, French, German, Russian. Oakland, Ca. 1981.

de Landes 1861 = Louis de Landes [= Auguste Scheler]: Glossaire érotique de la langue française depuis son origine jusqu'à nos jours. Brüssel 1861 [396 S.].

Le Pennec 1979 = Marie-Françoise Le Pennec: Petit glossaire du langage érotique au XVIIe et XVIIIe siècles. Paris 1979 [110 S.].

Leroux 1752 = Jean-Pierre Leroux: Dictionnaire comique, satyrique, critique, burlesque, libre et proverbial. Paris 1752 [540 S.].

Macrobe 1883 = Ambroise Macrobe: La flore pornographique: Glossaire de l'école naturaliste. Paris 1883. Reprint Genf 1968 [226 S.].

Maréchal 1788 = Pierre-Sylvain Maréchal [pseud. Le Berger Sylvain]: Dictionnaire d'amour. Paris 1788 [Teilweise wiederabgedruckt in: Le Sacrifice de l'amour, ou la messe de Cythère, suivi du sermon prêché à Guide et d'un nouveau dictionnaire d'amour dans lequel on trouvera plusieurs pièces inédites ou peu connues (...); les articles les plus piquans du „Dictionnaire d'amour du berger Sylvain", Paris 1809.

Martín 1974 = Jaime Martín Martín: Diccionario de expresiones malsonantes del español. Léxico descriptivo. Madrid 1974 [368 S.].

Menarini 1982 = Alberto Menarini: Vocabolario intimo del dialetto bolognese amoroso sessuale scatologico. Bologna 1982 [2 a ed. accresciuta Bologna 1983].

Meo-Zilio/Mejía 1980/1983 = Giovanni Meo-Zilio/Silvia Mejía: Diccionario de gestos. España Hispanoamérica. 2 vol. Bogotà 1980/1983 [190, 235 S.].

Paros 1984 = Lawrence Paros: The erotic tongue: A sexual lexicon. Seattle 1984.

Partridge 1947 = Eric Partridge: Shakespeare's bawdy. A literary and psychological essay and a comprehensive glossary. London 1947 [Revised edition London 1955, 226 S.].

Pierrugues 1826 = Pierre Pierrugues: Glossarium eroticum linguae latinae. Paris 1826 [Neuauflage Berlin 1908, 518 S.].

Queri 1912 = Georg Queri: Kraftbayrisch. Ein Wörterbuch der erotischen und skatologischen Redensarten der Altbayern. München 1912 [224 p.; Repr. 1970].

Rambach 1833 = Carolus Rambach: Thesaurus eroticus linguae latinae. Stuttgart 1833 [312 S.].

Reissner/Wade 1968 = Albert Reissner/Carlson Wade: Dictionary of sexual terms. s. l. 1968.

Rodgers 1972 = Bruce Rodgers: The queen's vernacular. A gay lexicon. San Francisco 1972 [262 S. New York 1979 u. d. T. Gay Talk].

Rodríguez Castelo 1979 = Hernán Rodríguez Castelo: Léxico sexual ecuatoriano y latino-americano. Quito 1979 [403 S.].

Toscan 1981 = Jean Toscan: Le carnaval du langage. Le lexique érotique des poètes de l'équivoque, de Burchiello à Marino (XVe et XVIe siècles). 4 vol. Lille 1981.

Vocabula 1896 = Vocabula amatoria: A French-English glossary of words, phrases, and allusions. London 1896 [Reprint Florenz 1986].

Wittig/Zeig 1976 = Monique Wittig/Sande Zeig: Brouillon pour un dictionnaire des amantes. Paris 1976 [251 S.].

Zwang 1967 = Gérard Zwang: Le sexe de la femme. Paris 1967 [Taschenbuchausgabe Paris 1977, mit Glossar sexueller Ausdrücke, 291—311].

4.2. Sonstige Literatur

Ageno 1957 = Franca Ageno: Per una semantica del gergo. In: Studi di Filologia Italiana 15. 1957, 221—37.

Chautard 1931 = Emile Chautard: La vie étrange de l'argot. Paris 1931.

Correia 1927 = João da Silva Correia: O eufemismo e o disfemismo na língua e na literatura portuguesa. In: Arquivo da Universidade de Lisboa 12. 1927, 445—787.

Corso 1914 = Raffaele Corso: Das Geschlechtsleben in Sitte, Brauch, Glauben und Gewohnheitsrecht des italienischen Volkes. Nicotera 1914.

De Mauro 1979 = Tullio De Mauro: Lessico dell' omosessualità. In: Riccardo Reim/Laura Di Nola/Antonio Veneziani (Hg.), Pratiche innominabili. Violenza pubblica e privata contro gli omosessuali. Mailand 1979, 98—112.

D'Oria 1977 = Domenico D'Oria: Les tabous sexuels dans les dictionnaires monolingues français contemporains. Lecce 1977.

Dubois/Dubois 1971 = Jean Dubois/Claude Dubois: Introduction à la lexicographie. Le dictionnaire. Paris 1971.

Farrell 1972 = Ronald A. Farrell: The argot of the homosexual subculture. In: Anthropological Linguistics 14. 1972, 97—109.

Feldman 1980 = Jacqueline Feldman: La sexualité du Petit Larousse ou le jeu du dictionnaire. Paris 1980.

Galli de'Paratesi 1964 = Nora Galli de'Paratesi: Semantica dell'eufemismo. L'eufemismo e la repressione verbale con esempi tratti dall'italiano contemporaneo. Turin 1964 [Taschenbuchausgabe u. d. T. Le brutte parole. Semantica dell'eufemismo, Mailand 1969].

Grimes 1978 = Larry M. Grimes: El tabú lingüístico en México: El lenguaje erótico de los Mexicanos. Jamaica. NY 1978.

Guiraud 1975 = Pierre Guiraud: Les gros mots. Paris 1975.

Huston 1980 = Nancy Huston: Dire et interdire. Paris 1980.

James 1972 = Jennifer James: Two domains of streetwalker argot. In: Anthropological Linguistics 14. 1972, 172—81.

Kany 1960 = Charles E. Kany: American-Spanish euphemisms. Berkeley—Los Angeles 1960.

Kimpel 1977 = Richard Kimpel: German Sexual Vocabulary. Aspects of taboo and euphemism. University of Western Ontario 1977 [ph. diss. thesis].

Kröll 1984 = Heinz Kröll: O eufemismo e o disfemismo no português moderno. Lissabon 1984.

Maledicta 1977 = Maledicta. The International Journal of Verbal Aggression. Hg. R. Aman. Waukesha, Wisc. 1—8. 1977—1984/5.

Maurer 1939 = David W. Maurer: Prostitutes and criminal argots. In: The American Journal of Sociology 44. 1939, 546—50.

Montero 1981 = Emilio Montero: El eufemismo en Galicia (Su comparación con otras áreas romances). Santiago de Compostela 1981.

Niceforo 1897 = Alfredo Niceforo: Il gergo nei normali, nei degenerati e nei criminali. Turin 1897.

Partridge 1950 = Eric Partridge: Here, there and everywhere. London 1950.

Preti 1984 = Dino Preti: A linguagem proibida. Estudos sobre a linguagem erótica. Sao Paulo 1984.

Radtke 1977 = Edgar Radtke: „Prostituta" in modern Italian. 1. Suffixation and the semantic field. In: Maledicta 1. 1977, 201—10.

Radtke 1979 = Edgar Radtke: Typologie des sexuell-erotischen Vokabulars des heutigen Italienisch. Studien zur Bestimmung der Wortfelder „prostituta" und „membro virile" unter besonderer Berücksichtigung der übrigen romanischen Sprachen. Tübingen 1979.

Radtke 1981 = Edgar Radtke: Sonderwortschatz und Sprachschichtung. Materialien zur sprachlichen Verarbeitung des Sexuellen in der Romania. Tübingen 1981.

Radtke 1983a = Edgar Radtke; Eufemismo e norma sociale. In: Gruppo di Lecce (Hg.), Linguistica e antropologia. Atti del XIV Congresso Internazionale di Studi della Società di Linguistica Italiana. Rom 1983, 387—395.

Radtke 1983b = Edgar Radtke: Il lessico sessuale nei gerghi come problema lessicografico (con particolare riferimento alle voci gergali nel „Dizionario del dialetto veneziano" di Boerio. In: Günter Holtus/Michael Metzeltin (Hg.), Linguistica e dialettologia veneta. Studi offerti a Manlio Cortelazzo dai colleghi stranieri. Tübingen 1983, 153—63.

Radtke 1984 = Edgar Radtke: Das gesprochene Italienisch in der Normdiskussion des Fremdsprachenunterrichts. In: Walter N. Mair/Helmut Meter (Hg.), Italienisch in Schule und Hochschule. Tübingen 1984, 153—64.

Radtke 1986 = Edgar Radtke: Konstanz und Wandel in der Beurteilung von Sexualia in der Geschichte der Lexikographie. In: Osnabrücker Beiträge zur Sprachtheorie „Sexualität und Sprache" 35. 1986, 107—117.

Rasmussen 1971 = Keith W. Rasmussen: Brazilian words and phrases for certain aspects of love and parts of the body. Madison 1971 [phil. diss.].

Sagarin 1962 = Edward Sagarin: The anatomy of dirty words. New York 1962.

Schmitt 1986 = Christian Schmitt: Der französische Substandard. In: Günter Holtus/Edgar Radtke (Hg.), Sprachlicher Substandard, Tübingen 1986, 125—85.

Walsh/Leonard 1974 = R. Walsh/W. Leonard: Usage of terms for sexual intercourse by men and women. In: Archives of Sexual Behavior 3, 4. 1974. 373—6.

Widłak 1972 = Stanisław Widłak: Alcuni aspetti strutturali del funzionamento dell'eufemismo. Breslau. Warschau. Krakau. Danzig 1972.

*Edgar Radtke, Heidelberg
(Bundesrepublik Deutschland)*

123. Das Schlagwörterbuch

1. Der Begriff des Schlagworts
2. Funktionen von Schlagwörterbüchern
3. Makrostrukturen des Schlagwörterbuchs
4. Mikrostrukturen des Schlagwörterbuchs
5. Probleme der Materialgewinnung
6. Zur Geschichte der Schlagwörterbücher und der Schlagwortforschung
7. Bibliographische Dokumentation
8. Literatur (in Auswahl)

1. Der Begriff des Schlagworts

Der linguistische Begriff *Schlagwort* — der bibliothekswissenschaftliche bleibt außer Betracht — basiert auf dem standardsprachlichen Ausdruck, der im Deutschen seit der Mitte des 19. Jhs. im heutigen Sinn gebräuchlich ist, jedoch mit einigen Modifikationen. Von der pejorativen Bedeutungskomponente ist der Deskriptionsbegriff freizuhalten. Zudem ist die Mehrdeutigkeit des Lexems zugunsten eines rein lexikologischen Terminus zu beseitigen: unter diesen fallen nicht mehr Sätze oder satzwertige Ausdrücke (im Sinne von *Losung/Parole/Slogan*), sondern nur noch Lexeme und Syntagmen, die im Satz die Position von Lexemen einnehmen. Die Vagheit des standardsprachlichen Ausdrucks ist durch eine Abgrenzung gegenüber dem *Modewort* (als einem Ausdruck, der durch nichts weiter als eine erhebliche Frequenzsteigerung zu einer gegebenen Zeit charakterisiert ist) zu beschneiden.

Da *Schlagwort* in der Linguistik kein sehr fest etablierter Terminus ist, differieren die Definitionen nicht unerheblich (vgl. Ladendorf 1906, XIX; Dieckmann 1975, 102—104; Freitag 1977, 84 f., 104 ff.; Barner 1977, 107—112; Wülfing 1982, 33—48; Strauß/Zifonun 1986, 73, 100 ff.). Die Bestimmungsstücke des Begriffs liegen zum Teil auf morphologisch-syntaktischer, im wesentlichen jedoch auf semantischer und pragmatischer Ebene. 1. Semantisch: Unter *Schlagwort* verstehen wir solche Ausdrücke, in denen sich ein Programm konzentriert oder die eine Zielvorstellung benennen. 2. Pragmatisch: Ein Ausdruck mit dieser semantischen Eigenschaft wird erst dadurch zum Schlagwort, daß er in einer gegebenen Gesellschaft oder Gruppe (im Grenzfall auch für ein Individuum allein) besondere Aktualität und Bedeutung gewinnt. 3. Morphologisch: Schlagwörter sind Lexeme oder Syntagmen mit dem Status von Mehrwortlexemen. (Neuere Beispiele: *Nachrüstung, Kernenergie, alternativ, antiautoritäre Erziehung*.)

Schlagwörter sind offenbar keine Einheiten des (lexikalischen) Sprachsystems, sondern zeitgebunden, manchmal sogar ephemer — andererseits jedoch auch keine Erscheinungen der bloß aktuellen Sprachverwendung, vielmehr Ergebnisse und Bestandteile des Sprachusus. Für den Beobachter werden sie zunächst durch eine auffallend hohe Gebrauchshäufigkeit greifbar, darin den Modewörtern gleich. Eine Folge ihrer semantischen und pragmatischen Eigenschaften ist, daß sie in der Regel stark affektbesetzt sind, und zwar in gegensätzlicher Weise, je nachdem die Programme oder Ziele solche der eigenen oder einer anderen, gegnerischen Gruppe sind; sie erscheinen also — sofern sie nicht bloß zitierend gebraucht werden — als affirmative oder als polemische. (Die in der Literatur z. T. vorgeschlagene Differenzierung in negative Schlag- und positive Leit- oder Fahnenwörter ist jedoch wenig praktikabel, da es für viele Schlagwörter ja gerade charakteristisch ist, daß sie umstritten sind, Affirmation und Polemik sind also vom Sprecher und seiner Gruppenzugehörigkeit abhängig). Schlagwörter sind grundsätzlich gruppengebunden (im Extremfall sogar idiolektisch). Von wortgeschichtlichem und lexikographischem Interesse sind in der Regel nur solche, die zu irgendeiner Zeit in den Diskurszusammenhang 'Öffentlichkeit' geraten sind. Die Eigenart dieses Kommunikationsbereichs bringt es mit sich, daß die Schlagwörter meist — d. h., wenn der Sprecher nicht eigens eine Definition anbietet — recht vage verwendet werden und daß für die Rezipienten ein großer Auslegungsspielraum bleibt, doch scheint mir Vagheit kein wesentliches Definiens von *Schlagwort* zu sein, da sie nicht notwendig bei allen derartigen Ausdrücken und in allen Stadien ihres Gebrauchs vorliegt; in der Regel nimmt sie mit der Verbreitung des Ausdrucks und der Strittigkeit der Sache zu. Prinzipiell sind die so benannten Programme oder Ziele immer formulierbar. — Da das Schlagwort im wesentlichen von seinem inhaltlichen Kern und von den Umständen seines Gebrauchs bestimmt ist, ist es an Oberflächenmerkmalen nicht zu fassen, weder als lexikalische Klasse noch im Einzelfall. Die meisten solcher Konzeptionen sind substantivisch formuliert, doch sind im Prinzip alle Wortarten beteiligt. Irrelevant ist, ob es sich um Neubildungen, Entlehnungen, Syntagmen, Eigennamen oder einfach um alte Bestandteile des Wortschatzes handelt. Besonders wichtig ist der Umstand, daß die Konzeptionen, die dergestalt sprachlich konzentriert werden, in der Regel in mehreren Varianten verbalisiert erscheinen, sei es in syntaktisch oder stilistisch bedingter Diversifikation *(Umweltschutz/die Umwelt schützen/wegen des Schutzes der Umwelt)*, sei es mit Synonymen — in einem sehr weiten Sinn — *(Atomkraft/Kernenergie/Brokdorf/Tschernobyl...; Umweltschutz/Erhaltung der Umwelt/Umweltverschmutzung)* oder auch mit verdeutlichenden und bewertenden Umschreibungen *(Ausstieg aus der Kernenergie, Gefahren der atomaren Energiegewinnung)*.

2. Funktionen von Schlagwörterbüchern

Die vorliegenden Schlagwörterbücher repräsentieren die verschiedenen möglichen Funktionen nur in jeweils wenigen Exemplaren. Zu unterscheiden sind in erster Linie die historisch-darstellenden von den aktuellen, die für den an der öffentlichen Diskussion interessierten Leser bestimmt sind. Die linguistisch darstellenden (Ladendorf 1906, Kredel 1926) haben über die rein wortgeschichtliche Dokumentation hinaus eine wichtige Aufgabe als hermeneutisches Hilfsmittel: da die Autoren publizistischer wie literarischer Texte Schlagwörter eben einfach (d. h. ohne besondere Hinweise) zu verwenden bzw. auf sie anzuspielen pflegen, erschließt sich der gedankliche Horizont und das Implikationspotential zahlreicher Äußerungen erst mit Hilfe solcher Darstellungen. In argumentativen Diskursen vertritt ein Schlagwort oft (verkürzend) ein Argument oder eine ganze Argumentationskette, es wird mit Appellcharakter verwendet oder polemisch, und all dies oft genug ohne deutliche Signalisierung an der Oberfläche. Allein wegen der Aufgaben der Texterschließung sind daher umfassende historische Schlagwörterbücher Desiderata in sämtlichen Sprachen. Hinzu kommt, daß der Schlagwörterbestand einer Nation die sie in ihrer Geschichte bewegenden Ideen und Strömungen spiegelt und somit von erheblichem historischem Interesse ist. — Aktuelle Schlagwörterbücher können einerseits reine Informationsaufgaben wahrnehmen (so bei Safire 1968, Nunn 1974), und sie berühren sich so mit den Typen des Wörterbuchs der schweren Wörter (s. Art. 114) und des Konversationslexikons, andererseits können sie sprachkritisch und politisch-polemisch sein. So schon das m. W. früheste Beispiel, das anonym erschienene Wörterbuch der französischen Revolutionssprache 1799, im 19. Jh. das katholisch-konservative von Reichensperger 1862 und ein anonymer Gegenentwurf von sozialdemokratischer Seite (Phrasen 1887), in der Gegenwart die Sammlung von Roegele 1976.

3. Makrostrukturen des Schlagwörterbuchs

Bisher liegen Schlagwörterbücher nur in der Beschränkung auf einzelne Nationalsprachen vor. Daß keine der Arbeiten historisch über den Beginn der Neuzeit hinausreicht, ist sachlich nicht ganz gerechtfertigt, jedoch durch die Quellenlage und den Aufstieg der neuen publizistischen Medien im 16. Jh. motiviert: von da an lassen sich Schlagwörter — die es in allen früheren Gesellschaften auch schon gegeben hat — deutlicher beobachten als jemals zuvor. Fast alle vorhandenen Schlagwörterbücher haben die alphabetische Anordnung gewählt (vgl. dazu Nunn 1974, 17 f.); das nach Sachkomplexen bzw. Themenbereichen geordnete ist eine sinnvolle Alternative (vgl. Lepp 1908), es nähert sich allerdings der monographischen Darstellungsart. Für historische Wörterbücher liegt eine Gliederung nach Zeitabschnitten nahe (Meyer 1900 hat seine Sammlung nach Jahren geordnet). Bei einem künftigen großangelegten Werk scheint eine Kombination der Einteilung nach Epochen der Geschichte oder Geistesgeschichte mit alphabetischer Reihung der Wortartikel am sinnvollsten, weil so die Zeiträume des Lebens und der Wirkung der Schlagwörter einigermaßen geschlossen dargeboten werden können und die zahlreich notwendigen Querverweise in überschaubarer Nachbarschaft bleiben; eine sachliche Gliederung dagegen wäre wegen der Überschneidungen fast aller Bereiche kaum befriedigend durchzuführen.

Ein historisches Schlagwörterbuch, das seinen ganzen Zeitraum mit einem repräsentativen Korpus und auch nur annähernd vollständig erfaßt, liegt für keine Sprache vor. Dasjenige mit dem am weitesten gesteckten Ziel ist immer noch Ladendorf 1906 (enthält Schlag- wie Modewörter). Historisch-auswählend ist Kredel 1926 für das Französische verfahren. — Eine andere Art des historischen Schlagwörterbuchs ist das zu einzelnen Epochen (vgl. Berning 1964, wörterbuchartig Lepp 1908; diese Aufgabe ist in der Regel jedoch in Form von Monographien bearbeitet worden). Denkbar — aber m. W. nicht ausgeführt — sind spezifizierte Wörterbücher, so vor allem nach politischen und kulturellen Schlagwörtern oder nach einzelnen Lebensbereichen und Wissenschaften; Abgrenzungsschwierigkeiten dürften solchen Plänen allerdings erheblich im Wege stehen. Sinnvoller und praktikabler wären Schlagwörterbücher zu einzelnen Gruppen oder Parteien (z. B. der Arbeiterbewegung, der Frauenbewegung). — Neben dem allgemein-historischen ist der wichtigste Typ der des aktuellen Schlagwörterbuchs (im deskriptiven Sinn; zum kritischen Typ vgl. oben bei 2.); auch er ist nur für wenige Länder ausgeführt worden (Nunn 1974 für die Bundesrepublik, Safire 1968 für die USA). Hier begegnet der offenbar attraktivere Mischtyp des politischen Wörterbuchs, das neben Schlagwörtern auch Sachinformationen (z. T. sogar zu Personen) und Fachterminologie enthält (so Montgomery/Cambray 1906, Safire 1968, auch Berning 1964 und Kinne/Strube-Edelmann 1980 sind hier zu nennen). — Ein interessantes Unternehmen, das allerdings auf zahlreiche, größtenteils noch ausstehende Einzeluntersuchungen aufbauen müßte, wäre ein internationales (und keineswegs nur auf die Gegenwart bezogenes!) Schlagwörterbuch: es würde den Strom der Ideen über die Nationen hin dokumentieren.

4. Mikrostrukturen des Schlagwörterbuchs

Da ein voll ausgeführtes Schlagwörterbuch immer noch ein Desiderat ist, scheint es weniger sinnvoll, die Anlage vorliegender Artikel zu beschreiben (dazu s. die Textbeispiele 1 und 2) als einige Postulate zu skizzieren, die für künftige aufzustellen sind. Daß ein solches Wörterbuch deskriptiv und nicht wertend oder kritisch ist, wird vorausgesetzt.

Jede Darstellung eines Schlagworts muß aufweisen, daß es die semantischen wie die pragmatischen Bestimmungen des Begriffs (s. oben sub 1.) erfüllt. Das heißt, sie muß den programmatischen oder ideellen Gehalt explizieren, der sich mit ihm verbindet bzw. verbunden hat (wodurch bloße Modewörter gar nicht mehr als Lemmata auftreten können), und sie muß die Zeit angeben, in der es in der Öffentlichkeit im Schwange war. Im einzelnen geht es um folgende Punkte: 1. Bezüglich der lexikalischen Erscheinungsform sind alle vorkommenden Varianten (möglichst mit relativen Häufigkeitsangaben) anzuführen; der Lexikograph wird in nicht wenigen Fällen aus eigenem Ermessen eine Normalform ansetzen, die auch als Lemma erscheint. 2. Die Zeit, in der das Schlagwort eine Rolle in der öffentlichen Diskussion gespielt hat, wird nur ungefähr anzugeben sein, gestützt auf Frequenzbeobachtungen am Korpus. Der Wert eines Schlagwörterbuchs liegt vor allem in der Darstellung der kurzfristigen, zu einer relativ eng umrissenen Zeit aktuellen Schlagwörter. Ein gewisses Problem stellen die perennierenden dar, d. h. solche, deren Geltung Generationen und Epochen überdauert (wie z. B. *Demokratie, Freiheit, Friede*). Gleichwohl gibt es auch bei ihnen Zeiten besonderer Aktualität, und auf diese sollte sich das Wörterbuch konzentrieren, freilich nicht beschränken. 3. Eher selten wird man einen „Erstbeleg" anführen können, d. h. den Text, in dem der Ausdruck in seinem Schlagwort-Sinn geprägt wurde (so z. B. bei *Nibelungentreue:* Reichstagsrede des Fürsten von Bülow am 29. 3. 1909), in allen Fällen aber ist die Gruppe namhaft zu machen, von der das Schlagwort seinen Ausgang genommen hat, oder genauer: die es in seinem programmatischen oder wertsetzenden Sinn getragen hat. 4. Der Artikel muß den politischen und ideellen Horizont nachzeichnen, der den Sinngehalt der Prägung bedingt, und 5. eine Definition aufstellen, die sowohl den Kern als auch die Variationsbreite dieses Inhalts absteckt. 6. Da in aller Regel die Schlagwörter bzw. die mit ihnen angesprochenen Themen in der öffentlichen Diskussion umstritten sind, ist diese Strittigkeit des Gedankens mit ihren verschiedenen Positionen zu skizzieren und — wie natürlich auch das Vorige — mit charakteristischen Zitaten zu belegen. (Eine Ausnahme bildet die Gruppe der nur negativen, polemischen Schlagwörter; aber nicht selten sind ja solche Scheltwörter von den Betroffenen aufgegriffen worden, indem sie sie sich in einem positiven Sinn zu eigen gemacht haben). 7. So gut wie alle Schlagwörter haben von dem Zeitpunkt an, in dem sich ihr öffentlicher Gebrauch durchgesetzt hat, eine Tendenz zur „Sinnentleerung", d. h., sie werden von vielen Sprechern argumentativ nicht mehr in ihrem vollen Sinn verwendet, sondern nur noch positiv als Bekenntnis zu einer Partei oder negativ zur Beschimpfung eines Gegners (wie z. B. *kritisch* Ende der 60er Jahre, *Reaktionär* im 19./20. Jh., *Ketzer* im 17. Jh.). Dies kann zu einer eigenen Phase (einer Endphase) in der Geschichte des Schlagworts werden; auch das ist zu dokumentieren. 8. Die Existenzzeit des Schlagworts ist abgelaufen, wenn es nicht mehr in aktueller Kommunikation, affirmativ oder polemisch, verwendet wird: es schwindet (falls es ein Neologismus war) ganz aus dem Gebrauch oder fällt in den „normalen" Wortschatz zurück; spätere Verwendung ist in der Regel nur noch zitierend. Dieses Ende ist naturgemäß zeitlich noch weniger genau zu fixieren als sein Aufkommen; ungefähre Frequenzbeobachtungen müssen hier genügen. Eventuell gibt es ein Nachleben, das zu verzeichnen ist: der Ausdruck kann zu einem festen Bestandteil einer Terminologie, etwa der juristischen werden (z. B. *Glaubensfreiheit*), er kann in Namen und Programme von Parteien eingehen (wie *Sozialdemokratie*) oder zur historischen Epochenbezeichnung werden *(Aufklärung, Romantik).* 9. Die Artikel eines Schlagwörterbuchs bewegen sich teilweise auf der Grenze zwischen Sprach- und Sachwörterbuch: wer die Strittigkeit des Schlagworts, und das heißt ja der in ihm ausgedrückten Idee darstellt, muß das Thema, die Sache, um die es geht, darlegen. Das spiegelt sich auch in der herangezogenen Literatur: zu einzelnen Ausdrücken werden selten rein lexikologische Untersuchungen vorliegen, reichlich jedoch Arbeiten zu den problematisierten Sachverhalten selbst.

5. Probleme der Materialgewinnung

Die Markierung eines Ausdrucks als Schlagwort kann auf direkte Weise nur vom zeitgenössischen Beobachter konstatiert werden, da er aus der Kenntnis des öffentlichen Diskurses seine pragmatischen Funktionen beurteilen kann. Freilich ist auch für die Gegenwart des Analysators die Aufstellung einer Liste aller Schlagworte schwierig, da es große graduelle Unterschiede und eben auch schwache Ausprägungen gibt: oft ist es eine Ermessensfrage, ob ein Ausdruck ins Schlagwörterbuch aufgenommen werde oder nicht. Bei vergangenen Epochen ist man neben der Beobachtung der Frequenz auf Bekundungen von Zeitzeugen angewiesen. Sprachreflexive Belege spielen daher eine besonders wichtige Rolle. Seit der Mitte des 19. Jhs. wird in ihnen oft die Bezeichnung *Schlagwort* gebraucht, ohne daß dies jedoch — der Mehrdeutigkeit des Ausdrucks wegen — zum entscheidenden Kriterium gemacht werden darf, gleichwertig sind andere Bekundungen der Aktualität, Wirkung, Umstrittenheit eines Ausdrucks. Neben solchen sind Belege mit definitorischen Kontexten von besonderem Wert. Aus den Belegen des einfachen Gebrauchs des Ausdrucks sind möglichst deutliche und viele Indikatoren seines Schlagwortcharakters zu sammeln: Hervorhebung, Markierung als Zitat, Vorkommen in Slogans, Hinweis auf Umstrittenheit, affektive Besetzung, Signalisierung eines Bekenntnisses (des Sprechers zu dem Programm oder Wert), appellative Verwendung (im affirmativen wie im polemischen Sinn), argumentativer Gebrauch (als Kurzformel für einen Gedankenkomplex, der Konstituente einer Argumentation ist). Solche Indikatoren können die Schlagwort-Markierung auch da sicherstellen, wo keine sprachreflexiven Bezeugungen vorliegen. — Soll die Aufnahme der Schlagwörter und ihrer Belege nicht von den Zufällen der Lektüre abhängen, muß ein Korpus ausgewertet werden. Journalistische Texte werden in ihm den größten Platz einnehmen; an sprachreflexiven und definitorischen Belegen sind gewöhnlich Wochen- und Monatsblätter ergiebiger als Tageszeitungen. Für den politischen Bereich bilden Reden, Flugschriften, Flugblätter und Plakate einen weiteren bedeutenden Bestandteil, hinzu kommen Programme und Manifeste von Parteien, Gruppen und Institutionen. Als literarische Quellen kommen am ehesten Essayistik und Memoirenliteratur in Betracht.

6. Zur Geschichte der Schlagwörterbücher und der Schlagwortforschung

Die Schlagwortforschung ist eine Leistung der deutschen Lexikologie, zu der sich in anderen Ländern kaum eine Entsprechung findet. Ihre Entstehung und erste Blüte lag um die Jahrhundertwende (s. Meyer 1900), die 'Zeitschrift für deutsche Wortforschung' war das Organ, das sich ihrer besonders annahm, und Ladendorfs Wörterbuch von 1906 ihr erstes größeres Ergebnis, das bis heute noch nicht durch ein besseres abgelöst worden ist (s. Textbeispiel 123.1). Diese frühen Arbeiten waren insbesondere auf Erstbelege aus; charakteristisch für sie ist außerdem die Vermengung von Schlag-, Mode- und (aktuellen, politischen) Scheltwörtern. In den Jahren der Weimarer Republik lebte diese Forschung erstaunlicherweise nicht wieder auf, und unter nationalsozialistischer Herrschaft verständlicherweise erst recht nicht. Nach dem 2. Weltkrieg sind eine Reihe eingehender Einzelstudien erschienen (Stammler 1948, Wülfing

---

Staatschristentum ist ein von Herder im Jahre 1798 geprägtes Schlagwort. Vergl. 20, 79f. und 89: „Das Staatschristenthum wich von diesem genetischen Grundgesetz des alten Christenthums bald ab, indem es, nach jüdisch-heidnischer Art, mehr als politisch, Stände trennete, Gaben verbot, Gaben einschränkte. Es trennete Clerus und Layen." Allerdings war der Ausdruck nur eine neue Nüance des älteren Stichwortes von der Staatsreligion, das etwa seit dem letzten Viertel des 18. Jahrhunderts als Bezeichnung einer engherzigen privilegierten Priesterherrschaft mit großer Geschäftigkeit diskutiert wurde. Vergl. unter anderem Wieland 32, 294 (1788) und Schiller 13, 386, der in der Ankündigung der Horen (1794) ausdrücklich von seiner Zeitschrift erklärte: „Vorzüglich aber und unbedingt wird sie sich alles verbieten, was sich auf Staatsreligion und politische Verfassung bezieht."

Das Schlagwort ist dann zur Zeit der politischen und sozialen Emanzipationsbewegung zu Beginn der dreißiger Jahre des 19. Jahrhunderts mit neuer Kraft erfüllt worden. Ich verweise nur auf Heine 3, 416ff. (1830) und Mundt, Moderne Lebenswirren (1834) S. 36.

Textbeispiel 123.1: Wörterbuchartikel (aus: Ladendorf 1906, 298)

60. FREE WORLD

in the eyes of the Western democracies, any nation not under Communist domination.

The "free world" probably was in use as a phrase during both world wars, to describe the nations not under German or Axis control, but it gained currency in the late nineteen forties and early fifties as realization of the Communist expansion dawned. A 1955 Marcus cartoon was typical: an upstanding-looking gentleman labeled "free world," with his arm in a sling labeled "violation of Yalta agreements," is spurning the blandishments of a bear labeled "Russian honor," with the caption "Once bitten, twice shy."

Dwight Eisenhower used the phrase frequently: "I believe that the situation and actions best calculated to sustain the interests of ourselves and the free world . . ." (memo to John Foster Dulles, 1955).

Its constant use by Western orators made it uniquely an anticommunist phrase that could not be turned around, as the communists did with the phrase "people's democracy." This was revealed in Chairman Nikita Khrushchev's preface of the phrase with a "sneer word" (q.v.) in an address to the 21st Congress of the Communist party, January 27, 1959: "The so-called free world constitutes the kingdom of the dollar. . . ."

Textbeispiel 123.2: Wörterbuchartikel (aus: Safire 1968, 156)

1982 [zuerst 1963], Berning 1964, Clason 1981 [eine Arbeit von 1967] und die politologische Untersuchung von Bergsdorf 1983), umfänglichere Projekte historischer Art sind jedoch nicht mehr in Angriff genommen worden; für die Gegenwartssprache liegen in lexikographischer Form Nunn 1974 und Kinne/ Strube-Edelmann 1980 vor (weiteres oben bei 3.; vgl. den Überblick bei Wülfing 1982, 12 ff.). Außerhalb des Deutschen sind für das Französische Kredel 1926 und für das am. Englische Safire 1968 (s. Textbeispiel 123.2) zu nennen.

In den allgemeinen sprachwissenschaftlichen Wörterbüchern hat die zeitweilige Schlagwortexistenz der Lemmata und ihrer Derivate nur sehr unzulängliche, meist überhaupt keine Berücksichtigung gefunden; eine gewisse Ausnahme unter den deutschen macht nur das Trübnersche Wörterbuch (für die Wörterbücher zur Gegenwartssprache vgl. auch Hermanns 1980). Hier erweist sich ein auffälliger Mangel der Lexikographie, steht es doch ganz außer Frage, daß die angemessene geschichtliche wie auch gegenwartsbezogene Darstellung eines Wortes gegebenenfalls auch dessen semantisch-pragmatische Auffüllung und Belebung als Schlagwort oder in schlagwortähnlichen Wendungen einbeziehen muß. Reichhaltiger sind in dieser Beziehung die allgemeinen Konversationslexika und ihre aktualisierenden Entsprechungen wie etwa Bullock/Stallybrass 1977 oder Aktuell 1984. Fachlexika der Geschichte, Philosophie, Politikwissenschaft, Soziologie u. a., die Begriffe auch historisch aufarbeiten, enthalten wertvolles Material im einzelnen.

7. Bibliographische Dokumentation

Bibliographisch sind die Schlagwortsammlungen sehr schlecht erschlossen. Für die deutschsprachige Literatur hat Lemmer 1968, 109—111 einen Abschnitt „Wortmoden/Modewörter/Schlagwörter" eingerichtet, während sich Kühn 1978, 144 auf zwei Titel unter der Rubrik „Politische Sprache" beschränkt. Unter den internationalen Wörterbuchbibliographien ist von Zaunmüller 1958 die Erscheinung gar nicht, von Zischka 1959, 153—157 unter dem Sammeltitel „Zitate, Schlagwörter, Sprichwörter, Anekdoten u. ä." berücksichtigt worden. Lengenfelder 1979 hat für die Schlagwörter (und Verwandtes) weder einen eigenen Abschnitt eingerichtet noch die entsprechenden Begriffe ins Sachregister aufgenommen, und ebenso verhält es sich mit dem (allerdings überhaupt wenig ausdifferenzierten) Key Word Index in Brewer 1979.

8. Literatur (in Auswahl)

8.1. Wörterbücher

Aktuell 1984 = Aktuell. Das Lexikon der Gegenwart. [Hrsg. v. Jörg Henschen u. a.]. Dortmund 1984 [1044 S.; weitere Bände als Jahrbücher: Aktuell '86 ff.].

Berning 1964 = Cornelia Berning: Vom „Abstammungsnachweis" zum „Zuchtwart". Vokabular des Nationalsozialismus. Mit e. Vorwort von Werner Betz. Berlin 1964 [VI, 225 S.].

Bullock/Stallybrass 1977 = Alan Bullock/Oliver Stallybrass: The Fontana Dictionary of Modern Thought. London 1977 [XIX, 684 S.].

Giannoli/Thomas 1967 = Paul Xavier Giannoli/ Pascal Thomas: Comment briller en société. Les mots clés de la conversation moderne. Paris 1967 [215 S.].

Kinne/Strube-Edelmann 1980 = Michael Kinne/

Birgit Strube-Edelmann: Kleines Wörterbuch des DDR-Wortschatzes. Düsseldorf 1980 [252 S.].

Kredel 1926 = Elisabeth Kredel: Hundert französische Schlagworte und Modewörter. Giessen 1926 (Giessener Beiträge zur Romanischen Philologie, 3. Zusatzheft) [183 S.].

Ladendorf 1906 = Otto Ladendorf: Historisches Schlagwörterbuch. Straßburg. Berlin 1906. Nachdruck Hildesheim 1968, mit e. Einl. v. Hans-Gerd Schumann [XXXVI, 365 S.].

Montgomery/Cambray 1906 = Hugh Montgomery/Philip G. Cambray: A Dictionary of Political Phrases and Allusions. With a Short Bibliography. London 1906 [406 S.].

Nunn 1974 = A. David Nunn: Politische Schlagwörter in Deutschland seit 1945. Ein lexikographischer und kritischer Beitrag zur Politik. Gießen 1974 [234 S.].

Phrasen 1887 = Phrasen und Schlagworte der sogenannten „Ordnungsparteien". Ein Rath- und Hülfsbüchlein für den „beschränkten Unterthanenverstand". Von einem sogenannten Umstürzler. o. O., o. J. [1887]. Nachdruck Bonn o. J. [1988], hrsg. v. Alfred Kerger u. Andreas Brückner.

Reichensperger 1862 = August Reichensperger: Phrasen und Schlagwörter. Ein Noth- und Hülfsbüchlein für Zeitungsleser. 5. Ausgabe Paderborn 1872 [XVI, 180 S.; 1. Aufl. 1862; einige Auflagen anonym].

Roegele 1976 = Otto B. Roegele (Hrsg.): Kleine Anatomie politischer Schlagworte. 2., erw. Aufl. Zürich 1976 [89 S.].

Safire 1968 = William Safire: The New Language of Politics. An Anecdotal Dictionary of Catchwords, Slogans, and Political Usage. New York 1968 [XVI, 528 S.; 3., erw. Aufl. 1978 unter dem Titel: Safire's Political Dictionary, XXX, 846 S.].

Wörterbuch 1799 = Wörterbuch der französischen Revolutions-Sprache. Paris [recte: Nürnberg] 1799 [30 S.].

8.2. Sonstige Literatur

Bahner 1961 = Werner Bahner: Zum Charakter des Schlagwortes in Sprache und Gesellschaft. In: Wiss. Zs. der Karl-Marx-Univ. Leipzig, Ges.- u. sprachwiss. Reihe 10. 1961, 397—401.

Barner 1977 = Wilfried Barner: Rhetorische Aspekte der Schlagwortanalyse, an Texten der Aufklärung. In: Kopenhagener Beiträge zur germanistischen Linguistik 9. 1977, 104—127.

Bauer 1920 = Wilhelm Bauer: Das Schlagwort als sozialpsychische und geistesgeschichtliche Erscheinung. In: Historische Zeitschrift 122. 1920, 189—240.

Bergsdorf 1983 = Wolfgang Bergsdorf: Herrschaft und Spache. Studie zur politischen Terminologie der Bundesrepublik Deutschland. Pfullingen 1983.

Brewer 1979 = Annie M. Brewer (Hrsg.): Dictionaries, Encyclopedias and other Word-Related Books. 2nd edition Detroit, Mich. 1979.

Clason 1981 = Synnöve Clason: Schlagworte der „Konservativen Revolution". Studien zum polemischen Wortgebrauch des radikalen Konservatismus in Deutschland zwischen 1871 und 1933. Stockholm o. J. [1981]. (Schriften des deutschen Instituts Univ. Stockholm 12) [masch. vervielf.].

Dieckmann 1975 = Walther Dieckmann: Sprache in der Politik. Einführung in die Pragmatik und Semantik der politischen Sprache. 2. Aufl. Heidelberg 1975.

Freitag 1974a = Rainer Freitag: Linguistische Untersuchungen zum Wesen des politischen Schlagwortes. Diss. (masch.) Leipzig 1974.

Freitag 1974b = Rainer Freitag: Zum Wesen des Schlagwortes und verwandter sprachlicher Erscheinungen. In: Wiss. Zs. der Karl-Marx-Univ. Leipzig, Ges.- u. sprachwiss. Reihe 23. 1974, 119—139.

Freitag 1977 = Rainer Freitag: Aktuelle Probleme einer synchronen Schlagwortforschung. In: Linguistische Untersuchungen zur Sprache der Gesellschaftswissenschaften, hrsg. v. Wolfgang Fleischer. Leipzig 1977, 84—135.

Greiffenhagen 1980 = Martin Greiffenhagen (Hrsg.): Kampf um Wörter? Politische Begriffe im Meinungsstreit. München. Wien 1980.

Hermanns 1980 = Fritz Hermanns: Brisante Wörter. Zur lexikographischen Behandlung parteisprachlicher Wörter und Wendungen in Wörterbüchern der deutschen Gegenwartssprache. In: Germanistische Linguistik 11. 1980, 87—108.

Kühn 1978 = Peter Kühn: Deutsche Wörterbücher. Eine systematische Bibliographie. Tübingen 1978.

Lemmer 1968 = Manfred Lemmer: Deutscher Wortschatz. Bibliographie zur deutschen Lexikologie. 2. Aufl. Halle/Saale 1968.

Lengenfelder 1979 = Helga Lengenfelder (Hrsg.): International Bibliography of Specialized Dictionaries. Fachwörterbücher und Lexika. Ein internationales Verzeichnis. 6. Ausgabe München u. a. 1979.

Lepp 1908 = Friedrich Lepp: Schlagwörter des Reformationszeitalters. Leipzig 1908.

Meyer 1900 = Richard M. Meyer: Vierhundert Schlagworte. Leipzig 1900.

Schramm 1914 = Fritz Schramm: Schlagworte der Alamodezeit. Straßburg 1914 (Zs. f. dt. Wortforschung. Beih. 15).

Stammler 1948 = Wolfgang Stammler: Politische Schlagworte in der Zeit der Aufklärung. In: Lebenskräfte der abendländischen Geistesgeschichte, Festschrift f. Walter Goetz. Marburg 1948, 199—259. Auch in: W. St.: Kleine Schriften zur Sprachgeschichte. Berlin 1954, 48—100.

Strauß/Zifonun 1986 = Gerhard Strauß/Gisela Zifonun: Formen der Ideologiegebundenheit: Versuch einer Typologie der gesellschaftspolitischen Lexik. In: G. St.: Der politische Wortschatz. Zur Kommunikations- und Textsortenspezifik. Tübingen 1986 (Forschungsber. d. IdS 60), 67—147.

Wannenmacher 1968 = Walter Wannenmacher: Vivisektion der Schlagworte. Eine Zersetzungsarbeit. Stuttgart 1968.

Wülfing 1982 = Wulf Wülfing: Schlagworte des jungen Deutschland. Mit einer Einführung in die Schlagwortforschung. Berlin 1982 [ursprünglich Diss. Bonn 1963, veröff. in Zs. f. dt. Sprache 21—26. 1965—1970].

Zaunmüller 1958 = Wolfram Zaunmüller: Bibliographisches Handbuch der Sprachwörterbücher. Ein internationales Verzeichnis von 5600 Wörterbüchern der Jahre 1460—1958 für mehr als 500 Sprachen und Dialekte. Stuttgart 1958.

Zischka 1959 = Gert A. Zischka: Index lexicorum. Bibliographie der lexikalischen Nachschlagewerke. Wien 1959.

*Manfred Kaempfert, Bonn
(Bundesrepublik Deutschland)*

124. Das Wörterbuch der schweren Wörter

1. Vom Vorrang der Wortschatzperipherie im Wörterbuch
2. Wörterbücher schwerer Wörter in der westlichen Welt
3. Die heutige deutsche Diskussion um das Wörterbuch der schweren Wörter
4. Literatur (in Auswahl)

1. Vom Vorrang der Wortschatzperipherie im Wörterbuch

Es gibt keinen Wörterbuchtyp, der den sprachlichen Nachschlagebedürfnissen des Individuums besser entgegenkommt als das Wörterbuch der schweren Wörter. Was beherrscht wird, braucht nicht nachgeschlagen zu werden. Der Muttersprachler — und nur von diesem ist hier die Rede — öffnet das Wörterbuch für die Wortschatzperipherie, nicht für das Wortschatzzentrum.

Für den Vorrang des Peripheren vor dem Zentralen, des Selteneren vor dem Häufigeren, des Besonderen vor dem Banalen gibt es mancherlei Indizien. In der Geschichte der englischen Lexikographie kam man bekanntermaßen lange mit den *hard word dictionaries* aus (Schäfer 1970, Zgusta 1983). Auch in der französischen Lexikographie gibt es — was weniger bekannt ist — einen Traditionsstrang des Wörterbuchs der schweren Wörter (z. B. Boyer 1649, Cassandre 1682, vgl. dazu Bray 1986, 252-5; ferner Prévost 1750, Dyche 1753/54, Roze 1837, Tribouillois 1922), der, da das gesellschaftlich maßgebende Wörterbuch der Académie 1694—1935 nur das Zentrum behandelt, in eine Fülle umfangreicher Ergänzungswörterbücher mündet (Corneille 1694, Raymond 1824, Barré 1837 u. a.). Ein weiteres Indiz für den Vorrang der Peripherie sind Wörterbücher, welche zwar das Zentrum buchen, aber nur die Peripherie erklären. Zu dieser Gruppe gehören so verschiedene Wörterbücher wie das erste einsprachige französische Wörterbuch überhaupt (La Porte 1571, vgl. Bierbach 1989) und das meist benutzte heutige deutsche Wörterbuch, der Rechtschreibduden. Schließlich ist es bemerkenswert, daß das klassische deutsche Konversationslexikon (im Unterschied zu den romanischen und angelsächsischen enzyklopädischen Wörterbüchern) ein Wörterbuch der schweren Wörter (nicht aber des Wortschatzzentrums) integriert. Aber selbst Wörterbücher, die Zentrum *und* Peripherie abdecken, können Indizien für den Vorrang der Peripherie sein, dann nämlich, wenn sie, wie Furetière 1690 in Frankreich, die Peripherie als das Kernstück eines tauglichen Wörterbuchs ansehen und den Kernwortschatz nur als Sprungbrett für den Einstieg in den umfassend aufgenommenen Fachwortschatz be-

---

HOLOCAUSTE, n. m. (Du lat. *holocaustum*, brûlé tout entier, du gr. *holos*, entier, et de *kaiein*, brûler.)

• Sacrifice total (par le feu).   **REL./US.**
  — *Un célèbre feuilleton américain, « Holocauste », racontait l'histoire des Juifs exterminés pendant la Seconde Guerre mondiale.*
  ATT.! Le terme est propre à la religion juive et désigne le sacrifice d'une victime, entièrement consumée par le feu.

Textbeispiel 124.1: Wörterbuchartikel *holocauste* (aus: Sommant 1981, 78)

trachten, womit neben den Fach*wörtern* vor allem die Fach*bedeutungen* gemeinsprachlicher Wörter gemeint sind. Zu guter Letzt wird die Zentralität des Peripheriewörterbuchs durch den Markterfolg eines Wörterbuchtyps gestützt, der in Deutschland immer schon die Rolle des Wörterbuchs der schweren Wörter übernommen hat, ohne mit ihm identisch zu sein, gemeint ist das Fremdwörterbuch (vgl. Art. 118). Weitere Typen, welche partiell an die Stelle des Schwerwortwörterbuchs treten können, sind das Zeitungswörterbuch (Johnson 1914, Fucci 1962, Plössel 1972, vgl. Wilke 1986 u. Art. 163) und das Fachwörterbuch für den Laien (vgl. Art. 160), vor allem, wenn es fächerübergreifend angelegt ist (Mackensen 1981).

2. Wörterbücher schwerer Wörter in der westlichen Welt

Die Lexikographie der schweren Wörter muß zwei Zonen der Peripherie unterscheiden. Auf der einen Seite ist da eine Randzone des extrem Seltenen, die mit Kuriositäten angefüllt ist, denen auch der Gebildete in der Regel fassungslos gegenübersteht. Solche Kuriositätensammlungen liefern in Frankreich Seghers 1965, Rheims 1969 und Colin 1986, im englischsprachigen Raum Byrne 1974, Ciardi 1980, 1983, Dickson 1982, Saussy 1984 und Urdang 1986.

Auf der anderen Seite steht ein Wortschatz, der in den Medien mit einer gewissen Regelmäßigkeit vorkommt, der aber weite Teile der Klientel dieser Medien überfordert. Dieser Wortschatz steht also mehr an der Kompetenzperipherie denn an der Frequenzperipherie. Namentlich in den USA ist er Gegenstand systematischer Wortschatzerweiterung, etwa in einer berühmten Rubrik des *Reader's Digest* (s. auch Dülberg 1971), ferner von Gesellschaftsspielen (Webster 1987 und in Kanada Baudot 1984). Eingangstests bei Schulen und Firmen prüfen diesen Wortschatzbereich ab, und das erklärt, warum sich in den USA zahlreiche Wörterbücher als Hilfsmittel zur Wortschatzerweiterung anbieten und sich nicht scheuen, den in ihnen enthaltenen „peripheren" Wortschatz als *basic* anzupreisen: Opdycke 1950, Bricker 1969, Digest 1971, Miller 1967, Norback 1979, Brownstein 1977, Hunsberger 1978, Schur 1982, 1983.

Unter anderen gesellschaftlichen Voraussetzungen als in den USA erkennt man doch einen Bedarf für (in der Regel anspruchslose) Schwerwortwörterbücher auch in Großbritannien (Hill 1978, Bryson 1984 und Writers 1981), Frankreich (Bauché 1976, Guillot o. J., Infométrie und Sommant 1981, vgl. Textbeispiel 124.1), Italien (Cinti 1941, 1951, Doria 1969) oder Schweden (Källquist 1980).

3. Die heutige deutsche Diskussion um das Wörterbuch der schweren Wörter

Während es außerhalb der Bundesrepublik zwar eine Fülle (in der Regel anspruchsloser) Wörterbücher schwerer Wörter gibt, diese aber nicht Thema gesellschaftlicher oder metalexikographischer Diskussionen sind, kam es in der Bundesrepublik Deutschland seit der Mitte der 70er Jahre zu einer umfassenden Diskussion und zu einem Projekt, an dem im Institut für deutsche Sprache über mehr als ein halbes Jahrzehnt mehrere Mitarbeiter, unterstützt durch einen dreiköpfigen Beirat, intensiv arbeiteten (Lexikon 1989).

Ausgangspunkt war die Beobachtung, daß die sogenannte fachexterne Kommunikation ebenso wie die interfachliche Kommunikation nicht hinreichend funktioniert. Z. B. werden die Beipackzettel zu den Medikamenten zwar von den Ärzten, nicht aber von den Patienten verstanden, und ein Wort wie *Funktion* bedeutet in verschiedenen Wissenschaften so Verschiedenes, daß es interdisziplinär nicht ohne weiteres begriffen wird. Harald Weinrich schlug deshalb ein neues großes deutsches Wörterbuch in Form eines interdisziplinären Wörterbuchs vor (vgl. zur gesamten Diskussion Henne 1978). In der großen Option kam das Projekt nicht zustande, jedoch wurde die Abteilung Lexik des Instituts für deutsche Sprache mit der Abfassung eines Modellwörterbuchs der schweren Wörter beauftragt, das inzwischen vorliegt (Lexikon, vgl. Henne 1983, Kirkness 1986, Mentrup 1988 und Strauß/Zifonun 1985). Das Wörterbuch enthält eine exemplarische Artikelauswahl aus den Bereichen Kultur und Bildung (G. Harras), Politik (G. Strauß) und Umwelt (U. Haß). Die Definitionen öffnen sich zu einer umfänglichen, auch historischen Sachbeschreibung. Besonderen Wert legen die Verf., neben syntagmatischer und paradigmatischer Information, auf die aufklärerischen, sprachkritischen Kommentare. Ein reicher Belegteil stützt die Argumentation.

Das Lexikon ist in vieler Hinsicht ein Wörter-Lese-Buch und strebt diesen Status auch bewußt an. Deswegen, aber auch wegen seiner Selektivität, ist ein Wörterbuch zur raschen Information über eine ungleich größere Anzahl von Wörtern, die an der Peripherie der Wortschatzkompetenz liegen, weiterhin ein Desiderat, und dies vor allem, weil bei der jungen Generation ein nicht zu leugnender Wortschatzverlust zu beklagen ist, der die gebildete mittlere Generation schockieren muß. So kannten z. B. französische Oberstufenschüler nicht die Bedeutung der Wörter *prolixe, prosaïque, indigent, abnégation, subjectif, sibyllin, intègre, corrélation*, die allesamt täglich in der Zeitung vorkommen. Auch das Fehlen eines ständig erneuerten Neologismenwörterbuchs mit lexikographischem Niveau ist hier zu beklagen, in dem man dem deutschen Benutzer Wörter wie *implementieren, Validität, Postmoderne* und *Akzeptanz* mit Beispielsätzen erklärte. Kulturell wirksam wird nur das trotz hohen lexikographischen Niveaus preiswerte Wörterbuch, möglichst in Taschenbuchformat. Da ein solches durch die kommerziellen Wörterbuchverlage (jedenfalls in Deutschland, Frankreich und Großbritannien) nicht vorgelegt wird, sollte staatliche Kulturpolitik oder die Universität seine Anfertigung selbst in die Hand nehmen.

4. Literatur (in Auswahl)

4.1. Wörterbücher

Barré 1837 = Louis Barré/Napoléon Landais: Complément du Dictionnaire de l'Académie française. Paris 1837 [1082 S.; bis 1862].

Bauché 1976 = René Bauché: Lexoguide. In: Enrichissez votre vocabulaire. Paris 1976, 375—516.

Baudot 1984 = Alain Baudot/Jean Napoléon Paradis/Claude Tatilon: Dictionnaire officiel des mots de tête. Toronto 1984 [11, 194 S.].

Boyer 1649 = Paul Boyer du Petit Puy: Dictionnaire servant de Bibliothèque universelle. Paris 1649 [1198 S.].

Bricker 1969 = Harry Bricker/Yvonne Beckwith: Words to Know. Chicago 1969 [215 S.].

Brownstein 1977 = Samuel C. Brownstein/Mitchel Weiner: Basic Word List. New York 1977 [216 S.].

Bryson 1984 = Bill Bryson: The Penguin Dictionary of Troublesome Words. Harmondsworth 1984 [173 S.].

Byrne 1974 = Josefa Heifetz Byrne: Mrs. Byrne's Dictionary of Unusual, Obscure and Preposterous Words Gathered from Numerous and Diverse Authoritative Sources. New York 1974 [242 S.].

Cassandre 1682 = D.C.S.D.S.S. [François Cassandre]: La Porte des sciences, ou Recueil des termes et des mots les plus difficiles à entendre... Avec un Dictionnaire de plusieurs autres mots et termes aussi obscurs expliquez et rendus intelligibles à ceux qui n'ont que peu ou point d'étude, afin qu'ils puissent lire avec succès les livres qui traitent de ces sciences et tous autres et leur faciliter l'étude de ces mesmes sciences. Paris 1682 [87, 124 S.].

Ciardi 1980 = John Ciardi: A Browser's Dictionary. New York 1980 [484 S.].

Ciardi 1983 = John Ciardi: A Second Browser's Dictionary and Native Guide to the Unknown American Language. New York 1983 [19, 329 S.].

Cinti 1941 = Decio Cinti: Dizionario delle parole difficili. Etimologia, significato, esatto accentazione. Repertorio pratico per la cultura popolare. Milano 1941 [444 S.].

Cinti 1951 = Decio Cinti: Che vuol dire? Dizionario di 10 000 vocaboli insoliti, dotti o nuovi della lingua italiana. Milano 1951.

Colin 1986 = Jean-Paul Colin: Trésors des mots exotiques. Paris 1986 [307 S.].

Corneille 1694 = Thomas Corneille: Dictionnaire des arts et des sciences. 2 vol. Paris 1694 [1296 S.; bis 1731].

Dickson 1982 = Paul Dickson: Words. A Connoisseur's Collection of Old and New, Weird and Wonderful, Useful and Outlandish Words. New York 1982 [366 S.; in Sachgruppen].

Digest 1971 = How to Increase Your Wordpower. Pleasantville 1971 [727 S.].

Doria 1969 = Mario Doria: Parole moderne, difficili o rare. Trieste 1969 [153 S.].

Dyche 1753/54 = Nouveau Dictionnaire universel des arts et des sciences, françois latin et anglois (...) traduit de l'anglois de Thomas Dyche (par E. Pezenas/J. F. Féraud). 2 Bde. Avignon 1753, 1754 [575, 603 S.].

Fucci 1962 = Franco Fucci: Dizionario del linguaggio giornalistico. Milano 1962 [529 S.].

Furetière 1690 = Antoine Furetière: Dictionnaire universel. Den Haag 1690.

Guillot o. J. = Henri Guillot: Les mots difficiles qu'il faut connaître. Paris o. J. [96, 84 S.].

Hill 1978 = Robert H. Hill: A Dictionary of Difficult Words. London 1978 [368 S.; 1. Aufl. 1938].

Hunsberger 1978 = I. Moyer Hunsberger: The Quintessential Dictionary. New York 1984 [18, 422 S.; 1. Aufl. 1978].

Infométrie = Le français quotidien. Paris 1984.

Johnson 1914 = Walter Johnson: Der Zeitungsschlüssel. Allerlei Brauchbares für jedermann. Leipzig 1914 [185 S.].

Källquist 1980 = Eskil Källquist: Svåra ord. Lexikon över 12 000 ord med förklaringar. Lund 1980 [208 S.].

La Porte 1571 = Maurice de La Porte: Epithètes. Paris 1571 [571 S.].

Lexikon 1989 = Gerhard Strauß/Ulrike Haß/Gisela Harras: Brisante Wörter von *Agitation* bis

Zeitgeist. Ein Lexikon zum öffentlichen Sprachgebrauch. Berlin. New York 1989 [778 S.].
Luik 1986 = Gabriele Luik: Stolpersteine. Schwierige Wörter. [...] 6. Aufl. Bonn 1986 [279 S.].
Mackensen 1981 = Lutz Mackensen: Das Fachwort im täglichen Gebrauch. Das Aktuelle Wörterbuch mit 25 000 Begriffen. München 1981 [360 S.].
Magni 1967 = Mauro Magni: Come raddoppiare il vostro vocabolario. Mailand 1967 [369 S.].
Miller 1967 = Ward S. Miller: Word Wealth. New York 1967 [456 S.; 1. Aufl. 1939].
Norback 1979 = Craig and Peter Norback: The Must Words. The Six Thousand Most Important Words for a Successful and Profitable Vocabulary. New York 1979 [324 S.].
Opdycke 1950 = John Baker Opdycke: The Opdycke Lexicon of Word Selection. New York 1950 [492 S.].
Plössel 1972 = Georg Plössel: Griffbereite Information. Taschenlexikon gebräuchlicher Begriffe aus den Tagesnachrichten. München 1972 [127 S.].
Prévost 1750 = Abbé Antoine-François Prévost: Manuel lexique, ou Dictionnaire portatif des mots françois dont la signification n'est pas familière à tout le monde. Paris 1750 [787 S.; Supplément 1755, 292 S.].
Raymond 1824 = François Raymond: Dictionnaire des termes appropriés aux arts et aux sciences, et des mots nouveaux que l'usage a consacrés, pouvant servir de supplément au Dictionnaire de l'Académie. Paris 1824 [559 S.; bis 1836].
Rechtschreibduden = Duden. Rechtschreibung. 19. Aufl. Mannheim 1986 (Duden in 10 Bänden, 1) [792 S.].
Rheims 1969 = Maurice Rheims: Dictionnaire des mots sauvages. Ecrivains des XIXe et XXe siècles. Paris 1969 [604 S.].
Roth 1571 = Simon Roth: Ein teutscher Dictionarius, das ist ein Ausleger schwerer unbekannter Wörter. Augsburg 1571 [Nachdruck in: Mémoires de la Société Néophilologique de Helsingfors 11. 1936, 277—361].
Roze 1837 = Roze: Définitions des mots qu'on lit souvent sans les comprendre. Paris 1837.
Saussy 1984 = George Stone Saussy: The Oxter English Dictionary: uncommon words used by uncommonly good writers. New York 1984 [277 S.].
Schur 1982 = Norman W. Schur: 1000 Most Important Words. New York 1982 [245 S.].
Schur 1983 = Norman W. Schur: Practical English: 1000 most effective words. New York 1983 [343 S.].
Seghers 1965 = Dictionnaire français-français des mots rares et précieux. Paris 1965 [593 S.].
Sommant 1981 = Micheline Sommant: Dictionnaire des mots abstraits. Paris 1981 [174 S.].
Tribouillois 1922 = Edmond Tribouillois/J. H. Rousset: Petit Dictionnaire des mots difficiles à prononcer, à comprendre ou à écrire. Paris 1922 [102 S.].
Urdang 1986 = Laurence Urdang/Anne Ryle/Tanya H. Lee/Frank R. Abate: -Ologies and -Isms. A Unique Lexicon (...) 3. ed. Detroit 1986 [795 S.; 1. ed. 1977].
Webster 1987 = Wilbur Webster: Webster's Dictionary Game. New York 1987 [215 S.].
Wesley 1764 = John Wesley: The Complete English Dictionary Explaining Most of those Hard Words which are Found in the Best English Writers. Bristol 1764.
Writers 1981 = The Oxford Dictionary for Writers and Editors. Oxford 1981 [448 S.; früher u. d. T. Authors' and Printer's Dictionary, 1905, 11. Aufl. 1973].

4.2. Sonstige Literatur

Bierbach 1989 = Mechthild Bierbach: Les Epithètes de Maurice de la Porte de 1571. In: Actes du XVIIIe Congrès International de Linguistique et Philologie Romanes. Trier 1986. Hrsg. v. D. Kremer. Bd. IV. Tübingen 1989.
Bray 1986 = Laurent Bray: César-Pierre Richelet (1626—1698). Biographie et œuvre lexicographique. Tübingen 1986.
Dülberg 1971 = P. Dülberg: Erweitern Sie Ihren Wortschatz. München 1971 [159 S.].
Hausmann 1983 = Franz Josef Hausmann: Was taugen die Wörterbücher des heutigen Deutsch? In: Henne 1983, 195—219.
Henne 1978 = Helmut Henne/Wolfgang Mentrup/Dieter Möhn/Harald Weinrich (Hrsg.): Interdisziplinäres deutsches Wörterbuch in der Diskussion. Düsseldorf 1978.
Henne 1983 = Helmut Henne/Wolfgang Mentrup (Hrsg.): Wortschatz und Verständigungsprobleme. Was sind schwere Wörter im Deutschen? Düsseldorf 1983.
Kirkness 1986 = Alan Kirkness: Vom Fremdwörterbuch zum Lehnwörterbuch und Schwerwörterbuch — auch zum allgemeinen einsprachigen deutschen Wörterbuch. In: A. Schöne (Hrsg.), Kontroversen, alte und neue. Akten des VII. Internationalen Germanisten-Kongresses Göttingen 1985. Bd. 3. Tübingen 1986, 153—162.
Mentrup 1988 = Wolfgang Mentrup: Zur Pragmatik einer Lexikographie. Handlungsausschnitt-Sprachausschnitt-Wörterbuchausschnitt. Auch zur Beschreibung schwerer Wörter in medizinischer Kommunikation. Am Beispiel fachexterner Anweisungstexte. Tübingen 1988.
Schäfer 1970 = Jürgen Schäfer: The Hard Word Dictionaries: A Re-Assessment. In: Leeds Studies in English 4. 1970, 31—48.
Strauß/Zifonun 1985 = Gerhard Strauß/Gisela Zifonun: Die Semantik schwerer Wörter im Deutschen. Tübingen 1985.
Vasilevskaja 1970 = I. A. Vasilevskaja: An den

Quellen der russischen Sprachwissenschaft. In: Aspekte der sowjetrussischen Lexikographie. Hrsg. v. W. Wolski. Tübingen 1982, 250—252.

Wilke 1986 = Jürgen Wilke: Zeitungssprache und Zeitungslexika im 17. und 18. Jahrhundert. In: Dieter Kimpel (Hrsg.), Mehrsprachigkeit in der deutschen Aufklärung. Hamburg 1986, 69—84.

Zgusta 1983 = Ladislav Zgusta: 'Hard words' — 'schwierige Wörter' in der älteren englischen einsprachigen Lexikographie. In: Henne 1983, 220—236.

*Franz Josef Hausmann, Erlangen
(Bundesrepublik Deutschland)*

125. Le dictionnaire de difficultés

1. Définition et types de dictionnaires de difficultés
2. Fonctions du dictionnaire de difficultés
3. Macrostructure du dictionnaire de difficultés
4. Microstructure du dictionnaire de difficultés
5. Bref historique du dictionnaire de difficultés
6. Purisme contre laxisme dans le dictionnaire de difficultés
7. Conjoncture actuelle et perspectives
8. Bibliographie choisie

1. Définition et types de dictionnaires de difficultés

La notion de *difficulté* ne se laisse pas aisément cerner: elle se situe dans divers domaines de la langue et de sa mise en œuvre (prononciation, orthographe, morphologie, syntaxe, sémantique, etc.) Elle se rapporte à un consommateur langagier décrit avec plus ou moins de précision dans les Préfaces et Avant-propos. Les titres de ces dictionnaires reflètent souvent la diversité des problèmes qu'ils abordent. Par ex., Laveaux (1818) traite des difficultés «grammaticales et littéraires» de la langue française, Berthier/Colignon (1981) des difficultés «orthographiques, grammaticales et typographiques», Hanse, dans son titre premier (1949) des difficultés «grammaticales et lexicologiques», etc. D'autres renoncent à toute qualification du substantif (Thomas 1956, Colin 1978). En outre, l'appréciation de l'existence, ou du degré, de la difficulté, repose sur plusieurs bases: la culture linguistique et littéraire du lexicographe, ses tendances psychologiques, son rapport avec la norme (cf. 6), le public qu'il vise (lettré pour Laveaux 1818, scolaire pour Borrot/Didier 1970 ou Larousse 1983, professionnel pour Berthier/Colignon 1981 ou Dournon 1974). Enfin, l'histoire de la langue fait surgir ou disparaître telle difficulté en fonction du caractère nouveau ou au contraire banalisé que présente un mot, une construction, etc. Par ex., *avatar* ou *but* (dans le but de), qui sont les ponts-aux-ânes de la plupart des dictionnaires de difficultés, ne figurent pas dans Laveaux (1818); inversement, *tardivement* ou *prestige,* que traite ce dernier, ne sont plus pris en compte dans les dictionnaires ultérieurs. Tout cela explique les divergences lexicographiques importantes que renferme ce type d'ouvrages.

2. Fonctions du dictionnaire de difficultés

Bernard Quémada a noté (1967, 245) qu'il est souvent confondu avec le dictionnaire de correction ou de fautes (Molard 1810, Dulong 1968). Sa finalité est multiple: (1) il permet de résoudre un problème précis concernant l'oral ou l'écrit, en donnant une compétence passive et ponctuelle à l'utilisateur. (2) Il permet également de rectifier une erreur, de corriger ce qui est considéré comme une *faute* par rapport à une certaine norme, dans son propre usage ou dans celui d'autrui. (3) Enfin, il a souvent une visée littéraire, qui concerne la production valorisée d'un énoncé à caractère esthétique (Laveaux 1818). L'objectif de ce dictionnaire est, plus généralement, de donner à l'usager, sous une forme brève et pratique, une information immédiate et précise dans divers secteurs de l'expression, selon une perspective didactique qui fait le plus souvent défaut dans les dictionnaires généraux (cf. Hanse 1983) et que les meilleures grammaires n'indiquent pas toujours de façon explicite.

A la différence des dictionnaires correctifs, les dictionnaires de difficultés visent à la fois à permettre la correction des fautes et à rendre compte sur un plan semi-théorique du comment et du pourquoi des dites fautes. Aussi, plusieurs de ces ouvrages se présentent-ils comme une synthèse — peut-être impossible? — entre répertoire de formes erronées-corrigées et dictionnaire d'entrées grammaticales. Ils cherchent à étoffer les justifications techniques, même s'ils se refusent généralement à tout *esprit de système* (ce qui constitue à la fois leur force et leur faiblesse). La plupart de leurs auteurs prétendent adopter une position tranchée à l'égard de chaque difficulté (Hanse 1983, Berthier/Colignon 1981); en réalité, une marge de tolérance apparaît quelquefois (cf. l'Avertissement de Perrot in Sève/Perrot 1973, ou le libéralisme diffus de Grevisse). D'autre part, sachant la fragilité des «règles» et de leur propre jugement, certains lexicographes font montre d'une extrême prudence et multiplient les précautions dites oratoires. Mais en évitant le manichéisme pour des raisons essentiellement psychologiques, beaucoup de rédacteurs de dictionnaires manquent au parti pris de rigueur qu'ils disent avoir adopté ou mettent en relief les contradictions insurmontables du purisme (cf. 6).

3. Macrostructure du dictionnaire de difficultés

Là encore, force est de constater l'extrême disparité quantitative et qualitative de ce type de dictionnaires, dont la nomenclature s'étend de 250 entrées (Teppe 1970) à ... 38000! (Dournon 1974). Cela vient de ce que plusieurs auteurs mêlent difficultés orthographiques et difficultés d'un autre ordre (Sève/Perrot 1973, Dournon 1974): d'où un accroissement considérable du nombre des entrées, dont le traitement est souvent réduit à sa plus simple expression. Cf. in Sève/Perrot (1973) de longues listes telles que: *auto-allumage* nm., *autobiographie* nf., *autobus* nm., *autocar* nm., etc. (cf. art. 140). L'ordre adopté pour la macrostructure est presque toujours alphabétique, mais peut être combiné avec une disposition plus scientifique: Grevisse (1973) distingue trois parties: vocabulaire, catégories grammaticales et subordonnées. L'ensemble peut également prendre la forme soit d'articles de journaux regroupés (Teppe 1970), soit d'un exposé continu et thématiquement organisé (Georgin 1969). Dans ces derniers cas, le dictionnaire comporte, pour faciliter la consultation, un index alphabétique en fin de volume. — En ce qui concerne l'aspect qualitatif de la macrostructure, on notera tout d'abord que les difficultés se rapportant à des noms propres (géographie, histoire, beaux-arts, etc.) sont rarement envisagées, le dictionnaire de difficultés étant conçu le plus souvent par rapport à la langue et non pas au monde des objets. Font nettement exception à cet usage Berthier/Colignon (1981), qui accordent une place assez large «aux noms propres, qui ne sont pas exempts de bizarreries, d'anomalies, d'homonymies, de paronymies, etc.» Mais où s'arrêter dans ce domaine? Faut-il, comme le font ces auteurs, aller jusqu'à donner droit de cité aux noms des crus célèbres, des marques d'automobiles, aux auteurs de bandes dessinées? Certes, il s'agit bien là de *difficultés* pour le locuteur ou le scripteur francophone, mais qui sont d'ordre au moins autant référentiel que linguistique, si ce n'est plus. Autre facteur de perturbation qualitative: les néologismes. A n'en pas douter, l'apparition d'un nombre croissant d'unités nouvelles dans le lexique des langues d'aujourd'hui pose de graves problèmes à l'usager. Mais l'attitude d'accueil des lexicographes à leur endroit est éminemment variable, liée à la fois à des impératifs de calibrage dictionnairique et à des principes fondamentaux relatifs à l'acceptabilité des nouveautés en matière de mots. Ainsi s'explique que l'on rencontre peu de formes néologiques chez Laveaux (1818) ou Thomas (1956), davantage chez Colin (1978) et beaucoup chez Berthier/Colignon (1981). Le traitement des néologismes *de sens* est cependant assez fréquent, dans la mesure où les lexicographes puristes condamnent ce qu'ils qualifient de glissements ou d'impropriétés sémantiques, et où les autres s'intéressent à ce genre de phénomène comme à tout ce qui fait bouger et changer la langue qu'ils observent, sans y apporter une sévérité particulière. Il est plus facile, on le conçoit, d'éliminer complètement de la nomenclature les néologismes dits *de forme*. — Enfin, les sigles, par leur intense foisonnement, constituent eux aussi une source importante de difficultés: néanmoins, les dictionnaires dont il est question leur accordent une place restreinte. Il est vrai que leur inclusion dans la liste des entrées alourdirait singulièrement un dictionnaire usuel; notons cependant que, s'il existe des dictionnaires entièrement consacrés aux néologismes (cf. art. 116), il n'y a pas véritablement de dictionnaires de sigles (cf. toutefois art. 135).

4. Microstructure du dictionnaire de difficultés

Elle comporte de larges écarts d'un lexicographe à l'autre, et à l'intérieur d'un même ouvrage, pour une raison évidente: c'est que tantôt l'entrée correspond à un seul ordre de difficultés, tantôt elle débouche sur plusieurs problèmes afférents à une même unité linguistique (cf. *même* in Laveaux 1818, Thomas 1956, Grevisse 1973, Colin 1978, etc.), tantôt elle est elle-même double, et soulève une question de sémantique contrastive (parasynonymie ou paronymie le plus fréquemment: par ex. *intense-intensif, méfiance-défiance, pécune-pécule* in Thomas 1956 ou encore *gardien-gardeur, historisme-historicisme, médial-médian, yin* et *yang* in Berthier/Colignon 1981). D'autre part, certains auteurs de dictionnaires rédigent dans un style très ramassé, elliptique, voire «télégraphique», pour gagner de la place et donner le maximum d'information(s) dans l'espace le plus réduit possible (Sève/Perrot 1973, Dournon 1974); d'autres en revanche sont beaucoup plus prolixes et écrivent parfois, sous forme de dissertation, de véritables articles encyclopédiques (Laveaux 1818, Thomas 1956, Berthier/Colignon 1981). Lorsque plusieurs difficultés sont abordées pour une seule et même entrée, on juge généralement inutile de préciser le secteur dont il s'agit (une exception: Colin 1978, qui signale le domaine d'application par un code abréviatif: orth., prononc., conjug., etc.). De toute façon, on ne saurait constater ici aucune régularité microstructurelle: il n'y a pas d'ordre absolument régulier, parce qu'il n'est pas deux entrées qui posent exactement le même nombre et le même type de problèmes. Cette variété dans la forme des articles du dictionnaire de difficultés est du reste, vraisemblablement, un de ses atouts majeurs auprès du public cultivé, qui est réputé, au moins en France, épris de diversité et de style plus que de technicité (dans la mesure où cette opposition peut paraître fondée). On pourrait ajouter une distinction supplémentaire: comme pour les dictionnaires de la langue considérée dans son ensemble, on rencontre, au titre de l'illustration des règles, des exemples qui consistent soit dans des phrases ou fragments de phrase fabriqués ad hoc (Sève/Perrot 1973, Dournon 1974, Berthier/Colignon 1981), soit, bien plus souvent, dans des citations tirées des «bons auteurs» (Laveaux 1818, Thomas 1956, Georgin 1969, Grevisse 1973, Colin 1978, etc.). Il y a donc, sur le marché du livre, des dictionnaires de difficultés d'apparence technico-pratique et d'autres qui semblent plus culturels. Nous examinerons plus loin (cf. 6) ce qu'il faut penser de ce clivage.

5. Bref historique du dictionnaire de difficultés

On pourrait considérer les fameuses *Remarques sur la langue françoise* de Vaugelas (1647) comme le premier répertoire de difficultés du français, voire comme le premier *Dictionnaire des difficultés* du monde, puisque ce livre célèbre a pour objet d'examiner nombre de points litigieux et d'y apporter une réponse nette, de définir, selon l'heureuse expression de René Lagane (Vaugelas 1647, 17) une «éthique linguistique» à l'usage d'une bonne société prédéterminée. Cinquante ans plus tard, François de La Touche fait suivre son *Art de bien parler François* (1710) d'un «Dictionnaire où l'on traite du choix des mots et des expressions suivant la décision des meilleurs auteurs». C'est déjà tout un programme. Alemand projette de même un «Dictionnaire général et critique de tous les mots, de toutes les phrases ou façons de parler et de toutes les règles de notre langue qui ont souffert quelque contestation jusqu'à présent» (François 1905). Le besoin se fait sentir, en France et dans toute l'Europe, à partir du XVIIe s. surtout, d'un raffinement en matière de langage, et les doctes ouvrages se sont multipliés qui tentaient de polir la déjà vieille langue française et de l'éloigner définitivement des audaces et de la liberté de la Renaissance, jugées vulgaires par l'aristocratie versaillaise et sa clientèle. Même si l'abbé d'Olivet et Voltaire poursuivent, au XVIIIe s., cette entreprise d'élagage et d'amélioration de la langue, si Féraud 1787/8 incorpore cette tradition dans son *Dictionnaire critique* et si les dictionnaires correctifs se font de plus en plus nombreux, tel celui, célèbre, de Desgrouais 1766 ou celui de Munier en 1812, intitulé significativement *Dictionnaire des locutions vicieuses les plus répandues dans la bonne compagnie,* il faut attendre 1818 pour voir apparaître le premier véritable dictionnaire appartenant au type étudié dans cet article. C'est celui de Laveaux, qui fait très vite autorité auprès des lettrés et sera mainte fois réédité (non sans modifications et allègements) jusqu'à la fin du XIXe s. Ce gros ouvrage procède d'une critique en profondeur de l'attitude de l'Académie française, qui a totalement — selon Laveaux — manqué son but de codification globale de la langue, en établissant un dictionnaire, mais pas de grammaire, en mettant dogme et autorité brutale à la place de science et bon sens. Laveaux, en effet, tout puriste qu'il est dans les faits, reconnaît parfaitement que la langue évolue et doit évoluer: il se réclame, en bourgeois éclairé du XIXe s., des Lumières du siècle précédent, s'appuie sur Voltaire, Marmontel et les Philosophes (notamment Condillac) en récusant le bon plaisir des académiciens souvent peu habilités à trancher dans le vif de la langue. Sa préoccupation est également d'unifier la nomenclature grammaticale, trop disparate à son goût (il rejoint en cela la finalité de la fameuse *Grammaire des grammaires,* de Girault-Duvivier, parue en 1811 et rééditée jusqu'en 1879, cf. Levitt 1968). De nombreux lexicographes du XIXe s. auront à cœur, même lorsqu'ils produiront un dictionnaire général de la langue (comme Claude Boiste) de *légiférer*, et de normaliser l'usage, afin surtout d'aider la classe bourgeoise, en pleine ascension sociale, à se doter d'un instrument d'expression et de communication approprié à ses ambitions politiques. Selon Quemada (1967, 246), «le dictionnaire de difficultés du 19e s. réalisera une synthèse plus étroite entre les deux ordres d'information. Il associera, en une présentation construite, le point délicat où la faute contre la langue est possible et les explications correspondantes. Il voudra exposer les difficultés de la langue, éclairer les points douteux, par les exemples et le raisonnement: faire concourir à ce résultat la mémoire qui retient les faits, l'analogie qui les groupe, et la réflexion qui déduit les règles (Martin, *Nouvelle orthologie française*)». Vaste ambition, jamais totalement réalisée à une époque donnée, et constamment modifiée dans son accomplissement par les changements inégalement rapides de certaines parties de la langue (phonétique, syntaxe, lexique). Le succès des dictionnaires de difficultés a été considérable durant tout le XIXe s., malgré l'abondance des grands dictionnaires en plusieurs volumes: c'est dire que le public a toujours éprouvé le besoin de disposer d'un dictionnaire de difficultés commode et économique, parallèlement aux monuments historiques coûteux et peu maniables que furent le *Grand Dictionnaire universel* de Pierre Larousse, le *Dictionnaire de la langue française* d'Emile Littré et leurs nombreux dérivés. Aujourd'hui, cette vogue ne se dément pas, et la concurrence entre les maisons d'édition aboutit à proposer à l'utilisateur un choix extrêmement vaste, encore que très inégal quant à la qualité (cf. ci-dessous 7).

6. Purisme contre laxisme dans le dictionnaire de difficultés

La plupart des auteurs de dictionnaires de difficultés prétendent se tenir à égale distance du purisme et du laxisme. Est-ce là une position tenable? On a vu (cf. 5) que Laveaux (1818) critiquait l'Académie française, pour son fixisme et son incompétence: ce qui ne l'empêche nullement de se montrer un passionné défenseur des «règles» de la grammaire et du style. De même, aujourd'hui, Hanse (1983) déclare que son projet a été «conçu et annoncé dès 1933, sous le coup de la déception causée en 1932 par la trop fameuse grammaire de l'Académie française». Il s'agit pour lui de combler les lacunes que trahissent «les meilleurs dictionnaires». Et cela, en évitant l'archaïsme et l'académisme aussi bien que le laisser-aller. — D'autre part, les mêmes lexicographes se réclament fréquemment du «bon usage», étiquette rendue célèbre en 1936 par Maurice Grevisse, avec l'illustre appui d'André Gide. Mais comment le conçoivent-ils? Si, pour Lagane, c'est «celui qui est approprié à la circonstance où l'on s'exprime», il s'en faut de beaucoup que les autres lexicographes aient une vue aussi pragmatique. Hanse (1983) croit que «celui-ci peut s'établir scientifiquement si on tient compte non seulement des bons linguistes et des meilleurs dictionnaires, mais dans chaque cas du nombre et de la qualité des gens cultivés et des écrivains qui peuvent offrir leur caution dans la mesure où l'on perçoit, et c'est facile, l'importance qu'ils accordent, les uns et les autres, à la correction du langage en général». La confusion entre expression littéraire peaufinée et langue optimale de communication siège dans beaucoup d'esprits depuis le XVIIe s., par une sorte de détournement autoritaire et normatif de la pensée de Vaugelas, plus réservé et même plus libéral que nombre de ses prétendus disciples. Thomas (1956) s'adresse à «toutes personnes qui tiennent à honneur de bien parler et de bien écrire»: ne croirait-on pas lire un pastiche de l'écriture du «grand siècle»? Ce type de visée élitiste se retrouve un peu partout: Jean Mistler, secrétaire perpétuel de l'Académie française et préfacier de Dournon (1974) va jusqu'à recommander de «suivre le plus possible l'usage de Vaugelas»! On est fondé à se demander comment le lecteur cultivé du XXe s. accueille une telle profession de foi, qui se base sur un archaïsme parfaitement assumé. Même remarque sur la préface à Teppe (1970), où Alain Guillermou félicite l'auteur de son goût passionné pour les archaïsmes et de «n'avoir jamais inventé de mots». Ce constant malthusianisme montre bien, selon nous, le peu de crédit qu'il faut accorder à ces préfaciers ou lexicographes lorsque, du bout de la plume, ils feignent d'admettre la nécessité *naturelle* de l'évolution de la langue. Il est bien malaisé, sinon impossible, de défendre l'usage, même le bon usage, et de refuser simultanément tout ce que les utilisateurs d'une langue produisent de neuf. Thomas (1956) avoue naïvement sa technique d'esquive: «Nous avons évité autant que possible de donner des exemples littéraires infirmant une règle reconnue». Reconnue par qui? Sont-ce les doctes ou les «bons auteurs» qui doivent l'emporter? L'ennui, c'est que le gros manuel de Grevisse, intitulé justement *Le Bon usage,* prouve très clairement que cette fameuse caution demandée aux écrivains est extrêmement fragile et discutable, du fait même des écarts considérables qu'ils se permettent vis-à-vis de la

> **soi-disant** adj. inv. Attention à l'orthographe et à l'emploi.
>
> **1 ▼** Ne pas écrire **soit-disant.*
>
> **2** Toujours invariable : *Des femmes soi-disant nobles.*
>
> **3** Ne peut s'appliquer qu'à des personnes qui prétendent elles-mêmes être (ce qui est exprimé par le nom ou l'adjectif) : *Ce soi-disant prince n'était qu'un escroc.* En revanche, on n'écrira pas : *Cet enfant soi-disant idiot était tout à fait normal.* En effet, ce n'est pas l'enfant qui prétend lui-même qu'il est idiot. On écrira : *Cet enfant prétendument idiot...* On écrira : *Ce vase prétendument grec,* et non *Ce vase soi-disant grec,* car un vase ne peut *se dire* quoi que ce soit.
>
> **4** On évitera, dans la langue surveillée, d'employer *soi-disant* en guise d'incise pour modifier un verbe. On n'écrira pas : *Il possède soi-disant un château.* On écrira : *Il possède, à ce qu'il affirme, un château* ou *Selon ses affirmations (selon ses dires), il possède un château.*
>
> **5 Soi-disant que.** Tour populaire. On dira plutôt *sous prétexte que* ou *parce que, paraît-il,* ou *parce que, à ce qu'on prétend* : *Il n'est pas venu, sous prétexte qu'il est malade* (et non *soi-disant qu'il est malade*). *On va démolir ce pont, parce que, paraît-il, il est vétuste* (et non *soi-disant qu'il est vétuste*).

Extrait textuel 125.1: Article de dictionnaire (tiré de: Girodet 1981, 723)

norme officielle, et que constatait jadis Laveaux (1818). Le paradoxe incontournable du purisme tel qu'on le rencontre chez les chroniqueurs de langage et les lexicographes «difficultologues» est qu'on ne peut à la fois prendre un auteur ou une époque pour modèle normatif et n'en retenir qu'une partie, arbitrairement. Il y a là une incohérence qui ébranle la validité de la démonstration ou l'efficacité du conseil. Telle est l'alternative: ou bien l'on est tour à tour «gendarme» ou «voleur» et cela empêche absolument de se poser en législateur ou en moralisateur, ou bien on trie le bon grain de l'ivraie, sur des critères tellement subjectifs et variables (comme furent ceux, par ex., d'Abel Hermant, auteur de la *Grammaire de l'Académie française* de 1932) qu'on ne peut plus parler de codification générale de la langue, mais bien plutôt d'un plaidoyer *pro domo* où s'affichent et s'affirment, au petit bonheur la chance, des préférences personnelles, des choix aléatoires et finalement très peu sécurisants pour le lecteur. Ajoutons qu'il ne suffit pas, pour se dédouaner à l'égard d'un purisme que nul ne saurait avouer haut et clair, de signaler de temps à autre, comme le font certains, que «ce tour (cette construction, etc.) est condamné(e) par les puristes», sans jamais dire franchement de quel côté on se trouve *personnellement!* A ménager à la fois les libéraux et les conservateurs en matière de langue, on risque fort de rester, aux yeux du lecteur, dans une ambiguïté qui n'est profitable à personne.

7. Conjoncture actuelle et perspectives

Les critiques qui précèdent ne sauraient faire oublier la vogue considérable qui s'attache, aujourd'hui encore, à ces livres. Si imparfaits et critiquables qu'ils puissent être d'un point de vue scientifique, ils n'en répondent pas moins à un besoin profond, au moins en France, et s'inscrivent comme les héritiers d'une longue tradition de «respect du passé littéraire et culturel». La très vive concurrence entre les grandes maisons d'édition spécialisées (Larousse, Robert, Hachette) et avec d'autres éditeurs plus modestes (Duculot, André Bonne, Le Pavillon, Les Editions sociales, etc.) a multiplié depuis ces trente dernières années les titres se référant aux difficultés de la langue. — Si ce type d'ouvrage existe ailleurs (cf. 8.1 pour des exemples anglais, allemands, italiens, espagnols, portugais et russe, ainsi que Claes 1980, 48—50, pour une trentaine de dictionnaires néerlandais), il faut reconnaître qu'il est particulièrement répandu en France, tant au 19ᵉ siècle (Quemada 1967 enregistre une cinquantaine de titres de 1800 à 1860) qu'aujourd'hui. Cela tient au fait que (1) l'existence de l'Académie Française, depuis trois siècles et demi, donne à la norme linguistique une importance inconnue ailleurs et que (2) de nombreux pays européens ont conservé, d'une part, une grande diversité de parlers et d'usages, sans vouloir les uniformiser selon des règles nationales; et, d'autre part, ont procédé à divers aménagements de leur langue standard, notamment au point de vue graphique et orthographique; ce qui a eu pour effet de diminuer considérablement les occasions et les sources de difficultés dans la langue en question. De plus, il semble bien qu'Allemands et Anglais préfèrent inclure les remarques se rapportant aux *difficultés* dans le corps plus vaste et plus scientifiquement conçu d'un grand dictionnaire de langue (cf. art. 61). Enfin, certains dictionnaires bilingues récents, comme le Robert/Collins anglais-français et le Robert/Signorelli italien-français (cf. art. 309 et 316) fournissent de précieuses indications, concernant l'usage des mots, les niveaux de langue, etc. qui se situent dans l'esprit des difficultés.

On peut imaginer et souhaiter que le *Dictionnaire de difficultés* devienne prochainement tout autre que ce qu'il est à présent: à savoir un outil informatisé, construit systématiquement, sur des bases claires quant au standard réellement envisagé pour la langue commune, et régulièrement actualisé par des mises à jour fréquentes. Déjà certains organismes assez récemment crées (AFNOR, AFTERM, La Banque des mots) livrent de manière rationnelle et permanente des informations précises en matière de lexique, et font des propositions terminologiques appréciées par des demandeurs de plus en plus nombreux. Les progrès immenses accomplis depuis trente ans par la linguistique et l'étude de la communication comme l'amélioration croissante de la coopération scientifique internationale, permettent d'espérer que l'on débouche enfin sur une pratique théorisée des langues. Les derniers obstacles à cette démocratisation générale de l'échange langagier sont aujourd'hui beaucoup moins de l'ordre de la technique que de celui des préjugés culturels et idéologiques.

8. Bibliographie choisie (par J.-P. C. et F. J. H.)

8.1. Dictionnaires

Amaral 1946 = V. B. de Amaral: Subtilezas, máculas e dificuldades de língua portuguesa. Lisboa 1946 [257 p.].

Angione 1977 = Howard Angione (ed.): The Associated Press Stylebook. New York 1977 [276 p.].

Antolín 1867 = Francisco Antolín y Sáez: Corrección de lenguaje. Valladolid 1867 [52 p.].

Balbigny 1951 = A. Balbigny: Manuel alphabétique des difficultés de la langue française. 2. éd. Paris 1951.

Berthier/Colignon 1981 = Pierre-Valentin Berthier/Jean-Pierre Colignon: Lexique du français pratique — Les difficultés orthographiques, grammaticales et typographiques. Paris 1981 [429 p.].

Boiste 1936 = P. C. V. Boiste: Dictionnaire des difficultés de la langue française. Nouv. éd. Paris 1936 [192 p.].

Bonnard/Leisinger/Traub 1970 = Henri Bonnard/Hanno Leisinger/Walther Traub: Grammatisches Wörterbuch Französisch. Dortmund 1970 [412 p.].

Borrot/Didier 1970 = Alexandre Borrot/Marcel Didier: Bodico — Dictionnaire du français sans faute [. . .] Paris 1970 [352 p.].

Bottequin 1945 = Armand Bottequin: Difficultés et finesses de langage. Gand 1945 [198 p.].

Bryson 1984 = Bill Bryson: The Penguin Dictionary of Troublesome Words. Harmondsworth 1984 [173 p.].

Casanovas 1884 = J. Casanovas y Ferrán: Colección de vocablos y modismos incorrectos y viciosos usados por los catalanes cuando hablan en castellano. 2. éd. Barcelona 1884.

Ceppelini 1978 = Vincenzo Ceppelini: Dizionario grammaticale per il buon uso della lingua italiana. Novara 1978 [XVI, 591 p.; 1. éd. Milano 1956].

Colin 1978 = Jean-Paul Colin: Dictionnaire des difficultés du français. Paris 1978 [859 p.; 1. éd. 1970].

Corripio 1975 = Fernando Corripio: Diccionario de incorrecciones, dudas y normas gramaticales. Barcelona 1975 [655 p.].

Dagenais 1984 = Gérard Dagenais: Dictionnaire des difficultés de la langue française au Canada. Montréal 1984 [538 p.].

Dagnaud-Macé/Sylnès 1984 = P. Dagnaud-Macé /G. Sylnès: Le français sans faute. Paris 1984 [159 p.].

Dauzat 1954 = Albert Dauzat: Le Guide du bon usage. Paris 1954 [224 p.].

Desgrouais 1766 = Desgrouais: Les gasconismes corrigés. Toulouse 1766 [256 p.; éd. 1819, 454 p.].

Diaz-Retg 1951 = E. Diaz-Retg: Diccionario de dificultades de la lengua española. Madrid 1951 [439 p.].

Dournon 1974 = Jean-Yves Dournon: Dictionnaire d'orthographe et des difficultés du français. Paris 1974 [648 p.; éd. Livre de Poche 1982].

Ducet 1972 = Michel Ducet: Petit dictionnaire des incorrections de langage et des particularités du français. In: Michel Ducet, Comment parler correctement et aisément. 2. éd. Soissons 1972, 125—273.

Duden 9 = Duden. Richtiges und gutes Deutsch. Wörterbuch der sprachlichen Zweifelsfälle. 3. éd. Mannheim 1985 [803 p.; 1. éd. s.l.t. Hauptschwierigkeiten der deutschen Sprache, 1965, 759 p.; 2. éd. s.l.t. Zweifelsfälle der deutschen Sprache. Wörterbuch der sprachlichen Hauptschwierigkeiten, 1972, 784 p.].

Dückert/Kempcke 1984 = Joachim Dückert/Günter Kempcke: Wörterbuch der Sprachschwierigkeiten [. . .] Leipzig 1984 [543 p.].

Dulong 1968 = Gaston Dulong: Dictionnaire correctif du français au Canada. Québec 1968 [255 p.].

Dupré 1972 = Paul Dupré: Encyclopédie du bon français dans l'usage contemporain. Paris 1972 [2718 p. en 3 volumes].

Durrieu 1929 = L. Durrieu: Parlons correctement. Dictionnaire raisonné de locutions vicieuses et de difficultés grammaticales. Toulouse 1929 [444 p.].

Estrela = Edite Estrela: Dúvidas do falar português. Lisboa s.d. [414 p.].

Evans 1957 = Bergen and Cornelia Evans: The Dictionary of Contemporary American Usage. New York 1957 [567 p.].

Fanfani 1877 = Pietro Fanfani/Costantino Arlìa: Il lessico della corrotta italianità. Milano 1877. [XV, 451 p.; 5. éd. 1907, 665 p.].

Féraud 1787/1788 = Jean-François Féraud: Dictionnaire critique de la langue française. 3 vol. Marseille 1787/1788.

Follett 1966 = Wilson Follett: Modern American Usage. Ed. J. Barzun. New York 1966 [528 p.].

Fowler 1965 = H. W. Fowler: A Dictionary of Modern English Usage. Oxford 1965 [725 p.; 1. éd. 1926].

Gabrielli 1980 = Aldo Gabrielli: Museo degli errori. L'italiano come si parla oggi. Milano 1980 [250 p.].

Georgin 1969 = René Georgin: Guide de langue française. Paris 1969 [437 p.; 1e éd. 1952, sous le titre Difficultés et finesses de notre langue].

Girodet 1981 = Jean Girodet: Dictionnaire du bon français. Paris 1981 [896 p.; éd. 1986 s.l.t. Pièges et difficultés de la langue française, dictionnaire Bordas].

Godiveau 1978 = Roland Godiveau: 1000 difficultés courantes du français parlé. Paris 1978 [127 p.].

Grevisse 1973 = Maurice Grevisse: Le français correct. Gembloux 1973 [400 p.].

Hanse 1983 = Joseph Hanse: Nouveau dictionnaire des difficultés du français moderne. Paris-Gembloux 1983 [1014 p.; 1e éd. Amiens-Bruxelles 1949, sous le titre Dictionnaire des difficultés grammaticales et lexicologiques, 758 p.].

Heynatz 1796/97 = Johann Friedrich Heynatz: Versuch eines Deutschen Antibarbarus oder Verzeichniß solcher Wörter, deren man sich in der reinen Deutschen Schreibart entweder überhaupt oder doch in gewissen Bedeutungen enthalten muß (...). 2 Bde in 4 Abt. Berlin 1796. 1797 [714 p.].

Hirschbold 1976 = Karl Hirschbold: Besseres Deutsch von A bis Z. Ein Nachschlagewerk für Österreicher. Wien 1976 [227 p.].

Larousse 1983 = Larousse de la grammaire. Paris 1983 [175 p.; ouvrage anonyme, préfacé par René Lagane].

La Touche 1710 = François de La Touche: L'Art de bien parler françois. 2 vol. Amsterdam 1710.

Laveaux 1818 = Jean-Charles Laveaux: Dictionnaire raisonné des difficultés grammaticales et littéraires de la langue française. Paris 1818 [3e éd. 731 p.; 6e éd. 1910].

Lavigne 1980 = Chantal Lavigne: Les difficultés du français. Paris 1980 [512 p.].

Le Gal 1931 = Etienne Le Gal. Ne dites pas... Mais dites... Barbarismes, solécismes, locutions vicieuses. Paris 1931 [147 p.].

Magni 1971 = Mauro Magni: Dizionario degli errori. Milano 1971 [414 p.].

Manekeller 1978 = Wolfgang Manekeller: ABC sprachlicher Zweifelsfälle in der Korrespondenz. Mannheim 1978 [255 p.].

Martínez Amador 1954 = Emilio M. Martínez Amador: Diccionario grammatical. Barcelona 1954.

McKaskill 1981 = Stanley G. McKaskill: A Dictionary of good English. Ed. J. v. Emden. London 1981 [173 p.; 1. éd. Melbourne 1977].

Molard 1810 = Etienne Molard: Le mauvais langage corrigé. Lyon 1810 [284 p.].

Monlau 1870 = Felipe Monlau: Vocabulario gramatical de la lengua castellana. Madrid 1870 [284 p.].

Morris 1975 = William and Mary Morris: Harper Dictionary of Contemporary Usage. New York 1975 [650 p.].

Munier 1912 = F. Munier: Dictionnaire des locutions vicieuses. Paris 1912 [76 p.; 3. éd. 1829, 192 p.].

Nicholson 1957 = Margaret Nicholson: A Dictionary of American-English Usage. New York 1957 [671 p.].

Nogueira 1974 = Rodrigo de Sá Nogueira: Dicionário de erros e problemas de linguagem. 2. éd. Lisboa 1974 [377 p.; 1. éd. 1969].

Panzini 1905 = Alfredo Panzini: Dizionario moderno. Milano 1905 [10. éd. 1963].

Partridge 1963 = Eric Partridge: Usage and abusage — A guide to good English: Harmondsworth 1963 [378 p.; 1e éd. 1947].

Phythian 1979 = Brian Arthur Phythian: A Concise Dictionary of Correct English. London 1979 [166 p.].

Provenzal 1961 = Dino Provenzal: Dizionarietto dei dubbi linguistici. Milan 1961 [380 p.].

Rosenthal 1981 = D. Rosenthal: Dictionnaire des difficultés de la langue russe (30 000 mots). Moscou 1981 [649 p.].

Salas 1978 = Rodrigo Salas: Los 1500 errores más frecuentes de español. 2. éd. Barcelona 1978 [247 p.].

Sanders 1908 = Daniel Sanders: Wörterbuch der Hauptschwierigkeiten der deutschen Sprache. 42. éd. par Julius Dumcke. Berlin 1908 [1. éd. 1872, 188 p.].

Santamaria 1975 = Andrés Santamaria/Augusto Cuartas: Diccionario de incorrecciones, particularidades y curiosidades del lenguaje. 3. éd. par J. Mangada. Madrid 1975 [531 p.; 1. éd. 1956].

Satta 1974 = Luciano Satta: Come si dice. Uso e abuso della lingua italiana. Firenze 1974 [422 p.].

Seco 1967 = Manuel Seco: Diccionario de dudas y dificultades de la lengua española. 5. éd. Madrid 1967 [XX, 516 p.; 1. éd. 1956].

Sève/Perrot 1976 = André Sève/Jean Perrot: Ortho vert — Dictionnaire orthographique et grammatical. 19. éd. Préface de R.-L. Wagner. Nice 1976 [638 p.; 1e éd. 1946—1950].

Shaw 1975 = Harry Shaw: Dictionary of Problem Words and Expressions. New York 1975 [XXXIII, 262 p.].

Soulice 1843 = T. Soulice: Petit dictionnaire raisonné des difficultés. Paris 1843.

Teppe 1970 = Julien Teppe: Les caprices du langage [...] Paris 1970 [308 p.].

Thomas 1956 = Adolphe-V. Thomas: Dictionnaire des difficultés de la langue française. Paris 1956 [436 p.].

Ugolini 1848 = Filippo Ugolini: Vocabolario di parole e modi errati che sono comunemente in uso. Urbino 1848 [XII, 207 p.; 8. éd. 1880; XXVIII, 304 p.].

Viani 1858/1860 = Prospero Viani: Dizionario di pretesi francesismi e di pretese voci e forme erronee della lingua italiana. 2 vol. Firenze 1858/1860 [LXVIII, 591, IV, 505 p.].

Vincent 1910 = Claude Vincent: Le péril de la langue française [...] Paris 1910 [198 p.].

Wood 1981 = Frederick T. Wood: Current English Usage. Rev. by R. H. Flavell/L. M. Flavell. London 1981 [304 p.; 1. éd. 1962].

Younes 1985 = Georges Younes: Dictionnaire grammatical. Alleur 1985 [474 p.].

8.2. Travaux

Baylon 1974 = Christian Baylon: «Les Gasconismes Corrigés» de Desgrouais (1768). In: Revue des langues romanes 80. 1974, 187—203.

Claes 1980 = Frans Claes: A Bibliography of Netherlandic Dictionaries. Amsterdam 1980.

Creswell 1975 = Thomas J. Creswell: Usage in Dictionaries and Dictionaries of Usage. Univ. of Alabama 1975.

Dückert 1981 = Joachim Dückert: Zur Erarbeitung eines Wörterbuchs der Sprachschwierigkeiten. In: Deutsch als Fremdsprache 18. 1981, 5—8.

François 1905 = Alexis François: Un projet de «Dictionnaire critique» au commencement du XVIIIe siècle. In: Revue d'histoire littéraire de la France 12. 1905, 496—497.

Freund 1984 = Folke Freund: Der Laie als „Sprachrichter". Bemerkungen zu einem „Unwörterbuch". In: Moderna Språk 78. 1984, 23—30.

Henne/Mentrup 1983 = Helmut Henne/Wolfgang Mentrup (éd.): Wortschatz und Verständigungsprobleme: Was sind «schwere Wörter» im Deutschen? Jahrbuch 1982 des Instituts für deutsche Sprache. Düsseldorf 1983 (Sprache der Gegenwart LVII).

Kaiser 1986 = Egbert Kaiser: Ein Monument der französischen Sprachpflegeliteratur: die *Encyclopédie du bon français dans l'usage contemporain* von Paul Dupré. In: Französische Sprachlehre und *bon usage*. Festschrift für Hans-Wilhelm Klein. München 1986, 55—69.

Kister 1977 = K. F. Kister: Dictionary Buying Guide. New York 1977.

Levitt 1968 = Jesse Levitt: The *Grammaire des grammaires* of Girault-Duvivier. The Hague 1968.

McDavid 1977 = Raven I. McDavid, Jr.: Review of Morris 1975. In: Journal of English Linguistics 11. 1977, 41—50.

Quemada 1967 = Bernard Quemada: Les dictionnaires du français moderne. Paris 1967.

Smith 1971 = James Weldon Smith: A History of the Dictionary of English Usage to 1900. Ann Arbor 1971.

Vaugelas 1647 = Claude Favre de Vaugelas: Remarques sur la langue française. Ed. R. Lagane. Paris 1969.

Wells 1973 = Ronald A. Wells: Dictionaries and the Authoritarian Tradition. A Study in English Usage and Lexicography. Den Haag 1973.

Winther 1972 = A. Winther: Les «Difficultés de la langue française»: présentation de quelques ouvrages courants. In: Langue française 16. 1972, 124—132.

Zolli 1974 = Paolo Zolli: I dizionari di neologismi e barbarismi del XIX secolo. Note linguistiche e bibliografiche. In: Paolo Zolli, Saggi sulla lingua italiana dell'ottocento 5. 1974, 7—66.

Jean-Paul Colin, Besançon (France)

X. Wörterbuchtypen V: Wörterbücher zu bestimmten weiteren Lemmatypen
Dictionary Types V: Dictionaries Dealing With Certain Other Types of Entrywords
Typologie des dictionnaires V: Dictionnaires traitant certains autres types d'entrées

126. Le dictionnaire grammatical

1. La grammaire alphabétique
2. Histoire du dictionnaire grammatical
3. Bibliographie choisie

1. La grammaire alphabétique

Le dictionnaire grammatical ressemble à une grammaire dont l'information serait redistribuée par ordre alphabétique. Aussi contient-il plusieurs types de lemmes et d'informations. (a) Il explique les termes grammaticaux, tels *conjonction* ou *subordonnée*. Pour ces entrées, il y a recoupement avec les dictionnaires de la terminologie linguistique (cf. par ex. Dubois et al. 1973). En revanche, les mêmes entrées distinguent le dictionnaire grammatical du dictionnaire de difficultés (cf. par ex. Hanse 1983 et art. 125). (b) Il fournit les règles (phonétiques, morphologiques et syntaxiques) de la grammaire adressées à des termes grammaticaux, par ex. concernant l'accord du participe passé, soit à l'article *accord,* soit à l'article *participe*. Pour cette composante, il y a recoupement partiel avec le dictionnaire de difficultés, ce dernier ne donnant que les règles difficiles à maîtriser par le locuteur natif (par. ex. Hanse 1983 ne renseigne pas sur la place de l'adjectif, à la différence de Lagane 1983). (c) Aux composantes obligatoires (a) et (b), le dictionnaire grammatical peut ajouter — et a souvent ajouté au cours de son histoire — une composante dianormative en insérant des mots dont l'usage est controversé et pour lesquels le lecteur reçoit une recommandation. Pour cette composante facultative, le recoupement avec les dictionnaires de difficultés est complet. C'est ainsi que Lagane 1983 et Hanse 1983 contiennent un article *pallier* avec sensiblement le même type d'information. Sous ce rapport les dictionnaires grammaticaux renferment une sorte de grammaire-lexique essentiellement bâtie sur les articles-verbes dont la construction (ou valence) est spécifiée. (d) Les dictionnaires grammaticaux bilingues ou des langues étrangères ajoutent une composante contrastive qui influe sur la macrostructure comme sur la microstructure.

2. Histoire du dictionnaire grammatical

Le premier, S. J. Apin a réalisé une grammaire alphabétique, appliquée au latin et rédigée en allemand et comportant toutes les composantes mentionnées ci-dessus. L'explication qu'il donne de ses motivations est aussi simple que plausible et sera reprise telle quelle par ses successeurs: ayant eu des difficultés à trouver les règles dans les grammaires, il a eu l'idée de les répartir sous «leurs titres principaux». L'impact d'Apin sur la tradition est incertain. L'abbé Jean-François Féraud semble l'avoir ignoré, lorsqu'il publia en 1761 à Avignon son *Dictionnaire grammatical de la langue françoise* qui, grâce à quatre rééditions parisiennes et à son prolongement dans le *Dictionnaire critique* (Féraud 1787/88), popularisa en Europe ce nouveau type de dictionnaire. Féraud incorpora la tradition bien française des remarques grammaticales qui, à part le cas isolé de La Touche 1710, n'avaient pas encore été classées par ordre alphabétique (cf. aussi art. 125). Son dictionnaire avait en plus la particularité de renseigner pour la première fois sur la prononciation des mots.

Dans sa préface, après avoir rappelé qu'«un Dictionnaire est selon l'ordre alphabetique, le plus commode, sans doute, pour toute personne qui consulte», Féraud explique: «Si l'on trouve donc un ouvrage qui réunisse les règles de l'Orthographe, de la Prononciation, de la Prosodie, de la Construction, du Régime, avec les Remarques & Observations des meilleurs Grammairiens; qui non-seulement présente ces règles générales à leur place, mais qui en fasse l'application à chaque mot, & dans l'ordre le plus commode pour le Lecteur; cet ouvrage pourroit-il n'être pas d'une très-grande utilité, sur-tout aux Etrangers, aux Jeunes gens & aux Habitans de différentes Provinces de France, pour leur faciliter la connoissance des délicatesses & des bizarreries d'une Langue qui est aujourd'hui la Langue de toute l'Europe?» Redécouvert par Stéfanini 1969, Féraud a connu ces derniers temps une gloire inespérée grâce à Pierre Larthomas et à un groupe de recherches constitué autour de la publication d'un *Suplément* resté manuscrit (cf. Féraud 1987, ainsi que les volumes Autour 1986 et Etudes 1987 contenant entre autres les travaux de Berlan 1986, 1987, Branca 1986 et Landy-Houillon 1987, cf. aussi von Gemmingen 1988).

A défaut d'une composante grammaticale satisfaisante dans les dictionnaires généraux de l'époque, le dictionnaire grammatical avait tendance à se muer en dictionnaire général grammatical. Féraud franchit ce seuil en fournissant systématiquement la définition des mots de son *Dictionnaire critique*. Dans cette voie il avait été précédé par J. Chr. Adelung, auteur entre 1774 et 1786 du premier dictionnaire général monolingue de l'allemand et entre 1783 et 1796 d'un grand dictionnaire anglais-allemand. Influencé en cela par Féraud 1761, il leur donna le titre programmatique de «dictionnaire grammatical et critique» où «grammatical» vouloit dire: prononciation, orthographe, flexion et syntagmatique. Toutefois, l'émule le plus direct de Féraud est le professeur de français nurembergeois Jakob Wießner (1761–1805) qui se lança dans le projet monumental d'un *Dictionnaire grammatical de la langue française à l'usage des Allemands,* malheureusement abandonné au bout de 2000 pages à la lettre D (Wießner 1792/98, cf. Jerabek 1989 au sujet de ce dictionnaire, inconnu même des spécialistes). Wießner a pris la nomenclature d'un dictionnaire bilingue de l'époque pour y ajouter la richesse grammaticale et critique de Féraud, les collocations du dictionnaire de l'Académie, la synonymie distinctive de l'abbé G. Girard ainsi qu'une composante contrastive de son cru. Le résultat n'est pas sans préfigurer la lexicographie des *learner's dictionaries* (cf. art. 151), de même que Berlan 1987, 91 appelle à juste titre Féraud «un ancêtre du D.F.C.» (cf. pour ce dernier l'art. 150). La variante complète du dictionnaire grammatical ayant fusionné avec le dictionnaire général ou avec le dictionnaire monolingue pédagogique et la composante critique étant passée du côté des dictionnaires de difficultés, il ne subsiste à l'heure actuelle que deux types de dictionnaires grammaticaux, la grammaire alphabétique (composantes a et b) (cf. Ludwig 1966, Lexis 1974, Bünting 1982, Arrivé 1986) et le dictionnaire qui expose la grammaire et/ou prévient les fautes grammaticales les plus courantes d'une langue étrangère (Ball/ Wood 1987, Janitza 1986, Rosenhoff 1978, Swan 1980, cf. aussi Plattner 1908 et Widmer 1942).

3. Bibliographie choisie

3.1. Dictionnaires

Adelung 1774—86 = Johann Christoph Adelung: Versuch eines vollständigen grammatisch-kritischen Wörterbuches der hochdeutschen Mundart (...). 5 vol. Leipzig 1774—1786 [3796 p.].

Adelung 1783—96 = Johann Christoph Adelung: Neues grammatisch-kritisches Wörterbuch der Englischen Sprache für die Deutschen. 2 vol. Leipzig 1783/1796 [LXXII; 1056, 960 p.]

Apin 1728 = Sigmund Jacob Apin: Grammaticalisches Lexicon in welchem alle vorkommenden Constructiones und Regulae Syntacticae derer Partium orationis (...) auf das deutlichste erkläret, und zu allgemeinem Nutzen zusammen getragen worden. Nürnberg 1728 [646, 150 p.].

Arrivé 1986 = Michel Arrivé/Françoise Gadet/ Michel Galmiche: La grammaire d'aujourd'hui: Guide alphabétique de linguistique française. Paris 1986 [720 p.].

Ball/Wood 1987 = W. J. Ball/F. T. Wood: Dictionary of English Grammar Based on Common Errors. London 1987.

Bettinger 1834 = J.-B. Bettinger: Dictionnaire grammatical. Paris 1834 [XVI. 463 p.].

Bünting 1982 = Karl-Dieter Bünting/Wolfgang Eichler: ABC der deutschen Grammatik. Frankfurt 1982 [184 p.]

Ceppellini 1978 = Vincenzo Ceppellini: Dizionario grammaticale per il buon uso della lingua italiana. Novara 1978 [XVI, 591 p.; 1e éd. 1956].

Dubois et al. 1973 = Jean Dubois et al.: Dictionnaire de linguistique. Paris 1973 [516 p.].

Féraud 1761 = Jean-François Féraud: Dictionnaire grammatical de la langue françoise. Avignon 1761 [Paris 1768, XVI, 1131 p.; 1772, 1786, 1788].

Féraud 1787/88 = Jean-François Féraud: Dictionnaire critique de la langue française. 3 vol. Marseille 1787, 1788 [2449 p.].

Féraud 1987/88 = Jean-François Féraud: Suplément au Dictionnaire critique de la langue française. 3 vol. Paris 1987/88 (Collection de l'Ecole Normale Supérieure de Jeunes Filles 37) [279, 299, 242 p.].

Gabrielli 1956 = Aldo Gabrielli: Dizionario linguistico moderno. Milano 1956.

Hanse 1983 = Joseph Hanse: Nouveau dictionnaire des difficultés du français moderne. Paris. Gembloux 1983 [1014 p.].

Janitza 1986 = Jean Janitza/Gunhild Samson: Pratique de l'allemand de A à Z. Paris 1986 [413 p.].

Krebs 1834 = Johann Philipp Krebs: Antibarbarus der lateinischen Sprache. Ed. J. H. Schmalz. 8e éd. Basel 1962 [811, 776 p,; 1e éd. 1834].

Lagane 1983 = René Lagane: Larousse de la grammaire. Paris 1983 [175 p.].

La Touche 1710 = François de La Touche: L'Art de bien parler françois. 2 vol. Amsterdam 1710.

Lexis 1975 = Dictionnaire grammatical. In: Lexis. Dictionnaire de la langue française. Paris 1975, XIII—LXXVI.

Ludwig 1966 = Walter Ludwig: Lexikon der deutschen Sprachlehre. In: Gerhard Wahrig: Das große deutsche Wörterbuch. Gütersloh 1966, col. 49—250.

Martínez Amador 1954 = Emilio M. Martínez Amador: Diccionario gramatical. Barcelona 1954 [1498 p.].

Mendoza Pérez 1884 = Diego Mendoza Pérez: Vocabulario gramatical. Ed. J. Bernal Leongómez. Bogotá 1987 [1e éd. 1884].

Moritz 1793 = Karl Philipp Moritz/Johann Ernst Stutz/Johann Christoph Vollbeding: Grammatisches Wörterbuch der deutschen Sprache. 4 vol. Berlin 1793—1800 [1599 p.].

Passos 1865 = José Alexandre Passos: Dicionário Gramatical Português. Rio de Janeiro 1865 [358 p.].

Plattner 1908 = Philipp Plattner: Grammatisches Lexikon der französischen Sprache. Zugleich Registerband zur Ausführlichen Grammatik der französischen Sprache. Karlsruhe 1908 [542 p; 2e éd. 1917, 591 p.].

Ribeiro 1906 = Joâo Ribeiro: Dicionário gramatical. 3e éd. Rio de Janeiro 1906 [331 p.].

Rosenhoff 1978 = Arne Rosenhoff/Kurt Zimmermann: Opslagbog i Tysk Grammatik. Kopenhagen 1978 [324 p.].

Swan 1980 = Michael Swan: Practical English Usage. Oxford 1980 [XXIV, 639 p.].

Widmer 1942 = Walter Widmer: Grammatisches Alphabet der Regeln und Schwierigkeiten der französischen Sprache. Bern 1942 [323 p.].

Wießner 1792/98 = Jakob Wießner: Dictionnaire grammatical de la langue française Oder Gründliche Anleitung zu einer vollständigen französischen Sprachkunde, nach alphabetischer Ordnung, theoretisch und praktisch nach den besten Grammatikern und Klassischen Französischen Schriftstellern, zum Gebrauch der Teutschen, welche die Französische Sprache gehörig erlernen wollen. 2 Bde. Nürnberg 1792, 1798 [A-D, 2237 p.].

Younes 1985 = Georges Younes: Dictionnaire grammatical. Alleur 1985 [474 p.].

3.2. Travaux

Autour 1986 = Autour de Féraud. La lexicographie en France de 1762 à 1835. Actes du Colloque international organisé (...) les 7, 8, 9 décembre 1984 (...). Paris 1986 (Collection de l'Ecole Normale Supérieure de Jeunes Filles 29).

Berlan 1986 = Françoise Berlan: Féraud et sa pratique lexicographique: du chapitre de grammaire à l'article de dictionnaire. Les pronoms personnels. In: Autour 1986, 31—44.

Berlan 1987 = Françoise Berlan: Le traitement de l'adjectif dans les articles du *Suplément au Dictionnaire critique*. In: Etudes 1987, 73—98.

Branca 1986 = Sonia Branca-Rosoff: Féraud et la grammaire de son temps. In: Autour 1986, 53—59.

Etudes 1987 = Etudes critiques sur Féraud lexicographe. Tome I. Paris 1987 (Collection de l'Ecole Normale Supérieure de Jeunes Filles 38).

von Gemmingen 1988 = Barbara von Gemmingen: Le *Dictionnaire critique* de l'Abbé Féraud. Essai d'une description systématique. In: La lexicographie française du XVIIIe au XXe siècle. Colloque international de lexicographie tenu à l'Institut de Langues et Littératures Romanes, Université de Düsseldorf, du 23 au 26 septembre 1986. Actes publiés par B. von Gemmingen/M. Höfler. Paris 1988 (Actes et Colloques 27 = Travaux de Linguistique et de Philologie 26,1), 113—131.

Jerabek 1989 = Gerhard Jerabek: Das *Dictionnaire grammatical de la langue française* des Jakob Wießner, Nürnberg 1792/98. Mémoire de maîtrise de l'Université d'Erlangen-Nürnberg 1989.

Landy-Houillon 1987 = Isabelle Landy-Houillon: La tradition des *Remarques* dans le *Suplément au Dictionnaire critique* de Féraud. In: Etudes 1987, 59—72.

Stéfanini 1969 = Jean Stéfanini: Un provençaliste marseillais: L'abbé Féraud (1725—1807). Aix-en-Provence 1969.

Franz Josef Hausmann/Gerhard Jerabek, Erlangen (République Fédérale d'Allemagne)

127. Wortklassenbezogene Wörterbücher

1. Definition
2. Wortartenbezogene Wörterbücher
3. Wortklassenbezogene Wörterbücher
4. Literatur (in Auswahl)

1. Definition

Als wortklassenbezogen sollen solche Wörterbücher gelten, deren Makrostruktur auf eine bestimmte Wortart (im herkömmlichen Sinn) oder auf eine funktionale Wortklasse (im Sinne von Art. 70) beschränkt ist.

2. Wortartenbezogene Wörterbücher

Die klassische Wortartendreiteilung in Nomen (deklinierbar), Verbum (konjugierbar) und Partikeln (nicht deklinierbar, nicht konjugierbar) muß als eine Reihung verstanden werden mit abnehmendem Lexemcharakter und wachsendem Morphemcharakter. Von daher versteht es sich, daß es in der frühen Lexikographie kaum Anlaß gibt, die stark lexikalischen Wortarten Nomen und Verb aus dem allgemeinen Wörterbuch auszugliedern. (Eine Ausnahme machen hier lediglich Kollokationswörterbücher, welche sich auf Substantiveinträge oder, in geringerem Maße, auf Verbeinträge beschränken, zu denen passende Kollokationspartner — also etwa Adverbien zu den Verbeinträgen — geliefert werden, vgl. Art. 95). Hingegen ist man mit Recht der Meinung, daß die stark morphematische Wortart Partikel im allgemeinen Wörterbuch zu kurz kommt, und schafft das Partikelnwörterbuch, vornehmlich des Latein, allen voran Torsellino 1657, ergänzt durch Hand 1829-45, daneben aber auch Dornmeyer 1718, Durrerus 1624, Pareus 1647, Stewechius 1580 und Strauchius 1671 (dieser auf Rechtssprache beschränkt). Neben Latein, Griechisch (Denniston 1954) und Hebräisch (Koerber 1734, Michaelis 1734, Noldius 1734) treten auch früh Sammlungen moderner Sprachen auf: Ogier 1637 für das Französische und Walker 1655 für das Englische.

Horatius Tursellinus (Orazio Torsellino oder Torsellini, 1545—1599) bezeichnet im Vorwort seines später von J. Thomasius, J. Konrad Schwarz und J. Facciolati herausgegebenen Klassikers die Partikeln (von *A, Ab, . . .* bis *Utinam, Utique*) als ebenso unersetzlich wie die Gelenkbänder und Nerven, ohne die unsere Glieder nicht funktionieren können, und vergleicht sie, klein und kostbar wie sie sind, mit Edelsteinen. Die Artikel seines Wörterbuchs enthalten, distributionell geordnet, Beispielbelege aus der klassischen Literatur. Torsellino war der wichtigste Anreger für das große Wörterbuch des R. J. Cuervo, vgl. Art. 183.

In der Gegenwart hat die DDR-Germanistik nicht nur wortartenbezogene Valenzwörterbücher erstellt (vgl. Art. 94), sondern auch je ein Wörterbuch der Präpositionen (Schröder 1986), Konjunktionen (Buscha 1988) und Abtönungspartikeln (Helbig 1988, vgl. auch Weydt/Hentschel 1983).

Außerhalb der Indeklinabilia gibt es noch recht zahlreiche Wörterbücher zu den Verben, die sowohl morphologisch (vgl. Art. 142) als auch syntaktisch (vgl. Art. 94) intensiver Beschreibung bedürfen (vgl. Gabrielli 1981). Unter den Verbvalenzwörterbüchern zeichnet sich Schumacher 1986 dadurch aus, daß es auch die Semantik der Verben beschreibt. Mater 1966-72 berücksichtigt vor allem deren Wortbildung. Ein originelles Valenzwörterbuch der verba dicendi (mit reicher paradigmatischer Information) liefern Martins-Baltar u. a. 1976 (zu weiteren Verbwörterbüchern vgl. Art. 99).

Seltener sind hingegen die Wörterbücher zu Adjektiven (vgl. etwa das Synonymenwörterbuch von Schéfer 1905) und Substantiven (vgl. das Wörterbuch der Kollektiva von Sparkes 1985).

3. Wortklassenbezogene Wörterbücher

Wie in Art. 70 gezeigt, läßt sich der Wortschatz quer durch die Wortarten hindurch nach funktionalen Wortklassen (z. B. Prädikatorenklassen oder pragmatischen Klassen) ordnen, eine Ordnung, die für die lexikographische Bearbeitung relevanter ist als die nach Wortarten. Dementsprechend ist es wünschenswert, daß sich Spezialwörterbücher auf bestimmte funktional ausgewählte Lemmatypen beschränken und dafür eigene Bearbeitungsmethoden entwickeln.

Die vorbildliche Beschreibung pragmatischer Junktoren des Englischen (wie *tell you what, that's right, then, thus, well, you know*) liefert Ball 1986, der sich nicht scheut, wie bei dieser Wortklasse nötig, lange Texte zu zitieren (vgl. Textbeispiel 127.1). Vergleichbar ist für die Abtönungspartikeln Helbig 1988. Um eine angemessene Darstellung der sog. brisanten Wörter (wertende oder beschönigende Mode- und Schlagwörter des politischen oder weiteren öffentlichen Lebens, die in Inhalt oder Geltung umstritten sind) bemühen sich Strauß/Haß/Harras 1989 durch eine neue, mit dieser Ausführlichkeit nur im Spezialwörterbuch praktikable Beschreibungssprache.

well *transition*
Well as a link word has a number of uses. In all cases the listener must listen very carefully or else he will miss the intonation pattern and the speaker's 'body language' which together supply the meaning (▶D below). The printed word cannot indicate these minute differences in intonation. Other uses, however, can be explained.

A Transition refers both to subject matter and to people taking part in a conversation. As regards subject matter, it indicates a change of topic. As regards people, it recognises a new speaker. **Well** is commonly employed to take over the conversation from the previous speaker.

A writer lives with fishermen
GM We used to go out from Gloucester for trips that would last a week or ten days.
RP That was the town where Kipling wrote *Captains Courageous*.
GM That was the town, *indeed. And I have to tell you that Kipling spent only three weeks in Gloucester and produced an international best-seller which still lives.
RP **Well**, go on... You used to go out...
GM **Well**, we went out on these trips and caught lobsters off the edge of the continental shelf.
'Plomley's Pick' Roy Plomley (Weidenfeld & Nicolson)
Gardening questions
PT They tell us this is the beginning of Spring.
JY **Well**, I hope they're right.
PT I hope so, too.
JY **Well**, let's start with Mrs... of Reading. She has a question for us about planting a new hedge.
BBC Radio

B It acts as a universal introduction to almost any question.

An author's plans
RP What's the next book?
GM **Well**, I'm off to Pakistan in a few days. I want to go to the NW Frontier which I've never seen.
RP That's exciting.
GM **Well**, it shouldn't be too exciting, but it will be fascinating.
'Desert Island Discs' BBC Radio

The second **well** is corrective (▶C below).

C It acts as a corrective.

A radio listener phones in
LISTENER Good morning, Fred. I hope you've recovered from your illness.
FT Yes, thank you. Er — **well**, not fully, but I'm on the mend.
BBC Radio

Well here modifies his previous assurance ('Yes, thank you') about his return to good health.

Seat belts
Tomorrow it becomes an offence to drive a car in Great Britain while not wearing a seat belt. 'There ought to be a law against it,' those posters have been saying for weeks past. **Well**, now there is.
'The Daily Telegraph'

Well corrects the impression given by the posters that there was no likelihood of legislation on this issue.

D The intonation pattern is decisive in the following:

a) 'Well...?'

Interrogative: 'What do you want?' 'What have you got to say?'

b) 'Well...'

Indecision: 'I'm not sure. Maybe!' Rise – fall – rise intonation.

c) 'Well...'

Concession, often reluctant: 'You may be right, but...' Rise – fall intonation.

d) 'Well, well! Talk of the devil. Look who's here!'

Repeated, for surprise.

e) 'Well — now I must be on my way. So long!'

To break off a conversation.

Textbeispiel 127.1: Artikel *well* (aus: Ball 1986, verkleinert)

Viele weitere wortklassenbezogene Wörterbücher sind denkbar. So wäre z. B. die Grenze zwischen den Autosemantika und den Synsemantika (vgl. Gipper 1984, 507) unter lexikographischen Gesichtspunkten neu zu ziehen. Zahlreiche Gebrauchsweisen transitiver Verben (z. B. einen Schatten *werfen*, Falten *werfen* im Gegensatz zu: einen Stein *werfen*) haben semantisch-funktional gesehen dienende Funktion und bedürfen auf Grund ihrer abgeblaßten Bedeutung ebensowenig wie die sog. Funktionsverben (vgl. Art. 82) der Definition. In einem funktional ausgerichteten Spezialwörterbuch würde es ausreichen, sie in den Artikeln der Wörter aufzuführen (*Schatten, Falte* usw.), von denen sie kontextuell abhängen. Komplementär dazu wäre auf die Bedeutungserläuterung der Autosemantika besondere Sorgfalt zu verwenden. Zu einem Lemma wie **Argument** wäre z. B. das Rollenspiel zwischen Argumentspender und -empfänger (samt der Überzeugungsabsicht) vorzuführen mit allen Verben, welche zum Ausdruck der verschiedenen Konstellationen zur Verfügung stehen von *A.e ins Feld führen* über *A.e leuchten ein* bis zu *A.e entkräften* und *das A. verfängt nicht*.

4. Literatur (in Auswahl)

4.1. Wörterbücher

Ball 1986 = W. J. Ball: Dictionary of Link Words in English Discourse. London 1986 [154 S.].

Buscha 1988 = Joachim Buscha: Lexikon deutscher Konjunktionen. Leipzig 1988.

Denniston 1954 = John Dewar Denniston: Greek Particles. 2. Aufl. Oxford 1954 [LXXXII, 658 S.; 1. Aufl. 1934].

Dornmeyer 1718 = Andreas Julius Dornmeyer: Elegantiae particularum et connexionum. In: Id., Kleines Lexicon elegantioris latinitatis. 2. Aufl. Berlin 1718, 247—296.

Durrerus 1624 = Adam Durrerus: De Particulis linguae Latinae liber. Leipzig 1624 [1674].

Gabrielli 1981 = Aldo Gabrielli: Dizionario dei verbi italiani regolari e irregolari. O. O. 1981 [259 S.; Vorwort 1971].

Grimm 1987 = Hans-Jürgen Grimm: Lexikon zum Artikelgebrauch. Leipzig 1987 [236 S.].

Hand 1829—1845 = Ferdinand Hand: Ferdinandii Handii Tursellinus [Torsellino] seu De particulis latinis commentarii. 4 Bde. A-P. Leipzig 1829—1845 [XVIII, 2595 S.; Amsterdam 1969].

Helbig 1988 = Gerhard Helbig: Lexikon deutscher Partikeln. Leipzig 1988 [258 S.].

Koerber 1734 = Christian Koerber: Lexicon particularum ebraearum. Jena 1734 [40 S.].

Mater 1966—1972 = Erich Mater: Deutsche Verben. 1. Alphabetisches Gesamtverzeichnis. 2. Grundwörter und deren Zusammensetzung. 3. Gesamtverzeichnis der Grundwörter. Stellung der Kompositionsglieder. 4. Art der Zusammensetzung. 5. Flexionsklassen. 6. Rektionsarten. 7. Verhältnis zum Reflexivpronomen. Kompositionsbildung zu Grundwörtern. 8. Perfektbildung mit *haben* oder *sein*. 9. Trennung der Kompositionsglieder. Wortlänge der Grundwörter. 10. Ableitungen. Silben. Umlaute. 10 Bde. Leipzig 1966—1972 [zus. 1131 S.].

Martins-Baltar u. a. 1976 = M. Martins-Baltar/ Hélène Gauvenet/Janine Courtillon-Leclercq/Sophie Moirand: Qu'en dira-t-on? Du discours direct au discours rapporté. Lexique. Paris 1976 [76 S.].

Michaelis 1734 = Johann Michaelis: Lexicon particularum ebraicarum. Jena 1734 [24 S.].

Noldius 1734 = Christian Noldius: Concordantia particularum ebraeochaldaicarum. Jena 1734 [984 S.].

Ogier 1637 = Roland Ogier: Inventaire des particules françoises et escolaircissement de leurs divers usages, reduits au Parallele de la langue latine (...). 3. Aufl. Paris 1637 [380 S.].

Pareus 1647 = Philippus Pareus: Commentarius de particulis Linguae latinae. Frankfurt 1647.

Schéfer 1905 = Pierre Schéfer: Dictionnaire des qualificatifs classés par analogies. Paris 1905 [304 S., 4. Aufl. 1926].

Schröder 1986 = Jochen Schröder: Lexikon deutscher Präpositionen. Leipzig 1986 [268 S.].

Schumacher 1986 = Helmut Schumacher (Hrsg.): Verben in Feldern. Valenzwörterbuch zur Syntax und Semantik deutscher Verben. Berlin. New York 1986 [XIV, 882 S.].

Sparkes 1985 = Ivan G. Sparkes: Dictionary of Collective Nouns and Group Terms. Being a Compendium of More Than 1800 Collective Nouns, Group Terms, and Phrases That from Medieval to Modern Times Have Described Companies of Persons, Birds, Insects, Animals, Professions, and Objects. Second Ed. Detroit 1985 [283 S.].

Stewechius 1580 = Godescalcus Stewechius: De particulis linguae Latinae. Köln 1580 [-1713].

Strauchius 1671 = Johannis Strauchius: Lexicon Particularum juris. Frankfurt. Jena 1671 [-1719].

Strauß/Haß/Harras 1989 = Gerhard Strauß/Ulrike Haß/Gisela Harras: Brisante Wörter von Agitation bis Zeitgeist. Ein Lexikon zum öffentlichen Sprachgebrauch. Berlin. New York 1989 [778 S.].

Torsellino 1657 = Orazio Torsellino: De particulis Latinae orationis libellus. Ed. Jacobus Thomasius. Jena 1657 [455 S.; 1. Aufl. aus d. 16. Jh. Weitere Aufl. bis ins 18. Jh.].

Walker 1655 = William Walker: A Treatise of English Particles, shewing how to render them according to the Proprietie and Elegancie of the Latine: with a praxis upon the same. Whereonto is Affix't Idiomatologiae Anglo-latinae Specimen or, A Taste of an English-latine Phraseologie. London 1655 [220, 23, 40 S.; 15. Aufl. 1720; Nachdruck der 1. Aufl. Menston 1969 (English Linguistics 1500—1800, Bd. 214)].

Weydt/Hentschel 1983 = Harald Weydt/Elke Hentschel: Kleines Abtönungswörterbuch. In: H. Weydt (Hrsg.), Partikeln und Interaktion. Tübingen 1983, 3—24.

4.2. Sonstige Literatur

Gipper 1984 = Helmut Gipper: Der Inhalt des Wortes und die Gliederung der Sprache. In: Duden Grammatik der deutschen Gegenwartssprache. 4. Aufl. Mannheim 1984, 502—558.

Franz Josef Hausmann, Erlangen
(Bundesrepublik Deutschland)

128. Das Wörterbuch der Wortbildungsmittel

1. Vorbemerkung
2. Entwurf des Wörterbuchtypus 'Wörterbuch der Wortbildungsmittel'
3. Vorhandene Wörterbücher der Wortbildungsmittel (in Auswahl)
4. Literatur (in Auswahl)

1. Vorbemerkung

Da die Benennung *Wörterbuch der Wortbildungsmittel* als Wörterbuchtitel und damit als selbstgewählte Bezeichnung von Lexikographen für ihr Produkt bisher nicht belegt ist und auch ein Typus 'Wörterbuch der Wortbildungsmittel' relativ jung und nur in wenigen Exemplaren (fürs Deutsche, Englische, Französische und Russische vgl. 4.1.) vertreten ist, wird im folgenden zunächst (2.) dieser Typus in seinen Charakteristika, Zielen und Problemen theoretisch entworfen. Anschließend (3.) wird kurz auf einige der derzeit vorliegenden (Teil-) Realisationen eines solchen Konzepts eingegangen.

2. Entwurf des Wörterbuchtypus 'Wörterbuch der Wortbildungsmittel'

2.1. Wörterbuchgegenstand/Makrostruktur

Im vorliegenden Zusammenhang wird der

Ausdruck *Wortbildungsmittel* terminologisch weitestgehend auf eine ganz bestimmte morphosyntaktische Klasse lexikalischer Einheiten (mit entsprechenden Subklassen) eingeengt. Alle anderen Charakterisierungen des Wörterbuchgegenstandes 'Wortbildungsmittel' sind der morphosyntaktischen gegenüber sekundär bzw. von ihr abhängig.

Hinsichtlich ihrer unterschiedlichen Verwendung/Verwendbarkeit in der Wortbildung hauptsächlich zu unterscheidende morphosyntaktische und hinsichtlich eines Wörterbuchgegenstandes 'Wortbildungsmittel' relevante Klassen sind im Deutschen und ähnlich in zahlreichen anderen Sprachen

— potentiell selbständig, d. h. nicht nur, sondern auch in Wortprodukten auftretende lexikalische Einheiten: Wörter/Wortstämme/Lexeme (im folgenden: Lexeme). Dabei wird die Verknüpfung/Verknüpfbarkeit mit Flexiven zur Bildung von Wortformen nicht als Beeinträchtigung potentieller Selbständigkeit gewertet. Beispiele fürs Deutsche: *Haus* (auch in z. B. *Haustür*), *müde* (auch in z. B. *hundemüde*), *rationalisieren* (auch in z. B. *überrationalisieren*), *grün* (auch in z. B. *gelbgrün*), *her* (auch in z. B. *herauf, hergeben*)

— prinzipiell gebunden, d. h. nur in Wortbildungsprodukten auftretende lexikalische Einheiten: Wortbildungselemente/Formantien/Kombineme (im folgenden: Kombineme). Dabei wird die Verknüpfung mit Flexiven zur Bildung von Wortformen nicht als Gebundenheit gewertet. (Beispiele siehe im folgenden bei der Vorstellung der Subklassen.)

Als Klassen sind Lexeme und Kombineme deutlich und strikt unterschieden. Die Zuordnung bestimmter lexikalischer Einheiten zur Klasse der Lexeme bzw. der Kombineme ist jedoch im Einzelfall aufgrund empirisch feststellbarer Besonderheiten von deren Verwendung zur Bildung von Wortbildungsprodukten nicht immer unumstritten. Lexeme können nämlich — insbesondere im Deutschen — als Bestandteile von Komposita wie Kombineme reihenbildend auftreten und werden dann in der Wortbildungsliteratur gelegentlich *Affixoide* oder *Halbaffixe* genannt. Die Feststellung reihenbildender Verwendung allein reicht jedoch nicht zur Annahme des Kombinemstatus für die gebundene Verwendung des jeweiligen Lexems aus. Zwischen einzelnen Elementen der Klasse der Lexeme und der Klasse der Kombineme kann jedoch auch ein intralingualer sprachgeschichtlicher Zusammenhang derart bestehen, daß diese diachron (zumeist in der Reihenfolge: Lexem, Kombinem) auseinander hervorgehen und einander dabei ablösen oder in der Folge synchron nebeneinander (mindestens ein Lexem neben mindestens einem Kombinem) als Homonyme existieren, z. B. im Deutschen *-tum* aus ahd. *tuom*, *-los* neben bzw. aus *los(e)*, *Ismus* neben bzw. aus *-ismus*, *Video* neben bzw. aus *video-*, *-werk* aus bzw. neben *Werk*. Kombineme dieser Art werden in der Wortbildungsliteratur ebenfalls, und zwar relativ häufig, *Affixoide* oder *Halbaffixe* genannt. Damit aber solche lexikalischen Phänomene als mehrere homonyme Einheiten (und nicht wie die reihenbildenden Lexeme als jeweils eine Einheit mit mehreren — aktuellen — Verwendungsmöglichkeiten) gelten, muß 'hinreichende' semantische/funktionale Unterschiedenheit vorliegen. Die Unterscheidung dieser Kombineme von den reihenbildenden Lexemen kann daher, d. h. infolge der Einbeziehung von semantischen/funktionalen Aspekten unter die unterscheidungsleitenden Kriterien (Was heißt 'hinreichend' semantisch/funktional unterschieden?), nie strikt sein. — Dem Phänomen der Homonymie zwischen sprachgeschichtlich verwandten lexikalischen Einheiten einer Sprache vergleichbar ist das Phänomen der interlingualen Heteronymie zwischen etymologisch — also infolge lexikalischen Transfers zwischen verschiedenen Sprachen — verwandten Einheiten, z. B. zwischen dt./engl./frz. *anti-* und griech. *anti* oder dt. *-(o)therm/therm(o)-* (bzw. dessen z. B. englischen oder französischen Äquivalenten) und griech. *thermos* oder *therme*. Auch in solchen Fällen kann unterschiedliche morphosyntaktische Verwendung/Verwendbarkeit der einzelnen Einheiten feststellbar und demzufolge deren Zuordnung zu unterschiedlichen morphosyntaktischen Klassen adäquat sein. Dabei läßt sich wiederum im allgemeinen das Kombinem aus dem Lexem ableiten. Im Unterschied zu den oben beschriebenen intralingualen Homonymen sind solche interlingualen Heteronyme allerdings auch ohne 'hinreichende' semantische Unterschiedenheit ihren jeweiligen morphosyntaktischen Klassen eindeutig und strikt zuordenbar, da diese ja als zwei sprachlichen Systemen zugehörig keinesfalls als eine lexikalische Einheit betrachtet werden können. — In jedem Fall sind Kombineme, sofern sie hinsichtlich ihres Kombinemstatus das Ergebnis sprachgeschichtlicher Prozesse darstellen, als solche erkennbar nur bei konsequent synchronfunktionaler, nicht jedoch bei etymologisierender Sprachbetrachtung, wie sie insbesondere für lexikalische Transferphänomene bis heute häufig anzutreffen ist.

Da Lexeme als von jeher allgemein anerkannte und von daher prototypische Klasse von lexikalischen Einheiten traditionell und bis in jüngste Zeit den Hauptgegenstand von Wörterbüchern darstellen und damit alle gängigen Wörterbücher Wörterbücher der Wortbildungsmittel wären, scheint eine solche morphosyntaktische Bestimmung des Wörterbuchgegenstandes 'Wortbildungsmittel' — wiewohl einengend gegenüber der Gesamtmenge der lexikalischen Einheiten —

128. Das Wörterbuch der Wortbildungsmittel

wenig sinnvoll. Anders steht es mit den Kombinemen, deren lexikalischer Charakter bisher weit weniger allgemein zur Kenntnis genommen wurde und bis heute in seiner Vergleichbarkeit mit demjenigen der Lexeme nicht unumstritten ist. Diese sollen deshalb im folgenden unter der Voraussetzung ihrer Zugehörigkeit zum Lexikon (vgl. 2.2.) im oben erläuterten engeren Sinne als die Klasse der Wortbildungsmittel und damit als Gegenstand eines Wörterbuchs der Wortbildungsmittel gelten. Reihenbildende Lexeme können unter Umständen als besonders wortbildungsrelevante (und im Einzelfall möglicherweise als Übergangsphänomene zu betrachtende) Lexemklasse in die Menge der Lemmakandidaten für ein Wörterbuch der Wortbildungsmittel aufgenommen werden.

Hauptsubklassen der Kombineme sind
— Affixe, d. h. Kombineme, die immer positionsgebunden hinsichtlich der Basis eines Lexems (und zwar initial oder terminal = prä- oder postbasisch) auftreten müssen und nicht basisfähig sind, also nicht mit nur einem weiteren Affix ein Lexem bilden können, mit den positionsbezogenen Subklassen der Präfixe (initiale Affixe) und der Suffixe (terminale Affixe). Beispiele fürs Deutsche: *ver-, um-, re-, meta-, -keit, -lich, -(is)ieren, -ist, -itis*.

— Wortbildungsstämme/Konfixe (im folgenden: Konfixe), d. h. Kombineme, die in unterschiedlicher (insbesondere in initialer und/oder terminaler) Position innerhalb einer Kombination in wortbildender Verknüpfung mit (mindestens) einem anderen Konfix oder einem Lexem auftreten können und zugleich basisfähig sind. Beispiele fürs Deutsche: *-(o)phil/phil(o)-, -(o)therm/therm(o)-, video-*.

Aspekte des Wörterbuchgegenstandes, die in Abhängigkeit von seiner morphosyntaktischen Charakterisierung als der Menge der Kombineme festgestellt werden und Einfluß auf die Anlage eines Wörterbuchs der Wortbildungsmittel haben können, sind
— die (etymologische) Herkunft der Kombineme: indigen vs. entlehnt. — Kombineme sind häufig entlehnte lexikalische Einheiten. Insbesondere Konfixe treten — anders als die Affixe, die in der indigenen wie in der Lehn-Wortbildung gleichermaßen feststellbar sind — (zumindest im Deutschen) ausschließlich in entlehnten komplexen Wörtern, d. h. in Wortbildungsprodukten einer Herkunfts- oder Ursprungssprache, und in Lehnwortbildungsprodukten, d. h. in Wortbildungsprodukten mit entlehnten Bestandteilen, auf, wobei sie in ersteren nur als sekundär-analytisch (durch die syntaktisch-semantische Wortstruktur) konstituierte, in letzteren auch als primär-synthetisch (durch die morphologische Wortgenese) konstituierte existieren. — Systematischer Charakter ist z. B. der deutschen Lehn-Wortbildung und entsprechend Zugehörigkeit zum deutschen Lexikon entlehnten Kombinemen erst in jüngster Zeit zuerkannt worden, nachdem zuvor der bis heute virulente Sprachpurismus diese wie überhaupt die sog. Fremdwörter (= entlehnte Wörter + Lehn-Wortbildungsprodukte) weitestgehend aus der Betrachtung und Beschreibung des Deutschen ausgeschlossen hatte (vgl. auch 2.2.). — Bei den entlehnten Kombinemen kann unterschieden werden zwischen solchen, die (direkt oder indirekt) aus dem Griechischen/Lateinischen übernommen wurden, und solchen, die (direkt oder indirekt) aus anderen als den klassischen Sprachen übernommen wurden. Besonders im ersten Fall handelt es sich häufig um sog. Internationalismen, d. h. um Einheiten, die in anderen modernen Sprachen formale und inhaltliche Äquivalente haben (vgl. z. B. zu einigen der oben fürs Deutsche exemplarisch erwähnten Affixe bzw. Konfixe die englischen bzw. französischen Äquivalente: *meta-, -ist, -itis, -phil/phil(o)-, -therm/therm-, video-* bzw. *méta-, -iste, -ite, -phile/phil(o)-, -therme/therm(o)-, vidéo-*).

— die Varietätenzugehörigkeit der Kombineme: gemeinsprachlich vs. fachsprachlich. Speziell Konfixe sind vor allem in bestimmten Fachsprachen und dort sehr zahlreich vertreten. Dabei wiederum stellen die naturwissenschaftlich-technischen Fächer (Biologie, Medizin, Chemie etc.) das umfangreichste Kontingent. Den lexikalischen Inventaren der Fachsprachen und deren zunehmender Überschneidung mit dem Lexikon der Gemeinsprache hat sich die sprachwissenschaftliche Aufmerksamkeit (zumindest fürs Deutsche) ebenfalls erst in neuerer Zeit zugewandt, nachdem sie diese zuvor lange Zeit als peripher eingestuft und entsprechend von der Sprachbetrachtung und -beschreibung weitestgehend ausgeschlossen hatte (vgl. auch 2.2.).

Aus diesen primären und sekundären Charakterisierungen des Gegenstandes für ein Wörterbuch der Wortbildungsmittel geht nicht nur hervor, daß dieses durch die Beschreibung von bisher nicht, kaum oder wenigstens nicht lexikographisch Beschriebenem lexikographisches Neuland betritt, sondern daß ihm in hohem Maße auch die Aufgabe zukommt, eine definitorische und terminologische Klärung lexikologischer und wortbildungstheoretischer Kategorien im sprachlichen Wissen von Sprachfachleuten wie von sog. normalen Sprachteilhabern herbeizuführen.

2.2. Wortbildungstheoretische/lexikologische Annahmen über die syntaktisch-semantische Struktur von Wortbildungsprodukten als Voraussetzung für ein Wörterbuch der Wortbildungsmittel

Damit Kombineme als Wörterbuchgegenstand in Frage kommen, müssen sie als lexikalische Einheiten betrachtet werden (vgl. 2.1.), d. h. es muß von der Annahme ausgegangen werden, daß (zumindest bestimmte) Wortbildungsprodukte (bzw. zumindest bestimmte ihrer sprachgeschichtlichen Erscheinungsformen) bei kommunikativem (produktivem oder rezeptivem) oder metakommunikativem Bedarf mit Erfolg als kompositionelle/reguläre Kombinationen konstituiert und interpretierbar sind, dergestalt daß sie eine ihrer genetischen Synthese entsprechende Analysierbarkeit bzw. eine syntaktisch-semantische Strukturierung und kleinere formale und semantische Teile, u. a. Kombineme, aufweisen, über die Sprachteilhaber produktiv und rezeptiv disponieren und zur adäquaten oder wenigstens annähernden Konstitution der Bedeutung des (gegenwärtigen oder einer älteren Sprachstufe angehörenden) Ganzen als auf Bekanntes, weil Lexikalisiertes, motivierend zurückgreifen können bzw. konnten. Die Existenz von Kombinemen als lexikalischen Einheiten ist also in der Annahme kommunikativ relevanter Teil-Ganzes-Strukturen und -Relationen innerhalb von genetisch komplexen Wörtern begründet. — Damit nun entlehnte Kombineme, die (wie unter 2.1. erläutert) — im Deutschen, aber auch in anderen Sprachen — unter den Kombinemen besonders zahlreich vertreten sind, als lexikalische Einheiten bzw. Lemmakandidaten in Frage kommen, muß (anders als das bisher im allgemeinen der Fall ist) von der Annahme ausgegangen werden, daß auch (zumindest bestimmte) entlehnte komplexe Wörter und Lehn-Wortbildungsprodukte (oder wenigstens bestimmte ihrer sprachgeschichtlichen Erscheinungsformen) in derselben Weise wie Wortbildungsprodukte aus indigenen Bestandteilen als Kombinationen aus (rezeptiv und produktiv) disponiblen morphologischen Teilen konstituiert und interpretierbar sind. Diese Annahme dürfte freilich — zumindest fürs Deutsche — nicht zuletzt aufgrund des schon erwähnten bis heute virulenten Sprachpurismus und entsprechend fehlender Sprachkodifikation und Spracherziehung in diesem Bereich, aber auch aufgrund der Fachsprachlichkeit zahlreicher entlehnter Wörter und Lehn-Wortbildungsprodukte und der sie konstituierenden Kombineme — für den sog. normalen Sprachteilhaber häufig nicht realistisch sein. Allerdings könnte diesem Zustand vermutlich (z. B. durch entsprechende lexikographische Hilfsmittel und schulische Didaktik) durchaus abzuhelfen sein — wofür nicht zuletzt die auch ohne besondere Maßnahme im Bereich der Gemeinsprache ständig zunehmende Verwendung dieser Wortbildungsmittel spricht. Daß diese Annahme jedoch auch heute schon für zahlreiche Sprachteilhaber der Fachsprachen und der Bildungssprache zutrifft, ist eindeutig an der großen Zahl einschlägiger Neologismen, die entlehnte Kombineme als Wortbildungsmittel aufweisen, feststellbar. Dabei schließt die produktive Verfügbarkeit über entlehnte Kombineme für diese Sprachteilhaber die rezeptive Verfügbarkeit sicher ein; umgekehrt dürfte bei Sprachteilhabern, die Probleme mit der produktiven Verfügbarkeit haben, auch die rezeptive nicht ohne Schwierigkeiten sein.

2.3. Wörterbuchadressaten/Benutzerkreis

Aufgrund des z. T. eher fach- und bildungssprachlichen Gegenstands (vgl. 2.1.) kommen als Adressaten eines Wörterbuchs der Wortbildungsmittel außer Sprachwissenschaftlern und Wissenschaftlern verwandter Disziplinen, sofern sie mit sprachlichen Problemen zu tun haben, vor allem Sprachfachleute (Terminologen, Übersetzer etc.) in Betracht sowie Fachleute unterschiedlichster Disziplinen, sofern sie mit sprachlichen Problemen zu tun haben. Darüber hinaus natürlich alle Sprachteilhaber, die Wörter — aus irgendeinem Anlaß — kompositionell konstituieren oder interpretieren (wollen).

2.4. Wörterbuchbenutzungssituationen und Wörterbuchziel

Unter der Annahme kommunikativ (produktiv und rezeptiv) relevanter Kompositionalität/Regularität von Wortbildungsprodukten (vgl. 2.2.) erscheint das Wörterbuch der Wortbildungsmittel bei synchron-gegenwartsbezogener Beschreibungsperspektive ebenso geeignet zur Unterstützung des produktiven wie des rezeptiven Umgangs mit Sprache. Indem es lexikalische Einheiten identifiziert und beschreibt, die zur Konstitution und Interpretation von nicht lexikalisierten Wörtern herangezogen werden können, fördert es den kommunikativen Umgang mit diesen, unabhängig davon, ob diese absolut neu, d. h. Neologismen einer Sprachgemeinschaft, oder ob diese bestimmten Sprachteilhabern/Sprachteilhabergruppen neu, weil für diese nicht usuell sind. Über die Fähigkeit zur Disposition über einzelne lexikalische Einheiten dürfte ganz allgemein auch die Fähigkeit zum unproblematischen Umgang mit Wortbildungsprozessen und Wortbildungsstrukturen verbessert und dadurch über aktuelle Hilfestellung hinaus eine Erweiterung der lexikalischen und Wortbildungskompetenz von Wörterbuchbenutzern erreicht werden. Die Darstellung von Kombinemen im Wörterbuch hat dabei nicht zuletzt durch die Dokumentation von bisher lexikographisch nicht Beschriebenem eine kodifizierende, standardisierende Wirkung, die eine kommunikativ kooperative, im Falle der sog. Internationalismen sogar international kompatible Weiterentwicklung z. B. fachsprachlicher Terminologien fördern könnte. Es ist damit zu erwarten, daß das Wörterbuch der Wortbildungsmittel insgesamt die Fähigkeiten von Sprachteilhabern zur reaktiven und aktiven Bewältigung des (nicht nur im Bereich der Fachsprachen) ständig zunehmenden sprachlichen Ausdrucksbedarfs auf Wortebene (vor allem Bedarf an Benennungen) entscheidend erhöht. — Bei diachroner Beschreibungsperspektive dient das Wörterbuch der Wortbildungsmittel der Erweiterung sprachlichen Wissens über die Geschichte von Kombinemen und Wortbildungsprodukten und damit gegebenenfalls der Erklärung bestimmter Aspekte der jeweils synchron beobachtbaren Formen und Funktionen.

2.5. Beschreibungsprinzipien und Textbausteine im Wörterbuchartikel/Mikrostruktur

Spezifisch für die (identifizierende und prädizierende) Darstellung des Wörterbuchgegenstandes 'Kombineme' ist, daß sie — soll sie adäquat sein — in direktem Zusammenhang steht mit der definitorisch (vgl. 2.2.) festgelegten Charakteristik der Kombineme als Teile eines komplexen Ganzen, wobei entsprechend der (als Bedingung der Existenz von Kombinemen als lexikalischen Einheiten betrachteten) Annahme der Kompositionalität/Regularität von Wortbildungsprodukten von solchen Teilen eines Ganzen in formaler und in semantischer Hinsicht auszugehen ist. Daraus ergibt sich notwendig als Grundprinzip der adäquaten Darstellung von Kombinemen der Einstieg in eine Art von Teil-Ganzes-Beschreibungszirkel. Anders gesagt: Adäquate Darstellung von Kombinemen muß konstruktiv sein. Das bedeutet zum einen, daß Kombineme immer als Teile von etwas, d. h. als Teile aus etwas oder für etwas, beschrieben werden müssen und daß Form und Funktion des jeweiligen Teils nur in Hinsicht auf ein jeweiliges Ganzes dargestellt werden können. Das bedeutet zum anderen, daß Form und Funktion von Kombinemen nur durch Analyse der — kompositionell interpretierbaren — Wortbildungsprodukte, in denen Kombineme als Teile vorkommen, d. h. von vorhandenen Kombinationen, für die Beschreibung gewonnen werden können, und daß diese Kombinationen ebenso wie die jeweils anderen Bestandteile in irgendeiner Form in die Darstellung der Kombineme im Wörterbuch (z. B. in entsprechenden eigenen Textbausteinen) eingehen müssen. Insbesondere ist in diesem Zusammenhang darauf zu achten, daß nicht infolge der Vermischung der synchronen mit der diachronen Beschreibungsperspektive funktionale durch etymologisierende Darstellung ersetzt wird. Das heißt: Bei Kombinemen, die aufgrund sprachgeschichtlicher Entwicklungen Homonyme zu Lexemen oder Kombinemen innerhalb derselben Sprache oder die Heteronyme zu Lexemen oder Kombinemen in einer anderen Sprache (Herkunfts- oder Ursprungssprache) darstellen, darf für die konstruktive Darstellung der Kombineme nicht automatisch auf 'ursprüngliche', 'eigentliche' Formen und Bedeutungen zurückgegriffen werden. Form und Funktion eines Kombinems müssen vielmehr jeweils synchron ermittelt und dargestellt werden. Darüber hinaus ist bei gegenwartsbezogener Beschreibungsperspektive besonders auf sog. demotivierte Wortbildungsprodukte (wie z. B. dt. *Antibiotikum, Idiosynkrasie, Metapher*) zu achten, in denen das lemmatisierte Kombinem (wie z. B. dt. *bio-, syn-, meta-*) u. U. zwar noch als formaler, nicht aber als semantischer Teil feststellbar ist. — Registern der Wortbildungsprodukte, die in den Wörterbuchartikeln erwähnt werden, ist zur Hinführung auf Artikel zu nicht initial verwendeten Kombinemen besonderer Wert für ein Wörterbuch der Kombineme beizumessen.

3. Vorhandene Wörterbücher der Wortbildungsmittel (in Auswahl)

Von den wenigen (für die Sprachen Deutsch, Englisch, Französisch, Russisch) vorhandenen Wörterbüchern, die Kombineme lemmatisieren (vgl. 4.1.), sind im folgenden einige (Werner 1968, Cottez 1980, Urdang 1982 und 1984) für eine exemplarische Betrachtung herausgegriffen. — Alle in Rede stehenden Wörterbücher verzeichnen eine Auswahl von Affixen und Konfixen der jeweiligen Gegenwartssprache, Urdang 1982 und 1984 auch reihenbildende Lexeme. Diese werden entweder insgesamt in konsequent alphabetischer Anordnung in einem Inventar (Cottez: Kombineme) oder in zwei (Urdang 1982 und 1984: initiale und terminale Kombineme) oder drei (Werner: Präfixe, Suffixe und Konfixe) jeweils in sich alphabetisch (vereinzelt — Urdang 1982 — rückläufig) geordneten (in einer Publikation zusammengefaßten oder auf mehrere Publikationen verteilten) Inventaren behandelt. Im ersten und zweiten Fall erscheinen Konfixe gegebenenfalls an (mindestens) zwei Stellen der Makrostruktur als mehrere lexikalische Einheiten. Während allerdings im Falle der konsequent alphabetischen Anordnung aller Kombineme (Cottez) konfixale Aspekte durch die Häufung von Artikeln zu Kombinemen mit ähnlichen lautlichen/graphemischen Signifikanten indirekt deutlich werden, fehlt bei der gesonderten Darstellung von in sich alphabetisch angeordneten initialen bzw. terminalen Kombinemen (Urdang 1982 und 1984) ein solcher quasi optischer Hinweis vollkommen: Konfixe bleiben damit schon makrostrukturell als Klasse völlig unerkennbar. — Präfixe bzw. Suffixe werden in den betrachteten Wörterbüchern entweder (mit Hilfe der jeweils sprachüblichen Benennungen) als Präfixe bzw. Suffixe bezeichnet (Werner, Cottez) oder mit Hilfe eines attributiv erweiterten Hyperonyms (*word-initial* bzw. *word-final combining element/form*) angesprochen (Urdang 1982 und 1984), das in diesen Fällen dann auch zur Charakterisierung von Konfixen herangezogen wird. Bei Cottez werden die Konfixe ebenfalls durch ein Hyperonym *(formant)* morphosyntaktisch klassifiziert. Außer bei Werner wird damit auf eine explizite morphosyntaktische Abgrenzung der Konfixe von den Affixen verzichtet. Bei Cottez ist der Konfixstatus eines Lemmas allenfalls ex negativo (weil Konfixe nicht als Präfixe oder Suffixe bezeichnet werden) aus der lexikographischen Darstellung zu entnehmen. Bei Urdang 1982 und 1984 dagegen sind Affixe und Konfixe als Klassen mit deutlich unterschiedenen morphosyntaktischen Verwendungsregeln für deren Elemente auch aus der Mikrostruktur völlig unerkennbar. — Was die (etymologische) Herkunft der Lemmata betrifft, so verzeichnen die betrachteten Wörterbücher ausschließlich (Werner, Cottez) oder vorwiegend (Urdang 1982 und 1984) entlehnte Kombineme, und zwar vor allem Internationalismen griechischen/lateinischen Ursprungs. Sprachgeschichtliche (zum Teil — Cottez, Urdang 1982 und 1984 — relativ umfangreiche und detaillierte) Angaben in den jeweiligen Wörterbuchartikeln tragen der Tatsache der exogenen Herkunft Rechnung. Auf gegebenenfalls vorhandene internationale Äquivalente wird dabei nicht (es sei denn über die Etymologie) hingewiesen.

Was die Varietätenzugehörigkeit der Lemmata betrifft, so werden ausschließlich (Werner) oder überwiegend fach-/bildungssprachliche Kombineme bzw. Kombineme in ihrer fach-/bildungssprachlichen Erscheinungsform verzeichnet. Dabei ist der naturwissenschaftlich-technische Bereich besonders stark vertreten. Wo nicht der Gesamtrahmen der Publikation dies durch entsprechende Spezialisierung der Lemmaauswahl ohnehin überflüssig macht, wird im Wörterbuchartikel auf spezielle Verwendungsbereiche für einzelne Lemmata explizit hingewiesen. — Aus der semantischen Erläuterung der Lemmata ist im allgemeinen die Tatsache, daß Kombineme Teile eines komplexen Ganzen darstellen, nicht zu erkennen. Das heißt,

> 867 -some^1 An adjective-forming word-final element, derived through Middle English *-som* from Old English *-sum* 'same,' used in the sense of 'characterized by an action, state, or quality' named by the combining root: **awesome, lonesome, troublesome.** Related forms: -someness, -somely.

Textbeispiel 128.1: Wörterbuchartikel (aus: Urdang 1982, 151)

2. MÉT(A)-

«(Qui est, ce qui est) au-delà de [ce que désigne le formant qui suit]»

De *1. Méta-* pris figurément, ce qui est «au-delà» étant ce qui dépasse et englobe. EMPR. *Métaphysique,* XIVᵉ, latin scolastique *metaphysica,* formation sav. sur le syntagme prépositionnel grec μετά (τά) φυσικά [meta (ta) phusika], «après les choses de la nature». PROD. *Métempirique,* 1867. *Métapsychique,* 1907. *Métamorale,* 1908.

Textbeispiel 128.2: Wörterbuchartikel (aus: Cottez 1980, 249)

die jeweilige lexikographische Formulierung der semantischen Verwendungsregeln für bestimmte Kombineme zeigt wenig Konstruktivität (vgl. z. B. Werner 1968, 190 — „fodi-[...], Tiere, die in der Erde graben" oder Cottez 1980, 250 ≪Métop(o)- 'Front' ≫). — Die Darstellung der Kombineme enthält allerdings generell vorhandene Kombinationen als Verwendungsbeispiele (und damit exemplarisch auch solche Einheiten, die zur Verknüpfung mit den jeweiligen Kombinemen in Frage kommen). Cottez unterscheidet dabei als einziger zwischen entlehnten Wortbildungsprodukten und Lehn-Wortbildungsprodukten.

An weiteren Angaben zu den angeführten Kombinationen finden sich relativ durchgehend Hinweise auf die Wortart der Wortbildungsprodukte mit den lemmatisierten terminalen Kombinemen, gelegentlich (Urdang 1982 und 1984) auch solche zur etymologischen Homogenität bzw. Heterogenität. Auf semantische Angaben oder wenigstens Kommentare zu Kombinationen wird generell verzichtet. Daraus ergeben sich für den Wörterbuchbenutzer u. U. große Interpretationsprobleme, sofern ihm die Bedeutung dieser Wortbildungsprodukte nicht bekannt ist und die Bedeutungserläuterung zum Kombinem zu deren Motivation nicht ausreicht (vgl. z. B. den als Textbeispiel 128.2 abgebildeten Artikel 2. **mét(a)-** mit den fachsprachlichen Kombinationen *métempirique, métapsychique* und *métamorale* als Verwendungsbeispielen). Auch darin ist ein gewisses Defizit an Konstruktivität der Darstellung der Kombineme erkennbar. Dies ist insbesondere dann der Fall, wenn es sich bei dem fraglichen Wortbildungsprodukt um eine sog. demotivierte Kombination handelt (z. B. *métropole* als Verwendungsbeispiel zu ≪4. **métro-** Mère [comme qualificatif de ce que désigne le formant qui suit]≫ in Cottez 1980, 252). — Zu den Basen bzw. jeweiligen anderen Bestandteilen von Kombinationen mit den lemmatisierten Kombinemen wird generell keine Information gegeben — es sei denn über ihre etymologische Herkunft. — Von den betrachteten Wörterbüchern enthält Werner außer den Artikeln zu den lemmatisierten Kombinemen ein Kombinationsregister, das auf Artikel zu nicht initial verwendeten Konfixen hinführt, sowie weitere Abschnitte zur Einführung in die Lehn-Wortbildung in den biologischen Wissenschaften. Cottez ist im Anschluß an die Artikel zu den Kombinemen mit einem 'onomasiologischen' Teil ausgestattet, der eine Auswahl von nicht entlehnten Äquivalenten zu den lemmatisierten Kombinationen anbietet. Damit soll der produktive Umgang mit den Lemmata unterstützt werden. Urdang 1982 und 1984 weisen ein alphabetisches Register aller Lemmata in allen Varianten, aller Querverweise innerhalb der Artikel, aller Verwendungsbeispiele, aller Etyma von Kombinemen sowie der in den Bedeutungserläuterungen präsentierten Sememe auf.

4. Literatur (in Auswahl)

4.1. Wörterbücher

Bouffartigue 1982 = Jean Bouffartigue/Anne-Marie Delrieu: Trésors des racines latines. Paris 1982 [335 S.].

Bouffartigue 1982a = Jean Bouffartigue/Anne-Marie Delrieu: Trésors des racines grecques. Paris 1982 [285 S.].

Cailleux/Komorn 1981 = André Cailleux/Jean Komorn: Dictionnaire des Racines Scientifiques. Paris 1981 [263 S.; 3. Aufl.].

Cellard 1979/1980 = Jacques Cellard: Les 500 racines grecques et latines les plus importantes du vocabulaire français. 1. Racines grecques. Paris 1979 [92 S.]. 2. Racines latines. Paris 1980 [192 S.].

Cottez 1980 = Henri Cottez: Dictionnaire des structures du vocabulaire savant. Éléments et modèles. Paris 1980 (les usuels du Robert) [515 S.].

Kuznecova/Efremova 1986 = Ariadna Ivanovna Kuznecova/Tat'jana Fedorovna Efremova: Slovar' morfem russkogo jazyka (Wörterbuch der Morpheme der russischen Sprache). Moskau 1986 [1136 S.].

Morvan 1985 = Roger G. Morvan: Le petit Retz Morvan. Paris 1985 [142 S.; 9—66, Les éléments].

Stepanova 1979 = Marija Dmitrievna Stepanova u. a.: Slovar' slovoobrazovatel'nych elementov nemeckogo jazyka (Wörterbuch der Wortbildungselemente der deutschen Sprache). Moskau 1979 [536 S.].

Urdang 1982 = Laurence Urdang: Suffixes and Other Word-Final Elements of English. Detroit 1982 [363 S.].

Urdang 1984 = Laurence Urdang: Prefixes and Other Word-Initial Elements of English. Detroit 1984 [533 S.].

Werner 1968 = Fritz Clemens Werner: Wortelemente lateinisch-griechischer Fachausdrücke in den biologischen Wissenschaften. Frankfurt 1968 [475 S.; 1. Aufl. 1956 unter dem Titel: Wortelemente lateinisch-griechischer Fachausdrücke in der Biologie, Zoologie und vergleichenden Anatomie; auch als Taschenbuch 1972].

4.2. Sonstige Literatur

Holly 1985 = Werner Holly: Wortbildung im Deutschen. Forschungsbericht. In: Zeitschrift für Germanistische Linguistik 13. 1985, 89—108.

Hoppe/Kirkness/Link u. a. 1987 = Gabriele Hoppe/Alan Kirkness/Elisabeth Link/Isolde Nortmeyer/Wolfgang Rettig/Günter Dietrich Schmidt: Deutsche Lehnwortbildung. Beiträge zur Erforschung der Wortbildung mit entlehnten WB-Einheiten im Deutschen. Tübingen 1987 (= Forschungsberichte des Instituts für deutsche Sprache, Bd. 64).

Leclerc 1980 = Gilles Leclerc: Il y a phobie et *phobie*. Numéro spécial de Néologie en marche 16. Québec 1980.

Link 1983 = Elisabeth Link: Fremdwörter — der Deutschen liebste schwere Wörter? In: Deutsche Sprache 11. 1983, 47—77.

Link 1985 = Elisabeth Link: Wortbildung im Fachwörterbuch. In: Deutscher Dokumentartag 1984. Darmstadt vom 9. bis 12. 10. 1984. Perspektiven der Fachinformation. Programme — Praxis — Prognosen. München. New York. London. Paris 1985, 288—307.

Link 1988 = Elisabeth Link: Lehnwortbildung im Wörterbuch. In: Das Wörterbuch: Artikel und Verweisstrukturen. Jahrbuch 1987 des Instituts für deutsche Sprache. Düsseldorf 1988 (= Sprache der Gegenwart, Bd. 74), 223—264.

Michler/Benedum 1972 = Markwart Michler/Jost Benedum: Einführung in die medizinische Fachsprache. Medizinische Terminologie für Mediziner und Zahnmediziner auf der Grundlage des Lateinischen und Griechischen. Berlin. Heidelberg. New York 1972.

Motsch 1982 = Wolfgang Motsch: Wortbildungen im einsprachigen Wörterbuch. In: Erhard Agricola/Joachim Schildt/Dieter Viehweger (Hrsg.): Wortschatzforschung heute. Aktuelle Probleme der Lexikologie und Lexikographie. Leipzig 1982, 62—71.

Müller 1982 = Wolfgang Müller: Wortbildung und Lexikographie. In: Studien zur neuhochdeutschen Lexikographie II. Hrsg. von Herbert Ernst Wiegand, Hildesheim. New York 1982 (= Germanistische Linguistik 3—6/80), 153—188.

Neubert/Reinhard/Schütze u. a. 1984 = Gunter Neubert/Werner Reinhard/Ruth Schütze/Annekathrin Witzmann: Das deutsche Fachwort der Technik. Bildungselemente und Muster. Sammlung und Ratgeber für die Sprachpraxis. Leipzig 1984.

Norm DIN 2332 1988 = Norm DIN 2332: Benennen international übereinstimmender Begriffe. Hrsg. vom Normenausschuß Terminologie (NAT) im DIN Deutsches Institut für Normung e. V. Berlin. Köln 1988.

Nybakken 1979 = Oskar E. Nybakken: Greek and Latin in Scientific Terminology. 8. Aufl. Iowa 1979.

Ortner 1984 = Hanspeter Ortner: Neuere Literatur zur Wortbildung. In: Deutsche Sprache 12. 1984, 141—158.

Polenz 1980 = Peter von Polenz: Wortbildung. In: Hans Peter Althaus/Helmut Henne/Herbert Ernst Wiegand (Hrsg.): Lexikon der Germanistischen Linguistik. 2. vollständig neu bearb. und erw. Aufl. Tübingen 1980, 661—671.

Porep/Steudel 1974 = Rüdiger Porep/Wolf-Ingo Steudel: Medizinische Terminologie. Ein programmierter Kurs zur Einführung in die medizinische Fachsprache. Stuttgart 1974.

Redard o. J. = Paul Redard: Manuel pour l'étude méthodique des principales racines gréco-latines. Bern o. J.

Rettig 1987 = Wolfgang Rettig: Wortbildung im Wörterbuch: die Wortbildungslehre zwischen Entlehnungslehre und Lexikologie. In: Wolf Dietrich/Hans-Martin Gauger/Horst Geckeler (Hrsg.): Grammatik und Wortbildung romanischer Sprachen. Tübingen 1987 (= Tübinger Beiträge zur Linguistik, Bd. 297), 203—209.

Tellenbach 1985 = Elke Tellenbach: Wortbildungsmittel im Wörterbuch. Zum Status der Affixoide. In: Werner Bahner u. a. (Hrsg.): Beiträge zu theoretischen und praktischen Problemen in der Lexikographie der deutschen Gegenwartssprache. Berlin (Ost) 1985 (= Linguistische Studien, Reihe A, H. 122), 264—315.

Elisabeth Link, Mannheim
(Bundesrepublik Deutschland)

129. Erbwortbezogene Wörterbücher im Deutschen

1. Gesellschaftliche Voraussetzungen
2. Prüfung einiger Einzeltraditionen deutscher Lexikographie
3. Niederschläge des Erbwortbezugs im allgemeinen einsprachigen Wörterbuch
4. Literatur (in Auswahl)

1. Gesellschaftliche Voraussetzungen

1.1. Die Formulierung des Titels des vorliegenden Artikels setzt das Faktum voraus, daß der Wortschatz des Deutschen in den meisten Ausprägungen des öffentlichen Sprachbewußtseins wie in dominanten Strömungen der Sprachwissenschaft nach dem Kriterium 'Herkunft' in zwei große Abteilungen untergliedert wird, nämlich den sog. Erbwortschatz einerseits und den Lehn- und Fremdwortschatz andererseits. Zum Erbwortschatz gehören alle diejenigen lexikalischen Einheiten, die sich etymologisch über die historischen Sprachstufen des Deutschen in direkter Linie auf das Westgermanische, danach auf das Urgermanische und möglichst oder per definitionem (so Mackensen 1988, 19) auf das Indogermanische zurückführen lassen. Das Lehn- und Fremdwort ist demgegenüber dadurch gekennzeichnet, daß es irgendwann einmal aus einer anderen Sprache — also gleichsam quer — in die gerne als eigenständig gesehene Linie der deutschen Sprachgeschichte eingestiegen ist, weniger hypostasierend ausgedrückt: übernommen wurde. Der Zeitpunkt der Übernahme und der Grad, in dem das übernommene Wort lautlich und graphisch, prosodisch, flexions- und wortbildungsmorphologisch, lexikalisch-semantisch und syntaktisch in die deutsche Sprache integriert wurde, sind dabei prinzipiell irrelevant, sie können allerdings unterschiedlich weitgehenden Nuancierungen im Detail dienen. — Mit der Feststellung des geistes- und wissenschaftsgeschichtlichen Faktums der genannten Einteilung des Wortschatzes ist hier selbstverständlich keine Aussage der Art verbunden, daß die Einteilung in der vorgetragenen globalen, weder nach Synchronie und Diachronie noch nach Ausdrucks- und Inhaltsseite differenzierenden Form sinnvoll oder überhaupt gar möglich wäre (vgl. dazu von Polenz 1967; zuletzt Kirkness 1986 mit der Begründung: „die Polarisierung in deutsches Wort und Fremdwort [...] hat wissenschaftlich ausgedient").

1.2. Erbwortbezogene Wörterbücher existieren in der Lexikographie sehr vieler Sprachen (vgl. z. B. Art. 7; 195; 209; 223). Wenn in diesem Handbuch dennoch nur für das Deutsche ein eigener diesbezüglicher Artikel angesetzt wird, dann spiegelt dies die Auffassung der Herausgeber, daß sich das damit angesprochene Phänomen in der Lexikographie des Deutschen besonders langfristig, soziologisch besonders breit und in sehr vielen versteckten Formen beobachten läßt. Keineswegs soll suggeriert werden, daß es Entsprechendes in der Wörterbuchgeschichte anderer, vor allem kleinerer und erst spät zur vollen Entfaltung ihrer Schriftlichkeit gekommener Sprachen nicht oder für einzelne Geschichtsphasen nicht sogar in extrem ausgeprägter Form gebe. Man vgl. folgende klassische Stelle bei de Vries 1882, LII:

De latinismen van vroegeren tijd, de gallicismen en anglicismen van onze dagen, maar bovenal het onmetelijk heir der germanismen: ziedaar vijanden, waarbij een onophoudelijk waken en strijden vereischt wordt. Stelt men prijs op een zuiveren, echt Nederlandschen stijl, wil men de taal in eere houden als de afspiegeling van den volksgeest: dan blijve het Woordenboek voor zulke vreemde inkruipsels met het scherpste toezicht gesloten. Ja, zelfs hiermede mogen wij niet volstaan. Het is niet genoeg den vijand te ontwijken: hij moet met den vinger worden aangewezen, opdat ieder op zijne hoede moge zijn. Daarom beijveren wij ons niet slechts het Woordenboek van alle barbarismen vrij te houden, maar ook bij voorkomende gelegenheden er opmerkzaam op te maken, en achten het wenschelijk, wanneer het werk eenmaal voltooid mocht zijn, eene alphabetische lijst van de meest gebruikelijke achteraan te plaatsen, ter bepaalde waarschuwing, met opgave tevens van de woorden, waardoor zij in goed Nederlandsch kunnen en moeten vervangen worden.
(Übs.: Die Latinismen der früheren Zeit, die Gallizismen und Anglizismen von heute, vor allem aber das unzählbare Heer der Germanismen: Es sind Feinde, gegen die unablässiges Wachen und Streiten gefordert ist. Legt man Wert auf einen reinen, echt niederländischen Stil, will man die Sprache als Spiegel des Volksgeistes in Ehren halten, dann bleibe das Wörterbuch solchen fremden Eindringlingen mit höchster Wachsamkeit verschlossen. Ja, selbst damit dürfen wir uns nicht begnügen. Es reicht nicht, dem Feind auszuweichen, man muß mit den Fingern auf ihn zeigen, so daß jeder auf der Hut sein kann. Darum bemühen wir uns nicht nur, das Wörterbuch von allen Barbarismen frei zu halten, sondern auch bei sich bietenden Gelegenheiten auf sie aufmerksam zu machen, und halten es für erwünscht, sobald das Werk einmal vollen-

det sein sollte, ihm eine alphabetische Liste der gebräuchlichsten Barbarismen anzuhängen, zur bestimmten Warnung und mit Angabe der Wörter, durch die sie in gutem Niederländisch ersetzt werden können und müssen).

1.3. Die erbwortbezogene Lexikographie des Deutschen steht in einer wissenschaftsgeschichtlichen Tradition und damit eng verbunden in einer Tradition des allgemeinen gesellschaftlichen Sprachbewußtseins, die sich an folgenden markanten Punkten besonders deutlich fassen läßt.

Stammwortauffassung der Barockzeit: Sie wurde in der Mitte des 17. Jhs. von den Vertretern der Fruchtbringenden Gesellschaft, insbesondere von Justus Georg Schottelius (z. B. 1663), entwickelt und besagt, daß das Deutsche in seiner Eigenschaft als *Hauptsprache* und im Gegensatz zu den abgeleiteten Sprachen (vor allem zum Französischen) über das sog. *Stammwort* verfüge. Dieses ist durch hohes Alter, hohe Anzahl (= *Reichtum* der Sprache), eine besondere Ableitungs- und Kompositionsfähigkeit, eine besondere Wirklichkeitsgemäßheit, Nichtbeeinflussung durch Fremdsprachen (= *Reinheit*) gekennzeichnet (vgl. Art. 28, 2.). Den Sprechern des Deutschen sollen diese Qualitäten bewußt gemacht werden, damit sie ihre Sprache in einer Zeit extrem starken Fremdworteinflusses und der damit vermeintlich verbundenen Infragestellung der Existenz der Nation erstens als Mittel zur symptomfunktionalen Markierung und Identifizierung als Deutsche nutzen können und damit sie sie zweitens als Garanten eines im Vergleich zu den sog. abgeleiteten Sprachen ungebrocheneren, qualitativ nicht nur anderen, sondern direkteren und damit höherwertigen Wirklichkeitszugangs in ihr kulturelles Handeln einbeziehen können. Neben der Symptomfunktion der Sprache wird die höhere (nicht nur: andere) Darstellungs- und Erkenntnisleistung des Deutschen propagiert; seine Sprecher bilden eine sich in der Sprache identifizierende Gruppe, die zugleich Kognitionsgemeinschaft von herausragender Qualität ist (Reichmann 1978). Mindestens das Fremdwort, bei strenger Auffassung aber auch das Lehnwort stören diesen Prozeß.

Fremdwortauffassung der Aufklärung: Das universalistische Bildungsideal der Aufklärung verlangt die Verbreitung jeder höheren Erkenntnis an jeden einzelnen, und zwar dem Anspruch nach unabhängig von dessen Herkunft, Stand und sonstigen sozialen Bindungen. Die Mittel dazu liefert eine lexikalisch die Gegebenheiten der Realität *deutlich* (d. h. möglichst im 1:1-Verhältnis) abbildende, grammatisch „richtige" und vor allem eine durch allgemeingültige Gebrauchsregeln allgemein verständliche Sprache. Hindernisse auf diesem Weg bilden alle gruppengebundenen sprachlichen Mittel; auf lexikalischer Ebene sind das (neben den *Kunstwörtern* 'Fachtermini', die sehr widersprüchlicher Beurteilung unterliegen) die Archaismen, die Neologismen, die zugleich räumlich wie sozial als eingeschränkt zu verstehenden Provinzialismen sowie trotz ihrer Rolle im internationalen Sprachverkehr die *Fremdlinge, fremden Wörter* (seit 1815: *Fremdwörter*). Umgekehrt ausgedrückt: Die möglichst weitgehende Meidung dieser Typen von Wörtern trägt — wie auch heute noch oft als selbstverständlich vorausgesetzt wird — zur höheren kommunikativen Qualität des Deutschen bei. — Es sei allerdings betont, daß die vorgetragene Auffassung in der realhistorischen Situation des 18. Jhs. ein Ideal darstellt, das sowohl durch die Existenz sozialer Schichtungen und die kulturelle Rolle der kursächsischen Lande wie durch zähes Nachwirken barocker Reichtumsvorstellungen vielfältigen und in sich widersprüchlichen Beeinflussungen unterliegt (vgl. Kirkness 1985; Quellen: z. B. Gottsched 1762; Hemmer 1769; Adelung 1782; 1785).

Der Purismus des 19. und der ersten Hälfte des 20. Jhs.: Im 19. und in der ersten Hälfte des 20. Jhs. ist der Purismus — nunmehr etabliert als Fremdwortpurismus — eine bildungssoziologisch breit fundierte Strömung gesellschaftlicher Sprachideologie und wissenschaftlicher Sprachtheorie. Sie kann hier nur durch Andeutung einiger Fakten in Erinnerung gerufen werden.

— Der Purismus differenziert sich in eine von J. H. Campe vertretene aufklärerisch-pädagogische, eine von K. W. Kolbe vertretene sprachstrukturelle, eine von K. C. F. Krause vertretene radikalvernünftelnde und eine von F. L. Jahn vertretene politisch-nationalistische Richtung (Kirkness 1975; 1984a, 294). Bei aller Unterschiedlichkeit aber zielt man auf einen Ersatz des Fremdwortes durch das Erbwort, darunter auch durch die von der Aufklärung abgelehnten Archaismen und Provinzialismen.

— J. Grimm, für mehr als 100 Jahre die prägende Gestalt der deutschen Sprachgeschichtsforschung, beschreibt den deutschen Erbwortschatz in allen seinen semantischen Ausprägungen vom sinnlich-anschaulichen Urbegriff her, konstruiert damit einen bloß für das Deutsche gültigen Vorrat an solchen Begriffen und macht ihre Träger implizit zur Kognitionsgemeinschaft besonderer Art (nicht: besonderer Qualität, dies im Gegensatz zur Barockzeit): „Alle urverwandten Wörter greifen [...] in das wesentliche leben der sprache, über welches die erborgten meist ohne aufschluß lassen" (Grimm 1953, XX; vgl. auch Reichmann 1990).

— Der im Jahre 1885 gegründete Allgemeine Deutsche Sprachverein erreicht bis 1928 eine Zahl von über 42 000 Mitgliedern. Dies dokumentiert das breite Interesse an seinen Zielsetzungen (darunter Reinigung der deutschen Sprache, Pflege ihres eigentümlichen Wesens und Kräftigung des allgemeinen nationalen Bewußtseins) besonders deutlich (Details bei Kirkness 1975, 371 ff.).

1.4. Der soziologische Ort all der genannten puristischen, d. h. umgekehrt immer erbwortfreundlichen geistesgeschichtlichen Strömungen des 17. bis 20. Jhs. liegt beim bildungsbewußten Teil des Adels, beim Bildungsbürgertum und mit diesen beiden Schichten zugleich bei den offiziellen gesellschaftlichen und staatlichen Kulturinstanzen. Ohne deren Einfluß auf das Sprachverhalten und damit auf die Sprachgeschichte auch nur ansatzweise schmälern zu wollen, sei folgende Hypothese gewagt: Es gibt neben und unterhalb der sog. gebildeten, adligbürgerlichen Beschäftigung mit Sprache und der von ihr geprägten literarischen oder literaturnahen Sprachgebrauchstradition eine davon zwar marginal bis stark betroffene, trotzdem aber eine eigene Substanz aufweisende zweite Sprachgebrauchstradition; diese wird von der gelehrt-gebildeten Erb-/Fremdwortdiskussion entweder gar nicht erreicht, oder sie fühlt sich von ihr deshalb nicht berührt, weil sie ihre eigenen kommunikativen Probleme nicht angesprochen findet. Diese zweite Tradition hat ihren soziologischen Ort in den Tätigkeitsfeldern außerhalb der bildungsbürgerlichen Lebensbereiche, positiv gesprochen in den Tätigkeits- und Anwendungsfeldern der Naturwissenschaft und Technik, im Handel und im Gewerbe, zusammengefaßt und vereinfacht: im Gewerbebürgertum. Sie dürfte unter statistischem Aspekt — nicht unter Aspekten gesellschaftlicher Anerkennung und offiziellen Prestiges — die gebildete, literaturnahe Tradition überragen; sie ist aber im Gegensatz zu dieser trotzdem sprachgeschichtlich nur höchst unzureichend erforscht. Die naheliegende These, daß die heutige deutsche Standardsprache das Ergebnis dieser zweiten Sprachgebrauchstradition ist und nicht Resultat einer literaturnahen Schriftsprachentwicklung, wurde bezeichnenderweise nie formuliert. Dies mag damit zusammenhängen, daß sich die Sprachhistoriker in ihrer Mehrheit selber in der den Bildungsinstanzen verpflichteten offiziellen Sprachgebrauchstradition repräsentiert sehen.

2. Prüfung einiger Einzeltraditionen deutscher Lexikographie

Nach dem Gesagten kommt es darauf an, einige relevante Traditionen in der Lexikographie des Deutschen unter dem Aspekt ihres Erbwortbezugs zu prüfen. Danach ist die Frage zu stellen, im Dienste welcher Sprachgebrauchstradition die behandelten Wörterbücher stehen. — Es erfolgt eine Beschränkung auf die einsprachige Lexikographie, innerhalb dieser auf diejenigen Traditionen, die durch ihre bildungssoziologische Rolle herausgehoben sind und/oder aus irgendwelchen Gründen einen besonderen Erbwortbezug erwarten lassen. Innerhalb der einsprachigen Lexikographie bleibt die Namenlexikographie ausgeschlossen (vgl. zum sog. ideologischen = puristischen Vornamenbuch Art. 136, 2.).

(a) Sachlexikographie jeder Art: Dieser Tradition ist jede Bevorzugung des Erbworts fremd.

(b) Idiotikenprogramm der 2. Hälfte des 18. Jhs.: Das Programm steht insofern in der Tradition der barocken Stammwortideologie, als in der Sprache jeder Provinz ein Zweig des deutschen Sprachbaumes gesehen wird; es hat dialektvergleichende und etymologische Aspekte und zielt auf Vergrößerung des Reichtums des Deutschen durch Ausschöpfung des bestimmte soziale Bedingungen erfüllenden landschaftlichen Wortschatzes. Dementsprechend hat ein Teil der Idiotika restriktive, auf Reinheit gerichtete Selektionsverfahren, andere dagegen weisen aus eher deskriptiven Beschreibungsabsichten und infolge kommunikationsorientierter Zielsetzungen dem Fremdwort einen breiten Raum zu (genaueres mit Belegen und Literatur in Art. 28).

(c) Lexikographie der Mundarten des späten 19. und 20. Jhs.: Es gibt zwei Argumentationsreihen für die Selektion des dargebotenen Zeichenbestandes. Einerseits: Das Wörterbuch bietet den „Wortschatz der lebenden Mundarten" des untersuchten Gebietes; dazu zählen auch zahlreiche kulturgeschichtlich interessante Lehnwörter z. B. aus dem Romanischen, Rotwelschen, Jiddischen; da die Trennung zwischen Lehn- und Fremdwörtern prinzipiell schwerfällt, werden auch letztere in großzügiger Weise aufgenommen (so das Südhess. Wb. 1965, 1, XIX-XX; im Ganzen vergleichbar z. B. Kehrein 1891; Schwäb. Wb. 1904—1936, abgestuft auch das Schweiz. Id. 1881 ff.). Andererseits: Das Wörterbuch bietet vor allem den Wortschatz der „reiche[n], bäuerliche[n] Welt", er wird „aus dem Volksmunde und Volksleben gewonnen" (Kück 1942, 1, IV); die in solchen Formulierungen anklingende Mundartnostalgie verbindet sich oft mit dem Gedanken der nationalsprachlichen „Reinheit" der Mundart gegenüber allem Fremdsprachlichen sowie der sozialen „Reinheit" und „Echtheit" gegenüber hochsprachlichen Varianten des Deutschen (so z. B. Follmann 1909, IX; Mensing 1927, 1, IX-XIV); vereinzelt und vorsichtig klingt von hier aus der mundartbezogene Weltbildgedanke an, nach dem mit der Mundart ein von der Gesamtsprache verschiedenes sprachliches Weltbild verbunden ist (z. B. Wossidlo-Teuchert 1942, 1, V); das Schweiz. Id. vertritt eine gemäßigt puristische Haltung zum Zwecke symptomfunktionaler Identifikation der Sprecher des Schweizerdeutschen mit ihrem Nationaldialekt (1881, V; vgl. auch Haas 1981). — Teilweise mischen sich beide Argumentationsreihen in widersprüchlicher Weise (Follmann 1909); inwieweit die programmatischen Äußerungen in der Praxis durchgehalten werden,

ist von Fall zu Fall zu untersuchen. — Insgesamt hat die erbwortbezogene Lexikographie in der Mundartlexikographie eine gewisse Basis. Dies hat keine sachlichen Gründe, eine generelle Fremdwortfeindlichkeit der Sprecher der Mundart ist nicht belegt.

(d) Die etymologische Lexikographie: Sie soll hier nur am Beispiel von Fuchs 1898, Wasserzieher 1952, Duden 1963, Kluge 1975, Hiersche 1986 ff., Mackensen 1988 behandelt werden. Das Ergebnis ist gespalten: Wasserzieher, Fuchs, Duden und Hiersche berücksichtigen das Fremd- und Lehnwort auffallend breit, bei Duden wird dem Wörterbuchbenutzer sogar ein besonderes fremdwortbezogenes Fragebedürfnis unterstellt, die Lehn- und Fremdwortdichte ist nach einer genauen Berechnung von Hoffmann (1978, 38) rund dreimal so hoch wie bei Kluge. Für diesen gilt um so eindeutiger die Feststellung Objartels (1983, 271): Der Lemmabestand des Kluge sei zumindest in der Anfangsphase — das gilt der Tendenz nach aber bis zur letzten Auflage hin — „nicht eine nach etymologischen Kriterien begründete Auswahl aus dem Wortschatz einer wirklichen Sprache [...], sondern eine in moderne Orthographie gekleidete Aufstellung von lexikalischem Material, für welches hohes Alter und Eigensprachlichkeit erwiesen oder wenigstens vermutet werden konnte." Mackensen liegt hinsichtlich der Behandlung von Fremd- und Lehnwörtern auf der Linie Kluges.

(e) Lexikographie historischer Sprach- und Varietätenstadien: Die Wörterbücher zu den Sprach- bzw. Varietätenstadien des Deutschen lassen — abgesehen von Graff 1834—1842 — weder in den Vorwörtern noch in der Ausführung einen besonderen Erbwortbezug erkennen (vgl. Art. 154 mit Quellen und Literatur). — Symptomatisch ist, daß sich der von M. Lexer verantwortete Teil des DWB durch einen relativen Reichtum an Fremd- und Lehnwörtern auszeichnet (vgl. DWB 7, Vorwort).

(f) Lexikographie archaischer und untergegangener Wörter: Die diesem Traditionsstrang angehörigen Wörterbücher beziehen sich überwiegend auf die hochsprachlichen Varietäten des Deutschen. Sie verfolgen außer dem Zweck der Verständnissicherung archaisch gewordenen Wortgutes vor allem dessen Wiederbelebung zur Vergrößerung des Reichtums des Deutschen und stehen damit von Ausnahmen abgesehen in einer erbwortfreundlichen puristischen Tradition; Fremd- und Lehnwörter finden im allgemeinen keine Aufnahme (genaueres in Art. 115 mit Belegen und Literatur).

(g) Wortbildungsbezogene historische Lexikographie: Gemeint ist eine letztlich auf die Stammwortauffassung der Barockzeit zurückgehende (vgl. Stieler 1691), im 19. Jh. ihren Höhepunkt erreichende (z. B. Kremsier 1822, Radlof 1827, Graff 1834—1842, Kehrein 1863, Kaltschmidt 1865, Heyse 1833—1849, Benecke/Müller/Zarncke 1854—1866, ältere stark auf Simplizia konzentrierte Bände des DWB, Liebich 1899, in der Tradition Schmellers stehende Mundartlexika), sich in versteckten Formen aber bis ins 20. Jh. hinziehende (z. B. Weigand 1909—1910, Bergmann 1923, Trübner 1939—1957, Paul/Betz 1966) Tradition mit folgenden Kennzeichen: Sammlung aller Wörter mit germanisch-deutscher Wurzel; zur Erhöhung des Reichtums des Deutschen an solchen Einheiten ausdrücklicher Einbezug der Mundarten und historischen Sprachstufen in die Sammlung (z. B. Heyse 1, 1833, XI-XIII; Kaltschmidt 1865, III-IV; Stucke 1925, Vorwort); Ansatz eines Lemmas, das teils Wurzel (Graff 1, 1834, III: „erklärendes Etymon"; Meusel 1776, Titel), teils ein irgendwie verstandenes Stammwort (z. B. Kremsier 1822, Titel), auf jeden Fall eine Einheit ist, von der ausgehend die zugehörigen Wortbildungen beschrieben werden können (Muster: Benecke/Müller/Zarncke 1854—1866); oft Rückführung dieser Einheit auf eine ältere, germanische oder indogermanische Basisform; Konzeption eines damit verbundenen, anschaulich konzipierten „Ursinnes" oder „Urbegriffs" (Kremsier 1822, 4; Heyse 1, 1833, XIII; DWB 3, 1862, 39), der in allen heutigen Wortbildungen inhaltlich noch greifbar ist; in den theoretischen Begründungen oft biologistische Metaphorik (Stammbaum-, Organismusvorstellung); vereinzeltes Aufleuchten des Gedankens einer deutschen Kognitionsgemeinschaft. Der Erbwortbezug dieser Tradition ist schon im Ansatz durch die Beschränkung auf die germanisch-deutsche Wortwurzel gegeben, umgekehrt durch den teils expliziten, teils stillschweigenden Ausschluß des Fremdwortes (Ausnahmen: Kaltschmidt 1865; Liebich 1905; Bergmann 1923); er durchzieht alle Detailthesen des Konzepts. Eine sachliche Begründung dafür kann nicht ausgemacht werden; gerade Lehn- und Fremdwortmorpheme zeichnen sich durch eine besondere wortbildungsmorphologische Produktivität aus (vgl. Liebich 1905, 12—13; Hoppe u. a. 1987). — Von der hier charakterisierten diachronen Tradition ist die z. B. von G. Augst (1975) vertretene synchrone Lexikographie zu den heutigen Wortbildungsmitteln prinzipiell zu unterscheiden (vgl. Art. 114 und Schlaefer 1984, 85—95); sie hat keinerlei Erbwortbezug. Wiederum anderen Traditionen, nämlich derjenigen der zweisprachigen Lexikographie wie der Antibarbarus-Literatur, gehört Pinloche 1922 an. — Eine neue Qualität wird die historisch-synchrone Wortfamilienlexikographie nach den bisher vorliegenden Beschreibungen und Probeartikeln in dem von J. Splett vorbereitenden Althochdeutschen und dem von F. Hundsnurscher diskutierten Mittelhochdeutschen Wortfamilienwörterbuch gewinnen; vgl. dazu Splett 1985; 1990; Hundsnurscher 1985 (jeweils mit weiterführender Literatur). Für einen besonderen Erbwortbezug gibt es keine Hinweise.

(h) Textlexikographie: Hierzu sollen alle Werke der einzeltext- und textsortenbezogenen wie der Autorenlexikographie gerechnet werden. Bei aller Unterschiedlichkeit der Begründung der Lemmaauswahl im einzelnen läßt sich generell keine Bevorzugung des Erbwortes vor dem Fremd- und Lehnwort feststellen: Bei den Autorenwörterbüchern verbie-

tet dies gleichsam die Pflicht zur Dokumentation des Corpusmaterials (vgl. z. B. Goethe-Wb. 1978 ff., 4*; Rudolph 1869; Dietz 1870); bei den sehr zahlreich begegnenden Ausgabeglossaren zu Einzeltexten garantiert ihr Zweck, nämlich dem Benutzer eine Verständnis- und Interpretationshilfe bei der Lektüre und philologischen Beschäftigung mit dem edierten Text zu geben, eine angemessene Berücksichtigung auch des Fremd- und Lehnwortes (vgl. Reichmann 1984, 482—483; 1986, 43—45). Um so bemerkenswerter ist, daß selbst in autorenbezogenen Wörterbüchern eine Sonderbehandlung des Fremdwortes begegnen kann: Fischer (1929) gliedert seinen Goethe-Wortschatz in einen ersten, mit *Deutsches Wörterbuch,* und einen zweiten, mit *Fremdwörterbuch* überschriebenen Teil. Die Begründung lautet, Goethe habe Fremdwörter in seinen poetischen Schriften zunehmend getilgt, in seinen Prosaschriften, Briefen und Gesprächen begegneten sie dagegen aber sehr zahlreich. Mehr als eines sei darunter, „das dem großen Dichter unentbehrlich schien [...]. Damit müssen wir uns abfinden" (787). Die unterschiedliche Distribution des Fremdwortes in Texten Goethes wird also zur Zweiteilung des Wörterbuches genutzt, und zwar in der Weise, daß der Fremdwörterteil lemmatisch weniger vollständig und „in knapperen Formen" gehalten wird als der als *deutsch* betitelte Teil.

(i) Lexikographie zu historischen Fachvarietäten: Die dieser Tradition angehörigen Wörterbücher existieren z. B. für den Wortschatz der Jagd (Dalby 1965) und vor allem für denjenigen des Rechtswesens (z. B. Brandl 1875; Brinckmeier 1856—1863; DRW 1914 ff.); auch einige zu den allgemeinsprachlichen Varietäten hin offenen, aber stark auf Rechtsdenkmäler konzentrierte Werke (Haltaus 1758; Scherzius 1781; Jelinek 1911) sollen hier hinzugerechnet werden. Ein besonderer Erbwortbezug ist nicht nachweisbar, im Gegenteil: dem Lehn- und Fremdwortschatz wird breiter Raum zugewiesen. — Im einzelnen werden allerdings Differenzierungen notwendig; so steht das DRW nach Speer 1989 streckenweise in puristischer Tradition. Sie äußert sich in einer das Fremdwort spärlicher berücksichtigenden (inzwischen aber zur Korrektur vorgesehenen) Exzerption, in der Festlegung unterschiedlicher Zeitgrenzen für das Erb- und das Fremdwort, im streckenweisen Ausschluß von Komposita, die mindestens einen Bestandteil mit fremder Herkunft besaßen (vgl. Speer 1989).

(j) Das allgemeine einsprachige, ein- bis wenigbändige Gebrauchswörterbuch: Diese Traditionslinie soll hier trotz fließender Übergangsverhältnisse (so explizit Heyse 1833, VIII) in Gegensatz zu derjenigen der vielbändigen Wörterbücher für den Gebildeten gestellt werden (vgl. (k)). Als Prototyp sei Heinsius 1840 genannt; schon der Titel enthält einen Hinweis auf die „Geschäfts- und Lesewelt" als intendierte Adressatengruppe. Diese komme „nicht bloß in der Umgangssprache, sondern in allen Schriften, besonders in Zeitblättern, obrigkeitlichen Erlassen und Verordnungen" sowie „in den zahllosen Gerichts- und Geschäftsstuben des gesammten Deutschlands" fortwährend mit Fremdwörtern, übrigens auch mit Fachwörtern in Berührung (IX-X); folglich hätten diese — unabhängig davon, wie man zu ihnen sprachideologisch stehen möge — im Wörterbuch die Behandlung verdient, die ihrem Gebrauch durch „das ganze Volk" (darunter auch die Obern, Führer, Lehrer, Dichter, Befehlshaber) entspreche. Die Benutzung des Wörterbuches wird als kurze, gezielte Nachschlagehandlung, keinesfalls als kognitiv interessiertes Lesen vorausgesetzt. — Heutige Endpunkte der wissenschaftlichen Lexikographie für den Sprachgebrauch sind trotz aller Differenzen im einzelnen, trotz aller Qualitätsunterschiede und trotz eines zum Teil anderen Selbstverständnisses am ehesten Herder 1973; Wahrig 1986; Mackensen 1986; Duden 1976—1981; Duden 1983; Brockhaus-Wahrig 1980—1984; Kempcke 1984. Auffallend an den Wörterbüchern ist eine geradezu asketische Haltung hinsichtlich jeder Festlegung des Anteils von Erb-, Lehn- und Fremdwortschatz; Unverbindlichkeit oder gar Schweigen (z. B. Duden 1983; Kempcke 1984) sind die Regel.

(k) Das allgemeine einsprachige, oft vielbändige Wörterbuch für den Gebildeten: Es handelt sich um eine Tradition, die man am sinnvollsten mit Adelung (1774—1786; 2. Aufl. 1793—1801) beginnen und mit Trübner 1939—1957 sowie dem ersten Teil des WDG (vgl. dazu Malige-Klappenbach 1986) und Paul/Betz nach der Mitte des 20. Jhs. enden läßt; wichtige Vertreter sind neben den genannten Campe 1807—1811; Heyse 1833—1849; Sanders 1876; Heyne 1905—1906; Weigand 1909—1910; DWB (dazu differenziert: Fratzke 1987 und Kirkness 1980, 25—36; 41—44). Gegenstand dieser Wörterbuchtradition ist die gehobene, literarische oder literaturnahe, „feine" Gesellschaftssprache, bereichert erstens und durchgehend um den Wortschatz der mittel- und norddeutschen, von der Reformation auf die Klassik und das 19. Jh. zulaufenden Dichtungstradition und zweitens, aber weniger konsequent, um den sozial akzeptierten Teil des Dialekt- und Fachwortschatzes (vgl. Campe 1, 1807, XI-XIII; Heyse 1, 1833, XI; Weigand 1, 1909, VII; dagegen Adelung 1, 1793, IV; Heyne 1, 1905, VII). Das Interesse am Gegenstand ist bei einigen (vor allem Adelung, Campe, Sanders, WDG) primär synchroner Art; bei den anderen kommen diachrone, und zwar sowohl wortgeschichtlich-etymologische wie kulturgeschichtliche (am deutlichsten: Trübner 1, 1939, V) Interessen ins Spiel oder werden bestimmend (Heyne, Weigand, Paul/Betz, DWB); schnelle Orientierung für hastiges Nachschlagen soll dabei nicht gewährleistet werden (Heyne 1890, VI), gedacht ist eher an ein nicht unter Zeitdruck stehendes, oder — wie gesagt wird — „zweckfrei" interessiertes Lesen außerhalb konkreter, auf rasche Lösung drängender kommunikativer Probleme: Die Hausbuchideologie J. Grimms ist überall greifbar (vgl. DWB 1, 1854, XIII; Heyne 1890, VI). Vom Fremdwort setzt man sich vorsichtig (Adelung 1, 1793, IV; Sanders

1876, 1, VII), deutlich (DWB 1, 1854, XXVI; dazu: Bahr 1984, 495; Fratzke 1987) bis scharf (z. B. Campe) ab, zum Teil so scharf, daß zugestanden wird, man wolle „ein Wörterbuch der deutschen Sprache, nicht aber der Sprache der Deutschen im weitesten Sinne" (Heyse 1, 1833, XI). Den auf Grund solcher Vorentscheidungen nicht mehr vertretenen Teil des Wortschatzes der Deutschen unterwirft man dann einer besonderen Behandlung in einem eigenen Wörterbuchtyp, dem Fremdwörterbuch (vgl. z. B. Campe 1801; Heyse 1849; Sanders 1871; Bibliographie: Kirkness 1984 b). Das auf den Gebrauch durch den Gebildeten zielende allgemeine einsprachige Wörterbuch steht im Mittelpunkt der erbwortbezogenen Lexikographie des Deutschen.

Überblickt man die Ergebnisse der vorgenommenen Prüfung, so ergibt sich ein Gesamtbild, das trotz seiner Differenziertheit folgende Gesamtaussagen erlaubt:
— Die Sachlexikographie, die Lexikographie historischer Sprach- und Varietätenstadien, die Textlexikographie zu historischen Fachvarietäten und die allgemeine Gebrauchslexikographie haben keinen (oder höchstens einen für Einzelwerke feststellbaren und dann nicht typischen) Erbwortbezug.
— Die Idiotika des 18. Jhs., die Wörterbücher der Mundarten des 19. und 20. Jhs. und die etymologischen Wörterbücher sind hinsichtlich des Erbwortbezugs nur individuell zu beurteilen; bei den Mundartwörterbüchern tendieren aber viele zur folgenden Gruppe, bei den etymologischen Wörterbüchern ist Kluge extrem erbwortbezogen.
— Die Lexikographie archaischer und untergegangener Wörter, die wortbildungsbezogene historische Lexikographie und das oft vielbändige Wörterbuch für den Gebildeten haben einen deutlichen bis ausgeprägten Erbwortbezug.
Auch wenn zur Pragmatik und Soziologie der Wörterbuchbenutzung keine verläßlichen Daten zur Verfügung stehen, lassen sich aus allgemeinen, hier nicht darlegbaren Überlegungen folgende pragmatisch-soziologischen Thesen verteidigen:
— Die nicht erbwortbezogenen Traditionen der Lexikographie dienen dem professionellen fachlichen, darunter ausdrücklich auch dem geisteswissenschaftlich-fachlichen, sowie dem gebrauchsbezogenen Nachschlagen in konkreten sprachlichen und sachlichen Problemsituationen. Der damit angenommene, durch sprachlich Handelnde vorwiegend in ihrer Rolle als Berufsausübende konstituierte Benutzungstyp steht innerhalb der unter 1.4. behaupteten gewerbebürgerlichen Sprachgebrauchstradition; anzunehmen ist selbstverständlich auch die Benutzung durch den Bildungsbürger, dann aber in dessen Rolle als fachlich Interessierter. Die Einsicht in ein altdeutsches Wörterbuch ist unter diesem Aspekt ebenso Berufsausübung wie diejenige in ein naturwissenschaftliches oder juristisches Fachlexikon. Für die Ausblendung des Fremd- und Lehnwortes findet sich kein Spielraum.
— Die erbwortbezogenen Traditionen der Lexikographie dienen einem den professionellen Tagesforderungen enthobenen, literarisch-geistigen Bildungsinteressen unterliegenden, der sprachideologischen Beeinflussung Raum lassenden interessierten Lesen. Als Benutzer sind die Trägergruppen der unter 1.4. behaupteten bildungsbürgerlichen Sprachgebrauchstradition anzusetzen sowie selbstverständlich die Gewerbebürger in ihrer Rolle als Bildungsbürger.

3. Niederschläge des Erbwortbezuges im allgemeinen einsprachigen Wörterbuch

Am Beispiel des Mittelpunktes der erbwortbezogenen Lexikographie, dem allgemeinen einsprachigen Wörterbuch für den Gebildeten, soll dargestellt werden, wie sich der Erbwortbezug in der Makro- und Mikrostruktur ausgewählter Wörterbücher zum Neuhochdeutschen (nämlich Heyne, Weigand, Trübner, Paul) niedergeschlagen hat.

Das gröbste Kennzeichen des Erbwortbezuges ist die sog. Lemmalücke vorwiegend für Fremdwörter. So fehlen nach einer Stichprobe Wiegands (1984, 582—589) z. B. die Wörter *Anarchie, Antisemitismus, Autarkie, Cäsarismus, Demokratie, Diktatur* in Heyne 1905—1906; in Weigand 1909—1910 sind es ebenfalls *Anarchie, Antisemitismus, Autarkie, Cäsarismus,* in Paul/Betz 1966 außerdem z. B. *Christentum* und wieder *Diktatur;* in Trübner (1939—1957) vermißt man die ganze stattliche Reihe *Anarchie, Antisemitismus, Autorität, Cäsarismus, Demokratie, Diktatur.* Eine gewisse Vorbildwirkung des DWB (vgl. dazu die Zählungen bei Fratzke 1987, 156—157), in dem die gleichen Wörter fehlen, wie auch eine weitgehende wechselseitige Abhängigkeit, d. h. hier Unselbständigkeit, der erwähnten Wörterbücher, damit eine von der Mitte des 19. Jhs. bis nach dem 2. Weltkrieg ununterbrochen durchlaufende fremdwortfeindliche Tradition in der Bildungslexikographie sind offensichtlich. — Von der Seite des Erbwortes her argumentiert, korreliert mit der Lemmalücke die Aufnahme deutscher Wörter, selbst wenn diese als Appellativum gar nicht verwendet werden (vgl. z. B. *Ache* mit einem zugehörigen Artikel von 1 Seite) bei Trübner (1939—1957).

Falls Fremd- und Lehnwörter als Lemmata erscheinen, wird von folgenden Möglichkeiten Gebrauch gemacht, die Information über sie zu reduzieren und dem Wörterbuchbenutzer damit ein nur eingeschränktes Gewicht dieses Wortschatzteils zu suggerieren:

— Fehlen der Bedeutungserläuterung; vgl. *direkt* bei Heyne, *Liberalismus* bei Weigand,

— Verschiebung des für den Erbwortschatz bestehenden Verhältnisses von phrastischer und (partiell) synonymischer Bedeutungserläuterung zugunsten von letzterer; vgl. *Diktatur* 'Machthaberwürde, Hochgewalt', *Dilettant* 'Kunstliebhaber', *Distinktion* 'Unterscheidung, Auszeichnung, Rang, Stand', *Disziplin* 'Lehrzweig, Wissenschaft', *Dogma* 'Lehrmeinung, Lehrsatz' bei Weigand,

— relativ knappe Darstellung von Lehnbedeutungen; vgl. *Bank* in der Bedeutung 'Geldinstitut' (aus dem Italienischen) und 'Spielbank' (aus dem Französischen) bei Trübner,

— weitgehender Verzicht auf die Darstellung des Europäismus vieler deutscher Wörter vor allem des religiösen und sozialen Bereiches. Unter *Europäismus* soll die durch eine über zweitausendjährige gemeinsame Kulturgeschichte der europäischen Völker bedingte inhaltliche Kongruenz vieler Einzelbedeutungen von Wörtern und sogar vieler semasiologischer Felder verstanden werden (ohne daß damit das ebenso wichtige Faktum der Differenzierung auch nur ansatzweise in Frage gestellt würde). Diese Kongruenzen z. B. bei der Beschreibung der Bedeutungen und der Bedeutungsgeschichte von Wörtern wie z. B. *Bruder, brüderlich, Brüderlichkeit, Gewissen, Glauben, Gleichheit* dadurch zu verdecken, daß etwa bei *Bruder* die Bedeutung 'männlicher Abkömmling von gleichen Eltern' als Ausgangs- und Mittelpunkt der Bedeutungserläuterung fungiert oder daß *Brüderlichkeit* nur mit 'brüderliches Wesen' paraphrasiert wird (Heyne), suggerieren das völlig falsche Bild einer autonomen nationalsprachlichen Wortgeschichte,

— relativ zu den Erbwörtern undichte Belegung der Wortgeschichte; vgl. *Abt* und die zugehörigen Ableitungen bei Trübner, wo nur Originalbelege aus dem 15. Jh. und aus der Lutherzeit geboten werden, ferner: *Almosen, Bank(e)rott, Banner, Bastard* (ebd.),

— Tendenz zur Meidung vor allem von Fremdwörtern im Erläuterungswortschatz; dieses Bestreben dürfte für unübliche Wortbildungen des oben belegten Typs (z. B. *Machthaberwürde, Hochgewalt, Lehrzweig*) zum mindesten mitverantwortlich sein,

— negative Wertung des mit einem Fremdwort bezeichneten Bezugsgegenstandes; vgl. *Partikularismus* 'politische Richtung, die zugunsten der Einzelstaaten der Stärkung der Reichsgewalt widerstrebt; Kleinstaaterei; Sonderbündelungen, Sonderbestrebungen'; *Partisan* 'Parteigänger' (Weigand).

— negative Wertung des sprach- und kulturgeschichtlichen Einflusses, auf den hinzuweisen die Behandlung eines Fremdwortes Gelegenheit gibt; vgl. z. B. R. Hildebrandt s. v. *galant* im DWB: „es spiegelt sich recht darin die geschichte des franz. einflusses in seinem aufsteigen und seinem niedergange, auch in seinen ausartungen bis ins widerliche".

Auf der Seite der Erbwörter entspricht dieser reduzierten Darstellung des Lehn- und Fremdwortschatzes ein zwar nicht im Detail, insgesamt aber größeres Gewicht phrastischer Bedeutungserläuterungen, eine dichtere textgeschichtliche Belegung und eine ausführlichere Beschreibung der Kulturgeschichte des Bezugsgegenstandes; vgl. z. B. *Achse, Achsel,* ¹*Acht,* ²*Acht, Acker, Adel, Ader* bei Trübner oder auch beliebige Artikelstrecken vor allem bei Heyne. Besonders die altdeutschen Epochen werden auffallend breit behandelt; ein deutlicher Abfall der Bearbeitungsintensität ist für die neuhochdeutsche Sprachperiode mit Ausnahme der Quellen aus der klassischen Literaturtradition zu konstatieren. — Speziell bei Trübner wird von der Möglichkeit Gebrauch gemacht, denjenigen Teil der Geschichte des semasiologischen Feldes von Wörtern deutschsprachiger Herkunft besonders breit oder ausschließlich zu behandeln, der Gelegenheit für die „Heroisierung" der deutschen Wortgeschichte bietet (die hypostasierende Redeweise dieses Satzes ist hier gewollt). So wird z. B. *anschicken* als frühneuhochdeutsches Wort der Fachsprache des Heeres beschrieben; erst seit dem 18. Jh. gelte der heutige, nicht an den militärischen Bereich gebundene Gebrauch, der inhaltlich bezeichnenderweise nicht erläutert wird. Das abschließende Zitat (von Schiller!) des Artikels (vgl. Textbeispiel 128. 1) bemüht eine Bezugsperson, die die Zähne zusammenbeißend sich zum letzten Gebet anschickt. Die Gegenprobe anhand des FWB zeigt für *anschicken* folgende Bedeutungen: 1. ›jn./etw. (z. B. die Zunge) anweisen, anleiten, an-

anschicken. Wie abschicken, zum Teil auch schicken (s. d.) und wie so viele andere Zusammensetzungen mit an- (s. anstellen) stammt anschicken aus der Fachsprache des Heeres. Auszugehen ist von der Bedeutung 'an die feindliche Stellung heranziehen, zum Angriff ordnen': „Darumb sind die newen ritter .. an den spicz an zu schicken"¹; „Wie man den spicz der legion anschicken sol"²; „Zum ersten haben sie angeschickt zu stürmen lauter schwarz Mohren"³. Zunächst wird das Ztw. nur transitiv gebraucht, später in entsprechendem Sinn auch reflexiv: „Haben also nach eingenommenem Befehl sich in die Ordnung geschickt und auf zehn Schuh nahe wider die Schweizer eingeschanzt, mit solcher Behendigkeit, daß sie (die Schweizer) auch) nicht Gelegenheit gehabt, sich zum Streit recht anzuschicken"⁴. Etwa vom 18. Jh. an ist nur noch dieses reflexive sich anschicken gebräuchlich, meist (wie heute) außerhalb der Heeressprache: „Da biß er die Zähne zusammen ... und schickte sich zum letzten Gebet an"⁵.

¹ Vegetius übersetzt von Hohenwang (um 1475) 17ᵇ. — ² Ebenda 26ᵃ. — ³ Sendbrief, wie sich der türkisch Kaiser für Rodis gelagert (Venedig 1521) A 4ᵃ. — ⁴ Wahrhafte neue Zeitung von dem Tumult der Bürgerschaft zu Paris (1588) B 2ᵃ. — ⁵ Schiller 1789 Säkular-Ausg. 14, 336f. (Egmont u. Hoorne).

Textbeispiel 129.1: Wörterbuchartikel *anschicken* (aus: Trübner 1939)

führen‹; 2. ›etw. anzetteln, stiften, hervorrufen‹; 3. ›etw. ausführen, einrichten, bewerkstelligen‹; 4. ›mit etw. anbändeln, liebäugeln‹; 5. ›ein Entwicklungsstadium erreichen‹. Die Artikel sind nur ansatzweise aneinander anschließbar, geschweige denn aufeinander abzubilden. Beispiele dieser Art gibt es viele; vgl. *anordnen, ansprechen, anstellen!*

4. Literatur (in Auswahl)

4.1 Wörterbücher

Adelung 1774—1786 = Johann Christoph Adelung: Versuch eines vollständigen grammatisch-kritischen Wörterbuchs Der Hochdeutschen Mundart [...]. 5 Bde. Leipzig 1774—1786 [XVI S.; 60 S. + 7592 Sp.].

Adelung 1793—1801 = Johann Christoph Adelung: Grammatisch-kritisches Wörterbuch der hochdeutschen Mundart [...]. 4 Bde. Mit einer Einführung und Bibliographie von Helmut Henne. Hildesheim. New York 1970 [Nachdruck der Ausgabe Leipzig 1793—1801; VIII S. + 7690 Sp.].

Augst 1975 = Gerhard Augst: Lexikon zur Wortbildung. Morpheminventar. 3 Bde. Tübingen 1975 [1306 S.].

Benecke/Müller/Zarncke 1854—1866 = Georg Friedrich Benecke/Wilhelm Müller/Friedrich Zarncke: Mittelhochdeutsches Wörterbuch. [...]. 3 Bde. Leipzig 1854—1866 [XXI + 3664 S.].

Bergmann 1923 = Karl Bergmann: Deutsches Wörterbuch mit besonderer Berücksichtigung der Mundarten und Fremdwörter und des kulturgeschichtlichen Inhaltes des Sprachschatzes alphabetisch und nach Wortfamilien geordnet [...]. Zugleich 3. Ausgabe des etymologischen Deutschen Wörterbuches von Paul Immanuel Fuchs. Leipzig 1923 [XX + 404 S.].

Brandl 1875 = Brandl: Glossarium illustrans bohemicomoravicae historiae fontes. Enthaltend: Die Erklärung 1. der in den böhmisch-mährischen Geschichtsquellen gebräuchlichen böhmischen diplomatischen Ausdrücke, 2. jener lateinischen und 3. jener deutschen Worte, welche in diesen Quellen speziell vorkommen. Brünn 1875 [XVI + 470 S.].

Brinckmeier 1856—1863 = Eduard Brinckmeier: Glossarium Diplomaticum zur Erläuterung schwieriger, einer diplomatischen, historischen, sachlichen oder Worterklärung bedürftiger lateinischer, hoch- und besonders niederdeutscher Wörter [...]. 2 Bde. Gotha 1856—1863 [Nachdruck Aalen 1961; XII + 1900 S.].

Brockhaus-Wahrig = Brockhaus-Wahrig. Deutsches Wörterbuch in sechs Bänden. Hrsg. v. Gerhard Wahrig/Hildegard Krämer/Harald Zimmermann. Wiesbaden. Stuttgart 1980—1984 [5310 S.].

Campe 1801 = Joachim Heinrich Campe: Wörterbuch zur Erklärung und Verdeutschung der unserer Sprache aufgedrungenen fremden Ausdrücke. [...]. Braunschweig 1801 [XIV + 673 S.].

Campe 1807—1811 = Joachim Heinrich Campe: Wörterbuch der Deutschen Sprache. Mit einer Einführung und Bibliographie v. Helmut Henne. 5 Bde. Hildesheim. New York 1969 [Nachdruck der Ausgabe Braunschweig 1807—1811; XXIV + 4964 S.].

Dalby 1965 = Davis Dalby: Lexicon of the Medieval German Hunt. [...]. Berlin 1965 [LXII + 323 S.].

Dietz 1870 = Philipp Dietz: Wörterbuch zu Dr. Martin Luthers deutschen Schriften. Leipzig 1870 [XXIV + 980 S.; *a-Hals*].

DRW = Deutsches Rechtswörterbuch. Wörterbuch der älteren deutschen Rechtssprache. [...]. Weimar 1914 ff. [Bisher: 7 Bde.; 8 Lieferungen; XVII S. + 12 430 Sp.; *a—Leutnant*].

Duden 1963 = Duden. Etymologie. Herkunftswörterbuch der deutschen Sprache. Bearb. v. Günther Drosdowski/Paul Grebe [...]. Mannheim. Wien. Zürich 1963 [816 S.; 2. Aufl. 1989; 839 S.].

Duden 1976—1981 = Duden. Das große Wörterbuch der deutschen Sprache in sechs Bänden. Hrsg. und bearb. [...] unter Leitung v. Günther Drosdowski. 6 Bde. Mannheim. Wien. Zürich 1976—1981 [32 + 2992 S.].

Duden 1983 = Duden. Deutsches Universalwörterbuch. Hrsg. und bearb. [...] unter Leitung v. Günther Drosdowski. Mannheim. Wien. Zürich 1983 [22 + 1504 S.].

DWB = Deutsches Wörterbuch von Jacob Grimm und Wilhelm Grimm. 16 Bde. (in 32 Bdn.); Quellenverzeichnis. Leipzig 1854—1971 [Nachdruck München 1984; XCI S. + 67 744 Sp.].

Fischer 1929 = Paul Fischer: Goethe-Wortschatz. Ein sprachgeschichtliches Wörterbuch zu Goethes sämtlichen Werken. Teil I: Deutsches Wörterbuch. Teil II: Fremdwörterbuch. Leipzig 1929 [XI + 905 S.].

Follmann 1909 = Michael Ferdinand Follmann: Wörterbuch der deutsch-lothringischen Mundarten. Leipzig 1909 [Nachdruck Hildesheim. New York 1971; XVI + 571 S.].

Fuchs 1898 = Paul Imm[anuel] Fuchs: Deutsches Wörterbuch auf etymologischer Grundlage, mit Berücksichtigung wichtiger Mundart- und Fremd-Wörter sowie vieler Eigennamen. Stuttgart 1898 [XII + 360 S.].

FWB = Frühneuhochdeutsches Wörterbuch. Hrsg. v. Robert R. Anderson/Ulrich Goebel/Oskar Reichmann. Bd. 1 bearb. v. Oskar Reichmann. Berlin. New York 1986 ff. [Bisher: 1. Bd. 285 S. + 1632 Sp.; *a—äpfelkern*].

Goethe-Wb. = Goethe-Wörterbuch. Hrsg. von der Akademie der Wissenschaften der DDR, der Akademie der Wissenschaften in Göttingen und der Heidelberger Akademie der Wissenschaften. Berlin. Köln. Mainz 1978 ff. [Bisher: 2 Bde.; *a—einweisen*; 2844 Sp.].

Graff 1834—1842 = E. G. Graff: Althochdeutscher Sprachschatz oder Wörterbuch der althochdeutschen Sprache [...]. 6 Bde. Berlin 1834—1842 [LXXIII S. + 6202 Sp.].

Haltaus 1758 = Christian Gottlob Haltaus: Glossarium Germanicum Medii Aevi; maximam partem e diplomatibus multis praeterea aliis monimentis [...] adornatum [...]. Leipzig 1758 [VIII S. + 2207 Sp.].

Heinsius 1840 = Theodor Heinsius: Vollständiges Wörterbuch der deutschen Sprache mit Bezeichnung der Aussprache und Betonung für die Geschäfts- und Lesewelt. 4 Bde. Wien 1840 [XIX + 3217 S.].

Herder 1973 = Herders Sprachbuch. Ein neuer Weg zu gutem Deutsch. [...]. 2. Aufl. Darmstadt 1973 [XVIII + 804 S.].

Heyne 1905—1906 = Moriz Heyne: Deutsches Wörterbuch. 3 Bde. 2. Aufl. Leipzig 1905—1906 [1. Aufl. 1890—1895; X S. + 3984 Sp.].

Heyse 1833—1849 = Joh. Christ. Aug. Heyse: Handwörterbuch der deutschen Sprache mit Hinsicht auf Rechtschreibung, Abstammung und Bildung, Biegung und Fügung der Wörter, sowie auf deren Sinnverwandtschaft. [...]. 4 Bde. Magdeburg 1833—1849 [Nachdruck Hildesheim 1968; XVIII + 3159 S.].

Heyse 1879 = Johann Christian August Heyse: Allgemeines verdeutschendes und erklärendes Fremdwörterbuch [...]. 16. einzig rechtmäßige Original-Ausgabe. [...]. Hannover 1879 [XVI + 1016 S.].

Hiersche 1986 ff. = Rudolf Hiersche: Deutsches etymologisches Wörterbuch. Heidelberg 1986 ff. [Bisher: XXXV + 124 S.; *a—anheischig*].

Jelinek 1911 = Franz Jelinek: Mittelhochdeutsches Wörterbuch zu den Sprachdenkmälern Böhmens und der mährischen Städte Brünn, Iglau und Olmütz (XIII. bis XVI. Jahrhundert). Heidelberg 1911 [XXV + 1027 S.].

Kaltschmidt 1865 = Jakob Heinrich Kaltschmidt: Vollständiges stamm- und sinnverwandtschaftliches Gesammt-Wörterbuch der Deutschen Sprache aus allen ihren Mundarten und mit allen Fremdwörtern. Ein Hausschatz der Mutterprache [...]. 5., wohlfeile Stereotyp-Ausgabe. Nördlingen 1865 [VII + 1116 S.].

Kehrein 1863 = Joseph Kehrein: Onomatisches Wörterbuch [...]. 2. Ausgabe. Wiesbaden 1863 [VI + 1244 S.].

Kehrein 1891 = Joseph Kehrein: Volkssprache und Wörterbuch von Nassau. Wiesbaden 1966. Neudruck der Ausgabe von 1891 [XI + 464 + 64 S.].

Kempcke 1984 = Handwörterbuch der deutschen Gegenwartssprache. In zwei Bänden. Von einem Autorenkollektiv unter der Leitung v. Günter Kempcke. Berlin 1984 [XXI + 1399 S.].

Kluge 1975 = Friedrich Kluge: Etymologisches Wörterbuch der deutschen Sprache. 21. unveränderte Aufl. Berlin. New York 1975 [XVI + 915 S.].

Kremsier 1822 = Johann Friedrich Kremsier: Die Urteutsche Sprache, nach ihren Stammwörtern. Wiesbaden 1822 [453 S.].

Kück 1942—1967 = Lüneburger Wörterbuch. Wortschatz der Lüneburger Heide und ihrer Randgebiete [...] erläutert v. Eduard Kück. 3 Bde. Neumünster 1942—1967 [VII S. + 2348 Sp.].

Liebich 1905 = Bruno Liebich (Bearb.): Die Wortfamilien der lebenden hochdeutschen Sprache als Grundlage für ein System der Bedeutungslehre. I. Die Wortfamilien in alphabetischer Ordnung. Nach Heynes deutschem Wörterbuch. 2. unveränderte Aufl. Breslau 1905 [VII + 521 S.; 1. Aufl. 1899].

Mackensen 1986 = [Lutz] Mackensen: Deutsches Wörterbuch. Rechtschreibung. Grammatik. Stil. Worterklärung. Fremdwörterbuch. Geschichte des deutschen Wortschatzes. 9., völlig neubearb. und erw. Aufl. München 1986 [XLIV, 1219 S.].

Mackensen 1988 = Lutz Mackensen: Ursprung der Wörter. Etymologisches Wörterbuch der deutschen Sprache. Frankfurt. Berlin 1988 [23 + 446 S.].

Mensing 1927—1935 = Otto Mensing: Schleswig-Holsteinisches Wörterbuch (Volksausgabe). 5 Bde. Neumünster 1927—1935 [Neudruck Neumünster 1973; XXI S. + 5246 Sp.].

Meusel 1776 = Johann Georg Meusel (Hrsg.): Sammlung und Abstammung Germanischer Wurzel = Wörter, nach der Reihe menschlicher Begriffe [...]. Halle 1776 [12 + 440 S.].

Paul/Betz 1966 = Hermann Paul: Deutsches Wörterbuch. Bearb. v. Werner Betz. 6. Aufl. Tübingen 1966 [X + 841 S.].

Pinloche 1922 = A. Pinloche unter Mitwirkung v. Th. Matthias: Etymologisches Wörterbuch der deutschen Sprache [...]. Paris. Leipzig 1922 [XIII + 1203 S.].

Rudolph 1869 = Ludwig Rudolph: Schiller-Lexikon. Erläuterndes Wörterbuch zu Schillers Dichterwerken. [...]. 2 Bde. Berlin 1869 [XV + 1163 S.].

Sanders 1871 = Daniel Sanders: Fremdwörterbuch. 2 Bde. Leipzig 1871 [XI + 1347 S.; 2. Aufl. 1891, XVI + 1346 S.].

Sanders 1876 = Daniel Sanders: Wörterbuch der deutschen Sprache. Mit einer Einführung und Bibliographie v. Werner Betz. 3 Bde. Hildesheim 1969 [Nachdruck der Ausgabe Leipzig 1876; XIV + 3718 S.].

Scherzius 1781—1784 = Johannis Georgii Scherzii J. M. D. et P. D. Argentoratensis Glossarium Germanicum Medii Aevi [...]. 2 Bde. Straßburg 1781; 1784 [X S. + 2147 Sp.].

Schmeller 1872—1877 = Johann Andreas Schmeller: Bayerisches Wörterbuch. Sonderausgabe der von G. K. Frommann bearb. 2. Ausgabe München 1872—1877. München 1985 [61; XV + 3047 Sp.].

Schwäb. Wb. = Schwäbisches Wörterbuch. [...] bearb. v. Hermann Fischer, zu Ende geführt v. Wilhelm Pfleiderer. 6 Bde. Tübingen 1904—1936 [XXIV + 13 027 S.].

Schweiz. Id. = Schweizerisches Idiotikon. Wörterbuch der schweizerdeutschen Sprache [...]. Frauenfeld 1881 ff. [Bisher: 14 Bände; XXX + 26 240 Sp.; *a-twirg*].

Stieler 1691 = Der Deutschen Sprache Stammbaum und Fortwachs/oder teutscher Sprachschatz/Worinnen alle und jede teutsche Wurzeln oder Stammwo̊rter [...] befindlich. [...] von dem Spaten. Nürnberg 1691 [Nachdrucke: Hildesheim 1968; München 1968; 19 + 2956 S.].

Stucke 1925 = Georg Stucke: Deutsche Wortsippen. Ein Blick in den Verwandtschaftszusammenhang des deutschen Wortschatzes. Bühl 1925 [541 S.].

Südhess. Wb. 1965 = Südhessisches Wörterbuch. Begr. v. Friedrich Maurer. [...] bearb. v. Rudolf Mulch [u. a.]. Marburg 1965 ff. [Bisher: XXII S. + 6908 Sp.; *a-r*].

Trübner 1939—1957 = Trübners Deutsches Wörterbuch. [...] hrsg. v. Alfred Goetze. 8 Bde. Berlin 1939—1957 [XI + 4850 S.].

Wahrig 1986 = Gerhard Wahrig: Deutsches Wörterbuch. [...]. Völlig überarb. Neuausgabe [Bearb. v. Ursula Hermann u. a.]. München 1986 [1493 S.].

Wasserzieher 1952 = Ernst Wasserzieher: Woher? Ableitendes Wörterbuch der deutschen Sprache. 13., neubearb. Aufl. besorgt v. Werner Betz. Bonn 1952 [96 + 441 S.].

WDG = Wörterbuch der deutschen Gegenwartssprache. Hrsg. v. Ruth Klappenbach/Wolfgang Steinitz. 6 Bde. [...]. Berlin 1977—1978 [38 + 4579 S.].

Weigand 1909—1910 = Fr. L. K. Weigand: Deutsches Wörterbuch. 5. Aufl. [...] hrsg. v. Hermann Hirt. 2 Bde. Gießen 1909—1910 [Nachdruck Berlin 1968; XXIII S. + 2544 Sp.].

Wossidlo-Teuchert 1942 ff. = Wossidlo-Teuchert. Mecklenburgisches Wörterbuch [...] hrsg. v. Richard Wossidlo/ Hermann Teuchert. Neumünster 1942 ff. [Bisher: XV S. + 7358 Sp.; *a-System*].

4.2 Sonstige Literatur

Adelung 1782 = Johann Christoph Adelung: Umständliches Lehrgebäude der Deutschen Sprache [...]. 2 Bde. Leipzig 1782.

Adelung 1785 = Johann Christoph Adelung: Ueber den Deutschen Styl. 3 Theile. Berlin 1785.

Bahr 1984 = Joachim Bahr: Eine Jahrhundertleistung historischer Lexikographie: Das Deutsche Wörterbuch, begr. von J. und W. Grimm. In: Sprachgeschichte. 1. Halbbd. 1984, 492—501.

Fratzke 1987 = Ursula Fratzke: Zum Fremdwort im deutschen Wörterbuch. In: Das Grimmsche Wörterbuch. Untersuchungen zur lexikographischen Methodologie. Hrsg. v. Joachim Dückert. Leipzig 1987, 153—169.

Germanistik — Forschungsstand und Perspektiven. Vorträge des Deutschen Germanistentages 1984 hrsg. v. Georg Stötzel. 1. Teil: Germanistische Sprachwissenschaft. Didaktik der Deutschen Sprache und Literatur. Berlin. New York 1985.

Gottsched 1762 = Johann Christoph Gottsched: Ausgewählte Werke hrsg. v. P. M. Mitchell. Bd. 8.1: Deutsche Sprachkunst [5. Aufl. Leipzig 1762]. Berlin. New York 1978. (Ausgaben deutscher Literatur des XV. bis XVIII. Jahrhunderts).

Grimm 1953 = Jacob Grimm: Deutsche Mythologie. 3 Bde. Nachdruck der 4. Ausgabe. Besorgt v. Elard Hugo Meyer. Tübingen 1953.

Haas 1981 = Walter Haas: Das Wörterbuch der schweizerdeutschen Sprache. Versuch über eine nationale Institution. [...]. Frauenfeld 1981.

Hemmer 1769 = Abhandlung über die deutsche Sprache zum Nutzen der Pfalz, in öffentlicher akademischer Versammlung vorgelesen v. Jakob Hemmern [...]. Mannheim 1769.

Hoffmann 1978 = Wolfgang Hoffmann: Zum Gebrauchswert etymologischer Wörterbücher. Der Lemmabestand von *Kluge-Mitzka* und *Duden* und eine Umfrage unter Benutzern. In: Zeitschrift für Germanistische Linguistik 6. 1978, 31—46.

Hoppe u. a. 1987 = Gabriele Hoppe/ Alan Kirkness/ Elisabeth Link [u. a.]: Deutsche Lehnwortbildung. Beiträge zur Erforschung der Wortbildung mit entlehnten WB-Einheiten im Deutschen. Tübingen 1987. (Forschungsberichte des Instituts für deutsche Sprache Mannheim 64).

Hundsnurscher 1985 = Franz Hundsnurscher: Wortfamilienforschung als Grundlage einer Bedeutungsgeschichte des deutschen Wortschatzes. In: Germanistik — Forschungsstand und Perspektiven 1, 1985, 116—123.

Kirkness 1975 = Alan Kirkness: Zur Sprachreinigung im Deutschen 1789—1871. Eine historische Dokumentation. 2 Teile. Tübingen 1975. (Forschungsberichte des Instituts für deutsche Sprache Mannheim 26.1; 26.2).

Kirkness 1980 = Alan Kirkness: Geschichte des deutschen Wörterbuchs 1838—1863. Dokumente zu den Lexikographen Grimm. Mit einem Beitrag v. Ludwig Denecke. Stuttgart 1980.

Kirkness 1984 a = Alan Kirkness: Das Phänomen des Purismus in der Geschichte des Deutschen. In: Sprachgeschichte. 1. Halbbd. 1984, 290—299.

Kirkness 1984 b = Alan Kirkness: Zur germanistischen Fremdwortlexikographie im 19./20. Jh.: Bibliographie der Fremd- und Verdeutschungswörterbücher 1800—1945. In: Studien zur neuhochdeutschen Lexikographie IV. Hrsg. v. Herbert Ernst Wiegand. Hildesheim. Zürich. New York 1984. (Germanistische Linguistik 1—3/83), 113—174.

Kirkness 1985 = Alan Kirkness: Sprachreinheit und Sprachreinigung in der Spätaufklärung. Die Fremdwortfrage von Adelung bis Campe, vor allem in der Bildungs- und Wissenschaftssprache. In: Mehrsprachigkeit in der deutschen Aufklärung. [...]. Hrsg. v. Dieter Kimpel. Hamburg 1985 (Studien zum 18. Jahrhundert 5), 85—104.

Kirkness 1986 = Alan Kirkness: Vom Fremdwörterbuch zum Lehnwörterbuch und Schwerwörterbuch — auch zum allgemeinen einsprachigen deutschen Wörterbuch. In: Kontroversen, alte und neue. Hrsg. v. Albrecht Schöne. Akten des VII. Internationalen Germanisten-Kongresses Göttingen 1985. Bd. 3. Tübingen 1986, 153—162.

Malige-Klappenbach 1986 = Helene Malige-Klappenbach: Das „Wörterbuch der deutschen Gegenwartssprache". Bericht, Dokumentation und Diskussion. Hrsg. v. Franz Josef Hausmann. Tübingen 1986 (Lexicographica, Series Maior 12).

Objartel 1983 = Georg Objartel: Zur Geschichte des 'Kluge': Probleme eines etymologischen Wörterbuchs der deutschen Sprache. In: Zeitschrift für Germanistische Linguistik 11. 1983, 268—289.

von Polenz 1967 = Peter von Polenz: Sprachpurismus und Nationalsozialismus. In: Germanistik — eine deutsche Wissenschaft. Beiträge von Eberhard Lämmert, Walther Killy, Karl Otto Conrady und Peter von Polenz. 2. Aufl. Frankfurt 1967, 111—164.

Radlof 1827 = J. G. Radlofs [...] teutschkundliche Forschungen und Erheiterungen für Gebildete. 3. Bd. Berlin 1827.

Reichmann 1978 = Oskar Reichmann: Deutsche Nationalsprache. Eine kritische Darstellung. In: Germanistische Linguistik 2—5/78. 1978, 389—423.

Reichmann 1984 = Oskar Reichmann: Historische Lexikographie. In: Sprachgeschichte. 1. Halbbd. 1984, 460—492.

Reichmann 1986 = Oskar Reichmann: Lexikographische Einleitung. In: Frühneuhochdeutsches Wörterbuch. Hrsg. v. Robert R. Anderson/ Ulrich Goebel/ Oskar Reichmann. Bd. 1. Berlin. New York 1986, 10—164.

Reichmann 1990 = Oskar Reichmann: Zum Urbegriff in den Bedeutungserläuterungen Jacob Grimms, auch im Unterschied zur Bedeutungsdefinition bei Daniel Sanders. In: Alan Kirkness/Peter Kühn/Herbert Ernst Wiegand (Hrsg.): Studien zum Deutschen Wörterbuch von Jacob Grimm und Wilhelm Grimm. Tübingen 1990 (demnächst). (Lexicographica. Series Maior).

Schlaefer 1984 = Michael Schlaefer: Formen lexikographischer Darstellung morphologischer Zusammenhänge. In: Rolf Bergmann: Prolegomena zu einem rückläufigen morphologischen Wörterbuch des Althochdeutschen. Göttingen 1984 (Studien zum Althochdeutschen 4), 61—116.

Schottelius 1663 = Justus Georg Schottelius: Ausführliche Arbeit von der Teutschen HauptSprache. 1663. Hrsg. v. Wolfgang Hecht. 2 Teile. Tübingen 1967 (Deutsche Neudrucke. Reihe Barock 12).

Speer 1989 = Heino Speer: Deutsches Rechtswörterbuch. Historische Lexikographie einer Fachsprache. In: Lexicographica 5. 1989, 85—128.

Splett 1985 = Jochen Splett: Wortfamilien im Althochdeutschen. In: Germanistik — Forschungsstand und Perspektiven 1, 1985, 134—153.

Splett 1990 = Jochen Splett: Zur Strukturierung des Wortschatzes im Rahmen eines althochdeutschen Wortfamilienwörterbuchs. In: Historical Lexicography: German. Ed by Ulrich Goebel/Oskar Reichmann in collaboration with Peter I. Barta. Lewiston 1990 (Studies in Russian and German 2), 81—106.

Sprachgeschichte = Sprachgeschichte. Ein Handbuch zur Geschichte der deutschen Sprache und ihrer Erforschung. Hrsg. v. Werner Besch/ Oskar Reichmann/ Stefan Sonderegger. 2 Halbbde. Berlin. New York 1984; 1985. (Handbücher zur Sprach- und Kommunikationswissenschaft 2.1; 2,2).

de Vries 1882 = M. de Vries: Inleiding. In: Woordenboek der Nederlandsche Taal. Eerste Deel. *A-ajuin.* Bewerkt door M. de Vries/L. A. te Winkel. 's-Gravenhage/Leiden 1882.

Wiegand 1984 = Herbert Ernst Wiegand: Prinzipien und Methoden historischer Lexikographie. In: Sprachgeschichte. 1. Halbbd. 1984, 557—620.

*Oskar Reichmann, Heidelberg
(Bundesrepublik Deutschland)*

130. Le dictionnaire de doublets

1. Définition et nomenclature
2. Historique et macrostructure des dictionnaires de doublets
3. Microstructure et utilité des dictionnaires de doublets
4. Perspectives
5. Bibliographie choisie

1. Définition et nomenclature

En lexicologie, le terme de *doublet* désigne en principe chacun de deux ou plusieurs mots d'une seule et même langue qui remontent intégralement à la même base étymologique. Par ex. le latin *causa* est représenté par les doublets *chose* et *cause* en français, *cosa* et *causa* en italien et en espagnol, *coisa* et *causa* en portugais. Parfois trois, quatre, voire même davantage de doublets dérivent du même étymon, ce qui a amené certains auteurs à les qualifier de triplets (par ex., du latin *fabula,* les mots italiens *fiaba/fola/favola),* de quadruplets (par ex., du latin *scriptum/-a,* les mots allemands *Schrift/Skriptum/Skript/Skripta),* de quintuplets (par ex., du latin *discus,* les mots anglais *dais/desk/ dish/disc/disco*), etc. En raison de l'idée de dualité que contient le terme de doublet, celui-ci a été employé dans plusieurs recueils de doublets pour désigner une p a i r e de mots homo-étymologiques plutôt que c h a c u n des deux continuateurs de la base commune pris isolément. Exemple: «... un radical latin donne au français un doublet si ce radical a produit dans notre langue deux mots, l'un d'origine populaire, l'autre d'origine savante; ainsi de *rationem,* le peuple fit *raison,* les savants *ration* ...» (Brachet 1868, 8). Mais l'usage prépondérant, surtout de nos jours, consiste à désigner sous ‹doublet› un vocable unique. «Ainsi, en allemand, *Kammer* est le doublet de *Kamera,* tout comme en français *chambre* l'est de *caméra*» (Reiner 1982, § 122).

En tant qu'appellation scientifique, le terme de *doublet,* inventé au XVIIe siècle (Catherinot 1683) et popularisé au XIXe siècle (Brachet 1868, Bréal 1868), est depuis longtemps reconnu, tant en anglais (Allen 1908, Reuter 1936) qu'en français (Robert 1886, Reiner 1982) ainsi qu'en allemand où il apparaît sous la forme germanisée *Doublette* ou, récemment, *Dublette* (Wawra 1890, Reiner 1980). Cependant, cette dernière forme a autrefois été concurrencée par des termes tels que *Zwillingswörter* (Behaghel 1878), *Scheideformen* (Warnke 1882, Wawra 1889, Stenzel 1896), *Scheidewörter* (Thomsen 1890, Schuchhard 1936), *Doppelformen* (Hey 1891, Wassileff 1957). Avec la forme italienne *doppione* (cf. l'espagnol *doblete*) coexistent toujours les synonymes italiens *dittologia* (De Colle 1877) et

A. Ouvrages des pionniers de la lexicographie des doublets.

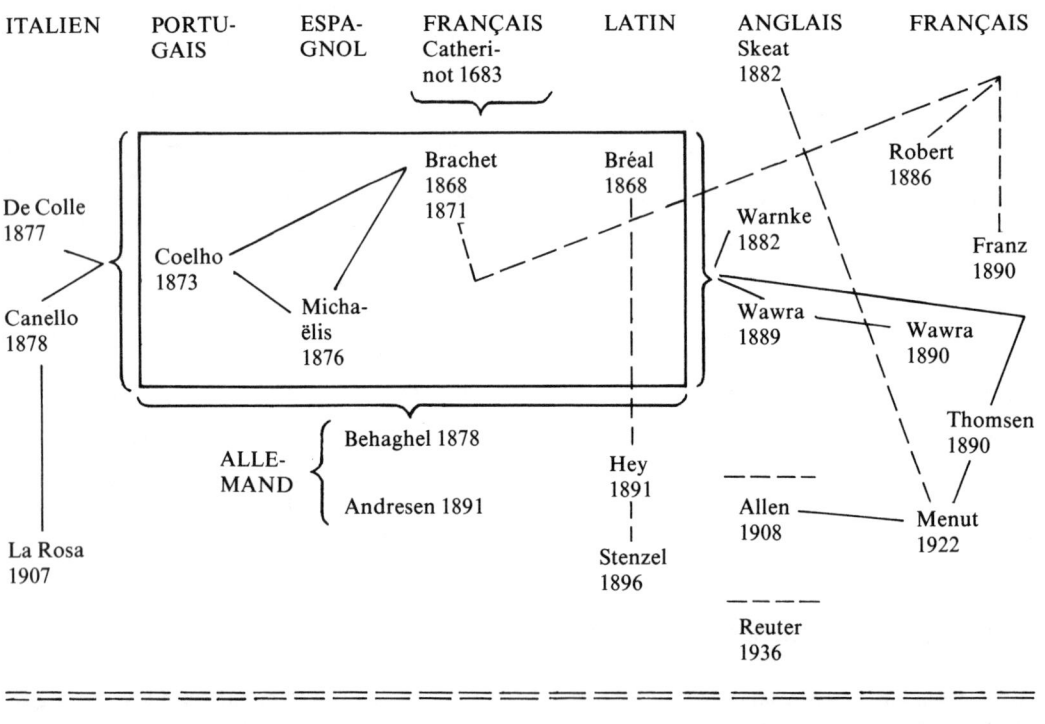

B. Ouvrages relativement récents, dont les auteurs tiennent compte d'un large choix des travaux de leurs devanciers ainsi que d'autres sources (grammaires historiques, dictionnaires étymologiques et autres)

Ill. 130.1: Filiations des principaux recueils de doublets

allotropo (Canello 1878, La Rosa 1907). Springhetti 1962 a, quant à lui, créé un mot savant latin composé d'éléments grecs: *dimorphorema*. Quant à l'anglais *cognate*, il est parfois employé comme synonyme de *doublet*, mais plus souvent dans le sens plus large de «membre de la même famille de mots» (Pinkerton 1982).

2. Historique et macrostructure des dictionnaires de doublets

La lexicographie traditionnelle n'a guère attaché d'importance au phénomène des doublets. Fait significatif à cet égard, nous ne disposons à l'heure actuelle que d'une seule monographie dont le titre indique qu'il s'agit d'un dictionnaire de doublets (Brachet 1868; supplément: Brachet 1871). Encore faut-il observer que l'ouvrage en question n'est pas un dictionnaire dans le sens courant du terme, mais plutôt un traité sur les différentes sortes de doublets, ceux-ci étant classés d'après leurs origines et les étapes historiques de leur formation. Dans son introduction et, de façon plus développée, dans l'appendice l'auteur donne en outre (en 1868) des renseignements sur plusieurs linguistes qui ont défriché avant lui le champ d'études qu'il a choisi. Ce par quoi cette publication s'apparente à un dictionnaire ce sont les nombreuses listes de doublets qu'elle contient ainsi que l'index alphabétique qui termine chacun des deux petits volumes. Si l'on admet que le «dictionnaire» de Brachet mérite son titre, il faut évidemment aussi inclure tous les recueils de doublets qui ont été organisés sur la même base dans le corpus des dictionnaires à étudier.

Ce qui vient d'être dit de la macrostructure du «dictionnaire des doublets» de Brachet — remarques sur les devanciers, listes de doublets établies selon des principes historiques, index cumulatif alphabétique — vaut en effet aussi pour la plupart des monographies consacrées par la suite aux doublets de différentes langues. A partir des introductions bibliographiques que comportent presque tous ces travaux il est possible de préciser les liens qui les unissent entre eux (ill. 130.1).

3. Microstructure et utilité des dictionnaires de doublets

Si l'on étudie dans le détail les recueils lexicologiques mentionnés, on observe de nombreuses divergences: a) dans le nombre des doublets enregistrés (de quelques centaines à plusieurs milliers pour la même langue), b) dans le choix des doublets à retenir et dans leurs regroupements. Dans certains cas limites, et compte tenu du cadre de travail, se pose en effet la question de savoir quelles paires de mots doivent être retenues ou exclues du recueil considéré. De fait on constate que l'application de l'idée fondamentale (si claire soit-elle) que les linguistes se font des doublets est sujette, dans la pratique, à des interprétations discordantes. Ainsi, faut-il considérer comme doublets *copain* et *compagnon* qui remontent, l'un au cas sujet, l'autre au cas régime du latin vulgaire *companio(nem)*? Ou bien l'absence d'une différence de forme entre *voler* (en parlant d'un oiseau) et *voler* (dérober) est-elle une raison suffisante pour refuser à cette paire de mots homo-étymologiques (latin *volare*) le statut de doublets?

D'une façon générale on peut dire que les théoriciens du dernier quart du XIXe siècle (à l'exception de Canello 1878) avaient des tendances plutôt restrictives à l'égard de ces questions (et de beaucoup d'autres qui se posent dans ce domaine), tandis qu'avec les spécialistes du XXe siècle (excepté Schuchhard 1936) on assiste à une prise de conscience de plus en plus nette de l'énorme richesse qualitative de ce secteur très important du vocabulaire de beaucoup de langues (hormis, par ex., le latin). Cette ouverture d'horizon a eu pour conséquence un accroissement considérable de la valeur utile des manuels de doublets les plus récents. En effet, plus on enregistrera de doublets, plus on affinera leur typologie (suivant les critères de l'histoire du lexique tels que: altérations phonétiques et morphologiques, emprunts, bifurcations sémantiques, compositions, dérivations, etc.) et plus la partie systématique de ces dictionnaires pourra servir d'introduction générale à

Compositum, *compote*-composite.
Custodem, *cuistre*-custode.
Scholasticus, *écolatre**-scolastique
Aquaticus, *évage**-aquatique.
Comitem, *comte*-comite.
Implicita, *emplette*-implicite.
Millesimum, *millième*-millésime.
Persica, *pêche*-persique.
Stipula, *éteule*-stipule.
Imbibere, *emboire*-imbiber.
Mica, *mie*-mica.
Manica, *manche*-manique.
Capitulum, *chapitre*-capitule.

Extrait textuel 130.1: extrait d'article (tiré de: Brachet 1871,2)

la lexicologie historique de la langue considérée.

Sur un plan plus scolaire que scientifique, la prise de conscience du phénomène des doublets peut rendre service aux enseignants qui désirent soit avertir les étudiants de certains faits primordiaux relatifs à l'origine des mots (par ex. l'allemand *die Eltern* est issu de son doublet *die Älteren*), soit établir des parallèles du type «en anglais *round* est le doublet de *rotunda* comme en français *rond* est celui de *rotonde*», soit faciliter l'apprentissage de certains vocables et de leurs significations exactes par le renvoi à leurs doublets étymologiques (par ex. en hongrois *neje* «sa femme» — *nöje* «sa bien-aimée»; en russe *golova* «tête» — *glava* «chapitre»).

4. Perspectives

En parcourant la bibliographie qui accompagne le présent article, on constate que l'étude des doublets, pour laquelle il y avait eu un certain engouement entre 1868 et la première guerre mondiale, a été fort négligée pendant la plus grande partie du XXe siècle. Aux lexicographes désireux de combler les immenses lacunes laissées par leurs devanciers s'ouvre donc un vaste champ d'activités scientifiques et didactiques. Entre autres, ils pourraient (et devraient) s'atteler aux tâches suivantes: (a) Tout en perfectionnant les systèmes de classification qui ont déjà été élaborés ou du moins esquissés, il faudrait d'urgence, sous la forme de dictionnaires alphabétiques, dresser des inventaires aussi complets que possible de tous les doublets des différentes langues nationales et internationales. (b) Des dictionnaires spécialisés devraient être consacrés aux doublets considérés sous l'angle des différentes parties du discours (cf. Reuter 1936), d'époques historiques révolues (cf. Menut 1922) ou des vocabulaires dialectaux ou régionaux (cf. La Rosa 1907). (c) Des efforts devraient être faits pour que dans les dictionnaires (tant monolingues que bilingues) soient systématiquement incorporées des indications concernant les doublets des mots-vedettes; cela vaut tout particulièrement pour les dictionnaires de néologismes et de «mots sauvages» (cf. Rheims 1969): ces expressions nouvellement créées sont en effet très souvent des doublets de mots banals et d'un usage commun depuis des siècles (cf. Juilland 1980). (d) La métalexicographie ferait bien de rassembler dans des publications facilement accessibles l'essentiel des informations pertinentes contenues dans les ouvrages ayant marginalement trait aux doublets étymologiques (par ex. Deschanel 1898) et surtout de dépouiller à cet effet les nombreux articles de revues (cf. Reiner 1985—86) ou chapitres de manuels de linguistique (cf. Nyrop 1899—1930) consacrés, en tout ou en partie, au phénomène des doublets.

5. Bibliographie choisie

5.1. Dictionnaires

Allen 1908 = Edward Archibald Allen: English Doublets. In: Publications of the Modern Language Association of America 23. 1908 (New Series 16. 1908), 184—239.

Andresen 1891 = K. G. Andresen: Wortspaltungen auf dem Gebiete der neuhochdeutschen Schrift- und Verkehrssprache. In: Zeitschrift für deutsche Philologie 23. 1891, 265—285.

Behaghel 1878 = Otto Behaghel: Die neuhochdeutschen Zwillingswörter. In: Germania 23. 1878, 257—292.

Brachet 1868 = Auguste Brachet: Dictionnaire des doublets ou doubles formes de la langue française. Paris 1868 [63 pp.].

Brachet 1871 = Auguste Brachet: Dictionnaire des doublets. Supplément. Paris 1871 [23 pp.].

Bréal 1868 = Michel Bréal: Les doublets latins. In: Mémoires de la Société de Linguistique de Paris 1. 1868, 162—170.

Canello 1878 = U. A. Canello: Gli allótropi italiani. In: Archivio Glottologico Italiano 3. 1878, 285—419.

Catherinot 1683 = Nicolas Catherinot: Les Doublets de la Langue. Bourges 1683 [12 pp.].

Coelho 1873 = Francisco Adolpho Coelho: Formes divergentes de mots portugais. In: Romania 2. 1873, 281—294.

De Colle 1877 = Alessandro De Colle: Le dittologie italiane. In: Nuovi Goliardi 1877, fascicules 3, 5, 6.

Grétsy 1962 = László Grétsy: A szóhasadás. Budapest 1962 [281 pp.].

Hey 1891 = Oskar Hey: Doppelformen und Bedeutungsdifferenzierung im Lateinischen (Thèse de doctorat de l'Université de Munich). München. Leipzig 1891 [43 pp.].

La Rosa 1907 = Rosario La Rosa: Allótropi siciliani secondo la forma della zona dialettale notigiana. In: Studi Glottologici Italiani 4. 1907, 241—312.

Menut 1922 = Albert Douglas Menut: The Semantics of Doublets Studied in Old and Middle French. New York 1922 [175 pp.].

Michaëlis 1876 = Carolina Michaëlis (de Vasconcellos): Studien zur romanischen Wortschöpfung. Leipzig 1876 [VIII, 300 pp.].

Reiner 1980 = Erwin Reiner: Die etymologischen Dubletten des Französischen. Eine Einführung in die historische Wortlehre. Wien 1980 [XXI, 208 pp.].

Reiner 1982 = Erwin Reiner: Les doublets étymologiques. Considérations sur la structure et l'étude d'un secteur fondamental du vocabulaire français, avec des remarques sur les doublets d'autres langues. Wien 1982 [XIII, 93 pp.].

Reuter 1936 = Ole Reuter: Verb Doublets of Latin Origin in English (Societas scientiarum Fennica. Commentationes humanarum litterarum, tome VIII, fascicule 4). Helsingfors 1936 [45 pp.].

Rheims 1969 = Maurice Rheims: Dictionnaire des mots sauvages (écrivains des XIXe et XXe siècles). Paris 1969 [604 pp.].

Schuchhard 1936 = Herbert Schuchhard: Beiträge zur Geschichte der italienischen Scheidewörter (Berliner Beiträge zur Romanischen Philologie, tome VI, fascicule 3). Jena. Leipzig 1936 [XVI, 125 pp.].

Skeat 1882 = Walter William Skeat: An Etymological Dictionary of the English Language. Oxford 1882 [List of Doublets, pp. 772–774; cette liste est aussi contenue dans l'édition revue et augmentée de 1910, pp. 748–751].

Stenzel 1896 = Theodor Stenzel: Scheideformen im Latein. In: 25. Jahresbericht des Städtischen Katholischen Gymnasiums zu Patschkau. Patschkau 1896 [12 pp.].

Thomsen 1890 = Ewald Thomsen: Über die Bedeutungsentwicklung der Scheidewörter des Französischen (Thèse de doctorat de l'Université de Kiel). Kiel 1890 [65 pp.].

Warnke 1882 = Karl Warnke: Die neuenglischen Scheideformen. In: Einladungsschrift des Gymnasiums Casimirianum zu der öffentlichen Prüfung und Schlußfeier, Programm no. 617. Coburg 1882 [26 pp.].

Wassileff 1957 = Christo Wassileff: Zum Problem der etymologischen Doppelformen im Englischen (Thèse de doctorat dactylographiée de l'Université de Vienne). Wien 1957 [106 pp.].

Wawra 1889 = Ferdinand Wawra: Scheideformen im Englischen (Thèse de doctorat manuscrite de l'Université de Vienne). Wien 1889 [68 pp.].

Wawra 1890 = Ferdinand Wawra: Die Scheideformen oder Doubletten im Französischen. In: 25. Jahresbericht der niederösterreichischen Landes-Ober-Realschule in Wiener Neustadt. Wiener Neustadt 1890 [21 pp.].

5.2. Travaux

Deschanel 1898 = Emile Deschanel: Les déformations de la langue française. Paris 1898 [Etymologies et doublets, pp. 209–260].

Franz 1890 = Gerhard Franz: Über den Bedeutungswandel lateinischer Wörter im Französischen. In: Programm des Wettiner Gymnasiums, no. 528. Dresden 1890.

Juilland 1980 = Alphonse Juilland: «L'autre français» ou doublets, triplets et quadruplets dans le lexique verbal de Céline. In: Le Français Moderne 48. 1980, 38–69.

Kristol 1985 = Andres Max Kristol: Zu den italienisch-deutschen Lehnwortdubletten. In: Vox Romanica 44. 1985, 105–124.

Malkiel 1977 = Yakov Malkiel: The Analysis of Lexical Doublets, the Romanists' Earliest Contribution to General Linguistics. In: Homenaje a Robert A. Hall Jr., éd. par David Feldman. Madrid 1977 [pp.191–196].

Nyrop 1899–1930 = Kristoffer Nyrop: Grammaire historique de la langue française. 6 vol. Copenhague 1899–1930.

Pinkerton 1982 = Edward C. Pinkerton: Word for Word. Detroit 1982 [423 pp.].

Reiner 1985–86 = Erwin Reiner: Zur «Figura etymologica» im Deutschen, Englischen und Französischen. In: Moderne Sprachen 29. 1985, fasc. 3/4, 19–32; 30. 1986, fasc. 1/2, 1–15.

Reiner 1986 = Erwin Reiner: Dubletten und Faux Amis: Berührungspunkte zwischen Sprachunterricht und Sprachwissenschaft. In: Moderne Sprachen 30. 1986, fasc. 3/4. 30–48.

Robert 1886 = C. M. Robert: Questions de grammaire et de langue françaises élucidées. Amsterdam 1886 [Les doublets, 232–278].

Scheler 1971 = Manfred Scheler: Bedeutungsaufspaltung und Dublettenbildung im Englischen. In: Die Neueren Sprachen 70. 1971, 471–476.

Springhetti 1962 = Aemilius Springhetti: Lexicon linguisticae et philologiae. Rome 1962.

Erwin Reiner, Vienne (Autriche)

131. Das Onomatopöienwörterbuch

1. Das synchronisch beschreibende Onomatopöienwörterbuch
2. Das etymologische Onomatopöienwörterbuch
3. Literatur (in Auswahl)

1. Das synchronisch beschreibende Onomatopöienwörterbuch

Die lautimitierenden Wörter vom Typ *bum!* oder frz. *areu, berk* usw. spielen in den Sprachen eine beachtliche Rolle, die sich in den allgemeinen einsprachigen Wörterbüchern, wenn auch nicht exhaustiv, niederschlägt. Zu einer gesonderten lexikographischen Behandlung der in die *langue* eingegangenen lautimitierenden Einheiten ist es jedoch bislang kaum gekommen. Hingegen hat die geradezu inflationäre Entwicklung der Onomatopöien im internationalen Comic zu einem Wörterbuch geführt (Havlik 1981), dessen 2000 Einheiten vornehmlich Augenblicksbildungen dieses Genres darstellen. Das Lexikon hat einen semasiologischen und einen onomasiologischen Teil (vgl. Textbeispiel 131.1). In einem theoretischen Vorwort werden eigentliche Onomatopöien (z. B. die Insektenlaute imitierenden Einheiten: BSSZ, BZZ, BZZZF, SST, ZZ) von den umschreibenden getrennt, welche als Reduktionen von Schallverben zu erklären sind (z. B. aus dem Feld der Insektenlaute die Einheiten SUMM, SURR, oder im weiteren HEUL, KREISCH, SCHNARCH, KNURR, RASSEL, SPRITZ, ZISCH usw.). Diese zweite Gruppe von Comic-Onomatopöien findet

---

AAA

AA; AH, AAH, AHH, AAAA, AAAH, .., AAAAAAAAAAAAAA: Angst-, Schreckens-, Schmerzens-, Todesschrei; Ausruf des Abscheus, Grauens; Ausruf der Freude, Begeisterung; vor Lust stöhnen; Frau beim Coitus; fröhlicher Säugling; Ausruf eines Besessenen; nachdenken, Interesse zeigen; lachen

ÄH; ÄÄÄH: Ausdruck der Verlegenheit, Unsicherheit; nach Worten suchen; heulender Säugling

ABA (DUP-DUBA DUP DEPP): eine Melodie trällern

ACH; AHHCH: Ausdruck der Niedergeschlagenheit; Ausruf in freudiger Erwartung

ÄCHZ: Laut bei körperlicher Anstrengung, Erschöpfung; nach Luft ringen; ersticken; Ärger, Frustation

ACK: jemand wird erschlagen; ein Durstender schleppt sich durch die Wüste; Schmerzenslaut; Laut bei körperlicher Anstrengung; hysterisches Stammeln; jemand erwacht (vgl. AGG, AGK, AK)

ADAB: Tor zu einem anderen Universum tut sich auf

ADADA: Indianer greifen an

AAAEEE; AAAAAAEEEEEEEE: Angst-, Schreckens-, Todesschrei

AAEEIII; AAAEEEEHHIIIII: Kalars Ruf, den die Tiere des Dschungels verstehen

AGG; AGH, AAG, AAAG, AAAGH, .., AAAAAGGGH: Schreckens-, Schmerzens-, Todesschrei; Schrei eines Monsters; Keilerei; Laut bei körperlicher Anstrengung; jemandem bleibt die Luft weg (vgl. ACK, AGK, AK)

AGK: s. AGG

AGRR; AGRR,RRM, AAAAAGGGGGGRRRRRRR: schnarchen; brüllender Löwe

AHA; AHHHAH, AAAHAAAA: Ausruf des Verstehens, der Aufmerksamkeit; Angst-, Schreckensschrei; einem Jungen erscheinen Schreckgestalten

AHAHAHAHA: Gelächter

AHAA-TSCHIE; AHHHAH-TSCHIE: niesen (vgl. HATSCHI)

AHAUGH: Schmerzens-, Todesschrei

AHEM: Ausdruck der Langeweile, der Verlegenheit; sich räuspern; die Aufmerksamkeit auf sich lenken

ÄHEMMM: s. AHEM

AHO: Gelächter (W)

AHOI: Seemannsruf

AHUA HUA HUA: Kriegsruf der Leichtfuß-Indianer

Textbeispiel 131.1: Wörterbuchausschnitt eines Onomatopöienwörterbuchs (aus: Havlik 1981, 51)

lebhaft Eingang in die Umgangssprache von Kindern und Jugendlichen und verdient inzwischen eine Behandlung in der Wortbildungslehre (vgl. auch Rey 1978).

Eine Untergruppe der Onomatopöien bilden die Vogelstimmen imitierenden Wörter, für die es wissenschaftliche Zusammenstellungen gibt. Die Poesie dieser zumeist ad hoc imitierenden Einheiten nutzt neben anderen Onomatopöientypen in einem zitierenden Wörterbuch Miot 1968. Dies ist wohl das einzige Wörterbuch der Welt, dem eine kleine Metallflöte (zur Imitation der Vogelstimmen) beigegeben ist.

2. Das etymologische Onomatopöienwörterbuch

Der Gedanke, daß alles menschliche Sprechen letztlich auf Lautimitation zurückgeht, ist alt und verlockend. Er ist auch heute noch überall dort wirksam, wo man mangels eindeutiger anderweitiger Etymologie einen lautmalenden Ursprung annimmt. Das Ansetzen lautmalender Wurzeln hat darüber hinaus den Vorteil der Plausibilität über die Sprachgrenzen hinweg. Das Wörterbuch der spanischen lautimitierenden Wurzeln mit Vergleich in anderen Sprachen stammt von Garcia 1968. In der Nachfolge der etymologischen Theorie von Brosses 1765 hat kein geringerer als Charles Nodier 1808 ein Onomatopöienwörterbuch publiziert, das er 1828 beträchtlich erweiterte und das in diesen Tagen nachgedruckt worden ist (vgl. Meschonnic 1984 und Vaulchier 1984, 131—148, sowie Genette 1973). Nodier schwebte ursprünglich ein vielsprachiges Wörterbuch der „sons naturels" (vgl. Garcia 1968) zur Rekonstruktion der lautimitierenden Ursprache vor. Das auf das Französische beschränkte Werk wurde dann zwar für die historische Forschung rasch zum Anachronismus, behielt aber seinen Wert als Sammlung von Wörtern mit poetischer Evokationskraft, vgl. den folgenden Ausschnitt aus der Makrostruktur:

Galop, galoper
Gargariser, gargarisme
Gargouille
Gazouillement, gazouiller
Geai
Gémir, gémissement
Glapir, glapissement, glas, glais
Glisser, glace
Glouglotter
Glouglou
Glouton, gloutonnerie

So kann Nodier als Vorläufer heutiger phonostilistischer Forschung gelten (cf. Berghe 1976).

3. Literatur (in Auswahl)

3.1. Wörterbücher

Garcia 1968 = Vicente Garcia de Diego: Diccionario de voces naturales. Madrid 1968 [723 S.].

Havlik 1981 = E. J. Havlik: Lexikon der Onomatopöien. Die lautimitierenden Wörter im Comic. Frankfurt 1981 [263 S.; Wörterbuch 51—157, Gliederung nach Wortinhalten 160—250].

Miot 1968 = Bernard Miot: Dictionnaire des onomatopées. O. O. 1968 [ca. 60 unpaginierte S.].

Nodier 1808 = Charles Nodier: Dictionnaire raisonné des onomatopées françaises. Adopté par la Commission d'instruction publique, pour les bibliothèques des lycées. Paris 1808 [220 S. Seconde éd., revue, corr. et considérablement augmentée. Paris 1828, 405 S. Réimpression de la 2e éd. Mauvezin 1984].

Rosensthiel/Gay 1990 = Agnès Rosensthiel/ Pierre Gay: Cris d'Europe. Paris 1990.

3.2. Sonstige Literatur

Berghe 1976 = Christian Louis van den Berghe: La phonostylistique du français. Den Haag 1976.

Brosses 1765 = Président Charles de Brosses: Traité de la formation méchanique des langues et des principes physiques de l'étymologie. Paris 1765.

Genette 1973 = Gérard Genette: Avatars du cratylisme. In: Poétique 15. 1973, 265—291.

Meschonnic 1984 = Henri Meschonnic: La nature dans la voix. In: Nodier 1984, 11—111.

Rey 1978 = Alain Rey: Les spectres de la bande. Essai sur la B. D. Paris 1978.

Timmermans 1890 = Adrien Timmermans: Traité de l'onomatopée ou clef étymologique pour les racines irréductibles. Paris 1890.

Vaulchier 1984 = Henri de Vaulchier: Charles Nodier et la lexicographie française 1808—1844. Paris 1984.

Franz Josef Hausmann, Erlangen (Bundesrepublik Deutschland)

132. Das Wörterbuch der Berufsbezeichnungen

1. Vorbemerkungen
2. Wörterbuchtypen
3. Sprachliche Interpretation
4. Systematische Darstellungen
5. Historische Darstellungen und Interpretation
6. Literatur (in Auswahl)

1. Vorbemerkungen

Berufsbezeichnungen (d. h. die Benennung beruflicher Tätigkeiten) sind einerseits Bestandteil des Allgemeinwortschatzes, andererseits gehören sie in ihrer (offiziellen) systematischen Auflistung in Wörterbuchform zum administrativ-juristischen Fachwortschatz. Die Überschneidungen sind vielfältig und komplex, und die jeweilige Zuweisung ist kaum eindeutig durchführbar: traditionelle Bezeichnungen werden aus sozio- oder tarifpolitischen Gründen geändert ('Lehrling' → *Auszubildender* („Azubi"), 'Putzfrau' → *Raumpflegerin,* 'Gastarbeiter' → *ausländischer Arbeitnehmer, Mitbürger* usw.) oder neue Berufe werden in Spezialisierungen differenziert ('Datenverarbeitung' → *Informatiker, Systemanalytiker, Programmierer(in) [Anwendungs(software)-, System(software)-Programmierer], Operator [Konsolen-, Peripherieoperator], Locher, Datentypist(in), DV-Kaufmann u. ä.).* Auch das Konzept 'berufliche Tätigkeit' selbst (Handwerk, Industrie, Dienstleistung, Militär, freier Beruf, Amt, Stand u. a.) ist außerordentlich schwer abgrenzbar und aus historischer Perspektive vielschichtig: der 'Arzt' war Handwerker, Freiberufler, Beamter u. ä. Aufgrund der historischen Herausbildung dieses Wortschatzes, seiner engen Verknüpfung mit der Technikgeschichte ebenso wie mit der allgemeinen Sprachentwicklung und der entsprechenden sozialen und regionalen Differenzierung ist die Abgrenzung eines Speziallexikons (neben der Berufs- und Rangbezeichnung auch Arbeitsumfeld wie Rohstoffe, Produkte, Werkzeuge, Arbeitsgänge usw.) eigentlich nur in berufsspezifischen Abhandlungen möglich (Fachterminologie). Anderseits in-

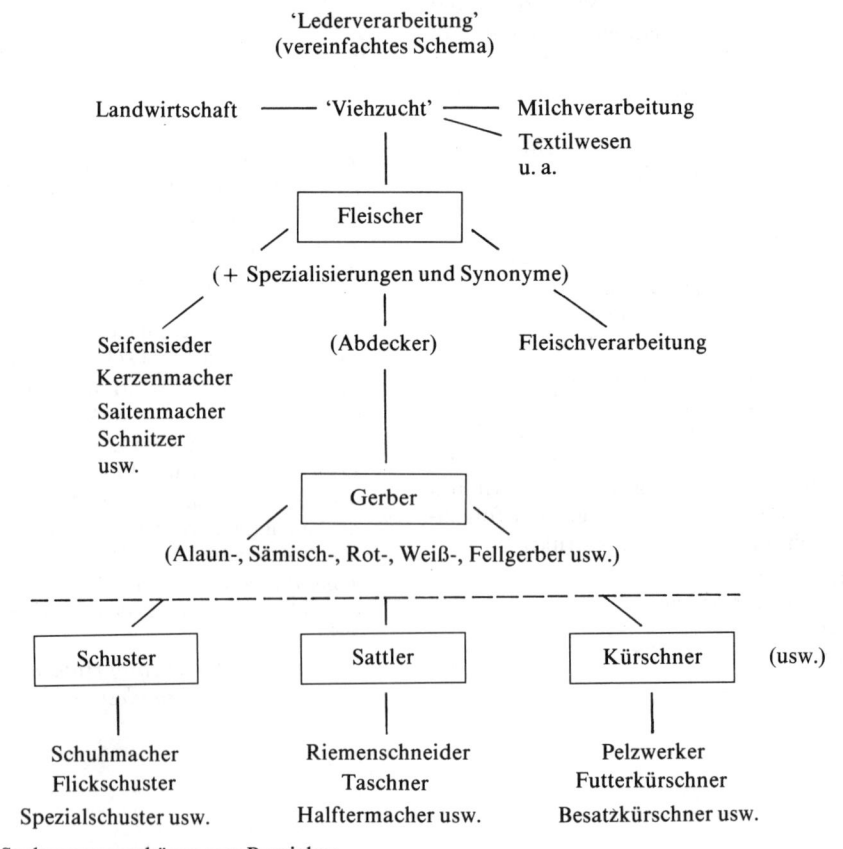

Abb. 132.1: Sachzusammenhänge von Bereichen

tegrieren sich die Berufsbezeichnungen weitgehend in den allgemeinen Appellativwortschatz (vgl. historische bzw. etymologische Wörterbücher) und die Namenforschung (vgl. Art. 136).

2. Wörterbuchtypen

„*Wörterbücher* der Berufsbezeichnungen" gliedern sich in verschiedene Typen von Nachschlagewerken: enzyklopädische Werke bzw. *Sachwörterbücher*, Berufsnamenlisten, meist in Zusammenhang mit (offiziellen) *Klassifikationen*, und Mischformen zwischen (historischen) Sach- und Sprachwörterbüchern. Enzyklopädische Werke beschreiben die berufliche Tätigkeit, auch im größeren sachlichen Zusammenhang. Berufsnamenlisten stellen gewöhnlich die offiziellen Berufsbezeichnungen zusammen, die in den Klassifikationen systematisch geordnet und (zumeist) erläutert sind. Diese fachliche und administrative Ab- und Eingrenzung der beruflichen Tätigkeit in den modernen Klassifikationen (oder auch Berufsordnungen) ist die gesetzliche Grundlage des heutigen Berufswesens. Sie steht historisch in Zusammenhang mit den Ordnungen (Statuten) der sich besonders im hohen Mittelalter formierenden Zünfte, Gremien und Gilden. Aufgrund des Problems Gesamtherstellung bzw. Arbeitsteilung (Spezialisierung) ist die Differenzierung und Abgrenzung der beruflichen Tätigkeiten (und damit der entsprechenden Bezeichnungen) insbesondere in historischer Perspektive komplex und schwer darzustellen. So ist die Bezeichnung *Barbier* für den 'Bartscherer', 'Arzt', 'Bader', 'Waffenschmied' u. a. gebräuchlich, für z. B. den 'Lederverarbeiter' sind verschiedene Tätigkeiten zu beachten (vgl. Abb. 132.1): a) Rohstoff (*Viehzüchter* [vgl. Milchverarbeitung, Textilwesen u. a.] → *Metzger* [vgl. *Abdecker, Seifen-, Kerzen-, Saitenmacher, Schnitzer* usw.] → *Gerber*) und b) Verarbeitung und Spezialisierung (*Schuster, Sattler, Kürschner* usw.).

3. Sprachliche Interpretation

Eine sprachliche Interpretation der Berufsbezeichnungen (Etymologie, Wortbildung, Wortgeschichte) erfolgt in diesen Verzeichnissen und Darstellungen in der Regel nicht, sondern Zuordnung zu Arbeitsbereichen, Beschreibung der Tätigkeit und Bezeichnung werden miteinander kombiniert (vgl. Abb. 132.2). Andererseits werden die Berufsbezeichnungen in den Wörterbüchern zum Allgemeinwortschatz nur ungenügend berücksichtigt. Am ehesten finden sich Erklärungen, insbesondere für Bezeichnungen heute unbekannter, seltener, nur regional gebräuchlicher oder nicht mehr ausgeübter beruflicher Tätigkeiten in Namenbüchern: ein sehr bedeutender Teil der mittelalterlichen Beinamen geht auf die Charakteristik nach der ausgeübten (meist beruflichen) Tätigkeit zurück und überlebt, oft in sprachlich erstarrter Form, in den heutigen Familiennamen. Die sprachliche Interpretation der Berufsbezeichnungen setzt außer der genauen Kenntnis bestimmter, bisher nicht systematisch dargestellter Mechanismen der Wortbildung (Benennung nach dem Rohstoff: *Fleischer*, Zwischenprodukt: *Teigkneter*, Endprodukt: *Schuster*, der Tätigkeit: *Bäcker*, dem Werkzeug: *Kärrner*, dem Ort der Berufsausübung: *Apotheker* u. a.; Ableitungen, Wortzusammensetzungen, syntaktische Bildungen u. ä.) und des historischen Materials (insbesondere Statuten und Beinamen) auch eine gute Übersicht über kulturgeschichtliche Zusammenhänge (Techniken, internationale Kontakte und Wanderbewegungen, Sozialgeschichte usw.) voraus; diese ist gelegentlich auf ikonographische Zeugnisse, wie sie durch die gesamte Geschichte hindurch in vielfältiger Form überliefert sind, angewiesen. Gleichzeitig stößt die grundsätzlich naheliegende linguistische Interpretation nach semantischen Zusammenhängen (Onomasiologie) an enge Grenzen.

4. Systematische Darstellungen

Systematische Darstellungen und Materialien zu den historischen Berufen (Blümner 1875—1889, Fagniez 1898—1900 usw.) sind nicht sehr zahlreich, entsprechende Hinweise finden sich meist in zahllosen, verstreuten Einzelbeiträgen. Als direkte Vorläufer der heutigen Klassifikationen sind systematische Beschreibungen von Berufsständen und deren Statuten (Boileau [1268], Lespinasse 1892—1897, Langhans 1943—1946 u. a.) wichtig. Diese Klassifikationen sollen neben der nationalen verwaltungstechnischen Ordnung gewöhnlich auch die nationale und internationale Kompatibilität herstellen („internationaler Ausgleich"/„compensation internationale"). Das vom Internationalen Arbeitsamt in Genf erstellte Raster (CITP 1968) bildet im Prinzip die allgemein verbindliche Grundlage, doch weicht jede nationale Klas-

IDENTIFICATION DE L'EMPLOI

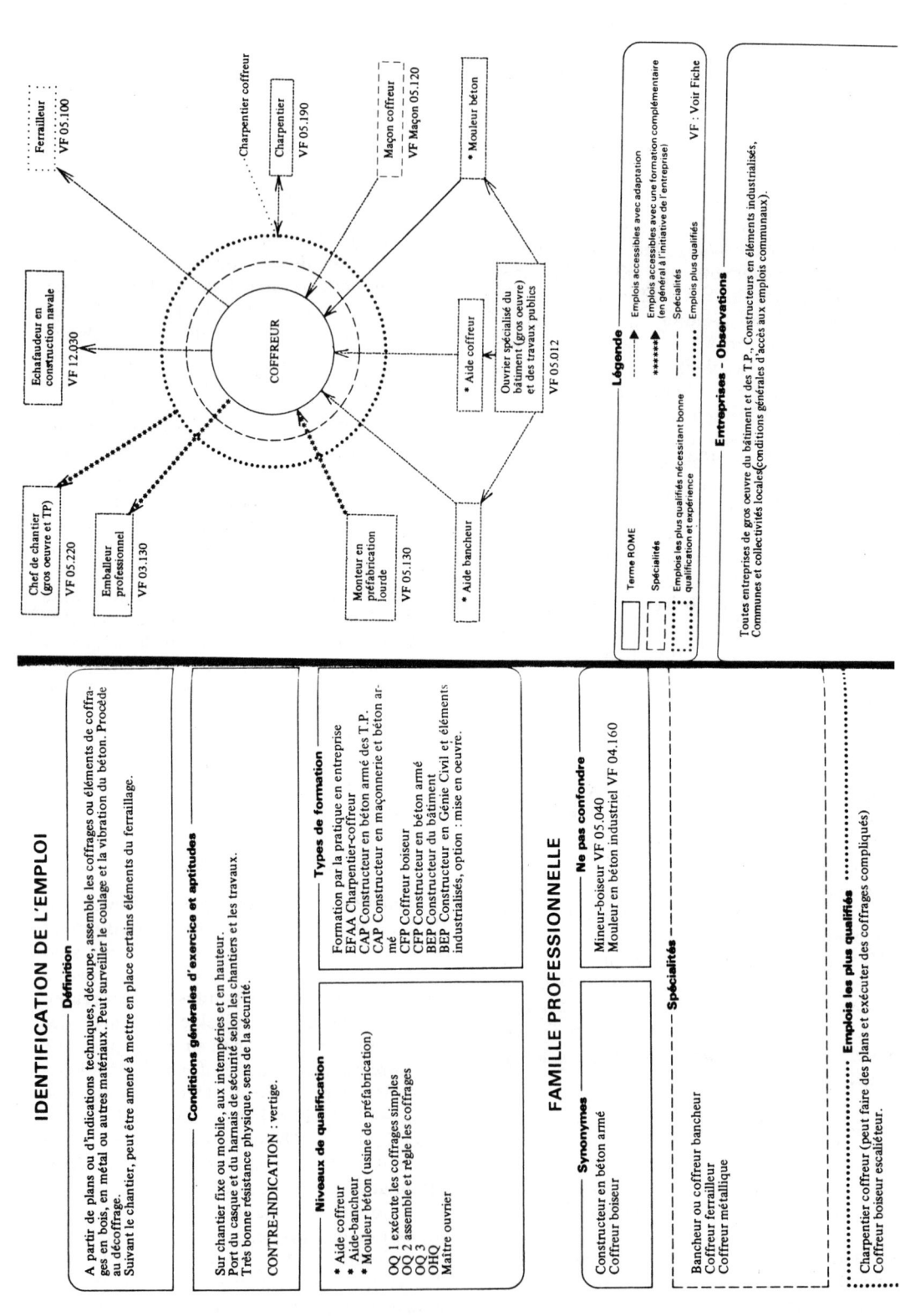

Définition

A partir de plans ou d'indications techniques, découpe, assemble les coffrages ou éléments de coffrages en bois, en métal ou autres matériaux. Peut surveiller le coulage et la vibration du béton. Procède au décoffrage.
Suivant le chantier, peut être amené à mettre en place certains éléments du ferraillage.

Conditions générales d'exercice et aptitudes

Sur chantier fixe ou mobile, aux intempéries et en hauteur.
Port du casque et du harnais de sécurité selon les chantiers et les travaux.
Très bonne résistance physique, sens de la sécurité.

CONTRE-INDICATION : vertige.

Niveaux de qualification

* Aide coffreur
* Aide-bancheur
* Mouleur béton (usine de préfabrication)

OQ 1 exécute les coffrages simples
OQ 2 assemble et règle les coffrages
OQ 3
OHQ
Maître ouvrier

Types de formation

Formation par la pratique en entreprise
EFAA Charpentier-coffreur
CAP Constructeur en béton armé des T.P.
CAP Constructeur en maçonnerie et béton armé
CFP Coffreur boiseur
CFP Constructeur en béton armé
BEP Constructeur du bâtiment
BEP Constructeur en Génie Civil et éléments industrialisés, option : mise en oeuvre.

FAMILLE PROFESSIONNELLE

Synonymes
Constructeur en béton armé
Coffreur boiseur

Ne pas confondre
Mineur-boiseur VF 05.040
Mouleur en béton industriel VF 04.160

Spécialités
Bancheur ou coffreur bancheur
Coffreur ferrailleur
Coffreur métallique

Emplois les plus qualifiés
Charpentier coffreur (peut faire des plans et exécuter des coffrages compliqués)
Coffreur boiseur escaliéteur.

Abb. 132.2: Moderne Klassifikation (aus: ROME 1982, 05.110)

sifikation in wesentlichen Punkten davon ab. Auch das Verzeichnis der Europäischen Kommission (SEDOC [1972]) stimmt damit nicht überein, bietet im übrigen aber wegen der aufgeführten Varianten (französische Bezeichnungen in Frankreich, Belgien, Luxemburg, Angabe von Synonymen) interessantes Material, wie überhaupt regionale Varianten bzw. Synonyme von großem sprachhistorischem Interesse sind (Ricker 1917, Schönfeldt 1965 u. a.). Auch im nationalen Rahmen gibt es Variationen innerhalb der Berufsordnungen (etwa Frankreich: ROME 1982—1986, RFE, Nomenclature 1983). Desiderat ist die synoptische Darstellung der wichtigsten internationalen Klassifikationen, von denen hier nur eine Auswahl genannt wird. Gleiches gilt für eine vergleichende Geschichte einzelner Berufsgruppen (Textilwesen, Fleischverarbeitung usw.).

5. Historische Darstellungen und Interpretation

In Glossar- oder Wörterbuchform sind die heutigen Berufsbezeichnungen zumeist auch als Anhang zu den genannten Klassifikationen aufgelistet (vgl. Literaturangaben), dabei existieren neben einfachen alphabetischen Verzeichnissen, die hier nicht im einzelnen genannt werden, auch Wörterbücher mit einer Kurzbeschreibung der jeweils genannten Berufsbezeichnungen (*Vocabulario* 1965 [Textbeispiel 132.1], *Dictionnaire des métiers* 1955 usw.). Von historischer Bedeutung sind die großen Vorbilder des 16. Jahrhunderts (Sachs 1568, Garzoni 1587 u. a.), die das große Interesse der Zeit für die Organisation der Berufe, aber auch für enzyklopädisches Wissen bezeugen. Das wichtigste, inzwischen mehrfach nachgedruckte, Wörterbuch zu den (französischen) Berufen und Berufsbezeichnungen (Franklin 1906, Textbeispiel 132.2) wird von Sprachwissenschaftlern kaum zur Kenntnis genommen, obwohl hier eine außerordentliche Fülle gerade auch von sprach-

CHACINERO. Persona que hace chacina (8-26-40.80). || También se llama así al propietario de una fábrica de chorizos y embutidos, que posee, asimismo, un matadero donde efectúa el sacrificio de las reses necesarias para el desenvolvimiento de la industria. || En algunas regiones, nombre genérico en el que se incluyen morcilleros, choriceros o salchicheros. || En algunas regiones, vendedor de carne de cerdo en general.
— MAESTRO. V. Maestro chacinero.
CHAFALLETERO. El que vende despojos.
CHAFLANADOR DE VIDRIO. El operario que, en la sección de acabado del vidrio, allana o alisa la hoja y templa el cristal para darle propiedades de resistencia sin modificación de sus dimensiones (8-11-90.32).
CHAGRINADOR DE PIELES. El operario que, en la sección de terminado de curtidos y pieles grabados, realiza a mano, solo o con ayuda de personal a sus órdenes, la operación de chagrinar o secar el curtido o la piel (8-54-90.30).
CHALÁN. El que trata en compras y ventas, especialmente de caballos u otros animales (3-02-20.25). || En equitación, picador.
CHALEQUERA. Mujer que tiene por oficio hacer chalecos (7-16-60.40).
CHALUPERO. Patrón o dueño de una chalupa (= embarcación pequeña, con cubierta y dos palos para velas).
CHAMARILERO. Persona que se dedica a comprar y vender trastos viejos (3-02-20.26).
CHAMUSCADOR DE TEJIDOS. El que atiende la máquina de chamuscar (eléctrica o por gas). Esta máquina sirve para quitar la barba a los hilos, dándoles mayor belleza (7-06-45.20).

Textbeispiel 132.1: Kombination Klassifikation + Wörterbuch (aus: Vocabulario 1965, 305)

Chasse-marée. Dès le treizième siècle Paris faisait une grande consommation de poissons de mer. On appelait chasse-marée les hommes qui y amenaient, en toute hâte, le poisson pêché sur les côtes les plus rapprochées de la capitale, celles de Normandie et de Picardie. En général, ils chassaient devant eux de petits bidets chargés de paniers. Ils se servirent un peu plus tard de voitures légères, d'où leur vint un nouveau nom, *voituriers de la mer*.
Les services qu'ils rendaient et aussi la gourmandise des Parisiens leur avaient fait accorder une foule de privilèges. On ne pouvait les arrêter en route, ni saisir leurs chevaux ; un fonds spécial était destiné à remplacer les bêtes mortes de fatigue ou le poisson corrompu en chemin [1].
A l'arrivée, les paniers étaient livrés aux *vendeurs*, et débités par eux à la criée ; les marchandes de marée les achetaient pour les écouler au détail.
Les huîtres apportées par les chasse-marée étaient dites *huîtres de chasse*, distinguées ainsi de celles qui venaient par bateau en remontant la Seine.
Dans l'édition publiée en 1510 de la grande ordonnance de 1415, une naïve gravure représente un chasse-marée et son bidet.
Voy. **Poissonniers de mer** et **Vendeurs.**

Chasse-mouches (MARCHANDS DE). Titre que prenaient les maîtres de la corporation des cordiers.

Chasse-mulet. « Valet de meunier des environs de Paris, qui rapporte sur ses mulets les sacs de farine aux boulangers, et porte le blé des boulangers au moulin [2] ».

Textbeispiel 132.2: Historisches Wörterbuch (aus: Franklin 1906, 152)

lichen Informationen (Varianten, Etymologie u. ä.) zusammengestellt sind. Nützliche Dienste zur schnellen Information zu Form und Bedeutung historischer Berufsbezeichnungen leisten knappe Auflistungen (Haemmerle 1933), wenn nicht auf zeitlich eingegrenzte Verzeichnisse (Sanford 1975), große Wörterbücher (etwa Du Cange), Enzyklopädien (etwa *Larousse du XIXe siècle*) oder enzyklopädische Spezialwörterbücher (Jaubert 1773, *Dictionnaire technologique* 1822—1835, Laboulaye 1854—1855, *Dizionario tecnico* 1897 usw.) zurückgegriffen werden kann. Die sprachliche Aufarbeit der heutigen und historischen Berufsbezeichnungen ist ein wichtiges Desiderat der Wortforschung. Vorarbeiten (Petrikovits 1981, Erb 1978 u. a.) oder eingegrenzte Projekte (Kremer 1984) sollten unter der Berücksichtigung der historischen und onomastischen Materialien (Gottschald 1982, Kremer 1976—1982 u. a.) und der modernen Nomenklatoren zu einer Bestandsaufnahme und sachlich-sprachlichen Interpretation des Gesamtbereichs der Berufsbezeichnungen führen.

6. Literatur (in Auswahl)

6.1. Wörterbücher

Berufsverzeichnis 1984 = Bundesamt für Industrie, Gewerbe und Arbeit: Berufsverzeichnis/Liste des professions. Ausgabe Bern 1984 [84 S.].

Dicionário 1977 = Serviço Nacional de Aprendizagem Industrial: Dicionário de ocupações qualificadas. São Paulo 1977 [387 S.].

Dictionnaire des métiers 1955 = I.N.S.E.E.: Dictionnaire des métiers et appellations d'emploi. Établi par la Commission interministérielle de la nomenclature des métiers. Paris 1955 [271 S.].

Dictionnaire des professions 1965 = Office National de l'Emploi: Dictionnaire des professions, 13 fascicules. Bruxelles 1965.

Dictionnaire technologique 1822—1835 = Dictionnaire technologique ou Nouveau dictionnaire universel des arts et métiers, et de l'économie industrielle et commerciale; par une société de savans et d'artistes. 22 vols. Paris 1822—1835. [In italienischer Übersetzung als Nuovo dizionario universale tecnologico o di arti e mestieri e della economia industriale e commerciante. Compilato dai signori Lenormand, Payen e.a. 61 vol. Venezia 1830—1859].

Dizionario delle professioni 1966 = Ministero del lavoro e della previdenza: Dizionario delle professioni. Edizione provvisoria. Roma 1966 [344 S.].

Dizionario tecnico 1987 = Dizionario tecnico di arti, mestieri, industrie; desunto dalle migliori opere congeneri, adorno di 420 disegni. Roma 1897 [936 S.].

Franklin 1906 = Alfred Franklin: Dictionnaire historique des arts, métiers et professions exercés dans Paris depuis le treizième siècle. Paris 1906 [856 S., zweispaltig. Nachdrucke New York 1968 und Marseille 1977].

Garzoni 1587 = Thommaso Garzoni: La piazza universale di tutte le professioni del mondo. Venetia 1587 [Oft nachgedruckt und in mehrere Sprachen übersetzt].

Géraud 1837 = Hercule Géraud: Paris sous Philippe-le-Bel, d'après des documents originaux, et notamment d'après un manuscrit contenant le Rôle de la Taille imposée sur les habitants de Paris en 1292. Paris 1837 [638 S.; mit Edition dieser größten altfranzösischen Steuerrolle und insbesondere einem Glossar der Berufsbezeichnungen, S. 483—552].

Haemmerle 1933 = Albert Haemmerle: Alphabetisches Verzeichnis der Berufs- und Standesbezeichnungen vom ausgehenden Mittelalter bis zur neueren Zeit. München 1933 [264 S.; Nachdruck Hildesheim 1966].

Handbuch der Berufe = Kommission der Europäischen Wirtschaftsgemeinschaft: Vergleichendes Handbuch der Berufe, in denen Wanderungen zwischen den Ländern der EWG häufig vorkommen. 2. erweiterte Auflage, s. d. [1335 S.].

Jaubert 1773 = Abbé Jaubert: Dictionnaire raisonné universel des arts et métiers [...]. Nouvelle édition. 4 vols. Paris 1773 [702, 674, 591, 446 S.].

Laboulaye 1854—1855 = C. Laboulaye: Dictionnaire des arts et manufactures de l'agriculture, des mines, etc. Description des procédés de l'industrie française et étrangère. Deuxième édition. 2 vols. Paris 1854—1855 [Ohne Paginierung, zweispaltig].

Lexikon 1984 = Joachim Rzepka (Hg.): Das große Lexikon der Berufe. Braunschweig 1984 [640 S., dreispaltig].

Medici 1967 = Mario Medici: Nuovi mestieri e nuove professioni. Roma 1967 [102 S.] [Glossari di lingua contemporanea, 8].

Molle 1975 = Fritz Molle: Wörterbuch der Berufs- und Berufstätigkeitsbezeichnungen. 2. überarbeitete Auflage. Wolfenbüttel 1975 [881 S., zweispaltig].

Nomenclatura 1933 = Institutul de Demografia și Recensámánt: Nomenclatura profesiunilor și intreprinderilor cuprinzând și codul profesiunilor. București 1933 [134 S.].

Nomenclature 1983 = I.N.S.E.E: Nomenclature des professions et catégories socioprofessionnelles. 2 vols. Paris 1983 [LIX + 360 + V/XLVII + 245 + XIV S.].

RFE = Centre d'Études et de Recherches sur les Qualifications: Répertoire français des emplois. Paris... [Serie von Einzelveröffentlichungen zu Berufsgruppen unter dem Titel *Les emplois-types de...*].

Répertoire 1909 = Ministère du Travail et de la Prévoyance Sociale: Répertoire technologique des noms d'industrie et de professions français — anglais — allemand, avec notices descriptives sommaires. Paris, Nancy 1909 [426 S. (zweispaltig), 289 S. (dreispaltig)].

Sachs 1568 = Hans Sachs: Eygentliche Beschreibung Aller Stände auf Erden [...]. Frankfurt 1568.

SEDOC[1972] = Commission des Communautés Européennes: Répertoire des activités individuelles et professions enregistrées en compensation internationale. Bruxelles [1972] [361 S., Sprachen: Deutsch, Belgien (Französisch, Niederländisch), Französisch, Italienisch, Luxemburg (Französisch), Niederländisch. Neubearbeitung mit Einschluß des Englischen, Dänischen, Griechischen, Spanischen und Portugiesischen in Vorbereitung].

Verzeichnis 1980 = Bundesamt für Statistik: Verzeichnis der persönlichen Berufe/Liste des professions individuelles. Eidgenössische Volkszählung 1980. 2 Bände. Bern 1980 [293 S.] [Arbeitsdokumente für die schweizerische Statistik, 74].

Vocabulario 1963 = Ministerio de Trabajo, Dirección general de empleo: Vocabulario de ocupaciones. Madrid 1963 [678 S.].

6.2. Sonstige Literatur

Blümner 1875—1889 = Hugo Blümner: Technologie und Terminologie der Gewerbe und Künste bei Griechen und Römern. 4 Bände. Leipzig 1875—1887 [Nachdruck Hildesheim 1969].

Boileau [1268] = Estienne Boileau: Le Livre des mestiers. Zugänglich über zwei Editionen: G.-B. Depping: Réglemens sur les arts et les métiers de Paris, rédigés au XIIIe siècle, et connu sous le nom du livre des métiers d'Estienne Boileau publiés [...] avec des notes et une introduction. Paris 1837 [479 S., mit wichtigem Anhang: Ordonnances sur le commerce et les métiers, S. 349 ff.] und René de Lespinasse et François Bonnardot: Le Livre des métiers d'Étienne Boileau. Paris 1879 [422 S., mit wichtigem Index-Glossaire zu den weniger bekannten Bezeichnungen, 289—399, auch als Sonderband Paris 1889].

Braun 1976 = Wilhelm Braun: 'Bäcker', 'Fleischer', 'Tischler'. Wortschatzuntersuchungen im Bereich des Handwerks am Beispiel konkurrierender Berufsbezeichnungen. In: Zur Ausbildung der Norm der deutschen Literatursprache auf der lexikalischen Ebene (1470—1730). Untersucht an ausgewählten Konkurrentengruppen. Unter der Leitung von Joachim Dückert. Berlin 1976, 55—119 [Akademie der Wissenschaften der DDR, Zentralinstitut für Sprachwissenschaft 56/II].

CCDP 1971 = Ministère de la Main-d'Œuvre et de l'Immigration: Classification canadienne descriptive des professions 1971. 2 vols. Ottawa 1972.

CITP 1968 = Bureau International du Travail: Classification internationale type des professions. Édition révisée. Genève 1968 u. ö. [415 S., zweispaltig. Première édition 1958. Daneben existieren die offizielle englische und spanische Fassung. Siehe auch Statistisches Bundesamt Wiesbaden: Internationale Standardklassifikation der Berufe. Übersetzung der „International Classification of Occupations" des Internationalen Arbeitsamtes Genf, 1968. Stuttgart/Mainz 1971, 295 S.]

Classificação 1980 = Ministério do Trabalho: Classificação nacional das profissões. Versão 1980. Lisboa 1980.

Clasificación 1980 = Instituto Nacional de Empleo: Clasificación de ocupaciones. Compendio sistemático de denominaciones y claves para la gestión del empleo. Edición revisada 1980. Madrid 1980.

Classification 1974 = Office National de l'Emploi: Classification systématique et liste alphabétique des professions. Bruxelles 1974.

Classificazione 1981 = Istituto Centrale di Statistica: Classificazione delle professioni. Moncalieri 1981 (Metodi e Norme, Serie C, 9).

Erb 1973 = Teja Erb: Die Berufsbezeichnungen der Handwerker im Mittellatein. Unveröffentlichte Dissertation ms. Berlin 1973.

Erb 1978 = Teja Erb: Die Handwerkerbezeichnungen im Mittellatein — Ergebnisse einer Wortschatzanalyse. Berlin 1978. [Linguistische Studien, Reihe A, Arbeitsbereiche 46].

Fagniez 1898—1900 = Gustave Fagniez: Documents relatifs à l'histoire de l'industrie et du commerce. 2 vols. Paris 1898—1900. [Nachdruck Paris 1974].

Gottschald 1982 = Max Gottschald: Deutsche Namenkunde. Unsere Familiennamen. Fünfte verbesserte Auflage mit einer Einführung in die Familiennamenkunde von Rudolf Schützeichel. Berlin. New York 1982.

Kremer 1976—82 = Dieter Kremer: Bemerkungen zu den mittelalterlichen hispanischen *cognomina*, V—VII. In: Aufsätze zur portugiesischen Kulturgeschichte 14. 1976/77, 191—298; 16. 1980, 117—205; 17. 1981/82, 47—146.

Kremer 1984 = Dieter Kremer: Glossar der altromanischen Berufs- und Standesbezeichnungen. In: Deutsche Forschungsgemeinschaft: Wörterbücher der deutschen Romanistik. Hg. von Manfred Briegel und Helmut Stimm. Weinheim 1984, 105—127.

Kremer 1985 = Dieter Kremer: Migrations lexicales. In: Actes du XVIIe Congrès international de Linguistique et Philologie Romanes. 3 (Aix-en-Provence 1985), 365—383.

Langhans 1943—1946 = Franz-Paul Langhans: As corporações dos oficios mecânicos. Subsidios para a sua história, com um estudo do Prof. Doutor Marcello Caetano. 2 vols. Lisboa 1943/1946.

Lespinasse 1892—1897 = René de Lespinasse: Les métiers et corporations de la ville de Paris (XIVe au XVIIIe siècle). 3 vols. Paris 1892/1896/1897.

Lessici tecnici 1979 = Convegno nazionale su lessici tecnici delle arti e dei mestieri. Firenze 1979.

Petrikovits 1981 = Harald von Petrikovits: Die Spezialisierung des römischen Handwerks. Teil I (vor- und frühchristliche Zeit). In: Herbert Jankuhn: Das Handwerk in vor- und frühgeschichtlicher Zeit. Göttingen 1981, 63—140. Teil II (Spätantike), in: Zeitschrift für Papyrologie und Epigraphik 43. 1981, 285—306.

Ricker 1917 = Leo Ricker: Zur landschaftlichen Synonymik der deutschen Handwerkernamen. Diss. Freiburg i. Br. 1917.

ROME 1982—1986 = Agence Nationale Pour l'Emploi: Répertoire opérationnel des métiers et emplois. 3 vols. Paris 1982/1982/1986 [ohne Paginierung].

Sanford 1975 = Gerlinde Sanford: Wörterbuch von Berufsbezeichnungen aus dem siebzehnten Jahrhundert. Gesammelt aus den Wiener Totenprotokollen der Jahre 1648—1668 und einigen weiteren Quellen. Bern. Frankfurt. [Europäische Hochschulschriften, Reihe I, Bd. 136].

Schönfeldt 1965 = Alfred Schönfeldt: Räumliche und historische Bezeichnungsgeschichten in der deutschen Synonymik des Schlächters und Fleischers. Diss. Marburg 1965.

Thorn 1913 = A. Chr. Thorn: *Sartre — Tailleur*. Étude de lexicologie et de géographie linguistique. Lund. Leipzig 1913 [Lunds Universitets Årsskrift N.F. 1].

Volckmann 1921 = Erwin Volckmann: Alte Gewerbe und Gewerbegassen. Deutsche Berufs-, Handwerks- und Wirtschaftsgeschichte älterer Zeit. Würzburg 1921.

Dieter Kremer, Trier
(Bundesrepublik Deutschland)

133. Wörterbücher von Tier- und Pflanzenbezeichnungen

1. Abgrenzungen
2. Geschichte
3. Voraussetzungen
4. Gegenstand
5. Makrostrukturen
6. Mikrostrukturen
7. Abschließende Bemerkungen
8. Literatur (in Auswahl)

1. Abgrenzungen

Obwohl in der einschlägigen Sekundärliteratur und in den Wörterbüchern selbst, häufig schon im Titel, von Tier- und Pflanzen*namen* gesprochen wird, werden in den Werken tatsächlich fast ausschließlich Tier- und Pflanzen*bezeichnungen* erfaßt und behandelt. Nur ganz singulär erscheinen in — dann meist als Kuriosa (Kleinpaul 1899) zu betrachtenden — Verzeichnissen wirklich Namen (beispielsweise *Barry* als Hundename für einen Bernhardiner). Dem bloßen Titel eines Werkes läßt sich vielfach nicht entnehmen, ob es sich — im Sinne der Terminologie Wiegands (Wiegand 1988) — um ein fachliches Sprachwörterbuch, ein fachliches Sachwörterbuch oder ein fachliches Allbuch handelt. Die mangelnde Unterscheidung wirkt sich insbesondere auch in einschlägigen Bibliographien und Literaturverzeichnissen, vor allem, wenn sie ungeprüfte Titelangaben enthalten, für den Benutzer negativ aus. Berücksichtigt und ausgewertet sind im folgenden nur die in einer weiter gefaßten Gegenwart entstandenen fachlichen Sprachwörterbücher und fachlichen Allbücher der letzten rund 100 Jahre, soweit deren Zielsetzung primär oder zumindest in bedeutendem Umfang der sprachwissenschaftlichen Erfassung und Behandlung volkssprachiger Tier- und Pflanzenbezeichnungen gilt. Gänzlich unberücksichtigt bleiben die rein fachlichen Sachwörterbücher.

2. Geschichte

Volkssprachige Bezeichnungen für Tiere und Pflanzen sind bereits in den ältesten Sprachstufen zahlreich überliefert, so etwa in althochdeutschen und altenglischen Glossierungen und Glossaren. Besonders im späten Mittelalter und in der frühen Neuzeit erfreuen sich die sogenannten Kräuterbücher, die vom Grad ihrer Wissenschaftlichkeit her den gleichzeitigen zoologischen Werken bei weitem überlegen sind, großer Beliebtheit. Die meisten der Tiere und Pflanzen betreffenden mittelalterlichen und frühneuzeitlichen Werke und Wörterbücher sind jedoch nur sehr bedingt als sprachwissenschaftlich anzusprechen. Besondere Schwierigkeiten liegen in der Ermittlung des mit den Wörtern früherer Sprachstufen tatsächlich Bezeichneten. Auch bei oft scheinbarer Identität können die älteren lateinischen und volkssprachigen Tier- und Pflanzenbezeichnungen nicht ohne weiteres mit den heutigen Bezeichnungen gleichgesetzt werden. Der entscheidende Einschnitt liegt von der lateinisch geprägten Nomenklatur her in dem im Jahre 1735 erstmalig erschienenen Werk *Systema naturae* des schwedischen Naturforschers Carl von Linné (1707—1778). Aber auch in der Folgezeit entwickelt sich die wissenschaftliche Nomenklatur ständig fort, so daß sich in dieser Hinsicht auch bei den neuzeitlichen fachlichen Sprachwörterbüchern größere Unterschiede ergeben können, zum Teil sogar innerhalb eines Werkes. Eine Beschreibung der Geschichte der neuzeitlichen volkssprachigen Wörterbücher der Tier- und Pflanzenbezeichnungen ist noch nicht einmal in Ansätzen vorhanden.

3. Voraussetzungen

Insgesamt ergibt sich im Wortschatz der verschiedenen Einzelsprachen wie in der Lexikographie selbst eine mehrfache Brechung gegenüber der heute in der Zoologie und Botanik gültigen Systematik. Außerhalb der lateinischen wissenschaftlichen Nomenklatur kann von einer auch nur annähernden 1:1-Relation zwischen der jeweiligen Spezies von Tieren und Pflanzen einerseits und den unter Einschluß der Mundarten gebräuchlichen volkssprachigen und volkstümlichen Bezeichnungen andererseits keine Rede sein. Umfang und Art der Tier- und Pflanzenbezeichnungen sind weitgehend von ihrer vermeintlichen oder tatsächlichen Nützlichkeit, gegebenenfalls auch Schädlichkeit für den Menschen bestimmt gewesen und sind es größtenteils auch heute noch. Volkssprachige und mundartliche Bezeichnungen von Tieren niederer Kategorien sind in vergleichsweise geringer Zahl anzutreffen. Sieht man einmal von den zahlreichen Insektenbezeichnungen ab, so stehen bei den Tieren schon in den ältesten Sprachstufen besonders die Bezeichnungen für Säugetiere, Vögel und Fische im Vordergrund. Bei den Pflanzenbezeichnungen ergibt sich eine insgesamt gleichmäßigere Verteilung. Obwohl in der außersprachlichen Wirklichkeit die Tierarten die Pflanzenarten um ein Mehrfaches übertreffen, spiegeln weder die jeweiligen Einzelsprachen noch die sprachwissenschaftlich orientierte Lexikographie, die sich sehr stark auf die Pflanzenwelt konzentriert hat, diesen Sachverhalt auch nur annähernd wider.

4. Gegenstand

Auch wenn zum Teil dieselben Autoren gegeben sind, so erscheinen die Wörterbücher für die jeweilig behandelten Tier- und Pflanzenbezeichnungen fast durchgängig separat. Innerhalb dieser beiden großen Gruppen sind vom behandelten Gegenstand her Eingrenzungen auf bestimmte Kategorien möglich, insbesondere bei den Tierbezeichnungen (vor allem auf Vogelbezeichnungen). Insgesamt ergibt sich eine Differenzierung der Wörterbücher jedoch eher von Raum, Zeit und sonstigen Auswahlkriterien her, beispielsweise im Hinblick auf die Zahl der behandelten Aspekte, Wörter und Belege. Die umfangreicheren Standardwerke decken in der Regel einen ganzen Sprachraum ab (Marzell 1937—1979, Wissmann 1963—1968, Heukels 1907, Britten/Holland 1886, Rolland 1877—1915, 1896—1914), wobei meist vergleichend auch noch die Entsprechungen in anderen Sprachen miterfaßt werden. Weitaus häufiger sind die Wörterbücher jedoch auf kleinräumigere Landschaften und Gebiete, gelegentlich sogar auf einzelne Städte beschränkt. Zeitlich beziehen sich die meisten Wörterbücher auf die Gegenwartssprache. In den größeren Werken werden jedoch auch vorgängige Sprachstufen einbezogen, zum Teil sogar mit besonderem Nachdruck (Suolahti 1909). Eine ausschließliche Eingrenzung auf ältere Sprachstufen findet sich relativ selten (Palander 1899, Jordan 1903, Köhler 1906, van Zandt Cortelyou 1906, Neuß 1973). Die Erfassung regionaler und mundartlicher Varietäten erfolgt sehr häufig, ist zum Teil sogar vorrangiges Ziel, kann gelegentlich aber auch ausdrücklich ausgeschlossen werden (Leisering 1984). Die Materialbasis ist von Umfang und Qualität her höchst unterschiedlich. Sie beruht im einfachsten Fall auf unkritischen Auszügen aus vorgängigen Wörterbüchern. Darüber hinaus dienen in höchst unterschiedlichem Ausmaß anderweitige gedruckte und ungedruckte Quellen sowie schriftliche und mündliche Erhebungen als Materialbasis. Auch Gewährsleute spielen oft eine gewichtige Rolle.

5. Makrostrukturen

Die Wörterbücher zeigen fast die gesamte Bandbreite zwischen den beiden Polen des semasiologisch und des onomasiologisch strukturierten Wörterbuchtyps auf. Reinformen sind jedoch kaum anzutreffen, dafür jedoch mannigfache Mischtypen und Modifizierungen. Selbst die von den Lemmata her rein alphabetisch angeordneten Wörterbücher enthalten vielfach onomasiologische

Fragestellungen und greifen in der Ermittlung der Bedeutungsangaben selten über den Bereich der Tiere und Pflanzen hinaus, obwohl sich diese Bezeichnungen häufiger auch auf Menschen oder Sachen beziehen oder auch Eingang in den Namenwortschatz gefunden haben können. Angesichts der sachlich begründeten Einschränkung des gewählten Gegenstandes liegt für die Tier- und Pflanzenbezeichnungen ein onomasiologisch strukturierter Wörterbuchtyp an sich nahe. Doch wird ein solcher Ansatz, schon mit Rücksicht auf den sprachwissenschaftlich orientierten Benutzerkreis, allenfalls auf bestimmten Ebenen konsequent eingehalten. Das gilt selbst für die Wörterbücher, die in ihrer Grundstruktur von der zoologischen und botanischen Systematik ausgehen. Bei volkssprachigen Lemmata stellt sich das Problem der Verbindlichkeit der Bezeichnungen, die, im Gegensatz zur lateinischen wissenschaftlichen Nomenklatur, in der Regel nicht exakt festlegbar sind, sehr unterschiedliche denotative Geltung haben und regionalsprachlich und mundartlich mannigfach variieren können.

6. Mikrostrukturen

Die Wörterbücher zu den volkssprachigen Tier- und Pflanzenbezeichnungen sind in ihren Mikrostrukturen von größter Vielfalt. Zahl, Art, Umfang und Abfolge der einzelnen Artikelpositionen sind im ganzen weitaus mehr von den jeweiligen Intentionen und Fähigkeiten der Autoren als von sachlichen Erfordernissen abhängig. Eine mehr oder weniger strenge Systematik ergibt sich, wenn überhaupt, lediglich für das einzelne Wörterbuch, nicht aber für den als solchen nicht existenten Wörterbuchtyp, der letztlich nur durch die Sammlung der volkssprachigen Tier- und Pflanzenbezeichnungen selbst konstituiert wird. Für alle Wörterbücher verbindliche Artikelpositionen sind daher, bis auf das bloße Vorhandensein eines Lemmas, nicht zu beobachten. Deshalb läßt sich auch eine maximale Menge der Artikelpositionen kaum angeben. Die meisten Einzelartikel enthalten, quasi als Bedeutungsangabe und als Bezugsgröße, in der Regel in unmittelbarer Nachbarschaft zum volkssprachigen Lemma, die lateinische wissenschaftliche Tier- oder Pflanzenbezeichnung, soweit diese nicht selbst das Lemma darstellt. Fachspezifische Erläuterungen — wie genaue Beschreibungen, Verbreitungsangaben, Abbildungen, Literaturhinweise und anderes mehr — sind häufig, aber nicht konstitutiv. Die für die Sprachwissenschaft relevanten Artikelpositionen betreffen vor allem Angaben von hochsprachlichen oder mundartlichen Synonymen, die wortgeographische Verbreitung, die Etymologie und die Benennungsmotive der Wörter. Darüber hinaus finden sich unter anderem Angaben zur Phonetik/Phonologie und zur Wortbildung. In der Regel führen nur die umfangreicheren Wörterbücher in den Artikeln selbst (historische) Belege und Literaturhinweise an. Auch können die Namen von Gewährsleuten erscheinen. Wortgeographische Karten, die sich angesichts des Gegenstands geradezu anbieten, sind relativ selten. Einzelne Werke erweitern die Palette der Artikelpositionen ganz erheblich, beispielsweise um mit Tier- und Pflanzenbezeichnungen gebildete Orts- und Personennamen, um Kinderreime, Rätsel, Redensarten (Nießen 1936) und vieles mehr. Insbesondere ältere Wörterbücher enthalten darüber hinaus häufig reichhaltige volkskundlich-kulturhistorische Angaben.

7. Abschließende Bemerkungen

Unter den neuzeitlichen Wörterbüchern zu den volkssprachigen Tier- und Pflanzenbezeichnungen finden sich großartige Einzelleistungen, die ein ganzes Gelehrtenleben in Anspruch nehmen konnten oder sogar überstiegen haben (Rolland 1877—1915, 1896—1914, Marzell 1937—1979). Insgesamt ist die Lexikographie zu diesem Teilgebiet des Wortschatzes aber von mannigfachen Zufälligkeiten und Disproportionen geprägt, so daß sich für die jeweiligen Tier- und Pflanzenkategorien und für die jeweiligen Einzelsprachen im ganzen wie für die jeweiligen Zeiten und Räume im besonderen ein höchst unterschiedliches Feld von sprachlexikographischen Hilfsmitteln ergibt, das zum Teil ganz erhebliche Lücken aufweist oder in beträchtlichem Ausmaß erneuerungsbedürftig ist. Lexikographische und lexikographiegeschichtliche Reflexionen jedweder Art fehlen fast vollständig.

8. Literatur (in Auswahl)

8.1. Wörterbücher

Britten/Holland 1878—1886 = James Britten/Robert Holland: A Dictionary of English Plant-Names. London [1878—]1886 [XXVIII, 618 S.].

Heukels 1907 = H[endrik] Heukels: Woordenboek

der Nederlandsche volksnamen van planten. [...]. [Amsterdam] 1907 [VIII, 332 S.].

Höhn-Ochsner 1972 = Walter Höhn-Ochsner: Zürcher Volksbotanik. Mundartliche Pflanzennamen und botanisch volkskundliche Mitteilungen. In: Vierteljahrsschrift der Naturforschenden Gesellschaft in Zürich 117. 1972, 1—99.

Höhn-Ochsner 1976 = Walter Höhn-Ochsner: Zürcher Volkstierkunde. Mundartliche Tiernamen und volkskundliche Mitteilungen über die Tierwelt des Kantons Zürich. In: Vierteljahrsschrift der Naturforschenden Gesellschaft in Zürich 121. 1976, 1—140.

Jackson 1968 = Christine E. Jackson: British Names of Birds. London 1968 [125 S.].

Jordan 1903 = Richard Jordan: Die altenglischen Säugetiernamen. Heidelberg 1903 [XII, 212 S.]. (Anglistische Forschungen 12).

Kemper/Kemper 1959 = Heinrich Kemper, unter Mitarbeit von Waltraut Kemper: Die tierischen Schädlinge im Sprachgebrauch. Berlin 1959 [401 S.].

Klees 1981 = Henri Klees: Luxemburger Tiernamen (inbegriffen, in 2. Auflage, die „Luxemburger Vogelnamen" von Henri Rinnen). Luxembourg 1981 [131 S.; Luxemburger Vogelnamen von Henri Rinnen: 1969]. (Beiträge zur luxemburgischen Sprach- und Volkskunde 14).

Klees 1983 = Henri Klees: Luxemburger Pflanzennamen. (2., verbesserte und erweiterte Auflage). Luxembourg 1983 [XIV, 182 S.; 1. Aufl. [1972]]. (Beiträge zur luxemburgischen Sprach- und Volkskunde 8).

Kleinpaul 1899 = Rudolf Kleinpaul: Wie heißt der Hund? Internationales Hundenamenbuch. Leipzig 1899 [VII, 88 S.].

Köhler 1906 = Joh[ann] Jak[ob] Köhler: Die altenglischen Fischnamen. Heidelberg 1906 [VII, 87 S.]. (Anglistische Forschungen 21).

Leisering 1984 = Horst Leisering: Kontrastive Untersuchung der in der Standardsprache üblichen Vogelnamen im Deutschen, Englischen und Französischen. Frankfurt am Main. Bern. New York. Nancy 1984 [VII, 298 S.; S. 53—194: Alphabetischer Teil]. (Europäische Hochschulschriften. Reihe I. Deutsche Sprache und Literatur. Bd. 793).

Marzell 1937—1979 = Wörterbuch der deutschen Pflanzennamen. Bearbeitet von Heinrich Marzell unter Mitwirkung von Wilhelm Wissmann und Wolfgang Pfeifer. Aus dem Nachlaß herausgegeben von Heinz Paul. 5 Bde. Leipzig. Stuttgart. Wiesbaden [1937—]1979 [XXVIII S., 6591 Sp./S.; Bd. 5, 1958, Register: Alphabetisches Verzeichnis; Bd. 4, 1979, Sp. 1291—1434: Schrifttum (umfangreichste Bibliographie zu den Pflanzenbezeichnungen)].

Neuß 1973 = Elmar Neuß: Studien zu den althochdeutschen Tierbezeichnungen der Handschriften Paris lat. 9344, Berlin lat. 8° 73, Trier R. III. 13 und Wolfenbüttel 10. 3. Aug. 4°. München 1973 [215 S.; S. 60—170: Alphabetische Einzeluntersuchung]. (Münstersche Mittelalter-Schriften 16).

Nießen 1936 = J[oseph] Nießen: Rheinische Volksbotanik. Die Pflanzen in Sprache, Glaube und Brauch des rheinischen Volkes. Erster Band: Die Pflanzen in der Sprache des Volkes. Berlin. Bonn 1936 [276 S.].

Palander 1899 = Hugo [Suolahti-]Palander: Die althochdeutschen Tiernamen. I. Die Namen der Säugetiere. Darmstadt 1899 [XV, 171 S.].

Paque 1896/1913 = E[gide] Paque: De Vlaamsche volksnamen der planten van België, Fransch-Vlaanderen en Zuid-Nederland. [...]. Namen 1896 [569 S.]; De Vlaamsche volksnamen der planten van België, Fransch-Vlaanderen, Noord-Brabant, Hollandsch-Limburg, enz. [...]. Bijvoegsel. Brussel 1913 [156 S.].

Riegler 1907 = Richard Riegler: Das Tier im Spiegel der Sprache. Ein Beitrag zur vergleichenden Bedeutungslehre. Dresden. Leipzig 1907 [XX, 295 S.]. (Neusprachliche Abhandlungen aus den Gebieten der Phraseologie, Realien, Stilistik und Synonymik unter Berücksichtigung der Etymologie 15, 16).

Rolland 1877—1915 = Eugène Rolland: Faune populaire de la France. 13 Bde. Paris 1877—1915 [XCVI, 3370 S.; nach Rollands Tod (1909) fortgesetzt von H. Gaidoz; Bd. 10 ist 1915 (!) erschienen].

Rolland 1896—1914 = Eugène Rolland: Flore populaire ou histoire naturelle des plantes dans leurs rapports avec la linguistique et le folklore. 11 Bde. Paris 1896—1914 [XXIII, 3153 S.; nach Rollands Tod (1909) fortgesetzt von H. Gaidoz].

Suolahti 1909 = Hugo Suolahti: Die deutschen Vogelnamen. Eine wortgeschichtliche Untersuchung. Straßburg 1909 [XXXIII, 540 S.].

Swainson 1885 = Charles Swainson: Provincial Names and Folk Lore of British Birds. London 1885 [X, 243 S.].

Swann 1913 = H. Kirke Swann: A Dictionary of English and Folk-Names of British Birds. [...]. London 1913 [XII, 266 S.; republished Detroit 1968].

Wilde 1923 = Julius Wilde: Die Pflanzennamen im Sprachschatze der Pfälzer, ihre Herkunft, Entwicklung und Anwendung. Neustadt an der Haardt [1923] [XVI, 303 S.].

Wissmann 1963—1968 = Wörterbuch der deutschen Tiernamen, herausgegeben von Wilhelm Wissmann, bearbeitet von Wolfgang Pfeifer. Berlin 1963[—1968] [768 Sp.; 6 Lieferungen; mehr nicht erschienen].

van Zandt Cortelyou 1906 = John van Zandt Cortelyou: Die altenglischen Namen der Insekten, Spinnen- und Krustentiere. Heidelberg 1906 [VII, 124 S.]. (Anglistische Forschungen 19).

8.2. Sonstige Literatur

Carl 1957 = Helmut Carl: Die deutschen Pflanzen- und Tiernamen. Deutung und sprachliche Ordnung. Heidelberg 1957 [XI, 299 S.].

Malige-Klappenbach 1980 = Helene Malige-Klappenbach: Tiere als Lexeme. In: Studien zur modernen deutschen Lexikographie. [...]. Herausgegeben von Werner Abraham unter Mitwirkung von Jan F. Brand. Amsterdam 1980, 258—281 [Erstdruck 1965]. (Linguistik Aktuell 1).

Pfeifer 1970 = Wolfgang Pfeifer: Pflanzen- und Tiernamen. In: Die deutsche Sprache. Kleine Enzyklopädie in zwei Bänden. Herausgegeben von Erhard Agricola u. a. Bd. 2. Leipzig 1970, 738—751.

Spies 1982 = Gottfried Spies: Tier- und Pflanzennamen in der allgemeinsprachlichen Lexikographie. In: Wortschatzforschung heute. Aktuelle Probleme der Lexikologie und Lexikographie. Herausgegeben von E[rhard] Agricola u. a. Leipzig 1982, 221—235. (Linguistische Studien).

Wiegand 1988 = Herbert Ernst Wiegand: Was eigentlich ist Fachlexikographie? Mit Hinweisen zum Verhältnis von sprachlichem und enzyklopädischem Wissen. In: Deutscher Wortschatz. Lexikologische Studien. Ludwig Erich Schmitt zum 80. Geburtstag von seinen Marburger Schülern. Herausgegeben von Horst Haider Munske u. a. Berlin. New York 1988, 729—790.

Lothar Voetz, Heidelberg
(Bundesrepublik Deutschland)

134. Le dictionnaire d'éponymes

1. Définitions
2. Origines des dictionnaires d'éponymes
3. Macrostructure des dictionnaires d'éponymes
4. Microstructure des dictionnaires d'éponymes
5. Bilan et perspectives
6. Bibliographie choisie

1. Définitions

L'*éponyme* est, selon l'étymologie, celui, celle qui donne son nom à un lieu, à une personne ou à une chose. Le propos des dictionnaires d'éponymes est d'apporter des informations sur les *noms propres* (dorénavant n. p.) passés dans le vocabulaire commun ou dans des unités phraséologiques. On peut distinguer des dictionnaires d'éponymes au sens étroit, consacrés exclusivement aux *anthroponymes,* et d'autres, au sens large, qui enregistrent des n. p. ayant pour fonction de référer à toute réalité y compris des personnes. Les deux types seront examinés ici. Ne seront écartés que les répertoires ou dictionnaires expressément consacrés à des n. p. autres que les anthroponymes tels que, par exemple, ceux qui portent sur la banalisation des toponymes.

2. Origines des dictionnaires d'éponymes

2.1. Le dictionnaire d'éponymes est un genre lexicographique du 20e siècle. Il est apparu pour remédier aux carences d'autres dictionnaires. A celles des dictionnaires de langue d'abord, qui ont pour la plupart pratiqué l'exclusive à l'égard des n. p. et la demi-mesure à l'égard de leurs dérivés. A celles de répertoires historiques tels que les *Dictionnaires de la Fable et de la Mythologie* et les *Dictionaries of Phrase and Fable* beaucoup plus ouverts aux n. p. mais plus riches en commentaires historiques ou biographiques que linguistiques: la production de dérivés et l'emploi des n. p. dans les locutions ou des clichés n'y sont que rarement mentionnés. En toute justice, il faut signaler deux ouvrages qui font exception et dont les auteurs doivent être considérés comme des initiateurs lointains des dictionnaires d'éponymes. Le premier est Babault 1846, dictionnaire de langue dans lequel sont intégrés non seulement les n. p. de la nomenclature géographique mais les anthroponymes générateurs de dérivés et ceci afin d'apporter les éclaircissements utiles à leur décodage. Le second est Brewer 1870, ouvrage destiné à fournir «the derivation, source, or origin of common phrases, allusions and words that have a tale to tell», parmi lesquels les n. p. sont en bonne place.

2.2. Les recherches étymologiques du 19e et du début du 20e siècle ont apporté des données suffisamment nombreuses pour permettre les premières synthèses sur la banalisation des anthroponymes: Reinius 1903, Östberg 1905, Kölbel 1907, Migliorini 1927, Doutrepont 1929, Peterson 1929 et Weekley 1932. Toutes ont mis en évidence le rôle joué par les n. p. dans la formation du vocabulaire et ont contribué à préparer l'apparition des dictionnaires d'éponymes; Kölbel 1907 est d'ailleurs un dictionnaire d'éponymes avant la lettre.

> Messalina npr. f. Valeria Messalina, die leidenschaftliche, lüsterne Gemahlin des röm. Kaisers Claudius, die wegen ihres zügellosen, ausschweifenden Lebenswandels berüchtigt war; fig. m∼n. app. f. unzüchtiges Frauenzimmer, das sich den schamlosesten, sinnlichen Genüssen hingibt; Acad. 1835; Rab. ML. II, 134; Juvenal, sat. VI, 195—209 (115—132).

Extrait textuel 134.1: Article de dictionnaire (Kölbel 1907, 39)

3. Macrostructure des dictionnaires d'éponymes

La distribution des informations repose sur un choix entre deux types de vedettes, qui sont ou bien les n. p. sources — dans ce cas le vocabulaire qui en est issu peut apparaître dans des sous-vedettes — ou bien les dérivés. L'option pour le n. p. (Dobson 1962, Jablonski 1969) est la pratique la moins répandue. L'option pour les formes ou lexies dérivées est souvent mise en œuvre de façon systématique, y compris dans le traitement des locutions qui sont alors placées selon l'ordre alphabétique de leur terme initial, c'est le cas notamment dans Hendrickson 1972 qui place, par exemple, **According to Fowler** à la place alphabétique de **according**. Certains mêlent les deux types: les dérivés constituent alors la plus grande part de la nomenclature et les n. p. n'apparaissent que pour introduire les locutions (Partridge 1949). L'ampleur des nomenclatures varie entre un nombre total de quelques centaines de vedettes à quelques milliers. Se trouvent dans le premier cas des dictionnaires dont le contenu est établi selon des critères tels que le caractère représentatif des mots retenus ou l'intérêt présumé des commentaires qui leur sont consacrés (Hunt 1962, Beeching 1979, Dansel 1979). On peut classer les autres selon trois articulations: (a) suivant le domaine lexical *i. e.* mots du vocabulaire général *vs* mots de vocabulaires spécialisés, (b) suivant la morphologie des formes tirées de n. p. *i. e.* unités lexicales *vs* lexies complexes et locutions, (c) suivant les référents des n. p. sources. Ainsi, il y en a qui sont exclusivement consacrés aux éponymes d'une langue de spécialité et parmi eux certains ne retiennent que des lexies tirées d'anthroponymes (Dobson 1962, anatomie; Jablonski 1969, pathologie; Ballentyne/Lovett 1970, mathématiques et sciences exactes), d'autres retiennent les lexies comportant des anthroponymes, des noms d'établissements commerciaux, des toponymes et des ethniques (Auger 1965). Parmi les dictionnaires qui portent sur le vocabulaire général, certains recueillent tous les éponymes (Partridge 1949, La Stella 1984, celui-ci ne traitant que des dérivés stricts), d'autres effectuent une sélection, ainsi Hendrickson 1972 et Beeching 1979 éliminent les anthroponymes à référents fictifs.

4. Microstructure des dictionnaires d'éponymes

Le corps des articles est susceptible de comporter des informations sur les n. p. sources, sur le vocabulaire généré et sur les causes du transfert. Il faut observer d'abord qu'il n'y a pas de dépendance entre le type de la vedette et les informations subséquentes. Lorsque les vedettes sont des n. p., il arrive que certains articles ne portent que sur leurs dérivés (Jablonski 1969) et inversement (Beeching 1979). Les informations sur les n. p. sont parfois absentes (Ballentyne/Lovett 1970), parfois linguistiques ou philologiques (par ex. sources textuelles du n. p. dans Kölbel 1907) et souvent biographiques ou historiques. Le traitement des lexies simples et complexes est en tous points comparable à la pratique des autres dictionnaires. Certains sont assimilables à des dictionnaires de langue et fournissent, pour chaque item, une paraphrase définitoire, à laquelle d'autres ajoutent une pre-

> **marcel**, to. 'That well-attended (and carefully marcelled) head of dark hair,' George Dyer, *The Mystery of Martha's Vineyard*, 1939.
> Early in the present century, a French hairdresser surnamed Marcel (born in 1852) devised *the Marcel wave*—an artificial wave of the hair: hence, *marcel* is.' to treat, to wave hair by this process'; and a *marcel* is hair thus waved.

Extrait textuel 134.2: Article de dictionnaire (Partridge 1949, 273)

LANGERHANS, Paul. b. Berlin, July 25th, 1847. Physician and Anatomist; Professor of Pathological Anatomy in Freiburg. On his retirement went to Madeira. d. Funchal, July 20th, 1888.

Islets of Langerhans—"clumps of epithelium-like protoplasmic cells lying in the interalveolar tissue of the pancreas".
Beiträge zur mikroskopischen Anatomie der Bauchspeicheldrüse. Berlin. 1869.

Extrait textuel 134.3: Article de dictionnaire (Dobson 1962, 120)

mière datation (La Stella 1984) ou des exemples référencés (Partridge 1949), l'étymologie étant dans tous les cas implicite.

La Stella 1984 donne aussi des équivalents dans plusieurs langues. Les dictionnaires des langues de spécialité privilégient les renseignements encyclopédiques et scientifiques. Lorsque les termes désignent des inventions brevetées, on peut trouver la mention du numéro du brevet (Auger 1965). Enfin, ils sont parfois dotés d'une rubrique bibliographique portant tantôt sur le référent du n. p. (Ruffner 1977, qui est un vaste répertoire sur les sources éponymiques) et tantôt sur les référents des formes dérivées (Dobson 1962, Auger 1965, Jablonski 1969).

5. Bilan et perspectives

Les dictionnaires d'éponymes sont d'autant plus florissants qu'ils s'inscrivent dans une tradition lexicographique forte. L'anglais et l'anglo-américain sont les mieux dotés à la fois en dictionnaires philologiques et en dictionnaires conçus pour décoder la terminologie éponymique souvent opaque des langues spécialisées. Un effort reste à faire, notamment pour les autres langues, en vue de traiter, selon les exigences de la lexicographie moderne, tous les faits lexicaux à base de n. p. délaissés par les dictionnaires de langue malgré leur statut indiscutable de signes linguistiques pleins et entiers.

6. Bibliographie choisie

6.1. Dictionnaires

Auger 1965 = Charles Peter Auger: Engineering Eponyms. London 1965 [XII, 130 p.].

Babault 1846 = M. Babault: Dictionnaire français et géographique. Paris 1846 [2 vol.; 1400 p., 1359 p.; 1re éd. 1836].

Ballentyne/Lovett 1972 = D. W. G. Ballentyne/D. R. Lovett: A Dictionary of Named Effects and Laws. 3e éd. révisée. London 1972 [VIII, 335 p.; réimpr. de l'éd. de 1970; 1re éd. 1958, 2e éd. 1961, par D. W. G. Ballentyne et L. E. Q. Walker].

Beeching 1979 = Cyril Leslie Beeching: A Dictionary of Eponyms. London 1979 [141 p.].

Brewer 1870 = Ebenezer Cobham Brewer: Dictionary of Phrase and Fable. London 1870 [Dern. éd. 1981, XVI, 1213 p.].

Dansel 1979 = Michel Dansel: Dictonnaire des inconnus aux noms communs. Paris 1979 [249 p.].

Dobson 1962 = Jessie Dobson: Anatomical Eponyms. Second Edition. Edinburgh. London 1962 [236 p.; 1re éd. 1945].

Hendrickson 1972 = Robert Hendrickson: Human Words. Philadelphia. New York 1972 [343 p.].

Hunt 1962 = Cecil Hunt: Word Origins. The Romance of Language. New York 1962 [176 p.; 1re éd. 1949 sous le titre A Dictionary of Word Makers].

Jablonski 1969 = Stanley Jablonski: Illustrated Dictionary of Eponymic Syndromes and Diseases. Philadelphia. London. Toronto 1969 [VIII, 335 p.].

La Stella 1984 = Enzo La Stella: Dizionario storico di deonomastica. Firenze 1984 [233 p.].

Partridge 1949 = Eric Partridge: Name into Word. London 1949 [XV, 644 p.].

Ruffner 1977 = James A. Ruffner: Eponyms Dictionaries Index. Detroit 1977 [730 p.].

6.2. Travaux

Doutrepont 1929 = Georges Doutrepont: Les prénoms français à sens péjoratif. Bruxelles 1929 [128 p.].

Kölbel 1907 = Alfred Kölbel: Eigennamen als Gattungsnamen. Leipzig 1907 [143 p.; Diss. 1906].

Migliorini 1968 = Bruno Migliorini: Dal nome proprio al nome comune. Ristampa fotostatica dell'ed. del 1927 con un supplemento. Firenze 1968 [V, 357, LXXVIII p.].

Östberg 1905 = Henrik Ossian Östberg: Personal Names in Appellative Use in English. Uppsala 1905.

Peterson 1929 = Axel Peterson: Le passage populaire des noms de personnes à l'état de noms communs. Uppsala 1929 [IV, 222 p.].

Reinius 1903 = Josef Reinius: On Transferred Appellations of Human Beings. Göteborg 1903.

Weekley 1932 = Ernest Weekley: Words and Names. London 1932 [VIII, 200 p.].

Charles Bernet, Nancy (France)

135. Das Abkürzungswörterbuch

1. Was sind Abkürzungen?
2. Zur Geschichte der Abkürzungswörterbücher
3. Funktionen moderner Abkürzungswörterbücher
4. Sprach- oder Sachwörterbücher?
5. Literatur (in Auswahl)

1. Was sind Abkürzungen?

Eine wesentliche Frage, die sich dem Verfasser eines Abkürzungswörterbuchs stellt, ist die genaue Abgrenzung des zu behandelnden Gegenstands. Die Auffassungen darüber, welche (sprachlichen) Formen unter den Begriff zu fassen sind, divergieren stark, seine Verwendung ist in hohem Maße inkonsistent. Einige Autoren versuchen, das Problem zu umgehen, indem sie die Titel so lange um Paronyme und verwandte Begriffe erweitern, bis eine exakte Begriffsbestimmung nicht mehr notwendig erscheint (Crowley 1978, Sola 1985); dies ist zumindest für den Benutzer, dem diese Schwierigkeit meist weniger bewußt ist, eine Orientierungshilfe. Auch linguistische Definitionen (Menzel 1983, 15) können keine endgültige Klärung herbeiführen. Von der Mehrheit der Autoren wird dagegen anerkannt, daß die Kurzformen insgesamt sich in verschiedene Kategorien gliedern lassen. Häufig genannt werden: (a) die Ellipsen, (b) die Amputationen, die sich weiter in Apokopen, Aphäresen und Kontraktionen aufteilen lassen, (c) die Sigelbildungen, (d) die Symbole und von einigen Autoren (e) die Reduplikationen. Die Einordnung der einzelnen Formen und die Festlegung der Trennlinien zwischen den Kategorien erfolgt weitgehend intuitiv (s. Menzel 1983, 9 ff.).

2. Zur Geschichte der Abkürzungswörterbücher

Die erste historische Phase der Abkürzungswörterbücher ist fast ausschließlich paläographisch orientiert. Die Werke dienen vor allem der Auflösung der Tironischen Noten und anderer lateinischer und mittelalterlicher Abbreviaturen (Apianus 1534, Nicolai 1703, Walther 1756, Wright 1776, Chassant 1846, Alvarez 1884, Paoli 1892, Vianini 1898, Cappelli 1899, Lindsay 1915). Seit dem ersten Drittel dieses Jahrhunderts nimmt die Zahl paläographischer Arbeiten (Grun 1966) zugunsten eines neuen Typs ab, dessen Ursprung vor allem in der fortschreitenden Entwicklung der Medizin (Peyser 1950, Steen 1963, Krasnoff/Lereboullet/Trummert 1966, Sandoz 1968, Schertel 1977, Heister 1980, Spranger 1981, Poinsotte 1981), von Recht und Verwaltung (Maas/Magnus 1929, Scheingraber 1953, Sprudzs 1967, Büchner 1971, Pugh 1970, 1974 und 1977, Leistner 1975, Rongus 1976, Kastner/Kirchner 1983), in der nach wie vor wachsenden Zahl von nationalen und internationalen Vereinigungen, Verbänden und Organisationen (Ruppert 1966, Saur 1968, Spillner 1970—72, Buttress 1976) sowie den Fortschritten in Technik und Wissenschaften (Lavine/Zimmermann 1949, Goedecke 1958 und 1961, Becker et al. 1972, Wennrich 1976—78, Azzaretti 1978, Murith 1982) zu sehen ist; besonders markante Beispiele für letzteres sind die zahlreichen Abkürzungswörterbücher der Elektronik und der Elektronischen Datenverarbeitung aus den letzten beiden Jahrzehnten (Polon/Reich/Witty 1965 und 1965a, Reis 1972, Köhler/Mayr 1978, Amkreutz/Carl 1982). Dies alles zwingt ständig (und in ständig steigendem Maße) zur Bildung neuer Begriffe und damit auch neuer Begriffsnamen, deren Komplexität wiederum leicht zur sprachlichen Verkürzung führt (vgl. Crowley 1978 mit 1103, Sola 1985 mit 1184 S.). Inzwischen hat jede Fachsprache — von der Kerntechnik (Becker 1977) bis zum Sport (Sokoll 1974), von der Musik (Schaal 1969) bis zur Numismatik (Holtz 1972), von der Theologie (Schwertner 1974) bis zur Chemie (Gholston/Wohlauer 1965) — ihr eigenes Abkürzungslexikon. Längst haben die Kurzformen aber auch die Alltagssprachen erreicht; Abkürzungslexika werden seit langem für „jedermann" (Heuer 1983, Paxton 1974) verfaßt. Zu den ersten Werken dieses Typs zählen Latham 1904 und Rogers 1913, ferner Szana 1922; keine moderne Sprache kann auf entsprechende Werke verzichten (z. B. Dänisch: Cronquist 1952, Finnisch: Vaarnas 1970, Hebräisch: Ashkenazi/Jarden 1965, Italienisch: Tramonti 1968, Niederländisch: Apeldoorn 1971, Russisch: Rosenberg 1957, Scheitz 1986, Schwedisch: Frölén 1962). Einen starken Aufschwung nehmen insbesondere die Sigelbildungen und damit die sie behandelnden Spezial-Lexika; viele der im Literaturverzeichnis aufgeführten Werke beschränken sich ausdrücklich auf diesen Abkürzungstyp (Initialese 1963, Ruppert 1966, Rongus 1976,

Dubois 1977), bei fast allen stellt er die Mehrzahl der Lemmata.

3. Funktionen moderner Abkürzungswörterbücher

(a) Erklärung der Bedeutung. Das in allen modernen Sprachen vorhandene Streben nach Kürze führt zu dem Wunsch, lange und unhandliche *signifiants* in solche umzuwandeln, die zwar semantisch gleich, formal jedoch kürzer, einfacher zu handhaben sind. Dieser Vorgang erreicht oder überschreitet häufig die Grenze der Verständlichkeit im jeweiligen Kontext, führt zu Homonymien und Synonymen von Abkürzungen untereinander bzw. mit bereits existierenden Wörtern (s. Menzel 1983, 147 ff.). Der Gebrauch eines Abkürzungswörterbuchs schafft hier (ähnlich wie in anderen Fällen der eines Fremd- oder Neologismen-Wörterbuches) Abhilfe, indem er dem Benutzer die Möglichkeit bietet, die für den Kontext richtig erscheinende semantische Auflösung der abstrakten Kurzform zu erfahren. (b) Erklärung der korrekten Langform. Häufig ist dem Benutzer zwar die Bedeutung, nicht jedoch die exakte Vollform einer Abkürzung bekannt; für ihren korrekten Gebrauch ist dies normalerweise nicht notwendig. Wenn aber doch die genaue Langform benötigt wird, liefert das Abkürzungslexikon die gewünschten Informationen. (c) Nützlich können auch Hinweise auf graphische Varianten (Göttling/Spillner 1952) oder grammatische Kategorien (Rosenberg 1957) sein. (d) In seltenen Fällen nehmen Lexika durch ausführliche linguistische Erklärungen, Taxonomien und inhaltliche Gruppierungen den Charakter von Lehrbüchern (Paoli 1892) oder für den Sprachwissenschaftler bestimmten Belegsammlungen an (Kjellmann 1920, George 1983). (e) Invers aufgebaute, d. h. nach Vollformen geordnete Wörterbücher (Crowley 1976, Rybicki 1971) bieten die Möglichkeit, zu einer bekannten Langform die korrekte bzw. übliche Abkürzung zu finden. Solche onomasiologischen Umkehrlisten finden sich auch in anderen Wörterbüchern als zusätzliche Register (Jung 1985, Spillner 1967).

4. Sprach- oder Sachwörterbücher?

Die eindeutige Zuordnung vieler Abkürzungslexika zu einer dieser beiden Kategorien fällt schwer. In den meisten Fällen enthalten die Lemmata Angaben, die über die rein sprachlichen Informationen hinausgehen. So führen internationale Lexika häufig die Ursprungssprache bzw. das Ursprungsland fremdsprachiger Kurzformen an (Schwartz 1959, Büchner 1971); oft werden die Vollformen zusätzlich in die Sprache des Verfassers übertragen (Sola 1985, Werlin 1979). Einige Autoren begnügen sich nicht mit der reinen Aufzählung und Deutung von

UNO   United Nations Organization (UN)
d: Vereinte Nationen (VN)
f: Organisation des Nations Unies (ONU)
s: Organización de las Naciones Unidas (ONU)
gg: 24. Okt. 1945 aufgrund der vorausgegangenen Gründungskonferenz von San Francisco → UNCIO, *S:* New York, N.Y. (USA), *M:* 147 Staaten in allen Kontinenten; die beiden Sowjetrepubliken Weißrußland und Ukraine werden innerhalb der UNO als Vollmitglieder gezählt, so daß die Organisation 1977 insgesamt 149 Mitglieder hatte. Die BRD und die DDR sind seit dem 18.9.1973 Mitglieder der UNO. Im Dez. 1976 wurden Angola (ANG) und West Samoa (WS) als 146. und 147. Mitglied aufgenommen; 1977 folgten Djibouti (TFAI) und Vietnam (VN).
Z: Aufrechterhaltung des Weltfriedens und der internationalen Sicherheit. Schlichtung zwischenstaatlicher Streitigkeiten und Förderung freundschaftlicher Beziehungen der Völker. Zusammenarbeit auf wirtschaftlichem, sozialem, kulturellem und humanitärem Gebiet. Garantie der Menschenrechte.
B: Die UNO verfügt über sechs Hauptorgane:
– *Generalversammlung* → UNGA
– *Generalsekretariat* → SG
– *Sicherheitsrat* → SC
– *Wirtschafts- und Sozialrat* → ECOSOC
– *Treuhandschaftsrat* → TC
– *Internationaler Gerichtshof* → IGH
Zahlreiche Ausschüsse und Kommissionen, die sich den politischen, wirtschaftlichen, rechtlichen, wissenschaftlichen und verwaltungstechnischen Problemen annehmen, sind den Hauptorganen untergeordnet. Darüber hinaus sind der UNO 15 autonome Sonderorganisationen angeschlossen, die über einen eigenen Haushalt verfügen, siehe dazu → ILO, → FAO, → UNESCO, → IBRD, → IDA, → IFC, → IMF, → WHO, → WMO, → UPU, → ITU, → ICAO, → IMCO, → WIPO, → IFAD.
Publ: UN Chronicle (monatl.) → UNMC

Textbeispiel 135.1: Wörterbuchartikel (aus: Schubert 1978, 269)

I. M. O. D. *In Manu Omnipotentis Dei.*
I. M. AE. E. I. *In Manibus Aeterni Emmanuelis Iaceo.*
M. E. S. I. B. G. *Memoria Eius Sit In Benedictione Gloriosa.*
M. M. *Memento Mori.*
P. M. S. *Piis Manibus Sacrum.*
P. M. *Piae Memoriae.*
P. M. LX. *Plus Minus 60.*
PIET. V. *Pietas Vera.*
SP. M. C. E. *Spes Mea Christus Est.*
S. M. A. C. *Sit Meum Auxilium Christus.*
TT. *Titulus.*
T. I. C. N. *Titulus In Christi Nomine.*
XPM. *Christum.*

Textbeispiel 135.2: Wörterbuchausschnitt (aus: Nicolai 1703, 232)

Kurzformen, sondern fügen Erklärungen zu deren Inhalt an; dies kann durch — meist in Klammern angefügte — Zusätze (Baudry 1956, Schwartz 1959, Sola 1985) oder auch durch Symbole für bestimmte Sachkategorien (Büchner 1971) geschehen. Weiter können Adressen und Telephonnummern von Organisationen, deren Kürzel aufgeführt sind, genannt werden (z. T. Rongus 1976, Dubois 1977). Hilfreich bei der Suche nach Sachinformationen können zudem Querverweise auf andere Kurzformen sein (Koblischke 1980, Büchner 1971, Paxton 1974, Dubois 1977). Besonders weit gehen Grosse (1955) und Schubert (1978), deren Lexika als reine Sachwörterbücher konzipiert sind. Neben Übersetzungen der Vollformen in verschiedene Sprachen, historischen Abrissen, Darstellungen der Strukturen von Organisationen und Staaten, Hinweisen auf Publikationen enthalten diese tabellarisch aufgebauten Handbücher zahlreiche Querverweise auf weitere Abkürzungen. Schubert (1978) kann zusätzlich den aktuellen Bearbeitungsstand für sich beanspruchen (vgl. Textbeisp. 135.1).

5. Literatur (in Auswahl)

5.1. Wörterbücher

Alvarez 1884 = D. Ramon Alvarez de la Brana: Siglas y Abreviaturas Latinas con su Significado, par órden alfabético [...]. Hildesheim. New York 1978 [216 S.; Nachdr. d. Aufl. Leon 1884].

Amkreutz/Carl 1982 = Johann J. Amkreutz/Wilhelm Carl: Abkürzungen der Datenverarbeitung [...]. 2., durchges. u. korr. Aufl. Köln 1982 [210 S.; 1. Aufl. Loseblatt-Samml. Bergisch-Gladbach 1973].

Apeldoorn 1971 = C. G. L. Apeldoorn: Afkortingenlexicon. Utrecht 1971 [213 S.; 2. Aufl. 1976, 216 S.].

Apianus 1534 = Petrus Apianus: Abbreviationes Vetustorum Monumentorum in Ordinem Alphabeticum Digestiae [...]. München 1968 [27 S.; Nachdr. d. Ausg. 1534].

Ashkenazi/Jarden 1965 = Shmuel Ashkenazi/Dov Jarden: Ozar Rashe Tevot. Thesaurus of Hebrew Abbreviations. Jerusalem 1965 [599 S.].

Azzaretti 1978 = Michel Azzaretti: dictionnaire (sic) international d'abréviations scientifiques et techniques. Paris 1978 [290 S.].

Baudry 1956 = Hubert Baudry: Nouveau Dictionnaire d'Abréviations [...]. 2. aktualis. Aufl. Paris 1956 [418 S.; 1. Aufl. 1951].

Becker et al. 1972 = W. W. Becker/K. Gingold/W. Goedecke/Theo M. Hermann/E. D. Johann/R. W. Santholzer/R. Sube: Abkürzungen und Kurzwörter aus Technik und Naturwissenschaften. Englisch-Deutsch. Loseblatt-Samml. Wiesbaden 1972 [726 S.; Erg. u. Verb. 1974, 17 S.].

Becker 1977 = Klaus Becker: NKe. Abkürzungen aus der Kerntechnik. Berlin/Köln 1977. (Normenausschuß Kerntechnik (NKe) im DIN Deutsches Institut für Normung e V.). [45 S.].

Büchner 1971 = Artur Büchner: Abkürzungen auf dem Gebiet nationaler und internationaler Normung (AküNorm). München. Wien 1971 [176 S.].

Buttress 1976 = F. A. Buttress: World Guide to Abbreviations of Organizations. London 1976 [473 S.; Nachdr. d. 5. Aufl. von 1974; 1. Aufl. 1954].

Cappelli 1899 = Adriano Cappelli: Dizionario di Abbreviature Latine ed Italiane. 6. Aufl. Milano 1985 [435 S.; 1. Aufl. 1899; dt. Ausg. u. d. T. Lexicon Abbreviaturarum [...], 2., verb. Aufl. Leipzig 1928, 544 S., 1. Aufl. 1901; Suppl. von Auguste Pelzer, 2. Aufl. Louvain. Paris 1966, 86 S., 1. Aufl. 1964].

Chassant 1846 = L.-A. Chassant: Dictionnaire des Abréviations Latines et Françaises [...]. Hildesheim 1965 [172 S.; Nachdr. d. 5. Aufl. Paris 1884; 1. Aufl. Evreux 1846].

Cronquist 1952 = Monna Cronquist: Forkortelseslexikon. København ca. 1952 [240 S.].

Crowley 1976 = Ellen T. Crowley. Reverse Acronyms, Initialisms and Abbreviations Dictionary. 5. Aufl. Detroit 1976 [754 S.].

Crowley 1978 = Ellen T. Crowley: New Acronyms, Initialisms, & Abbreviations Dictionary: A Guide to Alphabetic Designations, Contractions, Acronyms, Initialisms, Abbreviations, and Similar Condensed Appellations. 6. Aufl. Detroit 1978 [1103 S.; 1. Aufl. 1960].

Crowley 1985 = Ellen T. Crowley/Helen E. Sheppard: International Acronyms, Initialisms, and Abbreviations Dictionary. Detroit 1985 [730 p.].

Dubois 1977 = Michel Dubois: dictionnaire (sic) de sigles nationaux et internationaux. 2. Aufl. Paris 1977 [404 S.; 1. Aufl. 1973].

Frölén 1962 = Rudolf Frölén: Fritzes nya förkortnings lexikon. Stockholm 1962 [594 S.; 1. Aufl. 1945 u. d. T. Fritzes Förkortningslexikon].

George 1983 = K. E. M. George: Abréviations du français familier, populaire et argotique. In: Datations et documents lexicographiques, éd. B. Quemada. Deuxième série: Matériaux pour l'histoire du vocabulaire français. Vol. 23. Paris 1983 [38, 265 S.].

Gholston/Wohlauer 1965 = H. D. Gholston/Gabriele E. M. Wohlauer: German Chemical Abbreviations. New York 1965 [63 S.].

Goedecke 1958 = Werner Goedecke: Amerikanische, deutsche, englische und französische Kurzwörter und Abkürzungen von Fachausdrücken, Maßeinheiten und Fachorganisationen des Nachrichtenwesens und verwandter Gebiete. Berlin 1958 [116 S.].

Goedecke 1961 = Werner Goedecke: Technische Abkürzungen. Deutsch — Englisch — Französisch. Wiesbaden 1961 [288 S.].

Göttling/Spillner 1952 = Hans Göttling/Paul Spillner: Buch der Abkürzungen. Bamberg 1952 [159 S.].

Grosse 1955 = Will Grosse: Taschenbuch der Weltorganisationen. 3., völlig neue, erw. Aufl. München 1955 [79 S.; 1. Aufl. Wiesbaden 1952 u. d. T. Das ABC der Weltorganisationen. Anschriften Abkürzungen Kommentare].

Grun 1966 = Paul Arnold Grun: Schlüssel zu alten und neuen Abkürzungen. [...]. Limburg (Lahn) 1966 [314 S.].

Handbuch = Handbuch der Abkürzungen. Ein umfassendes Nachschlagewerk für alle Bibliotheken, Institute, Industriebetriebe und Verwaltungen. Lieferung 1 ff. München o. J. [bisher erschienen Lieferungen 1—4: A—äqu; 800 S.].

Heister 1980 = Rolf Heister: Lexikon medizinisch-wissenschaftlicher Abkürzungen (LMWA). Stuttgart. New York 1980 [170 S.].

Heuer 1983 = Hanns Manfred Heuer: Lexikon der Abkürzungen für jedermann. Wegweiser von ADAC bis ZDK. Wiesbaden 1983 [279 S.].

Holtz 1972 = Walter Holtz: Abkürzungen auf Münzen. Deutung und Erläuterung. Braunschweig 1972 [120 S.].

Initialese 1963 = International Initialese. Guide to initials in current international use. 2., durchges. u. erw. Aufl. Bruxelles 1963. (Union des Associations Internationales No. 182) [48 S.; 1. Aufl. 1962; 1. Supplement o. J., No. 193, 14 S.; 2. Supplement 1973].

Jung 1985 = Udo H. Jung: Elsevier's Foreign-Language Teacher's Dictionary of Acronyms and Abbreviations. Amsterdam 1985 [IX + 137 S.].

Kastner/Kirchner 1983 = Fritz Kastner/Hildebert Kirchner: Abkürzungsverzeichnis der Rechtssprache. 3. Aufl. Berlin. New York 1983 [412 S.; 1. Aufl. Kirchner, Berlin 1957].

Kjellmann 1920 = Hilding Kjellmann: Mots abrégés et tendances d'abréviation en français. Uppsala 1920 [92 S.].

Koblischke 1980 = Heinz Koblischke: Großes Abkürzungsbuch. Abkürzungen — Kurzwörter — Zeichen — Symbole. 2., durchges. Aufl. Leipzig 1980 [508 S.; 1. Aufl. 1978].

Köhler/Mayr 1978 = Rolf Köhler/Ernst Mayr: EDV-Abkürzungen. Deutsch und Englisch. 2., durchges. u. stark erw. Aufl. Berlin. München 1978 [334 S., 1. Aufl. 1974].

Krasnoff/Lereboullet/Trummert 1966 = Gilberte D. Krasnoff/Jean Lereboullet/Walter Trummert: abréviations (sic) utilisées en médicine et en biologie médicale [...]. o. O. ca. 1966. [o. S.].

Latham 1904 = Edward Latham: A dictonary of abbreviations. Contractions and abbreviative signs [...]. 2. Aufl. London. New York 1916. [126 S.; 1. Aufl. 1904].

Latham 1906 = Edward Latham: French Abbreviations. London 1906 [255 S.].

Lavine/Zimmerman 1949 = Irvin Lavine/O. T. Zimmerman: Scientific and Technical Abbreviatons, Signs and Symbols. 2. Aufl. Dover 1949 [541 S.; 1. Aufl. 1948].

Leistner 1975 = Georg Leistner: Abkürzungsverzeichnis zur französischen Rechts- und Verwaltungssprache. 2. Aufl. München 1975 [191 S.; 1. Aufl. Saarbrücken 1972].

Lindsay 1915 = W. M. Lindsay: Notae Latinae. An Account of Abbreviation in Latin Mss. of the Early Minuscule Period (c. 700—850). Hildesheim 1963 [500 S.; Nachdr. d. Ausg. Cambridge 1915, mit Suppl. von Doris Bains, 72 S.].

Maas/Magnus 1929 = Georg Maas/Julius Magnus: Abkürzungsverzeichnis der Rechtssprache [...]. Berlin. Leipzig 1929 [131 S.].

Martínez 1984 = José Martínez de Sousa: Diccionario internacional de siglas y acrónimos. 2. Aufl. Madrid 1984 [496 S.; 1. Aufl. 1978, mit wichtigem Vorwort].

Murith 1982 = Jean Murith: Dictionnaire des Sigles & Abréviations Techniques & Scientifiques. Paris 1982 [458 S.].

Nicolai 1703 = Johannis Nicolai: Tractatus de Siglis Veterum [...]. Lugduni Batavorum 1703 [232 S.].

Paoli 1892 = Cesare Paoli: Die Abkürzungen in der lateinischen Schrift des Mittelalters. [...]. Hildesheim 1971 [39 S.; reprogr. Nachdr. d. Ausg. Innsbruck 1892; italienisches Original Firenze 1891].

Partridge 1949 = Eric Partridge: A Dictionary of Abbreviations. 3. Aufl. London 1949 [114 S.; 1. Aufl. 1942].

Paxton 1974 = John Paxton: Everyman's Dictionary of Abbreviations. London 1974 [384 S.].

Peyser 1950 = Alfred Peyser: Pars Pro Toto. Breviarum Medicum Internationale. Stockholm 1950 [196 S.].

Poinsotte 1981 = Jean-Pierre Poinsotte: Dictionnaire des Sigles Médicaux. Paris 1981 [143 S.].

Polon/Reich/Witty 1965 = David D. Polon/Herbert W. Reich/Marjorie B. Witty: DCCSA. Dictionary of Computer and Control Systems Abbreviations. Signs and Symbols. New York 1965 [350 S.].

Polon/Reich/Witty 1965a = David D. Polon/Herbert W. Reich/Marjorie B. Witty: DEA. Dictionary of Electronics Abbreviations. Signs and Symbols. New York 1965 [747 S.].

Pugh 1970 = Eric Pugh: Dictionary of Acronyms & Abbreviations. Some abbreviations in management, technology and information science. 2. Aufl. London 1970 [389 S.; 1. Aufl. 1968; Second Dictionary 1974, 410 S.; Third Dictionary London/Hamden 1977, 208 S.].

Reis 1972 = Wolfgang Reis: Abkürzungen in der Informations-Verarbeitung. Döffingen 1972 [106 S.].

Rogers 1913 = Walter T. Rogers: Dictionary of Abbreviations [...]. London 1913 [149 S.].

Rongus 1976 = Oleg Rongus: Sigles administratifs et Sigles susceptibles d'intéresser l'administration. Le Rongus. Paris 1976 [347 S.].

Rosenberg 1957 = Alexander Rosenberg: Russian Abbreviations. A Selective List. 2., durchges. u. erw. Aufl. Washington 1957 [513 S.].

Ruppert 1966 = Fritz Ruppert: Initials. Abkürzungen von Namen internationaler Organisationen. München-Pullach. Essen 1966 [220 S.].

Rybicki 1971 = Stephen Rybicki: Abbreviations. A Reverse Guide to Standard and Generally Accepted Abbreviated Forms. Ann Arbor 1971 [334 S.].

Sandoz 1968 = Sandoz AG: Lexikon medizinischer Abkürzungen. 2. Aufl. Nürnberg 1968 [118 S.; 1. Aufl. 1966].

Saur 1968 = Klaus Gerhard Saur: Internationales Verzeichnis von Abkürzungen von Verbänden, Behörden und Organisationen. München-Pullach 1968 (Handb. d. techn. Dok. u. Bibl. 9) [2 Bde.; 1148 S.].

Schaal 1969 = Richard Schaal: Abkürzungen in der Musik-Terminologie. [...]. Wilhelmshaven 1969. (Taschenbücher zur Musikwissenschaft 1) [165 S.].

Scheingraber 1953 = Günther Scheingraber: KOVA-Abkürzungsverzeichnis für Verwaltung und Justiz. München 1953 [60 S.].

Scheitz 1986 = Edgar Scheitz: Dictionary of Russian Abbreviations. 2. Aufl. New York 1986 [695 S.; 1. Aufl. Berlin 1961 u. d. T. Russische Abkürzungen und Kurzwörter. Russisch Deutsch].

Schertel 1977 = Albrecht Schertel: Abkürzungen in der Medizin [...]. 2. durchges. u. korr. Aufl. München. Basel. Paris. London. New York. Sydney 1977 [204 S.; 1. Aufl. 1974].

Schubert 1978 = Klaus Schubert: Internationales Abkürzungslexikon. Politik — Wirtschaft — Gesellschaft. München 1978 [315 S.].

Schwartz 1959 = Robert J. Schwartz: The Complete Dictionary of Abbreviations. 2. Aufl. New York 1959 [211 S.; 1. Aufl. 1955].

Schwertner 1974 = Siegfried Schwertner: Internationales Abkürzungsverzeichnis für Theologie und Grenzgebiete. Berlin. New York 1974 [348 S.].

Sokoll 1974 = Alfred Hermann Sokoll: Abkürzungen beim Sport. München 1974. [68 S.].

Sola 1985 = Ralph de Sola: Abbreviations Dictionary. Abbreviations Acronyms Contractions Initials and Nicknames Short Forms and Slang Shortcuts Signs and Symbols. 7. Aufl. New York 1985 [1240 S.; 1. Aufl. 1958].

Spillner 1967 = Paul Spillner: Ullstein Abkürzungslexikon. Frankfurt. Berlin 1967 [407 S.].

Spillner 1970—72 = Paul Spillner: Internationales Wörterbuch der Abkürzungen von Organisationen. 2. Aufl. München-Pullach. Berlin 1970—72 (Handb. d. techn. Dok. u. Bibl. 9) [3 Bde.; 1295 S.; 1. Aufl. 1968].

Spranger 1981 = Ursula Spranger: Abkürzungen in der Medizin und ihren Randgebieten [...]. 2. Aufl. Stuttgart. New York 1981 [235 S., 1. Aufl. Berlin 1980].

Sprudzs 1967 = Adolf Sprudzs: Foreign Law Abbreviations: French. New York 1967 [103 S.].

Steen 1963 = Edwin B. Steen: Dictionary of Abbreviations in Medicine and the Related Sciences. 2. Aufl. London 1963 [102 S.; 1. Aufl. Philadelphia 1960].

Szana 1922 = Alexander Szana: Wörterbuch der englischen Abkürzungen, Maße, Gewichte und Münzen. Heidelberg 1922 [176 S.].

Towell/Sheppard 1986 = Julie E. Towell/Helen E. Sheppard: Acronyms, Initialisms, and Abbreviations Dictionary. 11. Aufl. 3 vol. Detroit 1986 [2928 p.; 1. Aufl. 1960].

Tramonti 1968 = Nino Tramonti: Nuovissimo Dizionario delle Sigle. 2. Aufl. Milano 1968 [256 S.; 1. Aufl. 1958 u. d. T. Dizionario delle Sigle e delle Abbreviazioni].

Vaarnas 1970 = Kalle Vaarnas: 30 000 lyhennettä. Helsingissä. Kustannusosa-keytio. Otava 1970 [496 S.].

Vianini 1898 = Giuseppe Vianini: Raccolta delle principali e più difficili Abbreviazioni e Frasi Abbreviati che si riscontrano negli Atti Notarili dal Secolo XIII [...]. Roma 1898 [112 S.].

Walther 1756 = Iohannes Ludolf Walther: Lexicon Diplomaticum, Abbreviationes Syllabarum et Vocum in Diplomatibus et Codicibus a Saeculo VIII ad XVI [...]. Hildesheim 1972 [o. S.; Nachdr. d. Ausg. Ulmae 1756].

Wennrich 1976—78 = Peter Wennrich: Angloamerikanische und deutsche Abkürzungen in Wissenschaft und Technik. München. New York 1976—78. (Handb. d. intern. Dok. u. Inform. 14) [3 Bde.; 2276 S.; Nachträge München. New York. London. Paris 1980; 618 S.].

Werlin 1979 = Josef Werlin: Wörterbuch der Abkürzungen. [. . .]. 2. Aufl. Mannheim. Wien. Zürich 1979. (Duden-Taschenbücher 11) [260 S.; 1. Aufl. 1971].

Wright 1776 = Andrew Wright: Court-Hand Restored: or the Student's Assistant in Reading Old Deeds, Charters, Records etc. [. . .]. 10. Aufl. London 1912 [62 S.; 1. Aufl. 1776].

5.2. Sonstige Literatur

Kister 1977 = Kenneth F. Kister: Dictionary Buying Guide. A Consumer Guide to General English-Language Wordbooks in Print. New York. London 1977.

Mahler 1987 = Marguerite A. Mahler: Le phénomène de l'abréviation: une première approximation. In: French Review 60. 1987, 592—603.

Menzel 1983 = Hans-Bernd Menzel: Abkürzungen im heutigen Französisch. Rheinfelden 1983. (Reihe Romanistik 35) [2 Bde.].

Schmitz 1983 = Ulrich Schmitz: Vorbemerkungen zur Linguistik der Abkürzung. In: Sprache, Diskurs und Text. Hrsg. v. R. Jongen et al. Tübingen 1983, 10—27.

Zaehme 1987 = Volker Zaehme: Über Akronyme. In: Fachsprache 9. 1987, 44—51.

Zumthor 1954 = Paul Zumthor: Abréviations composées. Amsterdam 1951. (Verh. der Kon. Nederl. Akad. v. Wetenschapen, Afd. Letterk. Nieuwe Reeks Deel LVII/2).

Hans-Bernd Menzel, Frankfurt a. M.
(Bundesrepublik Deutschland)

XI. Wörterbuchtypen VI: Namenwörterbücher (unter besonderer Berücksichtigung des Deutschen)
Dictionary Types VI: Onomastic Dictionaries (With Special Reference to German)
Typologie des dictionnaires VI: Dictionnaires de noms propres (référence spéciale à l'allemand)

136. Personennamenwörterbücher

1. Abgrenzung zum Personenlexikon
2. Personennamenwörterbücher älterer Sprachstufen
3. Vornamenbücher
4. Familiennamenbücher
5. Literatur (in Auswahl)

1. Abgrenzung zum Personenlexikon

Unter dem Terminus *Personennamenwörterbuch* werden hier nur solche Nachschlagewerke verstanden, in denen Anthroponyme als Lemmata angesetzt sind und diese als sprachliche Gebilde präsentiert werden. Damit sind alle Lexika ausgeschlossen, die zwar auch Anthroponyme als Lemmata haben, aber nicht den jeweiligen Namen zum Gegenstand des Wörterbuchartikels machen, sondern Daten über die mit dem jeweiligen Namen benannte Person liefern, also z. B. alle Arten von „Who is who?"-Lexika (Schriftsteller-, Schauspieler-, Gelehrtenlexika usw.). Eine scharfe Grenze läßt sich indessen zwischen den beiden Lexikontypen nicht in jedem Falle ziehen; denn es gibt eine Reihe von Personenlexika, in denen auch Angaben über die Namen gemacht werden.

So werden etwa bei Wörterbüchern mythologischer Gestalten die Etymologie und die Entstehungsgeschichte des Namens für so wichtig gehalten, daß sie gewöhnlich mitaufgenommen werden; Heiligen(namen)lexika werden von katholischen Eltern zugleich als Hilfen bei der Vornamenwahl benutzt und teilen deshalb — meist im Rückgriff auf andere Vornamenbücher — kurz die etymologische Erklärung des Namens mit, obwohl das für die religiös begründete Namengebung unerheblich ist; in seiner lexikonartigen „Geschichte der Papstnamen" (Münster 1980) geht Bernd-Ulrich Hergemöller den Motiven und Traditionssträngen bei der Namenwahl der Päpste nach; Pseudonymenwörterbücher geben manchmal Informationen über das Motiv der Namenänderung und darüber, wie das Pseudonym gebildet ist (s. Art. 139); und schließlich sind die Wörterbücher der literarischen Personnage zu nennen, die außer Stellenbelegen und Kurzcharakteristiken der fiktionalen Gestalten auch Hinweise auf die Hintergründe der Namengebung des Autors enthalten können (s. Art. 139).

In allen eben genannten Lexikarten ist die sprachliche Erklärung des Namens (Anthroponyms) jedoch stets nur Zutat, nicht der eigentliche Kern des Lexikonartikels. Als reine Personennamenwörterbücher bleiben danach übrig: 1. solche, die die Personennamen älterer Sprachstufen erfassen, 2. solche, die über Anthroponyme in der Verwendung als Vornamen Aussagen machen, 3. solche, die über Familiennamen und andere Anthroponyme für Personengruppen Aussagen machen, und 4. solche, die über Anthroponyme in nicht-anthroponymischer Verwendung, sog. Appellativnamen, informieren (s. Art. 134). Trotz dem engen Zusammenhang zwischen der 1. und der 2. Unterabteilung ist eine Trennung der beiden Typen von Personennamenwörterbüchern unumgänglich; denn sie unterscheiden sich grundsätzlich in Aufbau, Adressatenkreis und Informationsziel.

2. Personennamenwörterbücher älterer Sprachstufen

Personennamenwörterbücher dieser Art gibt es erst, seitdem die Namenkunde wissenschaftlich betrieben wird, also nicht vor der Mitte des 19. Jhs. Es handelt sich bei den hier zu nennenden Werken um sprachwissenschaftliche Bestandsaufnahmen und Interpretationen der Personennamen eines bestimmten Zeitraumes in alphabetischer Ordnung. In den meisten europäischen und vielen außereuropäischen Philologien gibt es mittlerweile solche Sammlungen des Personennamenbestandes bestimmter historischer Epochen (Förstemann 1900, Socin 1903, Schlaug 1955 u. 1962, Raveling 1985, Schlimpert 1978, Morlet 1968—85, Knudsen/Kristensen 1936 ff., Solin 1982). Sie ergänzen die Wörterbücher der historischen Sprachstufen um das jeweilige anthroponymische Material und tragen damit wesentlich zur Erschließung des Wortschatzes früherer Sprachstufen bei. Anthroponyme und andere Eigennamen (besonders Toponyme) werden aus forschungsspezifischen Gründen nicht immer getrennt behandelt (Heyne 1867, Piel/Kremer 1976). Die erfaßten Zeiträume und Sprachlandschaften sind unterschiedlich groß. Als Lemmata können die belegten Namenformen oder ihre mehr oder weniger erschlossene Ausgangsform auftreten (z. B. Schlimpert 1978, Knudsen/Kristensen 1936 ff.), oder die Ordnung richtet sich nach den Bildungselementen (z. B. Förstemann 1901, Morlet 1968 u. 1972). Je nachdem, welchen Zeitraum das Werk umspannt, werden „Ruf-" oder „Personennamen" und „Bei-" oder „Familiennamen" in getrennten Alphabeten vorgeführt (z. B. Knudsen/Kristensen 1936 ff., Socin 1903; bei der sehr weit gehenden Unterteilung des „Mittelhochdeutschen Namenbuches" von Socin stellt sich die Frage, ob man das Buch noch unter die Wörterbücher einreihen soll, zumal es teilweise recht umfängliche erklärende Zwischentexte enthält, doch wird das Werk immerhin mit einem „Index alphabeticus" beschlossen). Neben der etymologischen Erklärung spielen in der Regel die Quellenangaben eine wichtige Rolle; denn die exakte Dokumentation ist Grundlage der sprachwissenschaftlichen Interpretation und zugleich Voraussetzung für weitere Forschungen. Adressaten sind demnach in erster Linie Wissenschaftler, vor allem Sprachhistoriker und Historiker.

3. Vornamenbücher

Wo die ursprüngliche Einnamigkeit der Person, sieht man von den fakultativen und unfesten Beinamen ab, durch kompliziertere Namenstrukturen ersetzt wurde (vgl. etwa dt. *Wilhelm Schneider*, fries. [vor 1800] *Momme Otten* [= Patronym im Genitiv], russ. *Fjodor Michailowitsch Dostojewski* und span. *José Ortega [y] Gasset*), gingen die ehemaligen „Ruf-" oder „Personennamen" in eine spezielle Subkategorie der Anthroponyme über, nämlich in die der sog. *Vornamen* (franz. *prénoms,* engl. *first* oder *given names,* früher auch *Taufnamen, noms de baptême, Christian names* genannt). In den einzelnen Sprachen und Kulturen geschah dies zu verschiedenen Zeiten und in unterschiedlicher Weise. Es ist aber offenbar nicht dieser Wandel, der zur Entstehung von Vornamenbüchern führt; denn Vorformen unserer heutigen Vornamenbücher tauchen erst im 16./17. Jh. auf (s. Seibicke 1983, 281 ff.).

Hier ist an erster Stelle das Martin Luther zugeschriebene Büchlein aus dem Jahre 1537 zu nennen. Seiner Intention nach gehört es in den Zusammenhang humanistischer Bemühungen um die germanische und altdeutsche Vergangenheit. Daran knüpfen sich dann zwar auch theologisch motivierte Auseinandersetzungen zwischen Protestanten und Katholiken über die „besseren" Christennamen: die fremden, die „von der Påbstisch-Römischen Kirchen den Deutschen [...] gleichsam an, und aufgedrungen worden" (Wegener 1674 im Vorwort zu seiner Übersetzung und Erweiterung des Lutherschen „Namen-Büchleins"), oder die heimischen, die „nach der Heidnischen Barbarey fast schmecken" (Witzel 1541, Vorrede). Doch das historische, etymologische Interesse bleibt vorrangig. So sind die nachfolgenden Vornamenbücher, von Krügers „Onomasticon" (1611) über die Sammlung und Erklärung in Ostfriesland gebräuchlicher (germanischer und nichtgermanischer) Taufnamen von Reershemius (1786) bis hin zu Beneken (1816) und Viehbeck (1818), samt einigen in größere Arbeiten eingebetteten Abhandlungen über Vornamen (s. die Nummern 79 [a. 1644] und 80 [a. 1666] bei Seibicke 1983, 297), letztlich nur Vorstufen der wissenschaftlichen Personennamenkunde, die sich im Laufe des 19. Jahrhunderts herausbildete, so daß man all diese Arbeiten durchaus auch in die in Abschnitt 2. behandelte Wörterbuchkategorie einreihen könnte, die ja nichts anderes ist als eine von mehreren möglichen Formen der wissenschaftlichen Beschäftigung mit den Namen und ihrer Geschichte. Eine kuriose Ausnahme macht nur das Vornamenbuch von Danck (1708), worin — angeregt vermutlich von den „durchsichtigen" pietistischen Neubildungen — die künstliche Vornamen-Neuschöpfung propagiert und bis zum Exzeß betrieben wird. — In England scheint die Entwicklung ähnlich wie in Deutschland verlaufen zu sein. Die ersten selbständigen Veröffentlichungen zum Thema 'Vornamen' sind die von Penkethman (1626) und von Lyford (1655), und sie bleiben anscheinend auch für lange Zeit die einzigen. Wie im Deutschen gibt es jedoch Namenlisten — mit mehr oder weniger ausführlichen Erklärungen oder auch mit Übersetzungen ins Latein — als Bestandteile von Wörterbüchern und Lehrbüchern (s. z. B. die Nummern 752 [a. 1678], 569 [a. 1684], 750 [a. 1782] bei Smith 1952). Etwa ab Arthur (1857) beginnt dann die Hinwendung zur wissenschaftlich betriebenen Namenkunde. Arthur behandelt übrigens Familien- und Vornamen aufgrund ihrer entwicklungsgeschichtlichen Zusammenhänge nebeneinander in einem Band, und die gemeinsame Darbietung beider Personennamentypen findet sich z. B. auch noch bei Dauzat (1951) und Bahlow (1977). — Nicht viel mehr als bloße Namenslisten enthält auch das 1700 in Paris anonym erschienene, Claude Chastelain zugeschriebene „Vocabulaire de noms françois et latins de saints et de saintes". Auf den Namen (in französischer Lautgestalt) folgen eine Kennzeichnung der Person (z. B. „Martyr à Rome"), die lat. Namensform und der Todes- oder Gedenktag. Das Büchlein scheint eher für Geistliche als für namensuchende Eltern gedacht zu sein.

Die Reihe der modernen Vornamenbücher beginnt in Deutschland mit Schincke (1827), in Frankreich, soweit mir bekannt wurde, mit Belèze (1863). Die treibende Kraft hinter der raschen Vermehrung dieses Wörterbuchtyps im ausgehenden 19. und vor allem im 20. Jh. war und ist meines Erachtens eine veränderte Haltung der Eltern bei der Namengebung: Die Bindung an Traditionen, die die Wahlfreiheit der Eltern einschränkten (Patennamen, Heiligennamen, Leitnamen in der Familie usw.), und die Anpassung an die soziale Umgebung werden hier wie in anderen Lebensbereichen immer schwächer. Statt dessen richtet sich das Augenmerk immer stärker auf den Klang und die Bedeutung des Vornamens, und zugleich wächst die Vorliebe für das Seltene, das Besondere, das Interessante („A galaxy of the unusual" ist ein Kapitel in Nurnberg/Rosenblum 1977, 297—309, überschrieben). In dieser Situation sind Wörterbücher, die ein Reservoir an Vornamen zur Auswahl anbieten und die Namen erklären, willkommen. Es ist jetzt ein Markt für diesen Wörterbuchtyp vorhanden, der sich den Eltern als Helfer bei der Frage: „Wie soll das Kindlein heißen?" (so steht es schon bei Schincke 1827 im Untertitel) empfiehlt. Das darin dargebotene Vornamenmaterial ist deshalb auch weitgehend unabhängig vom tatsächlichen zeitgenössischen Vornamengebrauch; neben den gängigen und beliebten Namen stehen solche, die seit Jahrhunderten nicht mehr — oder nur höchst selten — vergeben wurden. Dementsprechend sind historische Belege und sonstige Dokumentationen zur Geschichte und Verbreitung der einzelnen Vornamen, wenn überhaupt vorhanden, recht spärlich und unsystematisch; am weitesten gehen in dieser Hinsicht das ODECN (1977) und Stemshaug 1982. — Aus den älteren Vornamenbüchern, die zwar überwiegend historisch-deskriptiv ausgerichtet waren, aber zugleich auch zur Wiederaufnahme der altertümlichen germanisch-deutschen Namen anregen wollten, hat sich im Deutschen der besondere Typ des 'ideologischen' Vornamenbuches entwickelt, der bis in die jüngste Vergangenheit (Wamser 1982) lebendig geblieben ist und in puristischer Borniertheit lediglich „deutsche" Vornamen verzeichnet und für sie wirbt. Etwas Vergleichbares haben andere europäische Sprachen meines Wissens nicht aufzuweisen.

Von Tagliavini (1972) abgesehen, der — wie manche Heiligennamenlexika — dem Kalender folgt (mit einem alphabetischen Namenregister am Schluß), sind die modernen Vornamenbücher durchweg alphabetisch aufgebaut. Sie können jedoch mehrere Alphabete enthalten, indem z. B. männliche und weibliche Vornamen und/oder heimische und entlehnte Namen getrennt aufgeführt werden (s. z. B. die verschiedenen Auflagen von Wasserzieher 1920 bis 1972), indem die Vornamen in den verschiedenen gleichberechtigten Landessprachen vorgestellt werden (s. Vornamen in der Schweiz 1986, Spravočnik 1979) oder indem in Anhängen besondere Namengruppen dargeboten werden (etwa eine Liste „Verklungene Vornamen" bei Mackensen 1985, eine Liste von Appellativnamen im ODECN 1977, eine Liste „Namen aus Mythologie, Geschichte, Sage und Dichtung" bei Wasserzieher 1972), und es sind noch weitere Unterteilungen des Namenmaterials denkbar (Otto 1986 gliedert zuerst nach der etymologischen Herkunft der Vornamen und teilt außerdem ein in „Seltene Namen", „Kurze Namen", „Doppelnamen", „Namen bekannter Prsönlichkeiten"). Je stärker die Aufspaltung in Teilgruppen, desto dringlicher ist ein Gesamtregister, und es fehlt auch in den seltensten Fällen.

Je nach dem erfaßten Vornamenbestand kann man unterscheiden zwischen a) regionalen Vornamenbüchern (z. B. Merkle 1981, Raveling 1972, Dunkling 1978), b) solchen für sprachliche Minderheiten (z. B. Le Menn 1982, Galtier 1983, Stephens 1975), c) einzelsprachlichen Vornamenbüchern (z. B. ODECN 1977, Kolatch 1980, Drosdowski 1974, Dauzat 1951, Barbé 1985) und d) mehrsprachigen bzw. sprachvergleichenden (z. B. Michaelis 1856, Słownik imion 1975, IHV

1986). Übergänge zwischen den letztgenannten zwei Unterabteilungen gibt es allein schon deshalb, weil die Vornamenwahl der Eltern immer „internationaler" wird und demzufolge in die einzelsprachlichen Vornamenbücher immer mehr fremdsprachige Namen und Namenformen eingehen. Außerdem wird manchmal in den Vornamenartikeln auf fremdsprachige Varianten verwiesen (s. Drosdowski 1974, Schaar 1981, Wells 1946), und in Knaur 1985 sind mit Rücksicht auf die Gastarbeiter in der Bundesrepublik u. a. zahlreiche türkische und neugriechische Vornamen aufgenommen worden.

Die Vornamenbücher bestehen mindestens aus alphabetisch geordneten Vornamenlemmata (s. Vornamen in der Schweiz 1986). Vornamenstatistiken in Buchform enthalten außerdem Daten gemäß den bei der Erhebung berücksichtigten Parametern (s. Allén/Wåhlin 1979). Im allgemeinen jedoch bieten die Vornamenbücher mehr als diese nüchternen Angaben. Den Wünschen der Adressaten folgend, wird meist die Herkunft des Namens mitgeteilt und seine „Bedeutung", d. h. seine Etymologie, erklärt. (Auch die Herkunftsangaben sind häufig etymologisch zu verstehen und nicht als Hinweise darauf, aus welcher Sprache der Name direkt entlehnt wurde.) Da die Autor(inn)en in den seltensten Fällen Etymologen sind, ja oftmals nicht einmal Sprachhistoriker von Beruf oder von der Ausbildung her, schwankt die Qualität der etymologischen und der sonstigen sprachlichen Angaben beträchtlich. Glücklicherweise gibt es einige wissenschaftlich fundierte Vornamenbücher (z. B. ODECN 1977, Dauzat 1951, Drosdowski 1974), auf die die Laien-Autoren zurückgreifen können — und abgeschrieben wird in dieser Branche vielleicht noch fleißiger als anderswo in der Lexikographie. Dennoch fehlt es — nicht nur bei den älteren Vornamenbüchern — nicht an phantasievollen Deutungen (s. Wamser 1982 zu *Adelar:* „edel und scharfäugig wie ein Aar" oder zu *Adeltraud:* „edle Vertraute"; ein besonders krasser Fall willkürlicher Nameninterpretation liegt in Grisé-Allards Buch 1973 vor, worin durchweg subjektive, mantische Auslegungen geboten werden, wie z. B. zu *Agnès:* „Douceur de miel et gentillesse naturelle"). Als weitere Informationen bieten die modernen Vornamenbücher fakultativ: das Datum des Namenstages oder gar ein eigenes Namenstagskalendarium, die Nennung bekannter Namensträger des In- und des Auslands, Bemerkungen zur Geschichte des jeweiligen Vornamens, zur Häufigkeit seines Vorkommens in jüngster Vergangenheit (s. Mackensen 1985, Ladó 1972) und hier und da auch modischen Schnickschnack wie Glückszahl, Glücksstein u. ä. (Vasseur 1983). Der Lemma-Ansatz bewegt sich zwischen zwei Polen: Entweder wird jede graphische Variante als eigenes Lemma angesetzt (Allén/Wåhlin 1979), oder es wird eine bestimmte Ur- oder Vorform als Ausgangsbasis gewählt, der die Kurzformen, Koseformen, mundartlichen und fremdsprachigen Varianten zugeordnet werden (z. B. Schaar 1981, Wasserzieher 1972, Wells 1946, Benoist 1981); im zweiten Falle besteht eine nahe Verwandtschaft mit dem Wortfamilienwörterbuch (s. Art. 114). Zwischen den beiden Extremen gibt es verschiedene, nicht weiter typologisierbare Übergangsformen. — Hinweise auf die Betonung und Aussprache sind nicht überall und dann auch nicht immer konsequent vorhanden. Die Literaturangaben sind vielfach dürftig, im äußersten Fall sogar eindeutig vom Konkurrenzkampf auf dem Büchermarkt bestimmt (Vasseur 1983 verzeichnet ganze drei zeitgenössische deutschsprachige Vornamenbücher, von denen das westdeutsche überdies nicht mehr im Handel ist). — An die Stelle der Etymologie und der Hinweise auf Namensvorbilder (oder auch hinzu) treten bei den neuerdings mit Hilfe der EDV hergestellten Vornamenbüchern Angaben über die absolute oder relative Häufigkeit, über die zeitliche, die räumliche, unter Umständen sogar die soziale Verbreitung und über den prozentualen Anteil an den allein oder an erster Stelle eingetragenen Vornamen (s. Allén/Wåhlin 1979, Besnard/Desplanques 1986).

Unter den mehrsprachigen bzw. sprachvergleichenden Vornamenbüchern sind als Sonderfälle die echten zweisprachigen Wörterbücher hervorzuheben. Es handelt sich hierbei entweder um die Gegenüberstellung vergleichbarer Vornamenformen in zwei Sprachen (Ungarisch und Englisch bei Hajdú 1983), wodurch u. a. bei Übersetzungen die korrekte Übertragung in die andere Sprache gewährleistet wird, oder um die Transkription von einem Schriftsystem in ein anderes (lateinisch-kyrillisch bei Rybakin 1973). In beiden genannten Büchern wird stets die Aussprache in phonetischer Umschrift angegeben. — Schließlich ist als Kuriosum noch die „Onomatologie" von Fleischner (1826) zu nennen, ein Wörterbuch, worin „zum Gebrauche für Schüler" (S. IV) und als Ergänzung deutsch-lateinischer Wörterbücher die Vornamen ins Lateinische übersetzt werden (vgl. aber auch Penkethman 1626). Soweit möglich, werden auch

Übersetzungen der Namen ins klassische Griechisch und europäische Varianten mitgeteilt; ein Anhang (S. 271—325) bringt „Regeln und Bemerkungen über die lateinische Bildung der neueren teutschen Familien-Namen" und eine alphabetische Liste latinisierter deutscher Familiennamen samt deren Rückübersetzung. Für Genealogen ist dieser Anhang sicherlich nützlich; die Analyse der Übersetzungen läßt aber auch interessante Rückschlüsse auf die Namendeutung in früherer Zeit zu.

4. Familiennamenbücher

Dem allgemeinen Verständnis des Begriffes 'Personenname' entsprechend, greife ich hier aus der Gruppe der Wörterbücher für Personengruppen nur die Familiennamenbücher heraus (Weiteres vgl. in Art. 139). Entstehungsgeschichtlich sind sie eng mit den unter 1. genannten Wörterbüchern verbunden; denn ein großer Teil der Familiennamen ist aus den älteren „Ruf"- oder „Personennamen" hervorgegangen; schon Förstemann (1900) beschloß sein Personennamenlexikon mit einem „Register neuhochdeutscher Familiennamen" (Sp. 1679—1700), die aus den von ihm erfaßten Personennamen ableitbar waren. Familiennamen sind aber auch aus Berufs- und Herkunftsbezeichnungen, aus Wohnstätten- und Übernamen entstanden, so daß eine Gesamtdarstellung der Familiennamen auch diese einbeziehen muß, und im Laufe des 19. Jhs. bildeten sich dementsprechend Wörterbücher heraus, die die neuzeitlichen Familiennamen auf ihre Ursprünge zurückzuführen suchen. Es sind dabei zwei grundverschiedene Wörterbuchtypen zu unterscheiden: das populäre Familiennamenbuch und das wissenschaftliche.

Das populäre Familiennamenbuch bietet eine Liste der Familiennamen mit etymologischen Erklärungen auf der Basis eigener und/oder fremder namengeschichtlicher Untersuchungen; selbstdeutige Namen wie *Schneider, Taylor, Tailleur* sind dabei von geringem Interesse, und die Artikel bilden oftmals Namenfamilien oder -nester, indem historische und dialektische Varianten einer als Lemma angesetzten „Grundform" zugeordnet werden. — Das wissenschaftliche Familiennamenbuch dokumentiert mit genauen Belegstellenangaben, Datierungen und Namengleichungen das Aufkommen des jeweiligen Familiennamens, diskutiert im Idealfall offene Fragen der Etymologie, der Benennungsmotivation und konkurrierender Namendeutungen, macht Angaben über die heutige Verbreitung und gibt ausführliche Literaturhinweise; es hält somit einen bestimmten Forschungsstand fest und ist zugleich Arbeitsinstrument für weitere Forschungen — nicht nur auf sprachwissenschaftlichem, sondern z. B. auch auf genealogischem Gebiet (zur engen Verbindung von Familiennamenkunde und Familienforschung s. besonders Kelly 1940 und Jérôme 1957). — Daß die einfacheren populären Familiennamenbücher zahlreicher sind als die wissenschaftlichen, nimmt nicht wunder. Zur ersten Gruppe gehören Arthur (1857), Smith (1956), Cottle (1967), Dauzat (1951), Lagneau et al. (1982), Heintze/Cascorbi (1933), Gottschald (1983, trotz der wissenschaftlichen Einleitung und dem umfangreichen bibliographischen Anhang) u. a. m.; zur zweiten Gruppe gehören vor allem Brechenmacher (1957—63), Bahlow (1977), Reaney (1958), Knudsen/Kristensen (1949—64). Neben diesen großräumigen bzw. gesamtsprachigen Familiennamenwörterbüchern stehen viele andere, die sich — sei es in populärwissenschaftlicher, sei es in streng wissenschaftlicher Weise — auf die Familiennamen einer kleineren Region (z. B. Zoder 1968) oder einer bestimmten Bevölkerungsgruppe (z. B. Lévy 1960, Kaganoff 1978) beschränken. — Als Vorstufen für die linguistische Auswertung sind die „Repertorien" anzusehen, das sind Sammlungen von Familiennamen in bestimmten Landstrichen ohne weitere Erklärungen, aber mit Häufigkeitsangaben (Boyenval 1960, Meertens 1963 ff.). Eine Aufteilung nach Familiennamentypen (Berufsbezeichnungen, Herkunftsnamen usw.) hatte Linnartz (1958) begonnen, jedoch nicht mehr zu Ende führen können. (Zu älteren Versuchen, die Familiennamen onomasiologisch zu ordnen, s. Seibicke 1983, 299 f., Nr. 93 u. 94). Zu den humanistischen Übersetzungen deutscher Familiennamen s. Fleischner (1826).

Angesichts der Tatsache, daß es kaum ein vollständiges beschreibendes, erklärendes und historisches Familiennamenbuch für eines der größeren europäischen Sprachgebiete gibt, halte ich das internationale Familiennamenbuch von Hanks & Hodges (1989), das, wie es in der Verlagsankündigung heißt, „[e]xplains the origin and meaning of about 70.000 current surnames in European languages, with information of their history and distribution, and on famous people who have borne them", für verfrüht. Es scheint mir eventuell als Vorstufe für einen Europäischen Personennamen-Atlas von Interesse zu sein.

5. Literatur (in Auswahl)

5.1. Wörterbücher

Albaigés 1984 = José M. Albaigés Olivart: Diccionario de nombres de personas. Barcelona 1984 [327 S.].

Allén/Wåhlin 1979 = Sture Allén u. Staffan Wåhlin: Förnamnsboken. Stockholm 1979 [258 S.].

Arthur 1857 = William Arthur: An Etymological Dictionary of Family and Christian Names. With an essay on their derivation and import. New York 1857 [300 S.].

Bahlow 1977 = Hans Bahlow: Deutsches Namenlexikon. Familien- und Vornamen nach Ursprung und Sinn erklärt. 3. Auflage. Frankfurt/Main 1977 (Suhrkamp-Taschenbuch, Nr. 65) [599 S.; Erstauflage München 1967].

Barbé 1985 = Jean-Maurice Barbé: Nouveau dictionnaire des prénoms. o. O. (Rennes) 1985 [445 S.].

Barber 1903 = Henry Barber: British Family Names. Their Origin and Meaning. 2. Auflage. London 1903 [XII, 286 S.; Erstauflage 1894].

Bardsley 1901 = Charles Wareing Bardsley: A Dictionary of English and Welsh Surnames with Special American Instances. London 1901 [XVI, 837 S.].

Belèze 1863 = Guillaume Louis Gustave Belèze: Dictionnaire des noms de baptême. Paris 1863 [IV, 484 S.].

Beneken 1816 = Georg Wilhelm Friederich Beneken: Teuto, oder Urnamen der Deutschen, gesammelt und erklärt. Erlangen 1816 [411 S.].

Benoist 1981 = Alain de Benoist (avec la collaboration de Robert de Herte): Guide pratique des prénoms. Malesherbes 1981 [192 S.].

Besnard/Desplanques 1986 = Philippe Besnard/ Guy Desplanques: Un prénom pour toujours. La cote des prénoms hier, aujourd'hui et demain. (Paris) 1986 [327 S.].

Black 1946 = George Fraser Black: The Surnames of Scotland: Their Origin, Meaning and History. New York 1946 [LXXII, 838 S.].

Boyenval 1960 = R. Boyenval/R. Berger/P. Bougard: Répertoire des noms de famille du Pas-de-Calais en 1820. Arras 1960 [257 + 179 S.; 2 Teile in einem Bd.].

Brechenmacher 1957—63 = Josef Karlmann Brechenmacher: Etymologisches Wörterbuch der deutschen Familiennamen. 2 Bde., Limburg/Lahn 1957—63 [XL, 788 + 879 S.; zuerst unter dem Titel „Deutsche Sippennamen. Ableitendes Wörterbuch der deutschen Familiennamen", Görlitz 1936 (Sippenbücherei, Bd. 5—9), [LX, 1515 S.].

Breffny 1982 = Brian de Breffny: Irish Family Names, Arms, Origins and Locations. Dublin 1982 [192 S. mit (z. T. farbigen) Abb.; repr. 1983, 1985, 1986].

Chapny 1934 = Paul Chapny: Origine des noms patronymiques français (donnant l'étymologie de 10.000 noms de famille). Suivi d'une étude sur les noms de famille basques. Paris (1934) [351 S.].

Chastelain 1700 = (Claude Chastelain): Vocabulaire de noms françois et latins de saints et de saintes que l'on peut donner au baptesme et à la confirmation [...]. Paris 1700 [65 S.]

Cottle 1967 = Basil Cottle: The Penguin Dictionary of Surnames. 2nd edition. Harmondsworth 1978 [444 S.].

Danck 1708 = Gottonius Frölicharpus Danck (= Georg Friedrich Dinglinge): Neu-erfundene/Doch Alt-gewohnte deutlich-Teutsche Tauff-Namen/ Oder: Gottselig-teutscher Eltern Christl. Namens-Erwehlung. Ulm 1708 [128 S.].

Dauzat 1951 = Albert Dauzat: Dictionnaire étymologique des noms de famille et prénoms de France. Paris 1951 [XXV, 604 S.; 2e édit. 1955 avec un supplément; 3e édit. 1961 revue et augmentée par M.-Th. Morlet, 652 S., 4e édit. 1980].

Davies 1952 = Trefor Rendall Davies: A Book of Welsh Names. London 1952 [XIV, 72 S.].

De Felice 1986 = Emidio De Felice: Dizionario dei nomi italiani. Origine, etimologia, storia, diffusione e frequenza di oltre 18.000 nomi. Milano 1986 [410 S.].

De Felice 1986a = Emidio de Felice: Dizionario dei cognomi italiani. 4. Aufl. Milano 1986 [351 S., 1. Aufl. 1979].

Drosdowski 1974 = Günther Drosdowski: Duden-Lexikon der Vornamen. Herkunft, Bedeutung und Gebrauch von mehr als 3000 Vornamen. 2. Auflage. Mannheim. Wien. Zürich 1974. (Duden-Taschenbuch, Bd. 4) [237 S.].

Dunkling 1978 = Leslie Alan Dunkling: Scottish Christian Names. An A—Z of First Names. London. Edinburgh 1978 [151 S.].

Dunkling/Gosling 1983 = Leslie Alan Dunkling/ William Gosling: Everyman's Dictionary of First Names. London. Melbourne 1983 [304 S.; Paperback-Ausgabe 1984].

Fleischner 1827 = Johann Michael Fleischner: Onomatologie, oder Versuch eines Lateinischen Wörterbuches unserer Taufnamen [...]. Erlangen 1826 [VIII, 326 S.].

Förstemann 1900 = Ernst Förstemann: Altdeutsches Namenbuch. Bd. I: Personennamen. 2. Auflage. Bonn 1900 [XII S., 1700 Sp.; Erstauflage 1856; Neudruck der 2. Auflage München. Hildesheim 1966].

Förstemann 1968 = Ernst Förstemann: Altdeutsche Personennamen. Ergänzungsband, verfaßt von Henning Kaufmann. München. Hildesheim 1968 [VIII, 437 S.].

Fournier 1979 = Marie-Andrée Fournier: Choisir parmi 3500 prénoms d'hier et d'aujourd'hui, traditionnels ou nouveaux, mythologiques, historiques, régionaux ou écologiques. Paris 1979 [369 S.].

Galtier 1983 = Charles Galtier: Les prénoms de Provence. Rennes 1983 [32 S.].

Gottschald 1983 = Max Gottschald: Deutsche Namenkunde. 5., verbesserte Auflage mit einer Einführung in die Familiennamenkunde von Rudolf Schützeichel. Berlin. New York 1982 [667 S.; Erstauflage 1932, VII, 423 S.].

Grisé-Allard 1973 = Jeanne Grisé-Allard: 1500 prénoms et leur signification. Ottawa 1973 [236 S.].

Hajdú 1983 = Mihály Hajdú: Magyar-Angol, Angol-Magyar Keresztnévszótár/Hungarian-English, English-Hungarian dictionary of christian names. Budapest 1983 [117 S.].

Hanks/Hodges 1989 = Patrick Hanks and Flavia

Hodges: A Dictionary of Surnames. Oxford 1989 [832 S.].
Harrison 1912—18 = Henry Harrison: Surnames of the United Kingdom: A Concise Etymological Dictionary. 2 Bde. London 1912—18 [Bd. 1: Vorwort, 290 S.; Bd. 2: XVI, 332 S.].
Heintze/Cascorbi 1933 = Albert Heintze/Paul Cascorbi: Die deutschen Familiennamen. 7. Auflage. Halle/S. 1933 [536 S.; Erstauflage 1882 von A. Heintze; von der 3. Auflage 1908 an bearbeitet von P. Cascorbi]
Heyne 1867 = Moritz Heyne: Altniederdeutsche Eigennamen aus dem neunten bis elften Jahrhundert. Halle/S. 1867 [40 S.].
IHV 1986 = Internationales Handbuch der Vornamen. Hrsg. von der Gesellschaft für deutsche Spache und dem Bundesverband der deutschen Standesbeamten. Bearbeitet von Otto Nüssler. Mit einem Beitrag von Michael Coester. Frankfurt/M. 1986 [LXIV, 489 S.].
Jérôme 1957 = Dictionnaire des changements de noms de 1803 à 1956 par l'Archiviste Jérôme. Paris 1957 [230 S.].
Kaganoff 1978 = Benzion C. Kaganoff: A Dictionary of Jewish Names and Their History. London. Henley 1978 [XIII, 250 S.].
Kelly 1939 = Patrick Kelly: Irish Family Names with Origins, Meanings, Clans, Arms, Crests and Mottoes. Chicago 1939 [3 + 136 S.; Reprint Detroit 1976].
Knaur 1985 = Margit Eberhard-Wabnitz und Horst Leisering: Knaurs Vornamenbuch. Herkunft und Bedeutung. München 1985 [304 S.].
Knudsen/Kristensen 1936—64 = Gunnar Knudsen/Marius Kristensen (Hrsg.): Danmarks gamle personnavne. Under medvirkning af Rikard Hornby. Bd. I: Fornavne. Kopenhagen 1936—48 [1708 Sp.]; Bd. II: Tilnavne. Kopenhagen 1949—64 [1292 Sp.].
Kolatch 1980 = Alfred J. Kolatch: The Jonathan David Dictionary of First Names. Middle Village, N.Y. 1980 [XXXII, 506 S.].
Kremer 1969—72 = Dieter Kremer: Die germanischen Personennamen in Katalonien. Namensammlung und Etymologisches. Barcelona 1969—72 [VIII, 367 S.; Diss. Köln 1967].
Krüger 1611 = Wolfgang Krüger: Onomasticon oder Deutsches Nahmen Büchlein [...]. Leipzig 1611 [15 nichtpaginierte Blätter, 350 S.].
Ladó 1972 = János Ladó: Magyar utónévkönyv (Ungarische Vornamen). Budapest 1972 [257 S.].
Lagneau et al. 1982 = Philippe Lagneau/Jean Arbuleau/Raymonde de Gans: Dictionnaire des noms de famille et des prénoms [...], suivi d'une introduction à l'héraldique par Hervé Pinoteau. o. O. 1982 [837 S. 1. Aufl. 1980].
Le Menn 1982 = Gwennole Le Menn: Grand choix de prénoms bretons. Bannalec 1982 [92 S.].
Lévy 1960 = Paul Lévy: Les noms des Israélites en France. Histoire et dictionnaire. Paris 1960 [210 S.].

Linnartz 1958 = Kaspar Linnartz: Unsere Familiennamen. Bd. I: Zehntausend Berufsnamen im ABC erklärt; Bd. II: Familiennamen aus deutschen und fremden Vornamen im ABC erklärt. 3. Auflage. Bonn. Hannover. Hamburg 1958 (Dümmler-Buch Nr. 8321/22) [293 u. 277 S.; Erstauflage Bd. I: Berlin. Bonn 1936, Bd. II: Bonn. Berlin 1939].
Luther 1537 = Martin Luther: Aliquot nomina propria Germanorum ad priscam etymologiam restituta. Wittenberg 1537 [16 unbezifferte Blätter in Quart (= Bogen A—D); der wirkliche Autor ist vermutlich Johannes Carion. Das Buch erschien zunächst anonym, ab 1554 unter Luthers Namen, eine deutsche Übersetzung von Gottfried Wegener unter dem Titel: „Herrn D. Martin Luthers Seel. Vielfältig verlangtes Namen-Büchlein", Leipzig 1674 u. ö., 48 S. ohne Seitenzählung, 250 S., 52 S. Register unpaginiert; Reprint Leipzig 1974].
Lyford 1655 = Edward Lyford: The true interpretation and etymology of Christian names. London 1655 [(24), 237 (59) S., 2 Alphabete; zit. nach Smith 1952, Nr. 493].
Mackensen 1985 = Lutz Mackensen: Das große Buch der Vornamen. Herkunft, Ableitungen und Verbreitung, Koseformen, berühmte Namensträger, Gedenk- u. Namenstage, verklungene Vornamen. 25.—29.Tsd. Frankfurt a. M. Berlin. Wien 1985 [Ullstein-Ratgeber 4159] [XXI, 374 S.; Erstauflage München 1969].
Meertens 1963 ff. = Nederlands Repertorium van Familienamen. Uitgegeven door de Naamkundecommissie van de Koninklijke Nederlandse Akademie van Wetenschappen onder Redactie van P. J. Meertens. Bd. 1 ff., Assen [ab 1976 Assen. Amsterdam] 1963 ff. [Nach Regionen gegliedert: 1. Drente, 1963, 198 S., 2. Friesland, 1964, 233 S.; 3. Groningen, 1964, 195 S.; 4. Utrecht, 1967, 527 S.; 5. Zeeland, 1967, 233 S.; 6. Overijssel, 1968, 496 S.; 7. Amsterdam, 1970, 367 S.; 8. Gelderland, 1971, 714 S.; 9. 's-Gravenhage, 1974, 305 S.; 10. Rotterdam, 1976, 256 S.; 11. Noordbrabant, 1977, 663 S.; 12. Noordholland, 2 Bde., 1981, 832 S.; 13. Zuidholland, 2 Bde., 1983, 803 S.].
Merkle 1981 = Elli Merkle/Ludwig Merkle: Vornamen in Bayern von Alois bis Zenzi. München 1981 [192 S.].
Michaelis 1856 = G(ustav) Michaelis: Vergleichendes Wörterbuch der gebräuchlichsten Taufnamen. Berlin 1856 [VII, 72 S., nach einem speziellen Alphabet geordnet].
Morlet 1968—85 = Marie-Thérèse Morlet: Les noms de personne sur le territoire de l'ancienne Gaule du VIe au XIIe siècle. Bd. I: Les noms issus du Germanique continental et les créations Gallo-Germaniques. Paris 1968 [237 S.]; Bd. II: Les noms latins ou transmis par le latin. Paris 1972 [201 S.]; Bd. III: Les noms de personne contenus dans les noms de lieux. Paris 1985 [563 S.].
Neumann 1970 = Isolde Neumann: Obersächsische Familiennamen. Bd. I: Die bäuerlichen Fami-

liennamen des Landkreises Oschatz. Berlin (O) 1970 (Deutsch-Slawische Forschungen zur Namenkunde u. Siedlungsgeschichte, Nr. 25) [242 S.].

Neumann 1981 = Isolde Neumann: Obersächsische Familiennamen. Bd. II. Die Familiennamen der Stadtbewohner in den Kreisen Oschatz, Riesa und Großenhain bis 1600. Berlin (O) 1981 (Deutsch-Slawische Forschungen zur Namenkunde und Siedlungsgeschichte, Nr. 33) [341 S.].

Nurnberg/Rosenblum 1977 = Maxwell Nurnberg and Morris Rosenblum: What to name your baby. 16. Auflage. New York. London 1977 [349 S.].

ODECN 1977 = Oxford Dictionary of English Christian Names, compiled by E(lizabeth) G(idley) Withycombe. 3. Auflage. Oxford 1977 [XLVII, 310 S.; Erstauflage 1945, 2. Aufl. 1950, Paperback 1973].

Otto 1985 = Brigitte Otto: Vornamen. Herkunft und Bedeutung von Abigail bis Zygmunt. Düsseldorf 1985 (Econ-Taschenbuch 20113) [184 S., 2. Aufl. 1986].

Penkethman 1626 = J(ohn) P(enkethman): Onomatophylacium: or The christian names of men and women, now used within this realme of Great Britaine, alphabetically expressed aswell in Latine as in English, with the true interpretation thereof. By J. P. London 1926 [(32) S.; zit. nach Smith 1952, Nr. 518].

Piel/Kremer 1976 = Joseph M. Piel/Dieter Kremer: Hispano-Gotisches Namenbuch: der Niederschlag des Westgotischen in den alten und heutigen Personen- und Ortsnamen der Iberischen Halbinsel. Heidelberg 1976 [399 S.].

Raveling 1972 = Irma Raveling: Die Ostfriesischen Vornamen. Herkunft, Bedeutung und Verbreitung. 2. Auflage, Aurich 1972 (Arbeitsgemeinschaft der Vorstände der Sparkassen Ostfrieslands, Einzelschrift Nr. 14) [104 S.; 3., neugestaltete Auflage. Aurich 1985 (Ostfriesische Familienkunde, H. 8), 184 S.].

Raveling 1985 = Irma Raveling: Frühe Rufnamen in Ostfriesland. Aurich 1985 (Ostfriesische Familienkunde, H. 5) [144 S.].

Reaney 1958 = Percy Hide Reaney: A Dictionary of British Surnames. London 1958 [LIX, 366 S.; 2nd impression (with some corrections) 1961; 3rd impression 1966, 4th 1970; 2nd revised edition, with corrections and additions by R. M. Wilson, London. Boston 1976, LXIV, 398 S.].

Reershemius 1786 = Peter Friedrich Reershemius: Versuch der Erklärung einiger Tauf- und Eigen-Namen, welche in Ostfriesland anitzo gebräuchlich sind. Aurich o. J. (1786) [84 S.].

Rohlfs 1982 a = Gerhard Rohlfs: Dizionario storico dei cognomi salentini (Terra d'Otranto). Galatina 1982 [XXIX, 284 S., mehrere Blätter Abb.].

Rohlfs 1982 b = Gerhard Rohlfs: Dizionario storico dei soprannomi salentini (Terra d'Otranto). Galatina 1982 [318 S., mehrere Blätter Abb.].

Rooyen 1987—89 = Marc van Rooyen: Het groot voornamenboek. Herkomst & oorsprong, betekenissen, afleidingen, m./v., naam- & feestdagen. 52 500 voornamen ten behoeve van de ambtenaeren van de burgerlijke stand en anstaande ouders. 3 Teile; Deel 1: Brugge 1987 [26 + 15 + 386 + 88 + 46 + 24 S.]; Deel 2, Brugge 1988 [18 + 2 + 606 + V + 24 S.]; Deel 3: Brugge 1989 [24 + 2 + 865 S.].

Rybakin 1973 = Anatolij Ivanovič Rybakin: Slovar' anglijskih ličnyh imen/Dictionary of English personal names. 3000 entries. Moskau 1973 [408 S., Kleinformat]; 2., verbesserte u. erweiterte Aufl. [4000 entries]. Moskau 1989 [222 S.].

Schaar 1981 = J(ohannes) van der Schaar: Woordenboek van voornamen. 12. Auflage. Utrecht. Antwerpen 1981 (Aula-boek 176) [375 S.; erste Auflage 1964, 332 S.].

Schincke 1827 = Joh. Chr. Gotth. Schincke: Zacharias und Elisabeth. Wie soll das Kindlein heißen? Oder: Unsere Taufnamen mit ihrer Bedeutung, alphabetisch geordnet. Ein Haus- und Handbüchlein für Familienväter und Prediger. Halle 1827 [VIII, 247 S.].

Schlaug 1955 = Wilhelm Schlaug: Studien zu den altsächsischen Personennamen des 11. u. 12. Jahrhunderts. Lund. Kopenhagen 1955 (Lunder germanistische Forschungen 30) [250 S.].

Schlaug 1962 = Wilhelm Schlaug: Die altsächsischen Personennamen vor dem Jahre 1000. Lund. Kopenhagen 1962 (Lunder germanistische Forschungen 34) [197 S.].

Schlimpert 1964 = Gerhard Schlimpert: Slawische Personennamen in mittelalterlichen Quellen Deutschlands. Berlin (O) 1964 (Deutsch-Slawische Forschungen zur Namenkunde und Siedlungsgeschichte, Nr. 17) [271 S.].

Searle 1897 = William George Searle: Onomasticon Anglo-Saxonicum: A List of Anglo-Saxon Proper Names from the Time of Beda to that of King John. Cambridge 1897 [LVII, 601 S.].

Seibicke 1977 = Wilfried Seibicke: Vornamen. Wiesbaden 1977 [404 S.].

Słownik imion 1975 = Słownik imion (Wörterbuch der Vornamen), bearb. von Wanda Janowowa, Aldona Skarbek, Bronisława Zbijowska und Janina Zbiniowska. Wrocław. Warszawa. Kraków. Gdańsk 1975 [X, 316 S.].

Smith 1973 = Elsdon C(oles) Smith: The New Dictionary of Family Names. Enlarged edition. New York. Hagerstown. San Francisco. London 1973 [XXIX, 570 S.; Erstauflage unter dem Titel: Dictionary of American Family Names. New York 1956].

Socin 1903 = Adolf Socin: Mittelhochdeutsches Namenbuch. Nach oberrheinischen Quellen des 12. u. 13. Jahrhunderts. Basel 1903 [XVI, 787 S.; Nachdruck Darmstadt 1966].

Solin 1982 = Heikki Solin: Die griechischen Personennamen in Rom. Ein Namenbuch. 3 Bde., Berlin. New York 1982 (Corpus inscriptionum Latinarum. Auctarium) [XXVIII, 1548 S.].

Spravočnik 1979 = Spravočnik ličnyh imen narodov RSFSR (Handbuch der Vornamen der Völker der Russischen Föderalen Sowjetrepublik). 2. Auflage. Moskau 1979 [574 S.].

Stemshaug 1982 = Ola Stemshaug: Norsk Personnamnleksikon. Oslo 1982 [239 S.].
Stephens 1975 = Ruth Stephens: Enwau Camraeg i Blant. Welsh names for children. 3. Aufl., Tachwedd 1975 [112 S.; Erstauflage. 1970, 2. Auflage. 1972].
Sveriges medeltida personnamn 1967 ff. = Sveriges medeltida personnamn. Ordbok utgiven av Kungl. Vitterhets historie och antikvitets akademiens personnamnskommitté. Förnamn, Bd. 1 *(A—E)* [X S. + 790 Sp.], Bd. 2 [Lfgg. 6—8 *(F-Gunnar)*, 480 Sp.], Stockholm 1967—83.
Stewart 1979 = George R. Stewart: American Given Names. New York 1979 [272 S.].
Sveriges medeltida personnamn 1967 ff. = Ordbok utgiven av Kungl. Vitterhets historie och antikvitets akademiens personnamnskommitté. Förnamn, Bd. 1 *(A—E)* [X S. + 790 Sp.], Bd. 2 [Lfgg. 6—8 *(F—Gunnar)*, 480 Sp.], Stockholm 1967—83
Tagliavini 1972 = Carlo Tagliavini: Un nome al giorno. Origine e storia di nomi di personi italiani. Bologna 1972 [XVI, 445 S.].
Vasseur 1983 = Jacques Vasseur/Johanna Vasseur: Goldmanns großes Vornamenbuch. 2. Auflage. München 1983 (Goldmann-Ratgeber 10872) [180 S.; Erstauflage 1982].
Viehbeck 1818 = Friedrich Wilhelm Viehbeck: Die Namen der alten Deutschen als Bilder ihres sittlichen und bürgerlichen Lebens. Erlangen 1818 [87 S.].
Vornamen in der Schweiz 1986 = Vornamen in der Schweiz, hrsg. vom Schweizerischen Verband der Zivilstandsbeamten. 13. Auflage. o. O. 1986 [154 S.; Erstauflage 1939].
Wamser 1982 = Heinz Wamser: Unsere deutschen Vornamen. Wien 1982 (Eckart-Schriften, H. 81) [95 S.].
Wasserzieher 1920 ff. = Ernst Wasserzieher: Hans und Grete. 2000 Vornamen erklärt. Bonn 1920 [zuletzt mit dem Untertitel „2500 Vornamen erklärt" in 18. Auflage. bearb. von Paul Melchers. Bonn 1972, 171 S.].
Wells 1946 = Evelyn Wells: What to name your baby. New York 1946 [326 S.].
Witzel 1541 = Georgius Wicelius (d. i. Georg Witzel): Onomasticon Ecclesiae. Die Tauffnamen der Christen deudsch vnd Christlich ausgelegt. Mainz 1541 [67 gez. Bll.].
Woulfe 1923 = Patrick Woulfe: Sloinnte Gaedheal is Gall: Irish Names and Surnames, collected and edited with explanatory and historical notes. Dublin 1923 [XLVI, 696 S.].
Zgusta 1964 = Ladislav Zgusta: Kleinasiatische Personennamen. Prag 1964 [701 S.; 1 Karte].
Zgusta 1984 = Ladislav Zgusta: Kleinasiatische Ortsnamen. Heidelberg 1984 (Beiträge zur Namenforschung, NF 21) [745 S.; 1 Karte].
Zoder 1968 = Rudolf Zoder: Familiennamen in Ostfalen. 2 Bde., Hildesheim 1968 [1017 und 900 S.].

5.2. Sonstige Literatur

Knudsen 1951 = Gunnar Knudsen: Personalnames dictionaries. In: 3rd International Congress of Toponymie and Anthroponymie, Brüssel 15.—19. 7. 1949, vol. III: Proceedings and transactions, ed. by H. Draye/O. Jodogne. Löwen 1951, 696—699.
Morlet 1981 = Marie-Thérèse Morlet: Les études d'onomastique en France de 1938 à 1970. Paris 1981 (Société d'Etudes Linguistiques et Anthropologiques de France, Numéro spécial).
Mulon 1977 = Marianne Mulon: L'onomastique française. Bibliographie des travaux publiés jusqu'en 1960. Paris 1977 (Archives nationales).
Seibicke 1983 = Wilfried Seibicke: Lexikographie deutscher Personennamen. In: Studien zur neuhochdeutschen Lexikographie, Bd III. Hrsg. von Herbert Ernst Wiegand, Hildesheim. Zürich. New York 1983 (Germanistische Linguistik 1—4/82), 275—306.
Smith 1952 = Elsdon Coles Smith: Personal Names: A Bibliography. New York 1952 [Reprint 1965].
Voitl 1963—64 = Herbert Voitl: Die englische Personennamenkunde: Ein Forschungsbericht. In: Archiv für das Studium der neueren Sprachen und Literaturen, Bd. 199, 114. Jg. 1963, 158—167; Bd. 200, 115. Jg. 1964, 108—118, 436—450 [fortgesetzt unter dem Titel: „Die englischen Personennamen. Der Fortgang ihrer Erforschung in den letzten zwölf Jahren", ebenda, Bd. 213, 128. Jg. 1976, 47—60 und 251—268].
Voitl 1976 = The Study of the Personal Names of the British Isles. Proceedings of a Working Conference at Erlangen 21—24 September 1975, edited by Herbert Voitl with the assistance of Klaus Forster and John Insley. Erlangen 1976.

Wilfried Seibicke, Heidelberg
(Bundesrepublik Deutschland)

137. Ortsnamenwörterbücher

1. Ortsnamenwörterbuch oder Ortsnamenbuch?
2. Ortsnamen
3. Lexikographie der Ortsnamen (Siedlungsnamen)
4. Ortsnamenbücher für das deutsche Sprachgebiet, England und Frankreich
5. Literatur (in Auswahl)

1. Ortsnamenwörterbuch oder Ortsnamenbuch?

Die lexikographische Forschung beschäftigt sich erst seit kurzer Zeit mit der wörterbuchmäßigen Erfassung und Beschreibung von Ortsnamen. Ein Grund dafür, daß es für dieses neue lexikographische Forschungsobjekt keinen einheitlichen Terminus gibt, liegt unter anderem darin, daß die Namenforschung, in deren Objektbereich die Beschreibung der Ortsnamen fällt, schon lange die Bezeichnung *Ortsnamenbücher* verwendet. Die Bezeichnung *Ortsnamenwörterbücher* geht hingegen auf P. Kühn (1978, 80—84) zurück, der damit in einer Bibliographie der deutschen Wörterbücher eine Unterart der Namen(wörter)bücher benannte. Namen(wörter)bücher geben nach Kühn (1978, 71) Auskunft „über Herkunft, Entwicklung, Bedeutung, Aussprache, Schreibung und wenn möglich über ein exakt belegbares urkundliches Zeugnis des ersten Namensvorkommens. In Abhängigkeit verschiedener Namenarten lassen sich Wörterbücher zu Rufnamen, Familiennamen, geographischen Namen [...] usw. unterscheiden." Neben dem onomastischen Terminus *Ortsnamenbuch* und dem lexikographischen Terminus *Ortsnamenwörterbuch* existieren weitere Bezeichnungen je nachdem, ob mit dem Ortsnamen(wörter)buch primär toponomastische, geographische oder topographische Ziele verfolgt werden. Abgesehen davon, werden Ortsnamen(wörter)bücher seit über 100 Jahren von ihren Autoren individuell unterschiedlich benannt, ohne daß die primäre Intention aus dem Titel oder Untertitel immer eindeutig hervorginge. Z. B. ist das „Hessische Ortsnamenbuch" (Müller 1937) in erster Linie ein Produkt historischer Topographie und nicht, wie der Titel vermuten läßt, ein Produkt der Toponomastik. Schließlich ist es von Vorteil, auch die fremdsprachlichen Bezeichnungen für Ortsnamen(wörter)bücher im Auge zu behalten, z. B. französisch *dictionnaire topographique,* englisch *dictionary of place-names,* niederländisch *toponymisch woordenboek.* — Im folgenden wird ein Vorschlag zu einer einheitlichen Teminologie von der Sache her entwikkelt.

Wörterbücher gehören zu den meist alphabetisch geordneten Nachschlagewerken (französisch *dictionnaire*), d. h., es handelt sich um Sammlungen von lexikalischen Einheiten, zu denen dank ihrer Ordnung rasch zugängliche Informationen gegeben werden (Hausmann 1985, 369 f.). Eine erste Möglichkeit, die Ortsnamen(wörter)bücher unter den Nachschlagewerken zu spezifizieren, bietet die Anwendung der auf die lexikalischen Einheiten bezogenen, traditionellen Dichotomie Appellativa versus Propria (Debus 1980, 187). Propria (Eigennamen) sind individuell festgelegt; sie identifizieren, charakterisieren aber nicht (Debus 1980, 194). Der Sprecher/Schreiber kann mit einem Proprium also individuierend-identifizierend auf ein Referenzobjekt, meist auf „feste Körper" (Wimmer 1973, 93), referieren. Der Name als lexikalische Einheit ist dann das Referenzmittel, mit dessen Hilfe der Sprecher/Schreiber sich im Referenzakt auf das Referenzobjekt bezieht und damit eine zweipolige Relation herstellt.

Die Nachschlagewerke, in die als lexikalische Einheiten nur Propria aufgenommen sind, können weiter differenziert werden nach der Art des Referenzobjekts, auf das sich die lexikalischen Einheiten beziehen: auf Personen oder Orte. Je nachdem sind die lexikalischen Einheiten Anthroponyme (Personennamen) oder Toponyme (Ortsnamen). Für das Nachschlagewerk, das nur über Toponyme informiert, hat die französische Sprache den Ausdruck *dictionnaire topographique* (s. u. 4.3.). Von besonderer Bedeutung für die Lexikographie von Ortsnamen ist die Unterscheidung in sachlich informierende und sprachlich informierende Nachschlagewerke. Für die Sprachlexikographie steht die Information über das Referenzmittel — im Fall der Ortsnamenlexikographie über den Ortsnamen als sprachliches Element — im Vordergrund; für die Sachlexikographie hingegen das Referenzobjekt — im Fall der Ortsnamenlexikographie also der benannte Ort. Im deutschen Sprachgebrauch bezeichnet man vorwiegend über das Referenzmittel informierende Nachschlagewerke als *Wörterbücher;* die vorwiegend über das Referenzobjekt informierenden als *Lexika,* ohne daß

```
                        Nachschlagewerke
                       ╱              ╲
    Namen-Nachschlagewerke              ???
       (enthalten Propria)       (enthalten Appellativa)
          ╱         ╲
Personennamen    Ortsnamen
Nachschlagewerke  Nachschlagewerke
  ╱  ╲              ╱         ╲
                (Ortsnamen-  (Ortsnamen-
                wörterbücher)   lexika)
                    ↓              ↓
               Ortsnamenbücher   Ortslexika
```

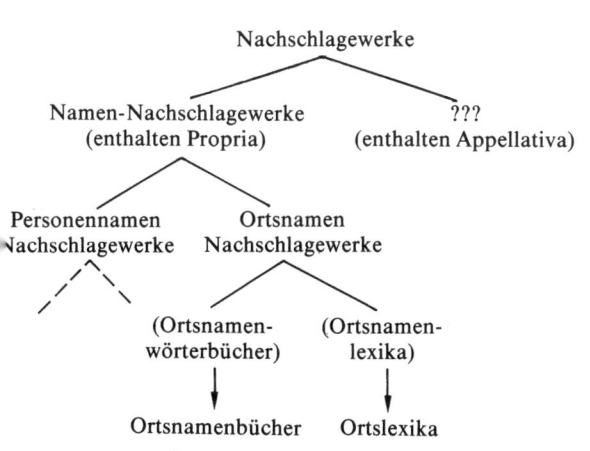

Abb. 137.1: Überblick über die Terminologiebildung

die gewöhnlich der Begriff Flurname als Oberbegriff steht. Die bislang differenzierteste Typologie der Geonyme bietet Sonderegnusvarianten *Ortsnamenbuch* einerseits und *Ortslexikon* andererseits sinnvoll und vorzuziehen. Ein Ortsnamenbuch ist also ein Nachschlagewerk, in dem Ortsnamen gesammelt sind und dessen Informationen zu den Ortsnamen primär sprachlicher Natur sind. Entsprechend gilt für Ortslexika, daß sie in erster Linie über den dem Referenzmittel (Ortsname) zugeordneten Ort informieren. Die Ortslexika können weiter nach den verschiedenen Aspekten differenziert werden, unter denen über einen Ort, besonders über eine Siedlung, informiert werden kann. Für die auf geographische Angaben spezialisierten Ortslexika scheint sich auf internationaler Ebene der englische Terminus *gazetteer* einzubürgern (Greule 1984, 142).

2. Ortsnamen

In der Definition: „Ein Ortsname (Toponym) ist ein Name, mit dem sich der Sprecher/Schreiber auf einen bestimmten Ort beziehen kann" scheint der Begriff *Ortsname* eindeutig zu sein. Er fungiert jedoch in der Namenforschung sowohl als Oberbegriff (man meint damit einen Namen, der sich auf eine nicht weiter spezifizierte geographische Erscheinung bezieht; Geonym/Ortsname im weiten Sinn) als auch als Unterbegriff zu Geonym, und zwar für einen Namen, der sich auf einen besiedelten Ort bezieht (= Siedlungsname, Ortsname im engen Sinn) (Greule 1984, 136). Unter Siedlungsnamen versteht man in erster Linie Namen, die im Gegensatz zu Landschaftsnamen relativ geschlossene Siedlungen (Stadt, Dorf, Kloster,

Hof usw.) als Referenzobjekte haben. — Die zweite große Untergruppe der Geonyme bilden die Gelände- und Gewässernamen, für diese Trennung immer strikt eingehalten und zum Ausdruck gebracht würde (Hausmann 1985, 370). Konsequenterweise müßte dann ein Nachschlagewerk, das nur Ortsnamen enthält und primär sprachlich informiert, *Ortsnamen-Wörterbuch* (vgl. niederländisch *toponymisch woordenboek,* Gysseling 1960), ein Nachschlagewerk, das nur Ortsnamen enthält, primär jedoch über den mit dem Namen bezeichneten Ort informiert, *Ortsnamen-Lexikon* genannt werden. Da in dem Kompositum *Ortsnamenwörterbuch* der Hinweis auf die sprachlexikographische Ausrichtung doppelt vorliegt (in den Terminuselementen *Name* und *Wörterbuch*) und da ferner in dem Kompositum *Ortsnamenlexikon* das Terminuselement -namen- stört, weil es die sachlexikographische Orientierung undeutlich macht, sind die jeweils gekürzten Terminger 1985, 2070. — Für die Ortsnamenlexikographie ergibt sich folgende Konsequenz. Ortsnamenbuch bedeutet entweder: (a) das Nachschlagewerk vereinigt als lexikalische Einheiten Geonyme der verschiedenen Untertypen (Landschafts-, Siedlungs-, Gewässer-, Flurnamen) und kann als heterogenes Ortsnamenbuch klassifiziert werden; (b) das Nachschlagewerk vereinigt nur Siedlungsnamen (= homogenes Ortsnamenbuch). Mit dem homogenen Ortsnamenbuch im Sinne von Siedlungsnamenbuch stehen die Gewässernamenbücher (vgl. Art. 138) und die Flurnamenbücher (vgl. Kleiber 1985, 2132) auf einer Ebene. Ob in einem Ortsnamenbuch lexikalische Einheiten verschiedener geonymischer Arten erfaßt werden, hängt wesentlich von der Abgrenzung des Ortsnamenbuches ab. Je weiter die (geographischen) Grenzen gezogen sind, innerhalb deren die Ortsnamen im Namenbuch erfaßt werden, um so weniger können die Namen aller geonymischen Arten des Erfassungsgebietes darin gleichermaßen Berücksichtigung finden. Aufgrund der Abgrenzung unterscheidet man grob (a) gesamt- bzw. großlandschaftliche, (b) teil- bzw. kleinlandschaftliche Ortsnamenbücher (Greule 1984, 140 f.). Beim einen Extrem, dem gesamtlandschaftlichen Namenbuch, das z. B. als Abgrenzung ein ganzes Sprach- oder Staatsgebiet hat, erscheint eine Beschränkung auf die Siedlungsnamen sinnvoll. Bei kleinlandschaftlicher Abgrenzung sind heterogene Namenbücher, die sowohl Siedlungs- als auch Flurnamen (teilweise einschließlich der Gewässernamen) erfassen, keine Seltenheit (Reichardt 1984b, 185 f.). In Frankreich wird seit dem vorigen Jahrhundert das Departement als verwaltungsmäßig vorgegebene Raumeinheit, der ein auf die Siedlungsnamen beschränktes Dictionnaire topographique zugeordnet ist, bevorzugt. In England entspricht dem die Grafschaft mit vorwiegend heterogenen Ortsnamenbüchern. In den beiden deutschen Staaten ist die Tendenz erkennbar, die Kreise als Raumeinheiten meist homogenen Namenbüchern („Kreisarbeiten") zuzuordnen (s. u. 4.).

3. Lexikographie der Ortsnamen (Siedlungsnamen)

3.1. Der Namenartikel

Zum Wesen der Ortsnamenbücher als Nachschlagewerke gehört die Möglichkeit, sich als Benutzer durch eine entsprechende Ordnung rasch über einen Ortsnamen zu informieren. Die als lexikalische Einheiten in das Namenbuch innerhalb der geographischen Begrenzung aufgenommenen Ortsnamen bilden das Namenvolumen (Lemmabestand). Jedem dieser Namen ist eine nach einem bestimmten Schema untergliederte Informationsmenge zugeordnet. Das Namenlemma, d. h., der Ortsname in amtlicher oder normalisierter Schreibweise und die ihm zugeordnete Informationsmenge werden unter der Bezeichnung *Namenartikel* (= *Namenartikel i. w. S.)* zusammengefaßt. Er ist das konstitutive Element der Ortsnamenbücher, das durch Hervorhebung des Namenlemmas und Absatzbildung auch eine typographische Einheit bildet (Greule 1984, 144 f.). Das Namenlemma ist zwar unabdingbarer Bestandteil des Namenartikels, *Namenartikel* wird aber auch für die Informationsmenge allein (= *Namenartikel i. e. S.)* verwendet. — Unterhalb des Lemmas besteht der Namenartikel normalerweise aus drei Grundelementen: (a) Lokalisierung, (b) Belegteil, (c) Deutungsteil. Das Vorhandensein dieser Elemente bzw. die entsprechende Formulierung des auch „Kopf" genannten ersten Informationsteiles ermöglicht die Abgrenzung der Ortsnamenbücher von den Gazetteers und insbesondere von den historischen Ortslexika. Der Kopf sollte nur über Art (Stadt, Dorf, Wüstung usw.) und Lage des Referenzobjekts informieren. Im Unterschied zum Gazetteer, in dem detaillierte geographische Angaben erwartet werden, ist die Lokalisierung nur ein, wenn auch wichtiger, der Bedeutungserklärung bei Appellativa vergleichbarer Bestandteil des Namenartikels. Meist enthält der Kopf jedoch weitere Informationen über das Referenzobjekt, die, wenn die Trennung in Sprach- und Sachlexikographie sinnvoll ist, nicht in ein Ortsnamenbuch, sondern in ein historisches Ortslexikon gehören (Reichardt

Ofterdingen

1. Gemeinde 11,3 km s von Tübingen (LBW, II, S. 476. VII, S. 135f. Lkr. TÜ, II, S. 519ff. KW, II, S. 446. OAB Rottenb., 1899/1900, II, S. 300ff.)
2. (C 1138–52): ... quod erat *Ofdirdingen* ... (WUB, II, Anh., S. 393)
   1266 (U): H. decanus de *Ofterdingen* (WUB, VI, Nr. 1845, S. 241)
   1275 (RC um 1350): In Decanatu *Offtertingen / Oftertingen* ... (Lib. Dec., S. 56. 58)
   14./15. Jh. (U/URB): *Oftertingen* (2mal). *Offtertingen* (6mal). *Offertingen*. (Mon. Zoll., I. HStA Stuttg., H 102/8, Bd. 3. StA Sigm., Dep. 39, DH 56, Nr. 242)
   16./17. Jh. (A/URB): *Ofterdingen* (3mal). *Offterdingen*. (WVA, I. AWL, II. HStA Stuttg., H 102/8, Bd. 269)
   Mdal. ǫ́fdərdęŋə
3. Der Typus der -ingen-Namen ist zusammenfassend unter Altingen behandelt. Ofterdingen enthält den Rufnamen *Ofthard (belegt: Optard) oder *Oferäd (belegt: Oftrad, Offderat), gebildet aus den Stämmen *Uft- und *Harðu- bzw. Rāða- (Fm., PN, Sp. 1475, 749ff., 1203ff. u. Erg. Kaufmanns). Der erste Stamm hat reguläres ahd. o < germ. u vor dem a/ā der Folgesilbe (Ahd. Gr., § 32). Der zweite Rufnamenstamm ist in schwach betonter Mittelstellung im Siedlungsnamen verkürzt und abgeschwächt worden (Bach, DNK, II, § 62).

Textbeispiel 137.1: Namenartikel (aus: Reichardt 1984a, 71)

1984b, 186—188; Greule 1984, 143 f.). — Zu einer weiteren Überschneidung mit den historischen Ortslexika kommt es beim Belegteil, der Zusammenstellung der historischen Formen des Namenlemmas. Während historische Ortslexika mindestens die erste, oft auch noch weitere historische Erwähnungen des Namenlemmas angeben, ist für die Ortsnamenbücher typisch, daß der Belegteil, was Auswahl und Hinweise auf die Überlieferung der historischen Namensformen anbelangt, so gestaltet ist, daß auf ihm eine wissenschaftliche Namenerklärung aufbauen kann. — Der Deutungsteil kann unterschiedlich ausführlich sein. Entweder erfolgt die Deutung in knappster Form durch bloße Nennung eines Etymons, was heute als unzureichende Information kritisiert wird; oder es wird in lexikographischer Kürze eine „Namengeschichte" mit Angaben zur lautlichen Entwicklung, Morphologie und Benennungsmotivik verfaßt (Greule 1984, 145). Als Beispiel soll ein Namenartikel aus einem der neuesten landschaftlichen Namenbücher dienen (vgl. Textbeisp. 137.1).

Unter dem Lemma folgt als Punkt 1 die Klassifizierung des Referenzobjekts als Gemeinde und die Angabe der Himmelsrichtung und Entfernung, in der die Siedlung, von der Kreisstadt aus gesehen, liegt. „Sonstige topographische und historische Fakten werden nur genannt, soweit sie für die Namenerklärung relevant sind" (Reichardt 1984a, 1). Punkt 2 ist der Belegteil mit den historischen Namensbelegen, denen hinter der Jahreszahl quellenkritische Siglen beigegeben sind, z. B. C = Eintragung in einem Kopialbuch. Den Belegen ist die mundartliche Form angefügt. Unter Punkt 3 erfolgt die sprachwissenschaftliche Namenerklärung.

3.2. Makrostrukturen

Die Möglichkeit rascher Information ist im Nachschlagewerk am ehesten durch die alphabetische Reihung der Namenartikel gewährleistet. Dem Prinzip der durchgehenden alphabetischen Anordnung der Lemmata folgen die meisten Ortsnamenbücher. Daneben kommen topographische Anordnung des Lemmabestandes und verwaltungsmäßige Untergliederung vor (Reichardt 1984b, 188 f.). Von indirekter Ortsnamenlexikographie kann man sprechen, wenn Namenartikel im Verlauf einer Abhandlung ohne alphabetische Reihung verwendet werden (Greule 1984, 140; Reichardt 1984b, 188). Bei nicht durchgehend alphabetisch angelegten Ortsnamenbüchern ist ein Ortsnamen-Register unerläßlich (Reichardt 1984b, 189 f.). — Neuerdings wird die Forderung erhoben, daß „nicht nur die Evidenz und die historische Dokumentation von Namen" die Aufgabe eines Ortsnamenbuches ist, „sondern auch das Studium der Entstehung und des Funktionierens von Bezeichnungssystemen". Demnach wären Ortsnamenbücher nicht nur alphabetisch angeordnete Nachschlagewerke; sie müßten vielmehr um monographische Darstellungen und tabellarische Übersichten ergänzt werden (Eichler 1980, 10 f.). Es erhebt sich die Frage, ob auf diese Weise die Grenze zwischen Namen-Nachschlagewerk und namenkundlicher Abhandlung (Greule 1984, 138) nicht zu weit überschritten wird. Eine knappe tabellarische Typologie der erfaßten Siedlungsnamen unter sprachwissenschaftlichen Gesichtspunkten enthalten z. B. die Baden-Württembergischen Ortsnamenbücher (z. B. Reichardt 1984a, 107—115). Es werden daraus jedoch keine siedlungsgeschichtlichen Schlüsse gezogen. — Unbestritten ist die in vielen Ortsnamenbüchern nicht erfüllte, für geonymische Namenbücher aber sinnvolle Forderung nach mindestens einer Übersichtskarte, die sowohl die Grenzen des Erfassungsgebietes erkennbar macht als auch die Lokalisierung der Referenzobjekte erleichtert (Reichardt 1984b, 190).

3.3. Methodik

Eine einheitliche Methode für die Ausarbeitung zumindest von teillandschaftlichen Ortsnamenbüchern ist nicht nur aus praktischen Gesichtspunkten erstrebenswert, sondern auch im Hinblick auf die Vergleichsmöglichkeiten bei einer Auswertung der in den Ortsnamenbüchern ausgebreiteten Informationen (Bach 1953, 17; Eichler 1980, 14). Ansätze für eine Festlegung der Methode liegen z. B. vor in den „Richtlinien für die Bearbeitung des Historischen Ortsnamenbuchs von Bayern (HONB)" (Puchner 1960/61) und in den „Richtlinien für landschaftliche Namenbücher" des Arbeitskreises für Namenforschung von 1961 (Reichardt 1984b, 198 f.), denen es aber in erster Linie um die einheitliche Gestaltung der Namenartikel und des Namenbuchaufbaus geht. Eine die Richtlinien des Arbeitskreises für Namenforschung einbeziehende, auf praktischer Erfahrung beruhende Methodik für die Herstellung landschaftlicher Namenbücher legte Reichardt (1984b, 191—198) vor. Er unterscheidet sechs Bereiche: (a) elf Arbeitsschritte bei der Planung, (b) Bearbeitungs- und Herstellungszeit, (c) Benutzungswert und Benutzerkreis, (d) Bearbeitungsprobleme (Belegsammlung, Namenerklärung), (e) Namengrammatik und -typologie, (f) siedlungsgeschichtliche Auswertung. Von diesen gehören die Bereiche (c), (e) und (f) nicht zur eigentlichen Methodik der Herstellung von Ortsnamenbüchern.

3.4. Publikationsarten und Adressaten

Die für ein Ortsnamenbuch selbstverständliche Art der Publikation ist die als selbständige Buchpublikation. Nicht zu vergessen ist jedoch die unselbständige Publikation, sei es als Teil einer Namenabhandlung, sei es in einer wissenschaftlichen Zeitschrift (Greule 1984, 141 f.). Der Vorteil der Ortsnamenbücher, nämlich die rasche Information, wird bei der Publikation des Namenbuchs in mehreren Bänden einer Zeitschrift allerdings stark beeinträchtigt. — Die Frage nach den Adressaten und den Benutzern von Ortsnamenbüchern ist noch völlig unerforscht. Man kann davon ausgehen, daß Ortsnamenbücher in erster Linie für die Fachwissenschaft geschrieben und dort rezipiert werden. Einige Ortsnamenlexikographen haben darüber hinaus „breite Kreise" als Adressaten und die Förderung des Interesses für Heimatkunde im Auge (z. B. Eichler 1975, 5 und 7). Den über die Fachwissenschaft hinaus an Ortsnamenbüchern vermutlich interessierten Rezipientenkreis präzisierte H. Kaufmann (1976, IV) so: Geschichtsforscher, Heimatforscher und Lehrer aller Schulgattungen. Diese Orientierung impliziert allerdings das Problem der populärwissenschaftlichen Darstellung der Namenartikel und ihrer Didaktisierbarkeit (vgl. Greule 1976, 237).

4. Ortsnamenbücher für das deutsche Sprachgebiet, England und Frankreich

4.1. Ortsnamenbücher für das deutsche Sprachgebiet

Die Lexikographie der deutschen Ortsnamen (zum Begriff *deutsche Ortsnamen* vgl. Greule 1984, 137) unterscheidet sich wesentlich dadurch von der Lexikographie englischer und französischer Ortsnamen, daß es bislang nicht gelungen ist, die Erarbeitung landschaftlicher Namenbücher zu zentralisieren und zu vereinheitlichen (Greule 1984, 148). Ferner existiert kein Namenbuch, das — Ekwall (1960) oder Dauzat/Rostaing (1963) vergleichbar — nicht nur die Namen der deutschen Städte (Fischer/Eichler/Naumann u. a. 1963), sondern alle Siedlungsnamen des gesamten deutschen Sprachgebiets lexikographisch erschließt (Bach 1953, 17; Eichler 1980, 12).

Dafür gibt es abgesehen vom traditionellen Dezentralismus in Deutschland und der Aufteilung des deutschen Sprachgebiets im Kern und am Rande auf mehrere Staaten verschiedene Gründe. Die bereit 1864 von der Germanisten-Versammlung in Frankfurt a. M. erhobene Forderung nach einem Verzeichnis sämtlicher Ortsnamen Deutschlands, die bis zum Anfang des 16. Jh. genannt werden (Bach 1953, 8), konnte durch die 3. Auflage des Altdeutschen Namenbuches, Band II, von E. Förstemann (Förstemann/Jellinghaus 1913/16) beinahe als erfüllt gelten. Ein „umfassendes historisches deutsches Namenbuch" setzt praktisch die gesonderte Aufarbeitung der Ortsnamen der einzelnen deutschen Landschaften voraus. Trotz intensiver onomastischer Forschung ist diese Grundlage, die zu schaffen auch durch die fehlende Zentralität der Forschung und die hohen wissenschaftlichen Forderungen an sie (z. B. Quellenkritik) erschwert wird, noch nicht vorhanden. Während einerseits ein großer Teil des Forschungspotentials für die Bearbeitung teillandschaftlicher Namenbücher eingesetzt wurde, wurden zwischen 1961 und 1982 andererseits erhebliche Anstrengungen unternommen, das Altdeutsche Namenbuch von E. Förstemann zunächst in verschiedenen Landesstellen, dann in der Zentralstelle in Freiburg i. B. neu zu bearbeiten (= „Der neue Förstemann", vgl. Steger 1962/63, Boesch 1971). Nachdem die Deutsche Forschungsgemeinschaft die Neubearbeitung nicht weiter finanzierte, mußte jedoch die Zentralstelle (Forschungsstelle) geschlossen und das Unternehmen gestoppt werden. — Dem Altdeutschen Namenbuch (Förstemann/Jellinghaus 1913/16) haftet abgesehen davon, daß darin nur Ortsnamen aufgenommen sind, die vor dem Jahr 1200 belegt sind, wodurch eine erhebliche Zahl deutscher Ortsnamen unerwähnt bleibt, ein Mangel an, der seine Benutzung als Nachschlagewerk erschwert. Es ist zwar alphabetisch angeordnet; die gewöhnliche Reihenfolge der Namenartikelelemente (Name als Lemma — Lokalisierung — Belege — Deutung) ist jedoch in der Reihenfolge Etymon als Hauptlemma (= Deutung) — Namen mit Lokalisierungen und Belegen als Unterlemma umgekehrt (Greule 1984, 147 f.). Für den Neuen Förstemann war hingegen die alphabetische Reihenfolge der Namenartikel vorgesehen (Boesch 1971, 310 f.). — In Verbindung mit der Neubearbeitung des Altdeutschen Namenbuchs wurde mit Rücksicht auf dessen zeitliche Begrenzung die Schaffung landschaftlicher Namenbücher für notwendig erachtet, die zusammen mit den zahlreich vorhandenen kleinräumigen Ortsnamenbüchern ohne zeitliche Begrenzung einen Überblick über die Ortsnamen des deutschen Sprachgebiets ermöglichen sollen (Boesch 1971, 307). Die teil- bzw. kleinlandschaftlichen deutschen Ortsnamenbücher wurden erst in jüngster Zeit bibliographisch erfaßt (Schützeichel 1988). Hinsichtlich ihrer geographischen Abgrenzung sind drei Typen festzustellen: (a) große Ortsnamenbücher, die den Namenbestand eines Bundeslandes (Schleswig-Holstein, Kärnten, Burgenland, Niederösterreich, Kanton Zürich) erfassen (z. B. Laur 1967), (b) Ortsnamenbücher mit mittelgroßem Aufnahmegebiet (z. B. Christmann 1952—1964), (c) Kreismonographien (s. o. 2) (Reichardt 1984b, 192 f.; Greule 1984, 148). — In organisatorischer und methodischer Hinsicht sind die Ortsnamenbuch-Reihen wichtig. Deutsche Kreis-Ortsnamenbücher erscheinen in folgenden Reihen: (a) „Historisches Ortsnamenbuch von Bayern" (München) (zuerst Puchner 1951; vgl. Puchner 1953 und 1960/61), (b) „Deutsch-Slawische Forschungen zur Namenkunde und Siedlungsgeschichte" (Halle/S. und Berlin) (zuerst Fischer 1956), (c) „Brandenburgisches Namenbuch" (Weimar) (zuerst Fischer 1967), (d) Baden-Württembergische Ortsnamenbücher als Veröffentlichungen der Kommission für Geschichtliche Landeskunde in Baden-Württemberg (Stuttgart) (z. B. Reichardt 1984a, vgl. Textbeispiel 137.1). Diesen Unternehmungen ging die Reihe „Sudetendeutsches Ortsnamenbuch" voraus, in der zwischen 1932 und 1944 acht Kreis-Monographien erschienen sind (zuerst Gierach 1932). — Zu den vordringlichen Aufgaben der deutschen Ortsnamenlexikographie gehören die Herausgabe des bearbeiteten Altdeutschen Namenbuchs und komplementär dazu die Lexikographie der deutschen Siedlungsnamen kreisweise, aber ohne zeitliche Begrenzung.

4.2. Ortsnamenbücher für England

England (ohne Wales, Schottland, Irland) gehört zu den Ländern, die mit Ortsnamenbüchern sehr gut versorgt sind (Bibliographie bei Cameron 1961, 229 f.). Dies hängt wesentlich mit der Existenz der English-Place-Name Society (Nottingham) (EPNS) und dem Wirken des schwedischen Anglisten E. Ekwall (1877—1964) zusammen. Ihm ist vor allem ein gesamtlandschaftliches englisches Ortsnamenbuch (Ekwall 1960) zu verdanken.

Dies umfaßt „names of the country, of the counties, and other important divisions [...], towns (except those of late origin), parishes, villages, some names of estates and hamlets, or even farms whose names are old and etymologically interesting, rivers, lakes — also names of capes, hills, bays for which early material is available" (Ekwall 1960, IX). Ekwall verwendet zwei Artikeltypen: (a) den Namenartikel im eigentlichen Sinn, dessen Lemma ein Ortsname ist, (b) den Wortartikel, dessen Lemma ein in englischen Ortsnamen häufig wiederkehrendes Element ist, z. B. altengl. **feld, hām, tūn** (vgl. dazu Smith 1956). Beide Artikeltypen sind unterschiedslos in der alphabetischen Reihenfolge der Lemmata angeordnet.

Die Namenartikel (vgl. Textbeisp. 137.2) sind nach dem geläufigen Schema aufgebaut: Lemma, Lokalisierung des Referenzobjekts durch Angabe der Grafschaft (hier: Ess = Essex), historische Belegformen mit Quellenangabe (in eckigen Klammern). Der Deutungsteil wird mit einer Paraphrase eingeleitet, die angibt, was **Corringham** ursprünglich „bedeutete": „Das hām (Heim) der Leute des Curra". Der in Kapitälchen gedruckte Paraphrasenteil ist gleichzeitig Lemma eines Wortartikels, hat also Verweisfunktion. Der Rest der Deutung befaßt sich mit der Erklärung des Personennamens *Curra*. — Eine Ergänzung zu diesem Standardwerk stellt das Ortsnamenbuch von Room (1983) dar, das alle Ortsnamen sowohl in Großbritannien als auch in Irland erklärt, die nach 1500 entstanden. Eine Auswahl der Ortsnamen in Großbritannien und Irland „for the general reader or ordinary traveller" bietet Field (1980). Als Besonderheit der englischen Ortsnamenlexikographie können Ortsnamenbücher gelten, die nur über die Aussprache des Lemmas informieren (z. B. Forster 1981). — Kleinlandschaftliche Ortsnamenbücher, deren Aufnahmegebiet jeweils einer Grafschaft entspricht, publiziert seit 1925 die EPNS. Bis 1981 waren in dieser Reihe die Ortsnamen von 24 englischen Grafschaften in 51 Bänden lexikographisch erfaßt (vgl. Room 1983, XXXVIII f.). Die „county volumes" der EPNS (z. B. Gover/Mawer/Stenton 1936, Mills 1977, 1980) sind in mehrfacher Hinsicht außergewöhnlich. (a) Es handelt sich bei ihnen um heterogene Ortsnamenbücher (s. o. 2), die die Fluß-, Straßen-, Berg- und sonstigen Landschaftsnamen einer Grafschaft, ihre Siedlungsnamen, Flurnamen und die Straßennamen der Städte erfassen. (b) Der Namenbestand ist topographisch nach Bezirken (Hundreds) angeordnet, wodurch die rasche Information erschwert bzw. nur über den Index möglich ist. Innerhalb der Bezirke, teils auch der Unterbezirke, sind die Namen der Gemeinden (Parishes) alphabetisch angeordnet belegt und erklärt. Innerhalb der Gemeinden werden ferner die sogenannten minor names aufgelistet. (c) Im Anschluß an das Namenbuch wird der Namenbestand zusätzlich nach den Elementen und ihrer Distribution erschlossen. — Ortsnamenbücher zu den Grafschaften wurden schon vor Bestehen der EPNS seit Beginn dieses Jahrhunderts und werden noch immer auch außerhalb der EPNS-Reihe veröffentlicht. Solche Publikationen enthalten meist unter Verzicht auf die Flurnamen

Corringham Ess [*Currincham* DB, *Curingeham* 1204 FF, *Curingham* 1206 Cur, *Currygeham* 1212 RBE]. 'The HĀM of *Curra*'s people.' *Curra* is also the base of the first el. of *Curringtun* 786 BCS 248, a house in Canterbury. It is not evidenced in independent use, but is easily explained as a short form of *Cūþrēd* &c.

Textbeispiel 137.2: Namenartikel (aus: Ekwall 1960, 123)

die wichtigsten Ortsnamen und sind durchgehend alphabetisch strukturiert (z. B. Glover 1976).

4.3. Ortsnamenbücher für Frankreich

Die französische Ortsnamenlexikographie ist durch die Reihe der Dictionnaires topographiques départementaux (DTD) geprägt. Der Anstoß zur Veröffentlichung dieser kleinlandschaftlichen Ortsnamenbücher wurde schon unter dem Second Empire gegeben.

Seit 1958 sind innerhalb und außerhalb der offiziellen Reihe über 50 DTD (in der offiziellen Reihe allerdings nur bis 1954; außerhalb der offiziellen Reihe zuletzt Lambert 1982) erschienen (vgl. Dauzat 1931, 263, 264; Morlet 1981, 23—30). Mit der Herausgabe der DTD ist die Section de Philologie et d'Histoire du Comité des Travaux historiques beauftragt (Sindou 1960/61, 330). Die Bände sind nach einem einheitlichen Plan aufgebaut. Das eigentliche Namenbuch ist „un répertoire, classé dans l'ordre alphabétique des formes actuelles, des noms de lieux habités [...] depuis les villes et bourgs jusqu'aux plus humbles „écarts", y compris les habitations isolées, châteaux, fermes, etc., ainsi que ceux qui ont disparu [...]. Les noms de rivières et de montagnes de quelque importance y figurent aussi, mais la plupart des lieux dits sont exclus [...]" (Dauzat 1931, 263). Die Namenartikel beginnen mit dem Lemma und der Lokalisierung (nach Gemeinde oder Canton). Darauf folgen die Liste der historischen Belege und bei den Siedlungen von einiger Wichtigkeit eine kurze historische Notiz. — Da das Informationshauptgewicht auf den Belegen liegt und charakteristischerweise keine sprachwissenschaftliche Erklärung des Lemmas erfolgt, müssen diese französischen Nachschlagewerke typologisch zwischen die Ortsnamenbücher und die Ortslexika eingereiht werden. Einen Deutungsteil innerhalb des Namenartikels enthalten nur wenige der französischen kleinlandschaftlichen Ortsnamenbücher (z. B. Gros 1935, der sein Werk „Dictionnaire étymologie des noms de lieu [...]" nannte.) — Die ihrem Wert nach unterschiedlichen DTD (hervorzuheben ist Dufour 1946 mit mundartlichen Namenformen) bildeten die Grundlage für das „Dictionnaire étymologique des noms de lieux en France" (Dauzat/Rostaing 1963), das seinem Anspruch nach mit Ekwall (1960) vergleichbar ist. Das gesamtlandschaftliche Ortsnamenbuch repräsentiert jedoch nicht die gesamte Toponymie Frankreichs. Es beschränkt sich auf die Siedlungsnamen, d. h. auf die charakteristischen und häufigsten Gemeinde- und Weilernamen (Dauzat/Rostaing 1963, VII f.). Des weiteren wurden solche Namen nicht aufgenommen, für die entweder keine historischen Belege zur Verfügung standen, oder die auch beim Vorhandensein historischer Formen nicht gedeutet werden konnten.

Der Artikel (vgl. Textbeisp. 137.3) ist nach dem üblichen Muster aufgebaut: (a) das Lemma in der modernen, offiziellen Form, (b) Lokalisierung durch Angabe des Departements (hier: Hauptstadt

Marseille, ch.-l. dép. B.-du-R. (*Massalia,* vi^e s. av. J.-C.; *Massilia,* 1er s. av. J.-C.; *ex comitatu Marsiliacense,* 950) : colonie phocéenne fondée en 600 av. J.-C.; république indépendante jusqu'en 48 av. J.-C.; centre de culture hellénique sous l'empire romain; évêché, puis archevêché; ethn. : *Marseillais;* d'une racine pré-latine *mas-,* qui désigne vraisembl. une source, et suff. pré-latin *-alia* (v. Rostaing, *Essai* p. 222-227; Camproux, *R.I.O.,* 1952, p. 95).

Textbeispiel 137.3: Namenartikel (aus: Dauzat/Rostaing 1963, 438)

des Départements Bouches-du-Rhône), (c) Belegteil mit mindestens der ältesten Namensform oder den historischen Formen, die das Verstehen der Entwicklung des Namens bis heute ermöglichen, (d) Deutungsteil (hier: „von einer prälateinischen Wurzel *mas-,* die wahrscheinlich eine Quelle bezeichnete, und Suffix prälateinisch *-alia*". Nicht erklärt wird, wie *Massilia* zu *Marsilia/Marseille* wurde.).

5. Literatur (in Auswahl)

5.1. Wörterbücher

Christmann 1952—1964 = Ernst Christmann: Die Siedlungsnamen der Pfalz. I. Teil: Die Namen der Städte und Dörfer der Pfalz. Speyer 1952 [XVI, 688 S.]. II. Teil: Die Namen der kleineren Siedlungen. Speyer 1964 [624 S.].

Dauzat/Rostaing 1963 = Albert Dauzat/Charles Rostaing: Dictionnaire étymologique des noms de lieux en France. Paris 1963 [XII, 738 S.].

Dufour 1946 = J. E. Dufour: Dictionnaire topographique du Forez et des paroisses du Lyonnais et du Beaujolais, formant le département de la Loire. Macon 1946 [LI, 1184 S.].

Eichler 1975 = Ernst Eichler: Die Ortsnamen der Niederlausitz. Bautzen 1975 [189 S.].

Eichler/Walther 1986 = Ernst Eichler/Hans Walther: Städtenamenbuch der DDR. Leipzig 1986 [315 S.].

Ekwall 1960 = Eilert Ekwall: The Concise Oxford Dictionary of English Place-Names. 4. Auflage Oxford 1960 [LI, 546 S.; 1. Auflage 1936].

Field 1980 = John Field: Place-Names of Great Britain and Ireland. London, Totowa 1980 [208 S.].

Fischer 1956 = Rudolf Fischer: Die Ortsnamen der Kreise Arnstadt und Ilmenau. Halle/Saale 1956 (Deutsch-Slawische Forschungen zur Namenkunde und Siedlungsgeschichte, Nr. 1) [121 S.].

Fischer 1967 = Reinhard E. Fischer: Die Ortsnamen der Zauche. Brandenburgisches Namenbuch, Teil 1. Weimar 1967 [206 S.].

Fischer/Eichler/Naumann u. a. 1963 = Rudolf Fischer/Ernst Eichler/Horst Naumann/Hans Walther: Namen deutscher Städte. Berlin 1963 (Wissenschaftliche Taschenbücher, Reihe Sprachwissenschaft, 10) [137 S.].

Förstemann/Jellinghaus 1913/16 = Ernst Förstemann: Altdeutsches Namenbuch. Band II. Orts- und sonstige geographische Namen. 3., völlig neu bearbeitete, um 100 Jahre (1100—1200) erweiterte Auflage, hrsg. von Hermann Jellinghaus. Bonn 1913, 1916 [1. Band: XXVIII, 1766 S.; 2. Band: VI, 1942 S. Nachdruck: München, Hildesheim 1967].

Forster 1981 = Klaus Forster: A Pronouncing Dictionary of English Place-Names including standard local and archaic variants. London 1981 [XXXVI, 268 S.].

Gierach 1932 = Erich Gierach: Die Ortsnamen des Bezirks Reichenberg. Reichenberg 1932 (Sudetendeutsches Ortsnamenbuch, 1).

Glover 1976 = Judith Glover: The Names of Kent. London 1976 [VIII, 215 S.].

Gover/Mawer/Stenton 1936 = J. E. B. Gover/A. Mawer/F. M. Stenton in collaboration with F. T. S. Houghton: The Place-Names of Warwickshire. Cambridge 1936 (English Place-Name Society, Volume XIII) [XXXVI, 409 S.].

Gros 1935 = Adolphe Gros: Dictionnaire étymologique des noms de lieu de la Savoie. Belley 1935 [627 S.].

Gysseling 1960 = Maurits Gysseling: Toponymisch Woordenboek van België, Nederland, Luxemburg, Noord-Frankrijk en Westduitsland (vóór 1226). 2 Bände. Tongeren 1960 [1405 S.].

Kaufmann 1976 = Henning Kaufmann: Rheinhessische Ortsnamen. München 1976 [IV, 264 S.].

Lambert 1982 = Emile Lambert: Dictionnaire topographique du département de l'Oise. Amiens 1982 (Collection de la société de linguistique picarde, Tome XXIII) [XVI, 623 S.].

Laur 1967 = Wolfgang Laur: Historisches Ortsnamenlexikon von Schleswig-Holstein. Schleswig 1967 (Gottorfer Schriften zur Landeskunde Schleswig-Holsteins, Band VIII) [222 S.].

Mills 1977, 1980 = A. D. Mills: The Place-Names of Dorset. 2 Bände. Cambridge 1977, 1980 (English Place-Name Society, Volumes LII, LIII) [XXXVII, 384 S., VII, 298 S.].

Müller 1937 = Wilhelm Müller: Hessisches Ortsnamenbuch. Band 1: Starkenburg. Darmstadt 1972 (Arbeiten der Historischen Kommission für den Volksstaat Hessen) [XII, 784 S.].

Puchner 1951 = Karl Puchner: Landkreis Ebersberg. München 1951 (Historisches Ortsnamenbuch für Bayern, Oberbayern, Band 1) [XVII, 114 S.].

Reichardt 1984a = Lutz Reichardt: Ortsnamenbuch des Kreises Tübingen. Stuttgart 1984 (Veröffentlichungen der Kommission für geschichtliche Landeskunde in Baden-Württemberg, Reihe B, 104. Band) [VII, 131].

Room 1983 = Adrian Room: A Concise Dictionary of Modern Place-Names in Great Britain and Ireland. Oxford. New York 1983 [XLIV, 148 S.].

Smith 1956 = A. H. Smith: English Place-Name Elements. 2 Teile. Cambridge 1956 (English Place-Name Society, Volumes XXV, XXVI) [Reprint 1970, LV, 305 S., 417 S.].

Zgusta 1964 = Ladislav Zgusta: Kleinasiatische Personennamen. Prag 1964 [701 S.; 1 Karte].

Zgusta 1984 = Ladislav Zgusta: Kleinasiatische Ortsnamen. Heidelberg 1984 (Beiträge zur Namenforschung, NF 21) [745 S.; 1 Karte].

5.2. Sonstige Literatur

Bach 1953 = Adolf Bach: Die deutschen Ortsnamen I. Heidelberg 1953 (Deutsche Namenkunde II).

Boesch 1971 = Bruno Boesch: Zur Gestaltung des neuen Förstemann. In: Beiträge zur Namenforschung, Neue Folge 6. 1971, 305—313.

Cameron 1961 = Kenneth Cameron: English Place-Names. London 1961.

Dauzat 1931 = Albert Dauzat: Besprechung von A. Roserot, Dictionnaire topographique du département de la Côte-d'Or; H. Boyer et H. Latouche, Dictionnaire topographique du département du Cher. In: Zeitschrift für Ortsnamenforschung 7. 1931, 262—266.

Debus 1980 = Friedhelm Debus: Onomastik. In: Lexikon der germanistischen Linguistik. Hrsg. von Hans Peter Althaus, Helmut Henne, Herbert Ernst Wiegand. 2., vollständig neu bearb. und erw. Auflage. Tübingen 1980, 187—198.

Eichler 1980 = Ernst Eichler: Toponomastische Lexikographie. In: Linguistische Studien, A 73/I. 1980, 11—17.

Greule 1976 = Albrecht Greule: Besprechung von H. Kaufmann, Die Namen der rheinischen Städte, München 1973. In: Geschichtliche Landeskunde 14. 1976, 236—240.

Greule 1984 = Albrecht Greule: Die Lexikographie der deutschen Ortsnamen. In: Studien zur neuhochdeutschen Lexikographie V. Hrsg. von Herbert Ernst Wiegand. Hildesheim. Zürich. New York 1984 (Germanistische Linguistik 3—6/84), 135—157.

Hausmann 1985 = Franz Josef Hausmann: Lexikographie. In: Handbuch der Lexikologie. Hrsg. von Christoph Schwarze und Dieter Wunderlich. Königstein/Ts. 1985, 367—411.

Kleiber 1985 = Wolfgang Kleiber: Die Flurnamen. Voraussetzungen, Methoden und Ergebnisse sprach- und kulturhistorischer Auswertung. In: Sprachgeschichte. Ein Handbuch zur Geschichte der deutschen Sprache und ihrer Erforschung. Hrsg. von Werner Besch, Oskar Reichmann, Stefan Sonderegger. 2. Halbband. Berlin. New York 1985, 2130—2141.

Kühn 1978 = Peter Kühn: Deutsche Wörterbücher. Eine systematische Bibliographie. Tübingen 1978 (Reihe Germanistische Linguistik 15).

Morlet 1981 = Marie-Thérèse Morlet: Les études d'onomastique en France de 1938—1970. Paris 1981 (Société d'études linguistiques et anthropologiques de France 12).
Puchner 1953 = Karl Puchner: Das Historische Ortsnamenbuch von Bayern. In: Onoma 4. 1953, 55—53.
Puchner 1960/61 = Karl Puchner: Richtlinien für die Bearbeitung des Historischen Ortsnamenbuches von Bayern (HONB). In: Blätter zur oberdeutschen Namenforschung 3/4. 1960/61, 29—33.
Reichardt 1984 = Lutz Reichardt: Zur Anlage und Herstellung landschaftlicher Namenbücher. In: Beiträge zur Namenforschung, Neue Folge 19. 1984, 184—200.
Schützeichel 1988 = Bibliographie der Ortsnamenbücher des deutschen Sprachgebiets in Mitteleuropa. Unter Mitwirkung von Juan Zamora hrsg. von Rudolf Schützeichel. Heidelberg 1988 (Beiträge zur Namenforschung, Neue Folge. Beiheft 26).
Sindou 1960/61 = Raymond Sindou: Commission d'Onomastique en France. In: Onoma 9. 1960/61, 329—331.
Sonderegger 1985 = Stefan Sonderegger: Terminologie, Gegenstand und interdisziplinärer Bezug der Namengeschichte. In: Sprachgeschichte. Ein Handbuch zur Geschichte der deutschen Sprache und ihrer Erforschung. Hrsg. von Werner Besch, Oskar Reichmann, Stefan Sonderegger. 2. Halbband. Berlin. New York 1985, 2067—2087.
Steger 1962/63 = Hugo Steger: Die Neuherausgabe des Altdeutschen Namenbuches. In: Onoma 10. 1962/63, 259—260.
Wimmer 1973 = Reiner Wimmer: Der Eigenname im Deutschen. Ein Beitrag zu seiner linguistischen Beschreibung. Tübingen 1973 (Linguistische Arbeiten 11).

*Albrecht Greule, Mainz
(Bundesrepublik Deutschland)*

138. Gewässernamenwörterbücher

1. Historischer Überblick
2. Allgemeine Prinzipien
3. Gewässernamenwörterbücher
4. Literatur (in Auswahl)

1. Historischer Überblick

Die heute existierenden Gewässernamenwörterbücher lassen sich als Ergebnis eines allmählichen Ausgliederungsprozesses aus der jeweiligen allgemeinen Wörterbuch-Tradition verstehen. Wenn man auch auf Pseudo-Plutarchs *libellus de fluviis* (Περὶ ποταμῶν καὶ ὀρῶν ἐπωνυμίας) verweisen kann, in welchem 25 Flußnamen aus der antiken Welt mythologisch, z. T. auch etymologisch behandelt werden (vgl. Egli 1886, 15 f.), und kein Geringerer als G. W. Leibniz bereits im 17. Jahrhundert auf den besonderen Aussagewert der Flußnamen aufmerksam gemacht hatte (Leibniz 1882, 264; Egli 1886, 31 f.; Bach 1953, 4 f.), so bleiben die Gewässernamen — wie die Eigennamen überhaupt — zunächst Bestandteil der Lexika, werden dann etwa vom Zeitalter des Humanismus an, wie z. B. in der *Nomenclatura quorundam propriorum Germanorum nominum* des Johann Thurmayr (Aventinus) (1477—1537) in besonderen Nomenclatores, Onomastika oder Ortsnamensammlungen berücksichtigt (Egli 1886, 13 f.; Bach 1953, 3—6). So konnte sich noch E. Förstemann 1863 beklagen, daß es „keine einzige Arbeit über Bergnamen, insbesondere [...] keine über Flussnamen, keine über Gaunamen, keine über Waldnamen giebt" (Förstemann 1863, 25 f.). Ein Jahr zuvor war in London R. Fergusons Buch: *The River Names of Europe* (Ferguson 1862) herausgekommen (Egli 1886, 179). Mit dem Erscheinen von Förstemanns *Altdeutschem Namenbuch* (Förstemann 1859, Egli 1886, 89 f., 179, 206, 207), das auf Anregung von Jakob Grimm zustande gekommen war, begann sich die Namenforschung, die zuvor etwa bei der Urkundenedition (Kemble 1839) und der Lexikographie (Schmeller 1827, dazu Bauer 1985) schon Pate gestanden hatte, wissenschaftlich zu verselbständigen, doch ein Gewässernamenlexikon gibt es noch nicht.

2. Allgemeine Prinzipien

So ist es kein Wunder, daß die Gewässernamen zunächst den gleichen Forschungsprinzipien unterworfen werden wie die Ortsnamen auch. Die Gewässernamen fallen demnach zunächst unter die große Kategorie der Eigennamen und sind daher — grammatisch gesehen — Substantive, gleichgültig, ob sie historisch aus Substantiven, Adjektiven,

Partizipien oder aus Sätzen hergeleitet werden. Im Unterschied aber zu den substantivischen Appellativa bezeichnen sie nicht, sie benennen, stehen also für einen Identifikationssatz. Sie individualisieren also nicht, sie identifizieren (Schmid 1981). — Die historische Namenforschung ist demzufolge bemüht, diesen Identifikationssatz aufzudecken, anders ausgedrückt, die Eigennamen auf Appellativa in räumlich und zeitlich festlegbarem Kontext zurückzuführen. Das bedeutet, daß für eine gesicherte Erklärung eines Namens die jeweils ältesten belegbaren Namenformen heranzuziehen und Mundart, Lautlehre und sonstige Namen derselben Gegend zu berücksichtigen sind (vgl. Egli 1886, 203—207).

2.1. Schon eine kleine Überprüfung dieser Prinzipien z. B. am 1. Kapitel von Caesars *Bellum Gallicum* zeigt aber, daß sich die Gewässernamen einer beliebigen Gegend ganz anders verhalten als die Personen-, Orts-, Gau- und Völkernamen. Dem hatte bereits J. J. Egli mit der Bemerkung Rechnung getragen:

„Nur in dem Fall, dass sich eine größere Anzahl zweifellos der früheren Sprache angehörige Namen nachweisen lassen, kann man einen aus der jetzigen Landessprache nicht erklärbaren ON. mit einiger Wahrscheinlichkeit jenem älteren Element zuschreiben; doch sind hierbei stets die Gesetze des Lautwandels, nach denen die lebende Sprache die fremden Laute umgestaltet, im Auge zu behalten" (a. a. O. 207).

Für die Deutung von Gewässernamen im Sinne von 2. sind also wichtig: (a) die historische Schichtung der Namen, (b) die Kontinuität der Namenformen, d. h. die Herleitbarkeit des Namens aus seinen ältesten Formen (Umbenennungen wie z. B. *Brigoulos-Arar-Saône* im Gegensatz zu *Rhodanus > Rhône* sind in Mitteleuropa eher Ausnahme als Regel), (c) die Verbreitung gleicher oder ähnlicher Namen und (d) die kumulative Evidenz. — Mit Hilfe dieser auf Orts- und Gewässernamen anwendbaren Prinzipien ist es etwa gelungen, die Urheimat der Slaven einzugrenzen (Vasmer 1971, Udolph 1971), die ehemalige Ausbreitung baltischer Sprachen zu bestimmen (Būga 1958 ff.; Vasmer 1971), die komplizierten Sprachverhältnisse in Ungarn (Ortvay 1881), in Jugoslawien (Krahe 1925, Dickenmann 1966, Bezlaj 1956/1961) zu durchleuchten oder die keltische Namenschicht in Frankreich und Spanien zu bestimmen (Holder 1891 ff., Untermann 1961). Besonders in den Überlappungsgebieten des Deutschen mit slavischen Sprachen im Osten und Südosten, mit keltischen und romanischen Sprachen im Südwesten und Westen stellt die Orts- und Gewässernamenforschung wichtige Schichtungskriterien zur Verfügung, wie das zusammenfassend auf dem Mainzer Gewässernamenkolloquium 1980 veranschaulicht wurde (vgl. die Beiträge in: Beiträge zur Namenforschung, NF. 16, 1981, Heft 1).

2.2. Es stellte sich jedoch sehr bald heraus, daß die Zuweisung gerade der Gewässernamen zu historisch bekannten Einzelsprachen zu Übertreibungen (Illyriomanie, Keltomanie), die zu enge oder zu weite Anwendung des Prinzips 2.1.(c) zu Widersprüchen führt. Schon R. Ferguson (1862) hatte Vergleiche gewagt, die mit der Verbreitung einer Einzelsprache unvereinbar waren. K. Būga und M. Vasmer stießen bei ihren Untersuchungen auf Namenpaare wie kelt. *Nāva* > dt. *Nahe* = lit. *Nóva,* die man eben nur noch „indogermanisch" erklären konnte (Būga 1913, 4; Vasmer 1971, 24). Im großen Umfange hat dann J. Rozwadowski Namen dieser Art zusammengestellt (Rozwadowski 1948). In einer Artikelserie hat schließlich H. Krahe diese Namen „alteuropäisch" genannt und am Beispiel des Mainsystems deren Schichtung exemplifiziert (Krahe 1949 ff., 1964). Für den deutschsprachigen Bereich folgte daraus eine Schichtung von den jungen Komposita mit -graben, -bach, über ältere Bildungen mit -aha bis hin zu den noch aus dem Germanischen erklärbaren einstämmigen und zu dem neuen Namentyp, den ältesten nicht mehr aus dem Germanischen deutbaren einstämmigen alteuropäischen Namen, deren Verbreitung eine einzelsprachliche Erklärung nicht erlaubt.

2.3. Für den Typ der alteuropäischen Gewässernamen ergeben sich damit folgende Kriterien (vgl. Schmid 1982, 1983):

(a) der Gewässername läßt sich nicht aus der Sprache oder einer ihrer älteren Stufen erklären, die an dem von ihm benannten Gewässer gesprochen wird oder wurde, (b) er muß die morphologische Struktur eines indogermanischen Erbwortes haben, (c) seine Semantik muß im Wortfeld „Fluß, fließen, Wasser" bzw. im Feld der Eigenschaften des Wassers liegen, (d) Morphologie und Semantik müssen aus der Gesamtheit des indogermanischen Wortschatzes erklärbar sein, (e) der Name muß in Europa mindestens einen altertümlichen wurzel-

und strukturverwandten Namen als Entsprechung haben.

Man beachte, daß die Punkte (b)—(d) implizieren, daß bei den alteuropäischen Namen das Etymon keinen Hinweis auf die Sprachzugehörigkeit des Namens gibt, die Realprobe also keine Rolle spielt. So macht altnordisch *aurr* „Wasser" die *Aura*-Namen in Finnland, Ostpreußen, Thrakien und Frankreich nicht zu germanischen Namen! — Zwei weitere methodische Konsequenzen mögen angedeutet werden: Die Entwicklung vom einstämmigen zum komponierten Namen, die etwa der der Personennamen (vom Kompositum zum Kurznamen) entgegenläuft, läßt sich in Europa bis zu einem gewissen Grade generalisieren und erlaubt dadurch ebenfalls eine Trennung von der weniger typisch verlaufenden Geschichte der Ortsnamen, und endlich nötigt die Verbreitung der alteuropäischen Namen zu einer Behandlung im Rahmen von Flußsystemen. Die Beschränkung auf landesgeschichtlich, politisch abgegrenzte Gebiete mag für diejenigen Gewässernamen, deren Deutung mit der der Ortsnamen des gleichen Gebiets Hand in Hand geht, vorteilhaft sein, für die alten Namen führt eine solche Begrenzung erfahrungsgemäß zu Fehlschlüssen.

3. Gewässernamenwörterbücher

Ebensowenig wie es eine systematische semantische Klassifikation der Substantive gibt, kann es eine solche für die Eigennamen geben. Ihre Gliederung kann gemäß Abschnitt 2. nur vom Benannten herkommen. Trennt man daher die Gewässernamen von Personen-, Völker, Orts-, Flur-, Berg-, Gau- und Landesnamen, dann wird man unter Gewässernamen jeden Namen verstehen, der natürliche oder künstliche, stehende (Seen, Sümpfe, Moore, Teiche, auch Bagger- und Stauseen) und fließende (Ströme, Flüsse, Bäche, auch Kanäle) Wasseransammlungen benennt. Regenauffangbecken oder Abzugsgräben werden — falls sie überhaupt einen Namen tragen — ausgeklammert (vgl. Greule 1985).

3.1. Als Vertreter des einfachsten Typs von Gewässernamenlexika wird man daher jene Namenbücher ansehen, die die Namen eines Gebietes oder Landes mit Angabe ihrer geographischen Lage, sei es in alphabetischer Reihenfolge (Vasmer 1961, Savukynas u. a. 1963), sei es nach Flußsystemen geordnet, aufzählen (Zwolinski 1965, Rieger 1969, Rieger/Wolnicz-Pawłowska 1975, Borek 1983). Im deutschsprachigen Raum werden solche Verzeichnisse von hydrographischen Instituten erstellt (Ruhs 1978).

3.2. Die wünschenswerteste Form von Gewässernamenbüchern wäre natürlich eine Auflistung der Namen mit ihren historischen Belegen (und gegebenenfalls etymologischen Erklärungen). Wegen der in den Abschnitten 1. und 2. skizzierten Entwicklung der Namenforschung ist dieser Typ jedoch noch relativ selten. Die Gewässernamen werden meist zusammen mit Orts- und Flurnamen behandelt und in toponymischen Wörterbüchern zusammengefaßt (z. B. Górnowicz 1980; Gysseling 1960; Eichler 1987). Sie sind meist Untersuchungen, keine Wörterbücher. Dennoch gibt es bereits eine Reihe von Vertretern einer Mischform aus Wörterbuch und Untersuchung, die sich auf Gewässernamen konzentrieren.

Als Beispiele für den deutschen Raum können etwa Ulbricht 1957, Kettner 1972 oder Greule 1973 genannt werden.

Das Standardwerk der niederländischen Gewässernamenforschung ist Schönfeld 1955 (vgl. aber Gysseling 1960). Für Skandinavien sei auf Rygh 1904 (mit rekonstruierten Stichwörtern), Hellquist 1903/1906, Hovda 1966, Sørensen 1968 verwiesen.

Die Gewässernamen des Baltikums werden in einem etymologischen Wörterbuch, jedoch ohne durchgehende urkundliche Belege erschlossen (Vanagas 1981).

Das Dnjeprsystem haben Toporov/Trubačev 1962 untersucht. Für die Ukraine haben Nepokupnij, Strižak und Cilujko 1979 ein vorbildliches Wörterbuch angelegt. — Die Gewässernamen des slavisch-sprachigen Balkans behandeln in der erwähnten Mischform Bezlaj 1956, Duridanov 1975, Dickenmann 1966.

Für das antike Italien hat Rix 1950 erste Bausteine geliefert.

Ein etymologisches Wörterbuch der Gewässernamen und davon getrennt der Bergnamen in Frankreich haben Dauzat/Deslandes/Rostaing 1978 veröffentlicht (vgl. auch Dauzat 1939).

Diese Übersicht darf natürlich nicht als ein Überblick über die Gewässernamenforschung in Europa benutzt werden, da sie Einzeluntersuchungen und toponymische Wörterbücher außer acht läßt; sie will nur Repräsentanten eines bestimmten Typs von Gewässernamenlexika bieten, der vom alphabetischen Namenverzeichnis mit historischen Belegen über die Mischform aus Wörterbuch

Aalbach

A

Aalbach r. z. Marbach (→ Fils)
Springer 121

Aalbach l. z. Auerbach (= Heimenbach) (→ Elz)
1554 *Olbach* (Krieger I 3)
Springer 121

Abstätterbach l. z. Schozach, ON. Abstatt, Abstätterhof

Adelbach r. z. Kocher, ON. Adelbach, FlurN. Adelberg
Springer 179

Affolterbach l. z. Ulfenbach, ON. Affolterbach, FlurN. Affolterbacher Höhe
ON.: 1353 *Affolderbach*, 1364 *Affolterbach*, 1398 *Affelterbach*, 1424 *Affalterbach*, 1433 *Affhulderbach*, 1509 *Apffholderbach* (W. Müller, Hess. ON.-Buch I 2)

Agenbach r. z. Nagold (→ Enz)
Springer 169

Ahornbach r. z. Rohnbach (→ Gr. Enz → Enz), FlurN. Ahornsgrund
Springer 109

Ahornbach l. z. Wiesaz (→ Steinlach)
Springer 109

Aibach heutiger Name des Marahbaches (s. d.), Nfl. d. Jagst

Aich l. z. Neckar (in Nürtingen), ON. Aich, [Schönaich,] FlurN. Aichhalde
FlN.: 1442 *an der Ee* Wb. Gq. XI nr. 15
1498—1503 *an der Ech* (Wb. Vjh. f. Landesgesch. 7 (1884) 128)
1536 *ienat Oeha* (bis) Wb. Gq. XXII 149
ON.: *1103 *Eichahha* (K.W. II 303)
o. J. (nach 1204) *in Hecche* (hierher?) Wb. Urkb. III Nachtrag nr. 23
*1229 *in Ech* Wb. Urkb. III nr. 766 = K. W. II 303
*1229 *Ehe* (K.W. II 303)
1275 *Schǒnenaych* ebd. I 260
*1276 *Schǒnaich* ebd. 260
(1285 *in Schœnâich* Zs. 3 (1852) 444)
1285 *in Schœnaich* ebd. 445
1286 *Schœnach* ebd. 447f.
1287 *in Obernaichach* (ebd. 4 (1853) 108)

Aid

1292 *de E* Wb. Urkb. X nr. 4208
1297 *von E* ebd. XI nr. 5014 u. ö.
1304 *E* Wb. Gq. IV nr. 363
1309 *ze Schǒnnach* (Zs. 16 (1864) 127)
1309 *von Schǒnnaiche* ebd.
1322 *von Aîch* (bis) Wb. Gq. IX nr. 275
1323 *von E^* (Zs. 20 (1867) 125)
1344 *von Ee* Wb. Gq. IX nr. 453
1345, 1349 *E* ebd. IV nr. 795, nr. 915
um 1350 *von Aych* ebd. XXIII 33
um 1350 *zů Aich* ebd. 48
1363/92, 1365, 1370 *E* ebd. VII nr. 1195, 1244, 1349 u. ö.
1383 *E* ebd. XXIII 287, 288
1383 *Schǒnaych* ebd. 290
1384 *von Aich* ebd. IX nr. 818
1393, 1397 *E^e* ebd. VII nr. 1656e, nr. 1762
1442 *biss gen Ee, von Ee* ebd. XI nr. 15
1536 *Eich* ebd. XXII 105, 177
1536 *Aich* ebd. 105
1536 *Eych* (bis) ebd. 148
1536 *zu Euch* ebd. 149
Springer 85f. — K.W. I 260, II 303; R. Kapff, Schwäb. Heimatbuch 1925, 84; Fr. E. Vogt, BzN. 6 (1955) 291

Aicherbach wohl alter Name des Erlenbrunnen, r. z. Hattenbach[1] (→ Körsch), ON. Unteraichen, FlurN. Äußerer-, Innerer-, Ferner-, †Oberer-, †Unterer-, †Vorderer-Aicherbach, †Aicherberg
FlN.: 1582 *wisen am Aichacher Bach* (W. Reimold, a. a. O.)
ON.: 1350 *Undern und Obern Aichach*, 1565 *zue Under Aych* (W. Reimold, a. a. O.)
FlurN.: 1356 *in dem aicherbach*, 1527 *Im fernern aicherbach*, 1651 *Im undern Aicherbächlein, am vorderen Aicherbach, Aicherweeg*, 1681 *Im Eysern Aycherbach*, 1752 *im oberen Aicherbach, ob der Aycher Bach* (W. Reimold, a. a. O.)

Aichgraben r. z. Neckar (südl. Marbach)

Aid (alt Aisinbach) l. z. Würm (→ Nagold → Enz), ON. Aidlingen[2]

[1] Nach W. Reimold, Die FlurN. von Echterdingen 16f., wo weitere Belege für zugehörige Örtlichkeitsbenennungen.
[2] Hierher vielleicht auch der FlurN. *Laiddorf*.

Textbeispiel 138.1: *Hydronymia Germaniae* als Typ des Gewässernamenwörterbuchs (aus: Krahe/Schmid A 1, 1962, 1)

und Untersuchung bis zum etymologischen Wörterbuch reicht.

3.3. Ein neuer Typ von Gewässernamenwörterbuch ist von H. Krahe mit der Reihe *Hydronymia Germaniae* ins Leben gerufen worden (Krahe/Schmid 1962 ff.).

Sie wird nach ihrer Vollendung die Gewässernamen in ganz Mitteleuropa erfassen, und zwar alle Namen von Gewässern, die auf topographischen Karten im Maßstab 1:25 000 noch verzeichnet sind. Dazu kommen Namen, die in älteren Quellen genannt werden, aber heute nicht mehr vorhanden sind. Die Gewässer werden unter der heute gültigen Namenform aufgeführt und mit genauen Angaben über Lage und Lauf ausgestattet (mit Angabe der topographischen Karte[n]). Diesen Angaben folgen die Belege aus Urkundenpublikationen in historischer Reihenfolge. Den Schluß des Lemmas bilden die Literaturhinweise. Sie beziehen sich auf Zeitschriftenaufsätze und Monographien, in welchen der betreffende Name behandelt und gedeutet wird. Besondere Bemer-

Baba, → Struga (→ Czerska Struga → Brda → Wisła), 5 km lang, Quelle in den Sümpfen bei Nowe Prusy, Mündung östlich von Czersk.
Mp 25-choj 8
1365 *von der Czirsenitze an dy Babba* Pan T 71
1382 *vom Czirsk tzum Schonhayn bes an eyn flis Baba* Pan T 92
1936 *Baba* Ar 505
1965 *Baba* HW 250
1965 *Baba* Mp 25-choj 8
1972 *Baba* UN 176–15
Etym.: Primärableit. von poln. *baba* „Schachtelhalm, Equisetum arvense" Sych. I 10. Aus den zahlreichen Bedeutungen dieses Appellativs haben wir diese ausgewählt, denn die Ufer des Flusses sind mit Schachtelhalmen dicht bewachsen. Vgl. NRP. 16.

† **Babia Struga,** älterer Name eines heute unbenannten Gewässers, l. → Drybok → Wisła, entspringt 500 m nördl. der Eisenbahnstation Narkowy, mündet im Dorf Bałdowo ein.
1342 *Babestruga* PrUr II 368
1342 *Babestruga* CdP II 683
1964 ohne Namen Mp 25–tcz 2
Etym.: Der Name ist zusammengesetzt aus einer Adjektivform zu *baba* in irgendeiner metaphorischen hydronymischen Bedeutung und dem Substantiv *struga*.

Bacha s. Postolińska Struga

Balewka, ursprünglich preuß. *Balawō*, Oberlaufname d. Malborska Młynówka. Entspringt im Jezioro Balewskie (s. d.) und fließt durch die Krasna Łąka. ON. Balewo.
Mp 25-szt 4
1294 *fluvii Balowe* PrUr I (2) 392
1296 *an der Balwe* ‖ *an der Balaw* PrUr I (2) 413
1316 *flumen Bale* PrUr II 101
1323 *Fluvium Balow* PrUr II 293
1336 *rivulum Balow* PrUr III 61
1371 *rivulum Balow* Sm II 132
1941 *Baalau* NMS 27
1959 *Balewka* Chrz 47
1964 ohne Namen Mp 25-szt 4
ON. Balewo, ursprünglich *Kołpino* und preuß. *Balawō*:
MP 25-szt 4
1296 *Sculpin* PrUr I (2) 413 (lies *Kołpino*)
1319 *Balon!* (pro *Balou*) PrUr II 165
1326 *de Balow* PrUr II 376
1371 *Balow* Sm III 132
1400 *Balow* Sm III 7
1403 *Balow* UBP 174
1518 *Balewo* Matr IV Nr 250
1649 *Balewo* EkMalb III 85
1682 *Balewo* FonT V 51
1711 *Balewo* EkMalb V 65
um 1790 *Baalau* Srt XVI
1880 *Balewo* SG I 86
1936 *Balewo* Ar 529
1951 *Balewo,* dt. *Baalau* Rosp 3
1964 *Balewo* Mp 25-szt 4
mua. *Balevo* Expl
Etym.: Der GN. *Balewka* wurde nach dem 2. Weltkrieg mit dem Formans *-ka* von dem ON. *Balewo* gebildet. Zur Zeit der Kreuzritter besaß der Fluß einen als *Balawō* zu rekonstruierenden preuß. Namen, der auf ein mit lit. *balà* „Sumpf" verwandtes Appellativum zurückgeht und mit dem Formans *-aw-* erweitert ist (vgl. Ger. 15). Denselben Namen trägt der See. Der ON. *Balawō* verdankt seinen Namen dem See und dem Fluß. Ursprünglich besaßen See und Dorf den slavischen Namen *Kołpino*, der mit dem Suff. *-ino* von dem Adjektiv poln. *kołpie* „Schwanen-" (scil. „See") abgeleitet ist. Dieses kann man aus der Substitution der Abschrift *Sculpin* (mit vorangesetztem *s-*) schließen, denn der Ausdruck *kołp* wurde in den Ordensakten in der Regel als *culp* wiedergegeben. Vgl. PMT. IV 32, 79, 234, 250.

Biały Rów, mua. auch Parowa. l. z. Malborska Młynówka. Entspringt in den Seen Par-

Textbeispiel 138.2: Hydronymia Europaea (aus: Schmid 1985)

kungen zur Etymologie enthält diese Reihe nicht, weil ursprünglich eine parallele B-Reihe geplant war, in welcher Etymologien und Detail-Untersuchungen zu den in der A-Reihe alphabetisch aufgezählten Namen folgen sollten. Dieser Plan wurde mit Lfg. A 6 (1968) fallengelassen, weil einerseits die etymologische Untersuchung der Namen bereits in Dissertationen, Monographien und Zeitschriftenbeiträgen geleistet wurde, andererseits die Zahl der Wiederholungen sowohl bei den alten als auch bei den jungen Namen außerordentlich groß wäre. — Die Aufgliederung erfolgt naturgemäß nach Flußgebieten. Mit Lieferung A 4 (1965) wird den einzelnen Faszikeln eine Übersichtskarte beigegeben.

3.3.1. Von der *Hydronymia Germaniae* sind bis 1989 15 Faszikel erschienen.

Damit sind die rechten Zuflüsse des Rheins von der Quelle bis zur Kromme Rijn in den Niederlanden erfaßt (A 2, 4, 6, 11). Als eigenes Flußgebiet wurden bis jetzt der Neckar (A 1) und die Saar (A 13), ferner die Quellflüsse der Weser: Werra und Fulda (A 5), der Main (A 1), die Oberweser (A 10), die obere Leine (A 8) untersucht. Die Zuflüsse zur Nord- und Ostsee zwischen Ems und Trave geben Faszikel 12 ab. Vom Donaugebiet sind die rechten Zuflüsse von der Quelle bis zum Inn (A 3) bearbeitet. Die Namen des unteren Inn sind als Fasz. 14 erschienen, die Namen des Salzachgebiets sind in A 9 behandelt. Weitere Bände sind in Vorbereitung (Krahe/Schmid 1962 ff.).

3.3.2. Auch bei großzügiger Auslegung des an Tacitus orientierten Begriffes Germania konnte das Gebiet der alteuropäischen Hydronymie unter diesem Titel nicht erfaßt werden. Deshalb wurde 1985 eine neue, die *Hydronymia Germaniae* ergänzende Reihe unter dem Titel *Hydronymia Europaea* begründet (Schmid 1985 ff.). Sie ist im Ganzen an den Prinzipien der Hydronymia Germaniae ausgerichtet, enthält aber zusätzliche Hinweise auf mundartliche Formen und etymologische Bemerkungen. Die erste Lieferung und die folgenden erfassen das Gebiet des heutigen Polen. Das Ziel beider Reihen ist es, das Gesamtgebiet der alteuropäischen Hydronymie abzudecken, die Geschichte der Gewässernamengebung von der ältesten noch voreinzelsprachlichen Zeit bis in die einzelsprachliche, oft behördlich oder gar staatlich geregelte Namengebung zu verfolgen, und ein Inventar der alten nachweisbaren alteuropäischen Namen mit ihrer Einbettung in den jeweiligen historischen Kontext zu erstellen. Die allmähliche Ausgliederung der Gewässernamenwörterbücher aus dem Lexikon über toponymische Wörterbücher bis hin zu den etymologischen Wörterbüchern der Gewässernamen spiegelt die Entwicklung der Namenforschung, die diese besonders in den letzten 100 Jahren durchgemacht hat.

4. Literatur in Auswahl

4.1. Wörterbücher

Bezlaj 1956/1961 = F. Bezlaj: Slovenska vodna imena I (A—L), Ljubljana 1956, II (M—Ž) Ljubljana 1961 [365 + 354 S.].

Borek 1983 = Henryk Borek: Hidronimia Odry. Wykaz nazw w układzie hydrograficznym. Instytut śląski w Opolu 1983 [350 S.].

Dauzat 1939 = Albert Dauzat: La toponymie française. Paris 1939 [Darin: Quelques noms prélatins de l'eau dans la toponymie des nos rivières, 103—141].

Dauzat/Deslandes/Rostaing 1978 = Albert Dauzat/Gaston Deslandes/Charles Rostaing: Dictionaire etymologique des noms des rivières et de montagnes en France. Paris 1978 [X, 234 S.].

Dickenmann 1966 = Ernst Dickenmann: Studien zur Hydronymie des Savesystems. I: Einleitung; Wörterbuch der Gewässernamen (A—K), II: Wörterbuch der Gewässernamen (L—Z). Charakteristik und Auswertung der Namen. 2. Aufl. Heidelberg 1966 [207 + 247 S.].

Duridanov 1975 = Ivan Duridanov: Die Hydronymie des Vardarsystems als Geschichtsquelle. Köln. Wien 1975 [417 S.].

Eichler 1987 = Ernst Eichler: Slawische Ortsnamen zwischen Saale und Neiße I. 2. Aufl. Bautzen 1987. II. Ibid. 1987 [206, 204 S].

Förstemann 1859 = Ernst Förstemann: Altdeutsches Namenbuch II. Ortsnamen. Nordhausen 1859 [IX, 1700 S.]; 2. Aufl. 1871/72 [1729 S.]. Nachdruck der 3. Aufl. (Bonn 1913) hrsg. v. Hermann Jellinghaus. 1 (A—K), 2 (L—Z). München. Hildesheim 1967 [1766 Sp. + 1942 Sp.].

Górnowicz 1980 = Hubert Górnowicz: Toponimia Powiśla Gdańskiego (Pomorskie monografie toponomastyczne 3). Gdańsk 1980 [386 S.].

Gysseling 1960 = M. Gysseling: Toponymisch Woordenboek von België, Nederland, Luxemburg, Noord-Frankrijk en West-Duitsland (voor 1226) Brüssel (-Tongeren) 1960. Deel I (A—M) [726 S.]; II (N—Z) [727—1407].

Hellquist 1903—1906 = Elof Hellquist: Studier öfver de Svenska sjönamnen. Stockholm 1903—1906. I (Sjönamn i alfabetisk ordning) [812 S.], II (Härledning ock historia) [130 + 26 + III S.].

Holder 1891 ff. = Alfred Holder: Altceltischer Sprachschatz I—III. Leipzig 1896—1913: I (A—H), 1896 [2064 Sp.], II (J—T), 1904 [2026 Sp.], III (U—Z), 1910 ff. [464 Sp. + Nachträge zu I].

Hovda 1966 = Per Hovda: Norske elvenamn. Oslo. Bergen 1966 [134 S.].

Kettner 1972 = Bernd-Ulrich Kettner: Flußnamen

im Stromgebiet der oberen und mittleren Leine. Rinteln 1972 [VIII, 422 S.].

Krahe 1925 = Hans Krahe: Die alten balkanillyrischen geographischen Namen auf Grund von Autoren und Inschriften. Heidelberg 1925 [X, 128 S.].

Krahe/Schmid 1962 ff. = Hans Krahe: Hydronymia Germaniae. Wiesbaden (ab A 13: Stuttgart). A 1: Das Flußgebiet des Neckars, bearb. v. Anneliese Schmid, 1962 [VI, 135 S.]; A 2: Die rechten Nebenflüsse des Rheins von der Quelle bis zur Einmündung des Mains (ohne Neckar) bearb. v. Theodora Geiger, 1963 [163 S.]; A 3: Die rechten Nebenflüsse der Donau von der Quelle bis zur Einmündung des Inn, bearb. v. William H. Snyder, 1964 [132 S.]; A 4: Rechtsrheinische Zuflüsse zwischen den Mündungen von Main und Wupper, bearb. v. Manfred Faust, 1965 [103 S.]; A 5: Die Nebenflüsse von Werra und Fulda bis zum Zusammenfluß, bearb. v. Rüdiger Sperber, 1966 [132 S.]; (ab A 6 begründet von Hans Krahe, hrsg. v. Wolfgang P. Schmid): A 6: Die rechten Nebenflüsse des Rheins von der Wupper bis zur Lippe, bearb. v. Dagmar Schmidt, 1968 [113 S.]; A 7: Das Flußgebiet des Main, bearb. v. Rüdiger Sperber, 1970 [225 S.]; A 8: Die Leine und ihre Nebenflüsse bis unterhalb der Einmündung der Innerste, bearb. v. Bernd-Ulrich Kettner, 1973 [176 S.].; A 9: Das Flußgebiet der Salzach, bearb. v. Manfred Straberger, 1974 [149 S.]; A 10: Das Flußgebiet der Oberweser, bearb. v. Wolfgang Kramer, 1976 [84 S.]; A 11: Die rechten Nebenflüsse des Rheins zwischen Lippe und Kromme Rijn, bearb. v. N. L. Zelders, 1977 [60 S.]; A 12: Die Zuflüsse zur Nord- und Ostsee von der Ems bis zur Trave, bearb. v. Gudrun Kvaran, 1979 [226 S.]; A 13: Das Flußgebiet der Saar, bearb. v. Rolf Spang, 1984 [VI, 99 S.]; A 14: Der Inn und seine Zuflüsse (von Kufstein bis zur Einmündung in die Donau), bearb. v. Franz und Margit Dotter, 1987 [484 S.]; A 15: Die linken Zuflüsse des Rheins zwischen Moder und Mosel, bearb. v. Albrecht Greule, 1989.

Nepokupnij/Strižak/Cilujko 1979 = A. P. Nepokupnij/O. S. Strižak/K. K. Cilujko: Slovnik gidronimov Ukraïni. Kiev 1979 [780 S.].

Ortvay 1882 = Ortvay Tivadar: A XIII -ik század végeig. Budapest 1882. I (A—M) [544 S.], II (N—Z) [464 S.].

Rieger 1969 = Janusz Rieger: Nazwe wodne dorzecza Sanu. Wrocław. Warszawa. Kraków 1969 (Prace Onomastyczne 12) [249 S.].

Rieger/Wolnicz-Pawłowska 1975 = Janusz Rieger/Ewa Wolnicz-Pawłowska: Nazwy rzeczne w dorzeczu Warty (Prace Onomastyczne 24). Wrocław etc. 1975 [307 S.].

Rix 1950 = Helmut Rix: Bausteine zu einer Hydronymie Altitaliens [ungedr. Diss.]. Heidelberg 1950 [404 S. + X S.].

Rygh 1904 = O. Rygh: Norske Elvenavne. Kristiania 1904 [393 S.].

Ruhs 1978 = R. Ruhs: Verzeichnis der Bach- und Flußgebiete in Bayern. Bayerisches Landesamt für Wasserwirtschaft. Teil I: Text. München 1978 [374 S.].

Savukynas u. a. 1963 = B. Savukynas/A. Vanagas/V. Vitkauskas/V. Vosylytė/I. Ermanytė: Lietuvos TSR upių ir ežerų vardynas. Vilnius 1963 [226 S.].

Schmeller 1827 = Johann Andreas Schmeller: Bayerisches Wörterbuch, 1—4. Stuttgart. Tübingen 1827—1837. 2. Aufl. bearb. v. Georg Karl Fromman. 2 Bände. München 1872—1877.

Schmid 1985 ff. = Wolfgang P. Schmid: Hydronymia Europaea. Stuttgart 1985 ff. Lfg. 1: Gewässernamen im Flußgebiet der unteren Weichsel, bearb. v. Hubert Górnowicz, 1985 [173 S.]; Lfg. 2: Die Zuflüsse zur Ostsee von der Weichselmündung bis zur Persaute, bearb. v. Ewa Rzetełska-Feleszko, 1987 [138 S.]; Lfg. 3: Gewässernamen im Flußgebiet des Wisłok, bearb. v. Janusz Rieger, 1988 [102 S.]; Lfg. 4: Zuflüsse zur unteren Oder und zur Ostsee bis zur Persante, bearb. v. Jerzy Duma, 1988 [188 S.]; Lfg. 5, bearb. v. M. Biolik, 1989.

Schönfeld 1955 = M. Schönfeld: Nederlandse Waternamen. Amsterdam 1955 [319 S.].

Sørensen 1968 = John Kousgard Sørensen: Danske sø- og ånavne I (A—D). København 1968 [357 S.], II (E—G). København 1973 [327 S.].

Toporov/Trubačev 1962 = V. N. Toporov/O. N. Trubačev: Lingvističeskij analiz gidronimov verchnego Podneprov'ja. Moskva 1962 [270 S.].

Ulbricht 1957 = Elfriede Ulbricht: Das Flußgebiet der Thüringischen Saale. Eine namenkundliche Untersuchung (Deutsch-Slawische Forschungen 2). Halle/Saale 1957 [283 S.].

Vanagas 1981 = A. Vanagas: Lietuvių hidronimų etimologinis žodynas. Vilnius 1981 [408 S.].

Vasmer 1961 ff. = Max Vasmer: Wörterbuch der russischen Gewässernamen I—V. Berlin. Wiesbaden 1961—1973: Bd. I (A—E) 1961 [710 S.], Bd. II (Z—K) 1963 [658 S.], Bd. III (L—P) 1965 [836 S.], Bd. IV (R—U) 1968 [731 S.], Bd. V (F—Ja) 1969 [397 S.], Nachtrag 1973 [190 S.].

Zwolinski = Przemysław Zwolinski: Hydronimia Wisly I. Wrocław. Warszawa, Kraków 1965 (Prace Onomastyczne 7) [467 S.].

4.2. Sonstige Literatur

Bach 1963 = Adolf Bach: Deutsche Namenkunde II, 1—2: Die deutschen Ortsnamen 1—2. Heidelberg 1953/1954 [XX, 451 + 615 S.].

Bauer 1985 = Reinhold Bauer: Johann Andreas Schmeller — Begründer der Namenforschung. In: Blätter für oberdeutsche Namenforschung 22. 1985, 2—32.

Būga 1913 = Kazimir Būga: Kann man Keltenspuren auf baltischem Gebiet nachweisen? In: Rocznik slavisticzny 6. 1913, 1—38. = Rinktiniai Raštai I (Vilnius 1958) 496—530.

Būga 1958 ff. = Kazimir Būga: Rinktiniai Raštai I (Vilnius 1958), II (Vilnius 1959), III Vilnius 1961.

Egli 1886 = J. J. Egli: Geschichte der geographischen Namenkunde. Leipzig 1886.

Ferguson 1862 = Robert Ferguson: The River Names of Europe. London u. a. 1862.

Förstemann 1863 = Ernst Förstemann: Die deutschen Ortsnamen. Nordhausen 1863.

Greule 1973 = Albrecht Greule: Vor- und frühgermanische Flußnamen am Oberrhein. Heidelberg 1978 (Beiträge zur Namenforschung, N. F. Beihefte 10).

Greule 1985 = Albrecht Greule: (a) Schichten vordeutscher Namen im deutschen Sprachgebiet, b) Überblick über Geschichte und Typen der deutschen Gewässernamen. In: Sprachgeschichte. Ein Handbuch zur Geschichte der deutschen Sprache und ihrer Erforschung, hrsg. v. Werner Besch, Oskar Reichmann, Stefan Sonderegger (Handbücher zur Sprach- und Kommunikationswissenschaft 2,2) Berlin. New York 1985, 2088—2095, 2142—2148.

Kemble 1839 = J. Mitchell Kemble: Codex diplomaticus aevi Saxonici. 6 Bände. London 1839—1848 [Schüler J. Grimms].

Krahe 1949 ff. = Hans Krahe: Alteuropäische Flußnamen. In: Beiträge zur Namenforschung 1. 1949/50, 24—51; 247—266; 2. 1950/51, 113—131, 217—237; 3. 1951/52, 1—18, 153—170, 225—243; 4. 1953, 37—53; 105—122, 234—243; 5. 1954, 97—114, 201—220; 6. 1955, 1—13.

Krahe 1964 = Hans Krahe: Unsere ältesten Flußnamen. Wiesbaden 1964.

Leibniz 1882 = Gottfried Wilhelm Leibniz: Die philosophischen Schriften hrsg. v. C. J. Gerhardt. Berlin 1882. Bd. 5.

Rozwadowski 1948 = Jan Rozwadowski: Studia nad nazwami wód słowiańskich. Kraków 1948.

Schmid 1981 = Wolfgang P. Schmid: Das Verhältnis Eigenname/Appellativum innerhalb der alteuropäischen Hydronymie. In: Proceedings of the 13th International Congress of Onomastic Sciences, Cracow, August 21—25, 1978, ed. by Kazimierz Rymut, I. Wrocław etc. 1981, 91—100.

Schmid 1982 = Wolfgang P. Schmid: Der Begriff „Alteuropa" und die Gewässernamen in Polen. In: Onomastica 27. 1982, 55—69.

Schmid 1983 = Wolfgang P. Schmid: Das sprachgeschichtliche Problem Alteuropa. In: Sprachwissenschaft 8. 1983, 101—113.

Udolph 1979 = Jürgen Udolph: Studien zu slavischen Gewässernamen und Gewässerbezeichnungen. Ein Beitrag zur Frage nach der Urheimat der Slaven. Heidelberg 1971.

Untermann 1961 = Jürgen Untermann: Sprachräume und Sprachbewegungen im vorrömischen Hispanien. Wiesbaden 1961.

Vasmer 1971 = Max Vasmer: Schriften zur slavischen Altertumskunde und Namenkunde I, II. Berlin 1971.

Wolfgang P. Schmid, Göttingen (Bundesrepublik Deutschland)

139. Weitere Typen des Namenwörterbuchs

1. Einleitung
2. Pseudonymenwörterbücher und Verwandtes
3. Aussprachewörterbücher
4. Wörterbücher fiktionaler Eigennamen
5. Wörterbücher für Namen von Personengruppen
6. Tiernamenwörterbücher
7. Literatur (in Auswahl)

1. Einleitung

Eigennamen gibt es bekanntlich nicht nur für Personen, Siedlungen (einschließlich der Flurstücke und der Straßen und Plätze) und Gewässer; sondern auch einzelne Gebäude, Schulen, Kliniken, Universitäten, Verlage, Landwirtschaftliche Produktionsgenossenschaften, Kinos, Gaststätten, Boutiquen, Autos, Schiffe, Flugzeuge, Lokomotiven, Eisenbahnzüge, Geschütze, Waffen, Satelliten, Wirbelstürme, Berge, Gebirge, Landschaften, Staaten, Sternbilder, Tiere u. a. m. werden mit individuellen Namen belegt. In vielen, weit verstreuten Aufsätzen und Untersuchungen sind Namen dieser Art gesammelt und beschrieben worden, und theoretisch könnte man für jedes dieser Sachgebiete ein eigenes Namenbuch zusammenstellen; es fragt sich nur, wem damit gedient wäre. Interessant sind vor allem solche Namen, die über längere Zeit hinweg tradiert wurden, wie z. B. Berg- und Gebirgsnamen, Landschafts- und Staatennamen. Doch abgesehen von den Bergnamen (s. Pohl 1984; das Buch enthält ein Namenverzeichnis, ein rückläufiges Namenverzeichnis, eine Liste der slowenischen Bergnamen und ein kleines Wörterbuch „häufig in der Bergnamengebung vorkommender Appellativa"; s. a. Dauzat/Rostaing 1978) scheinen diese Namengruppen lexikographisch noch unberührt zu sein. — Ich stelle in den folgenden fünf Abschnitten Namenbereiche vor, derer sich die Lexikographie bereits mehrfach angenommen hat.

2. Pseudonymenwörterbücher und Verwandtes

Über die bloße Auflösung von Pseudonymen für überwiegend bibliothekarische Zwecke (s. Namenschlüssel 1965, Coston 1965—69) hinaus geben viele Pseudonymenwörterbücher zusätzlich knappe biographische Informationen, und hier und da werden die Pseudonyme auch sprachlich, in ihrer Bildungsweise, Bedeutung und Motivation, erläutert (z. B. bei Clarke 1977, Barthel 1986), am ausführlichsten und zum Teil sogar mit Quellenangaben in dem Kapitel „Name Stories" bei Room 1981, 69—158.

Wie die Pseudonymenwörterbücher scheinen mir auch die Wörterbücher für Bei- oder Übernamen besonders reichlich im englischen und angloamerikanischen Sprachraum vertreten zu sein. Es fällt dabei oft schwer, zwischen „nicknames" als einem speziellen Typ des Beinamens, aus dem erbliche Familiennamen hervorgingen, und den unfesten, individuellen Spitznamen zu unterscheiden, die man in gewissem Sinne auch als eine Art von Pseudonymen ansehen kann, weshalb sie

Bos : Thomas Peckett Prest and others, writers of stories for boys, and creator of the infamous character Sweeney Todd (whose name in turn was to become Cockney rhyming slang for the Scotland Yard Flying Squad), originally intended to ascribe their near-piracies of Dickens (who used the name °Boz) to "Boaz," but this was ruled out as being closer to °Boz than Bos. It was also thought to be too biblical [E.S. Turner, *Boys Will Be Boys*, 1976].

David Bowie : David Hayward-Jones, the British rock star, changed his name (in 1967) to avoid confusion with David Jones of the "Monkees." The name is apparently arbitrary, but could have been suggested by the Bowie knife. Bowie's name is also, of course, virtually synonymous with that of Ziggy Stardust, the bisexual astronaut who is the hero of Bowie's important album *The Rise and Fall of Ziggy Stardust and the Spiders from Mars* (1972). Bowie's son is named Zowie.

Boz : Charles Dickens used this name both in reports of debates in the House of Commons in *The Morning Chronicle* (1835) and in his collection of articles entitled *Sketches by Boz* (1836-1837). He explained the name as being "the nickname of a pet child, a younger brother, whom I had dubbed Moses (after Moses Primrose in Goldsmith's *The Vicar of Wakefield*) ... which being pronounced Boses, got shortened to Boz." (The name is said to have been originally pronounced "Boze.")

Willy Brandt : Herbert Ernst Karl Frahm was to become Chancellor of West Germany (1969-1974). In 1933, at the age of 20, he fled to Norway as a political refugee from Nazi Germany, when Willy Brandt was his party (Social Democrat) name. He had never known his father, so his real name was that of his mother, a salesgirl in a cooperative store [Klaus Harpprecht, *Willy Brandt: Portrait and Self-Portrait*, 1972].

Brassaï : The Hungarian-born French photographer was born Gyula Halész. He adopted his name from his native city of Brassó, Hungary — now Braşov, Romania.

Fanny Brice : Fannie Borach, the American singer and actress, grew tired of having her surname mispronounced as "Bore-ache" and "Bore-act," so changed it to something simpler. °Lauren Bacall had similar problems.

Charles Bronson : The film actor Charles Buchinsky, of Russo-Lithuanian extraction, changed his Russian-sounding name at the time of the McCarthy trials for fear of being branded as a "red." His new name was inspired by Bronson Street, off Hollywood Boulevard in Beverly Hills [Steven Whitney, *Charles Bronson: Superstar*, 1978].

Textbeispiel 139.1: Wörterbuchartikel (aus: Room 1981, 79)

manchmal mit diesen zusammen in einem Wörterbuch erfaßt werden (vgl. Dawson 1908). Andererseits enthalten nickname-Wörterbücher wie Franklyn (1962) u. a. auch ethnische Spitz- und Schimpfnamen wie z. B. *Spaghetti* für die Italiener. Im Deutschen finden sich solche Übernamen meist in den Eponymenwörterbüchern (s. Art. 134).

3. Aussprachewörterbücher

Da die korrekte Aussprache fremder Eigennamen oftmals Schwierigkeiten bereitet, ist als Untertyp des allgemeinen Aussprachewörterbuches (s. Art. 141) das Wörterbuch speziell für die Aussprache fremdsprachiger Eigennamen geschaffen worden (z. B. Müller 1888, Tanger 1888, Mackey 1903). Es wendet sich an „Gebildete aller Stände" und versteht sich als „notwendige Ergänzung aller Fremdwörterbücher" (Müller 1888, Titelblatt). Die Aussprache ist gewöhnlich in phonetischer Umschrift angegeben. In schlichterer Form will es dem Schüler Aussprachehilfen im Unterricht geben (Wollemann 1902; hier wird mehr Wert auf die Etymologie gelegt, die Hinweise zur Aussprache sind unsystematisch und beschränken sich zumeist auf die Angabe der Betonung). Man sollte meinen, daß es im Zeitalter des Rundfunks und des Fernsehens, also der hochaktuellen mündlichen Berichterstattung über Ereignisse aus aller Welt, einen großen Bedarf an solchen Wörterbüchern unter Sprecher(inne)n und Moderator(inn)en und ein entsprechend breites Angebot gäbe, tatsächlich aber ist kein zeitnahes Werk auf dem Markt. Entweder reichen die allgemeinen Aussprachewörterbücher und die Anhänge mit Eigennamen, die es in den verschiedensten zweisprachigen Wörterbüchern gibt, in der Mehrzahl der Fälle aus, und man holt sich, wenn plötzlich neue, unbekannte Namen auftreten, bei Experten Rat, oder man nimmt auch einmal eine ungenaue und wechselnde Aussprache in Kauf (s. *Tschernobyl* oder die gewöhnlich falsche Aussprache ausländischer, vor allem slawischer Personennamen bei den deutschen Eiskunstlauf-Berichterstattern). — Ein Desiderat der anglistischen Namenforschung ist ein umfassendes Wörterbuch für die Aussprache englischer Familiennamen. „Es ist bekannt, welche Schwierigkeiten hier lauern — keineswegs nur für den Ausländer!" (Voitl 1964, 445). Als Notbehelf bleibt für die Ermittlung der korrekten Aussprache solcher Familiennamen „vorläufig nur der Rückgriff auf die allgemeinen englischen Aussprachewörterbücher" (Voitl 1964, 446), z. B. Schröer 1922, Greet 1944, Jones 1964, und auf das „BBC Pronouncing Dictionary of British Names" von Pointon 1983. — Sonderfälle namenbezogener Aussprachewörterbücher sind das „Pronouncing Dictionary of Shakespearean Proper Names" von Irvine (1945) und das „Pronouncing Dictionary of English Place-Names" von Forster (1981).

4. Wörterbücher fiktionaler Eigennamen

Für wen und zu welchem Zweck Wörterbücher der neuzeitlichen literarischen Personnage und sonstiger in der Literatur vorkommender Eigennamen verfaßt werden, darüber kann man nur Vermutungen anstellen; die Autoren selbst schweigen sich darüber aus. Meines Erachtens fungieren solche Nachschlagewerke vor allem als Gedächtnisstützen. Sie geben Antwort auf Fragen wie „Wo habe ich den Namen X schon einmal gelesen?" oder „In welchem literarischen Werk kommt der Name X (auch noch) vor?" oder — wenn ein entsprechendes Register vorhanden ist wie bei Freeman (1973) — „Wie heißt der Vater der Hauptfigur in Shaws …?" Man könnte auch an die Verwendung eines solchen Wörterbuches als Arbeitsinstrument bei komparatistischen Studien denken. Dazu müßten freilich vergleichbare Zusammenstellungen aus mehreren Literaturen existieren oder Wörterbücher, die mehrere Literaturen erfassen wie Johnson (1908). Freeman (1973) berücksichtigt nur Literatur aus England, dem Commonwealth und den Vereinigten Staaten. — Der literarhistorischen wie der sprachgeschichtlichen Forschung hingegen dienen Wörterbücher, die die fiktionalen Eigennamen in bestimmten Bereichen der klassischen oder der mittelalterlichen Literatur sammeln und erläutern (Swanson 1967; Chapman 1951, Ackerman 1952; Langlois 1904, Flutre 1962, West 1969, Moisan 1986; Freie 1933, Gillespie 1973). Ein weiterer, besonders im englischen Sprachraum verbreiteter Typ des Wörterbuchs literarischer Eigennamen ist das auf das Werk eines einzigen Autors bezogene (z. B. Hayward 1971, Greaves 1972, beide zu Charles Dickens). Dessen Ziel und Adressatenkreis beschreibt Grawe (1980, 7) treffend so:

„eine Auskunftsquelle und Gedächtnisstütze, Lese- und Verständnishilfe für den [...]leser, der Anregung oder Anleitung zum besseren Verständnis eines Werkes haben möchte. Solch ein Romanführer kann auf die verschiedenste Weise und mit dem unterschiedlichsten geistigen Anspruch nützlich sein und setzt nichts weiter voraus als das Interesse und Vergnügen an der fantasiegeschaffenen Welt eines großen Romanciers; ein Buchtyp mehr für den Liebhaber also, für das wirkliche Lesepublikum eines Romanschriftstellers[,] als für die literarischen Fachwissenschaftler."

Außer auf die Nähe zum Romanführer ist auch auf die Nähe zum Autoren-Bedeutungswörterbuch (s. Art. 164) hinzuweisen, soweit darin neben dem Wortschatz auch die Eigennamen berücksichtigt werden.

5. Wörterbücher für Namen von Personengruppen

In Betracht kommen Wörterbücher, in denen Bewohnernamen, Stammes- und Völkernamen gesammelt und sprachlich erklärt sind (Familiennamen s. in Art. 136). Ich habe nur wenige Beispiele hierfür gefunden. Schönfeld (1910) behandelt altgermanische Personen- und Völkernamen und könnte deshalb ebensogut unter die „Personennamenwörterbücher älterer Sprachstufen" (s. Art. 136, Abschnitt 2) gestellt werden. Cappello/Tagliavini (1981) erfassen sowohl ethnische Namen als auch Toponyme. Die Ableitung von Einwohnernamen aus Ortsnamen geschieht gewöhnlich nach einfachen Regeln, so daß sich Wörterbücher eigens hierfür nicht zu lohnen scheinen; eine Ausnahme macht Merlet (1884). Die wesentlich kompliziertere Ableitung von Bewohnernamen aus Länder- und Staatennamen gäbe eher Veranlassung zu lexikographischer Darstellung, aber dies geschieht zumeist in enzyklopädischen Lexika wie z. B. Robert/Rey (1980). Scherz- und Spottnamen für die Bewohner eines Ortes oder eines Stadtteils sind zwar schon vielfach gesammelt und erläutert worden, aber — abgesehen von Clément-Janin (1880) — nicht in selbständig publizierten Wörterbüchern. Ethnische Schimpfwörter, soweit sie nicht in den vorhin (Abschnitt 2.) erwähnten nickname-Wörterbüchern erfaßt sind, s. in Art. 121.

6. Tiernamenwörterbücher

Tiernamenwörterbücher im onomastischen Sinne — nicht zu verwechseln mit den Sammlungen appellativischer Tier„namen"! — bestehen meist aus der bloßen Auflistung vorgefundener und/oder für geeignet gehaltener Rufnamen für Tiere. Sie wollen nichts weiter, als Vorschläge für die Benennung eines Tieres zu unterbreiten, und sind auch zu nichts anderem brauchbar. Einige Wörterbücher berücksichtigen nur eine Tierart (Hunde: Kleinpaul 1899, Schranka 1913, Schultz 1934; Pferde: Anonymus 1870), andere mehrere Tierarten (Taggert 1962 enthält Namenlisten für a) Vögel, b) Katzen, c) Hunde, d) Fische, Amphibien, Salamander und Molche, e) Pferde, f) Insekten und Spinnen, g) „small & other wild animal pets"; Schiefelbein 1976 unterscheidet Namen für Hunde, Katzen, Pferde und Ponys, Hamster, Hasen, Igel und Meerschweinchen, Schildkröten, Vögel). Denkbar wäre ein Wörterbuch, das die Entstehung und die Geschichte einiger typischer und interessanter Hundenamen aufzeigte und berühmte Hunde aus Geschichte und Literatur mit Quellen- und Belegstellenangaben vorstellte. Vorarbeiten dazu finden sich in verschiedenen Aufsätzen (z. B. Mentz 1933, Eis 1964). Am informativsten und solidesten ist bisher Kleinpaul (1899), von dem auch Schranka (1913) profitiert hat.

7. Literatur (in Auswahl)

7.1. Wörterbücher

Ackerman 1952 = Robert W. Ackermann: An Index of the Arthurian Names in Middle English. Stanford (Calif.). London 1952 (Stanford University Publications, University Series, Language and Literature 10) [XXV, 250 S.; Reprint New York 1967].

Anonymus 1870 = Remonte und Augmentation. Celle 1870 [„eine alphabetisch geordnete Sammlung von Pferdenamen als kameradschaftliche Gabe für Escadron- und Batterie-Chefs [...], welche an 4000 verschiedene Namen bringt, die freilich oft einen äußerst willkürlichen Eindruck machen", zit. nach Max Jähns: „Roß und Reiter in Leben und Sprache, Glauben und Geschichte der Deutschen. Eine kulturhistorische Monographie", Bd. I, Leipzig 1872, S. 122, Fußn.].

Aziza et al. 1981 = Claude Aziza/Claude Olivieri/Robert Sctrick: Dictionnaire des figures et des personnages. Paris 1981 [X, 450 S.].

Barthel 1986 = Manfred Barthel (in Zusammenarbeit mit Ulrich Dopatka): Lexikon der Pseudonyme. Über 1000 Künstler-, Tarn- und Decknamen. Düsseldorf. Wien 1986 [272 S.].

Cappello/Tagliavini 1981 = Teresa Cappello/Carlo Tagliavini: Dizionario degli etnici e dei toponimi italiani. Bologna 1981 [LXIII, 676 S.].

Chambers 1971 = Frank M. Chambers: Proper names in the lyrics of the troubadours. Chapel Hill/Calif. 1971 (Univ. of North Carolina Publications, Studies in the Romance Languages & Literatures, Nr. 113) [271 S.].

Chapman 1951 = Coolidge Otis Chapman: An Index of Names in *Pearl, Purity, Patience,* and *Gawain*. Ithaca (N. Y.). London 1951 (Cornell Studies in English 38) [IX, 66 S.].

Clarke 1977 = Joseph F. Clarke: Pseudonyms. London 1977 [XIV, 252 S.].

Clément-Janin 1880 = M. M. Clément-Janin: Sobriquets des villes et villages de la Côte d'Or. 2ᵉ éd. Dijon 1880 [121 S.; Erstauflage 1876—78; 4 fasc.: arrondissements de Dijon, Beaune, Semur, Châtillon].

Colombo 1978 = John Robert Colombo: Colombo's Names and Nicknames. Toronto 1978 [IX, 212 S.].

Coston 1965—69 = Henry Coston: Dictionnaire des pseudonymes, 2 Tle.; 1. Tl., nouvelle édition corrigée. Paris 1965 [260 S.].; 2. Tl. Paris 1969 (Lectures françaises: numéro spécial) [186 S.].

Crowley 1979 = Ellen T. Crowley (ed.): Trade Names Dictionary. 2. Aufl. 2 Bde. Detroit 1979.

Dauzat/Rostaing 1978 = Albert Dauzat: Dictionnaire étymologique des noms de rivières et de montagnes en France. Avec la collaboration de G(aston) Deslandes. Revu et corrigé par Ch(arles) Rostaing. Paris 1978 (Etudes Linguistiques 21) [X, 233 S.].

Dawson 1908 = Lawrence H. Dawson: Nicknames and Pseudonyms. London 1908 [312 S.; Reprint Detroit 1974].

Dugas 1987 = Jean-Yves Dugas: Répertoire des gentilés du Québec. Québec 1987 [258 S.].

Flutre 1962 = Louis-Ferdinand Flutre: Table des noms propres avec toutes leurs variantes figurant dans les romans du moyen âge écrits en français ou en provençal et actuellement publiées ou analysées. Poitiers 1962 (Publications du C.E.S.C.M. 2) [XVI, 324 S.].

Forster 1981 = Klaus Forster: A Pronouncing Dictionary of English Place-Names including standard local and archaic variants. London. Boston. Henley 1981 [XXXVI, 268 S.].

Franklyn 1962 = Julian Franklyn: A Dictionary of Nicknames. London 1962 [XX, 132 S.].

Freeman 1973 = John William Freeman: Discovering Surnames. Rev. Ed. Aylesbury 1973 [72 S.].

Grawe 1980 = Christian Grawe: Führer durch die Romane Theodor Fontanes. Ein Verzeichnis der darin auftauchenden Personen, Schauplätze und Kunstwerke. Frankfurt. Berlin. Wien 1980 [256 S.].

Greaves 1972 = John Greaves: Who's who in Dickens. London 1972 [231 S.].

Greet 1944 = William Cabell Greet: World Words. Recommended pronunciations. New York 1944 [VIII, 402 S.; revised and enlarged ed. 1948, LIII, 606 S.].

Hamst 1868 = Olphar Hamst (d. i. Ralph Thomas): Handbook for fictitious names [...]. London 1868 [LXIV, 235 S.; Reprint Detroit 1969, Leipzig 1977].

Hayward 1971 = Arthur L. Hayward: The Dickens Encyclopedia. An alphabetical dictionary of references to every character and place mentioned in the works of fiction, with explanatory notes on obscure allusions and phrases. London 1971 [XII, 174 S., XXIV Abb.].

Irvine 1945 = Theodora Ursula Irvine: A Pronouncing Dictionary of Shakespearean Proper Names. Revised, reissued, New York (1945) [LVIII, 387 S.; Erstauflage: How to pronounce the names in Shakespeare, 1919].

Johnson 1908 = Rossiter Johnson (and a staff of literary experts): A Dictionary of Famous Names in Fiction, Drama, Poetry, History, and Art. (A Unit of the author's digest series.) New York 1908 [411 S.; Reprint Detroit 1974].

Jones 1964 = Daniel Jones: Everyman's English Pronouncing Dictionary, containing over 58,000 words in international phonetic transcription. 12th edition, revised, with new supplement, and with glossary of phonetic terms, reprinted with corrections and minor revisions by A. C. Gimson. London 1964 [XLIV, 539 S.; Erstaufl. 1917].

Kleinpaul 1899 = Rudolf Kleinpaul: Wie heißt der Hund? Internationales Hundenamenbuch. Leipzig 1899 [VII, 88 S.].

Laffont-Bompiani 1984 = Dictionnaire des personnages littéraires et dramatiques (...). Paris 1984 [1043 S.; ital. Fassung 1960].

Langlois 1904 = Ernest Langlois: Table des noms propres de toute nature compris dans les chansons de geste imprimés. Paris 1904 [674 S.].

Latham 1904 = Edward Latham: A Dictionary of Names, Nicknames and Surnames of Persons, Places and Things. London. New York 1904 [VII, 334 S.; Reprint Detroit 1967].

Lötscher 1987 = Andreas Lötscher: Von Ajax bis Xerox: ein Lexikon der Produktnamen. Zürich 1987 [327 S.].

Mackey 1903 = Mary Stuart Mackey/Maryette Goodwin Mackey: The Pronunciation of 10.000 Proper Names. New York 1901 [XIII, 294 S.; new edition 1922, XII, 329 S., Reprint Detroit 1979].

Merlet 1884 = L. Merlet: Dictionnaire des noms vulgaires des habitants de diverses localités de la France. 2ᵉ éd. Chartres 1884 [XVIII, 201 S. + Errata; Erstaufl. 1882].

Moisan 1986 = André Moisan: Répertoire des noms propres de personnes et de lieux cités dans les chansons de geste françaises et les œuvres étrangères dérivées. II tomes en 5 vol. Genève 1986 (Publications Romanes et Françaises 173) [Vol. 1—2: Textes français. Noms de personnes, noms de lieux, 1484 S.; tome II, vol. 3—5: Textes étrangers, textes annexes, suppléments, 876 + 1045 S.].

Mossman 1980 = Jennifer Mossman (Hrsg.): Pseudonyms and Nicknames Dictionary. A Guide to Pseudonyms, Pen Names, Nicknames, Epithets, Stage Names, Cognomens, Aliases, and Sobriquets of Twentieth-Century Persons, Including the Subject's Real Names, Basic Biographical Information, and Citations for the Sources from Which the Entries Were Compiled [...]. Detroit 1980 [XVI, 627 S.].

Müller 1888 = August Müllers Allgemeines Wörterbuch der Aussprache ausländischer Eigennamen. Ein Handbuch für Gebildete aller Stände und eine notwendige Ergänzung aller Fremdwörterbücher. 7., neu bearb., verbesserte u. bedeutend vermehrte Aufl. von G(ünther) A(lexander) Saalfeld. Leipzig 1888 [XVIII, 502 S.].

Namenschlüssel 1965 = Namenschlüssel zu Doppelnamen und Namensabwandlungen. Hildesheim (zugleich Leipzig) 1965 (Deutscher Gesamtkatalog, Neue Titel, Sonderband) [1019 S.; Nachdruck der 3. Ausgabe, Berlin 1941].

Pohl 1984 = Heinz Dieter Pohl: Wörterbuch der Bergnamen Österreichs. 1. Kurzgefaßtes Verzeichnis der österreichischen Bergnamen. Salzburg 1984 (Österreich. Namenforschung, Sonderreihe 7) [174 S.].

Pointon 1983 = BBC Pronouncing Dictionary of British Names. 2nd ed., edited and transcribed by G. E. Pointon. Oxford 1983 [XXVIII, 274 S.].

Rees/Nobel 1985 = Nigel Rees/Vernon Nobel: A Who's Who of Nicknames. London 1985 [XIII; 194 S.].

Robert/Rey 1980 = Dictionnaire universel des noms propres. Alphabétique et analogique. Sous la direction de Paul Robert. Rédaction générale Alain Rey. 4e éd., revue, corrigée et mise à jour. Paris 1980 [XXIII, 1992 S., mit zahlreichen, z. T. farbigen Abbildungen; enzyklopädisch].

Room 1981 = Adrian Room: Naming Names. Stories of Pseudonyms and Name Changes with a Who's Who. London. Henley 1981 [IX, 349 S.].

Room 1984 = Adrian Room: Dictionary of Trade Name Origins. Revised edition. London. Boston. Melbourne & Henley 1984 [217 S.; 1. Aufl. 1982].

Room 1986 = Adrian Room: Dictionary of Translated Names & Titles. London. Boston & Henley 1986 [XVIII, 460 S.].

Schiefelbein 1976 = Hans Schiefelbein: Tiernamen. Wiesbaden 1976 (Falkenbücherei 0372) [102 S.].

Schönfeld 1910 = M. Schönfeld: Wörterbuch der altgermanischen Personen- und Völkernamen. Nach der Überlieferung des klassischen Altertums bearbeitet. Heidelberg 1910 [XXXV, 309 S.; Reprint Darmstadt 1965].

Schranka 1913 = E. M. Schranka: Buch berühmter Hunde. In Form eines Lexikons bearbeitet. 2. Tsd. Frankfurt a. M. 1913 [I, 100 S.].

Schröer 1922 = Michael Martin Arnold Schröer: Neuenglisches Aussprachewörterbuch. 2. Aufl. Heidelberg 1922 [VIII, 535 S.; Erstaufl. 1913].

Schultz 1934 = Gustav Schultz: Wie soll mein Hund heißen? Ein Verzeichnis von Hundenamen. Neudamm (1934) [18 S.].

Sharp 1972 = Harold S. Sharp: Handbook of Pseudonyms and Personal Nicknames. Metuchen N.J. 1972 [2 vol., zus. 1104 S.; 1st supplement 1975, 2 vol., zus. VI, 1395 S.; 2nd supplement 1982, V, 289 S.].

Swanson 1967 = Donald C. Swanson: The Names in Roman Verse. A lexicon and reverse index of all proper names of history, mythology, and geography found in the classical Roman poets. Madison. Milwaukee. London 1967 [XIX, 425 S.].

Tanger 1888 = G(ustav) Tanger: Englisches Namen-Lexikon. Zusammengestellt und mit Aussprachebezeichnung versehen von G. T. Berlin 1888 [XXVIII, 272 S.].

Taggert 1962 = Jean E. Taggert: Pet Names. New York 1962 [VII, 375 S.].

West 1969 = G. D. West: An Index of Proper Names in French Arthurian Verse Romances 1150—1300. Toronto 1969 (Univ. of Toronto Romance Series 15) [XXV, 168 S.].

Wolf 1964 = Heinz Jürgen Wolf: Die Bildung der französischen Ethnica (Bewohnernamen). Genève. Paris 1964 (Romanist. Arbeiten, N.F., Heft 29) [268 S., Index S. 214—256; Diss. Köln 1964].

Wollemann 1905 = A. Wollemann: Bedeutung und Aussprache der wichtigsten schulgeographischen Namen. Braunschweig 1905 [68 S.].

7.2. Sonstige Literatur

Baecker 1884 = Elimar Baecker: De canum nominibus Graecis. Diss. Königsberg 1884 [S. 1—7: „Index nominum adhibitorum"].

Eis 1964 = Gerhard Eis: Rufnamen der Tiere. In: Neophilologus 48. 1964, 122—146 [wiederabgedruckt in G. Eis: Vom Zauber der Namen. Berlin 1970, 29—58].

Mentz 1933 = Ferdinand Mentz: Die klassischen Hundenamen. In: Philologus 88 (N.F. 42). 1933, 104—129, 181—202, 415—442.

Pointon 1989 = Graham Pointon: The BBC Pronouncing Dictionary of British Names. In: Lexicographers and their works, ed. by James Gregory. Exeter 1989 (Exeter Linguistic Studies 14), 174—180.

Wilfried Seibicke, Heidelberg
(Bundesrepublik Deutschland)

XII. Wörterbuchtypen VII: Spezialwörterbücher mit bestimmten Informationstypen
Dictionary Types VII: Dictionaries Offering Specific Types of Information
Typologie des dictionnaires VII: Dictionnaires spécialisés donnant certains types d'informations

140. Das Orthographiewörterbuch

1. Begriffsbestimmung der Orthographie
2. Wesen und Aufgaben des Orthographiewörterbuchs
3. Inhalt und Makrostruktur von Orthographiewörterbüchern
4. Mikrostruktur von Orthographiewörterbüchern
5. Die Sonderstellung des Dudens unter den Orthographiewörterbüchern
6. Sonderformen von Orthographiewörterbüchern
7. Zur Geschichte der Orthographiewörterbücher
8. Literatur (in Auswahl)

1. Begriffsbestimmung der Orthographie

Unter Orthographie verstehen wir die Norm der Formseite der geschriebenen Sprache. Geschriebene Sprache besteht ebenso wie gesprochene Sprache aus einer Einheit von zwei Seiten, einer Formseite und einer Inhaltsseite. Die Formseite der geschriebenen Sprache nennen wir Schreibung oder Graphie, ihre Inhaltsseite Bedeutung. Orthographie oder Rechtschreibung ist somit die Norm der Graphie oder Schreibung. Zu ihr gehört nicht nur das Graphemsystem, sondern zu ihr gehören auch die graphischen Formen der höheren Einheiten des Sprachsystems: Morphem, Wort, Wortgruppe und Satz und damit solche graphischen Gegebenheiten wie die Getrennt- und Zusammenschreibung, die Groß- und Kleinschreibung, die graphische Worttrennung und die Interpunktion. Nicht alle Bereiche der Schreibung einer Sprache sind gleichermaßen normiert und geregelt; der Begriff Orthographie umfaßt deshalb weniger als der Begriff Schreibung und bezieht sich nur auf die in einem bestimmten Zeitabschnitt in einer Gemeinschaft allgemein anerkannten und verbindlichen graphischen Formen.

Neben diesen normgerechten graphischen Formen, auf deren Erfassung und Darstellung auch das Orthographiewörterbuch gerichtet ist, kann es im Sprachgebrauch einer Gemeinschaft auch solche Formen geben, die außerhalb der Norm stehen, z. B. die orthographischen Fehler, aber auch bewußte Normabweichungen, etwa in Texten der Werbung. Zwischen der Normentsprechung und der Normabweichung gibt es auch in diesem sprachlichen Bereich eine Übergangszone der Variabilität, die in verschiedenen Sprachen je nach dem Grad der Striktheit der Kodifizierung ihrer Orthographie unterschiedlich groß sein kann, wobei es allerdings zu den Wesensmerkmalen der Orthographie gehört, daß ihre Variabilität im allgemeinen relativ gering ist (vgl. Gabler 1983).

Als besondere Merkmale dieser sprachlichen Norm, die sich im Zusammenhang mit der zunehmenden Bedeutung der geschriebenen Sprache in der gesellschaftlichen Kommunikation herausgebildet haben, können wir folgende ansehen: (a) Die Orthographie ist heute normalerweise eine gesetzte und kodifizierte Norm, d. h., sie ist eine ausgearbeitete, in Regeln gefaßte und oftmals durch staatliche Festlegungen gestützte Norm. Der Grad der Ausarbeitung und die Genauigkeit der Kodifizierung variieren dabei nicht nur zwischen verschiedenen Sprachen, sondern auch in Hinsicht auf verschiedene Teilbereiche der Orthographie. (b) Die heutige Orthographie ist im allgemeinen durch einen hohen Grad von Invarianz und damit eine relativ geringe Variabilität gekennzeichnet. Das resultiert aus entsprechenden Anforderungen der schriftlichen Kommunikation, für deren rasches und sicheres Funktionieren es offensichtlich als hinderlich angesehen wird, wenn die Orthographie eine größere Zahl von Varianten enthält. (c) Die Orthographie besitzt in der Sprachgemeinschaft ein hohes Maß an Verbindlichkeit. Es erwächst vor allem aus dem Bedürfnis nach Stabilität und Einheitlichkeit der geschriebenen Sprache und ist auch Ausdruck des besonderen Prestiges dieser Existenzweise der Sprache. Durch die relativ strenge Einhaltung der Orthographie vor allem in der Schule und im öffentlichen Sprachgebrauch entwickelt sich gerade in bezug auf diese Norm ein starkes Normbewußtsein, das hier zu einer deutlicheren Identifizierung von Sprachnorm und Sprachrichtigkeit führt, als sie in Hinsicht auf andere sprachliche Bereiche gegeben ist. (d) Die geltende Orthographie ist auf Grund der unter (a) bis (c) angeführten Merkmale im wesentlichen nicht mehr frei veränderlich, sondern kann in ihren strikt kodifizierten Teilen nur noch durch einen bewußten Akt der Änderung, eine Orthographiereform, weiterentwickelt werden.

2. Wesen und Aufgaben des Orthographiewörterbuchs

Aus der im vorangehenden Abschnitt angedeuteten Spezifik der Orthographie ergibt sich auch eine besondere Stellung ihres lexikographischen Trägers, des Orthographiewörterbuchs, unter den Wörterbüchern einer Sprache. In der Vielzahl der existierenden Wörterbuchtypen nimmt das Orthographiewörterbuch in Hinsicht auf seinen Benutzerkreis und seine Wirksamkeit insofern einen bevorzugten Platz ein, als es nicht nur das bei weitem am häufigsten herangezogene, sondern oftmals auch das einzige einsprachige Wörterbuch ist, mit dem die Sprachbenutzer in Berührung kommen.

Mit H. Henne (1980, 780) können wir das Orthographiewörterbuch als eine spezielle Funktionsklasse des teilaspektorientierten Wörterbuchs ansehen, da es zunächst die Aufgabe hat, nur einen Teilaspekt des sprachlichen Zeichens, nämlich die graphische Formseite des Zeichens, in ihrer normgemäßen Gestalt zu kodifizieren. Von seinen Grundlagen, Rahmenbedingungen und Funktionen her ist es zu kennzeichnen als ein formbezogenes, gegenwartssprachliches, synchronisches, standardsprachliches und normatives Wörterbuch. Es dient der Aufzeichnung der graphischen Norm in ihrer Anwendung auf wesentliche Teile des Wortschatzes einer Sprache. Es hat die Funktion, im Prozeß der Erlernung und Verwendung einer Sprache als Informationsquelle für die zutreffende Schreibung zu dienen und durch die Fixierung der geltenden graphischen Norm zur Sicherung einer reibungslosen und effektiven schriftlichen Kommunikation innerhalb der Sprachgemeinschaft beizutragen. In gewissem Maße können diese Aufgaben auch durch alle anderen gegenwartsbezogenen, standardsprachlichen Wörterbücher wahrgenommen werden, denn sie sind natürlich gleichfalls in der jeweils geltenden Orthographie abgefaßt. Da bei ihrer Zusammenstellung und ihrem Wortmaterial orthographische Gesichtspunkte aber keine oder nur eine untergeordnete Rolle spielen, können sie diese Aufgabe jedoch nicht so gut erfüllen wie ein spezielles Orthographiewörterbuch.

Ein weiteres Merkmal des Orthographiewörterbuchs besteht darin, daß es im Unterschied zu vielen anderen Wörterbuchtypen nicht primär auf der Exzerption von Texten, d. h. auf der Deskription eines im Sprachgebrauch gegebenen Zustandes beruht. Jedenfalls gilt das in Hinsicht auf seinen Hauptzweck: die Angabe der normgerechten Schreibung, nicht so sehr natürlich für die Auswahl des Wortmaterials. Vielmehr handelt es sich beim Orthographiewörterbuch in erster Linie um die Anwendung bestehender oder neu entwickelter orthographischer Regeln, also der Fixierungen von Normen, auf mehr oder weniger große Teile des Wortschatzes. Die Hauptaufgabe dieses Wörterbuches ist somit nicht die Deskription, sondern die Präskription, die Vorschrift, wie die in ihm enthaltenen Teile des Wortschatzes regelgerecht und damit richtig zu schreiben sind. Allerdings relativiert sich die Vorrangstellung der Präskription gegenüber der Deskription bei diesem Wörterbuchtyp dadurch, daß auch die präskriptiven Regeln normalerweise (von so radikalen Orthographiereformen wie der Ersetzung der arabischen Schrift durch die lateinische im Türkischen 1928 einmal abgesehen) auf dem historisch gewachsenen Schreibgebrauch fußen und hier zumeist nur in eng umschriebenen Bereichen verallgemeinernd, präzisierend oder verändernd eingreifen.

Ein spezielles Problem des Orthographiewörterbuchs liegt schließlich darin, daß hier mehr oder weniger generelle Regeln auf viele

Einzelfälle angewendet werden müssen. Dabei kann die Fixierung der normgerechten Schreibung eines einzelnen Lemmas gelegentlich Schwierigkeiten bereiten, weil einerseits die bestehenden Regeln mitunter nicht präzise genug sind, die Kodifizierung also den entsprechenden Einzelfall nicht oder nicht ausreichend erfaßt und weil andererseits die zugrundeliegenden sprachlichen Sachverhalte in manchen Fällen eine eindeutige Entscheidung nicht ermöglichen, so daß Unsicherheitsbereiche entstehen, die potentielle Fehlerquellen darstellen. Besonders deutliche Beispiele für diese Situation liefert etwa die Regelung der Groß- und Kleinschreibung in der deutschen Orthographie (vgl. Nerius 1975). Insgesamt kommt den Verfassern orthographischer Wörterbücher eine hohe Verantwortung in bezug auf die angemessene Interpretation und Anwendung der orthographischen Regeln zu, denn ihre Entscheidungen können einen nicht unwesentlichen Einfluß auf die Möglichkeiten der Erlernung und Verwendung der geschriebenen Sprache haben.

3. Inhalt und Makrostruktur von Orthographiewörterbüchern

Für die detailliertere Betrachtung des Inhalts und der Strukturen von Orthographiewörterbüchern legen wir eine Auswahl solcher Wörterbücher aus verschiedenen Sprachen zugrunde, wobei wir nur Sprachen wählen, in denen eine offiziell verbindliche orthographische Regelung existiert, die den Wörterbüchern als Grundlage dient, und zwar die deutsche, dänische, französische, polnische, russische und tschechische Sprache. Das ist natürlich nur eine kleine Auswahl, es ist jedoch anzunehmen, daß sie alle wichtigen Eigenschaften dieses Wörterbuchtyps repräsentiert.

Was zunächst die inhaltlichen Bestandteile der Orthographiewörterbücher angeht, so gibt es schon hier gewisse Unterschiede zwischen den Wörterbüchern der verschiedenen Sprachen. So enthalten sowohl das dänische als auch das polnische und das tschechische Orthographiewörterbuch neben dem Wörterverzeichnis und einem kurzen Vorwort sowie den Benutzerhinweisen auch eine mehr oder weniger ausführliche Darstellung der orthographischen Regeln selbst. Dieses Regelwerk umfaßt beim dänischen Wörterbuch 17 Seiten, beim polnischen und tschechischen dagegen über 100 Seiten, was die in 1. getroffene Feststellung vom unterschiedlichen Grad der Ausarbeitung und Genauigkeit der orthographischen Regeln in verschiedenen Sprachen bestätigt. Das Orthographiewörterbuch der russischen Sprache enthält eine solche Darstellung nicht, sondern begnügt sich mit einem Vorwort und Angaben zum Wortbestand und Aufbau des Wörterbuches. Die Darstellung der orthographischen Regelung liegt hier in einer separaten Publikation von ebenfalls über 100 Seiten vor. Das herangezogene Orthographiewörterbuch der französischen Sprache „*Ortho vert. Dictionnaire orthographique et grammatical*" verfährt wieder anders und baut die wichtigsten Komplexe des orthographischen Regelwerks an der entsprechenden alphabetischen Stelle in das Wörterverzeichnis ein. Die stärksten Besonderheiten weisen jedoch in Hinsicht auf ihre Bestandteile die Orthographiewörterbücher der deutschen Sprache, der BRD-Duden, der DDR-Duden und das Österreichische Wörterbuch auf, denn sie enthalten neben dem Wörterverzeichnis und einer relativ ausführlichen Darstellung der orthographischen Regelung noch eine ganze Reihe weiterer Sachbereiche. Dabei stimmen der DDR-Duden und der BRD-Duden in Hinsicht auf die einbezogenen Sachbereiche weitgehend überein, wenn sich auch die Darstellungsweise im einzelnen unterscheidet, z. B. dadurch, daß der BRD-Duden den orthographischen Regelteil in einer alphabetisch geordneten Stichwortliste darbietet, während der DDR-Duden eine Sachgebietsgliederung wählt. Zu den weiteren Sachbereichen gehören die Beschreibung ausgewählter grammatischer Erscheinungen sowie die Darstellung von Transkriptions- und Transliterationssystemen, Vorschriften für den Schriftsatz, Korrekturvorschriften, Hinweise für das Maschinenschreiben und im DDR-Duden darüber hinaus noch eine Übersicht über Standards für Manuskript- und Satzherstellung. Das österreichische Orthographiewörterbuch, das sich in dieser Hinsicht an den Duden anlehnt, enthält noch weitere spezifische Sachgebiete. Dazu gehören eine Übersicht über orthographische Prinzipien als Grundsätze der Rechtschreibung, Angaben zu Zahlzeichen, Maßen und Gewichten, Papierformaten, chemischen Elementen, Kraftfahrzeugkennzeichen u. a., was der Benutzer in einem Orthographiewörterbuch allerdings kaum suchen dürfte.

Auch in bezug auf den Hauptbestandteil des Orthographiewörterbuchs, das Wörterverzeichnis, gibt es neben den aus den Zielen und Funktionen dieses Wörterbuchtyps resultierenden Gemeinsamkeiten nicht unerhebliche Unterschiede zwischen den verschiedenen Sprachen. Gemeinsam ist zunächst allen diesen Wörterbüchern, daß die Auswahl des aufgenommenen Wortmaterials maßgeblich durch orthographische Gesichtspunkte mitbestimmt wird, wobei man vor allem bestrebt ist, möglichst viele orthographische Problemfälle darin zu erfassen. Entsprechend den Möglichkeiten eines Wörterbuches geschieht das allerdings normalerweise nur bis zur Ebene der Wortschreibung, während orthographische Erscheinungen, die höhere Ebenen des Sprachsystems betreffen, z. B. die Interpunktion, nicht im Wörterbuch verzeichnet sind. Gemeinsam ist allen diesen Wörterbüchern auch die grundsätzlich alphabetische Anordnung der Stichwörter. Unterschiedlich ist aber offensichtlich die Auswahl des Wortmaterials im einzelnen, wobei neben orthographischen Gesichtspunkten auch eine Reihe weiterer Aspekte eine Rolle spielen, etwa der Anwendungsbereich, der Benutzerkreis, das Verbreitungsgebiet u. a. So weisen denn auch verschiedene Orthographiewörterbücher recht unterschiedliche Umfänge auf. Während z. B. der BRD-Duden in seiner neuesten (19.) Auflage rund 110 000 Stichwörter für sich in Anspruch nimmt, begnügt sich der neueste DDR-Duden mit etwa 75 000 Stichwörtern, und das Österreichische Wörterbuch enthält sogar nur etwa 35 000 Stichwörter. Das Orthographiewörterbuch der russischen Sprache gibt 106 000 Stichwörter an, wogegen das dänische Rechtschreibungswörterbuch nur etwa 40 000 Stichwörter umfaßt usw. Hervorzuheben ist auch, daß Orthographiewörterbücher zumeist in wesentlich größerem Umfang als andere Wörterbuchtypen (vgl. Nerius 1985) Eigennamen in ihrem Wörterverzeichnis enthalten, und zwar vor allem geographische Namen, aber auch Vornamen, Institutionsbezeichnungen sowie weitere Namenklassen.

4. Mikrostruktur von Orthographiewörterbüchern

Wie immer die Unterschiede von Orthographiewörterbüchern verschiedener oder einzelner Sprachen in ihrer Makrostruktur auch beschaffen und motiviert sein mögen, Unterschiede in ihrer Mikrostruktur könnte es eigentlich vom Wesen und von den Aufgaben dieses Wörterbuchtyps her kaum geben, da es natürlich die generelle Aufgabe orthographischer Wörterbücher ist, die normgerechte Schreibung eines mehr oder weniger großen Teiles des Wortschatzes einer Sprache anzugeben. In dieser Hinsicht sind orthographische Wörterbücher das genaue Pendant zu orthophonischen Wörterbüchern, die die normgerechte standardsprachliche Aussprache des Wortschatzes einer Sprache verzeichnen, also die andere Formseite der Sprache betreffen (vgl. Art. 141).

In der Tat gleichen sich auch die nicht-deutschen Orthographiewörterbücher in ihrer Mikro-

P *(poise)*
p *(pond)*
pablána ž., č. j. 7. p. pablánou, č. mn. 2. p. pablán, 3. p. pablánám atd.; -áňový
pablanka ž.
pacient m.; -tka ž.
pacifický
Pacifik m.
pacifikace ž.; -ační
pacifikovati
pacifismus [-izm-] m.
pacifista m.; -istický [-ty-]
páčidlo stř.
páčiti, rozk. pač
Pád m.; pádský, č. mn. -dští
pád m.; pádový
padák m.; padákový
padesát
padesátery
padesátiny ž. pomn.
padesátiprocentní
padišáh [-dy-] i padišach m.
páditi
padlí stř.

pagina ž.; paginace ž.
paginovačka ž.
paginovati
pagoda ž.
pahýl m., č. mn. 1., 4. a 7. p. -y; -ýlový
pachatel m., č. mn. 7. p. -i; -ka ž.
páchati, pášu i pácham; páchání stř.
páchnouti
pacht m.; pachtovní
pachtýř m.; -ýřka ž.; -ýřský
pachydermie ž.
pair [pér] m.
páječka ž.
pájedlo i pájidlo stř.
pájeti
pájka ž.
pak; kdopak, kdypak atp.; jiné je kdo pak, kdy pak atd. (např. kdo pak přijde na řadu, tj. kdo potom)
Paka ž.; Nová, Stará Paka; novopacký, staropacký,
páka ž.; pákový

Textbeispiel 140.1: Ausschnitt (aus: Pravidla českého pravopisu 1974, 291)

struktur relativ weitgehend. Sie alle geben beim Einzelstichwort neben der normgerechten Schreibung bestimmte Hinweise zu grammatischen Erscheinungen: zur Wortklasse, zum Genus und zu den Genusformen, zur Deklination, Konjugation, Komparation u. ä. Das dänische Wörterbuch kennzeichnet darüber hinaus in einzelnen Fällen auch die Worttrennung, und das herangezogene französische Orthographiewörterbuch geht mit seinen grammatischen Angaben bei einzelnen Stichwörtern relativ weit ins Detail und gibt hier auch entsprechende Kontextbelege. In keinem dieser Wörterbücher finden sich jedoch weitergehende semantische, etymologische, stilistische, regionale, zeitliche oder sonstige zusätzliche Angaben bei den einzelnen Stichwörtern (vgl. Textbeispiel 140.1 aus dem Orthographiewörterbuch der tschechischen Sprache).

Eine andere Mikrostruktur zeigen demgegenüber die Orthographiewörterbücher der deutschen Sprache, bei denen wir uns im folgenden auf den Duden als das wichtigste und am weitesten verbreitete Wörterbuch konzentrieren wollen. Der Duden enthält nicht nur die normgerechte Schreibung der Wörter einschließlich der Markierung der Worttrennung bei mehrsilbigen Wörtern, er beschränkt sich auch nicht auf die Hinzufügung bestimmter grammatischer Hinweise, sondern er enthält darüber hinaus noch eine ganze Reihe weiterer Angaben, die der semantischen, etymologischen, stilistischen, regionalen, zeitlichen usw. (vgl. 5.) Kenn-

Textbeispiel 140.2: Ausschnitt (aus: Duden. Rechtschreibung der deutschen Sprache und der Fremdwörter 1986, 508)

zeichnung der Stichwörter dienen (vgl. Textbeispiel 140.2).

Diese Unterschiede in der Mikrostruktur sind ein Resultat der unterschiedlichen orthographiegeschichtlichen und lexikographischen Traditionen in den einzelnen Sprachgemeinschaften. Gleichzeitig verdeutlichen sie aber auch die unterschiedliche Nutzung der aus der spezifischen Position der Orthographie unter den sprachlichen Normen resultierenden besonderen Rolle des Orthographiewörterbuchs für die Übermittlung weiterer sprachlicher Informationen.

5. Die Sonderstellung des Dudens unter den Orthographiewörterbüchern

Schon K. Duden selbst erkannte frühzeitig die Möglichkeit, mit einem so weit verbreiteten und häufig benutzten Wörterbuch wie dem orthographischen auch weitere sprachliche Informationen zu übermitteln. Sein „*Orthographisches Wörterbuch der deutschen Sprache*" war in der 1. Auflage von 1880 zunächst eine orthographisch orientierte Wortliste mit wenigen grammatischen Hinweisen zur Flexion. In den nächsten Auflagen hat K. Duden dann diese Wortliste zu einem Mehrzweckwörterbuch mit besonderer Berücksichtigung der Rechtschreibung entwickelt. So fügte er in der 3. Auflage (1887) zahlreiche Wortbedeutungsangaben hinzu, bei Fremdwörtern wurde außerdem die Herkunft erklärt. Seit der 4. Auflage (1894) wurden neben literarisch belegten mundartlichen oder mundartnahen Wörtern — heute würden wir sie eher als umgangssprachlich bezeichnen — auch systematisch Fachwörter in das Wörterbuch aufgenommen und entsprechend gekennzeichnet, zunächst aus Technik und Landwirtschaft, in weiteren Auflagen dann auch aus Seefahrt, Rechtswesen, Militärwesen und weiteren Fachgebieten. Die Ausweitung des Wortschatzes und die Aufnahme nicht-orthographischer Informationen setzte sich in der Folgezeit und nach dem Tode des Verfassers (1911) fort, so daß heute eine Entwicklung des Dudens zum Universal- oder Allzweckwörterbuch unverkennbar ist. Dieser historisch gewachsenen Funktionsausweitung entsprechend stellt die Leipziger Dudenredaktion die 18. Neubearbeitung (1985) denn auch ausdrücklich als ein Nachschlagewerk vor, „das über die geltenden Normen und den gegenwärtigen Sprachgebrauch in Orthographie, Grammatik, Stilistik, Betonung und Aussprache verbindlich Auskunft gibt" (S. 5). Damit hat die bisherige Entwicklung zu einer erheblichen funktionalen Ausweitung des maßgeblichen orthographischen Wörterbuches der deutschen Sprache geführt, und die heutigen Duden-Ausgaben geben nicht nur die normgerechte Schreibung der Stichwörter an, sondern enthalten darüber hinaus mehr oder weniger vollständig und mehr oder weniger präzise noch folgende Angaben bei den einzelnen Stichwörtern:

— grammatische Angaben zum Genus der Substantive, zur Deklination, zur Konjugation und vereinzelt zur Komparation sowie zur Rektion bei Präpositionen;
— Angaben zur Betonung und, wo Schwierigkeiten zu erwarten sind, zur Aussprache;
— Herkunftsangaben bei Fremdwörtern und einigen heimischen Wörtern, bei denen vor allem auf sprachliche Verwandtschaft hingewiesen wird;
— Bedeutungsangaben in verschiedener Form, z. B. durch Synonyme, durch erläuternde Umschreibung, durch Anführung von Kontextbeispielen, bei einer nicht näher zu bestimmenden Zahl

von Stichwörtern, offenbar dort, „wo es für das Verständnis eines Wortes erforderlich ist" (BRD-Duden, S. 12);
— regionale bzw. landschaftliche Zuordnungen;
— fach- und sondersprachliche Zuordnungen;
— zeitliche Zuordnungen, speziell in Hinsicht auf veraltetes oder veraltendes Wortgut;
— stilistische Zuordnung zu bestimmten Stilschichten bei stilistisch markierten Wörtern.

Diese über die Aufgaben eines Orthographiewörterbuchs weit hinausgehenden Angaben machen den heutigen Duden gewissermaßen zu einem Allzweckwörterbuch. Eine solche funktionale Ausweitung erfüllt einerseits den Zweck, die weite Verbreitung und häufige Benutzung des Orthographiewörterbuchs für die Übermittlung möglichst vielfältiger sprachlicher Informationen auszunutzen. Andererseits birgt sie aber auch die Gefahr in sich, daß eine so breite Palette von Informationen Abstriche in Hinsicht auf Tiefgründigkeit, Exaktheit und Wissenschaftlichkeit bei den nicht-orthographischen Angaben zur Folge hat. Die Sonderstellung des Dudens unter den Orthographiewörterbüchern, wie sie sich im Laufe der Entwicklung ergeben hat, impliziert damit auch besondere Anforderungen an die Gestaltung und ständige Verbesserung dieses Wörterbuchs (vgl. auch Art. 206, 2.6.).

6. Sonderformen von Orthographiewörterbüchern

Neben den allgemeinen Orthographiewörterbüchern, die in ihrem Wörterverzeichnis alle orthographischen Informationen bis zur Ebene der Wortschreibung enthalten, gibt es auch spezielle Orthographiewörterbücher, die sich auf einzelne orthographische Teilgebiete konzentrieren, so z. B. für das Deutsche: Mentrup, *Wann schreibt man groß, wann schreibt man klein?* 1981; für das Englische: Silverthorn/Perry, *Word Division Manual,* 1970. Unter den Orthographiewörterbüchern der englischen Sprache gibt es sogar solche, die die gängigsten Falschschreibungen lemmatisieren (Krevisky 1967, Norback 1974, Maxwell 1979).

Eine andere Sonderform orthographischer Wörterbücher bilden diejenigen, die nicht von der Schreibung, sondern von der Lautung ausgehen. Das betrifft besonders Sprachen, in denen relativ komplizierte Phonem-Graphem-Beziehungen bestehen, wie z. B. das Englische und Französische. Man glaubt, hiermit den Falschschreibern, die in einem normalen Orthographiewörterbuch manche Wörter nicht auffinden können, da ihnen die korrekte Schreibung nicht bekannt ist, eine Hilfe zu bieten, z. B. Bouttaz 1979, Gallet 1978 (aber auch schon Fontaine 1795 und Bellucci 1825), oder — unter Benutzung einer Umschrift für die Lemmatisierung — Elliot, *Elliot's foe-né-tic Spelling Dictionary,* 1975. Ein solches Vorgehen ist aber natürlich theoretisch fragwürdig, da es die Orthographie auf eine ihrer Teilfunktionen, den Lautbezug, reduziert, ihre Bezüge zu anderen sprachlichen Ebenen aber außer acht läßt.

7. Zur Geschichte der Orthographiewörterbücher

In der französischen Tradition beginnt das Orthographiewörterbuch als kämpferisches Reformwörterbuch (Poisson 1609) zur Durchsetzung einer bestimmten Schreibung. Joannes 1691, der Lernhilfe sein will (vgl. Saint-Maurice 1672), definiert schwere Wörter. Leroy 1739 sammelt und kommentiert für jedes Wort die Meinung der Grammatiker und Lexikographen zu dessen Orthographie und wird in einer Zeit normativer Not zum Standardwerk. Im 19. Jahrhundert geht es vor allem darum, eine inzwischen weitgehend gefestigte Orthographie breiteren Schichten des aufsteigenden Bürgertums zu vermitteln. Fontaine 1795, Bellucci 1825, Godfroy 1827, Boniface 1830, Darbois 1830, 1837 und Durlin 1848 zeigen bei diesem Bemühen teils Beschränkung auf die schwierigen Wörter, teils erheblichen lexikographischen Erfindergeist, der hier nicht im einzelnen dargestellt werden kann. — Zur Tradition der englischen spelling books s. Osselton 1985 (mit Bibliographie).

8. Literatur (in Auswahl) (D. N. und F. J. H.)

8.1. Wörterbücher

Bellucci 1825 = Alexandre Bellucci: Moyen sûr et facile de bien orthographier, ou Vocabulaire contenant les mots de la langue française placés de manière à ce qu'en les cherchant comme on le prononce, on les trouve sans peine et tels qu'ils doivent s'écrire. Paris 1825 [267 S.].

Boniface 1830 = Alexandre Boniface: Manuel du jeune orthographiste, ou Vocabulaire des mots à difficultés orthographiques. 2. Aufl. Paris 1830 [6. Aufl. 1859].

Bouttaz 1979 = J. L. Bouttaz: Dictionnaire phonologique et orthographique du français fondamental. Paris 1979 [78 S.].

Darbois 1830 = Louis-François Darbois: Dictionnaire des dictionnaires pour apprendre plus facilement et pour retenir plus promptement l'orthographe et le français. Paris 1830 [379 S.].

Darbois 1837 = Louis-François Darbois: L'aide-mémoire ou tableaux mnémoniques pour retenir plus facilement l'orthographe. Paris 1837 [54 S.].

Duden 1880 = Konrad Duden: Vollständiges orthographisches Wörterbuch der deutschen Sprache. Nach den neuen preußischen und bayerischen Regeln. Leipzig 1880 [187 S.].

Duden 1887/1894 = K. Duden: Vollständiges orthographisches Wörterbuch der deutschen Sprache mit etymologischen Angaben, kurzen Sacherklärungen und Verdeutschungen der Fremdwörter. Nach den neuen amtlichen Regeln. 3. Aufl. Leipzig 1887 [260 S.]; 4. Aufl. 1894, [344 S.].

Duden 1897/1900 = K. Duden: Vollständiges orthographisches Wörterbuch mit zahlreichen kurzen Wort- und Sacherklärungen und Verdeutschungen der Fremdwörter. Nach den neuen amtlichen Regeln. 5. Aufl. Leipzig 1897 [350 S.]; 6. Aufl., 1900, [384 S.].

Duden 1902 = K. Duden: Orthographisches Wörterbuch der deutschen Sprache. Nach den für Deutschland, Österreich und die Schweiz gültigen amtlichen Regeln. 7. Aufl. Leipzig und Wien 1902 [388 S.].

Duden 1915 = Duden: Rechtschreibung der deutschen Sprache und der Fremdwörter. 9. Aufl. Leipzig und Wien 1915 [565 S.].

Duden 1985 = Der Große Duden: Wörterbuch und Leitfaden der deutschen Rechtschreibung 18. Neubearbeitung. Leipzig 1985 (= DDR-Duden) [767 S.].

Duden 1986 = Duden: Rechtschreibung der deutschen Sprache und der Fremdwörter. 19. Aufl. Mannheim. Wien. Zürich 1986 (= BRD-Duden) [792 S.].

Durlin 1848 = Durlin: Dictionnaire mnémonique d'orthographe. Paris 1848 [188 S.; 1860].

Elliot 1975 = W. Th. Elliot: Elliot's foe-né-tic Spelling Dictionary. Seattle 1975 [329 S.].

Fontaine 1795 = Claude-François-Joseph Fontaine: Vocabulaire orthographique par ordre des sons. Paris 1795 [187 S.].

Gallet 1978 = François Gallet: Dictionnaire phonétique d'orthographe: Paris 1978 [528 S.].

Godfroy 1827 = Cyprien Godfroy: Dictionnaire abrégé des mots français dont l'orthographe renferme quelques difficultés. 2. Aufl. Metz 1827 [96 S.].

Joannes 1691 = J. Joannes: Regles contenant les principes de l'orthographe (...) Avec un Dictionnaire. Soissons 1691 [84, 239 S.].

Jodlowski 1967 = S. Jodlowski/W. Taszycki: Słownik ortograficzny i prawidla pisowni polskiej. 6. Aufl. Wrocław. Warszawa. Kraków 1967 [725 S.].

Jouette 1980 = André Jouette: Dictionnaire d'orthographe et de grammaire. Paris 1980 [764 S.].

Krevisky 1967 = Joseph Krevisky/Jordan L. Linfield: The Bad Speller's Dictionary. New York 1967 [186 S.; 1. Aufl. 1963].

Larousse 1982 = Larousse de l'orthographe. Paris 1982 [175 S.].

Leroy 1739 = Charles Leroy: Traité de l'orthographe françoise en forme de dictionnaire. Poitiers 1739 [60, 424 S.; bis 1792, oft u. d. T. Dictionnaire de Poitiers].

Martínez 1985 = José Martínez de Sousa: Diccionario de ortografia. Madrid 1985 [357 S.].

Maxwell 1979 = Christine Maxwell: The Pergamon Dictionary of Perfect Spelling. Oxford 1979 [355 S.].

Mentrup 1981 = W. Mentrup: Wann schreibt man groß, wann schreibt man klein? 2. Aufl. Mannheim. Wien. Zürich 1981 [251 S.].

Norback 1974 = P./C. Norback: The Misspeller's Dictionary. New York 1974.

Ortografičeskij 1984 = Ortografičeskij slovar' russkogo jazyka. 21. Aufl. Moskva 1984 [464 S.].

Ortho 1973 = Ortho vert. Dictionnaire orthographique et grammatical. 18. Aufl. Nice 1973 [638 S.].

Österreichisches Wörterbuch 1979 = Österreichisches Wörterbuch. 35. Aufl. Wien 1979 [432 S.].

Poisson 1609 = Robert Poisson: Alfabet nouveau de la vree et pure ortografe fransoize, et modèle sur icelui en forme de dixionère. Paris 1609.

Pravidla 1974 = Pravidla českého pravopisu. Prag 1974 [499 S.].

Retskrivningsordbog = Retskrivningsordbog. 10. Aufl. Kopenhagen 1970 [299 S.].

Retskrivningsordbogen = Dansk Sprognaevn: Retskrivningsordbogen. Kopenhagen 1986 [622 S.].

Saint-Maurice 1672 = Robert Alcide de Bonnecasi, sieur de Saint-Maurice: Recueil alphabétique de plusiers mots pour faciliter l'orthographe et la prononciation aux étrangers. In: Id., Remarques sur les principales difficultés. Paris 1672, 220−382 [2. Aufl. 1680].

Silverthorn 1970 = J. E. Silverthorn /D. J. Perry: Word Division Manual. 2. Aufl. Cincinatti 1970 [151 S.].

Webster's = Webster's Instant Word Guide. Springfield 1980 [375 S.].

Webster's med. = Medical Speller. Springfield 1975 [388 S.].

Webster's New World = Webster's New World Mis(s)peller's Dictione(a)ry. New York 1983 [231 S.].

8.2. Sonstige Literatur

Augst 1987 = Gerhard Augst: Zum Wortbestand der amtlichen Rechtschreibwörterbücher: Duden-Leipzig, Duden-Mannheim, Österreichisches Wörterbuch. In: Wörter. Schätze, Fugen und Fächer des Wissens. Festgabe für Theodor Lewandowski. Hrsg. v. Hugo Aust. Tübingen 1987.

Augst/Strunk 1988 = Gerhard Augst/Hiltrud Strunk: Wie der Rechtschreibduden quasi amtlich wurde. In: Muttersprache 98. 1988, 329−344.

Drosdowski 1980 = Günther Drosdowski: Der Duden — Geschichte und Aufgabe eines ungewöhnlichen Buches. Mannheim. Wien. Zürich 1980.

Ewald/Nerius 1986 = Petra Ewald/Dieter Nerius: Rezension zu: Der Große Duden. Wörterbuch und Leitfaden der deutschen Rechtschreibung. 18. Neubearbeitung. Leipzig. In: Zeitschrift für Germanistik 7, H. 2, 238−243.

Gabler 1983 = Birgit Gabler: Untersuchungen zur Variabilität der Orthographie der deutschen Gegenwartssprache. Dissertation, Rostock 1983.

Hatherall 1986 = Glyn Hatherall: The Duden Rechtschreibung 1880—1986: development and function of a popular dictionary. In: The History of Lexicography. Ed. R. Hartmann. Amsterdam 1986, 85—98.

Henne 1980 = Helmut Henne: Lexikographie. In: Lexikon der Germanistischen Linguistik. 2. Aufl. Tübingen 1980, 778—787.

Mentrup 1984 = Wolfgang Mentrup: Vom Schreibgebrauch zur totalen Schreibnormierung im Deutschen. In: Wirkendes Wort 34. 1984, 190—216.

Nerius 1975 = Dieter Nerius: Untersuchungen zu einer Reform der deutschen Orthographie. Berlin 1975.

Nerius 1985 = Dieter Nerius: Zur Stellung der Eigennamen in Wörterbüchern der deutschen Gegenwartssprache. In: Symposium on Lexicography II. Proceedings of the Second International Symposium on Lexicography May 16—17, 1984 at the University of Copenhagen, ed. by K. Hyldgaard-Jensen and A. Zettersten. Tübingen 1985, 287—301.

Nerius 1987 = Dieter Nerius (Hrsg.): Deutsche Orthographie. Leipzig 1987.

Osselton 1985 = Noel Osselton: Spelling-Book Rules and the Capitalization of Nouns in the Seventeenth and Eighteenth Centuries. In: Historical and Editorial Studies in Medieval and Early Modern English for Johan Gerritsen. Ed. M.-J. Arn/H. Wirtjes. Groningen 1985, 49—61.

Weinrich 1976 = Harald Weinrich: Die Wahrheit der Wörterbücher. In: Probleme der Lexikologie und Lexikographie. Jahrbuch 1975 des Instituts für deutsche Sprache. Düsseldorf 1976, 347—371.

Dieter Nerius, Rostock
(Deutsche Demokratische Republik)

141. Le dictionnaire de prononciation

1. Historique
2. Les problèmes généraux
3. Projets de dictionnaires n'ayant pas abouti
4. Dictionnaires pour langues à écriture idéographique
5. Dictionnaires de prononciation pour le français
6. Bibliographie choisie

1. Historique

Les faits de prononciation ont très tôt fait l'objet d'études approfondies, souvent pour des raisons religieuses, afin de maintenir intacts les textes traditionnels dans leur forme orale originelle (sanscrit, arabe). Il apparaît cependant que des dictionnaires de prononciation proprement dits, c'est-à-dire ne renfermant aucune autre information, traduction ou définition, sont assez rares. En particulier, on n'en trouve aucun pour l'ensemble des langues africaines, ni pour le berbère, ni pour le khmer, le tibétain ou le birman, ni pour l'islandais ou le féroïen, ni pour les langues celtiques, ni pour l'indonésien ou le mélanésien, ni pour l'espagnol ou le grec moderne, et cette liste est loin d'être exhaustive.

Il est vrai que la nécessité d'un dictionnaire de prononciation ne se fait sentir que dans les langues où l'écriture traditionnelle ne permet pas d'en déduire la prononciation, soit parce que cette écriture représente un stade ancien de la langue mettant en évidence un décalage considérable entre la prononciation présente et l'état de langue représenté dans l'écriture (le français ou l'anglais), soit parce que cette écriture n'est pas alphabétique mais en grande partie idéographique et ne permet donc pas de restituer la face phonique de la langue (le chinois ou le japonais).

2. Les problèmes généraux

Lorsqu'il décide d'élaborer un dictionnaire de prononciation, le lexicographe doit faire plusieurs choix, qui détermineront la forme de son ouvrage: le but poursuivi et le public visé, l'usage décrit, l'inventaire des termes, le mode de transcription. Ce type d'ouvrage étant généralement à but didactique, la plupart des dictionnaires de prononciation existants sont de type normatif, pour un public qui cherche à savoir quelle est la «bonne» prononciation d'un mot donné, celle qui est considérée comme prestigieuse dans la langue en question, que ces ouvrages soient destinés à un vaste public (Warnant 1962) ou à un public restreint: présentateurs de la radio et de la télévision (Ageenko 1960, Miller 1971, Bender 1943).

Il existe aussi des dictionnaires qui ne sont pas prescriptifs mais descriptifs de l'usage choisi, comme le Martinet/Walter (1973) qui permet de retrouver l'auteur de chacune des prononciations figurées et qui décrit la langue telle qu'elle est réellement utilisée.

En ce qui concerne les formes retenues, des problèmes particuliers se posent à propos des noms propres: ils sont le plus souvent mêlés, à leur place alphabétique, aux autres entrées du dictionnaire (Jones 1917 ou Migliorini/Tagliavini/Fiorelli 1969) mais on peut également trouver les noms propres classés à part (Warnant 1966, Lerond 1980). Martinet et Walter n'ont pas encore mis à exécution leur projet de dictionnaire des noms propres, qui doit compléter leur ouvrage (Martinet/Walter 1973).

La notation phonétique pose enfin des problèmes diversement résolus, grâce à l'A.P.I. ou à une notation particulière: on peut comparer à cet égard le Martinet/Walter assez proche de la réalité phonétique, qui suit l'A.P.I. à l'exception de la notation de la consonne /r/, et le dictionnaire de l'orthographe alfonic (Martinet/Martinet 1980) qui, lui, est résolument phonologique et qui opte pour un système graphique spécifique, adapté au français, pouvant être noté en utilisant uniquement les signes d'une machine à écrire française. On peut aussi signaler, à titre de curiosité, la proposition originale de West et Endicott (1946) qui transcrivent les voyelles au moyen de chiffres et les consonnes au moyen de lettres. Dans tous les dictionnaires de prononciation existants, les entrées sont généralement en orthographe traditionnelle, mais, dans certains cas, c'est la notation phonétique qui est donnée en premier lieu (Michaelis/Passy 1896 ou Michaelis/Jones 1913). Cependant Jones est revenu à l'entrée orthographique pour son dictionnaire sur la prononciation de l'anglais (Jones 1917).

Enfin, dans certains dictionnaires, l'auteur a choisi de ne noter qu'une partie de la prononciation: seulement la place de l'accent tonique (Avanesov 1955), ou la place de l'accent ainsi que la qualité de certaines voyelles et de certaines consonnes (Enria 1953).

Compte tenu du cadre restreint de cet article, il n'a été possible, ni de décrire systématiquement les solutions adoptées selon les problèmes spécifiques de chaque langue et les buts des auteurs, ni de commenter la bibliographie générale.

3. Projets de dictionnaires n'ayant pas abouti

Une enquête auprès de plusieurs dizaines de collègues universitaires dans divers pays m'a permis d'apprendre l'existence de certains projets qui ne se sont pas concrétisés. Certains d'entre eux sont en voie de publication (Andersen/Brink/Lund/Jørgensen pour le danois, Sundby pour l'anglais). Un projet concernant la prononciation du persan moderne avait été entrepris par Hormoz Milanian et Mehrnouche Borhani entre 1974 et 1978, mais il n'a malheureusement jamais pu être publié: après une pré-enquête auprès de quatre personnes cultivées, ayant permis de sélectionner 1500 mots où des divergences étaient apparues, 350 mots ont finalement été retenus pour être lus dans des phrases par 100 informateurs originaires de Téhéran et de province. Toute la documentation enregistrée ainsi que les résultats statistiques obtenus se trouvent actuellement dans les archives de l'Académie des langues iraniennes à Téhéran.

4. Dictionnaires pour langues à écriture idéographique

Les dictionnaires de prononciation concernant les langues à écriture idéographique posent des problèmes spécifiques, puisque les idéogrammes évoquent un signifié et non pas une prononciation. Ces dictionnaires de prononciation ne comportent généralement pas de transcription phonétique. Ils peuvent inclure des équivalents alphabétiques en graphie dite romanisée (Chen 1970, qui présente les caractères chinois, la traduction en anglais et la transcription romanisée, pour le mandarin et la cantonais). Deux autres dictionnaires de prononciation du chinois reconstruisent des prononciations d'époques anciennes, comme chez Karlgren 1923 pour le chinois classique de l'époque T'ang (618—907) et chez Karlgren 1957 pour l'époque Han (202 av. J.C.—220 ap. J.C.). De son côté, l'écriture japonaise allie les caractères idéographiques chinois à des syllabaires qui permettent d'en faciliter la prononciation. On sait en effet qu'en japonais (Tomimori 1985) il existe quatre séries de caractères pouvant être utilisés dans un même texte: 1. *kanji* ou caractères idéographiques chinois (plusieurs milliers) généralement réservés aux termes abstraits. 2. *katakana*, caractères syllabaires dits «faciles» (en tout 46), le plus souvent utilisés pour les noms étrangers. 3. *hiragana*, caractères syllabaires dits «partiels» (en tout 46), fréquemment adoptés pour les formes grammaticales. 4. *româji* ou alphabet latin, d'un emploi très restreint. Les *katakana* ont été créés au IXe siècle à partir de caractères chinois; ils ont la valeur phonétique d'une syllabe et sont destinés à faciliter la lecture des *kanji*. Ils sont donc en fait une ébauche de notation phonétique.

Pour le japonais, les dictionnaires de prononciation existants présentent, soit uniquement l'usage des intellectuels de Tokyo (Kindaichi 1959, Hôsô Kyôkai 1959), soit également les variantes régionales (Hirayama 1965). Les entrées sont données sous forme de *katakana*, c'est-à-dire en syllabaire, mais étant donné que l'évolution phonétique de la langue a abouti à de nombreux homophones, les auteurs ont ajouté en *kanji* (c'est-à-dire en caractères chinois) les divers lexèmes pouvant être représentés par la forme phonique donnée en entrée. Le *katakana* représentant une analyse de la prononciation, une transcription en symboles phonétiques a été jugée inutile dans ces ouvrages.

5. Dictionnaires de prononciation pour le français

Jusqu'à la parution du Martinet/Walter (1973), tous les dictionnaires de prononciation du français ont été normatifs et ont présenté comme modèles les prononciations de leur auteur.

5.1. C'est Adrien Féline qui, en 1851, a publié le premier dictionnaire de prononciation proposant un «alphabet rationnel et phonétique», utilisant un seul signe par son: 35 signes en tout, dont 11 voyelles orales, 4 nasales et 20 consonnes. Il avait choisi de décrire ce qu'il appelait «l'usage général, celui de la bonne compagnie» (Féline 1851, 46).

5.2. Dans le dictionnaire de Michaelis et Passy (1897), on trouve une mine de renseignements sur la prononciation réelle du français au tournant du siècle, mais la présentation des entrées en notation phonétique en fait un ouvrage difficile à consulter. Ce dictionnaire prend comme norme le parler de la population cultivée du nord de la France, le point de départ étant la prononciation de Paul Passy lui-même. Certaines divergences considérées comme acceptables ont été cependant indiquées dans le corps de l'ouvrage, tandis que d'autres, jugées trop éloignées de cette norme, ont été omises et signalées seulement en annexe (Michaelis/Passy 1897, 320—321): la confusion de /ɛ̃/ et de /œ̃/, qualifiée de néologisme parisien, la prononciation de /λ/ palatal, qualifiée d'archaïsme du Midi et de la Suisse, la confusion de /ɲ/ et [nj], etc.

5.3. Prenant comme modèle la prononciation d'Alfred Barbeau, Parisien de naissance, de famille parisienne et Doyen de la Faculté des Lettres de l'Université de Caen, le dictionnaire de Barbeau et Rodhe (1930) est beaucoup plus normatif et on peut y remarquer, par exemple, la prononciation de *sept* sans /t/ final dans *sept francs*, avec indication que la réalisation de cette consonne «fait vulgaire». On notera également la réalisation avec la nasale palatale /ɲ/ des mots en *-ing* comme *smoking* ou *meeting*, prononciation aujourd'hui majoritairement remplacée par la nasale vélaire /ŋ/.

5.4. Le dictionnaire de Warnant (1962) veut donner une image de la prononciation parisienne dans les milieux cultivés, en se fondant sur les connaissances personnelles de l'auteur et sur les manuels de Nyrop, Martinon, Grammont, Bruneau et Fouché. L'auteur a également voulu tenir compte de la diction des vers réguliers. C'est pourquoi il a indiqué entre parenthèses les éléments qui sont obligatoires dans la diction poétique, facultatifs dans le parler soutenu, et généralement omis dans la conversation courante (Warnant 1962, VII—VIII). Chaque mot n'admet généralement qu'une seule prononciation: cependant deux prononciations, soit avec /a/, soit avec /ɑ/, sont acceptées dans les mots comme *voix* et *croix*, tandis que seule la prononciation /a/ est indiquée pour *voie*. En revanche, pour le phonème représenté par *un* dans la graphie, seule la prononciation /œ̃/ figure dans le dictionnaire.

5.5. Le dictionnaire inverse (1965) de Juilland présente 41 000 mots classés par ordre alphabétique, les entrées étant orthographiques. Une seule prononciation a été généralement choisie par l'auteur, qui se fonde sur les ouvrages de Passy, de Martinon, de Fouché, de Delattre et de Martinet. Cependant, il ne dit pas quels sont ses critères de choix lorsqu'il y a des divergences entre ces différents auteurs.

5.6. Alain Lerond, en donnant la prononciation de 46 000 mots et de 488 conjugaisons, a choisi de décrire «le français neutre», qui est pour lui, très précisément, «le français parisien, dépourvu de deux traits qui lui donnent un caractère spécial» (Lerond 1980, X), à sa-

PARFOIS adv
  parfwa (aknptvwxy)
  parfwɑ (bcdgjlmnr)
parfondre v parfɔ̃dr
  parfond -fɔ̃

PARFUM nm
  parfɛ̃ (dgjnprtwxy)
  parfœ̃ (abcklmv)
parfumé, -ée adj parfyme
parfumer v parfyme
parfumerie nf parfymri
parfumeur, -euse n parfymœr, -øz
parhélie (ou **parélie**) nm pareli
pari nm pari
paria nm parja
pariade nf parjad
pariage nm parj-aʒ*
parian nm parjɑ̃
paridé nm paride
parigidité, -ée nm et adj paridʒitide
parier v parje
  parie -ri
pariétal, -ale, -aux adj et n parjet-al*, -o
pariétaire nf parjetɛr
parieur nm parjœr

PARIGOT adj et nm
  parigo (a → y)
  parigote adj et nf -ɔt

PARIPENNÉ, -ÉE adj
  paripɛnne (bcjlpvwx)
  paripene (adgkmt)
  paripene (nry)
parisette nf parizɛt
parisianisme nm parizjan-ism*
parisien, -ienne adj et n parizjɛ̃, -jɛn

PARISIS adj invar
  parizis (bgjklnprtwxy)
  parizi (cdmv)
  ? (a)
parisyllabe adj et n -ab Cf **PARISYLLABIQUE**

PARISYLLABIQUE adj et n
  parisillabik (abcdklnrvx)
  parisila- (gjmptwy)
paritaire adj paritɛr

parité nf parite
parjure n parʒyr
parjurer (se) v parʒyre
parkérisation nf parkeriz-asjɔ̃*

PARKING nm
  parkiŋ (abcdgjklmnprtvy)
  parkɪŋ (w)
  parkiɲ (x)
par-là adv parla
parlant, -ante adj parlɑ̃, -ɑ̃t
parlé, -ée adj parle
parlement nm parləmɑ̃
parlementaire nm et adj parləmɑ̃tɛr
parlementairement adv parləmɑ̃tɛrmɑ̃(t)
parlementarisme nm parləmɑ̃tar-ism*
parlementer v parləmɑ̃te
parler nm parle
parler v parle
parleur, -euse n parlœr, -øz
parloir nm parl-war*
parlote (ou **parlotte**) nf parlɔt
parmélie nf parmeli
parmenture nf parmɑ̃tyr
parmesan nm parməzɑ̃
parmi prép parmi

PARNASSE nm
  parnas (acdgklmnprtw)
  parnɑs (bjvxy)

PARNASSIENNE adj f
  parnasjɛn (abcdgklnprtvwxy)
  parnasjɛːn (m)
  parnɑssjɛn (j)
  parnassien adj m -jɛ̃
paro- préf paro-, parɔ-
parodie nf parɔdi
parodier v parɔdje
  parodie -di
parodique adj parɔdik
parodiste n parɔdist

PAROI nf
  parwa (bcdjklmvwy)
  parwɑ (agnprtx)

PAROIR nm
  parwar (acgklmnprtvwxy)
  parwɑr (bdj)

Extrait textuel 141.1: page de dictionnaire (tiré de: Martinet/Walter 1973, 640).

voir la confusion des voyelles de *brun* et de *brin*, et la distinction des voyelles de *patte* et de *pâte*. L'auteur choisit donc de confondre en une seule notation /A/ tous les mots comportant l'une ou l'autre des voyelles *a*, mais il donne le phonème /œ̃/ comme représentant l'usage «neutre» dans des mots comme *commun*, tandis que la prononciation /ɛ̃/ est suivie de l'indication: Paris, centre et ouest.

5.7. Enfin, partant du principe qu'il n'y a pas en France de prononciation qui soit positivement prestigieuse mais que «les bonnes prononciations sont celles qui passent inaperçues» (Martinet/Walter 1973, 17), les auteurs du *Dictionnaire de la prononciation française dans son usage réel* ont choisi, comme représentants de ce parler non marqué, dix-sept informateurs parmi des personnes cultivées, de grande mobilité géographique et ayant beaucoup vécu à Paris: 11 femmes et 6 hommes, parmi lesquels 7 avaient, au moment de l'enquête, entre 20 et 40 ans, 7 entre 40 et 60 ans et 3 plus de 60 ans. Une longue introduction de 53 pages permet de se faire une idée précise de la méthode d'enquête, de la constitution du corpus et des caractéristiques socioculturelles et phonologiques des 17 informateurs. La méthode utilisée comprend plusieurs étapes: après la mise en fiches des 50 000 mots du Petit Robert, les prononciations de dix autres dictionnaires et manuels d'orthoépie ont été examinées, et ce sont les 10 000 mots pour lesquels l'un de ces ouvrages au moins donnait une prononciation différente de celle du Petit Robert qui ont constitué le corpus de base. Ces 10 000 mots «à problème» ont ensuite été insérés dans des phrases parfois humoristiques, permettant à la fois d'éviter une lecture automatique de listes peu évocatrices et fastidieuses, et de rappeler à l'informateur le sens des mots difficiles. Pour chaque informateur ont été recueillies environ 20 heures d'enregistrement.

Les résultats ont été consignés en notation phonétique à la suite des 10 000 entrées, qui figurent en capitales dans l'ouvrage, les prononciations étant classées par ordre de fréquence et comportant entre parenthèses les initiales des informateurs correspondants. Les 40 000 mots restants, notés en petits caractères, sont suivis de l'unique prononciation figurant dans le Petit Robert puisqu'elle ne s'était trouvée en contradiction avec aucun des ouvrages consultés pour la pré-enquête. Les données de ce dictionnaire constituent une vaste documentation (plus de 300 heures d'enregistrement, plus de 150 000 unités lexicales prononcées), documentation qui est contrôlable à tout moment puisque le corpus lui-même a été publié. L'ensemble de ces données a permis à l'un des auteurs d'effectuer une étude des tendances actuelles du système phonologique du français contemporain (Walter 1976). (Pour une idée plus concrète de cet ouvrage unique en son genre, voir Extrait textuel 141.1).

La bibliographie comprend les langues suivantes: *afrikaans* (Le Roux), *allemand* (Krech et al., Mangold, Müller, Siebs, Viëtor), *anglais* (Afzelius, Angus, Austr., Bender, Buchanan, Chisholm, Colby, Coxe, Dyche, Forster, Hope, Johnston, Jones, Kenrick, Kenyon, Lass, Lewis, MacCarthy, Michaelis, Miller, Noory, O'Reilly, Palmer, Phyte, Sanseido, Schröer, Sheridan, Smart, Strevens, Vizetelly, Walker), *bulgare* (Pašov), *chinois* (Chen, Karlgren), *danois* (Anderson, Hald), *français* (Barbeau/Rodhe, Coustenoble, Delahaye, Dugué, Favre, Féline, Juilland, Lerond, Martinet/Martinet, Martinet/Walter, Michaelis/Passy, Spiers, Tardy, Varney-Pleasants, Warnant), *hongrois* (Magay), *italien* (Bertoni, Cocchia, Enria, Fanfani, Malagoli, Migliorini, Petrocchi, Rigutini), *japonais* (Hirayama, Hôsô, Kenkyusha, Kindaichi), *néerlandais* (Adriani, Blancquaert, Coninck, Dantzig, Hulster, Paardekooper), *norvégien* (Alnaes, Berulfsen, Vanvik), *polonais* (Karaś), *roumain* (Acad., Dicțion., Tătaru), *russe* (Ageenko, Avanesov, Ozegov, Slovar', Sprav.), *slovaque* (Král'), *suédois* (Com., Sahlgren), *tchèque* (Romportl).

6. Bibliographie choisie

6.1. Dictionnaires

Acad. = *Académie populaire roumaine* = Dicționar ortoepic. Bucarest 1956.

Adriani 1827 = M. J. Adriani: De Prosodist of Woordenlijst voor de uitspraak. Groningue 1827 [208 p.].

Afzelius 1932 = J. A. Afzelius: Concise English Pronouncing Dictionary. Stockholm 1932 [472 p.].

Ageenko/Zavra/Rozental' 1960 = Florencija Leonidovna Ageenko/Maja Vladimirovna Zavra/Ditmar El'jaševič Rozental': Slovar' udarenij dl'a rabotnikov radio i televidenija. Moscou 1960 [645 p.; éd. 1984, 808 p.].

Alnaes 1910 = Ivar Alnaes: Norsk Uttaleordbok. Kristiania 1910 [144 p.; 2° éd. 1925].

Anderson/Brink/Lund/Jørgensen = Harry Anderson/Lars Brink/Jörg Lund/J. Normann Jørgensen: Dansk udtaleordbog. (à paraître).

Angus 1969 = William Angus: A Pronouncing Vocabulary of the English Language. Menston (G.B.) 1969.

Austr. = Australian Broadcasting Corporation 1957: A Guide to the Pronunciation (...). Sydney 1957.

Avanesov 1983 = R. I. Avanesov (sous la dir.): Orfoėpičeskij slovar' russkogo jazyka; proiznošenije, udarenije, grammatičeskije formy. Moscou 1983 [702 p.].

Avanesov/Ožegov 1955 = Ruben Ivanovič Avanesov/Sergej Ivanovič Ožegov: Russkoje Literaturnoje udarenie i proiznošenije. Opyt slovar'a spravočnika. Moscou 1955. 578 p. [éd. 1959, 708 p.].

Barbeau/Rodhe 1930 = Alfred Barbeau/Emile

Rodhe: Dictionnaire phonétique de la langue française. Stockholm 1930 [314 p.].

Bender 1943 = F. J. Bender: N.B.C. Handbook of Pronunciation. New York 1943 [éd. 1964, 418 p.].

Bertoni/Ugolini 1939 = Giulio Bertoni/A. Francesco Ugolini: Prontuario di pronunzia e di ortografia. Turin 1939 [414 p.].

Berulfsen 1969 = Bjarne Berulfsen: Norsk Uttaleordbok (basé sur la 2° éd. de Norsk Uttaleordbok de Ivar Alnaes). Oslo 1969 [368 p.].

Blancquaert 1934 = E. Blancquaert: Practische uitspraakleer van de Nederlandse taal. Anvers 1934 [276 p.; ré-éd. 1969].

Buchanan 1757 = J. Buchanan: Linguae Britannicae Vera Pronunciatio, or A New English Dictionary. Londres 1757.

Chen 1970 = J. Chen. A Practical English-Chinese Pronouncing Dictionary. Tokyo 1970.

Chisholm 1912 = G. G. Chisholm: A Pronouncing Vocabulary of Geographical Names. Londres 1912 [103 p.; 1885].

Cocchia 1896 = E. Cocchia: Lessico della pronunzia dei principali nomi storici e geografici italiani e stranieri. Turin 1896 [91 p.; 2° éd. 1915].

Colby 1950 = Frank O. Colby: University Pronouncing Dictionary of Troublesome Words. New York 1950.

Comité = Comité pour la langue suédoise: Skrifter utgivina av nämnden för svensk språkvård. Stockholm 1960 [53 p.].

Coustenoble/Ceppi 1929 = Hélène Coustenoble/Marc Ceppi: A Pronouncing Dictionary of the French Language. Londres 1929 [171 p.].

Coxe 1813 = Richard S. Coxe: A New Critical Pronouncing Dictionary. Burlington 1813.

Dantzig 1901 = Branco van Dantzig: Phonetische woordenlijst der Nederlandsche taal. Groningue 1901 [XX, 148 p.].

De Coninck 1970 = R. H. B. De Coninck: Groot Uitspraakwoordenboek voor de Nederlandse taal. Anvers 1970 [558 p.; ré-éd. 1974].

Delahaye 1901 = Victor Delahaye: Dictionnaire de la prononciation moderne de la langue française. Montréal 1901 [Paris 1902].

Dicţion. = Dicţionarul ortografic, ortoepic şi morfologic al limbii române. Bucarest 1982 [693 p.].

Dugué 1854 = B. Dugué: A Pronouncing Dictionary of the French Language. Londres 1854 [374, 302 p.].

Dyche 1723 = T. H. Dyche: A Dictionary of all the Words (...) with Accents directing to their True Pronunciation. Londres 1723.

Enria 1953 = Umberto Enria: Lessico ortofonico. Florence 1953 [Ed. 1965, 135 p.].

Fanfani 1863 = Pietro Fanfani: Vocabolario della pronunzia toscana. Florence 1863 [746 p.; aussi 1879].

Favre 1899 = Louis Favre: Dictionnaire de la prononciation française. Paris 1899 [100, 341 p.].

Féline 1851 = Adrien Féline: Dictionnaire de la prononciation de la langue française (...). Paris 1851 [385 p.].

Forster 1981 = Klaus Forster: A Pronouncing Dictionary of English Place-names. Londres 1981 [268 p.].

Hald 1960 = Kristian Hald: Danske stednavne med udtaleangivelse. Copenhague 1960.

Hirayama 1965 = Teruo Hirayama: Zenkoku Akusento Jiten. Tokyo 1965 [92, 950 p.].

Hope 1883 = Robert Charles Hope: A Glossary of Dialectal Place-nomenclature (...) List of Family Surnames pronounced differently (..) 2° éd. Londres 1883.

Hôsô Kyôkai 1959 = Nihon Hôsô Kyôkai (NHK): Nihongo Akusento Jiten. Tokyo 1959 [858 p.].

Hulster 1839 = L. d'Hulster: Woordenlijst voor spelling en uitspraek. Gand 1839 [II, 136 p.].

Johnston 1764 = W. Johnston: A Pronouncing and Spelling Dictionary. Londres 1764.

Jones 1917 = Daniel Jones: English Pronouncing Dictionary. London 1917 [14° éd. 1977, revue par A. C. Gimson, XXXII + 560 p.; ré-imprimée en 1981].

Juilland 1965 = Alphonse Juilland: Dictionnaire inverse de la langue française. Londres. La Haye. Paris 1965 [504 p.].

Karaś/Madejowa 1977 = Mieczsław Karaś/Maria Madejowa (sous la dir.): Słownik wymowy polskiej, Państwowe Wydawnictwo Naukowe (P.W.N.). Varsovie 1977 [LXXXIII, 564 p.].

Karlgren 1923 = Bernhard Karlgren: Analytic Dictionary of Chinese and Sino-Japanese. Paris 1923.

Karlgren 1957 = Bernhard Karlgren: Grammata Serica recensa. Stockholm 1957.

Kenkyusha 1958 = Kenkyusha: Wairai Shojiten. Tokyo 1958.

Kenrick 1773 = W. Kenrick: A New Dictionary of the English Language. Londres 1773.

Kenyon/Knott 1944 = John Samuel Kenyon and Thomas Albert Knott: A Pronouncing Dictionary of American English: Springfield (U.S.A.) 1944 [484 p.; 4° éd. 1953].

Kindaichi 1959 = Haruhiko Kindaichi (sous la dir.): Meikai Nihongo Akusento Jiten. Tokyo 1959 [XXII, 926, LXVIII p.].

Král' 1979 = Ábel Král': Príručný slovník slovenskej výslovnosti. Bratislava 1979 [644 p.].

Krech et al. 1964 = Eva-Maria Krech/Eduard Kurka/Eberhard Stock/Ursula Stötzer/Rudi Teske: Großes Wörterbuch der deutschen Aussprache. Leipzig 1982 [599 p.; 1° éd. 1964, 549 p.].

Lass 1976 = Abraham Harold Lass: Dictionary of Pronunciation. New York 1976 [334 p.].

Lerond 1980 = Alain Lerond: Dictionnaire de la prononciation. Paris 1980 [589 p.].

Le Roux/de Villiers 1962 = T. H. Le Roux/Pienaar de Villiers: Uitspraakwoordeboek van Afrikaans. Pretoria 1962.

Lewis 1972 = J. Windsor Lewis: A Concise Pronouncing Dictionary of British and American English. Londres 1972 [XX + 233 p.].

McCarthy 1945 = Peter A. D. MacCarthy: An English Pronouncing Vocabulary. Cambridge 1945.

MacKay 1930 = Mary Stuart MacKay: The Pronunciation of 10,000 Proper Names (...). New York 1930.

Magay 1974 = Tomás Magay: Idegen Nevek Kiejtési Szótára. Budapest 1974.

Malagoli/Luciani 1969 = G. Malagoli/L. Luciani: Vocabolario della corretta pronunzia italiana. Milan 1969 [997 p.].

Mangold 1974 = Max Mangold (sous la dir.): Duden Aussprachewörterbuch. Wörterbuch der deutschen Standardaussprache. Mannheim. Wien. Zürich 1974 [827 p.; Révision de la 1° éd. de Max Mangold et Paul Grebe. Mannheim 1962].

Martinet/Martinet 1980 = André Martinet/Jeanne Martinet: Dictionnaire de l'orthographe/alfonic. Paris 1980 [201 p.].

Martinet/Walter 1973 = André Martinet/Henriette Walter: Dictionnaire de la prononciation française dans son usage réel. Paris 1973 [932 p.].

Michaelis/Jones 1913 = Hermann Michaelis/Daniel Jones: A Phonetic Dictionary of the English Language. Hannover. Berlin 1913 [442 p.].

Michaelis/Passy 1897 = Hermann Michaelis/Paul Passy: Dictionnaire phonétique de la langue française. Hannover 1897 [éd. 1924, 325 p.; 3° éd. 1927].

Migliorini/Tagliavini/Fiorelli 1969 = Bruno Migliorini/Carlo Tagliavini/Piero Fiorelli: Dizionario d'ortografia e di pronunzia. Turin 1969 [CVII + 1342 p.; éd. 1981, CXXXVIII + 764 p. avec disque].

Miller 1971 = G. M. Miller: B.B.C. Pronouncing Dictionary of British Names, with an Appendix of Channel Island Names. Londres 1971 [2° éd. 1983, XXII + 171 p.].

Müller 1832 = A. Müller: Wörterbuch der richtigen Aussprache ausländischer Eigennamen aus allen Teilen der Wissenschaft und Kunst. Dresden 1832 [501 p.; 7° éd. complétée par H. Michaelis, Berlin 1903].

Noory 1965 = Samuel Noory: Dictionary of Pronunciation. 2° éd. New York 1965.

O'Reilly 1756 = O'Reilly: Dictionnaire de la prononciation angloise. Paris 1756.

Ožegov/Šapiro 1959 = S. I. Ožegov/Abram Borisovič Šapiro: Orfografičeskij slovar' russkogo jazyka. Moscou 1959 [1259 p.].

Paardekooper 1978 = P. C. Paardekooper: ABN-Uitspraakgids. Hasselt 1978 [XVII, 250 p.].

Palmer/Martin/Blandford 1926 = Harold E. Palmer/J. V. Martin/F. G. Blandford: A Dictionary of English Pronunciation with American Variants. Cambridge 1926 [436 p.; 2° éd. 1935].

Pašov/Părvev 1975 = P. Pašov/Hr. Părvev: Pravogoren rečnik na bălgarskija ezik. Sofia 1975.

Petrocchi 1891 = P. Petrocchi: Vocabolarietto di pronunzia e di ortografia della lingua italiana. Milan 1891 [61 p. ré-éd. 1951].

Phyfe 1889 = W. H. P. Phyfe: 20,000 Words often Mispronounced. New York 1937 [791 p.; 1° éd. 1889].

Rigutini 1897 = G. Rigutini: Dizionarietto italiano di ortografia e di pronunzia. Florence 1897 [4° éd. 1916].

Romportl 1978 = M. Romportl (sous la dir.): Výslovnost spisovné češtiny. Výslovnost slov přejatých. Výslovnostní slovník. Prague 1978 [318 p.].

Sahlgren/Bergmann 1955 = Jöran Sahlgren/Gösta Bergmann: Svenska ortnamm med uttalsuppgifter. Stockholm 1955 [25 p.].

Sanseido 1969 = English Pronouncing Dictionary of Proper Names. Tokyo 1969.

Schröer 1913 = M. M. A. Schröer: Neu-Englisches Aussprache Wörterbuch. Heidelberg 1913 [534 p.; 2° éd. 1922].

Sheridan 1780 = Th. Sheridan: General Dictionary of the English Language. Londres 1780.

Siebs 1931 = Theodor Siebs: Rundfunkaussprache. Berlin 1931.

Siebs 1969 = Siebs Deutsche Aussprache. Reine und gemäßigte Hochlautung mit Aussprachewörterbuch. Hrsg. H. de Boor/H. Moser/Chr. Winkler. 19. umgearb. Aufl. Berlin 1969 [394 p.; 1. éd. Theodor Siebs: Deutsche Bühnenaussprache. Hochsprache, 1898, 15. éd. 1930; 16. éd. Deutsche Hochsprache, 1957].

Slovar' = Slovar' udarenij. (V pomošč diktoru). Moscou 1954.

Smart 1836 = B. H. Smart: Walker remodelled. Londres 1836.

Spiers/Surenne 1858 = A. Spiers/G. Surenne: French Pronouncing Dictionary. New York 1858.

Sprav. = Spravočnik (V pomošč diktoru). Moscou 1951.

Strevens 1974 = Peter Strevens: A Short Pronouncing Dictionary of Modern English. Londres 1974.

Tardy 1799 = Abbé Tardy: An Explanatory Pronouncing Dictionary of the French Language (in French and in English). Londres 1899.

Tătaru 1984 = Ana Tătaru: Dicționar de pronunțare a limbii române — Rumanian Pronouncing Dictionary. 2 vol. Heidelberg 1984 [450, 500 p.].

Vanvik 1985 = Arne Vanvik: Norsk Uttaleordbok. A Norwegian Pronouncing Dictionary. Oslo 1985 [341 p.].

Varney-Pleasants 1960 = Jeanne Varney-Pleasants: Phonetic French Dictionary. New York 1960 [records].

Viëtor 1931 = Wilhelm Viëtor: Deutsches Aussprachewörterbuch. Leipzig 1931. [498 p.; 1° éd. 1908—1912].

Vizetelly 1929 = F. H. Vizetelly: Deskbook of 25,000 Words Frequently Mispronounced. Londres 1929 [XXXVI, 906 p.; 1917].

Walker 1791 = John Walker: A Critical Pronouncing Dictionary of the English Language. Londres 1791.

Warnant 1962 = Léon Warnant: Dictionnaire de la prononciation française. Gembloux (Belgique) 1962 [I, noms communs 414 p.] 1966 [II, noms propres, 236 p.].

Warnant 1988 = Léon Warnant: Dictionnaire de la prononciation française dans sa norme actuelle. Gembloux 1988 [CXVII, 989 p.].

West/Endicott 1946 = Michael Philip West/James Gareth Edicott: The New Method English Dictionary. Londres 1946.

6.2. Travaux

Alfonso 1956 = Luis Alfonso: Necesidad de un diccionario prosódico. In: Memoria del Segundo Congreso de Academias de la Lengua Española. Madrid 1956.

Bronstein 1984 = Arthur J. Bronstein: Updating a Dictionary of American English Pronunciation. In: Lexeter '83 Proceedings. Papers from the International Conference on Lexicography (1983). Dir. par R. R. K. Hartmann. Tübingen 1984, 51—57.

Flydal 1974 = Leiv Flydal: Autour d'un dictionnaire de la prononciation française. In: The Norwegian Journal of Linguistics 29. 1974, 52—53.

Hausmann 1985 = Franz Josef Hausmann: Lexikographie. In: Handbuch der Lexikologie, sous la dir. de Chr. Schwarze/D. Wunderlich. Frankfurt 1985, 367—411.

Lurquin 1982 = G. Lurquin: The orthophonic dictionary. In: Lexicography in the Electronic Age. Proceedings of a Symposium in Luxembourg (1981), sous la dir. de J. Goetschalck/L. Rolling. Amsterdam. New York. Oxford 1982, 99—107.

Mangold 1979 = Max Mangold: Aussprachewörterbücher. In: Sprache und Sprechen. Festschrift für Eberhard Zwirner zum 80. Geburtstag. Tübingen 1979, 141—148.

Martinet 1964 = André Martinet: Pour un dictionnaire de la prononciation française. In: In Honour of Daniel Jones. Londres 1964 (repris dans A. M., Le français sans fard. Paris 1969, 121—131).

Pyles 1973 = T. Pyles: Review of A Concise Pronouncing Dictionary of British and American English. In: American Speech 48. 1973, 108—117.

Quemada 1967 = Bernard Quemada: Les dictionnaires du français moderne 1539—1663. Paris 1967.

Quilis 1982 = Antonio Quilis: Diccionarios de pronunciación. In: Lingüística Española Actual 4. 1982, 325—332.

Sletsjöe 1970 = Leif Sletsjöe: Note sur les dictionnaires de pronunciation. In: Mélanges Straka. Phonétique et linguistique romanes. Lyon. Strasbourg 1970, I, 255—261.

Sundby 1980 = Bertil Sundby: A Dictionary of Early Modern English Pronunciation (DEMEP) 1500—1800. A DEMEP Manual. Univ. de Bergen (Norvège) 1980 (Linguistic Project Reports, 1).

Tomimori 1985 = Nobuo Tomimori: L'écriture japonaise et la double articulation. In: Graphie-Phonie, sous la dir. d'Henriette Walter. Laboratoire de phonologie de l'Ecole pratique des Hautes Etudes (4° Section) Sorbonne. Paris 1985, 41—59.

Walter 1975 = Henriette Walter: Dictionnaire sur enquête de la prononciation du français. In: Folia Linguistica 7. 1975, 165—175.

Walter 1976 = Henriette Walter: La dynamique des phonèmes dans le lexique français contemporain. Paris 1976.

Henriette Walter, Rennes/Paris (France)

142. Das Flexionswörterbuch

1. Funktion und Verbreitung des Flexionswörterbuchs
2. Zur Typologie des Flexionswörterbuchs
3. Literatur (in Auswahl)

1. Funktion und Verbreitung des Flexionswörterbuchs

Das Flexionswörterbuch, das auch morphologisches Wörterbuch genannt wird, informiert über das Formenparadigma einer ausgewählten Anzahl von Wörtern, vornehmlich Verben (Konjugationswörterbuch), zusätzlich auch anderer Wortarten. Voraussetzung ist eine gewisse Unregelmäßigkeit in der Morphologie, weshalb entsprechende Werke für das Englische fehlen. Das Flexionswörterbuch ist ein Hilfsmittel zur Textproduktion oder zur Formenerlernung.

Die klassische Sprache des Flexionswörterbuchs ist das Französische. Nach frühen Anfängen (Chabanel 1612) ist in der ersten Hälfte des 19. Jahrhunderts aus einer großen Zahl solcher Werke (z. B. Freu 1826, Radiguel 1836) ein Klassiker erwachsen (Bescherelle 1843), dessen Name zum Synonym für

Konjugationswörterbuch geworden ist. Seiner heutigen Version (Bescherelle 1981) stehen aber bezeichnenderweise drei Konkurrenten gegenüber (Nathan 1978, Larousse 1980, Hachette 1984). Stark ausgeprägt ist das Konjugationswörterbuch ferner für das Spanische (Alsina 1969, Bescherelle 1984a, González 1983, Lazzati 1962, Sánchez 1979), daneben aber auch für das Portugiesische (Silva 1977, Moura 1985), das Italienische (Gabrielli 1971, vgl. auch Mastrofini 1814), das Rumänische (Lombard/Gâdei 1981), das Deutsche (Strutz 1972) und nicht zuletzt das Russische (Daum/Schenk 1984, Efremova 1986).

33 haïr

___ INFINITIF _____ **___ PARTICIPE _____**

	Présent		Passé			Présent		Passé	
	haïr		avoir haï			haïssant		haï, e	
	[air]		[avwarai]			[aisɑ̃]		[ai]	

___ INDICATIF _____ **___ SUBJONCTIF _____**

	Présent		Passé composé			Présent		Passé	
je	hais	[ɛ]	ai	haï	q. je	haïsse	[ais]	aie	haï
tu	hais	[ɛ]	as	haï	tu	haïsses	[ais]	aies	haï
il	hait	[ɛ]	a	haï	il	haïsse	[ais]	ait	haï
ns	haïssons	[aisɔ̃]	avons	haï	ns	haïssions	[aisjɔ̃]	ayons	haï
vs	haïssez	[aise]	avez	haï	vs	haïssiez	[aisje]	ayez	haï
ils	haïssent	[ais]	ont	haï	ils	haïssent	[ais]	aient	haï

	Imparfait		Plus-que-parfait			Imparfait		Plus-que-parfait	
je	haïssais	[aisɛ]	avais	haï	q. je	haïsse	[ais]	eusse	haï
tu	haïssais	[aisɛ]	avais	haï	tu	haïsses	[ais]	eusses	haï
il	haïssait	[aisɛ]	avait	haï	il	haït	[ai]	eût	haï
ns	haïssions	[aisjɔ̃]	avions	haï	ns	haïssions	[aisjɔ̃]	eussions	haï
vs	haïssiez	[aisje]	aviez	haï	vs	haïssiez	[aisje]	eussiez	haï
ils	haïssaient	[aisɛ]	avaient	haï	ils	haïssent	[ais]	eussent	haï

___ CONDITIONNEL _____

	Futur simple		Futur antérieur			Présent		Passé	
je	haïrai	[aire]	aurai	haï	je	haïrais	[airɛ]	aurais	haï
tu	haïras	[aira]	auras	haï	tu	haïrais	[airɛ]	aurais	haï
il	haïra	[aira]	aura	haï	il	haïrait	[airɛ]	aurait	haï
ns	haïrons	[airɔ̃]	aurons	haï	ns	haïrions	[airjɔ̃]	aurions	haï
vs	haïrez	[aire]	aurez	haï	vs	haïriez	[airje]	auriez	haï
ils	haïront	[airɔ̃]	auront	haï	ils	haïraient	[airɛ]	auraient	haï

___ IMPÉRATIF _____

	Passé simple		Passé antérieur			Présent		Passé	
je	haïs	[ai]	eus	haï					
tu	haïs	[ai]	eus	haï		hais	[ɛ]	aie	haï
il	haït	[ai]	eut	haï					
ns	haïmes	[aim]	eûmes	haï		haïssons	[aisɔ̃]	ayons	haï
vs	haïtes	[ait]	eûtes	haï		haïssez	[aise]	ayez	haï
ils	haïrent	[air]	eurent	haï					

44

Textbeispiel 142.1: Ausschnitt aus einem Konjugationswörterbuch des Französischen (aus: Larousse 1980)

2. Zur Typologie des Flexionswörterbuchs

Sieht man einmal von dem mehr oder weniger umfangreichen Metatext ab, so lassen sich zweiteilige und einteilige Wörterbücher unterscheiden. Das häufigere zweiteilige Wörterbuch besteht aus einem systematisch geordneten Paradigmateil (im Französischen in der Regel rund 100 Paradigmen) und einer alphabetischen Wortliste (von bis zu 30 000 Einträgen), welche jedes Wort seinem Paradigma zuweist. Das einteilige Wörterbuch integriert die morphologische Information in die Wortliste (vgl. Daum/Schenk 1984 mit knapper Information zu 20 000 russischen Verben) oder ordnet eine größere Anzahl Paradigmen in alphabetischer Reihenfolge (rund 500 in Strutz 1972 und Alsina 1969). In den Paradigmenteilen werden die Formen in der Regel graphisch realisiert. Larousse 1980 setzt eine phonetische Transkription hinzu (vgl. Textbeispiel 142.1); Lerond 1980, XXVI—LXX ordnet 500 Verbparadigmen nach phonetischen Gesichtspunkten.

Die Wortlisten, welche nur selten über die Verben hinausgehen (Lombard/Gâdei 1981, Efremova 1986), sind mit mehr oder weniger reichhaltiger Mikrostruktur ausgestattet. Statt der nahezu nackten Liste (Larousse 1980) findet man auch eine zweistufige (Bescherelle 1981) oder gar dreistufige (Hachette 1984) typographische Frequenzmarkierung und/oder minimale Konstruktionsangaben. Bescherelle 1984a, 211—242 annexiert ein Konstruktionswörterbuch, Caput 1969 kombiniert ein zweiteiliges Konjugationswörterbuch mit einem ausgeprägten Konstruktionswörterbuch.

Zur besseren Benutzbarkeit im Ausland sind die Wortlisten gelegentlich zweisprachig (Larousse 1985, Daum/Schenk 1984, González 1983). Bescherelle 1984, das gegenüber Bescherelle 1981 auch im Metatext stark erweitert ist, enthält ein regelrechtes herübersetzendes Verbwörterbuch mit zahlreichen Einträgen, die auch in den größten französisch-deutschen Gesamtwörterbüchern fehlen (z. B. *recoquiller*), die ein deutscher Benutzer nicht zu lernen braucht und deren Morphologie so regelmäßig ist, daß eine Nachschlagehandlung im Konjugationswörterbuch wenig plausibel erscheint. Statt sich streng an die Grundfunktion des Flexionswörterbuchs zu halten, wurde hier unreflektiert das Exhaustivitätsstreben des 19. Jahrhunderts übernommen.

Einige morphologische Wörterbücher sind in besonderer Weise spezialisiert. Das gilt im Bereich des Nomens für die französischen Genuswörterbücher (Brunet 1839, Huot 1983), in denen (aus englischer Sicht) in zwei Makrostrukturen die typischen Wortendungen alphabetisch geordnet und jeweils mit Ausnahmeliste versehen werden. In der Makrostruktur der maskulinen Endungen erscheint z. B. die Endung *-age* mit den bekannten 10 Ausnahmewörtern. Im Bereich des Adjektivs gibt es das Wörterbuch der lateinischen Komparativformen (Rémy 1850, vgl. zu den französischen Partizipien Bescherelle 1842). Hingegen wird man das belegende Wörterbuch alphabetisch aufgelisteter unregelmäßiger Wortformen des Latein (Georges 1890) wegen gänzlich anderer Funktion nicht zum Typ des Flexionswörterbuchs zählen.

3. Literatur (in Auswahl)

3.1. Wörterbücher

Alsina 1969 = Ramón Alsina: Todos los verbos castellanos conjugados. Barcelona 1969 [245 S., 10. Aufl. 1980].

Bescherelle 1842 = Louis-Nicolas Bescherelle: Dictionnaire grammatical usuel des participes français classés par les catégories et par ordre alphabétique de terminaisons, avec la solution analytique et raisonnée de toutes les difficultés auxquelles peuvent donner lieu les participes sous le rapport de leur orthographe, de leur usage, de leur construction et de leur syntaxe. Ouvrage entièrement neuf et le premier de ce genre; suivi d'une liste alphabétique de tous les verbes usuels contenus dans le volume. Paris 1842.

Bescherelle 1843 = Louis-Nicolas Bescherelle: Dictionnaire usuel de tous les verbes français, tant réguliers qu'irréguliers, entièrement conjugués, contenant, par ordre alphabétique, les 7000 verbes de la langue française avec leur conjugaison complète et la solution analytique et raisonnée de toutes les difficultés auxquelles ils peuvent donner lieu sous rapport de leur orthographe, de leur prononciation, de leur construction, de leur syntaxe, et notamment de l'emploi de leurs modes, temps, personnes. 2 vol. Paris 1843.

Bescherelle 1981 = Le Bescherelle 1. L'art de conjuguer. Dictionnaire de 12 000 verbes. Nouvelle éd. Paris 1981 [158 S.].

Bescherelle 1984 = Le nouveau Bescherelle. L'Art de conjuguer. Dictionnaire de douze mille verbes. Für das deutsche Sprachgebiet bearbeitet v. Dieter Langendorf. Frankfurt a. M. 1984 [280 S.].

Bescherelle 1984a = Francis Mateo/Antonio J. Rojo Sastre: Bescherelle. El arte de conjugar en español. Paris 1984 [251 S.].

Brunet 1839 = J. Brunet: French Genders, alphabetically arranged by the terminations of the nouns. Paris 1839 [51 S.].

Caput 1969 = Josette Caput/Jean-Pol Caput: Dictionnaire des verbes français. Paris 1969 [589 S., 2. Aufl. 1980].

Chabanel 1612 = Jean de Chabanel: Verbes irréguliers et défectueux. In: Id., Les sources de l'élégance françoise. Toulouse 1612, 160—203.

Daum/Schenk 1984 = Edmund Daum/Werner Schenk: Die russischen Verben. Grundformen, Aspekte, Rektion, Betonung, deutsche Bedeutung. 13. Aufl. Leipzig 1984 [742 S., 1. Aufl. 1954; engl. Ausgabe u. d. T. A Dictionary of Russian Verbs].

Efremova 1986 = T. F. Efremova/V. G. Kostomarov: Slovar' grammatičeskich trudnostej russkogo jazyka. Moskau 1986 [411 S.].

Freu 1826 = J.-B. Freu: Manuel des verbes irréguliers français conjugués. Paris 1826 [345 S.].

Gabrielli 1971 = Aldo Gabrielli: Dizionario dei verbi italiani regolari e irregolari. Milano 1971 [259 S.].

Georges 1890 = Karl Ernst Georges: Lexikon der lateinischen Wortformen. Leipzig 1890 [761 S.; Nachdruck Hildesheim 1967].

González 1983 = A. Gonzáles Hermoso: Los verbos españoles. Lycées, classes préparatoires aux grandes écoles, facultés. Paris 1983 [128 S.].

Hachette 1984 = Henri Bénac/Pierre Burney: Guide de conjugaison. Paris 1984 [253 S.].

Huot 1983 = Cécile Huot: Dictionnaire des genres. Le féminin — le masculin en un clin d'œil. Montréal 1983 [127 S.].

Larousse 1980 = Larousse de la conjugaison. Paris 1980 [176 S.].

Larousse 1985 = Verbformen Französisch zum Nachschlagen. München 1985 [175 S.].

Lazzati 1962 = Santiago Lazzati: Diccionario del verbo castellano; como se conjugan todos los verbos españoles y americanos. Buenos Aires 1962 [423 S.; 2. Aufl. 1968]

Lerond 1980 = Alain Lerond: Dictionnaire de la prononciation. Paris 1980 [LXXVII, 589 S.].

Lombard/Gâdei 1981 = Alf Lombard/Constantin Gâdei: Dictionnaire morphologique de la langue roumaine permettant de connaître la flexion entière des mots qui en possèdent une: substantifs, adjectifs, pronoms, verbes. Lund. Bukarest 1981 [IX, 70, 104, 232 S.].

Mastrofini 1814 = M. Mastrofini: Teoria o prospetto, o sia dizionario critico dei verbi italiani coniugati. Rom 1814 [2. Aufl. 1830].

Moura 1985 = Fernando Moura: Grammaire des verbes portugais. Albufeira 1985.

Nathan 1978 = J. Bertrand/M. Guinard: Dictionnaire pratique de conjugaison. 10 000 verbes. Formes et espèces. Paris 1978 [208 S.].

Radiguel 1836 = A. Radiguel: Le formulaire général des verbes français, donnant l'orthographie et l'emploi des 225 765 formes des 4808 verbes français. Paris 1836 [68 S.].

Rémy 1850 = Joseph Rémy: Dictionnaire des 2850 comparatifs et superlatifs de la langue latine avec leurs définitions françaises. Paris 1850 [46 S.].

Sánchez 1979 = Mariano Sánchez: Prontuario de conjugación de los verbos de la lengua castellana. Nueva edición reformada. Paris 1979 [246 S.].

Silva 1977 = Emídio Silva/António Tavares: Dicionário dos verbos portugueses. Conjugação e regências. Porto 1977 [844 S.].

Strutz 1972 = Henry Strutz: 501 German Verbs. Fully conjugated in all the tenses. Alphabetically arranged. Woodbury, New York 1972 [523 S.].

Franz Josef Hausmann, Erlangen (Bundesrepublik Deutschland)

143. The Frequency Dictionary

1. Definition and Typology
2. Problem Areas
3. Functions and Applications
4. History
5. Selected Bibliography

1. Definition and Typology

Prototypically speaking, frequency dictionaries are books that give a systematic representation of the frequential aspect(s) of a vocabulary, making use of a two-dimensional structure, viz. a macro- and a microstructure.

Starting from such a general *coredefinition* we do not exclude more peripheral cases, only we will regard the latter as less central indeed. As a consequence, in this article we will not deal with *frequency lists* of phonemes or phoneme-clusters (see e.g. Roberts 1965), neither of morphemes (see e.g. Ljung 1974), nor of grammatical structures (see e.g. De Vriendt-De Man 1971a) etc., although such works sometimes are and can be called frequency dictionaries.

Basically a frequency dictionary then deals with macrostructural items called "words" (cf. infra) and informs us about the frequential behaviour of these items: the microstructure will at least contain a frequency measure and sometimes other derived or related values.

An extract of such a dictionary could be the following:

administrer	5
admirable	34
admirablement	8
admiration	20
admirer	32
admis	10
adopté	8
adopter	27
adorable	7
adorer	25

Ill. 143.1: Extract from a French frequency dictionary based on Juilland e. a. 1970

The fragment to be found in Juilland e. a. 1970 actually looks as follows:

administrer *v.*		**3.41**		**5**		**68.37**
	5	1	0	2	1	1
administre	2	1	0	0	0	1
administrée	2	0	0	2	0	0
administrer	1	0	0	0	1	0
admirable *aj.*		**28.21**		**34**		**82.97**
	34	6	4	11	7	6
admirable	24	6	3	6	6	3
admirables	10	0	1	5	1	3
admirablement *av.*		**3.64**		**8**		**45.51**
admirablement	8	5	0	1	1	1
admiration *n.*		**12.41**		**20**		**62.08**
	20	2	2	10	3	3
admiration	16	1	2	7	3	3
admirations	4	1	0	3	0	0

Dictionary excerpt 143.1: Example of a frequency dictionary (from Juilland e. a. 1970, 10)

Even without knowing any further details one can notice that the second figure has a more detailed *microstructure*. As a matter of fact, the following information is to be found: the first line provides the entry word, printed in bold type, followed by a part-of-speech abbreviation, the figures stand respectively for the coefficient of usage, that of frequency and that of dispersion (cf. infra sub 2.2.). The second line provides the total number of occurrences, followed by the number of occurrences in each genre (Juilland e. a. 1970 contains five genres or strata of 100,000 word tokens each). If there are any morphological variants they are mentioned on the following lines containing the same kind of information as mentioned for the second line.

The examples above will have made clear that, as with other dictionaries, all differences between frequency dictionaries can be brought down to differences of features in macro- and/or microstructure.

Differences with regard to macrostructure in the first place are due to the *lexical selection* made, the degree of exhaustivity the dictionary exhibits; there will be general frequency dictionaries as opposed to frequency dictionaries of sublanguages, e.g., the latter leading in the extreme case to frequency dictionaries of one particular individual in one particular communicative situation during one particular period of time (see e.g. Cotteret/Moreau 1969 for a frequency dictionary of the radiospeeches of General De Gaulle during the period 1958—1965). Because of the fact that natural languages, by their very nature, are variable, the most important domains of this variation, viz. the geographical, the social, the individual, the temporal and the content variation may and will be found back as restrictions in the macrostructure of the frequency dictionary (for some of these restrictions see e.g. Schonell e. a. 1956).

Closely linked to the preceding is the *size of the corpus* serving as an empirical basis for the dictionary: as a rule the larger the corpus, the more items to be found in the macrostructure (cf. infra sub 2.1.), although here too a selection can be made (Juilland e. a. 1970 only mentions words with a coefficient of usage of 3.00 or more, resulting in 5,082 entries).

Other macrostructural differences are based upon the *form of the entries* (lemmata vs. word forms e.g.) or their *arrangement* (alphabetical, according to descending frequency, or reverse-alphabetical e.g.). An example of such different arrangements is to be found in dictionary excerpt 143.2 underneath (list A is taken from Hofland/Johansson 1982 and ranks English word forms alphabetically; list B is taken from the same source but now word forms are arranged according to frequency, the most frequent item ranking top most, followed by the second frequent item etc.; list C finally is taken from

List A

achievement	34	10	28
achievements	13	6	11
achieves	2	2	2
achieving	7	3	4
Achilles	1	1	1
achimenes	2	1	1
aching	6	4	6
acid	44	7	10
acide FO	7	1	1
acides FO	3	1	1
acidifying	1	1	1
acidity	2	2	2
acids	1	1	1

List B

the	68 315	15	500
of	35 716	15	500
and	27 856	15	500
to	26 760	15	500
a	22 744	15	500
in	21 108	15	500
that	11 188	15	500
is	10 978	15	493
was	10 499	15	479
it	10 010	15	499
for	9 299	15	500
he	8 776	15	441
as	7 337	15	500

List C

GASTVROUW	12
WEEFGETOUW	2
SLEEPTOUW	2
VOUW	5
STUW	2
EX	3
COMPLEX	8
CRUCIFIX	5
ORTHODOX	9
HOBBY	2
EFFICIENCY	3
BODY	2
WHISKY	5
PONY	4
BOY	7
COWBOY	2
SHERRY	4

Dictionary excerpt 143.2: Examples of frequency dictionaries (taken from Hofland/Johansson, 1982, 85 (A) and 44 (B) and from Martin 1971, 148 (C))

Martin 1971 listing Dutch lemmata reverse alphabetically, at the end of such a list come words *ending* in *w, x, y* such as the fragment shows).

As to the *microstructure,* here again different features will lead to (more or less) different dictionaries. In this case too it will be the *selection* and the *presentation* of the (microstructural) elements that will entail differences. Next to *(absolute) frequential data* proper, one will e.g. find *distributional data* (cf. excerpt 143.1 the coefficient of dispersion) or *derived/modified frequential data* (cf. excerpt 143.1: the coefficient of usage; other "derivations" are e.g. relative frequency and absolute/relative cumulative frequency).

The microstructural presentation may not only include *morphological* variants as shown in excerpt 143.1, but *semantic* variants as well, as is the case in West 1953 where the several meanings of the entry words are distinguished.

On the basis of the foregoing macro- and microstructural distinctive features a detailed characterization of any frequency dictionary becomes possible without having to turn to a rigid, categorial, pre-stored, classification which is a priori incomplete and defective (see also Geeraerts 1984).

2. Problem Areas

In what follows we want to point at two problem areas which are typical for the construction of *general* frequency dictionaries. Problematic issues which these dictionaries share with other dictionaries such as the assessment of the basic units with which to work (think of lemmatization, the treatment of polysemy, homonymy, "roots" etc.) will be left out here (for a treatment of these problems within a frequential framework see Muller 1979, 125—143 and 371—390).

2.1. The Sample-Population Model

As a rule frequency dictionaries should inform about numerical characteristics of vocabulary items. In most cases the *absolute frequency* of these items is considered the most important and therefore an obligatory numerical characteristic (see Alekseev 1984, 21). That means that one expects to find next to the entry word the number of occurrences with which it appears in a given text corpus. "*The* 68,315" (cf. excerpt 143.2 list B) means then that *the* appears 68,315 times in the LOB-corpus of 1,000,000 wordtokens (see Hofland/Johansson 1982). Moreover, as the above-mentioned corpus is meant to be a standard corpus for written British English, one may expect to be able to generalize from this corpus to the population it stands for, in other words, this corpus should provide us with an expectation pattern for *the* to occur in other samples from the same population.

As one can observe, frequency dictionaries make use of what is known to be the *sample-population model* (see Martin 1977, 191). Using this model poses, of course, no problem at all if sample and population completely overlap, such as is the case when one restricts the population to òne individual in òne communicative situation at òne moment of time: the problem (of how to extrapolate from part (sample, corpus) to whole (population) can also be (more easily) overcome if the population under study is a closed, finite one, as is e.g. the case when studying phonemes. More problematic it is to work with the mentioned model when dealing with *infinite* and *non-homogeneous* populations such as the lexicon.

The first problem, that of the infinity of the lexicon — a. o. exemplified by the fact that new samples, as a rule, give rise to new, not yet "observed", lexical items and so influence their frequency — is, at first sight, more of a practical than of a theoretical nature. Indeed as the following expression makes clear

$$\| f_n(A) - p(A) \| \to 0$$
$$\text{if } n \to \infty$$

the absolute difference between the relative frequency of a word A in a sample and its probability in the population tends to zero the larger the sample becomes. As a rule compilers of general frequency dictionaries try to solve this problem by taking large corpora into account (the lower limit being some 500,000 word tokens). As to the upper limit it seemed that with the advent of computers this limit could be easily shifted upwards. In actual practice however one can observe that up till now few of the published frequency dictionaries exceed Kaeding's corpus of 11 million wordtokens published in 1897—1898. This is not only due to the amount of work and costs such an undertaking still implies, but also to the lack of studies into the size of corpora and their predictive power for lexical (frequential) structures (see Alekseev 1984, 54—63 and Frumkina 1964). Finally as will become clear from what follows, the size problem and its solution is connected to the problem of the heterogeneity of the material as well.

A large corpus is no guarantee for reliability or representativeness. The fact that language is a non-homogeneous population makes it difficult, not to say impossible, to draw representative, i.e. random, samples from it. Taking English as a case in point one could argue that there is not just òne English language, but several more or less related Englishes which lie on a kind of continuum. Consequently if one is not able to exactly define the population one wants to study, it is, statistically speaking, not possible to draw representative samples from it.

On the other hand, one will observe that the variation which language exhibits is not an accidental, but a patterned one: all natural languages show variation along the same lines. This means that, as a rule, they will vary depending on the geographical area they are spoken in, the social group that uses them, the communicative context they function in, the time they are uttered and the content they deal with. One can moreover fix reference points along these lines: so e.g. on the regional or geographical axis a reference point for the standard variant can be defined. Taking this situation into account has led many frequency dictionary makers to the conclusion that, in order to solve both the problem of infinity and heterogeneity of the lexicon, they should make use of a *stratified corpus* as an empirical foundation to base their frequency counts on. In Martin 1988 c it is suggested that ideally one should start from a non-specified *stratification frame* not only taking into account the (geographical, social, communicative, temporal and content) parameters mentioned, but also mode (written ↔ spoken) and understandability (general/literary/technical varieties). Texts can then be situated within this multidimensional structure. The choice for texts to be taken up in the underlying *exemplary* corpus (see also Bungarten 1979) is defined by preference mechanisms which are governed not only by linguistic but by pragmatic criteria (such as function of the dictionary e.g.) as well.

2.2. Lexical Frequency

Frequency dictionaries, by the content of their microstructure (numerical data) and/or by the arrangement of their macrostructure (often according to descending frequency), create the impression of *stable, hierarchical orderings*. The belief in this apparent truth becomes somewhat less firm if one compares (analogous) frequency dictionaries with each other only to find out that they lead to quite puzzling and contradictory results. Why e.g. does **bacon** occur twice as many times (27 versus 15) as **cheese** in one list (Hofland/ Johansson 1982), and why do we find just the reverse in another (27 versus 52, cf. Geens 1975)? In the same line it is quite strange to find out that **November** occurs more often than **October** in one list (74 versus 51), to find again just the opposite in another (50 versus 79) (see Hofland/Johansson 1982, 514—515). All this rather seems to point at lexical frequency as something unstable, variable and even counter-intuitive. Given these facts researchers have taken up several different attitudes as we will make clear in what follows.

2.2.1. 'Raw' Frequency Dictionaries

In these dictionaries the frequency such as it is found in the underlying corpus is given without any modification. This creates the rather fallacious impression of stability, lexical frequency then being considered as the true reflection of a fixed probability of occurrence (which is in itself a contradiction in terms). Most frequency dictionaries published before 1960 fall within this class, although several among them (e.g. Vander Beke 1929) give next to frequency also information about *range* (= the number of different sources the item occurs in), thus announcing the next approach.

2.2.2. Frequency Modified by 'Objective' Distributional Criteria

With a growing knowledge in statistics among linguists the insight that raw frequency data as such needed some modification in order to reflect probabilities came to win more and more ground. The publication of standard works in quantitative linguistics such as Guiraud 1959, Herdan 1964 and Muller 1968 for sure has given a new impetus to quantitative lexicological works. Among the most prominent researchers in this field are to be mentioned: Juilland, who developed the *usage coefficient* in which frequency was modified by dispersion (so that e.g. a word with the same frequency as another one but with a more even distribution of that frequency could rank higher than the latter, cf. Juilland e. a. 1970, XLVIII — LXI), and Carroll, who elaborated upon the usage coefficient and developed it into what he called the *Standard Frequency Index* (see Carroll 1970).

2.2.3. Frequency Combined With 'Subjective' Criteria

Trying to apply the findings in frequency dictionaries to the field of vocabulary teaching/learning it was soon discovered that the former were not informative enough. Such as the 'objective' criteria mentioned in the preceding paragraph tried to modify the concept of stability, the so-called 'subjective' criteria tried to bring the data more in accordance with intuition. A. o. it was observed that many so-called common 'available' words were lacking in (the top of) frequency dictionaries. So one could happen to find e.g. **knife,** but not **fork** nor **spoon** (although the latter two are available to any English native speaker) (see Juilland e. a. 1970, XXVII). To remedy this situation, frequency lists were completed by lists of 'available words' *(mots disponibles)*. In order to establish the latter, subjects were asked to write down the (first 20) words which came to their mind when confronted with certain fields of interest (*centres d'intérêt*). The most frequent words gathered this way were added to the top of the frequency list to form a basic vocabulary. The idea of *availability* was originally developed by Gougenheim and his team leading to the publication of *Le français fondamental* (see Gougenheim e. a. 1964). Other researchers took over this idea or modified it. So e.g. Richards 1970 who developed it into a *familiarity* index (expressing native speakers' opinions on word-frequency).

2.2.4. An Objective-Subjective Approach to Lexical Frequency

In the bilingual dictionary English-Dutch edited by Martin/Tops in 1984 all English words are given a frequency value. The main difference with the preceding approaches can be summarized as follows (see Martin 1983 and Martin 1988 a and b): first of all lexical frequencies are no longer taken to be lying on a *ratio scale* but on an *ordinal one*. This means that, comparable to the distinctions made by native speakers frequentially speaking, these distinctions will be taken to lie on a scale moving from very frequent (marked f4 in the dictionary), over frequent (f3), over neutral (f2, neither frequent nor infrequent), over infrequent (f1) towards rare (f0, not marked). In this dictionary e.g. **bacon** and **cheese** will get the same frequency value (f3) such as will be the case for **October** and **November** (f3).

In the second place a new technique to define lexical frequency is developed: as lexical frequency is not innate, frequency-lists, i.e. linguistic usage, are taken as a starting point, the values to be found there however are transformed to their communicative impact, thus simulating the frequential lexical communicative competence native speakers have at their disposal. In doing so a new conceptual framework has been developed trying to supersede the objective/subjective dichotomy (for a full discussion see Martin 1983).

3. Functions and Applications

Frequency dictionaries can, of course, be used as linguistic instruments in their own right. As such they inform about *pragmatic particularities* be it that the latter are mostly concomitant features (that **ire** (as compared to **anger** or **fury**) e.g. occurs so rarely in English is linked up with the fact that the word is restricted to written language and is reserved for a literary or formal context). As a matter of fact it is rather striking that frequency labels are not very often integrated into the linguistic description of mono- or bilingual dictionaries. Exceptions to this rule are the Van Dale-dictionaries, see e.g. Al e. a. 1983, Cox e. a. 1983, Martin/Tops 1984 and Van Sterkenburg/Pijnenburg 1984.

Next to their purely linguistic descriptive function frequency dictionaries are often used by *language didacticians* in their attempts to construct a basic vocabulary. Frequency dictionaries are also research instruments for *psycholinguists* where they provide material for all kind of experiments (e.g. word recognition tests) or can bring evidence for the construction of the mental lexicon. Furthermore one will find frequency dictionaries used in *stylometric studies* mostly as a kind of norm or yardstick against which possible deviations can be evaluated. Last but not least a well conceived frequency dictionary can lend excellent services in the construction of the lexical component of *natural language processing systems*.

4. History

The history of frequency dictionaries is closely linked with the history of word counts. A survey of the latter (at least up till the mid-fifties) is given in Harkin 1957. As is stated there "the first scientific approach to the vocabulary problem, to find how often words *are* used rather than what words might be used was made by William Gamble" (Harkin 1957, 114). Taking Gamble (1830—1886) as a starting-point then one can split up the history of frequency dictionaries into three periods, viz.:

— from the early beginnings (19th century) till 1920;
— from 1920 till 1960;
— from 1960 onwards.

4.1. From the 19th Century Till 1920

As was stated before, word frequencies were often applied for other than pure linguistic purposes. In the preceding paragraph we have mentioned those applications that are most prominent at the moment. In the very beginning, however, frequency dictionaries were meant as tools primarily serving other than linguistic/literary purposes. Gamble's book *Two lists of selected characters containing all in the Bible and twenty-seven other books* e.g. (Gamble 1861) contained a frequency count of Chinese characters and was conceived as a help for the compositor. The second statistical study of vocabulary, Kaeding 1897—1898, had such a practical, non-linguistic aim as well: the frequency of words was determined in order to develop a new method for shorthand. It will only be in the second period, with the advent of applied linguistics, that other applications will come to the fore.

4.2. From 1920 Till 1960

With the growing interest in the teaching of foreign languages, the importance and significance of frequency dictionaries increased. Keniston 1920 was "the first to go in extensively for the application of the results of statistical word counts to the teaching of a foreign language, in this case Spanish" (Harkin 1957, 115) and soon thereafter his example was followed for such languages as English, French, German, Danish, Swedish, Norwegian, Icelandic, Dutch, Latin, Russian, Portuguese, Arabic, Canarese, Hindi and Bengali. Around 1960, however, one can notice that there comes an end to this boom and to the almost exclusive link between frequency dictionaries and (foreign) language teaching.

4.3. From 1960 Onwards

Word frequency dictionaries such as other "human" phenomena are children of their time. With the advent of computers and the drastic development of linguistics during the last decades, also frequency dictionaries have changed.

Computers first of all facilitated creating and exploring large corpora and so influenced greatly the underlying empirical basis of the work. On the other hand, mainly under the influence of transformationalism, precisely this empirical basis became controversial as being a performance source. Both computational and theoretical linguistics have given a new impetus to word frequency studies in general and word frequency dictionaries in particular, in that they have urged workers-in-the-field to find (better) solutions for the basic problems (the corpus issue and the status of lexical frequency) as outlined in paragraph 2. The fact that during the last decades greater attention has been paid to corpus construction, that more than ever frequency dictionaries for sublanguages have been published (see e.g. Alexeew e. a. 1973 and Hoffmann 1975 for work done respectively in the USSR and in the GDR in this field) and that new approaches to lexical frequency have been developed to become integrated into lexical databases and dictionaries, all can be seen as (direct or indirect) consequences of the changing (linguistic) scene. With the growing interest of linguists in the lexicon and the role it can play in natural language processing we can expect that this trend will continue so that, hopefully, in the near future some more progress will be achieved.

5. Selected Bibliography

5.1. Dictionaries

In this bibliography only *general* word frequency dictionaries are taken up. Furthermore the list is strongly biased to languages spoken in Western Europe. For additional information (on Easteuropean and other languages and books published before 1960) see Alekseev 1984, Keil 1965, and most introductions of the works mentioned. Not mentioned here either are computer print-outs of frequency lists of machine readable language corpora.

Al e. a. 1983 = Bernard P. F. Al (Ed.): Van Dale Groot woordenboek Frans-Nederlands. Utrecht 1983 [1579 p.].

Allén 1970, 1971 = Sture Allén: Nusvensk frekvensordbok baserad på tidningstext. Frequency dictionary of present-day Swedish based on newspaper material. — 1: Graford, Homografkomponenter. Graphic words. homograph components. Stockholm 1970 [XLVIII, 1066 p.] — 2: Lemman. Lemmas. Stockholm 1971 [XLVI, 1102 p.].

Bakonyi 1934 = Hugo Bakonyi: Die gebräuchlichsten Wörter der deutschen Sprache für den Fremdsprachenunterricht stufenmäßig zusammengestellt. München 1934.

Bortolini e. a. 1972 = U. Bortolini/C. Tagliavini/A. Zampolli: Lessico di frequenza della lingua italiana contemporanea. Milano 1971 [LXXX, 533 p.].

Carroll e. a. 1971 = John B. Carroll/Peter Davies/Barry Richman: The American Heritage Word Frequency Book. Boston 1971 [LIV, 856 p.].

Cheydleur 1929 = Frederic Cheydleur: French Idiom List. New York 1929 [154 p.].

Cox e. a. 1983 = Heinz L. Cox (Ed.): Van Dale Groot woordenboek Duits-Nederlands. Utrecht 1983 [1576 p.].

Dahl 1979 = Hartvig Dahl: Word Frequencies of Spoken American English. Detroit 1979 [XII, 348 p.].

De Jong 1979 = Eveline D. de Jong: Spreektaal. Woordfrequenties in gesproken Nederlands. Utrecht 1979 [144 p.].

De la Court 1937 = J. F. H. A. de la Court: De meest voorkomende woorden en woordcombinaties in het Nederlandsch. Batavia 1937.

De Vriendt-De Man 1971 a = Marie-Jeanne de Vriendt-de Man: Frequentie van Woorden en Structuren in Spontaan Gesproken Nederlands. Brussel 1971 [366 p.].

De Vriendt-De Man 1971 b = Marie-Jeanne de Vriendt-de Man: Enquête sur la disponibilité du vocabulaire en langue néerlandaise. Brussel 1971 [90 p.].

Dictionnaire des fréquences 1971 = Dictionnaire des fréquences: vocabulaire littéraire des XIXe et XXe siècles. Paris 1971 [1. Table alphabétique: XXII, 554 p., 555—1132, 1133—1708, 1709—2284; 2. Table des fréquences décroissantes: X, 575 p.; 3. Table des variations de fréquence: VIII, 451 p.; 4. Table de répartition des homographes: XV, 98 p.].

Eaton 1940 = Helen S. Eaton: Semantic frequency list for English, French, German and Spanish. A correlation of the first six thousand words in four single-language frequency lists. Chicago 1940 [440 p.].

Engels e. a. 1981 = Leopold K. Engels/Bea van Beckhoven/Theo Leenders/Ivo Brasseur: L.E.T. Vocabulary List. Leuven English Teaching Vocabulary List based on objective frequency combined with subjective word-selection. Leuven 1981. [XXII, 456 p.].

Francis/Kučera 1982 = Winthrop N. Francis/Hervey Kučera: Frequency analysis of English usage: lexicon and grammar. Boston 1982 [VI, 561 p.].

French e. a. 1930 = N. R. French/C. W. Carter Jr./Walter Koenig Jr.: The words and sounds of telephone conversations. In: Bell Telephone Systems Technical Journal 1930, 290—324.

Gamble 1861 = William Gamble: Two lists of selected characters containing all in the Bible and twenty-seven other books. Shangai 1861.

Geens 1975 = Dirk Geens: Analysis of Present-Day English Theatrical Language 1966—1972. Leuven 1975 [XXXVII, 93 p. + 143 p.].

Gougenheim 1958 = Georges Gougenheim: Dictionnaire fondamental de la langue française. Paris 1958 [253 p.].

Gougenheim e. a. 1964 = Georges Gougenheim/René Michéa/Paul Rivenc/Aurélien Sauvageot: L'élaboration du français fondamental (1er degré). Paris 1964 [302 p.].

Henmon 1924 = Vivian A. C. Henmon: A French Word Book based on a count of 400,000 running words. Madison 1924 [84 p.].

Hindmarsh 1980 = Roland Hindmarsh: Cambridge English Lexicon. Cambridge 1980 [210 p.].

Hofland/Johansson 1982 = Knut Hofland/Stig Johansson: Word frequencies in British and American English. Bergen 1982 [547 p.].

Horn 1926 = Ernest Horn: A basic writing vocabulary: 10,000 words most commonly used in writing. Iowa City 1926 [225 p.].

Howes 1966 = D. A. Howes: A word count of spoken English. In: Journal of Verbal Learning and Verbal Behaviour 5. 1966, 572—606.

Jelínek e. a. 1961 = M Jelínek/J. V. Bečka/M. Těšitelová: Frekvence slov, slovních druhů a tvarů v českém jazyce (The frequency of words, word categories and wordforms in Czech). Praha 1961.

Jones/Wepman 1966 = Lyle V. Jones/Joseph M. Wepman: A spoken word count. Chicago 1966 [60 p.].

Josselson 1953 = Harry H. Josselson: The Russian word count and frequency analysis of grammatical categories of standard literary Russian. Detroit 1953 [274 p.].

Juilland e. a. 1964 = Alphonse Juilland/E. Chang Rodriguez: Frequency Dictionary of Spanish Words. The Hague 1964 [LXXVIII, 500 p.].

Juilland e. a. 1965 = Alphonse Juilland/P. Edwards/Iliana Juilland: Frequency Dictionary of Rumanian Words. The Hague 1965 [LXXIV, 513 p.].

Juilland e. a. 1970 = Alphonse Juilland/Dorothy Brodin/Catherine Davidovitch: Frequency Dictionary of French Words. The Hague 1970 [LXXV, 503 p.].

Juilland e. a. 1973 = Alphonse Juilland/V. Traversa: Frequency Dictionary of Italian Words. The Hague 1973 [XLVII, 519 p.].

Kaeding 1897—98 = F. W. Kaeding: Häufigkeitswörterbuch der deutschen Sprache. Steglitz bei Berlin 1897—98 [671 p.].

Keniston 1920 = Hayward Keniston: Common Words in Spanish. In: Hispanica 3. 1920, 85—96.

Kučera/Francis 1967 = Henry Kučera/Winthrop N. Francis: Computational analysis of present-day American English. Providence 1967 [XXV, 424 p.].

Linschoten 1963 = J. Linschoten: De la Court's frekwentietelling van Nederlandse woorden. Utrecht 1963 [217 p.].

Martin 1971 = Willy Martin: Inverte frequentielijst van het Nederlands. Leuven 1971 [X, 243 p.].

Martin/Tops 1984 = Willy Martin/Guy Tops (Eds.): Van Dale Groot Woordenboek Engels-Nederlands (with frequency indications for the most common (= 24,836) English words). Utrecht 1984 [1594 p.].

Mackey 1971 = William F. Mackey: Le vocabulaire disponible du français. Paris 1971 [I: 534 p., II: 224 p.].

Meier 1964 = Helmut Meier: Deutsche Sprachstatistik I/II. Hildesheim 1964 [1967^2, 410 p. + 144 p.].

Nowikowa 1972 = Irene Nowikowa: 2380 slov: Die gebräuchlichsten Wörter der russischen Umgangssprache. Hamburg 1972 [112 p.].

Pfeffer 1964 = J. Allan Pfeffer: Grunddeutsch. Basic (Spoken) German Word List. Grundstufe. Englewood Cliffs 1964 [350 p.].

Pfeffer 1970 = J. Allan Pfeffer: Basic (Spoken) Word List. Level II. Preliminary Edition. Pittsburgh 1970.

Rosengren 1972 = Inger Rosengren: Ein Frequenzwörterbuch der deutschen Zeitungssprache. Die Welt — Süddeutsche Zeitung. 2 vol. Lund 1972 [1318, 1961 p.].

Ruoff 1981 = Arno Ruoff: Häufigkeitswörterbuch gesprochener Sprache: gesondert nach Wortarten, alphabetisch, rückläufig alphabetisch und nach Häufigkeit geordnet. Tübingen 1981 [516 p.].

Sangers 1969 = A. G. Sangers: 724 woorden: basis van het geschreven Nederlands. Amsterdam 1969 [31 p.].

Savard/Richards 1970 = Jean-Guy Savard/Jack Richards: Les indices d'utilité du vocabulaire fondamental français. Laval 1970 [169 p.].

Sciarone 1977 = Abondio G. Sciarone: Vocabolario fondamentale della lingua italiana. Bergamo 1977 [285 p.].

Thorndike/Lorge 1940 = Edward L. Thorndike/Irving Lorge: The Teacher's Word Book of 30,000 Words. New York 1944.

Uit den Boogaart 1975 = Piet C. uit den Boogaart (Ed.): Woordfrequenties in geschreven en gesproken Nederlands. Utrecht 1975 [471 p.].

Van Berckel e. a. 1965 = J. A. Th. M. van Berckel/H. Brandt Corstius/R. J. Mokken/A. van Wijngaarden: Formal properties of newspaper Dutch. Amsterdam 1965 [119 p.].

Vander Beke 1929 = George E. Vander Beke: French Word Book. New York 1929 [188 p.].

Vannes 1939 = Vannes: Vocabulaire du Néerlandais de Base. Antwerpen 1939 [2. ed. 1962].

Van Sterkenburg/Pijnenburg 1984 = Piet G. J. van Sterkenburg/Wil J. J. Pijnenburg: Van Dale Groot woordenboek van hedendaags Nederlands. Utrecht 1984 [1569 p.].

Verlée 1954 = Leon Verlée: Basis-woordenboek voor de Franse taal. Antwerpen 1954 [1963^2, 285 p.].

Wängler 1963 = Hans-Heinrich Wängler: Rangwörterbuch hochdeutscher Umgangssprache. Marburg 1963 [67 p.].

West 1953 = Michael West: A general service list of English words, with semantic frequencies and a supplementary word-list for the writing of popular science and technology. London 1953 [1967[10], XIII, 588 p.].

5.2. Other Publications

Alekseev 1984 = P. M Alekseev: Statistische Lexikographie. Bochum 1984.

P. M. Alexeew e. a. 1973 = P. M. Alexeew/W. M. Kalinin/R. G. Piotrowski (Eds.): Sprachstatistik. München. 1973.

Bungarten 1979 = Theo Bungarten: Das Korpus als empirische Grundlage in der Linguistik und Literaturwissenschaft. In: Henning Bergenholtz/Burkhard Schaeder (Eds.): Empirische Textwissenschaft. Königstein 1979, 28—51.

Carroll 1970 = John B. Carroll: An alternative to Juilland's Usage Coefficient for Lexical Frequencies, and a Proposal for a Standard Frequency Index (SFI). In: Computer Studies in the Humanities and Verbal Behaviour 3. 1970, 61—65.

Cotteret/Moreau 1969 = Jean-Marie Cotteret/René Moreau: Recherches sur le vocabulaire du Général de Gaulle. Analyse statistique des allocutions radiodiffusées 1958—1965. Paris 1969.

Ernst 1979 = Gerhard Ernst: Das Frequenz-Wörterbuch. Ein Hilfsmittel der vergleichenden Sprachcharakteristik. In: Sprache und Mensch in der Romania. H. Kuen zum 80. Geburtstag. Wiesbaden 1979, 21—41.

Frumkina 1964 = R. M. Frumkina: Allgemeine Probleme der Häufigkeitswörterbücher. In: IRAL 2. 1964, 235—247.

Geeraerts 1984 = Dirk Geeraerts: Dictionary classification and the foundations of lexicography. In: ITL Review 63. 1984, 37—63.

Guiraud 1959 = Pierre Guiraud: Problèmes et méthodes de la statistique linguistique. Dordrecht 1959.

Hammerl 1984 = Rolf Hammerl: Probleme der Erstellung von Häufigkeitswörterbüchern. In: Glottometrika 6. 1984, 74—93.

Harkin 1957 = Duncan Harkin: The history of word counts. In: Babel 3. 1957, 113—124.

Herdan 1964 = Gustav Herdan: Quantitative Linguistics. London 1964.

Hoffmann 1975 = Lothar Hoffmann (Ed.): Fachsprachen und Sprachstatistik. Berlin 1975.

Keil 1965 = Rolf-Dietrich Keil: Einheitliche Methoden in der Lexikometrie. In: IRAL 3. 1965, 95—122.

Ljung 1974 = Magnus Ljung: A frequency dictionary of English morphemes. Stockholm 1974.

Martin 1977 = Willy Martin: Preliminaire opmerkingen over kwantitatieve lexicologie. In: Piet G. J. van Sterkenburg (Ed.): Lexicologie. Groningen 1977, 189—196.

Martin 1983 = Willy Martin: The construction of a basic vocabulary: an objective-subjective approach. In: Linguistica Computazionale 3. 1983, 183—197.

Martin 1988 a = Willy Martin: Een kwestie van woorden. Amsterdam 1988.

Martin 1988 b = Willy Martin: Variation in lexical frequency. In: Pieter van Reenen, Karin van Reenen-Stein (Eds.): Distributions spatiales et temporelles, constellations des manuscrits. Etudes de variation linguistique offertes à Anthonij Dees à l'occasion de son 60ème anniversaire. Amsterdam 1988, 139—152.

Martin 1988 c = Willy Martin: Corpora voor Woordenboeken. In: K. H. van Reenen-Stein e. a.: Corpusgebaseerde Woordanalyse. Jaarboek 1987—1988. Amsterdam 1988, 91—99.

Muller 1968 = Charles Muller: Initiation à la statistique linguistique. Paris 1968.

Muller 1979 = Charles Muller: Langue française et linguistique quantitative. Genève 1979.

Richards 1970 = Jack Richards: A psycholinguistic measure of vocabulary selection. In: IRAL 8. 1970, 87—102.

Roberts 1965 = A. Hood Roberts: A statistical linguistic analysis of American English. The Hague 1965.

Rosengren 1986 = Inger Rosengren: Welt und Sprache im Spiegel des Frequenzwörterbuchs. In: Die Brüder Grimm. Erbe und Rezeption. Ed. Astrid Stedje. Stockholm 1986, 155—170.

Willy Martin, Amsterdam
(The Netherlands)/ Antwerpen (Belgium)

144. Das etymologische Wörterbuch von Informanten- und Korpussprachen

1. Vorbemerkungen
2. Die Art und Weise der Darstellung
3. Zeitliche, räumliche und soziale Dimensionen
4. Abweichungen vom Standardtyp des etymologischen Wörterbuches
5. Literatur (in Auswahl)

1. Vorbemerkungen

Als etymologisches Wörterbuch bezeichnet man ein Nachschlagewerk, dessen Hauptzweck es ist, entweder den Spezialisten oder den gebildeten Laien (gelegentlich aber auch beide Kategorien von Lesern) über die Herkunft der Wörter gewöhnlich einer einzigen Sprache zu unterrichten. Eine gewisse etymologische Wißbegierde reicht bestimmt in das Altertum und wahrscheinlich schon in die Vorgeschichte zurück und ist vielen Völkern und Kulturen eigen; die eigentliche (d. h. ursprüngliche) Bedeutung von Eigennamen wird gelegentlich auch im Alten Testament berührt. Andererseits gab es nicht nur in der griechisch-römischen, sondern sogar in der viel älteren akkadischen Welt allerlei Glossare. Zu einer glücklichen Verbindung der etymologischen Neugier mit der lexikographischen Erfassung des reichen Materials kam es aber erst viel später — in Westeuropa etwa im 16.—17. Jh. (S. de Covarrubias, G. Ménage), allerdings mit Ausnahme des viel früheren Isidorus von Sevilla.

1.1. Nicht überall ist das Schlüsselwort *Etymologie* so bekannt und gebräuchlich, wie es in Mitteleuropa schon seit mehr als einem Jahrhundert der Fall ist. In den angelsächsischen Ländern z. B. ist es dem Fachmann geläufig, aber dem Laien so ziemlich unbekannt, weswegen die Verfasser, vielleicht auf den Rat erfahrener Verleger hin, es manchmal vorziehen, von *word origins* zu reden oder zu anderen Umschreibungen zu greifen; das hat z. B. der Amerikaner Joseph T. Shipley mehrfach getan, anscheinend mit gutem Erfolg.

1.2. Streng genommen muß man von dem eigentlichen etymologischen Wörterbuch den Typ des Nachschlagewerks trennen, in dem die Beschreibung der Herkunft der Wörter nicht den Hauptzweck des Unternehmens, sondern sozusagen eine Nebenaufgabe darstellt und dementsprechend nur parenthetisch eingeflochten wird. Das besagt natürlich nichts über die Qualität der etymologischen Auskunft. So ist etwa Friedrich Kluges *Etymologisches Wörterbuch der deutschen Sprache* sowie dessen spätere Bearbeitungen von A. Götze und W. Mitzka ein gutes Beispiel für ein rein etymologisches Unternehmen (vgl. Art. 206); dagegen zielt Hermann Pauls *Deutsches Wörterbuch,* später bearbeitet von A. Schirmer, eher auf den eigentlichen Wortgebrauch, d. h. auf die semantische und die phraseologische Dimension, ab, gibt aber nebenbei verläßliche Auskunft über die Herkunft der meisten der angegebenen Wörter. So wird dem Leser, der unter *Donner* nachschlägt, mitgeteilt, daß es sich hier um ein gemeingermanisches Wort handelt, was ja schon aus dem Vergleich mit engl. *thunder* folgt, daß die älteren Belege auf ahd. *donar* und mhd. *doner* weisen, und daß eine Verwandtschaft mit lat. *tonāre* vorliegt.

1.3. Nun gibt es viele Möglichkeiten, die Unmenge der vorhandenen etymologischen Wörterbücher irgendwie zu unterteilen. Im vorliegenden Artikel wird man sich hauptsächlich von dem Charakter der betreffenden Sprache leiten lassen. Wir werden uns hier fast ausschließlich mit Korpus- und Informantensprachen beschäftigen, während die Analyse des jeweiligen Materials rekonstruierter (hypothetischer) Sprachen in einem anderen Artikel (vgl. Nr. 145) enthalten ist. Eine wirklich scharfe Trennung läßt sich allerdings nicht immer durchführen. So ist das Latein zweifelsohne eine Korpussprache, und die meisten romanischen Mundarten sind ebenso sicher Informantensprachen. Aber in einem vergleichenden romanischen etymologischen Wörterbuch, wie dem von W. Meyer-Lübke (1911—20, 1930—35), findet man als Stichwörter nebeneinander, d. h. in der gleichen alphabetischen Folge, authentische Bildungen (archaisches, klassisches, spätantikes, mittelalterliches Latein) und Rekonstruktionen („Vulgärlatein"), von baskischen, keltischen, altgermanischen, hebräisch-aramäischen und arabischen Grundlagen ganz zu schweigen. Ähnliches ließe sich vom großartig geplanten, aber nicht immer geschickt durchgeführten Unternehmen W. von Wartburgs sagen, das zwar programmatisch auf das Französische oder allenfalls das Galloromanische zugeschnitten ist, aber in zunehmendem Maße auch viele andere Sprachen mit einbezogen hat (darunter die romanischen Elemente des Englischen), wobei die Ausgangspunkte z. T. historisch belegte, z. T. von Sprachhistorikern erarbeitete Grundlagen sind.

1.4. Im allgemeinen werden wir uns hier auf drei Sprachen beschränken: das Französische, das Italienische und das Englische, womit ja zugleich ein gewisses Maß an Vergleichbarkeit der gewonnenen Resultate und Einsichten garantiert wird. Nur ausnahmsweise und nebenbei (z. B. im Falle einer Lücke) wird auf andere Sprachen, darunter Griechisch, Lateinisch, Deutsch und Rumänisch, verwiesen.

2. Die Art und Weise der Darstellung

2.1. Die Beliebtheit und damit auch der Umfang und die Nachhaltigkeit des Einflusses aller Wörterbücher, darunter auch der etymologischen, hängt z. T. von der Art und Weise der Darstellung ab. Wimmelt es auf einer durchschnittlichen Druckseite von Dutzenden von Abkürzungen, so wird auch ein vorzügliches Forschungsinstrument, wie es das *Lateinische etymologische Wörterbuch* von A. Walde und J. B. Hofmann (1939—54) zweifellos ist, nur von Spezialisten zu Rate gezogen werden, während das französische Gegenstück von A. Ernout und A. Meillet (ursprüngliche Fassung 1932) auch dem Lehrer an einer Schule und dem sich allmählich einarbeitenden Studenten lesenswert erscheinen mag, weil es eben solcher Siglen fast gänzlich entbehrt. Sieht man von solchen allgemeinen Vor- und Nachteilen ab, so lassen sich gewisse Konstanten und spezielle Merkmale erkennen.

2.2. Es geht nicht an, ein etymologisches Wörterbuch einer gegebenen Weltsprache in einer anderen Weltsprache abzufassen. Gustav Meyer hatte das gute Recht, sein etymologisches Wörterbuch der albanesischen Sprache (1891) auf deutsch zu veröffentlichen, um es Indogermanisten leicht zugänglich zu machen.

Dasselbe gilt heutzutage für Jaan Puhvel, wenn er sein hethitisches etymologisches Wörterbuch, für ein ähnliches Publikum geschrieben, auf englisch redigiert — bekanntlich gibt es unter den Albanesen nur wenige Sprachforscher, und die Hethiter sind ja ausgestorben. Vor langer Zeit konnte sich noch G. Körting widerspruchslos erlauben, sein etymologisches Wörterbuch des Französischen (1908) auf deutsch zu schreiben; aber bei E. Gamillscheg wirkte der gleiche Entschluß schon eher anachronistisch (1928; 2. Aufl. 1969) und hat auch der Nachwirkung seines Werkes Abbruch getan. Noch schlimmer war die Lage bei W. von Wartburgs großzügig geplantem Gegenstück, das sich als eine Darstellung des galloromanischen Wortschatzes darbot; die Nachfolger des Baseler Romanisten, darunter C. Th. Gossen, sahen sich denn auch gezwungen, nachträglich umzuschwenken, so daß jetzt die letzten Faszikel des mehrbändigen Unternehmens auf französisch erscheinen. Auch hat M. Pfister sein paralleles Lebenswerk, nämlich eine etymologische Darstellung des Italienischen und seiner Mundarten, von Anfang an redaktionell ins italienische Fahrwasser geleitet. Bei selteneren Sprachen haben der Verfasser und der Verleger allerdings die Wahl zwischen mehreren Möglichkeiten. Für erloschene Sprachen ist es immer noch die eleganteste — wenn auch nicht unbedingt die leichteste — Lösung, sich des klassischen Lateins als der vermittelnden Sprache zu bedienen, wie es z. B. Anna Davies Morpurgo in ihrem (allerdings nicht etymologischen) Wörterbuch des mykenischen Griechisch kürzlich getan hat. Der gesunde Menschenverstand legt nahe, daß z. B. für das Gotische und Altnordische entweder Deutsch oder Englisch, aber bestimmt nicht Französisch und schon gar nicht Spanisch — trotz der Westgoten — in Frage kommt.

2.3. Eine sehr wichtige Entscheidung, die jeder Verfasser eines etymologischen Wörterbuchs von Anfang an treffen muß, ist die Wahl zwischen a) einer einfachen Beantwortung der Frage nach der Herkunft des gegebenen Wortes, ohne Rücksicht auf etwaige Alternativen und auch ohne Hinweis auf den Urheber der befürworteten Hypothese; und b) einer komplexeren Information, die alle nötigen Literaturangaben enthält, mitsamt der Stellungnahme des jeweiligen Verfassers zu etwaigen verfehlten Bemühungen in eine andere Richtung seitens seiner Vorgänger und Zeitgenossen. Dabei hängt vieles von dem Erscheinungsjahr ab. Als P. F. Monlaus Etymologikon des Spanischen veröffentlicht wurde (1856), konnte er sich mit gelegentlichen Hinweisen auf drei Quellen zufrieden geben: S. de Covarrubias' *Tesoro* (1611), die ursprüngliche Fassung des Wörterbuchs der spanischen Sprachakademie (1726—1739) und das vor kurzem erschienene Diezsche vergleichende Wörterbuch der romanischen Sprachen (1853). Heutzutage stehen einem eventuellen Nachfolger Monlaus Hunderte von Quellen zur Verfügung.

Ein modernes, typisch einbändiges Etymologikon kann sich den Luxus ausführlicher Literaturnachweise einfach nicht mehr leisten, und auch kürzere Hinweise oder auch nur bloße Andeutungen auf wissenswerte Alternativen sind kaum mehr zulässig. Das beste Ziel, nach dem ein gewissenhafter Verfasser diesbezüglich immer noch streben kann, ist, durch die Einschaltung einschränkender Adverbien (wie: „vielleicht", „wahrscheinlich" usw.) dem Leser klaruzumachen, daß ein lückenloser Beweis noch nicht erbracht worden ist, woraus der erfahrene Leser dann selbst den Schluß ziehen kann, daß man sich in ausführlicheren Werken eben nach genauen Hinweisen auf weitere Informationen umsehen muß. Ein schönes Beispiel solcher kurzen und bündigen Anspielungen hat Bruno Migliorini in seinem (in Zusammenarbeit mit Aldo Duro verfaßten) *Prontuario* des Italienischen geliefert. Jedoch ließen sich noch viele andere Bekundungen einer solchen Selbstbeschränkung anführen, z. B. für das Englische das in jeder anderen Hinsicht reich dokumentierte *Oxford Dictionary of English Etymology,* dessen erste Auflage wir der Initiative von C. T. Onions und seinen Mitarbeitern verdanken (1966). Gamillschegs Wörterbuch, das auf halbem Wege stehenblieb, bildet auch in dieser Beziehung eher eine Ausnahme, und die zweite Auflage ist vielleicht rückschrittlicher als die erste, weil sie unter den Befürwortern der einzelnen Hypothesen des öfteren eine ziemlich willkürliche Auswahl trifft. Man kann sogar behaupten, daß J. Corominas' *Breve diccionario [...]* die beiden monumentalen Ausgaben (1954—1957, 1981—1989, die letztere in Zusammenarbeit mit J. A. Pascual) seines spanischen Wörterbuchs an Schärfe der Formulierung übertrifft, weil der Verzicht auf Literaturhinweise auch alle störend-schrillen polemischen Exkurse unterband. Jedenfalls wird der moderne Stil ganz eindeutig von solchen Vertretern der etymologischen Lexikographie repräsentiert wie, um mich auf das Französische zu beschränken, Oscar Bloch (unter Mitwirkung von W. v. Wartburg) und A. Dauzat (dessen gleichnamiges Wörterbuch postum von J. Dubois und H. Mitterand durchgesehen worden ist).

Bei mehrbändigen etymologischen Wörterbüchern setzt der anspruchsvolle Leser allerdings voraus, daß gegensätzliche Hypothesen wenigstens gestreift werden. Dieser Wunsch wird grundsätzlich von dem vorzüglichen *Dizionario etimologico della lingua italiana,* das man der Zusammenarbeit Manlio Cortelazzos mit Paolo Zolli verdankt, erfüllt. Es kommt allerdings vor, daß alle Konjekturen zwar erwähnt werden, daß aber keine von ihnen sich als wirklich überzeugend erweist. So führen Cortelazzo und Zolli, im Zusammenhang mit it. *arcigno* 'streng, verächtlich', eine Hypothese Migliorinis an, der von frz. *rechigner* ausging (also mit einem Lehnwort rechnete), fügen aber sofort Devotos Alternative hinzu, der in dem fraglichen Adjektiv eine Kreuzung zweier einheimischer Wörter zu erkennen glaubte und auch eine passende Quelle für das Suffix fand, verwerfen aber beide Erklärungsversuche als unzulänglich. Das ebenso ausführliche und etwas früher veröffentlichte Wörterbuch (*Dizionario etimologico italiano*), das zwei lange Zeit in Florenz wirkende Gelehrte, nämlich C. Battisti und G. Alessio, verfaßten, entwickelt vorsichtig ('vielleicht'), aber mit vielen z. T. überflüssigen Einzelheiten, nur die erste Hypothese, auf die Migliorinis Deutung wahrscheinlich zurückgeht, läßt aber den Leser im unklaren darüber, ob ein neuer Gedanke ventiliert wird oder eine längst bekannte Lösung, sozusagen *par acquit de conscience,* erwähnt wird. Jedenfalls erweist das *DELI* in solchen Fällen einen besseren Dienst als das *DEI,* wobei es sich bei beiden Nachschlagewerken um Unternehmen ganz ähnlichen Formats und durchaus vergleichbaren Hintergrunds handelt.

Übrigens kommt es vor, daß ein an sich recht mittelmäßiges Etymologikon, dessen eigene Beurteilung wortgeschichtlicher Rätsel nur ganz wenige Leser interessiert, doch noch einen gewissen indirekten Wert erhält durch ständige Hinweise auf andere, durch kein Register leicht erschließbare Standardwerke. Das klassische Beispiel einer solchen Ehrenrettung ist das *Dicionário etimológico da língua portuguesa* (1932) des Brasilianers Antenor Nascentes: Während es fast völlig etwaiger erwägenswerter und origineller Lösungen ermangelt, verweist es systematisch auf die immer noch beherzigenswerte historische Grammatik jener Sprache des Jules Cornu (1906), die ohne einen solchen Leitfaden als ein berüchtigtes Labyrinth gilt. Eine Kurzfassung (1966) des Wörterbuchs desselben Lexikographen entbehrt dieser bibliographischen Hinweise, was zur Folge hat, daß die jüngere Fassung — trotz aller inzwischen gemachten Fortschritte — im Vergleich zu ihrem Vorgänger fast wertlos ist.

Erfahrene Leser ziehen es vor, mit scharf polarisierten Wörterbüchern zu arbeiten, wobei es allerdings an wirklichen Parallelen zu dem obenerwähnten Fall Ernout und Meillet gegenüber Walde und Hofmann fehlt. So hat zwar Pierre Chantraines vierbändiges *Dictionnaire étymologique de la langue grecque* (1968—80) vieles gemeinsam mit seinem lateinischen Gegenstück und Vorbild, eben Ernout/Meillets *DÉLL* (nicht umsonst führen beide Bücher den gleichen Untertitel: „Histoire des mots"), aber es ist nicht so bar jeglicher Hinweise auf ältere, z. T. abweichende Problemstellungen und Lösungen, womit ja auch jeder schroffe Gegensatz zum dreibändigen *Griechischen etymologischen Wörterbuch* (1960—72) des Hjalmar Frisk fast wegfällt, das ja andererseits auch auf jeden fast demonstrativen Überfluß an Hinweisen auf ältere Lösungsversuche — nach Art Walde/Hofmanns — verzichtet.

2.4. Ein Wörterbuch, das sich mit den Etymologien nur nebenher befaßt, muß sich im allgemeinen damit begnügen, den Ursprung eines gegebenen Wortes so knapp und bündig wie nur möglich festzustellen und höchstens eine kurze Warnung ('vielleicht', 'wahrscheinlich') hinzuzufügen, wobei es vollkommen gleichgültig ist, ob es sich um eine altbekannte Lösung des Problems oder um eine neue Hypothese handelt. Das bezieht sich z. B. auf *Webster's Third International Dictionary* und das *American Heritage Dictionary,* aber auch auf W. Foersters und H. Breuers *Wörterbuch zu Kristian von Troyes' sämtlichen Werken.* Allenfalls kann sich ein vorsichtiger Verfasser eines solchen Nachschlagewerkes ja mit der Formel begnügen: 'Ursprung unbekannt', was natürlich nicht zu bedeuten hat, daß es an Bemühungen gefehlt hat, etymologische Erklärungen vorzubringen.

Ganz anders liegen die Dinge, wo es sich um ein speziell etymologisches Wörterbuch handelt. Hier wirkt die bloße Feststellung einer Grundform geradezu peinlich, es sei denn, daß die Entwicklung dieser Form wirklich ganz reibungslos verlief, wie etwa im Falle des frz. **mer** 'Meer, See' < lat. *mare*: alles was der Leser braucht, um sich von der Richtigkeit dieser Ableitung zu überzeugen, ist eine gewisse Vertrautheit mit den wichtigsten Lautentsprechungen (oder, wie man früher sagte, Lautgesetzen). Die Begründung einer Hypothese dieser Art kann entweder implizit oder explizit sein. Zu den impliziten Argumenten gehören: a) die Erstbelege, und zwar schon in chronologischer Sicht (deswegen spielen die Vordatierungen eine so große Rolle); und b) die Ermittlung der Texte, und sogar der Textstellen, in denen das betreffende Wort zuerst auftaucht. Die Gründe für die Notwendigkeit jeder Auskunft dieser Art sind klar: kommt ein romanisches Wort, das man bisher einem bestimmten Lehngut zugerechnet hat, in Texten vor, die dem Beginn des jeweiligen Kultureinflusses vorausgehen, so wird man eben die Hypothese einer strengen Überprüfung unterziehen müssen (was natürlich nicht die Möglichkeit ausschließt, daß es sich um ein Wanderwort handelt, welches, vom Lande *x* ausgestrahlt, das Land *y* auf Umwegen erreicht haben kann). Erstbelege sind auch in nicht-etymologischem Zusammenhang von großem Belang, weshalb erstklassige allgemeine Wörterbücher (z. B. Darmesteter/Hatzfeld/Thomas' *Dictionnaire général*) den Leser über sie unterrichten. Wichtiger und interessanter ist die explizite Begründung einer Etymologie, besonders wenn sie im gegebenen Wörterbuch zum ersten Mal vorgebracht wird. In diesem Fall wird dem Leser in Miniaturform eine etymologische Miszelle dargeboten: Fragen der Laut- und Bedeutungsentwicklungen, allerlei Merkwürdigkeiten des Paradigmas, regionale Varianten, philologische Emendierungen usw. können alle — allerdings mit äußerster Kürze und so unpolemisch im Ton wie nur möglich — zur Sprache kommen. Hier scheiden sich nun ganz erheblich die Geschmäcker und Gepflogenheiten der einzelnen Sprachforscher.

Einige wenige Beispiele müssen hier genügen. Gewisse Bedeutungsursprünge sind so merkwürdig, daß sie den Laien, aber auch manchen Fachmann, verblüffen. So wird seit dem 17. Jh. behauptet, daß gewisse romanische Bezeichnungen der Sau (darunter frz. *truie* und it. *troia*) auf den antiken Stadtnamen *Troja* zurückgehen. Hier wird fast jeder Leser stutzen, es sei denn, daß er kurz an das Trojanische Pferd erinnert wird, das in der Tat — im Rahmen einer Anekdote — irgendwie das Bild eines farcierten Schweinegerichts wachrufen mag. (Wahrscheinlich haben griechische Köche in Rom diesen sonderbaren Sprachgebrauch, zunächst scherzhaft, lanciert.) Mit Rücksicht auf die etwas undurchsichtige Form eines Wortes ist es immer noch das überzeugendste Argument, ältere Varianten — oft mundartlich erhalten — anzuführen, die dem postulierten Etymon des öfteren viel näher stehen, als das allgemein bekannte Endergebnis. Dabei sollte der Verfasser eines Wörterbuches wissen, wo er die Grenze ziehen muß. Gamillscheg z. B. hatte vollkommen recht, die Herleitung von frz. *boulevard* aus dem mittelniederländischen *bolwerc*, eig. 'Bollwerk', damit zu stützen, daß er ältere Formen, unmittelbar nach der Übernahme im 15. Jh. bezeugt (also *bolvart, boulever, bolvirque, bollvercq* usw.), anführte. Der gleiche Gelehrte ging aber über das nötige Maß hinaus, als er nicht nur afrz. *beoul(e)* 'Birke' als das Zwischenglied festlegte, welches frz. *bouleau* mit lat. *betulla* verbindet, sondern auch zahlreiche mundartliche Varianten nach Jakob Jud zitierte (*boul, bou, biola, beiol*), die mit seinem Anliegen eigentlich nichts zu tun haben. Eine andere Art von überflüssigem Ballast findet man in der 2., erweiterten Auflage (1961) des *Dizionario etimologico italiano* aus der Feder Dante Olivieris: auf Schritt und Tritt erliegt der Verfasser der Versuchung, den Bereich seiner Verantwortung zu überschreiten, nicht nur weil er allerlei Eigennamen einbezieht, sondern, was noch bedenklicher ist, scheinbar kein italienisches Wort anführen kann, ohne gleich seine Entsprechungen in allen verwandten Sprachen mühselig aufzuzählen (was die Lektüre erschwert).

2.5. Damit hängt die Frage zusammen, welche Rolle man der Beweisführung, im Gegensatz etwa zur sauberen Materialiensammlung, in einem Etymologikon zubilligen soll. Hier gehen die Meinungen und die Gepflogenheiten allerdings weit auseinander. Eine monumentale Datenverarbeitung, wie sie die Etymologika von W. von Wartburg und neuerdings M. Pfister bieten, hat gewisse Vorzüge: sie erweckt den Eindruck größerer Sachlichkeit und suggeriert den Gedanken, daß sich aus einem reichhaltigen und wohlgeordneten Corpus die Lösung des jeweiligen Problems eigentlich von selbst ergebe — eine Einstellung, die jedoch auch eine Kehrseite hat, da sie der Theorie der Rekonstruktion aus zufällig erhaltenen Bruchstücken im Wege zu stehen droht. Auf der Gegenseite zeichnet sich der Typ eines Etymologen ab, der den ihm zur Verfügung stehenden Raum meistens mit vernichtender Kritik seiner vermeintlichen Gegner füllt, was dem Fortschritt der Etymologie sicher nicht hilft. Leider kennzeichnet diese militante Einstellung auch das Werk einiger zeitgenössischer Forscher von Ruf. Das ideale Maß an Auseinandersetzung scheint eben irgendwo in der Mitte zwischen diesen extremen Haltungen zu liegen. (Hält man sich an die liebenswertere Wartburgsche Norm, so läuft man Gefahr, jede Diskussion der Gründe für Annahme oder Ablehnung einer Konjektur praktisch zu unterbinden. Aber gerade aus den positiven Komponenten solcher gegenseitiger Bewertungen schält sich eine künftige Theorie der innersten Zusammenhänge lexikalischer Entwicklungen, die natürlich nicht mehr ins Wörterbuch gehört, langsam aber sicher heraus.)

3. Zeitliche, räumliche und soziale Dimensionen

Das Panorama der etymologischen Wörterbücher wird dadurch viel buntscheckiger gemacht, daß allerlei Akzentverlagerungen und Beschränkungen den vollen Umfang des Themas eingrenzen können — eine Tatsache, die sich oft aus dem Titel oder Untertitel von selbst ergibt, aber gelegentlich erst im eigentlichen Kontakt mit dem gegebenen Nachschlagewerk klar wird. Im allgemeinen nimmt man an, daß z. B. ein englisches Etymologikon sich mit der Sprache befaßt, die Mitte und/oder Ende dieses Jahrhunderts in den meisten englisch sprechenden Ländern, und zwar möglichst von allen tonangebenden Bevölkerungsschichten, gebraucht wird. In zahlreichen Fällen trifft diese Erwartung auch zu; es gibt zwar eine Menge spezieller Wörterbücher, aber diese sind recht selten etymologisch ausgerichtet. Immerhin sind diese Ausnahmen nicht so vereinzelt, als daß man sie straflos übersehen dürfte.

3.1. Aus dem Konzept der neueren Sprachen (im Gegensatz zu Neusprachen) und aus den älteren Gepflogenheiten des Universitätsprogramms und -betriebs ergibt sich die Tatsache, daß bis vor kurzem spezielle etymologisch „gefärbte" Wörterbücher zu älteren Sprachstufen und sogar zum Wortschatz einzelner bevorzugter Texte und Autoren namentlich in Mitteleuropa hergestellt wurden und sich sogar einer gewissen Beliebtheit erfreuten — von etymologischen Registern zu Chrestomathien und Handbüchern historischer Grammatik ganz zu schweigen. Streng genommen ist diese Tradition in den meisten Fällen überflüssig, da z. B. sogar die älteren und in mancher Hinsicht unzulänglichen Etymologika des Italienischen, wie etwa die von Francesco Zambaldi (1889) und Ottorino Pianigiani (1907), zahlreiche Archaismen, aber auch Provinzialismen aller Art anführen; wie hätte es auch anders sein können bei der Achtung, die Dante, Boccaccio und Petrarca bis heute in Italien genießen? Ähnliches läßt sich von Auguste Schelers französischem Etymologikon sagen (1888³), zumal der Verfasser ein vorzüglicher Kenner des Altfranzösischen war. Mit einem ein- bis zweibändigen etymologischen Wörterbuch des Englischen wird man im allgemeinen auskommen, wenn man Shakespeares oder Miltons Wortschatz etymologisch durchleuchten will, wobei es nicht einmal unbedingt darauf ankommt, daß das Unterfangen aus Meisterhand stammt. In dieser Beziehung reicht das — trotz seines anspruchsvollen Titels und Umfangs — im Grunde recht bescheidene Wörterbuch des Englischen aus der Hand von Ernest Klein (1966) gerade aus, das z. B. ein durch und durch veraltetes Wort wie *ounce* 'Luchs' (heutzutage sagt man *lynx*) anführt und etymologisch richtig deutet — zum einen, weil es noch bei Milton vorkommt, und zum anderen, weil sich schon Kleins berühmter Vorgänger, nämlich Walter W. Skeat (1882), mit diesem Tiernamen erfolgreich beschäftigt hat.

Wirklich angebracht sind etymologische Wörterbücher (und, im Falle ihrer relativen Kürze, Glossare) zu einzelnen Autoren oder Sprachdenkmälern eigentlich nur in zwei Fällen: a) wo von altehrwürdigen Texten die Rede ist (und auch dann handelt es sich gewöhnlich eher um „gemischte" als um „reine" Etymologika, vgl. R. Menéndez Pidals für seine Zeit bahnbrechendes Glossar zum Cid-Epos, 1908—11, und C. Michaëlis de Vasconcelos' Gegenstück zum altportugiesischen Liederbuch von Ajuda, 1920—22); und b) wo es sich um einen thematisch bemerkenswerten Text handelt, der sehr reich an technischen Ausdrücken ist und so den Etymologen geradezu herausfordert, vgl. die mittelalterlichen Traktate zur Falkenjagd, zum Schachspiel, zur Heilkunde und dergleichen; der von Georg Sachs verfaßte etymologische Kommentar zum altspanischen *Libro de los caballos* (das auf die Belehrung der Veterinäre abzielt) mag hier als treffendes Beispiel angeführt werden.

Es läßt sich darüber streiten, ob gesonderte etymologische Wörterbücher zu mittelalterlichen Sprachstufen ratsam sind. Einiges hängt von den Materialien, d. h. dem Sprachbefund selbst, ab (z. B. von der größeren oder kleineren Entfernung von den jeweiligen heutigen Zuständen); aber eine viel größere Rolle hat erfahrungsgemäß der moderne Zeitgeist in den in Frage kommenden Ländern und Kulturen gespielt, wobei sich die wissenschaftlichen Traditionen Deutschlands und Englands ziemlich schroff gegenüberstehen. Der berühmte Anglist und Altgermanist Henry Sweet z. B. hat zahlreiche Glossare zu einzelnen angelsächsischen Texten zusammengestellt, auch ein umfangreiches Wörterbuch der betreffenden Sprache veröffentlicht und einzelne etymologische Fragen in verstreuten Aufsätzen aufgegriffen (die man nach seinem Tode sogar in einem schönen Sammelband vereinigte), aber zu der Zusammenstellung eines separaten etymologischen Wörterbuches kam es nie, vielleicht weil es an einem für ein solches Unterfangen notwendigen Leserkreis im Vorkriegsengland gebrach. In Mitteleuropa lagen die Voraussetzungen des geistigen Klimas ganz anders, eine Tatsache, die genügt, um zu erklären, warum sich dort Ferdinand Holthausens etymologische Leistungen, darunter ein *Altenglisches etymologisches Wörterbuch* (1934, 1963²), so gut einbürgerten.

3.2. Mit Rücksicht auf den untersuchten Raum muß man sich zunächst vergegenwärtigen, daß eine auf ein verhältnismäßig kleines Gebiet zusammengedrängte Sprache mit viel größerer Berechtigung ein eigenes etymologisches Wörterbuch beanspruchen darf als eine bloße Mundart. Im Kerngebiet Sardiniens z. B. wird immer noch das Sardische gesprochen, das von der Palette aller italienischen Mundarten, auch der südlichen, scharf absticht. Max Leopold Wagners postum veröffentlichtes, dreibändiges *Dizionario etimologico sardo* (1957—64) ist dementsprechend von größter Bedeutung für den Alt- und Vollromanisten. Dagegen wird man die Relevanz von Gerhard Rohlfsens — an sich sehr kompetenten — etymologischen Wörterbüchern einzelner süditalienischer Mundarten mit größerer Zurückhaltung bewerten müssen.

Gerade unter den Liebhabern der Sammlung mundartlicher Wörter und Ausdrücke gab es vor einigen Jahrzehnten (als die Etymologie noch immer in Europa die große Mode war) nicht wenige, die in die Titel ihrer

— an sich vielleicht nützlichen — Dialektwörterbücher, und zum Teil in die Ausführungen, das lockende Wort „etymologisch" leichtsinnig übernahmen. Man muß sich da vorsehen und energisch sieben! Im französischen Raum z. B. findet man zahlreiche Regionalwörterbücher, die sich dem Leser und insbesondere Käufer als „etymologisch" empfehlen, was in den meisten Fällen eine übertriebene Behauptung ist. Man sehe sich daraufhin aufmerksam die Wörterbücher von Charles Beauquier, Jules Corblet und anderen Lexikographen ihrer Art an. Natürlich gibt es auch Ausnahmen wie Grandgagnage und, im italienischen Raum, Prati.

3.3. Bei etymologischen Wörterbüchern, die eine soziale Dimension aufweisen, kann man zwei Abarten ziemlich scharf unterscheiden: entweder handelt es sich um das Wortmaterial, das der Forscher wirklich einer noch existierenden Schicht (z. B. Soldaten, Studenten, Vagabunden, Verbrechern — soweit sie es beruflich sind) abgelauscht hat und nach seinen Ursprüngen hin untersucht; oder aber der zugrundeliegende gesellschaftliche Kontext gehört einer früheren Epoche an und ist zugleich sozial und ethnisch gefärbt, wie wenn man die Arabismen des Spanischen, Italienischen und Süditalienischen in einem Spezialwörterbuch zusammenstellt, dessen etymologischer Charakter schon vom Thema gestellt ist. Nun gibt es zwar zahlreiche Beispiele für beide Kategorien, darunter auch sehr wertvolle Untersuchungen, aber die Organisation der so gewonnenen Resultate in der Form eines alphabetisch geordneten, ausdrücklich als etymologisch bezeichneten Wörterbuchs ist eben nicht alltäglich. Bei der ersten Gruppe denkt man noch am ehesten an Kluges Arbeit über die deutsche Studentensprache (eben weil man Kluge mit der Kunst des Etymologisierens assoziiert), aber auch an Menarinis Untersuchungen über die italienische Gauner- und Lumpensprache, die nur indirekt etymologisch sind. Über die Arabismen im Spanischen unterrichten die bekannten Wörterbücher von W. H. Engelmann/R. Dozy und L. Eguílaz y Yanguas; über „exotische" Elemente (darunter Türkismen und Magyarismen) des Rumänischen das immer noch brauchbare Etymologikon von A. de Cihac; über die den Indianersprachen, z. B. dem Araukanischen, entnommenen Wörter des chilenischen Spanisch die Arbeit von R. Lenz — ein großer Wurf. Das soziale Element tritt jedoch zurück in L. Marcel Devićs Wörterbuch der exotischen Bestandteile des Französischen und in E. Littmanns modernerem Gegenstück für das Deutsche.

4. Abweichungen vom Standardtyp des etymologischen Wörterbuches

Bisher haben wir uns mit dem Standardtyp eines etymologischen Wörterbuchs beschäftigt, wiewohl von einer strengen Homogenität nicht die Rede sein konnte. Nun gibt es aber zahlreiche Beispiele bedeutender Abweichungen von diesem vorherrschenden Typ. Einige der auffälligsten dieser Varianten gehen einfach auf die Exzentrizität einzelner Forscherpersönlichkeiten zurück oder gehören einer endgültig vergangenen wissenschaftlichen Ära an; von der Besprechung dieser Randerscheinungen und Raritäten wird man hier absehen dürfen. Was dabei an wirklich Brauchbarem übrigbleibt, ist aber durchaus der Erwähnung wert.

4.1. Zunächst hat es immer, besonders (aber nicht ausschließlich) auf dem deutschen Büchermarkt, ein sogenanntes vergleichendes etymologisches Wörterbuch gegeben, wobei das Schlüsselwort „vergleichend" nicht unbedingt im Titel erscheint. Manchmal handelt es sich um die Beleuchtung der Verhältnisse in einer ganzen Sprachfamilie; die romanischen Etymologika aus der Feder Diezens, Körtings und Meyer-Lübkes exemplifizieren diese Abart, von der schon kurz die Rede war (1.3.). Aber man kann sich auch vorstellen, was S. Feist mit seinem vergleichenden Wörterbuch des Gotischen (1939) gemeint hat: es stellt eine Überarbeitung seiner früheren Werke dar, des *Grundrisses der gotischen Etymologie* (1888) und des *Etymologischen Wörterbuchs der gotischen Sprache* (1909, 1920—23[2]), mit großzügiger Bezugnahme auf andere germanische Sprachen, aber ohne ein wirkliches Gleichgewicht erreicht zu haben. (Dies war wenigstens Feists eigene Konzeption seiner Aufgabe; wieweit er dieses Ziel erreicht hat, und ob dieser Rahmen wirklich berechtigt ist, sind andere Fragen.) Auch einzelsprachliche Etymologika ziehen des öfteren verwandte lexikalische Bildungen in Betracht, um eben die Richtigkeit der Hypothese nachzuweisen, was natürlich im Falle starker Erosion dem Benutzer des Buches zugute kommt: Wer sich fragt, ob frz. *eau* [o] wirklich in direkter Linie von lat. *aqua* [ákwa] abstammt, wird aus dem Hinweis auf afrz.

eve, sp. *agua*, it. *acqua* usw. gewisse Folgerungen ziehen, während auf den Anglisten die Belegung paralleler Bildungen im Hoch- und Plattdeutschen und in den skandinavischen Sprachen, vom Gotischen nicht zu reden, zugleich beruhigend und anspornend wirken mag. Allerdings darf man solche erfreulichen Hinweise nicht übertreiben: Von Olivieris diesbezüglichen Exzessen war schon oben die Rede (2.4). Positiver ist die Leistung S. Puşcarius zu beurteilen, der ausdrücklich im Untertitel seines immer noch brauchbaren rumänischen Etymologikons (Teil 1, 1905) erklärt: „Lateinisches Element, mit Berücksichtigung aller romanischen Sprachen".

4.2. Auch die Frage der Perspektive ist immer noch nicht endgültig gelöst. Während der durchschnittliche Leser (dessen Geschmack oft den Büchermarkt beeinflußt) von der heutigen, d. h. späteren, Sprache ausgeht, um sich dann über die Ursprünge der einzelnen Wörter zu informieren, überwiegt noch in einigen akademischen Kreisen die Vorstellung, daß man als Stichworte die lexikalischen Komponenten (belegt oder hypothetisch) der Ausgangssprache(n) anführen sollte, als sei diese Reihenfolge zwar nicht praktischer, aber wissenschaftlich irgendwie eleganter. Man denke in diesem Zusammenhang an die monumentalen Unterfangen eines W. von Wartburg oder M. Pfister. Auf einen merkwürdigen Kompromiß zielte (ca. 1957) V. Garcia de Diego ab, dessen einbändiges spanisches Etymologikon aus zwei Teilen besteht, von denen der erste die modernen spanischen Wortformen in alphabetischer Folge anführt, jede mit einem knappen Hinweis auf den Paragraphen, unter dem sie im zweiten Teil figuriert, der — genau wie sein Vorbild, nämlich W. Meyer-Lübkes *REW*[3] (1930—35) — die antiken und mittelalterlichen Grundformen verzeichnet.

4.3. Auch die Anordnung des einzelnen Eintrags weist noch zahlreiche Varianten auf. Bei flektierten Sprachen ist es z. B. üblich, nicht nur die Grundform (etwa den Nom. Sing. bei Substantiven und den Infinitiv bei Verben) in Fettdruck zu verzeichnen, sondern gleich mehrere Formen des Paradigmas, aus denen alles weitere dann leicht abgeleitet werden kann, wenn man eben Elementarkenntnisse der gegebenen Sprache besitzt. Fast alle Verfasser der heutigen Etymologika neigen dazu, eine ganze Wortfamilie unter einem einzigen Stichwort unterzubringen, was nicht nur Raumersparnis mit sich bringt, sondern auch den Leser über grammatisch wesentliche Zusammenhänge sofort aufklärt. Beschäftigt man sich z. B. als Latinist mit der Familie *cal(i)dus* 'warm', *calor* 'Wärme', und *caleō, -ēre* 'warm sein', so ist die schon rein typographische Unterordnung von *cal(i)dus* und *calor* unter *calēre* ein Hinweis darauf, daß man es mit einer verbalen Familie zu tun hat, während im Französischen das alte Verbum fast wegfällt (mit Ausnahme von *nonchalant* usw.), das Adjektiv (*chaud*) zu einem neuen Mittelpunkt der Wortbildung geworden ist (*chaudfroid, chaudière*), das Abstraktum *chaleur* als ein neues Zentrum wirkt (z. B. *chaleureux* 'warmherzig'), das kausative Verb (lat. *calefacere*) an Bedeutung gewonnen hat (*chauffer*, auch *réchauffer*), wozu noch einige krasse Latinismen, auf die wissenschaftliche Terminologie beschränkt und den meisten Laien völlig unbekannt (*calorifuge, calorifère*), hinzukommen. Daraus ergibt sich die organisatorische Frage, wieviel Stichworte der durchschnittliche Benutzer des Wörterbuchs unter solchen Umständen braucht. Streng historisch gesehen, wäre ein Element *chal-*, das nur noch als Stamm vorkommt (*chal-eur, non-chal-ant*), das beste Gegenstück zum Ausgangspunkt *cal-ēre;* am praktischsten wäre es, *chaud/chauffer* separat zu verzeichnen, mit einem Hinweis auf die ausführlichere Besprechung ihrer Herkunft unter *chal-*, und auf jeglichen ausführlichen Kommentar über *calori-* zu verzichten, da es sich da im Grunde um Bestandteile des internationalen wissenschaftlichen Vokabulars handelt. Aber sicher kann man mit gleichem Erfolg etwaige alternative Lösungen befürworten. Bemerkenswert ist, daß das Französische, als Folge seiner komplizierten Lautentwicklung, in dieser Hinsicht dem Lexikographen größere Hindernisse in den Weg stellt als etwa das Spanische, wo sich *caldo, caliente, calor, calefacción,* und sogar *res-caldar* leicht zusammenfassen und gemeinsam besprechen lassen. Was der etymologisch orientierte Lexikograph, in seiner Suche nach der optimalen Lösung, nie aus den Augen verlieren darf, ist die Tatsache, daß der gelegentliche Benutzer eines, sagen wir, lateinischen Wörterbuchs nie von vornherein zu wissen braucht, daß lat. *pōnō, -ĕre* 'legen, stellen' genetisch eigentlich zu *sinō, -ĕre* 'lassen' gehört, wobei *pō-* im Grunde lediglich die nicht alltägliche Variante eines Präfixes (*post-*) darstellt; ein kurzer Hinweis unter *pōnō* auf die ausführliche Darlegung unter *sinō* ist also unter solchen Umständen unerläßlich.

4.4. Eine umstrittene Frage ist, wieweit man gerade als Lexikograph mit der Information über etymologische Grundformen zurückgehen darf oder soll (Edward Sapirs „time depth"). Hier hat sich im Laufe der Zeit manches geändert. Der heutige Romanist wird, in scharfem Gegensatz zu den Gepflogenheiten eines G. B. Bolza (1852), kaum je über das Lateinische hinausgehen wollen, und wenn es sich um ein keltisches, germanisches oder slawisches Etymon handelt, so bietet ihm die Rekonstruktion des Urgermanischen usw. ein gewisses „nec plus ultra". Sogar wenn das Wörterbuch des Italienischen aus der Feder eines gediegenen Indogermanisten stammt, wie dies mit Giacomo Devotos *Avviamento alla etimologia italiana; dizionario etimologico* (1966) ja der Fall war, so wird der Versuchung, sich über die Stammverwandten des lateinischen Etymons zu verbreiten, widerstanden, in der Annahme, daß der wirklich wißbegierige Leser schon einen Weg zu einem lateinischen oder indogermanischen Etymologikon finden wird. Das läßt sich nicht so leicht in der Anglistik (oder Germanistik) durchsetzen; die ursprüngliche Ausgabe des *American Heritage Dictionary* glaubte das Problem der Relevanz und Hierarchie so gelöst zu haben, daß der Leser unter dem englischen Stichwort, neben vielen anderen wegweisenden Bemerkungen, auch den knappen Hinweis auf einen Anhang fand, wo ein guter Kenner, nämlich Calvert Watkins, das neuenglische Wort in seine vorindogermanische Umgebung mit formelhafter Kürze verlegte und einbettete. Auch das erwies sich, zumal das erwähnte Wörterbuch nicht als rein etymologisches Unternehmen geplant war, in diesem Rahmen als abwegig, so daß die nächste Etappe zu einer vollkommenen Trennung des Anhangs von dem Wörterbuch, das ihn ursprünglich ins Leben gerufen hatte, führte: Die beiden Leserkreise waren eben unvereinbar, und zwar schon im Umfang.

4.5. Unter den auffallenden Abarten eines klassischen Etymologikons können hier nur einige wenige Musterbeispiele erwähnt und kurz beschrieben werden. So scheint die alphabetische Anordnung der Stichworte das obligatorische Merkmal eines jeden besseren Wörterbuchs dieser Art zu sein. Und doch kommt es vor, daß die etymologischen Probleme nach dem Muster der semantischen Bezirke, etwa in Vorahnung von Jost Triers Feldtheorie, dargelegt werden, aber ein etymologisches Register, als Anhang hinzugefügt, doch noch den betreffenden Band auch als handliches Nachschlagewerk verwendbar macht; dies läßt sich z. B. von Lazare Sainéans Beschreibung und Durchleuchtung der Sprache und speziell der Lexis von Rabelais sagen. — Syntax und Etymologie scheinen, auf den ersten Blick, zwei unvereinbare Pole der Forschung darzustellen; und doch brauchen sie nicht unbedingt einander auszuschließen — die beiden zu Rufino José Cuervos Lebzeiten erschienenen Bände (1886—93) seines eigen- und einzigartigen, meisterhaft aufgebauten *Diccionario de construcción y régimen [...]* werden sowohl den syntaktischen wie den etymologischen Besonderheiten der Auswahl, zumeist von Verben und Präpositionen, gerecht. — Schließlich verdient es Karl Jabergs und Jakob Juds postum veröffentlichtes „propädeutisches Etymologikon" Italiens und der Südschweiz (1960) hier kurz erwähnt zu werden (Jaberg leistete die Hauptarbeit): Die von den vorzüglichen Atlaskarten übernommenen mundartlichen Wörter, ihre schriftsprachlichen Entsprechungen und die postulierten Grundformen sind hier zu einem wohlartikulierten, aber integrierten Ganzen verschmolzen, welches etymologische Ansätze und Gedankengänge unter Anfängern und Fortgeschrittenen erst einmal provozieren soll.

5. Literatur (in Auswahl)

5.1. Wörterbücher

Academia Española 1726—39 = Real Academia Española: Diccionario de la lengua española (castellana), 20. Aufl. Madrid 1984 XXV, 1416 S.; [zuerst 1726—39].

American Heritage Dictionary 1969 = The American Heritage Dictionary of the English Language, Hrsg. William Morris. Boston u. a. 1969 [L, 1550 S.].

Baldinger 1974 ff. = Kurt Baldinger: Dictionnaire étymologique de l'ancien français (DEAF). Fascicules G1—G5. Tübingen 1974—1988 [zus. 516 S.].

Barnhart 1988 = Clarence L. Barnhart (ed.): The Barnhart Dictionary of Etymology. [ohne Ort] [USA] 1988 [XXVII, 1284 S.]

Battisti/Alessio 1950—57 = Carlo Battisti/Giovanni Alessio: Dizionario etimologico italiano. 5 Bände. Florenz 1950—57 [XXXI, 4132 S.].

Beauquier 1881 = Charles Beauquier: Vocabulaire étymologique des provincialismes usités dans le Département du Doubs, Besançon 1881 [303 S.].

Bloch/Wartburg 1932 = Oscar Bloch/Walther von Wartburg: Dictionnaire étymologique de la langue française. 5. Aufl. Paris 1968 [XXXVI, 683 S.; zuerst 1932.].

Bolza 1852 = G. B. Bolza: Vocabolario genetico etimologico della lingua italiana. Wien 1852 [IV, 500 S.].

Chantraine 1968—80 = Pierre Chantraine: Dictionnaire étymologique de la langue grecque. 4 Bände. Paris 1968—80 [1368 S.].

Cihac 1870—79 = A. de Cihac: Dictionnaire d'étymologie daco-romane, 1: Éléments latins comparés avec les autres langues romanes; 2: Éléments slaves, magyars, turcs, grecs-moderne et albanais. Frankfurt a. M. 1870—79 [XII, 331; XXIV, 816 S.].

Corblet 1851 = Jules Corblet: Glossaire étymologique et comparatif du patois picard. Paris 1851 [619 S.].

Corominas 1954—57 = J[uan] Corominas: Diccionario crítico etimológico de la lengua castellana. 4 Bände. Bern. Madrid. 1954—57 [LXVIII, 993; 1080; 1117; 1224 S.].

Corominas 1961 = Juan Corominas: Breve diccionario etimológico de la lengua castellana. 3. Aufl. Madrid 1975 [610 S.; zuerst 1961.].

Corominas/Pascual 1980—85 = Joan [sic] Corominas/José A. Pascual: Diccionario crítico etimológico castellano e hispánico. 6 Bände. Madrid 1980—89.

Cortelazzo/Zolli 1979—84 = Manlio Cortelazzo/Paolo Zolli: Dizionario etimologico della lingua italiana. 6 Bände. Bologna 1979—84 [XXIII, 815 S., für A—N].

Covarrubias 1611 = Sebastián de Covarrubias (H)orozco: Tesoro de la lengua castellana o española, ed. Martín de Riquer. Barcelona 1943 [1093 S.; zuerst 1611.].

Cuervo 1886—93 = Rufino José Cuervo: Diccionario de construcción y régimen de la lengua castellana (A—D). Paris 1886—93 [LXVIII, 922; 1348 S.].

Darmesteter/Hatzfeld [—Thomas] 1890 = Arsène Darmesteter, Adolphe Hatzfeld, [Antoine Thomas]: Dictionnaire général de la langue française [...]. 2 Bände. 6. unveränd. Aufl. Paris 1920 [2272 S.; zuerst 1890].

Dauzat 1964 = Albert Dauzat/Jean Dubois/Henri Mitterand: Nouveau dictionnaire étymologique et historique, 4. Aufl. Paris 1982 [XLIX, 804 S.; zuerst 1964].

Devic 1876 = L. Marcel Devic: Dictionnaire étymologique des mots français d'origine orientale (arabe, persan, turc, hébreu, malais). Paris 1876 [275 S.].

Devoto 1966 = Giacomo Devoto: Avviamento alla etimologia italiana; dizionario etimologico. Firenze. Neudruck 1967 [XII, 494 S.; zuerst 1966.].

Diez 1853 = Friedrich Diez: Etymologisches Wörterbuch der romanischen Sprachen. 5. Aufl. Bonn 1887 [XXVI, 866 S.; zuerst 1853.].

Dozy/Engelmann 1869 = R[einhart] Dozy/W. H. Engelmann: Glossaire des mots espagnols et portugais dérivés de l'arabe. Leiden 1869 [XII, 412 S.].

Eguílaz y Yanguas 1886 = Leopoldo Eguílaz y Yanguas: Glosario etimológico de las palabras españolas [...] de origen oriental [...]. Granada 1886 [XXIV, 591 S.].

Ernout/Meillet 1959—60 = Alfred Ernout/Antoine Meillet: Dictionnaire étymologique de la langue latine; histoire des mots. 4. Aufl. Paris 1959—60 [XVIII, 820 S.; zuerst 1932.].

Feist 1888 = Sigmund Feist: Grundriß der gotischen Etymologie. Straßburg 1888 [167 S.].

Feist 1909 = Sigmund Feist: Etymologisches Wörterbuch der gotischen Sprache, mit Einschluß des sog[enannten] Krimgotischen. 2. Aufl. Halle 1920—23 [XXV, 380 S.; zuerst 1909.].

Feist 1939 = Sigmund Feist: Vergleichendes Wörterbuch der gotischen Sprache [...]. Leiden 1939 [XXVIII, 710 S.].

Foerster 1914 = Wendelin Foerster: Wörterbuch zu Kristian von Troyes' sämtlichen Werken. 2. Aufl. (hrsg. von Hermann Breuer) = 3. Aufl. (Neudruck). Halle 1933 [VI, 281 S.; zuerst 1914].

Frisk 1960—72 = Hjalmar Frisk: Griechisches etymologisches Wörterbuch. 3 Bände. Heidelberg 1960—72 [XXX, 938, 1154, 312 S.].

Gamillscheg 1928 = Ernst Gamillscheg: Etymologisches Wörterbuch der französischen Sprache. Heidelberg 1969 [XXVIII, 1326 S.; zuerst 1928].

García de Diego [1957] = Vicente García de Diego: Diccionario etimológico español e hispánico. Madrid [1957] [XIV, 1069 S.].

Grandgagnage 1845—90 = Charles Grandgagnage: Dictionnaire étymologique de la langue wallonne. 2 Bände. Liège/Leipzig 1845, 1890.

Guiraud 1978 = Pierre Guiraud: Dictionnaire historique, stylistique, rhétorique, étymologique de la littérature érotique: précédé d'une introduction sur les structures étymologiques du vocabulaire érotique. Paris 1978.

Guiraud 1982 = Pierre Guiraud: Dictorinnaire des étymologies obscures. Paris 1982 [523 S.].

Holthausen 1934 = Ferdinand Holthausen: Altenglisches etymologisches Wörterbuch. 2. Aufl. Heidelberg 1963 [XXXVI, 428 S.; zuerst 1934.].

Isidorus 1911 = Isidorus, Hispalensis episcopus: Etymologiarum sive Originum libri XX, ed. W. M. Lindsay. 2 Bände. Oxford 1911 [XVI + ca. 800 S.].

Jaberg/Jud 1960 = Karl Jaberg/Jakob Jud: Index zum „Sprach- und Sachatlas Italiens und der Südschweiz"; ein propädeutisches etymologisches Wörterbuch der italienischen Mundarten. Bern 1960 [XXIX, 744 S.].

Klein 1966—67 = Ernest Klein: A Comprehensive Etymological Dictionary of the English Language [...] 2 Bände. Amsterdam. London. New York 1966—67 [XXV, 1776 S.].

Kluge 1895. = Friedrich Kluge: Deutsche Studentensprache. Straßburg 1895 [X, 136 S.].

Kluge 1883 = Friedrich Kluge: Etymologisches Wörterbuch der deutschen Sprache, bearb. von Walther Mitzka. 20. Aufl. Berlin 1967 [XVI, 917 S.; zuerst Straßburg 1883].

Körting 1891 = Gustav Körting: Lateinisch-romanisches Wörterbuch. 3. Aufl. Paderborn 1907 [VI, 1374 S.; zuerst 1891.].

Körting 1908 = Gustav Körting: Etymologisches Wörterbuch der französischen Sprache. Paderborn 1908 [414 S.].

Lenz 1905—10 = Rodolfo Lenz: Diccionario etimológico de las voces chilenas derivadas de lenguas indígenas americanas. 2 Bände. Santiago de Chile 1905—10 [XV, 938 S.].

Littmann 1920 = Enno Littmann: Morgenländische Wörter im Deutschen. 2. Aufl. Tübingen 1924 [XII, 161 S.; zuerst 1920.].

Ménage 1650 = Gilles Ménage: Dictionnaire étymologique; ou, Origines de la langue françoise, ed. l'abbé Chastelain. Paris 1694 [CVIII, 740 S.; zuerst 1650, unter dem Titel: Les origines de la langue françoise.].

Menarini 1941—42 = Alberto Menarini: I gerghi bolognesi. Modena 1941—42 [164 S.].

Menéndez Pidal 1908—11 = Ramón Menéndez Pidal: Hrsg. „Cantar de Mio Cid": texto, gramática y vocabulario, 3 Bände; Bd. 2: Vocabulario (Obras completas, Band 4). (2. Aufl.) Madrid 1945 [482 S.; zuerst 1908—11.].

Meyer 1891 = Gustav Meyer: Etymologisches Wörterbuch der albanesischen Sprache. Straßburg 1891 [524 S.].

Meyer-Lübke 1911—20 = Wilhelm Meyer-Lübke: Romanisches etymologisches Wörterbuch. 3. Aufl. Heidelberg 1930—35 [XIX, 1092 S.; zuerst 1911—20.].

Michaëlis de Vasconcelos 1920[—22] = Carolina Michaëlis de Vasconcelos: Glossário do „Cancioneiro da Ajuda". In: Revista Lusitana 23. vi—xii, 1—95. 1920[—22].

Migliorini 1964 = Bruno Migliorini (& Aldo Duro): Prontuario etimologico della lingua italiana. 4. Aufl. Turin u. a. 1964 [XXIII, 628 S.; zuerst 1950.].

Monlau 1856 = Pedro Felipe Monlau: Diccionario etimológico de la lengua española; ensayo precedido de unos rudimentos de etimología. (2. Aufl.) Madrid 1881; Nachdruck, Buenos Aires 1941 [1186 S.; zuerst 1856.].

Morpurgo 1963 = Anna Davies Morpurgo: Mycenaeae Graecitatis Lexicon. Incunabula graeca, 3. Aufl. Rom 1963 [XXXI, 404 S.].

Nascentes 1932 = Antenor Nascentes: Dicionário etimológico da lingua portuguesa. Rio de Janeiro 1932 [XLVIII, 829 S.].

Nascentes 1966 = Antenor Nascentes: Dicionário etimológico resumido. Rio de Janeiro 1966 [XVIII, 791 S.].

Olivieri 1953 = Dante Olivieri: Dizionario etimologico italiano, concordato coi dialetti [...]. 2. Ausg. Mailand 1961 [811 S.; zuerst 1953.].

Onions 1966 = C. T. Onions/G. W. S. Friedrichsen/R. W. Burchfield (Hrsg.): The Oxford Dictionary of English Etymology. Oxford 1966 [XVI, 1025 S.].

Pianigiani 1907 = Ottorino Pianigiani: Vocabolario etimologico della lingua italiana. 2. Aufl. Mailand 1937—42 [XVIII, 1559 S.; zuerst 1907.].

Palmer 1882 = A. Smythe Palmer: Folk-Etymology. A Dictionary of Verbal Corruptions or Words Perverted in Form or Meaning by False Derivation or Mistaken Analogy. London 1882 [28, 664 S.].

Paul 1897 = Hermann Paul: Deutsches Wörterbuch. 7. Aufl., bearb. von Alfred Schirmer. Halle 1960 [VII, 782 S.; zuerst 1897].

Pfister 1979 = Max Pfister: Lessico etimologico italiano (=LEI). Wiesbaden 1979 ff. [VIII S., 1152 Col. Fasz. 1—6; Bibl. separat: VI, 119 S.].

Prati 1940 = Angelico Prati: Voci di gerganti, vagabondi e malviventi, studiate nell'origine e nella storia. Pisa 1940 [227 S.].

Prati 1951 = Angelico Prati: Vocabolario etimologico italiano. Mailand 1951 [XII, 1097 S.].

Prati 1968 = Angelico Prati: Etimologie venete (Hrsg. Gianfranco Folena/Giambattista Pellegrini). Venedig. Rom 1968 [LIX, 211 S.].

Puhvel 1984— = Jaan Puhvel: Hittite Etymological Dictionary, Band 1—2 (A—, E—, I—,). Berlin 1984 ff.

Puşcariu 1905 = Sextil Puşcariu: Etymologisches Wörterbuch der rumänischen Sprache, 1: Lateinisches Element. Heidelberg 1905 [235 S.].

Rohlfs 1932—39 = Gerhard Rohlfs: Dizionario dialettale delle tre Calabrie, con note etimologiche [...]. 3 Bände. Halle. Mailand 1932—39 [424, 479, 143 S.].

Sachs 1936 = Georg Sachs (Hrsg.): „El libro de los caballos", tratado de albeitería del siglo XIII. Madrid 1936 [XXV, 150 S.].

Sainéan 1923 = Lazare Sainéan: La langue de Rabelais, 2: Langue et vocabulaire. Paris 1923 [535 S.].

Scheler 1862 = Auguste Scheler: Dictionnaire d'étymologie française, d'après les résultats de la science moderne. 3. Aufl. Brüssel 1888 [X, 526 S.; zuerst 1862.].

Shipley 1945 = Joseph T. Shipley: Dictionary of Word Origins. (3. Aufl.) New York 1969 [X, 430 S.; zuerst 1945.].

Shipley 1984 = Joseph T. Shipley: The Origins of English Words; Discursive Dictionary of Indo-European Roots. Baltimore. London 1984 [XXXII, 636 S.].

Skeat 1882 = Walter W. Skeat: An Etymological Dictionary of the English Language. 4., verb. Aufl. Oxford 1909 [zuerst 1882.].

Sweet 1897 = Henry Sweet: The Student's Dictionary of Anglo-Saxon. New York. London 1897 [XVI, 217 S.].

Sweet 1913 = Henry Sweet: Collected Papers. Oxford 1913 [X, 590 S.].

Wagner 1957—64 = Max Leopold Wagner: Dizionario etimologico sardo. 3 Bände. Heidelberg 1957—64 [714, 619, 507 S.].

Walde/Hofmann 1939—54 = Alois Walde: Lateinisches etymologisches Wörterbuch, bearb. von Johann Baptist Hofmann. 2 Bände, Registerband. Heidelberg 1939—54 [XXXIV, 872, 851, 287 S.].

Wartburg 1928ff. = Walther von Wartburg: Französisches etymologisches Wörterbuch; eine Darstellung des galloromanischen Sprachschatzes. Bonn 1928 ff [Ort und Verleger wechseln.].

Watkins 1969 = Calvert Watkins: Indo-European Roots. In: The American Heritage Dictionary [. . .], Anhang. 46 Seiten.

Webster's Third 1961 = [Noah] Webster's Third New International Dictionary of the English Language Unabridged, hrsg. von Philip Babcock Gove. Springfield, MA, 1961 [2662 S.].

Zambaldi 1889 = Francesco Zambaldi: Vocabolario etimologico italiano. (2. Aufl.) Castello 1913 [11 S., 630 Spalten; zuerst 1889.].

5.2. Sonstige Literatur

André 1967 = Jacques André: Les noms d'oiseaux en latin. Paris 1967.

Bammesberger 1983 = Das etymologische Wörterbuch; Fragen der Konzeption und Gestaltung, hrsg. von Alfred Bammesberger. (Eichstätter Beiträge) Regensburg 1983.

Benveniste 1935 = Émile Benveniste: Origines de la formation des noms en indo-européen. Paris 1935.

Benveniste 1969 = Émile Benveniste: Vocabulaire des institutions indo-européennes. Sommaire, tableau et index établis par Jean Lallot. 2 Bände. Paris 1969.

Chantraine 1956 = Pierre Chantraine: Études sur le vocabulaire grec. Paris 1956 (Études et commentaires 24).

Ernout 1946—65 = Alfred Ernout: Philologica. 3 Bände. (Études et commentaires 1, 26, 59) Paris 1946—65.

Ernout 1954 = Alfred Ernout: Aspects du vocabulaire latin. Paris 1954.

Frings 1932 = Theodor Frings: Germania Romana. 2. Aufl., besorgt von Gertraud Müller. Halle 1966 [zuerst 1932.].

Guiraud 1964 = Pierre Guiraud: L'étymologie. (Que sais-je? 1122) Paris 1972 [zuerst 1964.].

Guiraud 1967 = Pierre Guiraud: Structures étymologiques du lexique français. Paris 1967.

Guiraud 1975 = Pierre Guiraud: Les gros mots. (Que sais-je? 1597) Paris 1975.

Hoffmann 1978 = Wolfgang Hoffmann: Zum Gebrauchswert etymologischer Wörterbücher. Der Lemmata-Bestand von Kluge-Mitzka (^{20}1967) und Duden und eine Umfrage unter ihren Benutzern. In: Zeitschrift für germanistische Linguistik 6. 1978, 31—46.

Kiss 1965 = L. Kiss: Die etymologischen Wörterbücher der ostslawischen Sprachen. Debrecen 1965.

Klaus 1985 = Gabriele Klaus: Das etymologische Wörterbuch des Französischen im 19. Jh. Frankfurt a. M. 1985.

Malkiel 1976 = Yakov Malkiel: Etymological Dictionaries; a Tentative Typology. Chicago. London 1976.

Martinet 1966 = André Martinet: Pourquoi des dictionnaires étymologiques? In: La Lingustique 2. 1966, 123—131.

Mayrhofer 1980 = Manfred Mayrhofer: Zur Gestaltung des etymologischen Wörterbuches einer „Korpussprache". Wien 1980.

Mitzka 1968 = Walther Mitzka: Kleine Schriften zur Sprachgeschichte und Sprachgeographie, hrsg. von Ludwig Erich Schmitt. Berlin 1968.

Objartel 1983 = Georg Objartel: Zur Geschichte des 'Kluge': Probleme eines etymologischen Wörterbuchs der deutschen Sprache. In: Zeitschrift für germanistische Linguistik 11. 1983, 268—289.

Pfister 1972 = Max Pfister: Einführung in die romanische Etymologie. Darmstadt 1979.

Pisani 1947 = Vittore Pisani: L'etimologia: storia, questioni, metodo. 2., erweiterte Ausg. Brescia 1967 [zuerst 1947].

Sainéan 1907 = Lazare Sainéan: L'argot ancien (1455—1850), ses éléments constitutifs, ses rapports avec les langues secrètes de l'Europe méridionale et l'argot moderne... Paris 1907.

Sainéan 1935 = Lazare Sainéan: Autour des sources indigènes; étude d'étymologie française et romane. Florenz 1935.

Scholz 1966 = F. Scholz: Slavische Etymologie. Eine Anleitung zur Benutzung etymologischer Wörterbücher. Wiesbaden 1966.

Seebold 1981 = Elmar Seebold: Etymologie; eine Einführung am Beispiel der deutschen Sprache. München 1981.

Trier 1931 = Jost Trier: Der deutsche Wortschatz im Sinnbezirk des Verstandes; die Geschichte eines sprachlichen Feldes. Heidelberg 1931.

Wartburg 1943 = Walther von Wartburg: Einführung in Problematik und Methodik der Sprachwissenschaft. Halle 1943. Ins Englische, Französische und Spanische übersetzt.

Zgusta 1980 = Ladislav Zgusta (Hrsg.): Theory and Method in Lexicography: Western and non-Western perspectives. Columbia, S.C., 1980.

Yakov Malkiel, Berkeley, California (USA)

145. Das etymologische Wörterbuch rekonstruierter Sprachen

1. Rekonstruierte Vokabeln
2. Das Lemma im Wörterbuch einer rekonstruierten Sprache (Urindogermanisch)
3. Informationen zum Lemma im Wörterbuch einer rekonstruierten Sprache
4. Literaturangaben im Wörterbuch einer rekonstruierten Sprache
5. Beispiel: eine rekonstruierte Vokabel des Urindogermanischen
6. Leistung des Wörterbuches einer rekonstruierten Sprache
7. Zur Geschichte des Wörterbuches einer rekonstruierten Sprache
8. Literatur (in Auswahl)

1. Rekonstruierte Vokabeln

1.1. Wenn genetisch verwandte Sprachen als Tochtersprachen auf eine verhältnismäßig einheitliche Grundsprache zurückgehen, so kann deren Lexikon aus den Lexika der Tochtersprachen teilweise rekonstruiert und aus den rekonstruierten Vokabeln ein „Wörterbuch einer rekonstruierten Sprache" erstellt werden. Einer Sprache können auch mehrere Grundsprachen vorausgehen, so daß immer die jüngere Sprache eine Tochtersprache der nächstälteren ist. So gehen z. B. dem Russischen zunächst — als „Zwischengrundsprachen" — das Urslavische und das Urbaltoslavische und zuletzt (doch s. 7.2. am Ende) das Urindogermanische voraus, von dem hier vorzugsweise gesprochen wird. — Ausmaß und Sicherheit der Rekonstruktion einer Grundsprache hängen von Anzahl, Bezeugung und Altertümlichkeit der Tochtersprachen ab. Folglich muß das Wörterbuch neben sicheren Vokabeln und Vokabelmerkmalen auch Unsicheres enthalten und unvollständig bleiben (s. 2., 3.3.). Unsicherheiten und Lücken stellen die Rekonstruktion jedoch nicht, wie zuweilen angenommen wird, grundsätzlich in Frage. Ihre Berechtigung erweisen zumal erhaltene Sprachen, die sich mit rekonstruierbaren Grundsprachen weitgehend decken und diese folglich bestätigen: Latein ≅ Urromanisch, Altindoarisch (Sanskrit) ≅ „Urprakrit". In anderer Weise bestätigt wird z. B. das urgermanische Lexikon, v. a. durch Lehnwörter im Ostseefinnischen (Kylstra 1974).

1.2. Zwischen dem Lexikon einer solchen gesicherten Grundsprache und den Lexika ihrer Tochtersprachen bestehen im wesentlichen die folgenden Zusammenhänge: Eine grundsprachliche (z. B. urromanische) Vokabel kann, sofern sie nicht ganz ausstirbt, in einer, zwei, mehreren oder allen (z. B. romanischen) Tochtersprachen „Kontinuanten" (Fortsetzer) haben und ist dann deren „Antezedens" (Vorform). Kontinuanten desselben Antezedens in 2 oder mehreren Tochtersprachen bilden eine Reihe von „Kognaten" (genetischen Entsprechungen). Kognatreihen können „mechanische", „umgestaltete" und „verbaute" Kontinuanten enthalten. „Mechanisch" heißt: nur lautgeschichtlich (lautmechanisch, -gesetzlich) verändert; „umgestaltet" heißt: anders als nur lautgeschichtlich verändert, z. B. analogisch, onomatopoetisch, expressiv; „verbaut" heißt: in einer Weiterbildung erhalten, z. B. in einem Suffixderivat. Mechanische Kontinuanten desselben Antezedens sind „Äquate"; umgestaltete sind untereinander und gegenüber mechanischen „Äquabilia". Zur besonderen Rolle der Äquate s. 3.3. und 6.

1.3. Im Verhältnis des verlorenen Urindogermanischen zu seinen indogermanischen Tochtersprachen lassen sich alle in 1.2. aufgezählten Erscheinungen wiederfinden. Allerdings sind die indogermanischen Tochtersprachen einander nicht so ähnlich wie die germanischen oder romanischen. Sie sind eben räumlich viel weiter gestreut und zeitlich viel weiter von ihrer Grundsprache entfernt und hatten somit viel mehr Gelegenheit zu Neuerungen im Lexikon, d. h. zum Verlust, zur Umgestaltung, Neubildung, Neuschöpfung oder auch Entlehnung von Vokabeln. (Haben sich solche Neuerungen in Teilräumen des Indogermanischen schon früh vollzogen, so sind sie mehreren indogermanischen Sprachen gemeinsam, evtl. gehören sie Zwischengrundsprachen an.) Äquate sind hier also seltener, Äquabilia im Verhältnis häufiger. Zuweilen haben Kognatreihen sogar nur ein ererbtes Kernelement („Wurzel") gemeinsam. Solche „Wurzelkognate" sind aber wohl seltener als vielfach angenommen. Die Wörterbücher des Urindogermanischen enthalten zu viele Zusammenstellungen bloßer „Similia", d. h. von Vokabeln, deren Herkunft aus je 1 Antezedens trotz lautlicher Ähnlichkeit unmöglich, unwahrscheinlich oder bestenfalls gänzlich unsicher ist; ist kein gemeinsames Antezedens gegeben, so liegen nur „Scheinkognate" vor.

2. Das Lemma im Wörterbuch einer rekonstruierten Sprache (Urindogermanisch)

Zu Lemmata werden die rekonstruierten Vokabeln (Lexikoneinheiten), hier des Urindogermanischen; flektierte Nomina in Form von Stämmen, Primärverben nur in Form von Wurzeln, da die Stämme der urindogermanischen Verben infolge besonders starker späterer Veränderungen häufig noch nicht rekonstruiert sind. Manche Kognatreihen, namentlich kurze, lassen nur ein ungefähres Rekonstrukt zu. Die Form und die Schreibweise eines Lemmas beruhen auf methodisch gewonnenen Annahmen und sind Ausdruck des jeweiligen Erkenntnisstandes. Von der Wissenschaft müssen alle rekonstruierten Vokabeln und ihre Merkmale immer wieder überdacht, die Tochtersprachen immer wieder nach anderen Rekonstruktionsmöglichkeiten befragt werden. Durch neue Erkenntnisse können bisher angenommene Vokabeln ganz wegfallen, neue hinzukommen.

3. Informationen zum Lemma im Wörterbuch einer rekonstruierten Sprache

3.1. Soweit sich zusätzliche Merkmale von urindogermanischen Vokabeln rekonstruieren lassen, werden sie den Lemmata hinzugefügt: die Wortart, das grammatische und flexivische Verhalten, Bedeutungen und Verwendungen (Syntax, Stil, Sprachschicht), Verhalten in Weiterbildungen.

3.2. Grundsätzlich erwünscht sind auch etymologische Angaben. Die Vorgeschichte des Lexikons einer Zwischengrundsprache (s. 1.1.) ist vor allem anhand vorausgehender Grundsprachen zu beurteilen. So können z. B. viele urslavische Vokabeln als ererbt, andere als Neuerungen (vgl. 1.3. und Kiparsky 1934) erwiesen werden. Über genetische (vgl. 7.2. am Ende) oder Lehnbeziehungen (vgl. 5. unter (ic)) des sehr viel älteren Urindogermanischen ist dagegen bisher nicht viel Sicheres ermittelt worden. Gewisse Erfolge verspricht die interne Etymologie. Allerdings ist die Rekonstruktion durchsichtiger Vokabeln wie *$_2$aĝr-ii̯-e/o- Adj. 'Feld-' (vgl. 5. unter (f)) dadurch gefährdet, daß die Kontinuanten (altindoarisch ajríya-, griechisch ἄγριος) auch unabhängig entstanden, somit „Schein-Äquate" bzw. „-Äquabilia" (Akzentverschiedenheit!) sein könnten. — In Einzelfällen unbestreitbar, häufig aber nicht ausreichend begründet sind „Wurzelerweiterungen" (*ten/tem-p 'dehnen') und „Wurzelvarianten" (*trem/tres 'zittern'). — Ein Wörterbuch des rekonstruierten Urindogermanischen ist nur in begrenztem Maße ein „etymologisches Wörterbuch".

3.3. Unter jedem Lemma sind aus allen Tochtersprachen die Kontinuanten anzuführen, aus denen es rekonstruiert wird. In der Regel benötigt man für ein Rekonstrukt mindestens zwei, in Zwischengrundsprachen genügt eine (s. 5. am Ende: urarisch *aźra-). Wegen der Zufälle beim Fortleben von Vokabeln (vgl. 1.2.) bleibt das Wörterbuch einer rekonstruierten Sprache in jedem Fall lückenhaft. — Je länger eine Kognatreihe, um so deutlicher werden meist Form und Merkmale der urindogermanischen Vokabel. Nichtbeteiligung einer reichbezeugten Tochtersprache an einer Reihe kann auf Dialektunterschiede weisen (vgl. 1.3.), in der Regel wird eher Verlust anzunehmen sein. — Besonders wichtig sind Äquate, weil sich aus ihnen durch bloßes Rückgängigmachen der mechanischen Lautveränderungen das Rekonstrukt ergibt (s. 6.).

4. Literaturangaben im Wörterbuch einer rekonstruierten Sprache

Rekonstrukte ergeben sich durch Annahmen (s. 2.), die vom Stoff bezeugter Sprachen ausgehen (s. 1.1.). Daraus ergibt sich die Art des Schrifttums, das jeweils anzuführen ist: (a) gründliche, womöglich auch geschichtliche Darstellungen des jeweiligen tochtersprachlichen Stoffes, mit Einschluß etymologischer Wörterbücher; (b) Erörterungen über den genetischen Zusammenhang der tochtersprachlichen Erscheinungen; (c) Erörterungen aller Art über die rekonstruierte Vokabel selbst.

5. Beispiel: eine rekonstruierte Vokabel des Urindogermanischen

In dem hier vorgelegten verkürzten Entwurf zur Darstellung einer urindogermanischen Vokabel kennzeichnen die Buchstaben das Folgende:

(a) Lemma; (b) Wortart; (c) grammat. Verhalten; (d) flexiv. Verhalten; (e) Bedeutungen und Verwendungen; (f) Weiterbildungen; (g) Etymon (Herleitung); (h) Kontinuanten; (ia) (ib) (ic) Schrifttum dreier Arten (s. 4.). — Unter (J) folgen Bemerkungen.

(a) *$_2$aĝr-e/o-; (b) Subst.; (c) Mask. Sing.; (d)

e/o-Stamm; (e) 'Feld' im Gegensatz zur Siedlung; (f) → *$h_2agri\text{-}e/o\text{-}$; Vorderglied *$h_2agro\text{-}$; Hinterglied *-$h_2ag\hat{r}\text{-}e/o\text{-}$; (g) vielleicht mit Suffix *-r-e/o- zu → *h_2ag 'treiben', vgl. nhd. *Trift* „Weide" (: *treiben*); (h) ai. *ájra-*; armen. *art* (?); gr. ἀγρός; lat. *ager*; osk. *ager-llúd* oder *-ulúd* Abl. Sing.; umbr. *ager*; got. *akrs*, an. *akr*, ae. *æcer*, afrs. *ekker*, as. *akkar*, ahd. *ackar;* alle etwa 'Acker, Feld'; (ia) Ai.: Graßmann; PW I; Mayrhofer I. — Armen.: NB I. — Gr.: Frisk I.III; Chantr. I. — Lat.: Walde/Hofmann; Ernout/Meillet. — Osk.-Umbr.: Vetter. — Got.: Schulze GW; Feist. — Ahd.: Ahd. Wb. — [...]; (ib) zu armen. *art* (Kontinuante?) K. H. Schmidt, MSS 16 (1964) S. 89 ff.; zu Toponymen mit *agr-* Walde/Hofmann I S. 844; (ic) Fick I S. 2.162.350; Torp/Falk S. 7 (German.); Muller S. 10 (Ital.); Walde/Pokorny I S. 37; Pokorny I S. 6; Lit. zum Etymon auch bei Wackernagel/Debrunner, AiG II 2 S. 855 (: sumer. LW; ablehnend Frisk), Brugmann, Grdr.² II 1 S. 353 f. (Suff. *-ro-*).

(J) zu (a): ungefähres Rekonstrukt (Akzent unklar); andere neuere Schreibweisen bzw. Ansätze *$h_2agro\text{-}$, *$H_2agro\text{-}$, *$agro\text{-}$. — Zu (d): variables Stammende (Ablaut). — Zu (h): *ájra-* und ἀγρός Äquabilia (: Akzent), die german. u. ital. Kognate können von beiden und unter sich Äquate sein (osk. *agro-lo-*: verbautes Äquat). Zwischengrundsprachliche Ansätze: urar. *$a\acute{z}ra\text{-}$ (auch bei Fehlen im Iran., da Erbwort); urosk.-umbr. (urital.) *agro-*; urgerm. *akra-*. — Armen. *art* Äquat/Äquabile/Scheinkognat?

6. Leistung des Wörterbuches einer rekonstruierten Sprache

Ein Wörterbuch des Urindogermanischen und grundsätzlich jedes derartige Werk dient (a) der allgemeinen Sprachwissenschaft, (b) der Erforschung der betreffenden Grundsprache, (c) der Erforschung der Tochtersprachen.

(a) Der Vergleich zwischen Rekonstrukten und Kontinuanten läßt Aussagen über Erhaltung, Veränderung, Verschwinden, Ersetzung und Verbreitung von Vokabeln und deren Familien zu. Überlieferungsreichtum und weite Streuung der indogermanischen Sprachen bewirken ein Feld für besonders viele Beobachtungen dieser Art. — (b) Die vielen hier verzeichneten sicheren Vokabeln des Urindogermanischen können verschieden geordnet werden und ermöglichen dann Aussagen über dessen Lautstruktur, Formenbau und Bedeutungsfelder. Durchsichtige Vokabeln (s. 3.2.) können onomasiologisch, faßbare Bedeutungen geistes- und kulturgeschichtlich ausgewertet werden („indogermanische Altertumskunde"). Die hohe Zahl der Äquate, die deutlich herauszustellen sind (s. 3.3.), und der begründbaren Äquabilia sichert auch die Wirklichkeit und weitgehende Einheitlichkeit des Urindogermanischen. — (c) Die im Wörterbuch angeführten tochtersprachlichen Vokabeln (s. 3.3.) sind als Kontinuanten Erbstücke und als Ko-

gnate Isoglossen. Die Menge der Erbstücke und Isoglossen sagt bei richtiger Auswertung etwas über die Altertümlichkeit und über die verwandtschaftliche Stellung einer Tochtersprache aus. — Sachgemäß angelegt und durch gute Wortverzeichnisse erschlossen, kann das Wörterbuch tochtersprachliche etymologische Wörterbücher um Kognate und Antezedentien entlasten — besonders um Strittiges (s. 5. (h) zu armenisch *art*) und um weniger Belangvolles — und ist insofern auch von äußerem Nutzen.

7. Zur Geschichte des Wörterbuches einer rekonstruierten Sprache

7.1. Von den besonders sicheren Grundsprachen „Urprakrit" und Urromanisch (s. 1.1.) hat erstere bisher 1 Wörterbuch erhalten (Turner 1966/85), letztere 3: Diez (1887/89), Körting (1907), Meyer-Lübke (1935). Turner hat Sanskritstichwörter, entsprechend haben Körting und Meyer-Lübke lateinische (bzw. bei Lehnwörtern: germanische usw.); Diez dagegen hat romanische, vorzugsweise italienische. Vergleichende, aber eine Grundsprache voraussetzende Wörterbücher wie Diez sind auch sonst häufig (s. 7.3.).

7.2. Begründet wurde die Wörterbuchart in der Indogermanistik: Bald nachdem A. Schleicher die Rekonstruktion in die Sprachwissenschaft eingeführt hatte, legte August Fick (geb. 1833, gest. 1916), selbst ein bedeutender Etymologe, sein Wörterbuch vor: Fick 1868, 4. Aufl. 1890 (ff.). Seine Grundsätze bestehen fort: er setzt vollständige Rekonstrukte an und faßt durch entsprechende Aufgliederung seines Werkes jeweils die nur in einem indogermanischen Teilraum (s. 1.3., doch s. auch 2. am Ende) nachgewiesenen Vokabeln zusammen: „Wortschatz der arischen/westeuropäischen Spracheinheit", daneben „Wortschatz der indogermanischen Grundsprache (Spracheinheit aller Indogermanen)". So ist Fick — der sogar die Bildung von Namen rekonstruierte (Fick 1874) — auch zum Schöpfer des zwischengrundsprachlichen Wörterbuches geworden. Diese seine Arbeit haben andere fortgesetzt:

Stokes/Bezzenberger 1894 fürs Urkeltische, Torp/Falk 1909 fürs Urgermanische (vgl. Köbler 1981, Köbler 1982), Trautmann 1923 fürs Urbaltoslavische, Muller 1926 fürs Uritalische (vgl. Buecheler 1881). Das Urslavische behandeln: Miklosich 1886, Berneker 1908/14, Kopečný 1973 ff., Trubačev 1974 ff., Sławski 1974 ff., Sadnik/Aitzetmüller 1975; vgl. noch Kiparsky 1934 für einen Teilbereich; so auch fürs Urgermanische Seebold 1970. Für etliche indogermanische Sprachzweige

ázô impf. ázom ptc. ázôn aor. ázazom führe, treibe.
ved. ájâmi impf. âjam ptc. ájan s. aor. ǎjijam, zend. azâmi. ἄγω ἦγον ἄγων ἤγαγον. lat. agô êgi actum. altirisch ato-m-aig „adigit me". an. aka ôk akinn „fahren". Vermuthlich aus á'z : azé entstanden, vgl. ἡγέομαι, ἀγωγή (ê'z : azé : ô'z?).

azós m. Treiber, Führer.
ved. ajás dass. ἀγός, στρατηγός = dor. στρατ-αγός λοχ-αγός, lat. prod-igus, ab-iga.

azros m. Feld, Flur.
ved. ájras dass. ἀγρός. lat. ager. got. akr ahd. ahhar nhd. Acker. Ursprünglich „Trift" von ázô treibe. ved. ajrías „in den Ebenen befindlich" lautlich = ἄγριος.

ázmṇ n. Bahn, Zug.
ved. ájman n. B. Z. lat. agmen, ex-âmen. Ved. ájma m. dass. hat mit ὄ-γμος „Schwade" (aus ὀ mit, zusammen und γεμ fassen) nichts zu thun.

ázrâ f. Jagd.
s. vgl. ghasé-ajra „zum Essen treibend" zend. azra Jagd in vehrkâm azrôdaidhîm „die Jagd machende Wölfin". ἄγρα, ἀγρέω. — Mit ved. ajirá „rasch, beweglich" kann man lat. agilis (vgl. gracilus neben gracilis), mit âji f. „Wettlauf, Rennbahn" lat. amb-âges, ind-âges vergleichen.

Textbeispiel 145.1: Wörterbuchartikel (aus: Fick (1890) I[4], 2)

ist jedoch noch nie (Iranisch) oder zuletzt von Fick (Indoiranisch = Arisch) ein zusammenfassendes Wörterbuch geschrieben worden. — Ficks urindogermanischer Teil wurde von Walde/Pokorny (1927/32) erneuert. Die Gliederung in Teilräume fehlt; einen Fortschritt stellen die ausführlicheren Erörterungen und die Schrifttumsangaben dar. Leider haben Walde/Pokorny nicht nur gesicherte Kognate, sondern auch alle ihnen bekannten Verknüpfungen von Similia (s. 1.3.) mitgeteilt, vielfach unter recht fragwürdigen „Wurzeln" (vgl. 3.2. am Ende). — Die knappere Neufassung von Pokorny (1959/69) ist den Äquaten, den vollständigen urindogermanischen Vokabeln und dem Sicheren überhaupt wieder stärker verpflichtet. Weitere Vorzüge sind die Aufnahme des Tocharischen und Hethitischen sowie die sorgsame Berücksichtigung des schwierigen Keltischen. Neben kürzeren neueren Werken (Pisani 1974, Mann 1984 ff., ferner Köbler 1982a, Delamarre 1984) behaupten Walde/Pokorny und Pokorny zusammen den führenden Rang. — Die häufig voreiligen Versuche, das Urindogermanische genetisch anzuschließen, haben auch einige Wörterbücher oder Wortlisten gezeitigt. Semitisch: Möller 1911, Brunner 1969; „Nostratisch": Illič-Svityč 1971 ff., Koskinen 1980, Bomhard 1984; Finnougrisch: Collinder 1934, Joki 1973. — Weiteres: Fornander 1885, Hirai um 1910, Koppelmann 1933.

7.3. Einschlägige Schriften über andere Sprachen als die indogermanischen sind in großer Zahl vorhanden, werden hier aber nur verzeichnet (s. 8.1.), nicht beschrieben. Da jede Sprachfamilie ihren eigenen Forschungsstand und ihre besonderen Merkmale hat (vgl. 1.1.), müßte die auf Rekonstrukte abzielende Lexikographie einer jeden gesondert dargestellt werden. Andersartige Verhältnisse als im indogermanischen Bereich können sich z. B. schon durch das Fehlen einer einheitlichen Grundsprache ergeben haben. Ferner können die Beziehungen der Tochtersprachen u. a. durch großen Zeitabstand zur Grundsprache, durch besonders rasche Entwicklung oder durch nachträgliche Vermischungen und verwickelte Entlehnungsvorgänge stärker verdunkelt sein. Kognate in verwandten Sprachen können folglich zahlreich und ähnlich sein, aber auch selten und kaum erkennbar. Entsprechend verschieden können die Sammlungen rekonstruierter Vokabeln ausfallen: Sie reichen von größeren Werken bis hinab zu kurzen Listen in Zeitschriftenbeiträgen. Verschieden ist auch die Anlage. Häufig werden nicht die teilweise unsicheren (s. 2., 3.3.) Rekonstrukte, sondern deren Bedeutungen in alphabetischer oder semantischer Reihung zu Lemmata gemacht (Miller 1967: englische Bedeutungen; Manessy 1975: französische), gelegentlich auch die Kontinuanten in einer bestimmten, besonders bedeutsamen Tochtersprache (Burrow/Emeneau 1984; vgl. 7.1. zu Diez 1887/89). — Manche einschlägigen Wörterbücher lassen die Rekonstrukte ganz oder weitgehend zurücktreten und haben dann öfter das Wort „vergleichend" im Titel (Cohen 1947). Hierdurch können sich Überschneidungen mit dem zwei- oder mehrsprachigen Wörterbuch (vgl. Art. 306) ergeben, in dem Paare oder Reihen von ähnlichen — teilweise auch nur synonymen — Vokabeln genetisch verwandter oder vielleicht auch unverwandter Sprachen ohne den Grundsatz der Rekonstruktion zusammengestellt sind. Da sprachliche Ähnlichkeiten auf ganz verschiedenen Wegen zustande kommen, sind solche Zusammenstellungen zwar nicht ohne Wert, aber zunächst unverbindlich. — Zuweilen kann ein knappes oder ausführliches Register der Rekonstrukte, die in einer genetisch-vergleichenden Laut- und Formenlehre erarbeitet sind, mindestens vorläufig ein Wörterbuch ersetzen (Pinnow 1966). — In weiterem Sinne einschlägig, aber hier nicht berücksichtigt sind etymologische Wörterbücher, die auf den Erbwortschatz nur einer bestimmten Informanten- oder Korpussprache ausgerichtet sind (vgl. Art. 128). — Im folgenden Verzeichnis (8.1.) haben Wörterbücher mit Rekonstrukten als Lemmata das Zeichen *.

8. Literatur (in Auswahl)
8.1. Wörterbücher

Aubin 1975 = George F. Aubin: A Proto-Algonquian dictionary. Ottawa 1975 [X, 197 S.].

Bender 1983 = M. Lionel Bender: Proto-Koman phonology and lexicon. In: Afrika und Übersee 66. 1983, 259—297.

Benedict 1972 = Paul K. Benedict: Sino-Tibetan. London 1972 [XI, 230 S.].

Benedict 1975 = Paul K. Benedict: Austro-Thai. Language and culture. With a glossary of roots. New Haven 1975 [XXIV, 490 S.].

**Berneker 1908/14* = Erich Berneker: Slavisches etymologisches Wörterbuch. Heidelberg 1908/14 [760, 80 S., bis morъ; Repr. 1924].

Bokarev 1959 = Evgenij A. Bokarev: Cezskie (didojskie) jazyki Dagestana. Moskau 1959 [291 S.].

Bomhard 1984 = Allan R. Bomhard: Toward Proto-Nostratic. A new approach to the comparison of Proto-Indo-European and Proto-Afroasiatic. Amsterdam. Philadelphia 1984 [XI, 356 S.].

**Bourquin 1923* = Walther Bourquin: Neue Ur-Bantu-Wortstämme. Berlin 1923 [256 S.; Repr. 1969].

**Bourquin 1953/54* = Walther Bourquin: Weitere Ur-Bantu-Wortstämme. In: Afrika und Übersee 38. 1953/54, 27—48.

**Brunner 1969* = Linus Brunner: Die gemeinsamen Wurzeln des semitischen und des indogermanischen Wortschatzes. Bern. München 1969 [IX, 203 S.].

Budagov 1869/71 = Lazar' Budagov: Sravnitel'nyj slovar' turecko-tatarskich narečij. St. Petersburg 1869/71. 2 Bände [X, 810, 3; 415 S.; Repr. 1960].

**Buecheler 1881* = Franz Buecheler: Lexicon italicum. Bonn 1881 [XXX S.].

Burrow/Emeneau 1984 = Thomas Burrow/Murray B. Emeneau: A Dravidian etymological dictionary. 2. Aufl. Oxford 1984 [XLI, 853 S.; 1. Aufl. 1961; Suppl. 1968].

Campbell/Langacker 1978 = Lyle Campbell/Ronald W. Langacker: Proto-Aztecan vowels: part III. In: International journal of American linguistics 44. 1978, 262—279.

Capell 1962 = Arthur Capell: A new approach to Australian linguistics. Sydney 1962 [1. Aufl. 1956: IV, 103 S.].

Chajdakov 1973 = Said M. Chajdakov: Sravnitel'no-sopostavitel'nyj slovar' dagestanskich jazykov. Moskau 1973 [179 S.].

Čikobava 1938 = Arnold S. Čikobava: Čanur-megrul-kartuli šedarebiti leksiḳoni. Dictionnaire comparé tchane-mégrélien-géorgien. Tiflis 1938 [XIX, 510 S.].

**Clauson 1972* = Gerard Clauson: An etymological dictionary of the pre-thirteenth century Turkish. Oxford 1972. Index (2 Bde.). Szeged. Amsterdam 1981 [XLVIII, 989, XII, 342, 261 S.].

**Cohen 1970 ff.* = David Cohen: Dictionnaire des racines sémitiques ou attestées dans les langues sémitiques. Den Haag 1970 ff. [2 Fasz. bis 1976; XXXIX, 119 S.].

Cohen 1947 = Marcel Cohen: Essai comparatif sur le vocabulaire et la phonétique du chamito-sémitique. Paris 1947 [XI, 248 S.].

Collinder 1934 = Björn Collinder: Indo-uralisches Sprachgut. Uppsala 1934 [116 S.].

Collinder 1977 = Björn Collinder: Fenno-Ugric vocabulary. 2. Aufl. Hamburg 1977 [217 S.; 1. Aufl. 1955].

**Davis 1966* = Irvine Davis: Numic consonantal correspondences. In: International journal of American linguistics 32. 1966, 124—140.

**Delamarre 1984* = Xavier Delamarre: Le vocabulaire indo-européen. Lexique étymologique thématique. Paris 1984 [331 S.].

**Dempwolff 1938* = Otto Dempwolff: Austronesisches Wörterverzeichnis. Berlin 1938 [192 S.; Repr. 1969].

Diez 1887/89 = Friedrich Diez: Etymologisches Wörterbuch der romanischen Sprachen. Bonn 1887. Index. Heilbronn 1889 [XXVI, 866, X, 380 S.; 1. Aufl. 1854].

Donner 1874/88 = Otto Donner: Vergleichendes Wörterbuch der Finnisch-Ugrischen Sprachen. 3

Bände. Helsingfors. Leipzig 1874/88 [VIII, 192, 160, III, 204 S.].

Ehret 1980 = Christopher Ehret: The historical reconstruction of Southern Cushitic phonology and vocabulary. Berlin 1980 [470 S.].

Elias/Leroy/Voorhoeve 1984 = Philip Elias/Jacqueline Leroy/Jan Voorhoeve: Mbam-Nkam or Eastern Grassfields. In: Afrika und Übersee 67. 1984, 31—107.

Fähnrich 1982 ff. = Heinz Fähnrich: Kartwelischer Wortschatz. In: Georgica 5. 1982, 34—38; 7. 1984, 42—45; 8. 1985, 26—29.

Fick 1868 = August Fick: Wörterbuch der indogermanischen Grundsprache in ihrem Bestande vor der Völkertrennung. Göttingen 1868 [X, 246 S.; spätere Auflagen s. Fick 1870/71].

Fick 1870/71 = August Fick: Vergleichendes Wörterbuch der indogermanischen Sprachen. 2 Teile. 2. Aufl. Göttingen 1870/71 [1085 S.; 3. Aufl. 4 Bände, 1874/76, 844, 802, 372, 503 S.; Bd. I 4. Aufl. 1890, XXXVIII, 580 S.; Bd. II: s. Stokes/ Bezzenberger; Bd. III: s. Torp/Falk. — 1. Aufl.: s. Fick 1868].

Fick 1873 = August Fick: Die ehemalige Spracheinheit der Indogermanen Europas. Göttingen 1873 [S. 292—392: Gemeinsam-europäischer Wortschatz].

Fick 1874 = August Fick: Die griechischen Personennamen nach ihrer Bildung erklärt [. . .]. Göttingen 1874 [S. CXCII—CCXIX: Namensystem der proethnischen Spracheinheiten.].

Fornander 1885 = Abraham Fornander: Comparative vocabularies of the Polynesian and Indo-European languages. London 1885 [X, 292 S.; Repr. 1969].

Gasanova u.a. 1971 = Saida M. Gasanova u. a.: Sravnitel'no-istoričeskaja leksika dagestanskich jazykov. Moskau 1971 [296 S.].

Gerhardt 1983 = Ludwig Gerhardt: Beiträge zur Kenntnis der Sprachen des nigerianischen Plateaus. Glückstadt 1983 [246 S.].

Girard 1971 = Victor Girard: Proto-Takanan phonology. Berkeley. Los Angeles 1971 [X, 209 S.].

Grunzel 1895 = Josef Grunzel: Entwurf einer vergleichenden Grammatik der altaischen Sprachen nebst einem vergleichenden Wörterbuch. Leipzig 1895 [90 S.].

Gudschinsky 1959 = Sarah C. Gudschinsky: Proto-Popotecan. A comparative study of Popolocan and Mixtecan. Baltimore 1959 [VIII, 118 S.].

Gursky 1965 = Karl-Heinz Gursky: Ein lexikalischer Vergleich der Algonkin-Golf- und Hoka-Subtiaba-Sprachen (1). In: Orbis 14. 1965, 160—215.

Gursky 1974 = Karl-Heinz Gursky: Der Hoka-Sprachstamm. In: Orbis 23. 1974, 170—215.

Guthrie 1967/71 = Malcolm Guthrie: Comparative Bantu. 4 Bände. Farnborough 1967/71 [143, 180, 326, 248 S.].

Heine 1968 = Bernd Heine: Die Verbreitung und Gliederung der Togorestsprachen. Berlin 1968 [311 S.].

Heine 1978 = Bernd Heine: The Sam languages. In: Afroasiatic linguistics 6, 2. 1978, 1—93.

Hirai um 1910 = Kinza Hirai: A vocabulary of the Japanese and Aryan languages hypothetically compared. Tokyo um 1910.

Illič-Svityč 1971 ff. = Vladislav M. Illič-Svityč: Opyt sravnenija nostratičeskich jazykov. [. . .] Sravnitel'nyj slovar'. Moskau 1971 ff. [bisher 3 Bände, 1971/76/84; XXXVI, 370, 156, 135 S.].

Janhunen 1977 = Juha Janhunen: Samojedischer Wortschatz. Gemeinsamojedische Etymologien. Helsinki 1977 [185 S.].

Janhunen 1981 = Juha Janhunen: Uralilaisen kantakielen sanastosta. Über den Wortschatz des Proto-Uralischen. In: Journal de la Société Finno-ougrienne 77. 1981, 219—274.

Johnston 1919/22 = Harry H. Johnston: A comparative study of the Bantu- and semi Bantu languages. 2 Bände. Oxford 1919/22 [819, IX, 544 S.; Repr. 1977].

Joki 1973 = Aulis Joki: Uralier und Indogermanen. [. . .] Helsinki 1973 [XXVII, 419 S.].

Jungraithmayr/Shimizu 1981 = Herrmann Jungraithmayr/Kijoshi Shimizu: Chadic lexical roots. Bd. 2. Berlin 1981 [318 S.].

Kazár 1980 = Lajos Kazár: Japanese-Uralic language comparison. [. . .] Hamburg 1980 [III, 311 S.].

Key 1968 = Mary Ritchie Key: Comparative Tacanan phonology [. . .]. Den Haag 1968 [107 S.].

Kiparsky 1934 = Valentin Kiparsky: Die gemeinslavischen Lehnwörter aus dem Germanischen. Helsinki 1934 [329 S.].

Klimov 1964 = Georgij A. Klimov: Ètimologičeskij slovar' kartvel'skich jazykov. Moskau 1964 [306 S.].

Klimov 1973 = Georgij A. Klimov: Dopolnenija k ètimologičeskomu slovarju kartvel'skich jazykov. In: Ètimologija 1971. 1973, 356—367.

Köbler 1981 = Gerhard Köbler: Germanisch-neuhochdeutsches und neuhochdeutsch-germanisches Wörterbuch. Gießen 1981 [XXX, 291 S.].

Köbler 1982 = Gerhard Köbler: Germanisches Wörterbuch. 2. Aufl. Gießen 1982 [XXXXI, 581 S.; 1. Aufl. 1980].

Köbler 1982a = Gerhard Köbler: Indogermanisch-neuhochdeutsches und neuhochdeutsch-indogermanisches Wörterbuch. 2. Aufl. Gießen 1982 [XXVI, 388 S.; 1. Aufl. 1980].

Körting 1907 = Gustav Körting: Lateinisch-romanisches Wörterbuch. Paderborn 1907 [VI, 1374 Sp.; 1. Aufl. 1890/91].

Kopečný 1973 ff. = František Kopečný (u. a.): Etymologický slovník slovanských jazyků. Prag 1973 ff. [1. Bd. 1973; 2. Bd. 1980; 344, 783 S.].

Koppelmann 1933 = Heinrich Koppelmann: Die

Eurasische Sprachfamilie. Heidelberg 1933 [VIII, 220 S.].
Koskinen 1980 = Kalevi E. Koskinen: Nilal. Über die Urverwandtschaft des Hamito-Semitischen, Indogermanischen, Uralischen und Altaischen. Tampere 1980 [155 S.].
Kuipers 1970 = Aert H. Kuipers: Towards a Salish etymological dictionary. In: Lingua 26. 1970, 46—72.
Kuipers 1975 = Aert H. Kuipers: Dictionary of Proto-Circassian roots. Lisse 1975 [93 S.].
Kylstra 1974 = Andries D. Kylstra: Entwurf zu einem neuen Wörterbuch der ältesten germanischen Lehnwörter in den ostseefinnischen Sprachen. In: Ural-Altaische Jahrbücher 46. 1974, 27—53.
Lanszweert 1984 = René Lanszweert: Die Rekonstruktion des baltischen Grundwortschatzes. Frankfurt a. M. Bern. New York 1984 [XLVII, 188 S.].
Lincoln/Rath 1980 = Neville J. Lincoln/John C. Rath: North Wakashan comparative word list. Ottawa 1980 [VIII, 426 S.].
Longacre 1957 = Robert E. Longacre: Proto-Mixtecan. Baltimore 1957 [VII, 195 S.].
Luce 1981 = Gordon H. Luce: A comparative word-list of Old Burmese, Chinese and Tibetan. London 1981 [XI, 88 S.; Repr. 1983].
Manessy 1975 = Gabriel Manessy: Les langues oti-volta [...]. Paris 1975 [314 S.].
Manessy 1979 = Gabriel Manessy: Contribution à la classification généalogique des langues voltaïques. Paris 1979 [107 S.].
Mann 1984 ff. = Stuart E. Mann: An Indo-European comparative dictionary. Hamburg 1984 ff. [bis 1986 8 Hefte, bis *spēis;* 1252 Sp.].
Matteson 1972 = Esther Matteson (u. a.): Comparative studies in Amerindian languages. Den Haag. Paris 1972 [251 S.].
McLendon 1973 = Sally McLendon: Proto Pomo. Berkeley. Los Angeles. London 1973 [IX, 113 S.].
Meeussen 1980 = Achiel E. Meeussen: Bantu lexical reconstructions. Tervuren 1980 [55 S.].
Meyer-Lübke 1935 = Wilhelm Meyer-Lübke: Romanisches etymologisches Wörterbuch. 3. Aufl. Heidelberg 1935 [XXXI, 1204 S.; Repr. 1972; 1. Aufl. 1911/20]. Rückläufiger Stichwortindex, bearbeitet von Annegret Alsdorf-Bollée und Isolde Burr. 1969 [124 S.].
Miklosich 1886 = Franz Miklosich: Etymologisches Wörterbuch der slavischen Sprachen. Wien 1886 [VIII, 547 S.; Repr. 1922].
Miller 1967 = Wick R. Miller: Uto-Aztecan cognate sets. Berkeley. Los Angeles 1967 [V, 83 S.].
Möller 1911 = Hermann Möller: Vergleichendes indogermanisch-semitisches Wörterbuch. Göttingen 1911 [XXXVI, 316 S.; Repr. 1970; zuerst dänisch: Kopenhagen 1909].
Mukarovsky 1976/77 = Hans Mukarovsky: A study of western Nigritic. Wien 1976/77 [258, CXII, X, 414 S.].
Muller 1926 = Frederik Muller Jzn: Altitalisches Wörterbuch. Göttingen 1926 [VII, 583 S.].
Newman 1977 = Paul Newman: Chadic classification and reconstructions. In: Afroasiatic linguistics 5, 1. 1977, 1—42.
O'Grady 1966 = Geoffrey N. O'Grady: Proto-Ngayarda phonology. In: Oceanic linguistics 5, 2. 1966, 71—130.
Pinnow 1966 = Heinz-Jürgen Pinnow: Grundzüge einer historischen Lautlehre des Tlingit. Wiesbaden 1966 [166 S.].
Pisani 1974 = Vittore Pisani: Crestomazia indeuropea. 3. Aufl. Turin 1974 [XXVII, 203 S.; 1. Aufl. 1941. — Enthält: Dizionario comparativo].
Pokorny 1959/69 = Julius Pokorny: Indogermanisches etymologisches Wörterbuch. I. Band Bern. München [1948—]1959. II. Band [Register, hergestellt von Harry B. Partridge] 1969 [1183, 495 S.; Repr. 1981. — Neue Bearbeitung von Walde/Pokorny 1927/32].
Räsänen 1969 = Martti Räsänen: Versuch eines etymologischen Wörterbuchs der Türksprachen. Helsinki 1969. Wortregister 1971 [XVI, 533, 135 S.].
Rédei 1986 ff. = Károly Rédei: Uralisches etymologisches Wörterbuch. Wiesbaden 1986 ff. [Lief. 1, XLVIII, 84 S.].
Rottland 1982 = Franz Rottland: Die südnilotischen Sprachen. [...] Berlin 1982 [563 S.].
Sadnik/Aitzetmüller 1975 = Linda Sadnik/Rudolf Aitzetmüller: Vergleichendes Wörterbuch der slavischen Sprachen [nur Bd. I, A/B]. Wiesbaden 1975 [L, 643 S.].
Šagirov 1977 = Amin K. Šagirov: Ètimologičeskij slovar' adygskich (čerkesskich) jazykov. 2 Bde. Moskau 1977 [289, 223 S.].
Sasse 1979 = Hans-Jürgen Sasse: The consonant phonemes of Proto-East-Cushitic (PEC) [...]. In: Afroasiatic linguistics 7, 1. 1979, 1—67.
Schmidt 1962 = Karl Horst Schmidt: Studien zur Rekonstruktion des Lautstandes der südkaukasischen Grundsprache. Wiesbaden 1962 [XV, 160 S.].
Seebold 1970 = Elmar Seebold: Vergleichendes und etymologisches Wörterbuch der germanischen starken Verben. Den Haag 1970 [571 S.].
Sevortjan 1974 ff. = Èrvand V. Sevortjan: Ètimologičeskij slovar' tjurkskich jazykov. Moskau 1974 ff. [I 1974, II 1978, B-; 767, 349 S.].
Shimizu 1980 = Kiyoshi Shimizu: Comparative Jukunoid. 2 Bde. Wien 1980 [255, 324 S.].
Simon 1929 = Walter Simon: Tibetisch-chinesische Wortgleichungen, ein Versuch. In: Mitteilungen des Seminars für Orientalische Sprachen 32, 1. 1929, 157—228.
Sławski 1974 ff. = Franciszek Sławski: Słownik prasłowiański. Breslau. Warschau. Krakau. Danzig 1974 ff. [bis 1984 5 Bände; 487, 367, 332, 287, 235 S.].

Stokes/Bezzenberger 1894 = Whitley Stokes: Urkeltischer Sprachschatz. Übersetzt, überarbeitet und herausgegeben von Adalbert Bezzenberger. Göttingen 1894 [= Bd. 2 von Fick 1890; VIII, 337 S.; Repr. 1979].

Torp/Falk 1909 = Alf Torp: Wortschatz der Germanischen Spracheinheit. Unter Mitwirkung von Hjalmar Falk. Göttingen 1909 [= Bd. 3 von Fick 1890; 573 S.; Repr. 1979].

Trautmann 1923 = Reinhold Trautmann: Baltisch-Slavisches Wörterbuch. Göttingen 1923 [VIII, 382 S.; Repr. 1970].

Trubačev 1974 ff. = Oleg N. Trubačev: Ėtimologičeskij slovar' slavjanskich jazykov. Praslavjanskij leksičeskij fond. Moskau 1974 ff. [bis 1985 12 Bände; 214, 238, 199, 235, 232, 222, 224, 252, 197, 198, 220, 186 S.].

Trubetzkoy 1930 = N[ikolaj S.] Trubetzkoy: Nordkaukasische Wortgleichungen. In: Wiener Zeitschrift für die Kunde des Morgenlandes 37. 1930, 76—92.

Turner 1966/85 = Ralph L. Turner: A comparative dictionary of the Indo-Aryan languages. Bd. I London. New York. Toronto 1966. — Indexes 1969. — Phonetic analysis 1971. — Addenda et corrigenda 1985 [XX, 841, IX, 357, 235, XII, 168 S.].

Vámbéry 1878 = Hermann Vámbéry: Etymologisches Wörterbuch der turko-tatarischen Sprachen. [...] Leipzig 1878 [XXIV, 228 S.; Repr. 1972].

Voßen 1982 = Rainer Voßen: The Eastern Nilotes. Linguistic and historical reconstructions. Berlin 1982 [512 S.].

Walde/Pokorny 1927/32 = Alois Walde: Vergleichendes Wörterbuch der indogermanischen Sprachen. Herausgegeben und bearbeitet von Julius Pokorny. I. Band. Berlin. Leipzig 1930. II. Band 1927. III. Band: Register, bearbeitet von Konstantin Reichardt 1932 [V, 877, 716, 269 S.; Repr. 1973. — Neue Bearbeitung: s. Pokorny 1959/69].

Wares 1968 = Alan C. Wares: A comparative study of Yuman consonantism. Den Haag 1968 [100 S.].

Westermann 1911 = Diedrich Westermann: Die Sudansprachen. Hamburg 1911 [VIII, 222 S.].

Westermann 1927 = Diedrich Westermann: Die westlichen Sudansprachen und ihre Beziehungen zum Bantu. Berlin 1927 [313 S.].

Whorf/Trager 1937 = Benjamin L. Whorf/George L. Trager: The relationship of Uto-Aztecan and Tanoan. In: American Anthropologist 39. 1937, 609—624.

Williamson/Shimizu 1968/73 = Kay Williamson/Kiyoshi Shimizu: Benue-Congo comparative wordlist. 2 Bde. Ibadan 1968/73 [XXXV, 473 S.].

8.2. Sonstige Literatur

Brandstetter 1906 = Renward Brandstetter: Ein Prodromus zu einem vergleichenden Wörterbuch der malaio-polynesischen Sprachen. Luzern 1906.

Cohen 1973 = David Cohen: La lexicographie comparée. In: Pelio Fronzaroli (ed.), Studies on Semitic lexicography. Florenz 1973 (Quaderni di Semitistica, 2), 183—208..

Deeters 1952 = Gerhard Deeters: Besprechung über Pokorny 1959/69, Lief. 1/2. In: Indogermanische Forschungen 60. 1952, 317—320.

Meillet 1929 = Antoine Meillet: Besprechung über Walde/Pokorny 1927/32, Bd. 2. In: Litteris 6. 1929, 1—6.

Pfister 1980 = Max Pfister: Einführung in die romanische Etymologie. Darmstadt 1980.

Slotty 1933 = Friedrich Slotty: Besprechung über Walde/Pokorny 1927/32. In: Indogermanische Forschungen 51. 1933, 143—148.

Whatmough 1949 = Joshua Whatmough: Besprechung über Pokorny 1959/69, Lief. 1/2. In: Language 25. 1949, 285—290.

*Bernhard Forssman, Erlangen
(Bundesrepublik Deutschland)*

146. Das chronologische Wörterbuch

1. Definition
2. Voraussetzungen
3. Zwecke
4. Entwicklungsgeschichte im Überblick
5. Einzelne chronologische Wörterbücher
6. Literatur (in Auswahl)

1. Definition

Das chronologische Wörterbuch ist ein historisches Wörterbuch, das aber nicht die sprachhistorische Information 'Etymon' zum Anordnungsprinzip macht (wie z. B. das FEW W. von Wartburgs), sondern das Datum bzw. die Jahreszahl des frühesten Auftretens der Wörter in einem schriftlichen Text; es ordnet also die Wörter einer Sprache beginnend mit dem Jahr, in dem der älteste Text verfaßt wurde, den Jahren der Erstbelege folgend, an.

2. Voraussetzungen

Die Zusammenfassung der Erstbelege einer Sprache in einem Lexikon ist erst dann möglich, wenn der größte Teil der Erstbelege systematisch und annähernd exhaustiv erfaßt und ein hoher Grad an Plausibilität der Datierungen erreicht ist, d. h., wenn die Erstbelegforschung (= Datenforschung) so weit entwickelt ist, daß bei einem hohen Prozentsatz der Wörter die älteste erreichbare Quelle erfaßt scheint. Erst dann lohnt sich der Aufwand einer 'chronologischen Universalkonkordanz'. — Bis um 1900 begnügte man sich mit der Frage nach der Herkunft (dem Etymon) der Wörter. Diese *étymologie-origine* wurde erst von der *étymologie-histoire* abgelöst, als Sprachwissenschaftler wie Schuchardt, Gilliéron, Jud, Meillet, vor allem aber von Wartburg (1943) forderten, daß die gesamte 'Laufbahn' eines Wortes mit allen Veränderungen (auch den semantischen) zu beschreiben ist. Anekdotisch geworden ist Gilliérons Spott über die alte *étymologie-origine* als einer Biographie Balzacs, der auf den Knien seiner Amme sitzend die 'Comédie humaine' verfaßt. — Die Forderung vom 'Curriculum vitae' der Wörter impliziert die Aufstellung einer Datenkette, durch die die Veränderungen fixiert werden; die Wichtigkeit der Datierungen für die Wortgeschichte als Fixpunkte inner- und oft auch außersprachlicher Phänomene im Rahmen der Wortbiographie wurde vielfach unterstrichen. Die Korrelation der chronologisch fixierten Veränderungen eines Wortes mit außersprachlichen Realitäten (Bedeutungswandel = oft Kulturwandel) bedarf der interdisziplinären Zusammenarbeit, z. B. mit der Wirtschaftsgeschichte (Baldinger 1979). Im Optimalfall ist der 'Parcours' eines Wortes vom formalen Erstbeleg über oft nur Intervalle auffüllende Erst-, Zweit- und Mehrfachbelege und über echte *semantische* Erstbelege (Neosemantismen, Klare 1977) bis zum Letztbeleg (oder, im Fall von Wortuntergang) zum Endbeleg (Straka 1979, Steven 1984) bereits durch Spezialmonographien beschrieben.

Zur Illustration eines knappen chronologisch strukturierten Lexikoneintrags im Sinne der *étymologie-histoire* diene frz. *essence: (Etymon)* kl.lat. ESSENTIA 'Wesen, Natur, Art von jem. oder etwas: (a) frz. *essence,* formaler Erstbeleg — ca. 1200, Moralités sur Job 338/35 (Tobler-Lommatzsch 'essence de la divinitet'); (b) aus mlat. *essentia* 'flüchtige Substanz' (vgl. *quintessentia* 'fünftes, ätherisches Element der Alchimisten' → frz. *quintessence* — um 1270, Mahieu le Vilain: Meteores d'Aristote) → frz. *essence* 'flüchtiger aromatischer Extrakt' — 1563, Palissy: Recepte S. 28 (IGLF Litt.) und 1587 La Noue; (c) aus (a): *essence* 'vorherrschende Baumart, Holzart' (forsttechnische Spe-zialisierung — 1690, Furetière: semantischer Zweitbeleg; (d) aus (b): *essence* „Benzin" — Jan 1888, L'Aéronaute 16 (Guilbert 1965; DDL 5): semantischer Drittbeleg. Durch die biographische Umorientierung der Wortgeschichte gewinnen Buchwörter, Fachwörter und Lehnwörter (für das REW 1935 noch ohne Interesse!) an Bedeutung (Baldinger 1977), ein Umstand, der die enzyklopädisch-globale Konzeption der Sammlung aller Belege in einem Lexikon erleichtert hat.

3. Zwecke

Alle Fragen, die von einer bekannten Zeitangabe ausgehen (Epoche, Jahr, Schaffenszeit eines Autors, um anhand der bei ihm gefundenen Erstbelege dessen lexikalische Kreativität oder Modernität zu beschreiben, bis hin zur Epochen- und Sprachcharakteristik insgesamt) können anhand des chronologischen Wörterbuchs ohne zeitraubende Vorarbeiten schnellstens beantwortet werden. Auswertungsmöglichkeiten des chronologischen Wörterbuchs werden in Finkenstaedt 1973 aufgezählt: Feststellung der Anzahl von Erstbelegen in bestimmten Epochen (Wortschatz-Dynamik, innovativer Trend), bezogen auf bestimmte Zielgruppen (Lehnwörter: Anglizismen, lat.-grch. Kultismen, Fachwörter etc.), Wachstumstrends und -richtungen bestimmter Wortbildungstypen (einschl. chronologischer Hilfestellung zur Analyse von Wortbildungsprozeduren), Ausmaß außersprachlicher Einflüsse (Religion, Politik, Wirtschaft, d. h. sämtlicher Kultur- und Lebensbereiche), ferner welches sprachliche Material ein Autor bei Beginn seines Schaffens zur Verfügung hatte, von welchen Autoren, Texten und Neologismen eine Ära lexikalisch und semantisch geprägt ist etc.

4. Entwicklungsgeschichte im Überblick

Als chronologisches Repertoire der Erstbelege ist die Qualität des chronologischen Wörterbuchs von der Zuverlässigkeit der Datierungen abhängig, die aber insofern einen problematischen, vorläufigen Charakter haben, als sie vom Erschließungszustand der (nicht nur literarischen, sondern auch zwecksprachlichen) Texte abhängen. Zur Erschließung der Texte haben Konkordanzen eine wichtige Funktion; sie haben in den letzten Jahrzehnten sehr zugenommen (cf. Art. 165). Schwierigkeiten und Probleme bei der Datenforschung im Französischen behandeln Baldinger 1951, Höfler zuletzt 1982 (über den Zuverlässigkeitsgrad lexikographischer Quellen), Schwake 1968 (verweist auf indirekte Erstbelegerschließung mittels früherer Erstbelege in Empfängersprachen als in der Ausgangssprache), Wolf 1977, Möhren 1981, 1982, fürs Provenzalische Gebhardt 1974. Die ersten Schritte zum chronologischen Wörterbuch waren infolge Lückenhaftigkeit, Ungenauigkeit, Vorläufigkeit der Erstbelege schwierig; die Forderung der Wortbiographie konnte nicht erfüllt werden; es standen daher zunächst nur quantitative statistische Ziele im Vordergrund. Die zu den einzelnen Lexemen gebotene Information war rudimentär und, da auch Querverweise zunächst nicht aufgenommen wurden, konnten weder Wortfamilien noch Wortbereiche das Einzelwort seiner lexikalischen Isolation entreißen. Außerdem wurde zunächst mit einem sehr reduzierten Corpus gearbeitet, so daß keine Zusammenhänge zwischen Fach- und Allgemeinsprache sichtbar wurden (über die Interferenzen beider s. Wolf 1979). Das Fehlen von Quellenstellen erschwerte das Auffinden von Zusammenhängen zwischen Text/Sprache und Zeit- und Kulturgeschichte. Diese Mängel waren hauptsächlich bedingt durch den unvollkommenen Zustand der Datenforschung in den meisten Sprachen.

5. Einzelne chronologische Wörterbücher

Das Französische ist auf dem Gebiet des Wortschatzes eine der am besten erforschten Sprachen. Als erstes Wörterbuch des Französischen brachte das *Dictionnaire général* von Hatzfeld/Darmesteter/Thomas (1890—1898) genauere Daten. Um Datenpräzisierung bemüht waren O. Bloch und W. v. Wartburg schon seit der 1. Auflage ihres *Dictionnaire étymologique* (= BW 1932). In der Folgezeit wurden die Datierungen laufend verbessert. Aber erst das FEW Walther von Wartburgs brachte systematisch zahlreiche Erst-, Mehrfach- und Letztbelege samt semantischen Verästelungen und exakte Quellenangaben. „Das FEW ist das erste umfangreiche Werk und das einzige unter allen romanischen Sprachen, das sich die Festsetzung der ältesten und letzten Daten zur Aufgabe gemacht hat, die Entwicklung des Wortschatzes erfaßt und damit die Entwicklung des französischen Geistes" (Baldinger 1951; auch 1974). Da noch manches der Korrektur bedarf, stimulierte das FEW die gesamte Datenforschung; in Fachzeitschriften und Monographien erscheinen seither ständig Sammlungen neuer Erstbelege. Vor allem hat Quemada 1955 mit der Veröffentlichung von umfangreichen Datierungen begonnen, die zuvor in 'Le Français moderne' erschienen waren; er führte diese *Banque des Mots nouveaux* weiter in Quemada 1959 ff (bis 1987 30 Bände erschienen). — Über den Datenstand weiterer historischer Wörterbücher des Französischen s. Baldinger 1974. Lexikographische Quellen verarbeitet die Fachzeitschriftenliteratur leider nur sehr zögerlich; markantes - Beispiel ist *latrines:* alle Wörterbücher behalten *1437* bei, so GLLF 1975 und TLF 1983, obwohl inzwischen auf *1363* vordatiert werden konnte (Baldinger 1961, 104, n. 1; Höfler 1969 105; s. Möhren 1982, 702, n. 8).

5.1. Das erste englische chronologische Wörterbuch

A Chronological English Dictionary (= CED) von Finkenstaedt u. a. ist das erste chronologische Wörterbuch überhaupt. Das CED enthält die 80 096 Lemmata des SOED und ist nach Jahreszahlen geordnet (bis 1450 nur nach Perioden). Während SOED auch *semantische* Erstbelege enthält (z. B. pest „a deadly epidemic disease" — 1568; „anything or person that is .. troublesome" — 1609), verzichtet CED darauf; Autoren, Belegstellen, Quellenangaben fehlen ebenfalls. Dadurch wird die Konzeption der Wortbiographie nicht erfüllt; kritische Erstbelegforschung nur in nuce (in 2,2 % der Fälle, mittels Anglia und Lexicis); Querverweise zwischen den Lemmata fehlen. Das Jahr 1609 umfaßt 193 Lemmata.

Die Zielsetzung der Autoren ist quantitativ-statistisch, wofür ein lexikalischer Grobraster genügt. Ein englisches chronologisches Wörterbuch mit dichterem Netz (unter Einbeziehung semantischer Neologismen und Belegstellen) bleibt daher Desideratum (vgl. jetzt Cooper 1982).

5.2. Erste chronologische Wörterbücher der Iberoromania

1976 erschien der *Dictionnaire chronologique des langues ibéro-romanes Bd. I: Dictionnaire chronologique portugais* (= DCLI I) von D. Messner. Er enthält 29 000 portugiesische, hauptsächlich *for-*

	(1) Jahr	(2) Wort	(3) Homograph	(4) Wortklasse	(5) Herkunft	(6) Datum (ungefähres)	(7) Vorkommen in mod. engl. Wörterbüchern
z. B.	1609	*casuist*	Nr.	026 (=Substantiv)	26 (=Frz.)	(*)	z. B. ALD

Abb. 146.1: Informationsinventar des CED

146. Das chronologische Wörterbuch   1345

(18) Jahrzahl bzw. Jahrzehnt des portug. Erstbelegs 60 = 1600–1610	(30) (1) Erstbeleg aus Lorenzo	(37) portug. Lemma *abstruso*	(1) Grammat. Kategorie z. B. 2 = Adjektiv	(7.8.9) semant. Bereich	(38) spanisches Pendant-Lemma, z. B. *abstruso*	(19) spanisches Erstbelegdatum 73 = 1730	(39) katalan. Pendant-Lemma: *abstrus*
(34) katalan. Erstbelegdatum 69 = 1690	(40) französ. Pendant-Lemma: *abstrus*	(31) französ. Erstbelegdatum 3 = 14. Jh.	(24, 25) Etymologie nach Machado 12 = Latein	(27) Etymologie nach DLP 12 = Latein	(28, 29) Etymologie nach Corominas 12 = Latein	(35, 36) Etymologie nach Alcover-Moll 12 = Latein	(32, 33) Etymologie nach Petit-Robert 12 = Latein

Abb. 146.2: Informationsschema des DCLI I

1 2 = Adj.	40 *bénéficiaire*	7 sem. Feld	engl. Erstbeleg 1611	38 span. *beneficiario*	19 span. Datum	39 kat. *beneficiari*	34 kat. Datum 950
37 port. *beneficiário*	18 port. Datum 870	24, 25 etymol. Machado Lat.	26, 27 etymol. DLP Lat.	28, 29 etymol. Corominas forme lat. reconstituée	35, 36 etymol. Alcover-Moll Lat.	32, 33 etymol. Pt. Rob. Lat.	

Abb. 146.3: Informationsschema des DCLI IV (1609 s. v. bénéficiaire)

male Erstbelege; *semantische* Neologismen sind relativ selten (z. B. *revolução*); Materialbasis ist Machado 1967 (bis P.; von Q bis Z: Edition 1956—59); Daten wurden anhand zweier anderer portugiesischer Wörterbücher korrigiert. — Falls Robert 1967 oder B/W 1968 ein französisches Parallelwort mit wesentlich jüngeren Daten angeben, wurden verdächtige (d. h. vermutlich zu spät angesetzte) portugiesische Erstbelege revidiert, indem das (ältere) französische Erstbelegdatum eingesetzt wurde; die Defizienzen der portugiesischen Erstbelegforschung ließen sich dadurch freilich nicht beheben. Im hundertjährigen Rückstand der iberoromanischen Lexikologie in der Datenforschung beginnt sich mit Corominas 1980 ff eine Besserung abzuzeichnen; für das Altspanische verspricht das *Diccionario del español medieval* von B. Müller (1984) eine sichere Datenbasis zu bieten durch eine umfangreiche Zahl von Vordatierungen.

Die ganze Dekade 1600—1610 umfaßt exakt 200 Lemmata. DCLI IV enthält 1400 *französische* Erstbelege und zwar solche, zu denen iberoromanische Parallelwörter existieren; er geht von den *französischen* Lemmata aus.

Das Informationsschema entspricht sonst dem von Bd. I, jedoch unter Hinzufügung *englischer* Parallelformen (soweit vorhanden, und zwar auf der Basis des SOED 1973). Die Seltenheit *semantischer* Belege, das Fehlen von Belegstellen, die große Zahl unsicherer oder ungenauer Datierungen lassen die iberoromanischen Wörterbücher, die auch als Sprachvergleich ihre Berechtigung haben, nur als ersten Einstieg in die iberoromanische Wortchronologie erscheinen (s. Messner 1974—1977).

5.3. Das erste französische chronologische Wörterbuch

Wie unter 5.1. erwähnt, war die Daten- und Quellenlage für die Abfassung eines chronologischen Wörterbuchs für die französische Sprache am günstigsten; da es bislang kein anderes Wörterbuch

franz. Wortkörper z. B. *abscons*	gramm. Kategorie, z. B. Adj.; (ggf.) semant. Bereich; (evtl.) Frequenzverringerung und Wiederaufnahme z. B. hier: *repris 1890*	rückwärts verlaufende Kette der Herkunftssprachen; bei *einheim.* Wortbildung: F = Franz. und Grundwort, nach dem das neue Wort gebildet ist; bei semant. Erstbelegen F/s (mit Angabe der neuen Semantik, L/sav(ant) = nicht ererbtes lat. Wort.	Erstbelegquelle (Autor, Dokument etc.) *genauere* Quellenangabe auf einer Tabula *vor* jedem Jahr in alphabet. Übersicht z. B. L. B. = Lemaire de Belges: Concorde du genre humain

Abb. 146.4: Informationsschema des DCVF (1509)

abscons (adj.; repris 1890)　　　　　L/sav L - L.B.
adamantin (adj.)　　　　　　　　　　L/sav L(sém.) Gr - L.B.
(un) alcali (alkalli) (chim.)　　　　　L/sav L(mdv) Ar - (BW)
alterne (adj.: géom.)　　　　　　　　L/sav L - S.G.
(un/e) appréciateur, -trice (et
　adj.)　　　　　　　　　　　　　　F (apprécier 1391) - C.E.V.
(une) bique (zool.)　　　　　　　　　F/dial (=F biche 1160) ou
　　　　　　　　　　　　　　　　　F (biche 1160) x F (bouc +1195)
　　　　　　　　　　　　　　　　　ou F (bouc +1195) x F/ont (i)-H
(une) capitale　　　　　　　　　　　F (ville capitale 1420) - (BW)
(une) culture (hortic., agric.:
　c. des plantes, de la terre;
　terrain cultivé)　　　　　　　　　　L/sav L (cf. couture +1175) - S.G.
(une) diète (assemblée pol.)　　　　　L/sav (mdv) (L), trad. Al - L.B.
(un) échel(l)age (dr.)　　　　　　　　F (échelle +1175)-C.G. (Meaux)
épinceter (esp-) (v.tr.)　　　　　　　F (pincette 1321)-(T)
inéluctable (adj.)　　　　　　　　　　L/sav L - S.G.
inerte (inherte; adj.)　　　　　　　　L/sav L; cf. inertie 1361 - (GD)
jacent (adj.; vx.;dr.)　　　　　　　　L/sav L - (BW)
(une) licitation (dr.)　　　　　　　　L/sav(jur.) L - (BW)
liquide (adj.; comm.)　　　　　　　　I L - (LO)
mobilier (adj. "qui concerne
　les biens meubles")　　　　　　　　F (mobile "bien meuble" 1301) -
　　　　　　　　　　　　　　　　　　(ZRP 67/31)
+musard (adj.)　　　　　　　　　　　F/s (paresseux)-R.T.
noble (adj.)　　　　　　　　　　　　F/s (lieu, corps: admis aux
　　　　　　　　　　　　　　　　　nobles seulement)-C.G. 3/240
nubile (adj.)　　　　　　　　　　　　L/sav L-(ZRP 67/32)
en pure perte (adv.)　　　　　　　　F (perte "le fait de mal employer
　　　　　　　　　　　　　　　　　qc." XIII; pur +980) - C.G. 3/739
(un/e) poltron, -onne (poultron)
　(et adj.)　　　　　　　　　　　　I (I +L/p) (L) -M
rapide (pour rade +1175, rabde
　+1090) (adj.)　　　　　　　　　　L/sav L - (BW)
(un) recurage (rescuraige)　　　　　F (recurer XIII L; curage 1328) -
　　　　　　　　　　　　　　　　　　(GD)
(un) spermaceti (zool., pour
　esperme, XIII)　　　　　　　　　　L/sav (mdv) (L/b L Gr) - INV.
subito (adv.)　　　　　　　　　　　L/sav (scolaire)-(BLL 15/171)
(un) trophée　　　　　　　　　　　　F/s (réunion des marques d'une
　　　　　　　　　　　　　　　　　victoire) - S.G.A.

Textbeispiel 146.1: Jahr 1509 (aus: DCVF, 28)

gibt, ist nunmehr von den eigenen Versuchen zu berichten. In sprachhistorischen Seminaren stellte sich die Unzulänglichkeit von Sprachgeschichten und Wörterbüchern hinsichtlich der unter 3. besprochenen Fragestellungen heraus; der Versuch, jahrhundertweise graphische Kurven zur Wortschatzbewegung zu entwerfen, war nicht realisierbar. Aus dieser Situation entstand das dem Verlag 1972 vorgelegte Konzept des *Dictionnaire chronologique du Vocabulaire français. Le XVI*ᵉ *siècle* (= DCVF), erschienen 1981. Nomenklatorische Basis ist das GLLF 1971—1978, korrigiert durch Datierungen aus Robert 1977, BW 1968, FEW 1929—1980 ff; DDM 1968 und (bes. wichtig!) Quemada 1959 ff; es beschränkt sich also nicht wie CED und De Gorog 1973 und 1981 auf die Umkehrung von ein bis zwei Standardwerken. Das DCVF umfaßt 20 000 formale und *semantische* Erstbelege mit primären oder sekundären Quellenangaben.

Die Bibliographie (Primär- und Sekundärliteratur) umfaßt 48 Seiten. Seit 1981 wird ein weiterer — wie die Quellenangabe ergab — viel umfangreicherer Band zum 17. Jahrhundert verfaßt, der verschiedene Verbesserungen aufweist: (a) Filiation der Bedeutungen: konsequente Herleitung aller Neosemantismen auf den semantischen Vorgänger (z. B. *toucheur* „Eselstreiber". Chronol. Vorgänger wäre *toucher* 'jem. (psych.) erregen' — 1610, Urfé! *Semantischer* Vorläufer aber ist *toucher* 'Zugtiere mit der Peitsche antreiben' — 1534, Rabelais; *toucher* als Verbum absolutum noch früher 'le cocher touche' — ca. 1495, Commynes). Wegen der hohen Zahl der semantischen Erstbelege im 17. Jh. (Kompensation zur puristischen Wortschatzreduzierung und auffallend häufige Übertragung von religiösen Inhalten auf profane Bereiche) wird diese Verlagerung auf die Beschreibung der semantischen Dynamik eine Fundgrube sein. (b) die Textstellen der Erstbelege werden präziser angegeben als im Bd. zum 16. Jh., die Informationsbasis wird verbreitert (durch systematische Einarbeitung des TLF 1971 ff) sowie durch eine systematische lexikologische Bibliographie zum 17. Jh. (c) bei den Etymologien wird besonders auf die mlat. Etyma (Niermeyer 1954—1976, Du Cange 1954) mit ihren Inhalten Wert gelegt. (d) systematisch werden Querverweise eingeführt, um den isolierten Erstbeleg in größere Zusammenhänge zu stellen; diesem Zweck soll auch das geplante Register dienen. Der *Dictionnaire chronologique de la langue française. Le XVIIe siècle (= DChron)* wird 1989 publiziert werden. Seit Jahren werden Arbeiten an Bänden derselben Konzeption zum 15. und zum 18. Jh. vorangetrieben.

Es wäre zu begrüßen, wenn auch in anderen europäischen Sprachen (namentlich Deutsch und Italienisch) chronologische Projekte gestartet würden, damit man u. a. einem intereuropäischen Atlas der Wortwanderungen und somit einer intereuropäischen Wortgeschichte näherkäme.

6. Literatur (in Auswahl)

6.1. Wörterbücher

BW = Oscar Bloch/Walther v. Wartburg: Dictionnaire étymologique de la langue française. 5. Aufl. Paris 1968 [683 S. 1. Aufl. 1932, 4. Aufl. 1964].

CED = Thomas Finkenstaedt/Ernst Leisi/Dieter Wolff: A Chronological English Dictionary. Heidelberg 1970 [1395 S.].

Corominas 1980 = J. Corominas/J. A. Pascual: Diccionário crítico etimológico castellano e hispánico (DCECH). 5 Bde. Madrid 1980—1983 [4583 S.].

Dauzat 1938 = Albert Dauzat: Dictionnaire étymologique de la langue française. 1. Aufl. Paris 1938 [11. Aufl. 1957].

DChron = Wilhelm Kesselring: Dictionnaire chronologique de la langue française. Le XVIIe siècle. Tome I: 1601—1606. Heidelberg 1989 [417 S.].

DCLI I = Dieter Messner: Dictionnaire chronologique des langues ibéro-romanes. Bd. I: Dictionnaire chronologique portugais. Heidelberg 1976 [XI, 488 S.].

DCLI IV = Dieter Messner: Dictionnaire chronologique des langues ibéro-romanes. Bd. IV: Répertoire chronologique des mots français. Heidelberg 1977 [X, 277 S.].

DCVF = Wilhelm Kesselring: Dictionnaire chronologique du Vocabulaire français. Le XVIe siècle. Heidelberg 1981 [XVIII/758 S.].

DDM 1964 = Albert Dauzat/Jean Dubois/Henri Mitterand: Nouveau dictionnaire étymologique et historique, 4. Aufl. Paris 1977 [805 S., 1. Aufl. 1964].

De Gorog 1973 = Ralph De Gorog: Lexique français moderne — ancien français. Athens. Georgia 1973 [481 S., Materialbasis: Godefroy].

De Gorog 1981 = Ralph De Gorog: Dictionnaire inverse de l'ancien français. Binghamton (N. Y.) 1981 [259 S., Materialbasis: Godefroy und Tobler-Lommatzsch).

Du Cange 1954 = Ch. Du Cange: Glossarium mediae et infimae latinitatis. Niort 1883—1887 [10 Bände, Nachdr. Graz 1954, 5 Bände; zuerst Paris 1678].

Du Cange 1957 = Ch. Du Cange: Novum glossarium mediae latinitatis. Hafniae 1957.

FEW = Walther von Wartburg: Französisches Etymologisches Wörterbuch. Bonn 1922—1928, Leipzig 1932—1940, Basel 1944 ff.

GLLF = Grand Larousse de la langue française. Paris 1971—1978 [CXXXVI, 6730 S.].

Hatzfeld/Darmesteter/Thomas = A. Hatzfeld/A. Darmesteter/A. Thomas: Dictionnaire général de la langue française du commencement du XVIIe siècle jusqu'à nos jours. Paris 1890—1900 [2772 S.].

Machado 1967 = J. P. Machado: Dicionário etimológico da lingua portuguesa. 2. Aufl. 3 Bde. Lisboa 1967.

Niermeyer 1954—1976 = J. F. Niermeyer: Mediae Latinitatis Lexicon minus. Leiden 1954—1976 [XVI, 1138 S.].

REW = Wilhelm Meyer-Lübke: Romanisches Etymologisches Wörterbuch. Heidelberg 1935 [1204 S.].

Robert = Paul Robert: Dictionnaire alphabétique et analogique de la langue française. Paris 1977 [Petit Robert, 2173 S. 1. Aufl. 1967].

SOED = The Shorter Oxford English Dictionary on Historical Principles. Ed. C. T. Onions. 3. Aufl. Oxford 1964 [2672 S.].

TLF = Trésor de la langue française. Paris 1971 ff. [13 Bde., A-Pt, 1988].

6.2. Sonstige Literatur

Baldinger 1951 = Kurt Baldinger: Autour du FEW. In: Revista portuguesa de Filologia 4. 1951, 242—373.

Baldinger 1961 = Kurt Baldinger: Der neue Bloch-Wartburg. In: Zeitschrift für romanische Philologie 77. 1961, 85—137.

Baldinger 1974 = Kurt Baldinger: Introduction aux dictionnaires les plus importants pour l'histoire du français. Paris 1974.

Baldinger 1977 = Kurt Baldinger: L'Etymologie hier et aujourd'hui in: R. Schmitt (ed.): Etymologie. Darmstadt 1977.

Baldinger 1979 = Kurt Baldinger: Der freie Bauer im Alt- und Mittelfranzösischen. In: Frühmittelalterliche Studien 13. 1979, 125—145.

Cooper 1982 = Margaret Cooper: The Dictionary of Lexical Innovation in Early Modern English, 1500—1599. In: Dictionaries. Journal of the Dictionary Society of North America 4. 1982, 65—86.

Finkenstaedt/Wolff 1973 = Theodor Finkenstaedt/Dieter Wolff: Ordered Profusion. Heidelberg 1973.

Gebhardt 1974 = K. Gebhardt: Das okzitanische Lehngut im Französischen. Bern. Frankfurt 1974.

Höfler 1969 = Manfred Höfler: Zum Stand der französischen Datenforschung. In: Zeitschrift für romanische Philologie 85. 1969, 93—106.

Höfler 1982 = Manfred Höfler: Les Dictionnaires français et la recherche des datations: Le Larousse du XXe siècle. In: Le Français Moderne 50. 1982, 292—300.

Klare 1977 = Johannes Klare: Neologismus und Neosemantismus als lexikographisches Problem. In: Linguistische Arbeitsberichte 17. 1977, 41—50.

Messner 1974 = Dieter Messner: Quelques regards sur la chronologie du lexique français. In: Cahiers de Lexicologie 24. 1974, 107—114.

Messner 1974a = Dieter Messner: Chronologische und etymologische Studien zu den iberoromanischen Sprachen und zum Französischen. Tübingen 1974.

Messner 1975 = Dieter Messner: Essai de lexicochronologie française. Salzburg 1975.

Messner 1977 = Dieter Messner: Einführung in die Geschichte des französischen Wortschatzes. Darmstadt 1977.

Möhren 1982 = Frankwalt Möhren: Zur Datenforschung. In: Festschrift Johannes Hubschmid. Bern 1982, 691—704.

Möhren 1982a = Frankwalt Möhren: La datation du vocabulaire des imprimés de textes anciens. In: Revue de Linguistique romane 46. 1982, 3—33.

Müller 1984 = Bodo Müller: Diccionario del español medieval. In: Wörterbücher der deutschen Romanistik. Hrsg. v. H. Stimm. Weinheim 1984, 77—91.

Quemada 1955 = Bernard Quemada: Introduction à l'étude du vocabulaire médical (1600—1710). Paris 1955.

Quemada 1959 = Bernard Quemada: Matériaux pour l'histoire du vocabulaire français. I. Datations et Documents lexicographiques (DDL). Première série: 3 vol., Paris 1959—1965. Deuxième série. Paris 1970 ff.

Schwake 1968 = Hans-Peter Schwake: Zur Frage der Chronologie französischer Wörter. In: Festschrift Walther von Wartburg. Bd. 2. Tübingen 1968, 481—511.

Steven 1984 = E. M. Steven: Worttod durch Homophonie im Französischen. Diss. Köln 1984.

Straka 1979 = Georges Straka: Remarques sur le décès d'un mot: afr. et mfr. *moillier*. In: Festschrift Kurt Baldinger. Tübingen 1979, 535—551.

Wartburg 1943 = Walther von Wartburg: Einführung in die Problematik und Methodik der Sprachwissenschaft. Halle 1943.

Wolf 1977 = Heinz Jürgen Wolf: Wace, Wörterbücher und der große Wirrwarr. In: Romanische Forschungen 89. 1977, 90—94.

Wolf 1979 = Lothar Wolf: Fachvokabular und Sprachgemeinschaft. In: Festschrift Kurt Baldinger. Tübingen 1979, 917—933.

Wilhelm Kesselring, Heidelberg/Würzburg (Bundesrepublik Deutschland)

147. Le dictionnaire humoristique

1. Le faux dictionnaire
2. Le bêtisier social
3. La définition humoristique
4. Le dictionnaire parodique
5. Le dictionnaire des jeux de mots
6. Le vrai-faux dictionnaire
7. Bibliographie choisie

1. Le faux dictionnaire

Alors que le dictionnaire monolingue général ou spécialisé entend fournir des informations sérieuses et objectives sur la langue, le dictionnaire humoristique n'est pas objectif mais subjectif, ne veut pas tant informer qu'amuser et renseigne plus souvent sur la pensée ou sur la langue inventée que sur la langue réelle. C'est un simulacre de dictionnaire qui emprunte au dictionnaire sérieux certaines structures et certains éléments (ordre alphabétique, structure syntaxique et technique analytique de la définition, etc.), mais qui, en fait, n'en est que la parodie si ce n'est la caricature (Galisson 1987). Le dictionnaire humoristique est un faux dictionnaire (Pagès 1986).

La subjectivité n'a pas toujours été absente des dictionnaires généraux. Jusqu'au milieu du 19e siècle, certains lexicographes se permettaient des commentaires et des jugements très personnels, parfois engagés (Seco 1983), parfois saugrenus. Qui ne connaît la définition humoristique du mot *lexicographer* dans le très sérieux dictionnaire de Johnson 1755: «A writer of dictionaries; a harmless drudge, that busies himself in tracing the original, and detailing the signification of words»?

2. Le bêtisier social

Lorsque l'auteur du dictionnaire se moque du comportement langagier (fautes de langue, style prétentieux, etc.) ou de la platitude intellectuelle (idées reçues, lieux communs) de ses contemporains, nous avons affaire au bêtisier (ou sottisier) d'une communauté linguistique. C'est ainsi que l'Allemagne a connu pendant plus d'un siècle le bêtisier paysan qui raillait la déformation ou la confusion des mots étrangers par des locuteurs incultes (Belemnon 1728, Tölpel 1752, Slevogt 1801, Oertel 1840). De nos jours, des auteurs comme Daninos 1967, 1986, Dutourd 1970, Merlino 1978 ou Weigel 1974 fustigent de façon spirituelle les poncifs mentaux et langagiers des locuteurs. Le bêtisier social le plus célèbre est, toutefois, le *Dictionnaire des idées reçues* que Gustave Flaubert laissa à sa mort (1880) comme un complément de *Bouvard et Pécuchet* et qui ne fut publié qu'en 1913 (éd. définitive en 1966). On y trouve le cliché de langue (*Ambition:* Toujours précédé de «folle», quand elle n'est pas «noble») comme le cliché de pensée (*Latin:* Langage naturel de l'homme). Traduit dans toutes les langues, ce dictionnaire reste une référence (Bouvard 1985), quoique son titre soit concurrencé par celui de dictionnaire des lieux communs (Rigaud 1881, Bloy 1913, Boencke 1983) (cf. Herschberg-Pierrot 1988).

3. La définition humoristique

Flaubert s'est également illustré dans la définition humoristique (*Laconisme:* Langue qu'on ne parle plus), à laquelle sont consacrés la plupart des dictionnaires humoristiques. Quemada 1967, 414—416 relève des exemples dans le *Petit Dictionnaire de la Cour et de la Ville* (Clément 1788), dans le *Dictionnaire théâtral* (Harel 1824) et dans le *Dictionnaire pittoresque* (Cousin 1835). Après Flaubert, ce genre est représenté par Véron 1874, ainsi que par un grand nombre d'autres dictionnaires.

La définition humoristique coule dans le moule syntaxique d'une définition sérieuse une explication satirique parfaitement individuelle et subjective. L'agressivité du ton est souvent exprimée dans le titre du dictionnaire, notamment dans la tradition anglo-saxonne et germanique, où le modèle classique est fourni par *The Devil's Dictionary* d'Ambrose Bierce (1906, 1981) auquel font écho Iannelli 1983 et Kelly-Bootle 1983 (cf. art. 31). A défaut d'être attribués au diable, les dictionnaires sont qualifiés de *cynique* (Lembke 1970, Drewes 1978, Hoppe 1986), de *méchant* (Tange 1985), de *rosse* (Noctuel 1965) ou de *satirique et polémique* (Henscheid 1985). En France, le genre est représenté ces derniers temps par le *Contradictionnaire*, le *Fictionnaire* et l'*Antidictionnaire* de G. Elgozy (1967, 1973, 1981), ainsi que par Delacour 1974, 1976, 1978 et bien d'autres.

4. Le dictionnaire parodique

Le dictionnaire humoristique se réfère souvent à un dictionnaire sérieux prototypique. Véron 1874 commence par une «Préface en manière de lettre à Messieurs les quarante de l'Académie française». Robert 1962 s'appelle «Dictionnaire non-académique». Webster (Preiss/Sorkin 1984), Littré (Rohan-Chabot) et le *Petit Larousse illustré* (Campion 1953, Bouvard 1985) sont autant de modèles parodiés. Le comble du genre est atteint par Desproges 1985, sorte de caricature du *Petit Larousse* (pages roses comprises), qui ne traite qu'un seul mot par lettre et répète 52 fois la même illustration, chaque fois réinterprétée pour les besoins du vocable en question. En revanche, Prieto 1981, à la limite du sérieux et de l'humour, élabore un dictionnaire fait des «gaffes» du dictionnaire de l'Académie espagnole dont il constitue comme un véritable sottisier. Ce faisant, il se situe dans la droite ligne du *Dictionnaire des Halles* (Halles 1696) qui amusait le public par une simple liste d'extraits tirés du premier dictionnaire de l'Académie française.

5. Le dictionnaire des jeux de mots

Si certains des dictionnaires cités introduisent dans le dictionnaire le jeu d'esprit, il reste à présenter les dictionnaires qui pratiquent le jeu de mots, c'est à dire — quoique de façon indirecte — une activité métalinguistique. La version la plus banale du dictionnaire de jeux de mots est le recueil, par ordre alphabétique, d'historiettes et de mots d'esprit à base de jeux polysémiques ou de calembours (La Pointe 1860, Berloquin 1980, Crosbie 1977).

D'autres dictionnaires abordent les mots de façon créatrice. Ziegelmeyer/Thirion 1982 réinterprètent le sens des mots sur de fausses bases morphosémantiques, le mot *assoupissement* étant défini comme le «Fait d'avaler sa soupe et de la pisser presque aussitôt». A un niveau sensiblement plus élevé, Leiris 1985 explique «ce que les mots lui disent»:

Bible: aboli bibelot d'inanité sonore
blouse: belle housse pour vos seins de louve...
bricolage: de bric et de broc, agile collage

Le mot-valise (*portmanteau word*) connaît depuis quelques années un véritable engouement (Finkielkraut 1979, 1981, Serguine/Charbit 1983, Galisson/Porcher 1986). Le mot-valise est (a) un signifiant nouveau, formé occasionnellement par la fusion de deux (ou trois) mots connus ou (b) un signifiant connu, réinterprété comme la fusion de deux mots connus. Les auteurs accompagnent normalement le mot-valise d'une définition ou d'un commentaire, procédé indispensable dans le cas (b). Voici des exemples de (a) et de (b):

Constipassion amour timide, qui n'arrive pas à se déclarer (Finkielkraut 1979, *constipation + passion*)
CONPRIMÉ scandaleux! (Galisson/Porcher 1986, *con + primé + comprimé*)
CHANOINE matou de presbytère (id., *chanoine + chat*)

Jouant sur la ressemblance des mots, Pef 1983 donne au lemme le sens de son paronyme:

Vis: Le petit de l'Homme est nommé vis. On dit: tel père, telle vis. Pour empêcher de sortir leur enfant insupportable, les parents serrent la vis (jeu sur *la vis* ≈ *le fils*).

6. Le vrai-faux dictionnaire

Alors que la plupart du temps la ligne de partage entre dictionnaire sérieux et dictionnaire humoristique est nette, parce que le faux dictionnaire a l'habitude de s'avouer tel, certains dictionnaires font exception à la règle. C'est le cas de Bacri 1983, paru dans une collection («Le français retrouvé») faite de dictionnaires sérieux, quoique agrémentés d'illustrations plaisantes et parfois d'un style léger, non standardisé. Dans le dictionnaire pataouète de Bacri, le choix des mots et des expressions du français d'Algérie (par ex. **plus beau que moi, tu meurs!**), de même que l'explication qu'en donne l'auteur sont tout à fait informatifs. Ce qui n'est pas sérieux, en revanche, ce sont les citations attribuées tour à tour à tous les grands écrivains du monde, de Confucius à Saint-François de Sales, ce qui donne par ex. l'article suivant:

TCHATCHE: De l'espagnol *chacharear,* bavarder, mais avec un bagout volubile comme tout, c'est peu de le dire.
Rien ne sert de discourir, faut répartir à point, c'est ça, la tchatche!
DESCARTES, *Discours de la méthode.*

7. Bibliographie choisie

7.1. Dictionnaires

Bacri 1983 = Roland Bacri: Trésors des racines pataouètes. Paris 1983 [223 p.].
Belemnon 1728 = Belemnon: Curiöses Bauern-Lexicon, worin die meisten in unserer teutschen Sprache vorkommende Fremdwörter erkläret, sodann, wie ketzerlich solche von vielen ausgesprochen, angedeutet, und endlich bei jedem Wort eine lächerliche bäuerische oder jüdische Redensart beigefügt wird, denen unwissenden zu wohlmeinenden Unterricht, anderen aber zu Ergötzlichkeit, zusammengetragen und zum Druck befördert. Freystatt 1728 [300 p.].
Bazin 1984 = Hervé Bazin: Abécédaire. Paris 1984 [282 p.].
Berloquin 1980 = Pierre Berloquin: Dictionnaire de jeux de mots. Pour briller en société et ailleurs en toutes circonstances. Paris 1980 [188 p.].
Bierce 1906 = Ambrose Bierce: The Devil's Dictionary. New York 1911 [376 p.; 1e éd. 1906: Cynic's Word Book].
Bierce 1981 = Ambrose Bierce: From the Devil's Dictionary. Aus dem Wörterbuch des Teufels. Auswahl, Übersetzung und Nachwort v. R. Fenzl. München 1981 [120 p.].
Bloy 1913 = Léon Bloy: Exégèse des lieux communs. Paris 1983 [415 p.; 1e éd. 1913].
Boehncke 1983 = Heiner Boehncke/Herbert Stubenrauch: Klasse, Körper, Kopfarbeit. Lexikon linker Gemeinplätze. Reinbek 1983 [170 p.].
Bouvard 1985 = Philippe Bouvard: Le petit Bouvard illustré. Dictionnaire des idées reçues et rejetées. Paris 1985 [232 p.].
Campion 1953 = Léo Campion: Le petit Campion encyclopédique illustré. 12e éd. Paris 1953 [199 p.].
Clément 1788 = J. M. B. Clément: Petit dictionnaire de la Cour et de la Ville. Paris 1788 [185, 167 p.].
Cousin 1835 = Charles-Yves Cousin d'Avallon: Dictionnaire pittoresque, donnant une nouvelle définition des mots, des aperçus philosophiques et critiques, formant un cadre de pensées neuves et saillantes. Paris 1835 [198 p.].
Crosbie 1977 = John S. Crosbie: Crosbie's Dictionary of Puns. London 1977 [403 p.].
Daninos 1967 = Pierre Daninos: Le Jacassin. Paris 1967 [230 p.].
Daninos 1986 = Pierre Daninos: Dictionnaire franco-français. In: Id., La France prise au mot. Paris 1986, 43—199.
Delacour 1974 = Jean Delacour: Tout l'esprit français. Paris 1974 [321 p.].
Delacour 1976 = Jean Delacour: Dictionnaire des mots d'esprit. 11 000 définitions humoristiques à l'usage des motscroisistes et autres gens d'esprit. Paris 1976 [344 p.].
Delacour 1978 = Jean Delacour: L'esprit des maux. Dictionnaire humoristique de la médecine. Paris 1978 [297 p.].
Desproges 1985 = Pierre Desproges: Dictionnaire superflu à l'usage de l'élite et des bien nantis. Paris 1985 [145 p.].
Drews 1978 = Das zynische Wörterbuch. Ein Al-

phabet harter Wahrheiten zugemutet von Jörg Drews & Co. Zürich 1978 [165 p.].

Dutourd 1970 = Jean Dutourd: Dictionnaire du vocabulaire chic. In: Id., L'école des Jocrisses. Paris 1970, 83—157.

Elgozy 1967 = Georges Elgozy: Le Contradictionnaire ou L'esprit des mots. Paris 1967 [367 p.].

Elgozy 1973 = Georges Elgozy: Le Fictionnaire ou Précis d'Indéfinitions. Paris 1973 [376 p.].

Elgozy 1981 = Georges Elgozy: L'Esprit des mots ou L'Antidictionnaire. Paris 1981 [185 p.].

Esar 1943 = Evan Esar: Esar's Comic Dictionary. New York 1943 [313 p.].

Ferguson 1981 = John Ferguson: Definitive Quotations. Aylesbury 1981 [39 p.].

Finkielkraut 1981 = Alain Finkielkraut: Petit fictionnaire illustré. Paris 1981 [87 p.].

Flaubert 1966 = Gustave Flaubert: Dictionnaire des idées reçues. Ed. diplomatique des trois manuscrits de Rouen par Léa Caminiti. Paris 1966 [345 p; 1e éd. Paris 1913; également in: G. Flaubert, Bouvard et Pécuchet, éd. J. Suffel. Paris 1966, 333—378 et in: G. Flaubert: Bouvard et Pécuchet, éd. Cl. Gothot-Mersch. Paris 1979, 485—555.

Galisson/Porcher 1986 = Robert Galisson/Louis Porcher: Distractionnaire. Paris 1986 [143 p.].

Grambs 1986 = David Grambs: Dimboxes, Epopts, and Other Quidams. Words to describe life's indescribable people. New York 1986 [190].

Grenier 1955 = Jean Grenier: Lexique. Paris 1955 [93 p.].

Halles 1696 = Dictionnaire des Halles, ou extrait du Dictionnaire de l'Academie françoise. Bruxelles 1696.

Hampel 1983 = Helmut Hampel: Hampels heiteres Musiklexikon. Vom „eingestrichenen A" bis zur „Zugposaune". Wiesbaden 1983 [95 p.].

Harel 1824 = F. A: Harel et al.: Dictionnaire théâtral ou Douze cent trente trois vérités sur les directeurs, régisseurs (...) des divers théâtres. Paris 1824 [318 p.].

Hellweg 1986 = Paul Hellweg: The Insomniac's Dictionary. The Last Word on the Odd Word. New York 1986 [159 p.].

Henscheid 1985 = Eckhardt Henscheid: Dummdeutsch. Ein satirisch-polemisches Wörterbuch. Frankfurt a. M. 1985 [85 p.].

Hoppe 1986 = Ulrich Hoppe: Jubel-Deutsch. Das Wörterbuch für Schönfärber(innen). München 1986 [218 p.].

Hoppe 1986a = Ulrich Hoppe: Bös-Deutsch. Das Wörterbuch für Zyniker(innen). München 1986 [175 p.].

Iannelli 1983 = Richard Iannelli: The Devil's New Dictionary. Secaucus, N. J. 1983 [324 p.].

Jean 1982 = Georges Jean: Le plaisir des mots. Mots et poèmes proposés. [Dictionnaire poétique illustré] Paris 1982 [352 p.].

Kelly-Bootle 1981 = Stan Kelly-Bootle: The Devil's DP Dictionary. New York 1981 [XI, 141 p.].

Köpf 1980 = Steffen E. Köpf: Je höher der Absatz. Köpfs heiteres Wirtschaftslexikon. Düsseldorf 1980 [168 p.].

La Pointe 1860 = La Pointe/Eugène Le Gai [= F.-L. Passard]: Dictionnaire des calembours et des jeux de mots (...). Paris 1860 [284 p.].

Leiris 1939 = Michel Leiris: Glossaire. J'y serre mes gloses. Paris 1939 [59 p.].

Leiris 1985 = Michel Leiris: Langage tangage ou ce que les mots me disent. Paris 1985 [188 p.].

Lembke 1970 = Robert Lembke: Zynisches Wörterbuch. München 1970 [123 p.].

Lot 1969 = Ferdinand Lot/Germaine Lot: Tonnere sur le lexique. Paris 1969 [191 p.].

Masucci 1958 = Folco Masucci: Dicionário humorístico. 2e éd. São Paulo 1958 [308 p.; 1e éd. 1948].

Merlino 1978 = Jacques Merlino: Lexique des mots à la mode. In: J. M., Les Jargonautes. Paris 1978, 191—207.

Mieder 1983 = Wolfgang Mieder: Anti-Sprichwörter. Wiesbaden 1983 [235 p.].

Monniot 1984 = Alain Monniot: Alphabet français reconstituant. Paris 1984 [169 p.].

Müller 1984 = Claus Peter Müller-Thurau: Stichworte des alltäglichen Wahnsinns. In: C. P. M.-Th., Über die Köpfe hinweg. Sprache und Sprüche der Etablierten. Düsseldorf 1984, 117—166.

Noctuel 1965 = Noctuel: Dictionnaire franco-rosse. Paris 1965 [224 p.].

Oertel 1840 = Eucharius Ferdinand Christian Oertel: Fremdwörterbuch (...) 5e éd. Erlangen 1840. [VIII, 928 p.; 1e éd. Ansbach 1804, 1806, 1816, 1826 avec pour titre: Gemeinnütziges Wörterbuch zur Erklärung und Verteutschung (...)].

Okopenko 1970 = Andreas Okopenko: Lexikon-Roman einer sentimentalen Reise zum Exporteurtreffen in Druden. Frankfurt 1983 [292 p.; 1e éd. Salzburg 1970].

Pavić 1988 = Milorad Pavić: Das Chasarische Wörterbuch. Lexikonroman. München 1988 [368 p.].

Pef 1983 = Pef: Dictionnaire des mots tordus. Paris 1983 [70 p.].

Polac 1964 = Michel Polac: Le dictionnaire des pataquès. Paris 1964 [251 p.].

Preiss/Sorkin 1983 = Byron Preiss/Michael Sorkin: Not the Webster's Dictionary. New York 1983 [128 p.].

Prévot 1947 = André Prévot: Petit dictionnaire à l'usage des optimistes. Paris 1947 [148 p.].

Prieto 1981 = Raül Prieto: Madre Academia. 2e éd. Mexico 1981 [759 p.: 1e éd. 1977].

Prosinger 1984 = Wolfgang Prosinger: Das rabenstarke Lexikon der Scene-Sprache. Frankfurt a. M. 1984 [90 p.].

Rigaud 1881 = Lucien Rigaud: Dictionnaire des lieux communs. Paris 1881 [332 p.].

Robert 1962 = Claude Robert: Dictionnaire non académique. Paris 1962 [95 p.].

Rohan-Chabot = Gérard de Rohan-Chabot: Définissions. Petit «Littré» du lettré. Paris s. d. [103 p.].

Schatz/Puth = Ludwig Schatz/Klaus Puth: Management. Ein Wörterbuch für Vorgesetzte, deren Ehefrauen und Mitarbeiter und andere unmittelbar Betroffene. München s. d. [96 p.].

Schieke 1980 = Heinz Schieke: Unmögliches Wörterbuch. Polit-chinesisch für Normalverbraucher. München 1980 [205 p.].

Serguine/Charbit 1983 = Jacques Serguine/Gérard Charbit: Mots de tête. Traité illustré de violcabulaire. Paris 1983 [128 p.].

Sintes 1962 = Jorge Sintes Pros: Diccionario humorístico. Definiciones, máximas, agudezas, paradojas, epigramas, ironías, etc. 2e éd. Barcelona 1962 [552 p.; 1e éd. 1958, 438 p.].

Slevogt 1801 = Christian Anton August Slevogt: Alphabetisches Wörter-Buch besonders für Unstudierte: zur Erklärung der gewöhnlichsten in der deutschen Sprache vorkommenden fremden Wörter und Redensarten; nebst Beyspielen und Anecdoten. 4 vol. Jena 1801 [124 p.].

Strich 1982 = Christian Strich: Wörterbuch für Aufsteiger. Zürich 1982 [115 p.; 1e éd.: Cartoons für Intelligente, 1973].

Tange 1985 = Ernst Günther Tange: Sag's mit Biß. Das Wörterbuch der boshaften Definitionen. Frankfurt a. M. 1985 [128 p.].

Tibiriçá = Elecê Tibiriçá: Pequeno Dicionário humorístico. São Paulo s. d. [192 p.].

Tölpel 1752 = Ludwig Tölpels ganz funkelnagel neue Bauern-Moral mit einem lächerlichen Wörterbuch vermehret und in das Teutsche übersetzt von Palato. Kamtschacka [Ulm] 1752 [371 p.; Critisches Bauernwörterbuch, 99—272].

Verdu 1948 = Barthélémy Verdu: Dictionnaire de bons mots et d'humour. L'esprit des chansonniers à la portée de tous. Paris 1948 [71 p.].

Véron 1874 = Pierre Véron: Le carnaval du dictionnaire. Paris 1874 [15, 284 p.].

Weigel 1974 = Hans Weigel: Die Leiden der jungen Wörter. Ein Antiwörterbuch. München 1974 [8e éd. 1983, 146 p.].

Ziegelmeyer/Thirion 1982 = Pierre Ziegelmeyer/Jean-Benoît Thirion: Le A nouveau est arrivé. Dico de poche revolver. Paris 1982 [160 p.].

7.2. Travaux

Galisson 1987 = Robert Galisson: Les mots-valises et les dictionnaires de parodie comme moyens de perfectionnement en langue et culture française. In: Etudes de linguistique appliquée 67. 1987, 57—118.

Herschberg-Pierrot 1988 = Anne Herschberg-Pierrot: Le dictionnaire des idées reçues de Flaubert. Lille 1988.

Pagès 1986 = A. Pagès: Les faux dictionnaires. In: Colloque sur les dictionnaires. Paris 1986 (distribution restreinte).

Quemada 1967 = Bernard Quemada: Les dictionnaires du français moderne (1539—1863). Paris 1967.

Seco 1983 = Manuel Seco: La definición lexicográfica subjetiva: El Diccionario de Domínguez (1846). In: Serta Philologica F. Lázaro Carreter. Madrid 1983, 587—596.

Franz Josef Hausmann, Erlangen
(République Fédérale d'Allemagne)

XIII. Wörterbuchtypen VIII: Didaktische Spezialwörterbücher
Dictionary Types VIII: Specialized Teaching Dictionaries
Typologie des dictionnaires VIII: Les dictionnaires pédagogiques

148. Das Grundwortschatzwörterbuch

1. Was ist ein Grund-Wortschatz?
2. Zur Geschichte der Grundwortschatz-Lexikographie
3. Typen von Grundwortschatzbüchern
4. Benutzungsprobleme
5. Literatur (in Auswahl)

1. Was ist ein Grund-Wortschatz?

Allgemeinwortschatz (Riesel/Schendels 1975), Alltagswortschatz, Grundsprache (Mattutat 1969), Basiswortschatz (Verlée 1954) bzw. Basic Dictionary (Pollmann 1976), vocabulaire de base, Bedarfswortschatz (Oppertshäuser 1974), Elementarlexik (Hoffmann 1984), Frequency Word Book (Morgen 1928), Gebrauchswortschatz (Meier 1967), Grunddeutsch (Pfeffer 1975), Grundvokabular (Hasan 1974), Grundwortschatz (Schmidt 1955), Kernwortschatz (Nickolaus 1972), lexikalisches Minimum bzw. Mindestwortschatz (Beneš 1976), Minimalwortschatz (Tarnóczi 1971), Standardvokabular (Haase 1960), vocabulaire essentiel bzw. Essential Vocabulary (Matoré 1963), vocabulaire fondamental (Michéa 1964) sind alles Bezeichnungen für einen nach bestimmten Kriterien reduzierten Wortschatz einer Sprache, mit dessen Hilfe das Erlernen von Fremdsprachen rationalisiert werden soll. Allen Grundwortschatz-Konzeptionen liegt — zumindest intuitiv — die lernpsychologische Vorstellung zugrunde, daß es unmöglich ist, zu Beginn des Fremdsprachenunterrichtes den fremden Wortschatz vollständig zu lehren bzw. zu lernen. Es scheint daher sinnvoll, einen Auswahlwortschatz anzubieten, für den eine universelle Nützlichkeit und Brauchbarkeit postuliert wird. Daher ist es nur zu gut verständlich, daß intuitive Verfahren bei der Wortschatzauswahl ausgeschlossen und wissenschaftlich objektivere Bestimmungsfaktoren bevorzugt werden sollen. So reicht die Palette an Bestimmungsfaktoren denn auch vom persönlichen Sprachgefühl des Lexikographen (vgl. Matoré 1963) über die Stabilität des lexikalischen Grundvokabulars (Schmidt 1955, 530), dessen Grundbegrifflichkeit (Hasan 1974, 181), stilistische Neutralität (West 1953, X), Kompositions- und Derivationsfähigkeit (Thorndike et al. 1936, 13), semantische Expansionspotenz (Hasan 1974, 182), die Fähigkeit zur idiomatischen Verwendung (Schmidt 1955, 531) sowie die Wichtigkeit und praktische Verwendbarkeit (Haase 1972, 5) bis zum letztlich objektiven Kriterium der Worthäufigkeit (Morgan 1928). Als dominierender Faktor der Grundwortschatzbestimmung wurde und wird auch heute vielfach das Kriterium der Wortfrequenz angesehen. Fremdsprachenpädagogen und Grundwortschatzlexikographen übernahmen dabei begierig und oft kritiklos Verfahren und Ergebnisse der mit Friedrich Wilhelm Kaedings „Häufigkeitswörterbuch der deutschen Sprache" (1898) beginnenden Frequenz-Lexikographie (zur Wirkungsgeschichte vgl. Njock 1973). Mit dem Kriterium der Wortfrequenz ließ sich der schier unüberschaubare Wortbestand einer Sprache auf die häufigsten Wörter reduzieren, die gleichsam als die allgemeinsten, alltäglichsten, gebräuchlichsten, grundlegendsten, wichtigsten und nützlichsten angesehen wurden. Kurze Zeit nach Kaedings Wortzählungen veröffentlichte Bayard Quincy Morgan (1928) den ersten Grundwortschatz, das „German Frequency Word Book, Based on Kaeding's *Häufigkeitswörterbuch der deutschen Sprache*" (zu den auf Kaeding aufbauenden Grundwortschätzen des Deutschen vgl. Njock 1973, 21 ff).

2. Zur Geschichte der Grundwortschatz-Lexikographie

Alle theoretischen und praktischen Überlegungen zur Grundwortschatzbestimmung haben ihren Ursprung mehr oder weniger in der Frequenz-Lexikographie. Daher ist die Grundwortschatz-Wörterbuchschreibung in einer ersten Phase zunächst auf die Sprachstatistik bezogen: Grundwortschätze entstehen als Abfallprodukte der Frequenzforschung. Kaedings Häufigkeitswörterbuch bildet dabei Ausgangspunkt und Legitimation der Grundwortschatz-Lexikographie, sei es, daß man sich direkt auf seine Frequenzzählungen bezog und sie teilweise übernahm (z. B. Morgan 1928), sei es, daß man in Kritik an diesen Untersuchungen seine Listen lediglich modifizierte und ergänzte (z. B. Bakonyi 1934). Schon rein äußerlich zeigt sich die enge Verbindung und Abhängigkeit der Grundwortschätze mit Kaedings Häufigkeitswörterbuch: es sind nackte Wortlisten, die — wie im Häufigkeitswörterbuch von Kaeding — entweder alphabetisiert oder nach einzelrang- oder gruppenrangmäßigen Wort- oder Wortformen-Vorkommen geordnet sind:

Alphabetische Nachweisung.
Abteilung A.
Wörter mit einer Häufigkeit von 5000 und darüber.

(Die in Spalte 1 in Klammer gesetzte Zahl giebt die Häufigkeit des Wortes mit großem Anfangsbuchstaben.)

Bezeichnung des Wortes	Häufigkeit auf 10 910 777 Wörter oder 20 Millionen Silben	Vorkommen in Ableitungen und Zusammensetzungen als			Gesamthäufigkeit (Summe der Spalten 2, 3, 4, 5)	Häufigkeit auf 100 000 Silben (Spalte 6 geteilt durch 200)	Gesamthäufigkeit des Stammes dieses Wortes*)
		Erstes Wort	Mittelwort	Schlußwort			
1.	2.	3.	4.	5.	6.	7.	8.
ab	4 559		1	1 242	52 261	261,30	49 503
ab[ab](Vorsilbe)		46 459					
aber	44 201				44 929	224,64	
aber (Vorsilbe)		728					
all (96)	995	8 798	41	1 897	11 731	58,17	64 894
alle	14 992	515	3	1	15 511	77,55	
allein	6 878	80		1	6 959	34,79	
allen	7 966	194			8 160	40,80	
aller	4 808	3 956		2	8 766	43,83	
alles	10 040	2			10 042	50,21	
als	58 331	948			59 279	296,39	68 584
also	9 197	104			9 301	46,50	
am	18 523		1		18 524	92,62	20 238
an	55 710	441	3	3 921	145 968	729,84	60 821
an[an](Vorsilbe)		85 893					
ander	104	675	546	4 481	5 806	29,03	32 506
andere	6 620				6 620	33,10	
anderen	5 482	57			5 539	27,69	
andern	5 668	117			5 785	28,92	
Art	4 967	1	1	1 322	6 291	31,45	15 680
auch	60 750				60 750	303,75	60 750
auf	80 944	130	2	7 601	127 349	636,74	90 777
auf (Vorsilbe)		38 672					
Augen	4 269	4 668	16	71	9 024	45,12	13 251
aus	40 615	772	12	8 784	102 961	514,81	50 183
aus (Vorsilbe)		52 778					
außer	2 231	10	1		5 604	28,02	3 142
außer(Vorsilbe)		3 362					

Textbeispiel 148.1: Wörterbuchausschnitt aus einem Häufigkeitswörterbuch (verkleinert aus: Kaeding 1898, 45 f.)

148. Das Grundwortschatzwörterbuch

ab	40	*laufen*	246	(*sonder-*)	185		
—herab		ablaufen		absondern			
—hinab		—Ablauf		—Absonderung			
ändern	54	*legen*	146	*stehen*	30		
abändern		ablegen		Abstand			
—Abänderung		*ablehnen*	1192	*Stimme*	382		
—*Bild*	331	—Ablehnung		Abstimmung			
abbilden		*leiten*	424	*Teil*	65		
—Abbildung		ableiten		Abteilung			
brechen	272	*lösen*	373	*treten*	133		
abbrechen		ablösen		abtreten			
Abend	431	—Ablösung		*warten*	301		
Abenteuer	1945	*nehmen*	18	abwarten			
aber	45	abnehmen		*weichen*	679		
abermals	1573	—Abnahme		abweichen			
fallen	62	*reisen*	400	—Abweichung			
abfallen		—Abreise		*weisen*	315		
—Abfall		*setzen*	76	abweisen			
geben	55	Absatz		*wenden*	259		
abgeben		*scheiden*	178	abwenden			
—Abgabe		Abschied		*anwesend*	1235		
gehen	57	*schließen*	81	abwesend			
abgehen		abschließen		—Abwesenheit			
				ziehen	75		

Textbeispiel 148.2: Wörterbuchausschnitt aus einem Grundwortschatzwörterbuch (verkleinert aus: Morgan 1928, 21)

Zur Bestimmung des Grundwortschatzes genügte es scheinbar, den Gesichtspunkt der Häufigkeit zu berücksichtigen und anzuwenden und man erhielt einen Einblick „in die Haushaltsgeheimnisse der Sprache, insbesondere in das sonst ängstlich gehütete Rezept ihrer unentbehrlichen 'Eisernen Ration'" (Meier 1967, 18). Das, was den Grundwortschatz ausmacht, ist demnach keine subjektive Größe sondern wird durch das Kriterium der Wortfrequenz objektiviert, denn die Häufigkeit eines Wortvorkommens läßt sich „statistisch objektiv" feststellen (Nickolaus 1972, 14). In den zwanziger und dreißiger Jahren dieses Jahrhunderts entstanden — auf der Grundlage von Kaeding (1898) und Morgan (1928) — eine ganze Reihe von Grundwortschatzbüchern, in denen der grundlegende Wortschatz nach dem Gesichtspunkt der Häufigkeit erstellt wurde (vgl. hierzu Harkin 1957, Gougenheim et al. 1964, 19—58, Hartmann 1964, Raasch 1972, 242f., Njock 1973, 28—70, Kühn 1984, 280—291). Dabei zeigten sich schon sehr schnell die Unzulänglichkeiten der noch unterentwickelten Häufigkeitsforschung, denn die reinen Häufigkeitslisten wurden schon früh durch weitere Kriterien ergänzt: Schon Morgan (1928, XIIf.) erkannte an der Kaeding-Liste Inkonsequenzen und Nachteile, Vander Beke (1929) bezog beispielsweise das Kriterium der Streuung ein, im „Interim Report" of „Vocabulary Selection" (Thorndike et al. 1936, 13) wurde die einfache Häufigkeit durch einen „range of applicability to varieties of subjects or subject-range" sowie andere zusätzliche Auswahlkriterien berücksichtigt, Buchanan forderte schon 1927 die Berücksichtigung der gesprochenen Sprache, Bakonyi (1934) gruppierte die Häufigkeitslisten nach Häufigkeits- und Wertigkeitsstufen (vgl. auch Haase 1960, 1972). Doch nach wie vor galt für diese erste Phase der Grundwortschatz-Lexikographie der Grundsatz: Was gezählt werden kann, wird gezählt und ist nützlich. Durch diesen Bezug auf die Häufigkeitsuntersuchungen wurde eine verhängnisvolle Gleichung in die Grundwortschatzbestimmung hineingetragen, die sich bis auf den heutigen Tag standhaft hält (vgl. stellvertretend für viele Oehler/Heupel 1985): Die sprachstatistisch häufig vorkommenden Wörter werden mit den sprachpädagogisch brauchbarsten identifiziert. Die Kritik an dieser ersten Phase der Grundwortschatzbestimmung entzündet sich daher immer wieder an der Behauptung, statistische Frequenzzählungen seien das Kriterium für die Ermittlung der brauchbarsten Wörter. Vergleicht man aber mehrere Grundwortschatzbücher hinsichtlich der verzeichneten Einheiten, so fällt auf, daß es offensichtlich gar nicht so einfach ist, die häufigsten und damit brauchbarsten Wörter zu bestimmen (vgl. Landrieux 1976, Schumacher 1978, Kühn 1979). Dazu eine kleine Zahlenspielerei: In den Grundwortschatzbüchern von Morgan (1928), Bakonyi (1934), Meier (1967), Pfeffer (1970), Steger (1974) und Oehler/Heupel (1985) werden im Buchstaben R insgesamt 221 Wörter aufgeführt, die sich auf die einzelnen Listen folgendermaßen verteilen: Morgan 47, Bakonyi 25, Meier 27, Pfeffer 48, Steger 40 und Oehler/Heupel 34 Einheiten. Lediglich vier Wörter kommen in allen 6 Listen vor: *Rat, Regel, Reihe, Rücken,* sieben Wörter werden in 5 Listen genannt: *Rad, Raum, Recht, Regen, Regierung, Ring, Rolle.* Warum werden nur Substantiva genannt? Welche Bedeutungen sind eigentlich gemeint? Gehören Einzelnennungen wie *Rang, Redakteur, Reserve* oder *Ruine* (Morgan 1928) zu den Wortexoten? Die Gründe für die Nicht-Übereinstimmung der Grundwortlisten liegen aus lexikostatistischer Sicht an der mehr oder weniger oberflächlichen Applikation der Statistik auf den Wortschatz, an der zugrundeliegenden Textbasis und vor allem an der latenten lexikostatistischen Methodendiskrepanz (vgl. zur Kritik Raasch 1972, 237—242; Oppertshäuser 1974; Kühn 1979a, 41—48). Regelrecht unbrauchbar sind solche Listen schließlich, wenn man semantische oder syntaktische Gesichtspunkte des Wortgebrauchs anlegt: A. Raasch (1972, 238) hat am Beispiel des Français Fondamental gezeigt, daß Wochentagsbezeichnungen aufgrund ihrer Frequenz weit auseinandergerissen werden bzw. wegen ihres niedrigen Frequenzwertes überhaupt nicht erscheinen, obwohl sie zusammen für den Lernenden ein semantisches Feld bilden: *dimanche* rangiert auf Platz 294, *samedi* auf 516, *lundi* auf 580, *mardi* auf 1003, *jeudi* auf 1045, *mercredi* und *vendredi* werden auf den insgesamt 1063 Rangplätzen erst gar nicht genannt. Will man die Einheiten dieser Grundwortlisten zur Bildung syntaktischer Muster benutzen, so erleidet man ebenfalls Schiffbruch: So erscheint das Verb *rasieren* z. B. in der Liste von Mattutat (1969), nicht jedoch seine möglichen semantosyntaktischen Distributionen wie *Friseur, Kinn, Bart, Rasierapparat* usw.

Aufgrund dieser Inkonsequenzen und Nachteile versuchte man in einer zweiten Phase der Grundwortschatz-Lexikographie einerseits die unterentwickelte und unzureichende statistische Methodik zu verfeinern und andererseits der vor allem auf die Frequenz gestützten Grundwortschatzbestimmung weitere Parameter an die Seite zu stellen. Es ist in der Praxis das Verdienst der Gougenheim-Kommission, die Prinzipien der Grundwortschatzbestimmung qualitativ verändert zu haben. Gougenheim/Michéa/Rivenc/Sauvageot (1964) wählten zur Bestimmung eines französischen Grundwortschatzes erstmals die gesprochene Sprache als materiale Basis. Für die deutsche Sprache war es J. A. Pfeffer, der — methodisch an das Français Fondamental angelehnt — „rund 595 000 Wörter der festgehaltenen Rede" (Pfeffer 1975, 11) als Ausgangspunkt seiner Wortliste „Grunddeutsch" heranzog. Aufgrund von Sortieren und Ordnen ließen sich diese Wörter und Wortformen für Pfeffers „Grunddeutsch" auf fast 25 000 Vokabeln reduzieren. Die rangmäßig wichtigsten 1000 dieser 25 000 Wörter, die aufgrund von Häufigkeits- und Distributionswerten ermittelt wurden, bildeten dann zunächst den Grundstock, der wiederum durch Ausscheiden „entbehrlicher oder unwesentlicher Ausdrücke" auf 737 verkleinert wurde (Pfeffer 1975, 11 f.). Zur Ergänzung der Häufigkeits- und Verteilungsliste der gesprochenen Sprache ermittelten Gougenheim/Michéa/Rivenc/Sauvageot (1964, 13) zusätzliche „mots disponibles" — bei Pfeffer (1975, 12) „utility words", „Verfügungswörter". Dabei gilt dasjenige Wort als „disponible" oder „verfügbar", „qui sans être nécessairement fréquent, est cependant toujours prêt à être employé et se présente à l'esprit au moment où l'on en a besoin" (Michéa 1964, 28). Nach Berücksichtigung dieser Verfügungswörter bezifferte sich Pfeffers „Grunddeutsch"-Liste auf 1100 Einheiten, die abschließend — wie im Français Fondamental (1959) — in einer dritten Arbeitsphase auf Lücken überprüft und durch weitere 185 Ausdrücke komplettiert wurden. In der theoretischen und praktischen Grundwortschatz-Lexikographie dieser zweiten Phase finden sich neben der Berücksichtigung der gesprochenen Sprache und dem Verfügbarkeits-Parameter noch weitere Kriterien, mit denen die einfachen Häufigkeitslisten modifiziert wurden: „familiarity" (Richards 1970), „pädagogischer Faktor" (Siliakus/Schlick 1965, 46—52), „Sprechgewohnheiten und Sprachkenntnisse" (Zertifikat DaF 1972, 16), „efficacité" (Verlée 1954, Haase 1960), „coverage-index" (Mackey/Savard 1967, 3). Damit ist eine neue Ausrichtung angezeigt: „Zum Frequenzwert treten als Kriterien der Selektion die Allgemeinverständlichkeit, die Allgemeingültigkeit und Geläufigkeit, die Brauchbarkeit, die Unentbehrlichkeit, die Einfachheit und schließlich auch die Lern- und Lehrbarkeit bzw. Unterrichtsgemäßheit des Wortes" (Oehler 1972, 3). Ob und wie solche Parameter Einfluß auf die Bestimmung des Grundwortschatzes gehabt haben, ist häufig nur schwer nachzuvollziehen, da die genannten Kategorien für die Grundwortschatzbestimmung nur schwer operationalisierbar sind. So ist es nicht verwunderlich, daß man sich denn auch oft mit pauschalierenden Aussagen begnügt: „Neben dem Sprachstatistiker" habe „der Sprachpädagoge sein Wort gesprochen" (Oehler/Heupel 1985, 231). Trotz aller Modifikationen gilt dabei aber nach wie vor der Grundsatz: „An oberster Stelle steht das Häufigkeits- und Distributionskriterium" (Beneš 1976, 337). Kennzeichnend für diese zweite Phase der Grundwortschatzbestimmung ist schließlich auch die verstärkte Rezeption von Ergebnissen der modernen Lexikostatistik. Nach Kaeding erscheint erst Mitte der sechziger Jahre die zweite große sprachstatistische Arbeit für die deutsche Sprache von Helmut Meier (^{1}1964, ^{2}1967), so daß entscheidende sprachstatistische Anregungen vor allem aus der französischen, spanischen, italienischen und anglophonen lexikometrischen Forschung stammen. Die großen Frequenzwörterbücher von A. Juilland und seinen Mitarbeitern (1964, 1965, 1970, 1973) z. B. heben sich von den traditionellen Häufigkeitszählungen dadurch ab, daß sie zu jeder aufgenommen lexikographischen Einheit (1) einen Dispersionsindex auf der Grundlage von Standardabweichung und Varietätskoeffizienten und (2) einen Usage-Koeffizienten, der sich aus dem Produkt aus Dispersions- und Frequenzwert ergibt, einführen. Das Verhältnis zwischen Frequenz, Dispersion und Usage gibt dann Aufschluß über die Zugehörigkeit einer Einheit zum Grundwortschatz und über ihren Rangplatz innerhalb der Wortliste (vgl. zu diesen Differenzierungen Kühn 1979a, 36—40). Inzwischen existieren auch für die deutsche Sprache eine Reihe differenzierter Frequenzwörterbücher (vgl. Art. 143), von denen man sich in Grundwortschatzfragen vor allem auf die nach unterschiedlichen Gesichtspunkten rechnersortierten Häufigkeitslisten von W. D. Ortmann (vgl. zur Literatur Kühn 1984, 278—280) bezieht. Trotz dieser Differenzierungen und Modifizierungen der Wortfrequenz dreht sich die Grundwortschatz-Lexikographie dieser zweiten Phase im Kreise, da (1) alle Grundwortschatzlisten prinzipiell auf dem quantitativen Kriterium der Wortfrequenz beruhen, (2) alle zusätzlichen qualitativen Kriterien lediglich angeführt werden, um die Unzulänglichkeit der Häufigkeitszählungen mehr oder weniger erfolgreich zu beheben, (3) Lösungsversuche im methodischen Bereich der Lexikostatistik steckenbleiben und nicht auf ein grundlegend neues theoretisches Konzept abzielen und (4) die Grundwortlisten in ihrer Anlage asemantisch sind und keinen Wörterbuchcharakter aufweisen.

Die vorläufig letzte Phase der Grundwortschatz-Lexikographie ist dadurch gekennzeichnet, daß sogenannte pragmatische Bestimmungskriterien und lerngruppenorientierte Feststellungsverfahren in den Vordergrund gestellt werden: 1972 erschien die vom Deutschen Volkshochschul-Verband und vom Goethe-Institut herausgegebene Wortliste, die als Prüfungsliste für den Erwerb des Zertifikates Deutsch als Fremdsprache gilt (Zertifikat DaF ²1977). Bei der Erarbeitung und Bestimmung dieser Mindestwortliste orientierte man sich nicht so sehr an sprachstatistischen Vorgaben, sondern beabsichtigte, „von den grundlegenden Kommunikationsintentionen, Themen und Kommunikationssituationen auszugehen, deren sprachliche Beherrschung für alle Deutschsprachigen in ihrem alltäglichen Leben vorausgesetzt werden kann" (Zertifikat DaF 1977, 123; vgl. Raasch 1972a, 1977; Kaufmann 1977, Franke 1977, Kühn 1979a, 1980). Auf der Grundlage dieser pragmatischen Kategorien wurde eine Wortliste erstellt, mit deren Hilfe der Lernende in die Lage versetzt werden soll, „ein in natürlichem Sprechtempo geführtes Gespräch über Themen des täglichen Lebens zu verstehen und sich daran zu beteiligen" (Zertifikat DaF 1977, 122). Parallel zu dieser pragmatisch orientierten Grundwortschatzbestimmung versuchte man seit 1971 im sogenannten Europaprojekt den Basiswortschatz aufgrund eines „Threshold Level" zu bestimmen: Beim Threshold Level handelt es sich um ein „Sprachfertigkeitsniveau, das es dem Lernenden ermöglicht, mit einer minimalen Angemessenheit in alltäglichen Situationen 'funktionieren' zu können" (Ek 1977, 98). Um den für dieses Niveau notwendigen Wortschatz zu bestimmen, müssen nach diesem Modell in der Sprache der Projektarbeiter folgende Gesichtspunkte berücksichtigt werden (vgl. Ek 1977, 97): „Situationen, in denen die Fremdsprache benutzt werden wird, einschließlich der Themen, die zur Sprache kommen können" (z. B. als Tourist am Fahrkartenschalter); „die Art von Sprachhandlungen, die der Lernende erfüllen wird, wie lesen, sprechen usw.; die Funktionen, die der Lernende erfüllen wird" (z. B. mitteilen); „die Allgemeinbegriffe, die der Lernende gebrauchen wird" (z. B. Ortsangaben wie *vor* und *hinter*); „was der Lernende in bezug auf jedes Thema leisten wird" (z. B. Alltagsgespräch oder wissenschaftliche Auseinandersetzung); „die spezifischen themenbezogenen Begriffe, die der Lernende gebrauchen wird" (z. B. zur Wetterlage: *Sonne, regnen, kalt* usw.); „die fremdsprachlichen Formen, die der Lernende gebrauchen wird" [?] und schließlich der „Leistungsgrad des Lernenden" (z. B. „gut" bis „genügend"). Es handelt sich um zwei pragmatisch orientierte Ansätze, die sicherlich einiges gemeinsam haben, in der Terminologie jedoch weit auseinandergehen, so daß Vergleiche schwerfallen. Es ist schade, daß beide Ansätze blind nebeneinanderher gelaufen sind. Die Grundwortschatz-Lexikographie scheint für viele interessant, ein gemeinsames Arbeiten an Problemen und Konzeptionen jedoch unmöglich. Als Resumee für diese vorläufig letzte Phase der Grundwortschatzbestimmung bleibt folgendes festzuhalten (vgl. Kühn 1984, 252 ff; Scherfer 1985, 420 f): Ausgangs- und Bezugspunkt der Grundwortschatzbestimmung bilden nicht mehr Frequenzuntersuchungen — als Maßstab der Auswahl gilt die potentielle kommunikative Verwendung des Wortschatzes. Das Festlegen pragmatischer und adressatenorientierter Bestimmungsfaktoren und deren Operationalisierung ist allerdings nicht unproblematisch und leidet vor allem unter dem unbefriedigenden und uneinheitlichen Stand der Forschung, nicht zuletzt im Bereich der linguistischen Pragmatik (vgl. Knapp-Potthoff 1977, Scherfer 1980). Ob die pragmatisch und adressatenorientierten Bestimmungskriterien bessere und brauchbarere Grundwortschätze ergeben, ist schwer abzuschätzen, eines ist jedoch offensichtlich: Ein pragmatisch bestimmter Grundwortschatz ist hinsichtlich seiner Verwendung als materiale Kommunikationsbasis eher zu legitimieren als bisherige Wortschatzminima. Die leidige Frage, ob ein Wort nun in den Grundwortschatz gehört oder nicht, kann durch diese Art der Wortschatzbestimmung allerdings ebenfalls nicht entschieden werden. Schließlich können die bisherigen Wortlisten nur als „Halbfertigprodukte" (Scherfer 1985, 420 f.) verstanden werden, sie sind lediglich „Kontrollinstrumente" für die eigentlich didaktisch-methodische Arbeit (Raasch 1977).

Eine Weiterentwicklung der festgefahrenen Diskussion (vgl. 4.) scheint nur dann möglich, wenn man nochmals den sprachpädagogischen Grundgedanken der Grundwortschatz-Lexikographie in Erinnerung ruft: Beim Erlernen einer Zweitsprache ist es äußerst lernmotivierend, dem Schüler aus dem prinzipiell unendlichen und unüberschaubaren Wortbestand ein begrenztes Wortinventar anzubieten, das er als Lernquantum überblicken und sich systematisch aneignen kann und mit dem er sich evtl. in der alltäglichen Kommunikation verständlich machen kann. Die bisherige Grundwortschatz-Lexikographie hat gezeigt, daß hierzu das Häufigkeitskriterium — trotz vieler Modifikationen — ungeeignet ist. Die pragmatische Wende in der Grundwortschatzbestimmung hat zwar die Schwächen der frequenzorientierten Wortschatzauswahl beseitigt und die Wortschatzverwendung in den Mittelpunkt gerückt, ausgeklammert blieb bislang allerdings die Frage, wann und wozu jemand ein Grundwortschatzbuch benutzt und benötigt (vgl. dagegen Hendrickx 1987). In der Diskussion dieser Frage zeichnet sich folgendes ab (vgl. Kühn 1980, 1984, 254 ff): Soll der Schüler das Grundwortschatzbuch als Lern- und Übungsbuch benutzen, so muß sowohl die quantitative Reduktion als auch die asemantische alphabetische oder frequenzorientierte Ordnung des Grundwortschatzes ohne Einschränkung aufgegeben werden (vgl. 4).

3. Typen von Grundwortschatzbüchern

„Grundwortschatz" ist ein inflationärer Begriff: Er wird erstens zur Bezeichnung eines Wortschatzes gebraucht, der irgendwie begrenzt ist; die Grenzwerte sind dabei sehr unterschiedlich: Das Bedeutungswörterbuch aus der Reihe „Schülerduden" (1970, 5) enthält einen Grundwortschatz von rund 14 000 Einheiten, nach H. Bakonyi (1934, 18) gehören genau 5874 Wörter zu den „bekanntesten und häufigsten", der Grundwortschatz von I. Kosaras (1980, 6) umfaßt 3000 Wörter, H. Oehler und C. Heupel (1985, 3) beziffern ihren Grundwortschatz auf 2000 Wörter, A. Pfeffer (1975, 13) zählt 1285 Wörter zu seinem Grunddeutsch, eine Arbeitsgruppe um I. Oomen (1980) beschränkt ihren Grundwortschatz auf eine nach Wortarten alphabetisierte Liste von 600 Autosemantika. Die Bezeichnung „Grundwortschatz" wird zweitens ohne Differenzierung sowohl für muttersprachliche wie fremdsprachliche Grundwortschatzbücher verwendet. So werden alphabetisierte Wortlisten für den muttersprachlichen Rechtschreibunterricht ebenfalls als „Grundwortschätze" (z. B. Plickat 1980; vgl. Kühn 1984, 256—275) bezeichnet. Die Unterscheidung von muttersprachlichem und fremdsprachlichem Grundwortschatz scheint offensichtlich nicht nötig, zumal man sich in beiden Bereichen auf die gleichen Frequenzuntersuchungen beruft und gegenseitig die anderen Wortlisten auszuschreiben scheint (vgl. die überwiegende Zahl an bibliographischen Belegen für fremdsprachliche Grundwortschätze bei Plickat 1980, 10). Folglich werden alle Bücher mit Wörterbuchcharakter — hier genügt bereits eine alphabetische Listenordnung —, die an die Zielgruppe „Deutsch lernende Schüler" gerichtet sind, generell als „Grundwortschatz" benannt. Vielgestaltig und uneinheitlich sind Grundwortschätze auch im Hinblick auf ihre Makrostruktur: Hinsichtlich des verzeichneten Wortschatzes lassen sich Grundwortschatzbücher für den Fremdsprachenunterricht danach unterscheiden, ob sie in erster Linie den standardsprachlichen oder einen bestimmten fachsprachlichen Wortschatz enthalten. Allgemeinsprachliche Grundwortschatzbücher lassen sich weiter danach unterteilen, ob sie (1) einsprachig oder zwei- bzw. mehrsprachig aufgebaut und (2) alphabetisch oder systematisch angelegt sind. Einsprachige alphabetische Grundwortschätze können hinsichtlich ihres Erklärungsteils danach differenziert werden, ob sie zu jedem aufgeführten Lemma semantische Erklärungen aufweisen bzw. nur gelegentlich oder gar keinerlei Erklärungen haben; terminologisch sinnvoll wäre es, Grundwortschatzbücher ohne Erklärungsteil als Wortlisten, solche mit Erklärungsteil als Grundwortschatzbücher zu bezeichnen. In einsprachigen systematischen Grundwortschatzbüchern ist der Wortschatz entweder unter dem Gesichtspunkt der Synonymie oder dem der Häufigkeit bzw. Wertigkeit in Wortgruppen zusammengestellt. Wird der Grundwortschatz in synonymischen Wortgruppen zusammengestellt, so lassen sich diese Grundwortschatzbücher wiederum danach klassifizieren, ob in ihnen die verzeichneten lexikalischen Einheiten lediglich aufgezählt oder aber im Hinblick auf ihre Bedeutungen voneinander differenziert beschrieben werden. Wird der Grundwortschatz nach häufigkeits- oder wertigkeitsorientierten Gesichtspunkten zusammengestellt, so stehen die lexikalischen Einheiten mit gleichem Häufigkeits- bzw. Wertigkeitsindex alphabetisch geordnet in gleichen Gruppen zusammen. Mehrsprachige alphabetische Grundwortschatzbücher beruhen auf dem Konzept rudimentärer Übersetzungsäquivalente und verzeichnen zu jedem Lemma der Ausgangssprache das (die) entsprechende(n) Lemma(ta) der Zielsprache(n). In mehrsprachigen systematischen Grundwortschatzbüchern wird der Wortschatz der Ausgangs- und der Zielsprache nach einer bestimmten Begriffssystematik in Wortgruppen zusammengestellt. Neben diesen allgemeinsprachlich ausgerichteten Grundwortschatzbüchern existiert in der Zwischenzeit eine Vielzahl sowohl einsprachiger als auch mehrsprachiger Fachsprachen-Grundwortschatzbücher (vgl. hierzu Hoffmann 1974, 1984). Viele dieser fachsprachlichen Grundwortschatzbücher sind in einer Übergangszone zwischen Grundwortschatzwörterbuch und Taschenwörterbuch anzusiedeln (vgl. zum Problemkreis Wortschatz und Wörterbuch im Fremdsprachenunterricht die bibliographischen Hinweise von Schröder 1985).

Die nachfolgende Übersicht enthält die wichtigsten Typen von Grundwortschatzbüchern:

Grundwortschatz
— für den L_1-Unterricht
— für den L_2-Unterricht
  — fachsprachlich orientiert
  — allgemeinsprachlich orientiert
    — mehrsprachig
    — einsprachig
      — *alphabetisch* (ohne Worterklärungen/mit gelegentlichen Worterklärungen/mit Worterklärungen)
      — *systematisch* (nach Häufigkeits- bzw. Wertigkeitsstufen angeordnet/nach synonymischen Wortgruppen angeordnet).

Für einzelne Wörterbuchexemplare vgl. 5.1., sowie Kühn 1984, 280—291.

4. Benutzungsprobleme

Brauchbarkeit und Nützlichkeit einsprachiger wie mehrsprachiger Grundwortschatzbücher werden von Wörterbuchschreibern und Verlagen recht hoch eingeschätzt: Man geht davon aus, das derjenige, der einen Grundwortschatz von 2000 Einheiten beherrscht, „Deutsch verstehen und sich auf deutsch hinreichend verständlich machen" kann (Oehler/Heupel 1985, 3). Statistisch ausgedrückt: Mit einem solchen Grundwortschatz „kann man einen normalen, d. h. nicht technisch spezialisierten Text zu etwa 85% erfassen und ein Alltagsgespräch führen" (Nickolaus 1987/1969, 10). Nach Ansicht von Kritikern dienen solche Behauptungen nur Werbezwecken, wissenschaftlich sind sie unhaltbar (vgl. Kühn 1981, Ickler 1984, 21 f.). Einerseits sind die bisherigen Grundwortschätze als Nachschlagewerke kaum brauchbar, da sie im Gegensatz zu normalen Wörterbüchern im Hinblick auf den verzeichneten Wortschatz zu dürftig sind und in der Regel keine Erklärungen enthalten. Andererseits sind sie als Lern(er)-Wörterbuch ungeeignet, da der grundlegende Wortschatz didaktisch-methodisch nicht aufbereitet ist und semantische Wortstrukturen nicht sichtbar werden (vgl. kritisch auch Hohmann 1968). Als Lern(er)-Wörterbücher sind lediglich die nach synonymischen Wortgruppen zusammengestellten, distinktiven Grundwortschatzbücher benutzbar. Schließlich gibt es in der Sprachwirklichkeit nicht die von den Wörterbuchschreibern angenommenen unveränderlichen und sterilen Normaltexte: I. Christ (1970, 35 ff.) hat festgestellt, daß bisherige Grundwortschätze vor allem literatursprachlich ausgerichtet sind, Th. Ickler (1984, 21) hat herausgefunden, daß in normalen Zeitungstexten ungefähr jedes achte laufende Wort nicht in einer der gängigen Grundwortschatzlisten erscheint und daß es gerade die fehlenden Wörter sind, die das Textverständnis ermöglichen, F. J. Hausmann (1979, 332) schätzt, daß erst bei einer Zahl von 15 000 die Wörter anfangen, selten zu werden. Mehrsprachige Grundwortschatzbücher verleiten den Fremdsprachenlerner regelrecht dazu, ein Wort der Ausgangssprache mit einem Wort der Zielsprache gleichzusetzen, obwohl sich der Gebrauch beider Wörter oft kaum deckt; Gesichtspunkte der kontrastiven Semantik werden nicht berücksichtigt (vgl. Kühn 1979a, 49ff.; Ickler 1984, 22). Diese Einwände gegen die postulierte Brauchbarkeit und Nützlichkeit von Grundwortschätzen verstärken sich zudem, wenn man den tatsächlichen Gebrauch von Grundwortschatzbüchern untersucht. Die Feststellung tatsächlicher „Benutzungssituationen" (vgl. hierzu Wiegand 1977, 62) von Grundwortschätzen steckt zwar noch in den Anfängen, erste Untersuchungen bestätigen jedoch die Kritik am Gebrauchswert dieser Wörterbücher (vgl. Kühn 1981): Grundwortschatzbücher sind zwar weit verbreitet und aus Verlegersicht mit Sicherheit „lexikographische Verkaufsrenner", dennoch werden alphabetisierte oder nach Häufigkeit geordnete einsprachige Grundwortschätze für den Fremdsprachenunterricht als unbrauchbar angesehen und nach Aussage deutschlernender Schüler nicht benutzt. Mehrsprachige Grundwortschatzbücher werden im Unterricht vor allem als rudimentäre Übersetzungshilfen gebraucht, eine systematische Wortschatzarbeit (vgl. hierzu Neubauer 1982, 155—159) ist jedoch auch mit ihnen nicht möglich. Sobald die behandelten Texte und Konversationen an der Sprachwirklichkeit orientiert sind, greift man zu einem umfangreicheren und informativeren Übersetzungswörterbuch.

Aus allem ergeben sich folgende Konsequenzen: Das Grundwortschatzbuch der Zukunft kann nur als Lern- und Übungsbuch konzipiert sein. Eine solche Konzeption müßte von folgenden Voraussetzungen ausgehen:

(1) Der Grundwortschatz muß aufgrund pragmatischer Kriterien bestimmt werden, um ihn als lexematische Basis für die alltägliche Verständigung gebrauchen zu können. Durch den Bezug auf die pragmatischen Bestimmungsfaktoren werden die Entscheidungskriterien der Wortwahl offengelegt, die in der frequenzorientierten Grundwortschatzbestimmung subjektiv getroffen, jedoch durch objektive Zählverfahren verdeckt werden. In der Wortstatistik wird Objektivität nur vorgetäuscht, da vor den Zählungen bereits mehrere subjektive Entscheidungen getroffen werden müssen (z. B. Auswahl der Textbasis usw.), die das Untersuchungsergebnis von vornherein bestimmen. Eine Grundwortschatzbestimmung nach objektiven Kriterien ist und bleibt Utopie, den Grundwortschatz gibt es nicht und wird es nie geben.

(2) Grundwortschatzbücher dürfen nicht durch quantitative, sondern müssen durch qualitative Kriterien überschaubar und lernbar gemacht werden. Der Grundwortschatz sollte durch eine semantisch bestimmte Organisation in Wortgruppen/Wortfelder/Paradigmen eingeteilt und methodisch aufbereitet werden (vgl. Ickler 1982). Durch diese semantische Strukturierung fungiert jede einzelne Wortgruppe als Lernquantum und der Wortschatz kann systematisch im semantischen Zusammenhang erlernt werden.

5. Literatur (in Auswahl)

5.1. Wörterbücher

Allwood/Wilhelmsen 1947 = Martin Samuel Allwood/Inga Wilhelmsen: Basic Swedish Word List. With English Equivalents, Frequency Grading and a Statistical Analysis. Rock Island, Ill. 1947 [48 S.].

Amorim-Braun 1986 = Maria Luisa Amorim-Braun: Grund- und Aufbauwortschatz Portugiesisch. 7. Druck. Stuttgart 1986 [207 S., Erstdruck Stuttgart 1972].

Anpilogova 1965 = B. G. Anpilogova: Essential Russian-English Dictionary. Moskau 1965 [178 S.].

Bakonyi 1934 = Hugo Bakonyi: Die gebräuchlichsten Wörter der deutschen Sprache für den Fremdsprachenunterricht stufenmäßig zusammengestellt. München 1934 [86 S.].

Baldelli/Mazzetti 1974 = Ignazio Baldelli/Alberto Mazzetti: Vocabulario minimo della lingua Italiana per stranieri. 1741 parole con frasi ed esempi di uso frequente e con traduzione in inglese, francese, tedesco et spagnolo. Firenze 1974 [IV, 194 S.].

Balin/Bakaya 1961 = Viktor Iosifovich Balin/Ravi Mohan Bakaya: A Basic Russian-English Vocabulary (For Engineers). Bombay 1961 [150 S.].

BDE = Guy Capelle/Denis Girard: Basic Dictionary of English. Paris 1980 [128 S.].

Blass/Friederich 1974 = Armin Blass/Wolf Friederich: Englischer Wortschatz in Sachgruppen. 10. Auflage München 1974 [141 S., 1. Auflage München 1956].

Buchanan 1927 = Milton Alexander Buchanan: A Graded Spanish Word Book. Toronto 1927, 1929, 1932, 1936 [195 S.].

Bulitta/Bulitta 1981 = Erich Bulitta/Hildegard Bulitta: Deutsche Sprache in Wortfeldern. Handbuch für den Deutschunterricht. München 1981 [151 S.].

Diederich 1939 = Paul Bernard Diederich: The Frequency of Latin Words and their Endings. Chicago 1939 [V, 121 S.].

Dubois 1978/79 = Dictionnaire du français langue étrangère. Direction de Jean Dubois avec la collaboration de Françoise Dubois-Charlier. Niveau 1. Paris 1978 [XV, 910 S.]; Niveau 2. Paris 1979 [XV, 1088 S.].

Eaton 1961 = Helen Slocomb Eaton: An English-French-German-Spanish Word Frequency Dictionary. A Correlation of the First Six Thousand Words in Four Single-Language Frequency Lists. New York 1961 [XXI, 440 S.].

Eggermont/Hoekstra/Heurlin o. J. = J. L. Eggermont/Sidney Hoekstra/Kai Heurlin: Le français fondamental adapté pour le Néerlandais. 2e édition. Zutphen.

Eldrige 1911 = R. C. Eldrige: Six Thousand Common English Words. Their Comparative Frequency and What Can Be Done with Them. Buffalo 1911 [64 S.].

Fischer 1971 = Walter Fischer: Französischer Wortschatz in Sachgruppen. 4., durchges. Aufl. München 1971 [203 S., 1. Aufl. München 1962].

Fischer 1978 = Walter Fischer: Englischer Wortschatz in Sachgruppen. 4., verb. Aufl. Göttingen 1978 [237 S., 1. Aufl. Göttingen 1964].

Français Fondamental 1959 = Le Français fondamental. 1er degré. Précédemment „Français élémentaire". 2e degré. 2 Bde. Paris 1959 [73, 63 S.].

Friederich 1969 = Wolf Friederich: 10 000 Wörter. A German Vocabulary for Students. München 1969 [140 S.].

Giovanelli 1985 = Paolo Giovanelli: Grund- und Aufbauwortschatz Italienisch. 3. Druck. Stuttgart 1985 [256 S., Erstdruck Stuttgart 1977].

Gougenheim 1958 = Georges Gougenheim: Dictionnaire fondamental de la langue française. Nouvelle éd. revue et augmentée. Paris 1958 [283 S.].

Haase 1972 = Alfred Haase: Englisches Arbeitswörterbuch. The Learner's Standard Vocabulary. Der aktive englische Wortschatz in Wertigkeitsstufen und Sachgruppen mit Berücksichtigung des amerikanischen Sprachgebrauchs, der Phonetik und der Wortbildungslehre. 5. Aufl. Frankfurt/M. Berlin. München 1972 [273 S., 1. Aufl. 1959].

Habenstein/Hermes/Zimmermann 1978 = Ernst Habenstein/Eberhard Hermes/Herbert Zimmermann: Grund- und Aufbauwortschatz Latein. Stuttgart 1978 [150 S.].

Häublein/Jenkins 1987 = Gernot Häublein/Recs Jenkins: Thematischer Grund- und Aufbauwortschatz Englisch. Stuttgart 1987 [352 S.].

Henmon 1924 = Vivian Allen Charles Henmon: A French Word Book. Based on a Count of 40 000 Running Words. Madison 1924 [84 S.].

Herrmann/Rauch 1987 = Reinhild Herrmann/Rainer Rauch: Thematischer Grund- und Aufbauwortschatz Französisch. Stuttgart 1987 [341 S.].

Heupel 1987 = Carl Heupel. Grund- und Aufbauwortschatz Spanisch. 10. Druck. Stuttgart 1987 [240 S., Erstdr. Stuttgart 1977].

Hindmarsh 1980 = Roland Hindmarsh: Cambridge English Lexicon. Cambridge 1980 [210 S.].

Iliescu 1979 = Maria Iliescu: Grundwortschatz Rumänisch. Deutsch, Englisch, Französisch. Frankfurt/M. Bern. Las Vegas 1979 [229 S.].

Juilland/Chang-Rodriguez 1964 = Alphonse Juilland/E. Chang-Rodriguez: Frequency Dictionary of Spanish Words. London. The Hague. Paris 1964 [LXXVIII, 500 S.].

Juilland/Edwards/Juilland 1965 = Alphonse Juilland/Prior M. H. Edwards/Ileana Juilland: Frequency Dictionary of Rumanian Words. London. The Hague. Paris 1965 [LXXIV, 513 S.].

Juilland/Brodin/Davidovitch 1970 = Alphonse Juilland/Dorothy Brodin/Catherine Davidovitch with the Collaboration of Mary Ann Ignatius/Ileana Juilland/ Lilian Szklarczyk: Frequency Dictionary of French Words. The Hague. Paris 1970 [LXXV, 503 S.].

Juilland/Traversa 1973 = Alphonse Juilland/Vincenzo Traversa with the Assistance of Antonio Beltramo/Sebastiano di Blasi: Frequency Dictionary of Italian Words. The Hague. Paris 1973 [XLVII, 519 S.].

Kaeding 1898 = Friedrich Wilhelm Kaeding: Häufigkeitswörterbuch der deutschen Sprache. Festgestellt durch einen Arbeitsausschuß der deutschen Stenographiesysteme. Steglitz bei Berlin 1898 [VI, 671 S.].

Keniston 1933 = Hayward Keniston: A Basic List of Spanish Words and Idioms. Chicago 1933 [XXI, 67 S.].

Kosaras 1980 = István Kosaras. Grundwortschatz der deutschen Sprache. Einsprachiges Wörterbuch. Budapest. Berlin 1980 [272 S.].

Langensch. Engl. = Langenscheidts Grundwortschatz Englisch. München 1984 [XII, 324 S.].

Langensch. Frz. = Langenscheidts Grundwortschatz Französisch. München 1984 [320 S.].

Langensch. It. = Giuliano Merz: Langenscheidts Grundwortschatz Italienisch. München 1987 [XII, 324 S.].

Langensch. Lat. = Gerhard Fink: Langenscheidts Grundwortschatz Latein. München 1987 [XV, 143 S.].

Lehnert 1979 = Martin Lehnert: Der englische Grundwortschatz. 4. Aufl. Leipzig 1979 [263 S., 1. Aufl. Leipzig 1971].

Liperowskaja/Iwanowa 1970 = N. Liperowskaja/E. Iwanowa: Deutsch-russisches Wörterbuch für

Lehrzwecke. 6000 Stichwörter und Wendungen. Moskau 1970 [749 S.].

Masterman 1947 = Kay Chauncey Masterman: A Latin Word-List for Use in Schools. Melbourne 1947 [111 S.].

Matoré 1963 = Dictionnaire du vocabulaire essentiel. Les 5000 mots fondamentaux. Par Georges Matoré avec la collaboration de Claude-Marie Baranger et al. Paris 1963 [359 S.].

Mattutat 1969 = Heinrich Mattutat: Deutsche Grundsprache. Wort- und Satzlexikon. Stuttgart 1969 [488 S.].

Meier 1967 = Helmut Meier: Deutsche Sprachstatistik. Mit einem Geleitwort von Lutz Mackensen. 2., erw. und verb. Aufl. Anhang: Bausteine zu einer Vergleichenden Sprachstatistik. 2 Bde. Hildesheim 1967 [XIII, 422 + 150 S., 1. Aufl. Hildesheim 1964].

Meyer/Steinthal 1987 = Thomas Meyer/Hermann Steinthal: Grund- und Aufbauwortschatz (Alt) Griechisch. Stuttgart 1987 [238 S.].

Michéa 1959 = René Michéa: L'allemand fondamental. Premier livre. Paris 1962 [233 S.].

Migliorini 1943 = Bruno Migliorini: Der grundlegende Wortschatz des Italienischen. Die 1500 wesentlichsten Wörter. Marburg 1943 [32 S.].

Mogensen 1951 = Knud K. Mogensen: Basic Danish Word List. English Equivalents, Frequency Grading, a Statistical Analysis. Kopenhagen 1951 [72 S.].

Morgan 1928 = Bayard Quincy Morgan: German Frequency Word Book. Based on Kaeding's „Häufigkeitswörterbuch der deutschen Sprache". New York 1928 [XV, 87 S.].

Mutschmann 1948 = Heinrich Mutschmann: Der grundlegende Wortschatz des Englischen. Die 1500 wesentlichen Wörter unter Berücksichtigung des amerikanischen Englisch. 6. Aufl. Marburg 1948 [40 S., 1. Aufl. Marburg 1940].

Nickolaus 1987 = Günter Nickolaus: Grund- und Aufbauwortschatz Französisch. 14. Druck. Stuttgart 1987 [191 S., Erstdruck Stuttgart 1969).

Oehler 1982 = Heinz Oehler: Grundwortschatz Deutsch. Essential German. Allemand fondamental. 2. Aufl. Stuttgart 1982 [235 S., 1. Aufl. Stuttgart 1966].

Palmer/Hornby 1937 = Harold Edward Palmer/ A. S. Hornby: Thousand-Word English. What it is and What Can be Done With it. London 1937 [110 S.].

Patrick 1935 = George Zinovei Patrick: One Thousand Commonly Used Russian Words with Illustrative Sentences. New York. Berkeley 1935 [107 S.].

Peano 1915 = Guiseppe Peano: Vocabulario commune ad Latino-Italiano-English-Deutsch pro usu de interlinguista. 2. Aufl. Turin 1915 [352 S., 1. Aufl. Turin 1909].

Pfeffer 1970 = Jay Alan Pfeffer: Grunddeutsch. Basic (Spoken) German Dictionary. Englewood Cliffs 1970 [XV, 350 S.].

Plickat 1980 = Hans-Heinrich Plickat: Deutscher Grundwortschatz. Wortlisten und Wortgruppen für Rechtschreibunterricht und Förderkurse. Unter Mitarbeit von Rainer Herden. Weinheim. Basel 1980 [234 S.].

Raasch 1972a = Albert Raasch: Französisch-deutsches Lernwörterbuch. Wortschatz des Lehrwerks Französisch für Sie und der Prüfung zum Volkshochschul-Zertifikat in alphabetischer und phraseologischer Form. München 1972 [119 S.].

Schanski 1975 = 4000 der gebräuchlichsten Wörter der russischen Sprache. Wörterbuch für Lehrzwecke für ausländische Schulen. Hrsg. von N. Schanski. Moskau 1975 [262 S.].

Schülerduden 1970 = Bedeutungswörterbuch. Bedeutung und Gebrauch der Wörter. Bearbeitet von Paul Grebe/Wolfgang Müller unter Mitwirkung folgender Mitarbeiter der Dudenredaktion: D. Berger/M. Dose/J. Ebner u. a. Mannheim. Wien. Zürich 1970 [447 S.].

Sciarone 1977 = Abondio Guiseppe Sciarone: Vocabulario fondamentale della lingua Italiana. Con una premessa di Giovanni Freddi. Bergamo 1977 [285 S.].

Slaby 1968 = Helmut Slaby: Deutscher Wortschatz in Sachgebieten. Unter Mitwirkung von Ena Erdmann. 2. Aufl. Frankfurt/M. Berlin. Bonn. München 1968 [95 S., 1. Aufl. 1965].

Stammerjohann 1986 = Harro Stammerjohann: Französisch zum Lernen. Stuttgart 1986 [237 S.].

Standard-Vocabulary 1925 = Standard-Vocabulary. Spanish-English for Junior High School. New York 1925 [10 S.].

Steger 1974 = Hugo Steger: Der deutsche Mindestwortschatz 2000. Ismaning bei München 1974 [159 S.].

Steinfeldt 1962 = E. Steinfeldt: Russian Word Count. 2500 Words Most Commonly Used in Modern Literary Russian. Guide for Teachers of Russian. Moskau 1962 [227 S.].

Thorndike 1921 = Edward Lee Thorndike: The Teacher's Word Book. New York 1921 [VI, 134 S., 2. Aufl. New York 1927]

Thorndike/West/Palmer 1936 = Edward Lee Thorndike/Michael West/Harold E. Palmer: Interim Report on Vocabulary Selection for the Teaching of English as a Foreign Language. London 1936 [VIII, 505 S.].

Vakar 1966 = Nicholas P. Vakar: A Word Count of Spoken Russian: The Soviet Usage. Columbus 1966 [XII, 367 S.].

Vander Beke 1929 = George Emil Ivo Vander Beke: French Word Book. New York 1929, 1932, 1941 [188 S.].

Verlée 1954 = Léon Verlée: Basis-Woordenboek voor de Franse Taal. Amsterdam 1954.

Vogt 1984 = Helger Oleg Vogt: Grund- und Aufbauwortschatz Russisch. 2. Aufl. Stuttgart 1984 [328 S., 1. Aufl. 1967]

Wängler 1963 = Hans-Heinrich Wängler: Rangwörterbuch hochdeutscher Umgangssprache. Marburg 1963 [67 S.].

Weis 1987 = Erich Weis: Grund- und Aufbauwortschatz Englisch. 17. Druck. Stuttgart 1987 [274 S., Erstdruck Stuttgart 1977].

Wells 1944 = Sydney William Wells: A First Italian Vocabulary. London 1944 [96 S.].

West 1967 = Michael West: A General Service List of English Words. With Semantic Frequencies and a Supplementary Word-List for the Writing of Popular Science and Technology. 10. Aufl. London 1967 [XIII, 588 S., 1. Aufl. London 1936].

West/Bond 1939 = Michael West/Otto F. Bond: A Grouped-Frequency French Word List. Based on the French Word Book of Vander Beke. Chicago 1939 [XIII, 117 S.].

West/Hoffmann 1978 = Michael West/Hans G. Hoffmann: Englischer Mindestwortschatz. Die 2000 wichtigsten Wörter. 8. Aufl. München 1978 [99 S., 1. Aufl. 1968].

Wohlgemuth-Berglund 1969 = Gisela Wohlgemuth-Berglund: Wort für Wort. Ein einsprachiges Wörterbuch. München 1969 [332 S.].

Zertifikat DaF 1977 = Wortliste für das Zertifikat „Deutsch als Fremdsprache". In: Das Zertifikat Deutsch als Fremdsprache. Hrsg. vom Deutschen Volkshochschul-Verband e. V. und vom Goethe-Institut zur Pflege der deutschen Sprache im Ausland und zur Förderung der internationalen kulturellen Zusammenarbeit e. V. 2., neubearb. und erw. Aufl. Bonn-Bad Godesberg. München 1977, 121—511 [1. Aufl. 1972, 13—64).

Zertifikat Spanisch 1978 = VHS-Zertifikat Spanisch. 4., rev. Aufl. von Alberto Barrera-Vidal. Bonn-Bad Godesberg 1978, 89—114.

5.2. Sonstige Literatur

Beneš 1976 = Eduard Beneš: Zum Problem des Grundwortschatzes im Deutschunterricht. In: Probleme der Lexikographie und Lexikologie. Jahrbuch 1975 des Instituts für deutsche Sprache. Düsseldorf 1976, 334—346 (Sprache der Gegenwart 39).

Christ 1970 = Ingeborg Christ: Ein verbindlicher Grundwortschatz für den Französischunterricht. In: Praxis des neusprachlichen Unterrichts 17. 1970, 32—40.

Ek 1977 = Jan van Ek: The Threshold Level. Ein Projekt des Europarates. In: Sprachminima und Abschlußprofile. Hrsg. von Werner Hüllen/Albert Raasch/Franz Josef Zapp. Frankfurt/M. Berlin. München 1977, 91—103.

Franke 1977 = Ludwig Franke: Abschlußprofile der Sekundarstufe I für Französisch. In: Sprachminima und Abschlußprofile. Hrsg. von Werner Hüllen/Albert Raasch/Franz Josef Zapp. Frankfurt/M. Berlin. München 1977, 104—117.

Gougenheim/Michéa/Rivenc/Sauvageot 1971 = Georges Gougenheim/René Michéa/Paul Rivenc/Aurélien Sauvageot: L'élaboration du Français fondamental (1er degré). Etude sur l'établissement d'un vocabulaire et d'une grammaire de base. Nouvelle édition, refondue et augmentée. Paris 1971.

Haase 1960 = Alfred Haase: Wertigkeitsstufen als Grundlage für eine systematische Wortschatzarbeit und den praktischen Erfolg des Fremdsprachenunterrichts. In: Die Neueren Sprachen 59. 1960. 278—293.

Harkin 1957 = Duncan Harkin: The History of Word Counts. In: Babel 3. 1957, 113—124.

Hartmann 1964 = Reinhard Hartmann: Bedeutung und Entwicklung der Worthäufigkeitsforschung. In: Beiträge zur Sprachkunde und Informationsverarbeitung 4. 1964, 47—57.

Hasan 1974 = Finuta Hasan: Der Grundwortschatz. In: Einführung in die Sprachwissenschaft. Von einem Kollektiv unter Leitung von Alexander Graur. Aus dem Rumänischen übersetzt und hrsg. von I. Seidel-Slotty. Berlin 1974, 47—57.

Hausmann 1979 = Franz Josef Hausmann: Neue Wörterbücher für den Französischunterricht oder: Was ist ein Schulwörterbuch? In: Die Neueren Sprachen 78. 1979, 331—350.

Hendrickx 1987 = Rudi Hendrickx: The Construction of a Basic Vocabulary. A Socio-Linguistic or Statistical Problem? In: Leuvense Bijdragen 76. 1987. 1—16.

Hoffmann 1975 = Lothar Hoffmann: Ein Weg zum Grundwortschatz von Fachtexten. Fachsprachliche Häufigkeitswörterbücher. In: Fremdsprachen 18.2/1974, 81—86.

Hoffmann 1984 = Lothar Hoffmann: Fachwortschatz-Grundwortschatz-Minimum. In: Deutsch als Fremdsprache 21. 1984, 224—228.

Hohmann 1968 = Heinz-Otto Hohmann: Sprachschatzarbeit im neusprachlichen Unterricht der Oberstufe. In: Praxis des neusprachlichen Unterrichts 15. 1968, 236—242.

Ickler 1982 = Theodor Ickler: Ein Wort gibt das andere. Auf dem Weg zu einem „Wörter-Lesebuch" für Deutsch als Fremdsprache. In: Linguistik und Didaktik 13. 49/50/1982, 3—17.

Ickler 1984 = Theodor Ickler: Deutsch als Fremdsprache. Eine Einführung in das Studium. Tübingen 1984 (Germanistische Arbeitshefte 29).

Kaufmann 1977 = Gerhard Kaufmann: Die Gewinnung lexikalischer und grammatischer Minima als linguistisches und didaktisches Problem. In: Sprachminima und Abschlußprofile. Hrsg. von Werner Hüllen/Albert Raasch/Franz Josef Zapp. Frankfurt/M. Berlin. München 1977, 48—70.

Knapp-Potthoff 1977 = Annelie Knapp-Potthoff: Linguistische Pragmatik und Fremdsprachenunterricht — Probleme eines Verwertungszusammenhangs. In: Linguistische Berichte 50. 1977, 58—75.

Kühn 1979 = Peter Kühn: Kritik der bisherigen Grundwortschatzlexikographie. In: Zielsprache Deutsch 10. 4/1979, 34—42.

Kühn 1979a = Peter Kühn: Der Grundwortschatz.

Bestimmung und Systematisierung. Tübingen 1979 (Reihe Germanistische Linguistik 17).

Kühn 1980 = Peter Kühn: Pragmatische Aspekte der Grundwortschatzbestimmung. In: Neuphilologische Mitteilungen 81. 1980. 230—239.

Kühn 1980a = Peter Kühn: Sprachverstehen und Grundwortschatzkodifikation. In: Wolfgang Kühlwein/Albert Raasch (Hrsg.): Sprache und Verstehen. Bd. 2. Tübingen 1980, 55—61.

Kühn 1981 = Peter Kühn: Notwendigkeit, Verwendung und Gebrauchswert von Grundwortschatzbüchern. In: Zeitschrift für germanistische Linguistik 9. 1981, 163—179.

Kühn 1984 = Peter Kühn: Primär- und sekundärsprachliche Grundwortschatzlexikographie: Probleme, Ergebnisse, Perspektiven. In: Studien zur neuhochdeutschen Lexikographie V. Hrsg. von Herbert Ernst Wiegand. Hildesheim. Zürich. New York 1984, 239—306 (Germanistische Linguistik 3—6/84).

Kühn 1987 = Peter Kühn: Mit dem Wörterbuch arbeiten. Eine Einführung in die Didaktik und Methodik der Wörterbuchbenutzung. Bonn-Bad Godesberg 1987.

Landrieux 1976 = N. Landrieux: Présentation des vocabulaires de base I. Rétrospective historique. In: Cahiers d'allemand 11. 1976, 101—108.

Mackey/Savard 1967 = William Francis Mackey/ J.-G. Savard: The Indices of Coverage: A New Dimension in Lexicometrics. In: IRAL 5. 1967, 71—121.

Michéa 1964 = René Michéa: Les vocabulaires fondamentaux. In: Recherches et techniques nouvelles au service de l'enseignement des langues vivantes. Actes [...] par la section régionale de l'Association. Association des Professeurs de langues vivantes de France, Paris. Stage d'initiation et de perfectionnement. Strasbourg, 22—23 Mars 1963. Strasbourg 1964, 21—36.

Neubauer 1982 = Fritz Neubauer: Lexik und Wortschatzarbeit. In: Rolf Ehnert (Hrsg.): Einführung in das Studium des Faches Deutsch als Fremdsprache. Frankfurt/M. Bern 1982, 149—165 (Werkstattreihe Deutsch als Fremdsprache 1).

Nickolaus 1972 = Günter Nickolaus: Der französische Kernwortschatz. Seine systematische Erarbeitung und Festigung. In: Der fremdsprachliche Unterricht 6. 23/1972, 13—32.

Njock 1973 = Pierre Emmanuel Njock: La lexicométrie allemande: 1898—1970. Québec 1973.

Oehler 1972 = Heinz Oehler: Der mehrsprachige Grundwortschatz als Lern- und Lehrhilfe auf dem Wege zur Mehrsprachigkeit. In: Der fremdsprachliche Unterricht 6. 23/1972, 2—12.

Oomen 1980 = Ingelore Oomen: Grundwortschatz für Ausländer-Kinder. In: Deutsch als Zweitsprache. Sonderheft 80 der Zeitschrift „Praxis Deutsch". Seelze 1980, 37—39.

Oppertshäuser 1974 = Otto Oppertshäuser: Absolute oder relative Häufigkeit? Wortstatistik als Hilfsmittel zur Aufstellung eines verbindlichen Mindestwortschatzes für den Englischunterricht im Sekundarbereich I. In: Praxis des neusprachlichen Unterrichts 21. 1974, 42—52.

Pfeffer 1975 = Jay Alan Pfeffer: Grunddeutsch. Erarbeitung und Wertung dreier deutscher Korpora. Ein Bericht aus dem Institute for Basic German, Pittsburgh. Tübingen 1975 (Forschungsberichte des Instituts für deutsche Sprache 27).

Raasch 1972 = Albert Raasch: Neue Wege zu einem Grundwortschatz. In: Praxis des neusprachlichen Unterrichts 19. 1972, 235—244.

Raasch 1977 = Albert Raasch: Lernzielorientierte Sprachinventare im Französischen. In: Sprachminima und Abschlußprofile. Hrsg. von Werner Hüllen/Albert Raasch/Franz Josef Zapp. Frankfurt/ M. Berlin. München 1977, 71—80.

Richards 1970 = Jack C. Richards: A Psycholinguistic Measure of Vocabulary Selection. In: IRAL 8. 1970, 87—102.

Riesel/Schendels 1975 = Elise Riesel/Eugenie Schendels: Deutsche Stilistik. Moskau 1975.

Scherfer 1980 = Peter Scherfer: Kritische Bemerkungen zum Begriffsinstrumentarium zur Angabe des sprachlichen Materials für den außerschulischen Französischunterricht. In: Zielsprache Französisch 9. 1/1980, 17—29.

Scherfer 1985 = Peter Scherfer: Lexikalisches Lernen im Fremdsprachenunterricht. In: Handbuch der Lexikologie. Hrsg. von Christoph Schwarze und Dieter Wunderlich. Königstein/Ts. 1985, 412—440.

Schmidt 1955 = Wilhelm Schmidt: Zum Grundwortschatz und Wortbestand der deutschen Sprache. In: Deutschunterricht 8. 1955, 530—540.

Schröder 1985 = Konrad Schröder: Wortschatzunterricht, Wortschatzerwerb und Umgang mit Wörterbüchern. Eine Bibliographie für die Jahre 1973—1984. In: Die Neueren Sprachen 84. 1985, 652—669.

Schumacher 1978 = Helmut Schumacher: Grundwortschatzsammlungen des Deutschen. Zu Hilfsmitteln der Didaktik des Deutschen als Fremdsprache. In: Jahrbuch Deutsch als Fremdsprache. Hrsg. von Alois Wierlacher. Bd. 4. Heidelberg 1978, 41—55.

Siliakus/Schlick 1965 = Henk J. Siliakus/Werner Schlick: Untersuchungen zur deutschen Worthäufigkeit. In: Deutschunterricht für Ausländer 15. 1965, 46—52.

Tarnóczi 1971 = Lorant Tarnóczi: Wortbestand, Wortschatz, Wortfrequenz. In: IRAL 9. 1971, 297—318.

Verlée 1954 = Léon Verlée: Quelques considérations sur le vocabulaire de base. In: Revue des langues vivantes 20. 1954, 195—211.

Wiegand 1977 = Herbert Ernst Wiegand: Nachdenken über Wörterbücher: Aktuelle Probleme. In: Günther Drosdowski/Helmut Henne/Herbert Ernst Wiegand: Nachdenken über Wörterbücher. Mannheim. Wien. Zürich 1977, 51—102.

Peter Kühn, Trier
(Bundesrepublik Deutschland)

149. Das Kinderwörterbuch

1. Definition des Kinderwörterbuchs
2. Typologie des Kinderwörterbuchs nach seinen Bauteilen
3. Das Kinderwörterbuch in der Wörterbuchforschung
4. Literatur (in Auswahl)

1. Definition des Kinderwörterbuchs

Folgende Merkmale definieren das Kinderwörterbuch, wie es hier verstanden wird: a) Das Layout ist besonders übersichtlich. Man spart nicht mit Platz. Die Drucktypen sind um ein Vielfaches größer als die allgemeiner einsprachiger Wörterbücher. Meist wird reichlich von Farbe Gebrauch gemacht. Die Bücher sind oft großformatig. b) Bilder illustrieren alle Einträge oder wenigstens einen bedeutenden Teil. c) Auf Definitionen wird verzichtet, zumindest werden Definitionen unkonventionell formuliert. d) Erzählende Texte (lexikographische Erzählungen) ersetzen die konventionelle Mikrostruktur. e) Auf Lemmaangaben wird verzichtet oder damit sehr sparsam umgegangen. f) Abkürzungen unterbleiben. g) Es werden Aufgaben formuliert. h) Die Wortliste ist sehr selektiv und geht nicht über 5000 Lemmata hinaus. Meist bewegt sie sich zwischen 200 und 2000 Lemmata. i) Unter den Lemmazeichen überwiegen Konkreta. j) Die Adressaten sind Kinder unter 10 Jahren. Das Kinderwörterbuch steht im Gegensatz zum Schulwörterbuch, das die älteren Kinder bedient. Das Schulwörterbuch versteht sich als „echtes Wörterbuch", d. h. als Wörterbuch, das üblichen lexikographischen Konventionen gehorcht, die lediglich gewisse zusätzliche Didaktisierungen erfahren. Hingegen bricht das Kinderwörterbuch, wie die obigen Merkmale zeigen, ausdrücklich mit den lexikographischen Konventionen des allgemeinen einsprachigen Wörterbuchs. Die Übergänge zwischen Kinderwörterbuch und Schulwörterbuch sind fließend. Die Wörterbuchtitel sind keine verläßlichen Indikatoren. So gehorcht *The Oxford Children's Dictionary* mit 11 000 Einträgen nicht den Kriterien eines Kinderwörterbuchs und bezeichnet sich auch selbst ausdrücklich als „real dictionary which is helpfully arranged and easy to understand". Hier ist zu bedenken, daß der angelsächsische Begriff des *Children's Dictionary* das Schulwörterbuch für Kinder bis 14 Jahre einschließt. E. L. Thorndike schrieb zuerst über die Psychologie des „School Dictionary" (1928), nannte dann aber in den Vorworten seiner Wörterbücher die Adressaten meist „children" (so Thorndike 1945, vgl. auch Hausmann 1987). Auch der *Petit Robert des enfants* (Rob. enf.) ist kein Kinderwörterbuch im oben definierten Sinn.

2. Typologie des Kinderwörterbuchs nach seinen Bauteilen

2.1. Das Bildtafelwörterbuch

Spätestens seit dem *Orbis pictus* des Comenius (Nürnberg 1658) gibt es weltweit das Wörterbuch der nach Sachgruppen geordneten Bildtafeln (*E.* plates, *F.* planches). Auf der Bildtafel sind die zu benennenden Objekte oder Handlungen numeriert. Die Benennungen erscheinen neben der Bildtafel in numerischer Reihenfolge. Das Kind lernt die Wörter nach der Ordnung der sichtbaren Welt (Oxf. children's pict., Oxf. engl. pict., Coll. pict. dict., Sesame, Kinderduden). Wie schon bei Comenius werden zum Teil erhebliche Anstrengungen gemacht, auch abstrakte Begriffe zu visualisieren (cf. Oxf. engl. pict. 74—75, „Adjectives"). Hingegen scheint die Comeniussche Technik der ausformulierten Bildbeschreibung (cf. Comenius 1658, Kap. CXVI „Justitia") in den Bildtafelwörterbüchern heute nicht mehr lebendig.

2.2. Das alphabetische Kinderwörterbuch

Das alphabetische Kinderwörterbuch ist ein Bildwörterbuch (kein Wort ohne Bild) oder ein bebildertes Wörterbuch (viele Wörter ohne Bild). Das Wörterbuch, dessen Mikrostruktur ausschließlich aus dem Lemma besteht, ist notwendig ein Bildwörterbuch (Brockhaus). Im folgenden soll aber der Bebilderungsgrad typologisch nicht weiter berücksichtigt werden.

Untersucht man die Mikrostruktur der Kinderwörterbücher auf die klassischen Bauteile Definition, Syntagmatik, Paradigmatik, so ergibt sich insgesamt ein Überwiegen der Syntagmatik, in die aber oft Definition und Paradigmatik eingearbeitet sind. Während einige Wörterbücher vornehmlich Beispielkollokationen (Oxf. pict.) oder Beispielsätze liefern (Bertelsm., Macm. colour), erscheint in vielen Wörterbüchern als eines der auffallendsten Merkmale der Kinderwörterbücher überhaupt die lexikographische Erzählung oder Wörterbuchgeschichte (*E.* lexicographical story, *F.* récit, historiette), cf. Nath. 200 s. v. **jouer**:

C'est la récréation. Vite, Alberto et Nicolas se mettent à jouer aux billes. Valérie et Fatima préfèrent jouer à la balle.

Scarry bemüht sich um besondere Lebendigkeit, z. B. s. v. **Angst**:

Hilfe! Ulrich ist ins Wasser gefallen. Hab keine *Angst*, Ulrich! Papa hilft Dir, Du brauchst Dich nicht zu fürchten.

Viele Wörterbuchgeschichten sind durch ein festes Personal miteinander verbunden. Das Wörterbuch hat eine regelrechte Besetzung, die dem kindlichen Benutzer vertraut ist (Lar. enf.). (Rob. enf. geht noch einen Schritt weiter, indem der Besetzung eine Erzählung unterlegt wird, die in die Beispielsätze der einzelnen Artikel zerstückelt ist und durch eifrige Wörterbuchbenutzung rekonstruiert werden kann. Dafür fehlt aber jegliche überschaubare Wörterbuchgeschichte. Der Anspruch an den kindlichen Benutzer ist also sehr hoch.)

Die Erzählung verbindet oft verschiedene Sememe, die Polysemiestruktur wird erzählt, cf. Meyers s. v. **Scheibe**:

Als Silvia mit ihrer Mutter zum Glaser geht, hat der Pause. Er ißt eine Scheibe Brot. „Ich habe eine Scheibe zerbrochen", sagt Mutter. „Können Sie uns bitte möglichst bald eine neue einsetzen?" Sie meint damit natürlich keine Brotscheibe, sondern eine Glasscheibe. Diese dünnen Glasplatten im Fensterrahmen schützen vor Kälte und Regen. An der Mauer der Glaserei sehen sie eine Zielscheibe. Auf die runde Platte werfen die Kinder des Glasers gerade mit Pfeilen. — Manche nennen auch eine Schallplatte ‚Scheibe'.

Desgleichen wird die Wortfamilie erzählt. Besonderen Wert legen darauf Lar. enf. und Hach., cf. Lar. enf. s. v. **pâte**:

Pour faire du pain, des crêpes ou des gâteaux, on prépare une **pâte** en mélangeant de la farine et de l'eau et puis on la fait cuire. On fabrique aussi des **pâtes**: nouilles, macaronis, coquillettes... Le **pâtissier** sait faire des gâteaux et toutes sortes de **pâtisseries** avec de la **pâte** sucrée et de la crème. Il y a des **pâtes** qui ne se mangent pas: connais-tu la **pâte dentifrice**? et la **pâte à modeler**? Ce qui est **pâteux** n'est ni dur ni liquide, mais épais et mou. „Tom, viens manger ta soupe: ta **pâtée** est prête! Mais le **pâté**, ce n'est pas pour toi: nous le mangerons au déjeuner." Un **pâté** est fait avec de la viande; quelquefois, on le fait cuire enveloppé dans de la **pâte**. L'été, pour m'amuser sur la plage, je fais des **pâtés** de sable. Marc aussi sait faire des **pâtés**, mais ce sont des taches d'encre sur con cahier!

Entschließt sich ein Kinderwörterbuch, das Bauteil Definition beizubehalten, so muß es sich um kindgerechte Formulierung bemühen. Vorbild ist dabei die orale Erklärung, wie sie im Alltag zwischen Eltern und Kindern vorkommt. Das Wörterbuch ersetzt den Vater oder die Mutter und redet den jungen Benutzer an. Die klassische Form dieser Art von Definition bedient sich der Konjunktion *wenn*, um eine prototypische Situation zu schildern, aus der die Bedeutung abgelesen werden kann, cf. Wassink s. v. **enttäuscht**:

Wenn Du Dich sehr auf etwas freust, und es passiert dann nicht, bist Du enttäuscht.

Vgl. ohne Anrede Lar. mini s. v. **déception**:

Quand on espère quelque chose et que cela n'arrive pas, on a une déception, on est déçu.

Ohne das *wenn*-Schema, aber mit Anrede arbeitet Macm. ill. s. v. **disappointed**:

sorry because something you looked forward to does not happen

Das **wenn**-Schema mit Anrede ist unlängst in ein umfangreiches Wörterbuch für den fortgeschrittenen Fremdsprachenlerner übertragen worden, vgl. COBUILD s. v. **disappointed**:

If you are disappointed, you are rather sad because something has not happened or because something is not as good or as pleasant as you had hoped.

Bei der Gelegenheit konnte daran erinnert werden, daß schon die ersten Definitionen der Wörterbuchgeschichte im 16. Jahrhundert das ‚is when'- und ‚is where'-Schema benutzten (Stein 1985, 1986).

Als — freilich ernstzunehmendes — Kuriosum muß der Versuch von Krüss 1976 angesehen werden, die Definition in zwei gereimten Versen zu formulieren, cf. s. v. **Arsch**:

Ein Mensch in Wut, ist er beim Toben,
ruft oft: leck mich am... (siehe oben!)

Dazu wird ein Definitionsspiel vorgeschlagen. Leider enthält das Buch nur den Buchstaben A (über 1000, meist schwere Wörter). Die geplante Fortsetzung ist nicht erschienen.

Wegen ihrer hohen Technizität erscheinen im Kinderwörterbuch nur selten Lemmaangaben. Um so bemerkenswerter ist die API-Transkription in Nath. 1000 mitsamt einer phonetischen Anordnung der Wörter im Anhang. Dieses Verfahren steht im Dienste einer neuen Schreiblernmethode, die von der Phonie zur Graphie fortschreitet.

Fragen an den Benutzer und Wortsuchaufgaben machen Nath. 1000 zu einem Arbeitsbuch, z. B. s. v. **conte**:

Quels contes connais-tu? Cherche *légende, fée, sorcière*.

Zur Verbesserung der Übersicht, aber auch zur Abstufung der Schwierigkeiten kann eine Randspalte (*E.* extra column, *F.* colonne spéciale) gute Dienste tun, die kompliziertere Information aufnimmt. Dieses von Bordas benutzte Verfahren wurde auch von COBUILD übernommen. Rob. enf. geht sogar soweit, einer mittleren Hauptspalte links und rechts zwei Randspalten hinzuzufügen.

Besondere Beachtung verdient in manchen Kinderwörterbüchern der Metatext, der ebenso hohe Anforderungen an die Didaktisierung stellt wie der Wörterbuchtext selbst. Die spezifische Textsorte ist die Benutzeranleitung in Anredeform, unübertroffen realisiert in Thorndike 1945, 13—85 (!): „How to Use Your Dictionary", wo zahlreiche Benutzungssituationen antizipiert und durchgespielt werden. Bordas kleidet diesen Text in die Form eines „Interview de l'auteur par Sophie et Joël".

3. Das Kinderwörterbuch in der Wörterbuchforschung

Die Kinderwörterbücher haben bislang in der Wörterbuchforschung zu wenig Beachtung gefunden. Eine Ausnahme machen Partridge 1963, 102—105, Gosselin 1981, 69—98, Geeraerts/Janssens 1982, 130—133 und Landau 1984. Bibliographisch werden sie von Kister 1977, 181—189 (Pre-school dictionaries) und Claes 1980 berücksichtigt. Mit Recht hat R. Ilson (1986, 69f. und 1986a) auf das Innovationspotential der Kinderwörterbücher hingewiesen. Ähnlich wie die Reisewörterbücher haben die Kinderwörterbücher extremen Benutzungssituationen durch sehr wenig vorgebildete Benutzer gerecht zu werden und sind deshalb zu unkonventionellen Lösungen regelrecht verdammt. Wie J. Sinclair in COBUILD, XVI könnten die Autoren von sich sagen: „The compilers of this dictionary have considered each convention carefully, and rejected all but a few of them because of the trouble they cause".

4. Literatur (in Auswahl)

4.1. Wörterbücher

Bertelsm. = Horst Lemke: Mein buntes Bilder-Wörterbuch. München 1970 [o. P.].
Bordas = Marcel Didier: Mes 10 000 mots. Le dictionnaire pour l'école. Paris 1976 [792 S.].
Brockhaus = Mein erster Brockhaus. Ein buntes Bilder-ABC. 3. Aufl. Wiesbaden 1982 [o. P.].
COBUILD = Collins COBUILD English Language Dictionary. London 1987 [XXIV, 1703 S.].
Coll. children's = David Smith/Derek Newton: Collins Children's Dictionary. Glasgow 1978 [189 S.].
Coll. pict. = Andrew Wright: Picture Dictionary. London 1985 [76 S.; deutsche Ausg. München, 91 S.].
Comenius = Johann Amos Comenius: Orbis sensualium pictus. (...) Die sichtbare Welt. Das ist aller vornemster Welt Dinge und Lebens-Verrichtungen Vorbildung und Benamung. Nürnberg 1658 [235 S. Nachdruck Dortmund 1978; engl. ed. 1659, Nachdruck 1968].
Gailer 1835 = Jacob Eberhard Gailer: Neuer Orbis pictus für die Jugend oder Schauplatz der Natur, der Kunst und des Menschenlebens. 3. Aufl. Reutlingen 1835 [709 S.; Nachdruck Dortmund 1979, 1056 S.].
Guillot 1970 = René Guillot: Images et mots. Paris 1970 [59 S.].
Hach. = Germaine Finifter: Mon premier dictionnaire Hachette. „L'attrape-mots". Paris 1980 [238 S.].
Hatier = Gisèle Coté-Préfontaine/Robert Préfontaine/François Ters: Je doute. Je cherche. Je trouve. Premier dictionnaire pour les moins de 9 ans. Paris 1974 [283 S.].
Kinderduden = Kinderduden. Sprechen, Schreiben, Lesen. 3. Aufl. Mannheim 1981 [172 S.; 1. Aufl. 1959; Engl. Kinderduden, London 1964].
Krüss 1976 = James Krüss: Die Reise durch das A. Ein gereimtes Lexikon zum Lernen und Spielen. Hallein 1976 [199 S.].
Lar.coul. = M. Fonteneau/S. Theureau: Mon premier Larousse en couleurs. 4000 mots mis à la portée des enfants, dont 2280 définis et classés. Paris 1953 [171 S.].
Lar.enf. = Simone Lamblin: Le Larousse des enfants. Paris 1978 [320 S.].
Lar.im. = Marthe Fonteneau/Hélène Poirié: Mon Larousse en images. 2000 mots mis à la portée des enfants, dont 1065 définis et classés. Paris 1956 [97 S.].
Lar.mini = Claude Kannas: Mini débutants. Mon premier vrai dictionnaire. Paris 1985 [512 S.].
Macm.colour = Jeff Bevington: Macmillan Colour Dictionary. London 1980 [64 S.].
Macm.ill. = Jeff Bevington: Macmillan Illustrated Dictionary. London 1982 [142 S.].
Meyers = Achim Bröger: Meyers Großes Kinderlexikon. Ein Buch zum Nachschlagen, Anschauen, Lesen und Vorlesen. Mannheim 1981 [323 S.].
Meyers Kind. = Meyers Kinderlexikon. Mein erstes Lexikon. 3. Aufl. Mannheim 1979 [259 S.].
Nath. 200 = Frank Marchand/Michèle Barnoud-

Maisdon: Premier dictionnaire Nathan. 200 mots illustrés en couleurs. Paris 1977 [95 S.].

Nath.1000 = Frank Marchand/Michèle Barnoud-Maisdon: Dictionnaire actif Nathan. 1000 mots illustrés en couleurs. Paris 1976 [287 S.].

Oxf. children's = John Weston/Alan Spooner: The Oxford Children's Dictionary. London 1976 [320 S.].

Oxf. children's pict. = L. A. Hill/Charles Innes: Oxford Children's Picture Dictionary. Oxford 1981 [56 S.].

Oxf. engl. pict. = E. C. Parnwell: Oxford English Picture Dictionary. Oxford 1977 [88 S.; auch engl.-dtsche Ausg.; auch Oxf. pict. dict. of American Engl. 1978].

Oxf. jun. = Rosemary Sansome: The Oxford Junior Dictionary. London 1978 [144 S.].

Oxf. pict. = Anne Nelson/Sue Hale: The Oxford Picture Word Book. Oxford 1979 [64 S.].

Rob. Enf. = Josette Rey-Debove: Le Petit Robert des enfants. Paris 1988 [1187 S.].

Scarry = Richard Scarry: Mein allerschönstes Lexikon. München 1983 [77 S.; zuerst englisch u. d. T. Richard Scarry's Picture Dictionary, 1968].

Sesame = Jill Wagner Schimpff: Open Sesame Picture Dictionary. Featuring Jim Henson's Sesame Street Muppets Children's Television Workshop. New York 1982 [83 S.].

Südwest = Herbert Pothorn: Das bunte Lexikon für Kinder. München 1974 [195 S.].

Thorndike = E. L. Thorndike: Thorndike Century Beginning Dictionary. Chicago 1945 [645 S.; jetzt: Scott, Foresman Beginning Dictionary, 49, 709 S.].

Vocabulaire 1839 = Vocabulaire des enfants. Dictionnaire pittoresque. Illustré par un grand nombre de petits dessins. Paris 1839 [580 S.].

Wassink = Ton Wassink: Erstes Wörterbuch für Kinder. Hamburg 1983 [48 S.; holländ. Orig. 1982].

Werwiewas = Werwiewas. Das Lexikon für Kinder. München 1980 [288 S.].

4.2. Sonstige Literatur

Claes 1980 = Frans M. Claes: A Bibliography of Netherlandic Dictionaries. Amsterdam 1980.

Geeraerts/Janssens 1982 = D. Geeraerts/G. Janssens: Wegwijs in woordenboeken. Assen 1982.

Gosselin 1981 = Michèle Gosselin/Claude Simard: Introduction pratique aux dictionnaires. Montréal 1981.

Hausmann 1987 = Franz Josef Hausmann: Le dictionnaire, catalogue d'emplois. Etude de lexicographie comparée. In: Cahiers de lexicologie 50. 1987, 107—114.

Ilson 1986 = Robert Ilson: British and American Lexicography. In: Lexicography. An emerging international profession. Ed. R. Ilson. Manchester 1986, 51—71.

Ilson 1986a = Robert Ilson: General English Dictionaries for Foreign Language Learners: Explanatory Techniques in Dictionaries. In: Lexicographica 2. 1986, 214—222.

Kister 1977 = Kenneth F. Kister: Dictionary Buying Guide. New York 1977.

Kühn 1987 = Peter Kühn: Mit dem Wörterbuch arbeiten. Eine Einführung in die Didaktik und Methodik der Wörterbuchbenutzung. Bonn-Bad Godesberg 1987.

Landau 1984 = Sidney I. Landau: Dictionaries. New York 1984.

McArthur 1986 = Tom MacArthur: Worlds of Reference. Cambridge 1986.

Partridge 1963 = Eric Partridge: The Gentle Art of Lexicography. London 1963.

Stein 1985 = Gabriele Stein: Forms of Definition in Thomas Elyot's Dictionary. In: Kontinuität und Wandel. Aspekte einer praxisoffenen Anglistik. Siegen 1985, 195—205.

Stein 1986 = Gabriele Stein: Definitions and First Person Pronoun Involvement in Thomas Elyot's Dictionary. In: D. Kastovsky/Aleksander Szwedek (ed.), Linguistics across historical and geographical bounderies. Berlin 1986, 1465—1474.

Thorndike 1928 = E. L. Thorndike: The Psychology of the School Dictionary. In: Bulletin of the School of Education. Indiana University 4, 6. 1928, 24—31.

Franz Josef Hausmann, Erlangen
(Bundesrepublik Deutschland)

150. Les dictionnaires scolaires: enseignement de la langue maternelle

1. Une situation nouvelle
2. Un dictionnaire d'inspiration structuraliste à vocation pédagogique
3. L'apprentissage de la langue maternelle et le nouveau modèle de dictionnaire: le D. F. C.
4. Le Micro-Robert
5. Le Robert Méthodique
6. Le Dictionnaire du français vivant
7. Un modèle pour les plus jeunes
8. Des dictionnaires d'initiation
9. Un répertoire analytique
10. Bibliographie choisie

1. Une situation nouvelle

Jusqu'à une date assez récente, on aurait difficilement pu citer un dictionnaire de la langue française spécialement conçu pour un public scolaire. Il est significatif que les Instructions Officielles de 1938 — qui en principe faisaient autorité jusque vers les années 60 — après avoir rappelé que «les élèves doivent être habitués à consulter fréquemment le dictionnaire qu'ils ont entre les mains» donnent comme exemple d'utilisation de ce dictionnaire l'explication d'un vers de Racine au moyen du Littré pour rendre compte du sens ancien des mots *conseil* et *événement*!... Aujourd'hui, le marché du dictionnaire scolaire de langue est un marché important où s'exerce, à divers niveaux, une active concurrence. Ce changement de situation résulte de la convergence entre une incitation d'ordre économique (une clientèle à gagner) et l'incidence sur la lexicographie et sur le projet pédagogique de l'orientation nouvelle de la linguistique (cf. art. 22).

2. Un dictionnaire d'inspiration structuraliste à vocation pédagogique

En 1966 paraît chez Larousse le *Dictionnaire du français contemporain* (= D. F. C.). Jean Dubois, qui en a conçu le projet (cf. Dubois 1962 et 1964), participe activement à la diffusion en France de la liguistique structurale. Le D. F. C. est d'un type nouveau spécialement en ce qu'il représente une expérience d'application à la lexicographie de quelques grands principes de la nouvelle linguistique. Par exemple: a) Étudier scientifiquement une langue, c'est essayer de la décrire sans parti-pris normatif, comme un code susceptible de variantes selon la situation de communication; b) Il n'y a de code cohérent que par rapport à un état de langue: la description sera donc synchronique. Cela signifie que l'histoire du mot ne peut être prise comme principe d'organisation de la microstructure d'un dictionnaire de la langue actuelle; c) En vertu du principe selon lequel «à chaque différence de sens correspond nécessairement une différence de forme» (Martinet 1960, 42), la description sémantique procédera le plus possible d'une analyse distributionnelle; d) L'épreuve éminemment structuraliste de substitution, appliquée aux synonymes et contraires, aboutit à mieux cerner les zones, parfois très limitées, d'équivalence ou d'opposition dans le contenu sémantique d'un mot, au niveau des phrases; e) Puisque le lexique d'une langue n'est pas un «sac de mots», décrire le lexique, c'est s'efforcer de mettre en évidence les relations de forme et de sens entre les éléments d'un système structuré. — Il était naturel qu'une orientation pédagogique fût assignée à un dictionnaire élaboré selon ces principes, qui favorisent une prise de conscience et une mise en pratique systématique des règles de fonctionnement du lexique. Cette orientation est explicitement indiquée dans la préface du D. F. C. (p. V).

3. L'apprentissage de la langue maternelle et le nouveau modèle de dictionnaire: le D. F. C.

Quand les Instructions ont préconisé la pratique d'un dictionnaire, c'était essentiellement en tant qu'instrument d'interprétation des énoncés (décodage), permettant de résoudre des difficultés ponctuelles de compréhension. Mais les programmes scolaires ont toujours prévu aussi des exercices visant à améliorer la connaissance du *système lexical* proprement dit. L'arrêté du 17 mars 1977 insiste sur la nécessité d'acquisitions systématiques en vue de «développer [...] à la fois la connaissance passive du vocabulaire (pouvoir de comprendre les mots) et sa connaissance active (pouvoir d'utiliser les mots)» — on notera l'orientation de la pédagogie vers la production d'énoncés (encodage). «Le professeur, continue cet arrêté, organise des études de champs sémantiques (inventaires des différents sens et emplois d'un mot) et de champs lexicaux (inventaires des différents mots se rapportant à un même thème)...» Or c'est le nouveau type de dictionnaire de langue qui est spécialement propre à faciliter ces acquisitions et ces études. — Parmi le nombre considérable des dictionnaires proposés à une clientèle spécifiquement scolaire, on devra se limiter ici à l'examen de quelques ouvrages d'une originalité marquée dans la fonction d'apprentissage, en détaillant d'abord le D. F. C. qui fait plus ou moins figure d'archétype. (Pour une liste plus exhaustive, cf. 9. Pour les dictionnaires d'autres langues cf. les art. 148, 149 et 151).

3.1. Les champs sémantiques

Dans la mesure où l'accent est mis prioritairement sur l'usage actuel (production d'énoncés), les informations relatives à l'histoire du mot ne peuvent que perturber un tableau du champ sémantique exploitable.

3.1.1. L'étymologie

L'étymologie, à laquelle certains attribuaient jadis une vertu didactique (préserver le «vrai» sens contre les «déviations») est souvent soit déconcertante (*tuer* rattaché à *tutari*, protéger), soit manifestement dépassée comme barrière sémantique: on peut *descendre* par *l'ascenseur,* et il y a du pédantisme à refuser d'admettre qu'un calcul puisse *s'avérer faux.* Le D. F. C. fait donc l'économie de l'étymologie. — De même, des acceptions anciennes de nombreux mots comme *injure* («injustice»), *charme* («sortilège»), *conseil* («résolution»), *événement* («résultat») sont exclues de l'inventaire des sens, évitant toute tentation d'emploi aujourd'hui impropre.

3.1.2. Les niveaux de langue

L'école a sans doute pour mission d'enseigner à bien s'exprimer. Mais les enseignants se rendent compte de plus en plus que l'emploi de mots tels que *se gausser* ou *être marri,* ou *voguer* serait aussi déplacé dans un contexte familier que celui de *rigoler, se marrer, c'est chouette* dans un contexte soutenu. L'important, c'est de former le discernement. Une bonne description du champ sémantique requiert des notations aussi fines que possible sur les *niveaux de langue* ou la «valeur» des mots ou expressions: littéraire, soutenu, familier, populaire, ironique, péjoratif, etc. Dans le D. F. C., ces notations ont fait l'objet d'une attention particulière, par opposition à la «langue commune» prise comme niveau de référence normal.

3.1.3. Les exemples

Pour développer une exacte perception des conditions d'emploi des mots, il faut multiplier les types de collocations. C'est le rôle des *exemples,* particulièrement utiles dans le cas de production d'énoncés pour apprécier, par comparaison avec des phrases modèles, la légitimité de certaines associations ou constructions. Ils sont nombreux dans le D. F. C., qui se présente comme un «dictionnaire de phrases» (Avant-propos, V). Ils signalent à l'attention de l'utilisateur des emplois plus ou moins stéréotypés que bien souvent les dictionnaires ne vont pas jusqu'à enregistrer comme des locutions figées. Ainsi au mot *exemple* se trouvent présentées dans des phrases les expressions *être l'exemple de, prendre exemple sur, donner l'exemple, prêcher d'exemple, à l'exemple de, être un bel exemple de, servir d'exemple, pour l'exemple, faire un exemple, offrir des exemples de, sans exemple, citer des exemples de, par exemple* (dans plusieurs acceptions). Enfin, pour proposer un modèle d'expression aussi homogène que possible, il a été décidé de n'introduire dans le D. F. C. aucun exemple signé emprunté à la littérature.

3.1.4. Les critères formels

La perception de la diversité d'un champ sémantique sera d'autant plus claire que la description se fondera sur des *critères formels* exprimés. Chaque fois que possible, les diverses acceptions d'un mot sont présentées, dans le D. F. C., à la suite d'une «formule distributionnelle» indiquant, par exemple, la construction du complément (prépositions *à, de, sur, en;* conjonction *que* + indic. ou subj., etc.), la classe du sujet ou du complément (*quelqu'un/quelque chose/une maladie/un véhicule/un nom abstrait,* etc.), la place habituelle de l'adjectif épithète dans cette acception (avant ou après le nom), etc.

Soit le cas très simple du verbe *qualifier.* La présentation du N. D. F. C. et du *Dictionnaire du français au collège* (= DFCol) donne: «1. *Qualifier qqn, qqch (de qqch),* les caractériser en leur donnant une qualité, un titre [+ 5 exemples diversifiés]. — 2. *Qualifier qqn (pour qqch, pour* [+ inf.], lui donner la qualité, la compétence pour (souvent pass.) [+ 3 exemples]. — 3. *Qualifier un sportif, une équipe,* leur donner une qualification [+ 1 exemple]».

C'est tout le fonctionnement syntaxique du lexique qui est ainsi mis en évidence; ces repères jouent un double rôle: ils guident l'expression et ils facilitent la recherche dans les articles très longs comme *faire, prendre, rendre, tenir,* etc. — Quant aux «mots grammaticaux» proprement dits, leur analyse est souvent présentée sous forme de tableaux: c'est le cas pour *tout, on, qui, chacun/chaque, avec/sans, aussi/si, autant/tant, pronoms personnels,* etc. (environ 70 tableaux en tout).

3.2. Les champs lexicaux

La maîtrise du vocabulaire suppose la connaissance des relations de forme et de sens entre les mots.

3.2.1. Synonymes et contraires

La mention des *synonymes* et des *contraires* a en particulier pour rôle de rappeler à l'esprit des mots susceptibles de varier l'expression ou plus appropriés à l'idée à exprimer: c'est une incitation constante, pour de jeunes enfants, à mobiliser un vocabulaire passif déjà

1. obligation → OBLIGER 1 et 2.
2. obligation n. f. Titre négociable, nominatif ou au porteur, remis par une société ou une collectivité publique à ceux qui lui prêtent des capitaux, et constituant une part d'un emprunt. ◆ **obligataire** n. Propriétaire d'obligations. ◆ adj. *Un emprunt obligataire* (= constitué par des obligations).
1. obliger v. t. (c. 2). **1.** (sujet qqch) *Obliger qqn,* le lier par une loi, une convention : *Le contrat oblige les deux parties signataires* (syn. ENGAGER). — **2.** (sujet qqch, qqn) *Obliger qqn à* (+ *inf.*), le forcer à une action : *La nécessité l'a obligé à accepter ce travail* (syn. CONTRAINDRE À). *Rien ne l'obligeait à intervenir dans le débat ;* (sujet qqn) *être obligé de* (+ *inf.*) : *Il a été obligé de réparer les dégâts* (syn. CONDAMNER, ASTREINDRE À). *Je suis obligé de partir* (= il faut que je parte). ◆ **obligation** n. f. **1.** Engagement qu'imposent la loi, la morale, qui est imposé par les usages, les convenances : *Les déjeuners d'affaire font partie de ses obligations professionnelles* (syn. TÂCHE). *Remplir ses obligations militaires* (= répondre à l'appel, faire son service militaire). *Avoir des obligations mondaines* (= visites ou invitations à faire ou à rendre). *Cette réunion n'est pas très importante, ne vous faites pas une obligation d'y assister* (syn. DEVOIR). — **2.** Lien juridique par lequel qqn est tenu de faire ou de ne pas faire qqch : *Obligation alimentaire* (= devoir, pour qqn, de fournir les ressources nécessaires à la vie de ses proches parents et alliés). *Il lui faut d'abord s'acquitter de ses obligations* (= dettes, contrats). — **3.** Nécessité, caractère inévitable ou contraignant d'une situation : *Être dans l'obligation de démissionner. Je vous propose ce travail, mais c'est sans obligation pour vous* (syn. CONTRAINTE). *J'ai reçu ce poste de télévision à l'essai, sans obligation de l'acheter* (syn. ENGAGEMENT). ◆ **obligatoire** adj. Imposé par la loi ou par des circonstances particulières : *L'assistance aux travaux pratiques est obligatoire* (syn. INDISPENSABLE ; contr. FACULTATIF). *Tenue de soirée obligatoire* (syn. EXIGÉ, DE RIGUEUR). ◆ **obligatoirement** adv. *En suivant cette rue, on arrive obligatoirement sur la place* (syn. NÉCESSAIREMENT, FATALEMENT, INÉVITABLEMENT).

2. obliger v. t. (c. 2) *Obliger qqn,* lui rendre un service par pure complaisance (soutenu) : *Vous m'obligeriez beaucoup en ne répétant pas ce que je vous ai dit* (= vous me feriez un très grand plaisir en...). *Je vous serais fort obligé de bien vouloir m'accorder un entretien* (syn. RECONNAISSANT). ◆ **obligeant, e** adj. **1.** Qui est prêt à rendre service : *Cette employée est particulièrement obligeante* (syn. AIMABLE, SERVIABLE ; contr. DÉSOBLIGEANT). — **2.** *Paroles obligeantes,* paroles flatteuses. ◆ **obligeamment** adv. *Il a très obligeamment proposé de nous reconduire* (syn. GENTIMENT, AIMABLEMENT). ◆ **obligeance** n. f. *Auriez-vous l'obligeance de me prêter vos documents ?* (syn. COMPLAISANCE). ◆ **obligation** n. f. Sentiment ou devoir de reconnaissance de qqn envers un bienfaiteur (soutenu, et le plus souvent au sing.) : *Avoir beaucoup d'obligation à quelqu'un pour des services rendus. S'acquitter d'anciennes obligations* (= dettes de reconnaissance). ◆ **désobliger** v. t. *Désobliger qqn,* lui causer de la contrariété, du déplaisir : *J'évitai toute allusion qui aurait pu le désobliger* (syn. BLESSER, FROISSER). *Je ne voudrais pas vous désobliger en contestant vos affirmations* (syn. CONTRARIER, DÉPLAIRE). ◆ **désobligeant, e** adj. *Il entendit en passant quelques réflexions désobligeantes* (syn. BLESSANT). *Ces soupçons sont désobligeants à son égard* (syn. ↑INJURIEUX). ◆ **désobligeance** n. f.

oblique adj. **1.** Se dit d'une droite, d'un chemin ou d'un tracé qui n'est pas dans le prolongement d'une ligne, ou qui n'est pas perpendiculaire à une droite ou à un plan : *Tracer une ligne oblique par rapport à une droite. Le chemin suit un tracé oblique par rapport à la rivière* (= qui fait un angle aigu avec). — **2.** *En oblique,* de biais, en diagonale. ◆ **obliquement** adv. *Regarder quelqu'un obliquement* (syn. DE CÔTÉ, DE BIAIS). ◆ **obliquer** v. i. Prendre une direction de côté : *Arrivés sur la place, vous obliquerez à droite pour rattraper l'autoroute* (syn. TOURNER). ◆ **obliquité** [əblikɥite] n. f. Inclinaison d'une ligne ou d'une surface par rapport à une autre : *Le degré d'obliquité des rayons solaires permet d'apprécier l'heure*.

oblitérer v. t. (c. 10). **1.** *Oblitérer un timbre,* le marquer d'un cachet spécial : *Ce timbre a beaucoup*

Extrait textuel 150.1 : Articles de dictionnaire (N. D. F. C., 800—801).

considérable. Les synonymes et contraires doivent donc être nombreux dans un dictionnaire d'apprentissage : ainsi pour le mot *beau,* le D. F. C. en propose 24. Plutôt que de donner de simples listes de mots classés par ordre alphabétique, en laissant à l'usager le soin de juger de leur convenance aux divers emplois du mot, la recherche d'efficacité pédagogique invite à répartir ces synonymes et contraires dans le corps de l'article, aux endroits où l'équivalence ou l'opposition sont le plus recevables : on a alors des substituts pour ainsi dire prêts à l'emploi ; en outre ils constituent des compléments de définition des différentes acceptions, et enfin ils se remarquent mieux répartis que groupés (pourquoi l'idéal des publicitaires est-il de distribuer leurs messages au fil des émissions audiovisuelles ?). — Pour améliorer encore l'information sur les équivalences, le D. F. C. signale parfois des différences de valeur par les signes ↑ (plus fort) ou ↓ (moins fort) Exemple au mot *chaud : Viens boire ton café pendant qu'il est chaud* (syn. ↑ brûlant, ↓ tiède) [...]. *Un chaud soleil d'été nous faisait transpirer* (syn. ↑ torride, ↓ doux).

3.2.2. Les familles de mots

L'étude des *familles de mots* était depuis longtemps pratiquée en pédagogie, non sans quelque profit. Toutefois, regrouper dans une même «famille» *chef, chevet, cheptel, achever, décapiter, capitaine, capital,* etc. (lat. *caput*) n'apporte pas grand chose à l'apprentissage de l'expression. Le véritable intérêt consiste dans la saisie de relations à la fois morphologiques et sémantiques résultant de la dérivation ou de la composition. Il est utile que l'enfant qui peut avoir une hésitation ou, pire, qui risquerait spontanément un dérivé fautif, se voie présenter, regroupés à la suite de mots tels que *prédire, réprimer, se retirer, extraire, bref, mou, muet,* les dérivés *prédiction, répression, retrait, extraction* et *extrait, brièveté, amollir, mutisme*. — Le regroupement de ces dérivés à la suite des mots de base impose de mettre éventuellement des renvois à leur place alphabétique normale. Ces renvois ont l'inconvénient, dans la fonction de décodage, de prolonger parfois un peu le temps de recherche des mots. La compensation pédagogique attendue, c'est de familiariser les élèves avec les systèmes de dérivation et de composition. F. J. Hausmann 1974, 113 à propos de l'apprentissage du français langue étrangère, écrit: «Ökonomischeres Lernen des Wortschatzes geht nur über die Bewußtmachung lexikologischer Strukturen» (une acquisition plus économique du vocabulaire passe par la prise de conscience de structures lexicologiques). La remarque vaut pour l'apprentissage de la langue maternelle, même si c'est à un moindre degré en raison de la part de compétence lexicale naturellement acquise. — Avec cette méthode, l'économie peut aussi se manifester dans la présentation du système: à quoi bon multiplier les définisseurs tels que «action de», ou «qualité de ce qui», ou «d'une manière», etc. quand la relation de sens du dérivé au mot de base résulte sans ambiguïté de l'application d'une règle simple de dérivation *(exhorter→ exhortation, modeste → modestie, modestement)*? Il suffit alors de mentionner le mot dérivé et de l'illustrer (non nécessairement d'ailleurs) par un exemple. — Cependant il est essentiel de sensibiliser l'enfant tout autant aux aléas du système qu'à ses régularités, de façon à créer un réflexe de prudence quant à l'existence ou à la forme exacte du dérivé, et à sa relation sémantique avec le mot de base.

Par exemple, quel dérivé nominal correspond à *bredouiller?* Le D. F. C. donne les deux variantes *bredouillage* et *bredouillement*. Et pour *nettoyer?* On trouve *nettoyage* et *nettoiement,* mais présentés séparément, avec un trait distinctif pour le second (les rues, les ports, etc.). Et pour *emballer?* Cette fois, la séparation est plus nette: on trouve *emballage* et *emballement*, mais sous deux entrées différentes: 1. *Emballer un objet* — 2. *Emballer un moteur; emballer qqn*. Il est clair en effet que *emballage* et *emballement* correspondent respectivement à deux mots *emballer* homonymes, qui ont été ici «dégroupés». La divergence des séries dérivationnelles fait mieux prendre conscience de nombreuses situations d'homonymie plus ou moins complète cachées par la traditionnelle présentation du lexique fondée sur une conception polysémique des mots. La pratique de l'éclatement d'un mot en plusieurs entrées, appliquée fréquemment dans le D. F. C., permet d'apporter plus de clarté dans les réseaux de dérivation en maintenant, du moins en principe, un lien sémantique entre les mots regroupés.

Est-il besoin de dire que ce schéma de présentation, simple dans certains cas, se heurte souvent à des difficultés en raison de l'extrême complexité du système lexical et de l'enchevêtrement, parfois, des différents réseaux? Où tracer, par exemple, des lignes de séparation dans des ensembles où l'on peut toujours trouver des contiguïtés sémantiques? C'est dire que les solutions n'échappent pas à un certain empirisme et que des réalisations différentes seraient souvent concevables (cf. François 1980). En outre, l'attention des rédacteurs devant un programme très vaste de structuration non encore tenté jusque-là a pu se trouver en défaut: F. J. Hausmann 1974 (123—128) signale certaines inconséquences dans les regroupements du D. F. C.

3.2.3. La nomenclature

Un dictionnaire d'apprentissage est naturellement sélectif; la réduction de la nomenclature au vocabulaire le plus usuel permet une microstructure plus riche. Le D. F. C., dans sa première version, annonçait environ 25 000 mots. En 1980 a paru le *Nouveau D. F. C.* (= N. D. F. C.), édition revue (système de regroupements/dégroupements parfois amélioré), augmentée (33 000 mots) et illustrée. Ces modifications visaient à développer sa fonction de décodage, selon le vœu de nombreux enseignants peu portés à exploiter les ressources spécifiques qu'il offre pour l'entraînement à la production d'énoncés. Pour aller encore plus loin dans ce sens, une édition totalement alphabétique est réalisée en 1986 sous le titre de *Dictionnaire du français au collège* (35 000 mots), qui conserve les particularités de la microstructure et rétablit toutes les définitions de dérivés. Quelques renvois en fin d'articles suppléent dans une faible mesure à l'absence de regroupements *(enfreindre→ infraction,* etc.).

3.2.4. L'exploitation pédagogique

Le D. F. C. s'est doté d'un *livret méthodologique* d'accompagnement de 48 pages destiné à expliquer aux enseignants la conception de ce dictionnaire et à leur proposer à titre d'exemple un éventail d'exercices en les incitant à imaginer une pédagogie active du français. La présentation méthodique du vocabulaire dans le D. F. C. permet en effet d'utiliser cet ouvrage comme une sorte de banque de données. C'est à cet emploi particulier que correspond le sous-titre *Manuel et travaux pratiques* d'une édition spéciale à la fin de laquelle est intégré le livret.

4. Le Micro-Robert

Les éditions Le Robert font paraître en 1971 le *Micro-Robert* (= M. R.), dont la destination est la même que celle du D. F. C. Ce dictionnaire, issu du *Petit Robert* (= P. R.), en a modifié la formule en fonction du public visé: nomenclature réduite à 30 000 mots, principalement de la langue courante actuelle, niveaux de langue bien notés, comme dans le P. R., description synchronique du vocabulaire, ce qui implique, par rapport au P. R. tantôt des suppressions de sens anciens, tantôt un remaniement du plan des articles.

Ainsi, au mot *concours,* la 1° définition du P. R. «rencontre de nombreuses personnes en un même lieu» disparaît du M. R.; elle sera représentée, à la 3° place, par la construction locutionnelle affectée de la mention Littér. *«Un concours de peuple, de curieux,* une foule»; et le sens présenté en n° 4 du P. R. passe en tête du M. R.: «Épreuve dans laquelle plusieurs candidats entrent en compétition [...]».

Les exemples ne sont jamais signés; ils sont nombreux, souvent réduits par économie à un syntagme, et illustrent bien les principaux emplois du mot. De nombreuses indications syntaxiques sont fournies; l'équivalent de la «formule distributionnelle» apparaît souvent sous forme d'une parenthèse dans la définition, comme dans le P. R., ainsi pour *justifier:*

1° Innocenter (qqn) en expliquant sa conduite [...]. 2° Rendre (qqch) légitime [...]. 3° Faire admettre ou s'efforcer de faire reconnaître (qqch) comme juste, légitime. 4° Montrer (qqch) comme vrai, juste, réel, etc.

Le système des renvois analogiques — en fait surtout des synonymes et des contraires — répartis dans le cours de l'article, selon la méthode du P. R., permet une bonne exploration du champ lexical.

L'innovation la plus visible peut-être du M. R. par rapport au P. R. — mise à part l'adoption de la couleur rouge pour les entrées — est l'apparition, à l'exemple du D. F. C., de regroupements de mots de même racine et de dégroupements d'homonymes. Toutefois le procédé est ici beaucoup plus discrètement mis en oeuvre, les dérivés n'étant en principe regroupés que quand ils sont contigus dans l'ordre alphabétique, de façon à éviter les renvois, et quand ils ne sont pas trop longs. C'est une attitude de prudence dictée par le souci de bien s'affirmer comme dictionnaire de consultation, dont témoigne par ailleurs l'enregistrement de mots renvoyant à un passé culturel comme *grisette, mahométan, pourpoint, canon* (ornement vestimentaire), *préciosité* (au sens historique), *divertissement* (au sens pascalien). Cette pratique des regroupements qui rattache *ondoiement* à *ondoyer,* mais non *aboiement* à *aboyer* (en raison des intermédiaires *abois, abonder,* etc.) est parfois déconcertante. Les dégroupements, sensiblement moins nombreux que dans le D. F. C., mettent moins en relief les séries dérivationnelles. En fait, la nouvelle disposition de la macrostructure obéit plus à des considé-

---

OBLIGATION [ɔbligasjɔ̃]. *n. f.* ★ **I.**
● 1° Ce qui contraint une personne à donner, à faire ou à ne pas faire qqch. *Contracter une obligation juridique.* ● 2° Lien moral qui assujettit l'individu à une loi religieuse, morale ou sociale. V. **Devoir.** *Se soustraire à ses obligations de citoyen.* ● 3° *Obligation de* (et inf.). V. **Nécessité.** *Il est dans l'obligation d'emprunter de l'argent.* ★ **II.** *(Surtout au plur.).* Lien moral envers qqn pour qui on a de la reconnaissance. *J'ai bien des obligations envers lui,* je suis son obligé (V. **Obliger 2).**
OBLIGATOIRE [ɔbligatwaʀ]. *adj.* ●
1° Qui a la force d'obliger, qui a un caractère d'obligation (1°, 2°). *Instruction gratuite et obligatoire.* ● 2° *Fam.* Inévitable, nécessaire. V. **Forcé, obligé.** *Il a raté son examen, c'était obligatoire !* ▼ **OBLIGATOIREMENT.** *adv.* D'une manière obligatoire. – *Fam.* Forcément.
1. OBLIGER [ɔbliʒe]. *v. tr.* (3) ● 1° Contraindre ou lier (qqn) par une obligation d'ordre juridique ou moral. *La loi, l'honneur nous oblige à faire cela.* – Pronom. *S'obliger à, se lier par une obligation,* promettre. *Je m'oblige à vous rembourser.* ● 2° Mettre (qqn) dans la nécessité (de faire qqch.). V. **Astreindre, contraindre, forcer.** *Rien ne vous oblige à venir.* ▼ **OBLIGÉ, ÉE.** adj. *(Choses).* Qui résulte d'une obligation ou d'une nécessité. V. **Indispensable, obligatoire.**

2. OBLIGER. *v. tr.* (3) ● Rendre service, faire plaisir à (qqn) de sorte qu'il ait de la reconnaissance, des ⁻obligations (II). V. **Aider.** *Vous m'obligeriez en faisant ceci, si vous faisiez ceci.* – Au p. p. *Je vous suis très obligé.* – Subst. *Je suis, je reste votre obligé.* ▼ **OBLIGEANT, OBLIGEANTE** [ɔbliʒɑ̃, ɑ̃t]. *adj.* Qui aime à obliger, à faire plaisir en rendant service. V. **Complaisant, serviable.** *C'est un garçon très obligeant.* ▼ **OBLIGEAMMENT** [ɔbliʒamɑ̃]. *adv. Il nous a aidés très obligeamment.* ▼ **OBLIGEANCE.** *n. f.* Disposition à rendre service, à se montrer obligeant. *Nous vous remercions de votre obligeance.*
OBLIQUE [ɔblik]. *adj.* ● 1° Qui n'est pas perpendiculaire (à une ligne, à un plan réels ou imaginaires), et, notamment, Qui n'est ni vertical ni horizontal. *Ligne oblique. Position oblique d'un store, d'un dossier de chaise longue.* V. **Incliné.** *Rayons obliques du soleil couchant.* ● 2° *Loc. adv.* EN OBLIQUE : dans une direction oblique, en diagonale. ▼ **OBLIQUEMENT.** *adv.* Dans une direction ou une position oblique. V. **Biais (de), côté (de).** ▼ **OBLIQUER.** *v. intr.* (1). Aller, marcher en ligne oblique. V. **Dévier.** *La voiture a obliqué vers la gauche.* ▼ **OBLIQUITÉ.** *n. f.* Caractère ou position de ce qui est oblique. V. **Inclinaison.** *Obliquité des rayons du soleil.*

Extrait textuel 150.2: Articles de dictionnaire (M. R., 720).

rations pratiques, par exemple le désir de gagner de la place (cf. A. Rey, Présentation X) qu'à l'intention de faire apparaître les structures lexicales. Et s'il est vrai qu'un certain nombre de dérivés semi-transparents ou opaques sont mentionnés en gras parmi les synonymes *(élire* v. *élection; île* v. *insulaire),* il est regrettable pédagogiquement que beaucoup d'autres ne soient pas signalés: aucune indication ne guide l'enfant vers les dérivés de *détruire, accéder, convaincre, éteindre, enfreindre, bref, aigu, pied, sel,* etc.

5. Le Robert Méthodique

Beaucoup plus élaboré est le *Robert Méthodique* (= R. M.) paru en 1982. L'ouvrage, qui enregistre quelque 36 000 mots et éléments, est destiné à tous ceux qui apprennent la langue française, et plus particulièrement aux élèves du secondaire — en fait, surtout aux plus âgés d'entre eux, en raison de sa grande richesse d'informations présentées selon un système passablement codé. Outre les principes adoptés dans le M. R. — entre autres, respect presque absolu de l'ordre alphabétique — mais appliqués souvent plus judicieusement, ce dictionnaire présente l'originalité d'intégrer dans sa nomenclature 1730 «éléments» (morphèmes lexicaux ou grammaticaux) susceptibles de familiariser l'usager avec les structures du lexique: *céler-*signifie «rapide»; *man-* (3) qui signifie «aimer; être obsédé», a deux homonymes: 1. «rester»; 2. «main»; il a pour synonymes *am-* et *phil(o)-* et pour contraires *mis(o)-* et *phob-*.

Ces éléments, souvent mentionnés dans le corps des articles, développent le sens linguistique en rappelant sans cesse les procédures morphologiques. Par exemple, *détruire* commence ainsi: «détruire v. tr. (38) dé- 1, (s)tru(ct)-»; et à *(s)tru(ct)-* on trouve une longue liste de mots de même racine, dont *destructeur, destruction, indestructible.* D'un point de vue strictement pédagogique cependant, il est probable que cette indication abstraite est moins favorable, pour de jeunes enfants, à la mise en œuvre des dérivés que si les mots *destructeur, destruction, indestructible* étaient traités, ou du moins mentionnés immédiatement après l'article *détruire.* Il est juste de dire que des dérivés plus ou moins opaques apparaissent assez souvent soit dans les définitions, soit parmi les synonymes, contraires et analogues, mais leur découverte peut demander une certaine maturité d'esprit. On peut noter que le zèle d'analyse semble parfois poussé bien loin: à quoi bon par exemple noter *ili-* «élément qui signifie partie latérale du ventre» quand les seuls mots concernés sont *ilion* ou *ilium* et *iliaque?* Et en quoi *-ig-* «élément qui signifie ‹mener›» aide-t-il à comprendre *exiger, transiger* et leurs dérivés? — Un livret pédagogique de 48 pa-

GRAT(UL)- Élément qui signifie «reconnaissant» et qui prend aussi la forme -GRAT dans *ingrat.* ▽ V. CONGRATULER, CONGRATULATION, GRATIFIER, GRATIFIANT, GRATIFICATION, GRATITUDE, INGRAT, INGRATITUDE.

GRAV- Élément qui signifie «caillou». ▼ GRAVATS [gʀava] *n. m. pl.* ● Débris de pierre, de plâtre, etc. provenant d'une démolition. V. **Décombres, plâtras.** *Tas de gravats.* ▽ V. aussi GRAVELLE, GRAVIER, GRAVILLON.

1. GRAVE [gʀav] *adj.* ● 1° Qui se comporte, agit avec réserve et dignité ; qui donne de l'importance aux choses. V. **Austère, digne, posé, sérieux.** ‖ Contr. **Léger ; frivole.** ‖ *Un grave magistrat. Air grave.* ● 2° Qui a de l'importance, du poids. V. **Important, sérieux.** *C'est une grave question.* ● 3° Susceptible de suites fâcheuses, dangereuses. ‖ Contr. **Bénin.** ‖ *De graves ennuis. Une erreur très grave. Une grave responsabilité.* V. **Lourd.** *L'heure, l'instant, le moment est grave.* V. **Critique, dramatique, préoccupant, tragique.** *Maladie grave.* ‖ Contr. **Anodin.** ‖ ● 4° *Blessé grave,* gravement touché. ▼ **GRAVEMENT** [gʀavmɑ̃] *adv.* ● 1° Avec gravité. V. **Dignement.** *Marcher, parler gravement.* ● 2° D'une manière importante, dangereuse. *Gravement malade. Gravement blessé.* V. **Grièvement, sérieusement.** ▽ V. aussi AGGRAVER, AGGRAVANT, AGGRAVATION ; GRAVITÉ 1.

2. GRAVE [gʀav] *adj.* ● 1° Se dit des sons produits par des ondes de faible fréquence. V. **Bas.** ‖ Contr. **Aigu.** ‖ *Son, note grave. Voix grave.* – Subst. *Le grave,* le registre des sons graves. ● 2° *Accent grave,* en français, signe (ˋ) servant à noter le timbre de l'*e* ouvert [ɛ]. *L'accent aigu devient grave devant une syllabe muette* (ex. *« nous cédons, ils cèdent »*). – Accent qui sert à distinguer certains mots de leurs homonymes (ex. *« à », « où », « là »* et *« a », « ou », « la »*).

Extrait textuel 150.3: Articles de dictionnaire (R. M., 655)

ges offre aux enseignants des informations générales de lexicologie-lexicographie et 106 exercices, répartis en 4 niveaux, pour familiariser les élèves avec la pratique du R. M.

6. Le Dictionnaire du français vivant

Le *Dictionnaire du français vivant* (Bordas, 45 000 mots) s'adresse certes aux écoliers, mais il se veut plus généralement «un dictionnaire à l'usage de tout le monde» (Présentation, III). Les mots sont regroupés par familles étymologiques, la motivation sémantique étant parfois insaisissable. Il a l'originalité de présenter souvent l'exemple avant la définition, pratique discutée à ce niveau (cf. 7.1.1.).

7. Un modèle pour les plus jeunes

Depuis 1951 il existait un dictionnaire s'adressant aux enfants de l'école primaire, le *Larousse des débutants* (= LD, 18 000 mots), qui se distinguait déjà du modèle traditionnel par une certaine nouveauté de ton et par le regroupement de certains dérivés. Cependant ces regroupements malmenaient parfois les vraies relations sémantiques: *meurtrir* y était rattaché à *meurtre, cantonnier* à *canton, souffleter* à *souffler,* etc.

7.1. Le Nouveau Larousse des débutants/Maxi-débutants

En 1977 paraît le *Nouveau Larousse des débutants* (= N. L. D.; 17 000 mots), qui n'a que trois mots du titre en commun avec le précédent. Sa conception s'inspire des mêmes principes généraux que celle du D. F. C., mais avec des aménagements pour un public plus jeune, les enfants de l'enseignement du 1er degré. Une édition amplifiée (20 000 mots), revue et corrigée paraît en 1986 sous le titre de *Maxi-débutants* (= Maxi-D) qui le distingue nettement du *Mini-débutants* (cf. 8.). La métalangue est allégée: ainsi, pour le verbe on n'a pas cherché à distinguer explicitement par des rubriques les emplois transitifs, intransitifs, absolus, pronominaux — les exemples fournissent des modèles d'emploi. Les formes de féminin et de pluriel ne sont pas données en entrées: en principe, elles sont déjà intégrées dans la compétence des enfants — au reste, elles sont rappelées en 3 pages de tableaux annexes. Pour les cas particuliers (*bal, carnaval, final,* etc.) une remarque ou un exemple pertinent signalent l'exception.

7.1.1. Communiquer avec l'enfant

Les rédacteurs ont cherché à adapter le discours lexicographique en vue d'une meilleure communication avec l'enfant. La sèche présentation traditionnelle entrée (= thème)/définition (= prédicat) est abandonnée. Elle est parfois remplacée par une phrase construite, avec copule, ex. «anatomie n. f. L'*anatomie* est l'étude scientifique du corps des êtres vivants». Il peut arriver que l'ordre soit inversé, ex. «agrume n. m. Les citrons, les oranges, les mandarines, les pamplemousses sont des *agrumes*». Mais plus habituellement, au lieu de la définition très générale et abstraite suivie d'un ou plusieurs exemples représentant des applications dans lesquelles le sens du mot se *déduit* d'une définition préalable, on trouve d'abord une phrase-exemple présentant le mot dans un contexte, puis une explication rendant compte du sens dans ce contexte qui a valeur de modèle.

Cette méthode est inspirée par l'expérience pédagogique que confirment des recherches récentes de psychologie cognitive menées notamment par le Pr J. F. Richard à l'Université de Paris VIII. Il apparaît en effet que la procédure spontanée d'apprentissage des jeunes enfants est *inductive*, à base d'analogie: l'enfant tend à résoudre un problème (en l'occurrence le sens ou les conditions d'emploi d'un mot) en transposant à une situation inédite les connaissances acquises dans des situations qu'il perçoit comme analogues.

L'adoption de l'ordre exemple-définition peut être rapprochée de la pratique de la «formule distributionnelle» du D. F. C. — avec toutefois la différence importante qui sépare la généralité de la formule de la spécificité de l'exemple. Une définition placée après un exemple s'applique à un emploi en discours; sa validité est *ad hoc,* elle risque toujours d'être infirmée dans un contexte différent (cf. Hausmann 1977, 44—45).

Par exemple, dans le N. L. D.-Maxi-D., au mot *dur* la 1ère acception est présentée ainsi: *Cette viande est dure,* difficile à mâcher (= résistant; ≠ tendre, mou). Le D. F. C., lui, donne pour la même étendue sémantique: «1. Qui a une consistance ferme, résistante: *De la viande dure* (contr. tendre). *Cire dure* (contr. mou). *Un siège dur* (contr. doux, moelleux).» Il est évident que la définition du N. L. D.-Maxi-D. ne saurait convenir à un siège, ni même à la cire, auxquels pourtant peut s'appliquer l'adjectif *dur.*

Toutefois, pour des francophones natifs, le défaut de la méthode est sans doute plus de l'ordre des principes que de celui de la pratique. Les responsables d'un groupe de réflexion ministériel amenés à se prononcer sur ce point ont exprimé leur préférence pour cette formule exemple-définition (ou paraphrase) *pour les élèves de l'école primaire* (Les Dictionnaires, 69). La présence de l'exemple en tête conduit à donner une explication «en discours» et non «en langue», ce qui est contraire aux règles de la définition rigoureuse. Ce commentaire se rapproche souvent de la manière familière dont les adultes répondent aux questions des enfants sur le sens des mots. Ainsi à *panique*: «*L'explosion a provoqué la panique,* tout le monde a eu très peur (= affolement, terreur)». On voit que la paraphrase peut être coextensive non pas uniquement au sens du mot étudié, mais à tout ou partie de l'exemple. On a postulé qu'à ce niveau, ce genre d'imprécision ne cause généralement pas de réelles incertitudes. — Il n'est pas rare que les synonymes et contraires, symbolisés par = et ≠, tiennent lieu d'explication du sens, surtout dans des dérivés dont le mot-souche a été défini. On a même parfois jugé que le contexte, dans l'exemple, pouvait dispenser de toute autre explication, ainsi pour *flamme:* «*Il s'est brûlé à la flamme de son briquet»* — les mots «gaz incandescent» ou «mélange gazeux en combustion» seraient-ils plus évocateurs pour de jeunes enfants? D'ailleurs souvent, dans de tels cas, le renvoi à une illustration est un moyen de plus de renseigner sur le sens. Bref, on peut voir qu'un certain pragmatisme a pris le pas sur la théorie en fonction de considérations spécifiquement pédagogiques.

7.1.2. Les regroupements

Comme dans le D. F. C., les mots sont souvent *regroupés* sur la base de relations de forme et de sens — et à ce niveau où les enseignants ont bien conscience d'avoir à faire acquérir les structures lexicales, le procédé semble spécialement apprécié. Dans certains cas, la relation morphologique est à peine perceptible: *mûr-maturité, grain-égrener;* parfois un renvoi en fin d'article signale un dérivé opaque: après *semaine,* R. → *hebdomadaire.* Mais à la différence du D. F. C., il y a très peu de dégroupements homonymiques des mots-souches, ceci pour éviter le risque d'égarer le jeune enfant dans une multiplicité d'ensembles (songerait-il par exemple à tourner éventuellement la page pour trouver l'entrée homonymique convenable?). Le principe de la présentation par réseaux sémantiques est cependant maintenu par le renvoi explicite, presque toujours possible, des sens des mots regroupés aux sens numérotés correspondants des mots-souches. Mieux vaut parler de mots «regroupés» que de dérivés, car il arrive que pour des raisons de commodité le mot-souche du groupe soit non une base, mais un dérivé morphologique. Si par exemple on met en tête *impression,* il est aisé de rattacher respectivement *impressionner* et *imprimer* à deux sens différents de ce mot; si on part de *imprimer,* il faut, à ce niveau, prévoir une entrée spéciale *impression* (= sentiment). En outre, l'ordre alphabétique y trouve son compte.

7.1.3. L'illustration

L'*illustration* en couleurs, de 104 pages (13 thèmes tels que le corps humain, l'habitation, les moyens de transport, etc.) présente les êtres et les choses dans des environnements vraisemblables. Les dénominations (plus de 3000) sont directement portées sur les dessins pour éviter un système de renvois chiffrés en bas de page. Dans tout le corps du dictionnaire, des chiffres marginaux renvoient aux pages où figurent les illustrations correspondantes. La disposition thématique peut permettre de trouver le nom d'une chose en se reportant à la planche où on a des chances de la trouver. — Enfin, en plus des remarques en fin d'articles et des 10 tableaux (le calendrier, la parenté, etc.), 25 pages annexes, dans le Maxi-D., donnent des conseils d'utilisation et des informations grammaticales (suffixation et préfixation, racines grecques et latines, conjugaisons, etc.).

7.1.4. L'exploitation pédagogique

Deux cahiers de 96 pages chacun intitulés *Découvrons le dictionnaire,* offraient aux jeunes élèves une initiation à la pratique du N. L. D. et une mine d'exercices sur le vocabulaire, généralement sous forme de jeux. Sous le même titre paraissent, pour accompagner le Maxi-D., un nouveau cahier et un logiciel.

> **commander** v. **1.** *Un général* **commande** *une armée,* il en est le chef. **2.** *Il m'a* **commandé** *de sortir* (= ordonner). **3.** *Pierre* **a commandé** *un livre au libraire,* il lui a demandé de le lui fournir. **4.** *Cette manette* **commande** *tout l'éclairage,* elle le fait fonctionner.
>
> ■ **commandant** n.m. SENS 1 *Un* **commandant** *commande un bataillon. Le* **commandant de bord** *commande à bord de l'avion.*
>
> ■ **commande** n.f. SENS 3 *Le boucher a livré les* **commandes**, *les marchandises demandées.* SENS 4 *Appuie sur la* **commande** *de démarrage* (= mécanisme).
>
> ■ **commandement** n.m. SENS 1 ET 2 *Je n'obéirai pas à ce* **commandement** (= ordre).
>
> ■ **décommander** v. SENS 3 *M. Durand a décommandé le repas,* il a annulé la commande.
>
> ■ **télécommande** n.f. SENS 4 *On peut changer de programme de télévision en appuyant sur la* **télécommande**, *un dispositif de commande à distance.*
>
> ■ **télécommander** v. SENS 4 *Pierre télécommande son train électrique,* il le commande à distance (= téléguider).
>
> **commanditer** v. *Qui* **commandite** *ce journal ?,* qui fournit l'argent ?
>
> **commando** n.m. *Un* **commando** *de parachutistes s'est emparé du fort,* un petit groupe (de soldats) spécialement entraîné.

Extrait textuel 150.4: Articles de dictionnaire (Maxi-D., 176)

7.2. Le Dictionnaire Hachette Juniors

Le *Hachette Juniors* (17 000 mots), édité en 1980, est d'une très bonne qualité rédactionnelle. Il suit de très près le modèle du N. L. D.: peu de métalangue (cependant mention du «pronominal»), pas de féminins et de pluriels systématiques, phrase-exemple le plus souvent avant l'explication, nombreux synonymes et contraires répartis dans l'article.

A noter comme innovation un certain nombre de renvois analogiques, ainsi à *maison:* «chercher aussi baraque, bicoque, chalet, ferme, pavillon, villa». — Les regroupements à la suite d'un mot-souche sont limités aux cas qui perturbent peu l'ordre alphabétique: *déploiement* est rattaché à *déployer,* mais non *aboiement* à *aboyer,* et aucun dérivé préfixé n'est regroupé; toutefois le mot-souche ou des dérivés sont assez systématiquement signalés en fin d'article ou de paragraphe: aboiement [...] (→ aboyer); détruire [...] (→ destruction), mais à *mer, lire, doux, rompre, main, gai,* etc., pas de renvois vers *maritime, lecture, douceur, rupture, manuel, égayer,* etc. — Les correspondances sémantiques des réseaux dérivationnels sont indiquées dans un certain nombre de cas soit par des renvois à des sens du mot-souche (ex. *occuper*), soit par dégroupement homonymique (ex. *cultiver*), mais par exemple *prévenance, prévenant, préventif, prévention* sont rattachés indistinctement à *prévenir.* — L'illustration est constituée d'une part de dessins en noir et blanc au fil des colonnes (environ 1 toutes les 3 pages), d'autre part de 54 pages en couleurs par thèmes très largement communs avec

commander v. 1 • *Le colonel commandait les soldats* : il leur donnait des ordres (→ commandant, commandement). 2 • *Mes parents ont commandé un poste de télévision,* ils ont demandé à un commerçant de leur en fournir un (→ commande, sens 1; décommander). 3 • *Voici la pédale qui commande le frein,* qui le fait fonctionner (→ commande, sens 2; télécommander).
■ **commandant** nom m. Officier qui commande un bataillon ou, dans la marine, un navire. ★ VOIR p. 466.
■ **commandement** nom m. • *Il obéit aux commandements,* aux ordres.
■ **commande** nom f. 1 • *Maman a passé une commande à l'épicier,* elle lui a commandé de la marchandise. 2 • *Le pilote est aux commandes de l'avion :* il contrôle les appareils qui font voler l'avion.

commando nom m. • *Un commando de parachutistes :* un petit groupe de parachutistes spécialement entraînés pour le combat.

Extrait textuel 150.5: Articles de dictionnaire (Hachette Juniors, 201—202).

le N. L. D.-Maxi-D. Les noms des objets ou des êtres sont donnés dans une liste numérotée en bas de page renvoyant à des chiffres sur l'image: l'esthétique y gagne, mais la découverte du chiffre est souvent un jeu de patience ardu. — Comme annexe, on trouve une page de mode d'emploi, une liste d'abréviations, l'alphabet phonétique, 6 pages de tableaux de conjugaison et un appendice géographique de 42 pages de noms propres accompagnant 8 pages d'atlas. — Un livret de 32 pages présente le dictionnaire aux enseignants et leur suggère des idées d'exercices d'entraînement à sa manipulation.

7.3. Mes 10 000 mots

Ce dictionnaire s'adresse sur un ton familier aux élèves du primaire — aux plus jeunes de ceux-ci assurément, vu sa nomenclature et sa microstructure restreintes. La seule information grammaticale accompagnant l'entrée est l'indication du genre des noms par la présence d'un article défini ou indéfini. Publié un an avant le N. L. D., il avait déjà opté pour la formule consistant à mettre l'exemple avant l'explication, au besoin même à se contenter de l'exemple.

Il arrive qu'une définition «en langue» (pas de déterminant, verbe à l'infinitif) s'applique à un exemple «en discours», ce qui crée alors un effet d'inadéquation, ex.: «*Cire mes bottes, je cirerai le plancher* → passer du cirage ou de la cire». Des regroupements limités respectent strictement l'ordre alphabétique. Une colonne d'un quart de page est réservée à des compléments très variés d'information: synonymes et contraires, homonymes, paronymes, prononciation, remarques d'orthographe, de grammaire, etc., et à des dessins nécessairement petits. Un cahier de 32 pages d'illustrations thématiques en couleurs y a été introduit. Une caractéristique revendiquée par ce dictionnaire est que «rien n'y est systématique» (Préface, IV): c'est une marque de réalisme pédagogique.

8. Des dictionnaires d'initiation

Un effort a été fait pour susciter chez les tout jeunes élèves le plaisir de manipuler des livres consacrés aux mots. Tous ces livres ont une nomenclature restreinte, allant de quelques centaines de mots à quelque 5000 mots. Certains tiennent surtout du livre d'images, d'autres visent à familiariser réellement l'enfant avec le genre dictionnaire.

Parmi ceux-ci, signalons spécialement le *Mini-Débutants* (Larousse). Attrayant par de nombreux dessins en couleurs au fil du texte, il offre 5400 mots dans un ordre totalement alphabétique et les explique en des phrases simples et complètes sans s'astreindre à un schéma rigide. Ces paraphrases entraînent l'enfant à rendre compte du sens des

coloriage (nom masc. : *un coloriage*). Marie fait du coloriage, c'est-à-dire elle colorie des dessins.

Marie fait du coloriage.

colorier (verbe). Dans un album à **colorier**, il y a des dessins et il faut les remplir de couleurs.

Extrait textuel 150.6: Articles *coloriage* et *colorier* (tirés de: Mini-Débutants, 127; illustration chromatique reproduite en noir et blanc)

mots par le langage — un langage de son niveau, mais cohérent — et non par de simples gestes ou par des éléments de discours plus ou moins déviants. De nombreuses remarques d'orthographe et les légendes des dessins en écriture manuscrite expliquent la phrase de la 4° page de couverture: «C'est un agréable apprentissage de la lecture, de l'orthographe et de l'écriture». — Le *Dictionnaire actif de l'école* (Nathan) présente un millier de mots selon une méthode analogue à celle du N. L. D.-Maxi-D.

9. Un répertoire analytique

Naturellement, tout dictionnaire peut aider à apprendre la langue maternelle. Le document *Les dictionnaires* contient (p. 111—117) un tableau — à jour en 1983 et comportant des fautes — de 71 dictionnaires utilisables dans des établissements scolaires, avec de brèves notices. Les nouveautés étant fréquentes dans ce domaine, une actualisation est attendue.

10. Bibliographie choisie

10.1. Dictionnaires

DFC = Dictionnaire du français contemporain. Dir. p. Jean Dubois. Paris 1966 [XX, 1224 p.].

DFCol = Dictionnaire du français au collège. Paris 1986 [XXXII, 1060 p.].

Dict. actif = Dictionnaire actif de l'école. Paris 1980 [480 p.].

Dict. du franç. vivant = Maurice Davau/Marcel Cohen/Maurice Lallemand: Dictionnaire du français vivant. Paris 1972 [1338 p.].

Hachette Juniors = Dictionnaire Hachette Juniors. Dir. p. Paul Bonnevie. Paris 1980 [1088 p.].

LD = Larousse des débutants. Paris 1957 [637 p.; 1. éd. 1949, 616 p.].

Maxi-D. = Maxi-Débutants. Paris 1986 [933 p.].

Mes 10 000 mots = Mes 10 000 mots. Le dictionnaire pour l'école. Dir. p. Marcel Didier. Paris 1976 [X, 792 p.].

Mini-Débutants = Claude Kannas : Mini-Débutants. Paris 1985 [512 p.].

MR = Micro-Robert. Dictionnaire du français primordial. Dir. p. Alain Rey. Paris 1971 [1201 p.].

NDFC = Nouveau Dictionnaire du français contemporain illustré. Paris 1980 [1263 p.].

NLD = Nouveau Larousse des débutants. Dir. p. René Lagane. Paris 1977 [844 p.].

PRE = Le petit Robert des enfants. Dictionnaire de la langue française. Réd. dirigée par Josette Rey-Debove. Paris 1988 [XXV, 1187 p.].

RM = Le Robert Méthodique. Dictionnaire méthodique du français actuel. Dir. p. Josette Rey-Debove. Paris 1982 [XXIII, 1617 p.].

10.2. Travaux

Les dictionnaires = Les dictionnaires, outils pédagogiques et culturels. Document de travail. Ministère de l'Education nationale. Paris 1985.

Dubois 1962 = Jean Dubois: Recherches lexicographiques. Esquisse d'un dictionnaire structural. In: Etudes de linguistique appliquée 1. 1962, 43—48.

Dubois 1964 = Jean Dubois: Représentation de systèmes paradigmatiques formalisés dans un dictionnaire structural. In: Cahiers de lexicologie 4. 1964, II, 3—15.

François 1980 = Jacques François: Le lexique verbal français et les dégroupements homonymiques. In: Zeitschrift für französische Sprache und Literatur 90. 1980, 1—24.

Hausmann 1974 = Franz Josef Hausmann: Was ist und was soll ein Lernwörterbuch? In: Zeitschrift für französische Sprache und Literatur 84. 1974, 97—129.

Manuel et Travaux = D. F. C. Manuel et Travaux pratiques pour l'enseignement de la langue française. Paris 1971.

Martinet 1960 = André Martinet: Éléments de linguistique générale. Paris 1960.

René Lagane, Paris (France)

151. Dictionaries for Foreign Language Teaching: English

1. Survey
2. General Characteristics
3. Definitions in Learner's Dictionaries
4. Examples
5. Grammar
6. Illustrations
7. Usage Notes and Language Notes
8. British and American English — Labels
9. Pronunciation
10. Trends
11. Selected Bibliography

1. Survey

A learner's dictionary is a synchronic monolingual dictionary intended to meet the demands of the foreign user. For two reasons English lexicography can be seen as a forerunner in the field of learner's dictionaries: Firstly, A. S. Hornby's *Advanced Learner's Dictionary* (OALD, first published in Japan in 1942 under the title of *Idiomatic and Syntactic English Dictionary*) can be considered as having established this type of dictionary (cf. Standop 1985, 23 and art. 45). Brought out by Oxford University Press in 1948, it very soon established itself as a standard reference work for foreign students of English throughout the world. Secondly, many other dictionaries intended for foreign learners of English have been published since (certainly more than for any other language). The most important of these, the *Longman Dictionary of Contemporary English* (LDOCE1), was first published in 1978, thirty years after the OALD, and meanwhile (in 1987) appeared in a thoroughly revised second edition (LDOCE2). The COBUILD (Collins Birmingham University International Language Database) dictionary of 1987 can also be placed in this category of learner's dictionaries although it is not designed exclusively for the foreign learner in the same way as OALD or LDOCE are. Other learner's dictionaries such as the *Chambers Universal Learners' Dictionary* (CULD) or the *Macmillan* 1983 are smaller and less ambitious than those mentioned above. Some of these are intended for learners not as advanced as the potential users of the OALD; the *Oxford Student's* 1978 and the *Longman Active Study Dictionary* (LASDE), which contains a number of innovative features developed for this particular target group, are versions of OALD and LDOCE for the intermediate stage. To be distinguished from these general learner's dictionaries are those dictionaries for the foreign user which concentrate on particular aspects of the language, such as the *Longman Dictionary of Phrasal Verbs* (1983), or the *BBI Combinatory Dictionary of English* (1986), which deals with collocation and complementation. The outstanding lexicographical achievement in this category is the two volume *Oxford Dictionary of Current Idiomatic English* (ODCIE), covering *Verbs with prepositions and particles* (1975) and *Phrase, clause and sentence idioms* (1983). Both volumes of ODCIE are based on a sound theory of idiomaticity, provide copious authentic examples and detailed information on the way that English idioms and idiomatic constructions can be used, with respect to their syntactic properties, collocates and patterns of modification.

The rationale behind the general learner's dictionary is the insight that the foreign users' demands on a dictionary are *fundamentally* different from those of a native speaker. Thus, for example, for a native speaker the encyclopaedic elements of the monolingual dictionary may be of great importance, whereas a foreign learner will often primarily be looking for a translation equivalent to identify the referent (cf. Ayto 1984). The specific needs of the foreign learner involve both the components of the decoding and production dictionary (cf. Hausmann 1974: 99). In comparison with a general monolingual dictionary, OALD will be found to use simpler definitions and to supplement them with a very large number of examples, to give more guidance for production while excluding etymology — features it shares with later learner's dictionaries. Considering the development of OALD since the edition 1948 — the latest edition available at the time of writing is the third of 1974 — as well as LDOCE and COBUILD, it is evident that dictionaries are attempting to become even more learner-oriented both with regard to the information supplied and to the way in which it is presented; it is also apparent that insights of theoretical lexicographical discussion and user research (cf. e.g. Cowie 1987) have been incorporated.

2. General Characteristics

OALD (3rd ed., 1974), LDOCE and COBUILD vary considerably in size: With 1700 pages COBUILD is much larger than OALD with just over 1000 and LDOCE2 with over 1200. This does not mean that COBUILD includes more vocabulary: While there are only minor differences between OALD and LDOCE with respect to the vocabulary included, COBUILD does not include such words as e.g. *eructation, eschatology* or *escutcheon* (but it does contain *dystrophy* not to be found in OALD and LDOCE). This slightly more selective policy applies not only to the items included but also to the meanings given (cf. *guillotine* as a technical term in British Parliament). From the point of view of selection, COBUILD can be seen as being more strongly learner-oriented than OALD and LDOCE, which however are more complete with respect to the decoding function (cf. Hausmann/Gorbahn 1989).

With respect to general structure it is noticeable that OALD entries tend to be longer and thus more complex than LDOCE entries. LDOCE very often has separate entries for items which OALD includes under one heading. Thus *dishes, dishy, dishcloth, dishwasher* and *dishwater,* which are all included under *dish* in OALD, are given as separate entries in LDOCE and (with the exception of *dishes*) in COBUILD. Similarly, whereas in OALD phrasal and prepositional verbs are often given within the main entry (as in the case of *dish out* and *dish up*), they are given as separate subentries of the main verb in LDOCE2 (the principle of including them directly in their alphabetical position used in LDOCE1 has been given up), and similarly in CO-

dish[1] /dɪʃ/ *n* 1 shallow, flat-bottomed (often oval or oblong) vessel, of earthenware, glass, metal, etc from which food is served at table: *a 'meat-~.* *~-ful /-fʊl/ n* as much as a ~ will contain. **2 the ~es,** all the crockery (plates, bowls, cups and saucers, etc) used for a meal: *to wash up the ~es.* '~-**cloth,** cloth for washing ~es, etc. '~-**washer,** power-operated machine for washing dishes, cutlery, etc. '~-**water,** water in which ~es have been washed. **3** food brought to table on or in a ~: *His favourite ~ is steak and kidney pie.* **4** ~-shaped object, esp a large concave reflector for the reception of radio-waves from outer space, or in radio-telescopes, etc. ⇨ the illus at radio telescope. **5** (sl) attractive person: *She's quite a ~.* ~**y** *adj* (ier, -iest) (sl) (of a person) attractive.
dish[2] /dɪʃ/ *vt* **1** [15B] ~ **sth up,** put on or into a ~ or ~es: *to ~ (up) the dinner,* get it ready for serving; (fig) prepare, serve up facts, arguments, etc: *to ~ up the usual arguments in a new form.* ~ **sth out,** distribute it. **2** [VP6A] (colloq) upset; thwart: *to ~ one's opponents. The scandal ~ed his hopes of being elected.*

Dictionary excerpt 151.1: entry *dish* (in: OALD 1974/1980, 247)

dish[1] /dɪʃ/ *n* **1** *BrE* ∥ **platter** *AmE*— a large flat often round or OVAL container, sometimes with a lid from which food is put onto people's plates: *a vegetable dish* —compare BOWL; see also DISHES **2** also **dishful** /-fʊl/— the amount a dish will hold: *two dishes/dishfuls of potatoes* **3** *AmE* a PLATE[1] (1) **4** food cooked or prepared in a particular way: *an unusual dish of fish cooked in a wine sauce with chestnuts* —see also SIDE DISH **5** any object shaped like a dish, esp. the large REFLECTOR of a radio TELESCOPE **6** *infml* (may be considered offensive to women) a sexually attractive person: *She's quite a dish, isn't she?*
dish[2] *v* [T] *old-fash infml, esp. BrE* to cause the failure of (a person or his/her hopes)
  dish sth. ↔ **out** *phr v* [T] *infml* **1** to serve out to several people; HAND out: *He dished out the soup.*|*He likes dishing out advice.* **2 dish it out** to punish or express disapproval of someone, esp. thoughtlessly or unjustly
  dish (sthg. ↔) **up** *phr v* [I;T] to put (the food for a meal) into dishes, ready to be eaten: *Would you help me dish up (the vegetables/the dinner).*

Dictionary excerpt 151.2: *dish* (in: LDOCE2 1987, 292)

BUILD. — A comparison of three hundred entries in LDOCE2 *(fly — foodpoisoning; ruffle — rye-whiskey; twang — tze-tze fly)* with OALD shows that although there are very few vocabulary items that are only included in either dictionary, OALD has only 150 corresponding entries. COBUILD has 217 corresponding entries, which is partly due to the fact that the amount of vocabulary included is smaller. The main reason is, however, COBUILD's rather questionable policy of not differentiating between various word classes (or even homonyms) in its lemmatisation practice. Thus there is only one entry for

dish /dɪʃ/, **dishes, dishing, dished.** **1** The **dishes** are all the plates, cups, saucers, etc that you use during a meal and that have to be washed afterwards. EG *When are you going to do the dishes?... Rudolph stayed to dry the dishes after his mother had washed them.* [N PLURAL: USU the+N; 1 crockery]
2 A **dish** is a shallow container, often with a lid, in which you can serve food at a meal or which you can use for cooking. EG *The vegetables were in separate china dishes... ...a baking dish.* ▸ **Dish** is also used to refer to the food inside it or the amount of food it contains. EG *Ida brought a fresh dish of kidneys.* [N COUNT]
3 A **dish** is also food that is prepared in a particular way and served as a meal or as part of a meal. EG *I waited for a moment, wondering what special dish she might prepare... He began experimenting with dishes of his own invention.* [N COUNT; USU SUPP; = recipe]
dish out; an informal expression. **1** To **dish out** things means to give a lot of them away in a very generous manner. EG *I was dishing out gold cufflinks.* [PHRASAL VB: V+O+ADV; 1 distribute]
2 To **dish out** a punishment or strong criticism means to give it to someone. EG *I had to be able to withstand anything the warder could dish out.* [PHRASAL VB: V+O+ADV; 1 inflict]
3 To **dish out** something also means to distribute or deliver it to several people, especially when it is something that is unpleasant or not wanted. EG *He was burdened with endless paperwork dished out by bureaucrats, and he hated it.* [PHRASAL VB: V+O+ADV; 1 give; = dole out]
4 To **dish out** food means to serve it at the beginning of a meal. EG *Shall I dish out the potatoes, then?* [PHRASAL VB: V+O+ADV]
dish up. To **dish up** food means to put into serving dishes or onto people's plates so that it is ready to eat at the beginning of a meal; an informal expression. EG *Mother dished up Sunday breakfast.* [PHRASAL VB: V+O+ADV; 1 serve]

Dictionary excerpt 151.3: *dish* (in: COBUILD 1987, 403)

the verb and the noun *dish;* also *pole* and *Pole* are given under the same entry (where LDOCE2 has four and OALD 3 entries). CO-BUILD is confusing in that not even all occurrences of a word in a particular word class are always given together, sometimes — as in the case of *fast* — word classes are mixed. This policy — even if it does not presuppose any familiarity with linguistic analysis — makes the process of looking up a sense of a polysemous word or of a word which has homographs unnecessarily lengthy.

The lemmatisation policies of LDOCE and, with the reservations outlined above, COBUILD contribute to easy retrievability of information. This also applies to their treatment of idioms, which in OALD are included under the meaning which in the view of the lexicographer applies in the particular use, which presupposes that the user knows that meaning. In LDOCE and COBUILD idioms are given at the end of the respective entries.

With respect to easy retrievability of information, COBUILD is innovative through (i) the introduction of an extra column for the word class symbols, grammatical information and synonyms, (ii) the tendency to provide a readable text in the main entry. The listing of morphological forms in the explicit way as under *dish* however does take up rather more space and can be confusing (e.g. *dishing* is not a form of the noun *dish*); similarly the avoidance of labels such as *infml* makes the entry longer without perhaps contributing greatly to its readability. Judgments about clarity of layout may however depend to a large extent on the individual user.

3. Definitions in Learner's Dictionaries

One fundamental difference between OALD, LDOCE and COBUILD derives from their defining policies. Although in comparison with a general dictionary, OALD can justly claim to provide definitions in "simple English", it does not seem to follow any clearly defined policy with regard to the way in which definitions are phrased in the dictionary. As a result, some of its definitions are not readily understood: It has been found that the vocabulary used in OALD definitions is sometimes more difficult to understand for the learner than the words that are being explained (cf. Herbst 1986). Thus the first definition of *dish* contains such words as *shallow, oval, oblong, vessel* and *earthenware*. Similarly, learners may find the definition of *hire* as 'obtain or allow the use of services in return for fixed payment' (which also suffers from a rather complex syntactic structure) difficult. In order to avoid this pitfall LDOCE draws upon a limited defining vocabulary of 2000 words containing only items the learner can be expected to be familiar with, i.e. highly frequent words or words that are particularly useful for the purpose of formulating definitions. However, the actual LDOCE defining vocabulary is much larger than 2000 items (cf. Stein 1979) since the list includes word formation elements, e.g. affixes such as *un-, in-* or *-ful*, but this does not affect the principle underlying the approach. Similarly, the editors of LDOCE were aware of the main danger of using such a limited set of words purely formalistically, namely by drawing upon uncommon meanings of very common words that could create difficulties for the foreign learner. For this reason the list of words used was specified for the meanings permitted for each item to ensure that the defining vocabulary is indeed the vocabulary that learners find easy to understand. A further danger of such an approach is to oversimplify in definitions. For this reason LDOCE takes a very flexible approach, i.e. wherever this is necessary for reasons of lexicographical adequacy, words from outside the defining vocabulary are drawn upon. Such words are then given in small capitals to mark them as cross references *(oval, reflector* and *telescope* at *dish).* In the second edition, the defining vocabulary has been slightly modified, and a number of definitions which in the first edition were not satisfactory have been improved upon. On the whole the controlled vocabulary policy adopted in LDOCE seems very successful. Thus the definition given for *hire* seems no less accurate but more easily understood: 'to get the use of (something) for a special occasion or a limited time on payment for a sum of money'. However, the definitions in CULD, which does not follow a similar approach, are also much simpler than those in OALD — *hire* is defined there as 'to get the use of (something that belongs to someone else) by paying money'. CULD does not, however, contain as many difficult words (or meanings of words) as LDOCE (cf. Herbst 1986) so that a controlled defining vocabulary may not be necessary in the same way. The main function of such a rigorous approach is perhaps one of ensuring lexicographical discipline by forcing the lexicographer to check all alternatives before using a difficult word; the results in LDOCE show that the approach may be instrumental in achieving definitions that combine precision of linguistic description with easy interpretability for the learner. — A completely different approach towards achieving simplicity in definitions has been taken in COBUILD. It is one of the revolutionary features of this dictionary that its definitions comprise complete sentences, thus imitating the situation of someone explaining the meaning of a word to a foreigner: 'If you hire something, you pay money in order to be allowed to use it for a period of time'. While at first sight this approach may seem very convincing, it suffers from a number of drawbacks: the definitions become longer than other dictionary definitions (which again makes them more difficult to use), sometimes they prove to be rather longwinded since they contain a considerable amount of repetition as in the case of the first definition of *accessible:* 'If a place is accessible by a particular route or method of transport, you are able to reach it by this route or method'. Furthermore, the stylistic devices used in COBUILD, especially the use of *they* which is establishing itself in modern spoken English as a gender-neutral pronoun may at times be confusing: 'If you love someone, 1.1 you have very strong feelings of affection towards them and feel romantically or sexually attracted towards them, and they are very important to you'. One great advantage of the COBUILD definitions is that they provide an excellent means of supplying collocational information, as exemplified by *accessible,* where the following further definitions are given: '2 If something is accessible to people, they are able to see it, use it, or buy it. 3 If a book, painting, etc. is accessible to people, they are able to understand it and appreciate it'. However, this only applies in the sense that the user knows that the collocations included are possible, since COBUILD's coverage is by no means extensive enough to make it a reliable marking dictionary, one from which the teacher could deduce that if a collocation is not being indicated it does not exist; thus the LDOCE example *A manager should always be accessible to his/her staff* is not parallelled by a COBUILD definition or example.

4. Examples

Examples in a learner's dictionary fulfil a number of functions: On the one hand, they are intended to illustrate the meanings of words more clearly than is sometimes possible within the definition. On the other hand, they should also indicate the most important grammatical, collocational and stylistic uses of a word. COBUILD takes a radically different approach from OALD and LDOCE in drawing almost exclusively upon authentic examples. It must be doubted, however, whether in a dictionary of this type authentic examples are as valuable a feature as in a dictionary such as ODCIE. In many cases, the drawbacks of any kind of corpus analysis are apparent in the COBUILD choice of examples, especially with respect to the learner's (admittedly not so much the native user's) needs: the fact that a particular sentence happens to be in the corpus used does not necessarily make it the best example (cf. Hausmann/Gorbahn 1989). Often COBUILD examples contain words that are much more difficult to understand than the word in question (cf. *withstand* and *warder* in the case of *dish out* 2). Similarly, *I think you were brave to defy convention* is perhaps not the best example to illustrate *brave.* LDOCE1 attempted to avoid these problems by also keeping the example sentences within the limited defining vocabulary, which sometimes resulted in rather stilted or simplified sentences. This policy has been given up in LDOCE2, where the example sentences have a very authentic ring to them although they are mostly invented (although based on the analysis of the Longman Citation Corpus). A new feature of the example sentences in LDOCE2, a feature adopted from LASDE, is that important collocates are given in bold print in the examples (sometimes with a glossed explanation in brackets) to draw the user's attention to them as in the case of *After the visiting speaker has finished, I shall ask for questions* **from the floor** (= from those listening) under *floor*. This again is a very important element of the dictionary with regard to its encoding function.

5. Grammar

It is widely recognized that one of the outstanding achievements of OALD is that it was the first dictionary of its kind to include detailed information on grammatical features which are relevant for language production. The so-called verb patterns are the most important feature of this kind. In OALD, information on verb valency is included in the form of 25 (or taking into account the various subclasses, 50) different pattern codes. Much as the inclusion of such information must be seen as one of the most significant features of the OALD as the embodiment of the new type of learner's dictionary, the system as applied in OALD suffers from a number of drawbacks: Firstly, from a linguistic point of view there is both considerable overlap and overdifferentiation between the various patterns, which basically were not designed for lexicographical purposes but taken over from Hornby's *Guide to Patterns and Usage in English*. Secondly, the pattern codes have no mnemotechnic value at all: codes VP7A, 7B, 8, 16A and 17 have nothing in common to show that they all refer to constructions with a *to*-infinitive (cf. Herbst 1984).

It was the aim of the system employed in LDOCE1 to overcome these difficulties. A coding system was used that combined letter (for types of verbs such as T for transitive) and figure codes (for particular constructions such as 3 for a *to*-infinitive) resulting in such codes as T3 (cf. Heath 1982). Such codes were applied not only to verbs, but also to nouns and adjectives. However, even this more transparent system was apparently found to be too difficult for many learners: User research shows that both the syntactic information contained in OALD and in LDOCE1 was hardly used. The main reasons seem to be that checking the code means looking something up in a different place in the dictionary and that through the coding it is not obvious to the user what kind of information the code refers to (cf. Béjoint 1981). For these reasons LDOCE2 took the radical step of replacing the code system completely and of introducing a number of very explicit pattern abbreviations (such as *to-v* or *v-ing*), which are now placed directly before the appropriate examples in the entries. This policy is not only followed in the case of valency information; other syntactic information previously given in the form of codes is now also spelt out; + *sing/pl v* or *not used in progressive forms*, for instance. It seems remarkable, and it is greatly to be welcomed, that transparency of information should be given clear priority over space and cost considerations in LDOCE2. — In COBUILD grammatical information is again given in a different form. While isolating it in the extra column is in-

strumental in meeting the demands of the foreign learner, this does not hold for the coding system used for grammatical information: Terminology such as V-ERG (for ergative verbs) or A (for adjunct) may presuppose too much familiarity with linguistic theory to be useful to many users of the dictionary. This also applies to the distinction between phrasal verbs and prepositional verbs, which in COBUILD is made in very much the same way as in LDOCE1 through codes such as V+ADV and V+PREP. LDOCE2 has introduced a much more transparent way to indicate the differences between these two word classes by giving e.g. *look after* as *look after sbdy./sthg.* and using a double bar arrow in cases where the particle can precede or follow the noun, e.g. *look* ⇔ *sthg up* as in the case of *dish out* and *dish up*.

With regard to the amount of grammatical information given in the three dictionaries, a comparison of the prepositional complements possible with 200 adjectives chosen at random shows that LDOCE2 covers most constructions using codes (LDOCE2: about 45%, LDOCE1: about 32%, COBUILD: about 30%, OALD: about 21% of all possible prepositional complements.)

6. Illustrations

Illustrations serve an important function in learner's dictionaries (cf. Hupka 1988), and it is thus surprising that COBUILD — like CULD — should not contain any illustrations. Both OALD and LDOCE make use of illustrations to make the meanings of words clearer and, often, to contrast words belonging to a word field, e.g. birds. Illustrations such as *airliner* in OALD or *aeroplane*, *kitchen* or *living-room* in LDOCE also serve to illustrate the words that belong to a particular situational frame. What is extremely useful in LDOCE2 is an illustration practice taken over from LASDE to make clear different collocates of such words as *flock, herd,* etc. as in *flock of sheep* as opposed to *herd of cows*, or *speck, grain* etc. as in *a speck of dust* as opposed to *a grain of sand*.

7. Usage Notes and Language Notes

A valuable novel feature in a learner's dictionary found in LDOCE1 but not in the first three editions of OALD nor, remarkably enough, in COBUILD, and greatly expanded in LDOCE2, is the Usage Note. Usage Notes are an attempt to include information difficult to place within the alphabetically ordered dictionary; they contain two broad types of information: comments on Usage, especially divided usage, e.g. differences between British and American English, or stylistic points, and hints to the foreign learner that anticipate learning difficulties and draw attention to sources of common errors. Thus, under *scenery* the Usage Note contrasts *landscape, scene, scenery* and *view*, under *appointment* the important collocates as *make, keep* and *cancel* are listed. These Usage Notes are of great help in language production and should be seen as an integral feature of any good modern learner's dictionary.

Expanding its range in this area, LDOCE in its second edition further contains so-called language notes, full-page inserts discussing areas such as phrasal verbs, collocation of important verbs such as *make* or *do* as well as pragmatic points.

8. British and American English — Labels

An English learner's dictionary intended to be used all over the world should also attempt to be fairly comprehensive with respect to the different varieties of English, especially American English. All three dictionaries point out restrictions on usage of words, differences in meaning, spelling or morphology.

OALD and LDOCE both give American pronunciation where it differs from British pronunciation. The LDOCE system is more detailed in indicating the regular difference in the pronunciation of postvocalic /r/. Whereas *top* is simply transcribed as /tɒp/ in the OALD, LDOCE gives /tɒp/ as the British and /tɑːp/ as the American variant. LDOCE, which marks the differences between British and American English most extensively, also has a very clear cross reference system to show the corresponding words in British and American English, respectively. This is illustrated in the entries for the noun *dish,* where under 3 the American meaning 'plate' is indicated and where for 1 the American expression *platter* is given. — While OALD and LDOCE use labels such *AmE* or US, COBUILD spells this information out; thus the definition of *platter* is followed by "used in American English or in rather old-fashioned British English". LDOCE uses fewer categories of label than OALD both with respect to style and register (where *tech* is used as a general term in LDOCE where OALD makes more distinctions). A further important difference between the two dictionaries in this respect is that LDOCE's neutral style level seems to be lower than OALD's: a verb such as *alight* is marked as *fml* in LDOCE, not in OALD. Considering the production aspect, such stylistic markers are very important for the learner.

9. Pronunciation

Most learner's dictionaries provide information on pronunciation using the IPA transcription system. The OALD used a different transcription system in the third edition, which was however replaced by IPA in the eleventh impression of 1980 (cf. Standop 1985, 18—20). COBUILD uses a slightly different version, making use of a number of superscripts to point out subtleties of pronunciation — /ə^1/ indicates alternative pronunciations between /ə/ and /ɪ/, /ə^2/ between /ə/ and /ɛ/ — which is more confusing than illuminating. The great advantage of OALD and LDOCE in particular is that they also provide IPA transcriptions for American English.

10. Trends

The new generation of learner's dictionaries can thus be characterized by an attempt to take lexicographical user research into account and to find new ways of making information easily accessible to the user without, however, giving up a very high standard of lexicographical description. The tendency common to both LDOCE2 and COBUILD is the attempt to make the dictionary less technical: Neither of them use tildes, COBUILD avoids labels, gives whole sentence definitions and more technical information in the separate column, LDOCE makes use of usage notes and language notes, easy grammar codes and the defining vocabulary to increase the readability for the user. While the first edition of the OALD established the category of learner's dictionaries with respect to what kind of information ought to be included in a monolingual dictionary for foreign users, later developments have focussed on how this information should be presented. Thus it is not only the OALD which was the pioneer in learner's dictionaries but also these representatives of new approaches of presenting information in the dictionary that can serve as models for similar dictionaries in other languages.

11. Selected Bibliography

11.1. Dictionaries

BBI 1986 = Morton Benson/Evelyn Benson/Robert Ilson: The BBI Combinatory Dictionary of English. A Guide to Word Combinations. Amsterdam. Philadelphia 1986 [322 pp.].

COBUILD 1987 = John Sinclair (et al.): Collins Cobuild English Language Dictionary. London. Glasgow 1987 [1727 pp.].

CULD 1980 = Elizabeth M. Kirkpatrick: Chambers Universal Learners' Dictionary. Edinburgh 1980 [927 pp.].

LASDE 1983 = Della Summers (et al.): Longman Active Study Dictionary of English. Harlow, Essex 1983 [735 pp.].

LDOCE1 1978 = Paul Proctor (et al.): Longman Dictionary of Contemporary English. Harlow, Essex 1978 [1342 pp.].

LDOCE2 1987 = Della Summers (et al.): Longman Dictionary of Contemporary English. Harlow, Essex 1987 [1311 pp.].

Longman 1983 = Rosemary Courtney: Longman Dictionary of Phrasal Verbs. Harlow, Essex 1983 [746 pp.].

Macmillan 1983 = Martin H. Manser: Macmillan Learner's Dictionary. London. Basingstoke 1983 [479 pp.].

OALD 1974 = A. S. Hornby (et al.): Oxford Advanced Learner's Dictionary of Current English. 3rd ed. Oxford 1974 [1055 pp., 1st ed. 1948; previously called Idiomatic and Syntactic English Dictionary].

ODCIE 1 1975 = Anthony P. Cowie/Ronald Mackin: Oxford Dictionary of Current Idiomatic English. Vol. 1: Verbs with Prepositions and Particles. London 1975 [484 pp.].

ODCIE 2 1983 = Anthony Cowie/Ronald Mackin/I. R. McCaig: Oxford Dictionary of Current Idiomatic English. Vol. 2: Phrase, Clause and Sentence Idioms. London 1983 [748 pp.].

Oxford Student's 1978 = A. S. Hornby (et al.): Oxford Student's Dictionary of Current English. Oxford 1978.

11.2. Other Publications

Ayto 1984 = John Ayto: The Vocabulary of Definition. In: Götz/Herbst 1984, 50—62.

Béjoint 1981 = Henri Béjoint: The Foreign Student's Use of Monolingual English Dictionaries: A Study of Language Needs and Reference Skills. In: Applied Linguistics 3. 1981, 207—222.

Cowie 1987 = Anthony P. Cowie (ed.): The Dictionary and the Language Learner. Tübingen 1987 (Lexicographica. Series Maior 17).

Götz/Herbst 1984 = Dieter Götz/Thomas Herbst (eds): Theoretische und praktische Probleme der Lexikographie. München 1984.

Hausmann 1974 = Franz Josef Hausmann: Was ist und was soll ein Lernerwörterbuch? 'Dictionnaire du français contemporain' verglichen mit dem 'Petit Robert'. In: Zeitschrift für französische Sprache und Literatur 84. 1974, 97—129.

Hausmann/Gorbahn 1989 = Franz Josef Hausmann/Adeline Gorbahn: COBUILD and LDOCE II. A comparative review. In: International Review of Lexicography 2. 1989, 44—56.

Heath 1982 = David Heath: The treatment of grammar and syntax in monolingual English dictionaries for advanced learners. In: Linguistik und Didaktik 49/50. 1982, 95—107.

Herbst 1984 = Thomas Herbst: Bemerkungen zu den Patternsystemen des Advanced Learner's Dictionary und des Dictionary of Contemporary English. In: Götz/Herbst 1984, 139—165.

Herbst 1986 = Thomas Herbst: Defining With a Controlled Vocabulary in Foreign Learners' Dictionaries. In: Lexicographica 2. 1986, 101—119.

Hornby 1954 = A. S. Hornby: Guide to Patterns and Usage in English. London 1954.

Hupka 1988 = Werner Hupka: Wort und Bild. Die Illustrationen in Wörterbüchern und Enzyklopädien. Tübingen 1988.

Standop 1985 = Ewald Standop: Englische Wörterbücher unter der Lupe. Tübingen 1985 (Lexicographica. Series Maior 2).

Stein 1979 = Gabriele Stein: The Best of British and American Lexicography. In: Dictionaries 1. 1979, 1—23.

Thomas Herbst, Augsburg
(Federal Republic of Germany)

152. Les dictionnaires pour l'enseignement de la langue étrangère: français

1. Vocabulaire et scolaire
2. Le dictionnaire pour étrangers
3. Le dictionnaire scolaire du français langue étrangère
4. Histoire du dictionnaire du français langue étrangère
5. Bibliographie choisie

1. Vocabulaire et scolaire

«Vocabulary cannot be taught» (Rivers 1981, 463). En effet, comment enseigner le vocabulaire d'une langue étrangère, c'est-à-dire 30.000 signifiants, 100.000 signifiés, d'innombrables collocations et tout ceci avec les marques diasystématiques adéquates? Autant donner la mer à boire. Or, l'enseignant d'une langue étrangère ne dispose que d'environ 1000 heures de cours, rarement plus, mais souvent moins, étant donné que le français est la plupart du temps la deuxième ou la troisième langue étrangère. Le vocabulaire déborde le scolaire. Par conséquent, l'enseignement ne peut réussir qu'en prenant appui sur des activités extra-scolaires. D'où, d'ailleurs, l'inefficacité totale, vécue par beaucoup, d'une scolarité souvent longue et ennuyeuse.

L'école parallèle indispensable ne saurait être autre chose que l'univers des textes authentiques parlés ou écrits qui constituent la langue étrangère. Pour comprendre ces textes en l'absence du professeur ou d'autres interlocuteurs, à qui poser des questions? Il n'y a qu'une solution: le dictionnaire. Or, le dictionnaire n'est pas une solution parce que son maniement est laborieux, sa consultation difficile, pire, incertaine. Le dictionnaire bilingue donne des équivalents de mots, mais rarement la traduction des textes que je ne comprends pas. Et le dictionnaire monolingue, au lieu de me donner des réponses simples, me pose de nouveaux problèmes: le texte du dictionnaire (définitions, exemples) est souvent aussi incompréhensible que le texte qui me l'a fait consulter. Souvent d'ailleurs je n'y trouve même pas mon problème. Soyons donc réalistes. Le dictionnaire monolingue n'est vraiment efficace que pour vérifier l'orthographe et la morphologie, et ceci lors de l'encodage.

Décoder une page de journal à l'aide d'un dictionnaire monolingue est quelque chose d'extrêmement difficile sinon impossible à l'élève moyen qui prépare le baccalauréat (Müllich 1990). Il faut bien se rendre à l'évidence, employer un dictionnaire monolingue pour décoder un texte authentique relève du jeu ou de la contrainte ascétique imposée à soi-même. En aucun cas il ne s'agit d'une situation de communication naturelle. Dans ces conditions, on ne peut pas, par exemple, goûter une œuvre littéraire.

En revanche, l'élève (ou l'étudiant) peut délibérément s'imposer cet exercice parce qu'il sait qu'il faut faire un effort d'apprentissage du vocabulaire et qu'il juge que le décodage d'un texte authentique le motive davantage qu'un stupide bachotage de mots choisis au hasard. Cet élève-là est prêt à entrer dans cet autre univers textuel qu'est le dictionnaire, à quitter le strict domaine du sentier de repérage, à se laisser entraîner à des informations qu'il ne cherchait pas en ouvrant le livre, bref à apprendre dans le dictionnaire, à utiliser le dictionnaire comme dictionnaire d'apprentissage et non pas de simple consultation.

Or, celui qui est prêt à cet exercice rencontre des articles plus ou moins enrichissants. Sachant qu'il est condamné à apprendre ce que maîtrise déjà le Français cultivé moyen, il ne demande que l'utile et rien que l'utile. Il demande que le vocabulaire ainsi choisi lui soit présenté de façon aussi lisible, claire et transparente, de façon aussi intéressante que possible. Telle est la tâche du dictionnaire monolingue scolaire (cf. art. 305 pour le dictionnaire bilingue scolaire).

2. Le dictionnaire pour étrangers

Le dictionnaire monolingue pour étrangers (DME) se distingue du dictionnaire général (DG) (pour locuteurs natifs) en plusieurs points:

(a) Le DME doit intégrer une forte composante d'apprentissage. En effet, alors que les locuteurs natifs sont compétents dans la langue du dictionnaire, les étrangers ne le sont pas, ou du moins ne le sont que très partiellement. Le DME a donc pour fonction essentielle de leur apprendre le vocabulaire recensé, cette règle étant valable pour l'ensemble de ce vocabulaire. Certes, personne ne saurait manier le DME sans posséder une compétence minimale de la langue. Mais cette compétence ne peut être définie: elle varie d'un locuteur à l'autre. Par conséquent toutes les unités du dictionnaire doivent être supposées inconnues ou insuffisamment maîtrisées de l'utilisateur.

(b) Le DME doit intégrer une forte composante d'encodage. En effet, alors que les locuteurs natifs savent naturellement s'exprimer dans la langue du dictionnaire, les étrangers risquent à tout bout de champ de tomber dans les pièges de la création syntagmatique. Nous savons désormais que nos langues sont idiomatiques à plus de 50%. John Sinclair (1988, 324) considère pour l'anglais que l'«idiom principle» est plus important que l'«open choice principle» et Maurice Gross (1988, 22) juge qu'en français «les phrases figées sont plus nombreuses que les phrases libres». Si tel est le cas, le DME a pour mission de donner l'ensemble du figement, c'est-à-dire l'ensemble de ce qui est arbitrairement bloqué dans sa créativité. Par exemple une phrase telle que *je m'ennuie* n'est nullement créée: elle révèle son idiomaticité face à l'allemand *mir ist langweilig*. Le DME doit donc faire l'inventaire aussi complet que possible des constructions, des collocations et de toutes sortes de séquences préformées.

Or, à côté de la syntagmatique, l'encodage a une perspective paradigmatique chaque fois qu'il y a possibilité de choix. Le dictionnaire doit aider l'étranger à choisir le synonyme ou l'antonyme approprié ou, éventuellement, d'autres formules qui entretiennent un rapport analogique avec la formule de départ.

(c) Le DME ne doit pas négliger la composante de décodage, celle qui est la plus importante dans le DG. Certes, cette composante ne saurait être prioritaire dans le DME. Trop forte est dans ce domaine la concurrence des dictionnaires bilingues. Mais le DME aurait tort de ne pas inclure de façon sérieuse cette fonction de «dépannage» (Galisson 1987) qui continue à être la situation d'utilisation la plus banale de n'importe quel dictionnaire.

Ainsi dans le DME les priorités sont renversées par rapport au DG. Apprentissage et encodage priment le décodage. Il en résulte également un renversement des valeurs au niveau des éléments du dictionnaire. En effet, dans le DME, la sacro-sainte définition ne saurait conserver son rôle primordial, puisqu'elle est souvent inutile pour l'encodage, peu utile pour l'apprentissage et moins utile qu'on ne pense pour le décodage. Le DME doit être avant tout un dictionnaire syntagmatique, autrement dit, il doit favoriser l'exemple.

3. Le dictionnaire scolaire du français langue étrangère

Les principes du dictionnaire du français langue étrangère sont les suivants:

(a) Rendre la définition aussi compréhensible que possible
— au niveau syntaxique
— au niveau lexématique

(b) Rendre la définition aussi intéressante que possible; au lieu de l'abréger, il vaut mieux l'étoffer. La définition étant sans limites objectives, la meilleure est celle qui donne le plus grand nombre de traits, distinctifs ou non. Description et narration peuvent utilement compléter une analyse qui de toute façon n'en est pas une au sens strict du terme.

(c) Montrer à l'aide d'images (dessins, photos, schémas) tout ce qui est montrable. Pousser le souci de l'illustration jusqu'aux verbes et aux adjectifs. Mettre de l'humour où le sérieux ne saurait plus informer.

(d) Renvoyer à tous les mots et expressions analogues, surtout à l'ensemble des termes d'un domaine, d'un objet ou d'une activité. L'article *bicyclette* doit donner la liste des pièces, l'article *football* les termes du jeu.

(e) Définir après contexte, chaque fois que l'unité définie est sémantiquement dépendante du contexte. C'est ainsi qu'on ne donnera pas de définition avant contexte de *serrer* «faire fonctionner», mais on définira le contexte *serrer le frein* «faire fonctionner» (s. v. serrer).

(f) Mettre l'accent sur la syntagmatique, c'est-à-dire sur les exemples.

(g) Délaisser les citations, souvent trop déviantes par rapport à une norme standard.

(h) Donner l'ensemble des collocatifs (mots-satellites) dans les articles des bases (mots-noyaux) de collocations. Par ex. *retirer son chapeau* s. v. *chapeau*; *retirer de l'argent* s. v. *argent*.

(i) Verbaliser copieusement les traits sémantiques dans des phrases-exemples riches en ambiance culturelle, p. ex. s. v. *bagou*: «Il était étourdi par le bagou de la concierge qui le poursuivait jusque dans l'escalier» (DFC).

(k) Insérer synonymes et antonymes dans les phrases-exemples. Marquer à l'aide de flèches d'éventuelles différences d'intensité.

(l) Marquer abondamment. Dans le doute, marquer plutôt que d'y renoncer, surtout en ce qui concerne les niveaux de langue et la fréquence.

(m) Echafauder l'article verbal sur un plan grammatical.

(n) Annexer à l'article les locutions figurées, dans un ordre formel, assorties d'exemples (en dehors des définitions). Traiter la locution comme si elle était un lemme. Mettre sur pied une politique cohérente d'adressage des locutions (traiter la locution à l'article du premier substantif et renvoyer à cet article à partir des articles de tous les autres mots pleins de la locution, par ex. «ne pas voir plus loin que le bout de son nez» traité s. v. *bout* avec renvoi à partir des articles *voir, loin, nez*).

(o) Regrouper par familles de mots synchroniques ou (à défaut de regroupements) renvoyer à l'ensemble des mots d'une même famille.

(p) Dégrouper les homonymes. Considérer comme homonymes tous les signifiés sans lien sémantique évident, par exemple 1. *bouton*, 2. *bouton*.

aboutir [abutir] v. i.
(sujet une rue, un fleuve, etc.) **aboutir à un lieu** *Cette rue aboutit à la gare.* ◆ (sujet qqch [abstrait]) **aboutir (à un résultat)** *Bruno est un peu découragé, ses projets n'aboutissent à rien.* • *Les discussions ont enfin abouti : tout le monde est d'accord pour construire l'autoroute.*

G. 1. Conj. 15. — **2.** Avec un compl. de lieu désignant une rue, la prép. à peut être omise (*La rue du Bac* ABOUTIT RUE DE SÈVRES).
S. 1. *Aboutir* à un lieu a pour syn. SE TERMINER, ARRIVER ou DONNER quelque part ; en ce sens, il s'oppose à COMMENCER, DÉBUTER quelque part. — **2.** *Aboutir* à un résultat a pour syn. courants DÉBOUCHER SUR, MENER À qqch ; sans compl., il a pour syn. RÉUSSIR et pour contr. ÉCHOUER.
L. aboutissement (n. m.) De longues recherches ont abouti à cette découverte → *cette découverte est l'aboutissement de longues recherches.*

Extrait textuel 152.1: Article *aboutir* (tiré de: DFLE 1, 3)

(q) Faire attention à un maximum de clarté typographique dans l'article, notamment à l'aide d'alinéas. Il faut que la consultabilité prime la rentabilité.

4. Histoire du dictionnaire du français langue étrangère

Dès 1928 le psychologue et pédagogue américain E. L. Thorndike a eu la vision d'un véritable dictionnaire scolaire, vision concrétisée dans plusieurs dictionnaires d'anglais langue maternelle qui n'ont pas laissé d'influencer les «learner's dictionaries» anglais (Hausmann 1987 et Art. 151). Connaissant bien ces tentatives (Gougenheim et al. 1964, 19—30), un des pères du Français Fondamental s'en est inspiré pour son *Dictionnaire fondamental* (Gougenheim 1958), concurrencé plus tard par Matoré 1963. Mais c'est surtout à partir de 1975 que démarre une authentique lexicographie du français langue étrangère sous l'impulsion de Françoise Dubois-Charlier et de Jean Dubois. Les DA Niv. 1 et DA Starter, bilingues, inspirent le LB de 1977 qui, enrichi d'images, devient en 1978 le DFLE 1 et, un an plus tard, aura un grand frère, le DFLE 2. Les DFLE demeurent les seuls vrais dictionnaires alphabetiques d'apprentissage de par le monde. Pour une mise à profit pédagogique voir Hausmann 1983.

5. Bibliographie choisie

5.1. Dictionnaires

Bailly/Bréal = A. Bailly/M. Bréal: Les mots latins groupés d'après le sens et l'etymologie. Paris 1881 [203 p.].

Barnier/Delage = J. Barnier/E. Delage/R.-F. Niemann: Les mots allemands. Paris 1974 [335 p.; 1. éd. 1939].

BDE = Guy Capelle/Denis Girard: Basic Dictionary of English. Paris 1980 [128 p.].

Bossert/Beck = A. Bossert/Th. Beck: Les mots allemands groupés d'après le sens. Paris 1886 [162 p.].

DAC = Françoise Dubois-Charlier: Dictionnaire de l'anglais contemporain. Paris 1980 [XVI, 863 p.].

DA déb. = Françoise Dubois-Charlier: Dictionnaire anglais des débutants. Paris 1978 [IX, 502 p.].

DA franç. = Déb. Dictionnaire français-anglais pour les débutants. Paris 1978 [XI, 403 p.].

DA Niv. 1 = Françoise Dubois-Charlier: Dictionnaire d'anglais. Niveau 1. Paris 1975 [XVII, 868 p.].

DA Starter = Starter. Dictionnaire d'anglais pour les débutants. Paris 1976 [VII, 406 p.].

DFC = Dictionnaire du français contemporain. Paris 1966 [1224 p].

DFLE 1 = Dictionnaire du français langue étrangère. Niveau 1. Paris 1978 [XV, 911 p.; éd. allemande avec une préface par Franz Josef Hausmann, Frankfurt a. M. 1983].

DFLE 2 = Dictionnaire du français langue étrangère. Niveau 2. Paris 1979 [XI, 1088 p.; éd. allemande avec une préface par Franz Josef Hausmann, Frankfurt a. M. 1983].

Disco = Diethard Lübke: Dictionnaire scolaire du français. Ein einsprachiges Grundwörterbuch für die Schule. München 1981 [316 p.].

Gougenheim 1958 = Georges Gougenheim: Dictionnaire fondamental de la langue française. Paris 1958 [2ᵉ éd. 1961, 283 p.].

Kissling 1981 = H. Kissling: Lexikon der englischen Unterrichtssprache. Wortschatz und Phraseologie. Ed. H. Breitkreuz. Heidelberg 1981 [245 p.].

Köhler 1948 = August Köhler: Lebendiges Französisch. Ein Wörterbuch zum leichten Merken. Berlin 1948 [542 p.].

Köhler 1949 = August Köhler: Lebendiges Deutsch. Ein Lernwörterbuch für Deutsche und Ausländer. Berlin 1949 [643 p.].

LB = Larousse de base. Dictionnaire d'apprentissage du français. Paris 1977 [VIII, 1023 p.].

Matoré 1963 = Georges Matoré: Dictionnaire du vocabulaire essentiel. Les 5000 mots fondamentaux. Paris 1963 [359 p.].

5.2. Travaux

Bornäs 1981 = Göran Bornäs: Quel dictionnaire choisir? In: Moderna Språk 95. 1981, 55—62, 163—175.

Bornäs 1986 = Göran Bornäs: Ordre alphabétique et classement méthodique du lexique. Etude de quelques dictionnaires d'apprentissage français. Lund 1986.

Bréal 1893 = Michel Bréal: De l'enseignement des langues vivantes. Paris 1893.

Candel 1983 = Danièle Candel: A propos de dictionnaires du français langue étrangère. In: Etudes de linguistique appliquée 49. 1983, 110—126.

Companys 1965 = F. Companys: Pour un dictionnaire didactique de la langue française. In: Actes du Xe Congrès international de Linguistique et Philologie romanes. Strasbourg 1962. T. 1. Paris 1965, 277—280.

Corbin 1985 = Pierre Corbin: Le monde étrange des dictionnaires (6): Le commerce des mots. In: Lexique 4. 1985, 65—124.

Dubois 1981 = Jean Dubois: Models of the Dictionary: Evolution in Dictionary Design. In: Applied Linguistics 2. 1981, 236—249.

Galisson 1987 = Robert Galisson: De la lexicographie de dépannage à la lexicographie d'apprentissage. Pour une politique de rénovation des dictionnaires monolingues de FLE à l'ecole. In: Cahiers de lexicologie 51. 1987, 95—118.

Gross 1988 = Maurice Gross: Les limites de la phrase figée. In: Langages 90. 1988, 7—22.

Gross/Ibrahim 1981 = Gaston Gross/Amr Ibrahim: Dictionnaires du français langue étrangère. In: Le français dans le monde 159. 1981, 26—31.

Hausmann 1974 = Franz Josef Hausmann: Was ist und was soll ein Lernwörterbuch? In: Zeitschrift für französische Sprache und Literatur 84. 1974, 97—129,

Hausmann 1976 = Franz Josef Hausmann: Sprache und Welt im Wörterbuch. In: Französisch heute 7. 1976, 94—104.

Hausmann 1977 = Franz Josef Hausmann: Einführung in die Benutzung der neufranzösischen Wörterbücher. Tübingen 1977.

Hausmann 1979 = Franz Josef Hausmann: Neue Wörterbücher für den Französischunterricht. In: Die Neueren Sprachen 78. 1979, 331—351.

Hausmann 1982 = Franz Josef Hausmann: Neue Wörterbücher für den Französischunterricht II. In: Die Neueren Sprachen 81. 1982, 191—219.

Hausmann 1983 = Franz Josef Hausmann: Préface. In: DFLE 1, V—XI. DFLE 2, V—XI.

Hausmann 1985 = Franz Josef Hausmann: Neue französische Wörterbücher III. In: Die Neueren Sprachen 84. 1985, 686—720.

Hausmann 1985 a = Franz Josef Hausmann: Trois paysages dictionnairiques. In: Lexicographica 1. 1985, 24—50.

Hausmann 1987 = Franz Josef Hausmann: Le dictionnaire, catalogue d'emplois. In: Cahiers de lexicologie 50. 1987, 107—114.

Lamy 1985 = Marie-Noëlle Lamy: Innovative Practices in French Monolingual Learner's Dictionaries as Compared with their English Counterparts. In: Dictionaries, Lexicography and Language Learning. Ed. R. Ilson. Oxford 1985, 25—34.

Lübke 1982 = Diethard Lübke: Das Wörterbuch im Französischunterricht. München 1982 (distribution limitée).

Müllich 1990 = Harald Müllich: „Die Definition ist blöd!" Herübersetzen mit dem Wörterbuch. Das französische und englische Lernerwörterbuch in der Hand der deutschen Schüler. Tübingen 1990 (Lexicographica Series Maior 37).

Rivers 1981 = Wilga M. Rivers: Teaching Foreign Language Skills. Second Edition. Chicago. London 1981.

Sinclair 1988 = John Sinclair: Collocation: A Progress Report. In: Language Topics. Ed. R. Steel/T. Threadgold. Amsterdam 1987, 319—331.

Thorndike 1928 = Edward L. Thorndike: The Psychology of the School Dictionary. In: Bulletin of the School of Education, Indiana University 4,6. 1928, 24—31.

Wagner 1984 = Horst Wagner: Wörterbücher des Gegenwartsfranzösischen. In: Neusprachliche Mitteilungen 37. 1984, 103—109.

Wagner 1985 = Horst Wagner: Wozu einsprachige Wörterbücher für den fortgeschrittenen Lerner des Französischen? In: Bielefelder Beiträge zur Sprachlehrforschung 14. 1985, 249—260.

Zöfgen 1985 = Ekkehard Zöfgen: Lernerwörterbuch auf dem Prüfstand oder: Was ist ein Lernwörterbuch? In: Bielefelder Beiträge zur Sprachlehrforschung 14. 1985, 10—89.

Franz Josef Hausmann, Erlangen
(République Fédérale d'Allemagne)

XIV. Wörterbuchtypen IX: Auf die Varietäten der Sprache bezogene Wörterbücher
Dictionary Types IX: Dictionaries Dealing With Language Varieties
Typologie des dictionnaires IX: Dictionnaires traitant différentes variétés de la langue

153. Das gesamtsystembezogene Wörterbuch

1. Bestimmung des Typs
2. Realisierungen des Typs I: Gesamtwörterbücher zu Varietäten
3. Realisierungen des Typs II: gesamtsprachbezogene Wörterbücher
4. Realisierungen des Typs III: sprachübergreifende Wörterbücher zu Varietäten
5. Realisierungen des Typs IV: sprachübergreifende Wörterbücher
6. Literatur (in Auswahl)

1. Bestimmung des Typs

Der Terminus *gesamtsystembezogen* war bisher in der Wörterbuchforschung nicht üblich und bedarf deshalb der vorgängigen Diskussion über seinen sinnvollen Gebrauch: Theoretisch kann der Terminus zur Kennzeichnung von Systemen sehr unterschiedlichen Abstraktionsgrades verwendet werden. Auf der untersten Ebene liegt bereits dann ein Gesamtsystem vor, wenn zwei Systeme, die zwei von einem einzigen Sprecher in kurzem Zeitabstand vollzogenen Sprechereignissen zugeordnet sind, vereinigt und zu einem System etwas höheren Abstraktionsgrades umgestaltet werden. Ein Gesamtsystem auf der höchsten Ebene wäre dann gegeben, wenn die allen Sprachen der Erde zugeordneten Systeme vereinigt und zu einem einzigen System sehr hohen Abstraktionsgrades umgestaltet würden. Diese Spannweite der fachsprachlichen Wortbildung *gesamtsystembezogen* ist kontraintuitiv, und zwar nicht nur in normaler Sprache, sondern auch in den in der Lexikographie und Wörterbuchforschung üblichen Fachsprachen. Um zu einem nicht kontraintuitiven Gebrauch des Terminus zu gelangen, wird man weite Strecken der theoretisch möglichen Verwendungsskala, nämlich alle Bezüge auf relativ niedrige und alle Bezüge auf relativ hohe Abstraktionsgrade, ausblenden müssen. Für die dazu vorzunehmenden Schnitte gibt es keine natürlichen, d. h. unbestreitbar gegenstandsbedingten Grenzen; sie sind deshalb aber nicht willkürlich, sondern relativ zu dem in der Praxis der Lexikographie Üblichen sowie relativ zu dem in der linguistischen Theorie allgemein Anerkannten zu ziehen.

In diesem Sinne soll die Verwendungsbreite von *gesamtsystembezogen* hier wie folgt umrissen werden: Gesamtsystembezogen ist ein Wörterbuch immer dann, wenn es einen der folgenden Gegenstandsbereiche hat:

a. viele bis alle (also nicht: einige wenige) Varietäten einer einzigen Variabilitätsdimension einer Sprache (als Variabilitätsdimensionen gelten vor allem Raum, Zeit, Schicht, Gruppe, Situationstyp),

b. viele bis alle (also nicht: einige wenige) Varietäten mehrerer bis aller wesentlichen Variabilitätsdimensionen einer Sprache; man könnte vereinfacht auch sagen: eine Gesamtsprache,

c. mindestens je eine einer bestimmten Variabilitätsdimension zugehörende Varietät mehrerer Sprachen,

d. viele bis alle (also nicht: einige wenige) Varietäten mehrerer Sprachen; man könnte auch sagen: mehrere Sprachen.

1.1. Zur Erläuterung sei hinzugefügt, daß der Fall a bei einem Wörterbuch vieler bis aller Dialekte einer Sprache oder vieler bis aller ihrer Soziolekte oder Historiolekte oder Gruppensprachen oder situationsspezifischen Register vorliegt; terminologisch könnte man dann vom *Gesamtwörterbuch zu Varietäten*, im einzelnen *der Dialekte, Soziolekte* usw. oder auch vom *varietätenbezogenen*, im einzelnen vom *dialektalen, soziolektalen* usw. *Gesamtwörterbuch*, besser aber nicht vom *Gesamtdialektwörterbuch, Gesamtsoziolektwörterbuch* usw. sprechen, da diese Komposita zu der Lesung führen könnten, es gebe Gesamtdialekte, Gesamtsoziolekte usw. Die Bestimmung *viele bis alle* im Gegensatz zu *einige wenige* soll ausschließen, daß z. B. ein Wörterbuch zu zwei benachbarten Ortsdialekten zum Gesamtwörterbuch erklärt wird; ein derartiges Verfahren würde letztlich nicht nur jedes Dialektwörterbuch, sondern auch jedes langue-Wörterbuch zum Gesamtwörterbuch machen und damit den Sinn des Terminus aufheben. — Der Fall b wäre dann gegeben, wenn jemand ein Wörterbuch zu einer bestimmten Sprache in dem Sinne erarbeiten würde, daß er viele bis alle Varietäten dieser Sprache, also z. B. das Althochdeutsche wie das Neuhochdeutsche, das Niederdeutsche wie das Hochdeutsche, die Gruppensprache der Sauerländer Sensenhändler und Eifeler Backhausbauer wie die Fachmundarten der Hufschmiede und die Fachsprachen der modernen Industrien berücksichtigt. Als Terminus wäre *gesamtsprachbezogen* angebracht, dessen Bildungsbestandteil *Sprache* als „ranghöchstes Diasystem mit Norm" (Heger 1982, 437) zu definieren. — Fall c läge bei Gegenständen des Typs 'rechtsbezüglicher Wortschatz der westgermanischen Sprachen vom 8. bis 19. Jahrhundert' oder 'Fachterminologie der Physik im Französischen, Niederländischen, Russischen und Japanischen' vor. Diese Möglichkeit ist linguistisch bei semasiologischen Wörterbüchern allerdings nur so weit gegeben, wie die berücksichtigten Sprachen aus Gründen genetischer Verwandtschaft (z. B. Niederländisch und Deutsch; einige bis alle nordgermanischen, einige bis alle romanischen Sprachen) oder aus Gründen extrem dichter fachsprachlicher Beeinflussung (man denke an die Rolle bestimmter, auf dem Griechischen und Lateinischen beruhender Wortbildungsmittel) den Ansatz gemeinsamer Lemmata, und zwar von oberhalb der Normebene liegenden, aber dennoch sprachlich identifizierbaren Konstrukten, zulassen. In der onomasiologischen Lexikographie sind diesem Typ des gesamtsystembezogenen Wörterbuches deshalb keine linguistischen Grenzen gesetzt, weil die Ausgangszeichen onomasiologischer Wörterbücher aus jeder Sprache und sogar aus nicht sprachlichen Zeichensystemen (vgl. Art. 101, Abschn. 1) genommen werden können. Ein griffiger Terminus für das die Bedingung c erfüllende gesamtsystembezogene Wörterbuch fehlt; *sprachübergreifendes Wörterbuch zu Varietäten* wäre denkbar, bringt aber nicht zum Ausdruck, daß die betroffenen Varietäten der gleichen Variabilitätsdimension angehören müssen; insofern wird man sich in der Praxis mit abgekürzten Termini des Typs *Rechtswörterbuch* oder mit unkorrekten Termini wie *mehrsprachiges* (z. B. *französisch-deutsches*) *Wörterbuch des Faches x* (z. B. *der Physik*) behelfen müssen. — Fall d wäre dann realisiert, wenn man ein Wörterbuch zu vielen bis allen Varietäten mehrerer Sprachen machen würde. Auch diese Möglichkeit ist für die semasiologische Wörterbuchanlage nur sehr viel eingeschränkter als für die onomasiologische gegeben. Eine weitherzige Nutzung der onomasiologischen Möglichkeiten wäre wissenschaftlich (vgl. Schröpfer 1979) und kulturpädagogisch überaus sinnvoll. Ein onomasiologisches Wörterbuch des Deutschen und des Suaheli oder des Suaheli und Konkani (jeweils z. B. mit englischen Ausgangszeichen) ist lexikographiegeschichtlich zwar ungewohnt, würde aber mit Sicherheit interessante linguistische und kultursoziologische Einsichten, z. B. im Sinne einer sprachsoziologisch interpretierten Weltbildthese, vermitteln können. Als Terminus für den Typ d des gesamtsystembezogenen Wörterbuches käme *sprachübergreifendes Wörterbuch* in Betracht.

1.2. Die vorgetragenen Möglichkeiten gesamtsystembezogener Lexikographie lassen als Kern das gesamtsprachbezogene (Fall b) Wörterbuch erkennen, sofern man jedenfalls bereit ist, der Sprache als dem ranghöchsten System mit Norm einen besonderen Status gegenüber denjenigen Systembildungen zuzubilligen, die Varietäten einer Sprache (Fall a), Varietäten mehrerer Sprachen (Fall c) oder mehreren Sprachen (Fall d) zugeordnet werden. Fall a erschiene dann als untere Peripherie, die Fälle c und d wären nach oben hin offen. — Eine klare Abgrenzung nach unten hängt vom Argumentationszweck (vgl. Reichmann 1984, 479—480) sowie von den in der Wörterbuchforschung eingespielten Termini ab. Es wäre z. B. durchaus denkbar, auch dasjenige Wörterbuch als gesamtsystembezogen gelten zu lassen, das viele bis alle Varietäten einer Varietät einer

Sprache, also z. B. alle Varietäten eines deutschen Historiolekts wie des Frühneuhochdeutschen (vgl. FWB) oder alle Varietäten einer deutschen Raumvarietät wie des Schweizerdeutschen (vgl. Schweiz. Id.) oder einen abgrenzbaren Teilbereich des Wortschatzes einer Gesamtsprache (vgl. Marzell 1943—1979: Pflanzennamen aller Epochen und aller Mundarten des Deutschen) zum Gegenstand hat. Hiergegen spricht aber der metalexikographische terminologische Usus; ein Wörterbuch aller Varietäten eines Historiolektes heißt *Sprachstadienwörterbuch* (vgl. die Art. 154—156); Wörterbücher von Raumvarianten werden in der Regel nach dem behandelten Raum bezeichnet (vgl. zum Deutschen z. B. Wrede 1928: *Altkölnischer Sprachschatz*; Schmidt 1901: Historisches Wörterbuch der *elsässischen* Mundart; Schmeller 1872—1877: *Bayerisches* Wörterbuch); zur Titelformulierung von teilbereichsbezogenen Wörterbüchern verwendet man den gewählten Teilbereich (Marzell: Wörterbuch der deutschen *Pflanzennamen*). — Die Abgrenzung nach oben hängt von den linguistischen Möglichkeiten und vom lexikographischen Sinn des jeweiligen Unternehmens sowie ebenfalls von den in der Wörterbuchforschung üblichen Klassifizierungen ab. So wäre es sicher ungewöhnlich, die etymologischen Wörterbücher von Sprachgruppen wie dem Germanischen (vgl. Falk/Torp 1979) oder von Sprachfamilien wie dem Indoeuropäischen (vgl. Walde/Pokorny 1927—1932; Pokorny 1959—1969) zu den gesamtsystembezogenen Wörterbüchern (Fall d) zu rechnen, obwohl sie die in mehreren Sprachen begegnenden gleichen Zeichenmuster von Wörtern und mit ihnen die mehreren Sprachen gemeinsamen ältesten Grundlagen heutiger Wortbedeutungen behandeln (vgl. Art. 144; 145). — Die soeben dauernd verwendeten Ausdrücke *nach unten* bzw. *nach oben* sollen dabei nicht suggerieren, als sei ein System, das allem unterhalb der Ebene 'Sprache' Gelegenen zugeordnet wird, in allen denkbaren Fällen weniger abstrakt als ein einzelsprachtranszendierendes System. Die lexikographische Beschreibung mehrerer Varietäten einer Sprache, also z. B. der Fachsprache der Philosophie, der Gruppensprache der Jäger und eines grundschichtigen Dialektes des Deutschen (Fall b) kann unter semantischen und ausdrucksseitigen Aspekten einen höheren Abstraktionsgrad der Systembildung erfordern als z. B. die Beschreibung funktional vergleichbarer Varietäten (z. B. Hochsprache oder Fachsprache des Rechts) genetisch und kulturgeschichtlich verwandter Sprachen (z. B. des Deutschen und Niederländischen; Fall c).

1.3. In Anknüpfung an die Erwähnung der Onomasiologie in Abs. 1.1. sei ausdrücklich betont, daß gesamtsystembezogene Lexikographie genausogut unter onomasiologischem wie unter semasiologischem Blickwinkel möglich und sinnvoll ist. Einen Vorschlag zur Realisierung eines gesamtsprachbezogenen (Fall b) onomasiologischen Wörterbuches bringt Art. 101, Abs. 4.3 sub (3.). Analoge Verfahren sind auf die Fälle a, c und d anwendbar (vgl. Reichmann 1986).

1.4. Im folgenden soll aufgewiesen werden, wie die vier oben unter systematischem Aspekt nach dem Kriterium 'Gegenstandsbereich' unterschiedenen Möglichkeiten des gesamtsystembezogenen Wörterbuches — man kann sie auch als Untertypen bezeichnen — im Deutschen, Englischen und Niederländischen vorwiegend realisiert sind. Dabei wird es insbesondere auf die Differenz zwischen sog. reinem Typ und praktischer Ausführung ankommen. — Die Beschränkung auf die genannten drei Sprachen hat ausschließlich Umfangsgründe. Es soll keineswegs suggeriert werden, für andere Sprachen gebe es keine gesamtsystembezogenen Wörterbücher; als herausragendes Beispiel sei deshalb für das Italienische der bis zum Lateinischen zurückgehende *Grande Dizionario della Lingua Italiana* von Battaglia wenigstens erwähnt; der oft vielbändige Dictionnaire encyclopédique, der von Frankreich aus in die gesamte übrige Romania, nicht aber in den deutschsprachigen Raum Eingang gefunden hat, und der infolge der Verbindung von Allgemein- und Fachwortschatz als gesamtsystembezogen (Fall b) anzusehen ist, wird in Art. 1 (S. 11—12) angesprochen und in Art. 93 ausführlicher behandelt.

2. Realisierungen des Typs I: Gesamtwörterbücher zu Varietäten

Gesamtwörterbücher zu Varietäten (obiger Fall a) sind vorwiegend für die dialektale, oft auch für die historische Dimension der Sprache und oft auch in Kombination beider Dimensionen realisiert worden.

In Deutschland gab es in der zweiten Hälfte des 18. Jahrhunderts das nur ansatzweise verwirklichte (vgl. z. B. Fulda 1788) Programm einer Sammlung landschaftlicher Idiotika (vgl. für das Dänische: Molbech 1841). Es hatte bei aller Unterschiedlichkeit der Zielsetzungen als generelle Anliegen

— die Bereicherung der Bildungssprache der oberen Klassen, des sog. Hochdeutschen, aus dem gehobenen (nicht grundschichtigen), als historisch alt bekannten Wortvorrat der Landschaften,
— die Verbesserung des Verständnisses historischer, insbesondere rechtsrelevanter Texte in der Rechtspraxis des Alten Reiches,
— vereinzelt die Förderung dialektübergreifender Kommunikation,
— die Bereitstellung von Materialien für linguistische Zwecke, vor allem den Dialektvergleich und die Etymologie (Genaueres in Art. 28, Abs. 5).

The English Dialect Dictionary (EDD) bezieht sich auf den gegenwärtigen und jüngeren historischen ("during the last two hundred years", im Titel) Wortschatz der englischen Dialekte in England, Irland, Schottland und Wales, außerdem in Amerika und in den (ehemaligen) Kolonien, sofern jedenfalls bestimmte Bedingungen, darunter der Gebrauch der betreffenden Wörter in Großbritannien, erfüllt sind. Mit der Ausrichtung auf die breite Gesamtheit der Dialekte verbindet sich also eine Ausweitung ins Historische; typologisch gesehen ist das insofern ein Schritt in die Richtung des gesamtsprachbezogenen Wörterbuches (also Fall b), als außer den raumgebundenen Varietäten eines Zeitabschnittes (hier: 20. Jahrhundert) auch der dialektal-historische Wortschatz aufgenommen wird. Umgekehrt erfolgt eine Beschränkung auf denjenigen Teil des Dialektwortschatzes, der sich semantisch vom standardsprachlichen Wortschatz unterscheidet; Wörter mit standardsprachlichen Bedeutungen, aber dialektalen Lautungen, bleiben also ausgeschlossen. Dies ist eine Einengung des Gesamtsystemcharakters in Richtung auf das ausschnittbezogene Wörterbuch (zum Terminus: Reichmann 1984, 461; 484) bzw. in Richtung auf das semantisch (nicht: ausdrucksseitig) kontrastive Gesamtwörterbuch der Dialekte (vgl. Wiegand 1986, 196).

Ebenfalls auf Dialekte wie auf Historiolekte, viel deutlicher aber auf letztere bezogen ist Halliwell 1924, eine rund 50 000 Lemmata umfassende „compilation where a reader of the works of early English writers can reasonably hope to find explanations of many of the numerous terms which have been obsolete during the last four centuries" (v); infolge des im 16. Jh. in England noch voll im Gang befindlichen normsprachlichen Ausgleichs bedeutet das notwendigerweise die Aufnahme vieler Provinzialismen. Die Einordnung in die Typologie des gesamtsprachbezogenen Wörterbuches führt zu einem ähnlichen Ergebnis wie beim EDD: Typ a, aber infolge der Berücksichtigung zweier Variabilitätsdimensionen Öffnung zu b, andererseits Züge des ausschnittbezogenen Wörterbuches.

Das *Dictionary of American Regional English* (DARE) ist das amerikanische Gegenstück zum EDD. Sein Lemmabestand wird doppelt, und zwar erstens durch areale und zweitens durch soziale Selektionsgesichtspunkte, bestimmt. Erstere Bestimmung ergibt sich daraus, daß nur dasjenige Wort- und Bedeutungsmaterial aufgenommen wird, das ausschließlich in Teilen der USA, nicht in deren Gesamtgebiet, gebraucht wird; die soziale Bestimmung lautet, daß nur vom Volk gebrauchte, zu Hause und in den sozialen Gruppen von Verwandten und Freunden gelernte Wörter und Bedeutungen Aufnahme finden, nicht dagegen diejenigen des technischen, wissenschaftlichen, gebildeten Gebrauchs, wie er in der Schule, aus Büchern und in der Kommunikation mit Auswärtigen gelernt wird (XVI—XVII). Mit der sozialen Bestimmung hängt es zusammen, daß auch das amerikanische Black English, ferner das im Norden Floridas und Süden Carolinas erhaltene afroenglische Gullah und das hawaiische Pidgin berücksichtigt werden. Geht man davon aus, daß diese letzteren Zeichensysteme als Sprachen aufgefaßt werden, werden können oder werden müssen, so wäre DARE ein sprachübergreifendes Wörterbuch mit Zügen des Typs c, insofern nämlich das Englische nur mit funktional ähnlichen Varietäten vertreten ist, und Zügen des Typs d, insofern das Black English, das Gullah und Hawaii-Pidgin mit allen Varietäten vertreten sind. — Die Zielsetzungen der englischen bzw. vorwiegend anglophonen Vertreter der Gesamtwörterbücher von Varietäten sind schwer eruierbar, da sich die Einleitungen dazu nicht oder nur implizit äußern. Beim EDD und DARE dürften linguistische Anliegen ohne direkte kulturpädagogische Wirkungsabsichten dominieren, bei Halliwell wird als hauptsächliches Anliegen die Behebung von Wort- und Wortbedeutungslücken genannt.

Zu Gesamtwörterbüchern polnischer Dialekte vgl. Art. 209, Abschn. 1.2.2.; zum Lettischen Art. 223, Abschn. 3.3.

3. Realisierungen des Typs II: gesamtsprachbezogene Wörterbücher

Das gesamtsprachbezogene Wörterbuch als Kern der gesamtsystembezogenen Lexikographie findet sich in den mittel- und westeuropäischen Sprachen nirgendwo in reiner Form, d. h. als Wörterbuch zu wirklich *allen* historischen, sozialen, arealen, situativen usw. Varietäten einer Sprache, realisiert. Es gibt vielmehr nur unterschiedlich weitgehende Annäherungen daran. Vor dem unteren Rand des Spektrums liegen die großlandschaftlichen Wörterbücher der Dialekte und die Sprachstadienwörterbücher, obwohl beide Typen dazu tendieren, innerhalb der von ihnen dominant behandelten Variabilitätsdimension auch andere solcher Dimensionen einzubeziehen. Das Maximum des Erreichten bilden die großen nationalen Unternehmen, wie sie als erstes das DWB, in seinem Gefolge und in Absetzung dagegen z. B. das WNT, das OED, auch das DOST repräsentieren. Dazwischen gibt es gleichsam stufenlos alle Übergangsformen, für das Deutsche z. B. Schade 1882 mit seinem Ausgriff ins Mittelhochdeutsche und in die neueren Dialekte, in Dänemark z. B. das ODS mit seiner Öffnung in die Dialekte, in Friesland das *Lexicon Frisicum* Halbertsmas mit seinem Ausgriff sowohl in die Dialekte wie in alle historischen Sprachstufen des Friesischen. Selbst innerhalb eines einzigen Unternehmens kann sich die Waagschale in einzelnen Bearbeitungsphasen in Richtung auf ein entwicklungsbezogenes Wörterbuch mittel- bis hochschichtiger Varietäten, damit streng genommen auf ein Varietätenwörterbuch, wie in Richtung auf ein allumfassendes Gesamtwörterbuch, neigen.

Im folgenden sollen die erwähnten nationalen Wörterbücher unter dem Aspekt ihrer typologischen Bestimmung als gesamtsprachbezogene Werke vergleichend dargestellt werden. Dabei sind aus Raumgründen Vereinfachungen nicht zu umgehen; sie liegen insbesondere darin, daß global von der lexikalischen Einheit her, statt differenziert von ihrer Morphologie, ihrer Syntagmatik, ihren Bedeutungen und sonstigen Eigenschaften her argumentiert wird.

3.1. Der Gegenstand gesamtsprachbezogener Wörterbücher

Als Gegenstand wurde in 1. (Fall b) der Wortschatz vieler bis aller Varietäten mehrerer bis aller wesentlichen Variabilitätsdimensionen einer Sprache bestimmt. Darunter spielt der Wortschatz der wie auch immer zu definierenden Allgemeinsprache eine herausgehobene Rolle. Die damit konstatierten unterschiedlichen Gegenstandsbereiche des gesamtsprachbezogenen Wörterbuches können in Anlehnung an eine Skizze im OED (zuletzt 1989, 1, XXIV) wie folgt veranschaulicht werden:

2. Wortschätze von Gruppensprachen aller Art

3. Wortschätze von Wissenschaft und Technik als pragmatisch und soziologisch herausgehobener Sonderfall von 2.

4. Fremdwortschatz ← 1. allgemeinsprachlicher Wortschatz → 5. dialektale Wortschätze

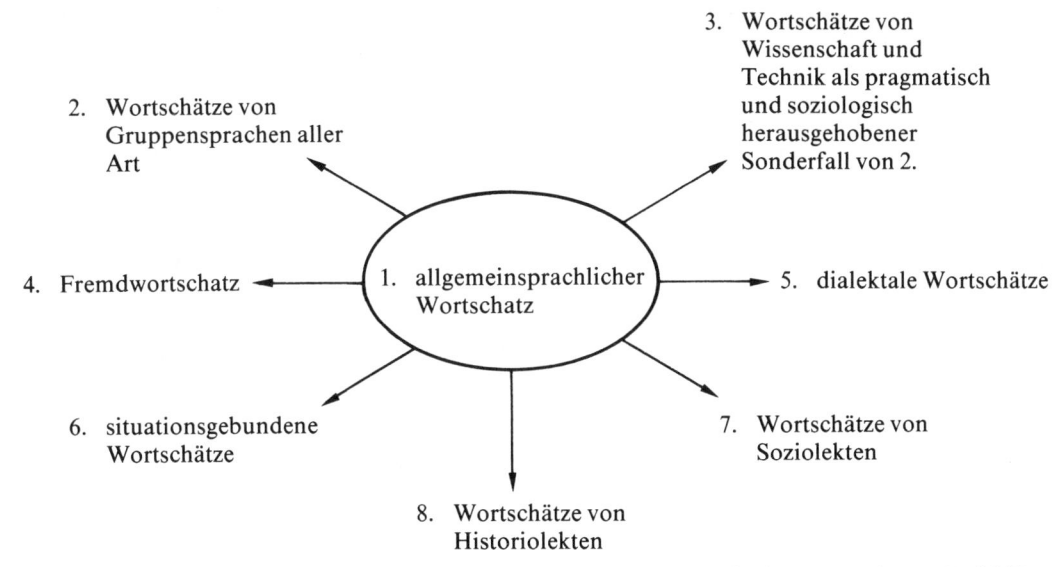

6. situationsgebundene Wortschätze

7. Wortschätze von Soziolekten

8. Wortschätze von Historiolekten

Abb. 153.1: Gegenstandsbereiche einiger gesamtsprachbezogener Wörterbücher (Legende: → Variabilitätsdimensionen).

3.1.1. Der allgemeinsprachliche Wortschatz wird in den hier berücksichtigten Werken unterschiedlich klar bestimmt: Im DWB ist relativ vage immer wieder von „der sprache" schlechthin (passim), einmal expliziter und sehr stark einschränkend von der „gesamte[n] hochdeutsche[n] schriftsprache" (XXXIV) die Rede. Auch das WNT bemüht immer wieder die „Sprache" ohne weitere Spezifizierung (z. B. 1, XVII; *onze taal;* übs. hier und ff. von mir); in seiner Vorgeschichte spielt das Attribut *algemeen* ("allgemein") eine entscheidende Rolle (1, XXXVIf.); man legt sich dann fest auf Formulierungen wie „das heutige allgemeine Niederländisch" oder „die lebende Sprache in ihrem kultivierten Zustand" (1, XXXVIII). Das DOST spricht vom „whole range of the Older Scottish vocabulary, as preserved in literary, documentary, and other records" (1, VII). Das OED bestimmt die in ihrer Anglizität unbestrittenen (1989, 1, XXIX) „common words of speech and literature" (XV) als Gegenstand; laut Vorwort (VII) sind es alle Wörter, „that have formed the English vocabulary [...]. It embraces not only the standard language of literature and conversation [...], but also [...]". Aussagen dieses Typs lassen erkennen, daß eine genaue Umreißung des Allgemeinwortschatzes aus lexikographiepragmatischen Gründen deshalb nicht notwendig war, weil er den zweifelsfreien zentralen Gegenstand der Wörterbücher bildete; alle Grenzziehungen betreffen nicht den Überlappungsbereich von allgemeinem und varietätentypischem Wortschatz, sondern nur das Ausmaß, mit dem die Peripherie erfaßt werden soll. Kulturgeschichtlich ist auffallend, daß alle Wörterbücher den Allgemeinwortschatz wesentlich durch die Literatur als das offensichtlich die Einheit einer Sprache in besonderer Weise sichernde Band bestimmt sehen (vgl. auch 3.2. (6); (7)).

3.1.2. Zu den Wortschätzen von Gruppensprachen äußern sich vor allem das DWB und WNT. In ersterem wird unter der Überschrift „Sprache der hirten, jäger, vogelsteller, fischer usw." (1, XXX) ausführlich beschrieben, daß alle Fachwortschätze der alten Handwerke und Gewerbe, darunter z. B. der Bienenzucht, des Gartenbaues, der Landwirtschaft, des Haushaltes, ferner die Terminologie des Rechtes und diejenige aller Naturwissenschaften sowie der Philosophie, schließlich auch die Sondersprachen wie z. B. das Rotwelsch zu behandeln seien, und zwar insbesondere deshalb, weil sie für die „geschichte der sprache und sitte ergiebigste ausbeute gewähren" (ebd.). In enger Anlehnung daran spricht das WNT von der überreichen Ernte, die die lexikographische Beschäftigung mit dem Fachwortschatz von Handel, Landbau, Wasserwirtschaft, Handwerk, Gewerbe, Seefahrt usw., aber auch mit den modernen Techniken einbringe (1, XXIX und XLVIf.). OED und DOST äußern sich nicht explizit, stehen de facto aber auf der Linie des DWB und WNT.

3.1.3. Die Wortschätze von Wissenschaften und Technik sind von denjenigen der Gruppensprachen nicht so sehr unter sprachsystematischen als unter pragmatischen und soziologischen Aspekten zu unterscheiden. Am dezidiertesten äußert sich das OED: Die Fachwortschätze der Wissenschaften und der Philosophie ständen in einem fließenden Übergangsverhältnis zum Wortschatz der Literatur (und damit dem Allgemeinwortschatz, vgl. 3.1.1.); sie seien deshalb möglichst vollständig zu erfassen; lediglich dasjenige, was jedermann außer dem Spezialisten unverständlich sei, solle ausgeschlossen bleiben. Wörter nicht englischer Form, aber allgemeinen Gebrauchs im Englischen (wie z. B. *hippopotamus*) seien aufzunehmen (vgl. 1933, 1. XXVII). In der neuesten Auflage (1989, XXV) werden diese Entscheidungen angesichts der explosionsartigen Vermehrung des Fachwortschatzes problematisiert, aber nicht durch neue Selektionsregeln ersetzt.

Mit der Selektionsproblematik für den wissenschaftlichen und technischen Fachwortschatz verbindet sich sehr oft diejenige für die Wortbildungen, darunter insbesondere für die Komposita. Als Verfahrensregeln gelten: (1) Wortbildungen, die sich vollständig aus ihren Bestandteilen beschreiben lassen, erscheinen nicht als Lemmata, können aber innerhalb des Artikels, z. B. in einer eigens dazu vorgesehenen Position, als Beispiele für das Muster aufgeführt werden, nach dem analogisch weitere Bildungen möglich sind (WNT 1, XLIX; OED 1989, 1, XXXI). (2) Zweifelsfrei lexikalisierte Bildungen sowie Bildungen, die eine lange Geschichte haben, die polysem sind (so OED) oder die aus anderen Gründen Aufhellung oder nähere Beschreibung erfordern (so WNT), werden als eigene Lemmata aufgeführt und wie die Simplizia behandelt, können im übrigen zusätzlich auch noch unter einem ihrer Bestandteile aufgeführt werden (so OED). (3) Teillexikalisierte Bildungen werden im WNT wie die lexikalisierten, im OED in Verbindung mit ihren Bestandteilen beschrieben. — Alle genannten Selektionsregeln und erst recht die hier nicht referierten globalen Bemerkungen des DWB (1, XXIVf.; dazu Reichmann 1990) lassen dem Lexikographen erheblichen Gestaltungsspielraum; so ist zwischen 'nicht lexikalisiert', 'teillexikalisiert' und 'zweifelsfrei lexikalisiert', ebenso zwischen 'monosem' und 'polysem' und zwischen langer und kurzer Geschichte nicht allgemeinverbindlich zu unterscheiden; im WNT wird der Entscheidungsspielraum des Lexikographen mit der Nennung eines Kriteriums 'Aufhellungserfordernis' so gesteigert, daß das Gewicht der vorher formulierten Selektionsregeln zumindest relativiert wird. Auch die im WNT eingeräumte Anerkennung der kreativen Wortbildungskompetenz der Dichter als Kriterium für die Behandlung von Komposita geht in diese Richtung. Das DWB nutzt die hinsichtlich der Komposita und damit hinsichtlich des Wortschatzes moderner Wissenschaft und Technik gegebenen Selektionsmöglichkeiten vor allem in den älteren Bänden zugunsten des Alten und Bodenständigen bzw. zuungunsten des Neueren.

3.1.4. Die Rolle des Fremdwortschatzes im DWB wird in Art. 129 ausführlich behandelt (mit Literatur). Zusammenfassend sei hier lediglich bemerkt, daß J. Grimm hinsichtlich der Einstellung zum Fremdwort in deutlichem Zusammenhang mit der sprachnationalen Bewegung des 19. Jahrhunderts steht. Die Argumentationslinie würde lauten: Gemeinsame Sprache ist objektiv vorhandenes Mittel der Identifikation aller diese Sprache Sprechenden mit ihrer und zu ihrer Nation; gemeinsame Sprache heißt außerdem gemeinsamer Vorrat an Urbegriffen; Sprachgemeinschaft ist damit Identifikations- und Kognitionsgemeinschaft, gleichzeitig Konstituente von Nation wie ihre Äußerungsform (vgl. auch Reichmann 1978; 1990). Daraus folgt eine Beschränkung der Aufnahme von Fremdwörtern auf diejenigen, die seit längerer Zeit eingebürgert sind (DWB 1, XXVIIf.). Im Laufe der über 100jährigen Geschichte des DWB wurden die von Grimm gelegten sprach- und geschichtstheoretischen Grundentscheidungen mehrfach modifiziert (dazu im Detail: Fratzke 1987); in der Neubearbeitung „finden Wörter fremder Herkunft neben dem Erbwortgut gleichberechtigte Aufnahme" (1, 1983, 3). — Für M. de Vries, den Verfasser der monumentalen wissenschaftlichen Einleitung des WNT, stellt sich die Fremdwortfrage gleich an drei Stellen: (1) Allgemein wird gesagt, jede Sprache habe ihre eigene Art und ihren eigenen Charakter; diese seien durch den Geist, die Denkgewohnheiten, die Geschichte und die Entwicklung des Volkes bestimmt (LII); die Parallelität von Sprache und Volk erinnert an J. Grimm. Wörter fremder Herkunft können deshalb nur dann einen Platz im Wörterbuch finden, wenn „sie wirklich in den allgemeinen Gebrauch übernommen wurden und das Bürgerrecht erhalten haben" (L). Umgekehrt werden all diejenigen Einheiten, die zwar aus niederländischen Bestandteilen bestehen, aber nach Mustern anderer Sprachen — das wird unter der Hand gleichgesetzt mit: gegen die Regeln des Niederländischen — gebildet sind, als *Barbarismen* abgetan und mit Ausdrücken wie *vreemde inkruipsels* (wörtlich: *fremde *Einkriechlinge;* LII) aus dem Wörterbuch verbannt. (2) Im Zusammenhang mit der Behandlung der Fachwörter der modernen Industrie und Technik, die nach ihren Bildungsbestandteilen, nach ihren Bildungsmustern und ihrer Semantik dazu tendieren, international gebraucht zu werden, wird an die Existenz des Fachwortschatzes der alten Handwerke und Gewerbe erinnert und ihr Gebrauch zum Zwecke der Reinhaltung der Sprache empfohlen. (3) Bei der Diskussion der Frage, inwieweit Personen- und Ortsnamen Eingang in das WNT finden sollten, wird entschieden, daß französisierte Namen wie *Arras, Lille* usw. niederländisch, nämlich als *Atrecht, Rijssel* usw. lemmatisiert und aufgenommen werden sollen (LIV). — Eine reservierte Haltung gegen den Fremdwortschatz nimmt vor allem in seinen ersten Bänden auch das ODS ein. — Das OED führt *foreign words* zwar als einen der Wortschatzbereiche auf, die nicht erschöpfend im Wörterbuch erscheinen können, diskutiert die diesbezügliche Problematik danach aber nur sehr kurz, außerdem in Verbindung mit dem Fachwortschatz von Wissenschaft und Technik (vgl. 2.2.3.) und ausschließlich vom Gebrauch her; danach wird noch einmal im Zusammenhang mit der Etymologie auf „adoptierte" und „adaptierte" sowie auf Wortbildungseuropäismen eingegangen (XXVIIf.), und zwar sine ira et studio. Die für den deutschen und niederländischen Sprachraum jahrhundertelang typische, auf die Ausdrucksseite der Sprache bezogene Fremdwortdiskussion ist den Lexikographen des OED — wohl nicht nur aufgrund der besonderen Bedingungen der englischen Wortgeschichte — keinerlei Anliegen (1, 1989, XXVf.). Entsprechendes gilt für das DOST.

3.1.5. Der Umfang, in dem mundartliches Wortgut aufgenommen wird, ist für alle hier behandelten Wörterbücher ein schwieriges, z. T. widersprüchlich entschiedenes und in der Praxis oft anders als in den Vorworten gelöstes Problem. — Nimmt man die Aussage J. Grimms (1, XXXIV) ernst, daß den Kern des DWB die Behandlung der gesamten hochdeutschen Schriftsprache bilden soll, dann bedeutet dies eigentlich den Ausschluß der im Deutschen wegen der relativ späten Entwicklung und Durchsetzung einer von allen Sprachbenutzern mindestens passiv beherrschten Schriftsprache ausdrucks- wie inhaltsseitig sehr ausgeprägten Dialektwortschätze. Vom Niederdeutschen wird dementsprechend direkt gesagt, es könne nicht berücksichtigt werden. Hinsichtlich der hochdeutschen Mundarten setzt Grimm ein soziologisches Gefälle in dem Sinne an, daß das Bairisch-Österreichische „zum roh werdenden volksdialekt" (1, XVI) herabgesunken sei; auch das Hessische und Thüringische hätten nur spärliche Denkmäler hervorgebracht; demgegenüber zeichneten sich das Schwäbische, das Elsässische und vor allem das Schweizerische sowie aus einer ganz anderen historischen Konstellation heraus auch das Obersächsische und Schlesische durch entweder jahrhundertelang anhaltende oder zwar kürzere, aber geschichtlich sehr einflußreiche Beiträge zur Schriftsprache aus. Die Konsequenz aus dieser Auffassung wird nicht explizit gezogen; es läßt sich aber schließen, daß die auf der Prestigeskala Grimms höher angesetzten Raumvarietäten eine stärkere Berücksichtigung finden als die am unteren Skalenende angesiedelten; dementsprechend spielen ostmitteldeutsche, vor allem schlesische Quellen in Grimms Exzerptionspraxis eine herausgehobene Rolle. Umgekehrt und generell wird aber gesagt: „Fürs deutsche wörterbuch behauptet die kenntnis *aller* (Sperrung von mir, O. R.) hochdeutschen mundarten hohen werth" (1, XVII); „die unparteiische zulassung und pflege aller ausdrücke" (1, XXIII) läßt sich trotz eines teilweise anderen Argumentationszusammenhanges ebenfalls in dieser Richtung interpretieren; auch Wilhelm Grimm will, „was die Mundarten zugetragen haben", nicht aus dem Wörterbuch ausschließen, dies käme einer Verschüttung der Quelle gleich, aus der sich die Sprache immer wieder erquicke (1881, 513). Die Verhältnisse verkomplizieren sich noch dadurch, daß sich weder Jacob Grimm konsequent an seine eigenen Richtlinien noch seine Nachfolger daran halten; besonders R. Hildebrand tendiert zu einer systematischen Einbeziehung der Mundartwortschätze (z. B. 1890, 4—5). Auf diese Weise wird das DWB für alle wort- und bedeutungsgeographischen Fragen zu einer ersten Adresse, an der man zumindest streckenweise mit Aussicht auf zuverlässige und detaillierte Auskunft nachschlägt (zu Details: Kühn/Püschel 1983, 1381—1390). In der Neubearbeitung heißt es lapidar: „Unberücksichtigt bleiben [...] niederdeutsche Wörter und rein mundartliches Wortgut" (1,4); „rein mundartlich" ist dabei wohl alles, was historisch und gegenwärtig ohne erkennbaren Bezug zur Schreibsprache war oder ist; dies ist der Umkehrschluß aus der Formulierung: „auf Beziehungen des schriftsprachlichen zum mundartlichen Gebrauch, insbesondere auf mundartliches Nachleben schriftsprachlich außer Gebrauch gekommener Wörter und Bedeutungen, (wird) hingewiesen" (Dückert 1987, 175).

M. de Vries tut sich in seiner Einleitung zum WNT ähnlich schwer mit einer klaren Umgrenzung des aufzunehmenden Dialektwortschatzes wie Jacob Grimm und seine Nachfolger. Dialektwörter seien als Lemmata immer dann aufzunehmen, wenn sie entweder in breiterem Raum *(ruimere kring)* bekannt sind oder wenn sie zur Bereicherung der Sprache „wirklich etwas beitragen können" (XLIII). In Zweifelsfällen möge man sich auch unter Inkaufnahme von Inkonsequenzen lieber für zu viel als zu wenig (XLII) entscheiden. Aber selbst wenn ein Wort die genannten Aufnahmebedingungen nicht erfüllt, muß es nicht ausgeschlossen bleiben; immer dann nämlich, wenn es der Erhellung dunkler Punkte in der Geschichte von Wörtern zu dienen vermöge, könne man es, zwar nicht in der Lemmaposition, wohl aber in anderen jeweils geeigneten Informationspositionen behandeln. Die Kombination dieser Argumente gibt dem Lexikographen eine sehr weitgehende Entscheidungsfreiheit.

Das OED nimmt von der Mitte des 12. Jhs. an bis etwa zum Jahre 1500, bis zu einem Zeitpunkt also, vor dem das Englische ohne Leitvarietät nur in Dialekten existierte, alle Wörter aller Dialekte auf. Nach 1500 begegnende dialektale Ausdrücke bleiben unberücksichtigt, da ihre Sammlung noch nicht abgeschlossen ist und ihre Darstellung eine eigene Methodik verlangt. Ausnahmen von dieser Regel bilden diejenigen Wörter, die die Geschichte eines ehemals allgemein gebräuchlichen Wortes fortsetzen oder die Geschichte eines literatursprachlichen Wortes illustrieren oder (wie viele schottische Ausdrücke) eine gewisse literarische Geläufigkeit aufweisen (1, 1933, XXVIII). Diese Regelung ist weniger im Inhalt der Aussage als in ihrem Ton wesentlich restriktiver als im DWB und WNT. — Das DOST macht im Vorwort keine explizit auf Dialektwortschätze bezügliche Aussage.

3.1.6. Der Anspruch „unparteiische[r] zulassung und pflege aller ausdrücke" (DWB 1, XXIII) sowie die klare Stellungnahme Grimms zugunsten der Aufnahme sog. anstössiger oder unzüchtiger Wörter (ebd. XXXIIf.) machen deutlich, daß das DWB hinsichtlich der situationsgebundenen Wortschätze keinerlei explizite Selektionsbeschränkungen kennt. Implizit ist allerdings infolge der Konzentration auf das schriftsprachlich Fixierte in dem Maße eine Einschränkung gegeben, wie schriftsprachliche Quellen das sozial unterschichtige, das aus mannigfachen Gründen für geschriebene Texte irrelevante und das genuin sprechsprachliche Wort- und Bedeutungsgut ausfiltern. Dem entspricht umgekehrt eine ausführliche Berücksichtigung der Literatursprache, insbesondere desjenigen Teils der Literatur, dem besondere Sprachgewalt und Volksnähe zugeschrieben werden (vgl. Reichmann 1990, Anm. 24, mit Lit.). — De Vries hat für das WNT die Auffassungen J. Grimms über die Wörterbuchwürdigkeit der Ausdrücke sog. platter Sprache, auch wenn sie „weniger wohlgefügt" klängen, voll übernommen; „flaue Prüderie" ließe die Sprache verarmen (1, XLVf.). Er geht aber über Grimm hinaus, indem er die Rolle der Sprechsprache, vor allem als Feld dauernder formaler und semantischer Variation wie als kommunikativen Ort für Sprichwörter und Redewendungen besonders hervorhebt. — Das OED führt colloquial words als eigenen, zum slang hin offenen und voll zu berücksichtigenden Teil seiner Basis auf; die Erfassung von slang-Wörtern dagegen wird nicht so konsequent betrieben wie diejenige des Fachwortschatzes der Wissenschaften und der Philosophie (1, 1989, XXV).

3.1.7. Zu den schichtenspezifischen (soziolektalen) Wortschätzen äußern sich alle hier besprochenen Wörterbücher nur implizit und in Verwischung mit anderen Dimensionen des Wortgebrauchs. Generell wird man schließen können, daß die höherschichtigen Wortschätze in dem Maße erfaßt werden, in dem der Literatursprache ein besonderes Gewicht zugesprochen wird (vgl. 3.1.1.), in dem die Wortschätze von Wissenschaften und Technik berücksichtigt (vgl. 3.1.3.), in dem der Fremdwortschatz (vgl. 3.1.4.) sowie geschriebene Sprache als Gegensatz zur gesprochenen (vgl. 3.1.6.) berücksichtigt werden; zusammengenommen heißt das: sehr ausführlich. Mittelschichtig gebrauchte Wortschätze kommen über die Gruppensprachen „der ältesten stände des volkes" (DWB 1, XXX; vgl. auch 3.1.2.), also ebenfalls ausführlich zur Darstellung. Der Wortschatz der unteren Sozialschichten dagegen hat wie die Dialekte (vgl. 3.1.5) in allen geschichtlichen Epochen nur eine geringe Chance, aufs Papier zu kommen; der Grad seiner Erfassung ergibt sich aus den Überlieferungs- und (für die jeweilige lexikographische Gegenwart:) aus den Verschriftlichungsgegebenheiten; daraus ergeben sich Einschränkungen, die in keinem der Vorworte thematisiert werden.

3.1.8. Die historischen Wortschätze zu erfassen, ist dem DWB, dem WNT und dem OED, die bezeichnenderweise alle im 19. Jh. gegründet wurden (vgl. dazu: *The History of the Oxford English Dictionary* in OED 1, 1989, XXXV—LVI; *Geschiedenis* „Geschichte" im WNT 1, 1883, II—XXXV; zum DWB: Kirkness 1980 und *Das Grimmsche Wörterbuch* 1987), geradezu konstitutives, dem DOST schon laut Titel alleiniges Anliegen. Im einzelnen wurden folgende Festlegungen vorgenommen:

Das DWB will „den umfang des nhd. ganzen zeitraums [das ist die Zeit nach der Mitte des 15. Jhs., O. R.] so viel als möglich [...] erschöpfen" (1, XVIII); vorher vorhandenes, aber nach 1450 nicht mehr belegtes Wortgut bleibt demnach ausgeschlossen (Dückert 1987, 174); die Zeitgrenze auf das Jahr 1500 zu verlegen, lehnt J. Grimm mit dem Hinweis auf berühmte Schriftsteller, nämlich Heinrich von Steinhöwel, Albrecht von Eib, Niclas von Wyle, Geiler von Kaisersberg, Johannes Pauli, Sebastian Brant, ab — ein deutlicher Niederschlag des Gewichtes der Literatur innerhalb seiner Konzeption. Die dem 15. Jh. vorangehenden Epochen werden so weit herangezogen, wie es nötig ist, „der ältesten und vollendetesten gestalt eines ausdrucks habhaft zu werden"; ausführlicher Raum wird dabei den Belegen aus dem Mittelhochdeutschen gewidmet. In der Praxis wurden diese Verfahrensregeln so großzügig ausgelegt, daß vom DWB immer wieder als vom besten alt- und mittelhochdeutschen Wörterbuch geredet wird, auch wenn dieses Urteil generell nicht haltbar sein dürfte (vgl. Gottzmann 1990).

Der Terminus a quo des WNT wurde zunächst auf das Jahr 1637, das Datum des Erscheinens der *Statenvertaling des Bijbels,* festgelegt, danach zunächst auf die Zeit um 1580 verschoben, um die herausragenden Werke der niederländischen Literaturblüte des späten 15. und beginnenden 16. Jhs. mit zu erfassen, danach aus pragmatischen Gründen, nämlich um den Anschluß an das seit 1885 erscheinende MNW zu finden, auf das Jahr 1500 fixiert. Alles seit dieser Zeit nicht mehr Gebrauchte bleibt ausgeschlossen. Diese Regelung bereitet M. de Vries allerdings ein schlechtes lexikographisches Gewissen; dies wiederum führt ihn über die Überlegung, daß man eigentlich gar nicht sagen könne, wann ein Wort veraltet sei, zur Formulierung von vier Ausnahmeregeln: (1) Wenn ein Wort in kleinerem Raum/Kreis (*kring,* offensichtlich mündlich) weiterlebt, (2) wenn es als Bezeichnung früherer Einrichtungen, Bräuche usw. (also gleichsam als Zitatwort) noch „in Erinnerung geblieben ist", (3) wenn „ein Dichter mit Geschmack es bisweilen glücklich zu gebrauchen weiß", (4) wenn aus der Art seiner Bildung „die ursprüngliche Bedeutung spricht", ist der „Lebenskeim" noch nicht erloschen und kann man es ins Wörterbuch aufnehmen (1, XXXVIII—XXXIX).

Weiter als das DWB und WNT greift das OED in die Geschichte aus. Aufgenommen werden alle Wörter, die seit der Mitte des 12. Jhs. im Englischen in Gebrauch waren oder sind. Das altenglische ('angelsächsische') Vokabular einzuschließen, hätte nicht nur die Aufnahme ganzer Massen obsoleter Wörter, sondern auch die Darstellung obsoleter Flexionen und damit eigene Beschreibungsmuster erfordert. Das Jahr 1150 spiegelt den zentralsten sprach- und textgeschichtlichen Bruch des Englischen schlechthin (1, 1939, XXV).

Das DOST setzt im Gegensatz zum DWB, WNT und OED einen terminus ante quem an, und zwar das Jahr 1600. Falls der Wortgebrauch im 17. Jh. nicht mit demjenigen des sich damals durchsetzenden Englischen zusammenfällt, wird die Grenze auf 1700 verschoben. Wörter, die vor 1600 nicht belegt sind, also erst danach erscheinen, werden unter der Voraussetzung aufgenommen, daß sie (1) nicht geläufig und (2) nicht im gleichen Sinne wie im zeitgenössischen Englischen gebraucht werden oder (3) einen besonderen Bezug zur schottischen Kulturgeschichte haben. Eine untere Grenze wird nicht angegeben (vgl. 1, VII).

Bei Komprimierung des Vorgetragenen (und damit verbundener gröbster Vereinfachung) ergibt sich folgende Übersicht über die Berücksichtigung der einzelnen Varietäten (Legende: + = voll berücksichtigt; (+) = stark berücksichtigt; (—) = wenig berücksichtigt; — = nicht berücksichtigt; 0 = keine Aussage möglich oder sinnvoll) (s. Abb. 153.2).

Die Übersicht zeigt, daß keines der behandelten Wörterbücher in vollem Sinne des Wortes als *gesamtsprachbezogen* bezeichnet werden kann. In der Geschichte des DWB gibt es immer wieder Punkte, an denen aus Gründen des schnelleren Fortgangs der Arbeiten deutlich ausgesprochen wird, daß die Brüder Grimm ein Wörterbuch der hochdeutschen Schriftsprache, nicht dagegen einen allgemeinen deutschen Sprachschatz gewollt hätten (so 1932 in den redaktionsinternen *Dieperssschen Richtlinien*); umgekehrt scheint es 1893 und einige Jahre danach Bestrebungen gegeben zu haben, „ein neues, viel umfassenderes Wörterbuch in Angriff" zu nehmen (Schröter 1988, 73 und 78 mit Literatur). Innerhalb des Praktikablen werden unterschiedliche Näherungswerte erreicht. Das DWB und WNT erweisen sich dabei als sehr ähnlich ausgerichtet; das OED hat den konsequentesten Bezug auf die Gesamtsprache. Das DOST könnte durch seine zeitliche Begrenzung auf 1600/1700 auch als historisches Sprachstadienwörterbuch aufgefaßt werden; die Berücksichtigung einzelner Wortschatzbereiche auch nach dieser Zeitgrenze rückt es aber in die Nähe gesamtsprachbezogener Wörterbücher.

3.2. Funktionen gesamtsprachbezogener Wörterbücher

Die von den großen gesamtsprachbezogenen Wörterbüchern laut ihren Vorworten angestrebten Funktionen sind die folgenden:

(1) Die behandelten Wörterbücher beruhen auf der Basis von bis zu 20 000 Quellentexten (vgl. Art. 168) und mehreren Millionen

153. Das gesamtsystembezogene Wörterbuch

Wortschatzbereiche / Wörterbücher	1. allg. Wortschatz	2. Wortsch. von Gruppensprachen	3. Wortsch. von Wissenschaft u. Technik	4. Fremdwortsch.	5. dialektale Wortsch.	6. situationsgeb. Wortsch.	7. Wortsch. von Soziolekten	8. Wortsch. von Historiolekten
DWB	+	+	(−)	(−)	(+)	(+)	+	seit 1450: + bis 1450: −
WNT	+	+	(+)	(−)	(+)	(+)	+	seit 1500: + bis 1500: −
OED	+	+	+	+	(+) (bis 1500: +; danach: −)	+	+	seit 1150: +
DOST	+	+	0	+	+	0	+	seit 12. Jh. bis 1600/1700: +

Abb. 153.2: Gegenstandsbereiche gesamtsprachbezogener Wörterbücher

Exzerpten (z. B. WNT für die Strecke *u—z*: 1,3 Mio.; vgl. van Sterkenburg 1987; OED 1933: über 5 Mio., vgl. *Preface* V); sie bieten mehrere Millionen Zitate (z. B. OED 1989: 2,4 Mio.; vgl. *Preface* VII) und stellen damit die Materialgrundlage dar für so viele Wortgeschichten, wie es Lemmata gibt, sowie für die Wortgeschichte insgesamt einer Sprachgesellschaft (dazu detailliert: Reichmann 1986a, 24—30). Das OED formuliert selbstbewußt, aber keineswegs übertrieben: „There is no aspect of English linguistic history that the Dictionary has not illuminated" (1, 1989, VII). Die Nutznießer im engeren Sinne sind die Worthistoriker.

(2) Die Wörterbücher bilden die Materialgrundlage für linguistische, vor allem morphologische und syntaktische Untersuchungen aller Art; die Nutznießer im engeren Sinne sind die Linguisten (vgl. auch Art. 18).

(3) Die Wörterbücher liefern die Materialgrundlage für textphilologische Untersuchungen aller Art, darunter auch für die zeitliche, räumliche, sozialschichtige und gruppenbezogene Bestimmung anonym überlieferter Texte. Nutznießer im engeren Sinne sind die Textphilologen (vgl. auch Art. 17).

(4) Die Wörterbücher fungieren infolge der engen Verknüpfung von semantischer und enzyklopädischer Erläuterung auch als „encyclopaedic treasury of information about things" (OED 1, 1989, VII). Nutznießer im engeren Sinne sind die Fachhistoriker aller Sparten (vgl. auch Art. 19).

(5) Gesamtsprachbezogene Wörterbücher gelten neben den kulturpolitisch als normgebend anerkannten ein- bis wenigbändigen Gebrauchswörterbüchern von der Art des Duden oder WDG im Ausland als vornehmste Dokumentation der Sprache und Kultur einer Sprachgesellschaft, gleichsam als deren Aushängeschild; sie werden damit zwar nicht zur alleinigen, aber doch zu einer wesentlichen Grundlage für die im Ausland erarbeiteten zweisprachigen Wörterbücher. Dabei werden außer dem Lemmabestand zumindest Teile der sprachbezogenen (z. B. stilistischen) Wertungen und der notwendigerweise in die Bedeutungserläuterungen eingehenden gesellschaftlichen Wertvorstellungen (vgl. Art. 7; 24) übernommen. Diese Aussagen gelten für das OED sehr viel direkter als für das DWB und WNT.

(6) Unter bestimmten historischen Bedingungen können gesamtsprachbezogene Wörterbücher zu einem der Instrumente werden, die bestimmte gesellschaftliche Gruppen an-

wenden, um alle Sprecher einer Sprache über alle gesellschaftsinternen Klassenbildungen und Gruppeninteressen hinweg zu einer Identifizierung als sprachliche Großgruppe zu veranlassen; die sprachliche Identifizierung verbindet sich dann leicht mit Identifizierungen qualitativ anderer Art, insbesondere mit denjenigen zu einer staatlichen und einer kulturellen Gemeinschaft. Daraus wiederum können in einem sich wechselseitig stützenden Prozeß die Solidarisierung nach innen und die Abgrenzung nach außen (vgl. Reichmann 1978) folgen. Der genannte Bedingungstyp war im 19. Jh. sowohl im deutschsprachigen wie im niederländischsprachigen Raum gegeben: hier wie dort der vor allem vom Bürgertum getragene Wunsch nach einem liberalen Nationalstaat mit Deckungsgleichheit von Sprach- und Staatsgebiet, wobei für die Niederlande mitzuteilen ist, daß die 1815 auf dem Wiener Kongreß beschlossene Vereinigung Belgiens mit den nördlichen Provinzen bereits 1830 wieder zerbrach. Dies führte zu Befürchtungen hinsichtlich des Fortbestandes der sprachlich-kulturellen Gemeinsamkeiten.

J. Grimm bestätigt die hier angesprochene Funktion des DWB sehr direkt: Er spricht „von der empfänglichkeit des volks für seine muttersprache", von „erstarkte[r] begierde nach seiner festeren einigung" und fragt dann: „was haben wir denn gemeinsam als unsere sprache und literatur?" (1, III). Etwas später (VII) heißt es: „Seit den befreiungskriegen ist in allen edlen schichten der nation anhaltende und unvergehende sehnsucht entsprungen nach den gütern, die Deutschland einigen und nicht trennen, die uns allein den stempel voller eigenheit aufdrücken. [...]; wenn nach dem gewitter von 1848 rückschläge [...] die luft durchziehen, können sprache und geschichte am herrlichsten ihre unerschöpfliche macht der beruhigung gewähren" (vgl. Ganz 1973, 21). — Im Lichte solcher Aussagen gewinnen nicht nur die viel belächelte Hausbuchideologie Grimms (XII—XIII), sondern auch folgende Kennzeichen des DWB volle Plausibilität: die Rolle der Etymologie, die das Deutsche im Sinne der Organismus-Metapher (vgl. Schmidt 1986) als Zweig der uralten und natürlichen Gegebenheit 'Sprache' aufzufassen lehrt, der für die damalige lexikographiegeschichtliche Situation (Wörterbücher als Gebrauchsgegenstände in der juristischen, konfessionellen, literarischen Praxis) auffallend weite Ausgriff in die historischen, dialektalen und sozialen Varietäten der Sprache, die reservierte Haltung gegenüber dem Fremdwortschatz und den wissenschafts- und techniksprachlichen Neologismen, der Anspruch, mit dem Wörterbuch „auf gesicherte dauer" (XIII; vgl. auch LXVIII) der Sprache einzuwirken. Ein Wörterbuch erfüllt seine nationalkulturelle Rolle offensichtlich nicht als linguistisch-professionelles Fachbuch, sondern als nationalpädagogisches Handlungsinstrument, und zwar in dem Maße, in dem es gelingt, Sprache als das immer schon dagewesene, in allen möglichen Varianten dennoch letztlich konstante und identische, dem Zufälligen enthobene, auch in Zukunft immer daseiende, „natürliche" Band der Einheit einer sich suchenden Nation möglichst breiten Kreisen von Sprechern bewußt zu machen, Grimm sagt: als „heiligthum", als „schutz", als „hehres denkmal des volks, dessen vergangenheit und gegenwart in ihm sich verknüpfen" (XII; dazu zuletzt: Hinderling 1988, 66—67). Hildebrand äußert sich 1873 ähnlich und verweist auf die besondere Rolle, die der deutschen Philologie in dieser Hinsicht zukommt.

M. de Vries kennzeichnet die geschichtliche Situation des Niederländischen nach 1830 wie folgt: „Die Teilung des Königreiches der Niederlande hatte für unsere flämischen Sprachgenossen (wörtlich: -brüder) traurige Folgen gezeitigt. Geschieden von ihren Stammverwandten führten sie gegen die Vorherrschaft des Französischen einen ungleichen Kampf. Es drohte die Gefahr, daß das Flämische zu einem verachteten Patois werden, sich zumindest aber vom altniederländischen Stamm lösen und verballhornen würde. Als kluge Söhne des alten Dietschen Geschlechtes stritten die Flamen um das kostbare Recht ihrer Muttersprache. [...]. Die Sache des Flämischen war auch diejenige des Holländischen, die Sache der gemeinsamen niederländischen Sprache. [...] 'Wiederherstellung der flämischen Sprachrechte' und 'Einheit der Sprache im Norden und Süden' wurde nun die Losung all derer, die die wahrhaften Belange beider Länder begriffen. Die Losung zwang zur Verbrüderung und wurde Anlaß zu einer Reihe von Kongressen mit dem Ziel, „dasjenige zu vollbringen, was jahrhundertelang vernachlässigt worden war und was auch nicht zustandekommen konnte, als man unter einer gleichen staatlichen Regierung im gleichen Haus wohnte: Einheit im Wirken der nördlichen und südlichen Niederländer zum Erhalt des Begriffes eines gemeinschaftlichen Volkes und einer gemeinschaftlichen Volkssprache". Dieses Ziel haben die Kongresse über alle Erwartung hinaus erreicht. Die niederländische Sprache ist in Belgien in Ehre wiedereingesetzt, die Spracheinheit von Norden und Süden für alle Zeit gesichert und der Begriff vom niederländischen Volk in all seinen Verzweigungen des Dietschen Stammes zu einer lebenden und beseelenden Kraft geworden" (X). Die Sprache wird in diesem Zusammenhang zur „großartigen Schöpfung des Volkes", zur „Offenbarung allen Denkens und Fühlens, Handelns und Strebens, des Leides und der Freude früherer Geschlechter"; sie ist das „Band, das alle Söhne desselben Stammes umschließt, Stütze und Garant unserer Nationalität" (LXXXVI). Das Wörterbuch ist „nationales Bedürfnis"; die Vorbildwirkung der Brüder Grimm findet ausdrückliche Anerkennung: „In unseren Tagen, da die Sprachwissenschaft sich ihrer Berufung erst recht bewußt geworden ist, da sie die hohe Bedeutung der Muttersprache als Ausdruck und Garanten der Nationalität klarer als je zuvor begriffen, konnte für unsere lexikographische Arbeit kein anderes Vorbild die Richtschnur sein als die großartige Schöpfung, womit das Genie der Brüder Grimm die Deutsche Nation bereichert hat" (LXXIV). Es paßt ins Bild, daß das WNT hinsichtlich seiner sprachideologischen Grundlagen, darunter des Ausgriffs in die Varietäten, einiger Reflexe des Organismuskonzepts, der Behandlung von Fremdwörtern, seines Selbstverständnisses als Sprachschatz *(taalschat)* von „unerschöpflichem Reichtum" (LXXXV) oder Sprachmuseum *(taalmuseum;* LXXIV) mit dem DWB auf einer Linie liegt; auch die Rolle der Etymologie ist erheblich, obwohl nicht mit der schlechthin konstitutiven Rolle bei J. Grimm vergleichbar (vgl. WNT 1, LVII); dessen Hausbuchideologie wird voll übernommen (z. B. LXXXIV); orthographiegeschichtlich gelingt (im Gegensatz zu Grimm) eine einheitliche, von den Kulturinstanzen Belgiens und der Niederlande anerkannte und damit für die Zukunft normative Schreibungsregelung, ein Verdienst, auf das M. de Vries besonders stolz ist, weil damit ein sichtbares Zeichen der Identität des nördlichen und südlichen Niederländischen geschaffen ist (XX f.). Einige Ausfälle in Zusammenhang mit der Diskussion der Fremdwortselektion (LI f.) gegen das Deutsche erklären sich aus der dominanten Rolle, die diese Sprache in der 2. Hälfte des 19. Jahrhunderts in Nordwest-, Nord- und Osteuropa innehatte; dabei entbehrt es nicht einer gewissen Ironie, daß de Vries hinsichtlich seiner Syntax, seines Stils, seiner Metaphorik und der vorgetragenen Inhalte eine Prosa schreibt, die man auch als deutsche Gelehrtenprosa in niederländischem Gewand bezeichnen könnte. In ähnlicher Weise erklärt sich die Charakterisierung des Französischen als „arme Sprache [...], die mit wenigen Mitteln viel tun muß und die jeder Schöpfungskraft entbehrt"; die Franzosen werden als Volk dargestellt, das sich „dem Gesetz willig beugt"; die Niederländer dagegen seien „ekkiger und kantiger von Natur", hätten eine „schärfer gezogene Individualität" (LXXII). Die Auffassung von Sprache als Identifikationsinstrument mit Solidarisierungsfunktion nach innen und Abgrenzungsfunktion nach außen könnte nicht deutlicher ausgedrückt werden. — Dem OED sind Stil und Argumentation dieser Art völlig fremd.

(7) Bei der Beschreibung des Allgemeinwortschatzes als des Zentrums des Gegenstandes gesamtsprachbezogener Wörterbücher fiel auf, daß dieser Wortschatzteil in allen hier behandelten Wörterbuchvorworten als entscheidend schriftsprachlich bestimmt und innerhalb dieses Rahmens sogar als literarisch charakterisiert wurde (vgl. 3.1.). Dem entspricht die Rolle, die der schönen Literatur im DWB und WNT im Zusammenhang mit der Festlegung der unteren Zeitgrenze zugesprochen wurde (vgl. 3.8.). Für das OED sei dazu an dieser Stelle ergänzt, daß die seiner Arbeitsorganisation zugrundeliegende interne Epochengliederung eine Phase von 1525 bis 1674 ansetzt; 1525 ist das Jahr des ersten gedruckten englischen neuen Testamentes, 1674 das Todesjahr Miltons. Daraus leitet sich eine weitere, und zwar eine kulturpädagogische Funktion gesamtsprachbezogener Wörterbücher her; sie ergibt sich daraus, daß ihr Gegenstand trotz aller deskriptiven Ansprüche keinesfalls als amorphe Masse von Gleichwertigem, sondern als qualitativ Geschichtetes dargeboten wird. Dabei sind die Wertkriterien für die vorgenommene Schichtung diejenigen des zugleich sprachlich, literarisch und historisch gebildeten wie national gesinnten Bürgertums; sie sind es so unbestritten, daß die Niederschläge der Wertung als Qualitäten des beschriebenen Gegenstandes statt als Resultate kulturpädagogischer Handlungen erscheinen. Der Wörterbuchbenutzer erhält dadurch qualitativ „nach oben" auf die Nationalliteratur, den

literarischen Kanon einer Sprachgesellschaft ausgerichtete Orientierungen; er wird zum nationalliterarisch sensibilisierten Benutzer erzogen. Zum Verständnis dieser Aussagen sei ein denkbares Gegenbild entworfen, nämlich die Sensibilisierung auf ein kommunikativ funktionales, z. B. fachsprachlich-gebrauchssprachlich orientiertes Ideal ohne nationalsprachliche Implikationen (vgl. Art. 129, Abschn. 1.4.).

3.3. Probleme der Artikelgestaltung gesamtsprachbezogener Wörterbücher

Gegenstand und intendierte Funktion gesamtsprachbezogener Wörterbücher haben zwar Auswirkungen auf die Artikelgestaltung, lassen dennoch aber weite Spielräume zu. Varianten und Invarianten sollen im folgenden unter dem Gesichtspunkt ihrer Bestimmtheit durch den Typ und ihrer Affinität zu seinen lexikographiegeschichtlichen Realisierungen vorgestellt werden.

(1) Die Form des Lemmas ist trotz oder gerade aufgrund der Tatsache, daß die Vielfalt von geographischen, historischen usw. Varianten eines Wortes nicht dargestellt werden kann, für keines der Wörterbücher ein länger diskutiertes Problem. Man entscheidet sich nach sprachsoziologischen Gesichtspunkten für die in der Standardsprache der jeweiligen lexikographischen Gegenwart übliche Form in der üblichen (OED 1, 1989, XXVI) oder in einer aus besonderen Gründen modifizierten (DWB 1, LIVf.) oder neu geregelten (WNT 1, XXf.) Schreibung (zum Problem vgl. auch: Art. 154, Abschn. 3.1.). Wo dies zu Konflikten mit der Etymologie und einem sich aus ihr ergebenden Richtigkeitsbegriff führt, kann man auf eine etymologische Schreibung ausweichen (vereinzelt im DWB; vgl. auch OED 1, 1989, XXVI). Das DOST, das sich im Vorwort nicht über die Lemmatisierung äußert, arbeitet im Falle von Konflikten zwischen etymologischem Ansatz und sog. „praktischen" Gesichtspunkten (1, VIII) mit Doppellemmata, deren erster Bestandteil die richtigere Etymologie reflektiert. (Im übrigen beweist die Auflistung der Menge von Belegformen im DOST, wie sie auf die Lemmaposition folgt, die typologische Nähe dieses Wörterbuches zum historischen Sprachstadienwörterbuch; im DWB und WNT fehlen Belegformenlisten; dies ist typenkennzeichnend, obwohl auch das OED solche Listen führt.)

(2) Eine Informationsposition 'Etymologie' ist für den Typ 'gesamtsprachbezogenes Wörterbuch' nicht konstitutiv, dennoch begegnet sie in allen hier behandelten Beispielen. Der Grund dafür liegt darin, daß die Erfassung der historischen Varietäten vor derjenigen aller anderen Priorität hat (vgl. 3.8.); das OED (1933) versteht sich laut Titel gar als *a Re-issue [...] of A New English Dictionary on Historical Principles founded mainly on the Materials collected by The Philological Society*. Da Etymologie vor allem dann, wenn sie sich nicht auf die Rekonstruktion einer Wurzel beschränkt, sondern die gesamte Form- und Gebrauchsgeschichte (OED 1, 1989, XXVII) einschließt, als Verlängerung der Wortgeschichte in eine nur rekonstruktiv erfaßbare Vorzeit aufgefaßt werden kann, ist die Affinität zwischen Etymologie und den dominant historisch ausgerichteten Realisierungen gesamtsprachbezogener Wörterbücher offensichtlich. Dies äußert sich in gewissen Gemeinsamkeiten, vor allem einem Block, der die Formentsprechungen des Lemmazeichens in älteren Stufen der eigenen Sprache sowie in den verwandten germanischen und indoeuropäischen Sprachen aufführt, man vgl. s. v. *Acker, akker, acre*:

Acker (DWB): „gr. ἀγρός, goth. akrs, ahd. achar, acchar, mhd. acker, ags. æcer, alts. accar, mnl. akker, altn. akr, schwed. åker, dän. ager" (1, 172).
akker (WNT): „Goth. akrs [...]; ohd. achar, accar [...]; mhd. acker [...]; nhd. acker; osaks. akkar [...]; ags. aecer [...]; ofri. ekker [...]; onrd. akr [...]; deensch ager; zw. åker [...]; skr. ag'ra [...]; gr. ἀγρός; lat. ager" (1, 16).
acre (OED): „OE. æcer, acer, cogn. w. Goth. akr-s, ON. akr, OSax. accar, OFri ekker, OHG. achar; L. ager, Gr. ἀγρός; Skr. ajras" (1, 1989, 117).

Mit diesem Block kann sich die Nennung wurzelverwandter Wörter (im Beispiel etwa von lat. *agere* 'treiben'), die Angabe der rekonstruierten Wurzel (im Beispielfall allerdings keine Angabe), die Erschließung einer Urbedeutung (hier: 'Weideland, wohin man das Vieh treibt') und früherer Bedeutungsentwicklungen (hier: von 'Trift' zu 'bebautes Feld') verbinden.

Selbstverständlich bestehen hinsichtlich der Rolle der Etymologie zwischen den Einzelwerken auch erhebliche Unterschiede: Für das DWB liefert die Urbedeutung (Grimm sagt auch: *Urbegriff*) geradezu das Orientierungszentrum, von dem aus der gesamte Artikel gestaltet wird. J. Grimm, möglicherweise beeinflußt durch F. Passow 1831, konzipiert sie als sinnlich-anschauliche Gegebenheit und leitet aus ihr nach einem apriorischen, von 'konkret' zu 'abstrakt' verlaufenden Entwicklungsbogen alle im Laufe der Wortgeschichte zunehmend 'abgezogen' werdenden Verwendungen, d. h. Gebrauchsweisen für abstrakte Gegenstände, her; Passow hatte von der „Lebensgeschichte jedes einzelnen Wortes" gesprochen (1831, 1, XXVII). Der Feststellung der Urbedeutung kommt daher besonderes Gewicht zu; im Falle unklarer Etymologie wird der Leser an allen Spekulationen, auch den nicht verworfenen, ausführlich beteiligt; dies führt oft zu einer Länge der etymologischen Artikelteile, die mehr als die Hälfte des gesamten Artikelumfangs beschlägt (dazu detailliert: Reichmann 1990). — Es waren Grimms Spekulationen und der Umfang seiner etymologischen Artikelteile, die M. de Vries bewogen, sich bei seinen Etymologien alles Ratens und Vermutens zu enthalten und ausschließlich die Ergebnisse seiner Untersuchungen mitzuteilen (1, LVII f.). Er tut dies mit stilistisch deutlich greifbaren entschuldigenden Untertönen; sie resultieren daraus, daß man in der Geschichte des WNT lange Zeit eine Artikelstruktur diskutiert hatte, nach der die sog. Stammwörter als Hauptlemmata angesetzt und diesen alle Ableitungen und Komposita zugeordnet werden sollten. Dieses, in der Sprachstadienlexikographie am überzeugendsten von Benecke/Müller/Zarncke 1854—1866 durchgeführte Stammwortprinzip hätte gleichsam automatisch mehr Etymologie und mehr Wortbildungsgeschichte (vgl. Art. 154, Abschn. 3.7.) gebracht. — Die Richtlinien des OED für die Etymologie lauten in stichwortartiger und vereinfachter Form: Für Wörter germanischer Herkunft (= „words originally native") Nennung der ersten englischen und falls möglich der (rekonstruierten) germanischen Form und ihrer Entsprechungen in anderen germanischen Sprachen und Dialekten; für Wörter fremden Ursprungs („of foreign origin") Nennung ihrer Herkunft und Herkunftsform, in bestimmten Fällen Rückführung dieser Form auf deren Vorlage, allerdings mit der Einschränkung, daß derartige Rückführungen funktional auf die Wortgeschichte des Englischen bezogen werden können; keine unfunktionalen etymologischen Streifzüge ins Indoeuropäische und keine etymologischen Fachdiskussionen (1, 1989, XXVIII)!

(3) Die Struktur der Bedeutungserläuterung differiert in den hier behandelten Beispielen gesamtsprachbezogener Lexikographie erheblich. — J. Grimm gibt zunächst einmal (jedenfalls sehr oft) ein partielles Heteronym aus einer anderen Sprache, meist aus dem Lateinischen, an; es soll nicht analysieren, auseinandersetzen, erklären, wie immer wieder unterstellt wird, sondern „mit einem schlag" (DWB 1, XLVI) andeuten, identifizieren, um was es überhaupt geht (vgl. 1, XXXIX—XLVI; 2, II; Reichmann 1990, Abschn. 4.1.). Danach wird die Urbedeutung gesucht und dargelegt, in welcher Weise sie in den historisch belegbaren Einzelbedeutungen eines Wortes nachwirkt. Die Bedeutungserläuterung gewinnt dadurch den zumindest ansatzweise normativen Charakter eines semantischen Erzählstranges, im Einzelfall auch mehrerer solcher Stränge. — So wird z. B. das Wort *Ehre* auf einen Urbegriff 'Glanz' zurückgeführt und dieser Inhalt dann in einer Reihe von 10 Ansätzen von Einzelbedeutungen bis zu den heute üblichen (wie Grimm sagt:) 'erblaßten' Verwendungen (DWB 3, 57) weiterverfolgt. Man könnte diese Art der Erläuterung als *narrativ-linear* charakterisieren. Auch wenn sie bei Grimm mit vielen zeitgebundenen, darunter biomorphen Vorstellungen belastet ist, soll sie hier für die dominant entwicklungsbezogene Ausprägung des gesamtsprachbezogenen Wörterbuches vom Typ des DWB, WNT und OED als eine der prinzipiell möglichen Erläuterungsstrukturen aufgefaßt werden. Für den Fall dominant synchroner (z. B. in die Breite der Dialekte gehender) gesamtsprachbezogener Wörterbücher bedarf sie der Adaptierung an die jeweils zentrale Varietätendimension. — Das Gegenstück zur narrativ-linearen Bedeutungserläuterung bilden Erläuterungstypen, die auf inhaltlichen Ähnlichkeiten der Wortverwendung basieren. In der Diskussion sind zwei Modelle, einmal das *Reihungsprinzip,* zum andern das *generisch ausgliedernde Prinzip*. Nach ersterem werden die Belege eines Wortes aufgrund inhaltlicher Ähnlichkeiten abstraktiv zu einer bestimmten Anzahl von Verwendungsweisen zusammengefaßt und wiederum nach inhaltlicher Ähnlichkeit aneinandergereiht. Dieser Erläuterungstyp ist der einer integrierten Mikrostruktur (vgl. Art. 36, Abschn. 9; Art. 39, Abschn. 5.2.) adäquateste; er hat neben einer Reihe hier nicht ausführbarer sprachtheoretischer Vorzüge und einiger praktischer Vorteile (vgl. Reichmann 1986 a, 102 f.) aber auch den praktischen Nachteil, bei Anwendung im gesamtsprachbezogenen Wörterbuch zu Dutzenden aneinandergereihter Bedeutungen zu führen und damit die rasche Information als Anliegen auch der gesamtsprachbezogenen

Lexikographie zu behindern. Die generische Ausgliederung faßt Belege ebenfalls nach inhaltlichen Kriterien zusammen, verfährt dabei aber mehrstufig, so daß eine Hierarchisierung der Bedeutungen z. B. mit der (fiktiven) Ausgestaltung IA1aα bis IIIC6dβ zustandekommt. Dieser Erläuterungstyp hat den sprachtheoretischen Nachteil, einen Grad an semantischer Strukturiertheit, an Wohlbestimmtheit und damit Unterscheidbarkeit der Einzelbedeutungen zu suggerieren, der die für die meisten Wortschatzbereiche charakteristische semantische Offenheit der einzelnen Wortbedeutungen zueinander verdeckt; er hat aber die praktischen Vorteile, das innerhalb einer Gesamtsprache oft sehr weite und differenzierte semantische Spektrum eines Wortes schnell überschaubar zu machen sowie semantische Lücken und damit nicht belegte Bedeutungspotenzen auf den ersten Blick erkennen zu lassen. Mit der integrierten Mikrostruktur ist er dann verträglich, wenn der Status der hierarchischen Ebenen so geklärt ist, daß eine von ihnen als die Ebene erscheint, von der man sagen kann: Diese Ebene beschreibt die Bedeutungen des Wortes (im Gegensatz zu: diese Ebene nimmt Zusammenfassungen mehrerer Bedeutungen vor, dient lediglich der Überschaubarmachung des Bedeutungsspektrums). Eine solche Feststellung ist die lexikographiepraktische Voraussetzung für die Möglichkeit, Angaben zur onomasiologischen Vernetzung des Wortes, Syntagmen, Belege usw. jeweils in die Erläuterung der Einzelbedeutung integrieren zu können.

In der Praxis verbinden sich in allen hier behandelten Wörterbüchern alle drei genannten Verfahren: Bei J. Grimm beweisen die immer wieder auftretenden und zumindest nicht ausschließlich durch die Belegfolge motivierten Zahlenreihungen (vgl. z. B. *Art, Aufenthalt, aufenthalten*) trotz seines Bekenntnisses zum linear-narrativen Anordnungsprinzip und trotz der Tatsache, daß dies dominant angewandt wird, letztlich doch, daß er nicht ohne Ordnungsgesichtspunkte inhaltlich-logischer Art auskommt; dies gilt erst recht für die Neubearbeitung des DWB, in der historisch-lineare Züge zwar begegnen (vgl. z. B. *ab, Abenteuer*), die generisch ausgliedernde Struktur aber bestimmend ist. — WNT und OED bekennen sich insgesamt deutlich zum linear-narrativen Prinzip. Im WNT schlägt dabei sogar der Grimmsche Gedanke von der anschaulichen Grundbedeutung (*De verbeelding werkt in volle vrijheid*, „die Einbildung arbeitet in voller Freiheit", 1, LXI) und den durch zunehmende Vergeistigung und klare Scheidungen (vgl. DWB 1, III—IV mit WNT 1, LXI) bestimmten Bedeutungen der Gegenwart durch; selbst die Vorstellung, daß die Grundbedeutung als poetischer *(dichterlijk)* Wurf zu konzipieren sei, wird übernommen; all dem gegenüber geht es dann aber doch auch um den „Umfang und Zusammenhang" der Bedeutungen, die eine „klare Überschaubarkeit" verlangen. Im Ergebnis kommt eine Erläuterung zustande, die „den Anforderungen der Logik gerecht werden möge, ohne denjenigen der Geschichte Abbruch zu tun"; und das alles ist „die Spiegelung des — ebenso sehr dichtenden wie denkenden — menschlichen Geistes" (LXI). Dies heißt de facto, daß der Lexikograph unter Beachtung der Beleggeschichte und des inhaltlichen Zusammenhanges der Bedeutungen für jedes Wort eine Artikelstruktur zu realisieren hat, die narrativ-lineare Ordnungsprinzipien mit logisch-inhaltlichen, und zwar sowohl generisch ausgliedernden wie reihenden in jeweils einzelwortspezifischer Mischung verbindet. Für das Adjektiv *arm* sieht dies wie folgt aus: A1, A2a, A2b, A3, A4, A5a, A5b, A5c; B1, B2, B3, B4a, B4b. — Die Aussagen des OED laufen für die Praxis auf das gleiche Verfahren hinaus, wie es das WNT handhabt. Eine ursprüngliche Bedeutung *(primitive sense)* am Anfang und ein Bedeutungsspektrum, das großenteils auf abstrakte Gegenstände beziehbar ist, am Ende werden auch hier zwar nicht direkt ausgesprochen, aber suggeriert; dem entspräche — und dazu steht das OED auch noch 1989 — eine linear-narrative Ordnung der Bedeutungen nach der Beleggeschichte: „That sense is placed first which was actually the earliest in the language: the others follow in the order in which they appear to have arisen" (1, 1989, XXIX). Nun führt die Beleggeschichte aber oft zu dem Bild einer mehrsträngigen Entwicklung; dann werden mehrere Entwicklungsstränge konstruiert und als solche mit römischen Zahlen markiert; innerhalb dieser Stränge erfolgt die Nennung der Bedeutungen in der Reihenfolge ihrer Belegung mittels arabischer Ziffern, und zwar so, daß mit der Zählung nicht neu begonnen, sondern von der letzten Zahl unter der vorangehenden römischen Ziffer aus weitergezählt wird; das Reihungsprinzip ist für die Ebene der Bedeutungen also unvermischt durchgeführt; die Anordnung der Stränge wird nicht diskutiert,

153. Das gesamtsystembezogene Wörterbuch

konsequent wäre diejenige nach Belegdaten. Selbstverständlich sind Untergliederungen der Bedeutungen möglich; sie werden mit Buchstaben gekennzeichnet. Insgesamt ergibt sich dann folgendes Bild:

römische Zahlen, z. B. I, II, III: historische Entwicklungsstränge

arabische Zahlen, z. B. 1, 2, 3 (über die Entwicklungsstränge hinweg durchgezählt): Einzelbedeutungen innerhalb eines Entwicklungsstranges

Buchstaben, z. B. a, b, c: Bedeutungsvarianten.

Entscheidend ist dabei die Interpretation der Gliederungsgesichtspunkte erster Ordnung nicht als logisch-inhaltlich, sondern als historisch und die Hypostasierung der so zustandekommenden Bedeutungsgruppen als Entwicklungsstränge. Erstaunlich kommt mir die dann folgende Aussage vor: „So far for words of which the senses have been developed in English itself"; diese Aussage muß nach dem darauf folgenden Satz, in dem es um „adopted or adapted words" geht, so gelesen werden, als wäre so etwas wie das englisch-westgermanische Erbwort gemeint und als weise dessen Geschichte nicht den Komplexitätsgrad auf, den die Wörter nicht germanischen Ursprungs hätten. Von diesen wird nämlich gesagt, daß sie bereits in der Ausgangssprache polysem gewesen sein könnten, daß ferner die geschichtliche Staffelung ihrer Bedeutungen in der Ausgangssprache oft nicht mit derjenigen im Englischen übereinstimme, so daß die (unter der Hand ebenfalls hypostasierte) „English order" für die unter Herkunftsgesichtspunkten nichtgermanischen Wörter zufällig *(accidental)* sei; schließlich seien infolge breiter Kenntnis der Ausgangssprachen in vielen Fällen auch Mehrfachentlehnungen anzunehmen. Das alles führe zu Problemen bei dem Versuch, „to make the historical order of the words in English agree with the logical order in which they arose in Latin" (logische Ordnung wurde allerdings für die englisch-westgermanischen Wörter nicht erstrebt, so daß der Satz ins Leere geht). Die Schlußfolgerung lautet: „every such word must be treated in the way which seems best suited to exhibit the facts of its own history and use" (Zitate in 1, 1989, XXIX). Diese dann letztlich sehr pragmatische Regel wird in der Ausführung auch auf das herkunftsmäßig englisch-westgermanische Wort angewandt. So lautet die Gliederung für *arm* 'Arm' (1989): I 1 (950), I 1 b (1572), I 2 a (1374), I 2 b (1580), I 2 c (1937), I 3 a (950), I 3 b (1382), I 3 c (1597), I 4 (1607), I 4 b (1575), I 4 c (1822), I 5 (1797); II 6 a; b (885), II 6 c (1833), II 7 a; b; c (1398; 1330); II 8 a (1665); II 8 b (1659), II 9 (1633); III (1639). Man erkennt: Das Zeitprinzip ist auf keiner der drei Ebenen eingehalten; es wäre ferner leicht nachweisbar, das als Entwicklungsstrang Deklarierte als logisch-inhaltlichen Gesichtspunkt der Gliederung des Bedeutungsspektrums zu entlarven (zum Problem detailliert zuletzt mit weiterer Literatur: Zgusta 1989). — Die Neubearbeitung des DWB kombiniert ebenfalls verschiedene Erläuterungsstrukturen.

(4) Belege, d. h. längere, in der Regel einen vollständigen Satz, oft sogar mehrere Sätze umfassende Ausschnitte aus Texten der Wörterbuchbasis, gehören unter lexikographietheoretischen Gesichtspunkten strukturalistischer Provenienz keineswegs zu den typenkonstituierenden Merkmalen gesamtsprachbezogener Wörterbücher. Sie haben als Gegebenheiten der Objektsprache einen prinzipiell anderen Status als die auf einer relativ hohen Abstraktionsebene anzusetzenden Einheiten und Eigenschaften der *langue,* die den genuinen Beschreibungsgegenstand des hier behandelten Wörterbuchtyps bilden, können also selbst nicht zum Gegenstand gehören. Wenn ihnen in allen existierenden gesamtsprachbezogenen Wörterbüchern dennoch ein erhebliches Gewicht zukommt, so muß dies andere Gründe haben. Diese sind zunächst allgemeiner Art: Belege haben a) eine wissenschaftskommunikative Beweisfunktion für alle im Artikel gemachten Aussagen des Lexikographen und b) eine normalkommunikative Funktion als Beispiele im Lernprozeß des Wörterbuchbenutzers (vgl. Reichmann 1988, 417). Die Gründe ergeben sich außerdem aus der besonderen kulturpädagogischen Wirkungsabsicht, die sowohl das DWB als auch das WNT und OED verfolgen: (a) Belege ergänzen die notwendigerweise stark abstraktive Bedeutungserläuterung, indem sie ihr gegenüber besondere Farbtupfen (vgl. WNT 1, LXV: „fijnere toetsen en tinten"), Nuancen, Schattierungen usw. (vgl. OED 1, 1989, XXIX) der Wortverwendung zum Ausdruck bringen. Im DWB, in dessen von Jacob Grimm redigierten ersten Teilen sich die Bedeutungserläuterungen oft auf Andeutungen beschränken oder gar fehlen, sind sie sogar partieller Ersatz der Bedeutungserläuterung. (b) Die Masse, in der Belege geboten werden (OED 1989: 2,4 Mio.), rechtfertigt die überspitzte Formulierung, daß die großen gesamtsprachbezogenen Wörterbücher außer der Gesamt*sprache*

auch die volle Breite des Überlieferungsspektrums dokumentieren wollen. Der Zweck liegt darin, dem Benutzer den kulturellen Reichtum der Sprachgesellschaft zum Erlebnis werden zu lassen, der er angehört, und ihn damit zur Identifizierung mit ihr zu bewegen. In dem (sehr ausgeprägten) Maße, in dem Belege aus dem nationalen Literaturkanon gewählt werden, stützen sie die nationalliterarischen und nationalgeschichtlichen Bildungsanliegen (vgl. oben 3.2, Abs. (7)) der gesellschaftlichen Schicht, die die jeweiligen Wörterbuchunternehmen ideologisch trägt (vgl. WNT 1, LXV). Speziell für das DWB ist die Ausrichtung auf Luther und Goethe so deutlich, daß Jacob Grimm dies rechtfertigen zu müssen glaubt. Er räumt eine „protestantische färbung" vieler Belege ein und erklärt sie „aus der überlegenheit der protestantischen poesie und sprachbildung" (1, XXXVIII), ein Faktum, das zusammen mit anderen die scharfe konservativ-katholische Reaktion auf das DWB verständlich macht (vgl. Kirkness 1980, 179 f.). Im übrigen hat der literarische Beleg eine deutlich die lexikographische Nachschlagehandlung transzendierende Funktion, nämlich die Belege „in ihrem vollständigen zusammenhang einzusehen" (DWB 1, XXXVI), also zur Lektüre des literarischen Werks anzuregen. Maßgebend für die philologische (d. h. sprach- und textbezogene) Ausrichtung der großen Gesamtwörterbücher mag ferner gewesen sein, daß sie von Philologen geplant und großenteils bearbeitet wurden und daß sie teils (am deutlichsten das OED) im Auftrag philologischer Gesellschaften entstanden (vgl. Art. 154, Abschn. 3.8.).

(5) Zur Beschreibung der paradigmatischen und der syntagmatischen Relationen, in der lexikalische Einheiten stehen, haben das DWB und das OED keine eigene Artikelposition; dies schließt selbstverständlich nicht aus, daß über die synonymischen Teile der Bedeutungserläuterung (vgl. z. B. im OED s. v. *arm* 3. fig.: *Might, power, authority*) oft Synonyme, über vereinzelte onomasiologische Exkurse (vgl. z. B. DWB s. v. *Erbe*) oft Gegensatzwörter, über die phrastische Erläuterung wie über die Belege oft Syntagmen geboten werden. Das WNT steht unter diesem Aspekt offensichtlich in anderen Traditionen, und zwar hinsichtlich der Syntagmen deutlich in derjenigen Littrés. So wird das Verb *aandoen* in der Bedeutung 'etw. anziehen' syntagmatisch wie folgt mit Beispielsyntagmen versehen: *Eenen rok, een vest, eene kamerjapon, een overhemd, handschoenen aandoen. Ook: Zijn zwaard aandoen,* omdat het aan het lijf bevestigd wordt. *Eene doekspeld, een ring, een armband, een ordeteken aandoen*. Unter der Position *Syn.* (= *Synonymik*) werden *aanschieten, aantrekken, omdoen, omslaan, omwerpen, opzetten, voordoen* als partielle Synonyme aufgeführt und danach distinktiv in ihrem Verhältnis zu *aandoen* beschrieben. Auch die Gegensatzwörter finden dabei breite Berücksichtigung. Auf diese Art verknüpft das WNT die systematische Mehrdeutigkeit des Wortschatzes (semasiologische Anlage) mit der systematischen Möglichkeit, jeden Begriff auch auf lexikalischer Ebene durch mehrere Einheiten auszudrücken. Es ist das einzige gesamtsprachbezogene Wörterbuch, das außer dem Zeichen- und Bedeutungsbestand seiner Basis sowie großen Teilen von dessen Textspektrum auch die onomasiologische Vernetzung des Wortschatzes zum Gegenstand macht (vgl. auch das Programm in 1, LXVII). Außerdem werden in einer Position 'Afleiding' Wortbildungszusammenhänge offengelegt.

(6) Da Wörter, Wortbedeutungen und andere Eigenschaften des Wortes jeweils nur in einer bestimmten Zeit, in einem bestimmten Raum, in bestimmten Schichten, Gruppen und Situationen gelten, muß das gesamtsprachbezogene Wörterbuch diese Geltungsdimensionen nennen (vgl. auch Art. 154, Abschn. 3.5.). Möglichkeiten dazu bieten:

(a) die Belegstellenangaben, die im OED, im DOST und in der Neubearbeitung des DWB explizite Auskunft über das Entstehungsdatum des zitierten Textes geben, sich aber die Chance entgehen lassen, ähnlich klare Auskünfte auch über die anderen Gebrauchsdimensionen zu vermitteln. Der Benutzer hat deshalb nur die Möglichkeit, diese über das Quellenverzeichnis zu erfahren; dies ist nachschlageaufwendig und führt zu erheblicher Desorientierung bei der Lektüre von Artikeln.

(b) die Reihenfolge der Belegzitate; sie wird vorbildlich vom OED und der Neubearbeitung des DWB gehandhabt; man vgl. aus dem OED (1989) z. B. unter *acre* 2 'a definite measure of land': c. 1000; 1038—44; 1377; c. 1420; 1466; 1494; 1502; 1542; 1581; 1602; 1610; 1624; 1669; 1691; 1750; 1799; 1807 (man beachte die Überlieferungslücke zwischen 1038/44 und 1377); im DWB (Neubearb.) findet sich unter *Acker* 2 a 'Stück Pflugland' die Reihe: E. 8. Jh.; 1328; 1391; 1415; 1532; 1602; 1693; 1721; 1828; 1957; 1979.

Die Art, wie die Möglichkeit (a) genutzt wird, und die Tatsache, daß die Belegzitate nach (b) nur in eine Zeitenfolge, nicht aber z. B. in eine Raumordnung gebracht werden (so FWB, vgl. 1, 117—125), dokumentiert wieder die überwiegend historische Ausrichtung der hier behandelten gesamtsprachbezogenen Wörterbücher.

(c) In Verbindung mit dem Lemma, der Geschichte der Zeichengestalt sowie in Verbindung mit der Erläuterung der Einzelbedeutungen können in eigens dazu vorgesehenen Positionen immer dann explizite Angaben über die Geltungsdimensionen des Wortes, seiner Bedeutungen usw. gemacht werden, wenn die Übersicht über die Belege dies erlaubt. Von der genannten Möglichkeit wird allerdings auffallend zufälliger Gebrauch gemacht; lediglich die Neubearbeitung des DWB nutzt die gegebenen Möglichkeiten voll aus; dort begegnen z. B.:
— Zeitangaben, vgl. s. v. *ab*, Bedeutungsgruppe D: „in jüngster sprache erscheint [...]"; s. v. *Abenteuer*, Bedeutungsgruppe B: „der nhd. gebrauch gewinnt in bestimmten verwendungen eine eigene färbung",
— Raumangaben, vgl. s. v. *Abenteuer*, Bedeutungsgruppe B: „nur obd./md." (= oberdeutsch/mitteldeutsch),
— gruppenbezügliche Angaben, vgl. s. v. *Abenteuer*, Bedeutungsgruppe B: „nach dem anfang des 17. jhs. noch vereinzelt aus gelehrter kenntnis gebraucht"; s. v. *Abendmahl*: „in der von der niederländischen devotio moderna beeinflußten literatur",
— Literarisierungen, vgl. s. v. *Aar:* „im 16. jh. selten und im 17. jh. literarisch kaum noch nachzuweisen"; „seit der mitte des 18. jhs. erscheint *aar* als poetische Bezeichnung des adlers erneut in der schriftsprache",
— Angaben zum fachsprachlichen Gebrauch, vgl. s. v. *abbauen* unter Bedeutung 3 und 4: „im landbau"; „noch in moderner landwirtschaftlicher ausdrucksweise"; „bergmännisch",
— Dialektalisierungen, vgl. allein für die Strecke *ab-* mindestens s. v.: *abbleuen, abbringen* 1 c, *abdekken* 1 d, *abebnen, abeggen, aben, abenden, Aberkönig, Abersaat, Aberwande, abfenstern, abfillen, äbich,* ²*ablecken,* ²*ablegig, Ablöse* 1, *ablungern, abmachen* 4, ²*abmausen, abmisten, abmucken, abnehmen* A2f, D1a, *abprotzen* 3, *abschaffen* A4b, *Abscheuen, abschneiteln, abschrecken* 5, *abschreien* 1, *abschwenden, absegeln* 2a, *abstiefeln, abtrecken* 2, *abwamsen, Abwurf* 2.
— Verhochsprachlichungen, vgl. z. B. s. v.: *Aalraupe, aasen, Abbitte (tun/leisten), abebben, Abendessen,* — Kombinationen von all dem zu allseitiger wortgeschichtlicher, -geographischer, -soziologischer Gesamtdarstellung, vgl. s. v. *Aar, Aas, ab, Abenteuer, Abendmahl;* Textbeispiel 153.1 bietet das Muster der Verflechtung; auch hinsichtlich des

AB *präp., adv.*
[...]

(b) *seiner grundbedeutung entsprechend, wird* ab *namentlich in separativer verwendung bewahrt (I A 1). dazu wird sein gebrauch durch neue entwicklungen verstärkt. in lokaler beziehung erreicht die bedeutung 'herab von', durch die sich* ab *in korrelation zu* auf *stellt, im dt. großen umfang (I A 3, vgl. I A 2b; in anderen germ. sprachen wenig ausgeprägt). für die entwicklung übertragenen gebrauchs bleibt neben der weitgreifenden verwendung der präp.* von *(z. b. zur bezeichnung von ursprung, herkunft, stoff ['aus'], thema [lat. de] und urheberschaft [beim passiv]) im allgemeinen wenig raum (I B); jedoch bildet* ab *in kausaler bedeutung (I C; germ. nur in ansätzen vorhanden) einen eigenständigen, durch von nicht beeinträchtigten gebrauch aus. — bedeutung I A 3 ('herab von') ist seit ältester zeit im gesamten gebiet gebräuchlich; bedeutung I C (kausal) bleibt auf das obd. beschränkt und wird erst im spätmhd. häufig.*

(c) *die verbreitung der präp. ist auch in den konservativen gebieten ungleichmäßig und schwankend. sie fehlt in ältester zeit fast vollständig (je einmal im hildebrandslied 30 S., in den aonfrk. psalmen 72,27 H., den altdt. gesprächen ahd. gl. 5,519,18 S./S. und mehrfach im Heliand). erst mit* NOTKER *setzt ein nun sehr ausgedehnter obd. gebrauch ein, der schriftsprachlich bis zum frnhd. (in dialektnaher literatur bis zum 18./19. jh.) und mdal. bis zur gegenwart erhalten bleibt. das fehlen der präp. gerade in den ältesten obd. denkmälern muß fränkischem einfluß zugeschrieben werden. auch später variiert der umfang des gebrauchs, teils wohl durch überlandschaftliche spracheinflüsse, teils durch regional verschiedene abgrenzung zwischen* ab *und* von *bedingt (z. b. erscheint* ab *in der milstätter genesis an 5 von 11 stellen der wiener genesis, 4 sind durch* uone *vertreten). eingeschränkter, z. t. andersartig (vgl. I B 8) ist der gebrauch im nd. (resthaft noch in moderner nd. mundart). im md. findet sich* ab *nur sporadisch im älteren hess. und thür., im 17. jh. auch im schles. (*MITZKA *1,13); stellen bei* LUTHER *beruhen auf ändernder überlieferung (z. b. w. 17,1,184. 52,432 W., aus obd. drucken). das mnl. und nnl. bewahrt die präp. nur im wesentlichen nd. verbindungen wie* ab, *hier* af, *auf die sich z.t. auch der gebrauch nieder- und mitteldeutscher quellen beschränkt (mhd.* dar abe, hie[r] abe, *unter* darab *usw. an alphabetischer stelle zu behandeln, einzelne belege werden unten zur ergänzung herangezogen); ebenso* GOTTFRIED *Tristan 1919. 4619 R. u. ö., während sich das spätere elsäss. dem allgemeinen obd. gebrauch anschließt. — nach dem erlöschen des von obd. getragenen älternhd. gebrauchs fehlt die präp. in dialektfreier schriftsprache vollständig. ein begrenzter gebrauch (I D) findet erst sekundär wieder eingang in die neueste sprache.*

(3) *zum gebrauch des adverbs. ein kontinuierlicher gebrauch setzt erst im mhd. ein. vereinzeltes vorkommen im ahd. (II C 1) steht noch in engem zusammenhang mit der (vom präp. gebrauch ausgehenden, vgl. ¹DWB 1,9) verwendung der partikel als kompositionspräfix. auch der spätere gebrauch bleibt der verbalkomposition mit erweiterten (z. b. II B1. C 2. D 2) oder verkürzten (II A 1. B 3. C 4) fügungen vielfach nahe. wie das kompositionspräfix gilt das adverb über die landschaftlichen grenzen der präposition hinaus allgemein und stellt sich überall auch neben (nur präpositional gebrauchtes)* von. — *sein gebrauch entspricht den lokalen verwendungen der präposition. im mhd. überwiegen die bedeutungen II A 'los, abgetrennt' (dazu 'erledigt; entlegt') II A 2—3) und II C 'herunter, hinunter, nieder'. bedeutung II B 'fort, entfernt' verbreitet sich erst im nhd. zu II A—C stellen sich wortverbindungen unter II D. jüngernhd. treten die gebrauchsweisen II A und II C im ganzen zurück (erhalten bleiben II A 1, der spät bezeugte gebrauch II C 4b und wortverbindungen). ein in jüngerer sprache aufkommender temporaler gebrauch II E geht dem der präposition (I D) zeitlich voraus.*

Textbeispiel 153.1: Muster einer Kombination von struktureller sowie wortgeschichtlicher, -geographischer und -soziologischer Beschreibung (aus: DWB, Neubearb. 1965, s. v. *ab*)

Einbezugs struktureller Gesichtspunkte bietet der Artikelausschnitt einen Gipfel gesamtsprachbezogener Lexikographie.

4. Realisierungen des Typs III: sprachübergreifende Wörterbücher zu Varietäten

Dieser Typ des gesamtsystembezogenen Wörterbuches wird in den hier behandelten Sprachen in qualitativ herausragender Weise vom DRW vertreten. Gegenstand dieses seit seiner Planung nahezu 100 Jahre alten, bei Fortführung der heutigen Konzeption auf 15 Bände zu veranschlagenden Wörterbuches ist der Wortschatz der älteren deutschen Rechtssprache. *Älter* heißt dabei: für Simplizia bis 1800 und für Komposita bis 1700. Problematischer ist die Begriffsbestimmung von *deutsch:* alle (rechtsrelevanten) Varietäten des Deutschen vom Augenblick ihrer Überlieferung an; dazu werden einerseits die Reste des Langobardischen und andererseits das Niederdeutsche mit seinen altsächsischen Anfängen gerechnet; außerdem werden bis in die jüngsten Lieferungen hinein sowohl der rechtsrelevante Wortschatz des älteren Friesischen, Niederländischen und Englischen wie vor allem der rechtsrelevante Bedeutungsbestand der Entsprechungen deutscher Wörter in diesen Sprachen berücksichtigt. Das DRW deckt damit die rechtsbezüglichen Varietäten mehrerer Sprachen ab; diese Gegenstandsbestimmung mag wissenschaftsgeschichtlich durch die weit ausgreifenden Auffassungen von *deutsch* im 19. Jh. mitbedingt sein; ihre heutige Berechtigung gewinnt sie aus ihrer Sachgrundlage, nämlich den Gemeinsamkeiten der älteren westgermanischen Rechtssysteme (vgl. Dickel/Speer 1979; Speer 1989; 1990).

Der Artikelaufbau des DRW gestaltet sich wie folgt: sprachsoziologisch motivierte Lemmatisierung nach dem Phonem- und Morphembestand der neuhochdeutschen Schriftsprache, in Einzelfällen Sonderregelungen; Hinweise zur Etymologie der Simplizia; eine mit exakten rechtsgeschichtlichen und -geographischen Kommentaren durchsetzte Bedeutungserläuterung; durch die Belegdatierung implizit mitgelieferte zeitliche Situierung der Wörter und Wortbedeutungen; durch sprechende Abkürzungen der Quellentitel auch Hinweise auf den Geltungsraum; umfänglicher Belegteil; Zusammenstellung onomasiologischer Felder und von Wortbildungen. — Das DRW vergleicht sich durch die Kombination von exakter semantisch-enzyklopädischer Beschreibung der Einzelbedeutungen, ihrer Einordnung in semasiologische, onomasiologische und wortbildungsmorphologische Zusammenhänge sowie in die pragmatischen Gebrauchsdimensionen vor allem von Zeit und Raum mit den besten Teilen der besten gesamtsprachbezogenen Wörterbücher. — Andeutungen weiterer Möglichkeiten und von Grenzen sprachübergreifender Varietätenlexikographie finden sich unter 1.1.

5. Realisierungen des Typs IV: sprachübergreifende Wörterbücher

Gesamtsystembezogene Wörterbücher, die mehrere Sprachen umfassen, liegen in semasiologischer und onomasiologischer Anlage vor.

5.1. Die Realisierungen mit einer semasiologischen Anlage verdanken ihr Dasein einer unzureichenden wissenschaftlichen Bestimmung bzw. überlieferungsbedingten Bestimmungsmöglichkeit, welches Diasystem nach dem metasprachlichen Urteil von Sprechern als das ranghöchste System mit Norm (vgl. 1.1.), d. h. als *sprach*bezügliches System zu gelten hat. Unsicherheiten dieser Art machen dann von Wissenschaftlern vorgetragene, deutlich sprachpolitisch motivierte Klassifizierungen bestimmter Verständigungsmittel als dieser oder jener Sprache zugehörig möglich. Im kontinental-westgermanischen Bereich ist wissenschaftlich schwer auszumachen und sprachpolitisch strittig, ob man das Altsächsische als deutsch und das Altniederfränkische als niederländisch überdacht ansehen und mithin als Altnieder*deutsch* bzw. Alt*niederländisch* bezeichnen kann. Damit wird gleichzeitig die Frage berührt, ab wann man die sog. Stammesdialekte der Bayern, Alemannen, Franken, Thüringer als Varietäten des Deutschen (eben: Althoch*deutsch*) betrachten kann, bzw. umgekehrt, bis wie lange sie das ranghöchste Diasystem mit Norm, also eigene Sprachen, bildeten. Es gibt in der Sprachgeschichtsforschung des Deutschen bezeichnenderweise bis heute einerseits das Interesse, das Altsächsische und Altniederfränkische, in vulgärer Ausprägung gar das gesamte Niederländische als Deutsch zu deklarieren, und es gibt umgekehrt immer wieder Aussagen in der Richtung, auch das heutige Niederdeutsche noch als eigene Sprache anzusehen. — Die diesbezüglichen Unsicherheiten in der Beurteilung des Gegenstandes der älteren Wörterbücher werden in Art. 154 besprochen (dort auch Literatur).

Insbesondere für die Zeit vom späten Mittelalter bis ins ältere Neuhochdeutsche verzeichnen Diefenbach/Wülcker zum Zwecke der Ergänzung des vom DWB gebotenen Wortschatzes neben hoch- und niederdeutschen am Rande auch niederländische Wörter. Diefenbach hatte in seinem Glossar von 1857 noch weiter ausgegriffen, indem er als Entsprechungen zu den lateinischen Lemmata seines *Glossarium Latino-Germanicum* neben deutschen und niederländischen auch 'angelsächsische' (vgl. VIII) Wörter anführte. In beiden Fällen handelt es sich um Arbeiten, die eher die Möglichkeit einer gesamtwestgermanischen Lexikographie andeuten als Beispiele ihrer Realisierung bieten. Dem entspricht die Machart beider Wörterbücher; es geht wesentlich um Worterwähnungen und den Belegnachweis. Auf niederländischer Seite schließen Verwijs/Verdam auch ribuarische Quellen in ihren Gegenstand ein. — Eine qualitativ überzeugende sprachübergreifende semasiologische Lexikographie steht demnach aus. Sie hätte an die besten Traditionen der großen gesamtsprachbezogenen Wörterbücher anzuknüpfen, also den Wortschatz mehrerer genetisch verwandter Sprachen so zu beschreiben, daß folgendes möglich wird:

(a) eine vergleichende Übersicht über die Wortbestände, damit die Erkenntnis einzelsprachlicher Wortverluste,
(b) ein Vergleich der Bedeutungen, und zwar auf der Ebene der Einzelbedeutungen (Sememe) wie auf der Ebene der Gesamtbedeutungen (Signifikate, semasiologischer Felder) von Wörtern,
(c) damit verbunden die Feststellung von Gemeinsamkeiten und Untersuchungen darüber, ob und in welchem Maße solche Gemeinsamkeiten auch in genetisch entfernteren Sprachen Europas begegnen, also Europäismen sind, oder umgekehrt, inwiefern sie sich tatsächlich primär genetisch erklären lassen,
(d) Erkenntnisse über die pro Sprache unterschiedliche Nutzung gegebener Wortbildungsmöglichkeiten,
(e) Erkenntnisse über Gemeinsamkeiten und Differenzen im syntagmatischen Bereich, vor allem bei den Kollokationen,
(f) Erkenntnisse über die einzelsprachspezifische Varianz des Wortschatzes (nach Zeit, Raum, Schichten usw.).

Selbstverständlich sind — z. B. durch Aufgabe der für die gesamtsystembezogene Lexikographie nicht notwendigen Belegteile — Vorkehrungen gegen die Ausuferung des Umfangs sprachübergreifender Wörterbücher zu treffen.

5.2. Andeutungen über die Möglichkeiten onomasiologischer Wörterbücher zu mehreren Sprachen wurden unter 1.1 gemacht. Hier sei ergänzt, daß die mehrsprachigen Glossare (vgl. Art. 203) des späten Mittelalters und der beginnenden Neuzeit unter der Voraussetzung als onomasiologisch und dementsprechend als hierher gehörig aufgefaßt werden können, daß man ihre Lemmata als begriffsrepräsentierende Ausgangszeichen (vgl. Art. 101, Abschn. 1) interpretiert. Textbeispiel 153.2 exemplifiziert den Typ am Beispiel eines der besonders häufig auftretenden dreisprachigen Wörterbücher, und zwar N. Volkmars *Dictionarivm Trilingve Tripartitvm ad Discendam Lingvam Latinam Polonicam et Germanicam* (Danzig 1596):

Mentior, ich liege P. Łżę, kłamam. *Mendax*, lügenhafftig/ oder ein lügner. Poł. kłamliwy, kłamca/ łgarz. *Mendacium*, ein lügen. P. kłamstwo.

¶ *Comp*: *Ementior*, ich liege offentlich. P. wyłgam/wymyślą.
Mentum, das Kin. P. podbrodek/podgárbiek.

Textbeispiel 153.2: Mehrsprachiges Wörterbuch der frühen Neuzeit unter dem Aspekt seiner Lesung als onomasiologisch-sprachübergreifend (aus: Volkmar 1596, 366)

Die übliche und unter vielen Aspekten auch sinnvolle Einordnung von Wörterbüchern dieser Art unter die mehrsprachigen verbietet eine genauere Betrachtung an dieser Stelle.

Entsprechendes gilt für die etymologische Lexikographie (vgl. Art. 144). Auch sie kann (wird dies aus anderen Gründen in der Regel aber nicht) als onomasiologisch-sprachübergreifend aufgefaßt werden, wenn man bereit ist, das Lemma als begriffsrepräsentierendes Ausgangszeichen und die danach mit mannigfachen Kommentaren versehenen einzelsprachlichen Einheiten als dem Ausgangszeichen zugeordnete Ausdrücke zu interpretieren; vgl. Textbeispiel 153.3.

Unter dem Aspekt seines Gesamtsystembezuges sei hier exkurshaft auf das quantitativ wie qualitativ herausragende FEW eingegangen. Ausgehend von einem lateinischen, keltischen oder germanischen

k̑īŏn- (k̑īsŏn-?) „Säule".

Arm. *siun* = gr. κίων „Säule" (Bartholomae Stud. II 36, Hübschmann Arm. Gr. I 490); Osthoff in Patrubánys Sprw. Abh. 2, 54 f. (mir nicht zugänglich), Par. I 290, zw. Brugmann II² 1, 298 setzen idg. *k̑īs-ōn- an. — Fick BB. 1, 333, Falk-Torp u. *skinne* vergleichen weiter mhd. *schīe* „Zaunpfahl, Zaun", ags. *scīa* „Schiene, Bein", Wz. *skei-* „schneiden, spalten", was lautlich (vgl. den Palatal von av. *ava-hisiδyāṯ*) und in der Bed. (geschnittenes oder gespaltenes Stück Holz, Pfosten") nicht unmöglich ist; doch kann das arm.-gr. Wort auch eine ganz andere Gdanschauung enthalten und entbehrt des anl. *s-*.

Textbeispiel 153.3: Etymologisches Wörterbuch unter dem Aspekt seiner Lesung als onomasiologisch-sprachübergreifend (aus: Walde/Pokorny 1930, 451)

Wort des galloromanischen Raumes als Ausgangszeichen werden dessen etymologische Entsprechungen in den Sprachen und Varietäten des genannten Raumes und weiterer romanischer wie auch germanischer Sprachen genannt und ausdrucksgeschichtlich und semantisch auf das Ausgangszeichen bezogen; alle zugehörigen Wortbildungen werden behandelt, und das gesamte Material wird mit einem auch den Konkurrenzwortschatz einbeziehenden wort-, sach- und allgemein kulturgeschichtlichen Kommentar versehen. Die Berücksichtigung aller räumlichen, historischen und fachlichen Varietäten der Sprachen Französisch und Provenzalisch macht das FEW ebenso zu einem Beispiel für das varietätenbezogene wie für das sprachübergreifende Wörterbuch (Genaueres bei Baldinger 1974, 11—92].

Die onomasiologischen Möglichkeiten sprachübergreifender Lexikographie sind höchstens in Ansätzen, z. B. bei Zehetmayr (1879) oder Buck (1949), realisiert worden. Eine geradezu imperiale Konzeption liefert Schröpfer (1979 ff.): Ausgehend von rund 3000 nach genau bezeichneten Relevanzkriterien zusammengestellten, in bestimmter Weise geordneten Begriffen sollen deren Bezeichnungen in zunächst 28 Sprachen vor-

```
        Art/species (Buck -)                          1.2.2.~1.2.1. - Ia.

        Ordnungseinheit, die Lebewesen oder                    1 M. 1,12
        Dinge mit einer Menge von gleichen                     1 Kor. 14,10
        Merkmalen zusammenfaßt

                 dt.Sv.  1 Gattung, 2 Klasse, 3 Sorte, 4 Typ(us), 5 Schlag,
                         6 Kategorie, 7 Marke, 8 Variante, 9 Spielart,
                         10 Ordnung

                 germ.   mhd. 1 slaht(e), 2 hant, 3 hendelīn
                         ahd. 1 slahta, 2 kunni, 3 wist
                         ae.  1 cynn, 2 cynd, 3 cynren, 4 eonde, ende, 5 hād,
                              hǣd, 6 hīew, hī(o)w, 7 sīþ, 8 mǣġwlite
                         an.  1 eđli, ǫđli, 2 bálkr, 3 -konar
                         got. ———

                 e.      1 species, 2 kind, 3 sort, 4 type, 5 estate, 6 genus,
                         7 variety, 8 category, 9 division, 10 section,
                         11 order, 12 stock (dial.)

                 lat.    1 species f, 2 forma f, 3 pars f 4 nota f, 5 classis f,
                         6 genus n

                 č       1 druh m, 2 rod m, 3 odrůda f, 4 sorta f, 5 typ m,
                         6 ráz m, 7 varianta f, 8 třída f, 9 kategorie f, 10 národ m
                         (ač.)

                 slk.    1 druh m, 2 rod m, 3 sorta f, 4 odroda f, 5 typ m,
                         6 ráz m, 7 variant m, 8 trieda f, 9 kategória f

                 oso.    1 družina f, 2 ród m, 3 sorta f, 4 typ m, 5 raz m,
                         6 kategorija f

                 nso.    1 rod m, 2 nałog m, 3 założk m, 4 družyna f, 5 sorta f,
                         6 kategorija f

                 [...]
```

```
türk.   1 tür, 2 çeşit(di), 3 nevi(v'i), 4 tip, 5 cins, 6 soy,
        7 familya, 8 bölum, 9 marka, 10 kategori, 11 ulam,
        12 sınıf, 13 hamur, 14 örnek, 15 model, 16 türlü

skr.    1 vŕsta f, vr̂st f, 2 rôd m, 3 tîp m, 4 kategòrija f,
        5 sôrta f, 6 mȁrka f, 7 rázred m, 8 klȁsa f,
        9 strȕka f, 10 rúka f, 11 féla f, véla f (dial.),
        12 sȉza f, 13 pȁsmina f, pȁsmena f

sln.    1 vŕsta f, 2 rôd m, 3 tîp m, 4 kategoríja f, 5 sôrta f,
        6 rázred m, 7 razpol m

aru.    1 видъ m, 2 родъ m, 3 рядъ m, 4 вьрста f, верста f

r.      1 вид m, 2 род m, 3 сорт m, 4 порóда f, 5 мáрка f,
        6 разновѝдность f, 7 тип m, 8 категóрия f,
        9 вариáнт m, 10 порядок m, 11 класс m, 12 разрáд m

ukr.    1 вид m, 2 рід m, 3 гатунок m, 4 сорт m, 5 порóда f,
        6 поріддя n, 7 мáрка f, 8 різновѝд m, 9 відмíна f,
        10 тип m, 11 категóрія f, 12 варіáнт m, 13 порядок m,
        14 клас m, 15 розряд m

ung.    1 faj, 2 species, 3 nem, 4 nemzetség, 5 osztály,
        6 fajta, 7 minőség, 8 típus, 9 kategória, 10 márka,
        11 válfaj
```

Textbeispiel 153.4: Das Wörterbuch der vergleichenden Bezeichnungslehre (aus: Schröpfer 1981, 54—55).

wiegend, aber nicht ausschließlich, des weiteren europäischen Raumes genannt und (teils im Wörterbuch selbst, teils in der Zeitschrift *Semantische Hefte*) so kommentiert werden, daß vor allem ihre Benennungsmotivik als Grundlage für umfassende sprach- und kulturhistorische Studien erkennbar wird. Schröpfer selbst formuliert wie folgt (1979, XIX—XX): „Das Wörterbuch bietet eine große Zahl sinngeschichtlicher und Wortbildungsparallelen und solcher Tendenzen sowie von Mustern der „Inneren Sprachform" überhaupt, trägt zur Klärung von Streitfragen und Problemen in der Etymologie und Lehnforschung bei, gibt Grundlagen für Arbeiten zur Rekonstruktion und Universalienforschung, indem es Bezeichnungslandschaften und Bezeichnungswellen in rasch zu überschauender Form durch Aufstellung regionaler und Erwähnung überregionaler Isosemen nachweist". Die Artikel des Wörterbuchs haben das Aussehen des Textbeispiels 153.4.

Der Kommentar zu diesem Artikel stellt nach einigen zusammenfassenden etymologischen Ausführungen diejenigen Merkmale heraus, aufgrund deren „Lebewesen oder Dinge" zu einer Art konstituiert werden: die Herkunft oder Abstammung (z. B. deutsch *Art*, lateinisch *species*), die Zusammengehörigkeit (z. B. slowakisch *druh*), die Absonderung aus anderen Gegenständen (z. B. deutsch *Schlag*), die Herstellung einer Gruppe (z. B. griechisch *táxis*, lateinisch *classis*), die Kennzeichnung (z. B. griechisch *charaktér*, deutsch *Marke*, tschechisch *ráz*).

Die fachwissenschaftlichen und organisatorischen Probleme der Realisierung einer derartigen Konzeption sind erheblich; die Chancen dazu hängen außer von finanziellen Gegebenheiten auch von der personellen Infrastruktur des Kulturraumes Europa ab: Es gibt proportional zum Fortschreiten der nationalen Flurbereinigungen des 19. und 20. Jhs. immer weniger Menschen, die so viele Sprachenkompetenzen haben, daß sie ein Projekt wie das erwähnte wissenschaftlich mit Autorität leiten und nach außen vertreten könnten.

6. Literatur (in Auswahl)

6.1. Wörterbücher

Battaglia 1961 = Salvatore Battaglia: Grande Dizionario della Lingua Italiana. Turin 1961—1988 [Bisher: 14 Bde.; *a—p;* VI + 14157 S.].

Benecke/Müller/Zarncke 1854—1866 = Friedrich Benecke/Wilhelm Müller/Friedrich Zarncke: Mittelhochdeutsches Wörterbuch. [...]. 3 Bde. Leipzig 1854—1866 [XXI + 3664 S.].

Buck 1949 = Carl Darling Buck: A Dictionary of Selected Synonyms in the Principal Indo-European Languages. A Contribution to the History of Ideas. Chicago 1949 [XVIII + 1515 S.; 3. unveränd. Aufl. 1971].

DARE = Dictionary of American Regional English. Frederic G. Cassidy, Chief Editor. Cambridge/Massachusetts. London 1985 [CLIV + 903 S.].

Diefenbach 1857 = Lorenz Diefenbach: Glossarium Latino-Germanicum Mediae et Infimae Aetatis [. . .]. Frankfurt 1857 [Nachdruck Darmstadt 1968; XXII + 644].

Diefenbach/Wülcker 1885 = Lorenz Diefenbach/ Ernst Wülcker: Hoch- und niederdeutsches Wörterbuch der mittleren und neueren Zeit [. . .]. Basel 1885 [Nachdruck Hildesheim 1965; X S. + 930 Sp.].

DOST = A Dictionary of the Older Scottish Tongue from the twelfth century to the end of the seventeenth. By William A. Craigie/A. J. Aitken/J. A. C. Stevenson. Aberdeen 1931 ff. [Bisher: 6 Vol.; *a—q;* 4300 S.].

DRW = Deutsches Rechtswörterbuch. Wörterbuch der älteren deutschen Rechtssprache. [. . .]. Weimar 1914 ff. [Bisher: 7 Bde., 8 Lieferungen; XVII S. + 12430 Sp.; *a—Leutnant*].

Duden = Duden. Das große Wörterbuch der deutschen Sprache in sechs Bänden. Hrsg. u. bearb. [. . .] unter Leitung v. Günther Drosdowski. 6 Bde. Mannheim. Wien. Zürich 1976—1981 [32 + 2992 S.].

DWB = Deutsches Wörterbuch von Jacob Grimm und Wilhelm Grimm. 16 Bde. (in 32 Bdn); Quellenverzeichnis. Leipzig 1854—1971 [Nachdruck München 1984; XCI S. + 67444 Sp.].

DWB Neubearb. = Deutsches Wörterbuch von Jacob Grimm und Wilhelm Grimm. Neubearbeitung. [. . .]. 1. Bd. Bearb. in der Arbeitsstelle Berlin v. E. Adelberg [u. a.]. Leipzig 1965 ff. [Bisher: 1 Bd., 2 Lieferungen; *a—allegorisch;* 15 S. + 1920 Sp.].

EDD = The English Dialect Dictionary Being the Complete Vocabulary of All Dialect Words still in Use, or Known during the Last Two Hundred Years. [. . .]. Ed. by Joseph Wright. Vol. I. Oxford 1898 [XXIV + 864 S.].

Falk/Torp 1979 = Hjalmar Falk/Alf Torp: Wortschatz der germanischen Spracheinheit. 5., unveränd. Aufl. Göttingen 1979 [573 S.].

FEW = Walther von Wartburg: Französisches etymologisches Wörterbuch. Eine darstellung des galloromanischen sprachschatzes. Bonn 1928 ff. [21 Bde.; Bde. 22, 1; 22, 2 und 23 in jeweils 3 Lieferungen; XXXI + 15194 S.].

Fulda 1788 = Versuch einer allgemeinen teutschen Idiotikensammlung, Sammlern und Liebhabern zur Ersparung vergeblicher Mühe bei bereits schon aufgefundenen Wörtern, und zu leichterer eigener Fortsetzung gegeben v. Friedrich Carl Fulda. Berlin. Stettin 1788 [X S. + 608 Sp.].

FWB = Frühneuhochdeutsches Wörterbuch. Hrsg. v. Robert R. Anderson/Ulrich Goebel/Oskar Reichmann. Bd. 1 bearb. v. Oskar Reichmann. Berlin. New York 1989 [Bisher: 1 Bd.; 285 S. + 1632 Sp.; *a—äpfelkern*].

Halliwell 1924 = A Dictionary of Archaic and Provincial Words, Obsolete Phrases, Proverbs, and Ancient Customs, from the XIVth Century. By James Orchard Halliwell. 7th Edition. London 1941 [XXXVI + 960 S.].

Littré 1863—1873 = Emile Littré: Dictionnaire de la langue française. 4 Bde. Paris 1863—1873 [LIX + 4708 S.].

Lexicon Frisicum = Lexicon Frisicum. A — Feer. Post auctoris mortem edidit et indices adiecit Tiallingus Halbertsma, Justi filius. Deventer 1874 [XI + 1040 Sp.].

Marzell 1943—1979 = Heinrich Marzell: Wörterbuch der deutschen Pflanzennamen. Bearb. v. Heinrich Marzell unter Mitwirkung v. Wilhelm Wissmann. 4 Bde. Leipzig. Stuttgart 1943—1979 [X S.; 6591 Sp.].

MNW = E. Verwijs/J. Verdam: Middelnederlandsch Woordenboek (voltooid door F. A. Stoet). 11 Bde. 's-Gravenhage 1885—1952 [XXII S. + 19573 Sp.].

Molbech 1841 = Christian Molbech: Dansk Dialect-Lexikon [. . .]. Kopenhagen 1841 [XXXII + 696 S.].

ODS = Ordbog over det danske Sprog. Grundlagt af Verner Dahlerup. Kopenhagen 1918—1956 [28 Bde.].

OED 1933—1986 = Oxford English Dictionary being a Corrected Re-issue with an Introduction, Supplement, and Bibliography of A New English Dictionary on Historical Principles founded mainly on the Materials collected by The Philological Society and ed. by James A. H. Murray/Henry Bradley/W. A. Craigie/ C. T. Onions. 17 Vol. Oxford 1933—1986 [XXXIV + 21332 S.].

OED 1989 = The Oxford English Dictionary. Second Edition prep. by J. A. Simpson/E. S. C. Weiner. Vol. I: *A-Bazouki.* Vol. 1. Oxford 1989 [LXVIII + 1019 S.].

Passow 1831 = Franz Passow: Handwörterbuch der griechischen Sprache. 4. durchgängig verb. und verm. Aufl. Leipzig 1831 [XXXVIII + 2998 S.].

Pokorny 1959—1969 = Julius Pokorny: Indogermanisches etymologisches Wörterbuch. 2 Bde. Bonn. München 1959; 1969 [1628 S.].

Schade 1882 = Oskar Schade: Altdeutsches Wörterbuch. 2 Bde. Zweite, umgearb. und verm. Aufl. (Neudruck). Halle a. d. S. 1882 [LXIII + 1446 S.].

Schmeller 1872—1877 = Johann Andreas Schmeller: Bayerisches Wörterbuch. Sonderausgabe der von G. K. Frommann bearb. 2. Ausgabe. München 1872—1877. München 1985 [61; XV + 3047 S.].

Schmidt 1901 = Historisches Wörterbuch der elsässischen Mundart. Mit besonderer Berücksichtigung der früh-neuhochdeutschen Periode. Aus dem Nachlasse v. Charles Schmidt. Straßburg 1901 [XV + 447 S.].

Schröpfer 1979 ff. = Wörterbuch der vergleichenden Bezeichnungslehre. Onomasiologie. Begr. u. hrsg. v. Johannes Schröpfer. Heidelberg 1979 ff. [Bisher: 8 Lieferungen; CXVI + 514 S.].

Schweiz. Id. = Schweizerisches Idiotikon. Wörterbuch der Schweizerdeutschen Sprache [. . .]. Frauenfeld 1881 ff. [Bisher: 14 Bde.; XXX + 26240 Sp.; *a—twirg*].

SND = The Scottish National Dictionary, designed partly on regional lines and partly on historical principles, and containing all the Scottish words known to be in use or to have been in use since ca. 1700. Ed. by William Grant/David Murrison. 10 Vol. Edinburgh 1931—1976 [LIV + 4676 S.].

Verwijs/Verdam = E. Verwijs/J. Verdam: Middelnederlandsch Woordenboek [...]. s'Gravenhage 1885—1952 [699 S.].

Volkmar 1596 = Dictionarivm Trilingve Tripartitvm ad Discendam Lingvam Latinam Polonicam et Germanicam accomodatvm, et in gratiam Ivventvtis Dantiscanae, iam primvm in lvcem editvm, Nicolao Volkmaro [...] Dantisci [...] M. D. XCVI [736 Sp.].

Walde/Pokorny 1930—1932 = Alois Walde: Vergleichendes Wörterbuch der indogermanischen Sprachen. Hrsg. u. bearb. v. Julius Pokorny. Berlin. Leipzig 1930—1932 [V + 1862 S.].

WDG = Wörterbuch der deutschen Gegenwartssprache. Hrsg. v. Ruth Klappenbach/Wolfgang Steinitz. 6 Bde. [...]. Berlin 1977; 1978 [38 + 4579 S.].

WNT = Woordenboek der Nederlandsche Taal. Bewerkt door M. de Vries/L. A. te Winkel [u. a.]. 's-Gravenhage. Leiden 1882ff. [Bisher: 35 Bde., 1 Supplement; a-v-; XXVIII S. + 77110 Sp.].

Wrede 1928 = Altkölnischer Sprachschatz. Auf Grund archivalischer Quellenstoffe der Reichsstadt Köln vom 12. Jahrhundert bis 1815 als Wörterbuch bearb. u. hrsg. von Adam Wrede. Bonn 1928 [1 Lieferung; a—am-; 112 S.].

Zehetmayr 1879 = Sebastian Zehetmayr: Analogisch-vergleichendes Wörterbuch über das Gesamtgebiet der indogermanischen Sprachen. Auf Grund strenger Etymologie, mit besonderer Berücksichtigung des Lateinischen, Griechischen, Deutschen, Slavischen und Sanskrit. Leipzig 1879 [VIII + 536 + XXXVIII S.].

6.2. Sonstige Literatur

Aitken 1988 = A. J. Aitken: The Lexicography of Scots: The Current Position. In: Symposium on Lexicography III. Proceedings of the Third International Symposium on Lexicography May 14—16, 1986 at the University of Copenhagen. Ed. by Karl Hyldgaard-Jensen/Arne Zettersten. Tübingen 1988 (Lexicographica, Series Maior 19), 323—334.

Bahr 1984 = Joachim Bahr: Eine Jahrhundertleistung historischer Lexikographie. In: Sprachgeschichte 1, 492—501.

Bahr 1984a = Joachim Bahr: Das Deutsche Wörterbuch von Jacob Grimm und Wilhelm Grimm. Stationen seiner inneren Geschichte. In: Sprachwissenschaft 9. 1984, 387—455.

Baldinger 1974 = Kurt Baldinger: Introduction aux dictionnaires les plus importants pour l'histoire du Français. [...]. Paris 1974.

Dialektologie = Dialektologie. Ein Handbuch zur deutschen und allgemeinen Dialektforschung. Hrsg. v. Werner Besch/Ulrich Knoop/Wolfgang Putschke/Herbert Ernst Wiegand. Erster; zweiter Halbband. Berlin. New York 1982; 1983 (Handbücher zur Sprach- und Kommunikationswissenschaft 1,1; 1,2).

Dickel/Speer 1979 = Günther Dickel/Heino Speer: Deutsches Rechtswörterbuch. Konzeption und lexikographische Praxis während acht Jahrzehnten (1897—1977). In: Henne, Helmut (Hrsg.): Praxis der Lexikographie. Berichte aus der Werkstatt. Tübingen 1979 (Reihe Germanistische Linguistik 22), 20—37.

Dückert 1987 = Joachim Dückert: Das Deutsche Wörterbuch und seine Neubearbeitung. In: Das Grimmsche Wörterbuch, 170—176.

Fratzke 1987 = Ursula Fratzke: Zum Fremdwort im Deutschen Wörterbuch. In: Das Grimmsche Wörterbuch, 153—169.

Ganz 1973 = Peter Ganz: Jacob Grimm's Conception of German Studies. An Inaugural Lecture [...]. Oxford 1973.

Gottzmann 1990 = Carola Gottzmann: Das Alt- und Mittelhochdeutsche im Deutschen Wörterbuch. Zum Stellenwert der älteren Sprachstufen. In: Studien zum Deutschen Wörterbuch (demnächst).

Grimm 1881 = Wilhelm Grimm: Bericht über das Deutsche Wörterbuch. In: Ders.: Kleine Schriften. Hrsg. v. Gustav Hinrichs. Bd. 1 Berlin 1881, 508—520.

Das Grimmsche Wörterbuch = Das Grimmsche Wörterbuch. Untersuchungen zur lexikographischen Methodologie. Hrsg. v. Joachim Dückert. Leipzig 1987.

Heger 1982 = Klaus Heger: Verhältnis von Theorie und Empirie in der Dialektologie. In: Dialektologie 1, 424—440.

Hildebrand 1873 = Rudolf Hildebrand: [Vorwort zu Band 5 des DWB]. In: DWB 5, 1873, II—X.

Hildebrand 1890 = Rudolf Hildebrand: Über Grimms Wörterbuch in seiner wissenschaftlichen und nationalen bedeutung [...]. In: Ders.: Gesammelte Aufsätze und Vorträge zur deutschen Philologie und zum deutschen Unterricht. Leipzig 1890, 1—18.

Hinderling 1988 = Robert Hinderling: Spinnen im Wortgarten. Christian Friedrich Ludwig Wurm als Kritiker Grimms und als Lexikograph. In: Germanistik und Deutschunterricht im Zeitalter der Technologie. Selbstbestimmung und Anpassung. Vorträge des Germanistentages Berlin 1987. Hrsg. v. Norbert Oellers. 4 Bde. Tübingen 1988, 66—77.

Kirkness 1980 = Alan Kirkness: Geschichte des Deutschen Wörterbuches 1838—1863. Dokumente zu den Lexikographen Grimm. Mit einem Beitrag v. Ludwig Denecke. Stuttgart 1980.

Kühn/Püschel 1983 = Peter Kühn/Ulrich Püschel: Die Rolle des mundartlichen Wortschatzes in den standardsprachlichen Wörterbüchern des 17. bis 20. Jahrhunderts. In: Dialektologie 2, 1367—1398.

Lexikographie der Dialekte = Hans Friebertshäuser (Hrsg.) unter Mitarbeit von Heinrich J. Dingeldein: Lexikographie der Dialekte. Beiträge zu Geschichte, Theorie und Praxis. Tübingen 1986 (Reihe Germanistische Linguistik 59).

Reichmann 1978 = Oskar Reichmann: Deutsche Nationalsprache. Eine kritische Darstellung. In: Germanistische Linguistik 2—5/78. 1978, 389—423.

Reichmann 1984 = Oskar Reichmann: Historische Lexikographie. In: Sprachgeschichte 1, 460—492.

Reichmann 1986 = Oskar Reichmann: Die onomasiologische Aufbereitung semasiologischer Dialektwörterbücher. Verfahrensvorschlag und Nutzen. In: Lexikographie der Dialekte, 173—184.

Reichmann 1986a = Oskar Reichmann: Lexikographische Einleitung. In: FWB 1, 1986, 10—164.

Reichmann 1988 = Oskar Reichmann: Zur Funktion, zu einigen Typen und zur Auswahl von Beispielbelegen im historischen Bedeutungswörterbuch. In: Symposium on Lexicography III. Proceedings of the Third International Symposium on Lexicography May 14—16, 1986 at the University of Copenhagen, ed. by Karl Hyldgaard-Jensen/Arne Zettersten. Tübingen 1988 (Lexicographica, Series Maior 19), 413—444.

Reichmann 1990 = Oskar Reichmann: Zum Urbegriff in den Bedeutungserläuterungen Jacob Grimms, auch im Unterschied zur Bedeutungsdefinition bei Daniel Sanders. In: Studien zum Deutschen Wörterbuch (demnächst).

Schmidt 1986 = Hartmut Schmidt: Die lebendige Sprache. Zur Entstehung des Organismuskonzepts. Berlin 1986 (Linguistische Studien. Reihe A. Arbeitsberichte 151).

Schröter 1988 = Ulrich Schröter: Das Deutsche Wörterbuch der Brüder Grimm in Beziehung zu seinem lexikographischen Umfeld im 19. Jahrhundert in Deutschland. In: Beiträge zur Erforschung der deutschen Sprache 8. 1988, 69—79.

Semantische Hefte = Semantische Hefte. Mitteilungen aus der vergleichenden empirischen und angewandten Semantik. Hamburg 1973/74 ff.

Speer 1989 = Heino Speer: Deutsches Rechtswörterbuch. Historische Lexikographie einer Fachsprache. In: Lexicographica 5. 1989 (demnächst).

Speer 1990 = Heino Speer: Historische Lexikographie der Sprache des Rechtslebens im Deutschen Rechtswörterbuch. In: Historical Lexicography of the German Language. Ed. by Ulrich Goebel/Oskar Reichmann in collaboration with Peter I. Barta. Lewiston (demnächst) (Studies in Russian and German 2).

Sprachgeschichte = Sprachgeschichte. Ein Handbuch zur Geschichte der deutschen Sprache und ihrer Erforschung. Hrsg. v. Werner Besch/Oskar Reichmann/Stefan Sonderegger. Erster; Zweiter Halbband. Berlin. New York 1983; 1984 (Handbücher zur Sprach- und Kommunikationswissenschaft 2,1; 2,2).

van Sterkenburg 1987 = P. G. J. van Sterkenburg: Wörterbuch der niederländischen Sprache: Mehrjährige Planung, Vollendung und elektronische Wiedergeburt. In: Theorie und Praxis, 139—156.

Studien zum Deutschen Wörterbuch = Studien zum Deutschen Wörterbuch von Jacob Grimm und Wilhelm Grimm. Hrsg. v. Alan Kirkness/Peter Kühn/Herbert Ernst Wiegand. 2 Bde. Tübingen 1990 (Lexicographica, Series Maior 33; 34).

Theorie und Praxis des lexikographischen Prozesses bei historischen Wörterbüchern. Akten der Internationalen Fachkonferenz Heidelberg, 3. 6.—5. 6. 1986 [...] hrsg. v. Herbert Ernst Wiegand. Tübingen 1987 (Lexicographica, Series Maior 23).

Wiegand 1986 = Herbert Ernst Wiegand: Dialekt und Standardsprache im Dialektwörterbuch und standardsprachlichen Wörterbuch. In: Lexikographie der Dialekte, 185—210.

Zgusta 1989 = Ladislav Zgusta: The Oxford English Dictionary and Other Dictionaries (Aikakośyam). In: International Journal of Lexicography 2. 1989, 188—230.

Zgusta 1990 = Ladislav Zgusta: Jacob Grimm's Deutsches Wörterbuch and Other Historical Dictionaries of the 19th Century (Dvitíaikakośyam). In: Studien zum deutschen Wörterbuch (demnächst).

Oskar Reichmann, Heidelberg (Bundesrepublik Deutschland)

154. Das Sprachstadienwörterbuch I: Deutsch

1. Definitionen und Themaabgrenzung
2. Der Gegenstand der Sprachstadienwörterbücher des Deutschen
3. Die Artikelpositionen
4. Benutzungsmöglichkeiten der Sprachstadienwörterbücher des Deutschen
5. Literatur (in Auswahl)

1. Definitionen und Themaabgrenzung

1.1. Der lexikographische Terminus *Sprachstadienwörterbuch* und die Existenz des damit bezeichneten Wörterbuchtyps in der kulturellen Praxis 'Lexikographie' beruhen auf der Voraussetzung, daß die Geschichte einer

Sprache nicht im strengen Sinne kontinuierlich, d. h. gleichmäßig, amorph, ungegliedert verläuft, sondern daß sie sich bei aller vorhandenen Stetigkeit in Abschnitte gliedern läßt. Solche Abschnitte werden in der Sprachgeschichtstheorie als *état de langue* (de Saussure), *Sprachzustand, (Sprach)epoche, (Sprach)stufe, (Sprach)periode* o. ä., neuerdings in Anlehnung an H.-H. Lieb gerne als *Sprachstadium* bezeichnet und mittels Bestimmungen folgender Art definiert: Ein Sprachstadium sei immer dann gegeben, wenn die Verständigungsmittel von Sprachbenutzern durch wesentliche Übereinstimmung in der Zeitdimension dem Wissenschaftler die Aufstellung eines im wesentlichen allgemeingültigen Systems erlaubten (nach Paul 1920, 189), solange „die Summe der eingetretenen sprachlichen Umgestaltungen äußerst gering" sei (de Saussure 1967, 121) oder gar nicht existiere, das Sprachsystem mithin als homogen konzipierbar ist (de Saussure 1968, 230) oder solange die Sprache als (Vereinigungs)menge sprachlicher Verständigungsmittel von Individuen keiner bedeutenden Veränderung unterliege und ihr dementsprechend ein System niedrigen Abstraktionsgrades zugeordnet werden kann (Lieb 1970, z. B. 21 f.; 45). — Zentrales Bestimmungsstück dieser oder ähnlicher Definitionen ist erstens die Geringfügigkeit der diachronischen Veränderungen, relativ zu der dann alle diejenigen Verständigungsmittel, die in der Zeitdimension bedeutendere Veränderungen aufweisen, einem eigenen Sprachstadium zugewiesen werden, und zweitens die Betonung des Systemcharakters der Sprachbeschreibung und — da diese Eigenschaften ihres Gegenstandes zur Grundlage haben muß — mittelbar auch der Sprache in einem Zeitabschnitt. 'System' braucht dabei keineswegs im strukturalistischen Sinne verstanden zu werden; gerade für die lexikalische Ebene der Sprache und hier insbesondere für historische Verhältnisse sind Interpretationen von 'System' von jeder Sprachtheorie her möglich und sinnvoll. — Außer dem *Sprach*stadium gibt es mit vergleichbaren Bestimmungsmöglichkeiten Stadien aller Sprach*varietäten,* allgemein also Varietäten-, im einzelnen Dialekt-, Soziolekt-, Registerstadien usw. Deren Lexikographie ist nicht Gegenstand des vorliegenden Artikels; Kompromisse mit den Fakten der deutschen Lexikographiegeschichte sind allerdings unumgänglich, um nicht den Gegenstand des Artikels aufzuheben (vgl. 2.).

1.2. Sprachliche Verständigungsmittel sind schon auf Grund von Dichotomien wie Ausdruck/Inhalt, Form/Substanz, ferner auf Grund ihrer hierarchischen Ranggliederung, schließlich auf Grund der Tatsache, daß sie immer in geschichtlichen, sozialen, situativen Funktionszusammenhängen verwendet werden, eine äußerst komplexe Größe. Als Kriterium der Gliederung der Geschichte einer Sprache in Abschnitte kommt jede ihrer Eigenschaften in Betracht, sofern sie keiner bedeutenden Veränderung in der Zeitdimension unterlegen hat. Folgende Kriterien (K) spielten in der Periodisierungsdiskussion des Deutschen eine besondere Rolle bzw. hätten eine solche spielen können:

K 1. Entwicklungen innerhalb des Systems der Sprache
K 1.1. auf phonologischer Ebene (a. Vokale, b. Konsonanten)
K 1.2. auf graphischer Ebene (a. Vokalgraphie, b. Konsonantengraphie)
K 1.3. auf flexionsmorphologischer Ebene
K 1.4. auf wortbildungsmorphologischer Ebene
K 1.5. auf lexikalischer Ebene
K 1.6. auf syntaktischer Ebene
K 1.7. auf textstruktureller Ebene
K 2. typologisch relevante Veränderungen des Systems der Sprache (wiederum zu betrachten nach der phonologischen, der flexions- und wortbildungsmorphologischen, der syntaktischen Ebene)
K 3. Veränderungen im Verhältnis zu den Kontaktsprachen
K 4. Veränderungen im Bestand der Varietäten und in ihrem Verhältnis zueinander
K 5. Veränderungen des Verhältnisses von geschriebener und gesprochener Sprache
K 6. speziell im Anschluß an K 4 und 5: Veränderungen im Hinblick auf die Existenz einer Leitvarietät
K 7. Veränderungen des Textsortenspektrums
K 8. Veränderungen von so etwas wie der Qualität wenn auch nicht des Sprachsystems, so doch der Sprachnorm als der Gesamtheit der Realisierungen der Möglichkeiten des Sprachsystems (in anderer Terminologie: Verschiebungen im Verhältnis von 'Abstand' und 'Ausbau' einer Sprache, vgl. Kloss 1987)
K 9. Veränderungen im metasprachlichen Bewußtsein zeitgenössischer Sprachbenutzer
K 10. Veränderungen im Grad der Verstehbarkeit geschichtlicher Texte durch jeweils spätere Rezipienten (Leser)
K 11. Veränderungen in der Entwicklung von Kultursystemen, mit denen die Sprache in einem wechselseitigen Konstitutionszusammenhang steht, darunter vor allem (a) die sozialökonomische Formation, (b) die Herrschaftsverhältnisse, (c) die Kirche, (d) die Bildung, (e) die Technik, (f) die Philosophie und überhaupt die Geistesgeschichte.

1.3. Ein Sprachstadienwörterbuch liegt nach dem Vorgetragenen als reiner Typus dann vor, wenn der Wortschatz eines hinsichtlich aller Kriterien von K 1 bis K 11 keiner bedeutenden Veränderung unterliegenden zeitlichen Gliederungsabschnittes einer Sprache (gemeint als Gesamtsprache, nicht Varietät) verzeichnet und eine oder mehrere seiner Eigenschaften lexikographisch so beschrieben werden, daß er maximal in seiner allseitigen lexikalischen (d. i. vor allem: in seiner semasiologischen und onomasiologischen) Vernetzung sowie in seiner lautlichen/graphischen, flexions- und wortbildungsmorphologischen, syntaktischen und textlichen Einbettung in das Sprachsystem erkennbar wird. — Diese Bestimmung bezieht sich sowohl auf Sprachstadienwörterbücher, die von Zeitgenossen (z. B. Sanders) zur Sprache ihrer Zeit (z. B. der 2. Hälfte des 19. Jhs.) wie auf diejenigen, die von Philologen über einen erheblichen zeitlichen Abstand hinweg zur Sprache einer früheren Epoche (z. B. von Lexer 1872—1878 zum Mittelhochdeutschen) erstellt wurden. Da die Wörterbücher, auf die die erstere Bestimmung zutrifft, wenn auch unter teilweise anderen Aspekten in den Artikeln 203—206 behandelt werden, erfolgt hier eine Beschränkung auf die zweite Fallgruppe.

1.4. In der Geschichte der Lexikographie des Deutschen ist der reine Typ nicht realisiert. Dem Typ kommen in unterschiedlicher Weise aber folgende Wörterbücher nahe: Graff 1834—1842, Ahd. Wb. 1968 ff., Benecke/Müller/Zarncke 1854—1866, Lexer 1872—1878, Lexer 1986, Schiller/Lübben 1875—1881, Lübben 1888, Lasch/Borchling 1956 ff., Goetze 1967, FWB 1986 ff. — Unter bestimmten Aspekten werden diejenigen Wörterbücher in die Betrachtung einbezogen, die wie Gallée 1903, Holthausen 1954, Sehrt 1966, Schützeichel 1989, Starck/Wells 1971—1984 im strengen Sinne zwar eng umrissene Varietäten oder einige wenige Einzeltexte zum Gegenstand haben (Schützeichel die literarischen Denkmäler des Althochdeutschen, Starck/Wells die Glossen, Holthausen und Sehrt auf Grund der Überlieferungssituation ausschließlich oder als Hauptgegenstand den Heliand und die altsächsische Genesis, Gallée gerade diese beiden Denkmäler nicht, sondern zentral die Glossenüberlieferung), andererseits aber einen erheblichen Teil der Überlieferung oder diese in ihrer Gesamtheit umfassen. Ebenfalls nur aspektuell findet Schades Wörterbuch Berücksichtigung; es ist zwar primär gesamtsystembezogen (vgl. Art. 153), transzendiert sogar die Einzelsprache Deutsch zu einem Teil in Richtung auf andere germanische Einzelsprachen, hat aber wegen seiner Gegenstandsgewichtung auf dem Alt- und Mittelhochdeutschen auch Facetten des Sprachstadienwörterbuchs.

Wie eng oder weit man den Kreis der zu berücksichtigenden Werke auch zieht: Es handelt sich immer um semasiologische Wörterbücher, und zwar um alphabetisch geordnete. Onomasiologische Entsprechungen gibt es nicht (zu Plänen vgl. Anderson/Goebel/Reichmann 1983 und Reichmann 1986, 160—163). Ein weiteres Kennzeichen aller Sprachstadienwörterbücher des Deutschen besteht darin, daß als Beschreibungssprache die deutsche Hochsprache des 19. bzw. 20. Jhs. fungiert.

2. Der Gegenstand der Sprachstadienwörterbücher des Deutschen

Der Gegenstand deutscher Sprachstadienwörterbücher ist unter räumlichem, soziologischem und zeitlichem Aspekt zu beschreiben. Dabei ist insbesondere darauf zu achten, in welchem Maße die Ergebnisse dieser Beschreibung mit obiger Definition (vgl. 1.3.) des Typs vereinbar sind.

2.1. Der behandelte Sprachraum

Graff und Schützeichel haben das Althochdeutsche zum Gegenstand. Dabei stellt Graff den althochdeutschen Sprachschatz systematisch in den Vergleich mit demjenigen anderer indogermanischer und germanischer Sprachen sowie mit demjenigen des Altsächsischen/Altniederdeutschen. Dies geschieht allerdings nicht mit darstellerischem Eigenwert, sondern für Zwecke der historisch-etymologischen Erläuterung des Althochdeutschen, aber immerhin so, daß ein großer Teil des altsächsischen/altniederdeutschen Wortschatzes Erwähnung findet. Geht man davon aus, daß die Sprache der alten Sachsen bis ins 9. Jh. hinein erst einen geringen Grad der Frankonisierung und damit der Überdachung durch hochdeutsche Varietäten erreicht hat, mithin noch eine eigene Sprache bildete, die dann konsequenterweise auch als *Altsächsisch* und nicht als *Altniederdeutsch* zu bezeichnen wäre, so sind Graff mit seinem Hauptgegenstand Althochdeutsch und Schützeichel *Sprach*stadienwörterbücher. Hält man die Idiome auf heute niederdeutschem Boden dagegen schon im 9. Jh. für hochdeutsch überdacht, dann wären die erwähnten Werke Wörterbücher zu *Varietäten-*, genauer *Dialekt*stadien des Deutschen, eben zum Hochdeutschen im dialektgeographischen Sinne. — Für das Ahd. Wb. lautet die Argumentation zwar umgekehrt, aber analog. Es bezieht außer der althochdeutschen eigengewichtig auch Teile der altniederdeutschen/altsächsischen Überlieferung ein, nämlich die Glossen, und muß je nach Beurteilung des Status des Altniederdeutschen/Altsächsischen dann entweder als Wörterbuch eines *Sprach*stadiums (terminologisch am besten: *Altdeutsch*) oder als Wörterbuch zweier strukturell nahe verwandter, aber soziologisch noch mit einer eigenen Norm versehener (vgl. Heger 1982; auch Reichmann 1978) Sprachen klassifiziert werden.

Von den Wörterbüchern des Altsächsischen/Altniederdeutschen, nämlich Gallée, Sehrt und Holthausen, sind die letzteren beiden gleichsam die nördlichen Gegenstücke zu demjenigen, was Schützeichel für das Althochdeutsche geleistet hat. Gallée dagegen umfaßt außer dem später niederdeutschen auch den später niederländischen Raum. Die Frage lautet: Sind das Altsächsische/Altniederdeutsche einerseits und das Altniederfränkische/Altniederländische andererseits zwei Großdialekte einer einzigen nordwestlichen Sprache des Kontinentalwestgermanischen? Oder sind beide Idiome schon im 8. bis 12. Jh. ansatzweise so unterschiedlich überdacht, daß man ersteres als deutsche, letzteres als niederländische Varietät bezeichnen müßte? In ersterem Fall wäre Gallée ein *Sprach*stadienwörterbuch, im zweiten Fall ein Wörterbuch eines gleichzeitigen Stadiums zweier *Dialekte* unterschiedlicher Sprachen.

Die Wörterbücher des Mittelhochdeutschen, Mittelniederdeutschen und Frühneuhochdeutschen bieten keine Beurteilungsprobleme unter dem hier diskutierten Aspekt. Spätestens seit dem 11./12. Jh. ist das Niederdeutsche eine Varietät des Deutschen; Benecke/Müller/Zarncke, Lexer, Schiller/Lübben, Lübben, Goetze und das FWB sind dementsprechend im strengen Sinne Wörterbücher zu Stadien von (wenn auch sehr umfänglichen) Raumvarietäten, nicht zu Sprachstadien; die ganze nördliche Hälfte, umgekehrt die südliche Hälfte des Sprachgebietes bleibt ja ausgeschlossen; zusätzliche Gebietseingrenzungen, etwa bei Schiller/Lübben (V), wo von Lübeck als dem „natürlichen Mittelpunkt" des Niederdeutschen gesprochen wird, kommen aus kulturgeographischen und damit verbunden aus überlieferungsgeschichtlichen Gründen hinzu. — Im FWB wird die Raumproblematik umfänglich diskutiert und die auch dort vorgenommene Beschränkung auf eine Sprachgebietshälfte als nicht von der Sache, sondern von der Arbeitssituation her begründet dargestellt. In Verbindung damit wird das Ribuarische trotz enger Verbindungen mit dem Mittelniederländischen zum Hochdeutschen gerechnet, die hochdeutsch-niederdeutschen Mischtexte Norddeutschlands sowie die auf niederdeutschem Dialektgebiet entstandenen hochdeutschen Drucke werden ebenfalls dem Hochdeutschen zugeschlagen (Reichmann 1986, 34—36). Man erkennt: Die Raumproblematik ist entscheidend soziologische Problematik.

2.2. Soziologie der behandelten Textsorten

Die Frage, welche sozialen Varietäten in den Sprachstadienwörterbüchern des Deutschen behandelt werden, stellt sich theoretisch unter schichten-, gruppen- und rollensoziologischem Aspekt, untergliedert sich also in die Teilfragen, welche Soziolekte, welche Gruppenvarietäten und welche Register Berücksichtigung gefunden haben. In der Praxis hat man Schwierigkeiten, Detailantworten zu geben: Die Überlieferungssituation schließt eine Erfassung gesprochener Varietäten sowie der Varietäten der Grundschichten nahezu vollständig aus; aber auch die Varietäten der Mittelschichten, insbesondere in allen nicht schriftnahen Bereichen, sind mit zunehmendem zeitlichem Abstand und insgesamt auch infolge des Süd-Nord-Gefälles der Schriftkultur so undicht überliefert, überdies wissenschaftlich in ihrem genauen sozialen Ort so unbestimmt, daß in den Wörterbucheinleitungen durchgehend auf eine detaillierte Rubrizierung der Quellen unter den soeben genannten drei soziologischen Dimensionen verzichtet wird. Typisch sind vielmehr — wenn nicht überhaupt diesbezügliche Angaben fehlen — Globalaussagen der Art, daß der Gesamtwortschatz berücksichtigt werden solle; das heißt dem Tenor der Argumentation nach denn so viel wie: soweit erhalten, mit angemessener Vollständigkeit und hinsichtlich der Zahl, der Art und des Gewichtes der Einzelvarietäten ausgewogen. Auch im FWB, das unter dem hier diskutierten Gesichtspunkt am detailliertesten ver-

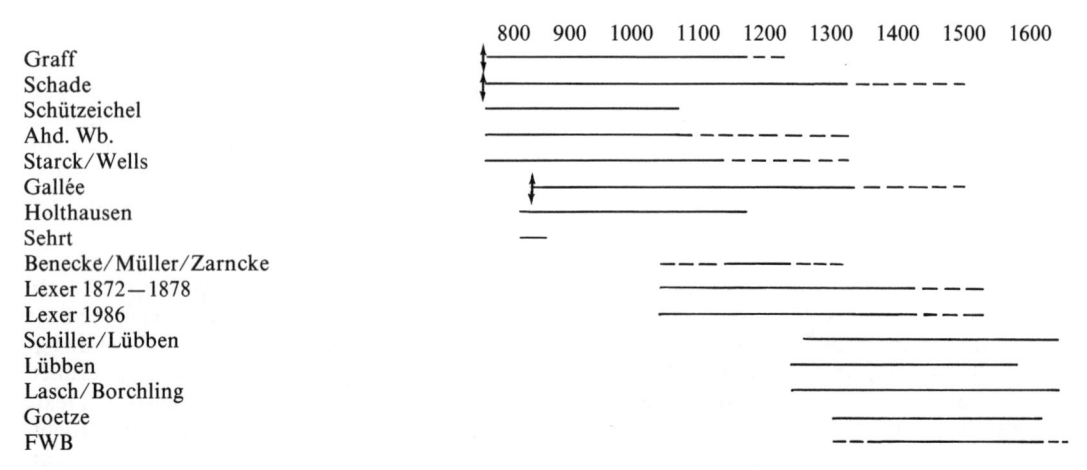

	800	900	1000	1100	1200	1300	1400	1500	1600
Graff									
Schade									
Schützeichel									
Ahd. Wb.									
Starck/Wells									
Gallée									
Holthausen									
Sehrt									
Benecke/Müller/Zarncke									
Lexer 1872—1878									
Lexer 1986									
Schiller/Lübben									
Lübben									
Lasch/Borchling									
Goetze									
FWB									

Abb. 154.1: Die Zeitspanne der Sprachstadienwörterbücher des Deutschen (Legende: —— Hauptberücksichtigung, - - - undichtere Berücksichtigung, ╂— Mitberücksichtigung auch anderer älterer germanischer Sprachen)

fährt, wird keine schichten- und gruppensoziologische Quellenaufschlüsselung, wohl aber eine solche nach Textsortengruppen, geboten (Reichmann 1986, 54—55). — Benecke/Müller/Zarncke berücksichtigen in besonderer Weise den Sprachgebrauch der Dichter (VIII); Lexer (1872, VI) weitet das Corpus zwar erheblich aus, indem er Städtechroniken, Rechtsdenkmäler, Urkunden, Glossare einbezieht, hat aber eine gewisse Tendenz zur ausführlicheren Beschreibung und Zitierung des literatursprachlichen Wortschatzes behalten. Beide mittelhochdeutschen Wörterbücher unterliegen also auch unter soziologischem Aspekt (neben dem räumlichen) gewissen Einschränkungen hinsichtlich ihres Charakters als Wörterbücher zu einem Gesamtsprachstadium.

2.3. Die behandelte Zeit

Die folgende Abbildung veranschaulicht die Zeitspanne, die die hier besprochenen Wörterbücher des Deutschen zum Gegenstand haben.

Man erkennt, daß die einzelnen Wörterbuchautoren die Zeitdimension ihres Gegenstandes erstens sehr unterschiedlich und zweitens in aller Regel außerordentlich umfänglich bemessen haben, z. T. so umfänglich, daß nicht einmal die gängigen Epochengrenzen eingehalten werden (am deutlichsten bei Schade): Von einer vortheoretischen Berücksichtigung des modernen Begriffs 'Sprachstadium' mit seiner Bestimmung 'Fehlen bedeutender Veränderungen' kann auch nicht ansatzweise die Rede sein.

Spätestens hier stellt sich die Frage, wie die zugrunde gelegten Zeitabschnitte sprachgeschichtstheoretisch zu begründen sind. Man findet dazu entweder überhaupt keine Antwort oder bloße Andeutungen der Art, daß die Sprache der Hanse und der Osterlinge für die Form des Lemmaansatzes verantwortlich sei (Lübben VII), und damit einen Hinweis auf die Rolle kulturgeschichtlicher Gegebenheiten. Für das FWB gilt explizit:

„Als zeitlicher Rahmen für das Frühneuhochdeutsche soll die Spanne zwischen der Mitte des 14. und dem Beginn des 17. Jahrhunderts angenommen werden. Dabei wird als selbstverständlich vorausgesetzt, daß die gesteckten Zeitgrenzen je nach Charakter der Textsorten, dem die Quellen angehören, nicht als starr aufzufassen sind, sondern um ein bis zwei Generationen nach vorwärts und rückwärts verschoben werden können. Die so umrahmte Zeit hat kulturgeschichtlich (dies im allgemeinsten Sinne des Wortes) im Vergleich zum vorangehenden Hochmittelalter und zur nachfolgenden Epoche von Absolutismus und Aufklärung einen deutlichen Eigencharakter. Es ist die Zeit, die nicht nur sprachgeschichtlich durch eine besondere Form des Varietätenspektrums, [...] die Leitvarietätlosigkeit, gekennzeichnet ist, sondern die auch ausgeprägte allgemeingeschichtliche Charakteristica hat. Sie können mit Schlagwörtern wie den folgenden angedeutet werden: Verfall des hochmittelalterlichen Kaisertums, damit Niedergang der klassischen Ausprägung des Lehnswesens, vorabsolutistische Herrschaftsstruktur, Territorialisierung, Blüte der Städte, Entwicklung frühkapitalistischer Produktions-, Handels- und Finanzorganisation, Fortschritte der Naturwissenschaften und der Technik, theologie- und philosophiegeschichtlicher Umschlag vom Realismus in den Nominalismus, Aufkommen neuer Frömmigkeitsformen, Absinken des Bauernstandes, Entstehung eines sozialrevolutionären Potentials, Kirchenspaltungen, neue Formen des Individualismus, neue [...] Rolle der Schriftlichkeit, mit all dem verbunden Entstehung eines im Vergleich zum Hochmittelalter sehr differenzierten Textsortenspektrums, Fehlen barocker Sprachästhetik." (Reichmann 1986b, 26—27; ähnlich 1986, 36—37)

Bezogen auf den Kriterienkatalog unter 1.2. ist es also die Kombination der Kriterien 4, 5, 6, 7, 11, weniger deutlich auch 8, 9 und 10, die für den Zeitansatz maßgeblich waren. Geht man davon aus, daß sich Veränderungen in den Kultursystemen auf der Ebene des Wortschatzes schneller spiegeln als z. B. auf morphologischer oder syntaktischer Ebene, dann begründet sich die im Vergleich zum Mittel- und Neuhochdeutschen bestehende Spezifik des im FWB dargestellten frühneuhochdeutschen Wortschatzes aus der Spezifik der kulturgeschichtlichen Situation.

Auch wenn die Zeitansätze in den anderen Wörterbüchern nicht explizit begründet sind, dürfen keine Zufallsabgrenzungen angenommen werden. Auf Grund des allgemeinen und hier nicht dokumentierten Standes der Periodisierungsdiskussion darf angenommen werden, daß für die einzelnen Großepochen deutscher Sprach- bzw. Varietätengeschichte und damit für deren Lexikographie die in folgender Übersicht zusammengetragenen Kriterien maßgeblich waren (dabei geht es argumentationsbedingt nicht um Veränderungen/Entwicklungen, wie im obigen Kriterienkatalog formuliert, sondern um die Eigengeprägtheit der Epoche hinsichtlich der genannten Kriterien):

Althochdeutsch: K 1,1; 1,3; 1,5; 1,7; 2; 3; 4; 6; 7; 8; 10; 11.
Altsächsisch/Altniederdeutsch: K 1,1; 1,3; 1,5; 1,7; 2; 3; 7; 8; 10; 11.
Mittelhochdeutsch: K 1,1; 1,3; 1,5; 1,7; 2; 3; 4; 6; 7; 8; 10; 11.
Mittelniederdeutsch: K 1,1; 1,3; 1,5; 1,7; 2; 3; 4; 5; 7; 8; 10; 11.
Frühneuhochdeutsch: K 1,1; 1,4; 1,5; 1,6; 1,7; 2; 3; 4; 5; 6; 7; 8; 11.

Die Übersicht ist wie folgt zu lesen (am Beispiel): Das Althochdeutsche ist insbesondere hinsichtlich der Kriterien 1,1 (Phonologie), 1,3 (Flexionsmorphologie), 1,5 (Lexik), 1,7 (Textstruktur), 2 (Sprachtypus), 3 (Kontaktsprachen), 4 (Verhältnis der Varietäten), 6 (Fehlen einer Leitvarietät), 7 (Textsorten), 8 (Ausbaustand), 10 (Verstehbarkeit), 11 (kulturgeschichtliche Einbettung) relativ eigengeprägt und deshalb vom Mittelhochdeutschen zu unterscheiden. Hierin liegt die Begründung für eine eigene Lexikographie des Althochdeutschen.

3. Die Artikelpositionen

Wörterbücher zu historischen Sprachstadien haben in der alleine existierenden alphabetisch-semasiologischen Praxis des Deutschen maximal folgende Informationspositionen:

a) Lemma, b) Wortvarianten, c) Angaben zur Wortart und zur Morphologie, d) Hinweise zur Etymologie, e) Bedeutungserläuterung, f) Angabe von Symptomwerten, g) Angaben zur onomasiologischen Vernetzung, h) Angabe typischer Syntagmen, i) Angaben zur Wortbildung, j) Angabe von Belegen und Belegstellen, k) Häufigkeitshinweise, l) Literaturhinweise, m) Kommentare des Lexikographen zu jeder dieser Positionen.

Alle Positionen sollen im folgenden z. T. einzeln, z. T. mit anderen zusammengefaßt durchlaufen und unter zwei Gesichtspunkten geprüft werden: a) Wie sind sie in der Sprachstadienlexikographie des Deutschen realisiert (vgl. dazu auch Abbildung 154.2)? b) Wie könnten sie im Typ 'Sprachstadienwörterbuch' realisiert sein?

3.1. Das Lemma

Sprachstadienwörterbücher haben das Wortinventar eines Sprachstadiums in den Lemmapositionen mit dem Grad an Vollständigkeit zu verzeichnen, der einerseits philologisch erreichbar, andererseits finanziell möglich und außerdem finanziell verantwortbar ist. Auswahlprobleme stellen sich also höchstens hinsichtlich des Verhältnisses Wort/Wortbildung oder Erb-/Fremdwort. Die Praxis deutscher Sprachstadienlexikographie befindet sich durchgehend in Übereinstimmung mit dieser Vollständigkeitsforderung.

Überschlagsrechnungen führen für die altdeutschen Sprach-/Varietätenstufen zu folgenden Größenordnungen des (überlieferten) Wortinventars: Althochdeutsch 30 000—40 000, Altsächsisch/Altniederdeutsch gegen 10 000, Mittelhochdeutsch 80 000, Frühneuhochdeutsch 120 000—150 000, Mittelniederdeutsch 80 000. Diese Zahlen werden (in gleicher Reihenfolge) von Graff, vom Ahd. Wb., von Gallée, von Lexer, vom FWB, von Lasch/Borchling erreicht bzw. anvisiert. Da es sich dabei außer für das Altsächsische/Altniederdeutsche, dessen Status als Sprache bzw. Varietät diskutabel ist, im strengen Sinne um Varietätenstadien des Deutschen handelt, müßten die mittelhochdeutschen mit den älteren mittelniederdeutschen (bis 1350), die frühneuhochdeutschen mit den jüngeren mittelniederdeutschen (nach 1350) und eventuell die althochdeutschen mit den altniederdeutschen Einheiten zu einer jeweiligen Gesamtzahl pro Sprachstadium verrechnet werden. Dies ist nicht mit statistischen Mitteln zu leisten, sondern erfordert eine Prüfung von Wort zu Wort.

Das eigentliche Problem der Lemmaposition des historischen Sprachstadienwörterbuches ist der genaue graphematische (damit phonologische), oft auch der genaue flexions- und wortbildungsmorphologische Ansatz des Lemmas. Er ergibt sich aus der Tatsache, daß die Varietäten aller altdeutschen Sprachstufen verglichen mit der Situation des Neuhochdeutschen (seit dem 17./18. Jh.) eher horizontal als vertikal gelagert sind, also auf einer zwar nicht absolut gleichen, aber doch auch nicht streng hierarchisch durch eine Leitvarietät überdachten Prestigestufe stehen. Jede graphische/phonologische, flexivische oder wortbildungsmorphologische Variante kommt demnach prinzipiell als Kandidat für den Lemmaansatz in Betracht. Da dies bei längeren Wörtern (wie z. B. frühneuhochdeutsch *abenteuer*) zu einigen Dutzenden von Möglichkeiten führen würde, kommt man um eine lexikographische Entscheidung nicht herum (so explizit schon Lübben 1888, X). Diese sieht in der Regel so aus, daß diejenige Varietät, der im Vergleich zu allen anderen das höchste Prestige zukommt (ohne daß sie damit schon zur Leitvarietät erhoben würde), die graphische/phonologische, flexivische und wortbildungsmorphologische Basis für ein Lemma liefert, das in der angesetzten Form zwar belegt sein kann, aber nicht belegt sein muß und deshalb oft den Status eines (sprachsoziologisch begründeten) linguistischen Konstruktes hat. Es ist eine derjenigen Einheiten, auf die man alle belegten Schreibungen und ihre dahinter stehenden Phonien durch Anwendung sprachgeographischer, sprachhistorischer und sprachsozialer Entsprechungsregeln (sog. 'Lautgesetze') projizieren kann (= strukturelle Begründung), und zwar ist es unter allen gegebenen strukturellen Möglichkeiten genau diejenige, auf die man sie in der Sprachsoziologie der jeweiligen Zeit ansatzweise auch tatsächlich projiziert hat (= soziologische Begründung). In diesen beiden Hinsichten repräsentiert das Lemma also die Belegformen. Für die flexions- und wortbildungsmorphologische Ebene wäre im Prinzip analog, im Detail aber ebenenspezifisch zu formulieren (vgl. zum Konstruktlemma auch Art. 37).

De facto basieren die Lemmaansätze für das Althochdeutsche auf dem ostfränkischen Sprachstand des Tatian (Ahd. Wb. 1, V, Schützeichel XXXIV), für das Altsächsische/Altniederdeutsche auf dem Sprachstand von Heliand und Genesis, für das Mittelhochdeutsche auf der Schreibung der klassischen Literatursprache im Sinne K. Lachmanns, für das Mittelniederdeutsche auf dem Lübecker Vorbild (Schiller/Lübben V, Lübben VIII, Lasch/Borchling I—III), für das Frühneuhochdeutsche auf dem Sprachstand der sozial gehobenen Texte insbesondere des ostoberdeutschen/nordoberdeutschen/ostmitteldeutschen Raumes des späteren Frühneuhochdeutschen (Anderson/Goebel/Reichmann 1981, 74; Reichmann 1986, 64—74).

Führt die Konstruktion von Lemmata zu Ansätzen, von denen der Lexikograph meint, daß sie substantiell von den Belegformen so weit entfernt sind, daß der Wörterbuchbenutzer sie — befangen durch die Form, die ihm die Textlektüre bietet — nicht findet, so können Verweislemmata angesetzt werden, die den Status belegter Schreibformen haben können, in der Regel aber einen auf niedrigerer Abstraktionsebene liegenden Konstruktstatus haben, ohne den Sprachstadienlexikographie mithin nicht auskommt; man vgl. z. B. *gêhe, gehebs, gêhelich, gêhen, geheve* (mit Verweisen auf *gaehe, kebes, gaehelich, jêhen, gehebe*) bei Lexer 1872! — Wörter, die auf unterschiedliche Weise flektiert werden können und deshalb auf flexivische Basisformen zurückgeführt werden können oder müssen, verlangen oft den Ansatz von Verweislemmata; vgl. *glenz/glenze, glinster/glinstere, gran/grane, grel/grelle, harm/harme* bei Lexer 1872. — Auch das Nebeneinander verschiedener Wortbildungsformen (z. B. *gelêcken/geligen* bei Lexer 1872, *abergläubig/-isch, allemal/-malen/-malig/-mals* im FWB) und verschiedene Grade der Durchsichtigkeit einer Bildung (z. B. *gejegede/gejeide, glatzeht/glatzet, gîtecheit/gîtikeit* bei Lexer 1872) sowie im Detail alle möglichen anderen, oft einzelwortgebundenen Verhältnisse schlagen sich vielfach in Mehrfachlemmata nieder, deren zweites bis n-tes Glied dann meist zusätzlich als Verweislemma erscheint. Die Häufigkeit von Mehrfachlemmata, verbunden mit Verweislemmata, ist ein durch das Fehlen einer Leitvarietät bedingtes Kennzeichen der Makrostruktur der Wörterbücher zu älteren Sprach-/Varietätenstufen des Deutschen.

3.2. Die Wortvarianten

Diese Position kann (a) alle raum-, zeit-, schichten-, gruppengebundenen Schreibun-

154. Das Sprachstadienwörterbuch I: Deutsch   1423

gen enthalten, in denen das Lemmazeichen pro behandelte Epoche belegt ist; sie bietet infolge der phonologischen Basis der Schreibung des Deutschen damit zugleich die empirische Voraussetzung für die Erschließung aller Lautmuster des Wortes. Man kann (b) aus der Halde des auf diese Weise Zusammengetragenen nach irgendwelchen Gesichtspunkten eine bestimmte Teilmenge von Schreibungen auswählen oder — im Extremfall — gar auf die Variantenangabe verzichten. Die unter (a) genannte Möglichkeit ist in der lexikographischen Praxis des Deutschen nur im Ahd. Wb. realisiert, allerdings in Verzahnung mit anderen Positionen; alle übrigen Wörterbücher historischer Sprachstufen verfahren nach (b). Dies wird im allgemeinen nicht begründet; auch für den Grad der Filterung des Belegmaterials finden sich keine Hinweise. Lediglich im FWB wird Rechenschaft über die Auswahl abgelegt: Alle gleichsam 'lautgesetzlich' bedingten Varianten mit ihren Allographien bleiben ausgeschlossen; alle einzelwortgebundenen Entwicklungen (z. B. Hyperkorrekturen), alle einzelwortübergreifenden, aber nach nicht kategorischen Regeln zustandegekommenen Graphien (darunter *r*-Metathesen, Epithesen, besondere Umlautfälle), außerdem alle wortbildungs- und flexionsmorphologischen Varianten werden verzeichnet (Reichmann 1986, 75—76). Hinter diesem Verfahren steht die Auffassung von der Spezifik der Aufgaben der Lexikographie, nämlich lexikalische Verhältnisse zu beschreiben, im Gegensatz zur Aufgabe von Lautlehren, Formenlehren, Syntaxen, die regelhafte lautliche, flexivische, syntaktische Verhältnisse beschreiben. Den einen linguistischen Texttyp mit dem anderen zu verbinden, würde jeden Texttyp überlasten und die Leistungsfähigkeit der Beschreibung pro Ebene antasten.

3.3. Angaben zur Wortart und Hinweise zur Etymologie

Die Wortartbestimmung ist im allgemeinen mit einer einzigen Angabe, etwa des Typs *der* (für das maskuline Substantiv), *Adv.* oder *V.* (für *Adverb, Verb* usw.; vgl. z. B. FWB, passim), zu leisten. Auch die Morphologie bietet nicht die Probleme, die für die Lemma- und die Variantenposition typisch sind. Zwar kann auch die Morphologie der Varianz in allen Gebrauchsdimensionen der Sprache (vor allem Raum, Zeit, Schicht, Gruppe, Situation) unterliegen, in der Regel aber ist der Varianzgrad auf dieser Ebene erheblich geringer als in der Graphie. Wo einfache Angaben des Typs *-(e)s/-er + Uml.* für die Genitivform des Singulars bzw. den Nominativ des Plurals (vgl. FWB) oder *stm* (= starkes Maskulinum, Lexer) nicht ausreichen, können die Varianten in der Regel ohne größeren Raumaufwand aufgelistet werden (zu allen Details: Solms/Wegera 1982).

Die Hinweise zur Etymologie haben für den Typ 'Sprachstadienwörterbuch' keine konstitutive Funktion. Wenn sie trotzdem bei Graff eine bestimmende, im Ahd. Wb. eine erhebliche, bei Schade eine gewisse und bei Sehrt eine nochmals stark abgestufte Rolle spielen, so hat dies besondere, in der historisch-nationalen Tradition der deutschen Philologie liegende, keine sprachstadienlexikographisch bedingten Gründe.

3.4. Die Bedeutungserläuterung

Sie bildet das Kernstück aller Sprach-/Varietätenstadienwörterbücher des Deutschen. Sie realisiert den Typ dann in der reinsten Form, wenn sie alle, auch die räumlich, zeitlich, sozial, situativ beschränkten Einzelbedeutungen eines Lemmazeichens (a) registriert und (b) in einer derartigen Weise anordnet, daß ihre assoziative Vernetzung (genau gesprochen: die Hypothese des Lexikographen darüber) erkennbar wird. Dazu geeignete, oft in Kombination miteinander verwendete Gestaltungsmittel (außer dem semantischen Kommentar) bilden:

— ein geregelter Gebrauch von Interpunktionszeichen als beschreibungssprachlicher Symbole (z. B. Kommata, Semikola für engeren bzw. weniger engen Bedeutungszusammenhang)
— Zahlreihungen (z. B. im FWB)
— hierarchische Gliederungssysteme (z. B. im Ahd. Wb.)
— ausdrucksseitige Bezüge des Erläuterungswortschatzes (vgl. z. B. die Ausdrucksisotopien mittels /stamm/ und /geschlecht/ bei Lexer s. v. *stam*: stamm, baumstamm [...]; grund, quelle, ursache [...]; geschlechtsstamm, geschlecht, abstammung [...]; sprössling eines geschlechtes [...])
— inhaltliche Bezüge des Erläuterungswortschatzes (vor allem partielle Synonyme; vgl. z. B. das FWB s. v. *abenteuer*: 8. [...] *Betrug, Gaunerei* [...]. 9. *Posse, Gaukelspiel, Narretei* [...]
— semantische Kommentare im Kopf des Wörterbuchartikels; vgl. z. B. im FWB s. v. *abschlagen*: *Äußerst differenziertes Bedeutungsfeld, aus dem sich folgende Gruppen als zusammengehörig herausheben: 1—12 'schlagen' und Ütr.; 15—17 'vermindern'; 18—21 'Richtung verändern'; 22—26 'ablehnend handeln'. Es bestehen aber mannigfache Wechselbeziehungen zwischen den Einzelbedeutungen über die Gruppen hinweg*

— semantische Kommentare zu den Einzelbedeutungen; vgl. das FWB s. v. *abenteuer*; dort begegnen: unter Bedeutung 1: *offen zu 2, mit der Nuance 'Turnier' offen zu 16*, unter 2: *Metonymie zu 1. Das semantische Verhältnis von 1 und 2 hat Parallelen im Verhältnis von 3 und 4 sowie 16 und 17*, unter 4: *Metonymie zu 3*, unter 11: *offen zu 12, nicht immer von* ebenteuer ›*Gegenwert, Pfand*‹ *abgrenzbar*, unter 13: *offen zu 17*, unter 17: *Metonymie zu 16*.

Die Wörterbuchvorwörter geben im allgemeinen (vgl. aber Reichmann 1986, 83—116) keinerlei Hinweise auf eine bewußte Handhabung dieser Mittel in der lexikographischen Praxis; dies schließt implizit regelhafte Verfahren nicht aus.

3.5. Die Angabe von Symptomwerten

Unabhängig davon, ob man das Sprachstadium im strengen Sinne H. H. Liebs behandelt oder lieber mit dem der lexikographischen Praxis zugrundeliegenden Epochenbegriff arbeitet, man hat es immer mit einer Gesamtheit räumlich, sozial, situativ und (für die Epoche) auch zeitlich dimensionierter Varietäten zu tun. Will man nicht durch die Beschreibung suggerieren, daß alle dargebotenen Informationen für alle Varietäten gelten, daß mithin jeder Sprecher der Sprache einer bestimmten Zeit über alle beschriebenen lexikalischen Möglichkeiten verfüge, und will man nicht damit die Kompetenz der Sprachbenutzer völlig falsch als Vereinigung aller Wörter, aller graphemischen/phonemischen, flexivischen und wortbildungsmorphologischen Varianten sowie aller Bedeutungen darstellen, so wird eine Artikelposition 'Symptomwertangaben' für das Sprachstadienwörterbuch schlechthin konstitutiv. Sie hat sich prinzipiell auf alle Positionen zu beziehen, deren Gegenstand der sprachlichen Varianz unterliegt, müßte maximal also an die Lemmaposition, die Position 'Wortvarianten', die Angaben zur Morphologie und die Erläuterung jeder Einzelbedeutung angeschlossen werden. Für die im engen Sinne lexikologische Beschreibung am relevantesten sind Symptomwertangaben zum Wort als Ganzem (Lemmaposition) sowie zu den Einzelbedeutungen. Sie hätten im Idealfall Auskunft über die genaue räumliche, die zeitliche, die soziale, die situative Gültigkeit eines Wortes bzw. einer Wortbedeutung zu geben. Von diesem Programm ist in der Praxis relativ wenig realisiert. Dies liegt sowohl an der vor allem für das Althochdeutsche und Altsächsische/Altniederdeutsche sehr undichten Überlieferung und den beschränkten finanziellen Möglichkeiten der einzelnen Wörterbuchunternehmen als auch an einem offensichtlich weitgehend gar nicht vorhandenen diesbezüglichen Bewußtsein; jedenfalls ist ein solches aus den Wörterbuchvorwörtern nicht erschließbar.

Folgende durch die genannten sachlichen Zwänge und wissenschaftsgeschichtlichen Verhältnisse reduzierten Ausführungen des obigen Maximalprogramms lassen sich nachweisen:

(a) Alle Wörterbücher, die Belege und Belegstellenangaben enthalten (Ahd. Wb., Benecke/Müller/Zarncke, Lexer 1872—1878, Schiller/Lübben, vereinzelt Lasch/Borchling, FWB) bieten in dem Maße symptomfunktionale Interpretationsmöglichkeiten, wie das Quellencorpus nach der räumlichen, zeitlichen, sozialen, situativen Einordnung der Texte aufgeschlüsselt ist; daran mangelt es generell, vor allem für die letztgenannten beiden Dimensionen, ganz erheblich.

(b) Im FWB werden die Symptomwerte der Einzelbedeutungen zu einem (von mehreren) Kriterien der Belegauswahl gemacht; jeder Beleg wird — zwar raumaufwendig, aber die Benutzbarkeit erhöhend — mit Raum- und Zeitangaben des Typs *schwäb., Hs. 1478* versehen; im Quellenverzeichnis findet sich zusätzlich eine Angabe zur Textsorte, z. B. *Lit.* (= *literarischer Text*).

(c) Wo sich durch dieses Verfahren aus dem Belegmaterial eine zeitliche und/oder räumliche und/oder textsortenbezogene Aussage ablesen läßt, wird diese explizit entweder in den Artikelkopf (nämlich bei Geltung pro Wort als Ganzes) oder hinter die Bedeutungsangabe (bei Geltung pro Bedeutung) gestellt. Man vgl. z. B. **almende** [...] *Westoberdeutsch/Rheinfränkisch; meist rechts- und wirtschaftsgeschichtliche Texte, auch Chroniken* (FWB 1, 817 im Artikelkopf) oder **anblik** [...] 6. ›*Gesicht, Antlitz [...]*‹. *Ostoberdeutsch* (ebd. 1006; Genaueres bei Reichmann 1986, 117—125).

3.6. Angaben zur onomasiologischen Vernetzung

Autoren, die die Systematizität auch des Wortschatzes pro Sprachstadium oder Sprachepoche ernst nehmen, müssen den von ihnen bearbeiteten Sprachstadienwörterbüchern obligatorisch eine Position speziell zur onomasiologischen Vernetzung einräumen. Sie hat in Verbindung mit der Beschreibung der Einzelbedeutungen zu stehen, müßte also der Forderung nach genau so häufig auftreten, wie Bedeutungen beschrieben werden. Sie würde (annäherungsweise!) dann wie folgt aussehen (FWB 1, 935 f.): **ampt** [...]
1. ›Aufgabe, Funktion, Tätigkeit, Amt, Pflicht [...]‹. [...]. — Bdv. (= bedeutungsverwandt): *arbeit, dienst, gebür, geschäft, pflicht, tun, werk*.
2. ›Gottesdienst [...]‹. [...]. — Bdv.: *gottesdienst,*

messe, jartag, jarzeit, opfer, requiem, vigilie, predigt.
3. ›Stelle, Position [...]‹. [...]. — Bdv.: *beruf, dienst, [...], funktion, herlichkeit, (-)stelle, stand.*

Dieses Programm ist in der Sprachstadienlexikographie des Deutschen noch reduzierter realisiert worden als die Verzeichnung der Symptomwerte. Dafür mögen folgende wissenschaftsgeschichtliche und sachliche Gründe verantwortlich sein:
(a) Das onomasiologische Feld wurde erst durch Trier (1931; vgl. auch Trier 1973) voll ins Bewußtsein der Sprachgermanistik gehoben, also Jahrzehnte nach dem Entstehen der großen Wörterbücher zu den altdeutschen Sprachstufen.
(b) Eine im obigen Sinne konsequente onomasiologische Vernetzung setzt ein von a—z fertiges semasiologisches Wörterbuch voraus. Da diese Voraussetzung für die Praxis bisher eine Illusion geblieben ist, muß man sich bei der Angabe onomasiologischer Felder für die jeweils erste Auflage eines Wörterbuches mit der Kenntnis begnügen, die mit dem gerade erreichten Bearbeitungsstand gegeben ist. Dies ist der Grund dafür, daß das obige Beispiel *ampt* nur „annäherungsweise", nicht definitiv die mit viel mehr Einheiten auffüllbaren onomasiologischen Feldpositionen illustrieren kann.

Ein Problem bei der Beschreibung der onomasiologischen Vernetzung des Wortschatzes ergibt sich daraus, daß alle dargebotenen Einheiten ihrerseits wieder symptomfunktionalen Beschränkungen unterliegen. Da diese aus praktischen Gründen in Verbindung mit der Lemmaposition bzw. der Bedeutungsangabe stehen (vg. 3.5.) und sich in der Position 'onomasiologische Vernetzung' nicht wiederholen sollten, könnten die onomasiologischen Felder so gelesen werden, als wolle der Lexikograph sagen: Alle Einheiten dieser Felder (Vereinigungsmenge) bilden die Kompetenz von Sprachbenutzern (vgl. auch 3.4.). Diese Lesung ist durch die Wörterbuchvorwörter auszuschließen.

3.7. Angabe typischer Syntagmen und Angaben zur Wortbildung

Diese Positionen dienen idealiter der Dokumentierung typischer syntaktischer Verbindungen, in denen ein Wort pro Bedeutung belegt ist, sowie der Auflistung aller pro Bedeutung belegten nicht lexikalisierten Wortbildungen. Lexikalisierte Wortbildungen sollten in der Lemmaposition erscheinen.

Realiter ist in der Sprachstadienlexikographie des Deutschen für die Syntagmatik im allgemeinen keine Position angesetzt. Die syntaktischen Verbindungen, die ein Wort eingehen kann, müssen daher aus den Belegen erschlossen werden, wozu nur Graff, das Ahd. Wb., Sehrt, Benecke/Müller/Zarncke, Lexer 1872—1878, Schiller/Lübben, Lasch/Borchling und das FWB herangezogen werden können. Lediglich im FWB findet sich eine eigene Position 'Syntagmen', und zwar im Anschluß an die Angaben der onomasiologischen Vernetzung und in Verbindung mit der Erläuterung der Einzelbedeutungen. Sie hat folgendes Aussehen: (s. v. *ampt*, Bedeutung 1):

ein ampt (a.) merken / erkennen / annemen / empfangen / haben [...] / erfüllen / begehen / tragen / üben / folbringen / verwalten / begeben / unterlassen [...]; glieder / zunge haben a.; a. gehören jm. an / hören auf / sein wieder (›gegen‹) etw.; sich des a. annemen, des a. pflegen / warten; einem a. genüge tun; mit einem a. befangen sein, mit einem a. umgehen, in einem a. sorgen haben, zu einem a. gerufen sein [...]; dienst / tage / zeit des a.; a. des engels / teufels / priesters / sinnes / zanes [...]; apostolisches / gebürliches / götliches / grosses / reines [...] a.

Die Wortbildungsverhältnisse werden, allerdings ohne Rücksicht auf deren Lexikalisierung bzw. Nichtlexikalisierung, strukturell am konsistentesten von Benecke/Müller/Zarncke beschrieben, und zwar insofern, als sie sog. Wortstämme zur Basis der ganzen Folge von Artikeln über Wörter machen, die mit Hilfe des Stammes gebildet sind. Der Stamm ist typographisch durch Kapitälchen gekennzeichnet, dem schließen sich im Halbfettdruck dann die einzelnen Bildungen an, so daß folgende Anordnung zustande kommt: BITE, BAT, BATEN, GEBETEN (= Stamm in seinen Eckformen, dient gleichzeitig zur Behandlung des Verbs *biten, bitten*), **bitewort, bit, bitel, gebitel, biter, bëte, banbëte, lantbëte, nôtbëte, suonbëte, urbëte,** [...], **bëte** (Eckform des Verbs *bëten*), **anbéte, anebët, gebéte, mortbëte** [...] (Bd. 1, 168—175). Graff hatte vorher in einem aspektuell vergleichbaren Verfahren die Wortbildungszusammenhänge des Althochdeutschen von ihren indogermanischen Wurzeln her abgebildet. Das Ahd. Wb. verwendet wie Lexer den Bindestrich zur Kennzeichnung der Wortbildungsbestandteile (also z. B. *anst-gebono*, Ahd. Wb. 1, 534; *schar-man*, Lexer 2, 664). Im FWB werden alle belegten nicht lexikalischen (und nur diese) Bildungen im Anschluß an die Syntagmen unter der Bedeutungsposition, zu der sie semantisch gehören, aufgelistet, vgl. s. v. **ampt** (Bedeutung 3): *amptsersatzung, amptsere, amptshaber, amptshändler, amptsträger, amptsjungfer, amptsnachfolger, amptsperson, amptstragend, amptsverrichtung, amptsverwesung* (Sp. 938—939).

3.8. Die übrigen Positionen

Weder die Angabe von Belegen und Belegstellen, noch Häufigkeitshinweise, noch Literaturhinweise, noch Kommentare des Lexikographen zu irgendeiner Artikelposition sind für das Sprachstadienwörterbuch konstitutiv. Wenn dennoch die Angabe von Belegen, im FWB auch von Belegstellen in den größeren Wörterbüchern altdeutscher Sprachstadien einen erheblichen Raum einnimmt, dann ist dies nicht praktische Realisierung eines Typenkennzeichens, etwa Niederschlag eines unbewußt-intuitiven Bestrebens, die strukturelle (assoziative und syntagmatische) Vernetzung des Wortschatzes (vgl. 3.6. und 3.7.) wenigstens implizit anzudeuten, sondern eine Folge der Einbettung der gesamten historischen Lexikographie des Deutschen in die Textphilologie. Ähnlich ist die insbesondere für Benecke/Müller/Zarncke und das FWB typische, aber auch von Lexer 1872—1878 und Schiller/Lübben gehandhabte Einflechtung kulturhistorischer Information in die Bedeutungserläuterung und in die Belegangaben sowie die Verzeichnung wissenschaftlicher Literatur zu bewerten. — Die lexikographischen Kommentare sind bei Benecke/Müller/Zarncke, Lexer 1872—1878, Schiller/Lübben in den meisten Fällen Belegkommentare oder wortbildungsmorphologische und etymologische Kommentare, wiederum also nicht solche, die vorwiegend der Beschreibung der strukturellen Vernetzung des Wortschatzes dienen. Im FWB dominieren — und zwar sowohl im Artikelkopf wie unter den einzelnen Bedeutungspositionen — dagegen die strukturbezüglichen semantischen Kommentare des Typs *offen zu [. . .]* oder *Metonymie zu [. . .]* oder *besonders eng zusammengehörig* sowie die syntaktischen Kommentare.

3.9.

Die Ergebnisse des Abschnitts 3, ergänzt um einige weitere, hier nicht darstellbare Beobachtungen, führen zu folgendem Übersichtsschema (Legende: + Position realisiert; (+) Position indirekt oder fakultativ realisiert; leeres Feld: Position nicht realisiert), s. u. Abb. 154.2.

Die Differenziertheit des Bildes zeigt, daß ein fester Kanon von Informationspositionen, der gleichsam als Gerüst der Standardisierung von Sprachstadienwörterbüchern gedient hätte, in der Praxis höchstens ansatzweise existierte. Außer der Lemmaposition gehören offensichtlich die Angaben zur Wortart und zur Morphologie sowie die Bedeutungserläuterung zur erwartbaren Information. Inkonsequent bzw. indirekt werden die Wortvarianten, die Etymologie, die Symptomwerte, die Syntagmen, die Wortbildungen, die Belege sowie Literarurangaben und Kommentare geboten. Insgesamt wird man also von einem höchstens mittleren Standar-

Artikel- positionen Wörterbuch	Wortvarianten	Wortart und Morphologie	Etymologie	Bedeutungs- erläuterung	Symptomwerte	Onomasiologie	Syntagmen	Wortbildung	Belege	Häufigkeiten	Literatur	Kommentare
Graff	(+)	(+)	+	+	—	—	(+)	+	+	—	(+)	+
Ahd. Wb.	+	+	(+)	+	(+)	—	(+)	+	+	(+)	+	+
Schützeichel	+	(+)	—	+	(+)	—	—	(+)	—	—	—	—
Schade	+	(+)	(+)	+	(+)	—	—	(+)	—	—	+	+
Starck/Wells	—	+	—	(+)	—	—	—	—	(+)	—	—	—
Gallée	(+)	+	(+)	+	—	—	—	(+)	+	—	+	(+)
Holthausen	—	+	—	+	—	—	—	—	—	—	—	—
Benecke/Müller/Zarncke	(+)	+	+	+	(+)	—	(+)	+	+	—	(+)	+
Lexer 1872—1878	(+)	+	(+)	+	(+)	—	(+)	(+)	+	—	+	(+)
Lexer 1986	(+)	+	—	+	—	—	(+)	(+)	—	—	—	(+)
Schiller/Lübben	(+)	+	—	+	(+)	—	(+)	—	+	—	+	(+)
Lübben	—	+	—	+	—	—	(+)	—	—	—	—	(+)
Lasch/Borchling	(+)	+	—	+	(+)	—	(+)	—	—	—	—	(+)
Goetze	—	(+)	—	+	—	—	—	—	—	—	—	—
FWB	(+)	+	(+)	+	+	+	+	+	+	(+)	(+)	+

Abb. 154.2: Realisierte Artikelpositionen deutscher Sprachstadienwörterbücher

disierungsgrad der deutschen Sprachstadienwörterbücher sprechen können. Dies gilt vor allem unter dem Aspekt, daß die Reihenfolge der realisierten Positionen in Grenzen variiert. — Der Grad der Standardisierung hängt partiell vom Umfang des Wörterbuches ab: Die Einbänder haben in der Regel eine geringere Anzahl realisierter Artikelpositionen und damit gleichsam automatisch einen höheren Grad der Standardisierung als die Mehrbänder.

Die Übersicht zeigt des weiteren, daß die Onomasiologie in der Sprachstadienlexikographie des Deutschen (abgesehen vom FWB) generell, die Syntagmatik und auch die Wortbildung weitgehend unberücksichtigt bleiben. Es sind genau diejenigen Positionen, die die Beschreibung des Systemcharakters des Wortschatzes, die unter 1.1. als konstitutiv für die Sprachstadienlexikographie erklärt wurde, zu leisten hätten. Das heißt mit anderen Worten, daß der Theoriestand der deutschen Sprachstadienwörterbücher von Ausnahmen abgesehen (Ahd. Wb., FWB) vorstrukturalistisch ist. Außer der strukturellen Komponente fehlt eine hinreichende Beschreibung der Pragmatik des Wortschatzes, d. h. seiner Lagerung nach Raum, Zeit, Gruppe, Schicht usw.: Die Position Symptomwerte ist nur teilweise realisiert, damit blieb ein weiteres Konstitutivum der Sprachstadienlexikographie unbeachtet. Insbesondere die Einbänder (z. B. Holthausen, Götze) haben den Charakter der bloßen alphabetischen Aneinanderreihung lexikalischer Einheiten mit zugehöriger Wortartangabe und (meist partiell synonymischer) Bedeutungserläuterung.

Mit dem kritischen Unterton des gerade Vorgetragenen soll nicht geleugnet werden, daß es zwischen dem Wörterbuchumfang und der Anzahl der Informationspositionen eine gewisse Wechselwirkung gibt. Das heißt aber keineswegs, daß jede Umfangsreduzierung sich zwangsläufig mit der Aufgabe bestimmter Positionen verbinden muß. Es geht vielmehr darum, herauszustellen, daß die Mittel der Positionsgestaltung relativ zum Wörterbuchumfang in ihrer Art jeweils spezifisch festzulegen sind. Ein positives Beispiel bietet Lexer 1986; dort werden z. B. Wortbildungen durch Morphemgrenzenangaben im Lemma (mittels Strich, z. B. *kluoc-heit*) sowie durch Zusammenstellung aller Rechtsableitungen und -komposita in einem Nestartikel gleichsam ohne eine einzige explizite verbale Angabe durchsichtig gemacht; die vielgeschmähte Kumulation von partiellen Synonymen in der Bedeutungserläuterung entpuppt sich bei näherem Hinsehen als sachlich mittels gezielten Gebrauchs von Kommata, Semikola, eingelagerter Syntagmen und Phraseme, kurzer semantischer Kommentare usw. zwar unauffällig, aber mit semantischem Fingerspitzengefühl gegliedert (vgl. z. B. *knëht*).

4. Benutzungsmöglichkeiten der Sprachstadienwörterbücher des Deutschen

Der Benutzerbezug der Sprachstadienwörterbücher des Deutschen, darunter die vom Lexikographen angesprochene Zielgruppe und die Ausrichtung der Artikelanlage auf die Zielgruppe, wird in den Wörterbucheinleitungen entweder gar nicht erörtert oder erschöpft sich in relativ allgemeinen Absichtserklärungen. Offensichtlich wähnen sich die Lexikographen innerhalb einer kulturellen Praxis, die so gut funktioniert, daß man sie nicht explizit beschreiben muß. Für das 19. Jahrhundert als die Zeit, in der viele der großen Sprachstadienwörterbücher erarbeitet wurden und in der die historische Sprachwissenschaft und die positivistische Textphilologie gleichsam von Jahr zu Jahr zu ebenso neuen wie beachteten Ergebnissen führten, mag diese Auffassung sogar begründet gewesen sein.

Einer der Benutzungszwecke historischer Sprachstadienwörterbücher ergibt sich aus folgender Argumentationskette: Wörterbücher vermitteln Einsicht in die Geschichte des Deutschen; sie leisten einen Beitrag zum grammatischen und semantischen, damit auch zum literaturwissenschaftlichen Verständnis alter Texte; sie kommen mit all dem einem den Benutzer vor allem des 19. Jahrhunderts kennzeichnenden Bedürfnis entgegen, die Vergangenheit der nationalen Gruppe, mit der er sich identifiziert, als weitgehend eigenständig, kulturell zugleich breit gefächert wie qualitativ herausragend zu erkennen, um daraus nationalpolitische Forderungen für die Gegenwart bzw. eine Bestätigung für die geschichtliche „Logik" nationalpolitischen Handelns abzuleiten (explizit in diesem Sinne Graff 1, 1834, III).

Von den angesprochenen oder impliziten Zwecken dieser Art sind die zum Teil als pädagogische Forderung zu formulierenden Benutzungsmöglichkeiten zu unterscheiden. Sie sind in den letzten Jahren Gegenstand metalexikographischer Diskussion geworden und lassen sich in folgenden Leitsätzen zusammenfassen: Historische Sprachstadienwörterbücher werden hauptsächlich anläßlich der Rezeption von Texten benutzt; sie dienen dann dazu, Wortlücken (Unkenntnis eines Wortes bei der Lektüre alter Texte), Wortbedeutungslücken (Unkenntnis einer Bedeutung) und Nuancierungslücken (Unkenntnis genauer Nuancen einer Bedeutung) zu beheben. Gleichzeitig machen sie vor allem mit den synonymischen Teilen der Bedeutungserläuterung Angebote zur Übertragung schwieriger Textstellen in gegenwartssprachliche Texte. Mit beidem tragen sie zur interpretierten Sicherung von Traditionen bei. — Durch die Symptomwertangaben vermögen sie dem Literatur- und sonstigen Texthistoriker (Juristen, Theologen usw.) Hilfen für die zeitliche, räumliche, soziale, situative Einordnung der von ihnen beschriebenen oder edierten Texte zu geben. — Speziell die onomasiologische Artikelposition ermöglicht texttranszendierende Forschungen zur Bedeutungsgeschichte und damit wie auch immer verbunden zur Begriffsgeschichte nicht bloß des Einzelwortes, sondern ganzer Wortkomplexe. Jede von der Sprachwissenschaft betriebene historische Bedeutungsforschung, jede literaturwissenschaftliche Kennwortforschung, (z. B. zu *arbeit, êre, hulde*), jede Erfassung zentraler Begriffe poetischer Fiktionen und Fiktionstraditionen (wie z. B. 'Humanität', 'Mitleid'), jede von der Geschichtswissenschaft, der Rechtswissenschaft, der Theologie betriebene ideen-, begriffs- oder ideologiegeschichtliche Forschung hat im Sprachstadienwörterbuch eine wichtige Quellengrundlage (dies zusammenfassend nach Reichmann 1986, 24—30; 1986 c; Wiegand 1977; 1984; vgl. auch Art. 13; 16; 17; 18; 19; 21).

5. Literatur (in Auswahl)

5.1. Wörterbücher

Ahd. Wb. = Elisabeth Karg-Gasterstädt/Theodor Frings (Bearb. und Hrsg.): Althochdeutsches Wörterbuch. [...] Berlin 1971 ff. [Bisher: XXXVI S. + *a—thar:* 1898 Sp., *e—f:* 1410 Sp., *g—gioz:* 276 Sp.].

Benecke/Müller/Zarncke 1854—1866 = Georg Friedrich Benecke/Wilhelm Müller/Friedrich Zarncke: Mittelhochdeutsches Wörterbuch. [...]. 3 Bde. Leipzig 1854—1866 [XXI + 3664 S.].

FWB = Frühneuhochdeutsches Wörterbuch. Hrsg. v. Robert R. Anderson/Ulrich Goebel/Oskar Reichmann. Bd. 1 bearb. v. Oskar Reichmann.
Berlin. New York 1986 ff. [Bisher: 1 Bd., 285 S. + 1632 Sp.; *a—äpfelkern*].

Gallée 1903 = J. H. Gallée: Vorstudien zu einem altniederdeutschen Wörterbuche. Leiden 1903 [XXIV + 645 S.].

Goetze 1967 = Alfred Goetze: Frühneuhochdeutsches Glossar. 7. Aufl. Berlin 1967 [XII + 240 S.].

Graff 1834—1842 = E. G. Graff: Althochdeutscher Sprachschatz oder Wörterbuch der althochdeutschen Sprache [...]. 6 Bde. Berlin 1834—1842 [LXXIII S. + 6202 Sp.].

Holthausen 1954 = Ferdinand Holthausen: Altsächsisches Wörterbuch. Münster. Köln 1954 [VIII + 95 S.].

Lasch/Borchling 1956 ff. = Agathe Lasch/Conrad Borchling. Mittelniederdeutsches Handwörterbuch. Fortgef. v. Gerhard Cordes. Neumünster 1956 ff. [Bisher: *a—opp:* 2268 Sp., *sâb—swâ:* 640 Sp.].

Lexer 1872—1878 = Matthias Lexer: Mittelhochdeutsches Handwörterbuch. [...]. 3 Bde. Leipzig 1872—1878 [XXIX S. + 5944 Sp.; Nachdruck Stuttgart 1979].

Lexer 1986 = Matthias Lexer: Mittelhochdeutsches Taschenwörterbuch. 37. Aufl. [...]. Stuttgart 1986 [VIII + 504 S.].

Lübben 1888 = August Lübben: Mittelniederdeutsches Handwörterbuch. [...] vollendet v. Christoph Walther. Norden. Leipzig 1888 [X + 599 S.; Nachdruck Darmstadt 1979].

Sanders 1876 = Daniel Sanders: Wörterbuch der deutschen Sprache. Leipzig 1876 [IV + 2893 S.; Nachdruck Hildesheim 1969].

Schade 1882 = Oskar Schade: Altdeutsches Wörterbuch. 2 Bde. Zweite umgearb. und verm. Aufl. (Neudruck) Halle a. d. S. 1882 [LXIII + 1446 S.].

Schiller/Lübben 1875—1881 = Karl Schiller/August Lübben: Mittelniederdeutsches Wörterbuch. 6 Bde. Bremen 1875—1881 [XVI + 3811 S.].

Schützeichel 1981 = Rudolf Schützeichel: Althochdeutsches Wörterbuch. Vierte, überarb. und erg. Aufl. Tübingen 1989 [60; 309 S.].

Sehrt 1966 = Edward H. Sehrt: Vollständiges Wörterbuch zum Heliand und zur altsächsischen Genesis. Zweite, durchgesehene Aufl. Göttingen 1966 [VIII + 338 S.].

Starck/Wells 1971 ff. = Althochdeutsches Glossenwörterbuch [...] bearb. und hrsg. v. Taylor Starck/J. C. Wells. Heidelberg 1971—1984 [800 S.].

5.2. Sonstige Literatur

Anderson/Goebel/Reichmann 1981 = Robert R. Anderson/Ulrich Goebel/Oskar Reichmann: Ein idealisiertes Graphemsystem des Frühneuhochdeutschen als Grundlage für die Lemmatisierung frühneuhochdeutscher Wörter. In: Studien zur neuhochdeutschen Lexikographie 1. 1981, 53—122.

Anderson/Goebel/Reichmann 1983 = Robert R.

Anderson/Ulrich Goebel/Oskar Reichmann: Ein Vorschlag zur onomasiologischen Aufbereitung semasiologischer Wörterbücher. In: Zeitschrift für deutsche Philologie 102. 1983, 341—428.

Goossens 1971 = Jan Goossens: Was ist Deutsch — und wie verhält es sich zum Niederländischen? In: Zur Theorie des Dialekts. [...] Ausgewählt und hrsg. v. Joachim Göschel/Norbert Nail/Gaston Van der Elst. Wiesbaden 1976, 256—282 [Neudruck des Originals von 1971] (Zeitschrift für Dialektologie und Linguistik. Beiheft, NF 16).

Heger 1982 = Klaus Heger: Verhältnis von Theorie und Empirie in der Dialektologie. In: Dialektologie. Ein Handbuch zur deutschen und allgemeinen Dialektforschung. Hrsg. v. Werner Besch/Ulrich Knoop/Wolfgang Putschke/Herbert Ernst Wiegand. 1. Halbband. Berlin. New York 1982, 424—440 (Handbücher zur Sprach- und Kommunikationswissenschaft 1.1).

Kloss 1987 = Heinz Kloss: Abstandsprache und Ausbausprache. In: Sociolinguistics [...]. An International Handbook of the Science of Language and Society [...]. Ed. by Ulrich Ammon/Norbert Dittmar/Klaus J. Mattheier. 1. Halbband. Berlin. New York 1987, 302—307 (Handbücher zur Sprach- und Kommunikationswissenschaft 3.1).

Lieb 1970 = Hans-Heinrich Lieb: Sprachstadium und Sprachsystem. Umrisse einer Sprachtheorie. Stuttgart [etc.] 1970.

Objartel 1980 = Georg Objartel: Sprachstadium. In: Lexikon der germanistischen Linguistik. Hrsg. v. Hans Peter Althaus/Helmut Henne/Herbert Ernst Wiegand. Zweite, vollst. neu bearb. und erw. Aufl. Tübingen 1980, 557—563.

Paul 1920 = Hermann Paul: Prinzipien der Sprachgeschichte. Studienausgabe der 8. Aufl. [Halle a. d. S. 1920]. Tübingen 1970 (Konzepte der Sprach- und Literaturwissenschaft 6).

Reichmann 1978 = Oskar Reichmann: Deutsche Nationalsprache. Eine kritische Darstellung. In: Germanistische Linguistik 2—5/78. 1978, 389—423.

Reichmann 1986 = Oskar Reichmann: Lexikographische Einleitung. In: FWB 1, 7—285.

Reichmann 1986 b = Oskar Reichmann: Das Frühneuhochdeutsche Wörterbuch. I: Gegenstand und Quellengrundlage. In: Beiträge zur historischen Lexikographie. [...]. Hrsg. v. Vilmos Ágel/Rainer Paul/Lajos Szalai. Budapest 1986, 21—46 (Budapester Beiträge zur Germanistik 15).

Reichmann 1986 c = Oskar Reichmann: Historische Bedeutungswörterbücher als Forschungsinstrumente der Kulturgeschichtsschreibung. In: Brüder-Grimm-Symposion zur Historischen Wortforschung. [...] Hrsg. v. Rainer Hildebrandt/Ulrich Knoop. Berlin. New York 1986, 242—263 (Historische Wortforschung 1).

Reichmann 1988 = Oskar Reichmann: Zur Abgrenzung des Mittelhochdeutschen vom Frühneuhochdeutschen. In: Mittelhochdeutsches Wörterbuch in der Diskussion. Symposion zur mittelhochdeutschen Lexikographie Hamburg, Oktober 1985. Hrsg. v. Wolfgang Bachofer. Tübingen 1988, 119—147 (Reihe Germanistische Linguistik 84).

Sanders 1974 = Willy Sanders: Zu J. Goossens Was ist Deutsch und wie verhält es sich zum Niederländischen? In: Niederdeutsches Wort 14. 1974, 1—22.

Sanders 1982 = Willy Sanders: Sachsensprache, Hansesprache, Plattdeutsch. Sprachgeschichtliche Grundzüge des Niederdeutschen. Göttingen 1982.

de Saussure 1967 = Ferdinand de Saussure: Grundfragen der allgemeinen Sprachwissenschaft. Hrsg. v. Charles Bally/Albert Sechehaye [...]. Übersetzt v. Herman Lommel. Zweite Aufl. mit neuem Register und einem Nachwort von Peter von Polenz. Berlin 1967.

de Saussure 1968 = Ferdinand de Saussure: Cours de linguistique générale. Édition critique par Rudolf Engler. Wiesbaden 1968; 1974.

Solms/Wegera 1982 = Hans-Joachim Solms/Klaus-Peter Wegera: Einträge zur Morphologie in einem frühneuhochdeutschen Wörterbuch. Vorschläge und Materialien. In: Studien zur neuhochdeutschen Lexikographie 2. 1982, 225—284.

Studien zur neuhochdeutschen Lexikographie = Studien zur neuhochdeutschen Lexikographie. Hrsg. v. Herbert Ernst Wiegand. 6 Bde. Hildesheim. New York 1981—1988. (Germanistische Linguistik 3—4/79, 1981; 3—6/80, 1982; 1—4/82, 1983; 1—3/83, 1984; 3—6/84, 1984; 84—86/1986, 1986; 87—90/1986, 1988).

Trier 1931 = Jost Trier: Der deutsche Wortschatz im Sinnbezirk des Verstandes. Die Geschichte eines sprachlichen Feldes. Bd. 1 [...]. Heidelberg 1931 (Germanische Bibliothek, Abt. 2,31).

Trier 1973 = Jost Trier: Aufsätze und Vorträge zur Wortfeldtheorie. Hrsg. v. Anthony van der Lee/Oskar Reichmann. The Hague. Paris 1973 (Janua Linguarum, Series Minor 174).

Wiegand 1977 = Herbert Ernst Wiegand: Einige grundlegende semantisch-pragmatische Aspekte von Wörterbucheinträgen. [...]. In: Kopenhagener Beiträge zur Germanistischen Linguistik 12. 1977, 59—149.

Wiegand 1984 = Herbert Ernst Wiegand: Aufgaben eines bedeutungsgeschichtlichen Wörterbuches heute. In: Mitteilungen der Technischen Universität Carolo-Wilhelmina zu Braunschweig 19, 1. 1984, 41—48.

Oskar Reichmann, Heidelberg
(Bundesrepublik Deutschland)

154 a. Das Sprachstadienwörterbuch II: Niederländisch

1. Typologische Identifikation
2. Sprachstadienwörterbücher des Niederländischen: Allgemeines
3. Frühmittelniederländisches Wörterbuch
4. Mittelniederländisches Wörterbuch
5. Wörterbücher der niederländischen Gegenwartssprache
6. Sprachstadienwörterbücher in Vorbereitung
7. Literatur (in Auswahl)

1. Typologische Identifikation

Unter einem Sprachstadienwörterbuch verstehen wir hier ein Wörterbuch, das den Wortschatz einer bestimmten begrenzten Periode, die auch linguistisch eine Einheit bildet, als ein lexikalisches System beschreibt.

Charakteristisch für diese Definition sind die Komponenten „begrenzte Periode" und „Wortschatz als lexikalisches System". Wann ist eine Periode eine mehr oder weniger geschlossene Einheit, die auch im Wortschatz wiederzufinden ist? Oft wirft man dem Verfasser eines Sprachstadienwörterbuches vor, daß er zu wenig Argumente gibt für seine Wahl der Grenzen a quo und post quem non. Tatsache ist, daß eine Zeitspanne abgegrenzt wird aufgrund von Verhältnissen, die u. a. sozial, ökonomisch, kulturell, religiös oder politisch bedingt sein können. Solche Verhältnisse nämlich rufen die Veränderungen im Wortschatz hervor. Ein Sprachstadium kann deshalb am besten unter Berücksichtigung dieser Hintergründe der Veränderungen begrenzt und definiert werden. Veränderungen im lexikalischem System kann man entdecken, indem man die Basisfunktion der Sprache prüft und vor allem den Wert einer Anzahl von Symptomen abwägt. Beim heutigen Stand der wissenschaftlichen Untersuchung in bezug auf Sprachstadienwörterbücher operiert man zur Identifikation der Charakteristiken einer Periode vor allem mit der Angabe der Werte folgender Symptome: Verbreitungsgebiet, Zeit, in der ein Wort vorkommt, Textsorte, Stilebene, verschiedene Sprachvarietäten wie Dialekt, Regiolekt, Soziolekt, Gruppen- und Fachsprache und Anwendungssituationen (vgl. dazu Reichmann 1977, Wiegand 1984, 476—488 und Reichmann 1986, 117—125). Der Beschreibung des Wortschatzes einer bestimmten Periode als lexikalisches System kann man vor allem dadurch gerecht werden, daß man den Akzent nicht auf die Entwicklung und die Geschichte, sondern auf die synchrone Systematik legt. Objekt eines Sprachstadienwörterbuches müssen deshalb die nebeneinander vorkommenden Sprachvarietäten sein. Daneben muß der Lexikograph die onomasiologische Verflechtung jeder Einzelbedeutung eines Wortes aufzeigen sowohl durch die dazu notwendige Angabe von Synonymen und Hyponymen als auch durch die Beschreibung der typischen Syntagmen bei jeder Bedeutung. Da es um den Wortschatz als System geht, ist es deutlich, daß ein Sprachstadienwörterbuch in diesem Fall erschöpfend sein muß.

Neben den beiden genannten Hauptkennzeichen seien noch die folgenden sekundären Kennzeichen erwähnt:
1. Objektsprache und Metasprache gehören zu verschiedenen Sprachsystemen. Oft wird die Sprache eines früheren Stadiums beschrieben mit Hilfe der gleichen Sprache aus einer jüngeren Phase. In diesem Fall ist das Sprachstadienwörterbuch homoglott zweisprachig. Eine Ausnahme bilden natürlich die Sprachstadienwörterbücher der jüngsten Periode, die homoglott einsprachig sind.
2. Ein Sprachstadienwörterbuch kann sowohl eine Beschreibung einer historischen als auch einer heutigen Sprachperiode sein.
3. Ein Sprachstadienwörterbuch kann statt eines erschöpfenden lexikalischen Systems auch einen Teil einer Sprache in einer bestimmten Periode beschreiben, beispielsweise den Dialekt aus Breda im 19. Jahrhundert, die Gruppensprache der Studenten zwischen 1850 und 1950 oder die Fachsprache der Alchimisten im 16. Jahrhundert.

Das Sprachstadienwörterbuch kann funktionieren als eine selbständige Größe, die eine bestimmte Phase in einer fortschreitenden Sprachentwicklung beschreibt, beispielsweise das *Mittelhochdeutsche Wörterbuch* von Mathias Lexer. Es kann auch ein selbständiger Bestandteil eines mehrteiligen historischen Sprachstadienwörterbuches sein, wie z. B. das *Vroegmiddelnederlands Woordenboek,* das zusammen mit den übrigen geplanten Wörterbüchern eines Jahrhunderts das neue große historische Sprachstadienwörterbuch der niederländischen Sprache werden soll. Im folgenden will ich nicht weiter auf die Entwicklungsgeschichte des Begriffs Sprachstadienwörterbuch eingehen. Der Kürze wegen verweise ich dazu auf Craigie (1931, 6—14), Von Wartburg (1939, 3—18), Reichmann (1984, 470), Kühn (1978, 11 und 111) und Müller (vgl. Art. 156). Der mir hier zur Verfügung stehende Platz gestattet es auch nicht, Sprachstadienwörterbücher eines Teils einer Sprache aus einer Periode in meine Betrachtungen einzubeziehen. Heteroglotte Wörterbücher, die wegen ihrer Beinhaltung eines bestimmten Zeitraums natürlich auch als Sprachstadienwörterbücher qualifiziert werden können, werden hier aus Platzmangel ebensowenig behandelt. Wohl werde ich später zeigen, wieweit die wichtigsten Wörterbücher in den Niederlanden, die die Sprache eines bestimmten Zeitraums beschreiben, in allem der oben genannten Definition des Sprachstadienwörterbuchs entsprechen.

2. Sprachstadienwörterbücher des Niederländischen: Allgemeines

Die Periode, in welcher das Niederländische überliefert worden ist, reicht von etwa 1150 bis jetzt. Lexikalisch bearbeitet bzw. zumindest in lexikalischer Bearbeitung befindlich sind die folgenden Sprachstadien:
1) 1150—1301 *Vroegmiddelnederlands Woordenboek* (VMNW);
2) 1200—1550 *Middelnederlandsch Woordenboek* (MNW)
3) 1500—1921 *Woordenboek der Nederlandsche Taal* (WNT)
4) 1921—jetzt *Woordenboek van Hedendaags Nederlands* (WHN).

Der Reihe nach werde ich die erwähnten Wörterbücher besprechen und untersuchen, ob sie anhand ihres tatsächlichen Aufbaus als Sprachstadienwörterbücher zu betrachten sind.

Eine Beschreibung des *Woordenboek der Nederlandsche Taal* (WNT) gehört ebensowenig wie die des *Deutschen Wörterbuches* der Gebrüder Grimm in eine Abhandlung über Sprachstadienwörterbücher. Zwar existieren Überschneidungen von Bestandteilen — sowohl in der Makro- als auch der Mikrostruktur (beispielsweise der Stichwörter und der Zitate) — zwischen Sprachstadienwörterbüchern und diesen diachronen, historischen und philologischen Wörterbüchern, aber der Aufbau und die lexikalische Beschreibung der schon erwähnten Wörterbücher ist so grundsätzlich anders, daß sie in keiner Beziehung als Sprachstadienwörterbücher betrachtet werden können, obwohl hier die Rede von einer beschriebenen Sprachperiode ist. Die Periode, die sie beschreiben, ist sehr umfangreich und bildet durchaus kein linguistisches Ganzes. Überdies liegt der Akzent auf der Etymologie und der chronologischen Folge. Das Corpusmaterial, auf dem die erwähnten historischen Wörterbücher beruhen, ist trotz deren Umfangs äußerst begrenzt. Die lange Arbeitszeit bewirkte außerdem, daß beispielsweise der Buchstabe A des WNT Material enthält von 1637 bis 1884 und Teil XXIII (1987) von 1500 bis 1921. Die Sprache in diesen Ausarbeitungen ist nicht als ein und dasselbe lexikalische System beschrieben.

3. Frühmittelniederländisches Wörterbuch (VMNW)

Die Geschichte des VMNW ist unlösbar mit der des *Corpus-Gysseling* (1977—1987) verbunden. Im Jahre 1977, nach der Fertigstellung von neun Bänden *Ambtelijke Bescheiden* dieses *Corpus*, veranstaltete das Institut für Niederländische Lexikologie in Leiden die *Tweede Internationale Ronde Tafel-conferentie over Historische Lexicografie* (vgl. Pijnenburg und De Tollenaere 1980, 149—175, 227—247). Während dieser Tagung wurde das VMNW international aus der Taufe gehoben. Mit seiner Ausführung wurde Dr. W. J. J. Pijnenburg beauftragt.

Das VMNW soll ein alphabetisches synchronisches und semasiologisches Wörterbuch für den Zeitabschnitt von 1150 bis einschließlich 1300 sein. Im Mittelpunkt wird nicht die Entwicklung der Sprache stehen, sondern der Sprachzustand im erwähnten Sprachstadium. Das VNMW ist ein Wörterbuch, das zwar in erster Linie Wortbedeutungen synchron darstellt, daneben aber auch viel Raum offen läßt für weitere Informationen, phonematische und graphematische Varianten, Flexionsvarianten, onomasiologische Verflechtungen des Wortes, Zitate, Raumangaben, Zeit- und Textsortengliederungen.

Das computerisierte Material, ein geschlossenes Corpus, wird erschöpfend beschrieben. Typologisch sehen die Textsorten folgendermaßen aus: Urkunden, Stadtprivilegien, Eigentumsübertragungen, Warenregister, literarische Texte und ein Glossar. Die bei weitem meistgebrauchten Texte stammen aus West- und Ost-Flandern. Die Regionen von Brabant, Limburg, Holland, Zeeland und das niederrheinische Sprachgebiet sind bedeutend weniger vertreten.

Wenn das VMNW wie geplant ausgeführt wird, so entspricht es den an moderne Sprachstadienwörterbücher gestellten Anforderungen.

CATEILE (MNW) Gent, 1237; znw. v.; (59x); *cateil* (3x); *cat(h)eile(n)* (40x); *cateille* (1x); *catele(n)* (2x); *cateyle* (2x); *kateile(n)* (11x). N.s. *cateile* (2x) [Brugge 1285]; g.s. —; d.s. *cateile* (5x) [Gent 1270]; a.s. *cateil* (3x) [Gent 1236], *cateile* (5x) [Saaftinge 1279]; n.p. *cateile* (1x) [Brugge 1294]; g.p. —; d.p. *cateilen* (25x) [Brugge 1281]; a.p. *cateile* (4x) [Brugge 1294].
In de overige gevallen was de naamval niet met zekerheid vast te stellen. Ontlening: (< opik. *catel, katel*; Huon, *Li regles Nostre Dame* [1244-48], cf. ofr. *chatel, chadel, chael* < lat. *capitale* 'stuk vee, stuk bezit') Voor de uitgang *-eil(e)* cf. opik. *linteil* 'drempel, bovendorpel', *hosteil* 'hotel' bijv. in de *Comptes d'Ypres*.
1 kapitaal, geld, middelen; **2** roerend goed, huisraad, inboedel; **3** bezitting, bezit; **4** werktuig, gereedschap. **1.1** *Die up yemene dinghet uan doder hant, hi moet hebben tue eruachteghe man in orconden ende si sullen hem helpen sonder beuanc ende dus salhi winnen sin cateil, hensi dat degene dar hi up dinghet hebben tue eruaahteghe man te orconden dat hem vergolden si* [Gent 1237] '... en aldus zal hij zijn geld krijgen, tenzij degenen, tegen wie hij de zaak heeft aangespannen twee mannen als getuigen hebben (voor het feit) dat het hem betaald is. **1.2** *Natelie ... heuet wel ende vulcomenlike van haren propren cateile in goeden droghen peneghen ende wel ghetellet vergolden* [Brugge 1284]; **1.3** *... peneghe die hi ons ... betaelt hevet ende ghedeliurert van sinen eighinen catheilen* [Brugge 1299]; **2.1** *dat goet arve ende have. huus ende cateile end boeme, winnende land veld busch ende mersch* [Brugge 1296]; **3.1** *al die erue ende alle die cateille die so hadde binne den ambochte van Nieumonstre* [Brugge 1274]; **4.1** *diet min scerde danne met xiij. draden tote enen ganghe hie verburde tgoed ende sal cesseren 1 jaer van wulle werke ende sinen cateile* [Brugge 1294] 'Wie een schering kleiner mocht maken dan 13 draden per gang, verbeurde het goed (i.e. zijn wol) en mag zich een jaar lang niet met het wolwerk en zijn werktuig bezig houden'; **4.2** *Ende ware dat sake dat sie iemene gauen cateile mede wulle te tappene iof saye iof lakene te makene die cateile waren verbuert* [Brugge 1294].
Verbindingen: *met sire propren cateile*: met eigen middelen; *arve ende cateile*: grond en opstal; *cesseren van sinen cateile*: zijn ambacht niet (mogen) uitoefenen; *deliureren van sinen eigenen cateilen*: uit eigen middelen opbrengen.
Uitsluitend aangetroffen in Vlaanderen: Aardenburg (1x); Brugge (50x); Gent (5x); Maldegem (1x); Oudenaarde (1x); Saaftinge (1x).
Als samenstelling komt voor *cateila scens* 'roerend goedbelasting', zie ald.

Textbeispiel 154a.1: Probelemma (aus: W. J. J. Pijnenburg e.a. Vroegmiddelnederlands Woordenboek (VMNW))

4. Mittelniederländisches Wörterbuch (MNW)

Matthias de Vries, der Begründer des *Wörterbuchs der niederländischen Sprache,* ist auch der Initiator des MNW gewesen, von dem 1884 die erste Lieferung erschien. Als auctor intellectualis aber gilt Jacob Verdam und in geringerem Maße Eelco Verwijs (vgl. Van Sterkenburg 1984, 103—106). Der erste Teil A—C wurde 1885 vollendet, und seither erschien alle vier bis fünf Jahre ein Teil. Als Verdam 1919 starb, waren die Lieferungen von Teil IX bis *wedergeven* bearbeitet. F. A. Stoett gebührt die Ehre, das MNW 1929 vollendet zu haben.

Das *Middelnederlandsch Woordenboek* verdient nur zu einem gewissen Prozentsatz diesen Namen: die Sprache der meisten Texte, die das Material dafür geliefert haben, sind — genau genommen — kein eigentliches Mittelniederländisch, sondern eine Mischung aus drei Sprachperioden: Niederländisch aus dem 13. und 14., dem 15. und dem 16. Jahrhundert. Das MNW ist ein alphabetisch (vereinheitlicht) geordnetes Wörterbuch semasiologischer Art mit Angaben von Varianten, Flexionserscheinungen, syntaktischen Verbindungen, Etymologien und regionalen Vorkommen. Es enthält außerdem Informationen über historische Sprachschichten, ist mit zahlreichen Zitaten und Kommentaren zu Zitaten versehen und hat als Ziel, den Wortvorrat des ganzen Systems zu beschreiben. Zweck des MNW ist das Beschreiben des literarischen Wortschatzes im engeren Sinn, hier und dort ergänzt durch Belegstellen aus Urkundensammlungen. Anfangs liegt der 'terminus post quem non' um 1550; später wird dieser auf 1500 festgelegt. Im Prinzip umfaßt das MNW ungefähr die Periode zwischen 1200 und 1500. Es ist allerdings bekannt, daß der Wortschatz des 13. Jahrhunderts ziemlich spärlich beschrieben wurde: von den 2155 Dokumenten aus der *Corpus-Gysseling* Reihe wurden maximal 367 im MNW benutzt.

Das Mittelniederländische ist eine Sprache ohne eine sozial ausgezeichnete, als Norm fungierende Varietät und weist damit einen sehr hohen Grad der lexikalischen Variabilität auf. Wir finden im MNW „die mittelalterliche Sprache aller dietsch und duutsch sprechenden Niederlande von Karl V. hier mehr oder weniger vollständig beschrieben" (vgl. Van Sterkenburg 1984, 104). — Das Wörterbuch umfaßt ca. 80 000 Einträge. Welche Normen Verdam anwandte, um eine bestimmte mittelniederländische Form als Lemma auszuwählen, wissen wir nicht. Noch unklarer ist die Frage, wie er die mittelniederländischen Idealformen rekonstruiert hat. — Hinter dem Stichwort folgen Varianten und Informationen über Wortart, Beugung, Etymologie und Bedeutungsumschreibungen in den älteren Wörterbüchern

— wobei der *Vocabularis Copiosus,* Kiliaans *Etymologicum Teutonicae Linguae* und der *Thesaurus* von Plantijn am häufigsten zitiert werden — und schließlich die heutigen Bedeutungen, versehen mit Belegstellen aus den verarbeiteten Quellen. Unlösbar verbunden mit dem MNW sind das *Mittelnederlandsch Handwoordenboek* (MNH), ebenfalls von Verdam, und *Verdam Middelnederlandsch Handwoordenboek, Supplement* (vgl. J. J. van der Voort van der Kleij, 1983).

Schlußfolgerung: Das MNW ist ein synchrones, alphabetisches, semasiologisches Wörterbuch mit Angaben von Varianten, Flexionsformen, unterschiedlichen syntaktischen und diatopischen Informationen, es gibt Informationen hinsichtlich der jeweiligen historischen Sprachschicht, und es versucht, das ganze System des betreffenden Sprachstadiums mit Zitaten und Kommentaren zu den Zitaten zu beschreiben. Es ist in erster Linie ein Untersuchungsinstrument, das eher dokumentarisch als interpretativ ist. Schließlich muß noch bemerkt werden, daß die Quellen, auf denen das Wörterbuch beruht, sehr einseitig sind, und daß die Begrenzung des bearbeiteten Materials wohl einen sehr hybriden Charakter hat.

5. Wörterbücher der niederländischen Gegenwartssprache

Ein wissenschaftliches Sprachstadienwörterbuch des Niederländischen des zwanzigsten Jahrhunderts, das auf einer repräsentativen wissenschaftlichen Materialsammlung beruht, ist noch nicht vorhanden (vgl. auch Art. 201). Abgesehen von einer großen Anzahl von Hand- und enzyklopädischen Wörterbüchern, gibt es wohl zwei kommerzielle Bedeutungswörterbücher, die das Gegenwartsniederländisch beschreiben. In chronologischer Ordnung sind das der dreiteilige Van Dale *Groot Woordenboek der Nederlandse Taal* (erste Auflage 1872, elfte Auflage 1984) und Van Dale *Groot Woordenboek van Hedendaags Nederlands* (erste Auflage Dezember 1984). Das erste ist ein vorbildlicher Auszug des WNT, impressionistisch angefüllt mit zeitgenössischem Material. Es ist ein Wörterbuch auf historischer Grundlage, in dem der Wortschatz von ca. 1830 bis heute behandelt wird. Die Reihenfolge der Bedeutungen beginnt mit der ältesten, und die ist meistens nicht die heutzutage gebräuchlichste. Man hat den allgemein gängigen Wortschatz darin aufgenommen, wobei man Vollständigkeit angestrebt hat. Bei den technischen Termini hat man eine Auswahl getroffen, und zwar hat man diejenigen Termini aufgenommen, die man im gesellschaftlichen Umgang bei nicht allzu spezialisierter Lektüre antreffen kann. Es werden zusätzlich Dialektwörter angegeben. Viel Platz wird den lexikalischen Varianten aus den niederländisch sprechenden Gebieten Belgiens eingeräumt. Die Sprache verschiedener Gruppensprachen wie auch verschiedene Sprachregister werden als solche angegeben. Von jeder Bedeutung wird nicht systematisch die onomasiologische Verflechtung gegeben, wohl aber enthält dieses Wörterbuch, das besser bekannt ist unter dem Namen *Grote* oder *Dikke van Dale,* für jede Bedeutung eine Vielfalt von Syntagmen. Man kann auch rein illustrierende Beispiele oder Zitate (vor allem aus der Bibel) im Überfluß finden. Die Makrostruktur umfaßt mehr als 230 000 Stichwörter. Eigentlich ist der *Grote van Dale* kein Sprachstadienwörterbuch im Sinne unserer Definition, sondern ein Mischprodukt: ohne das Material der Gegenwartssprache, könnte er vielleicht Anspruch erheben auf den Titel Sprachstadienwörterbuch des neunzehnten Jahrhunderts, obgleich auch dann noch gilt, daß er veraltete und nicht mehr gebräuchliche Wörter enthält. Eine dominante Charakteristik ist die Berücksichtigung historischer Sprachphasen, und nicht nur des neunzehnten Jahrhunderts.

Das *Groot Woordenboek van hedendaags Nederlands* (GWHN) ist ein erklärendes Wörterbuch, das das Niederländisch der heutigen Gesellschaft beschreibt, d. h. das Niederländisch ab 1950 bis heute. Das dafür zugrunde liegende Material ist ein Corpus von bescheidenem Umfang (10 Mio. Wortformen) sowie der aktualisierte Bestand des *Grote van Dale.* Man zieht auch regelmäßig Informanten zu Rat. Das Sprachmaterial der erwähnten Periode ist nicht erschöpfend, sondern selektiv beschrieben. Es handelt sich hier um ein nach kritischen Gesichtspunkten aufgestelltes Inventar. Es strebt danach, die Rolle, die ein Wort in der heutigen Gesellschaft spielt, herauszufinden und zu berücksichtigen je nach Frequenz, Streuung und Intuition. Das GWHN ist nicht interessiert an der Wortgeschichte, sondern an der synchronen Systematik, ist mehr zur gesprochenen Sprache hin orientiert, gibt vielmehr neuen Lexemen und Wortgruppenlexemen Raum, ist nicht deskriptiv und arbeitet mit chronologischen, geographischen, stilistischen, sozialen, fachtechnischen und konnotativen Kennzeichen. Die Reihenfolge der Bedeutungen beruht auf dem Prinzip: vom allgemeinen zum besonderen. Die meisten Definitionen sind analytisch (nach dem Muster genus proximus mit differentia specifica). Bedeutungsverwandte Wörter werden an einer deutlich wieder erkennbaren Stelle aufgenommen, und Syntagmen werden ausführlich beschrieben. Die Anzahl der Stichwörter beträgt 90 000. Kennzeichnend für dieses Wörterbuch ist, daß es in einer Reihe großer Sprachwörterbücher für den heutigen Sprachgebrauch eine Mittelpunktfunktion innehat. Das GWHN fungierte als Ausgangspunkt, der ins Deutsche, Englische und Französische für die drei niederländisch-fremdsprachlichen Teile übersetzt wurde. Dem Niederländischen als kulturellem Erbe widerfährt dadurch vom Gesichtspunkt der niederländischen Sprachrealität in Übersetzungswörterbüchern für eine niederländisch sprechende Zielgruppe Gerechtigkeit.

6. Sprachstadienwörterbücher in Vorbereitung

1976 entschied sich der Vorstand der Stiftung des Instituts für Niederländische Lexikologie dazu, endgültig auf ein *Supplement* zum WNT zu verzichten. Damit wurde eine 1940 begonnene Diskussion beendet. Das WNT sollte sich nicht zum zweiten Mal in Unternehmen der Brüder Grimm spiegeln und kein Supplement in einer neuen Bearbeitung integrieren. Der Vorstand der Stiftung entschied sich für Sprachstadienwörterbücher, die auf einem dynamischen Wörterarchiv basieren und bei den Ergebnissen der zeitgenössischen, praxisnahen Lexikologie Eingang finden können. Wenn das WNT 1998 vollendet sein wird, sind geschulte Arbeitskräfte im Überfluß da, um zwei neue Sprachstadienwörterbücher in Angriff nehmen zu können.

Man faßte 1980 den Entschluß, mit einer Sprachdatenbank des jetzigen Niederländisch zu beginnen, die in 10 Jahren eine repräsentative Sammlung an Sprachdaten aus der Periode 1920—1990 umfassen soll. Dabei sind 200 Mio. Wortformen als Planziel angesetzt. In der Sprachdatenbank Leidens sind momentan schon 60 Mio. Wortformen vorhanden, die auf verschiedene Arten durch den Computer manipuliert werden können. Das wissenschaftliche Konzept für dieses Wörterbuch des Niederländischen der Gegenwart soll erst etwa 1990 vorbereitet werden.

Ein Sprachstadienwörterbuch, das nach 1998 in Bearbeitung genommen werden soll, ist das *Vroegnieuwnederlands Woordenboek* des 16. Jahrhunderts. Die Beweggründe dazu liegen in der Tatsache, daß das WNT uns auf sehr mangelhafte Weise über das Niederländische des 16. Jahrhunderts informiert. Fast 100 Jahre lang sind für das WNT äußerst wenig Quellen aus dieser Zeit exzerpiert worden. Erst seit etwa 30 Jahren ist der Quellenbestand des 16. Jahrhunderts beträchtlich vergrößert worden (Zahlen bei Van der Voort van der Kleij 1976, 64 f.). Dies impliziert natürlich, daß dieses Sprachstadium nur in den letzten Buchstaben des Alphabets im WNT in angemessener Weise vertreten ist. Für ein Wörterbuch des 16. Jahrhunderts erwägt man, als Anfangsdatum etwa 1475 festzulegen, das Jahr, in dem die ersten gedruckten niederländischsprachigen Bücher erschienen. Es ist schwieriger, ein Enddatum zu bestimmen. Wahrscheinlich kann dieses auf ca. 1620 festgelegt werden, wobei man sich für den Zeitabschnitt nach 1600 auf diejenigen Sprachäußerungen beschränken sollte, die noch deutlich Merkmale des 16. Jahrhunderts zeigen.

7. Literatur (in Auswahl)

7.1. Wörterbücher

Grimm = Deutsches Wörterbuch von Jacob Grimm und Wilhelm Grimm. 16 Bde. Leipzig 1854—1960 [XC S., 67744 Sp.].

GWHN 1984 = Van Dale. Groot woordenboek van hedendaags Nederlands. Hrsg. v. Piet van Sterkenburg en Willy J. J. Pijnenburg. Utrecht. Antwerpen 1984 [1569 S.]

Kiliaan 1599 = Etymologicum Teutonicae linguae sive Dictionarium Teutonico-Latinum. Antwerpen 1599. Hrsg. Frans Claes, s. j., Kiliaans Etymologicum van 1599. In: Monumenta Lexicographica Neerlandica. Reeks II, Deel 3. 's-Gravenhage 1972 [46, 767 S.].

Lexer = Matthias Lexer: Mittelhochdeutsches Handwörterbuch. Zugleich als Supplement und alphabetischer Index zum Mittelhochdeutschen Wörterbuch von Benecke-Müller-Zarncke. 3 Bde. Leipzig 1872—1878 [XXX S., 5944 Sp.].

Middelnederlandsch Handwoordenboek 1932 = Jacob Verdam: Middelnederlandsch Handwoordenboek. 2. Aufl. 's-Gravenhage 1932 [812 S; 1. Aufl. 1911].

MNW = Middelnederlandsch Woordenboek. Hrsg. von Eelco Verwijs und Jacob Verdam. XI Bde. 's-Gravenhage 1885—1929 [699 S.].

Reichmann 1986 = Oskar Reichmann (Bearb.): Frühneuhochdeutsches Wörterbuch. Hrsg. von Robert R. Anderson/Ulrich Goebel/Oskar Reichmann. Band I, Lieferung 1: Einleitung und Quellenverzeichnis, Literaturverzeichnis, Wörterbuchtext, a—*abfal*. Lieferungen 2—4: *abfal—äpfelkern* Berlin. New York 1986 [285 S., 1632 Sp.].

Supplement Middelnederlandsch Handwoordenboek 1983 = Verdam Middelnederlandsch Handwoordenboek. Supplement Hrsg. John J. van der Voort van der Kleij. Leiden. Antwerpen 1983 [XX, 354 S.].

Supplement WNT 1956 = Woordenboek der Nederlandsche Taal. Supplement Eerste Deel. Hrsg. v. Jan A. N. Knuttel und Cornelis H. A. Kruyskamp. [Bisher *A— Azuursteen*]. 's-Gravenhage. Leiden 1956 [VIII S., 2334 Sp.].

Thesaurus 1573 = Thesaurus theutonicae linguae. Schat der Neder-duytscher spraken. Antwerpen 1573. 4°. Hrsg. von Frans Claes, s. j. De Thesaurus van Plantijn van 1573. In: Monumenta Lexicographica Neerlandica. Reeks II, Deel 1. 's-Gravenhage 1972 [57 + §^{4}, A—Z^4, a—z^4, Aa—Zz^4, Q^4, 284 ff.].

Van Dale 1984 = Van Dale. Groot Woordenboek der Nederlandse Taal. Hrsg. Guido Geerts, Hans Heestermans en Cornelis Kruyskamp. 11. Aufl. Utrecht. Antwerpen 1984 [L, 3730 S., 1. Aufl. 1864].

VNMW = Vroegmiddelnederlands Woordenboek. Hrsg. von Willy J. J. Pijnenburg (In Vorbereitung).

Vocabularius Copiosus 1481 = Vocabularius Copiosus et singularis unus ex diversis, diligentissime theutonicatus. Leuven ca. 1481—1483 [fol. a—z^8, aa—kk^8, ll^8, A—S^8, 412 ff.].

WNT = Woordenboek der Nederlandsche Taal. 's-Gravenhage. Leiden 1882 [Bisher: 35 Bde.].

7.2. Sonstige Literatur

Anderson 1977 = Robert R. Anderson, Ulrich Goebel, Oskar Reichmann: Projekt eines frühneuhochdeutschen Handwörterbuches. In: Zeitschrift für Germanistische Linguistik 5. 1977, 71—94.

Anderson 1979 = Robert R. Anderson, Ulrich Goebel, Oskar Reichmann: Probeartikel zum frühneuhochdeutschen Handwörterbuch. In: Germanistische Linguistik 3—4/79. Hildesheim. New York 1981, 11—123.

Craigie 1931 = William A. Craigie: New Dictionary Schemes Presented to the Philological Society, 4th April, 1919. In: Transactions of the Philological Society 1925—1930. London 1931, 6—14.

Gysseling 1977—1987 = Maurits Gysseling: Corpus van Middelnederlandse Teksten (tot en met het jaar 1300). 's-Gravenhage 1977—1987.

Kühn 1978 = Peter Kühn: Deutsche Wörterbücher. Eine systematische Bibliographie. Tübingen 1978.

Pijnenburg 1977 = Willy J. J. Pijnenburg: Het Vroegmiddelnederlands Woordenboek (VMNW). Regionale en toevallige varianten. In: Lexicologie: Een bundel opstellen voor F. de Tollenaere ter gelegenheid van zijn 65e verjaardag door vrienden en vakgenoten. Hrsg. Piet G. J. van Sterkenburg. Groningen 1977, 209—221.

Pijnenburg 1980 = Willy J. J. Pijnenburg: The Dictionary of Early Middle Dutch (DEMD): the Sources, their Area and Chronology. In: Willy Pijnenburg and Félicien de Tollenaere (eds): Proceedings of the Second International Round Table Conference on Historical Lexicography. Dordrecht/Holland. Cinnaminson/N. J. U. S. A. 1980, 149—175.

Reichmann 1984 = Oskar Reichmann: Historische Lexikographie. In: Sprachgeschichte. Ein Handbuch zur Geschichte der deutschen Sprache und ihrer Erforschung. Hrsg. v. Werner Besch, Oskar Reichmann, Stefan Sonderegger. Erster Halbband. Berlin. New York 1984, 460—492.

Van Sterkenburg 1980 = Piet G. J. van Sterkenburg: Towards a Theory: the Form of Main Entries in the Early Middle Dutch Dictionary (EMDD). In: Willy Pijnenburg 1980 and Félicien de Tollenaere (eds.): Proceedings of the Second International Round Table Conference on Historical Lexicography. Dordrecht/Holland. Cinnaminson/N. J. U. S. A. 1980, 227—247.

Van Sterkenburg 1984 = Piet G. J. van Sterkenburg: Van Woordenlijst tot Woordenboek. Inleiding tot de geschiedenis van woordenboeken van het Nederlands. Leiden 1984.

Van der Voort van der Kleij 1983 = John J. van der Voort van der Kleij: Verdam Middelnederlandsch handwoordenboek, Supplement. Leiden 1983.

Von Wartburg 1939 = Walther von Wartburg: Betrachtungen über das Verhältnis von historischer und deskriptiver Sprachwissenschaft. In: Mélanges de linguistique offerts à Charles Bally. Genève 1939, 3—18.

Wiegand 1984 = Herbert Ernst Wiegand: Prinzipien und Methoden historischer Lexikographie. In: Sprachgeschichte. Ein Handbuch zur Geschichte der deutschen Sprache und ihrer Erforschung. Hrsg. v. Werner Besch, Oskar Reichmann, Stefan Sonderegger. Erster Halbband. Berlin. New York 1984, 557—620.

Piet van Sterkenburg, Leiden (Niederlande)

155. The Period Dictionary III: English

1. Introduction
2. Lexicography of Old English
2.1. From the Beginning to 1659
2.2. The First Published Dictionaries
2.3. The Eighteenth Century
2.4. The Nineteenth Century
2.5. The Twentieth Century
2.6. The *Dictionary of Old Englisch*
3. Lexicography of Middle English
3.1. Eduard Mätzner
3.2. Franz Heinrich Stratmann
3.3. A. L. Mayhew and Walter W. Skeat
3.4. Henry Bradley
3.5. Ewald Flügel
3.6. The *Middle English Dictionary*
4. Lexicography of Early Modern English
4.1. Robert Nares
4.2. Alexander Schmidt
4.3. A. L. Mayhew
4.4. The *Early Modern English Dictionary*
5. Selected Bibliography
5.1. Dictionaries
5.2. Other Publications

1. Introduction

Until the nineteenth century, period lexicography in English showed few innovations over the one- or two-word glosses produced in the medieval scriptoria as aids to Latin-English/English-Latin translation. In the sixteenth century when lexicographers began to prepare dictionaries of older forms of English, the focus of their attention was on the surviving manuscripts of the Old English period. For these scholars, the problem of periodization did not appear significant since the unfamiliar manuscripts they studied pre-dated 1154 when the *Anglo-Saxon Chronicle* was no longer kept in English and the record of Old English virtually ceased. This "boundary" between Old English and later forms of the language — an artifact of literacy and political history — thus appeared to be relatively sharp (though later scholars were obliged to solve the difficult problem of "Old English" texts that were copied or adapted in the "Middle English" period). Since the age and regional provenance of the manuscripts was little understood, those who undertook the lexicography of Old English (also called by earlier scholars "Saxon" or "Anglo-Saxon") assumed a synchronic view of their materials. Uncertainty about the exact origin of manuscripts did not prevent etymological speculation, of course, and at various early times lexicographers endeavored to identify cognates in other Germanic languages. But etymological speculation was unrestrained by any common sense of linguistic evolution. The seventeenth-century lexicographer, Franz Junius, for instance, found the derivation of Old English to lie in ancient Greek, an adroit example of linguistic speculation which was repeated at the end of the eighteenth-century by Georg William Lemon (1726—1797). The explicit though arbitrary boundary between Old English and later forms of the language was identified early by scholarly philologists, however, and continued to be accepted as dividing two quite distinct states of the language.

Periodization for later stages of English was made more difficult by "continuity" in the evolution of the language — its "unbroken unity" as it has commonly been seen (Bradley 1905, 313) — and it was some time before the idea of distinct "periods" was mooted. Until the early nineteenth century, few efforts were made to produce any systematic account of obsolete vocabulary from the post-Old English period, and thus the issue of defining successive stages in English did not arise.

The idea of linguistic periods *and* the need to describe them separately was first expressed fully in the dictionary compiled by Robert Nares, *A Glossary* (1822), in which the English of "Shakespeare and his contemporaries" was the focus of attention (see section 4.1.). In the preface to that work Nares defined a program of work that would take more than two centuries to fulfill: "to complete the rational view and knowledge of our language, a separate Dictionary must be required for the works of Chaucer, Gower, Lydgate, Occleve, and all the writers who can properly be called English; that is, who wrote when the language was no longer Saxon. A Saxon dictionary of the same form, with all the examples at length, would complete the historical view of our national speech" (vi).

In the formative plans for the *Oxford English Dictionary,* members of the Philological Society set 1100 as the opening of "English" and declared their intent to treat all words surviving in works composed in English after that date. With the commencement of the *Dictionary,* the problem of periodization received minute attention from such scholars as James A. H. Murray (1837—1915) and Henry Sweet (1845—1912). For them, Old English ("the period of *full* inflections") ceased at 1100; Middle English ("*levelled* inflections") was the language of 1250 to 1400; Early Modern or Tudor English ("*lost* inflections") centered in the period 1485 to 1611; and, for them, Modern English had clearly been established from 1689 onward. The gaps in this chronology left several transitional periods which, though occasionally discussed as distinctive, were not given full lexicographical treatment (e. g., the "Semi-Saxon transition" from 1100 to 1250). Dates for the periods after 1100 tended to be selected for cultural reasons rather than linguistic ones (e. g., publication of the Authorized Version of the English Bible in 1611, the "Glorious Revolution" of 1689); since the *OED* presented English as the result of continuing evolution, the precise dividing points did not rise to the level of practical lexicography.

Even before the *OED* was completed, however, lexicographers recognized the need for further work. In 1905, Henry Bradley (1845—1923) (then co-editor with Murray of the *OED*) speculated about the need for future dictionaries. "Now it is quite true that our dictionary does not supersede the necessity for the work of Mätzner. Neither, I may add, does it supersede the splendid Shakespere-Lexicon [sic] of Schmidt: it leaves room, also, for future dictionaries, if they should ever be written, for the various successive stages of Modern English" (314). In 1919, Bradley's successor, William A. Craigie (1867—1957), offered a more definite plan for further work. Addressing the Philological Society of London, Craigie declared that "each definite period of the language has its own characteristics, which can only be appreciated when it is studied by itself, and which are necessarily obscured when it merely comes in as one link in the long chain of the language as a whole" (7). In addition to special dictionaries devoted to English in Scotland and America, Craigie suggested three "period dictionaries" (a term coined by L. C. Wharton, Secretary of the Philological Society). In chronological order, the first would be devoted to Old English (though he suggested that Toller's *Supplement* to Bosworth did not make it a high priority for immediate work even though Bosworth-Toller had been harshly reviewed by Platt and by his fellow-*OED* editor, Bradley [see 2.4.1. below]). The second was for Middle English (1175 to 1500); and a third concerned the Tudor and Stuart Period (1500 to 1675). Craigie's proposals, his subsequent designs for *A Dictionary of the Older Scottish Tongue* and for *A Dictionary of American English*, and his further writings on the subject — e.g., Craigie 1937 — do not suggest that he anticipated any radical departure from the lexicographical method established by the *Oxford English Dictionary*.

An introductory overview of the early period dictionaries of English must emphasize that they did not present a rich example of methodological innovation. Those works compiled before the *OED* were almost exclusively designed for students and historians wishing to understand early texts, and thus they present, for the most part, bare glosses to illuminate the meaning of single words. For those produced after the *OED* had begun, its practices formed a powerful influence on inclusion, treatment of variant forms, grammatical description, use of citations, and arrangement of senses. For the three major period dictionaries — the *Dictionary of Old English,* the *Middle English Dictionary,* and the *Early Modern English Dictionary* — the example of the *OED* has presented both opportunities (for supplementation and amplification) and challenges (to revise nineteenth-century philological assumptions without alarming scholars comfortable with the *OED* presentation).

2. Lexicography of Old English

At its beginnings, modern study of Old English arose from nationalistic zeal to illustrate the past glories of the anglophone world. Linguistic interests did not become central until the formation of "scientific" language study in the nineteenth century when the filiations of Old English with other Germanic dialects became an international scholarly preoccupation. As editing and publishing manuscripts of Old English texts went forward, the lack of a good scholarly dictionary continued to vex those involved in such work and to disappoint a larger public interested in language history. From the time its parts began to be published in 1882, Toller's *Dictionary* was roundly and regularly criticized for its inadequacies. Not until 1968 did a plan emerge to produce a comprehensive, modern dictionary of Old English, and a conference held at the University of Toronto in 1969 eventually resulted in the design and execution of a *Dictionary of Old English* (see Cameron 1970 for a detailed account of the proceedings). Publication of that work began in 1986 (see 2.6. below).

2.1. From the Beginning to 1659

2.1.1. Anglo-Saxon Glosses and Manuscript Dictionaries

Old English lexicography began in the Anglo-Saxon period with *glossa* 'glossing', the twenty-ninth of the thirty divisions of grammar outlined by Ælfric in the eleventh century. Though nearly last, *glossa* was not least among the grammatic arts. In most cases, the glosses consist of Latin synonyms attached to the Latin forms that scribes or readers found difficult, but many Latin texts are also glossed with Old English — ranging from words and phrases to entire interlinear translations of the Psalter or New Testament. It took no great feat of imagination for scholars to compile lists of words and glosses. Among the large collections of this kind were the eighth-century Corpus glossary (2175 entries) and the Epinal-Erfurt of the late eighth- and early-ninth century (1099 entries). A later example was the tenth-century Harley glossary which contains nearly two thousand entries. In addition, medieval scholars compiled "class lists" consisting of Latin and Old English names for such categories as birds, metals, social classes, and parts of the body. Important examples of these lists are the Cleopatra glossaries of the tenth or eleventh century and the Latin-English glossary appended to Ælfric's *Grammar*. This last includes the entry "*color* bleoh" which, as this article will show, was to have an enduring (and often undue) influence on the lexicography that followed (Zupitza 1880, 306). (*Blēo* will serve as a continuing point of comparison here since it and its successive forms appear in nearly all the dictionaries to be surveyed.)

2.1.2. The Sixteenth Century

Whatever their original purpose may have been, class-list vocabularies (as well as glossaries) were put to good use by scholars of later ages. Following the Norman occupation, the displacement of Old English from the religious houses and from government created an interval between Old English literature and later British medieval artistic composition and scholarship. Interest in Old English texts reappeared with the dissolution of the monasteries when reformers began to seek a history of the church that would provide evidence for a distinctive English tradition. Manuscripts uprooted from the ecclesiastical libraries found their way into the hands of Elizabethan antiquaries and divines, the most illustrious of whom were Matthew Parker (1504—1575), later Archbishop of Canterbury, and Sir William Cecil (1520—1598), treasurer and principal minister to Elizabeth I. Cecil encouraged a tutor in his household, Laurence Nowell (d. 1576), to study his collection of Old English manuscripts with an eye to their importance for law. Parker, however, was convinced that his manuscripts constituted a source for demonstrating ancient English religious practices that would show independence from Roman authority, and, with a view toward translations of religious works, he assigned their study to his Latin secretary, John Joscelyn (1529—1603). Both Nowell and Joscelyn began by studying Old English translations of Latin texts and bilingual manuscripts. Both used the interlinear *Vespasian Psalter;* among other texts that they studied separately or in common were the interlinear Lindisfarne Gospels, glosses to a work by Aldhelm, the Harley and Corpus glossaries, and the Cleopatra and Ælfric class lists. Both soon recognized that their laborious work would be made easier by a dictionary compiled from their several sources.

2.1.2.1. Laurence Nowell

Although details of Nowell's life history are disputed, there is no question that his dictionary is earlier than Joscelyn's. Drawing upon thirty to forty manuscripts, he filled 179 folio pages. Supplemented by additions prepared by his student, William Lambarde (1536—1601), the *Vocabularium Saxonicum* reflected contemporary lexicographic models. In addition to providing single-word synonyms, Nowell occasionally amplified his list with features derived from the Latin lexicography of his day (e. g., verbal illustrations: **Biȝspel**. A proverbe, a parable, a similitude. *Salamones biȝspella*). Elsewhere, though infrequently, he supplied examples of Old English words as they survived in sixteenth-century English dialects (e.g., **biwyrd** "A proverb. Lanc[ashire], a byworde"). Nowell sometimes commented on Old English grammar and pronunciation. A typical entry, however, is that for OE *blēo* which Nowell glossed as "colour, blee" (*blee* is a now archaic reflex of OE *blēo* defined by the *OED* as "colour, hue"). As is almost always the case, he did not provide grammatical labels or references for his entries. To his definition of OE **bleostæninȝ**, "mosaick woorkes", Nowell appended an extended essay describing mosaics which concluded: "Of this kinde of woorke is litle in England, howbeit I have seen of it, especially upon churche floores before altares, as is to be seen before the high altare at Westminster, although it be but grosse. In Italie it is almost every where."

Thus, Nowell and Lambarde were beginning to expand the lexicographical treatment of Old English from mere glossing to interpretive and encyclopedic commentary. Yet compared to the bilingual lexicography of his day, "Nowell was no very great innovator in technique" (Sledd 1954, 148).

2.1.2.2. John Joscelyn

The *Vocabularium* was soon followed by John Joscelyn's *Dictionarium*, a manuscript that fills two volumes with 612 double-column folios. Part of the expansion comes from an increase in entry words — six times more for *A* than in Nowell according to Hetherington (1980). Entries often include grammatical commentary including verb paradigms drawn from Ælfric's *Grammar* and from Joscelyn's own study. Antonyms were occasionally provided, an innovation not repeated by Joscelyn's immediate successors.

Although Archbishop Parker had planned its publication, the *Dictionarium* remained unfinished at the time of Joscelyn's death in 1603. Had it appeared in print, it would have aided efforts to elucidate the Old English lexicon in the following century.

2.1.3. The Early Seventeenth Century

Still extant in the Bodleian Library are three manuscripts intended, in Hetherington's view, to aid the leisure reading of their compilers. The earliest is anonymous and dated c. 1600; it consists of 58 folios. The other two were compiled by Richard James (1592—1638), librarian to Sir Robert Cotton (1571—1631), another of the important Elizabethan antiquarians. Both are smaller than the earlier efforts by Nowell and Joscelyn. Aside from a few notes on grammar and etymology, James provided only one- or two-word definitions.

2.1.3.1. Friedrich Lindenbrog

Friedrich Lindenbrog (1573—1648), a German jurist interested in medieval law, may have produced the largest work of Old English lexicography of his time. Unpublished, the manuscript is scantily described and its date of composition uncertain. It is supposed, since Lindenbrog also prepared a glossary of Old High German, that this work may well have included comments on cognate languages. The manuscript vanished during the second World War.

2.1.3.2. Wheelock, de Laet, D'Ewes, and Dugdale

Interest in the linguistic filiations of Old English shaped the dictionaries of the mid-seventeenth century. The first scholar to hold a Cambridge appointment in Anglo-Saxon studies, Abraham Wheelock (1593—1653), quickly identified the need for a dictionary of the language. He began compiling entries in 1638, supplementing definitions with a variety of grammatical notes and occasional cognates from the German of his day.

Sir Simonds D'Ewes (1602—1650) began an Old English dictionary at about the same time as Wheelock; his specimen sheets proposed both German and "Belgicke" cognates as a regular feature of entries. In a letter to D'Ewes dated 1640, Jan de Laet (1582—1656) suggested that cognates should be provided only when there was some certainty about their relation to the entry word. (This letter reveals the first international collaboration on a dictionary of Old English. Unfortunately, de Laet's own dictionary remained unpublished, and, in 1728, his manuscript was destroyed in a fire at the Copenhagen Royal Academy.) In response to de Laet's letter, D'Ewes solved the problem of cognates by abandoning the idea of providing them! Sir William Dugdale (1605—1686) may be credited with another philological innovation. A product of his study of early medieval charters, Dugdale's unpublished *Lexicon Anglo-Saxonicum* consisted of 328 three-column folios in which he included variant forms of lemmata.

2.1.3.3. The Seventeenth-Century Foundations

None of the works by Wheelock, de Laet, D'Ewes, or Dugdale were published owing to an uncertain market for such dictionaries and from various temporal misfortunes (e.g., the death of Wheelock's wealthy patron, Sir Henry Spelman [1564?—1641]). Nonetheless, channels of informal scholarly communication were beginning to emerge; Joscelyn copied the Nowell-Lambarde *Vocabularium* into his own dictionary, and his was in turn consulted by Lindenbrog, Dugdale, and D'Ewes. (See Hetherington 1980, 1982, and Murphy 1982.)

2.2. The First Published Dictionaries

2.2.1. William Somner

William Somner (1598—1669) had assisted D'Ewes in the preparation of his dictionary and, when D'Ewes died, he became heir to the project. Somner had at his disposal the manuscript compilations prepared by James, Dugdale, and Joscelyn, and in 1659 Somner's became the first Old English dictionary to reach publication. In his preface, he surveyed the history of Anglo-Saxon scholarship and drew upon the innovations proposed or accomplished by his predecessors. Typical entries include: a headword (in an "anglo-saxon" typefont), definitions first in Latin (in roman) and then in Modern English (in blackletter). Quite frequently Germanic cognates (usually from Dutch or German) are cited, as are parallel Chaucerian usages. Occasionally Somner invented entries by combining known Old English forms with productive suffixes attested elsewhere (see Rosier 1966). Drawing on the work of most of his predecessors in the field, Somner's inauguration of published Old English lexicography was a worthy beginning. For *bléo*, however, the entry does little more than repeat what Nowell had earlier copied from Ælfric's *Glossary:* "Color. colour, blee or bly. anes bleos. Unicolor. of one colour. *it.* concolor. of the same colour."

2.2.2. Stephen Skinner

Stephen Skinner's *Etymologicon Linguae Anglicanae* of 1671 was the first general etymological dictionary to incorporate Old English words in a systematic way. In it Skinner (1623—1667) perpetuated the kind of linguistic patriotism that had animated Archbishop Parker's study of Old English in his attempt to declare the virtue of English lay in its Germanic origins. A royalist physician, Skinner pursued his philological research in the course of a busy life, and after his death Thomas Henshaw (1618—1700), one of the founding fellows of the Royal Society, prepared the work for the press. In his preface, Skinner deplored the importation of "whole cartloads" of words borrowed from French and Latin into English, which had the effect, he asserted, of "smearing rouge over its natural colors and putting a mask over its true face." Somner's *Dictionarium* thus provided an important source for Skinner's efforts to highlight the antiquity, copiousness, Germanic origins, and *authenticity* of English.

2.3. The Eighteenth Century

During the eighteenth-century — not a rich period for Old English studies — little progress was made in the lexicography of the language. Thomas Benson's *Vocabularium* of 1701, though an expansion of Somner's work, was not methodologically innovative. The *Etymologicum Anglicanum* of Franz Junius (1589—1677), a work of the previous century, was published in 1743 by Edward Lye with a biographical preface describing Junius' important contributions to Old English studies through the edited and annotated manuscripts he had bequeathed to Oxford University. Junius' *Etymologicum* was an ambitious description of English in current use — hence it does not contain an entry for *bléo*. By drawing upon Skinner for his treatment of Old English, Junius continued the line of uncritical derivation so characteristic of Old English dictionaries.

Edward Lye (1694—1767) began his lexicographical work in 1737. His publication of Junius' *Etymologicum* was a step on the way to his own *Dictionarium Saxonico et Gothico-Latinum*. Only at the end of his life did Lye receive financial encouragement, and, unlike so many predecessors whose work did not appear in their lifetimes, he saw *some* of his dictionary — about thirty sheets — printed before his death. After many delays, Lye's *Dictionarium* finally appeared in 1772; likewise heavily dependent on its predecessors, it reflected a revival of interest in linguistic history that marked the end of the eighteenth century. Handsomely printed in two volumes, it was sponsored by many prominent people (including Robert Adam, the architect, and Joshua Reynolds, the painter) and by the two English universities. Support from many prominent Bishops of the English church was especially noteworthy since the idea of a national church and the national language continued to be part of an assertion of patriotism and independence. Lye's work was the first to contain systematic references to Old English usages; the entry for *bléo* reveals the distinctive quality of his work: "Color; Num. 11, 7. Mislices bleos. Discolor; Ælfr. gl. 11. Diversicolor; Alb. resp. 54. Mislic bleo. Discolor; R. 79. anes bleos. Unicolor; 79. Concolor; Ælfr. gr. V. Bleoh." Phrases displaying the use of *bleo* provide fuller information than Lye's predecessors had undertaken to do, yet the entry format does not add much depth to Old English lexicography.

2.4. The Nineteenth Century

Though much is made by Anglo-Americans of Sir William Jones' conjecture of 1786 that a common ancestor can be discerned uniting the Indo-European languages, the comparative-historical method of reconstruction was almost entirely the work of continental scholars. It was not until the end of the nineteenth century that British studies of Old English began to compete in thoroughness, sophistication, and depth with their continental counterparts.

2.4.1. Joseph Bosworth and His Successors

The scholarly clergyman Joseph Bosworth (1789—1876) turned his attention first to Old English grammar and then to its lexicon. His *Anglo-Saxon Dictionary* of 1838 was largely derivative from earlier dictionaries and, indeed, sometimes abbreviated them. Bosworth cited fewer texts than Lye, but he provided longer quotations and abandoned the "anglo-saxon" typeface. The entry for *blēo* adds spelling variants, inflectional detail, and further context but otherwise does not much enhance Lye's analysis: "BLEO, bleoh, blio, bleow, es, s. *A colour, hue,* BLEE, *complexion, beauty;* color: — Hwites bleos swa cristalla, *Num.* 11,7. Seolocenra hrægla mid mistlicum bleowum *of silken garments of [with] various colours, [blooms], Bt.* 15. § Anes bleos *of one colour, R.* 79. Mislices bleos *of a different* or *mixed colour, Elf. g.* 11. Mislic bleo *a different hue, R.* 79."

In a lengthy preface, Bosworth sketched in detail the relation of Old English to other Germanic languages. There is little evidence that the work of continental scholars had been an important influence on his lexicographical practice, but his preface included "The Essentials of Anglo-Saxon Grammar, with an Outline of Professor Rask and Grimm's Systems," and he acknowledged their example in altering the *Dictionary* practice (from his *Grammar* of 1823) with respect to "grammatical forms and accents." Though aware of new linguistic developments, Bosworth was incapable of making full use of them. His later *Compendious Dictionary* (1848), was an abridgement of the 1838 *Dictionary,* "omitting the references but adding many additional words and corrections." In his preface to that work, he stated that the ideas of the comparative-historians "have only been followed when they appeared practical" (vii). The great popular demand for his Old English works — the *Compendious Dictionary* appeared in seven editions during the nineteenth century — made Bosworth rich, and in 1867 he contributed £10,000 toward the foundation of a Cambridge professorship of Anglo-Saxon studies (Bosworth had been educated at the University of Aberdeen and from 1858 was Rawlinson Professor of Anglo-Saxon at Oxford).

Bosworth spent the last decades of his life in gathering materials for a more ambitious dictionary of Old English. After his death, his materials were put in the hands of Thomas Northcote Toller (1844—1930) of Manchester University. When parts of the revision began to appear in 1882 — with a subtitle asserting that the *Dictionary* was "based on the manuscript collections of Joseph Bosworth" — the critical reception was harsh indeed. Wrote James Platt: "The leaning of the dictionary on the work of others is the same old family complaint from which all our Anglo-Saxon dictionaries have so far suffered, Lye copying wholesale and without acknowledgment from Junius, all his successors carrying on the tradition. It is time we left off reprinting Junius with variations and produced an original work" (1882—4, 241). Henry Bradley was even more censorious in his biographical essay describing Bosworth (in the *Dictionary of National Biography*): "Unfortunately the matter, as prepared by [Toller], a considerable portion of which had already been printed, was very far behind the advanced philological knowledge of the time, and the work was received with general dissatisfaction, especially as the long-standing announcement of its appearance had prevented the preparation of any rival dictionary." These shortcomings were partly remedied in the *Supplement* Toller published in 1921 (see also Campbell 1972).

Close examination of the Bosworth-Toller entry for *blēo* — too long for quotation here — shows a considerable increase in the number of references to the use of the word in Old English but provides no more depth of semantic analysis than its predecessors (the complete definition is *"A colour, hue, complexion"*). Sentence-long citations augmented the phrases quoted by earlier compilers, with the unusual feature that each was translated into modern English. Supplemental information identified *blee* as *provincial English* and listed cognates in Old Saxon, North Frisian, and Old Frisian. In the *Supplement* (1921), Toller added further quotations illustrating the forms and use of *blēo* but without enriching the semantic analysis of the earlier definition.

Owing in part to its being kept in print by Clarendon Press, *An Anglo-Saxon Dictionary* — in three separate alphabets bound in two volumes (Toller 1882—98, 1921, Campbell 1972) — remains to this day the most copious, if flawed, comprehensive account of the Old English lexicon. In 1972, Alistair

Campbell improved Toller's *Supplement* (1921) with an *Enlarged Addenda and Corrigenda*. Campbell declared that "Toller's reading proved to have been extremely well done" (v), though his etymologies "are well-known to be of historical interest only" (vi). The additional material of the 1972 *Addenda* came from sources re-edited since Toller's time and from texts not known to him. Even so, the following represents contemporary opinion of the *Dictionary:* "Who, among Anglicists, has not had the experience of finding an inadequate or misleading definition in Bosworth-Toller, followed by a set of quotations which, if carefully checked and compared with the texts from which they are taken, are capable of guiding him to a more reliable interpretation?" (Kuhn 1982, 36).

2.4.2. Ludwig Ettmüller

In 1851, Ludwig Ettmüller (1802—1877) published his *Lexicon Anglo-Saxonicum,* the first dictionary to set Old English systematically in its Germanic context. Pointing out in his preface that Bosworth had not much enhanced Somner, Benson, and Lye, Ettmüller was especially concerned with the cognates of Old English vocabulary (though not in every entry). Ettmüller's work showed the influence of hypothesized laws of sound change in that it is not arranged in alphabetical order but rather according to the character of the initial sound (vowel, semivowel, liquid, etc) and only then alphabetically (with compounds treated together). Thus, his entry for *blēo* is found among the "voces a labiali incipit" and placed amid an array of forms cognate with Gothic *bliggvan*. Old English citations, however, were limited to those already accumulated and published by Lye and by Bosworth 1838, and the definition merely repeated the Latin provided in Ælfric's *Glossary,* "color".

2.4.3. C. W. M. Grein and His Successors

German scholarship continued innovations in Old English lexicography with the publication of *Sprachschatz der angelsächsischen Dichter* in 1861—64 under the editorship of C. W. M. Grein (1825—1877). Though limited to the poetic vocabulary, this large and scholarly work included proper names and precise references to texts quoted. Alphabetical ordering of entries was refined so that simple vowels and diphthongs were separately arranged. Brief definitions were variously provided in Latin and in modern English or German. Grein enriched the traditional definitions of *blēo* to show the more complex array of meanings revealed by the quotations: *"color, species; deliciae? (engl.* blee *colour, complexion)."*

With the growth of Old English studies in Germany and abroad, Grein's publishers proposed an abridgement by Groschopp (1883). Abandoning quotations, precise references, proper names, and returning to strict alphabetical order, Groschopp enhanced the original by adding occasional cognates. For *blēo,* be copied his model by adding to the usual definition *(Farbe, Gestalt)* a sense that persons or objects described with *blēo* might be "delightful" *(Ergötzlichkeiten, Wonne) —* though without Grein's query attached to this sense. Two American scholars translated Groschopp's work, making small corrections and additions from the portions of Toller's revision of Bosworth then in progress (Harrison and Baskervill 1885). Their definition of *blēo* emerged from a literal translation of their source: "color, appearance, complexion, delight, joy." Another revision of Grein's dictionary appeared in 1912 under the editorship of Köhler and Holthausen. Like their predecessors, they noted the difficulty of covering the entire Old English vocabulary when many manuscripts were unpublished or imperfectly edited, but they did not much alter what they found in Grein's initial effort.

2.4.4. Heinrich Leo

The *Angelsächsisches Glossar* (1871—77) by Heinrich Leo (1799—1878) follows Ettmüller's emphasis on the importance of phonological filiations in showing the structure of the Old English lexicon and its relation to other Germanic languages (though organizing his work on the basis of the vowel of "primitive" stems rather than on initial sounds as Ettmüller had done). Leo believed that verbs were primary word classes from which all other parts of speech had been derived, and he was not reluctant to concoct verbs for the purpose. Thus Leo associated *blēo* with a hypothetical verb, *blēohan,* among whose meanings he discerned *coloratum esse*. As a consequence for this hypothesizing, Sweet (1896) criticized Leo for "recklessness in creating new forms and meanings which is without a parallel even in Anglo-Saxon lexicography" (v—vi). Despite its unwarranted inventiveness, Leo's work was wide-ranging and represented contemporary emphasis on the filiations of the Germanic languages. Access to Old English forms was provided through the index.

2.4.5. John R. Clark Hall and Herbert Dean Meritt

As English philology came to occupy a prominent place in Anglo-American higher education, the need for an inexpensive student dictionary became apparent. In 1894, John R. Clark Hall (1855—1931) published the first edition of *A Concise Anglo-Saxon Dictionary*. To allow convenient access, entries were arranged by the words as actually spelled in the commonly read texts. Declensions of *blēo* for genitive and dative were given in full, and the senses divided into two: "color" and "appearance, form." By the second edition (1916), Hall thought better of using actual spellings, for this practice had "opened the door to a good many errors and inconsistencies" (Meritt 1961, v); consequently, he returned to the conventional practice of using a "normalised" entry word even when the item had survived only in an inflected or dialectal form. The second edition introduced the practice of referring to the (then-completed parts of) *Oxford English Dictionary* where Old English quotations were given. A third edition of Hall's *Concise* appeared in 1931; in 1960, Herbert Dean Meritt (b. 1904) added a *Supplement* to allow access to modern editions and new discoveries; that work was republished in 1984.

2.4.6. Henry Sweet

While Toller slowly enlarged Bosworth's *Dictionary*, Clarendon Press recognized that Oxford must join the competition in the new market for compact student dictionaries. Hence its Delegates asked Henry Sweet to prepare such a work based on Toller's still unfinished work. As compiler of popular anthologies of Old English texts, Sweet was a natural choice; not only did he have years of study to draw upon, he could begin with "a MS. dictionary of my own, begun many years ago, when I had scarcely emerged from boyhood" (1896, vi). Sweet's principle of selection was severe, and he rejected words that seemed to him properly to belong to Middle English even though they were entered in other Old English dictionaries. For *blēo,* his entry shows his concern for grammatical patterning rather than sense analysis: "**blēo, bleoh** *[by an[ology] of* **feoh, fēoh,** *g.* **blēos,** *dpl.* **blēo(wu)m** *n.* colour; appearance, form." Perhaps the best exemplar so far produced of sound and consistent lexicographical ideas applied to Old English, the *Student's Dictionary* reflected the principle that Sweet formulated in these words: "The test of a dictionary is not the number of words it contains, but the fullness of treatment of the commonest words" (viii). Unlike Hall's, however, Sweet's work was never revised, though it was republished (despite the availability of more recent works in its price range) by Oxford University Press in 1976 and 1978.

2.5. The Twentieth Century

2.5.1. Ferdinand Holthausen

As its title implies, the *Altenglisches etymologisches Wörterbuch* (1932—34) by Ferdinand Holthausen (1860—1956) was an ambitious work. Its entries (in early West Saxon form) were traced through their oldest Germanic cognates to hypothesized Indo-European roots (by reference to Walde-Pokorny's *Vergleichendes Wörterbuch der indogermanischen Sprachen* [1927]). Two criticisms greeted this long-awaited work of immense learning. The first arose from the density of the entries and the necessity to consult other dictionaries for a complete account; the second complained that the evolution of the word was by no means made plain by comparison to other Germanic languages whose attested forms were not necessarily of the same era as the Old English words. The entry for *blēo* illustrates this density: "**blio(h)** n. "Farbe, Erscheinung, Gestalt", afr. as. *blī,* zu ahd. *blīo,* als. *blȳ* "Blei", lit. *blýa-s* "lila", *blaivýtis* "sich aufklären", s. *bli̇́d*e u. WP. II. 210." A second edition of Holthausen's work appeared in 1963 under the editorship of H. C. Matthes and Wolfgang Kühlwein. To remedy the extreme brevity of Holthausen's entries, Alfred Bammesberger's *Beiträge zu einem etymologischen Wörterbuch des Altenglischen* (1979) demonstrated with specimen entries what a full-scale etymological dictionary of Old English might contain, particularly by limiting the range of cognates to those closely akin and showing their variation and likely evolution.

2.5.2. Jess B. Bessinger

Among literary scholars, those working with Old English were among the first to make use of computers in support of their studies. The completion of the exemplary edition of the Anglo-Saxon poetic records (Krapp and Dobbie 1931—53) remedied the problems —

complained of by earlier lexicographers — of ascertaining source texts. In 1960, two American scholars published a computer-compiled frequency list of the words found in the poems published in this definitive edition. That work in turn became the basis for the *Short Dictionary of Anglo-Saxon Poetry* (1960) by Jess. B. Bessinger (b. 1921); it provided brief definitions and an exact count of how often each lemma occurred in that collection. Though primarily intended for student use, Bessinger's *Short Dictionary* drew upon what would later be called a "data base" and showed imaginative scholars that computer technology might make it possible to improve the unsatisfactory state of Old English lexicography. For *blēo*, however, the entry was based on the familiar tradition: "color; appearance (16)."

2.5.3. Arthur R. Borden, Jr.

Platt's scathing critique of nineteenth-century Old English lexicography was grounded in the "family complaint" — dictionaries of the language copy "wholesale" from each other (section 2.4.1.). To this tradition came the *Comprehensive Old English Dictionary* (1982) by Arthur R. Borden, Jr. (b. 1917); it reproduced all the headwords treated by Bosworth-Toller, Hall-Meritt, Bessinger, and by the glossaries to modern anthologies of Old English literature (though without identifying these sources at each entry). Definitions are limited to one- or two-word modern English glosses with no quotations, etymologies, dates, or any of the other usual lexicographical apparatus. An anonymous reviewer in *Choice* concluded: "If Bosworth-Toller entries offer more to beginners than is wanted, Borden offers less than is needed" (1982, 49).

2.5.4. Special-Purpose Dictionaries

Though modest in scope (some 2000 items arranged in 227 "groups of related words"), Barney's *Word-Hoard* (1985, revised from the edition published in 1977) was methodologically innovative. Designed to "help a beginning student to master the more ordinary vocabulary of Old English", entry clusters were arranged in descending order of their frequency in commonly read Old English poems. A brief narrative following each cluster of words provided linguistic and cultural information to assist beginning learners.

Bierbaumer's ambitious *Der botanische Wortschatz des Altenglischen* (1975—) has begun to explore in unusual depth a portion of Old English technical vocabulary.

Dictionaries designed to assist in composing Old English texts (rather than merely reading them) may be treated briefly together. A pamphlet was published in 1879 by the greatest of the nineteenth-century editors of British medieval texts, Walter W. Skeat (1835—1912); it was printed for "private" use by Cambridge University Press and derived from the glossary to Sweet's *Anglo-Saxon Reader* (1876). As a curiosity, Skeat organized the vocabulary by the modern English glosses provided by Sweet, thus allowing users to discover the Old English word from a modern English equivalent. While not making grand claims for this short work, Skeat saw it as a counter-argument to imaginary "saxonizing" then fashionable among some contemporary writers (see Baron 1982); "limited as is the vocabulary, it has at any rate this advantage, viz. that all the Anglo-Saxon words cited are *real* ones, for which actual authority can be adduced" (1879, 3).

Köbler 1985 was a more ambitious dual-language dictionary allowing access either from Old English to modern German or the reverse. Based on Holthausen (1932—34), Köbler's *Wörterbuch* has an excellent prefatory account of phonology and grammar designed for a teutophonic student audience. A similar work for English-speakers was prepared by Gregory K. Jember (1975), designed as an aid to double-translation and to assist students in acquiring "that deeper knowledge of the language that can come only from composing in it" (v). Andrea Smith's *Glossary* (1985), though not a work of lexicological interpretation, likewise qualifies for mention in an account of Old English lexicography; with computer assistance, she mapped English and Latin against each other as they appear in a glossed text and thus provided parallel word lists.

2.6. The *Dictionary of Old English*

Though long aware of the shortcomings of existing Old English dictionaries, most scholars had directed their philological attention elsewhere until the 1960s. A decisive turning point came when Angus Fraser Cameron (1941—1983), a Canadian Rhodes Scholar, completed his B.Litt. at Oxford in June 1968 with an investigation of the semantic range of the Old English color terms, *hiw* and *blēo*. In the course of his studies, he had read through the entire surviving corpus of Old English and identified the inadequacies of the Bosworth-Toller *Dictionary* in comparison to the other period dictionaries then being edited (especially the *Middle English Dictionary*). Within months of his appointment to the faculty at the University of Toronto, he proposed that an entirely new *Dictionary of Old English* be compiled. A conference to consider that possibility was held in March 1969 (see Cameron 1970); immediately thereafter an international committee of the most distinguished Old English scholars was formed to assist in the work. With astonishing speed, funding was secured through the Canada Council and the Centre for Medieval Studies at Toronto; C. J. E. Ball of Oxford (who soon was obliged to give up responsibilities for the work) and Cameron were named co-editors. In 1973, a *Plan* (Frank and Cameron 1973) for the dictionary was published with specimen entries (including ones for the two words to which Cameron had devoted his thesis). As a preliminary step, all Old English texts (including glosses) were encoded in computer-readable form (and a microfiche concordance later published to make the resources prepared for the *Dictionary* accessible to scholars world-wide).

The first fascicle of the *Dictionary of Old English* appeared in 1986. It contained 897 entries for the letter *D*; in 1988, a second was published with 1367 headwords in *C*. Editing was directed by Ashley Crandell Amos (1951—1989) and Antonette di Paolo Healey. Published on microfiche to invite comment, correction, and supplementation, the *DOE* will appear in book form when editing is completed (see Amos and Healey 1986). Entries are given in late West-Saxon spelling when attested; otherwise "a grammatically idealized and orthographically normalised form is used for the head word" (1986, 2). Grammatical classification is detailed but conventional (but see Amos 1979), and all attested spellings are presented to allow access to the *Microfiche Concordance*. Since all known usages of Old English words are stored in the corpus, the definitive count of occurrences is included in the *Dictionary*. Words distinctive of an author, genre, period, or dialect are especially noted.

Since the historical development of many Old English words cannot be consistently ascertained from the surviving evidence, "frequent senses are often given early in an entry where no other logical pattern obtains" (1986, 6), though historical ordering is used when it can be discerned from etymology or from the evidence of the corpus. For entries with a complex array of senses and subsenses, an initial outline displays the schema of analysis. When twelve or fewer usages survive for a lemma, all are included; otherwise a selection is given to display a range of texts by date, dialect, and genre. For glosses or interlinear translations, the Latin words or phrases associated with the entry are also provided (see Porter/Thompson 1989, 140—45). Cross-references to other dictionaries where reflexes of the Old English word occur are given at the end of entries (e.g., the *Middle English Dictionary, A Dictionary of the Older Scottish Tongue*).

While the entry for *blēo* has not yet been published in the *Dictionary* proper, Cameron designed a preliminary specimen that closely resembles the entries that have appeared (see Frank and Cameron 1973, 335—36; Amos/Healey 1986). All spelling variants are given, and the information that there are 53 surviving instances of the word (13 in verse, 25 in prose, 11 in interlinear glosses, and 4 in collected glosses). Previous dictionaries had scanted cross-references to compounds, though such forms as *blēobord, blēobrygd* and *blēofāg* would naturally appear in adjacent entries; Cameron's method, however, also provides references to compounds in which *blēo* is the second element and thus not otherwise easily accessible to the user (e. g., *goldblēoh, twiblēo, wundorblēo*).

Sense analysis arranges usages into the following pattern: "A. as an attribute of the supernatural: (i) of supernatural signs, (ii) of the devil and fiends; B. as an attribute of man: (i) of the soul, (ii) of the body; C. as an attribute of nature: (i) general, (ii) of creatures, (iii) of plants, (iv) of gems and stones; D. of uncertain application." The associated Latin words found in the Old English glossary — *color, croma* — suggest that this source led the early dictionary makers to content themselves with the definition "color, hue" rather than to perform a semantic analysis of actual usages. (Cameron relegates the glossary entries to the category "uncertain application", though they had been regarded as central in the analysis of all previous lexicographers!) Thus Cameron's definition reveals that *blēo* is semantically more complex than earlier definitions had suggested; his definition gives as the leading "logical" scheme (of which the outline just given reflects usages): (a) 'appearance', (b) specifically 'colour'.

An international advisory committee has assisted the editors of the *Dictionary of Old English* from its formative stages: current members include Helmut Gneuss (Munich), Roberta Frank (Toronto), Fred Robinson (Yale) and Eric Stanley (Oxford). These scholars and the editors of the *Dictionary* have done far more than remedy "the defects and inconvenience" of Bosworth-Toller noted by Craigie in 1919. They have presented one of the best examples of historical lexicography now available for a period of the English language.

3. Lexicography of Middle English

While various glossaries had been produced to assist readers of Chaucer and other esteemed Middle English authors, no comprehensive dictionary of the Middle English period was contemplated until the middle of the nineteenth century. Two initial efforts were compiled by the first editor of the *Oxford English Dictionary*, Herbert Coleridge (1830—1861). These appeared in 1859 and (posthumously) in 1863 but were seen only as groundwork for the huge lexicographical enterprise to be undertaken by the Philological Society of London — the work that eventually became the *Oxford English Dictionary*.

The energetic scholar Frederick James Furnivall (1825—1910), one of the three signatories to the proposal that eventually resulted in the *OED*, was a indefatigable founder of societies to promote the study of older English. Having established the Early English Text Society in 1864, he organized the Chaucer Society in 1868. By 1871, he was seeking volunteers to compile "a complete Glossarial Concordance to Chaucer's works." In 1877, he identified Hiram Corson (1828—1911) of Cornell University as the general editor, but little seems to have been accomplished in the years following, and Furnivall came to criticize Corson for inaction in his annual reports to the Society. In 1888, Furnivall reported that W. W. Aylward (d. 1892) had assumed the editorship under the *nom de lexicologie* of "Wilson Graham". Aylward worked hard at organizing volunteers to extract citation slips and, in 1891, handed the task over to Ewald Flügel (see 3.5. below) who continued the work at Stanford University.

Since the contemplated *OED* undertook to describe the entire English vocabulary after 1100, much of the scholarly energy in Britain that might have been devoted in the mid-nineteenth century to a dictionary of Middle English was spent on other philological tasks. German scholars, impatient with the uncertain efforts of British amateurs, identified the importance of Middle English for a full picture of Germanic linguistic evolution. While the Philological and Chaucer Societies speculated about dictionaries, Eduard Mätzner and Franz Heinrich Stratmann set out to produce them (see 3.1. and 3.2. below).

With Craigie's 1919 sketch of "new dictionary schemes", planning for a separate Middle English Dictionary on historical principles commenced, despite Craigie's belief that there were "practical" (i. e., "financial") obstacles to prevent its being accomplished: "The mere vocabulary of this [period] is to a great extent covered by Bradley's edition of Stratmann's dictionary, and for about half of the vocabulary by Mätzner's work. The scale of these, however, makes it quite impossible for them to do justice to this long and varied period, which includes such authors as Chaucer, Langland, Gower, Lydgate, and Caxton. A complete dictionary of Middle English would be a work of marvellous richness and interest, not merely in respect of the language, but for the light it would throw upon the manners and customs of the time. Such a work can never be undertaken on practical grounds, but in the interests of English scholarship I hope that by some means or other it may yet be carried out" (1919, 8). Within the decade following Craigie's address, work toward a "complete dictionary of Middle English" had begun.

3.1. Eduard Mätzner

In 1867 (Poetry) and in 1869 (Prose), Eduard Mätzner (1805—1892) and Karl Goldbeck published the first scholarly anthology of Middle English texts. Its reception in England exacerbated the British sense of their inferiority in the study of the English language. An anonymous writer in *The Athenaeum* in 1867 declared: "At once gratifying and humiliating to an Englishman is the interest of Germans in his early language, and their knowledge of it. ... Any one who thinks how impossible it would be to find these three things in England, — first, two Englishmen fit to edit such a book of early German extracts; secondly, an English publisher to bring it out; and, thirdly, an English public to buy and read it, — may realize to himself how far before us in breadth of study, in linguistic knowledge, and in the resolution to popularize it, the Germans are" (Anonymous 1867, 403).

As promised in the anthology volumes, Mätzner persevered in composing a dictionary for Middle English. Though published only to the beginning of the letter *M*, *Altenglische Sprachproben: Wörterbuch* achieved a standard of excellence not rivalled by its immediate successors. Bradley wrote of Mätzner's "precision and completeness" (1891, vi) and Mayhew and Skeat described it as "the best Middle-English dictionary" (1888, v) — comments which make their neglect of its material all the more surprising.

In a column-long entry for *blēo,* Mätzner provided 26 quite full quotations showing the word in use. Variant forms were shown and cognate Germanic words briefly listed. Sense analysis was more detailed than in any subsequent dictionary until the *Middle English Dictionary.* For *blēo,* these included: "color, (of persons) complexion, flesh-colored; a mixture of colors; color as a sign of inner beauty, essence" ("Farbe, von Menschen bes. Gesichtsfarbe, Hautfarbe; Die Farbe, als Zeichen der Schönheit, wird für das schöne Wesen selbst gesetzt"). Such a display of the meanings of *blēo* is far more elaborated (and far better justified by quotations) than any previous dictionary of Old or Middle English had managed to provide.

Kurath (1954) slighted the value of Mätzner's pioneering work: "Eduard Mätzner's *Wörterbuch* was planned on a much larger scale [than Stratmann's], but proved to be too great a task to be completed within a lifetime" (ix). (This comment does not reveal Mätzner's importance for the *MED;* under Knott's editorship, the *MED* staff had extracted [and often extended] all of Mätzner's quotations and incorporated his definitions into the collection for the subsequent use of editors.) What Mätzner had left undone was thus emphasized to the exclusion of what he had finished. It is regrettable that Bradley or Flügel did not complete Mätzner's work instead of revising Stratmann (1864—81) or organizing an unwieldy "glossarial concordance" (see 3.2., 3.4., and 3.5.).

3.2. Franz Heinrich Stratmann

Privately published in various stages of comprehensiveness from 1864 to 1881, Stratmann's *Dictionary of the Old English Language* was the first completed lexicon of the English vocabulary from the twelfth to the fifteenth century. Stratmann (d. 1884), a tireless scholar, eagerly incorporated new texts issued by the Early English Text Society (and other publishers) into his continually expanding *Dictionary,* a volume regarded by contemporary lexicographers as "a valuable work ... indispensable for the more advanced student" (Mayhew and Skeat 1888, v). Headwords were given in the oldest attested form, and cross-references were infrequent. Thus the entry for Chaucerian *soore* 'soar' was elucidated under the prefix *es-* on the ground that it derives from French *essorer.* As Bradley (1891) observed, this method is a "perplexing etymological arrangement" (vi).

Drawing upon some 200 Middle English editions, Stratmann employed a dense and sometimes idiosyncratic entry style. His representation of Old English *blēo* shows both these traits: "**bleo.** *A. Sax.* bleo, bleoh, *O. L. Germ. O. Fris.* blî? *blee (bly), color,* MARH. 9; SPEC. 33; feire on bleo MISC. 95; hit ... changeþ his bleo TREAT. 139; bleo, blo O.A.N. 152 & 1547; blee OCTAV. 50; bright of blee EGLAM. 33; blê ST. GEN. A. EX. 457; WILL. 3083; A. P. 1, 212; TOWN. MYST. 223; blie SHOREH. 103; bleos *(gen.)* FRAGM. 3; ônes blês ST. GEN. A. Ex 1725." In his evaluation of Stratmann's *Dictionary,* Bradley specified these idiosyncrasies: "With the *meaning* of Middle-English words, the author concerned himself but little; his principal care was to identify them etymologically; that is to say, to connect them with their descendants in Modern English, their antecedents in Old English, and their cognates in other languages" (1891, v—vi). Thus Stratmann's entry for *blēo* offers as a "definition" the reflex that had become, by the nineteenth century, archaic and provincial, *blee (bly)* — though in this instance, atypically, he also includes the Latin word, *color.* As the body of the entry shows, Stratmann was mainly interested in instances arranged by the grammatical forms of the lemma (rather than by senses) and in directing scholars to instances of the word in his extensive corpus. Such an approach reveals his intention to direct his work to philologists rather than to ordinary readers of Middle English texts.

Stratmann was persistent in expanding his *Dictionary* until the very end of his life; his *Supplement* (1881) to the third edition included additions from recently edited Middle English works. In his preface, he wrote: "I hope that the Early English Text Society, by printing some more twelfth and thirteenth century texts, will soon enable me to publish another supplement." At his death, he left extensive notes and additions in anticipation of another new edition. This work was left to Bradley to complete (see section 3.4.).

3.3. A. L. Mayhew and Walter W. Skeat

As instruction in English philology became a staple of British university education, Clarendon Press issued a series of anthologies of "characteristic" texts from the thirteenth to the fifteenth centuries. Eleven such anthologies were eventually compiled, each with a separate glossary. These were gathered into a single alphabet by A. L. Mayhew (1842—1916) and Skeat, and the work was keyed to facilitate reference to the texts in which the words appeared. For the maximal convenience of readers, entry forms were selected according to the principle that the lemmata would be given as they appeared in Chaucer and *Piers Plowman*. Thus for *blēo*, the entry is found at *blee*: "**Blee** sb. colour, complexion, MD, HD; **ble**, MD, JD; **bleo**, S, S_2; **blie**, JD.—AS *bléo*." (These abbreviations refer readers to Jamieson 1879—82, Halliwell 1847, Mätzner 1878—88, and two of the Clarendon anthologies, *Specimens of Early English*). By no means a comprehensive dictionary, this work placed a popular handbook of Middle English vocabulary in the context of other scholarly works.

3.4. Henry Bradley

At the time of his death in 1884, Stratmann had nearly completed a comprehensive revision and enlargement of his *Dictionary*. The copyright to his materials was purchased by Clarendon Press, and responsibility for a new edition was placed in the hands of Henry Bradley. "The unanimous opinion of the scholars in this country who were consulted," Bradley reported, "was that simply to reprint the work in the form contemplated by the author would be wholly unadvisable, and that an extensive revision was needed in order to adapt it to the needs of English students" (1891, v). As this sentence makes clear, Clarendon regarded the market for a revised edition of Stratmann's work rather as *English students* than as the international community of Germanic philologists whom Stratmann had attempted to address. Accordingly, Bradley arranged entries in conventional alphabetical order. He also introduced further entries in response to English criticism of Stratmann's practice: Stratmann's "interest was chiefly in the Teutonic portion of the language, and in his work as originally issued the words of Romanic and Latin origin were almost wholly absent. In deference to the opinion of English scholars, many of these were inserted in later editions, but even in the author's last revision the vocabulary was still conspicuously defective with regard to the Romanic element" (Bradley 1891, vii—viii). Bradley's entry for *blēo* was, however, virtually identical to Stratmann's. While omitting the reference to provincial *blee* — replacing it with *colour, complexion* — it gives no additional citations nor any further attempt at sense analysis. Changes consist of a different method of representing vowel length and slight modification in the abbreviations used to cite Middle English texts. Bradley adds a cross reference to *blēo* from (Middle English) *blee* but does not otherwise materially change Stratmann's practice in representing this word. Even though he had praised Mätzner for "precision", Bradley did not add the definition "complexion" so amply supported by Mätzner's published evidence.

3.5. Ewald Flügel

As noted in section 3., F. J. Furnivall in 1871 proposed that the Chaucer Society undertake a "glossarial concordance"; had he succeeded in his hopes, Furnivall certainly would have emphasized *glossarial* and turned the concordance into a full-fledged dictionary of Middle English. Under the direction of W. W. Aylward, after many delays and periods of inactivity, extraction of citations from Chaucer's work was virtually completed, and the entire mass of material — "hundreds of thousands of slips" — was turned over to Ewald Flügel (1863—1914). Most of the slips had been prepared by volunteers, who, with little scholarly training, had failed to record which texts had been scrutinized or what remained to be done. Flügel was appointed Professor of English at Stanford University in 1892, and, after some delays, received a generous subvention from the newly established Carnegie Institution of Washington to allow him time and assistance to complete the work: "Besides the immense mass of Chaucer-slips over which he toiled, he collected with the aid of students and others some million slips giving the occurrences of words in other early English writers, and in French and Latin, largely extracted from glossaries in the publications of the Early English Text Society, and elsewhere. His estimate in 1908 of a total of about 1,120,000 slips in hand seems moderate" (Tatlock/ Kennedy 1927, xi).

Flügel's successors, Tatlock and Kennedy, completed the Chaucer *Concordance* after his death; since the extraction of citations had not been satisfactorily completed or even documented, however, they were obliged to begin from the beginning and to put aside the materials so laboriously collected. They were, however, deeply impressed by Flügel's work and his learning. Their summary of his intentions provides an overview: "His [eventual] scheme, still very extensive, was modeled more or less on the *Oxford Dictionary*, and his last years involved giving for each word the following entries, so far as applicable: (1) Occurrences of forms of the word in Middle English, Anglo-Saxon, Old French, Latin, and other languages, of various dialects and periods; this often involved discussion of etymology, frequency, synonyms, usage and meaning, often at very great length. (2) Spellings and inflections in Chaucer, with their frequency and the MSS where found. (3) Words with which the word rimes in Chaucer. (4) Its prosodic value — accentuation and number of syllables. (5) Variant readings, with the MSS where found. (6) All the passages where the word appears in Chaucer, with definitions and an unusually large amount of context; the passages are not arranged in a fixed order, but very much divided and subdivided under the various meanings and uses. The most notable feature is the collection of the earliest occurrences of words, large numbers of citations from languages other than English, and the detailed analysis of meaning and uses. No mere description can do justice to the dignity and amplitude of this work of scholarship, if it could have been completed and published. It would have set a new high-water mark for lexicography within its limited scope; and anticipated the prophecy of the editors of the *Oxford Dictionary* that further progress in the field must be with the specialized vocabularies of certain subjects, authors, or periods" (Tatlock/Kennedy 1927, xii).

Two specimens of Flügel's entry style were published (1911, 1913). They differ in some details, but their copiousness was their most striking attribute. Prior dictionaries — Mätzner, Stratmann, and Bradley — were cited, though nothing in them could add to the information Flügel provided in his narrative treatment of lemmata in Middle English with excursions into Old French, Late Latin, and other languages where sources or cognates appear. Chaucer quotations are arranged under an array of carefully discriminated senses.

In reporting on progress in 1913, Flügel stated: "The Ms. now finished amounts in bulk to about 20 000 quarto sheets. The letter E is represented by about 1900 quarto sheets, 200 of which are 'headings', i.e., introductory paragraphs on the history of the respective words, their spelling in the Chaucer Mss. & c., and about 1700 of which contain the systematically arranged 8000 quotations from Chaucer" (1913, 498). At his death in November 1914, work was completed "subject to extensive additions and revision, as far as the letter H" (Tatlock/Kennedy 1927, xii). In 1924, the entire collection of material was transferred to Cornell University for use in the preparation of a Middle English Dictionary.

3.6. The *Middle English Dictionary*

Recognizing that completing a dictionary of Middle English could not be the work of a single scholar, the Modern Language Association of America and the American Council of Learned Societies undertook to find a home for the project and to secure funds for editing. Flügel's materials from Stanford were transferred to Cornell University where additional reading and extraction was supervised by Clark Sutherland Northrup (1872—1952), a noted bibliographer and editor; these efforts resulted in additions to the collection of about 175,000 citations. In 1930, Samuel Moore (1877—1934), Professor of English at the University of Michigan, was chosen editor of what was by then called the *Middle English Dictionary*. Materials previously gathered at Stanford and Cornell were transferred to Ann Arbor so they might be used in conjunction with the *Early Modern English Dictionary* already begun there. William A. Craigie, by then Editor-in-Chief of the *OED*, arranged for the transfer of all Middle English citations, used or unused, from the collections at Oxford to the University of Michigan. Hans Kurath, Moore's successor as editor of the *MED*, thus described the state of the material in 1930: "Samuel Moore evaluated the usability of [Flügel's] collection for the special purposes of the *MED* and decided to set it aside, preferring to rely instead upon the *Chaucer Concordance* [=Tatlock and Kennedy 1927] and the Michigan reading program to round out the *Oxford Dictionary* collections. The present Editor [viz., Kurath] has inspected Flügel's materials and concurs in Moore's decision" (Kurath 1954, ix).

Moore's editorship (1930—1934) was marked by two accomplishments: completion of a dialect survey of 310 definitely localized and dated documents to allow accurate statements about the distribution of words and variants; additional reading or rereading of 66,000 pages of Middle English text and extraction of 280,000 additional citations. By sorting a sample of the citation file by source text, the editors were able to evaluate the care with which it had been read by extractors. The *OED,* they discovered, "registers with extraordinary success the rare words that are distinctly Middle English" but the editors found the collection deficient in six categories: "(1) compounds, (2) phrases, (3) derivatives and subderivatives, (4) Latin and learned words, (5) names of concrete things of everyday experience, (6) concrete verbs and adjectives" (Moore/Meech/Whitehall 1933, 282). Many important works had been published while the *OED* was being edited and thus were not represented at the beginning of the alphabet. The Michigan reading program was designed to remedy these deficiencies, and in a report prepared shortly after Moore's death, Stanford B. Meech confidently declared: "The reading program of the Middle English Dictionary has been completed" (Meech 1935, 102). Thomas A. Knott (1874—1945), having just ended work as general editor of *Webster's New International Dictionary* (1934), was appointed as Moore's successor. On his arrival in Ann Arbor, Knott quickly determined that the reading program would need to continue (as it does to this day) to ensure that newly published editions would be considered in the *Dictionary* (see Jost 1984). The citation file now employed in editing the *MED* includes some 3.5 million slips.

Preliminary editing had begun under Moore's leadership and was intensified under Knott. The abrupt cessation of external funding in 1936 obliged Knott to limit the projected size of the *Dictionary* to some 4,500 pages, and headwords in *A, B, C,* and *L* (and "considerable parts of *D* and *M*") were edited to that scale. Though publication of the edited portions of the alphabet was contemplated in 1937 and in 1939, no parts of the *Dictionary* appeared. Outbreak of the second World War brought operations to a halt until 1946 when the University of Michigan appointed Hans Kurath (b. 1891) as Editor and shortly thereafter Sherman M. Kuhn (b. 1907) as his Associate Editor. Careful bibliographical and paleographical surveys were undertaken to designate precisely the texts to be included in the work (Kurath 1954). Publication began in 1952 with a fascicle containing entries in *E*. That starting point had been chosen so editors would begin with new material on a new plan and not be unduly influenced by what had already been completed under Knott's direction (Kuhn 1982, 26). On Kurath's retirement in 1961, Kuhn was named Editor, with John Reidy (b. 1920) taking his place as Associate. Until the 1970s, the University of Michigan had provided sole support for the *MED* and its staff. Generous subventions since from the Andrew S. Mellon Foundation and the National Endowment for the Humanities have provided additional editors, adequate office space, and computerized typesetting (in place of the custom designed typewriters formerly used). Publication has continued at a stately pace, now with Robert E. Lewis (b. 1934) as Editor and Mary Jane Williams (b. 1941) as Review Editor; completion is projected for 1996.

Though clearly influenced by the idea of "historical principles" embodied in the *OED,* the *Middle English Dictionary* is distinctive. Conceived as a translation dictionary for scholars, the *MED* often confines itself to one- or two-word Modern English equivalents and relies upon the reader's capacity for discerning the precise sense of a given use in its ample stock of quotations. ("Fine-spun distinctions", Kurath wrote in his 1954 *Plan,* "are apt to reflect personal bias or fancy rather than distinct meanings" [3].) Encyclopedic information is presented sparingly. On the other hand, information from topographical and occupation surnames is employed "to illustrate phonological and grammatical developments of words which are known to have taken place in ME but for which other sources fail to provide adequate evidence in the case of a specific word" (Kuhn 1982, 20). Kurath was skeptical of the notion of *transferred* senses often separately treated in *OED* entries: "The so-called extensions, restrictions, and transfers in the use of words, often highly conjectural, are not explicitly noted" (1954, 3). Etymologies are limited to the "immediate source of the ME word, with the appropriate etymon, whether in Old English, Old Norse, Old French, Middle Dutch, Middle Low German, Medieval Latin, Irish, Welsh, or some other medieval language" (Kuhn 1982, 38).

Sense-ordering in a period dictionary where the evidence is fragmentary presents difficulties, and Kurath wrote in his *Plan:* "The Editors of the *MED* do not share the easy optimism of nineteenth century scholarship with regard to historical semantics" (1954, 3). As elaborated by Kuhn, this idea is central to the structure of entries: "By a 'logical ordering', I mean an arrangement of the various senses, i.e., the definitions representing those senses, in such a way that senses which the reader is likely to perceive as related or similar (regardless of which is later or derived from the other) will be grouped together rather than scattered; that the most important (usually the commonest) senses within groups are placed at the heads of groups, and the most important group at the beginning of the treatment of the word as a whole; and that, if possible, no sense is placed in a position where the user of the dictionary would never think to look for it" (1982, 34).

The entry for the Middle English reflex of Old English *blēo* reveals these principles in practice. The headword is the commonest Middle English form, **blę̄** — identified by the conventional spare grammatical label as a noun — and variants are localized by dialect: "*bleo, blo* (W[estern]) & *blye* (S[outh] E[astern])." Sense analysis presents the following schema: 1. (a) Color, hue; (b) brightness, brilliance, luster. 2. (a) Skin color, natural complexion; (b) facial expression; countenance, face. 3. (a) Appearance, semblance, guise; condition, manner; (b) character; person." Quotations with their abbreviated sources are arranged chronologically in paragraphs under each sense with frequent collocates identified (e.g., "*blak of ble, pale*"). Editors have attempted to distinguish the *meaning* of the lemma from its *application;* thus the *MED* does not treat **blę̄** as used to describe the color of a plant differently from its use to describe the color of a gem (as does Cameron's specimen entry for the *Dictionary of Old English* — see section 2.6. above). Some fifty quotations are provided on the principle that "a quarter century should not be allowed to pass without at least one quotation — if any is available" (Kuhn 1982, 35). Copious cross references allow users to locate the entry at **blę̄** from any of its Middle English variant spellings.

4. Lexicography of Early Modern English

In the nineteenth-century, the "well-spring of English undefil'd" (an image fabricated by Edmund Spenser to describe Chaucer) was generally taken to be the English Renaissance exemplified by the writing of William Shakespeare and John Milton. The central effort of those involved in gathering materials for the work that came to be known as the *Oxford English Dictionary* was devoted to that period; eighteenth-century English literature was initially farmed out to Americans who might be expected to read works of little interest to British volunteers, and there was a deliberate attempt to separate the enduring from the ephemeral in nineteenth-century English. Thus the period most attentively and thoroughly covered was Early Modern English (variously viewed as extending from 1475 or 1500 to 1650 or 1700). As the *OED* progressively appeared, there seemed to be no reason to devote further attention to intensively read and minutely interpreted Early Modern English except occasionally in small-scale works directed to a specialist audience (e. g., Foster 1908, Cunliffe 1910, Onions 1911).

Once again, Craigie's visionary address of 1919 roused a generation of lexicographers to turn their attention to a "new dictionary scheme": "This is one of the most marvellous periods of the language, and remains almost untouched except in the pages of the [Philological] Society's dictionary. Here it bulks very largely indeed, yet by no means more than it deserves. Its riches are almost inexhaustible, and we are almost daily compelled to set aside large quantities of interesting material for which we can find no space in our columns. Moreover, abundant as our material is, it constantly fails to clear up some obscure phrase or allusion, and many well-known passages of the writers of that time still await a satisfactory solution. The English of these two centuries [i.e., 1500—1700] can only be dealt with in an adequate manner when it has been made the subject of special study and has its own dictionary — a dictionary which would be one of the greatest proofs of the wealth and dignity of the English tongue" (Craigie 1919, 8). Recent intensive study, parallel to Moore's evaluation of the *OED* reading program in preparation for the *Middle English Dictionary* (see section 3.6.), has demonstrated how much further work needs to be done to illuminate the English of this period (see Schäfer 1980, 1989).

4.1. Robert Nares

Robert Nares (1753—1829), an English clergyman, was a literary and linguistic scholar of wide-ranging interests. Author of *Elements of Orthoepy* (1784) and editor from 1793 to 1813 of a journal, the *British Critic,* Nares was, for a time, keeper of manuscripts in the British Museum. A life-time of reading in the early literature of England led to the publication of his *Glossary* of 1822; two scholars who revised and extended it in 1859 described it as "the best and most useful work we possess for explaining the obsolete language and the customs and manners of the sixteenth and seventeenth centuries" (Halliwell/Wright 1859, iv). Though titled *A Glossary,* it was a much more ambitious work; modesty prevented Nares from giving it a grander title: "I have, therefore, avoided the title of Dictionary, which seemed to me to imply a more perfect collection" (vi).

Nares' entry for *blee* shows a typical specimen of his discursive style: "**Blee**. Colour; complexion. Saxon. This word, which is rather common in the old ballads, was almost entirely obsolete in the reign of Eliz[abeth], but occurs in the Pinner of Wakefield, printed 1599. [Two examples follow, both with precise references to the edition and pages from which they were taken.] It generally occurs thus joined with bright." (Halliwell/Wright [1859] did nothing to alter this entry.) From the perspective of Anglo-German philological rivalry, the history of this work has an additional significance. In its London publication, it was a handsome folio volume with ample margins; in 1825, it was republished in Stralsund in quarto with densely printed pages and a stout cloth binding for a scholar's library.

4.2. Alexander Schmidt

Having issued in 1871 a *Plan und Probe* for a Shakespeare dictionary, Alexander Schmidt (1816—1887) published his *Shakespeare-Lexicon* in Berlin in 1874—75. It represented the best of contemporary German philological scholarship and subsequently appeared in further editions (some with amplifications and corrections): 1886, 1902, 1923 (enlarged and revised by Gregor Sarrazin), and 1971. In the preface to this first edition, Schmidt wrote: "The present work, as differing from the existing Shakespearian glossaries, the object of which has been only to explain what has become obsolete and unintelligible in the writings of the poet, is to contain his whole vocabulary and subject the sense and use of every word of it to careful examination" (1923, v). Thus for Early Modern English *bleak — blee* does not occur in Shakespeare — Schmidt divided usages into three categories: "(1) cold, chill; (2) exposed to the cold, open to the cold wind; (3) pale with frost, chilled." Each sense was followed by brief phrases or short extracts with reference and citations to other unquoted places where that sense occurs (abbreviations for *for instance* or *et cetera* were employed for very frequent words). Sense ordering was "a natural and rational rather than an historical order" (1923, vi). An appendix contained foreign and dialect words, grammatical notes, and (in the second edition) a list of the latter part of compound words. Hence the *Shakespeare-Lexicon* constituted an important work of lexicography for the Early Modern period.

Schmidt stated three purposes for his work in his 1874 preface: to establish Shakespearean criticism on a firm linguistic foundation; to "set right ... the most prominent landmark in the history of the English language"; and "to furnish reliable materials for English lexicography, which has, since the time of Samuel Johnson, increased in extent rather than in intrinsic value" (1923, viii). This dismissal of a century and a quarter of English dictionary-making must have been galling to British philologists of Schmidt's day; even more so was his statement: "Merely practical considerations prevailed in choosing the English language for the interpretations" (1923, viii).

4.3. A. L. Mayhew

When Skeat died in 1912, he left behind a collection of some 7,000 slips for a proposed *Dictionary* of Tudor and Stuart words. The idea for such a work he had discussed with his long-time friend A. L. Mayhew, though he had not settled on a title or finally determined its scope. Wrote Mayhew: "He did not intend it to be a big book. When I asked whether it would contain quotations like

Nares' Glossary, he said it would contain only a few quotations, and those short ones, and would consist mostly of explanations and references, with brief etymologies" (Mayhew 1914, iii). Mayhew found much work was needed to complete it: addition of quotations, revision of definitions; cross-references to the *English Dialect Dictionary* for words surviving in regional English and to the *OED*. Henry Bradley, the English reviser of Stratmann's *Dictionary* of Middle English (see 3.2.) and then active as an *OED* editor, read the proof sheets before the book appeared in print.

The entry for *blee* shows how Meyhew brought Skeat's plan to completion: "**blee**, colour, complexion, hue. Morte Arthur, leaf 88, back, 32; bk. v. c. 10; Tottel's Misc. (ed. Arber, 100). Occurs in the ballad poetry in the north (E[nglish] D[ialect] D[ictionary]). ME. *blee* (York Plays, xxviii. 259), OE. *blēo*." Just how such bare references — precise as they are — might serve the user is unclear, particularly since two of the three sources cited had already been included (with context) in the *OED*.

4.4. The *Early Modern English Dictionary*

In response to Craigie's call for an entirely new dictionary of Early Modern English, Charles C. Fries (1887—1967) of the University of Michigan visited Oxford to discuss the possibility that such a work might be undertaken in Ann Arbor. In December 1927, Craigie agreed to the plan, and over the next several summers Fries directed workers who selected from the *OED* files all quotations, used or unused, for the period from 1475 to 1700. Initially he was solely supported by the University of Michigan, but during the 1930s these funds were supplemented by substantial grants from several sources. A new reading program was launched, and in 1930, one of the sponsors — the American Council of Learned Societies — negotiated the transfer of Middle English materials to Michigan so editing on the *Early Modern* and *Middle English Dictionaries* might go forward simultaneously and in concert. Scattered resources were gathered — for instance, a collection of 50,000 citations of agricultural usage amassed by F. R. Ray, manuscript concordances to the works of Milton, Greene, Jonson, and Breton.

Like his colleague, Moore (see section 3.6.), Fries identified areas where additional reading and extraction would be required: derived words; compound words; concrete words; foreign borrowings; phrases and proverbs; abbreviations and contractions; and "words meaning the representation of something in art" (e. g., *lion, sun, star* which he wished to treat as "derived senses"). To the two million slips he had obtained from Oxford, Fries added another million from texts extracted by his staff and by volunteer readers (who eventually numbered some 450). This rich collection of material made it possible to provide detailed analysis of Early Modern vocabulary. In 1932, Fries published a specimen entry for *sonnet* with many innovations and copious encyclopedic information. Realizing that his initial experiment was too lengthy, he designed a more compact style and began editing in the letter *L* (in conjunction with the *Middle English Dictionary* which began editing at the same point so the two projects might gain strength and coherence from each other). Entries from *L* to *Lee* were set in type. From his work, Fries was able to declare that the first 50 pages of *L* yielded many antedatings and "85 meanings not recorded in the Oxford Dictionary".

On the basis of such enhancements, Clarendon agreed to increase the size of the completed *Dictionary* to 8,000 pages in ten volumes. Even following this limit to the scope of the work, however, Fries found it difficult to reduce what he thought was needed to the space provided. After further negotiations with Oxford, editing started afresh with *A*. Though Craigie had been a consistent supporter of Fries' efforts, he was troubled by the slow progress and other shortcomings of the editorial work. In 1939, Fries visited Oxford for further discussions, and, just as he was departing for the United States, war broke out. Further correspondence acknowledged that editing could not go forward when regular communication between Britain and the United States was likely to be unreliable. Eventually it was determined that the work should be indefinitely postponed, and the University of Michigan decided to concentrate its resources on the production of the *Middle English Dictionary*.

What might have been accomplished if the *EMED* had continued uninterrupted can be gathered from the materials that remain stored in Ann Arbor. The *OED* had published four quotations from the Early Modern English period in its treatment of *blee*. In the Michigan archive, the four citation slips that formed the basis of the *OED* entry are supplemented by thirteen additional Oxford slips that were not used — either because Murray had found them redundant, or because they had been collected after the entry for *blee* was published in March 1887. The *EMED* reading program yielded eleven further citations, showing that the word had not become entirely "obsolete" in the early seventeenth century (as the *OED* had claimed) — eight of the twenty-eight quotations are from that century. The slips do, however, confirm that *blee* was a "poetical word," as the *OED* had said, both by the positive evidence of the texts in which it appears and by negative evidence since the *EMED* reading program had emphasized non-literary and, especially, scientific texts, and no instance of *blee* was found in such sources. *Blee*, however, does not provide an accurate index of the richness of the *EMED* files since *OED* readers were particularly vigilant for the sorts of usage it represents — an obsolete, literary word of Old English origin. When the files are examined for less literary words, the riches of the material for supplementing the *OED* becomes apparent. (See Bailey 1975, 1985 for further detail.)

Work toward the *EMED* did lead to other publications of lexicographical interest. Extracting all proverbs from the collection made it possible for Morris Palmer Tilley (1876—1947) to compile his *Dictionary of the Proverbs in England in the Sixteenth and Seventeenth Centuries* (1950). Assistance from the National Endowment for the Humanities supported the creation of a million-word data base drawn from the collection; this data base was published on microfiche and distributed on magnetic tape (with forward and reverse word indices) as *Michigan Early Modern English Materials* (Bailey *et al.* 1975; see also Bailey 1978). Full scale editing of the *Dictionary* awaits the completion of the *Middle English Dictionary*.

Acknowledgment

Linda Gioiosa, a doctoral student in Old English at the University of Michigan, assisted me in the early stages of this investigation. See further Aitken 1987.

5. Selected Bibliography

5.1. Dictionaries

Amos/Healey 1986— = Ashley Crandell Amos/ Antonette di Paolo Healey: Dictionary of Old English. Toronto 1986— (Continuing microfiche publication).

Bammesberger 1979 = Alfred Bammesberger: Beiträge zu einem etymologischen Wörterbuch des Altenglischen. Heidelberg 1979 [viii, 156 p.].

Barney 1985 = Stephan A. Barney: Word-Hoard: An Introduction to Old English Vocabulary. 2nd ed. New Haven, Connecticut 1985 [xv, 108 p.].

Benson 1701 = Thomas Benson: Vocabularium Anglo-Saxonicum. Oxford 1701 [188 p.].

Bessinger 1960 = Jess B. Bessinger: A Short Dictionary of Anglo-Saxon Poetry. Toronto 1960 [xvii, 87 p.].

Bierbaumer 1975— = Peter Bierbaumer: Der botanische Wortschatz des Altenglischen. Bern 1975—.

Borden 1982 = Arthur R. Borden, Jr.: A Comprehensive Old-English Dictionary. Washington 1982 [vi, 1606 p.].

Bosworth 1838 = Joseph Bosworth: A Dictionary of the Anglo-Saxon Language. London 1838 [xxxiv, 721 p.].

Bosworth 1848 = Joseph Bosworth: A Compendious Anglo-Saxon and English Dictionary. London 1848 [vii, 278 p.].

Bradley 1891 = Henry Bradley: A Middle-English Dictionary, Containing Words Used by English Writers from the Twelfth to the Fifteenth Century by Francis Henry Stratmann. Oxford 1891 [xxi, 708 p.].

Campbell 1972 = Alistair Campbell: An Anglo-Saxon Dictionary, based on the Manuscript Collections of Joseph Bosworth, enlarged Addenda and Corrigenda to the Supplement. Oxford 1972 [vii, 68 p.].

Coleridge 1859 = Herbert Coleridge: A Glossarial Index to the Printed English Literature of the 13th Century. London 1859 [vii, 102 p., 26 p. addenda].

Coleridge 1863 = Herbert Coleridge: A Dictionary of the First, or Oldest Words in the English Language: from the Semi-Saxon Period of A.D. 1250 to 1300, Consisting of an Alphabetical Inventory of Every Word Found in the Printed English Literature of the 13th Century. London 1863 [viii, 102 p., 26 p. addenda].

Cunliffe 1910 = Richard John Cunliffe: A New Shakespearean Dictionary. Glasgow 1910 [xii, 342 p.].

Ettmüller 1851 = Ernst Moritz Ludwig Ettmüller: Vorda vealhstôd Engla and Seaxna. Quedlinburgii 1851 [xx, 767 p.].

Flügel 1911 = Ewald Flügel: Prolegomena and Side-Notes of the Chaucer Dictionary. In: Anglia 34. 1911, 354—422.

Flügel 1913 = Ewald Flügel: Specimen of the Chaucer Dictionary: Letter E. In: Anglia 37. 1913, 497—532.

Foster 1908 = John Foster: A Shakespeare Word-Book. London 1908 [xi, 735 p.].

Grein 1861—64 = Christian Wilhelm Michael Grein: Sprachschatz der angelsächsischen Dichter. Göttingen 1861—64 [vi, 897 p.].

Groschopp 1883 = Friederich Groschopp: Kleines angelsächsisches Wörterbuch, nach Grein's Sprachschatz der angelsächsischen Dichter. Kassel 1883 [iv, 238 p.].

Hall 1894 = John Richard Clark Hall: A Concise Anglo-Saxon Dictionary for the Use of Students. London 1894 [xvi, 369 p.].

Halliwell 1847 = James Orchard Halliwell: A Dictionary of Archaic and Provincial Words, Obsolete Phrases, Proverbs and Ancient Customs from the Fourteenth Century. London 1847 [xxxvi, 960 p.].

Halliwell/Wright 1859 = James Orchard Halliwell/Thomas Wright: new and enlarged edition of Nares 1822. London 1859 [ix, 982 p.].

Harrison/Baskervill 1885 = James Albert Harrison/W. M. Baskervill: A Handy Anglo-Saxon Dictionary. New York. Chicago 1885 [iv, 318 p.].

Holthausen 1932—34 = Ferdinand Holthausen: Altenglisches etymologisches Wörterbuch. Heidelberg 1932—34 [xxviii, 428 p.].

Jamieson 1879—82 = John Jamieson: An Etymological Dictionary of the Scottish Language, rev. John Longmuir and David Donaldson. Paisley 1879—82.

Jember 1975 = Gregory K. Jember: English-Old English/Old English-English Dictionary. Boulder, Colorado 1975 [xxxiii, 178 p.].

Junius 1743 = Franz Junius: Francisci Junii Francisci Filii Etymologicum Anglicanum. Oxford 1743 [552 p.].

Köbler 1985 = Gerhard Köbler: Altenglisch-neuhochdeutsches und neuhochdeutsch-altenglisches Wörterbuch. Gießen 1985 [1, 556 p.].

Köhler 1912—1914 = Johann Jakob Köhler/Ferdinand Holthausen: revised and enlarged ed. of Grein 1861—64. Heidelberg 1912—14.

Kurath 1952— = Hans Kurath/Sherman M. Kuhn/John Reidy/Robert E. Lewis: Middle English Dictionary. Ann Arbor 1952—.

Lemon 1783 = George William Lemon: English Etymology; or, A Derivative Dictionary of the English Language. London 1783 [693 p.].

Leo 1871—77 = Heinrich Leo: Angelsächsisches Glossar. Halle 1871—77 [xvi, 739 p.].

Lye 1772 = Edward Lye: Dictionarium Saxonico et Gothico-Latinum. London 1772 [Not paginated].

Mätzner/Goldbeck 1867—1869 = Eduard Adolph Ferdinand Mätzner/Karl Goldbeck: Altenglische Sprachproben nebst einem Wörterbuch (Sprachproben). Berlin 1867 (Poesie); 1869 (Prosa).

Mätzner 1878—1888 = Eduard Adolph Ferdinand Mätzner: Altenglische Sprachproben nebst einem Wörterbuche (Wörterbuch). Berlin 1878 (A—D) 698 p.; 1885 (E—H) 558 p.; 1888 (I—M) 624 p.

Mayhew/Skeat 1888 = A. L. Mayhew/Walter W. Skeat: A Concise Dictionary of Middle English. Oxford 1888 [272 p.].

Mayhew 1914 = A. L. Mayhew: A Glossary of Tudor and Stuart Words Especially from the Dramatists, Collected by Walter W. Skeat. Oxford 1914 [xix, 461 p.].

Meritt 1945 = Herbert Dean Meritt: Old English Glosses. New York 1945 [xx, 135 p.].

Meritt 1961 = Herbert Dean Meritt: A Concise Anglo-Saxon Dictionary by John R. Clark-Hall with a Supplement. Cambridge 1961 [xvi, 452 p.].

Meritt 1968 = Herbert Dean Meritt: Some of the Hardest Glosses in Old English. Stanford 1968 [xiii, 130 p.].

Napier 1900 = Arthur Sampson Napier, ed.: Old English Glosses Chiefly Unpublished. Oxford 1900 [xxxix, 302 p.].

Nares 1822 = Robert Nares: A Glossary; or Collection of Words, Phrases, Names, and Allusions to Customs, Proverbs, & c., Which Have Been Thought to Require Illustration, in the Works of English Authors, Particularly Shakespeare and His Contemporaries. London 1822 [vii, 585 p. Republished Stralsund, 1825; viii, 912 p.].

Nowell = Laurence Nowell's Vocabularium Saxonicum. Ann Arbor 1952 [ix, 198 p.].

Onions 1911 = C. T. Onions: A Shakespeare Glossary. Oxford 1911. 2nd. ed. 1919 [xii, 264 p.].

Schmidt 1874—75 = Alexander Schmidt: Shakespeare-Lexicon: A Complete Dictionary of All the English Words, Phrases, and Constructions in the Works of the Poet. Berlin 1874—75. 4th ed. 1923 [x, 1484 p.].

Skeat 1879 = Walter William Skeat: An English-Anglo-Saxon Vocabulary. Cambridge 1879 [40 p.].

Skinner 1671 = Stephen Skinner: Etymologicon Linguae Anglicanae. London 1671 [708 p.].

Smith 1985 = Andrea Smith: The Anonymous Parts of the Old English Hexateuch: A Latin-Old English/Old English-Latin Glossary. Cambridge 1985 [xv, 471 p.].

Somner 1659 = William Somner: Dictionarium Saxonico-Latino-Anglicum. Oxford 1659 [348 p.].

Stratmann 1864—67, 1873, 1878 = Franz Heinrich Stratmann: A Dictionary of the Old English Language Compiled from Writings of the XII. XIII. XIV. and XV. Centuries. First ed. issued in parts. Krefeld 1864—67. [x, 694 p.]; Second ed. Krefeld 1873 [xii, 594 p.]; Third ed. Krefeld 1878 [x, 659 p.].

Stratmann 1881 = Franz Heinrich Stratmann: A Supplement to the Dictionary of the English Language of the XII. XIII. XIV. and XV. Centuries, Third Edition. Krefeld 1881 [92 p.].

Sweet 1896 = Henry Sweet: The Student's Dictionary of Anglo-Saxon. Oxford 1896 [211 p.].

Tatlock/Kennedy 1927 = John S. P. Tatlock/Arthur G. Kennedy: A Concordance to the Complete Works of Geoffrey Chaucer and to the Romaunt of the Rose. Washington 1927 [xiii, 1110 p.].

Tilley 1950 = Morris Palmer Tilley: A Dictionary of the Proverbs in England in the Sixteenth and Seventeenth Centuries. Ann Arbor 1950 [xiii, 850 p.].

Toller 1882—98 = Thomas Northcote Toller: An Anglo-Saxon Dictionary Based on the Manuscript Collections of the Late Joseph Bosworth. Oxford 1882—98 [ix, 1302 p.].

Toller 1921 = Thomas Northcote Toller: A Supplement to *Toller 1882—98*. Oxford 1921 [vi, 768 p.].

Zupitza 1880 = Julius Zupitza: Ælfrics Grammatik und Glossar. Berlin 1880 [322 p.].

5.2. Other Publications

Adams 1917 = Eleanor N. Adams: Old English Scholarship in England from 1566—1800. New Haven, Connecticut 1917.

Aitken 1987 = A. J. Aitken: The Period Dictionaries. In: Studies in Lexicography. Ed. Robert Burchfield. Oxford 1987, 94—116.

Amos 1979 = Ashley Crandel Amos: The Lexical Treatment of the Function Words in The Dictionary of Old English. In: Papers of The Dictionary Society of North America 1979, 173—79.

Anonymous 1867 = Our Weekly Gossip. In: The Athenaeum, September 28, 1867, 402—403.

Bailey 1975 = Richard W. Bailey: The Early Modern English Dictionary: Past and Future. In: Bailey/Downer/Robinson/Lehman 1975, xi—xxxii.

Bailey 1978 = Richard W. Bailey: Early Modern English: Additions and Antedatings to the Record of English Vocabulary, 1475—1700. Hildesheim 1978.

Bailey 1985 = Richard W. Bailey: Charles C. Fries and the Early Modern English Dictionary. In: Toward an Understanding of Language. Ed. by Peter Howard Fries and Nancy M. Fries. Amsterdam 1985, 171—204.

Bailey/Downer/Robinson/Lehman 1975 = Richard W. Bailey/James W. Downer/Jay L. Robinson/Patricia V. Lehman: Michigan Early Modern English Materials. Ann Arbor 1975.

Baron 1982 = Dennis E. Baron: Going Native: The Regeneration of Saxon English. University, Alabama 1982.

Bradley 1905 = Henry Bradley: The Oxford English Dictionary. In: Zeitschrift für deutsche Wortforschung 7. 1905—06, 311—18.

Cameron 1970 = Angus Cameron et al.: Computers and Old English Concordances. Toronto 1970.

Cameron 1983 = Angus Cameron: Old English Word Studies. Toronto 1983.

Choice 1982 = Anonymous review of *Borden 1982*. In: Choice 20, September 1982, 49.

Craigie 1919 = William A. Craigie: New Dictionary Schemes Presented to the Philological Society, 4th April 1919. In: Transactions of The Philological Society, 1925—1930, London 1931, 6—11.

Craigie 1936 = William A. Craigie: The Value of the Period Dictionaries, 5 November 1936. In: Transactions of the Philological Society. London 1937, 53—62.

Frank/Cameron 1973 = Roberta Frank/Angus Cameron: A Plan for the Dictionary of Old English. Toronto 1973.

Fries 1932 = Charles Carpenter Fries: The Early Modern English Dictionary. In: Publications of the Modern Language Association 47. 1932, 893—97.

Hetherington 1980 = M. Sue Hetherington: The Beginnings of Old English Lexicography. Spicewood, Texas 1980.

Hetherington 1982 = M. Sue Hetherington: The Recovery of the Anglo-Saxon Lexicon. In: Anglo-Saxon Scholarship: The First Three Centuries. Ed. by Carl T. Berkhout and Milton McC. Gatch. Boston 1982, 79—89.

Jost 1984 = David Jost: The Reading Program of the Middle English Dictionary: Evaluation and Instruction. In: Dictionaries 6. 1984, 113—27.

Krapp/Dobbie 1931—53 = George Phillip Krapp/Elliott Van Kirk Dobbie: The Anglo-Saxon Poetic Records. New York 1931—53 (6 vols).

Kuhn 1982 = Sherman M. Kuhn: On the Making of the Middle English Dictionary. In: Dictionaries 4. 1982, 14—41.

Kurath 1954 = Hans Kurath: Middle English Dictionary: Plan and Bibliography. Ann Arbor 1954.

Marckwardt 1947 = Albert H. Marckwardt: Nowell's Vocabularium Saxonicum and Somner's Dictionarium. In: Philological Quarterly 25. 1947, 345—51.

Meech 1935 = Stanford B. Meech: Middle English Dictionary. In: Annual Report of the American Council of Learned Societies. New York 1935, 102—106.

Moore/Meech/Whitehall 1933 = Samuel Moore/Stanford B. Meech/Harold Whitehall: The Middle English Dictionary. In: Publications of the Modern Language Association 48. 1933, 281—88.

Murphy 1982 = Michael Murphy: From Antiquary to Academic: The Progress of Anglo-Saxon Scholarship. In: Anglo-Saxon Scholarship: The First Three Centuries. Ed. Carl T. Berkhout and Milton McC. Gatch, Boston 1982, 1—17.

Platt 1882—4 = James Platt, Jr.: The Bosworth-Toller Anglo-Saxon Dictionary. In: Transactions of the Philological Society. 1882—4, 237—46.

Porter/Thompson 1989 = Nancy A. Porter/Pauline A. Thompson: Problems in Old English Lexicography (Dictionary of Old English). In: International Journal of Lexicography 2. 1989, 135—46.

Rosier 1960 = James L. Rosier: The Sources of John Joscelyn's Old English Dictionary. In: Anglia 78. 1960, 28—39.

Rosier 1966 = James L. Rosier: Lexicographical Genealogy in Old English. In: Journal of English and Germanic Philology 65. 1966, 295—302.

Schäfer 1980 = Jürgen Schäfer: Documentation in the O. E. D.: Shakespeare and Nashe as Test Cases. Oxford 1980.

Schäfer 1989 = Jürgen Schäfer: Early Modern English Lexicography. Oxford 1989 (2 vols).

Schmidt 1871 = Alexander Schmidt: Plan und Probe eines Wörterbuchs zu Shakespeare. Königsberg 1871.

Sledd 1954 = James Sledd: Nowell's Vocabularium Saxonicum and the Elyot-Cooper Tradition. In: Studies in Philology 51. 1954, 143—48.

Richard W. Bailey,
The University of Michigan,
Ann Arbor, Michigan (USA)

156. Das Sprachstadienwörterbuch IV: Die romanischen Sprachen

1. Varianten und Mischformen
2. Die Entwicklung der Sprachstadienwörterbücher des Französischen
3. Die Entwicklung der Sprachstadienwörterbücher der übrigen romanischen Sprachen
4. Die Sprache
5. Die Makrostruktur
6. Die Mikrostruktur
7. Perspektiven
8. Literatur (in Auswahl)

1. Varianten und Mischformen

1.1. Sprachstadienwörterbücher begegnen im Bereich der romanischen Sprachen

A.) als gesamtsystematische Sprachstadienwörterbücher, und zwar
   a) als autonome Einzeldarstellungen von historischen Wortschatzsegmenten oder
   b) als Teilwörterbücher von — den diachronen Gesamtwortschatz einer Sprache in Perioden aufteilenden und beschreibenden — historischen Wörterbüchern/Thesauri;
B.) als teilsystematische Sprachstadienwörterbücher, die sich nach den bisherigen Vorkommensformen gliedern in a) differentielle, b) regionalsprachliche, c) fach- und sondersprachliche Sprachstadienwörterbücher.

Unser Hauptinteresse richtet sich auf die romanischen Sprachstadienwörterbücher nach A. Typologisch ist deren entscheidendes distinktives Merkmal die Beschreibung der Gesamtlexik eines je vom Lexikographen festgelegten Zeitraums der Sprachentwicklung.

1.2. Als primär sprachchronologisch definierte (teildiachrone) Lexika überschneiden sich die Sprachstadienwörterbücher der romanischen Sprachen hinsichtlich des Objektvokabulars, z. T. auch in Konzeption und Mikrostruktur, mit den (gesamtdiachronen) historischen Wörterbüchern, zumal steigende Ansprüche an Quellenauswertung und Belegdichte bei diesen inzwischen die Tendenz zur Lexikographierung des Materials in Sprachstadiensegmenten bewirkt haben. Eine solche Subdivision des historischen Wörterbuchs kann sich auf die Mikrostruktur erstrecken, wie beim *Diccionario histórico de la lengua española* (1960 ff.) *[DHLE]*, das als Prototyp des mikrostrukturell periodisierenden historischen Wörterbuchs die Textbelege bei jeder Einzelbedeutung nach 3 Sprachstadien gruppiert (vom Beginn der Überlieferung bis 1500, von 1501 bis 1700, von 1701 bis zur Gegenwart). Sie kann sich aber auch makrostrukturell in einer Aufspaltung der Gesamtlexik in Stadienwortschätze äußern, die, in Einzelbänden publiziert und nutzbar, Sprachstadienwörterbüchern entsprechen, sich aber bei identischer Strukturierung in toto zu einer historischen Wortschatzdarstellung addieren. Ein derartiges Splitting liegt der Konzeption des *Trésor de la Langue Française [TLF]* zugrunde, von dessen geplanten Teildiktionären bisher erst das *Dictionnaire de la langue du XIXe et du XXe siècle (1789—1960)* in Angriff genommen worden ist (1971 ff.). Für andere romanische Sprachen (Italienisch, Spanisch, Portugiesisch) oder Sprachgebiete (frankophones Kanada) sind ähnliche, nach Sprachstadien gegliederte Thesauri angeregt, aber noch nicht konkretisiert worden.

1.3. Auf Grund seines sprachchronologischen Prinzips überschneidet sich das Sprachstadienwörterbuch andererseits mit dem sog. synchronen Sprachwörterbuch. Denn jedes sog. synchrone Sprachwörterbuch, das einen lexikalischen Augenblicksstatus wiederzugeben vorgibt, vergegenwärtigt in praxi eine — minimale — lexikalische Entwicklungsphase. Infolge seiner distanzierenden Bearbeitungs- und Publikationsdauer stellt selbst das gegenwartsbezogene Sprachwörterbuch im Moment seines Erscheinens bereits ein Sprachstadienwörterbuch des letztfaßbaren Kurzabschnitts der Wortschatzevolution dar. Erst recht gilt dies natürlich vom gegenwartsbezogenen Sprachwörterbuch mit ausdrücklicher Rückkoppelung an frühere Wortschatzstufen, einem sehr beliebten lexikographischen Hybridtyp in romanischen Ländern, die über eine relativ alte Sprachnormtradition verfügen. Modellbildend hat bis auf die heutige Lexikographie hier Emile Littré gewirkt, dessen *Dictionnaire de la langue française* (1863—1878) noch den akzeptierten Wortschatz des 17. (Académie Française!) und den des 18. Jhs. als fortdauernden „usage contemporain" dem Französischen des 19. Jhs. hinzurechnete. Rückgang, in der Regel bis ins 16. Jh., mit Markierung nicht mehr usueller Vokabeln oder Verwendungen, die in den kanonisierten Werken der Literatur begegnen, kennzeichnet noch die jetzigen großen *Dictionnaires de langue* des Französischen *(GRob., PRob., GLLF, Lexis, Logos).* Ähnliche Erweiterung der Zeitperspektive nach rückwärts, bis zu einer „klassischen", literarisch überragenden Sprachepoche zeigen entsprechende — z. T. schon ältere — Wörterbücher des Portugiesischen (*A. de Morais Silva; C. de Figueiredo; A. Magne; Dicionário da Língua Portuguesa* der Academia das Ciências de Lisboa) sowie des Italienischen, wobei letztere nach dem Vorbild des ersten *Vocabolario degli Accademici della Crusca* (1612) sogar bis ins Trecento ausholen (*Tommaseo/Bellini;* letzte Aufl. des *Vocabolario* der Crusca, ⁵1863—1923).

1.4. Mit der Funktion von Sprachstadienwörterbüchern, aber auch mit der von historischen Gesamtwörterbüchern überschneiden sich schließlich gegenwartsbezogene Sprachwörterbücher der Romania, die die Beschreibungsspanne nach rückwärts bis zum Beginn der Überlieferung ausdehnen. Der daraus resultierende Mischtyp findet sich bei Sprachen mit sehr frühem, schon vor dem 14. Jh. liegendem literarischen Gipfel (so beim Italienischen: *Grande dizionario della lingua italiana* von S. Battaglia, und beim Katalanischen: *Diccionari Català-Valencià-Balear* von A. M. Alcover/F. de B. Moll), sowie umgekehrt gerade bei Sprachen mit relativ kurzer Text- und Literaturtradition (so im Fall des erst seit dem 16. Jh. textlich präsenten Rumänischen: *Dicţionarul limbii române* der rum. Akademie [Academia Română], sowie regionalsprachlich — des Französischen der Schweiz: *Glossaire des Patois de la Suisse Romande,* des Italienischen der Schweiz: *Vocabolario dei dialetti della Svizzera italiana* und des Rätoromanischen Graubündens: *Dicziunari rumantsch grischun*).

2. Die Entwicklung der Sprachstadienwörterbücher des Französischen

2.1. Die ersten romanischen Sprachstadienwörterbücher sind in Frankreich entstanden. Dort machte die Wende vom Lexikontyp des *Thresor de la langue françoise, tant ancienne que moderne* (Nicot, 1606) zum gegenwartsbezogenen, normativen Lexikon (*Le Dictionnaire de l'Académie françoise,* 1694) das Vokabular historischer Perspektive zum Objekt einer speziellen historischen Lexikographie.

2.2. Bis an die Schwelle des 20. Jhs. sah diese frühe historische Lexikographie ihr Arbeitsziel primär darin, Speziallexika nicht mehr gebräuchlicher Wörter und Bedeutungen für das Verständnis alter Texte zu liefern, also zu den gegenwartorientierten Wörterbüchern differentiell angelegte vergangenheitsbezogene bereitzustellen. Die Titel gehören der Lexikographiegeschichte an, zumal bis zur Begründung der modernen romanischen Sprachwissenschaft im 19. Jh. älteres französisches und älteres okzitanisches Vokabular noch ungeschieden als Manifestation einer archaischen «langue romane» verzeichnet wurde (*Borel* 1655, *Lacombe* 1766—67, *François* 1777, *Roquefort* 1808—20, *Pougens* 1821—25, *Burguy* 1856, *Dictionnaire historique* der Académie française 1858—94).

2.3. Ein weiterer Zweck dieser differentiellen Sprachstadienwörterbücher wurde darin gesehen, aufgegebenes Wortgut der Vergangenheit wieder zu vergegenwärtigen und in das seit dem 17. Jh. lexikalisch erstarrte Französisch zur Bereicherung seiner Ausdrucksfähigkeit zu reintegrieren (*Noël/Carpentier* 1831, *Hippeau* 1866—73).

2.4. Mit der Entfaltung der Universitätsromanistik erhielt das komplementäre Sprachstadienwörterbuch kleineren Formats die Primärfunktion des philologischen und sprachhistorischen Studien-/Handbuchs des Gesamtzeitraums der Sprachenentwicklung, später nur noch einer Teilperiode — in der Regel des Alt- und Mittelfranzösischen —, zugewiesen (*Bos* 1891, *Godefroy* 1901, *Vandaele* 1939, *Urwin* 1946, *Grandsaignes d'Hau-

terive 1947, *Greimas* 1968), während es sich in elaborierter Form, vorbereitet durch das 1789 abgebrochene, 1875—82 in 10 Bänden postum erschienene und seinerzeit bahnbrechende *Dictionnaire historique de l'ancien langage françois* von La Curne de Sainte-Palaye, zum großen Belegwörterbuch eines Teilzeitraumes entwickelte, das F. Godefroy mit seinem *Dictionnaire de l'ancienne langue française* (1880—1902, 10 Bde.) *[Gdf.]* realisierte.

2.5. Der *Gdf.* markiert den Übergang vom differentiellen (teilsystematisch-selektiven) Sprachwörterbuch zum gesamtsystematischen, den Übergang auch von der Lektürehilfe zum philologisch-sprachgeschichtlichen Arbeitsinstrument. Sollte das Werk nämlich zunächst nur registrieren „les mots de la langue du moyen âge que la langue moderne n'a pas gardés", dazu „certaines significations disparues" (I, Avertissement), so wurde das Programm von Bd. 8 ab auf das Gesamtvokabular vom Beginn der Textüberlieferung bis ca. 1600 erweitert, freilich ohne daß dem Anspruch auf Systematizität noch voll genügt werde konnte.

2.6. Diesem Mangel des *Gdf.*, der sich ansonsten durch Belegreichtum sowie den Einbezug nichtliterarischer und sogar handschriftlicher Quellen auszeichnet, sucht das *Altfranzösische Wörterbuch* von A. Tobler und E. Lommatzsch (1925 ff.) *[TL]* abzuhelfen. Es beansprucht, den altfranzösischen Wortschatz in vollem Umfang, als lexikalisches System per se, darzustellen, obschon mit speziellem Interesse an der literarischen Sprache des 11.—13. Jhs.; das nichtliterarische und das mittelfranzösische Wortmaterial werden nur marginal berücksichtigt. Da *Gdf.* und *TL* sich lexikographisch ergänzen, ist die französische Sprachwissenschaft — *faute de mieux* — bis auf weiteres auf das eine wie das andere Sprachstadienwörterbuch angewiesen. [Bibliogr. Hinweis: zum *Gdf.* und zum *TL* zuletzt S. Kantor/W. Stumpf, in: *Introduction*, 151—161; zum *TL* H. H. Christmann im Vorwort zu Bd. 10 sowie in *DFG Wörterbücher*, 10—30].

2.7. Die — schon am *TL* ablesbare — Tendenz zur Reduzierung des Beschreibungszeitraums hat zuerst beim Französischen zur Periodisierung in mehrere Wörterbuch-Tranchen geführt. Bereits nach der Revolution war die Sprache des 17./18. Jhs. als eigener Epochenabschnitt definiert, in der Folge dann in Sprachstadienwörterbüchern des „klassischen Französisch" ausgesondert worden (*Bonnaire* 1829; neuere Wörterbücher: *Huguet* 1907, *Cayrou* 1923, *Dubois/Lagane* 1960, zuletzt Dubois/Lagane/Lerond, *Dictionnaire du français classique*, 1971). Mit E. Huguet, *Dictionnaire de la Langue française du XVIe Siècle* (1925—1967, 7 Bde.) *[Huguet]*, erhielt schließlich das 16. Jh. sein eigenes Wörterbuch. Linguistisch weisen diese Titel den Mangel auf, daß sie materiell nur selektiv und der Konzeption nach nur differentiell angelegt sind. [Zum *Huguet*: A. Marguiron, in: *Introduction*, 143—150].

3. Die Entwicklung der Sprachstadienwörterbücher der übrigen romanischen Sprachen

3.1. Außerhalb des Französischen ist der Stand der Sprachstadienlexikographie noch unbefriedigender. Für das Katalanische, das (Bündner) Rätoromanische und das Rumänische existieren überhaupt nur diachron-gesamtsystematische Wörterbücher, in denen die historische Wortdokumentation die gegenwartsbezogene ergänzt. Für das Rumänische ist in methodischer Anlehnung an den *TLIO* (3.4.) inzwischen ein Wörterbuch des 16. Jhs. geplant.

3.2. Bis zu *La Curne de Sainte-Palaye* (2.4.) und *Gdf.* konnte von allen älteren romanischen Wortschätzen der des Okzitanischen als der besterschlossene gelten, dank F. Raynouards *Lexique roman* (1836—44, 6 Bde.) *[LR]*, zu dem E. Levy und C. Appel ein *Provenzalisches Supplementwörterbuch* (1894—1924, 8 Bde.) *[Levy/Appel]* und E. Levy ein nomenklatorisch reichhaltiges *Petit dictionnaire provençal-français* (1909) nachgeliefert haben. Diese die Trobadorsprache in den Mittelpunkt rückenden Lexika genügen heutigen, insbes. sprachwissenschaftlichen Ansprüchen nicht mehr; sie werden ergänzt vom *Dictionnaire onomasiologique de l'ancien occitan* von K. Baldinger (1975 ff.) *[DAO]* sowie dem parallel aufgebauten, jedoch auf den Raum Gascogne-Aquitaine beschränkten, auch das Lateinische und das Regionalfranzösische einschließenden *Dictionnaire onomasiologique de l'ancien gascon* desselben Verf. (1975 ff.) *[DAG]*. Probleme bereitet die Fortführung des von E. Gamillscheg 1957 begonnenen, dann von H. Stimm († 1987) verfolgten Projektes eines ein Sprachstadienwörterbuch des Altokzitanischen umfassenden *Dictionnaire étymologique de l'ancien provençal [DEAP]*. [Zu *DAO* und *DAG* zuletzt K. Baldinger in *DFG Wörterbücher*, 31—34, und *Theorie und Praxis*, 217—228; zum Projekt *DEAP* H. Stimm in *DFG Wörterbücher*, 39—48].

3.3. Für das Spanische hat die Sprachstadienlexikographie lange nur kleinere Handbücher, im wesentlichen des Vokabulars der literarischen Dokumente bis ca. 1300, zustande gebracht: J. Cejador y Frauca, *Vocabulario medieval castellano* (1929), V.R.B. Oelschläger, *A Medieval Spanish Word-List* (1940), Boggs/Kasten/Keniston/Richardson, *Tentative Dict. of Medieval Spanish* (1946), M. Alonso, *Diccionario medieval español* (1986) *[DME]*. Während ein vom Seminary of Medieval Spanish Studies in Madison (U.S.A.) projektiertes altspanisches Wörterbuch nur noch als Belegstellen-Wörterbuch der alfonsinischen Texte angekündigt wird, hat das von B. Müller in Heidelberg seit 1971 vorbereitete *Diccionario del español medieval [DEM]* zu erscheinen begonnen (1987 ff.). Es vereint das Sprachstadienwörterbuch der Sprache bis ca. 1400 mit einem historisch-etymologischen Wörterbuch [Dazu zuletzt B. Müller in *DFG Wörterbücher*, 77—91, und: *Theorie und Praxis*, 229—236].

3.4. Beim Italienischen ist es lexikographische Tradition, daß die großen Wörterbücher der Literatursprache vom 13./14. Jh. ab Rechnung tragen, was die Erarbeitung von Sprachstadienwörterbüchern lange zu erübrigen schien. Erst nach 1945 hat die Accademia della Crusca daher den schon ca. 1935 lancierten Plan eines *Vocabolario storico della lingua italiana* in ihr Programm aufgenommen, 1972 jedoch beschlossen, sich zunächst auf einen *Tesoro della lingua italiana delle origini* (Wortschatz bis 1375) [Sigel des Projektes: *TLIO*] zu konzentrieren, in Kooperation mit dem Italienischen Institut der Universität Utrecht, das unter der Leitung von M. Alinei seit 1961 mit der EDV-gestützten Auswertung aller altitalienischen Texte bis 1321 (Tod Dantes) befaßt ist. Seit 1968 sind fast 20 Bde. des zunächst auf 50 Bde. kalkulierten Mammutunternehmens der *Spogli elettronici dell'Italiano delle Origini e del Duecento [SEIOD]* Alineis erschienen. Die Kehrseite der exhaustiven Erfassung und Präsentation des Wortformenmaterials per Computer ist der totale Verzicht auf Bedeutungsinformation. Ein Wortformen und Wortbedeutungen lieferndes Sprachstadienwörterbuch findet man inzwischen teilrealisiert im *Glossario degli antichi volgari italiani [GAVI]* von G. Colussi (1983 ff.), doch beschränkt sich dieser auf das 13. Jh. und lexikographiert vorzugsweise den Wortschatz außertoskanischer Provenienz.

3.5. Im Portugiesischen steht für ältere Epochen außer dem unzulänglichen *Diccionario da antiga linguágem portugueza* von H. Brunswick (1910) bloß der *Elucidario das palavras, termos e frases que em Portugal antigamente se usaram e que hoje regularmente se ignoram* von J. de Santa Rosa de Viterbo *[Viterbo]* zur Verfügung, ein Werk von 1798—99, das, wie der Titel sagt, komplementär zu neueren Wörterbüchern nicht mehr verständliches Vokabular — eher enzyklopädisch als lexikographisch — erläutert. Trotz völlig veralteter Grundkonzeption ist 1965—66 noch einmal eine Neubearbeitung herausgekommen. Vorbereitungen eines modernen Wörterbuchs des älteren Portugiesisch, insbesondere in dem inzwischen über eine reiche Dokumentation verfügenden Centro de Estudos Filológicos de Lisboa, haben in Portugal noch nicht zu konkreten Resultaten geführt. Dafür erscheint mit dem *Índice do Vocabulário do Português Medieval [IVPM]* von A. Geraldo da Cunha (1986 ff.) in Rio de Janeiro eine vielversprechende Synthese von Wortbelegindex und reduziertem Sprachstadienwörterbuch zur Lexik des 13.—15. Jhs., der ein *Dicionário da Língua Portuguesa do Século XVI* folgen soll.

3.6. Für das Sardische hat M. T. Atzori im *Glossario di sardo antico* (1975) *[GSA]* den von der heutigen Sprache divergierenden Wortschatz der Dokumente des 11.—14. Jhs. zusammengestellt. Statt eines kompletten Wörterbuchs steht auch hier bisher nur ein differentielles zur Frühperiode der Sprache zur Verfügung.

4. Die Sprache

Sprachstadienwörterbücher beschreiben mit lexikographischem Metacode Codebestände vergangener Sprachperioden. Da Objektcode und Meta-(Informations-)Code mindestens chronologisch zu verschiedenen Sprachsystemen gehören, sind Sprachstadienwörterbücher entweder homoglossisch oder heteroglossisch zweisprachig. Homoglossische Zweisprachigkeit (z. B. Altspanisch ↔ heutiges Spanisch, Mittelfranz. ↔ heutiges Franz.) ist jetzt die Regel. Heteroglossie bietet bei den „großen" romanischen Sprachen nur noch der *TL* (Altfranzösisch ↔ Deutsch), und zwar fachhistorisch bedingt; auf Dauer wird sie sich nur bei den Wörterbüchern „kleiner" romanischer Sprachen ohne verbindliche Gemein-/Schriftnorm behaupten (so noch *DAO* und *DAG* mit französischem, *GSA* mit italienischem Metacode), ferner beim Subtyp des überwiegend für Lehrzwecke gedachten, in der Ausgangssprache redigierten Handwörterbuchs und schließlich bei teilsystematischen (regional-/fachsprachlichen) Lexika mit supponierter allophoner Benutzerschaft (so Stone/Rothwell/Reid, *Anglo-Norman Dictionary*, 1977 ff.).

5. Die Makrostruktur

5.1. Der Grad der Vollständigkeit eines Sprachstadienwörterbuchs hängt auf der Seite des Objektcodes vom Grad der Vollständigkeit des Lemmazeicheninventars und der hierunter subsumierten Wortformenmenge ab, auf der Seite des Metacodes von der Menge der gegebenen Information. Grundsätzlich beschreibt das Sprachstadienwörterbuch das Wortmaterial einer Periode selektiv oder extensiv. In einem höheren Sinne sind alle Sprachstadienwörterbücher selektiv, weil sie nie die Gesamtheit der in einer Periode gebrauchten Worteinheiten, sondern im Idealfall höchstens die Summe des textlich überlieferten Wortmaterials erfassen können. In romanischen Sprachgemeinschaften mit sehr dürftiger Texttradition (betrifft das Rumänische und das Rätoromanische vor 1600, das Okzitanische seit dem 16. Jh., das Sardische im gesamten Verlauf seiner Entwicklung) nähern sich Sprachstadienwörterbücher daher der Kargheit der Glossenform. Gezielt selektiv, und zwar lemmatisch und formeninventarisch, verfährt die differentielle Sprachstadienlexikographie. Wird heute das extensive Wörterbuch gefordert, in einigen laufenden Projekten auch weitgehend realisiert *(DAO, DAG, DEM, TLIO, IVPM)*, so kann sich die Extension doch nur auf die Totalität der Lemmazeichensumme erstrecken; die Totalität der Wortformensumme zu liefern, bleibt die Aufgabe parallel erst noch zu schaffender, die Sprachstadienwörterbücher ergänzender Indices (vgl. *SEIOD*, 3.4.).

5.2. Der Dualität des sprachlichen Zeichens entsprechend, sind die Gliederungsprinzipien der Sprachstadienwörterbücher formaler oder inhaltlicher Natur. In Übereinstimmung mit dem Interesse an vergleichender Sprachwissenschaft und Etymologie dominierte im 19. Jh. zunächst die formal-etymologische Anordnung, d. h. die Gruppierung des Wortbestandes in „Wortfamilien". Diese Gliederungsweise charakterisiert z. B. das *LR* aus der Frühphase der romanischen Sprachwissenschaft; unter heutigen Wörterbuchautoren entscheidet sich noch Greimas (*Dictionnaire de l'ancien français*, 1968) aus didaktischen Gründen für sie. Ihr Handicap war von Anfang an die strittige Herkunft/Zuordnung vieler romanischer Wörter gewesen, weshalb sich mit *La Curne de Sainte-Palaye* und *Gdf.* die formal-alphabetische Reihung, für die Lexikographen und für den Durchschnittsbenutzer ohnehin die praktikabelste, durchsetzte; sie hat sich bis jetzt als Norm behauptet *(TL, Huguet,* Dubois/Lagane/Lerond *Dictionnaire du Français classique, TLF; Levy/Appel; DME; DEM; TLIO, GAVI; IVPM; GSA)*. Objektadäquater, weil dem sprachlichen Zeichen als einem referentiellen besser gerecht werdend, auch linguistisch ergiebiger, wäre die sog. begriffliche (onomasiologische) Gliederung des Materials, die ihrerseits begriffshierarchisch, additiv oder alphabetisch organisiert werden könnte (vgl. Art. 101). Den ersten Schritt in diese Richtung, und zwar in flexibler Anlehnung an das hierarchisierende Begriffssystem von R. Hallig/W. v. Wartburg, unternehmen die Parallelprojekte des *DAG* und des *DAO*. Das 1942 entwickelte, 1963 reaktivierte Programm eines *Dictionnaire Onomasiologique de l'Ancien Français* in Lüttich ist nach der Publikation einiger als Vorarbeiten gedachter Textkonkordanzen leider steckengeblieben. Grundsätzlich ist W. v. Wartburgs Urteil treffend, besser als die formal-alphabetische Gliederung reflektiere eine onomasiologische „ein der Sprache in ihrem jeweiligen Zustand selbst abgelauschtes System" (1970, 175), doch muß auch bei einer solchen strikter als bisher darauf geachtet werden, „daß nicht Zeiträume sehr verschiedenen Charakters im gleichen Werk behandelt werden, daß wir die „Zeitenflucht in kleinere Abschnitte zerlegen" (ibid.). Optimal wäre es, an die Stelle des üblichen, mehrere Jahrhunderte umfassenden Sprachstadienwörterbuches, ob formal-alphabetisch oder onomasiologisch, Querschnittswörterbücher jeweils relativ kurzer sukzessiver Tranchen zu setzen.

5.3. Es steht der Beschreibungszeitraum, den das Sprachstadienwörterbuch in eins faßt, in der Tat im Widerspruch zur allgemein akzeptierten Auffassung von der Sprache als eines je synchroniegebundenen Systems sui generis. Lange Perioden lexikalisch zusammenfassend beschreiben, wie es mit größter Spanne unter allen romanischen Sprachstadienwörterbüchern *LR* (9.—18. Jh.) und *Gdf.* (9.—16./17. Jh.) tun, zwingt chronologisch distantes Vokabular in eine der Sprachwirklichkeit widersprechende Ko-Präsenz. Vertretbar erscheint derartige Synchronisierung am ehesten bei differentiellen Sprachstadienwörterbüchern, die das lexikalisch nicht mehr Übliche in toto konfrontierend einem Fixzeitgebrauch gegenüberstellen. Zielt das Sprachstadienwörterbuch dagegen auf sprachsystematische Beschreibung an und für sich, kann sein Beschreibungszeitraum gar nicht eng genug bemessen sein. Zwar weist die Entwicklung der romanischen Sprachstadienwörterbücher inzwischen tendenziell in diese Richtung, doch ist z. B. beim Französischen mit der Aufteilung

10.—14. Jh.:	*TL*
ca. 1330—	
Ende 15. Jh.:	*Dictionnaire du Moyen français* (6.1.)
16. Jh.:	Huguet; *TLF* (geplant)
17.—18. Jh.:	*TLF: Dictionnaire du français classique* (geplant)
1789—1960:	*TLF: Dictionnaire de la langue du XIXe et du XXe siècle*

noch nicht einmal die Kurzperiodisierung in 7 Abschnitte in greifbare Nähe gerückt, die v. Wartburg hier als „eine der Entwicklungslinie der Sprache gemäße Einteilung" für wünschenswert hielt (nämlich:
9.—11. Jh./
ca. 1100—Mitte 14. Jh./
Mitte 14. Jh.—1494/
1494—1605/
1605—1715/
1715—1789/
1789—1914).
Während neuere Sprachstadienwörterbücher, besonders außerhalb des Französischen, noch immer relativ große Zeitspannen abdecken (*DAG* und *DAO* 9.—18. Jh., *DEM* 10.—14. Jh., Projekt *TLIO* 10. Jh.—1375, *GSA* 11.—14. Jh., *IVPM* 13.—15. Jh.), geht der Trend andererseits doch unverkennbar — und linguistisch begründet — zum „Jahrhundertwörterbuch" (wie es auch in der Konzeption des *TLF* für die Spanne zwischen 1500 und 1789 vorgesehen ist; vgl. Art. 155).

5.4. Die Lemmatisierung bereitet dort Probleme, wo allgemein verbindliche Sprach- und Schreibnormen in einer Sprachgemeinschaft (Okzitanisch, Rätoromanisch, Sardisch) oder einer Sprachperiode (Französisch, Spanisch, Portugiesisch, Italienisch vor dem 17. Jh., Katalanisch und Rumänisch vor dem Ende des 19. Jhs.) gefehlt haben. Die Regel ist dann die Rubrizierung der Wortvorkommensvarianten unter einem Lemmazeichen, das a) der Wortform in einer bedeutenden literatursprachlichen Varietät, b) der Wortform in einem in Rückprojektion als Norm gesetzten Dialekt oder c) der Wortform in der Gegenwartssprache entspricht. Während a) für das Altokzitanische gilt (sog. Trobadorsprache als Bezugsregister) und c) sich nur für normnahe Wortschätze anbietet, aber auch beim *IVPM* praktiziert wird, ist b) der geläufigste Lemmatisierungsmodus. Konkret beinhaltet dieser, daß altfranzösische und mittelfranzösische Wortvorkommensformen einer französischen Lemmaform, wenn möglich des 12. Jhs., subsumiert werden, altitalienische einer florentinischen des Duecento/Trecento, altspanische einer altkastilischen (alfonsinischen). Strikt linguistisch ist dieses Verfahren aus mehreren Gründen anfechtbar, von vornherein deshalb, weil es die dokumentierten Wortvorkommensformen älterer Sprachstadien einer von der Moderne ausgehenden sprachhistorischen Retrospektive hypothetischen Charakters unterwirft. In concreto ist eine befriedigende Lösung noch nicht gefunden, zumal ja auch die genaue Kenntnis des ganzen Graphienspektrums pro Worteinheit und seiner Nutzung von einem synchronen Stadium zum anderen noch fehlt. Theoretisch müßten stadienweise die Gesamtvorkommen der Formen selbst die Ausgangsbasis bilden, was bisher konsequent erst von Stone/Rothwell/Reid beim *Anglo-Norman Dictionary* zum Leitprinzip erhoben worden ist (vgl. zum Problem auch Art. 154, Abschn. 3.1.).

6. Die Mikrostruktur

6.1. Die von Lemmazeichen eröffneten Wörterbuchartikel bringen — in von Wörterbuch zu Wörterbuch und auch von Artikel zu Artikel wechselnden Proportionen — funktionelle und nichtfunktionelle Angaben zu den beschriebenen Worteinheiten. Wie die Arti-

ABETER, *abetter, abester, abb.,* verbe.

— Act., tromper, duper :

Oez cum li cuilverz l'*abete* ;
Ne li chaut mais qui le remeite
A la veie dreit a Roem.
(BEN., *D. de Norm.*, II, 18352, Michel.)

Bien les sot tenir et avoir
Et mettre fors de lor avoir
Comme femme ki tout *abete.*
(*Ste Thais*, Ars. 3527, f° 13°.)

Lui ne puet il mie guiler,
Ne engignier n *abeter.*
(GUIOT, *Bible*, 1844, Wolfart.)

Mes li deables s'apensa
Que son barat riens ne prisoit
Se sa grant bonté n'empiroit (de l'ermite) ;
Comme fel qui les bons agnete
Et a son pooir les *abete,*
Moult le tint cort, moult le tenta,
Sovent le prist et agueta,
A lui mal fere mist grant paine.
(*Vies des Peres*, Richel. 23111, f° 5°.)

Che fu ichil a la clikette,
Li moignes ki si nous *abete.*
(*Witasse le moine*, 1415 Michel.)

Et Renart qui le siecle *abete.*
(*Renart*, 784, Méon.)

Assez en voi de çaus
Qui por amer s'endestent ;
Celes prennent sanz rendre
Qui les musars *abestent.*
(*Chastie Musart*, Richel. 19132, f° 159°.)

Puis dist apres, que molt sot d'*abeter* :
Poroie lui par nul engien grever.
(*G. d'Hanstone*, Richel. 25516, f° 15ª.)

Bien guile la dame et *abete*
Son segnor qui tant s'en esperte.
(*Fabl.*, Richel. 19152, f° 123ª.)

— Absolument :

Et si le ramenrons, segneur, et par ensi
Ne porront *abeter* sur vous.
(*Geste des ducs de Bourg.*, 2724, Chron. belg.)

— Act., exciter, inciter, favoriser :

Et pur ceo que vo *abbestates* et procurastes
discorde entre nostre seigneur le roy et la
royne et les altres del realme, si serez em-
boclié. (*Du Cange, Abbetator,* d'après Huygh-
ton, an 1326.)

Ont esté (les robours) per diverses lieges
et subgitex du roy dans les costes de di-
verses countees receites, *abettes,* procures,
conseilles et louees, sustenus et maintenus.
(*Stat. de Henri V*, an II, impr. goth., Bibl.
Louvre.)

— Réfl., s'irriter contre :

Trop est folx qui a eux s'*abette.*
(*Hist. des trois Maries*, Richel. 12468, p. 330.)

Textbeispiel 156.1: Wörterbuchartikel aus *Gdf.*

kelmuster zu altfranzösisch *abeter* sowie altspanisch *abeitar* aus *Gdf., TL* und *DEM* vor Augen führen, verzeichnen die Sprachstadienwörterbücher der Romania in der Regel folgende funktionellen Daten: Wortklasse, Genus der Substantive, Femininbildung der Adjektive, syntaktische Grundfunktionen, Bedeutungsumfang. Formale

abeter *vb.*

25 *trans. betrügen*: Renart qui le siecle abete, *Ren.* 784. *Ch. lyon* 1722 Var. *Chr. Ben.* 18 352 (*berücken*). *Bible Guiot* 1845. *Barb. u. M.* I 365, 286. *J Tuim* 135, 20. *Ruteb.* II 479.

30 *reizen*: Por quoi le cuide Ferraus or abeter? Se il le weult envers lui esprover, Bataille avra, *Gayd.* 97. les delis Que la char demande et convoite Tant que la lasse d'ame aboite, Voirement abete et träine
35 Tant qu'en enfer li fet gehine (*l.* gesine), *Méon* II 175, 64.

Textbeispiel 156.2: Wörterbuchartikel aus *TL*

Vorkommensvarianten werden typisiert hinter das Lemmazeichen gereiht *(LR, Gdf., TLF, DHLE, IVPM)* oder über die Belege indirekt vergegenwärtigt *(Levy/Appel, TL, DAG, DAO, GSA, GAVI, DEM),* wobei lediglich das *DEM* das letztere Verfahren systematisch auf das gesamte Variantenspektrum anwendet, aus der Evidenz heraus, daß jede einzelne Variante cotextgebunden begegnet und nur so interpretiert werden kann. Bei den — im allgemeinen wenig differenzierten, die synonymische Erläuterung bevorzugenden — Angaben zur Bedeutung dominiert traditionell, namentlich bei Wörterbüchern älterer Sprachstufen, wo sich die Anbindung an den lateinischen Wortgebrauch anbietet, die chronologische Ordnung. Schwachpunkte der Sprachstadienlexikographie auf der funktionellen Ebene sind auch bei aktuellen Projekten noch immer die Vernachlässigung der graphisch aus separaten Elementen bestehenden Kompositionsbildungen (also „Wort" weiterhin verstanden als graphische Einheit zwischen zwei Leerstellen), der diasystematischen Distributionen, der koexistenten Synonyme, Antonyme, Homonyme, sowie der mehr oder weniger lexikalisierten Syntagmen. Die romanische Sprachstadienlexikographie hat den Schritt vom Einzelwort zum Syntagma/Satz und zum Text sowie von atomistischer Wortanalyse zur Semantik, Syntax, Varietätenlinguistik, Sprachsoziologie, Sprachbenutzungsforschung noch nicht nachvollzogen (vgl. Art. 154a). Weiter soll hier das *Dictionnaire du Moyen Français* führen, das nach seinem Planer R. Martin bei jedem Wort vor allem auf die „infinie diversité de ses emplois" abheben wird (vgl. Martin 1982).

6.2. Ausmaß und Art der nichtfunktionellen Angaben werden individuell vom Verwendungszweck bestimmt. Die differen-

abeitar v.

1. tr. «engañar, embaucar»
[a 1230-c 1250] Alexandre v 384b(0): Lo que tu non as mengua ellas telo prometen/ no lo fazen por al si non que te *abeten* [P: *abeten*]/ cal que les es contrario ellas esso temen/ ca si lo bien entendiesses mucho te escarneçen
[1343] JRuiz BuenAmor v 232c(S): Por tales malefiçios manda los la ley matar,/ [...]/ lyeua los el diablo por el tu grand *abeytar,*/ fuego infernal arde do vuias assentar. – v 387c(S): «In -gloria plebys tue», fazes las *aveytar* [G: abaxar];/«Salue rregina», dises, sy de ti se ha de quexar.

2. tr. «burlarse de alguien»
[1343] JRuiz BuenAmor v 459c(S): dyxo les la dueña que ella queria casar/ con -el mas peresosso, E aquel queria tomar;/ esto desie la dueña queriendo los *abeytar* [G: abaxar].

3. tr. «inducir a alguien con engaño para que haga algo»
[c 1300] CaualleroZifar p 218,18: «Non digades»; dixo el conde, «que [el ome que] mas me metio a esto e mas me enrrizo [P: abeto; S: acucio] vos fuestes.»

Cej. 2 a; **TD** I 2; **MAlonso** I 14 a; **DME** I 31 a: *abeitar*, I 34 a: *abetar*; **DHLE** I 82 a.

< fr.ant. *abeter* / occit.ant. *abetar*.

N. 1: Palabra sin más testimonios, de origen galorrom. El fr.ant. *abeter* «engañar» (1.ª doc.: 2.ª mitad s. XII, FEW XV,1 99), «excitar, incitar» (s. XIII, ibid.), y el occit.ant. *abetar* «engañar» (s. XIII, ibid.), deriv. del fr.ant. *beter* «combatir, batirse» (c 1165, ibid.), provienen por su parte del fráncico *bētan* «hacer morder» (FEW). Poco probable nos parece la procedencia directa de *abeitar* del gótico, supuesta por Corominas en su ed. de JRuiz BuenAmor, p 180, 406 b, y por Corominas/Pascual en DECH; habrá que tener en cuenta que la influencia del gótico sobre el léxico esp. ha sido mínima, en todo caso mucho menos importante de lo que se pensaba hasta hace pocos años (cf. E. Gamillscheg, *Germanismos*, en: *Enciclopedia Lingüística Hispánica*, II, Madrid 1967, 79-91). El origen del diptongo *ei* – debido según Corominas/Pascual al gótico, según MAlonso y DHLE a la influencia del vasc. *beiti* «echar abajo» o del vasc. *beita* «cebo, señuelo» (< nórd.ant. *beita*, FEW XV,1 89) – está todavía por esclarecer.

N. 2: El verbo existe también en port., con la forma *abetar* (s. XIV, DELP I 36 b).

DuC I 20 c [*abettum*]; REW 1065; DEEH –; BDEC –; DECH I 12 a.

Textbeispiel 156.3: Wörterbuchartikel aus *DEM*

tiellen, z. T. als Lesehilfen gedachten älteren Sprachstadienwörterbücher z. B. verzichten auf Informationen zum Etymon, zur Bildungsweise, zum Erstbelegsdatum des Wortes, zum Stand der sprachwissenschaftlichen Diskussion, zur Behandlung in der Fachliteratur, zu Fundstellen in sprachwissenschaftlichen Wörterbüchern usw. (so auch *Gdf., Huguet, GAVI, GSA*). Als erstes größeres Werk nach dem *LR* brachte der *TL* sprachwissenschaftliche Daten (zu Etymon, Fachliteratur, Fundstellen in etymologischen Wörterbüchern) in die Artikel ein, allerdings sehr ungleichmäßig, unkritisch, rudimentär (fehlen z. B. bei *abeter*). Auf der Linie der Verwissenschaftlichung der Sprachstadienlexikographie liegend, ist das *DEM* in der linguistischen Begleitkommentierung der Wortschatzbeschreibung am ausführlichsten (vgl. Artikelmuster *abeitar*). Im projektierten *DEAP* (vgl. 3.2.) rangieren Etymologie und Wortgeschichte des Altokzitanischen als Arbeitsziele gleichrangig neben der Sprachstadienforschung.

Von kleinformatigen Handbüchern abgesehen, sind Belegnachweise zu den angegebenen Einzelbedeutungen gattungsüblich, weniger in Form von Textstellenreferenzen (so *TL* im 1. Teil des Artikels *abeter*), sondern im allg. in Form von Textzitaten mit Quellennachweis und — möglichst — Quellentextdatierung (vgl. *abeitar, DEM*). Was Zahl, Qualität und Ordnung der Textzitate pro Einzelbedeutung angeht, so verläuft der Trend in Richtung auf eine, wennschon nicht immer exhaustiv mögliche, so doch in jedem Fall das Verwendungsspektrum des Wortes vollständig reflektierende, chronologisch organisierte Dokumentation der authentisch überlieferten Vorkommensweisen.

7. Perspektiven

Die Sprachstadienlexikographie der romanischen Sprachen läßt vier übergeordnete Entwicklungsperspektiven künftiger Lexikonarbeit erkennen:
Quantitativ die Tendenz zum exhaustiven Sprachstadienthesaurus und der mit ihm möglichst koordinierten (so *TLF*-Projekte, *TLIO*) oder aber von ihm unabhängigen lexikalischen Datenbank, insbesondere der Wortvorkommensformen (letzteres gilt z. B. für die von A. Dees in Amsterdam zu den altfranzösischen Urkunden des 13. Jhs. erarbeitete — unveröffentlichte — Dokumentation);

chronologisch damit gekoppelt die Tendenz zum Sprachstadienwörterbuch mit kürzerem Beschreibungszeitraum („Jahrhundertwörterbuch");
systematisch die Tendenz zum teilsprachlichen Sprachstadienwörterbuch, wobei das Französische mit der Produktion von Sprachstadienwörterbüchern der Dialekte (so zum Anglonormannischen zuletzt *Stone/Rothwell/Reid,* 1977 ff.), der Fachsprachen (so zur mittelalterlichen — französischen und mittellateinischen — Rechtsterminologie J. Balon, *Grand dictionnaire de droit du Moyen Age,* 1972 ff.) sowie der Gruppen-/Sondersprachen (z. B. zum Judenfranzösischen des Mittelalters R. Levy, *Trésor de la langue des juifs fr. au Moyen Age,* 1964) den anderen romanischen Sprachen modellbildend vorausgegangen ist. Für den Bereich des Spanischen verdient hier das nach Jahrhunderten (16., 17., 18., 19. Jh.) gegliederte *Léxico hispanoamericano,* 1971 ff., von P. Boyd-Bowman Erwähnung;
qualitativ die Tendenz, das philologisch-literarisch-kulturhistorisch-kommerzielle Sprachstadienwörterbuch, das in der Grundkonzeption noch dem 19. Jh. verhaftet ist, durch das sprachwissenschaftlich konzipierte und orientierte zu ersetzen.

8. Literatur (in Auswahl)

8.1. Wörterbücher

Academia das Ciências de Lisboa = Dicionário da língua portuguesa. Lisboa 1976 ff. [Bd. 1: *a — azuverte,* 1976].

Academia Română = Academia Republicii Socialiste România: Dicţionarul limbii române. Bucureşti 1913 ff. [Bd. 1: *A—B,* 1913, — Bd. 11: *Ş—T,* 1978—1983].

Alcover/Moll 1930—1962 = Antoni M.ª Alcover/Francesc de B. Moll: Diccionari català-valencià-balear. Palma de Mallorca 1930—1962. 10 Bde. [Bd. 1 ²1968, Bd. 2 ²1964]. [LXXXIV, 9747 S.].

Battaglia 1961 ff. = Salvatore Battaglia: Grande dizionario della lingua italiana. Torino 1961 ff. [Bd. 1: *a—balb,* 1961, — Bd. 14: *pra—py,* 1988].

Boggs/Kasten/Keniston/Richardson 1946 = R. S. Boggs/Lloyd Kasten/Hayward Keniston/H. B. Richardson: Tentative Dictionary of Medieval Spanish. Chapel Hill 1946. 2 Bde. [XXII, 537 S.].

Bonnaire 1829 = A. Bonnaire: Nouveau vocabulaire classique de la langue française. Paris 1829 [XIX, 527 S.].

Borel 1655 = Pierre Borel: Dictionnaire de l'ancien langage Gaulois et François. Paris 1655 [611 S.].

Bos 1891 = A. Bos: Glossaire de la langue d'oïl [XIᵉ—XIVᵉ siècles] [...]. Paris 1891 [XX, 466 S.].

Brunswick 1910 = H. Brunswick: Diccionario da antiga linguágem portugueza. Lisboa 1910 [336 S.].

Burguy 1856 = G. F. Burguy: Grammaire de la langue d'oïl [...]. Bd. III: Glossaire étymologique. Berlin 1856 [³1882; XX, 395 S.].

Cayrou 1923 = Gaston Cayrou: Le français classique. Lexique de la langue du XVIIᵉ siècle. Paris 1923, ⁶1948 [XXVIII, 884 S.].

Cejador y Frauca 1929 = Julio Cejador y Frauca: Vocabulario medieval castellano. Madrid 1929; Nachdruck 1971 [414 S.].

Clédat 1887 = Léon Clédat: Petit glossaire du vieux français [...]. Paris 1887 [123 S.; 3ᵉ éd. corrigée 1909].

DAG = Kurt Baldinger: Dictionnaire onomasiologique de l'ancien gascon. Tübingen 1975 ff. [Bis 1989: 6 Faszikel].

DAO = Kurt Baldinger: Dictionnaire onomasiologique de l'ancien occitan. Tübingen 1975 ff. [Bis 1989: 3 Faszikel und 3 Supplementfaszikel].

DEM = Bodo Müller: Diccionario del español medieval. Heidelberg 1987 ff. [Bis 1989 4 Faszikel: *a-acabado*].

DHLE = Real Academia Española: Diccionario histórico de la lengua española. Madrid 1960 ff. [Bd. 1: *a—alá,* 1960—1972; Bd. 2, fasc. 11: *álaba,* 1974, — fasc. 18: *ángel,* 1988].

Dictionnaire historique 1858—1894 = Dictionnaire historique de la langue française [...] publié par l'Académie française. Paris 1858—1894 [unvollendet, 4 Bde.].

Dicziunari rumantsch grischun publichà de la Società Retorumantscha [...]. Cuoira/Winterthur 1939 ff. [Bd. 1: *a—azur,* 1939—1946; Bd. 7: *g—gyra,* 1979—1985; Bd. 8 bis fasch. 111: *imprometter—inamianza,* 1988].

DME = Martín Alonso: Diccionario medieval español. Desde las Glosas Emilianenses y Silenses [s. X] hasta el siglo XV. Salamanca 1986. 2 Bde. [XCVII, 1635 S.].

Dubois/Lagane 1960 = Jean Dubois/René Lagane: Dictionnaire de la langue française classique. Paris 1960 [508 S.].

Dubois/Lagane/Lerond 1971 = Jean Dubois/René Lagane/Alain Lerond: Dictionnaire du français classique. Paris 1971 [XXXI, 564 S.].

de Figueiredo 1949/50 = Cândido de Figueiredo: Dicionário da língua portuguesa. 10ª. ed. actualizada [...]. Lisboa 1949/1950. 2 Bde. [XIX, 2578 S.].

François 1777 = Dom Jean François: Dictionnaire roman, walon, celtique et tudesque [...]. Bouillon 1777 [XII, 364 S.].

GAVI = Giorgio Colussi: Glossario degli antichi volgari italiani. Helsinki 1983 ff. [Bd. 1: *a—azurro,* 1983; Bd. 3, IV: *cooperàre—cuticàgna,* 1988].

Gdf. = Frédéric Godefroy: Dictionnaire de l'ancienne langue française et de tous ses dialectes du

IXᵉ au XVᵉ siècle [. . .]. Paris 1880—1902. 10 Bde. [XV, 8009 S.] [Nachdrucke: 1938—1939, 1962, 1969].

GLLF = Grand Larousse de la langue française, sous la direction de L. Guilbert, R. Lagane et G. Niobey. Paris 1971—1978. 7 Bde. [CXXVIII, 6730 S.].

GlPSR = Glossaire des patois de la Suisse Romande [. . .] rédigé [fondé] par L. Gauchat, J. Jeanjaquet, E. Tappolet. Neuchâtel. Paris 1924 ff. [Bd. 1: *a—arranger*, 1924—1933, — Bd. 4: *chok—czar*, 1961—1967; Bd. 6: *E*, 1971—1988; Bd. 5: *D*, erschienen bis fasc. 81: *domenget—doublon*, 1988].

Godefroy 1901 = Frédéric Godefroy: Lexique de l'ancien français. Publié par [. . .] J. Bonnard et Am. Salmon. Paris.Leipzig 1901 [544 S.; Nachdruck 1978].

Grandsaignes d'Hauterive 1947 = Robert Grandsaignes d'Hauterive: Dictionnaire d'ancien français, Moyen Age et Renaissance. Paris 1947 [XI, 592 S.].

Greimas 1968 = A. J. Greimas: Dictionnaire de l'ancien français jusqu'au milieu du XIVᵉ siècle. Paris 1968 [XV, 676 S.].

GRob. = Paul Robert: Dictionnaire alphabétique et analogique de la langue française. [. . .]. Paris 1951—1970. 6 Bde. und 1 Supplementband [5548 und 514 S.; ²1985, 9 Bde.; CLXXIV, 9151 S.].

GSA = Maria Teresa Atzori: Glossario di sardo antico. Modena 1975 [463 S.].

Hippeau 1866—1873 = Célestin Hippeau: Dictionnaire de la langue française au XIIᵉ et au XIIIᵉ siècle. Paris 1866—1873. 2 Bde. [XXXIV, 194 S.].

Huguet 1907 = Edmond Huguet: Petit glossaire des classiques français du XVIIᵉ siècle. Paris 1907 [VII, 409 S.].

Huguet = Edmond Huguet: Dictionnaire de la langue française du seizième siècle. Paris 1925—1967. 7 Bde. [LXXVI, 5253 S.].

IVPM = Antônio Geraldo da Cunha: Índice do Vocabulário Português Medieval. Rio de Janeiro 1986 ff. [Bis 1989: Bd. 1: *A*, 1986; Bd. 2: *B—C*, 1988].

Lacombe 1766—1767 = François Lacombe: Dictionnaire du vieux langage françois [. . .]. Paris 1766 [VIII, 498 S.]. Supplément Paris 1767 [LXXII, 560 S.].

La Curne de Sainte-Palaye 1875—1882 = Jean Baptiste La Curne de Sainte-Palaye: Dictionnaire historique de l'ancien langage françois ou glossaire de la langue françoise depuis son origine jusqu'au siècle de Louis XIV, publié par [. . .] L. Favre. Paris. Niort 1875—1882. 10 Bde. [XLVII, 4829 S.].

Le Dictionnaire = Le Dictionnaire de l'Académie françoise [. . .]. Paris 1694. 2 Bde.

Levy 1909 = Emil Levy: Petit dictionnaire provençal-français. Heidelberg 1909 [³1961]. [VIII, 387 S.].

Levy/Appel 1894—1924 = Emil Levy: Provenzalisches Supplementwörterbuch. [Bd. 8 fortgesetzt von Carl Appel]. Leipzig 1894—1924. 8 Bde. [LXXI, 4928 S.].

Lexis = Lexis. Dictionnaire de la langue française. Direction de Jean Dubois. Paris 1975 [LXXI, 1950 S.]. [Ed. revue et corrigée 1988. XVI, 2109 S.].

Littré 1863—1878 = Emile Littré: Dictionnaire de la langue française. Paris 1863—1878. 4 Bde. und 1 Supplementband [LIX, 4708 und IV, 375, VII, 84 S.]. [Letzte Neudrucke: 1956—1958].

Logos = Logos. Grand dictionnaire de la langue française, par J. Girodet. Paris 1976. 3 Bde. [XV, 3181 S.].

LR = François Raynouard: Lexique roman ou dictionnaire de la langue des troubadours [. . .]. Paris 1836—1844. 6 Bde. [2988 S.].

Magne 1950 ff. = Augusto Magne: Dicionário da língua portuguesa especialmente dos períodos medieval e clássico. Rio de Janeiro 1950 ff. [Bis 1989 2 Bde. zu *A*, 1950, 1954].

de Morais Silva 1948—1959 = António de Morais Silva: Grande dicionário da língua portuguesa, 10ª. ed. rev., corr., muito aumentada e actualizada [. . .], por A. Moreno, Cardoso Júnior e J. P. Machado. Lisboa 1948—1959. 12 Bde. [12218 S.]. [¹1789].

Nicot 1606 = Jean Nicot: Thresor de la langue françoise, tant ancienne que moderne. [. . .]. Paris 1606 [Paris 1621 [Nachdruck 1960] 674 S.].

Noël/Carpentier 1831 = Fr. Noël/L.-J. Carpentier: Philologie française ou dictionnaire étymologique, critique, historique [. . .]. Paris 1831. 2 Bde. [XII, 1717 S.].

Oelschläger 1940 = Victor R. B. Oelschläger: A Medieval Spanish Word-List. [. . .]. Madison 1940 [230 S.].

Pougens 1821—1825 = Charles Pougens: Archéologie française ou vocabulaire des mots anciens tombés en désuétude [. . .]. Paris 1821—1825. 2 Bde. [XXXI, 655 S.].

PRob = Paul Robert: Dictionnaire alphabétique et analogique de la langue française. Paris 1967 [1970 S.] [Nouvelle éd. 1987; XXXI, 2171 S.].

Roquefort 1808—1820 = Jean Baptiste B. de Roquefort: Glossaire de la langue romane [. . .]. Paris 1808. 2 Bde. [XXXII, 1552 S.], Supplément Paris 1820. [307 S.].

Stone/Rothwell/Reid 1977 ff. = Anglo-Norman Dictionary. Under the general editorship of Louise W. Stone and William Rothwell. London 1977 ff. [Fasc. 1: *a-cyvere*, 1977; 2: *D—E*, 1981; 3: *F—L*, 1983; 4: *M—U*, 1985; 5: *P—Q*, 1988].

TL = Adolf Tobler/Erhard Lommatzsch: Altfranzösisches Wörterbuch [. . .]. Berlin.Wiesbaden 1925 ff. [Bis 1989 10 Bde.: *A—B*, 1925—*T*, 1976, 11. Bd., 1. Lief. 1989].

TLF = Trésor de la Langue Française [Bis 1989 erschienen: Dictionnaire de la langue du XIXᵉ et du XXᵉ siècle [1789—1960]. Paris 1971 ff. Bd. 1: *a—affiner*, 1971, — Bd. 13: *pénible—ptarmigan*, 1988].

Tommaseo/Bellini 1861—1879 = Niccolò Tommaseo/Bernardo Bellini: Dizionario della lingua italiana. [...]. Torino 1861—1879. 7 Bde. [LII, 7255 S.]. [letzter Nachdruck: Milano 1977].

Urwin 1946 = Kenneth Urwin: A Short Old French Dictionary for Students. London 1946 [108 S.]. [3rd impression, Oxford 1963].

Vandaele 1939 = Hilaire Vandaele: Petit dictionnaire de l'ancien français. Paris 1939.

Viterbo 1798—1799 = Joaquim de Santa Rosa de Viterbo: Elucidario das palavras, termos e frases que em Portugal antigamemte se usaram e que hoje regularmente se ignoram [...]. Lisboa 1798—1799. 2 Bde. [²1865; XXIV, 649 S.; ed. crítica por Mário Fiúza, Porto, 1965—1966, 738 S.].

Vocabolario = Vocabolario degli Accademici della Crusca. Quinta impressione. Firenze 1863—1923. 11 Bde. *[A—O].* [¹1612, Venezia].

Vocabolario dei dialetti = Vocabolario dei dialetti della Svizzera italiana. Lugano 1952 ff. [Bd. 1: *A,* 1952—1965; Bd. 2: *bab—bluzcar,* 1965—1970; Bd. 3 bis fasc. 32: *brüme—brütt maa,* 1987].

8.2. Sonstige Literatur

Alvar Ezquerra 1983 = Manuel Alvar Ezquerra: Lexicología y lexicografía. Guía bibliográfica. Salamanca 1983.

Colon 1978 = Germà Colon: La lexicografia catalana: realitzacions i esperances. In: Idem, La llengua catalana en els seus textos. I, Barcelona 1978, 75—100.

DFG Wörterbücher = Deutsche Forschungsgemeinschaft: Wörterbücher der deutschen Romanistik. Hrsg. von Helmut Stimm und Manfred Briegel. Weinheim 1984.

Hallig/Wartburg 1952 = Rudolf Hallig/Walther v. Wartburg: Begriffssystem als Grundlage für die Lexikographie. Versuch eines Ordnungsschemas. Berlin 1952. [²1963.].

Introduction = Introduction aux dictionnaires les plus importants pour l'histoire du français, recueil d'études publié sous la direction de K. Baldinger. Paris 1974.

Lexicologie = Lexicologie et lexicographie françaises et romanes. Orientations et exigences actuelles. [Actes du Colloque Intern., Strasbourg, 12—16 nov. 1957]. Paris 1961.

Marcos Marín 1975 = Francisco Marcos Marín: Problemas de redacción de los diccionarios históricos. El artículo „accidente" en el Trésor de la Langue Française y el Diccionario Histórico de la Lengua Española. In: Verba 2. 1975, 181—188.

Martin 1982 = Robert Martin: Pour un dictionnaire du moyen français. In: Du mot au texte. Actes du IIIème Colloque Intern. sur le Moyen Age. Düsseldorf, 17—19 sept. 1980, publiés par P. Wunderli. Tübingen 1982, 13—24.

Massariello Merzagora 1983 = Giovanna Massariello Merzagora: La lessicografia. Bologna 1983.

Matoré 1968 = Georges Matoré: Histoire des dictionnaires français. Paris 1968.

Quemada 1967 = Bernard Quemada: Les dictionnaires du français moderne, 1539—1863. Etude sur leur histoire, leurs types et leurs méthodes. Paris.Bruxelles.Montréal 1967.

Tavola 1973 = Tavola rotonda sui Grandi Lessici Storici [Firenze, 3—5 maggio 1971]. Table ronde sur les grands dictionnaires hist. [Florence 3—5 mai 1971]. Firenze, Accademia della Crusca, 1973.

Theorie und Praxis = Theorie und Praxis des lexikographischen Prozesses bei historischen Wörterbüchern. Akten der Intern. Fachkonferenz, Heidelberg, 3. 6.—5. 6. 1986 [...] hrsg. von Herbert Ernst Wiegand. Tübingen 1987 [Lexicographica, Series Maior 23].

Wagner 1967 = Robert Léon Wagner: Les vocabulaires français. I: Définitions — Les dictionnaires. Paris.Bruxelles.Montréal 1967.

von Wartburg 1970 = Walther von Wartburg: Einführung in Problematik und Methodik der Sprachwissenschaft. 3., durchgesehene Aufl. Tübingen 1970.

Bodo Müller, Heidelberg
(Bundesrepublik Deutschland)

157. Le dictionnaire dialectal : l'exemple français

1. Histoire du dictionnaire dialectal
2. Typologie
3. Du dictionnaire dialectal au dictionnaire de régionalismes
4. Bibliographie choisie

1. Histoire du dictionnaire dialectal

1.1. Les débuts

Si l'on excepte un problématique *Dictionnaire du dialecte savoysien* du XVIIe s. (cf. Constantin/Désormaux, 1902, VIII), les premiers dictionnaires ou glossaires consacrés au parler d'une région de France apparaissent au XVIIIe s. Ils intéressent le Dauphiné

(Charbot 1710—1719), l'Anjou, la Basse-Normandie et le Lyonnais (Du Pineau av. 1750, inédit), la Picardie (Canville ca 1750 et Daire av. 1792); à quoi on peut ajouter le glossaire de la monographie d'Oberlin 1775 et, malgré leur dimension modeste, deux manuscrits de la fin du siècle, l'un pour la Lorraine (Mougeon 1772) et l'autre pour la région de Langres *(Vocabulaire manuscrit)*. Dans le même temps, s'élaborent, parfois avec une intention normative, les premiers dictionnaires du domaine occitan: Pellas 1723, Puget av. 1747 (inédit), Boissier 1756, Achard 1785—87, Béronie 1824, etc. Mais les travaux qui nous sont parvenus ne sont qu'un reflet d'une activité lexicographique soutenue dans ce domaine. On sait combien était vif, au sein des Académies et des Sociétés de province alors florissantes, l'intérêt pour les «idiomes locaux». Parmi plusieurs exemples, on retiendra celui de la Société littéraire d'Arras, qui met en chantier en 1744 un «Dictionnaire des termes, soit d'arts et de sciences soit du langage ordinaire, qui sont propres au pays d'Artois. Pour cet effet, on mettra sur le bureau un registre divisé par ordre alphabétique, où les associés écriront leurs remarques, et on conférera chaque samedi sur les observations de ce genre qui auront été faites pendant la semaine» (Brunot 1967, 61); on ignore quels fruits a pu porter cette méthode! Paris n'est pas en reste et Camille Falconnet, de l'Académie des Inscriptions et Belles-Lettres, impulse et rassemble des travaux sur les patois. A y regarder de près, la plupart de ces ouvrages, du moins dans le domaine d'oïl, offrent des inventaires assez composites où se mêlent des archaïsmes (notamment Daire av. 1792), des termes du français populaire et du patois; mais leur ancienneté en fait des témoins de premier ordre pour l'histoire du français et des patois. Du Pineau est exemplaire à cet égard; son travail sur l'Anjou, le plus élaboré, repose sur deux sources: compilation de dictionnaires (notamment Ménage) et appel à sa propre conscience linguistique ou recours à des amis angevins; les quelque 2500 mots qu'on y trouve, presque toujours présentés en contexte, sont parfois des archaïsmes (notamment tirés de *La Coutume d'Anjou)* ou des mots du français populaire, mais le plus souvent tirés du fond dialectal. Il a par ailleurs la sagesse d'être très discret sur l'étymologie, en net contraste avec Charbot par exemple dont les articles sont souvent boursouflés de commentaires plus lassants que réjouissants.

1.2. Le XIXe siècle

Après la chasse aux patois et le trop célèbre Rapport de l'abbé Grégoire qui clôt le siècle précédent, une réaction se fait vite sentir, à laquelle contribue à sa façon la mode du romantisme. On assiste au XIXe s. à une véritable explosion des travaux sur les patois et, surtout dans les dernières décennies, paraîtront d'excellents dictionnaires qui demeurent des références de tout premier ordre. Là encore, le rôle des Académies sera important dans cette recherche, qu'il s'agisse d'entreprendre ou d'éditer ces travaux ou de leur conférer le sceau de la légitimité. A Paris, c'est l'Académie celtique, fondée en 1804 et prolongée à partir de 1814 par la Société royale des Antiquaires de France, dont les *Mémoires* publient de nombreux travaux sur les patois; en province, signalons les enquêtes conduites par des Sociétés savantes à Cherbourg en 1839, en Mayenne à partir de 1866, en Lorraine en 1874 ou en Bourbonnais en 1874 (Wartburg/Keller/Geuljans 1969, 136; 144; 195 et 174—177). Dans la dernière décennie, qui voit la dialectologie se constituer comme science, naissent des revues spécialisées qui publieront, comme le faisait aussi la *Romania,* de nombreux et importants glossaires *(Revue des patois, Revue des patois gallo-romans* et *Revue des parlers de France).* Voici quelques titres, parmi les plus représentatifs: (a) Certains décrivent le parler d'une région plus ou moins vaste: domaine d'oïl, Duméril 1849 et Moisy 1887 pour la Normandie, Jaubert 1856—1858 pour le Centre, Montesson 1899 pour le Haut-Maine, Chambure 1878 pour le Morvan, Delboulle 1876 pour la vallée d'Yères, Lalanne 1867 pour le Poitou, Varlet 1896 pour la Meuse, Vautherin 1896—1901 pour le Territoire de Belfort (parmi les inédits, signalons pour son ancienneté et sa richesse Mauduyt 1808—25); domaine franco-provençal, Moutier ca 1860 (manuscrit), Devaux ca 1890 et Puitspelu 1890 (qui intéresse aussi les régionalismes); domaine occitan, Honnorat 1846—48; Vayssier 1879, Mistral 1878—86; Lespy/Raymond 1887. (b) D'autres s'attachent à un point précis, notamment à la fin du siècle: dans le domaine d'oïl ce sont les travaux exemplaires d'Edmont 1887—97, Roussey 1894, Richenet 1896; dans le domaine franco-provençal, Guichard 1892 (inédit) et dans le domaine d'oc Boissier 1873.

1.3. Le XXe siècle

La production des dictionnaires de patois

(qui continuent à s'intituler aussi glossaires, lexiques ou vocabulaires) poursuit son chemin au XXe s. et donne lieu à de très nombreux travaux qui sont souvent, à mesure que le siècle s'avance, des opérations de sauvetage de parlers de plus en plus délabrés. Parmi les plus connus on retiendra: (a) consacrés à une grande ou petite région: Constantin/Désormaux 1902 pour la Savoie, Verrier/Onillon 1908 pour l'Anjou, Beaucoudrey 1911 pour la Manche, Zéliqzon 1922—24 pour la Moselle, Butet-Hamel 1922—29 pour le Calvados, Musset 1929—48 pour l'Aunis et la Saintonge et, plus récemment, Guitteny 1970 pour le Pays de Retz, Dud'huit/Morin/Simoni 1979 pour le Perche, Mineau/Racinoux 1981 pour la Vienne, Gachignard 1983 pour le Marais poitevin et Lagarde 1984 pour le Bourbonnais; dans le domaine franco-provençal: Duraffour 1969, et dans le domaine d'oc: Palay 1932 et Alibert 1965. Là encore quelques inédits sont à remarquer: Verrier/Onillon ms. pour l'Anjou ou Moulis 1955 pour l'Ariège. (b) consacrés à un point précis: Dottin/Langouët 1901 (Pléchâtel, Ille-et-Vilaine), Duraffour 1941 (Vaux-en-Bugey, Ain), Gonon 1947 (Poncins, Loire), Vacandard 1964 (Melleville, Seine-Maritime), Dupraz 1969 (Saxel, Haute-Savoie), Maheut 1975 (Charmont, Marne). — Par ailleurs de très nombreux inventaires lexicographiques ou monographies comportant un glossaire ont été réalisés dans le cadre universitaire par des responsables des Atlas linguistiques ou sous leur direction; si peu de ces travaux ont été édités, ils constituent souvent des fonds abondants dans telle ou telle Université, par exemple à Aix-en-Provence, à Caen, à Grenoble ou à l'Institut Gardette à Lyon. Mais les dictionnaires fabriqués en dehors de ce cadre et dus à des amateurs ne manquent pas. Difficiles à conduire sur une grande échelle (ainsi le Glossaire de l'Ouest 1978, dont la lettre A, seule parue, risque fort de ne pas avoir de suite), ils sont en principe plus aisés à mener à bien à une échelle plus modeste. La production actuelle tourne autour d'une bonne dizaine d'ouvrages par an, autant qu'on puisse s'en rendre compte: il est en effet difficile d'avoir une vue d'ensemble de ce genre de publications qui sont éditées la plupart du temps en dehors des circuits officiels, chez des éditeurs de province ou à compte d'auteur. On peut regretter à ce propos qu'il n'existe pas en France, comme à la fin du siècle dernier ou à l'exemple du Rapport annuel du *Glossaire des patois de la Suisse romande,* de recensions régulières de ces ouvrages que les dialectologues de profession considèrent parfois avec réticence ou condescendance; cette lacune est heureusement en voie d'être comblée depuis 1983 par une chronique de la *Revue de Linguistique romane,* on ne peut que souhaiter qu'elle se maintienne et se développe. Mentionnons aussi une activité éditoriale importante de réimpressions des dictionnaires patois les plus importants, quelquefois assortis d'une préface nouvelle, notamment aux éditions Slatkine (Genève) et Laffitte (Paris-Marseille); peu de risques sont pris (tirages faibles et prix élevés) mais quelques initiatives locales sont particulièrement bienvenues (Contejean 1982). Beaucoup de travaux manuscrits des XVIIIe et XIXe siècles sont conservés dans les Bibliothèques municipales ou des fonds d'archives: leur exploitation est à peine entamée! (Cf. Pic 1981).

2. Typologie

2.1. Collecte et localisation des matériaux

Les *méthodes* suivies pour la collecte des matériaux peuvent se ramener à trois types: (a) La moins fréquente consiste à compiler les travaux précédents déjà publiés sur une région (Favre 1867) ou à rassembler des éléments disparates en un seul ouvrage (Dottin 1899): il n'y a pas là d'enquête directe de l'auteur et la localisation en souffre la plupart du temps. (b) Le plus souvent, l'auteur conduit des enquêtes auprès de nombreux témoins, par enquêtes directes, lorsqu'il étudie un point donné; dans le cas où le travail porte sur une région, peuvent s'y ajouter des données fournies par des correspondants. Le témoignage d'Onillon est à cet égard exemplaire:

«Pas un seul des innombrables mots que j'ai consignés au Glossaire ne m'a été donné par écrit. Je les ai recueillis moi-même, au jour le jour, sur les lèvres des personnes de toutes conditions et de tous états qui étaient les représentants autorisés de chaque localité indiquée, pour y être nées et y avoir grandi, ainsi que je prenais soin de m'en assurer» (Verrier/Onillon 1908, 1, XIX).

(c) Parfois la nomenclature combine des sources synchroniques et diachroniques, ainsi le *Glossaire des patois et des parlers de l'Aunis et de la Saintonge:*

«Cet ouvrage comprendra environ vingt-deux mille mots, recueillis, pour la plupart, depuis une longue période de temps, par ses auteurs dans leurs contacts journaliers avec les habitants (...). Il sera accru en outre de toutes les recherches analogues faites par les philologues patoisants régionaux (...); des cueillettes faites dans les vieux textes aunisiens et saintongeais, et aussi dans les listes de noms de lieux conservés dans les matrices cadastrales, les actes judiciaires ou de notaires et ailleurs» (Musset 1929—48, I, I).

La *localisation* des matériaux est un élément essentiel qui conditionne leur exploitation ultérieure. Parfois problématique, notamment dans les ouvrages anciens ou qui embrassent une vaste région (Moisy 1887, Jaubert 1856—58, Dottin 1899) — elle peut néanmoins être bien indiquée dans ce dernier cas (Constantin/Désormaux 1902 ou Verrier/Onillon 1908) —, elle est en principe assurée lorsque le dictionnaire porte sur un point précis; mais, même dans ce dernier cas, il convient parfois d'être prudent dans l'exploitation que l'on en fait et de ne pas se laisser abuser par une présentation parfois peu claire (Chambon 1986).

2.2. Macrostructure

La nomenclature contient les mots du patois de la région ou de la localité étudiée (un certain nombre sont cachés dans les définitions ou les exemples, surtout dans les travaux des XVIIIe et XIXe s.). S'y mêlent aussi, consciemment ou non, des mots du français commun dont la présence ne s'impose pas toujours, mais surtout du français régional (rarement dégagé comme tel) ou du français populaire ou encore de l'argot; de quelques centaines ou de quelques milliers de mots quand les auteurs s'en tiennent au patois, la nomenclature peut parfois dépasser les 20 000 mots (Verrier/Onillon 1908 ou Musset 1929—48) ou beaucoup plus, notamment dans les grands dictionnaires du domaine occitan. L'ordre de présentation est presque toujours alphabétique (le classement idéologique qui apparaît à partir de Péroux 1926 ou Robert-Juret 1931 a les faveurs des travaux universitaires actuels, qui s'appuient sur Hallig/Wartburg 1963), mais il est souvent compensé par des annexes qui regroupent les données par champs onomasiologiques (Roussey 1894, Boillot 1910). D'autres annexes sont parfois de simples suppléments à la nomenclature (le cas est fréquent) ou intéressent la morphologie (tableaux de conjugaison des verbes) et la syntaxe ou encore contiennent des récits ou des chansons en patois ou des éléments de folklore (Verrier/Onillon 1908 en fournit un bon exemple). La partie iconographique a tardé à se développer (Edmont 1887—97, Boillot 1910) et elle est sou-

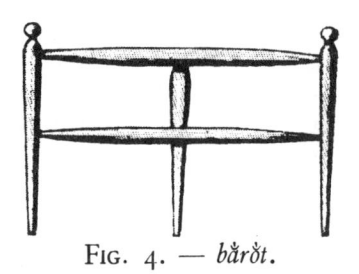

Fig. 4. — *bărŏt*.

bărŏt, sorte de petite barrière mobile qu'on enfile entre la paillasse et le bois de lit et qui est destinée à empêcher les couvertures de tomber.

Extrait textuel 157.1 : Article illustré (tiré de Boillot 1910, 68)

vent absente ou très discrète. Mais il arrive aussi qu'elle prenne une place importante et particulièrement bienvenue (Gonon 1947).

2.3. Microstructure

Graphie et *prononciation* posent de grands problèmes. On rencontre deux types de transcription: la graphie traditionnelle du français (parfois aménagée) et une graphie phonétique. La graphie traditionnelle est usuelle jusqu'à la fin du XIXe s. où apparaissent les premières tentatives de graphie phonétique qui auront vite les faveurs des «spécialistes»; mais aujourd'hui encore, elle est largement utilisée: ce qu'on perd en finesse de notation est compensé par des frais d'impression moins élevés et par un public de lecteurs plus nombreux, comme le disent de nombreuses préfaces. Mais fréquemment, pour pallier les limites de la graphie traditionnelle, les auteurs soit précisent quand cela est nécessaire la prononciation correspondante, soit aménagent cette graphie de leur mieux: sauf exceptions (notamment le cas limité de l'orthographe Feller) le résultat n'est pas toujours très heureux pour le domaine d'oïl; et l'on sait combien, au sud de la France, les querelles graphiques ont divisé les lexicographes et les écrivains des parlers d'oc. La graphie phonétique proposée par l'abbé Rousselot et Gilliéron, est aujourd'hui celle des dialectologues français (Straka 1957) et de la plupart des travaux universitaires, même si dans quelques cas très rares on lui préfère celle de l'API.

L'indication de la *catégorie grammaticale*,

souvent absente jusqu'au début du XXᵉ s., est aujourd'hui habituelle bien que souvent encore on ne précise pas si les verbes sont transitifs ou intransitifs. Les *définitions* sont le plus souvent sommaires mais suffisantes, donnant le synonyme français (ce qui reste parfois ambigu dans le cas de polysémie de ce dernier). La pratique concernant les *exemples* est très variable: ceux-ci font souvent défaut; quand ils sont présents, ils sont tirés la plupart du temps de la conversation, parfois d'auteurs patoisants ou encore de textes anciens (dans les dictionnaires des XIXᵉ et XXᵉ siècles). Quant à l'*étymologie,* elle est soit absente ou réduite à quelques indications sporadiques «question toujours scabreuse et qui eût amené la publication à des dimensions trop considérables» (Musset 1929—48, 1, XIV—XV), soit fréquente ou quasi systématique, notamment dans les dictionnaires du XIXᵉ s. qui lui accordent une large place pour montrer l'ancienneté du patois étudié; mais il s'agit souvent d'un bavardage pseudo-érudit plus que d'utiles informations, dans l'optique celtisante alors à la mode, dont Monnier 1823, 128 donne un exemple typique: «A l'aide de ces recueils (si chaque province fournissait le sien), les savans renonçant aux conjectures (car les rapprochemens les font disparaître), parviendraient à recouvrer la langue celtique et à découvrir les racines inconnues de nos mots français: ils arriveraient même, en consultant les vocabulaires de tous les pays, à la langue primitive». Mais l'étymologie reste un domaine qui pique la curiosité et certains dictionnaires plus récents résistent mal à la tentation, ce qui entraîne parfois des notices tantôt affligeantes, tantôt réjouissantes comme Bouchard 1979. Cela ne signifie pas pour autant qu'il n'y a rien à y glaner et certaines données métaphilologiques peuvent être parfois utiles à l'étymologiste (cf. Chambon 1989). L'*histoire* des mots est généralement laissée de côté, mais certains dictionnaires se recommandent par d'utiles dépouillements de textes anciens non litéraires (Musset 1929—48 et, à un moindre degré, Verrier/Onillon 1908), mais il s'agit de cas peu fréquents et le plus souvent cet apport est inexistant ou de faible intérêt. Beaucoup plus nombreux sont les renseignements à caractère encyclopédique que fournissent ces dictionnaires concernant par exemple les coutumes, les outils, les jeux, l'alimentation, qui constituent parfois d'importantes annexes (Verrier/Onillon 1908) et apportent de précieux témoignages d'ethnolinguistique.

3. Du dictionnaire dialectal au dictionnaire de régionalismes

3.1. Ouvrages de type normatif

En même temps que les dictionnaires patois mais dans un esprit diamétralement opposé, de nombreux ouvrages, qui se présentent souvent comme des dictionnaires, paraissent dans la seconde moitié du XVIIIᵉ s. et la première moitié du XIXᵉ s. (ou plus tard encore en Alsace, en raison des vicissitudes de l'histoire, cf. Pellat 1985); leur but: enseigner à parler et à écrire correctement le français, devenu la langue de l'unité nationale. Ces recueils, particulièrement nombreux sur le pourtour du domaine d'oïl et dans le Midi, ont en commun une attitude normative poussée à l'extrême dont leur titre, la plupart du temps, témoigne d'emblée: expurger de la prononciation, de la morphologie, de la syntaxe et du lexique tout ce qui n'est pas du bon usage. L'un des plus célèbres d'entre eux dénonce explicitement «la source du mal, *le patois»* (Desgrouais 1766, X).

Guigne, s. f. — Cerise acide, rouge, à queue courte. — M. : même sens, et *guindoux.* — Le *Dict. de l'Académie* donne *guigne,* avec le sens de cerise douce. — 1383 : « Guagea l'amande, la Gasillète, pour ce qu'elle avoit achapté avant heure *guygnes,* pezeas et autres denrées pour revendre. . » Reg. Echev. Saint-Jean-d'Angély, I, 305-306, *Arch. Saint.*, I, XXIV. — Arch. La T. (1482) : *guignes.* — Dicton : « Rouge comme *guigne.* » — V. Lacurne, citant Ménage et Basselin (plus rouge qu'une *guigne*), vau de vire, 6. — V. Godefroy. — Voir *yigne.*

Extrait textuel 157.2 : Intérêt des Glossaires pour l'histoire du français (tiré de Musset 1929—48, 3, 249)

Ces professeurs de beau langage, qui souvent se plagient, visent «la classe illettrée» (Mulson 1822), «la classe indigente» (Le Mière 1824) ou «le bas peuple» (Glossaire rochelais 1780, 7), mais ils entendent bien que leur travail soit aussi un guide pour «la bonne société» (Reynier 1829) et «la bonne compagnie» (Munier 1834) de la région, souvent un peu vaste, à laquelle ils s'adressent; les Académies locales, les préfets ou le ministère de l'Instruction publique encourageront la diffusion de ces travaux. On notera que parfois le point de vue n'est pas tout négatif, ainsi le Glossaire rochelais 1780, 8, parle de «quelques unes de ces libertés de syntaxe, de ces heureuses méprises, dont on a enrichi la langue française dans notre pays». Il arrive en effet que ces puristes souvent vétilleux soient pris de court, comme Munier 1834, 178 qui, après avoir mis le mot *nareux* dans la colonne des «Ne dites pas», ne peut que lui opposer des points de suspension dans la colonne des «Dites», avec ce commentaire: «Il est à regretter que *nareux* ne soit pas généralement adopté. Nous ne croyons pas qu'il existe en français une expression équivalente (...). Ce mot est expressif, intelligible, et nous en avons besoin». Ces ouvrages constituent une «sorte de dialectologie par la négative» (Wartburg/Keller/Geuljans 1969, 16) comme ils sont une source de premier ordre pour l'histoire des régionalismes: on y voit en effet attestés nombre de faits encore bien vivants aujourd'hui.

3.2. Les premiers dictionnaires de régionalismes

Les premiers travaux importants où les régionalismes sont étudiés de manière positive, comme des richesses qui font partie du français plutôt que comme des corps étrangers qui s'opposent à lui, apparaissent avec Brun 1931 (sur Marseille) et Séguy 1950 (sur Toulouse). Mais déjà, le dictionnaire de Constantin/Désormaux 1902 avait eu l'excellente idée de faire une place explicite au «français local» de la Savoie et Boillot 1929 présentait une étude sur le français d'un village du Doubs dont il avait naguère étudié le patois (Boillot 1910). On remarquera quelques cas de cette double approche: pour Poncins, dans la Loire (Gonon 1947 et Gonon 1985) ou Mignovillard, dans le Jura (Kjellén 1945 et Grand 1977).

3.3. Actualité et perspectives

Une prise de conscience de l'importance des régionalismes et de la nécessité de les étudier pour eux-mêmes se dessine avec le Colloque de Dijon 1976, prolongé par les bibliographies de Straka 1977 et Straka 1983. Le mouvement est lancé et quelques années plus tard paraissent des dictionnaires concernant le Dauphiné (Tuaillon 1983), l'Alsace (Wolf 1983), l'Ouest, entre Loire et Gironde (Rézeau 1984), le Gapençais (Germi/Lucci 1985); entre temps le français du canton de Saint-Affrique (Aveyron) est étudié par Nouvel 1978; d'autres travaux concernant le Bordelais, la Loire, le Jura, les Alpes de Haute-Provence ou encore Saint-Pierre-et-Miquelon sont très avancés et devraient voir bientôt le jour. Les méthodes et les résultats sont divers: travail sur le terrain et nomenclature établie par ces contacts ou des enquêtes auprès des locuteurs, exemples tirés de la conversation, remarques intéressant l'étymologie et la vitalité (Tuaillon 1983), à quoi on joint quelques exemples d'auteurs régionaux et une étude d'ensemble sur la vitalité (Germi/Lucci 1985); tantôt l'étude porte sur une région et passe au crible des ouvrages normatifs la concernant (Wolf 1983) ou la nomenclature s'appuie principalement sur un dépouillement de textes littéraires et non littéraires qui donnent la quasi totalité des exemples, chaque article comportant une notice d'étymologie et d'histoire et des indications de vitalité (Rézeau 1984). Cette recherche d'une meilleure description du français contemporain dans ses variantes régionales va de pair avec la dialectologie, sinon dans son objectif et ses méthodes, du moins dans l'exploitation des matériaux, dans la mesure où un bon nombre de régionalismes ont leur source dans le substrat dialectal.

4. Bibliographie choisie

4.1. Dictionnaires

(Les ouvrages cités dans Wartburg/Keller/Geuljans 1969 sont signalés par *W*, suivi de l'indication de page).

Achard 1785—1787 = [Cl. F. Achard]: Dictionnaire de la Provence et du Comté-Venaissin; par une Société de gens de lettres. Marseille 1785—1787 [2 vol., XVIII—732 + VII—654 p.] *(W 269)*.

Alibert 1965 = Louis Alibert: Dictionnaire occitan-français d'après les parlers languedociens. Toulouse 1965 [703 p.] *(W 274)*.

Beaucoudrey 1911 = R. G. de Beaucoudrey: Le langage normand au début du XXᵉ siècle, noté sur place dans le canton de Percy (Manche). Paris s. d. [1911] [XI—477 p.] *(W 135)*.

Béronie 1824 = Nicolas Béronie: Dictionnaire du patois du Bas-Limousin (Corrèze) et plus particulièrement des environs de Tulle. Ouvrage posthume augmenté et p. p. Joseph-Anne Vialle. Tulle s. d. [1824] [XVI—354 p.] *(W 298)*.

Boillot 1910 = Félix Boillot: Le patois de la commune de La Grand'Combe (Doubs). Paris 1910 [L—394 p.] *(W 241).*

Boillot 1929 = Félix Boillot : Le français régional de la Grand'Combe (Doubs). Paris s. d. [1929] [350 p., 73 dessins] Cf. *W 241.*

Boissier 1756 = Pierre Augustin Boissier de Sauvages: Dictionnaire languedocien-françois (...). Nismes 1756 [XXXI—492 p.; 2ème éd. 1785, 2 vol., XL—388 + 399 p.] *(W 273).*

Boissier 1873 = Auguste Boissier: Glossaire du patois de Die. Valence 1873 [47 p.] *(W 259).*

Bouchard 1979 = Pascal Bouchard: Noveau Dictionnaire cauchois à vocations encyclopédique, étymologique, analogique. Chez l'Auteur, Quiberville-sur-Mer, 76860 Ouville-la-Rivière 1979 [VII—159 p.].

Brun 1931 = Auguste Brun: Le français de Marseille. Etude de parler régional. Marseille 1931 [153 p.].

Butet-Hamel 1922—1929 = P. Butet-Hamel: Glossaire du patois du Bocage et du sud de la Normandie. In: Revue de l'Avranchin 20. 1922/23, 313—336, 353—368; 21. 1924—1926, 95—110, 193—208, 307—322, 403—518, 491—506; 22. 1927—1929, 101—116, 219—234, 355—370, 549—561 *(W 133).*

Canville ca 1750 = [De Canville]: Glossaire picard du XVIIIe siècle trouvé dans les papiers de Falconnet, p.p. Raymond Dubois. In: Nos Patois du Nord 6. 1962, 11—32; 7. 1962, 45—59 *(W 99).*

Chambure 1878 = Eugène de Chambure: Glossaire du Morvan. Paris. Autun 1878 [XII—54 + 966 p.] *(W 178).*

Charbot 1710—1719 = Nicolas Charbot: Dictionnaire étymologique de la langue vulgaire qu'on parle dans le Dauphiné, p. p. Hyacinthe Gariel. Grenoble 1885 [LXXIII p.—492 col.] *(W 251).*

Constantin/Désormaux 1902 = Aimé Constantin/ Joseph Désormaux: Dictionnaire savoyard. Paris. Annecy 1902 [LXII—447 p.] *(W 235).*

Contejean 1982 = Charles Contejean: Glossaire du patois de Montbéliard. Montbéliard 1982 [385 p.; nelle éd. refondue par Michel Thom] Cf. *W 214.*

Daire av. 1792 = Louis-François Daire: Dictionnaire picard, gaulois et françois (...), p. p. A. Ledieu. Paris 1911 [LVIII—166 p.] *(W 99).*

Delboulle 1876 = Achille Delboulle: Glossaire de la Vallée d'Yères (...). Le Havre 1876 [XX—344 p.; Supplément (...). Le Havre 1877. XVII—49 p.] *(W 129).*

Desgrouais 1766 = Desgrouais: Les gasconismes corrigés. Toulouse 1766 [XX—256 p.; nombreuses rééd.].

Devaux ca 1890 = André Devaux: Les patois du Dauphiné. I. Dictionnaire des patois des Terres Froides avec des mots d'autres parlers dauphinois, p. p. Antonin Duraffour et Pierre Gardette. Lyon 1935 [XC—333 p.] *(W 253).*

Dottin 1899 = Georges Dottin: Glossaire des parlers du Bas-Maine (département de la Mayenne). Paris 1899 [CXLVIII—682 p.] *(W 144).*

Dottin/Langouët 1901 = Georges Dottin et J. Langouët : Glossaire du parler de Pléchâtel (canton de Bain, Ille-et-Vilaine) (...). Rennes. Paris 1901 [CLX—216 p.] *(W 141).*

Dud'huit/Morin/Simoni 1979 = Albert Dud'huit, Alain Morin, Marie-Rose Simoni-Aurembou: Trésor du parler percheron. Mortagne-au-Perche 1979 [317 p.].

Duméril 1849 = Edélestand et Alfred Duméril: Dictionnaire du parler normand. Caen 1849 [XCIX—222 p.] *(W 127).*

Du Pineau av. 1750 = Chanoine Du Pineau: Glossaire angevin-françois. (...) Addition contenant neuf cent soixante dix sept mots lyonnois (...) plus 794 mots de Basse-Normandie. Paris, Bibl. nat., nouv. acq. fr. 22097, f. 41—107; 108—149.

Dupraz 1969 = Julie Dupraz: Le patois de Saxel, Haute-Savoie. Dictionnaire. Paris 1969 [XIX—200 p.; 2e éd. 1975, LX—221 p.] (Cf. *W 238).*

Duraffour 1941 = Antonin Duraffour: Lexique patois français du parler de Vaux-en-Bugey (Ain) (1919—1940). Grenoble 1941 [XII—371 p.] *(W 244).*

Duraffour 1969 = Antonin Duraffour: Dictionnaire des patois francoprovençaux, p.p. Laurette Malapert et Marguerite Gonon. Paris 1969 [1000 p.] *(W 217).*

Edmont 1887—1897 = Edmond Edmont: Lexique saint-polois. In: Revue des patois galloromans 1. 1887, 49—96, 209—224; 2. 1888, 113—147; 3. 1890, 221—236, 304—307; 4. 1891, 40—62, 265—282; 5. 1892, 7—144. Lexique saint-polois, 2ème partie. Saint-Pol. Mâcon 1897 [336 p.] *(W 114).*

Favre 1867 = Léopold Favre: Glossaire du Poitou, de la Saintonge et de l'Aunis. Niort 1867 [LXXXIV—356 p.] et Supplément (...). Niort 1881 [II—52 p.] *(W 148).*

Gachignard 1983 = Pierre Gachignard: Dictionnaire du Marais poitevin (...). Marseille 1983 [263 p.].

Germi/Lucci 1985 = Claudette Germi/Vincent Lucci: Mots de Gap. Les régionalismes du français dans le Gapençais. Grenoble 1985 [228 p.].

Glossaire de l'Ouest 1978 = Glossaire des parlers populaires de Poitou, Aunis, Saintonge, Angoumois, 1er fasc. A. Niort 1978 [100 p.].

Glossaire rochelais 1780 = Glossaire du patois rochelais, suivi d'une liste des expressions vicieuses usitées à La Rochelle, recueillie en 1780 par M*** [p. p. J. H. Burgaud des Marets]. Paris 1861 [8 p.] *(W 154).*

Gonon 1947 = Marguerite Gonon: Lexique du parler de Poncins. Paris 1947 [XII—340 p., 2 cartes h.-t., 139 ill.] *(W 251).*

Gonon 1985 = Marguerite Gonon: Le français local parlé à Poncins en 1984. In: Travaux de linguistique et de littérature 33/1. 1985, 139—248.

Grand 1977 = Noël Grand: Recueil des particularités du langage de Mignovillard (Jura) et des environs. Chez l'Auteur, Villenomble 1977 [55 p.].

Guichard 1892 = Prosper Guichard: Essai de vocabulaire du patois de Crémieu (Isère). Grenoble, Bibl. mun., ms. 3509 (R. 8689) [212 p.] *(W 253).*

Guitteny 1970 = Eloi Guitteny: Le vieux langage du pays de Retz [Loire-Atlantique]. Lexique du parler régional. Paimboeuf 1970 [300 p.]).

Honnorat 1846—1848 = Samuel Honnorat: Dictionnaire provençal-français (...). Digne 1846—1848 [4 vol.] *(W 262).*

Jaubert 1856—1858 = Hippolyte-François, le comte Jaubert: Glossaire du Centre de la France. Paris 1856—1858 [2 vol. 565 + 662 p.; 2ème éd. Paris 1864, XVI—732 p.; Supplément (...). Paris 1869. IV—160 p.] *(W 171).*

Kjellén 1945 = Oskar Kjellén: Le patois de la région de Nozeroy (Jura). Paris 1945 [253 p., 2 cartes, 24 pl.] *(W 242).*

Lagarde 1984 = Gérard Lagarde: Contribution à l'étude des patois bourbonnais. Dictionnaire du parler de la région de Cérilly. Chez l'auteur, 20 rue du Champ-de-manœuvre, 67200 Strasbourg 1984 [176 p.].

Lalanne 1867 = Charles-Claude Lalanne: Glossaire du patois poitevin précédé d'observations grammaticales. In: Mémoires de la Société des Antiquaires de l'Ouest 32/2. 1867, XL—265 p. *(W 148).*

Le Mière 1824 = Jean-Frédéric-Auguste Le Mière [de Bermont] dit de Corvey: Liste alphabétique de quelques mots en usage à Rennes (...) avec les différentes tournures de phrases en usage dans ce pays, principalement dans la classe indigente (...). In: Mémoires de la Soc. roy. des Ant. de France 6. 1824, 235—272. *(W 141).*

Lespy/Raymond 1887 = [Jean-Désiré dit] Vastin Lespy et P. Raymond: Dictionnaire béarnais ancien et moderne. Montpellier 1887 [2 vol., XXVIII—400 + 440 p.] *(W 315).*

Maheut 1975 = Gilbert Maheut: Le parler de Charmont [Marne]. Reims 1975 [189 + 2 p.].

Mauduyt 1808—1825 = Lubin Mauduyt: Vocabulaire poitevin (...). Poitiers, Bibl. mun., ms. 837, f. 1—138.

Mineau/Racinoux 1981 = Robert Mineau/Louis Racinoux: Glossaire des vieux parlers poitevins. Poitiers 1981 [566 p.; 1ère éd. 1975].

Mistral 1878—1886 = Frédéric Mistral: Lou tresor dóu Felifrige (...) Aix-en-Provence 1878—1886 [2 vol., 1196 + 1165 p.] *(W 225).*

Moisy 1887 = Henri Moisy: Dictionnaire de patois normand (...). Caen 1887 [CXLVI—716 p.] *(W 128).*

Monnier 1823 = Désiré Monnier: Vocabulaire de la langue rustique et populaire du Jura. In: Mém. de la Soc. roy. des Ant. de France 5. 1823, 246—309; 6. 1824, 150—219 *(W 216).*

Montesson 1899 = Charles Raoul de Montesson: Vocabulaire du Haut-Maine. Paris. Le Mans 1899 [VIII—543 p.; 1ère éd. 1857; 2e éd. 1859] *(W 145).*

Mougeon 1772 = L. Mougeon: Glossaire patois. Nancy, Bibl. mun., ms. 1244, f. 26—36 *(W 194).*

Moulis 1955 = Adelin Moulis: Diccunari lengodoucian-frances (...). [V—164 p.] *(W 281).*

Moutier ca 1860 = Louis Moutier: Glossaire des patois du Dauphiné. Valence, Bibl. mun., ms. *(W 257).*

Mulson 1822 = [Mulson]: Vocabulaire langrois, contenant plus de huit cents articles dans lesquels on signale les barbarismes (...) que se permet la classe illettrée de la ville de Langres. Langres 1822 [96 p.] *(W 187).*

Munier 1834 = F. Munier: Dictionnaire des locutions vicieuses les plus répandues, même dans la bonne Cie. Metz 1834 [4e éd., 311 p.; 1ère éd. 1812; 2e éd. 1817; 3e éd. 1829].

Musset 1929—1948 = Georges Musset: Glossaire des patois et des parlers de l'Aunis et de la Saintonge. La Rochelle 1929—1948 [5 vol.] *(W 153).*

Nouvel 1978 = Alain Nouvel: Le français parlé en Occitanie. Montpellier 1978 [169 p.].

Oberlin 1775 = Jeremias Jakob Oberlin: Essai sur le patois lorrain des environs du comté du Ban de la Roche, fief royal d'Alsace. Strasbourg 1775 [[VIII] — 288 p.] *(W 203).*

Palay 1932 = Simin Palay: Dictionnaire du béarnais et du gascon modernes (...). Paris 1932 [2 vol. XVI—576 + 670 p.; 2ème éd. Paris 1961] *(W 302).*

Pellas 1723 = Sauveur André Pellas: Dictionnaire provençal et françois (...). Avignon 1723 [326 p.] *(W 270).*

Péroux 1926 = Louis Péroux: Etude sur les parlers populaires dans la région de Montluçon (...). Montluçon s. d. [1926] [60 p. + 1 carte h.-t.] *(W 174).*

Puget av. 1747 = Pierre Puget: Dictionnaire provençal et françois (...). Aix-en-Provence, Bibl. mun. Méjanes, ms. 158, XIV—849 p. *(W 270).*

Puitspelu 1890 = Nizier du Puitspelu (pseud. de Clair Tisseur): Dictionnaire étymologique du patois lyonnais. Lyon 1890 [CXXV—470 p.] *(W 247).*

Reynier 1829 = Jean-Baptiste Reynier: Corrections raisonnées des fautes de langage et de prononciation qui se commettent même au sein de la bonne société dans la Provence et quelques autres provinces du Midi. Marseille 1829 [IX—208 p.; 2e éd. 1878].

Rézeau 1984 = Pierre Rézeau: Dictionnaire des régionalismes de l'Ouest entre Loire et Gironde. Les Sables-d'Olonne 1984 [302 p.].

Richenet 1896 = F. Richenet: Le patois de Petit-Noir. Dôle. Paris 1896 [VI—302 p.] *(W 216).*

Robert-Juret 1931 = M. A. Robert Juret: Les patois de la région de Tournus. Les travaux de la campagne. Paris 1931 [156 p. + 1 carte h.-t.] *(W 180).*

Roussey 1894 = Charles Roussey: Glossaire du parler de Bournois (canton de l'Isle-sur-le-Doubs, arrondissement de Baume-les-Dames). Paris 1894 [LXX—415 p.] *(W 214).*

Séguy 1950 = Jean Séguy: Le français parlé à Toulouse. Toulouse 1950 [132 p.; 2ème éd., Toulouse 1978].

Tuaillon 1983 = Gaston Tuaillon: Les régionalismes du français parlé à Vourey, village dauphinois. Paris 1983 [383 p.].

Vacandard 1964 = Jean Vacandard: Glossaire picard de Normandie. Dialecte de Melleville, canton d'Eu, Seine-Maritime. Amiens 1964 [177 p.] *(W 126).*

Varlet 1896 = Abbé Varlet: Dictionnaire du patois meusien. In: Mém. de la Soc. philomatique de Verdun 14. 1896, 39—304. *(W 196).*

Vautherin 1896—1901 = Auguste Vautherin: Glossaire du parler de Châtenois (...). Belfort 1896—1901 [543 p.] *(W 211).*

Vayssier 1879 = Aimé Vayssier: Dictionnaire patois-français du département de l'Aveyron. Rodez 1879 [XLIII—656 p.] *(W 288).*

Verrier/Onillon 1908 = A.-J. Verrier/R. Onillon: Glossaire étymologique et historique des patois et des parlers de l'Anjou. Angers 1908 [2 vol., XXXII—528 + 587 p.] *(W 146).*

Verrier/Onillon ms. = A.-J. Verrier/R. Onillon: Supplément manuscrit au Glossaire des patois et des parlers de l'Anjou. Angers, Bibl. mun., ms. 1993, 927 p. *(W 146).*

Vocabulaire manuscrit = Vocabulaire manuscrit, Langres, Bibl. hist. et archéol., ms 162 bis, 48 p. *(W 186).*

Wolf 1983 = Lothar Wolf: Le français régional d'Alsace. Paris 1983 [201 p.].

Zéliqzon 1922—1924 = Léon Zéliqzon: Dictionnaire des patois romans de la Moselle. Strasbourg. Paris. London 1922—1924 [718 p. et 89 fig. en 3 ; 3 cartes et 2 photos h.-t.] *(W 200).*

4.2. Travaux

Behrens 1893 = Dietrich Behrens: Bibliographie des patois gallo-romans, 2e éd., trad. par Eugène Rabiet. Berlin 1893.

Bergounioux 1984 = Gabriel Bergounioux: La science du langage en France de 1870 à 1885 (...). In: Langue française 63. 1984, 7—41.

Branca 1984 = Sonia Branca: Espace national et découpage dialectal (..). In: Actualité de l'histoire de la langue française. Université de Limoges. 1984, 43—53

Brunot 1967 = Ferdinand Brunot: Histoire de la langue française des origines à nos jours, t. VII. Paris 1967.

Chambon 1986 = Jean-Pierre Chambon: En marge du FEW: note critique à propos des mots de Colognac (Gard). In: Zeitschrift für romanische Philologie 102. 1986, 125—131.

Chambon 1989 = Jean-Pierre Chambon: Aspects philologiques et linguistiques dans la refonte du FEW: utilité d'une approche métaphilologique des représentations linguistiques. In: Actes du XVIIIe Congrès International de Linguistique et Philologie romanes (Trèves 1986). Tübingen 1989, t. VII, 218—230.

Colloque de Dijon 1976 = Les français régionaux. Colloque sur le français parlé dans les villages de vignerons, Dijon, 1976. Paris 1977 [261 p.].

Hallig/Wartburg 1963 = Rudolf Hallig/Walther von Wartburg: Begriffssystem als Grundlage für die Lexikographie (...). Système raisonné des concepts pour servir de base à la lexicographie. Berlin 1963.

Pellat 1985 = Jean-Noël Pellat: Comment *doit-on* parler le français en Alsace. In: Le français en Alsace, Bull. de la Fac. des Lettres de Mulhouse 14. 1985, 235—261.

Pic 1981 = François Pic: Quelques manuscits de dictionnaires et glossaires gascons. In: Revue de Linguistique romane 45. 1981, 467—480.

Straka 1957 = Georges Straka: Etendue et limites de l'enquête phonétique. In: Bull. de la Fac. des Lettres de Strasbourg 35. 1957, 261—292.

Straka 1977 = Georges Straka: Où en sont les études des français régionaux? In: Le français en contact (...). Paris 1977, 111—126.

Straka 1983 = Georges Straka: Problèmes des français régionaux. In: Bull. de la classe des Lettres (...), Bruxelles, 5ème série, 69. 1983, 27—66.

Wartburg/Keller/Geuljans 1969 = Walther von Wartburg/Hans-Erich Keller/Robert Geuljans: Bibliographie des dictionnaires patois gallo-romans (1550—1967). Genève 1969.

Pierre Rézeau, Nancy (France)

158. The Dictionary of Transplanted Varieties of Languages: English

1. Introduction
2. Dictionaries of Transplanted ENL Varieties
3. Dictionaries of ESL Varieties
4. Dictionaries of English-Related Pidgins and Creoles
5. Abbreviations
6. Selected Bibliography

1. Introduction

1.1. The Transplantation of Speech Communities

Our mental climate will always foster plants that do not flourish in England or America; and such plants, just because they are somewhat exotic, add to the charm of a garden. All lovers of English will, therefore, encourage them to grow in the worldwide garden of English. It is only the weeds, which spring up whenever ignorance, carelessness or pretentiousness infects the air, that need to be pulled up by the roots (Dustoor, from Kachru 1983, 4).

Languages necessarily vary with the specific uses speakers put them to. Particularly conspicuous cases of such adaptations to new functions, which necessarily involve language change, are found in emigrants' speech communities (cf. Görlach 1985). Their speech is likely to differ from that of the mother country most obviously in the expansion of linguistic means which serve to refer to the new surroundings: loanwords, new words formed on the basis of productive word formation patterns, and extensions of meanings (by reference to new designata, often 'erroneously' in the sense of a scientific taxonomy). However, the export of linguistic items is also limited, which can mean that the transplanted variety, in comparison with the old variety, is deficient in certain parts of the lexis, grammatical structure or styles. Whereas such a restriction is obvious in second-language communities (such as English used in India or Nigeria, cf. 3.1.), it is easily overlooked in native-speaker communities. The early Australian settlers, for instance, had little use for many words referring to features of the British countryside and to political units of the old homeland.

1.2. Historical Transplantations in the Modern Age

'Transplanted' in the title is here restricted to the 'modern' age from the 16th century onwards. Earlier 'transplantations' include, of course, the spread of Latin throughout most of Europe and around the Mediterranean, the spread of Arabic in N. Africa, or Persian in India, of Norwegian to Iceland, of Middle English to medieval Ireland — and of Old English/Anglo-Saxon to Britain.

The following modern cases would, therefore, qualify for a discussion in this article (cf. Kachru 1985, 130):

English in ENL and ESL societies, as well as — (possibly) various pidgin and creole forms — in Canada, the United States, the Caribbean, East Africa, South Africa, South Asia (India etc.), South-East Asia (Singapore, Malaysia, Hong Kong), Australasia (Australia, New Zealand, Papua New Guinea, Solomon Islands, Vanuatu, Fiji etc.); English can also be re-transplanted, as has happened to Black English (Liberia), Jamaican Creole (Nicaragua), or American English in general (Hawaii, the Philippines); French in Canada, Louisiana, the Caribbean, Guyana, West and Central Africa, the Indian Ocean, Indochina; Spanish in most countries of Central and South America, a few African states, and the Philippines; Portuguese in Brazil, Angola and Moçambique, India/Ceylon/Malacca, Timor and Macao; Dutch in the Caribbean, Surinam, Ceylon and Indonesia; German in North America (Pennsylvania, Texas), Chile, Southwest Africa; Arabic in East Africa and South Asia; Chinese in Singapore/Malaysia; Indian languages in Guyana, Trinidad, Mauritius, South Africa, Fiji; Philippine languages, Japanese and Korean in Hawaii. — There would be no end to such a list, if smaller emigrant communities were included, as the investigations of Estonian, Latvian, Finnish, Swedish, Norwegian, Icelandic, Sorbian, etc. communities in the United States and Canada have shown.

1.3. The Scope of this Article

It would have been rewarding to write a comparative essay on at least transplanted varieties of the major European languages, and an inclusion of the lexicography of, e. g., Canadian French (Art. 158a), South and Central American Spanish (Art. 182) and Brazilian Portuguese (Art. 181) would appear to be indispensable in such a comparison. However, I will here limit myself to varieties of *English*. The great wealth of lexicographical material on the most important transplanted variety of English, AmE, would deserve a chapter to itself (Art. 200); my treatment will, as a consequence of space restrictions, be cursory. A short discussion of the lexicography of English-related pidgin and creole languages *is* included here, although the 'Englishness' of these languages is debatable (see 4.1. below). My treatment will thus complement A. Bollée's description of such dictionaries, since she, in turn, concentrates on Romance (especially French-related) pidgins and creoles (Art. 302). Also compare J. A. Aitken's chapter on another regional, but non-transplanted, set of varieties, Scots (Art. 199a). Dictionaries of special languages (ESP), such as vocabularies of Seaspeak or Computerese are not included in my survey. I have also omitted, as not relevant to my topic: (a) dictionaries contrasting BrE with AmE, often on a popular level (e. g. Horlacher/Hough 1979, Moss 1978, Zviadadze 1981) and British dictionaries meant for the American market (e. g. Ehrlich 1980, Hornby 1983, Longman 1983); (b) popular accounts of colonial stereotypes, including less serious lists of vocabulary claimed to be characteristic of regional colloquial speech (e. g. Bickerton 1978); (c) lists of loanwords adopted into English from languages of a particular region (e. g. Dalgish 1982, Rao 1954).

The lexicographical tradition of a specific regional variety would typically be started by a 'glossarist', a collector who need not be a linguist (and normally wasn't). The next step

158. The Dictionary of Transplanted Varieties of Languages: English

	history/ introductory	glossarists	national/ inclusive	historical/ exclusive	dialect	usage	slang
ENL							
2.2. The United States	—	.1	.2	.3	.4		
2.3. Canada	.1	.1	.3	.2	.4	—	—
2.4. Australia/ New Z.	.1		.3	.2	—	—	.4
2.5. South Africa	.1	.2	.4	.3	—	.5	—
ESL							
3.2. South Asia	.1	.2	—	(.4)	—	.3	—
3.3. West Africa	.1	—	—	.1	—*	—	—
3.4. Caribbean	.1	—	—	—	—*	.1	—

* In the Caribbean and in West Africa, English-related pidgins and creoles function in much the same way as dialects do elsewhere; therefore cf. chapters 4.2 and 4.3 (and possibly 4.4 for Australia/New Zealand).

Fig. 158.1: Survey of dictionaries by chapters

could well be a supplement of local words printed as a separate appendix in an existing dictionary: Lake's and Mitchell's for AusE (2.4.2.) are good illustrations of this practice, as is Hawkins' for IndE (3.2.4.). This could then be followed by either a scholarly dictionary of *-isms* (an exclusive dictionary, often on historical principles, and complementing the *OED*) or by an inclusive dictionary providing the complete lexis of the region (nation). More specialized dictionaries of non-BrE varieties are most frequently represented by dialect dictionaries or books advising on locally acceptable usage — the opposite, in a way, represented by dictionaries of slang. Other types are extremely rare (ethnic varieties etc.).

In Fig. 158.1, the historical sequence of dictionaries overrules a systematic arrangement; dashes indicate that no serious work is available for the type — but that such a work of reference would be extremely useful to have.

1.4. Distinctive Components of Transplanted Lexicons

The lexicons of transplanted languages (= TLs) are frequently said to have the following characteristics (seen from the viewpoint of metropolitan speakers: similar features may well be more widespread in the mother country, but individual deviations may make them more conspicuous in the TLs):

a) Loanwords from non-English languages, whether European or local.
b) New word formations.
c) Retention of old words and meanings (cf. Görlach 1987).
d) Different style values, and a greater openness to colloquial speech in general.
e) A greater homogeneity of the TL as a consequence of interdialectal levelling (cf. Trudgill 1986). It is noteworthy that linguistic atlases of AmE have to rely on few items for 'heterolexes' where BrE atlases would have plenty to build on. A linguistic atlas of AusE would not, it appears, be worthwhile.
f) A limited overall input of words used 'back home'.

The fact that some of these (innovation vs. retention, more formal/archaic speech vs. more colloquial usage) are opposites makes it clear that such alleged characteristics cannot be applied universally, but can be found in a greater or lesser number of lexical items.

The specific nature of the transplanted lexicons and their divergent development do not demand a new type of lexicography, but they require specific shifts of attention in a few fields:

a) Variant spellings and pronunciations as well as local meanings provide invaluable sources for the original adaptation and later spread of the TL.
b) The combination of cultural history and areal distribution of a lexeme in establishing the etymology (*cooky* could have been borrowed independently into Scots and AmE, *stoop/stoep* independently into AmE and SAfE, both from dialects of Dutch), in particular the movement of 'colonial' English in the 19th century, should be carefully documented.
c) The distinctness of TL lexicons being also a matter of stylistic values, these should carefully be contrasted with those of the related BrE items.

1.5. The Emancipation of the Lexicography of New Varieties

The history of the lexicography of transplanted Englishes reflects the attitudinal history of new varieties. The old function of the colonies as dumping grounds for adventurers, bankrupts, petty thieves and religious non-conformists — even in the settler phase before 1850 — made the speech of colonials little respected. Where usage diverged from the metropolitan norm, it was looked upon as "erroneous, corrupted, and sloppy." Such attitudes are easily explained in an 18th-century dictionary tradition in which lexicographers such as Nathan Bailey and Dr. Johnson (1755) set themselves the aim to define a standard and then to 'ascertain and fix' it by inclusion of the respectable words in the dictionary, defining them properly and bolstering them up with quotations from great writers. Such narrow definitions called for a complementation of mainstream lexicography; this can be exemplified by quite diverse works from different centuries, e. g. Ray (1674), Grose (1785) or Pickering (1816, see 2.1.1.).

These collections were explicitly meant as *exclusive* word-lists providing items not found in 'proper' dictionaries, as Pickering was ready to explain: the naming of some 500 'Americanisms' was meant to make speakers aware of these and by avoiding their use, enable them to preserve correctness and purity. Such a sociohistorical background makes Noah Webster's achievement (2.1.2.) appear all the more remarkable. Separating the lexicographic ties with Britain, his practice could serve as a model also for the other British ex-colonies discussed below. The sense of the independence of London norms which was most clearly expressed in the title of H. L. Mencken's book, *The American Language* (1919—23) — taken up in Sidney J. Baker's *The Australian Language* (1945) — was difficult to establish with the obvious reality in mind that English, Scottish, Irish, American, Australian and other Englishes are, after all, interintelligible and undoubtedly varieties of one and the same language.

1.6. The Inclusion of Transplanted Englishes in International Dictionaries

A discussion of the representation of 'overseas' lexis must start with the *OED* (Murray 1884—1928), which has dominated English lexicography in the past one hundred years. The policy of the editors of the *OED* with regard to all kinds of regional lexis was ill-defined from the beginning. In general, dialect words (including Scots) appear to have been included if recorded in respectable texts (such as poetry) or if having respectable etymologies (illustrating dialect survivals of Old or Middle English words). American words were included quite liberally, but not at all exhaustively.

Since no thorough or systematic search of American material was, then, made, a complementation through the *DAE* and *DA* (see 2.2.3.) was necessary. It is no coincidence that Craigie, who had edited part of the *OED*, went on to set the *Dictionary of the Older Scottish Tongue* (Craigie 1931—) of his native language going before he started *DAE*, thus illustrating in his personal career the weight of the Scottish and American complements. Other 'colonial' Englishes were covered even less thoroughly, although local specialists were employed for the special lexis of individual regions: Edward E. Morris says in the introduction to *Austral English* (2.4.2.) that: "Dr. Murray several years ago invited assistance from this end of the world for words and uses of words peculiar to Australasia, or to parts of it. In answer to his call I began to collect...". Further on, he characterizes the haphazard way of collecting Australian material: "Individuals sent quotations to Oxford, but no organisation was established to make the collection systematic or complete" (1898, x).

The comparative neglect of all New Englishes by the *OED* appears to have been a consequence of various factors: less thorough coverage of the 19th century in general, cautious attitudes toward non-established speech (and spoken varieties in particular) and a patchy representation of readers. It must be said, however, that these gaps have rapidly been filled by the *Supplements* (1972—86), and The New OED 1989, even though these, too, continue to have an English English bias.

The policies of the middle-sized dictionaries produced in Britain regarding geographically or otherwise peripheral lexis appear to have been inconsistent. Of the more recent publications, Chambers' *Twentieth-Century Dictionary* (Kirkpatrick 1983) is notably strong on Scots (not unexpectedly), whereas Collins' *Dictionary of the English Language* (Hanks 1979) includes a notable amount of 'transplanted' English.

However, it is not only the inclusion of regionally restricted lexis that is unsatisfactory: there are also grievous omissions and inconsistencies concerning the items that *are* included.

The historical development of the lexicography of English, with its strong London/Oxford bias, the user-oriented decisions of publishing houses, and the lack of international lexicological research in the field of English variation mean that the information that can be drawn from the British-based dictionaries on the one hand, and from the works discussed below on the other, is limited. In particular, the following points should be noted:

(a) British dictionaries will mark words or individual meanings as *non*-British (non-EngE) at best. Only in the case of AmE are semantic equivalents provided; this information is not in all dictionaries nor is the list exhaustive.

(b) Stylistic differences (frequency; formal, archaic, colloquial, restricted to certain occupations) of words in individual Englishes are not recorded, except where the complete entry/meaning is marked (U.S. slang; Aus coll., etc.).

(c) Compilers of exclusive dictionaries of national varieties are not always quite clear about which words they consider appropriate for inclusion and which not. Categories mentioned in prefaces sometimes overlap and the individual entries do not contain explicit information concerning the reason why a word is included (the category it belongs to). (d) The claim that an entry in a dictionary of *-isms* is confined to this particular variety is often not true. Many lexical items are common to colonial varieties; these also share changes of meaning, grammatical deviances etc.

1.7. Research Needs and the Function of the *New Oxford English Dictionary*

The limitations listed above (1.6.) will have made clear that a great amount of research needs to be done before the lexical evidence is available that could satisfy the linguist. In the first place, it will be necessary to have a set of inclusive and exclusive dictionaries for every major variety of ENL, ESD, ESL communities of a respectable size. Secondly, the data of such collections should be computer-stored so as to make retrieval of individual categories, updating and international comparison quickly and easily available.

There is some hope that the *New Oxford English Dictionary* will function as a pool of international lexical information on all kinds of English (cf. Weiner 1986). Although present plans only envisage the combination of the existing *OED* and the 1972—1986 *Supplements* (plus new data from the files), the next step would be to bring existing dictionaries of Scots, AmE, AusE, etc. into machine-readable form and make them available for comparison (without necessarily producing any permanent form, such as a new dictionary). In particular, if the *NOED* is intended to overcome its EngE bias, it will be necessary to have a future dictionary indicating the geographic range of words/meanings/stylistic levels thus defined. Finally, such a research scheme should include a thesaurus which would bring out regional differences thematically, illustrating fields in which the transplanted Englishes remained more or less identical with BrE, where they innovated and where BrE did (and whether these innovations are similar), where they exhibit 'colonial lag' features and where they impoverished the ancestral language by selection of certain styles or vocabularies for limited domains.

2. Dictionaries of Transplanted ENL Varieties

2.1. Introductory

Settlement history, size of the community and thoroughness of scholarly investigation of the specific variety make North American English, in particular United States English, the starting point for all lexicographical descriptions of TLs. The U.S. has a long tradition of exclusive 'glossaries' at least from 1816 on, and it also has the first inclusive national dictionary: Noah Webster's (2.2.2.). U.S. English later had the first dictionary based on historical principles intended to complement the *OED*, which was in turn complemented by various dictionaries of American dialect, slang, usage etc. All the other national or regional varieties have at best a set of an exclusive collection of X-isms and of an inclusive dictionary: Canada and Australia probably are next, with South Africa close by, but New Zealand following at some distance behind. Other English-speaking communities are either too small to justify a dictionary (the Falkland type of community) or are ESD types exhibiting a post-creole continuum (4 below), or ESL societies (3 below).

Since special chapters in this handbook are reserved to slang (120) and usage (125) dictionaries, American works such as Wentworth/Flexner (1960, [2]1975) and Nicholson (1957), Bryant (1962), Follett (1966) or Morris/Morris (1975, [2]1985) are not described here. A proper dictionary of Black English (cf. Dillard 1975: ix and Hirshberg 1982) is an urgent desideratum, but has never been started.

2.2. The United States

2.2.1. The U.S. glossarist tradition

The tradition of collecting American words as a supplement to existing dictionaries (and possibly warning readers against their use) starts with Pickering (1816). Contrary to his contemporary, Noah Webster (2.2.2.), Pickering's aim is 'Britocentric', *viz.* "the preservation of the English language in its purity". He lists 500 Americanisms which he considers as corruptions and deviations "from the standard of the language, as spoken and written in England at the present day", and he accepts the criticism of American imperfections as being equivalent to "the Scotticisms of their northern brethren, the peculiarities of the Irish, and the provincial corruptions of their own English writers" (*Essay* prefaced to his *Vocabulary*) — an attitude which provoked Noah Webster's rebuttal in a 'letter' of 52 printed pages.

The later tradition saw a great number of larger works, the tenor changing to greater self-confidence. Possibly the best known among these are Bartlett (1848, [4]1896), Farmer (1889) and Thornton (1912).

These collections, initially quite critical of the 'corruptions' of the English language in America (cf. Friend 1967), but praising the survival of 'good old English' usage in certain regions, combine innovations and retentions, slang and dialect, 'negroisms' and "ludicrous forms of speech which have been adopted in the Western States" (Bartlett ⁴1896, xiv). Bartlett's list which foreshadows the criteria applied by the *DAE* and other exclusive dictionaries is worth quoting in full (⁴1896, vii):

The term "Americanisms," as used in this Dictionary, will be found to include the following classes of words: —
1. Archaisms, i. e. old English words, obsolete, or nearly so, in England, but retained in use in this country.
2. English words used in a different sense from what they are in England. These include many names of natural objects differently applied.
3. Words which have retained their original meaning in the United States, although not in England.
4. English provincialisms adopted into general use in America.
5. Newly coined words, which owe their origin to the productions or to the circumstances of the country.
6. Words borrowed from European languages, especially the French, Spanish, Dutch, and German.
7. Indian words.
8. Negroisms.
9. Peculiarities of pronunciation.

This early glossarist tradition still combined the various strands of dictionaries of Americanisms which in the 20th century were to separate into the *DAE/DA* project on the one hand, and the dialect (2.2.4.) and slang dictionaries on the other.

Although Horwill (1935) is called *A Dictionary of Modern American Usage,* it is in fact a continuation of the glossarist tradition, and a parallel to the *DAE/DA* projects, as the list of items included makes clear:

The words dealt with in this dictionary may be divided into the following classes, which are not, however, mutually exclusive:
(1) Words whose meaning in America is entirely different from their meaning in England; as *billion, precinct, ruby type, solicitor.*
(2) Words whose general meaning is the same in both countries, but which, in America, have acquired a specific meaning in addition; as *brotherhood, commute, dues, fit, homestead, senior.*
(3) Words whose normal use has, in America, been extended to cover certain adjacent territory, as *freight, graduate, hunt.*
(4) Words that, in America, have acquired different shades of meaning and therefore carry different implications; as *jurist, politics.*
(5) Words that retain in America a meaning now obsolete in England; as *apartment, citizen, conclude, tardy, thrifty, town.*
(6) Words that, in America, have acquired a figurative meaning not in current use in England; as *gridiron, knife, pork, stripe, timber.*
(7) Words that, in America, commonly take the place of synonyms that are more generally used in England; as *faucet* (for *tap*), *hog* (for *pig*), *line* (for *queue*), *mail* (for *post*), *two weeks* (for *fortnight*).
(8) Words of slightly varying forms, of which one form is preferred in America and another in England; as *aluminum (aluminium), acclimate (acclimatize), candidacy (candidature), deviltry (devilry), telegrapher (telegraphist).*
(9) Words that, in America, go to form compounds unknown in England; as *blue, night, scratch, thumb.*

The ca. 1,000 entries are quite selective, and it appears that the function of the work after a second edition of 1944 was superseded by *DAE/DA*.

2.2.2. The American National Dictionary. Noah Webster

As an independent nation, our honor requires us to have a system of our own, in language as well as government. Great Britain, whose children we are, and whose language we speak, should no longer be our standard; for the taste of her writers is already corrupted, and her language on the decline. (...) These causes will produce, in a course of time, a language in North America, as different from the future language of England, as the modern Dutch, Danish and Swedish are from the German, or from one another: Like remote branches of a tree springing from the same stock; (...) (Webster 1789, 20—23).

Noah Webster (1758—1848) wrote these programmatic statements as a young politically-minded man, at a time when independence from England was not merely a question of political identity. It has rightly been claimed that if ever there was a chance (or a danger) of a dissolution of the English-speaking union, it was in the late 18th century. Again, Webster expressed this hope most clearly (1789, 36). 17 years passed after the above 'Declaration of Independence' before Webster published his first modest dictionary (*A Compendious Dictionary of the English Language,* Hartford and New Haven, 1806), and 39 years before he brought out his major achievement (Webster 1828).

Its 70,000 entries made the work larger than its immediate competitors, especially the revisions of Johnson and of Walker; the additions consisted mainly of technical vocabulary, whereas 'Americanisms' were in fact quite few. Although Webster had vehemently and repeatedly criticized the limitations of Johnson, his actual debt to him was enormous, not only in method, but also in a great number of entries listed more or less unchanged from the work of his great predecessor (cf. Read 1962). Webster had, then, left no doubt that 'Americanisms' formed a legitimate part of the English lexicon as used in the United States — whether loanwords from Native Indian or from various European languages, or new formations and meanings applied to American institutions and other aspects of the national culture. Another lasting contribution by Webster is of course his influence on American spelling; although his early, more radical aims were impossible to implement, most of the present-day divergence of AmE and BrE spelling have their sources in Webster's practice.

Webster started the tradition of the inclusive American dictionary, an innovation that was not repeated before Avis' dictionaries of the 1970's in Canada and is unparalleled for any of the other transplanted languages, such as French, Spanish or Portuguese. In the U.S. the success of the *ADEL* encouraged a competitor: Worcester (1830), which sparked off an animated war between the two men and their publishers, in several stages, with new revised editions being put forward, culminating in Worcester's masterpiece, *A Dictionary of the English Language* (Boston, 1860, the largest dictionary so far, with 104,000 entries), and the Merriam-Webster reply, the Webster-Mahn of 1864. In this quarrel, Worcester represented the conservative, 'Anglophile' side. In the Preface of the *Comprehensive* (1830, xiv) he clearly stated that "It has not been [his] design to make innovations, or to encourage provincial or American peculiarities", and in the 1846 edition he noted in the preface that the authorities cited were "mostly English rather than American inasmuch as it is satisfactory to many readers to know, in relation to a new, uncommon, or doubtful word, that it is not peculiar to American writers, but a respectable English authority may be adduced in support of its use." (1846, v, quoted from Friend 1967, 90).

In fact, American dictionaries had obviously lost their 'colonial' flavour for Englishmen by 1860, when Webster-Mahn and especially Worcester were praised as the best dictionaries available.

The latter half of the 19th century, with the independent American tradition already well established, saw the appearance of two other exhaustive dictionaries: Whitney (1889—91), Funk (1893—99, revised ed. 1913). It is worth mentioning that Whitney's *The Century,* a huge compilation of 200,000 items, regarded a (moderate) inclusion of slang and the full recognition of Americanisms as a special feature of the work (1889, vi).

The amount of lexicographical work that went into these four traditions (and, in a way, culminated in *Webster's Third International Dictionary,* Gove 1961) found no equivalent, in the 19th century, in the exclusive American dictionary which remained the domain of the gentleman-amateur (above 2.2.1.).

2.2.3. The *OED* Complements: *DAE* and *DA*

As anecdote has it, the idea for a separate dictionary of AmE struck Craigie when he was teaching at the University of Chicago in the summer of 1924 (Hulbert 1955). In fact, the need for such a complement must have been evident to the *OED* editors for a long time, considering the uneven coverage of 19th-century American speech. Since this was Craigie's third historical dictionary (after work on the *OED* and the *DOST*), he went at the new project with remarkable speed and efficiency, publishing the finished work in four volumes exactly twenty years after its first conception (Craigie/Hulbert 1938—44).

It is important to reread the editor's criteria; a word or phrase was to be included if exhibiting clearly those features by which the English of the American colonies and the United States is distinguished from that of England and the rest of the English-speaking world. To do this as fully as possible is one of the chief aims of the present less ambitious work, which includes, however, not only words and phrases which are clearly or apparently of American origin, or have greater currency here than elsewhere, but also every word denoting something which has a real connection with the development of the country and the history of its people.

Furthermore, words first recorded post-1900 were in general rejected (which makes *DAE* by and large comparable to the *OED*), slang was accepted only if dating to before 1875, and dialect words excluded (as in *OED*) to be reserved for a separate dialect dictionary.

The *DAE* has become especially influential for its principles of inclusion: as the first complementary historical dictionary outside Britain, it naturally set the pattern for the subsequent projects. In particular, the claim that a dictionary should record the national cultural history has been taken over by many lexicographers.

Gaps in *DAE*'s documentation and the self-imposed restrictions made it possible for one of the *DAE* staff after the *DAE* was complete in four volumes to edit a complement to *DAE* (itself a complement to *OED*): Mathews (1951). Mathews makes it clear that the principle of selection was much narrower than the *DAE*'s:

As used in the title of this work "Americanism" means a word or expression that originated in the United States. The term includes: outright coinages, as *appendicitis, hydrant, tularemia;* such words as *adobe, campus, gorilla,* which first became English in the United States; and terms such as *faculty, fraternity, refrigerator,* when used in senses first given them in American usage. (Preface to *DA*, 1951, v).

This has meant that whereas important new words and meanings, earlier and better quotations, and many minor improvements in definitions are found in comparing *DAE* and *DA*, the basic arrangement is the same, and *DA*'s debt to *DAE* is much larger than the Preface leads one to expect. Also, the omission of words *not* coined in America often makes the documentation of American speech diverge from *DAE*, whereas *abolition* itself is not in *DA*, ten American combinations are: *abolitionary, -dom, -er* and *-ize* are in, but *-al, -ism* and *-ist* ("in very frequent use c 1836—c 1870", *DAE*) are not.

The ideal way to be informed about AmE lexis, then, is to use both books side-by-side, a combination of the two apparently never having been contemplated. A popular abridgement, with "over a thousand" entries photomechanically reproduced from the *DA* was published as Mathews (1966). The independent value of the book is restricted to what is considered (by the editor) to be the most characteristic section of Americanisms (cf. the 'concise' Canadian equivalent in 2.3.2.).

2.2.4. The U.S. Dialect Dictionaries

Scientific study of American dialects began with the foundation, in 1889, of the American Dialect Society. It is generally assumed that one of the major aims of the ADS was to produce a dictionary. However, contrary to the English Dialect Society which was founded in 1873 and disbanded in 1896 when the publication of Wright (1898—1905) was in sight, the planning of an American dictionary was never competently laid out and its editing properly begun in the first fifty years of the Society. When it came, it came without the sanction of the ADS (Wentworth 1944). Publication was especially ill-timed because the *DAE/DA* work was still in progress, and the Atlas material was not yet available (Atwood 1963/64): Wentworth did use the ADS publications *Dialect Notes* and, from 1925, *American Speech,* the unpublished archives of the ADS and private collections, but the 15,000 items do not nearly exhaust the American regional vocabulary.

Wentworth included: dialect in the sense of localisms, regionalisms, and provincialisms; folk speech, urban as well as rustic; New England and Southern United States dialects viewed in their deviations from General Northern, or Western, American English; [...] conventional and traditional dialect; locutions and usages having a dialectal flavor or association; those on the fringe of colloquiality; old-fashioned, archaic, and poetic turns of expression, particularly when known to be still current in certain localities; and to some extent, the sometimes inseparable class and cultural dialects. But he did not deal with: slang; occupational terms; technical and scientific (botanical, zoological, geological) terms, excepting certain popular names, nor with broken English, as used by many whose native language is other than English, such as American Indians as represented in literature; impeded or mutilated speech or that of very young children; mere misspellings, downright malapropisms -except occasionally as they may exhibit dialectal traits or illustrate linguistic processes bearing significantly upon dialect (1944, Preface). Atwood voiced widespread disappointment when complaining about the lack of very common dialect words (such as *eaves troughs, firedogs, rainworm, snake feeder* or *toot*).

This desolate situation has been remedied from the 1960's onward. F. G. Cassidy after outlining the inglorious past of the project, made a formal proposal (Cassidy 1963) on how to proceed. The final fruit of more than twenty years of continuous work which involved re-doing much that had been incompetently handled before, is now in the process of being published (Cassidy 1986).

A number of features make *DARE* an exemplary regional dictionary which will set standards for all future works of its kind:
(a) Utmost care was taken to consider every possible source of written evidence:

the entire published collections of ADS, the Linguistic Atlases, the Wisconsin English Language Survey, special private collections donated to *DARE*..., original American diaries, newspapers from every state, all obtainable folklore journal articles, all the State Guides, special studies of American language, items taken from about 400 regional novels, plays, poems, and many contributions from individuals in every state (*DARE* brochure, ca. 1984).

In addition, thorough dialectological methods were employed to complement these data by exhaustive spoken evidence. An enormous questionnaire of 1,847 questions was worked through with 2,777 informants during fieldwork in 1,002 selected communities in 1965—1970; the informants were carefully sampled so as to include representative portions of the American population according to age, sex, educational and occupational groups, and ethnicity (there was a bias on non-mobile older speakers of the local type of AmE). Such spoken data were supplemented by 1,843 tapes of free speech and readings of a set text.
(b) the use of sophisticated electronic machinery, with programmes specifically developed for the project, made the editing of the huge masses of evidence possible — and it will also facilitate the retrieval of information included in *DARE*. (The most conspicuous of these developments are the computer-made maps which accompany many entries, but the use of the computer has also permitted statistical comparisons and multivariate analysis correlations which resulted in very reliable usage labelling).
(c) The presentation of the evidence in the individual entries is excellent. It includes the expected information on spelling and pronunciation variants, etymology (carefully tracing words back to regional use in Britain where applicable), meaning and regional/social/age-specific/ethnic currency, and well-selected quotations, also features not found in other comparable works, such as:
— computer-drawn maps neatly illustrating the regional currency (and density) of individual items (occasionally combined with the distribution of heteronyms);
— extensive definitions and usage descriptions drawn from earlier dictionaries and dialect monographs;
— long quotes from *DARE* files in which informants have given valuable information in addition to the replies to the questionnaire proper.

The regional lexis of AmE is, for historical reasons, not as diversified as that of BrE — as a look at Wright's *EDD* or a dictionary of Scots will easily show. However, the netting of the *DARE* collections was enormous: Some 10,000 entries in the first volume (A—C) covering more than a quarter of the entire *DARE* corpus make the *ADD*'s 15,000 look quite small. The selection principles applied by the *DARE* editors were wide: every word or expression that had a claim to being 'local' was accepted. This includes (a) local dialectalisms (words and meanings) in the traditional sense; (b) local slang and occupational lexis; (c) some ethnic speech, in particular Black English (including Gullah) and words from various immigrant languages if attested in English contexts (e.g. Chicano, Pennsylvania Dutch, Polish or Hawaiian Japanese). Although *DARE* is intended to cover *contemporary* AmE in its regional variation, the time depth of the written data (and the datedness of some items recorded from spoken usage twenty years ago) also makes it a historical dictionary; this is shown by the quotes arranged in chronological sequence, and by markers such as *obs*.

The first volume includes a very detailed introduction (x—cl) which provides information, in chapters written by different authors, about the history of the project, the maps and regional labels, language change, and pronunciation, and contains the full text of the questionnaire and a list of all informants — only the bibliography of sources is still lacking (to appear in vol. 4).

2.3. Canada

2.3.1. History

The history of Canada makes us expect that its language, including the lexis, is North American, with possibly a closer relation to 19th-century BrE. By this time her southern neighbours had achieved independence from the mother country — or had left for Canada (the Loyalists) in order to stay under British rule. 19th-century immigration, mainly from England, Scotland, and Ireland, reinforced this connection, but continuing immigration from the U.S. also intensified the linguistic links with the South.

Apart from the eastern provinces (cut off from the Anglophone rest of Canada by the Francophone province of Quebec), which show substantial dialectal variation surviving to the present day, the language is remarkably homogeneous. As regards spelling, pronunciation of individual items and choice of words where BrE-AmE pairs of heteronyms provide an alternative, the speech of Canadians exhibits preferences which can vary with region, social standing, sex and age.

The distinctively Canadian vocabulary is not large. It consists, as in other colonial varieties, of loanwords from native (Indian and Inuit) and European languages (mainly French) and new coinages and meanings, illustrating Canada's unique culture. Although remarks on Canadian differences in the use of English were frequent in the 19th century, many relate to *American* rather than specifically national features. Compared with the U.S. tradition, the lexicography of CanE was almost non-existent before W. S. Avis (2.2.1.). One of the exceptions, in the 'glossarist' tradition, is a slim book by Sandilands (1912, ²1913). The 1,500 words listed with often elementary glossing, are claimed to be unknown "in the Old Country and in old lands, expressions which the newcomer is up against the moment he lands in the Dominion, and which heretofore he could only fathom by much questioning and consequent betrayal of the fact that he had just blown in."

The scholarly quality of the collections is small, and very many of the entries turn out to be all-American — or must have been well known 'back home'.

2.3.2. The Historical Exclusive Dictionary

The Canadian Linguistic Association, founded in 1954, established a Lexicographical Committee to plan three types of dictionaries (cf. Avis 1967a, vi):
(a) a series of dictionaries for use in schools and universities;
(b) a historical dictionary of the English language in Canada;
(c) a dictionary of Canadianisms (initially planned as a pilot project for b). Whereas the school dictionaries will be dealt with below (2.3.3.) and the full historical dictionary has been indefinitely postponed, the exclusive dictionary was the first to be published (Avis 1967a).

The lexis is commonly thought to be the most distinctive feature of CanE. Setting out to document this distinctiveness, the editors were faced with the well-known problems of definition and documentation encountered by other lexicographers of dictionaries of *-isms*. In addition, they met with the very difficult task of distinguishing between U.S. and Canadian origins when the bulk of the non-British lexis was North American rather than specifically Canadian. Words only attested in spoken sources were excluded. The fact that there are some 12,400 entries indicates how generously the editors were in admitting items: There are many obsolete words (as is appropriate in a historical dictionary), proper names, a number of French and Indian words and particularly a large amount of material included "to call attention to terms having special interest in various areas of Canadian activity, as *discovery claim*" (1967a, xiii) (marked by a dagger). The editors were also quite liberal as regards combinations: it appears doubtful whether all the fifty compounds with *bush* as its first element which the *DCHP* has in addition to those listed in Avis (1967b, 1983, 2.3.3.) are (a) Canadianisms proper, (b) significantly contribute to our understanding of Canadian history or (c) should, as self-interpretative, be listed in any dictionary. Also, with no separate dialect dictionary planned at the time, and no large-scale dictionary of Canadian slang being envisaged, the *DCHP* includes a fair amount of material principally excluded from *DAE/DA*. (The number of dialect words is not large; there cannot be more than, say, 200 Newfoundlandisms compared to 5,000 in the *DNflE* (2.3.4.)). The *DCHP* is remarkable for its well-chosen quotations documenting the uses of the headwords (and frequently making proper definitions unnecessary). Pronunciations and etymologies are provided (somewhat irregularly) where an explanation is thought to be needed. Whereas the diachronic labelling *(Hist., Obs.)* is good throughout, and the restricted currency within Canada is indicated for words known to be local, references to *DAE/DA*, *OED* and *OEDS* are missing. It might have been worthwhile indicating by a symbol at least those words whose Canadianness is shown by their absence from dictionaries published outside Canada, or marked 'Can.' in these. The publication of the *DNflE* (2.3.4.) and of the *DARE* (2.2.4.) will mean that the editorial staff will have to consider the following points (if a second edition is envisaged). Should *DNflE* information be duplicated? Should attestation in *DARE* affect the inclusion of words in the *DCHP*? It would also be interesting to see whether the results of the Survey of Canadian English should be included, and in what form.

There is also an abridgement (Avis 1973) which does not claim to add any new information but is intended to provide an easily available reference book "used in classrooms as a teaching dictionary in courses dealing with Canadian English, in Canadian literature, and also in courses dealing specifically with the history of Canadian speech" (p. vii). The form of the entries is identical with those in *DCHP*, only their number has been reduced to about a third overall (e.g., the number of *bush*-compounds is down from some 60 to 13).

2.3.3. The Inclusive Dictionaries

A series of dictionaries meant for use in Canadian schools and universities, on various levels, has been published by Gage, Toronto, from 1967 onward. Only the largest of these (of which the smaller books are abridgements) will be considered here. This was first published as Avis (1967b).

Its 40,000 entries (some 3,000 added in the final revision) bring the dictionary up to the level of American desk or college dictionaries or the *MacqD* (Delbridge 1981) with which Avis (1967b) has the closest typological similarity. The Canadian element (marked Cdn. if thought to be restricted to CanE usage) is fully integrated, "bearing testimony to the customs and interests of Canadians. It is thus a catalogue of things relevant to Canadians in the 1980's and contains some clues to the nature of the Canadian identity" (flap). As a dictionary of living usage, it leaves out many of the entries of the exclusive dictionary (2.3.2.), but its Canadianness is much more evident than, e.g., in Morris (1969).

All the Canadian dictionaries mentioned above include clear advice on usage (most prescriptively Morris (1969)).

2.3.4. The Dialect Dictionary

The comparatively recent history of CanE leads one to expect that regional variation of the traditional 'dialectal' type will not be considerable — except for Newfoundland and the Maritimes, settled from the 16th century onwards and early separated from 'Upper Canada'. The political separateness of the region (Newfoundland became the tenth province of the Canadian state as late as 1949) added to its economic and cultural isolation, as did the lack of internal communication:

Until recent decades the greatest numbers of people employing folk and common speech in Newfoundland — the 'livyers' in the 'outports' — have lived in the string of settlements around the circumference of the island, along the coasts of the economically all-important bays. For most of their history, the islanders have inhabited primarily the narrow and long coastal perimeter of some 6,000 deeply indented bays and inlets... (Story 1982, xv).

It is therefore no surprise that a dialect dictionary was first produced for Newfoundland (Story 1982) and that a smaller one was compiled for the neighbouring Prince Edward Island (Pratt 1988) — the two may well remain the only ones, at least on this scholarly level, for Canada.

The DNflE contains some 5,000 entries, collected from printed sources (travelogues, diaries, and from 1807 on pamphlets, books and ephemeral publications from local presses as well as the glossarists, 1792—1955), from historical manuscripts, field records and the invaluable collections of the Memorial University of Newfoundland Folklore and Language Archive.

In a culture so much determined by oral use of speech, the editors encountered very much the problem that lexicographers of, e.g., Jamaican had to face: the inclusion of the spoken record in a historical dictionary (cf. *balliclatter*). The entries are painstakingly exhaustive as regards pronunciations, meanings, references to synonyms and very extensive quotations. Also, references to *OED, DAE,* and *DA* and the *DCHP*(cf. *bank*) very clearly demonstrate the complementary character of the *DNflE;* the very thorough references to the *EDD* neatly illustrate the large component of West Country and Hiberno-English lexis. (It is a pity that the editors refrain from giving any information on the regional distribution of items within Newfoundland: this could have shown the correlation of such words with the ethnic background of individual settlements).

2.4. Australia and New Zealand

2.4.1. History

"English Transported" is the title of an important collection of essays on AusE (Ramson 1970) — not 'transplanted', but 'carried into banishment, as a criminal to a penal colony' (*Macquarie Dictionary's* definition). Australia's disrespectable linguistic past has been frequently exaggerated (as has the fact that New Zealand did not receive any convict shipments from London), but it would be very superficial to stress only the one component of Australian society and her national form of English:

It is important that the pattern of early Australian English is seen [...] as a reshuffling of an existing English pattern in which various nuclei — the slang and dialect vocabularies of London and the industrial Midlands, the slang of convicts, and the more conservative English of the administrators and the military — are set off in a new relationship one against the other (Ramson 1966, 49—50).

In fact the much-noted homogeneity of AusE is even more remarkable than the slangy character of some of the more colloquial English used in the country. For instance, the Irish who made up between a third and a half of various immigrant groups in the 19th century do not appear to have left any conspicuous mark on AusE, certainly not on the vocabulary.

It is easy to see why there was no serious lexicography in 19th-century Australia: the respectable forms of speech were felt to be too close to BrE to justify such a compilation, and the slang was not worth scholarly documentation. The same applies to New Zealand, only that speakers of 19th-century NZE would have felt their language even closer to 'proper' BrE, and there would have been less slang.

2.4.2. The Historical Dictionary

Forerunners had only covered Australian slang (2.4.4.) — the 'serious' lexicography of AusE started as a spin-off of the *OED*. Edward Morris, who was asked to collaborate, would have wished to have his native variety fully and systematically represented in the *OED* or have a complement compiled following the *OED* principles. He ended up with attempting, with insufficient means, the second possibility (Morris 1898).

Despite its flaws (cf. Ramson 1966, 16—18), Morris' dictionary is a remarkable achievement for a one-man effort. In particular, the careful definitions and the documentation deserve high praise. Although he gave excessive room to designations of fauna and flora, he did not include more than ca. 1,800 words (a number which is quite low compared with *AND*'s 6,000).

In particular, specific Australian meanings are only incompletely covered (entries for *Aboriginal* and *abolitionist* are conspicuously absent before Morris' first entry, *absentee*). Morris has given much greater room to quotations than would have been necessary to illustrate meaning and usage, but this fact makes his book a mine of historical information on 19th-century Australia. Of the 90 combinations with *native* (type *native bear = koala*) only 20 are still current according to the *Macquarie Dictionary* (2.4.3.) — an indication of the worth of historical linguistic information contained in the book.

Two substantial contributions did not result in independent dictionaries, but were written as supplements to existing dictionaries: Joshua Lake compiled one for *Webster's Dictionary* (1898), and A. G. Mitchell a "Supplement of Australian and New Zealand Words" for the Australian edition of *Chambers' Shorter English Dictionary*. Both concentrated on the current diction, Lake thus serving as an interesting corrective on AusE usage of the late 19th century (cf. Ramson 1966, 16—18, 30 f.).

The 20th century has seen mainly ephemeral lexicographical work of AusE, before research started anew in the 1960's. The only exception is S. J. Baker's *The Australian Language* (1945), which is not in form of a dictionary and of varying quality, but which contains a great amount of lexical material supplementing or correcting Morris (cf. Ramson 1966, 26—29).

Renewed lexicographical research especially at the universities of Sydney, Macquarie and Canberra has produced a series of smaller monographs on AusE lexis and Australia's first full inclusive dictionary (2.4.3.); above all, it has made possible the publication of Australia's definitive historical dictionary, a worthy contribution to the bicentenary celebrations (Ramson 1988 = *AND*).

The aim of this great exclusive dictionary of some 6,000 entries (plus combinations) is to complement the *OED* — as is obvious from *AND*'s subtitle "A Dictionary of Australianisms on Historical Principles" and the lexicographical method throughout, which guarantees that its data are fully comparable with the *OED* (and can be combined with them in electronic form). In the principles of selection the *AND* recalls the *DAE/DA* (2.2.3.), providing not only authoritative definitions of words which originated in Australia or developed specific Australian meanings, but also a great deal of evidence of national history, folklore and character, especially in the lavish supply of quotations. A great amount of colloquial vocabulary is included, but regionally restricted words frequently are not, information on dialect lexis not being available in sufficient detail.

2.4.3. The Inclusive Dictionaries

A number of publishers have, in the course of the last few years, produced inclusive dictionaries for the Australian and the New Zealand market respectively. The adaptation of the international (or rather British-based) lexicon to the specific local needs has, however, been more or less superficial (cf. Turner [2]1984, Burchfield 1986, 2.4.5. below). It is obvious that only a *new* compilation based on Australian/New Zealand sources, with definitions written by Antipodean lexicographers, could claim to reflect the reality of the English used in the region, something similar to what Avis and his team had done for Canada (2.2.2.). Such a project was very carefully planned and meticulously carried out through the linguists of Macquarie University. It appeared as Delbridge 1981.

Though based on the *Encyclopedic World Dictionary* (Hanks 1971), the published work is more or less a new work, the first to illustrate AusE usage of the modern age. In 80,000 entries the editors provide exhaustive and clear information for the Australian user. The editors have removed most encyclopedic entries and words of regional interest (Scottish, American, African etc.). Meanings were tested as to whether they represent current AusE usage, and words from many particular groups added ("the flowerchild, the Jesusfreak, the groupie, the acidhead, ...," 13). A substantial amount of New Zealand words and senses was supplied by N. W. Orsman. Usage labels are reduced to 'colloq.' (which includes what other dictionaries might well label 'informal, slang, vulgar, taboo, illiterate, sub- or non-standard') or non-marking for the general lexis. Meant for the present-day Australian user, the dictionary does not provide historical information, nor is the Australian component of the book explicitly shown — this will be the objective of the *AND* (2.4.2.).

2.4.4. Cant, Slang and Colloquialisms

AusE has for a long time been credited with being particularly rich in slang, and while the formal written language has in many ways stayed close to respectable BrE, colourful colloquial language (often originating in informal 19th-century BrE) has been considered as the most conspicuous area of distinctively AusE vocabulary. Not surprisingly, then, the history of AusE lexicography begins with slang (or rather, criminal cant):

James Hardy Vaux collected "A New and Comprehensive Vocabulary of the Flash Language" as early as 1812, a mere 24 years after the settlement of Botany Bay, and a number of mostly superficial slang dictionaries appeared in the late 19th and early 20th century (cf. the survey in Ramson 1966, 10—15, 20—24). The most remarkable among them is possibly Lentzner (1891).

This includes a selection of "Australian and Bush Slang" (1—50), but also shorter word-lists of Anglo-Indian (53—77), Caribbean (95—98) and South African (101 f.) slang and of Chinese Pidgin (81—92), and an appendix of extracts from articles on these varieties (Ramson 1966, 14—15). Later on, Australian slang and informal English are included in Partridge's collections, but the first proper dictionary devoted to the topic is Wilkes (1978).

Some 1,500 expressions which could alternatively be labelled cant, slang, colloquialisms, well-worn clichés, or proverbial sayings, are here assembled under colloquialisms; they were included if they could be proved to have originated in Australia or, more frequently, are of greater currency than in other countries. The international character of some more recent expressions, and the strong London connections of earlier ones, make a watertight distinction impracticable, as Wilkes readily admits. All items are carefully documented from printed sources — which may be many years later than the first occurrence in this type of lexis. The collection is a remarkable achievement for one man, not a linguist/lexicographer himself, and though most of his items are now also found in the *MacqD* (2.3.3.), Wilkes' book still remains a mine of information on the most picturesque and distinctive part of AusE lexis.

2.4.5. New Zealand

New Zealand and her specific form of English have always been overshadowed by her big neighbour. In fact, syntactical and phonological differences between the two national varieties are minimal, and they are not large as concerns the lexis: there is probably more that sets off the two varieties jointly from other Englishes than what keeps them apart. It is no wonder that NZE was traditionally subsumed with AusE, possibly under the term 'Australasian' as in Morris (1898). In the absence of an independent lexicographical tradition, only two small-size dictionaries carrying 'New Zealand' in their titles deserve mention: Orsman (1979), which is the international Heinemann dictionary with minor local modifications (cf. the Australian counterpart, Harber 1976), and Burchfield (1986): This new adaptation follows the pattern of George W. Turner's *Australian Pocket Oxford Dictionary* (Sydney, ²1984). A striking feature of this modest dictionary is the Introduction in English and in Maori. Burchfield, who had the opportunity to draw from the vast OED files items marked 'NZE' or 'AusE', has added up to 1,000 words "distinctive to New Zealand (or shared only with Australia)", and he has removed a great many others that appeared less relevant for Antipodean users.

A comparison of the two dictionaries is difficult since they are based on quite different works. A fanciful pronunciation transliteration in the *HNZD* contrasts with IPA in *NZPOD,* which also has in its favour a much larger number of head-words and nested derivations (on fewer pages) — and an apparently consistent labelling of 'NZ', 'AusE', or 'NZ and AusE' words and meanings: an innovation that may betray the Oxford basis and viewpoint, but is certainly worth copying. However, both books are adaptations — they cannot (and do not claim to) compare with the lexicographical standard set by the *MacqD*. A set of full exclusive and inclusive dictionaries of NZE remains to be written.

2.5. South Africa

2.5.1. History

The history of South Africa makes clear that the status and the forms of English will be different from other ENL countries. When the Cape Province was conquered by the English in 1802, they met with Cape Dutch (later to be termed Afrikaans) and various Hottentot and Bantu languages. The anglicization of this country was never as thorough as in other ENL settler states, and today English is the native language only of 1.5 million inhabitants, some 40 % of the white population, and only 6 % of the whole. This numerical minority status, but high prestige and very widespread second-language functions make it more open to loan influences than, say, in Canada or the U.S.: Individual bilingualism among whites is exceptionally high, and codeswitching consequently very common. This means that a very great number of Afrikaans words are found in 'white' English contexts, and those of Indian and Bantu origin in others. Obviously, the situation for SAfE lexicography is much closer to ESL communities (such as IndE) than to more or less monolingual ENL countries. Interference especially from Afrikaans appears to have been an old phenomenon, as testified by Pettman (2.5.2.); this concern for correctness is apparently alive in Beeton/Dorner's *DEUSA* (2.5.4.), whereas the descriptive/historical lexicographers see their task in documenting the existing situation.

2.5.2. The Glossarist Tradition

Only one dictionary compiled by a gentleman-lexicographer, who felt his obligation to stem the flood of corruptions infecting this variety of colonial English (mainly as a consequence of influences of the other Germanic language, Afrikaans) deserves to be mentioned (Pettman 1913).

Despite its shortcomings in lexicographical method, the dictionary, with the (separately published) supplements by C. P. Swart (1934) and by M. D. W. Jeffreys (1964, 1967, 1970) comprising some 4,300 entries, is the most comprehensive collection of the lexis of SafE before the recent dictionaries edited by the Branfords (2.5.3.).

2.5.3. The Historical Dictionary

An updating of Pettman's dictionary was not a satisfactory solution, and the lexicography of SAfE was put on reliable foundations only with the research undertaken at the Institute for the Study of English in Africa at Rhodes University, Grahamstown, in 1970. The first sizeable result of these efforts is J. Branford (1978).

This smaller dictionary (some 3,500 entries in the second edition) is in some ways a forerunner to the larger *OED*-type work edited by her husband. The handy size of the *DSAfE* made an expanded version possible after two years, illustrating the advantages of a more modest book. Jean Branford rightly excludes (largely) names for South African plants and animals, the type of lexis that uses to predominate in 'glossaries'. On the other hand, the high proportion of words from Afrikaans which can only marginally be considered English even where they occur (italicized) in an English text, and the even more marginal items from Bantu languages, many illustrating African beliefs, pushes into the background what local SAfE lexis there is: new word-formations (many of them calqued on Afrikaans), new meanings (many from the political sphere which may have found international attention, such as *ban, homeland,* or *township*) — and the many words from Afrikaans that *have* become fully integrated into the English language. The major problem involved is that the use of English means different things to different groups, and the English used by National Servicemen has little to do with that used in the black townships, lexically and otherwise. The dictionary was compiled and edited with exemplary care: the selection of headwords, their pronunciation, meaning and usage labels, provenance and alternative expressions are accompanied by skilfully chosen quotations, with source and date.

Two preliminary versions of parts of the *DSAfEHP* (Branford 1989) containing descriptions of the project and a provisional dictionary have prepared the way to final publication; both were meant for internal use (also serving as progress reports), and only their introductions are accessible to me (Branford et al. 1976, 1984).

Voorloper contained the more central items for which enough documentation was available in 1976 for an initial presentation on historical principles, whereas the complementary list in *Agterryer* contains a much higher proportion of loanwords and other more marginal words. Together, with a few more recent additions, they bring the

DSAfEHP total to ca. 3,000 entries. (The *Voorloper* estimates were 5,—15,000). When it became clear that the dictionary was to be published by Oxford University Press, conventions were changed to make entries completely computer-compatible with those in the *OED(S)*; this has meant some 're-nesting' and the use of some alternative abbreviations.

The *DSAfEHP* will rely almost exclusively on printed evidence (but will include a fair number of settlers' and missionaries' diaries, and also a few items only recorded from oral sources). Field surveys of spoken usage will, however, not be possible until after the completion on the dictionary. 'SAfE' is negatively defined by the editors as non-BrE and non-American; since the distribution of items in overseas Englishes is largely unsettled, the editors have decided to include words and expressions which SAfE shares with, say, AusE, IndE or CarE. In contrast to the smaller *DSAfE*, the forthcoming dictionary will include a fair amount of specialized vocabulary (e.g. some 70 names of birds and 56 of trees), but strictly omit proper names.

2.5.4. The Inclusive Dictionary

The first dictionary made explicitly for the use in South Africa is an adaptation of the *Pocket Oxford Dictionary* (⁷1984): (Branford 1987); it is therefore quite similar to Burchfield's (1986) work for New Zealand (cf. 2.4.5.). The SAfPOD contains some 30,000 headwords of which ca. 90 % were taken over from its British parent dictionary, including much of the scientific vocabulary and the lexis of the English literary tradition from Shakespeare to Dickens and beyond. The South African additions are mainly from J. Branford (1978), selected on the basis of their frequency in printed texts, their frequency in speech (based on fieldworkers' judgements), and of cultural and historical importance. A rough calculation of the provenience of such additions is about half from Afrikaans and Dutch, 18 % English (apparently including new coinages and new meanings), 11 % Bantu languages, 1 % Khoisan and 18 % others; some 80 % of the additional entries are unmarked (as slang or colloquial).

2.5.5. The Usage Dictionary

The 'usage' dictionary is represented by Beeton/ Dorner (1975). "This most unusual and exciting dictionary" (blurb) is a curiously amateurish compilation combining advice on usage problems, spelling, grammar and confusibles (marking alternatives as + 'acceptable' or × 'not acceptable') with a great number of words for local flora and fauna. The items of greater interest for an outsider are those reflecting the staunchly conservative prescriptivism à la Fowler, perhaps an indication of the tenacity with which at least parts of the English-speaking minority defend their linguistic and cultural identity by preserving the close links with Britain? However, the ca. 3,900 entries of the book (a quarter of these relating to non-lexical usage problems) do not cover any field adequately and the information on meaning and use is sadly deficient in many places.

3. Dictionaries of ESL Varieties

3.1. Introductory

The reduced functions of English in ESL countries and the fact that the norms of correctness are drawn from outside the country (so that speakers of English will as a rule use accepted international dictionaries published in Oxford, London or New York) leave only very limited functions for local dictionaries, mainly of three types:

(a) dictionaries mainly meant for expatriates for practical use in the country, often comprising mainly loanwords from local languages that could cause problems of intelligibility, and a conspicuous proportion of encyclopedic information;

(b) scholarly dictionaries (possibly meant to supplement the *OED*, and containing historical lexis as well as recent, word histories and etymologies);

(c) usage dictionaries for ESL speakers, concentrating on words where guidance is felt to be needed (possibly based on error analysis).

The need for ESL dictionaries will obviously depend on the size of the speech communities (number of potential users, the nativization of the variety, development of local norms as a consequence of acceptability and of stable uses for intranational functions) and on political decisions relating to the future of English in the official and educational domains. Three regions in particular deserve a treatment within this section: South Asia, West Africa and the Caribbean (much of the latter comprising ESD situations).

3.2. South Asia

3.2.1. Introductory

The history of English in what is now India, Pakistan, Bangla Desh and Sri Lanka is comparatively long. Anglicization of certain parts of the society started in the 18th century, but became effective only in the 19th. In India, the study of English was obviously motivated by local interest, Indians wishing to gain access to Western technological progress, "employing European gentlemen of talent and education to instruct the natives of India in mathematics, natural philosophy, chemistry, anatomy and other useful sciences, which the natives of Europe have carried to a degree of perfection that has raised them above the inhabitants of other parts of the world," and British convenience, the English wanting to create "a class who may be interpreters between us and the millions whom we govern, a class of persons, Indians in blood and colour, but English in taste, in opinion, in morals and in intellect." (R. R. Roy and T. B. Macaulay in Kachru 1983, 355). The fact that the British colonial administration met with very old cultures on the Indian subcontinent made the degree of influence exerted from Indian languages more thorough than in other parts of the Empire.

3.2.2. The Glossarist Tradition

The 19th-century lexicographical tradition of English in India reflected the limited registral input and the function of such dictionaries for Europeans (cf. Kachru 1983, 165—189). They were meant to translate words of Indian, Persian and Arabic origin that were likely to occur in an English colonial context (a fact that did not necessarily make them part of IndE).

Apart from word-lists specifically addressed to administrators (mentioned in Kachru 1983, 171), two dictionaries almost simultaneously published deserve closer inspection: Whitworth (1885) and Yule/Burnell (1886).

Although Whitworth claimed that he "endeavoured [...] to exclude words of minute technical or of very restricted use" (p. ix), his dictionary is still full of items whose status as English is doubtful. A great improvement towards a more modern lexicography was made by Yule and Burnell. Although they were gentlemen lexicographers with amateur linguistic knowledge, their book is the largest collection of Anglo-Indian words (and much besides). 22 earlier glossaries and up to 800 books were unsystematically excerpted and quoted in the ca. 7,400 entries (including proper names). The editors tried to make the glossary both informative and entertaining. For many cultural aspects of late 19th-century India the book remains a very valuable source, especially since the principle of inclusiveness has led to many entries that are linguistically 'unnecessary'. The collection will be very useful for a much-needed *Dictionary of Indian English on Historical Principles,* even though the documentation, the etymologies and, in some cases the 'Indianness' of items will need thorough checking. The source of most loanwords is Hindi, but there are a considerable number of Portuguese words, too; folk etymologies testify to the informal/spoken style in which they were borrowed.

3.2.3. The Usage Dictionary

The subtitle of Nihalani (1979) makes it clear that the compilation is not a full dictionary, but rather a collection of some 1,000 words, usages and phrases that differ from BrE, which could give problems to users of English who wish to conform with international norms of English (Part I) and some 2,000 frequent words for which an acceptable local pronunciation is given side by side with R. P. (Part II). The explicit aim of the book is "to provide aids for keeping Indian English in touch with British and American English, and enabling Indians to recognize peculiarities in their usage." (p. vii). The didactic purpose is evident in the lexicon, and is also explicitly formulated in the introduction: "All the items have been recorded from the speech or writing of persons likely to influence the English of Indian learners of the language, namely, university lecturers, school teachers, journalists, radio commentators and leaders of opinion in the society" (p. 5). This does not mean that the dictionary is prescriptive (as many usage dictionaries are, and as Beeton/Dorner (2.4.2.) is in particular): "We have been urged ... to indicate, in the case of every item in the lexicon, whether the Indian usage described is to be considered acceptable or unacceptable. We have resisted this pressure and maintained a descriptive approach ..." (p. 7), the absence of comprehensive descriptions of English in India not permitting the authors to pontificate.

The authors name the following categories included for comment: Lexis (loanwords, neologisms, i.e. new word-formations, meaning, register, collocations), Grammar (e.g. 'wrong' pluralisation, prepositions, phrasal verbs, modal verbs), Idiom, Style, and Social/Cultural (i.e. usage related to features of Indian life).

Although the categories are loosely defined, it is significant that G labels (for Grammar) take up ca. 60 %, but L (for Lexis) only ca. 25 %. The number of entries that could serve to complement a dictionary of world English would, then, be quite small.

3.2.4. The Modern Exclusive Dictionary

Whereas the absence of an inclusive dictionary for use in India (or in South Asia) is to be explained by the lack of a local norm that would make a dictionary based on Indian usage and on Indian needs acceptable, the lack of a dictionary of Indianisms (of the *OED* type) is to be accounted for by the fact that ENL countries must come first: with the U.S. and Canada covered, and South Africa and Australia forthcoming, one should expect South Asia, West Africa and the Caribbean to follow next. As regards South Asia, no exclusive dictionary appears to be in the planning phase. In future, the *New OED* (1.7.) could make such regional lexis easily available; to date, we must be satisfied with a quite unsatisfactory word-list of English as used in India (South Asia) (Coulson 1980; Hawkins 1984). For reasons of economy, the main body in Coulson was taken over from the international edition, but a supplement of 1,800 words supplied, which were compiled from the *OED*, its supplements, Yule/Burnell and Whitworth. The great majority of entries are words from Hindi and Urdu whose status as loanwords could be questioned. English words which have acquired new meanings or been used in new word-formations interestingly enough only rarely overlap with those in Nihalani (1979) (3.2.3.). It is a pity that the separate printing (Hawkins 1984) has not been used to expand the bare word-list into a proper dictionary; the fact that all pronunciations are now given in IPA and a few additional entries are included does not really justify the separate publication.

3.3. West Africa

West Africa is the only ESL region outside South Asia/India for whose regional lexis a dictionary has been planned. However, the latest survey of the project (Banjo/Young 1982) makes clear that the *Dictionary of West African English* is only in its 'maiden' stage (and has been dormant for a few years). The *DWAE* is intended as an *exclusive* dictionary recording words, meanings and idioms only found in (and therefore typical of) certain parts or the whole of West Africa. Its restriction to written sources is meant to secure documentation and exclude, by and large, learner's errors. (It is not clear whether this also means that only certain types of printed texts are accepted, but forms of 'broken' English, such as the language used in some of the Onitsha Market literature, are excluded).

The *DWAE* will combine the problems of delimitation apparent in the Jamaican and the South African dictionaries. For one thing, it is not at all clear whether Pidgin is clearly set off from the various Englishes of the region, and in particular, whether the lexicons of Pidgin and English are (however much the difference in their syntaxes). Secondly, the Nigerian situation suggests that thousands of words from Hausa, Yoruba and Igbo (not to mention the minor languages) are *potential* parts of English utterances, possibly italicized in a printed text. Are these English words, and what criteria exist to decide about their inclusion? Difficult as these problems may be, it would be good to have a draft version of the *DWAE* put out and use it to test regional, social and stylistic restrictions throughout the West African countries.

3.4. The Caribbean

The inclusion of the Caribbean in ESL regions is problematic. Most countries to be covered by the *DCEU* (Allsopp, fc.) have a post-creole continuum (ESD type). However, the forthcoming dictionary will certainly serve for Spanish-, French- und Dutch-speaking ESL/EFL communities in the area, too.

A dictionary of Caribbean *English* covering the complete area from Guyana to the Bahamas and from Belize to Barbados has long been an urgent desideratum. Local dictionaries such as Cassidy/Le Page's on Jamaica (4.2.2.) or Holm's on the Bahamas (4.2.3.) include (or rather concentrate on) the creole end of the continuum. They will be not merely indispensable sources for a Caribbean dictionary, but rather complements to it.

Rich. Allsopp has been preparing the *Dictionary of Caribbean English Usage (DCEU)* as co-ordinator of the Caribbean Lexicography Project (begun in 1971 and housed at UWI, Barbados). The aims and methods have been outlined in a number of articles and will here be summarized on the basis of Allsopp (1978, 1983; for further references see Görlach 1984a: 230 f.).

The *DCEU* is to include the complete island Caribbean and neighbouring English-(creole-)speaking territories (Belize, Guyana), attempting to define accepted usage of written English in a framework that allows regional (national) decisions in the case of heteronyms. The project is obviously dependent on close co-operation among the states concerned (in particular their school boards and ministries of education). Such diversity is complicated by the fact that CarE is widely considered unprestigious and not entitled to local norms, the outside norms set by British (and recently by American) standards being the better option. Whereas a decision on what is acceptable CarE is likely to be comparatively easy in the field of syntax, one would have to envisage a lexical norm in which not one CarE item from one member state would be 'standard', but several words would be of equal status, a situation comparable in fact to the co-existence of several lexical sets in standard German. Allsopp (1983) describes the methods of such codification from a lexicographer's point of view, but language planning decisions will have to be taken by the political powers. They, in turn, need the *DCEU* published in order to have material available for decisions. At any rate, the social and political problems connected with a project such as *DCEU* are infinitely greater than with a scholarly dictionary such as *DJE* (4.2.2.).

4. Dictionaries of English-Related Pidgins and Creoles

4.1. General Lexicographical Problems

Various reasons make it necessary to justify the inclusion of PC languages in this survey (cf. 1.3., and similar decisions taken in Görlach 1984a and in the coverage of the journal *English World-Wide*):
(a) The status of the languages concerned as independent or as varieties of English is problematic. Even if it is admitted that largely decreolized forms functioning as dialects in a post-creole continuum (such as Bahamian English, 4.2.1.) should certainly be included, and others should not, because the structural distance from English and the absence of a continuum separate them as regards forms and functions (e.g. the PC languages of Surinam, Sranan, Saramaccan and Djuka), there would still be undecided cases such as Jamaican Creole, Krio, Cameroonian, Tok Pisin or Bislama — all used in some sort of diglossic situation with (local or international) English, and with a continuum between the two ends either existing or likely to develop. With the exception of the Surinam languages, English-related PC languages are therefore here included.
(b) The 'transplantation' did not affect speakers of some form of English, but (as was the case with later speakers of Caribbean PC) unrelated languages (such as West African).
(c) The type of PC languages, it could be argued, requires a separate treatment. However, if they are English-related, it is precisely their *lexicons* that constitute the link (much as the meaning of individual lexemes is likely to be changed), whereas the syntaxes, phonologies and pragmatics may well be distinctively non-English. Also note that further 'Europeanization' of these languages in the process of decreolization will affect the lexicon first and most thoroughly.
(d) The documentation of these languages will be different from ENL and ESL varieties. While it is conceded that a dictionary of a PC language exclusively based on written sources would be sadly deficient, it is also clear that the proportion of written: spoken material is a general lexicographical problem which will differ with the individual cultures represented.

It is quite a different matter whether it is helpful, or legitimate, to provide PC languages, possibly those existing only in spoken forms, with orthographies, grammars and dictionaries, and thereby completely change the 'ecology' of the respective language.

4.2. The Caribbean

4.2.1. History

The Central American region started off as territory allocated to the Spanish by Papal Edict of 1490. The English were represented by the buccaneers in the 16th century, and as a colonial power from the early 17th, when Barbados became British in 1625, Belize in 1638, Jamaica in 1665 and the Bahamas in 1670. The presence of Spanish, French, English, Dutch and Danish colonizers and their languages (often also various pidgin/creole varieties of these) and frequent changes of possession of individual colonial territories have resulted in a complex coexistence of a great number of languages and dialects, de-creolizing or re-creolizing, receding or expanding, as the case may be.

Apart from Guyana and parts of the Central American coast (plus small communities elsewhere), where English-related creoles are now in a diglossic situation with Dutch and Spanish respectively, they form continua with the local forms of Standard English. There are extreme forms which make the interintelligibility of the basilectal and acrolectal ends difficult or impossible, but as a rule linguistic divergency within individual territories has decreased in the 20th century. The existence of a continuum makes it impossible for a lexicographer to describe a creole and local English lexis separately. Whether the title of resulting local collections should then be called dictionaries of X-ean English or X-ean Creole is a matter of personal preference (the Jamaican and Bahamian works use 'English', 4.2.2. & 3.).

Although dictionaries of some creole varieties are reported to be in progress (most important, Lise Winer's of Trinidadian, cf. Winer 1983), and some word-lists exist in form of popular books (Collymore 1970 on Barbadian), an unprinted thesis (Holm 1978 on Miskito Coast Creole) or a basic word-list for Peace Corps workers (Dayley 1979 on Belizean Creole), only two full dictionaries are in print, and will be discussed below:

4.2.2. Jamaica

Serious lexicographical work was started in Jamaica with R. Le Page's Linguistic Survey of the West Indies in 1953; B. L. Bailey and D. DeCamp did important fieldwork for the dialect geography of Jamaica in the late 1950's. It was of great importance for Jamaica (and for the creole languages in general) to have a full historical dictionary of Jamaican published as a result of 14 years' work (Cassidy/Le Page 1967).

The collection of data was based mainly on written sources, but various institutions and individuals helped to complement these with spoken material. Le Page, who was the chief editor from the beginning in 1955, decided to produce a complement to *OED*, *DAE*, and *DA*, documenting the full range of Jamaican speech from 'dialect' to the standard language of the educated. 'Jamaicanisms' drawn from these sources and included in the *DJE* fall into seven categories:

(1) Words or senses now (or once) general in English but of which the earliest or latest record is in a book about Jamaica by one who had been there or otherwise had direct knowledge of the island. Examples: ANATTA, BANJO.
(2) Words not otherwise especially associated with Jamaica, but recorded earlier or later, in a book about Jamaica, than they are known to be recorded elsewhere. Examples: ALBINO, GRAPEFRUIT.
(3) Words, spellings, or senses used in Jamaica though not a part of the English language outside the Caribbean. (When these are known to be used elsewhere in the Caribbean, this fact is noted.) Examples: BARRACOUTA, OBEAH.
(4) Dialect words which have been given written forms more or less in the manner of traditional orthography. Examples: BIGE, JUNJO.
(5) Dialect words written down by their collectors in naive spellings, whose spoken form is unknown. Examples: LASITA, BALEH.
(6) Dialect forms known only from oral sources. Examples: nombari, talawa.
(7) Dialect forms which, though sometimes printed in dialect literature, have no established spelling and are known chiefly from oral sources. Examples: singkuma, pere-pere.

It may be noted that the first five types are entered in capitals, the latter two in lower-case letters (p. xii).

Although *DAE/DA* are named as models, the difference between them and *DJE* is considerable; this is mainly a consequence of the inclusion of 'dialect' which was deliberately left out in the American dictionaries.

The *DJE* is, with some 10,900 entries, a large dictionary. Its scholarly character is obvious from the care with which variant spellings and pronunciations are recorded, its differentiated use of restrictive labels, etymologies and the full documentation at the end of entries. Obviously, Jamaica is seen as the centre of the Anglophone Caribbean: the editors rightly assume that subsequent dictionaries of Caribbean Creole varieties will be complementary to *DJE* as *DJE* was to *DAE/DA*. It is a pity that the obvious idea to include information on the regional distribution of items within the Caribbean area outside Jamaica is as patchy as it apparently is. It has to be conceded that such a comparative exercise (which would also have to take into account creole items found elsewhere in the Caribbean but absent from Jamaican) will have to wait until the most important varieties are available for lexicological analysis.

4.2.3. The Bahamas

It was fortunate that the first complement to *DJE* (Holm 1982) came from a peripheral Caribbean region, since this allows one to draw interesting conclusions from the overlapping and the divergent portions of the two vocabularies — and that the new dictionary was so excellently done.

The 5,500 entries were based on Shilling's thesis, Holm's reading of early printed sources, and intensive fieldwork on the major Bahamian islands. The compilers took full account of the sociocultural history as reflected in present-day regional and social variation, in particular the contribution that the Loyalists' slaves, brought to the islands in the late 18th century, are likely to have made. For a word to be included, it had to add information not found in other dictionaries (such as *DAE/DA/DJE*). In fact, the editors with only a slight modification accepted the *DJE* guidelines for their definition of what constituted a Bahamianism. As in *DJE*, the scholarly exhaustiveness of the information on spellings, pronunciations, meanings and etymology is praiseworthy. In addition, their fieldwork permitted the editors to provide a very precise indication of regional and social currency/acceptability, a pattern well worth applying for a future pan-Caribbean creole dictionary.

Since much of the most distinctive lexis clusters around traditional customs and beliefs, it is especially helpful to have 'topical' entries on such anthropological fields, with references to the various lexical entries in the dictionary — a feature that also adds to the readability of the book and is certainly worthy of imitation.

4.3. West Africa
4.3.1. History

The complex history of West Africa is in various

ways reflected in present-day linguistic evidence, in particular the impact that European colonial powers had on the region: as merchants and missionaries, slave traders and colonial administrators. One characteristic is the early existence of a coastal pidgin (or broken) English, as testified, for example, in the diary of the Calabar chief Antera Duke in the late 18th century. Modern varieties of pidgins and of English formed, on the basis of the pre-existing lingua franca, in the 19th century, when blacks from the U.S. and Jamaica were resettled in Sierra Leone where they built, together with local Africans and recaptives from slave ships, the Krio society of Freetown; when liberated U.S. slaves went to Liberia in 1821 taking with them American traditions and an early form of U.S. Black English; when Southern Nigeria and Cameroon were christianized by European and also Krio-speaking missionaries. With a tightening of colonial administration and expansion of education, English spread, partly reducing the functions of the earlier pidgin, partly merging with it to form various forms of 'broken' English. Whereas today little pidgin is recorded from Ghana, and English in Liberia continues to be oriented towards America, the pidgins in Sierra Leone (Freetown), and, less so, in Southern Nigeria/West Cameroon have creolized and appear to be at least stable as far as numbers of speakers are concerned.

4.3.2. Krio

Krio has been in use for several centuries; it is now the mother tongue of more than 100,000 speakers in and around Freetown and is used by up to a million Sierra Leoneans as a lingua franca. However, its uses as a written language have been very limited, and its prestige has remained low. It is therefore a landmark for Krio to have available a first full-scale scholarly dictionary of Krio (Fyle/Jones 1980).

The book includes a core grammar, very useful to have since it explains the part-of-speech classifications used in the entries, and a surprisingly large vocabulary of 30,000 items. This is a consequence of the editors' decision to regard "every word that is used in Krio speech as a Krio word", which makes widespread codeswitching between Krio and English a limitless source of 'imports' of technical vocabulary into Krio, the phonological adaptation of such words apparently considered sufficient to accept them as part of Krio. There is also a great wealth of phrases, idioms and proverbial sayings, all listed separately, and not all strictly necessary since in many cases it is easy to deduce the meaning of the phrases from the components. The 'Englishness' of much of the lexis is disguised by the consistent use of a phonemic spelling (cf. the Pacific pidgins in 4.4.); also tones are indicated throughout. A typical entry, then, has the lemma followed by tone pattern, etymology, part of speech label, meaning (with specimen sentences, and where applicable, encyclopedic information). The *KED* is a scholarly book; it is to be regretted that the publishers have given up the idea of producing a 'concise' edition for use in the country which would also have meant better feedback. (The price of the dictionary makes it unlikely that there will be many copies available in the country). Therefore, it is difficult to predict whether the book will have much influence on the spelling and the 'fixing' of the vocabulary of Krio (and possibly on other West African pidgins).

4.3.3. Nigerian and Cameroonian Pidgin

Whatever the claim of common interintelligibility of all English-related pidgins along the West African coast (tentatively named *Weskos* by earlier writers), it is evident that NigPE and CamPE are very similar and probably best treated as dialects of a common language (no systematic comparisons have been made). The limited state of knowledge is reflected in the lexicography: two earlier draft dictionaries (Schneider 1960; Rotimi 1977) exist in mimeographed form only; plans to publish an expanded form of Rotimi's work have apparently been cancelled.

4.4. The Southwest Pacific

4.4.1. Introductory

The SW Pacific is especially significant for the study of English-related pidgins and creoles for a number of reasons. The plantation origins of the respective varieties in Samoa, Fiji, New Caledonia and Queensland are comparatively recent (1850—1905) so that the full life-cycle of pidgins was until recently fully recoverable. The late 19th century is also historically well documented so that language development can be closely correlated with political conditions. On the other hand, Tok Pisin and Bislama have received, in the course of the last twenty years, a higher status and prestige and have been used in many more domains than the older pidgins and creoles in the Caribbean and in West Africa. Although these facts are not fully reflected in lexicographical research and published dictionaries so far (cf. Görlach 1984b), the apparent need for such reference books leads one to expect that they will be provided soon.

4.4.2. Tok Pisin of Papua New Guinea

The early lexicographical work was almost exclusively confined to missionaries in the North (Pidgin was actively discouraged in

Papua, under the Australian administration up to 1975). The wordlists produced by missionaries were, however, inadequate; most remain in manuscript.

The first dictionary of wider circulation is Mihalic (1957, 1971). The two prefaces of 1957 and 1971 illustrate the dramatic changes in attitude that happened in these 14 years: whereas Tok Pisin was thought to be better replaced by 'proper' English (and the provisional character of the dictionary excused by its short-term usefulness) in 1957, the language had firmly entrenched itself by 1971. Unfortunately the linguistic basis for the book has remained shaky, which is especially problematic since the dictionary has a kind of monopoly in the country and has probably affected the usage of many learners, at least in standardizing the spelling in written documents.

The definitive edition of 1971 (now out of print and likely to be replaced by a revised and expanded version) has a core grammar (pp. 1—49) followed by a "Dictionary of Melanesian Pidgin [as it is still called] to English", with some 1,500 entries (plus a wealth of phrases, idioms and specimen sentences) and more than 4,000 entries in the "English to Melanesian Pidgin" section. Finally, part of the Pidgin lexis is organized in 23 "Practical Word Groups". Throughout dictionary definitions are rudimentary and usage labels missing: thus it can only serve for a few of the functions which a user would expect normally of a dictionary.

4.4.3. Bislama (Vanuatu)

Bislama (formerly Beach-la-Mar) has come to serve as one of the three official languages in Vanuatu (the Condominium of the New Hebrides before Independence in 1980); it is said to be the only state on earth to have its constitution also in pidgin. Other uses of the language have dramatically increased over the past few years, too, but standardization appears to be only emergent: it is not clear whether uses by the administration, by the media (radio, newspapers), or by the churches (the New Testament, preaching) will be most effective in the process. The two existing dictionaries admittedly cover only part of the stylistic and geographical variation:

Camden (1977) is based on the compiler's experience in translating the New Testament into Bislama, apparently supplemented by lexis from various other domains. About half of the 3,000 items in the list consist of entries in which lemma and gloss are identical except for the spelling (type TIPOT: n. a teapot), but others can have a wealth of illustrative phrases, idioms and specimen sentences added. The status of a great number of words as part of Bislama is uncertain: Camden has 'enriched' the list by English words spelt the Bislama way especially from the religious domain (type APOSTOLIK, ASEMBLIS OF GOD).

Guy (1974) based his collection and description on Bislama as spoken in the north of the country. He provides an elementary grammar in both English and French, then a dictionary of 1,300 items glossed in English and French, followed by two lists with English and with French headwords, apparently mechanically reversed from the master (Bislama-first) list. The 1,300 words are explained by Guy's puristic exclusion of anglicized vocabulary (which makes it impossible to use with newspapers or the Bible). Also, a linguistically sound but impracticable idiosyncratic orthography limits the practical worth of the book. Lexical definitions are minimal; most consist of one equivalent in English and in French, the English item often being the source of the Bislama word (type PES: *page — page*). As for Tok Pisin, a full dictionary (Bislama — English; English — Bislama) with precise definitions, style markers, synonyms, collocations, and specimen sentences) is an urgent desideratum. This will certainly come once the future of the language in general and its specific standard have emerged more clearly than they have at present.

4.4.4. Solomon Pijin (Solomon Islands)

Only one insufficient list has been published to date (Simons/Young 1980). The major part of this book consists of word lists: Pijin to English (pp. 25—121, some 1,300 entries), English to Pijin (pp. 122—55). The headwords are normally glossed only by one word, most often the source word of the Pijin item. The genesis of the project indicates that the dictionary is far from exhaustive; no judgement is possible on the frequency, acceptability of stylistic distribution or exact semantic content of the words listed.

4.4.5. Kriol (Northern Territory, Australia)

The pidgin tradition of Aboriginal Australian speakers dates back to the first English-speaking settlers of Botany Bay, but was reinforced when the Queensland plantation system came into existence in the late 19th century and when connections with the other SW Pacific pidgins were established.

Contrary to Cape York Creole, the Aboriginal communities in the Northern Territories and Kimberleys appear to have had few contacts with what became Tok Pisin and Bislama. Their pidgin creolized around 1910; its 15,000 speakers are spread over most of Northern Australia, but concentrate in Ngukurr-Bamyili (Roper River). Sandefur/Sandefur (1979) is the first dictionary of the variety, based on an earlier word-list by M. Sharper and on the great amount of creative writing that has come from the community in the past few years. The dictionary comprises some 2,750 entries (a surprising figure for a creole), but provides only minimal glosses. A fuller dictionary containing variants, full definitions, style markers etc. is very much desirable.

5. Abbreviations

ADD	American Dialect Dictionary (Wentworth 1944; 2.2.4.)
ADEL	An American Dictionary of the English Language (Webster 1828; 2.2.2.)
AmE	American English
AND	Australian National Dictionary (Ramson 1988; 2.4.2.)
AusE	Australian English
BrE	British English
CanE	Canadian English
CarE	Caribbean English
DA	Dictionary of Americanisms (Mathews 1951; 2.2.3.)
DAE	Dictionary of American English (Craigie/Hulbert 1938; 2.2.3.)
DARE	Dictionary of American Regional English (Cassidy 1986; 2.2.4.)
DAusC	Dictionary of Australian Colloquialisms (Wilkes 1978; 2.2.4.)
DBahE	Dictionary of Bahamian English (Holm 1982; 4.2.3.)
DBis	A Descriptive Dictionary Bislama to English (Camden 1977; 4.4.3.)
DCEU	Dictionary of Caribbean English Usage (Allsopp, fc.; 3.4.)
DCHP	Dictionary of Canadianisms on Historical Principles (Avis 1967a; 2.3.2.)
DEUSA	Dictionary of English Usage in Southern Africa (Beeton/Dorner 1975; 2.5.5.)
DJE	Dictionary of Jamaican English (Cassidy/Le Page 1967; 4.2.2.)
DMP	Dictionary of Melanesian Pidgin (Mihalic 1957; 4.4.2.)
DNflE	Dictionary of Newfoundland English (Story/Kirwin/Widdowson 1982; 2.3.4.)
DOST	Dictionary of the Older Scottish Tongue (Craigie 1931-)
DSAfE	Dictionary of South African English (J. Branford 1978, 2.5.3.)
DSAfEHP	Dictionary of South African English on Historical Principles (Branford 1988, 2.5.3.)
DWAE	Dictionary of West African English (3.3.)
EDD	English Dialect Dictionary (Wright 1898—1905)
EFL	English as a Foreign Language
EngE	English of England
ENL	English as a Native Language
ESD	English as a Second Dialect
ESL	English as a Second Language
IndE	Indian English
IndBrE	Indian and British English (Nihalani/Tongue/Hosali 1979; 3.2.3.)
KED	Krio-English Dictionary (Fyle/Jones 1980; 4.3.2.)
MacqD	Macquarie Dictionary (Delbridge 1981; 2.4.3.)
NOED	New Oxford English Dictionary (1.7.)
NZE	New Zealand English
NZPOD	New Zealand Pocket Oxford Dictionary (Burchfield 1986; 2.4.5.)
OED/OEDS	Oxford English Dictionary/Supplements (Murray 1884—1928)
SAfE	South African English
TE/TL	Transplanted English/Transplanted Language
WAfE	West African English

6. Selected Bibliography

6.1. Dictionaries

Allsopp fc. = Richard Allsopp: Dictionary of Caribbean English Usage. Forthcoming. *(DCEU)*.

Avis 1967a = Walter S. Avis et al.: A Dictionary of Canadianisms on Historical Principles. Toronto 1967 [xxlii + 927 pp.] *(DCHP)*.

Avis 1967b = Walter S. Avis et al.: Canadian Senior Dictionary. Toronto 1979 [replaced by Walter S. Avis/Patrick D. Drysdale/Robert J. Gregg/Victoria Neufeldt/Matthew H. Scargill: Gage Canadian Dictionary. Toronto 1983, xxx + 1313 pp.].

Avis 1973 = Walter S. Avis et al.: A Concise Dictionary of Canadianisms. Toronto 1973 [xvii + 294 pp.].

Bartlett 1896 = John Russell Bartlett: Dictionary of Americanisms: A Glossary of Words and Phrases Usually Regarded as Peculiar to the United States. Boston 1848 [⁴1896 (1848 ed. repr. Houston 1976). xlvi + 813 pp.].

Beeton/Dorner 1975 = D. R. Beeton/Helen Dorner: A Dictionary of English Usage in Southern Africa. Cape Town 1975 [xix + 196 pp.] *(DEUSA)*.

Bickerton 1978 = Anthea Bickerton: Australian-English, English-Australian. Bristol 1978 [37 pp.].

Branford, J. 1978 = Jean Branford: A Dictionary of South African English. Cape Town 1978 [xxvii + 308 pp.; new enlarged ed. 1980. xxxi + 359 pp.] *(DSAfE)*.

Branford 1976 = William Branford *et al.*: Voorloper. An Interim Presentation of Materials for a Dictionary of South African English on Historical Principles. Grahamstown 1976 [xxv + 921 pp.].

Branford 1984 = William Branford *et al.*: Agterryer. An Interim Presentation of Materials for a Dictionary of South African English on Historical Principles. Companion Volume to Voorloper. Grahamstown 1984 [xxxiv + 1500 pp.].

Branford 1987 = William Branford: The South African Pocket Oxford Dictionary. Cape Town 1987.

Branford 1989 (?) = William Branford: A Dictionary of South African English on Historical Principles. Cape Town 1989 (?). *(DSAfEHP)*.

Bryant 1962 = Margaret M. Bryant: Current American Usage. New York 1962 [xxiv + 290 pp.].

Burchfield 1986 = Robert Burchfield: The New Zealand Pocket Oxford Dictionary. Based on The Pocket Oxford Dictionary of Current English; ^{7}1984, ed. R. E. Allen. Auckland 1986 [xxvi + 901 pp.] *(NZPOD)*.

Camden 1977 = Bill Camden: A Descriptive Dictionary Bislama to English. Port Vila 1977 [xviii + 138 pp.] *(DBis)*.

Cassidy 1986— = Frederic G. Cassidy: Dictionary of American Regional English. Cambridge, Mass. I (1986) [A—C. clvi + 903 pp.] *(DARE)*.

Cassidy/Le Page 1967 = Frederic G. Cassidy/R. B. Le Page: Dictionary of Jamaican English. Cambridge 1967 [^{2}1980. lxiv + 509 pp.] *(DJE)*.

Collymore 1970 = F. A. Collymore: Notes for a Glossary of Words and Phrases of Barbadian Dialect. 4th ed. Bridgetown, Barbados 1970.

Coulson 1980 = Jessie Coulson: The Little Oxford Dictionary. New Delhi ^{4}1980 [vi + 722 pp.] *(LOD)*.

Craigie 1931— = W. A. Craigie: A Dictionary of the Older Scottish Tongue. London 1931 ff. *(DOST)*.

Craigie/Hulbert 1938 = W. A. Craigie/James Root Hulbert: A Dictionary of American English on Historical Principles. 4 vols. Chicago 1938 [xiv + 2552 pp.] *(DAE)*.

Dalgish 1982 = Gerard M. Dalgish: A Dictionary of Africanisms. Westport 1982 [203 pp.].

Dayley 1979 = John Dayley: Belizean Creole. Grammar Handbook and Glossary. Brattleboro, Vt. 1979.

Delbridge 1981 = Arthur Delbridge: The Macquarie Dictionary. St Leonards, NSW 1981 [2049 pp. Sec. rev. 1987, 2009 pp.] *(MacqD)*.

Ehrlich 1980 = Eugene Ehrlich *et al.*: Oxford American Dictionary. New York 1980 [xvi + 816 pp.].

Evans/Evans 1957 = Bergen Evans/Cornelia Evans: A Dictionary of Contemporary American Usage. New York 1957 [vii + 567 pp.].

Farmer 1889 = John S. Farmer: Americanisms Old & New. A Dictionary of Words, Phrases and Colloquialisms Peculiar to the United States, British America, the West Indies & c, & c. London 1889 [xx + 564 pp.].

Follett 1966 = Wilson Follett: Modern American Usage. A Guide. Ed. Jacques Barzun. New York. London 1966 [xii + 436 pp.].

Funk 1893—99 = Isaac K. Funk: A Standard Dictionary of the English Language. 2 vols. New York 1893—99 [revised ed. 1913, 1949. lxx + 2814 pp.].

Fyle/Jones 1980 = Clifford N. Fyle/Eldred D. Jones: A Krio-English Dictionary. Oxford. Freetown, Sierra Leone 1980 [li + 418 pp.] *(KED)*.

Gove 1961 = Philip B. Gove: Webster's Third New International Dictionary of the English Language. Springfield, Mass. 1961 [56 + 2662 pp.].

Grose 1785 = Francis Grose: A Classical Dictionary of the Vulgar Tongue. London 1785 [revised as Lexicon Balatronicum. London 1811 (unpaginated)].

Guy 1974 = I. B. M. Guy: Handbook of Bichlamar/Manuel de Bichlamar. (Pacific Linguistics 34). Canberra 1974 [repr. 1979, 256 pp.].

Hanks 1971 = Patrick Hanks: Encyclopedic World Dictionary. London 1971 [repr. 1976, 1956 pp.].

Hanks 1979 = Patrick Hanks: Collins Dictionary of the English Language. London. Glasgow 1979 [xxxv + 1690 pp.; ^{2}1986. xxvii + 1771 pp.].

Harber 1976 = Katharina Harber *et al.*: Heinemann Australian Dictionary. South Yawa 1976 [1259 pp.; 2nd ed. 1978, 1302 pp.].

Hawkins 1984 = R. E. Hawkins: Common Indian Words in English. Delhi 1984 [viii + 106 pp.].

Holm 1978 = John Holm: The Creole English of Nicaragua's Miskito Coast. Ph. D. dissertation. London 1978.

Holm 1982 = John A. Holm, with Alison W. Shilling: Dictionary of Bahamian English. Cold Spring, N.Y. 1982 [xxxix + 288 pp.] *(DBahE)*.

Horlacher/Hough 1979 = Friedrich W. Horlacher/Peter C. Hough: Amerika-Wortschatz. Amerikanisch-Englisch-Deutsch. Stuttgart 1979 [142 pp.].

Hornby 1983 = A. S. Hornby *et al.*: Oxford Student's Dictionary of American English. Oxford 1983 [710 pp.].

Horwill 1935 = H. W. Horwill: A Dictionary of Modern American Usage. Oxford 1935 [xxxvi + 360 pp.].

Johnson 1755 = Samuel Johnson: A Dictionary of the English Language. 2 vols. London 1755 [repr. London 1983 (unpaginated)].

Kirkpatrick 1983 = E. M. Kirkpatrick: Chambers 20th Century Dictionary. New edition. Edinburgh 1983 [xvi + 1583 pp.].

Lentzner 1891 = Karl Lentzner: Colonial English: A Glossary of Australian, Anglo-Indian, Pidgin English, West Indian, and South African Words. London 1891 [= Wörterbuch der englischen Volkssprache Australiens und einiger englischen Mischsprachen. Halle. Leipzig 1891].

Longman 1983 = Longman Dictionary of American English. A Dictionary for Learners of English. New York 1983 [792 pp.].

Mathews 1951 = Mitford M. Mathews: Dictionary of Americanisms on Historical Principles. Chicago 1951 [xvi + 1946 pp.] *(DA)*.

Mathews 1966 = Mitford M. Mathews: Americanisms. A Dictionary of Selected Americanisms on Historical Principles. Chicago 1966 [xii + 304 pp.].

Mihalic 1957 = F. Mihalic/S. V. D.: The Jacaranda Dictionary and Grammar of Melanesian Pidgin. 2nd ed. Milton, Qld. 1971 [xvi + 375 pp. 1. ed. 1957] *(DMP)*.

Morris 1898 = Edward E. Morris: Austral English. A Dictionary of Australasian Words, Phrases and Usage. London 1898 [repr. Wakefield 1971. xxiv + 525 pp.].

Morris 1969 = William Morris: The Houghton Mifflin Canadian Dictionary of the English Language. Markham, Ontario 1969 [^{1}1980. xxxiv + 1550 pp.].

Morris/Morris 1975 = William and Mary Morris: Harper Dictionary of Contemporary English Usage. New York 1975 [2nd ed. 1985. xxx + 641 pp.].

Moss 1978 = Norman Moss: What's the Difference? An American-British, British-American Dictionary. London 1973 [New ed. 1978; rev. ed. as The British/American Dictionary. London 1984. xvii + 174 pp.].

Murray 1884—1928 = A. H. Murray et al.: A New English Dictionary on Historical Principles. Oxford 1884—1928 [re-ed., with a supplement, as The Oxford English Dictionary, 1933. Four Supplements ed. Robert Burchfield, 1972—86; 2nd ed. 1989] *(OED, OEDS, NOED)*.

Nicholson 1957 = Margaret Nicholson: A Dictionary of American English Usage. New York 1957 [xii + 671 pp.].

Nihalani/Tongue/Hosali 1979 = Paroo Nihalani/R. K. Tongue/Priya Hosali: Indian and British English. A Handbook of Usage and Pronunciation. Oxford 1979 [viii + 260 pp.] *(IndBrE)*.

Orsman 1979 = N. W. Orsman: Heinemann New Zealand Dictionary. Auckland 1979 [repr. with corrections 1982. ix + 1339 pp.] *(HNZD)*.

Pettman 1913 = Rev. Charles Pettman: Africanderisms. A Glossary of South African Words and Phrases and of Place and Other Names. London 1913.

Pickering 1816 = John Pickering: A Vocabulary or Collection of Words and Phrases Which Have Been Supposed to Be Peculiar to the United States of America. Boston 1816 [206 pp.; repr. together with Noah Webster: A Letter to the Honorable John Pickering. 1817. New York 1974. 206 + 52 pp.].

Pratt 1988 = T. K. Pratt: Dictionary of Prince Edward Island English. Toronto 1988.

Ramson 1988 = W. S. Ramson: The Australian National Dictionary. A dictionary of Australian English on historical principles, 1788—1988. Sydney 1988 [830 pp.] *(AND)*.

Ray 1674 = John Ray: Collection of English Words not Generally Used. London 1674 [^{2}1691; repr. Menston 1971].

Rotimi 1977 = Ola Rotimi: A Dictionary of Nigerian Pidgin English. 1977 [92 pp.].

Sandefur/Sandefur 1979 = J. R. Sandefur/J. L. Sandefur: Beginnings of a Ngukurr-Bamyili Creole Dictionary. (Work Papers of SIL—AAB, Series B4) Darwin 1979 [v + 136 pp.].

Sandilands 1912 = John Sandilands: Western Canadian Dictionary and Phrase Book. Things that are different (. . .). First dictionary ever printed in Canada. Winnipeg 1912 [^{2}1913; facsimile repr. ed. John Orrell, Edmonton 1977. 52 pp.].

Schneider 1960 = Rev. G. D. Schneider: Cameroons Creole Dictionary. First Draft. Bamenda 1960.

Schur 1980 = Norman W. Schur: English English. 2nd ed. Essex, Conn. 1980 [xxii + 332 pp.].

Simons/Young 1980 = Linda Simons/Hugh Young: Pijin Blong Yumi. A Guide to Solomon Islands Pijin. Honiara 1980 [181 pp.].

Story/Kirwin/Widdowson 1982 = G. M. Story/W. I. Kirwin/J. D. A. Widdowson: Dictionary of Newfoundland English. Toronto 1982 [lxxvii + 625 pp.] *(DNflE)*.

Thornton 1912 = Richard H. Thornton: An American Glossary. Being an attempt to illustrate certain Americanisms upon historical principles. 2 vols. London 1912 [vii + 990 + vi pp.].

Turner 1984 = George W. Turner: The Australian Pocket Oxford Dictionary. 2nd ed. Sydney 1984.

Webster 1806 = Noah Webster: A Compendious Dictionary of the English Language. New Haven 1806.

Webster 1828 = Noah Webster: An American Dictionary of the English Language. 2 vols. New York 1828 [Facs. repr. San Francisco 1967] *(ADEL)*.

Wentworth 1944 = Harold Wentworth (ed.): American Dialect Dictionary. New York 1944 [xv + 747 pp.] *(ADD)*.

Wentworth/Flexner 1960 = Harold Wentworth/Stuart Flexner: Dictionary of American Slang. 2 vols. New York 1960 [Second supplemented edition 1975. xvii + 766 pp.].

Whitney 1889—91 = William Dwight Whitney: The Century Dictionary. 6 vols. New York 1889—91 [xviii + 7046 pp.].

Whitworth 1885 = George Clifford Whitworth: An Anglo-Indian Dictionary. A Glossary of Indian terms used in English, and of such English or other non-Indian terms as have obtained special meanings in India. London 1885 [xvi + 351 pp.].

Wilkes 1978 = G. A. Wilkes: A Dictionary of Australian Colloquialisms. London 1978 [xii + 370 pp. Sec. ed. Sydney 1985] *(DAusC)*.

Worcester 1830 = Joseph E. Worcester: A Com-

prehensive Pronouncing and Explanatory Dictionary of the English Language. Boston 1830.
Worcester 1860 = Joseph E. Worcester: A Dictionary of the English Language. Boston 1860.
Wright 1898—1905 = Joseph Wright: English Dialect Dictionary. 5 vols. London 1898—1905. *(EDD).*
Yule/Burnell 1886 = Henry Yule/C. Burnell: Hobson-Jobson. A Glossary of Colloquial Anglo-Indian Words and Phrases. London 1886 [2nd ed. by William Crooke, 1903; repr. with a new foreword by Anthony Burgess. London 1985. xlviii + 1021 pp.].
Zviadadze 1981 = Givi Zviadadze: Dictionary of Contemporary American English contrasted with British English: Tbilisi 1981 [Leipzig 1985. 462 pp.].

6.2. Other Publications

Algeo 1987 = John Algeo: A Dictionary of Briticisms. In: Dictionaries 9. 1987, 164—178.
Algeo 1988 = John Algeo: British and American Grammatical Differences. In: International Journal of Lexicography 1. 1988, 1—31.
Allen/Linn 1986 = Harold B. Allen/Michael D. Linn (eds.): Dialect and Language Variation. Orlando, Fl. 1986.
Allsopp 1978 = Richard Allsopp: Some methodological aspects in the preparation of the Dictionary of Caribbean English Usage. In: Studies in Lexicography 2:1. 1978, 30—43.
Allsopp 1983 = Richard Allsopp: Cross-referencing many standards: Some sample entries for the Dictionary of Caribbean English Usage. In: English World-Wide 4. 1983, 187—97.
Atwood 1963/64 = E. Bagby Atwood. The methods of American lexicography. In: Zeitschrift für Mundartforschung 30. 1963/64, 1—29, repr. in Allen/Linn 1986, 63—97.
Baker 1945 = Sidney J. Baker: The Australian Language. Sydney 1945; revised ed. Sydney 1966; Melbourne 1981.
Banjo/Young 1982 = Ayo Banjo/Peter Young: On editing a second-language dictionary: the proposed Dictionary of West African English (DWAE). In: English World-Wide 3. 1982, 87—91.
Cassidy 1963 = Frederic G. Cassidy: The ADS dictionary — how soon? In: PADS 39. 1963, 1—7.
Dillard 1975 = Joey L. Dillard: All-American English. New York. 1975.
Friend 1967 = Joseph H. Friend: The Development of American Lexicography 1798—1864. The Hague 1967 (Janua linguarum, series practica 37).
Görlach 1984a = Manfred Görlach: A selective bibliography of English as a world language. In: Wolfgang Viereck et al.: A Bibliography of Writings on Varieties of English 1965—1983. Amsterdam 1984, 225—319.
Görlach 1984b = Manfred Görlach: English-related pidgins of the Southwest Pacific (Review article). In: English World-Wide 5. 1984, 103—25.

Görlach 1985 = Manfred Görlach: Lexicographical problems of New Englishes and English-related pidgin and creoles. In: English World-Wide 6. 1985, 1—36.
Görlach 1987 = Manfred Görlach: Colonial lag? — The alleged conservative character of American English and other 'colonial' varieties. In: English World-Wide 8. 1987, 40—61.
Hirshberg 1982 = Jeffrey Hirshberg: Toward a Dictionary of Black American English on Historical Principles. In: American Speech 57. 1982, 163—82.
Hulbert 1955 = James Root Hulbert: Dictionaries British and American. London 1955.
Kachru 1983 = Braj B. Kachru: The Indianization of English. The English Language in India. Delhi 1983.
Kachru 1985 = Braj B. Kachru: The Alchemy of English. Oxford 1985.
Mathews 1931 = Mitford M. Mathews: The Beginnings of American English: Essays and Comments. Chicago 1931.
Mencken 1919—23 = H. L. Mencken: The American Language. New York 1919—23; 4th ed. 1936, two supplements 1945, 1948; one volume-edition, abridged, with annotations and new material by Raven I. McDavid, Jr., 1963, 1977.
Pringle 1983/86 = Ian Pringle: The concept of dialect and the study of Canadian English. In: Queen's Quarterly 90. 1983, 100—121; repr. in H. B. Allen/M. D. Linn, eds., Dialect and Language Variation. Orlando 1986, 217—236.
Ramson 1966 = W. S. Ramson: Australian English. An Historical Study of the Vocabulary, 1788—1898. Canberra 1966.
Ramson 1970 = W. S. Ramson: English Transported. Essays on Australian English. Canberra 1970.
Rao 1954 = G. Subba Rao: Indian Words in English: A Study in Indo-British Cultural and Linguistic Relations. Oxford 1954.
Read 1973 = Allen Walker Read: Approaches to lexicography and semantics. In: Linguistics in North America. Current Trends in Linguistics 10. 1973, 145—205.
Read 1962 = Joseph W. Read, Jr.: Noah Webster's debt to Samuel Johnson. In: American Speech 27. 1962, 95—105.
Trudgill 1986 = Peter Trudgill: Dialects in Contact. Oxford 1986.
Webster 1789 = Noah Webster: Dissertations on the English Language. Boston 1789; facs. repr. Menston 1967.
Weiner 1986 = Edmund Weiner: The New Oxford English Dictionary and World English. In: English World-Wide 7. 1986, 259—66.
Winer 1983 = Lise Winer: Methodological considerations in the Dictionary of Trinidadian English. In: Dictionaries 5. 1983, 36—57.

Manfred Görlach, Cologne
(Federal Republic of Germany)

158a. Les dictionnaires du français hors de France

1. Les variétés nationales du français
2. La situation lexicographique
3. Les dictionnaires de québécismes
4. Les dictionnaires de belgicismes
5. Les dictionnaires d'helvétismes
6. Les dictionnaires d'africanismes
7. Les variétés nationales dans le monde
8. Bibliographie choisie

1. Les variétés nationales du français

Tant qu'il s'agit du français de France, le terme de *français régional* est clair. Il vise le niveau diatopique d'intercompréhension moyenne, à mi-chemin entre l'intercompréhension nationale *(français standard)* et l'intercompréhension locale *(français dialectal)*. Ainsi un Français du Nord qui ne parle (ni ne comprend peut-être) le patois de Lille, comprend et utilise un mot comme *échouir* «abasourdir», lequel ne figure pas dans les dictionnaires généraux et dont un jour, à sa grande surprise, il apprend qu'il n'est pas français, mais régional (cf. Hausmann 1981).

Est-il justifié de mettre sur le même plan et d'appeler *régionalismes* les particularités des français hors de France? Certes, c'est une pratique terminologique largement répandue (cf. Piron 1975, 1981, Juneau/Poirier 1979). Toutefois, d'importantes raisons s'y opposent (Boulanger 1984, Corbeil 1984). Même si on reconnaît que la situation est différente selon que le parler «régional» est autochtone et limitrophe à la France (la Belgique, la Suisse romande) ou exporté et très éloigné de l'Hexagone, soumis à de fortes pressions adstratiques (le Québec) ou encore langue seconde seulement de la classe dirigeante (cas des pays d'Afrique noire), on ne pourra fermer les yeux, dans les trois cas, sur le caractère éminemment officiel, étatique (ou statal) de la langue évoquée, alors que les français régionaux intérieurs s'avouent à peine, sont exclus de l'enseignement et se manifestent rarement dans des situations un peu formelles. La souveraineté nationale des pays francophones autres que la France interdit par conséquent d'attribuer le qualificatif de *régional* à des variétés de français qui, tout autant que le français standard de France, méritent l'appellation de *variété nationale*. Qui parlera de régionalismes à propos de l'anglais standard des Etats-Unis? Il est légitime, en revanche, de distinguer *variétés intérieures* et *variétés extérieures*, à condition d'admettre qu'il n'y a aucune hiérarchie préétablie et que les Québécois sont en droit de considérer le français de France comme une variété exérieure de cette langue française qui est aussi leur langue à eux, mais dont ils parlent et écrivent leur propre variété nationale (cf. Hausmann 1986).

2. La situation lexicographique

Si telle est la situation théorique, il faut bien admettre que la situation lexicographique se ressent, en ce qui concerne les variétés nationales du français, du poids de l'histoire et des considérations normatives. De fait, l'égalité des variétés nationales ne peut être considérée comme une réalité. Si l'on peut parler de variétés en voie d'émancipation, ce but est loin d'être atteint. Le fait frappant reste la suprématie (du moins en termes de prestige) de la variété française, une variété normalement peu connue mais d'autant plus facilement mythifiée, par rapport à laquelle les francophones sont tentés de considérer comme fautive leur spécificité linguistique.

En effet, seul le français de France dispose de dictionnaires complets (ou globaux). Le Québécois, la plus émancipée des variétés nationales, possède un dictionnaire où l'on a ajouté des québécismes à un dictionnaire complet (d'ailleurs vieilli) du français de France (Bélisle 1979). Signe d'inégalité, l'auteur a omis de marquer comme francismes les faits hexagonaux inconnus au Québec (parfois appelés québécismes négatifs). A un niveau plus sélectif (18 000 entrées), le CEC 1986, adapté du DHJ, peut être considéré comme une réussite. Non seulement il supprime une quantité de francismes, mais encore il incorpore un nombre important de québécismes, et ceci sans marque diatopique aucune. Le CEC prouve que la formule de l'adaptation d'un dictionnaire français n'est pas a priori à écarter. On peut lui comparer pour l'Afrique David 1974 (cf. Corbin 1985, 67), mais non pas DM 1981 que Corbin 1985, 67—71 dévoile être un replâtrage, dans des limites rédactionnelles étroites, du NLD.— DFplus 1988 est l'adaptation réussie, quoique partielle, du DF 1987 (cf. art. 6).

S'il n'y a pas de dictionnaire complet, il n'y a pas non plus de dictionnaire des francismes, c'est-à-dire de dictionnaire différentiel de la variante hexagonale (voir cependant infra 6.). Le seul type de dictionnaire qui soit largement répandu est le dictionnaire différentiel des variétés extérieures à la France.

3. Les dictionnaires de québécismes

L'histoire de la lexicographie québécoise (décrite par Juneau 1977, 11—55) commence par les quelque 1000 unités lexicales recueillies vers 1750 par le père jésuite P. Potier, Wallon de formation picarde (cf. Almazan 1980). Mais son texte n'a pas été publié immédiatement, pas plus que le *Dictionnaire* de 400 mots de Jacques Viger (1808/9) qui inaugure une série de dictionnaires correctifs rédigés par des Québécois. Le premier exemple imprimé en est Maguire 1841 (cf. Wolf 1987, 77 pour une demi-douzaine de successeurs entre 1860 et 1900, auxquels il faut ajouter Blanchard 1914 et, plus près de nous, Dagenais 1967 et Dulong 1968). C'est par le *Glossaire franco-canadien* d'O. Dunn (1880) et ses 1750 entrées que débute l'histoire imprimée des dictionnaires de québécismes. Il est suivi par Clapin 1894 (4000 entrées) et Dionne 1909 (15 000 entrées). Si ces trois dictionnaires sont fondés sur la compétence linguistique de leurs seuls auteurs, il n'en est pas de même du *Glossaire* (1930), résultat d'une vaste enquête par correspondance, lancée par la Société du Parler français (fondée en 1902 par A. Rivard).

Les lacunes, vite devenues manifestes, du *Glossaire* incitent les philologues français Pierre Gardette (1954) et Georges Straka à s'engager dans la voie d'un *Trésor de la langue française au Québec* (= TLFQ) dont le véritable fondateur et premier maître d'œuvre sera Marcel Juneau (cf. Juneau 1977, Juneau/Poirier 1979), relayé par Cl. Poirier qui pourra publier en 1985 un volume de présentation (DFQ). Le TLFQ, à l'origine vaste entreprise tendant vers un dictionnaire à la fois diachronique et synchronique, philologique et linguistique, différentiel, certes, mais contrastif (Hausmann 1982), englobant une partie de la variante française, et de ce fait pratiquant une approche globale à défaut d'être un dictionnaire complet (Poirier 1986), tente à présent de se défaire d'une sorte de gigantisme initial pour s'orienter vers une faisabilité plus immédiate. En effet, les colloques récents (Boisvert 1986, Lavoie 1988) ont révélé le besoin urgent d'un dictionnaire général du français québécois (cf. notamment Gadbois 1986). Ce dictionnaire qui pourrait tirer profit de Clas 1979/82, ainsi que du projet de P. Cardinal (1986) aurait surtout besoin de l'information du TLFQ. Le succès commercial d'un dictionnaire différentiel aussi insuffisant que Bergeron 1980, 1981 (cf. aussi Des Ruisseaux 1982 et Robinson/Smith 1984, alors que Dubuc/Boulanger 1983 est destiné aux Non-Québécois) en dit long sur les desiderata de la lexicographie québécoise.

Le Québec aura-t-il la force de retenir et de lexicographier une norme lexicale propre qui puisse lui assurer sa spécificité sans le déconnecter du reste de la francophonie? Son avenir linguistique semble être à ce prix (cf. aussi Boulanger 1988).

4. Les dictionnaires de belgicismes

Depuis l'indépendance de la Belgique en 1831, nombreux sont les recueils normatifs qui font la chasse aux belgicismes (cf. Hanse 1980, 1981 et, pour leurs prédécesseurs, Massion 1987, 77—82). Les dictionnaires descriptifs, en revanche, sont rares, tant reste vif, parmi les Belges, le sentiment d'infériorité linguistique à l'égard de la France toute proche. Ce n'est certainement pas par hasard que la thèse magistrale de Pohl 1950 qui aurait pu marquer un tournant dans l'histoire de la lexicographie belge n'a pas été publiée. Quelque 35 ans plus tard, F. Massion n'a pas plus trouvé d'éditeur belge pour un important dictionnaire descriptif des belgicismes qui, pour la première fois, fournit des milliers de références aux journaux et à des enregistrements réalisés dans les milieux cultivés de Bruxelles (alors que Baetens Beardsmore 1971 réunit par ordre de matière le lexique des couches populaires). Le dictionnaire de Massion plaît en outre par ses composantes phonétique, syntagmatique et paradigmatique, ainsi que par un ample commentaire sur l'usage et sur l'étymologie. Certes, Massion ne peut pas, à lui seul, réaliser un Trésor de la langue française en Belgique, mais il faut bien admettre qu'il a largement contribué à rendre possible un Dictionnaire de français belge dont il esquisse les grandes lignes (ibid., 72—76). Mais la Belgique est-elle mûre pour un tel effort d'émancipation? L'absence de toute adaptation de dictionnaire français pour un public belge témoigne plutôt du contraire. Toutefois, la reconnaissance de «belgicismes de bon aloi» (Doppagne 1979, cf. aussi Doppagne et al. 1979) semble le signe d'une ouverture possible (cf. Andrianne 1984).

5. Les dictionnaires d'helvétismes

A part deux recueils sans ambition (Hadacek 1983, Pidoux 1983) mais qui se vendent fort bien, la Suisse romande connaît surtout l'entreprise monumentale du *Glossaire des patois de la Suisse romande* (GPSR) qui n'est pas représentatif de la variété nationale (cf. Hausmann 1986, 9—10 et Lurati/Stricker 1982).

6. Les dictionnaires d'africanismes

Mis à part certains devanciers comme Mauny 1952, l'histoire des dictionnaires d'africanismes commence au début des années 1960 sous l'impulsion de Laurent Duponchel, Gaston Canu et Suzanne Lafage, activement conseillés par le romaniste belge Willy Bal (Bal 1968, Duponchel 1972). A partir de 1974 la formule retenue est celle de dictionnaires nationaux concernant 12 pays: Bénin, Cameroun, Centrafrique, Côte d'Ivoire, Haute-Volta [Burkina Faso], Mali, Niger, Rwanda, Sénégal, Tchad, Togo et Zaïre (cf. dans l'ordre chronologique les dictionnaires de Duponchel 1975, Lafage 1975, Queffelec 1978, Blondé et al. 1979, Queffelec/Jouannet 1982). Les inventaires parus (ou non) sont intégrés dans un *Inventaire des particularités lexicales du Français en Afrique noire* (IFA 1983), préparé par une équipe interafricaine (coordonnée par D. Racelle-Latin) qu'aide un conseil scientifique avec pour président W. Bal, et publié par l'Association des Universités partiellement ou entièrement de langue française (AUPELF) (cf. Racelle-Latin 1979, Rey 1982, Brann 1983, Bal 1988). IFA est un dictionnaire international (continental même) qui indique pour chaque entrée le pays où l'unité lexicale est vivante et qui comporte, outre la définition, une composante syntagmatique (exemples et/ou citations), ainsi que des synonymes et des remarques normatives ou autres (cf. Extrait textuel 158a.1).

Les lexiques nationaux s'accompagnent en partie de dictionnaires de francismes. C'est ainsi que Blondé et al. 1979, 129—155, présente un Lexique de référence qui décrit l'emploi hexagonal des sénégalismes non issus de langues africaines. On y apprend par conséquent que *pisser* est considéré comme vulgaire en France.

7. Les variétés nationales dans le monde

Le phénomène des variétés nationales des langues est très répandu dans le monde, cf. art. 158 pour l'anglais, art. 182 pour l'espagnol, art. 181 pour le portugais, art. 206 pour l'allemand (pour ne citer que ces quelques langues). Il est probable qu'à l'avenir il gagnera en ampleur, notamment en ce qui concerne les variétés nationales du français. Car, pour bien des nations, cette langue est le seul garant d'une identité culturelle massivement menacée par l'anglais (cf. Heckenbach/ Hirschmann 1981, Valdman 1979).

8. Bibliographie choisie

8.1. Dictionnaires

Bacri 1983 = Roland Bacri: Trésors des racines pataouètes. Paris 1983 [123 p.].

Bélisle 1957 = Louis-Alexandre Bélisle: Dictionnaire général de la langue française au Canada. Québec 1957 [XIV + 1390 p.].

Bélisle 1969 = Louis-Alexandre Bélisle: Petit dictionnaire canadien de la langue française. Montréal 1969 [644 p.].

Bélisle 1979 = Louis-Alexandre Bélisle: Dictionnaire nord-américain de la langue française. Montréal 1979 [XIV + 1196 p.].

Bergeron 1980 = Léandre Bergeron: Dictionnaire de la langue québécoise. Montréal 1980 [575 p.].

Bergeron 1981 = Léandre Bergeron: Dictionnaire de la langue québécoise. Supplément précédé de la charte de la langue québécoise. Montréal 1981 [168 p.].

Blanchard 1914 = E. Blanchard: Dictionnaire de bon langage. Montréal 1914 [7. éd. 1940].

Blondé et al. 1979 = Jacques Blondé/Pierre Dumont/Dominique Gontier: Lexique du français du Sénégal. Dakar. Paris 1979 [160 p.].

Brasseur/Chauveau 1988 = Patrice Brasseur/ Jean-Paul Chauveau: Dictionnaire des régionalismes de Saint-Pierre et Miquelon. Tübingen 1988 [350 p.].

CEC = Dictionnaire CEC Jeunesse. Nouvelle édition. Montréal 1986 [1200 p.].

Clas 1979/82 = Andé Clas/Emile Seutin/Manon Brunet: Richesses et particularités de la langue écrite au Québec. Montréal 1979—1982 [2465 p.].

```
PISSER.  v. intr.   ◆ 1° C.I., SEN., TCH., TO., ZA.  Uriner.  "Madame, est-ce que
je peux aller pisser?" (07).
NORME : au SEN., a perdu toute connot. vulg.
   ◆ 2° TCH.  Avoir des relations sexuelles avec une femme.
SYN.: V. couiller.
```

Extrait textuel 158a.1: Article *pisser* (tiré de: IFA, 373)

Clapin 1894 = Sylva Clapin: Dictionnaire canadien-français. Montréal 1894 [Rééd. Montréal 1902, Québec 1976].

Colpron 1982 = Gilles Colpron: Dictionnaire des anglicismes. Montréal 1982 [199 p.].

Dagenais 1967 = Gérard Dagenais: Dictionnaire des difficultés de la langue française au Canada. Montréal 1967 [679 p.].

David 1974 = J. David: Dictionnaire du français fondamental pour l'Afrique. Paris 1974 [XVI + 421 p.].

Depecker 1988 = Loïc Depecker: Les mots de la francophonie. Paris 1988 [335 p.].

Des Ruisseaux 1979 = Pierre Des Ruisseaux: Le livre des expressions québécoises. LaSalle (Québec) 1979 [291 p.].

DF = Dictionnaire du français. Paris 1987 [1800 p.].

DFplus 1988 = Dictionnaire du français plus à l'usage des francophones d'Amérique. Montréal 1988 [24, 1856 p.].

DFQ = Claude Poirier et al.: Dictionnaire du français québécois. Volume de présentation. Québec 1985 [XXXVIII + 169 p.].

DHJ = Dictionnaire Hachette juniors. Paris 1980 [1088 p.].

Dionne 1909 = Narcisse-Eutrope Dionne: Le parler populaire des Canadiens français ou Lexique des canadianismes [...] comprenant environ 15 000 mots et expressions avec de nombreux exemples [...]. Québec 1909 [671 p.; Rééd. Québec 1974].

DM = Dictionnaire moderne. 16 000 mots du français usuel utilisé en Afrique. Paris 1981 [727 p.].

Doppagne 1978 = Albert Doppagne: Les régionalismes du français. Paris. Gembloux 1978 [95 p.].

Doppagne 1979 = Albert Doppagne: Belgicismes de bon aloi. Bruxelles 1979 [192 p.].

Doppagne et al. 1979 = Albert Doppagne et al.: Régionalismes lexicaux de Belgique. Premier inventaire (A—C). Paris 1979 [33 p.].

Dubuc/Boulanger 1983 = Robert Dubuc/Jean-Claude Boulanger: Régionalismes québécois usuels. Paris 1983 [227 p.].

Dulong 1968 = Gaston Dulong: Dictionnaire correctif du français au Canada. Québec 1968.

Dunn 1880 = Oscar Dunn: Glossaire franco-canadien et vocabulaire de locutions vicieuses, usitées au Canada. Québec 1880 [Rééd. 1976].

Duponchel 1975 = Laurent Duponchel: Dictionnaire du français de Côte d'Ivoire. Abidjan 1975.

Glossaire 1930 = Glossaire du parler français au Canada. Québec 1930 [XIX, 709 p.; réimpr. 1968].

GPSR = Glossaire des patois de la Suisse romande. A—E. 6 vol. Genève 1924— 1986 [4525 p.].

Griolet 1986 = Patrick Griolet: Mots de Louisiane. Etude lexicale d'une Francophonie. Göteborg. Paris 1986 [198 p.].

Hadacek 1983 = Catherine Hadacek: Le suisse romand tel qu'on le parle. Lexique romand-français. Lausanne 1983 [136 p.].

Hanse/Doppagne/Bourgeois-Gielen 1980 = Joseph Hanse/Albert Doppagne/Hélène Bourgeois-Gielen: Chasse aux belgicismes. Bruxelles 1980 [168 p.].

Hanse/Doppagne/Bourgeois-Gielen 1981 = Joseph Hanse/Albert Doppagne/Hélène Bourgeois-Gielen: Nouvelle chasse aux belgicismes. Bruxelles 1981 [170 p.].

IFA 1983 = Inventaire des particularités lexicales du français en Afrique noire. Montréal. Paris 1983 [LIII + 551 p.; 2e éd. 1988, 443 p.].

Lafage 1975 = Suzanne Lafage: Dictionnaire des particularités du français au Togo et au Dahomey. Abidjan 1975.

Maguire 1841 = Thomas Maguire: Manuel des difficultés les plus communes de la langue française, adapté au jeune âge, et suivi d'un recueil de locutions vicieuses. Québec 1841 [185 p.].

Massion 1987 = François Massion: Dictionnaire de belgicismes. 2 vol. Frankfurt a. M. Bern. New York. Paris 1987 [946 p.].

Mauny 1952 = Raymond Mauny: Glossaire des expressions et termes locaux employés dans l'Ouest africain. Dakar 1952.

NLD = Nouveau Larousse des débutants. Paris 1977 [844 p.].

Pidoux 1983 = Edmond Pidoux: Le langage des Romands. Lausanne 1983 [175 p.].

Potier 1743 = Pierre Potier: Façons de parler proverbiales, triviales, figurées etc. des Canadiens au XVIIIe siècle. In: Bulletin du parler français au Canada 3. 1904/05, 213—220, 252—255, 291—293. 4. 1905/06, 29—30, 63—65, 103—104, 146—149, 224—226, 264—267. [Manuscrit 1743—1758].

Queffelec 1978 = Ambroise Queffelec: Dictionnaire des particularités du français du Niger. Dakar 1978.

Queffelec/Jouannet 1982 = A. Queffelec/F. Jouannet: Inventaire des particularités lexicales du français au Mali. Nice 1982 [273 p.].

Robinson/Smith 1984 = Sinclair Robinson/Donald Smith: Practical Handbook of Québec and Acadian French. Toronto 1984 [302 p.].

Viger 1808/9 = Jacques Viger: Néologie canadienne ou Dictionnaire des mots créés en Canada [...]. In: Bulletin du parler français au Canada 8. 1909/10, 101—103, 141—144, 183—186, 234—236, 259—263, 295—298, 339—342. [Manuscrit 1808/9].

Vinay 1962 = J. P. Vinay/P. Daviault/H. Alexander: Everyman's French-English dictionary with special reference to Canada. London 1962 [862 p.].

8.2. Travaux

Almazan 1980 = Vincent Almazan: Pierre Potier, premier lexicographe du français au Canada: son glossaire. In: Revue de linguistique romane 44. 1980, 304—304.

Andrianne 1984 = R. Andrianne: Belgicismes et canadianismes: pertinence et définition. In: Cahiers de l'Institut de linguistique de Louvain 10. 1984, 5—16.

Bal 1968 = Willy Bal: Trabajos de filología románica y temas de investigaciones lingüísticas, relacionados con el Africa negra. In: Actas del XI Congreso internacional de lingüística y filología románicas (Madrid 1965). Tome 2. Madrid 1968, 425—436.

Bal 1988 = Willy Bal (éd.): Romania nova. In: Actes du XVIIIe Congrès International de Linguistique et Philologie Romanes. Ed. Dieter Kremer. T. I. Tübingen 1988.

Baetens Beardsmore 1971 = Hugo Baetens Beardsmore: Le francais régional de Bruxelles. Bruxelles 1971.

Boisvert et al. 1986 = Lionel Boisvert/Claude Poirier/Claude Verreault (Hrsg.): La lexicographie québécoise. Bilan et perspectives. Québec 1986.

Boulanger 1984 = Jean-Claude Boulanger: A propos du concept de ‹régionalisme›. In: Lexique 3. 1984, 125—146.

Boulanger 1988 = Jean-Claude Boulanger: La lexicographie québécoise entre Charybde et Scylla. In: International Journal of Lexicography 1. 1988, 127—150.

Bovet 1986 = Ludmilla Bovet: Le traitement des québécismes dans le Grand Robert 1985. In: Revue québécoise de linguistique 16. 1986, 311—321.

Brann 1983 = Conrad Max Benedict Brann: French Lexicography in Africa: a Three-Dimensional Project. In: The Journal of Modern African Studies 20. 1983, 353—359.

Cardinal 1986 = Pierre Cardinal: Présentation du projet de Répertoire explicatif du français écrit au Québec. In: Boisvert u. a. 1986, 169—186.

Corbeil 1984 = J. Cl. Corbeil: Le français régional en question. In: Cahiers de l'Institut de linguistique de Louvain 9. 1984, 31—44.

Corbin 1985 = Pierre Corbin: Le monde étrange des dictionnaires (6): Le commerce des mots. In: Lexique 3. 1985, 65—124.

Darbelnet 1982 = Jean Darbelnet: Statut de certains québécismes au sein de la francophonie: In: Langues et linguistique 8, 2. 1982, 1—16.

Dugas 1983 = Jean-Yves Dugas: La norme lexicale et le classement des canadianismes. In: La norme linguistique. Québec. Paris 1983, 625—650.

Duponchel 1972 = Laurent Duponchel: Vers un dictionnaire du français d'Afrique noire? In: Groupe de recherche sur les africanismes. Bulletin 5. 1972, 7—21.

Francard 1988 = Michel Francard: Autor et alentour du *Dictionnaire du français québécois*. Les riches heures de la lexicographie québécoise. In: Le Français Moderne 56. 1988, 246—254.

Gadbois 1986 = Vital Gadbois: La place des dictionnaires du français dans les classes québécoises des 15—20 ans. In: Boisvert u. a. 1986, 127—138.

Gardette 1954 = Pierre Gardette: Pour un dictionnaire de la langue canadienne. In: Revue de linguistique romane 18. 1954, 85—110.

Goosse 1981 = André Goosse: Belgicismes techniques. In: Hommages à la Wallonie. Mélanges d'histoire, de littérature et de philologie wallonnes. Bruxelles 1981, 209—215.

Guilbert 1976 = Louis Guilbert: Problématique d'un dictionnaire du français québécois. In: Langue française 31. 1976, 40—54.

Hausmann 1981 = Franz Josef Hausmann: Le français régional vu à travers une chronique de langage: «Parlons français» dans ‹La Voix du Nord›. In: Littératures et langues dialectales françaises. Ed. D. Kremer/H.J. Niederehe. Hamburg 1981, 107—116.

Hausmann 1982 = Franz Josef Hausmann: Autour du TLFQ (Trésor de la langue française au Québec). Réflexions sur un nouveau dictionnaire régional. In: Vox romanica 41. 1982, 181—201.

Hausmann 1986 = Franz Josef Hausmann: Les dictionnaires du français hors de France. In: Boisvert u. a. 1986, 3—21.

Heckenbach/Hirschmann 1981 = Wolfgang Hekkenbach/Frank G. Hirschmann: Weltsprache Französisch. Kommentierte Bibliographie zur Frankophonie (1945— 1978). Tübingen 1981.

Jolivet 1984 = Rémie Jolivet: Le français en Suisse Romande. Approches sociolinguistiques. In: Le français moderne 52. 1984. 137—182.

Juneau 1977 = Marcel Juneau: Problèmes de lexicologie québécoise. Prolégomènes à un Trésor de la langue française au Québec. Québec 1977.

Juneau/Poirier 1979 = Marcel Juneau/Claude Poirier: Le TLFQ: une approche d'un vocabulaire régional. In: Travaux de linguistique québecoise 3. 1979, 1—139.

Lavoie/Paradis 1988 = Thomas Lavoie/Claude Paradis (ed.): Pour un dictionnaire de français québécois. Propositions et commentaires. In: Revue québécoise de linguistique théorique et appliquée 7. 1988. 5—135.

Lurati/Stricker 1982 = Ottavio Lurati/Hans Strikker: Les vocabulaires nationaux suisses. Contributions à leur évaluation scientifique et culturelle. Fribourg 1982, 263 S.

Manessy/Wald 1984 = Gabriel Manessy/Paul Wald: Le français en Afrique noire tel qu'on le parle, tel qu'on le dit. Paris 1984.

Martel 1987 = Pierre Martel: Les écarts négatifs du français québécois parlé. In: Niederehe/Wolf 1987, 291—306.

Niederehe/Wolf 1987 = Hans-Josef Niederehe/Lothar Wolf (ed.): Français du Canada — français de France. Tübingen 1987.

Piron 1975 = Maurice Piron: Pour un inventaire général des usances de la francophonie. In: Bulletin de l'Académie royale de langue et de littérature françaises 53. 1975, 111—122. Reproduit dans:

Aspects et profils de la culture romane en Belgique. Liège 1979, 139—147.

Piron 1984 = Maurice Piron: Français régional, français non centralisé. In: Le français moderne 52. 1984, 220—221.

Pohl 1950 = Jacques Pohl: Témoignage sur le lexique des parlers français de Belgique. 16 vol. Thèse de doctorat. Univ. libre de Bruxelles 1950 [non publiée].

Pohl 1979 = Jacques Pohl: Les variétés régionales du français. Etudes belges (1945—1977). Bruxelles 1979.

Poirier 1986 = Claude Poirier: Les avenues de la lexicographie québécoise. In: Boisvert u. a. 1986, 269—285.

Poirier 1987 = Claude Poirier: Le français «régional». Méthodologies et terminologies. In: Français du Canada, français de France. Ed. H.-J. Niederehe/L. Wolf. Tübingen 1987, 139—176.

Poirier 1988 = Claude Poirier: Problèmes et méthodes d'un dictionnaire général du français québécois. In: Lavoie/Paradis 1988, 13—54.

Poirier 1988a = Claude Poirier: Aspects fondamentaux d'un éventuel projet de dictionnaire général du français québécois. In: Actes du XVIIIe Congrès International de Linguistique et Philologie Romanes. Ed. Dieter Kremer. Tome IV. Tübingen 1988, 190—202.

Problèmes = Problèmes de lexicographie en Amérique. In: Revue québécoise de linguistique 17. No 2. 1988.

Racelle-Latin 1979 = Danièle Racelle-Latin: Un inventaire des particularités lexicales du français en Afrique noire: état de la question. In: Le Français Moderne 47. 1979, 232—240.

Rey 1982 = Alain Rey: Vers une description des variantes du français. L'Inventaire des particularités lexicales du français en Afrique noire. In: Le français dans le monde 170. 1982, 71—75.

Rézeau 1987 = Pierre Rézeau: Le français du Québec à travers la presse écrite. In: Niederehe/Wolf 1987, 201—275.

Schmitt 1984 = Christian Schmitt: Die französische Sprache in Afrika. In: Archiv für das Studium der Neueren Sprachen und Literaturen 221. 1984, 80—112.

Valdman et al. 1979 = Albert Valdman/R. Chaudenson/G. Manessy: Le français hors de France. Paris 1979.

Vinay/Daviault 1958 = J.-P. Vinay/P. Daviault: Dictionnaires canadiens, I: Les dictionnaires bilingues. In: Journal des traducteurs 3. 1957, 109—113.

Wolf 1987 = Lothar Wolf/Fritz Abel et al.: Französische Sprache in Kanada. München 1987.

*Franz Josef Hausmann, Erlangen
(République Fédérale d'Allemagne)*

159. The Technical Dictionary for the Expert

1. Definitions
2. Use and Purpose
3. Content
4. Treatment of Entries
5. Presentation and Format
6. Alternative Forms
7. Selected Bibliography

1. Definitions

Certain types of dictionary, which are conceived to allow for particular situations of application and to alert users to the fact, are variously referred to as *technical* or *specialized*. Neither attribute is specific as to content or user. Dictionaries thus described may range from works intended to facilitate the handling of technical expressions by the non-expert in his own language, as with a dictionary of sea terms (Ansted 1985), to those designed to assist in translating highly specialized texts with accuracy into another language: this is what a Chinese-English/English-Chinese dictionary of political terms (Lowe 1985) does, for example. All that can in a general way be said of the technical dictionary type is that it comprehends less than the full lexical range of the general language, listing and discussing merely such segment of that language as presents particular semantic or stylistic problems in certain typical instances of its use.

There is in addition some further ambiguity in the use of the word *dictionary* since this can occasionally assume the meaning 'encyclopedia' which ordinarily denotes a work providing full factual information on a broad subject, but not necessarily on resulting questions relating to language use. Throughout this article, the word *dictionary* will be used as a term that applies exclusively to works answering the latter linguistic purpose.

The word *technical,* on the other hand, may be understood to refer to any specialized field of application including the sciences, humanities, arts, crafts—indeed any subject area in which a functional expertise is socially recognized: shipbuilding and nursing, linguistics and horticulture, or real estate appraisal (Dictionary 1984) and water chemistry (Ammon 1985) present legitimate ramifications of the type *technical dictionary*. By *expert* we usually mean any person who is fully familiar with one or the other of those subject areas regardless of its relative level of sophistication. Applied to the technical dictionary, this definition suggests that the latter is chiefly used by experts when they have to deal with their subject specialty in a foreign language either by reading or writing — when, in other words, the proper meaning of an unknown term or the proper expression of a known fact has to be established in an unfamiliar idiom.

Technical dictionaries for experts are therefore as a rule bilingual; monolingual technical dictionaries either tend towards the encyclopedic type for occasional reference by the lay public, or they are aimed at the student who does not yet master the terminology of the field in his own language. The case of the bi- or multilingual technical dictionary is in turn complicated by the fact that technical experts frequently delegate foreign-language-related components of their tasks to professional translators. Translators are, however, usually language experts by training, and lack expertise in the technical field to which their services are applied; therefore they form the most important group of individuals in need of technical dictionaries. Handling the work of technical experts though not themselves such experts, they require dictionaries of a more sophisticated level of information than the technical dictionary for the lay public or the learner will normally consider adequate and adopt. The existence of that special user group, the technical translators, has important implications for lexicographers who design technical dictionaries at the expert level.

2. Use and Purpose

What is the typical situation in which the technical dictionary for the expert will be consulted? Possessing basically a working knowledge of the foreign language involved, users will almost invariably approach the dictionary for *ad hoc* reference. This means that they bring to it specific and well-defined questions that usually pertain to the area of word semantics, and to which they expect equally precise *ad hoc* answers. Frequently they seek merely to disambiguate several likely answers; in any case the typical question asked of the technical dictionary at this level aims at one detail in a given context. Expecting immediate clarification, users value directly applicable information over theoretical and systematic discussion of linguistic points; any consultation of a technical dictionary should be regarded as an emergency in which time is an important factor.

Consultation occurs either when a foreign-language text must be assimilated or when technical information is to be communicated to speakers of a foreign language. Although this could in theory include spoken as well as written/printed communication, in actual fact the technical dictionary seems to be used mainly when working with visual text because efficient direct aural/oral exchange does not permit the interruption caused by the use of a dictionary. In such spontaneous-speech situations as orders, directions, or discussions, the need for sophisticated technical language items is furthermore relatively slight.

The technical dictionary is employed at expert level in two characteristic and distinct ways: either in reading a text composed in a language different from the reader's, i. e. in a *receptive* situation, or for composing a text in a language different from the author's own, i. e. for *productive* purposes. Obviously the language requirements are not the same in both situations, although this is seldom acknowledged in lexicographic practice. Not only will the subject information that is available to start with be different — fully known in the case of producing a foreign-language text, largely unknown in the instance of reading a technical text for its significant new information — but also, inversely, will a writer require more extensive help than a reader since he must establish a context for his foreign audience that is already available to the reader of a text. The particular style of such context ist the outcome of a wide array of factors ranging from grammar and syntax, terminology and diction, to conceptual patterns, psychological constants, and technical norms in the civilization of the target language.

Although technical experts may sometimes be required to handle more than one foreign language for purposes related to their work, this is not usually the case with professional translators who tend to specialize in one foreign language. Yet there exist technical dictionaries which are tri- or quadrilingual and are obviously designed for specialists working in a select or infrequent subject area. Some striking examples of the trend towards multilingual technical dictionaries are a dictionary of patent law in five languages (Szendy 1984), Elsevier's Sugar Dictionary in Six Languages (Chaballe 1984), or even a Dictionnaire de l'édition en 20 langues (Mora 1984). More characteristic of an older tradition is another type of multilingual technical dictionary which is generally of less use to the expert: the plurilingual *polytechnical* dictionary. Here the word 'technical' does for once indicate the technical field in its narrow sense, comprising mainly the discipline of mechanical engineering and its related or ancillary areas of specialization which may well run into the hundreds. Yet precisely because of its thematic comprehensiveness, the polytechnical dictionary must exercise an all the stricter limitation in its range, restricting its lexical choice to basic or frequent items which the lay user is more likely to look up than the expert or the technical translator. Hence a dictionary like De Vries' English-German/German-English Technical and Engineering Dictionary (1950; 1967) should properly not be considered among technical dictionaries for the expert. More generally it might be said that the less specialized a dictionary is, the less it can do for the expert.

3. Content

This discussion has variously referred to the range and scope of lexical material in technical dictionaries designed for specific user groups. The scope of a dictionary shall be understood to designate the thematic extent of its subject area, from which its choice of entries is selected; whereas by a dictionary's range we mean the degree of completeness to which lexical material which is habitually and characteristically employed in the area of scope, has been included. While it is, for example, a matter of scope whether the term *air controller* is or is not listed in a dictionary of aeronautical engineering, the decision to omit the word *airport,* which is used and understood with no less precision in the general language register, from the same dictionary would be one of range. Neither scope nor range are unequivocally determined or determinable on systematic grounds; instead each must be considered in the light of the dictionary's presumed functional setting on the one hand, and in the light of actual usage on the other—reasons why the compilers of sophisticated technical dictionaries must combine sufficient linguistic and technical competence to arrive at reasonable decisions about the contents of such works.

Whether the scope of a dictionary is satisfactory, will depend in large measure on an informed appraisal of its central subject area, which may be defined either in terms of logical systems and disciplines or along the more practical lines of the potential user's activities. Especially in the latter case, this means inevitably some amount of overlapping with neighboring subject areas, so that subject specialization as a definitory aim can easily be overstated. A realistic appraisal of situations and circumstances of the dictionary's use will usually establish a lexical scope that includes a 'margin of convenience' around the target lexicon however this may be delimited. The lexical range of a technical dictionary, especially one for experts, is generally less problematic. It is occasionally used to control content, at least from a quantitative point of view. Skillfully handled, such procedure can in turn become effective on the qualitative level as well, as in the recent bilingual *Compact Dictionary of Exact Sciences and Technology* (Kučera 1980) which does not attempt to list the total relevant lexical material of its approx. 100 subject areas but restricts its range to a highly sophisticated segment of the vocabulary, including chiefly recent coinages and referring the user for stock expressions to a slightly older and more general polytechnical dictionary, *Chambers Dictionary of Science and Technology* (1975).

Still, difficulties may arise with this method as well. While it seems to provide a convenient solution to the problem of updating content—which is of prime importance to dictionaries designed for experts—by compiling only neologisms and new meanings so that the resulting dictionary effectively becomes a supplement to one or more existing works covering roughly the same subject area, the advantage may not be so apparent to the user who is forced to consult specified additional reference works representing a double investment of time and money. More seriously, experience also shows that in the process of coordinating entries of several dictionaries, the occurrence of errors and omissions tends to increase. Yet another problem arises from the broad range of dictionaries devoted to more than one specialized subject area; in order to differentiate between several meanings of a certain lexeme relating to different subject areas, a consistent technique of applying descriptors or other glossing devices is required which is seldom found in practice, making it difficult to use the more specialized dictionary with any degree of reliability.

4. Treatment of Entries

The chief purpose of the bilingual technical dictionary is, to provide semantic equivalences. This means that entries in the source language are matched with their counterparts in the target language. Complications may arise if source language entries represent terms that have not been internationally standardized and thus lack an unambiguous translation. In such cases, the semantic range of heardword and translation may not quite coincide, creating marginal zones of incompatibility to which the user of the dictionary should be alerted so that he may himself decide whether to accept such imperfect equivalences. In the extreme, the target language may — as in the case of legal and social concepts and institutions — lack a corresponding term altogether. In such an instance the untranslatable lexeme will have to be glossed in the target language, either through a descriptive text alone or, additionally, by an exemplifying original quote. The use of authentic dated quotes is in any event desirable as an optimal means of disambiguating new or otherwise unusual terms and expressions, but it has unfortunately been to date largely ignored in technical lexicography.

Wherever description or paraphrase takes the place of the proper translation of a term, the problem of metalanguage arises. This is the language that is used to gloss entries; in the case of specialized dictionaries particular care should be taken by the lexicographer to produce explanatory text that is consistent with existing terminology or prevailing practice of designation and definition. This will e.g. become necessary if in the target language a system of norms and standards different from the one used in the source language, exists. A good example is the simple term *alloy steel* which, due to different industrial norms, may not be translated into German as *legierter Stahl* unless it is explained that the German term implies amounts of additives to the steel that lie far below the corresponding figures meeting U. S. standards. The best way to avoid errors and confusion is for the lexicographer to use references — notes that refer the user to helpful literature — although this will seldom satisfy the user's immediate need and is not carried through in technical dictionaries either frequently or with consistency. Discrepancies in the hierarchization of standardized and non-standardized terms between languages may occasionally produce the same confusion which can in some degree be countered by the use of illustrations. Especially in the form of schematic drawings, illustrations are to be preferred to complicated and ambiguous descriptions wherever no verbal equivalent can be provided for the designation of physical objects.

Technical texts — even those handled exclusively by experts — do not consistently use specialized technical vocabulary, nor does such vocabulary consist exclusively of established terms. Particularly in subject areas where research leads to constant reshaping and expansion of established knowledge, the use of speculative language favors certain lexical patterns that permit quasi-provisional semantic shapes to be sketched out where conceptualization or standardization have not yet generated definitive expressions. One such pattern characteristic of innovative speech is that of the nominal phrase which adds, depending on the language type, modifiers to the left or to the right of core nouns as required by the need to increase the delimiting accuracy of those nouns.

Examples of left-hand modification (English): radio navigation positioning chain, commercial microcomputer database management system software evaluation guidelines; *examples of right-hand modification (French):* terminologie des règles de la circulation routière, syndrome immuno-déficitaire acquis.

Ideally it should be expected that dictionaries dealing with areas of application where syntagms and collocations play an important role, will try to answer the need for clarification of such complex word formations. In practice, however, compilers of technical dictionaries often base their choice of entries on existing, and hence, dated lexical lists — previous dictionaries, terminologies, thesauri — which obviously do not yet contain expressions accounting for the latest developments reflected in texts; the only adequate lexicographic procedure would therefore consist in compiling a technical dictionary from scratch on the basis of a critically selected corpus of recent literature which should, in a next step, be checked against existing works covering the same field. (For further details on data collection, see art. 170). Although the technical dictionary for the expert is basically designed to assist users working with written text and is focused on the semantic aspect, this does not preclude the possibility of listing other information along with the glosses. Normally the user of a technical dictionary at this level is expected to be reasonably conversant with the general register of the foreign language and its standard applications; still he may find it helpful to be given indications of such irregularities and peculiarities in grammar as rare or dubious plural forms, gender, case markings, variants of spelling and usage as e.g. British vs. U. S. or French vs. Belgian, or advice on syllabification and hyphenation, and on deviations from standard pronunciation. Another type of information the user will often expect, but seek in vain, in a technical dictionary of this kind are abbreviations and acronyms; it will usually help little that they are occasionally collected in separate reference works that may not be at hand for immediate consultation. Generally, however, all those features are, despite their potential benefit to the user, of secondary importance and should be subordinated to the semantic perspective whenever their treatment may conflict with the latter.

5. Presentation and Format

As the technical dictionary for the expert is not an instrument of leisurely study but an aid for quick *ad hoc* reference by persons neither familiar with, nor much interested in, linguistic concerns as such, its format must in the first instance observe the laws of practicality and economy. The reader wishes to be able to consult it successfully without needing special knowledge about its underlying principles and should quickly find that which he is looking for without being forced to absorb much unwanted—because irrelevant in the given situation—information. This means that the lexico-semantic information, with which he is centrally concerned, should be made *directly* available. This requires a mode of access to the dictionary's information which is universally familiar, easy to use, and relatively unambiguous.

The only method that answers all those conditions is the use of the Latin alphabet as an internationally accepted ordering principle for entries. Systematic presentation as in nomenclatures, inventories, or taxonomies might offer advantages to the presentation of meanings and equivalences; but since conceptual systems are not identical in different language areas, the dictionary user—even as an expert—would need relatively much time to look up expressions in a systematic display presented in the foreign language. Alphabetic ordering of entries as headwords and within articles may, on the other hand, result in broken and erratic sequences of meanings that run the risk of confusing the hasty user and of causing mistakes even within the dictionary material. This applies particularly to compound words and collocations, where the core element may, as in English, occur farthest to the right, preceded by its various modifiers. Listing such collocations by the first letter of their first pre-modifier, means frequent repetition of the core information and thus, waste of much time and space. In dictionaries for the expert who can be assumed to have a systematic grasp of his subject, a modified type of alphabetical listing would be preferable that presents the core lexeme as headword; below this, all collocations belonging to the same lexeme are then arranged alphabetically, first those with modifiers on the left, and next those on the right. What is extremely confusing to the user and should be absolutely avoided, is the switching of lemmata belonging to the same headword, due to rigorous application of the alphabetic

sealer *n* / Dichtungsstoff *m*, Dichtmittel *n* ‖ ~ (Paint) / (manchmal auch) Zwischenanstrich *m* ‖ ~ (Paint) s. sealing primer
Seale rope / Seale-Seil *n* (ein Drahtseil in Parallelmachart)
sea level* (Surv) / Meeresspiegel *m*
sealing *n* / Verschließen *n*, Abschließen *n* ‖ ~ / Dichten *n*, Abdichten *n* ‖ ~ (Elec Eng) / Nachverdichtung *f*, Sealing *n* (beim Eloxieren) ‖ ~ (For) / Versiegelung *f* (von Holzfußböden) ‖ ~ (Paint) s. sealing primer ‖ ~ (Plastics) / Schweißen *n* ‖ ~ (Plastics) s. also welding ‖ ~ **box*** (Cables) / Kabelvergußkasten *m* ‖ ~ **compound** / Dichtungsmasse *f*, Vergußmasse *f* ‖ ~ **compound** s. also sealer ‖ ~**-in*** *n* (Elec Eng) / Einschmelzen *n* ‖ ~**-off*** *n* (Elec Eng) / Abquetschen *n* (nach dem Evakuieren) ‖ ~ **primer** (Paint) / Einlaßmittel *n* (ein Anstrichstoff, der in einen saugfähigen Untergrund eindringt und dessen Saugfähigkeit verringert oder ganz aufhebt) ‖ ~**-wax** *n* / Siegellack *m*
seal oil / Robbentran *m*, Robbenöl *n* ‖ ~ **ring** (Eng) / Dichtring *m*

Dictionary excerpt 159.1 (in: Kučera, The Compact Dictionary, 408—409)

principle in the ordering of compounds and collocations. Fig. 1 shows the typical result of such procedure.

The headword **sealer** is followed by the new headwords **Seale rope** and **sea level**; then the list returns to the sememe *seal-* in presenting **sealing** with a line of post-modifiers ending in ~**wax,** followed by **seal oil** (identified in translation as 'animal fat') which is in turn immediately succeeded by ~**ring** translated — correctly — as 'sealing device'. The question, to what lengths collocations found in source texts should be included and listed under each pre- and postmodifier, depends on both the total size of the lexicon treated and on economic considerations.

Speedy consultation is not only a matter of the user's efficient orientation in the printed page but also a question of physical perception of the printed text. Different letter sizes are helpful in distinguishing between non-related types of information; but even for relatively minor comments they should still be large enough in order to be deciphered by users with normal eyesight without magnifying devices and in various light conditions. The choice of suitable glare-free paper which is also sturdy enough to withstand rough and hasty use, can also play an important role in the favorable reception of a specialized dictionary, particularly in technical fields of application where working conditions tend to keep the user moving between makeshift facilities. Any dictionary that is likely to be used on a desk next to writing pad or keyboard, should be bound in such a way that it remains open at any desired page if placed face up. In the case that any symbols are employed that are not self-explanatory, those symbols and abbreviations should be explained in a legend that can be consulted without the need to leaf back and forth in the dictionary, which can easily be achieved by inserting a fold-out behind the front cover. Symbols as well as abbreviations in the metalanguage of technical dictionaries will furthermore be better observed and understood if their number is kept to the necessary minimum; they are in any case potential sources of errors that usually can be avoided. Finally, the cover of a dictionary should be of a kind and quality as to keep the volume serviceable

---

Schnee *m* snow, grass (TV) ~ **und Regen gemischt** sleet
Schnee-belastung *f* snow load **-besen** *m* egg beater **-blind** snow-blind **-brille** *f* snow goggles **-dichte** *f* density of snow **-fall** *m* snowfall **-fanggitter** *n* snow fence **-fegewagen** *m* snowplow **-flocke** *f* snowflake **-flugzeug** *n* airplane fitted with skis **-fräse** *f* snow propeller **-fräsmaschine** *f* rotary snow plow
Schnee-gestöber *n* driving snow, blizzard **-gips** *m* scaly, foliated or snowy gypsum **-gitter** *n* snow guard or fence **-grenze** *f* snow line
Schnee-kette *f* snow or tire chain, nonskid chain **-kristall** *m* snow crystal **-kufe** *f* landing skid (aviation), skis, ski runner, snow runner **-kufenfahrwerk** *n* ski undercarriage, ski landing gear **-landung** *f* snow landing **-last** *f* snow load **-mantel** *m* white coat (for camouflage in snow), coat of snow
Schneemasse, wässerige ~ sludge
Schnee-messer *m* snow gauge **-pflug** *m* snowplow **-räumgerät** *n* snow removal equipment **-roller** *m* snow roller **-schanze** *f* snowdrift, snow trench **-schaufel** *f* snow shovel **-schläger** *m* egg whisk **-schleuder** *f* rotary snowplow **-schmelze** *f* snow melt **-stern** *m* snow crystal **-sturm** *m* snow-storm blizzard
Schnee-treiben *n*, **-verwehung** *f* snowdrift **-wasser** *n* snow water **-wehe** *f* snowdrift **-weiß** snow-white **-zaun** *m* snow fence
Schneid-abfall *m* trimmings **-anker** *m* cutting grapnel **-anlage** *f* cutting plant
Schneidapparat *m*, **autogener** ~ oxyacetylene cutter
Schneid-ausrüstung *f* cutting outfit **-backe** *f* screwing jaw or die **-backen** *m* bolt die, die, screw die **-band** *n* steel band
schneidbar sectile
Schneidbohrer *m* tap

Dictionary excerpt 159.2 (in: Ernst 1974, 774)

Schnee *m* / snow ‖ ~ (Störung bei umlaufender Basis) (TV) / grass, snow, picture noise ‖ ~**[fang]gitter** *n* (Dach) / snow fence o. board o. guard, gutter board ‖ ~**fräse** *f* / rotary snow plow ‖ **orographische** ~**grenze** / perpetual snow line ‖ ~**kette** *f* (Kfz) / nonskid o. snow chain, skid chain ‖ ~**kufe** *f* (Luftf) / landing o. snow o. undercarriage skid ‖ ~**kufenfahrwerk** *n* (Luftf) / ski type landing gear ‖ ~**kufen-Federbein** *n* (Luftf) / pedestal ‖ ~**last** *f* / snow load o. pressuré ‖ ~**pflug, -räumer** *m* / snow plow ‖ ~**pflug, -räumer** *m* (Bahn) / snow sweeper ‖ ~**räumgerät** *n* / snow remover ‖ ~**regen** *m* / sleet ‖ ~**sack** *m* (Bau) / snow trap ‖ ~**schlamm** *m* (Meteorol) / slush ‖ ~**schleuder[maschine]** *f* / rotary snow plough, snow blower ‖ ~**schutzanlage** *f* (Bahn) / snow fence o. shed ‖ ~**schutzgitter** *n* / roof guard ‖ ~**sporn** *m*, **-kufe** *f* (Luftf) / tailski[d], **-spar** ‖ ~**verwehung, -wehe** *f* / snow drift ‖ ~**verwehung, -wehe** *f* (Bahn) / wreath of snow ‖ ~**weiß, Deckweiß** *n* (Farbe) / zinc white ‖ ~**zaun** *m* (Bahn, Straßb) / snow fence o. shelter
Schneid-anker *m* (Seekabel) / cutting grapnel ‖ ~**anlage** *f* / cutting installation ‖ ~**apparat, -brenner** *m* / flame cutter ‖ ~**arbeit** *f* (allg, Film) / cutting ‖ ~**arbeit** (Wzm) / cutting energy o. force ‖ ~**arbeit**, Schneiden *n* (Stanz) / cutting o. shearing [work] ‖ ~**arbeit**, Ausschneiden *n* (Stanz) / blanking, blank cutting o. shearing ‖ ~**backe** *f*, **-eisen** *n* / screw o. screwing die ‖ ~**backe für Rohrgewinde** / pipe die ‖ ~**balken** *m* **für Mittelschnitt** (Landw) / medium pitch cutter bar ‖ ~**balken für Normalschnitt** (Landw) / standard pitch cutter bar ‖ ~**balken für Tiefschnitt** (Landw) / narrow pitch cutter bar ‖ ~**bohrer** *m* **für Rohrgewinde** / pipe tap ‖ ~**brennen** *n* /

Dictionary excerpt 159.3 (in: De Vries 1967, 878)

as long as its contents are still useful. This is a period that will be different from one technical area to the next and will primarily depend on the rate of innovation or obsolescence of knowledge in a particular field of application. Generally speaking the useful life of a technical dictionary for the expert has a much shorter span than that of non-specialized dictionaries of the general language, although carefully revised editions and reprints of popular polytechnical dictionaries in particular may keep such titles as Ernst's Wörterbuch der industriellen Technik (Ernst 1974) or De Vries' technical dictionary (De Vries 1967) in long use as well. It would be false to seek the reasons for this exclusively, or even primarily, in the quality of their contents; satisfaction with a certain size or weight, with an indestructible spine or a particular type of binding can contribute much to such success.

6. Alternative Forms

The remarks contained in the preceding paragraphs are based on the assumption that the technical dictionary consists of the conventional type of book publication which the vast majority of dictionaries for the general language still represent. That assumption is being put in doubt by the increasing use of computer-based data collection methods and by a quickly growing number of computer terminals in technical and translation offices. A future perspective on the technical dictionary may therefore suggest a very different picture in which computer screen and keyboard will have replaced the bound paper volume. In their electronic form, dictionaries would function essentially like any other type of data bank from which the user retrieves precisely that information which he needs. Here the store of information is usually not limited—more or less arbitrarily—by economic considerations, and this could open up vast new chances for references and verification to the lexicographer and his specialist client. On the other hand the task of locating wanted and relevant items is left more than ever to the ingenuity and patience of the user, which may necessitate the introduction into lexicography of entirely novel types of presentation of lexical data to help account for the increase in information that is sure to occur with the transition from book page to chip. Under the circumstances of such a turn to encyclopedic coverage, the pedagogic dimension of the dictionary—its readiness to assist and guide the user towards anticipated goals—may be hard to sustain; at the least it will lead to a new relationship between the lexicographer and the users of his product, as it may also create in the users of such new systems new attitudes toward the language medium and the way in which they tend to handle it. In any case the idea of a static dictionary as a symbol of linguistic authority will be a thing of the past.

Beside the uncertainties and hardships which the electronic dictionary could impose on its users, there are undoubtedly a good many possible advantages it will eventually be able to offer. Once the problem of access is satisfactorily solved, speedy and pertinent responses to highly specialized requests become possible. This would benefit the technical expert in particular, who is thus assured of the greatest possible relevance and reliability in the answers to his requests. Coupled with the updating potential of electronic data processing and storage, the 'electronic dictionary' could indeed revolutionize text handling across languages and their various registers.

7. Selected Bibliography
7.1. Dictionaries

Ammon 1985 = Friedrich von Ammon: Dictionary of Water Chemistry. Florida 1985 [XI, 203 p.].

Ansted 1985 = A. Ansted: A Dictionary of Sea Terms. 3. ed. New York 1985 [360 p.].

Chaballe 1984 = L. Y. Chaballe: Elsevier's Sugar Dictionary in Six Languages. Amsterdam 1984 [321 p.].

Chambers 1975 = T. C. Collocott: Chambers Dictionary of Science and Technology. Edinburgh 1975 [1296 p.].

De Vries 1967 = Louis De Vries: English-German Technical and Engineering Dictionary. Wiesbaden 1967 [1154 p. 1st ed.: 1950].

Dictionary 1984 = Dictionary of Real Estate Appraisal. Chicago 1984 [368 p.].

Ernst 1974 = Richard Ernst: Wörterbuch der industriellen Technik. Deutsch-Englisch. Wiesbaden 1974 [1061 p. 1st ed.: 1948].

Kučera 1980 = Antonin Kučera: Compact Dictionary of Exact Sciences and Technology English-German/German-English. 2 vols. Wiesbaden 1980. 1982 [XIX, 571 p. XIII, 825 p.].

Lowe 1985 = Joseph D. Lowe: Dictionary of Political Terms Chinese-English/English-Chinese. California 1985 [XVII, 1200 p.].

Mora 1984 = Imre Mora: Dictionnaire de l'édition en 20 langues. Paris 1984 [3rd ed. 389 p.]

Szendy 1984 = György L. Szendy: Wörterbuch des

Patentwesens in 5 Sprachen. Düsseldorf 1984 [XXXI, 906 p.].

7.2. Other Publications

Opitz 1983 = Kurt Opitz: Special-purpose lexicography. Dictionaries for technical use. In: R. R. K. Hartmann: Lexicography. Principles and Practice. London 1983, 163—180.

*Kurt Opitz, Hamburg
(Federal Republic of Germany)*

160. Das Fachwörterbuch für den Laien

1. Der Begriff des 'Laien'
2. Der Begriff des 'Fachs'
3. Der Begriff des 'Fachwörterbuchs'
4. Laie mit Fachwörterbuch: Benutzungssituation
5. Gesellschaftliche Funktion von Fachwörterbüchern für den Laien
6. Vermittelnde Funktion zwischen fachlicher Sache und Fachsprache
7. Erklärung von Fachwörtern für den Laien
8. Literatur (in Auswahl)

1. Der Begriff des 'Laien'

'Laie' ist synonym mit 'Nichtfachmann'. Die allgemeinen einsprachigen Wörterbücher geben neben dieser 'weltlichen' Bedeutung ('jd., der von einem [best.] Fach nichts versteht'; — 'who has no expert knowledge; non-professional'; — 'qui n'est pas initié à un art, une science; qui ignore tout d'un art, d'une science; ignorant'; — 'che non è versato, specializzato, professionalmente interessato in un'arte, disciplina e simile'; — 'que carece de conocimientos y autoridad en una materia; se aplica al que no entiende de determinada materia; falto de noticias en cierta materia') auch eine 'religiöse', 'geistliche' Bedeutung ('Laienbruder', 'Nichtgeistlicher') an (im Romanischen ist sie heute die Basisbedeutung):
engl. *layman;* fig. *uninitiated person; novice, outsider; amateur.* —
franz. rel. *laïque, séculier; profane.* —
ital. *laico;* fig. *profano.* —
span. *laico, lego;* fig. *profano.*
Sie tragen damit dem Bedeutungswandel Rechnung, auf den das Grimmsche Wörterbuch (6. Band, 1885, 77 f.) gültig hinweist: „im gegensatze zu dem geweihten priesterstande, in welcher bedeutung das wort von den kirchenvätern seit Tertullian in der lat. form laicus oft gebraucht erscheint, und mit der mission auch ins deutsche [scil. und andere europäische Sprachen] dringt". Das kirchenlat. *laïcus* ('Nichtgeistlicher'), dem für 'Nichtkenner' Ausdrücke wie *homo rudis* oder *homo imperitus* aus dem Lateinischen gegenüberstanden, ist verwandt mit griech. *laós,* att. *leós* ('Volk', 'Menge'); entsprechend lat. *profanus* ('vor dem *fanum* ['Heiligtum']'; 'nicht [ein]geweiht') und griech. *bébēlos* ('zugänglich', 'ungeweiht', 'nicht heilig'). Aus dieser Bedeutung hat sich — nach Grimm (loc. cit.) — „schon frühe die bedeutung ungelehrt, etwas nicht gelernt habend, entwickelt".

Der Begriff 'Laie' versteht sich somit prinzipiell relational ('in bezug auf'), und zwar (zuerst) gegenüber einer sozialen Gruppe (Priester, ins *fanum* Eingeweihte); dann relational zu einer Vorstellung von 'Bildung' (Lernwissen, Gelehrtsein); schließlich, damit ursächlich zusammenhängend und insbesondere heutzutage so verstanden, relational zu einem Fach (fachlichen Gegenstand, Sachverhalt, Handlungszusammenhang). Dabei trägt 'Laie' das Merkmal des Ausgegrenztseins, eben des Nicht-Eingeweihtseins.

2. Der Begriff des 'Fachs'

Dem steht der 'Fach'-Begriff gegenüber, der schon aus seiner etymologischen Herleitung — aus idg. *pag- (oder *pak-), griech. *pēgnýnai,* lat. *pangere* ('befestigen'), *pagus* ('Gau', 'eingegrenztes Gebiet'), *pagensis* ('zum Land/Gebiet gehörig'); vgl. franz. *pays,* ital. *paese,* span./port. *país* ('Land') — gerade umgekehrt die Eingrenzung, Schutzumfassung, Abteilung, Abwehr mitschwingen läßt: der 'Fachmann' als Eingeweihter, als somit Kenner und Wissender („Insider").

Für fachliche, fachgebundene Verrichtungen, Erwerbstätigkeiten und Arbeiten sind entsprechend begriffliche Leitmerkmale wie *'Fähigkeit* (zum systematischen Erfassen sachlicher Zusammenhänge)', 'speziell (durch Ausbildung, Lehre, Studium) erworbene *Kenntnis', 'Fertigkeiten* (in Arbeitsprozessen, spezifischen Handlungsabläufen, Umgangs- und Kommunikationsgewohnheiten)', '(Erfahrungs- und Lern-) *Wissen* (zu einem Sachgebiet bzw. Handlungsraum)' charakteristisch.

Etwa ab Mitte des 18. Jh. in Frankreich, ab Anfang des 19. Jh. in Deutschland faßt man sie verdichtet in dem Begriff 'Beruf' (franz. *profession/ métier,* ital. *professione/mestiere,* span. *profesión/ oficio;* zu kirchenlat. *professio* 'Anmeldung', '(öffentliche) Äußerung', metonym. 'Gewerbe', 'Kunst', 'Fach' [vgl. *profiteri* 'bekennen', '(öffentlich) erklären']). Die ursprüngliche Bedeutung von 'Beruf' als 'Berufung' (neutestamentl. griech. *klēis* 'Ruf', 'Berufung [zur Seligkeit]', kirchenlat. *vocatio* 'Ruf', 'Anruf [heute franz. *vocation,* ital. *vocazione,* span. *vocación,* engl. *vocation*]) und die dann später noch gültige Assoziation daran sind zwar inzwi-

160. Das Fachwörterbuch für den Laien

schen, seit dem 15. Jh., einem (spätestens seit der Aufklärung vorherrschenden) gemeinsprachlichen Verständnis im Sinne von 'erwerbsmäßiger fachlicher Tätigkeit' gewichen, haben sich aber im Romanischen durchaus noch kontextabhängig halten können; die romanischen Varianten zu *professio* (s. o.) (die speziell auch die Bedeutung 'Handwerk' einbringen) basieren auf lat. *ministerium* ('Dienst', 'Amt'; vgl. auch bedeutungsgleich *officium*), sprechlat. *misterium, das als Kreuzungsergebnis mit *mysterium* entstanden ist, also seinen romanischen Nachfolgern ebenfalls ein starkes religiöses Mitverständnis beigibt (selbst das span. Ersatzwort *oficio;* vgl. *Santo Oficio*).

Aus dem komplexen Verständnis von 'Beruf(en)' heraus entwickelte sich ab Beginn des 19. Jh. und mit dem Einstieg in die industrielle Revolution und ihren einschneidenden Arbeitsteilungen jener heutige 'Fach'-Begriff, der mehrere Berufe oder Berufsgruppen umfaßt. Nach dem höherabstrakten Gesichtspunkt des (manuellen/praktischen und intellektuellen/theoretischen) Wissens etikettiert er demnach die konventionalisierten Weisen, die Welt in Handlungsräume einzuteilen und mit deren Objekten und Sachverhalten umzugehen (nämlich als eben ein 'Fachmann', 'Experte', 'Sachverständiger').

3. Der Begriff des 'Fachwörterbuchs'

Man wird wegen der Komplexität (vgl. 2.) den Begriff 'Fach' nicht isoliert, z. B. in einem Titel zu einem Einführungswerk, einem Intensivkurs, einem Wörterbuch, finden, sondern prinzipiell in einer berufs- oder disziplinbezogenen Konkretisierung. Der Ausdruck 'Fachwörterbuch' meint somit konsequenterweise nicht bestimmte Exemplare, sondern stets einen Typ. Die Fachsprachen-Forschung, aufgekommen ab Ende der 60er, mit Beginn der 70er Jahre, hat sich allerdings der Fachlexikographie als Forschungsgebiet noch nicht breit zugewandt (vgl. Wiegand 1988; vgl. Art. 58).

Der Ausdruck 'Fachwörterbuch' ist zweideutig; er läßt sich auflösen, wenn man beim Sprechen das Hilfsmittel der Akzentverlagerung, beim Schreiben das des Bindestrichs einsetzt: Demnach ergeben sich die Ausdrücke *'Fáchwörter-Búch'* und *'Fách-Wőrterbuch'*. Beide geben zwar an, daß fachbezogene Wörter, Wörter also aus (und für) beruflichen Handlungsabläufen und Kommunikationszusammenhängen versammelt sind; aber sie bieten dabei unterschiedliche Blickrichtungen (3.1., 3.2.):

3.1. Fachwörter-Buch (semasiologisch)

Im 'Fachwörter-Buch' sind die sprachlichen Bezeichnungen, die Fachwörter, versammelt, die in ihrer Bedeutung den außersprachlichen Fächern und Berufen zugeordnet werden (mit Hilfe diatechnischer Markierung; vgl. Art. 58). Im Zuordnungsverhältnis von Sprache (Lemma: Fachwort, Terminus) und (fachlicher) Welt wird hier also die Bedeutungs-Relation berücksichtigt; das Fachwörter-Buch gewichtet demnach die semasiologische Perspektive. Typ der Wörterbuch-Titel: *Forschungs-Wörterbuch. Grundbegriffe zur Lektüre wissenschaftlicher Texte* (Krapp/Hofer/Prell 1982); *Das Fachwort im täglichen Gebrauch* (Mackensen 1981); *Dictionary of Scientific Usage* (Godman/Payne 1979). Der typologische Abstand zur Enzyklopädie, die sich noch komplexer definiert, ist hier nur noch sehr schmal. Mackensen (1981, 5) breitet einen ganzen Tagesablauf aus, der von der „Verwissenschaftlichung unserer Sprache" aus den verschiedensten Fachgebieten Zeugnis ablegt; ein solches breites Spektrum als „Übel" (loc. cit.) der Verständigung im Alltag deckt ein Fachwörter-Buch ab, als eine Zusammenstellung „gängiger", d. h. meist in die Gemeinsprache übernommener, (angeblich) „täglich gebrauchter", dem Laien in der Alltagswelt begegnender Fachwörter:

> **abfahr|en** ↑ (Reifen) durch Fahren abnutzen; Drogeneinwirkung spüren; Film laufen lassen; Aufnahme beginnen; Produktionsanlage außer Betrieb setzen; **A.grenze** w Grenze der Verkehrssicherheit von Autoreifen; **A.t** w ↑ Abbiegeanschluß von der Autobahn; Geschwindigkeitslauf im Schisport (= **A.tsrennen** s)

Textbeispiel 160.1: Wörterbuchartikel (aus: Mackensen 1981, 7)

Fachsprachliche Bedeutungen sind nochmals eigens gekennzeichnet mit ↑; Zugehörigkeit zu einem Fachgebiet ergibt sich hier zwar nicht durchgängig aus entsprechender (diatechnischer) Markierung (vgl. Godman/Payne 1979), wohl aber eindeutig durch den jeweiligen (Kurz-)Kontext.

3.2. Fach-Wörterbuch (onomasiologisch)

Das 'Fach-Wörterbuch' (d. h. fachliche, fachbezogene Wörterbuch) definiert sich dagegen (vgl. 3.1.) vom außersprachlichen Sachverhalt und fachlichen Handlungszusammenhang her, es orientiert sich an einem Fach(gebiet), bezieht sich — festgelegt schon im Titel — auf einen Beruf, eine Sparte, Domäne, Branche, ein Ressort, also auf einen fachlichen Ausschnitt aus der Lebenswelt einer arbeitsteilig organisierten Gesellschaft. Zu diesen, als dort vorhandene oder geforderte Bezeichnungsgewohnheiten, werden im Wörterbuch die entsprechenden (Fach-)Wörter geboten: von der fachlichen (oder als fachlich angesehenen) Sache zum fachbezogenen Wort; das ist die onomasiologische Sichtweise. Typ der Wörterbuch-Titel (die sehr zahlreich und variantenreich sind): *Wörterbuch des Sports, Medical Dictionary, Dictionnaire de droit et des sciences économiques, Diccionario de Astronomía y Astronáutica.*

4. Laie mit Fachwörterbuch: Benutzungssituation

Beide methodischen Ausrichtungen gehören zur Semantik, dem prinzipiellen Ort von Lexikographie; im Fachwörterbuch dienen sie dazu, semantische Informationen im gegenseitig abhängigen Verhältnis von Fach und Sprache, bzw. von fachlichem Objekt/Sachverhalt/Handlungszusammenhang und Fachwort mitzuteilen, darzulegen und zu erklären. Wörterbücher, erst recht Fachwörterbücher, haben dabei prinzipiell die Aufgabe, vorhandene Wissenslücken auffüllen zu helfen und Unkenntnis zu beheben, also „für den Laien" dazusein: Der Auskunft und Rat suchende Wörterbuchbenutzer ist, wenn er zum Fachwörterbuch greift, grundsätzlich in der Rolle des 'Unwissenden' oder des 'Nichtgenau-Wissenden' (und sei es auch nur in einem speziellen Einzelfall).

4.1. Typologische Beziehungen

Greift der Laie zu einem semasiologisch orientierten Fachwörterbuch ('Fachwörter-Buch'), so gibt er sich als jemand zu erkennen, der einen Ausdruck nachschlagen will, dessen fachliche Bedeutung, dessen Anwendungsgebiet und dessen Fachzugehörigkeit er nicht kennt; er ist hierbei ein *„totaler Laie".* Dagegen haben Bedeutungssuchende, die ein onomasiologisch ausgerichtetes Fachwörterbuch ('Fach-Wörterbuch') wählen, bereits eine Auswahl aus den vielen möglichen Fächern getroffen, kennen (wenigstens im groben) die fachliche Zugehörigkeit des ihnen semantisch noch unbekannten Fachworts, haben eine fachbezogene Orientierung. Solche Benutzer gehören zu den 'interessierten' oder 'informierten' Laien, zu den *"Bildungslaien".* Da diese Gruppe bildungssoziologisch auch eine motivierte Käuferschicht ist, die für ihre jeweils spezifischen Interessen Informationshilfsmittel sucht, wird deutlich, warum die onomasiologische Ausrichtung die übliche für laisierende Fachwörterbücher ist.

4.2. Kommunikative Beziehungen

Der Fachmann (repräsentiert vom Fachwörterbuch mit seiner Fachwörter-Auswahl und den Fachwörter-Erklärungen), der Laie (als Wörterbuchbenutzer), das Fach(gebiet) (onomasiologisch festgelegt, und sachlich einbezogen in den Erklärungs- und Definitionskontexten), schließlich die Sprache (als Fachwörter und deren Erklärungen) sind im Fachwörterbuch für den Laien zu einem Relationennetz miteinander verknüpft. Jeder dieser vier Faktoren ist eine Komponente 'in bezug auf' (!) die anderen:

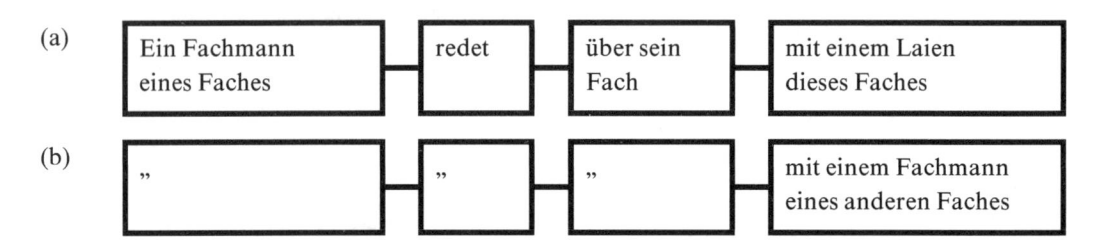

(a) [Ein Fachmann eines Faches] — [redet] — [über sein Fach] — [mit einem Laien dieses Faches]

(b) [„] — [„] — [„] — [mit einem Fachmann eines anderen Faches]

Die Relativität des Begriffs 'Laie' zeigt sich gerade hier in (b), wo zwei Fachleute einander ja durchaus Laien sind. Auch ist innerhalb eines bestimmten Faches der mit dem Lernen Beginnende (Ausbildung, Lehre, Studium) ein Laie gegenüber dem schon langjährig Erfahrenen. In einer arbeitsteiligen Gesellschaft ist somit stets der größte Teil 'die Laien', nämlich alle außer den jeweils speziell eingegrenzten Fachleuten ('Ein Fachmann eines Faches redet über sein Fach mit einem anderen dieses Faches': 'Zwei Fachleute reden über ihr Fach').

5. Gesellschaftliche Funktion von Fachwörterbüchern für den Laien

Ein Fachwörterbuch, das sich ausdrücklich an andere Benutzer als an Fachleute desselben Faches wendet (vgl. Art. 159), hat demnach (vgl. 4.2.) eine breitgefaßte soziale

Funktion inne. Es bemüht sich mit seiner spezifischen Kommunikationssituation (vgl. 4.2.: (a), (b)), die Asymmetrie der Verteilung von (Fach-)Wissen in der Gesellschaft mit seinen Mitteln und in seinen Grenzen auszugleichen. Das Kulturgut 'Wörterbuch für den Laien' ermöglicht es für einen funktionierenden Austausch zwischen den fachlichen Gruppen, Brücken der Verständigung im Bildungs- und Kenntnisgefälle zu schlagen, indem das Verstehen gewährleistet wird und sich somit ein Verständnis zwischen den (je nach Situationen wechselnden) 'Laien' und 'Fachleuten' entwickeln kann.

Diese gesellschaftserziehende Leistung hat zuerst die französische Aufklärung, im 18. Jh., erkannt und ausgerechnet über die Lexikographie (neben einigen Formen stilistisch ansprechender Prosa, z. B. Dialogen) zu verwirklichen versucht: Das Bürgertum als Stand, die Frauen als Gruppe, die Kinder als zukünftige aufgeklärte Generation wurden mit Wörterbüchern zu 'Sciences, Arts und Métiers', die auf sie als Laien zugeschnitten waren, zur Bildung geführt, also: fachbezogen informiert. Als ein gesellschaftliches Anliegen verstand so Denis Diderot die *Encyclopédie ou Dictionnaire raisonné* (1751—1780), „ouvrage destiné à l'instruction générale ['Allgemeinbildung'] des hommes", gewidmet der „portée commune des hommes" (dem 'allgemeinen Verständnis') (Diderot 1755, 637 c). Für sein zeitgemäßes Anliegen, 'rendre populaire les connoissances' (648 c), nahm er zwei Gruppen von Wörterbuchbenutzern aus: „Ce sont les génies transcendans & les imbécilles, qui n'ont besoin de maîtres ni les uns ni les autres" (648 d).

6. Vermittelnde Funktion zwischen fachlicher Sache und Fachsprache

Die Aufklärung hat für ihr Anliegen (vgl. 5.) auch lexikographisch Zeichen gesetzt; denn um die genuin didaktischen Ziele zu erreichen, mußte der Laie gleichermaßen informiert werden über die fachliche Sache einerseits und über die fachsprachliche Kommunikation (mit Hilfe von Fachwörtern) andererseits: Die traditionelle Trennung in *Sprachlexikographie,* die das sprachliche Wissen versammelt und erklärt ('Wörterbuch'), und *Sachlexikographie,* die sich dem Sachwissen (Weltwissen, enzyklopädischem Wissen) widmet ('Enzyklopädie', 'Lexikon'), ließ sich gerade in der Adressatenrichtung 'für Laien' sinnvoll vermischen: Der *Dictionnaire encyclopédique,* engl. *Encyclopedic Dictionary,* entstand als Typ. Er ist in der romanischen Welt heutzutage sehr beliebt und auch weit verbreitet (*Petit Larousse, Dizionario Garzanti, Pequeño Larousse;* vgl. Art. 93); die französische Wörterbuchkultur wartet allein mit 10 Repräsentanten dieses Mischtyps auf (vgl. Hausmann 1977, 33), die italienische mit fünf. Mitte der 60er Jahre, als die Fachsprachen ins öffentliche Bewußtsein gerieten, zielte Harald Weinrichs Vorschlag (1976, 1985 [1978]), ein *Interdisziplinäres Wörterbuch der deutschen Sprache* zu erarbeiten, gerade auf diese lexikographische Lücke, um die „spezifische[n] Störung[en] der Kommunikation im Bereich zwischen der Gemeinsprache und der wachsenden Zahl der wissenschaftlichen Fachsprachen" (Weinrich 1985, 74) zu überbrücken. In der deutschen Tradition werden derartige seltene Nachschlagewerke vom Typ des enzyklopädischen Wörterbuchs als „Allbuch" bezeichnet (vgl. Wiegand 1988, 746—749, 754). In dem moderneren Verständnis als eine 'interdisziplinäre' Gemeinschaft von Wort- und Sach- bzw. Fachlexikon hätte hier im recht engen Spektrum deutscher Wörterbuchtypen ein „Kommunikationslexikon" (Weinrich 1976, 368) zwischen Fachleuten und Laienbenutzern entstehen können.

7. Erklärung von Fachwörtern für den Laien

Die Tradition der Fachwörter-Erklärung für den Laien verläuft also (vgl. 5.) in einer aufklärerischen Grundhaltung des (fachlichen) Autors. Er hat aus der spezifischen Kommunikationssituation (vgl. 4.2.) drei Gesichtspunkte so zu berücksichtigen, daß sich der Hinweis 'für den Laien' auch tatsächlich rechtfertigt, und zwar dies gleichsam aus den Merkmalen, Entscheidungen und Ergebnissen des Fachwörterbuchs heraus. Denn „von außen", über den Titel, ist dieser Wörterbuchtyp nicht (eindeutig) zu erkennen: Einen solchen ausdrücklichen Titel 'Fachwörterbuch für den Laien' wird man nicht oder schwerlich finden. Die Gesichtspunkte fachexterner Lexikographie sind (a) soziologisch (Rezipienten-Bezug) (vgl. 7.1.): Der Laie als unbekannter Adressat. (b) sprachlich (Code-Bezug) (vgl. 7.2.): Gebot der Verständlichkeit; Mischung der Informationen aus sprachlichen und sach-/fachbezogenen Daten (Mikrostruktur). (c) konzeptionell (Referent-Bezug) (vgl. 7.3.): Auswahl (Selektion) und Gesamtanlage (Makrostruktur).

7.1. Soziologische Besonderheiten

7.1.1. Komplexes Handlungsfeld

Das Wörterbuch für den Laien setzt ein komplexes Handlungsumfeld voraus: Der potentielle Benutzer muß (a) ein solches Wörterbuch erst einmal kaufen wollen, was Entscheidungen bedingt, und zwar (neben dem Finanziellen) typologische (vgl. 3.1./3.2.) und fachbezogene (Entscheidung für ein weitgefaßtes als z. B. 'Wörterbuch der Sozialwissenschaften'? — oder, darin spezifischer, 'der Wirtschaft'? — oder, hier noch enger gefaßt, 'der Betriebswirtschaft[slehre]'? — oder, noch spezieller, dabei aber auch noch verengter, 'des Investitions- und Finanzierungswesens'?). (b) Der Laie muß die gekauften und nun zu Gebote stehenden Informationen auch benutzen *wollen* (was sich ja sogar auch körperlich umsetzt: zum Bücherregal gehen, Buch nehmen, Lemma blätternd suchen). (c) Er hat die Informationen des Wörterbuchartikels auf seinen konkreten Wissensbedarf hin zuzuschneiden ('Fachwörterbuch-Benutzungskompetenz'). Der Laie, der ein 'Fachwörterbuch für den Laien' konsultiert, muß somit ein motivierter, ein interessierter, ein bildungswilliger, ein lernbegieriger Laie sein.

7.1.2. Rezipientengruppe 'Laien'

7.1.2.1. Schon aus kaufmännischen Erwägungen heraus sind hier Kinder die geeignete Zielgruppe für Wörterbücher mit Fachinhalten. Typ *Meyers Großes Kinder-Lexikon; Juniorwissen: Wörterbuch zur Meereskunde; Das mußt Du wissen: Das große Wörterbuch des Wissens in Farbe; Wir entdecken die Bibel — Wörterbuch für Kinder; Das Nachschlagebuch der Musik für junge Leser. — Mon Dictionnaire en couleurs; Mon Dictionnaire des animaux* („Des mots clairement expliqués, des illustrations toutes en couleurs, à partir de 6 ans" [Nathan, Paris]); *ABC des animaux; Animaux de A à Z*. Eine gewisse Nähe zum alphabetisch geordneten Sachbuch und zur Enzyklopädie ist hier typologisch stets gegeben; makrostrukturell (alphabetische Ordnung) handelt es sich um Wörterbücher.

7.1.2.2. Außerhalb der nach den Gesichtspunkten 'Alter' und 'Schullaufbahn' recht eng umreißbaren Gruppen 'Kinder' und 'Jugendliche' ist die Rezipientengruppe 'Laien' (der Erwachsenenwelt) allerdings schwach konturiert. Wenn sie überhaupt zur Sprache kommt, nennen die Vorwörter 'Lernende', 'Studierende':

„Das 'Sachwörterbuch der Politik' versteht sich als Mittel der politischen Bildung. [...]. Es wendet sich deshalb nicht in erster Linie an den 'Fachmann', den Politikwissenschaftler, politischen Publizisten oder Berufspolitiker, sondern einmal an den, der als Lehrender und Lernender, als Schüler oder Student, Lehrer oder Dozent mit politischer Bildung befaßt ist; zum anderen an den politisch interessierten 'Laien' [...]" (Beck 1977, V); ebenso für „alle philosophisch Interessierten, insbesondere Studierenden" (Neuhäusler 1967, 6), „for students" (Godman/Payne 1979; Evans 1982), „for the general public" (Makkai 1973, III), für „le profane et le néophyte à se mouvoir dans un univers qui les attire mais qu'ils ignorent encore" (*D. des Sports* 1960); „de utilidad, sin duda, a los estudiantes" (Heller 1969), „dedicado exclusivamente al profano" (Mateu Sancho 1962); „Este diccionario está dirigido a todo aquel que desconoce el sujeto: al escolar en la escuela, al estudiante en la Universidad, o al ciudadano más maduro" (Seldon/Pennance 1968, 7).

7.1.2.3. Offenbar ist es aber für ein Fachwörterbuch doch noch attraktiver, neben dem Laien den Fachmann, wenigstens den fachlich Lehrenden (als Vermittlungsinstanz zwischen den Extremen 'Laien' und 'Fachleute') einbeziehen zu können — und sei es nur als (kaum einlösbarer) Anspruch an sich selbst:

Die Palette reicht vom Studenten über den „in der Forschung und Lehre Tätigen" hin zum Fachmann Wirtschaftstheoretiker (Braun/Radermacher 1978, 6); vom „Nachwuchs, [um] sich das notwendige Grundwissen anzueignen", über den „erfahrenen Werbefachmann" hin zum „Spezialisten" (Neske 1971); vom Schüler über den Sachbearbeiter und Geschäftsführer bis hin zu „DV-Profis" (Schulze 1987, 6); „for the businessman and banker as well as for the student and professional economist" (Sloan/Zurcher 1970, VI); „destiné essentiellement aux étudiants", „utile aux praticiens du droit et de l'économie" (Barraine 1974, 7); „dedicado [...] al profano", „muy eficaz al profesional, divulgador, periodista, etc." (Mateu Sancho 1962).

Ob der Rezipientenkreis dann im Einzelfall wirklich vom Laien bis zum Fachbenutzer ausgreift, weil möglicherweise das Fachwörterbuch für den Laien tatsächlich die Ausweitung zum Fachmann hin verwirklicht, muß durch Detailanalyse geprüft werden. Hier wäre eine empirische Benutzungsforschung anzusetzen (vgl. Wiegand 1987), die mit Rückmeldungen arbeitet und Erhebungen durchführt, um die hier noch vorwaltende lexikographische Intuition zu ermessen.

7.1.3. Laien im gesellschaftlichen Umfeld

7.1.3.1. Die typischen Kommunikationssituationen, in denen sich ein Nichtfachmann seines Laienwissens bewußt wird — und dementsprechend nach einem auf ihn zugeschnittenen Fachwörterbuch greift —, entstehen mehr oder weniger zufällig. Es sind die Medien des modernen Alltags, die dem Laien seine fachliche Umwelt näherbringen und aufdrängen:

„[...] an den politisch interessierten 'Laien' [tragen] [...] Rundfunk und Fernsehen, Zeitschriften und Zeitungen täglich eine Fülle oft verwirrender politischer Informationen und eine Vielzahl oft schlagwortartig verkürzter politischer, wirtschaftlicher und soziologischer Begriffe heran [...]" (Beck 1977, VI); — „compléter l'information délivrée par la presse écrite ou audio-visuelle, [...] trouver rapidement le sens d'un mot" (Aquistapace 1966); — „[...] aquellas ideas y conceptos [...] que tropiece el lector en libros, periódicos, radio y televisión" (Seldon/Pennance 1968, 7); — „[el] lector curioso ante un libro, un artículo o una simple noticia [...] se encuentra la mayoría de las veces que no puede llegar a entenderlo perfectamente por desconocer que significan términos hoy en día tan en boga [...]" (Mateu Sancho 1962).

7.1.3.2. Die Kommunikationssituationen sind eingelagert in das öffentliche Interesse an dem allgemeinen sachlichen Fortschritt, der fachbezogen organisiert ist:

„[The Dictionnary has to] mirror the growing complexity and range of the institutional framework in which contemporary economic life is being carried on" (Sloan/Zurcher 1970, VII); — „La experiencia personal enseña [...] que [los] fenómenos individuales y sociales que estudia la Ciencia Económica están ligados tan íntimamente a las actividades habituales y a la experiencia cotidiana que no sorprende en absoluto la vigencia de los conocimientos económicos" (Heller 1969, V).

7.1.3.3. Für die breit „gefächerte" Allgemeinbildung des Laien gilt bei einer differenzierten Arbeitsteilung als gesellschaftlicher Anspruch:

„El conocimiento de un buen número de temas fundamentales y otros ya algo más profundos es necesario para poder estar al corriente de lo que es y será [una] [...] nueva era" (Mateu Sancho 1962); — „We live in an age when man's concern with his environment has come to play a major role in our daily lives" (Makkai 1973, III).

Es ist ja durchaus fesselnd, welch hohen Stellenwert die Allgemeinbildung — also das 'laienhafte Fachwissen' oder das 'fachbezogene Laienwissen' — als Erziehungsziel der Schulen und auch als soziales Indiz für das Individuum heutzutage wieder innehat. Die Antike band sie in ihren Begriff der 'enzyklopädischen Wissenschaften' (griech. *enkýklios paideía*) recht elementar ein; die Renaissance erhob sie zu einem Bestandteil ihres Menschenbildes vom 'Hofmann'/'Cortegiano'/'Gentilhomme'. Das heutige Sozialprestige belegt sich aus den vielen Varianten entsprechend angelegter Quiz- und Unterhaltungssendungen, im Beliebtheitsrang von Kreuzworträtseln, in der sozial und human motivierten Einrichtung von „Wissensbörsen" (z. B. Berlin, Sommer 1988) usw. Wörterbücher für Laien erfüllen in diesem Umfeld auch eine volkserzieherische Funktion.

7.2. Sprachliche Besonderheiten

„Wissenschaft wird heute für den Nichtfachmann immer schwerer verständlich. Ja selbst Vertreter verschiedener wissenschaftlicher Disziplinen haben nicht selten große Schwierigkeiten, sich miteinander zu verständigen" (Braun/Radermacher 1978, 5). Das Leiden der modernen Gesellschaft gründet in solchen Kommunikationskonflikten, die durch Nicht-Verstehen ausgelöst werden. Allerdings nicht ein Nicht-Verstehen der fachbezogenen Sache oder des fachlichen Handlungszusammenhangs, sondern vielmehr der Kommunikation, der Sprache bzw. Sprechweise darüber. Im Bedingungsgefüge von 'Verständigung' — 'Verstehen' — 'Verständnis' (vgl. 5.) ist der Hebel an der Verständigung — und zwar durch Verständlichkeit der gewählten Sprache — anzusetzen. Fachwörterbücher für den Laien sind sich der gerade hier gegebenen Probleme im allgemeinen wohlbewußt; sie sprechen ihre kommunikationsethische Aufgabe, sprachlich abwägend zwischen der esoterischen Fachsprache ihres Fachgebiets und der breitverständlichen Gemeinsprache, die dem Laien dazu zur Verfügung steht, vermitteln zu müssen, in den Vorwörtern an (vgl. 7.2.1.).

7.2.1. Stilprinzipien

Für die eigene Sprachwahl werden Merkmale geltend gemacht, die auch als stilistische Ideale für „gute" Wissenschaftsprosa vorzugsweise genannt werden (vgl. Kalverkämper/Weinrich 1986):

Erklärung „in knapper, verständlicher und illustrativer Form" (Krapp/Hofer/Prell 1982, 5), „einfach" (Schulze 1987) und auf die „Wesentlichkeit" bezogen (Neuhäusler 1967, 6); in „clear and simple" English (Collin 1986; 1987; Adam 1982), „in simple easily understood English" (Evans 1982); „en el sencillo lenguaje cotidiano" (Seldon/Pennance 1968, 7), „de forma asequible y amena" (Mateu Sancho 1962).

Dies wird zu erreichen versucht, indem man sich im Vokabular der Erklärungen erheblich, nämlich auf den Grundwortschatz, einschränkt: auf das „restricted vocabulary of about 2000 words" (Adam 1982), „restricted to some 2000 general words" (Evans 1982), „using a limited vocabulary of 500 words" (Collin 1986; 1987).

Ob die Vorsätze tatsächlich bei der jeweiligen Abfassung der Wörterbuchartikel verwirklicht sind, können nur detaillierte linguistische Analysen sowie gezielte Befragungen der Laienbenutzer im Einzelfall aufdecken. Von der Textanlage her kommt ein ausformulierter Erklärungstext (a) dem Verstehen des Laien mehr entgegen als eine fachlich klassifizierte, fachsystematisch orientierte Strukturierung (b):

(a)

AMBASSADEUR : représentant officiel d'un État auprès d'une puissance étrangère. Sa nomination est soumise à l'obtention d'un agrément de la part de l'État qui le reçoit et il n'entre en fonction qu'après la remise de ses lettres de créance au chef de l'État. Avec ses collaborateurs et sa famille, il bénéficie d'immunités juridictionnelles, fiscales et douanières étendues qui lui permettent d'assurer ses multiples fonctions : représentation de son pays aux cérémonies officielles, négociations entre les deux gouvernements, information concernant le pays où il se trouve, protection des intérêts de ses compatriotes établis dans ce pays. Les ambassadeurs français sont nommés par le président de la République.

Textbeispiel 160.2: Wörterbuchartikel (aus: Aquistapace 1966, 12)

(b)

AMBASSADEUR DE FRANCE (D.A.; D. Int. publ.). — Dignité attribuée exclusivement : 1°) aux titulaires d'ambassade de France à l'étranger ; 2°) au secrétaire général du ministre des Affaires étrangères ; 3°) aux chefs des délégations françaises auprès du Conseil de Sécurité de l'Organisation des Nations Unies et auprès du Conseil des suppléants du pacte Atlantique. (Décret 50-999 du 16 août 1950.)

Textbeispiel 160.3: Wörterbuchartikel (aus: Barraine 1974, 35)

D.A. = Droit administratif
D.Int.publ. = Droit international public

Diderot erkannte hierzu bereits (1755, 648): „Le laconisme n'est pas le ton d'un dictionnaire; il donne plus à deviner qu'il ne le faut pour le commun des lecteurs (648 a). [...]. Il faut [...] se ressouvenir à chaque ligne qu'un dictionnaire est fait pour tout le monde [...] (648 c). [...]. Plus les matieres seront abstraites, plus il faudra s'efforcer de les mettre à la portée de tous les lecteurs" (648 d). Hieran ließe sich der Gedanke fruchtbar anschließen, die mit Fachwörtern bezeichneten fachlichen Zusammenhänge über eine „lexikographische Erzählung" zu erläutern (vgl. Wiegand 1977, 55).

7.2.2. Verdeutlichung durch Beispiele

Die Fachwörterbücher für den Laien berücksichtigen ihren Benutzerkreis, indem sie ausdrücklich die Wörterbuchartikel mit Beispielen zur Verdeutlichung des erklärten Fachwissens bereichern (Beck 1977, VII; Godman/Payne 1979, IV; Adam 1982; Collin 1986; u. a.).

(a)

abnormal *adjective* not normal; **abnormal behaviour** = conduct which is different from the way normal people behave; **abnormal motion** *or* **abnormal stool** = faeces which are different in colour *or* which are very liquid
◊ **abnormality** *noun* form *or* action which is not normal
◊ **abnormally** *adverb* in a way which is not normal; **he had an abnormally fast pulse; her periods were abnormally frequent** NOTE: for other terms referring to abnormality, see words beginning with **terat-**

QUOTE the synovium produces an excess of synovial fluid, which is abnormal and becomes thickened. This causes pain, swelling and immobility of the affected joint
Nursing Times
QUOTE Even children with the milder forms of sickle-cell disease have an increased frequency of pneumococcal infection. The reason for this susceptibility is a profound abnormality of the immune system in children with SCD
Lancet

Textbeispiel 160.4: Wörterbuchartikel (aus: Collin 1987, 1 f.)

(b)

empirisch

Mit empirisch bezeichnet man sowohl Forschungsmethoden als auch Aussagen oder Aussagensysteme (→ Theorie), die sich direkt oder indirekt auf *beobachtbare* Sachverhalte beziehen und deren Gültigkeit an der beobachtbaren Realität kontrolliert werden kann bzw. worden ist (→ Empirismus).

Beispiel

Die Behauptung, daß das Sekundarschulsystem Angehörige niedriger Sozialschichten benachteilige, bezieht sich auf einen empirisch nachweisbaren Sachverhalt. Mit Hilfe entsprechender Untersuchungen kann z. B. der Anteil der Kinder verschiedener Sozialschichten in weiterführenden Schulen geschätzt und damit die Aussage empirisch belegt oder widerlegt werden.

Textbeispiel 160.5: Wörterbuchartikel (aus: Krapp/Hofer/Prell 1982, 35)

Der Laie hat so eine nochmalige, diesmal indirekte Erklärung des Fachwortes, er kann per Analogie verstehen, erkennt die sprachlichen Kollokationen ((a) mit Beispielen und „Quote") und den situativen Kontext (b) (vgl. auch 7.2.4.).

7.2.3. Verweisung

Um Knappheit bzw. Einfachheit (vgl. 7.2.1.) und Verständlichkeit (vgl. 7.2.1., 7.2.2.) im Maß zu halten bei der sprachlichen Gestaltung der Erklärungs- und Definitionstexte der Fachwörter, wird gern mit Verweisen

(Verweiszeichen) das Verstehen des Laien gesteuert:

> **FORTRAN.** Abkürzung für *formula translator*, Formelübersetzer. FORTRAN ist eine der verbreitetsten mathematisch ausgerichteten problemorientierten →Programmiersprachen. Gelegentlich wird FORTRAN auch für kaufmännische Zwecke eingesetzt. FORTRAN ist seit seiner Einführung (1957) weiterentwickelt worden, insbesondere auch durch →ANSI. Die heutige Form von FORTRAN heißt FORTRAN 77. FORTRAN wurde 1976 in einer erweiterten Form genormt (Zugriff auf alle Formen der →Dateiorganisation) (ANSI-FORTRAN) und damit den modernen Anforderungen angepaßt. Von der →Programmübersetzung her gesehen gibt es sowohl →Compiler als auch →Interpreter für FORTRAN. FORTRAN besitzt zahlreiche mathematische Sonderfunktionen. Deshalb ist FORTRAN von Mathematikern und Ingenieuren leicht erlernbar und für deren spezielle Zwecke gut einzusetzen. Es besteht bei FORTRAN keine wesentliche Formateinschränkung.

Textbeispiel 160.6: Wörterbuchartikel (aus: Schulze 1987, 158 f.)

Für den Lexikographen ist es ökonomisch, über Verweise dem Laienleser anzubieten, die ihm möglicherweise unbekannten Fachwörter des Erklärungstextes dann noch nachzuschlagen und so diese Folgeinformation in die „eigentlich" gesuchte einzufügen. Mit dieser Strategie der querverweisenden Anschlußtexte (vgl. Kalverkämper 1987) ist der in seinem Laienwissen dem Autor unbekannte Adressat als ein souveräner Wörterbuchbenutzer aufgefordert, selbst seine Informationssuche zu seiner Zufriedenheit zu dosieren. Dies wurde schon in der *Encyclopédie* der französischen Aufklärung von Diderot (1755, 643 f.) in seiner vorteilhaften Leistung („avantage infini") (643a—644b) erkannt und kunstvoll als „renvois" (643), „rapports" und „liaisons" (644a), als „enchaînement encyclopédique" (644a) eingesetzt.

7.2.4. Verbindung von Fachsystematik und Alltagswissen

Die Mischung von sprachlichen und enzyklopädischen Informationen zur Klärung eines Fachwortes berücksichtigt, daß Sprache und fachlicher Sachverhalt, daß Wort und fachliches Objekt einen festen, sich gegenseitig bedingenden Bezug haben: Ein Laie in der fachlichen Sache ist stets auch ein Nichtkenner ihrer fachlichen Versprachlichung; Unkenntnis des Fachwortes besagt zugleich Unwissenheit im zugehörigen Fach. Da ein Fachwort mit seiner fachbezogenen Bedeutung in ein fachliches System, das Fach, eingebunden ist, muß dem Laien dieser Hintergrund in der fachexternen Fachwort-Erklärung deutlich werden. Dies läßt sich erreichen über:

(a) Illustrierende Beispiele („Fälle") (vgl. auch 7.2.2.) aus dem fachlichen Handeln, die es dem Laien ermöglichen, das Erklärte an das Alltagswissen (Welterfahrung, bekannte Wirklichkeitsmodelle) anzubinden und somit zu verstehen (vgl. Kalverkämper 1988).

(b) Ausgegliederte Angaben und Hinweise „of a more general nature, referring to the judicial system, or to particular points of law" (Collin 1986), „as well as more encyclopaedic information" (Collin 1987); hier im Beispiel als „Comment":

> ◇ **indemnity** *noun* (i) statement of liability to pay compensation for a loss *or* for a wrong in a transaction to which you are a party; (ii) (*in general*) compensation for a loss *or* a wrong; **he had to pay an indemnity of £100; letter of indemnity** = letter promising payment of compensation for a loss
>
> COMMENT: the person making an indemnity is primarily liable and can be sued by the person with whom he makes the transaction. Compare GUARANTEE

Textbeispiel 160.7: Wörterbuchartikel (aus: Collin 1986, 137)

(c) Bilder, Skizzen, Graphiken, Zeichnungen, Photos, je nach Fachgebiet (meist Technik). Beschränkung auf das Wesentliche, mit graphischen Hinweisen (z. B. Pfeilen) zu Vorgängen, Funktionen, Veränderungen, sowie mit weiteren Fachbezeichnungen zu beteiligten Teilen soll dem Laien einen klaren und komplexen Eindruck verschaffen (s. S. 1520).

Schon die Lexikographie der Aufklärung, speziell Diderot, hatte den hohen didaktischen Wert von Illustrationen für Laien erkannt (Bände der *Encyclopédie* mit „Planches" 'Kupferplatten' zu allen damals bekannten Fachgebieten, 1762—1777). Die enzyklopädischen Wörterbücher (vgl. 6.) stehen ganz in dieser Tradition und beziehen, was das Typische an ihnen ausmacht, diese außertextlichen Mittel der Verdeutlichung für

governor, a device used for maintaining constant speed; e.g. a fuel regulator that automatically reduces the fuel supply when the engine exceeds a certain speed.

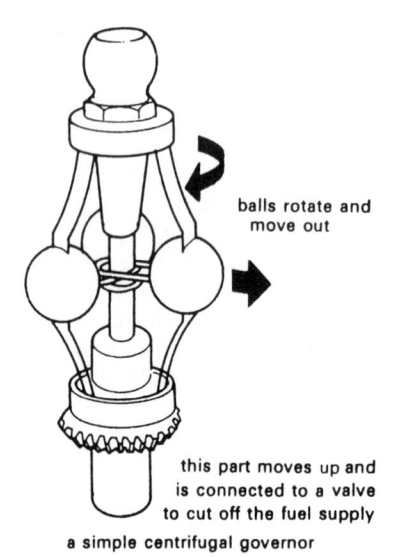

balls rotate and move out

this part moves up and is connected to a valve to cut off the fuel supply

a simple centrifugal governor

Textbeispiel 160.8: Wörterbuchartikel (aus: Evans 1982, 44)

den Laien extensiv in ihre Erklärungsstrategie mit ein. In manchem kommen sie hierbei sogar den informativen Leistungen von Bildwörterbüchern nahe (vgl. Art. 62, 108).

7.3. Konzeptionelle Besonderheiten

Gesichtspunkte, die sich an der Konzeption fachexterner Wörterbücher ausrichten, beziehen sich auf die Makrostruktur des Wörterbuchs (7.3.1.), auf sein Vorkommensumfeld ('Pragmatik') (7.3.2.) sowie auf seine 'Seinsweise' (Medialität) (7.3.3.).

7.3.1. Selektion als Makrostruktur

Die Makrostruktur als Ordnungstruktur des Wörterbuchs (vgl. Hausmann 1977, 4ff.) ist abhängig von der Grundintention, Fachinformation für den Laien verständlich zuzubereiten: Unter qualitativem Aspekt werden der „einführende Charakter" (Braun/Radermacher 1978, 6), der „lehrbuchähnliche Zusammenhang" (Silbermann 1982, VI), die „didaktische Absicht" (Beck 1977, VI) ausdrücklich hervorgehoben. Unter quantitativem Aspekt ist die „rasche und knappe [...] Information" (Beck 1977, V), „de trouver rapidement le sens d'un mot" (Aquistapace 1966), die „ayuda rápida y eficaz" (Heller 1969, VII) das Ziel: als Erfüllung von „una gran demanda de este tipo de publicaciones: útiles y rigurosas a la vez" (Heller 1969, VII). Die fachexterne Erklärungsrichtung für ein Laienpublikum läßt prinzipiell nur eine Auswahl der aufzunehmenden Fachwörter zu: Als *selektive* Wörterbücher (vgl. Hausmann 1977, 5f.) sondern sie qualitativ, nämlich im Fachlichen (7.3.1.1.), sowie quantitativ, nämlich bei der Fachwörter-Anzahl (7.3.1.2.) aus.

7.3.1.1. Fachwörterbücher für den Laien, die — in der weiten Überzahl — als 'Fach-Wörterbücher' onomasiologisch ausgerichtet sind (vgl. 3.2., 4.1.), bemühen sich, ihre im Titel angegebene fachliche Selektion dann im Vorwort als doch eher komplex, expansiv, interdisziplinär, extensiv zu relativieren:

Das Computer-Lexikon versteht sich als auch für Büroautomation und Telekommunikation zuständig (Schulze 1987); — Zur Erfassung kommunikationswissenschaftlicher Fachwörter wird „eine ganze Anzahl von Spezialgebieten vereinnahmt, wie [...] Ökonomie, Anthropologie, Psychologie, politische Wissenschaft, Statistik, Geschichte" (Silbermann 1982, VI); — Bei 'Medizin' werden auch „terms used in surgery, general practice, hospitals, nursing, pharmacy, dentistry and other specializations" abgedeckt (Collin 1987); — Das Wörterbuch für 'Business English' (Adam 1982) macht stolz geltend, „[to] deal with a number of independent but related fields of activity such as [...]", dem 11 Fachgebiete folgen; — Das Ziel, „representative of the entire field of economics" zu sein, zwingt, wie behauptet, dazu, 13 „areas" zu erfassen (Sloan/Zurcher 1970); — 12 verschiedene benachbarte Fachgebiete finden angeblich Eingang in das Wörterbuch für 'Space English' (Makkai 1973, III); — Für 'Politik' werden „de multiples emprunts au Droit, à la Philosophie, à la Sociologie, à l'Économie et à la Science militaire" berücksichtigt (Aquistapace 1966).

7.3.1.2. Vor dem qualitativen Anspruch (vgl. 7.3.1.1.) mutet die quantitative Umsetzung äußerst bescheiden an. Als ihren Umfang nennen ausdrücklich die Wörterbücher für den Laien:

Evans (1982) [Technik]: 1.000 entries
Silbermann (1982, V) [Massenkommunikation]: 1.224 Stichwörter
Beck (1977, V) [Politik]: 1.500 Stichwörter
Makkai (1973, VII) [Space]: 2.100 main entries
Collin (1986) [Law]: 6.000 main entries
Godman/Payne (1979, III) [Science]: 1.300 basic terms („commonly used in all branches of science"); 8.500 technical terms („from the fields of biology, chemistry and physics"); zusammen 9.800
Collin (1987) [Medicine]: 12.000 headwords.

Praktisch alle verbleiben in einer Größenordnung von Grundwortschätzen (bis 10 000) (vgl. Hausmann 1977, 5). Möglicherweise ist dies auch sinnvoll für eine fachexterne Erklärungsrichtung; fachinterne Wörterbücher dagegen müssen wesentlich umfangreicher und dichter sein, um die spezifischen Informationsbedürfnisse dort zufriedenzustellen. Für den Laienbenutzer werden große Leerstellen in Kauf genommen; allerdings wird in keinem Vorwort erwähnt, ob eine Benutzerbefragung zuvor durchgeführt worden ist, um eine lockere Auswahl nicht dem Zufall und der Intuition zu überlassen.

7.3.2. Pragmatik (Vorkommensumfeld)

Der große Benutzerkreis des Fachwörterbuchs für fachinteressierte Laien, der naturgemäß den engen Kreis von Fachbenutzern eines Fachwörterbuchs übertrifft, spielt für die Vermarktung eine wichtige Rolle. In der Pragmatik des Buchvertriebs gibt es hier Besonderheiten gegenüber Fachwörterbüchern für den Fachmann, welche sich gerade aus der Käuferschicht, der breiten Masse der Laien, ergeben:

(a) Die *Kaufsituation:* Neben der (Fach-)Buchhandlung z. B. auch der Verlagsbuchhandel mit Postversand nach Bestellung auf Grund von Prospektangaben; sogar durchaus auch Büchertische oder Buchabteilung eines (Massen-)Kaufhauses.

(b) Die *Werbung:* Gezielt für das laienorientierte Fachwörterbuch mit z. B. auffälliger Positionierung und Hinweispfeilen in der Kaufhausabteilung; oft „beeindruckende" Anzahl desselben Werkes auf dem Präsentiertisch; ausdrückliche Hinweise auf Verständlichkeit des Werkes.

(c) Die *Aufmachung:* Augenfällige Umschlagfarben, handliches Format (die meisten sind Taschenbücher), nicht „erschreckender" Buchumfang (vgl. 7.3.1.2.), leichtes Gewicht.

(d) Die *Fachthemen:* Sehr gern Fächer niedrigerer Abstraktionsstufe, konkreter Umsetzungsmöglichkeiten im Alltag, direkter Lebenspraxis (Handwerk wie Wein-, Käseproduktion [und -konsum]; Holzverarbeitung für Hobby und Heimwerker; Recht im Alltag; Ausdrücke der Wirtschaft für breite Kreise; Medizinische Grundbegriffe für jedermann; ABC der Säuglingspflege; etc.). „Gehobenere" und „hermetische" Wissenschaften wie Chemie, Physik, Linguistik sind für Laien dabei so gut wie nicht vertreten.

7.3.3. Medialität (Unselbständige Variante)

Das Anliegen, Laienaufklärung bei fachlichen Zusammenhängen anzustreben, schlägt sich nicht nur in Wörterbüchern „zwischen Buchdeckeln" nieder. Gerade der recht weite laienhafte Konsumentenkreis zwingt Printmedien wie Autojournale, Apothekerblättchen, Zeitungsfachbeilagen, Bausparzeitschriften, Flugblätter von Umweltschutzgruppen, Hefte von Verbraucherverbänden, Informationsbroschüren der Industrie usw., die über Fachbezogenes, über Fachliches für ein breites interessiertes Lese- (und das heißt meist auch: Kauf-)Publikum berichten, zu besonderen Formen der unmittelbaren Verstehenssicherung. Vorzugsweise, weil auch — als Auflistung — sehr ökonomisch, geschieht dies mit Hilfe von Fachwörterzusammenstellungen mit zugehörigen Erklärungen. Es kann sich um ein einziges Stichwort handeln. Meist sind es etwa zehn, manchmal mehr.

Sie sind meist in der Textanlage ausgesondert, typographisch abgesetzt, eingekastet, farbig unterlegt, mit eigener „lexikographischer" Überschrift versehen (die gern eine Suchfrage-Situation der Wörterbuchbenutzung [vgl. Wiegand 1987, bes. 195 ff.] formuliert):

Myasthenia gravis — was ist das?; — *Sprechstunde:* „Bluthochdruck" (von 'Betarezeptorenblocker' bis 'Vasodilatatoren'); — *Scheinwerferkunde:* „Paraboloid", „Multifocus" und „Ellipsoid" (mit Photos, Skizzen und Erklärungen); — *Umwelt ABC* in Wochenendbeilage zur Tageszeitung (von 'Abwasser' über 'Formaldehyd' zu 'Verklappung'); — *26 Stichwörter, die Sie lesen sollten, bevor Sie die Segel setzen und in See stechen* (von 'Backbord' über 'Halsen' und 'Pinne' bis 'Yacht'); — *Was Landratten nicht wissen müssen* (von 'Backbord' über 'Kabellänge' zu 'Steuerbord'); — *Was Boris [Becker] und Steffi [Graf] spielen: Ausdrücke, die man kennen muß* (Tennis-Fachwörter von 'Aufschlag' bis 'Zeit'); — *Was verbirgt sich hinter den Namen von Lacken?* (Heimwerkerseite einer Bausparzeitschrift, von 'Atmungsaktiv' bis 'Verwitterungsbeständigkeit'); — *ABC des Gebrauchtwagenkaufs;* — *Lexikon der Fachbegriffe* (8 Stichwörter von 'Disketten-Laufwerk' bis 'Speicher') innerhalb einer Titel-Testreportage 'Das private Büro' für den ungeschulten Computer-Interessenten. — Usw., usw.

Man kann diese 'Fachwörterzusammenstellungen für Laien' als die (publikationstechnisch) *unselbständige Variante* des selbständigen 'Fachwörterbuchs für den Laien' ansehen. Sie ist okkasionell, gebunden an die Rahmenbedingungen, die der umgebende Text setzt, sowie abhängig (qualitativ und quantitativ) vom Bedarf, wie er sich aus den Erwartungen jener Rezipienten(gruppe[n]) ergibt, die die Zeitschrift, das Magazin kaufen bzw. die Zeitung, das Informationsblatt lesen (und verstehen sollen).

Dann wären nicht nur derartige (gebrauchs-)text-integrierte, sondern auch die an umfangreichere literarische oder Sachbuchtexte angehängten Auflistungen zu erwähnen:

Herman Melvilles Klassiker *Moby-Dick* (1851) mit Fachausdrücken zur Walfangkunde („Cetology") im Anhang; Lothar-Günther Buchheims Kriegsroman *Das Boot* (1973) mit mehrseitigem Glossar zur Marinetechnik und -sprache; Peter Motrams Griechenland-Roman *Myron* (1973) mit einem vierseitigen Anhang „Erklärung griechischer Ausdrücke" (von 'Agonothet' bis 'Zanes'); usw. —. Ein Sachbuch zu *Wie erkenne ich Romanische Kunst?* mit einem Register „Fachausdrücke"; „Register der Fachwörter" am Ende der populären *Knaurs Kulturführer;* ein eigener Anhang „Erläuterungen wichtiger Sachbegriffe" am Ende einer ägyptischen Mythologie *Die Schiffe der Götter* (von Walter Beltz, Berlin 1987); — dies sind nur Beispiele aus einer unübersehbaren Fülle.

8. Literatur (in Auswahl)

8.1. Wörterbücher

Adam 1982 = J. H. Adam: Longman Dictionary of Business English. Beirut. Harlow 1982 [XIV, 492 S.].

Aquistapace 1966 = Jean-Noël Aquistapace: Dictionnaire de la Politique. Paris 1966 [347 S.].

Barraine 1974 = Raymond Barraine: Nouveau Dictionnaire de Droit et de Sciences Economiques. 4e éd. entièrem. refondue. Paris 1974 [508 S. + XXXII].

Beck 1977 = Reinhart Beck: Sachwörterbuch der Politik. Stuttgart 1977 (Kröners Taschenausgabe 400).

Braun/Radermacher 1978 = Edmund Braun/Hans Radermacher: Wissenschaftstheoretisches Lexikon. Graz. Wien. Köln 1978 [711 S.].

Collin 1986 = P[eter] H. Collin: English Law Dictionary. Teddington 1986 [319 S.].

Collin 1987 = P[eter] H. Collin: English Medical Dictionary. Teddington 1987 [385 S.].

D. des Sports 1960 = Dictionnaire des Sports. Introduction de Maurice Herzog. Paris 1960 [274 S.].

Evans 1982 = Evans Technical Dictionary. London 1982 [138 S.].

Godman/Payne 1979 = A. Godman/E. M. F. Payne: Longman Dictionary of Scientific Usage. Harlow. London 1979 [684 S.].

Grimm 1885 = Jakob Grimm/Wilhelm Grimm: Deutsches Wörterbuch. Bd. VI. Bearb. v. Moriz Heyne. Leipzig 1885.

Heller 1969 = Wolfgang Heller: Diccionario de Economía Política. Introducción de Fabián Estapé. Tercera ed. revis. y ampl. Barcelona 1969 [470 S.].

Krapp/Hofer/Prell 1982 = Andreas Krapp/Manfred Hofer/Siegfried Prell: Forschungs-Wörterbuch. Grundbegriffe zur Lektüre wissenschaftlicher Texte. München. Wien. Baltimore 1982 [178 S.].

Mackensen 1981 = Lutz Mackensen: Das Fachwort im täglichen Gebrauch. Das aktuelle Wörterbuch mit über 25 000 Begriffen. München 1981 [360 S.].

Makkai 1973 = Adam Makkai: A Dictionary of Space English. Chicago 1973.

Mateu Sancho 1962 = Diccionario de Astronomía y Astronáutica. Barcelona 1962 [345 S.].

Neuhäusler 1967 = Anton Neuhäusler: Grundbegriffe der philosophischen Sprache. 2., verb. Aufl. München 1967 [274 S.].

Neske 1971 = Fritz Neske: Handlexikon Werbung & Marketing. Unter Mitarbeit v. G. F. Heuer. 2., bearb. Aufl. München 1971 [1. Aufl. 1970].

Schulze 1987 = Hans Herbert Schulze: Das Rororo Computer Lexikon. Schwierige Begriffe einfach erklärt. Reinbek 1987 [410 S.].

Seldon/Pennance 1968 = Arthur Seldon/F. G. Pennance: Diccionario de Economía. Una exposición alfabética de conceptos económicos y su aplicación. Barcelona 1968 [554 S.].

Silbermann 1982 = Alphons Silbermann: Handwörterbuch der Massenkommunikation und Medienforschung. Berlin 1982.

Sloan/Zurcher 1970 = Harold S. Sloan/Arnold J. Zurcher: Dictionary of Economics. 5th ed. New York. Evanston. San Francisco. London 1970.

8.2. Sonstige Literatur

Diderot 1755 = Denis Diderot: Encyclopédie [Artikel zum Stichwort]. In: Denis Diderot/Jean Le Rond D'Alembert (Eds.): Encyclopédie, ou Dictionnaire raisonné des sciences, des arts et des métiers, [. . .]. I—XXXV. Paris 1751—1780. Bd. V. Paris 1755, 635 c—649 b.

Hausmann 1977 = Franz Josef Hausmann: Einführung in die Benutzung der neufranzösischen Wörterbücher. Tübingen 1977 (Romanistische Arbeitshefte 19).

Kalverkämper 1983 = Hartwig Kalverkämper: Textuelle Fachsprachen-Linguistik als Aufgabe. In: Zeitschrift für Literaturwissenschaft und Linguistik 13. 1983, Heft 51/52 („Fachsprache und Fachliteratur", hrsg. v. Brigitte Schlieben-Lange/Helmut Kreuzer), 124—166.

Kalverkämper 1987 = Hartwig Kalverkämper: Vom Terminus zum Text. In: Manfred Sprissler (Hrsg.): Standpunkte der Fachsprachenforschung. Tübingen 1987, 39—78 (forum Angewandte Linguistik 11).

Kalverkämper 1988 = Hartwig Kalverkämper: Fachexterne Kommunikation als Maßstab einer Fachsprachen-Hermeneutik. Verständlichkeit kernphysikalischer Fakten in spanischen Zeitungstexten. In: Hartwig Kalverkämper (Hrsg.): Fachsprachen in der Romania. Tübingen 1988, 151—193 (Forum für Fachsprachen-Forschung 8).

Kalverkämper/Weinrich 1986 = Hartwig Kalverkämper/Harald Weinrich: Deutsch als Wissenschaftssprache. 25. Konstanzer Literaturgespräch des Buchhandels, 1985. Tübingen 1986 (Forum für Fachsprachen-Forschung 3).

Weinrich 1976 = Harald Weinrich: Die Wahrheit der Wörterbücher. In: Probleme der Lexikologie und Lexikographie. Jahrbuch 1975 des IdS (Mannheim). Düsseldorf 1976, 347—371.

Weinrich 1985 = Harald Weinrich: Plädoyer für ein interdisziplinäres Wörterbuch der deutschen Sprache (1978). In: Harald Weinrich: Wege der Sprachkultur. Stuttgart 1985, 61—82.

Wiegand 1977 = Herbert Ernst Wiegand: Fachsprachen im einsprachigen Wörterbuch. Kritik, Provokationen und praktisch-pragmatische Vorschläge. In: Kongreßberichte der 7. Jahrestagung der Gesellschaft für Angewandte Linguistik (Trier 1976). Stuttgart 1977, 19—65.

Wiegand 1987 = Herbert Ernst Wiegand: Zur handlungstheoretischen Grundlegung der Wörterbuchbenutzungsforschung. In: Lexicographica 3. 1987, 178—227.

Wiegand 1988 = Herbert Ernst Wiegand: Was eigentlich ist Fachlexikographie? Mit Hinweisen zum Verhältnis von sprachlichem und enzyklopädischem Wissen. In: Horst Haider Munske/Peter von Polenz/Oskar Reichmann/Reiner Hildebrandt (Hrsg.): Deutscher Wortschatz. Lexikologische Studien. Ludwig Erich Schmitt zum 80. Geburtstag von seinen Marburger Schülern. Berlin. New York 1988, 729—790.

Hartwig Kalverkämper, Hagen (Bundesrepublik Deutschland)

161. Das gruppenbezogene Wörterbuch

1. Gruppen und Gruppensprachen
2. Motive der Gruppensprachen-Lexikographie
3. Wörterbuchtypen
4. Aspekte der Artikelgestaltung
5. Literatur (in Auswahl)

1. Gruppen und Gruppensprachen

Zwischen der Vielfalt sozialen Lebens und der Heterogenität von Sprachen, z. B. erkennbar an deren einzelnen Varietäten, besteht ein ursächlicher Zusammenhang. Mit Hilfe des Gruppenbegriffs kann die soziale Vielfalt deutlicher gegliedert werden. Den verschiedenen Gruppen sind gemeinsame Interessen, wechselseitige Beziehungen, Zusammengehörigkeitsgefühl und eigene Verhaltensregeln der Mitglieder zu eigen; andererseits lassen sie sich nach ihren primären Bedürfnissen weiter differenzieren. Demnach können, bei aller Überschneidung, zwei Typen von Gruppen unterschieden werden, die vorrangig sachorientierten und die vorrangig gemeinschaftsorientierten. Zu den erstgenannten gehören als Träger Fachleute mit ihren berufsbezogenen und arbeitsplatzbedingten Gruppierungen; hier dominieren die Darstellung und Vermittlung von Sach- und Fachwissen. Zu den vorrangig gemeinschaftsorientierten rechnen solche Gruppen, die in einem gewissen Gegensatz zu anderen Gruppen und/oder zur Gesamtgesellschaft stehen; sie sind vor allem bestimmt durch gemeinschaftsbildende, -erhaltende und -abgrenzende Interaktionen (Möhn/Pelka 1984, 11). In der Konsequenz dieser Gruppentypik trennt die Varietätenlinguistik innerhalb der Gruppensprachen primär sachbezogene Fachsprachen von primär sozialgebundenen Sondersprachen (Möhn 1980, 384), die allein im folgenden unter lexikographischen Gesichtspunkten weiter untersucht werden sollen.

Unter der Varietät *Sondersprachen* wird der Sprachbesitz von Gruppen zusammengefaßt, die trotz vieler Gemeinsamkeiten ein breites Spektrum sozialer Existenz abdecken. Dazu zählen die Mikrogruppen Paar und Familie sowie die verschiedenen Alterskulturen, von denen Jugend und Kindheit (in dieser Reihenfolge) bisher deutlicher herausgearbeitet sind. Ebenso hierher gehören Gruppen, die in den einzelnen Stadien der Gesellschaftsgeschichte nicht den jeweils angelegten Normen entsprachen oder entsprechen. Dabei war der Außenseiterstatus wesentliches Motiv für die Gruppenbildung („Randgruppen"), wie das Beispiel der Fahrenden und Unehrlichen (soziale Kategorie!) im Mittelalter aufzeigt. Auch Gruppierungen in kriminellen Subkulturen (organisiertes Bandentum) sind einzubeziehen. Einen weiteren Anteil des einschlägigen Sozialspektrums machen Berufsgemeinschaften aus. Hier handelt es sich um zunächst durch die Arbeitsteilung bedingte Kooperationen, die über den fachlichen Anlaß hinaus auch eine sprachlich ausgedrückte Solidarität entwickeln und pflegen, so daß es beispielsweise notwendig ist, zwischen der militärischen Fachsprache und einer soldatischen Sondersprache zu unterscheiden. Als jüngste zu berücksichtigende Kategorie sind die Freizeitgruppen zu nennen; sie reichen vom intensiven Vereinsleben einschließlich Fanklubs über die Ausübung von Hobbys bis hin zur Gruppenreise.

Der Begriff *Sondersprache* umfaßt die oben definierte Teilmenge der Gruppensprachen im Deutschen. In der Folge interlinguistischer Vergleiche begegnen als konkurrierende Benennungen zumindest für einige der hierher gehörenden Gruppensprachen neben *Sondersprache* auch *Argot, Jargon* und *Slang*. Auch im englischsprachigen Raum sind die Benennungen für diese Art von Gruppensprachen keineswegs einheitlich; dabei bezeichnet *slang* umfassend jeden Nichtstandard-Sprachgebrauch, die Gruppenspezifik wird durch entsprechende Zusätze *prison, sailor's* hergestellt. Gleichzeitig kann mit *slang* aber auch eine stilistische Qualität gekennzeichnet werden, deshalb wird neuerdings zwischen *primary slang* als „pristine speech of subculture members" und *secondary slang* als „a matter of stylistic choice" (Chapman 1987, XII) getrennt. Neben *slang* werden mit nicht immer klarer Abgrenzung *argot, cant, jargon* und *lingo* als Gruppensprachbezeichnungen verwendet.

Für die primäre Funktion dieser Gruppensprachen, Gruppenmitglieder zusammen- und Außenstehende auszuschließen, spielt der gruppenspezifische Wortschatz eine entscheidende Rolle. Das gruppeneigene, gegenüber dem jeweils geltenden Standard kontrastive Lexikon wird durch mehrere Verfahren ermöglicht; hierher gehören an erster Stelle Manipulationen an gängigen Bedeutungszuordnungen und -distributionen, die Integration fremdsprachiger Bestandteile je nach Kontaktmöglichkeit und das Abweichen von konventionellen Grammatikregeln. Semasiologisch betrachtet ermöglichen die Gruppenlexika den Zugang zu den sehr unterschiedlichen Weltausschnitten und Handlungsräumen der einzelnen Gruppen. Berücksichtigt man, daß Sondersprachen vorwiegend gesprochen und weitgehend durch die Teilhabe an gruppeninterner Kommunikation erworben werden, dann wird sofort deutlich, daß die auf diese Art von Gruppensprachen gerichtete Lexikographie in sehr vielen Fällen durch externe Interessen an den einzelnen Gruppen motiviert ist.

2. Motive der Gruppensprachen-Lexikographie

Der gruppeninterne Antrieb zur lexikographischen Selbstdarstellung ist relativ schwach ausgebildet. Dies hängt mit einer gewissen Esoterik zusammen, die den meisten Gruppen eignet. In einzelnen Fällen lassen sich von Gruppenmitgliedern und -exmitgliedern verfaßte Wörterbücher ausmachen, die als Lerninstrument für Neulinge dienen sollen. Dies gilt besonders für die Lexikographie der historischen Studentensprache des 18. und 19. Jhdts.: „[...] damit Sie gleich bey Ihrem Eintritt in das akademische Leben mit dieser Sprache bekannt werden und sonach zu ihren ältern Brüdern einen desto leichtern Zutritt bekommen mögen" (Henne/Objartel 1984, 2, 29). Für den gleichen Gruppenausschnitt und den gleichen Autorenkreis ist als zweite Motivation die der Rückbesinnung zu ermitteln. Daraus resultierende Wörterbücher sollen Exmitgliedern Gelegenheit geben, „sich mit Vergnügen der vergangenen Zeit [zu] erinnern" (Henne/Objartel 1984, 2, 30).

Ungleich stärker ausgeprägt in der Produktionsgeschichte ist der gruppenexterne lexikographische Zugriff. Mit dem Ziel, als kriminell eingeschätzte Gruppen zu entlarven und damit mögliche Zielpersonen zu warnen, lassen sich erste Wortzusammenstellungen zum Rotwelsch der Fahrenden schon im 14. Jhdt. nachweisen. Dies geschah zumeist in Form von Glossaren und Vokabularien handschriftlicher Art, eine Dokumentationsart, die auch in der Folgezeit vor allem für den Behördengebrauch beibehalten wurde und oft das Ergebnis von Verhören war (Kluge 1987, 166 u. ö.). Nach der Erfindung des Buchdrucks wurden derartige Verzeichnisse auch zunehmend gedruckt, z. B. als Anhang des weit verbreiteten *Liber vagatorum* (1510). Das 18. Jhdt. brachte dann die Verselbständigung in Form eigenständig gedruckter Wörterbücher. Diese Art von Entlarvungs- und Warnlexikographie — vgl. „Dat dridde deil dusses boks is de vocabularius des rotwelschen so de bedeler ok welke andre to bedregen de lude gebruken, up dath seck malck dar vor huden und ör schalkheit verstan mag" (1510); „Vielleicht daß hie und da bey Inquisitionen, bey verdächtigen Gesprächen in Wirths-Häusern oder auf der Strasse, oder sonst bey Gelegenheiten ein Nuzen daraus entstehen oder Böses verhütet werden könnte" (1791) — nimmt auch in der gegenwärtigen Gruppensprachen-Lexikographie einen großen Raum ein; dabei spielt vor allem der gesellschaftlich einschlägige Drogenhandel und -konsum eine zentrale Rolle: „Die Kenntnis des Szenenjargons dient der Vorbeugung der Rauschgiftkriminalität und eröffnet Eltern die Möglichkeit, eine Diskussion mit ihren Kindern über das Problem des Drogenmißbrauchs zu führen" (Harfst 1984, 9). Der Zusammenhang von gesellschaftlicher Entwicklung im Verbund mit deutlicher werdenden Gruppenprofilen und einer differenzierten Lexikographie wird nicht nur darin deutlich, daß mehr Gruppen zum Gegenstand werden, sondern auch daß sich Lexikographen und Benutzer von ihrer Ausbildung und ihren Interessen stärker unterscheiden. Mit der Akzeptanz verschiedener Gruppenexistenzen wuchsen die gesellschaftliche Neugierde und der Wunsch nach sprachbezogener Vermittlung, um zumindest eine passive Teilhabe zu erreichen. Hier dominiert bei dem gruppenexternen Zugriff das Ziel der Verständigungshilfe über die Gruppengrenzen hinweg.

Einen wesentlichen Beitrag zur Gruppensprachen-Lexikographie leisten mit Gruppenforschung befaßte Disziplinen wie Soziologie, Psychologie und Sprachwissenschaft. Zunächst herrschen hier wissenschaftsinterne Ziele vor, z. B. in der Sprachwissenschaft, die historisch-soziale Differenzierung des Wortschatzes zu dokumentieren: „Theoretically, in linguistics any corpus or body of vocabulary is worth recording, and all are equally worthy" (Chapman 1987, VII). Darüber hinaus lassen sich als Motive einer angewandten Wissenschaft weitere Teilziele abheben, wie die Möglichkeit der Verstehenshilfe „for people who find slang terms in their reading" (Chapman 1987, IX), der Formulierungshilfe für Schriftsteller, „Writers of popular tramp and crime fiction are responsible for what little is known of this vulgar tongue" (Irwin 1931, 11), „et l'écrivain, appelé à faire parler des gens du milieu, trouvera dans ces pages une documentation utile" (Marcillac 1968, 5), der Orientierung über regelhafte Entwicklungen als Grundlage für sprachdidaktische Fragestellungen (August 1984; Pregel/Rickheit 1987) und des Lerninstruments für solche, die einer entsprechenden Gruppe begegnen wollen.

Ein weiteres Motiv der Gruppensprachen-Lexikographie ist der Beitrag zur Unterhaltung; er gründet in den Differenzen der Weltsicht zwischen den einzelnen Gruppen und den stark voneinander abweichenden Gruppenwortschätzen. Von den Unterschieden gegenüber dem konventionellen Wortschatz kann eine unterhaltende, ja komische Wirkung ausgehen (Cellard/Rey 1980, XIII). Auf diesen Effekt zielen in der Gegenwart vor allem Wörterbücher der Schüler- und Soldatensprache. Die nachfolgende Übersicht faßt die Vielfalt der gruppenexternen Gruppensprachen-Lexikographie zusammen.

Gruppenmerkmale	primäre Ziele	primäre Benutzer
Gruppen mit manifester Abweichung; gesellschaftlich nicht legitimiert z. B. Antigruppen, kriminelle Vereinigungen, Drogenhändler	entlarven vorbeugen bekämpfen imitieren	Strafverfolgungsbehörden, Sozialarbeiter, Eltern, Schriftsteller
Gruppen mit manifester Abweichung; gesellschaftlich legitimiert z. B. Jugendliche, Soldaten	informieren aufklären unterhalten Klischees bestätigen	interessierte Öffentlichkeit, momentane und ehemalige Mitglieder, Schriftsteller
Gruppen mit regelhaften sprachlichen Entwicklungen und Durchschnittswerten z. B. Kinder, Jugendliche	dokumentieren informieren instruieren	Pädagogen, Sprachtherapeuten, Sprachdidaktiker, Eltern
Gruppen mit für die Forschung aufschlußreichen sprachlichen Kennzeichen z. B. Paare, Arbeitsgemeinschaften, Freizeitgruppen	dokumentieren analysieren	Linguisten, Psychologen, Soziologen

Abb. 161.1: Konstituenten der Gruppensprachen-Lexikographie

3. Wörterbuchtypen

Grundsätzlich sind zwei Typen zu unterscheiden, zum ersten (Typ A) gehören Wörterbücher, die sich mit Lemma und Interpretament innerhalb einer Gesamtsprache

acid narcotics **1** n The hallucinogen LSD, which is chemically an acid; =A **2** modifier: an acid party
See AUGUSTUS OWSLEY, BATTERY ACID
acid freak or **acidhead** n phr or n narcotics A person who uses LSD, esp one who uses the drug heavily or habitually: *He has suggested that some of our recent Presidents were acidheads*—Saul Bellow
acid pad n phr narcotics A place, esp someone's home or apartment, where LSD is taken
acid rock 1 n phr A form of very loud rock music featuring electronic sound effects and often accompanied by stroboscopic and other extraordinary lighting to suggest the hallucinatory impact of LSD **2** modifier: *an acid rock disk/ acid-rock guitar*
acid test narcotics **1** n phr A party at which LSD is added to food and drink **2** v phr To provide special effects at a party, usu of a psychedelic sort: *He acid tested his place with colored strobe lights* [a punning adaptation of the standard phrase, "a final and decisive test"]
ack-ack armed forces fr WW1 **1** n Antiaircraft gun or guns; antiaircraft fire; =AA, FLAK **2** modifier: *ack-ack positions*
across the board 1 adj phr horse-racing Designating a bet in which the same amount of money is wagered on the horse to win, place, or show **2** adv phr: *Marcus bet $2 across the board on Duck Giggle in the fifth* **3** adj phr Designating an equal alteration to each member of a related set, esp an equal raising or lowering of related wages or salaries: *They got an across-the-board increase of 80 cents an hour* **4** adv phr: *The fees were lowered across the board* [fr the *totalizator board* that shows the odds at horse-racing tracks]

Textbeispiel 161.1: Wörterbuchausschnitt (aus: Chapman 1987, 2)

470. Säbel Kerum.
Sachen Sore.
Sack Waiter, Rande.
Säge Geigen.
Salat Kromet, Blättling.
475. Salz Sprunkert.
Sänger Schaller.
Sau Bale, Kronikel, Wurzelgraber, Kaffert.
Saufen schwäche.
Saustall Stinker für Bole oder Kronikel.
480. Schaaf Kühnstock, Lasel, Megern.
Schaaffleisch Bosert von einem Lasel.
Schämen schummeln.
Scharf harber.
Schauen spannen oder linzen.

Textbeispiel 161.2: Das Pfullendorfer Jauner-Wörterbuch 1820 (Ausschnitt; aus: Kluge 1987, 343)

(Deutsch, Englisch, Französisch usw.) halten, zum zweiten (Typ B) diejenigen, welche zwischen zwei Gesamtsprachen vermitteln (z. B. Englisch-Deutsch, Französisch-Deutsch usw.).

Typ A. Die überwiegende Teilmenge stellen die alphabetisch geordneten Wörterbücher. Dabei handelt es sich um eine Sonderform des zweisprachigen Wörterbuchs, das innerhalb einer Gesamtsprache zwei Varietäten — eine gruppensprachliche und eine gemein-(standard-)sprachliche — in Beziehung setzt; beide können sowohl als Ausgangssprache als auch als Zielsprache angeordnet werden (vgl. Textbeisp. 161.1 und 161.2).

Eine zweite Teilmenge besteht aus Wörterbüchern, welche nach Sachgebieten strukturiert sind, die als einschlägig für die jeweilige Gruppe gehalten werden (z. B. Augst 1984; Berrey/van den Bark 1962). Die Referenzwörter werden in ein die Gruppenwirklichkeit erschließendes Begriffsraster eingeordnet, wobei die Komplexität des einzelnen Begriffs oft interpretierender (standardsprachlicher) Zusätze zu den einzelnen Belegen bedarf (vgl. Textbeisp. 161.3).

Zur verbleibenden Restmenge gehören u. a. Wörterbücher, mit denen vor allem Durchschnittswerte zu Art, Umfang, Gebrauch und Entwicklung des Wortschatzes einer Gruppe dokumentiert werden, um mit den Materia-

3. GIRL; WOMAN. Band, beetle, bim, bimbo, broad, chick, floosy, floozy, flossie, frill, harp, mat, moll, mollie, mouse, muff, plooch, ploot, splittail, tommy, twist, twist and twirl, worm. *Spec.* dinner, chicken dinner, *a pretty young girl;* fruit, quim, *a woman of easy morals;* jail bait, San Quentin quail *or* pigeon, *a girl under age;* kewie, *a red-headed woman;* blister, brum, *a slattern;* clapper, *a shrew;* pig, *a chorus girl;* quail, *a spinster;* canned goods, herring, *a virgin;* bother–, storm *or* trouble and strife, storm, strife, *one's wife;* cheese *or* cows and kisses, *the "missus";* ace of spades, *a widow;* hempen widow, *the widow of a hanged criminal;* divorced moll, *a woman with a husband or sweetheart in jail;* sister-in-law, *a criminal's female confederate other than his "moll," or sweetheart.*

Textbeispiel 161.3: Wörterbuchartikel *girl, woman* (aus: Berrey/van den Bark 1962, 403)

161. Das gruppenbezogene Wörterbuch

	Gesamt-Korpus		mündl. Korpus		schriftl. Korpus		Lebensjahr				
							mündlich				schr.
							7.	8.	9.	10.	10.
LEXEM	a.H.	r.H.	a.H.	r.H.	a.H.	r.H.	a.H.	a.H.	a.H.	a.H.	a.H.
Musik	9	.028	3	.014	6	.053		2		1	5
Musikant	3	.009	2	.009	1	.009		2			1
Musiksaal	2	.006	2	.009				2			
Musikstück	1	.003			1	.009					
Muskel	1	.003			1	.009					
Muster	5	.015	2	.009	3	.027		1	1		2
Mut	1	.003			1	.009					1
Mutter, Mutti	834	2.558	468	2.192	366	3.254	92	109	123	144	301
Mutterkatze	1	.003	1	.005				1			
Muttertag	1	.003	1	.005				1			
Mützchen	1	.003	1	.005			1				
Mütze	146	.448	138	.646	8	.071	26	36	50	26	7

Textbeispiel 161.4: Ausschnitt aus einem Häufigkeitswörterbuch (Pregel/Rickheit 1987, 252) *(a. H. = absolute Häufigkeit; r. H. = relative Häufigkeit)*

lien Vergleichsmaßstäbe für einzelne Gruppenmitglieder im Bedarfsfall bereitzustellen (Häufigkeitswörterbücher).

Typ B. Hier sind nur wenige Wörterbücher anzuführen; sie rekrutieren sich aus Gruppenkontakten in einer fremdsprachigen Umgebung und sollen zumindest eine passive (verstehende) Teilhabe ermöglichen. Baumann (1903) z. B. versteht sein Wörterbuch der Londinismen, in dem die Gruppensprachen Londons eine vorrangige Rolle spielen, ausdrücklich als Ergänzung zu allen englisch-deutschen Wörterbüchern. Die englische gruppensprachlich geprägte Ausgangsvarietät wird zielsprachlich-semantisch vor allem mit Lexemen der deutschen Standardsprache erklärt, in einzelnen Artikeln sind zur Kennzeichnung der Stilqualität Berlinismen verwendet. Hungers Argot-Wörterbuch (1917) ist aus der Tätigkeit des Autors als Militärdolmetscher in einem Gefangenenlager entstanden und vorzugsweise als Hilfsmittel für die Postzensur konzipiert. Im Grunde handelt es sich um ein dreisprachiges Wörterbuch, in alphabetischer Reihenfolge sind die Argotwörter aufgelistet, parallel dazu die standardsprachlichen französischen und deutschen Entsprechungen. Wörterbücher vom Typ B, das heißt die Kombination von einer Fremdsprache zuzurechnenden Gruppensprachen und standardsprachlichen Erklärungen in der Zielsprache dürften eher eine Ausnahme bleiben. Der ständige Austausch zwischen einzelnen Varietäten einer Gesamtsprache macht es aber notwendig, daß auch in standardsprachlich konzipierten zweisprachigen Wörterbüchern häufig gebrauchte, ursprünglich gruppensprachliche Lexeme ggf. mit stilistischer Zuweisung aufgenommen werden.

4. Aspekte der Artikelgestaltung

In den Wörterbüchern, die, als Sonderfall des zweisprachigen Wörterbuchs, Gruppenvarietät und Gemein-, Normal-, Standardvarietät einer Gesamtsprache in Beziehung setzen, ergibt sich als größtes Problem das der semantischen Äquivalenz. Vor allem die durch das Weltbild der einzelnen soziokulturell abgrenzbaren Gruppen gegebenen Konnotationen sind bei der Äquivalenzkonstruktion nur sehr schwer herzustellen, müssen deshalb vom Benutzer bei vielen zielsprachlichen Einträgen vorausgesetzt werden. Nur deshalb können Äquivalenzen wie *Märchenstunde = Befehlsbekanntgabe, Mutti = Kompaniefeldwebel, Tagejäger = Längerdienender* überhaupt formuliert werden. Häufig finden sich bei den zielsprachlichen Angaben erklärende Zusätze, vgl. *Kantinengeneral = Hauptgefreiter UA. Wegen herrischen Auftre-*

tens; Taubenzüchter = Wehrdienstverweigerer. Der W. züchtet angeblich Friedenstauben. Im günstigsten Fall trifft der Lexikograph sozialgebundene Heteronyme an, die fälschlich oft als Synonyme bezeichnet werden. Als derartige Heteronyme könnten gelten: *Bundeswehrprofi = Berufssoldat; Fahrplan = Speiseplan* (alle Beispiele aus Küpper 1978). Eine andere Lösung stellt die Umschreibung des ausgangssprachlichen Begriffs mittels stilistisch differenzierender lexikalischer Einheiten dar; vgl. *aufreißen = den Kopf verdrehen, erobern, gewinnen, rumkriegen* (Müller-Thurau 1984). In einzelnen Fällen wird auf eine Äquivalenzangabe innerhalb der Zielsprache ganz verzichtet; vgl. „Trouble: haben Jugendliche nach eigenem Bekunden besonders häufig mit den Eltern und in der Schule. Übliche Formulierungen: Trouble haben, Trouble bekommen, Trouble machen" (Müller-Thurau 1984, 166). Der Abstand zwischen dem Lexikogramm einer Gruppe und dem Orientierungswissen standardsprachlicher Benutzer (= soziokulturelle Differenzen) kann oft zur Konsequenz haben, daß in der Zielsprache kein lexikalisches Äquivalent zur Verfügung steht. Für diese Fälle ist es notwendig, ein solches syntaktisch-pragmatisch zu definieren (vgl. Textbeisp. 161.5).

Ein weiteres Problem des gruppenbezogenen Wörterbuchs bedeutet die Polysemie innerhalb des ausgangssprachlichen Lexikons. Sie hat zur Konsequenz, daß bei der Artikelgestaltung nach verschiedenen Sememen, die im ausgangssprachlichen Lexem infolge der Inkongruenz zwischen den Varietäten zusammenfallen, getrennt werden muß; z. B. *Dampf→ 1. Hunger, 2. Rausch, 3. Druck, 4. Eile* (Burnadz 1970).

Gegenüber den semantischen Informationen treten andere Aspekte in den Interpretamenten deutlich zurück; dies hängt mit den vorherrschenden Interessen dieser Lexikographie zusammen (vgl. unter 2.). In vielen Wörterbüchern werden Verwendungsbeispiele gegeben: „Examples thus have a double function: to illustrate usage and to validate usage and the inclusion of the term" (Chapman 1987, XXXV). Wenn auch vor allem Rezeptionsschwierigkeiten abgebaut werden sollen, begegnen mitunter Hinweise, die über das reine Registrieren hinaus bei der Sprachproduktion in der Gruppenvarietät (Standardsprache → Gruppensprache) unbedingt zu beachten sind. Das gilt etwa für die genaue Markierung („Impact Symbols") des Anwendungsbereichs einzelner Lexeme. Chapman unterscheidet zwischen „taboo"-

flaky	geistesgestört nach langem Rauschgiftkonsum süchtig
Flash	das teils sofort, teils verzögert einsetzende eigenartige Körpergefühl, von manchem als angenehm, fast orgasmusartig empfunden, nicht selten aber auch mit Husten, Erstickungszuständen und anderen unangenehmen Empfindungen verbunden, offenkundig in Abhängigkeit von Fremdstoffbeimengungen. Je häufiger Opiumlösungen filtriert worden sind, desto schwächer ist der "Flash". Manchmal ist er verbunden mit Hautrötung, Jucken und Schwellungen an verschiedenen Körperteilen, auch im Gesicht. Ein solcher starker "Flash", der als sehr unangenehm empfunden werden kann, kommt nur bei Opiumlösungen vor, nicht bei reinem Morphin
flashback	unvermitteltes Wiederauftreten der Rauschgiftwirkung ohne erneute Mitteleinnahme
flashing	Klebstoff schnüffeln
flash roll	Geldrolle (wird dem Verkäufer vor Übergabe des Rauschgifts gezeigt)

Textbeispiel 161.5: Wörterbuchausschnitt (Harfst 1984, 79)

und „vulgar"-Bereichen: „Taboo terms are *never* to be used, and vulgar terms are to be used only when one is aware of and desires their strong effect" (Chapman 1987, XXXIII). Dabei verursachen die den Gruppensprachen eigene Lebendigkeit und Durchlässigkeit erhebliche Abgrenzungsschwierigkeiten.

Erst eine stärker sprachwissenschaftlich-philologisch bestimmte Lexikographie, deren Hauptziele die Stoffsammlung und die Erarbeitung von Forschungsinstrumenten (etwa für die Untersuchung der historisch-sozialen Sprachdifferenzierung) sind, führte zu einer komplexeren Artikelstruktur (Mikroebene) und Artikelkombination (Makroebene). Die Makroebene konstituieren z. B. die Durchzählung der Stichwörter, um den Umfang eines Gruppenwortschatzes zu dokumentieren (Lerch 1976, Wolf 1956), und die Anwendung eines einheitlichen Prinzips für die Schreibung des Stichwortes (etwa nach schriftsprachlichem Muster, nach dem jüngsten Beleg, nach Häufigkeit). Auch Querverweise auf sog. Synonyme am Ende der Artikel gehören hierher. In den Einzelartikeln werden dann verschiedene Schreibungen, die historischen Quellen, Etymologien, regionale und soziale Geltungsbereiche angeführt, wenn es sich um zusammenfassende Wörterbücher handelt (u. a. Chapman 1987, Hudson 1983, Partridge 1968, Wolf 1956). Bei den grammatischen Merkmalen überwiegen die Angaben zu Genus und Wortart; dabei kann ein Fehlen dieser Informationen durchaus varietätenspezifische Gründe haben: „Dem Zweck der Verständigung, des Verständlichmachens fällt gegebenenfalls jede grammatische Regel zum Opfer. Größte Willkür herrscht hinsichtlich des Geschlechts der Hauptwörter. Es ist daher in nahezu sämtlichen rotwelschen Wörterbüchern nicht angegeben" (Wolf 1956, 7). Vor ähnlichen Schwierigkeiten sieht sich der Lexikograph bei den Informationen zur Aussprache, weil auch hier mit großen Variationen gerechnet werden muß. Burnadz hat sich für eine dem Hochdeutschen angenäherte Schreibweise entschieden („Die Schrift kann hier nur versuchen, das gesprochene Wort möglichst lautgetreu einzufangen und dabei auch die klangliche Eigenart des Wiener Tonfalles mit zu berücksichtigen"; 1970, 7). Chapman beschränkt seine Aussprachehinweise auf solche Fälle, „when 'normal' pronunciation cannot be readily ascertained or when pronunciation is crucial to the meaning of the term" (1987, XXXIII). Lediglich auf eine bestimmte Region und Zeit eingrenzbare Lexika (regionale Gruppenvarietäten) geben die Möglichkeit der exakteren phonetischen Umschrift (z. B. Lerch 1976).

5. Literatur (in Auswahl)

5.1. Wörterbücher

Augst 1984 = Gerhard Augst (Hrsg.): Kinderwort. Der aktive Kinderwortschatz (kurz vor der Einschulung) nach Sachgebieten geordnet mit einem alphabetischen Register. Frankfurt am Main. Bern. New York. Nancy 1984 (Theorie und Vermittlung der Sprache; Bd. 1.) [XXXI, 294 S.].

Baumann 1903 = Heinrich Baumann: Londinismen (Slang und Cant). Wörterbuch der Londoner Volkssprache sowie der üblichsten Gauner-, Matrosen-, Sport- und Zunftausdrücke. [...]. Ein Supplement zu allen englisch-deutschen Wörterbüchern. 2. verb. u. verm. Aufl. Berlin 1903 [CXVI, 285 S.; 1. Aufl. 1887].

Berrey/van den Bark 1962 = Lester V. Berrey/Melvin van den Bark (Eds.): The American Thesaurus of Slang. A Complete Reference Book of Colloquial Speech. 2nd ed. New York 1962 [XXXV, 1272 S.; 1st ed. 1942].

Bertsch 1930 = A. Bertsch: Wörterbuch der Kunden- und Gaunersprache. Berlin 1938 [130 S.].

Bischoff 1916 = Erich Bischoff: Wörterbuch der wichtigsten Geheim- und Berufssprachen. Jüdisch-Deutsch, Rotwelsch, Kundensprache; Soldaten-, Seemanns-, Weidmanns-, Bergmanns- und Komödiantensprache. Leipzig 1916 [VIII, 168 S.].

Bowman/Ball 1961 = Walter Parker Bowman/Robert Hamilton Ball: Theatre Language. A Dictionary of Terms in English of the Drama and Stage from Medieval to Modern Times. New York 1961 [XII, 428 S.].

Burnadz 1970 = Julian M. Burnadz: Die Gaunersprache der Wiener Galerie. Mit einem Geleitwort von Franz Meinert. 2. erw. Aufl. Lübeck 1970 [140 S.; 1. Aufl. 1966].

Caradec 1977 = François Caradec: Dictionnaire du français argotique et populaire. Paris 1977 (Les dictionnaires de l'homme du XXe siècle) [255 S.].

Cellard/Rey 1980 = Jaques Cellard/Alain Rey: Dictionnaire du français non conventionnel. Paris 1980 [XVII, 893 S.].

Chapman 1987 = Robert L. Chapman (Ed.): New Dictionary of American Slang. London. Basingstoke 1987 [XXXVI, 485 S.; Nachdr. der Ausg. New York 1986. Basiert auf Wentworth/Flexner 1975].

Esnault 1965 = Gaston Esnault: Dictionnaire historique des argots français. Paris 1965 [XVI, 644 S.].

Graf 1974 = Heinz-Joachim Graf: Der Henese Fleck. Eine alte Geheimsprache der Kiepenträger aus Breyell am linken Niederrhein. Kempen/Niederrhein 1974 (Schriftenreihe des Kreises Kempen-Krefeld, 23) [96 S.].

Granville 1950 = Wilfred Granville: Sea Slang of the Twentieth Century. Royal Navy, Merchant Navy, Yachtsmen, Fishermen, Bargemen, Canalmen, Miscellaneous. Introduction and Etymologies by Eric Partridge. New York 1950 [XIV, 271 S.].

Granville 1962 = Wilfred Granville: A Dictionary of Sailor's Slang. London 1962 [136 S.].

Green 1984 = Jonathon Green: Newspeak. A Dictionary of Jargon. London. Boston. Melbourne. Henley 1984 [XII, 263 S.].

Grose 1785 = Francis Grose: A Classical Dictionary of the Vulgar Tongue. 1785. Facs. repr. Menston 1968 (English Linguistics. 1500—1800. No. 28.) [VII S., Bogen A—Cc].

Harfst 1984 = Gerold Harfst: Rauschgift. Szenen-Jargon von A—Z. Damit auch wir im Bilde sind. Eine Begriffsammlung als Hilfe für Eltern, Erzieher und andere. Würzburg 1984 [299 S.].

Haslam 1972 = Gerald W. Haslam: The Language of the Oil Fields. Examination of an Industrial Argot. Penngrove (Cal.) 1972 [116 S.].

Henne/Objartel 1984 = Helmut Henne/Georg Objartel (Hrsg.): Bibliothek zur historischen deutschen Studenten- und Schülersprache. Bd. 1—6. Berlin. New York 1984 [Zusammenstellung von Wörterbüchern und Monographien des 18. bis 20. Jahrhunderts].

Hoppe 1984 = Ulrich Hoppe: Von Anmache bis Zoff. Ein Wörterbuch der Szene-Sprache. München 1984 (Heyne-Buch Nr. 18/9) [157 S.].

Hudson 1983 = Kenneth Hudson: A Dictionary of the Teenage Revolution and its Aftermath. London. Basingstoke 1983 [XXIII, 203 S.].

Hunger 1917 = Willy Hunger: Argot. Soldaten-Ausdrücke und volkstümliche Redensarten der französischen Sprache. Leipzig 1917 [171 S.].

Irwin 1931 = Godfrey Irwin (Ed.): American Tramp and Underworld Slang. [...] London 1931 [264 S.].

Jütte 1978 = Robert Jütte: Sprachsoziologische und lexikologische Untersuchungen zu einer Sondersprache. Die Sensenhändler im Hochsauerland und die Reste ihrer Geheimsprache. Wiesbaden 1978 (Zeitschrift für Dialektologie und Linguistik, Beihefte; NF. Nr. 25) [210 S.].

Kluge 1987 = Friedrich Kluge: Rotwelsch. Quellen und Wortschatz der Gaunersprache und der verwandten Geheimsprachen. I. Rotwelsches Quellenbuch. Straßburg 1901. Mit einem Nachwort von Helmut Henne und der Rezension von Alfred Götze (1901). Photomech. Nachdr. Berlin. New York 1987 [XVI, 519 S.].

Knopp 1979 = Klaus Knopp: Französischer Schülerargot. Frankfurt am Main. Bern. Las Vegas 1979 (Bonner Romanistische Arbeiten, Bd. 6) [716 S.].

Küpper 1970 = Heinz Küpper: Am A... der Welt. Landserdeutsch 1939—1945. Hamburg. Düsseldorf 1970 [217 S.].

Küpper 1978 = Heinz Küpper: ABC-Komiker bis Zwitschergemüse. Das Bundessoldatendeutsch. Wiesbaden 1978 (Beihefte zur Muttersprache, 3) [XXIII, 229 S.].

Küpper/Küpper 1972 = Marianne Küpper/Heinz Küpper: Schülerdeutsch. Hamburg. Düsseldorf 1972 [134 S.].

Lacassagne 1935 = Jean Lacassagne: L'argot du „milieu". 2ᵉ éd. Paris 1935 [XX, 296 S.].

Lerch 1976 = Hans-Günter Lerch: Das Manische in Gießen. Die Geheimsprache einer gesellschaftlichen Randgruppe, ihre Geschichte und ihre soziologischen Hintergründe. Gießen 1976 [376 S.].

Marcillac 1968 = Jean Marcillac: Dictionnaire Français-Argot. Paris 1968 [254 S.].

Müller-Thurau 1984 = Claus Peter Müller-Thurau: Laß uns mal 'ne Schnecke angraben. Sprache und Sprüche der Jugendszene. 12. Aufl. Düsseldorf. Wien 1984 [176 S.; 1. Aufl. 1983].

Ostwald 1906 = Hans Ostwald: Rinnsteinsprache. Lexikon der Gauner- Dirnen- und Landstreichersprache. Berlin 1906 [187 S.].

Partridge 1968 = Eric Partridge: A Dictionary of the Underworld. British & American. Being the Vocabulary of Crooks, Criminals, Racketeers, Beggars and Tramps, Convicts, the Commercial Underworld, the Drug Traffic, the White Slave Traffic, Spivs. 3rd ed. (much enlarged) London 1968 [XV, 886 S.; 1. Ausg. 1949].

Polzer 1922 = Wilhelm Polzer: Gauner-Wörterbuch für den Kriminalpraktiker. München. Berlin. Leipzig 1922 [VII, 100 S.].

Pregel/Rickheit 1987 = Dietrich Pregel/Gert Rickheit: Der Wortschatz im Grundschulalter. Häufigkeitswörterbuch zum verbalen, substantivischen und adjektivischen Wortgebrauch. Hildesheim. Zürich. New York 1987 [457 S.].

Rabben 1906 = Ernst Rabben: Die Gaunersprache (chochum loschen). Gesammelt und zusammengestellt aus der Praxis — für die Praxis. Hamm 1906 [166 S.].

Sandry/Carrère 1974 = Géo Sandry/Marcel Carrère: Dictionnaire de l'argot moderne. 10ᵉ éd. revue, augmentée et mise à jour. Paris 1974 [489 S.].

Schönfeld 1986 = Eike Schönfeld: Abgefahren — eingefahren. Ein Wörterbuch der Jugend- und Knastsprache. Straelen 1986 (Europäisches Übersetzer-Kolloquium; Glossar Nr. 1) [139 S.].

Veldtrup 1981 = Josef Veldtrup: Bargunsch oder Humpisch. Die Geheimsprache der westfälischen Tiötten. Eine Untersuchung. 2., verb. u. erg. Aufl. Münster 1981 [84 S.; 1. Aufl. 1974].

Wentworth/Flexner 1975 = Harold Wentworth/Stuart Berg Flexner (Eds.): Dictionary of American Slang. 2nd suppl. ed. New York 1975 [XVIII, 766 S.; 1st ed. 1960].

Wilmeth 1981 = Don B. Wilmeth: The Language

of American Popular Entertainment. A Glossary of Argot, Slang, and Terminology. Westport (Conn.). London 1981 [XXI, 306 S.].

Wolf 1956 = Siegmund A. Wolf: Wörterbuch des Rotwelschen. Deutsche Gaunersprache. Mannheim 1956 [431 S.].

5.2. Sonstige Literatur

Gottschalk 1931 = Walter Gottschalk: Französische Schülersprache. Heidelberg 1931 (Sammlung romanischer Elementar- und Handbücher; R. IV, 3.).

Günther 1905 = L. Günther: Das Rotwelsch des deutschen Gauners. Straßburg 1905.

Günther 1919 = L. Günther: Die deutsche Gaunersprache und verwandte Berufssprachen. Leipzig 1919.

Imme 1917 = Theodor Imme: Die deutsche Soldatensprache der Gegenwart und ihr Humor. Dortmund 1917.

Klenz 1909 = Heinrich Klenz: Über Dienstbotensprache. In: Zeitschrift für Deutsche Wortforschung 11. 1909, 225—238.

Kroman/Riiber/Rosbach 1984 = Hans-Peder Kroman/Theis Riiber/Poul Rosbach: Überlegungen zu Grundfragen der zweisprachigen Lexikographie. In: Herbert Ernst Wiegand (Hrsg.): Studien zur neuhochdeutschen Lexikographie V. Hildesheim. Zürich. New York 1984 (Germanistische Linguistik 3—6/84), 159—238.

Kühn 1978 = Peter Kühn: Deutsche Wörterbücher. Eine systematische Bibliographie. Tübingen 1978 (Reihe Germanistische Linguistik, 15).

Küther 1976 = Carsten Küther: Räuber und Gauner in Deutschland. Das organisierte Bandenwesen im 18. und frühen 19. Jahrhundert. Göttingen 1976 (Kritische Studien zur Geschichtswissenschaft).

Leisi 1978 = Ernst Leisi: Paar und Sprache. Linguistische Aspekte der Zweierbeziehung. Heidelberg 1978 (Uni-Taschenbücher, 824).

Mauβer 1917 = Otto Maußer: Deutsche Soldatensprache. Ihr Aufbau und ihre Probleme. Hrsg. vom Verband deutscher Vereine für Volkskunde. Straßburg 1917 (Trübners Bibliothek, 9).

Möhn 1980 = Dieter Möhn: Sondersprachen. In: Hans Peter Althaus/Helmut Henne/Herbert Ernst Wiegand (Hrsg.): Lexikon der Germanistischen Linguistik. 2. Aufl. Tübingen 1980, 384—390.

Möhn 1985 = Dieter Möhn: Sondersprachen in historischer Entwicklung. In: Werner Besch/Oskar Reichmann/Stefan Sonderegger (Hrsg.): Sprachgeschichte. Ein Handbuch zur Geschichte der deutschen Sprache und ihrer Erforschung. 2. Halbbd. Berlin. New York 1985 (Handbücher zur Sprach- und Kommunikationswissenschaft, 2,2), 2009—2017.

Möhn/Pelka 1984 = Dieter Möhn/Roland Pelka: Fachsprachen. Eine Einführung. Tübingen 1984 (Germanistische Arbeitshefte, 30).

Olt 1981 = Reinhard Olt: Soldatensprache. Ein Forschungsüberblick. In: Muttersprache 91. 1981, 93—105.

Schaeder 1987 = Burkhard Schaeder: Germanistische Lexikographie. Tübingen 1987 (Lexicographica. Series Maior, 21).

Schippan 1987 = Thea Schippan: Lexikologie der deutschen Gegenwartssprache. 2. Aufl. Leipzig 1987.

Schirmer 1913 = Alfred Schirmer: Die Erforschung der deutschen Sondersprachen. In: Germanisch-Romanische Monatsschrift 5. 1913, 1—22.

Schreier-Hornung 1981 = Antonie Schreier-Hornung: Spielleute, Fahrende, Außenseiter: Künstler der mittelalterlichen Welt. Göppingen 1981 (Göppinger Arbeiten zur Germanistik, 328).

Spangenberg 1970 = Karl Spangenberg: Baumhauers Stromergespräche in Rotwelsch. Mit soziologischen und sprachlichen Erläuterungen. Halle (Saale) 1970.

Steger 1964 = Hugo Steger: Gruppensprachen. Ein methodologisches Problem der inhaltsbezogenen Sprachbetrachtung. In: Zeitschrift für Mundartforschung 31. 1964, 125—138.

Wartburg 1930 = Walter von Wartburg: Vom Ursprung und Wesen des Argot. In: Germanisch-Romanische Monatsschrift 18. 1930, 376—391.

Wiegand 1981/84 = Herbert Ernst Wiegand (Hrsg.): Studien zur neuhochdeutschen Lexikographie I—V. Hildesheim. Zürich. New York 1981—1984 (Germanistische Linguistik 3—4/79; 3—6/80; 1—4/82; 1—3/83; 3—6/84).

Dieter Möhn, Hamburg (Bundesrepublik Deutschland)

162. Wörterbücher von Geheimsprachen

1. Definition
2. Geschichtlicher Überblick
3. Mikrostrukturen im Wörterbuchaufbau
4. Literatur (in Auswahl)

1. Definition

Der Begriff „Geheimsprache" bezeichnet eine Sonderform innerhalb der Sondersprachen (im Gegensatz zur Gemeinsprache), die ihre Kommunikationsfähigkeit bzw. Verständlichkeit bewußt auf eine bestimmte soziale Gruppe einschränkt:

```
                Gesamtsprache
               /           \
      Gemeinsprache      Sondersprachen
      (inkl. Fachsprachen)  /        \
                  Gruppensprachen  Geheimsprachen
```

Abb. 162.1: Stellung der Geheimsprachen

Folgende Differenzierungen lassen sich für das Aussondern bzw. Abschirmen vor den Sprachteilhabern der Geheimsprache anführen:

(1) Geheimsprachen etablieren sich als Ausdrucksmittel einer kriminellen Subkultur, die für andere soziale Gruppierungen nicht zugänglich sein soll. Die gesellschaftliche Verfolgung dieser Gruppen umfaßt dabei auch Gruppen im Umkreis der Kriminalität, die etwa mit Prostitution, Drogen, Betteln usw. in Verbindung stehen. Die Geheimsprachlichkeit ist durch die Ermöglichung einer internen Kommunikation der Unterwelt bedingt. Als klassischer Vertreter dieser Konzeption vom *Geheimsprachenwörterbuch* ist etwa Partridge 1949 anzusehen.

(2) Geheimsprachen bezeichnen ferner religiös bedingte Sonderformen (Gennep 1908, 329—332) in primitiveren Gesellschaften, wie sie vor allem die Ethnologie beschreibt. Dabei greift das religiöse Moment mittels Tabuisierungen u. ä. über auf sondersprachliche Bildungen im Bereich der Nahrungsbeschaffung und der Existenzerhaltung (Lasch 1907, 92). Diese Geheimsprachen werden nicht lexikographisch dokumentiert, werden aber sprachwissenschaftlich untersucht wie etwa die Jäger-Tabusprache der Ostjaken bei Steinitz 1967.

(3) Bestimmte Berufsgruppen pflegen als eine Art *signum sociale* geheimsprachliche Formen, die die Alltagskommunikation abdecken und keine Berufsfachsprache darstellen, wie im deutschen Sprachraum das Bargunsch der westfälischen, ambulanten Kaufleute im Münsterland (Veldtrup 1974) oder der sauerländischen Sensenhändler (Jütte 1978). Besonders stark ausgeprägt sind diese Geheimsprachen im Italienischen, man vgl. nur die Dokumentationen von Menarini 1942, 17—21, zu den Bologneser Maurern, Bazzetta de Vemenia 1940, 67—70, zu den Schirmmachern des Lago Maggiore, Ortale 1976 zu den Kesselflickern von Dipignano, oder zuletzt Lurati/Pinana 1983, 91—147, zu den Kaminkehrern der Val Verzasca.

(4) Geheimsprachen werden gelegentlich als gesellschaftliche Belustigung, als Sprachspiel kreiert (Fleming 1974/75, 135). Dieses spielerische Moment findet sich auch in den geheimsprachlichen Veränderungen wie Buchstabenumstellungen, Silbenvertauschungen, Konsonanten- oder Silbeneinschub, die den engl. *back slang* und das frz. *javanais* kennzeichnen ebenso wie das frz. *loucherbem* des frühen 19. Jahrhunderts. Diese Geheimsprachenbildungen ähneln häufig den Ausprägungen in Kinderspielen, wie sie Schnellenbach 1983 zusammenstellt.

Nicht als Geheimsprachen angesehen werden hingegen Sondersprachen, die nicht in einer kleineren geschlossenen Gruppe Verwendung finden wie etwa Jugendjargon, Schüler- und Studentensprache, die in aller Regel national relativ einheitlich gebraucht werden (Rittendorf/Schäfer/Weiss 1983, Hoppe 1984, Henne 1984, Henne/Kämper-Jensen/Objartel 1984 für das Deutsche, Knopp 1979, Obalk/Soral/Pasche 1984, Walter 1984 für das Französische). Lediglich bei zumindest partiell gegebenem Kleingruppenbezug bestehen auch in dieser generationsspezifischen Kommunikationsdomäne geheimsprachliche Manifestationen, so Castro 1947 für den Studentenjargon von Coimbra.

Die Bestimmung von Geheimsprachen ist nicht zuletzt dadurch besonders erschwert, daß in den meisten heutigen Gesellschaftsformen geschlossene Kleingruppen mit einem Repertoire extrem begrenzter kommunikativer Reichweite sich kaum erhalten können, da die geheimsprachlichen Elemente aufgrund veränderter sozialer Strukturen und stärkeren Kommunikationsaustauschs (Massenmedien) zunehmend alle sozialen Schichten durchdringen und in einen überregionalen Substandard aufgehen (Radtke 1982).

2. Geschichtlicher Überblick

Aufgrund des kryptologischen Charakters wird der geheimsprachliche Wortschatz meist nur marginal dokumentiert, zudem noch oft von Laien und Liebhabern ohne sprachwissenschaftliche Ambitionen. Im Mittelalter sind uns außer diversen Bezeichnungen für Geheimsprachen und gelegentlichen Textfragmenten (Sainéan 1912, 1—3, Wolf 1956, 9) Geheimsprachenglossare nicht bekannt. Die Bezeugungen von Geheimsprachen setzen umfänglicher und philologisch verwertbarer erst im 15. Jahrhundert ein, wobei die

Dokumente sich auf die Gauner- und Diebessprache konzentrieren. Teils findet das Geheimvokabular Eingang in die Literatur wie in den *Ballades* von François Villon (Schwob 1890, Ziwès/de Bercy 1954) oder in einigen Sonetten des *Morgante* von Luigi Pulci. Die gründlichste Auswertung geheimsprachlichen Wortschatzes, der kaum in Wörterbüchern notiert wurde, leisten für die spanische *germanía* die Arbeiten Alonso Hernández 1977 und 1979. Neben den Wortlisten, die im Coquillard-Prozeß von 1455 in Dijon in die Prozeßakten eingegangen sind, datieren die ersten Wörterbücher aus dem 16. Jahrhundert wie etwa die zahlreichen Ausgaben des venezianischen *Nuovo modo de intendere la lingua zerga,* deren älteste bekannte Ausgabe von 1545 stammt (Cappello 1957). Ähnlich den zahlreichen Ausgaben des deutschen *Liber Vagatorum* dieser Zeit (Wolf 1956, 10—11, 15—16) handelt es sich um Wortlisten ohne diasystematische Markierungen. Eine vergleichsweise umfangreichere Glossarproduktion läßt sich im elisabethanischen England nachweisen, wo das sog. *pedlars' French* von der Sprache ambulanter Händler zum Synonym jeglichen Unterweltsjargons avanciert; eine erschöpfende Zusammenstellung über die Produktion geheimsprachlicher Wörterbücher erstellt Barisone 1984, 11—19 (insbesondere zur bibliographischen Erfassung, 169—174, für den Zeitraum von 1535 bis 1612). Damit ist im europäischen Sprachraum der *cant* für diese Zeit am besten dokumentiert. Im Frankreich des 17. Jahrhunderts finden sich die unkommentierten Wortlisten oft als Beiwerk zur Beschreibung der gesellschaftlichen Randgruppen, wie in *La vie genereuse des Mattois, Gueux, Bremiens & Cagouz, contenant leurs façons de vivre, subtilitez & gergon* des Pechon de Ruby von 1596/1612 (Chartier 1982, 107—131). Den größten Bekanntheitsgrad und Einfluß in der Argotforschung erlangt das Bändchen des „littérateur provincial" (Chartier 1982, 34) Olivier Chereau, *Le jargon ou langage de l'argot réformé,* Tours 1628 oder 1629 „œuvre capitale de l'argot" (Sainéan 1907, 3), das bis 1849 zahlreiche Neuauflagen erlebt hat. Gegenüber seinen Vorgängern zeichnet es sich durch ein umfangreicheres Glossar und durch den Einschub von Dialogpartien im Argot aus:

Le Jargon ou Langage de l'argot réformé, d'Olivier Chereau (…) marque déjà une nouvelle étape de l'évolution: le glossaire est beaucoup plus riche que les précédents (216 mots); le succès de cet opuscule, dû surtout peut-être aux fantaisies dont l'au-

```
10        LE JARGON
Marmouzet,         le pot au potage.
Minois,                    le nez.
Maron,                    du sel.
Morve,            mouton ou brebis.
Mornos,                la bouche.
Monzu,                  un teston.
Mouillante,           de la morue.
Marquin,            un couvre-chef
Mion de boule,    coupeur de bourse.
Marcandier,            Marchand.
            N
NOuzailles,              nous.
 Narquois,             un Soldat.
            O
ORnie ou étable,      une poule.
 Ornions,             des œufs.
Ornichons,            des poulets.
Ornie de balle.     une poule d'Inde.
            P
PIcter ou pictanter,       boire.
 Pivois,                  du vin.
Pioler,               un tavernier.
Piole,                 une taverne.
Pharos,    le Gouverneur d'une Ville.
Piger,                 un château.
Pillots,               des payfans.
Paffades ou Paffides.   des fouliers.
Pâturons,              les pieds.
Piot.                    un lit.
```

Textbeispiel 162.1: Wörterbuchauszug (aus: Chereau 1628)

teur avait agrémenté son texte, provoqua, pendant plus de deux siècles, des rééditions successives, auxquelles on est redevable de plus de fautes d'impression et de cacographies que de mots nouveaux. Le lexique en a été surtout enrichi par les éditions de colportage du XIXe siècle, de 1836 à 1849, qui arrivent à quadrupler le glossaire primitif. (Dauzat 1929, 35).

Wie die meisten Werke zu Geheimsprachen im 17. und 18. Jahrhundert ist Chereaus Traktat als burleske Unterhaltungsliteratur anzusehen, die sich selbst keinerlei wissenschaftlichen Anspruch stellt. Ein vordergründig philologisches Interesse und ein Bemühen um eine authentische Wortsammlung von Geheimsprachen erwachsen erst im frühen 19. Jahrhundert, allerdings nicht als Folge der sich etablierenden einzelsprachlichen Philologien, sondern vielmehr als Konsequenz aus der „glorification of the underworld, or rather the vogue of its language in literature" (Partridge 1933, 85). Die Geheimsprachenforschung verzeichnet als ihre Vorläufer Amateure und interessierte Dilettanten, die die Authentizität von Argotwörtern in der Literatur dokumentieren wollen; so greifen etwa namhafte Schriftsteller wie Victor Hugo oder Honoré de Balzac auf die *Voleurs* (1836) des legendären Vidocq zurück, der als ehemaliger Zuchthäusler zum Pariser Polizeichef avancierte. In England nimmt das Studium des *slang* seinen Ausgang von dem 1785 erschienenen *Classical Dictionary of the Vulgar Tongue,* das neben seinen Überarbeitungen von 1788 und 1796 in der ersten Hälfte des 19. Jahrhunderts immer wieder als anerkannter Ausgangspunkt für neue Wörterbücher diente (Partridge 1933, 75—76, Harris 1971). Mit der Zunahme der Wörterbuchproduktion erstarkt auch allmählich das wissenschaftliche Engagement, das sich der Sprachgeschichte, dem Sprachvergleich, der Etymologie und der Lexikologie zuwendet (etwa Pott 1844/45, Biondelli 1846, Francisque-Michel 1856). Diese wissenschaftliche Fundierung des Geheimsprachenkomplexes fließt dann allmählich auch in die konkrete Wörterbucharbeit ein, wenngleich diese Produktion quantitativ den Veröffentlichungen von Laien nachsteht. Bis heute zeichnet sich die Tendenz ab, daß nur wenige Wörterbücher aus der Publikationsflut sprachwissenschaftlichen Ansprüchen genügen wie Partridge 1949 für das Englische, Wolf 1956 für das Deutsche, Esnault 1965 für das Französische, Prati 1940 für das Italienische. Dabei verlegen sich die Wörterbücher zunehmend auf die Beschreibung der Geheimsprachen in Großstädten, die überregionale Bedeutung gewinnen. War das Geheimsprachenwörterbuch im 19. Jahrhundert als Kuriosum zum besseren Verständnis des realistischen bzw. naturalistischen Romans konzipiert wie das *Dictionnaire* 1843 für Eugène Sues *Les Mystères de Paris,* so geht das Argotvokabular im 20. Jahrhundert in ein eher sprechsprachlich ausgerichtetes Substandardvokabular auf (Caradec 1977, Cellard/Rey 1980).

3. Mikrostrukturen im Wörterbuchaufbau

Da Wörterbücher von Geheimsprachen überwiegend nicht von Linguisten erstellt werden und ihr Verkauf mehr aus Sensationslüsternheit als aus tatsächlichem Bedarf erfolgt, weicht ihr Aufbau von dem der üblichen Gebrauchswörterbücher ab. Der Umfang der Lemmata ist vergleichsweise gering, die Illustrationen mit humorvollen Zeichnungen sprechen von vornherein eine gewisse Seriosität ab. Der Benutzerkreis der betreffenden Geheimsprache konsultiert diese Sammlung nicht, sie werden für Außenstehende erstellt. Diese Andersartigkeit schlägt sich ebenfalls in der Mikrostruktur dieses Wörterbuchtyps nieder.

3.1. Definition der Lemmata

Ein eng begrenzter Geheimwortschatz bildet für wenige Wortfelder zahlreiche nuancierende Begriffe aus, die die Definition aufgrund einer möglichst genetischen Bestimmung nicht erfaßt. Solche Ungenauigkeiten zeigen sich trotz häufiger Übernahmen von Lemmata aus älteren Wörterbüchern in der Unterschiedlichkeit der Definition. Als Beispiel möge *acqua acqua* im Gergo der Camorra von Neapel bemüht werden, das folgende Notationen erfährt:

ACQUA (...); acqua-acqua! voce di all'arme dalle spie dei ladri. (De Blasio 1900, 97)
Acqua! Polizia! E' una notissima voce di allarme per avvertire i complici del sopraggiungere delle guardie, ed equivale a *Piove!* (Ferrero 1972, 47)
Acqua, acqua! Grido di allarme usato dai pali per avvertire la paranza dell'arrivo della polizia.
(Consiglio 1973, 105—6, Fùrnari 1974, 85)
Acqua-acqua — Noto grido d'allarme, per indicare un pericolo. Forma esplicita di 'abba' (v.)
(Sanna 1978)
Acqua, acqua! allarme usato dai complici, cfr. *palo, smamma* (*Dizionarietto* 1979, 1)

Der Definitionsgehalt ist zwar im wesentlichen in allen Fällen identisch, allerdings werden über die Information „Warnruf" hinaus Situationsspezifizierungen angegeben, die voneinander abweichen: Die Warnung erfolgt entweder bei der Ausübung einer Straftat (De Blasio 1900, 97) oder bei der Versammlung von Camorra-Mitgliedern (Consiglio 1973, 6, Fùrnari 1974), sie wird vor der Polizei verwendet (Consiglio 1973, Fùrnari 1974, Ferrero 1972) oder bezieht sich allgemein auf eine Gefahr (Sanna 1978, *Dizionarietto* 1979). Die genaueren Verwendungsregeln werden durch die variierenden Definitionen nicht geleistet. Dies erklärt sich u. a. auch daraus, daß Bezeichnungen definiert werden, die nur eine geheimsprachliche Relevanz aufweisen und sich nicht in der Gemeinsprache wiederfinden. So stellen insbesondere Bezeichnungen zu Geldeinheiten oder zur Nuancierung bzw. Hierarchisierung von Prostituierten in den Wörterbüchern Schwächen im Definitionsverfahren dar (Radtke 1983, 156). Wörterbücher von Geheimsprachen weisen oft uneinheitliche und vage Definitionsverfahren auf.

3.2. Etymologie und Erstdatierung

Die Geheimsprachenforschung hat ihren Schwerpunkt schon frühzeitig auf die Etymologie gelenkt und diesen Gesichtspunkt auch in der Wörterbucharbeit berücksichtigt. Aufgrund der ungünstigen Quellenlage — Geheimsprachen werden mündlich tradiert — bestehen gerade hier besondere Unsicherheiten, und die systematische Sichtung von schriftlichen Erstbelegen sagt mitunter wenig über die mündliche Vitalität eines Lexems aus. Trotz der denkbar schlechten Ausgangslage zeichnen sich gerade Wörterbücher, die die Wortgeschichte eines Argotlexems erhellen, durch besondere Zuverlässigkeit aus, wie Esnault 1965 für das Französische, Wolf 1956 für das Deutsche (hinsichtlich der Erstbelege), Prati 1940 für das Italienische. Die sprachlichen Beeinflussungen auf die Gaunersprachen werden in den Wörterbüchern nur sporadisch kommentiert, so fließt etwa der Komplex der zigeunerischen Bestandteile in den romanischen Argots nicht spürbar in die Wörterbucharbeit ein, obwohl die Forschung sich intensiv damit auseinandergesetzt hat (Wagner 1936 und 1949). Wenngleich die systematische Kennzeichnung von Erstbelegen zumeist unterbleibt, erfolgen für das 19. und 20. Jahrhundert gelegentlich sorgfältige Datierungen, wie sie für das Französische Cellard/Rey 1980 mustergültig erfassen. Dies ist allerdings nur möglich, weil seit dem 19. Jahrhundert sich in den meisten westeuropäischen Geheimsprachen der kryptologische Charakter reduziert. Der wortgeschichtliche Aspekt wird am günstigsten bei Neubildungen im *cant* nachvollziehbar, so daß er beispielsweise bei Barnhart/Steinmetz/Barnhart 1980 im Neologismenwörterbuch integriert wird. Für die Gegenwartssprache sind solche Dokumentationen gut beobachtbar, wie die Fallstudien zu it. *imbranato* (Cortelazzo 1981) und zu it. *sgamare* (Radtke 1989) zeigen. Trotz der instabilen Gruppenkonstellation der Sprachteilhaber ist der Geheimwortschatz von einer Konservativität und Sensibilität geprägt (Lurati 1976), die sich anhand der diachronen Persistenz des Lexikons manifestiert, und die die oftmals bemühte Kreativität des Argotwortschatzes in Frage stellt (Lurati 1976, 576—579).

3.3. Diasystematische Markierungen

Die meisten Wörterbücher von Geheimsprachen verfügen über defizitäre diasystematische Markierungen. Sofern sie vorliegen, werden sie oft akzidentell gehandhabt. So verzichten die beiden rezenten portugiesischen calão-Glossare Nobre 1980 und Campos 1984 auf diasystematische Markierungen, wenn man bei Nobre von Verweisen zum Drogen-, Militär- und Prostitutionsmilieu absieht:

Flipar (Drg.) — Morrer; (...) gorarse algo.
(Nobre 1980, 84)
Flipar — morrer; cair numa muito má; ficar chalado, choné. (Campos 1984, 36)

Neben der Milieuzuweisung darf man jedoch weitere Angaben bezüglich der Häufigkeit, der generationsspezifischen Verwendung, der diakonnotativen Charakteristika u. a. mehr erwarten. Das Wörterbuch von Geheimsprachen birgt per definitionem in sich eine diastratische Zuweisung, da es soziolektal bedingten Wortgebrauch erfaßt. Der Unbekanntheitsgrad dieses Wortschatzes rechtfertigt jedoch nicht die Einschränkung auf das soziolektale Kriterium in der diasystematischen Indizierung. Allein schon der Bestand an Beleidigungen, Schimpfwörtern, Flüchen, Maledicta und sexuellen Ausdrücken evoziert den Bedarf an pragmatischen Indizierungen, denen bislang unzulänglich Rechnung getragen wird. Allenfalls wird dieser expressiv herausgestellte Gebrauch durch Beispielsätze verdeutlicht. Spears 1981 widmet diesen pragmatisch und lexikologisch indizierten Slangelementen für das amerikanische Englisch ein eigenes Wörterbuch, ansonsten werden geheimsprachliche Lexeme in Schimpfwörterbücher und in Wörterbücher des sexuellen Wortschatzes integriert (Souto Maior 1980 für das brasilianische Portugiesisch, Edouard 1967 für das Französische, Nanni 1953 für das Italienische).

3.4. Substandardproblematik

Sprachgeschichtlich zeichnet sich bei den meisten europäischen Sprachen die Tendenz ab, daß die Vitalität der Geheimsprachen erheblich zurückgeht und der kryptologische Charakter merklich aufgegeben wird. Durch gesellschaftliche Veränderungen und durch neue Kommunikationsmittel wie die Massenmedien haben gesellschaftliche Randgruppen Schwierigkeiten, ihren eigenen, exklusiven Wortschatz zu bewahren. Geheimsprachen bzw. Reste davon fließen in einen überregionalen Substandard ein, wobei die Argots sich de-argotisieren und Zugang zu allen sozialen Schichten finden. Die Geheimsprachen gehen ihres entscheidenden Merkmals, der soziolektalen Exklusivität, verlustig und tendieren von einer ursprünglich diastratischen zu einer diaphasischen Varietät. Ein Wörterbuch einer Geheimsprache muß sich dieser Entwicklung anpassen, indem es ein genuin geheimsprachliches Lexikon als sprachgeschichtliches Relikt und dem Übergreifen von Geheimsprachlichem in den Substandard Rechnung trägt. Zwar sollten diese speziellen Lexeme besonders gekennzeichnet werden, aber die Differenzierung von *slang* und niederer Umgangssprache bereitet in der Praxis erhebliche Schwierigkeiten, da mitunter die intuitive Einschätzung des Wörterbuchautors zur Diskussion gestellt wird. Diese Ausweitung des sprachlichen Spektrums schlägt sich bereits in Titeln nieder wie bei Caradec 1977 und Cellard/Rey 1980 im Französischen, wo die Absorption von Argotismen in der Umgangssprache besonders auffällig ist. Dementsprechend enthalten auch zahlreiche Argotwörterbücher umgangssprachliche Elemente, die nie einer Geheimsprache angehört haben. Analog beobachtet Phythian 1955/⁶1981, V, für das Englische:

In 1970, the word 'telly' was stigmatised as 'non-cultured' by the standard Dictionary of Slang: in 1973 it was used by the Archbishop of Canterbury during a televised broadcast from Westminster Abbey on the eve of a royal wedding.

Damit ist letztlich das Wörterbuch von Geheimsprachen auf dem Rückzug begriffen, seine künftige Bedeutung wird vor allem in der Erstellung von Glossaren in spezifischen Subkulturen liegen, die einer großen Fluktuation unterworfen sind und ein eigenes Vokabular ausbilden. Solche *in-group*-Lexika beziehen sich auf das Drogenmilieu (Maurer/Vogel 1973, Harfst 1984, Messina 1977, Malizia 1980, 290—312 und auf die kriminellen Gruppen der Unterwelt (für das Italienische *Dizionario* 1964, *Gergo* 1969), wo der Geheimcharakter noch als Abschirmungsmodus vor der Gesellschaft fungiert.

Für geheimsprachliche Wörterbücher bestehen keine eigenständigen Spezialbibliographien; für die Romanistik findet sich eine Skizzierung des Materials in Radtke 1981, 18—53, speziell zum Portugiesischen vgl. Kröll 1960. Zu den persönlichen Erfahrungen bei der lexikographischen Verarbeitung von Geheimsprachen vgl. Partridge 1963.

4. Literatur (in Auswahl)

4.1. Wörterbücher

Alonso Hernández 1977 = José Luis Alonso Hernández: Léxico del marginalismo del siglo de oro. Salamanca 1977 [801 S.].

Barisone 1984 = Ermanno Barisone: Il gergo dell' underworld elisabettiano. Genua 1984 [221 S.].

Barnhart/Steinmetz/Barnhart 1980 = Clarence L. Barnhart/Sol Steinmetz/Robert K. Barnhart: The Second Barnhart Dictionary of New English. Bronxville, NY 1980 [XV, 520 S.].

Bazzetta de Vemenia 1940 = Nino Bazzetta de Vemenia: Dizionario del gergo milanese e lombardo. Con una raccolta di nomignoli compilata dal 1901 al 1939. Mailand 1940.

Campos 1984 = Luís Campos: Bêabá da malandragem. Lissabon 1984 [93 S.].

Cappello 1957 = Teresa Cappello: Saggio di un'edizione critica del 'Nuovo modo de intendere la lingua zerga'. In: Studi di Filologia Italiana 15. 1957, 303—399.

Caradec 1977 = François Caradec: Dictionnaire du français argotique et populaire. Paris 1977 [256 S.].

Castro 1947 = Amilcar Ferreira de Castro: A gíria dos estudantes de Coimbra. Coimbra 1947.

Cellard/Rey 1980 = Jacques Cellard/Alain Rey: Dictionnaire du français non conventionnel. Paris 1980 [893 S.].

Chereau 1628/29 = Olivier Chereau: Le jargon ou langage de l'argot réformé comme il est à présent en usage parmi les bons pauvres, Rouen [1628/29] [Reprint Genf 1968, zahlreiche Neuauflagen].

Consiglio 1973 = Alberto Consiglio: I mammasantissima. s. l. 1973.

De Blasio 1900 = Abele De Blasio: Saggio di un Vocabolario dei Camorristi. In: Archivio di psichiatria ed antropologia criminale 21. 1900, 96—101.

Dictionnaire 1843 = Dictionnaire de l'argot moderne; ouvrage indispensable pour l'intelligence des Mystères de Paris, de M. Eugène Sue. Paris 1843.

Dizionarietto 1979 = Dizionarietto della malavita napoletana. Neapel [1979].

Dizionario 1964 = Dizionario del gergo della malavita italiana. In: Il Delatore 2. Juni 1964.

Edouard 1967 = Robert Edouard; Dictionnaire des injures. Paris 1967 [Neudruck 1979, 338 S.].

Esnault 1965 = Gaston Esnault: Dictionnaire historique des argots français. Paris 1965 [XVII, 644 S.].

Ferrero 1972 = Ernesto Ferrero: I gerghi della malavita dal Cinquecento a oggi. Mailand 1972 [382 S.].

Fùrnari 1974 = Mario Fùrnari: Li ditti antichi de lo popolo napulitano. 3. Aufl. Neapel 1974.

Gergo 1969 = Gergo della malavita. Rom 1969 [betreut von der Direzione Generale della Pubblica Sicurezza, Ministero dell'Interno].

Grose 1785 = Francis Grose: Classical Dictionary of the Vulgar Tongue. London 1785 [2. Aufl. 1788; 3. Aufl. 1796; Reprint der 1. Aufl., Oxford 1931, hrsg. von Eric Partridge; weitere Ausgaben London 1811 unter dem Titel Lexicon Balatronicum. A Dictionary of Buckish Slang, University Wit, and Pickpocket Eloquence, und London 1836].

Harfst 1984 = Gerold Harfst: Rauschgift. Szenen-Jargon von A—Z. Würzburg 1984 [299 S.].

Harris 1971 = Max Harris (Hrsg.): Francis Grose, Dictionary of the Vulgar Tongue. A Dictionary of Buckish Slang, University Wit and Pickpocket Eloquence. London 1811 [Reprint Inc., Ill. 1971, London 1981].

Hoppe 1984 = Ulrich Hoppe: Von Anmache bis Zoff. Ein Wörterbuch der Szene-Sprache. München 1984 [157 S.].

Knopp 1979 = Klaus Knopp: Französischer Schülerargot. Frankfurt. Bern. Las Vegas 1979 [716 S.].

Lurati/Pinana 1983 = Ottavio Lurati/Isidoro Pinana: Le parole di una valle. Dialetto, gergo e toponimia della Val Verzasco. Lugano 1983 [417 S.].

Malizia 1980 = Enrico Malizia: Droga '80, nella società, nei giovani, nella scuola. Turin 1980.

Maurer 1981 = David W. Maurer: Language of the underworld. Lexington 1981 [XI, 417 S.].

Maurer/Vogel 1973 = David W. Maurer/Victor H. Vogel: Narcotics and narcotic addiction. 4. Aufl. Springfield, Ill. 1973 [XV, 473 S.].

Menarini 1942 = Alberto Menarini: I gerghi bolognesi. Modena 1942.

Messina 1977 = Giuseppe L. Messina: Il gergo dei drogati. Rom 1977 [162 S.].

Nanni 1953 = Ugo Nanni: Enciclopedia delle ingiurie. Mailand 1953 [413 S.].

Nobre 1980 = Eduardo Nobre: O calão. Dicionario de gíria portuguesa. Lisboa 1980 [159 p.].

Obalk/Soral/Pasche 1984 = Hector Obalk/Alain Soral/Alexandre Pasche: Les mouvements de mode expliqués aux parents. Paris 1984.

Ortale 1976 = Raffaele Ortale: Sul gergo dei calderai di Dipignano (Cs). In: Problemi di morfosintassi dialettale. Atti dell'XI Convegno del C. S. D. I. (Cosenza-Reggio Calabria, 1—4 aprile 1975). Pisa 1976, 287—309.

Partridge 1931 = Eric Partridge (Hrsg.): Francis Grose, A Classical Dictionary of the Vulgar Tongue. London 1931. 3. Aufl. 1963 [396 S.].

Partridge 1933 = Eric Partridge: Slang To-Day and Yesterday. London 1933. 3. Aufl. 1950.

Partridge 1937 = Eric Partridge: A Dictionary of Slang and Unconventional English. Colloquialisms and Catch-Phrases, Solecisms, and Catachreses, Nicknames, Vulgarisms, and such Americanisms as have been naturalized. 2 vol. London 1937 [1528 S.; 7. Auflage 1970].

Partridge 1949 = Eric Partridge: A Dictionary of the underworld. British & American. Being the Vocabularies of crooks, criminals, racketeers, beggars, and tramps, convicts, the commercial underworld, the drug traffic, the white slave traffic, spivs. London 1949 [Repr. with new addenda 1961, 886 S.].

Partridge 1973 = Eric Partridge: The Routledge Dictionary of Historical Slang. London 1973.

Phythian 1980 = B. A. Phythian: A Concise Dictionary of English Slang and Colloquialisms. London 1980 [208 p.].

Pott 1844/45 = August Friedrich Pott: Die Zigeuner in Europa und Asien. 2. vol. Halle 1844—45.

Prati 1940 = Angelico Prati: Voci di gerganti, vagabondi e malviventi studiate nell'origine e nella storia. Pisa 1940 [Neudruck Pisa 1978, 172 S.].

Rittendorf/Schäfer/Weiss 1983 = Michael Rittendorf/Jochen Schäfer/Heipe Weiss: angesagt: scene-deutsch. Ein Wörterbuch. Frankfurt 1983 [67 S.].

Sanna 1978 = Carlo Sanna: Il gergo della camorra. Palermo 1978 [120 S.].

Souto Maior 1980 = Mário Souto Maior: Dicionário do palavrão e termos afins. Recife 1980 [XVII, 166 S.].

Spears 1981 = Richard A. Spears: Slang and euphemism. A dictionary of oaths, curses, insults, sexual slang and metaphor, racial slurs, drug talk, homosexual lingo, and related matters. Middle Village, NY 1981 [XXVII, 448 S.].

Veldtrup 1974 = Josef Veldtrup: Bargunsch oder Humpisch. Die Geheimsprachen der westfälischen Tiötten. Münster 1974 [2. verb. und erg. Auflage 1981].

Wolf 1956 = Siegmund A. Wolf: Wörterbuch des Rotwelschen. Deutsche Gaunersprache. Mannheim 1956 [Reprint Hamburg 1986, 432 S.].

4.2. Sonstige Literatur

Alonso Hernández 1979 = José Luis Alonso Hernández: El lenguaje de los maleantes españoles de los siglos XVI y XVII: La germanía (Introducción al léxico del marginalismo). Salamanca 1979.

Biondelli 1846 = Bernardino Biondelli: Studii sulle lingue furbesche. Mailand 1846 [Reprint Bologna 1969].

Chartier 1982 = Roger Chartier: Figures de la gueuserie. Paris 1982.

Cortelazzo 1981 = M. Cortelazzo: 'Ciao, imbranato!': due fortunati neologismi di provenienza dialettale. In: Italienische Studien 4. 1981, 117—126.

Dauzat 1929 = Albert Dauzat: Les argots. Caractères — évolution — influence. Paris 1929.

Fleming 1974/75 = Dagmar Fleming: Wege der Sondersprachenforschung. In: Semantische Hefte 2. 1974/75, 129—195.

Francisque-Michel 1856 = X. Francisque-Michel: Etudes de philologie comparée sur l'argot et sur les idiomes analogues parlés en Europe et en Asie. Paris 1856.

Gennep 1908 = Arnold van Gennep: Essai d'une théorie des langues spéciales. In: Revue des Etudes Ethnographiques et Sociologiques 1. 1908, 327—337.

Henne 1984 = Helmut Henne: Jugend und ihre

Sprache. In: Die deutsche Sprache der Gegenwart. Göttingen 1984, 59—72.

Henne/Kämper-Jensen/Objartel 1984 = Helmut Henne/Heidrun Kämper-Jensen/Georg Objartel: Historische deutsche Studenten- und Schülersprache. 6 vol. Berlin. New York 1984.

Jütte 1978 = Reinhard Jütte: Sprachsoziologische und lexikographische Untersuchungen zu einer Sondersprache. Die Sensenhändler im Hochsauerland und die Reste ihrer Geheimsprache. Wiesbaden 1978.

Kröll 1960 = Heinz Kröll: Bibliographische Übersicht der wichtigsten Veröffentlichungen auf dem Gebiet der portugiesischen Sondersprachen. In: Portugiesische Forschungen der Görresgesellschaft 1. 1960, 126—139.

Lasch 1907 = Richard Lasch: Über Sondersprachen und ihre Entstehung. In: Mitteilungen der Anthropologischen Gesellschaft Wien 38. 1907, 89—101, 140—162.

Lurati 1976 = Ottavio Lurati: Rettifiche semantiche: gerg. *camuffare, calmo, calmare, camorra*, a. it. *(en)camare, scaramuccia* e la famiglia it. del lat. CARMEN. In: Germán Colón/Robert Kopp (Hrsg.): Mélanges offerts à Carl Theodor Gossen. Bern. Lüttich 1976, 505—529.

Partridge 1963 = Eric Partridge: The gentle art of lexicography as pursued and experienced by an addict. London 1963.

Radtke 1981 = Edgar Radtke: Sonderwortschatz und Sprachschichtung. Materialien zur sprachlichen Verarbeitung des Sexuellen in der Romania. Tübingen 1981.

Radtke 1982 = Edgar Radtke: Die Rolle des Argot in der Diastratik des Französischen. In: Romanische Forschungen 94. 1982, 151—166.

Radtke 1983 = Edgar Radtke: Il lessico sessuale nei gerghi come problema lessicografico (con particolare riferimento alle voci gergali nel 'Dizionario del dialetto veneziano' di Boerio). In: Günter Holtus/Michael Metzeltin (Hrsg.): Linguistica e dialettologia veneta. Studi offerti a Manlio Cortelazzo dai colleghi stranieri. Tübingen 1984, 153—163.

Radtke 1989 = Edgar Radtke: La vitalità di una voce gergale del romanesco nell'italiano contemporaneo. Il caso di *sgamare*. In: AAVV, Atlanti regionali: aspetti metodologici, linguistici e etnografici. Atti del XV Convegno del C.S.D.I. (Palermo 7—11 ottobre 1985). Pisa 1989, 453—465.

Sainéan 1907 = Lazare Sainéan: L'argot ancien (1455—1850). Paris 1907 [Reprint Genf 1972].

Sainéan 1912 = Lazare Sainéan: Les sources de l'argot ancien I. Des origines à la fin du XVIIIe siècle. Paris 1912 [Reprint Genf 1973].

Schnellenbach 1983 = Eve Schnellenbach: Geheimsprachen. Ravensburg 1983.

Schwob 1890 = Marcel Schwob: Le jargon des Coquillards en 1455. In: Mémoire de la Société de Linguistique de Paris 7. 1890.

Steinitz 1967 = Wolfgang Steinitz: Jäger-Tabusprache und Argot. In: To Honor Roman Jakobson. Essays on the Occasion of His Seventieth Birthday 11 October 1966. Vol. III. Den Haag. Paris 1967, 1918—1925.

Wagner 1936 = Max Leopold Wagner: Übersicht über neuere Veröffentlichungen über italienische Sondersprachen. Deren zigeunerische Bestandteile. In: Vox Romanica 1. 1936, 264—317.

Wagner 1949 = Max Leopold Wagner: O elemento cigano no calão e na linguagem popular portuguesa. In: Boletim de Filología 10. 1949, 296—319.

Walter 1984 = Henriette Walter: L'innovation lexicale chez les jeunes Parisiens. In: La Linguistique 20. 1984, 69—84.

Ziwès/de Bercy 1954 = Armand Ziwès/Anne de Bercy: Le jargon de Maître François Villon. 2 vol. Paris 1954.

Edgar Radtke, Heidelberg
(Bundesrepublik Deutschland)

XV. Wörterbuchtypen X: Auf Texte bezogene Wörterbücher
Dictionary Types X: Dictionaries Dealing With Texts
Typologie des dictionnaires X: Dictionnaires traitant de textes

163. Das textsortenbezogene Wörterbuch

1. Die Ausgangslage
2. Der systematische Ort und die kulturpädagogische Funktion des textsortenbezogenen Wörterbuches
3. Der Artikelaufbau
4. Literatur (in Auswahl)

1. Die Ausgangslage

Der Typ des textsortenbezogenen Wörterbuches ist in der Geschichte der Lexikographie der größeren mittel- und westeuropäischen Sprachen nur ansatzweise realisiert worden. Für das Deutsche können die folgenden Werke genannt werden: Schützeichel 1989 für die literarischen Denkmäler des Althochdeutschen, Starck/Wells 1971—1984 für die Glossen, Benecke/Müller/Zarncke für ein mittelhochdeutsches Corpus, das dominant aus dichtungssprachlichen Texten besteht, das WMU für die mittelhochdeutschen Urkunden (bis 1300), Diefenbach 1857 für lexikographische Quellen des Mittelalters und der frühen Neuzeit, Dalby für jagdsprachliche Texte der Zeit von 1050 bis 1500, Jelinek 1911 für ein stark auf rechtsrelevante Texte ausgerichtetes Corpus des Deutschen in Böhmen und Mähren vom 13. bis 16. Jahrhundert. Zu nennen wären außerdem alle fach- und gruppenbezogenen Wörterbücher vom Typ des DRW oder der *Geschichtlichen Grundbegriffe* von Brunner/Conze/Koselleck, insofern sie nämlich eine durch eine gewisse Konzentration auf Fachtexte bestimmte Wörterbuchbasis haben. — Ähnliche Beispielreihen könnten z. B. auch für das Niederländische, Französische, Englische genannt werden.

Dennoch ist keines der erwähnten Werke als primär textsortenbezogen im Sinne der in Abschnitt 2 gegebenen Bestimmungen zu bezeichnen: Sie konzentrieren sich — gegen die Möglichkeiten, die der Typ bietet — auf altdeutsche Textstadien; sie haben immer mehrere Textsorten als Basis, auch wenn die obigen zusammenfassenden Kennzeichnungen wie 'literarische Denkmäler', 'Glossen', 'dichtungssprachliche', 'jagdsprachliche', 'rechtsrelevante', 'lexikographische', 'fachliche' Textsorten eine starke Einheitlichkeit suggerieren; die Absichten der Lexikographen wurden in keinem Fall als spezifisch textsortenbezogen ausgesprochen und sind auch aus historischer Perspektive nicht als solche nachzuweisen; die Corpora bestimmen sich eher aus der Rücksichtnahme auf das Vorhandene und das Machbare als aus einer vorgängigen Ausgrenzung von Textsorten; eine gewisse Ausnahme bildet lediglich das WMU (vgl. Schulze 1990, 135). Ähnliches gilt für die möglichen Beispiele aus anderen europäischen Sprachen.

Alle genannten Werke haben eine semasiologische Anlage. Unter diesem Aspekt sind die Möglichkeiten des Typs also nicht einmal ansatzweise genutzt.

2. Der systematische Ort und die kulturpädagogische Funktion des textsortenbezogenen Wörterbuches

Die Aufgabe des vorliegenden Artikels kann nach dem Vorgetragenen nicht darin bestehen, die spärlichen Ansätze textsortenbezogener Lexikographie detailliert zu beschreiben; vielmehr ist prospektiv die Konzeption eines Wörterbuchtyps vorzustellen, der die aufgewiesene Lücke sinnvoll zu füllen vermag. Dabei sind lexikographiesystematische Gesichtspunkte ebenso zu beachten wie solche einer lexikographischen Kulturpädagogik.

2.1. Wörterbücher können unter systematischem Aspekt nach dem Umfang ihres Gegenstandsbereiches klassifiziert werden: Den größtmöglichen Gegenstandsbereich hat der sprachübergreifende Untertyp des gesamtsystembezogenen Wörterbuches, also z. B. ein Wörterbuch des Deutschen, Niederländischen und Dänischen oder aller westslawischen Sprachen (vgl. Art. 153, Abschn. 5); dem folgen in abnehmender Reihe das auf eine Gesamtsprache (z. B. das Englische) bezogene Wörterbuch (also z. B. das OED), das auf einen Teil, d. h. z. B. auf einen Ausschnitt (etwa den Verbwortschatz) oder auf eine Varietät einer Sprache (etwa das Schweizerdeutsche) bezogene Wörterbuch und schließlich mit einem zusätzlichen qualitativen Sprung die Typen der Textlexikographie (vgl. Wiegand 1984, 590—591). An deren oberem Ende wäre das auf Gruppen verwandter Textsorten, also z. B. auf bildungssprachliche Texte aller Art, bezogene Wörterbuch anzusiedeln, an ihrem unteren Ende das Wörterbuch zu einem Einzeltext. Das textsortenbezogene Wörterbuch steht dazwischen.

2.2. Unter kulturpädagogischem Aspekt fällt dem textsortenbezogenen Wörterbuch die Aufgabe zu, die zu einer Textsorte gehörenden Werke lexikographisch so zu beschreiben, daß textbezügliche Informationsanliegen potentieller Benutzer getroffen, verstärkt oder auch erst geweckt werden. Als Benutzer kann dabei prinzipiell jeder Sprachteilhaber in Betracht kommen, der sich für die Texte der gerade betroffenen Textsorte interessiert oder aber sich nach Auffassung des Lexikographen dafür interessieren sollte; bei letzterer Annahme wäre das praktisch die gesamte Sprachgemeinschaft (von Sprechern anderer Sprachen ganz zu schweigen). Ebenso prinzipiell kann als Beschreibungsgegenstand jede Textsorte in Frage kommen, die Rundfunknachrichten also ebenso wie die Novelle des 19. Jahrhunderts, die mittelalterliche Minnelyrik oder Werbetexte der Autoindustrie; dabei sind alle Eigenschaften der Texte des Corpus berücksichtigbar, also z. B. die Orthographie der Wörter, ihre Länge, ihre flexions- und wortbildungsmorphologischen Eigenschaften, ihre Syntagmatik, ihre Stellung im Satz und im Text, ihre Semantik, ihre Pragmatik. Eine Erfüllung dieses Programms würde zu erheblichen Wörterbuchumfängen führen.

2.3. Die soziale Basis, in der textsortenbezogene Wörterbücher einen Platz haben können, ist in der hier vorgetragenen Konzeption durch folgende Gegebenheiten bestimmt.

2.3.1. Der Benutzer wird als Angehöriger der bildungsbürgerlichen Schichten und Gruppen einer Sprachgesellschaft antizipiert; in der Regel wird er sogar professionell in Schule, Kirche oder Wissenschaften mit der Vermittlung von Tradition oder gegenwärtiger Bildungsströmungen befaßt sein. Er ist damit in den meisten Fällen primärsprachlicher Sprecher der Sprache, deren Texte Gegenstand des Wörterbuches sind; daneben ist — und zwar insbesondere im Bereich der Fremdsprachenphilologien — mit Benutzern zu rechnen, für die die Sprache des Wörterbuchgegenstandes Sekundärsprache ist.

2.3.2. Die Benutzungsanlässe und die damit verbundenen Benutzerfragen dürften sich primär bei der Lektüre von Texten ergeben und werden sich auf all diejenigen Texteigenschaften beziehen, die aus der Verwendung von Wörtern erschließbar sind. Der Deutschlehrer z. B. kann sich bei der Behandlung von Goethes Iphigenie über den Humanitätswortschatz des klassischen Dramas schlechthin orientieren wollen; er kann nach Worthäufigkeiten, nach Einmalbildungen, nach Kennwörtern usw. fragen, um von da aus Schlüsse auf die Textsorte zu ziehen. Daneben ist aber auch mit textunabhängiger Benutzung textsortenbezogener Wörterbücher zu rechnen, darunter vor allem im Zusammenhang mit fachgeschichtlichen Untersuchungen. Der Wert textsortenbezogener Wörterbücher als Quellen für die Begriffsgeschichte i. S. von Brunner/Conze/Koselleck ist unmittelbar einsichtig.

2.3.3. Die in Betracht kommenden Textsorten müssen im Bereich der Bildungsinteressen bzw. der beruflichen Aufgaben des antizipierten Benutzers liegen. Es geht dabei um diejenigen textgeschichtlichen Traditionen, an denen die Angehörigen der bildungstragenden Schichten und Gruppen einer Gesellschaft seit Generationen, im deutschsprachigen Bereich seit der Institutionalisierung der Germanistik und sonstigen historischen Disziplinen im beginnenden 19. Jh. (vgl. z. B. Schmidt 1985), mit einer gewissen Konstanz ausgebildet wurden. Solche Konstanten haben in den sich in einer gemeinsamen Geschichte konstituierenden Gesellschaften wie den europäischen zur Folge, daß textliche

Kanonbildungen zustandekommen, an denen gestaltend vor allem die Vertreter der historischen Disziplinen, die Literaten, die Kirchen und die staatlichen und gesellschaftlichen Bildungsinstanzen mitwirken und die rezipierend und verfestigend die jeweilige Schüler- und Studentengeneration zur Identifizierung mit der Gesellschaft nutzt. Der Kanon hat vor allem folgende Teile:

(a) als herausragend qualifizierte literarische Leistungen — sie dienen der Vermittlung poetischer Fiktionen, also von formgebundenen, überzeitlich relevanten Inhalten, und damit gleichzeitig der sprachlich-literarischen Geschmacksbildung,
(b) die ältesten textlichen Grundlagen oder anerkannte Basen epochenübergreifender oder gar bis heute relevanter geschichtlicher Entwicklungen — sie dienen dem Aufbau historischen Wissens,
(c) die Religion und die Ethik über mehrere Generationen oder gar bis heute bestimmende Texte — sie dienen der Vermittlung religiöser und ethischer Normen.

An Beispielen erläutert würden für den Kanonteil (a) z. B. folgende Textsorten einen idealen Gegenstand textsortenbezüglicher Lexikographie bilden: die provenzalische Minnelyrik, die französische Artusepik, die hochmittelalterliche deutsche Minnelyrik, die niederländische Tierdichtung des ausgehenden Mittelalters, der französische realistische Roman des 19. Jhs., die deutsche Novelle des 19. Jhs., das deutsche Volkslied. Für Kanonteil (b) kämen in Betracht: die ältesten deutschsprachigen Urkunden (vgl. WMU), verfassungsrechtliche Texte des Alten Deutschen Reiches, Texte der französischen Verfassungstheoretiker im 18. Jh., lateinische Summen der mittelalterlichen Scholastik, erkenntnistheoretische Werke der deutschen Aufklärung, Texte des französischen Merkantilismus. Für (c) könnten stehen: deutsche Bibelübersetzungen des 16. Jhs., protestantische Katechismen der Reformationszeit, das katholische Kirchenlied des Mittelalters, das protestantische Kirchenlied der Barockzeit, Gebetstexte des Pietismus.

Wenig sinnvoll im Lichte der vorgetragenen Auffassungen wären Wörterbücher zu den Textsorten: Rundschreiben einer Universitätsverwaltung, Ausschreibung öffentlicher Bauaufträge, private Haushaltsbücher usw. — Mit der Behauptung der Existenz textlicher Kanons und der Betonung ihrer Konstanz soll selbstverständlich nicht die Möglichkeit ihrer Beeinflussung oder gar der Neubildung von Kanons, vor allem nicht die Notwendigkeit ihrer dauernden Neuinterpretation geleugnet werden.

2.3.4. Die lexikalischen Einheiten der Basis eines textsortenbezogenen Wörterbuches können selektiv oder ausnahmslos als Lemmata angesetzt werden; unabhängig vom gewählten Verfahren sind die aufgenommenen Einheiten wiederum selektiv oder ausnahmslos dokumentierbar. Es ergeben sich also vier Möglichkeiten: selektiv/selektiv, selektiv/vollständig, vollständig/selektiv und vollständig/vollständig. Der jeweils erste Bestandteil dieser Paare bezieht sich auf die Wahl der Lemmata, der jeweils zweite auf diejenige der Belege. Bei der vierten Möglichkeit spricht man von innerer, bei der dritten von äußerer Vollständigkeit (Wiegand 1984, 495—600). Die Entscheidung, die der Lexikograph hinsichtlich der Vollständigkeit seiner Einheiten und Belege zu fällen hat, hängt von mehreren Gegebenheiten ab, darunter vor allem vom Vorhandensein guter allgemeiner Wörterbücher für die Zeit, der die Textbasis angehört, und von der genauen kulturpädagogischen Absicht des Lexikographen: Wer z. B. literarische Fiktionen ('Minne', 'Humanität'), Rechtsinhalte, philosophische Begriffe oder Inhalte der Ethik beschreiben will, kann auf den Ansatz von Artikeln, Präpositionen, Konjunktionen, Interjektionen und erst recht auf die vollständige Dokumentation ihrer Belege verzichten. Wer dagegen spezifische Kohärenzformen der Texte einer bestimmten Textsortenzugehörigkeit herausarbeiten will, wird sich gerade auf die Formwörter konzentrieren. Die Herausarbeitung von Erzählerhaltungen (auktorial, personal, neutral; vgl. Stanzel 1989) verlangt eine besondere Berücksichtigung der Modalpartikeln. Auf jeden Fall liegt es im Bereich der Möglichkeiten des textsortenbezogenen Wörterbuches, sich entsprechend vorgängigen Absichten des Lexikographen auf Wortschatzausschnitte zu beschränken. Die Nutzung dieser Möglichkeit der äußeren Selektion sollte dennoch nicht zur Regel werden; die innere Selektion dagegen wird sich vor allem bei Wörtern der oberen Frequenzränge nicht nur als praktisch notwendig, sondern auch als inhaltlich sinnvoll erweisen. Dabei sollte von mechanischen Verfahren des Typs, daß nur die ersten 50/100/200 Vorkommen zitiert werden, kein Gebrauch gemacht, sondern nach Relevanzkriterien, also nach dem primären Wörterbuchzweck, entschieden werden.

2.3.5. Es liegt in der Konsequenz der Punkte 2.3.1. bis 2.3.4., die im textsortenbezogenen

Wörterbuch zu beschreibenden Worteigenschaften aus jeder Form amorpher Gleichwertigkeit herauszuheben und nach dem primären pädagogischen Zweck des jeweiligen Wörterbuches zu rangieren. Dabei können die Formwörter, also z. B. *aber* in der Kurzgeschichte des 20. Jhs. oder *indem, dergestalt daß* in der frühen deutschen Novelle, ein erhebliches Gewicht erhalten, immer dann nämlich, wenn es darum geht, daß der pädagogische Zweck des Wörterbuches in der sprachlich-literarischen Geschmacksbildung (vgl. 2.3.3., Punkt (a)) liegt; die ausdrucksseitigen Eigenschaften von Wörtern (also z. B. ihre Graphie — vgl. dazu 3.1. —, ihre Silbenstruktur, ihre Prosodie, ihre Flexionsklassenzugehörigkeit, die Ausdrucksseite ihrer Wortbildung, ihr syntaktisches Verhalten, ihre Stellungsregeln) bleiben nicht unberücksichtigt, treten gegenüber anderen, insbesondere semantischen, aber zurück. Diese Aussage hat nichts mit einer generellen Mindergewichtung der genannten Worteigenschaften zu tun; sie ergibt sich ausschließlich aus der Tatsache, daß von graphischen, silbenstrukturellen, morphologischen, syntaktischen Gegebenheiten von Wörtern her eine Brücke vorwiegend zum Fachinteresse rein sprachwissenschaftlich interessierter Benutzer, weniger dagegen zum Bildungsanliegen und zu den bildungsbezogenen Berufspflichten von Literaturwissenschaftlern, Theologen, Rechtshistorikern, Philosophen usw. zu schlagen ist. Der mögliche Gegeneinwand, daß nämlich textsortenbezogene Wörterbücher die ausdrucksseitigen Eigenschaften von Wörtern zu beschreiben hätten, um Bausteine zu einer Grammatik einer Sprachstufe zu liefern (so im Ansatz WMU 1, 3), hat zwar erhebliches Gewicht, relativiert sich aber dadurch, daß die Grammatik eines Sprachstadiums erstens nur indirekt von der Textsorte bestimmt wird, da ihr Abstraktionsgrad wesentlich höher als derjenige zu einer Textsorte liegt, daß die Grammatikschreibung ferner ein eigenes, grammatikspezifisches Corpus verlangt und daß drittens der Brückenschlag von der Grammatik zu den (primär interessierenden) Inhalten von Texten schwerfällt.

Das alles heißt umgekehrt, daß textsortenbezogene Wörterbücher, sofern man den obigen Annahmen über ihre Benutzer und deren Interessen zustimmt, als zentrales Anliegen die Beschreibung der Inhalte (in einigen Fällen auch der textästhetischen Leistungen) der lexikalischen Einheiten ihrer Basis haben müssen; die Beschreibungsspitze zielt also auf die Semantik des Wortschatzes, und zwar vorwiegend der Nennwortarten, innerhalb dieser vorwiegend auf diejenigen Einheiten, deren Verwendung textsortenspezifisch ist und die der kulturpädagogische Anlaß für die Erarbeitung des betreffenden Wörterbuches waren. Man könnte diese Einheiten zur Kennzeichnung der typologischen Nähe, in der das textsortenbezogene Wörterbuch unter diesem Aspekt zum Autoren-Bedeutungswörterbuch (vgl. Art. 164 sowie Mattausch 1990) steht, in Übernahme einer Formulierung des Goethe-Wörterbuches (1, 1978, 4*) als die „Grund- und Wesenswörter" bezeichnen. An einem teils fiktiven Beispiel erläutert: ein Wörterbuch zur Minnelyrik des hohen Mittelalters sollte die Lemmazeichen *minne, liebe, liep, dienst, arbeit, gemach, lôn, miete, hulde, genâde, triuwe* höher rangieren als z. B. *linde, heide, bette, bluome, gras, wald, tal, singen, schoene, tandaradei* und diese höher als *finden, kommen, gên* oder gar *under, vor, zuo, mügen, beide, unde* (vgl. von Kraus 1959, 52—53). Dies kann durch gezielte Belegselektion und im Ausnahmefall durch lemmatische Selektion erfolgen. In diesem letzteren Fall erhielte das textsortenbezogene Wörterbuch gleichzeitig das Kennzeichen 'ausschnittbezogen', d. h. 'auf einen inhaltlich als besonders relevant erachteten Teil (hier: einer Textsorte) bezogen' (vgl. Reichmann 1984, 462). Dieser Vorschlag bedeutet zugleich, daß jede Generation entsprechend ihren Interessen an der Überlieferung ihre eigenen textsortenbezogenen Wörterbücher machen muß. Überzeitliche Haltbarkeit gibt es in der textsortenbezogenen wie in jeder anderen textbezogenen Lexikographie noch viel weniger als z. B. in der allgemeinen. — Offensichtlich ist, daß sich onomasiologisch angelegte textsortenbezogene Wörterbücher besonders gut mit dem Bezug auf bestimmte Wortschatzausschnitte verbinden ließen.

2.3.6. Der Betriff 'Textsorte' wurde bisher als so weitgehend bestimmt vorausgesetzt, daß er argumentativ handhabbar war. Auch im folgenden soll keine Diskussion des Begriffs erfolgen, sondern nur eine Aussage darüber gemacht werden, welche der vielen möglichen Bedeutungen mit dem unter 2.3.1. bis 2.3.5. Gesagten am besten vereinbar ist. Dies ist eindeutig eine nach den Inhalten der Texte klassifizierende Auffassung, wie sie sich bezeichnenderweise in normalsprachlichen Komposita wie *Minnelyrik, Artusepik, Tier-*

dichtung usw. niedergeschlagen hat. Bestimmungen nach Situationstypen (z. B. *Kirchenlied*) und nach Intentionstypen (z. B. *Gebetstexte*) sind mit inhaltlich orientierten Bestimmungen weitgehend affin. Gewisse Probleme ergeben sich bei primär nach Formgesichtspunkten konstituierten Textsorten wie Roman, Novelle, Volkslied; aber auch hier schwingen inhaltliche Gesichtspunkte mit.

2.3.7. Das Corpus des textsortenbezogenen Wörterbuches ist relativ zu demjenigen eines langue-Wörterbuches in hohem Maße vorgegeben: Tendenziell sollten alle Texte der jeweiligen Textsorte aufgenommen werden. Einschränkungen ergeben sich aus der Menge der Texte und ihrer schon aus der Zugehörigkeit zum Textkanon einer Sprachgesellschaft resultierenden Qualität und textgeschichtlichen Rolle. Der Einbezug rezeptionsgeschichtlich interessanter Umgestaltungen von Texten (z. B. von Volksbüchern des 15./16. Jhs. im 18. bis 20. Jh.) muß nicht ausgeschlossen werden.

Das Corpus ist im Wörterbuchvorwort bibliographisch exakt und benutzerfreundlich zu dokumentieren. Jeder einzelne Text sollte nach mehreren Alphabeten (z. B. einem nach Verfasser, einem nach Textanfangszeilen, einem nach Schlagwörtern) erschließbar und an einer Stelle seiner alphabetischen Auflistung mit relevanten Prädikaten (z. B. zur Zeit und zum Raum des Entstehens, zur Zeit und zum Raum der Rezeption, zur Gebrauchsschicht und -situation, zur Auflagenzahl und -höhe usw.) versehen sein. Das gesamte Textcorpus ist nach diesen Prädikaten mehrfach zu gliedern, z. B. in folgender Weise:

zum Raum x gehörig: Texte Nr. 1, 7, 14, 23.
zur Zeit x gehörig: Texte Nr. 1, 8, 14, 237.
mehr als drei Auflagen: Texte Nr. 1, 7, 28, 30.

Informationen dieser Art verringern nicht nur jede geradezu lexikographietypische Desorientierung (z. B. durch zu hohe Textverdichtung, durch nicht sprechende Abkürzungen), sondern tragen auch zur varietätenunabhängig gewonnenen Textkenntnis bei.

3. Der Artikelaufbau

Der systematische Ort des textsortenbezogenen Wörterbuches (2.2.) und die ihm zugeschriebene kulturpädagogische Funktion (2.3.) bestimmen Umfang und Inhalt der Informationspositionen des Artikels. Dies soll im folgenden für das Lemma, die Angaben zur Morphologie, die Beschreibung der Wortbildung, die Angabe von Symptomwerten, die Erläuterung der Bedeutung, die Angaben zur onomasiologischen Vernetzung, die Angabe von Syntagmen und die Angabe von Belegen dargestellt und begründet werden. Mögliche Aussagen in Verbindung mit denkbaren anderen Informationspositionen, z. B. mit Häufigkeitsangaben, Angaben zu phraseologischen Verwendungen, ergeben sich analog zum Vorgetragenen.

3.1. *Das Lemma*: Es läge in der Konsequenz des Wörterbuchtyps, das Lemma textsortenbezogen anzusetzen. Dies könnte einmal in einer der belegten Schreibformen geschehen. Dabei ergäbe sich insbesondere für die älteren Sprachstufen mit ihrer reichen graphischen Varianz allerdings das Problem, welche der Varianten dazu ausgewählt wird; in Betracht kämen
a) jede Variante,
b) die am häufigsten belegte,
c) die einer sprachstufenspezifischen Norm am nächsten kommende,
d) die dieser Norm am fernsten stehende und daher dem Leser alter Texte am schwersten identifizierbare.

Die erste dieser Möglichkeiten führt zu einer völligen Amorphisierung des Wörterbuches; fängt man diese durch ein Verweissystem und eine damit notwendigerweise verbundene Heraushebung *einer* Form auf, so hat man das Problem nur verschoben. Die Nutzung der anderen Möglichkeiten führt zu Inhomogenitäten, die den Nachschlagenden deshalb verwirren müssen, weil er nicht weiß, unter welchem Ansatz die Nachschlagehandlung eine systematische Aussicht auf Erfolg hat. Es bleibt deshalb nur ein zweites, vom Prinzip her anderes Verfahren, nämlich der Ansatz von Konstruktlemmata aufgrund von systematischen (z. B. etymologischen) oder soziolinguistischen Kriterien, die sich aus der Textbasis ergeben. Ein solches Vorgehen würde es ermöglichen, die Differenzen der Graphie, die in älteren Sprachstufen begegnen, als textsortenbedingt zu erkennen und z. B. zu graphiekonfrontativen, -geschichtlichen und -soziologischen Untersuchungen, darunter zur Erschließung von Sprachwertsystemen, zu nutzen. Indessen ist die Problematik des Lemmaansatzes in der textsortenbezogenen Lexikographie kaum erkannt; Starck/Wells (1971, 5) lemmatisieren auf die gesamtalthochdeutsche Norm des Ahd. Wb., das WMU (1986, 1, 5), Dalby (1965, vi) und weitgehend auch Jelinek (1911, VI) auf die mittelhochdeutsche Norm Lexers hin, obwohl es sprachgeschichtlich interessant gewesen wäre, schon aus der Gestalt des Lemmazeichens (nicht erst aus den aufgeführten Formen und Belegen) zu erfahren, inwieweit sich z. B. in den ahd. Glossen, in den Urkunden des 13. Jhs., in den jagdsprachlichen Texten des Mittelalters oder in den Rechtstexten des böhmisch-mährischen Raumes eigene, von der ostfränkischen (Tatian) bzw. klassisch-mittelhochdeutschen (literarischen) Norm abweichende Schreibgewohnheiten feststellen lassen. Lediglich bei Schützeichel (1989, 59) finden sich differenzierte Erwägungen und entsprechend fein ausgearbeitete Lemmatisierungsregeln und damit verbunden alphabetische Ordnungsregeln: „Für die Reihenfolge bestimmend ist [...] diejenige Form, die das Wort in einem idealen Tatian-Lautstand haben würde, auch wenn eine solche Form nicht belegt ist" (vgl. auch Art. 153, Abschn. 3.3.; Art. 154, Abschn. 3.2.; Anderson/Goebel/Reichmann 1981). Soeben hat auch Schulze (1990, 153—161) zum Problem der Lemmatisierung ausführlich Stellung bezogen. — Trotz dieser Ausführungen ist zuzugestehen, daß das zentrale Anliegen des textsortenbezogenen Wörterbuchs, nämlich die Semantik, von der Graphie des Lemmas nur am Rande berührt wird.

3.2. *Angaben zur Morphologie:* Die (Flexions)morphologie kann in einem wesentlich auf die Semantik des Wortschatzes ausgerichteten Wörterbuchtyp nur eine periphere Rolle spielen.

3.3. *Die Beschreibung der Wortbildung*: Der Wortbildung kommt erhebliches Gewicht zu. Dies gilt weniger hinsichtlich der Ausdrucksseite der Bildungsmuster als unter dem Aspekt ihrer semantischen Leistung. Die Nutzung morphologischer Motivationssysteme, etymologische Anspielungen, volksetymologische Sinngebungen, die Erzielung satzsemantischer Effekte (z. B. von Satzgliedschüben, Auslassungen) durch Häufung bestimmter Wortbildungstypen, Verschiebungen im Verhältnis normgerechter und normabweichender Bildungen und die damit verbundenen stilistischen Effekte lassen sich im textsortenbezogenen Wörterbuch u. a. durch eigene Lemmaansätze, durch Verweise oder auch durch inhaltliche Aufführung ganzer Wortbildungsnischen und -stände so dokumentieren, daß der Benutzer ihren textgestaltenden Wert erkennen kann. Der Unterschied zum allgemeinen Wörterbuch, in dem nicht lexikalisierte Bildungen aus verschiedenen Gründen keinen Platz haben können, ist offensichtlich.

3.4. *Die Angabe von Symptomwerten*: Zu unterscheiden ist zwischen Symptomwerten des Wortes, einer Wortbedeutung und einer Bedeutungsnuance / -variante / -schattierung. Generell gilt: Auch der Autor eines Textes einer bestimmten Textsorte hat sehr oft die Möglichkeit, statt eines Wortes *a* ein Wort *b* zu gebrauchen, das gebrauchte Wort statt in einer Bedeutung 'm' in einer Bedeutung 'n' zu verwenden und dieser Verwendung eine Nuance 'v' statt einer Nuance 'w' zu geben. Die Nutzung dieser Möglichkeit erfolgt u. a. nach zeit-, raum-, schichten-, gruppen-, situationsspezifischen Regeln. Deshalb ist aus dem gebrauchten Wort, aus der Art des Gebrauchs (= Bedeutung) und aus der Art der Gebrauchsnuancierung darauf zu schließen, welchem Raum, welcher Zeit, welcher Gruppe, welcher Schicht der Schreiber des Textes angehörte und wie er diesen situativ verstanden haben wollte. Andererseits garantiert die Einheitlichkeit der Textsorte gewisse Gebrauchsübereinstimmungen; das dichte Geflecht von Abhängigkeiten z. B. innerhalb der Minnelyrik oder des Romans, innerhalb rechtssprachlicher Texte oder des Kirchenliedes läßt Symptomwerte tendenziell schwinden, zumindest relativ gesehen; der Wortschatz einer Textsorte ist symptomfunktional weniger different als z. B. der Wortschatz, der den Gegenstand eines allgemeinen Wörterbuches bildet. Diese Aussage dürfte nach meiner Hypothese gestaffelt gelten: Lexikalische Einheiten als ganze unterliegen einer geringeren Symptomwertdifferenzierung als ihre Einzelbedeutungen und diese einer geringeren Differenzierung als die Bedeutungsnuancen. An einem fiktiven Beispiel verdeutlicht: Die sog. Kennwörter des Minnesangs (also z. B. *arbeit, dienst, lôn, miete, gemach*) haben innerhalb der Textsorte Minnelyrik eine durch deren historische und soziale Bedingungen geprägte allgemeine Gültigkeit, auch wenn Aussagen des Typs 'Frühepoche', 'hoher Minnesang' in Einzelfällen möglich sein werden; weniger schon unterliegen die Wortbedeutungen der Norm der Textsorte, und am wenigsten gilt dies für Bedeutungsnuancen. Es sind ja gerade die Schattierungen des Gebrauchs von *arbeit, dienst* usw., die den Minnesang zu der feinfühligen und ausdifferenzierten, das Verhältnis von natürlicher Triebhaftigkeit und humanistischer Zucht in alle Winkel ausleuchtenden Konzeption führten, die als überzeitlich gültige Möglichkeit der Geschlechterbeziehung bis heute interessant ist. Die Artikel des Wörterbuches haben dies zu spiegeln, indem sie vor allem für die inhaltlichen Nuancierungen angeben, wer ihre Träger waren. Sie stoßen also auch hier in Bereiche vor, die das langue-Wörterbuch wegen der dort notwendigen Abstrahierungen unbeschrieben lassen muß.

3.5. *Die Erläuterung der Bedeutung:* Wenn die Beschreibungsspitze des textsortenbezogenen Wörterbuches auf die Semantik des Wortschatzes zielt (vgl. 2.3.5.), dann fällt der Erläuterung der Bedeutung eine zentrale Rolle im Artikel zu. Sie hat sich von derjenigen des allgemeinen Wörterbuches in verschiedener Hinsicht zu unterscheiden. Dort kommt es darauf an, die jeweils vorhandene Menge von Belegen zu sog. Einzelbedeutungen zusammenzufassen und diese durch Herausstellung gemeinsamer inhaltlicher Merkmale in eine hierarchische Ordnung zu bringen oder sie durch inhaltliche Gruppierungen (und andere Darstellungsmittel) so aneinanderzureihen, daß Zusammenhänge innerhalb des semasiologischen Feldes erkennbar werden (vgl. Reichmann 1986, 102—107). Dies kann infolge des langue-Bezuges der Beschreibung nur auf einer relativ hohen Abstraktionsebene erfolgen. Man hat im übrigen mit sehr viel mehr Einzelbedeutungen zu tun als in der Textlexikographie. In dieser nämlich, und zwar im Autoren-Bedeutungswörterbuch noch extremer als im textsortenbezogenen Wörterbuch, ist die Anzahl der Einzelbedeutungen geringer, da die Textbasis im Vergleich zum Corpus des langue-Wörterbuches viel geringer ist, und der Abstraktionsgrad ist niedriger. Es geht höchstens sekundär um die Abgrenzung von Einzelbedeutungen; diese ist in der Regel durch die langue-Lexikographie, da sie der Textlexikographie geschichtlich vorauszugehen pflegt, längst geleistet. Das primäre Anliegen richtet sich auf diejenigen in den Texten vorgenommenen Verwendungsweisen und Einzelverwendungen, aufgrund deren die Texte zum anerkannten Kanon einer Sprachgesellschaft gerechnet werden. Alles Übliche, Normale, dasjenige, was in Durchschnittstexten immer wieder der Norm der Sprache oder Sprachstufe entsprechend realisiert wurde, fällt entweder heraus oder wird zum Hintergrund, auf dem die

abe-vāhen (redv)

1. (tr) to put (hounds) on the leash, in order to draw them back
(14) HADAMAR 268: „vāch Harren ab und hetze in nāch dem loufe, / des slā sich bluotvar verbet ..."
HADAMAR 405: „Gesellen unde herre, / vāht Helfen ab und Triuwen, / für grīfet in ein terre. / mügt ir mit armen wol die vart verniuwen ..."
HADAMAR 489: ich was im (dem wilde) komen bī der verte nāhen, / dō sach ich wolfe wunder, / dō muoste ich aber mīne hunde ab vāhen.

2. from *vāhen*. Müller-Benecke (III, 203b) and Lexer (s. v.) have interpreted this term, in its usage by Hadamar, as „(die Hunde) von der Koppel loslassen". This interpretation is in conflict with the sense of the passages involved, and would also represent precisely the opposite meaning to NHG abfangen (s. para 3 below). Schmertzing (Dt Jägerspr bis Anf 16. Jhs p. 6) has already noted this error, but he also has missed the precise meaning of the term, in his translation: „Die Hunde einfangen, um sie an der Koppel zu befestigen". The three examples quoted make it clear that the term refers not only to the leashing, but also to the drawing of a hound away from the trail it is following (hence the adv abe). In Str 268, the old man advises that the hound Harre should be withdrawn from the line it is pursuing and set on to the trail of blood; in Str 405, Helfe and Triuwe are similarly drawn back and used to search for the correct trail; in Str 489, it is necessary to hold back the hounds from the trail, because of danger from wolves. (Müller-Benecke quotes also HADAMAR 411 as an example of abe-vāhen, from Schmeller's ed (1850); this reading is not supported by manuscript evidence, however, and this strophe is dealt with under *vāhen*, as recorded in Stejskal's later ed.)

3. NHG abfangen has the modern hunting sense of "to catch a (running)hound, and place it on the leash".

Textbeispiel 163.1: Art. *abe-vāhen* in einem textsortenbezogenen Wörterbuch (aus: Dalby 1965, 4)

Konstituierung neuer geistiger (vgl. mhd. *minne, âventiure*), sozialer (vgl. frnhd. *arbeit*), theologischer (vgl. frnhd. *glaube, werk*), philosophischer (z. B. die Erkenntnisvermögen bei Kant, dazu Roelcke 1989) oder sonstiger kommunikativer Bezugsgegenstände erfolgen oder auf dem die Nuancierung und Differenzierung und Neubewertung vorhandener Bezugsgrößen (vgl. wieder obige Beispiele) stattfinden kann. Es geht um die Feststellung, wie der übliche semantische Spielraum von Wörtern qualitativ so genutzt wurde, daß überzeitlich Interessantes zustande kommt, das kontinuierlich Rezipienten findet und dadurch Tradition bildet. Speziell ist auf metaphorische Wortgebräuche, darunter vor allem auf die Herkunftsbereiche der Metaphern und ihre tertia comparationis, ferner auf Ironien, Emphasen und andere Tropen zu achten, und zwar jeweils mit dem Blick auf die Auswirkungen, die sie für die Textsemantik haben. Auch dem vom Normalen abweichenden Gebrauch von Redensarten, Phrasemen usw. sollte erhöhte Aufmerksamkeit zukommen.

Als fachstilistisches Mittel, mit dem all dies beschrieben werden kann, muß die Angabe partieller Synonyme (z. B. neuhochdeutsch *Abt* für mittelhochdeutsches *abbet*, WMU 1, 13) weitgehend versagen. Geeigneter ist die phrastische Erläuterung; allen differenzierten Fällen kann letztlich nur der ausformulierte lexikologische Diskurs gerecht werden. In ihm mischen sich enzyklopädisch über den geschichtlichen Hintergrund informierende, beschreibende, Belege und Beleginterpretationen kommentierende, Belege und Sekundärliteratur diskutierende Teile (vgl. Textbeispiel 163.1).

Dieser Diskurs wird zur Angabe bedeutungsverwandter Wörter, von Syntagmen und Belegen prinzipiell offen sein. Letztere Positionen des textsortenbezogenen Wörterbuches können die Bedeutungserläuterung stützen und immer dann sogar partiell ersetzen, wenn sie als übertragende und vermittelnd-kommentierende Wiederholung von Teilen der Corpustexte angelegt ist.

3.6. *Die Angaben zur onomasiologischen Vernetzung:* Sie nennen kumulativ (vgl. dazu Art. 103) in alphabetischer Reihenfolge oder in einer nach inhaltlichen Ähnlichkeiten orientierten Gruppierung Wörter, die mit je einer der dem Lemmazeichen zugeschriebenen Bedeutung partiell synonym sind; damit entsteht folgende Informationslinie:

Lemmazeichen a [...] Erläuterung der Bedeutung 'i' [...] bedeutungsverwandte Wörter (= partielle Synonyme) *m, n, o, p, q* oder *m, p, q; n, o* [...].

Distinktive Zusatzaussagen aller Art oder gar eine distinktive Gesamtanlage dieser Position können in dem Maße erfolgen, in dem der Lexikograph bereit ist, die Bedeutungserläuterung im Sinne des unter 3.5. Gesagten zum lexikologischen Diskurs zu öffnen; das wird am sinnvollsten bei den Kennwörtern einer Textsorte geschehen. Eine generell distinktive Anlage der Angaben zur onomasiologischen Vernetzung würde die hier immer vorausgesetzte semasiologische und alphabetische Anlage des Wörterbuches in Frage stellen, außerdem zu einer quantitativen Vervielfachung aller lexikographischen Prädikationen führen, insofern nämlich, als die Aussagen der semasiologischen Erläuterung — zweckentsprechend modifiziert — an genau so vielen Punkten des Wörterbuches wiederholt werden müßten, wie einem Wort pro Bedeutung partielle Synonyme zugeordnet werden. Der distinktive onomasiologische Diskurs wird sich in der Praxis deshalb auf einige Kennwörter zu beschränken haben.

Bedeutungsverwandte Wörter werden aus der engeren syntaktischen und der weiteren textlichen Umgebung eines Lemmazeichens genommen. Folgende Gegebenheiten verdienen dabei erhöhte Aufmerksamkeit:
— Mehrfachformeln, z. B. *bekorung oder versuchung* (Besch 1967, 141),
— Aufzählungen, Wortreihungen aller Art, deren Glieder in einem partiellen Synonymieverhältnis zueinander stehen, z. B.: *hab ich [...] briefe, chronica, rüef, reimen, sprüch, lieder, abenteuer, gesang [...] abgeschrieben* (FWB 1, 64),
— genitivi definitivi oder explicativi, z. B. *kampfes abenteuer* (FWB 1, 62),
— stilistische Varianten für ein Wort, darunter insbesondere nebengeordnete Wörter (Kohyponyme) mehrerer semantischer Dimensionen,
— Isotopielinien von Inkonymen (= Kohyponyme einer einzigen semantischen Dimension; zu den Begriffen: Reichmann 1976, 19—36),
— Isotopielinien, die sich aus dem Generizitätsgrad von Wörtern ergeben, also von der differentia specifica über das genus proximum zu Genera höherer Abstraktionsebenen verlaufen,
— textinterne Worterläuterungen, Sacherläuterungen aller Art, insofern sie mit partiellen Synonymen arbeiten.

Dieses Verfahren setzt das Verständnis des Textes durch den Lexikographen voraus und kann damit gewisse Interferenzen seines semantischen Systems in die lexikographische Erkenntnisfindung nicht ausschließen, garantiert andererseits aber einen maximalen Textbezug. Es sind die inhaltlichen Kriterien des exzerpierten Textes, die in ihm festgelegten Inhalts-, Urteils- und Wertungsähnlichkeiten, die jede Einzelnennung bedeutungsverwandter Wörter vorgeben. Die Gesamtheit dieser Wörter ist deshalb kein onomasiologisches Feld mit textunabhängig, nach irgendeiner vorgängigen Ideologie definiertem Ausgangsbegriff im Sinne der strukturellen lexikalischen Semantik oder der langue-Lexikographie, sondern ein Feld partieller Textsynonyme. Dieses beruht zwar einerseits auf dem System der jeweiligen Gesamtsprache, modifiziert oder durchbricht dies andererseits aber durch textsortenspezifische Fiktionen, Wissenssysteme, ethische Überzeugungen, Glaubensvorstellungen, zum Teil sogar durch experimentelle Inhaltskonstellationen. Es sollte deshalb auch der Nennung gleichgerichteter Metaphernreihen, Ironien, Emphasen usw. offenstehen. Die bevorzugte Herausarbeitung des Textsortenspezifischen macht das textsortenbezogene Wörterbuch auch unter diesem Aspekt zum Instrument historischer und sozialer Bildungstätigkeit.

Die Analyse von Gegensatzwörtern soll hier als Teil der Angaben zur onomasiologischen Vernetzung verstanden werden. Dabei fällt auf den perspektivischen Gegensatz (z. B. mittelhochdeutsch *wîp/vrouwe*) wegen seiner besonderen Kulturgebundenheit ein größeres Gewicht als auf den graduellen (z. B. *groß/klein*), auf diesen ein größeres Gewicht als auf den weitgehend kulturunabhängigen Gegensatz des Typs *lebendig/tot*.

3.7. *Die Angabe von Syntagmen:* Sie hat analog zu dem insbesondere unter 3.3., 3.5. und 3.6. Vorgetragenen zu erfolgen. Es geht speziell um die Dokumentation derjenigen Syntagmen, die textsortenspezifische Prädikationen enthalten und die deshalb in der Lage sind, die in der Bedeutungserläuterung gemachten Aussagen des Lexikographen zu stützen sowie diesen zumindest einen Teil desjenigen historischen oder sozialen Kolorits hinzuzufügen, das keine lexikographische Beschreibung vollständig einfangen kann.

3.8. *Die Angabe von Belegen:* Sie hat erstens, wie in geringerem Maße auch die Syntagmen, eine wissenschaftskommunikative Funktion, indem sie alle Aussagen des Lexikographen dem das Wörterbuch unter metalexikographischen Aspekten verwendenden Benutzer (also dem akademischen Lehrer, dem Wörterbuchkritiker, Rezensenten usw.) nachprüfbar macht. Sie hat außerdem aber eine gleichsam normalkommunikative Funktion, indem dem nachschlagenden Benutzer längere, oberhalb des Ranges der Syntagmen liegende, oft mehrere Sätze umfassende Ausschnitte aus originalen Texten geboten werden. Diese Ausschnitte sollten Beispielwert haben und den Benutzer in die Lage versetzen, Wortverwendungen an objektsprachlichem Material im Extremfall ohne kognitive Steuerung durch die vom Lexikographen formulierten Artikelteile zu lernen. Dazu eignen sich in besonderer Weise (vgl. Reichmann 1988):
— textinterne definitionsartige Erläuterungen, vor allem dann, wenn sie textsortenspezifische Auffassungen formulieren,
— Charakterisierungen des textlichen Bezugsgegenstandes,
— rahmenkennzeichnende Belege, d. h. solche, die in nuce viele bis alle textsortenspezifischen Gebrauchsbedingungen eines Wortes enthalten,
— Textausschnitte, die textsortenspezifische Kontrastbildungen, Vergleiche, Parallelsetzungen, Generalisierungen, Spezialisierungen, Wertungen usw. erkennen lassen.

3.9. Alle behandelten Informationspositionen können mit einem lexikographischen Kommentar verbunden werden. Darunter sollen hier diejenigen Teile des Wörterbuchartikels verstanden werden, in denen der Lexikograph Gewichtungen und Hinweise auf dasjenige vornimmt, was er als besonders relevant betrachtet, oder in denen er den Sicherheitsgrad seiner Aussagen offenlegt oder in denen er seine Aussagen in größere Zusammenhänge stellt. Der Kommentar wird damit insbesondere in Verbindung mit der Bedeutungserläuterung (dann = semantischer oder sachlich-enzyklopädischer Kommentar), den Angaben zur onomasiologischen Vernetzung (semantischer Kommentar), der Angabe von Syntagmen (syntaktischer Kommentar) und der Angabe von Belegen (Belegkommentar) stehen. Er ist eines der lexikographischen Mittel, die den Übergang vom streng standardisierten Lexikonartikel zum lexikologischen Diskurs markieren.

3.10. Informationen gleichen Typs sollten, sofern sie textsortenrelevant sind, unter Zuhilfenahme des Computers in Registern zusammengestellt werden. Zu denken ist insbesondere an die folgenden:

— ein Register des Wortschatzes, das alle zur Erläuterung der einzelnen Bedeutungen eines Lemmazeichens verwendeten (partiell) synonymischen Ausdrücke alphabetisch ordnet und pro Einheit die Entsprechungen der Texte der Wörterbuchbasis bietet;
Muster:
Liebe: *minne, liebe, neigung* (vgl. Goebel/Holland/Reichmann 1990),
— je ein Register der Tropen, wegen deren unterschiedlicher semantischer Empfindlichkeit vor allem der Metaphern, Synekdochen, Ironien, Emphasen,
— ein Register von Phrasemen,
— ein Register besonderer Wortbildungen.

Der Sinn der Register liegt darin, daß die über die Einzelartikel des Wörterbuchs verteilte Information so zusammengestellt wird, daß sie leicht rezipierbar ist und als Quelle für textsortenbezogene, nichtlexikographische Detailuntersuchungen dienen kann.

4. Literatur (in Auswahl)

4.1. Wörterbücher

Ahd. WB. = Elisabeth Karg-Gasterstedt/Theodor Frings (Bearb. und Hrsg.): Althochdeutsches Wörterbuch [...]. Berlin 1971 ff. [Bisher: XXXVI S., 4664 Sp.; 2 Bde., 9 Lief.: *a—dh/th; e—gi*).

Benecke/Müller/Zarncke 1854—1866 = Georg Friedrich Benecke/Wilhelm Müller/Friedrich Zarncke: Mittelhochdeutsches Wörterbuch. [...]. 3 Bde. Leipzig 1854—1866 [Nachdruck; XXI, 13664 S.].

Brunner/Conze/Koselleck 1972 ff. = Otto Brunner/Werner Conze/Reinhart Koselleck (Hrsg.): Geschichtliche Grundbegriffe. Historisches Lexikon zur politisch-sozialen Sprache in Deutschland. Stuttgart 1972 ff. [Bisher: 5 Bde.; XXVII, 5117 S.].

Dalby 1965 = David Dalby: Lexicon of the Medieval German Hunt. A Lexicon of Middle High German Terms (1050—1500) associated with the Chase, Hunting with Bows, Falconry, Trapping and Fowling. Berlin 1965 [LXII, 323 S.].

Diefenbach 1857 = Lorenz Diefenbach: Glossarium Latino-Germanicum Mediae et Infimae Aetatis e codicibus manuscriptis et libris impressis. Frankfurt 1857 [Nachdruck Darmstadt 1968; XX, 644 S.].

DRW = Deutsches Rechtswörterbuch. Wörterbuch der älteren deutschen Rechtssprache. [...]. Weimar 1914 ff. [Bisher: 7 Bde., 8 Lieferungen, XVII S, 12430 Sp.; *a - Leutnant*].

FWB = Frühneuhochdeutsches Wörterbuch. Hrsg. v. Robert R. Anderson/Ulrich Goebel/Oskar Reichmann. Bd. 1. Einführung. *a - äpfelkern*. Bearb. v. Oskar Reichmann. Berlin. New York 1989 [XIX, 285 S.; 1632 Sp.].

Goethe-Wörterbuch = Goethe-Wörterbuch. Hrsg. von der Akademie der Wissenschaften der DDR, der Akademie der Wissenschaften in Göttingen und der Heidelberger Akademie der Wissenschaften. Berlin. Köln. Mainz 1978 ff. [Bisher: 2 Bde.; XVI + 2844 Sp.; *a - einweisen*].

Jelinek 1911 = Franz Jelinek: Mittelhochdeutsches Wörterbuch zu den Sprachdenkmälern Böhmens und der mährischen Städte Brünn, Iglau und Olmütz (XIII. bis XVI. Jahrhundert). Heidelberg 1911 [XXV, 1027 S.].

OED = The Oxford English Dictionary. Second Edition. Prepared by J. A. Simpson/E. S. C. Weiner. Vol. 1. Oxford 1989 [LXVIII, 1019 p.].

Schützeichel 1981 = Rudolf Schützeichel: Althochdeutsches Wörterbuch. Vierte, überarb. und ergänzte Aufl. Tübingen 1989 [60; 309 S.].

Starck/Wells 1971—1984 = Althochdeutsches Glossenwörterbuch [...] bearb. v. Taylor Starck/J. C. Wells. Heidelberg 1971—1984 [10 ungeb. Lieferungen; 800 S.].

WMU = Wörterbuch der mittelhochdeutschen Urkundensprache auf der Grundlage des Corpus der althochdeutschen Originalurkunden bis zum Jahre 1300. Unter Leitung v. Bettina Kirschstein und Ursula Schulze erarbeitet v. Sibylle Ohly/Peter Schmidt. Bd. 1. Berlin 1986 ff. [Bisher: 3 Lieferungen; *ab—bret;* XV, 12 S.; 288 Sp.].

4.2. Sonstige Literatur

Anderson/Goebel/Reichmann 1981 = Robert R. Anderson/Ulrich Goebel/Oskar Reichmann: Ein idealisiertes Graphemsystem des Frühneuhochdeutschen als Grundlage für die Lemmatisierung frühneuhochdeutscher Wörter. In: Herbert Ernst Wiegand (Hrsg.): Studien zur neuhochdeutschen Lexikographie 1, Hildesheim 1981 (Germanistische Linguistik 3—4/79), 53—122.

Besch 1967 = Werner Besch: Sprachlandschaften und Sprachausgleich im 15. Jahrhundert. Studien zur Erforschung der spätmittelalterlichen Schreibdialekte und zur Entstehung der neuhochdeutschen Schriftsprache. München 1967 (Bibliotheca Germanica 11).

Goebel/Holland/Reichmann 1990 = Ulrich/Goebel/James Holland/Oskar Reichmann: Das Register des Erläuterungswortschatzes im historischen Bedeutungswörterbuch. In: Historical Lexicography, 279—305.

Historical Lexicography = Historical Lexicography of the German Language. Hrsg. v. Ulrich Goebel/Oskar Reichmann. Lewiston 1990 (Studies in Russian and German 2).

von Kraus 1959 = Die Gedichte Walthers von der Vogelweide. Zwölfte, unveränderte Ausgabe [...] hrsg. v. Carl von Kraus. Berlin 1959.

Mattausch 1990 = Josef Mattausch: Textlexikographische Aspekte im Autorenwörterbuch (am Beispiel des Goethe-Wörterbuchs). In: Historical Lexicography (2. Teilbd., demnächst).

Reichmann 1976 = Oskar Reichmann: Germanistische Lexikologie. Zweite, vollst. umgearb. Aufl. von „Deutsche Wortforschung". Stuttgart 1976 (Sammlung Metzler 82).

Reichmann 1984 = Oskar Reichmann: Historische Lexikographie. In: Sprachgeschichte 1, 460—492.

Reichmann 1986 = Oskar Reichmann: Lexikographische Einleitung. In: Frühneuhochdeutsches Wörterbuch. Hrsg. v. Robert R. Anderson/Ulrich Goebel/Oskar Reichmann. Bd. 1. Bearb. v. Oskar Reichmann. Berlin. New York 1989, 10—164 [1. Lieferung: 1986].

Reichmann 1988 = Oskar Reichmann: Zur Funktion, zu einigen Typen und zur Auswahl von Beispielbelegen im historischen Bedeutungswörterbuch. In: Symposium on Lexicography III. Proceedings of the Third International Symposium on Lexicography May 14—16, 1986 at the University of Copenhagen. Ed. by Karl Hyldgaard-Jensen/ Arne Zettersten. Tübingen 1988 (Lexicographica, Series Maior 19), 413—444.

Roelcke 1989 = Thorsten Roelcke: Die Terminologie der Erkenntnisvermögen. Wörterbuch und lexikosemantische Untersuchungen zu Kants „Kritik der reinen Vernunft". Tübingen 1989 (Reihe Germanistische Linguistik).

Schmidt 1985 = Hartmut Schmidt: Aspekte der Institutionalisierung. Zur Durchsetzung der neueren Denkmuster. In: Werner Bahner/Werner Neumann (Hrsg.): Sprachwissenschaftliche Germanistik. Ihre Herausbildung und Begründung. Berlin 1985, 151—248.

Schulze 1990 = Ursula Schulze: Das Wörterbuch der mittelhochdeutschen Urkundensprache. Materialgrundlage — Konzeption — Bearbeitungsprobleme. In: Historical Lexicography, 131—174.

Sprachgeschichte = Sprachgeschichte. Ein Handbuch zur Geschichte der deutschen Sprache und ihrer Erforschung. Hrsg. v. Werner Besch/Oskar Reichmann/Stefan Sonderegger. 2 Halbbde. Berlin. New York 1984; 1985 (Handbücher zur Sprach- und Kommunikationswissenschaft 2,1; 2,2).

Stanzel 1989 = Franz K. Stanzel: Theorie des Erzählens. 4., durchges. Aufl. Göttingen 1989.

Wiegand 1984 = Herbert Ernst Wiegand: Prinzipien und Methoden historischer Lexikographie. In: Sprachgeschichte 1, 1984, 557—620.

Oskar Reichmann, Heidelberg
(Bundesrepublik Deutschland)

164. Das Autoren-Bedeutungswörterbuch

1. Allgemeine Charakteristik und Typologie
2. Funktionen der Autoren-Bedeutungswörterbücher
3. Strukturen. Methodologie
4. Autoren-Bedeutungswörterbücher in Geschichte und Gegenwart
5. Literatur (in Auswahl)

1. Allgemeine Charakteristik und Typologie

Das Autoren-Bedeutungswörterbuch widmet sich der Sprache eines bestimmten (wesentlichen, repräsentativen) Autors. Sein Gegenstandsbereich ist ein begrenztes autorensprachliches Textkorpus, womit es sich gegenüber der allgemeinsprachlichen bzw. sprachvarietätbezogenen Lexikographie (vgl. Art. 153—162) abhebt. Im Rahmen der Textlexikographie bildet der Autor-Bezug das konstitutive Merkmal, woraus sich die Abgrenzung etwa vom texttypologisch orientierten Wörterbuch (vgl. Art. 163) ergibt. Von den Formwörterbuchtypen Konkordanz und Index (vgl. Art. 165 und 166) unterscheidet es sich durch den gravierenden Umstand, daß es neben der Formseite des Wortschatzes mit Belegnachweisen auch dessen Bedeutungsseite abbildet.

Autoren-Bedeutungswörterbücher lassen sich zunächst einteilen (a) nach ihrer Textbasis und (b) nach Art und Grad der bei ihrer Bearbeitung vorgenommenen Selektion.

Autoren-Bedeutungswörterbücher

Werkwörterbücher		Werkgruppenwörterbücher		Gesamtwerkwörterbücher	
Benecke	1833	Merguet	1877/84	Marty-Laveaux	1868
Blanc	1852	Eminescu-Wb	1968	Ebeling	1885
Schieb et al.	1970	Kovtun et al.	1974 ff	Schmidt	1902
Dill	1987	...		Gerber/Greef	1903
...				Puschkin-Wb	1956/61
				Botev-Wb	1960
				Mickiewicz-Wb	1962/83
				Petöfi-Wb	1973/87
				Goethe-Wb	1978 ff
				...	

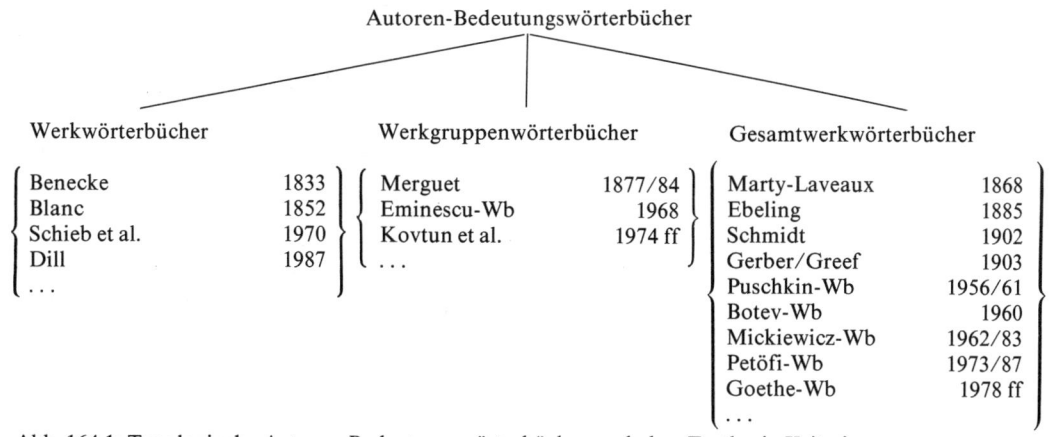

Abb. 164.1: Typologie der Autoren-Bedeutungswörterbücher nach dem Textbasis-Kriterium

(a) Mit Textbasis wird hier die textliche Bezugsbreite eines Wörterbuchs bezeichnet; sie legt fest, ob das Wörterbuch die gesamte schriftliche Hinterlassenschaft eines Autors oder nur ein Werk, eine Werkgruppe u. ä. zum Gegenstand hat. Mit Hilfe dieses Kriteriums ergibt sich die in Abb. 164.1 skizzierte erste grobe Aufgliederung.

Wörterbücher, die die Lexik einzelner literarischer Werke behandeln, sind gekennzeichnet durch den „Vorzug der Homogenität des Wortmaterials, gegeben durch die Einheit der Person [...] des Werkes [...] der Gattung [...] der Zeit" wie durch „einen begrenzten und überschaubaren Umfang" (Schieb et al. 1970, XII f.). Einen erheblichen Grad von innerer Homogenität besitzt auch der Objektbereich der Werkgruppenwörterbücher, der in der Regel aus Texten eines Werkzyklus, einer literarischen Gattung, eines bestimmten Texttypus besteht, sich also mit dem Gegenstand des textsortenbezogenen Wörterbuchs berührt. Merguet 1877/84 z. B. enthält die Ciceronianischen Reden, nicht aber die philosophischen und rhetorischen Schriften und die Briefe.

Die umfänglichste und inhaltlich heterogenste Gruppe bilden die Gesamtwerkwörterbücher. Der Begriff des „Gesamtwerks" kann sich dabei auf das literarische Schaffen des Schriftstellers beziehen (so A. Schmidts Shakespeare-Lexikon), kann aber auch, soweit die Überlieferung es zuläßt, Gebrauchs- und Alltagsprosa, private Briefe, Tagebücher, überhaupt jede schriftliche Aufzeichnung umfassen (Mickiewicz-, Goethe-Wb u. a.). Aus dieser inhaltlichen Weite erklärt sich die Präferenz der allgemeinen Benennung „Autorenwörterbuch" gegenüber Bezeichnungen wie „Dichterwörterbuch" u. ä.

(b) Eine weitere Gruppierung ergibt sich aus den angewandten unterschiedlichen Selektionsprinzipien. Solche stärker oder schwächer eingreifenden Auswahlregelungen werden auf zwei Stufen wirksam: bei der Materialsammlung aus dem Textkorpus (Belegexzerption) und in der lexikographischen Darstellung. Zu unterscheiden sind ferner die Ansatzstellen für die Selektion, nämlich Lemmabereich, Bereich der lexikographischen Definition und (Text-)Stellenbelegung. Im Hinblick auf die Anwendung von Selektionsprinzipien gelangt man zu der in Abb. 164.2 dargestellten Gliederung.

Ein thesaurisch angelegtes Wörterbuch — als Werk-, Werkgruppen- oder Gesamtwerkthesaurus — beruht auf dem Prinzip der Vollständigkeit, sowohl was die Ausschöpfung des zugrunde gelegten Textkorpus betrifft (Totalexzerption) als auch hinsichtlich seiner lexikographischen Behandlung (Vollständigkeit in Lemma- und Belegbestand, nicht selten auch in der Bedeutungsdarstellung). Den Begriff des Thesaurus in diesem strengeren

Autoren-Bedeutungswörterbücher

selektiv (nach Lemma, Definition, Belegung)	selektiv-thesaurisch (selektiv bes. nach Belegung, z. T. nach Definition)	(annähernd) thesaurisch (nach Lemmata, Belegung, weitgehend nach Definition)
Lessing 1759	Blanc 1852	Benecke 1833
Benecke 1816	Capelle 1889	Merguet 1877/84 u. a.
Jütting 1864	Siebelis/Polle 1893	Ebeling 1885
Livet 1895/97	Schmidt 1902	Mauersberger 1956 ff
Foster 1908	Reichel 1906	Burger 1957
Fischer 1929	Iversen 1958	Puschkin-Wb 1956/61
Juker 1972	Merker et al. 1966	Botev-Wb 1960
...	Juhász-Wb 1972	Mickiewicz-Wb 1962/83
	Goethe-Wb 1978 ff	Ševčenko-Wb 1964
	...	Pasek-Wb 1965/73
		Eminescu-Wb 1968
		Slater 1969
		Petöfi-Wb 1973/87
		Kovtun et al. 1974 ff
		...

Abb. 164.2: Typologie der Autoren-Bedeutungswörterbücher nach dem Selektionskriterium

Sinne erfüllt eine beträchtliche Anzahl von Wörterbüchern, zunächst vor allem Werkwörterbücher. In der altgermanistischen Lexikographie gehören hierher neben (und nach dem Vorbild von) Beneckes Iwein-Wörterbuch 1833 die Arbeiten Hornig 1844, Bartsch 1880, Kelle 1881, Riemer 1912, Sehrt 1925, Bulst 1934, Wießner 1954, Wießner 1970, Schieb et al. 1970. Leichte Einschränkungen des Thesaurusprinzips finden sich indes auch hier, zumeist im Bereich der syntaktischen Funktionswörter, deren Vorkommen entweder nur beschränkt dokumentiert (z. B. Bartsch 1880) oder in einzelnen bestimmten Fällen überhaupt ausgespart wird (Schieb et al. 1970). Werkübergreifende Thesauri begegnen am ehesten in der klassischen Philologie, nach dem Zweiten Weltkrieg besonders in den nationalen Philologien der ost- und südosteuropäischen Länder (als Werkgruppenwörterbuch hervorhebenswert Kovtun et al. 1974 ff, als voluminöser Autorenthesaurus das 11 bändige Mickiewicz-Wb).

Eine weitere Erscheinungsform der semasiologischen Autorenlexikographie ist das selektiv-thesaurische Wörterbuch (als Gesamtwerkwörterbuch von Wiegand 1984, 597 „selektiver Autorenthesaurus" genannt). Es versteht sich, daß größere Œuvres schon ihres Umfanges wegen einer streng thesaurierenden Behandlung Schranken setzen. Die schriftliche Hinterlassenschaft Goethes etwa, wie sie in den 143 Bänden der Weimarer Ausgabe, vermehrt um zahlreiche Nachtragspublikationen aus Korrespondenz und amtlichen und naturwissenschaftlichen Schriften, vorliegt, der Prozedur einer Totalexzerption zu unterwerfen, erscheint wenig sinnvoll. Eine repräsentative Belegauswahl im Bereich des Allgemeinwortschatzes neben der vollständigen Erfassung des individuell Besonderen und überhaupt der peripheren Wortbereiche gilt als Belegbasis häufig für ausreichend. Zumindest aber erfolgt, wenn schon eine vollständige Exzerption zugrunde gelegt wird, eine selektive Darbietung im Wörterbuch. Das Ergebnis ist ein Wörterbuchtyp, der, mit geringen Modifikationen, den Lemmabestand vollständig, die Belegdokumentation aber in Auswahl enthält. Leichte Abwandlungen in der Stichwortaufnahme ergeben sich im wesentlichen aus der unterschiedlichen Stellung der Wörterbuchverfasser zu den Eigennamen (vgl. unten 3.3.). — Als einfachere Variante des selektiv-thesaurischen Typs stellen sich Wörterbücher mit stärkerer Reduktion in der Bedeutungsvermittlung dar. Die semantischen Unterscheidungen, soweit sie gegeben werden, dienen hier nur der groben Materialgliederung und einer allgemeinen Orientierung des Lesers, dessen Sprachkompetenz die genauere Bedeutungserschließung anhand der gebotenen Belegtexte im übrigen überlassen bleibt. Reichels Gottsched-Wb und Iversens Ibsen-Ordbok können hierfür als Beispiele gelten.

Von Auswahlwörterbüchern spricht man zu Recht erst dann, wenn auch der Stichworteintrag selektiv erfolgt. Selektive Wörterbücher bilden eine zahlenmäßig nicht geringe, inhaltlich jedoch recht disparate Gruppe. Sie beschränken sich zumeist auf Wortgut, das als mehr oder weniger erklärungsbedürftig gilt. Vorzugsweise praktischen Zwecken verhaftet, meist ohne definierte Materialgrundlage, in Auswahl und Erklärungsleistung in sich überwiegend ungleichmäßig, lassen solche Wörterbücher oft nur schwer ein festum-

```
                    Autoren-Bedeutungswörterbücher
                   /                              \
              einsprachig                      zweisprachig
             /          \
    sprachstadien-     historisch              (sprach- und meist sprachsta-
    verschieden        gering(er) verschieden   dienverschieden)
```

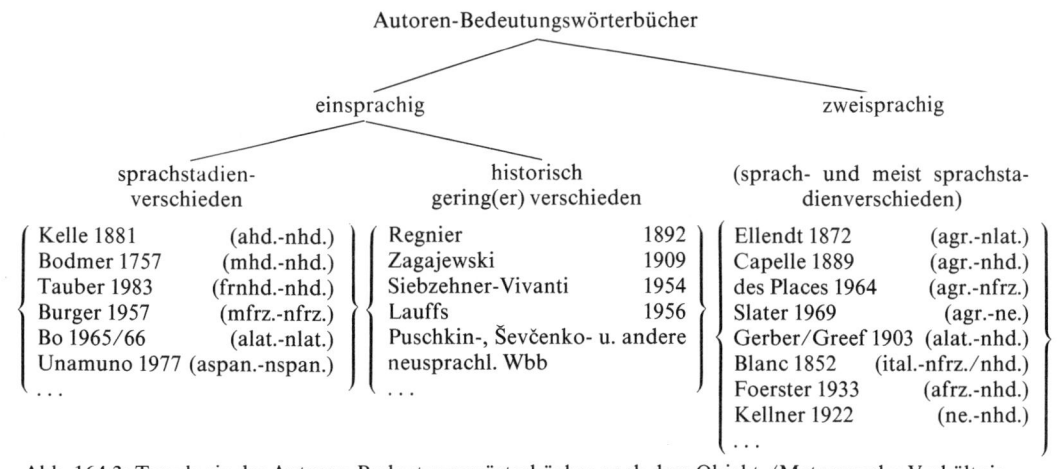

sprachstadien-verschieden		historisch gering(er) verschieden		(sprach- und meist sprachstadienverschieden)	
Kelle 1881	(ahd.-nhd.)	Regnier	1892	Ellendt 1872	(agr.-nlat.)
Bodmer 1757	(mhd.-nhd.)	Zagajewski	1909	Capelle 1889	(agr.-nhd.)
Tauber 1983	(frnhd.-nhd.)	Siebzehner-Vivanti	1954	des Places 1964	(agr.-nfrz.)
Burger 1957	(mfrz.-nfrz.)	Lauffs	1956	Slater 1969	(agr.-ne.)
Bo 1965/66	(alat.-nlat.)	Puschkin-, Ševčenko- u. andere		Gerber/Greef 1903	(alat.-nhd.)
Unamuno 1977	(aspan.-nspan.)	neusprachl. Wbb		Blanc 1852	(ital.-nfrz./nhd.)
...		...		Foerster 1933	(afrz.-nhd.)
				Kellner 1922	(ne.-nhd.)
				...	

Abb. 164.3: Typologie der Autoren-Bedeutungswörterbücher nach dem Objekt-/Metasprache-Verhältnis

rissenes Profil erkennen; ihnen gegenüber ist der Vorwurf mangelnder theoretischer Fundierung am ehesten begründbar.

(c) Eine weitere Bestimmungsmöglichkeit von Autoren-Bedeutungswörterbüchern liegt im Verhältnis von Objektsprache und Metasprache. Sie können ein- oder zweisprachig sein, verschiedenen Sprachstadien oder historisch gering(er) verschiedenen Sprachzuständen angehören (vgl. Abb. 164.3.). Unter den einsprachigen Wörterbüchern sind zunächst solche, die historisch weit zurückliegende, d. h. älteren Sprachstadien zugehörige Texte behandeln. Hierzu zählen neben den unter (b) aufgeführten altgermanistischen Arbeiten auch diejenigen zur frühneuhochdeutschen Periode (Luther, Hans Sachs) und ebenso die entsprechenden Werke in den anderen Philologien. Vor allem in den letzten Jahrzehnten hat sich die Gruppe der Wörterbücher zu Schriftstellern, die der jüngeren Sprach- und Literaturgeschichte (17.—20. Jh.) angehören, entfaltet. In der zweisprachigen Autorenlexikographie steht vornan der Komplex der klassisch-philologischen Nachschlagewerke, früher vorrangig mit Gelehrtenlatein als Erklärungssprache, während in neuerer Zeit die modernen Sprachen Englisch, Deutsch, Französisch in dieser Funktion aufrücken. Auch in den neuphilologischen Fächern ist Zweisprachigkeit nicht ungewöhnlich, einerseits um praktischen Bedürfnissen einer fremdsprachlichen Disziplin zu genügen (wobei die konfrontative Analyse zu vertieften Einsichten in die semantisch-stilistischen Gegebenheiten des Autortextes verhilft, vgl. Fedorov et al. 1981), zum andern um internationaler Verbreitung und Wirksamkeit den Weg zu ebnen (so ausdrücklich Blanc 1852, VIII bei der Rechtfertigung des Französischen als Metasprache in seinem Dante-Vocabolario).

(d) Am Rande seien die Mischformen erwähnt, wo Sprach- und Sachlexikographie, mit unterschiedlicher Schwerpunktsetzung, kombiniert auftreten. Neben Wortartikeln vorwiegend zu erklärungsbedürftigem Wortgut, Poetizismen, Fremdwörtern, Namen, finden sich beschreibende Sachartikel zu Sprach- und Stilphänomenen (Strehlke 1891), darüber hinaus zu Werken des Autors, seinen Beziehungen zu Personen, bestimmten Sachgebieten, kulturellen Strömungen u. a. bis hin zu wirkungsgeschichtlichen Sachverhalten (Rudolph 1869, Le Comte 1961, am umfassendsten Enciclopedia Dantesca 1970/76).

2. Funktionen der Autoren-Bedeutungswörterbücher

2.1. Textexegetische Funktion

Ungeachtet vielfältiger Erscheinungsformen läßt sich für die Autoren-Bedeutungswörterbücher eine oberste gemeinsame Zielstellung bestimmen: die Förderung eines genau(er)en Textverständnisses. Dieser Aufgabe sind selektive (a) wie thesaurische Wörterbuchformen (b) verpflichtet.

(a) Wörterbücher, die sich mehr oder weniger selektiv auf erklärungsbedürftiges Wortgut beschränken, können vorwiegend regionale Lexik enthalten (Müller 1905, Juker 1972), historische, veraltete oder sonst entlegene Wörter behandeln (Lessing 1759, Jütting 1864, Foster 1908) oder auch Neologismen darstellen (Reichel 1902). Hier überwiegt gewöhnlich eine im weitesten Sinne pädagogische Zielrichtung, die Adressierung an den Lernenden und Studierenden, an „Geistliche und Lehrer" (Jüttings Wörterbuch zu Luthers Bibelübersetzung), an den interessierten Leser überhaupt. Auch die stattlichen Lexiques in den älteren französischen Klassikerausgaben (Marty-Laveaux, Regnier u. a.) stehen primär im Dienste sprachlich-kultureller Bildungsbestrebungen. — Vorwiegend wissenschaftliche Ziele verfolgen demgegenüber Spezialwörterbücher für fachsprachliche Lexik (des Places 1964) oder etwa für allegorischen und poetischen Wortgebrauch (Hartmann 1975, Lauffs 1956).

(b) Wissenschaftliche Zielsetzung bestimmt vor allem die thesaurischen Wörterbuchformen. Auch wo explizite semantische Angaben nur knapp oder in Auswahl gegeben werden, ermöglicht schon die ungleich reichere Materialbasis infolge der wechselseitigen Erhellung der Belegzitate und durch mögliche Einsichten in die Frequenzverhältnisse tiefer eindringende Erkenntnisse. Ein Maximum an Aussageleistung wird indes dort erreicht, wo auch die semantische Seite volle Aufmerksamkeit erfährt. Eine genaue, intensive Textinterpretation, die gerade das Besondere und Individuelle in den Blick nimmt und vor „schwierigen Stellen" nicht zurückweicht, muß als das eigentliche Aufgabenfeld der Autorenlexikographie gelten. Für Literarhistoriker und Vertreter anderer historischer Disziplinen, für Kommentatoren, nicht zuletzt für Übersetzer sind Bedeutungswörterbücher dieser Art wichtige Hilfsmittel. — Nebenfunktionen und -leistungen solcher thesaurisch angelegter Werke können darin bestehen, textkritische Untersuchungen zu fördern (Bulst 1934, Burger 1957), Werkfassungen zu vergleichen (Merker et al. 1966) und systematisch Quellenvorlagen einzubeziehen (Dill 1987).

2.2. Sprachgeschichtliche/allgemeinlinguistische Aussageleistungen

Abhängig von Standort und geschichtlicher Bedeutung des Autors existieren darüber hinaus weitere wichtige, vor allem linguistische Aussageleistungen. Die lexikographische Erschließung ermöglicht Einsichten in die Entwicklung der Poesiesprache, aber auch und vor allem in die der allgemeinen Zeitsprache und die Rolle des Autors in ihr. Außer durch seine Kreativität kann ein reicher Idiolekt durch ein hohes Maß von zeitsprachlicher Repräsentanz geprägt sein. Diesem Sachverhalt entspricht, daß Individualwörterbücher immer wieder auch mit allgemeinsprachlicher Fragestellung benutzt werden und von ihren Verfassern hierfür auch vorgesehen sind. Das liegt auf der Hand bei den alten Sprachen und bei älteren Sprachstadien, wo literarische Werktexte häufig die wesentlichen Zugänge eröffnen. Es spielt aber auch eine wichtige Rolle bei neueren Autoren, deren Sprachwerk als charakteristisch und geschichtlich folgenreich angesehen wird.

So gilt Villon zugleich als Zeuge für den Übergang zum modernen französischen Sprachsystem (Burger 1957), Shakespeare als „most prominent landmark in the history of the English language" (Schmidt 1902, VIII), Gorkis Sprache als „erste Äußerung einer neuen Formation der russischen Literatursprache" (Kovtun et al. 1974, 6); Pasek-, Botev-, Petöfi-, Ševčenko-Wb vermitteln Einblicke in die Entwicklung des Polnischen, Bulgarischen, Ungarischen und Ukrainischen.

Bieten Wörterbücher zu hervorragenden Autoren so dem Sprachhistoriker — angesichts des weithin spürbaren Mangels an historischen Allgemeinwörterbüchern — eine Fülle wertvoller Materialien, so bleibt darüber hinaus auch auf ihren allgemeinlinguistischen Gebrauchswert hinzuweisen. Thesaurische Wörterbuchformen begnügen sich nicht wie andere lexikographische Formen mit einem so oder so verkürzten, präparierten Wortbestand und häufig auch nicht mit einer engen Bedeutungsauswahl, sie bilden vielmehr — wenn auch im Rahmen eines begrenzten Textkorpus — die ganze lebendige Sprachwirklichkeit ab. Die schöpferischen Gestaltungen der Dichtungssprache gelangen ebenso zu ihrem Recht wie alltags- und gebrauchssprachliche Redemittel, und in Glücksfällen spiegelt sich in ihnen ein reichhaltiges Ensemble sprachlicher Ausdrucksmittel, Sprachvarietäten, Funktional- und Gattungsstile, Textsorten usw. Namentlich an Autorenthesauren läßt sich Sprache als lebendige Tätigkeit erfassen, lassen sich Erkundungen anstellen zur Rolle eines sprachmächtigen Autors im allgemeinen Sprachprozeß, zum Wechselverhältnis von Allgemein- und Individualsprache u. a. m.

2.3. Sachfunktionen; allgemeine kulturelle Bedeutung

Über die genannten Leistungen hinaus bieten bedeutende Autorenwörterbücher vermittels aussagekräftiger Belegzitate wichtige Aufschlüsse über die Sach- und Begriffswelt des Individuums und seiner Zeit. Die „Welthaltigkeit" des von ihnen versammelten, semantisch aufgeschlossenen Belegmaterials macht sie in gewissem Umfang auch als Sachnachschlagewerke brauchbar. Indem sie partienweise die Funktion von Belegtextwörterbüchern (Konkordanzen, vgl. Art. 165) mit übernehmen, sind sie Auskunftsmittel auch für primär sachinteressierte Nutzer, für Historiker unterschiedlichster Disziplinen.

Öffnen sich hier Übergänge zur Sachlexikographie, so bleibt doch — mit Ausnahme der unter (1 d) genannten Mischformen und unbeschadet von Einzelzügen (vgl. 3.3.) — der prinzipielle Charakter als Sprachwörterbuch gewahrt. Andererseits wird spätestens hier deutlich, daß große Autoren-Bedeutungswörterbücher auf eine umfassende Erschließung ihres Gegenstandes zielen. Zumal wenn sie wesentlichen Epochenrepräsentanten, herausragenden Vertretern einer Nationalkultur gewidmet sind, kommt ihnen, multivalent genutzt, eine hohe kulturelle Allgemeinbedeutung zu.

3. Strukturen. Methodologie

3.1. Zum Aufbau von Autoren-Bedeutungswörterbüchern

Was den makrostrukturellen Aufbau betrifft, so herrscht durchweg das Prinzip der alphabetischen Anordnung (vgl. Art. 38). Eine systematische Wortordnung (Prinzip des onomasiologischen Wörterbuchs; vgl. Art. 101), gelegentlich als zweiter Bearbeitungsschritt gefordert (Larin 1962, 7 f), ist bisher nicht bekannt. Dagegen ist mehrfach versucht worden, der alphabetischen Zersplitterung des Wortschatzes durch Einführung von Verweissystemen (im Anschluß an die Wortartikel) entgegenzuwirken und damit bestimmte paradigmatische Zusammenhänge aufzuzeigen. Die relative Überschaubarkeit von autorensprachlichen Textkorpora und Wortbeständen erleichtert solche teilintegrativen Verfahren. Wortbildungsbeziehungen sowie Relationen zwischen Synonymen, Antonymen u. a. werden auf diese Weise sichtbar gemacht (des Places 1964, Schieb et al. 1970, besonders in der Goethe-Lexikographie: Merker et al. 1966, Goethe-Wb. 1978 ff., Dill 1987, vgl. dazu Mattausch 1967).

Zur Struktur der Wortartikel kann hier nur soviel bemerkt werden, daß die Gliederung gewöhnlich nach Bedeutungen, mit hierarchischer Unterordnung von Bedeutungsnuancen, Stilkennzeichnungen, ggf. Sachbereichen, erfolgt. Spezielle („ästhetische") Komplexbedeutungen und auf Einzelfälle bezogene Stilklassifikationen werden zuweilen hinter den Beleg gesetzt (Kovtun et al. 1974 ff., Juhász-Wb 1972). Die Anordnung der Bedeutungen geschieht im allgemeinen nach systematisch-synchronischen Gesichtspunkten. Manche älteren, weniger semantisch ausgerichteten Wörterbücher (so Merguets Lexika zu lateinischen Schriftstellern) gliedern dagegen ihr Belegmaterial primär formal nach syntaktisch-phraseologischen Verbindungen und alphabetisch geordneten Kontextwörtern. — Der hohe Stellenwert der Belegung wird nicht nur an der Reichhaltigkeit der Belegnachweise erkennbar, sondern auch, bei Textzitation, an dem relativ ausführlicheren Belegschnitt, der die aktuelle (individuelle, prägnante, dichterische) Besonderheit des Wortgebrauchs veranschaulichen soll (Textausschnitte als „substantielle Träger der Bedeutungsdarstellung", Umbach 1983, 396). — Im Unterschied zu allgemeinsprachlichen Wörterbüchern finden sich nicht selten genaue Frequenzangaben, innerhalb der Artikel vereinzelt bis in die Bedeutungsgruppen hinein. Statistische Daten zum Wortvorkommen können aber auch aus angehängten Frequenzlisten entnommen werden.

3.2. Der semantische Kommentar

Die primäre Funktion der Texterklärung hat weitreichende Folgen für den semantischen Kommentar. Die Ausrichtung auf das Verständnis konkreter, vorgegebener Textstellen erfordert:

(a) eine gegenüber Allgemeinwörterbüchern oft feiner nuancierende semantische Aussageleistung. Dies betrifft insbesondere hochgradig künstlerische Texte sowie solche, die bereits Gegenstand einer längeren philologischen Auslegungstradition sind, deren Stand kritisch einzubeziehen ist (Beispiele für letzteres schon in der frühen Autorenlexikographie, vgl. Textbeispiel 164.1).

Zur semantischen Definition bzw. synonymischen Erklärung, wie sie auch in ande-

---

Paradiso, *le paradis terrestre*, das irdische Paradies Pr. 7, 38, 87. *Le ciel, la demeure des bienheureux*, der Himmel, die Wohnung der Seligen Pg. 1, 99. Pr. 3, 89. 10, 105. 21, 59. 23, 61. 31, 52. *L'assemblée des élus*, die Versammlung der Seligen Pr. 27, 2. *La béatitude*, die Seligkeit Pr. 15, 36. 18, 21.

Parallelo, *parallèle*, parallel Pr. 12, 11.

Parcersi, verbe emprunté du latin *ménager ses forces*, sich schonen, seine Kräfte sparen Pr. 23, 69.

Parco, *avare, mesquin*, geizig, filzig Pr. 8, 82 où la Cr., Alde et plusieurs anciennes édit. lisent *Parca, la Parque*, die Parze, ce qui ne donne aucun sens raisonnable. Toutes les bonnes édit. modernes ont adopté *parca* comme l'ont déjà entendu Petr. D., l'Ant., Daniello. Par extension, *lent, peu leste*, langsam, träge Pg. 11, 45.

Pare (par), pour *pari, égal*, gleich, ne se trouve que dans la rime Pr. 13, 89.

Parecchi (de par), *quelques uns, plusieurs*, einige, mehrere Inf. 19, 54.

Parecchio, *semblable, le même*, ähnlich, der nämliche Pg. 15, 18. ce mot a vieilli.

Pareggiare, *égaler*, gleich kommen Pg. 2, 18. *égaler, rendre égal*, gleich machen Pg. 17, 10. Pr. 21, 90. *pareggiarsi*, être semblable, gleich ou ähnlich sein Inf. 23, 7.

Pareggio v. *Peleggio*.

Textbeispiel 164.1: Wörterbuchartikel (aus: Blanc 1852, 358)

164. Das Autoren-Bedeutungswörterbuch

ren Wörterbuchgattungen üblich ist, treten demzufolge häufig offene Deskriptionsverfahren: hinführende, behutsame Umschreibung und ggf. weitere Kommentierung. Auch findet man in neueren Wörterbüchern z. T. recht entwickelte Markierungssysteme für stilistisch-rhetorische Erscheinungen (Juhász-Wb 1972, Kovtun et al. 1974 ff.).

(b) Die Textorientiertheit verlangt vor allem — wie im Gefolge der sog. „pragmatischen Wende" in der Sprachbetrachtung hervorgehoben wurde (Umbach 1976, Mattausch 1982) — nach einer bewußten Einbeziehung der kommunikativ-pragmatischen Zeichenwerte. Das Wort, gefaßt als Bestandteil einer „natürlichen" Kommunikationshandlung, wird damit zugleich zum Träger bestimmter historischer/individueller Geltungs- und Wertungsmomente sowie Intentionen (und erreichter Wirkungen). Diese Momente der Textsemantik sichtbar zu machen, muß als spezifisches Anliegen der Autorenlexikographie gelten. Für den Lexikographen ergibt sich damit die Forderung nach möglichst großer situativer und historischer Konkretheit, im besonderen die „genaue Beachtung der jeweiligen Kommunikationssituation, der jeweiligen Absichten und Wirkungen, steter Bezug auf die Zeitverhältnisse und, damit verbunden, die Herausar-

barbarisch *auch subst; 84 Belege* **1** *in hist od historisierendem Zshg, zumeist aus der Sicht der Griechen (u Römer) bzw aus einem der klass Antike verpflichteten Standpunkt* **a** *mBez auf nicht zum klass-antiken Kulturkreis Gehöriges; bes im Hinblick auf Angehörige nichtgriech (nichtröm) Völkerschaften* [*lat Übersetzungsübung:*] so sagt er [*Tacitus*] dieselben [*die Juden*] seyen von dem Berg Ida..erstlich Idaei gennenet worden, nachgehens aber hätten sie den B-en [*barbarum*] Nahmen Judaei bekommen DjG³1,41,19 Labores juv [1758] Hier hat der Kräftige [*Herkules*] das Viergespann des Diomedes..bezwungen ..Die Krippen..sind mit menschlichen Gliedern und Knochen gefüllt..Der b-e Rossenäher selbst liegt erschlagen 49¹,126,9 Philostrat Marko..ein rohes Gegenbild zu dem griechischen Hercules..aber freilich in scythisch höchst b-er Weise. Er ist der oberste und unbezwinglichste aller serbischen Helden von gränzenloser Stärke, von unbedingtem Wollen und Vollbringen 41²,141,27 SerbLieder *uö in distanzierender Aussage* Nicht gescheidter als ein Volk, das die ganze fremde Welt b. nennt, hieß alles gothisch, was nicht in mein System paßte 37,144,26 Baukunst 1773 **b** *in Charakterisierung einer Epoche, ihres Kulturzustandes, ihrer Gesittung, ihrer Einrichtungen: mBez auf Verhaltensweisen u Denkformen aus einem rohen Frühzustand* [*betr Menschenopfer, vgl 1.Mos 22*] In dem sanften, wahrhaft urväterlichen Charakter Abrahams konnte eine so b-e Anbetungsweise nicht entspringen; aber die Götter..befehlen ihm das Ungeheure 26,215,26 DuW 4 [*der Graf üb Charlotte:*] noch immer möchte man ihren Schuh küssen, und die zwar etwas b-e, aber doch tief gefühlte Ehrenbezeugung der Sarmaten¹⁾ wiederholen..aus dem Schuh einer geliebten..Person ihre Gesundheit zu trinken 20,125,11 Wv I 11 *uö vom Blickpunkt der Renaissance u Aufklärung für das MA u rückständige, vernunftlose Zeiten* [*im Hinblick auf Mantegna, Tizian ua*] So entwickelte sich die Kunst nach der b-en Zeit 30,92,24 ItR ~ T1,240,15 v 27.9.86 der Ausspruch: „Er soll dein Herr sein" ist die Formel einer b-en Zeit, die lange vorüber ist 18,306,25 GutWeiber Alle unsere Akademien [*Universitäten*]²⁾ haben noch b-e Formen in die man sich finden muß, und der Partheygeist..macht dem Friedfertigsten das Leben am sauersten und füllt die Lustörter der Wißenschaften mit Hader und Zank B5,265,27 Bürger 20.2.82 Die Schriften Luthers enthalten..Aberglauben..wie bequem macht sich's nicht Luther durch seinen Teufel..die wichtigsten Phänomene der allgemeinen und besonders der menschlichen Natur auf eine oberflächliche und b-e Weise zu erklären und zu beseitigen N3,160,26 FlH III Zwischenzeit *uö in krit Ablehnung aufklärerischer Vorurteile* Es ist lächerlich, wenn die Philister sich der größern Verständigkeit und Aufklärung ihres Zeitalters rühmen und die frühern b. nennen Gespr(He2,62) Riemer 10.5.06 *in zeitbezogener Aussage* [*betr Niebuhrs 1830 unter dem Eindruck der Julirevolution entstandene kulturpessimist Vorrede zur 2. Aufl des 2. Teils seiner Röm Gesch³⁾*] Niebuhr hat Recht gehabt.. wenn er eine b-e Zeit kommen sah..Sie ist schon da, wir sind schon mitten darinne; denn worin besteht die Barbarey anders als darin, daß man das Vortreffliche nicht anerkennt. Gespr Eckerm 22.3.31 **c** *mehrf in ästh Wertung: gemessen an der Höhe der griech Kunst u einer an der klass Antike orientierten Kunst- u Literaturauffassung iSv primitiv, ungestaltet, überladen, nach Inhalt u Form ausschweifend* (vgl auch 'byzantinisch', 'gotisch', 'barock', 'modern'); *gelegentl — in teilw positiver Akzentuierung — mBez auf 'nordisch'-nichtantike Literatursujets, bes auch die Welt u Gestaltungsform der Faustdichtung* [*betr Perser zZt der Sassaniden*] daß ein Volk auf einer hohen sittlich-religiosen Stufe

Textbeispiel 164.2: Wörterbuchartikel (aus: Goethe-Wb 2,58)

beitung von Zeit-, Klassen-, Gruppen-, Autor- und Figurenperspektiven" (Mattausch 1982, 308; ausführlicher Mattausch 1990). (Beleg für die lexikographische Erfassung von Zeitperspektiven in Textbeispiel 164.2).

In literarischen Texten werden pragmatische Geltungs- und Wertungsmomente auch sichtbar in der Aufnahme und Verarbeitung spezifisch literarisch-kommunikativer Ausdrucksmittel. Art und Umfang der Rezeption solcher Elemente — literarischer Topoi, Motive, Bilder, bestimmter überlieferter Namengruppen —, ihre Aus- und Weitergestaltung und ihr auf künstlerische Wirkung berechneter Einsatz sind ein wichtiges Spezifikum der schöpferischen Autorleistung. Eine angemessene Erschließung gehört in den semantischen Kommentar gerade auch einer kommunikativ-pragmatisch ausgerichteten Autorenlexikographie.

3.3. Das Problem der Eigennamen

Im Unterschied zur Masse der gemeinsprachlichen Wörterbücher, die sich auf den appellativen Wortschatz beschränkt (vgl. im einzelnen Seibicke 1983, 276—278), spielen die Eigennamen in der Autorenlexikographie eine auffällige Rolle, wenn ihre Behandlung auch ungleich, ja widersprüchlich ist. Die große Mehrzahl der autorensprachlichen Wörterbücher bezieht die Namen ein, nicht nur die mythologischen, sondern auch diejenigen historischer Personen und Örtlichkeiten, dazu außerdem die Figurennamen. Die Nomina propria gelten dabei als mehr oder weniger charakteristische text- und zeitspezifische Aussageelemente, deren Vernachlässigung nach Auffassung der Wörterbuchverfasser ein lexikographisches Defizit bedeuten würde. Die Behandlung reicht von bloßer Formen- und Stelleninventarisierung über knappe Identifikationsvermerke (vom Typ „deus", „Tochter des...", „king of...", „Figur im Werk..." usw.) bis hin zu ausführlicherer Darlegung von inhaltlichen Motiven und Handlungszügen, an denen der Namenträger teilhat (z. B. Capelle 1889) — letzteres besonders dann, wenn die Darstellung in einem selbständigen Namenverzeichnis erfolgt (wie bei Schieb et al. 1970). Eine semantisch-pragmatische Deutung der Namen, soweit dies — etwa bei Figurennamen — möglich ist, geschieht zumeist nicht. Einerseits wird also häufig die Grenze zur Sachlexikographie überschritten, indem enzyklopädische Elemente in teilweise beträchtlicher Anzahl einfließen; andererseits wird dort, wo Namen über ihre Identifizierungsfunktion hinaus über ein zusätzliches semantisches Potential verfügen, den Erfordernissen eines Bedeutungswörterbuchs nicht ausreichend Genüge getan. — Die Kritik entzündet sich im wesentlichen an den Extremerscheinungen: wenn die Namen ganz oder weitgehend von der Darstellung ausgeschlossen bleiben (vgl. etwa Karpova/Stupin 1982, 14 f im Zusammenhang mit dem Puschkin-Wb); oder wenn, bedingt durch Charakter oder Umfang eines Werkes, eine Fülle ausschließlich historischer Namen in Erscheinung tritt (vgl. Šrámek 1978 über den Namen-Sonderband zum Wb. der autobiographischen Trilogie Gorkis).

Wenn auch gegenwärtig die Meinungen und Verfahrensweisen hinsichtlich der Eigennamenbehandlung in Autorenwörterbüchern noch nicht auf einen Nenner zu bringen sind, so ist jedenfalls denjenigen Stimmen beizupflichten, die eine konsequente lexikographische Erschließung auch der vorhandenen Bedeutungselemente von Namen fordern. In Betracht kommen dabei (a) historische Namen, insofern sie über die bloße Benennungsfunktion hinaus Träger von Assoziationen, Bewertungen, Emotionen sind oder durch rhetorisch-stilistische Gebrauchsweisen (Vergleich, Anspielung, Metapher usw.) spezielle semantische Akzentuierungen und Erweiterungen erfahren. Hinzu treten (b) mythologische Namen, die nicht nur mythische Personen und Orte benennen, sondern häufig zugleich für komplexe Symbolgehalte stehen. Vor allem aber gehören hierher (c) die im engeren Sinne poetischen Namen, zumal die Figurennamen, die als offen oder verdeckt redende, klassifizierend-zuordnende, klingende, klangsymbolische, präfigurierte oder bezugsetzende (usw.) Benennungen funktionsträchtige Bestandteile des literarischen Kunstwerkes bilden und im Sinne der inzwischen international etablierten Teildisziplin der Literarischen Onomastik lexikographisch zu behandeln sind. (Beispiele zu den genannten Namengruppen aus dem Goethe-Wb bei Unterberger 1985, 157—159 und besonders Mattausch 1987).

4. Autoren-Bedeutungswörterbücher in Geschichte und Gegenwart

Die Autorenlexikographie ist, wenn überhaupt, als übernationales Phänomen erst in den letzten Jahrzehnten ins Blickfeld getreten. Zu ihrer Geschichte lassen sich hier nur knappe Andeutungen geben.

Am Eingang stehen die Bemühungen um die antiken Autoren, beginnend schon im Altertum selbst mit Glossaren zu Homer, Hippokrates u. a. (vgl. Cohn 1913), dann in der Renaissance mit neuen Impulsen sich kräftig entfaltend und in den großen Leistungen des 19. Jh. gipfelnd. Auch in der Gegenwart behaupten Wörterbücher zu den alten Schriftstellern einen wichtigen Platz; sie gehören, wie die einschlägigen Bibliographien (Riesenfeld 1953, Quellet 1980) eindrucksvoll belegen, zum gängigen Arbeitsinstrumentarium des klassischen Philologen. — In den neuphilologischen Fächern setzt die entsprechende Betätigung zunächst vorwiegend einzeltextbezogen und auf Zeugnisse älterer Sprachstadien gerichtet ein. Im altgermanistischen Bereich steht für den Entwicklungsablauf das Beispiel Beneckes, der von selektiven Werkwörterbüchern (1816; 1819) mit seinem Iwein-Wörterbuch (1833) erstmals zur Form des Werkthesaurus gelangt, dessen vielberufenes Vorbild in einem dünnen Strang einzelner, gewichtiger Unternehmen bis in die Gegenwart nachwirkt. Nicht erreicht wird dieser Stand für das Frühneuhochdeutsche, wo für Luthers Bibelübersetzung zwar schon frühzeitig Ansätze lexikographischer Bearbeitung bestehen (z. B. von Stade 1724), die lexikalische Erschließung aber insgesamt nicht über die Stufe unmittelbar praxisbezogener, teilweise kommentierender Formen bevorzugender Auswahlwörterbücher hinauskommt. Gesamtwerkwörterbücher bleiben in der Germanistik bis zum Zweiten Weltkrieg entweder Torso (Dietz 1870/72, Reichel 1906) oder realisieren sich als sehr unzulängliche Selektionsform (Fischer 1929). — Anders in einigen Nachbarphilologien. Einen Markstein setzt 1852 Blancs der „Divina Commedia" gewidmeter Vocabolario Dantesco, der erstmals den Reichtum eines neusprachlichen Werks von weltliterarischer Bedeutung mit hohem wissenschaftlichen Anspruch (selektiv-)thesaurisch erschließt. Die Shakespeare-Lexikographie, aus einfachen Glossarformen erwachsend, bringt noch in den 70er Jahren das erste neuphilologische Gesamtwerkwörterbuch hervor (Schmidt 1874/75, ³1902), eine Leistung, an die in der Folge nur noch qualifizierte Auswahlwerke (am wichtigsten Onions 1911, zuletzt erweitert und revidiert 1986) anschließen. Zu den französischen Klassikern erscheint im letzten Jahrhundertdrittel im Rahmen der Kollektion «Les grands écrivains de la France» eine Reihe reichhaltiger Autoren-Wortschätze, deren Wert nicht zuletzt in der Vergleichbarkeit der gebotenen Materialien besteht, die überdies durch einleitende Essays aufgeschlossen werden; hinzu tritt Livets von der Académie Française preisgekrönter Molière-Lexique, in dem auch Zeitgenossen-Belege kommentierend herangezogen werden.

An diese großen Ein-Mann-Leistungen wird im 20. Jh. nur noch punktuell angeknüpft, am ehesten in der Altphilologie. Einen neuen Aufschwung mit einer bemerkenswerten Schwerpunktverlagerung erfährt die Schriftstellerlexikographie erst nach dem Zweiten Weltkrieg. Während in den westlichen Ländern die Beschäftigung mit dem Sprachwerk bedeutender Autoren sich im wesentlichen auf die Materialform computererzeugter Indices und Konkordanzen zurückzieht (vgl. Wiegand 1986), entfaltet sich unter neuen historischen Bedingungen in den ost- und südosteuropäischen Ländern, meist in der Organisationsform nationaler Akademieprojekte, eine intensive semasiologisch-lexikographische Tätigkeit. Schon in den 50er Jahren erscheint das auf ältere Anfänge zurückgehende Puschkin-Wb, das als (annähernder) Autorenthesaurus weithin anregend wirkt. Thesaurischer Charakter mit (nahezu) vollständiger Belegbuchung und meist Frequenzangaben einschließend, dazu überwiegend, z. T. in Auseinandersetzung mit dem Puschkin-Wb, eine verstärkte Aufmerksamkeit auf die Ausprägung der semantisch-stilistischen Erklärungsleistung besonders im Hinblick auf den individuellen und dichterischen Wortgebrauch — diese Merkmale bestimmen in unterschiedlicher Akzentuierung das Bild der seit den 60er Jahren herausgegebenen oder in Arbeit befindlichen Wörterbücher zu Ševčenko, Gorki, Botev, Mickiewicz, Pasek, Eminescu, Petöfi, Juhász u. a. — Im deutschen Sprachraum gewinnt, im Zuge der nach 1945 einsetzenden Neubesinnung auf die humanistischen deutschen Traditionen, der schon im 19. Jh. gehegte Gedanke eines umfassenden Goethe-Wb Gestalt, das den gesamten Wortschatz des Dichters, Kritikers, Naturforschers, Staatsbeamten, Privatmanns Goethe (über 90 000 Wörter) vollständig erschließt. Mit Einschluß von Spezialwörterbüchern (zu Werther, Götz [nicht beendet] und Westöstlicher Divan) bildet diese auf breiter Materialbasis (gut 3,2 Mio Wortbelege) entfaltete Goethe-Lexikographie ein Novum in der Germanistik, das mit der inzwischen erreichten Profilierung eine Fülle aufgeschlossener, vielfältig nutzbarer Materialien bereitstellt.

Im Zusammenhang mit diesen neuerlichen Bestrebungen und mitbeeinflußt durch die jüngste allgemeinlinguistische Diskussion gewinnen auch metalexikographische Erwägungen Raum, vorwiegend im Umkreis der Puschkin- und Gorki-Lexikographie, der ungarischen Schriftstellerwörterbücher und des Goethe-Wb. Im Vordergrund stehen dabei die Erörterung des Thesaurusgedankens, die Methodik der Bedeutungserschließung und -darstellung sowie, damit verbunden, die Einführung der kommunikativ-pragmatischen Dimension. Eine breitere Diskussion im internationalen Maßstab zur Spezifik der Autorenlexikographie, wie es der Gegenstand nahelegen sollte, fehlt indes bisher.

Insgesamt erweckt die autorbezogene Lexikographie — sieht man von den sehr respektablen Leistungen der klassischen Philologie ab — auch heute noch den Eindruck eines weithin zufällig und stark lückenhaft bestellten Feldes. Die Desiderate allein auf germanistischem Gebiet belegen dies exemplarisch. Aus der mittelhochdeutschen Blütezeit sind, um nur die augenfälligsten Lücken zu nennen, weder Wolfram von Eschenbach noch Gottfried von Straßburg noch Kudrun bearbeitet. Ein Luther-Wörterbuch liegt trotz mehrfacher Ansätze bisher nicht vor. Für die Phase der vollen Herausbildung der deutschen Standardsprache fehlt die umfassende Aufarbeitung eines so prägend und nachhaltig wirksamen Autors wie Lessing, von anderen sprachmächtigen Zeitgenossen ganz zu schweigen. Diese und andere Defizite mögen, wie zu erwarten steht, gemildert oder zeitweilig überbrückt werden durch die vermehrte Publikation von Konkordanzen und Indices — die lebenswichtige Kommunikation mit den großen Literaturwerken der Vergangenheit kann jedoch auf die Dauer nur aufrechterhalten werden über das Medium leistungsfähiger Autoren-Bedeutungswörterbücher.

5. Literatur (in Auswahl)

5.1. Wörterbücher

Ast 1835/38 = Lexicon Platonicum sive Vocum Platonicarum Index. Condidit Fridericus Astius. Vol. 1—3. Lipsiae 1835, 1836, 1838 [VI, 880, 502 592 S.; 2. Nachdr. Bonn 1956].

Bartsch 1880 = Karl Bartsch (Hrsg.): Der Nibelunge Not. [...] 2. Theil, 2. Hälfte: Wörterbuch. Leipzig 1880 [XLVIII, 411 S.; Nachdr. Hildesheim 1966].

Beck 1846 = Friedrich Adolf Beck: Wörterbuch zu Luther's Bibelübersetzung oder: Erklärung der darin vorkommenden veralteten, dunkeln und bedeutenderen fremden Wörter. Siegen. Wiesbaden 1846 [VIII, 50 S.].

Benecke 1816 = Georg Friedrich Benecke (Hrsg.): Der Edel Stein getichtet von Bonerius. [...] Berlin 1816 [Wörterbuch S. 371—488].

Benecke 1819 = ders. (Hrsg.): Wigalois. Der Ritter mit dem Rade. Getihtet von Wirnt von Gravenberch. Berlin 1819 [Wörterbuch S. 513—767].

Benecke 1833 = ders.: Wörterbuch zu Hartmanns Iwein. Göttingen 1833 [VIII, 391 S.; 2. Ausg. bes. v. E[rnst] Wilken 1874, Nachdr. Wiesbaden 1965; 3. Ausg. bes. v. C[onrad] Borchling. Leipzig 1901].

Bétant 1843 = Lexicon Thucydideum confecit E.-A. Bétant. Vol. 1, 2. Genf 1843 [IV, 471, 522 S.; Nachdr. Hildesheim 1961].

Blanc 1852 = Ludwig Gottfried Blanc: Vocabolario Dantesco ou Dictionnaire critique et raisonné de la Divine Comédie de Dante Alighieri. Leipsic 1852 [VIII, 562 S.] (= Vocabolario Dantesco o dizionario critico e ragionato della Divina Commedia di Dante Alighieri [ital. Übers. v. G. Carbone]. Firenze 1859 [XVI, 464 S.; 4. Aufl. 1890]).

Bo 1965/66 = Dominicus Bo: Lexicon Horatianum. Vol. 1,2. Hildesheim 1965. 1966 [XIII, 276, 418 S.].

Bodmer 1757 = Johann Jakob Bodmer (Hrsg.): Fabeln aus den Zeiten der Minnesinger. Zürich 1757 [Glossarium S. 272—338; Nachdr. Leipzig 1973].

Botev-Wb 1960 = Rečnik na jezika na Christo Botev. Săstavili Stojko Božkov i Zara Genadieva (Wörterbuch der Sprache Christo Botevs. Zusammengestellt von Stojko Božkov u. Zara Genadieva). T. 1: A—K. Sofia 1960 [XI, 621 S.].

Bulst 1934 = Walther Bulst: Wörterbuch zu den Liedern Reinmars des Alten. Göttingen. Reinhausen 1934 [V, 171 S.].

Burger 1957 = André Burger: Lexique de la langue de Villon. Genève. Paris 1957 [Wörterbuch S. 31—114].

Capelle 1889 = Carl Capelle: Vollständiges Wörterbuch über die Gedichte des Homeros und der Homeriden. Nach dem früheren Seilerschen Homer-Wörterbuch neu bearbeitet. 9., verb. Aufl. Leipzig 1889 [XVI, 605 S.; Nachdr. Darmstadt 1968; 1. Aufl. v. G. C. Crusius 1836, 5. Aufl. bearb. v. E. E. Seiler 1857].

Cunliffe 1910 = Richard John Cunliffe: A New Shakespearean Dictionary. London. Glasgow. Bombay 1910 [XI, 342 S.; Nachdr. New York 1975].

Cuthbertson 1886 = John Cuthbertson: Complete Glossary to the Poetry and Prose of Robert Burns. With upwards of three thousand illustrations from English authors. London 1886 [VI, 464 S.; Nachdr. New York 1967].

Desfeuilles 1900 = Arthur et Paul Desfeuilles: Lexique de la langue de Molière. Tome 1, 2. Paris

1900 (Œuvres de Molière. Nouv. éd. T. 12, 13) [CCXXXI, 512, 648 S.].

Dietz 1870/72 = Philipp Dietz: Wörterbuch zu Dr. Martin Luthers deutschen Schriften. Bd. 1 (A—F), 2, 1. Lief. (G—Hals). Leipzig 1870. 1872 [LXXXVI, 772, 207 S.; Nachdr. Hildesheim 1973].

Dill 1987 = Christa Dill: Wörterbuch zu Goethes West-östlichem Divan. Tübingen 1987 [LIV, 488 S.].

Dindorf 1876 = Lexicon Aeschyleum. Edidit Guilelmius Dindorfius. Lipsiae 1876 [VI, 432 S.].

Ebeling 1885 = Lexicon Homericum. [...] Edidit H[enricus] Ebeling. Vol. 1, 2. Lipsiae 1885 [1184, 512 S.; Nachdr. Hildesheim 1963].

Eichert 1877 = Otto Eichert: Vollständiges Wörterbuch zu den Fabeln des Phädrus. 2., verb. Aufl. Hannover 1877 [107 S.; Nachdr. Hildesheim 1970].

Eichert 1890 = ders.: Vollständiges Wörterbuch zu den Geschichtswerken des C. Sallustius Crispus. 4., verb. Aufl. Hannover 1890 [194 S.; Nachdr. Hildesheim. New York 1973].

Ellendt 1872 = Lexicon Sophocleum. [...] composuit Fridericus Ellendt. Ed. 2 emend. curavit H. Genthe. Berlin 1872 [XVI, 812 S.; 2. Nachdr. Hildesheim 1965; Ed. 1 1835].

Eminescu-Wb 1968 = Dicţionarul limbii poetice a lui Eminescu (Wörterbuch der poetischen Sprache Eminescus). Sub redacţia Acad. Tudor Vianu. Bucureşti 1968 [646 S.].

Enciclopedia Dantesca 1970/76 = Enciclopedia Dantesca, Vol. 1—5. Roma 1970. 1970. 1971. 1973. 1976 [1006, 993, 1071, 1098, 1174 S.].

Fischer 1929 = Paul Fischer: Goethe-Wortschatz. Ein sprachgeschichtliches Wörterbuch zu Goethes sämtlichen Werken. Leipzig 1929 [XI, Dt. Wörterbuch: S. 1—784, Fremdwb.: S. 785—905; 3. Nachdr. Leipzig 1984].

Foerster 1933 = Wendelin Foerster: Wörterbuch zu Kristian von Troyes' sämtlichen Werken. 2., veränd. Aufl. v. Hermann Breuer. Halle 1933 [281 S.; 1. Aufl. Halle 1914; 4. Aufl. Tübingen 1966].

Foster 1908 = John Foster: A Shakespeare wordbook. Being a glossary of archaic forms and varied usages of words employed by Shakespeare. London 1908 [XI, 735 S.; Nachdr. New York 1969].

Gerber/Greef 1903 = Arnold Gerber/Adolf Greef: Lexicon Taciteum [...]. Lipsiae 1903 [1802 S.; Nachdr. Hildesheim 1962].

Goethe-Wb 1978 ff = Goethe-Wörterbuch. Hrsg. v. der Akademie der Wissenschaften der DDR, der Akademie der Wissenschaften in Göttingen und der Heidelberger Akademie der Wissenschaften. Stuttgart. Berlin. Köln. Mainz 1978 ff. [Bisher: Bd. 1: A-azurn (28*, 1308 Sp.), 1978; Bd. 2: B-einweisen (1536 Sp.), 1989].

Hartmann 1975 = Reinildis Hartmann: Allegorisches Wörterbuch zu Otfrieds von Weißenburg Evangeliendichtung. München 1975 (Münstersche Mittelalter-Schriften 26) [559 S.].

Hornig 1844 = Carl August Hornig: Glossarium zu den Gedichten Walthers von der Vogelweide nebst einem Reimverzeichnis. Quedlinburg 1844 [VIII, 429 S.; Nachdr. Hildesheim. New York 1979].

Iversen 1958 = Ragnvald Iversen: Ibsen-Ordbok. Ordforrådet i Henrik Ibsens samlede verker. Oslo 1958 [XXXIV, 1194 Sp.].

Juhász-Wb 1972 = Juhász Guyla költöi nyelvének szótára. Szerkesztette Benkö László (Wörterbuch der dichterischen Sprache von Gy. Juhász. Redigiert von László Benkö). Budapest 1972 [dt. Einführung: S. 19—26, Wörterbuch: S. 35—928].

Juker 1972 = Bee Juker: Wörterbuch zu den Werken von Jeremias Gotthelf. Erlenbach—Zürich. Stuttgart 1972 [120 S.].

Jütting 1864 = Wübbe Ulrich Jütting: Biblisches Wörterbuch, enthaltend eine Erklärung der alterthümlichen und seltenen Ausdrücke in M. Luther's Bibelübersetzung. Für Geistliche und Lehrer. Leipzig 1864 [XVIII, 234 S.; Nachdr. Walluf 1973].

Kelle 1881 = Johann Kelle (Hrsg.): Otfrids von Weissenburg Evangelienbuch. 3. Bd.: Glossar der Sprache Otfrids. Regensburg 1881 [772 S.; Nachdr. Aalen 1963].

Kellner 1922 = Leon Kellner: Shakespeare-Wörterbuch. Leipzig 1922 [VIII, 358 S.].

Kovtun et al. 1974 ff = Slovar' avtobiografičeskoj trilogii M. Gor'kogo (Wörterbuch der autobiographischen Trilogie M. Gorkis). Red. Ljudmila Stepanovna Kovtun u. a. Leningrad 1974 ff. [Bisher 5 Lief. 1974—1986: A—po; dazu Sonderband: Imena sobstvennye (Eigennamen), 1975].

Lauffs 1956 = Dorothea Lauffs: Der Wortschatz Georg Trakls. Ein Wörterbuch als Grundlegung zu einer künftigen Interpretation und Textkritik seiner Werke. Diss. FU Berlin 1956 (masch.) [Glossar S. 1—493].

Le Comte 1961 = Edward Semple Le Comte: A Milton Dictionary. New York 1961 [358 S.].

Lessing 1759 = Gotthold Ephraim Lessing (Hrsg.): Friedrichs von Logau Sinngedichte. Zwölf Bücher. Mit Anmerkungen über die Sprache des Dichters hrsg. v. C. W. Ramler und G. E. Lessing. Leipzig 1759 [In: G. E. Lessings sämtliche Schriften. Hrsg. v. Karl Lachmann. 3., aufs neue durchges. u. verm. Aufl. bes. v. Franz Muncker. Bd. 7. Stuttgart 1891. Wörterbuch: S. 359—411; Nachdr. Berlin. New York 1979].

Livet 1895/97 = Ch.-L. Livet: Lexique de la langue de Molière, comparée à celle des écrivains de son temps. T. 1—3. Paris 1895. 1896. 1897 [III, 532, 666, 824 S.].

Lockwood 1907 = Laura E. Lockwood: Lexicon to the English Poetical Works of John Milton. New York 1907 [XII, 671 S.].

Lübben 1877 = August Lübben: Wörterbuch zu der Nibelunge Not (Liet). 3., verm. u. verb. Aufl. Oldenburg 1877 [210 S.; 1. Aufl. 1854, Nachdr. Wiesbaden 1966].

Marty-Laveaux 1868 = M. Ch. Marty-Laveaux:

Lexique de la langue de P. Corneille. T. 1, 2. Paris 1868 (Œuvres de P. Corneille, Nouv. éd., t. 11, 12.) [XCV, 488 S.].

Marty-Laveaux 1873 = ders.: Lexique de la langue de J. Racine. Paris 1873 (Œuvres de J. Racine, Nouv. éd., t. 8) [CXLIV, 556 S.].

Mauersberger 1956 ff = Arno Mauersberger: Polybios-Lexikon. Berlin (DDR) 1956 ff. [Bisher 4 Lief. 1956—1975: α—o, 1852 Sp.].

McGlynn 1963/67 = Lexicon Terentianum. Conscripsit Patricius McGlynn. Vol. 1, 2. London. Glasgow 1963. 1967 [XVI, 455, X, 315 S.].

Merguet 1877/84 = Hugo Merguet: Lexikon zu den Reden des Cicero, mit Angabe sämtlicher Stellen. 4 Bde. Jena 1877. 1880. 1882. 1884 [770, 826, 852, 1065 S.; Nachdr. Hildesheim 1962].

Merguet 1886 = ders.: Lexikon zu den Schriften Cäsars und seiner Fortsetzer, mit Angabe sämtlicher Stellen. Jena 1866 [IV, 1142 S.; 2. Nachdr. Hildesheim 1966].

Merguet 1887/94 = ders.: Lexikon zu den philosophischen Schriften Cicero's, mit Angabe sämtlicher Stellen. 3 Bde. Jena 1887. 1892. 1894 [938, 861, 918 S.; 2. Nachdr. Hildesheim. New York 1971].

Merguet 1906 = ders.: Handlexikon zu Cicero. Leipzig 1906 [816 S.; 2. Nachdr. Hildesheim 1964].

Merguet 1912 = ders.: Lexikon zu Vergilius, mit Angabe sämtlicher Stellen. Leipzig 1912 [786 S.; 2. Nachdr. Hildesheim. New York 1969].

Merker et al. 1966 = Wörterbuch zu Goethes Werther, begründet von Erna Merker in Zusammenarbeit mit Johanna Graefe und Fritz Merbach [...]. Berlin (DDR) 1966 [IX, 648 Sp.].

Mickiewicz-Wörterbuch 1962/83 = Słownik języka Adama Mickiewicza (Wörterbuch der Sprache Adam Mickiewicz'). T. 1—11. Wrocław. Warszawa. Kraków. Gdańsk 1962. 1964. 1965. 1967. 1969. 1971. 1974. 1977. 1980. 1983 [XLV, 656, 581, 607, 505, 678, 619, 577, 626, 727, 661, 488 S.].

Müller 1905 = Carl Friedrich Müller: Reuter-Lexikon. Der plattdeutsche Sprachschatz in Fritz Reuters Schriften. Leipzig 1905 [VII, 175 S.].

Neuendorff-Fürstenau 1958/63 = Jutta Neuendorff-Fürstenau: Wörterbuch zu Goethes Götz von Berlichingen. Berlin [DDR] 1958. 1963 [ersch. 2 Lief.: A — Glück].

Olshausen 1935 = Waldemar von Olshausen: Register zur vollständigen Ausgabe von Lessings Werken in fünfundzwanzig Teilen (hrsg. v. Julius Petersen u. W. v. Olshausen). Zweiter Band: Wortregister. Berlin. Leipzig o. J. [1935; 272 S.].

Onions 1986 = Charles Talbut Onions: A Shakespeare Glossary. Enlarged and revised throughout by Robert D. Eagleson. Oxford 1986 [XVII, 326 S.; 1. ed. 1911].

Pasek-Wb 1965/73 = Słownik języka Jana Chryzostoma Paska. Red. Halina Koneczna. T. 1, 2. Wrocław. Warszawa. Kraków. Gdańsk 1965. 1973 [XXIV, 515, 795 S.].

Peek 1968/75 = Lexikon zu den Dionysiaka des Nonnos [...] unter Leitung v. Werner Peek. Berlin (DDR). Hildesheim 1968—1975 [XII, 1822 Sp.].

Petöfi-Wb 1973/87 = Petöfi-Szótár. Petöfi Sándor életmüvének szókeszlete [...] Gáldi László irányításával (Petöfi-Wörterbuch. Wortschatz des Lebenswerkes von Sándor Petöfi [...] Unter Leitung v. László Gáldi).4 Bde. Budapest 1973. 1978. 1987. 1987. [1160, 1349, 603, 800 S.].

des Places 1964 = Édouard des Places: Lexique de la langue philosophique et religieuse de Platon (Platon, Œuvres complètes, t. 14). Paris 1964 [XV, 576 S.].

Powell 1938 = John Enoch Powell: A Lexicon to Herodotus. Cambridge 1938 [XII, 392 S.; Nachdr. Hildesheim 1960].

Puschkin-Wb 1956/61 = Slovar' jazyka Puschkina (Wörterbuch der Sprache Puschkins). T. 1—4. Moskva 1956. 1957. 1959. 1961 [806, 896, 1070, 1045 S.].

Regnier 1869 = Ad. Regnier fils: Lexique de la langue de Malherbe. Paris 1869 (Œuvres de Malherbe, Nouv. éd., t. 5) [LXXXVII, 680 S.].

Regnier 1878 = ders.: Lexique de la langue de La Bruyère. Paris 1878 (Œuvres de La Bruyère, Nouv. éd., t. 3, 2) [LXXI, 380 S.].

Regnier 1892 = Henri Regnier: Lexique de la langue de J. de La Fontaine. Tome 1, 2. Paris 1892 [Œuvres de J. de La Fontaine, Nouv. éd., t. 11, 12) [CLXVII, 499, 462 S.].

Reichel 1902 = Eugen Reichel: Kleines Gottsched-Wörterbuch. Berlin 1902 [XIII, 92 S.].

Reichel 1906 = ders., Gottsched-Wörterbuch. Ehrenstätte für alle Wörter, Redensarten und Redewendungen in den Schriften des Meisters. 1. Bd. A—C. Berlin 1906 [XI, 982 S.].

Riemer 1912 = Guido C. L. Riemer: Wörterbuch und Reimverzeichnis zu dem Armen Heinrich Hartmanns von Aue. Göttingen 1912 [IV, 162 S.].

Rudolph 1869 = Ludwig Rudolph: Schiller-Lexikon. Erläuterndes Wörterbuch zu Schiller's Dichterwerken. Unter Mitwirkung von Karl Goldbeck. 2 Bde. Berlin 1869 [560, 603 S.].

Rumpel 1879 = Lexicon Theocriteum. Comp. Ioannes Rumpel. Lipsiae 1879 [319 S.; Nachdr. Hildesheim 1961].

Schatz 1930 = Josef Schatz: Sprache und Wortschatz der Gedichte Oswalds von Wolkenstein. Wien. Leipzig 1930 (Akad. der Wiss. zu Wien. Phil.-hist. Kl. Denkschriften 69,2) [Glossar S. 47—110].

Schieb et al. 1970 = Henric van Veldeken. Eneide. 3. Bd.: Wörterbuch von Gabriele Schieb (mit Günter Kramer u. Elisabeth Mager). Berlin (DDR) 1970 (Deutsche Texte des Mittelalters 62) [XXXV, 911 S.].

Schmidt 1902 = Alexander Schmidt: Shakespeare-Lexicon. A complete dictionary of all the English words, phrases and constructions in the works of the poet. 3rd edition rev. and enlarged by Gregor Sarrazin. Vol. 1, 2. Berlin 1902 [XII, 1484 S.; 1.

Aufl. Berlin. London 1874. 1875; 6. Aufl. Berlin. New York 1971].

Segebade/Lommatzsch 1898 = Lexicon Petronianum. Composuerunt Joannes Segebade et Ernestus Lommatzsch. Lipsiae 1898 [IX, 274 S.; Nachdr. Hildesheim 1962].

Sehrt 1925 = Edward H. Sehrt: Vollständiges Wörterbuch zum Heliand und zur altsächsischen Genesis. 2., durchges. Aufl. Göttingen 1966 [741 S.; 1. Aufl. 1925].

Sehrt 1962 = ders.: Notker-Glossar. Ein Althochdeutsch-Lateinisch-Neuhochdeutsches Wörterbuch zu Notkers des Deutschen Schriften. Tübingen 1962 [343 S.] (Ergänzend zum Index: Notker-Wortschatz. Das gesamte Material zusammengetragen von Edward H. Sehrt und Taylor Starck. Bearb. u. hrsg. v. Edward H. Sehrt u. Wolfram K. Legner.Halle 1955).

Ševčenko-Wb 1964 = Slovnik movi Ševčenka (Wörterbuch der Sprache Ševčenkos). T. 1, 2. Kiev 1964 [XX, 484, 565 S.].

Siebelis/Polle 1893 = Johannes Siebelis: Wörterbuch zu Ovids Metamorphosen. 5. Aufl. Bes. v. Friedrich Polle. Leipzig 1893 [V, 396 S.; Nachdr. Wiesbaden 1969].

Siebzehner-Vivanti 1954 = Giorgio Siebzehner-Vivanti: Dizionario della Divina Commedia. Firenze 1954 [VIII, 655 S.].

Slater 1969 = W. J. Slater: Lexikon to Pindar. Berlin 1969 [XIV, 563 S.].

von Stade 1724 = Diederich von Stade: Erläuter- und Erklärung der vornehmsten Deutschen Wörter/Deren sich Doct. Martin. Luther,/In Übersetzung/Der Bibel/in die Deutsche Sprache/gebrauchet [...] in diesem zweyten Druck vielfältig vermehret. Bremen 1724 [Wörterbuch: S. 55—768; 1. Aufl. 1711].

Strehlke 1891 = Friedrich Strehlke: Wörterbuch zu Goethe's Faust. Stuttgart. Leipzig. Berlin. Wien 1891 [157 S.].

Tauber 1983 = Walter Tauber: Der Wortschatz des Hans Sachs. Bd. 2: Wörterbuch. Berlin. New York 1983 (SLG 20) [VI, 216 S.].

Unamuno 1977 = Miguel de Unamuno: Gramática y Glosario del Poema del Cid. Contribución al estudio de los orígines de la lengua española. Madrid 1977 [Glosario: S. 291—379].

Wießner 1954 = Edmund Wießner: Vollständiges Wörterbuch zu Neidharts Liedern. Leipzig 1954 [XIV, 372 S.].

Wießner 1970 = ders.: Der Wortschatz von Heinrich Wittenwilers „Ring". Hrsg. v. Bruno Boesch. Bern 1970 [243 S.].

Zagajewski 1909 = Karl Zagajewski: Albrecht von Hallers Dichtersprache. Straßburg 1909 (QuF 105) [Wörterbuch: S. 101—269].

5.2. Sonstige Literatur

Benkö 1968 = Benkö, László: Über Funktion und spezifische Eigenschaften der Schriftsteller-Wörterbücher. In: Wiss. Zeitschrift der Pädagogischen Hochschule Potsdam. 12. 1968, 647—654.

Benkö 1974 = ders.: Über die Erläuterung der Stichwörter im Autorenwörterbuch. In: ZPSK 27. 1974, 19—24.

Benkö 1979 = ders.: Az írói szótár. A szépirodalmi nyelv és stílus lexikográfiai feldolgozása [Das Schriftstellerwörterbuch. Die lexikographische Aufarbeitung von Sprache und Stil der schönen Literatur]. Budapest 1979.

Cohn 1913 = Leopold Cohn: Griechische Lexikographie. In: Karl Brugmann/Albert Thumb, Griechische Grammatik, 4. Aufl., München 1913, 681—730.

Dill 1959 = Christa Dill: Lexika zu einzelnen Schriftstellern. In: Forschungen und Fortschritte 33. 1959, 340—346 u. 369—375.

Fedorov et al. 1981 = Andrej Venediktovič Fedorov (Hrsg.): Očerki leksikografii jazyka pisatelja (dvujazyčnye slovari) [Skizzen zur Lexikographie der Schriftstellersprache (zweisprachige Wörterbücher)]. Leningrad 1981.

Karpova/Stupin 1982 = O. M. Karpova/L. P. Stupin: Sovetskaja pisatel'skaja leksikografija. K 25-letiju so vychoda v svet pervogo toma Slovarja jazyka A. S. Puschkina. [Sowjetische Schriftstellerlexikographie. Zum 25. Jahrestag der Herausgabe des ersten Bandes des Wörterbuchs der Sprache A. S. Puschkins]. In: Voprosy jazykoznanija, 1/1982, 13—20.

Kovtun 1962 = Ljudmila Stepanovna Kovtun: O specifike slovarja pisatelja [Über die Spezifik des Schriftstellerwörterbuchs]. In: B. A. Larin (Hrsg.), Slovoupotreblenie i stil' M. Gor'kogo (Wortgebrauch und Stil M. Gorkis), Leningrad 1962, 12—31.

Larin 1962 = Boris Aleksandrovič Larin: Osnovnye principy slovarja avtobiografičeskoj trilogii M. Gor'kogo [Grundprinzipien des Wörterbuchs der autobiographischen Trilogie M. Gorkis]. In: Slovoupotreblenie ... (vgl. Kovtun 1962), 3—11.

Mattausch 1967 = Josef Mattausch: Synonymenfelder im alphabetischen Wörterbuch. Zugleich ein Beitrag zur Synonymie von Goethes Werther. In: PBB (Halle) 88. 1967, 425—456.

Mattausch 1982 = ders.: Kommunikativ-pragmatische Sprachbetrachtung und Lexikographie. Zur Spezifik des Autorenwörterbuchs. In: Zeitschrift für Germanistik 3. 1982, 303—313.

Mattausch 1982a = ders.: Die Sprachwelt Goethes — Repräsentanz und Schöpfertum. Beobachtungen an einem Autorenwörterbuch. In: Beiträge zur Erforschung der deutschen Sprache 2. 1982, 218—230.

Mattausch 1987 = ders.: Der Name — „lebendigster Stellvertreter der Person". Von den Figurennamen in Goethes Dichtung. In: Impulse. Aufsätze, Quellen, Berichte zur deutschen Klassik und Romantik. Im Auftrag der Nationalen Forschungs- und Gedenkstätten der klassischen deutschen Literatur in Weimar hrsg. v. Walter Dietze u. Werner Schubert. Folge 10. Berlin. Weimar 1987, 156—167.

Mattausch 1990 = ders.: Textlexikographische Aspekte im Autorenwörterbuch (am Beispiel des Goethe-Wörterbuchs). In: Historical Lexicography of the German Language. Volume 2. Ed. by Ulrich Goebel and Oskar Reichmann in collaboration with Peter I. Barta. Lewistone [etc.] (Studies in Russian and German 3).

Quellet 1980 = Henri Quellet: Bibliographia indicum, lexicorum et concordantiarum auctorum Latinorum. Rèpertoire bibliographique des index, lexiques et concordances des auteurs latins. Hildesheim 1980.

Reichmann 1984 = Oskar Reichmann: Historische Lexikographie. In: Sprachgeschichte. Ein Handbuch zur Geschichte der deutschen Sprache und ihrer Erforschung. Hrsg. v. Werner Besch, Oskar Reichmann, Stefan Sonderegger. Erster Halbband. Berlin. New York 1984 (Handbücher zur Sprach- und Kommunikationswissenschaft 2.1), 460—492.

Riesenfeld 1953 = Repertorium lexicographicum Graecum. A Catalogue of Indexes and Dictionaries to Greek Authors. By Harald and Blenda Riesenfeld. Stockholm 1953.

Schadewaldt 1949 = Wolfgang Schadewaldt: Das Goethe-Wörterbuch. Eine Denkschrift. In: Goethe-Jahrbuch 11. 1949, 293—305.

Seibicke 1983 = Wilfried Seibicke: Lexikographie deutscher Personennamen. In: Studien zur neuhochdeutschen Lexikographie III. Hrsg. v. Herbert Ernst Wiegand. Hildesheim. Zürich. New York 1983 (Germanistische Linguistik 1—4/82), 275—306.

Ščerba 1982 = Lev Vladimirovič Ščerba: Versuch einer allgemeinen Theorie der Lexikographie [zuerst: Opyt obščej teorii leksikografii, Moskva 1940]. In: Werner Wolski (Hrsg.), Aspekte der sowjetrussischen Lexikographie. Übersetzungen, Abstracts, bibliographische Angaben. Tübingen 1982 (Reihe Germanistische Linguistik 43), 17—88.

Šrámek 1978 = Rudolf Šrámek: Slovník vlastních jmen v Gorkého trilogii a problémy literární onomastiky [Das Wörterbuch der Eigennamen in Gorkis Trilogie und die Probleme der literarischen Onomastik]. In: Zpravodaj místopisné komise ČSAV 1978, 496—507.

Umbach 1976 = Horst Umbach: Konkurrenz von lexikalischer und pragmatischer Bedeutung im individualsprachlichen Wörterbuch. In: Deutsche Sprache 4. 1976, 41—50.

Umbach 1979 = ders.: Das Goethe-Wörterbuch. Beschreibung eines literatur- und individualsprachlichen Wörterbuchs. In: Helmut Henne (Hrsg.), Praxis der Lexikographie, Berichte aus der Werkstatt. Tübingen 1979 (Reihe Germanistische Linguistik 22), 1—17.

Umbach 1983 = ders.: Fachsprachenmetaphorik im individualsprachlichen Wörterbuch. In: Studien zur neuhochdeutschen Lexikographie III. Hrsg. v. Herbert Ernst Wiegand. Hildesheim. Zürich. New York 1983 (Germanistische Linguistik 1—4/82), 383—400.

Umbach 1986 = ders.: Individualsprache und Gemeinsprache. Bemerkungen zum Goethe-Wörterbuch. In: Zeitschrift für germanistische Linguistik 14. 1986, 161—174.

Unterberger 1985 = Rose Unterberger: Die Totalität des Individuellen. Über das Goethe-Wörterbuch. In: Jahrbuch für internationale Germanistik 17. 1985, 147—168.

Wacha 1968 = Imre Wacha: Über die ungarischen Schriftsteller-Wörterbücher. In: Acta Linguistica Academiae Scientiarum Hungaricae 18. 1968, 205—232.

Wiegand 1984 = Herbert Ernst Wiegand: Prinzipien und Methoden historischer Lexikographie. In: Sprachgeschichte. Ein Handbuch zur Geschichte der deutschen Sprache und ihrer Erforschung. Hrsg. v. Werner Besch, Oskar Reichmann, Stefan Sonderegger. Erster Halbband. Berlin. New York 1984 (Handbücher zur Sprach- und Kommunikationswissenschaft 2.1), 557—620.

Wiegand 1986 = ders.: Bedeutungswörterbücher oder sogenannte Indices in der Autorenlexikographie? Die Eröffnung einer Kontroverse. In: Kontroversen, alte und neue. Akten des VII. Internationalen Germanisten-Kongresses. Göttingen 1985. Hrsg. v. Albrecht Schöne. Tübingen 1986. Bd. 3, 163—169.

*Josef Mattausch, Berlin/Leipzig
(Deutsche Demokratische Republik)*

165. La concordance

1. Définition
2. Historique
3. Les notions de *mot* et de *contexte*
4. Classification
5. Supports
6. Utilisation
7. Bibliographie choisie

1. Définition

Une concordance [= conc.] est une restructuration d'un texte qui permet le repérage rapide de tous les mots de ce texte. On fait concorder les mots du texte original en les plaçant alphabétiquement les uns en dessous des autres et en fournissant à chaque mot ainsi mis en vedette (mot-vedette ou mot-clef) son contexte naturel à gauche et à droite. Chaque ligne du texte original se trouve ainsi réécrite plusieurs fois et constitue une sorte de citation. Il est d'usage de donner à la ligne du texte concordé une référence numérique ou adresse, qui permet d'identifier le mot-vedette dans le texte d'origine: page, ligne, vers, chapitre ou autre subdivision naturelle. Une conc. peut donc être considérée comme un inventaire spécifique et exhaustif des mots d'un texte. L'usage confond souvent concordance et index. Les index sont des inventaires de mots dotés d'une référence numérique, mais dépourvus de contexte. Les conc. sont souvent munies de données statistiques. On peut considérer les conc. comme des dictionnaires particuliers où les définitions sont remplacées par le contexte naturel, qui donne au mot-vedette sa valeur, la signification du mot-vedette étant comprise comme la somme de ses emplois.

2. Historique

Les conc. ont une origine biblique: elles servaient à l'exégèse et remonteraient au VIIe ou au VIIIe siècle (Busa 1971), mais on prend en général le XIIIe siècle comme point de départ (Mangenot 1899, Gregory 1901, Schmid 1958, Brackenier 1972). Les toutes premières conc. sont des dépouillements notionnels ou réels *(concordantiae rerum)*. La première est attribuée à saint Antoine de Padoue (mort en 1231): *Concordantiae morales SS. Bibliae.* Les premières conc. verbales ont été compilées sous la direction du dominicain Hugues de Saint-Cher (mort en 1263): les *Concordantiae Sancti Jacobi* et les *Concordantiae breves* des années 1230 traitent du texte latin de la Vulgate, sous une forme abrégée que nous appellerions index de nos jours. Ces répertoires furent améliorés par trois dominicains anglais qui y ajoutèrent des fragments de texte et en firent de véritables conc.: *Concordantiae anglicanae* ou *Concordantiae majores* (1250). Néanmoins, ces dépouillements n'étaient pas complets puisqu'ils omettaient les mots-outils. Il faut attendre 1464 pour voir apparaître une conc. des mots indéclinables, celle de Jean de Raguse. Ce travail comblait une lacune qui s'était manifestée lors du Concile de Bâle (1431), où l'on avait discuté le sens de mots comme *nisi, ex, per* (Brackenier 1972). La plupart des conc. latines de la Bible sont lemmatisées. Au cours des siècles paraissent des conc. hébraïques (Rabbin Nathan Mordechai, publiée en 1523) des conc. grecques (Henri Estienne, 1594), des conc. sur le Coran. On attribue à Calvin la première conc. de la Bible en français, publiée à Genève en 1564. Les conc. ont été de tout temps élaborées de façon artisanale dite «manuelle». Elles demandent une somme énorme de travail et souvent aussi un grand nombre de collaborateurs. C'est seulement vers la fin de la seconde guerre mondiale que l'on mécanisa les dépouillements, accélérant ainsi le processus de compilation (traitements mécanographiques, puis traitements sur ordinateurs). La première conc. sur ordinateur fut publiée par le père Roberto Busa en 1951: *S. Thomae Aq. Hymnorum Ritualium Varia Specimina Concordantiarum* (cf. art. 188). L'ère de l'informatique a causé une véritable explosion de travaux de toutes sortes dans toutes les langues en matière de conc.: conc. d'auteurs classiques ou modernes, conc. d'œuvres spécifiques (*Canzionere* de Pétrarque par l'Accademia della Crusca), conc. d'œuvres complètes (conc. de Shakespeare par Marvin Spevack), conc. permettant l'étude des variantes d'un même mythe littéraire en plusieurs langues (*multi-language multi-text conc.* de John Dawson), conc. grammaticales (D. Burton 1968), travaux sur la langue d'une même génération d'auteurs français (Engwall 1984), travaux d'envergure nationale portant sur des états d'une même langue (Trésor de la Langue Française, Nancy) et, juste retour des choses, nouveaux dépouillements bibliques (*Complete Concordance of the New American Bible* 1977 et travaux du «Centre Informatique et Bible», Maredsous, Belgique) etc.

3. Les notions de *mot* et de *contexte*

3.1. Le *mot*

La notion de *mot* est très fluctuante (Muller 1963 et 1977). Si par ‹mot› on entend ‹mot dans le texte d'origine›, on comprendra que le mot est une *forme* ou une *occurrence* ou encore un *token*. Si, au contraire, on identifie ‹mot› à ‹entrée de dictionnaire›, on comprendra par là que le mot n'appartient plus à son contexte naturel mais qu'il a acquis un statut différent, qu'il peut éventuellement être le commun dénominateur d'un groupe de formes fléchies. Le mot sera alors un *lemme* ou une *forme canonique* ou encore un *type* (Hanon 1977). Le choix du lemme peut poser une série de problèmes, surtout lorsqu'il existe plusieurs variantes graphiques ou que l'état de langue décrit est peu ou mal fixé. Il faut établir, parfois de façon arbitraire, qu'une forme donnée (qui n'est pas toujours nécessairement attestée dans le texte) aura le statut de lemme. Cette opération est rejetée par certains auteurs comme non pertinente (Des tracts 1975). La *lemmatisation* place le texte concordé à mi-chemin entre le texte lui-même (suite de formes graphiques et fait de discours ou performance) et le dictionnaire (suite d'entrées et fait de système ou compétence) (Hanon 1981).

3.2. Le *contexte*

La notion de contexte est, elle aussi, très variable. Le contexte peut être pris au sens étroit comme les deux ou trois mots graphiques qui précèdent ou qui suivent le mot étudié ou bien, au sens large, comme une séquence plus importante: la ligne, le vers, le paragraphe, le chapitre où le mot se trouve. C'est le plus souvent le contexte à droite du mot-clef qui est étudié plus spécifiquement (le contexte droit est souvent alphabétisé), mais le contexte gauche peut aussi présenter un grand intérêt (le contexte gauche immédiat peut être, lui aussi, alphabétisé). Le contexte peut être naturel ou plus ou moins manipulé (contexte optimalisé), souvent par effacement d'éléments. Le concept de contexte pertinent a été étudié par des auteurs (Spevack 1969, Busa 1971) qui se demandent, à juste titre,

quel contexte donner à des mots figurant en début ou en fin de texte (contexte gauche ou droit inexistants). Le Trésor de la Langue Française a introduit la notion d'état-concordance, fournissant pour chaque occurrence un contexte de trois lignes (TLF 1971, XXV).

4. Classification

On peut classer les conc. selon une série de paramètres qui ne s'excluent pas les uns les autres: exhaustivité, nature du mot-vedette, mise en page, organisation du contexte, point de vue verbal ou notionnel, etc.

4.1. Exhaustivité

Les conc. restituant intégralement tous les mots du texte-source sont des conc. complètes, par rapport aux conc. sélectives (ou tronquées) qui omettent une série d'entrées (très souvent les mots à haute fréquence, mots-outils ou mots-grammaticaux) pour privilégier les mots dits sémantiquement pleins.

4.2. Nature du mot-vedette

Selon que le mot-vedette est identique à une occurrence du texte de base ou qu'il a le statut d'entrée de dictionnaire, on parle de conc. brute ou de conc. lemmatisée; comparez Extrait textuel 165.1 et 165.2.
Dans 165.1 les occurrences *mortes, mot, motz, mourir* etc. sont placées les unes après les au-

```
                                    , seule echelle par les degrez de la quele les    mortelz  d'un pié leger montent au Ciel & se font       136/105
                        vertu est née au monde du vouloir & arbitre des    mortelz  . Cela (ce me semble) est une grande rayson       012/014
                     voir autrement, ou les transporter de ces paroles     mortes   en celles qui sont vives & volent                 070/154
                du vif intellect de l'esprit que du son des paroles        mortes   . Voyla quand aux disciplines. Je reviens aux     073/199
              laborieuse Eneïde. Je veux bien en passant dire un           mot      à ceulx qui ne s'employent qu'à orner &           129/024
                    entrer en matiere, quand à la signification de ce      mot      barbare: barbares anciennement estoint nommez     015/002
                   le nom d'epigrammes & d'elegies, avecques ce beau       mot      composé, aigredoulx: afin qu'on n'attribue l'     193/150
                       . Ce lieu me semble mal à propos, dire un           mot      de la pronuciation, que les Grecz appellent        166/001
                 fin à ce propos, t'ayant sans plus averti de ce           mot      en passant, c'est que tu gardes de rythmer les    149/049
                       ton poëme, à l'exemple de Virgile, qui a usé de ce  mot      olli pour illi, aulaï pour aulae, & autres. Pour  143/070
                 apprendre comme elles sont. J'ay bien voulu dire ce       mot      , pour ce que la curiosité humaine admire trop    083/091
                    vers, pourveu qu'au dixiesme il y ait le petit         mot      pour rire: mais à l'immitation d'un Martial, ou   110/013
                  apeller rythme: d'autant que la signification de ce      mot      θυμός est fort ample, & emporte beaucoup d'       151/011
              pouroint conserver leurs metiers, s'ilz n'usoirt de          motz     à eux usitez & à nous incongneuz. Je veux         139/027
                   , ainsi qu'une pierre precieuse & rare, quelques        motz     antiques en ton poëme, à l'exemple de Virgile,    143/069
                      Echines, qui l'avoit repris de ce ou usoit de        motz     apres & rudes, de telles choses ne dependre les   101/102
                 choses n'ayent premierement ete: puis apres, les          motz     avoir esté inventez pour les signifier: & par     138/017
                    , que d'employer tant d'années pour apprendre les      motz     ! & ce jusques à l'aage bien souvent, que n'      065/065
                         d'une Langue etrangere les sentences & les        motz     , & les approprier à la sienne: aussi est ce      047/023
                   & la Langue Francoyse, luy donnant beaucoup de          motz     & manieres de parler poëtiques, qui ont bien      094/021
                    hemystyches de l'un, & jurant en leurs proses aux      motz     & sentences de l'autre: songeant (comme a dict    077/030
                                              Vide: aux figures des        motz     , & toutes les autres parties de l'eloquution,   159/012
                    veu qu'à grand' peine avez-vous appris leurs           motz     , & voyla le meilleur de votre aage passé. Vous   082/083
                & composer à l'immitation des Grecz quelques               motz     Francoys, comme Ciceron se vante d'avoir fait     137/006
                 autres, de ceste grandeur de style, magnificence de       motz     , gravité de sentences, audace & varieté de       040/014
                          de Christ. Les dites lettres portoient ces       motz     : IESVS. CHRISTVS. SERVATOR. CRVX. Les vers       156/061
                 qu'ont les Grecz en la composition de leurs               motz     ), je ne pense que telles choses se facent par    051/028
                usitez aux Sciences naturelles & mathematiques. Ces        motz     la dorques seront en notre Langue comme           059/017
                rudes, non seulement en composition & structure de         motz     , mais aussi en modulation de voix. Nous lisons   168/015
             mot en passant, c'est que tu gardes de rythmer les            motz     manifestement longs avecques les brefz aussi      149/050
                  ont concedé aux doctes hommes user souvent de            motz     non acoutumés és choses non acoutumées. Ne         139/037
                 -il deffendu en ce mesme endroict user de quelques        motz     nouveaux, mesmes quand la necessité nous y        138/013
                      au premier regard, & s'amusant à la beauté des       motz     , perdent la force des choses. Et certes, comme  046/020
                nouvelles choses estre necessaire imposer nouveaux         motz     , principalement és Ars, dont l'usaige n'est     138/019
                 soit eloigné du vulgaire, enrichy & illustré de           motz     propres & epithetes non oysifz, orné de graves    114/030
                     la mesme eloquence: & dont la vertu gist aux          motz     propres, usitez, & non aliénés du commun usaige   035/040
                 au jugement de ton oreille. Quand au reste, use de        motz     purement Francoys, non toutesfois trop communs,   142/065
               coup de main, isnel pour leger, & mil' autres bons          motz     , que nous avons perduz par notre negligence.    143/076
                        doit retarder, s'ilz rencontrent quelquefois des   motz     qui ne peuvent estre receuz en la famille         059/010
                etonnez de la difficulté & longueur d'apprendre des        motz     seulement, nous laissons tout par desespoir, &    067/111
                     de mourir & volant d'y aller, pour craignant de       mourir   & se hatant d'y aller. Des noms pour les         161/038
                    eux, avecques des infinitifz, comme tremblant de       mourir   & volant d'y aller, pour craignant de mourir     161/037
```

Extrait textuel 165.1: Echantillon de texte d'une concordance brute (tiré de: Hanon 1974, 121)

beare
beare
Beata s'è, che pò *beare* altrui | co la sua vista, over co le parole, ... 341   9

beata
Ma 'l suon che di dolcezza i sensi lega | col gran desir d'udendo *esser beata* | l'anima al dipartir presta raffrena. 167 10

beato
beata
O aspectata in ciel *beata* et bella | anima 28   1
Questa anima gentil che si diparte, | ..... terrà del ciel la più *beata* parte. 31   4
et se l'ardor fallace | durò molt' anni in aspectando un giorno, | che per nostra salute unqua non vène, | or ti solleva a più *beata* spene, ... 264 48
Sai che 'n mille trecento quarantotto, | il dì sesto d'aprile, in l'ora prima, | del corpo uscìo quell'anima *beata*. 336 14
Beata s'è, che pò beare altrui | co la sua vista, over co le parole, ... 341   9
assai 'l mio stato rio quetar devrebbe | quella *beata*, e 'l cor racconsolarsi | vedendo tanto lei domesticarsi | con Colui che vivendo in cor sempre ebbe. 345   6

Extrait textuel 165.2: Extrait d'une concordance lemmatisée (tiré de: Crusca, 186)

tres sans regroupement. Dans 165.2 les occurrences *beare, beata* etc. sont regroupées sous les lemmes *beare, beato*. Remarquez que l'occurrence *beata* appartient à deux lemmes différents.

4.3. Mise en page et organisation du contexte

Une distinction qui découle de la présentation typographique du texte concordé est opérée entre concordances de type KWIC (Keyword-In-Context) et concordances de type KWOC (Keyword-Out-of-Context). Dans le format KWIC le mot-clef est présenté uniquement dans son contexte; dans le format KWOC, il est employé comme entrée de dictionnaire et isolé typographiquement de son contexte. Les extraits 165.1 et 165.2 illustrent le format KWIC et le format KWOC respectivement. Cette présentation n'est pourtant pas la seule possible. Ainsi 165.3 est un exemple d'une conc. brute de format KWOC:

Chaque format présente des avantages et des inconvénients. Le format KWOC se prête bien aux dépouillements lemmatisés, le format KWIC (surtout dans la variante dite «Double-KWIC», qui alphabétise aussi le contexte) déplace le champ d'étude vers les co-occurrents du mot-clef et permet la visualisation des groupements linéaires des mots: clichés, formules, groupes syntaxiques fortement cohérents etc. La dénomination KWIC a été introduite par H. Luhn (1960) pour la recherche automatique des documents techniques. Koubourlis (1974) a proposé une présentation particulière des conc., dite *cluster concordance*, respectant l'ordre alphabétique

```
                  ERE THE STROKE | OF YET THIS SCARCE-COLD BATTLE,        5.05.469
         THEM REPORTED IN THE BATTLE TO BE THE ONLY DOERS    TNK 2.01. 29P
              YET IN THE FIELD TO STRIKE A BATTLE FOR HER;       2.02.252
         ARE MAKING BATTLE, THUS LIKE KNIGHTS APPOINTED,         3.06.134
         THIS BATTLE SHALL CONFOUND | BOTH THESE BRAVE           5.01.166
   WHOSE SINOWY NECK IN BATTLE NE'ER DID BOW, | WHO      VEN        99
      "ON HIS BOW-BACK HE HATH A BATTLE SET | OF                   619
   WHOSE WAVES TO IMITATE THE BATTLE SOUGHT | WITH       LUC      1438
         THE SCARS OF BATTLE SCAPETH BY THE FLIGHT, | AND  LC      244
BATTLE-AXE         1 FREQ  0.0001 REL FR              1 V      0 P
           ROME, | AND REAR'D ALOFT THE BLOODY BATTLE-AXE,  TIT 3.01.168
BATTLEMENTS        8 FREQ  0.0009 REL FR              8 V      0 P
         AND STAND SECURELY ON THEIR BATTLEMENTS | AS IN    JN  2.01.374
         THAT FROM THIS CASTLE'S TOTTERED BATTLEMENTS,      R2  3.03. 52
         PARIS, | FROM OFF THE BATTLEMENTS OF ANY TOWER,    ROM 4.01. 78
         HAVE YOU CLIMB'D UP TO WALLS AND BATTLEMENTS,      JC  1.01. 38
         AND FIX'D HIS HEAD UPON OUR BATTLEMENTS.           MAC 1.02. 23
         FATAL ENTRANCE OF DUNCAN | UNDER MY BATTLEMENTS.       1.05. 40
         LET ALL THE BATTLEMENTS THEIR ORD'NANCE FIRE.      HAM 5.02.270
         A FULLER BLAST NE'ER SHOOK OUR BATTLEMENTS.        OTH 2.01.  6
/BATTLE'S          1 FREQ  0.0001 REL FR              1 V      0 P
         /OR /ILL, /AS /THIS /DAY'S /BATTLE'S /FOUGHT,      LR  4.07. 96
BATTLE'S           4 FREQ  0.0004 REL FR              4 V      0 P
         CHARG'D OUR MAIN BATTLE'S FRONT AND, BREAKING IN   3H6 1.01.  8
         AND, NOW THE BATTLE'S ENDED, | IF FRIEND OR FOE,       2.06. 44
         DONE, | WHEN THE BATTLE'S LOST AND WON.            MAC 1.01.  4
         AS LIFE FOR HONOR IN FELL BATTLE'S RAGE, | HONOR   LUC      145
/BATTLES           1 FREQ  0.0001 REL FR              1 V      0 P
         OF MY LIFE | FROM YEAR TO YEAR -- THE /BATTLES,    OTH 1.03.130
BATTLES           17 FREQ  0.0019 REL FR             17 V      0 P
         LIKE HERALDS 'TWIXT TWO DREADFUL BATTLES SET;      JN  4.02. 78
         ON | TO BLOODY BATTLES AND TO BRUISING ARMS.       1H4 3.02.105
         IN SIGHT OF BOTH OUR BATTLES WE MAY MEET, | /AND   2H4 4.01.177
         O GOD OF BATTLES, STEEL MY SOLDIERS' HEARTS,       H5  4.01.289
         THE FRENCH ARE BRAVELY IN THEIR BATTLES SET,           4.03. 69
         THE BATTLES OF THE LORD OF HOSTS HE FOUGHT;        1H6 1.01. 31
         IN THIRTEEN BATTLES SALISBURY O'ERCAME:                1.04. 78
         WHOM I ENCOUNT'RED AS THE BATTLES JOIN'D.          3H6 1.01. 15
         OUR BATTLES JOIN'D, AND BOTH SIDES FIERCELY            2.01.121
         BY ALL THE BATTLES WHEREIN WE HAVE FOUGHT, | BY    COR 1.06. 56
         AND IN THE BRUNT OF SEVENTEEN BATTLES SINCE | HE       2.02.100
         BATTLES THRICE SIX | I HAVE SEEN, AND HEARD OF;        2.03.128
         SUCCESSFUL IN THE BATTLES THAT HE FIGHTS, | WITH   TIT 1.01. 66
         THEIR BATTLES ARE AT HAND;                         JC  5.01.  4
         LABIO AND FLAVIO, SET OUR BATTLES ON.                  5.03.108
         YOUR HIGH-ENGENDER'D BATTLES 'GAINST A HEAD | SO   LR  3.02. 23
         KNOW THAT TO-MORROW THE LAST OF MANY BATTLES       ANT 4.01. 11
BATT'RED           3 FREQ  0.0003 REL FR              3 V      0 P
         HAVE BATT'RED ME LIKE ROARING CANNON-SHOT, | AND   1H6 3.03. 79
         THAN FOEMEN'S MARKS UPON HIS BATT'RED SHIELD,      TIT 4.01.127
         HIS BATT'RED SHIELD, HIS UNCONTROLLED CREST,       VEN      104
BATT'RING          1 FREQ  0.0001 REL FR              1 V      0 P
         AGAINST THE WRACKFUL SIEGE OF BATT'RING DAYS,      SON 65. 6
BATT'RY            8 FREQ  0.0009 REL FR              7 V      1 P
         OR I'LL HAVE MINE ACTION OF BATT'RY ON THEE.       MM  2.01.179P
         ME BEST, | IF I BEGIN THE BATT'RY ONCE AGAIN,      H5  3.03.  7
         WHERE IS BEST PLACE TO MAKE OUR BATT'RY NEXT?      1H6 1.01. 65
         HER SIGHS WILL MAKE A BATT'RY IN HIS BREAST,       3H6 3.01. 37
         AND MAKE A BATT'RY THROUGH HIS /DEAFEN'D PARTS,    PER 5.01. 47
         FOR WHERE A HEART IS HARD THEY MAKE NO BATT'RY."   VEN      426
         AS THEY DID BATT'RY TO THE SPHERES INTEND;         LC        23
         TO LEAVE THE BATT'RY THAT YOU MAKE 'GAINST MINE,           277
```

Extrait textuel 165.3: Extrait de concordance brute format KWOC (tiré de: Spevack, t. 4, 1969).

d'apparition des occurrences tout en les classant sous une entrée de dictionnaire. Pour ces formats plus spécialisés on consultera avec fruit l'ouvrage de Howard-Hill (1979). L'organisation linéaire des concordances a été remise en question par des auteurs comme Bender (1977), Wittig (1978) et Dawson (1980), qui travaillent dans une optique tridimensionnelle ou même sur des matrices à entrées multiples.

4.4. Point de vue verbal ou notionnel

Selon que le mot-vedette est pris comme fin en soi ou comme une étape vers la recherche d'une notion (recouverte par plusieurs mots), on distingue parfois entre conc. verbales et conc. notionnelles ou réelles (appelées aussi *topical concordances* ou *thesaurus concordances,* Koubourlis 1974).

5. Supports

Actuellement la plupart des conc. sont imprimées sur papier ou publiées sous forme de microfiches (Hanon 1990), deux supports présentant divers degrés de maniabilités. Le prix de revient relativement bas des microfiches générées par ordinateur devrait inciter, de nos jours, les chercheurs à publier des conc. complètes. Certaines conc. restent à l'état «virtuel»: ce sont des conc. machine, destinées à servir à de grands travaux lexicographiques, elles peuvent, généralement, être compulsées à la demande directement sur ordinateur et sont le fait de dépouillements à l'échelle nationale: Trésor de la Langue Française INaLF, Accademia della Crusca, Académie de la langue hébraïque etc. On trouve actuellement sur le marché des logiciels qui permettent de générer soi-même des concordances sur micro-ordinateur.

6. Utilisation

Les concordances permettent toutes sortes de recherches liées à l'étude des textes: depuis la simple vérification de l'absence ou de la présence d'un élément dans un texte jusqu'aux travaux minutieux de type exhaustif ou comparatif dans la compilation des matériaux en littérature, en linguistique, en droit, en théologie ou en tout autre domaine, où des concordances sont établies.

7. Bibliographie choisie
7.1. Dictionnaires

Crusca = Accademia della Crusca: Concordanze del Canzoniere di Francesco Petrarca. A Cura dell'Ufficio Lessicografico. Firenze 1971.

Engwall 1984 = Gunnel Engwall: Vocabulaire du roman français (1962—1968). Dictionnaire des fréquences. Stockholm 1984.

Hanon 1974 = Suzanne Hanon: La Deffence et Illustration de la Langue Francoyse par Joachim du Bellay. Concordance. Odense 1974.

Spevack = Marvin Spevack: A Complete and Systematic Concordance to the Works of Shakespeare. 8 vol. Hildesheim 1968—1975.

7.2. Travaux

Bender 1977 = Todd K. Bender: Innovations in the Format of Literary Concordances and Indexes. In: Linguistics 194. 1977, 53—63.

Brackenier 1972 = Roland Brackenier: Index et concordances d'auteurs français modernes. Etude critique. In: Travaux de Linguistique 3. 1972, 1—43.

Burton 1968 = Dolores M. Burton: Some Uses of a Grammatical Concordance. In: Computers and the Humanities 2. 1968, 145—154.

Busa 1971 = Roberto Busa, S. J.: Concordances. In: Encyclopedia of Library and Information Science. Ed. par Allen Kent et Harold Lancour. Vol. 5. New York 1971.

Dawson 1980 = John L. Dawson: A Multi-Language Multi-Text Concordance as an Aid in Manuscript Study. In: Computers and the Humanities 14. 1980, 21—28.

Des tracts 1975 = Des tracts en mai 68. Mesures de vocabulaire et de contenu. (Travaux et recherches de science politique 31) Paris 1975.

Gregory 1901 = Caspar René Gregory: Konkordanz. In: Realencylopädie für protestantische Theologie und Kirche. Vol. 1. Leipzig 1901, 695—703.

Hanon 1977 = Suzanne Hanon: Mots dans le texte, mot hors du texte: réflexions méthodologiques sur quelques index et concordances appliqués à des œuvres françaises, italiennes ou espagnoles. In: Revue Romane 12. 1977, 272—296.

Hanon 1981 = Suzanne Hanon: Tradition lexicographique et macrostructure. In: Noter og Kommentarer fra Romansk Institut (NOK) 44. Juin 1981 (Université d'Odense), 1—30.

Hanon 1990 = Suzanne Hanon: Le vocabulaire de l'Heptaméron de Marguerite de Navarre. Index et concordance. Genève 1990.

Howard-Hill 1979 = T. H. Howard-Hill: Literary Concordances. A Guide to the Preparation of Manual and Computer Concordances. Oxford 1979.

Koubourlis 1974 = D. J. Koubourlis: From a

Word-form Concordance to a Dictionary-form Concordance. In: Computers in the Humanities. Minneapolis 1974.
Luhn 1960 = H. P. Luhn: Keyword-in-context index for technical literature (KWIC index). In: American Documentation 11. 1960, 288—295.
Mangenot 1899 = E. Mangenot: Concordances de la Bible. In: F. Vigouroux (ed.): Dictionnaire de la Bible. T. 2. Paris 1912, 892—905.
Muller 1963 = Charles Muller: Le MOT, unité de texte et unité de lexique en statistique lexicologique. In: Travaux de linguistique et de littérature 1. 1963, 155—173.
Muller 1977 = Charles Muller: Principes et méthodes de statistique lexicale. Paris 1977.

Schmid 1958 = J. Schmid: Bibelkonkordanz. In: Lexikon für Theologie und Kirche. Vol. 2. Freiburg 1958, 360—363.
Spevack 1969 = Marvin Spevack: Introduction aux volumes IV—VI de: A Complete and Systematic Concordance to the Works of Shakespeare. Vol. 4. Hildesheim 1969, v—x.
TLF = Préface. In: Trésor de la langue française. Dictionnaire de la langue du XIXe et du XXe siècle (1789—1960). Tome premier. Paris 1971, XI—XLVII.
Wittig 1978 = Susan Wittig: The Computer and the Concept of Text. In: Computers and the Humanities 11. 1978, 211—215.

Suzanne Hanon, Odense (Dänemark)

166. Der Index/Das Belegstellenwörterbuch

1. Abgrenzung
2. Hinweis auf Forschungsliteratur
3. Manuelle und automatische Herstellung
4. Nutzung. Veröffentlichung
5. Herstellungsprobleme
6. Literatur (in Auswahl)

1. Abgrenzung

Ein Wortindex (Belegstellenwörterbuch) ist ein Sprachwörterbuch, das auf eine bestimmte Textgrundlage, einen oder mehrere Texte, bezogen ist. Die Artikel sind alphabetisch angeordnet. Sie bestehen im wesentlichen aus den verschiedenen Wörtern bzw. Wortformen der Textgrundlage als Lemmata und aus Hinweisen auf deren Vorkommen, den Belegstellen (Stellenangaben, Referenzen).

Der Wortindex unterscheidet sich von der Konkordanz (dem Belegtextwörterbuch) durch das Fehlen von Belegtextanführungen zu den einzelnen Stellen. Sonst sind viele Herstellungsprobleme dieselben. Bald nach Aufkommen der elektronischen Datenverarbeitung hat die technische Entwicklung beide im Arbeitsaufwand einander angeglichen, und so tritt die Konkordanz, die mehr Information bietet, immer stärker in den Vordergrund, während der Wortindex zur Randerscheinung geworden ist. Dieses Bild spiegelt sich auch in der Literatur: beide werden in der Regel zusammen behandelt, mit deutlicher Betonung der Konkordanz (s. Art. 165).

Von den anderen Wörterbuchtypen unterscheidet sich der Wortindex (wie die Konkordanz) vor allem dadurch, daß der semantische Kommentar fehlt und Semantisches auch den Aufbau nicht wesentlich bestimmt. Bis hinauf zur Ebene des Bedeutungswörterbuchs gibt es allerdings viele Spielarten des Wortindex: von der bloßen Verzeichnung der Wortformen in der Graphie der Textgrundlage (Wortformenindex, Rohindex) über Bemühungen zur Normalisierung und Lemmatisierung (Wortindex im engeren Sinn, lemmatisierter Index) bis zu Ansätzen einer Durcharbeitung, die grammatische, syntaktische, semantische Bezüge sowie den Wortgebrauch in verschiedenartigen Textzusammenhängen und anderes mehr berücksichtigt. — Eine deutliche wertende Gegenüberstellung von Bedeutungswörterbuch (vgl. Art. 164) und Formwörterbuch (Index und Konkordanz) findet sich bei Wiegand 1986.

2. Hinweis auf Forschungsliteratur

Gärtner/Kühn 1984 bieten einen ausgezeichneten historischen und systematischen Überblick über die Indices und Konkordanzen zu deutschen Texten mit reichen Literaturangaben. Für das ältere Deutsch gehen voraus Gilbert/Hirschmann 1980 und Gärtner 1980, für das neuere Victor-Rood 1981. Für das Englische mit Blick auf Latein und Italienisch ist Burton 1981—82 wesentlich. Ein neuerer Übersichtsartikel ist Jones/Sondrup 1989.

3. Manuelle und automatische Herstellung

Die Arbeitsschritte bei der Herstellung eines Wortindex sind aufs gesamte gesehen dieselben, ob sie von Hand oder mit der Maschine erfolgt: Verzetteln bzw. Zerlegen der zugrundegelegten Texte, Sortieren und schließlich Zusammenfassen der Einträge zu Artikeln. Ein wesentlicher Unterschied besteht darin, daß im ersten Fall philologische Zielvorstellungen das Ergebnis, wenn auch wohl unsystematisch, so doch mit Selbstverständlichkeit bestimmen, während sie im zweiten, falls sie berücksichtigt werden, mühsam präzisiert und in eine Bearbeitungsvorschrift umgesetzt werden müssen, der dafür das Ergebnis entschiedener entspricht.

Trotz der Gefahr, daß der Philologe mehr oder weniger an der mangelnden Beherrschung der Technik scheitert, hat die automatische Herstellung seit den 60er Jahren sehr zugenommen: der Aufwand an niederer Arbeit ist geringer; die automatische Ausführung von Arbeitsschritten und das Abprüfen per Programm macht größere Genauigkeit erreichbar; der maschinenlesbare Wortindex ist nach mehreren Suchkriterien zugänglich und kann besser erschlossen werden; auch lockt die Aussicht, auf diese Weise einen Zusammenhang mit anderen Fragestellungen von Sprachdatenverarbeitung herzustellen (z. B. Nutzung von Textanalyseprogrammen) und die Abgleichung mit anderen maschinenlesbaren Wörterbüchern zu erreichen. Manchmal wird ein automatisch erstellter Wortindex auch nur der Tatsache verdankt, daß ein Text für andere Zwecke maschinenlesbar gemacht worden war.

4. Nutzung. Veröffentlichung

Seit alters werden Wortindices als interne Hilfsmittel für philologische Arbeiten verwendet. So wird als selbstverständlich angenommen, daß ein Wortindex zur Ausarbeitung einer Edition angelegt und herangezogen wird (vgl. Langosch 1982, 232). Auf seine Gestaltung kommt es nicht so sehr an, denn in der Regel ist der Benutzer mit dem Hersteller identisch, überfordert als solcher das Instrument nicht und vermag seine Schwächen durch geschickten Gebrauch auszugleichen. Erst bei der Veröffentlichung — früher vereinzelt als Nebenprodukt wissenschaftlicher Arbeit, von den 30er Jahren an zunehmend als selbständige Unternehmung — werden höhere Anforderungen an planmäßige Anlage und Benutzbarkeit durch andere gestellt.

Über die Bedürfnisse der Benutzer gibt es keine systematischen Aussagen, aber es zeichnen sich folgende Erwartungen ab:

Wortindices sollen auf ihre spezifische Weise zur lexikalischen Erschließung der zugrundegelegten Texte beitragen. In ihnen sind zunächst, im Fall fehlender oder nur geringer Bearbeitung, nur Wortschatzelemente aufgelistet und Hinweise auf die jeweiligen Vorkommen gegeben, und es werden gewöhnlich weder Interpretamente oder Erläuterungen zu Textstellen noch Beschreibungen lexikalischer Verhältnisse erwartet. Wortindices bieten keine Ergebnisse, sondern sind Materialaufbereitungen, die zum Befragen und Auswerten in verschiedene Richtungen einladen. Der Rahmen der Benutzung kann wegen der im Verhältnis zu anderen Wörterbüchern geringen Elaboriertheit nur ein wissenschaftlicher sein.

Die möglichen Fragestellungen lassen sich typisieren, aber nicht im einzelnen vorhersagen; für wichtige Arten der Benutzung sollte nach Möglichkeit vorgearbeitet sein, ohne daß andere, die ebenfalls sinnvollerweise von alphabetischen Wortschatzauflistungen und den entsprechenden Beigaben ausgehen, ausgeschlossen werden; jedenfalls scheint eine zu enge Bindung an eine einzige Fragestellung (geschweige denn an eine These) unerwünscht zu sein (der Index soll interpretationsneutral sein, Delfosse 1980).

Unter den hauptsächlichen Interessenrichtungen seien vier hervorgehoben:

Einmal dienen Wortindices textphilologischen Untersuchungen, bei denen es nicht so sehr um das elementare Verständnis einer Textstelle geht als um interpretatorische, textkritische und sonstige literaturwissenschaftliche Zusammenhänge innerhalb der Texte. Sodann werden linguistische Arbeiten unterstützt, indem Material für grammatische, Wortbildungs-, syntaktische, metrisch-reimtechnische und andere Auswertungen angeboten wird. Sodann lassen sich darauf Aussagen zu Wortschatz und Wortschatzentwicklung wie zur Verwendung und Geschichte einzelner Wörter gründen. Schließlich nutzt auch die lexikographische Praxis den Wortindex: wenn schon nie als Vorarbeit für ein semasiologisches Wörterbuch zur gleichen Textgrundlage, so doch zur Verbesserung der Beleglage für ein Langue-Wörterbuch.

Welchen Eigenwert man dem Hilfsmittel auch zubilligen mag, es sollten seine Stärken gesehen und genutzt werden: seine Zuverlässigkeit und Vollständigkeit im gegebenen Rahmen, die auch fundierte positive wie negative sprachstatistische Feststellungen möglich macht.

Bei fast allen Gebrauchsweisen scheint ein bearbeiteter Wortindex den Wünschen der Benutzer mehr entgegenzukommen als ein rein mechanisch erstellter Wortformenindex, trotz gewisser Unsicherheiten und Gefahren, die mit jeder Bearbeitung verbunden sind. Dies gilt auch für Erscheinungen, die durch die Bearbeitung weniger gut auffindbar werden (z. B. infolge Lemmatisierung die prokli-

166. Der Index/Das Belegstellenwörterbuch

tische Negationspartikel im Deutschen oder — außer bei rückläufiger Anordnung der Wortformen — die enklitische Kopula -que im Lateinischen), sofern nur der Verlust durch geeignete Register und sonstige Suchhilfen wieder aufgefangen wird. Das Benutzerinteresse geht ja nur selten von einer Einzelform aus, wie sie im Text vorkommt, sondern eher von höheren lexikalischen Einheiten. — Bearbeitung wird für den Wortindex eher gewünscht als für die Konkordanz, findet sich aber auch dort (z. B. Boggs 1979).

5. Herstellungsprobleme

Im folgenden können die Probleme nur angerissen werden. Es wird vom unbearbeiteten Wortformenindex, sei er in Handarbeit oder maschinell hergestellt, ausgegangen und dann ein Blick auf die Verhältnisse beim bearbeiteten Wortindex geworfen.

5.1. Textgrundlage

Die Texte der Textgrundlage (Textbasis) bilden das lexikographische Corpus des Wortindex. Allerdings stellt sich bei dieser Art von Corpus nicht die Frage, ob es repräsentativ für einen Sprachzustand oder einen Kulturausschnitt sei, sondern es wird nach besonderen wissenschaftlichen Interessen meist im Sinn der Autorenlexikographie (Wiegand 1984, 590 f.) zusammengestellt.

Der Wortindex ist bezüglich der Textgrundlage auf Vollständigkeit angelegt, d. h. es wird weder Typisches exzerpierend ausgewählt noch Ephemeres (Ad-hoc-Bildungen) ausgeschieden; unvollständig ist er höchstens aufgrund von allgemeinen Regeln, nach denen nur ein definierter Teil des Wortschatzes erscheint oder die Belegstellen bestimmter Wörter unterdrückt werden. Dabei wird für eventuelle lemmatische Unvollständigkeit als Grund angegeben ein primär inhaltliches Interesse oder eines, das sich auf terminologisch Bedeutsames beschränkt, für Unvollständigkeit der Belegstellen aber der geringere Wert von Formwörtern und die Wahrscheinlichkeit, daß ungegliederte Belegstellenhäufungen nicht gut genutzt werden. Die Auswahl ist positiv oder negativ, letzteres mit Bezug auf die Häufigkeit und auch auf die Kürze des Lemmas. Die Kriterien berühren sich mit denen, nach welchen Konkordanzen bezüglich der Belegtexte unvollständig sind (verschiedene Lösungen bei McKinnon 1971 und 1973 einerseits und Brunet/Launay 1986

andererseits). Als Nachteil der Unvollständigkeit wird die Erschwerung von (meist syntaktischen) Untersuchungen zu den Synsemantika und als Gefahr das mögliche Verschwinden schwachbelegter Homographen zu häufigen Wörtern gesehen.

Die Textgrundlage sollte keine willkürliche Auswahl aus einem größeren Zusammenhang darstellen. Wenn ferner eine Reihe von innerlich zusammengehörenden Texten zu mehreren Wortindices statt zu einem einzigen verarbeitet wird, so werden dafür meist äußerlich-praktische Gründe angeführt (vgl. Brunet/Fauconnier 1986). Ein einziger größerer Index ist aber zweifellos informativer und wertvoller auch dann noch, wenn die Textgrundlage inhomogen ist, z. B. bei sehr verschiedener Thematik der Einzeltexte oder bei Verwendung sehr unterschiedlicher Ausgaben (was durch geeignete Bearbeitung aufgefangen werden kann), nicht mehr allerdings bei verschiedensprachigen Texten.

Oft legen die Bearbeiter, um Schwierigkeiten aus dem Weg zu gehen, vereinfachte und modernisierte Gebrauchsausgaben zugrunde. Der bessere Ausgangspunkt sind zuverlässige, überlieferungstreue kritische Editionen. Sie sind auch im allgemeinen der Überlieferung der Texte selbst vorzuziehen, wenn es gelingt, die Überlieferung hinter der Ausgabe im Wortindex angemessen sichtbar zu machen, da dieser dann als zusätzliche Information die philologisch verantwortete Deutung der Überlieferung durch den Textherausgeber enthält; allerdings wird eingewendet, daß diese Deutung in die Irre führen könne und Züge der Überlieferung verschleiere. Für die kritische Ausgabe spricht auch, daß sie mehr Übersicht über die Überlieferung bietet. — Welche Textgrundlage auch gewählt wird, immer wird gefordert, ihr strikt zu folgen, vereinzelte Abweichungen aber zu dokumentieren, und zwar an der Einzelstelle im Index.

Im Lauf der Entwicklung ein Sonderfall geworden ist die Herstellung eines Wortindex während der Arbeit an einer Edition durch den Herausgeber. Die Nähe zur Ausgabe ist dabei unmittelbar gegeben, Mißverstehen ihrer Eigentümlichkeiten ausgeschlossen. Der Wortindex ist dann im Stadium der Bearbeitung entsprechend dem Fortschreiten der Ausgabe zu aktualisieren.

Gegen die Wahl einer Textgrundlage mit kompliziertem graphischem Bild, etwa mit Diakritika und Abbreviaturzeichen, wird (im Fall automatischer Bearbeitung) oft ins Feld geführt, der Computer verfüge über bestimmte Zeichen nicht. Dies deutet auf die Verwendung eines unzulänglichen Werkzeugs hin, nämlich eines zu schmal angelegten und unflexiblen Systems.

Es handelt sich hier um mehrere voneinander unabhängige Probleme: bei der Umsetzung des Textes in eine maschinenlesbare Form können bekanntlich alle nicht direkt darstellbaren graphemischen Einheiten durch Ersatzdarstellungen ausgedrückt werden; davon zu trennen ist die Frage, nach welchen philologischen Erfordernissen diese Zeichen zu sortieren sind und wie dies technisch realisiert werden soll; schließlich ist für die Umsetzung des Wortindex in die zu veröffentlichende Gestalt ein Medium mit genügend reichen typographischen Möglichkeiten zu wählen (es gibt hierfür beim computergestützten Lichtsatz kaum technische Grenzen).

Es versteht sich von selbst, daß die Textgrundlage ein wohleingeführtes, genügend genaues Referenzsystem aufweisen sollte.

5.2. Zerlegen

Beim Zerlegen der Texte werden durch die Auswertung der Zeichenfolgen, die als Trenner fungieren, und des Referenzsystems Einheiten gewonnen, die aus einer Wortform und einer Stellenangabe bestehen. Trenner sind in der Regel das Leerzeichen (Spatium) und andere Zeichen wie z. B. Apostroph und Bindestrich in syntaktischer Funktion in romanischen Sprachen und der Von-bis-Strich. Trennende Satzzeichen sind (jeweils im Sinn einzelsprachlicher Schreibkonventionen) der Punkt am Satzende, nicht aber der Abkürzungspunkt, der Gedankenstrich, nicht aber der Bindestrich im allgemeinen; entsprechend sollte auch syntaktische Großschreibung (am Satzanfang) von wortartbezogener unterschieden werden.

Die mit mechanischen Mitteln gewonnenen Wortformen stehen, vor allem bei Texten mit wenig geregelter Schreibung, in einer gewissen Spannung zum üblichen lexikographischen Wortbegriff, so unscharf und willkürlich dieser auch sei. Besonders problematisch sind die pro- und enklitischen Zusammenschreibungen (oft mit Einfluß auf die Graphie: mhd. *mahtu* neben *maht du*), die getrennt geschriebenen Komposita, gewisse Mehrwortausdrücke und dann alle Fügungen, die im Wortindex als diskontinuierliche Lemmata erwartet werden: Verba mit nachgestelltem trennbarem Präfix, Formen mit Ergänzungsbindestrich, bestimmte Komposita im Englischen, Mehrwortnamen, gegebenenfalls auch feste Syntagmen und ähnliches

(Knowles 1987, 18 verlangt dafür eine „wirklich intelligente Textsegmentierung"). Wenn die philologischen Zielvorstellungen geklärt sind, läßt sich ein kleiner Teil der angesprochenen Probleme durch formale Abprüfung beim Zerlegen lösen, die anderen durch Präkodierung der Texte an den einzelnen Stellen und durch spätere Bearbeitung.

Den Einheiten aus Wortform und Belegstelle werden oft noch weitere Informationen mitgegeben: als „Typ des Eintrags" wird festgehalten, ob die Form an der aktuellen Stelle z. B. im Reim, in einer Bühnenanweisung, einer Vorrede steht, auf Konjektur beruht, von der Crux begleitet wird, durch typographische Auszeichnung hervorgehoben ist (falls aussagekräftig) und ähnliches.

5.3. Sortieren und zusammenfassen

Die geregelte Anordnung der Lemmata soll in erster Linie die Aufsuche eines Lemmas nach einer einfachen und konventionellen Vorschrift ermöglichen. Lemmavarianten, deren Unterschiede eher akzidentiell sind, sollten beieinanderstehen; wenn möglich, sollten auch noch, wenigstens in Ansätzen, Strukturen des Wortschatzes deutlich werden.

Unter diesen Gesichtspunkten kann es eine wesentliche Entscheidung sein, beispielsweise *ä* entweder wie *a* oder wie *ae* einzuordnen, *v* wie *f*, auch *ce cr* wie *ze kr*, *ch* aber als *ch*. Zu regeln ist auch die Behandlung von Sonderzeichen aller Art, von Akzenten, Diakritika, Zahlen und Abkürzungen (vgl. die Klage bei Brunet/Fauconnier 1986, Vorwort).

Springender Punkt der maschinellen Sortierung ist, wie bekannt, die Verwendung mehrerer Sortierschlüssel. Wenn z. B. die Folge *des — dés — dès — descendre* erzeugt werden soll, sind in einem ersten Sortierschlüssel die Buchstaben ohne Akzente nach ihrem Sortierwert aufzuführen, in einem zweiten aber die Akzente, und zwar stellungsbezogen; wenn zusätzlich zwischen Groß- und Kleinbuchstaben unterschieden (*des — Des — dés*) und Bindestrichwörter sinnvoll eingeordnet werden sollen (*So-sein* unmittelbar nach *Sosein*), so ist dafür jeweils ein eigener Sortierschlüssel nötig, und so für alle voneinander unabhängigen derartigen Momente, die in irgendeiner Wortform zusammen auftreten. — Im Wortindex sollte die Sortierung insofern vollständig sein, als beim Zusammenfassen auf völlige Gleichheit der Form geachtet wird, damit nicht entweder Variation unkenntlich wird oder das Lemma unkontrolliert wechselt; die Konkordanz ist hier weniger empfindlich, weil die Variation ja in den Belegtexten sichtbar bleibt.

Beim Zusammenfassen der Einträge zu Artikeln werden von den Programmen in der Regel Häufigkeiten ermittelt. — Manchmal versucht der Bearbeiter die Belegstellen so zu ordnen, daß die wechselnde Verteilung über ein Werk hin sinnfällig wird (z. B. Brunet 1983).

Die Belegstellen eines Artikels werden nicht selten gruppenweise zusammengefaßt, und zwar nach Art eines gestuften Registers (z. B. mit Einsparung der gleichbleibenden Bandzahl vor sich ändernder Seitenzahl usw.). Ihre Sortierung folgt oft anderen Kriterien als die der Wortformen, wenn z. B. Werktitel chronologisch angeordnet werden. Für die Behandlung der beim Zerlegen festgehaltenen Eintragstypen gibt es beim Sortieren und Zusammenfassen verschiedene Möglichkeiten; in der Regel werden die Belegstellen einzeln oder gruppenweise entsprechend ausgezeichnet.

5.4. Bearbeitung

Das Bearbeiten des Index bereichert ihn um Momente, die bei Beschränkung auf das Graphemische und bei bloßer mechanischer Herstellung nicht zu gewinnen sind. Gegen die Bearbeitung wird grundsätzlich ins Feld geführt, daß sie mit Interpretation verbunden sei und die Objektivität der Darstellung aufgegeben würde, ferner daß in Einzelfällen Konflikte entstünden, z. B. bei Wortspielen. Beides betrifft die Bedingungen lexikographischer Arbeit im allgemeinen; das letztere Argument zeigt eine häufige Schwäche von Indexarbeit auf, daß nämlich auf die Möglichkeit von Verweisen und frei formulierten Kommentaren verzichtet wird (Pors 1982).

Bei der Bearbeitung geht es um Lemmatisierung im engeren Sinn (die etwas anderes darstellt als die Leistung der Maschine oder des Menschen beim Zusammenfassen der Einheiten eines unbearbeiteten Wortindex), eine Lemmatisierung, bei der erstens die morphologischen und graphemischen Varianten eines Wortes in einem Lemma zusammengeführt werden und (gelegentlich auch: oder) zweitens der Bezug auf eine Normalsprache (wo nötig mit Ansetzung von Konstruktlemmata, „künstlichen Grundformen") hergestellt wird (vgl. Anderson/Goebel/Reichmann 1981; Hoad 1985). — Möge die Normalisierung sprachhistorisch sein oder auf ein (willkürliches) Muster, etwa ein vorliegendes Wörterbuch, bezogen sein, besonderer Regeln bedürfen Eigennamen und fremdsprachliches Gut.

Zur Lemmatisierung gehört die Trennung der Homographen im groben; anschließen können sich die Angabe der Wortklasse, feinere Scheidungen innerhalb der Artikel zu grammatischen Funktionen der Wortformen (vgl. Schendl/Mittermann 1981) und syntaktischen und semantischen Eigenheiten, die Herausstellung von festen Fügungen und Gebrauchszusammenhängen und anderes mehr. Wertvolle Zusatzinformation — in der Regel kaum automatisch zu gewinnen — sind Übersetzungsgleichungen von übersetzter Literatur (z. B. Dohna/Wetzel/Endriß 1979).

Technisch gesehen wird die Bearbeitung auf drei Arten durchgeführt: durch redigierendes Überarbeiten eines fertigen Rohindex (fehleranfällig, wenn nicht nur kurze Bemerkungen eingefügt werden), durch Überarbeiten der Textgrundlage (für die automatische Weiterverarbeitung nötige Information wird dort eingetragen, wobei aber der Artikelzusammenhang nicht vor Augen steht) und schließlich durch Arbeitsgänge, die in den Herstellungsablauf integriert sind; es kommt im letzteren Fall darauf an, daß das Programmsystem flexibel genug ist und doch Sicherheit bietet vor Verlust und Zerstörung erhaltenswerter Daten und Strukturen. Neben Einzeleingriffen stehen bei jedem der Verfahren Versuche, gleichartigen Fällen mit Hilfs- und Analyseprogrammen beizukommen. Die Einfügung von Bemerkungen (meist Verweisen) ist insgesamt leichter zu bewerkstelligen als die Umstrukturierung der Daten nach Kriterien, die nicht aus den Texten genommen sind, und hier sind wieder schematische Strukturierungen leichter durchzusetzen als solche, die sich erst aus dem Material herauskristallisieren.

5.5. Art der Veröffentlichung

Die Veröffentlichung geschieht im Buch oder auf Microfiche; die Typographie ist entweder — beim Microfiche erträglich — am Feld- und Spaltenaufbau des Zeilendruckerprotokolls orientiert oder sie nutzt — bei Buchveröffentlichung — Möglichkeiten von Satzprogrammen, mit einem differenzierten Satzbild die von der konventionellen Buchherstellung gewohnte Übersichtlichkeit und Knappheit zu erreichen (Ott 1980). Daneben gibt es Versuche, Wortindices oder vielmehr Textaufbereitungen verschiedener Art auf Datenverarbeitungsanlagen für verschiedenartigen Zugriff bereitzuhalten. Für maschinenlesbare Wörterbücher in diesem Sinn werden relationale und andere Datenbanken vorgeschlagen, und es sind hier sicher viele technische Lösungen denkbar (vgl. Heß/Brustkern/Lenders 1983, Domenig 1987). Dem Bedürfnis nach mehrfachem Suchzugriff und verschiedenartiger zur Interpretation einladender Aufbereitung haben bisher schon die erschließenden Beigaben zu vielen in Buchform publizierten Wortindices entsprochen wie: Verzeichnisse der Eigennamen, Häufigkeiten, Reimbindungen, Wortbildungselemente, Übersetzungsgleichungen (Bauer 1984), auch vorläufige und rückläufige Formenverzeichnisse, die besonders dann sprechend sein können, wenn der Wortindex lemmatisiert ist (Schröder 1975).

Programme für die Indexarbeit gehören seit langem zur Ausstattung von Computern, die für die philologische Arbeit eingesetzt werden; genannt seien als Beispiel für ein eigenständiges Index- und Konkordanzprogramm das Oxford Concordance Program (OCP; Hockey/Martin 1987) und als umfassendes System zur wissenschaftlichen Textdatenverarbeitung das Tübinger System von Textverarbeitungsprogrammen TUSTEP (TUSTEP 1989), in das ausgefeilte Bausteine für die Indexherstellung (Zerlegen, Sortieren, Zusammenfassen, Redigieren, Kontrollieren, Setzen) integriert sind.

Mit der starken Ausbreitung von Geräten und kleinen, aber teilweise doch brauchbaren Systemen in jüngster Zeit traten vielerlei Such- und Information-Retrieval-Programme in den Vordergrund (Hughes 1987), die manche Aufgabe publizierter Indices und Konkordanzen übernehmen werden. Es zeichnet sich ab, daß die Herstellung unbearbeiteter Formwörterbücher (bzw. der ihnen dann entsprechenden Arbeitsmittel) wieder in den privaten oder doch rein substitutionellen Bereich zurückkehrt, aus dem sie kam. Nicht verschwinden werden die philologisch kompetent bearbeiteten Wortindices und Konkordanzen; ihre Herstellungs- und Nutzungsformen dürften sich auf höhere Ansprüche zu weiterentwickeln.

6. Literatur (in Auswahl)

6.1. Formwörterbücher

Bauer 1984 = Erika Bauer (Hrsg.): Heinrich Hallers Übersetzung der 'Hieronymus-Briefe'. Heidelberg 1984.

Boggs 1979 = Roy A. Boggs: Hartmann von Aue. Lemmatisierte Konkordanz zum Gesamtwerk. 2 Bde. Nendeln 1979 (Indices zur deutschen Literatur 12/13).

Brunet 1983 = Etienne Brunet: Le vocabulaire de Proust. Bd. 2 und 3: Index de „A la recherche du temps perdu". Genf. Paris 1983.

Brunet/Fauconnier 1986 = Etienne Brunet/Annick et Gilbert Fauconnier: Index de l'œuvre théâtrale et lyrique de J.-J. Rousseau. Genf. Paris 1986.

Brunet/Launay 1986 = Etienne Brunet/Léo Launay: Index des Considérations sur le gouvernement de Pologne et index-concordance du Projet de constitution pour la Corse de J.-J. Rousseau. Genf. Paris 1986.

Dohna/Wetzel/Endriß 1979 = Lothar Graf zu Dohna/Richard Wetzel/Albrecht Endriß (Hrsg.): Johann von Staupitz, Libellus de exsecutione aeternae praedestinationis. Mit der Übertragung von Christoph Scheuerl [...]. Berlin. New York 1979 (Spätmittelalter und Reformation. Texte und Untersuchungen 14).

McKinnon 1971 = Alastair McKinnon: Fundamental polyglot konkordans til Kierkegaards samlede værker. Leiden 1971 (The Kierkegaard Indices 2).

McKinnon 1973 = Alastair McKinnon: Index verborum til Kierkegaards samlede værker. Leiden 1973 (The Kierkegaard Indices 3).

6.2. Sonstige Literatur

Anderson/Goebel/Reichmann 1981 = Robert R. Anderson/Ulrich Goebel/Oskar Reichmann: Ein idealisiertes Graphemsystem des Frühneuhochdeutschen als Grundlage für die Lemmatisierung frühneuhochdeutscher Wörter. In: Herbert Ernst Wiegand (Hrsg.): Studien zur neuhochdeutschen Lexikographie I. Hildesheim. New York 1981 (Germanistische Linguistik 3—4/79), 53—122.

Bammesberger 1985 = Alfred Bammesberger (Hrsg.): Problems of Old English Lexicography. Regensburg 1985 (Eichstätter Beiträge 15).

Besch/Reichmann/Sonderegger 1984 = Werner Besch/Oskar Reichmann/Stefan Sonderegger (Hrsg.): Sprachgeschichte. Ein Handbuch zur Geschichte der deutschen Sprache und ihrer Erforschung. Berlin. New York 1984 (Handbücher zur Sprach- und Kommunikationswissenschaft 2.1/2.2).

Burton 1981—1982 = Dolores M. Burton: Automated concordances and word indexes. In: Computers and the Humanities 15. 1981, 1—14, 83—100, 139—154 und 16. 1982, 195—218.

Delfosse 1980 = Heinrich P. Delfosse: Indexformen und ihre Funktion. Hinweise zur computerunterstützten Texterschließung und Editionsphilologie. In: Allgemeine Zeitschrift für Philosophie 3. 1980, 29—44.

Derval/Doutrelepont 1984 = Bernard Derval/Charles Doutrelepont: A computer-aided system of text lemmatization applied to the romances of Chrétien de Troyes. In: Anne Gilmour-Bryson (Hrsg.): Computer Applications to Medieval Studies. Kalamazoo 1984, 31—44.

Domenig 1987 = Marc Domenig: Entwurf eines dedizierten Datenbanksystems für Lexika. Problemanalyse und Software-Entwurf anhand eines Projektes für maschinelle Sprachübersetzung. Tübingen 1987 (Sprache und Information 17).

Drewek 1985 = Raimund Drewek: Vorbemerkungen zu einer computerunterstützten Lösung für die Lexikographie im Verlag als Beitrag zur praktischen SDV. In: Sprachverarbeitung in Information und Dokumentation. Berlin. Heidelberg. New York. Tokyo 1985 (Informatik Fachberichte 114), 34—45.

Duro 1977 = Aldo Duro: Quelques remarques à propos de la lemmatisation. In: P. G. J. van Sterkenburg u. a.: Lexicologie. Een bundel opstellen voor F. de Tollenaere [...]. Groningen 1977, 133—139.

Gärtner 1980 = Kurt Gärtner: Zwischen Konkordanz und Wörterbuch. Zum gegenwärtigen Stand der computerunterstützten Lexikographie des Mittelhochdeutschen. In: Sappler/Straßner 1980, 67—77.

Gärtner/Kühn 1984 = Kurt Gärtner/Peter Kühn: Indices und Konkordanzen. In: Besch/Reichmann/Sonderegger 1984, 620—641.

Gilbert/Hirschmann 1980 = Leon Gilbert/Rudolf Hirschmann: Computer-aided indexes and concordances to early German: A critical study. In: ALLC Bulletin 8. 1980, 249—262.

Heß/Brustkern/Lenders 1983 = Klaus Heß/Jan Brustkern/Winfried Lenders: Maschinenlesbare deutsche Wörterbücher. Dokumentation, Vergleich, Integration. Tübingen 1983 (Sprache und Information 6).

Hinske 1981 = Norbert Hinske: Elektronische Datenverarbeitung und Lexikographie. Welche neuen Impulse [...]. In: Philosophisches Jahrbuch 88. 1981, 153—159.

Hoad 1985 = T. F. Hoad: The reconstruction of unattested Old English lexical items. In: Bammesberger 1985, 131—150.

Hockey/Martin 1987 = Susan Hockey/Jeremy Martin: The Oxford concordance program version 2. In: Literary & Linguistic Computing 2. 1987, 125—131.

Howard-Hill 1979 = Trevor H. Howard-Hill: Literary concordances: A guide to the preparation of manual and computer concordances. Oxford [...] 1979.

Hughes 1987 = John J. Hughes: Product review: Text retrieval program WordCruncher: High-powered text-retrieval software. In: Bits & bytes review 1. H. 3. Februar 1987, 1—8.

Jones/Sondrup 1989 = Randall L. Jones/Steven P. Sondrup: Computer-Aided Lexicography: Indexes and Concordances. In: István S. Bátori/Winfried Lenders/Wolfgang Putschke (Hrsg.): Computational Linguistics. An International Handbook on Computer Oriented Language Research and Applications. Berlin. New York (Handbücher zur Sprach- und Kommunikationswissenschaft 4), 490—509.

Knowles 1987 = Francis Knowles: Möglichkeiten des Computereinsatzes in der Sprachlexikographie. In: Wiegand 1987, 11—31.

Kunst 1983 = Arthur E. Kunst: Discontinuous morphology: Categories and subcategories in lexical processing. In: Sarah K. Burton/Douglas D. Short (Hrsg.): Sixth International Conference on Computers and the Humanities. Rockville 1983, 333—338.

Langosch 1982 = Karl Langosch: Zur Produktion der Wort-Indices. In: Mittellateinisches Jahrbuch 17. 1982, 230—233.

Neuhaus 1985 = Joachim H. Neuhaus: Design options for a lexical database of Old English. In: Bammesberger 1985, 197—209.

Ott 1980 = Wilhelm Ott: Satzherstellung von maschinenlesbarem philologischem Material. In: Sappler/Straßner 1980, 181—198.

Pellen 1987 = René Pellen: Apports de l'informatique à la lexicologie. Possibilités et problèmes. In: Wiegand 1987, 35—53.

Pors 1982 = Harald Pors: Die Rolle der Textinterpretation bei der Herstellung von Indices. In: Hans Fix/Annely Rothkegel/Erwin Stegentritt (Hrsg.): Sprachen und Computer. Festschrift Hans Eggers. Dudweiler 1982, 49—59.

Quemada 1987 = Bernard Quemada: Notes sur *lexicographie* et *dictionnairique*. In: Cahiers de lexicologie 51. 1987-II, 229—242.

Sappler/Straßner 1980 = Paul Sappler/Erich Straßner (Hrsg.): Maschinelle Verarbeitung altdeutscher Texte. Beiträge zum dritten Symposion Tübingen 17.—19. Februar 1977. Tübingen 1980.

Schaeder 1981 = Burkhard Schaeder: Lexikographie als Praxis und Theorie. Tübingen 1981 (Reihe Germanistische Linguistik 34).

Schendl/Mittermann 1981 = Herbert Schendl/Harald Mittermann: Frühneuenglische Konkordanzen: Methoden und Probleme aus linguistischer Sicht. In: Siegfried Korninger (Hrsg.): A Yearbook of Studies in English Language and Literature. Wien 1981, 77—96.

Schiendorfer 1986 = Max Schiendorfer: Computergenerierte Indices zu mittelhochdeutschen Liedersammlungen. In: Zeitschrift für deutsche Philologie 105. 1986, 114—126.

Schröder 1975 = Werner Schröder: Rez. zu Paul Sappler (Hrsg.): Heinrich Kaufringer. Werke. 2 Bde. Tübingen 1972. 1974. In: Anzeiger für deutsches Altertum 86. 1975, 126—131.

Sedelow 1985 = Sally Yeates Sedelow: Computational lexicography. In: Computers and the Humanities 19. 1985, 97—101.

TUSTEP 1989 = TUSTEP. Tübinger System von Textverarbeitungs-Programmen. Tübingen 1989.

Victor-Rood 1981 = Juliette Victor-Rood: A critical survey of published computer-generated indexes and concordances to modern German literature. In: ALLC Bulletin 9. 1981. H. 2, 1—8.

Wiegand 1984 = Herbert Ernst Wiegand: Prinzipien und Methoden historischer Lexikographie. In: Besch/Reichmann/Sonderegger 1984, 557—620.

Wiegand 1986 = Herbert Ernst Wiegand: Bedeutungswörterbücher oder sogenannte Indices in der Autorenlexikographie? Die Eröffnung einer Kontroverse. In: Albrecht Schöne (Hrsg.): Kontroversen, alte und neue. Akten des VII. Internationalen Germanisten-Kongresses Göttingen 1985. Tübingen 1986, 163—169.

Wiegand 1987 = Herbert Ernst Wiegand (Hrsg.): Theorie und Praxis des lexikographischen Prozesses bei historischen Wörterbüchern. Tübingen 1987 (Lexicographica. Series Maior 23).

Paul Sappler, Tübingen
(Bundesrepublik Deutschland)

XVI. Arbeitsverfahren in der Lexikographie
Procedures in Lexicographical Work
Les méthodes du travail lexicographique

167. Considérations générales sur l'organisation du travail lexicographique

1. Un nouveau dictionnaire: Pourquoi? Pour qui et pour quoi faire?
1.1. Pourquoi un nouveau dictionnaire?
1.2. Pour qui un nouveau dictionnaire et pour quoi faire?
2. Le programme du dictionnaire
2.1. La langue étudiée
2.2. Le contenu encyclopédique
2.3. Les noms propres
3. La réalisation du dictionnaire
3.1. La documentation
3.2. L'équipe éditoriale
3.3. Les étapes de la réalisation
3.4. L'informatisation
4. Bibliographie choisie

La contribution qui va suivre ne se veut pas une théorie du dictionnaire. Plus simplement on tentera d'évoquer quelques problèmes méthodologiques posés par la production lexicographique, à travers une expérience poursuivie pendant de longues années dans l'édition des dictionnaires et des encyclopédies et qui a été marquée en particulier par l'élaboration et la réalisation du *Grand Dictionnaire encyclopédique Larousse* (GDEL).

Préparé depuis 1978, publié de 1982 à 1985, cet ouvrage a réuni, à des titres divers, plus d'un millier de collaborateurs. On en rappellera rapidement les principales caractéristiques: 10 volumes (15 dans une autre présentation), 11 040 pages; 122 millions de signes; 191 288 articles; 25 000 illustrations.

Le GDEL s'inscrit dans une lignée de dictionnaires encyclopédiques qui a débuté avec le *Grand Dictionnaire universel* (GDU) de Pierre Larousse (15 volumes 1865—1876, et 2 suppléments), et qui s'est poursuivie avec le *Nouveau Larousse illustré* (NLI, 7 vol. 1896—1904, et 1 supplément), le *Larousse du XXème siècle* (Lar XXe, 6 vol. 1928—1933, et 1 supplément) et le *Grand Larousse encyclopédique* (GLE, 10 vol., 1960—1964, et 2 suppléments). Dictionnaires encyclopédiques, ces grands ensembles sont tout à la fois:

— dictionnaires de la langue française, rendant compte de mots de la langue usuelle et des termes principaux des vocabulaires spécialisés;

— encyclopédies alphabétiques, offrant des développements didactiques à propos des notions principales et rendant compte de l'état des connaissances à un moment donné de leur évolution;

— dictionnaires de noms propres, répertoires fournissant informations et réflexions à propos des noms de lieux, de personnes, d'œuvres ou d'institutions, sur l'univers, la nature, l'espace géographique, l'histoire, les sciences, la société et la culture.

1. Un nouveau dictionnaire: Pourquoi? Pour qui et pour quoi faire?

Se lancer dans la réalisation d'une grande entreprise lexicographique ne peut raisonnablement s'envisager qu'après une longue période de recherches et d'essais. Et tout d'abord, bien sûr, convient-il d'être persuadé de l'utilité d'un tel projet.

1.1. Pourquoi un nouveau dictionnaire?

A cette question première il semble que la réponse aille de soi: l'évolution de la langue et celle du savoir rendent rapidement obsolètes les grands répertoires lexicographiques et encyclopédiques. L'évolution du vocabulaire est d'une grande ampleur, ce dont nous n'avons qu'une faible conscience dans la mesure où les modifications se produisent insensiblement au rythme de la transformation de notre environnement matériel et culturel. Une équipe de linguistes étudiant le mouvement général du vocabulaire de 1940 à 1960 à travers les modifications intervenues dans le *Petit Larousse* (Dubois/Guilbert/Mitterand/Pignon 1960) a constaté que près de 25 % du vocabulaire a été modifié pendant cette période: les suppressions représentent 14 %, les additions 11,4 %; additions et suppressions de sens affectent 12 % du vocabulaire de 1948 subsistant en 1960. Encore de telles conclusions portent-elles sur l'étude d'un dictionnaire d'usage, ne faisant qu'une place relativement étroite aux lexiques de spécialisations scientifiques ou techniques pour lesquels l'évolution est considérable.

Quant au domaine des connaissances, il n'est nul besoin d'insister pour en montrer l'évolution incessante. Pour le lexicographe encyclopédiste le problème n'est pas de s'interroger sur la fixité ou la mobilité du savoir, mais de se demander s'il pourra, avec les seuls moyens éditoriaux légués par la tradition, rendre compte de l'extension du domaine de la connaissance, de son enrichissement et de ses transformations. Le dictionnaire encyclopédique est-il encore en mesure de remplir son programme en cette fin du XXème siècle? La lenteur de son élaboration, la lourdeur des moyens financiers et intellectuels qu'il met en œuvre, les difficultés techniques auxquelles se heurte sa mise à jour, ne le relèguent-elles pas, à l'époque de l'informatique et de la communication par satellites, au monde du passé? D'autres moyens ne sont-ils pas mieux adaptés pour témoigner de l'évolution scientifique? Les réponses à ces questions sont fondamentales et exigent études et réflexions approfondies. Nous n'indiquerons ici que quelques interrogations et quelques pistes de recherches.

— On a pensé que l'essor des sciences et des techniques, provoquant tout à la fois une multiplication des vocabulaires spécialisés et des exigences (quantitatives et qualitatives) de plus en plus grandes des utilisateurs allait rendre caducs les dictionnaires généraux au profit des lexiques par disciplines. En réalité si ces derniers se sont multipliés et si la terminologie, en tant que théorie et pratique, s'est considérablement développée dans ces dernières années, il y a rarement eu autant de grandes réalisations lexicographiques et encyclopédiques. Qu'on songe simplement, en France, à la publication et au succès du *Grand Robert* (GR) ou de l'*Encyclopædia Universalis* (EU). Peut-être nos contemporains, immergés dans un monde aux savoirs éclatés, dans lequel les difficultés d'intercompréhension se sont accrues avec les cloisonnements culturels et les spécialisations techniques, ont-ils besoin de lieux de référence pluridisciplinaires, sorte de noyaux durs de le connaissance fondamentale. Dictionnaires et encyclopédies ne sont-ils pas, dès lors, un des meilleurs moyens de combler l'écart existant entre les connaissances de chacun et celles de la communauté scientifique et culturelle?

— Avec le développement des moyens d'information et de documentation modernes, le dictionnaire encyclopédique a-t-il encore une place? Les banques de données, consultables grâce à la télématique, et les nouveaux médias optiques ne sont-ils pas plus aptes à répondre aux diverses questions que l'on a jusqu'à présent l'habitude de poser au dictionnaire? Ils permettent une réponse rapide à une question précise (l'orthographe ou les sens d'un mot, une date de naissance, la population d'une ville, la densité d'un corps, etc.) et peuvent être mis à jour de façon continue (à la manière d'un annuaire téléphonique ou des horaires de chemin de fer consultables par Minitel). Le problème est d'importance pour les lexicographes et les encyclopédistes d'aujourd'hui qui ne voient pas encore bien clair en ce domaine. Ils ne peuvent que tenir compte des progrès dans la technique et la diffusion de ces médias pour s'aider dans leur travail de rassemblement des données et en modifiant leurs propres conceptions livresques: dictionnaires et encyclopédies, qui jusqu'à présent avaient à supporter la totalité de l'information lexicographique, ne doivent-ils pas se débarrasser de ce qui est par trop ponctuel et fugace au profit du fondamental, de la réflexion élaborée, du savoir organisé? Dictionnaires et encyclopédies ont beaucoup évolués depuis le début du siècle, mais leur transformation méthodologique et fonctionnelle devra se poursuivre: l'objet lexicographique et encyclopédique du XXIème siècle est à inventer.

1.2. Pour qui un nouveau dictionnaire et pour quoi faire?

L'évolution de la recherche linguistique a provoqué depuis quelques années l'apparition de plusieurs modèles différents de dictionnaires: les uns plus aptes à aider l'apprentissage de la langue, à favoriser l'expression, à permettre de produire des énoncés et à utiliser la langue dans les diverses situations de communication; les autres cherchant avant tout à donner de l'information sur les mots, leur étymologie, leur sémantique et offrant les moyens de décoder les textes (littéraires pour l'essentiel), d'en saisir toutes les nuances, toutes les finesses. Aux dictionnaires «à tout faire» se sont substitués des ouvrages différenciés selon les objectifs qu'ils s'assignent et donc selon les publics qu'ils visent. Aussi à l'origine du travail lexicographique se situe la problématique de ses performances: à qui le dictionnaire va-t-il s'adresser et à quoi servira-t-il? Quels seront ceux qui en tireront le meilleur profit? Les réponses à ces questions permettront d'élaborer le programme d'ensemble et d'évaluer les possibilités scientifiques, techniques, financières et commerciales de donner des réponses satisfaisantes aux attentes des éventuels utilisateurs d'ouvrage.

Il peut se faire que la «cible» de l'ouvrage soit définie avec précision: par exemple, on prévoit que le dictionnaire s'adressera à des élèves de l'enseignement secondaire âgés de 12 à 14 ans, et qu'il aidera ces derniers à développer une meilleure pratique de leur langue. Il s'agira d'une sorte de «manuel alphabétique du français», conçu sur le modèle des «dictionnaires d'apprentissage de la langue» (par exemple le *Dictionnaire du français contemporain,* DFC), s'appuyant sur les programmes et les directives officielles des classes correspondantes à cette tranche d'âge et présentant à l'aide de la grille alphabétique les éléments principaux d'une grammaire d'usage illustrée de nombreux exemples. Encore faudra-t-il que l'on puisse répondre concrètement à ce projet d'édition, c'est-à-dire que celui-ci soit possible sur le plan méthodologique et en respectant les nécessités de présentation (nombre de pages, format, lisibilité, etc.) commerciales et financières (prix de vente, tirage, amortissement des frais fixes, etc.). Des études préliminaires peuvent conclure à l'irréalisme d'un tel projet (si l'on considère par exemple qu'un volume de prix abordable est insuffisant pour remplir un tel programme). Si la coïncidence entre le souhaitable et le réalisable est démontrée, l'éditeur peut alors établir un plan de travail et, s'il s'y tient avec rigueur, il a toute chance d'atteindre son but.

Mais, bien souvent, les paramètres ne sont pas aussi évidents et les études prévisionnelles sont d'une grande complexité. Ainsi les promoteurs du GDEL ont-ils dû consacrer près d'une année à construire divers modèles, à en examiner la faisabilité et en tester l'accueil auprès des acheteurs potentiels: certes ils disposaient de l'expérience acquise au cours des temps, mais, si les exemples antérieurs étaient d'une aide certaine, il était dangereux de s'y référer sans esprit critique. On risquait de s'enfermer dans des formules dépassées et d'étouffer une indispensable créativité. Aussi convenait-il de ne retenir du passé que ce qui était permanent: tout le reste serait remis à plat.

Une première analyse devait répondre à la question: un dictionnaire encyclopédique de grande ampleur (plus de 10 000 pages) peut-il répondre, sur le plan du contenu, aux interrogations et aux curiosités d'hommes et de femmes d'aujourd'hui (et ceci en assez grand nombre)? On a donc travaillé à établir une première maquette d'exemples qui devait être proche de la réalisation définitive souhaitée: elle permettrait, sur le plan du contenu, de rendre compte de ce que l'on trouverait dans ce dictionnaire encyclopédique (indications de l'extension du vocabulaire de noms communs et du choix de noms propres, exemples d'articles traitant de termes généraux et/ou spécialisés, types de développements encyclopédiques, monographies, propositions d'illustrations, etc.). Cette maquette devait aider à préciser la fraction du «grand public» (terme bien vague et prêtant à toutes les confusions) qu'atteindrait pareil ensemble, en indiquant son niveau socio-culturel et ses possibilités de revenus financiers, et en sachant qu'il n'était guère envisageable sur le plan du nombre que les prévisions de ventes soient moindres de 100 000 collections lors de la durée de la publication (moins de 4 ans).

Bien évidemment, en même temps que l'on s'interrogeait sur les contenus, on étudiait les aspects commerciaux de l'opération. Quels seraient les canaux de distribution? Adopterait-on une vente «multicanaux» (librairie, vente par correspondance, courtage) ou réserverait-on la commercialisation à un seul de ces modes de distribution? Du même produit donnerait-on plusieurs formes différentes: fascicules (hebdomadaires ou mensuels) et volumes (en nombres différents selon les canaux)?

Restaient les problèmes financiers. Pour en estimer l'importance, il fallait définir le volume des investissements en frais fixes (traitements et salaires du personnel, achat de la copie, frais d'établissement et de recherche de l'illustration en photos, dessins et cartes, droits de reproduction, composition, réalisation des mises en page, photogravure, etc.) et le montant des frais proportionnels (en fonction des hypothèses de présentation et de tirage), afin de prévoir un montage financier équilibré. Le GDEL, dans sa forme définitive a exigé des investissements considérables (plus de 130 millions de francs de frais fixes) dont l'amortissement ne pouvait se réaliser qu'au-delà de 120 000 collections vendues.

Le contenu de l'ouvrage, ses modes de distribution, sa rentabilité économique sont des paramètres qui doivent être étudiés en parfaite harmonie, chacun ayant sur les autres des conséquences évidentes: en faire varier un provoque des modifications sur les autres; l'équilibre, trouvé en fin de compte, et que des enquêtes de marché ont vérifié, devait être respecté coûte que coûte lors de la réalisation.

Des divers aspects de cette étude de faisabilité, communs à tous les grandes entreprises éditoriales, on retiendra plus particulièrement ici celui qui concerne la définition du public que l'on souhaite atteindre, plus complexe qu'on l'imagine parfois dans le cas d'un dictionnaire encyclopédique, ouvrage pluridisciplinaire par excellence. Sur le plan du «niveau culturel», on pourrait cependant penser que le problème est, à première vue, simple, le niveau étant déterminé par le diplôme (ou son équivalent) supposé être celui du lecteur-consultant type. Mais il faut tenir compte de l'époque où ce lecteur-consultant a acquis ses connaissances de base (à diplôme égal un homme de 25 ans n'a pas appris la même chose qu'un homme de 60 ans, les disciplines enseignées lors du cursus scolaire et universitaire s'étant profondément modifiées), de la façon dont il a évolué dans son savoir général ou spécialisé, selon son degré de curiosité intellectuelle, les nécessités du déroulement de sa carrière professionnelle et son environnement social (deux hommes d'égal niveau de diplôme au départ n'ont pas, vingt ans après le même niveau intellectuel). Les multiples études sociologiques et enquêtes qui ont été consacrées depuis quelques années aux problèmes de la lecture et de la culture sont d'une aide précieuse dans cette démarche: on citera en particulier les recherches de P. Bourdieu et de son équipe (1979). Il est bien évident que la définition du niveau intellectuel du lecteur-consultant supposé a, sur le contenu de l'ouvrage, une importance fondamentale, qu'elle va, dans le cas d'un dictionnaire, déterminer la nature des vocabulaires étudiés et l'importance relative de chacun et qu'elle permettra d'établir les règles d'écriture des textes, nécessaires pour rendre à ceux-ci la plus grande accessibilité. Encore faut-il rejeter l'idée que la culture de l'ensemble des lecteurs-consultants ayant été précisée aussi nettement que possible, on rendra tous les articles compréhensibles et/ou utiles à chacun: la recherche d'une homogénéité parfaite relève de l'utopie. En revanche, on cherchera à créer, à l'intérieur de l'immense ensemble didactique que constitue le dictionnaire, des sous-ensembles cohérents et de solides liaisons interdisciplinaires: le médecin, spécialiste de telle ou telle discipline de sa science, devra pouvoir lire, dans les meilleures conditions de compréhension et d'utilisation tous les articles de médecine, mais aussi ceux de biologie moléculaire, de psychologie ou de droit social qu'il sera conduit à consulter. Ce sont de telles interconnexions qu'il convient d'établir, en les étudiant pour chaque groupe de futurs lecteurs-consultants: la performance générale de l'ensemble sera fonction du soin avec lequel ces sous-ensembles auront été coordonnés dans leur niveau d'écriture: si la production livresque s'accompagne d'édition électronique, de tels réseaux de lecture et de consultation pourront être mis en valeur grâce à des logiciels d'accompagnement et à des systèmes «hypertexte».

2. Le programme du dictionnaire

Se prétendre dictionnaire de la langue et de la connaissance présuppose que soient définies la langue dont on fera état et la connaissance dont on rendra compte, ainsi que les règles qui présideront à la présentation et à la rédaction des articles.

2.1. La langue étudiée

Le futur GDEL devait, en premier lieu, délimiter le champ de ses investigations en matière de langue: quel français allait en faire l'objet? Adopterait-on un point de vue diachronique ou se limiterait-on à une étude synchronique? Le dictionnaire serait-il normatif du point de vue des niveaux de langue, des emplois et des néologismes? Quelle place réserverait-il aux vocabulaires spécialisés?

2.1.1. Diachronie ou synchronie

Le GDEL s'est déterminé sans ambiguïté pour une étude synchronique de la langue: c'est du français de cette fin du XXème siècle dont il allait être question, sur le plan du choix du vocabulaire, de la définition des sens et de l'indication des emplois. Si certains sens anciens ont été insérés, c'est parce qu'on en trouve encore des attestations dans la langue littéraire contemporaine et, dans ce cas, une rubrique particulière (*litt*) les accompagne. Cependant il est bien évident que les termes et les acceptions correspondant à des réalités matérielles, institutionnelles ou existentielles du passé, mais que l'on retrouve dans les livres d'histoire ont été enregistrés. Ainsi l'article **brassières** n. f. pl. comporte le sens de «camisole de nuit sans manches, portée par les deux sexes du XIVe au XVIIe s.», mais ne fait pas mention de l'expression *tenir en brassières* (c'est-à-dire «tenir en étroite sujétion, en lisière») que l'on rencontre dans la langue classique. Et si l'on a gardé une entrée **caveçon** pour le terme d'équitation «demicercle métallique muni d'un ou plusieurs anneaux, fixé à la muserolle qui enserre le chanfrein et utilisé pour faire travailler un cheval à la longe ou le conduire sans le monter», on n'y a pas fait état de l'expression *donner un coup de caveçon à quelqu'un* («le mortifier, lui rabattre ses prétentions») que l'on trouve chez Saint-Simon («Il [Louis XIV] ne fut pas fâché de lui [Barbezieux] donner ce coup de caveçon, et de faire entendre aussi le peu de part qu'il avait en la promotion [de maréchaux de France]»).

2.1.2. Niveaux de langue, emplois et néologismes

Le souci d'analyser une langue vivante, un français tel qu'il est utilisé effectivement aujourd'hui, a conduit à écarter toute censure de caractère puriste et à éviter autant que possible les tabous culturels (sexuels par exemple), sans cependant prétendre s'écarter d'une doxa dont dictionnaires et encyclopédies sont tout à la fois élément constitutif et reflet. Les termes ou acceptions de la langue familière, populaire ou argotique ont été pris en considération, de même que les autres niveaux de langue (littéraire, soutenu, vieilli, poétique, etc.) et avec les indications stylistiques correspondantes sous formes de marques d'usage abrégées (*Fam., Pop., Arg., Litt.,* etc.). De même les néologismes, quelle qu'en soit la nature (et donc sans écarter les emprunts), ont été acceptés dans la mesure où ils semblaient établis dans la langue de façon durable. Quant aux emplois des mots de la langue, ils ont été explicités à travers l'étude systématique et approfondie du français contemporain. On a cherché à préciser les sens en les déterminant de façon stricte, grâce aux informations sémantiques et syntaxiques définissant l'utilisation réelle du mot dans la langue parlée et écrite d'aujourd'hui: ainsi

AMENER v. t. (de *mener*) [conj. **19**].
1. *Amener qqn (qqpart)*, en parlant de qqn, le faire venir avec soi : *Venez à notre réunion et amenez votre ami. Amenez-le ici, chez moi, à la maison.* — **2.** *Amener qqn (qqpart)*, en parlant de qqch, provoquer sa venue : *Dites-moi ce qui vous amène.* — **3.** Fam. *Amener qqch (qqpart, à, chez qqn)*, l'apporter (critiqué par les puristes) : *Amenez vos cahiers en classe. Vous vous chargez du vin, moi, j'amène le fromage.* — **4.** *Amener qqn, qqch qqpart*, les transporter vers un lieu ; mener, conduire, transporter : *Ce bus vous amène directement à la gare. Cette canalisation amène l'eau aux étages supérieurs.* — **5.** *Amener qqch (qqpart)*, le tirer vers soi : *Pêcheur qui amène son filet sur le pont.* — **6.** *Amener une mode, un usage, etc. (qqpart)*, l'introduire : *Vedette américaine qui amène en France une nouvelle mode vestimentaire.* — **7.** *Amener un état, un événement (qqpart)*, l'avoir pour conséquence, pour effet ; provoquer, entraîner : *Crise économique qui risque d'amener de graves problèmes sociaux. Médicament qui amène (chez le malade) un soulagement immédiat.* — **8.** *Amener un mot, une idée, une comparaison, etc. (dans un texte)*, les présenter dans un discours, un texte, etc. : *Dans son exposé il a habilement amené une citation.* — **9.** *Amener qqch à un certain état*, le conduire à cet état : *Amener l'eau à ébullition.* — **10.** *Amener une conversation, une discussion, etc., sur qqch, qqn*, faire en sorte qu'un sujet soit abordé : *Amener la conversation sur le problème du chômage.* — **11.** *Amener qqn à + inf., à qqch (action)*, le pousser à telle ou telle action : *Son métier l'amène souvent à des déplacements fréquents, à se déplacer. Qu'est-ce qui vous a amené à agir de la sorte ?* — **12.** *Quel bon vent vous amène ?,* se dit à qqn qui vient à l'improviste, mais qu'on est content de voir.
— Dr. pén. et Procéd. *Mandat d'amener,* ordre donné par le juge d'instruction à la force publique de faire comparaître immédiatement une personne devant lui.
— Jeux. Aux dés, obtenir un certain nombre de points lorsqu'on a jeté les dés.
— Mar. Abaisser (les voiles). ‖ *Amener les couleurs,* baisser ou descendre le pavillon d'un navire pour indiquer qu'il se rend à son adversaire.

Extrait textuel 167.1: Article de dictionnaire (tiré de: GDEL, t.1)

pour les verbes, on a tenu compte du type de nom sujet et de la (ou des) construction(s) syntaxique(s) (nature de l'objet, nature de la complétive et son mode, nature des autres compléments).

Les exemples qui suivent les définitions ne relèvent pas de la citation littéraire attestant l'existence d'un sens général ou particulier et confirmant sa légitimité: ils sont choisis pour illustrer l'usage commun de la langue, pour donner des informations sur les constructions usuelles, les groupements de mots les plus courants, pour souligner les valeurs d'emploi. Une telle analyse doit permettre à celui qui consulte le dictionnaire, non seulement de décrypter un texte, en comprenant le sens des mots qui le constituent, mais aussi de créer lui même des énoncés adaptés aux différents types de communication qu'il peut rencontrer.

2.1.3. Vocabulaires spécialisés

Cherchant à donner du français contemporain une description aussi complète que possible, un dictionnaire tel que le GDEL ne pouvait se limiter aux mots et aux sens de la langue dite «commune». Une large place devait être réservée aux principaux vocabulaires techniques et scientifiques. Le français contemporain n'est pas seulement constitué de la langue que le dépouillement de l'ensemble des textes littéraires du XXe siècle fait ressortir: ouvrages et revues théoriques et pratiques, rapports d'experts, notices techniques d'utilisation d'appareils, circulaires commerciales, affiches et slogans publicitaires, tracts et discours politiques, compte-rendus de manifestations sportives et bien d'autres textes relevant des vocabulaires dits «spécialisés» sont du français à part entière. Une des particularités fondamentales des dictionnaires encyclopédiques est d'admettre des termes de ces lexiques, mais en opérant un choix sur des critères aussi rigoureux que possible: si le vocabulaire courant accepté est extensif, s'ouvrant à tous les mots, à tous les sens dont peut avoir à connaître ou à user un homme de notre temps, la terminologie spécialisée doit, étant donné son immensité, être sélective (pour les seuls insectes il existe plus d'un million d'espèces dénommées!). Et l'on comprend bien que cette sélection s'opère selon l'importance globale du dictionnaire, le nombre d'articles souhaité, mais aussi en tenant compte de l'importance relative des diverses disciplines du savoir et donc de l'orientation que les éditeurs désirent donner à leur œuvre: par exemple veulent-ils privilégier les sciences fondamentales par rapport aux techniques utilitaires, ou conserver un certain équilibre (mais quel équilibre?)? Encore devront-ils compter sur l'importance quantitative des lexiques, qui n'est pas forcément proportionnelle à leur rôle dans l'évolution scientifique contemporaine: qu'on pense, par exemple, à la surabondance du vocabulaire de l'héraldique. On pourra, bien sûr, compenser la faiblesse quantitative du vocabulaire d'une discipline récente essentielle par des développements encyclopédiques abondants. Critères épistémologiques, linguistiques et idéologiques, on le voit, interviennent lors de cette sélection.

A ce problème des vocabulaires spécialisés on peut rattacher celui des régionalismes de France et des termes particuliers aux autres pays francophones (belgicismes, helvétismes, québécismes, etc.). Epineuse question à laquelle on n'offrira qu'une réponse pragmatique. On ne peut évidemment pas envisager d'inclure l'ensemble de ces particularités et les écarter toutes aboutirait à donner du français une image singulièrement appauvrie. Une solution est d'accepter dans le corpus recensé les termes désignant des réalités spécifiques (phénomènes naturels, plantes, animaux, institutions, coutumes, instruments agricoles, façons agraires, etc.) à telle ou telle région et dont on ne trouve guère d'équivalent en français courant.

Dans la construction des articles, les acceptions relevant de vocabulaires spécialisés sont distinguées au moyen d'une rubrique en abrégé qui indique la discipline dont ils relèvent. Quant à la définition de ces termes elle est de nature terminologique plus que purement lexicographique: certes il s'agit toujours de définir un mot de la langue, mais c'est au concept, à la notion qu'il désigne que l'on s'attache essentiellement et l'information descriptive prédomine sur l'analyse linguistique. La définition lexicographique d'un mot se réfère à son comportement syntaxique que ne recherche pas la définition terminologique qui met en évidence les traits pertinents permettant de distinguer des objets extralinguistiques. Encore faudrait-il nuancer une telle opposition qui suppose que le mot de la langue commune et le terme spécialisé font partie de domaines nettement séparés, ce qui est loin d'être le cas.

2.1.4. Organisation des articles concernant les mots de la langue et les termes spécialisés

Les adresses sont accompagnées:
— de la prononciation en alphabet phonétique international quand elle présente une difficulté particulière;
— de la catégorie grammaticale;
— de l'étymologie;
— du modèle de conjugaison pour les verbes, de l'indication du pluriel des noms composés ou des pluriels irréguliers.

Les homographes font l'objet d'articles distincts:
— quand ils sont de catégorie grammaticale ou de genre différents;
— quand ils n'ont pas la même étymologie;
— quand les sens distincts n'impliquent pas d'interférence.

Les sens généraux, distingués par un numéro, sont ordonnés, selon les cas, en raison de la fréquence d'emploi, de la complexité des constructions ou en allant du général au particulier. Les expressions sont disposées en fonction de l'ordre alphabétique.

Faisant suite aux sens généraux, sont éventuellement placées les définitions terminologiques dans l'ordre alphabétique de leurs rubriques. Elles peuvent être complétées par des développements encyclopédiques auxquels elles renvoient alors et qui sont situés après toutes les définitions et en respectant l'ordre alphabétique des rubriques.

2.2. Le contenu encyclopédique

Les développements qui accompagnent certains mots constituent une particularité essentielle du dictionnaire encyclopédique. Ils peuvent n'être qu'un simple complément informatif appuyant une définition et figurent souvent dans ce cas entre parenthèses à la suite de cette dernière, mais, le plus souvent, ils constituent de véritables textes didactiques, parfois d'une grande ampleur.

Ces textes sont évidemment tributaires de la fragmentation alphabétique du dictionnaire: la connaissance est éclatée en une multitude d'entrées relatives aux concepts et aux objets les plus divers et donc, apparemment, les plus disparates. La coexistence à l'article **projection** de textes concernant la cartographie, la technologie (homogénéisation des matériaux par projection, projection électrostatique en peinture) et la psychanalyse paraît absurde et n'a pour seule justification que le jeu des mots et de leurs acceptions. Rien, à première vue, ne permet de rapprocher ce fouillis apparent de l'ordonnancement majestueux des grandes encyclopédies où la connaissance, fortement hiérarchisée, répond à une conception philosophique d'ensemble, à un vaste programme idéologique. Le dictionnaire encyclopédique risque, en effet, de n'être qu'une sorte de grand bazar proposant à celui qui accepte de s'y aventurer une collection d'objets hétéroclites. Certes il faut profiter de ce tronçonnement du savoir, qu'impose le code alphabétique, pour faire du dictionnaire une véritable banque de données, un ensemble de réponses précises. Mais il convient aussi de corriger cet éparpillement en travaillant, lors de l'établissement du projet global de l'œuvre dans deux directions complémentaires: l'étude des vocabulaires et l'analyse des différents acquis de la connaissance. Ces acquis, il convient de les répartir, en les hiérarchisant, parmi les différents mots de la langue qui les désignent. Ainsi l'étude d'ensemble confortera le contenu scientifique et didactique du dictionnaire, grâce aux grands articles de synthèse et aux renvois ménagés sous des formes diverses.

Il ne s'agit cependant pas d'opérer un découpage de la connaissance en chapitres classés alphabétiquement (c'est l'objet des encyclopédies alphabétiques), mais, à propos des mots, d'émettre des informations et des propositions de réflexion qui participent à un discours général de la science. Ainsi les textes seront-ils de nature différente selon les entrées: parfois très généraux (pour les grandes notions), parfois très «pointus» (concepts exigeant une très grande précision scientifique). On rejoint ici un problème majeur que l'on a déjà évoqué: celui du niveau de l'ouvrage, ou plus exactement de la diversité des niveaux, selon les modes de consultation eux-mêmes fonction de la nature des consultants.

2.3. Les noms propres

Désignant des personnes, des lieux, des œuvres ou des institutions, les noms propres constituent un ensemble important qui pose des problèmes de choix, de classement et de traitement rédactionnel.

2.3.1. Le choix des entrées

Cette sélection répond aux mêmes critères que celle des termes encyclopédiques. Elle est, cependant, plus délicate encore à effectuer et ceci pour deux raisons: les noms propres constituent une masse énorme dans laquelle il faut beaucoup élaguer (un index de grand atlas universel possède au moins 150 000 entrées); d'autre part le choix, dans la mesure même où il est drastique, risque d'être trop marqué idéologiquement (ou tout au moins de le paraître aux yeux du consultant qui interprétera souvent la présence ou l'absence de tel ou tel personnage comme due aux préférences de l'éditeur ou du rédacteur). Il convient donc de se fixer des règles de sélection, qui, si elles ne peuvent être d'une trop grande rigidité, doivent former autant de garde-fous.

Ainsi pour les noms géographiques, adoptera-t-on des critères quantitatifs (démographiques, économiques, historiques, artistiques et touristiques pour les villes; d'altitude pour les montagnes; de longueur pour les fleuves, etc.). Encore faudra-t-il les adapter à l'importance attribuée à la nomenclature de chaque pays, en gommant un ethnocentrisme trop apparent.

Quant aux noms de personnages, et, en particulier, d'hommes politiques, d'écrivains ou d'autres artistes contemporains, il sera nécessaire d'y être particulièrement attentif, optant pour des critères à la fois de notoriété (auprès du public auquel s'adresse le dictionnaire) et de valeur (reconnue par la communauté culturelle). Mais, là encore, si les critères sociologiques de notoriété sont relativement aisés à déterminer (succès éditorial pour un écrivain, nombre de disques vendus pour une vedette de la chanson, cote d'un peintre, etc.), ceux qui s'appliquent à la valeur, même s'ils sont discutés au sein d'un collectif de sages, reflètent inévitablement une part des goûts et des présupposés idéologiques de l'équipe éditoriale. C'est que l'entreprise encyclopédique n'est jamais «objective»; quels que soient les efforts de ceux qui participent à sa réalisation, elle ne peut se départir de son époque et porte l'empreinte de son origine culturelle.

2.3.2. L'orthographe et le classement

Les règles qui président à l'établissement de l'orthographe des noms propres doivent faire l'objet de normes rigoureuses. On rappellera, à titre d'exemples, celles qui ont présidé à la rédaction du GDEL.

Les noms propres des langues qui ont adopté les alphabets latins ont été transcrits sans modifications, c'est-à-dire en utilisant les signes diacritiques propres à chaque langue, ce qui a permis d'éviter les à-peu-près phonétiques qui manquent de rigueur scientifique. Cependant on leur a gardé leur forme traduite en français lorsqu'elle s'imposait: par exemple pour certains noms géographiques *(Londres* et non *London, Bavière* et non *Bayern)* ou pour les noms de souverains *(Henri* et non *Heinrich* ou *Henry).* Pour les langues qui ne se servent pas de l'alphabet latin, on a utilisé des systèmes de transcription ou de translittération cohérents, mais qui ne bouleversent pas trop les traditions solidement établies en France: c'est ainsi que pour le russe on a respecté la transcription usuelle (celle d'A. Mazon, dans sa *Grammaire russe)* et repoussé le système préconisé par l'Organisation Internationale de Normalisation, par trop déroutant pour le lecteur français (qui aurait eu du mal à retrouver sous l'orthographe *Čehov, Tchekhov* ou de reconnaître derrière *Puškin* le grand poète *Pouchkine).*

Dans tous les cas, on a multiplié les renvois, qui conduisent de diverses graphies approximatives d'un nom propre à celle qui a été adoptée comme entrée. Il faut, en effet, édicter des normes précises, mais ne pas les rendre trop contraignantes, au risque de perdre de vue qu'au lecteur, qui n'est pas polyglotte, le premier service à rendre est de lui permettre de trouver le plus aisément possible l'article qu'il souhaite consulter.

Quant au classement des noms propres, il a suivi les règles adoptées par les bibliothécaires. Pour les homographes on a opté pour un classement dans l'ordre des dates de naissance, quand il s'agit de noms de personnes (*Tom Mann* 1856—1941 avant *Heinrich Mann* 1871—1950, *Thomas Mann* 1875—1955, *Anthony Mann* 1906—1967), sauf pour les souverains (classés par pays et par date de naissance), ces noms de personnes faisant suite aux noms géographiques (les articles sur les villes portant le nom de *Lincoln* précèdent la biographie d'Abraham *Lincoln*), eux-mêmes étant placés après les noms communs (la **Somme,** fleuve du nord de la France est traitée après le nom féminin **somme**). D'autres règles président au classement des noms géographiques et aux autres noms propres, qu'il serait fastidieux de préciser dans cet article, mais qui ont fait l'objet d'un répertoire général de normes, établi à l'origine de l'ouvrage.

2.3.3. Traitement rédactionnel

Chaque notice concernant un nom propre doit fournir un certain nombre de données documentaires obligatoires: par exemple pour un écrivain: nationalité (et éventuellement langue), année et lieu de naissance (et éventuellement de mort), œuvres principales (en français, avec indication éventuelle du titre en langue originale). Elle doit se conformer à des règles de présentation précisées dans les instructions données aux auteurs. Mais surtout, il lui faut s'adapter, dans sa rédaction, aux caractères spécifiques du dictionnaire encyclopédique (tout à la fois un ouvrage de référence et œuvre de vulgarisation): rigueur scientifique et précision rigoureuse des données, clarté de l'exposé, neutralité d'un texte qui doit éviter prise de position et jugement de valeur, etc.

3. Les préliminaires à la réalisation du dictionnaire

Le programme du dictionnaire étant défini et sa faisabilité démontrée, les étapes de la réalisation peuvent débuter. Elles seront cependant précédées d'une mise en place des moyens: organisation de la documentation, formation de l'équipe éditoriale, recherche des collaborateurs, établissement des procédures de production.

3.1. La documentation

A la base du travail lexicographique et encyclopédique, la documentation doit s'adapter à certaines conditions spécifiques. S'appliquant à un domaine infini dans son principe (la totalité d'une langue et l'ensemble de la connaissance universelle), elle doit cependant se fixer des limites dans ses objectifs et s'efforcer d'être efficace dans sa réalisation.

3.1.1. Une documentation évolutive

Cette documentation ne se substitue en aucune sorte à l'apport des spécialistes auxquels on a fait appel pour la rédaction des articles de l'ouvrage, non plus qu'aux diverses sources documentaires existantes et aisément accessibles (banques et bases de données). Il s'agit essentiellement d'enrichir le travail rédactionnel en lui offrant des matériaux complémentaires, immédiatement utilisables. C'est ainsi, par exemple, qu'en matière de langue, on relève les néologismes qui apparaissent au cours de la production de l'ouvrage (si celle-ci s'étend sur quatre ans, la moisson sera abondante) ou que, dans le domaine encyclopédique on assure la mise à jour des données informatives de type événementiel (œuvre récente à ajouter dans la bibliographie d'un auteur cité, nécrologie, nouvelle donnée démographique ou historique, modification d'un statut juridique, etc.). C'est donc au fur et à mesure que se réalise le processus d'élaboration et de production de l'ouvrage que la documentation se met en place et évolue.

3.1.2. Une documentation diversifiée et normalisée

Une telle documentation doit être tout à la fois adaptée à chacune des disciplines de l'ensemble éditorial de façon à être utilisée au mieux (et donc comporter le moins de silences et le moins de bruits possibles) et être conforme à des normes générales (afin d'éviter une personnalisation excessive qui limiterait par trop sa «consultabilité»). Ainsi les fiches documentaires se différencient-elles selon leur source et leur utilisation, mais sont unifiées dans leur présentation formelle.

— Les fiches destinées aux lexicographes intéressés par l'évolution de la langue usuelle sont principalement issues de l'analyse des publications périodiques (journaux, revues d'intérêt général, etc.) et de l'écoute des médias audiovisuels. S'attachant aux mots et aux sens nouveaux, elles comportent des contextes aussi explicites que possible avec des références précises et détaillées. Contrairement aux fiches terminologiques qui s'efforcent de construire des définitions normatives, elles se contentent de fournir à celui qui les utilisera des relevés indicatifs d'emplois.

— Celles qui ont pour objet de fournir des documents complémentaires utiles à la mise à jour informative ont pour origine le dépouillement des publications spécialisées (ouvrages ou revues). Elles comportent, outre l'indication de l'entrée (éventuellement des entrées) qu'elles concernent, un résumé de ce que le dépouillement a fait apparaître d'original (éventuellement de contradictoire) par rapport au texte rédigé par le spécialiste, et, bien entendu, les références bibliographiques. De telles fiches documentaires doivent en principe se suffire à elles-mêmes: si elles permettent le recours au document qui a servi à les établir, elles ne l'exigent pas, le résumé apportant les informations utiles. Purement informatives, elles rendent compte objectivement du document dont elles sont issues, la critique éventuelle des données qu'elles comportent étant laissée à celui qui les utilisera.

3.1.3. Une documentation active

Le service documentaire, apte à rendre des services efficaces, doit pouvoir éventuellement aller plus loin que la simple analyse des textes qui lui sont fournis. Il lui faut aussi se muer parfois en «service de recherche» pour répondre à une demande précise de la part des services rédactionnels et donc connaître l'ensemble des services de documentation et des banques de données auxquels il peut avoir accès.

3.1.4. Des documentalistes spécialisés

Des considérations générales qui précèdent, résultent les règles qui président à la constitution des équipes chargées de la documentation, à l'organisation de leur travail. Les membres de ces équipes doivent, tout à la fois, connaître le métier de documentaliste et avoir de bonnes connaissances de la discipline dont ils ont la charge. Ce ne sont pas des généralistes, mais des spécialistes de haut niveau: il n'est guère concevable qu'un documentaliste auquel on confie le dépouillement de revues de biologie ne soit pas lui-même un biologiste de qualité, puisqu'on lui demande tout à la fois de distinguer le nouveau du déjà su et d'en faire apparaître l'intérêt dans son résumé. Et le lexicographe capable de repérer un glissement de sens ou une modification dans la construction d'un verbe ne peut être qu'un excellent linguiste.

La symbiose doit être aussi harmonieuse que possible entre le documentaliste qui fournit les éléments de complément (et parfois de contestation) et le rédacteur qui est chargé de les mettre en œuvre. Il n'est pire frustration pour un documentaliste que de s'apercevoir que son apport a été négligé. C'est dire qu'il faut veiller à ce que la relation soit toujours établie entre le fournisseur des informations et l'utilisateur de ces dernières. Et ceci en évitant que cette relation, qui permet à la documentation de ne pas fonctionner en aveugle et pour elle-même mais comme un service réellement utile, ne soit trop tributaire des personnes et nuise à une formalisation indispensable.

3.1.5. Documentation et informatique

Dans quelle mesure, l'informatique est-elle en voie de transformer l'apport documentaire ? Dans la mesure où l'ensemble des procédures éditoriales est elle-même tributaire des méthodes et des techniques informatiques. Ainsi, le texte étant désormais pris en charge par l'informatique éditoriale, la documentation, complémentaire du texte, doit s'appliquer à entrer dans les mêmes systèmes d'analyse et de codification. En revanche, en raison tout à la fois de l'immensité du corpus auquel elle s'attache et de la spécificité de ses objectifs, il n'est guère concevable qu'elle puisse s'automatiser entièrement comme certains ont pu le penser.

Bien entendu, les progrès de la télématique, le développement des banques de données et de l'interactivité sont très profitables aux services documentaires des dictionnaires et des encyclopédies. Ils élargissent considérablement le champ des recherches, facilitent l'accès aux sources d'information, permettent d'éviter les doubles emplois, accélèrent et multiplient les possibilités de questions, de réponses et de dialogues. Ils sont un facteur de meilleure intégration de la fonction documentaire à la chaîne de production éditoriale.

3.1.6. Sélection de l'information documentaire

La période contemporaine se caractérise par un développement considérable de la diffusion de l'information qui aboutirait même, selon certains, à une «surinformation». Il est vrai que la documentation lexicographique et encyclopédique risque de sombrer d'overdose informative si elle n'est pas conduite avec rigueur. A vrai dire, elle doit être constamment ajustée aux principes qui fondent la production des dictionnaires et encyclopédies, ouvrages qui relèvent tout à la fois du domaine de la référence et de celui de la vulgarisation. Exactitude, rigueur scientifique et précision, mais aussi valeur didactique président au choix des sources et au relevé des données comme dans la mise en œuvre rédactionnelle de celles-ci. Ici encore, se retrouve le problème fondamental du travail qui nous occupe: celui de la sélection et de ses critères.

3.2. L'équipe éditoriale

Hormis les services techniques (correction, mise en pages, iconographie, photographie, dessin et cartographie), dont on ne traitera pas dans cette étude afin de ne pas déborder ses limites, l'équipe éditoriale regroupe: une unité centrale, le groupe des secrétaires généraux de rédaction et les collaborateurs spécialistes.

3.2.1. L'unité centrale

Elle est le moteur principal de l'opération, tant au point de vue de la conception que de celui de la réalisation de l'ouvrage. C'est à elle qu'est confiée la conduite des préliminaires de la décision et c'est elle qui construit le programme du dictionnaire. En contact direct avec les services financiers et le marketing de la maison d'édition, elle a fourni les éléments nécessaires à l'établissement du devis de l'ouvrage et à la mise en œuvre des études de marché. Décision de publication prise, l'unité centrale définit et planifie dans le temps les divers stades de production de l'ouvrage; responsable du budget, elle en contrôle la réalisation.

Elle anime l'équipe éditoriale, coordonne les diverses disciplines dont sont chargés les secrétaires généraux, rassemble les textes revus et mis au point par ces derniers, en assure la cohésion et édifie l'architecture de l'ouvrage.

L'unité centrale qui a travaillé au GDEL était composée du rédacteur en chef, de ses deux assistants et d'une dizaine de personnes chargées du rassemblement des textes, de la vérification des données, de l'application des règles de normalisation (et en particulier des transcriptions et des translittérations), de la préparation typographique et de la frappe dactylographique.

3.2.2. Les secrétaires généraux de rédaction

En raison de la multiplicité des disciplines entrant dans le GDEL, en raison aussi du haut degré de spécialisation souhaité, il a été nécessaire de distinguer un certain nombre des grands domaines; chacun de ces derniers a été confié à un secrétaire général de rédaction (et parfois, en raison de son importance, à plusieurs). Quant à l'étude du vocabulaire général, elle a fait l'objet d'un traitement spécifique. Les principales disciplines retenues sont les suivantes: *agriculture, armée et histoire militaire, arts ménagers, astronomie, beaux-arts, biologie générale, droit, géogra-*

phie et géologie, histoire, linguistique, mathématiques, médecine, musique, philosophie, physique et chimie, psychologie, religions, sciences économiques, sciences humaines, sciences naturelles, sciences sociales, spectacles (cinéma, théâtre, chorégraphie, music-hall, etc.), sports, technologies.

Pour chacun des grands domaines de la connaissance dont ils ont la charge, les secrétaires généraux sont responsables:
— de définir les sous-domaines, qu'il convient de distinguer, en prenant soin que tout le champ du domaine soit couvert;
— de rechercher les collaborateurs aptes à établir les vocabulaires et à rédiger les textes de ces sous-domaines et de passer contrat avec eux;
— de répartir les quantités de texte dont ils disposent dans chaque sous-domaine (nombre d'articles, classement des articles en catégories de longueur différentes, etc.);
— de vérifier la qualité des articles rendus en fonction de critères scientifiques et didactiques et de s'assurer de la neutralité des points de vue;
— d'orienter le travail des documentalistes et celui des illustrateurs chargés des domaines dont ils sont responsables.

Pour accomplir les fonctions qui leur sont confiées, un budget leur est attribué dont ils doivent maîtriser l'emploi au fur et à mesure de l'avancement de la production.

Le secrétaire général chargé de la langue française est aidé de plusieurs collaborateurs permanents; si certains ont un rôle très spécifique (indication des prononciations, recherche des étymologies, etc.), d'autres élaborent le contenu des articles consacrés au vocabulaire général selon les directives d'ensemble de l'ouvrage. L'équipe des lexicographes chargés de la rédaction de ces textes est volontairement restreinte (5 à 6 personnes) afin que soit assurée une parfaite uniformité dans le traitement de la langue: cette rédaction exige moins une érudition philologique qu'une très bonne connaissance du fonctionnement de la langue; confiée à des linguistes et à des grammairiens possédant à la fois une formation théorique de haut niveau et une totale maîtrise du français, elle a été dirigée selon des principes rigoureux, la formalisation adoptée donnant au dictionnaire son unité et son originalité.

3.2.3. Les collaborateurs spécialisés

A ces collaborateurs, universitaires et professionnels choisis par les secrétaires généraux de rédaction, en raison de leur valeur scientifique mais aussi de leur aptitude à pratiquer une honnête vulgarisation, il a été demandé de prendre en charge un sous-ensemble de l'ouvrage:
— d'en définir les contours par rapport aux sous-ensembles voisins;
— d'en établir le vocabulaire en fonction des directives quantitatives et qualitatives fournies par chaque secrétaire général;
— de répartir l'attribution globale du nombre de signes entre chacun des termes choisis;
— d'assurer la rédaction de ces textes;
— de fournir les indications nécessaires à la recherche iconographique ou à la réalisation des dessins et des cartes.

Ce travail, considérable pour certaines disciplines, a été conduit sous le constant contrôle des secrétaires généraux afin d'éviter dérapages, oublis ou doubles emplois. De nombreuses vérifications (en particulier à l'aide d'index d'ouvrages) ont dû être faites pour s'assurer de la valeur de la sélection des entrées proposées.

Dans le plus grand nombre de cas, le collaborateur-spécialiste travaillant seul (ou en collectif scientifique) assurait la préparation et la rédaction d'un sous-ensemble complet. Parfois, cependant, on a dû faire appel à un auteur pour un seul article en raison du caractère trop particulier de ce développement. C'est ainsi que plus de mille personnalités scientifiques ont collaboré à l'élaboration des vocabulaires et à la rédaction des articles du GDEL.

L'organisation adoptée a voulu répondre à des conditions apparemment contradictoires. Une forte centralisation était, en effet, nécessaire pour assurer une réalisation conforme à un programme cohérent sur le plan méthodologique (un dictionnaire n'est pas un simple catalogue de mots et une encyclopédie est tout autre chose qu'une collection d'articles classés par ordre alphabétique) et pour faire en sorte que soient respectées les conditions financières prévues (ce qui exigeait un contrôle rigoureux du planning et l'adéquation des conditions de production avec le devis initial). Mais cette centralisation ne devait cependant pas être stérilisante et amoindrir l'originalité de l'apport scientifique des divers spécialistes. C'est dire qu'il a fallu prévoir des procédures de travail unissant souplesse et rigueur, liberté et efficacité.

3.3. Les étapes de la réalisation

Les équipes constituées, vient le temps de la

réalisation qui verra se succéder plusieurs étapes: la prérédaction, la rédaction par discipline, le regroupement et l'agencement des textes, la fabrication de l'ouvrage.

3.3.1. La prérédaction

Le premier problème à résoudre est celui des proportions des divers constituants du texte: noms communs/noms propres/développements encyclopédiques. On comprend facilement que les solutions adoptées dépendent du programme général de l'ouvrage: veut-on imprimer à l'ouvrage un caractère plus lexicographique ou plus encyclopédique? Dans le cas du GDEL, le souci a été de rester dans la tradition des «Larousse» en respectant l'équilibre entre l'analyse de la langue et la diffusion des connaissances: c'est ainsi que plus de 50 % des entrées sont consacrés aux noms communs (ce qui fait du dictionnaire l'un des plus riches répertoires des mots de la langue française), mais qu'en revanche une large place a été réservée à des disciplines constituées essentiellement de notices concernant des noms propres ou des textes didactiques (ainsi l'histoire représente environ 20 % de la quantité globale de textes et la géographie plus de 10 %).

Quant à la proportion des diverses disciplines entre elles, elle dépend tout à la fois des facteurs culturels dominants à la période où l'ouvrage est publié et du souci des éditeurs de privilégier tel ou tel domaine en fonction du public souhaité. A vingt ans d'intervalle les options peuvent être très différentes ne serait-ce que parce que l'état de la science et de la technique a évolué considérablement, que les champs épistémologiques ont varié, que les systèmes d'éducation ne sont plus les mêmes et que les idéologies qui se partagent la conscience des hommes se sont profondément modifiées. Pour le GDEL, nous nous sommes référés aux proportions qu'avaient été celles du *Grand Larousse encyclopédique,* son aîné de vingt ans, les modifiant en fonction d'analyses socioculturelles d'ensemble, confortées par nos propres études de marché. En fin de compte une répartition en surface a été établie dont on donnera quelques exemples: vocabulaire général 8 %, histoire 20 %, géographie 10 %, technologie 8 %, art 7 %, littérature 6 %, biologie générale et médecine 5 %, physique et chimie 4 %, etc.

C'est à partir de ces proportions que le travail de prérédaction a été entrepris: il s'agissait pour chaque secrétaire général de rédaction de répartir parmi les sous-disciplines qu'il avait déterminées la quantité de texte qui lui était impartie. Il devait ensuite travailler avec ses collaborateurs-spécialistes pour établir les entrées dans chacune de ces sous-disciplines, en en prévoyant la longueur aussi précisément que possible (certaines sous-disciplines étant composées de nombreuses entrées courtes de type «définition», d'autres au contraire, comprenant un petit nombre d'entrées mais dont certaines étaient constituées de développements consistants).

Dans cette période de prérédaction a été préparée une notice destinée aux collaborateurs de l'ouvrage, leur donnant un certain nombre de consignes particulières (leur fournissant en particulier les règles de classement et de présentation des articles et la liste des abréviations). Enfin, à chaque collaborateur était remis un dossier constitué des textes du *Grand Larousse encyclopédique* correspondant à sa discipline (dans le cas où celle-ci existait à l'époque de ce dernier ouvrage).

3.3.2. La rédaction, le regroupement et l'agencement des textes

L'ensemble des collaborateurs-spécialistes, désormais en possession des documents nécessaires (liste des entrées et longueur de ces dernières, éventuellement textes du *Grand Larousse encyclopédique* relatifs à leur domaine, notice de consignes), entreprit le travail rédactionnel: l'ordre suivi dans la rédaction importait peu, sinon que l'on recommandait d'éviter l'ordre alphabétique pour lui préférer une organisation logique (en revanche, la mise au point des textes devait être ordonnée alphabétiquement).

Les textes rédigés étaient, au fur et à mesure, remis aux secrétaires généraux de rédaction, chargés du domaine dont ils dépendaient. Ces derniers en faisaient la critique, éventuellement les corrigeaient sur le plan stylistique et en fonction des règles lexicographiques et méthodologiques de l'ouvrage, mais ils n'en remaniaient pas le contenu: si une refonte était souhaitable (en particulier dans le cas d'un article encyclopédique confus ou ne correspondant pas au niveau demandé), l'auteur reprenait son texte pour proposer une nouvelle rédaction. Cette méthode, destinée à associer les collaborateurs à l'œuvre et à ne pas les considérer comme de simples fournisseurs de données, permettait tout à la fois d'habituer ces derniers à une écriture conforme aux objectifs de vulgarisation et d'uniformisation indispensables dans un grand dictionnaire encyclopédique, tout en assurant à l'ouvrage une haute tenue scientifique. Elle répondait à un principe fondamental: faire rédiger les articles par des spécialistes de grande compétence, car seuls ces derniers sont capables d'expliquer clairement un sujet dans la mesure même où ils le dominent et vont directement à l'essentiel. «Vulgarisateurs» touche-à-tout et «rewriters» ne restituent trop souvent qu'imparfaitement la réalité scientifique en la détournant par des comparaisons qu'ils veulent vivantes mais qui ne sont que déformantes ou, par trop timorés, ils ne savent pas distinguer le principal du secondaire; faisant œuvre de compilateurs, ils accumulent les données sans parvenir à les hiérarchiser et embarrassent leur texte d'éléments inutiles qui le rendent confus.

Chaque secrétaire général de rédaction devait, outre ce travail de lecture critique, regrouper les diverses sous-disciplines de son domaine, pour constituer un ensemble cohérent, en évitant en particulier les doubles emplois. Le même concept, le même objet pouvait, en effet, avoir été traité par deux spécialistes et risquait de donner lieu à deux définitions ou à deux développements distincts. Il convenait parfois de rassembler plusieurs définitions en une seule suffisamment générale pour les comprendre toutes: ainsi devait-on réunir les diverses définitions de **moteur** (nom masculin) en une seule, quitte à préciser dans les rubriques spécialisées les expressions particulières (*moteur à explosion, moteur thermique, moteur hydraulique, moteur électrique,* etc.) et à consacrer plusieurs développements dans la partie encyclopédique afin de traiter des différents domaines d'utilisation. Il s'agit là d'un aspect très important du travail du lexicographe-encyclopédiste, fonction du degré de généralisation que l'on souhaite donner à l'ouvrage et qui demande donc de la part des secrétaires de rédaction une parfaite connaissance de leur domaine et une conscience claire des objectifs généraux poursuivis.

Regroupés au niveau de l'unité centrale, les ensembles constitués par les secrétaires généraux de rédaction étaient, à leur tour, l'objet d'un traitement destiné à en assurer la cohérence. Linguistes et lexicographes les réunissaient, éventuellement, à leurs propres définitions de langue usuelle (les substituant parfois à ces dernières ou s'en servant pour compléter leur travail); ils ajoutaient les indications de base (prononciation, étymologie, références de conjugaison pour les verbes, pluriel pour les noms composés, etc.) et revoyaient l'architecture générale de la partie «définition» des articles.

D'autre part, l'unité centrale accomplissait une série de vérifications:
— sur les données ponctuelles afin de s'assurer de leur exactitude;
— sur les orthographes des noms propres pour vérifier leur conformité avec les règles de transcription et de translittération adoptées;
— sur les entrées par comparaison avec divers ouvrages lexicographiques et encyclopédiques, afin d'éviter toute omission involontaire;
— sur les éventuelles redondances (par exemple une expression traitée deux fois à deux endroits différents) ou sur les contradictions apparaissant par comparaison entre plusieurs articles de l'ouvrage;
— sur la présence et la validité des renvois (avec constitution d'un fichier de ces derniers).

Cet organisme de centralisation appliquait, en outre, les normes de présentation prévues, en particulier sur le plan de la typographie, s'assurait de la bonne marche de l'ensemble (longueur des textes, planning de remise de la copie, états budgétaires, réalisation des diverses étapes de fabrication, etc.).

3.3.3. La fabrication

L'ouvrage, réalisé en photocomposition programmée (par la société M.C.P. à Saran), a été l'objet d'un traitement complexe comprenant près de 40 étapes successives étendues sur 160 semaines selon un planning rigoureux.

La copie (près de 300 000 feuillets) préparée, relue par les correcteurs, étudiée par les iconographes (pour effectuer la recherche et la réalisation de l'illustration), était remise au compositeur (à raison de 762 500 signes par semaine) qui en fournissait une première épreuve en placards. Ceux-ci, relus et corrigés par les correcteurs, par les secrétaires généraux de rédaction et les membres de l'équipe centrale, étaient renvoyés au compositeur qui fournissait une deuxième épreuve, relue à son tour; les corrections étaient introduites au niveau d'une troisième épreuve, destinée à monter la maquette (textes et illustrations). Cette dernière, revue par l'équipe éditoriale, donnait lieu à une mise en page chez le compositeur, qui, après une nouvelle relecture rédactionnelle, la retournait pour l'établissement d'une épreuve destinée à porter les dernières retouches et actualisations avant le bon à tirer.

Tant d'opérations, un tel va-et-vient d'épreuves témoignent du soin et du temps nécessaires à la réalisation d'un grand dictionnaire encyclopédique. A l'évidence une telle mobilisation d'hommes et de moyens matériels ne peut se réaliser que dans le cadre de grands organismes ou de maisons d'édition possédant un personnel fixe et formé aux méthodes et aux techniques lexicographiques et encyclopédiques et pourvus d'une importante logistique financière et commerciale.

3.4. L'informatisation

Au cours de cet exposé on a fait plusieurs fois mention du rôle de l'informatique dans le processus éditorial. Il peut sembler utile de faire le point sur les réalisations effectuées à propos et lors de la production des grands dictionnaires encyclopédiques.

En 1957, alors que s'élaborait le projet d'un *Grand Larousse encyclopédique,* décision fut prise de se servir des moyens mécanographiques dans la technologie alors existante (établissement, tri et manipulation de fiches perforées en vue de la sortie de listes) pour compléter le travail qui allait être entrepris. L'élaboration des vocabulaires devant se faire par discipline, une classification des disciplines a été établie sur des bases empiriques, le but étant de confier à chaque spécialiste les articles du domaine dont il avait la connaissance la plus sûre. 711 rubriques de sciences humaines, 529 de sciences exactes et de sciences de la nature ont été distinguées, chacune d'entre elles pouvant être traitée par un spécialiste au niveau scientifique où prétendait se situer l'ouvrage. Le résultat a été un vaste tableau des connaissances, qui a été publié dans le n° 2 des «Cahiers de lexicologie» (1960, pp. 98—151). 400 000 fiches perforées ont été réalisées, relevant non seulement le vocabulaire choisi, mais aussi les termes supprimés et se référant à la codification des 1240 disciplines du tableau de la classification. Ainsi, seraient conservés les glossaires particuliers établis par les spécialistes lors de la période de prérédaction et que le regroupement alphabétique devait faire disparaître. Hormis l'intérêt présenté pour l'éditeur (constitution de bases pour d'éventuels dictionnaires spécialisés), l'utilisation des machines mécanographiques devait aider le travail du lexicographe: la constitution de microglossaires permettait de poursuivre sans trop d'à-coups la mise à jour des vocabulaires (grâce au dépouillement des publications scientifiques et la comparaison des termes et sens relevés avec les listes obtenues par tri mécanographique); on pouvait fournir à la recherche lexicographique un matériel de base complet et précis, autorisant par exemple (en évitant les généralisations à partir de quelques exemples) l'étude de l'évolution du système morphologique d'un lexique particulier, par l'examen des suppressions, des additions et des mots stables.

Le GDEL a été l'occasion d'améliorer la méthodologie adoptée en 1957 et, profitant de l'essor technologique, d'accroître les possibilités offertes par l'informatique (alliée à la photocomposition). Comme en 1957, a été établie une classification informatique des mots et acceptions du dictionnaire, sur les mêmes bases mais avec de profondes modifications (ne serait-ce qu'en raison de l'apparition ou de l'essor de nouvelles technologies telles l'astronautique, le génie nucléaire, l'informatique, la physique des particules ou l'écologie). 1399 disciplines ont été distinguées mais avec les mêmes objectifs pragmatiques qu'en 1957. L'évolution technique permettait de remplacer la confection de cartes perforées par le codage des adresses et sous-adresses de la copie du dictionnaire et l'enregistrement de ce codage lors de la photocomposition. Ainsi l'ouvrage terminé, peut-on sortir non seulement les listes de mots faisant partie du vocabulaire d'une discipline, mais aussi le texte correspondant. D'autre part, une formalisation rigoureuse sur le plan typographique permet, par sélection, d'obtenir des regroupements de nature diverse (par exemple tous les verbes ou tous les termes accompagnés de leur prononciation). Certes, le codage informatique a exigé un travail considérable qui a quelque peu alourdi le processus éditorial mais qui a ouvert d'immenses perspectives. Désormais, les matériaux existent pour étudier les vocabulaires en fonction de leur importance relative, assurer les sélections et les combinaisons avec sûreté, procéder à toutes sortes de manipulations lexicographiques permettant de mieux comprendre le fonctionnement des lexiques et fournir des bases indispensables à la confection de dictionnaires d'importance et de nature diverses et utilisables par ceux qui s'intéressent aux industries de la langue.

4. Bibliographie choisie

4.1. Dictionnaires

DFC = Dictionnaire du français contemporain. Paris 1966 [1224 p.; éd. 1971, 1109 p.; éd. 1980 s.l.t. Nouveau dict. du français cont. illustré, 1263 p.].

EU = Encyclopædia Universalis. 20 vol. Paris [18 750, 1920, 2330 p.].

GDEL = Grand dictionnaire encyclopédique Larousse. 10 vol. Paris 1982—1985 [11 038 p.].

GDU = Pierre Larousse: Grand dictionnaire universel du XIXe siècle. 15 vol. Paris 1866—1876 [LXXVI, 24 000 p.; Suppl. 1878, 1322 p.; 1886—1890, 2024 p.].

GLE = Grand Larousse encyclopédique. 10 vol. Paris 1960—1964 [10 240 p.; Suppl. 1968, 918 p.; 1975].

GR = Paul Robert: Dictionnaire alphabétique et analogique de la langue française. Les mots et les associations d'idées. 6 vol. Paris 1953—1964 [5548 p.; Suppl. 1970, 514 p.].

Lar. XXe = Larousse du XXe siècle en six volumes. Paris 1928—1933 [6740 p.; Suppl. 1953, 464 p.].

NLI = Nouveau Larousse illustré. 7 vol. Paris 1887—1904 [7115 p.; Suppl. 1907, 646 p.].

PLI = Petit Larousse illustré. Paris 1905 [éd. annuelle].

4.2. Travaux

Bourdieu 1979 = Pierre Bourdieu et al.: La distinction. Paris 1979.

Cohen 1962 = Marcel Cohen: Le fait dictionnaire. In: Proceedings of the Ninth International Congress of Linguists. The Hague 1964, 497—503.

Dubois 1962 = Jean Dubois: Recherches lexicographiques: esquisse d'un dictionnaire structural. In: Etudes de linguistique appliquée 1. 1962, 43—48.

Dubois 1967 = Jean Dubois: Pourquoi des dictionnaires? In: Informations sur les sciences sociales 6. 1967, 101—112.

Dubois 1970 = Jean Dubois: Dictionnaire et discours didactique. In: Langages 29. 1970, 35—47.

Dubois/Dubois 1971 = Jean Dubois/Claude Dubois: Introduction à la lexicographie: le dictionnaire. Paris 1971.

Dubois/Guilbert/Mitterand/Pignon 1960 = Jean Dubois/Louis Gilbert/Henri Mitterand/J. Pignon: Le mouvement général du vocabulaire français de 1949 à 1960, d'après un dictionnaire d'usage. In: Le Français Moderne 27. 1960. In: Dubois/Dubois 1971, 111—132.

Guilbert 1975 = Louis Guilbert: La créativité lexicale. Paris 1975.

Imbs 1960 = Paul Imbs: Au seuil de la lexicographie. In: Cahiers de lexicologie 2. 1960, 3—17.

Imbs 1965 = Paul Imbs: Les exigences de la lexicographie moderne; du Littré au Trésor de la langue française. In: Journal des Savants 1965, 466—477.

Mazon 1978 = André Mazon: Grammaire de la langue russe. 4e éd. Paris 1978.

Rey 1970 = Alain Rey: La lexicologie, lectures. Paris 1970.

Rey 1977 = Alain Rey: Le lexique: images et modèles. Du dictionnaire à la lexicologie. Paris 1977.

Rey 1982 = Alain Rey: Encyclopédies et dictionnaires. Paris 1982.

Rey-Debove 1969 = Josette Rey-Debove: Le dictionnaire comme discours sur la chose et discours sur le signe. In: Semiotica 1. 1969, 185—195.

Rey-Debove 1970 = Josette Rey-Debove: Le domaine du dictionnaire. In: Langages 19. 1970, 3—34.

Rey-Debove 1971 = Josette Rey-Debove: Etude linguistique et sémantique des dictionnaires français contemporains. La Haye 1971.

Claude Dubois, Paris (France)

168. Formen und Probleme der Datenerhebung I: Synchronische und diachronische historische Wörterbücher

1. Eingrenzung des Themas und einige Grundbegriffe
2. Formen und Probleme der Erhebung sekundärer Daten
3. Formen und Probleme der Erhebung primärer Daten in der Textlexikographie
4. Zur Problematik der Erhebung primärer Daten in der historischen langue-Lexikographie
5. Praxisformen der Erhebung primärer Daten in der historischen langue-Lexikographie
6. Thesen zur Erhebung primärer Daten in der historischen langue-Lexikographie
7. Literatur (in Auswahl)

1. Eingrenzung des Themas und einige Grundbegriffe

1.1. Die Formulierung des Titels des vorliegenden Artikels verlangt die Behandlung (a) der Formen und (b) der Probleme der Datenerhebung; sie verlangt des weiteren die Behandlung (a) synchronischer und (b) diachronischer historischer Wörterbücher. Verbindet man die geforderten Behandlungsdimensionen miteinander, so ergibt sich eine vierfache Thematik: (a) Formen der Datenerhebung in synchronisch-historischer Lexikographie, (b) Formen der Datenerhebung in diachronisch-historischer Lexikographie, (c) Probleme der Datenerhebung in synchronisch-historischer Lexikographie, (d) Probleme der Datenerhebung in diachronisch-historischer Lexikographie. Der damit gegebene Katalog von Forderungen differenziert sich erheblich, wenn man sich die in der Geschichte der Lexikographie einiger mittel- und westeuropäischer Sprachen vorwiegend verwirklichten Typen von Wörterbüchern vor Augen hält:

— das allgemeine Wörterbuch einer Gegenwartssprache mit diachronischer Dimension,
— das allgemeine Wörterbuch eines historischen Sprachstadiums mit synchronischer und/oder diachronischer Ausrichtung,
— das auf eine Gegenwartsvarietät bezogene, darunter vor allem das dialektbezogene und das soziolektbezogene Wörterbuch mit diachronischer Dimension,
— das auf eine historische Varietät, darunter auf einen Dialekt oder Soziolekt bezogene synchronische und/oder diachronische Wörterbuch,
— das einzeltext-, autor- und textsortenbezogene synchronisch-historische Wörterbuch,
— das auf bestimmte Teilbereiche des Wortschatzes, z. B. auf Fremdwörter oder Erbwörter, auf einzelne Wortarten, auf die Idiomatik, auf eine bestimmte Terminologie, auf schwer verständliche Wortschatzteile usw. bezogene diachronische Wörterbuch zur Gegenwart oder zu einem historischen Sprach- oder Varietätenstadium oder zu historischen Texten,
— das teilbereichsbezogene synchronische Wörterbuch zu einem historischen Sprach- oder Varietätenstadium,
— dies alles in semasiologischer und onomasiologischer Anlage,
— schließlich z. B. auch das etymologische Wörterbuch (zu den verwendeten Termini vgl. Reichmann 1984, 461—462; dort S. 460 auch die hier vorausgesetzte Bestimmung von *historisch* als a) 'diachron-entwicklungsbezogen', auch von gegenwärtiger Sprache, b) 'zustandsbezogen', nur von früheren Sprachstufen).

1.2. In jedem der genannten Wörterbuchtypen kann nur dasjenige dargeboten, interpretiert, verarbeitet usw. werden, was vorher erhoben wurde. Die für die Lexikographie der Gegenwartssprache oder ihrer Varietäten in bestimmten Grenzen gegebenen, manchmal übertrieben genutzten Möglichkeiten der Introspektion und der Informantenbefragung (vgl. Art. 169 und 172) sind für jede Form historischer Lexikographie prinzipiell ausgeschlossen.

1.3. Die Aussage, daß nur dasjenige dargeboten werden könne, was vorher erhoben wurde, läßt offen, wer die Datenerhebung vornimmt. Es gibt zwei Möglichkeiten und alle Formen und Grade ihrer Kombination:

(a) Der Lexikograph erhebt die Daten, die er in seinem Wörterbuch bietet, selbst bzw. läßt sie nach Verfahren, die er selbst bestimmt oder die er von Vorgängern übernommen hat und deren Anwendung er selbst kontrolliert, von freien Mitarbeitern oder von Mitarbeitern seiner Arbeitsstelle erheben. Unabhängig von gewissen Modalitäten, die sich vor allem aus dem Anteil des von Mitarbeitern erhobenen Materials am Gesamtmaterial sowie aus der Ausbildung und der Art der Anstellung der Mitarbeiter ergeben, charakterisiert man diejenigen Daten, die speziell für ein bestimmtes Wörterbuch erhoben werden, als primär.

(b) Der Lexikograph verzichtet — aus welchen Gründen auch immer — auf die Erhebung primärer Daten und stützt sich im Extremfall — möglicherweise wiederum assistiert von Mitarbeitern — ausschließlich auf sekundäres Material. Damit sind alle diejenigen Daten gemeint, die für andere Zwecke erhoben und der wissenschaftlichen Benutzung in irgendeiner Form zugänglich gemacht wurden.

1.4. Die oben genannten Wörterbuchtypen verhalten sich zu der Frage, ob primäres oder sekundäres Datenmaterial verwendet werden soll, unterschiedlich. Folgende Verfahren sind lexikographiegeschichtlich und/oder aus methodischen Gründen eingespielt:

(1) Die etymologische Lexikographie von Informantensprachen (vgl. Art. 144) stützt sich durchgehend auf sekundäre Daten, und zwar vorwiegend von anderen Wörterbüchern. So werden die für das etymologische Wörterbuch typischen Listen der einem Lemmazeichen entsprechenden Wörter anderer Sprachen in der Regel ohne Kennzeichnung den allgemeinen einsprachigen oder den auf die ältest belegten Stufen dieser Sprachen bezogenen Stadienwörterbüchern entnommen; die Entsprechungen in den Varietäten der Sprache, der das Lemmazeichen angehört, entstammen wesentlich deren Dialekt-, Soziolekt- und Sprachstadienwörterbüchern. In dem Maße, in dem sich die Etymologie der Bedeutungsgeschichte öffnet, werden auch lexikologische Untersuchungen ausgewertet (z. B. bei Hiersche 1986 ff.). Eine methodisch praktikable Alternative zu diesen Verfahren ist nicht möglich. — Die etymologische Lexikographie von Corpussprachen (vgl. Art. 144) sowie von rekonstruierten Sprachen (vgl. Art. 145) ist dagegen auch auf die Gewinnung primärer Daten (z. B. aus Na-

men, darunter aus Namensubstraten) angewiesen. Auf spezielle Probleme dieser Art kann hier nicht eingegangen werden.

(2) Die onomasiologische Lexikographie, die zumindest im Deutschen und in den westeuropäischen Sprachen quantitativ und qualitativ erheblich hinter der semasiologischen Lexikographie zurücksteht (vgl. Art. 101, Abschn. 4.2.), stützt sich — soweit sie Sprachlexikographie ist — in der Regel (Ausnahme z. B. Marzell 1943—1979) auf sekundäre Materialien, indem sie die Daten semasiologischer Wörterbücher den jeweils gewählten onomasiologischen Anordnungs- und damit Interpretationsprinzipien unterwirft. Der Verzicht auf die Erhebung primärer Daten insbesondere für die distinktive Onomasiologie (vgl. Art. 102) hat, sofern man diese als der semasiologischen Lexikographie gleichwertig betrachtet, keine theoretischen, sondern höchstens methodische Gründe. Die Unterscheidungen, mit denen einmal je eine Bedeutung mehrerer Wörter (distinktive Onomasiologie) und einmal mehrere Bedeutungen eines einzigen Wortes (Semasiologie) voneinander abgegrenzt werden, beruhen ja auf einem einzigen Gegenstand, nämlich der Semantik des Lexikons, sie werden lediglich unter verschiedenen Fragestellungen vorgenommen.

(3) Die einzeltext-, autor- und textsortenbezogenen Wörterbücher, zusammengefaßt: die Werke der Textlexikographie, damit auch diejenigen der teilbereichsbezogenen Wörterbücher, die eine text- oder textgruppenbezogene Basis haben, sind ausschließlich auf primär erhobene Daten angewiesen.

(4) Alle anderen oben aufgezählten Wörterbuchtypen basieren auf primärem Material, können zur Ergänzung allerdings sekundäre Daten in erheblichem Umfang heranziehen.

1.5. Die vorgetragenen vier Verfahren lassen die Schwerpunkte der Praxis der Datengewinnung und ihrer Problematik erkennen: Da die Erhebung sekundärer Daten zumindest im Durchschnitt weniger zeitaufwendig als diejenige primärer Daten ist, fallen etymologische Wörterbücher (von Informantensprachen) und die onomasiologischen Sprachwörterbücher als Brennpunkte der Datenerhebungspraxis und -problematik aus. Die Werke der Textlexikographie haben immer dann, wenn die Wörterbuchbasis aus nur einem einzigen Text besteht, mit einer geringen Datenmenge, wenn sie eine Textgruppe oder ein umfängliches Autorenwerk ist, mit — relativ gesehen — geringeren Quantitäten als die sprach- und varietätenlexikographischen Unternehmen zu tun (dennoch können natürlich hohe absolute Werte zustandekommen; vgl. Goethe-Wb. mit 3 Mio. Belegen; vgl. auch Neuhaus 1986). Es kommt hinzu, daß die Probleme der Datengewinnung weit hinter denjenigen der langue-Lexikographie zurückstehen, die damit als Brennpunkt der Praxis und Problematik der Datenerhebung ausgewiesen ist. Dementsprechend sollen die Formen und Probleme der Erhebung sekundärer Daten (vgl. 2.) und die Formen und Probleme der Erhebung primärer Daten zur Textlexikographie im folgenden relativ kurz (vgl. 3.), die diesbezüglichen Verhältnisse bei der langue-Lexikographie dagegen ausführlicher (vgl. 4. bis 6.) behandelt werden.

1.6. Der Artikel behandelt primär die *Erhebung* von Daten. Da diese aber nicht unabhängig von deren Erfassung, Verarbeitung, Bereitstellung, Auswertung und Präsentation (vgl. Art. 172) ist, interferiert die Beschreibung dieser letzteren Tätigkeiten oft mit derjenigen der Datenerhebung. Auch einige Aspekte der lexikographischen Organisationstheorie (vgl. Wiegand 1984, 560) streuen in die Datenerhebung hinein.

2. Formen und Probleme der Erhebung sekundärer Daten

Die Publikationen, denen sekundäre Daten entnommen werden können, sind in erster Linie selbst Wörterbücher, außerdem lexikologische Untersuchungen, in Einzelfällen auch Werke zur Morphologie, Syntagmatik, Textlinguistik usw.

2.1. Sekundäre Daten können den primären hinsichtlich ihrer philologischen Qualität gleichwertig sein; dies gilt vor allem dann, wenn sie in originalgetreuer Form aufgezeichnet wurden. Umgekehrt aber können sie dadurch, daß sie für einen eigenen Zweck erhoben wurden, diesem Zweck entsprechend zugeschnitten oder anderweitig aufbereitet worden sein. Eingriffe wie die Umsetzung einer Kasusform in eine morphologische Grundform (z. B. den Infinitiv), die graphische Normalisierung, die Rückführung auf ein bestimmtes Satzmuster, jeweils Handlungen des Lexikographen, die z. B. für morphologische, syntaktische, textlinguistische Untersuchungen berechtigt sein mögen, können einen Beleg für die Gewinnung lexikographischer Informationen unbrauchbar machen. Generell gilt: Je affiner die Publikation, der sekundäre Daten entnommen wurden, demjenigen Projekt ist, für das man sie gewinnt, desto brauchbarer sind die Daten.

2.2. Der Wert der Gesamtheit sekundärer Daten für ein lexikographisches Projekt kann stark schwanken. Extreme Zufälligkeit ist immer dann gegeben, wenn der Kreis der berücksichtigten Publikationen sehr eng gezogen und außerdem nach Kriterien wie ihrer Verfügbarkeit, unzureichender finanzieller und personeller Ausstattung einer Arbeitsstelle oder infolge anderer Probleme so ausgewertet wird, wie es die Tagessituation gerade vorgibt oder zuläßt. Umgekehrt verfügen alle Lexikographien der europäischen Sprachen über einen quantitativ so breiten und qualitativ so differenzierten Bestand an philologisch interpretierter Tradition, daß deren systematische Erschließung einem konkreten Wörterbuchprojekt nicht nur Klarheit über den ungefähren Grad an Vollständigkeit zu geben vermag, der zu einem bestimmten Zeitpunkt der Wissenschaftsgeschichte erreichbar ist, sondern es auch erlaubt, die Menge primärer Daten quantitativ zu ergänzen und qualitativ zu verbessern.

2.3. Dieses Ziel wird in der Organisation einer Arbeitsstelle dann am besten erreicht, wenn erstens der Kreis der berücksichtigten Publikationen möglichst fächerübergreifend gezogen wird, ihre Gegenstandsbereiche also gleichsam von der Theologie bis zu irgendeiner regionalen Wasserbaukunst und einem soziologisch peripheren Handwerk reichen, und wenn zweitens die in diesen Publikationen enthaltenen Daten zeitlich parallel mit den primären erhoben und so gespeichert werden, daß sie jederzeit und außerdem rasch verfügbar sind. Bis zum Beginn der Artikelformulierung sollte die Sammlung einen vorläufigen Abschluß gefunden haben; laufende Ergänzungen sind eine Selbstverständlichkeit. — Eine derartige Organisation scheitert oft an der Ausstattung der Arbeitsstelle. Um dem Motivationsverlust zu entgehen, der bei allzu langem Warten auf den Publikationsbeginn unvermeidbar ist, wird das Sekundärmaterial dann nicht in der Aufbauphase eines Wörterbuches, sondern erst zu dem Zeitpunkt erhoben, an dem der einzelne Artikel geschrieben wird. Das ist eine Quelle für den Einbruch von Zufälligkeiten.

3. Formen und Probleme der Erhebung primärer Daten in der Textlexikographie

Textlexikographie ist nach der Definition von H. E. Wiegand (1984, 590) „derjenige Teil der Sprachlexikographie, in dem Sprachnachschlagewerke speziell zu dem bzw. denjenigen schriftlichen Text(en) erarbeitet werden, die das lexikographische Korpus bilden". Ein Corpus wird in dieser Definition also als offensichtlich durch Vorentscheidungen außerlexikographischer Art gegeben sowie als geschlossen vorausgesetzt und auch in den auf die Definition folgenden Ausführungen nicht problematisiert. Dies bestätigt die oben (unter 1.5.) gemachte Aussage, daß die Textlexikographie nicht zu den Brennpunkten der Praxis und Problematik der Datenerhebung gehört. Es geht eher um die Erfassung, Bereitstellung und Auswertung von Daten. Dennoch sollen hier einige Fakten und Detailprobleme textlexikographischer Datenerhebung zusammengestellt werden:

3.1. Textwörterbücher können a) auf irgendeinen Teilbereich des Wortschatzes der zugrunde gelegten Corpustexte, b) auf deren Gesamtwortschatz bezogen und dann in einem näher zu bestimmenden Sinne vollständig sein.

3.2. Im Falle teilbereichsbezogener Textwörterbücher wird der jeweils gewählte Teilbereich durch Vorentscheidungen außerlexikographischer Art, darunter vor allem durch editionsphilologische Anliegen sowie durch weltanschaulich-kulturpädagogische Interessen, bestimmt. Innerhalb der Grenzen des Teilbereichs werden die Daten entweder (a) vollständig erhoben, es wird also vollständig exzerpiert; oder (b) die Daten werden selektiv erhoben, und zwar entweder (b1) mechanisch nach irgendeiner Meßzahl (z. B. 1 beliebiges Exzerpt, die ersten 5 Vorkommen eines Wortes im Text) oder (b2) bis zu demjenigen Punkt, an dem der Exzerpierende meint, weitere Exzerpte würden nur die Datenquantität erhöhen, qualitativ aber nichts Neues mehr bringen. Es ist unmittelbar einsichtig, daß das erstere Verfahren — also b1 — in jedem Falle schwerwiegende qualitative Lücken, und zwar selbst Bedeutungslücken, in Kauf nimmt, da z. B. der auf die Meßzahl folgende Beleg der aussagekräftigste des ganzen Textes sein oder eine Bedeutung enthalten kann, die bis zur Erreichung der Meßzahl nicht begegnete. Es gibt keinerlei Möglichkeit anzugeben, bei welcher absoluten Vorkommenshäufigkeit oder bei welchem Prozentsatz von Exzerpten — bezogen auf die Gesamtheit aller Vorkommen eines bestimmten Wortes in den Korpustexten — ein Umschlag von der Qualität in die Quantität erfolgt. — Das zweite Verfahren — also b2 — setzt gegenüber b1 das philologische Urteil des Exzerpierenden voraus; es kann damit höchstens in dem Maße funktionieren, in dem der Exzerpierende Kenner seines Textes ist. Lükken, und zwar nunmehr weniger Bedeutungslücken als Differenzierungslücken (zu den Termini: Wiegand 1977, 70—78), sind aber auch jetzt nicht auszuschließen. — Ein Ausweichen von den selektiven Verfahren b1 und b2 auf die vollständige Exzerption nach a macht Lücken (genauer: Erhebungslücken) unmöglich; andererseits ist a wie b1 im höchsten Grade mechanisch; das heißt hier erstens, daß Vollständigkeit der Erhebung nicht vor Interpretationslücken schützt und damit zweitens, daß es auch in der teilbereichsbezogenen Textlexikographie immer eine Flucht aus der Verantwortung für qualitative Differenziertheit in die schwer angreifbare Quantität gibt, und drittens, daß quantitativer Aufwand oft in keinem vertretbaren Verhältnis zu seinem Ertrag steht (vgl. 4.). Umgekehrt hat das Verfahren vollständiger Exzerption den organisatorischen und finanziellen Vorteil, daß es von studentischen Hilfskräften durchgeführt werden kann; natürlich ergibt sich bei „billigem" Exzerpieren wieder das Risiko der Interpretationslücke. — Wenn Exzerption und Interpretation hier dauernd zusammen genannt wurden, so hat dies den unter 6. (These 18) erörterten Grund. — Den geschichtlichen Ort teilbereichsbezogener historischer Textlexikographie bilden die wortartbezogenen Wörterbücher, die auf die Zentralbegriffe eines Philosophen, Rechtslehrers, Theologen, Dichters usw. bezogenen Wörterbücher (Beispiele für das Deutsche bei Reichmann 1984) und vor allem die sog. selektiven Ausgabenglossare; das sind Wörterbücher zu irgendwie bestimmten Teilen des Wortschatzes von Texten im Anhang oder als Begleitpublikation von Texteditionen (z. B. Buchda 1971; Kehrein 1865; Kisch 1919; Leisi 1937—1967; Mollay 1971; Rennefahrt 1942; 1945; 1952; 1960—1961; 1963—1964; 1967 usw.; bibliographische Angaben bei Reichmann 1986, 165—224; Reihen mit Ausgabenglossaren zusammengestellt bei Reichmann 1987, 198—199).

3.3. Im Falle von Wörterbüchern, die auf den Gesamtwortschatz einer Textbasis bezogen sind, sollten zwei Vollständigkeitsbegriffe unterschieden werden, und zwar a) die äußere (= lemmatische) und b) die innere Vollständigkeit (vgl. Wiegand 1984, 595—600).

Erstere ist dann gegeben, wenn jedes Wort (verstanden als type und nicht etwa als token) einer Textbasis, darunter die Namen, als eigenes Lemmazeichen erscheint. Lemmatische Vollständigkeit läßt selektives Exzerpieren zu; in diesem Falle gibt es die vorhin unter 3.2., Punkt b beschriebenen Erhebungsverfahren, auch die entsprechenden Vor- und Nachteile. Nahezu für alle Texte der mit alt-gekennzeichneten Stufen der germanischen Sprachen existieren Wörterbücher mit lemmatischer Vollständigkeit.

Innere Vollständigkeit heißt im Extremfall Vollständigkeit der Belegdarbietung und Belegdokumentation für alle Wörter, auch für Artikel, Pronomina, Konjunktionen und Präpositionen. Die Datenerhebung gestaltet sich dann als mechanisches Durchexzerpieren aller Wortvorkommen einer Textbasis. Dies ist, wenn nicht besondere Bedingungen wie Kürze des Textes und absolut herausgehobene kulturgeschichtliche Bedeutung zusammenkommen, unter finanziellen und arbeitsorganisatorischen Aspekten kaum verantwortbar und philologisch sinnlos: Die oben unter 3.2. bereits für besondere Wortschatzbereiche genannten Nachteile potenzieren sich für die Formwörter bis ins Absurde. Das ganze Verfahren der Maschine zu überlassen, bringt andere Probleme mit sich (vgl. 6., These 22).

Eine Kombination von äußerer und innerer Vollständigkeit und der entsprechenden Datenerhebungsverfahren ist möglich und sinnvoll. Sie wird z. B. vom Goethe-Wb. (1978, 4*) in der Weise gehandhabt, daß auf der Basis äußerer Vollständigkeit speziell für die „Grund- und Wesenswörter Goethes" „auch eine Vollständigkeit der Belege angestrebt" wird. „Das Entscheidende: kein Zeugnis des für Goethes Art, sein Fühlen, Denken und Urteilen Charakteristischen durfte unterdrückt werden" (ebd. sowie 11*). In partiell vergleichbarer, partiell mechanischer Weise verfährt auch das WMU; „bei bis zu 100 Belegen für ein Wort werden [...] sämtliche Stellen angegeben, bei größeren Belegzahlen nur eine Auswahl" (1, 11).

4. Zur Problematik der Erhebung primärer Daten in der historischen langue-Lexikographie

Unter einer langue soll hier das abstrakt-virtuelle System von Einheiten und Regeln verstanden werden, das Sprachwissenschaftler einer Klasse oder Klassen von Klassen von

Verständigungsmitteln zuordnen. Der Abstraktionsgrad solcher Systeme kann auch in der lexikographischen Praxis (erst recht in der Theorie) erheblich schwanken. Im hier diskutierten Zusammenhang kommt es lediglich darauf an, daß erstens Varietäten einer Sprache, zweitens die Gesamtsprache als das „ranghöchste Diasystem mit Norm" (Heger 1982, 436) und drittens auch Sprachgruppen unter die Definition fallen. Die Notwendigkeit des Einbezuges des letzteren Falles ergibt sich aus der Existenz solcher Werke wie des RWB, das mit dem älteren Deutschen, Niederländischen, Friesischen, Englischen einen einzelsprachübergreifenden Gegenstand hat (vgl. auch Art. 154).

Die Datenbasis, auf der die historische langue-Lexikographie beruht, ist maximal die Gesamtheit aller erhaltenen Texte; sie ist damit insofern geschlossen, als es eine Vermehrung der Texte, wie sie für Informantensprachen konstitutiv ist, nicht geben kann (vgl. Hoffmann/Piotrowski 1979, 60).

Es stellt sich die Frage, ob die Möglichkeit besteht, eine unter einem entscheidenden Aspekt als geschlossen charakterisierte Datenbasis als Grundgesamtheit einer statistischen Berechnung zu begreifen und aus einer solchen Grundgesamtheit eine bestimmte Teilmenge von Einzeldaten, i. e. also von Texten, zu bestimmen, die als repräsentative Stichprobe gelten kann. Eine Stichprobe ist dann repräsentativ, wenn ihre Untersuchung zu genau den gleichen Ergebnissen führt, zu denen eine viel aufwendigere Untersuchung des Gesamtmaterials führen würde, oder wenn sie die durch eine Untersuchung des Gesamtmaterials möglichen Ergebnisse mit einem vertretbar genauen Grad an Vollständigkeit erreicht. Mit dem letzteren soll impliziert sein, daß auch quantifiziert werden kann, welche Ausweitung der Stichprobe welchen Erkenntnisgewinn liefert.

Die folgenden Fakten und Überlegungen (vgl. Abschn. 4.1.—4.5.) führen zu einer radikalen Verneinung der gestellten Frage.

4.1. Verfügbarkeit historischer Texte und Corpusproblematik

Die Gesamtheit aller erhaltenen Texte einer Varietät/Sprache/Sprachgruppe mag zwar irgendwo und irgendwie in Archiven oder in Buchdeckeln existieren; das heißt aber nicht, daß in aller Regel auch eine Verfügungsmöglichkeit über sie bestünde. Nach einer ersten Dichotomie nämlich kann eine Varietät/Sprache/Sprachgruppe eine sehr schmale Menge erhaltener Texte, also etwa wenige Dutzende Pergamentblätter, sie kann aber auch eine äußerst umfängliche Menge von Erhaltenem, z. B. Zehntausende von Monographien pro Jahr, aufweisen. In ersterem Falle spricht man von *Kleincorpora*, entsprechend von *Kleincorpusvarietäten*, *-sprachen*, *-sprachgruppen*, im zweiten Fall von *Großcorpora*, entsprechend von *Großcorpusvarietäten*, *-sprachen*, *-sprachgruppen*. — Die Existenz des Erhaltenen kann nach einer zweiten Dichotomie gut bekannt, aber großenteils auch unbekannt sein. — Zum dritten kann das Erhaltene und Bekannte durch die philologische Tradition einer Gesellschaft gut aufbereitet, aber auch äußerst vernachlässigt sein.

4.1.1. Zwischen der Menge des Erhaltenen, dem Wissen darum, daß es erhalten ist, und dem Grad seiner philologischen Aufbereitung bestehen gewisse Relationen. So ist die Existenz von Texten eines Kleincorpus im allgemeinen bekannter als derjenigen eines Großcorpus. Analoges gilt für den Grad ihrer philologischen Aufbereitung.

4.1.2. In dem Maße nun, wie ein erhaltenes Corpus (a) klein, (b) in seiner Existenz bekannt ist, so daß hohe Dunkelziffern von zwar Existentem, aber nicht Bekanntem auszuschließen sind, und (c) philologisch gut aufbereitet ist, kann man von seiner *Verfügbarkeit* sprechen. Sie dürfte relativ weitgehend für die mit *alt-* determinierten Sprachstufen Althochdeutsch, Altniederdeutsch/Altsächsisch, Altfriesisch, Altenglisch, aber auch für die frühen Phasen der mit *mittel-* determinierten Sprachstufen (vgl. z. B. Gysseling 1964 und 1977—1987, Pijnenburg 1980 sowie Art. 154 a) gegeben sein, auch wenn der Grenzwert, daß alle erhaltenen Texte auch als solche bekannt und gut aufbereitet sind, nie erreichbar ist. Die Datenerhebungsproblematik hinsichtlich verfügbarer Kleincorpora entspricht, von hier nicht darstellbaren, sich aus dem Verhältnis von langue- bzw. Textbezug ergebenden Unterschieden abgesehen, ungefähr derjenigen, die oben unter 3. für die Corpora der Textlexikographie beschrieben wurde.

4.1.3. In all denjenigen Fällen, in denen die obigen Verfügbarkeitskriterien nicht gelten, existieren erhebliche Differenzen zwischen dem Erhaltenen und seiner Verfügbarkeit. Dazu zwei Beispiele:

(1) Die Fachvarietät 'frühneuhochdeutsche Bergbausprache in Ungarn' ist in einem mittelgro-

ßen Corpus enthalten; das Erhaltene ist weder seiner Menge noch seiner genauen Art nach bekannt und nur zu einem geringen, nicht klar quantifizierbaren Teil philologisch aufbereitet (vgl. Paul 1987, 57). Der damit konstatierte Befund 'relativ hoher Erhaltensbestand bei niedriger Bekanntheit und Aufbereitung' gilt für viele Varietäten vieler europäischer Sprachen.

(2) Das Deutsch des 16. Jahrhunderts ist in einem Großcorpus erhalten, und man kennt dieses Corpus in wesentlichen Teilen bibliographisch genau (z. B. durch Roloff 1985 ff.); seine philologische Aufbereitung dagegen wird man als unzureichend ansehen müssen. Entsprechendes gilt für die späteren Abschnitte aller mittleren und die älteren Abschnitte der sog. neuen Epochen europäischer Sprachen.

Das Fazit kann nur lauten: Wenn die Menge des Erhaltenen nicht bekannt ist (Beispiel 1), sind repräsentative Stichproben schon aus mathematischen Gründen nicht möglich; wenn das Erhaltene philologisch unzureichend aufbereitet ist (Beispiel 2), verbieten sich statistische Berechnungen schon aus dem Grund, daß die äußeren Voraussetzungen für die Erforschung der Regeln nicht gegeben sind, auf die man eine Berechnung möglicherweise stützen könnte.

4.2. Informationspositionen historischer langue-Wörterbücher und Corpusproblematik

Historische langue-Wörterbücher enthalten teils fakultativ, teils mit einem hohen Grad an Obligatorik (vgl. dazu Art. 154, Abb. 2) folgende Positionen: a) ein Lemma, b) Schreibvarianten, c) daraus konstruierte langue-Varianten niedrigeren Abstraktionsgrades als das Lemma, d) Angaben zur Wortart, e) Eckformen oder Angaben zur Flexion, f) Angaben zur Wortbildung, g) Angaben zur Etymologie, h) die Erläuterung aller Einzelbedeutungen, i) enzyklopädische Informationen, j) Symptomwertangaben, k) Angaben zur onomasiologischen Vernetzung, l) Beispielsyntagmen, darunter Kollokationen, m) Wortbildungen, n) phrasematische Verbindungen, o) Belege, p) Sprichwörter, q) Zeit-, Raum- und Textsortenangaben zu den Belegen, r) Belegstellenangaben, s) Häufigkeitsangaben zu einigen der genannten Positionen, t) Literaturangaben, u) lexikographische Kommentare potentiell zu jeder der genannten Positionen.

Es wäre eine absolute Verkürzung der Darstellung der Praxis und Problematik der Datenerhebung, wenn man sie — wie weithin üblich — auf die Vollständigkeit des Bestandes an Lemmazeichen und an Einzelbedeutungen pro Lemmazeichen beschränken würde. Datenerhebung betrifft vielmehr jede der soeben aufgelisteten Positionen; es geht also, unter quantitativem Aspekt formuliert, nicht nur darum, mit welcher Corpusmenge und -zusammensetzung man welchen Vollständigkeitsgrad an Lemmazeichen und Bedeutungen erreicht, sondern z. B. auch um folgendes: Mit welchem Corpus erfaßt man den üblicherweise realisierten Teil der systematisch möglichen Schreibvarianten mit einer Wahrscheinlichkeit von 80%, 90%, 95%? Mit welchem Corpus findet man die Eckformen eines Verbs, die freien Wortbildungen, in die ein Lemmazeichen eingegangen ist, die Phraseme, die bedeutungsverwandten Wörter? Wie viele Belege muß man haben, um verläßliche Symptomwertangaben, und zwar sowohl zum Wort als Ganzem wie zu jeder seiner Bedeutungen wie zu seinen sonstigen Eigenschaften, machen zu können? Mit welchem Corpus kommt man an die Fakten heran, die den Lexikographen zu enzyklopädischer Information befähigen, die nicht aus bereits vorhandenen Lexika abgeschrieben wird, die ihrerseits wieder auf Quellenstudium beruhen müßten oder (wer weiß?) tatsächlich beruhen? Es ist ohne weiteres einsichtig, daß die Frage nach einem sog. repräsentativen Corpus für jede der Informationspositionen eines Wörterbuches gesondert gestellt werden muß.

4.3. Vorkommenshäufigkeit und Verteilung von Wörtern in Texten und Corpusproblematik

Sprachliche Einheiten begegnen in den Texten einer Varietät/Sprache/Sprachgruppe erstens mit sehr unterschiedlicher Vorkommenshäufigkeit und sind zweitens in jedem Fall ungleichmäßig verteilt (Heger 1970, 25). Dies hat Auswirkungen auf die lexikographische Erfassungsmöglichkeit von Wörtern und die Erkennbarkeit derjenigen ihrer Eigenschaften, die in einem Wörterbuchartikel behandelt werden. Als Regel gilt: Je häufiger eine Einheit begegnet und je gleichmäßiger sie vorzukommen pflegt, desto kleiner kann das Corpus gehalten werden und desto müheloser sind die Worteigenschaften ablesbar.

4.3.1. Im Deutschen ist aus praktisch jedem Wortvorkommen die morphologische Wortart erschließbar; auch die Genusangabe für Substantive, die übliche Graphie und die Graphievarianten, die flexionsmorphologischen Eckformen und die syntaktischen Regeln der Wortverwendung sind im Normalfall aus einer überschaubaren Menge von Belegen zu erkennen. Dennoch ergeben sich bei der Formulierung sehr vieler Artikel schwer füllbare Lücken. So kann ein bestimmtes Wort dauernd im Singular belegt sein, ohne nach der Zugehörigkeit zu seiner funktionalen Wortklasse als Singulare tantum wahrscheinlich zu sein; Entsprechendes gilt für Pluralbelege ohne Singularvorkommen. Eine ostoberdeutsche Schreibvariante will deshalb nicht begegnen, weil alle verfügbaren Texte einer bestimmten Textsorte westoberdeutscher Provenienz zugehören und dies graphisch reflektieren. Vom Verb *sterben* lassen sich die frühneuhochdeutschen Eckformen *ich sterbe/stirbe, ich starb/wir sturben* schwer auftreiben. Von einem Verb der geistigen oder körperlichen Zuwendung ist kein Genitivobjekt, wie es für eine bestimmte Zeit erwartet werden kann, und von einem Adjektiv keine prädikative Verwendung, wie sie die funktionale Wortklasse nahelegt, zu finden.

4.3.2. Die Erkenntnis graphischer, morphologischer und syntaktischer, zusammengefaßt: grammatischer (im Unterschied zu interpretativen, dazu 4.5.) Eigenschaften eines Wortes setzt dessen Belegung voraus, die insofern das Schlüsselproblem der Corpuszusammenstellung schlechthin wird. Es stellt sich in extremer Form, gleichsam als Grenzwert, wie folgt: Man hat ein Corpus zusammenzustellen, das mit dem kleinstmöglichen Umfang die höchstmögliche Zahl lexikalischer Einheiten und über diese die größtmögliche Menge an grammatischer Information über diese Einheiten zu gewinnen gestattet; die Voraussetzungen einer Quantifizierbarkeit, nämlich gewisse Frequenzen und gewisse Gleichmäßigkeiten der Verteilung der Einheiten sowohl innerhalb von Einzeltexten wie hinsichtlich des in einer Varietät/Sprache/Sprachgruppe gerade üblichen Textsortenspektrums, sind aber nicht gegeben. Erstens nämlich gehört es zu den Konstitutiva lexikalischer Zeichen, immer in Abhängigkeit von pragmatischen, darunter thematischen, situativen, räumlichen, zeitlichen usw. Faktoren vorzukommen, und zweitens kann dasjenige, was an linguistischer Einsicht über Vorkommenshäufigkeiten und Verteilungsgleichmäßigkeiten möglich sein mag, nicht bereits am Anfang der lexikographischen Beschreibung bekannt sein. Es sind mithin erstens die Gegenstandseigenschaften und zweitens die Kenntnisvoraussetzungen, die den oben angesprochenen Grenzwertcharakter der Situation ausmachen und jede Quantifizierbarkeit des Corpus in irgendeinem Sinne von exakter Statistik ausschließen. Eine gewisse, aber ebenfalls nicht quantifizierbare Entschärfung der Problematik tritt immer dann (und in dem Maße) ein, wenn (bzw. wie) bereits Vorkenntnisse über die zu beschreibende Varietät/Sprache/Sprachgruppe vorliegen; das heißt notwendigerweise aber auch immer, daß man sich in einen Zirkel begibt, wenn man sich darauf stützt. Die Gegenstandseigenschaften 'Häufigkeit' und 'Ungleichmäßigkeit' sind schlechterdings unbeeinflußbar. — Als Ergebnis dieser Ausführungen deutet sich bereits an, daß jede Corpuszusammenstellung qualitate qua nur relativ erstens zu anderen solcher Zusammenstellungen und zweitens zum erklärten Beschreibungszweck erfolgen kann, daß sie damit offensichtlich auch aus diesem letzteren Grund zirkulär ist.

4.3.3. Um einen Eindruck vom Grad der Unterschiedlichkeit von Wortvorkommen hinsichtlich ihrer Frequenz und implizit auch ihrer Verteilung zu vermitteln, seien im folgenden einige Zahlen angegeben (vgl. auch Art. 169 sowie Bahr 1987, 148—149; Guiraud 1959, 93 ff.; Schaeder 1981, 82—85; Hoffmann/Piotrowski 1979, 122; jeweils mit weiterer Literatur):

(1) 71 000 000 Wortvorkommen in 1000 literarischen Texten des Französischen des 19. und 20. Jahrhunderts führen zu rund 70 000 Wörtern; 21 000 davon begegnen nur ein einziges Mal (vgl. *Dictionnaire des fréquences* 1971).

(2) 3 500 000 Wortvorkommen der Limas-Textsammlung ergeben 130 000 Wortformen zu insgesamt 50 000 Wörtern (Bergenholtz/Schaeder 1977, 10).

(3) Nach einer Auswertung des Häufigkeitswörterbuches von Kaeding (1898) ergeben rund 11 Millionen Wortvorkommen des Deutschen knapp 260 000 Wortformen. 84 % davon begegnen weniger als zehnmal; das sind nur 3,7 % aller Textwörter (Meier 1967).

(4) Von 50 000 Textwörtern des Französischen decken die 1000 am häufigsten belegten 83 %, die 4000 am häufigsten belegten 97 % der Wortvorkommen der erfaßten Texte ab. Umgekehrt heißt das, daß der zahlenmäßig größte Teil des Wortschatzes aus seltener gebrauchten Wörtern besteht (vgl. Guiraud 1959, 17; 93).

(5) 5 % aller Wörter eines schottischen Textes decken 78,5 % aller Wortvorkommen dieses Textes ab (Aitken 1971, 5).

4.3.4. Zahlen dieses Typs lassen erkennen, daß zwischen der Quantität des Corpus einerseits und der Menge der daraus gewinnbaren Wörter andererseits ein Zusammenhang be-

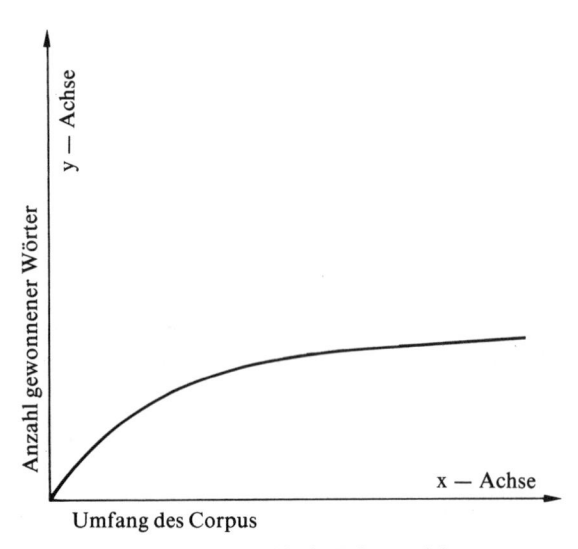

Abb. 168.1: Lexikographische Erkenntniskurve

steht. Zur Art des Zusammenhanges ist damit noch nichts gesagt. Eine lineare Progression in dem Sinne, daß durch eine Ausweitung des Corpus auf das Doppelte, Dreifache, N-fache eine Verdoppelung, Verdreifachung, Ver-n-fachung der Ausbeute an Wörtern oder ein sonstiger, nach irgendeinem *konstanten* Faktor berechenbarer quantitativer Gewinn erreicht werden könne, wird durch die Fakten ausgeschlossen. Vielmehr ist der Gewinnfaktor bei einem nur aus wenigen Texten bestehenden Corpus relativ hoch; mit zunehmendem Corpusumfang verringert sich die Ausbeute zunehmend, bis schließlich eine Phase erreicht ist, von der an selbst bei erheblicher quantitativer Ausweitung des Corpus nur noch ein minimaler Gewinn erzielt werden kann. Veranschaulicht man diese Verhältnisse mit einem geometrischen Mittel, so ergibt sich eine Kurve folgender Verlaufstendenz (vgl. Schaeder 1981, 86; Hoffmann/Piotrowski 1979, 144—145; Baldinger 1987, 68) (s. Abb. 168.1).

4.3.5. Absolute oder genaue relative Werte zu dieser Kurve anzugeben, ist völlig ausgeschlossen; weder läßt sich die Höhe der Kurve berechnen, noch läßt sich für irgendeinen ihrer Ausschnitte ein Gewinnfaktor angeben, noch läßt sich ihre Abflachung mathematisch fassen. Klar ist lediglich, daß der Aufwand, um von 90 % auf 95 % des geschätzten Umfangs des Wortschatzes einer Varietät oder Sprache zu kommen, um ein hohes Vielfaches größer ist als der Aufwand, der benötigt wird, um von 70 % auf 80 % zu kommen, und daß bereits dieser Aufwand denjenigen um ein Vielfaches übersteigt, der den Lexikographen von 20 % auf 30 % führt.

4.3.6. Der durch Corpusausweitung geringer werdende Zuwachs an Wörtern deckt sich übrigens keineswegs mit dem Gewinn an textsemantischer Information. Vielmehr besteht zwischen der Häufigkeit des Vorkommens lexikalischer Zeichen und dem Gewinn an textsemantischer Information ein umgekehrtes Verhältnis; ein Text kann als ganzer unverständlich bleiben, wenn ein einzelnes seltenes Wort fehlt. Die Kurve, die das Verhältnis von Corpusumfang und textsemantischer Information spiegelt, liegt also oft unter der obigen, auf die lexikalischen Einheiten bezogenen Kurve (vgl. Hoffmann/Piotrowski 1979, 58—61; 177). Laut Guiraud 1959, 93—94 haben die 100/1000/4000 häufigsten Wörter einer Bezugsgröße eine Textdeckung von 60/86/97, aber nur einen Informationsgehalt von 30/50/70 %; 50/70 %; es geht dabei nicht um die Stimmigkeit der absoluten Zahlen, sondern um das Verhältnis beider Zahlenreihen.

4.4. Komplikationen

Die Verhältnisse verkomplizieren sich noch durch folgende Fakten:

4.4.1. Das in der langue-Lexikographie üblicherweise erscheinende Lexeminventar besteht aus einem Teil, dessen Aufnahme unter sehr vielen bis allen denkbaren Gesichtspunkten zweifelsfrei ist, und einem weiteren Teil, dessen Aufnahme stark kriterienabhängig und selbst bei klar formulierten Selektionsregeln z. B. auf Grund des Kriteriums der Lexikalisierung oder anderer Gründe für Wörterbuchwürdigkeit nicht eindeutig entscheidbar ist (vgl. z. B. Reichmann 1986a, 37—40; Müller 1982; Burger 1983; Mugdan 1984). Dieser zweite Teil umfaßt nicht nur einige wenige Problemfälle, sondern beläuft sich vage eher auf 2 als auf 1 Drittel des zweifelsfreien Inventarteils; man halte sich nur vor Augen, daß Adelung (begründet) 55 181 Einheiten, Campe dagegen (anders begründet) 141 277 Einheiten bietet, daß der Brockhaus Wahrig den Duden, GWb durch ganze Reihen von Ableitungen und Komposita (ebenfalls irgendwie begründet) zu überbieten trachtet oder daß Bahr (1987, 153) für das Neuhochdeutsche zu der zwar mir, aber nicht ihm absolut überhöht erscheinenden Zahl von 500 000 wörterbuchwürdigen Einheiten (eben zum großen Teil „Neubildungen von Lexemkombinationen") kommt. Man erkennt: auf der y-Achse des obigen Koordinatenkreuzes soll etwas gezählt werden, was (wohlgemerkt: selbst bei Voraussetzung klarer Selektionsregeln) zu großen Teilen gar nicht zählbar ist.

4.4.2. Die oben zu Beginn dieses Abschnitts gemachte globale Aussage, daß sprachliche Einheiten in den Texten einer Varietät/Sprache/Sprachgruppe in ungleichmäßiger Verteilung begegnen, heißt konkret: Wörter begegnen sowohl innerhalb eines Einzeltextes wie hinsichtlich mehrerer Texte einer Varietät wie hinsichtlich aller Texte einer Varietät im Vergleich zu allen Texten einer anderen Varietät in ungleicher Verteilung. In anderer Terminologie: der Type-Token-Quotient, d. h. der Quotient aus der Anzahl der (verschiedenen) Wörter und der Anzahl der Wortvorkommen eines Textes, variiert innerhalb eines Einzeltextes (z. B. nach der Länge des untersuchten Textteils und nach der Wahl des Ausschnitts), ferner von Text zu Text und von Textgruppe zu Textgruppe. Texte mit einem hohen Type-Token-Quotienten könnte man *elaborierte,* solche mit niedrigen Werten *restringierte* Texte nennen. Es ist eine linguistische Erfahrungstatsache, daß z. B. Wörterbücher sehr hohe, literarische Texte hohe, Erbauungs-, Fach-, rechts- und wirtschaftsgeschichtliche Texte niedrige und z. B. Inventarverzeichnisse sehr niedrige Type-Token-Quotienten aufweisen. Der Punkt, von dem an innerhalb eines Einzeltextes kaum noch neues Wortmaterial aufzufinden ist, sowie die Textausschnitte, die zur Erzielung einer hohen Ausbeute festgelegt werden müssen, sind nicht generell bestimmbar. Die Ämterbücher des Deutschen Ordens, die zum großen Teil Aufzählungen des Materials enthalten, das ein Amtsinhaber bei seiner Abdankung seinem Nachfolger übergibt, oder die Österreichischen Weistümer, die ihre Texte pro Herrschaftsgebiet oft nur in abgewandelter Form bieten, wiederholen das gleiche Wortgut immer dann zu einem hohen Prozentsatz, wenn (in ersterem Falle) das Inventar eines Amtes innerhalb weniger Jahre seinen Verwalter wechselt oder wenn (im zweiten Falle) tatsächlich Textvarianten vorliegen. Demgegenüber sinkt der Type-Token-Quotient innerhalb literarischer Texte sehr viel langsamer; umgekehrt ist aber nicht ausgeschlossen, daß eine bestimmte poetische Fiktion ihre Wirkung gerade der Restringiertheit des Wortschatzes verdankt. — Dies alles gilt selbstverständlich unter Beachtung des unter Punkt 4.4.1. zur Bestimmbarkeit des lexikographischen Wortbegriffes Gesagten.

4.4.3. Was innerhalb der Texte einer Einzelsprache gilt, hat aus den gleichen Gründen, nämlich solchen der thematischen und stilistischen Variation, auch Gültigkeit für die Texte einer anderen Sprache, so daß der Grad der Ungleichmäßigkeit der Verteilung von Wörtern auch von Sprache zu Sprache differiert. Zu diesen pragmatisch bedingten Differenzen kommen beim Übergang von einer Sprache zu einer anderen zusätzliche, typologisch und historisch bedingte Differenzen hinzu. So kann eine Sprache im Vergleich zu einer anderen eine prinzipiell andere Struktur haben, also z. B. sehr viele Begriffe eher mit sich dauernd wiederholenden morphologischen als mit lexikalischen Mitteln zum Ausdruck bringen. Aber auch unauffälligere Unterschiede, wie sie z. B. zwischen dem Wortbildungssystem des Deutschen und des Französischen existieren, können die Verhältnisse verschieben, z. B. infolge der größeren Wahrscheinlichkeit von Lexikalisierungen in der wortbildungstypischen Sprache Deutsch. Geschichtlich können Gesichtspunkte der Art eine Rolle spielen, wie viele Sprachen vor allem lexikalisch in einer jüngeren Sprache zusammengeflossen sind. Das Englische z. B. hat angeblich einen höheren Wortschatz als das Französische, Niederländische oder Deutsche, weil es — wie immer man wird differenzieren müssen — gleichsam zwei Wortschätze, nämlich einen germanischen und einen romanischen, in sich vereint (vgl. Scheler 1977, 96). Die Wahrscheinlichkeit, ein Wort in einem Corpus zu finden, nimmt aber mit dem Umfang des Wortschatzes ab. Die Corpusproblematik stellt sich für jede Sprache neu, und zwar infolge der Spezifik ihrer Textpragmatik, ihrer Typologie und ihrer Geschichte.

4.5. Interpretative Informationspositionen von Wörterbuchartikeln und Corpusproblematik

In Abschnitt 4.3. wurde die Corpusproblematik ausschließlich für die lexikalische Einheit als solche wie für einige ihrer grammatischen Eigenschaften behandelt. Es ging dabei um Gegebenheiten, deren Feststellung und Beschreibung in einem hohen Grade mit den Prädikaten 'richtig' oder 'falsch' versehen werden kann. So wird man z. B. die Richtigkeit von Genusangaben wie *der* oder *der, vereinzelt das* oder von syntaktischen Kommentaren des Typs *mit Akk. der Sache und Dat.*

der Person letztlich sogar unbestreitbar behaupten können. Allerdings wurde ebenfalls deutlich, daß es im Wortbildungs- und Phrasembereich zahlreiche Einheiten gibt, deren Charakterisierung als 'lexikalisiert' oder 'in irgendeinem anderen Sinne wörterbuchwürdig' nicht zweifelsfrei mit Prädikaten wie 'richtig' oder 'falsch', sondern eher mit solchen wie 'begründet', 'sinnvoll', 'vernünftig', 'plausibel' belegt werden kann. Dieser Gedanke soll hier wieder aufgegriffen und weiterverfolgt werden.

4.5.1. Jeder Wörterbuchartikel enthält Informationen, die als Fakten, und solche, die als Interpretationen gelten können. Zu ersterem Typ zählen eher die grammatischen, zu letzterem eher die pragmatischen und vor allem die semantischen Informationen. Speziell die Gliederung des Bedeutungsspektrums eines Lemmazeichens mittels z. B. einer Anzahl generischer und einer weiteren Anzahl spezifischer semantischer Regeln oder mittels des Ansatzes einer bestimmten Menge nach Zahlen geordneter und irgendwie miteinander verknüpfter Einzelbedeutungen beruht bekannterweise auf dem Verständnis, das der einzelne Lexikograph von den ihm vorliegenden Belegen hat, und den Gesichtspunkten, nach denen er diese gliedert (vgl. dazu z. B. Aitken 1971, 8—9; Reichmann 1989 a). Entsprechend beruhen die Angaben zur onomasiologischen Vernetzung von Bedeutungen zwar nicht nur, aber auch auf den vom Lexikographen gewählten Vernetzungsgesichtspunkten.

4.5.2. Die Corpusproblematik stellt sich für die Gewinnung interpretativer Information anders als für diejenige von Fakteninformation. Während bei letzterer immerhin eine gewisse Korrelation von Corpusumfang und Ausbeute feststellbar, nicht dagegen die Frage beantwortbar war, mit wie viel Corpus man welche Menge an lexikalischen Einheiten und welche Menge an grammatischer Information erhält, wird eine quantitative Frage des Typs, wie viel Corpus man braucht, um alle Bedeutungen eines Wortes mit einem festgelegten Vollständigkeitsgrad erfassen zu können, schlechthin absurd. Die Frage kann höchstens lauten: *Welches* (nicht: *wie viel*) Corpus braucht man, um die Bedeutung (nicht z. B.: 80 % aller Bedeutungen, als wenn es so etwas wie 'alle Bedeutungen' gäbe) eines Wortes erfassen und beschreiben zu können? Für die onomasiologische Vernetzung müßte man formulieren: Mit welchem Corpus hat man die größte Chance, die Vernetzungsdimensionen einer Bedeutung zu erfassen (nicht: einen bestimmten Prozentsatz aller bedeutungsverwandter Wörter, als wenn es so etwas schlechthin gäbe)? Auch die Frage, *wieviel* Corpus zu wie viel sog. enzyklopädischer Information führt, die zum Verständnis der Semantik des Wortes notwendig ist, bedarf der Umformulierung: Von *welchen* Texten kann erwartet werden, daß sie Wörter so verwenden, daß ein zeitgenössischer Rezipient (damit auch der diese Texte bearbeitende Lexikograph) dadurch über ihre Sachbezüge informiert wird, statt daß diese als bekannt vorausgesetzt werden?

Um die Fragwürdigkeit ausschließlich quantitätsbezogener Fragestellungen für die historische Bedeutungsforschung und damit von semantischen Vollständigkeitsvorstellungen zu demonstrieren, sei hier eine kurze Prüfung einiger historischer Wörterbücher unter dem Aspekt sog. Vollständigkeit vorge-

	DWB	FWB	Schwäb. Wb.	Schweiz. Id.	Wrede	Lexer	RWB	Krämer
1. ›sich e. S./ js. entledigen, entäußern, etw. aufgeben, auf etw. verzichten‹	A1	2		2bβ1; 2;3	III1;2	+	VIII A1;2	
2. ›etw. (Befestigtes, Festsitzendes) abmachen, abziehen, abnehmen‹	A2	1;11		2aß; 5a	I1; 2a			
3. ›etw. von jm. nehmen, jn. von etw. befreien‹	A2b	2						
4. ›etw. ab-, wegreißen, abbrechen‹	A2c	3			I2c		IA3	
5. ›etw. streichen, tilgen; abziehen‹	A2d	12		2bα3			IA4; VIA1;2; VIIIE	

168. Formen und Probleme der Datenerhebung I: Historische Wörterbücher

	DWB	FWB	Schwäb. Wb.	Schweiz. Id.	Wrede	Lexer	RWB	Krämer
6. ›etw. wegnehmen, zur Seite tun‹	A2e		2				IA1	
7. ›jm. etw. entwenden, entziehen‹	A2f						IA2	
8. ›jn. umbringen, ermorden; Selbstmord begehen‹	A3a	8		3aβ			VIII?	
9. ›(Tiere) töten‹	A3b	8	1	3aα	I2b		III2	
10. ›etw. wiedergutmachen, erstatten, abgelten‹	A4	7	3		I3b		V1; 2	
11. ›etw. abschaffen, aufheben, abstellen, beseitigen, außer Kraft setzen‹	A5	4	3	2bα2; 3; 5	I3a		IA5; IIA1; 2; 3; 6—9	
12. ›jn. absetzen, ablösen, seines Amtes entheben‹	A6	5		2bα1			IIB1	
13. ›auf etw. verzichten, etw. unterlassen‹	A7a	2				+	IA9c; IIA5 VIIIA1	
14. ›die schützende Hand von jm. nehmen‹	A7b						IA9	
15. ›sich entfernen (innerlich abwenden)‹	A8a	2					VIII B1; 2; C; D	
16. ›etw. (eine Rechtssache) zu Ende führen, erledigen, beilegen, bereinigen‹	B1	13		1			IV	
17. ›etw. erledigen, ausführen, absolvieren‹	B2	13		1			IIA4	
18. ›jn. aburteilen, hinrichten‹		9					III1	
19. als Part. Perf. ›schal, abgestanden‹		14			III			
20. ›defekt‹		3						
21. ›etw. einschmelzen‹							VII	
22. ›etw. entfernen, wegschaffen‹				2aα				
23. ›etw. (z. B. Geld) vertun‹								3b
24. ›etw. verbieten, verhindern, jm. etw. austreiben‹				2bα4				
25. ›Holz zu Tal schleifen‹				5b				
26. ›Feuer löschen u. ä.‹		3						
27. ›etw. beschlagnahmen‹		6						

Abb. 168.2: 'Vollständigkeit' in einigen historischen Wörterbüchern des Deutschen

Legende: Die angesetzten Zahlen, Buchstaben usw. entsprechen den Bedeutungspositionen in dem am Kopfende der Spalte angegebenen Wörterbuch. + heißt: wird ohne Zahl aufgeführt.

nommen. Als Beispielwort fungiert das frühneuhochdeutsche Wort *abtun*.
Das Schema projiziert die Bedeutungsansätze des FWB, des Schwäb. Wb., des Schweiz. Id., Wredes, Lexers, des RWB und Krämers auf die Ansätze der Neubearbeitung des DWB. Die Projektionsmethode und Problematik soll hier nicht erörtert werden; es sei lediglich gesagt, daß nur selten eine volle, meist eine nur sehr partielle inhaltliche Deckung zwischen den einzelnen Ansätzen vorliegt. Eine Wiedergabe der betreffenden Formulierungen, die hier aus Raumgründen nicht möglich ist, würde dies zweifelsfrei belegen. Auf jeden Fall ergibt sich schon aus der Projektionsproblematik, wie vorsichtig man mit dem Begriff der Vollständigkeit im semantischen Bereich umgehen sollte. Noch deutlicher wird dies, wenn man sich vor Augen hält, daß von den aufgeführten 27 Bedeutungsansätzen immerhin 10, also mehr als ein Drittel, in der Neubearbeitung des DWB zumindest in einer leicht erkennbaren Form nicht aufzufinden sind. Das Bild würde sich verschärfen, wenn es dialektbezogene historische Wörterbücher von der Qualität des Schweizerischen Idiotikons oder des Fragmentes von Wrede für alle deutschen Teillandschaften und gruppenbezogene historische Wörterbücher von der Qualität des RWB für die bedeutenderen Soziolekte und Gruppensprachen des Deutschen gäbe.

Aus Zusammenstellungen und Überlegungen der vorgeführten Art herzuleiten, die Neubearbeitung des DWB erreiche für das Bedeutungsspektrum einiger Lemmazeichen nur Vollständigkeitsgrade im Bereich von 50 %, wäre einerseits in der Tat möglich, andererseits aber absurd. Die Neubearbeitung des DWB (hier: die Berliner Strecke) bietet auch unter semantischem Aspekt das Maximum an Vollständigkeit, das möglich ist, außerdem ein Maximum an linguistischer und philologischer Qualität (vgl. Reichmann 1989).

Der sich hier ergebende Widerspruch hebt sich auf, wenn man die Bedeutungserläuterung als interpretativen Teil der Textsorte Wörterbuchartikel ernst nimmt und daraus folgert, daß man in Wörterbüchern nicht mit der Haltung nachschlagen sollte, darin wohlabgegrenzte Einheiten zu finden, die zu demjenigen, was man sucht, entweder passen oder nicht, sondern daß man die gebotenen Erläuterungen Schlußverfahren aller Art (darunter Bildungen von tertia comparationis, metonymische Assoziationen, Teil-Ganzes-Relationierungen, Perspektivenwechsel bei Konversen) unterwerfen und sich so die Bedeutungsmöglichkeiten erst herleiten muß. Im obigen Beispiel sind alle im DWB nicht explizit angegebenen Bedeutungen aus der Konstellation des Gesamtspektrums herleitbar. — Auf die Problematik des Verhältnisses von langue- zu Normlexikographie, die sich hier andeutet, kann nicht eingegangen werden.

5. Praxisformen der Erhebung primärer Daten in der historischen langue-Lexikographie

Die Praxis der Datenerhebung in der historischen langue-Lexikographie unterliegt außerordentlich unterschiedlichen Formen.

5.1. Diese Aussage gilt zunächst unter quantitativen Aspekten. Zu unterscheiden ist zwischen denjenigen Unternehmen, die aus nationalen oder sonstigen Gründen als dominante Forschungsunternehmen einer Sprachgesellschaft anerkannt und finanziell sowie institutionell entsprechend ausgestattet sind. Beispiele im Bereich der germanischen Sprachen bilden trotz erheblicher Unterschiede im einzelnen das Schweiz. Id., das DWB, das WNT, das OED, das DOST, das MED; für das Französische wäre der TLF zu nennen. Arbeitsstellen mit einem halben Dutzend hauptamtlicher und zusätzlich einer oft hohen Anzahl freier Mitarbeiter sind dann das Minimum, das in einzelnen Fällen allerdings um ein Mehrfaches übertroffen werden kann. Das zugrundeliegende Corpus kann bis zu 20 000 Titel (OED, DWB) umfassen, ohne daß diese systematisch exzerpiert werden könnten; die Anzahl der Exzerpte beläuft sich auf eine Größenordnung oberhalb 5 Millionen (so OED; WNT für die Buchstaben u—z: 1,3 Mio. laut van Sterkenburg 1987, 142; Neubearbeitung des DWB 5,6 Mio. für 6 Buchstaben laut Dückert 1987; Schlaefer 1987). Für ein Sprachstadienwörterbuch mit einem zugrundeliegenden Großcorpus (also die Stufen mit *mittel-* und *frühneu-* als Bestimmungswort) scheint sich die Größenordnung um 2—3 Mio. Exzerpte aus rund 2000—4000 Quellen als Norm eingespielt zu haben (vgl. Aitken 1971, 9; Bailey 1980, 302; MED 1, X); ähnliche Werte gelten für das RWB. Unterhalb dieser Ebene liegen die von Einzelpersonen getragenen Unternehmen ohne institutionelle Absicherung (FWB: 1,2 Mio. Exzerpte als Planziel, allerdings mit der Möglichkeit der Mehrfachbe-

168. Formen und Probleme der Datenerhebung I: Historische Wörterbücher

nutzung von Exzerpten, vgl. 6., These 24; 553 Quellen). Zahlen dieser Art besagen über die inhaltliche Ergiebigkeit (Anzahl der Lemmata, semantischer Aspekt der Bedeutungserfassung usw.) nur wenig.

5.2. Die Erhebung der Daten erfolgte bis in die 2. Hälfte des 20. Jhs. in der Regel durch manuelles Abschreiben. Seit den 50er Jahren ging man zu photomechanischen Exzerpten, seit den 60er Jahren vereinzelt zur computergestützten Erfassung der Quellentexte und darauf beruhenden Verfahren der Erstellung von Belegmaterial über.

5.3. Sehr weitgehende Unterschiede in der Datenerhebung bestehen zwischen individueller und institutioneller Lexikographie.

5.3.1. Als Beispiel für erstere soll hier das Mittelhochdeutsche Wörterbuch von Benecke/Müller/Zarncke kurz vorgeführt werden. Die Datenerhebung erfolgte in mehreren Phasen:

(a) vor 1819 (Jahr des Erscheinens des 1. Teils der deutschen Grammatik von Jacob Grimm) Anlage eines alphabetisch geordneten mittelhochdeutschen Glossars durch Georg Friedrich Benecke; Quellen bildeten die Minnesänger, wie sie in Scherzius/Oberlin erscheinen, ferner Textausgaben der Zeit vor 1819, darunter die Sammlung deutscher Gedichte von Myller;

(b) nach 1822 (2. Aufl. des 1. Teils von Grimms Grammatik) Erstellung einer vollständigen, etymologisch geordneten lexikalischen Sammlung. Zu diesem Zweck Verzeichnung der mittelhochdeutschen Stammwörter nach Grimms Grammatik in Quartbänden, und zwar so, daß Raum für Zusätze bleibt. Übernahme ganzer Stellen aus Grimm, vorwiegend aus dem ersten, weniger aus dem zweiten, 1826 erschienenen Teil, so daß selbst Verben unberücksichtigt bleiben. Füllung der Lücken zwischen den Stammwörtern je nach gerade gelesener Quelle; Nichtberücksichtigung der Texte, die Benecke selber herausgegeben hat. Benutzung der so zustande kommenden Sammlung durch Benecke selber;

(c) durch zunehmende Vermehrung des Materials Sprengung des Rahmens; allmählicher Ersatz der Stufe (b) durch die ausführlichere Stufe (c), allerdings nur für etwa ein Drittel der Wörter der Stufe (b); sehr unterschiedliche Berücksichtigung der Quellen, unterschiedliche Zitierweise usw.; auch diese Form diente nur der eigenen Nutzung;

(d) Absicht Beneckes, seine Sammlung auszubauen und drucken zu lassen. Umschreibung der Strecken a, b, partiell auch p, z, c und q für den neuen Zweck, aber unsystematisch;

(e) 1844 Übernahme des Nachlasses durch Wilhelm Müller; Umgestaltung der Vorarbeiten Beneckes zu einem Wörterbuch; Vervollständigung des Materials aus älteren und neueren Editionen; zusätzliche Nutzung von Materialien, die Müller zur Ergänzung des Wörterbuches von Adolf Ziemann (1838) gesammelt hatte; Ergänzung durch Sekundärmaterial aus Wörterbüchern usw.; Streben nach „möglichster Vollständigkeit" (der Anteil Friedrich Zarnckes ist im vorliegenden Argumentationszusammenhang irrelevant; Fakten nach Müller 1853).

Auf vergleichbare Weise sind z. B. Wander 1867—1880, Wrede 1928, das Schwäb. Wb., der erste Band des Schweiz. Id., die historischen Mundartwörterbücher (vgl. dazu Art. 28, Abschn. 6) des Deutschen zustande gekommen. Die mit diesem Typ der Lexikographie verbundene Datenerhebung ist gekennzeichnet durch

— oft individuelle Gewichtungen bei der Corpuszusammenstellung (dies gilt auch für die von Jacob und Wilhelm Grimm bearbeiteten Bände des DWB),

— Exzerption nach individuellen Gesichtspunkten,

— relativ geringe Datenmengen, vor allen Dingen Vermeidung von unnützen Beleghalden, da der Exzerptor gleichzeitig Artikelbearbeiter war,

— Untrennbarkeit von Datenerhebung und Datenanalyse/-interpretation,

— Korrektur der nicht zu leugnenden methodischen Mängel durch die Textkenntnis, die kulturgeschichtliche und philologische Kompetenz sowie durch die Motivation des Exzerptors/Lexikographen; viele Wörterbücher des 19. Jhs. sind bis heute nicht ersetzt.

5.3.2. Das Gegenbild zu dieser Form der Datenerhebung ergibt sich aus folgendem:

Es hat in der Lexikographie historischer Varietäten, Sprachen und Sprachgruppen immer wieder Versuche gegeben, die unter rationalen Aspekten anerkannte Unmöglichkeit, durch ausschließlich quantitative Ausweitung des Corpus zur Erzielung hoher Vollständigkeitsgrade im Lexem- und Bedeutungsbestand zu gelangen, gleichsam mit Gewalt zu durchbrechen, und zwar gegen jede Rationalität genau an dem Punkt, wo es erwiesenermaßen am wenigstens geht, eben über eine laufende Erhöhung der Corpusquantität. Es gibt zwei Typen der lexikographiegeschichtlichen Konstellation, an denen diese latent immer vorhandene Gefahr gerne in die Praxis umschlägt. Ein Pyrrhus-Effekt kann die Folge sein. Er besteht darin, daß die in die Erzielung höherer lexikographischer Ausbeute investierten Mittel (Zeit, Geld, Personal) nicht nur die Ausbeute nicht lohnen, sondern das betreffende Unternehmen in eine Ausgangsposition zurückwerfen, die ungünstiger ist als vor der Corpusausweitung. Dies kann man anerkennen und Auswege suchen, oder man kann es verschleiern; Mittel zu letzterem sind laufende Vergrößerungen der Arbeitsstellen, die Hinausschiebung der Fertigstellungsdaten in eine nicht mehr beeinflußbare Zukunft, die Beanspruchung besonderer, gleichsam absoluter Qualität.

Der erste Konstellationstyp ist immer dann gegeben, wenn ein lexikographisches Unternehmen erstens durch ideologische Überhöhungen aller möglichen Art, etwa dadurch, daß man es zum Ersatz für nicht erreichte oder verspielte nationale Einheit erklärt und als übergeschichtliche Notwendigkeit behandelt, der Pflicht enthoben wird, seine kulturgeschichtliche Rolle fortwährend mitzureflektieren, und wenn es zweitens infolge solcher Überhöhungen institutionell so abgesichert wird, daß es auch des fortwährenden Beweises der Leistungsfähigkeit seiner Bearbeiter und Leiter (außer durch selbstverständliche praktische Ergebnisse z. B. auch durch Publikationen zur Lexikologie und Wörterbuchforschung) sowie seines kulturpädagogischen Nutzens nicht mehr bedarf.

Der zweite Konstellationstyp ist dann gegeben, wenn die quantitativen Möglichkeiten, die die moderne Technik bereitstellt, auf die Leiter und Mitarbeiter eines lexikographischen Unternehmens eine solche Faszination ausüben, daß man der Maschine die Erleichterung des schlechten methodischen Gewissens anvertraut, das oft durch eine freilich immer als unzureichend beurteilbare Quellengrundlage hervorgerufen wird. Sie kann auch dann gegeben sein, wenn sich Nicht-Lexikographen infolge der Beherrschung einiger technischer Mittel plötzlich im Vorteil gegenüber den Fachvertretern sehen und sich auf den Weg begeben, eine schnelle lexikographische Mark zu verdienen (oft allerdings im Bereich der Textlexikographie, speziell der Erstellung von Indices).

Die Datenerhebung, die sich in den beiden genannten Konstellationstypen ergibt, steht unter einer Reihe typischer Bedingungen und hat eine Reihe typischer Formen und Probleme; sie werden im folgenden lediglich genannt; hinter der Nennung wird mit Hilfe der Zahlen 1 und 2 angegeben, welcher Konstellationstyp jeweils gemeint ist:

— Leitung des Unternehmens durch Nichtlexikographen (1; 2),
— nichtlexikographische, z. B. literaturwissenschaftliche Hauptinteressen der Leiter einer Arbeitsstelle (1; 2),
— Eingang dieser Interessen in die Corpuszusammenstellung und dadurch bedingte Unausgewogenheiten des Corpus, z. B. zugunsten literarischer Texte (1; 2),
— unkontrolliertes Auswachsen von Neben- und Hilfsprojekten (z. B. Bibliographien mit Vollständigkeitsanspruch, Register aller Art) zu selbständigen Forschungsvorhaben,
— Eingang von Gesichtspunkten wie 'einfachere technische Durchführbarkeit' in die Corpuszusammenstellung (z. B. Wahl von Texten, die aus außerlexikographischen Gründen bereits auf Datenträgern vorliegen und leicht überspielt werden können; in Zukunft Berücksichtigung der Möglichkeit des Einsatzes von Lesegeräten, die nur bestimmte Drucktypen erfassen können; 2),
— Unkenntnis des lexikographischen Basisbetriebs (hier: der Quellenexzerption) bei der Wörterbuchleitung und dadurch bedingt unzureichend ausgeprägte Autoritätsverhältnisse (1; 2),
— Ausführung der Exzerption durch freie Mitarbeiter sowie durch relativ kurzfristig angestellte und außerdem kostengünstige Arbeitskräfte (Studenten, wissenschaftliche Mitarbeiter auf Zeit; 1; 2),
— unzureichende lexikographische Ausbildung der Exzerptoren (1; 2),
— unzureichende praktische Begleitung der Exzerptoren im Sinne einer Verpflichtung auf handhabbare Exzerptionsrichtlinien und Überwachung ihrer Einhaltung (1),
— unzureichend fixierte Zeit-, Raum-, Gruppen- und Textsortenzuordnung der Quellentexte (1; 2),
— unzureichend fixierte Exzerptionsgrundlage (z. B. einmal Ausgabe A, einmal B), so daß man später nicht mehr weiß, welcher Textzeuge exzerpiert wurde (1),
— Versäumnis, für das Exzerpt eine Herkunftsangabe zu machen, so daß es später nicht mehr identifizierbar ist (1),
— Verwendung unterschiedlicher Abkürzungen zur Kennzeichnung des Quellentextes (1),
— unzureichende Länge der Exzerpte, minimal nur 1 Wort oder eine so kurz geschnittene Wortumgebung, daß später keine semantische Interpretationsmöglichkeit mehr gegeben ist (1),
— generelle Belegschnittfixierung, d. h. Fixierung der Länge des Exzerpts auf ein Maß, das für das Wort *a* in Bedeutung 'x' zu lang, für Wort *b* in Bedeutung 'y' zu kurz ist, oft auch das Nachfeld oder Vorfeld des Satzes abschneidet (2),
— zunehmender Motivationsschwund der Exzerptoren durch jahrzehntelange Zeitspanne zwischen Exzerption und Publikation sowie durch Unterschätzung ihrer Tätigkeit (beides Bedingungen für den klassischen Entfremdungseffekt; 1),
— nicht kontrollierte Exzerptionsdichte pro Normalseite des Corpus (1; 2),
— Fehler, unzureichend gekennzeichnete Auslassungen usw. in der Abschrift des Belegtextes (1),
— Tendenz zum Ausweichen vor problematischen, z. B. tropischen Wortverwendungen und solchen, deren Verständnis besondere sachliche

Kenntnisse verlangt (1; für 2 stellt sich das Problem gar nicht einmal),
— Flucht in die Masse des Unproblematischen und infolgedessen nutzlose Zettelhalden für Formwörter und die 'einfacheren' funktionalen Wortklassen (1; 2),
— Verschiebung des Verhältnisses von Dokumentation und Interpretation zuungunsten der letzteren (1; 2),
— Verzicht auf Auswertung der Belegumgebung z. B. hinsichtlich bedeutungsverwandter Wörter, sachgeschichtlich relevanter Zusammenhänge usw. (1; 2).
— Notwendigkeit der Reduzierung der Beleghalden auf handhabbare Mengen bei ausgeprägter Unkenntnis, wie dieser Reduktionsprozeß ohne Verlust an qualitativ aussagekräftigen Belegen erfolgen kann; Gefahr der mechanischen Ausscheidung selten belegter Homonyme (z. B. *and* 'breath', *the* 'thigh', *he* 'high', vgl. Aitken 1971, 12; vorwiegend 2).

Die vorliegende Zusammenstellung enthält Bedingungen, Formen und Probleme der Datenerhebung, die bewußt als typisch gekennzeichnet und auch an typische lexikographische Konstellationen gebunden wurden. Der Nachweis von Prototypen in der lexikographischen Realität, die alle Typenkennzeichen enthalten, ist schwer möglich, außerdem nicht besonders sinnvoll. Um allerdings dem denkbaren Einwand der Argumentation mit nicht realen Größen zu begegnen, sei ausdrücklich betont, daß sich jede der genannten Aussagen mit lexikographiegeschichtlichen und gegenwärtigen Beispielen belegen läßt, die einer typischen Ausprägung sehr nahe kommen. Die Praxis vieler lexikographischer Unternehmen ist in einem erheblichen Ausmaß einer ganzen Anzahl obiger Gefahren erlegen. Bearbeitungszeiträume von vielen hundert Jahren lassen sich für eine lange Reihe von Projekten ausrechnen; einige Projekte sind nach langer und teurer Förderung so untergegangen, daß aus den Ruinen nicht einmal mehr Bausteine für Folgeunternehmen herausgeholt werden können. Fahrlässiger Umgang mit öffentlichen Geldern wäre ein milde formulierter Vorwurf.

6. Thesen zur Erhebung primärer Daten in der historischen langue-Lexikographie

These (T) 1: Die Datenerhebung steht vor dem quantitativen Problem, wie umfänglich ein Corpus und wie hoch die Anzahl der daraus gewonnenen Belege sein muß, damit die gesetzten Vollständigkeitsanforderungen erfüllt werden, und vor dem qualitativen Problem, wie ein Corpus zusammengesetzt sein und wie es exzerpiert werden muß, um das gesteckte Ziel zu erreichen. Damit steht die Datenerhebung gleichzeitig vor dem ebenfalls quantitativen und qualitativen Problem, wie das Corpus und die Anzahl der Belege zur Erfüllung bestimmter Vollständigkeitsanforderungen möglichst klein gehalten werden können (so auch Bailey 1980, 204; 207).

T 2: Datenerhebung umfaßt die Zusammenstellung eines Corpus und die Exzerption dieses Corpus; letztere ist zur Analyse und Interpretation der Belege und der Belegumgebung hin offen.

T 3: Das Corpus sollte der Homogenität des Wörterbuches halber entweder geschlossen sein, d. h. eine definitiv festgelegte Menge von Texten umfassen; oder es sollte einen die Homogenität sichernden, möglichst breiten zentralen Teil haben, zur Erfassung peripherer Wortschatzteile aber nach verschiedenen Richtungen hin offen sein. Diese Offenheit sollte nicht so weit gehen, daß die homogenitätssichernde Rolle des Zentralteils angetastet wird; insbesondere sollten schleichende Verschiebungen über die Jahre hinweg vermieden werden.

T 4: Der Wissenschaftler, der das Corpus zusammenstellt, sollte entweder Lexikograph sein oder — falls ihm die Leitung eines Unternehmens angetragen wird — sich bereiterklären, Lexikographie zu seinem Hauptinteressengebiet zu machen.

T 5: Er sollte außerdem folgende Kenntnisvoraussetzungen mitbringen: a) eine fächerübergreifende philologische Qualifikation, b) fächerübergreifende Kenntnisse textlicher Traditionen, c) Kenntnisse der Vermittlung von Tradition durch die einschlägigen Disziplinen, d) Kenntnis der fachbedingten und allgemeinkulturellen Interessen in den traditionsvermittelnden Disziplinen. a) verhindert Unausgewogenheiten in der Corpuszusammenstellung, b) ermöglicht den Einbezug von Rezipienteninteressen; c) und d) ermöglichen den Einbezug der Interpretation von Tradition durch die Fachwissenschaften; letzteres garantiert ein leichteres Ansprechen des Benutzers von Wörterbüchern (vgl. T 9).

T 6: Die Corpuszusammenstellung und Leitung bzw. Durchführung der Exzerption sollten, soweit die Größe und die Zeitplanung eines lexikographischen Vorhabens dies zulassen, in einer Hand liegen. Dies stellt die Verantwortlichkeiten klar und schützt davor, daß ein für das Corpus Verantwortlicher einem für die Exzerption Verantwortlichen etwas aufgibt, was nicht zu leisten ist. Auf jeden Fall sollte der Leiter eines lexikographischen Unternehmens schon zur Sicherung seiner Autorität über den gesamten Grundstock an lexikographietechnischer Erfahrung, darunter an Exzerptionserfahrung, verfügen wie seine Mitarbeiter. Die gemeinten Tätigkeiten sind in dem Augenblick an andere zu delegieren, in dem qualitativer Erfahrungszuwachs ins rein Quantitative umschlägt.

T 7: Die Corpuszusammenstellung erfolgt relativ zu der Existenzform der Varietät/Sprache/Sprachgruppe, zu der ein Wörterbuch erarbeitet werden soll. Konkreter: eine Sprachstufe mit ausgeprägter Leitvarietät wie z. B. das Deutsche des 18. Jahrhunderts führt zu einem anderen, nämlich die Leitvarietät breiter berücksichtigenden Corpus als eine Sprachstufe, der eine Leitvarietät fehlt und die dementsprechend mit einem Corpus erfaßt werden muß, das viel stärker auf die räumlichen, zeitlichen, situativen, gruppen- und schichtenspezifischen Varianten zurückgreift (Beispiel: Frühneuhochdeutsch um 1400).

T 8: Die Corpuszusammenstellung erfolgt unter stärkerer Berücksichtigung derjenigen Texte, die in mehreren Handschriften und Drucken vorliegen, die in Teilen in andere Texte übernommen wurden und deren Rezeption nachweislich durch eine besondere soziale und geographische Breite sowie historische Dauer gekennzeichnet ist, als derjenigen Texte, die nur mit einem einzigen Zeugen vorliegen und demzufolge nur eine begrenzte soziale/räumliche/zeitliche Rezeption erfahren haben werden.

T 9: Die Corpuszusammenstellung erfolgt relativ zu den dem Wörterbuchbenutzer unterstellten Informationsanliegen und damit notwendigerweise relativ zur philologischen Aufbereitung der Tradition. Die Verbindung zwischen diesen beiden Gesichtspunkten ergibt sich daraus, daß die Informationsanliegen von Wörterbuchbenutzern nicht naturgegeben, sondern durch Ausbildungs- und dadurch geschaffene Interessentraditionen bedingt sind. Der Wörterbuchbenutzer sucht dementsprechend vorwiegend dasjenige, was ihm seine Lehrer als richtig vermittelt haben; es deckt sich weitgehend mit demjenigen, was in ihren eigenen Publikationen, darunter in ihren Texteditionen, festgelegt ist. In diesem Zusammenhang gewinnen die sog. *Ausgabenglossare* eine besondere Bedeutung. Das

sind Wortverzeichnisse und lexikologische Anmerkungsteile aller Art im Anhang zu wissenschaftlichen Textausgaben oder als Begleitpublikation dazu. Sie vermitteln das gesamte wissenschaftsgeschichtliche Interessenspektrum, den ganzen Erfahrungsreichtum der an der Traditionssicherung beteiligten Generationen und Gruppen, die volle Breite ihrer Ergebnisse in ihrer jeweiligen geschichtlichen Situation (vgl. Reichmann 1986a, 61). Will der Lexikograph also den Benutzer seines Wörterbuches optimal erreichen, so wird er eine Wahl zwischen zwei im folgenden überpointiert herausgestellten Möglichkeiten zu treffen haben: a) dem Rückgriff auf das zumindest für alle spät- und nachmittelalterlichen Sprachstufen massenweise in Archiven und Bibliotheken lagernde Material an Handschriften und Drucken, also so etwas wie die philologisch uninterpretierte 'Realität' des Quellenbestandes und b) dem von den philologischen Disziplinen interpretiert in die Tradition eingebrachten Teil dieser Bestände. Die Antwort ist eindeutig: Auch wenn zwischen vermitteltem Bild und 'Realität' immer Differenzen bestehen und selbst wenn man um die Art dieser Differenzen weiß, basiert historische Lexikographie — schon um Rezipienten zu finden — entscheidend auf den Ergebnissen der Philologie; Textausgaben haben die Grundlage zu bilden, nicht originale Handschriften und Drucke, nicht retortenhafte, von einer einzigen Person zusammengestellte, dadurch auf deren geistigen Skopus reduzierte Corpora, nicht vermeintlich objektive, da z. B. an den verfügbaren Textmengen relationierte Corpora (so mit klaren Gegengründen Bahr 1987, 151). Korrekturen der philologischen Tradition durch einen kontrollierten Rückgriff auf Originale sind damit nicht ausgeschlossen.

T 10: Die Ergiebigkeit der Texte eines Corpus ist um so höher, je breiter ihre Streuung über a) die Räume, b) die Epochen, c) die sozialen Schichten (vertikal gesehen), d) die sozialen Gruppen (horizontal gesehen), e) die Textsorten (als situationsspezifische Gegebenheiten), f) die Thematik, g) einzelne Idiolekte der Varietät, Sprache oder Sprachgruppe ist, zu der ein Wörterbuch erarbeitet wird.

T 11: Jeder Corpustext wird bibliographisch genau erfaßt und mit einer einzigen Sigle versehen, die sich auf jedem Belegzettel wiederholt.

T 12: Zu jedem Corpustext sollte vor Beginn der Exzerption unter Heranziehung der philologischen Literatur festgelegt werden, wer der Verfasser ist sowie welcher Zeit, welchem Raum, welcher sozialen Schicht, welcher Gruppe und welcher Textsorte er zuzuordnen ist. Diese Festlegungen sind nach einheitlichen Kriterien vorzunehmen, so daß nicht einmal der Autor, einmal der Abschreiber, einmal ein Umgestalter des Textes oder einmal die Entstehungszeit und einmal die Rezeptionszeit oder einmal die Intention des Textautors (z. B. Belehrung) und einmal die Wirkung des Textes beim Rezipienten (z. B. Unterhaltung) verzeichnet werden. Diejenigen dieser Festlegungen, die später in die Belegcharakterisierung übernommen werden (meist Zeitangaben, im FWB auch Raumangaben), sollten entweder auf jedem in Betracht kommenden Karteizettel eingetragen oder — bei Nutzung des Computers für die Technik der Manuskriptherstellung — im Computer gespeichert werden. Auf diese Weise sind Verzögerungen, wie sie das MED (Band 1, S. X) schildert, zu vermeiden.

T 13: Die Ausführung der Exzerption ist von einer bestimmten Größenordnung des geplanten Wörterbuches an in die Hand von Mitarbeitern zu legen (vgl. z. B. MED, Preface XI—XII; DOST 1, VIII—X; DWB 1, LXI; EDD V—VI; OED 1, X; Bailey 1980, 202). Nicht nur wenn diese frei, nur kurzfristig angestellt, unterbezahlt und am Anfang ihrer Tätigkeit unzureichend ausgebildet sind, sondern auch bei günstigeren Voraussetzungen sollten diese nach bestimmten Regeln arbeiten; deren Einhaltung ist nach dem Grad der Zuverlässigkeit der einzelnen Beiträger regelmäßig bis sporadisch zu überprüfen. — Die Exzerptionsregeln der großen Wörterbuchunternehmen stehen in aller Regel nur redaktionsintern zur Verfügung, sie gehören zum Geheimarsenal der Arbeitsstellen. Dies bedeutet Flucht vor der Kritik und Verzicht auf die Erfahrung der anderen. Ein Band, der die Exzerptionsregeln der großen Unternehmen publizieren und damit zur Diskussion stellen würde, ist ein dringendes Erfordernis der Wörterbuchforschung.

T 14: Die Exzerptionsanweisungen betreffen — soweit bekannt — die Exzerptionsdichte und den semantischen und pragmatischen Status der exzerpierten Einheiten; sie können folgende Form haben:

"Make a quotation for every word that strikes you as rare, obsolete, oldfashioned, new, peculiar, or used in a peculiar way. — Take special note of passages which show or imply that a word is either new and tentative, or needing explanation as obsolete or archaic, and which thus help to fix the date of its introduction or disuse. — Make as *many* quotations *as you can* for ordinary words, especially when they are used significantly, and tend by the context to explain or suggest their own meaning" (OED 1, XV).

Daß Regeln dieser Art in außerordentlich unterschiedlicher Weise angewandt werden, ist nicht zu umgehen; eine einheitliche Exzerptionsdichte ist — jedenfalls bei Heranziehung freier Mitarbeiter — auch nicht annäherungsweise zu gewährleisten, wahrscheinlich auch nicht unbedingt notwendig: Bahr (1962, 1115) gibt für die Neubearbeitung des DWB rund 2 Exzerpte pro Seite an. Ein Problem ergibt sich aber daraus, daß auf die dargestellte Weise überwiegend das unter irgendeinem Aspekt besondere Wort- und Bedeutungsgut erfaßt werden wird; die OED-Richtlinien suggerieren dies ja geradezu. Eine gewisse Nähe zum Verfahren der Ausgabenglossare (vgl. T 9) ist unverkennbar; Bailey 1980, 203 formuliert als Gefahr die „over-representation of unusual, anomalous, deviant, and figurative usages".

T 15: Die Exzerption eines Textes ist unabhängig von ihrer Dichte bis zu dem Punkt durchzuführen, von dem an kaum noch neue lexikalische Einheiten, neue Bedeutungen oder sonstige Eigenschaften eines Wortes zu erwarten sind. Dieser Punkt liegt nach Schlaefer 1987, 75 (allerdings ausschließlich auf die lexikalischen Einheiten, nicht auf ihre Semantik usw. bezogen) laut „Experimenten zur Exzerption" etwa bei der 200. Textseite. Werte dieser Art sind Mittelwerte, die nicht mechanisch gehandhabt, sondern je nach der Type-Token-Relation einzeltextspezifisch, und zwar sehr unterschiedlich, festgelegt werden sollten. Da dies aber den Arbeitsstellen in aller Regel nicht möglich ist, bleibt nur die Wahl, auf Durchschnittswerte auszuweichen und damit entweder Redundanzen oder Lücken in Kauf zu nehmen oder an die textphilologische Kompetenz des Exzerptors (mit allen Folgen für dessen Stellung) zu appellieren: Die Exzerption „ideally [...] demands of the excerptor, among other things, much knowledge of the language, so that he has a feeling for the likely distributional range and frequency of incidence of particular forms and usages at different points in the corpus. Only thus can he predict what [...] may safely be assumed as already adequately represented" (Aitken 1971, 6). Dies gilt erst recht für den Einzeltext.

T 16: Die Exzerption sollte fortschreitend vom Beginn eines Textes in Richtung auf dessen Ende erfolgen. Dies Verfahren sichert das Verständnis des exzerpierten Einzelwortes aus dem gesamten bis zu seiner Verwendung durchgelesenen Kontext; dies hebt die Qualität der semantischen Interpretation, macht diese in vielen Fällen sogar erst möglich; unergiebige Wiederholungen ähnlicher Kontexte lassen sich vermeiden. Die Alternative, nämlich eine Exzerption nach vorgegebenen Stichwortlisten in der Weise, daß ein bestimmtes Wort auf Grund der z. B. aus Indices gegebenen Kenntnis seiner Belegstellen erst dann exzerpiert wird, wenn es zur lexikographischen Behandlung ansteht, führt dazu, daß der Text immer nur punktuell angeschnitten, nie im Zusammenhang rezipiert wird. Dies macht eine hochwertige semantische Interpretation der Belegstellenbedeutung unmöglich.

T 17: Die Länge des Exzerptes ist durch den Exzerptor zu bestimmen. Leitender Gesichtspunkt hat dabei zu sein, daß der Lexikograph das Wort und seine Bedeutung, um dessent- bzw. derentwillen das Exzerpt angelegt wurde, bei der Formulierung des Artikels identifizieren kann. Kurze Exzerpte haben den Vorteil, in wenigen Sekunden erfaßbar zu sein und eine schnelle Artikelbearbeitung zu ermöglichen, unterliegen aber der dauernden Gefahr, dem Lexikographen bei der Artikelbearbeitung nicht verständlich zu sein, da er die Textumgebung des Exzerpts im Gegensatz zum Exzerptor in der Regel ja nicht kennt; zeitlich aufwendige Vergewisserungen sind dann die Folge. Lange Exzerpte führen zu langen Lesezeiten. Ein Ausweg kann darin bestehen, die Exzerptlänge so zu bemessen, wie der Belegzettel Raum bietet, und innerhalb des so zustande kommenden Textausschnittes dasjenige durch Textmarker oder eine sonstige Kennzeichnung herauszuheben, was im Augenblick der Exzerption als Exzerptionsminimum erachtet wird. Dieses Verfahren sichert erstens die schnelle Erfassungsmöglichkeit des Belegminimums und zweitens — im Falle von Verständnisproblemen — die Rückgriffsmöglichkeit auf ein etwas weiteres Textumfeld. Es ist selbstverständlich nur dann anwendbar, wenn der Beleg nicht abgeschrieben, sondern herauskopiert wird. — Eine Alternative zur wechselnden Länge von Exzerpten ist deren Festlegung auf einen fixen Umfang von 2, 3, 5, 10, 20 Zeilen, wie sie besonders dann naheliegt, wenn Belege auf technischem Wege hergestellt werden (z. B. durch automatisches Herauskopieren von 5 Zeilen vor und hinter einem angestrichenen Belegwort). Dieses Verfahren ist vordergründig zeitsparend; es hat aber folgende schwerwiegende Nachteile: a) In vielen Fällen ist der Text zu umfänglich; bei der Artikelbearbeitung Belegtexte von 10 Zeilen vor sich zu haben, bedeutet auf 100 Belege 1000 Zeilen = 25 Seiten; allein das Lesen dieser Textmasse übersteigt die Zeitersparnis beim Exzerpieren erheblich. b) In einer geringen Anzahl von Fällen reicht der Belegumfang nicht aus. c) Speziell für das Deutsche mit der strukturellen Erscheinung der Satzklammer ist nicht auszuschließen, daß die in einer bestimmten Textzeile geöffnete Klammer (z. B. die Verbbasis eines Präfixverbs oder eine Nebensatzeinleitung) erst an einem Punkt wieder geschlossen wird (z. B. durch das Präfix oder das Verb), der hinter der Grenze des Exzerptes liegt; in diesem Falle ist der Belegzettel nicht nur wertlos, sondern kann — im Falle von Präfixverben — zu falschen Wortansätzen führen. d) Alle technischen Verfahren der Exzerptherstellung tendieren zu einer Trennung von Exzerpieren einerseits und Interpretieren sowie Abtasten der Belegumgebung auf relevante Information andererseits (vgl. T 18). Dies ist für die Lexikographie als Kulturwissenschaft tödlich.

T 18: Das Exzerpieren ist eine lexikographische Tätigkeit, die nicht nur nicht von den analysierenden und interpretierenden Tätigkeiten des Lexikographen zu trennen ist, ohne an Wert zu verlieren, sondern die dem Lexikographen im Extremfall alle Analyse- und Interpretationsergebnisse vorgibt, die er bei der Artikelbearbeitung braucht; man sollte nicht aus dem Auge verlieren, daß der Exzerptor die Texte in der Regel zusammenhängender kennt als der Lexikograph. Mit analysierender Tätigkeit ist u. a. die Bestimmung der Wortart und der Flexion, die Herauslösung von Beispielsyntagmen, darunter Kollokationen gemeint, mit Interpretation u. a. der Nachvollzug der Intention des Textautors und des Inhalts des Gesamttextes sowie die darauf beruhende Angabe der jeweiligen belegstellenspezifischen Bedeutung; aus der Menge solcher Angaben muß ja die langue-Bedeutung konstruiert werden. Auch die Entscheidung, wann ein Wort Teil eines Phrasems und wann eine Wortbildung teillexikalisiert ist, zählt zu den interpretativen Aufgaben des Exzerptors. Das Abtasten der Belegumgebung auf bedeutungsverwandte

Wörter und Gegensatzwörter hat analysierende und interpretierende Züge. — Mit dem Gesagten wird keineswegs bestritten, daß die Exzerption auch technische Aspekte hat und z. B. pro Stunde zu einem durchschnittlichen Ausstoß von rund 20 Belegzetteln führen muß.

T 19: Beim Exzerpieren ist nicht nur ein Belegtext zu übernehmen, sondern alle Ergebnisse der unter T 18 angesprochenen Analyse und Interpretation sind festzulegen. Explizit formuliert: Exzerpieren heißt a) den Belegtext übernehmen, b) die Wortart bestimmen, c) die Eckformen der Flexion bestimmen, d) Beispielsyntagmen herauslösen, e) syntagmatische Grundformen bestimmen, f) bedeutungsverwandte Wörter aus dem Belegumfeld gewinnen, g) den Grad der Lexikalisierung von Wortbildungen und der Phraseologisierung von Einheiten beurteilen.

T 20: Belege sollten nicht abgeschrieben, sondern kopiert und auf standardisierte Belegzettel aufgeklebt bzw. durch automatische Kopierverfahren (vgl. z. B. Bahr 1962) aufmontiert werden. Kopien sind billiger als Abschriften und schließen Abschreibefehler und damit zeitaufwendige Belegkontrollen aus.

T 21: Die Belegzettel sollten eine Standardgröße und Standardform haben. Neben Positionen, die der Identifizierung und Charakterisierung des Quellentextes dienen (vgl.

T 12), sind Positionen für die Analyse- und Interpretationsergebnisse des Exzerptors (vgl. T 19) einzutragen. Folgendes (ausgefüllte) Muster wäre denkbar (L = Lemma; Qu. = Quelle; S = Seite; Z = Zeile; B = Beleg; Wa. = Wortart; Fl. = Flexion; Synt. = Syntagmatik; bdv. = bedeutungsverwandt; Bed. = Bedeutung; Ggs. = Gegensatzwörter); vgl. Abb 168.3.

T 22: Eine im Gegensatz zu T 1 bis T 21 negativ formulierte These könnte lauten: Es ist alles zu vermeiden, was ausschließlich der Steigerung von Quantitäten dient: eine unnötige Beleglänge ebenso wie die vor allem, aber nicht nur, bei maschinellem Exzerpieren drohende Akkumulation von Halden redundanten Materials (so auch Aitken 1971, 6; Bailey 1980, 203). Dies gelingt um so eher, je höher die linguistische, philologische und kulturhistorische Kompetenz des Exzerptors ist und je mehr die bloße Exzerptionstechnik sich zur Textanalyse und -interpretation hin öffnet; gelingt es nicht, ist der personelle und finanzielle Aufwand zur begründeten Beseitigung von Beleghalden nahezu ebenso hoch wie der für ihre Produktion (vgl. zum Problem van Sterkenburg 1987, 142—143).

T 23: Gut ausgebildete, mit eigener Verantwortung (im Sinne von T 22) ausgestattete Exzerptoren haben neben ihrer direkten lexikographischen eine allgemeinere — kulturpädagogische — Aufgabe: Sie tragen zur Vermittlung interpretierter Tradition bei; sie machen einer Sprachgesellschaft dadurch Identifikationsangebote und sind unentbehrlicher Teil ihrer kulturellen Infrastruktur.

T 24: Um das Corpus möglichst klein und überschaubar zu halten, sollte potentiell jedes zur Bearbeitung eines bestimmten Wortes hergestellte Exzerpt auch zur Bearbeitung ausgewählter anderer Wörter, die im Belegtext vorkommen, herangezogen werden. Es wird also mehrfach, aber aus den unter T 22

---

art

(Nr., S., Z.): 97, 61, 10

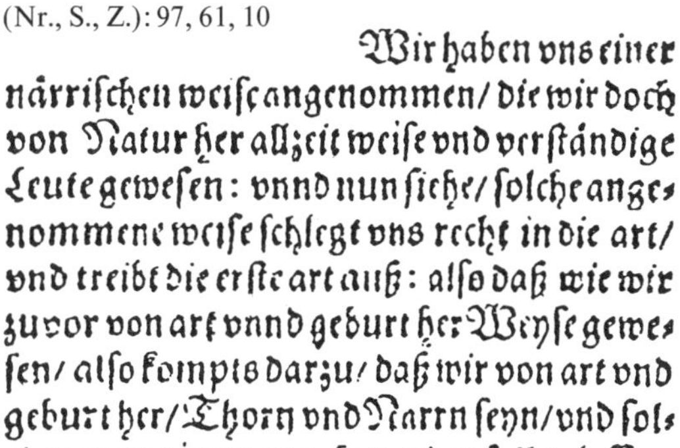

Wir haben vns einer närrischen weise angenommen/ die wir doch von Natur her allzeit weise vnd verständige Leute gewesen: vnnd nun siehe/ solche angenommene weise schlegt vns recht in die art/ vnd treibt die erste art auß: also daß wie wir zuvor von art vnnd geburt her Weyse gewesen/ also kompts darzu/ daß wir von art vnd geburt her/ Thorn vnd Narrn seyn/ vnd solche vnart nimmermehr werden fallen lassen.

/Fl.: die

jm. in die art schlagen; die art austreiben; von art her etw. sein

natur, geburt, weise

'Art, Charakter, Naturanlage'

unart

1597

Ffm

Abb. 168.3: Muster eines Belegzettels und seiner Füllung

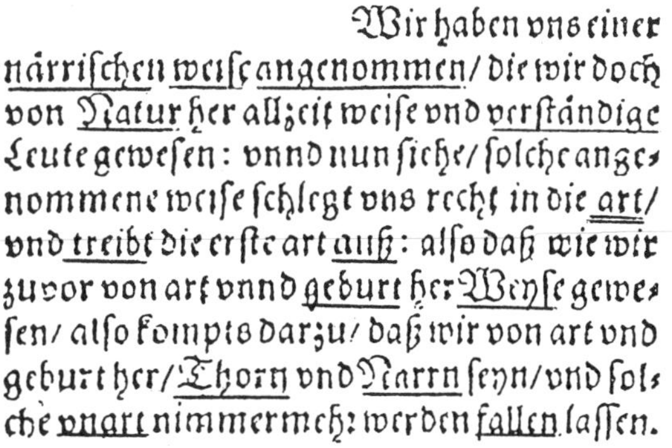

Wir haben vns einer närrischen weise angenommen/ die wir doch von Natur her allzeit weise vnd verständige Leute gewesen: vnnd nun siehe/ solche angenommene weise schlegt vns recht in die art/ vnd treibt die erste art auß: also daß wie wir zuvor von art vnnd geburt her Weyse gewesen/ also kompts darzu/ daß wir von art vnd geburt her/ Thorn vnd Narrn seyn/ vnd solche vnart nimmermehr werden fallen lassen.

Abb. 168.4: Mehrfachnutzung von Belegen

oder T 23 genannten Gründen nicht so häufig verwendet, wie es Wörter hat. Am Beispiel verdeutlicht: Der Beleg der beigefügten Abbildung ist zur Bearbeitung des Wortes *art* (doppelt unterstrichen) exzerpiert worden; er wird außerdem aber zur Bearbeitung von z. B. *närrisch, weise, annemen, natur, verständig, austreiben, geburt, weise, tor, nar, unart, fallen* genutzt. Der Zeitgewinn ist schon unter technischen Aspekten erheblich, da eine Vervielfältigung von Belegzetteln insgesamt schneller vonstatten geht als ihre Erstanlage, vor allem dann natürlich, wenn diese manuell erfolgt. Er liegt insbesondere aber darin, daß die Analyse und Interpretation des Beleges nur ein einziges Mal notwendig ist (zu einer Variante des Verfahrens vgl. FWB, Vorwort XI f.). Die Mehrfachverwendung von Exzerpten ist außerdem ein effektives Mittel zur Verhinderung der Überrepräsentation des irgendwie besonderen Wort- und Bedeutungsgutes (vgl. T 14 sowie Bailey 1980, 203).

T 25: Datenerhebung sollte, falls sie nicht von vorneherein auf Wortschatzausschnitte bezogen ist, jede Form des Anspruchs einer absoluten Vollständigkeit aufgeben und durch den Begriff der 'angemessenen Vollständigkeit' ersetzen (vgl. Besch/Knoop/Putschke/Wiegand 1982, XI). Angemessen ist immer dasjenige, was in Quantität und Qualität in Teilen oder in seiner Gesamtheit über dasjenige hinausgeht, was bereits vorhanden ist. Die Zusammenstellung von Corpora und ihre Exzerption haben deshalb als unteren Orientierungspunkt immer die vorhandenen Wörterbücher; einen oberen Orientierungspunkt gibt es nicht, und zwar für die Worteinheiten aus dem in 4.4.1. genannten Grund nicht, für den Bedeutungsbestand deshalb nicht, weil er zum großen Teil eine Interpretationsgegebenheit ist (vgl. 4.5.).

7. Literatur (in Auswahl)

7.1. Wörterbücher

Adelung 1793—1801 = Johann Christoph Adelung: Grammatisch-kritisches Wörterbuch der hochdeutschen Mundart [...]. 4 Bände. Mit einer Einführung und Bibliographie v. Helmut Henne. Hildesheim. New York 1970 [Nachdruck der Ausgabe Leipzig 1793—1801; 7690 Sp.].

Benecke/Müller/Zarncke 1854—1866 = Mittelhochdeutsches Wörterbuch mit Benutzung des Nachlasses v. Georg Friedrich Benecke ausgearb. v. Wilhelm Müller (und Friedrich Zarncke). 3 Bände. Leipzig 1854—1866 [Nachdruck Hildesheim 1969; XXI + 3664 Sp.].

Brockhaus Wahrig = Brockhaus Wahrig. Deutsches Wörterbuch in sechs Bänden. Hrsg. v. Gerhard Wahrig/Hildegard Krämer/Harald Zimmermann. Wiesbaden 1980—1984 [5310 S.].

Campe 1807—1811 = Joachim Heinrich Campe: Wörterbuch der Deutschen Sprache. Mit einer Einführung und Bibliographie v. Helmut Henne. 5 Bände. Hildesheim. New York 1969 [Nachdruck der Ausgabe Braunschweig 1807—1811; XXIV + 4964 S.].

Dictionnaire des fréquences = Vocabulaire littéraire des XIXe et XXe siècles. [...]. 7 Vol. Paris 1971 [2284, 575, 451, 97 p.].

DOST = A Dictionary of the Older Scottish Tongue from the twelfth century to the end of the seventeenth by William A. Craigie. London 1931 ff. [Bisher: 6 Bde., 2 Lieferungen; *a—relapse;* IX + 4674 S.].

Duden, GWb = Duden. Das große Wörterbuch der deutschen Sprache in sechs Bänden. Hrsg. und bearb. [...] unter Leitung v. Günther Drosdowski. Mannheim. Wien. Zürich 1976—1981 [32 + 2992 S.].

DWB = Deutsches Wörterbuch von Jacob Grimm und Wilhelm Grimm. 16 Bände (in 32 Bänden); Quellenverzeichnis. Leipzig 1854—1971 [Nachdruck München 1984; XCI S. + 67 744 Sp.].

DWB, Neubearb. = Deutsches Wörterbuch von Jacob Grimm und Wilhelm Grimm. Neubearbeitung. [...]. 1. Band. Bearb. in der Arbeitsstelle Berlin v. E. Adelberg [u. a.]. Leipzig 1965 ff. [Bisher: 10 Lieferungen; *a—Affrikata;* 15 S. + 1600 Sp.].

EDD = The English Dialect Dictionary Being the Complete Vocabulary of all Dialect Words still in Use, or known to have been in Use during the Last two hundred Years [...]. Ed. by Joseph Wright. Oxford 1981 ff. [...].

FWB = Frühneuhochdeutsches Wörterbuch. Hrsg. v. Robert R. Anderson/Ulrich Goebel/Oskar Reichmann. Band 1 bearb. v. Oskar Reichmann. Berlin. New York 1986 ff. [Bisher: 1 Bd.; *a—apfel-;* 285 S., 1632 Sp.].

Goethe-Wb. = Goethe-Wörterbuch. Hrsg. von der Akademie der Wissenschaften der DDR, der Akademie der Wissenschaften in Göttingen und der Heidelberger Akademie der Wissenschaften. Berlin. Köln. Mainz 1978 ff. [Bisher: 2 Bde.; XVI S. + 2844 Sp.; *a—einweisen*].

Hiersche 1986 ff. = Rolf Hiersche: Deutsches etymologisches Wörterbuch. Heidelberg 1986 ff. [Bisher: 2 Lieferungen, *a—anheischig,* XXXV, 124 S.].

Kaeding 1898 = F. W. Kaeding: Häufigkeitswörterbuch der deutschen Sprache. Festgestellt durch einen Arbeitsausschuß der deutschen Stenographiesysteme. 2 Bände. Berlin 1898 [VI + 671 S.].

Krämer 1965 ff. = Pfälzisches Wörterbuch. Begründet v. Ernst Christmann. Bearb. v. Julius Krämer. Wiesbaden 1965 ff. [Bisher: 4 Bde. + 2 Lieferungen; *a—Rasse*]; XXXIX S. + 6386 Sp.].

Lexer 1872—1878 = Matthias Lexer. Mittelhochdeutsches Handwörterbuch. Zugleich als Supple-

ment und alphabetischer Index zum Mittelhochdeutschen Wörterbuche von Benecke-Müller-Zarncke. 3 Bände. Leipzig 1872—1878 [XXIX S. + 5944 Sp.; Neudruck Stuttgart 1979].
Marzell 1943—1979 = Wörterbuch der deutschen Pflanzennamen. [...] bearb. v. Heinrich Marzell unter Mitwirkung v. Wilhelm Wissmann. 4 Bände. Leipzig [ab Bd. 3:] Stuttgart 1943—1979 [X S. + 5920 Sp.].
MED = Middle English Dictionary. Hans Kurath, Editor. Sherman M. Kuhn, Associate Editor. [...]. Ann Arbor. London 1956 ff. [Bisher: 11 Bde., 5 Lieferungen; *a—sheden;* 105 + 9501 S.].
OED = The Oxford English Dictionary. Second Edition. First Edited by James A. H. Murray, Henry Bradley, W. A. Craigie and C. J. Onions combined with A Supplement to the Oxford English Dictionary, edited by R. W. Burchfield. 20 vols. Edited by A. S. Simpson and E. S. C. Weiner. Oxford 1989 [LXVIII + 21 332 S.].
RWB = Deutsches Rechtswörterbuch. (Wörterbuch der älteren deutschen Rechtssprache). Hrsg. von der Heidelberger Akademie der Wissenschaften. Bearb. v. Richard Schröder/Eberhard Freiherr von Künßberg [u. a.]. Weimar 1914 ff. [Bisher: 7 Bde. und 8 Lieferungen; *a—leu;* XVII S. + 12 430 Sp.].
Scherzius/Oberlin = 1781; 1784 = Johannis Georgii Scherzii J.U.D. et P.P. Argentoratensis Glossarium Germanicum Medii Aevi potissimum dialecti suevicae edidit, illustravit, supplevit Jeremias Jacobus Oberlinus. 2 Bände. Straßburg 1781; 1784 [X S. + 2147 Sp.].
Schwäb. Wb. = Schwäbisches Wörterbuch [...] bearb. v. Hermann Fischer, zu Ende geführt v. Wilhelm Pfleiderer. 6 Bände. Tübingen 1904—1936 [XXIV + 13 027 S.].
Schweiz. Id. = Schweizerisches Idiotikon. Wörterbuch der schweizerdeutschen Sprache. [...]. Frauenfeld 1881 ff. [Bisher: 14 Bde.; XXX + 26 240 Sp.; *a—twirg*].
TLF = Trésor de la langue française. Dictionnaire de la langue du XIXe et du XXe siècle (1789—1960) publié sous la direction de Paul Imbs. Paris 1971 ff. [Bisher: 12 Bde., *a—pénétrer,* 15 074 S.].
Wander 1867—1880 = Deutsches Sprichwörter-Lexikon. Ein Hausbesitz für das deutsche Volk. Hrsg. v. Karl Friedrich Wilhelm Wander. 5 Bände. Leipzig 1867—1880 [LIII S. + 9254 Sp.].
WMU = Wörterbuch der mittelhochdeutschen Urkundensprache. WMU. Auf der Grundlage des Corpus der altdeutschen Originalurkunden bis zum Jahr 1300 unter Leitung v. Bettina Kirschstein und Ursula Schulze erarbeitet v. Sibylle Ohly/Peter Schmitt. Berlin 1986 ff. [Bisher: 4 Lieferungen; 384 S.].
WNT = Woordenboek der Nederlandsche Taal. Bewerkt door M. de Vries/L. A. te Winkel [u. a.]. 's-Gravenhage/Leiden 1882 ff. [Bisher: 35 Bände; 1 Suppl.; *a—vuuster,* CXXVIII S. + 77 110 Sp.].
Wrede 1928 = Altkölnischer Sprachschatz [...] hrsg. v. Adam Wrede. Bonn 1928 [*a—amande*]; 112 Sp.].
Ziemann 1838 = Adolf Ziemann: Mittelhochdeutsches Wörterbuch zum Handgebrauch. Nebst grammatischer Einleitung. Quedlinburg. Leipzig 1838 [XVI + 720 S.].

7.2. Sonstige Literatur

Aitken 1971 = A. J. Aitken: Historical dictionaries and the computer. In: The computer in literary and linguistic research. Papers from a Cambridge symposium ed. with an introduction by R. A. Wisbey. Cambridge 1971 (Publications of the Literary and Linguistic Computing Centre. University of Cambridge. 1), 3—17.
Bahr 1962 = Joachim Bahr: Zur Neubearbeitung des Deutschen Wörterbuchs. Von der Exzerption zur Elektion. In: Zeitschrift für deutsche Wortforschung 18. 1962, 141—150.
Bahr 1987 = Joachim Bahr: Entwurf eines historischen Wortschatzarchivs. In: Zeitschrift für Germanistische Linguistik 15. 1987, 141—168.
Bailey 1980 = Richard W. Bailey: Progress toward a Dictionary of Early Modern English 1475—1700. In: Proceedings 1980, 199—226.
Baldinger 1987 = Kurt Baldinger: Diskussionsbeitrag zum Vortrag von Gilles Roques am 3. 6. 1986. In: Theorie und Praxis 1987, 68.
Bergenholtz/Schaeder 1977 = Henning Bergenholtz/Burkhard Schaeder: Deskriptive Lexikographie. In: Zeitschrift für Germanistische Linguistik 5. 1977, 1—33.
Besch/Knoop/Putschke/Wiegand 1982 = Werner Besch/Ulrich Knoop/Wolfgang Putschke/Herbert Ernst Wiegand: Vorwort. In: Dialektologie. 1. Halbband, XI—XVI.
Burger 1983 = Harald Burger: Phraseologie in den Wörterbüchern des heutigen Deutsch. In: Studien zur neuhochdeutschen Lexikographie. Band 3, 1983, 13—66.
Dialektologie. Ein Handbuch zur deutschen und allgemeinen Dialektforschung. Hrsg. v. Werner Besch/Ulrich Knoop/Wolfgang Putschke/Herbert Ernst Wiegand. 2 Halbbände. Berlin. New York 1982; 1983 (Handbücher zur Sprach- und Kommunikationswissenschaft 1,1; 1,2).
Dückert 1987 = Joachim Dückert: Das Deutsche Wörterbuch und seine Neubearbeitung. In: Das Grimmsche Wörterbuch 1987, 170—176.
Duro 1966 = A. Duro: Les nouvelles méthodes du dictionnaire historique de la langue italienne. In: Cahiers de Lexicologie 8. 1966, 95—111.
Grimm 1819; 1822; 1826 = Jacob Grimm: Deutsche Grammatik. Erster Theil. Göttingen 1819. Erster Theil. Zweite Ausgabe. Göttingen 1822; Zweiter Theil. Göttingen 1826.
Das Grimmsche Wörterbuch = Das Grimmsche Wörterbuch. Untersuchungen zur lexikographischen Methodologie. Hrsg. v. Joachim Dückert. Leipzig 1987.

Guiraud 1959 = Pierre Guiraud: Problèmes et méthodes de la statistique linguistique. Dordrecht 1959.

Gysseling 1964 = Maurits Gysseling: Naar een corpus der Middelnederlandse teksten tot 1300. In: Handelingen der Koninklijke Maatschappij voor Taal- en Letterkunde 13. 1964, 181—188.

Gysseling 1977—1987 = Maurits Gysseling: Corpus van Middelnederlandse Teksten (tot en met het jaar 1300). 's-Gravenhage 1977—1987.

Heger 1970 = Klaus Heger: Belegbarkeit, Akzeptabilität und Häufigkeit — Zur Aufgabenstellung der Sprachwissenschaft. In: Theorie und Empirie in der Sprachforschung. Hrsg. v. Hubert Pilch/ Helmut Richter. Professor Eberhard Zwirner zum 70. Geburtstag gewidmet. Basel. München. Paris. New York 1970, 23—33.

Heger 1982 = Klaus Heger: Verhältnis von Theorie und Empirie in der Dialektologie. In: Dialektologie. 1. Halbband, 424—440.

Hoffmann/Piotrowski 1979 = Lothar Hoffmann/ Raimund G. Piotrowski: Beiträge zur Sprachstatistik. Leipzig 1979 (Linguistische Studien).

Meier 1967 = Helmut Meier: Deutsche Sprachstatistik. Mit einem Geleitwort von Professor Dr. Lutz Mackensen. 2 Bände. 2., erw. und verb. Aufl. Hildesheim 1967.

Mugdan 1984 = Joachim Mugdan: Grammatik im Wörterbuch: Wortbildung. In: Studien zur neuhochdeutschen Lexikographie. Band 4, 1984, 237—308.

Müller 1854 = Wilhelm Müller: Vorrede. In: Benecke/Müller/Zarncke 1, 1854, III—XIV.

Müller 1982 = Wolfgang Müller: Wortbildung und Lexikographie. In: Studien zur neuhochdeutschen Lexikographie. Band 2. 1982, 153—188.

Myller 1782—1784 = Christoph Heinrich Myller: Sammlung deutscher Gedichte aus dem XII., XIII. und XIV. Jahrhundert. Berlin 1782—1784.

Neuhaus 1985 = Hans Joachim Neuhaus: Design Options for a Lexical Database of Old English. In: Alfred Bammersberger (Ed.), Problems of Old English Lexicography. Regensburg 1985, 197—210 (Eichstätter Beiträge 115).

Neuhaus 1986 = Hans Joachim Neuhaus: Lexical Database Design: The Shakespeare Dictionary Model. In: 11th International Conference on Computational Linguistics. Proceedings of Coling '86. Bonn 1986, 441—444.

Paul 1987 = Rainer Paul: Vorstudien für ein Wörterbuch zur Bergmannssprache in den sieben niederungarischen Bergstädten während der frühneuhochdeutschen Sprachperiode. Tübingen 1987 (Reihe Germanistische Linguistik 72).

Pijnenburg 1980 = W. J. J. Pijnenburg: The Dictionary of Early Middle Dutch (DEMD): the sources, their area and chronology. In: Proceedings 1980, 149—174.

Proceedings 1980 = Proceedings of The Second International Round Table Conference on Historical Lexicography. Ed. by W. Pijnenburg/F. de Tollenaere. Dordrecht 1980.

Reichmann 1984 = Oskar Reichmann: Historische Lexikographie. In: Sprachgeschichte. 1. Halbband, 460—492.

Reichmann 1986 = Oskar Reichmann: Verzeichnis der Quellen. In: FWB 1986, 165—224.

Reichmann 1986a = Oskar Reichmann: Lexikographische Einleitung. In: FWB 1986, 10—164.

Reichmann 1987 = Oskar Reichmann: Zur Lexikographie des Frühneuhochdeutschen und zum 'Frühneuhochdeutschen Wörterbuch'. In: Frühneuhochdeutsch. Zum Stand der sprachwissenschaftlichen Forschung. Besorgt v. Werner Besch/ Klaus-Peter Wegera. Berlin 1987 (Zeitschrift für deutsche Philologie 106. 1987. Sonderheft), 178—227.

Reichmann 1989 = Oskar Reichmann: Zwischen Maximum und Machbarem. Zur Neubearbeitung der Strecke a des DWB. In: Zeitschrift für Phonetik, Sprachwissenschaft und Kommunikationsforschung 42. 1989, 520—526.

Reichmann 1990 = Oskar Reichmann: Philologische Entscheidungen bei der Formulierung von Artikeln historischer Sprachstadienwörterbücher. In: Historical Lexicography of the German Language. Ed. by Ulrich Goebel/Oskar Reichmann in collaboration with Peter I. Barta. Lewiston 1990, 231—278 (Studies in Russian and German 2).

Roloff 1985ff. = Hans-Gert Roloff (Hrsg.): Die Deutsche Literatur. Biographisches und bibliographisches Lexikon. Reihe II: Die Deutsche Literatur zwischen 1450 und 1620. Bern. Frankfurt. New York 1985ff.

Schaeder 1981 = Burkhard Schaeder: Lexikographie als Praxis und Theorie. Tübingen 1981 (Reihe Germanistische Linguistik 34).

Scheler 1977 = Manfred Scheler: Der englische Wortschatz. Berlin 1977 (Grundlagen der Anglistik und Amerikanistik 9).

Schlaefer 1987 = Michael Schlaefer: Materialsammlung und Materialbereitstellung für die Neubearbeitung des Deutschen Wörterbuchs. In: Theorie und Praxis 1987, 71—88.

Sprachgeschichte = Sprachgeschichte. Ein Handbuch zur Geschichte der deutschen Sprache und ihrer Erforschung. Hrsg. v. Werner Besch/Oskar Reichmann/Stefan Sonderegger. 1985. (Handbücher zur Sprach- und Kommunikationswissenschaft 2, 1; 2, 2).

van Sterkenburg 1987 = P. G. J. van Sterkenburg: Wörterbuch der niederländischen Sprache: Mehrjährige Planung, Vollendung und elektronische Wiedergeburt. In: Theorie und Praxis 1987, 139—156.

Studien zur neuhochdeutschen Lexikographie = Studien zur neuhochdeutschen Lexikographie. Hrsg. v. Herbert Ernst Wiegand. 6 Bände. Hildesheim. Zürich. New York 1981—1988 (Germanistische Linguistik 3—4/79, 1981; 3—6/80,

1982; 1—4/82, 1983; 1—3/83, 1984; 3—6/84, 1984; 84—86, 1986, 87—90, 1986, 1988).

Theorie und Praxis 1987 = Theorie und Praxis des lexikographischen Prozesses bei historischen Wörterbüchern. Akten der Internationalen Fachkonferenz Heidelberg, 3. 6.—5. 6. 1986. Im Auftrag des Forschungsschwerpunktes Lexikographie an der Neuphilologischen Fakultät der Universität Heidelberg hrsg. v. Herbert Ernst Wiegand. Tübingen 1987 (Lexicographica, Series Maior 23).

Wiegand 1977 = Herbert Ernst Wiegand: Nachdenken über Wörterbücher: Aktuelle Probleme. In: Günther Drosdowski/Helmut Henne/Herbert Ernst Wiegand: Nachdenken über Wörterbücher. Mannheim. Wien. Zürich 1977, 51—102.

Wiegand 1984 = Herbert Ernst Wiegand: Prinzipien und Methoden historischer Lexikographie. In: Sprachgeschichte. 1. Halbband, 557—620.

*Oskar Reichmann, Heidelberg
(Bundesrepublik Deutschland)*

169. Formen und Probleme der Datenerhebung II: Gegenwartsbezogene synchronische Wörterbücher

1. Zur Problemstellung
2. Auswertung vorliegender Beschreibungen
3. Introspektion
4. Informantenbefragung
5. Belegsammlung
6. Korpus
7. Literatur (in Auswahl)

1. Zur Problemstellung

In einem Urteil vom 19. 12. 1984 stellte das Arbeitsgericht Düsseldorf den Grundsatz auf: „Die Umfrage (Demoskopie) ist ein für die Ermittlung richtiger Schreibweisen ungeeignetes Beweismittel" (zit. nach Neue Juristische Wochenschrift 1986, Heft 19, S. 1281).

Anlaß war die Klage einer Vorstandssekretärin gegen ihren früheren Arbeitgeber, der sie in einem Zeugnis wegen „ihres loyalen integeren Verhaltens" gelobt hatte — sie bestand darauf, daß es *integren* heißen müßte. Die beklagte Firma hielt dagegen, daß die Form *integeren* in Literatur und Presse durchaus üblich sei, was sich durch ein demoskopisches Sachverständigengutachten nachweisen ließe; als Beispiel zitierte sie einen Artikel aus der Rheinischen Post. Das Gericht mochte nicht entscheiden, „ob 'integren' oder 'integeren' die für Zeugnisse richtige Schreibweise darstellt", äußerte aber „nicht unerhebliche Bedenken" gegen „die Vorstellung, über sprachliche und grammatikalische Fragen durch Anwendung des Mehrheitsprinzips (Plebiszit) entscheiden lassen zu wollen" — stünde doch „eine komfortable Majorität für 'Entgeld' statt 'Entgelt'" oder „für 'weitergehendst' statt 'weitestgehend'" zu befürchten. Es berief sich dabei auf den juristischen Grundsatz, daß die herrschende (mehrheitliche) Meinung nicht unbedingt die zutreffende (richtige) sein muß, und bezweifelte, ob der zitierte Sportjournalist „eine Kapazität oder gar Autorität in Fragen der Grammatik" sei. In den Urteilsgründen wird zwar auf eine lateinische Elementargrammatik hingewiesen, Wörterbücher und Grammatiken des Deutschen wurden aber anscheinend nicht herangezogen, obwohl einige von ihnen nachdrücklich „Autorität" beanspruchen (vgl. dazu Bergenholtz/Mugdan 1986, bes. 10 f). Schlägt man nun etwa in der Duden-Grammatik nach, so wird man belehrt, daß bei „fremden Adjektiven" auf *-er* in attributiver Stellung das *e* der Endsilbe getilgt werden „muß" — Beispiele: „ein *integrer* Beamter, *makabre* Vorgänge" (Duden-4 1984, 290). Duden Deutsches Universalwörterbuch (= DUW) gibt hingegen die Beispiele „eine makab[e]re Szene" und „makab[e]re Reden", wenn auch nur „ein integrer Politiker".

Das Düsseldorfer Arbeitsgericht konnte sich damit aus der Affäre ziehen, daß es das anstößige *e* (so es denn tatsächlich falsch sein sollte) als nicht ins Gewicht fallende Unvollkommenheit einstufte. Demgegenüber kann der Lexikograph zwar auf einige Angaben verzichten (in der Tat schweigen deutsche Wörterbücher zuweilen zur *e*-Elision bei Adjektiven; s. Mugdan 1983, 214—216), muß aber bei den Auskünften, die er gibt, ständig Entscheidungen fällen. Da über die hierbei anzuwendenden Kritiken noch nicht höchstrichterlich befunden ist, kommen wir nicht umhin, die verschiedenen „Beweismittel" eingehender zu erörtern, die im erwähnten Rechtsstreit erkennbar wurden: das eigene Sprachgefühl (s. 3.), die Sammlung von Belegen (s. 5.), die Konsultation von Autoritäten (s. 2.) — und auch die Demoskopie (s. 4.). Eine herausragende Stellung wird in unserem Plädoyer freilich eine Möglichkeit einnehmen, die das Gericht nicht erwähnte: die Auswertung von Textkorpora (s. 6.). Diese Formen der Datenerhebung sind je nach Wörterbuchtyp in unterschiedlichem Ausmaß angewendet worden, und auch die mit ihnen verbundenen Probleme können nicht losgelöst von den jeweiligen lexikographischen Zielen diskutiert werden. Ebensowenig eignet sich jede Methode in gleicher Weise für alle Arten von lexikographischen Angaben (vgl. Art. 45—67). Im Rahmen dieses Artikels können wir hierauf jedoch nicht im Detail eingehen. Abgesehen von der Beschränkung auf gegenwartsbezogene synchrone Wörterbücher der Gemeinsprache (s. ergänzend Art. 168 und 170) konzentrieren wir uns auf einsprachige Wörterbücher für Sprachen, deren Beschreibung bereits eine längere Tradition hat. Dabei haben wir vorwiegend semantische und grammatische Angaben sowie die Markierung von Stilebene, regionaler Verbreitung oder Häufigkeit im Auge, während beispielsweise die spezifischen Probleme von Ausspracheangaben oder Etymologien außer Betracht bleiben müssen.

2. Auswertung vorliegender Beschreibungen

2.1. Formen

Bei der Abfassung eines Wörterbuchs ist es naheliegend, bereits verfügbare Beschreibungen der betreffenden Sprache zu berücksichtigen; in Betracht kommen primär andere Wörterbücher, aber auch Grammatiken sowie Untersuchungen zu Einzelproblemen.

Die Auswertung früherer Wörterbücher läßt sich leicht nachweisen, wenn man verfolgt, wie manche Angaben, Konventionen und Formulierungen von Wörterbuch zu Wörterbuch wandern. Allerdings bekennen sich Wörterbuchautoren keineswegs immer dazu, daß sie sich die Arbeit ihrer Vorgänger zunutze gemacht haben. Ein Extremfall ist Duden Das große Wörterbuch der deutschen Sprache (= GWB), dessen Vorwort mit der Behauptung beginnt: „Im deutschsprachigen Raum gibt es seit mehreren Jahrzehnten kein modernes allgemeines Wörterbuch der deutschen Sprache" (S. 1). Tatsächlich waren zum fraglichen Zeitpunkt (1976) bereits vier von sechs Bänden des Wörterbuchs der deutschen Gegenwartssprache (= WDG) auf dem Markt, das die Dudenredaktion unverkennbar nutzte — so wie nachmals Brockhaus Wahrig Deutsches Wörterbuch (= Brockhaus-Wahrig) nicht nur ausdrücklich auf Gerhard Wahrigs Werken aufbaute, sondern auch das im Vorwort verschwiegene Konkurrenzprodukt GWB ausschlachtete. Redlicher war da vor 200 Jahren ein Autor, der schon im Titel zugab, daß er sein deutsch-dänisches Wörterbuch „aus den neuesten und besten deutschen Wörterbüchern zusammengezogen" hatte, und im Vorwort nicht nur genaue Angaben zu diesen Quellen, sondern auch einige kritische Anmerkungen zu dem damals einzigen Vorgänger machte (Baden 1787). Heute findet der Benutzer oft nur vage Hinweise auf „die kritische Auswertung der ein- und zweisprachigen allgemeinen und fachsprachlichen Wörterbücher unseres Jahrhunderts" (WDG, S. 05) oder dergleichen. In einem deutsch-englischen Wörterbuch heißt es gar, eine Liste der benutzten Quellen würde den Rahmen sprengen (Langenscheidts Enzyklopädisches Wörterbuch der englischen und deutschen Sprache (= Muret-Sanders), S. XVIII). Für welchen Zweck und nach welchen Richtlinien frühere Wörterbücher ausgewertet werden, erfährt man nur selten, obwohl ganz unterschiedliche Vorgehensweisen in Frage kommen. Beispielsweise nimmt Das Große Deutsch-Russische Wörterbuch (= GrWb Dt-Russ) bei Angaben zu Orthographie und Aussprache einschlägige Spezialwerke als Grundlage (S. 30), während beim Concise Oxford Dictionary (= COD) andere Wörterbücher primär als Fundgrube für Zitate dienten (3. Aufl., S. vi).

Grammatiken enthalten neben allgemeineren Regeln auch eine Fülle von Hinweisen zu einzelnen Wörtern. Es steht daher zu vermuten, daß sie bei der lexikographischen Arbeit ebenfalls konsultiert werden. Doch auch in den wenigen Fällen, wo Grammatiken im Vorwort genannt werden, bleibt unklar, welche Rolle sie bei der Abfassung des Wörterbuchs gespielt haben. Genauso unüblich ist es, auf die verwendeten linguistischen Arbeiten einzugehen. Eine Ausnahme macht hier die Dudenredaktion, die sich damit brüstet, für GWB „selbstverständlich [...] auch die gesamte neuere sprachwissenschaftliche Literatur" ausgewertet zu haben (S. 1). Wahr ist daran immerhin, daß einzelne Artikel in Duden-Wörterbüchern unbestreitbar (aber ohne expliziten Hinweis) auf linguistischen Publikationen basieren. Beispielsweise enthält Duden Bedeutungswörterbuch (= Duden-10) in der jüngsten Auflage einen Artikel -jahr, der fast wörtlich mit dem „Teil eines provisorischen Eintrags für -jahr" in einem Aufsatz zur Wortbildung im Wörterbuch übereinstimmt (Mugdan 1984, 301). Allerdings bleibt diese Übernahme isoliert und hat keinerlei Einfluß auf die Gesamtkonzeption; das gilt auch für vergleichbare Anleihen in DUW.

2.2. Probleme

Wörterbücher, Grammatiken und andere Quellen liefern sekundäre Aussagen über häufig nicht genau spezifizierte Daten. Daher ist zum einen fraglich, auf welche Sprachvarietät sich die Angaben beziehen; zum anderen müssen die vorgenommenen Interpretationen keineswegs immer schlüssig und gelungen sein. Es ist sogar mit groben Fehlern in der Datenauswertung zu rechnen (vgl. z. B. Ulvestad 1979 a zu falschen Zahlen in einer Textuntersuchung), wie auch die Primärdaten bei der Weiterverarbeitung unabsichtlich verfälscht werden können (vgl. z. B. Buck

1984 zu inkorrekten Zitaten in GWB). Zgusta fordert daher zu Recht, daß nichts aus einer anderen Quelle ungeprüft übernommen werden dürfe (1971, 239), äußert sich aber nicht genauer dazu, wie eine Überprüfung vonstatten gehen sollte. Wiegand läßt seinen imaginären Lexikographen z. B. bei der Genusbestimmung in folgenden Schritten vorgehen (1986, 123):

(1) Vergleiche Wörterbuch A mit Deiner Sprachkompetenz,
(2) vergleiche Wörterbuch B mit Deiner Sprachkompetenz,
(3) vergleiche Wörterbuch C mit Deiner Sprachkompetenz,
(4) vergleiche die Ergebnisse der drei Vergleiche; bei Übereinstimmung: beende den Wörterbuchvergleich.

Ob Lexikographen tatsächlich so arbeiten, läßt sich freilich den uns bekannten Werkstattberichten oder Wörterbucheinleitungen nicht entnehmen. Harrap's Standard German and English Dictionary (= Harrap) ist eines der wenigen, das einen kleinen Einblick in die lexikographischen Instruktionen gibt: „Neuere zweisprachige Wörterbücher wurden sorgfältig durchgesehen, doch wird kein Eintrag in einem zweisprachigen Wörterbuch für richtig erachtet, der sich nicht außerdem durch Textbelege nachweisen läßt" (S. XV). Die gleiche Skepsis wäre allerdings gegenüber anderen Quellen nicht minder angebracht, wiewohl Zgusta in seinem Handbuch empfiehlt, bei der Erstellung zweisprachiger Wörterbücher von „guten" einsprachigen auszugehen (1971, 307), und es die Langenscheidt-Redaktion „natürlich" findet, Übersetzungen „immer auf den Definitionen in einsprachigen Wörterbüchern" zu basieren (Voigt 1981, 28). Von der Zuverlässigkeit der Vorlagen ganz abgesehen, ist übrigens zu fragen, inwieweit Wörterbücher verschiedener Typen überhaupt auseinander entwickelt werden können; uns scheint dabei große Vorsicht geboten.

So wünschenswert und sinnvoll es ist, beim Abfassen eines Wörterbuchs die Arbeiten anderer einzubeziehen, so notwendig ist es, hierfür klare Instruktionen zu entwickeln. Zu regeln wären darin u. a. folgende Fragen:
— Welche Wörterbücher sollen für welche Fragestellungen in jedem Fall herangezogen werden? (Man könnte z. B. vier Werke auswählen, deren Bedeutungsangaben immer untersucht werden; vgl. Wiegand 1986, 126.)
— In welchen Fällen sind weitere Quellen zu berücksichtigen? (Das kann z. B. angebracht sein, wenn bestimmte Angaben grundsätzlich gemacht werden sollen, aber im Einzelfall keine einschlägigen Belege vorliegen; vgl. Bergenholtz/Mugdan 1984, 64.)
— Unter welchen Voraussetzungen werden Angaben aus anderen Quellen übernommen? (Man könnte z. B. fremde Angaben grundsätzlich nur als Hypothesen betrachten, die am eigenen Material überprüft werden müssen, sofern es sich nicht um sorgfältige empirische Arbeiten handelt.)
— Wie soll verfahren werden, wenn die Quellen einander widersprechen? (Am ehrlichsten und aufschlußreichsten wäre es, hierauf ausdrücklich hinzuweisen.)

Schließlich wirft die Auswertung vorliegender lexikographischer und grammatikographischer Arbeiten auch urheberrechtliche oder zumindest ethische Probleme auf. Da Fortschritte in der Lexikographie ohne eine Berücksichtigung der bisherigen Praxis kaum denkbar sind, wäre es zweifellos übertrieben, jede „abgeschriebene" Angabe sogleich als Plagiat einzustufen. Wir würden es aber begrüßen, wenn Lexikographen ihre Quellen genauer angeben und unmittelbare Übernahmen besonders kennzeichnen würden.

3. Introspektion

3.1. Formen

Die meisten Wörterbücher werden von Sprechern der betreffenden Sprache(n) bearbeitet, die somit ihre eigene Sprachkompetenz bei der lexikographischen Arbeit einsetzen können; wer die zu beschreibende Sprache nicht beherrscht, kommt zumindest bei der Analyse der Inhaltsseite nicht ohne intuitive Urteile kompetenter Sprecher aus (s. auch Zgusta 1971, 233—235). Ein beträchtliches Maß an Introspektion ist also bei der Interpretation der zugrunde gelegten Sprachdaten unumgänglich. Darüber hinaus kann die Sprachkompetenz des Lexikographen dazu dienen,
(a) beobachtete Sprachdaten zu bewerten,
(b) vorliegende Sprachbeschreibungen zu begutachten und
(c) selbst Sprachdaten bereitzustellen.

Um eine Bewertung der vorgefundenen Daten handelt es sich bereits, wenn Druckfehler erkannt und berichtigt werden. Zu den weiterreichenden Urteilen gehört die Trennung zwischen „grammatischen" und „ungrammatischen" Daten, wobei die Grenze zu normativen Wertungen aufgrund von Tradition, Etymologie oder „Logik" (wie sie z. B. in dem Horror vor *Entgeld* oder *weitergehendst* zutage treten) nicht leicht zu ziehen ist. Nach welchen Kriterien und in welchem Umfang Lexikographen „inkorrektes" Sprachmaterial aussondern, ist kaum feststellbar; nur in Einzelfällen läßt sich zeigen, daß sie ihnen bekannte Phänomene unerwähnt lassen (vgl. Mugdan 1985, 195; Bergenholtz/ Mugdan 1986, 60). Ähnlich unklar bleibt, inwieweit die Vergabe von Prädikaten wie *selten, umgangssprachlich, süddeutsch* usw. intuitiv erfolgt. Da zu solchen Zuordnungen nur wenige empirische Studien vorliegen, ist aber anzunehmen, daß die Lexikographen in beträchtlichem Ausmaß auf Introspektion zurückgreifen. Als Kontrollinstanz kann die Sprachkompetenz helfen, Mängel früherer Beschreibungen aufzudecken; es ist daher üblich, Angaben anderer Quellen intuitiv auf ihre Plausibilität zu prüfen (vgl. 2.2.). Als Datengenerator wird die Kompetenz besonders gerne bei den lexikographischen Beispielen genutzt. Auch auf diese gängige Praxis pflegen Wörterbuchautoren nicht einzugehen; ebenso sind in der metalexikographischen Literatur bislang nur wenige Stimmen laut geworden, die selbstgebildete Beispiele zumindest für bestimmte Wörterbuchtypen offen befürworten (so Zöfgen 1986).

3.2. Probleme

Es ist eine allgemein bekannte und unumstrittene Tatsache, daß das Sprachverhalten eines kompetenten Sprechers im Widerspruch zu seinen introspektiven Urteilen über dieses Verhalten stehen kann. Selbst der Begründer der Generativen Grammatik, deren Vertreter in der Praxis mit Vorliebe introspektiv vorgehen, formulierte das in aller Deutlichkeit:

„Obviously, every speaker of a language has mastered and internalized a generative grammar that expresses his knowledge of his language. This is not to say that he is aware of the rules of the grammar or even that he can become aware of them, or that his statements about his intuitive knowledge of the language are necessarily accurate. [...] it is quite apparent that a speaker's reports and viewpoints about his behavior and his competence may be in error." (Chomsky 1965, 8).

Zahlreiche Beobachtungen bestätigen diese grundsätzliche Einsicht. So gibt es markante Beispiele dafür, daß Sprecher unter dem Einfluß normativer Vorstellungen von „gutem Sprachgebrauch" die Existenz eines sprachlichen Elements leugnen, das sie selbst verwenden (s. Pilch 1969, 24; Labov 1975, 32 f). Aber auch in Fällen, wo keine gesellschaftlichen Sanktionen im Spiel sind, lassen sich solche krassen Widersprüche feststellen (s. Labov 1975, 33—36; Pilch 1969, 14 f). Wie wenig wir unser sprachliches Verhalten kennen, belegt am eindrucksvollsten der Nachweis, daß Sprecher bestimmte phonologische Oppositionen konsequent produzieren, ohne sie wahrnehmen zu können (s. Labov 1975, 36—40). Es ist im übrigen nicht nur fraglich, in welchem Verhältnis sprachliche und metasprachliche Kompetenz stehen; es kommt hinzu, daß die metasprachliche Performanz natürlich auch gewissen „Störfaktoren" unterliegt. Unter anderem ist damit zu rechnen, daß man beim Versuch, sich seine Sprachkompetenz bewußt zu machen, vieles schlicht übersieht.

Sind schon unsere Intuitionen über unseren eigenen Sprachgebrauch unzuverlässig, so gilt dies nicht minder für Aussagen über den Sprachgebrauch anderer oder gar „die Sprache X" insgesamt (die ja kein einzelner zur Gänze kennen kann) und insbesondere für Aussagen über die Verbreitung bestimmter sprachlicher Phänomene. Es gehört zwar zu unseren Alltagsgewohnheiten, Äußerungen anhand charakteristischer Merkmale zu Regionen, Epochen, Stilebenen usw. zuzuordnen; die Treffsicherheit solcher Zuordnungen ist aber durch unsere jeweiligen sprachlichen Erfahrungen eingeschränkt. Entsprechend wird uns die begrenzte Verbreitung von sprachlichen Elementen, die wir selbst verwenden, erst in der Konfrontation mit anderen Varietäten deutlich — wenn überhaupt. Oft genug bemerken wir nämlich nicht einmal, daß verschiedene Formen oder Konstruktionen miteinander konkurrieren; und wenn wir es tun, können wir über deren Verteilung nur spekulieren. Beispielsweise ist gänzlich unbekannt, ob *Eisschrank* gegenüber *Kühlschrank* „veraltend" oder „umgangssprachlich" ist (wie manche Wörterbücher behaupten) oder ob hier dialektale oder gar idiolektale Varianten vorliegen.

Vor diesem Hintergrund ist es nicht verwunderlich, daß introspektiv gewonnene Angaben verschiedener Lexikographen einander häufig widersprechen; verschiedentlich sind solche Informationen durch Untersuchungen des tatsächlichen Sprachgebrauchs bereits klar widerlegt worden (vgl. z. B. Ulvestad/Bergenholtz 1979; 1983). In den Fällen, wo kompetenzgestützte Beschreibungen mit anderen Daten übereinstimmen, handelt es sich vorwiegend um recht einfache Fragen, während gerade die Aussagen zu seltenen Phänomenen sowie konkurrierenden Formen und Konstruktionen unzuverlässig sind: das Genus von *Tisch* kann jeder Sprecher des

Deutschen angeben, aber bei *Gulasch* oder *Paprika* ist es um die Kompetenz schon wesentlich schlechter bestellt. Daraus folgt, daß ein Lexikograph um so weniger introspektiv vorgehen sollte, je höher seine Erwartungen an die Qualität des Wörterbuchs sind. Für eine lexikographisch bislang kaum erfaßte Sprache mag ein kompetenzgestütztes Werk mit bescheidenen Ansprüchen schon einen merklichen Fortschritt bedeuten; umfassende Wörterbücher für relativ gut erforschte Sprachen erfordern andere Methoden. Aus verschiedenen Gründen wird jedoch auch ein Lexikograph, der sich um größtmögliche Objektivität und Genauigkeit bemüht, dieses Ziel nicht immer erreichen können und zu subjektiven Einschätzungen gezwungen sein. Er sollte allerdings die Grenzen des gesicherten Wissens offen eingestehen und seine persönlichen Auffassungen dem Benutzer kenntlich machen — was in früherer Zeit üblicher war als heute (vgl. Stein 1986).

Während ein kompetenter Sprecher über die Fähigkeit verfügt, in seiner Sprache angemessen zu kommunizieren, gibt es keinen Grund zu der Annahme, daß er sein Sprachverhalten außerhalb einer realen Kommunikationssituation wirklichkeitsgetreu reproduzieren kann. Die Gleichstellung konstruierter Äußerungen mit realen Texten ist daher äußerst fragwürdig, und in der Tat fallen selbstgebildete Beispielsätze oft recht sonderbar aus, wie der folgende aus Helbig/Schenkel (1978): *Er frühstückt ein Ei.* Ist dies eine Neuerung gegenüber früheren Auflagen, so wurde das in der zweiten Auflage auf der gleichen Seite zu findende Beispiel *Das Tier trinkt das Medikament* gestrichen, das Henne treffend kommentierte: *nachdem es die Tablette im Wasser aufgelöst hat* (1977, 7). Solche Beobachtungen haben uns zu der Forderung veranlaßt, daß lexikographische Beispiele nicht frei erdacht werden, sondern auf vorgefundene Belege zurückgehen sollten (s. Mugdan 1985, 220—224; vgl. auch Bergenholtz/Mugdan 1986, 125—130). Dieser Grundsatz, gegen den Zöfgen unter Verzerrung unserer Äußerungen vorschnell polemisiert (1986, § 4), bedarf einer Präzisierung, die je nach Wörterbuchtyp verschieden ausfallen muß, aber nicht hier geleistet werden kann.

4. Informantenbefragung
4.1. Formen

Der Begriff des Informanten ist vor allem in Verbindung mit der Beschreibung bislang nicht (hinlänglich) erforschter Sprachen geläufig. Hier besteht die Rolle muttersprachlicher Gewährsleute primär darin, ein Korpus möglichst natürlicher (d. h. situationsangemessener) Äußerungen zu liefern (s. Samarin 1967, bes. 21; 56—66; 75—78). Als besondere Form der Korpusgewinnung kann man auch jene (besonders aus der Soziolinguistik bekannten) Experimente betrachten, die sich von der Beobachtung spontaner Sprache lediglich dadurch unterscheiden, daß die Wahrscheinlichkeit für das Auftreten bestimmter sprachlicher Elemente durch das Verhalten des Beobachters erhöht wird. Es handelt sich dabei um den Versuch, eine natürliche Kommunikationssituation zu simulieren:

„Our ultimate aim would be to engage a person in conversation, extract the information we want, and conclude without the subject feeling that he has been the subject of an experiment at all." (Labov 1975, 49)

Unter „Informantenbefragung" verstehen wir demgegenüber eine Untersuchung auf metakommunikativer Ebene. Hierzu gehört insbesondere eine Variante des introspektiven Verfahrens, bei dem die intuitiven Urteile mehrerer kompetenter Sprecher ermittelt werden und die man daher auch als Multiintrospektion bezeichnet (Ulvestad 1979 b, 90). Beliebt sind u. a. folgende Fragetypen:

(a) Bei Untersuchungen zu sprachlichen Zweifelsfällen und Schwankungen im Sprachgebrauch wird die Versuchsperson aufgefordert, Sätze (gelegentlich auch Wörter oder Phrasen) nach vorgegebenen Kriterien einzustufen. Als Prädikate verwendet man z. B.: *akzeptabel, grammatisch, richtig, wohlgeformt, normal, üblich, häufig;* z. T. wird auch gefragt, ob der Informant den Satz schön findet oder ihn selbst verwenden würde. Bei den Antworten werden manchmal ja/nein-Entscheidungen verlangt, meistens sind jedoch ein oder mehrere Zwischenwerte oder die Antwort „unentschieden" zugelassen. Wenn die Sätze nicht einzeln, sondern paar- oder gruppenweise präsentiert werden, kann die Versuchsperson auch gebeten werden, eine Rangfolge aufzustellen.

(b) Bei der Beschreibung von Wortbedeutungen sollen Befragungen helfen, relevante Merkmale zu ermitteln. Zeitweise wurde hierfür gerne das semantische Differential verwendet, hatte doch Weinreich diesen Test speziell für lexikographische Zwecke empfohlen (1958, 363). Bei diesem von Psychologen entwickelten Verfahren (s. Osgood/Suci/Tannenbaum 1957) sollen die Informanten ein Wort auf mehreren Skalen einstufen, deren Endprodukte durch polare Merkmale wie *hart/weich* gekennzeichnet sind. Dabei werden zwar keine lexikalischen Bedeutungen, sondern emotionale Assoziationen erfragt, aber die Methode läßt sich unschwer für erstere abwandeln.

Von den Beurteilungsaufgaben kann man die Performanzaufgaben unterscheiden (s. Greenbaum 1984, 197—199), bei denen die Informanten vorgegebene Sätze umformen (z. B. von einer Aussage zu einer Frage) oder ergänzen (z. B. durch Einfügung ausgelassener Flexionssuffixe). Sie werden vor allem verwendet, um bei Schwankungen im Sprachgebrauch die Präferenzen der Befragten festzustellen, ohne das Problem direkt anzusprechen; wie bei der Multiintrospektion werden daher typischerweise mehrere Personen getestet, die die gleiche Sprache sprechen wie der Versuchsleiter. Bei der Beschäftigung mit fremden Sprachen oder Dialekten ist es dagegen nicht unüblich, einzelnen Informanten Fragen zu ihrem Sprachgebrauch zu stellen, z. B. wie sie den Gegenstand X benennen, was das Wort Y bedeutet, wie sie die Äußerung Z übersetzen würden u. ä. (vgl. Samarin 1967, 106—139, Zgusta 1971, 235—238). Eine in der Lexikographie verbreitete Spielart dieses Vorgehens ist der Brauch, für fachsprachliche Angaben mit einschlägig qualifizierten Beratern zusammenzuarbeiten (vgl. Zgusta 1971, 238 f). Teils werden sie namentlich genannt, teils wird aber auch nur mit „zahlreichen Wissenschaftlern und anderen Fachleuten" geworben, ohne daß man Näheres über diese geheimen Mitarbeiter erfährt. Unter der unüberschaubaren Zahl von Tests mit Bewertungs- oder Produktionsaufgaben gibt es dagegen nur wenige, die in unmittelbarem Zusammenhang mit der Erstellung eines Wörterbuchs durchgeführt wurden — von umfassenden Informantenbefragungen, wie sie Hill als Methode der lexikographischen Datenerhebung anregt (1970), ist uns nichts bekannt. Unklar ist auch, inwieweit breiter angelegte Erhebungen (z. B. im Rahmen des Survey of English Usage) oder Einzelstudien in der lexikographischen Praxis berücksichtigt werden.

Uns liegen nur ein einziges allgemeines einsprachiges Wörterbuch und einige Spezialwörterbücher vor, für die Informantenurteile eingeholt wurden. Bei einem speziellen Verbvalenzwörterbuch mit gut 1000 Lemmata (Colliander 1983) sollten diese Urteile die Angaben stützen; es wurden durchgehend drei Sprecher des Deutschen gefragt, ob bestimmte Korrelate obligatorisch, fakultativ oder unmöglich sind. Beispielsweise sagten alle drei Informanten, daß *lieben* obligatorisch mit dem Korrelat *es* verbunden wird; bei *fühlen* wurde dieses Korrelat von zwei Informanten als unmöglich und von einem als fakultativ eingestuft. Für ein Wörterbuch zur Wortbildung (August 1975) wurden sechs linguistisch „unverdorbene" Informanten bemüht, die die Durchsichtigkeit von etwa 1200 Derivationen und Kompositionen beurteilen sollten. So ordneten alle Informanten *orientieren* 'zurechtfinden' dem Substantiv *Orient* 'Morgenland' zu, bei *Sauerstoff* waren sie „unentschieden", bei *anscheinend* 'offensichtlich' sahen sie alle keinen Zusammenhang zu *Schein* 'Licht'. Bei der morphologischen Analyse hat sich der Autor aber anscheinend nicht primär an diesen Ergebnissen orientiert. Im Falle des American Heritage Dictionary of the English Language (= AHD) sollten durch die Befragung von hundert Persönlichkeiten aus Kultur, Wissenschaft und Politik (z. B. Isaac Asimov, Eugene McCarthy, Mario Pei) die Auskünfte zu stilistischen Anwendungsbedingungen „more precisely descriptive" werden (S. VII). Wenn man erfährt, daß 59 % des „Usage Panel" in der geschriebenen Sprache *normalcy* (anstelle von *normality*) inakzeptabel finden oder 92 % bei *Is either of them available?* die Ersetzung von *is* durch *are* ablehnen, wird jedoch nicht der Sprachgebrauch beschrieben (nicht einmal der der Informanten); vielmehr erfährt der Leser etwas über die sprachlichen Wertvorstellungen einer Sprechergruppe, die in den USA hohes gesellschaftliches Prestige genießt.

4.2. Probleme

Bei der Einschätzung von Informantenbefragungen sind zunächst prinzipielle Schwächen der Methode von Mängeln in der Durchführung zu unterscheiden. Welche Qualitätsansprüche eine Befragung erfüllen müßte, um aussagekräftig zu sein, ist allerdings nicht bekannt, herrscht doch in dieser Hinsicht ein bedenkliches methodisches Forschungsdefizit. Maßstäben, wie sie in der empirischen Sozialforschung und bei psychologischen oder pädagogischen Tests üblich sind, genügen jedenfalls die wenigsten der publizierten Untersuchungen. Typischerweise wird nur eine sehr kleine Zahl von Informanten befragt — selten sind es über hundert. Bei weniger als zehn Personen ist das erforderliche Minimum zweifellos weit unterschritten, und es erscheint mehr als fraglich, ob sich dann der Aufwand einer Befragung überhaupt lohnt. Die Befragten stammen aus naheliegenden Gründen vorwiegend aus dem universitären Milieu, obwohl die Existenz schichtenspezifischer Unterschiede im Sprachverhalten allgemein bekannt ist und sich auch in Befragungen auswirkt (s. Eagleson 1977). Besondere Vorsicht ist bei Informanten mit linguistischen Vorkenntnissen geboten. So konnte gezeigt werden, daß Grammatikalitätsurteile von Linguisten nicht nur anders ausfallen als die unvoreingenommener Sprecher (Spencer 1973), sondern sogar von den theoretischen Annahmen beeinflußt sind, zu deren Überprüfung sie dienen sollen (s. Labov 1975, 29—31). Zu den wenigen Befragungen, die hinsichtlich der Auswahl der Informanten überzeugen, gehört eine sowjetische Untersuchung mit über 3000 Testpersonen aus verschiedenen Regionen, sozialen Gruppen und Altersstufen (s. Krysin 1974).

Unter den verschiedenen Typen von Fragen sind die beliebtesten, nämlich diejenigen zur Existenz eines Elements oder zur Grammatikalität oder Akzeptabilität einer Äußerung, zugleich die bedenklichsten. Zunächst bleibt vage, was die Informanten eigentlich beurteilen (vgl. Hildebrandt 1977, 140—142 mit weiterer Literatur). Die diversen Prädikate, die sie vergeben sollen (z. B. *akzeptabel, gut, richtig, üblich*), sind durchaus nicht äquivalent (s. Bradac/Martin/Elliott/Tardy 1980, 970—976), was die Vergleichbarkeit verschiedener Untersuchungen erheblich einschränkt. Dementsprechend ist auch höchst unklar, was mit den in der linguistischen Literatur üblichen Sternchen zur Kennzeichnung „ungrammatischer" Sätze tatsächlich gemeint ist (s. Householder 1973, 369—373). Die Urteile hängen überdies von verschiedenen Faktoren ab, die nur zum Teil durch eine geschickte Testkonstruktion kontrolliert werden können. Beispielsweise wäre zu berücksichtigen, daß die Reihenfolge und Gruppierung der Testsätze einen Einfluß auf die Antworten hat (s. Greenbaum 1977 a); u. a. ist damit zu rechnen, daß im Lauf der Befragung Ermüdungserscheinungen und Veränderungen des Sprachgefühls auftreten (s. Quirk/ Svartvik 1966, 16). Eine entscheidende Rolle spielt der Kontext, in dem die Sätze stehen oder in den die Informanten sie stellen (s. Bolinger 1968; Householder 1973, 373 f); so ließe sich durchaus eine Situation konstruieren, in der der angeblich ungrammatische Satz *Harry reminded me of myself* ganz natürlich wäre (s. Bar-Hillel 1971, 404 f mit dem Angebot, dies gegen eine angemessene Gebühr zu demonstrieren). Das Urteil des Informanten sagt also möglicherweise mehr über sein Vorstellungsvermögen aus als über die Grammatikalität des beurteilten Satzes. Zuweilen werden Sätze auch aus ganz unerwarteten und für den Linguisten abwegigen Gründen akzeptiert oder abgelehnt (s. Hill 1961). Manche Informanten urteilen grundsätzlich eher liberal, andere eher restriktiv (vgl. z. B. Bünting 1969, 290 f; Ross 1979, 162 f). Das Antwortverhalten hängt aber auch — wie sich experimentell nachweisen läßt — vom momentanen psychischen Zustand ab (s. Carroll/Bever/Pollack 1981). Aus diesen und anderen Gründen fallen die Urteile verschiedener Informanten höchst unterschiedlich aus (s. z. B. Ross 1979; Snow/Meijer 1977); selbst in scheinbar gänzlich unproblematischen Fällen ist Einhelligkeit selten. So stuften in einer Untersuchung von Ross zwei der dreißig Befragten *The doctor is sure that there will be no problems* als „less than perfect" ein, während drei angaben, daß sie den Satz *What will the grandfather clock stand between the bed and?* ohne Zögern benutzen würden (1979, 133; 162). Schließlich sind sich die Versuchspersonen in ihren Bewertungen oft nicht sicher (vgl. Ross 1979, 131; 133), stufen die Sätze mit gleicher Struktur unterschiedlich ein (s. Snow/Meijer 1977, 169) und geben bei einer Wiederholung des Tests nicht dieselben Antworten (s. Carden 1976). Die größten Schwankungen und Unsicherheiten zeigen sich gerade bei den Beispielen, die für den Linguisten am interessantesten sind (s. Ross 1979, 139; Reis 1979, 5 f); die Frage nach der Grammatikalität vermag also Zweifelsfälle nur aufzuzeigen, aber nicht wesentlich zu ihrer Klärung beizutragen. Es kann jedoch sinnvoll sein, Urteile über sprachliche Phänomene selbst zum Gegenstand zu machen, also bestehende normative Vorstellungen zu erforschen und zu dokumentieren (wie bei der in 4.1. erwähnten Umfrage für AHD).

Untersuchungen, die keine Urteile erfragen, sondern die Informanten zur Sprachproduktion anregen, können eher brauchbare Daten für die Sprachbeschreibung liefern. Je mehr allerdings die Befragten sich des sprachlichen Problems, das sie lösen sollen, bewußt sind, desto weniger entsprechen ihre Antworten ihrem spontanen Sprachverhalten. Die Aufforderung, die Lücke in *je tatsächlich geleistet. . . Unterrichtsstunde* auszufüllen, unterscheidet sich nicht gar so sehr von der, zwischen *je geleisteter Stunde* und *je geleistete Stunde* zu wählen; letztere ist aber auch nach Greenbaum (1984, 197) eine Bewertungs- und keine Produktionsaufgabe. Nicht selten stellen die Informanten in einer solchen Testsituation ganz erstaunt fest, daß ein Zweifelsfall vorliegt (allgemein bekannte Beispiele wie *wegen dem Regen* vs. *wegen des Regens* gibt es nur wenige), und werden dadurch erst unsicher. Es müßten also Testformen gewählt werden, bei denen die Aufmerksamkeit nicht auf das interessierende Phänomen gelenkt wird. (Das könnte zum Beispiel bei manchen Umformungsaufgaben zutreffen; vgl. Greenbaum 1984, 199). Selbst dann ist jedoch zweifelhaft, ob das Verhalten in einer künstlichen Situation zuverlässige Rückschlüsse auf die Sprachwirklichkeit erlaubt. Vorzuziehen wäre daher die Simulation natürlicher Kommunikation (vgl. 4.1.).

Wenn es der Bearbeiter eines Wörterbuchs mit Sprachen oder Varietäten (z. B. Fachsprachen) zu tun hat, die er selbst nicht beherrscht, wiegen die methodischen Bedenken gegen die Befragung von Informanten nicht ganz so schwer, weil es in der Regel um Kernstrukturen und Kernwortschatz der betreffenden Sprache und nicht um Zweifelsfälle geht. Mißverständnisse und Irrtümer sind jedoch nicht ausgeschlossen; es kommt auch vor, daß ein Informant lieber irgendeine (falsche) Auskunft gibt, statt seine Unkenntnis einzugestehen. Bei Fachsprachen tritt die Schwierigkeit auf, daß häufig verschiedene Teildisziplinen oder gar Schulen mit unterschiedlichen Termini arbeiten, so daß es nicht genügt, nur einen Vertreter eines Faches heranzuziehen. Die Terminologie mancher Wissenschaften (namentlich der Linguistik) ist sogar so uneinheitlich, daß selbst Spezialisten, die sich mit terminologischen Fragen intensiver befaßt haben, sie kaum überblicken können.

5. Belegsammlung

5.1. Formen

Für größere Wörterbuchvorhaben gilt die Exzerpierung schriftlicher Texte weithin als das wichtigste Verfahren der Materialsammlung (s. Zgusta 1971, 225—233). In der Regel werden hierbei freie Mitarbeiter gebeten, bestimmte Texte zu lesen und Zitate herauszuschreiben, die dann in einer Belegkartei archiviert werden. Bei den ausgewerteten Texten überwiegen traditionell die Werke „guter" Schriftsteller; in jüngerer Zeit werden Zeitungsartikel und Fachbücher häufiger einbezogen, gelegentlich auch andere Textsorten. Genaue Auskünfte zur Auswahl der Texte und zur Zahl der daraus gewonnenen Belege bekommt der Wörterbuchbenutzer nicht immer. Eine Liste der Texte fehlt vor allem in Wörterbüchern, die keine Belege zitieren, und auch ausführliche Quellenverzeichnisse teilen bei Periodika bestenfalls mit, welche Jahrgänge verwendet wurden, so daß der Umfang des ausgewerteten Materials nicht erkennbar ist. Immerhin geben einige bekannte einsprachige Wörterbücher einen groben Überblick über ihre Datenbasis:

Im Vorwort zu WDG heißt es, dem Wörterbuch stünden ca. anderthalb Millionen Zettel zur Verfügung (S. 05); das Literaturverzeichnis umfaßt etwa 700 Titel. Für GWB wurden „Millionen Belege der deutschen Gegenwartssprache aus der Sprachkartei der Dudenredaktion ausgewertet" (S. 1 — auf dem Schutzumschlag ist genauer von zwei Millionen die Rede); rund 650 Quellentexte werden aufgeführt. Das russische Akademiewörterbuch beruht auf einer Kartothek mit über 5 Mio. Belegen (s. Instrukcija 1958, 61); bei der Arbeit an Webster's Third New International Dictionary (= W3) ergänzte man die für frühere Auflagen benutzten 1 665 000 Zitate um knapp 4,5 Mio. (S. 6 a). Beim Oxford English Dictionary (= OED) dürfte das 88seitige Literaturverzeichnis rund 20 000 Titel enthalten, aus denen ca. 5 Mio. Belege exzerpiert und 1,8 Mio. zitiert wurden (S. v). Den Mitarbeitern wurde dazu folgende Instruktion gegeben: „Make a quotation for *every* word that strikes you as rare, obsolete, old-fashioned, new, peculiar, or used in a peculiar way. [...] Make *as many* quotations *as you can* for ordinary words, expecially when they are used significantly, and tend by the context to explain or suggest their own meaning." (S. xv).

Auch heute herrscht noch die Auffassung, daß Belege vor allem zitiert werden sollten, um Neues, Seltenes und Auffälliges nachzuweisen (s. GWB S. 19 sowie Zöfgen 1986); man darf daher vermuten, daß auch für neuere Wörterbücher oft nach ähnlichen Gesichtspunkten exzerpiert wird wie beim OED. Zgusta beschreibt allerdings ein stufenweises Verfahren, bei dem man zunächst den gesamten Wortschatz bestimmter Texte aufnimmt, aus den übrigen Quellen aber nur noch die nicht oder wenig belegten Wörter und Bedeutungen katalogisiert (1971, 231 f). Selbst beim „vollständigen" Exzerpieren wird aber nur ausnahmsweise jedes Vorkommen jeder Wortform herausgeschrieben (zumal bei hochfrequenten wie *und, das, ist*). Üblicher ist es, für jedes Lexem (oder jede seiner Bedeutungen oder Verwendungen) nur eine begrenzte Zahl von Belegen zu notieren. Wo diese Obergrenze liegt, teilen die untersuchten Wörterbücher nicht mit; da die durchschnittliche Anzahl der gesammelten Belege pro Lemma bei GWB, OED und W3 ein gutes Dutzend beträgt, kann sie nicht sehr hoch sein. Unbekannt ist ferner, inwieweit z. B. Wortbildungselemente oder Phraseologismen exzerpiert werden. Für spezielle Zwecke kann sich die Sammlung auf bestimmte Wortschatzbereiche beschränken; so gibt es Neologismenkarteien, die zur Ergänzung der vorliegenden Wörterbücher dienen (vgl. Muret-Sanders S. VI).

Belegsammlungen müssen nicht durchweg auf der Auswertung gezielt ausgewählter Texte beruhen, sondern können auch Gelegenheitsfunde enthalten. Zu dieser Kategorie zählen z. B. im Zettelarchiv des WDG „Hörbelege der unmittelbaren Gegenwart, die — vielleicht durch Zufall — noch nicht gedruckt gefunden wurden" (S. 05); unseres Wissens sind für keine der erwähnten Belegsammlungen systematisch gesprochene Texte abgehört worden. Einige Wörterbuchredaktionen helfen dem Zufall nach, indem sie um die Einsendung von Zitaten bitten. So wird im Rundbrief der Dictionary Society of North America für die Neuauflage des OED nach Belegen für *brain box* 'schlauer Mensch' gefragt und ein Nachweis für *beetle* 'Volkswagen' vor 1961 gesucht (DSNA Newsletter 10 (1986), No. 2, S. 10). Es hat sich gezeigt, daß ein solches Verfahren sehr effektiv ist, wenn es darauf ankommt, seltene Elemente zu belegen.

5.2. Probleme

Im Unterschied zu introspektiven Verfahren kann mit einer Belegsammlung nachgewiesen werden, daß bestimmte Wörter, Verwendungsweisen, Konstruktionen usw. tatsächlich im Sprachgebrauch vorkommen. (Verschiedentlich wird die Aufnahme von Zitaten primär mit dieser Beweiskraft begründet, so z. B. Instrukcija 1958, 51.) Ein weiterer wesentlicher Vorzug von Belegsammlungen liegt darin, daß sie in der Regel auf einem breiten Spektrum von Texten unterschiedlicher Autoren beruhen, auch wenn deren Auswahl im Einzelfall angreifbar sein mag. So führt die Bevorzugung der schöngeistigen Literatur zweifellos zu einem einseitigen Bild; ebenso bedenklich ist die Vernachlässigung der gesprochenen Sprache. Auch über die Frage, welcher Zeitspanne die Texte bei einem Wörterbuch der „Gegenwartssprache" entstammen sollen, wäre zu diskutieren. Für die Beurteilung der Methode an sich ist das jedoch nicht von Belang. Das gleiche gilt für andere Mängel bei ihrer Anwendung, z. B. daß zuweilen Einträge ins Wörterbuch geraten, die auf Druckfehlern oder Irrtümern beruhen. Gravierend ist hingegen der schon von Behaghel bemängelte Umstand, daß man (anders als beim „Verfahren der Stichproben, das gewisse Stücke gewisser Denkmäler vollständig auszubeuten sucht") beim Sammeln von Belegen „vorzugsweise das Auffallende" bucht; „die großen Massen des Regelmässigen und seine Wandlungen entziehen sich dem Sammler, und Eines kann er überhaupt nicht verzeichnen: das Fehlen bestimmter Erscheinungen" (1923, VIII). Genausowenig läßt sich abschätzen, wie häufig die registrierten Phänomene sind; insbesondere ist es unmöglich, bei konkurrierenden Formen und Konstruktionen die üblichere zu ermitteln, da ja nur eine willkürliche (und nicht im statistischen Sinn zufällige) Auswahl der einschlägigen Textstellen exzerpiert wird. Demgemäß sind alle Häufigkeitsangaben in Wörterbüchern, die sich solcher Belege bedienen, wenig zuverlässig. Markierungen wie *häufig, selten* oder *seltener* stehen nachweisbar oft nicht im Einklang mit statistischen Untersuchungen ganzer Texte. Nicht besser steht es um viele Auskünfte zur Stilebene oder zur regionalen Verbreitung. Es ist auch nur bedingt richtig, daß eine Zitatenkartei erkennen läßt, „welches neue Wortgut in Gebrauch gekommen ist", und daß man mit ihr „Veränderungen im Bereich des Wortschatzes und der Grammatik feststellen" kann (Drosdowski 1980, 9). Ob ein Neologismus fester Bestandteil des Wortschatzes geworden ist, können einzelne Belege nicht beweisen, und wenn die Kartothek für bestimmte Wörter oder Verwendungsweisen nur ältere Zitate enthält, folgt daraus nicht zwingend, daß sie „veraltet" oder „veraltend" sind. Angaben zum Sprachwandel können (wie die Zuordnungen zu Stilebenen, Regionen, Fachsprachen usw.) letztlich nur aus Häufigkeitsuntersuchungen abgeleitet werden, die eine willkürliche Zusammenstellung von Belegen gerade nicht gestattet.

6. Korpus

6.1. Formen

Unter einem Textkorpus (oder kurz Korpus) verstehen wir eine Menge von Texten (oder zusammenhängenden Teilen von Texten), die in kommunikativer Absicht produziert worden sind. Damit schließen wir selbstgebildete Beispiele aus — die Gleichstellung eines Textkorpus mit introspektiv gewonnenen „Korpora" (so Greenbaum 1984, 194) verwischt die entscheidenden Unterschiede. Die Texte, die für eine Belegsammlung exzerpiert wurden, bilden zwar ein Korpus; wenn der Zugriff darauf aber nur mittelbar über die Zitatenkartei erfolgt, ist es problematisch, dieses Korpus (wie die Sprachkompetenz des Lexikographen und die Sekundärquellen) der Wörterbuchbasis zuzurechnen (so Wiegand 1986, 124). Von der Auswertung eines Korpus sollte man sinnvollerweise nur dann sprechen, wenn alle Vorkommen des interessierenden Phänomens erfaßt werden. Die besten Voraussetzungen hierfür bieten maschinenlesbare Korpora, zu denen eine Konkordanz vorliegt, also ein Register aller Wortformen in ihrem Kontext, z. B. einem Satz oder einer Zeile. Weitere nützliche Hilfsmittel, die leicht maschinell erstellt werden können, sind Häufigkeitslisten oder rückläufige Verzeichnisse. Die Zuordnung der Wortformen zu Lexemen (Lemmatisierung) und die Klassifizierung nach Wortarten kann teilweise automatisiert werden, erfordert aber manuelle Vorarbeiten oder Korrekturen. Das Korpus und die daraus gewonnenen Listen können im Klartext verfügbar sein (z. B. auf Mikrofiche), für die lexikographische Arbeit ist es aber effektiver, wenn sie auf Datenträgern (z. B. Magnetband) gespeichert sind, die eine elektronische Verarbeitung gestatten. Dadurch ist es möglich, in allen Phasen der Wörterbucherstellung — von der Auswertung des Korpus über das Abfassen der Artikel bis zum Schriftsatz — mit dem Computer zu arbeiten, der dem Lexikographen mechanische Arbeiten abnehmen, Fehler (z. B. bei der Übernahme von Zitaten aus dem Korpus ins Wörterbuch) vermeiden und die Einhaltung lexikographischer Konventionen überwachen kann — vorausgesetzt, er ist entsprechend programmiert (vgl. auch Kipfer 1985).

Bislang werden Textkorpora in der lexikographischen Arbeit noch nicht sehr häufig benutzt. Soweit dies geschieht, lassen sich drei Vorgehensweisen unterscheiden:

(1) Korpusbezug ohne Folgen für die Praxis: In der Einleitung zum Kleinen Valenzlexikon deutscher Verben (= KVL) heißt es, man habe parallel zu den Kompetenzentscheidungen der Mitarbeiter und der Konsultation von Wörterbüchern auch eine Textauswahl aus dem Mannheimer Korpus analysiert. Im Wörterbuch finden sich jedoch keine Spuren davon. Die Beispiele sind offenkundig selbstgebildet; die grammatischen Angaben stehen in vielen Fällen im Widerspruch zu Korpusdaten. Zudem hat einer der Autoren in einem gleichzeitig mit dem KVL erschienenen Beitrag die Durchführbarkeit einer Korpusauswertung „im größeren Umfang" in Abrede gestellt (Schumacher 1976, 11). In den Ausschnitten aus einem neuen Verbwörterbuch der gleichen Arbeitsgruppe findet man jetzt Korpusbelege anstelle erfundener Beispiele wie *Er teilt ⟨es⟩ der Behörde mit, wann er umgezogen ist* (KVL S. 226), aber die Beschreibung hat das nicht beeinflußt: obwohl nicht ein Beleg dafür zitiert wird, soll nach wie vor *mitteilen* fakultativ mit dem Korrelat *es* vorkommen (s. Projektgruppe 1981, 326 f).

(2) Partielle Berücksichtigung von Korpusdaten: Bei den zweisprachigen Van Dale-Wörterbüchern sind Befunde aus Korpora in Häufigkeitsangaben eingegangen; z. B. wurde für das Deutsche das LIMAS-Korpus konsultiert, das aus 500 Texten à 2000 Textwörtern besteht (Van Dale. Groot woordenboek Duits-Nederlands (= Van Dale), S. 16). In anderen Fällen ist nicht klar ersichtlich, zu welchem Zweck ein Korpus verwendet wurde. So werden im Vorspann zu AHD das ebenfalls 1 Mio. Wörter umfassende Brown Corpus des Amerikanischen Englisch und die Möglichkeiten des Computereinsatzes in der Lexikographie nur allgemein beschrieben, ohne daß das Vorgehen bei diesem Wörterbuch dargestellt würde (S. XXXVIII—XL).

(3) Durchgängige Verwendung eines Textkorpus: Bei dem dreibändigen Wörterbuch Zur Lexik wissenschaftlicher Fachtexte (Erk 1972; 1975; 1982) ist ein Korpus die primäre Datenbasis. Es besteht aus 102 gleichlangen Textstücken, die 34 Fachgebieten zugeordnet werden und insgesamt 250 000 Textwörter umfassen. Für jedes der 2000 Lemmata werden u. a. die Häufigkeiten der angegebenen Verwendungsbedingungen genannt und Belege aus dem Korpus zitiert. Bei dem großen, noch nicht abgeschlossenen Trésor de la langue française (= TLF) wurde neben früheren Wörterbüchern und einer bereits vorliegenden Belegsammlung mit ca. 6 Mio. Zitaten durchgehend ein Korpus mit etwa 90 Mio. Textwörtern zugrunde gelegt; die Texte umfassen den Zeitraum 1789—1960, und 1002 von ihnen (mit ca. 80 % aller Textwörter) sind literarisch (S. XXI—XXIII). In die ausgedruckte Konkordanz, die die wichtigste Arbeitsgrundlage bildete, wurden nur bei rund 300 hochfrequenten Wortformen nicht alle Belege aufgenommen, sondern pro Text 10 zufällig gewählt (S. XXV).

6.2. Probleme

Während die bislang erwähnten Verfahren der Datenerhebung in der Lexikographie ziemlich selbstverständlich und oft unkritisch praktiziert werden, ist die Korpusmethode noch nicht allgemein anerkannt. Einerseits zeigen sogar manche Wörterbuchverlage

(z. B. Collins in Großbritannien) ein wachsendes Interesse an diesem Verfahren, andererseits herrschen gegen die Auswertung von Textkorpora zum Teil noch massive Vorbehalte, die in Invektiven à la „luftleerer Korpusraum" (Wolski 1986, 245) gipfeln. Wer die Sprachwirklichkeit als Vakuum abtut, kann sich natürlich viel Mühe sparen und seine Erkenntnisse aus der Luft greifen — in einer seriösen Methodendiskussion sollte man aber wenigstens Argumente anstelle von Vorurteilen erwarten dürfen. Einigen der gängigen Einwände merkt man an, daß sie nicht auf praktischen Erfahrungen mit Korpora beruhen. Sie sind leicht zu widerlegen oder treffen genauso auf andere Verfahren zu (vgl. Mugdan 1985, 199—203; Bergenholtz/Mugdan 1987, § 2):
— Ungrammatische Äußerungen (die natürlich auch in Belegsammlungen oder Aussagen von Informanten auftauchen können) kommen keineswegs so häufig vor, daß daraus ernsthafte Probleme entstehen.
— Wer behauptet, daß die Analyse eines Korpus nur für die untersuchten Texte gilt und der Möglichkeit, neue Äußerungen zu erzeugen, nicht gerecht wird, ignoriert die Tatsache, daß allgemeine Regeln immer aus einzelnen Äußerungen extrapoliert werden (s. dazu Chomsky 1961, 237 f).
— Daß auch bei der Korpusauswertung subjektive Interpretationen unvermeidlich sind, spricht nicht dafür, zu Verfahren zu greifen, die überhaupt nicht intersubjektiv nachvollziehbar sind.
Wer die Möglichkeiten, die ein Korpus für die lexikographische Arbeit bietet, näher betrachtet (vgl. auch Martin/Al/van Sterkenburg 1983; Bergenholtz/Mugdan 1984; Mugdan 1985, 187—207; Sinclair 1985), wird rasch feststellen, daß für eine Reihe von Zwecken Korpusanalysen anderen Verfahren überlegen sind:
— Die Häufigkeit, mit der ein lexikalisches Element verwendet wird, kann neben anderen Erwägungen als ein objektives Maß für seine „Wörterbuchwürdigkeit" herangezogen werden (s. Art. 68).
— Alle Markierungen, die sich direkt oder indirekt auf Häufigkeitsverteilungen beziehen (*selten, veraltet, süddeutsch* usw.), lassen sich — wenn überhaupt — nur durch systematische Textuntersuchungen rechtfertigen.
— Für Angaben zu Kombinationsmöglichkeiten bietet ein Korpus die beste Grundlage, sind doch in ihm die Elemente, mit denen ein Lexem bevorzugt gemeinsam auftritt, rasch, einfach und nachprüfbar zu bestimmen.
— Die Auseinandersetzung mit sämtlichen Belegen für ein Lexem fördert häufig bislang unberücksichtigte Fakten zutage, regt zu neuen Hypothesen an und führt insgesamt zu einer exakteren Beschreibung.
Nun ist es nicht so, daß man mit einem Korpus alle Probleme lösen könnte: auch eine noch so große Textmenge wird nicht für jedes interessierende Phänomen genügend Belege enthalten. Willkürlich gesammelte Zitate oder Tests mit Informanten können dann zwar gewisse Indizien liefern, lassen aber keine verläßlichen Aussagen über Häufigkeiten usw. zu. Es täte der Ehre des Lexikographen keinen Abbruch, wenn er in einem solchen Fall eingestehen würde, daß die vorliegenden Daten keine hinlänglich gesicherte Auskunft gestatten (z. B. zur Frage, in welchem Verhältnis die Formen *integre* und *integere* stehen, die weder im LIMAS-Korpus noch im 2,8 Mio. Textwörter umfassenden Bonner Zeitungskorpus vorkommen). Zunächst sollte man allerdings versuchen, die Datenbasis zu vergrößern. Daß viele bekannte Zweifelsfälle mit einem Korpus von 1 Mio. Textwörtern nicht zu klären sind, ist überhaupt nicht verwunderlich und kann nicht als Begründung dafür herhalten, auf andere, fragwürdigere Verfahren auszuweichen (wie Greenbaum 1984, 193). Die bislang untersuchten Korpora sind „fantastically tiny in comparison with an ordinary active reader-speaker-thinker-hearer-writer's experience" (Householder 1969, 889) — schließlich sind 1 Mio. Textwörter der Umfang von nur zehn durchschnittlichen Romanen.

Wie groß müßte nun ein Korpus als Datenbasis für ein Wörterbuch sein? Das hängt ganz davon ab, welche Angaben für welchen Lemmabestand daraus gewonnen werden sollen. Damit man über ein Lexem überhaupt irgendwelche Aussagen machen kann, muß es zumindest mehrmals (und in unterschiedlichen Texten) nachweisbar sein. Wenn es viele Verwendungsmöglichkeiten hat, braucht man auch viele Belege, und wenn Zweifelsfragen auftreten (orthographische, morphologische, syntaktische, semantische oder welche auch immer), ist besonders viel Material nötig. Ob die vorliegenden Belege zur Klärung ausreichen, kann man letztlich nur daran erkennen, ob die Ergebnisse bei der Hinzunahme neuer Daten stabil bleiben. Einen kleinen Eindruck von der Problematik mögen folgende Zahlen geben: Im Teilkorpus „Die Welt" des Lunder Zeitungskorpus, das 2,48 Mio. Textwörter umfaßt, gibt es 166 484 verschiedene Wortformen, von denen 56,2 % nur einmal vorkommen; fünf Belege oder mehr erreichen 31 703 Wortformen (19 %), ein Minimum von zehn weisen 17 772 Formen (10,7 %) auf (s. Rosengren 1972, 433). Solche Beobachtungen haben uns in Verbindung mit unseren Erfahrungen bei der

Korpusarbeit zu dem Schluß geführt, daß schon für eine adäquate Beschreibung der 2000 häufigsten deutschen Lexeme ein Korpus von 5 Mio. Textwörtern erforderlich wäre (s. Bergenholtz/Mugdan 1984; Mugdan 1985, 204 f). Für ein allgemeines Wörterbuch mit 50—100 000 Lemmata kommt man vielleicht mit 50—100 Mio. Textwörtern einigermaßen aus; für manche Zwecke werden Ergänzungskorpora nötig sein, die nur selektiv ausgewertet werden. Korpora dieser Größe sind ohne weiteres realisierbar (s. auch 6.1. zu TLF), zumal neue Satztechniken, Klarschriftleser und Datenfernübertragungsnetze die Texterfassung wesentlich erleichtern (s. Kipfer 1985, 144—153; vgl. Bergenholtz/Mugdan 1987, § 4—5). Natürlich muß auch die Zusammensetzung des Korpus gewissen Ansprüchen genügen: Um Verzerrungen zu vermeiden, sollte man nicht ganze Bücher aufnehmen, sondern die einzelnen Texte in der Länge begrenzen; verschiedene Textsorten müssen angemessen vertreten sein, und auch die zeitliche Streuung der Texte ist zu bedenken. Da wir in einem anderen Handbuch dieser Reihe auf diese Fragen näher eingegangen sind (s. Bergenholtz/Mugdan 1987, § 6—9), möchten wir hier auf eine Wiederholung verzichten. Es sei lediglich noch einmal vor der Vorstellung gewarnt, ein Korpus könne repräsentativ sein. Im statistischen Sinne ist das prinzipiell nicht möglich. Erreichbar und anzustreben ist jedoch ein Korpus, das als exemplarisch gelten kann, d. h., das eine plausible Auswahl dessen erfaßt, was man „die Gegenwartssprache" nennen könnte. Für das Deutsche bleibt ein solches Korpus leider noch ein Desiderat.

7. Literatur (in Auswahl)

7.1. Wörterbücher

AHD = The American Heritage Dictionary of the English Language. William Morris, Editor. Boston. Atlanta. Dallas. Geneva IL. Hopewell NJ. Palo Alto 1976 [1568 S.].

Augst 1975 = Gerhard Augst: Lexikon zur Wortbildung. Morpheminventar. 3 Bde. Tübingen 1975 (Forschungsberichte des Instituts für deutsche Sprache Mannheim 24) [1306 S.].

Baden 1787 = Jacob Baden: Fuldstændig Tydsk og Dansk Ordbog, sammendragen af de nyeste og bedste Tydske Ordbøger. 2 Bde. Kiøbenhavn 1787—1797 [1536; 1224 S.].

Brockhaus-Wahrig = Brockhaus Wahrig. Deutsches Wörterbuch in sechs Bänden. Hrsg. von Gerhard Wahrig, Hildegard Krämer, Harald Zimmermann. 6 Bde. Wiesbaden. Stuttgart 1980—1984 [zus. 5310 S.].

Colliander 1983 = Peter Colliander: Das Korrelat und die obligatorische Extraposition. Kopenhagen 1983 (Kopenhagener Beiträge zur Germanistischen Linguistik, Sonderband 2) [346 S.].

COD = The Concise Oxford Dictionary of Current English. Adapted by H. W. Fowler and F. G. Fowler. Third ed. revised by H. W. Fowler, H. G. Le Mesurier and E. McIntosh. London 1934 [xvi, 1520 S.; 1. Aufl. 1911, 7. Aufl. hrsg. von J. B. Sykes 1982].

Duden-10 = Duden. Bedeutungswörterbuch. Hrsg. und bearb. von Wolfgang Müller unter Mitwirkung folgender Mitarbeiter der Dudenredaktion: Wolfgang Eckey, Jürgen Folz, Heribert Hartmann, Rudolf Köster, Dieter Mang, Charlotte Schrupp, Marion Trunk-Nußbaumer. 2. völlig neu bearb. und erw. Aufl. Mannheim. Wien. Zürich 1985 (Duden Band 10) [797 S.; 1. Aufl. 1970].

DUW = Duden. Deutsches Universalwörterbuch. Hrsg. und bearb. vom Wissenschaftlichen Rat und den Mitarbeitern der Dudenredaktion unter Leitung von Günther Drosdowski. Mannheim. Wien. Zürich 1983 [1504 S.].

Erk 1972 = Heinrich Erk: Zur Lexik wissenschaftlicher Fachtexte. Verben — Frequenz und Verwendungsweise. München 1972 [254 S.].

Erk 1975 = Heinrich Erk: Zur Lexik wissenschaftlicher Fachtexte. Substantive — Frequenz und Verwendungsweise. München 1975 [373 S.].

Erk 1982 = Heinrich Erk: Zur Lexik wissenschaftlicher Fachtexte. Adjektive, Adverbien und andere Wortarten. Frequenz und Verwendungsweise. München 1982 [699 S.].

GrWb Dt-Russ = Das große deutsch-russische Wörterbuch/Bol'šoj nemecko-russkij slovar'. Autoren: E. I. Leping, N. P. Strachova, N. I. Filičeva, M. Ja. Cvilling, R. A. Čerfas. Hrsg. von O. I. Moskal'skaja. 2 Bde. Moskau 1969 [760; 680 S.].

GWB = Duden. Das große Wörterbuch der deutschen Sprache in sechs Bänden. Hrsg. und bearb. vom Wissenschaftlichen Rat und den Mitarbeitern der Dudenredaktion unter Leitung von Günther Drosdowski. 6 Bde. Mannheim. Wien. Zürich 1976—1981 [2992 S.].

Harrap = Harrap's Standard German and English Dictionary. Ed. by Trevor Jones. Part 1: German-English. Bisher 3 Bde. A—R. London. Toronto. Wellington. Sydney 1963—1974 [zus. 1659 S.].

Helbig/Schenkel 1978 = Gerhard Helbig/Wolfgang Schenkel: Wörterbuch zur Valenz und Distribution deutscher Verben. 4. Aufl. Leipzig 1978 [458 S., 1. Aufl. 1969].

KVL = Ulrich Engel/Helmut Schumacher: Kleines Valenzlexikon deutscher Verben. 2. durchges. Aufl. Tübingen 1978. (Forschungsberichte des Instituts für deutsche Sprache Mannheim 31) [306 S., 1. Aufl. 1976].

Muret-Sanders = Langenscheidts Enzyklopädisches Wörterbuch der englischen und deutschen Sprache. Begründet von E. Muret und D. Sanders. Teil II. Deutsch-Englisch. Völlige Neubearbeitung 1974. Hrsg. von Otto Springer. 2 Bde. Berlin. München. Wien. Zürich 1974—1975 [XXXVII, 2024 S.].

OED = The Oxford English Dictionary. Ed. by James A. H. Murray, Henry Bradley, W. A. Craigie, C. T. Onions. 12 Bde. und Supplement. London 1933 [zus. 16 498 S.].

TLF = Trésor de la langue française. Publié sous la direction de Paul Imbs. Bisher 11 Bde. A—natalité. Paris 1971—1985 [zus. 14 080 S.].

Van Dale = Van Dale. Groot woordenboek Duits-Nederlands. Door H. L. Cox in samenwerking met F. C. M. Stoks, F. Beersmans, D. Otten, W. de Cubber. Utrecht. Antwerpen 1983 [1576 S.].

WDG = Wörterbuch der deutschen Gegenwartssprache. Hrsg. von Ruth Klappenbach und Wolfgang Steinitz. 6 Bde. Berlin/DDR 1964—1977 [036, 4579 S.; Lieferungen ab 1961; div. verb. Nachdrucke einzelner Bände].

W 3 = Webster's Third New International Dictionary of the English Language. Editor in Chief Philipp Babcock Gove. 2 Bde. Springfield MA 1971 [64 a, 2662 S.].

5.2. Sonstige Literatur

Bar-Hillel 1971 = Yehoshua Bar-Hillel: Out of the Pragmatic Wastebasket. In: Linguistic Inquiry 2. 1971, 401—407.

Behaghel 1923 = Otto Behaghel: Deutsche Syntax. Eine geschichtliche Darstellung. Bd. I: Die Wortklassen und Wortformen. A: Nomen. Pronomen. Heidelberg 1923.

Bergenholtz/Mugdan 1984 = Henning Bergenholtz/Joachim Mugdan: Grammatik im Wörterbuch: von *ja* bis *Jux*. In: Herbert Ernst Wiegand (Hrsg.): Studien zur neuhochdeutschen Lexikographie V. Hildesheim. Zürich. New York 1984, 47—102 (Germanistische Linguistik 3—6/84).

Bergenholtz/Mugdan 1986 = Henning Bergenholtz/Joachim Mugdan: Der neue „Super-Duden" — die authentische Darstellung des deutschen Wortschatzes? In: Herbert Ernst Wiegand (Hrsg.): Studien zur neuhochdeutschen Lexikographie VI. Hildesheim. Zürich. New York 1986, 1—149 (Germanistische Linguistik 84—86/1986).

Bergenholtz/Mugdan 1987 = Henning Bergenholtz/Joachim Mugdan: Korpusproblematik in der Computerlinguistik: Konstruktionsprinzipien und Repräsentativität. In: István S. Bátori/Winfried Lenders/Wolfgang Putschke (Hrsg.): Computational Linguistics. Ein internationales Handbuch zur computergestützten Sprachforschung und ihrer Anwendung. Berlin. New York 1987, 142—150 (Handbücher zur Sprach- und Kommunikationswissenschaft 4).

Bolinger 1968 = Dwight Bolinger: Judgments of grammaticality. In: Lingua 21. 1968, 34—40.

Bradac/Martin/Elliott/Tardy 1980 = James J. Bradac/Larry W. Martin/Norman D. Elliott/Charles H. Tardy: On the neglected side of linguistic science: multivariate studies of sentence judgment. In: Linguistics 18. 1980, 967—995.

Buck 1984 = Timothy Buck: Neue Maßstäbe im deutschen Wörterbuch? In: Der Spiegel 26. 11. 1984, 218—219.

Bünting 1969 = Karl-Dieter Bünting: Sprachgefühl und Computer. Bewertung von „erdateten" Wörtern in einer Informantenbefragung. In: Muttersprache 79. 1969, 284—300.

Carden 1976 = Guy Carden: Syntactic and semantic data: replication results. In: Language in Society 5. 1976, 99—104.

Carroll/Bever/Pollack 1981 = John M. Carroll/Thomas G. Bever/Chava R. Pollack: The nonuniqueness of linguistic intuitions. In: Language 57. 1981, 368—383.

Chomsky 1961 = Noam Chomsky: Some methodological remarks on generative grammar. In: Word 16. 1961, 219—239.

Chomsky 1965 = Noam Chomsky: Aspects of the Theory of Syntax. Cambridge MA 1965.

Drosdowski 1980 = Günther Drosdowski: Der Duden — Geschichte und Aufgabe eines ungewöhnlichen Buches. Mannheim. Wien. Zürich 1980.

Duden-4 1984 = Duden. Grammatik der deutschen Gegenwartssprache. Hrsg. und bearb. von Günther Drosdowski in Zusammenarbeit mit Gerhard Augst, Hermann Gelhaus, Helmut Gipper, Max Mangold, Horst Sitta, Hans Wellmann und Christian Winkler. 4., völlig neu bearb. und erw. Aufl. Mannheim. Wien. Zürich 1984 (Duden Band 4).

Eagleson 1977 = Robert D. Eagleson: Sociolinguistic Reflections on Acceptability. In: Greenbaum 1977 b, 63—71.

Greenbaum 1977 a = Sidney Greenbaum: Contextual influence on acceptability judgements. In: Linguistics 187. 1977, 5—11.

Greenbaum 1977 b = Sidney Greenbaum (Hrsg.): Acceptability in Language. The Hague. Paris. New York 1977 (Contributions to the Sociology of Language 17).

Greenbaum 1984 = Sidney Greenbaum: Corpus Analysis and Elicitation Tests. In: Jan Aarts/Willem Meijs (Hrsg.): Corpus Linguistics. Recent Developments in the Use of Computer Corpora in English Language Research. Amsterdam 1984, 193—201.

Henne 1977 = Helmut Henne: Was die Valenzlexikographie bedenken sollte. In: Kolloquium über Lexikographie, Kopenhagen 1976. København 1977, 5—18 (Kopenhagener Beiträge zur germanistischen Linguistik 12).

Hildebrandt 1977 = Rudolf Hildebrandt: Die Diskussion um den Begriff der linguistischen Intuition. In: Sprachwissenschaft 2. 1977, 134—150.

Hill 1961 = Archibald A. Hill: Grammaticality. In: Word 17. 1961, 1—10.

Hill 1970 = Archibald A. Hill: Laymen, Lexicographers, and Linguists. In: Language 46. 1970, 245—258.

Householder 1969 = Fred W. Householder: [Rez. von] Ronald W. Langacker, Language and its structure. New York 1968. In: Language 45. 1969, 886—897.

Householder 1973 = F[red] W. Householder: On Arguments from Asterisks. In: Foundations of Language 10. 1973, 365—376.

Instrukcija 1958 = Instrukcija dlja sostavlenija „Slovarja sovremennogo russkogo literaturnogo jazyka" (v pjatnadcati tomach). Moskva, Leningrad 1958.

Kipfer 1985 = Barbara Ann Kipfer: Computer Applications in Lexicography — Summary of the State-Of-The-Art. In: Papers in Linguistics 18. 1985, 139—184.

Krysin 1974 = L. P. Krysin (Hrsg.): Russkij jazyk po dannym massovogo obsledovanija. Moskva 1974.

Labov 1975 = William Labov: What is a Linguistic Fact? Lisse 1975.

Martin/Al/van Sterkenburg 1983 = W. J. R. Martin/B. P. F. Al/P. J. G. van Sterkenburg: On the processing of a text corpus. From textual data to lexicographical information. In: R. R. K. Hartmann (Hrsg.): Lexicography: Principles and Practice. London. New York. Paris. San Diego. San Francisco. Sao Paolo. Sydney. Tokio. Toronto 1983, 77—87.

Mugdan 1983 = Joachim Mugdan: Grammatik im Wörterbuch: Flexion. In: Herbert Ernst Wiegand (Hrsg.): Studien zur neuhochdeutschen Lexikographie III. Hildesheim. Zürich. New York 1983, 179—237 (Germanistische Linguistik 1—4/82).

Mugdan 1984 = Joachim Mugdan: Grammatik im Wörterbuch: Wortbildung. In: Herbert Ernst Wiegand (Hrsg.): Studien zur neuhochdeutschen Lexikographie IV. Hildesheim. Zürich. New York 1984, 237—308 (Germanistische Linguistik 1—3/83).

Mugdan 1985 = Joachim Mugdan: Pläne für ein grammatisches Wörterbuch. Ein Werkstattbericht. In: Henning Bergenholtz/Joachim Mugdan (Hrsg.): Lexikographie und Grammatik. Akten des Essener Kolloquiums zur Grammatik im Wörterbuch 28.—30. 6. 1984. Tübingen 1985, 187—224 (Lexikographica. Series Maior 3).

Osgood/Suci/Tannenbaum 1957 = Charles E. Osgood/George J. Suci/Percy M. Tannenbaum: The Measurement of Meaning. Urbana 1957.

Pilch 1969 = Herbert Pilch: Linguistische Existenzurteile. In: Folia Linguistica 3. 1969, 13—28.

Projektgruppe 1981 = Projektgruppe Verbvalenz [Leiter: Helmut Schumacher]: Konzeption eines Wörterbuchs deutscher Verben. Zu Theorie und Praxis einer semantisch orientierten Valenzlexikographie. Tübingen 1981 (Forschungsberichte des Instituts für deutsche Sprache Mannheim 45).

Quirk/Svartvik 1966 = Randolph Quirk/Jan Svartvik: Investigating Linguistic Acceptability. The Hague. London. Paris 1966 (Janua Linguarum. Series Minor 54).

Reis 1979 = Marga Reis: Ansätze zu einer realistischen Grammatik. In: Klaus Grubmüller/Ernst Hellgardt/Heinrich Jellissen/Marga Reis (Hrsg.): Befund und Deutung. Zum Verhältnis von Empirie und Interpretation in Sprach- und Literaturwissenschaft. Tübingen 1979, 1—21.

Rosengren 1972 = Inger Rosengren: Ein Frequenzwörterbuch der deutschen Sprache. Die Welt. Süddeutsche Zeitung. 1. Lund 1972.

Samarin 1967 = William J. Samarin: Field Linguistics. A Guide to Linguistic Field Work. New York. Chicago. San Francisco. Toronto. London 1967.

Ross 1979 = John Robert Ross: Where's English? In: Charles J. Fillmore/Daniel Kempler/William S-Y. Wang (Hrsg.): Individual Differences in Language Ability and Language Behavior. New York. San Francisco. London 1979, 127—163.

Schumacher 1976 = Helmut Schumacher: Zum Forschungsbericht „Untersuchungen zur Verbvalenz". In: Helmut Schumacher (Hrsg.): Untersuchungen zur Verbvalenz. Tübingen 1976, 5—20 (Forschungsberichte des Instituts für deutsche Sprache Mannheim 30).

Sinclair 1985 = John Sinclair: Lexicographic Evidence. In: Robert Ilson (Hrsg.): Dictionaries, Lexicography and Language Learning. Oxford. New York. Toronto. Sydney. Frankfurt 1985, 81—94 (ELT Documents 120).

Snow/Meijer 1977 = Catherine Snow/Guus Meijer: On the Secondary Nature of Syntactic Intuitions. In: Greenbaum 1977 b, 163—177.

Spencer 1973 = N[ancy] J. Spencer: Differences Between Linguists and Nonliguists in Intuitions of Grammaticality-Acceptability. In: Journal of Psycholinguistic Research 2. 1973, 83—98.

Stein 1986 = Gabriele Stein: Definitions and first person pronoun involvement in Thomas Elyot's *Dictionary*. In: Dieter Kastovsky/Aleksander Szwedek (Hrsg.): Linguistics across Historical and Geographical Boundaries. Vol. 2: Descriptive, Contrastive and Applied Linguistics. Berlin. New York. Amsterdam 1986, 1465—1474.

Ulvestad 1979 a = Bjarne Ulvestad: Zur Erarbeitung konjunktionsbezogener Kongruenzregeln (Beispiel: *oder*). In: Harald Weydt (Hrsg.): Partikeln und Deutschunterricht. Abtönungspartikeln für Lerner des Deutschen. Heidelberg 1979, 333—344.

Ulvestad 1979 b = Bjarne Ulvestad: Corpus vs. Intuition in Syntactical Research. In: Henning Bergenholtz/Burkhard Schaeder (Hrsg.): Empirische Textwissenschaft. Aufbau und Auswertung von Text-Corpora. Königstein/Ts. 1979, 89—108 (Monographien Linguistik und Kommunikationswissenschaft 39).

Ulvestad/Bergenholtz 1979 = Bjarne Ulvestad/

Henning Bergenholtz: *Es* als „Vorgreifer" eines Objektsatzes. In: Deutsche Sprache 1979, 97—116.

Ulvestad/Bergenholtz 1983 = Bjarne Ulvestad/ Henning Bergenholtz: *Es* als „Vorgreifer" eines Objektsatzes, Teil II. In: Deutsche Sprache 1983, 1—26.

Voigt 1981 = Walter Voigt: Wörterbuch, Wörterbuchmacher, Wörterbuchprobleme. Ein Werkstattgespräch. In: Wort und Sprache. Beiträge zu Problemen der Lexikographie und Sprachpraxis. Berlin. München. Wien. Zürich 1981, 24—33.

Weinreich 1958 = Uriel Weinreich: Travels through semantic space. In: Word 14. 1958, 346—366.

Wiegand 1986 = Herbert Ernst Wiegand: Metalexicography. A Data Bank for Contemporary German. In: Interdisciplinary Science Reviews 11/2. 1986, 122—131.

Wolski 1986 = Werner Wolski: Partikeln im Wörterbuch. Eine Fallstudie am Beispiel von *doch*. In: Lexicographica 2. 1986, 244—270.

Zgusta 1971 = Ladislav Zgusta: Manual of Lexicography. Prague. The Hague. Paris 1971 (Janua Linguarum. Series Maior 39).

Zöfgen 1986 = Ekkehard Zöfgen: Kollokation — Kontextualisierung — (Beleg-)Satz. Anmerkungen zur Theorie und Praxis des lexikographischen Beispiels. In: Französische Sprachlehre und *bon usage*. Festschrift für Hans-Wilhelm Klein zum 75. Geburtstag. München 1986, 219—238.

Henning Bergenholtz, Århus (Dänemark)/
Joachim Mugdan, Münster
(Bundesrepublik Deutschland)

170. Formen und Probleme der Datenerhebung III: Fachwörterbücher

1. Definitorische Hinweise
2. Inhaltliche Aspekte
3. Kriterien der Belegauswahl
4. Auswertung des Korpus
5. Die Feldmethode
6. Literatur (in Auswahl)

1. Definitorische Hinweise

Wörterbücher — und insbesondere Fachwörterbücher, deren Aufgabe darin besteht, zur Klärung eines Teilbereichs des gesamten Lexikons einer Sprache beizutragen (Opitz 1983) — stellen unter der Bedingung, daß sie eine wie auch immer geartete Wahl aus vorhandenem Sprachmaterial zu treffen haben, das Ergebnis subjektiver Selektions- und Entscheidungsprozesse dar. Jene Subjektivität auf das unvermeidbare Maß einzugrenzen und bloßer Willkür zu entziehen, ist eine der Hauptforderungen an die Lexikographie. Auf das Zielobjekt Fachwörterbuch bezogen bedeutet dies in erster Linie die Sorge um Ausgewogenheit des Inhalts und Zuverlässigkeit in seiner Behandlung; sie führt unmittelbar zur Frage, welche Wörter und Syntagmen aus dem gesamten Lexikon der Sprache ausgewählt und wie sie dem Benutzer sachgerecht und nützlich dargeboten werden können. Die Datenerhebung spielt vorwiegend für den ersten Teil jener komplexen Frage eine Rolle; sie ist jedoch auch für die eigentlich lexikographische, in der Darbietung liegende Bearbeitung nicht ohne Belang.

2. Inhaltliche Aspekte

2.1. Anwendungsbereich

Es liegt nahe, die Substanz eines Fachwörterbuchs als Widerspiegelung eben jener Fachsprache, die es darzustellen gilt, etwa im Sinne ihrer Nomenklatur, zu betrachten. Eine solche Sichtweise ließe indessen die pragmatische Dimension des Wörterbuchs außer acht, die durch seine tatsächliche Benutzung definiert wird. Es ist daher unerläßlich, vor Beginn der Datenerhebung die Frage zu klären, welchen Anwendungssituationen das Wörterbuch dienen soll, da jene die Verwendung durchaus unterschiedlicher sprachlicher Mittel erfordern. Es genügt also nicht, für repräsentativ gehaltene Fachtextkorpora lediglich auf eventuell vorhandene Terminologie oder auf wissenschaftliche Nomenklaturen hin zu untersuchen, ohne gleichzeitig die diversen Formen kommunikativer Prozesse innerhalb des Fachgebiets im Hinblick auf ihre besonderen sprachlichen Ausprägungstypen zu berücksichtigen. Diese können vielfältige Formen annehmen, unter denen wahrscheinlich Diskurs, Debatte, Anweisung, Mitteilung und Bericht besonders charakteristisch sind. Je nach der ihm eigenen kommunikativen Funktion enthält jeder Typus eine ganze Anzahl sprachlicher Elemente wie etwa bestimmte Kollokationen und Syntagmen, die in der Nomenklatur des Faches nicht enthalten sind, da diese sich auf das reine Begriffssystem stützt. Dennoch sind solche Elemente andererseits nicht klar der Standardsprache zuzurechnen, in der sie selten oder nie Anwendung finden.

Wieder andere Ausdrücke befinden sich in einer Randposition fachlicher Verwendung, in die sich mehrere verschiedene Fachgebiete teilen; hier gilt es für den Lexikographen, typische Verwendungsmuster von zufälligen und unspezifischen Vorkommen zu unterscheiden. Zusammenfassend läßt sich sagen, daß als Vorbedingung für die Erstellung und Auswertung eines Textkorpus im Falle des Fachwörterbuchs der beabsichtigte Verwendungszweck, d. h. seine mutmaßliche Anwendungssituation, definiert werden muß.

2.2. Zielgruppe

Hieraus wird sich automatisch eine weitere Definition herleiten: die Entscheidung über den Adressatenkreis. Gemeint ist die Frage nach dem absoluten oder relativen Fachwissen des Benutzers, das als Maßstab für den Informationsbedarf, dem das Wörterbuch genügen soll, gelten muß. Da es aus wirtschaftlichen wie methodischen Gründen unmöglich ist, sehr spezifische Adressatengruppen vorzusehen, wird sich die benutzerorientierte Differenzierung von Fachwörterbüchern in der Regel an das herkömmliche Schema einer Dreiteilung halten: das Wörterbuch für Fachleute, Lernende oder Laien. Für jede dieser Gruppen hat es einen anderen Zweck zu erfüllen, der sich i. w. aus dem Kontakt der Benutzer mit jeweils unterschiedlichem Sprachmaterial ergibt.

2.3. Umfang

Das fachliche Niveau der Zielgruppe eines Wörterbuchs, d. h. sein Einsatz als Hilfsmittel für allgemeine Auskünfte, für Studium oder Praxis, ist wiederum für seinen Umfang ausschlaggebend, wenn auch kommerzielle Gesichtspunkte diesen mitbestimmen. Mit Umfang ist hier die gesamte Menge der Lemmata gemeint, die in Nachschlagewerken für den Laien meist an Zahl am geringsten ist, obwohl andererseits auch hochspezialisierte Anwendungsgebiete zu zahlenmäßig geringen Wortschätzen führen können. Jedoch bietet sich das Thema Umfang nicht ausschließlich als ein quantitatives dar, da die Art der Zielgruppe bzw. der Verwendung des Wörterbuchs auf die lexikographische Behandlung der Einträge — und damit nicht nur auf deren Länge, sondern auch auf den Artikeltyp, — einen wesentlichen Einfluß

hat. Zahlenangaben im Zusammenhang mit den Schlagwörtern eines Fachwörterbuchs lassen in den seltensten Fällen verläßliche Rückschlüsse auf seinen Informationswert zu.

Für den Lexikographen bedeutet die Frage nach dem Umfang eher ein methodisches Problem. Die Vorgabe eines bestimmten Raums oder einer bestimmten Zahl von Schlagwörtern impliziert entsprechende Maßstäbe, die an die zu verwendenden Selektionskriterien zu legen sind; hieraus ergeben sich wiederum neue Vorüberlegungen zur Repräsentativität des darzustellenden Wortguts.

2.4. Repräsentativität

Das Argument der Repräsentativität stellt eines der wichtigsten Selektionskriterien bei der Erstellung eines spezialisierten Lexikons dar. Wir verstehen darunter die Relevanz, die ein bestimmtes Wort für die Zwecke seines Benutzers besitzt. Sie wird nicht allein von seiner Zugehörigkeit zur Nomenklatur oder zu der in einem Fach sanktionierten Subsprache erbracht, wenn auch beides entscheidende Voraussetzungen sind. Relevanz läßt sich eher als das Produkt mehrerer Faktoren sprachlichen Gebrauchs bezeichnen, unter denen die Frequenz des Wortes in absoluten Zahlen und seine Distribution auf unterschiedliche Textsorten die wichtigsten sind. Die Häufigkeit des Vorkommens eines Wortes oder einer Kollokation in einer Textauswahl erlaubt nur dann Schlüsse auf seine Brauchbarkeit als Schlagwort, wenn gleichzeitig seine Distribution, d. h. sein Erscheinen in unterschiedlichen Textsorten und schließlich in den einzelnen Texten innerhalb dieser Sorten berücksichtigt wird. Je breiter gefächert sich ein Fachgebiet darbietet, desto größer ist die Notwendigkeit, Zufallshäufungen von Ausdrücken durch geeignete Prüfmaßnahmen wie Vergleiche zu relativieren, was u. a. durch eine Verbreiterung der Textgrundlage möglich wird.

Allerdings ist der Bedarf an Belegmaterial für die einzelnen Lexemtypen nach Art und Umfang unterschiedlich. Terminologisierte Fachwörter, die listenmäßig erfaßt und durch verbindliche Definitionen abgesichert sind, bedürfen im Grunde überhaupt keines Textbelegs. Das Gegenteil trifft auf den umgekehrten Fall jener großen Zahl von Ausdrücken zu, die, terminologisch nicht erfaßt oder erfaßbar, zwischen Fachsprache und Standardsprache pendeln, wobei es oft unmöglich ist, ihren Herkunftsort zu bestimmen. Dieses

Wortgut erfordert wegen seiner „unfesten", den Kräften normalsprachlicher Dynamik stärker ausgesetzten Existenz ein erhebliches Korpus, das praktisch alle Textsorten, von der wissenschaftlichen Darstellung über pädagogisierte und popularisierende vermittelnde Texte bis hin zum populären paraphrasierenden Gebrauch, einschließt. Beispielhaft sei auf die Sprache der Medizin verwiesen, deren Anwendung sich in einem breiten, von der experimentellen Forschung bis zum Sprachkontakt zwischen ärztlichem Hilfspersonal und Patienten reichenden Kommunikationsbereich vollzieht. Einschränkend gilt hier jedoch, daß viele Ausdrücke, indem sie stark textsortenspezifisch sind, wieder semantisch differenziert, d. h. verfestigt, werden. Generell ist festzustellen, daß die qualitative Streuung innerhalb des Textkorpus wesentlich wichtiger als die Beachtung bestimmter quantitativer Textnormen ist.

2.5. Authentizität

Authentizität ist ein Konzept, das der pragmatischen Natur der Lexikographie Rechnung trägt. Die „Echtheit" eines Ausdrucks ist nicht Funktion einer linguistischen, sondern — in weitem Sinne — einer sozialen Norm, die ihren Ausdruck in der Sprachverwendung findet. Ein gutes Fachwörterbuch wird sich daher bemühen, jener Norm dadurch zu entsprechen, daß seine Quellen jene Echtheit besitzen. Zu unterscheiden ist zwischen einer sachbedingten und einer historisch-zeitlichen Authentizität. Unter letzterer ist die Eigenschaft zu verstehen, den jeweils neusten Stand in Wissen und Anwendung innerhalb eines Fachgebiets angemessen widerzuspiegeln. Sachbedingte Authentizität bedeutet, daß das Lexikon aus originären und nicht für einen speziellen Vermittlungszweck modifizierten Texten hervorgegangen ist, es sei denn, diese wurden, wie unter 2.4. beschrieben, aus besonderen Gründen einbezogen. Die in der Praxis nicht seltene unkritische Verwendung von populärwissenschaftlicher oder allgemeininformierender Zeitschriftenliteratur bei der Erstellung von Textkorpora ist in jedem Fall abzulehnen, da sich journalistische Stilgewohnheiten und Mangel an Fachwissen in einer die Lexik entstellenden Weise auswirken können. Der Lexikograph befindet sich gelegentlich in einem Dilemma: einerseits hat er sich der deskriptiven Methode verschrieben, die ihn zur Hinnahme der üblichen Sprachpraxis zwingt; andererseits steht er unter dem Gebot strikter Beachtung anerkannter Normen.

3. Kriterien der Belegauswahl

3.1. Konventionalität

Die traditionelle Technik der Datenerhebung beginnt mit der Erstellung eines Korpus. Neben den bereits erwähnten Kriterien Authentizität und Relevanz, die selbstredend auf der Ebene des Textkorpus zuerst Anwendung finden müssen, spielt auch die Frage des Umfangs im Zusammenhang mit der Aussagekraft eines Korpus eine Rolle. Da Fachwörterbücher nicht eine dokumentarisch-inventorische Zielsetzung haben, kann es bei ihnen nicht darum gehen, die vollständige Erfassung aller in einem Fachgebiet zu einem bestimmten Zeitpunkt belegten lexikalischen Mittel anzustreben. Folglich unterscheidet sich die Datenerhebung für spezialisierte Fachwörterbücher — sofern diese nicht theoretisch-wissenschaftlichen Charakter besitzen — von jener, die bei der Abfassung vollständiger Wörterbücher der Gesamtsprache Anwendung findet. Während es im letzteren Fall darum geht, das Vorkommen von Lexemen überhaupt zu dokumentieren — und sei es als *hapax legomena* —, soll das Fachwörterbuch zuverlässig Auskunft über die in seinem Anwendungsrahmen herrschende Konventionalität des Lexikons und seiner Semantik geben. Konventionalität ist aber eine Funktion von Zahlenverhältnissen und sozialem Status. Dabei spielt es keine wesentliche Rolle, auf welche Weise Konventionalität erzielt wird; sie kann sowohl aufgrund spontaner Anpassung an schrittweise eine Musterrolle übernehmende individuelle Formulierungen als auch durch einen einmaligen Entscheidungsakt zugunsten einer verbindlichen Norm entstehen. Der Umfang des Textkorpus muß also in doppelter Weise gewährleistet sein: wortzahlmäßig im Interesse statistisch relevanter Aussagen und werthierarchisch, um die Komponente des fachspezifischen Status zu erfassen. Diese Variablen im einzelnen zu bestimmen und Richtwerte zu nennen, ist unmöglich; je nach Art des Fachgebiets dürfte ein Umfang zwischen 500 000 und 5 000 000 Wörtern, verteilt auf 5 bis 10 Texte, für ein Korpus zur Ermittlung der durch Konvention gesicherten Fachbedeutung von Einzelwörtern ausreichend sein.

3.2. Aktualität

Ein weiteres grundsätzliches Problem der

Datenerhebung für die Erstellung von Fachwörterbüchern liegt darin, daß diese in erster Linie um der in einem Sachgebiet kontinuierlich entstehenden Neologismen willen — deren Bedeutung oder fremdsprachliche Äquivalenz noch nicht allgemein bekannt ist — konsultiert werden. Diesen Bedarf genau zu erkennen und angemessen zu befriedigen, ist angesichts der Verzögerung im Erscheinen des Wörterbuchs durch den redaktionellen und typographischen Herstellungsprozeß stets nur im Nachvollzug möglich. In vielen Fällen wird der Lexikograph daher mit einer Konkordanz verfügbarer früherer Lexika beginnen, die er anschließend durch aufgefundenes neues Wortgut zu erweitern und auf den neuesten Stand zu bringen sucht. Dabei stellt sich auch die schwierige Frage, ob und wie außer Gebrauch geratene Ausdrücke, deren Mitführen im Fachwörterbuch mitunter neben Markierungs- und Glossierungsproblemen einen erheblichen Platzbedarf mit sich bringen würde, aus historischen oder systematischen Gründen weiterhin aufgenommen werden sollten. Unsere Unkenntnis über die Wirkungsdauer von Fachtexten ist groß: wer wie oft welche früher erschienene Fachliteratur liest und dabei die Hilfe eines Wörterbuchs in Anspruch nimmt, ist bestenfalls in einzelnen Fällen „klassischer" Werke bekannt. Jedenfalls kann die Vernachlässigung dieser Fragen, wie Beispiele aus einem Fachgebiet wie etwa der Navigation belegen, leicht zu einem grotesk verzerrten Bild vom Lexikon bzw. der Sprachpraxis innerhalb eines Anwendungsgebiets führen. Da zwischen dem Abschluß der Datenerhebung und den letzten Arbeiten am Inhalt eine Zeitspanne von Jahren liegen kann, ist die Vorstellung von einem einheitlich-synchronen Sachstand innerhalb eines Fachwörterbuchs ohnehin nur in sehr eingeschränktem Maße haltbar. Auch im günstigsten Fall liegt der „neueste Stand", mit dem der Klappentext gern wirbt, für den Käufer eines Fachwörterbuchs nicht Monate, sondern Jahre zurück.

Dieser Umstand erfordert wiederum bei bestimmten Sachgebieten, in denen sich die Umsetzung von neuen Erkenntnissen besonders schnell vollzieht, die bevorzugte Berücksichtigung möglichst aktueller Quellen. Diese finden sich vorwiegend in der Zeitschriftenliteratur, die daher bei der Sammlung und Auswertung von Belegen eine prominente Rolle spielt. So nennt der Autor eines zweisprachigen polytechnischen Wörterbuchs im Schrifttumnachweis seines Werkes zwar einerseits mehrere hundert andere Nachschlagewerke für die von ihm erfaßten Spezialgebiete, weist aber auch auf die Auswertung einer großen Zahl von Tageszeitungen, linguistischen Werken sowie von Werbeliteratur wie z. B. Versandkatalogen und Prospektmaterial renommierter Firmen hin (Kučera 1980).

4. Auswertung des Korpus

4.1. Das Lexikon

Der klassische Fall der Lexikographie tritt dann ein, wenn ein neues Feld der Sprachanwendung nach Erfassung seiner Lexik verlangt. Zu denken ist hierbei an neu entstehende Spezialisierungen innerhalb etablierter Sachgebiete, für die eine lexikographische Behandlung der in jenem Zusammenhang erfolgten sprachlichen Differenzierung erstmals durchzuführen ist: für die Elektronik als Fortentwicklung der Physik, die Informatik als Ableger der Mathematik, die Kommunikationswissenschaft als Ausweitung und wechselseitige Überlagerung von Linguistik, Kybernetik und Soziologie. Entsprechende Entwicklungen innerhalb der Anwendungsgebiete führen zu weiteren Verzweigungen in Teildisziplinen und -techniken, in deren Verlauf das Wortgut der übergeordneten Kategorien langsam in vielfältiger Weise terminologisch abgewandelt und neuen Anwendungskonventionen unterworfen wird. In den seltensten Fällen findet echte sprachliche Neuschöpfung statt; eher bestimmen Übernahmen und Angleichungen an andere Sprachen die Neuentwicklung von Fachwortschätzen.

Für die Ersterfassung eines spezialisierten Fachwortschatzes steht bei der Datenerhebung also ausschließlich Originaltext zur Verfügung, aufgrund dessen der Lexikograph einerseits ein funktionales Lexikon zusammenstellen und andererseits die Glossierung oder Übersetzung der aufgeführten Schlagwörter vornehmen muß. Für beide Aufgaben wird er sich möglichst der Hilfe von sachverständigen Informanten versichern, wobei ihm allerdings die letzte Entscheidung im — durchaus nicht seltenen — Fall widersprüchlicher Auskünfte nicht erspart bleibt. Auch hier besteht das Problem darin, daß jeder sprachliche Sachverhalt ein Moment sprachlicher Entwicklung und Veränderung darstellt. Es ist daher gelegentlich ratsam, im Interesse einer durch Anwendungspraxis zu erwartenden Klärung Spezialwörterbücher für neu entstehende Sachgebiete nicht zu früh, sondern erst nach Ablauf einer ersten Konsolidierungsphase in Angriff zu nehmen; dies führt in der Regel zu weniger angreifbaren und somit lexikographisch überzeugenderen Ergebnissen. Andererseits sollte man die normbildende Funktion von Wörterbüchern nicht außer acht lassen; in manchen Fällen erschiene es ideal, wenn ein sorgfältig erstelltes Spezialwörterbuch frühzeitig die lexikalische Kodifizierung eines Wissens- oder Tätigkeitszweiges in sinnvolle und geordnete Bahnen gelenkt hätte, in die sie sich in ihrem verfestigten Zustand später nicht mehr zwängen lassen will. Dies ist der sprachplanerische Aspekt der Lexikographie, der in jedem Wörterbuchunternehmen enthalten ist.

Die Ersterfassung eines Fachwortschatzes ist in noch einer weiteren Hinsicht prototypisch für die lexikographische Arbeit. Da sie sich praktisch nie auf fertige Terminologien oder ähnlich standardisierte Definitionslisten stützen kann, vollzieht sie sich hier gezwungenermaßen auf der Basis kontextueller Betrachtung, die dem pragmatischen Charakter der Sprache methodisch gesehen in vorzüglicher Weise entspricht. Insofern es nicht Aufgabe des Fachwörterbuchs ist, generalisierend zu abstrahieren, sondern im Gegenteil die differenzierende Eigenschaft der Lexik am konkreten Detail darzustellen, spielt in ihm der Kontext des einzelnen Wortes eine fundamentale Rolle. Greift der Lexikograph auf diskrete und bereits abstrahierte Lexeme zurück, verzichtet er auf die sinnbildende und differenzierende Qualität des Kontexts; liegen dem Wörterbuch dagegen sachlich einwandfreie integrale Texte zugrunde, vermag der Kontext dem Wörterbuch die Wertskala seines Bezugsrahmens zumindest annähernd mitzuteilen: falls jene Texte das behandelte Sachgebiet völlig abdecken, sollte — eine geordnete und in sich schlüssige Darstellung vorausgesetzt — die kritische Lektüre seine systematische Struktur aus der Wortwahl hervortreten lassen. Die Analyse jener Wortwahl wiederum gestattete dann, sowohl ein funktionales Lexikon als auch dessen authentische und kohärente Semantik aus dem Text abzuleiten. Allerdings bringt die erforderliche Mehrzahl von Texten unterschiedlicher Autoren und aus verschiedenen Teilgebieten ihre eigene Problematik ins Spiel; die Gefahr, daß die Durchgängigkeit einer einheitlichen Perspektive zerbricht und sich in ein Nebeneinander konkurrierender Gliederungs- und Bezeichnungsschemata auflöst, aus dem dann auf der lexikalischen Ebene Verwechslungen und Irrtümer resultieren können, liegt nie sehr fern.

In diesem Zusammenhang verdient die Bezeichnung *Lexikon* eine Erklärung. Gesetzt für die Summe aller Lemmata im Wörterbuch impliziert sie die Frage, welche Wörter bestimmend und repräsentativ für eine Fach- bzw. Subsprache sind. Keinesfalls sind dies ausschließlich die — konventionellen oder standardisierten — Termini; auch aus umgangssprachlichen Elementen bestehende Syntagmen und gewisse syntaktisch oder stilbildend wirkende 'markers' gehören zum Fachlexikon. Es wäre interessant festzustellen, weshalb z. B. Fachwörterbücher im allgemeinen sehr wenige Verbalausdrücke verzeichnen, obwohl gerade sie in der Fachsprache — wenn auch nur im Rahmen der Nominalisierungstendenz — eine herausragende Rolle zu spielen scheinen. Vermutlich spiegelt sich in einer solchen Praxis ein allzu simples Sprachverständnis; es wäre zu wünschen, daß die Lexikographie, ohne ihre pragmatische Grundeinstellung preiszugeben, sich in diesem Punkt Betrachtungsweise und Forschungsergebnisse der Angewandten Linguistik zu eigen machte.

4.2. Das Glossar

Nach der Bildung des Lexikons muß sich, damit daraus ein Wörterbuch entsteht, in einem zweiten Schritt seine Umwandlung in ein Glossar vollziehen. Für das einsprachige Fachwörterbuch bedeutet dies die klare und eindeutige Beschreibung des terminologisch verwendeten Wortguts mit den Mitteln der Standardsprache; inbegriffen sind, je nach Zweck und Umfang des Wörterbuchs, Angaben zur Erläuterung von Stellung und Funktion der dargestellten Begriffe im Organisationsschema des Sachgebiets. Verfügt ein geschulter Lexikograph über eine ausreichende und zuverlässige Textgrundlage, aus der jene Information bezogen werden kann, ist dies für ihn prinzipiell ohne weiteres möglich, solange es sich um die Erstellung eines einsprachigen Fachwörterbuchs handelt.

In diesem Zusammenhang sei noch einmal die bereits mehrfach erwähnte Rolle des sachverständigen Informanten diskutiert. Diese wird gelegentlich nicht unerheblich überschätzt. Der Grund hierfür ist in der zweifelhaften lexikographischen Praxis zu suchen, Wörterbücher nicht grundsätzlich auf der Basis eines Textkorpus, sondern durch Kompilation bereits vorhandener Lexika und ihrer Glossierungen zu erstellen. Bei diesem Verfahren ist der Lexikograph allerdings nicht in der Lage, Sachzusammenhänge und Wortbedeutungen in der Sprache eines ihm fremden Sachgebiets zu durchschauen, und bedarf in der Tat der Hilfe des beratenden Fachmanns nicht zuletzt deshalb, weil er die Frage nach der Gültigkeit bzw. der Einschränkung letzterer auf der Basis konkreter sachlicher Kriterien beantworten und die Aufgabe, neues Wortgut in das übernommene Lexikon einzuarbeiten, anhand der Praxis lösen muß.

Im mehrsprachigen, für Übersetzungszwecke konzipierten Fachwörterbuch erscheint die für das Glossar notwendige Datenerhebung auf einer um eine Stufe erhöhten Schwierigkeitsebene. Zunächst wird, wie im Fall des einsprachigen Fachwörterbuchs, das Lexikon der Ausgangssprache erstellt; anschließend wird dies für die Zielsprache(n) wiederholt. Sind auf diese Weise mehrere selbständige, aber mehr oder weniger parallele Lexika in den verschiedenen Sprachen entstanden, müssen sie nach dem Äquivalenzprinzip aufeinander projiziert werden. Hierbei können echte Schwierigkeiten auftreten, da die Lexika u. U. völlig verschieden konzipierten und strukturierten Korpora entstammen. Oft zeigt es sich, daß Differenzen in der grundlegenden Denkhaltung der gegenübergestellten Sprachen zu so unterschiedlichen Ausprägungen in Nomenklatur und sprachlicher Ausformung führen, daß die Äquivalenz im einzelnen Lexem kaum oder überhaupt nicht zu erreichen ist. Ein deutliches Beispiel hierfür liefern von Land zu Land unterschiedlichen Industrienormen unterliegende Ausdrücke; aber auch geographisch, politisch oder wirtschaftlich bedingte Idiosynkrasien können den Lexikographen vor große Probleme stellen. Dabei erweist sich die Dringlichkeit der Forderung nach einem umfassenden Wissen um die Kulturen und Institutionen der von ihm behandelten Sprachgebiete, die an jeden Lexikographen zu stellen ist, im Fall der fachlich spezialisierten Lexikographie aber besonderes Gewicht besitzt. Zumindest muß der Lexikograph die auftretenden Probleme erkennen können und wissen, wo er entsprechende Aufklärung — sei es, daß es sich um Gesetzestexte oder um allgemein verbreitete Lebens- und Denkgewohnheiten einer Gesellschaft handelt — finden kann.

5. Die Feldmethode

Abschließend ist eine alternative Datenerhebungsmethode zu nennen, die für bestimmte Zwecke unumgänglich ist, obwohl sie erhebliche Schwierigkeiten und Risiken mit sich bringen kann. Handelt es sich etwa darum, ein Spezialwörterbuch auf der Grundlage von schriftlich nicht oder nur unzureichend fixiertem Sprachgebrauch herzustellen, muß der Lexikograph zu anderen Techniken als jener der Auswertung von Textkorpora seine Zuflucht nehmen. In Betracht kommt hier in erster Linie die Interviewtechnik, die sich direkt mit konkreten Anforderungen an isolierte Sprecher bzw. Informanten wendet. Nachteile dieser Methode sind der große Zeit- und Arbeitsaufwand, zu dem sich die Notwendigkeit einer relativ großen Zahl von Probanden zwecks Vermeidung von irrelevanten Zufallsergebnissen gesellt, sowie die verzerrende Suggestivität, die in vorformulierten Fragen und Entscheidungsmustern liegt. Sowohl die interpretierende Persönlichkeit des Befragers als auch die undurchsichtige Motivation der Befragten — sie kann von gewissenhaftem Engagement bis zur bewußten Irreführung reichen — sind Risiken, deren sich der Lexikograph bewußt sein sollte, wenn er die Feldmethode wählt, die ihm andererseits unerhoffte Einblicke verschaffen kann (Béjoint 1983). Als für bestimmte Zwecke einzig verfügbare ist sie in der Vergangenheit gelegentlich mit Erfolg angewandt worden (Scholler/Reidy 1973).

6. Literatur (in Auswahl)

6.1. Wörterbücher

Kučera 1980 = Antonín Kučera: Compact Wörterbuch der exakten Naturwissenschaften und der Technik. Wiesbaden 1980 [XIX, 571; XIII, 825 S.].

6.2. Sonstige Literatur

Béjoint 1983 = Henri Béjoint: On field-work in lexicography. In: R. R. K. Hartmann (ed.): Lexicography. Principles and Practice. London 1983, 67—76.

Opitz 1983 = Kurt Opitz: On dictionaries for special registers. In: R. R. K. Hartmann (ed.): Lexicography. Principles and Practice. London 1983, 53—66.

Scholler/Reidy 1973 = H. Scholler/J. Reidy: Lexicography and dialect geography. In: Zeitschrift für Dialektologie und Linguistik, Beihefte N. F. 9, 122—146. Wiesbaden 1973.

Siliakus 1979 = Henk J. Siliakus: In search of a common vocabulary for the social sciences and the humanities. In: Henning Bergenholtz/Burkhard Schaeder: Empirische Textwissenschaft. Aufbau und Auswertung von Text-Corpora. Königstein 1979, 148—170.

Kurt Opitz, Hamburg (Bundesrepublik Deutschland)

171. Probleme der Erhebung metalexikographischer Daten

1. Was sind metalexikographische Daten?
2. Probleme bei der Auswahl geeigneter Methoden und der Operationalisierung von Forschungsfragen
3. Probleme bei der Auswahl der Probanden und der Sicherung des nötigen Untersuchungsumfangs
4. Probleme der Durchführung und Auswertung der Untersuchung
5. Wie sind Erhebungsprobleme zu umgehen?
6. Literatur (in Auswahl)

1. Was sind metalexikographische Daten?

Welche Frage, wird der Wörterbuchforscher sagen. Metalexikographische Daten sind empirische Daten zur Benutzung, zum Kauf, zur Auswahl, Beurteilung ... von Wörterbüchern. Stimmt, aber diese Daten sind nicht an sich und nur metalexikographische. Denn dieselben empirischen Daten können unter ganz verschiedenen Aspekten ausgewertet werden. Sie können z. B. Verlagen als Basis für Marktanalysen oder Werbestrategien dienen, sie können den Kultusministerien eine Grundlage für Lehr- und Unterrichtsplanung sein, sie können Büchergeschäften und Bibliotheken Anhaltspunkte für die Anschaffung von Büchern liefern usw. Sie können aber auch der Wörterbuchforschung als empirische Stütze für Forschungshypothesen, als Anregung für neue Konzepte und schließlich als Regulativ fehlgeleiteter oder übertriebener Vorstellungen dienen. Erst wenn empirische Daten unter metalexikographischen Gesichtspunkten ausgewertet werden, kann man von metalexikographischen Daten sprechen.

In der Wörterbuchbenutzungsforschung interessiert man sich vor allem für folgende Fragen: Wer benutzt welche Wörterbücher in welchen Benutzungssituationen zu welchen Zwecken mit welchem Erfolg? Wie geht der Wörterbuchbenutzer dabei vor? Wie beurteilt er bestimmte Wörterbücher? Unter welchen Voraussetzungen/Bedingungen ändert sich das Benutzungsverhalten/der Benutzungserfolg/die Beurteilung von Wörterbüchern? Metalexikographische Daten sind damit empirische Daten, die dem Wörterbuchforscher Antworten auf diese und ähnliche Fragen geben können (vgl. Art. 12).

2. Probleme bei der Auswahl geeigneter Methoden und der Operationalisierung von Forschungsfragen

Für empirische Untersuchungen ist schon viel gewonnen, wenn die das Forschungsinteresse leitenden Fragen explizit bekannt sind. Als nächstes muß dann geklärt werden, wie die nötigen Daten am besten zu erheben sind.

„Trotz der nahezu grenzenlosen Vielfalt empirischer Untersuchungen und trotz der in diesem Bereich vertretenen Maxime, daß jede inhaltliche Frage eine für sie typische empirische Vorgehensweise verlangt, es also die optimale Forschungsmethode nicht gibt, lassen sich empirische Untersuchungen in mehr oder weniger homogene Klassen einteilen, für die sich jeweils spezifische Methoden als besonders adäquat erwiesen haben" (Bortz 1984, 1).

Die Auswahl der geeigneten Methode richtet sich also in erster Linie nach der Art der zu beantwortenden Forschungsfragen. Wenn man z. B. herausfinden möchte, welche Wörterbücher eine bestimmte Benutzergruppe besitzt und wie sie diese beurteilt, kann man das besser und schneller durch eine Befragung als eine teilnehmende Beobachtung erfahren. Eine generelle Ablehnung bestimmter Verfahren scheint daher in einem so jungen Forschungsgebiet wie der Wörterbuchbenutzungsforschung verfrüht zu sein (vgl. Hatherall 1984, 183 f). Neben der Art der interessierenden Fragen hängt die Auswahl der Methode vom Forschungsstand und nicht unwesentlich auch vom möglichen Personal-, Zeit- und Geldeinsatz ab. Der Forschungsstand bestimmt vor allem, ob eine Untersuchung der Hypothesenerkundung oder der Hypothesenüberprüfung dienen soll. Beim gegenwärtigen Stand der Benutzungsforschung sind hypothesenüberprüfende Verfahren nur in eingeschränktem Maß möglich. Die „äußeren Umstände" sollten zwar nicht entscheidend sein für die Wahl der Methode, sie dürfen aber auch nicht unberücksichtigt bleiben. Insbesondere der hohe Zeitaufwand für die Auswertung empirischer Daten wird häufig unterschätzt (vgl. Neubauer 1985, 235).

Wenn unter Berücksichtigung dieser Dinge die Wahl auf einen der Grundtypen empirischer Untersuchungen, nämlich Befragung, Beobachtung, Test/Experiment oder Inhaltsanalyse gefallen ist, ist das Methodenproblem noch nicht gelöst. Bei einer Befragung muß dann geklärt werden, ob sie in schriftlicher oder mündlicher Form mit standardisierten oder weitgehend offenen Fragen durchgeführt werden soll usw. (vgl. hierzu u. a. Holm 1975—1979, Scheuch 1967, van Koolwijk/Wieken-Mayser Bd. 4 1974). Die Befragung mittels Fragebogen wurde in der Benutzungsforschung unter den veröffentlichten und mir bekannten Untersuchungen bisher am häufigsten angewandt (vgl. Ripfel/Wiegand 1988). Es wäre daher empfehlenswert, vor künftigen Befragungen Struktur und Ergebnisse dieser Erhebungen zu studieren; u. U. kann auch ein Fragebogen übernommen werden. Dies würde sowohl Zeit und einen Vortest ersparen als auch einen Vergleich der Ergebnisse ermöglichen, ein Weg, den Greenbaum/Meyer/Taylor (1984) eingeschlagen haben.

Die Beobachtung scheint für die Benutzungsforschung weniger geeignet und wurde bisher nur in Verbindung mit anderen Methoden eingesetzt (vgl. Ard 1982 und Hatherall 1984). Auch hier muß entschieden werden, wer in welcher Benutzungssituation bei welcher Aufgabe beobachtet werden soll, ob eine Kamera/ein Tonband mitlaufen oder ein Beobachter Notizen machen soll, wie Einflußgrößen, z. B. das sog. Beobachterparadoxon, kalkuliert und klein gehalten werden usw. (vgl. hierzu u. a. Gerdes 1979, Hopf/Weingarten 1984, van Koolwijk/Wieken-Mayser Bd. 3 1974).

Tests/Experimente eignen sich ihrer Anlage gemäß eher für hypothesenüberprüfende Untersuchungen. Ihre Auswertung ist meist relativ schnell zu bewältigen, da in der Regel nur nachzusehen ist, ob die den Probanden gestellten Aufgaben richtig oder falsch bearbeitet worden sind. Um so schwieriger ist es aber, ein geeignetes Testverfahren zur Prüfung seiner Hypothesen zu finden oder zu entwerfen; und hiervon hängt weitgehend der Erfolg eines Tests/Experiments ab. Es gibt eine Reihe pädagogischer und psychologischer Tests, die in Handbüchern beschrieben und diskutiert werden (vgl. z. B. Brickenkamp 1975, Ingenkamp 1973, Nickel 1978); sie können Anhaltspunkte zur Konzeption von Testverfahren für die Wörterbuchbenutzungsforschung liefern (vgl. dazu auch Grubitzsch/Rexilius 1978, Lienert 1969, Koolwijk/Wieken-Mayser Bd. 5 1974). Drei Verfahren sind hierfür bereits entworfen und angewandt worden (vgl. Mitchell 1983, Bensoussan/Sim/Weiss 1984 und Tono 1984). Aufschlußreich und nachahmenswert ist Mitchell zur Prüfung der Wörterbuchbenutzungsfähigkeiten und vor allem das Experiment von Tono zur Prüfung des Nutzens verschiedener Wörterbuchartikeltypen.

Inhaltsanalysen wurden bisher von sog. Wörterbuchbenutzungsprotokollen in schriftlicher oder mündlicher Form gemacht (vgl. Ard 1982, Descamps/Vaunaize 1983, Hatherall 1984 und Wiegand 1985). Ebenso wie bei Beobachtung und Test/Experiment gilt hier, daß ein genauer Plan darüber ausgearbeitet werden muß, welche Aufgaben den Testpersonen zu stellen und in welcher Form die Protokolle anzufertigen sind, da sonst ein Vergleich mehrerer Protokolle nicht möglich ist. Die Auswertung von Inhaltsanalysen ist z. T. sehr schwierig, weil alle Angaben der Probanden interpretiert und Kategorien zugeordnet werden müssen; die Kategorienbildung und die Zuordnung von Angaben aus den Protokollen muß im Untersuchungsbericht erläutert werden. Hinweise zur Planung, Durchführung und Auswertung von Inhaltsanalysen finden sich u. a. in Lisch/Kriz 1978, Huber/Mandl 1982, Merten 1983.

Die Auswahl oder Entwicklung geeigneter Methoden hängt immer auch mit Problemen der Operationalisierung zusammen.

„Unter Operationalisierung eines Begriffs ist die Angabe derjenigen Vorgehensweisen, derjenigen Forschungsoperationen zu verstehen, mit deren Hilfe entscheidbar wird, ob und in welchem Ausmaß der mit dem Begriff bezeichnete Sachverhalt in der Realität vorliegt" (Kromrey 1983, 84).

Eine wichtige Voraussetzung hierfür ist, daß das, was jeweils untersucht werden soll, explizit festgelegt bzw. analytisch definiert ist (vgl. zu den Anforderungen an eine operationale Definition Bortz 1984, 40). Das ist gemeint, wenn Kromrey von der Operationalisierung eines „Begriffs" spricht. Danach kann erst entschieden werden, womit man die festgelegten Begriffe wie Nachschlagefähigkeit, Benutzungssituation, Benutzungshandlung etc. nachweisen/prüfen will (vgl. Wiegand 1985 und 1987). Dabei ist bei der Umsetzung von Forschungsfragen und Begriffen streng darauf zu achten, daß die Probanden in den ihnen gestellten Aufgaben nicht mit theoretischen Konzepten und Fachtermini konfrontiert werden. Sie würden dadurch überfordert, denn es kann bei ihnen nicht derselbe Kenntnisstand wie bei den Untersuchenden vorausgesetzt werden. Die Operationalisierung bereitet daher mit die größten Schwierigkeiten einer empirischen Untersuchung.

3. Probleme bei der Auswahl der Probanden und der Sicherung des nötigen Untersuchungsumfangs

Wenn hier von Auswahl der Probanden die Rede ist, so erweckt dies den Eindruck, als könnte der Forscher die für seine Ziele geeigneten Testpersonen einfach herausgreifen und prüfen. Tatsächlich ist es so, daß die nötigen Untersuchungsteilnehmer sehr häufig nicht zur Verfügung stehen, sei es, weil sie dem Forscher nicht zugänglich sind oder weil sie nicht bereit sind, an der Untersuchung mitzuarbeiten. Es versteht sich daher von selbst, daß auch die jeweiligen Möglichkeiten, eine nach bestimmten Charakteristiken zusammengesetzte Gruppe von Probanden nötigen Umfangs für seine Erhebung zur Verfügung zu haben, wiederum die Wahl der Methode beeinflußt. Oft ist also die Auswahl geeigneter Testpersonen, d. h. die Festlegung der Charakteristiken, die sie mit Blick auf die von ihnen zu lösenden Aufgaben aufweisen sollten, ein kleineres Problem als die nötige Anzahl an Teilnehmern zusammenzubekommen.

Aus zweierlei Gründen ist es bisher in der Benutzungsforschung nicht möglich, eine empirische Untersuchung durchzuführen, die für eine Grundgesamtheit wie z. B. die Wörterbuchbenutzer der BRD repräsentativ ist. Dies hängt damit zusammen, daß für repräsentative Untersuchungen Anforderungen an die zugrundeliegenden Stichproben gestellt werden, die bisher nicht erfüllt werden können. Hierfür sind nämlich entweder echte Zufallsstichproben oder systematische Stichproben notwendig. Echte Zufallsstichproben sind solche, in denen die Auswahl der Untersuchungsteilnehmer aus einer Grundgesamtheit so vorgenommen wird, daß jeder die gleiche Chance hat gezogen zu werden. Dazu muß die Grundgesamtheit hinsichtlich ihrer Größe bekannt und eine Auswahlmöglichkeit z. B. über eine vollständige Adressenliste gegeben sein. Wenn aber die Grundgesamtheit der Wörterbuchbenutzer in der BRD oder die der Benutzer deutscher einsprachiger Wörterbücher untersucht werden soll, gibt es weder Möglichkeiten, deren Umfang festzustellen, noch gibt es eine Auswahlmöglichkeit des einzelnen Benutzers über Namens-/Adressenlisten oder ähnliches. Das ist der erste Grund, warum eine repräsentative Untersuchung, also eine, die Schlußfolgerungen von der untersuchten Stichprobe auf eine größere Grundgesamtheit erlaubt, nicht möglich ist. Systematische Stichproben müssen merkmalspezifisch repräsentativ sein, d. h.: sie müssen so zusammengesetzt sein, daß sie bezüglich der beeinflussenden Merkmale auf die zu untersuchenden Merkmale dieselbe Verteilung aufweisen wie die Grundgesamtheit. Mit derartigen Stichproben wird z. B. bei Wahlprognosen gearbeitet. Sind alle Einflußgrößen hinreichend bekannt, erlauben schon relativ kleine systematische Stichproben ziemlich genaue Vorhersagen. Man kann solche Stichproben aber nur ziehen, wenn man Art und Ausmaß der beeinflussenden Merkmale in der Grundgesamtheit kennt. Für die Benutzungsforschung hieße das, daß man wissen müßte, was alles die Wörterbuchbenutzung beeinflußt oder steuert und wie stark es sie beeinflußt. Es nützt also nichts, wenn man die Zusammensetzung einer Grundgesamtheit hinsichtlich irgendwelcher Merkmale wie Geschlecht, Einkommen, Religionszugehörigkeit u. a. etwa aus statistischen Jahrbüchern kennt und danach eine systematische Stichprobe zieht (vgl. die Untersuchung von Descamps/Vaunaize). Erst muß nachgewiesen sein, daß diese Merkmale die zu untersuchenden Merkmale beeinflussen; sonst ist die Stichprobe vielleicht repräsentativ für das Wahlverhalten, die Neigung zum Bau eines Eigenheims oder sonstiges, aber nicht für die Wörterbuchbenutzung. Der zweite Grund, warum repräsentative Untersuchungen derzeit nicht möglich sind, ist also, daß keine interessante Grundgesamtheit bezüglich Art und Ausmaß der charakteristischen Merkmale bekannt ist. Deshalb muß man aber nicht die empirische Forschung aufgeben. Vielmehr ist das die übliche Ausgangsposition bei allen neuen Gebieten der empirischen Sozialforschung. Darüber hinaus sind repräsentative Erhebungen nicht in allen Bereichen erstrebenswert und möglich, weil nicht überall mit quantitativen Methoden gearbeitet werden kann.

„Die Bedeutung der explorativen Forschung wächst, und es gibt immer mehr Gebiete menschlichen Zusammenlebens, die nur durch qualitative Forschungsmethoden zugänglich sind. In diesem Falle sind qualitative Methoden nicht Vorbereitung oder Vorstadium, sondern durchaus Selbstzweck, und sie sind nicht mit geringeren Erkenntnissen, wenn auch anderen, verbunden als etwa traditionelle quantitative und repräsentative Projekte" (Atteslander 1984, 33 f).

Die erste Aufgabe der Benutzungsforschung besteht also darin herauszufinden, was alles die Wörterbuchbenutzung beeinflußt, und um hier erfolgreich sein zu können, empfiehlt es sich, zunächst einzelne interessierende Einflußgrößen ins Blickfeld zu rücken und sie bei relativ homogenen Gruppen unter gleichen Testbedingungen zu untersuchen. Hier könnte man nun einwenden, es handele sich um eine zirkuläre Argumentation, denn wie sollte man eine homogene Gruppe zusammenstellen können, wenn gar nicht bekannt ist, hinsichtlich welcher Charakteristiken sie homogen sein soll? Hierin liegt immer ein Problem, wenn man „Neuland" betritt. Es ist aber nie so, daß gar nichts über die Einflußgrößen bekannt ist. Der Forschungsstand in der Wörterbuchforschung, Linguistik und Pädagogik ist durchaus so, daß es einige begründete Annahmen hierzu gibt, und gemäß diesen Annahmen muß die Untersuchungsgruppe ausgesucht oder zusammengestellt werden. Wenn man z. B. die begründeten Annahmen hat, daß Schulbildung, Muttersprache und Nähe/Abstand zu Lernsituationen Einfluß auf die Benutzung bestimmter Wörterbücher haben, dann sollte man den Einfluß der Schulbildung untersuchen, indem man Hauptschulabgänger und Abiturienten mit derselben Muttersprache bei gleicher Aufgabenstellung und denselben Wörterbüchern als Hilfsmittel vergleicht. Ein derartiges Vorgehen bietet zwar nicht die Gewähr, daß man klar interpretierbare Daten erhält, weil es noch andere unbekannte Einflußgrößen geben kann; man erhält dann aber meist Hinweise darauf, welche anderen Einflußgrößen eine Rolle gespielt haben könnten. Diese können bei der nächsten Untersuchung berücksichtigt werden. So lassen sich die Kenntnisse und Untersuchungsbereiche schrittweise erweitern. In den bisher vorgenommenen Erhebungen zur Wörterbuchbenutzung wurde fast immer mit ausgesuchten Lernergruppen gearbeitet.

Es wurde schon darauf hingewiesen, daß repräsentative Untersuchungen derzeit nicht möglich sind; damit erübrigen sich auch statistische Berechnungen des Stichprobenumfangs. Das bedeutet aber nicht, daß es für die Aussagekraft der Ergebnisse überhaupt keine Rolle spielt, ob man einen oder 1000 Fälle betrachtet. Der Aufwand einer empirischen Untersuchung lohnt nicht, wenn man sie nur macht, um seine eigenen Hypothesen bestätigt zu sehen.

„Eine empirische Untersuchung ist unwissenschaftlich, wenn sie nur die Vorstellungen des Autors, die dieser schon vor Beginn der Untersuchung hatte, verbreiten will und deshalb so angelegt ist, daß die Widerlegung der eigenen Hypothesen von vornherein erschwert oder gar ausgeschlossen ist" (Bortz 1984, 56).

Es kommt immer wieder vor, daß Fragen/Aufgaben ungewollt so gestellt werden, daß sie die eigenen Hypothesen eher bestätigen; man sollte deshalb streng darauf bedacht sein, dies zu vermeiden. Auch können Ergebnisse von Fall- oder Pilotstudien nicht so behandelt und dargestellt werden, als beruhten sie auf repräsentativen Untersuchungen. Aus eigener Erfahrung kann ich berichten, daß bei einer von mir durchgeführten Befragung die Häufigkeitsverteilungen in der Piloterhebung von denen der anschließenden Haupterhebung z. T. erheblich abwichen. Nun läßt sich für nicht-repräsentative Stichproben keine Formel zur Berechnung des nötigen Umfangs angeben. Vielmehr richtet sich der Stichprobenumfang vor allem nach der Art der Untersuchung und der zu untersuchenden Gruppe. So kann man bei detaillierten qualitativen Untersuchungen wie Inhaltsanalysen ausführlicher Wörterbuchbenutzungsprotokolle u. U. schon aus recht kleinen Stichprobenumfängen aufschlußreiche Ergebnisse erhalten, während eine Befragung mit standardisierten Fragen in größerem Umfang durchgeführt werden sollte. Außerdem sind die Abweichungen der Ergebnisse um so kleiner, je homogener die Gruppe ist. Da bei der Wörterbuchbenutzung mit individuellen Lern- und Benutzungsgewohnheiten zu rechnen ist und individuelle Fähigkeiten berücksichtigt werden müssen, scheinen mir Ergebnisse von Fallstudien jedenfalls nicht generalisierbar zu sein. Die Auswahl geeigneter Probanden sowie die Bestimmung des Untersuchungsumfangs und damit wesentliche Bedingungen für die Aussagekraft der

Ergebnisse hängen also weitgehend vom Kenntnisstand und Weitblick, der vernünftigen Einschätzung des Forschungsstandes und -gegenstandes des/der Untersuchenden ab.

4. Probleme der Durchführung und Auswertung der Untersuchung

Durchführungsprobleme sind Organisationsprobleme. Sie ergeben sich zum einen daraus, daß man eine als nötig erachtete Zahl von Probanden erreichen will, zum anderen dadurch, daß alle Probanden möglichst unter gleichen Bedingungen untersucht werden sollten. Mit Problemen dieser Art ist man daher meist erst dann konfrontiert, wenn die Piloterhebungen abgeschlossen sind und man sich einer größeren Zahl von Untersuchungsteilnehmern zuwenden muß. Da in der Benutzungsforschung im Bereich des Mutter- oder Fremdsprachenunterrichts sehr gut mit Lernergruppen gearbeitet werden kann, sind die Probanden über Institutionen wie Schulen, Universitäten, Goethe-Institute, Volkshochschulen etc. relativ einfach zu erreichen. Werden diese Institutionen und das dort tätige Lehrpersonal über die Untersuchungsziele und die vorgesehenen Erhebungsmethoden informiert, sind sie fast immer bereit, empirische Erhebungen im Rahmen von Lehrveranstaltungen vornehmen zu lassen. Die bisherigen Untersuchungen konnten häufig von Dozenten in eigenen Seminarveranstaltungen gemacht werden. Ist dies nicht möglich, ergeben sich hauptsächlich Zeitprobleme. Der Zeitaufwand für die nötigen Kontaktaufnahmen und weitere Korrespondenz sollte nicht unterschätzt werden, insbesondere dann, wenn bei mehreren Stellen Genehmigungen einzuholen sind. So dürfen empirische Untersuchungen an Schulen der BRD nur mit Genehmigung des jeweils zuständigen Kultusministeriums durchgeführt werden. Auch die Testpersonen müssen genau über den Untersuchungsplan und die Forschungsziele informiert werden. Je besser sie informiert und je interessanter die Forschungsziele dargestellt werden, desto eher sind sie bereit, an der Untersuchung teilzunehmen und desto besser sind sie dafür motiviert. Soweit es das Verfahren zuläßt, sollte man auf das Erheben persönlicher Daten verzichten. In der Benutzungsforschung sind solche „heiklen" Daten selten notwendig oder schon von vornherein bekannt (z. B. Bildungsstand). Es ist daher kaum mit Teilnahmeverweigerungen zu rechnen, wenn die Untersuchungen innerhalb von Lehrveranstaltungen durchgeführt werden können. Außerhalb von Lehrveranstaltungen ist mit einer großen Bereitschaft zur Teilnahme nicht zu rechnen, sofern es nicht möglich ist, die Probanden für ihre Mitarbeit zu entlohnen.

Falls es notwendig ist, mit mehreren Gruppen zu arbeiten, muß gewährleistet sein, daß für alle Teilnehmergruppen die gleichen Bedingungen gelten. Die Daten können sonst bei der Auswertung nicht gleich behandelt werden, weil hierfür die sog. Durchführungsobjektivität Voraussetzung ist. Es muß also darauf geachtet werden, daß jeder Gruppe dieselben Anweisungen und Auskünfte gegeben werden, nur die für die jeweiligen Aufgaben vorgesehenen Hilfsmittel verwendet werden, die Testpersonen, wenn die Aufgaben selbständig gelöst werden müssen, nicht zusammenarbeiten können etc. Soweit es die geplante Untersuchung erlaubt, empfiehlt es sich daher, sie kontrolliert, d. h. unter Anwesenheit möglichst des-/derselben Untersuchungsleiter(s) durchzuführen. Da es dennoch unmöglich ist, völlig gleiche Bedingungen in allen Untersuchungsgruppen zu schaffen, sollte man versuchen, mit geeigneten Kontrollmaßnahmen den Einfluß des Untersuchungsumfeldes und des/der Untersuchungsleiter(s) auf das Verhalten der Probanden gering zu halten (vgl. hierzu den Maßnahmenkatalog in Bortz 1984, 62 f). Können nicht alle Gruppen von derselben Person überwacht werden, muß vorher mit allen Beteiligten genau abgesprochen werden, wie die Erhebung ablaufen soll. Bei manchen Verfahren ist eine ausführliche Schulung der Untersuchenden nötig. Um Probleme und unerwartete Zwischenfälle bei der Durchführung zu vermeiden, ist es unbedingt erforderlich, bei einer kleinen Probandenzahl eine Piloterhebung vorzunehmen. Dadurch wird man nicht nur auf Verständnisschwierigkeiten und solche des Verfahrens aufmerksam, sondern kann auch die für die Untersuchung nötige Zeit besser kalkulieren. Wer eine Piloterhebung gemacht hat, muß nicht mit negativen Überraschungen bei der Durchführung rechnen und hat viel eher die Gewähr, gute, d. h. keine widersprüchlichen oder schlecht interpretierbaren Daten zu erhalten. Es ist sehr ärgerlich, wenn man erst bei der Auswertung feststellt, daß man aufgrund einer mißverständlichen Frage-/Aufgabenstellung schlechte oder gar unverwertbare Daten erhalten hat. Eine Nachbesserung ist dann sehr selten möglich.

Damit ist schon ein Auswertungsproblem angesprochen. Leider kommt es auch trotz Vorstudien immer wieder vor, daß nicht alle erhobenen Daten klar interpretierbar sind. Es sollte dann zunächst versucht werden, die unklaren Daten mit Hilfe anderer zu interpretieren; manchmal lassen sich z. B. fehlende Angaben auf eine Frage aus einer anderen eindeutig erschließen. Allerdings darf nur bei eindeutigen Interpretationsmöglichkeiten auf andere Fragen/Angaben zurückgegriffen werden. Ist dies nicht möglich, können alle Interpretationen durchgespielt und miteinander verglichen werden; auch dadurch wird u. U. klarer, wie die Angaben von den Probanden gedacht waren. Nur im Notfall sollte man auf die Verwendung von Daten verzichten. Es ist aber unbedingt nötig, im Untersuchungsbericht auf derartige Auswertungsprobleme aufmerksam zu machen und auf die begrenzte Gültigkeit solcher Ergebnisse hinzuweisen. Ein weiteres Problem liegt darin, daß im Bereich der Benutzungsforschung meist nur Daten nominalen oder höchstens ordinalen Meßniveaus vorliegen und dadurch nur in eingeschränktem Maße statistische Auswertungsverfahren anwendbar sind. Ein blindes Quantifizieren qualitativer Daten oder die Anwendung statistischer Auswertungsverfahren, deren Voraussetzungen nicht erfüllt sind, führt letztlich nur dazu, die Aussagekraft der Ergebnisse zu vernichten oder die Realität fehlerhaft zu beschreiben.

„Es wird im Bereich des Sozialen quantifiziert, es wird selbst Qualitatives umgemünzt in Zählbares, obwohl gerade die Naturwissenschaften sich eines Quantifizierungs- und Methodenfetischismus' längst entledigt haben, und das Diktum 'Wissenschaft heißt Messen' längst seine Ausschließlichkeit verloren hat" (Atteslander 1984, 50).

Ein derart unwissenschaftliches Vorgehen resultiert oft weniger aus dem Bemühen, generalisierbare Ergebnisse vorweisen zu können, als aus der Tatsache, daß die Untersuchenden mit den statistischen Verfahren und deren Voraussetzungen zu wenig vertraut sind, um die angemessenen Auswertungsmethoden auszuwählen. Dadurch kommt es andererseits immer wieder vor, daß erhobene Daten unvollständig ausgewertet werden. Es werden z. B. nur prozentuale Häufigkeitsverteilungen angegeben und keine Korrelationsrechnungen, die mögliche Zusammenhänge aufzeigen können, angestellt. D. h., die erhobenen Daten werden entweder über- oder unterinterpretiert. Bei „unterinterpretierten" Daten fehlen in den Untersuchungsberichten auch die nötigen Angaben zu Fehlern und Streuungen innerhalb der untersuchten Stichprobe. Es müssen aber bei allen Erhebungen — nicht nur bei repräsentativen — die wichtigsten Lageparameter und Streuungsmaße berechnet und bekannt gemacht werden, weil sonst eine Beurteilung der Ergebnisse hinsichtlich ihrer Tragweite und Qualität nicht möglich ist.

5. Wie sind Erhebungsprobleme zu umgehen?

In diesem „Problembericht" ist schon deutlich geworden, daß sich die meisten Schwierigkeiten nicht einzeln nacheinander ergeben, sondern miteinander verknüpft sind: schon bei der Entscheidung für die eine oder andere Methode müssen Art und Zahl der Untersuchungsteilnehmer und Möglichkeiten und Methoden der Auswertung berücksichtigt werden.

„Zusammenfassend wird deutlich, daß empirische Sozialforschung von folgenden Bedingungen abhängig ist:
1. Von der wissenschaftlichen Qualität der theoretischen Annahmen
2. Von der Angemessenheit der Forschungsmethoden
3. Vom Zugang zum Objekt, d. h. der Akzeptanz des Forschers durch andere Menschen und
4. von materiellen Bedingungen wie Personal, Zeit, Geld" (Atteslander 1984, 49 f).

Für Bedingung eins dieser Liste sind die Metalexikographen zuständig; dieses Problem müssen sie selbst lösen. Bedingung zwei läßt sich am besten erfüllen, indem sie bei der Auswahl oder Entwicklung angemessener Erhebungs- und Auswertungsverfahren auf die Unterstützung statistisch versierter Wissenschaftler zurückgreifen. Dabei ist eine interdisziplinäre Zusammenarbeit vor allem mit Sozialwissenschaftlern fruchtbar, denn diese sind im Umgang mit qualitativen Daten geübt, die auch in der Wörterbuchbenutzungsforschung die wichtigste Rolle spielen. Ist eine Zusammenarbeit von Wissenschaftlern verschiedener Institute aus finanziellen oder organisatorischen Gründen nicht möglich, sollte man versuchen, wissenschaftliche Hilfskräfte aus sozialwissenschaftlichen Studiengängen mit Statistikvorkenntnissen für die Mitarbeit an der Untersuchung einzustellen. Offenbar haben Studenten aus solchen Studiengängen sogar oft das Problem, kein geeignetes Thema für eine empirische Diplom- oder Doktorarbeit zu finden (vgl. Bortz 1984, 11 ff); eine interdisziplinäre Zusammenarbeit könnte daher für beide Seiten Vorteile bringen. Bedingung drei wird am besten dadurch erfüllt, daß man sich entweder mit Kollegen an der Universität arrangiert oder mit Sprachschulen und -lehrern Kontakt aufnimmt, die sowohl aus eigener praktischer Erfahrung den Forschungsgegenstand Wörterbuch und -benutzung kennen, als auch einen guten Zugang zu geeigneten Testpersonen haben. Die Bedeutung von Bedingung vier ist nicht zu unterschätzen. Wenn von staatlicher Seite mit größeren Finanzmitteln für Projekte im Rahmen der Wörterbuchbenutzungsforschung nicht zu rechnen ist, sollte man durchaus die Zusammenarbeit mit privaten Unternehmen oder Forschungsinstituten ins Auge fassen. Dabei ist nicht an eine privat finanzierte, von Wissenschaftlern durchgeführte Marktforschung gedacht, sondern an eine konstruktive Zusammenarbeit in gemeinsamen Projekten, d. h. wissenschaftlicher Austausch zwischen Wörterbuchforschern und Lexikographen, gegenseitige Ergänzung und auch Kontrolle. Schließlich haben Wörterbuchverlage und Metalexikographen ein gemeinsames Ziel: **bessere Wörterbücher!**

6. Literatur (in Auswahl)

Ard 1982 = Josh Ard: The use of bilingual dictionaries by ESL students while writing. In: ITL. Review of Applied Linguistics No. 58. 1982, 1—22.

Atteslander 1984 = Peter Atteslander: Methoden der empirischen Sozialforschung. Unter Mitarbeit von Roland Buchheit. 5. völlig neu bearb. und erw. Aufl. Berlin. New York 1984 (Sammlung Göschen; 2100).

Béjoint 1981 = Henri Béjoint: The foreign student's use of monolingual English dictionaries. A study of language needs and reference skills. In: Applied Linguistics 2. 1981, 207—222.

Bensoussan/Sim/Weiss 1984 = Marsha Bensoussan/Donald Sim/Razelle Weiss: The effect of dictionary usage on EFL test performance compared with student and teacher attitudes and expectations. In: Reading in a Foreign Language 2. 1984, 262—276.

Bortz 1984 = Jürgen Bortz: Lehrbuch der empirischen Forschung. Für Sozialwissenschaftler. Unter Mitarbeit von D. Bongers. Berlin. Heidelberg. New York. Tokyo 1984.

Brickenkamp 1975 = Rolf Brickenkamp (Hrsg.): Handbuch psychologischer und pädagogischer Tests. Göttingen 1975.

Descamps/Vaunaize 1983 = Jean Luc Descamps/P. Vaunaize: Le dictionnaire au jour le jour en milieu adulte: une pré-enquête. In: Études de linguistique appliquée 49. 1983, 89—109.

Galisson 1983 = Robert Galisson: Image et usage du dictionnaire chez des étudiants (en langue) de niveau avancé. In: Études de linguistique appliquée 49. 1983, 5—88.

Gerdes 1979 = Klaus Gerdes (Hrsg.): Explorative Sozialforschung. Einführende Beiträge aus „Natural Sociology" und Feldforschung in den USA. Stuttgart 1979.

Greenbaum/Meyer/Taylor 1984 = Sidney Greenbaum/Charles F. Meyer/John Taylor: The image of the dictionary for American college students. In: Dictionaries 6. 1984, 31—52.

Grubitzsch/Rexilius 1978 = Siegfried Grubitzsch/Günter Rexilius: Testtheorie — Testpraxis. Voraussetzungen, Verfahren, Formen und Anwendungsmöglichkeiten psychologischer Tests im kritischen Überblick. Reinbek b. Hamburg 1978.

Hatherall 1984 = Glyn Hatherall: Studying dictionary use: some findings and proposals. In: LEXeter '83 Proceedings. Hrsg. von R. R. K. Hartmann. Tübingen 1984 (Lexicographica. Series Maior 1), 183—189.

Holm 1975—1979 = Kurt Holm (Hrsg.): Die Befragung. München Bd. 1. 1975, Bd. 2. 1975, Bd. 3. 1976, Bd. 4. 1976, Bd. 5. 1977, Bd. 6. 1979.

Hopf/Weingarten 1984 = Christel Hopf/Elmar Weingarten (Hrsg.): Qualitative Sozialforschung. 2. Aufl. Stuttgart 1984.

Huber/Mandl 1982 = Günter L. Huber/Heinz Mandl: Verbale Daten. Eine Einführung in die Grundlagen und Methoden der Erhebung und Auswertung. Weinheim. Basel 1982.

Ingenkamp 1973 = Karlheinz Ingenkamp (Hrsg.): Handbuch der Unterrichtsforschung. Weinheim 1973.

Van Koolwijk/Wieken-Mayser 1974 = Jürgen van Koolwijk/Maria Wieken-Mayser (Hrsg.): Techniken der empirischen Sozialforschung. Bd. 3, Erhebungsmethoden: Beobachtung und Analyse von Kommunikation; Bd. 4, Erhebungsmethoden: Die Befragung; Bd. 5, Erhebungsmethoden: Testen und Messen. München. Wien 1974.

Kromrey 1983 = Helmut Kromrey: Modelle und Methoden der Datenerhebung und Datenauswertung. 2. Aufl. Stuttgart 1983.

Lienert 1969 = Gustav A. Lienert: Testaufbau und Testanalyse. Weinheim 1969.

Lisch/Kriz 1978 = Ralf Lisch/J. Kriz: Grundlagen und Modelle der Inhaltsanalyse. Reinbek b. Hamburg 1978.

Merten 1983 = Klaus Merten: Inhaltsanalyse. Einführung in Theorie, Methode und Praxis. Opladen 1983.

Mitchell 1983 = Evelyn Mitchell: Search-Do Reading: Difficulties in Using a Dictionary. Aberdeen 1983 (College of Education, Formative Assessment of Reading — Working Paper 21).

Neubauer 1985 = Fritz Neubauer: Auf der Spur des „unbekannten Wesens". Der DaF-Wörterbuchbenutzer. In: Wörterbücher und ihre Didaktik. Hrsg. von Ekkehard Zöfgen. Bad Honnef. Zürich 1985 (Bielefelder Beiträge zur Sprachlehrforschung 14), 216—235.

Nickel 1978 = Gerhard Nickel (Hrsg.): Language Testing. Angewandte Sprachwissenschaft. Applied Linguistics. Linguistique Appliquée. Suttgart 1978.

Ripfel/Wiegand 1988 = Martha Ripfel/Herbert Ernst Wiegand: Wörterbuchbenutzungsforschung. Ein kritischer Bericht. In: Studien zur neuhochdeutschen Lexikographie VI. 2. Teilband. Hrsg. von Herbert Ernst Wiegand. Hildesheim. Zürich. New York 1988 (Germanistische Linguistik 87—90/1986), 491—520.

Scheuch 1967 = Erwin Scheuch: Das Interview in der Sozialforschung. In: Handbuch der empirischen Sozialforschung. Hrsg. von René König. Bd. 1 Stuttgart 1967, 136—196.

Tomaszczyk 1979 = Jerzy Tomaszczyk: Dictionaries: users and uses. In: Glottodidactica 12. 1979, 103—119.

Tono 1984 = Yukio Tono: On the Dictionary User's Reference Skills. Tokyo 1984 (Gakugai University B. Ed. dissertation).

Wiegand 1985 = Herbert Ernst Wiegand: Fragen zur Grammatik in Wörterbuchbenutzungsprotokollen. Ein Beitrag zur empirischen Erforschung der Benutzung einsprachiger Wörterbücher. In: Lexikographie und Grammatik. Akten des Essener Kolloquiums zur Grammatik im Wörterbuch. 28.—30. 6. 1984. Hrsg. von Henning Bergenholtz und Joachim Mugdan. Tübingen 1985 (Lexicographica. Series Maior 3), 20—98.

Wiegand 1987a = Herbert Ernst Wiegand: Zur handlungstheoretischen Grundlegung der Wörterbuchbenutzungsforschung. In: Lexicographica 3. 1987, 178—227.

Wiegand 1987b = Herbert Ernst Wiegand: Empirische Wörterbuchbenutzungsforschung. In: Theorie und Praxis des lexikographischen Prozesses bei historischen Wörterbüchern. Akten der Internationalen Fachkonferenz Heidelberg, 3. 6.—5. 6. 1986. Im Auftrag des Forschungsschwerpunktes Lexikographie an der Neuphilosophischen Fakultät der Universität Heidelberg, hrsg. von Herbert Ernst Wiegand. Tübingen 1987 (Lexicographica. Series Maior 23), 255—257.

Martha Ripfel, Heidelberg
(Bundesrepublik Deutschland)

172. Quantitative Datenerhebung

1. Vorbemerkung
2. Zur Methodik einer deskriptiven Lexikographie
3. Datenerhebung als Bestandteil einer Theorie der Spracherforschung
4. Quantität als lexikalisches Merkmal
5. Grundsätze quantitativer Datenerhebung
6. Literatur (in Auswahl)

1. Vorbemerkung

Der folgende Beitrag will und kann keine Darstellung der Sprachstatistik, nicht einmal der Lexikostatistik leisten. Für diesen Zweck stehen eine Reihe von allgemeinen und speziellen Arbeiten zur Verfügung (vgl. 6).

Versucht wird vielmehr, die quantitative Datenerhebung als Bestandteil einer Methodik deskriptiver Lexikographie bzw. einer Theorie der lexikographischen Spracherforschung auszuweisen und zu begründen, um dadurch zur Systematisierung und empirischen Fundierung lexikographischer Praxis beizutragen.

2. Zur Methodik einer deskriptiven Lexikographie

Wenn Lexikographie die wissenschaftliche Praxis der Planung, Herstellung und Revision von Wörterbüchern ist, dann benötigt sie zuallerst Methode bzw. Methoden; und zwar solche Methoden, die dem Erreichen des angestrebten Gesamtzieles wie auch dem Erreichen der auf dem Wege dorthin zu durchlaufenden Teilziele dienen.

Methoden werden in der Lexikographie seit alters her angewendet; u. a. Methoden der Lemmaauswahl, -beschreibung, -präsentation. Trotz verdienstvoller Vorarbeiten (vgl. z. B. Müller 1984, Riedel/Wille 1979, Wahrig 1973, Zgusta 1971) fehlt aber bisher eine ausformulierte und begründete Methodik, d. h. ein methodologisch fundiertes System kontrollierter und kontrollierbarer Verfahrensweisen der auf lexikographische Zwecke ausgerichteten Spracherforschung und Sprachbeschreibung.

Die rekonstruierende Analyse lexikographischer Tätigkeit ergibt, daß bei der Planung, Herstellung und Revision von Wörterbüchern zwei Arten von Methoden eine bevorzugte Rolle spielen: solche der Intuition und solche der Deskription, die einzeln oder vermischt in Anspruch genommen werden. Daß die Intuition eine wenig verläßliche Instanz darstellt und zur Stützung bzw. als Grundlage ihrer Befunde der auf Empirie basierenden Deskription bedarf, ist zur Genüge bekannt (vgl. Schaeder 1981, 33—37). Trotzdem wird in der Lexikographie nach wie vor der Intuition der Vorrang vor der Deskription gegeben.

Diese Feststellung trifft ausnahmsweise nicht für die historische und die Dialektlexikographie zu, bei der die an der Gegenwartssprache bzw. an der Standardsprache ausgebildete Intuition nur begrenzte Dienste zu leisten vermag. Es verwundert darum nicht, daß in diesen Fällen auch die Entwicklung eines methodischen Instrumentariums weiter gediehen ist als bei der auf die Kodifikation der neuhochdeutschen Standardsprache ausgerichteten Lexikographie (vgl. z. B. Wiegand 1984, Friebertshäuser 1986).

Die lexikographische Praxis geht von bestimmten Vorannahmen aus, die ihren Gegenstandsbereich konstituieren und seine Erfassung anleiten. Es ist eine der grundlegenden Vorannahmen jeder Lexikographie, daß die Lexik einer Sprache ein System bildet, bestehend aus Elementen und Relationen zwischen diesen Elementen. Eine weitere Vorannahme ist, daß dieses System wiederum aus Systemen, d. h. Teilsystemen besteht, die sich unabhängig voneinander analysieren und darstellen lassen. Systematisch organisiert sind nach dieser Vorannahme ebenso die die Elemente der Lexik charakterisierenden Merkmale.

Solche Vorannahmen schaffen erst die Möglichkeit des Vergleichens und Identifizierens, des Segmentierens und Deliminierens sowie der Klassifikation lexikalischer Einheiten und ihrer Merkmale.

3. Datenerhebung als Bestandteil einer Theorie der Spracherforschung

Der von Wiegand (1983) vorgestellte Entwurf einer allgemeinen Theorie der Lexikographie unterscheidet vier Teiltheorien:
(1) Allgemeiner Teil — mit den Theoriekomponenten:
    (a) Zwecke von Wörterbüchern
    (b) Beziehungen zu anderen Theorien
    (c) Prinzipien aus der Geschichte der Lexikographie
(2) Organisationstheorie: Arbeitsorganisation in den drei Tätigkeitsfeldern

(3) Theorie der lexikographischen Spracherforschung — mit den Theoriekomponenten:
    (a) Datenerhebung
    (b) Datenbearbeitung
    (c) Rechnerunterstützung
(4) Theorie der lexikographischen Sprachbeschreibung — mit den Theoriekomponenten:
    (a) Wörterbuchtypologie
    (b) Texttheorie für lexikographische Texte

Zu der Teiltheorie „Theorie der lexikographischen Spracherforschung" führt Wiegand (1983, 102) aus:

„Der Gegenstandsbereich einer Theorie der lexikographischen Spracherforschung ist die Klasse aller wissenschaftlichen Arbeitsverfahren (oder: Methoden), die sich in der Lexikographie anwenden lassen. Diese Teiltheorie hat zwei Komponenten. Die erste Komponente ist eine Theorie der lexikographischen Datenerhebung. Dies ist eine Theorie darüber, wie eine Wörterbuchbasis zu erstellen ist, d. h.: es geht erstens um die Gewinnung, den Aufbau, die Repräsentativität und die Funktion von lexikographischen Korpora relativ zu Wörterbuchtypen [...]. Zweitens muß die Rolle der Sekundärquellen in der Wörterbucharbeit geklärt werden [...]. Die zweite Komponente ist eine Theorie darüber, wie die erhobenen sprachlichen Daten weiterverarbeitet werden."

Abschließend erklärt Wiegand (1983, 102):

„Entweder muß in beiden Komponenten die Rolle des Rechners berücksichtigt werden, oder aber man setzt eine dritte Komponente an, die eine Theorie darüber ist, wie der Rechner in der Lexikographie eingesetzt werden kann."

In Schaeder (1986, 264) wird zum ersten dafür plädiert, den Einsatz des Rechners, der ein Hilfsmittel in den verschiedensten Bereichen lexikographischer Praxis darstellen kann, nicht als eine eigene Theoriekomponente anzusetzen.

Zum zweiten wird vorgeschlagen, für eine Theorie der lexikographischen Spracherforschung die folgenden Theoriekomponenten vorzusehen:

(a) Datenerhebung
(b) Datenerfassung
(c) Datenverarbeitung
(d) Datenbereitstellung
(e) Datenauswertung
(f) Datenpräsentation.

Zunächst einmal gilt es, im Rahmen einer Theorie den Stellenwert einer Wörterbuchbasis bzw. Datenbasis für die lexikographische Praxis und die Grundsätze für ihren Aufbau zu klären. Dabei muß auch bedacht werden, was lexikographische Daten sind.

Zu bestimmen und zu begründen sind sodann die Methoden, die zu einer dem intendierten Wörterbuchtyp adäquaten Erhebung und Erfassung, Verarbeitung und Bereitstellung, Auswertung und Präsentation der Daten führen. Mit anderen Worten: Die Theorie der lexikographischen Spracherforschung ist zu guten Teilen eine Methodologie.

Zur Gliederung der Theorie der lexikographischen Spracherforschung in sechs aufeinander aufbauende Komponenten sei folgendes angeführt:

In der Komponente (a) Datenerhebung muß geklärt werden, warum und wie eine qualitativ und quantitativ hinreichende Datenbasis sicherzustellen ist.

In der Komponente (b) Datenerfassung gilt es darzustellen, warum und wie die erhobenen Daten zu speichern, eventuell zu codieren und (durch Prädition) mit zusätzlichen Informationen auszustatten sind.

In der Komponente (c) Datenverarbeitung ist auszuführen, warum und wie die erfaßten Daten zu segmentieren, unterschiedlich zu sortieren, statistisch auszuwerten sind. Ergebnisse der Datenverarbeitung können u. a. initialalphabetisch und finalalphabetisch geordnete, mit Angaben der absoluten und relativen Häufigkeit des jeweiligen Vorkommens sowie des sich daraus ergebenden Ranges ausgestattete Indices und Register sowie Konkordanzen sein.

In der Komponente (d) Datenbereitstellung gilt es zu beschreiben, warum und wie die Ergebnisse der Datenerhebung, Datenerfassung und Datenverarbeitung in separaten und kumulierten, mit Adressen versehenen und Querverweisen ausgestatteten Dateien zu einer Datenbank zusammenzustellen sind.

In der Komponente (e) Datenauswertung ist darzustellen, warum und wie die bereitgestellten Daten für die unterschiedlichen Zwecke zu nutzen sind. Dabei spielt der Typ des jeweils intendierten Wörterbuchs eine hervorragende Rolle.

In der Komponente (f) Datenpräsentation ist zu klären, warum die durch die Datenauswertung gewonnenen Daten in dieser oder jener Weise für die spätere lexikographische Praxis der Wörterbuchherstellung zur Verfügung zu stellen sind. Ergebnis der Ausführungen zu dieser Komponente kann u. a. ein in Wörterbuchartikelpositionen gegliedertes Formular sein, das für jedes in der Datenbasis vorkommende Lemma sämtliche durch die Auswertung gewonnenen Daten enthält. (Vgl. hierzu Hellman 1984, 361—382).

Im Grunde handelt es sich in allen geschilderten Komponenten um Datenerhebung, und zwar um eine Datenerhebung erster bis sechster Stufe, wobei der Output der jeweils vorangehenden Stufe den Input für die jeweils nachfolgende bildet.

Wie in Schaeder (1981, 109—159 und 1986) im einzelnen ausgeführt ist, kann der Rechner bei der praktischen Realisierung der Datenerhebung und Datenerfassung, Datenverarbeitung und Datenbereitstellung, Datenauswertung und Datenpräsentation gewinnbringend eingesetzt werden.

4. Quantität als lexikalisches Merkmal

Es gehört zu den Eigenschaften lexikalischer Einheiten, daß sie wiederholt vorkommen. Die Feststellung wiederholten Vorkommens bildet die unabdingbare Voraussetzung für das Identifizieren und Klassifizieren. Wiederholt kommen lexikalische Einheiten im sprachlichen System (langue) und im sprachlichen Verlauf (parole) vor.

Im sprachlichen System läßt sich wiederholtes Vorkommen z. B. von solchen sprachlichen Einheiten feststellen, die etwa als gebundene Morpheme an der Flexion und Derivation bzw. als gebundene oder freie Morpheme an der Komposition beteiligt sind.

Den sprachlichen Verlauf charakterisieren realisierte Okkurrenz und Rekurrenz der im sprachlichen System repräsentierten sprachlichen Einheiten.

Die Feststellung von Häufigkeiten eines bisherigen wiederholten Auftretens erlaubt Voraussagen über die Wahrscheinlichkeit der Häufigkeit des zukünftigen Auftretens — unter Berücksichtigung der für das Auftreten notwendig zu erfüllenden Bedingung bzw. Bedingungen.

Frequenz, Verteilung, Signifikanz, Mittelwert sind Größen, die in der Lexikographie aller Zeiten und jeder Art eine Rolle spielen. Ob einzelne lexikalische Einheiten oder Merkmale, die lexikalische Einheiten charakterisieren, häufig oder selten, eher in Texten dieser oder eher in Texten jener Art vorkommen, in bestimmter Hinsicht typisch oder untypisch sind, Standard darstellen oder von ihm abweichen, sind allemal Feststellungen quantitativer Art.

Explizit gemacht werden quantitative Feststellungen bei der Vergabe diafrequenter Markierungen (vgl. hierzu Art. 59).

Quantitative Feststellungen bzw. Einschätzungen wirken sich zudem aus auf:

a) die Auswahl der Lemmata,
b) die Verteilung der Lemmata auf die Alphabetstrecken,
c) die Auswahl und Kennzeichnung der grammatischen und diasystematischen Angaben
d) die Auswahl und Anordnung der Belege und Beispiele und
e) die Auswahl und Anordnung der Angaben zur Bedeutung.

Wie der Vergleich von Wörterbüchern offenbart, fallen Entscheidungen zu denselben sprachlichen Phänomenen oft sehr unterschiedlich aus. Diese Beobachtung führt zu dem Schluß, daß entweder die dem jeweiligen Wörterbuch zugrunde liegende Datenbasis oder aber die Intuition der jeweiligen Lexikographen verschieden geartet sein mußten. Solche Ungenauigkeiten bzw. Fehler sind nicht ohne Belang. Implizite (in Auswahl und Anordnung des lexikalischen Stoffes sich ausdrückende) und explizite (als diafrequente Angaben formulierte) quantitative Feststellungen bzw. Einschätzungen haben in Wörterbüchern eine besondere Funktion. Auf den ersten Blick scheinen sie allein einen deskriptiven Befund wiederzugeben; gleichzeitig aber werden sie — ob dies nun intendiert wird oder nicht — von den Wörterbuchbenutzern als pragmatische Informationen verstanden, die die Textrezeption und Textproduktion anleiten, sprachkritische Urteile begründen, Normen setzen.

5. Grundsätze quantitativer Datenerhebung

Die bewußte oder unbewußte Bewertung lexikalischer Elemente, ihrer Eigenschaften und Relationen im Hinblick auf deren Regelmäßigkeit oder Unregelmäßigkeit, Produktivität oder Unproduktivität, Markiertheit oder Unmarkiertheit, Gebräuchlichkeit oder Ungebräuchlichkeit geht immer von Einschätzungen oder Messungen der Häufigkeit ihres Vorkommens aus.

Die Berücksichtigung der Quantität wurde zur unabdingbaren Voraussetzung bei der Entwicklung von Blindenschrift und Stenographie, von Druckmaschinen und Tastaturen, von Grundwortschätzen und Sprachdatenverarbeitungssystemen.

Seinen auf exakten Messungen basierenden Niederschlag fand und findet die an Quantitäten ausgerichtete Lexikographie in den Indices, Registern, Konkordanzen, Häufigkeitswörterbüchern (vgl. 6.2. sowie Alekseev 1984).

Für eine Datenerhebung, d. h. die Erstellung einer lexikographischen Datenbasis, die für empirisch abgesicherte quantitative Feststellungen geeignet sein soll, sind zu bedenken: (1) Funktion einer Datenbasis, (2) Arten einer Datenbasis, (3) Stichprobencharakter einer Datenbasis, (4) Gewinnung einer Datenbasis.

5.1. Funktion einer Datenbasis

In dem Maße, in dem eine Lexikographie den Anspruch erhebt, deskriptiv zu verfahren, ist sie auf eine Datenbasis angewiesen, die bestimmten Anforderungen genügt. Dabei hängen Umfang und Auswahl der Daten vor allem von dem jeweils intendierten Wörterbuchtyp ab. Denkbar und anzustreben wären maschinell organisierte Datenbasen für die unterschiedlichen Zwecke der allgemeinen und speziellen Lexikographie.

Zwar sind im Laufe der Zeit im Zusammenhang mit den verschiedensten Wörterbuchunternehmungen Datenbasen unterschiedlicher Ausprägung entstanden; doch sie sind allermeist zu sehr auf den jeweiligen Verwendungszweck zugeschnitten, häufig nicht maschinell gespeichert und in einem Zustand, der keine andere Nutzung erlaubt als diejenige, um derentwillen sie entstanden sind. (Dokumentationen vorhandener maschinell gespeicherter Textkorpora des Deutschen bieten Schaeder 1976 und Institut für deutsche Sprache 1982, Dokumentationen vorhandener maschinenlesbarer Textkorpora des Englischen Schaeder 1979 sowie laufend die vom „Computer Archive of Modern English Texts" des Department of English der University of Oslo/Norway herausgegebene Zeitschrift ICAME-News.)

Das „Computer Archive of Modern English Texts" ist im übrigen die einzige zentrale Einrichtung, die sich der Sammlung, Pflege und Bereitstellung maschinenlesbarer Textkorpora widmet.

Eine hinreichend ausgestattete Datenbasis liefert das Material für die empirisch begründete (a) Formulierung von Hypothesen über den Objektbereich, (b) lexikographische Spracherforschung und -beschreibung, (c) Überprüfung von Hypothesen über den Objektbereich sowie von Ergebnissen der lexikographischen Spracherforschung und -beschreibung.

5.2. Arten einer Datenbasis

Es lassen sich folgende Formen einer Datenbasis unterscheiden, die für die lexikographische Praxis von Belang sind:
(1) Primäre Datenbasen
 (a) Textsammlungen (Textkorpora)
 (b) Belegsammlungen
(2) Sekundäre Datenbasen
 (a) Wörterbücher (incl. Wortlisten)
 (b) wortmonographische Darstellungen

Hervorragendes Merkmal sekundärer Datenbasen ist der Umstand, daß sie aus primären (bisweilen auch aus sekundären) Datenbasen abgeleitet sind und ihren Stoff in bereits aufbereiteter Form präsentieren.

Unter den primären Datenbasen kennzeichnen Belegsammlungen gegenüber den Textsammlungen zum einen die Begrenzung des Kontextes auf den Satzrahmen und zum anderen die eng am Bestimmungszweck orientierte sowie in statistischer Hinsicht unbegründete Auswahl der Daten. Dies schränkt ihre Aussagekraft erheblich ein.

Als die auch für lexikographische Zwecke am ehesten geeignete Datenbasis dürfen Textsammlungen bzw. Textkorpora angesehen werden. Bungarten (1979, 34) versteht unter einem Textkorpus „eine begrenzte, statistische Datenmenge in Relation zur natürlichen Sprache L_1, wobei diese Menge kontinuierlich aus Kommunikationsakten aufgezeichnete und konservierte akustische oder visuelle Sprachzeichen umfaßt und als empirische Datenbasis für operationalisierende linguistische Untersuchungen dient, die diese Datenmenge und/oder den durch sie repräsentierten Sprach- und Kommunikationsbereich beschreiben und erklären wollen".

5.3. Datenbasis als Stichprobe

Das hier zur Rede stehende Problem wird meist im Zusammenhang mit demjenigen der Repräsentativität verhandelt (vgl. hierzu im einzelnen Schaeder 1981, 70-88). Einzig bei einer auf Autorenwörterbücher zielenden Lexikographie stellt die Datenbasis (das Werk des Autors nämlich) keine Stichprobe dar. Immer dann aber, wenn sich die Grundgesamtheit aus praktischen oder theoretischen Gründen nicht exhaustiv erfassen läßt, ist Repräsentativität der Datenbasis gefragt. Die dann zu ziehende Stichprobe soll die Grundgesamtheit getreu abbilden, um auf diese Weise zu garantieren, daß Erkenntnisse, die durch Analysen der Stichprobe gewonnen werden, auch Gültigkeit für die Grundgesamtheit besitzen.

Die Forderung nach Repräsentativität eines Textkorpus zieht sich wie ein roter Faden durch die Diskussion über eine angemessene deskriptive Spracherforschung und Sprachbeschreibung.

Rieger (1979, 58) kommt nach der kritischen Durchsicht einschlägiger Arbeiten zu dem Schluß, „daß die Verwendung des Repräsentativitätsbegriffs mehr zu verdecken als zu erhellen geeignet ist". Kein Korpus kann nämlich die jeweils dokumentierte Sprache in allen ihren Vorkommens- bzw. Verwendungsweisen adäquat abbilden. So ist nach Rieger (1979, 68) „die Sprechweise von repräsentativen Stichproben bzw. Korpora nicht etwa nur deswegen ungeeignet, weil sie unbestimmt und/oder notwendig zirkulär wäre, sondern sie ist vor allem deswegen als verfehlt zu verwerfen, weil sie außerstande setzt, das im wahrscheinlichkeitstheoretischen Begründungszusammenhang statistischen Schließens und Argumentierens vorausgesetzte *Kriterium der Zufälligkeit* zu erkennen und für das Verfahren der Korpusausbildung zu fordern" (Hervorhebung im Original; B. S.)

5.4. Gewinnung einer Datenbasis

Wie eine hinreichende Datenbasis gewonnen werden kann, hängt zuallererst von dem intendierten Zweck ab. Die Datenbasis für ein frühneuhochdeutsches Wörterbuch sieht notwendig anders aus als diejenige für ein neuhochdeutsches, die Datenbasis für ein Wörterbuch des Schlesischen hat notwendig eine andere zu sein als diejenige für ein Wörterbuch der Wirtschaftssprache. Es handelt sich mithin um jeweils andere Grundgesamtheiten, aus denen die Datenbasis für die lexikographische Praxis gewonnen werden soll. Die Grundgesamtheit hat entsprechend der im Wörterbuch abzubildenden sprachlichen Varietät bzw. Varietäten u. a. eine zeitliche, eine mediale, eine regionale, eine soziale, eine funktionale Dimension, wobei je nach intendiertem Wörterbuchtyp die eine oder die andere Dimension dominant sein kann.

Um die Gesamtheit der für eine Auswahl in Frage kommenden Texte zu bestimmen, wird meistens von einer Textklassifikation ausgegangen. Danach wäre ein Textkorpus dann eine Stichprobe im statistischen Sinne, wenn alle Textklassen entsprechend ihrem nachgewiesenen Vorkommen vertreten wären. Eine solche Verfahrensweise ist aber notwendig zirkulär. Die Klassifikation, die hier der Textauswahl zugrunde gelegt wird, setzt nämlich Einsichten voraus, die letztendlich erst das Ergebnis einer Korpusanalyse sein können. So eignen sich solcherweise zustandegekommene Textkorpora allenfalls dazu, die Texttheorie zu illustrieren, der sie sich verdanken.

Erfolgversprechender erscheint ein Weg, der bei der Erstellung einer Reihe von Textkorpora schon beschritten wurde (so z. B. beim LIMAS-Korpus; vgl. Glas 1975). Die Grundgesamtheit wird als die Menge aller aus einem bestimmten Zeitraum stammenden, dokumentarisch belegten sprachlichen Zeugnisse gebildet. Soweit es sich dabei um Texte handelt, werden sie nicht nach einer vorgängig etablierten Texttheorie, d. h. einem innersprachlichen, sondern aufgrund eines außersprachlichen Kriteriums, nämlich durch ihre Zuordnung zu bestimmten Sachgebieten zu Gruppen sortiert.

Die Gewichtung der pro Sachgebiet zu ziehenden Zufallsstichprobe richtet sich zum einen nach dem festgelegten Umfang des Textkorpus, zum anderen nach der Anzahl der Texte, die in dem zu berücksichtigenden Zeitraum pro Sachgebiet produziert worden sind. Für die Stichprobe ist bei einem nicht vorweg limitierten Textkorpus von einer statistisch zu ermittelnden mittleren Textlänge auszugehen. Für ein vorweg limitiertes Textkorpus wird die Textlänge so bestimmt, daß jedes Sachgebiet durch mindestens ein Textexemplar vertreten ist. Was den Umfang eines Textkorpus betrifft, so gilt allgemein: Je größer das Korpus ist, um so zuverlässiger sind die Ergebnisse der Analyse. Bei den zunehmenden Möglichkeiten der maschinellen Texterfassung, Textspeicherung und Textverarbeitung stellen Textkorpora mit 50 Millionen laufenden Wörtern (running words bzw. tokens) kein Problem mehr dar, jedenfalls kein technisches.

Da aber mit zunehmendem Textumfang auf der einen Seite der Zuwachs an neuen lexikalischen Einheiten ständig abnimmt (vgl. hierzu Schaeder 1981, 82—88 und Alekseev 1984, 33—65), auf der anderen Seite die Beleganzahl für schon repräsentierte stetig steigt, ist in Abhängigkeit vom jeweils intendierten lexikographischen Zweck zu entscheiden, bis zu welchem Korpusumfang der zu erwartende Ertrag den für die Texterfassung, Textverarbeitung und Textauswertung notwendigen Aufwand noch lohnt.

Schließlich entsteht bei großen Belegzahlen für einzelne lexikalische Einheiten erneut das Problem der Stichprobe, d. h. wie aus der Gesamtheit der Belege eine exemplarische Auswahl für die lexikographische Spracherforschung und Sprachbeschreibung zu treffen ist.

6. Literatur (in Auswahl)

6.1. Wörterbücher

Brückner/Sauter 1986 = Rückläufige Wortliste zum heutigen Deutsch. 2 Bde. Bearbeitet von Tobias Brückner und Christian Sauter. 2. Aufl. Mannheim 1986 [1. Aufl. 1984] [1272 S.].

Charakoz 1971 = P. I. Charakoz: Častotnyj slovar' sovremennogo russkogo jazyka [Frequenzwörterbuch der russischen Gegenwartssprache]. Frunze 1971.

Erk 1972 = Heinrich Erk: Zur Lexik wissenschaftlicher Fachtexte. Verben — Frequenz und Verwendungsweise. München 1972 [254 S.].

Erk 1975 = Heinrich Erk: Zur Lexik wissenschaftlicher Fachtexte. Substantive — Frequenz und Verwendungsweise. München 1975 [373 S.].

Erk 1982 = Heinrich Erk: Zur Lexik wissenschaftlicher Fachtexte. Adjektive, Adverbien und andere Wortarten — Frequenz und Verwendungsweise. München 1982 [699 S.].

Hofland/Johansson 1982 = Knut Hofland/ Stig Johansson: Word Frequencies in British and American English. Bergen 1982 [547 S.].

Juilland/Brodin/Davidovitch 1970 = Alphonse Juilland/Dorothy Brodin/Catherine Davidovitch: Frequency Dictionary of French Words. The Hague 1970 [LXXV, 503 S.].

Juilland/Chang-Rodriguez 1964 = Alphonse Juilland/Eugenio Chang-Rodriguez: Frequency Dictionary of Spanish Words. The Hague 1964 [LXXVIII, 500 S.].

Kaeding 1897/98 = Friedrich Wilhelm Kaeding: Häufigkeitswörterbuch der deutschen Sprache. 2 Bde. Berlin 1897/98 [zus. 671 S.]

Kučera/Francis 1967 = Henry Kučera/W. Nelson Francis: Computational Analysis of Present-Day American English. Providence 1967.

Mater 1983 = Erich Mater: Rückläufiges Wörterbuch der deutschen Gegenwartssprache. 4. Aufl. Leipzig 1983 [1. Aufl. 1965] [692 S.].

Meier 1967 = Helmut Meier: Deutsche Sprachstatistik. 2. Aufl. Hildesheim 1967 [1. Aufl. 1964] [422, 150 S.].

Muthmann 1988 = Gustav Muthmann: Rückläufiges deutsches Wörterbuch. Handbuch der Wortausgänge im Deutschen mit Beachtung der Wort- und Lautstruktur. Tübingen 1988 (Reihe Germanistische Linguistik 78) [998 S.].

Ortmann 1975—1978 = Wolf Dieter Ortmann: Hochfrequente deutsche Wortformen. 4 Bde. München 1975—1978 [zus. CLVII, 1494 S.].

Rosengren 1972—1977 = Inger Rosengren: Ein Frequenzwörterbuch der deutschen Zeitungssprache. Die Welt — Süddeutsche Zeitung. 2 Bde. Lund 1972—1977 [XLI, 1318 S; XXIV, 1961 S.].

Ruoff 1981 = Arno Ruoff: Häufigkeitswörterbuch gesprochener Sprache — gesondert nach Wortarten, alphabetisch, rückläufig alphabetisch und nach Häufigkeit geordnet. Tübingen 1981 (Idiomatica 8) [517 S.].

Zasorina 1977 = Lidijo Nikolaevna Zasorina (Ed.]: Častotnyj slovar' russkogo jazyka: okolo 40 000 slov [Frequenzwörterbuch der russischen Sprache: rund 40 000 Wörter]. Moskva 1977 [934 S.].

6.2. Sonstige Literatur

Alekseev 1984 = Pavel Michailovic Alekseev: Statistische Lexikographie. Aus dem Russischen übersetzt von Werner Lehfeldt. Bochum 1984 (Quantitative Linguistics 22).

Altmann 1980 = Gabriel Altmann: Statistik für Linguisten. Bochum 1980 (Quantitative Linguistiscs 8).

Bergenholtz/Schaeder 1977 = Henning Bergenholtz/Burkhard Schaeder: Deskriptive Lexikographie. In: Zeitschrift für germanistische Linguistik 5. 1977, 2—33. [Wiederabdruck in: Ladislav Zgusta (Hrsg.): Probleme des Wörterbuchs. Darmstadt 1985, 277—319].

Bergenholtz/Schaeder 1979 = Henning Bergenholtz/Burkhard Schaeder (Hrsg.): Empirische Textwissenschaft. Aufbau und Auswertung von Text-Corpora. Königstein/Ts 1979.

Billmeier/Krallmann 1969 = Günther Billmeier/Dieter Krallmann: Bibliographie zur statistischen Linguistik. Hamburg 1969.

Bungarten 1979 = Theo Bungarten: Das Korpus als empirische Grundlage in der Linguistik und Literaturwissenschaft. In: Bergenholtz/Schaeder 1979, 28—51.

Butler 1985 = Christopher Butler: Statistics in Linguistics. Oxford. New York 1985.

Dugast 1980 = Daniel Dugast: La statistique lexicale. Genève 1980 (Travaux de linguistique quantitative 9).

Friebertshäuser 1986 = Hans Friebertshäuser (Hrsg.): Lexikographie der Dialekte. Beiträge zu Geschichte, Theorie und Praxis. Tübingen 1986 (Reihe Germanistische Linguistik 59).

Glas 1975 = Reinhold Glas: Das LIMAS-Korpus, ein Textkorpus für die deutsche Gegenwartssprache. In: Linguistische Berichte 40. 1975, 63—66.

Guiraud 1954 = Pierre Guiraud: Bibliographie critique de la statistique linguistique. Utrecht. Anvers 1954.

Guiraud 1960 = Pierre Guiraud: Problèmes et méthodes de la statistique linguistique. Paris 1960.

Guiter/Arapov 1982 = H. Guiter/M. V. Arapov (Eds.): Studies on Zipf's Law. Bochum 1982 (Quantitative Linguistics 16).

Heger 1970 = Klaus Heger: Belegbarkeit, Akzeptabilität und Häufigkeit. Zur Aufgabenstellung der Sprachwissenschaft. In: Theorie und Empirie in der Sprachforschung. Festschrift für Eberhard Zwirner. Hrsg. von K. Pilch und H. Richter. Basel 1970, 22—33

Heinzmann/Hoffmann 1975 = F. Heinzmann/L. Hoffmann: Kleines Glossar der Sprachstatistik (Deutsch-Russisch-Englisch-Französisch). In: Hoffmann 1975, 311—325.

Hellmann 1984 = Manfred W. Hellmann: Vom Text zum Wörterbuch. In: Manfred W. Hellmann (Hrsg.): Ost-West-Wortschatzvergleiche. Maschinell gestützte Untersuchungen zum Vokabular von Zeitungstexten aus der BRD und der DDR. Tübingen 1984 (Forschungsberichte des Instituts für deutsche Sprache 48), 340—435.

Herdan 1960 = Gustav Herdan: Type-Token Mathematics. A textbook of mathematical linguistics. The Hague 1960.

Herdan 1964 = Gustav Herdan: Quantitative Linguistics. London 1964.

Herdan 1966 = Gustav Herdan: The Advanced Theory of Language as Choice and Chance. Berlin. Heidelberg. New York 1966.

Hoffmann 1973 = Lothar Hoffmann (Hrsg.): Sprachstatistik. Aus dem Russischen übersetzt von einem Kollektiv unter Leitung von Lothar Hoffmann. München. Salzburg 1973.

Hoffmann 1975 = Lothar Hoffmann (Hrsg.): Fachsprachen und Sprachstatistik. Berlin 1975.

Institut für deutsche Sprache 1982 = Institut für deutsche Sprache (Hrsg.): Dokumentation Textkorpora des neueren Deutsch. Mannheim 1982.

Kipfer 1982 = Barbara Ann Kipfer: Computer Applications in Lexicography. In: Dictionaries 4. 1982, 202—237.

Köhler 1986 = Reinhard Köhler: Zur linguistischen Synergetik: Struktur und Dynamik der Lexik. Bochum 1986 (Quantitative Linguistics 31).

Muller 1972 = Charles Muller: Einführung in die Sprachstatistik. Aus dem Französischen übersetzt von Fritz Heinzmann. München 1972 (Hueber Hochschulreihe 13).

Müller 1984 = Wolfgang Müller: Zur Praxis der Bedeutungserklärung (BE) in einsprachigen deutschen Wörterbüchern und die semantische Umkehrprobe. In: Herbert Ernst Wiegand (Hrsg.): Studien zur neuhochdeutschen Lexikographie V. Hildesheim 1984, 359—461 (Germanistische Linguistik 3—4/86).

Pieper 1979 = Ursula Pieper: Über die Aussagekraft statistischer Methoden für die linguistische Stilanalyse. Tübingen 1979.

Piotrowski/Bektaev/Piotrowskaja 1985 = R. G. Piotrowski/K. B. Bektaev/A. A. Piotrowskaja: Mathematische Linguistik. Aus dem Russischen übersetzt von A. Falk. Bochum 1985 (Quantitative Linguistics 27).

Riedel/Wille 1979 = Hans Riedel/Margit Wille: Die Erarbeitung von Lexika. Grundsätze und Kriterien. Leipzig 1979 (Beiheft 91 zum Zentralblatt für Bibliothekswesen).

Rieger 1979 = Burghard Rieger: Repräsentativität. Von der Unangemessenheit eines Begriffs zur Kennzeichnung eines Problems linguistischer Korpusbildung. In: Bergenholtz/Schaeder 1979, 52—70.

Roberts 1965 = Aaron H. Roberts: A Statistical Linguistic Analysis of American English. The Hague 1965.

Schaeder 1976 = Burkhard Schaeder: Maschinenlesbare Textkorpora des Deutschen und des Englischen. In: Deutsche Sprache 4. 1976, 356—370.

Schaeder 1979 = Burkhard Schaeder: Maschinenlesbare Text-Corpora des Deutschen und des Englischen. In: Bergenholtz/Schaeder 1979, 325—336.

Schaeder 1981 = Burkhard Schaeder: Lexikographie als Praxis und Theorie. Tübingen 1981 (Reihe Germanistische Linguistik 34).

Schaeder 1986 = Burkhard Schaeder: Die Rolle des Rechners in der Lexikographie. In: Herbert Ernst Wiegand (Hrsg.): Studien zur neuhochdeutschen Lexikographie VI, 1. Hildesheim 1986, 243—277 (Germanistische Linguistik 84—86/1986).

Schaeder 1987 = Burkhard Schaeder: Germanistische Lexikographie. Tübingen 1987 (Lexicographica, Series Maior 21).

Wahrig 1973 = Gerhard Wahrig: Anleitung zur grammatisch-semantischen Beschreibung lexikalischer Einheiten. Tübingen 1973.

Wiegand 1983 = Herbert Ernst Wiegand: Ansätze zu einer allgemeinen Theorie der Lexikographie von heute und das Wörterbuch von morgen. Analysen — Probleme — Vorschläge. Berlin 1983, 92—127 (Linguistische Studien, Reihe A: Arbeitsberichte 109).

Wiegand 1984 = Herbert Ernst Wiegand: Prinzipien und Methoden historischer Lexikographie. In: Sprachgeschichte. Ein Handbuch zur Geschichte der deutschen Sprache und ihrer Erforschung. Hrsg. von Werner Besch/Oskar Reichmann/Stefan Sonderegger. Erster Halbbd. Berlin. New York 1984, 557—620.

Wiegand 1988 = Herbert Ernst Wiegand: Bibliographie zur Wörterbuchforschung von 1945 bis auf die Gegenwart. 2200 Titel. Ausgewählt aus germanistischer Perspektive. In: Herbert Ernst Wiegand (Hrsg.): Studien zur neuhochdeutschen Lexikographie VI. 2. Hildesheim 1988, 627—821 (Germanistische Linguistik 87—90/1986).

Woods/Fletcher/Hughes 1986 = Anthony Woods/Paul Fletcher/Arthur Hughes: Statistics in Language Studies. Cambridge 1986.

Zgusta 1971 = Ladislav Zgusta: Manual of Lexicography. The Hague. Paris 1971 (Janua Linguarum, Series Maior 39).

Zgusta 1989 = Ladislav Zgusta (with the assistance of D.M.T.C. Farina): Lexicography Today. An annotated bibliography of the theory of lexicography. Tübingen 1989 (Lexicographica, Series Maior 18).

Burkhard Schaeder, Siegen
(Bundesrepublik Deutschland)

173. The Computer in Lexicography

1. Prefatory Remarks and Terminology
2. Fundamental Computing Concepts
3. The Prior and Posterior Phases of Lexicography
4. The Computer and the Core Activity of Dictionary-Making
5. Lexical Databases
6. Machine and Machine-Aided Translation Lexicography
7. Dictionary Software for the Computerised Office
8. Information Science and Terminological Studies
9. Computers and the Internal Analysis of Dictionaries
10. The Electronic Information Era and Dictionaries
11. References
12. Selected Bibliography

1. Prefatory Remarks and Terminology

Although it is virtually a commonplace to state that computers play at the very least a helpful part and, increasingly, a crucial role in dictionary-making the terminology used to denote this situation is not yet stabilised; in other words, the terminology, like the concepts it refers to, is heterogeneous.

The currently most used terms in English are *computational lexicography, computerised lexicography, lexicographical computing,* and *machine lexicography.* The situation in other major languages is analogous: terms used in French are *lexicographie computationelle, lexicographie automatique,* and recently *dictionnairique:* in German *Computerlexikographie, maschinelle Lexikographie, maschinenunterstützte Lexikographie, lexikographische Datenverarbeitung, Wörterbuchinformatik;* and in Russian *vyčislitel'naja leksikografija, mašinnaja leksikografija, avtomatizirovannaja leksikografija,* and the explanatory paraphrase *obrabotka leksikografičeskikh dannykh mašinnym sposobom.* Many other coinages and definitions are struggling to establish themselves and the concept of *dictionary automation* is emerging quite strongly at present as a candidate term in English.

All of the above terms, if that is what they may be called, are open to differential interpretation, they all have connotations as well as denotations. This welter of terminology reflects different approaches to and understandings of the involvement of computers in the process of creating dictionaries. A strict terminological stance would require that *lexicography* retain its focus as a term nucleus, to be qualified by attributes such as *computational, computer-based,* or *computerised*. By analogy with the established term *computational linguistics* the term *computational lexicography* (CL) is proffered as being perhaps the most eminently suitable in analytical terms. It is, however, as well to be aware that different conceptions abound, mostly caused by differing judgments about the centrality of the computer in the lexicographical process and about the location of computational lexicography on the map of human intellectual endeavours. Presumably, lexicographical computing, although only one of many different types of computing, is "claimed" as part of computer science, whereas computational lexicography is one of two types of lexicography, dichotomously involving or not involving the use of computers but remaining an inalienable part of lexicography, and ipso facto of linguistics and the humanities at large. This line of argument is only one particular instance of what can turn out to be a revealing or — on the other hand — an unproductive debate of much wider dimensions. The grand lines of this debate can be summarised as follows: does the involvement of computers lead to new insights, to qualitatively and substantively new techniques, in fact, to a paradigm shift? What are the "before and after" pictures of the discipline like? Are the computational methods being used not just new in the domain of the application but also innovative from the point of view of computer science itself? If so, then both the donor and receptor disciplines stand to be affected in terms of their own evolution to fuller maturity (Knowles 1983; Knowles 1984).

2. Fundamental Computing Concepts

It is apposite to say something about computers themselves: since their advent in the 1940's computers have progressively revolutionised very many areas of human activity. For scholars of the natural sciences, engineering, medicine, as well as the social sciences and humanities the computer has, in varying degrees, transformed working methods. In some cases, such as meteorology, the transformation is what might literally be called cataclysmic: professional methods used prior to the deployment of computers are antediluvian compared with what they are today. There is, quite simply, no real basis of comparison. In other disciplines, particularly in linguistics and its satellite activities, the desirability of calling on computer assistance has been a more gradual process of perception and movement, and the effects have been commensurately less pervasive in their scope and inexorability. Today more and more scholars in the humanities are coming round to the conviction that they too have a definite stake in the information technology (IT) revolution; they are increasingly amenable to the idea of using computers, not just for the purposes of logistic efficiency but also in order to be less vulnerable to the dangers of subjectivity in their research findings and analyses (Hockey 1980). Humanities scholars have necessarily been affected too by the more general process of mathematicisation which has, over the last quarter of a century, exerted such a far-reaching influence on scholarly thinking about economic and sociological phenomena.

What then is the nature of this machine, the technological device called the computer, which has transformed so many areas of life? In its essentials, the computer's importance derives from two simple, easily understandable and easily feasible notions: firstly, the possibility of coding utterly diverse types of data in an electronically reliable and uniquely identifiable manner; secondly, the ability to submit such data to programs, to process it — whatever that term may mean in the actuality of many different applications and contexts — and to output "results" with a consistency and a speed which are far in excess of the capacity of the human brain aided by human motor skills. The use of the word *data* in this formulation needs to be glossed further: there is a special and crucially important type of data without which computers would be virtually emasculated — data in the form of operational instructions which are intended to be applied to "real" data, in the normal sense of that term. This feature is often referred to as the "stored program" concept: if the word *program* designates, as one of its meanings, an ordered sequence of activities, viewable as an entity, then it is clear that in computer parlance such a definition holds good as well. Computer programs, at least in their "classical" guise, are indeed ordered sequences of activities, either affirmative or interrogative statements (to use analogous linguistic terminology), which are executed according to the logical flow of the programmer's intentions. Programmers must predict, if their programs are to be useful, certain logical options which can be selected according to given criteria testable within the processing environment itself, that is, at a remove in time and space from the programmer's original conception. This is the essence of the so-called algorithmic method. In other words, the aim of those who use computers to assist them with their work is quite literally to analyse problems, to break them down into sub-problems and discrete steps so as then to be able to synthesise solutions in such a way that no further human intervention is required because the human, preferably algorithmic thought-process and problem-solving strategy has been captured and can be perpetuated at will in a computational environment. It should be noted that this general technique remains valid — and is doubly important — even when many individual program "modules" are agglomerated; such modules can easily be assigned one-word names and such names can then trigger off the execution of lengthy portions of actual program code. The general technique also remains valid when the actual data being processed go, in terms of size, of shape, and of intricacy, well beyond what human beings can retain operationally pragmatic oversight of.

At the present time an important evolution is taking place with regard to the methodology of computer programming. Although those traditional methods which have withstood the test of time, are still predominant, many efforts are under way to develop further and to enhance programming languages which have a radically different philosophy. If traditional languages such as FORTRAN, ALGOL68, PL/I or PASCAL, are characterised as "imperative" languages — because the individual program statements give orders — then languages of a more recent design, such as PROLOG can be classified as "declarative/interrogative": the essence of programming in such languages is to establish a set of entities, to assign their attributes as appropriate, to declare relationships holding between the entities, and subsequently to interrogate the resulting environment in order to elicit relationships not declared contiguously or not even declared at all, all as part of an analysis of truth-values and an enquiry into presuppositions and entailments. This is an important development, not least in computational lexicography, because it dispenses with many of the constraints and artificialities of imperative language programming vis-à-vis natural language handling in favour of intuitively more satisfying and better matched methods for heuristically formulating and solving problems. A further aspect of the always welcome evolution of computer programming techniques concerns the design of software tools and their functional appropriateness for particular types of user. There was a time when it was a reasonable assumption that anyone making use of a computer would have familiarity with standard software techniques, would even have a respectable grasp of the functional and technological details of machine architecture, and would possess programming skills of some sophistication. In other words, the computer was, by and large, accessible only by experts and aficionados who were, in their turn, made to put up with poor ergonomics, arcane software and atrocious documentation. Fortunately, such times are rapidly on the wane: there has been a major reorientation in the way software tools are designed — now a very high premium is placed on "user-friendliness" involving clear menus, pulldown windows, fail-safe procedures etc. The so-called "end-user" no longer utterly needs to know how to program in order to make highly sophisticated use of most of what the information technology revolution has to offer. Developments of this sort have crucial benefits to offer lexicographers and it is to be hoped that lexicographers will soon enjoy an embarras de richesses as far as suitable and attractive hardware and software options are concerned.

The mention of hardware is a pointer to the statement that hardware itself has undergone a process of rapid technological advance and diversification. It is still, of course, true that so-called mainframe computers are every bit as important as they always have been, even if they are in the nature of things bound to suffer from being accessible only to those with a certain amount of institutional support and personal determination. The real change has been the design and marketing of powerful machines of small physical dimensions which can be put to work on surprisingly realistic tasks against a capital outlay which is constantly decreasing. In other words, value for money gets better and better. This appears to be a trend which may well continue for the next decade at least. Hand in hand with the increasing power and sophistication of these so-called personal or desktop computers has gone a commensurate enhancement of ancillary hardware such as visual display units (VDU's) and laser printers. It is true to say that today there are virtually no problem-solutions, known to be technologically feasible, which cannot be implemented on devices of the above sort. It is indeed a tenable view that computers — be they of the maxi, midi, mini or micro variety

— have assumed a pre-eminence in technologically advanced societies which permeates those societies through and through, both predicating future prosperity and exercising a major influence as a new mass medium, not just on professional life but also on education and leisure. This facet of societal computerisation has great relevance to both the pragmatic and the cultural role of dictionaries.

3. The Prior and Posterior Phases of Lexicography

Lexicographical activity is a pursuit with a long history and similarly long traditions. Wherever in the world it is practised and whatever "mode", bilingual or monolingual, the lexicographer operates in, the mission is the same: to establish a maximally useful and authoritative repository of definitions relative to a particular stock of judiciously chosen words, augmented by authentic and appropriate linguistic facts and helpful pragmatic advice (Hartmann 1983; Hartmann 1984). However they go about their task, lexicographers must always observe the fundamental modalities of their trade: they must select, describe, and present their information. It is sometimes averred that the selection of material is "pre-lexicographical" and that its presentation is "post-lexicographical", leaving only the descriptive phase to enjoy the appellation of genuine lexicography. A distinction of this sort is nonetheless worth drawing because in this context the normal involvement of computers and even the scope for involving computers are different during the three phases — prior, central, and posterior — of dictionary elaboration.

3.1. Computer-Driven Dictionary Sub-Editing and Printing

The currently greatest degree of computer integration into lexicography is observed during the third phase, presentation, even if the dictionary product in question is conceived as a traditional hand-held volume, physically to be created by the standard methods of modern printing technology. Dictionaries are normally characterised by highly intricate demands as to typography and page make-up. In a hot-metal printing environment this phase of work, including proof-reading, is a very laborious and error-prone activity. However, it has been more or less a routine procedure for the last twenty years or more for computers to play a central part in the preparation and editing of dictionary output files and in the eventual control of typesetting devices. It should be emphasised, however, that the computer's assistance is purely on the level of logistics, operating on a basis of efficiency and rapidity which causes no intellectual excitement, merely pragmatic satisfaction.

There are no techniques underlying such operations which have not been known and used for a long time, although qualitative improvements still occur and still ought to occur, naturally enough: for instance, really suitable visual display units embodying high-resolution, bit-mapped, sectored colour screens etc. for electronic proof-reading and page make-up have not been available until relatively recently. The development of generalised mark-up languages is, it should be noted, coming to be seen as an attractive option in the electronic publication of materials such as dictionaries, given that it offers the opportunity of embedding in the dictionary text generic codes which are on a level of abstraction above the sheer practicalities of typography, exotic character-sets, and page make-up (ISO 1985). It is important to note that integrated publishing software incorporating all the above facilities is now also available for use on microcomputer installations too. It is, of course, true that lexicographers have traditionally not been directly or greatly involved in matters such as typography control or page make-up: such matters have been the professional concern of printers, in collaboration with editors. Nonetheless, the advent of "do-it-yourself" and integrated computerised publishing systems has caused many demarcational barriers to fall and in so doing has induced a much more versatile professionalism in those — such as lexicographers — whose primary expertise needs to be successfully communicated to and readily accepted by customers of one sort or another.

3.2. Lexicographical Data Capture Strategies

If the role the computer plays in the physical, post-lexicographical process of converting completed lexicographical files into commercial assets in dictionary form all but effaces the human actors — and quite rightly so! — then what type and degree of service can computers render in the pre-lexicographical phase of dictionary-making? Here the situation is different and some distinctions must be drawn. On the lowest level, i.e. the level of routine logistic assistance, it has to be admitted that data-capture methods have not progressed as rapidly as might have been expected.

Optical character recognition (OCR) devices — that is, special-purpose computers with image recognition facilities — certainly exist but they have not shown themselves to be the outright success story which was forecast for them. It is an exaggeration to say that there are not many sophisticated and versatile optical character recognition devices on the market. The problem is that in the actual process of scanning errors occur with rates that range from being a fairly minor irritant to being a major and almost counter-productive impediment. Each investigator must hence analyse, with respect to a particular aim and corpus, the pros and cons of using optical character recognition techniques. There is no doubt at all that further intensive hardware and software engineering is still necessary before such machines can be employed without risk of intolerably high error rates which then counter-productively require extensive human intervention to overcome. This is not by any means saying that optical character recognition devices have not been utilised successfully on particular projects, just that the optical character recognition approach does not yet quite commend itself as a troublefree method of data capture. Where optical character recognition is used it is inevitably the case that fairly large-scale filter software has to be written to trap scanning errors subsequently — ironically, such software is nearly always parasitically reliant on machine dictionaries! A significant factor in data capture by optical character recognition methods is the configuration and physical state of the materials potentially to be scanned: are they characterised by a high degree of typographical homogeneity, were they originally printed on good-quality paper by hot-lead or qualitatively equivalent techniques producing a sharp image and a distinct black-white contrast? The economics of data capture often dictate that greater cost-effectiveness can, even today, be obtained by the employment of keyboarding personnel, whose most sought-after skill is the ability to keyboard with a slavish accuracy which resists and defeats any proneness to hypercorrection!

It transpires then that all the comments made thus far about computer assistance in lexicography have related to the conquest of logistic constraints only. From an intellectual point of view, the observations relayed are quite unremarkable and, mutatis mutandis, could equally well refer to many, many other contexts. To these observations the only other additional comment which needs to be appended is one to the effect that methods of storing, retrieving and transmitting machine-readable data through networks large and small are both robust and totally mundane.

The prior, "pre-lexicographical" phase of dictionary-making must now be discussed in greater detail, from the point of view of substantive factors of linguistic import. Three radically different situations need to be distinguished. Firstly, there is the trivial situation of a new and enlarged edition of a dictionary.

In these circumstances the dictionary's design philosophy remains the same — the aim is merely the eradication of existing defects and the supplementation of the dictionary by appropriate new material. Even in this fairly simple situation there is scope for involving computers in the editorial process. It would be unusual, however, for computers to be drawn in ad hoc rather than as part of a longer-term strategy. A crucial question would be the availability of the existing dictionary's materials not just in machine-readable form but in an environment tailored to the needs of the editorial work to be performed by the lexicographers.

Many of the comments that could be made about this particular contingency can be made a fortiori with respect to more substantive dictionary-editing tasks. This, the second situation is more realistic: the publication of a dictionary to be compiled according to a new design but utilising pre-existing lexicographical materials assembled for a prior and different purpose.

Here the desirability of using computers is much more sharply apparent. If the dictionary text is available in machine-readable form — the usual method is to recover the "visible" text from magnetic tapes (or from other types of so-called "backing store") used to typeset the dictionary in question — then all that needs to be done, initially, is to purge the typesetting codes from the machine records so as to leave an uncluttered running text of lexicographical information. This is a necessary but, however, only a small step, insufficient in itself to justify any claim of serious computer assistance above the logistic level. The dictionary text yielded by this operation is, in terms of computational text processing, still no more than a linearised, "left-to-right" concatenation displaying some obvious points of segmentation which also double up as potential points of insertion. Electronically navigating through such a mass of material is an exceedingly laborious business, the success of which is jeopardised unless a number of facilities are available, such as high-resolution multi-character-set editing screens with purpose-built software. One strongly desirable option relates to the potential value of the typesetting codes which are, as explained above, of no intrinsic value; yet, it may be possible to capitalise on them if the codes — particularly those embedded for typography control — manifest standards of consistency, lack ambiguity, and possess some degree of convolution. In this case it is possible, by means of smart software, to redesignate or otherwise transform the original typesetting codes into generic mark-up codes by exploiting the fact that in lexicographical works change of type-style normally has the role of displaying an open juncture, a categorical segmentation point in the flow of text. Once generic mark-up codes have been assigned — some degree of human intervention is nearly always necessary, not to mention accurate proofing — the lexicographical materials are ready for entry into a database system, by means of which their full potential can be tapped and without which major success in computerising the dictionary-making process is likely to remain elusive.

The third and — at least from the epistemological point of view — most attractive contingency is the creation of a totally new dictionary ab ovo.

In this case the only approach which is viable on experimental grounds is the establishment of a suitable corpus of running text to be used as a laboratory culture for spawning lexical entries plus their definitions or translation equivalents. Corpus linguistics has emerged over the last twenty years or so as a major adjunct of lexicography; within the general scope of corpus-oriented lexicography there are obviously a number of options, the choice of which is determined by the dictionary being created (Aarts/Meijs 1985; Allén/Petöfi 1979): If the dictionary is a special-language (LSP, i. e. language for special purposes) glossary then corpus requirements of size and shape are clearly minimal, although far from trivial: the dictionary-maker can adopt — at one extreme — a judicious, but possibly eclectic procedure based on personal or corporate expertise which may be quite authoritative. Alternatively, the project in hand may be at the other, the trickier end of the spectrum — it may be to produce a major new general-purpose lexicographical opus, replete with an extensive battery of style labels and subject markers, for instance. In this case, the generating corpus must be stratified in such a way as to avoid the pitfalls of statistical inadequacy or other types of bias. Studies of word frequencies have yielded reliable insights about text lengths and mixes which lexicographers ignore at their peril (Booth 1967; Borsdorf 1975; Butler 1985; Epstein 1953; Herdan 1966; Leavitt 1977; Maas 1972). This, however, does not remove from the lexicographer's shoulders the onus of making sensible analytical and pragmatic judgments. In the implementation of a corpus-oriented approach to lexicography the computer is quite literally an indispensable tool, the only technological artefact capable of capturing, storing, arraying, and displaying textual files which may — and should — run to millions of words. It is equally obvious that word-frequency studies are not — despite some illustrious counter-examples (Kaeding 1897/98; Meier 1967) — truly feasible without the aid of computers. Optical character recognition devices, subject to the reservations mentioned above, can play a helpful part in establishing a corpus of textual materials, provided that the copyright holders of the materials have sanctioned their transformation into machine-readable form. Recourse may also be had, with appropriate authorisation and technical assistance, to typesetting data-carriers. This time the typesetting codes can largely be discarded as bearing next to no structural information useful for lexicographical purposes.

3.3. Computer-Assisted Text Segmentation

Once a corpus is established, the immediate experimental aim is to generate concordances from the running text. This can be achieved by the use of standard packaged software which permits the display of results in a number of different styles, such as "keyword in context" (KWIC), and also facilitates a set of other linguistic analyses, such as word-frequency tabulations etc. Nonetheless, it is vitally important to dwell on the unit of analysis in such investigations. The immediate assumption is that the unit of analysis is something called a "word", yet this concept has to be defined operationally in an unambiguous way. It is true that one utilitarian but not quite adequate definition of the word has proven universally popular, probably for reasons of sheer simplicity: a *word* is an uninterrupted string of alphabetic characters bounded at either end by spaces or punctuation marks; it is, to put it differently, the standard orthographic word. Accepting such a definition can be guaranteed to produce a vast quantity of concordance output which is undoubtedly useful — after all, each headword is accompanied by its context which is normally taken to be the span of one complete sentence. *Sentence,* too, requires a computational definition and the usual definitions adopted cause the total accuracy required to remain elusive. In the case of the word, however, it is clear that there are some profound problems which computers cannot simplistically solve per se — they need to have assigned to them a proper operational definition which leaves the experimenter with minimal subsequent regrets (Juilland/ Roceric 1972; Krámský 1969). This is not to say that the experimenter only has one crack of the whip — far from it! Many of these difficulties stem from and are particular to the language being subjected to lexicographical analysis — some of the difficulties are more general.

Are, for instance, the hyphen (the so-called "hard hyphen", not the word-breaking "soft" hyphen) and the apostrophe part of the set of alphabetic characters in *English, French* or *German?* How is the hyphen to be distinguished automatically from the dash? Is the oblique in the set as well? Are numbers part of the set too in cases such as "12-hourly", "18-jährig"? What should be done automatically to "merge" occurrences of the same word, where one occurrence is in lower-case letters, one in upper case and another has its first symbol in upper case, not because it is a proper name, but merely because it is in sentence-initial position? The answers to such seemingly small questions have an enormous effect on the display of the intermediate results which form the "input" to the central activity of lexicographical analysis. Should the corpus material be edited to induce a type of standardisation which might in the end help or hinder? The only valid answers to such conundra are those reached, after mature reflection, by experimenters who are fully aware of what their exact purposes are.

A further factor which is of major importance — but with differential applicability depending on the language involved — is normalisation or lemmatisation, the process of reducing the running-text forms to their lemmata, canonical forms, citation forms, or quite simply their dictionary-lookup forms.

Over the years vast efforts have been devoted by computational linguists to the search for automated solutions to this problem, made so intractable by the vagaries of various natural languages. There are some computer software modules which are capable of achieving a very high rate of accuracy (97%, say) for several languages (Eggers/ Luckhardt/Maas et al. 1980; Kelly/Stone 1975; Piotrovskaja 1977; Sågvall 1973). The computational effort required is high, however, and doing the job in a totally streamlined algorithmic way is not even possible for languages with only a residual set of grammemes. In tandem with the algorithm there must be a "black list" containing entries which are idiosyncratic from the point of view of lemmatisation. Present-day developments in computer technology adumbrate the prospect of easier lemmatisation by the iconic method of lookup in a so-called full-form dictionary. Even then there are problems which can be solved only by environmental analysis, either microparsing or full-sentence parsing. In English a word such as *meeting* cannot be successfully mapped onto *meeting* or *to meet* unless some sort of semanto-syntactic analysis takes place. Accurate lemmatisation, including homograph disambiguation, is a major boon to lexicographers because it permits the contiguous listing, under a unique lemma, of all form-variants which might otherwise be diffused and remain without linkage in the concordance. As full parsing methods become more standardised for various languages lexicographers will be able to derive further benefits from the ability to concord on lemmata plus *tags* representing part-of-speech allegiance or syntactic function: this could play an important part in developing optimal lexicographical descriptions of systems such as valency or selectional restriction (Winograd 1983).

Although the simplistic definition of the word as an orthographic entity certainly allows the computer to net a very large quantity of genuine material for lexicographical treatment, those cases where it fails to do so are instructive (Schmitz 1983). There are two basic types of failure. The first type of failure is occasioned by the very obvious and intractable fact that the orthographic systems and associated conventions of the world's languages do not achieve a designation of orthographic words that is 100% orthogonal with what might be called "cognitive units".

A cognitive unit is a chunk of text which retains an entity of meaning outside text and is memorisable as such in the mental lexicon. Of course, the vast majority of single orthographic words are, in canonical form, cognitive units. However, cognitive units also manifest themselves as holistic entities which consist of more than one orthographic word and which operate in a literally atomic fashion. English "words" such as *fire engine, safety net, fifth column, air screw, foreign exchange, cold chisel, Turkish delight, Jack Russell, cost of living, well off, (to be at) cross purposes, (to have a) close shave* are all examples of this phenomenon (Ginzburg/Khidekel/Knyazeva et al. 1979). The artefact or abstract concept designated is felt to be a unit semantically impervious to division, unless it be for metalinguistic purposes. Semitic languages, such as Arabic (Beeston 1970) and Hebrew (Levi 1976), have important systems known respectively as *iDaafa* and *smichut* (known as *annexion* in English), which link up two independent lexical units into a two-word group (even bigger groups may be formed in the same way) possessing a synthesis and fusion of meaning not readily or not at all deducible from the erstwhile component parts. Such phenomena are not merely text-bound, the real process taking place is lexicalisation and these items hence come directly within the purview of lexicographers. Examples would be: Arabic: *ra's maal (head of money → capital); Haamil šahaada (bearer of degree/diploma → graduate/licentiate); ilmu l-insaan (study of man → anthropology); alamu l-aᶜSaab (pain of nerves → neuralgia);* and Hebrew: *lul tinokot (coop of infants → playpen); švitat he'ata (strike of slowing down → go-slow/work-to-rule* (German: *Bummelstreik)); kartis nesiya (ticket (for travel)* (German: *Fahrkarte) → (passenger) ticket)); nekudat si (point of summit → climax); Halom bala-Hot (dream of terrors → nightmare* (German: *Alptraum))*. English is, from a computational point of view, badly affected by this general problem, notably in the area of technical terminology, where formulations such as *air conditioner engine regulator intake* or *flap roller and guide rail assembly* abound. The decreasing use of the hyphen in present-day English just adds to the problem.

Designing computer software for the automatic identification of such multi-word units designating unitary, fully lexicalised concepts is a subtle and intricate business, involving statistically-driven environmental analyses of single-word lexical items known to act as pivots or formatives, whilst guarding against the extraction of pseudo-units which are merely in a state of volatile juxtaposition. In many languages juxtapositions of units which are not volatile show a tendency to blend over the course of time, initially by hyphenation, later — possibly — by fusion, thereby achieving normality as orthographic words. It must remain a matter of tactical judgment as to whether the design of sophisticated software — or the modification of existing programming tools — for capturing system-marginal but, from the point of view of lexicography, highly significant material is a paying proposition, given that the aim of such software is merely likely to be to prompt lexicographers via concordance listings. Such software is, it can be contended, nonetheless needed for other purposes within the general ambit of computerised text processing.

The converse of the multi-word unit problem is the compound word problem, which occurs when languages of a particular typological thrust batch up two or more orthographic words into a single large but traditional orthographic word. If the resulting fusion is not volatile then it has lexicographical significance and enters the dictionary's inventory; if it is volatile then its orthographical word status is spurious and it should not be included in the dictionary — after all, such formations, devoid of any proper lexicographical significance, run the risk of overcrowding the inventory of headwords. Much depends, of course, on the degree of transparency (or opacity) in the particular formation: the more transparent the formation, the easier is the operational solution of referring to entries — both in the intermediate concordance used by the lexicographer and in the final dictionary belonging to the general public — under their component parts.

German is a language sometimes considered notorious from the point of view of compound words, as for instance in cases such as: *Erdölverarbeitungswerk (crude oil processing plant); Futtermittelherstellungsunternehmen (foodstuff manufacturing company); Lebensmitteleinzelhandelspreise (retail grocery prices); UKW-Überreichweitenfernsehrichtfunkverbindung (VHF long-range directional TV link)*. Computer methods exist for helping to decompose such lexical mammoths in an intelligent fashion but it is not always easy for the lexicographer to orient his work successfully according to the resultant fragments (Dawson 1974; Jones/Bell 1986; Jungclaussen 1981).

A much trickier situation, in the segmentation of text by computer, arises when the orthographic traditions of languages determine the use and appearance in text of orthographic words which are fusions of sentence constituents determined by textual dynamics.

This is not a case, as it was above, of lexical syntagmatics of one sort or another, based on semantic motivation, but an outright manifestation of syntax. Whether the instantiation is easy as in German *zum,* French *du* or more problematic, like Hungarian *szobátokban (in your room)*, or downright horrendous as in Turkish *gelemiyebilirim (I may be unable to come), gidecekmişsiniz (you are the one who is supposed to be going)*, the fundamental question arises as to the rights or wrongs of „lemmatising" such textual units by fission and assignment to two or more headwords in the concordance and to two or more elements in frequency tables (Lewis 1967; Swift 1963).

Much depends on linguistic sensibilities in such cases, but if intellectual consistency is uppermost then the operational decisions taken may be viewed by others as to some degree iconoclastic! The lexicographer's general problem, at the prior, prelexicographical stage, is to "freeze" all the actual, non-syntactic meanings of lexemes in their textual environment and make them amenable to lexicographical description. The lexicographer must extract static, lexicocentric lexicographical truths from a dynamic, textocentric environment so largely influenced by the writer's perspective of the moment.

One application at the pre-lexicographical stage, for which the computer is eminently, almost ideally suited, is that of collocational studies, the search for and research into those semanto-syntagmatic relationships between lexemes which give rise to co-occurrence (Agricola 1962; Benson/Benson/Ilson 1986; Denisov/Morkovkin 1983; Dzierżanowska/Kozłowska 1988). Computers can easily be programmed to investigate those juxtapositions — immediate or at a slight remove within a sentence span — which are statistically significant (Jones/Sinclair 1974). The greater the significance, the less doubts plague the lexicographer's judgment about whether to include collocational material in a normal dictionary article. Much more important, however, is the fact that computers provide the only feasible basis on which to construct dictionaries of collocations, required most of all by language learners anxious to establish good collocational control and a concomitant adherence to recommended stylistic canons of language use.

It is possible to summarise thus the role the computer plays during both the pre- and post-lexicographical phases of dictionary-making: the computer offers the lexicographer very welcome assistance, not just in formatting and printing a finished dictionary product, but also in areas such as data capture, storage, sanitisation, and retrieval, plus data manipulation in the sense of these transformations — some of these transformations can be performed automatically, others require the lexicographer's intervention. For the more demanding tasks the computer requires sophisticated and robust software which must be engineered by computational linguists in consort with general systems analysts and designers. It emerges too that computers can reveal to the lexicographer unsuspected relationships and prompt him to new strategies. It must nonetheless be conceded that a considerable amount of human endeavour still needs to be invested before the moment can arrive when it is possible to leave the business of accurate text segmentation to computers and obviate a volume of pre-, inter- or post-editing which is still too high for comfort. What is needed is computer software which is capable, by resorting to suitably configured dictionaries and algorithms, general and language-specific, firstly of calculating the differential bonding strengths of word spaces, secondly of determining the morpheme transition points of compound words, finally of isolating — presumably by longest-match references to special dictionary modules — and sanitising fixed phrases, idioms and other phenomena such as lexicographically significant discontinuities in text, discourse markers, and sentences which function as lexeme-equivalents.

4. The Computer and the Core Activity of Dictionary-Making

On the threshold of the central, qua lexicographical, phase proper the lexicographer can be expected to have a list of potential headwords, an extensive set of concordances and ancillary tables relating to the lexical stock he intends to treat. One counter-intuitive case may occur here: most linguists would agree that frequency dictionaries are a useful adjunct to the study of both lexis and text. It so happens that the creation of the main body of a frequency dictionary, that is, the listing, is 100 % automatable in its simplest form. No lexicographical treatment proper is needed — the form of the listing is self-descriptive. Depending on the organisation and structural richness of the input text — is it tagged, for instance? — more sophisticated listings can also be prepared automatically by computer. The lexicographer's role may seem residual but it is nonetheless important: to offer an interpretation of the significance of the actual findings. They are, naturally, a matter for comment by lexicologists, terminologists, information scientists, computer scientists involved in natural language applications, and experts in text linguistics, statistical linguistics, and pedagogical sciences as well. With this exception the central phase of dictionary-making, lexicography proper, is the stage of the proceedings when the genuine talents of the lexicographer have their prime opportunity to display themselves. The lexicographer's task is to progress through a headword list, creating suitable definitions for the various entries: in so doing the lexicographer must have a total awareness of editorial policy, total mastery of the lexicographical tools of the trade for definition, and — if possible — total recall of entries already dispatched. The lexicographer must be able to recognise instantly the danger of setting precedents which stand to compromise previous work or to subtly alter the thrust of future work. Faced with the prospect of creating a traditional dictionary, the lexicographer has to make some pragmatic judgments on the basis of the dictionary's intended designation and clientele. He must adopt an instructional style — for dictionaries are instructional texts, however often they are blandly referred to as works of reference — appropriate to the circumstances. The lexicographer must master the logistic problem of maintaining oversight of the dictionary material and of constantly setting up linkages and cross-references. The computer can remove or at least ease many of these logistic burdens which may inhibit or seriously interfere with the core process of dictionary-making: creating definitions and maintaining consistency. Only a computer can provide the immediate access to the headword list, to the bank of citations, to the networks already established, such as headwords used on the right-hand side. The computer can issue prompts and offer so-called "default" suggestions for right-hand-side templates, differentiated according to categories. The computer can carry out analyses of definition statements, reporting back on features which deviate from some reasonably elastic norm, such as length of definition, syllable-per-word value, unusual syntactic construction or failed parse. Failure to adhere to standard formulaic segments can be trapped, such as *a person who ...* instead of *one who ...* If the lexicographical computing system possesses a finely enough structured thesaurus then certain types of inconsistency can be detected, such as an attempt to define *otter* as *a member of the cat family*. Failure to fill the various subfields of a right-hand-side record structure — such as leaving a valency slot empty — can easily be signalled. The computer can help the lexicographer to keep tabs on semantic ordering: does the verb *to explode* give rise, so to speak, to the definition of the noun *explosion,* for instance, or is it vice versa? What the computer cannot yet do is to engage in the type of associative, analogical ratiocination, based on world knowledge, which leads to a definition of exemplary brevity yet pregnancy, succinctness yet fullness, accuracy yet vividity. The computer's vital role is to ply the lexicographer with information either requested by him or needed by him: the way in which this is done is sometimes straightforward, sometimes circuitous.

The lexicographer must still choose his type of definition, although there is a natural tendency to eschew, if possible, all types of definition except intensional definition. At all events, reportive and stipulative definitions are out of court. Synonym definition is also undesirable, given that in such cases the definiens remains on the same level of abstraction as the definiendum; moreover, confusion is likely to result by virtue of only partially overlapping semantic fields and of varying connotative meanings. Ostensive definition is admissible, obviously, in illustrated dictionaries without a right-hand-side text but the act of definition is certainly implicit even though not textual; this technique is not amenable for abstractions and it is only just acceptable, in static illustrations, for concepts which are inherently dynamic — this, of course, includes most verbs and the vast majority of their nominalisations. Modern computers can offer help here through the facility of good line drawings, animated graphics, and motion pictures — considerable commercial efforts in the marketing of such novel dictionaries, predominantly for children, can be expected over the next few years. The lexicographer is, nonetheless, left with two appropriate defining techniques for monolingual dictionaries: intensional and extensional.

Pride of place is given to intensional definition, per genus et differentiam, in which a term is first taxonomically identified with a family and then distinguished from other members of that family by the enumeration of all systematic, non-accidental differences. This is a defining technique which lends itself well to computer implementation in symbolic form because of the classical syllogistic formulae which underlie it. It may be an attractive option, in a special type of environment known as a lexical database (LDB), to append to each intensional definition a formal code indicating the precise method and arguments used: this is common practice, mutatis mutandis, in logical, philosophical and mathematical treatises incorporating axiomatic proofs. It would certainly allow speedy analysis of definition "type and token" counts. Extensional definition is acceptable in many circumstances: it may be more succinct, it may be more productive to enumerate, even only partially, set or family members rather than listing their intrinsic characteristics. Computers could, of course, assist by providing, for consideration by the lexicographer, access to files containing appropriate enumerated sets.

How different are the problems confronting the lexicographer engaged in the task of creating a bilingual dictionary? The pre-lexicographical problem has an added dimension if the project is corpus-based because, after a master list of headwords has been established in the source language (SL) on the left-hand side, a concordance must be generated of the translation equivalences of all the source-language words. The master list itself may need to be expanded, as a matter of editorial policy, to include, say, Russian or German feminine agent nouns corresponding to masculine agent nouns in English having no overt feminine counterparts. The computer could offer some assistance with this. The "definition" method used in bilingual dictionaries is, of course, definition by interlingual synonymy between the source language and the target language (TL). This fact of language adds an extra load of casework where transfer from left-hand side to the key right-hand-side field is not a one-to-one mapping. The incidence of one-to-many mappings is very high in bilingual lexicography and many-to-one mappings also occur in great numbers, although such mappings are obscured by diffusion across the normal left-hand-side listing structure; they also tend to be stifled by the unidirectionality principle still operative in bilingual lexicography. Only a well-designed lexical database can keep proper track of these linkages: the design has to be robust because of the necessity of incorporating, without stress and strain, material such as fixed phrases and sentence-equivalent idioms; multiple access on the left-hand side is, moreover, a normal requirement. What is more, strict control has to be established — easily done by computer — over the presentation of right-hand-side collocators, semantic field contrasts, style and register labels, valency oppositions, even derivational patterns. If this sounds daunting, even in a lexical database environment, morale may be kept high by the tantalising prospect that via such a lexical database it may be possible to structure the linguistic data of two (the hesitation to say more than two is mere prudence!) languages and configure the database management system in such a way as to remove the unidirectionality of the dictionary, in other words, to make the dictionary bi-directional. The consulter of the lexical database would, at the moment of launching a query, operate a software toggle to designate source and target language. There are no actual completed examples of such a system extant yet but initial studies designed to test the assumption of feasibility are under way. In the machine translation context ideas about "reversible" dictionaries of this sort are more naturally feasible. Success depends entirely — here, as elsewhere — on an ability to define entities, declare attributes, and establish all the pertinent relationships (Howe 1983).

5. Lexical Databases

The full potential of what the computer can do for the lexicographer comes to light only when the computer drives a lexical database system. A lexical database, as a concept, is a straightforward application to lexical data of the general database method used so widely, successfully, and routinely in areas such as commerce, finance, librarianship etc., in fact, in simply any area of taxonomic analysis and logistic organisation which requires highly structured data to be reliably stored, classified, manipulated, and retrieved in arbitrarily systematic ways depending on various clustering and sorting methods. Choosing the precise and appropriate data-structures is naturally the responsibility of the application's developers. Once that is done, the developer must place his reliance on the facilities provided in the form of the database management system (DBMS). Just what these facilities are depends on the particular system and time devoted by potential users of off-the-shelf database management systems to investigating the power and amenities of various systems is invariably well spent. Lexical databases are being implemented in growing numbers throughout the world; an example of good thinking and practice is the LEDA system being perfected by the Institut für deutsche Sprache (IdS) in Mannheim, FRG (Brückner 1982; Teubert/Wothke 1986).

This lexical database relies on a tripartite structure which reflects the prior, pre-lexicographical activity of data capture via a text bank, currently containing over 10 million running words of text, to which a powerful software engine is attached, the purpose of which is to maintain a set of word registers designed to deliver to the lexicographer appropriate and exhaustive information in response to direct and indirect — by "wild cards" — requests. The software facilities include "keyword in context" listings and an ingenious method of phantom lemmatisation for matching, on retrieval, the running text forms of words with a search word expressed as a canonical form. The text bank feeds into the dictionary bank which is designed to accommodate various retrieval strategies such as taxonomy, collocations, valency patterns, sublanguage items, synonyms etc. For the lexicographer the text bank and the dictionary bank are inputs which prime his intellectual analyses and inspire him to produce dictionary entries destined to be output to a results bank, where they remain iteratively available for further enhancement in the light of accumulated personal and corporate experience, possibly prompted by work on other, unrelated entries or by systemic analyses of the clustered entries that represent particular onomasiological fields of discourse. It hardly needs to be mentioned that the results bank is where asymmetries and circularities are destined to be filtered out.

Arguably the most ambitious venture in the world in the field of computational lexicography is the New Oxford English Dictionary (NOED) project, not least because the resulting product — based on a computer-driven systematisation and augmentation of the entire Oxford English Dictionary (OED) — is intended to serve the general public direct (Benbow/Weiner 1986; Weiner 1986).

This mission statement resolves quite unequivocally a dilemma that has often caused general puzzlement: if lexicographers use sophisticated lexical databases for their in-house task of producing magnificently replete, efficient and effective hand-held dictionaries, then in what manner and by what degree does the in-house sophistication need to be diluted in order to transform the lexical database development environment into a lexical database consultation environment, to be welcomed enthusiastically and used profitably by a general population of "lay" consulters of dictionaries? Choosing, as the NOED team have done, a high common denominator — elicited from a questionnaire survey — they have accepted, and have proclaimed their acceptance of a responsibility for making available to that general public software modules for user education and skills training. It is important to realise that this is not just a question of disseminating a machine-readable dictionary (MRD) but of offering a completely structured dictionary text along with a powerful and multi-purpose "navigation" facility, plus an invitation to explore, via a new medium, the world of words and to derive pleasure and benefit, both professional and private, from doing so (Amsler 1984).

Confronted with all these possibilities modern computer-oriented lexicographers face a major, "once only" decision on a managerial plane: whether to confine the publishing horizon to the actual project in hand, or whether to establish a computerised resource which is capable, without prejudice, of bringing to the fruition of publication not just the particular dictionary which may have served as the catalyst for computerisation but also a whole series of future dictionaries, perhaps dimly perceived but certainly to be characterised by a number of different designations and profiles. Common sense — and, hopefully, economic considerations too — would dictate the latter option: it is certainly one which has been espoused by several major dictionary publishers. What is involved is creating a generalised, maximally "hospitable" design for the record structures which are destined to hold the lexicographical information on a permanent basis. Lexicographers must try to foresee every contingency as they set up their own lexical databases. Some contrasts are in order: a printed dictionary, although it may well contain exceedingly full, intricate and valuable information, is a rigid structure that offers precious few options to the inquisitive user. Depending on the way in which the dictionary is organised the user has only one efficient method of accessing the information in the dictionary. If the dictionary is, as normal, arranged on an alphabetical basis then it is highly inefficient and often counter-productive for the user to want to access items by similarity of etymology, or — a fortiori — by the identity of the definitional technique used for them.

The printed dictionary's left-hand side is the only systematic "open sesame", yet the right-hand side may consist of twenty or thirty fields which it may be profitable for the user to access directly and purposively. The users of dictionaries can operate in two fundamentally distinct modes and the computer must try to cater even-handedly for each: the single, quick, "in and out" consultation; and the paradigmatic search, which may degenerate into a browse in the case of the printed dictionary.

Alphabetic ordering is an efficient and convenient access method but it is only a heuristic, not an intelligent access method. It is adequate for the normal type of single consultation, but for paradigmatic searching it succeeds only — and not always at that — on the level of the external form which dictates the contiguity of entries. A lexical database, on the other hand, overcomes such difficulties in a natural manner. It avoids the traditional dictionary's single most damaging constraint, the presence of only one listing structure — and therefore retrieval strategy — by permitting any of the fields in an entry's record to act as the retrieval key on a single consultation or as a combined sort and retrieval key on a paradigmatic search. Changing the key at each successive juncture permits the "total browse", of course. Combining sort and retrieval keys according to the well established laws of Boolean algebra puts in the hands of the consulter of a lexical database an extremely powerful mechanism of surgical precision and opens up all the information resident in the lexical database, information which remains topographically inaccessible in a traditional hand-held dictionary. A lexical database facilitates the rapid grouping of disparate items in a way that does not require excessive patience, time or stamina on the part of the user. The display of the information retrieved may be volatile or "soft copy" on a visual display unit screen or may be — preferably after having been vetted — dispatched to a suitable printer for hard-copy output. The potential for creating "spin-off" dictionaries from lexical databases is also obvious.

What are current insights with respect to the functions a lexical database ought to be able to perform and to the service it ought to provide? (Wiegand 1986) Pending surveys of the opinions to be volunteered by members of the general public after the inception of a public domain lexical database service, the running in this field is, at the moment, exclusively determined by computer-oriented lexicographers. Any public domain material being offered at the present time is likely, unfortunately, to amount to no more than machine-readable dictionary text with low-level access facilities: the inadequacies, from the user's point of view, of the original, "soft" hand-held dictionaries, from which the machine-readable versions have been derived, are likely to be perpetuated and proclaimed as epoch-making. It is therefore up to lexicographers, spurred on by an inexorably changing professional environment, to come forward with articulate ideas about what they need in the lexical database business. Subsequently, views will need to be taken, presumably, about how to pare down the lexical database environment required by professional lexicographers to suitable dimensions and a level of versatility that is adequate for the purposes of the general public.

For the moment, then, the elaborators of lexical databases have a free hand to suggest what lexical database facilities they need for their strictly professional use. At the highest level of organisation, proposals have been made for multifunctional lexical databases, capable of serving the needs not only of people with widely varying profiles and purposes but also computer programs of considerable diversification (Jacobsen 1988; Luk'janova 1980; Madsen 1986). Lexical database designers are urged to take care to avoid biasing and therefore compromising lexical database design by paying undue attention to the needs of particular task modules rather than catering for the whole broad spectrum of capabilities. Much effort has gone into analysing the ways in which information which is only implicit in the machine-readable versions of traditional dictionaries can be made completely explicit by intricate structuring and electronic mark-up techniques. Such endeavours also reveal important lacunae in dictionary data which it is important to remedy. The process of merging several machine-readable dictionaries into a conglomerate repository of structured lexical information is a further problem which urgently requires solutions (Hess/Brustkern/Lenders 1983); the difficulties confronting this justifiable aspiration to merge machine-readable dictionaries apply with particular force to the task of those intent on welding and melding the two halves of a bilingual dictionary into a unified structure, simultaneously levelling out any informational tilt between the two sides of the dictionary. Even more horrendously difficult is the elaboration of appropriate bilingual transfer interfaces between two exclusively monolingual lexical databases representing different languages.

The actual size and shape of the record structures envisaged for advanced lexical databases have not yet been harmonised but there is a ready working consensus about desiderata in the areas of morphology, syntax, semantics, pragmatics, contextual features, encyclopaedic information, and taxonomical options. An indicative list of retrieval possibilities is given in Figure 173.1: this listing is ordered alphabetically and with minimal sys-

affix(es) — alphabetic collation sequence — analogical "proportion statement(s)" — antonym(s) — any string match (with "wild cards") — argument structure — "associatives" — Braille pattern — case-frame — citation(s) — co-member(s) of defined lexical set — co-ordinate(s) — collocations: fixed and variable — crossword clues — date of borrowing — date of coinage — degree of polysemy — degree of transparency / opacity — derivational ancestor(s) — derivational successor(s) — descriptor status — dialectal features — discourse marker(s) — distinctive features (DF's) — encyclopaedic clue(s) — etymology — example(s) — extrinsic characteristics — foreign language equivalence(s) — frequency profile — fuzzy set metrics — homograph(s) — homonym(s) — hyperonym(s) — hyphenation points — hyponym(s) — ideogram (for Chinese / Japanese etc.) — idiomaticity marker(s) — illocutionary characteristics — illustration: animated graphics — illustration: line drawing(s) — illustration: movie clip(s) — illustration: photographic image(s) — infix(es) — intrinsic characteristics — lemma name — length — lexical functions à la Mel'čuk — light pen on screen (including block capture and batch display) — misspelling(s) — morphemic constitution — morphophonemic alternation pattern — multi-word unit status — occurrence in by-word(s) — occurrence in proverb(s) — occurrence in quotation(s) — ontological classifiers — orthoepic information — paradigm number (including irregular and defective paradigms) — paronym(s) — part of speech code(s) — permissible spelling variant(s) — phonological form — pragmatic marker(s) — pronunciation via hi-fi audio input — psycholinguistic standardised word association pattern(s) — reverse-alphabetic collation sequence — rhyme(s) — selectional restriction(s) — semantic asymmetry or gapping in family of derivatives from simplex — semantic field — semantic primitives — sense indicator(s) — shorthand contour in various systems — sociolectal features — source(s) — statistical behaviour — stem — stress marking(s) — style marker(s) — subcategorisation — sublanguage keyword(s) — sublanguage tag(s) — suffix(es) — syllabification — synonym(s) — synthesised speech code (either entered directly, or corroborated by hi-fi audio output) — type of definition — type of semantic relationship in multi-word units — usage marker(s) — valency pattern — vocalisation (for Semitic languages)

Fig. 173.1: Selected retrieval options in lexical databases

tematisation — there is no self-exclusive delimitation of the potential search strategies or keys enumerated. It should, moreover, be realised that the formulation of composite search profiles in retrieval systems is also possible, is indeed the norm.

One significant topic in the debate about lexical databases is the question of their ergonomic design, in both hardware and software terms. Some of these ergonomic considerations, such as multi-user multi-tasking aspects, are primary concern of information technologists. A shared concern of both lexicographers and information technologists is research and development into and the production of the so-called "lexicographer's workstation", a device constructed in such a fashion that no important task which lexicographers need to carry out is compromised by failings of either hardware or software: this means that the lexicographer must have state-of-the-art technology such as screens and keyboards which are completely programmable for arbitrary character-sets, full windowing software, multi-screen options etc.; in a word, the full functionality of the lexical database itself must be representable on the screen and keyboard in a totally natural fashion. The workstations themselves must, in their turn, have the same sort of total interface with their attendant laser printers, microfiche recorders etc.

One ergonomically vital systems requirement is the availability of software which permits uninhibited searching; the zooming method appears to commend itself both for browsing and for single-shot interrogation. The process of consultation would proceed via a set of appropriate icons, each one opening up more detailed or specific information but also allowing easy transfer upwards or sideways. Designing a successful software engine to drive this function is arguably the single most important step along the road which leads to the situation where lexicographers use lexical databases as second nature. It hardly needs to be mentioned that all those features which distinguish excellent database management systems must also be present: data integrity and backup, user authorisation, transaction monitoring, failsafe regimes and recovery procedures, customised logon and initialisation options, appropriate help levels, macro definition facilities, professional-level editors and accompanying utilities, plus — in this very special context — a transparent host programming language, for background work, incorporating a powerful pattern matcher applicable to any of the data attributes in the system.

At the present time there are no off-the-shelf proprietary database management systems which are totally suitable for lexicographical work. Lexicographers can solve the resulting dilemma either by commissioning a database management system to their own design, or they may choose to operate within the hopefully minimal constraints of a proprietary system, in the way that the New Oxford English Dictionary team has opted to work with the IBM-sponsored SQL database management system (Date 1986). The latter choice leads to quicker interim results, whereas the former alternative should lead, after extensive consultations and experimentation, to the "ideal" specification for a database management system dedicated to lexicographical applications.

6. Machine and Machine-Aided Translation Lexicography

Just as the world of dictionaries, either traditional or computer-based, is characterised by the fundamental dichotomy of monolingual versus bilingual, so is the universe of computer-based dictionaries distinguished by a further binary division: dictionaries for people as against dictionaries for programs. In the terrain of computer-based dictionaries this latter type of dictionary still possesses a sort of seniority, yet modern developments — and very rapid ones at that — are already indicating that the best way forward, from everyone's point of view, is for the experts to develop multifunctional machine dictionaries wherever possible and sensible, thereby encouraging the growth of a symbiotic relationship between these two, currently rather distinct constructs. The successful creation of dictionaries for programs obviously calls for a special and distinct type of lexicography which it is not altogether inappropriate to call "introverted". The dictionaries which have come into existence in this sphere of activity have hitherto been generally invisible and very much in the domain of secretive and sensitive research conducted either by national — and occasionally, international — agencies or by public companies engaged in developing products based on trade secrets and likely to show a good return of profit. There have admittedly been information exchanges of sorts between the designers and users of various systems but, by and large, the lexicographical labours expended and lexicographical expertise accumulated have not captured attention until relatively recently, mostly because the general opinion about such introverted dictionaries has been that they are uninteresting and quite unremarkable artefacts. This rather curious opinion owes its origins to the context in which most such machine dictionaries have been deployed: machine translation (MT) and machine-aided translation (MAT).

Machine translation was the second — after cryptography — noteworthy application of computers in the non-numeric area, "symbol-crunching" rather than "number-crunching". The machine translation story goes back to the 1940's and has been in and out of the news — and in and out of favour — ever since. Worldwide efforts over a period of forty years have not yet led to really convincing demonstrations of computational solutions to the problem of translating from one natural language to another (Hutchins 1986). Yet there is no doubt that progress is being made which might lead, by the end of the century, to a level of operational acceptability and commercial viability for machine and machine-aided translation systems. It is noteworthy that, at the inception of machine translation research, the common approach was to look — all too naively — for success via a word-for-word attack based on suitably configured dictionaries, supported by fairly primitive machine parsing methods which, as dynamic modules, always captured more of the limelight, relegating the crucial role of dictionaries to virtual obscurity. Today, there is a consensus that "however powerful a particular set of parsing algorithms may be, the successful analysis of a text into a correct meaning representation is only possible if a commensurately powerful and sophisticated lexical database is wedded to the dynamic modules of the system" (Knowles 1982). It is also a fact that machine dictionaries of very considerable sizes and of not inconsiderable subtlety were built during the pioneering days of machine translation: these dictionaries, given the continuous augmentation and editing process to which they have been subjected, now represent a major resource — admittedly, still difficult of access — in the field of scholarly research into computational lexicography. Although the thrust of machine translation lexicography is markedly different, with its concern for the failsafe, "no nonsense" selection of appropriate target-language equivalents, from that adopted by lexicographers who write for human users, it behoves all those interested in lexicography and willing to welcome computational systems and methods to find out just what can be distilled, to the benefit of both program dictionaries and people dictionaries, from the lexicographical procedures and practices followed in machine and machine-aided translation work. A minor observation is that the genesis of machine and machine-aided translation dictionaries has re-enacted, via its exclusive concern with inter-language communication, the strivings of the first-ever lexicographers who attempted to satisfy a need for inter-language rather than intra-language wordbooks. The development of machine-aided translation is, furthermore, a new "bridge" which stands to reduce the distance between introverted dictionaries for programs and extrovert dictionaries for people. The point is that machine-aided translation systems force their end-users, i. e. translators, to be their own lexicographers: this may be viewed as a situation fraught with all sorts of dangers but the emergence of robust and user-friendly dictionary-management software is a helpful development which itself should lead to higher standards of linguistic accuracy, professional norms, and general metalexicographical awareness. Machine and machine-aided translation specialists have certainly learnt the lesson — and can now teach it from their vantage point — that the delimitation of subject-lexis and studies of the frequency characteristics of such lexis can pay handsome dividends (Malakhovskij 1980).

A convincing example of this is given by Wheeler in his account of the LOGOS machine-aided translation system: he cites the input sentence: "The boards are new but the drives are broken. They have three keys and five defaults." Without any thematic dictionary, but just with the aid of its general dictionary the system produces the following French and German versions, respectively: *"Les planches sont nouvelles mais les trajets sont cassés. Ils ont trois clefs et cinq defauts"; "Die Bretter sind neu aber die Antriebe sind gebrochen. Sie haben drei Schlüssel und fünf Versäumnisse"*. With the correct, that is, the data processing dictionary module attached to the system, the respective translations are — encouragingly — as follows: *"Les cartes sont nouvelles mais les unités sont cassées. Ils* (sic!) *ont trois touches et cinq valeurs par defaut"; "Die Schalttafeln sind neu aber die Laufwerke sind gebrochen. Sie haben drei Tasten und fünf Standardwerte"* (Wheeler 1986).

7. Dictionary Software for the Computerised Office

The commercial evolution of computer systems, both big and small, has been a story of ever-increasing diversification in terms of the computer's suitability for practical applications of direct relevance to general business and economic health and prosperity. More and more of these applications are word-based rather than number-based. In some ways the computer's importance as a calculating machine has been usurped by its role as a universal information-processing machine, capable of storing, marshalling, classifying, reformulating, transmitting, and displaying prodigious amounts of information. One important aspect of this evolution has been the graduation of the computer to the status of a ubiquitous word- or text-processing device. In English, the term *word processing* is used mainly with reference to clerical activities, whereas *text processing* is normally taken to mean a much more sophisticated application, such as handling legal text databases or information retrieval systems. Some major shifts are under way: clerical labour stands to become deskilled and redundant as business executives and information analysts fold ostensibly menial activities such as document keyboarding and formatting into a new type of work pattern which merges the intellectual and manual processes formerly quite distinct. Computer software engineers have performed a valuable service in bringing this change about, by making available sophisticated applications software for document generation, document critiquing, database interrogation, spreadsheet calculations and so on (Heidorn/Jensen/Miller 1982). Fundamental props of such documentation- and correspondence-oriented software are machine dictionaries for the detection and correction of spelling errors, for readability indices, for terminological consistency, and for syntactic and stylistic monitoring. Some computationally quite refined methods have been elaborated for dictionary storage and access but, more importantly, software of the above sort has been written to supply acceptable solutions to problems such as lemmatisation, homograph disambiguation and synonym selection (Zimmermann 1982). A great deal of further effort is under way to make these software products more numerous, more diversified, more powerful, and more stimulating to use: significant progress may be confidently expected over the next decade.

8. Information Science and Terminological Studies

Given current preoccupations with information technology it is all too easy to minimise or forget the role, so important for computational lexicography, played over the years by information scientists who have been involved in developing what is now regarded as a routine facility: efficient information retrieval systems geared to the needs of researchers and analysts operating predominantly in various areas of science, medicine, and engineering, but also in fields such as law and commerce (Mikhajlov/Černyj/Giljarevskij 1970; Davis/Rush 1979). The main thrust of information scientists has been to devise and implement computer systems which are capable of retrieving bibliographic information on areas stated by colleagues to be of interest. Normally, the raw data in such systems are document titles suitably coded, but increasing attention has been paid over the last few years to document surrogates and so-called "terse texts", such as abstracts or reviews (Cleveland/Cleveland 1983; Cremmins 1982). The operational aim in this context has been to match a search request with a stored search profile in order to retrieve one or several documents. Now the focus is on fact retrieval as well, performed on full-text, not merely surrogate-text databases. In the former mode linguistic problems, such as vocabulary control, were certainly in evidence but did not obtrude too seriously; in the latter mode, the level of sophistication required for success is, arguably, tantamount to that needed for machine translation, with a high premium being placed on inferencing mechanisms and on the lexicographical expertise embedded in the integrated dictionary modules which are so necessary. The linguistic-tactical problems facing researchers in this field betray many similarities to those confronting computationally-oriented lexicographers: segmentation, representation, classification, editing, transformation, entity location, and display.

By far the most important linkage between information science and lexicography, computer-based or not, is the study of terminology — or, more accurately — the study of concept formation, representation and display, both as individual entities and as systems (Arntz/Picht 1982; Felber 1984; Fluck 1985; Sager/Dungworth/McDonald 1980; Wüster 1970, 1979). The term *terminography* is coming into use to denote terminological lexicography: it may be viewed as completing the proportion statement "terminography is to lexicography as terminology is to lexicology". The "availability" of derivates such as *terminographical* and *terminographer* is taken for granted. In practice, however, the terminologist is nearly always his own terminographer and vice versa — an equation which does not hold good for lexicologists and lexicographers!

It is important to draw some contrasts between the work of lexicographers and terminographers.

Lexicographers normally adopt a descriptive approach to their material, terminographers adopt a prescriptive approach and hence also need, on occasion, to adopt a proscriptive approach to their prima facie material: in other words, certain lexical units are deprecated. Lexicographers are, to use the terminology of biological taxonomy, "splitters" — they feel impelled to accentuate differences; terminographers are, conversely, "clumpers" — they wish to minimise differences. For lexicographers synonyms are major problem in both monolingual and bilingual lexicography. For terminographers the problem of apparent synonymy must be solved by elevating one member of the seeming synonym cluster to the status of descriptor; all other members of the cluster must be deprecated. The size of the likely terminographical synonym problem is, of course, reduced at the outset by the fact that the terms themselves normally possess only denotative, not connotative meaning. Most terms are, moreover, substantives, either simplex nouns or nominalisations. In bilingual terminography — to focus for a moment on translation — there is the happy circumstance that source-language writers share an identical universe of discourse and professional culture or eco-system with their target-language readers, so to speak. Pragmatically, this is indeed so most of the time.

The terminographer, like the general lexicographer, needs to select, describe, and present his material. The selection of terminographical material proceeds along exactly the same lines as ordinary lexicographical data capture, enjoying the same options but different emphases. However, there are two further options open with regard to data capture in the terminological area: one is to accept, in part or in whole, the recommendations of subject-specific professionals — particularly those working on national standardisation committees — who, naturally enough, have a firm and sure grasp of their subject field but often lack important skills and expertise in the systematisation and presentation of the linguistic labels which denote subject-area physical artefacts and intellectual constructs. The computer can play only a subsidiary role on this level. Analogous comments can be made about the working climate of the many information officers who are employed by industrial corporations: here the terminological grist is predominantly an in-house product, derived from company documentation and often incompatible with nationally harmonised vocabularies. In this environment the use of computers is widespread but the aphorism "quot homines, tot sententiae" is fitting: there are as many different opinions about how things should be done, and as many different hardware and software implementations as operators. Only the few really major systems stand out. The second additional option for terminographers is to excerpt potential entries from a suitable corpus of subject-specific, even theme-specific texts. Computers are, as might be deduced, a necessary adjunct in this process of identifying usable material: the approach is a statistical one, relying on the ability — far from guaranteed and hence subject to human foibles — to delineate general-language discourse plus general-scientific vocabulary from subject-specific terminology. The resulting area vocabularies are recognised as being self-limiting and non-overlapping to the extent that they may be called microglossaries. Soviet experimenters report much success on the compartmentalisation of terminologies and the computer-driven derivation of microglossaries (Gross 1967; Hoffmann 1975; Neubert 1981; Piotrovskij 1980).

Although the linguistic interest in these methods is bound to be high from the point of view of word-frequency studies, the object of the exercise is to provide the basis — via vocabulary "self-control" or via human interventionist control, if needed — for the elaboration of thesauri. Such thesauri are designed as material aids for bibliographic indexing databases and their associated retrieval systems. A second and, arguably, equally important type of thesaurus is the subject or encyclopaedic thesaurus which arrays the technical terms and, via them, the conceptual organisation of a particular subject discipline. This is usually achieved by a hierarchical display of concepts according to descending levels of specification, denoted by progressive indentation under the superordinate term until semantic exhaustion occurs for the given conceptual field (Aitchison 1972; Soergel 1974; Townley/Gee 1980). The battery of methods used by information scientists, particularly terminographers, to classify their data and to represent it in thesaural form is very large and worthy of greater consideration by lexicographers, particularly computer-oriented lexicographers used to processing highly categorised datasets by machine. Information scientists are interested in classification not least because the more classificatory parameters they are able to use, the more opportunities they have to "tame" their universe of discourse and the more likely it is that the resulting associative-relational networks will open up new methods of keying into natural language databases. It is also an important, but secondary attempt on the part of information scientists to chart, in their fullness, the rhetorical idea-structuring devices, not least exophoric reference, used by professional writers to maintain suitable levels of textual coherence and cohesion in expository prose. When it comes to classification, the terminographer's best weapon is, like the lexicographer's, definition per genus et differentiam — it is, however, complemented by other weapons of similar power. The terminologist is concerned to apply other facets and feature sets to help him to partition areas of technical lexis. Alongside, therefore, the classical logical relationship used to compare the intensions — involving both intrinsic and extrinsic characteristics — of two or more concepts there are ontological relationships based on the notion of utilising contrastive features such as: part : whole; cause : effect; process : result; process : tool; artefact : material; property : quantity; process : step; service : agent; service : location; phenomenon : document; symptom : cure; predecessor : successor. Such facts can be used to create taxonomies of concepts manifesting not just vertical, but also horizontal and diagonal relationships. It is trivial matter, once the intellectual analysis is complete, to load the resulting schemata into a database and to set markers for all these different kinds of relationship, thus creating an opportunity to investigate the "productivity" of facets in specific terminologies. Lexicologists and semanticists, as well as lexicographers, need to conduct more experiments in order to determine what the prospects of these methods are for modern computer-based lexicography.

It is important for lexicographers to know about both the conceptualisations and the computational strategies espoused by those terminologists who have made it their business to establish terminological databases, or term banks (Sager/McNaught 1980a, 1980b). Some of these systems are very large (more than two million terms or so) and are commensurately impressive — where significant resources have been invested, significant assets have resulted. They already embody the greater proportion of the facilities which should characterise a reputable lexical database, and in terms of their logistic organisation and computational sophistication they should prove very alluring to lexicographers venturing into this profile of work. There is no doubt that further efforts of this sort should be made, so as to generate new know-how, to achieve a new consensus about requirements, and to demonstrate the efficacy and naturalness of networked dictionary server software. It is equally important to obtain insights into how the end-users of such systems, be they terminographers, lexicographers, translators, technical writers and editors, researchers, educators, information scientists, or information brokers, view and profit from such facilities. It is especially worth emphasising that term bank systems are normally available on a dial-up basis and therefore also provide a gratuitous opportunity of sampling the modalities of networking — a method of computer use which is growing by leaps and bounds. It is to be hoped that, before the volume of this traffic grows too large, collaborative efforts will be made to establish reliable and realistic standards and protocols for lexicographical and terminographical networking. The MATER proposals, although intended for lexicographical exchanges of material by magnetic tape — an obsolescent medium — may nonetheless establish some useful precedents (ISO 1984).

MAIN ENTRY SECTION
main entry — inflected form — alternative spelling — index form — phonological form — syllabification — abbreviation — full form — etymology — variants — standard variant — dialectal variant — "LSP" variant — technical jargon — derived form — phraseological expressions — search word —

MORPHOLOGY SECTION
(exemplified for German)
word element/component — word — word group/phrase — sentence — extract —

noun	(21 values)
associated article	(8 values)
associated preposition	(11 values)
adjective	(23 values)
numerals	(6 values)
pronouns	(8 values)
negation	(5 values)
verb	(51 values)
adverb	(4 values)
modal	(5 values)
particle	(4 values)
conjunction	(4 values)
interjection	(3 values)
sundry	(20 fields)

SUBJECT FIELD
subject field of source — subject classification — function of main entry

DEFINITIONS, EXAMPLES, CONTEXTS
definition or explanation (Y/N) — definition — explanation — context — example or footnote (Y/N) — example — footnote — restriction

CONCEPT RELATIONSHIPS
synonymity — synonym — quasi-synonym — homonym — homograph — quasi-homograph — polysemous item — homophone — broader term: superordinate — broader term: generic — broader term: partitive — reference term — narrower term: subordinate — narrower term: generic — narrower term: partitive — associated term — aspect of division (Y/N) — aspect of division: generic — aspect of division: partitive — asymmetric relations — antonym — related term — contextual relationship — used in combination with X — used in combination for X — combination used — entity term — constituent term

ANCILLARY INFORMATION
facet — notation — coding — other numeration — location in source — statistical data — evaluation — scope equivalence — sequence

SOURCES
type   (15 values)
outline description — location in source

ORIGINATOR
copyright — responsible agency

Fig. 173.2: Concise summary of "MATER" (*ISO/DIS* 6156)
(Magnetic tape exchange format for terminological/lexicographical records)
Note: Many of the fields listed above permit arbitrary replication.

Other methods of presentation, such as scattergrams, associative networks, and distance metrics such as dendograms, have yet to truly establish themselves as valuable techniques, irrespective of the greater or lesser degrees of data amenability to such displays. Implementing such displays is not a difficult matter from the computational point of view. The hierarchical display is normally accompanied by a complementary alphabetic access method. The British Standards Institution's (BSI) "Root Thesaurus", an encyclopaedic volume which epitomises this special type of computer-derived and computer-driven special lexicography, states its purpose thus:

"The thesaurus consists of a subject display with a complementary alphabetical list. The classified subject display gives full information about each term including cross-references to terms in other parts of the thesaurus. The information about the term is then repeated in the alphabetical list but to one level of hierarchy only. The two parts of the thesaurus are handled by computer as one unit, the information in the subject display being used to generate the alphabetical list automatically. The purpose of the alphabetical display is: (a) to provide access to the subject matter from an area of interest or disciplinary viewpoint by showing the term within subject fields and subfields; (b) to show quickly and easily the extent of coverage of the thesaurus in a particular subject area; (c) to show in one place in the thesaurus all the information about a term, including broader, narrower and related terms to as many levels of hierarchy as are necessary; synonyms; scope notes; examples of synthesis; and cross-references to polyhierarchically or associatively related terms in other parts of the thesaurus. The purpose of the alphabetical list is: (a) to provide (by means of the notation) an index to the subject display; (b) to repeat the information about each term contained in the subject display ... by arranging the entries in alphabetical thesaurus format to one hierarchical level. The distinction between associative and hierarchical relationships, which is not necessary in the subject display, is shown in the alphabetical entries" (BSI 1981).

It follows that, if needs be, each entry in a thesaurus could and sometimes does have a terminological definition appended to it, plus terminological equivalences in other languages, even though this latter enhancement may well reveal a degree of asymmetry. It is clear that hand-held thesauri, particularly encyclopaedic thesauri, tend to be bulky volumes which require their users to possess manual dexterity and a determination to navigate successfully. It is therefore confidently to be expected that there will, over the next few years, be a rapid growth and dissemination of computerised encyclopaedic thesauri, on the lowest level via CD ROM (compact disc, read-only memory) devices, and on a more stimulating level as terminological databases (TDB's) via host software, local or remote. All the indications are that the evolutionary trajectories of both lexical databases and terminological databases are closing and will merge at some point. What terminological databases can offer now, via thesaural displays and even via unexplicated interlingual translation equivalences — pace EURODICAUTOM! (François 1977) — must surely catalyse general lexicography and what general lexicography can provide in the way of definitional sophistication and copiousness of other pertinent linguistic facts must, in like manner, stimulate terminography. The two fundamental principles, semasiological and onomasiological, can and should successfully co-exist within the framework of a large lexical database system. It is apposite to note that a number of computer-based systems, although developed for purposes such as indexing, often incorporate very large thesauri. The PRECIS system is worthy of mention in this context and doubly so as it incorporates a multilingual module which permits the largely automatic translation of English indexing entries into French and German: a good deal of sound linguistic and lexicographical thinking has been invested in this system, along with much computational expertise (Austin 1974; Dykstra 1985; Sørensen/Austin 1976; Verdier 1979).

9. Computers and the Internal Analysis of Dictionaries

One important development in computational lexicography is what might be called the "internal analysis" of dictionaries. Such analyses are conducted for two purposes: the lower purpose is to ensure, in the most objective way possible, that dictionaries, created by teams of lexicographers, maintain maximal standards of systemic consistency. The most notable technique used for this purpose is the adoption of a fixed defining vocabulary in which all the dictionary's definitions must be couched, plus the natural requirement that every word used on the right-hand side of the dictionary as part of the defining vocabulary be itself defined in the headword list in the left-hand side of the dictionary. The choice of a defining vocabulary is affected by features such as the degree of polysemy attaching to the words viewed as potentially comprising it, and the likely textual extent of the definitions themselves. It may be possible for a defining vocabulary of a given size to lose its defining power if attempts are made to apply to headword lists of more than a critical size: the covering set of words must co-vary with the covered set (Findler/Lee 1978). The other, rather more important type of internal analysis is an attempt to derive an adequate cognitive description of the lexicographical process itself, based on the careful "post factum" study of dictionaries as texts from which inferences can be drawn. This effort is two-pronged: to establish just what sort of an intellectual construct a dictionary actually is; and to elaborate an operationally useful statement of just what the expertise possessed by lexicographers actually is. This latter need sharpens the focus fairly and squarely on the lexicographer as an "expert", suitable as a guinea-pig in the sort of research conducted into so-called "expert systems" by specialists in Artificial Intelligence (AI).

Expert systems work is directed towards deriving systematic, cognitive, detailed descriptions of expert behaviour displayed by people such as lawyers, medical diagnosticians, pharmacologists, geologists, stockbrokers, or translators. This behaviour manifests expertise that is an amalgam of an extensive control over a factual database stored in the human brain and high-quality problem-solving methods heuristically applied to both quantitative and qualitative information. Expert systems research is nothing less than an effort to codify the intellectual skills and experiential knowledge of domain experts in the form of postulates, axioms and theorems. The name of the game is to use the information elicited to turn a robot into a "knowbot"! The standard technique used to achieve, or to attempt to achieve, these aims is for the relevant expert to endeavour to give a running commentary, over a considerable period of time, on his professional actions and decisions, particularly his heuristics; these commentaries have to be built up into a computer-based emulation system which incorporates explicit rule packages, either deterministic or, what is more likely, weighted probabilistically or even subjectively. These rule systems can then be "run" step-by-step in either forward or reverse direction, so as to evoke new insights or reformulations.

Expert systems work has shown that the rule systems and patterns which arise are, although highly convoluted, often amenable to systematisation by collapsing and compaction (Bonnet 1985). At present, no plausible, extensive descriptions exist of any serious linguistic activities or of other human behaviour in which analogical reasoning plays a large part and in which logical presuppositions and pragmatic factors obtrude so strongly. Such research is continuing and may deliver interim results of some value over the next few years — in lexicography, however, there is the added obstacle that the corporate expertise of a dictionary-making team also needs to be analysed in terms of interactions between the members of such teams. Be that as it may, some useful insights into dictionary-making expertise have been gleaned from the analysis of dictionary definitions, viewed as micro-texts which can be studied by the methods of text linguistics. The sublanguage systems used by lexicographers in their definition statements are restricted to the extent that automatic parsing techniques can be used quite successfully to identify the semantic and logical roles played by the constituent parts of definitions; in particular, it has been shown that it is possible to use computers to identify and extract, without too much difficulty, genus words from definitions. This often allows the analysis to progress from consideration of one dictionary entry to the automatic clustering and hierarchicisation of dictionary entries according to successive hyperonyms and hyponyms (Amsler 1980; Small 1980; Williams 1985). An important investigation into semantic factorisation, using extensive computer assistance to analyse the definition statements in traditional Russian explanatory dictionaries, was crowned with success in the shape of a printed dictionary of semantic factors plus associated frequency information, along with a large-scale computer system permitting analyses of various kinds, notably investigations of idea-to-idea relationships (Karaulov 1982). Fuller computer implementations of the well-known "Meaning ↔ Text" theory, with its extensive battery of lexical functions, would undoubtedly yield highly systematic and larger-scale encoding dictionaries serving the purposes of both humans and machines as they cope with the demands of generating "target-language text" which needs to display a good level of collocational control and general linguistic naturalness and delicacy (Mel'čuk 1974, 1984a, 1984b).

10. The Electronic Information Era and Dictionaries

Lexicographers who have been involved in working on lexical databases established for particular projects in various countries are now, fortunately, availing themselves of every opportunity to discuss and analyse their track-records so far and to plan for a future in which the lexical database approach will be the normal choice, not just for dictionary developers but for dictionary users, that is, the general public. It is important to try to achieve a comprehensive design which is modular and "hospitably" inclined, so to speak, towards those lexicographers whose purposes are delimited or unusual for one reason or another. It is impossible to predict, at the present moment of time, the full ramifications of current developments. One fact is sure enough: the power of hardware and software techniques is continually being extended, and much research is under way into the various methodologies of using databases for systematising information and making it accessible with a maximal flexibility of recall. Delivery methods are, however, not established at the present time but it appears that the fundamental choice will continue to be between networking and stand-alone computers with an interface to CD ROM technology. The expected market entry of editable compact discs will, of course, impact on the currently evolving relativities between the two modes.

It remains to be seen how far vested commercial interests will stimulate or inhibit the growth of personalised software systems which require to have a gigantic information base attached to them. The proprietary control at present exercised by the developers of such repositories is bound to be diluted or irretrievably effaced. A new consensus about what is meant by "public domain" software and data needs to emerge. Does the customer buy the product or buy only a licence to use the product? Only case law can establish proper precedents in this tricky field. How are research and development costs to be recouped by the originators of the operationally and typologically new dictionaries which are so urgently required in the modern world if this material is to be available to the general public exclusively via networked dictionary file-servers attached to ordinary telecommunications channels?

There is no doubt that many changes are on the way — these changes can, if sufficient care is taken, be therapeutic rather than traumatic. As far as the world of dictionaries is concerned, these changes stand to lead to a true democratisation of dictionaries, replacing the pseudo-democratisation represented by a high volume of dictionary sales but disappointing usage by reason of inadequate skills and faulty priorities. For the dictionary-makers themselves there are both challenges and opportunities which stem uniquely from the advent of the electronic information era. In the words of a pioneer who has been working on a so-called "dictionary server" system to be accessible on a national dial-up basis throughout the USA: "What stands in the way of dictionary services of far greater utility than even the largest currently available books is not technological inadequacies, or even shortcomings of linguistic or lexicological theory, so much as the lack of courage and foresight to invest in lexicographic databases of radical design" (Kay 1984).

11. References

11.1. Dictionaries

Agricola 1962 = Erhard Agricola: Wörter und Wendungen. Wörterbuch zum deutschen Sprachgebrauch. Leipzig 1962 [792pp.].

Benson/Benson/Ilson 1986 = Morton Benson/Evelyn Benson/Robert Ilson: The BBI combinatory dictionary. A guide to word combinations in English. Amsterdam 1986 [296pp.].

BSI 1981 = The BSI Root Thesaurus. Hemel Hempstead 1981 [620+667pp.].

Denisov/Morkovkin 1983 = Piotr N. Denisov/Valery V. Morkovkin: Slovar' sočetaemosti slov russkogo jazyka. Moscow 1983 [686pp.].

Dzierżanowska/Kozłowska 1988 = Halina Dzierżanowska/Christian Douglas Kozłowska: Selected English collocations. Warsaw 1988 [254pp.].

Kaeding 1897/98 = Friedrich W. Kaeding: Häufigkeitswörterbuch der deutschen Sprache. Berlin 1897/98 [671pp.].

Karaulov 1982 = Jurij N. Karaulov: Russkij semantičeskij slovar'. Moscow 1982 [566pp.].

Mel'čuk 1984a = Igor' A. Mel'čuk: Tolkovo-kombinatornyj slovar' russkogo jazyka. Vienna 1984 [992pp.].

Mel'čuk 1984b = Igor' A. Mel'cuk: Dictionnaire explicatif et combinatoire du français contemporain. Montreal 1984 [172pp.].

11.2. Other Publications

Aarts/Meijs 1985 = Jan Aarts/Willem Meijs: Corpus Linguistics. Recent development in the use of computer corpora in English language research. Amsterdam 1985.

Aitchison/Gilchrist 1972 = Jean Aitchison/Alan Gilchrist: Thesaurus construction. A practical manual. London 1972.

Allén/Petöfi 1979 = Sture Allén/Janos S. Petöfi: Aspects of automatised text processing. Hamburg 1979.

Amsler 1980 = Robert Amsler: The structure of the Merriam-Webster Pocket Dictionary. PhD thesis. University of Texas at Austin. Austin (Texas) 1980.

Amsler 1984 = Robert Amsler: Machine-readable dictionaries. In: Annual Review of Information Science and Technology (ARIST) 19. 1984, 161—209.

Arntz/Picht 1982 = Reiner Arntz/Heribert Picht: Einführung in die übersetzungsbezogene Terminologiearbeit. Hildesheim 1982.

Austin 1974 = Derek Austin: PRECIS: a manual of concept analysis and subject indexing. London 1974.

Beeston 1970 = Alfred F. L. Beeston: The Arabic language today. London 1970.

Benbow/Weiner 1986 = Timothy Benbow/Edmund Weiner: Machine-readable dictionaries for the general public. In: Donald E. Walker/Juan C. Sager/Antonio Zampolli: Proceedings of the 1986 Grosseto Workshop on Automating the Lexicon. [forthcoming].

Bonnet 1985 = Alain Bonnet: Artificial intelligence — promise and performance. London 1985.

Booth 1967 = Andrew D. Booth: A "law" of occurrences for words of low frequency. In: Information and Control 10. 1967, 386—393.

Borsdorf 1975 = Wolfgang Borsdorf: Näherungsverfahren zur Bestimmung des lexikographischen Fassungsgrades. In: Linguistische Studien 27. 1975, 130—135.

Briscoe 1988 = Ted Briscoe/Bran Boguraev: Computational Lexicography for Natural Language Processing. London 1988.

Brückner 1982 = Tobias Brückner: Der interaktive Zugriff auf die Textdatei der Lexikographischen Datenbank (LEDA). In: Sprache und Datenverarbeitung 6. 1982, 28—33.

Butler 1985 = Christopher Butler: Computers and linguistics. Oxford 1985.

Cleveland/Cleveland 1983 = Donald B. Cleveland/Ana D. Cleveland: Introduction to indexing and abstracting. Littleton (Colorado) 1983.

Cremmins 1982 = Edward T. Cremmins: The art of abstracting. Philadelphia 1982.

Date 1986 = C. J. Date: Relational database: selected writings. Reading (Massachusetts) 1986.

Davis/Rush 1979 = Charles H. Davis/James E. Rush: Guide to information science. Westport (Connecticut) 1979.

Dawson 1974 = John L. Dawson: Suffix removal and word conflation. In: Bulletin of the Association for Literary and Linguistic Computing 2/iii. 1974, 33—46.

Dykstra 1985 = Mary Dykstra: PRECIS. A primer. London 1985.

Eggers/Luckhardt/Maas et al. 1980 = Hans Eggers/Heinz-Dirk Luckhardt/Heinz-Dieter Maas et al.: SALEM — Ein Verfahren zur automatischen Lemmatisierung deutscher Texte. Tübingen 1980.

Epstein 1953 = Benjamin Epstein: Statistical aspects of the Russian word count. In: Harry H. Josselson: The Russian word count. Detroit 1953.

Felber 1984 = Helmut Felber: Terminology Manual. Paris 1984.

Findler/Lee 1978 = Nicholas V. Findler/S.-H. Lee: One more step towards computer lexicometry. In: American Journal of Computational Linguistics. Microfiche 75. 1978, 43—61.

Fluck 1985 = Hans-Rüdiger Fluck: Fachsprachen. Einführung und Bibliographie. Tübingen 1985.

François 1977 = P. François: La banque de données terminologiques EURODICAUTOM. Brussels 1977.

Ginzburg/Khidekel/Knyazeva et al. 1979 = Rozalija Z. Ginzburg/Sarra S. Khidekel/Galina Ju.

Knyazeva et al.: A course in modern English lexicology. Moscow 1979.

Gross 1967 = Helmut Gross: Prinzipien der Wortauswahl bei der Aufstellung eines kleinen Wörterbuchs der Elektrotechnik. In: Wissenschaftliche Zeitschrift der Technischen Universität Dresden 16. 1967, 827—831.

Hartmann 1983 = Reinhard R. K. Hartmann: Lexicography: principles and practice. London 1983.

Hartmann 1984 = Reinhard R. K. Hartmann: LEXeter '83 Proceedings. Tübingen 1984 [452pp.].

Heidorn/Jensen/Miller 1982 = G. E. Heidorn/K. Jensen/L. A. Miller et al.: The EPISTLE text-critiquing system. In: IBM Systems Journal 21. 1982, 305—326.

Herdan 1966 = Gustav Herdan: The advanced theory of language as choice and chance. Berlin 1966.

Hess/Brustkern/Lenders 1983 = Klaus Hess/Jan Brustkern/Winfried Lenders: Maschinenlesbare deutsche Wörterbücher. Tübingen 1983 [228pp.].

Hockey 1980 = Susan Hockey: A guide to computer applications in the humanities. London 1980.

Hoffmann 1975 = Lothar Hoffmann: Fachsprachen und Sprachstatistik. Berlin 1975 [325pp.].

Howe 1983 = D. R. Howe: Data analysis for data base design. London 1983 [307pp.].

Hutchins 1986 = W. John Hutchins: Machine translation — past, present, future. Chichester 1986.

ISO 1984 = International Standards Organisation: Draft International Standard "Magnetic tape exchange format for terminological/lexicographical records". (ISO/DIS 6156). Geneva 1984.

ISO 1985 = International Standards Organisation: Draft International Standard "Standardised generic mark-up language". (ISO/DIS 8879). Geneva 1985.

Jacobsen 1986 = Jane Rosenkilde Jacobsen/Ebba Hjorth: A taxonomy for lexicographical data and it use for a scholarly historical dictionary. In: (See Jacobsen 1988).

Jacobsen 1988 = Jane Rosenkilde Jacobsen/Ebba Hjorth: A taxonomy for dictionary data and its use for a scholarly historical dictionary. In: Mary Snell-Hornby (ed.), ZüriLEX'86 Proceedings. Tübingen 1988, 351-373.

Jones/Bell 1986 = Kevin P. Jones/Colin L. M. Bell: MORPHS — an intelligent retrieval system. In: ASLIB Proceedings 38/iii. 1986, 33—40.

Jones/Sinclair 1974 = S. Jones/John McH. Sinclair: English lexical collocations. In: Cahiers de lexicologie 24. 1974, 15—61.

Juilland/Roceric 1972 = Alphonse Juilland/Alexandra Roceric: The linguistic concept of the word. An analytical bibliography. The Hague 1972.

Jungclaussen 1981 = Galina Jungclaussen: Programmgesteuerte morphemweise Segmentierung russischer Wörter. In: Neubert 1981.

Kay 1984 = Martin Kay: The dictionary server. In: Proceedings of Coling84. Stanford (California) 1984.

Kelly/Stone 1975 = Edward Kelly/Philip Stone: Computer recognition of English word senses. Amsterdam 1975.

Knowles 1982 = Francis E. Knowles: The pivotal role of the various dictionaries in an MT system. In: Veronica Lawson: Practical experience of machine translation. Amsterdam 1982.

Knowles 1983 = Francis E. Knowles: Towards the machine dictionary. In: Hartmann 1983.

Knowles 1984 = Francis E. Knowles: Dictionaries and computers. In: Hartmann 1984.

Krámský 1969 = Jiří Krámský: The word as a linguistic unit. The Hague 1969.

Leavitt 1977 = Jay Leavitt: The curves of vocabulary. In: Bulletin of the Association for Literary and Linguistic Computing 5. 1977, 221—228.

Levi 1976 = Judith N. Levi: A semantic analysis of Hebrew compound nominals. In: Peter Cole: Studies in modern Hebrew syntax and semantics. Amsterdam 1976.

Lewis 1967 = Geoffrey L. Lewis: Turkish grammar. Oxford 1967 [303pp.].

Luk'janova 1980 = E. M. Luk'janova: Informacionnaja baza avtomatičeskikh slovarej. In: Piotrovskij 1980.

Maas 1972 = Heinz-Dieter Maas: Über den Zusammenhang zwischen Wortschatzumfang und Länge eines Textes. In: Zeitschrift für Literaturwissenschaft und Linguistik 8. 1972, 73—96.

Malakhovskij 1980 = L. V. Malakhovskij: Principy častotnoj stratifikacii slovarnogo sostava jazyka. In: Piotrovskij 1980.

Meier 1967 = Helmut Meier: Deutsche Sprachstatistik. Hildesheim 1967 [422 + 150pp.].

Mel'čuk 1974 = Igor' A. Mel'čuk: Opyt teorii lingvističeskikh modelej "Smysl ↔ Tekst". Moscow 1974.

Mikhajlov/Černyj/Giljarevskij 1970 = A. I. Mikhajlov/A. I. Černyj/R. S. Giljarevskij: Informatik — Grundlagen. Berlin 1970.

Neubert 1981 = Gunter Neubert: Rechnerunterstützung bei der Bearbeitung fachlexikalischer Probleme. Berlin 1981.

Piotrovskaja 1977 = A. A. Piotrovskaja: Avtomatičeskoe privedenie imennykh slovoupotreblenij k kanoničeskoj forme. In: Naučno-Texničeskaja Informacija Serija 2 No. 1. 1977, 32—36.

Piotrovskij 1980 = Raimond G. Piotrovskij: Statistika reči i avtomatičeskij analiz teksta 1980. Leningrad 1980.

Sager/Dungworth/McDonald 1980 = Juan C. Sager/David Dungworth/Peter C. McDonald: English special languages — principles and practice in science and technology. Wiesbaden 1980.

Sager/McNaught 1980a = Juan C. Sager/John McNaught: Selective survey of existing linguistic data banks in Europe. CCL/UMIST Report. Manchester 1980.

Sager/McNaught 1980b = Juan C. Sager/John McNaught: Specifications of a linguistic data bank for the UK. CCL/UMIST Report. Manchester 1980.

Sågvall 1973 = Anna-Lena Sågvall: A system for automatic inflectional analysis — implemented for Russian. Stockholm 1973.

Schmitz 1983 = Klaus Dirk Schmitz: Automatische Segmentierung natürlichsprachiger Sätze. Hildesheim 1983.

Small 1980 = Steven Small: Word expert parsing: a theory of distributed word-based natural language understanding. PhD thesis. University of Maryland. Adelphi (Maryland) 1980.

Soergel 1974 = Dagobert Soergel: Indexing languages and thesauri: construction and maintenance. New York 1974.

Sørensen/Austin 1976 = Jutta Sørensen/Derek Austin: PRECIS in a multilingual context. In: Libri 26. 1976, 1—37, 108—139, 181—215.

Swift 1963 = Lloyd B. Swift: A reference grammar of modern Turkish. Bloomington (Indiana) 1963.

Teubert/Wothke 1986 = Wolfgang Teubert/Klaus Wothke: The Mannheim lexicographical data base LEDA. In: Harald Zimmermann et al.: Proceedings of the 4th ESF/IAI Forum on Information Science and Practice: Standardisation in Computerised Lexicography. Saarbrücken 1986 [forthcoming].

Townley/Gee 1980 = Helene M. Townley/Ralph D. Gee: Thesaurus-making: Grow your own wordstock. London 1980.

Verdier 1979 = Veronica Verdier: Final report of the PRECIS/TRANSLINGUAL project. British Library Research and Development Department Report. London 1979.

Weiner 1986 = Edmund Weiner: Standardisation and the New Oxford English Dictionary. In: Harald Zimmermann et al.: Proceedings of the 4th ESF/IAI Forum on Information Science and Practice: Standardisation in Computerised Lexicography. Saarbrücken 1986 [forthcoming].

Wheeler 1986 = Peter Wheeler: The LOGOS translation system. In: Tom Gerhardt: Proceedings of IAI-MT86 International Conference on the state of the art in machine translation in America, Asia and Europe. Saarbrücken 1986.

Wiegand 1986 = Herbert Ernst Wiegand: Metalexicography. A data bank for contemporary German. In: Interdisciplinary Science Reviews. 11.1986, 122—131 [Number 2 (600 Years University of Heidelberg 1386—1986)].

Williams 1985 = Stephanie Williams: Humans and machines. Norwood (New Jersey) 1985.

Winograd 1983 = Terry Winograd: Language as a cognitive process — syntax. Reading (Massachusetts) 1983.

Wüster 1970 = Eugen Wüster: Internationale Sprachnormung in der Technik. Bonn 1970.

Wüster 1979 = Eugen Wüster: Einführung in die allgemeine Terminologielehre und terminologische Lexikographie. Vienna 1979.

Zimmermann 1982 = Harald Zimmermann: Nutzbarmachung und Nutzung maschineller Wörterbücher in der Fachinformation und im Büro. In: Sprache und Datenverarbeitung 6. 1982, 5—10.

12. Selected Bibliography

12.1. Frequency Dictionaries and Other Statistically-Based Dictionaries (cf. Art. 143)

Ahmed 1973 = Hasanuddin Ahmed: Urdu word count. Hyderabad 1973 [761pp.].

Alekseev/Kaširina/Tarasova 1980 = P. M. Alekseev/M. E. Kaširina/E. M. Tarasova: Častotnyj anglo-russkij fizičeskij slovar'-minimum. Moscow 1980 [288pp.].

Allén 1970—1975 = Sture Allén: A frequency dictionary of present-day Swedish based on newspaper material. Stockholm 1970—1975 [non vidi].

uit den Boogart 1975 = P. C. uit den Boogart: Woordfrequenties in geschreven en gesproken Nederlands. Utrecht 1975 [ca. 400pp.].

Bortolini/Tagliavini/Zampolli 1973 = V. Bortolini/C. Tagliavini/Antonio Zampolli: Lessico di frequenza della lingua italiana contemporanea. Milan 1973 [852pp.].

Dahl 1979 = Hartvig Dahl: Word frequencies of spoken American English. Detroit 1979 [348pp.].

Denisov/Morkovkin/Saf'jan 1978 = Piotr N. Denisov/Valerij V. Morkovkin/Jurij A. Saf'jan: Kompleksnyj častotnyj slovar' russkoj naučnoj i tekhničeskoj leksiki. Moscow 1978 [406pp.].

Eaton 1940 = Helen S. Eaton: Semantic frequency list for English, French, German, and Spanish. Chicago 1940 [441pp.].

Erk 1972 = Heinrich Erk: Zur Lexik wissenschaftlicher Fachtexte. Verben. Munich 1972 [254pp.].

Erk 1975 = Heinrich Erk: Zur Lexik wissenschaftlicher Fachtexte. Substantive. Munich 1975 [373pp.].

Erk 1982 = Heinrich Erk: Zur Lexik wissenschaftlicher Fachtexte. Adjektive, Adverbien und andere Wortarten. Munich 1982 [699 pp.].

Erk 1986 = Heinrich Erk: Wortfamilien in wissenschaftlichen Texten. Ein Häufigkeitsindex. Munich 1986 [434pp.].

FF 1959 = Ministère de l'Éducation Nationale: Le français fondamental. Paris 1959 [73+63 pp.].

Fromm 1982 = Wolf-Dietrich Fromm: Häufigkeitswörterbuch der modernen arabischen Zeitungssprache. Leipzig 1982 [352pp.].

Gougenheim 1958 = Georges Gougenheim: Dictionnaire fondamental de la langue française. St. Cloud 1958 [283 pp.].

Hoffmann 1970 = Lothar Hoffmann: Fachwortschatz Medizin. Häufigkeitswörterbuch Russisch-Englisch-Französisch. Leipzig 1970 [106 pp.].

Hoffmann 1980 = Lothar Hoffmann: Fachwortschatz Mathematik. Häufigkeitswörterbuch Russisch-Englisch-Französisch. Leipzig 1980 [96 pp.].

Hoffmann 1980a = Lothar Hoffmann: Fachwortschatz Physik. Häufigkeitswörterbuch Russisch-Englisch-Französisch. Leipzig 1980 [107 pp.].

Hofland/Johannsson 1982 = Knut Hofland/Stig Johannsson: Word frequencies in British and American English. Bergen 1982 [547 pp.].

Jakubaite/Kristovska/Ozola et al. 1966—1973 = Tamara Jakubaite/D. Kristovska/V. Ozola et al.: Latviešu valodas biežuma vārdnīca. Riga 1966—1973 [620+856+1154+185+1004 pp.].

Jelínek/Bečka/Těšitelová 1961 = Jaroslav Jelínek/Josef V. Bečka/Marie Těšitelová: Frekvence slov, slovních druhů a tvarů v českém jazyce. Prague 1961 [586 pp.].

de Jong 1979 = E. de Jong: Spreektaal — Woordfrequenties in gesproken Nederlands. Utrecht 1979 [ca. 250 pp.].

Josselson 1953 = Harry H. Josselson: The Russian word count. Detroit 1953 [274 pp.].

Juilland/Brodin/Davidovitch 1970 = Alphonse Juilland/Dorothy Brodin/Catherine Davidovitch: Frequency dictionary of French words. The Hague 1970 [503 pp.].

Juilland/Chang-Rodriguez 1965 = Alphonse Juilland/Eugenio Chang-Rodriguez: Frequency dictionary of Spanish words. The Hague 1965 [578 pp.].

Juilland/Edwards/Juilland 1965 = Alphonse Juilland/P. M. H. Edwards/Ileana Juilland: Frequency dictionary of Rumanian words. The Hague 1965 [513 pp.].

Juilland/Traversa 1973 = Alphonse Juilland/Vincenzo Traversa: Frequency dictionary of Italian words. The Hague 1973 [519 pp.].

Karaulov 1981 = Jurij N. Karaulov: Častotnyj slovar' semantičeskikh množitelej russkogo jazyka. Moscow 1981 [207 pp.].

Knowles 1981 = Francis E. Knowles: A word-frequency dictionary of Polish journalistic texts. Birmingham 1981 [190+91+91 pp.].

Landau 1959 = Jacob M. Landau: A word count of modern Arabic prose. New York. Jerusalem 1959 [453 pp.].

Ljung 1974 = Magnus Ljung: A frequency dictionary of English morphemes. Stockholm 1974 [275 pp.].

Mattutat 1969 = Heinrich Mattutat: Deutsche Grundsprache. Wort- und Satzlexikon. Stuttgart 1969 [448 pp.].

Mehlman/Rosen/Shaked 1960 = I. Mehlman/Haim B. Rosen/Y. Shaked: Rešimat milot yesod. A foundation word list of Hebrew. Jerusalem 1960 [238 pp.].

Morgenthaler 1973 = Robert Morgenthaler: Statistik des neutestamentlichen Wortschatzes. Bern 1973 [188 pp.].

Ortmann 1976 = Wolf D. Ortmann: Hochfrequente deutsche Wortformen. Munich 1976 [326+401 pp.].

Roberts 1965 = Aaron Hood Roberts: A statistical linguistic analysis of American English. The Hague 1965 [437 pp.].

Rosengren et. al. 1977 = Inger Rosengren et al.: Ein Frequenzwörterbuch der deutschen Zeitungssprache. Lund 1977 [1318+1961 pp.].

Saukkonen/Haipus/Nemikorpi et. al. 1979 = P. Saukkonen/M. Haipus/A. Nemikorpi et. al.: Suomen kielen taajuussanasto. A frequency dictionary of Finnish. Porvoo 1979.

Shanker/Kaushik 1982 = Uday Shanker/Jai Narain Kaushik: Consolidated basic Hindi vocabulary. New Delhi 1982 [281 pp.].

Steinfeldt s. d. = E. Steinfeldt: Russian word count. Moscow s. d. [228 pp.].

Thorndike/Lorge 1944 = Edward L. Thorndike/Irving Lorge: The teacher's wordbook of 30,000 words. New York 1944 [274 pp.].

Wängler 1963 = Hans Heinrich Wängler: Rangwörterbuch hochdeutscher Umgangssprache. Marburg 1963 [67 pp.].

West 1953 = Michael P. West: A general service list of English words. London 1953 [588 pp.].

Williams 1968 = Jack L. Williams: Geiridaur dysgwr. Learner's Welsh-English and English-Welsh dictionary. Swansea 1968 [39+35 pp.].

Zasorina 1977 = Lidija N. Zasorina: Častotnyj slovar' russkogo jazyka. Moscow 1977 [535 pp.].

Zettersten 1969 = Arne Zettersten: A word frequency list of scientific English. Lund 1969 [120 pp.].

12.2. Lexicography and Computers

Ahlswede 1985 = Thomas E. Ahlswede: A linguistic string grammar of adjective definitions from Webster's "Seventh Collegiate Dictionary". In: Stephanie Williams: Humans and machines. Norwood (New Jersey) 1985.

Alshawi/Boguraev/Briscoe 1985 = Hiyan Alshawi/Branimir Boguraev/Edward Briscoe: Towards a dictionary support environment for real time parsing. In: Proceedings of the Second Conference of the European Chapter of the Association for Computational Linguistics. Geneva 1985.

Bennett/Johnson/McNaught et. al. 1986 = Paul A. Bennett/Roderick L. Johnson/John McNaught et al.: Multilingual aspects of information technology. London 1986 [forthcoming].

Blatt/Freigang/Schmitz et. al. 1985 = Achim Blatt/Karl-Heinz Freigang/Klaus-Dirk Schmitz et al.: Computer und Übersetzen. Eine Einführung. Hildesheim 1985.

Borko 1967 = Harold Borko: Automated language processing. New York 1967.

Bruderer 1978 = Herbert E. Bruderer: Handbuch der maschinellen und maschinenunterstützten Sprachübersetzung. Pullach 1978.

Byrd/Klavans/Aronoff et. al. 1986 = R. J. Byrd/J. L. Klavans/M. Aronoff et al.: Computer methods for morphological analysis. In: Proceedings of the Association for Computational Linguistics. New York 1986.

Calzolari 1983 = Nicoletta Calzolari: Lexical definitions in a computerised dictionary. In: Computers and Artificial Intelligence 3. 1983.

Calzolari = Nicoletta Calzolari: Structure and access in an automated lexicon, and related issues. In: Walker/Sager/Zampolli.

Candeland/Sager 1986 = Richard Candeland/ Juan Sager: The British Term Bank Demonstrator Model. CCL/UMIST Report. Manchester 1986.

Chodorow 1985 = M. Chodorow: Extracting semantic hierarchies from a large on-line dictionary. In: Proceedings of 23rd Annual Meeting of Association for Computational Linguistics. Chicago 1985.

Fantom 1985 = Ian D. Fantom: A semantic word expert system for DLT's IL (SWESIL). MSc. Thesis. South Bank Polytechnic. London 1985.

Findler 1979 = Nicholas Victor Findler: Associative networks. New York 1979.

Garside/Leech/Sampson 1987 = Roger Garside/ Geoffrey Leech/Geoffrey Sampson: The computational analysis of English. London 1987.

Garvin 1963 = Paul Lucian Garvin: Natural language and the computer. New York 1963.

Goetschalckx/Rolling 1982 = Jacques Goetschalckx/Loll Rolling: Lexicography in the electronic age. Amsterdam 1982.

Greene/Rubin 1971 = Barbara B. Greene/Gerald M. Rubin: Automatic grammatical tagging of English. MA thesis. Brown University. Providence (Rhode Island) 1971.

Greenfield/Serain 1977 = Concetta Carestia Greenfield/Daniel Serain: La traduction assistée par l'ordinateur: des banques de terminologie aux systèmes interactifs de traduction. Le Chesnay 1977.

Guckler 1975 = Gudrun Guckler: Zweisprachiges Wörterbuch für angenäherte operationelle Analyse semantischer Entsprechungen mittels EDV. Tübingen 1975.

Johnson 1985 = Mark Johnson: Computer aids for comparative dictionaries. In: Linguistics 23. 1985, 285—302.

Knowles 1988 = Francis E. Knowles: Computational lexicography and lexical databases. In: John P. G. Roper/Jacqueline Hamesse: Proceedings of 13th International Conference of the Association for Literary and Linguistic Computing on Computers in literary and linguistic research. Geneva 1988.

Lafon 1984 = Pierre Lafon: Dépouillements et statistiques en lexicométrie. Geneva 1984.

Lenders 1972 = Winfried Lenders: Einführung in die linguistische Datenverarbeitung I. Tübingen 1972.

Martin 1970 = Willy Martin: Analyse van een vocabularium met behulp van een computer. Brussels 1970.

Michiels 1982 = Archibal Michiels: Exploring a large dictionary data base. PhD. Thesis. Liege University 1982.

Piotrovskij 1975 = Raimond G. Piotrovskij: Tekst, mašina, čelovek. Leningrad 1975.

Piotrovskij/Rakhubo/Khažinskaja 1981 = Raimond G. Piotrovskij/Nadežda P. Rakhubo/Margarita S. Khažinskaja: Sistemnoe issledovanie leksiki naučnogo teksta. Kishinev 1981 [159 pp.].

Quemada 1983 = Bernard Quemada: Bases de données informatisées et dictionnaires. In: Lexique 2. 1983, 101—120.

Raben/Marks 1980 = Joseph Raben/Gregory Marks: Data-bases in the humanities and social sciences. Amsterdam 1980.

Raphael 1976 = Bertram Raphael: The thinking computer. New York 1976.

Rich 1983 = Elaine Rich: Artificial intelligence. Singapore 1983.

Sager 1981 = Naomi Sager: Natural language information processing. A computer grammar of English and its applications. Reading (Massachusetts) 1981.

Schank/Colby 1973 = Roger Clare Schank/Kenneth Mark Colby: Computer models of thought and language. San Francisco 1973.

Simmons 1984 = Robert F. Simmons: Computations from the English. Englewood Cliffs (New Jersey) 1984.

Simpson 1988 = John Simpson: The New Oxford English Dictionary Project. A new dimension in lexicography. In: John P. G. Roper/Jacqueline Hamesse: Proceedings of the 13th International Conference of the Association for Literary and Linguistic Computing on Computers in literary and linguistic research. Geneva 1988.

Sinclair 1987 = John M. Sinclair: Looking up. An account of the COBUILD Project in lexical computing. London. Glasgow 1987.

Štindlová 1968 = Jítka Štindlová: Les machines dans la linguistique. The Hague 1968.

Walker 1984 = Donald E. Walker: Machine-readable dictionaries. In: Proceedings of Coling84 1984.

Walker/Sager/Zampolli = Donald E. Walker/ Juan C. Sager/Antonio Zampolli: Proceedings of the 1986 Grosseto Workshop on "Automating the Lexicon" [forthcoming].

Weiner 1986 = Edmund Weiner: The "New OED": problems in the computerisation of a dictionary. In: University Computing 7. 1986.

Wilensky 1983 = Robert Wilensky: Planning and understanding. A computational approach to human reasoning. London 1983.

Wilks 1972 = Yorick Alexander Wilks: Grammar, meaning and the machine analysis of language. London 1972.
Winograd 1972 = Terry Winograd: Understanding natural language. Edinburgh 1972.
Winston 1984 = Patrick Henry Winston: Artificial intelligence. Reading (Massachusetts) 1984.
Zimmermann 1972 = Harald Zimmermann: Das Lexikon in der elektronischen Sprachanalyse. Frankfurt 1972.
Zoeppritz 1984 = Magdalena Zoeppritz: Syntax for German in the User Specialty Languages System. Tübingen 1984.

12.3. Information Science

Coyaud 1972 = Maurice Coyaud: Linguistique et documentation. Paris 1972.
Dahlberg 1974 = Ingetraut Dahlberg: Grundlagen universaler Wissensordnung. Munich 1974.
Evens/Vandendorpe/Wang 1985 = Martha Evens/James Vandendorpe/Yih-Chen Wang: Lexical-semantic relations in information retrieval. In: Stephanie Williams: Humans and machines. Norwood (New Jersey) 1985.
Hutchins 1975 = W. John Hutchins: Languages of indexing and classification. Stevenage 1975.
Oddy/Robertson/van Rijsbergen et. al. 1981 = Robert N. Oddy/Steven E. Robertson/Christopher J. van Rijsbergen et al.: Information retrieval research. London 1981.
Ranganathan 1957 = Shiyali R. Ranganathan: Prolegomena to library classification. London 1957.
Salton/McGill 1983 = Gerald Salton/Michael J. McGill: Introduction to modern information retrieval. London 1983.
Skorokhod'ko 1970 = Eduard F. Skorokhod'ko: Linhvistyčni osnovy automatizaciji informaciynoho pošuku. Kiev 1970.
Soergel 1985 = Dagobert Soergel: Organizing information. Principles of data base and retrieval systems. London 1985.
Vickery/Vickery 1987 = Brian C. Vickery/Alina Vickery: Information Science in theory and practice. London 1987.
Walker/Karlgren/Kay 1977 = Donald E. Walker/Hans Karlgren/Martin Kay: Natural language in information science. Perspectives and directions for research. Stockholm 1977.

12.4. Statistical Linguistics

Altmann 1980 = Gabriel Altmann: Statistik für Linguisten. Bochum 1980.
Dillon/Federhart 1984 = Martin Dillon/Peggy Federhart: Statistical recognition of content terms in general text. In: Journal of the American Society for Information Science 35/i. 1984, 3—10.
Dugast 1980 = Daniel Dugast: La statistique lexicale. Geneva 1980.
Frumkina 1964 = Revekka M. Frumkina: Statističeskie metody izučenija leksiki. Moscow 1964.
Frumkina 1964 = Revekka M. Frumkina: Allgemeine Probleme der Häufigkeitswörterbücher. In: IRAL 2/iv. 1964, 235—247.
Grotjahn 1979 = Rüdiger Grotjahn: Linguistische und statistische Methoden in Metrik und Textwissenschaft. Bochum 1979.
Jakubajtis 1981 = Tamara A. Jakubajtis: Časti reči i tipy tekstov. Riga 1981.
Morkovkin 1985 = Valerij v. Morkovkin: Leksičeskie minimumy sovremmenogo russkogo jazyka. Moscow 1985.
Muller 1973 = Charles Muller: Initiation aux méthodes de la statistique linguistique. Paris 1973.
Muller 1977 = Charles Muller: Principes et méthodes de statistique lexicale. Paris 1977.
Piotrovskij/Bektaev/Piotrovskaja 1977 = Raimond G. Piotrovskij/Kaldybaj B. Bektaev/Anna A. Piotrovskaja: Matematičeskaja lingvistika. Moscow 1977.
Sambor 1972 = Jadwiga Sambor: Słowa i liczby. Zagadnienia językoznawstwa statystycznego. Wrocław 1972.
Sambor 1975 = Jadwiga Sambor: O słownictwie statystycznie rzadkim. Warsaw 1975.
Stavroski 1964 = N. V. Stavrovski: Lingvističeska statistika. Sofia 1964.
Tešitelová 1974 = Marie Tešitelová: Otázky lexikální statistiky. Prague 1974.
Zasorina 1966 = Lidija N. Zasorina: Avtomatizacija i statistika v leksikografii. Leningrad 1966.

12.5. General Linguistics and Lexicography

Agricola/Schildt/Viehweger 1982 = Erhard Agricola/Joachim Schildt/Dieter Viehweger: Wortschatzforschung heute. Aktuelle Probleme der Lexikologie und Lexikographie. Leipzig 1982.
Al-Kasimi 1977 = Ali Al-Kasimi: Linguistics and bilingual dictionaries. Leiden 1977.
Bauer 1983 = Laurie Bauer: English word-formation. Cambridge 1983.
de Beaugrande 1980 = Robert de Beaugrande: Text, discourse and process. Towards a multidisciplinary science of texts. London 1980.
Botha 1984 = Rudolf P. Botha: Morphological mechanisms. Lexicalist analysis of synthetic compounding. Oxford 1984.
Collison 1983 = Robert R. Collison: A history of foreign-language dictionaries. London 1983.
Danilenko 1977 = Valerija P. Danilenko: Russkaja terminologija. Opyt lingvističeskogo opisanija. Moscow 1977.
Doroszewski 1973 = Witold Doroszewski: Elements of lexicology and semiotics. The Hague. Warsaw 1973.
Fleischer 1982 = Wolfgang Fleischer: Phraseologie der deutschen Gegenwartssprache. Leipzig 1982.

Gabka 1967 = Kurt Gabka: Theorien zur Darstellung eines Wortschatzes. Mit einer Kritik der Wortfeldtheorie. Halle 1967.

Gak 1977 = Vladimir G. Gak: Sopostavitel'naja leksikologija. Moscow 1977.

Greene/Rubin 1971 = Barbara B. Greene/Gerald M. Rubin: Automatic grammatical tagging of English. MA thesis. Brown University. Providence (Rhode Island) 1971.

Halliday/Hasan 1976 = Michael A. K. Halliday/Ruqaiya Hasan: Cohesion in English. London 1976.

Hallig/von Wartburg 1963 = Rudolf Hallig/Walter von Wartburg: Begriffssystem als Grundlage für die Lexikographie. Berlin 1963.

Hoey 1983 = Michael Hoey: On the surface of discourse. London 1983.

Henne 1972 = Helmut Henne: Semantik und Lexikographie. Untersuchungen zur lexikographischen Kodifikation der deutschen Sprache. Berlin 1972.

Ilson 1985 = Robert Ilson: Dictionaries. Lexicography and language learning. Oxford 1985.

Karaulov 1976 = Jurij N. Karaulov: Obščaja i russkaja ideografija. Moscow 1976.

Karaulov 1981 = Jurij N. Karaulov: Lingvističeskoe konstruirovanie i tezaurus literaturnogo jazyka. Moscow 1981.

Krippendorff 1980 = Klaus Krippendorff: Content analysis. An introduction to its methodology. Beverly Hills (California) 1980.

Kühn 1979 = Peter Kühn: Der Grundwortschatz: Bestimmung und Systematisierung. Tübingen 1979.

Lyons 1977 = John Lyons: Semantics. Cambridge 1977.

McArthur 1986 = Tom McArthur: Worlds of reference. Cambridge 1986.

Neubauer 1980 = F. Neubauer: Die Struktur der Explikationen in deutschen einsprachigen Wörterbüchern. Eine vergleichende lexiko-semantische Analyse. Hamburg 1980.

Neubert/Reinhardt/Schütze et. al. 1984 = Gunther Neubert/Werner Reinhardt/Ruth Schütze et al.: Das deutsche Fachwort der Technik. Bildungselemente und Muster. Leipzig 1984.

Nida 1975 = Eugene A. Nida: Componential analysis of meaning. The Hague 1975.

Papegaaij/Sadler/Witkam 1986 = Bart C. Papegaaij/Victor Sadler/Antoon P. M. Witkam: Word expert semantics. An interlingual knowledge-based approach. Dordrecht 1986.

Peters 1983 = Ann M. Peters: The units of language acquisition. Cambridge 1983.

Pilz 1981 = Klaus D. Pilz: Phraseologie. Stuttgart 1981.

Rey 1979 = Alain Rey: La terminologie. Noms et notions. Paris 1979.

Rey 1977 = Alain Rey: Le lexique: images et modèles du dictionnaire à la lexicologie. Paris 1977.

Rondeau 1981 = Guy Rondeau: Introduction à la terminologie. Montreal 1981.

Rudzka/Channell/Ostyn et. al. 1981 = Brigyda Rudzka/Joanna Channell/P. Ostyn et. al.: The words you need. London 1981.

Rudzka/Channell/Ostyn etl al. 1985 = Brygida Rudzka/Joanna Channell/P. Ostyn et al.: More words you need. London 1985.

Schaeder 1981 = Burkhard Schaeder: Lexikographie als Praxis und Theorie. Tübingen 1981.

Schippan 1984 = Thea Schippan: Lexikologie der deutschen Gegenwartssprache. Leipzig 1984.

Toglia/Battig 1978 = Michael P. Toglia/William F. Battig: Handbook of semantic word norms. Hillsdale (New Jersey) 1978.

Wahrig 1973 = Gerhard Wahrig: Anleitung zur grammatisch-semantischen Beschreibung lexikalischer Einheiten. Tübingen 1973.

Wierzbicka 1972 = Anna Wierzbicka: Semantic primitives. Frankfurt 1972.

Zgusta 1971 = Ladislav Zgusta: Manual of lexicography. The Hague 1971.

Francis E. Knowles,
Aston University, Birmingham
(Great Britain)

173 a. L'informatisation d'un dictionnaire: l'exemple du *Trésor de la langue française*

1. Le vingtième siècle finissant, une nouvelle Renaissance des dictionnaires?
2. Dictionnaire et industries de la langue
2.1. Pour un complément de l'article *dictionnaire* du *TLF*
2.2. Définition d'un dictionnaire informatisé
2.3. Objectifs du *TLF* informatisé
3. Le *TLF*, dictionnaire de culture
4. Bibliographie choisie

1. Le vingtième siècle finissant, une nouvelle Renaissance des dictionnaires?

Étrange époque que ce vingtième siècle finissant: à l'heure du livre de poche et de la présentation du savoir sur supports le miniaturisant, le dictionnaire fleurit; pas seulement l'ouvrage en un tome et d'un format autorisant une consultation aisée ou un transport facile dans un cartable d'écolier, mais l'ouvrage en plusieurs volumes livrés parfois à l'acheteur avec le meuble-bibliothèque exactement ajusté pour le recevoir. Tout se passe, comme si à l'instar de la Renaissance, notre époque avait visé à rassembler sur le papier d'abord toutes les connaissances sur un sujet donné, l'informatique permettant maintenant d'explorer sur un domaine particulier l'entier du savoir mais le traité ou dictionnaire sous la forme éditoriale classique restant l'outil de consultation commode.

Il en va ainsi du *Trésor de la langue française (TLF):* quand sa publication sera terminée (actuellement 13 volumes sur 16 sont achevés), il rendra nécessaire la consultation de l'autre *TRÉSOR,* la base de données textuelles Frantext dont il procède pour l'exemplification des articles; à la consultation-lecture se substituera l'exploration-recherche grâce à l'informatique et à partir d'une stratégie individuelle d'interrogation de la base. Peut-être alors échappera-t-il à la critique faite par l'humoriste G. Elgozy à ce qu'est le dictionnaire et à l'image qu'il a dans le public. Le trait est caricatural, mais ne manque pas de justesse:

«Si le dictionnaire reste, c'est qu'il n'est pas lisible. Lire, c'est épuiser. Un dictionnaire ne se lit pas d'une traite: on le consulte à l'occasion, pour en amortir la dépense, ou pour dénoncer les erreurs d'autrui. En France, le verbe *lire* se conjugue de préférence à la mode du futur. Tout père de famille, soucieux de l'avenir de ses enfants, achète et stocke plusieurs dictionnaires qu'il relègue sur la dernière étagère de sa bibliothèque: les plus hautes vertus, comme les plus hauts fonctionnaires, inspirent le respect aussi longtemps qu'ils demeurent inaccessibles. Pour tout éditeur, la qualité primordiale d'un dictionnaire, c'est de trouver acheteurs. Tant mieux si l'acquisition procure de l'acquis à l'acquéreur! Par quoi ce genre d'ouvrages ne se distingue guère des autres qui, pour être parfois moins illisibles, ne sont jamais que dictionnaires en désordre. (...) Encombrées de vieilleries et de curiosités archéologiques, ces banques de données — savoir éphémère en stock — servent autant de machines à rêver que d'outils de connaissance. Tout dictionnaire est néanmoins un entrepôt de mots en conserve, dont la consommation abusive risque de provoquer, par erreur vitaminique, des troubles de malnutrition cérébrale ou de carence intellectuelle.» (Elgozy 1981, 10—11).

2. Dictionnaire et industries de la langue

2.1. Pour un complément de l'article *dictionnaire* du TLF

Paul Imbs faisait justement observer au début de la longue préface qui ouvre le tome 1 du *TLF* ceci:

«Le premier article d'un dictionnaire devrait être l'article **dictionnaire,** qui, en faisant la typologie des œuvres qui portent ce nom et en récapitulant l'essentiel de ce qu'on entend ou entendait sous chacune des étiquettes définitoires, aiderait à caractériser le projet actuel et à préciser les conditions de réalisation, en même temps qu'il fournirait un échantillon de ce que l'œuvre se propose d'offrir au lecteur. L'introduction du dictionnaire se bornerait alors à paraphraser, au meilleur sens du mot, c'est-à-dire à expliciter et à faire comprendre les informations de l'article *dictionnaire*» (Imbs 1971, XI).

Considérons l'article **dictionnaire,** extrait du tome 7 du *TLF,* et relevons ses principales divisions; nous lisons que le dictionnaire est un/une

«I — Recueil des mots d'une langue ou d'un domaine de l'activité humaine, réunis selon une nomenclature d'importance variable et présentés généralement par ordre alphabétique, fournissant sur chaque mot un certain nombre d'informations relatives à son sens et à son emploi et destiné à un public défini.
(...) A — [L'information est présentée comme ayant un caractère général et supra-individuel]
B — *p. ext.* [L'information concerne l'usage d'une pers. ou d'un groupe de pers.]
II — *Par anal.* Répertoire ordonné de signes.
A — [L'information vise à expliciter ou à regrouper certains aspects d'une langue commune ou symbolique]
B — [L'information vise à expliciter certaines réalités d'un secteur de l'activité humaine]
III — *Par méton.* Personne qui possède des connaissances étendues et qui les communique facilement».

L'organisation de l'article rend compte convenablement de la typologie générale des dictionnaires, sans mettre en évidence, — ce qui pourrait être attendu dans un dictionnaire de langue —, la fonction du dictionnaire monolingue par la mention des syntagmes usuels: *dictionnaire de lecture/de décodage, dictionnaire d'écriture/d'encodage, dictionnaire d'apprentissage* (du vocabulaire) (V. Hausmann 1974). En revanche, bien que publié en 1979, l'article ignore l'articulation existant entre *dictionnaire* et *industries de la langue.*

La dénomination «industries (informatiques) de la langue», il faut le reconnaître, a été longue à s'acclimater en français en raison surtout des difficultés de traitement des données linguistiques à partir de logiciels d'abord conçus pour le traitement de la langue anglaise qu'il fallait adapter pour le français ou de logiciels qu'il fallait créer pour répondre aux particularités morphosyntaxiques du français. Aujourd'hui, les industries de la langue représentent une forme d'activité de production de services en pleine extension; pour nous borner à ce seul aspect, on peut prévoir qu'une grande partie des documents imprimés sur papier sera remplacée par des enregistrements sur nouveaux supports: «supports réels (disquettes, disques compacts, disques optiques de très grande capacité) ou virtuels (banques de données centralisées, réseaux de télématique). Dans la première catégorie figureront lexiques, dictionnaires, terminologies multilingues, encyclopédies, ouvrages de référence, livres dits ‹classiques›, livres contemporains» (Baudot/Gémar 1988, 26).

2.2. Définition d'un dictionnaire informatisé

Il s'ensuit qu'à tout le moins l'article **dictionnaire** cité supra devrait s'enrichir d'un supplément rendant compte des distinctions suivantes sous l'étiquette *dictionnaire informatisé:*
— dictionnaire électronique, c'est-à-dire dictionnaire-ouvrage transféré sur support électronique à usage humain (par exemple un ou plusieurs disques CD-ROM, disques optiques de grande capacité);
— dictionnaire informatisé, réalisé à partir d'un dictionnaire traditionnel, en vue d'une consultation humaine sur écran (l'informatisation aboutissant à faire du dictionnaire-ouvrage une base de données relationnelles);
— dictionnaire informatisé, créé à partir des seules règles de l'informatique (comme l'est le nouveau dictionnaire général Hachette) et à consultation humaine;
— *abusivement,* dictionnaire informatisé désignant un dictionnaire de machine (avec grammaire, lexique, indications ou codifications nombreuses).

On le voit, l'informatisation — procédure dont la dénomination est entrée dans la langue française en 1971 — est chose complexe. Au moment où la décision d'informatiser le *TLF* est prise, nous proposons la définition suivante:

«En simplifiant, on peut dire qu'informatiser le dictionnaire c'est le rendre lisible après coup sur ordinateur, non pas seulement en substituant à sa forme éditoriale classique celle d'écrans-pages, mais en transformant son contenu en base de données relationnelle, qui permettra d'afficher des données que la consultation manuelle ne pourrait parfaitement rassembler — la consultation, alors, n'étant plus seulement une démarche de reconnaissance et de lecture, mais une procédure de découverte, c'est-à-dire une exploration. Informatiser le dictionnaire revient donc à en faire un dictionnaire électronique, destiné à la consultation humaine.» (Gorcy/Henry 1988).

Le dictionnaire informatisé, transformé en base de données, offrirait d'infinies possibilités d'accès aux données (corrections, remaniements, compléments), de consultation (recherches relationnelles fondées sur les données constitutives du dictionnaire), d'analyse (exploration des contextes cités, analyses métalinguistiques), d'extraction d'informations (création de répertoires dérivés). D'autre part la version informatisée du *TLF* autoriserait, parallèlement aux consultations directes par interrogation en ligne (système conversationnel), toutes les formes de reproduction (forme imprimée, disquettes, disques compacts). Ce ne sont pas là des rêves bleus puisque l'expérience de l'informatisation du *New Oxford Dictionary* et les résultats maintenant obtenus font bien de la réalité la sœur du rêve.

2.3. Objectifs du *TLF* informatisé

Parce que le *TLF* sera informatisé, son *Complément* et son *Supplément* pourront être établis avec la rigueur souhaitable. Trois objectifs nous paraissent devoir être atteints:

2.3.1. Récapitulation des informations annexes données volume par volume:

Cette matière couvrirait plus d'un demi-volume du *TLF*.
(a) Liste remise à jour des références d'exemples cités dans les rubriques d'analyse synchronique:

Le premier tome du *TLF* donne une liste des textes cités ainsi répartie sur 49 pages:

— textes dépouillés automatiquement:
domaines littéraires: 26 pages
domaines techniques: 19 pages
— textes dépouillés par l'*Inventaire général de la langue française (IGLF):*
collections et périodiques: 3/4 de page, fonds d'argot: 3 p. 1/4.

Or, d'autres références sont apparues au fur et à mesure de l'élaboration des volumes et au fur et à mesure de l'exploration par les rédacteurs de l'*IGLF*; ces références complètent actuellement le fichier exploité et mis à jour par le secrétariat scientifique; il y a lieu de le refondre et de le publier ainsi corrigé et amendé, — notamment en ce qui concerne les dates de publication.

Enfin, certaines références (de plus en plus nombreuses) procèdent des lectures personnelles des rédacteurs qui ont ainsi au fil des ans complété empiriquement l'*IGLF*. Nous avons ailleurs appelé l'attention sur ce problème (Gorcy 1987, 154—156). Il est clair que l'informatisation du dictionnaire permettrait d'établir la liste des références avec la rigueur souhaitable et avec toutes les précisions de nature bibliographique que la recherche de l'économie d'espace typographique conduit actuellement à abréger.

Cette liste gagnerait à être complétée par une liste des références d'exemples de la période 1789 à nos jours exploités dans la rubrique d'analyse diachronique et qui ne proviennent pas directement des fonds du *TLF*.

(b) L'index cumulatif final:

On rappelle tout d'abord que les tomes I à III du Dictionnaire n'ont pas d'index, alors qu'ils contiennent des mots «cachés» dans des remarques, des dérivés difficiles à repérer et enregistrent beaucoup de mots pour l'illustration des éléments formants (les suffixes en particulier). L'index du tome IV compte 8 pages et comprend des mots traités en remarques ou en dérivés, ainsi que les mots traités sous un suffixe (mais non sous un *préfixe*). Les tomes V à XII, soit 8 tomes contiennent au total 83 pages d'index comprenant simplement les mots traités en remarques et les mots traités sous un suffixe (apparaissent aussi, en nombre négligeable, des mots cités dans les rubriques de prononciation et d'orthographe).

Il résulte de ce qui précède qu'au total 91 pages d'index se trouvent imprimées dans neuf volumes sur douze et recensent près de 11 800 mots. On a noté l'empirisme qui a présidé dans l'établissement de ces index qui se bornent à n'enregistrer volume par volume que les mots non repérables à leur ordre alphabétique mais entrant dans la tranche alphabétique décrite. L'informatisation s'impose ici pour remettre ordre et clarté.

(c) La liste cumulative des abréviations fréquemment utilisées:

La liste de chacun des 8 premiers tomes se limite à 5 pages pour s'élever à 7 pages pour chacun des 4 tomes suivants. On peut prévoir qu'elle n'excèdera pas 8 pages, compte tenu de quelques suppressions d'abréviations en usage dans les tomes 1 à 8.

(d) La liste des études fréquemment citées:

Le Tome I dresse une liste comptant 25 pages d'études fréquemment citées ou d'usuels. Le total des listes complémentaires de 11 tomes suivants s'élève à 55 pages, soit une moyenne de 5 pages par volume. Dans ces conditions on peut prévoir que le total pour les 16 tomes atteindra 80 pages.

(e) Un tableau des conjugaisons verbales:

Il ne faut pas hésiter à affirmer que la pratique du dictionnaire *TLF* a été en la matière incohérente; par exemple, le lecteur cherchera vainement sous *aller* le tableau des conjugaisons; des rattrapages tardifs ont été tentés pour présenter de manière complète les conjugaisons des verbes en *-eler, -eter*. Il paraît nécessaire de dresser ce tableau des conjugaisons dont les rédacteurs de rubriques de *Prononciation et d'orthographe* sont tout prêts à se charger.

(f) Quelques listes annexes donnant le générique de l'œuvre terminée:

— une liste du personnel ayant collaboré à la rédaction de l'œuvre peut être proposée: cette liste comptait une page pour les tomes 1 à 7 et en a pris 2 pour chacun des 5 tomes suivants; 3 pages pourraient être réservées qui donneraient la liste alphabétique finale des collaborateurs et mentionneraient leurs attributions et leur période d'activité;

— une liste des principaux articles, laquelle a été dressée à partir du tome 8 seulement et indique pour chacun d'eux les auteurs des rubriques et leurs réviseurs.

2.3.2. Harmonisation du discours *TLF*, pour qu'il constitue un discours clos et ouvert à la fois:

(a) Un discours clos:

Les mots différents apportés dans la rubrique d'analyse synchronique tant par les énoncés cités que par la métalangue doivent être répertoriés; il sera ainsi possible de mesurer l'écart entre la nomenclature effectivement traitée (en entrées, en remarques, en dérivés ou pour exemplifier les articles d'éléments formants) et celle qui en fait est utilisée. Ainsi, par exemple, manquent à la nomenclature actuelle du *TLF* les mots *dérivé*, subst. masc. (terme de métalangue) et *élément formant*, (terme de métalangue). Un certain nombre de termes désignant des langues ou des parlers apparaissent épisodiquement dans les rubriques d'étymologie et d'histoire, — qui ne font l'objet d'aucune entrée ni même de mention dans les rubriques d'analyse synchronique. Un certain nombre de termes techniques sont glosés sommairement dans les rubriques d'analyse synchronique, la glose étant le constat explicite de leur absence à la nomenclature des volumes précédents.

Seule l'informatisation permettrait de mesurer rigoureusement cet écart et de rétablir l'information déficitaire.

(b) Un discours ouvert:

Grâce à l'informatisation, l'organisation relationnelle des informations sera possible à travers:

— le corpus global des énoncés cités apparaissant pour illustrer tel ou tel mot, mais qui auraient pu servir pour en exemplifier d'autres, ce qui revient à pouvoir obtenir sur chacun des mots enregistrés une véritable anthologie de citations, laquelle est actuellement dispersée dans un grand nombre d'articles;

— les renvois de toute nature (de mots à mots par le truchement des relations synonymiques ou antonymiques, d'exemples à d'autres exemples (etc.).

L'informatisation permettrait ici une *réorganisation* cohérente des informations données et un appel à combler des manques; elle autorisera plus qu'une radioscopie des informations, elle incitera à une nouvelle rédaction. Faut-il ajouter qu'il s'agit là à nos yeux d'un devoir incombant à un laboratoire de recherche pour lui éviter de voir le travail fait par d'autres équipes, comme le fit Pierre Gilbert pour le dictionnaire de Paul Robert (Gilbert 1966).

2.3.3. Mise à jour de l'information *TLF*

On se borne à ouvrir ici quelques pistes dont certaines requerront, à brève échéance, des options précises, sans spéculer sur les incidences sur l'espace typographique et sans envisager, par conséquent, la tomaison du *supplément:*

(a) la mise à jour de l'information bibliographique s'impose, qui entraînera nécessairement des corrections;

(b) la mise à jour des sens enregistrés par rapport à l'évolution actuelle de la langue; ici aussi le déficit du *TLF* sera à combler: ainsi l'article **galère** ignore le sens moderne que lui donne la langue populaire comme sont ignorées dans les articles correspondants certaines tendances de la langue parlée moderne à la pronominalisation *(s'éclater, se ramasser),* des expressions négatives *(pas aidé, pas net; pas évident* apparaît prudemment en remarque), des transferts de classes *(il est classe,*

c'est canon, ça chauffe terrible, ça dégage méchant). Des articles comme **assurer** et **brancher** doivent être amplement complétés; *décideur* est ignoré du TLF; etc.

(c) la mise à jour de la nomenclature par rapport à l'état actuel de la langue littéraire et technique qui se fera

— par comparaison avec les ressources inexploitées de la documentation disponible au laboratoire: mots de la nomenclature rejetés en fonction des critères actuels, mots fournis par le Trésor général *(Archives du français contemporain,* base Bornéo et *Matériaux pour l'histoire du vocabulaire français),* déficit constaté p. ex. par G. Straka (1987),

— par rapport à un nouveau corpus de références (dictionnaires récents et saisie d'œuvres nouvelles). Sur ce dernier point l'avis de spécialistes sera particulièrement précieux, car il engagerait l'orientation du développement de la base de données textuelles de l'I-NaLF. Il préciserait la part que pourraient prendre les régionalismes et certains vocabulaires techniques particulièrement importants dans la vie moderne (vocabulaires de l'audiovisuel, de l'informatique etc.).

2.4. Vers la constitution d'une base de données lexicales

2.4.1. Indiciations lexicales

L'informatisation d'un dictionnaire comme le *TLF* n'est évidemment pas destinée seulement à explorer autrement les données fournies par le dictionnaire-ouvrage et complétées ou remaniées, conformément aux objectifs précisés ci-dessus. Elle fournit une «armature» conceptuelle autorisant le classement de nouveaux exemples, de nouvelles données. Elle s'articulera nécessairement avec la base de données textuelles Frantext et avec une base de mots à créer sur le français et donnant pour chaque item des informations à caractère général fixant le statut du mot et fournissant un aperçu sur son histoire, à savoir:

— l'entrée, saisie sous forme orthographique usuelle, avec indication éventuelle de ses variables graphiques rencontrées;

— transcription normée de la forme, avec indication éventuelle des variantes existantes;

— informations de type grammatical:

— partie du discours, genre, nombre;

— indications complémentaires, par exemple sur le pluriel, etc.;

— remarques éventuelles concernant les constructions:

— datation du mot: date de la première attestation dans un texte;

— correspondance du mot dans quelques langues étrangères (anglais, espagnol, italien, allemand, . . .).

2.4.2. Structure relationnelle des sens

Surtout, cette base de mots apporterait pour chacun d'eux une structure relationnelle des sens. Prenons, à titre d'exemple, l'article **lecteur 1** du *TLF*. Trois sens principaux sont mis en évidence: (1) celui, celle qui (de par sa fonction fait la lecture à haute voix devant un auditoire. Ici prennent place les sens en *histoire* de *lecteur royal* et en *liturgie romaine* celui du *clerc ayant reçu le lectorat;* (2) celui, celle qui lit pour se distraire, s'informer. Synon. *liseur,* avec un sens connexe: public (d'un écrivain, d'un journal, d'un roman). Celui, celle dont la fonction et de lire un manuscrit. (3) Emplois en technologie (acoustique, documentologie, informatique).

La structure relationnelle de **lecteur 1** s'organiserait comme suit:

LECTEUR		
	Personne	Chose, appareil
Modalité ou Fonction	à haute voix HISTOIRE LITURGIE romaine distraction information correction consultation enseignement	lecteur de sons lecteur de signes lecteur de microformes lecteur de bandes lecteur de cassettes lecteur de micro-cartes lecteur de microfiches lecteur de microfilms [périphérique d'ordinateur] lecteur de cartes

LECTEUR «appareil» est un terme; chaque collocation syntagmatique sera suivie d'une définition tirée d'un dictionnaire terminologique.

LECTEUR «personne», pourra être défini dans ses sens principaux par une synthèse componentielle (énumérant des traits sémantiques pertinents).

ex.: Fonction / lecture / haute voix / auditoire.

Chaque type d'information reçoit une codification définissant l'emplacement dans le fichier et est susceptible de recevoir à tout moment complément ou modification.

2.4.3. Vers une nouvelle lecture des dictionnaires

Il va de soi que la constitution d'une telle base de mots suppose surmontés les problèmes technologiques liés aux capacités de mémoire et de traitement des ordinateurs permettant l'accès permanent aux données, suppose aussi résolus des problèmes linguistiques touchant la lemmatisation et la désambiguïsation de formes homographes. Il va de soi enfin que la lecture-consultation ou exploration des données va prendre le pas sur la lecture linéaire et aboutir à une modification des habitudes des usagers de dictionnaires. Un nouvel âge et un nouvel apprentissage de la lecture commence, que n'avait pas pu prévoir Valéry, qui dans *Variété* IV, p. 149 disait:

«Enfin vient le temps que l'on sait lire, événement capital, le troisième événement capital de notre vie. Le premier fut d'apprendre à voir; le second, d'apprendre à marcher; le troisième est celui-ci, la lecture, et nous voici en possession du trésor de l'esprit universel».

Le quatrième âge sera peut-être de savoir relier la lecture linéaire à l'exploration informatique, chaque article du *TLF* pouvant aussi être complété par le consultant, chercheur ou curieux. Ne serait-ce pas là une clé offerte par le dictionnaire informatisé pour une culture partagée?

3. Le *TLF,* dictionnaire de culture

C'est un peu le programme qu'assignait P. Imbs au *TLF* quand il concluait sa préface en affirmant que lui-même et ses collaborateurs étaient convaincus de faire «œuvre utile au service de cette valeur inestimable qu'est une grande langue humaine où s'incarne le génie d'un peuple, d'une ethnie, d'une culture répandue à travers le monde, qui simultanément elle reflète et contribue à créer» (Imbs 1971, XLVII). Quelques lignes plus haut, P. Imbs avait excellemment défini ce qu'est un dictionnaire de culture, comme le *TLF*:

«Dans la mesure où le dictionnaire reflète une *culture* ou une succession de cultures, il offre une accumulation de vues partielles sur l'*esprit* de cette culture, qui grâce au vocabulaire se donne des cadres supra-individuels, dans lesquels chaque usager trouve les schèmes virtuels et préétablis de sa prise sur le réel, en même temps que les moyens de combiner librement les formes du langage et d'infléchir ainsi le schématisme linguistique héréditaire selon une herméneutique nouvelle et personnelle du réel. Si bien que le dictionnaire présente non seulement la langue comme une monnaie que, en la vérifiant à chaque acte de langage, on se passe de main en main dans la communication courante, mais aussi comme une souple mise en œuvre de moyens prédéterminés mais capables de s'adapter aux mouvances et nuances de l'expression personnelle ou de groupe. Les exemples, surtout quand ils ont un minimum d'étendue, sont la preuve de cette plasticité de la langue naturelle, à l'intérieur de laquelle, moyennant les simplifications et spécifications nécessaires, les langues ‹artificielles›, c'est-à-dire techniques, trouvent aisément une place.» (Imbs 1971, XLVI).

On n'insistera pas davantage sur la fonction sociale et culturelle du dictionnaire, lequel répond «à deux finalités spécifiques: la mémorisation d'une information langagière, discursive et donc culturelle — par les citations — et un ensemble de choix conduisant à la construction d'une norme» (Rey 1987, 38).

On n'aura pas fini de si tôt d'explorer grâce à l'ordinateur ce qui constitue la mémoire sociale, culturelle, des mots. Bachelard dans l'Avant-propos de *La flamme d'une chandelle* jetant un regard sur ses travaux déclare:

«Le paradoxe de nos enquêtes sur l'imagination littéraire: trouver la réalité par la parole, dessiner avec des mots, a quelque chance ici d'être dominé. Les *images parlées* traduisent l'extraordinaire excitation que notre imagination reçoit de la plus simple des flammes» (Bachelard 1961).

Peindre la réalité avec les mots, est en définitive aussi le projet du rédacteur d'articles d'un dictionnaire de langue; recomposer cette réalité langagière grâce aux compléments fournis par les bases textuelles qui enrichissent et modifient sans cesse la palette initiale du chercheur devient une ambition légitime du lecteur, — qui apprendrait à partir du dictionnaire et de ses sources informatisées à recomposer sa culture et à la situer ainsi dans la mémoire sociale de son temps;

et le *Trésor* serait lui-même toujours nouveau, toujours recommencé.

4. Bibliographie choisie

4.1. Dictionnaires

OED = Oxford English Dictionary. 12 vol. Oxford 1884—1928.

TLF = Trésor de la langue française. Dictionnaire de la langue du XIXe et du XXe siècle (1789—1960). 13 vol. A-Ptarmigan. Paris 1971—1988.

4.2. Travaux

Bachelard 1961 = Gaston Bachelard: La flamme d'une chandelle. Paris 1961.

Baudot/Gémar 1988 = Jean Baudot/Jean-Claude Gémar: Le français et les industries de la langue. Bilan et perspectives. In: Universités, Mars 1988, 25—26.

Elgozy 1981 = Georges Elgozy: L'Esprit des mots ou l'anti-dictionnaire. Paris 1981.

Gilbert 1966 = Pierre Gilbert: Les Citations d'auteurs dans le dictionnaire de Robert. In: Cahiers de Lexicologie 9. 1966—2, 113—121.

Gorcy 1987 = Gérard Gorcy: A propos de deux problèmes lexicographiques. In: Cahiers de Lexicologie 51. 1987—2, 149—158.

Gorcy/Henry 1988 = Gérard Gorcy/Françoise Henry: Informatisation du Trésor de la Langue Française (TLF): problèmes et perspectives. 1988 [A paraître].

Hausmann 1974 = Franz Josef Hausmann: Was ist ein Lernwörterbuch? In: Zeitschrift für französische Spache und Literatur 84. 1974, 97—129.

Imbs 1971 = Paul Imbs: Préface. In: TLF. T. 1. Paris 1971, IX—XLVII.

Rey 1987 = Alain Rey: Le dictionnaire culturel. In: Lexicographica 3. 1987, 3—50.

Straka 1987 = Georges Straka: En relisant Proust et en feuilletant nos dictionnaires. In: Mélanges Matoré. Paris 1987, 69—87.

Gérard Gorcy, Nancy (France)

XVII. Lexikographie der Einzelsprachen I: Die alten Sprachen des Nahen Ostens und die klassischen Sprachen
Lexicography of Individual Languages I: The Ancient Languages of the Near East and the Classical Languages
Lexicographie des langues particulières I: Les langues anciennes d'Asie mineure et les langues classiques

174. Ägyptische und koptische Lexikographie

1. Ägyptisch und Demotisch
2. Koptisch und Nubisch
3. Literatur (in Auswahl)

1. Ägyptisch und Demotisch

In den mehr als 4000 Jahren ihrer Überlieferung hat die ägyptische Sprache (vgl. Karte 174.1) fünf deutlich geschiedene Stadien der Entwicklung durchlaufen: Alt-, Mittel- und Neuägyptisch (ca. 3000 v.—4. Jh. n. Chr.), Demotisch (7. Jh. v. bis 5. Jh. n. Chr.) und Koptisch (seit dem 4. Jh. n. Chr.). Um einen ständig schrumpfenden Kern herum hat sie sich dabei phonetisch, grammatisch und lexikalisch (z. B. bei den Schüben semitischer Lehnwörter im Neuägyptischen und von griechischen Wörtern im Koptischen) ganz erheblich gewandelt. Für die älteren Sprachstufen waren die hieroglyphische Schrift und ihre „hieratische" Kursive in Gebrauch, für das Demotische eine eigene Kursive und für das Koptische das griechische Alphabet mit 7 aus dem Demotischen entlehnten Zusatzbuchstaben. Die hieroglyphische und die demotische Schrift geben die Wörter generell nur in ihrem Konsonantenbestand, erst im Demotischen z. T. auch mit Vokalen wieder, entweder mit ideographischen Zeichen oder mit Phonogrammen und dazu meist bedeutungseingrenzenden Determinativen am Wortende. Der hohe Zeichenbestand und nach Zeit, Ort, Text- und Schriftart o. ä. wechselnde Usancen lassen dabei eine beträchtliche Variationsbreite in den Schreibungen zu.

Seit 1866 ein System gefunden wurde, die 24 ägyptischen Konsonanten mit lateinischen Buchstaben zu transliterieren, läßt sich der Wortschatz der früheren Sprachstufen ebenso alphabetisch erfassen wie beim Koptischen. Auf die genaue Wiedergabe der vielen Schreibvarianten, für Textkritik und Datierungsfragen oft wichtig, und auf die Angabe der Belegstellen, vor allem bei seltenen Wörtern oder Idiomen, kann aber bis heute kein ägyptisches Wörterbuch verzichten. Das erste Wörterbuch solcher Art legte Brugsch 1867/82 vor. In dem von Champollion (1841), des Entzifferers der Hieroglyphen, sind die Wörter noch nach Zeichen und Zeichengruppen (Menschen, Tiere usw.) geordnet. Bei dem ständigen Zustrom an neuen Quellen und den rapiden philologischen Fortschritten veraltete das Wörterbuch von Brugsch rasch, und es zeigte sich auch bald, daß das hier noch eingeschlossene Demotische separat zu behandeln war. Unter Auswertung aller bekannten Texte wurde von 1897 an, in vorbildlicher internationaler Zusammenarbeit, ein neues, umfassendes Wörterbuch (ohne das Demotische) vorbereitet und 1926—31 in 5 autographierten Bänden herausgegeben (Wb.). Mit seinen ca. 16 000 Lemmata basiert dies auf einer thesaurusartigen Materialsammlung von ca. 1,5 Millionen Zetteln, doch führen die 5 gesonderten Belegstellen-Bände (1940—53) nur eine Auswahl auf. Ein Index-Band und ein rückläufiges Wörterverzeichnis (1950/63) haben das Unternehmen abgeschlossen. Auch das Wb. bedarf heute wieder dringend einer Revision. Das stark angewachsene Material wird aber erst seit kurzem jahrgangsweise aufgearbeitet (Meeks 1977 ff.). In der Zwischenzeit sind eine Reihe von Spezialwörterbüchern erschienen: zu den Orts- und Personennamen

(Gauthier 1925/31, Ranke 1935/52/77), den medizinischen Texten (Deines/Grapow 1959, Deines/Westendorf 1961/62) und dem Mittel- und Neuägyptischen (Faulkner 1962, Lesko 1982—87). — Für das Demotische sind der Wortschatz und die Personennamen in ähnlicher Weise ausgewertet (Erichsen 1954, Lüddeckens 1980 ff.), doch wird schon in Kürze ein neues, größeres Wörterbuch erscheinen (vorbereitet am Oriental Institute der Universität Chicago). — Die Lexikographie der pharaonischen Zeit beschränkt sich auf einfache Wort- oder Namenslisten (Onomastika) zur Topographie, zu Ämtern und Berufen, Anatomie, Fauna, Flora u. a. (Gardiner 1947). Erst aus römischer Zeit stammen lexikalische Listen, die nach Anfangsbuchstaben geordnet sind.

2. Koptisch und Nubisch

Für das Koptische mit seinen 6 Hauptdialekten verzeichnet Crum (1939) bei gut 3300 Lemmata alle wesentlichen Belege und auch die wichtigen Dialekt- und Schreibvarianten. Ergänzend hinzugetreten sind inzwischen die Nachträge aus neugefundenen Texten (Kasser 1964/66) und ein rückläufiges Wörterverzeichnis (Strasbach/Barc 1984). Den Beziehungen zur älteren Sprache gelten gleich drei rezente etymologische Wörterbücher (Westendorf 1965/77, Černý 1976, Vycichl 1983), der Topographie die Arbeiten von Amélineau (1893) und Timm (1984). — Aus Ägypten selbst sind aus vorarabischer Zeit kurze griechisch-koptische und aus späterer Zeit ausführliche koptisch-arabische Glossare erhalten.

Südlich von Ägypten ist seit dem 9. Jh. n. Chr. das Nubische bezeugt, das mit dem Ägyptischen nicht verwandt, wohl aber durch eine Reihe von Lehnwörtern verbunden ist, und in mehreren Dialekten noch heute gesprochen wird. Das Neunubische ist lexikalisch gut erschlossen (Murray 1923, Armbruster 1965), das kurze altnubische Glossar von Griffith (1913) ist heute stark zu erweitern.

3. Literatur (in Auswahl)

3.1. Wörterbücher

Armbruster 1965 = Charles H. Armbruster: Dongolese Nubian: A Lexicon. Cambridge 1965 [285 S.].

Brugsch 1867/82 = Heinrich Brugsch: Hieroglyphisch-demotisches Wörterbuch. 2 Teile in 7 Bden. Leipzig 1867—82 [XIV, IX, 1728 S.; VI, 1418 S.].

Černý 1976 = Jaroslav Černý: Coptic Etymological Dictionary. Cambridge 1976 [XXIV, 384 S.].

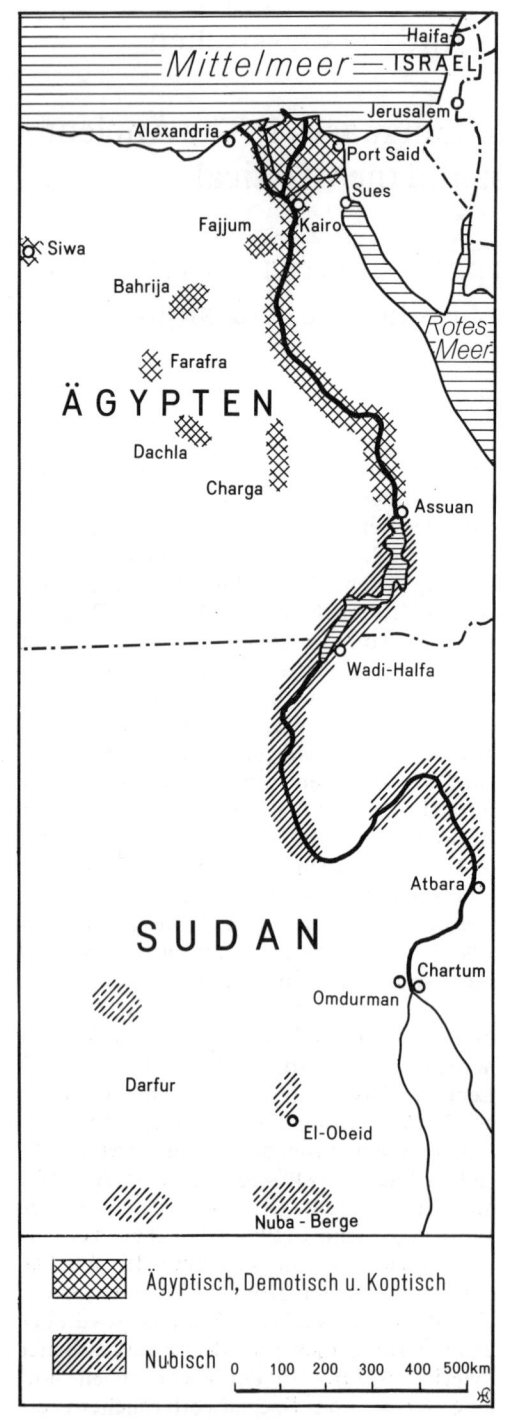

Karte 174.1: Alte Sprachen des Niltals

Textbeispiel 174.1: Lemma (aus: Wb. V 191)

ϭϩⲟⲥ¹, ϭⲟϩⲥ², ϫϩⲟⲥ³, ϣϭⲟⲥ⁴, ϣϫϩⲟⲥ⁵, ϣϫⲟⲥ⁶ S, ⲭⲁⲥ A, ϭϩⲁⲥ F, ϭϩⲉⲥ DM; ϭⲟϩⲥⲉ⁷, ϭⲁ.⁸ S, ϭⲁϩⲥⲓ B nn f, *gazelle*: Deu 12 15 S¹B, 2 Kg 2 18 S⁸, Pro 6 5 S³(var⁶, cit BHom 6⁴, ShA 1 59⁸, ShBMOr 8810 436¹, Sh(Besa)Bor 206 586⁷)AB, Cant 4 5 S ⲙⲁⲥ ⲛϭ.⁸ (cit ShC 42 53⁸), Si 27 20 S¹(var⁵), Ac 9 36 BF(S=Gk) δορκάς, P 44 54 S ⲇⲟⲣⲕⲁⲥ·ⲧⲉϭ.¹, ⲧϭ.⁸ (l ظبي, غزل), Is 13 14 S¹(varr⁶ ⁷)B δορκάδιον; JTS 10 400 S², DM 5 12, 13 7.

Textbeispiel 174.2: Lemma (aus: Crum 1939, 839)

Champollion 1841 = Jean François Champollion: Dictionnaire égyptien en écriture hiéroglyphique. Paris 1841 [XXXVI, 487 S.].

Crum 1939 = Walter E. Crum: A Coptic Dictionary. Oxford 1939 [XXIV, 953 S.].

Deines/Grapow 1959 = Hildegard von Deines/Hermann Grapow: Wörterbuch der ägyptischen Drogennamen. Berlin 1959 [VI, 634 S.].

Deines/Westendorf 1961/62 = Hildegard von Deines/Wolfhart Westendorf: Wörterbuch der medizinischen Texte. 2 Teile. Berlin 1961—62 [VII, 1109 S.].

Erichsen 1954 = Wolja Erichsen: Demotisches Glossar. Kopenhagen 1954 [IV, 712 S.].

Faulkner 1962 = Raymond O. Faulkner: A Concise Dictionary of Middle Egyptian. Oxford 1962 [XVI, 327 S.].

Gardiner 1947 = Alan H. Gardiner: Ancient Egyptian Onomastica. Text (2 vols.), Plates. Oxford 1947 [XXIII, 68 + 215 S., 324 S.; 27 pl.].

Gauthier 1925/31 = Henri Gauthier: Dictionnaire des noms géographiques contenus dans les textes hiéroglyphiques. 7 vols. Le Caire 1925—31 [VIII, 218; 170; 155; 226; 236; 156; 96 S.].

Kasser 1964 = Rodolphe Kasser: Compléments au dictionnaire copte de Crum. Le Caire 1964 [XVIII, 135 S.].

Kasser 1966 = Rodolphe Kasser: Compléments morphologiques au dictionnaire de Crum. In: Bulletin de l'Institut Français d'Archéologie Orientale 64. 1966, 19—66.

Lesko 1982/84/87 = Leonard H. Lesko: A Dictionary of Late Egyptian. Vol. I—III. Berkeley. Providence 1982/84/87 [XIX, 260; V, 214; V, 173 S.].

Lüddeckens 1980 ff. = Demotisches Namenbuch. Hrsg. von Erich Lüddeckens unter Mitarbeit von Wolfgang Brunsch, Heinz-Josef Thissen, Günther Vittmann, Karl-Theodor Zauzich. Bd. I, Lfg. 1—7. Wiesbaden 1980—87 [XXIII, VII, 528 S.].

Meeks 1977 ff. = Dimitri Meeks: Année lexicographique. T. 1—3 (1977/78/79). Paris 1980/81/82 [XXIII, 457; XV, 450; XIV, 351 S.].

Murray 1923 = G. W. Murray: An English-Nubian Comparative Dictionary. Oxford 1923 [XLIV, 195 S.].

Peyron 1835 = Amedeo Peyron: Lexicon linguae copticae. Taurini 1835 [XXVII, 470 S.].

Ranke 1935/52/77 = Hermann Ranke: Die ägyptischen Personennamen. 3 Bde. Glückstadt 1935/52/77 [XXXI, 432; XIII, 414; 142 S.].

Strasbach/Barc 1984 = Marie-Odile Strasbach/Bernard Barc: Dictionnaire inversé du Copte. Louvain 1984 [VI, 192 S.].

Vycichl 1983 = Werner Vycichl: Dictionnaire étymologique de la langue copte. Leuven 1983 [XXVIII, 520 S.].

Wb. = Wörterbuch der aegyptischen Sprache. Im Auftrage der deutschen Akademien hrsg. von Adolf Erman und Hermann Grapow. 5 Bde. Leipzig 1926—31 [XVI, 583; 506; 489; 569; 639 S.]. 5 Bde. Belegstellen. Leipzig. Berlin 1940—53 [96 + 79; 767; 97 + 135; 85 + 112; 95 + 110 S.]. Bd. VI. Deutsch-aegyptisches Wörterverzeichnis... Berlin 1950 [VIII, 256 S.]. Bd. VII. Rückläufiges Wörterverzeichnis, bearbeitet von W. F. Reineke. Berlin 1963 [132 S.].

Westendorf 1965/77 = Wolfhart Westendorf: Koptisches Handwörterbuch. Heidelberg 1965—77 [XXIV, 679 S.].

3.2. Sonstige Literatur

Amélineau 1893 = Émile Amélineau: La géographie de l'Égypte à l'époque Copte. Paris 1893.

Griffith 1913 = Francis Ll. Griffith: The Nubian Texts of the Christian Period. Berlin 1913.

Timm 1984 = Stefan Timm: Das christlich-koptische Ägypten in arabischer Zeit. Teil 1—3 (A—L). Beihefte zum Tübinger Atlas des Vorderen Orients. Reihe B, Nr. 41/1—3. Wiesbaden 1984.

Jürgen Osing, Bonn (Bundesrepublik Deutschland)

175. Sumerian and Akkadian Lexicography

1. Introduction
2. Native Lexical Works
3. Modern Dictionaries Before 1950
4. Recent Akkadian Dictionaries
5. Recent Sumerian Dictionaries
6. Selected Bibliography

1. Introduction

Sumerian, an isolated language, and Akkadian, a Semitic language, both use the cuneiform script in tens of thousands of clay tablets which date from ca. 2700 B. C. to the 2nd century B. C. The texts of the tablets belong to all kinds of genres, from epic poetry to administrative accounts. Although in both languages the symbols of the script are basically the same, the writing systems are slightly different. Sumerian uses logograms with auxiliary syllabograms while Akkadian uses mainly syllabograms completed by logograms. Both languages seem to have coexisted in a bilingual society in which Sumerian was the prestige language, used in religious and cultural activities, from the early days of cuneiform writing.

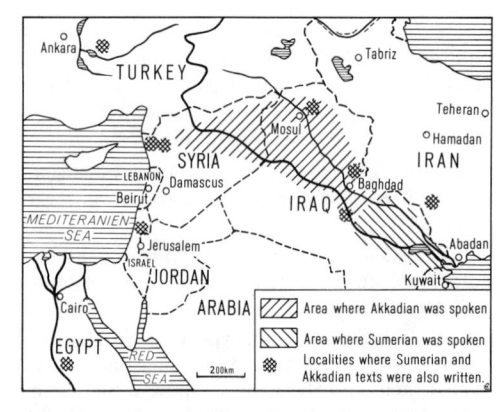

Map 175.1: Geographical distribution of Sumerian and Akkadian

2. Native Lexical Works

2.1. Types of Lexical Works

The Mesopotamian scribes compiled large numbers of lexeme lists that have been recovered to a large extent by modern excavators and are now available in recent editions (Landsberger, ed. 1937 f.). Introductory descriptions can be found in Civil 1975, Cavigneaux 1976, and in the more recent volumes of Landsberger, ed. 1937 f. The lists can be unilingual or bilingual (Sumero-Akkadian). In peripheral areas, such as NW Syria and Anatolia, some trilingual (Sumerian, Akkadian, and Hittite) and even quadrilingual (Sumerian, Akkadian, Ugaritic, and Hurrian) lists are attested. The two basic word lists — which following the native custom are designated by their opening line — are **Aa = nâqu** (42 tablets with ca. 14,000 entries, in Landsberger, ed. 1937 f. vol. XIV) and **HAR-ra = hubullu** (24 tablets with ca. 9,700 entries in Landsberger, ed. 1937 f. vols. V—XI). The first — a syllabary combined with a bilingual lexicon — is organized according to sign shapes, the second — a sort of material culture encyclopedia — is thematically arranged. There are lexical lists of mixed organization with the entries generally arranged according to the initial sign of the lexemes but with inclusion of thematic digressions, e. g., **Izi = išātu** (Landsberger, ed. 1937 f. vol. XIII). Infrequent types are: a) semantically arranged bilingual lists of groups of three synonyms, or two synonyms and one antonym (Landsberger, ed. 1937 f. vol. XVI), b) a bilingual list classified etymologically by Akkadian roots (Landsberger, ed. 1937 f. vol. XVII), and c) lists of Semitic synonyms, e. g., the list **Malku = šarru**. A small, fragmentary tablet has an Egyptian-Akkadian word list.

2.2. Structure of Native Word Lists

Lexical entries can consist of several columns; fully expanded, an entry of **Aa = nâqu** will include: a) the Sumerian pronunciation of the logogram(s) given by a set of basic syllabograms, b) the logogram(s), c) the name of the sign(s) of the logogram, and d) the

Akkadian translation (and eventually additional languages). For instance:

mu-u = TÚG = *tu-kul-lum* = *la-ba-šu*
"The sign TÚG, (called) *tukullu*, (pronounced in Sumerian) **mu-u**, (means in Akkadian) *labāšu* 'to dress'."

Most lists, however, have only two columns, Sumerian on the left, Akkadian on the right. A pronunciation gloss, in small size signs, may be added to the Sumerian entry. In cases of ambiguity the entry may add a qualification, for instance: **dù** = *epēšu ša bīti*, **dím** = *epēšu ša ṭuppi u qan ṭuppi* "**dù** = 'to build a house,' **dím** = 'to make a tablet or a stylus'," or a synonym: **dug.dal-a** = *nassapu* = *namandu ša mê* "Sum. dug.dal-a (means in Akkadian) *nassapu* (a jar which is) a 'measure for water'." Strict definitions are unknown. Some examples of lexical commentaries to the main lists have been preserved; they give etymologies, synonyms, and quotations, and may include religious or astrological speculations.

2.3. History

Lexical lists have been found among the oldest cuneiform tablets (Uruk III—IV periods, ca. 2700 B. C.). These archaic lists, initially unilingual, were copied in all areas where cuneiform script was used until the end of the 3rd millennium B. C. The first examples of bilingual lists are from Ebla, ca. 2350 B. C. (Pettinato 1984). New lists were created during the Old-Babylonian period (2017—1595 B. C.). These lists show, at the beginning, a considerable degree of local variation. They received their final, fixed form ("canonical" recension) around the 12th century B. C. and then remained unchanged until the very end of cuneiform script in the 2nd century B. C.

3. Modern Dictionaries Before 1950

Cuneiform script was deciphered by European scholars in the middle of the 19th century. Bilingual lists were present in the first large body of tablets, from the British Museum, published in the decades 1860—80, and lexical studies were soon under way. Delitzsch 1877 f. represents the first attempt, overly ambitious and premature, at writing an Akkadian dictionary. A more realistic and practical work by the same scholar, to be considered the father of Sumerian and Akkadian lexicography, is Delitzsch 1896. His Sumerian dictionary, the first, appeared a few years later (Delitzsch 1914). Important for the history of Sumero-Akkadian lexicography are Strassmaier 1886, Brünnow 1889, and Meissner 1898, 1910. They are, however, collections of raw materials rather than formal dictionaries. The ambition to publish a definitive dictionary of Akkadian, inspired by Erman's "Wörterbuch der ägyptischen Sprache" and following its methods, was very much alive at the beginning of the 20th century. Large collections of lexical cards for future dictionaries were started by Delitzsch, Bezold, and Meissner in Germany, and by Breasted in Chicago. Nothing would reach print until after 1950. The realization that an exhaustive dictionary was a long term project prompted the publication of two practical and modest dictionaries. Muss-Arnolt 1895 f. and Bezold 1926. The first, marred by technical shortcomings, included useful quotations and bibliographical references, the latter, more linguistically correct, unfortunately none. On the Sumerian side, the lead of Delitzsch 1914 was not followed. The classical compilation of lexical material is Deimel 1928, ordered by cuneiform signs and thus following in the tradition of Brünnow. A similar but less extensive effort had been initiated by Howardy 1904 f.; it ended more than thirty years later and had limited diffusion.

4. Recent Akkadian Dictionaries

Two of the early projects have become realities. The "Chicago Assyrian Dictionary of the Oriental Institute of the University of Chicago" (Oppenheim, ed. 1956 f.), first planned by Breasted in 1921, saw its first two volumes printed in 1956, after decades of collecting materials under the leadership of several editors and the disruptions of the Second World War. For its history, see Gelb's introduction to Oppenheim, ed. 1956 f. vol. I VII ff. Fifteen of its twenty-one planned volumes have been published to date (1988); more precisely, eighteen tomes out of twenty-seven, since some volumes have appeared or will appear in two parts. Nine years after the appearance of the Chicago dictionary the first fascicle of von Soden 1965 f. saw the light. Based on the collection of materials initiated by Meissner, its three volumes were completed in 1981. Both are state of the art dictionaries with notable differences in their preparation and format. The Chicago dictionary is a team effort with uncountable collaborators using multicopied cards of the type pioneered by the "Wörterbuch der ägyptischen Sprache;" von Soden's is the result of one person's tour de force, albeit with some collaborators, using more traditional methods. The Chicago dictionary, very readable, comes close to being a concordance with its exhaustive quotations duly translated and a certain amount of discussion. Von Soden's is extremely concise and compact, incorporating nevertheless all the relevant references, giving useful Semitic cognates and lists of roots, not included in Chicago's work. In addition to the two dictionaries, a number of glossaries: historical, e. g., Gelb 1957, limited to a type of texts of a given period, e. g., Ebeling 1955 and Aro 1957, or limited to a lexical set, e. g., Salonen 1966 and Seux 1967 (a type already seen in Holma 1911 and Weir 1934), are available to the scholar. A series of works which, paralleling the publication of **HAR-ra** = *hubullu* (Landsberger, ed., 1937 f. vols. V—XI), study the lexicon focusing on material culture are due to Salonen (1939—1976). They also include Sumerian terms and, although somewhat hastily compiled from existing materials, add a useful dimension to the knowledge of the language. In the same vein, but a model of original, penetrating philology, is Landsberger 1967, on the terminology of the date palm. The history of modern Akkadian lexicography is sketched in Borger 1984.

5. Recent Sumerian Dictionaries

The only Sumerian lexicon generally available in 1950 was Deimel 1928 f., Howardy 1904 f. being rarely used. The enormous increase of literary material published after 1950 and the availability of editions of the native lexical lists in Landsberger, ed. 1937 f. rendered Deimel's lexicon, deficient from the start, completely inadequate. An attempt to compile a formal dictionary, with very limited economic means and little planning, was Lambert 1954 f. Regrettably, only two fascicles were published of this work, interestingly oriented, which could have turned into a useful dictionary. In 1976 Å. Sjöberg initiated the publication of the "Sumerian Dictionary of the University Museum of the University of Pennsylvania." Based on traditional cards from the author's personal files, and explicitly modeled after the Chicago dictionary, a first volume (Sjöberg 1984), the second of the dictionary, appeared at the end of 1984. A quantum leap above the existing glossaries and an undeniably useful dictionary which attempts to collect all relevant quotations, it does not seem to account adequately for the linguistic realities of an isolated language and of the logographic script, see Steinkeller 1987 and Krecher 1988. Extensive adjustments of format and style are to be expected in forthcoming volumes. Among specialized dictionaries, besides Salonen 1939—1976, Limet 1960 (on metallurgy) and Lieberman 1977 (on loanwords) can be mentioned.

6. Selected Bibliography

6.1. Dictionaries

Bezold 1926 = Carl Bezold: Babylonisch-assyrischer Glossar. Heidelberg 1926 [VII, 343 pp.].

Brünnow 1889 = Rudolph E. Brünnow: A Classified List of All Simple and Compound Cuneiform Ideographs. Leyden 1889 [X, 546 pp.].

Civil 1986 = Miguel Civil, ed.: Materials for the Sumerian Lexicon, Supplementary Series. Roma 1986. Vol. I [VII, 103 pp., XXVI pl.].

Deimel 1928 f. = Anton Deimel: Sumerisches Lexikon. Rom 1928—33. Vol. I—IV [VIII, 1144 pp.].

Delitzsch 1877 f. = Friedrich Delitzsch: Assyrisches Wörterbuch. Leipzig 1877—90. Vol. I [489 pp.; discontinued].

Delitzsch 1896 = Friedrich Delitzsch: Assyrisches Handwörterbuch. Leipzig 1896 [XX, 730 pp.].

Delitzsch 1914 = Friedrich Delitzsch: Sumerisches Glossar. Leipzig 1914 [XXVII, 296 pp.].

Gelb 1957 = Ignace J. Gelb: Glossary of Old Akkadian. Chicago 1957 [XXIV, 318 pp.].

Howardy 1904 f. = Gert Howardy: Clavis cuneorum, sive Lexicon signorum Assyriorum. London, Leipzig, København 1904—33 [957 pp.].

Lambert 1954 f. = Maurice Lambert: Contribution au thesaurus de la langue sumérienne. Paris 1954—55. Fasc. I [39 pp.] 1954, Fasc. II [92 pp., discontinued] 1955.

Landsberger, ed., 1937 f. = Benno Landsberger et al.: Materialien zum sumerischen Lexikon. Rom 1937 ff. Vol. I [XVII, 258 pp.] 1937, Vol. II [X, 150 pp.] 1951, Vol. III [254 pp.] 1955, Vol. IV [VII, 50*, 207 pp.] 1956, Vol. V [199 pp.] 1957, Vol. VI [V, 139 pp.] 1958, Vol. VII [V, 242 pp.] 1959, Vol. VIII/1 [103 pp.] 1960, Vol. VIII/2 [X, 180 pp.] 1962, Vol. IX [222 pp.] 1967, Vol. X [VIII, 156 pp.; title changed to Materials for the Sumerian Lexicon] 1970, Vol. XI [XI, 172 pp.] 1974, Vol. XII [XIII, 250 pp.] 1969, Vol. XIII [XI, 261 pp.] 1971, Vol. XIV [XVI, 534 pp.] 1979, Vol. XVI [XII, 348 pp.] 1982, Vol. XVII [XIV, 258 pp.] 1985.

Meissner 1898 = Bruno Meissner: Supplement zu den assyrischen Wörterbüchern. Leyden 1898 [105 pp., 32 pl.].

Meissner 1910 = Bruno Meissner: Seltene assyrische Ideogramme. Leipzig 1910 [XX, 721 pp.].

Muss-Arnolt 1895 f. = William Muss-Arnolt: Assyrisch-englisch-deutsches Handwörterbuch. Berlin 1895—1905 [XIV, 1202 pp.].

Oppenheim, ed., 1956 f. = A. Leo Oppenheim, ed.: The Assyrian Dictionary of the Oriental Institute of the University of Chicago. Chicago 1956 ff. Vol. I/1 [XXXVI, 392 pp.] 1964, Vol. I/2 [XX, 531 pp.] 1968, Vol. II [XVIII, 366 pp.] 1965, Vol. III [XIV, 203 pp.] 1959, Vol. IV [XIV, 435 pp.] 1958, Vol. V [XIII, 158 pp.] 1956, Vol. VI [XIII, 266 pp.] 1956, Vol. VII [XV, 331 pp.] 1960, Vol. VIII [XIX, 617 pp.] 1971, Vol. IX [XX, 259 pp.] 1973, Vol. X/1 [XXIV, 441 pp.] 1977, Vol. X/2 [XX, 324 pp.] 1977, Vol. XI/1 [XXIII, 382 pp.] 1980, Vol. XI/2 [XXI, 357 pp.] 1980, Vol. XIII [XXIV, 332 pp.] 1982, Vol. XV [XXIV, 428 pp.] 1984, Vol. XVI [XV, 262 pp.] 1962, Vol. XXI [XV, 170 pp.] 1961.

Sjöberg, ed., 1984 = Åke W. Sjöberg, ed.: The Sumerian Dictionary of the University Museum of the University of Pennsylvania. Philadelphia 1984. Vol. II [XXVII, 220 pp.].

von Soden 1965 f. = Wolfram von Soden: Akkadisches Handwörterbuch. Wiesbaden 1965—81. Vol. I—III [XVI, 1592 pp.].

Strassmeier 1886 = Johann Nepomucen Strassmeier: Alphabetisches Verzeichniss der assyrischen und akkadischen [i. e., Sumerian] Wörter (Assyriologische Bibliothek 4). Leipzig 1886 [IV, 1144, 66 pp.].

6.2. Other Publications

Aro 1957 = Jussi Aro: Glossar zu den mittelbabylonischen Briefen. In: Studia Orientalia XXII. Helsinki 1957.

Borger 1984 = Rykle Borger: Altorientalische Lexikographie, Geschichte und Probleme. In: Nachrichten der Akademie der Wissenschaften in Göttingen, I. Philologisch-historische Klasse 1984/2.

Cavigneaux 1976 = Antoine Cavigneaux: Die sumerisch-akkadischen Zeichenlisten, Überlieferungsprobleme. München 1976.

Civil 1975 = Miguel Civil: Lexicography. In: S. Lieberman, ed., Assyriological Studies 20. Chicago 1975, 123—57.

Ebeling 1955 = Erich Ebeling: Glossar zu den neubabylonischen Briefen. In: Sitzungsberichte der Bayerischen Akademie der Wissenschaften, philosophisch-historische Abteilung 1953/1. München 1955.

Limet 1960 = Henri Limet: Le travail du métal au pays de Sumer. Paris 1960.

Holma 1911 = Harri Holma: Die Namen der Körperteile im Assyrisch-Babylonischen. Leipzig 1911.

Krecher 1988 = Joachim Krecher: Der erste Band des Pennsylvania Sumerian Dictionary und der Stand der Sumerologie heute. In: Zeitschrift für Assyriologie 73. 1988, 241—75.

Landsberger 1967 = Benno Landsberger: The Date Palm and its By-products. In: Archiv für Orientforschung Beiheft 17. Graz 1967.

Lieberman 1977 = Stephen Lieberman: The Sumerian Loanwords in Old-Babylonian Akkadian. In: Harvard Semitic Studies 22. Missoula 1977. Vol. I.

Pettinato 1984 = Giovanni Pettinato: Rapporto tra il vocabolario princeps e gli estratti di vocabolari. In: L. Cagni, ed., Il bilinguismo a Ebla. Napoli 1984, 9—49.

Salonen 1939 = Armas Salonen: Die Wasserfahrzeuge in Babylonien nach sumerisch-akkadischen Quellen. In: Studia Orientalia VIII/4, 1939.

Salonen 1942 = Armas Salonen: Nautica Babyloniaca. In: Studia Orientalia XI/1, 1942.

Salonen 1951 = Armas Salonen: Die Landfahrzeuge des Alten Mesopotamien. In: Annales Academiae Scientiarum Fennicae B 72/3, 1951.

Salonen 1955 = Armas Salonen: Hippologica Accadica. In: Annales Academiae Scientiarum Fennicae B 100, 1955.

Salonen 1961 = Armas Salonen: Die Türen des Alten Mesopotamien. In: Annales Academiae Scientiarum Fennicae B 104, 1961.

Salonen 1963 = Armas Salonen: Die Möbel des Alten Mesopotamien. In: Annales Academiae Scientiarum Fennicae B 127, 1963.

Salonen 1965 = Armas Salonen: Die Hausgeräte der alten Mesopotamier. Teil I. In: Annales Academiae Scientiarum Fennicae B 139. Helsinki 1965. Teil II. Gefässe. In: Annales Academiae Scientiarum Fennicae B 144, 1966.

Salonen 1968 = Armas Salonen: Agricultura Mesopotamica nach sumerisch-akkadischen Quellen. In: Annales Academiae Scientiarum Fennicae B 149, 1968.

Salonen 1969 = Armas Salonen: Die Fussbekleidung der alten Mesopotamier. In: Annales Academiae Scientiarum Fennicae B 157, 1969.

Salonen 1970 = Armas Salonen: Die Fischerei im Alten Mesopotamien. In: Annales Academiae Scientiarum Fennicae B 166, 1970.

Salonen 1972 = Armas Salonen: Die Ziegeleien im Alten Mesopotamien. In: Annales Academiae Scientiarum Fennicae B 171, 1972.

Salonen 1973 = Armas Salonen: Vögel und Vogelfang im Alten Mesopotamien. In: Annales Academiae Scientiarum Fennicae B 180, 1973.

Salonen 1976 = Armas Salonen: Jagd und Jagdtiere im Alten Mesopotamien. In: Annales Academiae Scientiarum Fennicae B 196, 1976.

Salonen 1966 = Erkki Salonen: Die Waffen der alten Mesopotamier. In: Studia Orientalia XXXIII, 1965.

Seux 1967 = Marie-Joseph Seux: Epithètes royales akkadiennes et sumériennes. Paris 1967.

Steinkeller 1987 = Piotr Steinkeller: Review of the

"Sumerian Dictionary of the University Museum". In: Journal of Near Eastern Studies 46. 1987, 55—59.

Weir 1934 = Cecil J. Mullo Weir: A lexicon of Accadian prayers in the rituals of expiation. Oxford 1934.

Miguel Civil, University of Chicago, Chicago, Illinois (USA)

176. Hethitische Lexikographie

1. Quellen der Schrift
2. Orthographische Probleme
3. Sprachgliederung
4. Alte Vokabulare
5. Moderne Lexikographie
6. Literatur (in Auswahl)

1. Quellen der Schrift

Die hethitische Lexikographie teilt insofern eine Reihe von Problemen mit Artikel Nr. 175, als das Hethitische in der akkadischen Keilschrift aufgeschrieben worden ist. Obgleich die Hethiter schon gegen Ende der Periode der Altassyrischen Handelskolonien Kleinasiens ca. 1800 v. Chr. (Grabungsschicht Kaneš-Kültepe I b, nahe Kayseri) in Zentralanatolien anwesend waren (vgl. Karte 176.1), übernahmen sie die Keilschrift erst unter dem zweiten (eindeutig) hethitischen König Hattušili I., der sein Reich nach Nordsyrien ausdehnte. Ca. 20 000 bis 30 000 Texte auf Tontafeln, davon der größere Teil auf Hethitisch, sind für ca. 1600 bis ins 15. Jahrhundert (altheth.) und von 1430 bis ca. 1200 v. Chr. (jungheth.) erhalten. Das Textmaterial wächst jährlich an durch Neufunde (bes. in Hattuša Boğazköy, ca. 180 km nordöstlich von Ankara) und durch Neueditionen. Als Quelle der heth. Keilschriftvariante wird ein noch nicht wieder entdecktes Archiv in Nordsyrien der altbabylonischen Zeit vermutet. Weder Tafelunterschriften noch heth. Texte machen darüber Aussagen (cf. Laroche 1971).

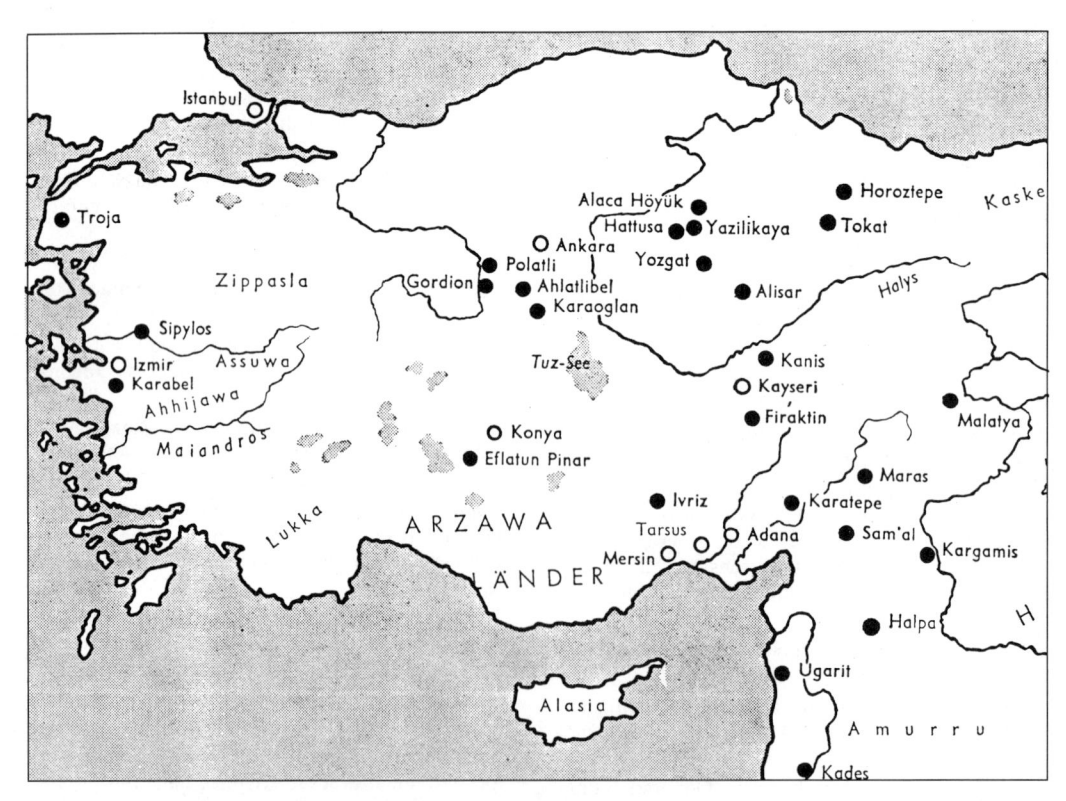

Karte 176.1: Kleinasien zur Hethiterzeit (aus: Akurgal/Hirmer 1961, 108)

2. Orthographische Probleme

Andere Probleme resultieren daraus, daß das Hethitische mit seinen Schwestersprachen („Hethito-Luwisch" bzw. ungenauer „Anatolisch") zur indogermanischen (= idg.) Sprachgruppe gehört und als solche auch ein Forschungsgegenstand der Vergleichenden idg. Sprachwissenschaft ist. Das Hethitische wurde erst 1887 in zwei Briefen in Amarna, Ägypten und vor allem 1905—1912 (und später) in Hattuša-Boğazköy, der ehemaligen Hauptstadt des Hethiterreiches, entdeckt und wurde daher nicht bei der „Kodifizierung" des Idg. bis zum Anfang unseres Jahrhunderts miterfaßt. Darüber hinaus erwies es sich dann als ältest bezeugte idg. Sprache (vor dem Indo-Iranischen und Griechischen [mit Mykenischem] nach der Mitte des 2. Jahrtausends v. Chr., sowie dem Armenischen), obgleich es z. B. beim Verbum einen jungen Eindruck erweckte, während es beim Nomen im Singular die alten acht idg. Kasus mit Einschluß des Lokativs — wie nur noch im Indo-Iranischen — bewahrte.

Bes. Schwierigkeiten machte und macht dabei den Indogermanisten, die in der Regel mit strengen Lautgesetzen arbeiten und oft dazu neigen, schriftliche Darstellung mit phonetischen Alphabeten zu verwechseln, die akkadisch-hethitische Keilschrift. Sie ist bekanntlich eine Silbenschrift mit zusätzlichen sumerischen Wortzeichen (Sumerogrammen), wozu nur beim Heth. auch noch akkadische Wörter als Akkadogramme kommen. (Sumerogramme und Akkadogramme ergeben zusammen die Ideogramme, manchmal aus moderner Sicht Logogramme oder Heterogramme genannt.) Die künstliche Graphie der akkado-heth. Keilschrift kann völlig irre leiten, und zwar sowohl in der Syntax (Wortstellung) als auch z. B. dann, wenn die synthetische Nominaldeklination in Ideogrammen mit akkadischen Präpositionen analytisch geschrieben, aber nicht gesprochen (!) wird. Beispiel: heth. antuhša- „Mensch" (genus commune aus genus masc. und fem.), ab 1350 v. Chr. = sumerographisch UN; im Singular

heth.	ideographisch
Nom. antuṣan	UN (UN-aš)
Akkus. antuhšan	UN (UN-an)
Gen. antuhšaš	ŠA UN
Dat.-Lok. antuhši	ANA (*INA) UN
Ablativ antuhšaz	IŠTU UN
Instrumental* antuhšit	IŠTU UN.

Hinzu kommt, daß eine Silbenschrift wie die Keilschrift z. B. nicht idg. Doppelkonsonanz im Anlaut und Trikonsonanz im Inlaut schreiben konnte. — Andererseits meisterten die Hethiter in mancher Hinsicht die übernommene Keilschrift erstaunlich schnell (s. auch § 3): die meisten Zeichen wurden für einen einzigen Lautwert festgelegt (ähnlich wie sich die akkadische Keilschrift in Elam/Iran entwickelte). Erfindung neuer Zeichen wie wa_a, wa_e, wa_i, wa_u, $wa_ú$ (wechselnd mit pa [aber nicht ba!], pí, pu) für einen im Heth. fehlenden /f-/Laut (= fa, fe, fi, fu) in den isolierten Sprachen Hattisch und später Hurrisch. Zeichen wi_5 nach dem Prinzip der Akrophonie aus GEŠTIN „Wein" - heth. wiyana-.

3. Sprachgliederung

Wer heth. Lexikographie betreibt oder derjenige, der sie betreiben will, sollte nicht nur ein heth. Philologe (im weiteren Sinne des Wortes) sein, sondern gleichermaßen auch mit den Problemen der Assyriologie und der Indogermanistik vertraut sein; denn die Hethiter haben eine eigenständige Überlieferung geschaffen, die zum Komplex der heth. Lexikographie gehört. Gleich nach der Schriftübernahme fixierten die Hethiter auch schriftlich die Schwestersprachen Palaisch, nordöstlich oder nordwestlich von Hattuša-Boğazköy (ab altheth. Zeit), und Keilschriftluwisch, die Sprache von Arzawa südwestlich vom Halys = Kızıl Irmak (Sicheres ab Jungheth.). Eine weitere Sprache, das Hieroglyphenluwische, zeichneten die Hethiter in einer von ihnen erfundenen Bilderschrift auf, die den Untergang des Hethiterreiches um 1200 v. Chr. im östlicheren Anatolien bis zum Euphrat und in Nordsyrien überlebte (H.-Luwisch ca. 1300 bis 8. Jahrhundert v. Chr.). Um die Mitte des 1. Jahrtausends v. Chr. überlebten in Ablegern des griechischen Alphabets das Lykische, die dritte luwische Sprache, und das Lydische. Cf. mitsamt Forschungsberichten Heubeck, Kammenhuber, Neumann 1969; Gusmani 1964; Hawkins/Morpurgo-Davies/Neumann 1974.

Außerdem schrieben die Hethiter in altheth. Zeit aus kultischen Gründen erstmals die isolierte Sprache der kulturell überlegenen, zentralanatolischen Vorbevölkerung auf, das Hattische (Protohattische, heth. ḫattili). Es hatte unabhängig voneinander das Hethitische und das Palaische beeinflußt und dürfte um die Mitte des 2. Jahrtausends v. Chr. ausgestorben sein. Lehnwörter im Altheth. gehören diesem hattischen Substrat an oder einem nur durch Namen in den altassyrischen kleinasiatischen Texten der Handelskolonien bekannten südöstlicheren Substrat.

Das östlich vom Hethitischen jenseits des Euphrats gesprochene Hurrische (Hurritische, heth. hurlili) übte einen starken, bes. religiösen Einfluß auf die heth. Oberschicht aus, und zwar in zwei Wellen um 1400 v. Chr. bes. z. Z. von Arnuwanda I. mit Schwester Ašmunikal und nochmals im 13. Jh. z. Z. von Hattušili III. mit Gattin Puduhepa und Sohn Tuthaliya IV. Auch entstammt die jungheth. Dynastie (oder ein Teil davon) einem (mitanni-)hurrischen Geschlecht. Die Hurriter hatten ihrerseits in Nordmesopotamien die akkadische Keilschrift bereits in der Akkad-Zeit (2340—2200 v. Chr.) übernommen und dann später eigenständig umgestaltet. Sie bereicherten nun als Schreiber die heth. Keilschrift jüngeren Ursprungs, erkennbar z. B. an neuen Sumerogrammen. Der enge althurrisch-sumerisch-akkadische Kontakt, der auch zu akkadischen und sumerischen Lehnwörtern im Hurrischen geführt hatte, zerriß z. Z. von Šarkallišarrī mit dem Einfall der Gutäer. Cf. Kammenhuber 1976, 59 ff., 87 ff., 199 ff. (unter anderem mit der Bewahrung einer akkadzeitlichen althurr. Königsliste KUB XXVII 38 in einem heth. Ritual); 1974, 1978.

Aus dieser komplexen, aber höchst reizvollen Situation resultiert für die z. Z. im Anschluß an Friedrich, HW (1952—1966) entstehenden heth. Wörterbücher (Friedrich †/Kammenhuber, HW², 1975; Güterbock/Hoffner, CHD, 1980) und die etymologischen Lexika (Tischler, HEG, 1977; Puhvel, HED, 1984 [mit heth. Kontextproben]) die Forderung nach neuerlicher Unterscheidung zwischen (a) Altheth., in dem hattische Lehnwörter möglich sind, und (b) Jungheth. mit Unterscheidung zwischen rein heth. Texten und solchen der luwischen Schicht (luw.-jheth.), der hurrisch-jheth. Schicht mit den sog. Ritualen aus Kizzuwatna (= Kilikien und Komagene ab. 1350 v. Chr.) sowie babylonischer Übersetzungsliteratur, wie z. B. den Omina, die z. T. über eine hurrische Zwischenüberlieferung zu den Hethitern gelangt sind (Kammenhuber 1976). Bei den hurrischen Opfertexten in heth. Sprache handelt es sich oft um Fachausdrücke, die ebenso auf der Grenze zu echten Lehnwörtern stehen, wie z. B. das *Amen* in den christlichen Kirchen.

4. Alte Vokabulare

Von einer eigenen Lexikographie der Hethiter kann man nicht sprechen. Mit der Übernahme der Keilschrift (§ 1) und späteren Einflüssen (z. B. § 3 Ende) erhielten die Hethiter auch Anteil an der akkadischen Schreiberschultradition. So gelangten unter anderem auch Teile der sumerisch-akkadischen Vokabulare, die z. Z. in Chicago in den von B. Landsberger begonnenen „Materialien zum sumerischen Lexikon" (Rom 1937 —) aufgearbeitet werden, zu ihnen und wurden recht und schlecht mit heth. Übersetzungen versehen (Laroche [mit Güterbock] 1971 Chap. IV; cf. Artikel Nr. 175). Sie werden in den akkadischen und hethitischen Wörterbüchern mitzitiert.

Die Hethither haben aber schon in altheth. Zeit heth.-akkadische Bilinguen (und akkad. Texte) angefertigt, deren akkad. Version sich durch Hethitismen verrät (z. B. Marazzi 1986). Synchron sind hattisch-hethitische Bilinguen, deren Heth. meistens durch den Gebrauch im Kult sprachlich modernisiert worden ist. Aus jungheth. Zeit stammt eine luwisch-hethitische Bilingue und sehr wenige hurrisch-hethitische, davon erst eine fragmentarische veröffentlicht.

5. Moderne Lexikographie

Die heutige Lexikographie des Hethitischen verfügt über fast doppelt so viel Texte wie Friedrich, HW (1952—1966), der eine „Kurzgefaßte kritische Sammlung der Deutungen hethitischer Wörter" bieten wollte, aber eine unerwartet große Wirkung erzielte. Gegenüber Friedrich 1952—1966 und Kammenhuber (1969 mit der ersten systematischen Unterscheidung zwischen Alt- und Junghethitischem) gibt es heute fast keine *communis opinio* mehr. Entsprechend verschiedenartig wird die Lexikographie in den neuen Wörterbüchern ab 1975 (3.) angegangen, beginnend mit mehr oder minder bewiesenen Divergenzen in der Datierung auf Grund von Zeichenformen und herausgepickten auffälligen Schreibungen, Abtrennung der ersten 50 Jahre des Junghethitischen als „Mittelhethitisch", obgleich der sprachliche Bruch nach dem Altheth. liegt, usw. — Hier sei nur in einigen Punkten skizziert, was sich trotzdem heute schon an Dauerhaftem in einem Hethitischen Wörterbuch leisten ließe.

(a) Da das Hethitische vor rund dreieinhalb Jahrtausenden gesprochen wurde, und zwar ungefähr so lange wie das Deutsche von Luther bis heute, ist öfter mit einer Bedeutungsentwicklung heth. Wörter zu rechnen. Die Ermittlung der Grundbedeutung hätte daher vom Altheth. auszugehen. das aber nur rund 5 % der Belege in sog. „Originalen" und Abschriften ausmacht.

(b) Um nicht Opfer unseres modernen Sprachgefühls und unseres rationalen Zeitgeistes zu werden, richtet man sich für die Deutung besser nach jenen syntaktischen Unterscheidungen, die die Hethiter selbst für die Phraseologie bieten, wie z. B. Konstruktionen mit Akkusativobjekt oder mit Dativ oder z. B. mit Lokativ, der idg. auf die Fragen „wo?" (stehen, ankommen, sitzen usw.) und „wohin?" (sich setzen usw.) geantwortet hat (cf. 2.).

(c) Dringend benötigte statistische Angaben über die Häufigkeit eines heth. Wortes lassen sich bereits geben, wenn man über eine vollständige Verzettelung der Texte verfügt. Bekanntlich ist es ein Unterschied, ob Verben bis zu 2700mal bezeugt sind, wie z. B. *eku-/aku-* „(etwas) trinken" (mit einer zusätzlichen altheth. religiösen Spezialbedeutung) gegenüber ca. 865mal *ed-/ad-* „(etwas) essen" oder ca. 1880mal, wie z. B. *ep(p)-/ap(p)-* „ergreifen", oder ob sie nur ein- bis dreimal belegt sind. Diese statistische Vorarbeit (die durch einen Computer nicht erleichtert würde) muß die heth. Philologie auch für die Indogermanistik leisten, die gern ganz seltene Wörter für ihre Etymologien heranzieht.

(d) Klärung des Gebrauchs der überwiegend primären heth. Adverbien (im weiteren Sinne des Wortes), wie *anda, andan* „in, bei ...", *appa* „wieder, zurück" *appan* „hinter", jheth. *appanda* „danach", *arḫa* „weg" usw. Diese aus dem Idg. ererbte Wortkategorie kann in drei Funktionen auftreten: als Präverb in *verba composita*, als Postposition nach Substantiven und als Adverb (im engeren Sinne), dessen Bezugswort sich aus dem vorausgehenden Kontext ergibt.

(e) Zur Kategorie der Adverbien dürften auch die heth. Ortspartikeln gehören, die dem Satz erst die richtige Nuance geben. Sie sind enklitisch geworden und stehen heth. (luwisch, selten palaisch) an zweiter Stelle im Satz, die schon im Idg. ohne Akzent war, und sie wuchern ebenso wie die Adverbien stark im Jungheth. Diese sind *-an* (schon im Altheth ausgestorben), *-apa, -ašta* (ablativisch), *-šan* (lokativisch) und *-kan*. *-kan* kann unter anderem, bes. im Jungheth., sowohl *-ašta* als auch *-šan* ersetzen, weil es im Gegensatz zu diesen keinem Satzsandhi unterworfen war.

(f) Hinzu kommt die vermeintliche Reflexivpartikel *-za/-az* = */-ts/*, die ebenfalls im Jungheth. stark wuchert und ihre Bedeutung(en) ändert. In emphatischer Sprache ist *-za* schon im Altheth. (Ḫattušili I.) häufiger als in nüchternen historischen Berichten.

(g) Beim Grundwort einer heth. Wortsippe (dessen Bedeutung manchmal zusätzlich beschrieben werden müßte) lassen sich Angaben über die gesamte Wortsippe geben. Auch Synonyma und Opposita können schon heute mitgeteilt werden.

6. Literatur (in Auswahl)

6.1. Wörterbücher

Friedrich HW 1952—1966 = Johannes Friedrich: Hethitisches Wörterbuch. Kurzgefaßte kritische Sammlung der Deutungen hethitischer Wörter. Heidelberg 1952[— 1954], [344 S.]; 1.—3. Ergänzungsheft 1957, 1960, 1966.

Friedrich †/Kammenhuber HW² 1975— = Johannes Friedrich †/Annelies Kammenhuber: Hethitisches Wörterbuch. Zweite, völlig neubearbeitete Auflage auf der Grundlage der edierten hethitischen Texte. Bd. I: A (Lfg. 1—8) 1975—1984 [639 S.]; Bd. II: E (Lfg. 9—10) 1988. Heidelberg 1975—.

Güterbock/Hoffner CHD 1980— = Hans Gustav Güterbock/Harry A. Hoffner: The Hittite Dictionary of the Oriental Institute of the University of Chicago. Vol. 3 Lfg. 1—3 L — *naį—*, 1980, 1983, 1986 [XXXI + 352 S.]. Chicago 1980—.

Gusmani 1964 = Roberto Gusmani: Lydisches Wörterbuch. Mit grammatischer Skizze und Inschriftensammlung. Heidelberg 1964 [280 S.]. Ergänzungsband Lfg. 1, 2, 3. 1980, 1982, 1985 [193 S.].

Puhvel HED 1984 = Jaam Puhvel: Hittite Etymological Dictionary. Vol. 1 (A) und 2 (E, I) 1984 [XXII + 504 S.]. Berlin 1984—.

Tischler HEG 1977— = Johann Tischler: Hethitisches etymologisches Glossar. Mit Beiträgen von Günter Neumann (Innsbrucker Beiträge zur Sprachwissenschaft 20). Bd. I: A—K (Lfg. 1—4) 1977—1983 [XXIV + 702 S.]. Innsbruck 1977—.

6.2. Sonstige Literatur

Akurgal/Hirmer 1961 = Ekrem Akurgal: Die Kunst der Hethiter. Aufnahmen von Max Hirmer. München 1961.

Hawkins/Morpurgo-Davies/Neumann 1974 = J. D. Hawkins/Anna Morpurgo-Davies/Günter Neumann: Hittite Hieroglyphs and Luwian. New Evidence for the Connection (Nachrichten der Akademie der Wissenschaften in Göttingen, I. Philologisch-historische Klasse Jg. 1973.6). Göttingen 1974.

HbOr = Handbuch der Orientalistik 1. Abteilung II. Bd. 1 und 2. Abschnitt, Lfg. 2. Altkleinasiatische Sprachen. Leiden 1969.

Heubeck 1969 = Alfred Heubeck: Lydisch. In: HbOr, 397—427. Leiden 1969.

Kammenhuber 1969 = Annelies Kammenhuber: Hethitisch, Palaisch, Luwisch und Hieroglyphenluwisch. In: HbOr S. 119—357; Hattisch 1. c., 428—546. Leiden 1969.

Kammenhuber 1976 = Annelies Kammenhuber: Orakelpraxis, Träume und Vorzeichenschau bei den Hethitern (Texte der Hethiter 7). Heidelberg 1976.

Kammenhuber 1974, 1978 = Annelies Kammenhuber: Historisch-geographische Nachrichten aus der althurrischen Überlieferung, dem Altelamischen und den Inschriften der Könige von Akkad für die Zeit vor dem Einfall der Gutäer (ca. 2200/2136) I, II. In: Acta Antiqua Academiae Scientiarum Hungaricae 24. 1974, 157—247; 26. 1978, 195—240.

Laroche = Emmanuel Laroche: Catalogue des textes hittites. Paris 1971.

Marazzi 1986 = Massimiliano Marazzi: Beiträge zu den akkadischen Texten aus Boğazköy in althethitischer Zeit. Rom 1986.

Neumann 1969 = Günter Neumann: Lykisch. In: HbOr, 358— 396. Leiden 1969.

Annelies Kammenhuber, München (Bundesrepublik Deutschland)

177. The Lexicography of Other Ancient Languages of the Near East

1. Ancient Semitic Languages of Canaanite Type
2. Epigraphic South Arabian
3. Elamite
4. Hurrian and Urartaean
5. Kassite
6. Selected Bibliography

1. Ancient Semitic Languages of Canaanite Type

The lexical material of these languages consists to a great extent of proper, especially personal names.

1.1. Amorite

Thousands of Amorite personal names preserved in cuneiform texts from Lower Mesopotamia (late 3rd millenium B.C., Ur III) and Northern Syria (18th cent. B.C.) enabled Huffmon (1965) and Gelb (1980) to compile glossaries of general words which appear as components in compound personal names.

1.2. Old Canaanite

In the Akkadian letters sent in the 14th cent. B.C. from Syria and Palestine to the Egyptian royal residence (El-Amarna), Canaanite words are often marked by a 'gloss wedge' (Glossenkeil); cf. Hoftijzer 1965.

1.3. Ugaritic

In the city of Ugarit (today Ras Shamra, on the Mediterranean in Northern Syria) during the 14th and 13th cent. B.C., cuneiform alphabetic script was used for literary texts (epic poetry, liturgies), letters, and documents. The affinity of Ugaritic to Hebrew helped in the decipherment of the script and the determination of the meaning of words. Many Ugaritic names and occasional 'gloss words' (i.e., words marked as foreign elements) are contained in syllabic Akkadian cuneiform tablets. Quadrilingual vocabularies present Ugaritic words in syllabic writing in their fourth columns; the previous columns are Sumerian, Akkadian, and Hurrian (see Huehnergard 1987). Editions of Ugaritic texts have been provided with glossaries, the most complete by Gordon (1965). A dictionary of Ugaritic is being prepared in Münster (Germany) by M. Dietrich and O. Loretz.

1.4. Phoenician and Punic

The term "Phoenician" is used for designating the Canaanite language used in the homeland (corresponding roughly to the present Republic of Lebanon) and in the eastern Mediterranean (Cyprus) throughout the first millenium B.C., the term "Punic" for its later dialects used in the western Mediterranean (6th cent. B.C. — 5th cent. A.D.): in North Africa (Carthage), Sicily, Sardinia, and Spain. Since most of the about ten thousand inscriptions preserved are stereotypical repetitions of a votive formula, the number of lexical items represented is relatively small. Additional data are provided by personal names. The close affinity to Hebrew was of great help in deciphering the Phoenician alphabetic linear script (the parent of all presently used alphabetic writings) in the 18th cent. and in the interpretation of Phoenician inscriptions, especially from a lexical viewpoint. Both Phoenician and Punic words are dealt with in Hoftijzer 1965 and Fuentes Estañol (1980), personal names in Benz 1972.

1.5. Ammonite, Moabite, Edomite

These three languages which are very similar to Biblical Hebrew were used in the kingdoms situated east of the Jordan river, mostly during the first half of the 1st millennium B. C. They are attested in a few inscriptions — in those of King Meša of Moab (9th cent. B. C., found in Dhiban), and in Ammonite inscriptions found in Amman — and in many seals with personal names. For lexical data, cf. for Moabite: Hoftijzer 1965, Segert 1961; Ammonite: Jackson 1983, Israel 1979 a; Edomite: Israel 1979 b.

2. Epigraphic South Arabian

From the first half of the 1st millenium B.C. until the rise of Islam in the 7th cent. A.D., local South Arabic languages were used for inscriptions written in the South Arabian alphabetic script of 29 consonant letters. For the dialect of Saba, used in the area of what is today Yemen, two dictionaries are available (Beeston et al. 1982; Biella 1982). For the dialects used in the adjacent territories of Ma'in, Qataban, and Hadramaut, the glossary of Conti Rossini 1931 can be consulted. Personal names are listed in Harding 1971.

3. Elamite

Elamite was spoken and written in the regions of ancient Iran situated along the northwest-southeast axis. The Elamite kingdoms of Awan, Simaški and Anzan, established in different regions, succeeded each other, with some overlaps, between about 2500 and 500 B.C. The earliest Elamite texts are dated to the end of the fourth millenium B. C. and the most recent to the 4th cent. B.C., the Achaemenide period.

Although the Elamites possessed their own writing system, they borrowed the Akkadian syllabic cuneiform script during the 23rd cent. B.C. Elamite texts are for the most part royal inscriptions and administrative documents. They come mainly from Khuzistan (Susa, Tchoga-Zanbil), Fars (Malyan, Persepolis), and Behistun in Luristan.

Elamite is an agglutinative language with suffixal morphology. Originally it was based on a solid nominal structure. After this structure gradually disintegrated, the language was restructured around the verb by means of new grammatical instruments. Various suffixes are attached in constant order directly to the root or the base. The base is a vocalic theme (simple or enlarged root) which is monosyllabic, bisyllabic, or compound. The noun is a root or a base followed by a classificatory suffix. There are two genders, animate which is differentiated for the 1st, 2nd and 3rd person (sing. and pl.), and inanimate. The verb has two participles with passive meaning marked by a constant morpheme indicating the aspect — perfective or imperfective —, two nominal conjugations and one conjugation with verbal inflexion. For lexical material, the respective sections of Grillot/Roche 1987 and Reiner 1969 may be consulted.

4. Hurrian and Urartaean

4.1. Historical background of Hurrian

The center of the territory settled by the Hurrians was from the 3rd millenium B.C. the upper Ḫabbūr area where after 2100 B.C. Hurrian states were created. Beginning from 1550 B.C. the Hurrians were the backbone of the state of Mittani in Northern Mesopotamia and Northern Syria. About 1330 B.C. the state of Mittani fell victim to Hittites and Assyrians.

4.2. Primary sources

The monuments of the Hurrian language are preserved on tablets in cuneiform script. The most ancient Hurrian text is the document of the temple foundation of Tišatal (about 1960 B.C.) Then follow seven Hurrian texts from the archive of Mari on the Middle Euphrates (about 1700 B. C.), cf. Thureau-Dangin 1939. The most famous document of the Hurrian language, the so-called Mittani letter, was found in the archives of pharaohs in Tell el-Amarna in Middle Egypt (Winckler/Abel 1889). The majority of Hurrian writings, about 3000 clay

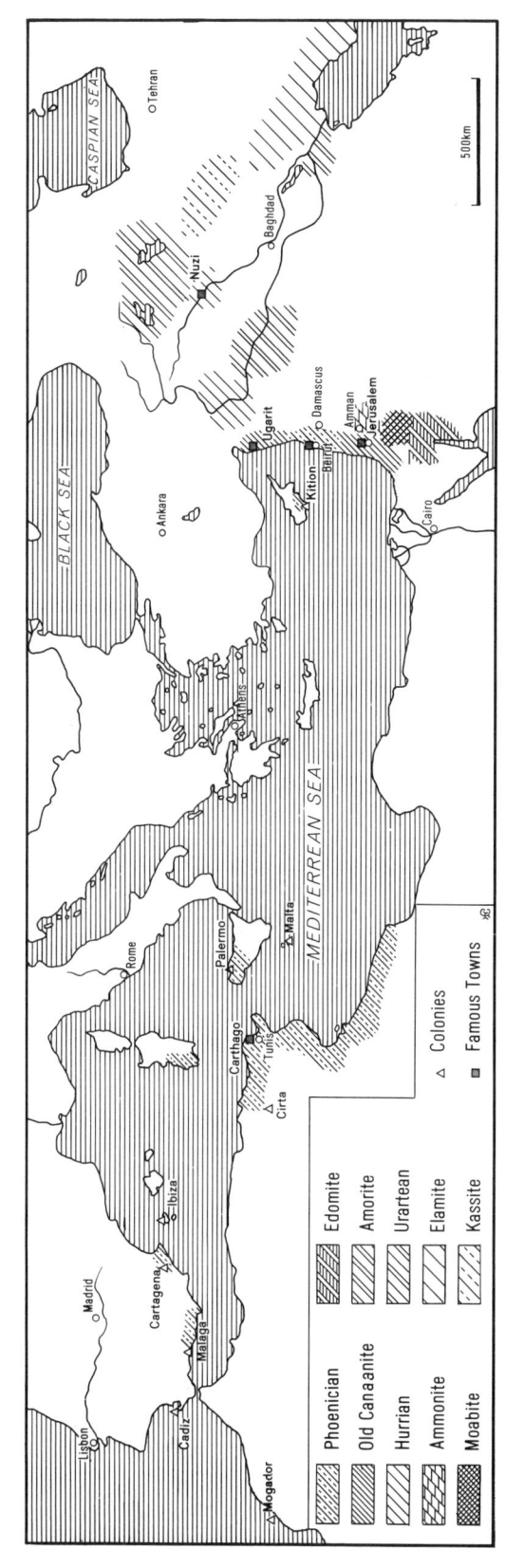

Map 177.1: Areas of other ancient languages of the Near East

tablets (including fragments) came from the Hittite metropolis Ḫattuša (about 1400—1250 B.C.). A great many of these texts are ritual, but there are also historical, mythological and literary texts; some of the texts are Hurrian-Hittite bilingual texts (Haas/Wegner 1988; Neu 1988). Among the texts from Ugarit (Laroche 1968), various lexical lists — Sumerian-Akkadian-Hurrian(-Ugaritic) — deserve to be mentioned (cf. Friedrich 1932).

4.3. Character of the Hurrian language and lexicon

Hurrian is an agglutinative language which uses exclusively suffixes; it is based on an ergative structure with antipassive as its special feature. Basically four types of sentences can be distinguished: a) ergative sentence constructions with a transitive verb; b) absolute sentence constructions with a transitive verb and the subject in the absolutive; c) antipassive constructions (with the object not expressed); d) personal sentence names.

The language which is closest to Hurrian is Urartaean. The affinity of Hurrian to East Caucasian languages is postulated by Diakonoff/Starostin 1986. According to preserved language monuments, the lexical material known to us comes from the letter formulas and in overwhelming majority from the field of religion.

4.4. Historical background of Urartaean

The unification of various tribes of High Armenia into the state of Urartu was realized in the 9th cent. B.C. For some time, Urartu reached the standing of an ancient Near Eastern empire (about 810-714). It then lost its military and economic preponderance, this position being taken over by Assyria. In the second half of the 7th cent., Urartu was completely destroyed by incursions of nomads (Scythians).

4.5. Primary sources

The monuments of the Urartaean language are written in a kind of Neo-Assyrian cuneiform script, foremost on stone. There are royal inscriptions, reporting about military expeditions, buildings, and irrigation installations. There are also letters and economic documents on clay tablets. The not numerous hieroglyphic inscriptions can hardly be considered as language monuments. The Urartaean writings were collected by König (1955—1957) and by Melikišvili (1960, with supplements — until 1971). The clay tablets were studied by D'jakonov (1963) and Salvini (1979). For recent epigraphic finds, cf. Dinçol/Kavakli 1978; Salvini 1971, 1980; Harutjunjan 1983.

4.6. Character of the Urartaean language and lexicon

Urartaean is an agglutinative language which uses exclusively suffixes; it is based on an ergative structure. The language closest to Urartaean is Hurrian (cf. Diakonoff/Starostin 1986). The Urartaean lexicon known to us is basically limited — due to stereotypical source material — to the terminology of royal inscriptions. Lexical material must be sought in the respective passages of grammars and other publications indicated in section 6.4.

5. Kassite

The Kassites were a tribal people of unknown origin who ruled Babylonia from 1595 to 1155 B.C. No texts written in the Kassite language are known. Present knowledge of Kassite is based principally on: (1) a Kassite-Babylonian vocabulary with 48 bilingual entries; (2) a name list including nineteen Kassite personal names with Babylonian translations; (3) proper names (of deities, persons, places, and equids) in a variety of Akkadian documents from Babylonia, Nuzi, and Iran; (4) technical terms relating to equids in Babylonian administrative texts; (5) scattered words, especially occupation titles and plant names, in miscellaneous Babylonian texts. It is uncertain when and where the Kassite language was spoken, but Kassites are attested in Western Asia from 1770 till at least the third century B.C. Distinctive Kassite personal names were used as late as the middle of the first millennium B.C.

There is no clear evidence to link Kassite with any other language or language family. The names of some Kassite gods have occasionally been compared with Greek or Indian deities (e.g., Kassite *Buriaš* with Greek Βορέας, Kassite *Maruttaš* with Vedic plural *Marutas, Šuriaš* with Vedic *Sūrya);* but such similarities need not imply more than temporary and perhaps mediate contact or borrowing between cultures.

Relatively little progress has been made toward even a descriptive analysis of the Kassite language because the corpus is so limited and because the language was set down in a foreign script and as heard by Babylonian or Babylonian-trained scribes. Little is known about the morphology of Kassite, though there seem to be many suffixes added to nouns and verbs. The only clearly analyzed inflection is that for the plural of the noun and adjective, where an infix *-am-* occurs as the penultimate syllable: *sirpi,* pl. *sirpame: pirmuḫ,* pl. *pirmamuḫ.* Without texts written in Kassite and with relatively few name types, there is practically no material for reconstructing Kassite syntax. The lexical material must be sought in the respective passages of Balkan 1954, 41—201.

6. Selected Bibliography

6.1. Canaanite languages
6.1.1. Dictionaries and Glossaries

Aistleitner 1976 = Joseph Aistleitner: Wörterbuch der ugaritischen Sprache. Berlin 1963. 2. ed. (Otto Eissfeldt, ed.) 1967, 3. ed. 1976 [XV, 364 p.].

Aufrecht 1989 = Walter A. Aufrecht: A Corpus of Ammonite Inscriptions. Lewiston, N. Y. 1989, 356—376.

Benz 1972 = Frank L. Benz: Personal Names in the Phoenician-Punic Inscriptions. Rome 1972 [XXIII, 511 p.].

Gröndahl 1967 = Frauke Gröndahl: Die Personennamen der Texte aus Ugarit. Roma 1967 [VII, 435 p.].

Hoftijzer 1965 = (Charles-F. Jean-) Jacob Hoftijzer: Dictionnaire des inscriptions sémitiques de l'Ouest. Leiden 1965 [XXXI, 342 p.].

Huehnergard 1987 = John Huehnergard: Ugaritic Vocabulary in Syllabic Transcription. Atlanta, Ga., 1987, 103—194.

Tomback 1978 = Richard S. Tomback: A Comparative Lexicon of the Phoenician and Punic Languages. Missoula, Montana 1978 [xx, 361 p.].

Whitaker 1972 = Richard E. Whitaker: A Concordance of the Ugaritic Literature. Cambridge, Mass. 1972 [viii, 660 p.].

6.1.2. Other Publications

Del Olmo Lete 1981 = G. Del Olmo Lete: Mitos y leyendas de Canaán según la tradición de Ugarit. Madrid 1981, V, 503—645.

Fronzaroli 1973 = Pelio Fronzaroli (ed.): Studies on Semitic Lexicography. Firenze 1973, VIII.

Fuentes Estañol 1980 = Maria-José Fuentes Estañol: Vocabulario Fenicio. Barcelona 1980 [391 p.].

Gelb 1980 = Ignace J. Gelb: Computer-Aided Analysis of Amorite. Chicago 1980 [12—35; 36—372; 552—657 p.].

Gordon 1965 = Cyrus H. Gordon: Ugaritic Textbook. Roma 1965 [Suppl. 1967, 347—507; 530—537; 550—556 p.].

Hospers 1973 = J. H. Hospers (ed.): A Basic Bibliography for the Study of the Semitic Languages. Vol. I. Leiden 1973, XXV: J. P. Lettinga, Ugaritic, 127—145, (128). -K. R. Veenhof, Phoenician-Punic, 146—171, (147—148). -J. P. Lettinga, Amarna-Canaanite, 172—175, (174).

Huffmon 1965 = Herbert B. Huffmon: Amorite Personal Names in the Mari Texts. A Structural and Lexical Study. Baltimore, Maryland 1965 [153—273 p.].

Israel 1979 a = Felice Israel: Language of the Ammonites. In: Orientalia Lovaniensia Periodica 10. 1979, 143—150.

Israel 1979 b = Felice Israel: Miscellanea Idumea. In: Rivista Biblica 27. 1979, 191—203.

Jackson 1983 = Kent P. Jackson: The Ammonite Language of the Iron Age. Chico, Cal. 1983 [93—98 p.].

de Moor 1973 = Johannes C. de Moor: Ugaritic Lexicography. In: Fronzaroli 1973, 61—102.

Segert 1961 = Stanislav Segert: Die Sprache der moabitischen Königsinschrift. In: Archiv Orientální 29. 1961, 263—267.

Segert 1976 = Stanislav Segert: A Grammar of Phoenician and Punic. München 1976 [282—307 p.].

Segert 1984 = Stanislav Segert: A Basic Grammar of the Ugaritic Language. Berkeley. Los Angeles. London 1984 [175—205 p.].

6.2. Ancient South Arabian

Beeston et al. 1982 = A. F. L. Beeston/M. A. Ghul/W. W. Müller/J. Ryckmans: Sabaic Dictionary (English-French-Arabic)/Dictionnaire sabéen (anglais-français-arabe). Louvain-la-Neuve. Beyrouth 1982 [XLI, 173, 17 p.].

Biella 1982 = Joan Copeland Biella: Dictionary of Old South Arabic. Sabaean Dialect. Chico, Cal. 1982 [xiii, 561 p.].

Conti Rossini 1931 = Karolus Conti Rossini: Chrestomathia Arabica meridionalis epigraphica edita et glossario instructa. Roma 1931 [XI, 264 p.].

Harding 1971 = G. Lankester Harding: An Index and Concordance of Pre-Islamic Arabian Names and Inscriptions. Toronto 1971 [xlii, 943 p.].

6.3. Elamite

Grillot/Roche 1987 = Françoise Grillot/C. Roche: Eléments de grammaire élamite. Paris 1987.

Reiner 1969 = Erica Reiner: The Elamite Language. In: Handbuch der Orientalistik, I Abt. II/2. Leiden 1969.

6.4. Hurrian and Urartaean

Bush 1964 = F. W. Bush: A Grammar of the Hurrian Language. (Diss.) Ann Arbor 1964.

Chačikjan 1985 = M. L. Chačikjan: Churritskij i urartskij jazyki. Erevan 1985.

Dinçol/Kavakli 1978 = Ali M. Dinçol/E. Kavakli: Van bölgesinde bulunmus yeni Urartu yazitlen = Die neuen urartäischen Inschriften aus der Umgebung von Van. Istanbul 1978.

D'jakonov 1963 = Igor Michailovič D'jakonov: Urartskie pis'ma i dokumenty. Moskva. Leningrad 1963.

Diakonoff 1971 = Igor Michailovitsch Diakonoff: Hurrisch und Urartäisch. München 1971.

Diakonoff/Starostin 1986 = I. M. Diakonoff/S. A. Starostin: Hurro-Uratian as an Eastern Caucasian Language. München 1986 [X, 103 p.].

Friedrich 1932 = Johannes Friedrich: Kleinasiatische Sprachdenkmäler. Berlin 1932.

Friedrich 1969 a = Johannes Friedrich: Churritisch. In: Handbuch der Orientalistik I, 2,2. Leiden 1969, 1—30.

Friedrich 1969 b = Johannes Friedrich: Urartäisch. In: Handbuch der Orientalistik I, 2,2. 1969, 31—53.

Haas et al. 1984 = Volkert Haas/M. Salvini/I. Wegner/Gernot Wilhelm (eds.): Corpus der hurritischen Sprachdenkmäler (=ChS), I/1. Roma 1984. (I/2, I, II. Roma 1986.)

Haas/Wegner 1988 = K. Haas/I. Wegner: Die Rituale der Beschwörerinnen SALSU.GI.Corpus der hurritischen Sprachdenkmäler I, 5. Roma 1988.

Harutjunjan 1983 = N. V. Harutjunjan: Novaja urartskaja nadpis' iz Sisiana. Drevnij vostok 4. 1983, 195—229.

König 1955—1957 = F. W. König: Handbuch der Chaldischen Inschriften. Archiv für Orientforschung. Beiheft 8, Teil I—II. Graz 1955, 1957.

Laroche 1968 = Emmanuel Laroche: Documents en langue hourrite provenant de Ras Shamra. In: Ugaritica V. Paris 1968, 448—452.

Laroche 1980 = Emmanuel Laroche: Glossaire de la langue hourrite. Paris 1980.

Melikišvili 1960 = G. A. Melikišvili: Urartskie klinoobraznye nadpisi. Moskva 1960.

Melikišvili 1971 = G. A. Melikišvili: Die urartäische Sprache. Roma 1971.

Neu 1988 = Erich Neu: Das Hurritische. Eine altorientalische Sprache in neuem Licht. Mainz. Stuttgart 1988.

Salvini 1971 = Mirjo Salvini: Neues urartäisches Inschriftenmaterial aus sowjetischen Veröffentlichungen. Zeitschrift für Assyriologie 1971, 242—254.

Salvini 1979 = Mirjo Salvini: Die urartäischen Tontafeln. In: W. Kleiss (ed.), Bastam I, Berlin 1979, 115—131.

Salvini 1980 = M. Salvini: Un testo celebrativo de Menua. Studi Micenei ed Egeo-Anatolici 22. 1980, 137—190.

Salvini/Wegner 1986 = Mirjo Salvini/Ilse Wegner: Die Rituale des AZU-Priesters. Roma 1986.

Speiser 1941 = E. A. Speiser: Introduction to Hurrian. New Haven 1941.

Thureau-Dangin 1939 = François Thureau-Dangin: Tablettes hurrites provenant de Mari. In: Revue d'assyriologie 36. 1939, 1—28.

Winckler/Abel 1889 = H. Winckler/L. Abel: Der Thontafelfund von el Amarna I, 1, Nr. 27. Berlin 1889.

6.5. Kassite

Balkan 1954 = Kemal Balkan: Kassitenstudien, vol. I: Die Sprache der Kassiten. New Haven 1954 (American Oriental Series, vol. 37).

Soldt 1980 = Wilfred van Soldt: MA and ḪUR in Kassite Texts. In: Revue d'assyriologie 74. 1980, 77—80.

Stanislav Segert, University of California, Los Angeles (USA)/Françoise Grillot, Paris (France) (Section 3)/Volkert Haas, Konstanz (Federal Republic of Germany) (Section 4)/ John A. Brinkman, University of Chicago, Chicago, Ill. (USA) (Section 5)

178. Lexicography of Ancient Greek

1. Introduction
2. Mycenaean Greek
3. Lexicography of Classical and Hellenistic Greek
3.1. Ancient Lexicography
3.2. Modern Lexicography
3.3. Contemporary Lexicography
3.4. Conclusion
4. Selected Bibliography
4.1. Dictionaries
4.2. Other Publications

1. Introduction

Greek is the Indo-European language spoken in continental Greece and on the Greek islands. During the course of history, Greek was also spoken in other parts of the littoral of the Mediterranean and Black Seas, particularly in what is today Southern France, Southern Italy, Sicily, Libya, Egypt, Israel, Lebanon, Syria, Turkey (Asia Minor), and South Russia (Crimea). Classical Greek literature and philosophy exercised so much influence on European culture that the unspecified term 'Greek' refers (in linguistic, historical, and similar contexts) to Ancient Greek; in contrast, more recent forms of the language are referred to by specified terms such as 'Modern Greek'.

Greek is usually divided into several epochs:
(1) Mycenaean Greek (ca. 1500—1100 B.C.);
(2) Classical Greek, including Homeric Greek (ca. 800—300 B.C.);
(3) Hellenistic Greek, including the Koine and New Testament Greek (ca. 300 B.C.—500 A.D.);
(4) Byzantine and Mediaeval Greek (ca. 500—1100 and 1100—1600 A.D. respectively);
(5) Modern Greek, including Katharevusa and Demotike (ca. 1600 A.D. to the present time).

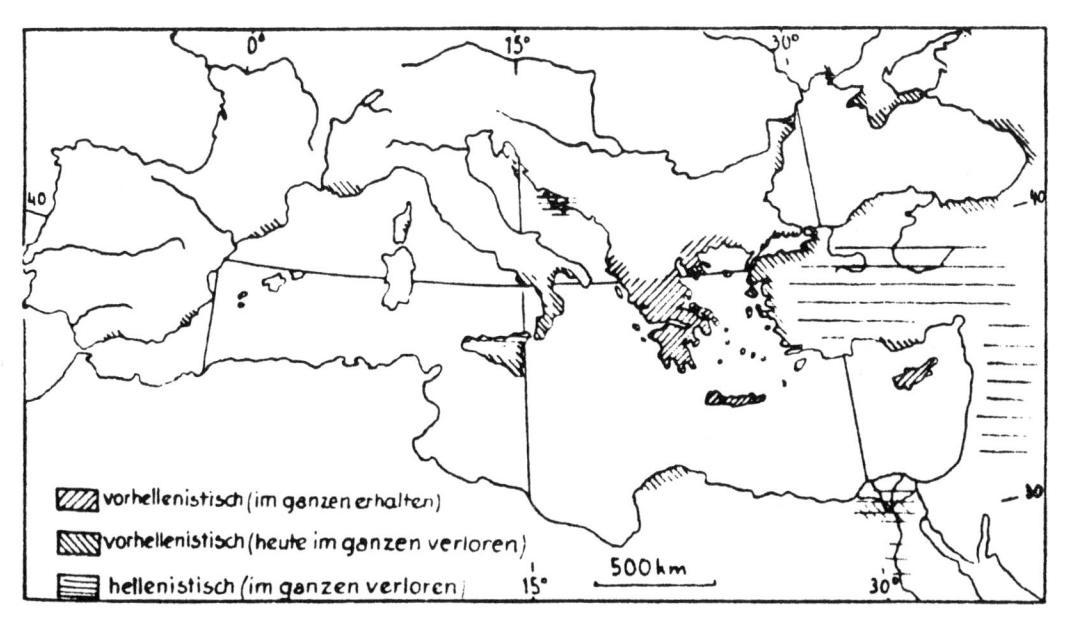

Map 178.1: The Greek Language area in the Mediteranean (in: Schwyzer 1939, 134)

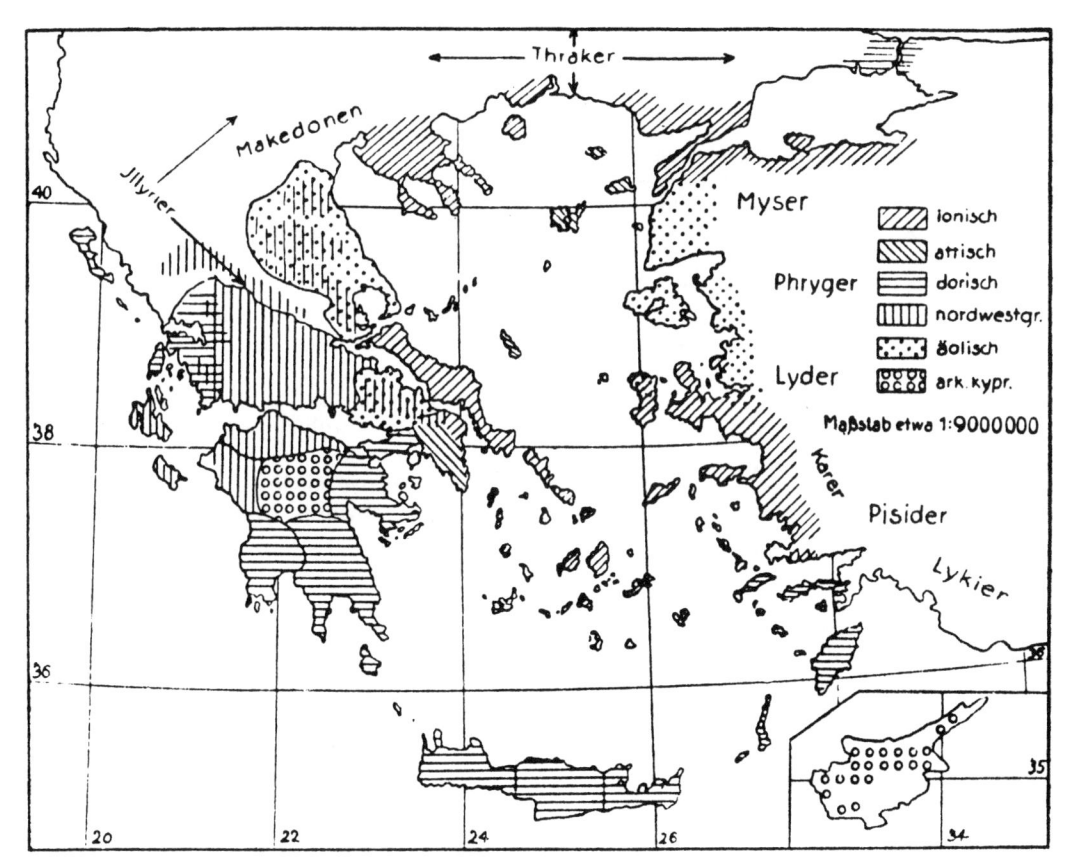

Map 178.2: The Greek dialects in the area of the Aegean Sea (in: Schwyzer 1939, 83)

2. Mycenaean Greek

Mycenaean Greek is the oldest form of Greek, attested on more than 4,000 tablets found on the Greek mainland (Mycenae, Pylos, etc.) and islands (Crete) and basically deciphered in 1952 by Michael Ventris. Mycenaean Greek does not correspond to, and cannot be identified as ancestor of, any single classical Greek dialect. It is written in a syllabic script called Linear B. This script evolved from an older type, called Linear A, which most probably was used for an unknown, unrelated language. Linear B is, therefore, not a script which can express all of the phonologically relevant features of Greek; e.g., it does not distinguish voiced, voiceless, or aspirated stops; it frequently does not express the glides in diphthongs, or syllable-final consonants, etc. Therefore, a Mycenaean form transcribed as *qi-ri-ja-to* represents a form like πρίατο *priato* 'buy' (with the labiovelar lost in Classical Greek); *wa-na-ka* represents Fάναξ *wanaks* 'ruler'; *te-o-jo* θεοῖο *theoio* 'of god'; *po-ti-jo* Πόντιος *Pontios; a-ta-na-po-ti-ni-ja* Αθάναι Ποτνίαι *Athanai Potniai;* but a form such as *a-ke-ra₂-te* can stand either for Classical ἀγγείλαντες *aggeilantes* 'announce' or for ἀγείραντες *ageirantes* 'collect'. All these incertitudes of interpretation and other specific difficulties cause the lexicography of Mycenaean Greek to be classed as a separate branch of Greek lexicography: while Mycenaean Greek undoubtedly is the oldest attested form of Greek, even the most recent general Greek dictionary, which is being published by F. Adrados (Adrados 1980), cannot incorporate the Mycenaean forms; those whose interpretation is certain will be mentioned by reference to a special Mycenaean dictionary, a preliminary version of which is already in existence (Torro 1980 and 1986). See Adrados 1977.

Of particular importance for Mycenaean lexicography are the following comprehensive publications: Chadwick/Baumbach 1963 f.; Morpurgo 1963 (still a monumental work; a second edition is being prepared); based on Morpurgo 1963 is the useful reverse dictionary Lejeune 1964. Important concordances are provided in the second part of Bennett/Olivier 1976. A general index to the Linear B texts, whether interpreted or not, is given in Olivier et al. 1973. The dictionary of personal names (Landau 1958) is out of date; more recent is the dictionary of place names (McArthur 1985), which, however, as of now comprises only names attested in tablets found in Knossos. Many important lexicographic studies are published in two journals, MINOS (Salamanca) and KADMOS (Berlin). A survey of Mycenaean lexicography is given by Adrados 1977.

3. Lexicography of Classical and Hellenistic Greek

3.1. Ancient Lexicography

The first two known works of Classical Greek literature are the two Homeric poems, the Iliad and the Odyssey. The language of these poems is to a degree artificial because elements that belong to different dialects (particularly Ionic and Aeolic) are present in it. Due to this circumstance and the poetic character of the Homeric language, the text contains a good number of words unintelligible already in the fifth, fourth, and third centuries B.C. Homer always had a central place in Greek education (Plato himself, who disliked poetry, says [Rep. 606 e] that Homer had educated Greece); therefore, there existed a need for explanation of such opaque words, called γλῶσσαι *glô:ssai* in Greek. In addition, there existed no standard literary language in Classical Greece, but single dialects were used for different literary genres: e.g., the dialogues of tragedies were composed in Attic, but the lyric interludes in Doric. This again caused a need to explain dialectal *glô:ssai*. Also, normal language change made some expressions in ancient laws, etc. obsolete. All these reasons, combined with the Greek interest in philosophizing about language (Plato's Cratylus [5th cent.] presupposes the prior existence of various theories of language) and about its functions (Sophists), brought about the situation that Greek lexicography started with writers called γλωσσογράφοι *glo:ssográphoi,* writers of glosses or, as we would say, glossaries. Interestingly, one of the first glossaries was compiled by the philosopher Democritus (5th cent. B.C.). Of these oldest glossaries we know almost nothing, only some of their authors and titles, preserved in later quotations. There existed glossaries of Homeric expressions, of words from various dialects, from the medical texts of Hippocrates, from the tragedies and comedies, of great orators, etc. All these activities were brought to a peak by the philological school that flourished in Alexandria (4th and 3rd cent. B.C.). These glossaries were ordered in different ways: some followed the order in which the 'glosses' occurred in a text (the so-called 'local' order), some were alphabetical, some were organized by semantic fields, onomasiologically. The first comprehensive dictionary, based on the work of the older glossographers, seems to be that of Aristophanes of

Byzantium (257—180 B.C.), the director of the Library of Alexandria, one of the most famous philologists of antiquity. The dictionary (of which we know only fragments) was probably called Λέξεις *Léxeis*. It consisted of different parts organized in different ways: e.g., there is an onomasiological section with the title 'Designations of ages' (Latte/Erbse, eds. 1965, 274): "*Bréphos:* [a child] just born. *Paidíon:* [a child] nourished by the wetnurse. *Paidárion:* [a child] walking and starting to talk," etc. Sometimes the definitions are contracted: "When [the child] is female, *bréphos* and *paidíon* are the same; after that [the designation is] *paidískion* and *kórion* and *korásion,* and *korískē:* and *parthenískē:,* after that, *paîs, parthénos,* and *kórē:;* after that the time is ripe for marriage ... when she would be called *nýmphē:;* after the marriage, *gyné:* and *mé:te:r*" etc. The *Lexeis* of Aristophanes was frequently re-edited, excerpted, variously divided and occasionally enriched.

The same type of lexicographic work continued after Aristophanes, with glossaries of single authors, of etymologies, and of synonyms coming into existence. The most important work was the dictionary of another Alexandrian grammarian, Pamphilos (1st cent. A.D.). A summary of this huge work was produced in the 2nd cent. by Diogenianos; it had the meaningful title Περιεργοπένητες *Periergopéne:tes* 'Impecunious students'. Of both these works there exist only fragments. However, an epitome of Diogenianos was made in the 5th or 6th cent. by Hesychius of Alexandria and this glossary (in a later version, enriched by other material) is preserved (Hesychius 1953 and 1861). Examples:

aáaton · tò ablabès kaì eukherés, è:
    áneu áte:s

This gloss explains the meaning of the word as it occurs in the Iliad 14.271 ('undamaged, tolerating evil') and in the Odyssey 22.5 ('without deception'); the lemma of the adjective is not given in the canonical form (masculine) but in the form in which the word occurs in the passages (neuter).

ádda · éndeia Láko:nes; hoúto:s
    Aristopháne:s en gló:ssais

The lemma is said to mean 'lack, want' in the dialect of Sparta; Aristophanes is quoted as the source.

Glossographic activities of this type continued during the whole of antiquity and in the Byzantine epoch, with such important persons as Patriarch Photios (9th cent.) taking part in them.

At the end of this glossographic tradition there is the vast dictionary called Suda (fem., ἡ Σοῦδα *he: Soûda*), stemming from the early 11th cent. (Because of the reading of some later manuscripts, the dictionary traditionally has been known as *Suidas,* which was understood as the name of the author; Suda 1928). This is a glossographic dictionary, although with much encyclopedic (biographical, Biblical) information. It is organized by the Greek alphabet, however, κατ' ἀντιστοιχείαν *kat' antistoikheían;* that means that the pronunciation is the basis of the arrangement. Therefore, since *ai* and *e* were by that time pronounced [e] and *ei, e:, i* [i], and because the omega had lost its length, we have, e.g., the following sequences: δ, αι, ε = d, ai, e; ζ, ει, η, ι, ϑ = zeta, ei, e:, i, theta; ξ, ο, ω, π = x, o, o:, p; etc.

A somewhat different type of dictionary are the so-called Atticistic lexica. After the huge conquests of Alexander the Great (4th cent. B.C.), the old dialects started to recede and were replaced, particularly in cities, by a common form of Greek, based on the Attic dialect but distinct from it, called Κοινή *Koiné:.* Although several authors (including also early Christian ones) started using the Koine for literary purposes, a reaction against it started in the 2nd cent. A.D. and it became a widely accepted requirement of good style to write (and speak, in formal situations) in the pure Attic dialect of the classical authors (i.e., stemming from the 5th and 4th cent. B.C.). The Atticistic dictionaries probably are the first puristic dictionaries in the world; they offer indubitably genuine Attic expressions, preferably such that are attested in the classical authors, instead of the recent ones that arose in the Koine. A typical Atticistic dictionary is that by Phrynichus (2nd cent. A.D.): see an excerpt from it in article no. 8.

Not all dictionaries, however, followed these puristic principles; so, e.g., the *Onomasticon,* or synonymic dictionary, of Ioulios Polydeukes (2nd cent. A.D.) is not of Atticistic character (Pollux 1900). In his dedication of the book to the Emperor Commodus, the author says that the dictionary is compiled for rhetorical purposes. Thus, while the glossographic dictionaries explained 'hard words' found in texts, there already also existed in antiquity the other lexicographic tradition, to wit, that of helping in the creation (puristic or otherwise) of new texts.

The best recent treatment of the ancient

Greek lexicography is Serrano Aybar (1977). Older but still useful works are Autenrieth (1890) and Cohn (1913).

3.2. Modern Lexicography

3.2.1. Early Dictionaries

Greek was almost completely unknown in Western Europe during a good part of the Middle Ages; knowledge of it returned on a large scale only with the incipient Renaissance and later. This development was helped by Greek scholars seeking refuge in the West from the *Tourkokratía* = 'Turkocracy' triumphing in 1453 with the capture of Constantinople. Autenrieth (1890, 597) and Cohn (1913, 706) enumerate more than forty Greek-Latin dictionaries, anonymous or with their authors indicated, published by important printers in Western Europe in the 15th and 16th cent. These dictionaries by now are without any methodological or other interest: they are incomplete, depending on the antique glossaries their compiler had at hand, interdependent, and indicate only one or two Latin glosses as equivalents of the entryword. One of them was compiled by Petrus Dasypodius, the founder of New High German lexicography (Dasypodius 1539; see art. 203).

3.2.2. The Thesaurus

The first important work of modern Greek lexicography is the Thesaurus Graecae Linguae (Stephanus 1572). The author of this work, Henri Estienne or Henricus Stephanus (son of the Latin lexicographer Robert, see art. 180), was one of the most important editors and publishers of Classical, above all Greek, texts of his age. With little help (we know about two amanuenses) and nearly no support in preliminary work (probably the only valuable help was the collection of lexical observations by the humanist G. Budé) he succeeded in publishing a huge dictionary replete with citations from the authors, with the senses within the entry well ordered and documented by suitable contexts (although without exact quotations of the passages) and covering nearly all the classical Greek authors known at the time, particularly in the field of belles-lettres, philosophy, and history. (It is because of this dictionary and because of later dictionaries whose macrostructure and title are based on its model that the word 'thesaurus' as a generic name acquired the meaning 'nearly exhaustive philological dictionary' as one of its senses.) Aiming at a scientific presentation of the Greek lexicon, Stephanus did not use a strictly alphabetical order for the entries, but grouped them into derivational families of words. The difficulty in locating entries was obviated by an alphabetical index in the fifth volume. This work brought Stephanus not only perennial fame but also some bitter experience: one of the amanuenses, Joannes Scapula, absconded with the whole of the material fraudulently gained from the proofs of the *Thesaurus* and published a plagiarized version as a dictionary of his own (Scapula 1579). Unfortunately, this dictionary enjoyed great success, mainly for two reasons. Scapula omitted nearly all the illustrative contexts, so that his one-volume *Lexicon* was shorter (and cheaper; see above on Diogenianus). Second, Scapula redistributed the alphabetical index by inserting its items with cross-references into the alphabetical sequence of the main entries of the dictionary itself, so that the user, while still burdened with the non-alphabetical location of the derivations and compounds nested together with the main entries, was at least spared the necessity of making two searches.

This case probably is the first in history where the public's preference for the alphabetic sequence of entries was strongly manifested. Scapula's lexicon was republished (with various modifications) at least fourteen times, the last in 1820, in Oxford. In spite of this, Stephanus' *Thesaurus* continued to be the source of material for all Greek dictionaries until the 19th century. A new edition of it (London 1816—1828) provided by several English Hellenists furnished more undigested material but had no particular value. On the contrary, the new edition published in nine volumes in Paris between 1831 and 1865 is a valuable tool to this very day. This edition, which gives all the entries in their alphabetic order, reprints the text of 1572 with copious additions written and signed by the various editors, above all Wilhelm and Ludwig Dindorf. (See Zgusta 1989 a, b.)

3.2.3. Passowian Lexicography

As has already been said, all the dictionaries compiled in the 17th and 18th cent. are based on Stephanus (or Scapula); they are shorter, but some of them add some new lexical material. In the 18th cent., their target language frequently is a vernacular, usually German. Only one must be mentioned: Schneider 1797. The reason for this is not so much the addition of some zoological nomenclature from Aelianus and Aristotle, but rather the fact that the 3rd edition of the dictionary was prepared by Franz Passow (Schneider/ Passow 1819). Passow had written one of the most important treatises on Greek lexicography (Passow 1812). In it he postulates, above all, the principle of complete documentation of the word's history, from its first application to its last known occurrence. He relegates to the realm of philosophical grammar the analysis of the lexical meaning into its elements (anachronistically put, into semes, or semantic features; or markers and distinguishers), but requires for the macrostructure the grouping together of compounds and derivations. As far as Passow's practice goes, his last requirement was precluded because of the public's preference: all editions of Passow are alphabetical. The first requirement depends on the amount of excerpted sources, not too great in Passow's day. What Passow really achieved in doing was the construction of entries that present polysemy as a sequence of coherent senses, possibly diversified but still forming a unity. In this endeavor Passow tried to proceed as historically as possible; the main thing, however, was that he indicated to the reader explicit 'semantic bridges' connecting the entry-word's individual senses. For instance, some of the senses of the word *télos* could be glossed as (1) *end, goal, purpose,* (2) *a troop of warriors,* (3) *supreme office*. To give the polysemy cohesion, Passow's presentation (1831) is as follows (much reduced and translated): (1) '*end, goal, purpose...*, about things and actions *completion, execution*', (2) '*a troop of warriors,* probably because of their exact number, although this number is nowhere indicated', (3) 'the highest rank in a citizen's life, the supreme goal of civil honor, hence *supreme office*'. The non-italicized words within the quotes are what we call the 'semantic bridges'. They are not italicized in the German original, either.

Passow published two more editions of Schneider's dictionary (1825 and 1827) refining his practice constantly. The next edition was so independent of the original work that Schneider's name was, with full right, dropped from the title page (Passow 1831). Regrettably, Passow died still young soon afterwards. His dictionary appeared once more (Passow/Rost 1841). The principal co-author, Rost, brought in this edition the Passowian principles to their peak. (On Passow and his construction of entries, see Zgusta 1987.)

Yet another attempt at a new edition of Passow was undertaken by W. Crönert (1912). The premature death of the author put an end to this monumental undertaking, which for the small fraction of the vocabulary covered still is the richest Greek dictionary in existence (the modal particle *án* takes 50 columns).

Besides these works that constitute a clear Passowian tradition, several Greek-German dictionaries were compiled to be used in schools. Most successful was the dictionary by W. Pape, particularly its third edition (Pape/Sengebusch 1880), reprinted into our day. This edition also comprises a shorter German-Greek dictionary, and an onomasticon of proper names (Pape/Benseler 1863), also reprinted in our day. Although antiquated, this still is the most general compilation of names. A remedy for this unsatisfactory situation can be expected from works such as Fraser/Matthews 1987.

During the same epoch, Greek lexicography in France also was based on Stephanus and Passow. Particularly successful was Bailly 1894, revised for the last time as late as 1963 by L. Séchan and P. Chantraine (Bailly 1963).

3.2.4. Liddell/Scott

Most important was the transfer of the Passowian tradition to England, accomplished by Liddell/Scott (1843). This dictionary is more or less a translation of Passow 1831. Additional lexical material increased the vocabulary, Latin glosses were added to many of the English ones, and the results of recent lexicological investigations were incorporated; however, the Passowian style is kept intact, particularly the technique of his 'semantic bridges'. Several subsequent editions follow this pattern, even the fourth, which dropped Passow from the title page (Liddell/Scott 1855): an omission certainly less justified than that of Schneider's name in Passow 1831 because the increase over Passow is merely quantitative. However, the sixth (1869) and particularly the seventh (1883) edition brought a change in the editorial principles as well: Passow's 'semantic bridges' were largely abandoned while the bulk of new entrywords and of new attestations and contexts kept increasing. Various editions of this dictionary were widely used in America, partly in the form of American reprints of British editions, but also in the form of adaptations, such as Drisler 1846. The manner in which lexical data are presented in Liddell/Scott served to a small extent as a model for the Oxford English Dictionary (see article 199; Aarsleff 1962; Zgusta 1987; Zgusta 1989 b).

A thoroughly re-made new edition of the dictionary (one that has completely abandoned the 'semantic bridges') was published in issues between 1925 and 1940 (Liddell/Scott/Jones 1940; many reprints since then). Although there are limitations in its scope (few Christian authors, no proper names, etc.), it is the most detailed complete Greek dictionary in existence; a work of philological character, based on the interpretation of precisely quoted short contexts. A *Supplement* to Liddell/Scott was published in 1968 (Barber et al. 1968), which gives many new attestations and quite a number of new entry-words, although not all that would be necessary.

3.2.5. Christian Authors

All Greek dictionaries are of a philological character because they are based on interpretation of texts, mostly literary texts, but also texts of papyrological and epigraphical character. No wonder, then, that great advancement in our knowledge has been achieved by special dictionaries for single authors and genres. In spite of this importance, they cannot be itemized here; see a thorough analysis of the most important ones in Lopez Facal 1977.

One of the largest areas omitted in most Greek dictionaries is the Christian literature, no doubt because of its lateness and even more because its notional world is so different from that of the pagan authors. Probably the most widely used dictionary of the New Testament is Bauer 1928 and the English translation of its later editions Arndt/Gingrich 1957 or Gingrich/Danker 1979. The sixth edition of Bauer (Bauer/Aland/Aland 1988) is a nearly completely new work, which will supersede all the former editions. A broader area of patristic literature is covered by Lampe 1961. These and other similar dictionaries have to cope with several methodological problems. As far as the New Testament is concerned, both the complexity and the importance of the ideas expressed have brought about the case that the respective dictionaries tend to have a strongly encyclopedic character, with exegesis and even hermeneusis of the text strongly stressed; Bauer 1928 (and his derivations) is in this respect not excessive. Louw/Nida 1988 is a purely linguistic and philological dictionary to the New Testament based on the notion of semantic fields as developed by Jost Trier and ultimately deriving from de Saussure's idea that the value of a linguistic (in this case, lexical) unit is determined by its delimitation against the paradigmatically adjacent units. Since most of the patristic literature is written in a classicistic, puristic form of language (contrary to most of the New Testament and comparably old texts, which are of a more demotic character), the respective dictionaries tend to be of a differential character, i.e., they tend to offer only information on words and senses absent in the Classical Greek of the pagan authors. For instance, Lampe 1961 is more or less an addition to Liddell/Scott/Jones, which does not detract from its usefulness for the given purpose.

3.3. Contemporary Lexicography

Early in this century there emerged the idea that an exhaustive *Thesaurus Linguae Graecae* should be compiled; the successfully started project of the *Thesaurus Linguae Latinae* (see article 180) undoubtedly served as the model. There is no need to repeat all the peripeties through which the idea went (see Cohn 1913, 725 and Lopez Facal 1977, 131); however, some methodological points are worth recapitulating. The number of existing Greek texts is many times greater than that of the Latin ones and there is a great dialectal variation among them. Therefore, H. Diels suggested that instead of one thesaurus there should be about ten, based on texts belonging to diverse genres: old epic, lyric poetry, tragedies, etc. This idea had already been developed by F. A. Wolf (1759—1824; Cohn 1913 723) and seems to be appealing; however, both Paul Kretschmer and Karl Krumbacher rejected it, maintaining that the unity of semantic development would thereby not be captured. Krumbacher in his turn tried to save space by the suggestion that formal words, such as particles, conjunctions, prepositions, etc. should be exhaustively treated in monographs with only a short summary published in the *Thesaurus* (see Cohn and Lopez Facal l. l. for references). However, after years of deliberations, the idea of the *Thesaurus* was abandoned.

It was revived, in the form suggested by H. Diels, after World War II by Bruno Snell

(1896—1986). In 1955, the first issue of the first partial thesaurus was published (Snell 1955). According to Diels' plan, this first (partial) thesaurus covers the early epic poetry. (It is a thesaurus in spite of the title *Lexikon*.) It is an immense work, particularly its first nine issues that comprise the letter alpha. It contains all of the words (including proper names) in Homer, Hesiod, and other early hymns and poetry. Every effort has been made to make each entry a self-contained world of its own which one can read without having to consult other books for reference. Therefore, all the contexts (called pericopes) quoted from the poems are quite long, so that the whole situation is clear; all occurrences are cited; ancient exegetical commentaries are extensively quoted; modern literature is summarized; archaeology dealt with, if necessary; etc. From the tenth issue on, the tempo of publication was speeded up by a change of editorial policies: the pericopes are minimal; repetitive collocations are expressed by complicated symbols; ancient exegeses are quoted only in case of inaccessible sources; information concerning the meter is given in compact formulae; references are reduced and mostly not summarized; etc. In short, reading the new entries is difficult and various complementary books of reference are neccessary; still, a skeleton of the basically necessary information is contained in the new entries. Also, at this speed the dictionary can be completed in some 25 years. An interesting feature of the *Lexikon* is that its (signed) entries are written by various authors; most of them are in German but many are in English and some in French and Italian; in addition, controversial manuscript readings are frequently reported by a quotation from the *apparatus criticus* of the respective edition, i.e. in Latin. This definitively proves a point in the typology of dictionaries, namely that a dictionary such as this is not really bilingual but quasi-bilingual: the 'other' language is not really the target language but the language of description. This also means that the user must know many languages (and the dictionary to be discussed next adds Spanish to the repertory): there should be no harm in this because the idea that a student of Homeric and similar problems would not know these languages is more horrifying than the sight of Medusa. In any of the languages of description, the meaning of the entryword is presented by notional description or analysis and by equivalents (italicized), which reminds us of Passow. E.g.: ἔχμα *ékhma* 'that which holds
1. *support, holding* (of wall, stone, ship);
2. *impediment.*'

Of another character is the Greek-Spanish dictionary which is being published under the editorship of F. Adrados (1980). It also tries to be complete, not in the sense of every occurrence being quoted, but in the sense that it tries to cover all the inscriptions, papyri, literary genres, and dialects, including the Christian texts. Proper names are included. Within such a scope, the contextual exemplification must be short (no long pericopes, only the most necessary collocations) and selective (best examples for well polarized senses, new words, new senses, etc.). There also are etymological excursus that go back into Indo-European, including a laryngealist reconstruction of roots. However, the dictionary does not lose its philological character because its firm basis is contextual passages, for which each important aporia is individually interpreted, usually by translation. Syntactic patterns are described with remarkable finesse; they are adroitly used for the discrimination of senses.

The last contemporary project (started in 1972) that must be reported is the *Thesaurus Linguae Graecae* of the University of California at Irvine, Cal., headed by Theodore F. Brunner. The *Thesaurus* basically consists of a huge database that contains machine readable versions of texts of all Greek authors from Homer to about 600 A.D.: the list of the authors comprised and their editions is given in Berkowitz 1986. Later authors are being added with the goal of covering the whole Byzantine period up to 1453. Only literary texts (including literary papyri) are stored in this database. (A database of inscriptions is being prepared at Cornell University [Prof. Kevin Clinton] and another one, of documentary papyri, at Duke University [Profs. William H. Willis and John Oates]: information from Prof. T. Brunner.) As of now, the database contains some 62,000,000 words. Information from this database can be obtained by application to Prof. T. Brunner (University of California, Irvine, CA 92717): for a nominal fee, his staff will within a very short time provide a printout containing all the contexts comprised in the database in which the requested word occurs. (Frequent users and institutions can rent disks with all the necessary material and run searches of their own). The boundaries of the contexts are determined mechanically: a certain number of characters to the left and to the right of the word studied, so that completeness of sentences is not guaranteed. The pericopes are quite long, normally about 4—5 lines, which is sufficient for most lexical (and many syntactic) searches. If needed, more extensive contexts can be provided readily. The printout is organized by the alphabetical order of the authors of the texts in which the element sought occurs. It must be stressed that this is not a lexical database organized, e.g., by the canonical forms of the entrywords (types) with the contexts digested by the forms in which the entryword occurs (tokens), or even by some collocational or semantic criteria. This is a textual database without any lemmatization: the search for all the occurrences of a word is in reality a search for a string, or defined sequence of letters, i.e., usually a word-stem which the program locates within its prefixes, suffixes, and endings, and within its broader context as described above. Naturally, this organization has both great advantages and some disadvantages. The overwhelming advantage consists in the fact that one can search the texts not only for the lemmatized entrywords, or their tokens, but for anything that occurs in the texts, from phonotactic phenomena such as co-occurrence of some letters, to unusual collocations, etc. Some of the disadvantages are also obvious: grammatical homonymy cannot be disambiguated (i.e., the machine will handle ἀθετήσεις *atheté:seis* 2nd sing., fut. act. verb, and plural noun as the same string); all of the semantic and syntactic categorization of the single tokens, not to mention the chronological sequencing of the pericopes must be done by the researcher himself. There cannot be any doubt, however, that to receive posthaste within a few days the results of a search that could take, without this help, months or more of concentrated work is a huge advantage even if the material received must be further digested by the researcher himself. Furthermore, the project is in the process of developing the computer software resources needed to facilitate chronological, generic, and other specifically circumscribed searches.

3.4. Conclusion

Throughout its history the lexicography of Ancient Greek has been of great methodological interest. Already in antiquity a variation of dictionaries governed by their purpose (passive: exegetical; active: puristic, generally rhetoric, synonymic) had been achieved. In more modern times, endeavors such as that by H. Stephanus and F. Passow exercised an influence reaching beyond the confines of Greek scholarship. In our day, the simultaneous elaboration of three projects, all of them huge but typologically strongly divergent (Snell 1955: exhaustive, minute coverage of a limited area; Adrados 1980: comprehensive treatment of the whole vast field, selective treatment of collocations; Brunner 1972: trailblazing application of the most recent technology and methodology to the totality of data) cannot fail to be a rich source of methodological experience in the future.

4. Selected Bibliography

4.1. Dictionaries

Adrados 1980 = Francisco R. Adrados/Elvira Gangutia/J. López Facal/Conception Serrano/R. Bádenas: Diccionario Griego-Español. Madrid, Instituto „Antonio de Nebrija" 1980f. [Vol. I α—ἀλλά, p. 1—155, 1980; Vol. II ἀλλά—ἀποκοινώνητος, p. 155—424 + Suplemento al volume I, p.*3—6, 1986].

Arndt/Gingrich 1957 = A Greek-English Lexicon of the New Testament and other Early Christian Literature. A translation and adaptation of the fourth revised and augmented edition of Walter Bauer's Griechisch-Deutsches Wörterbuch zu den Schriften des Neuen Testaments und der übrigen urchristlichen Literatur by William F. Arndt and F. Wilbur Gingrich. Chicago 1957 [XXXVII, 909 p.].

Bailly 1894 = M. A. Bailly: Dictionnaire Grec-Français ... à l'usage des élèves des lycées et des collèges. Paris. 26th edition, by L. Séchan and P. Chantraine. Paris 1963 [XXXII, 2215 p.].

Barber et al. 1968 = E. A. Barber/P. Mass/M. Scheller/M. L. West: (Liddell/Scott/Jones) Greek-English Lexicon. A Supplement. Oxford 1968 [XI, 153 p.]

Bauer 1928 = Walter Bauer: Griechisch-deutsches Wörterbuch zu den Schriften des Neuen Testaments und der übrigen urchristlichen Literatur. Gießen 1928 (Fourth edition 1952; fifth edition 1958).

Bauer/Aland/Aland 1988 = Griechisch-deutsches Wörterbuch zu den Schriften des Neuen Testaments und der frühchristlichen Literatur von Walter Bauer. 6., völlig neu bearbeitete Auflage im Institut für neutestamentliche Textforschung/Münster unter besonderer Mitwirkung von Viktor Reichmann herausgegeben von Kurt Aland und Barbara Aland. Berlin. New York 1988 [IX p., 1796 col.].

Brunner 1972 = Theodore F. Brunner: Thesaurus Linguae Graecae. University of California, Irvine,

California 1972 (Database of machine-readable Greek texts.).

Chadwick/Baumbach 1963f. = John Chadwick and Lydia Baumbach: The Mycenaean Greek Vocabulary. Glotta 41 (1963), 157—271 (index, pp. 259—271); L. Baumbach: The Mycenaean Greek Vocabulary II, Glotta 49 (1971), 151—190.

Crönert 1912 = Wilhelm Crönert: Passow's Wörterbuch der griechischen Sprache, völlig neu bearbeitet. Göttingen 1912—1914 [Three issues, α—... ἀνά, 408 col.].

Dasypodius 1539 = Petri Dasypodii Λεξικὸν Graecolatinum in usum juventutis Graecarum litterarum studiosae diligenter congestum. Argentorati 1539.

Drisler 1846 = A Greek-English lexicon based on the German work of Francis Passow by Henry George Liddell... and Robert Scott... with corrections and additions, and the insertion in alphabetical order of the proper names occurring in the principal Greek authors, by Henry Drisler. New York 1846 [XXIX, 1705 p.] (Other editions in 1860, 1872, 1874.)

Fraser/Matthews 1978 = P. M. Fraser and E. Matthews: A lexicon of Greek personal names. Vol. I, The Aegean Islands, Cyprus, Cyrenaica. Oxford 1978. [XXII, 489 p.]

Gingrich/Danker 1979 = Second edition of Arndt/Gingrich 1957, revised and augmented by F. Wilbur Gingrich and Frederick W. Danker from Walter Bauer's fifth edition, 1958. Chicago 1979 [XL, 900 p.].

Hesychius 1861 = Hesychii Alexandrini lexicon, recensuit Mauricius Schmidt. Vol. III, Halle 1861 [439 p.]. Vol. IV, Halle 1862, 1964 [368+CXCII, 183 p.] Reprinted Amsterdam 1965 (In this edition, there is an onomasiological index to the alphabetic dictionary.)

Hesychius 1953 = Hesychii Alexandrini lexicon, recensuit et emendavit Kurt Latte. I, Hauniae 1953 [LVIII, 509 p.]. II, Hauniae 1966 [824 p.] (This edition goes only up to the letter omicron; for the rest, Hesychius 1861 must be consulted.).

Lampe 1961 = G. W. H. Lampe: A Patristic Lexicon. Oxford 1961 [XLVIII, 1568 p.].

Landau 1958 = O. Landau: Mykenisch-griechische Personennamen. Studia graeca et latina Gothoburgensia, 7. Göteborg 1958 [305 p.].

Latte/Erbse eds. 1965 = K. Latte/H. Erbse: Lexica graeca minora. Hildesheim 1965 [XVII, 372 p.].

Lejeune 1964 = M. Lejeune: Index inverse du grec mycénien. Paris, Centre National de Recherche Scientifique 1964 [117 p.].

Liddell/Scott 1843 = A Greek-English Lexicon based on the German work of Francis Passow by H. G. Liddell and R. Scott. Oxford 1843 [XVIII, 1586 p.].

Liddell/Scott 1855 = A Greek-English Lexicon by H. G. Liddell and R. Scott. Oxford 1855 [XII 1618 p.].

Liddell/Scott/Jones 1940 = A Greek-English Lexicon compiled by Henry George Liddell and Robert Scott. A new edition... by... Henry Stuart Jones... with the assistance of Roderick McKenzie. Oxford 1940 [XLVIII, 2111 p.].

Louw/Nida 1988 = Greek-English Lexicon of the New Testament based on semantic domains. Johannes P. Louw and Eugene A. Nida, editors, Rondal B. Smith, part-time editor, Karen A. Munson, associate editor. New York, N. Y.: United Bible Societies, 1988. Vol. 1: Introductiona and domains, vol. 2: Indices. [XVI + 845; IV + 275 p.; 4 maps.].

McArthur 1985 = Jennifer K. McArthur: A Tentative Lexicon of Mycenaean Placenames. Part One: The Knossos Tablets. Salamanca 1985 [Minos, Supplement, No. 7; Anexo a Minos XIX, p. 1—134].

Morpurgo 1963 = Anna Morpurgo: Mycenaeae Grecitatis Lexicon. Romae 1963 [Incunabula Graeca, III; 405 p.].

Olivier et al. 1973 = Jean-Pierre Olivier/L. Godart/S. Seydel/C. Sourvinou: Index généraux du linéaire B. Roma 1973 [Incunabula Graeca, LXXXI; 413 p.].

Pape/Benseler 1863 = W. Pape's Wörterbuch der griechischen Eigennamen. 3. Auflage bearbeitet von Gustav Eduard Benseler. Braunschweig 1863 [LII, 1710 p.].

Pape/Sengebusch 1880 = W. Pape: Griechisch-deutsches Handwörterbuch. 3. Auflage bearbeitet von M. Sengebusch. Braunschweig 1880. Nachdruck Graz, Austria 1954 [2 volumes, XVIII, 1548; 1424 p.].

Passow 1831 = Handwörterbuch der griechischen Sprache von Dr. Franz Passow. Leipzig 1831 [2 volumes, XL, 1388; 1500, 36, 76 p.].

Passow/Rost 1841 = Handwörterbuch der griechischen Sprache begründet von Franz Passow. Neu bearbeitet und zeitgemäß umgestaltet von Dr. V. Chr. Fr. Rost/Fr. Palen/O. Kreussler/K. Keil/F. Peter/G. E. Benseler. Des ursprünglichen Werkes fünfte Auflage. Leipzig 1841—1857 [4 volumes, XII, 754; 1130; 1313; 736 p.].

Pollux 1900 = Pollucis Onomasticon, edidit Ericus Bethe. Lipsiae, I (1900), II (1931) [reprint 1967; XX, 305; XVII, 418 p.].

Scapula 1579 = Lexicon graecolatinum novum in quo ex primitivorum et simplicium fontibus derivata atque composita ordine non minus naturali quam alphabetico breviter et delucide deducuntur. Joannis Scapulae opera et studio. Basileae 1579.

Schneider 1797 = Johann Gottlob Schneider: Kritisches Griechisch-Deutsches Handwörterbuch. Züllichau. Jena. Leipzig 1797—1798. 2 volumes [847, 1158 p.].

Schneider/Passow 1819 = Johann Gottlob Schneiders Handwörterbuch der griechischen

Sprache, nach der dritten Ausgabe des größeren Griechisch-deutschen Wörterbuchs mit besonderer Berücksichtigung des homerischen und hesiodischen Sprachgebrauchs und mit genauer Angabe der Sylbenlängen ausgearbeitet von Dr. Franz Passow. Leipzig 1819, 1823. 2 volumes [VIII, 928; VI, 1136 pp.].

Snell 1955 = Lexikon des frühgriechischen Epos, ... herausgegeben von Bruno Snell. Redaktor Hans Joachim Mette. Göttingen. Vol. I (issues 1—9): 1955—1978 [XIV p. + 1792 columns, with many pages of various addenda]; issues 10—12: 1982—1987 [XVIII p. +976 columns]. The editors of the later issues were: Ulrich Fleischer (2, 3), Hartmut Erbse (4, 5), Eva-Maria Vogt (6—11), Michael Meier-Brügger (12).

Stephanus 1572 = Θησαυρὸς τῆς ἑλληνικῆς γλώσσης, Thesaurus Graecae linguae ab Henrico Stephano constructus. In quo, praeter alia plurima, quae primus praestitit (paternae in thesauro latino diligentiae aemulus), vocabula in certas classes distribuit, multiplici derivatorum serie ad primigenia tanquam ad radices unde pullulent, revocata ... Paris 1572. 5 volumes [A reprint of this of 1580 has a few changes, but gives Estienne's epigrammatic and other reaction to the fraud of Scapula.].

Stephanus 1831 = Θησαυρὸς τῆς ἑλληνικῆς γλώσσης Thesaurus Graece linguae ab Henrico Stephano constructus. Post editionem anglicam novis additamentis auctum ordineque alphabetico tertium ediderunt ... excudebat Ambrosius Firmin Didot. Paris 1831 [9 volumes, XI, 1616; 2794; 1830, 8; 2646; 2216, 16; 2498, 26; 2462; 2266; 2152, 366, L columns].

Suda 1928 = Suidae Lexicon, edidit Ada Adler. Lipsiae. I 1928, II 1931, III 1933, IV 1935, V 1938 (indexes) [XXXIII, 549; XIV, 740; XIV, 632; XVI, 864 p.].

Torro 1980 and 1986 = Francisco Aura Torro: Diccionario Micénico (preliminary version of a supplement to Adrados 1980, mimeographed).

4.2. Other Publications

Aarsleff 1962 = Hans Aarsleff: The early history of the Oxford English Dictionary. Bulletin of the New York Public Library 66. 1962, 417—439.

Adrados 1977 = F. R. Adrados: Micenico. In: Adrados et al. 1977, 185—196.

Adrados et al. 1977 = F. R. Adrados/E. Gangutia/ J. Lopez Facal/C. Serrano Aybar: Introducción a la lexicografia griega, editado por Elvira Gangutia Elicegui. Manuales y anejos de "Emerita" 33. Madrid 1977.

Autenrieth 1890 = G. Autenrieth: Lexikographie der griechischen Sprache. In: Karl Brugmann/ Friedrich Stolze et al.: Griechische und lateinische Sprachwissenschaft, 2nd edition. München 1890, 585—607.

Bennett/Olivier 1973 = Emmett L. Bennett, Jr. and Jean Pierre Olivier: The Pylos Tablets Transcribed. Part I: Texts and Notes. Roma, Edizioni dell'Ateneo 1973 [Incunabula Graeca, LI; 287 p.]. Part II: Hands. Concordances, Indices. 1976. [Incunabula Graeca, LIX; 150 p.].

Berkowitz 1986 = Lucy Berkowitz/K. Squitier: Thesaurus Linguae Graecae. Canon of Greek Authors and Works. 2nd edition. New York 1986 [XII, 341 p.].

Cohn 1913 = Leopold Cohn: Griechische Lexikographie. In: Karl Brugmann: Griechische Grammatik, 4th edition by Albert Thumb. München 1913, 679—730.

Lopez Facal 1977 = Javier Lopez Facal: Historia de la lexicografia griega moderna. In: Adrados et al. 1977, 107—147.

Passow 1812 = Franz Passow: Über Zweck, Anlage und Ergänzung griechischer Wörterbücher. (Zweites Programm des Conradinum bei dem Michaelis-Examen 1812.) Berlin 1812.

Riesenfeldt 1954 = H. & B. Riesenfeldt: Repertorium lexicographicum graecum. Uppsala 1954.

Schwyzer 1939 = Eduard Schwyzer: Griechische Grammatik [...]. Bd. 1. München 1939.

Serrano Aybar 1977 = Concepción Serrano Aybar: Historia de la lexicografía griega antigua y medieval. In: Adrados et al. 1977, 61—106.

Zgusta 1987 = Ladislav Zgusta: Derivation and Chronology; Greek Dictionaries and the Oxford English Dictionary (dvādaśakośyam). In: Theorie und Praxis des lexikographischen Prozesses bei historischen Wörterbüchern. Akten der Internationalen Fachkonferenz Heidelberg, 3. 6.—5. 6. 1968. Im Auftrag des Forschungsschwerpunktes Lexikographie an der Neuphilologischen Fakultät der Universität Heidelberg, hrsg. von Herbert Ernst Wiegand. Tübingen 1987 (Lexicographica. Series Maior 23). 261—281.

Zgusta 1989 a = Ladislav Zgusta: Ornamental pictures in dictionaries; Kauśādhyāyacitrakarmanyam. In: Gregory James, ed., Lexicographers and their works. (Exeter linguistic studies, vol. 14), University of Exeter 1989, 215—223.

Zgusta 1989 b = Ladislav Zgusta: The Oxford English Dictionary and other dictionaries (aikakośyam). In: Fredric Dolezal, ed., The dictionary as text (International Journal of Lexicography, vol. 2, Nr. 3), 188—230.

Ladislav Zgusta, University of Illinois, Urbana, Illinois (USA) [Classical Greek]
Demetrius J. Georgacas (†), University of North Dakota, Grand Forks, North Dakota (USA) [Mycenaean Greek]

179. The Lexicography of Byzantine and Modern Greek

1. Introduction
2. The Lexicography of Byzantine and Medieval Greek
3. The Lexicography of Modern Greek
4. Selected Bibliography

1. Introduction

Nowhere is it more difficult to draw demarcation lines between periods of a language than in Greek. The point at which the Hellenistic Greek of the Roman Empire becomes Byzantine Greek can only be set by non-linguistic criteria. In many ways a new epoch begins with the establishment of Christianity as the official religion of the Empire by Constantine and the reestablishment of the old Greek city of Byzantium as Constantinople or New Rome and a major administrative center. The common practice, however, is to designate the later Roman Empire as the Byzantine Empire from the late fifth century, the time of the "fall of the Roman Empire", i. e. the passing of much of the western empire including the city of Rome itself into the military control of various Germanic peoples. The continuity of government (with Greek replacing Latin), culture, and language in the eastern empire was unbroken and its citizens, Greek-speaking Christians, continued to be designated "Romans" throughout the existence of the empire and beyond. The Greek language of the Byzantine period, in direct continuity with that of the Hellenistic-Roman period, shows the same dichotomy between the puristic Atticizing language favored, at least in formal and official contexts, by the educated classes, including the clergy, and the popular spoken language, which continued to develop from the ancient koine toward modern Greek. Classical Greek literature and the Atticizing writers were at the core of the educational system and Byzantine writers of both prose and poetry attempted to emulate their classic masters. Naturally scholarship, including lexicography, was directed toward elucidation of those ancient texts. Therefore the major lexicographic works of the Byzantine period belong to the field of ancient Greek lexicography (see article 178). The popular language, of which we do have written evidence especially in religious literature directed toward the common people and some historical and biographical material as well as in poetry, had to wait for its lexicographical treatment.

It is customary to date the end of the Byzantine Empire at the fall of Constantinople to the Turks in 1453. However the turbulent conditions during the previous three centuries, during which most of the empire came under foreign rule, could justify calling the period from about 1100 "medieval", continuing until the modern period. This latter period is dated from any of various times from the seventeenth century to as late as the Greek War for Independence starting in 1821. An early date is more suitable in view of factors relevant to language. However, the popular language had assumed the essentials of its modern character already in Byzantine times.

2. The Lexicography of Byzantine and Medieval Greek

2.1. Dictionaries of the Sixteenth and Seventeenth Centuries

Parallel to the rebirth of the lexicography of ancient Greek in western Europe was the birth of that of Byzantine and later Greek. The influx of Greek refugees into the West, even before the actual fall of Constantinople, gave impetus not only to ancient Greek studies but to interest in the language of contemporary Greek-speakers and their Byzantine antecedents. Of the consequent early works some included the Byzantine language of government and official documents as Meursius (1594, 1614) did terminology for offices and titles of an empire already past, and Rigaltius (1601) the language of imperial legislation. Contemporary Greek was found in multilingual dictionaries giving both classical or "literary" and "vulgar" Greek along with Latin or vernacular equivalents, e. g., da Sabio's glossary (1527) giving in four columns Italian, contemporary and ancient Greek, and Latin; Vlachos (1659) gives Latin, Italian and French equivalents of the Greek. This last has been called the first lexicon of modern Greek. These and other such works are important sources for the study of modern Greek in its early post-Byzantine form.

As Stephanus' Thesaurus (see article 178) marked the beginning of a new age in the lexicography of ancient Greek, so just sixteen years later another Frenchman, the polymath Charles du Fresne, Sieur DuCange published a two-volume dictionary of medieval and later Greek (DuCange 1688) elucidating new meanings (vis-à-vis ancient Greek), words of foreign origin, and technical (religious, military, legal, scientific, etc.) terms. The Greek entrywords are in capital letters in alphabetical order with the Latin meaning or definition, some of an explanatory nature which could be called encyclopedic, with references to the sources (an index of cited authors, both printed editions and manuscripts, constitutes one of the several appendices in volume two) and quotations of Greek loci, some quite extensive. Alternative spelling (of foreign words), derivatives, diminutives, and compounds have their separate treatment. Such are the quality and scope of this dictionary (as of DuCange's monumental medieval Latin dictionary, which had been published ten years earlier) that it remained the standard work into this century (reprinted in 1943 and 1951) and is still highly useful.

2.2. Modern Dictionaries of Byzantine-Medieval Greek

The excellence of DuCange is such that, still in the present century, much of the discussion and planning concerning major lexicographical projects has been centered on the reworking and augmentation of this dictionary. None of these attempts, however, has reached fruition in the publication of a dictionary. In fact, other than DuCange, only one notable dictionary dealing with the Byzantine period has appeared, the now century-old lexicon of E. A. Sophocles (1887) for the period from 146 B. C. to 1100 A. D. Much of the vocabulary in Sophocles is, of course, included in dictionaries of 'ancient' Greek: the new meanings of such ancient words are the product of normal language development in time, a process the operation of which was to a considerable extent obscured by the archaizing movements beginning in the second century A. D. and continuing into this century. New words and meanings which have arisen within the chronological boundaries of antiquity are 'ancient' in comparison with recent coinages and borrowings; but in so far as their pattern of formation, morphology, or meanings are characteristic of the later language, they support drawing a major line of demarcation distinguishing the classical--ancient from later Greek: koine-Byzantine down to modern. In his introduction Sophocles supplies, inter alia, useful information about morphology, derivational patterns, and syntax. The body of the dictionary lists new words and classical words (so marked) with new meanings. The classical words from which new words and derivatives were formed are given in parentheses after the entryword, as are non-Greek etyma. The semantic content of the entrywords is given usually by English equivalents but also by definition and by the Latin for those terms which had established equivalents. Each word has at least one source reference, from some of which passages are quoted in whole or in part to illustrate syntax or illuminate the meaning. Verbs which differ from the classical only in the addition of a prefix, and so are of obvious meaning, are followed by a source reference only. For that large portion of the later and Byzantine vocabulary consisting of classical Greek words unchanged in form and meaning, one must consult a dictionary of ancient Greek.

Complementary to Sophocles, covering the period 1100 to 1669 (when Crete with its splendid western-influenced literature passed from Venetian to Turkish rule) is Kriaras (1969). In his preface Kriaras outlines the background and progress of his project and explains his methodology. The works excerpted were primarily literary and historical texts of the period, with limited exploitation of other types of writings and earlier and later texts for ancillary purposes. Words chosen for excerption were: demotic words in the texts only of the period or also in the present-day popular language, Byzantine words also used in the later period, and ancient words in the later literature which had undergone changes in form or meaning. The bibliography in volume one lists 305 primary sources (basic texts) and 1155 secondary ones: anthologies, studies, articles. Copious additions to this bibliography are listed in subsequent volumes. Each word chosen in this selection process is fully treated in three parts: 1) the word and its variant forms fully documented by references to the primary sources; 2) etymology giving the foreign source or the earliest Greek, with references to pertinent discussions, especially the Historical Lexicon (see below 3.2.2.); 3) meanings, each supported by quoted passages chosen for their clarity or the importance of the source. Kriaras' own text is in demotic (see below 3.1.) and from volume 5 of 1977 in his own text, but not in quotations, he uses the new accent system which eliminates the ancient breathings and the use of three accents in favor of one mark only on the stressed syllable of polysyllabic words.

3. The Lexicography of Modern Greek

3.1. The Language Question

The dichotomy between the learned, largely written language and the popular language persisted. In larger urban centers, especially Constantinople, the language of education and of the church perpetuated to some degree the learned type of the later years of the Byzantine Empire. The great masses of Greek speakers, as always, used the popular language which had developed organically from the ancient koine. Popular poetry, some dating from Byzantine times, was as a national heritage. Growing national consciousness in the eighteenth century recognized the essential Greekness of the popular language, but one tainted by the centuries of servitude to foreign masters; at the same time a nostalgia for the glories of classical antiquity strongly reinforced support for a reform of the language on ancient lines: banishment of vocabulary of foreign origin, restoration of ancient morphological patterns, and a syntax approximating the ancient. This modern dichotomy is expressed by the terms katharevusa (καθαρεύουσα) (purifying) for the learned, archaizing, mostly written language and dhimotiki (δημοτική) (demotic) for the popular language, and more specifically that form, based in considerable part on the Peloponnesian dialect, which gradually gained acceptance as the common language. Katharevusa had its heyday in the mid-nineteenth century and its use was maintained in government, the courts, newspapers, the middle and higher levels of education (a considerable part of the educational mission of the primary school being the induction of the pupils into the use of katharevusa). At the same time, in the later nineteenth and the twentieth centuries, the cultivation and use of demotic spread through various types of writing: poetry, imaginative prose, and prose of opinion, of information, and of scholarship. Necessarily there had been some movement toward a middle ground, katharevusa of various degrees of simplification and the cooption into the demotic of learned vocabulary, often not fully assimilated. The official acceptance of demotic occurred only in this generation: In 1964 the optional use of demotic as the vehicle of instruction at all levels of education was sanctioned; however this was rescinded in 1967. In 1976 demotic officially became the language of education and in 1977 the language of government.

Here something should also be said about the spelling of later and modern Greek. The archaizing tradition perpetuated the classical Attic spelling as normalized in the Hellenistic and Byzantine schools. At the same time the ongoing changes in actual pronunciation, which by the tenth century approximated the modern in most respects, were not revealed by that spelling. Greek neologisms were easily integrated into the historic spelling as contemporarily pronounced, as were foreign words when assimilated phonologically and morphologically. Modern Greek continues to be written, with a minimum of simplifications, in this historic spelling, the reading of which is easy enough once one has learned the current sound values of letters and digraphs. On the other hand, to spell correctly is not easy, a situation resulting in the proliferation, as separate books and as appendices to general dictionaries, of guides to spelling and the correct use of the ancient breathing and accent marks (the latter now obviated by the adoption of the one-accent system).

3.2. Modern Dictionaries

3.2.1. Dictionaries of Mixed Character

The lexicography of modern Greek, of necessity, reflects the various attitudes toward and developments of the language question. In general, bilingual dictionaries from the sixteenth century to the present have contained both learned and popular words, forms, and usages to serve the various needs of their intended users. From the 17th to the early 19th centuries dictionary compilers were usually non-Greeks or Greeks working and publishing in western Europe, producing bilingual or multilingual dictionaries in which learned and popular Greek were, on the whole, treated as separate entities. Even the first monolingual Greek dictionaries of the early 19th century were published abroad. With the establishment of the modern Greek state and of katharevusa as its official language, not only was the archaizing language usually the base in both monolingual and bilingual dictionaries, but there was also the tendency to give demotic words in a form 'corrected' toward the learned. The increasingly widespread use of demotic in literature necessitated its acceptance into dictionaries and glossaries in its genuine form but with definitions in the monolingual dictionaries still in katharevusa. Here mention will be made only of three major monolingual dictionaries of the mid-20th century, ones which have been widely used also as an important and sometimes as the principal data base for subsequent works.

The preface of the dictionary published by the newspaper Proïa in 1933 cites the need for an easily-used, comprehensive dictionary encompassing all the words of modern writings, literary, scholarly, periodical, etc. Although based on existent works and drawing heavily on the knowledge and linguistic feeling of its staff of journalists and philologists, the Proïas dictionary is not a work of scholarship. Nevertheless it did fill the perceived need. The sought after completeness and usability were sufficiently attained to make this dictionary popular and widely recognized and thus effect its reprinting by a commercial publisher (Proïas 1935) with a substantial supplement "containing all the words pertaining to the accomplishments of modern civilization ... not contained in the first edition" (p. 1). The majority of entries are katharevusa but demotic is amply represented. The level of usage is clearly indicated by a sign before the entryword: *demotic, ≠ dialectal or foreign, †archaic or rare. Foreign provenience and necessary morphological features are noted, and short illustrative contexts are plentiful. The meanings and definitions, according to the usual practice, are in katharevusa, but generally used demotic equivalents, marked common, are also given for learned words.

The continuity and basic unity of the Greek language through the ages is the focus of the nine-volume dictionary of the D. Dimitrakos (1949) publishing house; it is historical in scope and organization, encompassing Greek from Homer to the early 20th century. (The listing, with abbreviations, of the authors and works referred to in the dictionary fills 22 pages.) The ancient vocabulary is the starting point; unlabeled words are ancient only. Later currency is indicated by abbreviations for later (koine-Byzantine), medieval, modern (i. e. katharevusa), and demotic. Distinctive demotic forms are listed in their alphabetical place but are usually referred to the ancient/katharevusa form. Demotic words of foreign origin are treated in their alphabetical position. The definitions are in katharevusa and illustrative contexts provided by quotations, fully identified as to source, are from ancient literature; only if the word itself or a particular meaning is known solely from post-ancient sources might such a later passage also be quoted.

The three-volume Stamatakos (1949) dictionary of modern Greek has katharevusa as its framework but demotic words and forms, so marked, are amply present. While definitions are in katharevusa, single word equivalents in both language forms are given, as are also antonyms, and demotic is widely used in the contexts quoted to illustrate typical and special senses. The peculiar feature of this dictionary is the plethora of ancient Greek equivalents given for those modern words which have like semantic content, this to answer "the need that one know how the ancient Greeks designated each thing and each concept" (p. 5); this dictionary is intended for use in close connection with the same author's ancient Greek volume to advance the present-day Greek's understanding of their glorious ancient heritage.

3.2.2. The Historical Lexicon

Conceived early in this century, organized as an independent institute under the Ministry of Education in 1914 and since 1926 under the supervision of the Academy of Athens, the Historical Lexicon (1933) will be the most detailed dictionary of modern Greek, of (as the title reads) both the commonly spoken language and the dialects. As originally envisioned, this would have been a dictionary of the Greek language from Homer to the modern language. When it soon became clear that a work of such scope in the anticipated detail was not feasible, it was decided to start with the modern period (from about 1800) in anticipation of the eclipse of the modern dialects. The large library of printed materials was and still is being augmented by the rich collection of manuscript material gathered by field workers from informants in localities throughout the Greek-speaking territory. This wealth of material furnishes the basis for the comprehensive and detailed dictionary articles. Each article is divided into three parts: (1) Forms. All forms are given as they are found in each area, island, town, village. The word ἄνϑρωπος 'man (human being)', for example, has recorded for it forty-three different forms according to dialects and sub-dialects. (2) Etymology. The entryword is traced to its medieval or ancient Greek or foreign source. How each dialectal form came about is explained, with parallel examples given for changes. References to books and articles are given for further information. (3) Semantics. Meanings are arranged historically and each meaning illustrated with examples from the standard spoken and literary language and the dialects. Synonyms and antonyms are given. The word ἄνϑρωπος, e. g., has eight meanings. At the present rate of publication, it will be well into the next century before the work is completed and then a supplement will be needed for at least the earlier volumes. Moreover, since learned words only of the widest currency are included, a great number of learned words and neologisms not only of special fields but also ones now known to and used by large segments of the population are not to be found here. The Historical Lexicon occupies a prime position in Modern Greek lexicography, not only for the published work but also for the bounty of its archival material and the scholarly activity of many who have served on its staff.

3.2.3. Dictionaries of Contemporary Demotic

As long as katharevusa constituted the framework for dictionaries, the principal difficulty with demotic words was to determine just where the boundary demotic/katharevusa lay so that demotic could be so marked. The production of a completely demotic dictionary necessitates basic decisions about the nature of demotic and on the admissibility of learned, dialectal, obsolete, and foreign words, and about the extent to which variant forms should be given. The primary criterion is use, both widespread general use and use in narrower areas of importance; e. g., obsolete words are needed for the understanding of history and historical novels, learned scientific terms are known to and used by non-specialists. Also the matter of spelling presents problems: to what extent should the historical spelling yield to simplification based on modern pronunciation and morphological patterns; how close to the original native pronunciation should the transcription of the many foreign words lately adopted into spoken Greek be. These and many other such basic decisions face the lexicographer, who is, however, not without guidance: in addition to the increasingly standardized practice of the many excellent writers of demotic (if the lexicographer has sufficient archival material derived from such writers), there is available the grammar of demotic by Manolis Triandafyllidis and others, first published in 1941 pursuant to a directive of the Ministry of Education and, since demotic became the official language, reprinted with corrections (Modern Greek Grammar 1941, 1988). This is a basic work for studies of modern Greek including lexicography. The demotic dictionaries, as the mixed ones earlier, tend to be normative with students and teachers, the users primarily targeted.

A decade before demotic finally became official for all education, Patsis (1965) in the preface to his dictionary cited the need for a demotic dictionary "composed on recognized foundations with accuracy and with (the) aim of helping children and adults, scholars..." (p. 7), a need which he considers his dictionary the first to fill. He goes on to outline the rationale for his choice of words and treatment of variants and his spelling practices. A footnote to the bibliography (principally earlier dictionaries and encyclopedias) excuses the failure to list authors since to do so "would have enlarged (the bibliography) very much," thereby implying that such authors were primary source material. However none of the relatively few quotations are attributed. Meanings are sometimes given by single word synonyms but more often by definition, since the wealth of katharevusa synonyms is no longer available.

One example of the difficulties encountered when working outside the familiar katharevusa framework: The adjective **elafrós** 'light in weight' is defined in Proïas as 'the [masculine singular article] having relatively little weight, the easily raised or moved'; Stamatakos, in addition to several synonyms, has 'the having little weight'. The substantivizing of adjectives, including participles, by the addition of the definite article is a normal feature of ancient Greek and of katharevusa. While the use of such a substantivized participle to define an adjective violates the rule that a word should be defined by a word or phrase which is the same part of speech, customary usage has sanctioned the practice. Demotic uses a relative clause instead of the participial phrase of katharevusa, so Patsis defines **elafrós** as 'that [masculine singular demonstrative pronoun] who/which [uninflected relative pronoun] has relatively little weight', thereby committing the same error. (In contrast, the LNE [see below] correctly uses only the relative clause without the antecedent in defining adjectives.)

Despite its infelicities, Patsis is serviceable and valuable for its extensive and generally well-chosen vocabulary.

Indeed, such dictionaries as Patsis will have to serve until the completion of the demotic dictionary currently being produced by the University of Salonica's Institute of Modern Greek Studies, long a bastion of demoticism. A sample (LNE 1987) consisting of an introduction outlining methodology and the words starting with Z, H, Θ, I has circulated on a limited, non-commercial basis. The dictionary is directed to the students and teachers of secondary schools but also in so far as "it seeks to teach the function and use of the language ... also to the wider educated public" (p. 1). An innovation in monolingual Greek dictionaries is the pronunciation in the international phonetic alphabet. A system of concise references directs the user to the relevant pattern in tables of inflections; abbreviations indicate level or special sphere of usage (e. g., folk language, figurative, biology, insult, etc.); each meaning, whether synonym or definition, is generously illustrated by typical contexts, quotations, proverbs. Each entry closes with the etymology, which has, as appropriate, the form of either a single word etymon, an analysis of the formation of derivatives, or a veritable history of the word: "a longer etymological history is sought in the cases which have some significance for the history of culture" (p. xi). Except for ancient Greek words, which are cited with the traditional breathing and accent marks, the entire dictionary uses monotonia, the newly adopted one-accent system, whereby only the accented syllable of polysyllabic words is marked. A speedy completion of the dictionary is much to be hoped for; it will doubtless be the standard work for many years.

Another, as yet incomplete, project is the bilingual Modern Greek-English dictionary of D. J. Georgacas. Begun in 1960, the gathering of material has yielded approximately 2,189,000 separate citation cards, some from such secondary sources as dictionaries, glossaries, word studies, bilingual conversation guides, etc.; but most by far are from primary sources, not only from literary works, anthologies, and newspapers but also from such diverse materials as, e. g., theater programs, repair manuals, product descriptions and directions, and notations of oral usage. The editing of dictionary articles was begun in 1970 and the composed articles (thus far α-βάρος) have circulated privately in duplicated typescript (Georgacas 1970). Each entryword is followed by indication of pronunciation in IPA notation and variant forms and inflectional forms. These as well as meanings are marked as to language level: demotic, learned, regional, literary, poetic, etc., and areas of use: sciences, folklore, philosophy, etc. Meanings are given by English equivalents and definitions but the wealth of Greek synonyms and antonyms and the very large number of typical contexts and attributed quotations make this dictionary useful even for the monolingual Greek user. Firmly based on actual usage as disclosed in its extensive archive material, descriptive rather than normative, Georgacas presents a comprehensive picture of the richness, flexibility, and exactness of the cultivated demotic language. However, the unfortunately slow and interrupted progress of the work make its completion and publication problematic.

3.3. Etymological Dictionaries and Related Works

Greek etymology is a much cultivated field; in addition to etymological dictionaries and the etymologies in larger general dictionaries, there are hundreds of articles and books dealing with individual words, groups of words, patterns of word formation, etc. Andriotis (1951, 1983) excludes words of dialectal or regional use from his etymological dictionary, limiting himself to the vocabulary of common modern Greek, as his title indicates. For each word, part of speech is indicated and learned words are so marked. Rarely, the meaning or other such information is provided. The etymologies are succinct: the etymon, marked 'later' [i. e. post-classical], 'ancient', or 'foreign' is given and the Greek etyma are themselves briefly analyzed in cases of compounds or derivatives. Occasional references to pertinent studies or alternate explanations are given.

Dangitsis (1978) is a larger work. The etymologies themselves are comparable to those of Andriotis. There are more entrywords, especially of foreign and international scientific vocabulary origin; however, Andriotis has as separate entries many derivatives which Dangitsis only lists under the base word. After each entryword the part of speech is indicated, and in parentheses is given the basic meaning or field of usage (e. g., medicine, zoology, music), especially of foreign words which have no commonly used Greek-derived equivalent. All entries are modern Greek and each is marked by an abbreviation as modern Greek ('common', i. e. both learned and demotic), 'learned', or 'demotic'. Joined to that abbreviation by a hyphen may be the designation for 'ancient' (to 300 B. C.), 'post-classical' (to ca. 476 A. D.), 'medieval' (to ca. 1453) indicating the period when the entryword made its appearance. If ancient, no further etymology is given, if later, the etymology appears here. The article closes with the distinguishing feature of this dictionary and that constituting the greater part of the text, a listing of derivatives grouped chronologically under the period in which the derivatives are first found. Etymologies are provided for those of the derivatives which are not of the common and obvious patterns. Plentiful references help the user find the entry under which are located forms and derivatives not immediately identifiable.

The integral character of Greek is again highlighted by another work of Andriotis (1974), in which he lists 6712 ancient words (some reconstructed, most existent in the literature) and word elements which are shown to have survived in the dialects though not in the common language. The ancient form and its meaning is followed by modern dialectal form(s), and meaning(s) if different.

Somewhat similar is Shipp (1979), whose purpose is "to explore modern Greek and its dialects, in the search for anything that will throw light on the ancient Greek vocabulary, the meanings of words, their distribution in the dialects and, in literature and other documents, the chronology of their occurrence" (p. 1). Although there are far fewer words (1285) listed than in Andriotis 1974, the inclusion of common demotic in addition to dialect evidence and the narrative style of most of the articles give Shipp a more general appeal.

Here mention should also be made of the collection by Koumanoudis (1900) of some 60,000 words of learned provenience dating from the fall of Constantinople in 1453 on. Most words are simply listed (with indication of part of speech) with the author or other source and date of first or early occurrence. (Additional information is given for some words as needed: meaning, background explanation, foreign word upon which the Greek was modeled, etc.) While many of these learned words never attained currency or have become obsolete, a large number of them have gained a permanent place in the vocabulary of specialized fields and even as part of the general vocabulary.

3.4. Dialectal Dictionaries

The modern Greek dialects, with the exception of Tsaconian from the Neo-Doric of Laconia, have developed from the Koine. Even in ancient times this had not been uniform and some of the features characterizing the modern Greek dialects may be attributable to substrates of the ancient dialects (e. g., occurrences of α from long α rather than the η of Attic-Ionic) and of non-Greek languages. The time and degree of isolation from Byzantine empire centers and the time and nature of contact with Slavs, Albanians, Turks, and speakers of Romance and other languages were also factors in dialect formation. In addition to the glossaries appended to works on regional history, folklore, language, and onomatology and the listings of dialect forms in the entries of the Historical Lexicon, several of the dialects have been treated in separate dictionaries, works all the more valuable as the dialects fade away before the pressures of education, modern communication, and population movement.

The distinct character of Tsaconian, spoken in the southeast Peloponnese, early on attracted the attention of western travelers and it was the German Michael Deffner who capped his years of study with the pioneering dictionary of the dialect (1923). The Tsaconian entrywords are written in Greek letters with modified letter forms and diacritics for those sounds not conveyed by the standard modern Greek pronunciation of the historically based spelling. Meanings are given in Greek, German, and French: principal inflectional parts are listed for verbs. In some entries additional information is provided, such as: illustrative quotations; references to or quotations of early mentions of the word; phonetic or etymological analyses. Only very recently has Defner been superseded by Kostakis (1986), which presents a larger vocabulary from a much wider range of social levels and many more communities in the Peloponnese and from refugees from two villages of Tsaconian speakers in the Propontis, removed to Thrace in the exchange of populations with Turkey in 1922—1924. Entrywords, in the modified Greek writing, are identified as to part of speech and the place(s) from which the word is known, as are also variant forms. Semantic content is variously conveyed by definition or etymology. Illustrative quotations are also labeled for source locations.

Of the other dialects, those deriving from the Koine, easternmost was that of Pontus (northeastern Turkey, from which Christian Greek-speakers were removed in 1922—1924); this dialect had been subject to Arabian, Persian and Turkish influence as well as that of Romance speakers with whom there had been trade relations. A native speaker of Pontic, Anthimos Papadopoulos, in his dictionary (1958) follows the format of the Historical Lexicon, of which he had long been the director: The entryword in modified Greek letter transcription, marked for part of speech, is given in the most common form or that closest to its etymon together with variant forms, all identified as to original locale. Next is the etymology and finally meaning(s), some with brief illustrative contexts.

At the opposite end of the modern Greek--speaking world is the Greek of southern Italy, small diminishing pockets of which still survive in Calabria and Apulia. Crowning a lifetime of work on this language is the second edition of Rohlfs' etymological dictionary (1964). Entrywords are given in the earliest Greek form relevant, in the reconstructed form, or in a postulated Greek form. The meaning of the entryword is given in

German as is the exegesis. The dialectal forms are given in the phonetic transcription described in the introduction (pp. xiv—xvi), identified as to locale (some with references to the sources listed in the bibliography), and, where needed, with meanings in Italian. Discussion of semantic and phonological development, parallels in other Greek dialects, and non-Greek etyma further illuminate the etymologies. Related place-names are also given. Indices for the dialect forms and words from other languages guide the user to the place where they are treated. Anastasios Karanastasis, assigned the task of collecting Italian Greek material for the archives of the Historical Lexicon, was surprised to find his extensive fieldwork had added more than one thousand words and many additional meanings to those in Rohlfs, which he had used as his base. In view of the imminent disappearance of these dialects from their home of centuries, perhaps millennia, he decided upon publication of his material, augmented with that from printed texts and collections of oral materials. The resulting dictionary (Karanastasis 1984) uses the dialect words as entries with their locales followed by variants, if any, with locales. Second is the etymology and last the meaning(s) very generously illustrated with quotations, each of which is followed by the standard Greek equivalent. The dialect words and passages are given in Greek letter transcription augmented by Latin letters and diacritics. Karanastasis' own text is in demotic but with the full complement of ancient breathing and accent marks, which superfluously are also used in the dialectal transcriptions.

At a crossroads of trade and conquest in the eastern Mediterranean off the coast of Turkey lie the Dodecanese islands. The dialects of two of these have also had dictionary treatment. Michaelides-Nouaros died before giving final form to his dictionary, the last of a long series of works on the history, lore, and language of his native island of Karpathos. His notebooks were published by his son (1972) with some, but not extensive editing. The format of the articles in not uniform but in general, meaning, etymology, and illustrative quotations, elucidated where necessary, are presented. For verbs the imperfect and aorist are usually given, also other verb forms if the verb is irregular. Some articles give compounds and derivatives of the entryword. Papachristodoulou's dictionary (1986) is also the latest product of a lifetime of study, much of it of the language, of his native island of Rhodes. Most of the articles are brief: the dialect word in modified Greek transcription, marked for part of speech, equals sign (=), meaning. If the dialect word is readily identifiable as to its Greek source, often no further information is supplied. The chain of phonological changes which resulted in a markedly different dialect form is traced for such words. Dialect and foreign language etyma are given. Locale is noted for very localized forms and meanings. One or two short contexts accompany most nouns and verbs.

4. Selected Bibliography

4.1. Dictionaries

Andriotis 1951, 1983 = N. P. Andriotis (Ἀνδριώτης): Ἐτυμολογικὸ λεξικὸ τῆς κοινῆς νεοελληνικῆς. [Etymologiko lexiko tes koines neoellenikes.] 1951. 3rd edition. Thessalonike 1983 [xxiii, 436 pp.].

Andriotis 1974 = Nikolaos Andriotis: Lexikon der Archaismen in neugriechischen Dialekten. Wien 1974 (705 pp. + 13 maps].

Dangitsis 1978 = K. Dangitsis (Δαγκίτσης): Ἐτυμολογικὸ λεξικὸ τῆς νεοελληνικῆς. [Etymologiko lexiko tes neoellenikes.] 2 vols: α-πως. Athens 1978, 1984 [812 pp.].

Defner 1923 = Michael Defner (Δέφνερ): Λεξικὸν τῆς τσακωνικῆς διαλέκτου. [Lexikon tes tsakonikes dialektou.] Athens 1923 [411 pp.].

Dimitrakos 1949 = D. Dimitrakos: Δ. Δημητράκου Μέγα λεξικὸν τῆς ἑλληνικῆς γλώσσης. [Mega lexikon tes hellenikes glosses. D. Demetrakos' Great dictionary of the Greek language.] 9 vols. Athens 1933—1951.

DuCange 1688 = Charles du Fresne, Sieur DuCange: Glossarium ad scriptores mediae & infimae graecitatis, in quo graeca vocabula novatae significationis, aut usus rarioris, barbara, exotica, ecclesiastica, liturgica, tactica, nomica, jatrica, botanica, chymica explicantur... Lugduni 1688.

Georgacas 1970 = Demetrius J. Georgacas: A Modern Greek-English dictionary. [α-βάρος in duplicated typescript.]

Historical Lexicon 1933 = Λεξικὸν τῆς ἑλληνικῆς γλώσσης. Α'. Ἱστορικὸν λεξικὸν τῆς νέας ἑλληνικῆς τῆς τε κοινῶς ὁμιλουμένης καὶ τῶν ἰδιωμάτων. [Lexikon tes hellenikes glosses. A. Historikon lexikon tes neas hellenikes tes te koinos homiloumenes kai ton idiomaton.] Vols. 1—5: α-γραναζωτός. Athens 1933—1988.

Karanastasis 1984 = Anastasios Karanastasis (Ἀναστάσιος Καραναστάσης): Ἱστορικὸν λεξικὸν τῶν ἑλληνικῶν ἰδιωμάτων τῆς Κάτω Ἰταλίας. [Historikon lexikon ton hellenikon idiomaton tes Kato Italias.] 2 vols.: α--ίτσι. Athens 1984, 1986.

Kostakis 1986 = Thanasis P. Kostakis (Θανάσης Π. Κωστάκης): Λεξικό της τσακωνικής διαλέκτου. [Lexiko tes tsakonikes dialektou.] 3 vols. Athens 1986—87.

Koumanoudis 1900 = Stefanos A. Koumanoudis (Στέφανος Α. Κουμανούδης): Συναγωγή νέων λέξεων ὑπὸ τῶν λογίων πλασθεισῶν ἀπὸ τῆς ἁλώσεως μέχρι τῶν καθ' ἡμᾶς χρόνων. [Synagoge neon lexeon.] 2 vols. Athens 1900 [1166 pp.] Reprinted in one vol. with prologue by K. Th. Dimaras, Athens 1980.

Kriaras 1969 = Emmanouel Kriaras (Ἐμμανουὴλ Κριαρᾶς): Λεξικὸ τῆς μεσαιωνικῆς ἑλληνικῆς δημώδους γραμματείας 1100—1669. [Lexiko tes mesaionikes hellenikes demodous grammateias.] 10 vols.: α-μόνανδρος. Thessalonike 1969—1988.

LNE 1987 = Λεξικό της νέας ελληνικής γλώσσας. [ΛΝΕ] Δείγμα: ψηφία Ζ, Η, Θ, Ι. [Lexiko tes neas ellenikes glossas.] Thessalonike 1987 [xvii, 124 pp.].

Meursius 1594, 1614 = Ioannis Meursii Glossarium Graecobarbarum, in quo praeter vocabula 5400. 1594. Editio altera emendata et circiter 1800 vocabula aucta. Lugduni Batavorum 1614.

Michaelides-Nouaros 1972 = Michael G. Michaelides-Nouaros (Μιχαὴλ Γ. Μιχαηλίδης-Νουάρος): Λεξικὸν τῆς καρπαθιακῆς διαλέκτου. (Lexikon tes karpathiakes dialektou.] Athens 1972 [xv, 431 pp.].

Papachristodoulou 1986 = Christodoulos I. Papachristodoulou (Χριστόδουλος Ι. Παπαχριστοδούλου): Λεξικὸ τῶν ροδίτικων ἰδιωμάτων. [Lexiko ton roditikon idiomaton.] Athens 1986 [737 pp.].

Papadopoulos 1958 = Anthimos A. Papadopoulos (Ἄνθιμος Α. Παπαδόπουλος): Ἱστορικὸν λεξικὸν τῆς ποντικῆς διαλέκτου. [Historikon lexikon tes pontikes dialektou] 2 vols. Athens 1958, 1961 [xvi, 540; 558 pp.].

Patsis 1965 = Charis Patsis (Χάρης Πάτσης): Ἐπίτομο λεξικὸ δημοτικῆς γλώσσας (ὀρθογραφικὸ-ἑρμηνευτικό). [Epitomo lexiko demotikes glossas (orthographiko-hermeneutiko).] Athens 1965 [808 pp.].

Proïas 1935 = Πρωΐας Λεξικὸν τῆς νέας ἑλληνικῆς γλώσσης. [Proias Lexikon tes neas hellenikes glosses.] 2nd ed. 2 vols. + Supplement. Athens [1935].

Rigaltius 1601 = Nicolaus Regaltius: Glossarium τακτικὸν μειξοβάρβαρον. De verborum significatione quae ad Novellas Impp. qui in Oriente post Justinianum regnaverunt, de re militari Constitutiones pertinent. Lutetiae 1601.

Rohlfs 1964 = Gerhard Rohlfs: Lexicon graecanicum Italiae inferioris. Etymologisches Wörterbuch der unteritalienischen Gräzität. 2., erweiterte und völlig neubearbeitete Auflage. Tübingen 1964 [xxx, 629 pp.].

Sophocles 1887 = Evangelinos Ap. Sophocles: Greek lexicon of the Roman and Byzantine periods (from B. C. 146 to A. D. 1100). 2 vols. Cambridge, Mass. & New York 1887. New printing, New York 1951 [xvi, 1188 pp.].

Stamatakos 1949 = Ioannis Stamatakos (Ἰωάννης Σταματάκος): Λεξικὸν τῆς νέας ἑλληνικῆς γλώσσης καθαρευούσης καὶ δημοτικῆς καὶ ἐκ τῆς νέας ἑλληνικῆς εἰς τὴν ἀρχαίαν. [Lexikon tes neas hellenikes glosses katharevouses kai demotikes kai ek tes neas hellenikes eis ten archaian.] 3 vols. Athens 1949, 1953, 1955 [3279 pp.].

Vlachos 1659 = Ierasimos Vlachos (Γεράσιμος Βλάχος): Θησαυρὸς τῆς ἐγκυκλοπαιδικῆς βάσεως τετράγλωσσος. [Thesauros tes enkyklopaidikes baseos tetraglossos.].

4.2. Other Publications

Modern Greek Grammar 1941, 1988 = Νεοελληνικὴ γραμματική (τῆς δημοτικῆς). Ἀνατύπωση τῆς ἐκδόσεως τοῦ ΟΕΣΒ (1941) μὲ διορθώσεις. [Neoellenike grammatike tes demotikes. Anatypose tes ekdoses tou OESB (1941) me diorthoseis.] Thessalonike 1988 [455 pp.].

Shipp 1979 = George P. Shipp: Modern Greek evidence for the ancient Greek vocabulary. Sydney (Australia) 1979 [655 pp.; offset typescript].

da Sabio 1527, 1546 = Stephano da Sabio: Introduttorio nuovo intitolato Corona Preciosa ... la lingua greca uolgare & literale et la lingua latina ... Citta di Vineggia 1527. [2nd ed.] Corona Pretiosa. Laqual insegna la Greca uolgare & literale et la lingua Latina & il uolgar Italico ... nuovamenta emendata. Venetiis 1546.

Demetrius J. Georgacas (†)/Barbara Georgacas, University of North Dakota, Grand Forks, North Dakota (USA)

180. Lateinische Lexikographie

1. Antike und Mittelalter
2. Calepinus und Stephanus
3. Forcellini und Scheller
4. Der Thesaurus linguae Latinae
5. Latin Data Bank
6. Mittellateinische Lexika
7. Literatur (in Auswahl)

1. Antike und Mittelalter

Da man den alten Römern nicht ohne Grund einen besonderen Sinn für das Praktische nachsagt, ist von vornherein damit zu rechnen, daß es bei ihnen irgendwelche Formen der Lexikographie gab; und angesichts ihres

Weltreichs, seiner Sprachenvielfalt und vor allem der besonderen Rolle des Griechischen im gesamten Osten möchte man erwarten, daß zweisprachige Lexika dominierten. Das aber scheint nicht der Fall gewesen zu sein. Gegeben hat es lateinisch-griechische und griechisch-lateinische Lexika freilich durchaus; wir haben sogar noch Papyrus- und Pergamentreste der Exemplare, die in der späteren Antike in Gebrauch waren (gesammelt von Kramer 1983; ältestes Stück 1. Jh. v. Chr.; dazu jetzt Chester Beatty 1988), die also mit Sicherheit noch nicht von nachantiken Schreibern und Bearbeitern verändert sind. Das Bild, das diese Reste bieten, ist in jeder Hinsicht bunt; gemeinsam jedoch ist ihnen, daß sie alle nicht besonders anspruchsvoll sind, sondern sich an Benutzer wenden, denen die jeweils andere Sprache recht fremd ist. — Das gilt auch von einem Teil der durch mittelalterliche Handschriften überlieferten zweisprachigen Wortlisten (gesammelt von Goetz 1888, Bd. II. III), und zwar von denen, die im Rahmen der sog. Hermeneumata erhalten sind, offenbar für den Sprachunterricht bestimmten Sammlungen von zweisprachigen Lesetexten, Mustergesprächen und Wörterverzeichnissen, die anscheinend zumindest zum größten Teil letztlich auf ein einziges Werk zurückgehen (s. dazu Dionisotti 1982). Neben diesen Schulbüchern und den „normalen" Wörterbüchern gab es jedoch noch eine andere Gruppe von zweisprachigen Wortlisten, die sog. Idiomata; sie verdanken ihre Existenz dem Bestreben der Grammatiker, zum besseren Verständnis der lateinischen Sprache und ihrer Eigenheiten das Griechische heranzuziehen (s. Kramer 1983, 8). — Anspruchsvolleres hatte die einsprachige antike lateinische Lexikographie zu bieten — bezeichnenderweise können wir hier bestimmte Werke durchaus bekannten Autoren zuordnen. Erhalten ist von diesen nichtanonymen Werken freilich wenig genug: neben Nonius (1903), dem wohl dem 3./4. Jh. angehörenden Grammatiker, und Isidor (1911), Bischof von Sevilla in der 1. Hälfte des 7. Jh., mit dem 10. Buch seiner großen Enzyklopädie *Etymologiae* ist hier vor allem Verrius Flaccus, der berühmte Prinzenerzieher am Hof des Augustus, mit seinem Werk *De verborum significatu* zu nennen — doch auch das ist uns nicht mehr im Original erhalten, sondern nur noch (teilweise) in der Verkürzung des Festus (1913; 2. Jh. n. Chr.?) und (ganz) in der Verkürzung dieser Verkürzung, die Paulus Diaconus zur Zeit Karls des Großen durchgeführt hat. Dieses echte Lexikon älterer lateinischer Wörter, Formen, Ausdrucksweisen und Realien, gespickt mit Belegen aus der römischen Literatur, ist noch in seiner doppelt reduzierten Form eine Fundgrube für den Philologen. — Mit den einsprachigen sog. Glossarien kommen wir, zumindest was ihre heute vorliegende Form betrifft, schon an die Grenze zum Mittelalter bzw. darüber hinaus (Edition wichtiger Glossarien bei Goetz 1888, Bd. IV. V und Lindsay 1926). In ihnen ist verschiedenstes Material zusammengeflossen. Ursprünglich vielfach Hilfsmittel nach Art eines modernen Schülerkommentars zum Verständnis schwieriger (Dichter-)Texte und daher auch nicht unbedingt alphabetisch geordnet (dabei bedeutet alphabetisch bis ins frühe Mittelalter ohnehin häufig nur die Berücksichtigung des ersten oder der ersten beiden Buchstaben eines Wortes), haben sie sich dann von der Bindung an einen Text oder Autor gelöst, sind umgeordnet, verbunden, aus allen möglichen Texten, insbesondere den Grammatikern (denen sie umgekehrt wieder viel Material geliefert haben) und Fachglossaren ergänzt worden, so daß die uns in mittelalterlichen Handschriften noch vorliegenden Endprodukte dieses Eifers, die heute meist nach dem jeweiligen ersten Lemma benannt werden (z. B. die Glossarien *Aa, Abstrusa, Abolita),* alle irgendwie miteinander verwandt sind, aber in der vorliegenden Form im allgemeinen erst dem frühen Mittelalter gehören. Eine besonders umfassende Sammlung ist der wohl im 8. Jh. entstandene *Liber glossarum* (*Glossarium Ansileubi),* der leider bis heute nicht richtig ediert ist (Lindsay 1926, Bd. I). — Diese mehr oder minder anonymen einsprachigen Glossarien sind ihrerseits der Ausgangspunkt für die gesamte mittelalterliche lateinische Lexikographie. Einerseits nämlich mußten sie dazu reizen, sich die jeweiligen volkssprachlichen Äquivalente dazuzunotieren — damit waren die frühesten lexikographischen Produkte der einzelnen Volkssprachen geboren (der deutsche *Abrogans* markiert sogar schlechthin den Beginn der deutschen Literaturgeschichte). Auf der anderen Seite konnten auch diejenigen, die an die Stelle der überlieferten Glossarien etwas Neues setzen wollten, gar nicht anders als auf diese Glossarien zurückzugreifen: teils stärker, wie Papias (1496; 1. Hälfte des 11. Jh.), dessen *Elementarium* größtenteils aus dem *Liber glossarum* stammt, teils in geringerem Umfang wie Osbern (1836; Mitte 12. Jh.) für seine *Derivationes,* die weniger ein Lexikon als eine nach Stammwörtern geordnete Wortkunde darstellen, der — als Wiederholung — nach jedem Buchstaben der entsprechende Lexikonteil angehängt ist. Diese beiden wohl berühmtesten lexikographischen Werke des früheren Mittelalters sind ihrerseits wieder maßgebend geworden für die späteren mittelalterlichen Werke, u. a. den *Liber derivationum* des bekannten Kanonisten Hugutio und das *Catholicon* des Johannes Januensis (1460; einen guten Eindruck von diesen mittelalterlichen Lexika vermittelt anhand eines Beispiels Konstanciak 1988).

2. Calepinus und Stephanus

Dem Humanismus und seiner Rückbesinnung auf die Literatur und Sprache der Antike, insbesondere der als verpflichtendes Vorbild empfundenen „klassischen" Antike, konnten die im Bann der Spätantike stehenden mittelalterlichen Lexika natürlich nicht genügen; andererseits mußten gerade für diejenigen, denen die klassische Latinität noch nicht selbstverständlich zu Gebote stand, Hilfsmittel zum Verständnis der neugeliebten Texte und zur Kontrolle der eigenen lateinischen Äußerungen höchst erwünscht sein. So werden zum einen Papias und Johannes Januensis trotz allem im 15. Jh. mehrfach gedruckt; zum anderen gibt es im 15. Jh. eine Reihe eigener lexikographischer Versuche, u. a. einen des jungen Reuchlin (neuer Überblick von germanistischer Seite über Forschungssituation und -literatur zu Wörterbüchern des Mittelalters und der frühen Neuzeit bei Grubmüller 1988, 23—40). Sie alle aber wurden trotz teilweise großer momentaner Erfolge bald völlig verdrängt durch zwei Werke, die bis ins 18. Jh. weitergewirkt haben: die Lexika des Calepinus (1502) und des Robertus Stephanus (1531).

Das *Dictionarium* des Ambrosius Calepinus (ca. 1440—1510/11), Augustinereremit in Bergamo, trägt in vielem noch die Züge seiner mittelalterlichen Vorgänger: es ist einsprachig; gerade ganz gängige Wörter fehlen (z. B. **ego**); die alphabetische Anordnung der Lemmata wird gestört durch die Zusammenordnung von Wörtern, die man als herkunftsmäßig (**porta** und **portus** hinter **porto**) oder bedeutungsmäßig (**postulo** hinter **posco**) verwandt ansieht. Wichtiger aber ist das Neue: die Etymologie ist zurückgedrängt, dafür werden fast immer die Bedeutung bzw. die verschiedenen Bedeutungen eines Wortes angegeben; vor allem aber werden regelmäßig Beispiele für den Gebrauch des jeweiligen Wortes geboten, und sehr oft wird mehr oder weniger genau gesagt, woher das jeweilige Beispiel stammt. Damit haben wir, wenn auch ganz rudimentär, den Typ des neuzeitlichen lateinischen Wörterbuchs vor uns. — Der Erfolg des Unternehmens war entsprechend (bezeichnend: schon 1503 besitzt das Kloster Tegernsee ein Exemplar). Sofort wurde das Werk nachgedruckt, Calepinus selbst besorgte eine zweite Auflage, und auch nach seinem Tod wurde es immer wieder neu bearbeitet, u. a. von so renommierten Leuten wie Conrad Gesner und P. Manutius — was sicher nicht nur von der ursprünglichen großen Unvollkommenheit des Unternehmens zeugt, auf die immer wieder hingewiesen wird. Schließlich wurde es sogar zur namengebenden Grundlage eines ganzen ungemein beliebten Wörterbuchtyps, der Polyglotte (einzelne Beispiele schon früher): zunächst wurden den lateinischen Wörtern die griechischen Äquivalente hinzugefügt, bald wurde daraus der *Calepinus pentaglottus,* und über die entsprechenden Zwischenstufen landete man schließlich beim *Calepinus undecim linguarum.* Selbst Forcellini begann seine Karriere als Lexikograph des Lateinischen mit einem *Septem linguarum Calepinus.*

Auch der gelehrte französische Drucker Stephanus (Estienne; 1503—1559) wollte bzw. sollte ursprünglich den Calepinus neu herausbringen, gab jedoch den Bearbeitungsversuch bald zugunsten eines eigenen neuen Lexikons auf, seines 1531 erschienenen *Dictionarium seu Latinae linguae Thesaurus.* Dieser Titel wirkt gerade auf uns Heutige etwas zu anspruchsvoll, weil man sofort das Großunternehmen unserer Tage assoziiert; doch diese Assoziation ist zumindest für den Bereich der Materialsammlung durchaus gerechtfertigt, da Stephanus dabei im Prinzip nicht anders verfuhr als die Thesaurusväter kurz vor 1900 (über sie s. unter 4.) — nur in der kleineren Dimension des für einen einzelnen Menschen Möglichen: auch er verzettelte die ältesten Texte (in seinem Fall Plautus und Terenz) weitgehend komplett, notierte daraus jedes Wort (soweit es ihm für das Latein-Sprechen und -Schreiben von Bedeutung schien; zu dieser für die Geschichte der lateinischen Lexikographie so wichtigen Einschränkung s. Art. 319.1) und ergänzte diesen Grundstock dann durch umfangreiche Exzerpte aus antiken Autoren und zeitgenössischen philologischen Werken — ein Verfahren, das dem Lexikon eine in vieler Hinsicht noch heute bemerkenswerte Kompetenz verschafft hat (s. z. B. das Lemma **postquam**). Im übrigen verfährt er ähnlich wie Calepinus, den er natürlich als eine Quelle mitbenutzt, ist aber sehr viel ausführlicher und genauer; außerdem ordnet er innerhalb der von ihm gebildeten großen (nicht bezifferten) Artikelabschnitte die antiken Belege möglichst alphabetisch nach den mit dem Lemma verbundenen Wörtern, wobei er für jedes Beispiel eine eigene Zeile spendiert (auch das eine bewußte Hilfe für denjenigen, der nach Mustern für sein eigenes Latein sucht); ursprünglich waren schließlich noch die französischen Äquivalente hinzugefügt, die aber angesichts des lawinenartig anschwellenden Materials schon in der Neufassung von 1536 reduziert und in deren zweiter Auflage völlig getilgt wurden. Damit war das große lateinische Lexikon geschaffen, das für mehr als zwei Jahrhunderte bis zu Forcellini oberste Autorität war und noch im 18. Jh. dreimal bearbeitet worden ist, zuletzt 1749 von Johann Matthias Gesner für seinen *Novus Thesaurus*.

3. Forcellini und Scheller

Als Gesners Stephanus-Bearbeitung erschien, stand bereits ein Werk kurz vor seiner Vollendung, das nach der gängigen Meinung wiederum eine neue Epoche, sozusagen die Jetztzeit der lateinischen Lexikographie, begründet hat, in der wir uns, vom bisher unvollendeten *Thesaurus linguae Latinae* abgesehen, immer noch befinden: die monumentalen vier Bände des *Totius latinitatis lexicon* von Egidio Forcellini (1771). Wie später im Fall von Georges (s. Krömer 1978, 247 f.) ist auch bei diesem italienischen Priester, der den allergrößten Teil seines Lebens (1688—1768) am Paduaner Priesterseminar verbrachte, die Lexikographie zur eigentlichen Lebensaufgabe geworden. Zunächst Mitarbeiter seines Lehrers Facciolati an dessen griechischem und italienischem Wörterbuch sowie dem bereits erwähnten siebensprachigen Calepinus (1718 erschienen), widmete er sich von da ab mehr oder weniger ausschließlich der Arbeit an seinem großen Wörterbuch (Facciolatis Anteil daran scheint kaum ins Gewicht zu fallen), dessen Manuskript im wesentlichen seit Mitte der fünfziger Jahre fertig vorlag, aber erst nach Forcellinis Tod zum Druck befördert wurde. — In gewisser Hinsicht ist dieses Lexikon noch durchaus traditionell. Es kann seine Herkunft aus der Polyglotte weder im Grundsätzlichen (italienische *und* griechische Interpretamente, Anhang nicht zu gebrauchender Wörter) noch in Einzelheiten verleugnen (s. z. B. **postis**, wo eine aus dem Calepinus stammende problematische Bemerkung nicht getilgt, sondern recht und schlecht geradegerückt wird); die Erklärungen werden nach wie vor in lateinischer Sprache gegeben, was gut zum erklärten Ziel paßt (Forcellini 1771, Bd. I, XLV), mit seinem Lexikon nicht nur eine Hilfe zum Verständnis der antiken lateinischen Texte, sondern auch zur aktiven Beherrschung des Lateinischen zu geben (zu diesem traditionellen Ziel s. Art. 319.1). Zukunftsweisend, wenn auch nicht neu, ist dagegen die intensive Auswertung der Inschriftensammlungen sowie die konsequent alphabetische Anordnung der Lemmata. — Als Forcellinis eigentliche, epochale Leistung aber gilt seit langem, er habe — endlich — Ordnung in die einzelnen Artikel gebracht, sauber die verschiedenen Bedeutungen eines Wortes unterschieden und die Entwicklung dieser verschiedenen Bedeutungen aus der Grundbedeutung zur Grundlage der Disposition des Artikels gemacht. In diesem Sinn nennt Georges die Wörterbücher vor Forcellini ungeordnete Schätze; und Ruhnken behauptet sogar, Gesner habe die Belegstellen für ein Wort, statt sie nach Bedeutungen zu ordnen, sozusagen nur in einen Sack geschüttet und sich damit vor der eigentlichen Lexikographenarbeit gedrückt (s. Krömer 1978, 246; zurückhaltender urteilt Heerdegen 1910, 697 f.). — Dieses Lob Forcellinis ist allerdings so nicht ganz gerechtfertigt. Zwar vertritt er (1771, Bd. I, XLIV), wie andere Lexikographen vor ihm (s. Art. 319.1), die Maxime, die Artikel des Wörterbuchs müßten zunächst die proprie-Bedeutung anführen und erst danach die figuratae significationes; und die einzelnen Artikel sind tatsächlich meist stärker gegliedert als z. B. bei Gesner. Doch diese Gliederung beschränkt sich darauf, Abschnitte zu bilden, die alle gleicherweise durch das Zeichen ¶ markiert sind, sonst aber überhaupt nicht klassifiziert werden (bei Gesner dagegen finden sich durchaus schon gezählte Abschnitte), obwohl sie tatsächlich ganz verschiedenen Ranges sind, ja z. T. sogar einander widersprechenden Gliederungsprinzipien folgen. Erst wenn man sich diesen ganz verschiedenen Rang der einzelnen Rubriken klarmacht, zeigt sich, daß die Artikel vielfach tatsächlich eine Anordnung ganz neuer Qualität aufweisen. Ans Licht gehoben bzw. für die Lexikographie wirklich nutzbar gemacht hat diese Ordnung erst Scheller (genauer über ihn Art. 319.2). Er hat, obwohl er (seltsam genug) Forcellini nirgends erwähnt, dessen Lexikon nicht nur von Anfang an gekannt (Krömer 1978, 247 Anm. 25 ist zu korrigieren), sondern sogar seiner eigenen Arbeit zugrundegelegt, sowohl hinsichtlich des Materials (meist bringt er nur eine Auswahl aus den von Forcellini gebotenen Stellen) als auch seiner Anordnung (vielfach übernimmt er Rubriken und die Binnenanordnung der Belegstellen). Indem er jedoch diese Rubriken durch den Zusatz von Ziffern und Buchstaben klassifizierte, die ganze Gliederung und die Zuordnung der einzelnen Stellen überprüfte, korrigierte, verfeinerte und z. T. ganz neu gestaltete (erhellend die Behandlung von **postquam** und von **potiri**), hat er bei aller Unzulänglichkeit, die natürlich auch seinen Lexika anhaftet, den Typus des modernen Wörterbuchs geschaffen. Ihm haben die späteren Bearbeiter Forcellinis auch dessen Wörterbuch anzugleichen versucht, das trotz allem in den Teilen, für die der Thesaurus noch nicht vorliegt, wegen seiner Materialfülle auch heute noch von praktischer Bedeutung ist.

4. Der *Thesaurus linguae Latinae*

Trotz der unleugbaren Fortschritte waren aber auch die Werke von Forcellini, Scheller und ihren Nachfolgern grundsätzlich unbefriedigend, weil unzuverlässig; denn als Werke einzelner konnten sie bei aller staunenswerten Belesenheit und Erinnerungsfähigkeit ihrer Schöpfer natürlich nicht die gesamte Hinterlassenschaft des antiken Lateins berücksichtigen, wie der Philologe bei seiner täglichen Arbeit immer wieder feststellen mußte. Sein Traum mußte das Lexikon sein, dessen Artikel auf der Kenntnis aller antiken Stellen basierten, an denen das jeweilige Wort überhaupt vorkommt — ein Unternehmen, das natürlich die Kräfte eines einzelnen weit überstieg. Trotzdem ließ dieser Traum die Philologen nicht mehr los (ein früher Plan ist bemerkenswerterweise mit dem Namen F.A. Wolf verbunden), wurde in der Mitte des 19. Jh. sogar so konkret, daß in der Person des bayerischen Königs ein Geldgeber gefunden war; ein reales Unternehmen wurde daraus allerdings erst im Jahre 1893, als die fünf damals existierenden deutschsprachigen Akademien (Berlin, Göttingen, Leipzig, München, Wien) sich darauf einigten, den *Thesaurus linguae Latinae* (1900; mehr zu seiner Geschichte und Praxis in den *Praemonenda*) ins Leben zu rufen — ein Erfolg nicht zuletzt von Eduard Wölfflin, der mit der Gründung seines „Archiv für lateinische Lexikographie ... als Vorarbeit zu einem Thesaurus linguae Latinae" schon ein Jahrzehnt vorher demonstriert hatte, daß er zu handeln gewillt war.

Die Materialsammlung für dieses in der Klassischen Philologie beispiellose Unternehmen, das dem Latein bis zum Ende der Antike (ca. 600 n. Chr.) gewidmet sein sollte, verlief wie geplant; sie war 1899 schon so weit gediehen, daß mit der Ausarbeitung der ersten Artikel begonnen werden und im Jahr 1900 der erste Faszikel erscheinen konnte. Die Schwierigkeiten der Ausarbeitung freilich hatte man unterschätzt: ursprünglich rechnete man mit 15 Jahren, dann mit der doppelten Zeit; inzwischen liegen die Buchstaben A—M und O komplett vor, am P wird gearbeitet, und man hofft, das Werk in 40 Jahren abgeschlossen zu haben. Natürlich haben zu dieser Verzögerung auch die politischen und wirtschaftlichen Erschütterungen unseres Jahrhunderts beigetragen; sie haben aber andererseits auch bewirkt, daß das Unternehmen inzwischen von der gesamten wissenschaftlichen Welt getragen wird — seit 1949 fungiert die Internationale Thesaurus-Kommission als Herausgeberin.

Die Materialsammlung umfaßt praktisch die gesamte erhaltene antike lateinische Literatur; praktisch alle für ein Wort relevanten Stellen sind bzw. werden verzettelt. Die Thesaurusgründer hatten nämlich in erstaunlicher Hellsichtigkeit das Problem vieler heutiger lexikographischer Unternehmen, die kaum mehr zu bewältigende Fülle des Materials, vorhergesehen und ihr durch eine zweifache Art der Erfassung zu begegnen versucht:

(a) Die Texte der früheren Zeit (bis gegen Ende des 2. Jh. n. Chr.) wurden im wesentlichen Wort für Wort erfaßt. Das geschah normalerweise folgendermaßen: Eine möglichst gute Ausgabe des jeweiligen Autors wurde von einem Fachmann für diesen Autor überprüft, korrigiert und ergänzt; das so „abkorrigierte" Exemplar (Beispiel s. Abb. 180.1: Vergil ed. Thilo [1886], Aen. 3, 668—682, abkorrigiert von Norden) wurde stückweise abgeschrieben, die so entstandenen Zettel wurden entsprechend der Zahl der auf ihnen stehenden Wörter vervielfältigt, so daß schließlich für jedes Wort des Textes ein Zettel vorhanden war, der rechts oben dieses Stichwort trug (Beispiel s. Abb. 180.2: abgeschrieben ist die in Abb. 180.1 präsentierte abkorrigierte Perikope) und zu den übrigen Zetteln mit diesem Stichwort kam.

(b) Bei den späteren, d. h. insbesondere den christlichen Autoren verzichtete man in der Regel auf diese komplette Verzettelung und begnügte sich mit der Exzerpierung: In einer möglichst guten Ausgabe des jeweiligen Autors wurden von einem Fachmann für diesen Autor alle Wörter unterstrichen, die in

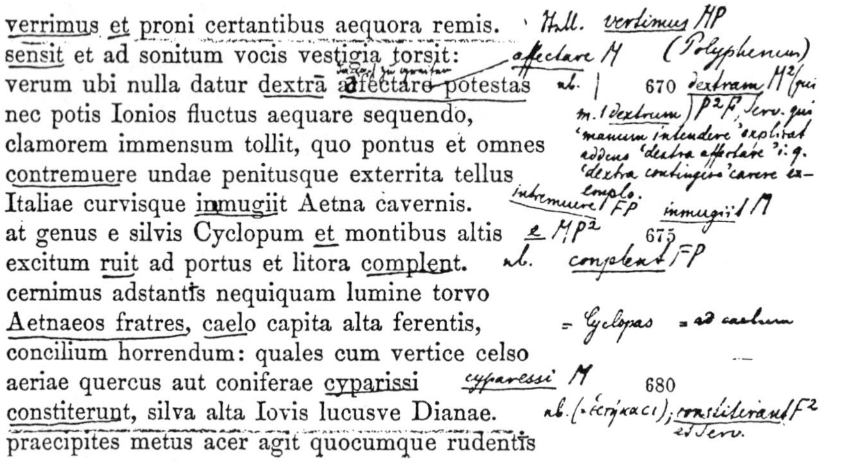
verrimus et proni certantibus aequora remis.
sensit et ad sonitum vocis vestigia torsit:
verum ubi nulla datur dextrā adfectare potestas
nec potis Ionios fluctus aequare sequendo,
clamorem immensum tollit, quo pontus et omnes
contremuere undae penitusque exterrita tellus
Italiae curvisque inmugiit Aetna cavernis.
at genus e silvis Cyclopum et montibus altis
excitum ruit ad portus et litora complent.
cernimus adstantis nequiquam lumine torvo
Aetnaeos fratres, caelo capita alta ferentis,
concilium horrendum: quales cum vertice celso
aeriae quercus aut coniferae cyparissi
constiterunt, silva alta Iovis lucusve Dianae.
praecipites metus acer agit quocumque rudentis

Abb. 180.1: Thesaurus, abkorrigierter Autor (Ausschn.)

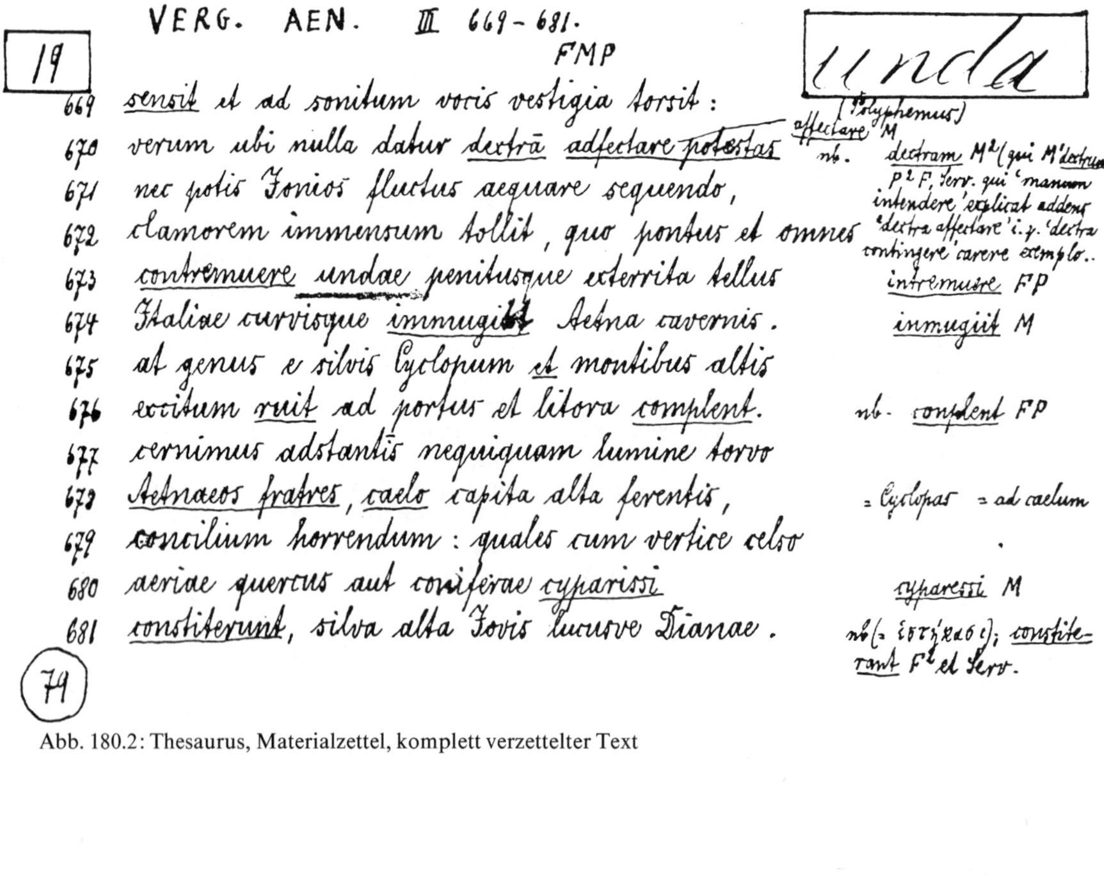
VERG. AEN. III 669–681.
FMP
unda
669 sensit et ad sonitum vocis vestigia torsit:
670 verum ubi nulla datur dextrā adfectare potestas
671 nec potis Ionios fluctus aequare sequendo,
672 clamorem immensum tollit, quo pontus et omnes
673 contremuere undae penitusque exterrita tellus
674 Italiae curvisque inmugiit Aetna cavernis.
675 at genus e silvis Cyclopum et montibus altis
676 excitum ruit ad portus et litora complent.
677 cernimus adstantis nequiquam lumine torvo
678 Aetnaeos fratres, caelo capita alta ferentis,
679 concilium horrendum: quales cum vertice celso
680 aeriae quercus aut coniferae cyparissi
681 constiterunt, silva alta Iovis lucusve Dianae.

Abb. 180.2: Thesaurus, Materialzettel, komplett verzettelter Text

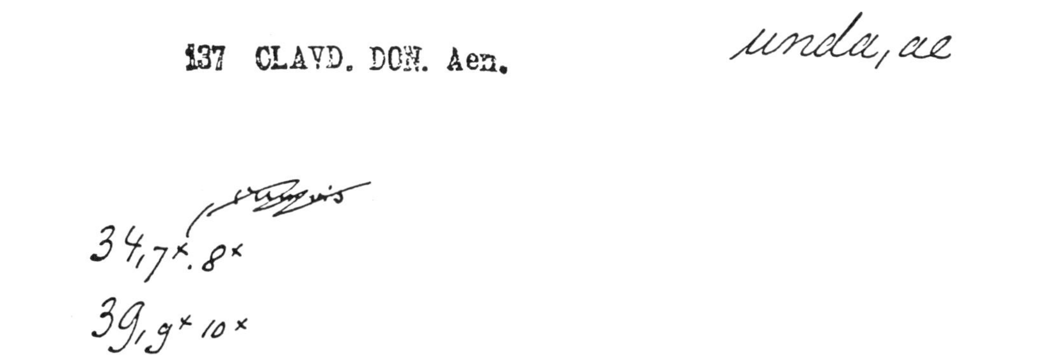

Abb. 180.3: Thesaurus, Materialzettel (Ausschn.), exzerpierter Text

irgendeiner Hinsicht bemerkenswert sind; für diese unterstrichenen Wörter wurden dann wiederum Zettel angelegt, die allerdings meist nur die Stellenangabe, aber kaum Text enthalten (Beispiel s. Abb. 180.3). Diese Methode des Exzerpierens ist bis heute für früher vernachlässigte bzw. neugefundene Texte in Übung.

Bei der Ausarbeitung der oft sehr umfangreichen Artikel des (einsprachigen) Wörterbuchs haben sich im Lauf der Zeit feste Regeln herausgebildet: Artikel, die nur eine Auswahl von Belegstellen verzeichnen, werden eigens gekennzeichnet (durch ein vorangestelltes ˣ); innerhalb der einzelnen Rubriken des Artikels wird notiert, wo bzw. ab wo nicht alle Belegstellen gebracht werden. Gliederungsprinzip der verschiedenen Bedeutungen bzw. Konstruktionen eines Wortes ist um der Übersichtlichkeit willen soweit wie möglich die Dichotomie (d. h. eine Gliederungsebene wird in zwei einander ausschließende Gruppen aufgeteilt). Vor dem eigentlichen Artikel findet man im sogenannten Artikelkopf u. a. zusammenfassende Angaben zu antiken Worterklärungen, zu Wortformen und Orthographie, zum Vorkommen des Wortes sowie zu seiner Etymologie und seinem Fortleben in den romanischen Sprachen (diese beiden Bemerkungen verfaßt von den entsprechenden Spezialisten); am Ende des Artikels sind Komposita und Derivata zusammengestellt. So wird der *Thesaurus,* wenn er erst einmal fertig sein wird, zum erstenmal ein zuverlässiges und vollständiges Bild vom antiken Latein, soweit es für uns überhaupt noch greifbar ist, vermitteln.

5. *Latin Data Bank*

Das Zettelarchiv des *Thesaurus,* das übrigens von jedem wissenschaftlich Interessierten nach Voranmeldung in München benutzt werden kann, verzeichnet wie gesagt für die spätere Antike nicht jedes einzelne Vorkommen eines Wortes. Wer auf eine lückenlose Dokumentation angewiesen ist, wird hoffentlich schon bald von der *Latin Data Bank* profitieren können, die am Packard Humanities Institute in Los Altos, Kalifornien, aufgebaut wird und sich zum Ziel gesetzt hat, zumindest alle aus der Antike erhaltenen lateinischen Texte elektronisch zu speichern und via Compact disk dem Computerzugriff jedes Interessierten überall auf der Welt zugänglich zu machen. Ein erheblicher Teil des Materials (vor allem Texte vor 200 n. Chr.) ist bereits jetzt, nur ein paar Jahre nach Beginn des Unternehmens, auf diese Weise verfügbar; komplette *Data Bank* und kompletter *Thesaurus* zusammen werden das Latein der Antike optimal erschließen.

6. Mittellateinische Lexika

Solange das Latein als Verkehrssprache im Schwange war und die lateinischen Lexika es zu ihren wesentlichen Aufgaben zählten, der aktiven Sprachbeherrschung Hilfestellung zu geben (d. h. bis ins 18. Jh.), berücksichtigten auch die gedruckten, neuzeitlichen lateinischen Wörterbücher, aller humanistischen Begeisterung für die klassische Latinität zum Trotz, normalerweise mehr oder weniger stark auch das nachantike Latein (s. dazu Art. 319.1), vor allem den aktuellen Wortschatz der einzelnen Fachwissenschaften. Trotzdem gab es schon in dieser Zeit Pläne und Versuche, speziell das spätere, nichtklassische Latein lexikographisch zu erfassen, die im *Glossarium mediae et infimae latinitatis* von Du Cange (1678) gipfelten. Dem französischen Gelehrten ging es bei seiner Arbeit zwar um das nachklassische Latein insgesamt

(z. B. berücksichtigt er mit **agaga** auch ein Wort, das nur bei Petron, also im 1. Jh. n. Chr. belegt ist), doch liegt das Schwergewicht tatsächlich auf dem Latein des Mittelalters (auch das 15. Jh. ist durchaus noch präsent), so daß sein Werk bis heute als *das* mittellateinische Wörterbuch gilt bzw. mißverstanden wird. Tatsächlich dokumentiert es, ebensowenig wie zahlreiche neuere mittellateinische Wörterbücher, nicht das Mittellatein insgesamt, sondern verzeichnet nur den vom klassischen Latein abweichenden Wortschatz bzw. Wortgebrauch — und auch das nur lückenhaft (vorwiegend sind historische, urkundliche und hagiographische Quellen herangezogen). So ist es denn auch seit dem 18. Jh. mehrfach bearbeitet, d. h. erweitert worden (zuletzt 1883—1887), und die meisten lexikographischen Unternehmungen des 20. Jh. im Bereich des Mittellateins verstehen sich als Vorarbeiten für einen *Nouveau Du Cange*. Nichtsdestoweniger ist dieses Werk des 17. Jh. bis heute das einzige große sowohl chronologisch wie geographisch umfassende mittellateinische Wörterbuch, das man, wenn einen die neueren kleineren geographisch nicht begrenzten Lexika im Stich lassen (Habel 1931; Blaise 1975, problematisch; Niermeyer 1976), immer erst noch konsultieren sollte, bevor man sich auf den mühsamen Marsch durch die bereits existierenden bzw. im Entstehen begriffenen regional und/oder chronologisch begrenzten Wörterbücher macht. — Diese Teilwörterbücher hängen alle mit dem von der Union Académique Internationale seit 1920 verfolgten Plan zusammen, wenigstens für die Zeit bis 1000 ein mittellateinisches Wörterbuch zu schaffen, das den alten Du Cange überflüssig macht; Vorarbeiten dazu sollten regional orientierte Unternehmen sein. Die daraus erwachsenen Teillexika haben sich recht verschieden entwickelt, sowohl was ihre Prinzipien, als auch was ihr Erscheinungstempo und ihre Qualität betrifft (genauere Übersicht bei Konstanciak 1984). Das komplette Alphabet liegt inzwischen für folgende Bereiche vor: Finnland (1958; Z[eitumfang]: bis ca. 1530), Italien (1936; Z: 476—1022), Jugoslawien (1973; Z: bis Ende 15. Jh.); für den britisch/irischen Bereich gibt es wenigstens die Word-List (1965; Z: bis Anfang 17. Jh.). Mehr oder weniger weit fortgeschritten sind (Genaueres s. unter 7.1): Dänemark (1987; Z: bis ca. 1536), Deutschland (1959; Z: 6. Jh.—ca. 1280), Großbritannien (1975; Z: ca. 550—ca. 1550), Niederlande (1977; Z: bis ca. 1500), Polen (1953; Z: 1000—16. Jh.), Schweden (1968; Z: bis 1527), Spanien/Katalonien (1960; Z: 800—ca. 1100), Tschechoslowakei (1977; Z: ca. 1000 — Anfang 16. Jh.), Ungarn (1987; Z: 1000—1526). — Angesichts dieser Situation ist auch der in seinem zeitlichen Umfang reduzierte neue Du Cange ferne Zukunftsmusik. Deswegen hat man mit der Publikation des *Novum Glossarium* (1957; Z: 9.—12. Jh.) ein Übergangsprojekt begonnen, das wenigstens in gewissem Rahmen das Material der einzelnen Regionen zusammenführen soll.

7. Literatur (in Auswahl)

7.1. Wörterbücher

Blaise 1975 = Albert Blaise: Lexicon latinitatis Medii Aevi praesertim ad res ecclesiasticas investigandas pertinens. Turnholti 1975 [LXX, 970 S.].

Calepinus 1502 = Ambrosii Calepini Bergomatis Eremitani Dictionarium. Rhegii lingobardiae 1502 [ungez. S.; zahllose Bearbeitungen bis ins 18. Jh.].

Chester Beatty 1988 = Alfons Wouters: The Chester Beatty Codex AC 1499. A Graeco-Latin Lexicon on the Pauline Epistles and a Greek Grammar. Leuven. Paris 1988 [XVI, 193 S.].

Dänemark 1987 = Lexicon mediae latinitatis Danicae [...] edendum curav. Peter Terkelsen/Otto Steen Due. Arosiae 1987ff. [bisher fasc. I. II: A-contiguus 1987f., XXII, 166 S.].

Deutschland 1959 = Mittellateinisches Wörterbuch bis zum ausgehenden 13. Jahrhundert [...] herausgegeben von der Bayerischen Akademie der Wissenschaften und der Deutschen Akademie der Wissenschaften zu Berlin (Akademie der Wissenschaften der DDR). München 1959ff. [bisher Abkürzungs- und Quellenverzeichnisse 1959, 94 S.; Bd. I: A—B 1967, X S., 1638 Sp.; Bd. II Lief. 1—8: c-conductus 1968—1985, 1280 Sp.].

Du Cange 1678 = Glossarium mediae et infimae latinitatis conditum a Carolo du Fresne domino du Cange [...]. Editio nova aucta [...] a Léopold Favre. 10 Bde. Niort 1883—1887 [LXXV, 802, 688, 642, 491, 629 S., 28 Taf., 619, 694, 470, 400, XXXVI, CCXLIV, 174 S., 11 Taf.; zuerst 1678, mehrfach nachgedruckt bzw. erweitert].

Festus 1913 = Sexti Pompei Festi De verborum significatu [...] ed. Wallace M. Lindsay. Lipsiae 1913 [XXVIII, 574 S.; auch ediert bei Lindsay 1926, Bd. IV, 71—467].

Finnland 1958 = Glossarium latinitatis Medii Aevi Finlandicae composuit Reino Hakamies. Helsinki 1958 [XVI, 188 S.].

Forcellini 1771 = Totius latinitatis lexicon consilio et cura Jacobi Facciolati, opera et studio Aegidii Forcellini [...]. 4 Bde. Patavii 1771 [LII, 671, 755, 785, 639 S.; mehrere Auflagen bzw. Bearbeitungen, auch für andere Sprachen, zuletzt von De-Vit

1858—1875 und von Corradini/Perin 1864—1926 (Nachdruck mit Nachträgen 1940) — beide Bearbeitungen mit einem zusätzlichen eigenen Onomasticon].

Goetz 1888 = Corpus Glossariorum Latinorum [...] ed. Georgius Goetz [et al.]. 7 Bde. Lipsiae 1888—1923 [VII, 431, XLVII, 598, XXXVI, 659, XLIII, 605, XXXVI, 664, X, 754, 714 S.].

Großbritannien 1975 = Dictionary of Medieval Latin from British Sources, prepared by R. E. Latham/D. R. Howlett. London 1975 ff. [bisher fasc. I—III: A—E 1975—1986, XLVIII, XII, LXI, 882 S.].

Grubmüller 1988 = Vocabularius Ex quo [ed. Klaus Grubmüller et al.]. Bd. 1 Tübingen 1988 [VIII, 409 S.].

Habel 1931 = E. Habel: Mittellateinisches Glossar. 2. Aufl. Paderborn 1971 [VIII S., 432 Sp.; 1. Aufl. 1931].

Isidor 1911 = Isidori Hispalensis episcopi Etymologiarum sive Originum libri XX rec. [...] Wallace M. Lindsay. 2 Bde. Oxonii 1911 [XVI, ungez. S.].

Italien 1936 = Latinitatis Italicae Medii Aevi inde ab a. CDLXXVI usque ad a. MXXII lexicon imperfectum cura et studio Francisci Arnaldi [et al.]. In: Archivum latinitatis Medii Aevi (Bulletin Du Cange) 10. 1936, 5—240. 11. 1937, 65—152. 20. 1950, 65—206. 21. 1951, 193—360. 23. 1953, 275—301. 27. 1957, 51—134. 28. 1958, 31—95. 29. 1959, 111—159. 31. 1961, 23—75. 32. 1962, 5—55. 34. 1964, 5—92. Addenda 35. 1967, 5—46. 36. 1969, 5—50. 38. 1972, 5—55. 40. 1977, 5—49. 42. 1982, 5—72. 44/45. 1985, 5—42.

Johannes Januensis 1460 = Joannes Balbus, Catholicon. Westmead 1971 [ungez. S.; Nachdruck der Ausgabe Mainz 1460].

Jugoslawien 1973 = Lexicon latinitatis Medii Aevi Iugoslaviae ed. Marko Kostrenčić [et al.]. 2 Bde. Zagrabiae 1973—1978 [XXI, 1362 S.].

Kramer 1983 = Glossaria bilinguia in papyris et membranis reperta. Hrsg. u. komm. v. Johannes Kramer. Bonn 1983 [183 S.].

Lindsay 1926 = Glossaria latina iussu Academiae Britannicae edita [a Wallace M. Lindsay et al.]. 5 Bde. Paris 1926—1931 [604, ungez., 291, XXI, 185, 467, 388 S.].

Niederlande 1977 = Lexicon latinitatis Nederlandicae Medii Aevi ed. Johannes W. Fuchs [et al.]. Leiden 1977 ff. [bisher 10, 2518 S.; vol. I: A—B 1977; vol. II: C 1981; vol. III: D—E 1986; fasc. 26—32: F—ingredior 1986—1989].

Niermeyer 1976 = Mediae latinitatis lexicon minus compos. J. F. Niermeyer/C. van de Kieft. Leiden 1976 [XVI, X, 1138 S.; Abbreviationes et Index fontium XIX, 78 S.].

Nonius 1903 = Nonii Marcelli De conpendiosa doctrina libros XX [...] ed. Wallace M. Lindsay. 3 Bde. Lipsiae 1903 [XLII, 997 S.].

Novum Glossarium 1957 = Novum Glossarium mediae latinitatis ab anno DCCC usque ad annum MCC [...] ed. Franz Blatt [et al.]. Hafniae 1957 ff. [bisher L 1957, ungez. S., 232 Sp.; M—N 1959—1969, ungez. S., 1584 Sp.; O 1983, ungez. S., 940 Sp.; P—parrula 1985—1987, ungez. S., 418 Sp.; Index scriptorum 1957, 194 S.; Index scriptorum novus 1973, XVII, 246 S.].

Osbern 1836 = Classicorum auctorum e Vaticanis codicibus editorum tomus VIII. [Osbern von Gloucester:] Thesaurus novus latinitatis, sive Lexicon vetus e membranis nunc primum erutum curante A.[ngelo] M.[ai]. Romae 1836 [XIV, 640 S.; Prolog neuediert von Goetz 1888, Bd. I, 197—201; Widmungsbrief: R. W. Hunt, The „lost" Preface to the Liber derivationum of Osbern of Gloucester. In: Mediaeval and Renaissance Studies 4. 1952, 275—277].

Papias 1496 = Papias vocabulista. Torino 1966 [382 S.; Nachdruck der Ausgabe Venedig 1496; Neuausgabe des Buchstabens A: Papiae Elementarium, Littera A, recensuit V. de Angelis, 3 Bde. Milano 1977—1980, LII, 440 S.; Neuausgabe des Vorworts: Lloyd W. Daly/B. A. Daly, Some Techniques in Mediaeval Latin Lexicography. In: Speculum 39. 1964, 229—231].

Polen 1953 = Academia scientiarum Polona: Lexicon mediae et infimae latinitatis Polonorum [ed. Marianus Plezia/Christina Weyssenhoff-Brożkowa]. Vratislaviae. Cracoviae. Varsoviae 1953 ff. [bisher vol. I: A—B 1953—1958, X*, XXVI, ungez. S., 1246 Sp.; vol. II: C 1959—1967, ungez. S., 1576 Sp.; vol. III: D—E 1969—1974, 1612 Sp.; vol. IV: F—H 1975—1977, 886 Sp.; vol. V: I—L 1978—1984, 1646 Sp.; vol. VI fasc. 1—6: M—octus 1985—1989, 960 Sp.; Index librorum 1969, XLVII S.; 2. Aufl. 1988].

Schweden 1968 = Glossarium mediae latinitatis Sueciae confec. Ulla Westerbergh/Eva Odelman. Stockholm 1968 ff. [bisher vol. I: A—iustimode 1968—1980, 596 S.; vol. II fasc 1—2: iustitia—officialis 1982—1987, ungez., 142 S.].

Spanien/Katalonien 1960 = Glossarium mediae latinitatis Cataloniae [...] conficiendum curavit Iohannes Bastardas. Barcinone 1960 ff. [bisher vol. I: A—D 1960—1985, XL S., 1048 Sp.].

Stephanus 1531 = [Robertus Stephanus:] Dictionarium, seu Latinae linguae Thesaurus [...]. Cum Gallica fere interpretatione. Parisiis 1531 [ungez., 940 Bl.; Neufassung 1536, 2. Aufl. 1543; bis ins 18. Jh. mehrfach bearbeitet].

Thesaurus 1900 = Thesaurus linguae Latinae editus auctoritate et consilio Academiarum quinque Germanicarum [später: iussu et auctoritate consilii ab Academiis societatibusque diversarum nationum electi]. Lipsiae 1900 ff. [bisher vol. I: A—Amyzon 1900—1905, XIV S., 2032 Sp.; vol. II: an-Byzeres 1900—1906, 2270 Sp.; vol. III: C—comus 1907—1912, VIII S., 2186 Sp.; vol. IV: con—cyulus 1906—1909, ungez. S., 1594 Sp.; vol. V 2: D 1909—1934, ungez. S., VIII S., 2334 Sp.; vol. VI: E 1931—1953, ungez. S., 2134 Sp.; vol. VI: F—H 1912—1942, ungez. S., 3166 Sp.; vol. VII 1: I—intervulsus 1934—1964, ungez. S., 2304 Sp.; vol. VII 2: intestabilis—lyxipyretos 1956—1979, ungez. S., 1955 Sp.; vol. VIII: M 1936—1966, ungez. S., 1764 Sp.; vol. IX 2: O 1968—1981, ungez. S., 1216 Sp.; vol. X 1 fasc. 1—4: P—pastor 1982—1988, 640 Sp.; vol. X 2 fasc. 1—5: porta—praepotens 1980—1987, 784 Sp.; Onomasticon, vol. II: C 1907—1913, ungez. S., 816 Sp.; vol. III: D 1914—1923, 284 Sp.; Index librorum scriptorum inscriptionum ex quibus exempla adferuntur 1904, ungez., 109 S., mehrfach mit Korrekturen und Ergänzungen nachgedruckt, selbständiges Supplementum 1958, Neubearbeitung des Index im Druck; Praemonenda de rationibus et usu operis, im Druck].

Tschechoslowakei 1977 = Latinitatis Medii Aevi lexicon Bohemorum ed. Academia scientiarum Bohemoslovaca. Praha 1977 ff. [bisher fasc. 1—7: A—C 1977—1985, LX, 1021 S.; fasc. 8—11: D—feudum 1986—1988, 640 S.].

Ungarn 1987 = Lexicon latinitatis Medii Aevi Hungariae [. . .]. Ab Instituto Studiorum Antiquitatis Promovendorum Academiae Scientiarum Hungaricae compositum. Budapest 1987 ff. [bisher vol. I fasc. 1.2: A—assignatio 1987 f., LVIII, 262 S.].

Word-List 1965 = Revised Medieval Latin Word-List from British and Irish Sources prepared by R. E. Latham. London 1965 [XXIII, 524 S.; 1. Aufl. von J. H. Baxter/Charles Johnson 1934].

7.2. Sonstige Literatur

Dionisotti 1982 = A. C. Dionisotti: From Ausonius' Schooldays? A Schoolbook and its Relatives. In: The Journal of Roman Studies 72. 1982, 83—125.

Heerdegen 1910 = Ferdinand Heerdegen: Lateinische Lexikographie. In: Friedrich Stolz/J. H. Schmalz: Lateinische Grammatik. Handbuch der klassischen Altertums-Wissenschaft II 2. 4. Aufl. München 1910, 687—718.

Konstanciak 1984 = Franz-J. Konstanciak: Zum aktuellen Stand der Wörterbucharbeit in den Philologien. I. Mittellatein. In: Mitteilungsblatt des Mediävistenverbandes 1. 1984, Nr. 3, 28—31. 2. 1985, Nr. 1, 20—26. Nr. 2, 16—20.

Konstanciak 1988 = Franz-J. Konstanciak: Celeuma [. . .]. In: Festschrift für Paul Klopsch, hrsg. von Udo Kindermann [u. a.]. Göppingen 1988, 257—292.

Krömer 1978 = Dietfried Krömer: Grammatik contra Lexikon: rerum potiri. In: Gymnasium 85. 1978, 239—258.

Dietfried Krömer, München
(Bundesrepublik Deutschland)

XVIII. Lexikographie der Einzelsprachen II: Die romanischen Sprachen
Lexicography of Individual Languages II: The Romance Languages
Lexicographie des langues particulières II: Les langues romanes

181. Portugiesische Lexikographie

1. Allgemeines: Portugal, Brasilien, übrige Gebiete
2. Mittelalterliche Anfänge
3. Der eigentliche Beginn in Renaissance und früher Neuzeit
4. Beginn der modernen Tradition im 18. Jahrhundert
5. Das 19. Jahrhundert: Weiterführung des Alten und zum Jahrhundertende neue Impulse
6. Das 20. Jahrhundert: neues Konzept erst in der zweiten Jahrhunderthälfte
7. Die brasilianische Variante im 19. und 20. Jahrhundert. Die brasilianische Lexikographie des 20. Jahrhunderts
8. Neueste Projekte: Wörterbuch mit Datenbank. Das Portugiesische Afrikas
9. Literatur (in Auswahl)

1. Allgemeines: Portugal, Brasilien, übrige Gebiete

Die europäisch-portugiesische („lusitanische", vgl. Karte 182.1) und die brasilianische Lexikographie bilden bis lange nach der Unabhängigkeitserklärung Brasiliens (1822) eine Einheit, obwohl sich die Variante in der Neuen Welt von früher Zeit an stärker als die amerikanische Variante des Spanischen gerade im Wortschatz — und auch im Erbwortschatz, nicht nur durch die Aufnahme von exotischen Elementen indianischer und afrikanischer Herkunft — von der des Mutterlandes absetzte. Bis zur Übersiedlung der portugiesischen Königsfamilie nach Rio de Janeiro auf der Flucht vor der napoleonischen Invasion (1808) war in Brasilien jede Druck- und Verlegertätigkeit verboten, in Brasilien gebürtige Bürger des Königreichs konnten nur in Portugal Universitätsstudien absolvieren und verbrachten dabei einen entscheidend prägenden Teil ihres Lebens im europäischen Sprachgebiet, so wie insgesamt gerade Intellektuelle beiderlei geographischer Herkunft z. T. mehrfach wechselnd beruflich diesseits und jenseits des Atlantik tätig waren. Bezeichnenderweise stammt der erste Lexikograph, dessen Wörterbuch bis heute immer wieder in Neufassungen aufgelegt wird, Antonio de Moraes Silva (in moderner Orthographie „Morais", und seit jeher unter diesem Teilelement seines Namens zitiert), aus Rio, während sein Werk, „der Morais", vor der Unabhängigkeit (Silva 1789) wie nachher in Lissabon ediert, seit dem Tode des Verfassers auch dort redigiert (seit Silva 3. Aufl. 1823), erst in allerneuester Zeit auch in einer ausdrücklich für Brasilien bestimmten komprimierten Form herausgebracht wurde. Von Anfang an gilt im „Morais" das europäische Portugiesisch als das Normale, gegenüber dem gegebenenfalls das brasilianische eigens abgesetzt wird. Der erste größer angelegte Versuch, letzteres systematisch zu erfassen, datiert vom Ende des 19. Jhs. (vgl. Soares 1954/55). Zwar wurde nicht nur im „Morais" in zunehmendem Maße entsprechendes Material berücksichtigt, aber entschiedener zu ihrem Recht kam die brasilianische Variante in ihrer Gesamtheit erst mit dem Aufkommen von in Brasilien redigierten und mehr oder weniger deutlich aus dessen Perspektive konzipierten Wörterbüchern seit den dreißiger Jahren des 20. Jhs. In ihnen wird nunmehr speziell markiert, was spezifisch „lusitanisch" ist, daneben aber auch das speziell Brasilianische als solches. Ein großangelegtes Projekt eines *Di-*

cionário geral für beide Länder, unter Mitwirkung von Fachleuten beider Seiten (Dicionário geral 1963—1975) blieb stecken. Andererseits reduzierten sich seit der portugiesischen Orthographiereform von 1911 bestehende, zunächst die alphabetische Einordnung erheblich unterschiedlich gestaltende Divergenzen in der Schreibung seit den vierziger Jahren dieses Jhs., besonders aber seit einem weitgehenden orthographischen Konsens in den Siebzigern auf ein Minimum, so daß der Konsultation der Wörterbücher beider Länder durch den durchschnittlich gebildeten Benutzer keine ernsthaften Schwierigkeiten im Wege stehen, soweit solche nicht durch teilweise unterschiedliche grammatische Terminologie in den Angaben zur Verbalrektion entstehen. — Die lexikographische Erfassung der regionalen Varianten des Portugiesischen in den ehemaligen afrikanischen Kolonien Portugals steckt auch über zehn Jahre nach deren Unabhängigwerden (seit 1974) noch in den Anfängen. Deren Berücksichtigung in früheren Jahrzehnten litt darunter, daß ihre Abweichungen vom europäischen Standardportugiesischen, soweit nicht landesspezifische Designata einer europäischen Bezeichnung entbehrten oder besonders Pittoreskes auf dem Weg über literarische Texte zu gedruckter Dokumentation gelangte, anders als die Abweichungen in Brasilien mit dem Makel des Sub-Standards behaftet waren. — Zum Kreol-Portugiesischen („crioulo") von Kap Verde (Cabo Verde), das als einziges Luso-Kreolisch in seiner Heimat, der Republik Kap Verde, allseitige geographische Verbreitung und vielseitige praktische und literarische Verwendung findet, sogar offiziell als „língua nacional" anerkannt ist, vgl. Bibliografia dialectal 1976, sowie 8.

2. Mittelalterliche Anfänge

Wie auch andernorts im ehemals weströmischen Teil der heutigen Romania finden sich in Portugal die rudimentären Ansätze lexikographischer Fixierung in lateinisch-volkssprachlichen Wortlisten, die in ihrem Ursprung auf die Glossierung lateinischer Texte zurückgehen und als Verständnishilfen zunächst ganz im Dienste dieser Texte als „parole" stehen. Weder was die Ausgangs- noch gar was die Zielsprache betrifft, zielen sie auf eine umfassende Erschließung der betreffenden „langue" ab. Ihre Heimat sind Klöster und geistliche Schulen. Für das Altportugiesische stellt ein von Carter (1952) ediertes und global charakterisiertes alphabetisch angeordnetes Verb-Glossar aus der Bibliothek des Klosters Alcobaça die erste für die Forschung zugänglich gemachte Quelle dieser Art dar. 2930 lateinische Verben werden hier in einer Schrift der Mitte des 14. Jhs. portugiesisch glossiert, wobei auf lateinischer Seite z. T. Synonymen-Zusätze, auf portugiesischer Nachträge von anderer Hand die genaue Zuordnung der lexikalischen Einheiten zueinander erschweren. Die Armut des portugiesischen Materials im Vergleich zur Reichhaltigkeit des lateinischen mag man mit Carter (1952, 74) einer beschränkten Kompetenz des Kompilators oder — nach Carter wahrscheinlicher — der Absicht zuschreiben, nur eine Lektürehilfe zu bestimmten Texten zu liefern. Eine gewisse weitergehende lexikographische Konzeption und eine wertvolle sprachhistorische Information für die heutige Forschung sind jedoch nicht von der Hand zu weisen. Daß der Kompilator zumindest teilweise bewußt keine erschöpfenden portugiesischen Äquivalente auf der Ebene der „langue" liefern wollte, dafür aber auf einen uns unbekannten Kontext bezügliche, durchaus akzeptable übersetzerische Äquivalente, also nicht nur Verständnishinweise, im Auge hatte, geht aus einer Glosse wie Nr. 2846 „*verno (Zusatz fulgeo) florecer*" hervor. So wenig offensichtlich die lateinischen Formen und die portugiesische einander generell entsprechen: *florecer* ['blühen'] ist mehr als ein Notbehelf zur Verdeutlichung von *verno* ['sich frühlinghaft darbieten'] und *fulgeo* ['glänzen']; es ist denkbar als optimales übersetzerisches Äquivalent in einem Kontext, in dem das Frühlinghafte bzw. Glänzende sich als Blütenpracht manifestiert. Als solche Äquivalente auf Einzeltext-Ebene mögen auch manche der zahlreichen Fälle zu deuten sein, wo einer Fülle von lateinischen Präfigierungen auf portugiesischer Seite ein und dasselbe weniger spezifizierende Simplex entgegensteht (vergleichbar etwa der Entsprechung von dt. *ab-, hin-, umfallen* und franz. *tomber*). Vor allem muß damit gerechnet werden, daß im 14. Jh. noch diejenigen präfigierten Formen fehlten, die im Portugiesischen relativ späte gelehrte Bildungen darstellen, so *transcrever* (heute für *transcribo* genauer als das *screuer* in Nr. 2756), *transvoar* (für *transuolo,* statt *uoar*), auch *transmitir* (für *transmitto,* statt *ẽnuiar*), während die erbwörtlich lautende Variante auf *tras-/tres-* in *tras/trespas(s)ar* in der gleichen Umgebung des Glossars wiederholt herangezogen wird (alles bei Carter 1952, 95). Zum Teil greift der Kompilator statt zur Präfigierung zum Mittel des adverbialen Zusatzes: *„transilio aalē saltar"* (Nr. 2768); vgl. auch *circum-:* teils als *arredor,* teils als *derredor* (Nr. 425—445). Möglicherweise beschränkte er sich dabei auf die Wendungen, die als Äquivalente akzeptabel erschienen, vermied jedoch eine metasprachliche, in der Objektsprache unübliche oder zu umständliche Bedeutungsangabe, wie sie mangels *transcrever* etwa bei *transcribo* nötig gewesen wäre. Alles in allem deutet vielerlei auf eine in sich schlüssige Konzeption, eben die der Kontextäquivalenz, was wiederum konsequent und typisch gerade für die an der Glossenpraxis orientierte mittelalterliche Vorform der eigentlichen Lexikographie wäre. Für die heutige Forschung, auch im Sinne der Lexikographie der „langue", ist bedeutsam der häufige Fehlbefund im Bereich der gelehrten Bildungen, zu denen außer den genannten Präfigierungen auch *amputar* (heute für *amputo,* statt *talhar* ['schneiden'], Nr. 196), *assumir* (heute für *assumpmo,* statt *filhar* ['nehmen'], Nr. 256) u. v. a. zählt. Wo sie ihm geläufig war, schreckte der Kompilator jedenfalls auch nicht vor etymologisch-tautologischer Wiedergabe zurück: *„descendo descender"* (Nr. 819), *„perseuero perseuerar"* (2043) u. a.

3. Der eigentliche Beginn in Renaissance und früher Neuzeit

Wenn die mit der Renaissance einsetzende Lexikographie der „langue" auch Sammlungen der mittelalterlichen Art benutzt haben mag, schlägt sie doch methodisch zunehmend eine andere Orientierung ein. Sie bemüht sich um umfassendere Definition der lateinischen Lemmata über den zufälligen Kontext hinaus und setzt für das Portugiesische an die Stelle einer für dieses als Erkenntnisobjekt allzu knappen, eventuell nur einer bestimmten Textstelle genügenden Information zumindest z. T. eine größere Vielfalt. Dies zeigt sich gleich bei Jerónimo Cardoso (Hieronymus Cardosus), einem Privat-Lateinlehrer, dessen lateinisch-portugiesisches und portugiesisch-lateinisches Werk am Beginn der eigentlichen Lexikographie des Portugiesischen steht (zur Bio-Bibliographie vgl. Teyssier 1980). Sein erstes, heute verlorenes, aber im 18. Jh. bibliographisch dokumentiertes lateinisch-portugiesisches Wörterbuch (Cardoso 1551, vgl. Teyssier 1980, 8) stellt eine frühe Fassung des uns mit gleichem Titel erhaltenen von 1562 (Cardoso 1562) dar, das jedenfalls als „nunc diligentiori emendatione impressum" deklariert ist (bei Teyssier 1980a, 47 mißverständlich im Sinne zweier verschiedener Werke aufgezählt; bei anderen Autoren, auch in seriösen Nachschlagewerken, z. T. völlig falsche Daten zu Cardosos Wörterbüchern). 1562/3 erschien ein alphabetisches portugiesisch-lateinisches Wörterbuch des Vfs. (Cardoso 1562/3), 1569/70 postum unter seinem Namen ein Band, der ein neues ebenfalls alphabetisches lateinisch-portugiesisches mit dem unveränderten portugiesisch-lateinischen und mit für die portugiesische Lexikographie nicht weiter interessierenden fachsprachlichen lateinischen Anhängen vereinte (Cardoso 1569/70) und der bis 1695 11 überarbeitete, teils jeweils erweiterte Neuauflagen erlebte (Teyssier 1980, 11). Cardoso 1562 ordnet — teilweise nach dem Vorbild des Franciscus Grapaldus Parmensis — das lateinische Vokabular nach Sachgebieten, weniger begrifflich-systematisch als assoziativ *(„ira(cundia/cundus)")* unter dem Stichwort *„de iecure"* ['von der Leber'] im Kapitel *„De partibus corporis"),* und stellt teils portugiesische Äquivalente, teils metasprachlich-definitorische Syntagmen dazu. Erklärter Zweck ist die Didaktik des Lateinischen, aber unter der Hand gewinnt die Darstellung des Portugiesischen einen gewissen Eigenwert: lat. *„vir"* [,Mann'] ist der Versuch, mehr schlecht als recht pg. *„barão"* ['Baron'], wohl angeregt durch pg. varão ['Mann'] (vgl. Teyssier 1984, 106), wiederzugeben, und mit pg. *„trovador"* wird eine lexikalische Einheit eingeführt, die spezifisch romanisch ist und mit lat. *„poeta vernaculus"* (im Gegensatz zu *poeta,* nur für den klassischen Dichter) eher metasprachlich erklärt wird (Teyssier 1984, 108). Bevor das Material von Cardoso 1562 postum alphabetisch umgruppiert erscheint (verarbeitet in Teil I von Cardoso 1569/70), gibt Cardoso selber noch (1562/3) sein alphabetisch geordnetes portugiesisch-lateinisches Wörterbuch heraus, das sehr eng — nicht zuletzt lexikographisch-terminologisch — an Nebrija anknüpft. Einerseits spiegelbildliche Umkehrung von Cardoso 1562, ist es andererseits erweitert. Entgegen Teyssier (1980, 26) scheint es wiederum nicht nur im Dienste der Information über das Lateinische zu stehen, widmet jedenfalls dem spezifisch Portugiesischen große Aufmerksamkeit: zuvor als metasprachlich-definitorische Erläuterungen verwendete Syntagmen treten zurück, speziell portugiesische Redewendungen (allein

39 mit *dar* ['geben', aber auch 'tun'] drängen sich vor, ein Wort ohne präzises Äquivalent im Lateinischen wie „*caravela*" ['Karavelle'] wird ebenso zum eigenen Lemma wie verschiedene Ableitungen von „*puta*" ['Dirne'], für die im Gegensatz zum Grundwort selber vom Lateinischen her kaum Bedarf, weder für Schulaufsätze noch für die internationale Verständigung von Humanisten untereinander, bestand. Der neue Teil von Cardoso 1569/70, der alphabetische lateinisch-portugiesische, wurde, z. T. anhand von Notizen Cardosos bzw. seiner Schüler, von einem aus Deutschland gebürtigen Humanisten durchgesehen und ergänzt, letzteres vor allem durch mehr als 4000 Adagia des — nicht genannten — Erasmus, teils mit portugiesischer Umschreibung, aber mit dem deutlichen Bestreben nach Äquivalenz, dabei translatorisch interessant die kulturelle Assimilation von Bildhaftem wie in „*a furiis oriundus : filho do diabo*".

Äußerst kurzlebig war das zweite lateinisch-portugiesische Wörterbuch, das von 1611 des Agostinho Barbosa (Augustinus Barbosa), alphabetisch angeordnet und für die studierende Jugend gedacht (Barbosa 1611). Es erlebte keine weitere Auflage. Immerhin spiegelte es stellenweise gegenüber der vorausgegangenen Auflage von Cardosos Werk einen neueren Sprachstand des Portugiesischen (so die heutige gelehrte Lautung „*flor*" ['Blume'] (statt *frol*), „*imprimir*" im typographischen Sinne) und analysiert z. T. ansatzweise die innere Sprachform des Lateinischen, die des Portugiesischen indirekt durch die Gegenüberstellung (vgl. „*Homem. Homo*" mit einem zusätzlichen Hinweis auf die nichtmarkierte lateinische Bedeutung 'Mensch' vs. port. 'Mensch', 'Mann', und anschließendem „*Homem varão. Vir*" mit metasprachlichem Zusatz zu *homem*). Der Jesuit Bento Pereira (Benedictus Pereyra) tut dagegen einen großen Wurf mit einem lateinisch-portugiesisch-spanischen *Vocabularium* (Pereira 1634), vor allem aber mit dem 1647 unter portugiesischem Titel, wenn auch mit lateinischen Bedeutungsangaben erschienenen *Tesouro da Língua Portuguesa* (Pereira 1647), beide programmatisch auf größtmöglichen Reichtum an Material angelegt, der „Sprachschatz" des Portugiesischen mit „vielen Tausend" Neueinträgen gegenüber Cardoso und Barbosa angekündigt, die insgesamt mehr als das dort Erfaßte ausmachen sollen. Ab 1661 erscheinen beide Werke in einem Band, bis 1750 in zehn bis elf Auflagen (mit dem Datum von 1732 und 1741 zwei als 9. Auflage deklarierte), seit der 7. Auflage von 1697 der erste Teil nur noch zweisprachig, ohne das Spanische. Hatte schon Barbosa mit „*coco da India. Nux Indica*" ['Kokosnuß'] sporadisch das exotische Vokabular des Entdeckungszeitalters einfließen lassen, das ja z. T. wie das genannte portugiesische Wort *coco* von Portugal her in andere europäische Sprachen einging, so wartet Pereira bereits 1647 mit „*bambu*", „*batata*" ['Kartoffel'], „*choculata*" (in der Erläuterung dazu auch „*cacao*"), „*tabaco*" auf, aber auch mit — bei ihm zuerst aufgeführten — Vokabeln wie „*casa do caracol*" ['Schneckenhaus'], „*casa de botão*" ['Knopfloch'], Pflanzen-, Tier- und handwerklichen Bezeichnungen sehr spezieller Art aus dem Erbwortschatz. Sukzessive Zusätze, zuletzt anscheinend in der 7. Auflage von 1697, hier angeblich 24 000, zeugen von dem Bestreben, Fülle und Differenzierung zu bieten, während technisch und methodisch gegenüber den Vorgängern kein wesentlicher Fortschritt erfolgt.

4. Beginn der modernen Tradition im 18. Jahrhundert

Dieser kommt erst mit dem achtbändigen portugiesisch-lateinischen Wörterbuch des Ordensgeistlichen und gebürtigen Franzosen Raphael Bluteau (1712—21), ergänzt (1727/8) durch zwei Bände Nachträge (Bluteau 1712—28), das der direkte Stammvater aller modernen portugiesischen Wörterbücher wird. Das gewaltige Werk wird zwar über ein spanisch-portugiesisches Glossar in Bd. 8 sogar dem Spanischsprachigen als Quelle der Information über das Lateinische zugänglich gemacht, ist aber de facto ohne jeden Zweifel primär eine lexikographische Quelle des Portugiesischen. Der Verf. hat die führenden lexikographischen Arbeiten auch im romanischsprachigen Ausland studiert. Neben die Exemplifizierung der Lemmata durch Beispiele aus den „melhores escritores" (Titelblatt) tritt die Erfassung auch der (eventuell von diesen getadelten und dann mit entsprechendem Zusatz versehenen) Vokabeln und Redewendungen des Substandards. Im übrigen liefert Bluteau zwar die lateinischen Äquivalente, aber die z. T. enzyklopädisch ausführlichen Angaben nicht nur zu den Wortbedeutungen sondern, über diese hinaus spezifizierend, zu den bezeichneten außersprachlichen Objekten erfolgen auf Portugiesisch. Nicht immer ist für heutige lexikographische Ansprüche die Grenze zum Sach-Lexikon genau genug eingehalten, doch ist dies andererseits schwierig bei einem Werk, das, nicht zuletzt in verschiedenen speziellen Vokabellisten des 2. Nachtragsbandes, Fachausdrücke aus unterschiedlichen Bereichen von Natur und Kultur (u. a. Handwerk) so vollständig wie möglich erfaßt. Pereiras Bemühen um die Einbeziehung des exotischen Lehnwortschatzes aus Brasilien und den „Indias" wird in großem Ausmaße fortgeführt, und dieser als solcher gekennzeichnet; Archaismen werden einbezogen; schließlich — der weltoffene Geist und der Wirklichkeitssinn des Zeitalters der Aufklärung macht sich wohl ein wenig bemerkbar — räumt Bluteau Dialektalismen aus der Provinz einen eigenen Platz ein.

In anderer Hinsicht wegweisend wurde noch im 18. Jh. das als *Dicionário da Língua Portuguesa* ausschließlich auf Portugiesisch abgefaßte Werk der 1780 gegründeten Academia Real das Ciências de Lisboa, das freilich nicht über den ersten Band *(A — azurrar)* von 1793 hinaus gedieh. Dabei ist schon wegen des vergleichsweise geringen Ausschnitts aus dem Gesamtwortschatz der Ertrag weniger wichtig als die Konzeption, und auch für den realisierten Teil darf hier mehr dessen grundsätzliche, im Vorwort breit dargelegte Anlage im Vordergrund stehen als das, was daraus in der Praxis wurde. Auch für ein Akademiewörterbuch ungewöhnlich puristisch und einer als goldenes Zeitalter der Sprache angesehenen Phase der sprachlichen Entwicklung zugewandt, läßt es als Autoritäten, deren Gebrauch für die richtige und reine „arte de bem dizer" bürgt und die als solche zitiert werden, nur solche von der Mitte des 14. bis zum Ende des 17. Jhs. gelten, im Zweifelsfall mit Präferenz für die „clássicos", als welche die von der Mitte bis Ende des 16. Jhs. definiert werden. Die Kehrseite dieser normativen Verengung stellt eine ebenfalls normativ bedingte Ausweitung dar, die wohl das Opus nach Art einer Hypertrophie am weiteren Gedeihen hinderte: in der Absicht, den guten Sprachgebrauch nicht nur durch Selektion der empfehlenswerten lexikalischen Einheiten zu sichern, sondern auch durch Anweisung zu deren adäquatem Gebrauch, liefert das Akademiewörterbuch nicht nur Literaturzitate in Fülle (sowie Angaben über die — heute zum großen Teil überholten — etymologischen Herleitungsversuche), sondern ausführliche Angaben zum jeweiligen Sprachregister (diachronisch, diatopisch, sozial, das Stilniveau betreffend, sowie zur eventuellen fachsprachlichen Zugehörigkeit), zu den „várias ortografias", zur Flexion, zur Rektion der Verben und z. T. zur Kollokation von Substantiv und attributivem Adjektiv bzw. passendem Verb sowie zu der von Verb und *mente*-Adverb, auch dies alles ausgiebig mit Zitaten untermauert. Nicht zuletzt die Exemplifizierung der Kollokationen (allein über 120 für das Wort „affeição", Casteleiro 1981, 56) ließ das Werk ungewöhnlich anschwellen, zeigt aber das Bemühen um ein lexikographisches Anliegen, das gerade in unseren Tagen akut wurde. Bei den Bedeutungsangaben ist man sparsam und bevorzugt Synonyme und Antonyme als kürzeste Form; die Definition erscheint nur, wenn notwendig, und auch dann nicht mit dem — nach Meinung des Hauptredakteurs Pedro José da Fonseca ohnehin bei Sprachbedeutungen unerreichbaren — Ideal logischer Strenge, sondern mit dem Ziel möglichster Klarheit durch stilistische Einfachheit. In dieser Hinsicht jedenfalls gibt sich das Programm benutzerfreundlich: sozusagen auf den „honnête homme" bezogen und ohne „redundante e apparatosa erudição" (Academia 1793, Planta, Base XXIV). Gerade für diesen Benutzer allerdings würde es, wäre es je fertiggeworden, meist nicht nur finanziell unerschwinglich gewesen sein; zur Konsultation zwecks kontinuierlicher Pflege der „guten" Sprache hätte es sich wegen seines Umfangs als untauglich erwiesen.

Da übrigens auch Bluteaus Opus schon diese beiden Nachteile aufwies, hatte im Jahre 1789 Morais (= Morais Silva, vgl. 1.) daraus eine zweibändige Kurzbearbeitung mit Weglassung des lateinischen Teils erstellt (Silva 1789). In der ersten Auflage lief diese noch unter dem Namen Bluteaus, mit Morais Silva als Bearbeiter, von der zweiten, der Ausgabe letzter Hand an (Silva 1813) unter seinem eigenen Namen. Unter Verzicht auf allzu weitschweifige literarische Belege (deren Angabe bei ihm z. T. unbestimmt, ja ungenau werden kann) und auf zu weitschweifige Realienbeschreibungen vermeidet er, was bei Bluteau und dann beim Akademiewörterbuch durch Exzeß zur Schwäche wurde, liefert andererseits über die semantischen Angaben hinaus die seither allenthalben auch in Werken vergleichbarer Größenordnung gängigen Angaben zur Wortklasse, zum grammatischen Status und zu nicht aus der Graphie ersichtlichen Aussprachebesonderheiten (Vokalqualität bei Homographen wie *forma* [ɔ] 'Form' vs. *forma* [o] 'Back-, Gußform'), zieht Phraseologisches in Maßen ein. Bei den Bedeutungsangaben geht er sehr unterschiedlich vor. Dies wird insbesondere bei botanischen und zoologischen Bezeichnungen deutlich faßbar: teils erscheint die Fachbezeichnung, wenn auch rudimentär (vgl. *„carvalho"* [. . .] *„Quercus"* und/oder ein für die gemeinsprachliche Identifizierung ausreichendes Detail (bei *„carvalho"* zusätzlich zu *„quercus"* die Angabe: *„arvore que dá bolotas ou landes"* ['Baum, der Eicheln liefert'], bei *„sobro"* ['Korkeiche'] dagegen dem lat. *„suber, suberis"* lakonisch vorangesetzt: *„arvore conhecida")*, teils muß der Benutzer auch vorlieb nehmen damit, daß er ohne semantische Erklärung von einer lautlichen Variante auf die andere verwiesen wird (so bei *„azinheira/enzinheira"* ['Steineiche']). Dafür ist die Mikrostruktur in puncto Abgrenzung der Sememe im Ansatz und in der generellen Durchführung klarer als bei den Vorgängern. Auch die erst bei genauer Analyse dem Sprecher in der eigenen Sprache bewußt werdenden Unterscheidungen bei besonders gängigen Wörtern, die semantisch einfach gebaut zu sein scheinen, macht Morais transparent (so bei *„andar"* ['gehen', 'laufen', 'sich bewegen'], bei *„casa"* ['Haus', aber auch '(Einzel-)Raum (darin)', 'Haushalt' u. a. m.], oder bei *„grande"* ['groß' an Quantität, Intensität, Qualität generell, Bedeutung], hier allerdings wiederum das 'groß' selber definiert als *„opposto a pequeno"*, während das Lemma *„pequeno"* schlicht mit *„não grande"* abgespeist wird). Alles in allem stellt der Morais also ein Werk dar, das in der Einzelausführung viel zu wünschen übrig läßt, aber in der Gesamtkonzeption von Makro- und Mikrostruktur, nicht zuletzt in den Ausmaßen, bis ins 20. Jh. hinein richtungweisend wirkt.

5. Das 19. Jahrhundert: Weiterführung des Alten und zum Jahrhundertende neue Impulse

Bis fast zum Ende des 19. Jhs. wird der Morais in verschiedenen überarbeiteten Auflagen (bis zur 9. Auflage, ohne Datum; wohl ca. 1895 oder später) weitergeführt. Bis ins vorletzte Jahrzehnt hinein ist dagegen in diesem Jahrhundert der Begründung der modernen Romanischen Philologie durch Friedrich Diez und der europaweiten Begeisterung für dessen historisch-vergleichende Methode erstaunlicherweise lexikographisch kein neuer Impuls zu verzeichnen, ja nur ein Werk zu vermelden, das neben dem Morais qualitativ bestehen kann, das fünfbändige, nur einmal aufgelegte *Grande dicionário português ou tesouro da língua portuguesa* des Augustinerpaters Frei Domingos Vieira (Vieira 1871—74; vgl. Bibliografia filológica 1935—50, Nr. 621—24 sowie Silva 1858—1923, 9, 116). In freilich z. T. unübersichtlicher Fülle liefert dieses postum überarbeitete und edierte, mit *Tesouro* programmatisch betitelte Opus reiche Belege und, als Neuerung gegenüber der voraufgehenden 6. Auflage des Morais (1858), außer neuen lexikalischen Einheiten und Sememangaben in weitem Umfang botanische und zoologische Nomenklatur zur eindeutigen Identifizierung der Designata. Von den übrigen größeren Wörterbüchern vor dem Jahrhundertende seien nur erwähnt: wegen seiner lang anhaltenden Rezeption und Wirkung das von Francisco Solano Constâncio (Constâncio 1836; zuletzt 10. Aufl. 1873), das sich als *Novo dicionário crítico e etimológico* [. . .] ausgibt, aber lediglich ein — als solches wenig bedeutendes — allgemeines Sprachwörterbuch mit etymologischen Angaben ist, die auch in der letzten Auflage, nach dem Bekanntwerden der Diezschen Romanischen Etymologie in Portugal, z. T. geradezu haarsträubend sind (vgl. *carvalho* ['Eiche'] < lat. *„Quercus-ilex"*, was wegen des Elements *ilex* ['Stechpalme'] schon semantisch allenfalls auf die Bezeichnung der 'Steineiche' passen würde, vom lautlich-morphologischen Aspekt ganz zu schweigen); sodann das in vier Auflagen erschienene von Eduardo [Augusto] de Faria (Faria 1849), das halb eingestandenermaßen (vgl. Bibliografia filológica 1935—50, Nr. 32) ein einziges Plagiat aus im einzelnen teils nicht offengelegten anderen Quellen darstellt.

Eine zukunftsweisende Neuleistung stellt erst das 1881 in zwei Bänden erscheinende *Dicionário contemporâneo da língua portugesa, feito sobre um plano inteiramente novo* dar, das unter dem Namen F. J. Caldas Auletes herauskam, aber erst nach dessen Tod nach seinem Plan, der jedoch durch den Herausgeber António Lopes dos Santos Valente eine „inovação" erfuhr (Aulete 1881, Vorwort in Bd. 1). Außer dem Bestreben, den „estado actual" der Sprache widerzuspiegeln, ist es Absicht des Werks, „rectificar as definições existentes" und botanische und zoologische Fachausdrücke einzubeziehen. Letzteres erfolgt z. T. weniger weitgehend als im Einzelfall bei Vieira, z. T. aber in einer sonst erst Jahrzehnte später differenzierten Form, so

s. v. „*carvalho*" ['Eiche'], wo nicht nur das für den gemeinen Sprecher allein Zugängliche, nämlich die Zugehörigkeit der virtuellen Designate zur Gattung *Quercus* wissenschaftlich präzise angegeben und damit die Sprachbedeutung erfaßt ist, sondern auch die im portugiesischen Sprachraum begegnenden Spezies benannt werden, auf deren in Portugal häufigste, *Quercus robur,* noch bei Morais (Silva 1789, auch 8. Aufl. 1890/1), also Jahre danach, im übrigen z. T. bis heute in den Wörterbüchern, der Bedeutungsumfang eingeengt wird (Verwechslung des empirisch häufigsten Designats mit der Bedeutung des Worts, was etwa bei dt. *Tanne* die Bedeutung ‚Fichte' ergäbe...). Die „Richtigstellung" der Definitionen erfolgt im Caldas Aulete in weitgehend geradezu mustergültiger Form. Ein Vergleich des Lemmas *grande* ['groß'] mit dem bei Morais (Silva 1789, auch 8. Aufl. 1890/1), der schon in der ersten Auflage für seine Zeit erfreulich klar war, zeigt, wie der Caldas Aulete bei einem Lexem, dessen Sememe und Sememgrenzen besonders leicht im Bewußtsein auch des reflektierenden Sprechers ineinander verschwimmen, peinlich genau differenziert und das einzelne Semem durch Beispiele illustriert, dabei logisch ordnet und ohne jede unnötige Synonymenhäufung zwecks bloßer Bedeutungserklärung arbeitet. Es fehlt nicht der bis dahin gar nicht gängige Hinweis auf unterschiedliche Bedeutung des attributiven *grande* je nach Voran- oder Nachstellung, exemplifiziert am Beispiel „*grande homem*" vs. „*homem grande*" ['bedeutender' vs. 'hochgewachsener Mann'], womit aber andererseits der komplexe Gegenstand nicht erschöpfend dargestellt sein soll („Às vezes [...] diferente significação" [„Manchmal (...) unterschiedliche Bedeutung"]). Die etymologischen Angaben sind im Prinzip im Diezschen Sinne aufgeklärter Natur, und jede noch so eindeutige aus der Graphie ablesbare Aussprache ist vorsichtshalber eigens transkribiert, was zur Folge hat, daß auch sonst oft unbemerkt bleibende Nuancen der Erfassung nicht entgehen. Erstaunlicherweise hat der Caldas Aulete bis in die zweite Hälfte unseres Jhs. hinein nicht das positive Echo gefunden, das er verdiente (2. Auflage erst 1925, dritte 1948/52: Aulete 1948/52). Wenn er im übrigen in der dritten Auflage einen neuen Innovationsschub einleitet, indem er nicht nur den Brasilianismen besondere Aufmerksamkeit schenkt, sondern diese auch aus den Autoren der brasilianischen Literatur der 30er und 40er Jahre belegt, mag dies mit dazu beigetragen haben, war aber nicht ausschlaggebend dafür, daß man ihm in der zweiten Jahrhunderthälfte in Brasilien zu neuem Leben verhilft („1. brasilianische" = 4. Aufl. insgesamt, 1958; dann zum zweitenmal „durchgesehen, aktualisiert und erweitert" in einer zweiten brasilianischen Auflage, der fünften insgesamt, 1964 u. ö.) (vgl. Aulete 1964): Gerade die brasilianische Lexikographie unseres Jahrhunderts entwickelte ein besonderes Gespür für den Wert klar gegliederter, aller unnötigen Synonymenhäufung abholder Mikrostruktur mit möglichst weitgehender Abstützung durch fachwissenschaftliche (botanische usw.) Nomenklatur (vgl. 7.).

Bis es soweit war, beherrschte das 1899 zum erstenmal erschienene *Novo dicionário da língua portuguesa* von [António] Cândido de Figueiredo das Feld (Figueiredo 1899). Bis 1986 erschien es in 23, anfangs überarbeiteten und ergänzten Fassungen. (Zu seiner Rezeption bis 1936 vgl. Bibliografia filológica 1935—50, Nr. 275—79). Es tritt mit einem geradezu bombastischen Anspruch der Materialfülle auf, und was es hier in Aussicht stellt, hält es, vornehmlich im Bereich der Regionalismen und Dialektalismen, aber auch der Archaismen, bis ins Mittelalter zurückgehend. Hier offenbart sich des Verfassers Vertrautheit mit der inzwischen erblühten romanistisch-philologischen Forschung, speziell in Form der Dialektologie (im Verein mit der Volkskunde) und der Mittelalter-Philologie samt kritischer Editionstätigkeit. Wenn gerade er eine so nachhaltige Fortüne machte und auf diese Weise den Caldas Aulete weitgehend in den Schatten stellte, so wohl deshalb, weil der Durchschnitts-Benutzer immer dankbar dafür ist, wenn er möglichst alle Formen verzeichnet findet, die er nachschlagen will, auch wenn er — siehe im folgenden — dabei in puncto semantische Information oft mehr bloße Hinweise als klare Definitionen findet, und weil der Romanist beispielsweise, der auf dialektologischem oder sprachhistorisch-vergleichendem Gebiet tätig ist, mit ebensolcher Dankbarkeit auch minimale lautlich-morphologische Varianten von Dialektformen entgegennimmt. Mit den semantischen Definitionen hapert es dagegen bei Figueiredo sehr: das im Caldas Aulete mustergültig analysierte *carvalho* z. B. erscheint erneut reduziert auf einen 'großen Baum, der Eicheln liefert', mit einer lexikographisch unsinnigen, weil zum fast hermetischen Fachvokabular gehörenden Angabe zum Blütenstand, während die Eicheln ihrerseits als die Früchte des *carvalho*, aber auch der *azinheira* ['Steineiche'], definiert werden (wonach dann, wenn man boshaft wäre, der Schluß sich ergäbe, daß „carvalho" und „azinheira" dasselbe wären). Wo die Angaben reichlicher fließen, läuft dies auf eine z. T. unstrukturierte Aneinanderreihung von Synonymen und Fast-Synonymen hinaus, bei der die Sememgrenzen verschwimmen, so daß etwa s. v. „*grande*" nicht einmal immer klar wird, was physisch, was nicht physisch gemeint ist, um so mehr als im Gegensatz zu Caldas Aulete Textbeispiele fehlen. Zwar geben die ersten der späteren Auflagen Gelegenheit zu mancher Verbesserung, aber gegenüber dem Caldas Aulete fällt der Figueiredo bis zum Schluß in dieser Hinsicht weit ab. Was seinem Renommee geholfen haben dürfte, ist nicht zuletzt die verdienstvolle und populär gewordene Tätigkeit des Verfassers als Autor von vielerlei sprachpädagogischen Werken.

6. Das 20. Jahrhundert: neues Konzept erst in der zweiten Jahrhunderthälfte

Das Bestreben, den Wortschatz möglichst in seiner ganzen Fülle, mit einer ebensolchen Fülle an Belegen, zu erfassen, führt zunächst ab den vierziger Jahren des 20. Jhs. zu einem auf insgesamt 12 Bände angewachsenen Wörterbuch, das dem Namen nach an den Morais anknüpft, diesen aber nur ausweitet, ohne dabei für eine um so notwendigere klare Strukturierung zu sorgen (Silva 1948—60). Wer sich der Mühe einer geduldigen Suche in teils sehr umfangreichen Artikeln unterzieht, findet naturgemäß manches, dessen genauere semantische Einordnung ihm mangels genügend präziser Definition die beigegebenen Zitate erleichtern.

Der notwendigen lexikographischen Hilfe in einem vergleichbar groß angelegten Werk wird der Benutzer allerdings erst zuteil in einem völlig neu konzipierten Werk, das leider nicht weit über die ersten drei Buchstaben des Alphabets hinaus gedieh, dem *Dicionário geral luso-brasileiro da língua portuguesa* (Dicionário geral 1963—75) [= DG]. Unter der Leitung von Alfonso Zúquete von einem Kollektiv hervorragender Fachleute bearbeitet, die zum erstenmal aus Portugal und Brasilien rekrutiert sind und den beiden großen Varianten des Portugiesischen in gleichem Maße gerecht werden wollen und werden, indem sie nicht die eine als die Grundlage nehmen, zu der die Eigenheiten der anderen als bloße Kontrasttupfer geliefert werden, bedeutet das DG die nahezu ideale Verwirklichung des Großwörterbuchs, bei dem die gigantischen Ausmaße des auf ähnlich viele Bände wie Silva 1948—60 geplanten Ganzen nicht dazu führen, daß primär Material aufgehäuft, aber nicht eigentlich lexikographisch bewältigt wird. Für die Charakterisierung der vorbildlichen technischen, auch typographischen, Anlage sei auf Woll 1965 verwiesen. Besonders die lexikalischen Syntagmen, in Fülle geboten, sind hier erfreulich leicht auffindbar. Die Präzision in den Bedeutungsangaben entspricht der im Caldas Aulete, ist z. T. sogar größer, und führt zu weiterer Auffächerung (so etwa beim Lemma „casa" ['Haus'], wo sich im übrigen im Vergleich mit dem Caldas Aulete deutlich ablesen läßt, was das DG in der Anlage vor allem auszeichnet: Dadurch daß die Syntagmen des Typs *casa* + Adj. bzw. *casa de* + Subst. usw. aus dem ersten Teil des Artikels (mit *casa* ohne Zusatz) herausgelöst und in einem eigenen zweiten Abschnitt zusammengestellt werden, gewinnt die Sememstruktur von *casa* ohne Zusatz an Übersichtlichkeit. Die lexikalischen Syntagmen ihrerseits sind in zwei Gruppen unterteilt. Deren erste umfaßt die soeben genannten Nominalsyntagmen (in denen das Grundwort noch weitgehend eine seiner Einzelbedeutungen beibehält), aber auch die „locuções adverbiais" und „verbais", d. h. die eigentlichen Phraseologismen, mit bereits festgelegter syntaktischer Funktion (Adverbiale oder Prädikat) und z. T. bereits weitgehend zurücktretender Eigenbedeutung von *casa* (z. B. „*entrar em casa de* ,escarnecer de, fazer pouco de'" ['jem. verspotten, sich über jem. lustig machen']). Eine zweite Gruppe bringt die Satzredensarten und Sprichwörter, d. h. fertige Sätze, bei denen die Eigenbedeutung von *casa* satzintern z. T. größer ist als bei den vorhergehenden Redewendungen, bei denen aber das Gesamtgebilde z. T. noch weniger referentiell auf 'Haus' o. ä. Bezug nimmt als dort. Der Artikel „carvalho" ['Eiche'] unterscheidet wie bereits im Caldas Aulete zwischen der Bedeutung des Wortes, die verschiedenste Spezies von *Quercus* umfaßt, und diesen Spezies im einzelnen, deren etliche über eine Spalte hinweg mit ihrem spezifischen Namen ebenso aufgeführt sind wie eine Fülle von Bezeichnungen des Typs *carvalho* + Adj./+ *de* + Subst. u. ä., die ganz andere botanische Familien betreffen. Die rigoros wissenschaftliche und insofern eindeutige Definition wird für den nicht wissenschaftlich geschulten Benutzer da zum Nachteil, wo — wie wiederum im Falle von „carvalho" — außer der botanischen Nomenklatur nichts als Anhaltspunkt geliefert wird, weder die charakteristische Frucht noch die charakteristische Blattform. Andererseits versteht sich fast von selbst, daß bei einem Werk von der Akribie des DG die Zuordnung der Formen zu den Varietäten detailliert erfolgt, dies um so mehr, als ja die gleichwertige Behandlung von Portugal und Brasilien programmatisch durchgezogen wird und konsequenterweise auch interne regionale Markierungen erfolgen, die sonst häufig für das jeweilige andere Land, wenn überhaupt, dann eher summarisch erscheinen.

Seitdem das DG vorliegt, wird es schwer, lexikographisch qualitativ und gleichzeitig quantitativ Ebenbürtiges oder gar Neues zu leisten. Wenn an dieser Stelle das siebenbändige *Dicionário da língua portuguesa* von José Petro Machado (Machado 1958—1971) Erwähnung findet, so deswegen, weil es im Gegensatz zum DG vollständig erschienen und gegenüber Silva 1948—1960 neueren Datums ist, so daß der Benutzer hier im Einzelfall neue Lemmata oder Angaben finden kann (vgl. auch Machado 1981).

Eine historische Kuriosität stellt die Neufassung von Band 1 des Akademiewörterbuchs von 1976 dar (Academia 1976), das wie der Vorläuferband von 1793 nur den Buchstaben A umfaßt (jetzt allerdings statt mit „azurrar" ['schreien (vom Esel)'] mit „azuverte", Bez. eines Vogels aus Timor, endet). Trotz allen Reichtums der Dokumentation bleibt manches daran dürftig, so auch ein Lemma zur Wortbildung wie „-agem". Näher darauf einzugehen als bereits Meier 1982 dies tut, erübrigt sich um so mehr, als eine Fortsetzung nicht in Sicht zu sein scheint.

Wegen ihrer bereits historisch zu nennenden Breitenwirkung mit ihren laufend überarbeiteten Neuauflagen seien abschließend zitiert: aus der vielbenutzten Reihe Dicionários Editora der Porto Editora das *Dicionário da língua portuguesa* (seit 1952, vgl. Costa/ Melo 1984), das im Gegensatz zu früheren einbändigen (und anderen) portugiesischen Wörterbüchern relativ offen ist auch für den banalen Wortschatz der modernen städtischen, bzw. technisierten Alltagswelt, also nicht nur, wie lange Zeit infolge der eher „romantischen" Orientierung der Sprachwissenschaft für den des Alltags der Provinz (Bauern, Fischer usw.); sodann das in der Tradition des *Petit Larousse Illustré* stehende *Dicionário prático ilustrado* (seit 1910, zuletzt *Dicionário Prático* 1981), das gerade in der letztgenannten Hinsicht gemäß seiner sachkundlichen Ausrichtung auch sprachlich weitaus reichhaltiger ist, wie der Vergleich der Lemmata „papel" ['Papier'] zeigt, wo das *Dicionário prático* dem anderen die Bezeichnungen für 'Einwickel-, (staatl.) Stempel-, Noten-, Seidenpapier' und 'Tapete' voraus hat (jeweils die hier als letzte genannten Fassungen).

7. Die brasilianische Variante im 19. und 20. Jahrhundert. Die brasilianische Lexikographie des 20. Jahrhunderts

Wie schon erwähnt (1.), war der erste Lexikograph moderner Tradition im portugiesischen Sprachraum aus Brasilien gebürtig; daher auch 1922 in Rio de Janeiro zur Hundertjahrfeier der brasilianischen Unabhängigkeit eine Faksimileausgabe der Fassung letzter Hand (Silva 1813; vgl. Bibliografia filológica 1935—50, Nr. 570 f.). Erschien bereits für den Caldas Aulete 1958 eine Ausgabe in neuem Gewande in Brasilien (vgl. 5.), so wurde dem Morais nach der Ausweitung auf zwölf Bände (Silva 1948—1960, vgl. 6.) 1961 eine in Lissabon verlegte rekondensierte Fassung als *Novo dicionário compacto da língua portuguesa* zuteil, die ausdrücklich für den Vertrieb in Brasilien bestimmt war und daher in diesem Zusammenhang kurzer Erwähnung bedarf (2 Bde.; 1980 in 5 Bden.). Der erste bedeutsame Schritt zur Erfassung in größerem Umfange speziell des brasilianischen Portugiesisch erfolgte in den Jahren 1875—1888 mit Antônio Joaquim de Macedo Soares' Sammlung zu einem *Dicionário brasileiro da língua portuguesa,* das aber nur bis zum Stichwort „candeieiro" [sic] 1889 (nach einem Zeitschrift-Abdruck von 1888) in Buchform erschien und erst 1954/5, aufgrund unveröffentlichter Materialien des Verfassers bis Z erweitert und überarbeitet, darüber hinaus zugänglich wurde (Soares 1889 und 1954/5). Verschiedenen weiteren Zulieferungen von brasilianischem Sprachmaterial an die portugiesische Lexikographie (vgl. Bibliografia filológica 1935—50, Nr. 165—67 und 830—33, sowie Dietrich 1980, 179—197) folgten Ende der 30er Jahre unseres Jahrhunderts die beiden ersten zukunftsträchtigen Gesamtwörterbücher des Portugiesischen, die in Brasilien erstellt wurden und naturgemäß der überseeischen Variante der Sprache breiteren Raum einräumten als die in Portugal publizierten Werke. Laudelino Freires *Grande e novíssimo dicionário da língua portuguesa,* zuerst 1939—44 erschienen, läßt den bedeutsamen Anteil des brasilianischen Wortguts noch nicht im Titel zum Ausdruck kommen. Nachdem 1957 eine dritte Auflage herausgekommen war, die auch in europäischen Bibliotheken außerhalb Portugals weit verbreitet ist (Freire 1957), wandte sich die Aufmerksamkeit der am Portugiesischen Brasiliens interessierten Öffentlichkeit zunehmend außer den oben genannten Neufassungen des Morais und des Caldas Aulete einem einbändigen Wörterbuch zu, das 1938 zunächst ganz bescheiden als kleines Gebrauchswörterbuch und ohne jeden nach außen zur Schau getragenen persönlichen Anspruch als Arbeit eines „grupo de filólogos" das Licht der Welt erblickte, ohne daß auch nur die Namen der Verfasser genannt würden: dem *Pequeno dicionário brasileiro da língua portuguesa* (Pequeno dicionário 1938 [= PD]). Als „primeira tentativa de um dicionário genuinamente brasileiro" (so die Nota da Editora) schließt es keineswegs das europäische Portugiesisch aus, setzt nur einen neuen regionalen Akzent (nicht „do Português do Brasil" sondern „brasileiro da língua portuguesa"!). Zu den verschiedenen Etappen, die das Wörterbuch bis zur 10. Auflage (hier unter Ferreira 1961) durchlaufen hat (die zur Zeit auf dem Markt befindliche elfte ist ein bloßer Abdruck der zehnten), gibt das *Prefácio* ebendort Auskunft (vgl. außerdem Woll 1963). Hier erfährt man, welche Namen im Laufe der Zeit mit der zunehmenden Aktualisierung, lexikographischen Verbesserung und Erweiterung des PD verbunden waren, unter anderem der des Dichters Manuel Bandeira. Schon in der 2. Auflage (1939) unter Nennung der betr. Namen an die Öffentlichkeit gebracht, ist es vor allem in der letzten Fassung von 1961 (Ferreira 1961) ein Werk speziell von Aurélio Buarque de Hollanda Ferreira, der das PD mit einem Stab von Spezialisten zusammen in seiner endgültigen Fassung zu einem überaus reichhaltigen, präzise definierenden, die Sememe klar trennenden und die Varietätenzugehörigkeit zutreffend spezifizierenden Nachschlagewerk, unter Einbeziehung der botanischen, zoologischen usw. Nomenklatur gemacht hat, das zudem in reichem Maße als Synonymenwörterbuch in Form jedenfalls von Kurzverweisen dienen kann (vgl. auch hierzu Woll 1963). Das ohne diese jahrzehntelange Vorarbeit nicht denkbare *Novo dicionário da língua portuguesa* (= ND) des gleichen Verfassers (Ferreira 1975, überarbeitete Fassung Ferreira 1986), das beim breiten Publikum als der „Aurélião", ['der große Aurélio'] in gleichem Maße populär wie bei der Fachwelt geschätzt ist, reicht im Rahmen des in einem weiterhin einbändigen Werk Machbaren an die Perfektion des DG (vgl. 6.) heran, ergänzt die Angaben zu den Einzelvokabeln über die bereits im PD verzeichneten Redewendungen hinaus durch prägnante Zitate, unter anderem aus Exzerpten zur bereits auch im PD verwerteten, wortschatzmäßig besonders reichhaltigen brasilianischen Literatur dieses Jahrhunderts, und geht über das DG in der Abrundung der Information hinaus, indem es die Sememe durchnumeriert und die auf einzelne Sememe bezogene Synonymie in ökonomischer und präziser Weise durch Nummernverweis in den Griff bekommt (was bei einem Fortsetzungswerk wie dem DG im ersten Durchgang kaum zu bewältigen gewesen wäre). Angaben zur Etymologie, zur Aussprache, zu allographer Homophonie, zur Morphosyntax sowie zur Diminutivierung und Augmentativbildung runden das Ganze zu einem konzeptionellen Non-plus-ultra der Lexikographie ab.

Neben dem ND noch das vierbändige Wörterbuch zu erwähnen, das Antenor Nascentes 1961—67 herausgab, „a fim de ser submetido à Academia [d. i. Academia Brasileira de Letras] para as devidas alterações" (Nascentes 1961—67) und das dann unter dem Namen des gleichen Verfassers als *Dicionário ilustrado da língua portuguesa da Academia Brasileira de Letras* lanciert wurde (Nascentes 1971), will fast überflüssig erscheinen: ein Mehr an Information wird sogar gegenüber dem PD nur stellenweise faßbar und liegt dann mehr im von Fall zu Fall einmal größeren Material als in den eher dürftigen lexikographischen Angaben zu dem Verzeichneten. — Auch für Brasilien soll abschließend die nationale Variante des *Petit Larousse Illustré* erwähnt werden, die freilich, erst seit 1979 wiederholt erscheinend, noch nicht den zentralen Stellenwert des portugiesischen Pendants hat, dafür aber unter der Leitung eines der versiertesten Lexikographen Brasiliens steht, nämlich von Antônio Houaiss (vgl. Houaiss/Avery 1964 in der Bibliographie zu 318): *Pequeno Dicionário enciclopédico Koogan Larousse* (Pequeno dicionário 1982).

8. Neueste Projekte: Wörterbuch mit Datenbank. Das Portugiesische Afrikas

So atemberaubend schnell der „Aurelião" mit seiner zweiten Auflage der sprachlichen Entwicklung auf dem Fuße folgt, indem er bereits „*aidético*" ['AIDS-infiziert'] und „*cruzado*", Bez. der durch Abwertung des *cruzeiro* 1985 geschaffenen Währungseinheit, erfaßt, Houaiss hat ein noch ehrgeizigeres Projekt: Mit großzügigen finanziellen und technischen Mitteln ausgestattet, bereitet eine Equipe unter ihm computerunterstützt ein computermäßig abfragbares Wörter-„Buch" großen Ausmaßes vor, das als *Grande dicionário da língua portuguesa* unter Beteiligung nicht nur von Xerox do Brasil und großen Verlagen sondern auch der Academia Brasileira de Letras entsteht. In Buchform soll das auf 270 000 bis 300 000 Einträge geplante Werk 1991 in allen portugiesischsprachigen Ländern (also einschließlich Angola, Guinea-Bissau, Kap Verde, Moçambique und São Tomé e Príncipe) gleichzeitig auf den Markt gelangen, zwei Jahre später durch einen Band mit Kontextbelegen zu Semantik, Morphosyntax und Stilistik der Lemmata ergänzt werden und 1994 eine zugehörige Datenbank zugänglich sein. Es bleibt abzuwarten, wieweit dieses Unternehmen nicht nur die lusophonen Länder in Afrika versorgen, sondern auch deren Varianten der Standardsprache berücksichtigen wird. Den lexikalischen Besonderheiten dieses Teils der portugiesischsprachigen Welt widmet sich unter der Leitung von Jean-Michel Massa eine Forschergruppe am Centre d'Études Portugaises, Brésiliennes et de l'Afrique d'Expression Officielle Portugaise an der Université de Haute Bretagne in Rennes. Strikt auf ein Korpus geschriebener Texte aus den fünf Staaten beschränkt (Presse, Reden, Lehrbücher, aber auch fiktionale Literatur, Schüler- und Studentenaufsätze, Briefe, Plakattexte), und bis auf einige Proben literarischer Texte aus früherer Zeit (für Kap Verde bis einschließlich der besonders ergiebigen 30er Jahre) auf die Jahre 1975—1982 konzentriert, soll, von einem Material von 3 Mio. Belegen ausgehend, zunächst ein einsprachiges Wörterbuch mit Definitionen und Beispielen, sodann ein illustriertes portugiesisch-französisches Wörterbuch entstehen.

9. Literatur (in Auswahl)

9.1. Wörterbücher

Academia 1793 = Diccionario da lingoa portugueza publicado pela Academia Real das Sciencias de Lisboa. Tomo primeiro: A. Lisboa 1793 [CC, 543 S.].

Academia 1976 = Academia das Ciências de Lisboa: Dicionário da Língua Portuguesa. Vol. I. Lisboa 1976 [CXV, 678 S.].

Aulete 1881 = F[rancisco] J[úlio] Caldas Aulete: Diccionario contemporaneo da lingua portugueza. Feito sobre um plano inteiramente novo. 2 Bde. Lisboa 1881 [XXIII, 914 S.; 999 S.; durchpaginiert als: XXIII, 1913 S.] [Meist zitiert als „Caldas Aulete"].

Aulete 1948/52 = F[rancisco] J[úlio] Caldas Aulete: Dicionário contemporâneo da língua portuguesa. Feito sobre o plano de [...] 3.ª edição actualizada. 2 Bde. Lisboa 1948/52 [1418, 1508 S.].

Aulete 1964 = Caldas Aulete: Dicionário contemporâneo da língua portuguêsa. Em 5 volumes. 2.ª Edição Brasileira. Novamente revista, atualizada e aumentada [...] por Hamílcar de Garcia [...]. Rio de Janeiro 1964 [XXXI + 4438 durchpag. S.]. u. ö.

Barbosa 1611 = Dictionarium Lusitanicolatinum iuxta seriem alphabeticam [...]. Per Augustinum Barbosam Lusitanum. Bracharae [Braga, Portugal] MDCXI [Nichtpaginierte Bl. mit 1208 num. Sp. + 15 pag. S. zu je 2 Sp.].

Bluteau 1712—28 = Vocabulario portuguez e latino [...] pelo Padre D. Raphael Bluteau. 8 Bde. + 2 Bde. Supplemente. Coimbra, ab Bd. 5: Lisboa, 1712—28.

Cardoso 1551 = Hieronymi Cardosi Dictionarium iuventuti studiosae admodum frugiferum. Conimbricae [= Coimbra] MDLI [Nicht erhalten, vgl. Teyssier 1980, 8].

Cardoso 1562 = Hieronymi Cardosi Dictionarium iuventuti studiosae admodum frugiferum. Nunc diligentiori emendatione impressum. Ebda. MDLXII.

Cardoso 1562/3 = Hieronymi Cardosi Lamacensis [d. h. aus Lamego, Portugal]: Dictionarium ex Lusitanico in Latinum sermonem. Ulissypone [= Lissabon] MDLXII [Erlaubnis der Inquisition von MDLXIII, vgl. letzte S.] [104 num. Bl., doppelseitig bedruckt mit 2 Sp.].

Cardoso 1569/70 = Dictionarium Latinolusitanicum et vice versa Lusitanicolatinum, cum adagiorum fere omnium iuxta seriem alphabeticam [...] Noue omnia per Hieronymum Cardosum Lusitanum congesta. Recognita vere omnia per Sebast[ianum] Stokhamerum Germanum [...] Conimbricae 1570, mit Anhängen, die das Datum 1569 tragen. [272 + 84 getrennt num. Bl., doppelseitig bedruckt, mit 2 Sp.; ohne die Anhänge].

Carter 1952 = Henry Hare Carter: A Fourteenth-Century Latin-Old Portuguese Verb Dictionary. In: Romance Philology 6. 1952, 71—103.

Constâncio 1836 = Francisco Solano Constancio: Novo diccionario critico e etymologico da lingua portugueza. Paris 1836 [LII, 976 S.; zuletzt 10. Aufl. 1873].

Costa/Melo 1984 = J. Almeida Costa/A. Sampaio e Melo: Dicionário da Língua portuguesa. 6.ª edição corrigida e aumentada. Porto 1984 [1808 S.; 1. Aufl. 1952].

Dicionário geral 1963—75 = Dicionário geral luso-brasileiro da língua portuguesa. Direcção técnica e coordenação de: Alfonso Zúquete. Vols. I—III (A—DENTREMES), einzige erschienene Bde. Lisboa. Rio de Janeiro 1963—1975 [= DG].

Dicionário prático 1981 = Dicionário prático ilustrado. Novo dicionário enciclopédico luso-brasileiro publicado sob a direcção de Jaime de Séguier. Edição actualizada e aumentada por José Lello e Edgar Lello. Porto 1981 [2023 S.; 1. Aufl. 1910].

Faria 1849 = Eduardo de Faria: Novo diccionario da lingua portugueza. [. . .] 4 vols. Lisboa 1849 [Zuletzt 4. Aufl. 1858/9, vgl. jedoch Bibliografia filológica 1935—50, Nr. 30].

Ferreira 1961 = Pequeno dicionário brasileiro da língua portuguêsa. 10.ª edição supervisionada e consideràvelmente aumentada por Aurélio Buarque de Hollanda Ferreira [. . .]. Rio de Janeiro 1961 [XXXI, 1287 S.; = letzte Fassung von Pequeno dicionário 1938; danach unverändert als 11.ª edição auf dem Markt, neben Ferreira 1975 bzw. 1986].

Ferreira 1975 = Aurélio Buarque de Holanda [in früheren lexikographischen Publikationen auch „Hollanda", vgl. Ferreira 1961] Ferreira: Novo dicionário da língua portuguesa. 1.ª edição. Rio de Janeiro 1975 [XIX, 1516 S.; oft zitiert als „Aurelião"). 2.ª edição, revista e aumentada. 1986, XXIII, 1838 S.].

Figueiredo 1899 = Candido de Figueiredo: Nôvo diccionário da língua portuguêsa. Vol. I—II. Lisboa 1899 [XLII, 781 + 892 S.; spätere, unterschiedlich stark überarbeitete, ab 5. Aufl. 1936 postume Ausgaben, zuletzt Figueiredo 1986].

Figueiredo 1986 = Cândido de Figueiredo: Dicionário da língua portuguesa. Vols. I—II. 23.ª edição. Venda Nova 1986. [XV, 1361, 1347 S.].

Freire 1957 = Laudelino Freire: Grande e novíssimo dicionário da língua portuguesa. Vols. I—V. 3.ª edição. Rio de Janeiro 1957 [XXX, 5372 S.; durchpag.; wohl unverändert gegenüber 2. Aufl. 1954; diese postum überarbeitet gegenüber 1. Aufl. 1939—44].

Machado 1958—71 = Dicionário da língua portuguesa. Coordenação de José Pedro Machado. 7 vol. Lisboa 1958—71 [Unveränderter Abdruck für die Mitglieder der Sociedade de Língua Portuguesa, Lissabon u. d. T. Grande dicionário [. . .]. 12 vols. Lisboa 1981].

Nascentes 1961—67 = Academia Brasileira de Letras: Dicionário da língua portuguesa. Elaborado por Antenor Nascentes [. . .] a fim de ser submetido à Academia para as devidas alterações. Tomos 1—4. Rio de Janeiro 1961—67.

Nascentes 1971 = Dicionário ilustrado da língua portuguesa da Academia Brasileira de Letras. Elaborado por Antenor Nascentes. Bd. 1 ff. Rio de Janeiro 1971 ff.

Pequeno dicionário 1938 = Pequeno dicionário brasileiro da língua portuguesa. Organizado por um grupo de filólogos. [. . .] Rio de Janeiro. São Paulo 1938. [1045 S.; mehrere, ab 1939 mit den Namen der Bearbeiter versehene veränderte und vor allem erweiterte Auflagen, bis zur derzeitigen 11. Auflage; diese unverändert gegenüber der 10.; = Ferreira 1961].

Pequeno dicionário 1982 = Pequeno dicionário enciclopédico Koogan Larousse. Direção de Antônio Houaiss. Edição atualizada pelo censo demográfico do Brasil — 1980. Rio de Janeiro 1982 [XI, 1634 S.; 1. Auflage 1979].

Pereira 1634 = Prosodia in vocabularium trilingue Latinum, Lusitanicum, et Hispanicum digesta [. . .] authore Benedicto Pereyra [. . .] Portugallensi Borbano [= aus Borba, Portugal] [. . .] Eborae [= Évora, Portugal] 1634 [282 Bl., doppelseitig bedr., mit 2 Sp., + 2 S.].

Pereira 1647 = Thesouro da lingoa portuguesa, composto pelo Padre D. Bento Pereyra [. . .] Portugues Borbano [. . .] Lisboa 1647 [97 num. Bl., doppelseitig bedr., mit 2 Sp.].

Pereira 1661 = Titel wie Pereira 1634, aber „Castellanicum" statt „Hispanicum", „authore Doctore P. Benedicto" [usw.]. Ulyssipone MDCLXI [572 S.; im gleichen Bd.: Thesouro da lingoa portuguesa, ohne eigenes Titelbl., 166 S. zu je 3 Sp.; sodann: Primeira parte das frases portuguesas, a que correspondem as mais puras, e elegantes Latinas [. . .], 90 S. zu je 2 Sp.; sowie: Segunda parte dos principaes adagios portugueses, com seu Latim proverbial correspondente. S. 93—114: sowie, als „Tertia pars", eine Anthologie lat. Kurztexte zu best. alphabetisch geordneten Themen, S. 1—40; verschiedene überarbeitete Neuauflagen — ab 7. Aufl. 1697 ohne den spanischsprachigen Teil — bis zur „decima editio auctior et locupletior", Eborae MDCCL, die aber wohl unverändert ist gegenüber den seit 1697 erschienenen, in denen bereits wie hier die Neueinträge mit ca. 24 000 beziffert werden].

Silva 1789 = Diccionario da lingua portugueza composto pelo Padre D. Rafael Bluteau, reformado e accrescentado por Antonio de Moraes [später, in mod. Orthogr.: Morais] Silva, natural do Rio de Janeiro. Tomos I—II. Lisboa 1789 [XXII, 752, 541 S.; meist zitiert als „Morais"; Ausgabe letzter Hand: Silva 1813].

Silva 1813 = Diccionario da lingua portugueza, recopilado dos vocabularios impressos até agora, e nesta segunda edição novamente emendado, e muito accrescentado por Antonio de Moraes Silva, natural do Rio de Janeiro. Tomos I—II. Lisboa 1813 [XX, XLVIII, 806, 872 S.; versch. postume, veränderte u. erw. Auflagen in 2 Bänden bis zu Silva 1948—60].

Silva 1948—60 = António de Morais Silva: Grande dicionário da língua portuguesa. 10.ª edição revista, corrigida, muito aumentada e actualizada por Augusto Moreno, Cardoso Júnior e José Pedro Machado. Vols. 1—12. Lisboa 1948—60. [Zu späteren kondensierten Fassungen vgl. 7.].

Soares 1889 = Dicionario brazileiro da lingua portugueza. Pelo Dr. Antonio Joaquim de Macedo Soares. Rio de Janeiro 1889 (= Sonderdruck aus den Anais da Biblioteca Nacional 13. Rio de Janeiro 1888). 147 S. (Nur bis CANDEIEIRO [sic]; verarbeitet in Soares 1954/55).

Soares 1954/55 = Dicionário brasileiro da língua portugûesa. Elucidário etimológico crítico das palavras e frases que, originárias do Brasil, ou aqui populares, se não encontram nos dicionários da língua portuguesa, ou neles vêm com forma ou significação diferente (1875—1888). Pelo Dr. Antônio Joaquim de Macedo Soares, coligido, revisto e completado por seu filho [. . .] Vol. I—II. Rio de Janeiro 1954/55 [XXXI, 275, 207 S.].

Vieira 1871—74 = Grande diccionario portuguez ou Thesouro da lingua portugueza, pelo Dr. Frei Domingos Vieira [. . .] Publicação feita sobre o manuscrito original, inteiramente revista e consideravelmente augmentada. Vols. I—V. Porto 1871—1874.

9.2. Sonstige Literatur

Almeida 1983 = Horácio de Almeida: Catálogo de dicionários portugueses e brasileiros. Rio de Janeiro 1983.

Bibliografia dialectal 1976 = Bibliografia dialectal galego-portuguesa. Lisboa: Centro de Linguística [das] Universidades de Lisboa 1976 [*Introdução* gez. von Maria da Graça Temudo Barata und Luís F[ilipe] Lindley Cintra]. Erfaßt auch die nicht dialektale Sprache Brasiliens und das Kreolportugiesische, darunter das als „língua nacional" offiziell anerkannte „crioulo" der Republik Kap Verde].

Bibliografia filológica 1935—50 = Junta de Educação Nacional, Centro de Estudos Filológicos: Bibliografia filológica portuguesa. Lisboa 1935—1950 [Loseblattsammlung von Kurzcharakteristiken, deren einseitig bedruckte Blätter als „n.º" beziffert sind; nur z. T. mit später vorangesetztem Titelblatt: Lisboa 1935; letzte Nr. = 1544, dat. Dez. 1950].

Casteleiro 1981 = João Malaca Casteleiro: Estudo linguístico do 1.º Dicionário da Academia (1793). In: Memórias da Ac. das Ciências de Lisboa, Classe de Letras, tomo 22. 1981, 47—63.

Dietrich 1980 = Wolf Dietrich: Bibliografia da Língua Portuguesa do Brasil. Tübingen 1980 (vgl. hierzu Woll 1983).

Fonseca 1927 = Martinho Augusto da Fonseca: Aditamentos ao Dicionário bibliográfico português de Innocencio Francisco da Silva [= Silva 1858—1923]. Coimbra 1927.

Machado 1741—59 = Diogo Barbosa Machado: Bibliotheca Lusitana. Tomos I—IV. Lisboa 1741—59 [Faks. Coimbra 1965—67].

Meier 1948 = Harri Meier: Rez. zu Bd. I—II von Silva 1948—60. In: Boletim de Filologia, Lisboa, 9. 1948, 396 f.

Meier 1982 = Harri Meier: Rez. zu Academia 1976. In: Romanistisches Jahrbuch 33. 1982, 413 f.

Melo 1947 = Gladstone Chaves de Melo: Dicionários portugueses. Rio de Janeiro 1947.

Silva 1858—1923 = Innocencio Francisco da Silva: Diccionario bibliographico portuguez, estudos [. . .] applicaveis a Portugal e ao Brasil. [Von anderen Vff., aber unter dem Namen des ersten fortgeführt und meist als „Inocêncio" zitiert]. Tomos I—XXII. Lisboa 1858—1923 [mit Soares 1972 als später hinzugefügtem tomo 23]. Reprint ca. 1973.

Soares 1972 = Ernesto Soares: Guia bibliográfica, zu Silva 1858—1923; zählt als dessen tomo 23, Coimbra 1958, Faks. Lisboa 1972 [= Alphabetischer Index zum gen. Werk und zu Fonseca 1927; zu früheren Indices vgl. Soares 1972, XI].

Teyssier 1980 = Paul Teyssier: Jerónimo Cardoso et les origines de la lexicographie portugaise. In: Bulletin des Etudes Portugaises et Brésiliennes 41. 1980, 7—32.

Teyssier 1980a = Paul Teyssier: Histoire de la langue portugaise. Paris 1980.

Teyssier 1984 = Paul Teyssier: O vocabulário das profissões no primeiro dicionário de Jerónimo Cardoso (1562). In: Forum Litterarum. Miscelânea de Estudos oferecida a J. J. van den Besselaar. Amsterdam. Maarssen 1984, 103—111.

Teyssier 1985 = Paul Teyssier: Une source pour l'histoire du vocabulaire portugais: les dictionnaires de Jerónimo Cardoso [. . .]. In: XVI Congrés Internac. de Ling. i Filol. Romàniques. Actes. Tom II. Palma de Mallorca 1985, 245—256.

Woll 1963 = Dieter Woll: Rez. zu Ferreira 1961. In: Archiv für das Studium der neueren Sprachen und Literaturen 200. 1963, 389—391.

Woll 1965 = Dieter Woll: Rez. zu Bd. I des Dicionário geral 1963—75, im Vergleich zu Silva 1948—60. In: Archiv für das Studium der neueren Sprachen und Literaturen 202. 1965, 69—71.

Woll 1983 = Dieter Woll: Rez. zu Dietrich 1980. In: Archiv für das Studium der neueren Sprachen und Literaturen 202. 1983, 201—206 [mit Nachträgen und Berichtigungen].

Dieter Woll, Marburg/Lahn (Bundesrepublik Deutschland)

181a. Galician Lexicography

1. The Beginnings
2. The 18th Century
3. The First Half of the 19th Century
4. The Second Half of the 19th Century
5. The Beginnings of the 20th Century
6. Spanish-Galician Dictionaries
7. Contemporary Work
8. Contributions to an Etymological and Historical Dictionary
9. Selected Bibliography

1. The Beginnings

Due to the centuries old Galician-Spanish diglossia (cf. Map 182.1), the linguistic study of Galician has always been undertaken from the point of view of Spanish, the prestige language. Round 1536, at about the same time Galician loses its former status as a written language, the first Galician vocabulary is written by the Leonese Bachiller Olea (cf. Filgueira 1947): 156 Galician words with their Spanish glosses. It contains unknown words and *hapax legomena* still worth studying.

2. The 18th Century

The benedictine Fray Martin Sarmiento (1695—1772), a native speaker of Galician profited of his two trips to Galicia in 1745 and 1754 to record the living language, read old documents and register place-names and phytonims. He gathered his information in several works (Sarmiento Veg., Cat.) and he planned a more comprehensive treatise for which he composed a dialogue in Galician verse with its etymological study (Sarmiento, Col.), a way to present lexical material not uncommon in the study of Latin. He did not publish anything in his lifetime so that his linguistic work remained virtually unknown. He was mostly interested in material culture (where the Latin lexicon is best preserved) obtained from old peasants or children, and provides a location for words (a practice that was later discontinued possibly to give a unified picture of the language or out of carelessness). He organized his data in lexical fields (fishes, plants), avoiding the disconnectedness of dictionaries. With Sarmiento Galician lexicography reached a standard unsurpassed till our own century. Fr. Juan Sobreira (1746—1805), also a Galician benedictine, projected a dictionary (Sobreira. Idea) but only the cards for letters A and B are extant (Sobreira Papeletas). He followed the *Diccionario de la Real Academia* (3rd ed.) as a model, profiting of the words and phrases shared by Galician and Spanish and of its definitions. He locates forms, giving synonyms and sometimes a Latin equivalent. J. Cornide (1734—1804) is the author of a catalogue of medieval and modern words mixed with place-names that borrows heavily from Portuguese sources (cf. Martinez-Barbeito 1956).

3. The First Half of the 19th Century

In this period the revival of the Galician language became the main focus of interest and lexicographic work was neglected. We only know of short vocabularies, one by the poet J. M. Pintos (1811—1876) still unpublished, based on Sarmiento's work, and three anonymous of which only one has been published (Leite de Vasconcellos 1902).

4. The Second Half of the 19th Century

The first Galician dictionary to be published was Rodríguez (1863). Since its author died before having corrected the manuscript, it is full of all kinds of errors (cf. Pensado 1970). It does not locate forms and starts the habit of omitting words shared with Spanish. Unfortunately, it was later used as a model. Cuveiro (1876) follows closely Rodríguez adding Castilian and Leonese medieval forms on the curious belief that Galician is an archaic form of Spanish. For the first time, he specifies the quality of *e* and *o*. Valladares (1884) is the 19th century lexicographer who best renders the spoken language. He omits Cuveiro's archaisms and gives the sources (frequently proverbs or folk songs) for his words. None of these authors had a linguistic training and their main point was enlarging the lexicon.

5. The Beginnings of the 20th Century

Lexicographic work continues the previous century's. The incomplete dictionary of the *Real Academia Gallega (RAG Diccionario)* represents a progress from its forerunners covering all language periods, and giving authorizing quotings, but it does not intend to be etymological. The incomplete *Vocabulario Popular (Voc.Pop.)* had only a vulgarizing purpose. Carré (1928) tries to approach Portuguese. Noriega (1928) gathers proverbs and idioms. Rodríguez González (1958), the first encyclopedic dictionary, enters scientific terms and, after a gap of almost two centuries, it locates words according to modern standards introduced in Galician studies by Otero (1949). Franco Grande (1968) is an abridged version of Rodríguez Gonzáles (1958). Technical jargons are collected in Alvarez (1965).

6. Spanish-Galician Dictionaries

They were first written in our own century not to teach Castilians Galician, as might be thought, but to simplify for Galicians the task of writing and speaking their language. They were used as dictionaries of synonyms: Prado (1907), Irmandades (1933) and the appendix to Carré (1928). Crespo Pozo (1963) and (1972), etymological from volume 2 on, are important steps forward. Fernández del Riego (1979), Fernández Armesto (1981) are of practical interest and Freixedo/Alvarez (1985) is more comprehensive.

7. Contemporary Work

Modern lexicography starts round 1970 through the chair of Romance Philology and Galician and the *Instituto da Lingua Galega* of Santiago de Compostela, publishers of the first dictionary completely written in Galician (Diccionario Básico 1980) and of García (1985), which collects contemporary lexicon through students' fieldwork. The last published encyclopedic dictionaries are Feixó (1986), Xerais (1986) and Alonso (1986).

8. Contributions to an Etymological and Historical Dictionary

A Galician etymological dictionary is still to be written. We must refer to partial works such as Buschmann (1965) or Piel (1953) or to the standard etymological dictionaries of Portuguese and Spanish. A contribution to the future historical dictionary is made in Lorenzo (1968, 1977).

9. Selected Bibliography

9.1. Dictionaries

Alonso 1986 = Alonso Estravis e. a.: Dicionário da Lingua Galega. Madrid 1986 [3 vols. XLIII + 2749 p].
Alvarez 1965 = Domingo Alvarez: Jergas de Galicia. Tomiño 1965 [205 p].
Buschmann 1965 = Sigrid Buschmann: Beiträge zum Etymologischen Wörterbuch des Galizischen. Bonn 1965 [314 p].
Carré 1928 = Leandro Carré Alvarellos: Diccionario galego-castelán e vocabulario castelán-galego. 2 vol. A Cruña 1928—1931 [589 p, 4th ed. 1972, 1045 p].
Crespo Pozo 1963 = José S. Crespo Pozo: Contribución a un vocabulario gallego. Madrid 1963 [699 p].
Crespo Pozo 1972 = José S. Crespo Pozo: Nueva contribución a un vocabulario castellano—gallego. Orense. La Coruña 1972—1985 [621 p, 513 p, 457 p, 281 p].
Cuveiro 1876 = Juan Cuveiro Piñol: Diccionario gallego. Barcelona 1876 [334 p].
Diccionario Básico = Instituto da Lingua Galega: Diccionario básico da lingua galega. Vigo 1980 [270 p].
Diccionario de la Real Academia = Real Academia Española: Diccionario de la lengua castellana. 3. ed. Madrid 1791 [867 p].
Feixó 1986 = Xosé G. Feixó Cid e. a.: Diccionario práctico da lingua galega. 3 vol. Vigo 1986 [704 p, 670 p, 706 p].
Fernández del Riego 1979 = Francisco Fernández del Riego. Vocabulario castellano-gallego. Vigo 1979 [333 p].
Fernández Armesto 1981 = Fermin Fernández Armesto: Dicionário castelán-galego. A Coruña 1981 [760 p].
Franco Grande 1968 = Xosé Luis Franco Grande: Diccionario galego-castelán. Vigo 1968 [852 p, 2nd ed. 1972, 966 p].
Freixedo/Alvarez 1985 = Xosé Maria Freixedo Tabarés/Fe Alvarez Carracedo: Diccionario de usos castellano-gallego. Madrid 1985 [840 p].
García 1985 = Constantino García: Glosario de voces galegas de hoxe. Santiago 1985 [729 p].
Irmandades 1933 = Irmandades da Fala: Vocabulario castellano-gallego. La Coruña 1933 [331 p].
Lorenzo 1968 = Ramón Lorenzo: Sobre cronologia do vocabulário galego-português. Vigo 1968 [382 p].
Noriega 1928 = Antón Noriega Varela: Como falan os brañegos. A Cruña 1928 [109 p].
Piel 1953 = Joseph M. Piel: Miscelânea de etimologia portuguesa e galega. Coimbra 1953 [391 p].
Prado 1907 = Jacinto del Prado: Diccionario castellano-gallego. Lalin 1907 [440 p].
RAG Diccionario = Real Academia Gallega: Diccionario gallego-castellano. La Coruña 1913—1928 [432 p].
Rodríguez 1863 = Francisco Javier Rodríguez: Diccionario Gallego-Castellano. Coruña 1863 [131 p].
Rodríguez González 1958 = Eladio Rodríguez González: Diccionario enciclopédico gallego-cas-

tellano. 3 vol. Vigo 1958—1961 [XXII + 733 p, 666 p, 653 p].

Sarmiento Cat. = Fr. Martin Sarmiento: Catálogo de voces y frases de la lengua gallega. Ed. by José Luis Pensado. Salamanca 1973 [620 p].

Sarmiento Col. = Fr. Martin Sarmiento: Colección de voces y frases gallegas. Ed. by José Luis Pensado. Salamanca 1970 [575 p].

Sarmiento Veg. = Fr. Martin Sarmiento: Catálogo de Voces vulgares y en especial de voces gallegas de diferentes vegetables. Ed. by José Luis Pensado. Salamanca 1986 [588 p].

Sobreira Idea = Fr. Juan Sobreira: Idea de un diccionario de la lengua gallega. Ed. by José Luis Pensado: Opúsculos lingüísticos gallegos. Vigo 1974 [267 p].

Sobreira Papeletas = Fr. Juan Sobreira: Papeletas de un diccionario gallego. Ed. by José Luis Pensado. Orense 1979 [517 p].

Valladares 1884 = Marcial Valladares Núñez: Diccionario Gallego-Castellano. Santiago 1884 [646 p].

Voc. Pop. = Filgueira Valverde/Tobio Fernandes/Magariños Negreira/Cordal Carus: Vocabulario popular galego-castelán. Vigo 1926 [208 p].

Xerais 1986 = Diccionario Xerais da lingua. Vigo 1986 [954 p].

9.2. Other Publications

Filgueira 1947 = José Filgueira Valverde: El primer vocabulario gallego y su colector, el Bachiller Olea. In: Cuadernos de Estudios Gallegos 7. 1947, 591—608.

Leite de Vasconcellos 1902 = Jose Leite de Vasconcellos: Estudos de philologia gallega. In: Revista Lusitana 7. 1902, 198—229.

Lorenzo 1977 = Ramón Lorenzo: La traducción gallega de la Crónica General y de la Crónica de Castilla. II: Glosario. Orense 1977.

Martinez-Barbeito 1956 = Carlos Martinez-Barbeito: Don José y su "Catálogo de palabras gallegas". In: Boletín de la Real Academia Gallega 27. 1956, 291—349.

Otero 1949 = Aníbal Otero Alvarez: Hipótesis etimológicas referentes al gallego-portugués. In: Cuadernos de Estudios Gallegos 1—25. 1949—1969.

Pensado 1976 = José Luis Pensado: Contribución a la critica de la lexicografia gallega... Salamanca 1976.

José Luis Pensado, Salamanca (Spain)

182. Spanische Lexikographie

1. Vorbemerkung
2. Die spanische Lexikographie von den Anfängen bis Ende des 16. Jh.
3. Die spanische Lexikographie im 17. Jh.
4. Die spanische Lexikographie im 18. Jh.
5. Die Wörterbücher der Real Academia Española
6. Die spanische Lexikographie im 19. Jh.
7. Die spanische Lexikographie im 20. Jh.
8. Die Lexikographie des amerikanischen Spanisch von den Anfängen bis zum Ende des 19. Jh.
9. Die Lexikographie des amerikanischen Spanisch im 20. Jh.
10. Literatur (in Auswahl)

1. Vorbemerkung

Bislang gibt es keine umfassende Geschichte der spanischen Lexikographie, sondern nur Ansätze dafür in einigen Arbeiten (Alvar López 1963, Fernández-Sevilla 1974, Gili Gaya 1960, Seco 1987). Die nachfolgende Darstellung in chronologischer Folge kann daher kein Ersatz für eine umfassende Geschichte sein. Sie will in erster Linie Entwicklungstendenzen, aber auch Leistungen und Defizite aufzeigen. Dabei dürfen die Wörterbücher Hispanoamerikas nicht fehlen. Zum Raum des Spanischen auf der iberischen Halbinsel vgl. Karte 182.1).

2. Die spanische Lexikographie von den Anfängen bis Ende des 16. Jahrhunderts

Die ersten Zeugnisse lexikographischer Aktivität in Spanien sind — wie im übrigen Abendland — einzelne Glossen, wie z. B. die *Glosas Silenses* und *Glosas Emilianenses* (vgl. Menéndez Pidal 1972, 1—23 und García Larragueta 1984), später Glossare, in denen nicht mehr verstandene lateinische Wörter in der Volkssprache (el romance) erklärt werden (vgl. Castro 1936). 1490 wurde das erste lateinisch-spanische Wörterbuch, der *Universal Vocabulario en latín y en romance* des Alfonso (oder: Alonso) de Palencia veröffentlicht (Palencia 1490). Die Erklärung des lateinischen Wortschatzes (in alphabetischer Anordnung) ist in diesem Wörterbuch uneinheitlich und weitschweifig. Z. T. gibt der Verfasser nur eine lateinische Definition des lateinischen Lemmas ohne spanisches Äquivalent, z. T. gibt er nur spanische Äquivalente lateinischer Lemmata ohne Definition, z. T. bringt er nur eine spanische Definition des lateinischen Lemmas. Die Materialien dieses Wörterbuches gehen auf das *Elementarium*

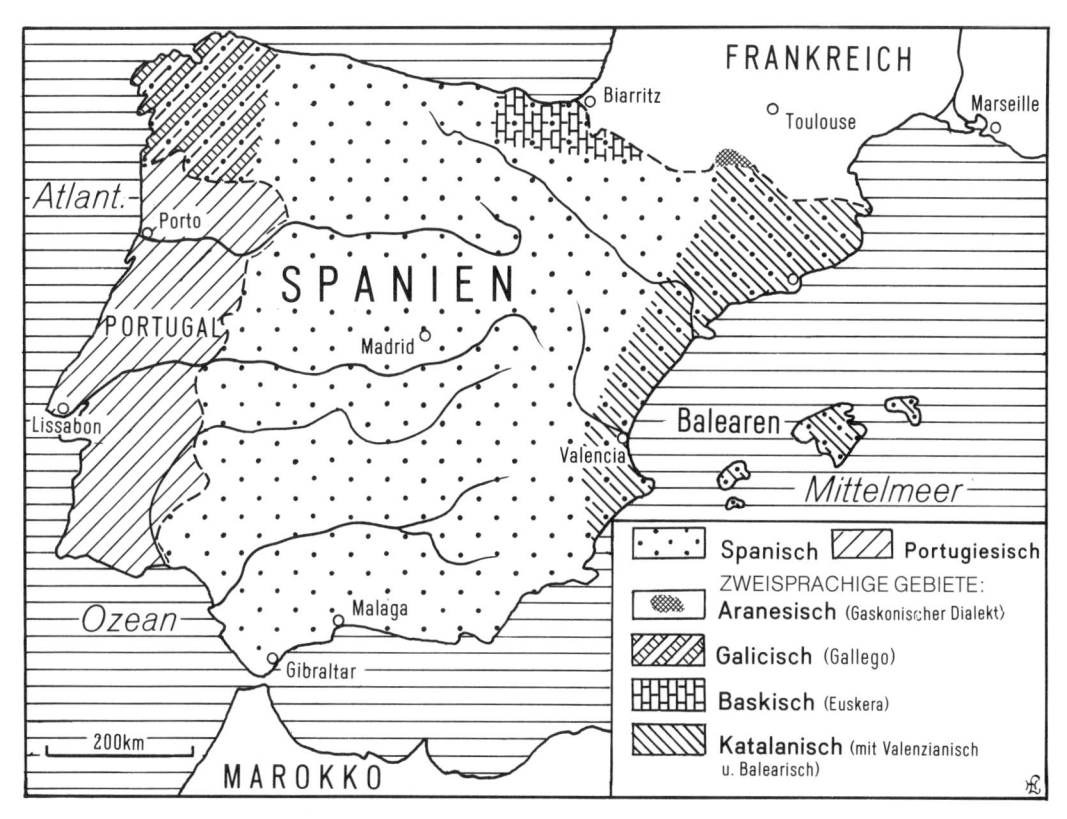

Karte 182.1: Sprachgebiete der Iberischen Halbinsel

Doctrinae rudimentum des Papias zurück (Niederehe 1984). Eine Neuheit bedeutet lediglich sein Umfang (vgl. auch Hill 1957) und die Tatsache, daß es überhaupt das erste in Spanien gedruckte Wörterbuch ist.

War Alonso de Palencia noch ganz der lexikographischen Tradition des Mittelalters verhaftet, so bedeutet das Werk des Grammatikers und Lexikographen Elio Antonio de Nebrija einen gewaltigen methodischen Fortschritt und leitete den Beginn der spanischen Lexikographie der Neuzeit ein. Nebrija veröffentlichte 1492 sein *Lexicon ex sermone latino in hispaniensem* und vermutlich 1495 sein *Dictionarium ex-hispaniensi in latinum sermonem*, häufiger als „*Vocabulario de romance en latín*" zitiert. G. Colón und J. A. Soberanas haben in der Einleitung ihrer Ausgabe des Lexicon gezeigt, daß der spanisch-lateinische *Vocabulario* nicht einfach eine „umgedrehte" Fassung des lateinisch spanischen Lexicon ist und daß, wenn auch der lateinische Wortschatz beider Wörterbücher weitgehend auf Johannes Balbi (Catholicon 1286) zurückgeht, die Eigenleistung des Verfassers bei beiden Werken hoch zu bewerten ist. So wurden die 22 000 Einträge des *Vocabulario* nicht einmal von dem ersten großen französisch-lateinischen Wörterbuch von Robert Estienne (1539) erreicht (vgl. Acero 1985).

Der *Vocabulario* hat durch eine gewisse Kodifizierung der spanischen Orthographie, die weitgehend an das Lautsystem anknüpft, der spanischen Sprache unschätzbare Dienste erwiesen. Es ist das erste spanische Wörterbuch, dessen Ausgangssprache nicht mehr Latein, sondern Spanisch ist. Es hat lange Zeit die spanische und darüber hinaus die europäische Lexikographie stark beeinflußt und diente als Ausgangsbasis für die ersten zweisprachigen Wörterbücher, in denen Spanisch in Kombination mit einer modernen Fremdsprache erscheint. Auch die Missionare, die im spanischen Amerika Wörterbücher und Glossare der Indiosprachen verfaßten, griffen auf den *Vocabulario* zurück. 1507 erschien ein lateinisch-katalanisches Wörterbuch von Gabriel Busa, bei dem dieser die spanischen Äquivalente der lateinischen Stichwörter des Lexicons durch katalanische ersetzte (vgl. Art. 184). Bereits 1505 hatte Pedro de Alcalá den *Vocabulista Arábigo en Letra Castellana* verfaßt, wobei er die lateinischen Äquivalente des Vocabulario durch arabische ersetzte. Das Werk ist u. a. für die spanische etymologische Forschung (Arabismen) von Interesse. Es ist das erste zweisprachige Wörterbuch des Spanischen ohne Latein.

Der Spanier Cristóforo de Escobar (auch Christophoro Scobare Bethico) veröffentlichte 1519 eine Bearbeitung des lateinischen Lexicons von Nebrija in sizilianischem Dialekt und ein Jahr später eine weitere Bearbeitung von Nebrija in der Sprachenfolge Latein-Sizilianisch-Spanisch (Escobar 1520) (vgl. Art. 314).

Die bisher erwähnten Wörterbücher haben mit vielen anderen der folgenden Jahrhunderte eines gemeinsam: sie wollen der Erlernung des Lateinischen dienen. Dennoch klingt schon im gesamten Werk von Nebrija der Stolz auf die eigene Nationalsprache an, und der *Vocabulario* ist auch das erste wichtige Wörterbuch des Spanischen, aus dem übrigens viele Erstbelege spanischer Wörter stammen. Neben der Pflege des klassischen Lateins spielte im 16. und 17. Jh. die Erlernung moderner Fremdsprachen und die fremdsprachliche Verständigung eine wichtige Rolle und daher erschienen eine Reihe zweisprachiger Wörterbücher (vgl. Art. 308, 312—314).

Schon wenige Jahre nach der Eroberung Amerikas durch die Spanier entstanden die ersten Grammatiken („Artes") und Wörterbücher von Indiosprachen, deren Autoren fast ausschließlich spanische Missionare waren. Diese Tradition wurde bis ins 20. Jh. fortgesetzt. Stellvertretend für die vielen, von Missionaren verfaßten Wörterbücher und Glossare von Indiosprachen sei hier der *Vocabulario en lengua castellana y mexicana* von Alonso de Molina erwähnt, der 1571, also nur wenige Jahrzehnte nach der Eroberung Mexikos durch die Spanier, erschien.

Das Interesse für die Kenntnis der spanischen Sprache selbst, die zwar immer mehr an Bedeutung gewann (vor allem gegenüber dem Latein), die aber bis in die Mitte des 18. Jh. nicht an den Schulen der religiösen Orden und an den Universitäten gelehrt wurde, entsprach dem Wissensdrang des Humanismus, ging aber auch Hand in Hand mit einer Aufwertung der Muttersprache, wie sie schon bei Nebrija und Juan de Valdés, der sich auch mit etymologischen Fragen befaßte, zu spüren ist.

Die Kultur des Siglo de Oro sollte dieser Strömung mächtigen Auftrieb geben.

Hier ist zunächst das Interesse spanischer Autoren für die Etymologie zu erwähnen, das schon bei Pedro de Alcalá und Juan de Valdés (vgl. oben) festzustellen ist. Die Arabismen des Spanischen behandeln u. a. ein Ms. von 1580, das Francisco Sánchez de las Brozas (bekannter als El Brocense) zugeschrieben wird (Brocense 1580); ein Inventar von Arabismen des Spanischen des Arabisten Francisco López Tamarid (1585) und das Ms. einer arabischen Wortliste vom Ende des 16. Jh. (Guadix, Recopilación). Auch bei Alejo Venegas (1565) finden wir bereits Deutungsversuche spanischer Etymologien (Venegas 1565).

Im 16. Jh. erscheinen als Vorläufer der späteren Fachwörterbücher einzelne Fachwortschatzinventare. Bezeichnenderweise nehmen unter diesen die Kompilationen nautischer Terminologie bis ins 18. Jh. den ersten Platz ein, z. B.: El Arte de marear des Juan de Moya (1564) ein kurzes Glossar bei Poza (1585) sowie der *Vocabulario* des D. García de Palacios (1587). Das älteste Glossar dieser Art ist in der *Encosmographia* des Alonso de Chaves enthalten, die zwischen 1520 und 1538 datiert wird (vgl. Gili Gaya 1960, XIX). 540 Ausdrücke über die Terminologie der Galeeren enthält eine Wortliste von Nuño Verdugo (1582). Ein erstes medizinisches Vokabular enthält die Bearbeitung des antiken Dioscorides (Laguna, 1570). Die Tradition lateinisch-spanischer Lexikographie wurde im 16. Jh. von Palmireno (1569) und Sánchez de la Ballesta (1587) fortgesetzt. Bei letzterem finden wir erstmalig Phraseologie und idiomatische Redensarten. Das Werk Palmirenos ist deshalb bedeutsam, weil es als eine der ersten Wörterbücher den Wortschatz nicht alphabetisch, sondern nach Sachgruppen ordnet (im wesentlichen naturwissenschaftlichen Wortschatz). Noch im 16. Jh. erscheint ein erstes Glossar von Wörtern einer früheren Sprachstufe, nämlich von Vokabeln, die im *Conde Lucanor* von Don Juan Manuel vorkommen (Argote de Molina 1575). Frühe Sprichwortsammlungen *(refraneros)* wurden von Santillana (1508), Espinosa (1527—1547) und Pedro Valles (1549) veröffentlicht.

3. Die spanische Lexikographie im 17. Jahrhundert

Im 17. Jh. führte das wachsende Interesse an der eigenen Sprache zur Entstehung der ersten einsprachigen spanischen Wörterbücher, deren erstes, der *Tesoro de la lengua castellana o española* von Covarrubias (1611) gleichzeitig das wichtigste Werk der spanischen Lexikographie des Siglo de Oro ist. Es ist einerseits ein Sprachwörterbuch, das Wörter, Wendungen und Sprichwörter erklärt, andererseits bringt es neben Orts- und Personennamen auch viel Sachinformation und erhält dadurch weitgehend enzyklopädischen Charakter. Das Wörterbuch will aber vor allem auch etymologisch sein, wenn auch der Autor wie viele seiner Zeitgenossen viel Absurdes über Etymologien geschrieben hat.

Wichtig ist, daß Covarrubias das Spanische um des Spanischen willen und nicht mehr nur in Verbindung mit dem Lateinischen erforscht und beschreibt, wenn er auch noch die lateinischen Äquivalente der spanischen Stichwörter gibt. Für die Forschung ist das Wörterbuch eine wahre Fundgrube für die Kultur des Siglo de Oro. Es wurde — ähnlich wie die Wörterbücher von Nebrija und Oudin — von den zeitgenössischen und späteren Lexikographen regelrecht ausgeplündert (vgl. Cooper 1962; ferner allgemein: Seco 1986 und 1987). Das Werk von Covarrubias wurde von J. F. de Ayala fortgesetzt, es ist uns aber nur ein Teilmanuskript von dessen Wörterbuch (bis C) erhalten. Hervorzuheben ist, daß der Verfasser Stilebenen der Wörter unterscheidet und Zitate aus der Literatur als Belege aufführt wie schon vorher Covarrubias (Vgl. Bayliss 1959).

Neben dem epochemachenden Werk von Covarrubias lag das Schwergewicht der lexikographischen Produktion im 17. Jh. weiterhin bei den zwei- und mehrsprachigen Wörterbüchern. Erstaunlicherweise gab es bereits im 17. Jh. Wortschatzinventare Spanisch-Japanisch und Chinesisch-Latein-Spanisch (Collado 1632, 1634), was durch die Tätigkeit katholischer Missionare im Fernen Osten zu erklären ist.

Die lateinisch-spanische Wörterbuchtradition wurde von Bartolomeo Bravo (1606) und Baltasar Henríquez (1679) fortgesetzt. Letzterer hat in seinem Thesaurus die Materialien von Nebrija verwendet, zum großen Teil aber sorgfältig neu redigiert. Von einem anonymen Autor ist ein spanisch-lateinisches Wörterbuch als Manuskript erhalten (Viridarium). Eine umfangreichere Sammlung von Sprichwörtern veröffentlichte Gonzalo Correas 1627. Sie enthält neben Sprichwörtern auch viel Phraseologie und Idiomatik und übertrifft hierin sogar Covarrubias. In Neapel erschien 1636 eine weitere Sprichwortsammlung (Floriato 1636).

Auch im 17. Jh. befassen sich verschiedene Autoren mit etymologischen Problemen, meist in dem Glauben, das Spanische gehe ursprünglich auf das Hebräische zurück. Das erste eigtl. etymologische Wörterbuch des Spanischen, das von Francisco del Rosal von 1601, ist nur als Ms. erhalten (Rosal 1601). Es gibt auch Bedeutungserklärungen, diese werden aber meist gewaltsam den Etymologien angepaßt. Mit Etymologien des Spanischen befassen sich auch zwei andere, nicht eigtl. lexikographische Werke, der *Tratado* von Valverde (1600) und das wissenschaftlich besser fundierte Werk von B. de Aldrete: *Del origen y principio de la lengua castellana o romance que oi se usa en España* (1606), das auch viele Archaismen des Spanischen erläutert (vgl. Molina 1968).

Unter den Fachwortschatzinventaren dominieren weiterhin die der Seefahrt gewidmeten (Salazar 1600, Avello Valdés 1673; Navarrete 1675 und Gamboa 1696). Landwirtschaftlichen Wortschatz registrieren Herrera 1620 und Agustín 1646. Der Botanik ist das Werk *Facultades de las plantas* (San José 1619), der Medizin ein *Diccionario médico* (Alonso 1606) gewidmet. Erstmalig erscheint im 17. Jh. ein Werk über die spanische Gaunersprache, der *Vocabulario de Germanía* von Cristóbal de Chaves, der meist unter dem Namen des Verlegers Juan Hidalgo zitiert wird (Chaves 1609).

4. Die spanische Lexikographie im 18. Jahrhundert

Bevor wir auf einzelne Werke des 18. Jh. eingehen, seien hier einige allgemeine Entwicklungstendenzen der spanischen Lexikographie von 1490 bis zum 18. Jh. aufgezeigt.

4.1. Was die Titel der lexikographischen Werke betrifft, so fehlen klare, eindeutige Bezeichnungen für die einzelnen Typen von Wortschatzinventaren, und so werden Bezeichnungen wie *vocabulario, tesoro, vocabulista, índice, diccionario, nomenclator, recopilación, compendio, declaración de vocablos, abecedario, prontuario, colección* oft sehr willkürlich auf die verschiedenen Typen von ein- und mehrsprachigen Wortschatzinventaren angewandt, eine Tendenz, die z. T. noch bis ins 20. Jh. anhalten sollte. Allerdings werden im 18. Jh. die Bezeichnungen *diccionario* und z. T. noch *vocabulario* immer häufiger (Haensch 1982 a, 106—109).

4.2. Die ersten Wörterbücher der Renaissance wollen — dem humanistischen Ideal der Zeit entsprechend — die Pflege eines von mittelalterlichen Barbarismen befreiten, klassischen Lateins fördern. Der Bildungsdrang der Renaissance und des Siglo de Oro ließen bald die Erforschung der Etymologie als eines der wichtigsten Aufgaben der Lexikographie erscheinen, wodurch hier wie noch z. T. im 19. und 20. Jh. eine der wichtigsten Aufgaben der Lexikographie, die Beschreibung und Erläuterung der Sprache bzw. eines ihrer Teilsysteme, etwas in den Hintergrund trat. Das Ideal einer gepflegten Sprache nach dem Vorbild des Hofes oder der als repräsentativ geltenden Autoren führte dann dazu, daß das Wörterbuch im Spanischen bis ins 20. Jh. einen stark normativen Charakter bekam. Während wir bei Nebrija noch den unteren Sprachschichten angehörende und z. T. tabuisierte Wörter finden, verschwinden diese unter dem Einfluß verfeinerter Sitten, der Gegenreformation und dem Sprachideal des „buen uso" allmählich, um erst allmählich nach 1960 wieder in einzelnen Wörterbüchern zu erscheinen (Haensch 1984 a).

4.3. Wenn auch schon relativ früh eine Diversifizierung und Spezialisierung der Wörterbücher eintrat, so hat Spanien — mit Ausnahme nautischer Vokabularien — gegenüber anderen Ländern bis 1700 relativ wenige Fachwörterbücher aufzuweisen, vor allem auf dem Gebiet der „artes y ciencias", was in Spanien nicht wie in Frankreich auf eine Abneigung gegen dieses Vokabular, wie sie z. B. im Vorwort des ersten Wörterbuches der Académie Française zum Ausdruck kommt, zurückzuführen ist (Haensch 1984 a, 126—127), sondern auf eine stärkere Hinwendung zu den Kulturwissenschaften und zum Spekulativen und auf eine gegenüber dem übrigen Europa retardierte Entwicklung der Naturwissenschaften und später auch der Technologie (vgl. Lázaro Carreter 1972).

In der zweiten Hälfte des 18. Jh. beginnen die Ideen der Aufklärung in Spanien Eingang zu finden, und es kommt zu einer vielseitigen Beschäftigung mit Problemen der Sprache (Ursprung, Etymologien, richtiger Sprachgebrauch). Illustre Geister des 18. Jh. wie Fr. B. G. Feijóo, Gaspar Melchor de Jovellanos, Fray Martín Sarmiento, Antonio de Capmany, Gregorio Mayans y Siscar, Juan Pablo Forner und Ignacio de Luzán befaßten sich intensiv mit sprachlichen Fragen. So schrieb z. B. Jovellanos über den asturischen Dialekt, Sarmiento verfaßte ein *Onomástico etimológico de la lengua gallega* (1757). Der bedeutende Polyhistor Feijóo interessierte sich für das Problem der Neologismen (1726). Der wichtigste Philologe des 18. Jh. in Spanien, Mayans y Siscar, befaßte sich mit Etymologie (1737). Die stark antifranzösische Tendenz derer, die vor allem gegen den kulturellen „afrancesamiento" ankämpften, verkörpert Juan Pablo Forner (1782). Sie sollte allerdings erst im 19. Jh. zur Veröffentlichung von Gallizismenwörterbüchern mit puristischer Tendenz führen. Ignacio Luzán regte die Abfassung von Synonymenwörterbüchern an (Lázaro Carreter 1972). Zur Gründung der Real Academia und zur Ausarbeitung ihres ersten Wörterbuches, des *Diccionario de Autoridades* vgl. Kap. 5. Der *Diccionario de autoridades* hatte einen so durchschlagenden Erfolg, daß offensichtlich niemand wagte, ein weiteres einsprachiges Bedeutungswörterbuch im 18. Jh. zu veröffentlichen. Wie schon im 16. und 17. Jh. machten die zweisprachigen Wörterbücher einen bedeutenden Teil der dem Spanischen gewidmeten lexikographischen Produktion aus. Bemerkenswert sind ein spanisch-arabisches Wörterbuch von Francisco Cañes (1787), ferner das Erscheinen von zwei Wörterbüchern in der Sprachkombination Baskisch-Französisch-Spanisch (Etcheverri 1701 und Larramendi 1745).

Dazu erschienen weitere spanische Wörterbücher mit Latein: Requejo 1717, Vellón 1729, Ceballos 1771, Salas 1714, 1771 und Valbuena 1792. Auch der *Vocabulario de romance en latín* von Nebrija erschien in einer Neuauflage von 1729 (s. 1.).

Mit etymologischen Fragen befaßte sich Siesso y Bolea 1720, mit den Arabismen des Spanischen Casiri 1773. Archaismen behandeln: Berganza 1721, Terreros-Buriel 1758 und Pérez Mozún 1790. Dialektale Archaismen aus Aragon stellte Siesso y Bolea in einer Liste (ohne Definition) zusammen, die nur als Ms. erhalten ist (vgl. Gili Gaya 1950). Eine Neuheit in der spanischen Lexikographie des 18. Jh. sind Werke, die sich ausschließlich mit Synonymen befassen. Wie schon erwähnt, ging es darum, eine schwülstige, barocke Sprache zu reinigen und zu verfeinern, und eines der Instrumente dafür sollte das Synonymenwörterbuch sein. Der bekannte Schriftsteller Tomás de Iriarte hat den ersten Entwurf eines Synonymenwörterbuches als Ms. hinterlassen (vgl. Alvar Ezquerra 1985 a). (Zur weiteren Geschichte der spanischen Synonymenwörterbücher vgl. Art. 102.)

Fachwortschatz behandeln u. a. *Vocabulario marítimo* 1722, Sanz 1749, Sáñez 1791 und Cornejo 1779. Ein mehrsprachiges technisches Fachwörterbuch, das neue Maßstäbe setzte, ist der umfangreiche *Diccionario castellano con las voces de ciencias y artes* von E. Terreros y Pando (1786). Der Verfasser bringt nach dem spanischen Lemma eine Definition und vielfach, wenn auch nicht überall, französische, lateinische und italienische Äquivalente.

Dieses Wörterbuch füllte wirklich eine Lücke aus, da aus rein zeitlichen Gründen und nicht etwa aus Abneigung gegen Fachwortschatz dieser im *Diccionario de Autoridades* viel zu kurz gekommen war.

5. Die Wörterbücher der Real Academia Española

Die Real Academia Española entstand 1713 zu einer Zeit, als in Spanien der aufgeklärte Absolutismus, bald auch der Fortschrittsglaube der Aufklärung und das Ideal vom „buen uso" das kulturelle und gesellschaftliche Leben beherrschten. Hauptzweck der Akademiegründung war die Ausarbeitung eines Wörterbuches der spanischen Sprache. Ihre ursprünglich vorgesehene Devise „aprueba y reprueba" („Sie billigt und verwirft") wurde durch die bis heute gültige „Limpia, fija y da esplendor" ersetzt. Die Arbeiten am Wörterbuch begannen bereits 1713, und erstaunlicherweise erschien dessen 1. Band bereits 1726, der letzte dann 1739 *(Diccionario de autoridades)*. So wurde in 26 Jahren ein selbständiges, umfassendes, völlig neues Wörterbuch geschaffen, während die Académie Française nach 65 Jahren Arbeit ein dem spanischen Wörterbuch weit unterlegenes herausbrachte. Der Zweck des Akademiewörterbuches war es, zunächst einmal die Sprache zu reinigen, und zwar von unerwünschten Neologismen und extravaganten Wortbildungen des Barock („Desterrar las voces nuevas, inventadas sin prudente elección y restituir las antiguas"), sicher aber auch, sie — dem Zeitgeist entsprechend — von Gallizismen zu befreien („limpia"). Sodann sollte der Wortschatz der spanischen Sprache, die nach der herrschenden Meinung einen hohen Grad an Vollkommenheit erreicht hatte und sich nicht mehr verändern sollte, festgelegt werden („fija"), damit Spanisch als vollkommene Kultursprache glänzen konnte („da esplendor") (vgl. Gemmingen 1982). Im Gegensatz zum Wörterbuch der Académie Française, die sich auf die Sprachkompetenz ihrer 40 Mitglieder verließ, sollten für jedes Stichwort Belege aus für den guten Sprachgebrauch repräsentativen Autoren (von 1200—1700), den sog. „autoridades" gegeben werden. Die methodischen Vorbilder des spanischen Akademiewörterbuches waren der *Vocabulario degli academici della Crusca* (3. Aufl., Venedig 1691, besonders für die Belege), das Wörterbuch der Académie Française (Aufl. von 1694 und 1718), die französischen Wörterbücher von Richelet (1680), Furetière (1694) und Trévoux (Ausg. von 1704 und 1721). Als Quellen für den Wortschatz dienten u. a. die Wörterbücher von Nebrija, Covarrubias und Oudin. Das Wörterbuch nahm als reines Sprachwörterbuch keine Eigennamen auf. Das Kriterium bei der Auswahl der Wörter war relativ liberal: Es sollten die „voces apelativas españolas" erfaßt werden, allerdings keine „voces indecentes". Im Gegensatz zum französischen Akademiewörterbuch wurden auch Regionalismen aufgenommen (deren Auswahl allerdings zufällig und willkürlich war), ferner Archaismen und in bescheidenem Maße Fachwortschatz. Der *Diccionario de autoridades* enthält auch einige Hundert Amerikanismen, deren Präsenz jedoch nur durch die Auswahl der „autoridades" zu erklären ist. Sogar Wörter der frühen Gaunersprache (germanía) wurden aufgenommen, wohl deshalb, weil diese in der „literatura picaresca" des Siglo de Oro häufig vorkommen. Der Aufbau der einzelnen Artikel bedeutete eine Neuheit für die spanische Lexikographie: Auf das Stichwort folgten dessen Definition, die Angabe von Synonymen, die Zitate der „autoridades", Redensarten und (bis zur 10. Aufl. von 1852) lateinische Äquivalente des Stichwortes. In vielen, aber bei weitem nicht in allen Fällen wurde die Etymologie angegeben. Die Festlegung einer Graphie, die zwar zwischen Etymologie und tatsächlichem Sprachgebrauch schwankte, hat normativ auf die spanische Orthographie gewirkt. Die Veröffentlichung des Akademiewörterbuches war das Ereignis in der Geschichte der spanischen Lexikographie des 18. Jh. Seine weiteren Auflagen (bis 1984) haben bis zum heutigen Tag die spanische Lexikographie entscheidend beeinflußt. Bis auf wenige löbliche Ausnahmen haben die meisten einsprachigen Bedeutungswörterbücher des Spanischen bis heute den Wortschatz des DRAE als Grundlage, allenfalls mit gewissen Auslassungen, Verbesserung und Ergänzungen benützt und meist auch die Definitionen des DRAE wörtlich übernommen.

(Zum *Diccionario de Autoridades* vgl. u. a. Barbón Rodríguez 1967; A. Cotarelo 1946; E. Cotarelo 1914; Ferrer del Río 1871; Gili Gaya 1963; Gushina 1974; Lázaro Carreter 1972; Molins 1870; Quijano 1940; Salas 1964).

Das Wörterbuch hat vom 18. Jh. bis heute zahlreiche Autoren von Büchern, Ergänzungslisten zum DRAE, Spottschriften, Zeitungsaufsätzen und Zeitungsartikeln auf den Plan gerufen. Allein die Bibliographie von Serís 1964 registriert 80 Publikationen zum Akademiewörterbuch. Bis ins 20. Jh. waren Publikationen beliebt, in denen Ergänzungen zum Akademiewörterbuch vorgeschlagen werden, wie z. B.:

Rodríguez Marín, *Dos mil quinientas voces castizas y bien autorizadas que piden lugar en nuestro léxico* (1922); vgl. u. a. Aicardo 1906; Alba 1918; Antolín 1867; Atrián y Salas 1887; Mac Hale 1958; Martínez de Sousa 1964; Marty Caballero 1857; Palma 1903; Rivodó 1889; Suárez 1921; Toro y Gisbert 1909; Toro y Gisbert 1920; Valbuena 1887 und Vergara 1926.

Besonders satirisch-kritisch äußert sich ein neuerer mexikanischer Autor (Prieto 1977 und Prieto 1985).

Auch der bedeutende kolumbianische Sprachwissenschaftler Rufino José Cuervo hat sich in seinen *Observaciones* ausführlich und ziemlich kritisch mit dem Akademiewörterbuch auseinandergesetzt (Cuervo 1874, vgl. Seco 1987 a). Unbeirrt von allen Kritiken hat die Akademie ihre Arbeit am Wörterbuch fortgesetzt (Casares 1963). Leider wurden von der 2. Aufl. an alle Belege („autoridades") gestrichen und das Wörterbuch auf einen Band reduziert („Diccionario de la lengua castellana [...] reducido a un tomo para su más fácil uso" von 1781). Auch die Etymologien und Angaben zu unregelmäßigen Verben wurden ab der 2. Aufl. beseitigt.

Die 3. Aufl. erschien 1791. In der 4. Aufl. von 1803 erscheinen die Digraphe *ch* und *ll* erstmalig als eigene Buchstaben, und *ph* wurde zu *f* vereinfacht. In der 5. Auflage wurde *x* für [χ] durch *j* ersetzt *(abaxo → abajo)*. Die 6. Aufl. des DRAE erschien 1822. In der 7. Aufl. von 1832 wurde *g* vor *e, i* nunmehr als *j* geschrieben, und es wurden viele Sprichwörter gestrichen. Nach einer kaum veränderten 8. Aufl. von 1837 war die 9. Aufl. von 1843 wiederum sehr restriktiv in der Wortwahl (z. B. wurden die Wörter *comité* und *secundar* nicht aufgenommen). Nach einer unveränderten 10. Aufl. von 1852 wurden in die 11. Aufl. von 1869 mehr Wörter, aber noch nach stark restriktiven Auswahlkriterien, aufgenommen. Ab dieser Auflage wurde auf die lateinischen Äquivalente der Stichwörter verzichtet. Die sehr nützliche Markierung „anticuado" (veraltet) entfiel. Leider wurden auch die bis dahin angegebenen wissenschaftlichen (lateinischen) Tier- und Pflanzennamen gestrichen. Die 12. Aufl. von 1884 brachte wesentliche Veränderungen, z. B. wurden mehr Fachausdrücke aus Wissenschaft und Technik aufgenommen, dagegen die Wörter mit Diminutiven, Augmentativen und die Superlative der Adjektiva beseitigt. Damals begann die Kooperation mit hispanoamerikanischen Sprachakademien, um auch Amerikanismen in den DRAE aufnehmen zu können. Ab der 13. Aufl. von 1893 enthält der DRAE wieder Etymologien, die 14. Aufl. von 1914 war unverändert. Die 15. Aufl. von 1925 brachte wichtige Neuerungen. Das Wörterbuch heißt nun nicht mehr „Diccionario de la lengua castellana", sondern ab dieser Auflage „... de la lengua española". Sein Umfang wurde stark erweitert und das gesamte Material einer gründlichen Revision unterzogen. Es wurde mehr und mehr der Wortschatz der modernen Sprache berücksichtigt, wenn auch noch mit restriktiven Kriterien. Auch wurden mehr Regionalismen und Amerikanismen aufgenommen. Die 16. Aufl. von 1936 wurde wegen des Bürgerkrieges nicht ausgeliefert und erschien dann erst 1939 mit einem neuen Titelblatt und einem stark politisierten Vorwort. Die 17. Aufl. ist ein Nachdruck der 16. Aufl. aber mit einem „Suplemento". Die 18. Aufl. von 1956 wurde wiederum stark überarbeitet, und es fanden mehr technische Neologismen wie z. B. *antibiótico, cromosoma* und *cibernética* Eingang in den DRAE. Der Zustrom von Amerikanismen, die die *academias correspondientes* in Lateinamerika liefern sollten, ging nur sehr langsam vor sich, und daran hat sich bis heute wenig geändert. Ab dieser Auflage wurde die arabische Graphie der arabischen Etyma durch eine lateinische Transliteration ersetzt. Die 19. Aufl. von 1970 bedeutet mit ihren 17 000 Ergänzungen und Verbesserungen einen nicht zu verkennenden Fortschritt (Lapesa 1964). Es wurden mehr umgangssprachliche Wörter, aber auch mehr Ausdrücke der Wissenschaft und Technik aufgenommen. Auch erfolgt nunmehr kein Verweis auf Synonyme (als Ersatz für eine Definition), sondern es wird zu jedem Stichwort eine volle Definition gegeben. Die noch im DRAE vorhandenen Sprichwörter wurden (wegen Platzmangel) ganz gestrichen, dafür wurden aber erstmalig Wortbildungselemente wie *aero-, anti-, -grama* usw. aufgenommen. Leider hat auch diese Aufl. wieder einen nicht in den Hauptteil eingearbeiteten „Suplemento". In der letzten vorliegenden Auflage von 1984 erfolgt eine starke Öffnung, und es werden auch derb-anstößige Wörter registriert, allerdings noch sehr lückenhaft und mit eigenartigen Definitionen. Die für diese Auflage verwerteten 20 000 Karteikarten bedeuteten eine erhebliche Umfangerweiterung. Deshalb erschien das Wörterbuch erstmalig in zwei Bänden. (DRAE 1984; zum Wandel des DRAE von der 1.—20. Aufl. vgl. Alvar Ezquerra 1985 b).

Die Akademie veröffentlicht seit 1914 das „Boletín de la Real Academia Española", das laufend die von der Academia beschlossenen *Enmiendas y Correcciones* del DRAE bringt. Seit 1965 besteht eine *Comisión Permanente de la Asociación de Academias de la Lengua Española* für die Zusammenarbeit zwischen der Madrider Akademie und den lateinamerikanischen Akademien auf dem Gebiet der Lexikographie.

Das Akademiewörterbuch, das in vielen Fällen gute Dienste leistet (u. a. zum Auffinden älterer literarischer Wörter) leidet vielleicht darunter, daß es zu viele Funktionen auf einmal erfüllen soll. Die einen suchen darin Etymologien, die in den eigentlichen etymologischen Wörterbüchern viel besser erklärt werden als mit den kurzen, manchmal falschen Etyma, die in Klammern hinter einem Stichwort angegeben werden. Andere betrachten es mit Recht als das große spanische Wörterbuch, das den literarischen Wortschatz seit dem Siglo de Oro mit vielen heute nicht mehr gebräuchlichen Wörtern registriert (ohne diese jedoch vielfach als Archaismen zu markieren). Für die meisten Benützer ist der DRAE wohl in erster Linie das normative Wörterbuch schlechthin, das angibt, was „autorizado" ist. Allerdings hat es durch die Aufnahme vieler umgangssprachlicher und einiger derb-anstößiger Wörter in der 20. Aufl. neben seinem normativen Grundcharakter teilweise eine deskriptive Komponente erhalten, obwohl es natürlich von einem eigtl. deskriptiven Wörterbuch weit entfernt ist und deshalb auch nicht den Stand des gesamten spanischen Wortschatzes widerspiegelt. Auch der langjährige Direktor der Real Academia Española, Ramón Menéndez Pidal, hat sich durchaus kritisch hinsichtlich der Aktualität und Vollständigkeit des DRAE geäußert (vgl. Menéndez Pidal 1980). Die Amerikanismen des DRAE sind höchst lückenhaft, z. T. veraltet (ohne dies anzugeben), z. T. haben sie eine andere geographische Verbreitung als die angegebene, z. T. auch eine oder mehrere andere Bedeutungen. Trotz seiner vielen Schwächen wird man in vielen Fällen immer noch zum DRAE greifen, das bis heute das erstaunlichste

Denkmal der spanischen Lexikographie geblieben ist und oft nur als „El Diccionario" zitiert wird. Man kann — trotz der Anwendung restriktiver Kriterien bei der Stichwortauswahl — der Real Academia Española bescheinigen, daß sie viel moderner und praxisnäher ist als die Académie française. Deshalb spielt der DRAE im spanischen Alltag und, wie erwähnt, für die gesamte übrige Lexikographie eine viel wichtigere Rolle als der *Dictionnaire* der Académie française in Frankreich.

6. Die spanische Lexikographie im 19. Jahrhundert

Im 19. Jh. wurden die vorhandenen Wörterbuchtypen weiterentwickelt und verbessert, aber es traten erstmalig auch neue Wörterbuchtypen auf (enzyklopädisches Wörterbuch, Gallizismenwörterbuch, Amerikanismenwörterbücher), die ersten eigtl. Amerikanismenwörterbücher), die Thematik der Fachwörterbücher wurde breiter gestreut. Die zuerst in Deutschland entstandene moderne Sprachwissenschaft, die überwiegend historisch orientiert war, wurde in Spanien rezipiert und förderte die Entstehung von Wörterbüchern und Glossaren früherer Sprachstufen oder über frühere Autoren. Sie belebte zudem das Interesse für etymologische Fragen aufs neue. Zum ersten Mal finden wir auch in Spanien Illustrationen in den Wörterbüchern. Der Einfluß ausländischer, vor allem französischer Vorbilder auf die Lexikographie des 19. Jh. ist unverkennbar. Diese erreichte gegen Ende des Jahrhunderts eine beachtliche Spezialisierung hinsichtlich der Funktion der einzelnen Wörterbücher.

Nach dem Erfolg des *Diccionario de Autoridades* erschienen im 19. Jh. zum ersten Mal zahlreiche (über 30) einsprachige Wörterbücher (für die Darstellung dieses Teilproblems folgen wir weitgehend Seco 1987). Dies hatte zwei Gründe: Erstens wollten private Verleger nach dem Vorbild ihrer erfolgreichen französischen Kollegen auch in das Wörterbuchgeschäft einsteigen; zweitens hatte sich das Akademiewörterbuch ab der zweiten Auflage mit seiner restriktiven Auswahl als sehr konservativ erwiesen. Unter dem Einfluß des durch die Aufklärung und die Französische Revolution entstandenen Fortschrittsglaubens wollte man auch die Lexikographie modernisieren und die Veränderungen und Neuerungen der Sprache auch im Wörterbuch beschrieben finden. Um das Monopol der Akademie zu brechen, griffen einige der Autoren von einsprachigen Wörterbüchern die Akademie direkt oder indirekt an und versäumten es nicht, z. T. fast marktschreierisch aufzuzeigen, wieviel mehr Wörter als der DRAE und welchen sonstigen Neuerungen sie hatten. Daß diese Verleger erfolgreich waren, beweisen einmal die zahlreichen Neuauflagen, die nicht wenige dieser Wörterbücher erfahren, aber auch die Tatsache, daß sich der Erscheinungsrhythmus von Neuauflagen des Akademiewörterbuches um die Hälfte verlangsamte. Bei einigen der einsprachigen Wörterbücher finden wir mehr und mehr Sachinformationen, die diesen Wörterbüchern auch enzyklopädischen Charakter verleihen, und so entstand allmählich die in Spanien (und Frankreich) bis heute so beliebte Mischform des „diccionario enciclopédico", eine Mischung aus Sprachwörterbuch und Enzyklopädie mit Sprach- und Sachinformationen. Da der Mischcharakter einzelner dieser Wörterbücher im Titel nicht immer zum Ausdruck kommt, andererseits eine Wechselwirkung zwischen Sprachwörterbüchern und „diccionarios enciclopédicos" bestand, müssen beide Wörterbuchtypen zusammen behandelt werden.

Nach einem in Paris veröffentlichten *Diccionario de la lengua Castellana* (Torres 1816) erschien das Wörterbuch von Núñez y Taboada (1825), das bereits 5 000 Einträge mehr als das Akademiewörterbuch hatte (ebenfalls in Paris, das neben Madrid und Barcelona zu einem wichtigen Verlagsort für spanische Wörterbücher wurde). Ihm folgten drei Wörterbücher, die direkt auf dem Wörterbuch der Akademie fußten und sich ausdrücklich darauf beriefen (Pla y Torres 1826, Salvá 1838, J. R. Masson 1841). Eine Neuheit bedeutete das *Panléxico* von Juan de Peñalver (1842), das in seinem Titel allerdings mehr versprach als es halten konnte. Es enthält neben dem eigtl. Sprachwörterbuch (Bd. I) ein Reimwörterbuch, ein Synonymenwörterbuch und einen *Vocabulario de la fábula*. Peñalver übte vernichtende Kritik am Wörterbuch der Akademie und hob demgegenüber in übertriebener Weise die Vorzüge seines Wörterbuches hervor. Der Titel *Panléxico* ist eine Nachahmung des *Pan-lexique* von Charles Nodier, das seinerseits eine Neubearbeitung des *Dictionnaire universel* von Boiste ist (s. Art. 185). Im *Panléxico* finden wir im Gegensatz zum Akademiewörterbuch (wie schon vorher bei Covarrubias) enzyklopädische Elemente. Es erfuhr acht Neuauflagen (bis 1895). 1842 erschien ein *Diccionario portátil y económico de la lengua castellana* (B. C. H. I. P. S. 1842). 1846 veröffentlichte Labernia sein Wörterbuch (mit Definitionen). Es gibt auch die katalanischen und lateinischen Äquivalente der spanischen Stichwörter. 20 Jahre später erschien eine weitere Auflage (ohne Latein) (Labernia 1866). Nach einem *Novísimo diccionario manual* (1846) wurde ein beachtlicher *Nuevo diccionario* des wohl bedeutendsten spanischen Lexikographen des 19. Jh., Vicente Salvá, veröffentlicht, der in Paris als Autor von Wörterbüchern und Grammatiken, Buchhändler und Verleger lebte und sehr klare Vorstellungen von den Aufgaben und Möglichkeiten eines Wörterbuches hatte (Salvá 1846). Seine Kritiken am DRAE sind überwiegend sachlich gerechtfertigt. Salvá beklagt u. a. das fast völlige Fehlen von Amerikanismen im Akademiewörterbuch. Er bringt 26 000 Wörter bzw. Einzelbedeutungen mehr als der DRAE und ist so schon hinsichtlich der Auswahl der Stichwörter diesem weit überlegen. 1854 brachte Salvá einen Ergänzungsband heraus. Starke Verbreitung und verschiedene Neuauflagen erfuhr der *Diccionario nacional* von R. J. Domínguez (1846), der sich bereits durch ein spanisch-französisches Wörterbuch als guter Lexikograph ausgewiesen hatte. Dieses Wörterbuch bedeutete mit seinen 4 000 neuen allgemeinsprachlichen Einträgen und einem stark erweiterten Fachwortschatz einen unbestreitbaren Fortschritt für die einsprachige spanische Lexikographie. Der Stil des fortschrittsgläubigen Verfassers ist z. T. sehr subjektiv, jedoch nie langweilig, oft polemisch, oft humorvoll. Auch Domínguez führte eine stark enzyklopädische Komponente in sein Wörterbuch ein. Er orientierte sich stark am französischen Wörterbuch von Bescherelle 1843 (vgl. Art. 185 und Seco 1987). 1852 erschien eine Kurzfassung.

Zwischen 1853 und 1855 wurde der erste *diccionario enciclopédico* veröffentlicht, der diesen Namen trägt: *Diccionario enciclopédico de la lengua española* (Chao 1853). Es ist übrigens das erste spanische Wörterbuch, bei dem die Sprache als „español" und nicht mehr als „castellano" bezeichnet wird. Dieses und der *Diccionario* von Domínguez waren die beliebtesten einsprachigen Wörterbücher bis Ende des 19 Jh. 1852 veröffentlichte Adolfo de Castro den 1. Band seines *Gran diccionario de la lengua española,* der unvollendet blieb. Es war ein reines Sprachwörterbuch und enthielt sehr viele Wörter aus der älteren und neueren Literatur. Anknüpfend an die Tradition des *Diccionario de autoridades* brachte es für viele Wörter Textbelege (Castro 1852).

Im gleichen Jahr erschien der sehr vollständige *Diccionario general* von Caballero und Arnedo (1852), der bis 1860 acht Auflagen erlebte. 1857 kam der *Novísimo diccionario de la lengua castellana* von Ramón Campuzano heraus, der für die Lexikographiegeschichte wichtig ist, weil er als erstes spanisches Wörterbuch nach englischem Vorbild Illustrationen im Text bringt. 1860 erschien wiederum in Paris ein *Nuevo diccionario* „por una sociedad literaria", der weitgehend ein Plagiat des Wörterbuchs von Domínguez ist (Nuevo diccionario 1860). Von dem *Diccionario* des Roque Barcia ist eine 4. Aufl. Paris 1860 bekannt. In den Bibliographien erscheinen außerdem ein Wörterbuch von Marty y Caballero (1865) und ein *Diccionario enciclopédico* (Fernández Cuesta 1867). Große Bedeutung kommt auf dem enzyklopädischen Sektor dem umfangreichen *Diccionario universal* zu, einem enzyklopädischen Wörterbuch in 16 Bänden (Serrano 1875). Campano veröffentlichte 1876 seinen *Diccionario general abreviado*. Im gleichen Jahre erschienen der *Diccionario completo* (Rodríguez-Navas 1876) mit geographischen und historischen Namen und ein *Diccionario de bolsillo* von Calleja. Die intensive Wörterbuchproduktion ging auch gegen Ende des 19. Jh. weiter. So erschienen nacheinander ein kurioser *Diccionario filológico* mit abstrusen Etymologien (Calandrelli 1880), ein *Diccionario popular* (Picatoste 1882), ein *Diccionario de la lengua castellana* (Andrés 1883) ein *Novísimo diccionario* (Rodríguez Marín 1885) und ein *Diccionario popular universal* (Ramón 1885). Zwischen 1887 und 1892 erschien der umfangreiche *Diccionario enciclopédico hispanoamericano,* der hervorragend illustriert ist (auch im Text). Z. Vélez de Aragón veröffentlichte 1887 unter dem Pseudonym Enrique Vera y González einen *Diccionario general* (Vera 1887 a) und einen *Diccionario de la lengua castellana con la nueva ortografía* (Vera 1887 b). 1891 wurde in Paris ein weiteres enzyklopädisches illustriertes Wörterbuch veröffentlicht, der *Campano ilustrado* (González de la Rosa 1891), der 1923 eine von Miguel de Toro y Gisbert besorgte Neuauflage erfuhr. Bereits 1895 erschien ein weiterer *Diccionario enciclopédico* (Zerolo 1895). So hat die einsprachige Lexikographie des Spanischen sowohl für das reine Sprachwörterbuch als auch für den *diccionario enciclopédico* eine beeindruckende Produktion mit viel Originalität aufzuweisen, der gegenüber die vergleichbaren Wörterbücher der 1. Hälfte des 20. Jh. (mit wenigen Ausnahmen) eher steril anmuten. Letztere sind — im Gegensatz zum 19. Jh. — wieder viel stärker vom Akademiewörterbuch abhängig. So hatte sich im 19. Jh. das einsprachige Wörterbuch (ähnlich wie in Frankreich) einen festen Platz im spanischen Alltagsleben erworben und war das enzyklopädische Wörterbuch in seiner modernen Form entwickelt worden, aus dem später die großen Enzyklopädien hervorgehen sollten (zu Cuervo s. Art. 183).

Die etymologischen Wörterbücher sind unzulänglich und unwissenschaftlich (Barcia 1880; Cabrera 1837; Doce 1881, Echegaray 1887 und Monlau 1856). Interessante Materialien enthalten Equilaz 1886 und Engelmann 1861. Das allmählich erwachende Interesse für die Dialektologie führte zur Veröffentlichung der ersten Wörterbücher bzw. -vokabulare, z. B. für das Aragonesische von Borao 1859 und Peralta 1836, für das Asturische Rato y Hévia 1891; Vigón 1896, für das Kanarische Lugo 1846. Der Bedarf an Fachwörterbüchern wurde immer größer: über Marine zwei dreisprachige Wörterbücher (Dicc. marítimo 1831 und Terry 1899); über Militärwesen (Almirante 1869; Corsini 1849; J. D. W. M. 1863; Mancheño 1822 und Rubio 1895); über Sport (Huesca 1881); über Schachspiel (Torre Crespo 1825); über Musik (Lacal 1890; Melcior 1859; Pedrell 1894); über Landwirtschaft (Casas 1857; Collantes 1855 und Diccionario de agricultura 1885); über Pflanzennamen (Colmeiro 1871); über Kunst (Adeline 1888); über Architektur (Bails 1802); über Handel (López Toral 1882); über Recht (Arazzola 1848; Burgos 1831 und D. F. A. 1831); über Eisenbahnwesen (Matallana 1863); über Bergbau (Dicc. minería 1848); über Medizin (Cuesta 1878; Hurtado 1840); über Tiermedizin (Risueño 1829) sowie über Stierkampf (Váquez 1880).

7. Die spanische Lexikographie im 20. Jahrhundert

Drei Typen von Nachschlagewerken, einsprachige Bedeutungswörterbücher, die Mischform des „diccionario enciclopédico" und Enzyklopädien sind in Spanien außerordentlich beliebt, typologisch aber schwer festzulegen. So enthalten Werke, die unter dem Titel „Enciclopedia" erscheinen, manchmal auch, vermischt mit den enzyklopädischen Artikeln, ein ganzes Sprachwörterbuch wie z. B. die *Enciclopedia Universal Sopena* in 18 Bänden (was aus dem Titel keineswegs hervorgeht). Umgekehrt sind Werke, die unter dem Titel „Diccionario" erscheinen, weil sie auch enzyklopädische Information bringen, in Wirklichkeit der Mischform des „diccionario enciclopédico" zuzuordnen sind z. B. Karten 1977 oder Espasa 1980.

Es ist auffällig, wie viele Werke der drei genannten Typen in Spanien und Hispanoamerika auf dem Markt sind. Ihre Zahl übertrifft bei weitem die der bei deutschen und französischen Verlagen erschienen, wobei letztere vermutlich mit weniger Titeln höhere Auflagen erreichen. So bietet z. B. der Verlag Everest in León (Spanien) nicht weniger als 15 reine Sprachwörterbücher an, deren kleinstes (im Format 8,5 × 11 cm) 384 Seiten, deren größtes (im Format 15 × 21) 1568 Seiten Umfang hat, wozu noch je ein dreibändiges und ein siebenbändiges enzyklopädisches Wörterbuch kommen. In den meisten Fällen stammen die Materialien dieser Sprachwörterbücher und der Wortschatz der „diccionarios enciclopédicos" — mit gewissen Streichungen, Ergänzungen und Verbesserungen — aus dem Wörterbuch der Real Academia Española und weisen gegenüber den Wörterbüchern des ausgehenden 19. Jh. kaum Neuerungen oder Verbesserungen in ihrer Mikrostruktur auf. Bei den Enzyklopädien und enzyklopädischen Wörterbüchern kann man dagegen feststellen, daß die Sachinformation, die sie bieten, vor allem in den letzten Jahren laufend aktualisiert wurde und daß sie, wie auch die eigtl. Enzyklopädien, was Karten, Farbtafeln u. ä. betrifft, heute den französischen und den deutschen Nachschlagewerken durchaus ebenbürtig sind. Z. T. handelt es sich auch um Bearbeitungen von deutschen und französischen Werken. Z. B. ist die *Enciclopedia Plaza y Janés* in 12 Bänden eine spanische Bearbeitung der *Großen Bertelsmann Lexikothek* in 15 Bänden. Wie wir schon beim 19. Jh. gesehen hatten, muß eine Darstellung der einsprachigen spanischen Wörterbücher zumindest auch die Mischform des „diccionario enciclopédico" berücksichtigen. Als Ergänzung der reinen Sprachwörterbücher sind natürlich auch die größeren Enzyklopädien eine wichtige Informationsquelle, wie z. B. die großartige, zwischen 1908 und 1930 veröffentlichte *Enciclopedia Espasa-Calpe* mit ihren ursprünglich 70 Bänden, zu der laufend Supplementbände hinzugekommen sind.

Bei vielen der enzyklopädischen Wörterbücher ist häufig weder ein Verfasser oder Herausgeber noch das Erscheinungsjahr angegeben. Ihre Gesamtzahl dürfte, auf die letzten vier Jahrzehnte bezogen, im gesamten spanischen Sprachgebiet zwischen 70 und 100 liegen.

Doch wenden wir uns nunmehr den eigentlichen Sprachwörterbüchern zu. Bis in die 60er Jahre waren die spanischen Wörterbücher meist durch einen anachronistischen Purismus gekennzeichnet (vgl. Steel 1971), zumindest aber durch eine starke Abhängigkeit vom Wörterbuch der Real Academia. Wir wollen uns daher vor allem mit denjenigen einsprachigen Bedeutungswörterbüchern befassen, die sich durch ihre Originalität auszeichnen bzw. durch methodische Neuerungen einen wichtigen Beitrag zur Entwicklung dieses Wörterbuchtyps geleistet haben.

Ein 1902 erschienener fünfbändiger *Gran diccionario de la lengua castellana* setzt als einziges Wörterbuch des 20. Jh. (mit Ausnahme von DH und Cuervo) die Tradition des *Diccionario de Autoridades* fort, zu den einzelnen Stichwörtern Textbelege aus älteren und modernen Schriftstellern zu bringen (Pagés 1902).

Eine Verbesserung des Standards von Wörterbüchern bedeutete die Veröffentlichung des nach dem Vorbild des *Petit Larousse illustré* bearbeiteten *Pequeño Larousse ilustrado* (1914). Dieses bis heute in zahlreichen Neuauflagen erschienene Wörterbuch ist seit dem Erscheinen der 1. Aufl. bei der Auswahl des Wortschatzes weniger restriktiv verfahren als die übrigen Wörterbücher der 1. Hälfte des 20. Jh. (mit Ausnahme des *Vox general*) und enthält deshalb mehr Neologismen und Amerikanismen als diese. Es gibt auch bei vielen Stichwörtern kurze Beispielsätze, Kollokationen, Phraseologie, Synonyme und Antonyme. Leider sind die Beispielsätze meist zu kurz, um einen ausreichenden Kontext zu bieten. Viele seiner Artikel enthalten auch eine enzyklopädische Erweiterung, während der zweite Teil, der nur Eigennamen bringt, rein enzyklopädischen Charakter hat. Wenn der Larousse auch von einigen Wörterbüchern in manchen Aspekten (Syntagmatik, Paradigmatik, Beispielsätze) überflügelt wurde, ist er noch heute wegen seiner breiten Wortschatzauswahl ein wichtiges Nachschlagewerk (Ab der 40. Aufl. von 1951 erschien das Wb. vorübergehend unter dem Titel *Nuevo Pequeño Larousse Ilustrado*, heute hat es wieder den ursprünglichen Titel). Wie dies auch bei einer Reihe von anderen einsprachigen Bedeutungswörterbüchern geschah, wurden aus diesem Wörterbuch andere Wörterbücher entwickelt, z. B. ein weniger umfangreicher *Larousse usual* (García-Pelayo 1974) sowie als Luxusausgabe ein *Pequeño Larousse en color,* ein *Nuevo Larousse básico* und ein *Larousse de la lengua española,* beide von Ramón García-Pelayo.

War das Akademiewörterbuch (vgl. Kapitel 5) auch in der ersten Hälfte des 20. Jh. noch recht konservativ und puristisch, so ist doch zu erwähnen, daß die Akademie 1927 einen *Diccionario manual e ilustrado* in handlichem Format mit vielen Illustrationen veröffentlichte, der auf Archaismen verzichtete, dagegen viele Stichwörter brachte, die noch nicht in den großen *Diccionario* der Akademie aufgenommen worden waren. 1950 erschien eine 2., 1983 eine 3. und 1989 eine 4. Auflage dieses mehr auf den Normalverbraucher zugeschnittenen Wörterbuches *(Diccionario manual RAE).*

Positiv beurteilt wurde von der Kritik ein fast 20 Jahre später erschienenes Wörterbuch, *VOX general,* dessen 1. Aufl. von 1945 noch Schwächen hatte, die dann in der 2. Aufl. von 1953 beseitigt wurden. Es ist ein gutes, reichhaltiges Wörterbuch der „lengua culta moderna" mit einer repräsentativen Wortschatzauswahl. Viel Ballast des Akademiewörterbuches wurde beseitigt, viele Neuwörter, aber auch neue Bedeutungen, vor allem aus dem technisch-naturwissenschaftlichen Bereich, wurden aufgenommen. Seine Mikrostruktur ist klar und übersichtlich. Es bringt bei vielen Stichwörtern Synonyme, z. T. auch Antonyme und sinnverwandte Wörter. Seine Illustrationen sind eine wertvolle Ergänzung der verbalen Erläuterungen. Es gibt auch ausreichend die Markierung von Wörtern an. VOX bringt z. T. kurze Beispielsätze mit ungenügendem Kontext. Der Tradition folgend ist VOX ein normatives Wörterbuch. Auch von diesem Wörterbuch erschienen verschiedene, weniger umfangreiche „Satelliten": *VOX abreviado; VOX conciso; VOX compendiado; VOX manual* (vgl. Seco 1979, 6 und Alvar Ezquerra 1983, 187—197).

1958 erschien der erste Band eines neuen Werkes mit dem anspruchsvollen Titel *Enciclopedia del idioma* (Alonso 1958). Was dieses Wörterbuch von anderen unterschied, ist sein Umfang (das Dreifache des großen Akademiewörterbuches). Es ist eine Kompilation aus vielen anderen Wörterbüchern und Glossaren, jedoch unkritisch und z. T. ungenau und deshalb mit Vorsicht zu gebrauchen. Auch aus den Materialien dieses Wörterbuches entstanden andere, weniger umfangreiche Satellitenwörterbücher: (Alonso 1960, 1961a, 1961b, 1969).

Ein wichtiges Ereignis für die spanische Lexikographie des 20. Jh. war die Veröffentlichung des umfangreichen zweibändigen *Diccionario de uso del español* von María Moliner (1966). Dieses Werk hat nicht mehr Stichwörter als das Akademiewörterbuch, aber der Paradigmatik und Syntagmatik bei jedem Stichwort wird breiter Raum gewährt. Bei vielen Stichwörtern werden Beispiele angegeben. Die Definitionen sind klarer als im Akademiewörterbuch. Leider ist das Wörterbuch durch seine Anlage (z. T. Gruppierung nach Wortfamilien) und den unübersichtlichen Druck in keiner Weise benutzerfreundlich. Auch fehlen Genusangaben. Amerikanismen sind nur sehr wenig vertreten. Vulgäre bzw. tabuisierte Wörter wurden nicht aufgenommen. Das Wörterbuch, das dem Inhalt nach ein Denkmal der Lexikographie und für den Sprachwissenschaftler höchst wertvoll ist, ist wegen seiner Mikrostruktur, seines Umfanges und seines Preises für die Zwecke des Lehrers, Lernenden oder Übersetzers weniger geeignet. Es ist im wesentlichen auch normativ (vgl. hierzu Seco, 1979, 5—6; Seco, 1981; Alvar Ezquerra, 1983, 214—228).

Bis in die 60er Jahre fehlte im Spanischen ein den englischen und französischen Standardwerken vergleichbares Lern- und Gebrauchwörterbuch mit ausführlicher Syntagmatik (Rektion, Kollokationen, Idiomatik, „usage notes") und Paradigmatik (Synonyme, Antonyme, Wortfamilien usw.). Es gibt nun mehrere neue spanische Wörterbücher, die zwar die französischen bzw. englischen Vorbilder nicht erreichen, aber einen großen Schritt in diese Richtung bedeuten. Der *Diccionario Anaya de la lengua* hat einen sehr klaren Aufbau, gibt Etymologien an, unterscheidet sorgfältig die Einzelbedeutungen und bringt reichhaltige Angaben zu den Wortfamilien, Synonymen und Antonymen, berücksichtigt Idiomatik, bringt aber keine Beispielsätze. Er gibt nützliche „usage notes". Dieses selektive, vor allem für die Schule gedachte Wörterbuch, das auch Illustrationen enthält, ist eine wertvolle Ergänzung zu anderen Wörterbüchern für Lernzwecke (Anaya 1980). Der ebenfalls illustrierte *Diccionario Planeta de la lengua española usual* (Marsá 1982) ist dagegen vor allem syntagmatisch orientiert, bringt reichlich längere Beispielsätze und ist daher vor allem für die Produktion von Texten geeignet. Es fehlen bei ihm die Angaben von Synonymen, Antonymen und Wortfamilien. Auch dieses Wörterbuch ist selektiv.

Während beim *Diccionario Anaya* die paradigmatische Komponente, beim *Diccionario Planeta* dagegen die syntagmatische überwiegt, berücksichtigt der als Schulwörterbuch konzipierte *Diccionario del lenguaje usual* (1969) beide Aspekte. Aus ihm hervorgegangen ist der umfangreichere *Diccionario Santillana 2*, der ebenso paradigmatisch wie syntagmatisch angelegt ist (allerdings ohne Idiomatik). Ähnlich wie der *Dictionnaire du français contemporain* gruppiert er die Stichwörter nach Wortfamilien. Die Beispielsätze sind etwas kürzer als beim *Diccionario Planeta*, bieten aber ausreichenden Kontext. „Usage notes" werden gegeben, dagegen fehlen Illustrationen. Ihm vergleichbar ist Sánchez Ladero 1980. Eine weitere Verbesserung in die gleiche Richtung bedeutet der *Gran Diccionario* 1985. Die Wortschatzauswahl ist bei diesem Werk sehr repräsentativ. Es berücksichtigt die heute gesprochene Sprache einschließlich der Tabus mehr als die übrigen Wörterbücher und erhält dadurch eine deskriptive Komponente (z. B. finden wir tabuisierte Wörter wie *coño, encoñarse, joder, marica* oder Wörter der heutigen Jugendsprache wie *carroza, cheli, pasota, flipado, (chica) estrecha* oder der Drogenszene wie *viaje, porro*). Für den nicht muttersprachlichen Benutzer bringt das Wörterbuch zwei nützliche Neuerungen: die Angabe der Silbentrennung und der Aussprache (nach der API-Lautschrift) bei jedem Stichwort. Zwar berücksichtigt es keine Wortfamilien, gibt aber Synonyme und Antonyme. Es bringt die von Adjektiven abgeleiteten Adverbien, reichliche Idiomatik und Satzbeispiele, wenn auch nicht so lange und so viele wie der *Diccionario Planeta*. Illustrationen fehlen, „usage notes" werden in einem gewissen Umfang gegeben. An manchen Stellen vermißt man eine sorgfältige Ausarbeitung, z. B. fehlt die Konjunktion *sin que*. Verschiedene sehr nützliche Anhänge ergänzen dieses neueste und in vieler Hinsicht fortschrittliche Wörterbuch, das als Nachschlagewerk und Lernwörterbuch geeignet ist, dessen 1. Aufl. aber noch einer Überarbeitung bedarf.

Der *Diccionario moderno del español usual* (Zamora Vicente 1975) liegt wieder ganz auf der Linie der herkömmlichen, am *Diccionario de la Academia* orientierten Wörterbücher. Er bringt lediglich eine sinnvollere Auswahl der Stichwörter als das Akademiewörterbuch. Außer der Idiomatik werden keine syntagmatischen, aber auch keine paradigmatischen Elemente berücksichtigt. Wie wir bereits anhand mehrerer Beispiele gesehen hatten, werden häufig größere Wörterbücher zu weniger umfangreichen Satellitenwörterbüchern reduziert. Diese und andere sehr selektive, nicht sehr umfangreiche Wörterbücher erhalten dann häufig Titel wie *diccionario básico, diccionario fundamental* oder gar *diccionario escolar*. Der Inhalt der meisten von ihnen ist aber kein auf Grund von statistischen Frequenzuntersuchungen zusammengestellter Grundwortschatz, auch haben sie meist keine didaktische Komponente, die die Bezeichnung *escolar* rechtfertigt (z. B. „usage notes", Beispielsätze).

Die bisher erwähnten spanischen Bedeutungswörterbücher sind fast alle normativ orientiert, nur in ganz wenigen findet sich eine deskriptive Komponente (z. B. im *Gran Diccionario* 1985). Ein wirklich deskriptives Wörterbuch des modernen Spanisch wäre deshalb ein dringendes Desideratum (Haensch 1982 a). Ein Wörterbuch des gesprochenen Spanisch, das Manuel Seco ausarbeitet, soll 1990 oder 1991 erscheinen (vgl. Seco 1987). Was die historischen Wörterbücher betrifft, so sind zwei verschiedene Werke in Bearbeitung und erscheinen in einzelnen Faszikeln nur sehr langsam: einerseits das Wörterbuch von Cuervo (vgl. Art. 183), andererseits der breit angelegte *Diccionario histórico de la lengua española* (DH), der im Seminario de Lexicografía de la Real Academia Española ausgearbeitet wird. Die Veröffentlichung eines ersten historischen Wörterbuches der Akademie begann zwischen 1934 und 1936. Es umfaßte nur die Buchstaben A, B und C (2 Bde.). 1946 beschloß die Akademie, ein historisches Wörterbuch auf einer völlig neuen Grundlage zu schaffen und rief hierfür ihr Seminario de Lexicografía unter der Leitung von Julio Casares ins Leben, in dem dieses umfangreichste wissenschaftliche Wörterbuchunternehmen der spanischen Sprache seitdem verwirklicht wird. Illustre Philologen haben dabei mitgearbeitet: Rafael Lapesa, Salvador Fernández Ramírez, Samuel Gili Gaya, Carlos Clavería und Manuel Seco (der es heute leitet). Als Quellen werden Texte vom frühen Mittelalter bis heute (einschl. dialektaler, hispanoamerikanischer, mozarabischer und judenspanischer) sowie nichtliterarische Belege ausgewertet. In diesem Werk folgen auf die Angabe der Etymologie bei jedem Artikel, sorgfältig gegliedert, die verschiedenen Einzelbedeutungen eines Stichwortes und dann hierzu jeweils, chronologisch geordnet, die Textbelege aus den einzelnen Epochen. Der DH setzt die Tradition großer lexikographischer Unternehmen wie des Deutschen Wörterbuches der Brüder Grimm oder des Oxford Dictionary fort. Zur Zeit werden hierfür 9 Millionen Karteikarten aus 10 000 Texten ausgewertet.

Bisher erschienen sind Band I (a-ala), der 1972 abgeschlossen war und zwischen 1974 und 1984 die Faszikel 11—16. Insgesamt sind 25 Bände von ca. 1400 Seiten vorgesehen (Zur Würdigung dieses Werkes, vgl. Casares 1948; Fernández-Sevilla 1974; Lapesa 1957; Navarro Tomás 1969; Seco 1987; Seco 1988).

Leider wird weder dieses monumentale Werk noch der *Diccionario* von Cuervo bis Ende dieses Jahrhunderts vollendet sein.

Zusammenfassend kann festgestellt werden, daß die spanische Lexikographie des 20. Jh. manches Defizit, aber auch manche Leistung aufzuweisen hat. Bei den einsprachigen Bedeutungswörterbüchern erfolgte zunächst eine Öffnung hinsichtlich der Auswahl der Stichwörter, (Neologismen, Amerikanismen), erst nach 1960 auch Substandardwortschatz einschließlich tabuisierter Wörter. Mehr und mehr werden Paradigmatik und Syntagmatik berücksichtigt. Gewisse Wörterbuchtypen sind jedoch noch nicht vertreten: Valenzlexika, Kollokationswörterbücher, Stilwörterbücher, Lernwörterbücher i. e. S. Fast alle vorhandenen Synonymenwörterbücher sind unbefriedigend. Irreführend sind auch viele Titel: Wörterbücher, die den auf 25 % reduzierten Wortschatz eines größeren Wörterbuches enthalten, werden ohne weitere Bearbeitung als *diccionarios escolares* verkauft. Wenig umfangreiche Wörterbücher, die in Klammern ein Etymon bringen, nennen sich *diccionarios etimológicos*. Fünfbändige enzyklopädische Wörterbücher werden als *diccionario básico* verkauft usw. Für viele spanische Wörterbücher (soweit sie nicht sehr umfangreich sind), wäre es besser, sie verzichteten auf Polyfunktionalität und beschränkten sich auf eine oder nur wenige Funktionen, um diese besser erfüllen zu können. Allmählich gewinnt bei den Wörterbüchern der deskriptive Aspekt gegenüber einer puristisch-normativen Grundhaltung an Boden. Besondere Leistungen stellen vor allem wissenschaftliche Wörterbücher dar: das etymologische Wörterbuch von Corominas, der *Diccionario histórico* der Akademie, das Wörterbuch von R. J. Cuervo und der *Tesoro lexicográfico* von Gili Gaya.

Erfreulicherweise hat sich ausgehend von Arbeiten der älteren Generation (Ramón Menéndez Pidal, Julio Casares, Samuel Gili Gaya, Tomás Navarro Tomás, Amado Alonso) in den letzten Jahren eine autonome spanische Metalexikographie entwickelt (Manuel Alvar Ezquerra, Lázaro Carreter, Alvaro Porto-Dapena, Julio Fernández-Sevilla und Manuel Seco), von der zu hoffen ist, daß von ihr Impulse zur Verbesserung des Standards der spanischen Wörterbücher ausgehen werden. Auch in Lateinamerika erscheinen mehr und mehr Arbeiten zur Metalexikographie.

8. Die Lexikographie des amerikanischen Spanisch von den Anfängen bis Ende des 19. Jahrhunderts

Unter lateinamerikanischer Lexikographie verstehen wir im folgenden die Lexikographie des in Hispanoamerika gesprochenen Spanisch. Die (meist zweisprachigen) Wörterbücher der in Hispanoamerika gesprochenen Indianersprachen werden ebenso wenig berücksichtigt (vgl. hierzu Artikel 274—284) wie die in Hispanoamerika veröffentlichten allgemeinen Wörterbücher des Spanischen.

Nach der Entdeckung, Eroberung und allmählichen Erschließung der spanischen Kolonien in Amerika machte das in Amerika gesprochene Spanisch eine Entwicklung durch, die es von der Sprache des Mutterlandes mehr und mehr differenzierte. Dies gilt besonders für den Wortschatz einschließlich der Idiomatik. Die ersten Belege amerikanisch-spanischer Wörter, die z. T. aus Indiosprachen entlehnt wurden, z. T. Neubildungen aus spanischem Wortgut sind, z. T. aber auch dadurch entstanden, daß spanische Wörter eine neue Bedeutung erhielten, finden sich in den Briefen, Tagebüchern und Chroniken der ersten Entdecker und Eroberer und treten dann immer häufiger in Werken über Geographie, Geschichte, Fauna, Flora, etc. der Neuen Welt auf. Eine der ergiebigsten dieser paralexikographischen Quellen für den hispanoamerikanischen Wortschatz der damaligen Zeit ist die *Historia General y Natural de las Indias* von Fernández de Oviedo 1851, die fast 500 Amerikanismen enthält. (Zu den Amerikanismen in solchen Quellen vgl. u. a. Alvar López 1970, 1972 und Lara 1975). Das erste bisher bekannte lexikographische Inventar des amerikanischen Spanisch ist ein Glossar, das Pedro Fernández Castro Andrade 1608 in Peru verfaßte (vgl. Ugarte Chamorro). Erst seit 1986 haben wir Kenntnis von einem weiteren Glossar, das Fray Pedro Simón zum Verständnis der Amerikanismen in seinen *Noticias Historiales* 1627 veröffentlichte. Er unterscheidet Kolumbianismen, Peruanismen, Venezolanismen und z. T. sogar *costeñismos* (der atlantischen Küstenregion Kolumbiens) (Simón 1627). Hundert Jahre später wurden bereits zahlreiche Amerikanismen in den *Diccionario de Autoridades* der Real Academia aufgenommen (vgl. Werner 1983, 1984 und Salvador Rosa 1985). Ein wichtiger Meilenstein in der Geschichte der amerikanisch-spanischen Lexikographie war die Veröffentlichung des wegen seines überregionalen Charakters bemerkenswerten *Vocabulario de las voces provinciales de América,* die Antonio de Alcedo wiederum als Ergänzung zu einem geschichtlich-geographischen Werk veröffentlichte (Alcedo 1786). Dieses Vokabular von 114 Seiten registriert Wortschatz aus ganz Hispanoamerika mit sorgfältiger Unterscheidung der jeweiligen geographischen Verbreitung und gibt bei den Tier- und Pflanzennamen den wissenschaftlichen Terminus an.

Lexikographische Inventare des amerikanischen Spanisch größeren Umfangs finden wir jedoch erst im 19. Jh. Als wichtige Neuerung wurden sog. *diccionarios de provincialismos* veröffentlicht, die den Wortschatz eines Landes oder einer Region registrieren. Der erste von ihnen war der *Diccionario provincial de las voces de Cuba,* den Esteban Pichardo 1836 veröffentlichte und der bis in die jüngste Vergangenheit verschiedene Neuauflagen erfahren hat. Bald erschienen auch *diccionarios provinciales* in anderen Ländern. Ihnen liegt meist — bei verschiedener Verteilung der Gewichte — eine doppelte Zielsetzung zugrunde: Zum einen wollen sie den Wortschatz eines Landes oder einer Region als eine Art Kuriosität wegen seines philologischen, literarischen, geographischen, historischen oder volkskundlichen Interesses beschreiben, ohne jedoch die sprachlich beherrschende Rolle des spanischen Mutterlandes in Frage zu stellen. Zum anderen wollen sie viele sprachliche Erscheinungen als „barbarismo", „incorrección" usw. brandmarken und dafür nach normativ-puristischen Kriterien bessere Lösungen vorschlagen. Sicher gab es hier manchen inkorrekten Sprachgebrauch zu korrigieren, in sehr vielen Fällen wollen diese Wörterbücher aber eine in Amerika gebräuchliche lexikalische Einheit des Spanischen durch eine des europäischen Spanisch ersetzen. Sie sind daher für den Philologen, der den wirklichen Sprachgebrauch des 19. Jh. kennenlernen will, eine wertvolle Quelle, denn häufig ist, wie Serís (1964, 698—798) in seiner Bibliographie wiederholt notiert, „barbarismo" aus heutiger Sicht gleichbedeutend mit „Kolumbianismus", „Mexikanismus" usw. Die *diccionarios provinciales* müssen auch im Zusammenhang mit zahlreichen Büchern, Artikeln usw. über Purismus, „barbarismos" usw. gesehen werden, die z. T. auch von den Autoren von Wörterbüchern verfaßt wurden (vgl. zu den vielen Veröffentlichungen über dieses Thema ebenfalls Serís 1964).

Nach dem Wörterbuch von Pichardo erschienen u. a.: Arona 1871, Rodríguez 1875, Uribe 1887, Granada 1889, vgl. Kühl de Mones 1986, Membreño 1895, Ramos y Duarte 1895, García Icazbalceta 1899, Gagini 1892, Batres 1892. Wörterbücher über das Spanische von ganz Amerika gab es im 19. Jh. noch nicht. (Über ein nicht verwirklichtes Projekt berichtet Weinberg 1976).

Im 19. Jh. empfing die hispanoamerikanische Philologie entscheidende Impulse von der europäischen Sprachwissenschaft, vor allem durch zwei in Chile wirkende Deutsche. Rodolfo Lenz und Federico Hanssen und den in Europa ausgebildeten Kolumbianer Rufino José Cuervo. (Lenz vollendete jedoch sein Hauptwerk, ein etymologisches Wörterbuch der Indoamerikanismen des chilenischen Spanisch erst im 20. Jh.). Cuervo hat zwar kein Amerikanismenwörterbuch verfaßt, aber in seinen verschiedenen Arbeiten (s. Art. 183) das amerikanische Spanisch umfassend wissenschaftlich untersucht und beschrieben. Viele seiner Wortschatzmaterialien sind in Wörterbücher des amerikanischen Spanisch eingegangen und nicht wenige, obwohl sie inzwischen längst veraltet sind, bis heute kritiklos abgeschrieben worden.

Die übrige lexikographische Produktion Lateinamerikas im 19. Jh. beschränkt sich auf relativ wenige Werke, z. B. einen *Diccionario enciclopédico mexicano del idioma español* (Busto 1882), einige Inventare indiosprachlicher Elemente des amerikanischen Spanisch (z. B. Fernández Ferraz 1892), ein wichtiges Werk über die argentinische Gaunersprache (Dellepiane 1894), Wortlisten mit Vorschlägen zur Ergänzung des DRAE (z. B. Palma 1896 und Rivodó 1889), vor allem aber auf Antibarbarus-Werke, die zum größeren Teil in Wirklichkeit den tatsächlichen Sprachgebrauch einzelner Länder oder Regionen widerspiegeln, z. B. für Ekuador (Cevallos 1873) und für Peru (Riofrío 1874). Hier ist auch das Wörterbuch von Ortúzar 1893 zu erwähnen, das Amerikanismen aus verschiedenen Ländern enthält. In Mexiko erschien eines der ersten Wörterbücher über hispanoamerikanische Idiomatik (Sánchez Somoano 1892).

9. Die hispanoamerikanische Lexikographie im 20. Jahrhundert

Bei einer Betrachtung der lexikographischen Produktion in den verschiedenen Ländern Hispanoamerikas im 20. Jh. zeigt sich, daß diese sehr ungleich verteilt ist. So finden wir viele Wortschatzinventare über Mexico, Kuba, Puerto Rico, Kolumbien, Chile und Argentinien, weniger in Uruguay, Peru, der Dominikanischen Republik, Venezuela, sehr wenige in Ekuador und Mittelamerika und praktisch keine in Paraguay (abgesehen von der Guaraní-Lexikographie). Die verschiedenen Wörterbücher und anderen lexikographischen Inventare sind auch von sehr unterschiedlicher Qualität.

Als neuer Wörterbuchtyp treten im 20. Jh. die *diccionarios generales de americanismos* auf, d. h. allgemeine Bedeutungswörterbücher, die Wortschatz aus allen (oder sehr vielen) hispanoamerikanischen Ländern registrieren. Viel amerikanischer Wortschatz findet sich in dem von dem Argentinier Miguel de Toro y Gisbert (1912) veröffentlichten Werk *Americanismos*. Dieser Autor bearbeitete auch jahrzehntelang den *Pequeño Larousse Ilustrado* und nahm so viele Amerikanismen auf, daß das Wörterbuch allen in Spanien veröffentlichten bezüglich der Amerikanismen lange überlegen war. Das zeitlich erste und methodisch beste der eigtl. Amerikanismenwörterbücher ist der *Diccionario de americanismos* von Augusto Malaret (1925), der jahrzehntelang als Lexikograph tätig war (vgl. Malaret 1928, 1944 und 1943—45). Die Arbeit dieses Pioniers der hispanoamerikanischen Lexikographie wurde von López Morales (1983) ausführlich gewürdigt. Das chronologisch zweite, sehr umfangreiche allgemeine Amerikanismenwörterbuch: *Diccionario general de americanismos* von Francisco J. Santamaría (1942) ist dem von Malaret eindeutig unterlegen. 1966 erschien in Buenos Aires der *Diccionario manual de americanismos* von Marcos A. Morínigo, von dem 1985 eine leider völlig unveränderte Neuauflage veröffentlicht wurde (zu diesem wie zu den anderen allgemeinen Amerikanismenwörterbüchern vgl. Haensch/Werner 1978 a). Alfredo Neves veröffentlichte 1973 einen weiteren *Diccionario de americanismos* (Neves 1973), das zur Zeit — trotz mancher Schwächen — aktuellste Wörterbuch dieser Art. Allen vier genannten Werken weit unterlegen und wenig brauchbar sind Arias de la Cruz 1980, Americanismos Sopena 1982 und Pando Villaroya 1984. An dieser Stelle seien auch zwei im deutschen Sprachgebiet erschienene Werke erwähnt: ein amerikanisch-spanisch-deutsches Wörterbuch (Schwauß 1977), das reiche Materialien enthält, aber wegen vieler Fehler mit Vorsicht zu gebrauchen ist, und das wertvolle, historisch-etymologisch orientierte Werk von Friederici 1960. Die bisher genannten *diccionarios generales de americanismos* und viele der weiter unten erwähnten, bis ca. 1970 veröffentlichten Wörterbücher über den Wortschatz eines Landes, einer Region oder einer Stadt haben viele Schwächen gemeinsam: z. T. Fehlen einer klaren Trennung zwischen historisch-etymologischen Amerikanismen und solchen lexikalischen Einheiten, die aus heutiger synchronischer Sicht Amerikanismen sind; mangelnde Unterscheidung zwischen veralteten und noch gebräuchlichen Wörtern; irrtümliche Aufführung von europäisch-spanischen Wörtern als „Amerikanismen"; mangelnde Unterscheidung der stilistischen Markierung der Wörter und sonstiger Gebrauchsbedingungen (z. B. nur im ländlichen Milieu gebraucht); Nichterfassung von derb-anstößigen bzw. tabuisierten Wörtern; Übergewicht amerikanischer Spezifika (für den Europäer: Exotika) gegenüber den Universalia, daher vor allem weitgehendes Fehlen des heute gebräuchlichen Alltagswortschatzes; Nichterfassung von gebräuchlichen lexikalischen Einheiten aufgrund einer normativ-puristischen Dogmatik, vor allem aber Rückständigkeit in der angewandten lexikographischen Methode gegenüber dem Stand der Forschung und der Praxis in Europa. Dieses vielleicht sehr kritisch anmutende Urteil ergibt sich aus einer heutigen objektiven Analyse der vorhandenen Wörterbücher, die häufig von einzelnen Autoren unter schwierigen Arbeitsbedingungen, ohne Zugang zur gesamten vorhandenen Literatur und Dokumentation und ohne genügende Kenntnisse der Fortschritte der Lexikographie in Europa erarbeitet werden mußten und deren Leistung deshalb Anerkennung verdient. Wichtig ist für die heutige lateinamerikanische Lexikographie vor allem eine methodische Erneuerung und ein Verzicht auf eine, meist auch nicht konsequent durchgeführte Polyfunktionalität der Wörterbücher zugunsten einer Diversifizierung und Spezialisierung.

In der ersten Hälfte des 20. Jh. wurde zum Teil die Tradition der Provinzialismenwörterbücher fortgesetzt von denen eine Reihe noch ausgesprochen puristisch orientiert waren, andere wiederum nur den Namen *diccionario de provincialismos* beibehalten, der dann etwa nach 1935 allmählich verschwindet. In der ersten Hälfte des 20. Jh. erscheint statt „provincialismo" auch öfters die Bezeichnung „criollismo" bzw. „vocabulario criollo".

Wichtige Wörterbücher dieser Art sind u. a. Echeverría Reyes 1900, Román 1901, Tobar 1907, Salazar García 1910, Garzón 1910, Bayo 1910, Picón Febres 1912, Segovia 1912, Malaret 1917, Ortiz 1923, Alvarado 1929.

Allmählich macht sich ein stärkeres Selbstbewußtsein der Hispanoamerikaner in der Einschätzung ihrer regionalen oder nationalen Varianten des Spanischen bemerkbar, und es ist nicht mehr von „provincialismo" die Rede (vgl. z. B. Gagini 1919). Eines der letzten Werke mit diesem aus dem 19. Jh. übernommenen Titel (und der damit verbundenen Dogmatik) ist der *Diccionario de provincialismos y barbarismos del Valle del Cauca* (in Kolumbien, Tascón 1935). An der lexikographischen Methode hat sich bis in die siebziger Jahre nur wenig geändert.

Neben Wörterbüchern über die Sprache eines Landes erscheinen zahlreiche diccionarios regionales, wie z. B. für Mexico: Santamaría 1921, für Kuba: Martínez Moles 1928, für die Dominikanische Republik: Brito 1930, für Perú: Ugarte 1942 und Tovar 1966, für Chile: Cavada 1921.

Neue Impulse zur Beschreibung des hispanoamerikanischen Wortschatzes gingen zunächst mehr von der Dialektologie und Sprachgeographie als von der Lexikographie aus. In Kolumbien z. B. veröffentlichte das Instituto Caro y Cuervo nach mehr als 25jähriger Arbeit den *Atlas lingüístico y etnográfico de Colombia* in 6 Bänden (ALEC). Durch die hierfür erforderliche Feldforschung wurde die Notwendigkeit unterstrichen, Wortschatzmaterial nicht nur aus schriftlichen Quellen zu erschliessen, sondern auch mündliche Erhebungen durchzuführen. Parallel zu den Arbeiten am ALEC entstanden am Instituto Caro y Cuervo eine Reihe von Monographien zu einzelnen Themen, z. B. Montes 1981 oder über einzelne Regionen, z. B. Flórez 1965, die zwar keine eigtl. Wörterbücher sind, aber reichen Wortschatz, meist in Form von Glossaren, enthalten. Ebenfalls auf mündlichen Erhebungen beruht das *Proyecto de estudio coordinado de la norma lingüística culta* (vgl. hierzu Lope Blanch, 1969). Bedauerlicherweise sind bisher nur 3 Bände erschienen (Lope Blanch 1978, Torres Martínez 1981, López Morales 1986). Wenn alle Bände dieses Projekts vorliegen, werden wir wesentlich mehr über den heutigen Gebrauchswortschatz in Hispanoamerika (und im Vergleich dazu in Spanien) wissen.

Da häufig keine oder nur wenige, oft veraltete einsprachige Bedeutungswörterbücher zum Wortschatz einzelner Länder oder Regionen vorliegen, müssen auch andere, nicht rein lexikographische Werke als Informationsquellen herangezogen werden, z. B. das philologisch-kulturhistorisch kommentierte Werk von Angel Rosenblat (1956) mit einem alphabetischen Wortregister. Leider enthalten die in Hispanoamerika erschienenen allgemeinen Bedeutungswörterbücher meist nicht mehr Amerikanismen als die in Spanien veröffentlichten. Eine rühmliche Ausnahme bildet der in Mexico erschienene *Diccionario Porrúa*, der viele Mexikanismen und Amerikanismen registriert (Raluy/Monterde 1969). Wenig zuverlässig sind häufig lexikologische Werke, die viel Wortschatz mit Angabe der Bedeutung enthalten, da ihre Materialien oft aus mangelhafter oder z. T. veralteter Primärliteratur stammen, wie z. B. Sala 1982 (vgl. Werner 1986). Dagegen sind manchmal lexikologische Arbeiten, die auf Erhebungen beruhen, in Ermangelung anderer Inventare eine wertvolle lexikographische Informationsquelle, z. B. Valencia 1976—77. Auch Arbeiten, in denen Ergänzungen zum DRAE vorgeschlagen werden, sind eine weitere wichtige Dokumentationsquelle über den hispanoamerikanischen Wortschatz des 20. Jhs. (z. B. Palma 1903 und Tovar 1941). Eine Übersicht über die im DRAE enthaltenen Amerikanismen gibt Ferreccio 1978, über die neu in das Akademiewörterbuch aufgenommenen Amerikanismen informiert laufend das *Boletín de la Real Academia Española* (BRAE).

Erst seit den siebziger Jahren sind neue Wörterbuchprojekte angelaufen, die eine inhaltliche und methodische Modernisierung der hispanoamerikanischen Lexikographie bedeuten, und zwar in Mexiko, Valparaíso (Chile), Caracas und Augsburg. Seit längerer Zeit läuft unter der Leitung von Lara das Projekt eines *Diccionario del Español de México* (DEM), das den gesamten mexikanischen Wortschatz erfassen will, unabhängig davon, ob er in Spanien oder einem anderen hispanoamerikanischen Land gebraucht wird oder nicht. Bei dem auf einer soliden wissenschaftlichen Methode beruhenden Projekt wird ein umfangreiches Corpus von schriftlichen und mündlichen Texten statistisch ausgewertet. Das Projekt wird noch Jahre bis zu seinem Abschluß brauchen (vgl. Lara/Chande 1974, Lara/Chande/García 1979). Aus diesem Projekt sind zwei Wörterbücher des mexikanischen Spanisch hervorgegangen: Lara 1982 und, wesentlich umfangreicher, Lara 1986. Beide Wörterbücher enthalten reichliche, sauber gegliederte Angaben zu jedem Stichwort, die Definitionen sind klar, Syntagmatik wird stark berücksichtigt. Inwieweit diese Wörterbücher schon die Struktur des zukünftigen großen Wörterbuches widerspiegeln, geht aus ihrem Text nicht hervor.

Über 20 Jahre lang arbeitete eine Forschergruppe unter der Leitung von Morales Pettorino an einem *Diccionario ejemplificado de chilenismos,* von dem alle vier Bände erschienen sind (DECH 1984). Im Gegensatz zur integralen Methode des DEM, das den gesamten mexikanisch-spanischen Wortschatz erfassen will, wird der DECH nach der kontrastiven Methode erarbeitet, d. h., es werden nur solche lexikalischen Einheiten erfaßt, die sich vom europäischen Spanisch unterscheiden. Leider — und dies ist eigentlich die einzige Schwäche dieses sonst ausgezeichneten Wörterbuches — wird als Grundlage des Vergleiches der *Diccionario de la Real Academia Española* verwendet, der nicht die gesamte Realität des heutigen peninsularen Wortschatzes widerspiegelt, und so enthält dieses sonst so verdienstvolle, streng nach einer kohärenten Methode erarbeitete Wörterbuch eine Reihe von Peninsularismen. Besonders zu begrüßen ist, daß zu jedem Stichwort reichlich Textbelege und bibliographische Hinweise gegeben werden. Jedenfalls bedeutet dieses Wörterbuch gegenüber der bisherigen Praxis der hispanoamerikanischen Lexikographie einen bedeutenden Fortschritt. Seine Methode wird in einem separaten *Estudio preliminar* ausführlich erläutert (DECH 1983).

In Caracas wird unter der Leitung von María J. Tejera an einem *Diccionario de Venezolanismos* gearbeitet, von dem bisher ein Band erschienen ist (Tejera 1983). Dieses Wörterbuch wird ebenfalls nach der kontrastiven Methode bearbeitet, wenn diese auch nicht immer konsequent angewendet wird, denn es enthält eine Reihe von Peninsularismen. Es gibt bei vielen Stichwörtern die europäisch-spanischen Äquivalente an und benützt großenteils eine neutrale, also nicht spezifisch venezolanische Definitionssprache. Eine Besonderheit des Werkes ist, daß die reichen, in jahrzehntelanger Arbeit gesammelten Materialien von Angel Rosenblat eingearbeitet wurden. Es gibt bei jedem Stichwort bibliographische Hinweise und Textbelege, die bis auf die frühe Kolonialzeit zurückgehen und erhält dadurch eine historische Komponente. Das Werk enthält reichlich Phraseologie und bedeutet im ganzen gesehen — trotz einiger Schwächen (Peninsularismen, unklarer Verwendung der Begriffe „español general" und „español peninsular") — eine erfreuliche Bereicherung der hispanoamerikanischen Lexikographie.

Das vierte der neueren Projekte, der *Nuevo diccionario de americanismos,* wird an der Universität Augsburg unter der Leitung von Günther Haensch und Reinhold Werner durchgeführt. Es erfaßt zunächst den Wortschatz der einzelnen amerikanischen Länder, der dann am Schluß in ein allgemeines Wörterbuch des amerikanischen Spanisch eingehen soll. Der erste dieser „diccionarios nacionales", der *Nuevo Diccionario de Colombianismos* lag 1986 abgeschlossen vor und befindet sich 1990 im Druck. Seit 1986 wird am *Nuevo Diccionario de Argentinismos* gearbeitet. Forschergruppen in einzelnen Ländern sammeln Materialien für die übrigen Länder. Da das Projekt in einer Reihe von Veröffentlichungen ausführlich vorgestellt wurde, darf auf diese verwiesen werden (Haensch 1978, 1980, 1982 a, 1982 b, 1983, 1984 a, 1984 b;

Werner 1978, 79). Parallel zu den einzelnen „nationalen" Amerikanismenwörterbüchern wurde beim „Proyecto de Augsburgo" eine *Bibliografía de inventarios lexicográficos del español de América* zusammengestellt, die 1991 erscheinen soll.

Der größere Teil der lateinamerikanischen Publikationen über Etymologie befaßt sich mit den indiosprachlichen Elementen des amerikanischen Spanisch. Das umfassendste Werk ist Lenz (1904). Als Beispiele für die zahlreiche Publikationen zu diesem Thema seien noch genannt: Robelo 1912 und Cabrera 1974, Hernández-Aquino 1977, Sala 1977, Zamora Munné 1976, vgl. auch Friederici 1960.

10. Literatur (in Auswahl)

10.1. Wörterbücher

Acevedo 1932 = Bernardo Acevedo y Huelves/ Marcelino Fernández y Fernández: Vocabulario del bable de Occidente. Madrid 1932 [XII, 242 S.].

Adeline 1888 = J. Adeline: Vocabulario de términos de arte. Madrid 1888 [527 S.].

Agustin 1646 = Miguel Agustin: Libro de los secretos de Agricultura. Saragossa 1646.

Alba 1918 = Renato de Alba: Suplemento de todos los diccionarios enciclopédicos españoles. Barcelona 1918 [414 S.].

Alcalá 1505 = Pedro de Alcalá: Vocabulista Arabigo en Letra Castellana. Granada 1505 [New York 1928].

Alcalá Venceslada 1980 = Antonio Alcalá Venceslada: Vocabulario andaluz. 3. Aufl. Andújar 1980 [X, 676 S.].

Alcedo 1786 = Antonio de Alcedo: Vocabulario de las voces provinciales de América. In: Diccionario geográfico histórico de las Indias Occidentales o América, 1786—1789. Hrsg. von C. Pérez-Bustamente. Bd. 4. Madrid 1967.

Aldrete 1606 = Bernardo Aldrete (oder Alderete) Del origen y principio de la lengua castellana [...] Rom 1606 [Ausgabe von L. Nieto Jiménez, Madrid 1972—1975].

ALEC = Luis Flórez: Atlas lingüístico y etnográfico de Colombia. Bogotá 1982—1983.

Alemany 1950 = José Alemany y Bolufer: Nuevo diccionario de la lengua española. Barcelona 1950 [IX, 1136 S.; zuerst 1917, 1747 S.].

Almirante 1869 = José Almirante: Diccionario militar. Madrid 1869 [XV, 1218 S.].

Alonso 1606 = Juan Alonso y de los Ruyzes de Fontecha: Diccionario médico. Alcalá 1606.

Alonso 1958 = Martín Alonso Pedraz: Enciclopedia del idioma. Diccionario histórico y moderno de la lengua española (siglos XII al XX). 3 Bde. Madrid 1958 [1380, 1552, 1362 S., 5. Aufl. 1975].

Alonso 1960 = Martín Alonso Pedraz: Diccionario del español moderno. Madrid 1960 [6. Aufl. 1981, 1159 S.].

Altamira 1951 = Rafael Altamira: Diccionario castellano de palabras jurídicas y técnicas tomadas de la legislación indiana. Mexico 1951 [394 S.].

Alvarado 1929 = Lisandro Alvarado: Glosario del Bajo Español en Venezuela. Caracas 1929 [703 S.].

Americanismos 1982 = Americanismos. Diccionario Ilustrado Sopena. Barcelona 1982 [670 S.].

Amor 1947 = Ricardo Amor: Diccionario del Hampa. Mexico 1947.

Anastasi 1967 = Atilio Anastasi: Actualización del léxico español. Mendoza 1967 [92 S.].

Anaya 1980 = Enrique Fontanillo Merino: Diccionario Anaya de la Lengua. 2. Aufl. Madrid 1980 [XXI, 730 S.].

Andolz 1977 = Rafael Andolz: Diccionario aragonés. Saragossa 1977 [422 S.].

Andrés 1883 = Emilio Andrés y Rodríguez: Diccionario de la lengua castellana. Bilbao 1883 [446 S.].

Antolín 1867 = Francisco Antolín y Sáez: Corrección del lenguaje o sea Diccionario de disparates (...). Valladolid 1867 [52 S.].

Arazzola 1848 = L. Arazzola et alii: Enciclopedia española del derecho y administración. 6 Bde. Madrid 1848—54.

Argos-Vergara = Diccionario de la Lengua Argos-Vergara. 6 Bde. Barcelona 1979 [1984 S.].

Argote de Molina 1575 = Don Argote de Molina: Discurso sobre la poesía castellana. Madrid (?) 1575.

Arias 1980 = Miguel A. Arias de la Cruz: Diccionario temático. Americanismos. León 1980 [572 S.].

Arnal 1944 = Arnal Cavero: Vocabulario del Alto Aragonés (de Alquézar y pueblos próximos). Madrid 1944 [32 S.].

Arona 1871 = Juan de Arona (Pseudonym von Pedro Paz Soldán y Unanue): Diccionario de peruanismos. Lima 1871 [letzte Auflage 1975; 530 S.].

Arriola 1952 = Jorge Luis Ariola: Pequeño diccionario etimológico de voces guatemaltecas. 2. Aufl. Guatemala 1952.

Artiles 1965 = Francisco Navarro Artiles y Calero/Fausto Carreño: „Vocabulario de Fuerteventura". In: Revista de Dialectología y Tradiciones populares 21. 1965, 103—142, 215—272.

Avello 1673 = Juan de Avello Valdés/Manuel de Ayala: Diccionario marítimo o Prontuario Nautico (...). Ms. von 1673.

Ayala 1693 = Juan Francisco Ayala Manrique: Tesoro de la lengua castellana. Ms. Madrid (1693) Biblioteca Nacional [253 Bl.].

Badía 1948 = Antonio Badía Margarit: Contribución al vocabulario aragonés moderno. Saragossa 1948 [201 S.].

Bails 1802 = Benito Bails: Diccionario de Arquitectura civil. Madrid 1802 [I + 131 S.].

Baldinger 1983 = Kurt Baldinger: Vocabulario de Cieza de León. In: Lexis VII, 1. 1983 [131 S.].

Ballarín 1971 = Angel Ballarín Cornel: Vocabulario de Benasque. Saragossa 1971 [221 S.].

Baráibar 1903 = Federico Baráibar y Zumárraga: Vocabulario de palabras usadas en Alava y no incluidas en el Diccionario de la Real Academia Española. Madrid 1903 [325 S.].

Barcia 1860 = Roque Barcia: Diccionario de la lengua castellana. 4. Aufl. Paris 1860 [XII, 1018 S.] 14. Aufl. Madrid 1912 [1120 S.].

Barcia 1880 = Roque Barcia: Primer Diccionario general etimológico de la lengua española. Madrid 1880—83 [5 Bde.].

Barcia 1973 = José Barcia: El lunfardo de Buenos Aires. Buenos Aires 1973 [150 S.].

Batres 1892 = Antonio Batres Jáuregui: Vicios del lenguaje y provincialismos de Guatemala. Guatemala 1892 [285 S.].

Bayo 1910 = Ciro Bayo: Vocabulario criollo-español sudamericano. Madrid 1910 [234 S.].

B.C.H.I.P.S. 1842 = B.C.H.I.P.S.: Diccionario portátil y económico de la lengua castellana. Barcelona 1842 [911 S.].

Berganza 1721 = Francisco de Berganza: Vocablos del idioma vulgar que se halla en las Historias y escrituras antiguas. Madrid 1721.

Boggs 1946 = R. S. Boggs/LL. Kasten/H. Keniston/H. B. Richardson: Tentative Dictionary of Medieval Spanish. 2. Bde. Chapel Hill, North Carolina 1946 [537 S.].

Borao 1859 = Jerónimo Borao y Clemente: Diccionario de voces aragonesas. Saragossa 1859.

Boyd 1971 = Peter Boyd-Bowman: Léxico hispanoamericano del siglo XVI. London 1971 [XXII, 1004 S.; siglo XVII, XVIII, XIX, Madison 1982, 1983, 1984].

Bravo 1606 = Bartolomeo Bravo: Thesaurus hispano latinus utriusque linguae. Valencia 1606.

Brito 1930 = Rafael Brito: Diccionario de Criollismos. San Francisco de Macorís 1930.

Brocense 1580 = Francisco Sánchez de las Brozas: Etimologías españolas. Ms. der Real Academia Española von 1580.

Broch 1771 = Joseph Broch. Promptuario trilingue (...) para el comercio político y social en los tres idiomas cathalan, castellano y francés. Barcelona 1771 [216, II].

Buchanan 1927 = Milton A. Buchanan: A Graded Spanish Word Book. Toronto 1927 [1925 S.].

Burgos 1831 = Miguel de Burgos: Diccionario judicial. Madrid 1831 [238 S.].

Busto 1882 = Emiliano Busto: Diccionario enciclopédico mexicano del idioma español. Mexiko 1882—1886 [6 Bde.; nur von A-L erschienen].

Caballero 1852 = Cipriano de Arnedo/José Caballero: Diccionario general de la lengua castellana. Madrid 1852 [1245, 247 S., 9. Aufl. Madrid 1865].

Cabrera 1837 = R. Cabrera: Diccionario de etimologías de la lengua castellana. Madrid 1837 [XXIV, 316, 837 S.].

Cabrera 1974 = Luis Cabrera: Diccionario de aztequismos. Mexico 1974.

Cáceres 1974 = María Leticia Cáceres: Voces y giros del habla colonial peruana registrados en los códices de la obra de J. del Valle y Caviedes. Lima 1974 [51 S.].

Calandrelli 1880 = Matías Calandrelli: Diccionario filológico comparado de la lengua castellana. 12 Bde., Buenos Aires 1880—1916.

Calleja 1876 = Saturnino Calleja: Diccionario castellano de bolsillo. Madrid 1876 [VIII, 1806 S.].

Cammarota 1963 = Federico Cammarota: Vocabulario familiar y del lunfardo. Buenos Aires 1963 [2. Aufl. 1970, 206. S.].

Campano 1876 = Lorenzo Campano. Diccionario general abreviado de la lengua castellana (...). Paris 1876 [III, 1013 S.].

Campuzano 1857 = Ramón Campuzano: Novísimo Diccionario de la lengua castellana [...]. 2 Bde. Madrid 1857 [820, 788 S.].

Canellada 1944 = María Josefa Canellada: El bable de Cabranes. Madrid 1944.

Cano 1611 = Tomé Cano: Arte para fabricar, fortificar y aparejar naos de guerra y merchantes. Sevilla 1601.

Cañes 1787 = Francisco Cañes; Diccionario español-latino-arábigo. Madrid 1787. 3 Bde. [593, 554, 632 S.].

Carvajal 1885 = Francisco Carvajal: Diccionario manual de las voces de dudosa ortografía en la lengua castellana. 3. Aufl. Madrid 1885 [128 S.].

Casas 1857 = Nicolás Casas: Diccionario manual de agricultura y ganadería españolas. 4 Bde. + 1 Atlasband. Madrid 1857.

Casiri 1773 = Miguel Casiri: Diccionario de las voces arábigas usadas en España. Ms. von 1773 der Bibliothek der Academia de la Historia, Madrid.

Castro 1852 = Adolfo de Castro: Gran diccionario de la lengua española [...]. Bd. 1. Madrid 1852.

Castro 1918 = Américo Castro: Adiciones hispánicas al diccionario etimológico de W. Meyer-Lübke. In: Revista de Filología Española V, 1918, 21—42 und VI, 1919, 337—345.

Casullo 1972 = Fernando Hugo Casullo: Diccionario de voces lunfardas y vulgares. Buenos Aires 1972 [230 S.].

Cavada 1921 = F. J. Cavada: Diccionario Manual Isleño: Provincialismos de Chiloé. Santiago de Chile 1921.

Ceballos 1771 = Eugenio Ceballos: Dictionarium latino-hispanum et hispano-latinum. Madrid 1771 [1776, 1780, 1784].

Cejador 1906 = Julio Cejador: La lengua de Cervantes. Bd. II: Diccionario. Madrid 1906 [1169 S.].

Cejador 1929 = Julio Cejador y Frauca: Vocabulario medieval castellano. 1. Aufl. Madrid 1929 [Nachdruck 1971, 414 S.].

Cepas 1973 = Juan Cepas: Vocabulario popular malagueño. 2. erw. Aufl. Málaga 1973 [216 S.; Barcelona 1985, 351 S.] Neuaufl. Barcelona 1985 [351 S.].

Cervantes = Diccionario escolar castellano. Léxicon Cervantes. Guatemala 1975 [538 S.].

Cevallos 1873 = D. J. Cevallos: Breve catálogo de errores. 4. Aufl. Quito 1873.

Chabat 1956 = Carlos G. Chabat: Diccionario de Caló. Guadalajara 1956.

Chao 1853 = Eduardo Chao (Hrsg.): Diccionario enciclopédico de la lengua española. 2 Bde. Madrid 1853—1855 [1058, VII; 1393, IV].

Chaves 1609 = Cristóbal de Chaves: Romances de Germanía. Veröffentlicht von Juan Hidalgo. Barcelona 1609.

Collado 1632 = Diego Collado: Dictionarium sive thesauri linguae japonicae. Rom 1632 [355 S.].

Collado 1634 = Diego Collado: Dictionarium Linguae Sinensis cum explicatione Latina et Hispanica (...). Rom 1634.

Collantes 1855 = Agustín Esteban Collantes/Agustín Alfaro: Diccionario de agricultura práctica y economía rural. Madrid 1885 [7 Bde.].

Colmeiro 1871 = Miguel Colmeiro: Diccionario de los diversos nombres vulgares de muchas plantas. Madrid 1871 [240 S.].

Colmenares 1977 = Edgar Colmenares del Valle: Léxico del beisbol en Venezuela. Caracas 1977 [266 S.].

Cornejo 1779 = Andrés Cornejo: Diccionario histórico y forense de derecho real de España. Madrid 1779.

Corominas 1954 = Juan Corominas: Diccionario critico etimológico de la lengua castellana. 4 Bde. Bern. Madrid 1954—1957 [LXVIII, 996; 1082; 1956; 1224 S.].

Corominas 1961 = Juan Corominas: Breve diccionario etimológico de la lengua española. 3. neubearbeitete Aufl. 1973 [627 S.].

Corominas/Pascual 1980 = Juan Corominas/José A. Pascual: Diccionario crítico-etimológico castellano e hispánico. 6 Bde. Madrid 1980 ff.

Corona 1882 = F. Corona Bustamante: Diccionario francés-español Paris 1882 [IV, 1374 S.].

Correas 1627 = Gonzalo Correas: Vocabulario de refranes. 1627 verfaßt, hrsg. von der Real Academia Española. Madrid 1906 [661 S.].

Corsini 1849 = Luis Corsini: Vocabulario militar. Madrid 1849 [XVI + 572 S.].

Covarrubias 1611 = Sebastián de Covarrubias Orozco: Tesoro de la lengua castellana, o española (...). Madrid 1611 [X, 602 S., 1673—74 mit Erweiterungen durch Benito Remigio Noydens. Ed. Martin de Riquer. Barcelona 1943, Neuaufl. 1987].

Cowles 1952 = Ella Nancy Cowles: A Vocabulary of American Spanish based on glossaries appended to literary works. Diss. Ann Arbor 1952.

Cuesta 1878 = J. Cuesta y Kerner: Vocabulario tecnológico de medicina, cirugía y ciencias auxiliares. Madrid 1878 [X, 566 S.].

Danae = Diccionario enciclopédico Danae. 12 Bde. Barcelona [7500 S.].

DECH 1983 = Felix Morales Pettorino/Oscar Quiróz Mejías: Diccionario ejemplificado de chilenismos. Estudio preliminar. Santiago de Chile 1983 [150 S.].

DECH 1984 = Felix Morales Pettorino/Oscar Quiróz Mejías/Juan Peñe Alvarez: Diccionario ejemplificado de chilenismos. 4 Bde. Santiago de Chile 1984—1987.

Dellepiane 1894 = Antonio Dellepiane: El idioma del Delito. Buenos Aires 1894.

D. F. A. 1831 = D. F. A.: Diccionario judicial Madrid 1831 [238 S.].

DH = Diccionario histórico: Real Academia Española. Madrid 1966 ff. [Bd. I. Madrid 1972, 1302 S., Faszikel 11—16, 1984, 810 S., Faszikel 17, 1986, 128 S. Fasz. 18, 1988, 127 S.].

Dicc. de agricultura 1885 = Diccionario enciclopédico de agricultura, ganadería e industrias rurales. Hrsg. von M. López Martínez et alii. Madrid 1885—1889.

Dicc. de autoridades 1726 = Diccionario de autoridades publicado por la Real Academia Española (1726—1739) [Nachdruck Madrid 1963, 1979].

Dicc. de banca 1976 = Diccionario de banca y bolsa. Barcelona 1976 [265 S.].

Dicc. enciclopédico 1887 = Diccionario enciclopédico hispano-americano de literatura, ciencias y artes. 11 Bde. Barcelona 1887—1892.

Dicc. español actual = Grijalbo-Diccionario del español actual. Madrid 1988 [1071 S.].

Dicc. explicativo 1843 = Diccionario explicativo de los nuevos vocablos o acepciones que han introducido en el habla vulgar de nuestra patria las banderías políticas. Madrid 1843.

Dicc. del lenguaje usual 1969 = E. Martínez/R. Nieto/A. Ramos (Hrsg.): Diccionario del lenguaje usual. Madrid 1969 [758 S.].

Dicc. manual RAE = Diccionario manual e ilustrado de lengua española. Hrsg. von der Real Academia Española. Madrid 1927 [XI, 2011 p.; 2. Aufl. 1950, 1982 S.; 3. Aufl., 6 Bde. 1983].

Dicc. marítimo 1831 = Diccionario marítimo español. Madrid 1831 [XIV, 188 S.].

Dicc. minería 1848 = Diccionario de las voces más usadas en minería. Madrid 1848 [150 S.].

Dicc. Santillana 2 = Emiliano Martínez: Diccionario Santillana 2. Madrid 1975.

Doce 1881 = José María Doce: Diccionario ortográfico etimológico español. Madrid 1881 [463 S.].

Domínguez 1846 = Ramón Joaquín Domínguez: Diccionario nacional, o gran diccionario clásico de la lengua española. Madrid 1846, 1847.

Domínguez 1852 = Ramón Joaquín Domínguez: Compendio del diccionario nacional de la lengua española. Madrid 1852 [Aufl. 1881, 1887].

DRAE 1984 = Diccionario de la lengua española de la Real Academia Española. 20. Aufl. Madrid 1984. 2 Bde. [1416 S.].
Durvan 1970 = Diccionario Durvan de la lengua española. Bilbao 1970 [Neuaufl. 1983, 1312 S.].
Durvan 1979 = Gran diccionario enciclopédico Durvan. Dir. par Luis Rodrigo/Angel Puertas. 12 Bde. Bilbao 1979 [Nuevo diccionario enciclopédico universal. Madrid 1985].
Eapsa = Diccionario Enciclopédico de la Lengua Española. Madrid 1979 [1530 S.].
Easa = María Eloísa Alvarez del Real (Hrsg.): Diccionario práctico Easa 5. Aufl. Panama 1985 [850 S.].
Echegaray 1887 = Eduardo de Echegaray: Diccionario general etimológico de la lengua española. 5 Bde. Madrid 1887—1889.
Echeverría 1900 = Aníbal Echeverría Reyes: Voces usadas en Chile. Santiago 1900 [246 S.].
Echeverría 1934 = Aníbal Echeverría Reyes: Jerga usada por los delincuentes nortinos. Concepción (Chile) 1934.
Eguílaz 1886 = Leopoldo de Eguílaz y Yanguas: Glosario etimológico de los palabras españolas de origen oriental. Granada 1886 [591 S.].
Elizaga 1887 = Lorenzo Elizaga: Los diez mil verbos castellanos. Paris. Mexico 1887 [196 S.].
Elsevier = Gran diccionario Elsevier de la lengua española. Barcelona 1981.
Engelmann 1861 = W. H. Engelmann: Glossaire des mots espagnols et portugais dérivés de l'arabe. Leyden 1861 [427 S.].
Escobar 1519 = L. Cristóforo de Escobar (auch: Christophorus Scobare Bethicus): Vocabularium Nebrissense ex siciliensi sermone in latinum (...). Venedig 1519.
Escobar 1520 = L. Cristóforo de Escobar (auch: Christophorus Scobare Bethicus): Vocabularium ex latino sermone in Siciliensem et hispaniensem denuo traductum. Venedig 1520.
Escobar 1974 = Washington Escobar: Refranero uruguayo. Tacuarambó 1974.
Eseverri 1945 = C. Eseverri Hualde: Diccionario etimológico de helenismos españoles. Burgos 1945.
Espasa, bás. = Diccionario básico Espasa, 5 Bde. Madrid 1980.
Espasa, encicl. = Diccionario enciclopédico Espasa. 12 Bde. Madrid 1978 [10 800 S.].
Espasa 1 = Diccionario enciclopédico. Espasa 1. A-Z. Madrid 1985 [1675 S.].
Espinosa (1527—1547) = Francisco Espinosa: Refranero (1527—1547). Ausg. von Eleanor S. O'Kane. Madrid 1967.
Etcheverri 1701 = Juan de Etcheverri: Diccionario vasco, frances, español y latín. San Sebastián 1701.
Fabre 1976 = Feliciano Fabre: Glosario de la novela hispano-americana actual. San Juan de Puerto Rico 1976 [125 S.].
Feijóo 1726 = Benito Gerónimo Feijóo: Algunas observaciones sobre la introducción de voces nuevas en nuestro idioma. In: Theatro crítico universal. Madrid 1726, 306—308.
Fernández Cuesta 1867 = Nemesio Fernández Cuesta (Hrsg.): Diccionario enciclopédico de la lengua española. 2 Bde. Madrid 1867 [1878, 1058, 17; 1393, 21 S.].
Fernández Ferraz 1892 = Juan Fernández Ferraz: Nahuatlismos de Costa Rica. San José 1892 [LXXV, 148 S.].
Fernández Gómez 1962 = Carlos Fernández Gómez: Vocabulario de Cervantes. Madrid 1962 [X, 1136 S.].
Fernández de Oviedo 1851 = Gonzalo Fernández de Oviedo y Valdés: Historia General y Natural de las Indias. Islas y Tierra Firme del Mar Océano. Madrid 1851.
Ferreccio 1978 = Mario Ferreccio Podesta: El Diccionario académico de americanismos. Santiago 1978 [306 S.].
Flórez 1965 = Luis Flórez: El español hablado en Santander. Bogotá 1965 [383 S.].
Floriato 1636 = M. Floriato: Proverborum trilinguium collectanea latina, itala et hispanica. Neapel 1636 [322 S.].
Fonfrías 1975[a] = Ernesto Juan Fonfrías: Jerga usada por adictos y usuarios a las drogas narcóticas. San Jan Bautista de Puerto Rico 1975 [27 S.].
Fonfrías 1975[b] = Ernesto Juan Fonfrías: Vocabulario del cafetal. San Juan de Puerto Rico 1975 [23 S.].
Font 1976 = Maria Teresa Font: El vocabulario de la revolución cubana. In: Español Actual 31. Madrid 1976, 52—95.
Fontecha 1941 = Carmen Fontecha: Glosario de voces comentadas en ediciones de textos clásicos. Madrid 1941 [409 S.].
Franco 1982 = Germán E. Franco García/Manuel Villamizar Jaimes: 15 000 palabras. División mecanográfica y ortográfica. New York. Bogotá 1982 [342 S.].
Friederici 1960 = Georg Friederici: Amerikanistisches Wörterbuch und Hilfswörterbuch für den Amerikanisten. 2. Aufl. Hamburg 1960 [831 S., frühere Aufl. Halle 1926, Hamburg 1947].
Gagini 1892 = Carlos Gagini: Diccionario de barbarismos y provincialismos de Costa Rica. San José 1892—93 [604, 14 S.].
Gagini 1919 = Carlos Gagini: Diccionario de costarriqueñismos. San José 1919 [279 S.].
Gallo 1980 = Cristino Gallo: Language of the Puerto Rican Street. Santurce 1980 [214 S.].
Gamboa 1696 = Sebastián Fernández de Gamboa: Vocabulario de los nombres que usa la gente de mar. Ms. von 1696.
García 1986 = José Luis de Tomás García: Glosario de argot español. In: Lebende Sprachen 3. 1986 S. 129—131.
García de Cabañas 1967 = María Jesús García de

Cabañas: Vocabulario de la Alta Alpujarra. Madrid 1967 [124 S.].

García de Diego 1923 = Vicente García de Diego: Contribución al Diccionario hispánico etimológico. Madrid 1923 [209 S., 2. Aufl. 1943, 212 S.].

García de Diego 1954 = Vicente García de Diego: Diccionario etimológico español e hispánico. Madrid 1954 [1069 S., 2. erw. Aufl. 1985, 1091 S.].

García de Diego 1964 = Vicente García de Diego: Etimologías españolas. Madrid 1964 [727 S.].

García Hoz 1967 = Victor García Hoz: Diccionario escolar etimológico. Madrid 1967 [747 S.].

García Icazbalceta = Vocabulario de mexicanismos. Mexico 1899—1905 [XVIII, 241 S.].

García Larragueta 1984 = Santos García Larragueta: Las Glosas Emilianenses. Edición y Estudio. Logroño 1984 [163 S.].

García-Lomas 1922 = G. Adriano García-Lomas: Estudios del dialecto popular montañés. San Sebastián 1922 [1949, 371 S.].

García-Lomas 1966 = G. Adriano García-Lomas: El lenguaje popular de la Cantabria montañesa. 2. Aufl. 1966 [358 S.].

García de Palacios 1587 = Diego García de Palacio(s): Vocabulario de los nombres que usa la gente de mar. Mexico 1587 [97 S., Madrid 1944].

García-Pelayo 1974 = Ramón García-Pelayo y Gross: Larousse usual. Paris 1974 [848 S.].

García Rey 1934 = Verardo García Rey: Vocabulario del Bierzo. Madrid 1934.

García Serrano 1932 = Justo García Serrano: Vocabulario del dialecto murciano. Madrid 1932 [200 S.].

Garnier o. J. = Novísimo diccionario de la lengua castellana (...) por una sociedad de literatos con un suplemento. Paris o. J. [1063, 221, 171 S.].

Garzón 1910 = Tobías Garzón: Diccionario Argentino. Barcelona 1910.

Gili Gaya 1960 = Samuel Gili Gaya: Tesoro Lexicográfico (1492—1726). Madrid 1960 [1005 S.; 1. Aufl. Madrid 1947, geht nur von A bis E].

Gobello 1975 = José Gobello: Diccionario lunfardo. Buenos Aires 1975 [241 S.].

Gobello 1978 = José Gobello: Etimologías. Buenos Aires 1978 [259 S.].

Goicoechea 1961 = Cesáreo Goicoechea: Vocabulario riojano. Madrid 1961 [186 S.].

Gómez de Silva 1985 = Guido Gómez de Silva: Elsevier's Concise Spanish Etymological Dictionary. Amsterdam 1985 [559 S.].

González/Cabanes/García = Antonio González/Santiago Cabanes/Francisco García: Léxico básico de la lengua escrita en la República Dominicana. Santo Domingo 1982.

González de la Rosa 1891 = Manuel González de la Rosa: Campano ilustrado. Diccionario castellano enciclopédico basado en el de Campano y en el último de la R. Academia Española Paris 1891 [X, 1082 S.].

González de la Rosa 1923 = Manuel González de la Rosa: Campano Ilustrado. Ed. Miguel de Toro y Gisbert. Paris 1923 [XVI, 1173 S.; Neuaufl. 1927].

González Salas 1982 = Manuel González Salas: Así hablamos. Vocabulario Popular Sevillano. Sevilla 1982 [170 S.].

Granada 1889 = Daniel Granada: Vocabulario rioplatense razonado. Montevideo 1889 [XVIII, 314 S., 2. Aufl. 1890; 3. Aufl. 1957, 2 Bde.].

Gran Dicc. 1985 = Aquilino Pérez Sánchez: Gran Diccionario de la Lengua Española. Madrid 1985 [1983 S.].

Grijalbo = Diccionario enciclopédico Grijalbo. Barcelona 1986 [2062 S.].

Guadix = Fray Diego de Guadix: Recopilación de algunos nombres arábigos. Ms. vom Ende des 16. Jhs. Biblioteca Colombina, Sevilla.

Guarnieri 1967 = Juan Carlos Guarnieri: El habla del boliche. Diccionario del lenguaje popular rioplatense. Montevideo 1967 [212 S.].

Guzmán 1919 = Jesús Guzmán y Raz Guzmán: Voces homófonas. México 1919.

Haensch 1983 = Günther Haensch: Apuntes de jerga escolar y estudiantil española e hispanoamericana. In: Lateinamerika-Studien. Festschrift für Gustav Siebenmann. Bd. I. München 1983, 279—287.

Hediger 1977 = Helga Hediger: Particularidades léxicas en la novela hispanoamericana contemporánea. Bern 1977 [593 S.].

Henríquez 1679 = Baltasar Henríquez: Thesaurus utriusque linguae hispanae et latinae omnium correctissismus. Madrid 1679 [III, 234 Bl.].

Hernández-Aquino 1977 = Luis Hernández-Aquino: Diccionario de voces indígenas de Puerto Rico. 2. erw. Aufl. Río Piedras 1977 [456 S.].

Herrera 1620 = Gabriel Alonso de Herrera: Agricultura General. Madrid 1620.

Hildebrandt 1969 = Marta Hildebrandt: Peruanismos. Lima 1969 [450 S.].

Huarte Tejada 1956 = Félix Huarte Tejada: Vocabulario de las obras de Don Juan Manuel. Madrid 1956 [220 S.].

Huesca 1881 = F. Huesca: Diccionario hípico y del sport (sic). Madrid 1881 [759 S.].

Hurtado 1840 = Manuel Hurtado y Mendoza: Vocabulario médico-quirúrgico ó Diccionario de medicina y cirujía. Madrid 1840 [VII, 752 S.].

Iribarren 1952 = José María Iribarren: Vocabulario navarro. Pamplona 1952 [667 S.; Adiciones, 1958, 213 S.].

J.D.W.M. 1863 = J.D.W.M.: Diccionario militar. Madrid 1863.

Jump 1965 = J. R. Jump: Palabras modernas. London 1965 [85 S.].

Kalveram 1956 = Carlos Kalveram: Diccionario de ideas y expresiones afines. Madrid 1956 [XIV, 707 S.].

Kapelusz = Diccionario Kapelusz de la Lengua Española. Buenos Aires 1979 [1517 S.].

Karten 1977 = Diccionario Karten Ilustrado. Buenos Aires 1977 [1629 S.].

Kaul 1977 = Guillermo Kaul Grünwald: Diccionario etimológico lingüístico de Misiones. Posadas 1977 [111 S.].

Labernia 1844 = Pedro Labernia: Diccionario de la lengua castellana con las correspondencias catalana y latina. Barcelona 1844—48 [2 Bde. Barcelona 1866—67, 1142, 1002 S.].

Labor = Diccionario enciclopédico Labor. 8 Bde. Barcelona 1975 [7500 S.].

Lacal 1890 = Luisa Lacal: Diccionario de la música, técnico, histórico. Madrid 1890 [600 S.].

Laguna 1570 = Andrés Laguna: Pedacio Dioscorides Anazarbeo. Salamanca 1570.

Lamano 1916 = Juan de Lamano y Beneyte: El dialecto vulgar salmantino. Salamanca 1916.

Lanao 1920 = M. E. Lanao: Apuntaciones críticas sobre el idioma castellano: provincialismos de Riohacha. Santa Marta (Kolumbien) 1920.

Lara 1982 = L. F. Lara (Hrsg.): Diccionario fundamental del español de México. Mexico 1982 [480 S.].

Lara 1986 = L. F. Lara (Hrsg.): Diccionario básico del español de Mexico. Mexico 1986 [565 S.].

Larramendi 1745 = Manuel de Larramendi: Diccionario triligüe del castellano, bascuence y latin. San Sebastián 1745 [463, 392 S.].

Lemus 1933 = Pedro Lemus y Rubio: Aportaciones para la formación del vocabulario panocho o del dialecto de la Huerta de Murcia. Murcia 1933.

Lenz 1904 = Rodolfo Lenz: Diccionario Etimológico de las voces chilenas derivadas de lenguas indígenas americanas. 2 Bde. Santiago de Chile 1904—1910 [987 S.]. [Neuaufl. hrsg. von M. Ferreccio Podestí, o. J. [1979]].

Lope Blanch 1978 = Juan M. Lope Blanch: Léxico del habla culta de México. Mexico 1978 [586 S.].

López Morales 1986 = Humberto López Morales (Hrsg.): Léxico del habla culta de San Juan de Puerto Rico. San Juan (Puerto Rico) 1986 [254 S.].

López-Tamarid 1585 = Francisco López-Tamarid: Compendio de algunos vocablos arábigos introduzidos en la lengua castellana. Granada 1585.

López Torral 1882 = Fernando López-Torral: Diccionario mercantil. Saragossa 1882.

Lugo 1846 = Sebastián de Lugo: Colección de voces y frases provinciales de Canarias. Las Palmas 1846 [Neubearbeitung La Laguna 1946; 199 S.].

Lugones 1944 = Leopoldo Lugones: Diccionario etimológico del castellano usual. Buenos Aires 1944 [622 S.; von A bis 'arronzar').

Malaret 1917 = Augusto Malaret: Diccionario de provincialismos de Puerto Rico. San Juan 1917 [293 S.; 2. Aufl. San Juan 1937; New York 1955 und 1967; 293 S.].

Malaret 1925 = Augusto Malaret: Diccionario de americanismos. Mayagüez 1925 [2. Aufl. San Juan 1931, 3. Aufl. Buenos Aires 1946, 835 S.].

Malaret 1928 = Augusto Malaret: Fe de erratas de mi diccionario de americanismos. San Juan 1928 [Ergänzungen in: Investigaciones lingüísticas 2. 1934, 200—227, in: Boletín de la Academia Chilena de la Lengua 8. 1943—45, 229—276, in: Boletín de la Academia Argentina de Letras 8. 1940 12. 1944].

Malaret 1961 = Augusto Malaret: Lexicón de Fauna y Flora. Bogotá 1961 [Madrid 1970, 570 S.].

Mancheño 1822 = José Fernández Mancheño: Diccionario militar portátil. Madrid 1822 [VIII, 389 S.].

Marden 1904 = C. C. Marden: Poema de Fernán González. Baltimore 1904.

Marden 1917 = C. C. Marden (Hrsg.): Libro de Apolonio. Baltimore 1917—1922.

Marsá 1982 = Francisco Marsá: Diccionario Planeta de la lengua española usual. Barcelona 1982 [1351 S.].

Martínez Moles 1928 = Manuel Martínez Moles: Vocabulario espirituano. La Habana 1928.

Martínez Virgil 1939 = Carlos Martínez Virgil: Arcaísmos españoles usados en América. Montevideo 1939 [135 S.].

Marty 1865 = D. E. Marty y Caballero: Diccionario de la lengua castellana. Madrid 1865

Marty 1857 = Luis Marty y Caballero: Vocabulario de todas las voces que faltan a los Diccionarios de la lengua castellana. Madrid 1857 [388 S.].

Masson 1841 = José René Masson: Diccionario de la lengua española. Paris 1841 [629 S.].

Matallana 1863 = Mariano Matallana: Vocabulario descriptivo de Ferro-carriles (sic). Saragossa 1863 [196 S.].

Mayans 1737 = Gregoria Mayans y Siscar: Orígines de la lengua española. Madrid 1737 [Ausgabe von J. E. Hartzenbusch, Madrid 1873].

Melcior 1859 = Carlos José Melcior: Diccionario enciclopédico de la Música. Lérida 1859 [448 S.].

Mellado 1981 = Elena Mellado de Hunter: Anglicismos profesionales en Puerto Rico. Universidad de Puerto Rico 1981 [204 S.]

Membreño 1895 = Alberto Membreño: Hondureñismos. Tegucigalpa 1895 [2. Aufl. 1897. XIV, 296 S.].

Méndez Carrasco 1979 = Armando Méndez Carrasco: Diccionario Coa. Santiago de Chile 1979.

Meo Zilio 1970 = Giovanni Meo Zilio: El elemento italiano en el habla de Buenos Aires y Montevideo. T. 1. Florenz 1970 [183 S.].

Millares 1928 = Luis und Agustín Millares: Léxico de Gran Canaria. Las Palmas 1928.

Mir 1908 = Juan Mir y Noguera: Prontuario de hispanismo y barbarismo. 2 Bde. Madrid 1908.

Mir 1942 = Juan Mir y Noguera: Diccionario de

frases de los autores clásicos españoles. Madrid 1899 [Buenos Aires 1942, 1328 S.].

Miri = Héctor Fuad Miri: Diccionario bachiller. Buenos Aires 1967 [719 S.].

Molina 1571 = Alonso de Molina: Vocabulario en lengua castellana y mexicana. 1571 [Madrid 1944, 131 Bl.].

Moliner 1966 = María Moliner: Diccionario de uso del español. 2 Bde. Madrid 1966 [3088 S.]; seitdem nur Nachdrucke; 12. Nachdruck, 1988].

Monlau 1856 = Pedro Felipe Monlau: Diccionario etimológico de la lengua castellana. Madrid 1856 [554 S., 2. Aufl. 1881, 1168 S.].

Montes 1981 = José Joaquín Montes Giraldo: Medicina popular en Colombia. Bogotá 1981 [295 S.].

Morel/Dali 1978 = Hector V. Morel/José Dali Morel: Diccionario mitológico americano. Buenos Aires 1978 [158 S.].

Morínigo 1985 = Marcos A. Morínigo: Diccionario manual de americanismos. Buenos Aires 1966 [2. Aufl., 738 S.].

Moya 1564 = Juan de Moya: Arte de marear. Ms. 1564 der Biblioteca del Museo Naval.

Navarrete 1675 = Pedro Fernández de Navarrete: Breve diccionario de términos de Marina. Ms. von 1675.

Nebrija Lex. = Elio Antonio de Nebrija: Diccionario Latino-Español (Salamanca 1942). Hrsg. von G. Colón/A. H. Soberanas. Barcelona 1979.

Nebrija Voc. = Elio Antonio de Nebrija: Vocabulario Española-Latino. Madrid 1951 [Andere Ausgabe: Vocabulario de romance en latín. Hrsg. von Gerald J. Mac Donald. Madrid 1973].

Neves 1973 = Alfredo Neves: Diccionario de americanismos. Buenos Aires 1973 [2. Aufl 1975, 591 S.].

Norma = Jorge Cárdenas Nannetti (Hrsg.): Diccionario Norma. Bogotá 1981 [659 S.].

Novísimo dicc. 1846 = Novísimo diccionario manual de la lengua castellana. Barcelona 1846 [570 S.].

Novo 1978 = Lorenzo Novo Mier: Diccionario xeneral de la llingua asturiana. o. O. 1978 [311 S.].

Nuevo dicc. 1860 = Nuevo diccionario de la lengua castellana por una Sociedad Literaria. Paris 1860 [1225, 162, 273 S.].

Núñez 1825 = Núñez y Taboada: Diccionario de la lengua castellana. 2 Bde. París 1825.

Oelschläger 1946 = V. R. B. Oelschläger: A Medieval Spanish Word-List. Madison 1946 [230 S.].

Oroz 1973 = Rodolfo Oroz: Diccionario de la lengua castellana. 3. Aufl. Santiago de Chile 1973 [XVII, 725 S.].

Ortiz 1923 = Fernando Ortiz: Un cataruo de cubanismos. La Habana 1923 [VIII, 270 S. Neuaufl. 1974 Havanna. 526 S.].

Ortiz 1924 = Fernando Ortiz: Glosario de Afronegrismos. La Habana 1924.

Ortúzar 1893 = Camilo Ortúzar: Diccionario manual de locuciones viciosas y de correcciones de lenguaje. 2. Aufl. Barcelona 1902 [336 S.; 1. Aufl. 1893].

Pagés 1906 = Aniceto de Pagés/José Herrás: Gran Diccionario de la lengua castellana, autorizado con ejemplos de buenos escritores antiguos y modernos. 5 Bde. Barcelona o. J. [1, 1901, 2—4, 1925, 5, 1931; 4763 S.; 2. Aufl. 1932].

Palencia 1490 = Alfonso de Palencia: Universal Vocabulario en latin y en romance. 1490 [500 Bl., New York 1928, 2 Bde. Madrid 1967].

Palma 1896 = Ricardo Palma: Neologismos y americanismos. Lima 1896 [919 S.].

Palma 1903 = Ricardo Palma: 2700 Voces que hacen falta en el diccionario. Lima 1903.

Palmireno 1569 = Juan Lorenzo Palmireno: Vocabulario del humanista. Valencia 1569.

Pando 1984 = José Luis de Pando Villarroya: Americanismos. Madrid 1984 [203 S.].

Pardo 1938 = José Pardo Asso: Nuevo diccionario etimológico aragonés. Saragossa 1938 [399 S.].

Pedrell 1894 = F. Pedrell: Diccionario técnico de la música. Barcelona 1894 [XIX, 529 S.].

Peñalver 1842 = Juan de Peñalver: Panléxico. Diccionario universal de la lengua castellana. 3 Bde. Madrid 1842—1845.

Pequeño Lar. 1914 = Pequeño Larousse Ilustrado. Hrsg. Claude Auger. Paris 1914 [1528 S., Bearb. von Miguel de Toro y Gisbert. Neuaufl. von Ramón García-Pelayo y Gross].

Peralta 1836 = Mariano Peralta: Ensayo de un diccionario aragonés-castellano. Saragossa 1836 [XIX, 47 S., 2. Aufl. Palma de Mallorca 1853].

Pérez 1790 = Domingo Pérez Mozún: Diccionario alfabético y ortográfico de las voces que en sus Siete célebres Partidas usó el Rey P. Alfonso el Sabio. Madrid 1790 [168, 44 S.].

Phelps 1979 = W. H. Phelps/R. Meyer de Schauensee: Aves de Venezuela. Caracas 1979 [484 S.].

Picatoste 1882 = Felipe Picatoste: Diccionario popular de la lengua castellana. 4 Bde. Madrid 1882.

Pichardo 1836 = Esteban Pichardo: Diccionario provincial casi razonado de voces de Cuba. Matanzas (Kuba) 1836 [Letzte Aufl. 1985, 539 S.].

Picón 1912 = G. Picón Febres: Libro raro: Voces, locuciones y otras cosas de uso frecuente en Venezuela. 2. Aufl. Curaçao 1912 [404 S.].

Pino 1960 = Yolando Pino Saavedra: Cuentos folklóricos de Chile. 3 Bde. Santiago de Chile 1960—1962.

Pino 1970 = Yolando Pino Saavedra: Cuentos orales chileno-argentinos. Santiago de Chile 1970.

Pla 1826 = Cristóbal Pla y Torres: Diccionario de la lengua castellana. Madrid 1826 [784 S., Gerona 1844, 802 S.].

Plaza = Diccionario manual auxiliar básico. Barcelona 1981 [o. S.].

Poza 1585 = Andrés de Poza: Hydrografia. Bilbao 1585.

Raluy/Monterde 1969 = Antonio Raluy Poudevida/Francisco Monterde: Diccionario Porrúa de la lengua española. Mexico 1969 [12. Aufl. 1977, 849 S.].
Ramón 1885 = Luis P. de Ramón: Diccionario popular universal de la lengua española; artes, biografías, ciencias. Barcelona 1885—1897 [2 Bde., 2. Aufl. 1899].
Ramos 1895 = Félix I. Ramos y Duarte: Diccionario de mejicanismos. Mexico 1895 [2. Aufl. 1898, 544 S.].
Rato 1891 = Apolinar de Rato y Hévia: Vocabulario de las palabras y frases que se hablaron antiguamente y de las que hoy se hablan en el principado de Asturias. Madrid 1891 [XXV, 149 S.].
Requejo 1717 = Valeriano Requejo: Thesaurus hispano-latinus. Madrid 1717.
Reyes 1969 = Alfonso Reyes: El lenguaje del hampa. Bogotá 1969 [81 S.].
Riofrío 1874 = Miguel Riofrío: Correcciones de defectos de lenguaje para el uso de las escuelas primarias. Lima 1874.
Risueño 1829 = Carlos Risueño: Diccionario de Veterinaria y sus ciencias auxiliares. 5 Bde. Madrid 1829—1855.
Rivodó 1889 = Baldomero Rivodó: Voces nuevas en la lengua castellana. Paris 1889 [148 S.].
Robelo 1912 = Cecilio A. Robelo: Diccionario de Aztequismos. Mexico 1912.
Rodríguez 1875 = Zorobabel Rodríguez: Diccionario de chilenismos. Santiago de Chile 1875 [487 S.].
Rodríguez Bou 1952 = Ismael Rodríguez Bou (Hrsg.): Recuento del Vocabulario Español. Río Piedras 1952 [669, 1090 S.]
Rodríguez Castellano 1957 = Lorenzo Rodríguez Castellano: Contribución al vocabulario del bable occidental. Oviedo 1957.
Rodríguez Castelo 1979 = Hernán Rodríguez Castelo: Léxico sexual ecuatoriano y latinoamericana. Quito 1979 [399 S.].
Rodríguez-Marín 1885 = Sebastián Rodríguez Marín: Novísimo diccionario castellana, homónimo, ortográfico. Madrid 1885 [604 S.].
Rodríguez-Navas 1876 = Manuel Rodríguez-Navas: Diccionario completo de la lengua española. Madrid 1876 [829 S.; 1880, 1905, 1910, 1482 S.].
Rohlfs 1985 = Gerhard Rohlfs: Diccionario dialectal del Pirineo aragonés. Saragossa 1985 [XXV, 343 S.].
Román 1901 = Manuel A. Román: Diccionario de Chilenismos y de otras voces y locuciones viciosas. 5 Bde. Santiago de Chile 1901—1918.
Romera-Navarro 1951 = Miguel Romera-Navarro: Registro de lexicografía hispánica. Madrid 1951 [1013 S.].
Rosal 1601 = Francisco del Rosal: Origen y etymologia de todos los vocablos originales de la lengua castellana. Ms. von 1601. Biblioteca Nacional Madrid.

Rosenblat 1956 = Angel Rosenblat: Buenas y malas palabras en el castellano de Venezuela. 2 Bde. Caracas 1956 [4 Bde., Caracas 1969].
Rubio 1895 = Mariano Rubio y Bel: Diccionario de ciencias militares. 3 Bde. Barcelona 1895—1901.
Sala 1977 = Marius Sala/Dan Munteanu/Valeria Neagu/Tudora Sandru-Olteanu: El léxico indígena del español americano. Mexico. Bukarest 1977 [198 S.].
Salas 1714 = Pedro de Salas: Thesaurus Hispano-Latinus. Barcelona 1714.
Salas 1771 = Pedro de Salas: Compendium latino-hispanum utriusque linguae. Madrid 1771 [1299 S.].
Salazar 1600 = Eugenio de Salazar: Navegación de El Alma por el discurso de todas las edades del hombre, um 1600, Ms.
Salazar 1614 = Ambrosio de Salazar: Espejo, general de la Gramática castellana. Rouen 1614.
Salazar García 1910 = Salazar García: Diccionario de Barbarismos y Provincialismos Centro-americanos. 2. Aufl. San Salvador 1910 [312 S.].
Salillas 1896 = Rafael Salillas. El delincuente español. El lenguaje. Madrid 1896 [343 S.].
Salvá 1838 = Vicente Salvá: Diccionario de la lengua castellana. Paris 1838.
Salvá 1846 = Vicente Salvá: Nuevo Diccionario de la Lengua Castellana. Paris 1846 [2. Aufl. 1847, XVIII, 1140 S., 8. Aufl. 1879, Suplemento 1854, 327 S.].
Salvador 1958 = Gregorio Salvador: El habla de Cullar-Baza (Granada). Vocabulario. Madrid 1958 [47 S.].
Salvat = Diccionario enciclopédico Salvat Universal. 20 Bde. Barcelona 1969—1974.
San José 1619 = Diego de San José: Facultades de las plantas. Ms. von 1619 der Academia de la Historia, Madrid.
Sánchez de la Ballesta 1587 = Alonso Sánchez de la Ballesta: Diccionario de vocablos castellanos, aplicados a la propriedad (sic) latina. Salamanca 1587 [VI, 688 S.].
Sánchez Ladero 1980 = L. Sánchez Ladero: Diccionario ilustrado básico Sopena idiomático y sintáctico. Barcelona 1980 [792 S.].
Sánchez Somoano 1892 = José Sánchez Somoano: Modismos, locuciones y términos mexicanos. Madrid 1892.
Santamaría 1921 = F. Santamaría: El Provincialismo Tabasqueño. Bd. 1 (A-C). Mexico 1921.
Santamaría 1942 = Francisco J. Santamaría: Diccionario general de americanismos. 3 Bde. Mexico 1942 [XVI, 658, 558, 675 S.].
Santillana 1508 = Iñigo López de Mendoza, Marqués de Santillana: Refranes que dizen las viejas tras el huego. Sevilla 1508. [Ed. U. Cronan (Pseudonym von R. Foulché-Delbosc) in: Revue Hispanique 25. 1911 und G. M. Bertini in: Quaderni Ibero-Americani 18. 1955].

Santillana 2 = E. Martínez (Hrsg.): Diccionario Santillana. Madrid 1975 [XII, 1021 S.].

Santos 1941 = F. Santos Coco: Vocabulario extremeño. In: Revista del Centro de Estudios Extremeños 14. 1940—18. 1944.

Sanz 1749 = Raimundo Sanz: Diccionario militar. Barcelona 1749 [IX, 436 S.].

Sáñez 1791 = Antonio Sáñez Reguart: Diccionario histórico de las artes de la pesca nacional. Madrid 1791—1795.

Schallman 1952 = Lázaro Schallman: Diccionario de hebraísmos y voces afines. Buenos Aires 1952 [206 S.].

Schwauß 1976 = Maria Schwauß: Wörterbuch der Flora und Fauna in Lateinamerika. Amerikaspanisch-Deutsch. Leipzig 1976 [555 S.].

Schwauß 1977 = Maria Schwauß: Wörterbuch der regionalen Umgangssprache in Lateinamerika. Amerikaspanisch-Deutsch. Leipzig 1977 [692 S., 1986].

Seco 1970 = Manuel Seco: Arniches y el habla de Madrid. Madrid 1970.

Segovia 1912 = Lisandro Segovia: Diccionario de argentinismos, neologismos y barbarismos. Buenos Aires 1912 [1100 S.].

Seguí = Enciclopedia ilustrada Seguí. Barcelona 1907—1928.

Seldon 1980 = A. Seldon/F. G. Pennance: Diccionario de Economía. 2. Aufl. Barcelona 1980 [555 S.].

Serrano 1875 = Nicolas María Serrano (Hrsg.): Diccionario universal de la lengua castellana, ciencias y artes. 13 Bde. Madrid 1875—1882.

Sese 1975 = Bernard Sese: Vocabulaire de la langue espagnole classique (XVIe et XVIIe siècles). Paris 1985 [306 S.].

Siesso 1720 = José de Siesso y Bolea: Ms. eines spanischen etymologischen Wörterbuches der Biblioteca Nacional (um 1720?).

Sopena, enc. = Enciclopedia universal Sopena. 10 Bde. Barcelona 1980.

Sopena, enc. il. = Diccionario enciclopédico ilustrado Sopena. 5 Bde. Barcelona 1980, 1981 [4800 S.].

Soukup 1970 = Jaroslav Soukup: Vocabulario de los nombres vulgares de la flora peruana. Lima 1970 [381 S.].

Suescún 1980 = Germán Suescún/Hugo Cuervo: Diccionario de los mariguaneros. Medellín 1981 [150 S.].

Tascón 1935 = Leonardo Tascón: Diccionario de provincialismos y barbarismos del Valle del Cauca. Bogotá 1935 [291 S.].

Teide = Enciclopedia Teide. Bd. 1: Lengua. Barcelona 1977 [1381 S.].

Tejera 1983 = María Josefina Tejera: Diccionario de venezolanismos. Tomo 1 (A-I) Caracas 1983 [549 S.].

Terreros/Burriel 1758 = Esteban Terreros/Andrés Marcos Burriel: Colección de voces arcaicas castellanas. Madrid 1758 [II + 166 S.].

Terreros y Pando 1786 = Esteban Terreros y Pando: Diccionario castellano con las voces de ciencias y artes. 4 Bde. Madrid 1786—1793.

Terry 1899 = Antonio Terry y Rivas: Diccionario de los términos y frases de marina español-francés-inglés. Madrid 1899 [VI, 619 S.].

Tobar 1900 = Carlos R. Tobar: Consultas al Diccionario de la Lengua. Quito 1900 [3. Aufl. 1911, 516 S.].

Toro 1912 = Miguel de Toro y Gisbert: Americanismos. Paris 1912 [285 S.].

Toro 1920 = Miguel de Toro y Gisbert: Voces andaluzas que faltan en el Diccionario de la Academia Española. In: Revue Hispanique 49. 1920, 313—647.

Torre Crespo 1825 = Joaquín de Torre Crespo: Diccionario del juego del ajedrez. Barcelona 1825 [55 S.].

Torres 1816 = C. P. Torres: Diccionario de la lengua castellana. Paris 1816.

Torres Martínez 1981 = José C. de Torres Martínez: Encuestas léxicas del habla culta de Madrid. Madrid 1981 [737 S.].

Tovar 1941 = Enrique de Tovar: Hacia el Gran Diccionario de la Lengua Española. In: Boletín de la Academia Argentina de Letras 9. 1941 — 10. 1942.

Tovar 1966 = Enrique de Tovar: Vocabulario del Oriente peruano. Lima 1966 [214 S.].

Trejo 1968 = Arnulfo Trejo Dueñes: Diccionario etimológico latino-americano del léxico de la delincuencia. Mexico 1968 [226 S.].

Ugarte 1942 = Manuel A. Ugarte: Arequipeñismos. Arequipa (Peru) 1942.

Umbral 1983 = Francisco Umbral: Diccionario Cheli. Madrid 1983 [255 S.].

Uribe 1887 = Rafael Uribe: Diccionario abreviado de galicismos, provincialismos y correcciones de lenguaje. Medellín 1887 [370 S.].

Valbuena 1792 = M. de Valbuena: Diccionario universal español-latino y latino-español, Madrid 1792.

Valbuena 1822 = Manuel de Valbuena: Diccionario Universal Español-Latino, Madrid 1822 [II + 1124 S.].

Valencia 1976—77 = Alba Valencia: Voces amerindias en el español culto oral de Santiago de Chile. In: Boletín de Filología 27, 1976, 28. 1977.

Valles 1549 = Mosén Pedro Valles: Libro de refranes copilado por el orden del A.B.C. Saragossa 1549 [78 Bl.].

Valverde 1600 = Bartholomé Valverde: Tratado de Etimologías de voces Castellanas. Ms. der Biblioteca Nacional Madrid von 1600.

Vázquez 1880 = Leopoldo Vázquez y Rodríguez: Vocabulario taurómatico. Madrid 1880 [399 S.].

Vellón 1729 = Nicolás Vellón: Prontuario de vocablos latinos que corresponden a los castellanos de que es más frecuente el uso. Sevilla 1729 [82 S.].

Venegas 1565 = Alejo Venegas: Agonía del tránsito de la muerte. Alcalá 1565 [226 Bl.].

Vera 1887a = Enrique Vera y González: Diccionario de la lengua castellana con la nueva ortografía. Madrid 1887 [1009 S. Pseudonym von Z. Vélez de Aragón].

Vera 1887b = Enrique Vera y González: Diccionario general de la lengua castellana. Madrid 1887 [2269 S.].

Verdugo 1582 = Nuño Verdugo: Abecedario de los (...) utensilios y partes de que constaban las galeras. Ms. von 1582 der Biblioteca Nacional Madrid.

Vergara 1921 = Gabriel María Vergara y Martín: Materiales para la formación de un vocabulario de palabras usadas en Segovia. Madrid 1921 [96 S.].

Vergara y Martín 1929 = Gabriel María Vergara y Martín: Diccionario de frases (...) que se emplean en la América española o se refieren a ella. Madrid 1929 [142 S.].

Vicuña 1910 = Julio Vicuña Cifuentes: Coa. Jerga de los delincuentes chilenos. Estudio y vocabulario. Santiago de Chile 1910 [144 S.].

Vidal 1980 = Berta Elena Vidal de Battini: Cuentos y leyendas populares de la Argentina. Tomo I. Buenos Aires 1980.

Vigón 1896 = Brawlio Vigón: Vocabulario dialectológico del Concejo de Colunga 1896—1898. Madrid 1955 [673 S.].

Villamayor 1915 = Luis C. Villamayor: El lenguaje del baja fondo. Buenos Aires 1975.

Viridarium = Anonym: Viridarium linguae latinae. Ms. der Biblioteca Nacional. Madrid. 17. Jh.

Viscarra 1981 = Victor Hugo Viscarra: Coba, lenguaje del hampa boliviana. Bolivia 1981.

Voc. marítimo 1722 = Vocabulario marítimo. Sevilla 1722 [88 S.].

Voc. vial = Vocabulario vial. Ed. Congreso Panamericano de Carreteras. Caraca 1979 [368 S.].

VOX gen. = VOX. Diccionario general ilustrado de la lengua española. Barcelona 1945 [6. Aufl. 1983, 1711 S.]. Neubearb. von M. Alvar Ezquerra, 1. Aufl. Barcelona 1987 [1178 S.].

Winiecki 1962 = J. Winiecki: Hebraísmos españoles. México 1962.

Xulin 1970 = Xulin de Lluza: Primer diccionario de la lengua asturiana. Oviedo 1970 [91 S.].

Zamora Munné 1976 = Juan Clemente Zamora Munné: Indigenismos en la lengua de los conquistadores. Río Piedras 1976 [130 S.].

Zamora Vicente 1953 = Alonso Zamora Vicente: Léxico rural asturiano: palabras y cosas de Libardón. Madrid 1953.

Zamora Vicente 1975 = Alonso Zamora Vicente: Diccionario moderno del español usual. Madrid 1975 [1063 S.].

Zerolo 1895 = Elías Zerolo: Diccionario enciclopédico de la lengua castellana. Paris 1895 [980, 1100 S.].

10.2. Sonstige Literatur

Acero 1985 = Isabel Acero: El Diccionario latino-español y el Vocabulario español-latino de Elio Antonio de Nebrija: Análisis comparativo. In: Anuario de Lingüística Hispánica 1. 1985, 11—21.

Aicardo 1906 = José Manuel Aicardo: Palabras y acepciones castellanas omitidas en el Diccionario Académico. Madrid 1906.

Alonso 1951 = Amado Alonso: Besprechung von Samuel Gili Gaya, Tesoro lexicográfico. In: Nueva Revista de Filología Hispánica 5. 1951, 324—328.

Alvar Ezquerra 1976 = Manuel Alvar Ezquerra: Proyecto de lexicografía española. Barcelona 1976.

Alvar Ezquerra 1983 = Manuel Alvar Ezquerra: Lexicología y lexicografía. Guía Bibliográfica. Salamanca 1983.

Alvar Ezquerra 1985 a = Manuel Alvar Ezquerra: El Diccionario de Sinónimos de Don Tomás de Iriarte. In: Serta Gratulatoria in honorem Juan Régulo. I. Filología. Universidad de La Laguna 1985, 67—81.

Alvar Ezquerra 1985 b = Manuel Alvar Ezquerra: El Diccionario de la Academia a través de sus prólogos. In: Philologica Hispaniensia in honorem Manuel Alvar. Madrid 1985, II. 41—42.

Alvar López 1963 = Manuel Alvar López: La Lexicografía. In: Enciclopedia de la Cultura Española. Bd. 4. Madrid 1963, 38—40.

Alvar López 1970 = Manuel Alvar López: Americanismos en la „Historia" de Bernal Díaz del Castillo. In: Revista de Filología Española 89. Madrid 1970.

Alvar López 1972 = Manuel Alvar López/Juan de Castellanos: Tradición española y realidad americana. Bogotá 1972.

Atrián 1887 = Miguel Atrián y Salas: La crítica del Diccionario de la Academia. Teruel 1887.

Barbón 1967 = José Antonio Barbón Rodríguez: El primer Diccionario académico y sus autoridades. In: Cuadernos de Filología 1. 1967, 9—21.

Bayliss 1959 = Betty Bayliss: Sebastián de Covarrubias. Suplemento al Tesoro de la Lengua Castellana. A critical edition of selections from the original manuscript. Diss. Univ. of Illinois 1959 [auch in microfiche].

Bialik 1973 = Gisela Bialik Hubermann: Mil obras de lingüística española e hispanoamericana. Madrid 1973.

Casares 1941 = Julio Casares: Nuevo concepto del diccionario de la lengua y otras problemas de lexicografía y gramática. Madrid 1941.

Casares 1948 = Julio Casares: Ante el proyecto de un Diccionario histórico. In: Boletín de la Real Academia Española 28. 1948, 7—25 u. 177—244.

Casares 1950 = Julio Casares: Introducción a la lexicografía moderna. Madrid 1950.

Casares 1963 = Julio Casares: Novedades en el Diccionario académico. Madrid 1963.

Castro 1936 = Américo Castro: Glosarios latino-españoles de la Edad Media. Madrid 1936.

Cooper 1960 = Louis Cooper: Sebastián de Covarrubias, una de las fuentes principales del Tesoro de las dos lenguas francesa y española (1616) de César Oudin. In: Bulletin Hispanique 62. 1960, 365—397.

Cooper 1962 = Louis Cooper: Plagiarism in Spanish Dictionaries of the XVIth and XVIIth Centuries. In: Hispania 45. 1962, 1, 717—720.

Cotarelo 1946 = Armando Cotarelo: Bosquejo histórico de la Real Academia Española. Madrid 1946.

Cotarelo 1914 = Emiliano Cotarelo y Mori: La fundación de la Academia Española y su primer director don Juan Manuel F. Pacheco, marqués de Villena. In: Boletín de la Real Academia Española 1. Februar 1914, 4—138; 2. April 1914, 89—127.

Cruz 1976 = José Cruz Aufrère: Tratado general de lexicografía castellana. Cochabamba (Bolivien) 1976 [372 S.].

Cuervo 1874 = Rufino Cuervo: Observaciones sobre el Diccionario de la Real Academia Española (11ª ed). In: Anuario de la Academia Colombiana 1. 1874, 276—284.

Esquerra 1977 = R. Esquerra: Los diccionarios de frecuencia en español. In: Boletín de la Asociación Europea de Profesores de Español 10, 16. 1977, 43—54.

Fabbri 1979 = Maurizio Fabbri: A Bibliography of Hispanic Dictionaries. Catalan, Galician, Spanish, Spanish in Latin America and the Philippines. Imola 1979.

Fernández 1974 = Julio Fernández Sevilla: Problemas de lexicografía actual. Bogotá 1974.

Ferrer 1871 = A. Ferrer del Río: Reseña histórica de la fundación, progresos y vicisitudes de la Real Academia Española. In: Memorias de la Real Academia Española 2. 1871.

Forner 1782 = Juan Pablo Forner: Exequias de la lengua castellana. Ed. P. Saínz Rodríguez. Madrid 1925 [Ms. 1782].

Gallina 1959 = Annamaria Gallina: Contributi alla storia della lexicografía italo-spagnola dei secoli XVI e XVII. Florenz 1959.

Gemmingen 1982 = Barbara von Gemmingen-Obstfelder: *Limpia, fija y da esplendor:* Zur Frage des guten Sprachgebrauchs im „Diccionario de autoridades". In: Romania historica et Romania hodierna. Festschrift für Olaf Deutschmann. Ed. P. Wunderlich/W. Müller. Frankfurt. Bern 1982, 61—75.

Gili Gaya 1950 = Samuel Gili Gaya: Siesso de Bolea como lexicógrafo. In: Archivo de Filología Aragonesa 3. 1950, 253—258.

Gili Gaya 1963 = Samuel Gili Gaya: La lexicografía académica del siglo XVIII. Oviedo 1963.

Gushina 1974 = N. Gushina: El Diccionario de Autoridades (1726—1739) y su importancia para la lexicografía hispánica. In: Ibero-Americana Pragensia 8. 1974, 59—67.

Haensch 1978 = Günther Haensch: Zur Lexikographie des amerikanischen Spanisch. Heutiger Stand und Überblick über die Problematik. In: Referate der 1. Wissenschaftlichen Tagung des deutschen Hispanistenverbandes Augsburg, 25.—26. 2. 1977, Hrsg. von G. Haensch und R. Werner. Augsburg 1978, 112—131.

Haensch 1980 = Günther Haensch: Algunas consideraciones sobre la problemática de los diccionarios del español de América. In: Lingüística Española Actual 2. 1980, 375—384.

Haensch 1982a = Günther Haensch et alii: La lexicografía. De la lingüística teórica a la lexicografía práctica. Madrid 1982.

Haensch 1982 b = Günther Haensch: La lengua española y la lexicografía actual. In: Lingüística Española Actual 4. 1982, 239—252.

Haensch 1983 = Günther Haensch: Un nuevo diccionario de americanismos (NDA) y la problemática de la lexicografía del español de América. In: Anales del Instituto de Lingüística 11. Mendozal 1983, 111—117.

Haensch 1984 a = Günther Haensch: Lexikographie zwischen Theorie und Praxis — heute. In: Theoretische und praktische Probleme der Lexikographie. Hrsg. von D. Götz u. Th. Herbst. 1. Augsburger Kolloquium. München 1984, 118—138.

Haensch 1984 b = Günther Haensch: Nuevo diccionario de americanismos. Neues Wörterbuch des amerikanischen Spanisch. In: Wörterbücher der deutschen Romanistik. Weinheim 1984, 93—104.

Haensch 1986 = Günther Haensch: La situación actual de la lexicografía del español de América. In: Revista de Filología Románica IV. 1986, 281—293.

Haensch 1987 = Günther Haensch: La lexicografía hispano-americana entre la teoría y la práctica. In: Actas del I Congreso Iternacional sobre el Español de América (4.—9. 10. 1982). San Juan, Puerto Rico 1987, 555—577.

Haensch/Werner 1978 a = Günther Haensch/Reinhold Werner: Un nuevo diccionario de americanismos: Proyecto de la Universidad de Augsburgo. In: Thesaurus 23. Bogotá 1978, 1—40.

Haensch/Werner 1978 b = Günther Haensch/Reinhold Werner: Consideraciones sobre la elaboración de diccionarios de regionalismos (especialmente del español de América). In: Boletín de Filología. 19. 1978, 351—363.

Haensch/Werner 1982 = Günther Haensch/Reinhold Werner: Un nuevo diccionario de americanismos. In: Boletín de la Asociación Europea de Profesores de Español 14, 25. 1982, 102—105.

Hausmann 1981 = Franz Josef Hausmann: Wörterbuch und Wortschatzlernen Spanisch. In: Linguistik und Didaktik 45/46. 1981—1982, 71—78.

Hausmann 1984 = Franz Josef Hausmann: Der

„Diccionario muy copioso" des Nicolas Mez (1676). Ein frühes spanisch-deutsches Wörterbuch. In: Navicula Tubingensis. Studia in honorem Antonii Tovar. Tübingen 1984, 167—171.

Hill 1957 = John McMurray Hill (Hrsg.): „Universal Vocabulario" de Alfonso de Palencia: Registro de voces españolas internas. Madrid 1957.

Jovellanos 1963 = Gaspar Mechor Jovellanos: Apuntamiento sobre el dialecto de Asturias. In: Biblioteca de Autores Españoles 46. 343—349.

Knapp 1884 = William I. Knapp: Concise bibliography of Spanish grammars and dictionaries (1496—1780). In: Bulletin of the Boston Public Library 1884, 246—247.

Kühl 1986 = Ursula Kühl de Mones: Los inicios de la lexicografía del español del Uruguay. El Vocabulario Rioplatense Razonado por Daniel Granada (1889—1890). Tübingen 1986.

Lapesa 1957 = Rafael Lapesa: Le dictionnaire historique de la langue espagnole. In: Lexicologie et lexicographie françaises et romanes. Straßburg 1957. Paris 1961, 21—27.

Lapesa 1964 = Rafael Lapesa: Los diccionarios de la Academia. In: Boletín de la Academia Argentina de Letras 29, 112—113. 1964, 39—45.

Lara 1975 = Juan Jacobo de Lara: Léxico y nomenclatura en documentos del Descubrimiento. Santo Domingo 1975.

Lara/Chande 1974 = L. F. Lara/R. H. Chande: Base estadística del diccionario del Español de México. In: Nueva Revista de Filología Hispánica 23. 1974, 260.

Lara/Chande/García 1979 = L. F. Lara/R. H. Chande/M. I. García Hidalgo: Investigaciones lingüísticas en lexicografía. Mexico 1979.

Lázaro 1972 = Fernando Lázaro Carreter: Crónica del Diccionario de Autoridades (1713—1740). Madrid 1972.

Lázaro 1949 = Fernando Lázaro Carreter: Las ideas lingüísticas en España durante el siglo XVIII. Madrid 1949.

Lope Blanch 1969 = Juan M. Lope Blanch: Noticia sobre el proyecto de estudio coordinado de la norma lingüística culta de los principales ciudades de Iberoamérica y de la Península Ibérica. São Paulo 1979.

López 1983 = Humberto López Morales: Augusto Malaret, Diccionarista. San Juan 1983.

Mac Hale 1958 = Carlos Mac Hale: Fe de erratas del Diccionario oficial. Barcelona 1958.

Malkiel 1972 = Yakov Malkiel: Linguistics and Philology in Spanish America. A Survey (1925—1970). Den Haag. Paris 1972.

Martínez 1968 = Fernando Antonio Martínez: Lexicography. In: Ibero-American and Caribbean Linguistics, (Current Trend in Linguistics, hrsg. von Th. A. Sebeck). Den Haag. Paris 1968, 84—105.

Martínez de Sousa 1964 = José Martínez de Sousa: ¿Limpia, fija y da esplendor? [Rezension der 20. Aufl. des DRAE]. In: El País. Madrid, 4. 11. 64, S. 8.

Menéndez Pidal 1972 = Ramón Menéndez Pidal: Orígenes del español. Estado lingüístico de la Península Ibérica hasta el siglo XI. 7. Aufl. Madrid 1972.

Menéndez Pidal 1980 = Ramón Menéndez Pidal: El diccionario que deseamos. In: Vox general. 4. Aufl. Barcelona 1980, XII—XXIX [Unter dem Titel „El diccionario ideal" auch in: Ramón Menéndez Pidal: Estudios de lingüística. 2. Aufl. Madrid 1970, 93—147].

Mighetto 1985 = David Mighetto: Proyecto de Diccionario Reverso (Spansk Boklängesordbok). Göteborg 1985 [VIII + 206 S.].

Molina 1968 = J. A. de Molina: Ideas lingüísticas de Bernardo de Aldrete. In: Revista de Filología Española 51. 1968, 183—207.

Molins 1870 = Marqués de Molins: Reseña histórica de la Academia Española. In: Memorias de la Academia Española 1. Madrid 1870.

Muller 1965 = Charles Muller: Un dictionnaire de fréquence de l'espagnol moderne. In: Zeitschrift für romanische Philologie 81. 1965, 476—483.

Navarro Tomás 1969 = Tomás Navarro Tomás: Metodología lexicográfica del español hablado. In: Noticias culturales 103. 1969, 1—8.

Niederehe 1984 = Hans-Josef Niederehe: Das Universal vocabulario des Alfonso Fernández de Palencia (1490) und seine Quelle. In: Historiographia lingüística 11. 1984, 39—54.

Olmedo 1952 = Félix G. Olmedo: Nebrija (1441—1522). Madrid 1952.

Palma 1963 = Ricardo Palma: Dos mil setecientas voces que hacen falta en el Dicc. Lima 1903.

Prieto 1977 = Raúl Prieto: Nueva Madre Academia. Crítica sicolíptica-lexicográfica en prosa. Mexico 1977.

Prieto 1985 = Raúl Prieto: ¡Vuelva la Real Madre Academia! Mexico 1985.

Quijano 1940 = A. Quijano: El segundo centenario del Diccionario de Autoridades. In: Los diccionarios académicos. Mexico 1940.

Rivodó 1889 = Baldomero Rivodó: Voces nuevas en la lengua castellana. Paris 1889.

Rodríguez Marín 1922 = Francisco Rodríguez Marín: Dos mil quinientas voces castellanas y bien autorizadas que piden lugar en nuestro léxico. Madrid 1922.

Rohlfs 1957 = Gerhard Rohlfs: Manual de filología hispánica. Guía bibliográfica, crítica y metódica. Bogotá 1957.

Sala 1982 = Marius Sala/Dan Muntaneu/Valeria Neagu/Tudora Sandru-Olteanu: El español de América: Léxico. Primera Parte. 2 Bde. Bogotá 1982.

Salas 1964 = Alberto Salas: Los diccionarios académicos y el estado actual de la lexicografía. In: Boletín de Filología 12. 1964, 265—283.

Salvador 1985 = Aurora Salvador Rosa: Las localizaciones geográficas en el Diccionario de Autoridades. In: Lingüística Española Actual 7. 1985, 103—139.

Sarmiento 1757 = Fray Martin Sarmiento: Onomástico etimológico de la lengua gallega, 1757. In: La Integridad 1923.

Sarmiento 1758 = Fray Martin Sarmiento: Elementos etimológicos segun el Methodo del Euclides... Ms von 1758.

Seco 1981 = Manuel Seco: María Moliner: una obra, no un nombre. In: El País, Madrid, 29. 5. 81, S. 36.

Seco 1987 = Manuel Seco: Estudios de lexicografia española. Madrid 1987.

Seco 1988 = Manuel Seco: El Diccionario Histórico Español. In: Política Científica 13. Juli 1988, 44—46.

Serís 1964 = Homero Serís: Bibliografía de la lingüística española. Bogotá 1964.

Simón 1627 = Fray Pedro Simón y su vocabulario de americanismos. Edición facsimilar de la „Tabla para la inteligencia de algunos vocablos" de las Noticias historiales. Hrsg. von L. C. Mantilla Ruiz. Bogotá 1986.

Solé 1970 = Carlos Solé: Bibliografía sobre el español de América 1926—1967. Washington 1970.

Steel 1971 = Brian Steel: Contrasting approaches to Spanish lexicography. In: Hispania 54. 1971, 46—53.

Suárez 1921 = Constantino Suárez: Vocabulario Cubano. Madrid 1921.

Toro 1909 = Miguel de Toro y Gisbert: Enmiendas al Dicc. de la Acad. Paris 1909.

Ugarte = M. A. Ugarte Chamorro: Las descripciones geográficas de las Indias y un primer diccionario de americanismos. Lima o. J. [gegen 1965].

Valbuena 1887 = Antonio de Valbuena: La fe de erratas del nuevo Diccionario de la Academia. Madrid 1887 [2 Bde.; Neuaufl. 1889—1893, 5 Bde.].

Vergara 1926 = G. M. Vergara: Cuatro mil palabras no incluídas en el Diccionario de la Acad. Esp. (15. Aufl.) Madrid 1926.

Viñaza 1893 = Cipriano Muñoz y Manzano, Conde de la Viñaza: Biblioteca histórica de la filología castellana. Madrid 1893.

Weinberg 1976 = Félix Weinberg: La colección de voces americanas de Trelles. In: Thesaurus 31. 1976, 443—480.

Werner 1978 = Reinhold Werner: Zur Lexikographie des amerikanischen Spanisch. Vorschläge für ein neues Amerikanismenwörterbuch. In: Referate der 1. Wissenschaftlichen Tagung des Deutschen Hispanistenverbandes Augsburg, 25.—26. 2. 1977, hrsg. von G. Haensch und R. Werner Augsburg. 1978, 132—157.

Werner 1979 = Reinhold Werner: Zum Stand der Lexikographie des amerikanischen Spanisch. In: Ibero-Amerikanisches Archiv 5. 1979, 121—160.

Werner 1982 = Reinhold Werner: Das Bild im Wörterbuch. Funktionen der Illustration in spanischen Wörterbüchern. In: Linguistik und Didaktik 49/50, 1982.

Werner 1983 = Reinhold Werner: Die Amerikanismen im „Diccionario de Autoridades". In: Lateinamerikastudien 13, München 1983, 1075—1082.

Werner 1984 = Reinhold Werner: Die Amerikanismen im Handwörterbuch der Real Academia Española. In: Spanien und Lateinamerika. Beiträge zu Sprache, Literatur, Kultur. Homenaje a Anton Bemmerlein. Hrsg. von C. Segoviano/J. M. Navarro. Nürnberg 1984, 530—551.

Werner 1986 = Reinhold Werner: Rez. von Sala 1982. In: Anales del Instituto de Lingüística, Universidad Nacional de Cuyo, Mendoza, 12. 1985, 171—189.

Zamora 1979 = Alonso Zamora Vicente: Dialectología española. 2. Aufl. Madrid 1979.

Zierer 1987 = Ernesto Zierer: El Nuevo Diccionario de Americanismos: proyecto de la Universidad de Augsburg (República Federal de Alemania) y el Instituto Caro y Cuervo, Bogotá (Colombia). In: Lenguaje y Ciencias 27. 1987, 1—2, 47—54.

Günther Haensch, Augsburg
(Bundesrepublik Deutschland)

183. Cuervos Wörterbuch als herausragendes Werk der hispanischen Lexikographie

1. Darstellung
2. Literatur (in Auswahl)

1. Darstellung

Rufino José Cuervo (Bogotá 1844 — Paris 1911) erhielt wegen politischer Wirren eine nur prekäre Schul- und keine Universitätsausbildung. Als Autodidakt erarbeitete er sich eine breite indogermanistische Grundlage und durch das Studium europäischer Sprachwissenschaftler (von Bopp bis Schuchardt) ein in der Hispania damals unerreichtes Niveau an Gelehrsamkeit. Die in Kolumbien besonders augenfälligen, doch bis dahin ausschließlich laienhaften Bemühungen um eine im Geiste von A. Bello an Spanien ausgerichtete Sprachnorm als Grundlage nationalpolitischer und übergreifend kultureller Einheit geht er wissenschaftlich an: In den seinen Ruf begründenden, zunächst rein puristischen, in nachfolgenden Ausgaben zunehmend deskriptiven *Apuntaciones* (1867—72), erste und bis heute fundierteste kritische Betrachtung eines spanischen Stadtdialekts, beurteilt er die Korrektheit lexikalischer und grammatikalischer Neuerungen danach, inwieweit sie generell verwendet werden und sich der Sprache anpassen. Diese begreift er nicht mehr als in ihrer Perfektion starr zu bewahrende Struktur, sondern als sich mit der Gesellschaft verändernden Organismus. An Stelle eines zunächst geplanten Wörterbuchs der Kolumbianismen nimmt er als 19jähriger mit V. G. Manrique nach dem Vorbild von Webster und Bescherelle ein allgemeines Wörterbuch in Angriff, das, wie eine *Muestra* (1871) zeigt, alle damals verfügbaren spanischen übertroffen hätte, zumal die der Akademie, an denen er später durch konstruktive Kritik mitwirkt.

Doch beginnt er 1872, als Littrés 4. Band erscheint, den in der historischen Methode und manch anderer Hinsicht an diesem orientierten, aber wegen seiner Ausrichtung weltweit originellen *Diccionario de construcción y régimen* (= DCR). Es wundert nicht, daß diese Ausrichtung syntaktisch war, wenn man bedenkt, daß Cuervo sich schon früh intensiv und beständig mit grammatischen Fragen beschäftigte: 23jährig publizierte er mit M. A. Caro 1867 die damals beste lateinische Grammatik spanischer Sprache und ab 1874 seine laufend ergänzten *Notas* zu Bellos Grammatik. Mit dem DCR wird er endgültig zum bedeutendsten Vertreter der spanischen Sprachwissenschaft seiner Zeit und zum überragenden Philologen der Hispania vor Menéndez Pidal; auch zum bis heute größten spanischsprachigen Lexikographen, obgleich der DCR aus oft zitierten persönlichen und wissenschaftlichen, entscheidend aber wohl finanziellen Gründen nicht über zwei Bände (Paris, 1886 A-B, 1893 C-D) mit 1253 Artikeln hinauskam.

Von Cuervo sind über 43 000 Karteikarten mit Textbeispielen zu weiteren 804 Einträgen, darauf gestützt fertige Artikel von *ea* bis *empero,* ansonsten — bis *librar* — unvollständiges Material überliefert und ein Heft mit inzwischen erschlossenen 23 000 Kürzeln, die auf Zitate mit Wörtern des restlichen Alphabets verweisen. Anhand dieses Nachlasses und durch umfangreiche eigene Arbeiten hat das 1942 gegründete Instituto Caro y Cuervo unter den Hauptredakteuren F. A. Martínez († 1972) und J. A. Porto 1987 mit dem letzten von den gesamten Buchstaben E umfassenden 21 Faszikeln Band III (1505 zweispaltige Seiten mit je 68 Zeilen und 42 Anschlägen) abschließen können. Das Gesamtwerk wurde von Cuervo auf 6, wird jetzt auf 8 Quartbände geschätzt. Auch wenn die personellen, technischen und materiellen Voraussetzungen gebessert und langwierige Vorarbeiten erledigt sind, ist die wegen vorgesehenem Computer-Einsatz von Optimisten erhoffte Fertigstellung der restlichen Bände bis 1992 fraglich; dies würde eine baldige Erhöhung der Textbelege auf veranschlagte 2 Mill. (im Nov. 1988 lagen 418 000 für 6016 Einträge vor) erfordern. Von nun an sollen die Artikel typographisch aufgelockert und nur noch vollständige Bände ausgeliefert werden.

Cuervo beschränkt sich auf den schwierigsten Teil der Lexik, nämlich auf Wörter mit syntaktischem Sonderverhalten: neben denjenigen, die ihre Kategorie wechseln können, solche, die bestimmte Formen (wie Präpositionalobjekte oder Konjunktiv) nach sich ziehen *(régimen),* die anderen (wie Präpositionen oder Konjunktionen) wegen ihrer verknüpfenden Rolle in der syntagmatischen Struktur *(construcción);* d. h. Wörter, über deren Vielfalt individueller Verwendungsweisen Grammatiken nicht ausreichend informieren. Das sind zu 90 % Verben, sodann — bes. postverbale — Substantive und Adjektive, die Artikel und Pronomen, sowie die meisten Partikeln. Des weiteren begrenzt er sein Korpus auf schriftliche Belege, fast ausschließlich aus der repräsentativen Literatur Spaniens. Es ist seine Absicht, die Norm zeitgenössischer Gebildeter durch die für ihn erst ab der Sprachverfestigung im Siglo de Oro geltende Normengeschichte zu sanktionieren, dazu beizutragen, eine Fragmentierung zu verhindern oder wenigstens hinauszuzögern.

Die so selektierten, mittels einer Sammlung von ca. 50 000 Zitaten gewonnenen Wörter bilden in alphabetischer Reihenfolge die Haupteinträge der Artikel. Diese enthalten immer den vom 16. zum 19. Jh. (bis Ganivet) reichenden Hauptteil und die aus junggrammatischer Enge befreite, oft um indogermanische Entsprechungen bereicherte Etymologie. Daneben aber nach Möglich- und Notwendigkeit auch eine Einführung, sowie abschließend morphologische, orthographische und prosodische Eigenheiten; außerdem — zwischen Hauptteil und Etymologie — von 1500 an bis zu den Sprachdenkmälern zurückgehend und nun alle Quellen einbeziehend — die vorklassische Epoche, die er wie Littré als nicht normsetzend nur nach Jh. stuft. Im zentralen Teil dagegen verfolgt er die Entwicklung des jeweiligen Worts nach genetischer, nur im Zweifel nach chronologischer Methode. Bei der Unterteilung der Artikel gemäß der Anzahl kontextueller Bedeutungsvarianten und syntaktischer Möglichkeiten wird mit Rücksicht auf die Bedürfnisse des ins Auge gefaßten Benutzers — der für eine bestimmte Wortbedeutung die richtige Konstruktion sucht — in diesem Doppelgefüge die syntaktische der semantischen Struktur untergeordnet. Cuervo gliedert die Varianten zunächst nach Kategorien und Subkategorien und trennt die nicht allen Sprachniveaus eigenen, sowie die figürlichen Gebrauchsweisen ab. Ausgehend vom Wortsinn, der dem des Etymons gleich ist oder am nächsten liegt, erklärt er sodann mit ungewöhnlichem analytischen Spürsinn die integrale Entfaltung der Bedeutungen und stellt den Gruppen und Untergruppen die jeweiligen hierarchisierten Definitionen voran. Innerhalb dieser bis zu sechsfachen semantischen Staffelung kontrastiert er — nicht ohne gelegentliche Zensur — alle dazugehörigen syntaktischen Konstruktionen. In die einzelnen Absätze sind, genauestens belegt, in chronologischer Abfolge die zugrundeliegenden Textbeispiele eingearbeitet.

Quantitativ wird der vollständige DCR dem Littré ebenbürtig sein (je ca. 80 Mill. Anschläge) und ist es auch betreffs der von Cuervo publizierten Teile A-D (je ca. 20 Mill.). Durch den Wegfall der syntaktisch uninteressanten Wörter ist im DCR die Ausführung der einzelnen Artikel detaillierter und sind die Schwierigkeiten gedrängter. Auch wenn es sich um zwei verschiedene Sprachen handelt, mag es bezüglich der Proportionen doch aufschlußreich sein, daß Littrés Abhandlung des *à* 60 000 Anschläge, Cuervos *a* aber auf 29 Seiten mit ca. 1000 Zitaten das Dreifache aufweist. Während Littré eine lange Reihe von qualifizierten Mitarbeitern nennen kann, ist Cuervo praktisch auf sich allein gestellt und jahrelang zusätzlich in der von seinem Bruder gegründeten Bierfabrik beansprucht, deren Verkauf den beiden 1882 die Übersiedlung nach Paris ermöglicht. Dort widmet er sich bei bescheidenem Leben und meist schlechter physischer Verfassung mit äußerster Energie seinen sprachwissenschaftlichen Arbeiten, bis 1896 vorwiegend dem DCR, doch auch einer sehr umfangreichen, sein Wissen und die Schätze seiner Zettelkästen freizügig mitteilenden Korrespondenz (cf. AEC).

Die peinlich genaue Verfolgung der Varianten macht den DCR zu einem Werk für eine Minderheit. Selbst die von Cuervo als Zielgruppe genannten Philologen werden trotz der bei komplizierten Artikeln angefügten Konstruktionsverweise oft stark gefordert. Das liegt zu großem Teil an der wohl aus Kostengründen von Littré übernommenen monotonen und gedrängten typographischen Gestaltung. Die Fortsetzer beziehen das 20. Jh. und den amerikanischen Sprachgebrauch ein. Eine entsprechende, nach einem Jh. überfällige Neubearbeitung der beiden ersten, durch Faksimile-Druck wieder zugänglichen Bände kann auch gewisse, Cuervo schuldlos unterlaufene, von ihm selbst beklagte Zitatfehler aus schlechten Ausgaben korrigieren, denen Littré ebensowenig entgangen ist.

Der DCR ist bis heute das einzige große syntaktisch ausgerichtete Wörterbuch des Spanischen. Da es jedes einmal aufgenommene Wort über seine Besonderheiten hinaus erschöpfend behandelt, ist es gleichzeitig, innerhalb der Korpus-Beschränkung, ein Thesaurus und war lange Jahrzehnte das einzige Wörterbuch mit wissenschaftlich begründeter Auskunft über Geschichte und Etymologie der spanischen Lexik. Als Wörterbuchtyp einzigartig, ist der DCR herausragend sowohl als Werk der hispanischen Lexikographie wie auch als lexikographische Leistung eines einzelnen überhaupt.

2. Literatur (in Auswahl)

2.1. Wörterbücher

DCR = Rufino José Cuervo: Diccionario de construcción y régimen de la lengua castellana. Bd. I (A-B) Paris 1886 [68, 922 S.] Bd. II (C-D) Paris 1893 [1348 S.] Bd. III, Fasz. 1—21 (E) Bogotá 1959—1987 [1505 S.]; Bd. I u. II. auch Freiburg i. B. 1953/1954.

Muestra 1871 = Venancio G. Manrique/Rufino J. Cuervo: Muestra de un diccionario de la lengua castellana. Bogotá 1871. Reprod. in Cuervo 1954, I, 1159—1241.

2.2. Sonstige Literatur

AEC = Archivo Epistolar Colombiano. Bogotá 1965 ff. (bisher 16 Bde. zu Cuervo).

Cuervo 1867 = Rufino José Cuervo: Apuntaciones críticas sobre el lenguaje bogotano. Bogotá 1867—1872. 8. Aufl. in: Cuervo 1954, I, 103—906.

Cuervo 1874 = Rufino José Cuervo: Notas a la Gramática castellana de don Andrés Bello. Bogotá 1874. Reprod. der definit. 7. Auflage (1907) in: Cuervo 1954, I, 907—1157.

Cuervo 1954 = Rufino José Cuervo: Obras. 2 Bde. Bogotá 1954.

Martínez 1954 = Fernando Antonio Martínez: Estudio preliminar. In: Cuervo 1954, I, XIII—CXLVI.

Porto 1980 = José Alvaro Porto Dapena: Elementos de lexicografía: el „Diccionario de construcción y régimen" de R. J. Cuervo. Bogotá 1980.

Porto 1984 = José Alvaro Porto Dapena: Pasado y presente del „Diccionario de construcción y régimen de la lengua castellana". In: Historiographia Linguistica 11. 1984, 287—324.

Schütz 1979 = Günther Schütz: Sobre la interrupción del Diccionario de construcción y régimen. In: Homenaje a Fernando Antonio Martínez. Bogotá 1979, 553—622.

Seco 1982 = Manuel Seco: Cuervo y la lexicografía histórica. In: Thesaurus 37. 1982, 647—652.

Thesaurus = Thesaurus. Boletín del Instituto Caro y Cuervo. Bogotá 1945 ff.

Torres 1954 = Rafael Torres Quintero: Bibliografía de Rufino José Cuervo. In: Cuervo 1954, II, 1743—1817.

Günther Schütz, Erlangen (Bundesrepublik Deutschland)

184. Katalanische Lexikographie

1. Die katalanische Sprache und ihre Lexikographie: Vorbemerkung
2. Die katalanische Lexikographie von ihren Anfängen bis zum 17. Jahrhundert
3. Die katalanische Lexikographie vom 17. Jahrhundert bis zum Beginn der Renaixença
4. Die katalanische Lexikographie von der Renaixença bis zum Ende des 19. Jahrhunderts
4.1. Der kulturhistorische Hintergrund
4.2. Zwei- und mehrsprachige Wörterbücher
4.3. Philologische Wortschatzinventare
4.4. Wörterbücher mit besonderer Zielsetzung
4.5. Schlußbemerkung
5. Die katalanische Lexikographie im 20. Jahrhundert
5.1. Der kulturhistorische Hintergrund
5.2. Die einzelnen Wörterbuchtypen
6. Schlußbemerkung
7. Literatur (in Auswahl)

1. Die katalanische Sprache und ihre Lexikographie: Vorbemerkung

Bei der Betrachtung der katalanischen Lexikographie muß man sich zunächst einmal darüber klar sein, daß es sich beim Katalanischen nicht um eine der großen Kultursprachen handelt, die wie das Englische, Französische, Spanische, Portugiesische und in gewissem Sinne auch das Russische weite Verbreitung in außereuropäischen Räumen gefunden oder wie das Deutsche oder Italienische aus verschiedenen Gründen den Rang einer international bedeutenden Kultursprache errungen haben, sondern um eine Sprache, deren Areal seit Jahrhunderten auf ein Gebiet im südlichen Frankreich (das Roussillon, kat. el Rosselló); Andorra; in Spanien: Katalonien, einen westlichen Randstreifen von Aragonien, große Teile des ehem. Königreichs Valencia und die Balearen sowie in Italien: eine Enklave auf Sardinien (Alghero) beschränkt ist. (Vgl. Karte 182.1). Darüber hinaus ist zu berücksichtigen, daß seit der Herstellung der spanischen Einheit (1479) durch den Zusammenschluß der aragonesisch-katalanischen Konföderation mit dem Königreich Kastilien das Katalanische in einem ständigen Abwehrkampf gegen die mächtige Reichssprache Spanisch gestanden hat. Während einer längeren Periode des Niedergangs der katalanischen Sprache und Kultur, der sog. *Decadència* (etwa vom Beginn des 16. Jahrhunderts bis ca. 1835) und einer kürzeren unter dem Franco-Regime (1939—1975) war der Gebrauch des Katalanischen als Kultursprache nicht nur stark reduziert, sondern sein Überleben oder zumindest seine Funktion als Kultursprache auch zweimal ernsthaft in Frage gestellt. Um die Entwicklung der katalanischen Lexikographie von ihren Anfängen bis heute richtig verstehen und interpretieren zu können, ist es deshalb unerläßlich, sie vor diesem politischen und soziokulturellen Hintergrund zu sehen. Nur so ist auch möglich, die Leistungen und Defizite der katalanischen Lexikographie, aber auch gewisse Schwerpunkte lexikographischer Arbeit zu würdigen.

2. Die katalanische Lexikographie ihren Anfängen zum 17. Jahrhundert

Das Katalanische hatte sich im Mittelalter neben dem Spanischen (besser dem Kastilischen, span. *el castellano*, kat. *el castellà* — nur die letzteren Bezeichnungen finden wir bis heute in den Titeln aller zweisprachigen lexikographischen Inventare Spanisch/Katalanisch — zu einer wichtigen Kultursprache entwickelt, die bis zum 16. Jh. bedeutende Werke der Literatur, der Geschichtsschreibung und anderer Wissenschaften hervorbrachte. Ramon Llull (1235—1315) war einer der hervorragenden Vermittler zwischen der arabischen Kultur (und mit ihr der griechischen und anderer orientalischer Kulturen) und der abendländischen Kultur. Als Amtssprache der aragonesisch-katalanischen Konföderation (seit 1137) war das Katalanische durch deren Expansion im Mittelmeerraum nach Sardinien, Sizilien, Unteritalien, Malta und sogar bis nach Griechenland getragen worden, und durch die Bedeutung des katal. Seehandels war es die Sprache des Handels und der Seefahrt im westlichen Mittelmeer geworden. — Im Mittelalter dominierte — wie im übrigen Europa — weitgehend das Lateinische als Sprache der Wissenschaft.

Die Anfänge der Lexikographie stellen daher — wie andernorts in Europa — Manuskripte lateinisch-katalanischer Glossare dar, deren Zweck es war, in der romanischen Volkssprache nicht mehr verständliche lateinische Wörter zu erklären und so der Erlernung des Lateinischen zu dienen (vgl. hierzu Casas Homs 1953 und 1955, ferner M. Bassols/Bastardas 1960 sowie Colon/Soberanas 1985, 11 ff.). — Vorläufer des eigentlichen Wörterbuchs waren zwei Reimwörterbücher. Das erste von Jaume Marc (auch: Jacme March) ist in einem Werk über Poetik (Marc 1371) enthalten und bringt 6000 Wörter als wertvolles frühes Zeugnis des katalanischen Wortschatzes, darunter noch viele Provenzalismen; das zweite ist in dem Werk Torcimany (Rhetorik und Grammatik des Lluís de Averçó (Averçó 1371) enthalten, aber nicht von Marc beeinflußt. Der Vorgeschichte der katal. Lexikographie zuzurechnen sind auch einige Glossen mit Erklärung lat. Wörter auf kat., die in lat. Grammatiken erscheinen (vgl. Colon/Soberanas 1985, 23 ff.). — Das erste uns bekannte zweisprachige Wörterbuch, das erhalten geblieben ist, ist der *Liber elegantiarum* von Joan Esteve, der um 1472 entstand und 1489 gedruckt wurde (Esteve 1489 u. 1987), eines der ersten zweisprachigen Wörterbücher einer romanischen Sprache, das wegen seines Umfangs diesen Namen verdient. Neben den alphabetisch angeordneten valenzianischen Lemmata erscheinen meist mehrere lateinische Äquivalente. Bedeutsam ist, daß hier zum ersten Mal — früher als bei den größeren spanischen und französischen Wörterbüchern — die romanische Volkssprache die Ausgangssprache ist. Der Zweck des Wörterbuchs war eine Verbesserung des Lateinstudiums und die Verbreitung der Latinität der klassischen lateinischen Autoren, wie sie dem Ideal der Renaissancezeit entsprach (vgl. Moll 1960 und 1977 sowie Colon/Soberanas 1985, 44 ff.). Bis in die Mitte des 17. Jahrhunderts sind alle katalanischen Wörterbücher zweisprachig, und zwar — im Gegensatz zum Liber elegantiarum — vom Lateinischen ausgehend. Eine Ausnahme macht nur ein systematisch angelegtes katala-

Barſtax	Weber
Portador	Trager
Corrador	Under kra°ſler
Torzemany	Dolmatſch
Torcedorsde ſeda	Seidē winder
Teridor	weber
Saſtre	Sneider
Sabater	Schu°ſter
Ferrer	Schmid
Calafat	Schifmacher
Fuſter	zimerman
Entretallador	Sniczer
Meſtre de rinels	Almar meiſter
Meſtre de caſes	Maurer

Textbeispiel 184.1: Wörterbuchausschnitt (aus: Rosembach 1502 [1916], 54)

nisch-deutsches Vokabular mit 2700 Wortstellen, dessen frühes Erscheinungsdatum (1502) innerhalb der iberoromanischen Lexikographie bedeutsam ist (Rosembach 1502) und das deshalb in der romanistischen Forschung Beachtung gefunden hat (Cornagliotti 1983; Flasche 1955; Grossmann 1932; Klaiber 1936; Michatsch 1917). Es geht nach neuerer Forschung auf ein italienisches Vorbild zurück (Colón 1983).

1502 erschien in Valencia, das in der zweiten Hälfte des 15. Jahrhunderts Barcelona als Zentrum der katalanischen Kultur verdrängt hatte, ein weiteres lateinisch-katalanisches Vokabular (Amiguet 1502), das auf ein italienisches Vorbild zurückgeht (vgl. Colon/Soberanas 1985, 79). — Von der noch andauernden Geltung des Katalanischen als Kultursprache zeugt auch die Tatsache, daß das bedeutende lateinisch-spanische Wörterbuch von Antonio de Nebrija (Nebrija 1492) wenige Jahre später in einer katalanischen Fassung (lat.-kat.) von Gabriel Busa (Busa, 1507) und in einer Neubearbeitung von Martí Ivarra (Ivarra, 1522) erschien (vgl. Soberanas 1977 u. Colon/Soberanas 1985, 60 ff.), der weitere Auflagen 1560 und 1585 folgten. Auch das *Vocabulario del humanista* von Llorenç Palmireno, 1569) enthält katal. Äquivalente. — Großer Erfolg war einem Wörterbuch beschieden, das der Erlernung des Lateinischen dienen sollte, dem *Thesaurus puerilis* von Onofre Pou (Pou, 1575), einem Schüler von Palmireno, das ebenfalls onomasiologisch angelegt ist (vom Lateinischen ausgehend). Es erfuhr eine Reihe von Neuauflagen (1579, 1580, 1591, 1600, 1615 und 1680) (vgl. Cornagliotti 1980, Soberanas/Colón 1984). Im 15. Jahrhundert war noch ein für die damalige Zeit bemerkenswerter „Antibarbarus" zur Vermeidung als normwidrig empfundener volkstümlicher Wörter im Katalanischen erschienen (Badia i Margarit 1950 und Colon/Soberanas 1985, 52 ff.).

3. Die katalanische Lexikographie vom 17. Jahrhundert bis zum Beginn der Renaixença (um 1835)

Wie bereits erwähnt (vgl. 1), setzte im 16. Jahrhundert der Niedergang der katalanischen Sprache und Kultur ein. Der Adel und das Bürgertum sprachen weitgehend Spanisch; der Blüte der spanischen Literatur im Siglo de Oro hatte das Katalanische nichts Vergleichbares entgegenzusetzen. 1715 führte Philipp V. das Spanische als obligatorische Amts- und Schulsprache in ganz Spanien ein. Wie weit dieser *Decadència* auch ein Rückgang im Gebrauch der katal. Sprache in allen Bereichen entsprach, ist noch umstritten. Immerhin dürften die bis 1840 erschienenen Wörterbücher für die Vitalität des Katal. in bestimmten Bereichen, vor allem in der Schulbildung, ein beredtes Zeugnis ablegen, denn in einer auf das Niveau eines ländlichen patois oder Stadtdialekts herabgesunkenen Sprache schreibt man keine größeren Wörterbücher, vor allem nicht im 18. Jahrhundert. — Im 17. Jahrhundert erschienen vier bedeutende Wörterbücher, drei davon sind lat.-kat.: *Fons verborum* (Font 1637; vgl. Colon/Soberanas 1985, 105 ff.), *Thesaurus verborum* (Torra 1640) und *Gazophylacium catalano-latinum* (Lacavalleria 1696). Das Wörterbuch von Torra erfuhr unter einem anderen Titel (Torra, 1653) zahlreiche Neuauflagen (1670, 1683, 1696, 1701, 1726, 1757 und weitere, die letzte ist von 1843 (vgl. Veny 1980). Auch das Wörterbuch von Pou, das onomasiologisch angelegt ist, erfuhr Neuauflagen zwischen 1579 und 1684 (vgl. Soberanas/Colón 1984). Mit Ausnahme des Wörterbuchs von Rosembach (vgl. 2.) ist das erste Wörterbuch, das den Wortschatz moderner Sprachen beschreibt und somit der Erlernung lebender Fremdsprachen dienen soll, der dreisprachige *Diccionario castellano. Dictionnaire françois. Dictionari* (sic) *catala* von Lacavalleria (Lacavalleria 1641), der eine Art Konversationsbuch ist und deshalb mehr syntagmatische Elemente, vor allem Kollokationen und Phraseologie, bringt als viele der zweisprachigen katalanischen Wörterbücher des 20. Jh. — Wenige Jahre später erschien anonym ein Wörterbuch, dessen Zielsprache nicht mehr Katalanisch schlechthin, sondern dessen großer südlicher Dialekt, das Valenzianische, ist; *Diccionario alfabético de dicciones juntamente castellanas y valencianas* (Diccionario 1647). 1617 erschien ein sechssprachiges Wörterbuch der Landwirtschaft (Agusti 1617) sowie mehrere Inventare juristischer Terminologie (vgl. Colon/Soberanas 1985, 98 ff.). So steht der sonstigen *decadència* der katalanischen Sprache und Kultur erstaunlicherweise eine nicht unbeachtliche Kontinuität in der Lexikographie gegenüber. — Im 18. Jahrhundert ging die Entwicklung ähnlich weiter. 1742 erschien ein dreisprachiges Wörterbuch, der *Prontuario orthologigraphico trilingüe* (Lat.-Span.-Katal.) (Anglès 1742; vgl. hierzu Colon/Soberanas 1985 und Olmo Lete 1977). Ein weiteres Wörterbuch des Valenzianischen, der *Breve Diccionario valenciano-castellano* erschien 1739 (Ros 1739), dem 1764 ein umfangreicheres Wörterbuch folgte (Ros 1764). Großen Erfolg hatte ein dreisprachiges, onomasiologisch angelegtes Vokabular, der *Promptuario trilingüe* (Broch 1771). Gegen Ende des 18. Jh. oder zu Anfang des 19 Jh. wurde ein weiteres Wörterbuch Valenzianisch-Spanisch verfaßt, das erst im 20. Jahrhundert veröffentlicht wurde (Sanelo 1964; vgl. Colon/Soberanas 1985, 140 ff., die weitere Sekundärliteratur angeben). — Bemerkenswert ist, daß neben dem Wörterbuch aus dem Stammland Katalonien das Valenzianische in der Lexikographie seit dem 16. Jh. einen wichtigen Platz einnahm, den es auch im 19. Jahrhundert behaupten sollte. Antoni de Capmany veröffentlichte ein Glossar zum *Libre del Consolat de Mar*, der ältesten Kompilation des mediterranen Seerechts (Capmany 1791). — Der *Vocabulari mallorquí-castellà* (mit lat. Äquivalenten) von Fra Antoni Oliver, ergänzt von J. Togores und G. Roca (Oliver 1711) ist eine wichtige Quelle für die Kenntnis des Mallorkinischen des 18. Jh. (vgl. Colon/Soberanas 1985, 925 ff.). Ein Werk besonderer Art ist ein morphologisches Inventar der lat. Grammatik, das den Wortschatz nach Deklinationsmorphemen (Casus, unregelmäßige Verben u. ä.) klassifiziert und zu den zahlreichen lat. Beispielen span. und katalanische Äquivalente gibt (Miret y Güell 1777). — Am Ende des 18. Jh. und in der Zeit vor der sog. *Renaixença* (vgl. 4.) erschien dann — wie auch später — kein zweisprachiges Wörterbuch mehr, dessen Ausgangs- oder Zielsprache das Latein ist, an seine Stelle war das Spanische (in den Titeln stets: *castellà*) getreten. Lateinisch finden wir nunmehr nur noch in mehrsprachigen Wörterbüchern als e i n e der Zielsprachen, so in dem ersten wichtigen dreisprachigen Wörterbuch des beginnenden 19. Jahrhunderts (Esteve/Bellvitge/Juglà 1803), das vom Katal. ausgeht und dazu die spanischen und lateinischen Äquivalente gibt. Ihm folgte ein zweisprachiges Wörterbuch Katalanisch und Spanisch (Roca 1806 und Vidal 1818). — Als ein lexikographisches Inventar *sui generis* erschien 1831 eine Sammlung katal. Sprichwörter mit span. Übersetzungen (D.J.A.X. y F (sic), 1831). Das Manuskript eines katalanischen Wörterbuchs von Fra Albert Vidal blieb unveröffentlicht (Vidal 1818?).

4. Die katalanische Lexikographie von der „Renaixença bis zum Ende des 19. Jahrhunderts

4.1. Der kulturhistorische Hintergrund

Unter dem Einfluß der europäischen Romantik und deren Vorliebe für die Erforschung des Mittelalters und der Volksliteratur setzte gegen Ende des ersten Drittels im 19. Jahrhundert in Europa eine sprachlich-kulturelle Erneuerungsbewegung ein, die eine Reihe von Regional- bzw. Minderheitensprachen erfaßte (u. a. Gälisch, Bretonisch, Okzitanisch usw.). Sie fand in Katalonien ihren Ausdruck in der berühmten *Oda a la pàtria* von Aribau (1833), deren Veröffentlichung als „offizieller" Beginn der *Renaixença,* der Wiedergeburt der katalanischen Sprache, gilt. Auf die erste Phase der *Renaixença*, die u. a. den Katalanen das Gefühl ihrer nationalen Identität wiedergab und eine bedeutende Literatur hervorbrachte, folgte im letzten Drittel des 19. Jahrhunderts unter dem Einfluß der in Deutschland entstandenen und bald in Frankreich rezipierten modernen romanischen Philologie eine Zeit, die durch Erforschung der älteren Sprache und Literatur, aber auch der Dialekte, der Volksliteratur, der Folklore usw. gekennzeichnet ist und in der auch deutsche und französische Forscher neben katalanischen wirkten. Dadurch wurde auch die Fächerung der Typen lexikographischer Werke etwas breiter. Auffällig ist, daß wir im gesamten 19. Jahrhundert (und auch vorher) kein einziges eigtl. einsprachiges Wörterbuch (vor allem semasiologisches Wörterbuch mit Definitionen) finden, wo doch dieser Wörterbuchtyp in Spanien (für das *castellano*) und in Frankreich schon auf eine längere Tradition zurückblicken konnte.

4.2. Zwei- und mehrsprachige Wörterbücher

In der Tat dominiert unter allen lexikographischen Inventaren des Katalanischen bis Ende des 19. Jh. das zweisprachige Wörterbuch, wobei nun als Ausgangs- und Zielsprache neben das Katalanische auch das Valenzianische und das Balearische (Mallorkinisch und Menorkinisch) treten.

4.2.1. 1839—40 erschien das bedeutendste Werk der katalanischen Lexikographie im 19. Jahrhundert, das in einer Zeit, wo in der Lexikographie im katal. Sprachraum wie im übrigen Europa noch mehr oder weniger nach den seit der Renaissancezeit pragmatisch entwickelten Methoden gearbeitet wurde, ein Minimum an wissenschaftlicher Genauigkeit erkennen läßt, der zweibändige *Diccionari de la llengua catalana amb la correspondència castellana y llatina* (Labèrnia 1839—40), 1864 in einer Neuaufl. von einer „societat de literats", 3. Aufl. 1888—1892, aus der 1910 die erste katalanische Enzyklopädie entstand, ein Werk, das offensichtlich von anderen Lexikographen in starkem Maße herangezogen wurde. Vom gleichen Verfasser erschien 1844—48 das Gegenstück mit Spanisch als Ausgangssprache (Labèrnia 1844), das 1861 u. 1867 Neuauflagen erfuhr. Obwohl Labèrnia kein eigentliches Definitionswörterbuch ist, finden wir bei ihm (im katal.-span.-lat. Wörterbuch) bereits hinter dem Lemma dessen Definition in katal. Sprache. Die übrigen nur noch zweisprachigen Wörterbücher (Katal.-Span. oder Span.-Katal.) bedeuten gegenüber dem Wörterbuch von Labèrnia keinen wesentlichen Fortschritt (Ferrer 1836; Ferrer 1839; D. y M. *(sic)* 1847; Saura 1851 u. 1852; J. M. 1856; Saura 1878 und Donadiu 1895).

4.2.2. Im Gegensatz zu den in Katalonien veröffentlichten Wörterbüchern haben die im 19. Jahrhundert veröffentlichten zweisprachigen Wörterbücher des Valenzianischen dieses stets als Ausgangssprache und stets Spanisch als Zielsprache, was darauf schließen läßt, daß diese eine Hilfe für Sprecher des Valenzianischen bieten sollten, die Spanisch schreiben oder sprechen lernen wollten (z. B. Escrig 1851). Diese Wörterbücher bedeuten gegenüber dem von Sanelo (vgl. 3.) sowohl inhaltlich als auch methodisch keinen Fortschritt. (Zu weiteren valenzianischen Wörterbüchern vgl. Colon/Soberanas, 166—172.)

4.2.3. Bei den zweisprachigen Wörterbüchern Balearisch-Spanisch überwiegen diejenigen, die Mallorkinisch oder Menorkinisch als Ausgangssprache haben, offensichtlich (wie beim Valenzianischen), um die Erlernung bzw. den Gebrauch des Spanischen zu fördern: a) Mallorkinisch (z. B. Figuera 1840; Amengual 1858, *Diccionario manual* 1859 u. Tarongí 1878); b) Menorkinisch (z. B. Hospitaler 1869 u. 1881 und Ferrer y Parpal 1883—1887). (Zu weiteren balearischen Wortschatzinventaren vgl. Colon/Soberanas 1985, 174—184.)

4.3. Philologische Wortschatzinventare

Mit dem Interesse für die Geschichte des Katalanischen entstehen mehr und mehr philologische Arbeiten über das Katalanische zuerst in Zeitschriften, später auch als selbständige Publikationen. Besondere Verdienste um die Erforschung der älteren Sprache hat sich Balari i Jovany erworben, der eine Arbeit *Etimologías catalanas* (Balari 1885) veröffentlichte, dessen eigentliches lexikographisches Werk aber erst im 20. Jh. posthum erschien (vgl. 5.). Auch die umfangreichen lexikographischen Materialien, die Aguiló i Fuster zusammengetragen hatte, konnten erst im 20. Jahrhundert posthum veröffentlicht werden (vgl. 5.).

4.4. Wörterbücher mit besonderer Zielsetzung

4.4.1. Ein weiteres Reimwörterbuch erschien 1852 (Estorch 1852)

4.4.2. Seit dem Erscheinen des ersten Wörterbuches der Real Academia Española (1726—39) hatten sich Generationen von Journalisten, Literaten, Philologen usw. mit dem Akademiewörterbuch auseinandergesetzt und im 19. und 20. Jahrhundert erschienen eine Reihe von Veröffentlichungen, z. T. lexikographischen Inventaren, die u. a. Ergänzungen und Verbesserungen zum Akademiewörterbuch vorschlagen. Offensichtlich dieser Tendenz folgend, schrieb ein katal. Autor einen *Diccionari suplement de tots els diccionaris publicats* (Costa 1869).

4.5. Schlußbemerkung

Auffallend ist, daß die katalanische Lexikographie von ihren Anfängen bis zum Ende des 19. Jahrhunderts eine Reihe von Wörterbuchtypen, die es bereits seit langem für das Spanische und Französische gab, vermissen läßt oder nur in geringer Zahl aufweist wie z. B. einsprachige Definitionswörterbücher, Fachwörterbücher, Synonymwörterbücher und etymologische Wörterbücher (i. e. S.), was zweifellos durch die lange Dauer der *Decadència* und die auch im 19. Jahrhundert noch starke Vormachtstellung des Spanischen zu erklären ist. Der dominierende Wörterbuchtyp von 1489—1900 ist das zwei- oder mehrsprachige Äquivalenzwörterbuch.

5. Die katalanische Lexikographie im 20. Jahrhundert

5.1. Der kulturhistorische Hintergrund

Die Erneuerung der katalanischen Sprache und Kultur setzte sich in den ersten Jahrzehnten des 20. Jahrhunderts fort. Es entstanden weiterhin bedeutende Werke der Literatur und Kunst (bes. der Malerei und Architektur). Der Wunsch nach politischer Autonomie Kataloniens ging Hand in Hand mit Bestrebungen um eine bis dahin fehlende Kodifizierung der katalanischen Sprache. Von 1907 bis 1923 bestand die sog. *Mancomunitat,* ein Zusammenschluß der vier katalanischen Provinzen mit einer noch stark reduzierten Autonomie, dem aber in politischer und sprachlicher Hinsicht ein großer Erfolg beschieden war. Unter der *Mancomunitat* wurde das bedeutende und sehr aktive *Institut d'Estudis Catalans* gegründet, das die Aufgaben einer Sprachakademie und eines Fachausschusses für Terminologienormung, aber auch manch andere Aufgaben erfüllte. Sein Hauptziel war zunächst die Normierung der Sprache. Die überragende Gestalt von Pompeu Fabra (1868—1948) ließ die Bemühungen zu einem vollen Erfolg werden: Kodifizierung der Orthographie, der Grammatik und des Wortschatzes. 1932 erschien sein *Diccionari general de la llengua catalana,* der für die Katalanen eine allgemein akzeptierte Norm schuf, die auch heute noch gilt. Es entstanden die ersten großen Wörterbücher über den Wortschatz früherer Sprachstufen und ganz allgemein erweiterte sich das Spektrum der Wörterbuchtypen allmählich. Von 1931—1939 erhielt Katalonien als sog. *Generalitat* eine politische Autonomie, die sich auf Sprache und Kultur positiv auswirkte. Die Entwicklung wurde 1939 am Ende des spanischen Bürgerkrieges jäh unterbrochen. Das Katalanische wurde vom Franco-Regime aus dem öffentlichen Leben und der Schule verbannt, es durften keine Bücher und andere Publikationen auf Katalanisch erscheinen. Sein Gebrauch blieb auf die private Sphäre beschränkt. Die Sprache litt unter dem Einfluß des allmächtigen *castellano* und verwilderte. Erst allmählich begann, dank dem zähen Willen der Katalanen, ihre Sprache zu bewahren, eine zweite Erneuerung der Sprache und Kultur, die aber erst nach dem Tode von Franco (1975) voll zum Durchbruch kam. Nun ging es und geht es nach der Wiederherstellung der Autonomie Kataloniens noch heute um eine Normierung der katalanischen Sprache in allen Lebensbereichen nach den schon vor 1939 bestehenden Normen. Viele lexikographische Publikationen der Gegenwart verfolgen daher den Zweck, die Rekatalanisierung des öffentlichen und privaten Lebens zu fördern: Glossare für die einzelnen Berufe, Formularbücher für Verwaltung und Justiz, Antibarbarus-Inventare u. v. a. m. Hand in Hand damit geht eine allmählich einsetzende Tendenz zur Spezialisierung in der Lexikographie: Es erscheinen mehr und mehr Fachwörterbücher, Argotwörterbücher, Synonymwörterbücher, Enzyklopädien, Wörterbücher über Idiomatik, Grundwortschatzsammlungen, onomastische Inventare, zweisprachige Wörterbücher in Kombination mit verschiedenen Sprachen (neben *castellano* auch Deutsch, Englisch, Französisch, Japanisch, Portugiesisch, Russisch) und einsprachige Definitionswörterbücher vom einfachen Schulwörterbuch bis zum großen *Diccionari de la Llengua Catalana* mit 1680 Seiten (vgl. 5.2.2.). Wegen der sprachpolitischen Zielsetzung können dank der tatkräftigen Unterstützung durch die Regionalregierungen und Städte lexikographische Inventare erscheinen, die vom rein kommerziellen Standpunkt aus nicht rentabel sind und deswegen anderswo kaum erscheinen würden, sozusagen ein historisch bedingter Glücksfall für die Lexikographie. Zum Teil veröffentlicht die autonome Regierung Kataloniens, die sog. *Generalitat,* selbst Terminologien und Glossare, die der Sprachnormung dienen sollen.

5.2. Die einzelnen Wörterbuchtypen

Im folgenden soll ein kurzer, keineswegs erschöpfender Überblick über die Leistungen, aber auch die Defizite der katalanischen Lexikographie im 20. Jahrhundert gegeben werden (vgl. Colón 1977 u. 1979).

5.2.1. Ein monumentales Mehrzweckwörterbuch

1901 verschickte der mallorkinische Kanonikus Antoni Ma. Alcover, den man den „Apostel der katalanischen Sprache" genannt hat, einen Aufruf („Lletra de convit"), um die Schaffung eines allumfassenden Wörterb. der katal. Sprache anzuregen. Er selbst nahm die Arbeit dazu in die Hand und veröffentlichte ein *Bolletí del Diccionari de la Llengua Catalana* (1901—1906). Abgesehen vom 1. Bd. wurde das Wörterbuch dann im wesentlichen von Francesc de B. Moll (unter Mitwirkung von Manuel Sanchis Guarner und Aina Moll) verfaßt. Der 1. Bd. erschien 1926, der 2. Bd. 1935, die übrigen 8 Bde. von 1956—62. Von 1964—68 wurden die beiden ersten, vor dem span. Bürgerkrieg erschienenen Bände überarbeitet (zur Entstehung des Wörterbuchs vgl. Moll 1956, 1970, 1975 und 1981 u. Massot 1985). Das Werk, das den Titel *Diccionari català-valencià-balear* (Alcover-Moll DCVB) trägt, ist das umfassendste Wörterbuch der katalanischen Sprache und berücksichtigt sowohl das moderne Katalanisch als auch dessen ältere Sprachstufen, alle Dialekte des Katalanischen, Fachterminologien, Argot, Idiomatik, Onomastik und Toponymik. Es gibt die verschiedenen Aussprachevarianten in phonetischer Transkription an, bringt auch formale Varianten, sogar normwidrige Formen, Konjugationstabellen und viele kulturhistorische und volkskundliche Angaben. Tier- und Pflanzennamen erscheinen mit dem wissenschaftlichen (lateinischen) Terminus. Die Darstellung wird durch eine Reihe von Zeichnungen (vor allem von Gegenständen der Volkskultur und Pflanzen) ergänzt. Dadurch, daß das Wörterbuch fast durchweg die spanischen Äquivalente der katal. Stichwörter (in fast allen Einzelbedeutungen) wiedergibt, wird es sogar zum großen zweisprachigen Wörterbuch (Katal.-Spanisch). — In den meisten Fällen wird die Etymologie des betr. Stichworts erklärt. Das zehnbändige Monumentalwerk ist (so Colón 1977) eine der „größten lexikographischen Leistungen einer romanischen Sprache". Wenn ein Wörterbuch dem schwer zu verwirklichenden Ideal eines „diccionari integral" nahegekommen ist, dann ist es das DCVB (vgl. Colon/Soberanas 1985, 211ff., die weitere Bibliographie zum DCVB angeben).

5.2.2. Allgemeinsprachliche Wörterbücher

a) Einsprachige Wörterbücher — Joseph Aladern (Pseudonym von Cosme Rossich i Vidal) veröffentlichte 1904 das erste einsprachige Definitionswörterbuch des Katalanischen mit vielen etymologischen Angaben (Aladern 1904), später ergänzt durch einen *Apèndix* (Aladern 1909). — Das für die katal. Sprache und ihren Fortbestand entscheidende Ereignis war im 20. Jahrhundert die Veröffentlichung des einbändigen normativen *Diccionari general de la llengua catalana* (Fabra 1984), der zuerst 1932 erschien und — nach der Kodifizierung der Grammatik und der Orthographie (und mit ihr der Aussprache) — die Kodifizierung des katalanischen Wortschatzes nach den Normen des *Institut d'Estudis Catalans* verwirklichte. Hierbei hatte Fabra u. a. — wie einst Malherbe und Vaugelas für das Französische — auch als Sprachreiniger (wegen der vielen *castellanismes*) gewirkt (vgl. Moll 1982). — Die Definitionen des Wörterbuchs sind äußerst präzis. Nach dem Bürgerkrieg konnte die 2. Aufl. dieses Wörterbuchs, das heute noch als verbindlich für die katalanische Standardsprache gilt, erst wieder 1954 erscheinen. Man hat diesem Wörterbuch z. T. den Vorwurf gemacht, es berücksichtige allzusehr den Sprachgebrauch von Barcelona zuungunsten der regionalen Varianten. Bei der Wiedergewinnung der Identität des Katalanischen unter dem Franco-Regime und danach war entscheidend, daß — neben der Aussprache, Orthographie und Grammatik — auch der katalanische Wortschatz in kodifizierter Form verfügbar war. Unter den übrigen einsprachigen Wörterbüchern sind noch zu nennen: das von Emili Val.lès, das neben z. T. umstrittenen Etymologien Äquivalente der katal. Stichwörter auf Spanisch, Französisch und Englisch gibt (Val.lès 1962) sowie einige gegenüber dem Werk von Fabra nicht viel Neues bringende Wörterbücher (Albertí 1976; Arimany 1980 und 1984; *Diccionari Barcanova* 1985; Elíes 1983; Miracle 1975; Xuriguera 1981). — Wenn wir von dem in seiner Anlage verschiedenen DCVB (siehe oben) absehen, ist heute das umfassendste einsprachige Wörterbuch des Katalanischen das *Diccionari de la llengua catalana* (*Diccionari* 1982), in das der Wortschatz des Wörterbuchs von Fabra, aber auch der umfangreiche *Gran Enciclopèdia Catalana* (vgl. 5.2.5.), vor allem die modernen wissenschaftlichen und technischen Fachterminologien eingearbeitet wurden und das somit gleichzeitig das aktuellste und vollständigste Wörterbuch der katalanischen Standardsprache ist.

b) Zweisprachige Wörterbücher — Angesichts der Bilinguismussituation im katalanischen Sprachgebiet in Spanien ist das spanisch-katalanische Wörterbuch der häufigste Typ. Die Titel für das Sprachenpaar Standardkatalanisch-Spanisch und umgekehrt sind kaum überschaubar, deshalb erhebt die nachstehende Aufzählung keinen Anspruch auf Vollständigkeit. Erschwert wird die Erfassung dieser Wörterbücher dadurch, daß Neuauflagen häufig unter einem neuen Namen erscheinen. Die wichtigsten Wörterbücher dieses Typs sind im 20. Jh.:

Albert Torrellas 1932 und 1960; Albertí 1979, Albertí „mitjà" 1979, Albertí „petit" 1979; Arimany 1969, 1971, 1972, 1979; Arimany „usual" 1979; Artells (1) und (2) 1961 sowie Artells (1) und (2) 1967; Bulbena 1913 und 1919; Camps Cardona 1977; Civera 1907; *Diccionari breu* 1972; *Diccionari Diàfora* 1982 (dieses Wörterbuch gibt die katal. Wörter in Lautschrift an); *Diccionari manual* 1981 (gibt phonetische Transkription in beiden Sprachen); Elíes 1973 und 1976; Moll *Dicc.* 1976, 1977, 1978 Moll/Moll 1984; Pujol 1911; Rius Vidal 1934; Rovira 1913; Val.lès 1935; *Vocabulario castellà-català* 1977; *Vox* 1978.

Die meisten dieser Wörterbücher bringen zuviel Einzelwörter und zuwenig Kollokationen, Phraseologie, Idiomatik, aber auch zuwenig modernen Wortschatz und zuwenig Umgangssprache, von Tabus ganz zu schweigen (vgl. Haensch 1988). Besonders gut ist die Auswahl der spanischen Stichwörter beim neuesten zweisprachigen Wörterbuch (*Diccionari castellà-català* 1985), das 1985 erschienen ist. Für das Valenzianische liegen vor: Resa 1909; Ferrer i Pastor 1967, 1973 und 1977; Martí y Gadea 1909, *Vocabulari bàsic* 1980 und *Vocabulari valencià-castellà* ... 1983. — Für das Balearische verfügen wir über ein Wörterbuch Menorkinisch-Spanisch (*Vocabulario menorquín* 1906) und ein weiteres für das Mallorkinische (Moll 1965).

Für Französisch, die Sprache des Nachbarlandes, nach dem sich die Katalanen in kultureller Hinsicht stets stark orientiert haben, liegen (abgesehen von der Kombination Spanisch/Katalanisch) die meisten Wörterbücher vor: Arimany 1968; Bulbena 1921; Castellanos 1984; Creixell 1975; Rius Vidal 1932. Auch bei den mehrsprachigen Wörterbüchern ist Französisch gut vertreten (vgl. 2.5.2. c). Die Kombination Katalanisch und Deutsch ist mit folgenden Titeln vertreten: Batlle/Haensch 1981 und 1991; Guàrdia/Ritter 1981, Vogel 1911 und 1916. Für das Englische liegen vor: Colomer 1973 und Oliva/Baxton 1983; für das Portugiesische: Prat Turu 1982 und Seabra/Deví 1985; für das Russische: Szmidt/Zgustova 1985; für das Japanische: Torres i Graell 1985; für das Griechische: Golobardes 1985 und für Esperanto: Pujulà 1909. Das Italienische war bisher nur durch ein Vokabular in einer Grammatik vertreten (Frisoni 1912), seit 1985 gibt es auch ein Wörterbuch (Fornas 1985).

Für die Kombination Katalanisch-Französisch-Spanisch liegen vor: Bulbena 1905 und Val.lès 1926; für Spanisch-Katalanisch-Französisch-Italienisch-Latein: *Diccionari semàntic* 1922. Ein Wörterbuch *sui generis* in sieben Sprachen sind die *Frases del Quijote* (Cárcer de Sobies 1916). Auf die gegenwärtigen regionalsprachlichen Strömungen zugeschnitten ist ein Wörterbuch Spanisch-Katalanisch-Galicisch-Baskisch (Fontanillo 1985). Abgesehen von diesem letztgenannten Wörterbuch scheint der ohnehin sehr problematische Typ des allgemeinen mehrsprachigen Wörterbuchs glücklicherweise zum Aussterben verurteilt zu sein.

c) Spezialwörterbücher — Einige neuere Publikationen haben die Darstellung des katalanischen Grundwortschatzes zum Gegenstand: *Dicc. fonamental* 1979; Poal 1978; Ramon 1973; *Vocabulari bàsic* 1978; *Vox Dicc. fonamental* 1978. Im Hinblick auf den Katalanischunterricht ist dieser Sektor sicherlich quantitativ und qualitativ noch ausbaufähig.

Wie bei vielen anderen Sprachen ist die Zahl und Güte der syntagmatischen und der allgemeinen einsprachigen Wörterbücher mit syntagmatischer Erweiterung noch unbefriedigend.

Auf dem Gebiet der Phraseologie liegen zur Zeit u. a. vor: Balbastre 1973 und 1979; Perramon 1970 sowie Raspall/Martí 1984. Auch hier verlangt die reichhaltige Phraseologie und Idiomatik nach weiteren Wörterbüchern, vor allem auch für die regionalen Varianten des Katalanischen. — Konjugationstafeln enthält Xuriguera 1977.

Wie für das Spanische sind auch die meisten Synonymwörterbücher für das Katal. nur enumerativ und nicht erklärend, so z. B. Arimany 1975, Arimany *Dicc. pràctic* 1979; Jané 1972; Pey i Estrany 1973; Raspall/Riera 1975 sowie *Vox. Diccionari manual de sinònims* 1981. Als das beste Synonymwörterbuch des Katal. gilt das von Franquesa, das viele Synonyme und sinnverwandte Wörter mit definierenden Zusätzen und kurzen Beispielen sowie Antonyme bringt (Franquesa 1981).

An ideologischen Wörterbüchern liegen hier vor: ein systematischer Wortschatz nach Sachgruppen (Spanisch-Katalanisch) (Avellana 1982—83) und ein *Diccionari ideològic* (Romeu Jover 1978). Ein größerer *Diccionari ideològic,* wie es für das Spanische vorliegt (Julio Casares, *Diccionario ideológico de la lengua española*) sowie ein nach einem Begriffssystem (z. B. dem von Hallig-Wartburg) aufgebautes, umfassendes Wortschatzinventar sind zwei wichtige Desiderata der katalanischen Lexikographie.

Wie schon erwähnt, war die Festlegung der katalanischen Orthographie durch Pompeu Fabra für die katalanische Sprache von entscheidender Bedeutung. Sie erfolgte im Rechtschreibwörterbuch von 1917 (Fabra 1937), dem eine Kurzausgabe folgte (Fabra 1926). Ein weiterer *Diccionari ortogràfic* ist der von *Vox (Diccionari manual ortogràfic* 1979). Für das Valenzianische verfügen wir über zwei Rechtschreibwörterbücher (Fullana 1921 und Salvador 1933).

Es ist naheliegend, daß für eine Sprache, die wie das Katalanische in einem ständigen Ringen um ihre Identität, vor allem gegen den Einfluß des Spanischen, steht, Inventare von Wortschatz mit diaintegrativer und dianormativer Markierung eine besondere Rolle spielen. Für die katalanische Standardsprache liegen vor: Careta i Vidal 1901; Cortiella 1981; Figueras/Poch 1977; Llull Martí 1979; Montsià 1935; Pey i Estrany 1982 und Val.lès 1930; für das Mallorkinische: Corbera 1983.

5.2.3. Wörterbücher, die Partikularwortschatz registrieren

Die Verteilung der Wörterbücher auf die einzelnen Sparten ist hier sehr unterschiedlich.

a) Volkssprache und Umgangssprache — Da das Katalanische seit der *Renaixença* um seine Position als Schriftsprache kämpft, gibt es verständlicherweise nur sehr wenige Titel, z. B. ein Wörterbuch über „veus populars" (Fàbregas 1985). Für die Umgangssprache ist uns kein lexikographisches Inventar bekannt. Das einzige Wörterbuch, das Wortschatz des Substandard (einschl. der Tabus) registriert, ist das DCVB.

b) Argotwörterbücher u. ä. — Hier liegen u. a. vor: Givanel 1919 und Vinyoles 1978. Die Sprache des politischen Untergrunds registriert ein neues Werk (Vinyoles/Ferran 1982).

c) Lexikographisches Inventar des Wortschatzes eines Werkes oder eines Autors — Inventare dieser Art sind in Monographien, meist in Zeitschriften sehr verstreut. Hier sei als Beispiel nur angeführt: Colom 1982. Auf diesem Gebiet besteht für das Katalanische ein sehr großer Nachholbedarf (vgl. Colón 1977, bes. S. 19 ff.).

d) Neologismenwörterbücher — Hier besteht ebenfalls ein großer Nachholbedarf, um die katalanische Lexikographie zu aktualisieren. Ein eigentliches Neologismenwörterbuch ist uns nicht bekannt (vgl. a. Colón 1977). Zum Teil erfüllen die vielen fachsprachlichen Wörterbücher und Glossare diese Aufgabe (vgl. g), was die wissenschaftlichen und technischen Terminologien betrifft.

e) Dialektwörterbücher — Das Institut d'Estudis Catalans hatte ein großes Dialektwörterbuch geplant, es aber nie verwirklichen können. Ein methodisch schwacher Ersatz dafür ist der *Tresor de la llengua catalana* (Griera 1935; vgl. hierzu a. Colón 1977, S. 15 ff., der Beispiele für Dialektvokabularien gibt). Eine weitere Informationsquelle für Dialektwortschatz ist der *Atlas lingüístic de Catalunya* (Griera, 1923), der nicht vollendet wurde und darüber hinaus als unzuverlässig gilt. Ein neuer Sprachatlas des gesamten katalanischen Sprachgebietes von Antoni Badia Margarit und Joan Veny ist zur Zeit in Arbeit. Daneben wird man zu einer Reihe von Dialektmonographien greifen müssen, die auch lexikographische Inventare enthalten. Ihre Aufzählung an dieser Stelle würden den Rahmen des Überblicks sprengen. Als rasch zugängliches Nachschlagewerk für Dialektwörter bietet sich nach wie vor der DCVB an.

f) Sprachstadienwörterbücher — Hier wäre zunächst das von M. Bassols de Climent angeregte und überwiegend von Joan Bastards verwirklichte *Glossarium mediae latinitatis Cataloniae, voces latinas y románicas documentadas en fuentes catalanes del año 800 al 1150* zu nennen, von dem bisher 8 Faszikel erschienen sind (Bassols/Bastards 1960), die wichtigste Quelle für die Geschichte des frühen Katalanischen. Im 19. Jahrhundert verfaßt, aber erst im 20. Jahrhundert posthum veröffentlicht wurden zwei Wörterbücher, die vor allem den Wortschatz des Mittelalters, der Renaissance, z. T. auch noch der *Renaixença* registrieren: der *Diccionari Aguiló* (Aguiló 1918) und das Wörterbuch von José Balari i Jovany (Balari 1925), das nur die Buchstaben A—G umfaßt. Beide Wörterbücher, die reiche Materialien enthalten (bei Aguiló fast durchlaufend, bei Balari z. T. mit Textbelegen) sind unentbehrliche Forschungsinstrumente. Unter den vielen, z. T. sehr verstreuten Monographien seien als Beispiele erwähnt: Bruguera 1980 und 1981, Duarte 1985 und Maneikis/Neugaard 1937. Ein altkatalanisches Wörterbuch wäre zweifellos ein dringendes Desideratum.

g) Fachwörterbücher — Wie schon ausgeführt (vgl. 5.1.), sind in den letzten Jahren zahlreiche Glossare und Wörterbücher über Fachwortschatz erschienen, z. T. einsprachige Wörterbücher, z. T. zwei- und mehrsprachige Wörterbücher (meist in Verbindung mit Spanisch, z. T. auch mit Englisch). Der Einfachheit halber werden die Wörterbücher nachstehend nicht in ein- und mehrsprachige unterteilt, sondern nach den einzelnen Fachgebieten: Architektur, Bauwesen: Almela 1969; Bassegoda, *Diccionari;* id; *Glosario;* id; *Nuevo glosario;* Díez (1) 1985; Fullana 1974; *Lèxic de la construcció; Vocabulari bàsic de la construcció.* — Botanik, Pflanzennamen: ein Werk über Pflanzennamen (Masclans 1981) und eines über Pilze (Grinó 1977). — Buchdruck: Joseph 1971. — Chemie: Alegret 1977 und *Vocabulari de química* 1983. — Erziehung: Glossar über Sonderschulerziehung (Salvadó 1984). — Film: Serra Estruch 1969. — Fischerei: Bas/Morales/Rubió und Griera 1968. — Gaststättengewerbe: ein *Lèxic de Bars i Cafeteries (Lèxic de bars* 1985) und ein Glossar über chinesische Küche *(Menjars xinesos).* — Geologie: ein Span.-Katal./Katal.-Span. (Inglés-Rossell 1981) und ein Werk über die geologischen Zeitalter (Riba/Reguant 1986). — Heraldik: Fluvià 1982. — Informatik: ein Wörterbuch über Informatik (*Diccionari d'informàtica* 1978). — Kraftfahrzeugwesen: zwei zweisprachige Wörterbücher Span.-Katal. (Balbastre 1972 und Merenciano/Ricart). — Landwirtschaft: nur je ein Glossar über Reis (Cortès-Granell 1952) und über Olivenkultur (Matons 1932). — Mathematik: ein Grundwortschatz (Alsina 1977) und ein Wörterbuch Span.-Katal. (Pons 1978). — Medizin: ein einsprachiges Wörterbuch (Corachan 1936), ein einsprachiges Vokabular (*Vocabulari mèdic* 1979) und ein mehrsprachiges Vokabular (Alsina Bofill u. a. 1979). — Meteorologie: ein Vokabular (Fontseré 1948). — Musik: ein Vokabular (Mestres/Aramon 1983) und ein Wörterbuch (Candé 1967). — Philosophie: ein Wörterbuch Span.-Katal./Katal.-Span. (Fullat 1984) und ein einsprachiges Vokabular (Alegret u. a. 1979). — Physik: ein Wortschatz für Schulen (Masjuan 1985). — Psychologie: ein dreisprachiges Wörterbuch (Genovard 1980). — Recht und Verwaltung: zwei Wörterbücher (Span.-Katal.) über Verwaltung (Baulies/Xuriguera 1980 und Díez (2) 1985), zwei Katal.-Span. Vokabularien (Folch/Serralonga 1934 und *Vocabulari jurídic*), mehrere Formularbücher (Badia/Duarte; Comes 1932; *Documents jurídics;* Sánchez 1980 sowie eine Abhandlung über Gemeindeverwaltung (Soler 1976). — Religion: ein einsprachiges Wörterbuch über Liturgie (Braun 1925). — Rundfunk und Fernsehen: ein Vokabular (Planas 1982). — Schach: ein Vokabular Span.-Katal. (Escacs 1976). — Seefahrt, Marine: ein zweisprachiges Wörterbuch Span.-Katal. (Martínez-Hidalgo/Carbonell 1984), zwei einsprachige Wörterbücher Canyameres 1984 und Sigalés 1984) sowie zwei Vokabulare (Amades 1924 und Guàrdia-Puig 1977). — Sport: ein Sportvokabular (Esports 1980) und ein Buch über Fußball mit Glossar (*Fútbol* 1985). — Technik: (soweit nicht unter anderen Rubriken erfaßt): ein technisch-industrielles Vokabular (*Vocabulari tècnic-industrial* 1910), ein einspr. Vokabular über Lichttechnik (Marquet 1979); ein Vokabular über technisches Zeichnen (Verdaguer 1984), ein Vokabular der Tischlerei *(Vocabulari de fusteria),* ein zweisprachiges Vokabular über Nahrungsmittelindustrie (Botifoll/Llorente). — Textilindustrie: fünf einsprachige Vokabularien (*Breu vocabulari textil* 1981); Careta i Vidal 1909; Farell 1979; Miró 1979; Pons 1917). — Volkskunde: Hier wäre der Tresor von Griera als umfassendes Nachschlagewerk zu erwähnen (Griera 1935); ferner ein Wörterbuch über Weihnachtsbräuche (Santacreu 1972), ein Vokabular über Handwerk (Amades 1962), ein Vokabular über alte Transportgewerbe (Amades 1934); ein Vokabular des Hirtenlebens (Amades 1931), ein Wörterbuch über Volkstanz und -musik (Pujol/Amadeo 1936), eine Abhandlung über das katal. Bauernhaus (Griera 1974) sowie ein Wörterbuch über die Sardana (Mas i Solenc 1981). — Warenkunde: je ein einsprachiges Vokabular über Kurzwaren (Alegre 1984) und Kork (Suro 1925). — Wirtschaft: zwei span.-katal. Wörterbücher über Bankwesen (Cabanes 1978 und *Diccionari de banca i borsa* 1975), ein einspr. Vokabular über Handel (*Vocabulari comercial* 1984), ein dreisprachiges Wörterbuch des Außenhandels (*Breu vocabulari* 1978), eine Terminologie des Versicherungswesens (Bonet/Cardona 1980) und ein span.-kat. Vokabular über Werbung (*Publicitat* 1977).

Dieser sicher nicht vollständige Überblick über die fachsprachliche Lexikographie zeigt, daß im Vergleich zu anderen Sprachen noch vieles fehlt, beweist aber auch, daß hier schon umfangreiche lexikographische Inventare vorliegen, deren Zahl in den nächsten Jahren sicherlich noch zunehmen wird.

5.2.4. Wörterbücher mit besonderer Zielsetzung

a) Etymologische Wörterbücher — Das Katalanische war bis in die zwanziger Jahre qualitativ und quantitativ in den allgemeinen etymologischen Wörterbüchern der romanischen Sprachen schlecht vertreten. Deshalb schrieb F. de B. Moll sein *Suplement català al Diccionari romànic etimològic* (Moll, 1928—31). Der *Diccionario crítico etimològio de la llengua castellana* von Juan Corominas (Corominas 1954) berücksichtigte schon sehr stark das Katalanische, ebenso wie seine Neufassung (Coromines 1980 ss.). Die Krönung aller Arbeiten auf diesem Gebiet stellt der noch im Erscheinen begriffene *Diccionari etimològic i complementari de la Llengua Catalana* dar, den der gleiche Autor (der hier als Joan Coromines firmiert) verfaßt hat (Coromines 1981 ss.). Es stellt einen der Höhepunkte katalanischer Lexikographie dar. Auch auf den DCVB (vgl. oben) mit seinen vielen Textbelegen sei in diesem Zusammenhang verwiesen.

b) Reimwörterbücher — Hier liegt ein neuerer Titel vor (Ferrer i Pastor 1956).

c) Schulwörterbücher — Mit der Wiedereinführung des Katalanischen als Unterrichtssprache kommt den Schulwörterbüchern große Bedeutung zu. Hier gibt es u. a. zwei einsprachige Wörterbücher (Homs i Guzman 1985 und *Vox. Diccionari escolar* 1980) und ein zweisprachiges Wörterbuch (Arimany 1978).

d) Rückläufige Wörterbücher — Seit kurzem verfügen wir auch über ein rückläufiges Wörterbuch des Katalanischen: Ma. Lluisa Massó i Rubí u. a.: *Diccionari invers de la llengua catalana* C.N.R.S., Université de Paris, 1985 [414 S.].

5.2.5. Enzyklopädien

Erst im 20. Jh. entstanden Enzyklopädien der katal. Sprache. Die erste davon, der *Diccionari general de la llengua catalana* (Diccionari general 1910) in 3 Bänden griff weitgehend auf das Wörterbuch von Labèrnia (Labèrnia 1839) zurück, fügte aber enzyklopädische Information einschließlich Biographien hinzu. Eine Neuauflage in 4 Bänden erschien 1923—1937. Im Jahre 1938 erschien eine einbändige Kurzausgabe dieses Werkes als *Diccionari enciclopèdic de la llengua catalana* (Diccionari enciclopèdic 1938). Daneben erschien 1913 eine Enzyklopädie in 5 Bänden (*Enciclopèdia moderna* 1913). Ab 1970 erschien die äußerst vollständige, in luxuriöser Aufmachung veröffentlichte *Gran Enciclopèdia Catalana* in 16 Bänden, eine Glanzleistung der katalanischen Lexikographie (*Gran Enciclopèdia* 1970). Im gleichen Verlag erschien ein enzyklopädisches Wörterbuch (*Diccionari enciclopèdic* 1984). Auch der Verlag Salvat brachte einen *Diccionari enciclopèdic* heraus (Salvat Català 1974—77). Eine weitere kürzere Enzyklopädie erschien 1979 (*Petit Curial* 1979). Auf diese Weise gibt es genügend moderne, sorgfältig ausgearbeitete enzyklopädische Nachschlagewerke für das Katalanische.

5.2.6. Toponymik und Onomastik

In Wörterbuchform liegen vor: ein Inventar der Ortsnamen (*Toponimia* 1978) und Personennamen (*Onomàstica* 1978) des País Valencià, ein Wörterbuch der katalanischen Familiennamen (Albaigès 1980) sowie ein Wörterbuch der katal. Einwohnernamen einschl. der Spitznamen (Soler i Janer 1979). Ein umfassendes Werk über die Ortsnamen des katalanischen Sprachgebiets von Joan Coromines, das bei Abfassung dieses Überblicks im Druck ist, wird unter dem Titel *Onomasticon Cataloniae* erscheinen (vgl. hierzu Coromines 1953).

6. Schlußbemerkung

Die Leistungen und Defizite der katalanischen Lexikographie müssen im Zusammenhang mit dem Auf und Ab der katalanischen Sprache und Kultur seit dem 16. Jh., aber auch vor dem Hintergrund einer seit Jahrhunderten andauernden Bilinguismussituation gesehen werden. Zwar fehlen noch viele Wörterbuchtypen ganz, bei anderen wünscht man sich neuere oder bessere Werke. Wenn man aber die Ausdehnung und Bevölkerungszahl des katalanischen Sprachgebietes zu den Leistungen der katalanischen Lexikographie in Beziehung setzt, wird man feststellen müssen, daß die katalanische Lexikographie im Vergleich zu der der übrigen europäischen Regional- oder Minderheitensprachen wie z. B. Galicisch, Baskisch, Okzitanisch oder Bretonisch und sogar noch unter den sog. kleineren Nationalsprachen einen hervorragenden Platz einnimmt und im 20. Jahrhundert Höhepunkte aufweisen kann wie den *Diccionari català-valencià-balear* von Alcover-Moll, den *Diccionari general de la llengua catalana* von Pompeu Fabra, die *Gran Enciclopèdia Catalana* und die beiden umfangreichen etymologischen Wörterbücher von Joan Coromines. Nach den neuesten Informationen (Juni 1986) bereitet das Institut d'Estudis Catalans einen *Diccionari del lèxic català contemporani* (mit Materialien ab 1830) vor, der zu einem Höhepunkt der sehr aktiven katalanischen Lexikographie werden könnte.

Nach Abschluß des Ms. erschien Colon/Soberanas 1985, dem Vf. zusätzliche Informationen verdankt und auf dessen ausführliche Darstellung verwiesen wird.

7. Literatur (in Auswahl)

7.1. Wörterbücher

Aguiló 1918 = Mariano Aguiló i Fuster: „Diccionari Aguiló". Materials lexicogràfics aplegats per Mariano Aguiló i Fuster, hrsg. von Pompeu Fabra u. Manuel de Montoliu, 8 Bde. Barcelona 1918—1934.

Agusti 1617 = Fra Miquel Agustí: Llibre dels secrets de agricultura, casa rústica y pastoril. Barcelona 1617 [VI, 194 Bl., 12 Bl. Register].

Aladern 1904 = Joseph Aladern: Diccionari popular de la llengua catalana [...], 3 Bde. Barcelona Bd. I 1904 [1211 S.]; Bd. 2 1905 [1121 S.]; Bd. III 1906 [1399 S.].

Aladern 1909 = Joseph Aladern: Apèndix al Diccionari popular. Barcelona 1909 [89 S.].

Albaigès 1980 = Josep M. Albaigès Olivart: Diccionari de noms de persona. Barcelona 1980 [366 S.].

Albert Torrellas 1932 = Alberto Albert Torrellas: Diccionari castellano-catalán, según las normas. Barcelona 1932 [369 S.] (Kat.-Span).

Albert Torrellas 1960 = Alberto Albert Torrellas: Diccionari castellà-català amb un vocabulari de noms patronímics i amb normes fonamentals [...], 3. Aufl. 1960 [535, 413 S.]. Die Neuauflage dieses Wb. erschien ohne Namensnennung: Diccionari català-castellà i castellà-català. Barcelona 1976—77.

Alberti 1976 = Santiago Albertí: Diccionari general de la llengua catalana, 7. Auflage Barcelona 1981 [411 S.] (1. Aufl. 1976).

Albertí 1979 = Santiago Albertí i Gubern: Diccionari castellà-català i català-castellà, 10. Aufl. Barcelona 1979 [1183 S.].

Albertí „mitjà" *1972* = Santiago Albertí i Gubern: Diccionari castellà-català, català-castellà — „mitjà". 3. Aufl. Barcelona 1979 [584 S.].

Albertí „petit" *1979* = Santiago Albertí i Gubern: Diccionari català-castellà — „petit". 5. Aufl. Barcelona 1971 [338 S.].

Alcover/Moll DCVB = Antoni Ma. Alcover/Francesc de B. Moll: Diccionari català-valencià-balear. Palma de Mallorca 1962—1968, 10 Bde [insges. 9907 S.].

Alegre 1984 = Montserrat Alegre i Urgell u. a.: Vocabulari de la merceria. Hrsg. vom Departament de Cultura de la Generalitat de Catalunya. Barcelona 1984 [18 S.].

Alegret 1977 = Salvador Alegret i Sandromà: Diccionari de l'utillatge químic. Institut d'Estudis Catalans, Arxiu de la Secció de Ciències, LVIII, Barcelona 1977 [66 S.].

Alegret u. a. 1979 = S. Alegret/J. Batalla/ A.Riera/J. Roura: Lèxic català de termes filosòfics. Col.legi de Doctors i Llicenciats. Commissió de Filosofia. Barcelona 1979.

Almela 1969 = Francesco Almela i Vives: Aportaciones a un vocabulario valenciano de arquitectura. Valencia 1969 [142 S.] (Valenzianisch-Spanisch).

Almerich 1976 = Lluís Almerich Sellarés: Els cognoms catalans. 2. Aufl. Barcelona 1976 [21 S.].

Alsina 1977 = Claudi Alsina: Vocabulari català de matemàtica bàsica. Barcelona 1977 [39 S.].

Alsina u. a. 1979 = Alsina Bofill u. a.: Vocabulari mèdic. 2. Aufl. Barcelona 1979 [265 S.] (Katal.-Span.-Englisch-Französisch).

Amades 1924 = Joan Amades/E. Roig: Vocabulari de l'art de la navegació i la pesca. In: Butlletí de Dialectologia Catalana 12. 1924, 1—115; 14. 1926, 1—88.

Amades 1931 = Joan Amades: Vocabulari dels pastors. In: Butlletí de Dialectologia Catalana 19. 1931, 64—246.

Amades 1934 = Joan Amades: Vocabulari dels vells oficis de transport i llur derivats. In: Butlletí de Dialectologia Catalana 22. 1934, 59—239.

Amades 1962 = Joan Amades: Vocabulari d'indústries tradicionals. In: Anales del Instituto de Lingüística, Mendoza, 8. 1962, 305—352.

Amengual 1858 = Juan José Amengual: Diccionario mallorquín-castellano. 2 Bde. Palma de Mallorca 1858—1878 [749, 592 S.].

Amiguet 1502 = Jerom Amiguet: Sinonima variationum sententiarum [. . .] Valencia 1502 [70 S.].

Anglés 1742 = Pedro Martir Anglés: Prontuario orthologigraphico trilingüe. En que se enseña a pronunciar, escribir e letrear correctamente en latín, castellano y catalano (sic); con una idio-graphia. Barcelona 1742 [8 Bl. + 443 S. + 6 Bl.].

Arimany 1968 = Miguel Arimany: Diccionari pràctic català-francès/francès-català. 2 Bde. Barcelona 1968 [224 und 232 S.].

Arimany 1969 = Miguel Arimany: Breu diccionari bàsic castellà-català i català-castellà. Barcelona 1969 [202 S.].

Arimany 1971 = Miguel Arimany: Diccionari manual català-castellà, castellà-català. Barcelona 1971 [958 S.].

Arimany 1972 = Miguel Arimany: Breu diccionari català-castellà/castellà-català. Barcelona 1972 [224 S.].

Arimany 1975 = Miguel Arimany: Diccionari usual de sinònims catalans. Barcelona 1975 [572 S.].

Arimany 1978 = Miguel Arimany: Diccionari escolar català Arimany. 4. Aufl. Barcelona 1978 [294, XIV S.].

Arimany 1979 = Miguel Arimany: Diccionari pràctic català-castellà i castellà-català. Barcelona 1979 [450 S.].

Arimany „usual" 1979 = Miguel Arimany: Diccionari manual català-castellà/castellà-català. 8. Aufl. Barcelona 1979 [958 S.].

Arimany 1980 = Miguel Arimany: Diccionari català general usual. 4. Aufl. Barcelona 1980 [1418 S.].

Arimany 1984 = Miguel Arimany: Diccionari actual il.lustrat de la Llengua Catalana. 8. Aufl. Barcelona 1984 [1406 S.].

Arimany, Dicc. pràctic 1979 = Miguel Arimany: Diccionari pràctic de sinònims catalans. Barcelona 1979 [640 S.].

Artells (1) 1961 = Eduard Artells: Vocabulari castellà-català. Barcelona 1961 [296 S.].

Artells (2) 1961 = Eduard Artells: Vocabulari català-castellà. Barcelona 1961 [468 S.].

Artells (1) 1967 = Eduard Artells: Vocabulari català-castellà abreujat. Barcelona 1967 [670 S.].

Artells (2) 1967 = Eduard Artello: Vocabulari castellà-català abreujat. Barcelona 1967 [710 S.].

Avellana 1982—83 = Maria del Carme Avellana Veciana: Vocabulari Castellà-Català. El català és fàcil, som-hi!. Barcelona 1982—83, 3 Fasz. [30, 14, 17 S.].

Averço 1371 = Lluís de Averçó: Torcimany (Lehrbuch der Rhetorik und Grammatik mit einem Reimwörterbuch), 1371, hrsg. von J. M. Casas Homs: „Torcimany" de Luis de Averçó. Tratado retórico-gramatical y diccionario de rimas, C.S.J.C. Barcelona 1956, 2 Bde. [327, 452 S.].

Badia/Duarte = Antoni Badia i Margarit /Carles Duarte Montserrat: Formulari administratiu aplicat especialment a la Universitat. Barcelona 1979 [364 S.].

Balari 1885 = José Balari i Jovany: Etimologías catalanas. Barcelona 1885 [16 S.].

Balari 1925 = José Balari i Jovany: Diccionario Balari. Inventario lexicográfico de la lengua catalana, posthum hrsg. von Manuel de Montoliu. Barcelona s. a. [1925] [XII, 410, 196 S.].

Balbastre 1972 = José Balbastre y Ferrer: Diccionari tècnic de l'automòbil, català-castellà, castellà-català. Barcelona 1972 [151 S.].

Balbastre 1973 = Josep Balbastre i Ferrer: Recull de modismes i frases fetes: Català-castellà. Castellà-català. Barcelona 1973 [254 S.].

Balbastre 1979 = Josep Balbastre i Ferrer: Nou recull de modismes i frases fetes. 2. Aufl. Barcelona 1979 [460 S.].

Bas/Morales/Rubió = C. Bas/E. Morales/M. Rubió: La pesca en España. Barcelona 1955 (mit einem Vokabular Span.-Katal.).

Bassegoda, Diccionari = Buenaventura Bassegoda: Diccionari de la construcció. Barcelona 1972.

Bassegoda, Glosario = Buenaventura Bassegoda: Glosario de dos mil voces usuales en la técnica edificatoria [...] Sp.-Engl.-Frz.-Dtsch.-Ital.-Katal. Barcelona 1972 [403 S.].

Bassegoda, Nuevo glosario = Buenaventura Bassegoda: Nuevo glosario-diccionario poliglota de la arquitectura. Barcelona 1976.

Bassols/Bastardas 1960 = Mariano Bassols de Climent/J. Bastardas Parera u. a.: Glossarium mediae latinitatis Cataloniae. Voces latinas y románicas documentadas en fuentes catalanas del año 800 al 1100. Barcelona, seit 1960 [z. T. 8 Faszikel erschienen].

Batlle/Haensch 1981 = Lluís C. Batlle/Günther Haensch: Diccionari alemany-català. Barcelona 1981 [661 S.].

Batlle/Haensch 1991 = Lluís C. Batlle/G. Haensch: Diccionari català-alemany. Barcelona 1991.

Baulies/Xuriguera 1980 = Jordi Baulies Cortal/Joan B. Xuriguera Parramona: Diccionari terminològic de l'administració municipal Castellà-Català. Barcelona 1980 [100 S.].

Botifall/Llorente = Eduard Botifall/Olga Llorente: Vocabulari terminològic Castellà-Català. Recull de la terminologia emprada en una empresa del sector alimentari. Esplugues de Llobregat 1982 [154 S.].

Bonet/Cardona 1980 = F. Bonet/O. Cardona: Documentació i terminologia de les assegurances. Centro de Estudios del Colegio Nacional de Agentes de Seguros. Barcelona 1980.

Braun 1925 = Josep Braun: Diccionari litúrgic. Trad. per A. Griera, Barcelona 1925 [VI + 322 S.].

Breu vocabulari 1978 = Breu vocabulari català-castellà-anglés de comerç exterior. Barcelona 1978 [43 S.].

Breu vocabulari textil 1981 = Breu vocabulari tèxtil seguit d'un diccionari d'impresos. Mataró 1981.

Broch 1771 = Joseph Broch: Promptuario trilingüe en el que se manifiestan con toda claridad todas las vozes que generalmente sirven para el Comercio Político y sociable en los tres idiomas catalán, castellano y francés [...]. Barcelona 1771 [116, 4 S.].

Bruguera 1980 = Jordi Bruguera: Vocabulari militar de la Crònica de Jaume I, in: Homenatge a Josep M. de Casacuberta, I, Publicacions de la Abadia de Montserrat 1980 [S. 39—64].

Bruguera 1981 = Jordi Bruguera: Vocabulari marítim de la Crònica de Jaume I, „Randa", 11, Homenatge a Francesc de B. Moll. 1981, 63—69.

Bulbena 1905 = Antoni Bulbena i Tosell: Diccionari català-francès-castellà [...]. Barcelona 1905 [XVI, 632 S.].

Bulbena 1913 = Antonio Bulbena y Tosell: Nou diccionari castellà-català. Barcelona 1913 [637 S.].

Bulbena 1919 = Antonio Bulbena y Tosell: Diccionario catalàn-castellano. Compuesto en conformidad con el catalán literario tradicional. Barcelona 1919 [VII + 439 S.].

Bulbena 1921 = Antonio Bulbena y Tosell: Diccionari de les llengües francesa i catalana. Barcelona 1921 [422 S.].

Busa 1507 = Gabriel Busa: Diccionari llatí-català i català-llatí. Barcelona 1507 (zum ausführlichen Titel und Inhalt vgl. Soberanas 1976).

Cabanes 1978 = Juan Cabanes: Terminologia bancària català-castellà. Barcelona 1978.

Camps Cardona 1977 = María Dolores Camps Cardona: Mots. Diccionari cat.-cast. i cast.-cat. Barcelona 1977 [927 S.].

Candé 1967 = Roland de Candé: Diccionari de la música. Barcelona 1967 [224 S.].

Canyameres 1984 = Ferran Canyameres: Diccionari de la Marina. Ed. Pòrtic. Barcelona 1984.

Capmany 1791 = Antoni de Capmany i Palau: Vocabulario de las palabras catalanas más difíciles del Libro del Consolado. In: Código de las costumbres marítimas de Barcelona hasta aquí vulgarmente llamado „Libro del Consulado". Bd. 1. Madrid 1791, 335—363.

Cárcer de Sobies 1916 = Enrique Cárcer de Sobies: Las frases del „Quijote". Su exposición, ordenación y comentarios, y su versión a las lenguas francesa, portuguesa, italiana, catalana, inglesa y alemana, Barcelona 1916 [XV, 666 S.].

Careta i Vidal 1901 = Antoni Careta i Vidal: Diccionari de barbarismes introduïts en la llengua catalana. Barcelona 1901 [XVIII, 477 S.].

Careta i Vidal 1909 = Antoni Careta i Vidal: Contribució al Vocabulari de la indústria dels teixits. Barcelona 1909.

Castellanos 1984 = Carles Castellanos Llorens/Rafael Castellanos Llorens: Diccionari francès-català i català-francès. 2. Aufl. Barcelona 1984 [1096 S.].

Civera 1907 = J. Civera Sormani: Nou diccionari castellà-català i català-castellà. Barcelona 1907 [613 S.].

Colom 1982 = Miguel Colom Mateu: Glossari general lul.lià. Bd. I: A—C; Bd. II: D—F; Palma de Mallorca 1982—83.

Colomer 1973 = Jordi Colomer: Diccionari català-anglès/anglès-català. 5. Aufl. Barcelona 1981 [780 S.] (1. Aufl. 1973).

Comes 1932 = J. Comes: Formulari català de documents i equivalències mètriques de monedes, pesos i mesures. Barcelona 1932.

Corachan 1936 = M. Corachan: Diccionari de Medicina. Barcelona 1936.

Corbera 1983 = Jaume Corbera i Pou: Vocabulari de barbarismes del català de Mallorca. Mallorca 1983 [212 S.].

Corominas 1954 = Juan Corominas: Diccionario crítico etimológico de la lengua castellana. Madrid 1954—57, 4 Bde. [993, 1081, 1117, 1224 S.].

Corominas/Pascual 1980 ff. = Juan Corominas/ José A. Pascual: Diccionario crítico etimológico castellano e hispánico. Madrid Bd. I—V, 1980—81; Bd. V, 1983.

Coromines 1981 ss. = Joan Coromines: Diccionari etimològic i complementari de la llengua catalana. Barcelona. Bisher erschienen Bd. I: 1981 [850 S.]; Bd. II: 1981 [1120 S.]; Bd. III: 1982 [1054 S.]; Bd. IV: 1984 [962 S.]; Bd. V: 1985 [996 S.]; Bd. VI: 1986 [978 S.]; Bd. VII: 1987 [1056 S.].

Cortès/Granell 1952 = Fermí Cortès/Lluís Granell: Vocabulari valencià del conreu, molinatge i comerç de l'arròs. In: Revista Valenciana de Filología 2. 1952, 67—97.

Cortiella 1981 = Aureli Cortiella i Martret: Vocabulari de barbarismes. Barcelona 1981 [350 S.]

Costa 1869 = Antonio Cipriano Costa: Diccionari suplement de tots els diccionaris publicats fins ara de la llengua catalana [. . .], Barcelona 1869 [458 S.].

Creixell 1975 = Lluis Creixell: Diccionari bàsic francès-català. 2. durchges. Aufl. Barcelona 1975 [203 S.].

Diccionari 1982 = Diccionari de la llengua catalana. Hrsg. von Joan Carreras i Martí. Barcelona 1982 [1679 S.].

Diccionari de banca i borsa 1975 = Diccionari de banca i borsa català-castellà i castellà-català. Hrsg. vom Servei d'Estudis der Banca Mas Sardà. Barcelona 1975 [70 S.].

Diccionari Barca nova = Diccionari Barcanova de la Llengua. Pròlog von Albert Jané. Barcelona 1985 [XX, 796 S.].

Diccionari breu 1972 = Diccionari breu castellà-català. Barcelona 1972 [229 S.].

Diccionari castellà-català 1985 = Diccionari castellà-català. Hrsg. von Jordí Vigué i Viñas. Barcelona 1985 [1341 S.].

Diccionari Diàfora = Diccionari essencial castellà-català/català-castellà Diàfora. Barcelona 1982 [285 S.].

Diccionari enciclopèdic 1938 = Diccionari enciclopèdic de la llengua catalana. Barcelona 1938.

Diccionari enciclopèdic 1984 = Diccionari enciclopèdic. Barcelona 1984.

Dicc. fonamental 1979 = Diccionari fonamental de la llengua catalana. Barcelona 1979 [430 S.].

Diccionari general 1910 = Diccionari general de la llengua catalana amb la correspondència castellana. 3 Bde. Barcelona 1910.

Diccionari d'informàtica 1978 = Diccionari d'informàtica. Barcelona 1978 [214 S.].

Diccionari manual 1981 = Diccionari manual castellà-català i català-castellà. 2. Aufl. Barcelona 1981 [680 S.].

Diccionari semàntic 1922 = Diccionari semàntic castellà, català, francès, italià, llatí i viceversa. Barcelona 1922.

Diccionario 1647 = Diccionario alfabético de dicciones juntamente castellanas y valencianas. Valencia 1647.

Diccionario manual 1859 = Diccionario manual o vocabulario completo mallorquín-castelleno. Palma de Mallorca 1859 [XII, 629 S.].

Díez 1985 = Desideris Díez Quijanos: Vocabularis de delineació, de construcció i de fusteria. Castellà-català i català-castellà. Barcelona 1985 [158 S.].

Díez 1985 a = Desideris Díez Quijano: Vocabularis d'administració i de relacions públiques castellà-català i català-castellà. Barcelona 1985 [140 S.].

D.J.A.X. y F. 1831 = D.J.A.X y F.: Diccionario de refranes catalanes y castellanos. Barcelona 1831 [125 S.].

D. y M. 1847 = D. y M. (sic): Diccionario catalán-castellano y castellano-catalán. Barcelona 1847 [962 S.], 2. Aufl. Barcelona 1854 [989 S.].

Documents jurídics = 50 Documents jurídics en català. Col.legi d'Advocats de Barcelona 1976.

Donadiu 1895 = Delfín Donadiu y Puignau: Diccionario de la lengua castellana con la correspondencia catalana. Barcelona 1895—1897.

Duarte 1985 = Carles Duarte i Montserrat: El vocabulari jurídic del „Llibre dels costums de Tortosa" (Ms. 1272). Barcelona 1985 [128 S.].

Elíes 1976 = Pere Elíes i Busqueta: Iter. Diccionari català-castellà i castellà-català. Barcelona 1979 [756 S.].

Elíes 1979 = Pere Elíes i Busqueta: Canigó. Diccionari català-castellà i castellà-català. 2. Aufl. Barcelona 1976 [880 S.]

Elíes 1983 = Pere Elíes i Busqueta: Nostre Diccionari. Barcelona 1983 [452 S.].

Enciclopèdia moderna 1913 = Enciclopèdia moderna catalana, 5 Bde., Barcelona 1913.

Escacs 1976 = Vocabulari castellà-català dels termes escaquístics més corrents. In: Butlleti d'escacs, I, núm. 1. Barcelona, Juni 1976/núm. 2, Barcelona, August 1976.

Escrig 1851 = José Escrig: Diccionari valenciano-castellano. Valencia 1851 [XVIII, 907 S.] (4. Aufl. 1892—96).

Esports 1980 = Breu vocabulari d'esports. DEC. Omnium Cultural. Barcelona 1980.

Esteve 1489 = Joan Esteve (auch: Stephanus Johannes): Liber elegantiarum, Venedig 1489 [166 Blätter, 1472 verfaßt].

Esteve 1987 = Joan Esteve: Liber Elegantiarum (Primer Diccionario Valenciano) mit einer Einleitung von Germà Colon. Castellón 1987.

Esteve/Bellvitge/Juglà 1803 = Joaquin Esteve/Joseph Bellvitge/Antoni Juglà i Font: Diccionario catalán-castellano-latino. Barcelona 1803—1805 [419, 429 S.].

Estorch 1852 = Pau Estorch: Elements de poètica catalana i Diccionari de sa rima. Gerona 1852 [391 S.].

Fabra 1926 = Pompeu Fabra: Diccionari ortogràfic abreujat de la llengua catalana. Barcelona 1926 [62 S.].

Fabra 1937 = Pompeu Fabra: Diccionari ortogràfic de la llengua catalana. Barcelona. I.E.C. 1937 [448 S.] (1. Aufl. 1917).

Fabra 1980 = Pompeu Fabra: Diccionari general de la llengua catalana. Durchgesehen und erw. von Josep Miracle. 12. Aufl. Barcelona 1980 [XXXIII, 1772 S.].

Fàbregas 1985 = Esteve Fàbregas: Diccionari de veus populars i marineres. Barcelona 1985 [242 S.].

Falgueras 1984 = Assumpta Falgueras: Diccionari Everest Català-castellà/Castellà-català. Madrid-León 1984 [598 S.].

Farell 1979 = J. Farell: Locucionari tèxtil català. Sabadell 1979.

Ferrer 1836 = Magin Ferrer: Diccionario manual castellano-catalán. Reus 1836 [XVI, 619 S.; Neuaufl. 1847].

Ferrer 1839 = Magin Ferrer: Diccionario catalán-castellano. Barcelona 1839 [XVI, 665 S.; Neuaufl. 1854 u. 1856].

Ferrer y Parpal 1883 = Jaime Ferrer y Parpal: Diccionario menorquín-castellano. Mahón 1883—1887 [VI, 860, 176 S.].

Ferrer i Pastor 1956 = Francesc Ferrer i Pastor: Diccionari de la rima. Valencia 1956 [XVIII, 1122 S.].

Ferrer i Pastor 1967 = Francesc Ferrer i Pastor: Vocabulari castellà-valencià. Valencia 1967 [477 S.].

Ferrer i Pastor 1973 = Francesc J. Ferrer i Pastor: Vocabulari castellà-valencià i valencià-castellà. 2. Aufl. Valencia 1973 [1075 S.].

Ferrer i Pastor 1977 = Francesc Ferrer i Pastor: Vocabulari valencia-castellà. Torrent 1977 [576 S.].

Figuera 1840 = Antoni Figuera: Diccionari mallorquí-castellà y el primer que se ha donat a llum. Palma de Mallorca 1840—1841 [626 S.].

Figueras/Poch 1977 = Esperança Figueras/Rosalina Poch: Nou vocabulari de barbarismes. Col. Manuals lingüístics, 8. Barcelona 1977 [140 S.].

Folch/Serralonga 1934 = R. Folch y Capdevila/L. G. Serralonga y Guasch: Vocabulari jurídic català. Barcelona 1934 [330 S.] (Kat.-Span.).

Font 1637 = Antonio Font: Fons verborum et phrasium ad iuventutem latinitate imbuendum ex Thesauris variis derivatus. Barcelona 1637 [354 S.].

Fontanillo 1985 = Enrique Fontanillo Merino: Diccionario de las lenguas de España. Madrid 1985 [657 S.].

Fontseré 1948 = Eduard Fontseré Iriba: Assaig d'un vocabulari meteorològic català. Institut d'Estudis Catalans. Arxius de la Secció de Ciències XIV. Barcelona 1948 [14 S.].

Fluvià 1982 = Armand de Fluvià: Diccionari general d'Heràldica. Barcelona 1982.

Fornas 1985 = Jordi Fornas Prat: Diccionari italià-català/català-italià. 2. Aufl. Barcelona 1985 [616 S.].

Franquesa 1983 = Manuel Franquesa: Diccionari de sinònims. 3. Aufl. Barcelona 1983 [XXV, 1232 S.].

Frisoni 1912 = Gaetano Frisoni: Grammàtica, esercizi pratici e dizionario della lingua catalana [...], Mailand 1912 [XXIV, 279 S.].

Fullana 1921 = Luis Fullana Mira: Vocabulari ortogràfic valencià-castellà. Valencia 1921 [XIII, 637 S.].

Fullana 1974 = Miquel Fullana Llompart: Diccionari de l'art i els oficis de la construcció, Palma de Mallorca 1974 [440 S.].

Fullat 1984 = Diccionari de Filosofia Castellà-Català/Català-Castellà. Hrsg. von Octavi Fullat. Barcelona 1984 [137 S.].

Futbol 1985 = Futbol. Reglament oficial. Hrsg. von der Fédération Internationale de Football Association, Katal. Übersetzung: Josep Daurella de Nadal. Generalitat de Catalunya. Direcció general de l'Esport, Barcelona 1985 [130 S.]. (Kein eigtl. Lexikon, enthält aber die gesamte Fußballterminologie und bringt im Anhang ein Glossar des Fußballs Katalanisch-Spanisch-Englisch.)

Genovard 1980 = C. Genovard Rosselló: Vocabulario básico trilingüe de Psicología científica. Inglés-Castellano-Catalán. Barcelona 1980 [188 S.].

Givanel 1919 = Givanel i Mas: Notes per a un vocabulari d'argot barceloní. In: Butlletí de Dialectologia Catalana 7. 1919, 11—68.

Golobardes 1985 = Guadalupe Golobardes: Diccionari Grec-Català, 1. Aufl. Barcelona 1985 [253 S.].

Gran Enc. = Gran Enciclopèdia Catalana. Hrsg. von Jordi Carbonell. 15 Bde. und 1 Suppl. Barcelona 1970—1983 [insges. 13 322 S.].

Griera 1923 = Antoni Griera i Gaja: Atlas Lingüistic de Catalunya. Barcelona 1923—1926.

Griera 1935 = Antoni Griera i Gaja: Tresor de la Llengua, de les Tradicions i de la Cultura popular de Catalunya, 14 Bde. Barcelona 1935—47.

Griera 1968 = Antoni Griera i Gaja: Els ormeigs de pescar. Els noms dels peixos. Barcelona 1968 [95 S.].

Griera 1974 = Antoni Griera i Gaja: La casa catalana. Barcelona 1974.
Grinó 1977 = David Grinó Garriga: El llibre dels bolets. Barcelona 1977 [200 S.].
Guàrdia-Puig 1977 = M. Guàrdia/M. Puig: Vocabulari nàutic. Barcelona 1977.
Guàrdia/Ritter 1981 = Roser Guàrdia/Maria Ritter Obradors: Diccionari alemany-català/català-alemany. Barcelona 1981 [544 S.].
Homs i Guzman 1985 = Antoni Homs i Guzman: Vox EGB. Diccionari català. Barcelona 1985 [430 S.].
Hospitaler 1869 = J. Hospitaler: Vocabulario castellano-menorquín y vice-versa. Mahón 1869 [VIII, 292 S.].
Hospitaler 1881 = J. Hospitaler: Diccionario manual menorquín-castellano. Mahón 1881 [VI, 377 S.].
Inglès-Rosell 1981 = Montserrat Inglès/Laura Rossell: Vocabulari de geologia. Català-castellà. Castellà-català. Barcelona 1981 [40 S.]
Ivarra 1522 = Martí Ivarra: Diccionari llatí-català. Vocabulari Geogràfic. Diccionari català-llatí. 3 Bde. Barcelona 1522 (zum ausführlichen Titel und Inhalt vgl. Soberanas 1976).
Jané 1972 = Albert Jané: Diccionari català de sinònims. Barcelona 1. Aufl 1972 [606 S.].
Joseph 1979 = Miquel Joseph i Mayol: Com es fa un llibre. Diccionari de les Arts Gràfiques. Barcelona 1979.
Labèrnia 1866 = Pere Labèrnia y Esteller. Novísimo Diccionario de la lengua castellana con la correspondencia catalana. 2 Bde. Barcelona 1866 [1142, 1002 S.].
Labèrnia 1839—40 = Pere Labèrnia y Esteller: Diccionari de la llengua catalana amb la correspondència castellana y latina. 2 Bde. Barcelona 1839—40 [988, 1040 S.].
Lacavalleria 1641 = Antoni Lacavalleria: Diccionario castellano. Dictionnaire français. Dictionari (sic) Catala. Barcelona 1641 [127 Bl.].
Lacavalleria 1696 = Joan Lacavalleria: Gazophylacium catalano-latinum, dictiones, phrasibus, illustratus, ordine literario comprehendens. Barcelona 1696 [IV, 1037 S.].
Larreula 1980 = Frederic Larreula: Diccionari català-castellà. Castellano-catalàn. Barcelona 1980 [416 S.].
Léxic de Bars 1985 = Léxic de Bars i Cafeteries. Barcelona 1985 [22 S.].
Lèxic de la construcció = Lèxic de la construcció. Equivalències català-castellà/castellà-català. 3 200 mots. Hrsg. vom Departament de Cultura de la Generalitat de Catalunya. Barcelona 1983 [116 S.].
Llull Martí 1979 = Antoni Llull Martí: Vocabularis temàtic per a correcció de barbarismes i enriquiment del lèxic personal. Manacor 1979 [122 S.].
Maneikis/Neugaard = Charlotte Maneikis/Elward Neugaard: Vides de sants rossellonesos I: Gramàtica i Glossari. Barcelona 1977 [244 S.].

Marc 1371 = Jaume Marc (auch: Jacme March): Llibre de concordances (1371). Hrsg. von A. Griera. Institut d'Estudis Catalans. Barcelona 1921 [133 S.].
Marquet 1979 = Lluís Marquet i Ferigle: Vocabulari de Luminotècnia. Institut d'Estudis Catalans. Barcelona 1979 [31 S.].
Martí y Gadea 1909 = J. Martí y Gadea: Vocabulario valenciano-castellano en secciones. Valencia 1909 [286 S.].
Martínez-Hidalgo/Carbonell 1984 = José Ma. Martínez-Hidalgo y Terén/Laureano Carbonell Relat: Vocabulari marítim català-castellà/castellà-català. Diputació de Barcelona. Barcelona 1984 [273 S.].
Mas i Solenc 1971 = Josep Ma. Mas i Solenc: Diccionari breu de la sardana. Sta. Coloma de Farners 1981 [120 S. mit Abb.].
Masclans 1981 = Francesc Masclans i Girvés: Els noms de les plantes als països catalans. Barcelona 1981 [290 S.].
Masjuan 1985 = Ma. Dolors Masjuan i Buxó: Vocabulari de física per a batxillerat i formació professional. Generalitat de Catalunya. Departament d'Ensenyament. Barcelona 1985 [29 S.].
Matons 1932 = Augusto Matons: Vocabulari de l'oli i de l'olivera. In: Butlletí de Dialectologia Catalana 10. 1932, 101—132.
Menjars xinesos = Menjars xinesos. Els noms dels principals plats en xinès, català, castellà i anglès. Hrsg. vom Departament de Cultura de la Generalitat de Catalunya. Barcelona 1985 [18 S.].
Merenciano/Ricart = F. Merenciano/A. Ricart: Vocabulari automobilístic castellà-català. Barcelona 1972.
Mestres/Aramon 1983 = Josep Mestres i Guadreny/ Núria Aramon i Stein: Vocabulari català de música. Barcelona 1983 [149 S.].
Miracle 1973 = Josep Miracle Montserrat: Vocabulari essencial castellà-català. Barcelona 1973 [500 S.].
Miracle 1975 = Josep Miracle: Diccionari manual de la llengua catalana. Biblioteca Selecta. Barcelona 1975 [1042 S.].
Miracle 1976 = Josep Miracle Montserrat: Diccionari català-castellà/castellà-català. 2. Aufl. Barcelona 1976 [1122 S.].
Miret i Güell 1777 = Josef Miret i Güell: Propias significaciones castellanos y catalanas de todos los nombres y verbos contenidos en las reglas de los géneros, declinaciones, pretéritos y supinos [...]. Cervera 1777 [68 S.].
Miró 1979 = A. Miró: Contribució al vocabulari de la indústria tèxtil. El ram de l'aigua. Barcelona agost-setembre 1979.
Moll 1928—31 = Francesc de B. Moll: Suplement català al Diccionari romànic etimològic. In: Anuari de l'Oficina de Lingüística i Literatura 1. 1928, 179—240; 2. 1929, 1—66; 3. 1930, 9—72; 4. 1931, 105—170.

Moll 1936 = Francesc de B. Moll: Vocabulari popular de l'Art de la construcció. In: Butlletí de Dialectologia Catalana 23. 1936, 1—36.

Moll 1965 = Francesc de B. Moll: Vocabulari mallorquí-castellà amb inclusió de les paraules típiques de Menorca i Eivissa, Palma de Mallorca 1965 [327 S.].

Moll Dicc. 1976 = Francesc de B. Moll: Diccionari castellà-català. Palma de Mallorca 1976 [302 S.].

Moll Dicc. 1977 = Francesc de B. Moll: Diccionari català-castellà. Barcelona 1977 [400 S.].

Moll Dicc. 1965 = Francesc de B. Moll: Diccionari català-castellà i castellà-català. 5. Aufl. Palma de Mallorca 1985 [XVI, 406, 391 S.].

Moll/Moll 1984 = Francesc de B. Moll/Aina Moll Marqués: Diccionari escolar català-castellà/castellà-català. Palma de Mallorca 1984.

Montsià 1935 = Bernat Montsià: Els barbarismes. Guia de depuració del lèxic català. Barcelona 1935 [90 S.].

Oliva/Baxton 1983 = Salvador Oliva/Angela Baxton: Diccionari anglès-català. 2. Aufl. Barcelona 1985 [1110 S.].

Oliver 1711 = Fra Antoni Oliver: Vocabulari mallorquí — castellà, Ms. der Abadia de Montserrat entdeckt von Joseph Massot i Muntaner [Vgl. dazu von diesem Autor: Un vocabulari mallorquí — castellà del segle XVIII. In: Estudis romànics XIII, 147—163].

Onomàstica 1978 = Onomàstica. Els noms personals valencians. València 1978 [16 S.].

Palmireno 1569 = Juan Lorenzo Palmireno: Vocabulario del humanista. Valencia 1569.

Perramon 1970 = Sever Perramon: Proverbis, dites i frases fetes de la llengua catalana. Barcelona 1970 [158 S.].

Petit Curial 1979 = Petit Curial Enciclopèdic. Barcelona 1979 [1400 S.].

Pey i Estrany 1973 = Santiago Pey i Estrany: Diccionari de sinònims, idees afines i antònims. 3. Aufl. Barcelona 1973 [824 S.].

Pey i Estrany 1982 = Santiago Pey i Estrany: Vocabulari de barbarismes. Barcelona 1982 [87 S.].

Planas 1982 = J. Planas: Un Vocabulari de ràdio i televisió. Barcelona 1982.

Poal 1978 = Poal: Vocabulari català bàsic ampliat. Barcelona 1978 [186 S.].

Pons 1917 = Ramon Pons: Vocabulari català de les indústries tèxtils i llurs derivats. In: Butlletí de Dialectologia Catalana 4. 1917 [110 S.].

Pons 1978 = Antonio Carreras Pons: Vocabulario matemático, castellano-catalán. Barcelona 1978 [48 S.].

Pou 1575 = Onofre Pou: Thesaurus puerilis. Valencia 1575 [346 S.].

Prat Turu = Clara Prat Turu: Diccionari portugués-català/català-portugués. Barcelona 1982 [511 S.].

Publicitat 1977 = Vocabulari terminològic de publicitat castellà-català. Barcelona 1977.

Pujol 1911 = José Pujol i Serra: Diccionario catalán-castellano. Barcelona 1911 [696 S.].

Pujol/Amadeo 1936 = F. Pujol/J. Amadeo: Un Diccionari de la dansa, dels entremeses i dels instruments de música i sonadors. Barcelona 1936.

Pujulá 1909 = Frederic Pujulá y Vallés: Vortaro Esperanto-Katalana. Vocabulari esperanto-català. 2. Aufl. Barcelona 1909 [276 S.].

Ramon 1973 = Josep Ramon: El català bàsic. Barcelona 1973 [155 S.].

Raspall/Martí 1984 = Joana Raspall i Juanola/Joan Martí i Castell. Diccionari de locucions i de frases fetes. Barcelona 1984 [470 S.].

Raspall/Riera 1975 = Joana Raspall de Cauhé/Jaume Riera i Sans: Diccionari usual de sinònims catalans. Barcelona 1975 [616 S.].

Resa 1909 = Honorato Juan de Resa: Vocabulari valencià-castellà. Valencia 1909 [286 S.].

Riba/Reguant 1986 = Oriol Riba/Salvador Reguant i Serra. Una taula dels temps geològics. Barcelona 1986 [127 S. + 12 Schautafeln].

Rius Vidal 1932 = Angel Rius Vidal: Novíssim diccionari català-francès/francès-català. Barcelona 1932 [428, 422 S.].

Rius Vidal 1934 = Angel Rius Vidal: Novíssim diccionari català-castellà/castellà-català. 4. Aufl. Barcelona 1934 [256, 221 S.].

Roca 1806 = Antonio Roca Cerdà: Diccionario manual de la lengua catalana y castellana. Barcelona, 1. Aufl. 1806 [216 S.], 2. Aufl. 1824 [234 S.].

Romeu Jover 1978 = Xavier Romeu Jover: Breu diccionari ideològic. Amb vocabulari català-castellà i castellà-català. 3. Aufl. Barcelona 1978 [270 S.].

Ros 1739 = Carles Ros: Breve diccionario valenciano-castellano. Valencia 1739 [24 Bl. + 350 S.].

Ros 1764 = Carles Ros: Diccionario valenciano-castellano. Valencia 1764 [24 Bl. + 350 S.].

Rosembach 1502 = Joan Rosembach: Vocabulari molt profitós per aprendre lo catalan alemany i lo alemany català. Perpignan 1502. Faksimileausgabe von Pere Barnils. In: Biblioteca Filològica VIII. Institut d'Estudis Catalans 1916 [182 Bl.].

Rovira 1923 = Antoni Rovira i Virgili: Diccionari català-castellà i castellà-català. 3. Aufl. Barcelona 1923 [XIV, 840 S.].

Salvadó 1984 = Gemma Salvadó i Rovira: Vocabulari bàsic d'educació especial. Generalitat de Catalunya. Barcelona 1984 [48 S.].

Salvador 1933 = Carlos Salvador: Vocabulari ortogràfic valencià. Valencia 1933 [72 S.].

Salvat Català 1974—77 = Salvat Català. Diccionari enciclopèdic. 8 Bde. Barcelona 1974—77 [Insges. 2944 S.].

Sánchez 1980 = J. Sánchez: Formulari de documentació municipal. Barcelona 1980.

Sanelo 1964 = Manuel Joaquim Sanelo: Ensayo. Diccionario del lemosino y valenciano-antiguo y moderno al castellano (18. Jhr.). Hrsg. v. J. Gulsoy. Castellón de la Plana 1964 [549 S.].

Santacreu 1972 = Amando Santacreu Sirvent: Diccionari popular nadalenc. Alcoy 1972.

Saura 1851 = Santiago Saura: Diccional manual ó vocabulario completo de las lenguas catalana-castellana 2 Bde. Barcelona 1851 [352 S.].

Saura 1852 = Santiago Saura: Diccionario manual ó vocabulario completo de las lenguas castellana-catalana. Barcelona 1852 [540 S. Vgl. Colon/Soberanas 1985, 164—165].

Saura 1878 = Santiago Saura: Novíssim diccionari manual de les llengües catalana-castellana. Barcelona 1878 [VIII, 552 S.].

Seabra/Deví 1985 = Manuel de Seabra/Vimala Deví: Diccionari portuguès-castalà. Barcelona 1985 [900 S.].

Serra Estruch 1969 = J. Serra Estruch: Cinema formatiu. Barcelona 1969.

Sigalés 1984 = Josep Ma. Sigalés: Diccionari nàutic. Barcelona 1984 [220 S.].

Soler 1976 = S. Soler: Qüestions de terminologia dels òrgans municipals. In: Revista jurídica de Catalunya núm. 2. Barcelona, abril-juny 1976.

Soler i Janer 1979 = Josep Soler i Janer: Gentilicis dels països catalans. Paragentilicis, malnoms i sobrenoms. (Col. lecció Lengua Viva 3) Barcelona 1979 [130 S.].

Suro 1925 = Vocabulari del suro i de les indústries derivades. In: Butlletí de Dialectologia Catalana 13. 1925.

Szmidt/Zgustova 1985 = Dorota Szmidt/Monika Zgustova: Diccionari Rus-Català. Barcelona 1985 [487 S.].

Tarongí 1878 = Diccionari mallorquí-castellà. Palma de Mallorca 1878 (Der nicht erwähnte Verf. ist Josep Tarongí).

Toponímia 1978 = Toponímia. Els noms de les ciutats i dels pobles valencians. València 1978 [24 S.].

Torro 1640 = Pere Torra: Thesaurus verborum ac phrasium ex thesauro Bartholomaei Bravi. Barcelona 1640, 2. Aufl. 1650 [315 S.].

Torra 1653 = Pere Torra: Dictionarium seu Thesaurus catalano-latinus. Barcelona 1653.

Torres i Graell 1985 = Albert Torres i Graell: Diccionari Japonès-Català i Català-Japonès. 2. Aufl. Barcelona 1985 [563 S.].

Val.lès 1926 = Emili Val.lès: Diccionari català-castellà-francès — amb vocabulari castellà-català i francès-català. Barcelona 1926—1927 [1296 S.].

Val.lès 1930 = Emili Val.lès: Diccionari de barbarismes del català modern. Barcelona 1930 [230 S.].

Val.lès 1935 = Emili Val.lès: Vocabulari castellà-català, català-castellà. Barcelona 1935 [342 S.].

Val.lès 1962 = Emili Val.lès: Pal.las Diccionari català il.lustrat amb etimologies i equivalències en castellà, francès i anglés. [...] Barcelona 1962 [1055 S.].

Verdaguer 1984 = Xavier Verdaguer i Puigdemont: Vocabulari de delineació per a Batxillerat i Formació Professional. Barcelona 1984 [56 S.].

Vidal 1818 = Fra Albert Vidal: Bd. II des Ms. eines katalanischen Wörterbuches. Bibliothek der Reial Acadèmia de Bones Lletres. Barcelona 1818 [Vgl. hierzu Colon/Soberanas 1985, 151].

Vinyoles 1978 = Joan J. Vinyoles i Vidal: Vocabulari de l'argot de la delinqüència. Barcelona 1978 [191 S.].

Vinyoles/Ferran 1982 = Joan Vinyoles i Vidal/Joan Ferran i Serafini: Llenguatge subterrani de la política. Barcelona 1982 [232 S.].

Vocabulari bàsic 1978 = Vocabulari bàsic infantil i d'adults. Hrsg. von der Assessoria de didàctica del català. 4. Aufl. Barcelona 1978 [110 S.].

Vocabulari bàsic 1980 = Vocabulari bàsic de la llengua valenciana: castellà-valencià, valencià-castellà. Valencia 1980 [246 S.].

Vocabulari bàsic de la construcció = Vocabulari bàsic de la construcció. Comissió Lexicogràfica de l'ITEC. Barcelona 1979.

Vocabulari castellà-català 1977 = Vocabulari castellà-català. 2. Aufl. Barcelona 1977 [376 S.].

Vocabulari Comercial 1984 = Vocabulari Comercial. Generalitat de Catalunya. Departament de Cultura. Barcelona 1984 [63 S.].

Vocabulari de fusteria = Vocabulari de fusteria per a formació professional. Barcelona 1982.

Vocabulari Jurídic = Vocabulari jurídic Castellà-Català. Català-Castellà. Hrsg. vom Col.legi d'Advocats de Barcelona 1983 [224 S.] (1. Aufl. 1978).

Vocabulari mèdic 1979 = Vocabulari mèdic. Barcelona 1979.

Vocabulari de química 1983 = Vocabulari de química per a Batxillerat i Formació Professional. Barcelona 1983.

Vocabulari tècnic-industrial 1910 = Vocabulari tècnic-industrial de la llengua catalana. Barcelona 1910 [164 S.].

Vocabulari valencià-castellà 1983 = Vocabulari valencià-castellà/castellà-valencià. Valencia 1983 [923 S.].

Vocabulari Menorquín 1906 = Vocabulario Menorquín-Castellano, por un amigo de la instrucción. Ciudadela 1906 [120 S.].

Vogel 1911 = Eberhard Vogel: Taschenwörterbuch der katalanischen und deutschen Sprache. Bd. 1: Katalanisch-deutsch. Berlin 1911 [586, 24 S.].

Vogel 1916 = Eberhard Vogel: Taschenwörterbuch der katalanischen und deutschen Sprache. Bd. 2 Deutsch-Katalanisch. Berlin 1916 [552 S.].

Vox 1978 = Vox. Diccionari manual castellà-català/català-castellà. 9. Aufl. Barcelona 1978 [XXXIX 326 S.].

Vox Diccionari escolar 1980 = Vox. Diccionari escolar de la llengua catalana. Barcelona 1980 [496 S.].

Vox Dicc. fonamental 1978 = Vox. Diccionari català fonamental, „Vox". Barcelona 1978 [250 S.].

Vox. Diccionari manual ortogràfic 1979 = Vox Diccionari manual ortogràfic. 2. Aufl. Barcelona 1979 [552 S.] (1. Aufl. 1975).

Vox. Diccionari manual de sinònims 1981 = Vox. Diccionari manual de sinónims amb antònims i exemples. 3. Aufl. Barcelona 1981 [315 S.].

Xuriguera 1977 = Joan Baptista Xuriguera: Els verbs catalans conjugats. 4. Aufl. Barcelona 1977 [318 S.].

Xuriguera 1981 = Joan Baptista Xuriguera Parramona: Nou diccionari de la llengua catalana. Col. Pompeu Fabra. Barcelona 1981 [826 S.].

7.2. Sonstige Literatur

Badia i Margarit 1950 = Antoni Badia Margarit: Regles d'esquivar vocables o mots grossers o pagesívols. Unas normas del siglo XV sobre la pureza de la lengua catalana. In: Boletín de la Real Academia de Buenas Letras de Barcelona 13. 1950.

Badia et al. 1970 = A. M. Badia i Margarit/Josep Massot i Muntaner/Joaquim Molas: Situación actual de los estudios de lengua y literatura catalanas. In: Norte. Año XV, núm 1 + 2. Amsterdam 1970.

Bruguera 1985 = Jordi Bruguera: Història del lèxis català. Barcelona 1985.

Casas Homs 1953 = Josep Ma. Casas Homs: Vocabulari trilingüe del segle XI. In: Miscel.lània Biblica. Montserrat 1953, 449—458.

Casas Homs 1955 = Josep Ma. Casas Homs: Glossari llatí-català medieval. In: Miscelania filogógia dedicada a Mons. A. Griera, I. Barcelona 1955, 139—158.

Colon 1977 = Germà Colon: La lexicografia catalana. Realitzacions i esperances. In: Actes del Quart Col.loqui Internacional de Llengua i Literatura Catalanes. Basilea, 22—27 de març de 1976. Montserrat 1977, 11—35.

Colon 1979 = Germán Colon: Léxico y lexicografía catalanes. In: Revista Española de Lingüística, Año 2. Fasc. 2, Juli 1979, 441—461.

Colon 1983 = Germán Colon: Concerning the Catalan-German Vocabulary of 1502: „Vocabulari molt profitós per apendre Lo Catalan Alemany y Lo Alemany Catalan". In: Quaderni di semantica 4. 1983.

Colon/Soberanas 1985 = Germà Colon/Amadea-J. Soberanas: Panorama de la lexicografia catalana. Barcelona 1985 (Biblioteca Universitària 7. Enciclopèdia Catalana).

Cornagliotti 1979 = Anna Cornagliotti: Lexicografia italo-catalana. In: Actes del Cinquè Col.loqui Internacional de Llengua i Literatura Catalanes. Andorra 1—6 d'octubre de 1979. Montserrat 1970, 379—404.

Coromines 1953 = Joan Coromines: L'Onomasticon Cataloniae. In: Onoma 6. 1953, 44—50.

Fabbri 1979 = Maurizio Fabbri: A Bibliography of Hispanic Dictionaries. Imola 1979.

Flasche 1955 = Hans Flasche: El vocabulario catalán-alemán de 1502. In: VII Congreso Internacional de Lingüística Románica. Barcelona 1955, 267—284.

Griera 1947 = Antoni Griera i Gaja: Bibliografia lingüística catalana. Barcelona 1947.

Grossmann 1932 = Rudolf Grossmann: Notas respecto al autor del vocabulari català-alemany del año 1502. In: Miscelánea Filológica dedicada a D. Antonio Ma. Alcover. Palma de Mallorca 1932, 137—165.

Gulsoy 1962 = Joseph Gulsoy: La lexicografia valenciana. In: Revista de Filología Valenciana. 6. 1959—1962, 109—141.

Haensch 1988 = Günther Haensch: Cop d'all sobre uns quants diccionaris castellà-català. In: Estudis de llengua i literatura catalanes XVI. Miscel.lània Antoni M. Badia i Margarit. Montserrat 1988, 113—144.

Klaiber 1936 = Ludwig Klaiber: Der Vocabulari català-alemany von 1502 und seine italienische Vorlage. Eine bibliographische Untersuchung. In: Homentatge a Antoni Rubió i Lluch, III. Barcelona 1936, 81—86.

Lüdtke 1984 = Jens Lüdtke: Katalanisch. Eine einführende Sprachbeschreibung. München 1984.

Massot 1985 = Josep Massot i Muntaner: Antoni M. Alcover i la llengua catalana. Publicacions de l'Abadia de Montserrat. II Congrés Internacional de la Llengua catalana 1985.

Michatsch 1917 = F. J. Michatsch: Lexikalische Materialien zu Rosembachs Vocabulari Català-Alemany 1502. In: Estudis Romànics 2. 1917, 178—233.

Miracle 1967 = Josep Miracle: Vida de Pompeu Fabra. (Quaderns de Cultura 45) Barcelona 1967.

Moll 1956 = Francesc de B. Moll: Els dos diccionaris. Sonderdruck aus Col. Els autors dels ocells de paper, vol XI. Palma de Mallorca 1956.

Moll 1960 = Francesc de B. Moll: El „Liber Elegantiarum". Universidad de Barcelona 1960.

Moll 1970 = Francesc de B. Moll: Els meus primers trenta anys (1903—1934). Palma de Mallorca 1970.

Moll 1975 = Francesc de B. Moll: Els altres quaranta anys (1935—1974). Palma de Mallorca 1975.

Moll 1977 = Francesc de B. Moll: Entorn del léxic del 'Liber Elegantiarum'. In: Actes del Quart Col.loqui Internacional de Llengua i Literatura Catalanes. Abadia de Montserrat 1977, 117—140.

Moll 1981 = Francesc de B. Moll: Un home de combat (Mossèn Alcover). (Biblioteca Raixa) Palma de Mallorca 1981.

Moll 1982 = Francesc de B. Moll: La lexicografia de Pompeu Fabra. In: Homentatge a Pompeu Fabra. Universität Barcelona 1982, 85—95.

Olmo Lete 1977 = G. del Olmo Lete: La obra lexicográfica del semitista catalán Pedro Mártir Anglés, O. D. (1681—1752). In: Miscelánea de estudios árabes y hebraicos. Granada 1977—79, XXVI—XXVIII, 2, 55—66.

Prats 1983 = Modest Prats: Un vocabulari català a la versió del DE REGIME PRINCIPUM de Gil de Roma. In: Actes del Sisé Col.loqui internacional de llengua i literatura catalanes. Roma 28 setembre—2 octubre 1982. Montserrat 1983, 29—87.

Rohlfs 1957 = Gerhard Rohlfs: Manual de Filología Hispánica. Guía bibliográfica. crítica y metódica. (Publicaciones del Instituto Caro y Cuervo XII) Bogotá 1957.

Soberanas 1976 = Amadeu J. Soberanas: Les edicions catalanes del Diccionari de Nebrija. In: Actes del Quart Col.loqui Internacional de Llengua i Literatura Catalanes. Basilea 12—27 de març de 1976. Montserrat 1977, 141—203.

Soberanas/Colon 1984 = Amadeu J. Soberanas/ Germà Colon: El „Thesaurus puerilis" d'Onofre Pou. In: Estudis en memòria del professor Manuel Sanchis Guarner: Estudis de llengua i literatura catalanes I. Valencia 1984, 357—360.

Veny 1980 = Joan Veny: Transfusió i adaptació d'ictiònims en el „Dictionarium" de Pere Torra (segle XVII). In: Homenatge a Josep M. de Casacuberta 1. Publicacions de l'Abadia de Montserrat 1980, 69 ff.

Günther Haensch, Augsburg
(Bundesrepublik Deutschland)

185. La lexicographie française des origines à Littré

1. Origines
2. Seizième siècle
3. Dix-septième siècle
4. Dix-huitième et dix-neuvième siècles
5. Bibliographie choisie

Les diverses traditions lexicographiques monolingues européennes procèdent, par le biais de l'activité lexicographique bilingue latin-langue vivante, de la glossographie latine médiévale (cf. Lindemann 1985, Buridant 1986).

Pour ce qui est du domaine français, l'état actuel des recherches met au jour des connaissances encore fragmentaires. Si l'on connaît relativement bien les modèles latins (Papias, Hugucio, Balbus) et les glossaires latin-français (Abavus, Aalma) qui en ont été dérivés aux 13ème et 14ème siècles, on sait très peu de choses en revanche sur les travaux qui leur ont directement succédé: les liens qui unissent la lexicographie du Moyen Age à celle de la Renaissance restent flous: «le passage du XVe au XVIe siècle dans le domaine de la lexicographie reste relativement inexploré» (Buridant 1986, 33).

1. Origines

1.1. Glossographie monolingue latine

L'œuvre commune à laquelle remonte la presque totalité des recueils lexicaux alphabétiques qui paraîtront en Europe au siècle humaniste est rédigée à la fin du 13ème siècle.

Il s'agit du manuscrit monolingue latin qu'un moine dominicain italien, Joannes Balbus (qu'on nomme encore Joannes de Janua, Jean de Gênes ou Giovanni Balbi), termine en mars 1286 et qu'il est convenu d'intituler *Summa quae vocatur Catholicon* ou, plus couramment, *Catholicon*. A la fois thesaurus grammatical et encyclopédie, le manuscrit de 1286 ne présente rien en sa substance qu'on ne trouvât déjà dans les ouvrages qui lui sont antérieurs (Grubmüller 1967, 28; Buridant 1986, 27), et notamment dans le *Elementarium doctrinae erudimentum* de Papias (milieu du onzième siècle) ou dans les *Magnae derivationes* que Hugucio de Pise rédige à la fin du 12ème.

Pourtant, si le *Catholicon* (ou plus exactement sa cinquième partie, celle qui contient le proto-dictionnaire qui nous intéresse ici) fait date dans l'histoire de la lexicographie occidentale, c'est tout d'abord parce qu'il est le premier à donner la primauté à l'ordonnance alphabétique du matériel lexical qu'il présente (Daly/Daly 1964, Daly 1967, Miethaner-Vent 1986). Le travail de Joannes consiste essentiellement à redistribuer un matériel déjà connu: Joannes subordonne l'épistémè de l'occident médiéval, telle que nous la proposent Papias et Hugucio, aux contingences de l'agencement alphabétique. Et cette alphabétisation, encore qu'inattendue parce que de la main d'un moine formé aux idées systématisantes d'un Thomas d'Aquin, s'avère répondre aux besoins d'un public qui, progressivement, se sécularise. Le nombre élevé des exemplaires connus du *Catholicon* manuscrit — on en a compté plus de deux cents — témoigne du succès de la démarche de Joannes. Succès si grand qu'il aboutira, en 1460, à l'impression de l'ouvrage dans un atelier de Mayence.

Ce *Catholicon,* qui pourrait sortir des presses de Gutenberg (sur les querelles des historiens de la typographie sur ce point, voir e. a.

Mortet 1922, 66—67), est le plus ancien des lexiques alphabétiques imprimés connus: avec cet incunable, c'est la morphogenèse de la lexicographie occidentale qu'on peut dater de 1460. Le *Catholicon* imprimé — Westmead en a procuré une édition facsimilé en 1971 (Balbus 1971) — connaît un énorme succès: en l'espace de quarante ans, de 1460 à 1500, on en donnera plus de 20 éditions (Lindemann 1985, 57, n. 12).

Le *Catholicon* est ensuite, et surtout, l'œuvre dont la nomenclature et les définitions vont se retrouver, en tout ou partie, dans les glossaires latin-vernaculaire des quinzième et, indirectement, seizième siècles: les lexicographes d'alors «extraient les mots du *Catholicon* de Jean de Gênes, comme on prend les pierres des ruines médiévales pour dresser d'autres bâtiments» (Lindemann 1985, 74). C'est ce que fait Jean Lagadeuc dans son lexique manuscrit breton-français-latin de 1464; Le Men 1867 montre que les informations encyclopédiques contenues dans ce manuscrit, qui sera imprimé en 1499, sont extraites du *Catholicon*.

1.2. Glossographie bilingue latin-français

1.2.1. Abavus

A la série des ouvrages manuscrits monolingues latins des 11ème et 12ème siècles (Papias, Hugucio, Balbus, mais aussi Priscien, Évrard de Béthune, Isidore de Séville, etc.) vient se superposer, dans l'optique du francisant, une série de manuscrits bilingues latin-français dont le plus ancien, conservé à la bibliothèque de Douai sous la cote 62, est contemporain de l'œuvre de Joannes: Roques 1936 le date du dernier quart du 13ème siècle (vers 1285). Le manuscrit de Douai (2662 équivalences lat.-fr.) appartient, avec les manuscrits d'Évreux (23/I; début XIVe), de Rome (Bibl. Vat.: lat. 2748; 1ère moitié XIVe), de Paris (BN: latin. 7692; milieu XIVe) et de Conches (1; septembre 1388), à la série dite *Abavus* (d'après le premier lemme), série dont la source principale semble être le *Elementarium doctrinae erudimentum* de Papias (Roques 1936, XXX).

1.2.2. Aalma

En parallèle de la série *Abavus,* on observe dans la deuxième moitié du XIVe siècle la rédaction des recueils dits *Aalma*. Roques 1938 qui a retrouvé et identifié douze exemplaires de cette série, a édité le ms. 13032 de la Bibliothèque Nationale (13.860 équivalences latin-français) et a montré que la série *Aalma* est essentiellement une adaptation française du *Catholicon*, que son auteur «a voulu adapter le répertoire touffu [...] de Jean de Gênes à l'usage des écoliers, des étudiants français [...]; c'est une sorte de dictionnaire de l'usage latin qu'il a voulu faire, et un pareil ouvrage ne comportait que des indications de sens plus ou moins précisées, des traductions sans commentaires, des mots sans explications sur les choses» (Roques 1938, XV). Mais l'exploitation de la série *Aalma* fait encore difficulté tant au lexicologue qu'au métalexicographe et la concordance à laquelle Hélène Naïs travaille actuellement (Naïs 1986) pourrait prochainement mettre en évidence certaines caractéristiques encore méconnues de la métalangue glossographique.

1.2.3. Le manuscrit H 110 ou Aalma bis

Le manuscrit H 110 de Montpellier, daté du quinzième siècle, représente une variante de *Aalma*. Pierre Nobel (1986) l'a décrit comme étant le résultat d'un travail de réduction et de synthèse des œuvres de Balbus et de Papias. Le ms. H 110, que Nobel propose d'intituler *Aalma bis,* se distingue de la série *Aalma* par une nomenclature plus développée (aux 232 entrées du H 110 étudiées par Nobel 1986 correspondent 134 entrées dans l'*Aalma* de BN 13032) et par de nombreuses gloses françaises originales. Outre son importance lexicologique, on retiendra de ce lexique le rôle de relais qu'il semble avoir dans le processus d'évolution de la glossographie du domaine français: Merrilees 1988 lui attribue une fonction de charnière entre la série *Catholicon-Abavus-Aalma* et le *Dictionarius* de Firmin Le Ver.

1.2.4. Œuvres «mineures»

Aux œuvres majeures de la glossographie française des 13e et 14e siècles *(Abavus, Aalma)* doivent être ajoutés des manuscrits qui sont certes de moindre importance, parce que de moindre étendue, mais dont l'étude cependant ne doit pas être négligée: nous citons ici à titre d'exemples les ms. 4120 (*Glossarium,* 14e s.), 7679 (glossaire latin-français, 15e s.), 7684 (*Glossarium gallico-latinum,* 15e s.), 7692 (*Dictionarium latino-gallicum,* début 14e s.) et 8426 (vocabulaire latin-français de Pierre Roger, 15e s.) du fonds latin de la Bibliothèque Nationale que Littré a brièvement présentés dans le tome XXII de L'Histoire littéraire de la France (Littré 1852).

1.2.5. Firmin Le Ver

Le *Dictionarius* latin-français que le chartreux Firmin Le Ver nous dit avoir compilé entre 1420 et 1440 donne à la glossographie du français une dimension nouvelle. La description qu'a récemment présentée Brian Merrilees (1988), a montré que le nombre des entrées de ce répertoire qu'on estimait, avec Didot 1868, à environ 30.000 était en fait beaucoup plus élevé (45.000 entrées): le *Dictionarius* est quantitativement beaucoup plus riche que ses devanciers. Dans la première moitié du quatorzième siècle les recueils de la série *Abavus* comptaient de 6.000 à 8.000 équivalences; ceux de la série *Aalma*, dans la deuxième moitié du quatorzième siècle, en offraient près de 14.000: avec ses 45.000 entrées le *Dictionarius* de Le Ver offre le recueil lexical le plus large que nous connaissons dans le domaine du moyen-français. Mine de renseignements importants pour le lexicologue, l'ouvrage de Le Ver l'est aussi pour l'historien de la lexicographie qui peut y observer, sur du matériel latin, un intéressant essai de structuration lexicale: à l'agencement alphabétique des têtes d'articles est en effet subordonné un système de regroupements à la fois grammaticaux (parties du discours) et morphosémantiques (cf. l'article «Salus» présenté par Merrilees 1988, 186). Les apports du *Dictionarius* à la tradition glossographique française n'ont toutefois pas encore été étudiés dans leur détail et il faudra attendre les résultats définitifs des recherches entreprises à Toronto par B. Merrilees pour juger de la portée et de la place de cet ouvrage dans la filiation des glossaires du domaine français.

1.3. Premiers lexiques monolingues français

Les glossaires à base exclusivement française sont extrêmement rares avant le seizième siècle. On en connaît deux exemples: le premier (publié par Reiffenberg 1847) accompagne «Li ars d'amour» du ms. 9543 de la Bibliothèque Royale de Bruxelles et est daté de la fin du 13ème ou du début du 14ème siècle. Le deuxième, compilé à la fin du 15ème siècle (entre 1480 et 1500), complète un traité de rhétorique conservé dans le ms. 94 de la bibliothèque municipale de Poitiers (Hasenohr 1984). Ces deux lexiques, bien qu'ayant pour fonction première l'explication des textes qu'ils accompagnent, retiennent certains termes de la langue usuelle — ce qui les différencie des lexiques qu'on trouve en complément de plusieurs traductions de la deuxième moitié du 14ème siècle (P. Bersuire, N. Oresme, J. de Rouvroy), lesquels n'enregistrent que des néologismes techniques (cf. Hasenohr 1984, 115). Le ms. 94 de Poitiers, qui a pour particularité de n'enregistrer que des adjectifs qui sont tous relatifs aux vertus et qualités ou aux vices et défauts de la nature humaine, a été interprété par Hasenohr 1984, 123 comme étant l'ancêtre des répertoires méthodiques de synonymes.

2. Seizième siècle

Au seizième siècle les nomenclatures françaises sont présentes dans deux types d'ouvrages alors particulièrement répandus: 1) les répertoires plurilingues qui sont édités tout au long du siècle et dont le représentant le plus connu est le *Dictionarium* d'Ambrosius Calepinus (cf. Labarre 1975) et 2) les répertoires bilingues de langues modernes qui sont soit originaux soit dérivés des ouvrages plurilingues dans la deuxième moitié du siècle.

2.1. Dictionnaires plurilingues à nomenclatures françaises

Les recueils plurilingues à nomenclatures françaises sont nombreux au seizième siècle. Charles Beaulieux (1904) a présenté une liste qui, même si elle contient certaines erreurs — d'ailleurs régulièrement relevées par la critique moderne (cf. par ex. Buridant 1986, 35) mérite toujours d'être consultée quand on étudie cette période. Pour rendre compte de l'ampleur de l'activité lexicographique plurilingue d'alors nous présentons à titre d'exemple des recherches plus récentes, celles magistralement menées par Franz Claes (1977). Les travaux de Claes, bien qu'ils prennent comme bases non pas des nomenclatures françaises mais des listes lexicales allemandes, montrent 1) l'interdépendance des différents recueils lexicaux de l'Europe moderne naissante et 2) l'intérêt toujours plus grand porté à l'étranger à la langue française: au seizième siècle la très grande majorité des ouvrages plurilingues à nomenclatures françaises paraîtra à l'étranger.

En 1510 paraît à Rome la *Introductio quaedam utilissima, sive vocabularius quator linguarum* latin, italien, allemand, français (Introductio 1510) qui est un ouvrage dérivé du premier dictionnaire bilingue de langues modernes (italien-allemand) à avoir été imprimé, le *Introito e porta* d'Adam von Rottweil (Venise 1477) dont il conservera le classement idéologique. Rééditée en 1516, 1518 et 1521, l'*Introductio* sera enrichie d'une cinquième langue, l'espagnol, en 1526, d'une sixième en 1538, d'une septième en 1540. En 1546 l'*Introductio* deviendra le *Dictionnaire des huict langaiges* (Paris: Le Tellier) dont on connaît au moins neuf autres éditions jusqu'en 1580.

185. La lexicographie française des origines à Littré

Parallèlement à la série *Introductio* (1510—1580) paraît en 1514 le *Vocabularium Latinis, Gallicis et Theutonicis verbis scriptum* donné à Lyon par Jehan Thomas (*Vocabularium* 1514). De dimensions modestes (34 feuilles in-4° en 1514, 48 feuilles in-8° en 1587), ce petit répertoire quadrilingue à classement idéologique sera régulièrement distribué jusqu'à la fin du siècle: Claes 1977 en compte 20 éditions de 1514 à 1590.

Le français apparaît dans le répertoire d'Ambrosius Calepinus en 1545, c'est-à-dire dans l'édition pentalingue d'Anvers dans laquelle, pour la première fois, des langues vivantes viennent compléter les nomenclatures latine et grecque (Calepinus 1545). Dans l'édition de 1545 du *Pentaglottos* le français est répertorié en regard du latin, du grec, du flamand et de l'allemand. Cette apparition du français dans le lexique de Calepinus dans les années quarante du siècle (en 1545 et 1546) n'est encore que sporadique et il faut attendre 1568 pour voir le français devenir langue presqu'obligatoire du *Dictionarium:* on le trouve dans 51 des 54 éditions parues entre 1568 et 1599.

Dans la deuxième moitié du seizième siècle les recueils plurilingues à nomenclatures françaises conçus dans les premières décades (*Introductio* 1510ss., *Vocabularium* 1514ss.) continuent de paraître sous des formes à peine changées et se partagent dorénavant le marché lexicographique avec des entreprises nouvelles: le *Nomenclator omnium rerum propria nomina variis linguis explicata indicans* de Hadrianus Junius qui classe idéologiquement des entrées latines auxquelles il fait correspondre des équivalents grecs, allemands, néerlandais, français, italiens et espagnols (Junius 1567). Publié pour la première fois par Plantin en 1567, le *Nomenclator* connaîtra huit autres éditions jusqu'à la fin du siècle (1596). Peter Horst, à Cologne, en imprimera une édition trilingue (latin-allemand-français) en 1588.

En 1576 paraîtront à Anvers les *Colloques ou Dialogues avec un Dictionaire en six langues: Flamen, Anglois, Alleman, François, Espaignol, et Italien* (Colloques 1576) qui comptent parmi les recueils lexicaux de l'époque les mieux diffusés en Europe: Claes 1977 relève 26 éditions de 1576 à 1600. Les *Colloques ou Dialogues* connaîtront des éditions à sept et huit langues à partir de 1585 et à quatre langues à partir de 1591.

A ces cinq séries d'importance pour l'histoire de la lexicographie plurilingue à nomenclatures françaises du seizième siècle (*Introductio* 1510—1580, *Vocabularium* 1514—1590, *Calepinus* 1568—1599, *Junius* 1567—1596, *Colloques* 1576—1600) s'ajoutent plusieurs recueils moins bien connus parce que consacrés à des domaines particuliers du vocabulaire ou bien ne connaissant qu'une seule édition. Citons le *Catalogus Plantarum Latine, Graece, Germanicae, et Gallice* de Conrad Gessner (Zürich 1542; cf. Claes 1977, n° 394), le *Dictionariolum puerorum tribus linguis, Latina, Gallica, et Germanica conscriptum* (Zürich 1548; cf. Claes 1977, n° 416) que Joannes Frisius dérive du *Dictionariolum puerorum Latinogallicum* de Robert Estienne (1542), l'*Onomastica* éditée par Jobinus à Strasbourg en 1574, qui est un recueil des terminologies de la philosophie, de la médecine et de la chimie en six langues (Claes 1977, n° 574) et les dictionnaires de Helfricus Emmelius: le *Lexicon Trilingue* de 1586 (compilé en collaboration avec David Schellingius), le *Nomenclator quatrilinguis* de 1592 et le *Sylva quinquelinguis vocabulorum* de la même année, titre qu'on retrouvera d'ailleurs pratiquement inchangé en 1595 sous la plume de Heinrich Decimator (cf. Claes 1977, n° 690, 761, 766, 797).

La lexicographie plurilingue particularise le seizième siècle. B. Quemada (1967 a, 72) a montré qu'à l'avènement du dix-septième siècle correspond une chute brutale du nombre des publications multilingues. Certains de ces répertoires ont certes encore été imprimés, voire réédités, dans le courant du dix-septième siècle, mais dans la majorité des cas, il ne s'agissait plus alors que de sommes lexicographiques qui ne survivaient au siècle humaniste que grâce au prestige qui entourait encore le nom de leurs auteurs. C'est le cas, par exemple, de la série des Calepinus à nomenclature française qu'on rééditera 33 fois au dix-septième siècle (de 1600 à 1689) et 15 fois au dix-huitième siècle (de 1700 à 1778/1779). Reliques d'un siècle qui tendait à un certain universalisme (les éditions bâloises du Calepinus de 1590 et 1598 enregistrent jusqu'à onze langues; cf. Labarre 1975, n° 152 et 162), ces dictionnaires pèchent par le manque d'actualité de leur contenu; ils ne correspondent plus aux besoins d'un public qui désormais préfère la qualité de l'information offerte par les ouvrages bilingues à la quantité des équivalences non commentées des plurilingues.

2.2. Dictionnaires bilingues à nomenclatures françaises

Les fondements de la lexicographie bilingue des langues modernes sont posés dans la deuxième moitié du seizième siècle. Dans les bilingues qui paraissent alors le français a le statut de langue de départ à partir de 1552. On rappellera cependant qu'on le trouve dès 1530 dans le troisième livre de *Lesclaircissement de la langue francoyse,* bilingue anglais-français de John Palsgrave, dans lequel les lemmes sont ordonnés selon les catégories grammaticales auxquelles ils appartiennent (cf. art. 309). En tant que langue de départ le français est mis en parallèle avec le flamand dès 1552 dans un petit ouvrage de 48 ff., le *Dictionaire en Franchois et Flameng ou bas allemant* de Claude Luython (Anvers: G. de Bonte. Réédité en 1555. Cf. Claes 1980, 137) et, dans un répertoire plus étoffé (136 ff.), le *Vocabulaire françois-flameng* de Gabriel Meurier, en 1557 (Anvers: Plantin. Réédité en 1562, 1566, 1570 puis en 1574 et 1584 sous le titre *Dictionaire François-Flameng*. Cf. Claes 1980, 139; cf. art. 320), avec l'espagnol en 1565 (J. Liaño: *Vocabulario de los vocablos [. . .] en frances y su declaracion en español.* Alcalá: Cormellas & Robles) et 1599 dans le *Recueil des dictionnaires français, espagnols et latins* de Henri Hornkens (Bruxelles: Rutger Velpius. 554 pp.) qui tire sa nomenclature française de l'édition de 1573 du *Dictionaire francois-latin,* celle donnée par Nicot et Dupuys (Verdonk 1989, 61; cf. art. 312). Le français est mis en parallèle avec l'anglais en 1570 (Lucas Harrison: *A dixionary frensche and englesche.* London: Harrison; cf. art. 309), avec l'italien en 1578 (Lucas Harrison; cf. art. 309), avec l'italien en 1578 (Gabriel Pannonius: *Petit vocabulaire françois-italien.* Lyon: Brey; cf. art. 316), avec l'allemand enfin en 1596 (Levinus Hulsius: *Dictionaire françois allemand et allemand françois.* Nürnberg: Lochner; cf. art. 315).

2.3. Robert Estienne, Jean Nicot et Maurice de La Porte

On s'accorde pour situer la naissance de la lexicographie moderne du français en 1539, date à laquelle Robert Estienne (1499?/1503?−1599; sur la date de naissance d'Estienne cf. Brandon 1904b) entreprend l'impression de son *Dictionaire francois-latin*. L'ouvrage, qui paraît en fait en 1540 («Excvdebat Robertvs Stephanvs Typographvs Regivs Parisiis, ann. M.D.XL. XII.CAL.MART.» indique le libellé de l'achevé d'imprimer), même s'il a valeur d'œuvre-clé pour l'histoire de la lexicographie française, ne doit cependant pas être considéré comme l'aboutissement du travail d'Estienne: l'objet premier de son œuvre lexicographique, œuvre humaniste majeure, reste l'étude de la langue latine (cf. Brandon 1904 a, 69) et les différents dictionnaires dont cette œuvre se compose forment un tout, se complètent les uns les autres. Le *Dictionaire* de 1539 s'explique par le *Dictionarium* de 1538 qui, lui-même, s'explique par le *Thesaurus* de 1531.

En publiant, en 1531, le *Latinae Linguae Thesaurus* (sur l'importance de cet ouvrage pour l'histoire du vocabulaire français cf. Baldinger 1982), Robert Estienne vise un public érudit pour lequel un Calepinus ne suffit plus. Dans la préface de 1531 Estienne a expliqué comment il avait décidé, alors qu'on lui avait demandé vers 1527 ou 1528 de préparer une réédition du *Dictionarium* de Calepinus, de rédiger lui-même un dictionnaire original plutôt que de réviser un ouvrage qui ne le convainquait pas. Trois impératifs ont dicté la compilation du *Thesaurus:* il s'agissait pour Estienne 1) d'épurer la nomenclature latine, d'en éliminer toute trace de basse latinité, de barbarisme médiéval, 2) de vérifier la justesse des définitions proposées par les prédécesseurs et surtout 3) d'étayer chaque entrée, chaque explication d'un extrait d'un classique. Avec le *Thesaurus* Estienne se propose de mettre au jour la richesse syntagmatique du latin. Les citations des auteurs classiques sont le ciment de l'ouvrage, sa substance la plus riche, celle qu'on ne trouvait qu'accidentellement dans le Calepinus. Ce faisant Estienne jette, en 1531, les fondements de la lexicographie latine moderne.

Quant au matériau français, il ne joue encore, dans le *Thesaurus* de 1531, qu'un rôle mal défini. S'excusant presque d'utiliser le vernaculaire, le lexicographe avait déclaré ne traduire que les locutions latines difficiles; or, avec Brandon 1904a, 49−50, on constate que «les interprétations françaises foisonnent dans le *Thesaurus,* [qu'] on les trouve dans presque chaque paragraphe». S'il en est ainsi c'est qu'Estienne 1531 introduit des interprétations françaises lorsque les explications latines accréditées font défaut (cf. Wooldridge 1977, 20), mais c'est également parce qu'il s'adresse aussi aux *mediocriter doctis* qui ne maîtrisent pas encore le latin (cf. Baldinger 1982, 10). Ambivalent, presqu'ambigu dans sa forme, le *Thesaurus* reste cependant monolingue latin dans son essence et les modifications qu'on observe dans sa deuxième édition (1536) confirment cet état de fait: en 1536 Estienne a supprimé le «Cum Gallica ferè interpretatione» de l'intitulé, suppression à laquelle correspond, dans le corps du dictionnaire, une réduction considérable du nombre des interprétations françaises.

Deux ans plus tard, en 1538, paraît le *Dictionarium latinogallicum* qui, lui, est expressément bilingue et qui représente un abrégé du *Thesaurus* de 1536. Les archaïsmes et les mots rares ont été supprimés de la nomenclature; les interprétations françaises en revanche y sont plus nombreuses qu'en 1536. Dans la deuxième édition du *Dictionarium,* en 1546, la part du français sera encore plus grande.

L'illustration 185.1, basée sur les résultats de Wooldridge 1977, 22, montre que de l'édition de 1531 du *Thesaurus* à celle de 1546 du *Dictionarium* le nombre des mots français a pratiquement triplé dans les séquences ABA—ACL, ACA:

	Latinae Linguae Thesaurus		Dictionarium Latinogallicum	
éd.	1531	1536	1538	1546
mots fr.	787	639	1423	2175

Ill. 185.1: Évolution du nombre des occurrences françaises dans les séquences ABA—ACL et ACA dans le *Thesaurus* et le *Dictionarium*

On retiendra aussi de la première édition du *Dictionarium latinogallicum* (1538) l'abrégé scolaire qu'en a donné Estienne en 1542 (2ème éd. 1550) sous le titre de *Dictionariolum puerorum latinogallicum*. Ce petit dictionnaire, paradoxalement, donne à l'œuvre d'Estienne une dimension européenne: Starnes 1963 a montré combien le *Dictionariolum* avait influencé la genèse de la lexicographie anglaise et notamment, en partie par le biais du *Dictionariolum puerorum tribus linguis latina, anglica & gallica conscriptum* de John Veron (1552), les dictionnaires de Richard Huloet (1552), Thomas Cooper (1565) et John Baret (1573). Stein 1985 (165ss.) a précisé les formes de cette influence (cf. art. 197).

Le premier recueil lexical à donner au français le statut de langue de départ paraît en 1539 (1540): c'est le *Dictionaire francoislatin* qui est une inversion du *Dictionarium latinogallicum* de 1538 sur laquelle se greffe, sporadiquement, presqu'accidentellement, un travail de lexicographie monolingue (définition) original: le *Dictionaire* dit de 1539, explique Quemada (1967 a, 12), est le «premier relevé alphabétique de mots français suivis, outre leur équivalent latin, de développements en langue nationale». Pris à titre d'exemple, l'article VERMINE (avancé par Wooldridge 1977, 70) montre comment, de l'absence d'une équivalence, naît l'article du dictionnaire monolingue:

Vermine: toute sorte de petites bestes qui sengendrent de pourriture, comme poulx, pulces, souris & rats. Il ne se peult dire en ung mot proprement en Latin.

Ici la définition en français est un dernier recours: c'est l'absence de l'équivalent latin qui contraint le lexicographe à employer le vernaculaire. La langue latine, répétons-le, reste en effet l'objet premier du dictionnaire de 1539 — ce sur quoi Brandon 1904 a a justement insisté et Beaulieux (1927, 156) semble s'être trompé de perspective, qui ne voyait dans le *Dictionaire* qu'un malheureux essai de lexicographie française, «qu'une ébauche». Le français, en 1539, sert encore à l'illustration du latin. A cet égard la préface de l'ouvrage (reproduite par Wooldridge 1977, 48) est claire:

«[...] nous auuons mis cueur & entente au soulagement de la ieunesse Francoise, qui est sur son commencement & bachelage de literature. Si leur auuons faict deux liures: L'ung commenceant par les motz Latins deschiffrez en Francois: qui fut publie des l'annee precedente [c'est le *Dictionarium* de 1538]. L'autre est cestuy cy qui va prenant les motz de la langue Francoyse, les mettant apres en Latin tout au plus pres qu'il s'est pu faire».

Principalement conçu pour les latinistes, le dictionnaire de 1539 n'en est pas moins bien accueilli dans une autre sphère du public érudit, celle qui vient de découvrir «l'usance commun de parler» d'un Rabelais (*Pantagruel* 1532), celle qui s'efforce alors d'imposer le «langage maternel françois» (l'ordonnance de Villers-Cotterêts date, elle aussi, de 1539). Le *Dictionaire* de 1539, soulignait Jacques Dupuys (in Thierry 1564, *iij v°), «auoit esté soigneusement recueilly & apporté vne vtilité grande à tous desirants entendre la proprieté de la langue Francoyse». Sa deuxième édition, parue en 1549 (l'année même où Du Bellay publiait sa *Deffence et Illustration de la Langue francoyse*), nourrie de l'idéal humaniste, allait accorder une importance encore plus grande au matériau français. En 1549 Estienne complétait la nomenclature française de nombreuses entrées auxquelles, dans plus d'un cas, il ne faisait correspondre aucun équivalent latin. Il demandait à son lecteur de lui signaler les mots que celui-ci aurait pu trouver «es Rommans & bons autheurs Francois, lesquelz aurions omis». Mieux encore, il y donnait «l'explication de la pluspart des mots difficiles [...] laissans tousiours aux lecteurs leur meilleur iugement, & contens par ce commencement les auoir seulement incitez de plus pres auoir esgard a leur langue». Le dictionnaire de 1549 se propose de faire redécouvrir la richesse de la langue française: il s'agit d'un «dictionnaire du français, fait pour les Français, par les Français» (Wooldridge 1977, 25).

L'édition de 1549 est la dernière à laquelle Estienne a participé (sur son importance cf. Demaizière 1984). Les évolutions ultérieures du dictionnaire français-latin, éditées par Jean Thierry en 1564 et par Jacques Dupuys en 1573, culminent en 1606 avec la publication, par le Parisien David Douceur, de l'édition posthume de Jean Nicot (qui meurt en 1604, cf. Lanusse 1893), édition parfois attribuée à tort à Aimar de Ranconnet.

L'édition de Nicot, qui compte près de 18.000 entrées (cf. Wooldridge 1989 a), se démarque de ses devancières par un élargissement sensible du traitement de la nomenclature française. C'est qu'à la différence de ses prédécesseurs Nicot se propose de donner un ouvrage monolingue: de *Dictionaire francoislatin* qu'il était à l'origine, l'ouvrage devient, en 1606, un *Thresor de la langue francoyse, tant ancienne que moderne*. L'intitulé n'annonce plus de lexique bilingue, mais qu'on ne s'y trompe pas: le *Thresor* n'est en fait ni entièrement monolingue, ni entièrement bilingue. Il appartient à cette catégorie de dictionnaires que B. Quemada (1967 a, 52—58) a qualifié de «semi-bilingues»: c'est un répertoire dans lequel «la langue objet [en l'occurrence le français] est utilisée aussi pour des commentaires ou des exemples plus ou moins étendus» (Quemada 1967 a, 52). On trouve donc dans Nicot des articles entièrement monolingues et ces articles-là, qui sont les précurseurs de ceux que l'on retrouvera dans les dictionnaires de la fin du dix-septième siècle, mettent en évidence un traitement lexicographique parfois très sophistiqué. L'article ORFAURERIE, cité ici à titre d'exemple, informe sur la catégorie grammaticale du lemme, sur son accentuation et sur son sémantisme; il présente encore des dérivés et leurs définitions ainsi que des phrases-exemples et fournit enfin une étymologie:

Orfaurerie, f. penac. Est proprement la facture en or ou argent massif, de l'artisan qui ouure de tels metaux, prenant le nom par antonomasie du plus excellent d'iceux, qui est l'or comme dit Pindare au premier hymne des Olympies. Dont procedent ces mots, orfeuvre, orfaueriser, ou orfauriser, & orfaurisé, par le premier desquels le François signifie l'artisan qui besongne außi bien en or comme en argent. Et par les deux derniers, l'operation & l'ouurage d'iceluy. Selon ce on dit les hocquetons des archers des gardes soit des corps du Roy, ou autres, estre orfaurisez d'or & d'argent, pour les papillotes d'argent, & dorées, dont le corps dudit hocqueton est diuersifié & accomodé à la representation de la deuise du Roy, & dont les bordures des collets, manches & tassettes sont faites. Selon ce aussi Nicole Gilles en la vie du Roy Iean, qui estoit prisonnier en Angleterre, parlant du Duc de Normandie fils aisné de France, escrit que le chapperon de luy estoit de Brunette noire orfauerisé d'or, c'est à dire, par préexcellence sus les chapperons du commun, papilloté d'or, ou surtissu d'or battu & martelé. Tous lesdits mots prennent origine & composition de ces deux Latins, Aurum & Faber. Le dernier signifiant tout ouurier qui de matiere solide fait quelque ouurage, & ce à cause de ce verbe Latin Facio, comme si par syncope on prononçoit au lieu de Faciber, Faber. Selon quoy les Latins diroyent Aurifaber, comme Aurifex, pour Faber aurarius, que le François par transposition dit Orfeure. Les François ont retenu la generalité du mot, en cestuy fabrication, quoy qu'ils en vsent plus communéement pour la facture des nauires & monnoyes, lequel ils applicquent par metaphore, & en mauuaise part en ces phrases, fabrication d'vn contract, testament, tesmoings & semblables actes.

Avec Nicot, et l'article ORFAURERIE nous le montre clairement, la lexicographie devient philologique et linguistique. Le lexicographe travaille désormais sur la base d'un corpus littéraire particulièrement imposant (sur les textes et les auteurs cités par Nicot, cf. Wooldridge 1989a) et l'étude lexicologique de ce corpus n'est plus essentiellement étymologique, comme c'était le cas dans le *Dictionnaire francoislatin:* les unités lexicales (orfaurerie › orfeuvre, orfaueriser, ou orfauriser, & orfaurisé) sont rapportées les unes aux autres et le macro-article présente la forme embryonnaire du regroupement morphosémantique. Le commentaire (c'est le terme employé dans le sous-titre de l'ouvrage) de Nicot présente, à l'occasion, des caractéristiques normatives (cf. p. ex.: «Les François [...] applicquent par metaphore, & en mauuaise part ...»), ce qu'il faut interpréter dans l'optique rétrospective des théoriciens du seizième siècle: comme Ronsard dans son *Art Poetique* (1565), comme Henri Estienne dans sa *Precellence* (1579), Nicot est de ces humanistes pour qui «la richesse de nostre langue consist[e] en diuerses choses, entre lesquelles sont les dialectes et le parler ancien» (H. Estienne 1579). Nicot, qui est le lexicographe de la langue «tant ancienne que moderne», a deux buts principaux: 1) expliquer «nostre parler ancien» et 2) opérer par là ce que Wooldridge (1977, 35) a appelé une «réforme thérapeutique de la langue».

L'illustration 185.2 (pour une représentation plus détaillée cf. Wooldridge 1977, 19 et 1970) esquisse la filiation de la série Estienne-Nicot:

Cette série de dictionnaires, dont l'étude systématique a été entreprise à l'orée du siècle (Lanusse 1893, Brandon 1904a), est actuellement au centre des recherches lexicologiques et métalexicographiques de l'équipe que dirige T. R. Wooldridge à Toronto (cf. Wooldridge 1970, 1975, 1977, 1978, 1982, 1985a, 1985b, 1986, 1987, 1988, 1989a, 1989b). Elle a également fait l'objet de nombreux

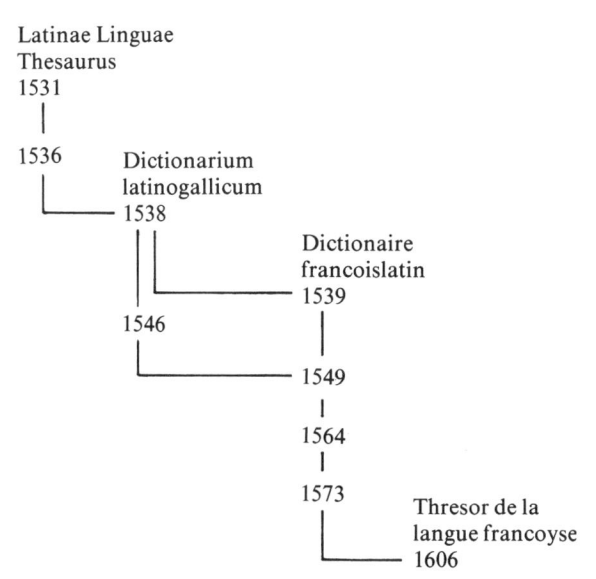

```
Latinae Linguae
Thesaurus
1531
 |
1536     Dictionarium
 |       latinogallicum
 |       └── 1538
 |            |       Dictionaire
 |            |       francoislatin
 |            └──── 1539
 |                    |
1546                  |
 └──────────────── 1549
                    |
                  1564
                    |
                  1573       Thresor de la
                   └──────── langue francoyse
                              1606
```

Ill. 185.2: Filiation de la série Estienne-Nicot

autres travaux, qu'il s'agisse d'aperçus généraux plus ou moins poussés (Brunot 1905ss, Beaulieux 1927, Gilbert 1956) ou d'études ponctuelles: exploitations à visées étymologiques (Bloch 1904, Baldinger 1982), étude du traitement des régionalismes (Roques 1982 et 1989), de l'homonymie et de la polysémie (Glatigny 1984, Di Virgilio 1987), de la graphie, de la prononciation (Catach/Mettas 1972), de la grammaire (Lépinette 1986) et de l'influence d'Estienne sur les traditions lexicographiques étrangères (Starnes 1963, Claes 1973, Rosenstein 1985).

L'imposante série Estienne-Nicot qui marque la première phase de l'établissement de la lexicographie monolingue française (1539—1621) a longtemps éclipsé un ouvrage d'érudition pourtant typiquement humaniste, les *Epithetes* de Maurice de La Porte. Paru en 1571, sur le modèle de la deuxième édition (1524, 1ère éd.: 1518) des *Epitheta* latins de Tixier de Ravisy (Tissier, Textor), le travail de La Porte fait date: il est «le premier témoin de la lexicographie monolingue pour le français» (Bierbach 1989, 51). La Porte en effet, avant Nicot, thésaurise: il collectionne les mots, les accouple pour illustrer «nostre vulgaire». Avec ses *Epithetes*, véritable dictionnaire de collocations avant la lettre, La Porte œuvre avec talent à l'illustration et la propagation de la langue française. Entre autres informations linguistiques La Porte fournit à son consultant, les partenaires des bases collocationelles que sont les entrées de son dictionnaire, lui permettant ainsi de faire fonctionner le lexique. L'article CRIMINEL exemplifie ce qui vient d'être dit:

Criminel. Palle, triste, estonné, lasche, tremblant, seuere, inexorable, rhadamantin, iusticier, pensif, rude, languissant ou langoureus, minoïde, enferré, impitoiable, rigoureus, tetrique, rebarbatif, incorruptible, fauorable, piteus.

Ce nom est actif & passif, par lequel non seulement est entendu celui qui est accusé de crime, mais aussi la personne qui condamne les crimes.

On observe dans les *Epithetes* de 1571 un travail de description du lexique particulièrement bien documenté dont l'étude approfondie — et qui reste à faire — ne manquera pas d'apporter de nouveaux éléments à notre connaissance de la lexicographie du seizième siècle. D'ores et déjà les travaux de Mechtild Bierbach (1987, 1989; cf. aussi Hausmann 1982) laissent entrevoir l'importance de l'ouvrage.

Les dictionnaires humanistes de Robert Estienne, de Jean Nicot et, dans une moindre mesure, de Maurice de La Porte représentent les assises génératrices de la lexicographie française moderne desquelles procèdent les grandes réalisations monolingues de la fin du siècle classique (Richelet 1680, Furetière 1690, Académie 1694).

3. Dix-septième siècle

A l'exception des *Curiositez françoises* d'Antoine Oudin (1640 a) et de la *Bibliotheque universelle* de Boyer du Petit Puys (1649), aucune production lexicographique monolingue originale ne paraît en France entre 1606 et 1680, dates de publication du *Thresor* de Nicot et du dictionnaire de Richelet. Le marché du dictionnaire des trois premiers quarts du dix-septième siècle est essentiellement bilingue et tend à se nourrir de reproductions et de rééditions. On peut observer dans cette période de transition une prépondérance manifeste des bilingues français-latin (cf. Bray 1986a, 20—27): les travaux de Philibert Monet (Post 1925) paraissent à partir de 1620, ceux de Charles Pajot à partir de 1643; ils seront suivis de ceux de Pierre Delbrun en 1657, de Jean Gaudin et de François Pomey en 1664, de Danet (Hausmann 1987) et de Tachard enfin en 1683 et 1689. Manifestation symptomatique de ce siècle de puissance économique et d'intolérance intellectuelle française, tous les dictionnaires bilingues français-langues vivantes distribués à l'époque sont publiés à l'étranger: les français-flamand de Jean-Louis d'Arsy 1643 et de Van den Ende 1654 à Rotterdam (cf. art. 320), les français-italien de Duez 1662 et de Widerhold 1677 à Venise et Genève (cf. art. 316), le français-anglais de Miège 1677 à Londres (cf. art. 309), les français-allemand de Duez 1642 et Widerhold 1669 à Leyde et Bâle (cf. art. 315). Seul, le *Thresor* français-espagnol de César Oudin (¹1575, ²1616, ³1645, ⁴1660, ⁵1675) sera édité en France (cf. art. 312). Les deux dictionnaires monolingues paraissant entre 1606 et 1680, Oudin 1640 a et Boyer 1649, sont des ouvrages spécialisés: Oudin, à l'intention des étrangers, a recueilli le vocabulaire des registres familier et populaire et Boyer du Petit Puy a intégré un dictionnaire de définitions, primitives il est vrai, à un dictionnaire de rimes.

3.1. Le Dictionnaire françois (1680) de Richelet

Il faut attendre 1680 pour que la langue française, après l'italienne (Pergamini 1602, Crusca 1612; cf. art. 187) et l'espagnole (Covarrubias 1611; cf. art. 182), dispose de son premier dictionnaire de définitions entièrement monolingue. Victime de la politique répressive de Colbert à l'égard de la circulation des idées et du scandaleux privilège de l'Académie, qui interdit en France toute production lexicographique monolingue de 1674 à 1714, Richelet (1626—1698) est contraint de faire paraître son *Dictionnaire françois contenant les mots & les choses* à l'étranger. L'ouvrage paraît à Genève; il est financé par von Fürstenberg et imprimé par Fatio (Pierre Bayle, dix ans plus tard, devra quant à lui éditer le *Dictionaire universel* de Furetière à La Haye). Distribué par Widerhold, le dictionnaire de 1680 est introduit clandestinement en France où son succès ne tarde pas: le public cultivé, on le sait, désespérait alors de voir paraître un jour le dictionnaire que l'Académie lui promettait depuis 1635.

L'image traditionnelle du dictionnaire de Richelet, telle qu'on la trouve dans de nombreux travaux (cf. e. a. Brunot 1913, IV/1, 32, Popelar 1967, Matoré 1968), est celle d'un ouvrage puriste, c'est-à-dire, dans le contexte des théories langagières du dix-septième siècle, d'un ouvrage duquel seraient absentes toutes les catégories lexicales allant à l'encontre du principe de pureté de la langue française (archaïsmes, néologismes, régionalismes, xénismes, mots bas, mots «plébés», termes techniques). Or, les recherches les plus récentes (Quemada 1967 a, 209; Gemmingen 1982, Bray 1985, 1986 a, 1990) montrent que cette image doit être révisée: le *Dictionnaire françois* de 1680 est un ouvrage qui décrit l'usage qui lui est contemporain plutôt qu'il

ne le prescrit. Certes, on y trouve çà et là quelques interdictions (cf. p. ex. «vinaigre rosat, & non pas rosar, comme parle le petit peuple» s. v. vinaigre), mais celles-ci ne sont pas représentatives de l'ensemble de l'ouvrage. L'étude de la nomenclature de 1680 (avec Bray 1990 on estimera à approximativement 25.500 le nombre total de ses entrées) met en évidence toute une gamme de lexèmes exclus du «bon usage» de la langue. La part des termes techniques notamment y est remarquable: dans une étude serrée de la séquence P du dictionnaire Bray 1990 a pu montrer que l'enregistrement des «Termes les plus connus des Arts & Sciences», annoncé dans l'intitulé de l'ouvrage, était effectivement réalisé. Richelet enregistre, entre autres technolectes, une part non négligeable du lexique des «Arts mechaniques», c'est-à-dire de celui qui est particulier aux métiers manuels, aux professions qui sont exercées par des catégories qu'on situera sur les échelons les plus bas de l'échelle sociale du dix-septième siècle et qu'on ne peut assurément pas assimiler à celle de l'«honneste homme» (maçon, potier, serrurier, cordonnier, etc.). L'enregistrement des terminologies artisanales démontre que la nomenclature de 1680 n'est pas exclusivement «un choix d'esthètes [...] qui se cantonnent aux préoccupations culturelles d'une élite sociale», que le dictionnaire françois n'est pas exclusivement le «lexique de l'honnête homme raffiné» (Viala 1984, 94).

Témoin de l'usage effectif du vocabulaire qu'il décrit («Je ne prétens prescrire de loix à personne [...]. Je raporte seulement ce que j'ai vû pratiquer», Avertissement 1680), Richelet introduit dans le domaine de la lexicographie monolingue française la pratique du marquage lexical («On montre le diférent usage des mots», Avertissement 1680). Au dix-septième siècle celle-ci est loin d'être généralisée: Antoine Oudin, à qui il arrive d'ailleurs de marquer, par le biais de la typographie, les archaïsmes contenus dans ses *Recherches italiennes et françoises* (Oudin 1640b), peut encore se plaindre, dans ses *Curiositez françoises* (Oudin 1640 a), des dictionnaires de son temps qui «sont si mal ordonnez que l'on n'a pas seulement eu le soin de marquer le bon d'auec le mauuais». Popelar 1967, 178 localise dans l'anonyme dictionnaire français-italien de 1677 paru chez Widerhold le premier essai de marquage lexical appliqué à grande échelle (Widerhold 1677) mais cet essai reste rudimentaire et fait apparaître la finesse du système de marques élaboré par Richelet: les deux indicateurs typographiques qu'il utilise (l'astérisque qui signale l'emploi figuré du mot et la croix qui indique certaines restrictions d'emploi dans la diaphasie) sont en effet complétés d'un marquage textuel explicite dont la valeur discriminative est étonnament élevée. Les entrées marquées de 1680 peuvent être regroupées en douze catégories: il s'agit de lexèmes marqués comme 1) appartenant à des pratiques données (professions, activités sociales diverses; ex.: *buhots* est un «terme de plumacier»), 2) présentant des difficultés d'ordre grammatical (flexion des adjectifs, conjugaison des verbes, emploi des modes, etc.), 3) typiques de certaines situations (marque diaphasique; ex.: *pourceau* «ne se dit guere en parlant familierement & sérieusement»), 4) empruntés à des langues étrangères; ex.: *médianoche, pouzzolane),* 5) archaïques ou néologiques (marque diachronique; ex.: *portraire* «est vieux & par consequent peu usité»), 6) typiques de régions données (marque diatopique; ex: *prêche* «signifie Sermon [...] mais en ce sens il ne se dit plus guere à Paris, on se sert en sa place du mot de Sermon»), 7) ayant une fréquence d'occurrence particulière; ex.: *prévaloir* «a un usage fort borné», 8) appartenant à une couche sociale définie (marque diastratique; cf. *porceline*), 9) véhiculant certaines connotations; ex.: *pédagogue* «se prend en mauvaise part», 10) particuliers à certains textes ou types de textes; ex.: *perquisition* «ne se trouve que dans les Pretieuses de Moliere», 11) appartenant à des groupes sociaux données; ex.: «Termes de Soldat fantassin» s.v. *aller à la paille* et 12) typiques d'un medium d'expression donné (soit oral, soit scriptural; ex.: «Ce mot s'écrit mais ne se dit guere en parlant» s.v. *passereau).*

Nous expliquons cette sophistication relative des marques du dictionnaire de 1680 par le fait que Richelet a été professeur de français langue étrangère et c'est dans ce contexte pédagogique qu'il faut interpréter l'activité normative de Richelet (cf. Wagner 1967, 92). Cette expérience d'enseignement à des non francophones lui a très certainement ouvert les yeux sur des difficultés inconnues au locuteur natif: dans sa préface il explique que c'est e. a. pour les étrangers qu'il «montre le diférent usage des mots, leur application dans les divers stiles». Or, en se référant explicitement à l'apprenant étranger, Richelet montre qu'il a pertinemment conscience du fait que dans les langues tout, ou presque, relève de l'idiomatisme. Certaines unités lexicales correspondent à la norme, au non marqué, d'autres au contraire s'en écartent et le lexicographe doit signaler ces écarts: il doit marquer l'usage. La prise en considération conséquente de cette observation fondamentale fait du dictionnaire de 1680 un ouvrage particulièrement précieux pour notre connaissance du français du dix-septième siècle, et ce d'autant plus que Richelet, qui a été formé à l'école de Patru et de d'Ablancourt, est un témoin en qui on peut avoir confiance. La fiabilité du réseau de marques lexicographiques mis en place par Richelet 1680 a d'ailleurs été vérifiée par Stefenelli 1987 qui constate par exemple qu'en ce qui concerne le marquage des archaïsmes le dictionnaire de Richelet offre une information beaucoup plus sûre que ceux de Furetière 1690 ou de l'Académie 1694.

Le marquage des divers registres observés ainsi que le recours régulier à la citation d'auteurs sont les traits les plus caractéristiques du dictionnaire de 1680.

Dans une lettre à Maucroix datée d'avril 1677 Patru, qui préféra collaborer à l'entreprise de Richelet plutôt qu'à celle de l'Académie — dont il était pourtant membre, explique que le *Dictionnaire françois* est né de la constatation de l'une des lacunes les plus souvent reprochées au dictionnaire de l'Académie française (1694) qui est le refus d'intégrer les citations: «Cassandre et Richelet [...] ont envie de faire un dictionnaire qui soit composé de citations extraites de nos bons auteurs [...]. Cette idée leur est venue sur ce que l'Académie, contre mon avis [...] persiste dans sa résolution de ne point citer». La citation est sécurisante: c'est là sa fonction première dans le dictionnaire de Richelet qui annonce qu'il a «lu nos plus excellens Auteurs, & tous ceux qui ont écrit des Arts avec réputation [...]. J'ai composé mon livre de leurs mots les plus-reçus [...], ajoute-t-il, je marque les diférens endroits d'où je prens ces mots [...] à moins que les termes & les manieres de parler que j'emploie ne soient si fort en usage qu'on doute point».

Bray 1986 montre qu'avec le *Dictionnaire françois contenant les mots et les choses* Richelet pose les bases lexicographiques du discours encyclopédique moderne. Certes il ne s'agit encore que d'un encyclopédisme embryonnaire, qui n'a pas la richesse documentaire du discours d'un Furetière, mais déjà le vocabulaire de la bourgeoisie cultivée se met en place dans les colonnes du recueil de 1680. Le lexicographe a notamment compris qu'il devait s'effacer devant la compétence des spécialistes: «Il faut croire les habiles gens sur les choses de leur profession», expliquera-t-il dans les Remarques du dictionnaire. Le réalisme des descriptions présentées par Richelet, qu'il s'agisse de faits de société (cf. *question*) ou de descriptions techniques (cf. *presse*), annonce les productions lexicographiques du siècle des Lumières. Le dictionnaire de Richelet, qui, il est vrai, surprend aussi par la crédulité, par la naïveté de certaines de ses descriptions (qu'on relise ses articles touchant à la zoologie par exemple), reflète l'état d'instabilité, de mouvance intellectuelle qui marque son époque. Dictionnaire ambigu donc, qui relève encore de l'encyclopédie fabuleuse, de la relation de croyances héritées d'une époque révolue, mais qui relève aussi de l'encyclopédie rationnelle, laquelle, on le sait, se mettra définitivement en place dans les colonnes du *Dictionaire universel*. Richelet, tout comme Furetière, mais à un moindre degré, doit être considéré comme un précurseur des Encyclopédistes.

Toutes les facettes de l'œuvre du lexicographe n'ont pas été décrites. Joly 1742, Connesson 1985 et Bray 1986a ont documenté la biographie du lexicographe. Van der Wijk 1923 a décrit le travail de réforme orthographique entrepris dans le dictionnaire de 1680.

La série des articles de Pitou (1949, 1951, 1953, 1954, 1958) souligne le penchant qu'a Richelet pour la raillerie, pour la polémique et c'est peut-être finalement là, dans ses articles polémiques, que Richelet touche au plus près les mœurs de «l'honneste homme»: l'article du dictionnaire de 1680 participe du phénomène conversationnel caractéristique de l'époque.

Le nombre impressionnant des rééditions et réimpressions de l'ouvrage (la bibliographie de Bray 1986a en liste jusqu'à 65) montre la valeur qu'attribuent les dix-septième et dix-huitième siècles au recueil de Richelet, valeur que reflètent d'ailleurs les fréquents plagiats dont il a été victime. Le *Dictionnaire françois* est une des sources principales des dictionnaires de Cassandre 1682, Corneille 1694 et Le Roux 1718 (cf. Giraud 1983, Bray 1986b).

Ce qui vient d'être dit de l'ouvrage de Richelet ne doit pas cependant occulter le fait qu'aujourd'hui l'analyse systématique du contenu du dictionnaire de 1680 ainsi que celle de son traitement lexicographique reste encore à faire. Si l'on excepte l'étude empirique menée par Bray 1990 sur les techniques du marquage mises en œuvre par Richelet, on constate que la majorité des travaux consacrés au *Dictionnaire françois* reste assez impressionniste. Ceci est d'autant plus regrettable qu'il s'agit là de notre premier dictionnaire de définition du français, c'est-à-dire d'un ouvrage pour lequel «la condition absolue des travaux des lexicographes», qui est, expliquera Barré 1842, «la nécessité absolue où se trouve chacun de s'aider de ses devanciers», ne vaut pas. L'entreprise de 1680, qui innove dans de nombreux domaines, est d'autant plus remarquable qu'elle influence, à divers titres, la pratique lexicographique française jusqu'à la première décade du dix-neuvième siècle: la dernière édition du Richelet date de 1811.

3.2. Le dictionnaire de l'Académie française 1694

Composé le 22 février 1635, l'article XXVI des statuts de l'Académie française stipule que pour «donner des règles certaines à notre langue» (article XXIV; cf. Livet 1858, I, 493), entre autres projets, qu'«il sera composé un dictionnaire». Le plan original du dictionnaire, dressé par Chapelain, qui suit le modèle du *Vocabolario* (1612) de l'Académie florentine de la Crusca (cf. art. 187), dont il est d'ailleurs membre (cf. François 1920), prévoit «que pour le dessein du Dictionnaire il falloit faire un choix de tous les auteurs morts, qui avoient écrit le plus purement en notre langue». Il prévoit encore l'inclusion de l'ancienne langue ainsi que la pratique du marquage «pour distinguer les termes des vers, d'avec ceux de la prose, [...] pour faire connoître ceux du genre sublime, du médiocre et du plus bas» (Livet 1858, I, 102s). En mars 1638 le projet de Chapelain est sensiblement modifié lors de sa présentation à la Compagnie qui renonce entre autres au principe de la citation ainsi qu'à l'enregistrement des archaïsmes. Le travail de rédaction commence en 1639, lorsque Vaugelas est chargé de recueillir le matériel linguistique qui doit ensuite faire l'objet de discussions lors des séances de travail de l'Académie.

Les diverses histoires de la Compagnie et de son dictionnaire rapportent régulièrement le détail de ces séances de travail: nous y renvoyons le lecteur, lui recommandant toutefois, outre les registres de l'Académie (Institut 1895), les textes de témoins directement concernés: Pellisson, d'Olivet, tous deux réédités par Livet en 1858, et Furetière dont le recueil de *Factums* peut être considéré comme l'un des textes de dictionnairique et de métalexicographie les plus anciens du domaine français (cf. aussi Courtat 1880, Fabre 1890, Brunot 1905ss, Beaulieux 1954, Gilbert 1957, Gégou 1962, 21ss, Popelar 1976).

Pour plus d'efficacité dans l'avancement

de l'ouvrage, auquel personne, si ce n'est Vaugelas, ne semblait véritablement s'intéresser, le matériel linguistique fut distribué en un premier temps en deux bureaux, lesquels cependant ne travaillèrent pas avec la diligence promise. On sait qu'il fallut pas moins de neuf mois, de février à octobre 1639, pour terminer la lettre A, laquelle on décida de revoir en juillet 1672, révision que l'on acheva, avec celle de la lettre B il est vrai, en février 1677 (cf. Institut 1895, registre du 13 février 1677).

Quand Vaugelas meurt, en 1650, le travail au dictionnaire est pratiquement abandonné. Malgré des séances bihebdomadaires à partir de 1652, puis trihebdomadaires à partir de 1675, malgré l'introduction des jetons de présence en 1672, la rédaction piétine pendant près de vingt ans. En 1672 on décide de la révision de la première version de l'ouvrage. L'impression commence en 1680 et, en 1694, le dictionnaire de l'Académie peut enfin être présenté au roi à qui il est dédié.

Tel qu'il est présenté dans sa préface, le répertoire de 1694 a pour objet premier «la Langue commune, telle qu'elle est dans le commerce ordinaire des honnestes gens, & telle que les Orateurs et les Poëtes l'employent», ce qui présuppose l'exclusion des «vieux mots qui sont entièrement hors d'usage», celle des «termes des Arts & des Sciences qui entrent rarement dans le Discours», qui feront l'objet du dictionnaire de Thomas Corneille (1694; cf. art. 160), celle encore des «termes d'emportement ou qui blessent la Pudeur [...] parce que les honestes gens évitent de les employer». On précise enfin que la Compagnie «n'a pas mesme voulu se charger de plusieurs mots nouvellement inventez». Le programme semble conséquent: ce sont les unités lexicales exclues du bon usage, les archaïsmes, les termes techniques, les mots bas, réalistes, ceux de la plèbe, les néologismes qu'il s'agit de bannir du dictionnaire. Mais la théorie des Académiciens n'est pas si absolue qu'elle paraît au premier abord. Certains mots en effet ont été retenus qui n'étaient pas du «bel usage» mais qui ont été marqués comme tels, "qualifiez de bas ou de style familier selon qu'on l'a jugé à propos", et «on a eu soin aussi de marquer ceux qui commencent à vieillir». Le rigorisme langagier de l'Académie est donc tout relatif; la pratique lexicographique des Académiciens, et l'excellente étude d'Inge Popelar (1976) le montre nettement, ne suit pas à la lettre la théorie avancée dans la préface de l'ouvrage.

Le dictionnaire de 1694 peut être considéré comme le dictionnaire de l'honnête homme si l'on tient compte 1) des principes à partir desquels il a été conçu et 2) du fait qu'on y a marqué une partie du vocabulaire qui n'est pas du «bel usage». Mais si l'on attend d'un dictionnaire de l'honnête homme une information régulière, conséquente et exacte sur l'usage, alors l'ouvrage de 1694 n'est pas ce dictionnaire-là. Popelar 1976 y a mis en évidence toute une série de lexèmes bas, réalistes, vulgaires ou archaïques qui ne sont pas marqués comme tels et que les compilateurs anonymes de *L'Apothéose du dictionnaire* (1696), du *Dictionnaire des Halles* (1696) et de *L'Enterrement du dictionnaire* (1697) n'auront aucune peine à relever (cf. Nodier 1835). Il faut noter dans cette optique que la deuxième édition du dictionnaire de la Compagnie (1718) est beaucoup plus critique dans ces commentaires sur l'usage que celle de 1694 (cf. Popelar 1976, 219).

L'agencement de la nomenclature, qui n'est pas alphabétique, est la particularité la plus inattendue du dictionnaire de 1694: «on a jugé qu'il seroit agreable & instructif de disposer le Dictionnaire par Racines». C'est un système diachronique de regroupements morphosémantiques qu'on a retenu: «Dans cet arrangement de Mots, on a observé de mettre les Derivez avant les Composez, & de faire imprimer en gros Caracteres les mots Primitifs comme les Chefs de famille de tous ceux qui en dependent, ce qui fait qu'on ne tombe guères sur un de ces mots Primitifs qu'on ne soit tenté d'en lire toute la suite, parce qu'on voit [...] l'Histoire du mot, & qu'on en remarque la Naissance & le Progres...». Le principe, philologique et pédagogique à la fois, même si son application est quelquefois fautive, est intelligent, mais il dépasse les facultés de l'honnête homme, et c'est ce qui le condamne à l'échec. L'ordonnance érudite du dictionnaire de 1694 en fait un ouvrage difficilement consultable qui est inaccessible au public qu'il vise. L'édition de 1718, la deuxième, alphabétise la nomenclature. Régnier-Desmarais, qui en a rédigé la préface, s'explique à ce sujet: «Il est aisé de se représenter l'impatience d'un Lecteur, qui après avoir cherché un mot dont il a besoin, *Absoudre* par exemple, au commencement du premier Volume, où naturellement il doit estre, y trouve pour toute instruction qu'il faut aller à la fin du second Volume chercher le mot *Soudre*, dont il n'a pas besoin, mais qui est le primitif de celui qu'il cherche. Dans cette nouvelle Edition les mots ont esté rangez avec un très grand soin dans l'ordre de l'alphabet; en sorte qu'il n'y en a point que l'on ne trouve d'abord, & sans aucune peine».

Sur les différents aspects de l'activité lexicographique de l'Académie, voir aussi: Fénelon 1714, Feydel 1807, Nodier 1835, Pautex 1862, Gary 1873, Kerviler 1877, Courtat 1880, Delisle 1888 et 1896, Fabre 1890, Meier 1895, Tougard 1900 et 1901, François 1912, Beaulieux 1951 et 1954, Oliver 1957, Imura 1967, Celier 1969, Popelar 1976, Rettig 1978 et 1979, Höfler 1983, Quemada 1985, Lagane 1987, Pinchon 1987, Collinot 1990.

3.3. Le Dictionaire universel (1690) de Furetière

Auteur du *Dictionaire universel*, ouvrage monumental édité sous la direction clairvoyante de Pierre Bayle, Antoine Furetière (1619—1688), qui fut au centre des conversations de la fin du 17e s. (il y était question de la querelle qui l'opposait alors à l'Académie, à laquelle il avait été admis en 1662 et dont il fut exclus en 1685; cf. Leuschner 1915, Gégou 1962, Rey 1978), a, paradoxalement, très vite été oublié du 18e s. — qui ne parlera plus du dictionnaire de Furetière mais de celui de Trévoux. L'œuvre de Furetière n'a été redécouverte qu'après la parution des travaux de Wey en 1852 et d'Asselineau en 1858—1859 (cf. Bruneau 1954, Robertson 1979, Ross 1981 a, Collinot/Mazière 1987, Collinot A paraître). Cette carrière insolite, qui le conduira post mortem des sommets les plus prestigieux à l'oubli le plus sombre, est le reflet fidèle de cette personnalité quasi schizophrène, de ce «révolté malgré lui» qu'Alain Rey a si bien expliqué (cf. Rey 1978 et A paraître).

«Ne s'intéressant au langage que comme moyen d'accès au vrai et au bien, non pas en tant que machine fonctionnelle, Furetière est [...] l'anti-linguiste par excellence» (Rey A paraître): c'est en cela que son dictionnaire diffère essentiellement de ceux de l'Académie (1694) et de Richelet (1680). La langue, cette «machine fonctionnelle», les Académiciens en font leur unique objet et la décrivent en appliquant dans leur opus le principe du regroupement morphosémantique. Richelet, lexicographe témoin et pédagogue, la met au jour, non sans quelques inconséquences, dans son dictionnaire de 1680 chaque fois qu'un article susceptible de faire difficulté lui en donne l'occasion. Le *Dictionaire universel*, lui, est une «Encyclopédie de la Langue Françoise» (Furetière 1684, *2), un dictionnaire aux définitions «philosophiques» (cf. Furetière 1694, I, 22) car «ce ne sont pas de simples mots qu'on nous enseigne, précisera l'éditeur en son temps (Preface *3 v°), mais une infinité de choses, mais les principes, les regles & les fondemens des Arts & des Sciences». A la description du savoir partagé chargé de naïveté, tel qu'on le voit paraître dans la langue du «commerce ordinaire», dans ses façons de parler, dans ses proverbes, telle que Richelet nous la présente parfois, Furetière préfère celle des notions scientifiques et techniques d'un savoir rationnel. Son discours lexicographique est un discours critique qui est tenu sur les connaissances et sur les croyances plus que sur la langue. Celle-ci n'est pas l'objet central du travail de Furetière; elle est pour lui un outil, dont il ne sait d'ailleurs pas toujours apprécier la valeur: «le langage commun n'est icy qu'en qualité d'accessoire», ce que reflète de façon conséquente la relégation régulière des façons de parler, des «proverbes», qui pour Furetière sont les véhicules de superstitions à dénoncer, dans la toute dernière rubrique de l'article du dictionnaire. L'intérêt linguistique de ces séquences idiomatiques semble lui échapper entièrement.

Les trois ouvrages de référence de la fin du dix-septième siècle, qui, faute de concurrents, seront aussi ceux du dix-huitième (cf. Quemada 1983, 339), ont donc des finalités diverses. Le dictionnaire de l'Académie est prescriptif; ceux de Richelet et de Furetière sont, chacun à leur manière, des ouvrages descriptifs. L'Académie annonce la définition d'un usage idéal de la langue («tout le pouvoir qu'elle [l'Académie] s'est attribué ne va qu'à expliquer la signification des mots, & à en déclarer le bon & le mauvais usage» Preface 1694 [*4 r°]), Richelet celle d'un usage effectif («Je raporte seulement ce que j'ai vû pratiquer...» Richelet 1680 Avertissement [**2 r°]). A la description de la langue commune, Furetière superpose celle des technolectes et de leurs référents, «C'est dans les termes affectez aux Arts, aux Sciences, & aux professions, que consiste le principal», expliquera Pierre Bayle (Furetière 1690, préface **2 v°).

Les divergences dans les priorités conduisent à des nomenclatures spécifiques. Spécifisme qualitatif, nous venons de le voir, mais aussi quantitatif. Furetière qui comptait 40.000 entrées dans son *Dictionaire universel*, estimait à «sept ou huit mille» le nombre des entrées du répertoire des Académiciens (ce en quoi il sous-estimait la Compagnie: un calcul même grossier montre qu'il vaudrait mieux compter avec approximativement 15.000 entrées); Bray 1990 estime à environ 25.500 le nombre de celles de Richelet: Le *Dictionnaire françois* de 1680 n'enregistre donc qu'un peu plus de la moitié du lexique expliqué par Furetière en 1690 et l'Académie, en 1694, nous donne une nomenclature correspondant en chiffres aux 3/5 de celle du Richelet. Ces chiffres, qu'on appréciera avec les réserves d'usage, montrent clairement le caractère extensif du *Dictionaire universel* et celui, sélectif, du répertoire de l'Académie. Ils mettent aussi en évidence la valeur de la récolte d'observations faite par Richelet et ses collaborateurs: du *Thresor* de Nicot (1606) au dictionnaire de 1680, de près de 18.000 à près de 25.500 entrées, la part du vocabulaire français enregistré et décrit dans les dictionnaires augmente de près d'un tiers.

4. Dix-huitième et dix-neuvième siècles

On a dit du dix-huitième siècle qu'il a tout mis en dictionnaires: c'est en effet le siècle du grand inventaire des technolectes. Du *Dictionnaire général des termes propres à l'agriculture* de Liger (1703) au *Dictionnaire universel de la géographie commerçante* de Peuchet (1798), les terminologies les plus diverses ont été inventoriées (cf. art. 159 et 160). Certains répertoires ont fait l'objet d'études particulières riches d'enseignements: Perrot 1981 s'est intéressé aux dictionnaires des terminologies commerciales de l'époque, Pittaluga 1979 et 1983 plus spécialement au *Dictionnaire de commerce* de Savary des Bruslons 1723 et Dautry 1952 a présenté le *Dictionnaire de l'Industrie* de 1776. La lexicographie monolingue française de l'époque est une lexicographie spécialisée qui poursuit et cultive, en l'aménageant, la tradition du dictionnaire universel telle qu'elle a pris forme chez Furetière. De fait le genre du dictionnaire de langue, opposé à l'universel, y apparaît bien négligé. Les grandes productions de lexicographie générale sont des reprises du siècle précédent. L'Académie rééditera quatre fois son dictionnaire (1718, 1740, 1762, 1798), Richelet connaîtra treize éditions in-folio de 1706 à 1769 et le dictionnaire de Furetière sera révisé à Rotterdam et La Haye sous la direction d'Henri Basnage de Beauval (cf. Fennis 1988, 76s) en 1701. En 1708 Basnage présentera une troisième édition, dont seul le premier volume apportera des modifications sensibles, les deux autres étant identiques à ceux de 1701. En 1727, avec la parution de la quatrième édition, Brutel de la Rivière achève le travail commencé par Basnage: c'est le dernier remaniement du *Dictionaire universel*, qui compte alors quatre volumes in-folio. Mais l'ouvrage n'en disparut pas pour autant puisque, dénaturé par les jésuites de Trévoux, il continua sa carrière, sous le titre de *Dictionaire universel françois et latin,* jusqu'en 1771, date à laquelle il comptait huit volumes in-folio.

4.1. Le Trévoux, type du dictionnaire universel du dix-huitième siècle

Trévoux est une petite bourgade au nord de Lyon. Du début du quinzième siècle à 1762 c'est la capitale de la principauté de Dombes, qui est indépendante du royaume de France: les décrets royaux touchant à l'activité éditoriale n'affectent pas ce que produit son imprimerie. Le privilège accordé à l'Académie en 1674 ne peut donc empêcher la sortie, en 1704, du *Dictionnaire universel françois et latin* dit de Trévoux. Le dictionnaire des jésuites trévoltiens est un plagiat grossier de la deuxième édition, par Basnage de Beauval, du dictionnaire de Furetière (La Haye et Rotterdam 1701), mais il est présenté comme s'il s'agissait d'une production entièrement originale. Avec Le Guern 1983, qui a montré les changements intervenus entre 1701 et 1704, on constate dans le Trévoux 1) l'inclusion d'équivalents latins à chaque article (pratique qui sera reprise par Fabre, l'éditeur du Richelet en 1709), 2) une typographie originale des entrées qui marque en minuscules les lettres de l'orthographe ancienne alors que le reste du mot est en capitales, 3) la suppression des passages teintés de jansénisme, 4) des additions de textes relevant de diverses spécialités (botanique, par exemple, par Charles Plumier) et notamment de théologie par l'oratorien Richard Simon, dont la contribution à l'ouvrage est essentielle. Si l'information nouvelle qu'apportait Basnage en 1701 au dictionnaire de Furetière était relativement neutre, les interventions des jésuites de Trévoux relèvent, elles, de la lutte idéologique: le dictionnaire de 1704 est un ouvrage de propagande anti-protestante. Avec le dictionnaire de Trévoux la lexicographie française découvre le pouvoir qu'elle a de manipuler les opinions.

L'ouvrage, qui se transforme tout au long du dix-huitième siècle (ses six éditions datent de 1704, 1721, 1732, 1743, 1752, qui sera abrégé par Berthelin 1762, et 1771) pour finalement disparaître face à l'entreprise des Encyclopédistes (publiée à partir de 1751), n'a curieusement pas encore fait l'objet de l'analyse approfondie qu'il mérite. Il serait notamment intéressant de vérifier l'hypothèse de Macary (1973, 158) selon laquelle «les rédacteurs [du Trévoux] ont plutôt excité que satisfait la curiosité les lecteurs, et qu'ils les ont, en fin de compte, incités à ouvrir l'*Encyclopédie* de Diderot». Outre les études déjà citées de Le Guern 1983 et Macary 1973, on trouvera des renseignements sur le Trévoux dans les travaux de Brou 1960, Seguin 1987, Collinot/ Mazière 1987, Branca-Rosoff 1990, Mazière 1990 et A paraître.

4.2 Esquisse de l'évolution typologique des dictionnaires des dix-huitième et dix-neuvième siècles

L'étude de l'évolution des productions lexicographiques des dix-huitième et dix-neuvième siècles met en évidence trois phénomènes distincts. On note tout d'abord l'inflation des nomenclatures et notamment de celles héritées du dix-septième siècle: Richelet, de 1680 à 1769, passe de deux volumes in-4° à trois volumes in-folio et, de Furetière 1690 à Trévoux 1771, le *Dictionaire universel* passe de trois à huit volumes in-folio. Deuxième observation: au fur et à mesure que l'on avance dans le siècle le nombre de ces éditions monumentales diminue de façon constante. En parallèle de cette régression du nombre des dictionnaires de grand format, on note enfin l'apparition d'un nouveau type de répertoires, plus abordables, plus facilement consultables, les dictionnaires dits «portatifs» ou «de poche» (cf. Bray 1988). Le dictionnaire portatif est un produit de la lexicographie éclairée du dix-huitième siècle. Notons que les contenus des répertoires portatifs varient dans le temps: la période pré-révolutionnaire est caractérisée par la publication massive de terminologies spéciales: le *Dictionnaire portatif des Beaux-arts* de Lacombe 1752, le *Dictionnaire de physique portatif* de Paulian 1758 ou le *Dictionnaire médicinal portatif* de Guyot 1763 sont représentatifs des productions de l'époque. Pour cette même période pré-révolutionnaire les dictionnaires portatifs de la langue commune ne connaissent qu'une diffusion restreinte. Il faut toutefois signaler en 1750 la parution du *Manuel lexique* de l'abbé Prévost, qui est un répertoire de mots difficiles composé sur le modèle du dictionnaire anglais de Thomas Dyche, ainsi que celle du *Dictionnaire portatif* extrait du Richelet en 1756, répertoire qui connaîtra 21 éditions jusqu'en 1811.

Après la Révolution les éditions portatives originales, dans leur grande majorité, présentent des nomenclatures non-spécialisées. L'abbé Gattel fait paraître son *Nouveau dictionnaire portatif de la langue française* en 1797, Catineau son *Dictionnaire de poche de la langue françoise* en 1798; Cormon donne son *Nouveau vocabulaire ou dictionnaire portatif de la langue française* en 1801 et Philippon de la Madelaine son *Dictionnaire portatif de la langue française d'après le système orthographique de l'Académie* en 1808. Les répertoires de Letellier 1814, Boinvilliers 1824, Lanneau 1827, Antoine 1828, Peigné 1834, Landais 1839 a, b affirment la position des dictionnaires portatifs dans la première moitié du dix-neuvième siècle.

C'est aussi à cette époque qu'on peut observer un intéressant phénomène cyclique mis en évidence par Quemada 1983 (343s): certains dictionnaires résultant d'abréviations opérées dans le courant du dix-huitième siècle «prennent alors le départ pour une nouvelle évolution vers le gigantisme». C'est le cas, par exemple, du *Nouveau dictionnaire portatif* de Gattel 1797 qui, composé à partir de l'abrégé du Richelet (1756), devient en 1813 un *Dictionnaire universel portatif* pour se transformer, en 1819, en un *Dictionnaire universel de la langue française,* lequel comptera, à partir de la sixième édition (1841), deux volumes in-quarto. Ce même phénomène s'observe aussi chez Boiste (cf. Saint-Gérand 1986) dont le *Dictionnaire universel* (1800) se transforme, après intervention de Nodier (sur l'œuvre lexicographique de Nodier cf. Vaulchier 1984), en un *Pan-lexique* en 1834. Le *Dictionnaire général* («contenant dix mille mots et quinze mille acceptions [...] de plus que Boiste, Gattel, Laveaux, etc.») de Raymond 1832 (cf. Höfler 1974, 33—34), celui de Landais 1834 (cf. Höfler 1978) ou le *Dictionnaire national* («embrassant avec l'universalité des mots français, l'universalité des connaissances humaines») de Bescherelle 1843 s'inscrivent eux aussi dans ce mouvement d'inflation excessive (cf. Bruneau 1948).

En parallèle de la publication de ces ouvrages extensifs, on constate que le dictionnaire de l'Académie, après les nombreuses critiques auxquelles il avait dû faire face jusque dans la première moitié du dix-huitième siècle, s'assurait, principalement avec ses troisième et quatrième éditions (1740, 1762), l'image d'un répertoire «représentatif du fonds stable de la langue» (Quemada 1983, 346).

Or, cette caractéristique de l'ouvrage de la Compagnie, réédité en 1798 et 1835, allait alors être mise à profit dans un type de dictionnaires nouveau, celui des «Vocabulaires», recueils abrégés du dictionnaire original de l'Académie dont on ne retenait essentiellement que la nomenclature. Le premier vocabulaire parut en 1771: il s'agissait alors du *Vocabulaire françois, ou abrégé du dictionnaire de l'Académie* de Jean Goulin, qui fut réédité en 1772 et 1778. Il fut suivi dans sa carrière du *Nouveau vocabulaire françois ou abrégé du Dictionnaire de l'Académie* de Wailly-Wailly en 1801, du *Petit dictionnaire de l'Académie française ou abrégé de la cinquième édition du Dictionnaire de l'Académie* de José-René Masson en 1813, de Letellier 1814, Lambert-Gentot 1825, Verger 1823 et 1836, Nodier et Ackermann 1836, Lorain 1836, Burguet 1839.

Une autre série d'ouvrages annonçait dans ses titres ses références à l'Académie, qui devenait alors garante de la qualité des recueils; c'est la stratégie choisie dans le *Petit dictionnaire de la langue françoise, suivant l'orthographe de l'Académie, contenant tous les mots qui se trouvent dans le dictionnaire de l'Académie* d'Édouard Hocquart 1819, dans les répertoires de Mistral 1821, Verger 1822, Nodier-Verger 1826, Chenu 1833, le *Dictionnaire des dictionnaires* de 1837, Sauger-Préneuf 1837a et 1837b, Martin 1838, Bescherelle 1844. Certaines entreprises lexicographiques ont tiré parti de la réserve de l'Académie quant à l'enregistrement de certaines catégories lexicales: ces travaux veulent être compris comme les «Compléments» d'un dictionnaire de l'Académie qui n'est toujours pas ressenti comme représentatif de la réalité linguistique; citons Hocquart 1819 dont le répertoire contient «tous les mots qui se trouvent dans le dictionnaire de l'Académie, et un nombre considérable de mots qu'on n'y trouve pas», la fameuse série de Barré 1837, puis 1839, 1842, 1844, 1845, ainsi que le *Projet d'amélioration tant de la 6ème édition du dictionnaire de l'Académie que de son complément* de Légoarant 1841. Le dictionnaire de Littré 1863, dont l'intitulé annonce «tous les mots qui se trouvent dans le dictionnaire de l'Académie» auxquels sont ajoutés «tous les termes usuels des sciences, des arts, des métiers et de la vie pratique», s'inscrit naturellement dans cette catégorie du «Complément».

Quemada 1967 b relève plus d'une centaine de titres faisant mention de l'Académie entre 1760 et 1860: c'est dire que l'influence de la Compagnie s'exerce alors plus par le biais de tous ces vocabulaires, de tous ces abrégés, que par ses productions mêmes.

La critique constante contre certaines pratiques lexicographiques de l'Académie allait mener, à la fin du dix-huitième siècle, à l'élaboration d'un nouveau type de dictionnaire de langue, le dictionnaire à composante diachronique. En refusant de citer, l'Académie en effet interdisait toute représentation historique des richesses littéraires françaises. Elle s'interdisait un ouvrage qui rendît compte, à travers les citations d'auteurs, de l'évolution de la langue. Avant la fin du dix-huitième siècle le français ne dispose pas encore de dictionnaire susceptible de rivaliser avec les répertoires de Johnson (1755) ou de l'Académie espagnole (*Diccionario de Autoridades* 1726—1739) qui sont des ouvrages qui reposent sur le principe même de la citation. En France, en attendant Littré, on observe l'exploitation critique de la citation d'auteur à partir des années quatre-vingt et notamment dans le *Dictionnaire critique* de Féraud, en 1787. Mais c'est seulement dans le courant du dix-neuvième siècle que la description diachronique du lexique s'installe dans les répertoires; dans le *Nouveau dictionnaire de la langue française* de Laveaux (1820), dans le *Nouveau dictionnaire de la langue française rédigé sur le plan du dictionnaire anglais de Johnson, enrichi d'Exemples tirés des meilleurs écrivains des deux derniers siècles* de Noël et Chapsal (1826) ou dans le *Nouveau dictionnaire universel de la langue française [...] enrichi d'exemples empruntés aux poètes et aux prosateurs français les plus illustres du XVIe, du XVIIe, du XVIIIe et du XIXe siècle* de Poitevin (1856). Ces dictionnaires-là, dans lesquels l'usage de référence est celui des dix-septième et dix-huitième siècles, mettent au point la méthode historique de description lexicale et annoncent les deux dictionnaires qui sauront les mieux mettre à profit cette nouvelle acquisition de la lexicographie philologique: le *Nouveau dictionnaire de la langue française, contenant la définition de tous les mots en usage [...], de nombreux exemples choisis dans les auteurs anciens et modernes et disposés de manière à offrir l'histoire complète du mot auquel ils se rattachent [...]* de Louis Dochez 1860 et le *Dictionnaire de la langue française* d'Émile Littré 1863 (cf. Quemada 1983).

Certains lexicographes (sur Émile Littré cf. e. a. Duplais 1891, Littré 1895, Immelmann 1895, Ritter 1905, Bloch 1935, 143—146, Sacy 1956, Aquarone 1958, Wexler 1959, Goosse 1964, Rey 1970, Marzys

1978, Littré 1983, Quemada 1983; sur Féraud cf. e. a. Larthomas 1965, Stéfanini 1969, Swiggers 1983, Féraud 1986 et 1987, Gemmingen 1988, Seguin 1990; sur Boiste cf. Brunot 1905ss. X, 696—698, Saint—Gérand 1986 et 1990; sur Raymond cf. Höfler 1974, 33—34; sur Lachâtre cf. Lindemann 1988; sur Landais cf. Höfler 1978; sur Nodier cf. Oliver 1957, Isola 1963, Vaulchier 1984; sur Boissière cf. Pruvost 1983 et 1985; sur Lemare 1820 cf. Bourquin 1986; sur Desgranges 1821 cf. Gougenheim 1929), certaines périodes (sur la lexicographie autour de la Révolution cf. Ricken 1978, Seguin 1978, Antoine 1988, Bouverot 1989, Branca-Rosoff/Lozachmeur 1989; sur les dictionnaires parus entre 1815 et 1852 cf. Bruneau 1948; sur les dictionnaires du dix-huitième siècle cf. Gilbert 1959, Dauzat 1960), certains problèmes (cf. Nodier 1828, François 1912, Hausmann 1976 et 1977, Höfler 1982, Reichardt 1985, Geffroy 1986, Gemmingen/Höfler 1988, Roques 1988, Bierbach 1988) de la lexicographie des dix-huitième et dix-neuvième siècles ont déjà fait l'objet d'études ponctuelles. Mais les taches blanches sur nos cartes d'histoire lexicographique restent nombreuses. L'histoire définitive de la lexicographie française des dix-huitième et dix-neuvième siècle est encore à écrire.

5. Bibliographie choisie

5.1. Dictionnaires

Ac. 1694 = Le Dictionnaire de l'Académie françoise dédié au Roy. Paris 1694 [2 vol in-2°, XII, 676, LXV, 671, XLVI p.; Id. éd. rev. & corr. de plusieurs fautes: Paris 1695; Id. Le Grand Dictionnaire de l'Académie françoise, suivant la copie de Paris. Amsterdam 1695; Id. Paris. La Haye 1695].

Ac. 1718 = Nouveau dictionnaire de l'Académie françoise. 2e éd. avec une préface de l'Abbé Massieu. Paris 1718 [2 vol in-2°, XII, 922, 820 p.].

Ac. 1740 = Dictionnaire de l'Académie françoise. 3e éd. Paris 1740 [2 vol in-2°, 904, XIV, 898 p.].

Ac. 1762 = Dictionnaire de l'Académie françoise. 4e éd. Paris 1762 [2 vol in-2°, VIII, 683, 688 p.; Id. Paris 1765; Id. Paris 1772; Id. Nouv. éd Lyon 1772; Id. Nouv. éd Lyon 1776; Id. Nismes 1776; Id. Lyon 1777; Id. Nismes 1777; Id. Avignon 1777; Id. Nismes 1778; Id. Nouv. éd augm. d'un Supplément, Nismes 1876].

Ac. 1798 = Dictionnaire de l'Académie françoise. 5e éd rev., corr. & augm. par l'Académie elle-même par les soins de l'Abbé Simon-Jérôme Bourlet de Vauxcelles. Paris an VII (1798) [2 vol in-2°, XII, 768, 776 p.; Id. Paris an X (1802)].

Ac. 1835 = Dictionnaire de l'Académie françoise. 6e éd avec une préface de M. Villemain. Paris 1835 [2 vol in-2°, XXXIV, 911, 961 p.].

Antoine 1828 = Emmanuel Antoine: Nouveau dictionnaire de poche de la langue française, rédigé d'après le dictionnaire de l'Académie, et ceux de Wailly, de Laveaux et de Boiste, par un homme de lettres, et revu et corrigé par M. Jannet, professeur de rhétorique de l'Université. Paris 1828 [1 vol in-18°, 6, 556 p.; 3e éd 1829; 5e éd 1832; 6e éd 1833].

Barré 1837 = Louis Barré: Complément du Dictionnaire de l'Académie française, contenant tous les termes [. . .] qui ne se trouvent pas dans le dictionnaire de l'Académie; auxquels on a joint: le vieux langage, le néologisme, [. . .] et un traité complet d'étymologies. Publié sous la direction d'un membre de l'Académie française, par MM. Louis Barré et Narcisse Landois [. . .]. Paris 1837 [1 vol in-2°, XXXII, 1281 p.; 1839, 1842, 1844, 1845].

Berthelin 1762 = Pierre-Charles Berthelin: Abrégé du dictionnaire universel françois et latin, vulgairement appelé Dictionnaire de Trévoux [. . .] contenant la signification, la définition et l'explication de tous les termes de sciences et arts, de théologie, de jurisprudence, de belles-lettres, d'histoire, de géographie, de chronologie, etc. Paris 1762 [3 vol in-4°].

Bescherelle 1843 = Louis-Nicolas Bescherelle aîné: Dictionnaire national ou Grand dictionnaire critique de la langue française, embrassant avec l'universalité des mots français, l'universalité des connaissances humaines. Paris 1843 [1 vol in-4°; 2e éd 1845—1846, 2 vol in-4°; 1849 sous le titre Dictionnaire national ou Dictionnaire universel, 2 vol in-4°; 1851, 1852, 1853, 1854, 7e éd 1858, 9e éd 1861].

Bescherelle 1844 = Louis-Nicolas Bescherelle aîné: Dictionnaire classique et élémentaire de la langue française, rédigé d'après l'orthographe de l'Académie, suivi du dictionnaire des verbes irréguliers. Paris 1844/1845 [1 vol in-12°, 353 p.; 1851, 1853, 1858].

Boinvilliers 1824 = Jean-Etienne-Judith Forestier, dit Boinvilliers: Vocabulaire portatif de la langue française, contenant: 1° tous les mots qui se trouvent dans les meilleurs dictionnaires, avec la prononciation, lorsqu'elle offre des difficultés; 2° les participes passés dont la désinence peut embarrasser; 3° les pluriels des substantifs et des adjectifs, lorsqu'ils s'écartent de la règle générale; 4° les noms des contrées, des provinces et des villes les plus connues dans le monde. Paris 1824 [1 vol in-16°, XII, 718 p.; 2e éd 1839].

Boiste 1800 = Pierre-Claude-Victoire Boiste: Dictionnaire universel de la langue françoise. Extrait comparé des dictionnaires anciens et modernes, ou Manuel d'orthographe et de néologie, précédé d'un Abrégé de la grammaire française et suivi d'un Vocabulaire de géographie universelle. Paris an IX (1800) [1 vol. in-8°, XIII, 491, LXXXIII p.; 2e éd 1803; 3e éd 1808; 1812; 5e éd 1819; 6e éd 1823; 7e éd 1829; 8e éd 1834 sous-titre «Pan-Lexique»; 9e éd 1839; 10e éd 1841; 11e éd 1843; 1847; 13e éd 1851; 14e éd 1857].

Bonnaire 1829 = A. Bonnaire: Nouveau vocabulaire classique de la langue française. Paris 1829 [1 vol in-8°, 527 p.].

Boyer 1649 = Paul Boyer du Petit Puy: Dictionnaire servant de Bibliothèque universelle, ou Recueil succinct de toutes les plus belles matieres de la Théologie, de l'Histoire, du Droit, de la Poesie, de la Cosmographie, de la Chronologie, de la Fable, de la Médecine, de la Chirurgie et de la Pharmacie. Paris 1649 [1 vol in-2°, VIII, 1198 p.].

Bransiet 1852 = Philippe-Matthieu Bransiet: Dictionnaire de la langue française à l'usage des écoles chrétiennes. Tours 1852 [1 vol in-8°, 692 p.; 1861].

Burguet 1839 = Nouveau vocabulaire français d'après l'Académie, Noël et Chapsal, N. Landais, Nodier, Boiste, etc. par une société de grammairiens et M. Burguet. Nancy 1839 [1 vol in-8°, VI, 688 p.; 1841, 1842, 1843, 1844, 1846].

Calepinus 1545 = Ambrosius Calepinus: Pentaglottos, Hoc est, quinque linguis, nempe Latina, Graeca, Germanica, Flandrica, & Gallica constans: simul cum Prosodiae notis, quibus cuiuslibet syllabae quantitas prima statim fronte dinoscitur [. . .]. Anvers 1545 [réimpr. 1546].

Cassandre 1682 = François Cassandre: La porte des siences (sic) ou Receuil (sic) des termes, et des mots les plus dificiles à entendre, particulierement sur la Grammaire, sur la Logique, la Rhetorique, la Sience generale; la Phisique, la Morale, la Theologie naturelle, les Mathematiques, & leurs dépendances, avec un dictionnaire de plusieurs autres mots et termes außsi obscurs [. . .]. Paris 1682 [1 vol in-8°, 87, 124 p.].

Catineau 1798 = Pierre Marie Sébastien Catineau: Dictionnaire de poche de la langue françoise. Paris, an VII (1798—1799) [1 vol in-16°, LXII, 304 p.; 2e éd 1802 sous le titre «Nouveau dictionnaire de poche de la langue française avec la prononciation, composé sur le système orthographique de Voltaire», 1 vol in-12°; 3e éd 1807 4e éd 1812, 6e éd 1817; 7e éd 1821].

Chenu 1833 = Jules-François Chenu: Dictionnaire français, rédigé d'après l'orthographe de l'Académie, sous les auspices de M. E. de Jouy. 3e éd Paris 1833 [1 vol in-12°, 621 p.].

Chésurolles 1840/1841 = Désiré Chésurolles: Nouveau dictionnaire classique et complet de la langue française. Paris 1840—1841 [2 vol in-8°].

Colloques 1576 = Colloques ou Dialogues, avec un Dictionaire en six langues: Flamen, Anglois, Alleman, François, Espaignol, et Italien [. . .]. Anvers 1576 [224 ff. in-8°. Autres éds: 1576, 1582, 1583, 1585, 1586, 1589, 1591, 1592, 1593, 1595, 1597, 1598, 1600].

Cormon 1801 = J. L. Barthélemy Cormon: Nouveau vocabulaire ou dictionnaire portatif de la langue françoise. Lyon an X (1801) [1 vol in-8°, 682 p.; 3e éd 1810, 4e éd 1813].

Corneille 1694 = Thomas Corneille: Le dictionnaire des arts et des sciences. Paris 1694 [2 vol in-2°, 1266 p., réimpr.: Genève 1968; 1696, 1722, 1731, 1732].

Darbois 1830 = Louis-François Darbois: Dictionnaire des dictionnaires, pour apprendre plus facilement et pour retenir plus promptement l'orthographe et le français; seul ouvrage dans lequel les mots soient classés et groupés par ordre naturel des difficultés [. . .]. Paris 1830 [1 vol in-8°, 379 p.].

Desgranges 1821 = J. C. L. P. Desgranges: Petit dictionnaire du peuple à l'usage des quatre cinquièmes de la France, contenant un aperçu comique et critique des trivialités, balourdises, mots tronqués et expressions vicieuses des gens de Paris et des provinces; suivi d'un grand nombre de phrases absurdes qu'on répète sans réflexion. [. . .]. Paris 1821 [1 vol in-12°, 180 p.].

Dictionnaire 1837 = Dictionnaire des dictionnaires ou vocabulaire universel et complet de la langue française, reproduisant le dictionnaire de l'Académie Française (6ème et dernière éd publ. en 1835) et le supplément à ce dictionnaire; donnant de plus: tous les termes [. . .] qui ne se trouvent, ni dans le Dictionnaire de l'Académie, ni dans son Supplément. D'après Raymond, Napoléon Landais, Boiste, Ch. Nodier, Gattel, Laveaux, Wailly, etc. [. . .]. Par une société de gens de lettres et de lexicographes. Bruxelles 1837 [2 vol in-8°, XXIV, 1152, 1244 p.].

Dochez 1860 = Louis Dochez: Nouveau dictionnaire de la langue française, contenant la définition de tous les mots en usage, leur étymologie, leur emploi par époques, leur classification par radicaux et dérivés, [. . .], de nombreux exemples choisis dans les auteurs anciens et modernes et disposés de manière à offrir l'histoire complète du mot auquel ils se rattachent [. . .]. Paris 1860 [1 vol in-4°, 1351 p.].

Dupiney 1847 = Jean François Marie Bertet Dupiney de Vorepierre: Dictionnaire français illustré et encyclopédie universelle. Ouvrage qui peut tenir lieu de tous les vocabulaires et de toutes les encyclopédies. Publication nouvelle, enrichie de 20.000 figures [. . .] dirigée par B.-D. de Vorepierre et Ch.-M. de Marcoux, et rédigée par une société de savants et de gens de lettres [. . .]. Paris 1847 [2 vol in-4°; 1857, 1860].

Dyche 1753/1754 = Nouveau dictionnaire universel des Arts et des Sciences françois, latin et anglois, contenant la signification des mots de ces trois langues et des termes propres de chaque état et profession, avec l'explication de tout ce que renferment les Arts et les Sciences. Traduit de l'anglois de Thomas Dyche par le R. P. Esprit Pezenas et l'Abbé J.-F. Féraud. Avignon 1753—1754 [2 vol in-4°; 1756, 1761].

Encyclopédie 1751—1780 = Encyclopédie ou dictionnaire raisonné des sciences, des arts et des métiers. Éds: Denis Diderot, Jean Le Rond d'Alembert. Paris 1751—1780 [35 vol].

Estienne 1538 = Robert Estienne: Dictionarium Latinogallicum. Thesauro nostro ita ex adverso respondens, ut extra pauca quaedam aut absoleta, aut minus in usu necessaria vocabula, et quas consulto praetermisimus, authorum appellationes, in hoc eadem sint omnia, eodem ordine, sermone patrio explicata. Paris 1538 [757 p.; 2e éd Paris 1546, 1376 p.; 1552, 1561].

Estienne 1539 = Robert Estienne: Dictionaire

Francoislatin, contenant les motz & manieres de parler Francois, tournez en Latin. Paris 1539 [527 p.; 1549: Dictionare Francoislatin, avtrement dict Les mots Francois, auec les manieres dvser diceulx, tournez en Latin. Corrigé & augmenté. 675 p.; Autres éds: 1564 (cf. Thierry 1564) et 1573 (cf. Nicot-Dupuys 1573)].

Estienne 1544 = Robert Estienne: Les mots françois selon l'ordre des lettres, ainsi que les faut escrire, tournez en latin pour les enfants. Paris 1544 [1547; 2e éd: Dictionnaire des mots françois selon l'ordre des lettres, ainsi que les faut escrire: avec les manieres de parler plus necessaires: tournez en latin et amplifiez de beaucoup pour l'utilité des enfants et autres. Paris 1557; 1559].

Féraud 1761 = Jean-François Féraud: Dictionnaire grammatical de la langue françoise, contenant toutes les règles de l'orthographe, de la prononciation, de la prosodie, du régime de la construction, etc. Avignon 1761 [1 vol in-8°; 1766, 1768, 1772, 1786, 1788].

Féraud 1787—1788 = Jean-François Féraud: Dictionnaire critique de la langue française. Marseille 1787—1788 [3 vol in-4°, 2449 p.].

Féraud 1987 = Jean-François Féraud: Suplément au Dictionnaire critique. Paris 1987 [reprod. photographique des 3 vol. ms].

Fortia de Piles 1818 = Alphonse Toussaint Joseph André Marie Marseille de Fortia de Piles: Nouveau dictionnaire français, par M. le Comte de F. P., auteur de l'Examen de trois ouvrages sur la Russie, des Conversations entre deux Gobe-mouches, etc. Paris 1818 [1 vol in-8°, 584 p.].

Furetière 1684 = Antoine Furetière: Essais d'un dictionnaire universel, contenant généralement tous les mots françois tant vieux que modernes, & les termes de toutes les sciences et des arts [...]. s. l. 1684 [1 vol in-4°; 1685; 1687, réimpr.: Genève 1968].

Furetière 1690 = Antoine Furetière: Dictionaire (sic) universel contenant généralement tous les mots françois tant vieux que modernes et les termes des sciences et des arts [...] Le tout extrait des plus excellens Auteurs anciens & modernes [...]. La Haye 1690 [3 vol in-2°. Réimpr: Genève 1970, Paris 1978 (précédée d'une biographie de son auteur et d'une analyse de l'ouvrage par Alain Rey); 1691, 1694; 2e éd par Henri Basnage de Beauval 1701, 1702; 3e éd 1708; 4e éd revue par Jean Brutel de la Rivière 1727, 4 vol in-2°, réimpr.: Hildesheim 1972].

Gattel 1797 = Claude-Marie Gattel: Nouveau dictionnaire portatif de la langue française, composé sur la dernière édition de l'Abrégé de Richelet par Wailly, entièrement refondue d'après le Dictionnaire de l'Académie, celui de Trévoux, etc. le Dictionnaire Critique de la Langue Françoise par Féraud [...]. Lyon 1797 [2 vol in-8°; 2e éd (sous le titre: Dictionnaire universel portatif) 1813, 3e éd (sous le titre: Dictionnaire universel de la langue française) 1819, 4e éd 1827, 6e éd 1841, 7e éd 1844, 8e éd 1854, 9e éd 1857].

Goulin 1771 = Jean Goulin: Vocabulaire françois, ou abrégé du dictionnaire de l'Académie Françoise, auquel on a ajouté une nomenclature géographique fort étendue. Paris 1771 [2 vol in-8°. 1772, 1778].

Hocquart 1819 = Édouard Hocquart: Petit dictionnaire de la langue françoise, suivant l'orthographe de l'Académie, contenant tous les mots qui se trouvent dans le dictionnaire de l'Académie, et un nombre considérable de mots qu'on n'y trouve pas; avec la prononciation lorsqu'elle est irrégulière. Paris 1819 [1 vol in-16°, 424 p.; 2e éd 1824, 3e éd 1831, 5e éd 1832, 11e éd 1837, 22e éd 1851, 24e éd 1854].

Introductio 1510 = Introductio quaedam utilissima, sive Vocabularius quator linguarum, Latinae, Italicae, Gallicae, Alamanicae, per mundum versari cupientibus summe utilis. Romae 1510 [impr.: Jacobus Mazochius. 60 ff. in-4°. Autres éds: 1516, 1518, 1521; «Vocabularius quattor linguarum» 1518, 1521; «Quinque linguarum utilissimus Vocabulista» 1526, 1529, 1531, 1533, 1537, 1538, 1540, 1542; «Nomenclatura sex linguarum» 1538, 1554, 1558, 1568; «Septem linguarum [...] dictionarius» 1540, 1569; «Dictionnaire des huict langaiges» 1546, 1548, 1550, 1552, 1558, 1569, 1573, 1580.

Jannet 1859 = M. Jannet: Nouveau dictionnaire de la langue française, rédigé d'après le dictionnaire de l'Académie et ceux de Wailly, de Laveaux et de Boiste [...] suivi d'un petit vocabulaire géographique par Sauger-Préneuf. Limoges 1859 [1 vol in-32°; réimpr.: 1860, 1861, 1864, 1866, 1872, 1877].

Junius 1567 = Hadrianus Junius: Nomenclator omnium rerum propria nomina variis linguis explicata indicans. Anvers 1567 [Impr.: Christophorus Plantinus. Autres éds: 1567, 1569, 1575, 1577, 1583, 1590, 1591, 1596; «Nomenclator, quo omnium rerum propria nomina, prius Latine designata, dein duabus aliis linguis Germanica superiori et Gallica explicantur» Cologne 1588].

Lachâtre 1852—1854 = Maurice Lachâtre: Le dictionnaire universel. Panthéon littéraire et encyclopédie illustrée; d'après les travaux de Émile de Girardin, Chateaubriand, Béranger, Guizot, Thiers, P. J. Proudhon, Lamennais, Orfila, Bescherelle, George Sand, Eugène Sue. Paris 1852—1854 [2 vol in-4°].

Lachâtre 1856 = Maurice Lachâtre: Le dictionnaire français illustré. Panthéon littéraire, scientifique, biographique, dictionnaire d'histoire, de botanique, de géographie, encyclopédie des arts et métiers. Paris 1856 [1 vol in-8°].

Lachâtre 1858 = Maurice Lachâtre: Le dictionnaire des écoles. Paris 1858 [1 vol in-18°, 814 p.].

Lambert-Gentot 1825 = Lambert-Gentot, éd: Nouveau vocabulaire de la langue française, extrait du dictionnaire de l'Académie et des meilleurs auteurs modernes. Lyon 1825 [1 vol in-8°, 862 p.; réimpr.: 1826, 1828, 1829, 1831, 1832, 1833, 1834, 1835, 1840].

Landais 1834 = Napoléon Landais: Dictionnaire

général et grammatical des dictionnaires français, offrant le résumé le plus exact et le plus complet de la lexicographie française, et de tous les dictionnaires spéciaux [...]. Paris 1834 [2 vol in-4°; 1835, 3e éd 1836, 5e éd 1840, 7e éd 1843, 8e éd 1844, 9e éd 1846, 10e éd 1848, 11e éd 1851, 12e éd «avec un complément [...] renfermant en outre un dictionnaire [...] des rimes, un dictionnaire des homonymes, un dictionnaire des paronymes, un dictionnaire des antonymes» 1853].

Landais 1839a = Napoléon Landais: Dictionnaire classique français contenant tous les mots du Dictionnaire de l'Académie et plus de 3000 qui ne s'y trouvent pas. Paris 1839 [1 vol in-16°, 596 p.; 1844, 1860].

Landais 1839b = Napoléon Landais: Petit dictionnaire français contenant tous les mots du dictionnaire de l'Académie et un grand nombre d'autres consacrés par l'usage [...]. Paris 1839 [25e éd Bruxelles 1855].

Lanneau 1827 = Pierre Antoine Victoire de Lanneau de Marey: Dictionnaire de poche de la langue française. Paris 1827 [1 vol in-32°, 453 p.; nombreuses réimpr. jusqu'en 1876].

La Porte 1571 = Maurice de La Porte: Les Epithetes de M. de La Porte Parisien. Liure non seulement vtile à ceux qui font profession de la Poësie, mais fort propre aussi pour illustrer toute autre composition Françoise. Auec briefues annotations sur les noms & dictions difficiles. Paris 1571 [VI, 568 p. Autres éds: 1580, 1581, 1582, 1592, 1593, 1602, 1612. Réimpr.: Paris 1972 (ALF 217) et Genève 1973].

Laveaux 1820 = Jean-Charles Thibault de Laveaux: Nouveau dictionnaire de la langue française où l'on trouve 1° le recueil de tous les mots, 2° les étymologies, 3° un grand nombre d'acceptions non indiquées ni définies jusqu'à présent [...]. Paris 1820 [2 vol in-4°; 2e éd 1828; éds abrégées en 1823 (2 vol in-8°) et 1825 (1 vol in-16°)].

Légoarant 1841 = Benjamin Légoarant: Nouveau dictionnaire critique de la langue française ou Examen raisonné et projet d'amélioration tant de la 6ème édition du dictionnaire de l'Académie que de son complément. Paris 1841 [2e éd 1858].

Leroy 1739 = Charles Leroy: Traité de l'orthographe françoise, en forme de dictionnaire, Enrichi de Notes critiques, & de remarques sur l'étymologie & le genre des mots, la conjugaison des verbes irréguliers, & les variations des Auteurs. Poitiers 1739 [1 vol in-8°, 424 p.; 2e éd 1747, reprod. sur microfiches: ALF 243; 4e éd 1752, 1764, 1770, 1775, 1779, 1785, 1786, 1792].

Letellier 1814 = Charles-Constant Letellier: Nouveau dictionnaire portatif de la langue française ou Vocabulaire rédigé d'après le dictionnaire de l'Académie. 2e éd. Paris 1814 [1 vol in-8°, 852 p.; 4e éd 1821, 5e éd 1825, 6e éd 1827, 7e éd 1833, 8e éd 1850].

Liger 1703 = Louis Liger: Dictionnaire général des termes propres à l'agriculture avec leurs définitions et étymologies. Paris 1703 [1 vol in-12°; 1758].

Littré 1863 = Émile Littré: Dictionnaire de la langue française, contenant: 1° Pour la nomenclature: tous les mots qui se trouvent dans le dictionnaire de l'Académie française, et tous les termes usuels des sciences, des arts, des métiers et de la vie pratique [...], 3° Pour la signification des mots: les définitions, les diverses acceptions rangées dans leur ordre logique, avec de nombreux exemples tirés des auteurs classiques et autres [...], 4° Pour la partie historique: une collection de phrases appartenant aux anciens écrivains, depuis les premiers temps de la langue française jusqu'au seizième siècle, et disposées dans l'ordre chronologique [...]. Paris 1863—1869.

Lorain 1836 = Paul Lorain: Abrégé du dictionnaire de l'Académie française, d'après la dernière édition, contenant tous les mots et définitions donnés par l'Académie [...]. Paris 1836 [2 vol in-8°; 1838, 1858].

Loriquet 1825 = Jean-Nicolas Loriquet S. J.: Dictionnaire classique de la langue française à l'usage des maisons d'éducation [...]. Lyon 1825 [1 vol in-8°, 796 p.; 4e éd 1844, 1852].

Martin 1838 = Charles Martin: Nouveau dictionnaire de la langue française d'après la dernière édition de l'Académie, précédé des participes réduits à une seule règle par V.-A. Vannier. Paris 1838 [1 vol in-32°, 520 p.; 1840, 1841, 1845, 1847, 1850, 1852, 1854, 1860].

Masson 1830 = A. Masson: Nouveau lexique français extrait des meilleurs dictionnaires qui ont paru jusqu'à ce jour. Montbéliard 1830 [1 vol in-16°, 687 p.].

Masson 1813 = José-René Masson: Petit dictionnaire de l'Académie française ou abrégé de la cinquième édition du Dictionnaire de l'Académie. Paris 1813 [1 vol in-16°; 7e éd 1821, 9e éd 1827, 22e éd 1829].

Mayeux 1814 = F. J. Mayeux: Nouveau dictionnaire de la langue française. Paris 1814 [1 vol in-12°, 655 p.; 1827].

Mistral 1821 = Claude-François Mistral: Nouveau dictionnaire de langue française, extrait du Dictionnaire de l'Académie, contenant tous les mots usités, avec leur prononciation, leur genre, leur définition, et les différentes acceptions dans lesquelles ils sont employés au sens propre et au sens figuré; et dans lequel on a inséré un grand nombre de mots techniques des Sciences, Arts et Métiers, et dont la plupart ne se trouvent dans aucun des Dictionnaires qui ont paru jusqu'à ce jour. Lyon 1821 [1 vol in-8°, 832 p.].

Monet 1620 = Philibert Monet: Abrégé du Parallele des Langues françoise et latine, rapporté au plus pres de leurs proprietés. Lyon 1620 [1 vol in-8°; 1624, 1627, 1628, 4e éd 1630, 1632, 1634, 5e éd 1635, 1636, 1637, 1638].

Monet 1635 = Philibert Monet: Invantaire des deus langues françoise et latine: assorti des plus utiles curiositez de l'un et de l'autre idiome. Lyon 1635 [1 vol in-2°, 990 p.; 1636, 1637].

Nicot 1606 = Jean Nicot: Thresor de la langve francoyse, tant ancienne que Moderne. Avqvel entre avtres choses sont les mots propres de Marine, Venerie & Faulconnerie, cy deuant ramassez par Aimar de Ranconnet [...] Revev et avgmente en ceste derniere impression de plvs de la moitie par Jean Nicot [...] Paris 1606 [1 vol in-2°, 666 p.; 1621].

Nicot/Dupuys 1573 = Jean Nicot/Jacques Dupuys: Dictionaire francois-latin, avgmenté outre les precedentes impressions d'infinies dictions françoises, specialement des mots de Marine, Venerie, & Faulconnerie. Recueilli des obseruations de plusieurs hommes doctes: entre autres de M. Nicot [...] & reduit à la forme & perfection des Dictionaires Grecs & Latins. Paris 1573 [1 vol in-2°, 771 p.; 1584, 1585].

Nodier/Ackermann 1836 = Charles Nodier/Paul Ackermann: Vocabulaire de la langue française extrait de la dernière édition du Dictionnaire de l'Académie. Paris 1836 [1 vol in-8°, 1143 p.; 1847].

Nodier/Verger 1826 = Charles Nodier/Victor Verger: Dictionnaire universel de la langue française rédigé d'après le dictionnaire de l'Académie française. Paris 1826 [2 vol in-8°; 2e éd 1827, 1829, 5e éd 1832, 7e éd 1835].

Noël/Chapsal 1826 = François Joseph Noël/Charles Pierre Chapsal: Nouveau dictionnaire de la langue française rédigé sur le plan du dictionnaire anglais de Johnson, enrichi d'exemples tirés des meilleurs écrivains des deux derniers siècles, et dans lequel on trouve les étymologies, la prononciation, des définitions claires et précises, toutes les acceptions propres et figurées des mots, etc. [...]. Toul 1826 [1 vol in-8°, 795 p.; 2e éd 1828, 3e éd 1832, 17e éd 1860].

Oudin 1640a = Antoine Oudin: Curiositez françoises, pour servir de supplement aux Dictionnaires, ou Recueils de plusieurs belles proprietez, avec une infinité de proverbes et quolibets, pour l'explication de toutes sorte de livres. Paris 1640 [1 vol in-8°, 616 p.].

Oudin 1640b = Antoine Oudin: Recherches italiennes et françoises, ou dictionnaire contenant, outre les mots ordinaires, une quantité de proverbes et de phrases pour l'intelligence de l'une et l'autre langue. Paris 1640 [1 vol in-4°, VIII, 952 p.].

Panckoucke 1767—1774 = Charles Joseph Pancoucke, éd.: Le Grand Vocabulaire François, contenant: 1° l'explication de chaque mot considéré dans ses diverses acceptions grammaticales, propres, figurées, synonymes et relatives; 2° les loix de l'Orthographe [...]; 3° la Géographie ancienne et moderne [...]; 4° des détails raisonnés et Philosophiques sur l'Economie, le Commerce [...], etc. Par une Société de Gens de Lettres. Paris 1767—1774 [30 vol in-4°].

Peigné 1834 = M. A. Peigné: Nouveau dictionnaire de poche de la langue française, suivant l'orthographe de l'Académie. Paris 1834 [1 vol in-32°, 582 p.; 1837, 1838, 1839, 1842, 1844, 1846, 1850, 1851, 1857].

Peuchet 1798 = Jacques Peuchet: Dictionnaire universel de la géographie commerçante, contenant tout ce qui a rapport à la situation et à l'étendue de chaque Etat [...]. Paris 1798—1800 [5 vol in-4°].

Philippon 1808 = Louis Philippon de la Madelaine: Dictionnaire portatif de la langue française d'après le système orthographique de l'Académie. Paris 1808 [1 vol in-16°; 1809, 1810, 2e éd 1815, 3e éd 1818].

Poitevin 1851 = Prosper Poitevin: Dictionnaire de la langue française, glossaire raisonné de la langue écrite et parlée, présentant l'explication des étymologies, de l'orthographe et de la prononciation. [...] les principaux synonymes, les gallicismes, les locutions populaires et proverbiales [...]. Paris 1851 [1 vol in-8°, 1040 p.; 2e éd 1852, 3e éd 1855, 4e éd 1856].

Poitevin 1852 = Prosper Poitevin: Dictionnaire manuel de la langue française, suivi d'un sommaire des principales difficultés grammaticales. Paris 1852 [1 vol in-16°, 700 p.; 2e éd 1853, 1863].

Poitevin 1856 = Prosper Poitevin: Nouveau dictionnaire universel de la langue française [...] contenant la dernière forme orthographique, les étymologies, la prononciation et la conjugaison de tous les verbes irréguliers et défectifs; les définitions, les acceptions propres et figurées, l'explication des expressions familières, des formes poétiques, des locutions populaires et des proverbes; [...] enrichi d'exemples empruntés aux poètes et aux prosateurs français les plus illustres du XVIe, du XVIIe, du XVIIIe et du XIXe siècle. Paris 1856 [2 vol in-4°, 1064 et 1014 p.; 1860].

Prévost 1750 = Antoine François d'Exiles, abbé Prévost: Manuel Lexique ou Dictionnaire portatif des mots français dont la signification n'est pas familière à tout le monde. Ouvrage fort utile à ceux qui ne sont pas versés dans les langues anciennes et modernes, et dans toutes les connoissances qui s'acquierent par l'étude et le travail; pour donner aux mots leur sens juste & exact, dans la lecture, dans le langage & dans le style [...]. Paris 1750 [2 vol in-8°, 2e éd 1755, 1763, 1770, 1788].

Raymond 1824 = François Raymond: Dictionnaire des termes appropriés aux arts et aux sciences, et des mots nouveaux que l'usage a consacrés, pouvant servir de supplément au Dictionnaire de l'Académie, ainsi qu'à la plupart des autres lexiques français, suivi d'un traité raisonné de ponctuation. Paris 1824 [1 vol in-4°, 559 p.; 1825, 1827, 1829].

Raymond 1832 = François Raymond: Dictionnaire général de la langue française, et Vocabulaire universel des sciences, arts et métiers, contenant dix mille mots et quinze mille acceptions (tous précédés d'une croix) de plus que Boiste, Gattel, Laveaux, etc. Paris 1832 [2e éd 1835, 1836, 1843 «Dictionnaire français d'environ 15 000 mots de plus qu'aucun dictionnaire de ce format», 1845 «Dictionnaire français augmenté d'environ 20 000 mots de plus qu'aucun dictionnaire de ce format», 1850, 1852, 1855, 1857, 1858, 1862].

Richelet 1680 = César-Pierre Richelet: Dictionnaire françois, contenant les mots et les choses, plusieurs nouvelles remarques sur la langue françoise. Ses expreßions propres, figurées & burlesques, la prononciation des mots les plus difficiles, le genre des noms, le regime des verbes. Avec les termes les plus connus des arts & des sciences. Le tout tiré de l'usage & des bons auteurs de la langue françoise. Genève 1680—1679 [2 vol in-4°, 480, 560 p.; 1681, 1685, 1688, 1689—1690, 1690, 1693, 1694, 1695, 1700, 1706, 1709, 1710, 1719, 1728, 1729, 1730, 1732, 1735, 1740, 1759, 1769].

Richelet 1756 = Dictionnaire portatif de la langue françoise, extrait du grand dictionnaire de Pierre Richelet; contenant tous les mots usités, leur genre & leur définition, avec les différentes acceptions dans lesquelles ils sont emploiés, au sens propre comme au figuré. Lyon 1756 [1 vol in-8°, 670 p.; 1757, 1760, 2e éd 1761, 3e éd 1766, 1770, 1774, 1775, 1777, 1780, 1784, 1786, 1788, 1789, 1790, 1793, 1798, 1803, 1808, 1811].

Rochefort 1684 = César de Rochefort: Dictionnaire général et curieux contenant les principaux mots et les plus usitez en la langue françoise, leurs définitions, divisions et étymologies, enrichies d'éloquens discours, soutenus de quelques histoires, des passages des Pères de l'Eglise, des autheurs et des poëtes les plus anciens et modernes, avec des démonstrations catholiques sur tous les points qui sont contestez entre ceux de l'Eglise romaine et les gens de la religion prétendue réformée. Lyon 1684 [1 vol in-2°, 800, 71 p.; 1685].

Sardou 1851 = Antoine Léandre Sardou: Nouveau dictionnaire abrégé de la langue française où l'on trouve les mots de la langue littéraire et les termes scientifiques les plus usités. Paris 1851 [1 vol in-12°, 583 p.; 1860, 1863].

Sauger-Préneuf 1837a = François Sauger-Préneuf: Nouveau vocabulaire de la langue française, d'après le dictionnaire de l'Académie et celui de Gattel, Laveaux, Boiste, Charles Nodier, Noël et Chapsal, de Lanneau et de Wailly, contenant: 1° tous les mots du Dictionnaire de l'Académie; 2° leurs différentes acceptions; 3° tous les mots introduits de nos jours dans les sciences et les arts; 4° enfin ceux que l'usage a nouvellement adoptés et qui ne se trouvent dans aucun des autres dictionnaires, auquel on a joint la prononciation [...]. Nouv. éd. corr. par Sauger-Préneuf et Detournel. Paris 1837 [1 vol in-8°, 796 p.; 5e éd 1847, 1855, 1867].

Sauger-Préneuf 1837b = François Sauger-Préneuf: Nouveau vocabulaire de la langue française d'après l'orthographe de l'Académie et les meilleurs lexicographes français. Nouvelle édition corrigée par Sauger-Préneuf et Detournel. Paris 1837 [1 vol in-18°, 442 p.; 1838, 1849, 10e éd 1867].

Savary 1723 = Jacques Savary des Bruslons: Dictionnaire universel de commerce, d'histoire naturelle, d'arts et métiers. Paris 1723 [2 vol in-2°; 1726, 1730, 1741, 1748, 1759—1765].

Thierry 1564 = Jehan Thierry: Dictionaire Francoislatin, Auquel Les mots Francois, auec les manieres d'vser d'iceulx, sont tournez en Latin, corr. & augm. par Maistre Iehan Thierry [...]. Paris 1564 [1 vol in-2°, 692 p.].

Trévoux 1704 = Dictionnaire universel françois et latin, contenant la signification et la definition tant des mots de l'une et de l'autre langue, avec leurs différens usages; que des termes propres de chaque estat et de chaque profession. La description de toutes les choses naturelles et artificielles; leurs figures, leurs especes, leurs usages et leurs proprietez. L'explication de tout ce que renferment les Sciences et les Arts, soit Libéraux ou mechaniques, avec des remarques d'erudition et de critique. Trévoux 1704 [3 vol in-2°; 2e éd 1721, 3e éd 1732, 1734, 1740, 4e éd 1743, 5e éd 1752, 1754, 6e éd 1771 8 vol in-2°].

Verger 1822 = Victor Verger: Dictionnaire universel de la langue française, rédigé d'après le dictionnaire de l'Académie et ceux de Laveaux, Gattel, Boiste, Mayeux, Wailly, Cormon, etc. Ouvrage enrichi de plus de 3000 mots qui ne se trouvent dans aucun dictionnaire de même format, et d'un grand nombre d'acceptions omises dans les autres dictionnaires. Paris 1822 [2 vol in-8°].

Verger 1826—1827 = Victor Verger: Dictionnaire classique de la langue française avec des exemples tirés des meilleurs auteurs français et des notes puisées dans les manuscrits de Rivarol, etc., etc., avec les termes nouvellement admis qui ne se trouvent dans aucun dictionnaire: Ouvrage renfermant 60000 mots. Paris 1826—1827 [1 vol in-8°, 1008 p.; 1828, 2e éd 1829].

Verger 1832 = Dictionnaire abrégé de l'Académie française, avec tous les mots nouveaux adoptés dans les sciences, les lettres et les arts, par une société d'hommes de lettres; précédés des éléments de la grammaire française, et d'un dictionnaire des difficultés [...] par Victor Verger. Paris 1832 [2 vols].

Verger 1836 = Victor Verger: Dictionnaire abrégé de l'Académie française, comprenant sans exception tous les mots des langues écrites ou parlées, tous les termes d'arts et métiers, et tous les mots adoptés dans les nouvelles nomenclatures scientifiques. Paris 1836 [1 vol in-8°].

Vocabularium 1514 = Vocabularium Latinis, Gallicis et Theutonicis verbis scriptum. Lyon 1514 [Impr.: Jehan Thomas, 34 ff. in-4°. Autres éds: 1515, 1521; «Dictionarius» 1522, 1527, 1530, 1535, 1543, 1550, 1568, 1571, 1573, 1575, 1580, 1589, 1590].

Wailly/Wailly 1801 = Noël-François de Wailly Père et Etienne-Augustin de Wailly Fils: Nouveau vocabulaire françois ou abrégé du Dictionnaire de l'Académie, où l'on a suivi l'orthographe adoptée pour la prochaine édition du Dictionnaire de l'Académie. Paris an IX (1801) [1 vol in-8°; 2e éd 1803, 4e éd 1806, 5e éd 1809, 1811, 6e éd 1813, 7e éd 1818, 8e éd 1818, 9e éd 1821, 10e éd 1822, 11e éd 1823, 12e éd 1824, 14e éd 1827, 15e éd 1829, 17e éd 1831, 18e éd 1832, 21e éd 1844, 22e éd 1855].

5.2. Travaux

Antoine 1988 = Gérard Antoine: Lexicographie et révolution. In: Corps écrit 28. Décembre 1988.

Aquarone 1958 = Stanislas Aquarone: The Life and Work of Émile Littré 1801–1881. Leyden 1958.

Armstrong 1986 = Elizabeth Armstrong: Robert Estienne, Royal Printer. An Historical Study of the Elder Stephanus. Appleford 1986 [1ère éd. Cambridge 1954].

Asselineau 1858/1859 = Charles Asselineau: Recueil des Factums d'Antoine Furetière de l'Académie françoise contre quelques-uns de cette Académie avec une introduction et des notes historiques et critiques par Ch. Asselineau. Paris 1858/1859.

Balbus 1971 = Joannes Balbus: Catholicon. First published in Mainz 1460. Facsimile Westmead. Farnborough 1971.

Baldinger 1951 = Kurt Baldinger: Autour du «Französisches Etymologisches Wörterbuch» (FEW). Considérations critiques sur les dictionnaires français, Aalma 1380 — Larousse 1949. In: Revista portuguesa de Filologia 4. 1951, 342–373.

Baldinger 1974 = Kurt Baldinger (éd.): Introduction aux dictionnaires les plus importants pour l'histoire du français. Paris 1974.

Baldinger 1982 = Kurt Baldinger: Estienne 1531 et son importance pour l'histoire du vocabulaire français. In: Höfler 1982, 9–20.

Barré 1842 = Louis Barré: Préface au Complément du Dictionnaire de l'Académie française. Paris 1842.

Beaulieux 1904 = Charles Beaulieux: Liste des dictionnaires, lexiques et vocabulaires antérieurs au «Thresor» de Nicot (1606). In: Mélanges de philologie offerts à Ferdinand Brunot [...] à l'occasion de sa 20e année de professorat dans l'enseignement supérieur par ses élèves français et étrangers. Paris 1904, 371–398.

Beaulieux 1927 = Charles Beaulieux: Les dictionnaires de la langue française du seizième siècle. In: Revue internationale de l'enseignement 81. 1927, 155–167.

Beaulieux 1951 = Charles Beaulieux: Observations sur l'orthographe de la langue françoise. Transcription, commentaire et fac-similé du manuscrit de Mézeray, 1673, et des critiques des commissaires de l'Académie. Précédées d'une histoire de la gestation de la première édition du Dictionnaire de l'Académie françoise (1639–1694). Paris 1951.

Beaulieux 1954 = Charles Beaulieux: L'abbé d'Olivet et le Dictionnaire de l'Académie Française. In: Bulletin de la Société des bibliophiles de Guyenne 1954, 15–26.

Berlan 1986 = Françoise Berlan: Féraud et sa pratique lexicographique: de la grammaire à l'article de dictionnaire. Les pronoms personnels. In: Féraud 1986, 31–44.

Berlan 1987 = Françoise Berlan: Le traitement de l'adjectif dans les articles du Suplément au Dictionaire Critique. In: Féraud 1987, 73–98.

Bierbach 1987 = Mechtild Bierbach: Humanistenwerbung in Maurice de La Portes Epithetes (1571). In: Zeitschrift für romanische Philologie 103/5–6. 1987, 477–490.

Bierbach 1988 = Mechtild Bierbach: La catégorie des épithètes dans les dictionnaires français du XIXe siècle. In: Gemmingen/Höfler 1988, 205–233.

Bierbach 1989 = Mechtild Bierbach: Les «Epithetes» de Maurice de La Porte de 1571: ouvrage lexicographique, encyclopédique et rhétorique. In: Kremer 1989, 44–60.

Bloch 1904 = Oscar Bloch: Étude sur le dictionnaire de J. Nicot (1606). Relevé des vocables employés dans les définitions et exemples des mots commençant par la lettre A et non signalés à leur ordre alphabétique. In: Mélanges de philologie offerts à Ferdinand Brunot [...] à l'occasion de sa 20e année de professorat dans l'enseignement supérieur par ses élèves français et étrangers. Paris 1904, 1–13.

Bloch 1935 = Oscar Bloch: La lexicologie française du XVIe siècle à nos jours. In: Où en sont les études de français. Publié sous la direction de Albert Dauzat. Paris 1935, 141–155.

Bonnet 1983 = C. Bonnet: Les dictionnaires du français vivant. Etude de la périgraphie des dictionnaires de l'Académie, Furetière et Richelet. Mémoire dactylographié. Université de Paris III 1983.

Bourquin 1986 = Jacques Bourquin: Le dictionnaire français par ordre d'analogie de P.-A. Lemare (1820). In: Féraud 1986, 91–99.

Bouverot 1986 = Danielle Bouverot: Termes techniques et indicateurs de domaines dans le Suplément du Dictionaire Critique de Féraud. In: Féraud 1986, 157–161.

Bouverot 1987 = Danielle Bouverot: Les vocabulaires de spécialités: réflexions sur la nomenclature. In: Féraud 1987, 157–199.

Bouverot 1989 = Danielle Bouverot: Le mot Révolution dans les dictionnaires avant et après 1789. In: Le français moderne 57. 1989, 3–12.

Branca-Rosoff 1986 = Sonia Branca-Rosoff: Féraud et la grammaire de son temps. In: Féraud 1986, 53–59.

Branca-Rosoff 1990 = Sonia Branca-Rosoff: Deux éditions du Trévoux: 1732, 1771: des dictionnaires jésuites. In: Glatigny 1990a.

Branca-Rosoff/Lozachmeur 1989 = Sonia Branca-Rosoff/G. Lozachmeur: Buée: des mots contre les mots, un dictionnaire polémique en 1792. In: Le français moderne 57. 1989, 13–30.

Brandon 1904a = Edgar Ewing Brandon: Robert

Estienne et le dictionnaire français au XVIe siècle. Baltimore 1904 [Repr.: Genève 1967].

Brandon 1904b = Edgar Brandon: Date de la naissance de Robert Estienne. In: Mélanges de philologie offerts à Ferdinand Brunot [...] à l'occasion de sa 20e année de professorat dans l'enseignement supérieur par ses élèves français et étrangers. Paris 1904, 27—31.

Bray 1982 = Laurent Bray: L'attitude des théoriciens et des lexicographes du XVIIe siècle envers les emprunts néologiques. Travail de maîtrise dactylographié. Erlangen 1982.

Bray 1985 = Laurent Bray: Notes sur la réception du «Dictionnaire françois» (1680) de Pierre Richelet. In: Lexicographica 1. 1985, 243—251.

Bray 1986a = Laurent Bray: César-Pierre Richelet (1626—1698). Biographie et œuvre lexicographique. With an English Summary. Tübingen 1986 (Lexicographica Series Maior 15).

Bray 1986b = Laurent Bray: Richelet's «Dictionnaire françois» (1680) as a Source of «La porte des siences» (1682) and Le Roux's «Dictionaire Comique» (1718). In: The History of Lexicography edited by R. R. K. Hartmann. Amsterdam 1986, 13—22.

Bray 1988 = Laurent Bray: Notes sur la genèse des dictionnaires portatifs français. L'exemple du «Dictionnaire portatif de la langue françoise, extrait du grand dictionnaire de Pierre Richelet», 1756. In: Gemmingen/Höfler 1988, 95—112.

Bray 1990 = Laurent Bray: Les marques d'usage dans le «Dictionnaire françois» (1680) de César-Pierre Richelet. In: Glatigny 1990a.

Brou 1960 = Alexandre Brou: article «Dictionnaire de Trévoux». In: Dictionnaire des lettres françaises publ. sous la dir. de G. Grente. Le dix-huitième siècle. II. Paris 1960, 594—595.

Bruneau 1948 = Charles Bruneau: Les dictionnaires. In: Histoire de la langue française des origines à nos jours. Tome XII: L'époque romantique (1815—1852). Livre VII. 2e partie, 541—580. Paris 1948 [Repr. Paris 1968].

Bruneau 1954 = Charles Bruneau: article «Furetière» in: Dictionnaire des lettres françaises publ. sous la dir. de G. Grente. Le dix-septième siècle. Paris 1954, 442—444.

Bruneau 1961 = Charles Bruneau: Réflexions sur les dictionnaires de français moderne et contemporain. In: Lexicologie et lexicographie françaises et romanes. Orientations et exigences actuelles. Strasbourg 12—16 novembre 1957. Paris 1961, 13—20.

Brunot 1905ss. = Ferdinand Brunot: Histoire de la langue française. Paris 1905ss [Repr. Paris 1966ss.].

Buridant 1986 = Claude Buridant: Lexicographie et glossographie médiévales. Esquisse de bilan et perspectives de recherche. In: Lexique 4. 1986, 9—46.

Caron 1986 = Philippe Caron: L'homme Féraud dans le Dictionaire Critique. In: Féraud 1986, 263—268.

Catach/Mettas 1972 = Nina Catach/Odette Mettas: Encore quelques trouvailles dans Nicot. In: Revue de linguistique romane 36. 1972, 360—375.

Celier 1969 = Paul Celier: Quand les libraires se disputaient le Dictionnaire de l'Académie française. In: Refugium animae bibliotheca. Festschrift für Albert Kolb. Mélanges offerts à Albert Kolb. Hrsg. v. Emil van de Vekene. Wiesbaden 1969, 93—108.

Claes 1973 = Franz Claes S. J.: L'influence de Robert Estienne sur les dictionnaires de Plantin. In: Cahiers de lexicologie 23. 1973, 109—116.

Claes 1977 = Id.: Bibliographisches Verzeichnis der deutschen Vokabulare und Wörterbücher, gedruckt bis 1600. Hildesheim. New York 1977.

Claes 1980 = Id.: A Bibliography of Netherlandic Dictionaries [...]. Amsterdam 1980.

Collinot 1985 = André Collinot: L'ouverture des dictionnaires. Remarques sur les titres et préfaces des dictionnaires français du XVIIe siècle. In: Lexique 3. 1985, 11—31.

Collinot 1990 = André Collinot: L'usage des mots, l'institution du sens dans le Dictionnaire de l'Académie. In: Glatigny 1990a.

Collinot A paraître = André Collinot: L'invention du discours encyclopédique. Le «Dictionnaire universel» d'Antoine Furetière, 1690. Etudes sémantiques et sémiotiques des discours de définition des mots. Titre de travail de la thèse en préparation à Paris VIII. A paraître.

Collinot/Mazière 1987 = André Collinot/Francine Mazière: Un prêt-à-parler: le Dictionnaire Universel d'Antoine Furetière et sa postérité immédiate, le Trévoux. Une lecture du culturel dans le discours lexicographique. In: Lexicographica 3. 1987, 51—75.

Connesson 1985 = Robert Connesson: César-Pierre Richelet (1626—1698), auteur du premier dictionnaire français (1680). Un enfant de Cheminon (Marne), témoin du Grand Siècle. [Nancy 1985].

Courtat 1880 = Félix-Titus Courtat: Monographie du Dictionnaire de l'Académie française. Paris 1880 [Repr. Genève 1970].

Daly 1967 = Lloyd W. Daly: Contributions to a History of Alphabetization in Antiquity and the Middle Ages. Bruxelles 1967.

Daly/Daly 1964 = Lloyd W. Daly/Bernardine A. Daly: Some Techniques in Mediaeval Latin Lexicography. In: Speculum. A Journal of Mediaeval Studies XXXIX/2. 1964, 229—239.

Dautry 1952 = Jean Dautry: Une œuvre inspirée de l'Encyclopédie: le «Dictionnaire de l'Industrie» de 1776. In: Revue d'Histoire des Sciences et de leurs applications 5. 1952, 64—72.

Dauzat 1960 = Albert Dauzat: article «Dictionnaires au XVIIIe siècle». In: Dictionnaire des lettres françaises publ. sous la dir. de G. Grente. Le dix-huitième siècle. Paris 1960, 381—382.

Delisle 1888 = Léopold Delisle: Les premières éditions du dictionnaire de l'Académie française. In: Bibliothèque de l'École des Chartes 49. 1888, 577—580.

Delisle 1896 = Léopold Delisle: Les éditions hollandaises du premier dictionnaire de l'Académie française. In: Bibliothèque de l'Ecole des Chartes 57. 1896, 512.

Demaizière 1984 = Colette Demaizière: L'importance du dictionnaire français-latin de 1549 dans l'œuvre lexicographique de Robert Estienne. In: Mélanges sur la littérature de la Renaissance à la mémoire de V.-L. Saulnier. Genève 1984, 79—86.

Didot 1868 = Ambroise Firmin Didot: Les dictionnaires français antérieurs à celui de l'Académie de 1694. In: Observations sur l'orthographe ou ortografie française suivies d'une histoire de la réforme orthographique depuis le XVe siècle jusqu'à nos jours. 2e éd. Paris 1868. 100ss.

Diez 1865 = Friedrich Diez: Altromanische Glossare berichtigt und erklärt von Friedrich Diez. 1865 [Repr. Niederwalluf bei Wiesbaden 1971. Traduction française: Paris 1870].

Di Virgilio 1987 = Paul S. Di Virgilio: Homographs and lemmata in «Thresor de la langue françoyse» by Jean Nicot: a diachronic perspective? In: Quaderni di semantica 8. 1987, 103—114.

Dobrovie-Sorin 1986 = Carmen Dobrovie-Sorin: La conception orthographique de Féraud: le domaine consonantique du Dictionnaire grammatical (1761) au Dictionaire Critique (1787). In: Féraud 1986, 19—30.

D'Oria 1972 = Domenico d'Oria: La structure politique de la société française au XVIIe siècle dans les dictionnaires de Richelet (1680), Furetière (1690), Académie française (1695). Pour une lecture du dictionnaire. In: Annali della Facoltà di Lingue e letterature straniere (Bari). Nuova Serie 3. 1972, 207—288.

Dumonceaux 1983 = Pierre Dumonceaux: Les structures du vocabulaire classique d'après les dictionnaires de la fin du XVIIe siècle. In: Cahiers de l'Association internationale des études françaises 35. 1983, 41—50.

Duplais 1891 = L. Duplais [pseudonyme de Léon Destouches]: Littré, sa vie & ses œuvres. Historique du Dictionnaire français. Paris 1891.

Duraffour 1946 = Antonin Duraffour: Dictionnaires français à mettre à jour ou au jour. In: Etudes romanes dédiées à M. Roques par ses amis, collègues et élèves de France. Paris 1946, 181—192.

Durey 1758 = Jacques Bernard Durey de Noinville: Table alphabétique des dictionnaires, en toutes sortes de langues et sur toutes sortes de sciences et d'arts. Paris 1758.

Fabre 1890 = Abbé A. Fabre: Chapelain et nos deux premières académies. Paris 1890.

Fénelon 1714 = François de Salignac de La Mothe Fénelon: Projet d'achever le dictionnaire [1714]. In: Lettre à l'Académie. Avec les versions primitives. Edition critique par Erneta Caldarini. Genève 1970.

Fennis 1988 = Jan Fennis: Les sources du vocabulaire maritime dans le Furetière de 1701. In: Gemmingen/Höfler 1988, 75—93.

Féraud 1986 = Autour de Féraud. La lexicographie en France de 1762 à 1835. Actes du Colloque international organisé à l'École Normale Supérieure de Jeunes Filles les 7, 8, 9 décembre 1984 par le Groupe d'études en histoire de la langue française (GEHLF). Paris 1986.

Féraud 1987 = Études critiques sur Féraud lexicographe. Tome I. Paris 1987.

Feydel 1807 = Gabriel Feydel: Remarques morales, philosophiques et grammaticales sur le dictionnaire de l'Académie française. Paris 1807.

Fournier 1986 = Nathalie Fournier: L'archaïsme dans le Suplément au Dictionaire Critique de l'abbé Féraud. In: Féraud 1986, 133—140.

Fournier/Seguin/Seguin 1987 = Nathalie Fournier/Geneviève Seguin/Jean-Pierre Seguin: L'archaïsme dans le Suplément du Dictionaire Critique de Féraud. In: Féraud 1987, 99—126.

François 1912 = Alexis François: Le Dictionnaire de l'Académie et les diverses formules du purisme, du XVIIe au XIXe siècle. In: Archiv für das Studium der neueren Sprachen und Literaturen. 66. Jg., 128. Bd. Der neuen Serie 28. Bd. 1912, 143—160.

François 1920 = Alexis François: Les origines italiennes du Dictionnaire de l'Académie française. In: Mélanges d'histoire littéraire et de philologie offerts à M. Bernard Bouvier. Genève 1920. 149—174.

Furetière 1694 = Antoine Furetière: Factums. Amsterdam 1694.

Gary 1873 = Joseph-Marie Gary: Examen critique du dictionnaire de l'Académie française au point de vue surtout de la théorie grammaticale. Agen 1873 [Repr. Genève 1971].

Geffroy 1986 = Annie Geffroy: Les dictionnaires socio-politiques, 1770—1820. In: Féraud 1986, 193—210.

Gégou 1962 = Fabienne Gégou: Antoine Furetière, abbé de Chalivoy ou la chute d'un immortel. Paris 1962.

Gégou 1983 = Fabienne Gégou: Un dictionnaire d'ancien français au XVIIe siècle: le «Tresor de recherches» de Pierre Borel. In: Cahiers de l'Association internationale des études françaises 35. 1983, 23—39.

Gemmingen 1982 = Barbara von Gemmingen-Obstfelder: La réception du bon usage dans la lexicographie du 17ème siècle. In: Höfler 1982, 121—136.

Gemmingen 1988 = Barbara von Gemmingen: Le Dictionaire Critique de l'Abbé Féraud. In: Gemmingen/Höfler 1988, 113—132.

Gemmingen 1989 = Barbara von Gemmingen: Les informations historiques dans la lexicographie française du XVIIe siècle. In: Kremer 1989, 71—81.

Gemmingen 1990 = Barbara von Gemmingen: Recherches sur les marques d'usage dans le «Tesoro de las dos lengvas francesa e española» de César Oudin. In: Glatigny 1990 a.

Gemmingen/Höfler 1988 = Barbara von Gemmingen/Manfred Höfler: La lexicographie française du XVIIIe au XXe siècle. Colloque international de lexicographie tenu à l'Institut de Langues et Littératures Romanes, Université de Düsseldorf, du 23 au 26 Septembre 1986. Actes publiés par Barbara von Gemmingen et Manfred Höfler. Paris 1988.

Gilbert 1956—1957—1959 = Pierre Gilbert: Le dictionnaire et les dictionnaires. In: Classe de français. Revue pour l'enseignement du français. Nouvelle série. 6. 1956, 212—222.; 7. 1957, 339—347; 9. 1959, 209—223.

Girardin 1987 = Chantal Girardin: Système des marques et connotations sociales dans quelques dictionnaires culturels français. In: Lexicographica 3. 1987, 76—102.

Giraud 1983 = Yves Giraud: Le «Dictionnaire Comique» de Le Roux (1718). In: Cahiers de l'Association internationale des études françaises 35. 1983, 69—86.

Glatigny 1984 = Michel Glatigny: Polysémie et homonymie dans le «Thresor» de Nicot. In: Sylvain Auroux et al.: Matériaux pour une histoire des théories linguistiques [. . .]. Lille 1984, 249—258.

Glatigny 1990a = Marques d'usage dans les dictionnaires français du XVIIe et du XVIIIe siècle. Numéro coordonné par Michel Glatigny. In: Lexique 9 (à paraître en 1990).

Glatigny 1990b = Michel Glatigny: Présentation. L'importance des marques d'usage. In: Glatigny 1990a.

Goosse 1964 = André Goosse: Pour dater la publication des fascicules du Littré. In: Cahiers de lexicologie 5. 1964, 53—56.

Goosse 1983 = André Goosse: Le choix des mots et des exemples dans le dictionnaire de Littré. In: Littré 1983, 357—366.

Gougenheim 1929 = Georges Gougenheim: La langue populaire dans le premier quart du XIXe siècle d'après le Petit Dictionnaire du Peuple de J. C. L. P. Desgranges (1821). Paris 1929.

Grubmüller 1967 = Klaus Grubmüller: Vocabularius Ex Quo. Untersuchungen zu lateinisch-deutschen Vokabularen des Spätmittelalters. Munich 1967.

Grubmüller 1988 = Klaus Grubmüller/B. Schnell/ H.-J. Stahl/E. Auer/R. Pawis: «Vocabularius Ex Quo». Überlieferungsgeschichtliche Ausgabe. I. Einleitung. Tübingen 1988.

Hadjadj 1986 = Dany Hadjadj-Pailler: Les lexiques techniques dans l'«Encyclopédie»: problèmes et méthode. Etude d'un cas particulier: le lexique de la coutellerie. In: Le Français moderne 54. 1986, 179—219.

Hasenohr 1984 = Geneviève Hasenohr: Note sur un lexique technique monolingue de la fin du XVe siècle. In: Romania 105. 1984, 114—129.

Hausmann 1976 = Franz Josef Hausmann: Strukturelle Wortschatzbetrachtung vor Saussure. In: Romanische Forschungen 88. 1976, 331—354.

Hausmann 1977 = Franz Josef Hausmann: Strukturalismus in der Lexikographie des 18. und 19. Jahrhunderts. In: Grammatik und interdisziplinäre Bereiche der Linguistik. Akten des 11. Linguistischen Kolloquiums Aachen 1976. Band I. Herausgegeben von Heinz Werner Viethen, Wolf-Dietrich Bald und Konrad Sprengel. Tübingen 1977 (Linguistische Arbeiten 49), 15—25.

Hausmann 1978 = Franz Josef Hausmann: Le «Dictionnaire» de Condillac. In: Le français moderne 46. 1978, 226—249.

Hausmann 1982 = Franz Josef Hausmann: Kollokationswörterbücher des Lateinischen und Französischen im 16. und 17. Jahrhundert. In: Romania historica et Romania hodierna, Festschrift für O. Deutschmann, hrsg. v. P. Wunderli u. W. Müller. Frankfurt. Bern 1982. 183—199.

Hausmann 1984 = Franz Josef Hausmann: Diderot lexicographe. In: Titus Heydenreich (éd.), Denis Diderot 1713—1784. Zeit — Werk — Wirkung. Erlangen 1984, 53—61.

Hausmann 1987 = Franz Josef Hausmann: Sprachwissenschaft im Wörterbuchvorwort. Das französisch-lateinische Wörterbuch des Pierre Danet (1673—1691). In: Die Frühgeschichte der romanischen Philologie: von Dante bis Diez. Beiträge zum Deutschen Romanistentag in Siegen, 30. 9.—3. 10. 1985. Tübingen 1987, 123—133.

Heymann 1903 = Wilhelm Heymann: Französische Dialektwörter bei Lexikographen des 16. bis 18. Jahrhunderts. Dissertation. Giessen 1903.

Heymann 1904 = Wortgeschichtliches: Ausdrücke der Pariser Sprache, die von Lexikographen des 16. bis 18. Jahrhunderts als solche besonders kenntlich gemacht werden. In: Zeitschrift für französische Sprache und Literatur 35. 1909, 306—324.

Höfler 1974 = Manfred Höfler: Probleme der Datierung aufgrund lexikographischer Quellen. In: Zeitschrift für romanische Philologie 90. 1974, 30—40.

Höfler 1978 = Manfred Höfler: Napoléon Landais' «Dictionnaire général et grammatical des dictionnaires français». In: Romanische Forschungen 90. 1978, 480—485.

Höfler 1982 = La lexicographie française du XVIe au XVIIIe siècle. Actes du Colloque International de Lexicographie dans la Herzog August Bibliothek Wolfenbüttel (9—11 octobre 1979) publiés par Manfred Höfler. Wolfenbüttel 1982 (Wolfenbütteler Forschungen 18).

Höfler 1983 = Manfred Höfler: Das Wörterbuch der Académie française von 1694—1935. Hauptlinien und Seitenpfade eines lexikographischen Monuments. In: Gelehrte Bücher vom Humanismus bis zur Gegenwart. Referate des 5. Jahrestreffens des Wolfenbütteler Arbeitskreises für Geschichte des Buchwesens vom 6. bis 9. Mai 1981 in der Herzog August Bibliothek. Herausgegeben von

Bernhard Fabian und Paul Raabe. Wiesbaden 1983, 51—61.

Humbley 1986 = John Humbley: Les anglicismes dans le Dictionaire Critique et dans le Suplement. In: Féraud 1986, 147—155.

Imbs 1983 = Paul Imbs: Littré et l'analyse sémantique du vocabulaire. In: Littré 1983, 391—406.

Immelmann 1895 = J. Immelmann: Émile Littré. Comment j'ai fait mon dictionnaire de la langue française. Causerie. Für den Schulgebrauch erklärt von J. Immelmann. Leipzig 1895.

Imura 1967 = Junichi Imura: La première édition du dictionnaire de l'Académie française [introduction à la réimpression, texte japonais]. In: Le Dictionnaire de l'Académie françoise, dédié au Roy. Paris 1694. Tokyo: France Tosho Reprints 1967.

Institut 1895 = Institut de France: Les registres de l'Académie françoise 1672—1793. Paris 1895—1906 [4 vols].

Isola 1963 = Francesco Isola: Postille francesi di Alessandro Manzoni a Charles Nodier. In: Studi francesi VII. 1963, 56—72.

Jaugin 1986 = Elisabeth Jaugin: La lexicographie comme amusement dans les «Mélanges tirés d'une grande bibliothèque». In: Féraud 1986, 233—242.

Joly 1742 = Philippe-Louis Joly: Pierre Richelet. In: Eloges de quelques auteurs françois. Dijon 1742. 150—231.

Kerviler 1877 = René Kerviler: Essai d'une bibliographie raisonnée de l'Académie française. Paris 1877 [Repr. Genève 1968].

Kibbee 1986 = Douglas A. Kibbee: The Humanist Period in Renaissance Bilingual Lexicography. In: The History of Lexicography. Papers from the Dictionary Research Centre Seminar at Exeter, March 1986. Ed. by R. R. K. Hartmann. Amsterdam 1986. 137—146.

Kremer 1989 = Dieter Kremer: Actes du XVIIIe Congrès International de Linguistique et de Philologie Romanes. Université de Trèves 1986. Publiés par Dieter Kremer. Tome IV. Section VI: Lexicologie et lexicographie. Tübingen 1989.

Labarre 1975 = Albert Labarre: Bibliographie du Dictionarium d'Ambrogio Calepino (1502—1779). Baden-Baden 1975 (Bibliotheca Bibliographica Aureliana XXVI).

Lagane 1987 = René Lagane: Un essai malheureux: le «Dictionnaire Historique de la Langue Française» par l'Académie française. In: Cahiers de lexicologie 50. 1987, 115—123.

Landy-Houillon 1986 = Isabelle Landy-Houillon: Un jalon dans la tradition grammaticale de Féraud: l'Abbé d'Olivet (1682—1768). In: Féraud 1986, 45—52.

Landy-Houillon 1987 = Isabelle Landy-Houillon: La tradition des Remarques dans le Suplément au Dictionaire Critique de Féraud. In: Féraud 1987, 59—72.

Lanusse 1893 = Maxime Lanusse: De Joanne Nicotio philologo. Grenoble 1893.

Larthomas 1965 = Pierre Larthomas: Le Supplément du Dictionnaire Critique de Féraud. In: Le français moderne 33. 1965, 241—255.

Larthomas 1987 = Pierre Larthomas: L'analyse des niveaux de langue dans le «Suplément». In: Féraud 1987, 201—217.

Le Guern 1983 = Michel Le Guern: Le Dictionnaire de Trévoux. In: Cahiers de l'Association Internationale des Études Françaises 35. 1983, 51—68.

Le Men 1867 = R. F. Le Men: Le Catholicon de Jehan Lagadeuc, dictionnaire breton, français et latin. Lorient 1867.

Lépinette 1986 = Brigitte Lépinette: La grammaire dans le Dictionnaire de Nicot. In: Le français moderne 54. 1986, 42—60.

Lépinette 1990 = Brigitte Lépinette: Trois dictionnaires: trois traitements différents de l'étymologie (Richelet 1680, Furetière 1690, Académie 1694). In: Glatigny 1990 a.

Lessay 1989 = Jean Lessay: Rivarol. Le Français par excellence. Paris 1989.

Leuschner 1915 = Kurt Leuschner: Antoine Furetière und sein Streit mit der französischen Akademie. In: Romanische Forschungen 34. 1915, 681—815.

Lindemann 1985 = Margarete Lindemann: Le Vocabularius Nebrissensis et les débuts de la lexicographie française. In: Actes du IVe Colloque international sur le moyen français. Éd. A. Dees. Amsterdam 1985, 55—86.

Lindemann 1988 = Margarete Lindemann: Les dictionnaires de Maurice La Châtre. In: Gemmingen/Höfler 1988, 141—158.

Littré 1852 = Émile Littré: Glossaires. In: Histoire littéraire de la France. Tome XXII. Paris 1852, 1—38.

Littré 1895 = Émile Littré: Comment j'ai fait mon dictionnaire de la langue française. Leipzig 1895 [Nouv. éd. précédée d'un avant-propos par Michel Bréal: Paris 1897; réimpr.: Paris 1950 (en tête de l'éd. Gallimard du dictionnaire de Littré)].

Littré 1983 = Actes du Colloque Émile Littré 1801—1881. Paris, 7—9 octobre 1981. Paris 1983.

Livet 1858 = Pellisson/Olivet 1730.

Macary 1973 = Jean Macary: Les dictionnaires universels de Furetière et de Trévoux, et l'esprit encyclopédique moderne avant l'Encyclopédie. In: Diderot Studies 16. 1973, 145—158.

Maier 1984 = Elisabeth Maier: Studien zur Sprachnormtheorie und zur Konzeption der Sprachnorm in französischen Wörterbüchern. Frankfurt am Main 1984 (Heidelberger Beiträge zur Romanistik 17).

Martin-Berthet 1986 = Françoise Martin-Berthet: Les privatifs: Féraud, Pougens. In: Féraud 1986, 101—117.

Martin-Berthet 1987 = Françoise Martin-Berthet: Les néologismes. In: Féraud 1987, 127—139.

Marzys 1978 = Zygmunt Marzys: L'archaïsme, Vaugelas, Littré et le «Petit Robert». In: Le français moderne 46. 1978, 199—209.

Matoré 1968 = Georges Matoré: Histoire des dictionnaires français. Paris 1968.

Matoré 1983 = Georges Matoré: Littré et les écrivains des XIXe et XXe siècles. In: Littré 1983, 417—422.

Mazière 1985 = Francine Mazière: Le dictionnaire déshabillé par ses préfaces. In: Lexique 3. 1985, 33—45.

Mazière 1990 = Francine Mazière: Les marques de fabrique: marquage et marques du Furetière (1690) au dernier Trévoux (1771). In: Glatigny 1990a.

Mazière A paraître = Francine Mazière: Etude lexicographique des diverses éditions du «Dictionnaire de Trévoux». Titre de travail de la thèse en préparation à Paris VII. A paraître.

Meier 1895 = P. Gabriel Meier: Der Dictionnaire der französischen Akademie. In: Centralblatt für Bibliothekswesen 12. 1895, 173—180.

Merrilees 1988 = Brian Merrilees: The Latin-French dictionarius of Firmin Le Ver (1420—1440). In: ZüriLEX '86 Proceedings. Papers read at the Euralex International Congress, University of Zürich, 9—14 September 1986 ed. by Mary Snell-Hornby. Tübingen 1988, 181—188.

Miethaner-Vent 1986 = Karin Miethaner-Vent: Das Alphabet in der mittelalterlichen Lexikographie. Verwendungsweisen, Formen und Entwicklung des alphabetischen Anordnungsprinzips. In: Lexique 4. 1986, 83—112.

Minckwitz 1897 = Marie-J. Minckwitz: Beiträge zur Geschichte der französischen Grammatik im siebzehnten Jahrhundert. I. Der Purismus bei Übersetzern, Lexikographen, Grammatikern und Verfassern von Observations und Remarques. Inaugural-Dissertation. Berlin 1897.

Mormile 1973 = Mario Mormile: La «Néologie» révolutionnaire de Louis-Sébastien Mercier. Roma 1973.

Mortet 1922 = Charles Mortet: Les origines et les débuts de l'imprimerie d'après les recherches les plus récentes. Paris 1922.

Muller 1983 = Charles Muller: Le dictionnaire de Littré et la norme. In: Littré 1983, 407—415.

Naïs 1986 = Hélène Naïs: Présentation d'une future concordance de l'Aalma. In: Lexique 4. 1986, 185—196.

Niederehe 1982 = Hans-Josef Niederehe: Les vocabulaires techniques dans la lexicographie française du 16e au 18e siècle. In: Höfler 1982, 65—79.

Nobel 1986 = Pierre Nobel: La traduction du Catholicon contenue dans le manuscrit H 110 de la Bibliothèque Universitaire de Montpellier (section médecine). In: Lexique 4. 1986, 157—183.

Nodier 1828 = Charles Nodier: Examen critique des dictionnaires de la langue française. Paris 1828.

Nodier 1835 = Charles Nodier: Des satires publiées à l'occasion du premier dictionnaire de l'Académie. In: Bulletin du bibliophile et du bibliothécaire. Octobre 1835.

Oliver 1957 = Richard A. Oliver: Nodier's Criticism of the Dictionnaire de l'Académie française. In: The Modern Language Journal 41. 1957, 20—25.

Paris 1901 = Gaston Paris: Un nouveau dictionnaire de la langue française. In: Revue des deux mondes (71e année, 5ème période, tome cinquième). 1901, 241—269 et 802—828.

Pasques 1987 = Liselotte Pasques: La conception orthographique de Féraud du Dictionnaire Grammatical (1761) au Dicionaire Critique (1787). In: Féraud 1987, 5—17.

Pautex 1862 = Benjamin Pautex: Errata du Dictionnaire de l'Académie française ou remarques critiques sur les irrégularités qu'il présente, avec l'indication de certaines règles à établir. 2e éd. Paris 1862 [Reprod. 1973 (Archives de la Linguistique Française 311); 1ère éd: 1856].

Pellisson/Olivet 1730 = Paul Pellisson/Pierre Joseph Thoulier, abbé d'Olivet: Histoire de l'Académie françoise depuis son établissement jusqu'à 1652 par M. Pellisson avec des remarques et des additions. Histoire de l'Académie françoise depuis 1652 jusqu'à 1700. 2e éd. Paris 1730 [réédité par Ch.-L. Livet, Paris 1858].

Perrot 1981 = Jean-Claude Perrot: Les dictionnaires de commerce au XVIIIe siècle. In: Revue d'histoire moderne et contemporaine 28. 1981, 36—67.

Pfister 1988 = Max Pfister: Les dictionnaires français et leur influence sur la lexicographie italienne au XVIIIe siècle. In: Gemmingen/Höfler 1988, 49—73.

Pinchon 1987 = J. Pinchon: Description d'un microsystème dans le Dictionnaire de l'Académie (1694). In: Cahiers de lexicologie 50. 1987, 201—208.

Pitou 1949 = Spire Pitou: Richelet, Forerunner of Samuel Johnson, and De Lormes. In: Modern Language Notes 64. 1949, 474—476.

Pitou 1951 = Spire Pitou: Richelet's attack on Chapelain. In: The New Language Review 46. 1951, 456—462.

Pitou 1953 = Spire Pitou: A Battle of Books: Pierre Richelet and Amelot de la Houssaye. In: Modern Language Notes 68. 1953, 105—107.

Pitou 1954 = Spire Pitou: The Art of Gentle Lexicography: Perrot d'Ablancourt and Pierre Richelet. In: Modern Language Notes 69. 1954, 109—111.

Pitou 1958 = Spire Pitou: Richelet's Dictionnaire (1679—1730) and the Letter «N». In: The Modern Language Review 53. 1958, 85—87.

Pittaluga 1979 = Maria G. Pittaluga: Une expérience lexicographique du XVIIIe siècle: le «Dictionnaire Universel de Commerce» de J. Savary des Bruslons. Genova 1979.

Pittaluga 1983 = Maria G. Pittaluga: L'évolution de la langue commerciale: «Le Parfait Négociant» et le «Dictionnaire universel de commerce». Genova 1983.

Popelar 1967 = Inge Popelar: Probleme der französischen Lexikographie des 17. Jahrhunderts. In: Beiträge zur Romanischen Philologie 6. 1967, 177—183.

Popelar 1976 = Inge Popelar: Das Akademiewörterbuch von 1694. Das Wörterbuch des Honnête Homme? Tübingen 1976.

Post 1925 = Vincent W. Post: Les tentatives de réforme orthographique du Père Monet S. J. Amsterdam 1925.

Proschwitz 1986 = Gunnar Proschwitz: L'abbé Féraud ou l'ami du philologue. In: Féraud 1986, 163—170.

Pruvost 1983 = Jean Pruvost: Le dictionnaire analogique: Boissière et ses successeurs. In: Le français moderne 51. 1983, 193—204.

Pruvost 1985 = Jean Pruvost: Les dictionnaires analogiques: présentation et perspectives. In: Les dictionnaires, outils pédagogiques et culturels. Document de travail du Ministère de l'Éducation Nationale. Paris 1985, 29—46.

Quemada 1955 = Bernard Quemada: Introduction à l'étude du vocabulaire médical (1600—1710). Besançon. Paris 1955.

Quemada 1967a = Bernard Quemada: Les dictionnaires du français moderne 1539—1863. Étude sur leur histoire, leurs types et leurs méthodes. Paris 1967.

Quemada 1967b = Bernard Quemada: Les dictionnaires du français moderne (**). Essai de bibliographie générale des dictionnaires, vocabulaires et glossaires français. I. Auteurs et anonymes. Liste provisoire. Besançon 1967 [bibliographie dactylographiée].

Quemada 1972 = Bernard Quemada: Du glossaire au dictionnaire: deux aspects de l'élaboration des normes lexicographiques dans les grands répertoires du XVIIe siècle. In: Cahiers de lexicologie 20. 1972, 97—128.

Quemada 1983 = Bernard Quemada: La tradition lexicographique avant et autour de Littré. In: Littré 1983, 335—356.

Quemada 1985 = Bernard Quemada: L'Académie française et ses dictionnaires: remarques sur la lexicographie institutionnelle française. In: The fairest flower. Firenze 1985, 71—84.

Reichardt 1985 = Rolf Reichardt: Wörterbücher. In: Handbuch politisch-sozialer Grundbegriffe in Frankreich 1680—1820. Hrsg. v. Rolf Reichardt und Eberhard Schmitt in Verbindung mit Gerd van den Heuvel und Anette Höfer. München 1985, 86—107.

Reiffenberg 1847 = Frédéric A. de Reiffenberg (éd.): Gilles de Chin. [Par] Gauthier de Tournay. Edité par F. A. de Reiffenberg. Bruxelles 1847.

Rétat 1984 = Pierre Rétat: L'âge des dictionnaires. In: Histoire de l'édition française. Éd. Henri-Jean Martin et al. Tome II. Paris 1984, 186—197.

Rettig 1978 = Wolfgang Rettig: Die Normen der Académie française. In: Jahrbuch der Universität Düsseldorf 1977/1978. Düsseldorf 1978, 189—200.

Rettig 1979 = Wolfgang Rettig: Erneuerung und Krise. Das französische Akademiewörterbuch im 19. Jahrhundert. In: Festschrift Kurt Baldinger zum 60. Geburtstag 17. 11. 1979. Hrsg. von M. Höfler, H. Vernay und L. Wolf. Bd. I. Tübingen 1979, 84—101.

Rey 1970 = Alain Rey: Littré. L'humaniste et les mots. Paris 1970.

Rey 1973 = Alain Rey: La phraséologie et son image dans les dictionnaires de l'âge classique. In: Travaux de Linguistique et de Littérature 11. 1973, 97—107.

Rey 1978 = Alain Rey: Antoine Furetière, imagier de la culture classique. In: Le Dictionnaire Universel d'Antoine Furetière. Tome I. Paris 1978, 5—95.

Rey 1986 = Alain Rey: Tradition critique et lexicographie: une solution jésuite. In: Féraud 1986, 269—276.

Rey 1987a = Alain Rey: Préface. In: Féraud 1987, 9—15.

Rey 1987b = Alain Rey: Le dictionnaire culturel. In: Lexicographica 3. 1987, 3—50.

Rey 1990 = Alain Rey: Les marques d'usage et leur mise en place dans les dictionnaires du XVIIe siècle: le cas Furetière. In: Glatigny 1990a.

Rey A paraître = Alain Rey: Furetière, un révolté malgré lui. In: Actes du Colloque 1986 de la Société nord-américaine des dix-septièmistes français. A paraître.

Rey-Debove 1982 = Josette Rey-Debove: Le métalangage dans les dictionnaires du XVIIe siècle (Richelet, Furetière, Académie). In: Höfler 1982, 137—147.

Ricken 1978 = Ulrich Ricken: Merciers «Néologie» — ein Werk der Revolution? In: Lendemains 11. 1978, 87—95.

Ritter 1905 = Eugène Ritter: Les quatre dictionnaires français. Genève 1905.

Robertson 1979 = H. Rocke Robertson: Antoine Furetière: The Development of a Dictionary. In: Papers on Lexicography in Honor of Warren N. Cordell edited by J. E. Congleton, J. Edward Gates, Donald Horbar. Terre Haute 1979, 109—123.

Roques 1936/1938 = Mario Roques: Recueil général des lexiques français du Moyen Age (XIIe—XVe siècle). I. Lexiques alphabétiques. 2 tomes. Paris 1936, 1938. [Réimpr.: Paris 1969/1970].

Roques 1982 = Gilles Roques: Les régionalismes dans Nicot 1606. In: Höfler 1982, 81—101.

Roques 1983 = Gilles Roques: Littré et l'étymologie. In: Littré 1983, 367—376.

Roques 1988 = Gilles Roques: Des régionalismes dans les dictionnaires des XIXe et XXe siècles. In: Gemmingen/Höfler 1988, 235—250.

Roques 1989 = Gilles Roques: Les régionalismes dans les premiers dictionnaires français: d'Estienne (1539) à Nicot (1606). In: La langue française au XVIe siècle: usage, enseignement et approches descriptives. Sous la direction de Pierre Swiggers et Willy Van Hoecke. Paris. Leuven 1989.

Rosenstein 1985 = Roy Rosenstein: Jean Nicot's «Thresor» and Renaissance Multilingual Lexicography. In: Dictionaries 7. 1985, 32—56.

Ross 1981a = Walter W. Ross: Antoine Furetière's *Dictionnaire universel*. In: Notable Encyclopedias of the Seventeenth and Eighteenth Centuries: Nine Predecessors of the Encyclopédie. Ed. Frank A. Kafker. Oxford 1981, 53—67.

Ross 1981b = Walter W. Ross: Thomas Corneille's Dictionnaire des arts et des sciences. In: Notable Encyclopedias of the Seventeenth and Eighteenth Centuries: Nine Predecessors of the Encyclopédie. Ed. by Frank A. Kafker. Oxford 1981, 69—81.

Sacy 1956 = S. de Sacy: Le «Dictionnaire» de Littré et l'«Encyclopédie de la Pléiade». In: Mercure de France 326. 1956, 778—782.

Saint-Gérand 1986 = Jacques-Philippe Saint-Gérand: P. C. V. Boiste, tératolexicographe? L'exemple du «Dictionnaire universel». In: Féraud 1986, 119—127.

Saint-Gérand 1988 = Jacques-Philippe Saint Gérand: «Révolution(s)» à l'épreuve des lexicographes et des documents. In: La légende de la Révolution. Clermont-Ferrand 1988, 235—254.

Saint-Gérand 1990 = Jacques-Philippe Saint-Gérand: Usage, emplois, stéréotypie dans les éditions du Dictionnaire universel de Boiste: note sur le cas des marqueurs d'usage et leur fonction. In: Glatigny 1990a.

Schlieben-Lange 1985 = Brigitte Schlieben-Lange: Die Wörterbücher in der französischen Revolution (1789—1804). In: Handbuch politisch-sozialer Grundbegriffe in Frankreich 1680—1820. Hrsg. v. Rolf Reichardt und Eberhard Schmitt in Verbindung mit Gerd van den Heuvel und Anette Höfer. München 1985, 149—189.

Schlieben-Lange 1986 = Brigitte Schlieben-Lange: Le traitement lexicographique du changement et du conflit des significations linguistiques pendant la Révolution française. In: Féraud 1986, 173—183.

Schwartze 1875 = Roderich Schwartze: Die Wörterbücher der französischen Sprache vor dem Erscheinen des «Dictionnaire de l'Académie française». 1350—1694. Ein Beitrag zur Geschichte der französischen Lexikographie. Dissertation. Jena 1875.

Seguin, G. 1987 = Geneviève Seguin: Le Dictionaire Critique et le Suplément: un montage possible, une fusion impossible. In: Féraud 1987, 219—239.

Seguin 1978 = Jean-Pierre Seguin: Lexicographie et conformisme en 1798. In: La Licorne 2. 1978, 85—105.

Seguin 1986 = Jean-Pierre Seguin: Archaïsme et connotation dans le Supplément du Dictionaire Critique de Féraud. In: Féraud 1986, 141—145.

Seguin, J.-P. 1987 = Jean-Pierre Seguin: L'utilisation des dictionnaires de l'Académie et de Trévoux dans le travail du Suplément. In: Féraud 1987, 21—43.

Seguin 1990 = Jean-Pierre Seguin et al.: Les marqueurs de «mauvais usage» dans le Dictionaire critique de Féraud. In: Glatigny 1990a.

Sermain 1986 = Jean-Paul Sermain: Le travail de la citation dans le Suplément manuscrit du Dictionaire Critique de Féraud. In: Féraud 1986, 253—261.

Sermain 1987a = Jean-Paul Sermain: Les termes de rhétorique dans la nomenclature et le corpus des articles. In: Féraud 1987, 141—156.

Sermain 1987b = Jean-Paul Sermain: Choix et fonction des citations. In: Féraud 1987, 45—57.

Starnes 1963 = De Witt Talmage Starnes: Robert Estienne's Influence on Lexicography. Austin, Texas 1963.

Stéfanini 1969 = Jean Stéfanini: Un provençaliste marseillais: l'abbé Féraud (1725—1807). Aix-en-Provence 1969.

Stefenelli 1987 = Arnulf Stefenelli: Die lexikalischen Archaismen in den Fabeln von La Fontaine. Passau 1987.

Stein 1985 = Gabriele Stein: The English Dictionary before Cawdrey. Tübingen 1985.

Swiggers 1983 = Pierre Swiggers: Le «Dictionnaire grammatical de la langue françoise» de l'Abbé Féraud. In: Beiträge zur romanischen Philologie 22. 1983, 271—278.

Toro 1936 = Michel de Toro: A propos du dictionnaire français-latin de Robert Estienne. In: Le français moderne 4. 1936, 354—360.

Tougard 1900 = Albert Tougard: Une prétendue seconde édition du Dictionnaire de l'Académie. In: Bulletin du bibliophile et du bibliothécaire 1900, 387—401.

Tougard 1901 = Albert Tougard: Les premières impressions du Dictionnaire de l'Académie. In: Bulletin du bibliophile et du bibliothécaire 1901, 520—531.

Tuaillon 1983 = Gaston Tuaillon: Littré dialectologue. In: Littré 1983, 377—390.

Vaulchier 1984 = Henri de Vaulchier: Charles Nodier et la lexicographie française 1808—1844. Paris 1984.

Verbraeken 1989 = René Verbraeken: André Félibien et le vocabulaire artistique en France au XVIIe siècle. In: Kremer 1989, 82—93.

Verdonk 1989 = Robert A. Verdonk: Le «Recueil» de H. Hornkens (Bruxelles 1599), premier dictionnaire français-espagnol. In: Kremer 1989, 61—70.

Viala 1984 = Alain Viala: Une nouvelle institution littéraire, les dictionnaires du français vivant. Polémiques autour de la genèse d'un genre et significations sociales. In: De la mort de Colbert à la révocation de l'Édit de Nantes: un monde nouveau? XIVe Colloque du Centre méridional de rencontres sur le XVIIe siècle (CMR 17). Marseille 1984, 89—96.

Wagner 1967 = Robert-Léon Wagner: Les vocabulaires français I. Définitions. Les dictionnaires. Paris 1967.

Wagner 1978 = Robert-Léon Wagner: Dictionnaires et histoire du vocabulaire. Présentation. In: Le français moderne 46. 1978, 193—198.

Wexler 1959 = P. J. Wexler: Chronologie de la publication du Dictionnaire de Littré. In: Cahiers de lexicologie 1. 1959, 99.

Wey 1852 = Francis Wey: Antoine Furetière, sa vie, ses œuvres, ses démêlés avec l'Académie française. In: Revue contemporaine 2. 1852, 595—618 et 3. 1852, 49—78.

Wijk 1923 = Willem van der Wijk: La première édition du «Dictionnaire françois» de Richelet. Dordrecht 1923.

Wooldridge 1970 = Terence Russon Wooldridge: Sur la trace du «Grand dictionnaire françoislatin»: impressions et exemplaires connus. In: Cahiers de lexicologie 17. 1970, 87—99.

Wooldridge 1975 = Terence Russon Wooldridge: Robert Estienne, cruciverbiste: les équations sémantiques du Dictionnaire francoislatin. In: Cahiers de lexicologie 27. 1975, 107—116.

Wooldridge 1977 = Terence Russon Wooldridge: Les débuts de la lexicographie française. Estienne, Nicot et le «Thresor de la langue françoyse» (1606). Toronto 1977.

Wooldridge 1978 = Terence Russon Wooldridge: Pour une exploration du français des Dictionnaires d'Estienne et de Nicot (1531—1628). Notes lexicographiques et bibliographiques. In: Le français moderne 46. 1978, 210—225.

Wooldridge 1982 = Terence Russon Wooldridge: Projet de traitement informatique des dictionnaires de Robert Estienne et de Jean Nicot (TIDEN). In: Höfler 1982, 21—32.

Wooldridge 1985a = Terence Russon Wooldridge: Le vocabulaire du bâtiment chez Nicot: quelques datations. In: Revue de linguistique romane 49. 1985, 327—357.

Wooldridge 1985b = Terence Russon Wooldridge: Concordance du «Thresor de la langue françoyse» de Jean Nicot (1606). Matériaux lexicaux, lexicographiques et méthodologiques. Toronto 1985.

Wooldridge 1986 = Terence Russon Wooldridge: Le «FEW» corrigé par Nicot et Cotgrave. In: Revue de linguistique romane 50. 1986, 383—422.

Wooldridge 1987 = Terence Russon Wooldridge: Matériaux pour l'étude du lexique et de la lexicographie française du XVIe siècle. Une concordance du «Thresor» de Nicot. In: Cahiers de lexicologie 50. 1987, 245—260.

Wooldridge 1988 = Terence Russon Wooldridge: Les vocabulaire et fréquence métalinguistiques du discours lexicographique des principaux dictionnaires généraux monolingues français des XVIe—XXe siècles. In: Gemmingen/Höfler 1988, 305—313.

Wooldridge 1989a = Terence Russon Wooldridge: The Birth of French Lexicography. In: A New History of French Literature edited by Denis Hollier. Cambridge, Ma. London 1989, 177—180.

Wooldridge 1989b = Terence Russon Wooldridge: Les sources des dictionnaires français d'Estienne et de Nicot. In: La langue française au XVIe siècle: usage, enseignement et approches descriptives. Sous la direction de Pierre Swiggers et Willy Van Hoecke. Paris. Leuven 1989, 78—99.

Zedler 1905 = G. Zedler: Das Mainzer Catholicon. In: Veröffentlichungen der Gutenberg-Gesellschaft IV. 1905.

Laurent Bray, Erlangen
(République Fédérale d'Allemagne)

186. La lexicographie française depuis Littré

1. La situation lexicographique après Littré
1.1. Le *Littré,* aboutissement et point de départ
1.2. Godefroy
1.3. Le *Dictionnaire universel* de Pierre Larousse
1.4. La genèse du *Petit Larousse*
1.5. La 7e édition du *Dictionnaire de l'Académie*
2. Une «belle époque» des dictionnaires français (1898—1918)
2.1. Le *Dictionnaire général*
2.2. Le *Nouveau Larousse illustré* de Claude Augé et le *Dictionnaire des dictionnaires* de Guérin
2.3. Le *Petit Larousse* et ses concurrents
3. L'hibernation de la lexicographie de langue (1918—1950)
3.1. L'Académie
3.2. Les Larousse encyclopédiques
3.3. Le *Petit Larousse*
3.4. Études sur le lexique

4. Renaissance des traditions (1950—1985)
4.1. Les dictionnaires de langue; le *Robert:* le *Dictionnaire alphabétique* et analogique et ses suites; le *Grand Larousse de la langue française;* le *T. L. F.*
4.2. Les dictionnaires encyclopédiques: Larousse et Quillet
4.3. Les dictionnaires pédagogiques de la langue et les dictionnaires pour enfants
5. Conclusions
6. Bibliographie choisie
6.1. Dictionnaires
6.2. Travaux

1. La situation lexicographique après Littré

Après Littré, encore que son dictionnaire soit le résultat d'une longue évolution et constitue une synthèse plutôt qu'une novation, après un certain nombre d'accomplissements quasi contemporains (Lafaye 1858; Boissière 1862), le paysage lexicographique français avait acquis une nouvelle «couleur locale», sans qu'aucune rupture ne l'ait défiguré. Mais pour peu que l'on sorte des cabinets de travail pour considérer la société qui s'empare de leurs produits, une mutation est évidente.

1.1. Le *Littré,* aboutissement et point de départ

À la suite de la débâcle nationale de 1870 et du drame de la Commune, une société profondément perturbée, divisée, devait engendrer, avec des institutions politiques nouvelles, un milieu culturel renouvelé. Les mutations littéraires et intellectuelles, eu égard à notre objet, sont sans doute moins importantes que la mise en œuvre d'un projet didactique national, de l'école maternelle à l'université.

C'est beaucoup plus la lecture, la consultation, l'image, la symbolique du dictionnaire, qui, dans ces années, se bouleversent, que l'objet lexicographique même.

Si le *Littré* est un aboutissement, son image sociale d'ouvrage de référence est un point de départ. La réception des dictionnaires, dans la société française — et sans doute aussi belge, suisse — du temps, est bouleversée: les ouvrages érudits eux-mêmes trouvent un public. Ainsi l'on passe des cent volumes manuscrits, impubliés, de Lacurne de Sainte-Palaye au recueil de Godefroy, acheté et consulté par un corps de professeurs nouvellement accru et réorganisé. Cette évolution brusque est encore plus lisible quand il s'agit de formules didactiques, et Pierre Larousse et ses successeurs l'illustrent brillamment.

Continuité et traditionalisme n'excluent pas quelques novations de méthode: mais celles-ci ne seront nettement visibles que vers la fin du siècle. Pour l'heure, de 1870 à 1890, c'est un aspect peu étudié de la lexicographie française qui bouge: les lecteurs, les consulteurs, les besoins qui changent; un nouveau système de communication sociale s'instaure.

Sans revenir sur la difficile question des typologies, et en se bornant à des divisions intuitives, qu'on a voulu adapter à l'objet étudié — et il en va de même pour la périodisation —, on peut considérer quatre principaux secteurs, excluant (alors qu'il eût été impossible de procéder ainsi pour le XVIe ou le XVIIe siècle) le monde de la lexicographie plurilingue et celui de l'encyclopédie proprement dite.

1.2. Godefroy

On peut caractériser la synthèse du *Littré* par deux adjectifs: *historique* et *philologique*. Certes, le *Littré* n'est pas un dictionnaire historique au sens plein du terme (Paris 1901) et sa doctrine philologique, fondée sur des connaissances imparfaites, est encore toute imprégnée de port-royalisme. Suffisamment étudié, soit comme point d'aboutissement d'une évolution séculaire (Quemada 1968), soit comme résultat d'un état de la linguistique, comme texte et comme support symbolique (Rey 1970) et bien sûr comme «machinerie» lexicographique complexe (outre les deux références récentes ci-dessus, Paris 1901) le Littré, au début de notre époque, est encore très vivant. Un supplément paru en 1877 en modifie remarquablement la doctrine, sinon les méthodes. La conception de la nomenclature, d'abord relativement sélective et normative, s'ouvre aux néologismes; la politique des citations change du tout au tout. Il me semble qu'on y a insuffisamment insisté: un Littré repris par son auteur après 1877 (il n'en avait plus l'envie, ni les forces) eût été bien différent de celui que nous connaissons.

C'est l'année même où Littré s'éteignit (1881) que parut le premier volume d'un autre monument philologique, le *Dictionnaire de l'ancienne langue française et de tous ses dialectes* de Frédéric Godefroy, résultat d'une longue collecte de plus de trente années, menée, comme l'écrit G. Paris avec la sévère hauteur du «patron» universitaire pour un amateur, «un peu au hasard, sans contrôle et sans système» (Paris 1901, 802). Quant à Lacurne de Sainte-Palaye (1697—1781), on sait qu'il ne put éditer de son vivant qu'une infime partie de ses matériaux (en 1752), et que son *Dictionnaire historique de l'ancien langage français* (1875—1882) constituait, à l'époque de Godefroy, un anachronisme. Indépendamment de ses faiblesses philologiques, assez excusables à l'époque, et de ses insuffisances linguistiques — que A. Tobler, un instant découragé par la parution du Godefroy, devait surmonter avec la collaboration de Lommatzsch —, l'ouvrage de Godefroy est un curieux dictionnaire. Par sa macrostructure d'abord: il est formé de deux recueils alphabétiques, le premier (paru de 1881 à 1896) consacré aux formes disparues, le second *(Complément)* aux formes ayant vécu en français classique et éventuellement en français moderne. Ce clivage pragmatique intuitif a l'inconvénient évident de rompre l'unité fonctionnelle du matériel, déjà compromise par la longueur extrême de la période étudiée (Xe s. à 1600). Dans le corps de l'ouvrage comme dans le *Complément*, les entrées sont suivies de leurs variantes, de la catégorie grammaticale et de citations groupées selon une analyse sémantique assez sommaire. Les gloses en français moderne sont souvent de simples synonymes *(Commodieux,* adj., avantageux, commode). Les «sens» ou «valeurs» peuvent être assez nombreux: ils sont énumérés sans numérotation, dans un ordre similaire à celui qu'adopte en général Littré: du général au particulier, du «propre» au figuré, du plus ancien au moins ancien, en terminant en général par la phraséologie ou, pour les verbes, par les formes participiales. On a critiqué les gloses, souvent approximatives et parfois erronées, mais le recueil de citations est considérable: nombre de premières attestations, en 1985, sont encore celles que fournit Godefroy.

Ajouté à celui de Littré, qui couvre la langue classique, en rejetant dans des «historiques» chronologiques les textes antérieurs, le corpus exploité par Godefroy constitue une base lexicologique remarquable pour une description d'usages anciens de la langue. La leçon n'en sera pas perdue, même pour des objets de descriptions autres que l'ancien français.

1.3. Le *Dictionnaire universel* de Pierre Larousse

Si Godefroy ne s'adresse qu'à un public érudit, Pierre Larousse, malgré l'immensité de son *Grand Dictionnaire universel* (Lar. XIXe, 1864—1876 — voir ci-dessous 2.2.) — qui le condamne à s'exprimer pour des lecteurs aisés — vise une audience plus large. L'ancien maître d'école, devenu polygraphe, puis éditeur, met au service du dictionnaire un tempérament, des connaissances, des intérêts bien différents de ceux d'Émile Littré. Il se passionne pour un message didactique, au sein duquel les idées — républicaines, optimistes, scientistes — et les sentiments — généreux, démocratiques, tolérants mais vifs — l'emportent sur la connaissance linguistique, et où cette connaissance est socialisée, utilisée pour l'amélioration morale du citoyen. Dans son dictionnaire, le lexique décrit par Littré, et a fortiori par l'Académie, est débordé par les terminologies scientifiques, techniques ou érudites et évidemment par les noms propres. En négligeant ce dernier élément, on observe dans ce dictionnaire une nomenclature certes importante, mais inférieure à celle de Guérin et pas beaucoup plus impressionnante que celle de Littré: pour la tranche *Fi-Fil-,* respectivement 265, 290 (Guérin) et 225 entrées (Littré). Malgré ses énormes développements encyclopédiques, le *Grand Dictionnaire universel* ne néglige pas l'héritage lexical et ses reflets littéraires. Souvent étudié comme produit textuel d'un «auteur» (Rétif 1975) ou comme reflet d'attitudes historiques (Ory 1984), cet ouvrage n'a jamais fait l'objet d'une enquête métalexicographique systématique: «chez Pierre Larousse, les mérites de l'encyclopédiste ont éclipsé les talents du lexicographe» (Matoré 1968, 124). La macrostructure alphabétique de Pierre Larousse est unifiée: mots du lexique français, emprunts terminologiques et noms propres (incluant de nombreux titres d'œuvres) sont interclassés.

Le programme de microstructure — en excluant les noms propres, objet d'une description souvent illustrée d'éléments bibliographiques — va servir de modèle général à toute la lexicographie encyclopédique française au XXe siècle. Ce programme comporte une première partie systématique (entrée; variantes; marque grammaticale; prononciation; étymologie sommaire), suivie d'un texte articulé en paragraphes et en éléments séparés par des doubles barres, et qui se laisse analyser en 4 parties principales, dans les articles les plus complexes. (a) Une partie «de langue», comportant éventuellement deux zones. La première, de nature sémantique, analyse l'entrée, et donne pour chaque unité distinguée (sémème) une définition, des exemples forgés et de citations d'auteur. Une seconde zone, de nature à la fois sémantique et formelle, décrit des syntagmes, locutions, etc. Ces deux parties peuvent interférer, mais de manière asystématique, l'analyse n'étant pas plus incohérente que dans Littré, en général. (b) Une partie que j'appellerai «terminologique», où des valeurs sémantiques particulières (de la forme-entrée ou d'un syntagme qui la comporte) sont définies, et toujours précédées d'une marque de domaine. Cette partie comprend peu d'exemples et rarement des citations. Les parties (a) et (b) peuvent être nettement distinctes (ex. *Fraternité; garçon; gale*) ou interférer (ex. *Géant*), la première (a) pour des substantifs de contenu technique ou scientifique, pouvant se réduire à de simples données philologiques. Une troisième partie (c), de nature linguistique, concerne la syntagmatique («épithètes»; ex. *Géant*) et plus souvent la paradigmatique (synonymes, antonymes) ou l'homonymie. La quatrième partie (d) correspond à l'encyclopédie. En général, elle reprend tout ou partie des éléments distingués en (b) avec les mêmes marques de domaines.

Quant au contenu propre des éléments du *Grand Dictionnaire universel,* on signalera la faiblesse de la prononciation, transcrite de manière imprécise, comme chez Landais (1832) ou Nodier (1836) et non pas selon un système plus cohérent, comme chez Féline (1851) ou Littré (voir Quemada 1967, 121—126). L'analyse sémantique est assez poussée, la phraséologie abondante, les exemples aussi. Mais ce sont les citations d'auteur qui forment (par rapport à Littré) la grande nouveauté: la littérature et le discours didactique du XIXe siècle y sont abondamment représentés.

La partie «terminologique», très riche, embrasse les sciences et les techniques dans leur état quasi contemporain; une étude par domaine serait nécessaire pour en déterminer l'actualité et la valeur.

Enfin l'«encyclopédie», quasiment réservée aux substantifs, présente des caractéristiques assez uniques dans l'histoire de la lexicographie française. Elles relèvent de l'analyse du discours. Pierre Larousse et ses collaborateurs emploient fréquemment un style personnel, parfois polémique, qui étonne à cette époque et fait parfois penser à certains auteurs de dictionnaires anciens et notamment à l'*Encyclopédie*. Les contenus idéologiques sont soulignés; les anecdotes abondent, les allusions personnelles sont multiples. Cet aspect de l'ouvrage, très connu, n'a été étudié que quant aux contenus. Il faut noter que les parties linguistiques et terminologiques n'ont à peu près jamais l'allure personnelle et débridée des notices encyclopédiques.

Ce triple programme: langue, terminologie, encyclopédie, sera systématisé et rendu plus efficace avec une «tenue de discours» très différente, par Claude Augé (voir plus loin 2.2.).

1.4. La genèse du *Petit Larousse*

Malgré sa notoriété et ses grandes qualités informatives, malgré son idéologie libérale et démocratique, quelque peu anticléricale (Larousse écrivait plaisamment: «le dictionnaire du XIXe siècle a été fait si volumineux qu'aucun lecteur ne sera tenté de le prendre pour un livre de messe»), le *Grand Dictionnaire universel du XIXe siècle* , du fait de sa taille et de son prix, pouvait difficilement être acquis par son public naturel, fait «de bourgeois modestes, d'instituteurs, de petits fonctionnaires» (Matoré 1968, 127) et a fortiori par une jeunesse candidate à l'ascension sociale dans un esprit républicain.

Aussi bien, l'idée d'un petit dictionnaire, missel laïque et initiatique destiné à deux apprentissages, celui de la langue maternelle avec son écriture et celui des matières enseignées par l'école, était venue à Pierre Larousse au milieu de son activité pédagogique, qui portait surtout sur l'apprentissage des vocabulaires.

C'est en 1856 (un peu avant la date d'où nous partons) que parut le *Nouveau Dictionnaire de la langue française* (= Lar. nouv.). Cet ouvrage de 714 pages in-18 (pagination de la 4e édition, 1858), malgré un très large succès (plus de 40 000 exemplaires par an), est aujourd'hui quasi introuvable. Ce *Nouveau Dictionnaire* de Pierre Larousse s'intitulait dictionnaire «de la langue française»: il comportait trois parties: un «vocabulaire» suivi «d'un dictionnaire complet de la prononciation des mots difficiles» (on notera la contradiction de la formule, le jugement de difficulté — très intuitif — excluant à l'évidence le caractère complet); une nomenclature de «notes scientifiques, étymologiques, historiques et littéraires», où l'encyclopédie et les informations de nature linguistique étaient donc mêlées; enfin, un répertoire de locutions et de citations latines. L'intention du pédagogue-lexicographe était de dépasser «nos innombrables dictionnaires de poche, [où] on se contente d'énoncer le sens propre et général des mots [... et qui sont des] squelettes où il ne faut chercher que l'orthographe des mots et le genre des noms». La nomenclature se voulait moderne, sans excès néologique; une norme morale la réglait: «M. Larousse a écarté avec le plus grand soin [...] tous les mots qui sont, de la part des élèves, l'objet de recherches et de questions indiscrètes» (Présentation de l'éd. de 1858, citée par A. Rétif). Bien entendu, la sélection ne porte pas seulement sur les tabous, ni sur les niveaux de langue jugés bas: sur ce plan, l'opposition entre le type de dictionnaire inauguré par Larousse et les autres dictionnaires manuels (à commencer par le Boiste de 1800) se marque par les choix de nomenclatures terminologiques sélectives. Il s'en dégage un univers de référence axé sur la classe et la pédagogie. Le modèle de nomenclature se précise en 1860, année où Pierre Larousse ajoute à son travail un dictionnaire «des mots historiques, géographiques et mythologiques» (Rétif 1975, 123), c'est-à-dire de noms propres; il semblerait que les contemporains en étaient systématiquement exclus (*Ibid.*, 125). En 1869, ce manuel «lexicologique» — pour employer la terminologie de Larousse — atteint 1 164 pages et prend le titre plus publicitaire que significatif de *Dictionnaire complet de la langue française* (= Lar. compl.). Une étape importante est franchie quand, à l'instigation de l'un des gérants de la firme Larousse, Georges Moreau, ce dictionnaire s'orne de vignettes (1878). La nouveauté est d'importance, tant sur le plan éditorial et didactique que sémiotique et — ce qui est moins évident — proprement lexicographique.

1.5. La 7ᵉ édition du *Dictionnaire de l'Académie*

Quant à la description des usages de la langue, le modèle normatif instauré au XVIIᵉ siècle par l'Académie française, un instant ébranlé — par l'édition «révolutionnaire», puis par le *Complément* de Barré, qui reprenait la tradition de complémentarité inaugurée par Thomas Corneille — s'est reformé avec une étonnante vigueur.

Il y a d'ailleurs peu à dire sur la 7ᵉ édition du dictionnaire de l'Académie française (sinon qu'elle reproduit, après sa propre préface, les préfaces des six éditions antérieures pour bien insister sur la tradition).

En fait, et sur examen de la tranche alphabétique déjà exploitée *(Fi-Fil-)*, la 7ᵉ édition n'est guère qu'un recopiage de la 6ᵉ (de 1835). On passe de 102 à 104 entrées, par ajout de *fidéi-commissaire* et de *filaire*. Les deux entrées «nouvelles» sont dans Littré; la première ne s'imposait guère, alors que sont désespérément absents *fibrome, fibule, fichtre, fidéiste, fielleux, fignoler, fileter, filtrage*, tous diligemment enregistrés par Littré parmi beaucoup d'autres — et tous admis par l'Académie... 54 ans plus tard.

Ce conservatisme donne à l'ouvrage, en 1878, un caractère plus qu'archaïque, étrangement fictif, une très grande part des exemples ayant été rédigés au XVIIIᵉ, sinon au XVIIᵉ siècle.

2. Une «belle époque» des dictionnaires français (1898—1918)

Si l'expression «belle époque» est plus que contestable lorsqu'on l'applique à la société française de ces années 1900—1914, elle convient assez bien à ce secteur de l'activité du livre, de la didactique et de la connaissance du langage qu'est la lexicographie. En effet, en moins de quinze ans, et indépendamment de plusieurs encyclopédies, la lexicographie linguistique est renouvelée, la formule du dictionnaire encyclopédique moderne et celle du petit dictionnaire didactique sont affinées et modernisées.

En fait, à l'exception de nouveautés profondes dues à l'évolution de la linguistique et à celle des méthodes éditoriales liées à l'informatique, toute la lexicographie française du XXᵉ siècle est tributaire de trois ouvrages-clés, nullement révolutionnaires mais témoignant d'un savoir-faire accru: le *Dictionnaire général* (1892—1900); le *Nouveau Larousse illustré* (1897—1904) et le *Petit Larousse* (1905) dirigés par Claude Augé. Certes, ces trois ouvrages procèdent étroitement du passé et les deux derniers ne sont généralement pas considérés comme essentiels. Mais si l'on prend en considération le modèle de communication et les méthodes éditoriales — non pas seulement le texte lexicographique — la mutation est assez nette et ses effets sociaux assez puissants pour qu'on s'y arrête un peu.

2.1. Le *Dictionnaire général* (= DG)

Science et méthode: Le *Dictionnaire général*. Malgré ses dimensions relativement modestes et encore qu'il soit resté, pour le public, dans l'ombre du Littré, l'œuvre d'Adolphe Hatzfeld, assisté par Arsène Darmesteter, puis par Antoine Thomas, est peut-être le sommet de la lexicographie française philologique et historique. C'est le premier dictionnaire français à employer une classification sémantique arborescente. La volonté d'organisation des données polysémiques, qu'elle soit fondée sur la logique, sur l'histoire (ou sur la prétention à concilier les deux) ou enfin sur la fréquence, doit, pour être lisible, s'appuyer sur une présentation claire. L'introduction d'un métalangage à peu près cohérent, la typographie (passages à la ligne ou séparations claires), puis la numérotation — depuis Johnson, mais seulement avec Littré en France — correspondent à des tentatives de clarification formelle non sans importance, lorsqu'il s'agit d'utilisation (et non plus de conception) du dictionnaire. Une numérotation strictement linéaire était complètement impuissante à représenter une classification de nature logique, ou plutôt sémiotique, avec ses trois dimensions, syntactique, sémantique et pragmatique, distinguant donc divers niveaux; elle ne faisait que clarifier des classifications plus anciennes, nécessairement linéaires, comme l'est tout discours suivi. Pour reprendre les termes lumineux de Gaston Paris, «les quinze ou vingt sens que présente tel ou tel mot semblent ainsi se déduire l'un de l'autre, tandis que là (...), les faits se comportent entre eux, non comme les anneaux d'une chaîne, mais comme les branches d'un arbre» (Paris 1901, 807).

C'était — enfin — la rencontre de la classologie, domaine important de la gnoséologie et de l'épistémologie, avec la lexicographie. Les vertus de ce système sont si grandes, sa lisibilité si efficace, que, malgré l'évolution des méthodes taxinomiques, la classification arborescente triomphe dans tous les grands dictionnaires de langue — et pas seulement, cela va de soi, en français. Conçu et en partie réalisé avant 1881 (l'histoire détaillée du *Dictionnaire général* reste à faire), le projet de Hatzfeld, malgré ses innovations, devait la plus grande partie de son contenu philologique au travail de Littré. Le recrutement, par hasard, du jeune Arsène Darmesteter, allait permettre à Hatzfeld d'intégrer les données plus récentes de la morphologie et de la lexicologie historique, améliorant fortement les étymologies souvent caduques ou hasardées du Littré. Surtout, Darmesteter innovait en reliant chaque étymologie à son *Traité de la formation de la langue française,* intégré au dictionnaire mais qu'il laissa inachevé (la rédaction en fut complétée par Léopold Sudre et par Thomas). À la mort prématurée de Darmesteter (1888), la partie étymologique et historique était loin d'être terminée, mais Antoine Thomas, autre jeune et brillant universitaire, chartiste et philologue, reprit cet ensemble et le mena à bonne fin (dates de publication: 1892 à 1900, selon G. Paris).

Les faiblesses du *Dictionnaire général* — notamment par rapport à Littré — sont dues à ses dimensions beaucoup plus modestes (2 270 pages sur 2 colonnes d'un format inférieur aux 4 708 pages sur 3 colonnes du Littré sans le supplément) et à la primauté donnée à l'histoire sur la description d'un usage bien déterminé dans le temps (on dira plus tard «synchronie»). Nomenclature limitée; phraséologie modeste; exemples et citations peu nombreux; malgré les apports de Delboulle, Godefroy et M. Schöne, ces citations d'auteurs étant souvent empruntées à Littré et n'allant guère, dans le temps, au-delà du corpus littréen (1600—1800, à quelques exceptions près). Il appartiendra au XXe siècle de combler ce décalage d'environ un siècle entre l'époque de description et l'objet: effet probablement inconscient des attitudes quant à la norme. Le *Dictionnaire général* manifeste, plus encore que le Littré, une certaine indifférence quant à l'usage. Ainsi, l'adverbe *blanchement,* attesté chez du Bartas (par Godefroy), est illustré par une citation des *Contes* de La Fontaine, dont on connaît le style archaïsant et par un syntagme qui paraît étranger à l'usage du XIXe s.: «un enfant toujours blanchement tenu». Or cet adverbe est mentionné sans aucune marque, au même titre que des formes alors courantes.

Malgré ses faiblesses quant à la conception d'un usage contemporain, le «Hatzfeld», par sa rigueur analytique, sa précision dans les définitions, sa clarté de présentation, va constituer un véritable modèle (moins revendiqué que le Littré, mais plus profond), pour les dictionnaires de langue à venir.

Enfin, l'établissement d'un métalangage naturel et typographique plus cohérent correspond à la prise de conscience d'une spécificité didactique pour le dictionnaire de langue, qui acquiert alors une structure propre.

2.2. Le *Nouveau Larousse illustré* de Claude Augé et le *Dictionnaire des dictionnaires* de Guérin

En apparence, l'époque 1900 ne voit pas de grande nouveauté en matière de lexicographie encyclopédique. La formule semblait avoir été mise au point par le grand dictionnaire de Pierre Larousse, qui s'est terminé longtemps après qu'une terrible série d'hémorragies cérébrales eut interrompu ses activités (entre 1871 et 1875, date de sa mort). Les tomes VII à XV du dictionnaire se sont donc imprimés et en parties rédigés sans leur «auteur». Les derniers volumes, et les deux vastes suppléments (1878 et 1890), contemporains des petits dictionnaires issus du *Dictionnaire complet,* furent établis sous la direction des successeurs de Larousse. Le principal, sur le plan lexicographique, est Claude Augé (1854—1924), ancien aide-comptable de l'entreprise, dont les qualités pédagogiques et éditoriales se manifestèrent avec deux ouvrages, le *Nouveau Larousse illustré* (= Lar. ill., 1897—1904) et le *Petit Larousse,* créé en 1905. Le premier dictionnaire cité est souvent considéré comme un abrégé du *Grand Dictionnaire du XIXe Siècle,* ce qui est inexact. Son importance historique me paraît grandement sous-estimée. À côté de l'évidente continuité qui existe entre l'œuvre de Pierre Larousse et celle de Claude Augé, d'ailleurs infiniment moins personnelle, et définie étroitement par une structure éditoriale contraignante, celle d'une grande maison d'édition, une non moins évidente rupture s'y manifeste sur le plan éditorial et de la communication sociale. Le «style Larousse», encore aujourd'hui, n'est absolument plus celui du fondateur, mais celui de l'extrême fin du XIXe siècle, manifesté par les ouvrages publiés alors.

Quantitativement, alors que la tranche alphabétique *Fi-Fil-* (utilisée ici à titre d'échantillon) représentait pour le Larousse du XIXe siècle 265 unités (dont 16 et 5 pour les deux suppléments), le dictionnaire de Augé atteint 312 entrées. Ce «niveau de nomenclature» ne sera guère dépassé au XXe siècle. Quant à la microstructure, Claude Augé simplifie et systématise celle de Pierre Larousse. La partie d'analyse sémantique est parfois modifiée en fonction de l'évolution des fréquences (*gare,* d'abord défini en «navigation» par P. Larousse, est dans le *Nouveau Larousse illustré* défini en terme de chemin de fer, et d'abord comme «bâtiment»; le plan est ainsi retourné, par rapport à l'histoire du mot). Mais ceci ne correspond pas à un changement de doctrine. Les définitions sont en général précisées et modernisées; les exemples — notamment la phraséologie — sont plutôt enrichis. En revanche, les citations d'auteurs sont beaucoup moins nombreuses (des 20 citations de *Fraternité,* Augé en conserve 2, de Bossuet et de Proudhon).

Le ton, les «stratégies discursives» sont entièrement repensés, par neutralisation, abrègement, effacement des jugements personnels assumés, etc. Là où Pierre Larousse cherchait par tous les moyens à donner des notices encyclopédiques (quitte à y discuter des étymologies, à citer des anecdotes), Augé sélectionne ces notices en fonction d'un projet didactique parallèle à celui des petits dictionnaires manuels.

L'élément important est dans la fixation d'un modèle qui subordonne les données sémantiques à la terminologie classée par domaines, et l'encyclopédie à un programme cohérent. Ce classement par domaines, au lieu d'être systématique (organisé sémantiquement ou pragmatiquement) comme chez Pierre Larousse, est alphabétique, c'est-à-dire arbitraire, mais suivant un ordre constant et facilement mémorisable.

Héritiers plus ou moins légitimes de Littré et de Pierre Larousse, deux dictionnaires, analogues dans leurs intentions à l'ouvrage de Claude Augé, sont à signaler.

Le *Dictionnaire des mots et des choses* de Larive et Fleury (pseudonymes de deux pédagogues, MM. Merlette et Oyon) vise essentiellement l'école. Ses 3 volumes présentent une information langagière pédagogique (brèves étymologies, problèmes d'orthographe, conjugaisons, synonymies, etc.) et des notices à caractère encyclopédique, formant, selon les auteurs, des «leçons de mots et des leçons de choses». Dépourvu de citations d'auteurs, pauvre en exemples, sélectif dans sa nomenclature (147 entrées sans les noms propres, dans notre échantillon, là où les grands dictionnaires dépassent 250 et où le *Petit Larousse* [1906] atteint 140 entrées), et plus encore en ce qui concerne les noms propres, ce dictionnaire est intermédiaire entre les grands ouvrages encyclopédiques et les petits dictionnaires pour les classes (Cf. ci-dessous 2.3.).

Plus intéressant est le *Dictionnaire des dictionnaires* de Mgr Paul Guérin, camérier du pape Léon XIII. Publié en 1886, réédité en 1892 puis en 1898 et intégrant alors le contenu d'un supplément (1895), cet ouvrage à la fois encyclopédique et philologique bénéficiait de nombreuses collaborations, plus ou moins prestigieuses.

La nomenclature de l'ouvrage est très riche; l'échantillon utilisé dans cette étude produit 290 entrées (plus que le *Grand Dictionnaire* de Larousse, moins que le *Nouveau Larousse illustré*), sans compter les noms propres, qui sont interclassés; cette richesse est due à la terminologie scientifique et technique, mais aussi aux archaïsmes médiévaux, souvent apportés par Godefroy et même — ce qui est moins attendu — aux mots familiers ou argotiques (ex. *Faffiot, faffe*). Comme dans les Larousse, les entrées sont de trois sortes: langue, terminologie (essentiellement des substantifs), mixtes. Les citations doivent fort peu à Pierre Larousse, mais plus à Littré (ex., à *Complaisant,* Racine, Iphigénie, à *Compléter,* Hugo, Chants du crépuscule, à *Complexion,* Molière, Misanthrope, à *Complice,* Corneille, Médée), certains exemples étant complétés ou vérifiés.

Les entrées de nature terminologique sont souvent traitées de manière spécifique (par rapport au vocabulaire général): le plus souvent, une marque de domaine est fournie et la définition est en seconde métalangue (ex. *Complexus*... ANAT. *Nom donné à* deux muscles; *Component, s. m.* ... GÉOL. *Se dit des* matières (...); *Componium* ... MUS. *Sorte d'*orgue). Mais cette formule n'est pas toujours respectée (*Composeuse, s. f.* Machine à composer).

Comme chez Pierre Larousse, mais beaucoup plus brèves et moins nombreuses, des notices encyclopédiques sont ajoutées en fin d'article, après la mention: *Encyclopédie.*

Le *Dictionnaire des dictionnaires* est un intéressant hybride où la tradition de Littré et de Godefroy est mêlée au didactisme terminologique et encyclopédique de Larousse.

Enfin, on peut noter que le «Guérin» partage avec le *Dictionnaire général* de Hatzfeld une remarquable indifférence par rapport à la pluralité chronologique des usages. Ici, le panchronisme envahit l'histoire même de la langue française. Cependant, il intègre des «régionalismes», notamment québécois (Poirier 1985).

Une étrange mésaventure était réservée au *Dictionnaire des dictionnaires.* En effet, en 1908, paraîtra une soi-disant *Encyclopédie du XXe siècle* (= Enc. XXe), richement reliée, illustrée de gravures assez nombreuses, et recourant à des collaborateurs célèbres parmi lesquels on remarque Gabriel Hanotaux, Alfred Rambaud, Raymond Poincaré, Marcelin Berthelot, Gustave Eiffel, le constructeur d'automobiles Albert de Dion ou l'ingénieur en chef du métro de Paris, Louis Biette. Le directeur de la publication était Alfred Mézières, son secrétaire général Frédéric Loliée, tous deux collaborateurs du *Dictionnaire des dictionnaires.* Or, non seulement 80 % du texte au moins reproduit identiquement celui de Guérin, mais même la Préface, signée Loliée, est le démarquage à peine réécrit d'une partie de celle de Guérin, d'où le catholicisme militant a été soigneusement gommé.

2.3. Le *Petit Larousse* et ses concurrents

Les années qui précèdent la Première Guerre mondiale furent aussi fécondes en matière de lexicographie pédagogique. En effet, des hésitations créatrices se marquent dans la concurrence entre petits ouvrages encyclopédiques. Claude Augé, bénéficiant d'une longue tradition, d'une puissance éditoriale adaptée à son objet, d'une technique de l'illustration plus avancée que ses concurrents, faisait du *Petit Larousse* de 1905 (= Pli) une remarquable réussite — les faiblesses que nous y constatons étant en général partagées ou aggravées par les ouvrages similaires.

2.3.1. Parmi ceux-ci, aujourd'hui quasi inconnus — le «Bénard» publié par Belin, le petit Larive et Fleury, réduction de l'ouvrage en 3 volumes signalé plus haut —, il faut faire un sort particulier au *Dictionnaire classique* d'Augustin Gazier (1887) qui semble l'avoir emporté dans le public sur le Larousse équivalent, avant le *Petit Larousse* de 1905, probablement élaboré en partie pour répondre à cette concurrence (le Gazier eut 42 éditions jusqu'en 1923 et totalisa 900 000 exemplaires — renseignements fournis par la famille Gazier). Comparé au *Dictionnaire complet* de Larousse (dans l'édition de 1901), le «petit Gazier» de 1903 se caractérise (a) par une nomenclature plus sélective: sur la série *Fi-Fil-,* 17 entrées ne figurent que dans le Larousse. Une seule entrée *(filipendule)* ne figure que dans Gazier. À noter que le *Petit Larousse* de Augé (1905) suivra le Gazier dans de nombreux cas, par exemple pour éliminer des mots rares et ajouter *filipendule.* Le souci pédagogique sélectif est patent; il se confirme par l'élimination des mots rares ou considérés comme inutiles dans la classe, et bien sûr des mots tabous *(merde, putain, salaud),* des mots à contenu tabou *(prostituée, coït, masturbation).* (b) Sur le plan des définitions et de leur idéologie, Gazier est souvent plus moderne: «*Femme* : être humain du sexe féminin» (Larousse 1901: «la compagne de l'homme; celle qui est ou a été mariée»); *Nègre, négresse* «habitant de l'Afrique, de l'Océanie, qui a la peau noire» (Larousse 1901 est ouvertement raciste). (c) Gazier témoigne d'un effort d'analyse sémantique et de clarté dans la présentation. Là où Larousse juxtaposait des valeurs très différentes (*Fille* «personne du sexe féminin considérée par rapport aux parents; personne du sexe féminin non mariée; servante: *fille d'auberge*»), Gazier sépare et intercale un exemple (*Fille* «enfant du sexe féminin (par rapport à son père et à sa mère) // femme non mariée: *rester fille pour soigner ses parents* // servante: *fille de ferme, de cuisine*»). (d) Les exemples, plus nombreux que dans le Larousse 1901, sont, ou bien des phrases simples *(cet écolier passe tous ses condisciples)* ou, plus souvent, des syntagmes neutralisés *(passer une robe à un enfant; passer un contrat . . .).*

2.3.2. Promis à un succès immense, le *Petit Larousse* constitue une habile synthèse, enrichissant le *Dictionnaire complet,* son prédécesseur, grâce à diverses innovations, dues à ses concurrents, notamment à Gazier, mais aussi et surtout au *Nouveau Larousse illustré* en 7 volumes.

Sans cesser d'être normative, exclusive des mots-tabous et de nombreux mots familiers et sévère aux archaïsmes, la nomenclature accueille certains mots relativement récents (*bicyclette* 1880; *interview* et ses dérivés; *familistère* 1859), mais en exclut ou en oublie beaucoup d'autres.

Toujours par rapport au *Dictionnaire complet,* des définitions sont réécrites, corrigées et précisées, et des informations ajoutées (synonymes et antonymes, étymologies). Les mots *fiançailles* et *fiancé*, par leurs définitions, trahissent une évolution idéologique et institutionnelle («promesse de mariage en présence d'un prêtre» devient «promesse de mariage échangée en présence d'un prêtre ou de parents et amis»; *fiancer* devient «promettre solennellement en mariage»). Mais outre des contenus idéologiques ambigus, bien des définitions très imparfaites subsistent (un seul exemple: *revolver* «sorte de pistolet avec lequel on peut tirer plusieurs coups sans recharger», ce qui n'est pas assez spécifique), et les plans d'articles, toujours sommaires et peu lisibles, du fait de la typographie, sont parfois déconcertants.

3. L'hibernation de la lexicographie de langue (1918—1950)

3.1. L'Académie

Pendant cette période, le dictionnaire général de langue française est en sommeil, les ouvrages normalement utilisés étaient le *Littré* — devenu une sorte de mythe culturel et littéraire — et le *Dictionnaire général*. L'abrégé de Littré, par Beaujean, ne remplit pas une fonction considérable; de fait, Littré n'était guère abrégeable: ses étymologies (souvent périmées), ses plans d'articles insuffisamment cohérents se retrouvent chez Beaujean, alors que sa vraie richesse, ce jeu subtil et inépuisable des citations, disparaît à peu près de l'abrégé. Un seul ouvrage, en matière de lexicographie de la langue, marque cette période. C'est la 8ᵉ édition du dictionnaire de l'Académie (= Acad-8, 1934).

Sans rien changer à ses habitudes, la Compagnie suit paresseusement et avec retard l'évolution des vocabulaires. Dans notre échantillon *(Fi-Fil-)*, le nombre d'entrées passe de 104 (1878) à 119 (117, si l'on exclut le passage de deux participes passés au rang d'adjectifs).

En matière de nomenclature, la norme académique, même adaptée, ne reflétait nullement l'évolution des vocabulaires et ne répondait pas aux besoins. (Acad-9, 1986, témoigne, en revanche, sous la direction de Maurice Druon, d'un réel effort de renouvellement.)

3.2. Les Larousse encyclopédiques

Pourtant, cette époque voit le développement éditorial du dictionnaire. Mais ce sont les ouvrages encyclopédiques et terminologiques, ainsi que les dictionnaires spéciaux qui bénéficient d'une activité significative — et d'un marché —, avec les ouvrages de nature «classique», essentiellement scolaires. Deux traditions se concurrencent, celle des Larousse, issue des deux best-sellers de Claude Augé; celle des Quillet, qui échappent en partie au domaine de cette étude, par leur aspect d'encyclopédies systématiques, sous forme de tableaux et d'articles monographiques, séparables de la macrostructure de dictionnaire. Après le *Larousse pour tous* et le *Larousse universel illustré* en deux volumes, adaptations abrégées et modernisées du *Nouveau Larousse illustré*, riche par sa nomenclature, Paul Augé (fils de Claude) édite le *Larousse du XXᵉ siècle* (= Lar. XXᵉ), qui diffère assez peu dans son principe de son prédécesseur. Il se caractérise par une nomenclature très importante (337 pour l'échantillon utilisé ici, chiffre maximum de tous les ouvrages consultés) et une typographie plus claire. L'analyse des sens manifeste une meilleure logique interne. Les citations, moins nombreuses que dans le *Nouveau Larousse illustré,* sont encore présentes; la langue classique y domine. Enfin, les rubriques encyclopédiques, rédigées dans le même esprit que pour le *Nouveau Larousse illustré,* sont en général raccourcies, pour laisser la place au matériel nouveau. L'illustration est modifiée, mais non bouleversée; certaines gravures au trait sont remplacées par la photographie correspondante.

3.3. Le *Petit Larousse*

Le *Petit Larousse* mis au point par Claude Augé en 1905 (voir ci-dessus 2.3.2.) fut le point de départ d'un modèle didactique durable et d'un succès commercial et culturel massif. Un équilibre dans l'économie d'information ayant été atteint, l'éditeur, tout en suivant de près l'évolution du vocabulaire et celle des techniques éditoriales (notamment pour l'illustration), ne modifia plus sa conception des besoins du lecteur et de l'outil didactique alphabétisé. Si le discours du *Petit Larousse* a suivi l'évolution des idéologies et des institutions culturelles, c'est avec prudence et retenue, et en fonction d'une conception stable de la pédagogie.

L'histoire de ce dictionnaire est faite d'éditions annuelles pour lesquelles une place est réservée — au prix de sacrifices parfois brutaux — aux besoins lexicaux nouveaux, ainsi que de mutations périodiques de la présentation. En 1924 *(Nouveau Petit Larousse illustré),* le format et le nombre de pages augmentent. Les refontes de 1935, 1948 et 1952 sont moins sensibles; après la période considérée ici, celle de 1959 verra un format un peu différent; en 1968, apparaîtra une édition plus luxueuse, agrandie et avec une illustration en couleurs. Une autre refonte (1981) améliorera surtout les définitions. Au cours des années, le *Petit Larousse* a conservé sa structure et ses priorités: nomenclature quantitativement très stable, mais sans cesse renouvelée, et ceci de manière suffisamment représentative pour servir de corpus pour des études portant sur le «mouvement général du vocabulaire français de 1949 à 1960» (par J. Dubois, L. Guilbert, H. Mitterand, J. Pignon; voir Dubois/Dubois 1971, 111 sq) ou sur la dérivation suffixale (Dubois 1962). Qualitativement, cette nomenclature est riche en terminologies didactiquement utiles, notamment dans les «matières de l'école» et dans les disciplines en contact avec le grand public: médecine, par exemple. Elle est accueillante aux emprunts, notamment aux anglicismes, plus réservée quant aux usages très familiers ou argotiques. La microstructure des *Petit Larousse* successifs mériterait aussi d'être étudiée sur le plan du contenu sémantique et phraséologique, peu abondant mais significatif. Il va sans dire que la description de la langue, dans cet ouvrage, est beaucoup plus sommaire que celle des terminologies retenues et traitées, dans un esprit quasi encyclopédique. La situation a d'ailleurs changé en 1989, année où la microstructure du PL a été «révolutionnée» (sous la responsabilité de D. Péchoin) par recours à la classification arborescente, dès lors pratiquée par presque tous les dictionnaires français actuels. L'intérêt métalexicographique de ce changement est clair: il permet notamment la comparaison des analyses sémantiques sur une base homogène, pour la quasi totalité des dictionnaires.

3.4. Etudes sur le lexique

Cependant, avant 1950 et la renaissance de la lexicographie linguistique, il faut souligner que l'hibernation dont on a parlé ne concerne que le dictionnaire général de la langue. La synthèse d'étymologie gallo-romane de von Wartburg — *Französisches Etymologisches Wörterbuch* (= FEW), depuis 1921 — ne produit pas un dictionnaire comme les autres, puisque l'alphabétisation concerne des étymons, soit latins, soit germaniques, soit d'autres langues (emprunts), et cède la place au classement conceptuel de Hallig et Wartburg quand il s'agit de formes françaises d'origine obscure. Mais le dictionnaire de von Wartburg dépasse le cadre de cette étude. Cependant, le F. E. W., ainsi que quelques ouvrages de référence rédigés soit en Allemagne (Meyer-Lübke; Gamillscheg), soit en France, le *Dictionnaire étymologique* d'Oscar Bloch et W. von Wartburg, 1932 (il sera remanié par Wartburg en 1960), et l'*Histoire de la langue française* dirigée par F. Brunot, voient le jour pendant cette période et préparent ainsi l'avenir du dictionnaire général de langue française.

Il en va de même pour les projets avortés de thesaurus, qui donnent lieu avant la guerre à l'*Inventaire général de la langue française* (I. G. L. F.). Enfin, E. Huguet fait paraître, à partir de 1925, les fascicules de son *Dictionnaire de la langue française du XVIe siècle,* qui prolonge et complète le Godefroy, mais dont les méthodes sont bien contestables, et en tout cas archaïques: élimination des unités lexicales encore vivantes au XXe siècle, opérée de manière intuitive et arbitraire; corpus limité à moins de 300 textes littéraires; analyses sémantiques et définitions aussi imprécises que chez Godefroy. Cependant, l'ouvrage (qui se veut complémentaire du Littré) constitue un recueil de données très important et précieux en l'absence totale de dictionnaire du moyen français. Ces efforts de la philologie et de la linguistique du français ne sont mentionnés ici que pour souligner les progrès de l'étymologie, de la lexicologie historique (il faudrait aussi citer A. Dauzat, G. Esnault, etc.) et les tentatives de dépouillements à finalité lexicographique, dans ces années creuses.

4. Renaissance des traditions (1950—1985)

De 1950 à nos jours, on assiste en France à un phénomène évident, qui est la réapparition du dictionnaire de langue après une éclipse quasi totale d'un demi-siècle.

4.1. Les dictionnaires de langue; le *Robert;* le *Dictionnaire alphabétique et analogique* et ses suites; le *Grand Larousse de la langue française;* le *T. L. F.*

4.1.1. L'initiateur de ce retour aura été Paul Robert. Autodidacte en matière de langue, fasciné par les dictionnaires, il eut l'idée de prolonger Littré, qu'il admirait, par des relevés littéraires plus modernes et d'inclure dans un dictionnaire alphabétique un système de renvois inspiré par les dictionnaires «analogiques» — notamment celui de Boissière. Un peu plus tard, il pensa trouver une justification théorique à son projet dans *la Pensée et la Langue* de Ferdinand Brunot, mais la motivation didactique — l'enrichissement de la compétence lexicale par renvoi du mot fréquent et connu au mot inconnu ou oublié — était pour lui l'essentiel. Devant la méfiance des milieux universitaires (Charles Bruneau, Antonin Duraffour, R. L. Wagner), il se résigna à mettre son projet en œuvre, d'abord seul, puis avec de jeunes collaborateurs. Devant celle des grands éditeurs, Robert devint à son corps défendant son propre éditeur. À la fois apprécié (les Académiciens, probablement las de se référer au seul Littré) et critiqué, le *Dictionnaire alphabétique et analogique de la langue française* (= Robert) est une œuvre évolutive, dont les quatre derniers volumes (de F à Z) présentent des caractéristiques que les deux premiers, et surtout la lettre A, rédigée par l'auteur seul, ne réalisaient pas entièrement. Après une publication par fascicules, le premier volume du Robert (A—C) parut en 1953. Malgré ses nombreuses faiblesses (nomenclature trop prudente, où la référence académique pèse lourd, renvois analogiques trop nombreux et trop lâches; nombreuses citations littéraires classiques, d'ailleurs souvent originales, alors qu'on attendait plus de textes du XIXe et du XXe siècles; information terminologique insuffisante et archaïque, comme dans quasiment tous les dictionnaires de langue), l'ouvrage (1953—1964) témoigne rapidement d'améliorations de méthode. Ainsi, les plans «arborescents», inspirés du *Dictionnaire général,* apparaissent dès les entrées *acte* et *action,* mais resteront exceptionnels avant le 2e volume (D—Fi-); les datations, jointes aux étymologies, ne sont fournies régulièrement qu'à partir de la lettre B; les citations des XIXe et XXe siècles deviennent majoritaires vers la lettre F. D'autres faiblesses subsisteront, comme l'absence de prononciation dans un système scientifique ou encore le traitement anarchique des dérivés et composés sous une entrée principale, faute de place (il en va de même dans le T. L. F., sauf dans les tous premiers volumes).

Mais la richesses relative de la nomenclature, à partir des lettres E et F, celle des citations modernes, des exemples et de la phraséologie, la précision accrue des plans d'articles et l'apport mieux maîtrisé des renvois analogiques ont rapidement conféré au «Robert» une importance didactique et éditoriale qui se situe au-delà de la pure lexicographie. S'il est permis à un artisan de cette évolution de le dire, Paul Robert et ses collaborateurs avaient redonné vie au dictionnaire de langue française et montré que ce type d'ouvrages, disparu en fait du monde de l'édition française (*Littré,* ni le *Dictionnaire général* n'étaient disponibles), correspondait à un besoin réel. Preuve définitive en sera administrée avec le *Petit Robert,* et ce n'est pas un hasard si le Littré connaît alors deux rééditions, l'une complète (J.-J. Pauvert, puis Gallimard), l'autre partielle.

Le *Petit Robert* (= PR), principalement rédigé par A. Rey, J. Rey-Debove et H. Cottez (1968; édition augmentée 1977; mises à jour périodiques), n'est pas, à la différence du Beaujean quant à Littré, un simple abrégé. Utilisant le matériel du *Robert,* il en modifie la nomenclature, en élimine certains éléments archaïques, mais le complémente sensiblement (174 entrées de *Fi-* à *Fil-* pour 168 mots traités, souvent en dérivés, dans la 1re édition du grand dictionnaire). L'alphabétisation rend la consultation plus aisée, — ainsi *fifille,* sous *fille* et *filable,* sous *filer* étaient éloignés de leur ordre alphabétique — les participes passés lexicalisés en adjectifs sont extraits des verbes, certaines entrées sont dégroupées (ex. *Filet*). Pour la partie allant de A à F, la description a été parfois complètement modifiée par rapport au «Grand Robert». Dans tout l'ouvrage, les informations sont systématiques. Si le traitement morphologique reste traditionnel, par rapport à des tentatives originales, comme le *Dictionnaire du français contemporain* (Cf. Wagner 1968) ou le *Robert méthodique* (Cf. Martinet 1983), en revanche la syntagmatique est en général plus riche, sans parler des données pragmatiques (Cf. Rey 1968; Id. 1977, 146—148).

Sans prétendre appliquer un modèle linguistique unique, le *Petit Robert* cherche à donner à la fois des informations fonctionnelles (phonétiques, sémantiques — les plans comportent jusqu'à 5 niveaux hiérarchiques —, syntactiques, phraséologiques, paradigmatiques...) avec des données historiques (datations), étymologiques et des exemples littéraires, en général réservés aux grands dictionnaires de langue.

La diffusion de cet ouvrage (environ 200 000 exemplaires par an depuis sa parution) le place au second rang après le *Petit Larousse;* par-delà un succès d'édition spécifique, on retiendra le fait que le dictionnaire de langue en un volume a pris dans les pays francophones une place d'importance. Et ceci d'autant plus que plusieurs autres ouvrages, similaires ou plus scolaires, sont publiés à la même époque (voir plus loin 4.4.).

L'édition du *Robert* parue en 1985 (le *Nouveau Grand Robert de la langue française* en 9 volumes = Rob. 1985) ayant été dirigée par l'auteur de ces lignes, on se bornera à son sujet des éléments descriptifs. Bénéficiant de l'expérience des dictionnaires parus après le *Robert (Petit Robert, Grand Larousse de la langue française, Trésor de la langue française)*, c'est une tentative de description assez large du français moderne et contemporain, avec des données historiques. La nomenclature est importante (261 entrées dans l'échantillon alphabétique utilisé ici — pour 168 dans la 1re édition et 225 dans le T. L. F.) et strictement alphabétisée, la morphologie des dérivés et composés étant indiquée à la base. L'information comprend comme dans le *Petit Robert* la prononciation en API pour toutes les entrées (et pour certains syntagmes) et de nombreuses datations (formes, sens, phraséologie). Les plans d'articles sont plus formels que dans l'ancienne édition. Outre les exemples, forgés ou attestés, très nombreux, des citations intégrées au texte sont surtout empruntées à la presse. Les citations référencées sont en majorité littéraires; celles de l'ancienne édition ont été conservées et de nombreux exemples ont été ajoutés, certains anciens (d'auteurs «oubliés», tels Sade ou G. Sorel), mais pour la plupart des XIXe et XXe siècles, y compris des textes parus l'année même de la parution. Les renvois «analogiques» ont été complétés et modernisés, mais sans augmentation globale (Muller 1985). Des domaines terminologiques (médecine, botanique, etc.) ont été soumis à des spécialistes et le dictionnaire, au-delà de la description traditionnelle de la langue, renouvelée par la linguistique post-saussurienne, n'écarte pas les vocabulaires de spécialités, à condition qu'ils soient attestés de manière à manifester une large circulation sociale. Les sources, dans ce domaine, sont aussi modernes que la date de la rédaction le permet (à la différence de celles du T. L. F., qui couvrent la période 1789—1960).

4.1.2. Le *Grand Larousse de la langue française* (= GLLF). Issu de projets déjà anciens, ce dictionnaire, établi sous la direction de L. Guilbert, R. Lagane et F. Niobey, parut de 1971 à 1978. Traditionnel dans sa structure, souvent comparable, à la typographie près, à celle du *Petit Robert,* il expose avec clarté l'analyse lexicale d'une nomenclature d'importance moyenne (216 entrées pour l'échantillon utilisé, chiffre très proche de ceux de Littré — 225 — et du T. L. F.). Les exemples y sont relativement peu nombreux et les citations d'auteur, riches en textes des XIXe et XXe siècles, ne comportent malheureusement pas de référence précise, selon la tradition des éditions Larousse, assez déplacée ici.

La partie historique (par A. Lerond) est importante; mais pour les entrées complexes, la série des valeurs datées énumérée en début d'article et traitée en bloc, avec renvoi à l'analyse sémantique, rend son utilisation malaisée. L'aspect paradigmatique (synonymes et antonymes) est, comme dans les grands Larousse encyclopédiques, regroupé en fin d'article. Bénéficiant d'informations systématiques, très soigneusement réalisé, cet ouvrage n'offrait guère de nouveauté par rapport à ses concurrents — sinon, ponctuellement, des analyses sémantiques différentes, généralement pertinentes — et continue la tradition du *Dictionnaire général*, renouvelée par le recours à une perspective post-saussurienne. On a signalé sa relative pauvreté sur le plan syntagmatique (Hausmann 1977, 24 et Göller 1980). Enfin de longs articles de grammaire et de linguistique (dus à H. Bonnard), constituant une encyclopédie alphabétique autonome, sont interclassés dans la nomenclature, un peu à la manière de certaines monographies dans les dictionnaires Quillet. Cet aspect de l'ouvrage est étranger à la lexicographie de langue.

4.1.3. Il est plus difficile de décrire rapidement le *Trésor de la langue française* (= TLF), et cela pour de multiples raisons: importance de l'ouvrage, profonde évolution interne et absence d'homogénéité, inachèvement (12 volumes en 1986), originalité quantitative et qualitative de la documentation et de la technique documentaire, caractère strictement philologique du programme, qui entraîne des difficultés dans la comparaison avec les autres dictionnaires. L'importance des moyens mis en œuvre, notamment dans la documentation informatisée — unique dans l'histoire de la lexicographie française et peut-être mondiale —, ne doit pas entraîner, avec des illusions quant aux résultats théoriquement possibles, une sévérité particulière. Cependant, certains aspects de l'ouvrage, d'abord salué avec enthousiasme, ont été critiqués. F. J. Hausmann (1977 a), en particulier, a décrit diverses insuffisances, quant à la nomenclature, à la syntagmatique et à la paradigmatique, ainsi que les faiblesses dues à l'impossibilité de décrire «synchroniquement» une période de 170 ans et à des hésitations dans l'analyse sémantique. Ceci concernait les volumes I à IV (A—Cage). En outre, on peut montrer que le parti pris strictement «philologique» du T. L. F., et que son refus de recourir à la compétence lexicale d'une équipe, entraînait des conséquences inévitables, aucun corpus n'étant suffisant pour remplir cet objectif normal: donner un reflet raisonnablement fidèle d'un ou de quelques usages d'une langue et, ici, de l'usage «contemporain» du français (de quel français?) (Rey/ Delesalle 1979).

L'examen des 10 premiers volumes conduit à quelques constatations.

Quant à la macrostructure, une rétraction relative est visible. Une comparaison avec le *Nouveau Grand Robert,* de structure plus homogène (du fait qu'il s'agit de l'amélioration d'un ouvrage existant), montre pour la série *A—Aby-* une supériorité quantitative du T. L. F.: 93 entrées absentes du Grand Robert, pour 40 absentes du T. L. F.; alors que dans la série *L—Lil-,* pour une centaine de formes — quasiment toutes traitées en dérivé, en remarque ou sous un élément — qui n'existent que dans le T. L. F., ce sont 222 entrées du *Grand Robert* qui manquent au T. L. F.

L'ouvrage est ainsi marqué par un relatif appauvrissement. Mais cette évolution a aussi des avantages: l'élimination des nombreux hapax de la documentation — catégorie statistique qui mêle des créations littéraires occasionnelles à des néologismes devenus fréquents — est parfois souhaitable; celles d'archaïsmes avérés, étrangers en fait à la période décrite, sauf par une fantaisie littéraire, l'est aussi. On ne se plaindrait pas de l'absence de: *abaddir, abalober, abat-relui, abougrir,* ou de dérivés comme *abracadabrer* ou *absolutionnel* (alors que *abricotine, abribus, absorbance* et *absurdisme* manquent). Si la nomenclature est moins extensive dans les volumes 7 à 10, elle est probablement mieux sélectionnée. L'abandon relatif des terminologies est d'ailleurs préférable à un traitement abondant de lexies technoscientifiques abandonnées allant de pair avec un traitement insuffisant des termes en usage depuis 1950—60, ce qui était notoirement le cas des premiers volumes (*abarticulation,* traité, alors que ce terme est toujours remplacé par *diarthrose; aberrographe, aberroscope,* qui ne figurent plus dans les recueils spécialisés récents; *abiogenèse,* qui était en usage au XIXe siècle, etc.; en revanche *abiotrophique, ablactation, absorbance, absorptance* ou *acoelomates* — absents du T. L. F. — figurent dans tous les dictionnaires encyclopédiques récents et se rencontrent aisément dans la presse de vulgarisation).

En revanche, la macrostructure du T. L. F., d'abord simple — l'immense majorité des formes étant alphabétisées — est devenue complexe et, ce qui est plus gênant, compliquée. De nombreuses formes lexicales, en effet, sont mentionnées (a) en dérivé d'une entrée, (b) en remarque sous une entrée, (c) en listes classées par domaines sous un élément de formation savante. La plupart, pourtant éloignées dans l'ordres alphabétique, ne sont rappelées que dans un index figurant en fin de volume. L'une des supériorités du T. L. F. sur les autres dictionnaires est d'apporter des justifications objectives à ses options; sa faiblesse est que l'objectivité quantitative d'un corpus n'est entièrement valable, sur le plan pragmatique du dictionnaire, que pour une «langue morte», sans production contemporaine de discours (et ceci inclut l'usage classique du français: XVIIe—XVIIIe), et à condition que le corpus soit représentatif. Pour un usage en cours d'évolution, en pleine vitalité, aucun corpus ne peut être pertinent.

L'analyse de la microstructure du T. L. F. requerrait un volume. Très sommairement, on confirmera — malgré la condensation du texte — la richesse syntagmatique (les contre-exemples fournis par Hausmann 1977a semblent plus rares avec les volumes 7—10; cependant, à *intérieur,* on ne trouve pas *monologue intérieur,* ni *temps intérieur)* encore que la répartition des citations d'auteur référencées, très nombreuses dans le texte, puisse gêner. L'information paradigmatique est très sélective, sinon pauvre. La description sémantique est généralement plus fine que dans les autres dictionnaires de langue, mais elle souffre d'une prétention «synchronique» insoutenable (voir l'article *Art,* dont les valeurs dominantes basculent au milieu de la période prise en considération). L'aspect excessivement logique ou plutôt «analogique» de certaines analyses semble avoir disparu après le 5e volume. Enfin, des «crises de croissance» théoriques variées viennent modifier la méthode. Certains articles sont structurés différemment à deux pages de distance: *légitimer* est traditionnel, sémantique; *léguer* A (mais pas B) s'organise en partie distributionnellement, par la catégorisation humain/non humain des sujets et des compléments. Si l'on peut critiquer l'application trop insistante de ces critères, ils améliorent certainement l'ensemble de la description.

L'une des parties fortes du T. L. F. — quelles que soient les critiques de détail — est représentée par les rubriques annexes. On déplorera la disparition de la stylistique, la réduction draconienne de «prononciation et orthographe»; on se félicitera du maintien des «fréquences absolues littéraires» et on saluera la qualité et la richesse de la notice «étymologie et histoire». Une seule remarque générale négative concerne l'organisation du travail lexicographique au *T. L. F.*: cette notice étymologique et historique est visiblement rédigée indépendamment de l'article descriptif, ce qui rend souvent difficile pour le consulteur la mise en rapport des deux parties.

Si l'on peut reprocher au *T. L. F.* son manque d'homogénéité — quantitative et qualitative —, sa politique quant aux terminologies scientifiques et techniques (dont la rapide évolution est incompatible avec le respect philologique d'un corpus étalé sur près de deux siècles), il ne faut pas que ces «misères» fassent oublier de multiples «splendeurs» (pour reprendre les termes de Hausmann), parmi lesquelles une honnêteté encore jamais atteinte dans la description, par recours au corpus le plus vaste jamais exploité. Les problèmes viennent surtout des attitudes méthodologiques générales: je dirais, au risque de paraître paradoxal, que les difficultés constatables du *T. L. F.* sont analogues à celles du *Dictionnaire du français contemporain,* pourtant son opposé éditorial et théorique.

4.2. Les dictionnaires encyclopédiques: Larousse et Quillet

L'évolution des dictionnaires encyclopédiques du français après 1950 est sans suprise. Deux grands Larousse: le *Grand Larousse encyclopédique* (= GLE, 10 vol; 1960—1964; 2 Suppléments, 1968 et 1975) qui conserve, en les modernisant, les caractéristiques du *Larousse du XXe siècle;* puis le *Grand Dictionnaire encyclopédique Larousse* (10 vol; 1982—1985), qui présente diverses originalités linguistiques; plusieurs éditions du Quillet (1953; 1969) qui tentent de moderniser le modèle; divers dictionnaires en 3 et en 1 volume(s), avec une tentative intéressante de Hachette.

Le *Grand Larousse encyclopédique* (= GLE) (sous la direction de Claude Dubois) continue la politique de riche nomenclature à dominante scientifique et technique (terminologique) et l'actualise — peut-être exagérément; de nombreuses entrées nouvelles seront supprimées pour le dictionnaire des années 1980. L'analyse sémantique est plus «linguistique» que par le passé (ex., l'article *faire,* très amélioré); une distinction isole utilement la «langue classique» de l'usage contemporain (ex. *Fâcher*). Les citations anciennes sont souvent supprimées; subsistent des exemples littéraires des XIXe et XXe siècles. L'évolution dans l'analyse de la «partie langue» se poursuivra, alors que les parties terminologiques et encyclopédiques, si elles s'appliquent à un corpus de connaissances très évolutif, sont remarquablement stables dans leur conception, depuis Claude Augé.

Le *Grand Dictionnaire encyclopédique Larousse* (GDEL) publié lui aussi sous la direction de Claude Dubois de 1982 à 1985, augmente la nomenclature dans le même esprit, terminologique et moderniste, et conserve la même microstructure (langue, terminologie, encyclopédie par domaines) en donnant la primauté quantitative à l'encyclopédie. Ainsi au mot *fibre,* pour 15 lignes consacrées à la partie «langue»: 1 colonne 1/2 de texte traite divers domaines terminologiques, avec des notices encyclopédiques et plus de 2 pages de pure encyclopédie sont consacrées aux *fibres optiques.* Si l'on tient compte du fait que la nomenclature de noms propres est très importante, ce sont plus de 90 % du texte qui concernent concepts et référents. Cependant, la partie «langue» est entièrement renouvelée par rapport au *Grand Larousse encyclopédique.* Des plans lisibles, en général linéaires, correspondent à une analyse sémantico-formelle et — comme il est normal — plus formelle pour les verbes. Des adjectifs et substantifs verbaux sont traités de la même manière, parfois un peu réductrice par rapport aux finesses de l'analyse sémantique, mais très claire.

Dans cette partie linguistique, les exemples littéraires ayant complètement disparu, on trouve surtout des exemples de type de constructions, très neutres (ex. à *Fiancer: Pierre est fiancé à Marie. Fiancer qqn à qqn d'autre, fiancer deux personnes,* etc.).

Par rapport à ces évolutions, le «Quillet» de 1953 (6 volumes) et celui de 1969 (8 volumes) demeurent très traditionnels. De l'une à l'autre édition, la modernisation concerne la nomenclature. Mais le dictionnaire conserve la plupart des traits d'organisation et une bonne partie du texte de 1953. Celui-ci, comme dans les précédents *Quillet,* se caractérise par un traitement squelettique pour la «langue» — sauf en matière de normativisme et pour quelques «mots à problèmes» (GENT n. f., GENS, traités en un même tableau; GRAND, GRANDE). Un adjectif comme GENTIL est expédié en 3 «sens»: «Ancienn. Noble. Gentilhomme.

V. Ce mot. — CTR (contraire) Roturier. // Par anal. *Gentil pays de France.* // Fig., en parlant des choses (...).» On croirait lire un dictionnaire en 1 volume du XIXe siècle! Les définitions procèdent trop souvent par synonymes, les exemples sont rares, il n'y a aucune citation.

4.3. Les dictionnaires pédagogiques de la langue et les dictionnaires pour enfants

4.3.1. La formule du dictionnaire pédagogique à dominante terminologique et encyclopédique, incluant les noms propres, s'était incarnée, on l'a vu, dans le *Petit Larousse* (voir ci-dessus 3.3.). Les tentatives concurrentes n'eurent guère de succès.

On peut cependant citer le «Quillet-Flammarion» (=Flammar.), dont la première édition (1956, sous la direction de Pierre Gioan) n'était pas sans mérites, quant au contenu encyclopédique, mais dont la réalisation — et notamment l'illustration — était insuffisante.

Parmi les dictionnaires encyclopédiques en un seul volume, deux ouvrages de taille équivalente mêlent vocabulaire français et noms propres, utilisant une abondante iconographie en couleurs. Le *L1* de Larousse (Lar-1) dérive du *L3*, dictionnaire en 3 volumes à dominante encyclopédique (= Lar-3), sans novation par rapport au *Grand Larousse encyclopédique* en 10 volumes. En revanche, le *Dictionnaire Hachette* (= Hach.) est un travail original (les éléments encyclopédiques s'inspirent de loin du Quillet), dont la partie «langue», analytique et claire, comparable par l'analyse sémantique et les défintions au *Petit Robert,* tranche avec celle des dictionnaires analogues (responsable: Daniel Péchoin).

4.3.2. Dans le domaine de la langue et de son apprentissage, le tableau est moins monotone. Plusieurs types d'ouvrages, depuis la liste orthographique élémentaire jusqu'au dictionnaire pour apprenant, francophone ou étranger, enfant scolarisé ou adulte, peuvent être distingués; mais, pour les éditeurs, qui considèrent en général qu'un modèle d'utilisation trop précis n'induit pas un marché assez rentable, ce sont des considérations de taille, de prix ou de marché aidé (pour le dictionnaire à l'intention de l'école comme pour le manuel scolaire) qui définissent les types. D'où une certaine confusion des genres, et l'existence de dictionnaires dont les utilisateurs ne sont pas précisés explicitement. En revanche, le niveau d'apprentissage et l'âge moyen définissent assez nettement les dictionnaires pour l'école.

Si l'on tient compte des contenus et de leur aspect novateur, le dictionnaire le plus significatif des années 60, en dehors du *Petit Robert,* est sans aucun doute le *Dictionnaire du français contemporain* (= DFC). Œuvre collective, il reflète les idées linguistiques et pédagogiques de Jean Dubois (les autres auteurs étant R. Lagane, G. Niobey, D. Casalis, J. Casalis et H. Meschonnic). Ce dictionnaire, dans sa première version, se présente comme une sélection didactique d'environ 25 000 unités selon une macrostructure destinée à refléter une rationalité linguistique. Rompant l'alphabétisation stricte, il rapproche des formes selon des règles lexico-syntactiques transformationnelles. Ces règles assument les irrégularités produites par l'histoire, et notamment par les structures morphologiques du latin *(bénédiction* est sous *bénir* avec *bénit* et *bénitier).* Le caractère de «conservation sémantique» supposé des transformations incite les auteurs à «dégrouper» en plusieurs entrées certaines unités polysémiques, productrices de dérivés différents pour chaque sens (ainsi *1 bête* ≠ *bestiole; 2 bête* ≠ *bestial* et ses dérivés; *3 bête* ≠ *bêtement, bébête,* etc.). Le procédé conduit évidemment à un traitement où la sémantique interne de l'unité est subordonnée à des considérations structurales. Mais d'autres considérations, syntaxiques sans être transformationnelles, peuvent intervenir: *bien* donne lieu à 3 entrées: l'adverbe, l'adjectif invariable, le nom masculin. Ces dégroupements conduisent à employer plusieurs types de critères, qui peuvent s'appliquer à la même forme (ainsi *feu* 1 à 6 sont dégroupés sémantiquement — sans données transformationnelles, *feu* 7 «mort» étant seul distinct fonctionnellement et étymologiquement). Quant aux dégroupements sémantiques «purs», le clivage entre polysémie *(fête:* 1°, 2°, 3°) et homonymie (3. *feuille,* 4. *feuille,* sans justification «transformationnelle») est forcément intuitif et donc contestable, d'autant que les critères de la description ne sont pas toujours appliqués.

La difficulté de consultation de cette macrostructure est réelle, faute d'un appareil exhaustif de renvois alphabétiques. La microstructure est plus classique; elle fait alterner les définitions traditionnelles (en langue, en système) suivies d'exemples avec des gloses suivant un exemple liminaire, non seulement en cas de phraséologie, ce qui est habituel *(Feuille... «2. Trembler comme une feuille:* être sous l'effet d'une violente émotion», etc.) mais aussi par «réduction phraséologique» *(Féru, ue. Etre féru de quelque chose,* (...) qui exclut l'emploi en épithète) ou par procédé pédagogique, comme dans le *Dictionnaire du français vivant* (Bordas, = DFV) et quelques autres (ex.: *égarer, égayer, égide*). Malgré ces arbitraires dans le traitement, le *D. F. C.* est un dictionnaire à la fois novateur et didactiquement efficace, dont les qualités descriptives et pédagogiques ont été justement célébrées (Wagner 1968; Guilbert 1967), avec parfois de sérieuses réserves (Zwanenburg 1983).

Un *Nouveau D. F. C.*, paru en 1980, modifie sensiblement l'ouvrage initial. La macrostructure en est simplifiée, par redistribution de certaines familles de mots. En outre, des renvois systématiques alphabétisés rendent la consultation plus efficace. Cependant, les «dégroupements» sont respectés.

En ce qui concerne la microstructure, les définitions ont été rendues plus précises, parfois plus encyclopédique et savantes («*faon:* petit des animaux du genre *cerf*» devient «petit d'un cervidé»). La politique de l'exemple est analogue: de nombreux exemples fonctionnels, illustrant des constructions, sont supprimés et font place à des exemples transmettant une information factuelle. L'efficacité pédagogique du dictionnaire a peut-être été accrue, mais sa valeur linguistique en a pâti.

On regrettera qu'en 1986 Larousse ait retiré du marché le DFC vieux style au profit d'une version strictement alphabétisée (DFCol).

Quant à *Lexis*, dictionnaire comparable au *Petit Robert* par son programme et son modèle d'utilisation, le fait qu'il tente de concilier la méthode du *D. F. C.* (qui se voulait strictement synchronique, comme en témoigne la préface de 1966) avec des informations étymologiques et historiques, lui confère un caractère hybride qui — outre ses inconvénients théoriques, cf. Rey 1977, 137—139 — peut rendre son utilisation malaisée. Ceci ne doit pas faire négliger d'autres qualités ou caractéristiques positives de ce dictionnaire, notamment une nomenclature très extensive, de plus de 70 000 entrées, mais parfois déséquilibrée.

Il est intéressant de noter que, outre cette famille de «dictionnaires à dégroupement», d'autres dictionnaires présentent aujourd'hui plusieurs entrées pour des raisons purement sémantiques, en synchronie, alors que l'homonymie était d'habitude réservée aux formes issues d'origines différentes. Mais cette tendance fonctionnaliste, beaucoup moins systématique que dans le *D. F. C.*, ne peut se réaliser convenablement que dans des dictionnaires descriptifs et synchroniques.

Bien antérieur dans sa conception, le *Dictionnaire du français vivant* (= DFV) publié en 1972 par Bordas (M. Davau, M. Cohen, M. Lallemand) porte lui aussi la trace d'une théorie linguistique, celle de Marcel Cohen. Celui-ci, on le sait, répudiait la dichotomie saussurienne de langue et parole au nom de la primauté de la parole et de l'usage sur un système abstrait, virtuel, théorique. Aussi souhaitait-il, par exemple, que la définition d'une unité n'intervienne qu'après un exemple qui en actualisât l'usage; aussi critiquait-il vivement les «tronçons» de discours utilisés dans les dictionnaires: exemples neutralisés, abrégés, etc. Mais l'inconvénient de donner des exemples non «tronçonnés» est sensible: Les informations syntagmatiques, à place égale, sont moins nombreuses; la production d'exemples complets, à la fois significatifs et naturels, est difficile et demande un certain talent de la part des rédacteurs. Des exemples traités, simplifiés peuvent être préférables à des fragments d'énoncés anormaux ou maladroits (ainsi l'emploi du passé simple, dans: *il saisit le paquet et en rompit le cachet*, à *cachet*, 2, produit un énoncé académique, peu représentatif du niveau décrit dans ce dictionnaire). En outre, le système produit des définitions où la synonymie s'applique à un emploi dans un contexte explicite, avec le risque de non-application à d'autres contextes (Rey 1977, 136). Le *Dictionnaire du français vivant* procède par regroupements morphologiques; sa nomenclature est d'environ 34 000 entrées; il ajoute à l'analyse des principaux sens et emplois — distingués linéairement par des numéros — et à la prononciation en API, l'étymologie, ainsi que des données paradigmatiques (synonymes et antonymes) et syntagmatiques, en nombre assez limité. Le caractère «désalphabétisé» de la macrostructure est très sensible; comme dans le *D. F. C.*, des unités formellement divergentes sont rapprochées (*délit-délictueux; couvent-conventuel*); mais ici, les critères, qui sont morpho-étymologiques, justifient ce traitement, sans pour autant rendre la consultation plus aisée (des renvois nombreux pallient cet inconvénient).

Le *Micro-Robert* (=MR), paru en 1971, utilise largement le texte du *Petit Robert,* mais possède une tout autre structure. Les dégroupements —assez rares — y sont sémantiques et distributionnels; les regroupements morphologiques y sont pragmatiques: seuls les dérivés et composés sans modification formelle de la base et très proches dans l'ordre alphabétique sont traités sous cette base. La nomenclature (env. 30 000) est moins sélective que celle du premier *D. F. C.* L'information paradigmatique — système «analogique» — est plus riche que dans les ouvrages comparables; l'information syntagmatique égale ou légèrement supérieure. Une édition revue et augmentée est parue en 1988.

Quant au *Robert méthodique* (1982), dirigé par J. Rey-Debove, il présente par rapport au *Micro-Robert* et au *Petit Robert* une originalité évidente et d'autres plus cachées. La première concerne l'intégration et l'interclassement alphabétique dans la nomenclature, de formes non lexicales, d'«éléments» (morphèmes ou monèmes liés), distincts des mots dans leur présentation et, naturellement, par leur traitement. La théorie sous-jacente est distributionnelle et fonctionnaliste, car ces morphèmes proviennent d'une analyse à la fois formelle (strictement) et sémantique (avec ce que cela suppose d'intuitif). Ces éléments sont obtenus, sans aucune utilisation des étymologies, par la seule récurrence, à la fois formelle et sémantique, d'une forme dans le lexique pris en compte: *cybernétique* par exemple, en l'absence d'autres unités en *cybern-*, n'est pas analysé; *limitrophe,* aisément analysable par l'étymologie, et malgré l'existence d'autres formes en *limit-* et en *-troph-*, ne l'est pas non plus, dans la mesure où, en français moderne, *-trophe* n'a plus la valeur sémantique ailleurs attestée («nourriture»). L'analyse dépend donc d'un corpus de mots; sa cohérence interne implique une dépendance par rapport à l'arbitraire relatif d'une sélection de nomenclature, laquelle ne procède pas seulement de considérations linguistiques, fonctionnelles, mais aussi didactiques et éditoriales.

Aux 34 290 unités lexicales traitées, s'ajoutent donc 1 730 éléments, radicaux, préfixes et suffixes, qui peuvent en être extraits. La macrostructure ne regroupe, parmi les mots apparentés, que ceux qui se suivent dans l'ordre alphabétique, les autres faisant systématiquement l'objet de renvois sous la base. Les dégroupements, comme dans le *Micro-Robert*, se bornent aux homonymies, définies sémantiquement — l'ouvrage étant synchronique. Les informations fonctionnelles, de nature morphologique (formes féminines et plurielles à problèmes, notamment pour les composés) ou syntactique, sont plus abondantes que dans les dictionnaires de taille équivalente. L'analyse des sens est hiérarchique, à plusieurs niveaux; les définitions, précédant les exemples, sont «aussi simples, courtes et rigoureuses que possible» *(Présentation).* Ces caractères de simplicité et de brièveté soulignent l'intention didactique, sur ce plan plus affirmée que dans le *Petit Robert.* Les marques d'usage et l'information paradigmatique — renvois «analogiques» — sont très riches: ici, l'«analogie» porte à la fois sur les mots et sur les morphèmes liés. Les renvois de mots à morphèmes et de morphèmes à mots ont été contrôlés par ordinateur.

Outre l'analyse en éléments, la caractéristique principale du *Robert méthodique* est le soin mis à la description syntactique, notamment pour les verbes et les adjectifs. L'importance de la syntagmatique (avec la phraséologie, qui en est la partie codée) dans ce type d'ouvrages, au détriment de l'exemple «en discours» (énoncé actualisé) pose un problème à la fois théorique — statut semi-discursif, représentatif d'un usage — et didactique: comme on va le voir, les dictionnaires pour enfants adoptent l'option complémentaire, ce qui les rend très pauvres en tant que répertoires fonctionnels et phraséologiques.

Après le *D. F. C.,* reflet des options linguistiques transformationnalistes (mais non chomskyennes) de Jean Dubois, le *Robert méthodique,* qui procède des positions fonctionnalistes et lexicalistes de J. Rey-Debove (voir Rey-Debove, 1981; 1985; Martinet 1983) témoigne de l'influence de la théorie sur la pratique du dictionnaire.

4.3.3. À côté des petits dictionnaires encyclopédiques et des dictionnaires de langue en un volume pour public général *(Lexis, Petit Robert)* ou pour apprenants — voir ci-dessus 4.3.2. —, le dictionnaire pour enfant (ou élève) constitue un genre *sui generis,* comme le «dictionnaire pour étrangers». L'un comme l'autre suppose une définition précise du modèle d'utilisation, depuis la liste de quelques centaines de mots illustrés par des exemples et des images, sans définitions, jusqu'au modèle partiel décrivant une nomenclature de 10 à 20 000 entrées.

Ce genre était mal représenté avant 1960. On se contentait alors de listes sommaires (comme le *Larousse de poche*) ou d'ouvrages didactiques aménageant un texte préexistant. Il est devenu florissant. Mais il s'agit plutôt d'un greffage de la pédagogie sur la lexicographie que d'une évolution de cette dernière. Déjà, des textes comme celui du *Larousse élémentaire* (créé en 1914), puis du *Nouveau Larousse élémentaire* (1956; édition nouvelle en 1967) étaient des adaptations du *Petit Larousse* aux besoins supposés de la classe. De même, le *Larousse classique* et le *Nouveau Larousse classique* (1957), à part l'interclassement alphabétique du vocabulaire et des noms propres, ne présentent par rapport au *Petit Larousse* qu'un enrichissement de nomenclature et des développements encyclopédiques (ou des définitions plus terminologiques). Ces adaptations du dictionnaire encyclopédique aux besoins de l'école ne manifestaient guère d'originalité, à la différence d'ouvrages plus récents, comme l'excellent *Pluridictionnaire* de Larousse (1975, rédacteur en chef: Claude Dubois), tributaire du *D. F. C.* pour la langue.

Dans les années 70, on vit au contraire paraître plusieurs tentatives de description du lexique relativement originales. Ces descriptions s'adressent soit à de très jeunes élèves, avec des nomenclatures allant de quelques centaines à quelques milliers de mots, soit à des moins jeunes de 8—9 à 12—13 ans (plus de dix mille mots).

Tous ces dictionnaires font face au difficile problème des sélections de nomenclature, et sont évidemment tributaires des études de fréquence et de disponibilité du «français fondamental» (par Gougenheim, Rivenc, Michéa et Sauvageot) qui ont donné lieu à plusieurs réalisations lexicographiques, le *Premier Dictionnaire en images* de P. Fourré (1956), le *Dictionnaire fondamental de la langue française* de G. Gougenheim (1958) et le *Dictionnaire du vocabulaire essentiel* de Georges Matoré (1963).

Ces dictionnaires respectent les règles qui ont présidé à l'élaboration de la méthode, dont certaines sont statistiques, d'autres au contraire, didactiques (l'élimination des mots «vulgaires et familiers»). Il faut noter que les ouvrages pédagogiques pour la classe contreviennent fréquemment, sauf pour le dernier point, à ces données systématiques et fonctionnelles: le *Dictionnaire actif* (= Nath. act.) ignore le verbe *faire* dans une nomenclature de 1 000 entrées. Outre les problèmes de nomenclature, se posent les problèmes de la répartition de l'information centrale, sémantique-fonctionnelle, entre exemples et définitions ainsi que d'un type de discours à la fois simple, clair et attrayant pour l'enfant (ce discours étant en général articulé avec une imagerie spécifique). Ces ouvrages doivent aussi constituer une initiation à l'usage du dictionnaire, ce qui leur confère un aspect métalexicographique encore mal décrit. Les plus élémentaires sont aussi les plus éloignés du modèle traditionnel du dictionnaire.

Ainsi, le *Premier Dictionnaire Nathan* (par F. Marchand = Nath. prem.), constitué par une série alphabétique de 200 entrées. Ce type d'ouvrage succède à l'abécédaire et ne répond qu'en partie au modèle du dictionnaire. La sélection des entrées privilégie les substantifs concrets avec une prime au monde enfantin et imaginaire *(igloo, indien, kangourou)*; il y a quelques verbes *(boire, manger, jouer, éclairer, danser, courir)* et fort peu de mots «grammaticaux» *(autrefois* et *maintenant,* traités ensemble). On note des syntagmes lexicalisés *(pomme de terre, ver luisant)* et même un «dégroupement» d'homonymes (2 mots *radio*). L'abstraction, notamment l'expression de la qualité, que représente l'adjectif, est bannie de ce répertoire.

Suite naturelle de cet ouvrage, par le même auteur, le *Dictionnaire actif* (Nath. act.) décrit un millier de mots, selon des principes identiques (par exemple, il n'y a pas de catégorie grammaticale). L'API est utilisé systématiquement et une annexe donne une liste des formes classées phonétiquement. Ainsi, le rapport oral-écrit est mis en évidence, ce qui est nécessaire pour un âge où l'écriture est imparfaitement maîtrisée. Il n'y a aucune définition, mais des exemples de mises en contexte et des questions et conseils portant sur le sens (antonymies, synonymies, analogies) ou sur les référents.

Avec ses 5 000 entrées (environ), le *Premier Dictionnaire* de la méthode du Sablier (G. Côté-Préfontaine, R. Préfontaine, F. Ters = Hat. prem.), malgré l'imperfection de sa présentation (notamment de l'illustration), est un ouvrage lexicographique intéressant à plus d'un titre. Publié en 1974, il procède — avec des modifications — du dictionnaire édité chez Beauchemin (Montréal) en 1968. L'ouvrage insiste sur l'apprentissage graphique et recourt à des procédés originaux: entrées classées à un ordre anormal et renvoyant à un autre lieu du dictionnaire (formes verbales irrégulières, fausses graphies implicites); syllabation des transcriptions phonétiques. Parmi les entrées, certaines *(c'est-à-dire, c'est ... que ...)* soulignent l'intention fonctionnelle. Les entrées, non définies, sont souvent suivies d'un exemple, dans un style neutre, un peu académique; certaines ne donnent que des informations formelles *(chacal, chacals,* n. m. [ʃakal]); les verbes renvoient à un type de conjugaison; les mots de très haute fréquence sont signalés («très importants»; «les plus utiles», etc.). L'appareil formel de signes conventionnels et d'abréviations peut paraître excessif pour l'enfant. Par ailleurs, des anomalies linguistiques et didactiques sont observables dans cet ouvrage, comme dans le *Dictionnaire actif* Nathan (Buzon 1983).

Le *«Mini débutants»* de Larousse (par Claude Kannas) a paru en 1985: il traite entre

5 et 6 000 entrées alphabétisées. Le choix semble plus approprié au monde enfantin de la classe, en France, que celui des concurrents. Mais il est facile d'y découvrir un certain arbitraire et un traditionalisme face aux tabous: c'est encore, dans ce domaine, une stricte obligation. L'ouvrage, à la différence du *Dictionnaire actif,* donne les principales catégories grammaticales sans les abréger et, pour les noms, ajoute un déterminant (article), actualisant le genre. Sa politique pour la répartition définition-exemple marque une évolution par rapport à ses prédécesseurs immédiats: les trois formules, définition + exemple éventuel; exemple + glose; enfin exemple à fonction définitionnelle, y sont pratiquées.

Quant à ces dictionnaires pour les enfants qui viennent d'apprendre à lire, les questions essentielles sont l'aménagement du modèle du dictionnaire et le type de discours choisi. Ainsi, le *Mini débutants* de Larousse adopte un discours simple, mais extrêmement correct, sinon académique: inversion du pronom dans l'interrogation: *connais-tu...?, sais-tu si...?,* etc.; ce choix est pédagogique, mais aussi idéologique: il pourrait être différent.

La catégorie des «dix mille mots ou plus» est représentée, dans les années 60 à 80, par *Mes dix mille mots* de Marcel Didier (= Bordas, 1976), par le *Nouveau Larousse des débutants,* sous la direction de René Lagane (Lar. déb., 1977), par le *Hachette Juniors,* dirigé par Paul Bonnevie et Philippe Amiel. Le second comporte environ 16 000 entrées, le troisième annonce 17 000 mots.

Indépendamment de la sélection (le Larousse et le Hachette ayant des nomenclatures très voisines), les macrostructures sont assez différentes.

Les *10 000 mots* présentent les entrées sans marque grammaticale: pour les substantifs, la marque «masc.» ou «fém.» est remplacée par l'article (le *doute,* une *dragée,* un *drame,* le *dressage*); les adjectifs sont présentés au masculin, le féminin figurant par les exemples; les verbes transitifs sont notés avec *(se),* les pronominaux avec *se* ou *s'.* Cet abandon inhabituel du métalangage grammatical vise un rapport plus direct et plus simple avec l'utilisateur, mais correspond à une diminution de l'information.

Les «10 000 mots» comprennent une colonne spéciale de remarques, d'informations étymologiques (absentes des deux autres ouvrages), d'orthographe et de prononciation: tous commentaires, généralement métalinguistiques, où l'on s'adresse explicitement à l'enfant utilisateur.

Enfin, dans les trois ouvrages, les illustrations procèdent par tableaux regroupant un thème et auxquels renvoient éventuellement (systématiquement dans le Larousse) les articles portant sur les mots concernés; parfois des images paraissent dans le texte. En réalité, le rapport texte-image est, dans les trois, mal maîtrisé, et l'image semble être là surtout pour distraire et amuser le jeune utilisateur, quand elle n'apporte pas, *in situ,* une mini-terminologie (avec des thèmes peu variés: l'avion, la voiture et la route, les animaux, etc.). Sur le plan esthétique et technique, le Hachette et le Larousse l'emportent sans peine et sans éclat.

Le nombre de 16 ou 17 000 entrées semble convenir à l'objectif didactique que constituent les élèves de 8 à 12 ou 13 ans, car Bordas a publié en 1985 *«le Tour du mot»* (= Girodet) qui se situe dans la même perspective éditoriale que le *Nouveau Larousse des débutants* et le *Hachette Juniors.* Cet ouvrage renonce à la séquence exemple-glose, pour revenir à l'ordre traditionnel: définition-exemple. Enfin, a paru en 1988 le *Petit Robert des enfants (PR enf),* ouvrage où J. Rey Debove et son équipe renouvellent la présentation et en partie le discours propre à ce type d'ouvrage. De part et d'autre d'une colonne central réservée aux définitions et aux exemples des unités lexicales retenues (environ 18000), deux colonnes latérales proposent au lecteur la solution de difficultés graphiques et morphologiques ou syntaxiques, des «excursions» encyclopédiques et des citations littéraires enfantines. Tous les exemples de langue renvoient à un univers de référence clos, reflet de la réalité sociale française (et en partie, francophone) contemporaine; les «actants» sont des enfants et l'univers adulte qui les entoure, la clé du système étant donnée dans l'ouvrage même.

5. Conclusions

5.1. La tradition de Littré et du *Dictionnaire général,* influencée par l'évolution de la linguistique, notamment par le saussurisme, le distributionnalisme américain et le fonctionnalisme français (Martinet), et par un renouveau philologique, se développe après les années 60, et donne lieu à d'amples descriptions, telles que le *Trésor de la langue française* ou le *Nouveau Grand Robert.* Le dictionnaire de langue assez extensif (parfois très extensif en ce qui concerne le vocabulaire) en un volume, pour un large public *(Lexis, Petit Robert),* devient un genre en soi, et non plus un abrégé à la Beaujean, tandis que les dictionnaires d'apprentissage à public large *(Dictionnaire du français vivant* de Bordas, *Micro-Robert, Dictionnaire du français contemporain, Robert méthodique)* ou à public défini (les dictionnaires pour l'école) se multiplient. Une évolution des méthodes vers un formalisme relatif, soit en vertu d'un transformationnisme plus harrissien que chomskyen (Jean Dubois, avec le *D. F. C.* et *Lexis*), soit d'un distributionnalisme morphosémantique (J. Rey-Debove, avec le *Robert méthodique*) se précise: ses reflets sont observables, de manière, il est vrai, très irrégulière, dans le *Trésor de la langue française,* et avec une prudence que l'on a voulu plus cohérente dans le *Nouveau Grand Robert.*

Enfin, des tentatives de description «scientifique», non commerciale, du lexique commencent à prendre forme de dictionnaire. Mais les quelques unités lexicales analysées dans la partie publiée du *Dictionnaire explicatif et combinatoire du français contemporain* (= Mel'čuk 1984) manifestent la difficulté pour le sémanticien de communiquer ses méthodes et son savoir au public naturel du dictionnaire. En revanche, les données descriptives très systématiques du laboratoire de Maurice Gross pourraient et devraient donner lieu à une présentation sous forme de dictionnaire.

Il est notable que, par rapport à ces tendances proprement linguistiques, la lexicographie philologique, illustrée par le F. E. W. (qui reprend lentement la description insuffisante des étymons latins en A, avec des résultats qualitativement remarquables), est en retrait. Il n'y a pas d'équivalents de Ernout/Meillet pour le latin ou de Chantraine pour le grec, et la reprise critique du F. E. W. (prévue naguère par Kurt Baldinger) n'a pas abouti.

Les dictionnaires spéciaux de langue française, en revanche, sont nombreux.

On signalera le *Nouveau Dictionnaire des synonymes* de E. Genouvrier (1977), en progrès sur les descriptions classiques antérieurs et toujours fidèle au programme de Girard — alors que celui de H. Bertaud du Chazeau n'est un répertoire analogique —; le dictionnaire de néologismes de Pierre Gilbert; les dictionnaires d'anglicismes de M. Höfler, d'une extrême qualité philologique, et de J. Rey-Debove et G. Gagnon, plus culturel et littéraire; le dictionnaire de morphèmes latino-grecs de H. Cottez *(Dictionnaire des structures du vocabulaire savant),* le *Dictionnaire des locutions* de A. Rey et S. Chantreau, etc. Fruit de recherches parfois discutées mais toujours originales, le *Dictionnaire des étymologies obscures* de Pierre Guiraud est sans doute l'un des produits lexicographiques les plus stimulants de l'époque contemporaine, en France.

Il faut distinguer de ces travaux semi-scientifiques (linguistiques, socio-linguistiques et philologiques) les descriptions d'usages spéciaux du français, qu'ils soient de nature intuitive et littéraire *(Dictionnaire du français non conventionnel,* de J. Cellard et A. Rey) ou de nature spatiale: les dictionnaires de «régionalismes» au sens le plus large (tel l'*Inventaire des particularités du français en Afrique noire* = Inv., publié par l'AUPELF) ou au sens traditionnel du terme (comme le *Dictionnaire des régionalismes de l'Ouest* de Pierre Rézeau, fondé sur l'usage écrit littéraire). On signalera surtout, hors de France, le très remarquable *Dictionnaire du français québécois* (= DFQ), publié par l'équipe du «Trésor de la langue française au Québec» (Université Laval), en cours de rédaction et dont un volume de présentation est paru en 1985. En attendant les descriptions fonctionnelles et globales d'usages spécifiques du français, qui font cruellement défaut, cet ouvrage pourrait être, s'il tient ses promesses, un modèle philologique et socio-culturel de description différentielle pour un usage spécifique d'une langue. Ce modèle suppose évidemment la description fonctionnelle d'un usage de référence normé, qui est dans ce cas d'espèce, le «français de France» et plus précisément celui d'Ile-de-France, plus ou moins coloré de régionalismes *(T. L. F.; Grand Robert).* Il est à noter que ni la Suisse ni la Belgique ne possèdent de tels dictionnaires — on ne mentionne évidemment pas ici la lexicographie dialectale. Quant à la description des africanismes lexicaux en français, l'*Inventaire* mentionné plus haut), il n'a son équivalent ni pour le Maghreb, ni pour la zone caraïbe. D'ailleurs, les régionalismes du français de France ne sont décrits que très partiellement, alors que cette description serait indispensable pour accentuer la prise en compte de la pluralité des usages dans les dictionnaires généraux. Cette prise en compte est déjà un fait acquis, pour les domaines où des sources sont disponibles, dans le *T. L. F.,* le *Nouveau Grand Robert,* le *Petit Robert,* le *Lexis...* (le deuxième dictionnaire cité se veut — relativement — le plus systématique dans cet effort). Enfin on commence à rencontrer des dictionnaires d'apprentissage du français destinés à des apprenants situés géographiquement (par exemple, David 1974).

5.2. Le clivage entre description de la langue et lexicographie terminologique et encyclopédique, amorcé en France au XVIIe siècle (opposition Académie-Furetière), était devenu un fait accompli avec la parution des dictionnaires d'Émile Littré et de Pierre Larousse. On a vu que la première tradition s'était interrompue entre 1900 et 1960, puis avait repris et que la seconde, quelque peu monopolisée par un éditeur, Larousse, s'était continûment poursuivie. Un fait notable est l'amélioration de la description linguistique du vocabulaire dans ces dictionnaires encyclopédiques: le *Dictionnaire Hachette* (en 1 volume) et le *Grand Dictionnaire encyclopédique Larousse* (10 volumes) en sont témoins.

Si l'encyclopédie proprement dite, sous sa forme alphabétisée, est florissante en France *(Grande Encyclopédie Larousse* = Enc. Lar., *Encyclopaedia Universalis* = Enc. Univ.), son aspect proprement lexicographique est très partiel. Enfin, les encyclopédies spécifiques, de nature et de qualité variables, sont extrêmement nombreuses: le fait qu'elles portent souvent le titre de «dictionnaire» ne doit pas abuser. Le traitement encyclopédique des noms propres, parfois complètement distinct (tradition très vivante au XIXe siècle, et qui s'était interrompue sous l'influence du «modèle Larousse»), a été reprise: *Dictionnaire universel des noms propres* et *Petit Robert 2* (= Rob. noms 1974).

En général, les noms propres sont inclus dans un dictionnaire général, et soit séparés *(Petit Larousse),* soit interclassés (d'autres Larousse, les Quillet en plusieurs volumes, les Hachette, de nombreux dictionnaires encyclopédiques spéciaux). En ce qui concerne les noms propres, ces dictionnaires à contenu encyclopédique ne doivent pas faire oublier une autre tradition lexicographique, celle de l'onomastique, faiblement représentée en lexicographie française après les travaux de Dauzat, puis de Charles Rostaing.

Quant à la lexicographie terminologique, elle se répartit en descriptions générales incluses dans un projet plus vaste (les «grands Larousse») et en descriptions thématiques; en descriptions unilingues et plurilingues; en descriptions formelles (liste alphabétique de termes) ou «conceptuelles» beaucoup plus rares, en principe plurilingues, et les seules à répondre théoriquement à leur objet. Parmi celles-ci, inaugurées en Autriche par un notoire dictionnaire trilingue de la machine-outil, par Eugen Wüster, on peut citer pour le français le *Dictionnaire idéologique de la fonderie* (= Fonderie), édité par le Centre technique des industries de la fonderie en 1979.

Devant cette pluralité, une typologie devient de plus en plus nécessaire. Outre le clivage pragmatique entre ouvrages unilingues et plurilingues (ces derniers étant beaucoup plus différenciés que le modèle classique du dictionnaire bilingue mettant deux langues en contact au même niveau de fonctionnement et qui n'est pas étudié ici), deux pôles articulent la description. Celle-ci peut être orientée vers le fonctionnement et les structures des formes lexicales d'un ou de plusieurs usages de la langue, dégageant une intention de norme, ou vers la description des terminologies, telles qu'elles se réalisent dans une langue. La frontière entre ces deux tendances est poreuse, comme en témoignent bien des ouvrages concrets. Les deux tendances donnent lieu à des modèles privilégiés: le dictionnaire de langue peut être culturel et discursif (philologique par la méthode, stylistique et littéraire par les contenus: *T. L. F.)* ou plus strictement fonctionnel. Ces ouvrages peuvent être très extensifs. S'ils sont au contraire sélectifs, les dictionnaires de langue fonctionnels peuvent être pédagogiques dans un cadre institutionnel (l'école).

Parmi les possibilités abstraites de la typologie (Rey 1977), les dictionnaires effectivement publiés dépendent des besoins sociaux et des tendances du marché qui les modèlent et les déforment. Ainsi, l'envahissement de la lexicographie française par le dictionnaire encyclopédique et terminologique, de l'écolier à l'adulte, caractérise l'époque 1900—1960; la réapparition du dictionnaire de langue la période suivante. Après 1965—1970, ce sont les dictionnaires pour apprenants qui se multiplient. Le fait que chaque type privilégié n'élimine aucunement les autres est très caractéristique d'un besoin global à la fois accru et plus différencié.

6. Bibliographie choisie (par A. R. et F. J. H.)

6.1. Dictionnaires

Acad. hist. = Dictionnaire historique de la langue française. A — Azyme. 4 vol. Paris 1865, 1884, 1888, 1894 [XVI, 3177 p.].

Acad-7 = Dictionnaire de l'Académie française. 7. éd. 2 vol. Paris 1878 [LXIII, 903, 967 p.].

Acad-8 = Dictionnaire de l'Académie française. 8. éd. 2 vol. Paris 1932, 1935 [622, 743 p.].

Acad-9 = Dictionnaire de l'Académie française. 9. éd. 2. Fasc. A — Barattage. Paris 1986 [VI, 116 p.].

alpha = Dictionnaire encyclopédique alpha. 24 vol. Lausanne 1982, 1983 [3000 p.].

Auvray = J. Auvray: Petit dictionnaire usuel et portatif de la langue française. 5. éd. Paris 1889 [1. éd. 1840].

Bélèze = Guillaume Bélèze: Petit dictionnaire de

la langue française. 11. éd. Paris 1882 [424 p.; 1. éd. 1847].

Bénard = Théodore Bénard: Dictionnaire classique universel. 4. éd. Paris 1863 [736 p.; 78. éd., 1911, 1008 p.].

Bergerot = E. Bergerot/François Tulou: Nouveau dictionnaire encyclopédique illustré, réd. d'après le nouv. Dictionnaire de Bescherelle (...). Paris 1890.

Bert. = Henri Bertaud du Chazaud: Nouveau dictionnaire des synonymes. Paris 1971 [471 p.; rééd. 1979].

Bescherelle = Louis Nicolas Bescherelle: Dictionnaire national; ou Dictionnaire universel de la langue française. 11. éd. Paris 1865 [12. éd. 1867, VII, 1319, 1683 XI, VIII p., 2 vol. en 4 t.; 18. éd. 1881; 1887, 1890].

Besch. class. = Louis Nicolas Bescherelle/Joseph Antoine Pons: Nouveau dictionnaire classique de la langue française. Paris 1864 [XX, 101 p.; 7. éd. 1877; éd. Henri Bescherelle, 1880, 995, 224 p.; nouv. éd. 1892, 1415 p.].

Besch. pet. = L. N. Bescherelle: Petit dictionnaire national. Paris 1876 [Ed. 1888, 541 p.; 1. éd. 1857, 632 p.].

Besch. usuel = L. N. Bescherelle/Auguste Bourguignon: Dictionnaire usuel de la langue française. Paris 1877 [1271 p.; 1884].

Blanc = Elie Blanc: Dictionnaire alphabétique et logique (...) à l'usage des écoles. Ed. rev. Lyon, Paris 1912 [1183 p.; 1. éd. s. l. t. Dict. alph. et analogique, 1892, 1115 p.].

Bloch/W. = Oscar Bloch/Walther v. Wartburg: Dictionnaire étymologique de la langue française. 2 vol. Paris 1932 [XXXVIII, 407, 406 p.; 5. éd. 1968, XXXVI, 683 p.].

Boissière = Prudence Boissière: Dictionnaire analogique de la langue française. Paris 1862 [XI, IV, 1439, 32 p.].

Boiste = Pierre Claude Victoire Boiste: Dictionnaire universel de la langue française. 15. éd. Paris 1866 [756, 241 p.].

Bordas 10 000 = Mes 10 000 mots. Le dictionnaire pour l'école. Paris 1976 [X, 792 p.].

Cellard/Rey = Jacques Cellard/Alain Rey: Dictionnaire du français non conventionnel. Paris 1980 [894 p.].

Chantraine = Pierre Chantraine: Dictionnaire étymologique de la langue grecque. Histoire des mots. Paris 1968–1980 [1368 p.].

Chevreuil = Chevreuil: Le Grand dictionnaire illustré de la langue française littéraire, usuelle et fantaisiste (...). 5 vol. Paris 1884, 1885.

Colin = Dictionnaire encyclopédique illustré Armand Colin. Paris 1905 [1030 p.; nouv. éd. 1920].

Commelin = P. Commelin/Eugène Rittier: Nouveau dictionnaire encyclopédique illustré, rédigé d'après le «Dictionnaire national» de Bescherelle, entièrement refondu et mis à jour. Paris 1910 [XII, 1371 p.].

Comm. pet. = Petit dictionnaire français, extrait du «Dictionnaire encyclopédique» de Commelin et Rittier. Paris 1912?, 1920? [740 p.; nouv. éd. 1930].

Cottez = Henri Cottez: Dictionnaire des structures du vocabulaire savant. Eléments et modèles de formation. Paris 1980 [515 p.].

David = Jacques David: Dictionnaire du français fondamental pour l'Afrique. Paris 1974 [421 p.; adapté de Gougenheim].

Descamps = J. L. Descamps et al.: Dictionnaire contextuel de français pour la géologie. Essai de classement d'une concordance de français scientifique et étude critique. 2 vol. Paris 1976 [XIII, XXVIII, 1617 p.].

DF = Dictionnaire du français. Paris 1987 [1800 p.; éd. remaniée du Hach. langue].

DFC = Dictionnaire du français contemporain. Paris 1966 [1224 p.; éd. 1971, 1109 p.; éd. 1980 s. l. t. Nouveau dict. du français cont. illustré, 1263 p.].

DFCol = Dictionnaire du français au collège. Paris 1986 [XXXII, 1060 p.].

DF plus = Dictionnaire du français plus à l'usage des francophones d'Amérique. Montréal 1988 [XXIV, 1856 p; adapté du DF]

DFQ = Dictionnaire du français québécois. Volume de présentation. Québec 1985.

DFV = Maurice Davau/Marcel Cohen/Maurice Lallemand: Dictionnaire du français vivant. Paris 1972 [1338 p.].

DG = Adolphe Hatzfeld/Arsène Darmesteter/Antoine Thomas: Dictionnaire général de la langue française du commencement du XVIIe siècle jusqu'à nos jours. 2 vol. Paris 1890–1900 [2772 p.].

Dupiney = Jean François Marie Dupiney de Vorepierre: Dictionnaire français illustré et encyclopédie universelle. 2 vol. Paris 1856–64 [2. éd. 1867/68. 3. éd. 1875, 1328, 1376 p. 4. éd. 1879/81].

Enc. Lar. = La Grande Encyclopédie [Larousse]. 20 vol. Paris 1971–1976 [12 932 p.; Index, 1978, 649 p.; Suppl. 1981, 674 p.].

Enc. Univ. = Encyclopédia Universalis. 20 vol. Paris [18 750, 1920, 2330 p.].

Enc. XXe = Encyclopédie universelle du XXe siècle. 12 vol. Paris 1908–1910 [Nouv. éd. 1912].

Ernout = Alfred Ernout/Antoine Meillet: Dictionnaire étymologique de la langue latine. Histoire des mots. 4. éd. Paris 1967 [XVIII, 827 p.; 1. éd. 1932].

FEW = Walther von Wartburg: Französisches Etymologisches Wörterbuch. 24 vol. 1922 ss.

Flammar. = Dictionnaire usuel. Paris 1956 [1458 p.; 1973, 1663 p.; 1980, 1944 p.].

Flammarion = Camille Flammarion: Dictionnaire encyclopédique universel, contenant tous les mots de la langue française (...). 8. vol. Paris 1893–1899.

Flammar. act. = Dictionnaire actuel de la langue française. Paris 1985 [XVIII, 1276 p.].

Fonderie = Dictionnaire idéologique de fonderie. Indexed Foundry Dictionary. Systematisches Gießereiwörterbuch. Paris 1979 [XXIV, 749 p.].

Fourré = Pierre Fourré: Premier dictionnaire en images. Paris 1962 [273 p.].

Gamillscheg = Ernst Gamillscheg: Etymologisches Wörterbuch der französischen Sprache. 2. éd. Heidelberg 1969 [XXXVIII, 1326 p.; 1. éd. 1928].

Gazier = Augustin Gazier: Dictionnaire classique illustré. Paris 1887 [788 p.; 31. éd. 1905; 1923].

GDEL = Grand dictionnaire encyclopédique Larousse. 10. vol. Paris 1982—1985 [11 038 p.].

Genouvr. = Emile Genouvrier et al.: Nouveau dictionnaire des synonymes. Paris 1977 [510 p.].

George = Jules George: Nouveau dictionnaire français. Paris 1851 [IV, 748 p.; nouv. éd. 1876, VIII, 1142 p.; 1879].

George class. = Jules George: Nouveau dictionnaire classique de la langue française. 2 vol. Paris 1860, 1861.

Gilbert = Pierre Gilbert: Dictionnaire des mots contemporains. Paris 1980 [739 p.; 1. éd. s. l. t. Dict. des mots nouveaux. 1971, 547 p.].

Girodet = Jean Girodet: Le tour du mot. Paris 1985 [858 p.].

GLE = Grand Larousse encyclopédique. 10 vol. Paris 1960—1964 [10 240 p.; Suppl. 1968, 918 p.; 1975].

GLLF = Grand Larousse de la langue française. 7 vol. Paris 1971—1978 [CXXXVI 6730 p.].

Godefroy = Frédéric Godefroy: Dictionnaire de l'ancienne langue française et de tous ses dialectes du IXe au XVe siècle. Paris 1880—1902. 10 vol. [8012 p.].

Gougenh. = Georges Gougenheim: Dictionnaire fondamental de la langue française. Nouv. éd. Paris 1961 [283 p.; 1. éd. 1958].

Guérin = Paul Guérin: Dictionnaire des dictionnaires. Lettres, sciences, arts. Encyclopédie universelle. 6 vol. Paris 1884—1890 [2. éd. 1892; Suppl. 1895, 1902].

Guér. nouv. = Paul Guérin/Gaspard Bovier-Lapierre: Nouveau dictionnaire universel illustré. Tours 1892 [887 p.; 1921].

Guiraud = Pierre Guiraud: Dictionnaire des étymologies obscures. Paris 1982 [523 p.].

Hach. = Dictionnaire Hachette. Paris 1980 [1432 p.]

Hach. jun. = Dictionnaire Hachette Juniors. Paris 1980 [1088 p.; 2. éd. 1986].

Hach. langue = Dictionnaire Hachette de la langue française. Paris 1980 [1813 p.].

Hach. prat. = Dictionnaire pratique du français. Paris 1987 [VIII, 1266 p.]

Hach. temps = Dictionnaire de notre temps. Paris 1988 [XIII, 1714 p.]

Hatier = Dictionnaire Hatier de la langue française. Paris 1963 [928 p.; s. l. t. Dict. essentiel de la langue fr. 1948; signé AZED, 1961].

Hat. prem. = Gisèle Coté-Préfontaine et al.: Je doute, je cherche, je trouve. Premier dictionnaire pour les moins de 9 ans. Paris 1974 [283 p.]

Hocquart = Edouard Hocquart: Petit dictionnaire de la langue française. 28. éd. rev. p. A. René. Paris 1860 [501 p.; 1. éd. 1819; 1912].

Höfler = Manfred Höfler: Dictionnaire des anglicismes. Paris 1982 [XXV, 308 p.].

Huguet = Edmond Huguet: Dictionnaire de la langue française du seizième siècle. 7 vol. Paris 1925—1967 [LXXVI, 5254 p.].

Inv. = Inventaire des particularités lexicales du français en Afrique noire. Montréal 1983 [551 p.].

Keller = Alexandre Keller: Nouveau dictionnaire de poche, classique et grammatical. Paris 1910.

Lachâtre = Maurice Lachâtre: Nouveau dictionnaire universel. 2 vol. Paris 1865, 1870 [1630, 1584 p.; 1881, 1899].

Lacurne = Jean Baptiste de Lacurne de Sainte Palaye: Dictionnaire historique de l'ancien langage françois ou Glossaire de la langue françoise depuis son origine jusqu'au siècle de Louis XIV. 10 vol. Paris 1875—1882 [XVI, 4776 p.].

Lafaye = Pierre Benjamin Lafaye: Dictionnaire des synonymes de la langue française. Paris 1858 [8. éd., 1903, 1525 p.].

Landais pet. = Petit dictionnaire des dictionnaires français illustré (...). Extrait du Grand dictionnaire de Napoléon Landais par D. Chésurolles. Paris 1856 [XII, 580 p.; 1867, 1875].

Lar-3 = Larousse trois volumes en couleurs. Paris 1965, 1966 [3239 p.].

Lar-1 = Dictionnaire encyclopédique Larousse. Paris 1979 [1515 p.; en 2 vol. 1986].

Lar. class. = Larousse classique illustré. Paris 1911 [1110 p.; 1947, 1195 p.; 1957, 1288 p.].

Lar. compl. = Pierre Larousse: Dictionnaire complet illustré. Paris 1870 [672, 479 p.; 159. éd. 1911, 1464 p.; 306. éd. Montréal 1932; 1945].

Lar. déb. = Larousse des débutants. Paris 1949 [616 p.; 1936, 637 p.; Nouv. Lar. déb. 1977, 844 p.; Maxi-Déb. 1986, 933 p.].

Lar. dict. ill. = Dictionnaire illustré de la langue française. Paris 1914 [876 p.; 1937, 952 p.].

Lar. élém. = Larousse élémentaire illustré. Paris 1915 [2175 p. 77. éd. 1928; Nouveau Lar. élém. 1956; 1967, 990 p.].

Lar. ill. = Nouveau Larousse illustré. 7 vol. Paris 1987—1904 [7115 p.; Suppl. 1907, 646 p.].

Lar. nouv. = Pierre Larousse: Nouveau dictionnaire de la langue française. Paris 1856 [714 p.; 256. éd. 1914, 1224 p.].

Lar. pet. dict. = Petit dictionnaire français. Paris 1936 [820 p.; 1956, 768 p.; 1978, 747 p.].

Lar. poche = Larousse de poche. Paris 1912

[1289 p.; 1954, 501, 63 p.; 1967, 533 p.; 1979, 543, LV p.].

Lar. tous = Larousse pour tous. 2 vol. Paris 1907−1909 [966, 986 p.; même titre Paris 1957, 824 p.].

Lar. univ. = Larousse universel en deux volumes. Paris 1922, 1923 [1278, 1294 p.; 1982, 788, 872 p.; Nouv. Lar. univ. 1948; 2 vol. 1969, 788, 871 p.].

Lar. usuel = Larousse. Dictionnaire usuel. Paris. 1986.

*Lar. XIX*e = Pierre Larousse: Grand dictionnaire universel du XIXe siècle. 15 vol. Paris 1866−1876 [LXXVI, 24 000 p.; Suppl. 1878, 1322 p.; 1886−1890, 2024 p.].

*Lar. XX*e = Larousse du XXe siècle en six volumes. Paris 1928−1933 [6740 p.; Suppl. 1953, 464 p.].

Larive = Larive et Fleury: Dictionnaire français illustré des mots et des choses. 3 vol. Paris 1887, 1889 [1036, 1036, 807 p.; 1983, 1902].

Larive pet. ad. = Larive et Fleury: Petit Larive et Fleury. Dictionnaire français encyclopédique à l'usage des adultes et des gens du monde. Paris 1901 [XIV, 1456 p.]

Larive pet. éc. = Larive et Fleury: Petit Larive et Fleury. Dictionnaire français encyclopédique à l'usage des écoliers. Ed. scolaire. Paris 1901 [1150 p.; 1927].

Leroy/Bénard = Charles Leroy/Th. Bénard: Dictionnaire de la langue française selon l'Académie. 14. éd. Paris 1883 [483 p.; 1. éd. 1853].

Lexis = Lexis. Dictionnaire de la langue française. Paris 1975 [LXXI, 1950 p.; en 2 vol. s. l. t. Larousse de la langue française, 1977, éd. ill. 1979, 2100 p.].

Lidis = Dictionnaire encyclopédique Lidis. 3 vol. Paris 1971−1973 [1108 p.; préface de H. de Montherlant].

Littré = Emile Littré: Dictionnaire de la langue française. 4 vol. 1863−1873 [LX, 2080, 2628 p.; Suppl. 1877, 376 p.; rééd. en 4 vol. Monte Carlo 1956−58, 6810 p.; éd. intégrale (suppl. incorporé) en 7 vol. Paris 1956−1958, 13 966 p.].

Litt. suppl. = Jacques Baudeneau/Claude Bégué (dir.): Littré. Dictionnaire de la langue française. Supplément. Paris 1983 [LXXI, 533 p.].

Litt./Beauj. = Dictionnaire de la langue française abrégé du Dictionnaire de Littré par Amédée Beaujean. Paris 1874 [1294, 107 p.; 17. éd. 1932; rééd. Bruxelles 1981; Paris 1959, 2449 p.; éd. mise à jour sous la dir. Gérard Venzac, Paris 1958, 1344 p.; 1963, 1372 p.].

Litt./Beauj. pet. = Petit dictionnaire universel ou Abrégé du Dict. français d'E. Littré. Paris 1876 [908 p.; 9. éd. 1889].

Litt. 10/18 = Littré en 10/18. Prés. par F. Bouvet/ P. Andler. Paris 1964 [XXIV, 671 p.; 3. éd. 1984].

Logos = Jean Girodet: Logos. Grand dictionnaire de la langue française. 3 vol. Paris 1976 [3113, 68 p.].

Matoré = Georges Matoré: Dictionnaire du vocabulaire essentiel. Paris 1963 [359 p.].

Mel'čuk 1984 = Igor Mel'čuk et al.: Dictionnaire explicatif et combinatoire du français contemporain. Recherches lexicographiques I. Montréal 1984 [XVI, 172 p.].

Meyer-Lübke = Wilhelm Meyer-Lübke: Romanisches etymologisches Wörterbuch. 5. éd. Heidelberg 1972 [XXXXI, 1204 p.; 3. éd. 1935].

Mini déb. = Mini débutants. Mon premier vrai dictionnaire. Paris 1985 [512 p.].

MR = Micro Robert. Dictionnaire du français primordial. Paris 1971 [1201 p.; éd. 1988].

MR Plus = Alain Rey: Le Micro-Robert. Langue française plus noms propres, chronologie, cartes. Paris 1988 [XXVII, 1091, LXV, 306 p. + chronologie].

Nath. act. = Dictionnaire actif Nathan. 1000 mots illustrés en couleurs. Paris 1976 [287 p.].

Nath act. éc. = Dictionnaire actif de l'école. Paris 1984 [480 p.].

Nath. prem. = Premier dictionnaire Nathan. Paris 1977 [95 p.].

Nodier = Charles Nodier/Paul Ackermann: Vocabulaire de la langue française. Paris 1868 [X, 1142 p.; 1. éd. 1836].

PLI = Petit Larousse illustré. Paris 1905 [éd. annuelle].

Pluri = Pluridictionnaire Larousse. Paris 1974 [1490 p.; 1977, 1471 p.].

Pourret = L. Pourret: Nouveau dictionnaire français. Paris 1879 [878 p.; 1891].

PR = Petit Robert 1. Dictionnaire alphabétique et analogique de la langue française. Paris 1967 [XXXII, 1970 p.; 2. éd. 1977, 2173 p.].

PR enf. = Josette Rey-Debove: Le Petit Robert des enfants. Dictionnaire de la langue française. Paris 1988 [XXV, 1187 p.].

PR noms = Le Petit Robert 2. Dictionnaire universel des noms propres alphabétique et analogique. Paris 1974 [2016 p.].

Quillet = Dictionnaire encyclopédique Quillet. 6 vol. Paris 1934, 1935 [5189 p.; 1938; 1953; nouv. éd. 1965, 6291 p.; 8 vol. 1968, 1970, 7664 p.; Suppl. 1971].

Quillet langue = Dictionnaire Quillet de la langue française. 3 vol. Paris 1946 [2132 p.; 1963; 4 vol. 1975].

Rémy = Maurice Rémy: Dictionnaire du français moderne. Paris 1969 [832 p.; Montréal 1967, 770 p.].

Rey/Chantr. = Alain Rey/Sophie Chantreau: Dictionnaire des expressions et locutions. Paris 1979 [964 p.].

Rey-Deb./Gagn. = Josette Rey-Debove/Gilberte Gagnon: Dictionnaire des anglicismes. Paris 1980 [XIX, 1152 p. 2. ed. 1986, 1150 p.].

Rézeau = Pierre Rézeau: Dictionnaire des régionalismes de l'Ouest. Les Sables-d'Olonne 1984 [302 p.].

Robert = Paul Robert: Dictionnaire alphabétique et analogique de la langue française. Les mots et les associations d'idées. 6 vol. Paris 1953—1964 [5548 p.; Suppl. 1970, 514 p.].

Rob. 1985 = Le grand Robert de la langue française. Dictionnaire alphabétique et analogique de la langue française. 2. éd. par A. Rey. 9 vol. Paris 1985 [9440 p.].

Rob. méth. = Josette Rey-Debove: Le Robert méthodique. Dictionnaire méthodique du français actuel. Paris 1982 [XXIII, 1617 p.].

Rob. noms = Dictionnaire universel des noms propres alphabétique et analogique. 4 vol. Paris 1974 [Ed. 5 vol. 1985, 3054 p.].

Rozoy/de Martini = A. Rozoy/F. de Martini: Dictionnaire français illustré. Paris 1934 [1946, 736 p.; par R. Mayer].

Sardou/Guérard: Antoine-Léandre Sardou/Michel Guérard: Dictionnaire général de la langue française. Paris 1864 [714, 30 p.; 13. éd. 1889].

Simon = Nouveau dictionnaire illustré Simon. Dictionnaire encyclopédique français. Paris 1947 [1600 p.; 1. éd. 1937, 1408 p.].

Soulice = Th. Soulice: Petit dictionnaire de la langue française à l'usage des écoles primaires. 3. éd. Paris 1869 [555 p.; 1. éd. 1836; 1911].

TLF = Trésor de la langue française. Dictionnaire de la langue du XIXe et du XXe siècle (1789—1960). A — Natal. 11 vol. Paris 1971—1985.

Tobler-Lomm. = Adolf Tobler/Erhard Lommatzsch: Altfranzösisches Wörterbuch. A — T. 10 vol. Berlin. Wiesbaden 1955 ss.

Tout = Tout en un. Encyclopédie illustrée des connaissances humaines. Paris 1921 [1447 p.].

Trousset = Jules Trousset: Nouveau dictionnaire encyclopédique universel illustré. 5 vol. Paris 1884—1886 [3880 p.; Supplément 1891].

6.2. Travaux

Baldinger 1959 = Kurt Baldinger: Un nouveau Littré. In: Revista Portuguesa de Filologia 8. 1959, 161—185.

Baldinger 1974 = Kurt Baldinger: Introduction aux dictionnaires les plus importants pour l'histoire du français. Paris 1974.

Bornäs 1981 = Göran Bornäs: Quel dictionnaire chosir? Présentation et comparaison de quelques dictionnaires français en un volume. In: Moderne Språk 95. 55—62, 163—175.

Bornäs 1986 = Göran Bornäs: Ordre alphabétique et classement méthodique du lexique. Etude de quelques dictionnaires d'apprentissage du français. Malmö 1986.

Boulanger 1986 = Jean-Claude Boulanger: Aspects de l'interdiction dans la lexicographie française contemporaine. Tübingen 1986.

Brunot 1922 = Ferdinand Brunot: La Pensée et la langue. Paris 1922.

Buzon 1983 = Christian Buzon: Au sujet de quelques dictionnaires monolingues français en usage à l'école élémentaire. In: Etudes de linguistique appliquée 49. 1983, 147—173.

Collignon/Glatigny 1978 = Lucien Collignon/Michel Glatigny: Les dictionnaires. Initiation à la lexicographie. Paris 1978.

Dingel 1987 = Irene Dingel: Beobachtungen zur Entwicklung des französischen Vokabulars: Petit Larousse 1968 — Petit Larousse 1981. Frankfurt a. M. 1987.

Dubois 1962 = Jean Dubois: Etude sur la dérivation suffixale en français moderne et contemporain. Paris 1962.

Dubois/Dubois 1971 = Jean Dubois/Claude Dubois: Introduction à la lexicographie: les dictionnaires. Paris 1971.

Göller 1980 = Alfred Göller: Neuere und neue französische Wörterbücher: eine vergleichende Untersuchung. In: Französisch heute 12. 1980, 309—315.

Gross 1981 = Gaston Gross: Lexicographie et grammaire. In: Cahiers de lexicologie 39. 1981-II, 35—46.

Guilbert 1967 = Louis Guilbert: Le Dictionnaire du français contemporain. In: Cahiers de Lexicologie 10. 1967, 115—119.

Hausmann 1977 = Franz Josef Hausmann: Einführung in die Benutzung der neufranzösischen Wörterbücher. Tübingen 1977.

Hausmann 1977 a = Franz-Josef Hausmann: Splendeurs et Misères du Trésor de la langue française. In: Zeitschrift für französische Sprache und Literatur 87. 1977, 212—231.

Hausmann 1979 = Franz Josef Hausmann: Neue Wörterbücher für den Französischunterricht. In: Die Neueren Sprachen 78. 1979, 331—351.

Hausmann 1982 = Franz Josef Hausmann: Neue Wörterbücher für den Französischunterricht II. In: Die Neueren Sprachen 81. 1982, 191—219.

Hausmann 1985 = Franz Josef Hausmann: Neue französische Wörterbücher III. In: Die Neueren Sprachen 84. 1985, 686—720.

Hausmann 1985 a = Franz Josef Hausmann: Trois paysages lexicographiques: La Grande-Bretagne, la France et l'Allemagne. In: Lexicographica 1. 1985, 24—50.

Höfler 1974 = Manfred Höfler: Probleme der Datierung aufgrund lexikographischer Quellen. In: Zeitschrift für romanische Philologie 90. 1974, 30—40.

Höfler 1982 = Manfred Höfler: Les dictionnaires français et la recherche de datations: le *Larousse du XXe siècle*. In: Le Français Moderne 50. 1982, 292—300.

Höfler 1986 = Manfred Höfler: Typologie des erreurs de datation dans la lexicographie française. In: Revue de linguistique romane 50. 1986.

Höfler/Rettig 1979 = Manfred Höfler/Wolfgang Rettig: Der *Nouveau Larousse illustré* als lexikographische Quelle. In: Zeitschrift für romanische Philologie 95. 1979, 36—56.

Lamy 1985 = Marie-Noëlle Lamy: Innovative Practices in French Monolingual Learner's Dictionaries as Compared with their English Counterparts. In: Dictionaries, Lexicography and Language Learning. Ed. R. Ilson. Oxford 1985, 25—34.

Lexic. 1961 = Lexicologie et lexicographie françaises et romanes. Colloques Strasbourg 1957. Paris 1961.

Martinet 1983 = André Martinet: Réflexions sur la lexicographie. In: La Linguistique 19. 1983, 139—145.

Matoré 1968 = Georges Matoré: Histoire des dictionnaires français. Paris 1968.

Matoré 1983 = Georges Matoré: Brève Revue des dictionnaires d'aujourd'hui. In: CAIEF 35. 1983, 87—97.

Matoré 1985 = Georges Matoré: La lexicographie après Littré. In: Histoire de la langue française 1880—1914. Ed. G. Antoine/R. Martin. Paris 1985, 605—614.

Mitterand 1956 = Henri Mitterand: L'Affaire des dictionnaires. In: La Pensée 70. Nov. — déc. 1956, 59—68.

Muller 1985 = Charles Muller: Compte rendu du Grand Robert de la langue française. In: Le Français moderne 53. 1985, 279—283.

Ory 1984 = Pascal Ory: Le ‹Grand Dictionnaire› de Pierre Larousse. In: Les Lieux de la Mémoire I. La République. Sous la dir. de Pierre Nora. Paris 1984, 229—246.

Paris 1901 = Gaston Paris: Un nouveau dictionnaire de la langue française. In: Revue des Deux-Mondes 1901-V. 15 septembre, 241—269; 15 octobre, 802—828.

Poirier 1986 = Claude Poirier: Les Avenues de la lexicographie québécoise. In: La Lexicographie québécoise. Bilan et Perspectives. Québec 1986, 269—285.

Quemada 1967 = Bernard Quemada: Les dictionnaires du français moderne, 1539—1863. Etude sur leur histoire, leurs types et leurs méthodes. Paris 1967.

Rétif 1969/71 = André Rétif: Histoire du Petit Larousse. In: Vie et langage 1969, 655—57, 716—20, 1970, 290—93, 340—46, 478—80, 527—31, 592—94, 1971, 51—53.

Rétif 1975 = André Rétif: Pierre Larousse et son œuvre (1817—1875). Paris 1975.

Rettig 1976 = Wolfgang Rettig: Ein Verfahren zum Vergleich von Wörterbuchauflagen. In: Zeitschrift für romanische Philologie 92. 1976, 138—149.

Rettig 1979 = Wolfgang Rettig: Erneuerung und Krise. Das französische Akademiewörterbuch im 19. Jahrhundert. In: Festschrift Kurt Baldinger zum 60. Geburtstag. Tübingen 1979, 84—101.

Rettig 1982 = Wolfgang Rettig: Notes sur la datation du «Dictionnaire Général» de Hatzfeld, Darmesteter et Thomas. In: Cahiers de lexicologie 41. 1982-II, 26—30.

Rey 1968 = Alain Rey: Les bases théoriques de la description lexicographique du français. In: Travaux de linguistique et de littérature. 6—1. 1968, 55—72.

Rey 1970 = Alain Rey: Littré, l'humaniste et les mots. Paris 1970.

Rey 1977 = Alain Rey: Le Lexique: images et modèles. Du dictionnaire à la lexicologie. Paris 1977.

Rey 1978 = Alain Rey: Dictionnaire et français vivant: l'expérience du *Petit Robert* 1978. In: La banque des mots 15. 1978, 9—17.

Rey/Delesalle 1979 = Alain Rey/Simone Delesalle: Problèmes et Conflits lexicographiques. In: Dictionnaire, sémantique et culture, éd. par S. Delesalle et Alain Rey. Langue française 43. Septembre 1979, 4—26.

Rey-Debove 1971 = Josette Rey-Debove: Etude linguistique et sémiotique des dictionnaires français contemporains. La Haye 1971.

Rey-Debove 1981 = Josette Rey-Debove: Ordre et désordre dans le lexique. In: Logos Semantikos. Mélanges Eugenio Coseriu. T. III. Madrid, Berlin 1981, 447—466.

Rey-Debove 1985 = Josette Rey-Debove: Le Domaine de la morphologie lexicale. In: Cahiers de lexicologie 45. 1984 — II, 3—19.

Robert 1979/80 = Paul Robert: Au fil des ans et des mots. 2 vol. Paris 1979, 1980.

Wagner, H. 1984 = Horst Wagner: Wörterbücher des Gegenwartsfranzösischen: Neuerscheinungen und Neuauflagen 1979—1982. In: Neusprachliche Mitteilungen 37. 1984, 103—109.

Wagner, R.-L. 1967 = Robert-Léon Wagner: Les vocabulaires français I: Définitions — Les dictionnaires. Paris 1967.

Wagner, R.-L. 1968 = Robert-Léon Wagner: Le Petit Robert; Dictionnaire du français contemporain. In: Bulletin de la Société de Linguistique de Paris 63. 1968, 95—104.

Zwanenburg 1983 = Wiecher Zwanenburg: ‹Dégroupement› et ‹Regroupement› dans le DFC et le Lexis. In: Lexique 2. 1983, 25—41.

Alain Rey, Paris (France)

187. Die italienische Lexikographie von den Anfängen bis 1900

1. Zwei- und mehrsprachige Glossare und Wörterbücher
1.1. Glossare und Wörterbücher Lat. — It./it. Dialekt und It. — Lat.
1.2. Glossare und Wörterbücher Fremdsprache — It./it. Dialekt und It. — Fremdsprache
1.3. Mehrsprachige Wörterbücher
2. Einsprachige Glossare und Wörterbücher
2.1. Einsprachige Glossare und Wörterbücher bis 1612
2.2. Crusca-Wörterbücher und ihre Kritiken
2.3. Tommaseo-Bellini
3. Literatur (in Auswahl)
3.1. Wörterbücher
3.2. Sonstige Literatur

1. Zwei- und mehrsprachige Glossare und Wörterbücher

1.1. Glossare und Wörterbücher Lat. — It./it. Dialekt und It. — Lat.

Die älteste Phase der italienischen Lexikographie ist eng mit der mittellateinischen Glossartradition verbunden. Wie in Frankreich (Aalma ca. 1380; CathLille 15. Jh.) sind die ältesten italienischen Glossare als Übersetzungshilfen für Lateinschüler konzipiert. Bei den Interpretamenta sind die verschiedenen italienischen Sprachlandschaften zu berücksichtigen. Anhand der folgenden noch kaum ausgewerteten reichhaltigen Quellen mittelalterlicher Glossare ließe sich daher für eine Reihe von Begriffsfeldern eine aufschlußreiche Zusammenstellung realisieren, welche die sprachgeographische Gliederung Italiens im Spätmittelalter reflektiert. Im einzelnen seien folgende Glossare genannt; noch nicht veröffentlichte Werke sind mit * gekennzeichnet.

Oberitalien:

1429, GlossContini: lat. — altberg.
15. Jh., Lorck: lat. — altberg.
15. Jh., Gasparino Barzizza (1360 ca. — 1431), Vocabularium breve, das in drei sprachlich unterschiedlichen Handschriften erhalten ist: Ms. A und B sind altberg., während C westlomb. Züge aufweist (Folena 1969, 217 f.).
1447, Sachella (Marinoni 1962): lat. — altmil.: Bartholomeo Sachella war Schriftsteller am Hofe von Filippo Maria Visconti (1412—1447).
1450 ca., *Maestro Jacopo di Calcinia, ms. Marciano latino 478: lat. — altoberit. (cfr. Baldelli 1960, 758).
2. Hälfte 15. Jh., *Vocabolario, ms. 1329, Università Padova (ca. 200 Folia): lat. — altoberit. (cfr. Baldelli 1960, 758).
Anfang 15. Jh., *Glossario, Codice Comunale Perugia B. 56: lat. — altoberit. (cfr. Messi 1942, 597).

Toskana:

Wortsammlungen, die lat. Lemmata mit der italienischen Schriftsprache glossieren, finden sich auch bei den beiden bekannten Autoren Leonardo da Vinci (ca. 300 Wörter) und Luigi Pulci (ca. 700 Wörter), cfr. Volpi 1908, Olivieri 1941 und Marinoni 1944/1952.

Mittelitalien:

Mitte 14. Jh., *Goro d'Arezzo, Glossario in 3 Handschriften (α. v. 9. 1. Estense Modena; Landau 260 Nazionale Firenze; Harleian 6513 British Museum): lat. — altzentralit.
Ende 15. Jh., Cantalicio Baldelli (Baldelli 1953): lat. — altreat. (Dialekt von Rieti, Lazio), z. B. Hoc atramentum-ti/*la tenta* „Tinte", Hec biblyotecace/*la pontica* dove se repungo li libri, wobei *pontica* (APOTHECA) ein typisches dialektal begrenztes Wort darstellt.
1497 ca., GlossarioVignuzzi: lat. — altsabin. (Gebiet der Sabiner, Lazio); Verfasser ist Ser Iacopo Ursello da Roccantica, dessen Glossar von Ugo Vignuzzi (1984) mustergültig ediert ist.
15. Jh., *Cristiano da Camerino, Vocabolario in 5 Handschriften (cd. 30 Comunale Fabriano; 660 Comunale Assisi; 121 Comunale Fermo; Magl. 1.72 Nazionale Firenze; FAdd. 22553 British Museum): lat. — altzentralit. (cfr. Baldelli 1960, 760).

Sizilien:

1348, SenisioMarinoni: lat. — altsiz. 3 «Abies -etis... arbor, que vulgo dicitur *abitu*» (it. *abete*), 20 «Apium-pii... quedam herba, que dicitur *achi*» (it. *appio*). Der Herausgeber Marinoni (1955, XXV—XXIX) hat die Abhängigkeit Senisios von Papias und von Uguccione nachgewiesen.

Diese Glossartradition setzt sich in den Inkunabeln und den Drucken des 16. Jh. fort, wobei im Zuge des Humanismus als Ausgangssprache meistens das Italienische bzw. der italienische Dialekt steht und als Zielsprache das Lateinische.

Piemont:

1564, Vopisco (Promptuarium): piem. — lat., war für die Latein erlernenden Schüler von Mondovì und des südwestlichen Piemonts bestimmt. Der Verfasser, 1539 in Neapel geboren, war Rhetorikprofessor in Bologna und gehörte bis 1561 dem Jesuitenorden an. Das Promptuarium enthält ca. 2700 Lemmata, wovon mindestens 700 lexikalisch von besonderem Interesse sind: S. 14 «*abbate de folli*. Archimimus, Suet. Symposiarcha», zu vergleichen mit piem. *abà* „capo del ballo" (1783, PipinoRacc. 1, LEI 1, 49, 44); S. 17 «*Anciuua* i. pescicello salado, trichia, ae, Plin.» (= it. *acciuga*).

Ligurien/Lombardei/Veneto:

1479, Frate Giovanni Bernardo Savonese, Vocabulista ecclesiastico latino-volgare: lat. — altoberit. (cfr. Olivieri 1942, 82); Beispiele: Phiala/*la angrestara;* Cochlea/*la limaga*, wobei *angrestara* und *limaga* interessante oberitalienische Dialektformen darstellen.

1509, Barzizza's Vocabularium breve, basiert auf der handschriftlichen Glossartradition des 15. Jh. aus dem berg.-lomb. Sprachraum. Die gedruckten Ausgaben (1509, 1514, 1545) stammen aus Venedig und haben sprachlich eine Venetisierung erfahren (Tancke 1984, 15): «Anas, tis f. g. *la anedra.*» Der bisherige Erstbeleg für diese oberitalienische Form stammte aus dem Jahr 1607 und wurde von Oudin 1643 übernommen (LEI 2, 1060, 7).

Toskana:
Das erste it. — lat. Vokabular stammt von Nicodemo Tranchedino (1470—1475 ca.) (Migliorini 1960, 268 Abb.).

Neapel:
Scoppa, Spicilegium (Erstausgabe 1511/1512): altneap. — lat.

Sizilien:
Valla, Vocabularium (Erstausgabe 1500): altsiz. — lat. (cfr. De Gregorio 1922, 89 ff. und Trapani 1941). Valla stammte aus Agrigento und verwendete nach der Ansicht von Trapani einen gemeinsizilianischen Wortschatz. Wagner (1944, 155) schließt anhand von *fucuruna* eine regionale Dialektschicht nicht aus.
Beispiel: *Achito* sive *acito.* boc *acetum* ti: acre vinum quia acutum sit: vel quasi aquatum: vinum enim aqua mixtum facile in hunc saporem convertitur. Calep. cfr. altsiz. *achitu* m. „aceto" (sec. XIV, VangeloPalumbo, LEI 1, 381, 52) und altsiz. *achi* m. „appio" (sec. XIV, SenisioMarinoni — Valla 1522, LEI 3, 75, 14).

Scobar 1519: altsiz.-lat. Es handelt sich um eine Übersetzung des Nebrija 1493/1495 ins Sizilianische («Vocabularium Nebrissense ex siciliensi sermone in latinum»). Die Neuausgabe und lexikalische Auswertung erfolgt durch Leone 1986.
Beispiel: *anatrella* — Anaticula/Anaticulus. — It. *anatrella* war bisher erst seit 1557 bekannt (LEI 2, 1068, 44) und siz. *anatredda* (seit 1751, DelBono, VS, ib. 1069, 11).

1.2. Glossare und Wörterbücher Fremdsprache — It./it. Dialekt und It. — Fremdsprache

1.2.1. Galloromanisch (Apr./Fr.) — It. und It. — Fr. (vgl. Art. 316)

Kulturelle Kontakte zwischen den okzitanischen Minnesängern einerseits und der altfranzösischen Epenliteratur bestanden im Hochmittelalter vor allem über den Hof der Hohenstaufen in Palermo und über die oberitalienischen Fürstenhöfe (Monferrat, Belluno etc.). Deshalb ist es verständlich, daß das älteste uns erhaltene Glossar das provenzalisch — italienische Glossar (Ms. Plut. 41, 42) der Laurentiana in Florenz darstellt, das Anfang des 14. Jh. von Pietro Berzoli de Gubbio geschrieben wurde (Glossario, Castellani 1980, 90), cfr. z. B. *albir.* i. albitrare-legor. i. *ascio.* Castellani lokalisiert die italienischen Formen in der Zentraltoskana (Florenz, Siena, San Gimignano, Volterra). Die Formen *albitrare* (ante 1332, AlbPiagentina, TB; 1350 ca., BusGubbio, ib., LEI 3, 743, 32), fior.a. *albitrare* v. intr. (ante 1298, OrdinamentiCompSMariaCarmine, TestSchiaffini 61, 32) würden in diesen Raum passen; die Graphie *ascio* freilich weist nach Mittelitalien, vgl. roman.a. *per ascio de* „per la comodità di" (1358 ca., ColaRienzoFrugoni 108, LEI 1, 657, 16).

Engere Kontakte zwischen Frankreich und Italien waren seit dem Ende des 15. Jh. (Italienzug Karls VIII) möglich und erreichten vom 16. bis 18. Jh. ihren Höhepunkt (cfr. Migliorini 1960, 417 f. und 493 f.; Zolli 1971 a für das 18. Jh.). Die ersten gedruckten französisch-italienischen Wörterbuchteile finden sich in den Übersetzungen der Calepino-Ausgaben (seit 1550, Gallina 1959, 97), im Nomenclator des Hadrianus Junius (seit 1567), bei Jacques Bourgoing 1583 sowie in weiteren mehrsprachigen Wörterbüchern, z. B. Stoer (seit 1602) oder Crespin 1617 (Gallina 1959, 239). Erst in der zweiten Hälfte des 16. Jh. wurden die ersten spezifisch französisch-italienischen Wörterbücher verfaßt: Pannonius 1578, Fenice 1584, Canal 1598.

Der eigene schöpferische Anteil dieser drei Lexikologen ist gering, da sie sich entweder an die Ricchezze des Alunno oder an Minerbi 1553 halten, bereits bestehende italienisch-lateinische Lexika (Venuti-Bevilacqua) abschreiben und für den französischen Teil Estienne benutzen.

Die Filiation Fenice-Canal setzt sich im 17. Jh. fort mit Venuti 1626.

Die beiden bedeutendsten Leistungen der italienisch-französischen Lexikographie sind die Wörterbücher von Oudin im 17. Jh. und von D'Alberti-Villanuova im 18. Jh., beide Begründer von neuen Wörterbuch-Reihen, d. h. Wörterbüchern, die mehr als ein Jahrhundert lang kopiert und erweitert wurden. Oudin gibt im Vorwort seine Quellen an: Politi 1613 und Crusca 1612, und er erklärt in seinem «Advertissement aux amateurs de la langue Italienne» in *Recherches Italiennes et Françoises* (Paris 1640): «qui m'a fort aidé à mon travail, est celuy de Florio, expliqué en anglois». Nach weiteren Neuauflagen 1653 und 1655 erfolgte 1663 durch Ferretti eine Erweiterung von Oudins Originalausgabe. Auch Duez 1659/1660 basiert auf Oudin.

Der eigentliche Neubearbeiter von Oudin

ist Veneroni 1681, der im Titel seine Vorgänger erwähnt: «Dictionnaire italien et français, mis en lumière par Antoine Oudin, secrétaire interprète du Roy, continué par Laurens Ferretti, Romain», aber hinzufügt: «achevé, reveu, corrigé, et augmenté de quantité de mots; de phrases, des differentes significations des paroles... des propres termes de tous les Arts et Sciences... par le Sr. Veneroni, Interprete, et Maître des Langues Italienne et Françoise, à Paris chez Estiennes Loyson, 1681.» Aus der Zeit zwischen 1677 und 1800 sind 35 Neuauflagen von Veneronis Wörterbuch bekannt und bei Passen (1981, 56—61) zusammengestellt.

Im 18. Jh. wird Veneroni durch Antonini kopiert und modifiziert. Antonini glaubt, seine Plagiatsarbeit dadurch verschleiern zu können, daß er seinen Vorgänger Veneroni auf unwürdige Art angreift: «peut-être une espèce de vanité et d'amour propre, m'empêchent de plaider méthodiquement ma cause contre le Dictionaire qui porte le nom de Veneroni. Je dirai seulement après beaucoup d'autres, que ce livre n'est ni Italien ni François, quoique en le publiant, celui qui s'en dit Auteur, ait prétendu enseigner l'une et l'autre Langue...». Ein gewisser Publikationserfolg ist Antonini nicht abzusprechen, da sein Wörterbuch zwischen 1743 und 1804 in Venedig, Lyon, Amsterdam und Leipzig immerhin 11 Neuauflagen erfuhr.

Als den originellsten Schöpfer der italienischen Lexikographie im 18. Jh. betrachte ich Francesco D'Alberti di Villanuova (1737—1801). So wie der junge Boccaccio seine italienische Prosasprache mittels Übersetzungen der Dekaden des Titus Livius vervollkommnete, schult sich der Lexikograph D'Alberti an der Übersetzung des «Dictionnaire du citoyen H. Lacombe de Prézle» (1761) ins Italienische (1763). 1772 publiziert D'Alberti di Villanuova unter seinem Namen den «Nuovo dizionario italiano-francese, estratto da' dizionarj dell'Accademia di Francia, e della Crusca, ed arricchito di più di trenta mila articoli sovra tutti gli altri dizionari finor pubblicati, Marseille 1772, presso Giovanni Mossy...». Die Originalität dieses Wörterbuches liegt — abgesehen von der gewaltigen Materialfülle und der Kennzeichnung der sprachlichen Register («voce familiare, scherzevole, bassa, popolare, plebea») — in der Art und Weise, wie sich D'Alberti diese z. T. technischen und wissenschaftlichen Neologismen beschaffen konnte. Neben Diderot, von dem wir wissen, daß er in technischen Betrieben sich über die Fachterminologie direkt informierte, war wohl D'Alberti di Villanuova der erste Wörterbuchverfasser, der direkte Sprachaufnahmen für sein Wörterbuch durchführte. Er schreibt in der Einleitung zum französisch-italienischen Teil:

«J'ai parcouru toutes les Villes d'Italie où le commerce a établi quelques Manufactures, & où l'industrie s'exerce à des ouvrages mécaniques; j'ai fréquenté tous les Atteliers; j'ai interrogé tous les Artistes; j'ai recueilli de la bouche même des plus habiles Ouvriers, la connoissance des termes propres à leurs instruments & à leurs opérations; enfin, après cinq années passées dans des voyages pénibles, & des recherches rélatives à tous les Arts, j'ai formé à grands frais, & avec tout le soin dont j'étois capable, la Nomenclature générale & raisonnée, qui, étant jointe à tous les autres objets traités dans mon Dictionnaire, rend l'Ouvrage aussi complet qu'il m'a été possible; & j'espère qu'on aura, par ce moyen, le plus riche trésor qu'on pût souhaiter pour le projet de l'Encyclopédie Italienne.»

Ein Vierteljahrhundert nach Erscheinen des *Nuovo dizionario italiano-francese* begann die Publikation des *Dizionario universale critico, enciclopedico della lingua italiana* des Abate D'Alberti di Villanuova, ein sechsbändiges Werk, dessen Publikation erst 1805 (vier Jahre nach dem Tode des Verfassers) beendet war. Wie sehr dieses Werk von seinen Zeitgenossen geschätzt wurde, zeigt z. B. das Urteil von Monti, der das Wörterbuch von D'Alberti demjenigen von Cesari und demjenigen von Bergantini vorzog — vom Wörterbuch der Crusca und dem der Accademia della Crusca, mit der er persönlich verfeindet war, gar nicht zu sprechen.

Anhand einiger Musterbeispiele habe ich die beiden Wörterbücher von D'Alberti di Villanuova mit seinen möglichen Hauptquellen (Oudin 1643, Veneroni 1681, Crusca 1729) verglichen. Ein Teil, z. B. *amperlo, anfodillo, aparine,* stammt aus Veneroni und fehlt in der Crusca.

Einige Formen hat D'Alberti aus Bergantini 1745 übernommen. Die kritische Arbeit des Wörterbuchredaktors wird faßbar bei *anfodillo* und *aparine*. Für die Bezeichnung der Affodill-Pflanze hatte D'Alberti verschiedene Varianten zur Verfügung. Die Tradition von *anfodello,* Variante von *asfodello* mit dem Suffix *-ellu* statt lat. *-elus* ‹gr. ἀσφοδέλος›, geht über Veneroni und Oudin auf Florio 1598 zurück. Möglicherweise handelt es sich dabei um eine nie existierende, nur in den Wörterbüchern tradierte Variante. Jedenfalls übernahm D'Alberti *anfodello* nicht, sondern nur das gesicherte *anfodillo*. Entweder kannte er einen Botaniker, der diese Form bestätigte, oder aber — was wahrscheinlicher ist — er hatte über Bergantini 1745 die Möglichkeit, direkt an die Quelle dieser italienischen Form zu gelangen, nämlich an die Dioskorides-Übersetzung von Mattioli (1550, Camus, AIVen. 42, 1056), der *amphodillo* verwendete. Zolli (1981 a, 593) ist beizupflichten, wenn er darauf aufmerksam macht, daß bisher das wichtige Wörterbuch von D'Alberti di Villanuova (1771—72) noch nicht die ihm gebührende Beachtung in der italienischen Lexikologie gefunden hat.

Bei einer Übersicht über die italienische Lexikographie dürfen auch Übersetzungen von fremdsprachlichen Fachwörterbüchern nicht fehlen. Jedenfalls ist die Übersetzung der englischen Enzyklopädie von Chambers eine wichtige Quelle für italienische Erstbelege. Eine ganze Reihe französischer Spezialwörterbücher des 18. und 19. Jh. dürften zu ähnlichen Ergebnissen führen (vgl. Zolli 1981 und Pfister 1986). Als Reaktion auf das Eindringen französischer Elemente im 19. Jh. sind auch die puristischen Wörterbücher des 19. Jh. von Interesse, da die darin enthaltenen proskribierten Formen von einer mehr als ephemären Verbreitung dieser Barbarismen und Neologismen zeugen, cfr. Cesari 1810, Bernardoni 1812, Gherardi 1812, Puoti 1845, Azzocchi 1846, Ugolini 1848 und Viani 1858.

1.2.2. Germ. (Mhd./Dt.) — It./it. Dialekt und It./it. Dialekt — Germ. (Mhd./Dt.)

Enge Handelskontakte zwischen Venedig, Mailand, Genua südlich der Alpen und Nürnberg, Augsburg, Ulm und Köln nördlich des Alpenkamms bestanden schon im Hochmittelalter, wobei Brenner und Gotthard (seit dem 13. Jh.) eine wichtige Rolle für den Handelsverkehr bildeten (cfr. Pfister 1983). Im Jahre 1218 sind die ersten österreichischen Kaufleute in venezianischen Notariatsquellen verzeichnet; seit 1228 ist der *Fondaco dei Tedeschi* in Venedig nachweisbar; 1308 wurde die erste Privatschule für deutsche Studenten in Venedig errichtet. Sprachunterricht und Kaufmannsausbildung in der Lagunenstadt war auch von den Fuggern empfohlen. In diesen Kaufmannskreisen entstanden die ersten deutsch-italienischen Sprachbücher. Das älteste ist dasjenige von Georg von Nürnberg (Maistro Zorzi de Nurmbergo) aus dem Jahre 1424, gefolgt von dem des Adam von Rottweil im Jahr 1477 (= Introito 1477).

1424, SprachbuchPausch: Die engen wirtschaftlichen und sprachlichen Verbindungen zwischen Venedig und Augsburg hat Lothar Wolf (1983) behandelt. Pausch (1972, 50) hat nachgewiesen, daß die Sprachbücher von 1424 und 1477 primär für Venezianer verfaßt waren, die deutsch erlernen wollten. Bereits Mussafia (1873, 113) hat auf das nicht literarische Sprachniveau hingewiesen und das Sprachbuch des Georg von Nürnberg als Kompendium des spätmittelalterlichen Alltagslebens angesehen. Das Sprachbuch enthält 3 Teile: ein onomasiologisch geordnetes Wörterverzeichnis (Blatt 1—50), einen Abschnitt über Verbalmorphologie (51—86) und Handelsdialoge, die einen Einblick in die gesprochene Sprache des 15. Jh. vermitteln. Beispiele: *la stella diana — der morgens[tern]; el teramoto — der erdtpiden; el fuogo — daz fewer*. Eine synoptische Übersicht von vier Manuskripten (Wien, München, Heidelberg, Modena) bietet die dreibändige Ausgabe von Rossebastiano 1984.

Introito 1477: Dieses 1477 als Erstdruck in Venedig veröffentlichte Sprachlehrbuch ist dank der volkssprachlichen Wortlisten von großem lexikographischem Interesse, vgl. z. B. *mandoli — Mandelkern, agresto — Seuer oder agrest, albeo — die fauchten*. Bisher ist *mandoli* m. pl. „mandorle" erst bei Messisbugo (vor 1548, LEI 2, 997, 5) belegt; *agresto* „succo acidulo usato come aceto o come condimento" war bisher im Altvenezianischen nicht bekannt; *albeo* „abete" mit Einfluß von ALBUS ist eine typische venezianische Expansionsform, die auch in die einsprachige Wörterbuchtradition des 16. Jh. eingedrungen ist, vgl. *albeto* (Venuti 1596). — Im 15./16. Jh. erfolgten verschiedene Neudrucke des Sprachbuches von Adamo de Rodvila, die Rossebastiano zusammengestellt hat. Zweisprachige Versionen: Bologna 1479 (D. Lapi), Venedig 1499 (Manfrino de Monferrato) und 1513 (Marchiò Sessa). In der Zweitauflage von 1479 treten anstelle der spezifisch venezianischen Formen z. T. italienische Varianten; *zorni* wird z. B. durch *di*, *oseli* durch *ucelli*, *zugadori* durch *giochadori* ersetzt (Gallina 1959, 30 f.).

Im 16. Jh. sind deutsch-italienische Glossare nur im Rahmen der mehrsprachigen Ausgaben vorhanden (Calepino, Junius etc.).

Die zweisprachige Tradition (deutsch-italienisch) wird erst wieder zu Beginn des 17. Jh. fortgesetzt durch Levinus Hulsius

1605. Die Hulsius-Reihe geht nicht auf die venezianischen Sprachbücher des 15. Jh. zurück, sondern steht in der mehrsprachigen Calepino-Tradition, aus der sie sich losgelöst hatte wie das französisch-deutsche Wörterbuch von Hulsius aus dem Jahre 1596.

Die späteren deutsch-italienischen Wörterbücher des 17. bis 19. Jh. sind für die italienische Lexikographie von untergeordnetem Interesse (vgl. Art. 317).

1.2.3. Span. — It. und It. — Span. (vgl. Art. 314)

Für die engen politischen, wirtschaftlichen und kulturellen Kontakte zwischen Spanien und Italien zur Zeit der Renaissance sei auf das grundlegende Werk von Croce (1915) verwiesen. Unter der aragonesisch-spanischen Herrschaft über das Königreich Neapel-Sizilien (1443—1707) war eine enge Symbiose wenigstens für Süditalien und Sizilien historisch bedingt, ein Zusammenleben, das auch sprachliche Auswirkungen haben mußte (Scobar 1519, 1.3.).

Das erste größere, ausschließlich it.-span. und span.-it. Wörterbuch ist das 1570 in Sevilla erschienene Vocabulario de las dos lenguas Toscana y Castellana von Christoval de las Casas. Der it.-span. Teil enthält ca. 15 500 Wörter, der span.-it. Teil ca. 10 500. Zweifellos handelt es sich um eine eigenständige lexikographische Leistung, die zwar im spanischen Teil auf Nebrija basiert, im italienischen aber auf keine vergleichbare Grundlage zurückgreifen konnte. De Las Casas muß als Begründer der vergleichenden italienisch-spanischen Lexikographie angesehen werden, da zum ersten Mal Italienisch und Spanisch als Ausgangs- und als Zielsprache auftreten. Der Erfolg dieses Werkes war beachtlich, sind doch zwischen 1570 und 1622 15 Auflagen dieses Vocabulario bekannt (Gallina 1959, 180).

Für die Geschichte der it. Lexikographie von sekundärer Bedeutung sind zum einen *1562 Nicolao Landucci, Dictionarium Lingue Toscane (span. — it./span. — fr./span. — baskisch). Obschon der italienische Teil als Eigenleistung des Landucci betrachtet werden kann, ist der lexikologische Wert dieses Wörterbuchs wegen seiner zahlreichen Fehler und Ungenauigkeiten in der Übersetzung gering. Da dieses Wörterbuchmanuskript (ca. 7000 spanische Wörter mit den italienischen Entsprechungen) unpubliziert ist, blieb es bisher der Nachwelt unbekannt (Madrid, Bibl. Nacional Ms. 8431, Gallina 1959, 124). Zum anderen bestehen die Vocabularietti spagnuolo-italiano (1553 und 1556) von Alfonso de Ulloa. Es handelt sich dabei um Wortlisten, die zum besseren Verständnis der italienischen Übersetzung der Celestina (1553) und der spanischen Übersetzung des Orlando Furioso (1556) dienen sollten. — Seit 1550 standen die mehrsprachlichen Calepinus-Ausgaben mit spanischer und italienischer Übersetzung zur Verfügung und seit 1567 diejenigen des Nomenclator von Junius.

Das grundlegende spanisch-italienische und italienisch-spanische Wörterbuch des 17. Jh. veröffentlichte Franciosini 1620 in Rom. Die Zusammenstellung der Ergänzungen gegenüber dem Werk von De Las Casas, die Gallina für die mit *ab-* beginnenden Lemmata vorgenommen hat, ergibt, daß diese zahlreich sind. Für die italienische Lexikographie wichtig sind die exakten Definitionen: Für it. *abbeveratoio* trennte Franciosini z. B. von der allgemein üblichen Bedeutung „cioè il vaso dove bevono le bestie"/*Abbeveradero*, pilon/die Nebenbedeutung „si dice ancora quel vaso dove bevono gl'uccellini nelle gabbie/Bevedero". Diese Bedeutung findet sich nur noch im Bereich des Königreichs Neapel-Sizilien und sollte wahrscheinlich im LEI 1, 71, 25 zu den Entlehnungen in aragonesischer Zeit gestellt werden: nap. *abbeveraturo* (D'Ambra; Andreoli), sic. *abbiviraturi* VS. — Den Erfolg von Franciosinis Wörterbuch zeigen die zwischen 1620 und 1796 ohne Änderungen erfolgten 15 Neuauflagen (Gallina 1959, 284). Alle it.-span. Wörterbücher des 18. und 19. Jh. bauen auf Franciosini auf und liefern keine eigenständigen Beiträge zur Entwicklung der italienischen Lexikographie.

1.2.4. Engl. — It. und It. — Engl.

Mit dem Vordringen der Renaissance-Kultur gewann in England auch die italienische Sprache an Bedeutung. Zu dieser Zeit entstanden die italienisch-englischen Konversations- und Sprachbücher von Claude de Sainliens und die Principal Rules (1550) von William Thomas, «die erste Grammatik der italienischen Sprache für Engländer mit einem italienisch-englischen Wörterbuch» (Tancke 1984, 68). Das Wörterbuch von Thomas basiert auf den *Ricchezze della lingua volgare,* eine Konkordanz zum Decamerone von Alunno (1543), auf Acharisios Wörterbuch (1543) und möglicherweise auf Alunnos *Fabrica del Mondo* (1548) (ib. 71).

Von entscheidender Bedeutung für die italienisch-englische Lexikographie des 16. und 17. Jh. sind die beiden Wörterbücher von John Florio: 1598 *Worlde of Wordes* und 1611 *Queen Anna's New World of Words*. John Florio, als Emigrantensohn in England aufgewachsen, lebte als Sprachlehrer in London und später am königlichen Hof. Sowohl hinsichtlich der Zahl der exzerpierten Quellen wie auch umfangmäßig war sein Wörterbuch das bedeutendste seiner Zeit und erlangte innerhalb der Geschichte der italienischen Lexikographie eine ähnlich beherrschende Stellung wie Cotgrave 1611 innerhalb der französischen. Florio hat neben den bekannten literarischen Werken als erster auch zeitgenössische Komödien und wissenschaftliche Abhandlungen exzerpiert (cfr. Tancke 1984, 73; für die exzerpierten Quellen ib. 102 f.). Die erweiterte Materialsammlung für die 1611 erschienene *Queen Anna's New World of Words* äußerst sich schon im Umfang des Literaturverzeichnisses (1 Seite 1598, 3 Seiten mit über 200 Werken im Jahre 1611). In seiner grundlegenden Studie hat G. Tancke exemplarisch die Werke von John Florio mit den übrigen italienischen Wörterbüchern des 16. und beginnenden 17. Jh. verglichen und gezeigt, daß allein für den Buchstaben A Florio 1611 257 Pflanzennamen aufweist (davon 157 bereits in der Ausgabe von 1598), während alle übrigen existierenden italienischen Wörterbücher zusammen nur 68 Pflanzenbezeichnungen aufführen.

Anhand dialektaler Formen bei Florio dürfte es auch möglich sein, von Florio selbst nicht verzeichnete Quellen und Abhängigkeiten festzustellen, z. B. im Falle von Florio 1598: *angusigola* „a needle, ..., a fish with a sharp taile called a hornefish". Dieses Dialektwort aus dem Veneto ist für die Bezeichnung der „aguglia comune (Esox belone L.)" vor 1466 bei SavonarolaMNystedt bezeugt und findet sich sonst nur bei MinerbiCalepino 1553. Vermutlich hat Florio das Wörterbuch von Minerbi eingesehen.

Eine ganze Reihe bisher noch nicht systematisch erforschter Erstbelege finden sich bei Florio, z. B. 1598: *cacao* „a fruite in India like unto an almond whereof they make a kind of wine", vgl. DELI 181, der als Erstbeleg 1605 angibt: G. Botero, Le relationi universali I, 217: «Tra gli altri frutti v'abbondano i *cacai*. Questo è un frutto simile alla mandorla, ritondo.»

Den geplanten italienisch-englischen Teil konnte Florio nicht mehr selbst verwirklichen. Er erschien erst 1659 in der Bearbeitung von Torriani (cfr. Messeri 1956). «Für längere Zeit stellt Florios Wörterbuch in der Bearbeitung von Torriano das Standardwerk der italienisch-englischen Lexikographie dar. Erst im 18. Jh. wird es abgelöst, zunächst durch das neue Wörterbuch von Altieri, der sich verstärkt auf das Vocabolario der Accademia della Crusca stützt und damit eher ihr Sprachideal vertritt, danach durch Giuseppe Barettis Dictionary of the English and Italian Languages (1760)». (Tancke 1984, 74, vgl. Art. 311).

1.3. Mehrsprachige Wörterbücher

Bereits am Anfang dieser mehrsprachigen Wörterbücher, die ursprünglich seltene Wortformen glossierten, steht ein Meisterwerk, das umfangreiche Vocabolario latino-siciliano-spagnolo von Lucio Cristoforo Scobar (1520), welches bisher in der italienischen und sizilianischen Lexikographie nicht die gebührende Beachtung gefunden hat. Der lateinisch-spanische Teil basiert auf Elio Antonio de Nebrija, dessen spanisch-lateinisches Vokabular (Dictionarium ex hispaniensi in latinum sermonem) 1493 oder 1495 erschienen war. Escobar (ca. 1460—ca. 1526), aus Andalusien gebürtig, war Schüler von Nebrija und lebte seit 1508 unter dem Namen Scobar in Palermo (Gallina 1959, 17). Eine Neubearbeitung — wie diejenige von Marinoni für Senisio (Marinoni 1955) — wäre erwünscht, da die von Luigi Sorrento beabsichtigte Veröffentlichung nicht realisiert wurde (Wagner 1944, 154). Scobar hat sein umfangreiches Wortmaterial approximativ alphabetisch nach dem lateinischen Lemma präsentiert; für eine systematische Auswertung wäre eine alphabetische Anordnung nach dem ins Sizilianische übersetzten Wort erforderlich.

Abactor, oris m. — *Larruni di bistiami* — Ladron de ganado

Abalieno, as. a. — *Appartari alchuna cosa disi* — Agenar de si algo

Abdico, as. ui. a — *Sdisiridari in vita* — Deseredar en vida

Von dem mittleren Ausdruck ausgehend (altsiz.) müßten die Lemmata alphabetisch aufgeschlüsselt und interpretiert werden: *appartari, bistiami, larruni, sdisiridari*, etc. — Altsiz. *bistiami* kann mit siz. *bbistiami* verglichen werden, das im VS nur für westmessin. (Frazzanò) belegt wird; *larruni* ist im VS erst seit Malatesta (17./18. Jh.) bekannt.

Bereits in der ersten Hälfte des 16. Jh. (vor den berühmten Calepino-Ausgaben) wurde das onomasiologisch geordnete Sprachbuch von Adamo de Rodvila in weitere moderne Fremdsprachen übersetzt; 1510—1521 erschienen drei viersprachige Versionen (it. — dt. — lat. — fr.). Zwölf fünfsprachige Versionen (zusätzlich spanisch) folgten in den Jahren 1513 bis 1542, siebzehn sechssprachige Ausgaben (zusätzlich englisch) in den Jahren 1535—1631, eine siebensprachige Ausgabe (zusätzlich flämisch) in Antwerpen 1540 und sieben achtsprachige Ausgaben (zusätzlich griechisch) zwischen 1546 und 1580 (cfr. Rossebastiano 1984).

Ambrogio dei Conti di Caleppio lebte von 1440 bis 1510. Sein 1502 in Reggio (Emilia) erschienenes *Dictionarium latinarum e greco pariter deriuantium* ist Ausgangspunkt des wohl auflagenstärksten Wörterbuches des 16. Jh. In den Jahren 1509 und 1510 erfolgten die ersten fremdsprachlichen Übersetzungen ins Französische. Ursprünglich als lateinisches Handwörterbuch konzipiert, mit einer reduzierten Zahl von griechischen Entsprechungen, wurde es bereits 1550 zum dreisprachigen Wörterbuch erweitert: lat. — fr. — it.
— Bereits vor 1550 gab es freilich Calepino-Ausgaben, die volkssprachliche Lexeme in latinisierender Form enthielten, z. B. Calepinus 1546:

Ficedula, gr. συκαλίς, avis quae vulgo *galberus* dicitur/ pessulus ... *cadenatium* vulgo dicitur (Olivieri 1942, 86)

Sowohl *galbèr* „Pirol" wie cadenaz „Riegel" sind in Oberitalien gut belegt.

Will man diese für die italienische Lexikographie interessanten Formen mitberücksichtigen, so ist als Ausgangspunkt dieser Glossartradition bereits das aus dem 9./10. Jh. stammende Glossario di Monza (Castellani 1973, 39—57) anzusetzen, ein Glossar, das für Reisende in den griechischen Sprach- und Kulturkreis bestimmt war und regionallateinische Formen enthält, die in den Raum Pavia-Cremona-Ravenna weisen.

Aus Calepinos dreisprachigem Grundstock (lat. — fr. — it.) entwickelten sich die mehrsprachigen (drei- bis elfsprachigen) Ausgaben. Die meisten seit dem 17. Jh. entstandenen mehrsprachigen Wörterbücher Europas gehen auf eine der mehrsprachigen Calepinus-Ausgaben zurück; 188 mehrsprachige Calepin-Ausgaben des 16. und 17. Jh. sind bei Gallina (1959, 112—119) zusammengestellt. Diese europäische Ausstrahlung des Calepino erklärt auch die appellativische Verwendung dieses Eigennamens: it. *calepino* „dicker Band; Notizblock", fr. *calepin*.

Ein Parallelunternehmen zum mehrsprachigen Calepino bildete der 1567 in Antwerpen erschienene Nomenclator des Hadrianus Junius (Adriaans de Jonghe, 1512 ca. — 1575), der drei- bis achtsprachig erschien. Verschiedentlich sind auch im Nomenclator neben der italienischen Form dialektale Varianten angegeben (Gallina 1959, 137):

Charta, papyrus ... G. Papier, carte. It. *Carta*-Florent. *paper* lomb. H. Carta, papel ...

Virgo desponsa ... G. L.'epouse, une vierge vouée à quelcun, ou promise. It. *la sposa, et nouiza* Venitis. H. Donzella prometida y desposada.

Mus maio ... G. et Angl. Rat. It. *Sorge* ò ratto di rasa, pantegana Venetis, *source* Romanis. H. Raton.

Von 1567—1596 erschienen unter dem Titel Nomenclator zehn Auflagen. Ab 1602 wurden die Neuauflagen unter dem Bearbeiter J. Stoer verzeichnet (6 Ausgaben bis 1633).

Von Junius' Nomenclator abhängig ist auch die 1580 in Leipzig publizierte Sylva Vocabularum von Heinrich Decimator, dessen Erweiterung von 1595 auch die italienische und spanische Übersetzung enthalten.

2. Einsprachige Glossare und Wörterbücher

2.1. Einsprachige Glossare und Wörterbücher bis 1612

Die einsprachigen Wörterbücher zur Zeit der Renaissance sind in der Regel als sprachliche Richtschnur konzipiert, als Instrument im Rahmen der sprachlichen Auseinandersetzung, der «Questione della lingua». Daher befaßten sich einzelne Wörterbuch-Autoren des 16. Jh. mit dem Wortschatz eines bestimmten Dichters, z. B.

1539 Alunno, Osservationi, sammelte das Lexikon, das Petrarca verwendete;

1554 Ruscelli, Vocabolario generale, stellte den Wortschatz von Boccaccio zusammen;

oder sie berücksichtigten hauptsächlich seltene Wörter bei den betreffenden Autoren, die erklärungsbedürftig waren, cfr. Ruscelli 1554 «... di tutte le voci bisognose di dichiarazione».

1535 Minerbi beschränkte sich auf eine Auswahl aus dem Decamerone.

Diese Sammlungen der bei Boccaccio und bei Petrarca auftretenden Wörter entsprechen dem Sprachideal von Pietro Bembo, das dieser 1525 in den Prose della volgar lingua darlegte und das sich an den großen Autoren des Trecento orientierte.

Lexikographen, welche die Sprache des florentinischen Trecento als Norm betrachte-

ten und die sprachtheoretische Konzeption von Bembo vertraten, waren:
1526 Liburnio, Le tre Fontane (Wortlisten zu Dante, Boccaccio, Petrarca)
1535 Minerbi (Wörter, die im Decamerone vorkommen)
1543 Acharisio, Vocabolario
1543 Alunno, Ricchezze della lingua volgare
1602 Pergamini, Memoriale della lingua
1612 Crusca und die auf ihr begründeten Wörterbuchtraditionen

Am Anfang dieser Liste steht Liburnios Werk, das in drei Bücher unterteilt ist, die den drei Dichtern des Trecento, Dante, Petrarca und Boccaccio, gewidmet sind. Die «tre fontane» wollten für oberitalienische Leser («ad alcuni Anonimi civili bresciani, trevigiani, et a simiglianti») eine Schreibhilfe und eine Anleitung für die gehobene Sprechsprache sein: «[scrivere] assai acconciamente, e con debita regola... quando uòpo fusse, politamente parlare» (Poggi 1982, 266).

Im Gegensatz zur Normkonzeption von Pietro Bembo stand die sogenannte «italienische Lösung», vertreten durch Baldassare Castiglione mit seinem Werk *Il Cortegiano* (1524) und Gian Giorgio Trissinos *Il Castellano* (1529). Auf lexikologischer Ebene wurde eine aus den verschiedenen dialektalen Hofsprachen und Dialekten zu bildende überregionale Richtsprache befürwortet von Fabricio Luna und von Citolini. Luna (c. 3v.): «... quelli che dan precetti della lingua la quale io non contrasto come Toscha ma come la comune Italiana che come sapeti ogni lingua da se e men buona ma la mescolata e la bella e la perfetta, in questo favorendom'il cortigiano e molti altri spiriti degni d'stima...». — Citolini (Lettera in difesa della lingua volgare): «per questa cagione consiglio di tutta Italia è di lasciar tutti i difetti della Toscana; e pigliar tutte le buone parti dell'altre sue provincie: e così fare una lingua tutta bella, tutta vaga, tutta ricca, e tutta perfetta.»

Als bedeutendste lexikographische Leistungen vor 1612 (Erscheinungsjahr der Erstausgabe der Crusca) sind die Wörterbücher von Luna, Alunno und vor allem Pergamini anzusehen. Luna nahm als erster neben Wörtern der Tre Corone auch solche von anderen Autoren auf (z. B. von Ariost). Von 158 überprüften Wörtern bei Luna sind 101 bei Minerbi und 33 bei Liburnio verzeichnet (Tancke 1984, 27 Anm. 2). Beispiele aus Luna 1536:
«Tabarro vesta detto *tabano* 9./8. n 2»
«*Antenetta* cioe di nave boc 225».

Ungenügend sind bisher in der italienischen Lexikologie jene Wörter berücksichtigt, die in den Definitionen enthalten sind. Zu *tabano* z. B. verzeichnet DEI 3690 als Erstbeleg «XVII sec., Oudin», wobei Oudin vermutlich über Zwischenstufen auf Luna 1536 zurückgeht.

Interpretationen bei Luna können falsch sein. Für *antenetta* lautet die Boccaccio-Stelle (V 6, 15): «in quello [giardino] trovata una antennetta, alla finestra... l'appoggiò, e per quella... se ne salì.» Der Hinweis von Luna: «antenetta cioe di naue» müßte geändert werden in «cioè palo, asta». Der erhellende Kontext zu dieser Boccaccio-Stelle findet sich bereits in Alunno 1543.

Wie bei den mittelalterlichen Glossaren (lat. — it.) lassen sich auch bei den einsprachigen Glossaren und Wörterbüchern des ausgehenden 15. Jh. und des 16. Jh. Unterschiede feststellen, je nach dem Sprachraum, aus dem die Autoren stammten:
Lombardei: 1485 Benedetto Dei, Glossar Ms. von 168 Wörtern, cfr. Fanfani (1874/75, passim) und Folena (1952, 84—88)
Veneto: Liburnio, Minerbi, Citolini
Florenz: Verini
Emilia-Romagna: Acharisio (Cento), Alunno (Ferrara)
Mittelitalien: G. Pergamini (Fossombrone, Marche)
Süditalien: Luna (Neapel)

Benedetto Dei's Glossar (lomb.-fior.) und Verini's Wörterbuch (tosc. — it.) können als die ersten italienischen Dialektwörterbücher angesehen werden. Die Venezianismen bei Luna (Neapolitaner) stammen größtenteils aus Minerbi (Olivieri 1942, 106).

Eine Zusammenstellung der Dialektalismen bei den einzelnen Wörterbuchautoren steht noch aus; eine derartige Arbeit erscheint sinnvoll, da sie Einblicke in die Abhängigkeiten und Vorlagen der einzelnen Werke bringen könnte. So schreibt z. B. Minerbi 1535: «giubba di cendato, cioè *casacca* over *dolimano*»; «aia cio è *ara*, ove si batte il grano», wobei *dolimano* (venez. *duliman*) und *ara* als Venezianismen zu interpretieren sind. Während aber Acharisio und Alunno die als Definition gegebenen Dialektwörter nicht als solche kennzeichnen, verzeichnet Brucioli in seinem Wörterbuch zum Decamerone (1538) explizit dialektale Synonyme: «*lucignoli* sono lucignoli quelle particelle del lino pettinato che si avoltano alla rocca per filarlo... E *lucignolo* anchora quella bambagia che attorta arde nella lucerna, che in lombardo si chiama *paviere*» (zitiert nach Gasca

1961, 28); «*arcolaio* questo chiamano i lombardi *guindolo* o *corlo,* et è uno strumento dal quale si raccoglie la seta in su i rocchetti o cannoni» (c. 9r.).

Auch bei anderen Autoren, z. B. bei Alunno, Ruscelli und Porcacchi sind regionale Varianten aufgeführt, z. T. unter Angabe semantischer Unterschiede.

Alunno 1543:

«*addobbare* in lingua Thosca significa *adornare,* et in lingua Ferrarese significa *vestire*»

«*bornio,* abbagliato e di cattiva vista. Vocabolo Bolognese»,

Ruscelli 1558:

«*arcolaio,* è quello instrumento nel quale si mette la matassa del filo, ò della seta, tutta larga, & aggirandosi quello intorno, vengono agglomerando il filo, & ravvolgendolo. Diconlo in alcune parti d'Italia *guindolo, corlo,* & in Viterbo in luoghi di quel di Roma dicono, *Depanatoro*». Zur heutigen Verbreitung von *depanatore* im Lazio, vgl. AIS 1507.

Tomaso Porcacchi 1584:

Dieses unvollständige Wörterbuch wurde postum publiziert, da Porcacchi vermutlich 1575 gestorben ist (Coglievina 1965). Seine verwendeten Dialektalismen sind als Negativbeispiele zu der von Bembo und Varchi propagierten Sprachnorm zu verstehen:

«*bontadoso* ... val pieno di bontà, ma non è da usarsi...»

«*miuolo:* voce Lombarda, significa bicchiere»

Verini 1532 ist mit seinem bescheidenen *Dictionario* als florentinischer Schulmeister in Venedig und in Mailand kaum geeignet, die Sprachkonzeption eines Machiavelli oder anderer «fiorentinisti» auf lexikalischer Ebene zu verfechten. Sein Lehrbüchlein («operina») enthält aber in der 16seitigen Wortliste typisch florentinische Dialektwörter:

«*succiole* idest balose ferru», vgl. *succiola* „ballotta" (Poggi 1982, 289, Anm. 3).

Die Abhängigkeiten der einzelnen Autoren untereinander sind noch zu wenig untersucht, sind aber offensichtlich, z. B. zwischen Venuti 1562 und Bevilacqua 1567. Diese Dependenz ist nachweisbar z. B. anhand der Pflanzenbezeichnungen *aliga* und *corbezzolo* (cfr. Tancke 1984, 51); Venuti 1562: «*aliga* herba marina/alga» — Bevilacqua 1567: «*aliga* herba marina/alga», Venuti 1562: «*corbezzolo,* cioè corbo peloso frutto/arbutum» — Bevilacqua 1567: «*corbezzolo,* corbo peloso, alboro/arbutus; il suo frutto/arbutum».

Als Abschluß und Höhepunkt dieser einsprachigen Wörterbuchtradition ist das Wörterbuch von Pergamini 1602 anzusehen. Das Beispiel *ansare* zeigt, daß die lat. Bezeichnungen *(halitare, hanelare)* nur noch beiläufig erwähnt sind. Die Definition wird auf italienisch gegeben („fiatare, respirare"). Als Vorläufer zur Crusca 1612 sind bereits Textbeispiele aus Boccaccio und Dantes Commedia aufgeführt.

Pergamini 1602:

«*Ansare.* Fiatare, Rispirare. Lat. Halitare, Hanelare. Ma ansando forte, e sudando tutto paßò della presente Vita. 36.2.2. Ansando a guisa d'huom laßo. 73.3. 60.3.1. Qui ne venni ansando. Fiam. 90.»

Zum Vergleich die Entsprechung aus Crusca 1612:

«*Ansare* respirar con affanno, ripigliando il fiato frequentemente. Lat. anhelare. Bocc. n. 73.20 E d'altra parte, Calandrino scinto, e ansando, a guisa d'huom lasso. E n. 36.11. Gabriotto non rispose, ma ansando forte, e sudando tutto, ec. Dan. Inf. 34. Disse il maestro, ansando, com'huom lasso. Virgil. Eneid. Ma il petto ansando, e la rabbia sboglientando i fieri cuori, ne mortalmente parlaua, ec.»

Auch für Pergamini fehlt eine systematische Auswertung der in den Definitionen enthaltenen Lexeme, die für die dialektale Aufgliederung des Lexikons von Interesse sind, cfr. z. B. s. v. *avellana* «vellana, avellano, nocciuole» und s. v. *nocciule* «avellane, noselle dicono a Venetia, nocchie a Roma».

2.2. Crusca-Wörterbuch und ihre Kritiken

Die Accademia della Crusca war aus der Brigata dei Crusconi (1570—1580) hervorgegangen, deren Zielsetzung sich nicht in platonischen oder peripatetischen Streitfragen erschöpfte, sondern in der Behandlung von *cruscate* „discorsi e versari più per burla che sul serio". Nach der offiziellen Gründung der Accademia della Crusca (1583) erhielt sie 1590 ihr Motto «il più bel fior ne coglie», verstanden als sprachnormierende Aufgabe, die Spreu vom Weizen zu trennen und das feinste Mehl zu mahlen, d. h. den reinsten Sprachgebrauch festzuhalten und lexikographisch verfügbar zu machen. Durch die Zuwahl von Salviati (1583) übernahm die Akademie auch dessen Sprachkonzeption (Priorität des Florentinischen des Trecento) und dessen Wörterbuchprogramm («tutti i vocaboli, e modi di favellare, i quali abbiam trovati nelle buone scritture, che fatte furono innanzi all'anno del 1400», Avvertimenti, 1.II, cap. XII). Dieses Programm wurde auch nach dem Tode Salviatis (1589) als Richtlinie beibehalten (6. 3. 1591: «del modo di fare un vocabolario») und 1612 verwirklicht mit der Veröffentlichung des *Vocabolario degli Accademici della Crusca.* Die Besonderheiten und Charakteristika dieses grundlegenden Werkes der italienischen Lexikographie werden am besten ersichtlich anhand der Einleitung («a lettori») und bei der Besprechung eines

Wortbeispiels: *accoccare* „die Kerbe des Pfeiles auf die Schnur des Bogens klemmen; verabreichen".

Accoccare. Accoccarla a vno, uale fargli qualche danno dispiacere, o beffa. Lat. *imponere alicui,* gr. τεχνάζειν. Dan. Inf. c. 21, Ei chinauan li raffi. e vuoi, ch'i'l tocchi, Diceuan l'un con l'altro, in sul groppone? E rispondean: sì, fa che gliel'accocchi. Voce di bassa lega: sì come queste dello stesso significato: ATTACCARLA, BARBARLA, CIGNERLA, CALARLA, CHIANTARLA. In prouerbio. Tal ti ride in bocca, che dietro te l'accocca. Morg. Pur tante uolte la spada v'accocca, Che gliel cauò, con fatica, di bocca [cioè tante uolte il torna a percuotere] E da questo RACCOCCARE, e RIACCOCCARE, ch'è reiteratamente accoccare. Morg. Onde il lion diè in terra bella bocca, Allor Rinaldo alla testa raccocca: che anche diremmo RAFFIBBIA. COCCARE val lo stesso, che'l suo composto, ed è anche quell'atto, che fa la bertuccia, quando ella spigne il muso innanzi, per minacciare, e far paura a chi le da noia: onde, per similitudine, coccare uno, che uale beffeggiarlo, vccellarlo. Lat. *desannare,* gr. χλευάζειν.

Dem Lemma *accoccare* folgt eine italienische Definition, entsprechend der Tradition, die in der italienischen Lexikographie von Liburnio (1526) begründet wurde, im Französischen aber erst 1680 mit Richelet seine Anwendung fand. Die Definitionen werden im Vorwort «la difinizion della cosa» oder «dichiarazione» genannt. Wenn man die Qualität der Definitionen zwischen der Crusca 1612 und dem Wörterbuch von Richelet 1680 vergleicht, gewinnt man den Eindruck, daß die Crusca auf eine Tradition zurückgreifen konnte, die eine genauere und theoretisch bewußtere Definition ermöglichte.

Richelet 1680:
Femme, s. f. Prononcez famme. Créature raisonnable faite de la main de Dieu pour tenir compagnie à l'homme.

Crusca 1612:
Donna, nome generico della femmina della spezie vmana, ma si dice più propriamente di quella, che abbia, o abbia auuto marito.

Nach der italienischen Definition folgen die lateinischen und griechischen Entsprechungen, Relikte der Calepino-Tradition. Für die Auswahl der Textbelege wird zwar das von Salviati formulierte Prinzip bewahrt (Vitale 1978, 657): «le regole del volgar nostro douersi prendere da' nostri vecchi Autori, cioè da quelli che scrissero dall'anno mille trecento, fino al mille quattrocento»; der zeitliche Rahmen wird aber erweitert, da das zweite Beispiel aus dem Morgante von Pulci stammt und zwischen 1461 und 1484 geschrieben wurde. Hinsichtlich des Anführens von Belegen, die vorwiegend auf Autoren des 14. Jh. zurückgehen, folgt die Crusca der Tradition einsprachiger italienischer Wörterbücher des 16. Jh. und steht damit im Gegensatz zur Académie Française (1694), die bewußt auf die unübertreffliche Sprachkompetenz und Autorität ihrer Mitglieder pochte und deshalb auf literarische Belege früherer Jahrhunderte verzichtete.

Interessant am Beispiel *accoccare* sind der Hinweis auf die Sprachschicht, in der dieses Wort verwendet wurde: «voce di bassa lega», sowie die verzeichneten Synonyme *attaccarla, barbarla, cignerla, calarla, chantarla,* alle in der Bedeutung „betrügen", *ingannare, fare uno scherzo a q.* Ergänzt wird diese Reihe der Synonyme am Ende des Artikels durch das Simplex *coccare uno* „che vale beffeggiarlo, uccellarlo". Die Aufnahme dieser volkssprachlichen Wörter ist weniger dem Interesse des Lexikologen zu verdanken, verschiedene Sprachschichten zu erfassen, als vielmehr dem normativen Bemühen entsprungen, den Leser und Schriftsteller vor diesen Wörtern zu warnen:

«Non è stata nostra intenzione di fare scelta di vocaboli dispersè, ma di raccorre, e dichiarare uniuersalmente, le voci, e maniere di questa lingua: però non abbiamo sfuggito di metterci le parole, o modi bassi e plebei, giudicandogli noi necessari alla perfezione di essa, per comodità di chiunque voleße usargli nelle scritture, che gli comportano. Di queste tali maniere abbiam proccurato d'elegger quelle di miglior lega, proprie, e significanti, e, per distinguerle, abbiamo detto molte volte, voce bassa: modo basso, ec. come nella voce *accoccare* e nella voce *putta.*»

An die Reihe der Synonyma schließt sich das Sprichwort an: «Tal ti ride in bocca, che dietro te l'accocca». Die Aufnahme von Sprichwörtern und Redewendungen entspricht dem in der Einleitung zitierten Grundsatz:

«De' Prouerbi di questa lingua s'è proccurato di raccoglierne buona parte, e principalmente i significanti, e di qualche grazia, così nelle cose graui, come burlesche. Lo stesso abbiam fatto delle maniere del fauellare, e detti prouerbiali, li quali appo di noi son di molte guise».

Auf das Sprichwort folgen Ableitungen und deren Erklärungen: *raccoccare* e *riaccoccare* „ch'è reiteratamente accoccare", mit dem Hinweis, daß beim Satzbeispiel aus dem Morgante von Pulci anstelle von «alla testa raccocca» auch das Synonym *raffibbia* möglich wäre. Unter den Lemmata *raccoccare, riaccoccare* und *affibbiare* finden sich Hinweise auf *accoccare.*

Die Erstausgabe der Crusca bildet einen Meilenstein in der Geschichte der italienischen Lexikographie, wenn sich auch bereits kurz nach dem Erscheinen die Gegner zu Wort meldeten, z. B. 1612 die Anticrusca von Paolo Beni und 1614 das *Dittionario toscano, Compendio del Vocabolario della Crusca,* Roma 1614, von Adriano Politi. Nach heftigem Protest durch die Accademia della Crusca mußte Adriano Politi (1542—1625) ab der Zweitauflage (1615) den Zusatz «Compendio del Vocabolario della Crusca» weglassen.

Die Kritik am Vocabolario della Crusca bezog sich vor allem auf zwei Punkte: einseitige Auswahl der Textbeispiele unter totaler Vernachlässigung der Schriftsteller des Cinquecento (Beni), Bevorzugung der Sprache von Florenz gegenüber Siena (Politi). Politi bemühte sich deshalb, für jedes Lemma der Crusca die senesische Entsprechung anzugeben. Er hat dadurch unbeabsichtigt das erste Dialektwörterbuch senesisch — florentinisch geschaffen (cfr. Bianchi 1969). Kritik entstand sogar in den eigenen Reihen der Akademie, z. B. durch Alessandro Tassoni, der eine Streitschrift verfaßte unter dem Titel Incognito da Modena contro ad alcune voci del Vocabolario della Crusca, und vor allem deshalb erzürnt war, weil in der Zweitauflage der Crusca diese Kritik nicht berücksichtigt wurde (cfr. Masini 1984; Renda 1908).

Die zweite Ausgabe der Crusca, Venezia 1623, enthält zwar im Titel die Ankündigung «con aggiunta di molte voci degli autori del buon secolo, e buona quantità di quelle dell'uso»; eine Überprüfung ergibt aber, daß die Zusätze sich in bescheidenem Rahmen halten, wenn auch die *Rime* von Michelàngelo Buonarroti (1475—1514) und die Dichtungen von Lorenzo de' Medici (1449—1492) aufgenommen wurden.

Trotz aller Kritik war aber das internationale Ansehen der Accademia della Crusca groß und fand Nachahmung in Frankreich (Académie Française 1635), Fruchtbringende Gesellschaft (Weimar 1617, gegründet durch den Fürsten Ludwig von Anhalt) und in Spanien (Academia española 1713).

Einschneidender waren die Veränderungen zwischen der 2. und der 3. Crusca, die in drei Bänden 1691 in Florenz erschien. Der Zusatz «copiosamente accresciuto» ist berechtigt, da sich auch in der personellen Zusammensetzung der Wörterbuchkommission innerhalb der Academia della Crusca bedeutende Veränderungen ergeben hatten. Buommatei war Sekretär von 1640 bis 1648, schrieb über die Wichtigkeit der toskanischen Sprache (1623, *Delle lodi della lingua Toscana;* 1643, *Della lingua Toscana*) und veranlaßte, daß nicht nur dem Florentinischen wie bisher, sondern auch dem toskanischen Sprachgebrauch des Seicento eine größere Bedeutung zugemessen wurde («bisogna alla fine ricorrere alla viva voce del popolo»). Carlo Roberto Dati, seit 1663 Sekretär der Wörterbuchkommission, verband die sprachtheoretischen Ansichten seines Vorgängers Buommatei mit der bisher von Bembo, Varchi und Salviati bestimmten Konzeption. Er schrieb, daß die grammatikalischen Regeln beruhen «parte... sopra la Ragione, parte sopra l'Antichità, parte sopra l'Autorità, e parte sopra l'Uso». Den Gelehrten räumte er einen bedeutenden Einfluß auf die Bestimmung der Sprachnorm ein: «l'uso di ben vivere è il consenso de' buoni, così del ben parlare il consenso degli eruditi.»

In der 3. Ausgabe der Crusca wurden zum ersten Mal auch zahlreiche Nichttoskaner aufgenommen: Jacopo Sannazaro (1456 — 1530, aus Neapel), Baldassarre Castiglione (1478—1529), dessen Sprachideal als antiflorentinisch eingestuft werden kann, Torquato Tasso (1545—1595), dessen Sprache Lombardismen und Latinismen enthält, Paolo Sègneri (1624—1694, aus Nettuno, Lazio) und andere mehr. Leider konnte sich Magalotti (1637—1712), eines der bedeutendsten Mitglieder der Akademie, mit seiner Ansicht nicht durchsetzen (Brief an Francesco Redi vom 7.11.1677), daß archaische, dichterische und volkssprachliche Verwendung eines Wortes mit speziellen Angaben gekennzeichnet werden sollten. Ein Verzeichnis der neu exzerpierten Autoren, Hinweise auf die neu aufgenommenen Diminutiv-, Vergrößerungs- und Superlativbildungen finden sich in Vitale (1966).

Trotz dieser bedeutenden Neuerungen fehlte es nicht an Kritik auch an dieser dritten Crusca-Ausgabe. In moderatem Tone äußerte sich Giulio Ottonelli (cfr. Fanfani 1970); er betonte, daß die italienische Sprache nicht mit Florentinisch gleichgesetzt werden könne und daß deshalb «tutti gli italici uomini — o Toscani, o Lombardi, o d'altra Nazione che siano» an der Sprachdiskussion zu beteiligen seien und daß vermehrt Redewendungen und Sprichwörter der gesprochenen Gegenwartssprache aufgenommen werden sollten (Fanfani 1970, 8). — Sarkastische Kritik übte dagegen der Senese Girolamo Gigli in seinem *Vocabolario Cateriniano*. Ähnlich wie Politi ein Jahrhundert früher ärgerte er sich über die Nicht-Beachtung des senesischen Dialekts und vor allem über die Nicht-Aufnahme der Briefe der Santa Caterina aus Siena in den Kanon der exzerpierten Autoren. Sein satirischer, Crusca-feindlicher Ton führte dann auch zu seiner exemplarischen Bestrafung — Gigli war selbst Mitglied der Accademia della Crusca: Verbannung von Rom (1717), Verstoßung aus dem erlauchten Gremium der Akademiker in der Plenarsitzung vom 2. 9. 1778 («cassato, raso e rimosso dall'albo degli accademici»), Verbrennung des *Vocabolario Cateriniano* am 8. 8. 1788 unter den Klängen der Glocke des Bargello durch den offiziellen Henker der Stadt (cfr. Migliorini 1940), erzwungene Entschuldigungsschreiben von Gigli an den Papst und an den Großherzog der Toskana, nur um wieder nach Rom zurückkehren zu dürfen. Eine Veröffentlichung von Gigli's Wörterbuch war erst nach seinem Tode möglich (1722).

In den Jahren 1729 bis 1738 erschien die 4. Ausgabe des Crusca-Wörterbuches in 5 Bänden in Florenz. Diese bedeutend erweiterte Neufassung wurde bereits 1696, noch zu Lebzeiten von Francesco Redi (Arciconsolo 1678—1690), begonnen und trägt in verschiedener Hinsicht den Stempel dieses zwielichtigen Lexikographen. In der Annahme, daß zu einem alt-italienischen Adjektiv *angioscioso* auch die entsprechenden Adverbien und Superlativa (z. B. *angiosciosissimamente*) gehören müssen, schuf Redi die für die Crusca notwendigen Belege selbst — mit dem Hinweis auf Handschriften seiner persönlichen Bibliothek, die allerdings gar nicht existieren. Volpi (1915) hat gezeigt, daß die Redi-Fälschungen aus einer kleinen Anzahl von Texten des Trecento stammen (Libro della cura delle malattie, Reali di Francia, Libro della cura delle febbri, Fra Giordano da Rivalto, etc.). Bei den Wörtern handelt es sich in allen Fällen um Ableitungen, z. B. *abusazione, abusatore, accellerazione, accidentucciaccio, accidentoso,* etc. Wenn zwischen dem gefälschten Redi-Beleg und dem Auftreten der Fälschung in der vierten Crusca (ausnahmsweise auch bereits in der dritten Auflage) keine gesicherten Zwischenbelege vorhanden sind, kann man annehmen, daß die gefälschte Form Redi bekannt war; folglich kann sein Todesdatum (1698) als Erstbelegsdatum gelten. — Vitale (1971) hat auch der vierten Ausgabe der Crusca eine vertiefte Studie gewidmet («La IV edizione del vocabolario delle Crusca, Toscanismo, classicismo, filologismo nella cultura linguistica fiorentina del primo Settecento») und nachgewiesen, daß unter den 43 075 aufgeführten Lemmata sich ca. 25 000 neu aufgenommene Wörter oder Bedeutungen befinden, die vor allem aus Exzerpten der schon vorhandenen Quellen, aber auch von neuen toskanischen Autoren stammen (cfr. Sessa 1985). Eine vehemente Kritik der 4. Ausgabe schrieb Marcello 1739. Zu den Unzufriedenen gehörten auch bedeutende Autoren wie Baretti (1719—1789) und Algarotti (1712—1764), die sich nicht damit abfinden wollten, daß der gesprochenen Gegenwartssprache nicht der ihr gebührende Platz eingeräumt wurde. Ständige Kritik und eine fehlende Neubearbeitung der Crusca in der zweiten Hälfte des 18. Jh. führten dazu, daß der Großherzog der Toskana, Pietro Leopoldo, mit Dekret vom 7. Juli 1783 die drei florentinischen Akademien («la Fiorentina», «la Crusca», «l'Accademia degli Apatisti») schloß und in der Accademia Fiorentina vereinigte. Aus diesem Anlaß schrieb Alfieri sein bekanntes Sonett («L'idioma gentil sonante e puro / Per cui d'oro le arene Arno volgea / orfano or giace, afflitto e mal sicuro / Privo di chi il più bel fior ne coglieva»).

Die große Nachfrage des Publikums nach der 3. und 4. Auflage der Crusca führte seit Ende des 17. Jh. bis zum Erscheinen der 5. Ausgabe der Crusca (1863—1923) zu einer ganzen Reihe von nicht autorisierten Neudrucken, Kompendien und Neubearbeitungen, die vor allem im 18. Jh. eine komplizierte Filiation brachten, aber auch zu einer außerordentlichen Verbreitung dieser Crusca-Wörterbücher beitrugen. Auf der 3. Crusca-Ausgabe (1691) basieren die beim Verleger Lorenzo Baseggio in Venedig erschienenen Zeno-Neudrucke aus den Jahren 1705, 1717, 1724, 1729 und 1734. Die 4. Crusca-Ausgabe (1729—1738) wird folgenden Kompendien und Neubearbeitungen zugrunde gelegt: Manni 1739, Zeno 1741 und Tommasi 1746—1748. Der letzte Neudruck ist lexikographisch insofern von Bedeutung, als Pasquale Tommasi z. T. wissenschaftliche und technische Neologismen aufgenommen hat, die in der Crusca fehlen (cfr. Berti 1973). Dabei erfährt die Neufassung durch Tommasi indirekt eine Billigung, als in einem Rundschreiben «Agli amatori della lingua italiana» die Mitglieder der Accademia Fiorentina im Hinblick auf eine offizielle Neubearbeitung der Crusca darauf hingewiesen werden, daß als Grundlage einer Neuausgabe die 4. Crusca (1729—1738), erweitert um die Zusätze des neapolitanischen Neudruckes (1746—1748), zu verwenden sei. — In diesem Zusammenhang ist auch die in Venedig erschienene interessante Ergänzung von Bergantini (1745) zu erwähnen.

Da in diesem Wörterbuch von Bergantini viele Definitionen mit denen von Tommasi übereinstimmen, ist aus chronologischen Gründen anzunehmen, daß Tommasi die Ergänzungen von Bergantini benützt hat.

1763 erschien ein fünfbändiger Neudruck mit den Ergänzungen von Tommasi beim Verleger Francesco Pitteri in Venedig.

Auch die sogenannte «Crusca Veronese» ist eine 1806—1811 bei Antonio Cesari in Verona erschienene inoffizielle Crusca-Überarbeitung mit Ergänzungen. Diese zahlreichen Raubdrucke und inoffiziellen Ausgaben (Crusca Neapolitana, Crusca Veronese) bringen z. T. auch wertvolle Ergänzungen, welche für die Geschichte der italienischen Lexikographie in der ersten Hälfte des 19. Jh. von Bedeutung sind: Costa-Cardinali 1819—1826; Minerva 1827—1830; Tramater 1829—1840; Manuzzi 1833—1840; Gherardini Voci 1838—1840; CruscaGiunteTor. 1843; VocUniv. 1845—1856; Gherardini 1852—1857. Besonders GherardiniVoci (1838—1840) enthält eine vehemente Kritik an der Accademia della Crusca und an ihre Mitglieder. Beanstandet werden die unvernünftige Zeitdauer der Neuredaktion, die Verwendung von Lexemen in den Definitionen, die nicht als Lemmata im Wörterbuch verzeichnet sind, fehlerhafte Zitate, Ungenauigkeit in den Definitionen. Gherardini war ein überzeugter Vertreter einer «lingua comune italiana» und widersprach einer Gleichsetzung von Florentinisch/Toskanisch mit Italienisch; Archaismen sollten aus einer Neuauflage der Crusca ebenso verschwinden wie florentinische oder toskanische Dialektalismen (cfr. Zolli 1985).

Die Wiedereröffnung der Accademia della Crusca im Jahre 1811 wurde erleichtert durch das Dekret von Napoleon (2. 9. 1808), das eine Aufteilung der Accademia Fiorentina in drei Klassen vorschrieb, deren eine die Crusca sein sollte «[pour] la conservation de la pureté de la langue italienne et les travaux littéraires en prose et en vers» (cfr. Grazzini 1968, 20). Bei der Neueröffnung der Crusca wurden drei Ziele genannt: Neubearbeitung des Wörterbuches, Reinhaltung der italienischen Sprache und Preisvergabe für literarische Werke.

Bereits 1813 veröffentlichte die Wörterbuchkommission den «Prospetto degli oggetti da aversi di mira per la quinta impressione del Vocabolario», Vorbereitungsarbeiten, die erkennen ließen, daß die fünfte Crusca-Ausgabe Verbesserungen und Zusätze enthalten sollte, daß aber eine vollständig neue Konzeption mit Einschluß der Gegenwartssprache und der wissenschaftlichtechnischen Terminologie nicht geplant war.

Am 6. Mai 1814 gelangte die Accademia della Crusca als staatliche Institution unter den Schutz von Ferdinando III mit der Aufforderung, daß dem Großherzog alle sechs Monate ein Rechenschaftsbericht vorzulegen sei. Die Situation der Wörterbuchprojekte hatte sich freilich nach 1810 insofern verändert, als eine Konkurrenzsituation zwischen Florenz und Mailand entstanden war. Durch napoleonisches Dekret wurde 1810 Mailand zur Hauptstadt des Regno d'Italia erhoben und das Istituto nazionale italiano di scienze, lettere ed arti gegründet mit dem Zweck, «di raccogliere le scoperte, e perfezionare le arti e le scienze». In einem Brief vom 23. 4. 1813 wurden die Mitglieder des Mailänder Istituto nazionale italiano vom Innenminister, Conte Luigi Vaccari, aufgefordert, daß «il fiore dei dotti... contribuisse all'incremento del nostro idioma». Dieser Aufforderung waren als Geschenk 19 Manuskript-Bände des Wörterbuches von Bergantini und ein gedruckter Band beigefügt. 1814 wurde dieses Legat erweitert durch die Veroneser Ausgabe der Crusca mit den handschriftlichen Ergänzungen von Luigi Lamberti.

Zu der in Mailand berufenen zehnköpfigen Wörterbuchkommission gehörte Vincenzo Monti «in vista di un lavoro più grande da farsi da tutto l'Istituto intorno al Dizionario della lingua italiana» (cfr. Vitale 1985). Diese Kommission forderte am 22. 1. 1816 die Accademia della Crusca zur Zusammenarbeit auf, erhielt aber am 6. 12. 1816 die negative Antwort, «che non accettava di farsi scorta nel difficil cammino». Monti beurteilte die entstandene Lage realistisch, wenn er schrieb (Vitale 1985, 320): «Del qual rifiuto molti fecero le meraviglie; ma fu natural conseguenza della vecchia opinione con saldi chiodi fitta nell'animo degli Accademici, che la lingua italiana sia tutta proprietà della sola gente toscana, e che perciò l'Istituto, entrando nelle cose del Vocabolario, mettea la falce in messe non sua.» Nach dieser abgelehnten Zusammenarbeit reagierte Monti verbittert auf eine 1817 publizierte *Proposta di alcune correzioni ed aggiunte al Vocabolario della Crusca* und beurteilte die geplante Crusca-Neuausgabe als «vilissimo, schifosissimo, barbarissimo amasso di lingua scomunicata».

Auch eine Reihe von organisatorischen Maßnahmen (Bildung von vier Wörterbuch-Kommissionen, je für die griechischen und lateinischen Vergleichslemmata, für die Ausdrücke der Wissenschaftssprache, für die Überprüfung der grammatikalischen Theorien, für die Exzerpte, Ergänzungen und Verbesserungen) und die Zuwahl von bedeutenden korrespondierenden Mitgliedern (Manzoni 1827, Leopardi 1831, Giusti 1848, Tommaseo 1851) konnte nicht verhindern, daß in den Jahren 1838—1839 der Großherzog der Toskana in der Accademia della Crusca selbst intervenieren mußte und den Akademikern zwei wöchentliche Sitzungen auferlegte. Die desolate Situation beschrieb Capponi 1838 in einem Brief an Tommaseo: «Conto fatto, la Crusca, se andasse innanzi come ora, avrebbe compito il Dizionario fra 200 anni. Nel 1837, quattro pagine, le prime. E questa roba fa ingrassare i fegati, e il mio fra gli altri» (Grazzini 1968, 25). Erst im Jahre 1854 war die Bearbeitung des gesamten Buchstaben *A* abgeschlossen; 1857 wurden neue Redaktionsrichtlinien erlassen. Im Jahre 1863 endlich, mit einer Widmung an Vittorio Emanuele II, konnte Band 1 der 5. Crusca-Ausgabe erscheinen und es folgten in einem durchschnittlichen Rhythmus von 5 Jahren die nächsten Bände: 1866, 1878, 1882, 1886, 1889, 1893, 1899). Die letzten drei Bände des nicht vollendeten Werkes (bis zum Buchstaben *O*) stammen aus den Jahren 1905, 1910 und 1923.

Wenn auch in der 5. Crusca-Ausgabe die Redaktionskriterien seit 1612 nicht grundsätzlich revidiert worden waren, so sind doch beträchtliche Anpassungen und Modifikationen zu verzeichnen, die dieses elfbändige Werk zu einer der umfangreichsten Materialsammlungen der italienischen Lexikographie machen. Das stark erweiterte Literaturverzeichnis legt beredtes Zeugnis ab von der Zahl der bearbeiteten Texte von Toskanern und Nicht-Toskanern vom Mittelalter bis zur Gegenwart. Wenn volkssprachliche Ausdrücke («voci basse o turpi») nur in sehr bescheidenem Umfang aufgenommen wurden, zeigt dies eine puristische Tendenz, die aus der zeitgeschichtlichen Perspektive beurteilt werden muß und die auch das Werk von Tommaseo-Bellini charakterisiert. Gekennzeichnet werden veraltete Wörter, doch unverändert ist die sprachliche Vormachtstellung von Florenz geblieben auch in einer Zeit, da bereits Rom als Hauptstadt Italiens bestand und sich in Oberitalien neue Industriezentren herauszubilden begannen.

2.3. Tommaseo-Bellini

Dieses beste vollständige historische Wörterbuch Italiens umfaßt ca. 120 000 Lemmata und bildet auch heute eine unentbehrliche Grundlage, da die semantische Gliederung der Artikel verschiedentlich der Anordnung im modernsten historischen Wörterbuch des Italienischen von Salvatore Battaglia überlegen ist. Die Hauptschwierigkeit für den modernen Benutzer beruht in dem unvollständigen Quellenverzeichnis, das die Identifizierung von Belegstellen erschwert und teilweise unmöglich macht. Dessen war sich auch der Herausgeber Meini voll bewußt, schreibt er doch in der Prefazione:

«... è tutta opera mia, non esclusa la Tavola delle abbreviature, che mi costò pene e fatiche grandissime, perchè nè il Tommasèo stesso, nè gli altri che morirono prima e dopo di lui, lasciarono veruno appunto delle edizioni delle opere dalle quali avevano ricavati gli esempi, e neppure i nomi interi, sovente, degli autori da loro citati, e che non sempre era facile indovinare.»

Bei der Auflösung dieser schwierigen Siglen und Abkürzungen helfen heute die Artikel von Zolli (1977, 1981 b und 1987), Poggi (1980) und Ragazzi (1984). Einen zweiten Kritikpunkt sehe ich in der Benutzung von Textausgaben, die heute überholt sind und in philologisch zuverlässigeren Neuausgaben vorliegen, vgl. z. B. TestiDuecentoContini, GiordPisaDelcorno, GiacLentiniAntonelli, etc. Bei einzelnen Autoren wie z. B. bei dem fragwürdigen Frate Gidio, dessen Schriften unauffindbar sind, ist eine gewisse Skepsis angebracht (cfr. Stussi 1980, 181).

Das Lebenswerk von Tommaseo (1802—1874) kann nur beurteilt werden, wenn man den historischen Hintergrund und die Persönlichkeit des Hauptverfassers mitberücksichtigt. Niccolò Tommaseo wurde in Sebenico (Dalmatien) geboren und lebte als aktiver Politiker zur Zeit des Risorgimento im Exil. Sein Werk hat er geschrieben, als er schon fast vollständig erblindet war, vgl. Introduzione XIV: «La titubanza del valentuomo nasceva dalla infermità degli occhi, che in lui erasi appunto aggravata in quel tempo, a segno che rimase cieco quasi affatto.» In den letzten Lebensjahren von Tommaseo erfolgte eine Arbeitsteilung derart, daß Bellini in Turin exzerpierte, Tommaseo in Florenz korrigierte, ordnete und erweiterte, während Meini die Schlußdurchsicht übernahm. Nach dem Tode von Tommaseo (1874) redigierte Meini die Artikel ab *Si-* und verfaßte das umfangreiche Vorwort (Prefazione). Aufschlußreich ist das darin enthaltene Credo des Hauptverfassers Tommaseo:

«Il Dizionario d'una lingua, nelle mani di compilatore assennato, non deve essere un nudo registro di voci, più o men bene dichiarate, più o meno ordinatamente disposte; non deve essere ateo nel senso che oggidì certi nuovi politici vogliono ateo lo Stato, cioè indifferente verso ogni credenza religiosa e ogni principio morale. Tutt'altro... E perciò il Tommaseo voleva che quanti lo ajutavano, si studiassero di cristianizzare e moralizzare il Dizionario suo; voleva che i vocaboli risguardanti la religione (che, come dice il Machiavelli, è il massimo dei beni per le nazioni), vi fossero in larga copia accolti, e largamente dichiarati ed esemplificati; perciò egli stesso riservava a sè molte delle voci aventi significato religioso e morale, e le svolgeva in quel modo di cui egli solo era capace.» (Abschnitt XI).

Es versteht sich, daß bei dieser erzieherischen und moralisierenden Zielsetzung Tommaseo vulgärsprachliche Belege wegließ:

«All'opposto, non tanto per racquistare un po' di brevità, e ristringere certe cose in più angusti confini, quanto per servire alla decenza e alla umana dignità, dalle parole oscene abbiamo resecati gli esempi, e spesso neanco citati i luoghi dove pescarli; e gli esempi con allusioni oscene, che formicolavano anco a proposito di voci pure e nobilissime, abbiamo sbrattati» (Abschnitt XVII).

Wie die Wörterbücher des 16. Jh. muß auch Tommaseo-Bellini im Spannungsfeld der Questione della lingua beurteilt werden. Zur Amtszeit des Ministers Broglio und auch gestützt durch das Ansehen Manzonis und seiner Sprachkonzeption ist es verständlich, daß Tommaseo als Mitglied der Accademia della Crusca den «uso fiorentino» als Sprachnorm des geeinigten Italien verteidigt:

«Ma si dirà: Nel registrare le voci che voi date per vive; nel separare dal vivo il morto, quali norme vi siete prefisse, o qual'è la guida vostra? — Rispondiamo subito: L'uso toscano, e più particolarmente il fiorentino. Lingua vivente comune nel senso vero della parola, l'Italia non ha... Il toscano è da prescegliere, perchè stato sempre dagli scrittori adoperato come principale istrumento del pensiero» (Abschnitt XX).

Als Instrument für die Propagierung des Florentinischen als Sprachnorm sind noch zwei weitere Wörterbücher der zweiten Jahrhunderthälfte zu erwähnen: zunächst Giorgini-Broglio 1870/1897.

Es handelt sich dabei um eine reduzierte Crusca-Ausgabe in Anlehnung an Tommaseo-Bellini, das als Arbeitsinstrument für die italienische Intelligenz bestimmt war sowie als Verwirklichung der sprachpolitischen These von Manzoni: «Uno dei mezzi più efficaci e d'un effetto più generale... per propagare una lingua, è come tutti sanno, un vocabolario» (Parodi 1985, 388).

Am Ende des 19. Jahrhunderts versuchte P. Petrocchi in seinem *Novo dizionario italiano,* neue Wege zu beschreiten. Als vehementer Verfechter der Maßgeblichkeit des Toskanischen für die schriftsprachliche Norm vereinheitlichte er monophthongierte Formen (nòvo, bòno); archaische, seltene und volkssprachliche Wörter relegierte er in einen auch drucktechnisch abgehobenen unteren Seitenteil. Als weitere Neuerung publizierte er selbst 1892 eine Kurzfassung seines Wörterbuches und 1895 eine Minimalausgabe; d. h. Petrocchi ist ein Vorläufer von Robert, Petit Robert und Micro-Robert im Bereich der französischen Lexikographie.

(Verschiedene Hinweise und Präzisierungen verdanke ich meinem Mitarbeiter Dr. G. Tancke).

3. Literatur (in Auswahl)

3.1. Wörterbücher

Acharisio 1543 = Alberto Acharisio: Vocabolario, grammatica et orthographia de la lingua volgare. Cento 1543.

Alunno 1539 = Francesco Alunno: Le osservationi di M. Francesco Alunno... sopra il Petrarca. Venezia 1539.

Alunno 1543 = Francesco Alunno: Le ricchezze della lingua volgare. Venezia 1543.

Alunno 1548 = Francesco Alunno: La fabrica del mondo. Venezia 1548.

Antonini 1735 = Annibale Antonini: Dictionaire Italien, Latin et François. Paris 1735, chez Jacques Vincent.

Azzocchi 1846 = Tommaso Azzocchi: Vocabolario domestico della lingua italiana. 2. Aufl. Roma 1846 [XI, 204 p.].

Baretti 1760 = Giuseppe Marco Antonio Baretti: A dictionary of the English and Italian Languages. London 1760.

Barzizza 1509 = Vocabularium breve magistri Gasparini Pergomensis. Venezia 1509.

Battaglia 1961 ff. = Salvatore Battaglia: Grande dizionario della lingua italiana, 13 vol. (A—Po). Torino 1961...

Beni 1612 = Paolo Beni: L'Anticrusca overo il paragone dell'italiana lingua. Padova 1612. Nachdrucke Firenze 1983 (= Parte I); L'Anticrusca (Parte II, III, IV), Testo inedito a c. di G. Casagrande, Firenze 1982.

Bergantini 1745 = Giovanni Pietro Bergantini: Voci italiane d'autori approvati dalla Crusca nel Vocabolario d'essa non registrate, con altre molte appartenenti per lo più ad arti e scienze che ci sono somministrate similmente da buoni autori, Venezia 1745. [XX, 449 p.].

Bernardoni 1812 = Giuseppe Bernardoni: Elenco di alcune parole oggidì frequentemente in uso, le quali non sono ne' vocabolarj italiani. Milano 1812 [XI, 90 p.].

Bevilacqua 1567 = Luc'Antonio Bevilacqua: Vocabolario volgare et latino. Venezia 1567.

Bourgoing 1583 = Jacques Bourgoing: De origine, usu et ratione vulgarium vocum linguae gallicae, italicae et hispanicae. Parisiis 1583.

Brucioli 1538 = Antonio Brucioli: Tavola di tutti i vocaboli, detti e modi di dire incogniti et difficili, in: Il Decamerone di M. Giovanni Boccaccio... per Antonio Brucioli. Venezia 1538.

Calepino 1502 = Ambrosius Calepinus Bergomates: Dictionum latinarum e greco pariter derivantium... Reggio 1502.

Calepino 1550 = Ambrosii Calepini Dictionarium in quo... tam latina... quam graeca latinis respondentia vocabula summo indicio sunt addita... Quamplurimis item vocibus latinis interpretationes italicae additae sunt. Venezia 1550.

Canal 1598 = Pierre Canal: Dictionaire françois et italien, recueilli premierement par I. Antoine Phenice... par Pierre Canal. Paris 1598.

Cantalicio Ende 15. Jh. = Ignazio Baldelli: Glossario latino-reatino del Cantalicio. In: Atti dell'Accademia Toscana di scienze e lettere «La Colombaria» 18. 1953 (1954), 367—406.

Cesari 1810 = Antonio Cesari: Dissertazione sopra lo stato presente della lingua italiana. Verona 1810.

Costa/Cardinali 1819—1826 = Paolo Costa/Francesco Cardinali: Gran Dizionario della lingua italiana, 7 vol. Bologna 1819—1828.

Crespin 1617 = Samuel Crespin: Le Thresor des trois langues espagnole, françoise et italienne. Genève 1617.

Crusca 1612 = Vocabolario degli Accademici della Crusca. Venezia 1612 (Nachdruck Firenze 1974).

Crusca 1623 = Vocabolario degli Accademici della Crusca... riveduto, e ampliato, con aggiunta di molte voci degli autori del buon secolo, e buona quantità di quelle dell'uso. Venezia 1623.

Crusca 1691 = Vocabolario degli Accademici della Crusca... nuovamente corretto, e copiosamente accresciuto. Firenze 1691.

Crusca 1729—1738 = Vocabolario degli Accademici della Crusca, 5 vol. Firenze 1729—1738.

Crusca 1806 = Vocabolario degli Accademici della Crusca, oltre le giunte, fatteci finora cresciuto d'assai migliaja di voci e modi de classici, le più trovate da Veronesi, 7 vol. Verona 1806 [-1811], presso Dionigi Ramanzini.

Crusca 1863—1923 = Vocabolario degli Accademici della Crusca, 11 vol. (A—O). Firenze 1863—1923, Tipografia Galileiana.

CruscaGiunteTor. 1843 = G. Somis: Giunte torinesi al Vocabolario della Crusca. Torino 1843.

D'AlbVill. 1771/1772 = F. Alberti di Villeneuve: Nouveau dictionnaire françois-italien. Marseille 1771, Jean Mossy. [XVI—946]; Teil 2: Nuovo dizionario italiano-francese. Marsiglia 1772, Giovanni Mossy [XXII—988].

D'AlbVill. 1797—1805 = F. D'Alberti di Villanuova: Dizionario universale critico, enciclopedico della lingua italiana, 6 vol. Lucca 1797—1805.

Decimator 1595 = Sylva vocabolorum et phrasium... ex optimis & probatis latinae & graecae linguae auctoribus... ab Henrico Decimatore. Wittebergae 1595.

Dei 1485 → *Folena 1952*

De las Casas 1570 = Christobal de las Casas: Vocabulario de las dos lenguas toscana y castellana de Christoval de las Casas. Sevilla 1570.

Duez 1659/1660 = Nathanael Duez: Dittionario italiano e francese/Dictionnaire italien et françois, 2 vol. Leide 1559, 1560.

Fenice 1584 = Jean Antoine Fenice: Dictionnaire françois et italien. Morges-Paris 1584.

Ferretti 1663 = Laurens Ferretti: Dictionnaire italien et françois. Contenant Les Recherches de tous les mots italiens expliquez en françois... par Antoine Oudin. Paris 1663, deux parties en 1 volume [575 pp.; 364 pp.].

Florio 1598 = John Florio: A Worlde of Wordes. London 1598 [462 pp.].

Florio 1611 = John Florio: Queen Anna's New World of Words. London 1611 [617 pp.].

Franciosini 1620 = Lorenzo Franciosini: Vocabolario italiano e spagnolo/Vocabolario español e italiano, 2 vol. Roma 1620.

Gherardini 1838/1840 = Giovanni Gherardini: Voci e maniere di dire italiane addittate a' futuri vocabolaristi, 2 vol. Milano 1838, 1840.

Gherardini 1852—1857 = Giovanni Gherardini: Supplimento a' vocabolarj italiani, 6 vol. Milano 1852—1857.

Gigli 1722 = Girolamo Gigli: Vocabolario cateriniano. Siena 1797/1798.

Giorgini/Broglio 1870/1897 = Giambattista Giorgini/Emilio Broglio: Novo vocabolario della lingua italiana secondo l'uso di Firenze, 4 vol. Firenze 1870—1897; Neudruck 1979; Vorwort von Guido Ghinassi.

Glossario Castellani Anf. 14. Jh. → *Castellani*

Glossario Contini 1429 → *Contini 1934*

Glossario Lorck 15. Jh. = J. Estienne Lorck: Altbergamaskische Sprachdenkmäler. Halle/Saale 1893.

Glossario Monza um 900 → *Castellani 1973.*

Glossario Vignuzzi 1497 ca. = Ugo Vignuzzi: Il «Glossario latino-sabino» di Ser Iacopo Ursello da Roccantica. Perugia 1984.

Hulsius 1605 = Levinus Hulsius: Dictionarium Teutsch-Italiänisch, und Italiänisch-Teutsch, Francfurt am Mein 1605, in Verlegung des Authorn.

Introito 1477 = Introito e porta. Vocabolario italiano-tedesco, compiuto per Maistro Adamo de Rodvila, 1477 adì 12 Augusto. Prefazione di Alda Bart Rossebastiano, ristampa Torino 1971.

Junius 1567 = Nomenclator omnium rerum propria nomina variis linguis explicata indicans Hadriano Junio... auctore. Antverpiae 1567.

Lacombe 1752 = H. Lacombe: Dictionnaire portatif des beaux-arts. Paris 1752.

Lacombe 1758 = Honoré La Combe de Prézle: Dizionario portatile delle belle arti... Venezia 1758, stamperia Remondini [VIII—428 pp.].

Liburnio 1526 = Le tre fontane di Messer Nicolò Liburnio in tre libbri divise, sopra la grammatica, et eloquenza di Dante, Petrarcha, et Boccaccio. Venezia 1526, Gregorio de Gregorii.

Manni 1739 = Compendio del Vocabolario degli Accademici della Crusca da Domenico Maria Manni, formato sulla edizione quarta del medesimo, 5 vol., Firenze 1739, Tip. D. M. Manni.

Manuzzi 1833—1840 = Giuseppe Manuzzi: Vocabolario della lingua italiana già compilata dagli Accademici della Crusca ed ora novamente corretto ed accresciuto, 2 vol. (= 4 tomi). Firenze 1833—1840.

Minerbi 1535 = Il Decamerone di M. Giovanni Boccaccio col Vocabulario di M. Lucilio Minerbi. Venezia 1535, Bernardino di Vidali.

Minerbi 1553 = Lucilio Minerbi: Il Dittionario di Ambrogio Calepino dalla lingua latina nella volgare brevemente ridotto. Venezia 1553.

Minerva 1827—1830 = Dizionario della lingua italiana, 7 vol. Padova 1827—1830.

Oudin 1640 = Antoine Oudin: Recherches italiennes et françoises, ou dictionnaire contenant outre les mots ordinaires, une quantité de proverbes & de phrases pour l'intelllligence de l'une & de l'autre langue, Paris 1640, A. de Sommaville [932 pp.].

Pannonius 1578 = Gabriel Pannonius: Petit vocabulaire en langue françoise et italienne. Lyon 1578, Roger de Brey.

Pergamini 1602 = Giacomo Pergamini: Il memoriale della lingua italiana, 1 vol. (= 2 tomi). Venezia 1602.

Petrocchi 1887 = Policarpo Petrocchi: Nòvo dizionàrio italiano. Milano 1887—1891.

Politi 1614 = Ambrogio Politi: Dittionario toscano. Siena 1614.

Porcacchi 1584 = Tomaso Porcacchi: Vocabolario nuovo. In: Alunno, la fabrica del mondo. Venezia 1584.

Pulci ante 1484 = Guglielmo Volpi: Il «Vocabolista» di Luigi Pulci. In: Rivista delle Biblioteche e degli Archivi 19. 1908, 9—15, 21—28.

Puoti 1845 = Basilio Puoti: Dizionario de' francesismi e degli altri vocaboli e modi nuovi e guasti introdotti nella nostra lingua italiana, con le voci e le frasi pure che a quelli rispondono. Napoli, Tip. all'insegna del Diogene 1845.

Ruscelli 1554 = Vocabolario generale di tutte le voci usate dal Boccaccio bisognose di dichiaratione... per Girolamo Ruscelli. Venezia 1554.

Ruscelli 1558 = Girolamo Ruscelli: Vocabolario di tutte le parole contenute nell'opera [= Del modo di comporre in versi nella lingua italiana], bisognose di dichiaratione. Venezia 1558.

Sachella 1447 → *Marinoni 1962*

Scobar 1519 = L. Christoforo Scobar: Vocabolarium Nebrissense ex Siciliensi sermone in latinum. Venezia 1519.

Scoppa 1511/1512 = L. Io. Scoppa: Spicilegium. Napoli 1511/1512.

Senisio 1348 → *Marinoni 1955.*

Sprachbuch 1424 = Oskar Pausch: Das älteste italienisch-deutsche Sprachbuch. Eine Überlieferung aus dem Jahre 1424 nach Georg von Nürnberg. Wien 1972.

Stoer 1638 = Jakob Stoer: Dictionnaire françois et italien. Genève 1638.

Tommaseo/Bellini 1865—1879 = Nicolò Tommaseo/Bernardo Bellini: Dizionario della lingua italiana, 8 vol. Torino 1865—1879, Unione Tipografico-Editrice.

Tommasi 1746—1748 = Vocabolario degli Accademici della Crusca. Impressione napoletana secondo l'ultima di Firenze, 6 vol. Napoli 1746—1748.

Torriani 1659 = Giovanni Torriani: Vocabolario italiano & inglese, a Dictionary Italian & English. Formerly compiled by John Florio... Whereunto is added a Dictionary English and Italian. London 1659.

Tramater 1829—1840 = Vocabolario universale italiano, compilato a. c. della Società tipografica Tramater, 7 vol. Napoli 1829—1840.

Ugolini 1848 = Filippo Ugolini: Vocabolario di parole e modi errati che sono comunemente in uso, specialmente negli uffizj di publica amministrazione. Urbino 1848.

Ulloa 1553 = Introdutione del signor Alphonso di Uglioa... con una espositione da lui fatta nella [lingua] italiana di parecchi vocaboli hispagnuoli difficili. Venezia 1553.

Ulloa 1556 = Exposicion de todos los lugares difficultosos que en el presente libro se hallan. Con... muchas comparaciones y sentencias... nuevamente compiladas y traduzidas del thoscano idioma en romance castellano por el S. Alonso

Ulloa, con una exposicion... de algunos vocablos castellanos en lengua thoscana. Leon 1556.

Valla 1500 = Nicolao Valla: Vallilium. Firenze 1500; dann unter dem Titel: Vocabularium vulgare cum latino apposito Venezia 1522 (Nachdruck: Torino 1966) und öfter.

Veneroni 1681 = Dictionaire italien et françois, mis en lumière par Antoine Oudin... continué par Laurens Ferretti... achevé, reveu, corrigé et augmenté... par le Sr. Veneroni. Paris 1681 [564 pp.; 416 pp.].

Venuti 1562 = Filippo Venuti: Dittionario volgare et latino. Venezia 1562.

Venuti 1626 = Filippo Venuti: Dittionario italiano e francese. Venezia 1626.

Verini 1532 = Giovambattista Verini: Dictionario. Milano 1532 (Nachdruck Milano 1966).

Viani 1858—1860 = Prospero Viani: Dizionario di pretesi francesismi e di pretese voci e forme erronee della lingua italiana, con una tavola di voci e maniere aliene o guaste. 2 vol. Felice Le Monnier, Firenze 1858—1860 [LXVIII—591; IV—505 pp.].

Vocabolari 15. Jh. = Vocabolari veneto-tedeschi del secolo XV, a. c. di Alda Rossebastiano-Bart, 3 vol. Savigliano 1983.

VocUniv. 1845—1856 = Vocabolario universale della lingua italiana... eseguita su quella del Tramater... con giunte e correzioni, 8 vol. Mantova 1845—1856.

Vopisco 1564 = Michele Vopisco: Promptuarium. Mondovì 1564 (Nachdruck Torino 1972) [142 pp.].

Zeno 1741 = Apostolo Zeno: Vocabolario degli Accademici della Crusca compendiato secondo la quarta ed ultima impressione di Firenze. Venezia 1741.

3.2. Sonstige Literatur

Baldelli 1953 → *Cantalicio Ende 15. Jh.*

Baldelli 1960 = Ignazio Baldelli: L'edizione dei glossari latino-volgari dal secolo XIII al XV. In: Atti dell'VIII Congresso di studi romanzi. Firenze 1960. Vol. 2, 757—763.

Berti 1973 = Laura Berti: Pasquale Tommasi e la ristampa napoletana della IV edizione della Crusca. In: Lingua Nostra 34. 1973, 73—80.

Bianchi 1969 = Paola Bianchi: Adriano Politi e il suo «Dittionario toscano». In: Annali della Facoltà di lettere e filosofia della Università degli Studi di Perugia 7. 1969/70, 181—345.

Bingen 1987 = Nicole Bingen: Le Maître Italien (1510 — 1660). Bruxelles 1987.

Castellani 1958 = Arrigo Castellani: Le glossaire provençal-italien de la Laurentienne (Ms. Plut. 41, 42). In: Lebendiges Mittelalter. Festgabe für Wolfgang Stammler. Freiburg (Schweiz) 1958, 1—43.

Castellani 1973 = Arrigo Castellani: I più antichi testi italiani. Bologna 1973.

Castellani 1980 = Arrigo Castellani: Saggi di linguistica e filologia italiana e romanza (1946 — 1976). Tomo III. Roma 1980.

Coglievina 1965 = Lionella Coglievina: Il «Vocabolario nuovo» di Tomaso Porcacchi. In: Lingua Nostra 26. 1965, 35—38.

Contini 1934 = Gianfranco Contini: Reliquie volgari della scuola bergamasca dell'umanesimo. In: L'Italia dialettale 10. 1934, 223—240.

Croce 1915 = Benedetto Croce: La Spagna nella vita italiana durante la Rinascenza. Bari 1915.

De Gregorio 1922 = Giacomo De Gregorio: Il più antico vocabolario dialettale italiano. In: Zeitschrift für romanische Philologie 42. 1922, 89—96.

Fanfani 1874/75 = Pietro Fanfani: Vocabolarietto milanese-fiorentino. Il Borghini N. S. 1. 1874/75, 311—314, 343—346, 361—363, 370—373.

Fanfani 1970 = Gabriella Fanfani Bussolini: Giulio Ottonelli e le annotazioni al Vocabolario degli Accademici della Crusca (1698). In: Lingua Nostra 31. 1970, 5—12.

Folena 1952 = Gianfranco Folena: Vocaboli e sonetti milanesi di Benedetto Dei. In: Studi di filologia italiana 10. 1952, 83—144.

Folena 1969 = Gianfranco Folena: Geografia linguistica e testi medievali. In: Atti del Convegno internazionale sul tema «Gli atlanti linguistici, problemi e risultati» (Roma 20—24 ott. 1967), Roma 1969, 197—222.

Gallina 1959 = Annamaria Gallina: Contributi alla storia della lessicografia italo-spagnola dei secoli XVI e XVII. Firenze 1959.

Gasca 1961 = Giuliano Gasca Queirazza: Ricerche sulla lessicografia italiana del Cinquecento. Torino 1961.

Grazzini 1968 = Giovanni Grazzini: L'Accademia della Crusca. Firenze 1968.

Leone 1986 = Alfonso Leone: Saggio di moderna edizione del Vocabolario siciliano-latino di Lucio Cristoforo Scobar. In: Bollettino Centro di Studi filologici e linguistici siciliani 15. 1986, 206 — 267.

Lorck 1893 → *Glossario Lorck 15. Jh.*

Marcello 1739 = Benedetto Marcello: Il Toscanismo e la Crusca o sia il Cruscante impazzito. Venezia 1739.

Marinoni 1944/1952 = Augusto Marinoni: Gli appunti grammaticali e lessicali di Leonardo da Vinci, 2 vol., Milano 1944, 1952.

Marinoni 1955 = Augusto Marinoni: Dal «Declarus» di A. Senisio. I vocaboli siciliani. Palermo 1955.

Marinoni 1962 = Augusto Marinoni: Vocaboli volgari da un glossario latino di Bartolomeo Sachella. In: Bollettino del Centro di Studi filologici e linguistici siciliani 7. 1962, 226—259.

Masini 1984 = Andrea Masini: Le postille tassoniane alla prima Crusca. In: Lingua Nostra 45. 1984, 97—106.

Messeri 1956 = Anna Laura Messeri: Giovanni Torriano e il suo Dizionario Inglese-Italiano. In: Lingua Nostra 17. 1956, 108—111.

Messi 1942 = Clara Messi: Contributi alla storia

della più antica lessicografia italiana (a proposito di uno studio di Ornella Olivieri). In: Atti del Reale Istituto Veneto di Science, Lettere ed Arti 102. 1942/43, 589—620.

Migliorini 1940 = Bruno Migliorini: Il «Vocabolario cateriniano» di Girolamo Gigli. In: Lingua Nostra 2. 1940, 73—80.

Migliorini 1960 = Bruno Migliorini: Storia della lingua italiana. Firenze 1960, 5. Aufl. 1978.

Nibbi 1968 = Alessandra Nibbi: Il dizionario italiano-inglese e inglese-italiano di Giuseppe Baretti. In: Lingua Nostra 29. 1968, 40—46.

Mussafia 1873 = Adolf Mussafia: Beitrag zur Kunde der norditalienischen Mundarten im 15. Jahrhundert. In: Denkschriften der Kaiserlichen Akademie der Wissenschaften (phil.-hist. Classe) 22. 1873, 103—228.

O'Connor 1972 = Desmond O'Connor: John Florio's Contribution to Italian-English Lexicography. In: Italica 49. 1972, 49—67.

O'Connor 1977 = Desmond O'Connor: Ancora sui primi dizionari italiano-inglesi. In: Lingua Nostra 38. 1977, 94—98.

Olivieri 1941 = Ornella Olivieri: Gli elenchi di voci volgari nei codici di Leonardo da Vinci. In: Lingua Nostra 3. 1941, 29—32.

Olivieri 1942 = Ornella Olivieri: I primi vocabolari italiani fino alla prima edizione della Crusca. In: Studi di filologia italiana 6. 1942, 64—192.

Olivieri 1943 = Ornella Olivieri: Alle origini dei vocabolari italiani (Lo *Spicilegium* dello Scoppa ed il *Promptuarium* del Vopisco). In: Cultura neolatina 3. 1943, 268—271.

Parodi 1985 = Severina Parodi: L'utopia del vocabolario nell'unificazione linguistica dell'Italia. Atti del Congresso internazionale per il IV Centenario dell'Accademia della Crusca (Firenze, 29 sett. —2 ott. 1983). Firenze 1985, 387—393.

Passen 1981 = Anne-Marie van Passen: Appunti sui dizionari italo-francesi apparsi prima della fine del Settecento. In: Studi di lessicografia italiana 3. 1981, 29—65.

Pausch 1972 → Sprachbuch 1424

Pfister 1983 = Max Pfister: Contatti lessicali tra Venezia e la Germania nel Medioevo. In: Linguistica e dialettologia veneta. Studi offerti a Manlio Cortelazzo dai colleghi stranieri. Tübingen 1983, 253—258.

Pfister 1988 = Max Pfister: Les dictionnaires français et leur influence sur la lexicographie italienne au 18e s. In: La lexicographie française du 18e au 20e siècle. In: TLL 26. 1989, 51—73.

Pfister 1989 = Max Pfister: L'importance d'Antoine Oudin pour la lexicographie française et italienne. In: La lingua francese nel Seicento. Bari. Paris 1989, 81—103.

Poggi 1980 = Teresa Poggi Salani: Per il Tommaseo-Bellini. In: Studi mediolatini e volgari 27. 1980, 183—232.

Poggi 1982 = Teresa Poggi Salani: Venticinque anni di lessicografia italiana delle origini (leggere, scrivere e «politamente parlare»; note sull'idea di lingua. In: Historiographia Linguistica 9. 1982, 265—297.

Ragazzi 1984 = Guido Ragazzi: Aggiunte alla „Tavola delle abbreviature" del Tommaseo-Bellini tratte dagli spogli lessicali di Giuseppe Campi. In: Studi di lessicografia italiana 6. 1984, 285 — 333.

Renda 1908 = Umberto Renda: Alessandro Tassoni e il Vocabolario della Crusca. In: Miscellanea tassoniana di studi storici e letterari pubblicata nella festa della fossalta (28/6/1908). Bologna. Modena 1908, 277—324.

Rossebastiano 1971 → Introito 1477

Rossebastiano 1983 → Vocabolari 15. Jh.

Rossebastiano 1984 = Alda Rossebastiano Bart: Antichi vocabolari plurilingui d'uso popolare: La tradizione del «Solenissimo Vochabuolista». Alessandria 1984.

Sessa 1985 = Mirella Sessa: Fortuna e sfortuna della IV impressione del Vocabolario della Crusca. In: La Crusca nella tradizione letteraria e linguistica italiana. Atti del Congresso internazionale per il IV Centenario dell'Accademia della Crusca (Firenze, 29 sett.—2 Ott. 1983). Firenze 1985, 183—191.

Steiner 1970 = Roger J. Steiner: Two Centuries of Spanish and English Bilingual Lexicography 1590—1800. The Hague 1970.

Stussi 1980 = Alfredo Stussi: Besprechung des LEI. In: Annali della R. Scuola Normale Superiore di Pisa III. 10. 1980, 1816—1820.

Tancke 1984 = Gunnar Tancke: Die italienischen Wörterbücher von den Anfängen bis zum Erscheinen des «Vocabolario degli Accademici della Crusca» (1612); Bestandsaufnahme und Analyse. Tübingen 1984.

Trapani 1941, 1942 = Filippa Trapani: Gli antichi vocabolari siciliani (Senisio, Valla, Scobar). In: Archivio storico per la Sicilia 7. 1941, 1—101; 8. 1942, 129—284.

Vignuzzi 1984 → Glossario Vignuzzi 1497 ca.

Vitale 1966 = Maurizio Vitale: La III edizione del Vocabolario della Crusca; tradizione e innovazione nella cultura linguistica fiorentina secentesca. In: Annali della Facoltà di Lettere e Filosofia dell'Università degli Studi di Milano 19. 1966, 109—153.

Vitale 1971 = Maurizio Vitale: La IV edizione del Vocabolario della Crusca. In: Studi di filologia romanza offerti a Silvio Pellegrini. Padova 1971, 675—704.

Vitale 1978 = Maurizio Vitale: La questione della lingua. Palermo 1978.

Vitale 1985 = Maurizio Vitale: L'istituto nazionale italiano di scienze, lettere ed arti, l'Accademia della Crusca e la questione del vocabolario. In: La Crusca nella tradizione letteraria e linguistica italiana. Atti del Congresso internazionale per il IV

Centenario dell'Accademia della Crusca (Firenze, 29 sett.—2 ott. 1983). Firenze 1985, 289—325.

Volpi 1908 → *Pulci ante 1484*

Volpi 1915 = Guglielmo Volpi: Le falsificazioni di Francesco Redi nel Vocabolario della Crusca. In: Atti della Reale Accademia della Crusca per la lingua d'Italia, anno accad. 1915/16 (1917), 35—136.

Wagner 1944 = Max Leopold Wagner: Besprechung zu Trapani 1941, 1942. In: Zeitschrift für romanische Philologie 64. 1944, 153—168.

Wolf 1983 = Lothar Wolf: Aspetti linguistici delle relazioni fra Venezia ed Augusta. In: Linguistica e dialettologia veneta. Studi offerti a Manlio Cortelazzo dai colleghi stranieri. Tübingen 1983, 275—281.

Zingarelli 1928 = Nicola Zingarelli: V. Monti, l'Istituto lombardo e la lingua italiana. In: Rendiconti del Reale Istituto Lombardo di scienze e lettere 61. 1928, 591—619.

Zolli 1971 a = Paolo Zolli: L'influsso francese sul Veneziano del XVIII secolo. Venezia 1971.

Zolli 1971 b = Paolo Zolli: Note storiche e bibliografiche sui dizionari di neologismi e barbarismi del XIX secolo. In: Atti dell'Istituto Veneto di scienze, lettere ed arti 130. 1971/72, 161—208.

Zolli 1973 = Paolo Zolli: Il Bollettino delle leggi della Repubblica Italiana e l'elenco del Bernardoni. In: Miscellanea II, a. c. di M. Cortelazzo. Udine 1973, 451—561.

Zolli 1974 = Paolo Zolli: Saggi sulla lingua italiana dell'Ottocento. Pisa 1974.

Zolli 1977 = Paolo Zolli: Contributo alla «Tavola delle abbreviature» del Tommaseo-Bellini. In: Studi mediolatini e volgari 25. 1977, 201—241.

Zolli 1981 a = Paolo Zolli: Innovazione e tradizione nel «Nouveau Dictionnaire François-Italien» di F. Alberti de Villeneuve. In: Mélanges à la mémoire de Franco Simone, Genève 1981. Vol. 2, 589—627.

Zolli 1981 b = Paolo Zolli: Trecento aggiunte alla «Tavola delle abbreviature» del Tommaseo-Bellini. In: Studi di lessicografia italiana 3. 1981, 97—166.

Zolli 1985 = Paolo Zolli: Giovanni Gherardini e la Crusca. In: La Crusca nella tradizione letteraria e linguistica italiana. Atti del Congresso internazionale per il IV Centenario dell'Accademia della Crusca (Firenze, 29 sett.—2 ott. 1983). Firenze 1985, 241—254.

Zolli 1987 = Paolo Zolli: Altre cento aggiunte alla «Tavola delle abbreviature» del Tommaseo-Bellini. In: Studi di lessicografia italiana 9. 1987, 47—73.

Zolli 1988 = Paolo Zolli: Italienisch: Lexikographie. In: Lexikon der Romanistischen Linguistik (LRL). Vol. 4.: Tübingen 1988, 786 — 798.

Max Pfister, Saarbrücken (Bundesrepublik Deutschland)

188. La lexicographie italienne du XXe siècle

1. L'héritage lexicographique du XIXe siècle
2. L'activité lexicographique dans la première moitié du XXe siècle
3. La seconde moitié du XXe siècle: considérations générales
4. Le Dizionario Enciclopedico et le Vocabolario de l'Enciclopedia Italiana
5. Le Grande Dizionario della lingua italiana (Battaglia)
6. La reprise de l'activité lexicographique de la Crusca
7. Projets liés à l'Accademia della Crusca ou inspirés par elle
8. L'informatique pour la lexicographie
9. Dictionnaires mineurs et lexicographie subsidiaire dans la seconde moitié du XXe siècle
10. Conclusion
11. Bibliographie choisie

1. L'héritage lexicographique du XIXe siècle

Dans quelle mesure est-il légitime de vouloir faire l'histoire de la lexicographie — italienne ou d'une autre aire linguistique — du XXe siècle? En ce qui concerne l'Italie, serait de toute façon plus juste de parler d'une lexicographie postérieure à 1950, par opposition à toute celle qui, depuis les origines, arrive jusqu'à cette date. En effet, durant toute la période qui va de la fin du XVIe siècle, quand fut créée l'Accademia della Crusca et fut mis en chantier son *Vocabolario*, jusqu'à la moitié du XXe siècle, le cours de la lexicographie, ainsi que de la langue et de quelque façon aussi de la culture italienne, suit une voie assez tranquille, marquée de changements parfois profonds mais sans véritables révolutions. On a l'impression d'assister d'abord à une progression lente qui pourrait même paraître statique, puis à un flux tumultueux, foisonnant d'innovations mais difficile à contrôler. La fin de la seconde guerre mondiale apporte, non pas immédiatement, mais après quelques années de maturation, des changements radicaux dans les habitudes de vie, les conditions sociales, les rapports entre l'homme et la technique; ces changements se répercutent nécessairement et de façon très sensible sur la situation de la langue et, par voie de conséquence, sur les œuvres lexicographiques qui en sont le reflet. Et ce qui est vrai pour tous les pays, tous les peuples, l'est encore plus pour l'Italie où l'histoire de la langue, de la culture et de l'acculturation présente évidemment des aspects particuliers. Ce n'est qu'au cours des dernières décennies que se produit une rupture décisive avec une tradition qui avait résisté, pendant des siècles depuis la Renaissance, au travers des tempêtes les plus dangereuses et avec des fléchissements de plus en plus inquiétants: une tradition rhétorique et aristocratique aussi bien de la littérature que de la langue qui se base sur le mythe du classicisme comme modèle idéal de perfection; ce mythe est sanctionné par le *Vocabolario* de l'Accademia della Crusca qui, publié la première fois en 1612, conserve dans les éditions suivantes une autorité incontestée. La langue érigée comme modèle par la Crusca est une langue littéraire parfaite et absolue, qui coïncide avec le florentin (et, dans certaines limites, avec le toscan); il ne s'agit cependant pas du florentin parlé et donc vivant, mais de celui des écrivains admis dans l'Olympe constitué par la «table des citations». De même qu'il ignore, ou presque, l'usage vivant de la langue parlée, de la même façon le *Vocabolario* exclut les termes spécialisés concernant les arts, les métiers, les sciences et les techniques, à l'exception de ceux, assez rares, qui figuraient dans les auteurs privilégiés. Cette situation se reflète également dans les nombreux dictionnaires dérivant plus ou moins directement de la Crusca pendant tout le XIXe siècle, même si de plusieurs côtés on invoquait, et avait déjà invoqué au cours du siècle précédent, un enrichissement consistant des lexiques avec des entrées appartenant aux terminologies techniques et scientifiques. Il faut cependant faire une exception dans la première moitié du XIXe siècle pour le *Vocabolario Universale Italiano* connu sous le nom de «il Tramater» parce qu'édité par la Société typographique Tramater de Naples, sous la direction d'un lettré, Raffaele Liberatore, et publié en 7 volumes entre 1829 et 1840 (avec deux rééditions, de 1845—56 à Mantoue et de 1878 à Milan): il s'agissait en réalité d'une réédition de la 4e impression de la Crusca, mais enrichie de nombreuses adjonctions, surtout de néologismes et de termes techniques passés de France en Italie.

Dans la seconde moitié du siècle le Tommaseo/Bellini (Tommaseo 1861), qui mérite d'être considéré comme le dictionnaire de la langue italienne le plus riche et le plus documenté, et a continué de l'être pendant une grande partie du XXe siècle, admet de nombreux mots et expressions de la langue parlée mais n'accepte que rarement les entrées appartenant à des langues de spécialité.

2. L'activité lexicographique dans la première moitié du XXe siècle

Notre siècle a donc reçu du précédent cet héritage à la fois riche et lourd: il suffit de voir les différents dictionnaires, de moyen format, ayant un caractère essentiellement normatif, que l'on publie au cours des 30 ou 40 premières années.

2.1. En 1935, le Tommaseo/Bellini étant considéré désormais inadéquat aux temps et à l'évolution de la langue, l'Accademia d'Italia décide de publier un nouveau dictionnaire de la langue italienne et d'en confier la direction au philologue Giulio Bertoni. L'œuvre, pour la préparation de laquelle avait été fixé un délai de cinq ans, devait être, selon l'intention de l'Accademia, un dictionnaire complet et moderne reflétant les conditions actuelles de la langue ainsi que son histoire, mais aussi maniable, destiné non pas aux besoins des philologues mais à ceux d'un public moyen. Un concours de circonstances malheureuses (le début de la deuxième guerre mondiale, la mort prématurée de l'académicien Bertoni, et plus tard la suppression de l'Accademia même) entraîna l'interruption de l'œuvre après la publication de son premier volume, sorti en 1941, comprenant les lettres A—C, à partir desquelles il est possible de déduire les critères généraux de sa conception: les définitions, brèves et synthétiques, étaient accompagnées d'exemples d'auteurs, réduits au minimum indispensable afin d'illustrer d'une part l'usage le plus ancien du mot pour chacune de ses acceptions, d'autre part l'emploi moderne et contemporain (l'Accademia avait fait effectuer dans ce but un certain nombre de dépouillements de la littérature la plus récente); à côté du lexique traditionnel entraient des termes techniques et scientifiques, et même des mots étrangers à condition qu'il fussent enracinés dans l'usage courant; en revanche, la langue parlée et familière n'était pas représentée de manière adéquate. Une nouveauté importante, et certainement positive, était constituée par la présence des étymologies, rigoureusement passées au crible, indiquées pour chaque mot par le linguiste Clemente Merlo. A la parution de son unique volume, l'œuvre rencontra plus de critiques que d'approbations: on lui reprochait de graves défauts, tant dans l'organisation et dans les critères généraux que dans la rédaction des différentes entrées: définitions discutables, omissions, incertitude dans le choix des vocables et des significations qui faisaient que d'une part figuraient des néologismes non encore affirmés dans l'usage, d'autre part manquaient des entrées et des acceptions attestées par d'illustres écrivains anciens et modernes (pour un avis détaillé et serein sur l'œuvre, on renvoie à l'excellent article de Pasquali 1941, et à celui, plus sévère, de Devoto 1941). Non seulement parce qu'il était incomplet, mais aussi à cause de son caractère intrinsèque, de la faiblesse de son organisation, de son indécision, ce dictionnaire n'a laissé qu'une faible trace dans l'histoire de la lexicographie du XXᵉ siècle, et n'a eu qu'une influence limitée sur les développements ultérieurs des méthodes lexicographiques.

2.1.1. Entre temps était survenu un fait particulièrement important. Un décret de 1923 avait suspendu l'activité lexicographique de l'Accademia della Crusca, et donc la publication de la 5ᵉ édition du *Vocabolario* qui, commencée en 1863 et poursuivie avec une extrême lenteur au cours des décennies suivantes, se trouvait ainsi interrompue à son 11ᵉ volume, arrivé à la fin de la lettre O. On sait déjà tout ce que ce *Vocabolario* avait représenté non seulement pour l'Italie mais aussi pour le reste de l'Europe où il fut, dès sa parution, pris comme modèle par d'autres langues nationales, ainsi pour le *Dictionnaire de l'Académie françoise* (1ᵉʳᵉ éd. 1694), pour le *Diccionario de la lengua castellana* de la Real Academia Española (1726—1739), pour le *Dictionary of the English Language* de Samuel Johnson (1755) et plus tard pour le New English Oxford Dictionary on Historical Principles (1884—1928, réédité à partir de 1933 sous le titre de *Oxford English Dictionary*), et enfin pour le *Deutsches Wörterbuch* des frères J. et W. Grimm (le 1ᵉʳ volume est de 1854). «Le Vocabolario della Crusca se présente comme un organisme lexicographique solidement structuré et cohérent dans ses critères [...], une œuvre qui se dresse comme une exception unique dans le panorama de la lexicographie européenne de l'époque» (Serianni 1984, 114). Quelle fut alors la cause qui fut à l'origine de sa suppression, outre le fait indubitable que le *Vocabolario* souffrait effectivement du poids de son âge? Déjà après la publication des premiers volumes de la 5ᵉ édition, au cours des années qui vont de 1865 jusque vers 1880, s'étaient élevées dans la presse (journaux, opuscules, feuilles volantes) d'âpres critiques au *Vocabolario* qui fut la cible d'attaques violentes, parfois mesquines et malveillantes. On examinait chaque entrée pour en relever les imperfections, les erreurs, les lacunes, l'absence de critères généraux et d'une méthode rigoureuse. On attaquait directement l'Accademia pour la lenteur excessive des travaux, on l'accusait de paresse et d'inutilité, et les articles avaient en général un ton de satire ou de parodie. Après 1880 les polémiques s'étaient atténuées, faisant place à une attitude diffuse de tolérance désabusée pour la vieille Accademia considérée désormais comme une institution de faible vitalité; elle faisait l'objet d'un discrédit croissant engendré non seulement par son apparente indolence mais aussi par la conviction que l'œuvre ne répondait plus aux besoins du public. Parmi les articles les plus caustiques citons ceux écrits par C. De Lollis entre 1910 et 1912 dans la revue «Cultura» qu'il dirigeait et réunis ensuite en un volume tiré à part (De Lollis 1922). En 1921, une commission instituée par Benedetto Croce, alors ministre de l'Instruction Publique (dont faisaient partie, outre De Lollis, le philosophe Giovanni Gentile et l'italianiste Vittorio Rossi) afin d'étudier d'éventuelles réformes de l'Accademia, exprimait un avis défavorable sur la poursuite du *Vocabolario* et proposait de limiter les tâches des académiciens à la seule activité philologique liée à la publication de textes des origines de la littérature: propositions qui, traduites en loi en 1923, resteront en vigueur jusqu'en 1964 quand, à cause de nouveaux événements, l'activité lexicographique de la Crusca fut reprise, avec de nouvelles finalités et une organisation différente des travaux.

2.1.2. Après que le *Vocabolario* eut été relégué dans l'ombre (on n'en imprimait d'ailleurs que 750 exemplaires dont beaucoup restaient dans les dépôts) et qu'eut été interrompu, peu de temps après avoir vu le jour, le *Vocabolario dell'Accademia d'Italia*, la grande lexicographie n'est plus représentée jusqu'à la moitié du siècle que par le Tommaseo/Bellini. C'est de ce dernier, et encore de la Crusca, que dérive un bon nombre de dictionnaires de moyen format, qui héritent dans une mesure plus ou moins grande de la conception littéraire et aristocratique provenant de la lexicographie des siècles précédents, sur laquelle vient se greffer une attention nouvelle pour la langue parlée et donc la nécessité de distinguer explicitement les différents registres. Par ailleurs continuaient à circuler les dictionnaires de Fanfani (1855) et de Rigutini (1875), tandis qu'avait une faible diffusion le *Novo Vocabolario* de Giorgini/Broglio (1897). Ceux-ci avaient voulu réaliser l'idéal manzonien d'une langue qui, étant une institution sociale avant d'être un instrument littéraire, devait nécessairement être la langue parlée par le peuple: une langue qui, tendant à réaliser son unité, ne pouvait être puisée dans les différents dialectes (solution «fédérative» à laquelle Manzoni lui-même avait pensé en un premier temps) mais devait coïncider avec l'usage toscan vivant, et plus précisément avec l'usage florentin des personnes cultivées. Le *Novo Dizionario* de P. Petrocchi, publié en deux gros volumes entre 1887 et 1891 (v. Petrocchi 1887) eut en revanche, pendant une bonne partie de notre siècle, une toute autre diffusion et utilité: très bref dans les définitions et peu soucieux de donner un ordre aux acceptions des entrées polysémiques, il est riche d'exemples de la langue parlée, qui est toujours l'usage florentin, mais avec de fréquents rappels à d'autres dialectes toscans. Sous forme d'éditions réduites pour les écoles (*Novo Dizionario scolastico*, Milan 1892, *Piccolo Dizionario della lingua italiana*, Milan 1930, réédités plusieurs fois tous les deux), il a continué à circuler pendant quelques décennies, puis a connu un vieillissement rapide dû à son caractère même de «toscanité» fermée (qui lui faisait entre autres adopter des solutions qui dans la langue écrite ont toujours été accueillies à contrecœur par le reste de la nation, comme par exemple la réduction de la diphtongue *uo* de *buono, fuoco, nuovo*, etc, en *o: bono, foco, novo*, etc.). Une autre œuvre, le *Novissimo Dizionario* de G. B. Melzi, mieux connu sous le nom de «le Melzi», a eu une diffusion comparable dans les écoles pendant toute la première moitié de ce siècle: paru dans les dix dernières années du XIXe siècle, en deux parties, l'une linguistique et l'autre encyclopédique, parfois comprises en un seul volume, il a joui d'une grande fortune surtout pour la seconde partie, qui permettait entre autres aux élèves d'en extraire des notices et suggestions pour leurs devoirs en classe.

2.1.3. Nous citerons seulement quelques-uns des dictionnaires de moyen format publiés plus tard, en général moins étroitement liés à la «toscanité», tout en restant de stricte observance puriste (cf. Migliorini 1961, 104—105): le Cappuccini, de 1916 (qui, mis à jour, prendra le nom de Cappuccini et Migliorini en 1945, puis seulement Migliorini en 1965), qui distingue avec précision l'usage toscan du non toscan et l'emploi populaire de l'emploi littéraire; le Zingarelli, de 1917, qui fait une large place à la terminologie scientifique et connaîtra pendant tout le siècle, même dans ses réductions scolaires, de nombreuses éditions et réimpressions, avec des ajouts et des mises à jour continuels (la 11e éd. a été publiée en 1986); le Palazzi, de 1939 (revu en 1957, puis en 1974 par Gianfranco Folena), bien accueilli à cause du caractère synthétique de ses définitions et de l'idée d'indiquer, à la fin de chaque article, les synonymes, les antonymes et d'éventuels vocables associés sémantiquement avec le lemme. De moindre importance: le *Dizionario della lingua italiana* de Enrico Mestica, de 1936 (réécrit avec une nouvelle conception lexicographique en 1976, pour être publié sous le titre de *Dizionario Sandron della lingua italiana*); le *Vocabolario della lingua italiana* de Francesco Cerruti et Luigi Andrea Rostagno, de 1939; enfin le *Vocabolario della lingua italiana* de Guglielmo Volpi, de 1941, qui, en réalité, est une révision partielle du vieux Rigutini-Fanfani.

2.2. Dans tous les ouvrages que nous avons cités, y compris le Tommaseo/Bellini et la 5e édition de la Crusca, la terminologie des nouvelles sciences et techniques est, pendant la première moitié du XXe siècle, faiblement représentée, alors qu'elle constitue une bonne partie du langage qui circule dans les différentes couches sociales. A cette terminologie sont réservés, selon un usage largement répandu déjà au XIXe siècle, les dictionnaires de type encyclopédique, généraux ou spécialisés, consacrés à une science, un art, une discipline particulière; il s'agit là de produits ayant des finalités pratiques qui n'entrent pas de droit dans l'histoire de la lexicographie mais viennent en appoint comme instruments de travail ou pour satisfaire à des exigences culturelles. C'est une situation qui n'est pas spécifique à l'Italie mais qui concerne, avec quelques différences, toutes les autres langues d'Europe. La biologie, la zoologie, la médecine, la botanique et l'agronomie, la chimie et la minéralogie, la physique, l'ingénierie et la mécanique, la philosophie, le droit, la politique et l'économie, la marine et l'aéronautique, les arts militaires etc., toutes ces disciplines ont leurs répertoires spécialisés dont certains, très appréciables, bien conçus et parfaitement construits, enregistrent et définissent, tant sur le plan encyclopédique que sur le plan lexical, une riche terminologie; on dispose même de dictionnaires de la mode, du sport, de la chasse, du cinéma, de la cuisine, de la philatélie. Comme il s'agit d'ouvrages en marge de la lexicographie proprement dite, il nous semble suffisant de renvoyer à la liste, même incomplète, qu'en donne Migliorini 1961, 117—122.

2.2.1. La série des dictionnaires méthodiques (ou systématiques, ou idéologiques) entrepris au XIXe siècle, s'interrompt avec la fin du siècle. Même si plusieurs linguistes et lexicographes (comme F. Dornseiff, J. Casares, R. Hallig, W. von Wartburg et d'autres) les considéraient comme des dictionnaires plus proches de la réalité des choses que ceux qui suivent un ordre alphabétique, et malgré quelques excellents modèles comme le *Thesaurus* de Roget 1852, cette tradition s'interrompt. Elle remontait, en Italie, à la *Fabrica del mondo* de Francesco Alunno (Venise 1546—1548), fut reprise, sur d'autres bases, au XVIIIe siècle par Girolamo Andrea Martignoni, *Nuovo metodo per la lingua italiana* (Milan 1743—1750), pour être ensuite représentée par de nombreux auteurs de dictionnaires méthodiques du XIXe siècle, en particulier par Giacinto Carena qui, en 1846, publia la première partie de son *Vocabolario domestico*, réédité en 1851 et suivi en 1853 d'une deuxième partie, le *Vocabolario metodico d'arti e mestieri* (une troisième partie, publiée posthume en 1860, est réservée aux véhicules). La tradition ne trouve pas d'adeptes notables au XXe siècle, à l'exception de Palmiro Premoli avec son *Vocabolario nomenclatore illustrato* de 1902—1912 (en partie revu, même dans le titre, dans des éditions successives).

2.2.2. D'un côté, la conception aristocratique du dictionnaire comme moyen de documentation plus que d'information empêchait son enrichissement avec l'introduction de nouvelles terminologies, rendant ainsi nécessaire la confection parallèle de dictionnaires de spécialité; de l'autre, son caractère essentiellement normatif et son orientation puriste et «toscanisante» limitaient fortement l'acquisition de néologismes en général, soit de formation autochtone soit de provenance étrangère. Cette façon d'augmenter le lexique — le lexique parlé, bien sûr, et non celui enregistré —, normale pour toute langue et pour tous les temps, avait revêtu une densité particulière dans l'italien de la deuxième moitié du XVIIIe siècle et avait continué pendant tout le XIXe siècle et au-delà à constituer un courant d'afflux régulier de la France vers l'Italie (alors que durant la deuxième moitié du XXe siècle la pénétration d'anglicismes et américanismes prendra des proportions beaucoup plus inquiétantes). L'intérêt, ou, plus souvent, la préoccupation pour cette invasion de néologismes et de vocables étrangers («forestierismi» ou, comme on disait souvent, «barbarismi») avait donné naissance à la compilation de répertoires qui, ayant la structure de dictionnaires, avaient en pratique la fonction de défendre l'italianité du lexique et de censurer les néologismes mal formés et les emprunts inutiles; parmi les plus connus citons: Ugolini 1855, Fanfani/Arlìa 1877, Rigutini 1886, ouvrages datant du XIXe siècle mais encore consultés, sous forme de rééditions et réimpressions, dans la première moitié du XXe, en même temps que les nouveaux Monelli 1933, Silvagni 1938, Jàcono 1939, etc.

2.2.3. C'est une motivation analogue qui donne naissance au *Dizionario moderno* de Alfredo Panzini (v. Panzini 1905) dont il y eut sept éditions jusqu'en 1935, à chaque fois mises à jour par l'auteur, puis trois autres (1942, 1950, 1963) mises à jour et éditées par A. Schiaffini et B. Migliorini (ce dernier est l'auteur de l'Appendice qui, comptant seulement 118 pages dans l'édition de 1942, en comprend 327 avec 12 000 entrées en 1963 et est aussi publié par Migliorini comme ouvrage à part, sous le titre de *Parole nuove*): œuvre très personnelle — où l'écrivain et l'homme l'emportent sur le linguiste et le philologue — dans laquelle sont enregistrés des mots et des locutions, ou même de nouvelles acceptions, provenant de langages techniques, de langues étrangères, d'usages dialectaux ou argotiques qui étaient entrés depuis peu dans la langue quotidienne ou littéraire. Mais l'aspect le plus neuf du *Dizionario* ne réside pas tant dans le choix et la définition des entrées que dans le commentaire débonnaire avec lequel Panzini réagit aux innovations de provenances si diverses et souvent peu orthodoxes, et dans lequel il réussit à découvrir à travers le changement des usages linguistiques les transformations des coutumes, des idées, des institutions civiles, sociales, politiques de son temps qui, alors, était aussi le nôtre. Comme le note B. Migliorini en se référant aux éditions suivantes, «la sévérité du censeur de la langue s'efface un peu pour laisser la place à l'observateur attentif et ironique des mœurs» (Migliorini 1960, 694).

2.2.4. Mais combien de ces nouvelles entrées, signalées par ces répertoires marginaux, étaient admises dans les dictionnaires généraux? Dans une série de conversations que j'ai effectuées pour une émission culturelle de la Radio Italienne (octobre 1961), je m'étonnais que des vocables aussi communs que *abrasivo, acceleratore, amletico,* n'aient vu leur existence reconnue que dans la 8e édition (1942) de Panzini, avec un retard considérable par rapport à leur pénétration dans l'usage courant; et j'étais encore plus surpris par le fait que 5 ou 6 ans avant on aurait pu chercher en vain dans les dictionnaires des entrées comme *inespressivo* ou *irrealizzabile,* ou encore qu'à des vocables désormais répandus comme *insufficiente, intimità, ispezione, organizzazione, posizione* les dictionnaires ne consacraient que quelques lignes avec des définitions absolument inadéquates et partielles. Il s'agissait là de lacunes, disais-je, concernant non seulement des mots de formation récente ou ayant acquis récemment de nouveaux contenus sémantiques, mais aussi de vocables possédant une longue tradition et une riche documentation. C'est ce qui explique que même dans la deuxième moitié du XXe siècle on continue à publier des dictionnaires de néologismes, d'ampleur généralement limitée, s'intéressant plus souvent au très nouveau qu'au nouveau: le médiocre *Dizionario delle parole nuovissime e difficili* de Gennaro Vaccaro (Rome 1966); *Il Millevoci,* puis *Quest'altro Millevoci,* de Luciano Satta (Messine-Florence 1974, 1981); le *Dizionario di parole nuove* de Manlio Cortelazzo et Ugo Cardinale (Turin 1986); le *Dizionario del nuovo italiano* de Claudio Quarantotto (Rome 1987); le *Dizionario degli anglicismi nell'italiano postunitario* de Gaetano Rando (Florence 1987), le *Passaparola* de Giuseppe Pittano (Milan 1988), etc. Mais, contrairement à ceux de la fin du XIXe siècle et du début du XXe qui se proposaient de compléter les dictionnaires généraux (fermés, pour des raisons de purisme ou de principe, aux innovations), ceux-ci, comme beaucoup d'autres répertoires consacrés à des langages de spécialité, ont plutôt la fonction, sinon le but déclaré, de fournir du matériel pour la mise à jour des dictionnaires généraux en cours de préparation ou de révision, qui désormais sont tous disposés non seulement à admettre des néologismes de n'importe quelle matrice, mais rivalisent pour se présenter au public comme plus riches et plus à la page que leurs concurrents.

2.2.5. Aux limites de la lexicographie et de la linguistique d'un côté, et du journalisme de l'autre, se placent quelques ouvrages qui ont pour but l'étude ou, plus modestement, la documentation d'aspects particuliers de la néologie en Italie, dont nous nous limitons à citer quelques titres, parmi les plus curieux: *Il piccolo sinistrese illustrato* de Paolo Flores d'Arcais et Giampiero Mughini (Milan, 2e éd., 1978); *Parliamo itangliano* de Giacomo Elliot (Milan 1977), et, d'une autre valeur, *SParliamo italiano?* de Maurizio Dardano (Rome 1978); aux argots du milieu ont pourvu: E. Ferrero (*I gerghi della malavita,* Milan 1972) et S. Correnti (*Il miglior perdono è la vendetta,* Milan 1987).

3. La seconde moitié du XXe siècle: considérations générales

Au cours de cette chronique de la lexicographie «mineure» de la première moitié du siècle, il ne nous a pas été possible de suivre un fil conducteur bien déterminé, entre autres parce qu'a manqué, durant toute cette période, une orientation lexicographique précise. En revanche, au moment où nous nous apprêtons à tracer un panorama de la lexicographie de la seconde moitié du siècle, nous pouvons trouver quelques points de référence grâce auxquels, comme nous l'avons déjà observé, les deux périodes se distinguent nettement. On compte au moins quatre points de référence: le *Dizionario Enciclopedico,* de l'Istituto della Enciclopedia Italiana de Rome, dont la préparation et la publication sont concentrées autour des années 1950—1960, mais avec des développements qui se poursuivent pendant plusieurs décennies; le *Grande Dizionario della lingua italiana* de la Unione Tipografico-Editrice Torinese (qui, créé par le philologue et critique Salvatore Battaglia, est communément appelé «le Battaglia»), sorti avec son 1er volume en 1961 et encore en cours d'impression, sous la direction de Giorgio Barberi Squarotti; la reprise, en 1964, de l'activité lexicographique de la

Crusca, après quarante ans d'interruption; l'emploi des techniques informatiques pour les analyses et élaborations linguistiques, avec des innovations radicales dans les méthodes de recherche et de production de lexiques et d'œuvres similaires. Nous aborderons tour à tour et dans un ordre chronologique approximatif l'histoire de ces quatre moments, avec cette prémisse: la nouvelle société qui émerge et se constitue après la seconde guerre mondiale, le progrès technologique galopant et les nouvelles conditions de vie qui s'instaurent avec lui, le changement des mœurs et des conceptions sur lesquelles elles se fondent, les nouveaux rapports qui s'établissent sur le plan politique, économique et social entre des nations et des populations même très éloignées sur le plan géographique, tout ceci (et bien d'autres choses encore) a provoqué en retour des transformations importantes dans la situation linguistique de nombreux pays. En Italie la transformation avait même commencé avant, pour des raisons spécifiques: si l'on confronte deux tranches chronologiques à cinquante ans de distance l'une de l'autre (mieux encore si c'est à l'intérieur d'une même région et d'une même couche sociale), on est frappé par l'entité des variations quantitatives et qualitatives qui ont eu lieu entre temps. Ce n'est pas seulement à cause de l'enrichissement lexical, de la technicisation des termes dénotatifs, de la pénétration massive d'anglicismes tant dans les langages spécialisés et sectoriels que dans la langue usuelle: on est obligé de prendre acte de la «déprovincialisation» de l'italien commun et surtout du déclin du mythe, si cher à la vieille Crusca, de la «toscanité» et «florentinité» de la langue. C'est ce qu'illustre bien l'article de Nencioni (1982) qui, avec une ironie à la fois discrète et nostalgique, oppose le lexique familier ultra-florentin qu'il employait et entendait employer dans son enfance, aux façons de s'exprimer actuelles qui se sont substituées à ce langage en en décrétant, probablement de manière définitive, la mort ou, du moins, le rejet dans le glossaire des archaïsmes.

4. Le Dizionario Enciclopedico et le Vocabolario de l'Enciclopedia Italiana

Pour des raisons purement chronologiques, il nous faut donner la priorité au *Dizionario Enciclopedico Italiano* (DEnci 1955) de l'Istituto della Enciclopedia Italiana fondée par Giovanni Treccani, ayant son siège à Rome et qui, de 1929 à 1937, avait publié la monumentale Enciclopedia Italiana di scienze, lettere ed arti. Le *Dizionario Enciclopedico*, commencé en 1949, sortit son premier volume en 1955 et le 12e en 1961 (un premier supplément a suivi dans les années 1969—1974 et un second en 1984; une réédition, largement augmentée et mise à jour, en 24 volumes, a été publiée entre 1968 et 1981 sous le nouveau titre de *Lessico Universale Italiano*). Du point de vue strictement lexicographique l'importance du DEnci ne réside pas dans la partie encyclopédique en soi, mais dans la fusion entre la partie consacrée à l'aspect encyclopédique et celle plus spécifiquement lexicale (dont la rédaction était confiée en grande partie à Aldo Duro sous la supervision de Bruno Migliorini), c'est-à-dire dans le fait d'avoir greffé un dictionnaire sur l'encyclopédie. Il représente donc la réalisation concrète du désir, qui avait été si souvent formulé par le passé, de rénover les dictionnaires en y admettant les termes techniques, scientifiques ou plus généralement spécialisés dont la langue avait tiré une nouvelle vitalité. Il est vrai que dans cet ouvrage la matière encyclopédique est prépondérante; mais le souci (qui constitue une véritable innovation dans la technique lexicographique) d'introduire avant la partie encyclopédique un «chapeau» lexical qui non seulement contient tous les éléments d'un bon dictionnaire (graphie exacte des lemmes et de leurs variantes, accentuation et transcription phonétique, étymologie, informations morphologiques et syntaxiques, riche phraséologie, indication des divers registres, tons, domaines de chaque mot), mais accueille aussi avec une grande largesse à la fois des vocables littéraires, anciens et récents, et d'autres d'un emploi quotidien et familier, en y ajoutant, avec une définition simplifiée, les nombreux termes spécialisés auxquels est donné ensuite un ample développement encyclopédique dans des paragraphes spéciaux, ce souci — disais-je — a pour effet de donner naissance à une œuvre nouvelle qui, isolée du reste, constitue déjà un lexique complet. Cela est si vrai que, quelques années plus tard, s'est fait sentir l'opportunité d'entreprendre la rédaction d'un *Vocabolario della lingua italiana* (VIT 1986) en 4 ou 5 volumes, dont trois sont déjà publiés, qui prend place, avec sa propre personnalité, auprès des œuvres semblables les plus réussies dans d'autres pays comme le *Webster's Dictionary of the English language*, et le *Grand Robert de la langue française*, dans leurs éditions les plus récentes. Les mérites intrinsèques du *Vocabolario* sont: la richesse et la variété du lemmaire où coexistent, avec les entrées et les locutions plus proprement lexicales, des termes des langages sectoriels, des néologismes et des emprunts admis sans préjugés puristes anachroniques, mais avec un grand respect pour les valeurs traditionnelles de la langue; respect qui se manifeste aussi bien dans l'admission que dans le rejet de nombreux lemmes qui, proposés par la presse scientifique ou journalistique, ou par d'autres moyens de communication, se bousculent quotidiennement pour être enregistrés.

5. Le Grande Dizionario della lingua italiana (Battaglia)

Il faut cependant revenir en arrière pour parler d'un autre ouvrage de grande envergure qui toutefois s'inscrit de plus près dans le sillage des dictionnaires historiques de la langue: il s'agit du «Battaglia», déjà cité, ou plus exactement du *Grande Dizionario della lingua italiana* de Turin. Sorti avec un premier volume en 1961, dans l'intention de remplacer le vieux Tommaseo/Bellini (au moment où se célébrait le millénaire de la langue italienne, dont la date de naissance est traditionnellement fixée au mois de mars de l'an 960, à savoir la date du «placito cassinese» connu comme «carta di Capua»), et avec un programme initial de huit volumes, il a vu son matériel croître d'année en année. C'est pourquoi, arrivé actuellement, avec la publication du 14ᵉ volume, seulement à la fin de la lettre P, il ne pourra être achevé avant la fin de ce siècle (v. Battaglia 1961). Oeuvre d'une utilité indiscutable — qui comble en effet une grande lacune de la lexicographie historique italienne — elle a surtout le mérite d'être basée sur une masse énorme de citations, appartenant à des époques passées (et presque toujours recontrôlées sur les textes disponibles et, dans la mesure du possible, fiables sur le plan philologique) mais aussi tirées de textes et de documents modernes, même très récents, et appartenant à des siècles, des périodes ou des secteurs auparavant très peu explorés (comme le XVᵉ et le XVIIIᵉ siècles, les écrits politiques, historiques, économiques, scientifiques, à propos desquels on avait déploré pour les premiers volumes du *Dizionario* une absence inquiétante, largement compensée par la suite). On y trouve amplement représentée la terminologie technique et scientifique, tandis que l'admission de néologismes et d'emprunts reste, à juste titre, contrôlée. On peut affirmer avec certitude que les jugements prudents et en partie limitatifs exprimés à la sortie du premier volume (voir en particulier Folena 1961 et Duro 1961) peuvent aujourd'hui être modifiés dans un sens beaucoup plus positif.

6. La reprise de l'activité lexicographique de la Crusca

L'année 1964 marque, nous l'avons dit, le retour officiel de l'Accademia della Crusca à son activité lexicographique, suspendue ope legis en 1923. Quelques années après cette date des avis autorisés s'étaient élevés pour demander la poursuite du Vocabolario et la reprise des travaux pour la confection d'un nouvel ouvrage. Michele Barbi, dans un article de la revue *Pan* de septembre 1935 (Barbi 1957), avait soutenu la nécessité de reprendre et mener à terme la publication des volumes manquants et parallèlement de préparer le matériel pour un nouveau grand dictionnaire, fondé sur des critères neufs, qui puisse constituer véritablement le dictionnaire historique universel de la langue italienne. En 1941, un avis différent venait de Giorgio Pasquali qui, dans une communication lue lors d'une réunion de l'Accademia d'Italia (Pasquali 1941 a), proposait la mise en place d'un travail vraiment nouveau et, fort de son expérience directe de philologue classique au *Thesaurus linguae Latinae* de Munich, soutenait le projet d'une œuvre assez proche de l'ouvrage latin portant le titre de *Tesoro della lingua italiana*, contenant le plus de citations possible, surtout pour les phases les plus anciennes de la langue; il s'opposait ainsi, de manière décisive, à la solution prônée par d'autres, de se contenter en un premier temps d'un dictionnaire de l'italien ancien, s'arrêtant à la fin du XIVᵉ siècle. Pasquali ajoutait aussi différentes propositions pour la solution de problèmes pratiques, comme l'organisation du travail, la formation des collaborateurs, le dépouillement des auteurs, la structure et la distribution des entrées, la présentation des exemples, etc. Les problèmes de fond et les aspects pratiques sont également traités par Giovanni Nencioni dans une «Relazione sul Vocabolario» (Nencioni 1955), qui prendra plus tard une valeur programmatique pour la mise en place effective de l'entreprise. Désormais toutes les nations d'un niveau culturel élevé avaient ou allaient avoir un grand dictionnaire, documentation et archives de son histoire linguistique; la Crusca ne devait pas tarder à s'aligner sur les autres pays, entre autres parce que dépositaire d'une expérience lexicographique séculaire. Suivons de près ce qu'écrit Nencioni (1985, 10—11) qui, alors secrétaire et actuellement président de l'Accademia, fut dès le début le «sovrintendente» du Vocabolario. Ce n'est qu'en 1964 que le Consiglio Nazionale delle Ricerche (CNR), s'étant ouvert aux disciplines humanistes, prit en considération et décida de financer le projet du Vocabolario; la mise en place de l'œuvre fut très laborieuse: le Conseil de l'Accademia décida d'élaborer un dictionnaire de la langue italienne qui fût à la fois historique (des origines à l'époque contemporaine) et intégral, c'est-à-dire étendu à tous les secteurs de la langue; mais on prévoyait de publier avant, dès que le matériel serait prêt, un «Tesoro delle origini» comprenant les deux ou trois premiers siècles de la langue. Quant à la méthode des dépouillements, après différentes expériences, on choisit la plus avancée, à savoir celle basée sur l'ordinateur pour les siècles des origines et les œuvres majeures des siècles suivants, préférant la méthode sélective, à la main, pour la mise en fiches des autres œuvres. On mit au point, en collaboration avec le Centro Nazionale Universitario di Calcolo Elettronico de Pise (CNUCE), une technique de dépouillement adaptée aux exigences de la lexicographie moderne et on apporta un soin particulier dans la sélection des textes et le contrôle philologique des éditions imprimées de façon à en garantir la fiabilité. Peu après le début des travaux (citons directement Nencioni) «il fut décidé de concentrer toutes les ressources financières et humaines sur le Tesoro delle Origini; et au fur et à mesure que les travaux avançaient, la décision apparut non seulement nécessaire mais opportune, car ces premiers siècles, caractérisés par une importante variété régionale des langues ‹vulgaires› italiennes et décisifs pour l'orientation future de notre langue vers le modèle florentin, posaient des problèmes philologiques et lexicographiques si particuliers qu'ils donnaient à l'œuvre une physionomie nouvelle et originale». Cette chronique synthétique de Nencioni doit être complétée par quelques données. Les premières tentatives pour obtenir les fonds nécessaires à la mise en train du Vocabolario furent faites, à partir de 1955, par B. Migliorini, qui était alors président de l'Accademia; mais c'est G. Devoto, son successeur, qui en 1964 réussit à obtenir ce financement grâce à une convention avec le CNR. Migliorini prit les fonctions de directeur du Centre de lexicographie; G. Nencioni suivit pas à pas les travaux, mais s'occupa aussi de l'aménagement et de l'organisation du siège et du matériel. La direction technique du *Vocabolario* fut confiée à A. Duro qui, secondé par C. Passerini Tosi pour les dépouillements manuels et xérographiques, et par A. Zampolli pour les dépouillements électroniques, en dirigea les travaux jusqu'en 1972, remplacé après quelque temps par D'A.S. Avalle jusqu'en 1983, puis par C. A. Mastrelli à partir du mois d'octobre 1985 (pour l'histoire de ces années et des événements qui suivirent, cf., en ordre, Duro 1985, De Robertis 1985, Avalle 1985 et encore Avalle 1979). On peut trouver en outre des informations sommaires sur l'avancement des dépouillements dans les comptes rendus insérés chaque année dans le bulletin *Studi di filologia italiana* de l'Accademia, à partir du volume XXIV, et dans la revue *Lingua nostra*, dans les fascicules de mars pour les années 1965 et 1966, dans les fascicules de décembre de 1966 à 1973; des renseignements utiles, de nature essentiellement méthodologique, sont fournis également par Duro 1966, Duro/Zampolli 1968, Duro 1971, Duro 1973.

6.1. Mais au-delà de cette chronique aride, que peut-on dire des résultats concrets obtenus jusqu'à aujourd'hui par la Crusca et par le laboratoire lexicographique qui s'y appuie (devenu entre temps «Opera del Vocabolario», Centre d'études du CNR) en ce qui concerne la préparation et la publication de l'œuvre ou des ouvrages (*Dictionnaire historique* et *Trésor des origines*) qu'on en attend?

On a produit de nombreuses listes de concordances concernant des textes soumis à un dépouillement électronique intégral (parmi celles-ci ne furent publiées que celles des *Inni Sacri* de Manzoni, en reproduction offset des listings, en 1967; de la *Novella del Grasso legnaiuolo*, dans la rédaction du code Palatin 200, Florence 1968; du *Canzoniere* de Pétrarque, imprimées en photocomposition, Florence 1971), et une certaine quantité de fiches, c'est-à-dire d'exemples sur fiches provenant de dépouillements sélectifs exécutés de façon artisanale. Comme contribution à un projet lexicographique plus récent présenté par l'Accademia pour la rédaction d'une série de dictionnaires techniques (cf. Nencioni 1985, 16) ont été publiés, dans les *Studi di lessicografia italiana* (que la Crusca fait sortir depuis 1979 au rythme d'un volume par an) et dans les *Quaderni* qui les complètent, les résultats des dépouillements de sources documentaires particulières, parmi lesquels on peut citer: «La terminologia della meccanica applicata nel Cinquecento e nei primi del Seicento» [La terminologie de la mécanique appliquée au XVIe siècle et au début du XVIIIe] de Paola Magni (Studi, II, 139—213); «La lingua dei banchetti di Cristoforo Messi Sbugo» [La langue des banquets de etc.] de Maria Catricalà (IV, 147—268); «I nomi dei mestieri a Firenze fra '500 e '600» [Les noms de métier à Florence entre 1500 et 1600] d'Anna Fissi (V, 53—192); «I nomi dei pesci, dei crostacei e dei molluschi nei trattati cinquecenteschi in volgare di culinaria, dietetica e medicina» [Les noms des poissons, des crustacés et des mollusques dans les traités en langue vulgaire de cuisine, diététique et médecine] d'Adriana Rossi (VI, 67—232); «Tre inventari di bicchierai toscani fra Cinque e Seicento» [Trois inventaires de gobeletiers toscans entre le XVIe et le XVIIe siècle] de Gabriella Cantini Guidotti (Quaderno 2, 1983).

Mais il s'agit toujours d'instruments de travail, et non de résultats lexicographiques définitifs et concrets. Un doute s'insinue alors lentement dans l'esprit: des œuvres aussi ambitieuses que celles qui ont été programmées au cours des dernières décennies ne peuvent peut-être plus être réalisées, soit parce qu'elles sont devenues anachroniques, soit parce que le recours même à l'informatique, désormais universel, risque de se révéler non pas une aide miraculeuse, mais au contraire un obstacle, ne fût-ce qu'à cause de l'énorme masse de matériel que l'ordinateur a la possibilité d'offrir mais que l'homme n'est pas en mesure de dominer et de sélectionner. Voilà donc que se dessine l'opportunité de circonscrire le champ des recherches à des secteurs plus limités, ou bien de renoncer au projet d'un dictionnaire monumental imprimé, en le remplaçant, comme certains le proposent, par un dictionnaire électronique sous forme d'une banque de données (cf. Nencioni 1985, 11—13) et par la création de vastes archives de concordances conçues non pas comme moyen mais comme point d'arrivée. Ce sont des constatations réalistes basées sur la conviction que les temps ont changé par rapport au XIXe siècle, ainsi que les conditions de travail et les heures dont on dispose. Des œuvres de ce genre, qui ont été projetées pendant les trois dernières décennies, ne se concluent pas en quelques années avec quelques collaborateurs; les éditeurs et les organes de financement sont pressés et ne peuvent accepter de longs délais. D'autre part, dans ce secteur, la main d'œuvre fait défaut: les universités ne donnent pas aux jeunes une préparation spécifique, et il est rare de trouver des élèves qui aient la vocation de la lexicographie, en admettant que l'on trouve quelqu'un qui ait les capacités de diriger l'entreprise (les Johnson, les Murray, les frères Grimm, de même que les Tommaseo et les Littré sont des modèles qui auront de moins en moins d'imitateurs et de disciples). Mais fermons la parenthèse.

7. Projets liés à l'Accademia della Crusca ou inspirés par elle

On pourrait faire un discours assez semblable pour deux autres entreprises, qui sont nées et se sont développées au cours des dernières décennies au sein du CNR et qui, dans une plus ou moins grande mesure, ont été, pendant une période limitée et pour une partie de leurs programmes lexicographiques et de documentation liées à l'Accademia della Crusca et à l'Opera del Vocabolario: il s'agit du *Vocabolario giuridico italiano* (qui par la suite a été englobé dans l'Istituto per la Documentazione giuridica) de Florence, et du Centro per il Lessico Intellettuale Europeo de Rome.

7.1. Le premier (cf. Fiorelli 1979), mis en place en 1965, et confié de 1967 à 1970 à la Crusca pour la gestion administrative et la formation des collaborateurs, a effectué pendant de nombreuses années, sous la conduite experte de Piero Fiorelli, à la fois juriste et linguiste, des recherches et des dépouillements aussi bien manuels qu'électroniques avec des méthodes analogues à celles de l'Accademia et a ensuite élargi le champ de ses intérêts, se fixant une série d'objectifs plus vaste. Parmi eux, ceux concernant la lexicographie ont prévalu et se sont concrétisés dans la rédaction et la publication de glossaires (*Glossario delle consuetudini giuridiche dall'unità d'Italia*, en 4 volumes, Florence 1980—1986), la production d'archives lexicales, de recherches monographiques, l'élaboration et la publication de concordances: signalons celles de la Costituzione della Republica Italiana del 1947, par A. M. Bartoletti Colombo (Bartoletti 1971), qui a également édité, comme travail personnel promu par l'Institut de Droit Romain de l'Université de Florence, une Concordance des *Novellae* de Justinien (Bartoletti 1977) dont elle a aussi tiré un lexique (Bartoletti 1983). Mais le *Vocabolario giuridico* tant attendu, qui aurait dû apporter une contribution précieuse pour la documentation linguistique entre autres au *Vocabolario* de la Crusca, ne se fera plus: une délibération du Conseil Scientifique de l'Istituto per la Documentazione giuridica du 27 janvier 1979, approuvé par le CNR au mois de mars suivant, en a décrété la suspension motivée essentiellement par la prévision de délais considérés trop longs pour l'achèvement de l'œuvre.

7.2. Dans ce panorama de la lexicographie du XXe siècle, il semble que soit plus réconfortant le bilan d'un autre Centre d'études du CNR, le Lessico Intellettuale Europeo (LIE), qui, dirigé par Tullio Gregory et présidé par Eugenio Garin, avait stipulé en 1967 avec l'Accademia della Crusca un accord pour une coordination de leurs recherches respectives, surtout en ce qui concernait les dépouillements électroniques de textes. Né en 1964 d'abord comme Groupe, puis en 1970 comme Centre, avec le programme initial d'entreprendre et de publier des études monographiques sur des terminologies de concepts et de culture, il a ensuite concentré son activité sur la préparation d'un lexique philosophique (qui n'est pas limité à l'italien, mais s'étend au latin, au français, à l'anglais, à l'allemand et à l'espagnol) des XVIIe et XVIIIe siècles, considérés comme cruciaux pour la naissance du langage philosophique moderne dans le passage du latin aux langues «vulgaires»: dans cette perspective ont été effectués d'amples dépouillements, maintenant presque entièrement informatisés, sur la base desquels sont peu à peu rédigées des entrées, en commençant par la section latine. Plus récemment, depuis une dizaine d'années environ, un autre secteur de recherche a été affronté, en vue de la création d'un *Thesaurus mediae et recentioris latinitatis*, conçu pour l'instant comme une base de données provenant de textes latins médiévaux et modernes non attestées dans les dictionnaires latins existant aujourd'hui, et constitué essentiellement à travers le dépouillement systématique des traductions d'Aristote du grec et de l'arabe, sources d'une très riche terminologie scientifique et philosophique médiévale. Le LIE poursuit entre temps la publication de monographies, souvent d'un grand intérêt lexicographique (*Un glossario filosofico ebraico-italiano del XIII secolo*; *Ricerche lessicali su opere di Descartes et Spinoza*; *Terminologia logica della tarda scolastica*; Index du *Corpus Hermeticum*; *Glossarium Epicureum*, etc.), et en même temps l'élaboration et la publication de concordances et de lexiques, non seulement d'œuvres italiennes comme les *Dialoghi* de Giordano Bruno, les *Princìpi di una scienza nuova* de Giambattista Vico, les œuvres de Galileo Galilei (en préparation), le *Lessico greco-latino* de Marsilio Ficino, mais aussi latines (le Lexique des *Novellae* de Justinien, la *Dissertatio* de Kant de l'an 1770, les *Meditationes philosophicae* et l'*Aesthetica* de A. G. Baumgarten, des œuvres en latin de Vico, etc.): ce sont là d'importants instruments de travail pour les lexicographes, mais aussi des matériaux d'étude et de recherche pour l'histoire des idées.

7.3. Toujours en 1967, une convention avec le Groupe de recherche de l'Institut de philosophie de l'Université de Gênes confiait à l'Accademia della Crusca l'élaboration sur ordinateur de toutes les œuvres du philosophe Antonio Rosmini en vue de la production de concordances lemmatisées à utiliser comme base pour la publication d'un Lexique Rosminien.

7.4. Un autre accord de collaboration, de 1964, était établi entre la Crusca et l'Institut de langue et littérature italienne d'Utrecht qui, dirigé par Mario Alinei, avait élaboré un vaste projet de dépouillements électroniques de l'italien des origines et du XIIIe siècle (y compris Dante), auquel s'est ajouté plus tard un projet analogue pour l'italien littéraire contemporain; les résultats de ces dépouillements, constitués par des index des formes et des lemmes avec différents types d'analyses qualitatives et quantitatives, ont été publiés au fur et à mesure à partir de 1968: 18 volumes pour l'italien des origines, 3 pour Dante et 3 pour l'italien contemporain (*La Ciociara* d'A. Moravia, *Il sentiero dei nidi di ragno* d'I. Calvino, *Ferrovia locale* de C. Cassola). Mais comme ils n'offrent pas de concordances des textes analysés, ces volumes ne présentent qu'une utilité indirecte pour le lexicographe. Il se peut que la lexicographie future (mais pour l'instant le jugement est prématuré) puisse tirer une plus grande utilité d'un *Glossario degli antichi volgari italiani* que Giorgio Colussi est en train de publier à Helsinki (GAVI 1983).

8. L'informatique pour la lexicographie

Nous avons longuement parlé, dans ces dernières pages, du recours à l'élaboration électronique, de la part des centres lexicographiques, pour la création de dictionnaires généraux ou de lexiques d'auteurs particuliers. On ne peut nier que l'avènement de l'informatique a révolutionné les méthodes et les techniques de recherche dans tous les secteurs et donc, de manière encore plus sensible, dans le domaine de la linguistique et de la lexicographie. Le mérite d'avoir pressenti et exploité le premier les possibilités exceptionnelles de l'emploi de l'ordinateur pour les dépouillements et l'analyse automatique de grands univers lexicaux revient certainement à Roberto Busa. Quand, en 1951, il rendit public son projet d'un *Index Thomisticus*, offrant un premier échantillon d'index de mots, composés et imprimés automatiquement par des machines à fiches perforées (Busa 1951), les grands systèmes électroniques n'étaient pas encore perfectionnés et répandus dans les entreprises et les centres de calcul, et on était loin encore d'en projeter l'utilisation pour accomplir des analyses de textes littéraires; le terme même d'*informatique* n'était pas encore né. Aujourd'hui l'*Index Thomisticus* (v. Busa 1975) est publié presque entièrement, avec ses 49 volumes (plus 7 de textes) où sont disposés, analysés et lemmatisés de manière organique les 10 millions et plus d'occurrences des œuvres de St Thomas. Je répéterai ce que j'écrivais déjà à propos de cette entreprise du père Busa il y a quelques années: L'*Index* «constitue non seulement un point d'arrivée, mais aussi un point de départ d'une importance exceptionnelle, même méthodologique»; mais j'exprimais en même temps le désir que «soit commencé au plus vite le Lexique de St Thomas qui devrait être le but final de toutes ces années de travail massacrant: alors on pourra vraiment dire que les deux niveaux de la recherche lexicale — celui qui se concentre sur les signes verbaux et celui qui a pour objet les contenus conceptuels — seront nettement distincts, le premier débouchant sur les Index et les Concordances, le second sur le Lexique» (Duro 1979, 169). Aujourd'hui encore mon opinion est la même: les index et les concordances, ainsi que les banques de données en général, sont des instruments opérationnels qui ont demandé une énorme dépense d'énergie mais ne sont accessibles et utiles qu'à quelques chercheurs; ils ne doivent pas constituer l'objectif final, mais le point de départ pour l'élaboration de lexiques qui, nécessairement plus sélectifs et plus souples, sont les seuls à pouvoir fournir une documentation sur le monde linguistique, et donc conceptuel, d'un auteur ou d'une époque. Si, comme je le pense et l'ai dit, certaines grandes initiatives lexicographiques ont été interrompues ou risquent de sombrer, c'est à cause de l'incapacité de transformer en pages de dictionnaires la masse de matériel obtenu par des procédures informatiques. L'élaboration électronique des œuvres de Dante a permis à l'Istituto della Enciclopedia Italiana de réunir dans son *Enciclopedia Dantesca* (1970—1976) tout le lexique «vulgaire» de Dante avec, pour chaque mot, la référence et généralement aussi le contexte de toutes ses occurrences: c'est un cas qui, on l'a vu, n'est pas unique, où l'informatique a fourni une aide valable à la lexicographie entendue au sens strict du mot. Si l'on veut étendre le discours à la lexicologie et, plus généralement, à la linguistique, dont fait aussi partie la linguistique informatique, le recours à l'ordinateur peut faciliter de manière irremplaçable différents types de recherche, des index et lexiques de fréquence (cf. en particulier Bortolini/Tagliavini/Zampolli 1971) aux analyses phonologiques, morphologiques, syntaxiques, et aux index inverses (Alinei 1962), etc.

8.1. Parmi les concordances obtenues grâce aux techniques automatiques on peut citer, sans pouvoir être exhaustif, celles de la *Divina Commedia*, produites par IBM Italia (Pise 1965), et d'autres effectuées par L. Lovera, R. Bettarini et A. Mazzarello, en 3 volumes (Turin 1975); des *Canti* et autres poésies de G. Leopardi, par L. Lovera et Ch. Colli (Turin 1968); des *Promessi Sposi*, en 4 volumes, par G. De Rienzo, E. Del Boca et S. Orlando (Milan 1985); de la poésie de G. G. Belli, en 2 volumes, par F. Albano Leoni (Göteborg 1970—1971); en outre, dans des collections spéciales ont paru récemment, ou sont annoncées, les concordances de Guido Gozzano, Eugenio Montale, Sergio Corazzini, Vincenzo Cardarelli; on dispose aussi de concordances de textes non littéraires comme *La stampa periodica milanese della prima metà dell'Ottocento*, en 4 volumes (plus un de texte) élaborées par l'Istituto di Linguistica computazionale (Pise 1983). Mais on avait déjà produit des concordances avant l'avènement de l'informatisation, avec des systèmes traditionnels: par exemple, celles de la *Divina Commedia* par E. H. Wilkins et Th. G. Bergin (Cambridge, Mass. 1965) précédées par celles de E. A. Fay (Cambridge, Mass. 1888), et, pour les autres oeuvres de Dante, celles compilées par E. A. Sheldon avec l'aide de A. C. White (Cambridge, Mass. 1905); K. MacKenzie s'était occupé des *Rime* de Pétrarque (Oxford 1912); A. B. Barbina du *Decameron* de Boccace (Florence 1969); A. Bufano des *Canti* de Leopardi (Florence 1979), etc. Même pour les lexiques d'auteur qui, avec les concordances, représentent aujourd'hui une aide extrêmement utile tant pour les études spécifiques que pour l'élaboration de dictionnaires généraux, on a dû, pour disposer d'œuvres valables sur le plan lexicographique, recourir aux techniques informatiques les plus sophistiquées; les trois dictionnaires rédigés au début du siècle par G. L. Passerini pour Carducci, Pascoli, D'Annunzio (*Il vocabolario carducciano*, Firenze 1916; *Il vocabolario pascoliano*, Firenze 1915; *Il vocabolario dannunziano*, Firenze 1928) laissent en effet beaucoup à désirer (cf. Migliorini 1961, 123—124).

9. Dictionnaires mineurs et lexicographie subsidiaire dans la seconde moitié du XXe siècle

Pour en revenir aux dictionnaires de moyen format, il faut signaler, pour les années les plus récentes, de nouvelles publications parmi lesquelles, en ordre chronologique: le *Dizionario Garzanti della lingua italiana* de 1965; le *Dizionario della lingua italiana* de Carlo Passerini Tosi, de 1969; le *Vocabolario illustrato della lingua italiana* de Giacomo Devoto et Gian Carlo Oli de 1967 (refondu et réduit en un seul volume, Florence 1971); le *Dizionario della lingua e della civiltà italiana contemporanea* de Emilio De Felice et Aldo Duro de 1975; le *Nuovissimo Dizionario della lingua italiana* de Maurizio Dardano, de 1982, et le très récent *Dizionario italiano ragionato* (DIR, Florence 1988); d'autres dictionnaires ont eu une circulation plus limitée, comme par exemple celui d'Alessandro Niccoli, de 1961. Un remarquable progrès tant sur le plan quantitatif que sur le plan qualitatif est apporté par les derniers remaniements de ces mêmes dictionnaires (par exemple le Devoto/Oli et le Garzanti) et de quelques-uns qui circulaient déjà dans la première moitié du siècle (par exemple le Zingarelli et, dans une moindre mesure, le Palazzi), qui rivalisent pour la mise à jour et l'enrichissement du lemmaire, dû surtout à l'accession de nombreux néologismes et anglicismes qui ont pénétré et se sont stabilisés dans la langue italienne des dernières décennies, et à une plus grande disponibilité à recevoir les terminologies techniques et les langages sectoriels. On peut ici rappeler, pour sa structure dans laquelle (dans le sillage du DEnci) se mêlent étroitement la partie encyclopédique et la partie linguistique, le *Dizionario Enciclopedico Sansoni,* en quatre volumes (v. DES 1952).

9.1. Dans la typologie des dictionnaires que nous avons volontairement présentée de façon peu articulée, les dictionnaires étymologiques occupent une place à part; dans cette section la production italienne (ou qui a pour objet la langue italienne) n'acquiert un caractère scientifique qu'à partir de 1950; en effet, on ne peut pas prendre en considération le vieux *Vocabolario etimologico italiano* de Francesco Zambaldi (Città di Castello 1889, 2ª éd. réduite 1913), de même que le très peu fiable *Vocabolario etimologico della lingua italiana* de Ottorino Pianigiani (Rome— Milan 1907, réimprimé en 1926, et en 1937) qui, «œuvre d'un Jurisconsulte amateur d'études linguistiques, met sur le même plan étymologies certaines et étymologies invraisemblables» (Migliorini 1961, 125). Déjà au début du siècle avait paru le *Romanisches etymologisches Wörterbuch* de W. Meyer-Lübke (1ère éd. 1911, 4e éd. 1968), ouvrage beaucoup plus fiable que, toutefois, nous devons ici négliger puisqu'il a pour objet toutes les langues et tous les dialectes romans et pas seulement l'italien. Plus tard ont été publiés: le *Dizionario etimologico italiano* (DEI) de C. Battisti et G. Alessio, en 5 volumes (Florence 1950 —1957) avec de nombreuses entrées scientifiques, le *Prontuario etimologico italiano* de B. Migliorini et A. Duro (Turin 1950) qui, très prudemment, propose les étymons d'après les sources les plus sûres, et distingue ceux qui sont certains de ceux qui ne sont que probables; le *Vocabolario etimologico della lingua italiana* (VEI) de A. Prati (Milan 1951), qui prend en considération presque exclusivement les mots dérivés du latin par tradition directe, et a l'avantage de comporter des renvois bibliographiques utiles; le *Dizionario etimologico* de D. Olivieri (Milan 1953) ne mérite qu'une simple mention. On remarque une conception semblable au Migliorini/Duro dans l'*Avviamento alla etimologia italiana — Dizionario etimologico* de G. Devoto (Florence 1967), qui prend soin lui aussi de distinguer les mots dérivés du latin comme emprunts de ceux qui ont été hérités par tradition directe. Tous sont des ouvrages utiles mais, par certains aspects, provisoires parce que nécessairement dépourvus de la seule base sur laquelle on peut construire (au moins pour une section du lexique) des étymologies sûres: à savoir un grand dictionnaire historique de la langue, qui atteste la date de naissance de chaque mot, sa première apparition dans le langage écrit et parlé. Une grande place est accordée aux datations ainsi qu'à la bibliographie et aux attestations documentaires par le *Dizionario etimologico della lingua italiana* (DELI) de M. Cortelazzo et P. Zolli, en cinq volumes, désormais tous publiés (le premier est sorti en 1979), qui, même avec un lemmaire limité (on n'y trouve presque aucun terme scientifique), peut être considéré comme une œuvre bien construite, moderne dans sa conception et riche dans la documentation. De toute autre dimension se veut le *Lessico etimologico italiano* (LEI) de Max Pfister, qui n'aspire pas à arriver trop vite à sa conclusion étant donné que, conçu comme une œuvre basée sur une très vaste exploitation de documents, surtout dialectaux, il a à peine traité, dans les 22 fascicules déjà parus (Wiesbaden 1979—1988) deux tiers de la lettre A (*a—arcus*). Il serait injuste de clore ce panorama sans citer au moins l'*Etymologisches Wörterbuch der unteritaliänischen Gräzität* (Halle 1930) de Gerhard Rohlfs, spécialiste émérite de la langue et surtout des dialectes italiens, ainsi que le *Dizionario etimologico sardo* de Max Leopold Wagner (Heidelberg 1957 et suiv.); en outre a déjà été publiée la première partie (A—L) du *Vocabolario etimologico siciliano* (Palerme 1976) qui, répondant à un désir exprimé par Antonino Pagliaro, paraît maintenant sous la direction d'Alberto Varvaro.

10. Conclusion

Si maintenant nous regardons autour de nous pour faire une analyse objective et réaliste de l'état actuel de la lexicographie en Italie, et si nous voulons lui prendre le pouls, nous aurons la sensation qu'elle acquiert de plus en plus la nature d'art ou de métier (dans toute la noblesse du terme) en perdant le caractère de science qu'elle n'a peut-être jamais eu, mais qu'elle pouvait aspirer à avoir. L'orientation toujours plus en plus marquée des dictionnaires dans une direction encyclopédique (non seulement dans la constitution du lemmaire, mais aussi dans le type de définition), et la nécessité pour le lexicographe (qui lui est imposée par la demande même du public) de se tenir continuellement au courant des progrès technologiques et des bouleversements sociaux, lui laisse trop peu de temps pour des recherches plus proprement théoriques et une mise à jour scientifique. La coexistence dans une même personne de deux intérêts, linguistique et lexicographique, qui dans un passé encore récent était possible et presque naturelle chez des linguistes comme G. Devoto et surtout B. Migliorini (et que l'on retrouve aujourd'hui, avec une tendance plus marquée pour l'une ou pour l'autre, chez G. Nencioni, T. Bolelli, E. De Felice, M. Cortelazzo et P. Zolli, pour n'en citer que quelques-uns), deviendra de plus en plus rare dans les années à venir, ne fût-ce que parce que les dictionnaires — on l'a dit — sont probablement voués à une disparition prochaine. En revanche il y a toujours un vif intérêt du public pour les dictionnaires (devenus aujourd'hui des moyens d'acculturation, si l'on entend ce terme dans son acception la plus neutre), et un intérêt des chercheurs pour tout ce qui concerne la typologie des dictionnaires et leur histoire, les techniques employées pour leur rédaction, les idéologies sous-entendues dans les définitions et les critères avec lesquels elles sont formulées, les rapports entre lexique et sémantique, la fonction que les dictionnaires exercent sur le plan sociologique et pédagogique (thèmes auxquels certaines revues spécialisées accordent une large place).

10.1. Nous pouvons tirer quelques observations de ce qui précède. Il est clair qu'avec l'élargissement des dictionnaires généraux dans un sens encyclopédique diminue le besoin de rédiger des dictionnaires spécialisés, au moins en ce qui concerne les secteurs où l'évolution terminologique est plus lente, comme les arts et les métiers; en revanche se multiplient ceux relatifs à des secteurs où l'innovation linguistique est plus rapide et l'interprétation des nouveaux termes (ou des nouvelles significations qui sont attribuées à des termes déjà en usage) est souvent obscure et cryptique: par exemple le langage de la politique, de l'économie, des sciences sociales, de la psychologie et la terminologie de la linguistique même (la publication de dictionnaires consacrés à des domaines plus spécialisés répond à d'autres exigences, de caractère plutôt informatif: ainsi pour la biologie et les sciences médicales en général, la physique, l'électronique et l'informatique, etc.).

10.1.1. L'autre observation concerne les dictionnaires dialectaux pour lesquels il nous faut être plus analytiques. Le XIXe siècle et le début du XXe avaient été très féconds dans ce domaine: si l'on s'en tient à la bibliographie d'A. Prati, intitulée *I vocabolari delle parlate italiane* et publiée en 1931, on y trouve énumérés 802 titres qui témoignent de l'intérêt pour ce genre d'études pendant plus d'un siècle, même si leur but est avant tout pratique (mais certains dictionnaires du XIXe siècle ont une véritable valeur si l'on tient compte du moment où ils furent compilés, comme le Cherubini pour le milanais, de 1814, le Boerio pour le vénitien, de 1829, le Pirona pour le frioulan, de 1871). Si l'on fait suivre à la liste de Prati celle de Migliorini (1961, 113—14), limitée cependant à quelques «dictionnaires de premier ordre» édités après 1931, parmi lesquels se détachent sur le plan scientifique ceux de G. Rohlfs pour les Trois Calabres et pour les dialectes salentins (Rohlfs 1932, Rohlfs 1956), l'on peut dire que le tableau est complet. Pour les dernières décennies il y a peu de choses à dire: au précieux *Vocabolario siciliano* fondé par Giorgio Piccitto et poursuivi par Giovanni Tropea, parvenu à la lettre M (Piccitto/Tropea 1977), on peut ajouter peu de titres qui montrent toutefois un intérêt prédominant pour des aires marginales, comme par exemple le dialecte de Fiume (Samani 1978) et de Zara (Miotto 1984), et qui répondent aussi au désir de conserver un patrimoine dialectal voué à une extinction prochaine, et donc précieux malgré leur faiblesse sur le plan scientifique (le vénitien oriental, pour toute la zone de Trieste et dalmato-istrienne, était déjà bien documenté dans Rosamani 1958). A la diminution quantitative des dictionnaires s'oppose l'augmentation quantitative et qualitative des études de dialectologie pour lesquelles il serait juste d'indiquer les noms des chercheurs, outre ceux des centres ou des groupes de recherche de plus grande importance; mais cela sort de notre sujet rigoureusement limité à la lexicographie. On peut toutefois citer, sans trop nous éloigner de notre thème, un volume récent de Zolli (1986) qui réunit et commente, de manière discursive, les nombreux dialectalismes qui, entrés dans l'italien commun au cours des deux derniers siècles, s'y sont établis de façon telle que, pour la plupart, il n'est pas facile de reconnaître leur aire d'origine.

10.2. Notre exposé pourrait s'arrêter ici. Par souci d'exhaustivité nous ajouterons cependant une brève allusion à la production qui est en marge de la lexicographie subsidiaire. D'abord les dictionnaires de synonymes (qui s'accompagnent souvent des «contraires», c'est-à-dire des antonymes). S'ils sont rédigés par un grand lexicographe doué d'une sensibilité aiguë pour les nuances sémantiques et les possibilités d'emploi des vocables, ce type d'ouvrages peut entrer de plein droit dans l'histoire des dictionnaires: c'est le cas du *Nuovo Dizionario dei sinonimi* de N. Tommaseo qui, publié à Florence en 1830, a connu ensuite beaucoup d'éditions et de réimpressions jusqu'à notre époque. Parmi ceux qui ont été publiés plus récemment, une mention à part revient à Gabrielli 1967 (et pour sa priorité chronologique, à Cinti 1947); d'autres ne dépassent pas, ou dépassent à peine, le niveau commercial.

10.2.1. Une autre exigence des lecteurs et des dictionnaristes eux-mêmes est satisfaite par les répertoires (aux titres divers) d'orthographe et de prononciation qui, assez nombreux le siècle dernier, ont continué et continuent de rencontrer la faveur du public pendant tout ce siècle, en particulier depuis que les moyens modernes de communication de masse ont privilégié la communication orale (radio ou télévision) par rapport à l'information écrite. Aux précis signalés par Migliorini (1961, 126) parmi lesquels se distingue le Bertoni/Ugolini 1939, on peut ajouter comme ouvrage rédigé avec une rare compétence le DOP 1969, et le Malagoli/Luciani 1969, peu répandu.

10.2.2. Pour satisfaire les curiosités culturelles des lecteurs et les nécessités professionnelles d'écrivains et journalistes on trouve des recueils de proverbes, dictons et sentences qui, avec des titres variés, sont fabriqués parfois avec une rigueur philologique exemplaire et mis à la disposition de qui en éprouve le besoin. Le plus connu de ces recueils (nous en parlons surtout parce qu'il fait l'objet de fréquentes consultations des dictionnaristes) est le *Chi l'ha detto?* de G. Fumagalli qui aura bientôt cent ans, mais a été plusieurs fois mis à jour, ce qui le rend encore très utile aujourd'hui (v. Fumagalli 1894). Il ne vaut pas la peine ici d'évoquer les brefs recueils de citations, surtout latines, sortis ces dernières années; il faut toutefois rappeler, même si elle n'a pas été faite en Italie (mais est utile aux chercheurs italiens) l'importante compilation de proverbes et sentences latino-médiévales de Walther 1963.

10.3. Même si elles n'appartiennent pas à l'histoire des dictionnaires, on peut faire entrer de plein droit dans celle de la lexicographie les publications consacrées avec des fins scientifiques ou historiques à la lexicographie et à ses produits, aux techniques lexicographiques, au classement et à la typologie des dictionnaires. Une partie de ces ouvrages, même exiguë, a été mentionnée dans ces pages, aussi ne convient-il pas de revenir sur le propos; on peut éventuellement puiser d'autres informations dans le volume *Dieci anni di linguistica italiana* de la SLI de Rome, et en particulier, pour le secteur qui nous intéresse, dans l'article consacré à la lexicologie (Duro 1977), auxquel viendra bientôt s'ajouter un autre volume intitulé *Altri dieci anni di linguistica italiana* pour lequel Max Pfister a déjà préparé un article très documenté sur «Lexicologie et lexicographie 1976—1986». Il nous semble en revanche juste de rappeler que de fréquents colloques et congrès, souvent de niveau international, sont consacrés en Italie à ce secteur de la recherche et à ses applications: entre autres, la Table ronde sur les grands dictionnaires historiques, organisée par l'Accademia della Crusca, qui s'est tenue à Florence du 3 au 5 mai 1971 (à laquelle participèrent les directeurs des plus importantes entreprises européennes) et qui devait être suivie d'autres initiatives du même genre dans les grands centres de lexicographie historique (la 2ème s'est tenue en effet à Leyde en mai 1977, avec une liste de participants beaucoup plus étendue). Une occasion de rencontres fructueuses entre lexicographes et philosophes (ou plus exactement entre lexicographes linguistes et philosophes lexicographes) de différentes nations, pour traiter de thèmes communs de grand intérêt, est fournie par les colloques organisés tous les trois ans à Rome, depuis 1973, par le Centre du Lessico Intellettuale Europeo; par ailleurs, lexicographes et informaticiens ont l'occasion de se rencontrer lors des congrès internationaux organisés par le Centro di Calcolo de Pise, devenu ensuite Istituto di linguistica computazionale du CNR (signalons comme particulièrement important celui de l'été 1970 dont les Actes ont paru dans le volume *Linguistica Matematica e Calcolatori*, Florence 1973).

11. Bibliographie choisie

11.1. Dictionnaires

Alinei 1962 = Dizionario inverso italiano con indici e liste di frequenza delle terminazioni, a cura di Mario Alinei. The Hague 1962 [607 p.].

Bartoletti 1971 = Costituzione della Repubblica Italiana del 1947, a cura di A. M. Bartoletti Colombo. Firenze 1971 [596 p.].

Bartoletti 1977 = Florentina Studiorum Universitas. Legum Iustiniani Imperatoris Vocabularium. Novellae. Pars latina [en dix volumes, plus un d'index: Index formarum, Index lemmatum, Nomina propria]. Milano 1977—1979. Pars Graeca. Vol. 1—5. Milano 1986—1988.

Bartoletti 1983 = Anna Maria Bartoletti Colombo: Lessico delle Novellae di Giustiniano nella versione dell'Authenticum. 1er vol. (A—D). Roma 1983. 2e vol. (E—M). Roma 1986 [nn. XXX et XXXVIII dans la coll. du Lessico Intellettuale Europeo].

Battaglia 1961 = Salvatore Battaglia: Grande Dizionario della Lingua italiana. 1er vol. a—balb. Torino 1961. 14e vol. pra—py. Torino 1988.

Bertoni/Ugolini 1939 = Giulio Bertoni/Francesco A. Ugolini: Prontuario di pronunzia e di ortografia. Torino 1939 [414 p.].

Bortolini/Tagliavini/Zampolli 1971 = U. Bortolini/C. Tagliavini/A. Zampolli: Lessico di frequenza della lingua italiana contemporanea. IBM Italia 1971 [LXXX-533 p.; réimpr. réduite, Milano 1972, 856 p.].

Busa 1951 = Roberto Busa S. J.: Sancti Thomae Aquinatis Hymnorum ritualium Varia specimina concordantiarum [. . .]. Milano 1951.

Busa 1975 = Index Thomisticus: Sancti Thomae Aquinatis operum omnium Indices et Concordantiae [. . .], digessit Robertus Busa S. J. [. . .]. 1er vol. Stuttgart 1975.

Cappuccini 1916 = Giulio Cappuccini: Vocabolario della lingua italiana. Torino 1916 [Ed. B. Migliorini, 1945; cf. Migliorini 1965].

Cerruti/Rostagno 1939 = Francesco Cerruti/Luigi Andrea Rostagno: Vocabolario della lingua italiana. Torino 1940 [1681 p.].

Cinti 1947 = Decio Cinti: Dizionario dei sinonimi e dei contrari. Milano 1947 [éd. Novara 1986, 587 p.].

Dardano 1982 = Maurizio Dardano: Nuovissimo dizionario della lingua italiana. 2 vol. Roma 1982 [2398 p.].

De Felice/Duro 1974 = Emidio De Felice/Aldo Duro: Dizionario della lingua e della civiltà italiana contemporanea. Palermo 1974 [2221 p.].

DEnci 1955 = Dizionario Enciclopedico Italiano (publié par l'Istituto della Enciclopedia Italiana fondata da Giovanni Treccani). 1ère éd. en 12 vol. Roma 1955—1961 [Ed. en 24 vol. sous le titre de Lessico Universale Italiano, Roma 1968—1981].

DES 1952 = Dizionario Enciclopedico Sansoni (Ed. M. Niccoli et G. Martellotti). 1ère éd. 4 vol. Firenze 1952—1955 [1247, 1158, 1248, 1320 p.].

Devoto/Oli 1967 = Giacomo Devoto/Gian Carlo Oli: Vocabolario illustrato della lingua italiana. 2 vol. Firenze 1967 [1519, 1584 p.].

Devoto/Oli 1971 = Giacomo Devoto/Gian Carlo Oli: Dizionario della lingua italiana. Firenze 1971 [2712 p.].

Devoto/Oli 1987 = Giacomo Devoto/Gian Carlo Oli: Nuovo Vocabolario illustrato della lingua italiana. 2 vol. Firenze 1987 [3523 p.].

DIR = Dizionario italiano ragionato. Firenze 1988 [2017 p.].

DOP 1969 = B. Migliorini/C. Tagliavini/P. Fiorelli: Dizionario d'ortografia e di pronunzia. 1ère éd. Torino 1969 [CVII—1341 p.; 2e éd. Torino 1981, CXXXVII—763 p.].

Fanfani 1855 = Pietro Fanfani: Vocabolario della lingua italiana. 1ère éd. Firenze 1855 [2e éd. 1865, 1695 p.; 3e éd. posthume 1890].

Fanfani/Arlìa 1877 = Pietro Fanfani/Costantino Arlìa: Lessico della corrotta italianità. Milano 1877 [dans les éd. successives: Lessico dell'infima e corrotta italianità].

Fumagalli 1894 = Chi l'ha detto? Tesoro di citazioni italiane e straniere, di origine letteraria e storica, ordinate ed annotate da Giuseppe Fumagalli. 1ère éd. Milano 1894 [8e éd. 1934, 890 p. Du même auteur un petit dictionnaire de 2588 phrases, sentences, proverbes et locutions latines, intitulé L'Ape latina, Milano 1911, avec des éditions successives].

Gabrielli 1967 = Aldo Gabrielli: Dizionario dei sinonimi e dei contrari, analogico e nomenclatore. Milano 1967 [866 p.].

Garzanti 1965 = Dizionario Garzanti della lingua italiana. Milano 1965 [1990 p.].

Garzanti 1987 = Il Grande Dizionario Garzanti della lingua italiana. Milano 1987 [2270 p.].

GAVI 1983 = Glossario degli antichi volgari italiani, a cura di Giorgio Colussi. Helsinki. 1er vol. (a—azzurro) 1983. 2e vol. (b—buttare) 1984. 3e vol.,

1ère p. (c—cazzuola) 1985. 2e p. (cecare—comunità) 1986. 3e p. (conca—convolgere) 1987.

Giorgini/Broglio 1897 = Giambattista Giorgini/ Giulio Broglio: Novo vocabolario della lingua italiana secondo l'uso di Firenze. 4 vol. Firenze 1897 [L'œuvre était déjà sortie en fascicules, de 1870 à 1891].

Jàcono 1939 = Antonio Jàcono: Dizionario di esotismi [. . .]. Firenze 1939.

Malagoli/Luciani 1969 = Giuseppe Malagoli/Luciano Luciani: Vocabolario della corretta pronunzia italiana. Milano 1969 [997 p.].

Melzi 1891 = Giovanni Battista Melzi: Il Vocabolario per tutti illustrato. Milano 1891 [752 p.]. Il Melzi scientifico: Dizionario illustrato. Milano 1893 [804 p. Dès 1894, on a eu plusieurs éd. en 2 ou 1 vol., avec le titre Il novissimo Melzi. Avant de paraître en Italie, l'œuvre avait été publiée à Paris en 1881, sous le titre Novo Vocabolario universale della lingua italiana].

Mestica 1936 = Enrico Mestica: Dizionario della lingua italiana. Torino 1936 [2098 p.; cf. Sandron 1976].

Migliorini 1965 = Bruno Migliorini: Vocabolario della lingua italiana. Torino 1965 [1637 p.; cf. Cappuccini 1916].

Miotto 1978 = Luigi Miotto: Vocabolario del dialetto veneto-dalmata. Trieste 1984 [233 p.].

Monelli 1933 = Paolo Monelli: Barbaro dominio [. . .]. Milano 1933.

Niccoli 1961 = Alessandro Niccoli: Dizionario della lingua italiana. Roma 1961 [1180 p.].

Palazzi 1974 = Fernando Palazzi: Novissimo dizionario della lingua italiana. Ed. G. Folena. Milano 1974 [1624 p.; 1e éd. 1939, 1358 p.].

Panzini 1905 = Alfredo Panzini: Dizionario moderno delle parole che non si trovano negli altri dizionari. Milano 1905 [éditions suivantes éditées par l'auteur 1908, 1918, 1923, 1927, 1931, 1935].

Passerini Tosi 1969 = Carlo Passerini Tosi: Dizionario della lingua italiana. Milano 1969 [1744 p.].

Petrocchi 1887 = Policarpo Petrocchi: Novo dizionario universale della lingua italiana. 2 vol. Milano 1887—1891 [1286, 1287 p.].

Piccitto/Tropea 1977 = Vocabolario Siciliano. 1er vol. (A—E), a cura di Giorgio Piccitto. Catania-Palermo 1977. 2e vol. (F—M), a cura di Giovanni Tropea, 1985.

Rigutini 1875 = Giuseppe Rigutini: Vocabolario italiano della lingua parlata. Firenze 1875 [1296 p. La 1ère éd. porte aussi sur le frontispice le nom de P. Fanfani, qui semble cependant avoir très peu participé à la rédaction de l'œuvre. Cf. Volpi 1941].

Rigutini 1886 = Giuseppe Rigutini: I neologismi buoni e cattivi più frequenti nell'uso moderno. Roma 1886.

Roget 1852 = Roget's Thesaurus of English words and phrases. First edition by Peter Mark Roget. London 1852.

Rohlfs 1932 = Gerhard Rohlfs: Dizionario dialettale delle Tre Calabrie. Halle Milano 1932—1939.

Rohlfs 1956 = Gerhard Rohlfs: Vocabolario dei dialetti salentini (Terra d'Otranto), en deux volumes avec un Supplément. München 1956, 1959, 1961.

Rosamani 1958 = Enrico Rosamani: Vocabolario giuliano dei dialetti parlati nella regione giuliano-dalmata [. . .]. Bologna 1958 [1354 p.].

Samani 1978 = Salvatore Samani: Dizionario del dialetto fiumano. Venezia Roma 1978 [252 p.].

Sandron 1976 = Dizionario Sandron della lingua italiana. Firenze 1976 [2160 p.; cf. Mestica 1936].

Silvagni 1938 = Umberto Silvagni: Il vitupèro dell'idioma e l'adunata de' mostri [. . .]. Milano 1938 [280 p.].

Tommaseo 1861 = Dizionario della lingua italiana nuovamente compilato dai signori Nicolò Tommaseo e Bernardo Bellini, con oltre 100 000 giunte ai precedenti Dizionarii [. . .]. 8 vol. Torino 1861—1879.

Ugolini 1848 = Filippo Ugolini: Vocabulario di parole e di modi errati che sono comunemente in uso. Urbino 1848.

VIT 1986 = Vocabolario della lingua italiana dell'Istituto della Enciclopedia Italiana fondata da Giovanni Treccani: 1er vol. (A—C) 1986 [XL-1037 p.]; 2e vol. (D—L) 1987 [1190 p. Sur le frontispice figure comme auteur et directeur le nom d'Aldo Duro].

Volpi 1941 = Guglielmo Volpi: Vocabolario della lingua italiana. Roma 1941 [1357 p.; cf. Rigutini 1875].

Walther 1963 = Hans Walther: Proverbia sententiaeque latinitatis Medii aevi. Lateinische Sprichwörter und Sentenzen des Mittelalters in alphabetischer Anordnung. 6 vol. Göttingen 1963—1969.

Zingarelli 1983 = Nicola Zingarelli: Vocabolario della lingua italiana. 11e éd. Bologna 1983 [2256 p.; 1e éd. 1917].

11.2. Travaux

Avalle 1979 = d'Arco Silvio Avalle: Al servizio del Vocabolario della lingua italiana. Firenze 1979.

Avalle 1985 = d'Arco Silvio Avalle: Lessicografia dei testi antichi. In: Crusca 1985, 453—458.

Barbi 1957 = Michele Barbi: Crusca lingua e vocabolari. In: Per un grande vocabolario storico della lingua italiana. Firenze 1957, 9—35 (reprod. d'un article déjà publié dans la revue Pan, 1935, 13—24).

Crusca 1985 = La Crusca nella tradizione letteraria e linguistica italiana (Atti del Congresso internazionale per il IV Centenario dell'Accademia della Crusca, Firenze 29 sett.—2 ott. 1983). Firenze 1985.

De Lollis 1922 = Cesare De Lollis: Crusca in fermento. Firenze 1922.

De Robertis 1985 = Domenico De Robertis: L'Ufficio filologico dell'Opera del Vocabolario, il suo impianto, il suo lavoro. In: Crusca 1985, 443—451.

Devoto 1941 = Giacomo Devoto: Il vocabolario dell'Accademia. In: Lingua nostra 22. 1961, 120—136 (réimpr. dans: G. D., Dizionari di ieri e di domani, Firenze, s. d., 55—85).

Duro 1961 = Aldo Duro: (Compte rendu de) S. Battaglia, Grande Dizionario della lingua italiana [...]. In: Studi linguistici italiani 2. 1961, 175—186.

Duro 1966 = Aldo Duro: Les nouvelles méthodes du dictionnaire historique de la langue italienne. In: Cahiers de lexicologie 8. 1966, 95—111.

Duro 1971 = Aldo Duro: Analyse électronique de textes littéraires appliquée à la lexicographie en Italie. In: Applications of Linguistics (Selected papers of the Second International Congress of Applied Linguistics, Cambridge 1969). Cambridge 1971, 193—200.

Duro 1973 = Aldo Duro: Elaborations électroniques de textes effectuées par l'Accademia della Crusca [...]. In: Linguistica Matematica e Calcolatori [...]. Firenze 1973, 53—75.

Duro 1977 = Aldo Duro: Lessicologia. In: Società di linguistica italiana (SLI), Dieci anni di linguistica italiana (1965—1975). Roma 1977, 209—220.

Duro 1979 = Aldo Duro: (Compte rendu de) Index Thomisticus: un monumento a S. Tommaso. In: Gregorianum 60. 1979, 156—171.

Duro 1985 = Aldo Duro: L'impianto del nuovo Vocabolario: profilo storico. In: Crusca 1985, 431—442.

Duro/Zampolli 1968 = Aldo Duro/Antonio Zampolli: Analisi lessicali mediante elaboratori elettronici. In: Atti del Convegno sul tema «L'automazione elettronica e le sue implicazioni scientifiche, tecniche e sociali», Accademia dei Lincei du 16 au 19 octobre 1967). Roma 1968, 119—139.

Fiorelli 1979 = Piero Fiorelli: L'Accademia della Crusca per il Vocabolario giuridico italiano. In: Studi di lessicografia italiana 1. Firenze 1979, 55—81.

Folena 1961 = Gianfranco Folena: (Compte rendu de) S. Battaglia, Grande Dizionario della lingua italiana [...]. In: Lingua nostra 22. 1961, 52—57.

Marello 1980 = Carla Marello: Lessico ed educazione popolare. Dizionari metodici italiani dell' 800. Roma 1980.

Migliorini 1960 = Bruno Migliorini: Storia della lingua italiana. Firenze 1960.

Migliorini 1961 = Bruno Migliorini: Che cos'è un vocabolario?. 3e éd. Firenze 1961 (réimpr. 1967).

Nencioni 1955 = Giovanni Nencioni: Relazione all'Accademia della Crusca sul Vocabolario della lingua italiana. In: Studi di filologia italiana 13. 1955, 395—420 (réimpr. dans: Per un grande vocabolario storico della lingua italiana. Firenze 1957, 111—152).

Nencioni 1982 = Giovanni Nencioni: Autodiacronia linguistica: un caso personale. In: La lingua italiana in movimento. Firenze 1982, 7—33.

Nencioni 1985 = Giovanni Nencioni: Indirizzo di apertura. In: Crusca 1985, 10— 11.

Nencioni 1985 a = Giovanni Nencioni: Verso una nuova lessicografia. In: Studi di lessicografia italiana 7. 1985, 5—19.

Pasquali 1941 = Giorgio Pasquali: Il Vocabolario dell'Accademia d'Italia. In: Nuova Antologia 1. 8. 1941, 3—18.

Pasquali 1941 a = Giorgio Pasquali: Per un tesoro della lingua italiana. In: Atti della R. Accademia d'Italia, Rendiconto della Classe di scienze morali e storiche, serie 7^a, II, 490—521 (réimpr. in: Per un grande vocabolario storico della lingua italiana. Firenze 1957, 39—107).

Serianni 1984 = Luca Serianni: La lessicografia. In: Teorie e pratiche linguistiche nell'Italia del Settecento, Annali della Società italiana di studi sul secolo XVIII (I). Bologna 1984, 111—126.

Zolli 1986 = Paolo Zolli: Le parole dialettali. Milano 1986.

Aldo Duro, Rome (Italie)

189. Rumänische Lexikographie

1. Die Anfänge
2. Die Öffnung nach Westen
3. Die Transsylvanische Schule
4. Didaktisch ausgerichtete Wörterbücher
5. Französische Rezeption
6. Andere zweisprachige Wörterbücher
7. Einsprachige Wörterbücher
8. Das Wirken der Rumänischen Akademie
9. Die großen Lexikographen
10. Wörterbücher nach 1948
11. Literatur (in Auswahl)

1. Die Anfänge

1.1. Die 662 Glossen in dem slawischen Ms. von M. Vlataris, etwa um 1580, bedeuten zwar nicht den Beginn der rumänischen Lexikographie (zum Sprachraum vgl. Karte 189.1), veranschaulichen jedoch die kulturelle Situation am Ausgang des 16. Jh. Die Hauptkompetition bestand zwischen dem Slawischen und dem zur Schriftlichkeit avancierten Rumänischen. Das Griechische übernahm das Arbiteramt: die Treue zum untergegangenen Byzanz bestimmte ideologisch

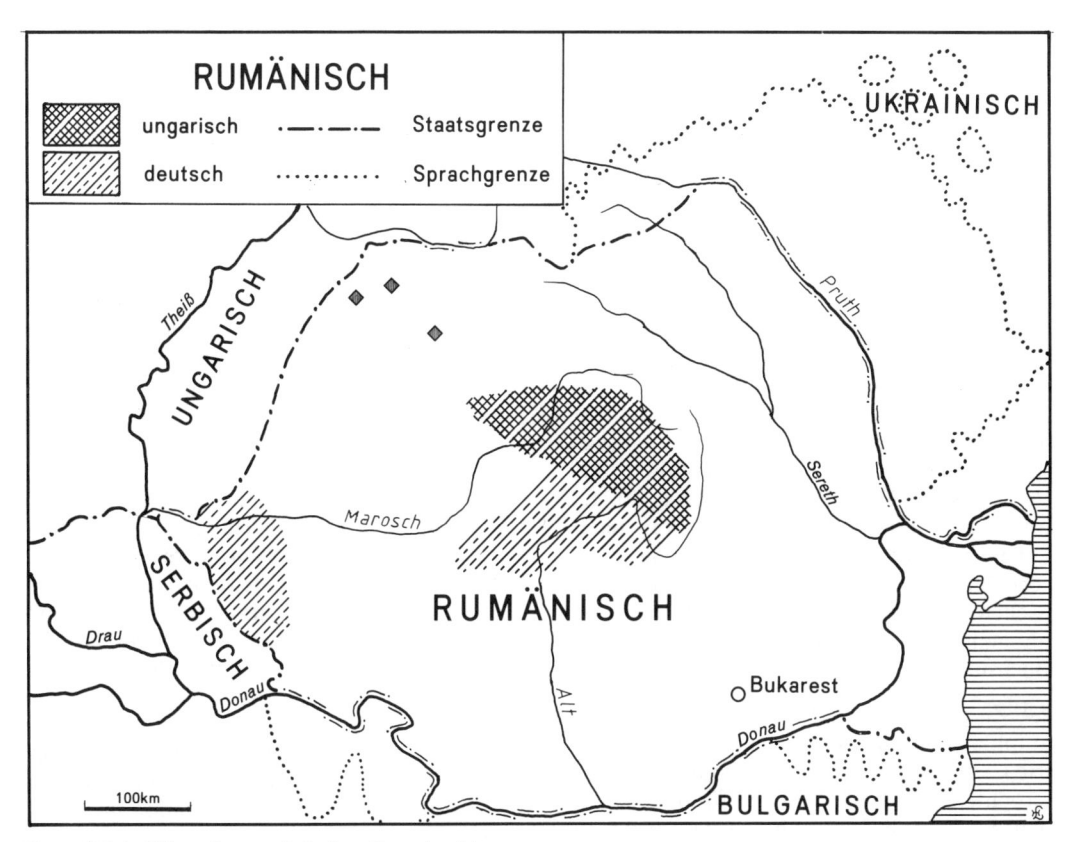

Karte 189.1: Skizze des rumänischen Sprachgebietes

jegliches sprachliche Geschehen. Eine Studie von M. Georgescu (1982) verleiht den auf 454 Seiten zerstreuten Glossen die Aussagekraft eines Lexikons, aus welchem neben dem Bezug zum Slawischen phonetische, morphologische und semantische Daten über die rumänische Sprache im 16. Jh. zu gewinnen sind.

1.2. Die Aufgabe des Slawischen als Kirchen- und Kanzleisprache machte das Erstellen von Glossaren für Kleriker, Beamte und Übersetzer notwendig. Am bedeutendsten bleibt das Werk des Mönchs Mardarie von Cozia aus dem Jahr 1649 (MARD.), das G. Crețu 1900 veröffentlichte; darüber hinaus sind jene von Staicu (um 1660), von Mihai (um 1670) und eines unbekannten Verfassers um 1690 zu erwähnen.

2. Die Öffnung nach Westen

Die Rezeption des abendländischen Humanismus bewirkte das Entstehen von Lexika größeren Umfangs nach klassischen Modellen. Die Korrespondenzsprachen sind das Latein, das Italienische, das Griechische und in Transsylvanien auch das Ungarische.

2.1. Ein *Dictionarium valachico-latinum* wurde um 1670 von einem Unbekannten (Anonymus Caransebesiensis), nach Draganu (Seche 1966, 10) von dem Humanisten Mihail Halici (1643—1712), redigiert. Teile davon, versehen mit kritischen Betrachtungen, gab 1891 Hasdeu heraus (ANON.CAR.[1]), der integrale Text (ANON.CAR.[2]) erschien 1898. Es beinhaltet viele Madjarismen und Dialektwörter aus Transsylvanien und dem Banat. Nicht alle Vokabeln haben lateinische Entsprechungen.

2.2. Ein dreisprachiges Lexikon, etwa aus dem Jahr 1700, entdeckte man in der Bibliothek des Grafen Marsigli; eine vorzügliche kritische Ausgabe hiervon verdanken wir C. Tagliavini (LEX.MARS.). Da der Verfasser wohl kein Rumäne war, gibt es Unsicherheiten und Schwankungen in der Graphie. Das gleiche gilt auch für die Glossare der die rumänischen Länder bereisenden Italiener, wie Minotto und 50 Jahre später Amelio. Von letzterem gibt es inzwischen eine kommentierte Ausgabe von G. Piccillo (Amelio 1719), welche die vorausgegangene Studie von O. Densusianu (1923) ergänzt.

2.3. Basierend auf dem berühmten *Dictionarium Latino-Ungaricum* von Szenczi Molnár Albertus (Nürnberg [1]1603) entstand um 1700 das lateinisch-rumänische Wörterbuch von Teodor Corbea mit über 30 000 Stichwörtern, sehr viele von ihnen zum ersten Mal im Rumänischen attestiert (z. B. decan, declamaţie, desăvîrşire, descreierat, desfrînare, desfeciori, jugăni, jurist, lincezire etc., cf. TIKTIN[2]). Der Clujer Wissenschaftler M. A. Gherman hat eine Ausgabe von Corbeas Wörterbuch vorbereitet, die seit Jahren auf eine Druckgenehmigung wartet.

Constantin Cantacuzino verfaßte, auch um die Jahrhundertwende, ein italienisch-rumänisches Lexikon, wahrscheinlich auf Veranlassung Marsiglis (Seche 1966, 9). Es folgt der damals üblichen Einteilung nach Lebensbereichen, worunter der geographische Teil besonders besticht. Neben der kyrillischen Schreibweise gibt es noch eine Art phonetische Transkription mit lateinischen Buchstaben.

2.4. Zu den Vätern der rumänischen Lexikographie zählt auch der gelehrte Fürst Dimitrie Cantemir, der in seinem Roman „Istoria ieroglifică" (1705) eine 'Leiter' für das Verstehen der Fremdwörter anbietet, von welchen eine große Anzahl Bestandteil der Sprache geblieben sind oder sich später durch andere Filiationen verfestigt haben. Inzwischen gibt es für das gesamte literarische Vokabular von Cantemir ein Lexikon mit Hinweisen auf die Attestierung jeder Lexie im Altrumänischen und Vergleichen mit dem Wortschatz neuerer Autoren, so Eminescu, Rebreanu und M. Caragiale (Miron 1978).

Die letzten wichtigen (im Ms. verbliebenen) slawo-rumänischen Wörterbücher sind die von Misail (ca. 1740) und Macarie (1778), in welchen auch neuslawische Elemente benutzt werden und das semantische Feld eine merkliche Ausdehnung erfährt.

3. Die Transsylvanische Schule

Die kulturelle Renaissance der Rumänen in Transsylvanien ließ im 18. und zu Beginn des 19. Jh. eine Reihe von lexikographischen Werken entstehen, sei es als selbständige Arbeiten, sei es in Anhang an Grammatiken oder historische Abhandlungen. Getreu den aufklärerischen Ideen, wie sie in Südosteuropa kursierten, waren sie von Didaktismus geprägt. Die Hervorhebung des lateinischen Erbes und die nationale Differenzierung machten die Koordinaten all solcher Werke aus.

3.1. Ein lateinisch-rumänisches Lexikon redigierte zwischen 1765 und 1785 der Kanonikus Grigore Maior. Auch von dieser Arbeit gibt es in Cluj eine kommentierte Edition von M. A. Gherman, die ihrer Drucklegung harrt. Sie ist nicht so umfangreich wie jene von Corbea, vermittelt jedoch ein getreues Bild der transsylvanischen Sprache der Zeit.

3.2. Der Militärrichter Aurelius Antonius Predetis (Predetici) Nasody hinterließ ein dreisprachiges Wörterbuch: *Dictionarium trium linguarum germano-latino et daco-romanum* (1793), dessen Ms. sich in Cluj befindet.

3.3. Stefan Körösi Crişan hatte dem Bischof Ioan Bobb um 1802 ein *Rumänisch-lateinisch-ungarisches Lexikon* vorgelegt. Es ist das Werk eines Puristen, das über 10 000 Lemmata behandelt und die Orthographie der latinistischen Schule verwendet. Das Ms. kann in der Universitätsbibliothek von Iaşi eingesehen werden.

3.4. Über die Tätigkeit von Samuil Micu-Klein berichtet L. Gáldi in der Einführung zu der Edition von Kleins *Dictionarium valachico-latinum* (Budapest 1944), das neben lateinischen oft auch deutsche und madjarische Entsprechungen anbietet und mit 1806 datiert wird.

3.5. Der Schriftsteller Ion Budai-Deleanu beendet 1808 sein *Lexicon românesc-nemţesc*, das nach ILR 1978, 31 die bedeutendste lexikographische Leistung der Epoche darstellt. In der Tat sind die Artikel besser organisiert als bei den Similarwerken, die Einteilung in grammatikalische Kategorien ist vorzüglich, es gibt sprachgeographische Hinweise und die Belege sind durch Exzerpte aus literarischen Texten aus allen rumänischen Provinzen erhärtet. Hinzu kommen noch etymologische Aufschlüsselungen, die philologische Gelehrsamkeit verraten.

3.6. Nachdem J. Benkö 1783 in *Nomina vegetabilium* eine erste Liste der Pflanzennamen aufgestellt hatte, verfaßte Gheorghe Şincai etwa 20 Jahre später ein *Vocabularium pertinens ad tria regna naturae*, das erst 1928 von Al. Borza in Dacoromania 5, 553—562, publiziert wurde. Es enthält 427 Namen von Mineralien, Tieren und Pflanzen, die auf lateinisch, rumänisch, ungarisch und deutsch wiedergegeben werden.

3.7. 1822—1823 erschien in Cluj auf Initiative von Ioan Bobb, dem Bischof von Făgăraş, ein *Dictionariu rumanesc, latinesc şi unguresc* mit fast 12 000 Wörtern in etymologisierender Orthographie. Weniger gebräuchliche Lexien sind mit zusätzlichen Erklärungen und oft durch Synonyme ergänzt — alles in allem ein Musterbeispiel puristischer Akribie.

3.8. Die bekannteste Arbeit dieser Epoche bleibt jedoch das *Lesicon romanescu-latinescu-ungurescu-nemţescu* (Buda 1825), das unter dem Namen *Lexiconul budan* (B.) seinen Eingang in die rumänische Philologie gefunden hat. Es ist das Ergebnis der Bemühungen mehrerer Gelehrter, darunter Micu-Klein, Coloşi, P. Maior, Ioan Teodorovici und Al. Teodori. Auch hier schlägt die Phantasie Kapriolen, wenn es darum geht, die Romanität des Rumänischen zu unterstreichen und lateinische Etymologien auszusinnen. Die multiplen semantischen Informationen, die Gediegenheit der grammatikalischen Anordnung ließen es lange Zeit als ein brauchbares Arbeitsinstrument gelten; u. a. haben es Diez und Kopitar benutzt.

3.9. In der Moldau wären aus dem 18. Jh. noch ein *Russisch-rumänisches Wörterbuch* von Mihail Strilbiţchi aus Iaşi (1789) erwähnenswert, das *Griechisch-rumänische Lexikon* eines unbekannten Autors, wahrscheinlich aus dem Kloster Neamţu (1796), und das *Kleine türkisch-rumänische Wörterbuch* von I. Văcărescu (um 1790) mit einer sehr approximativen phonetischen Wiedergabe der türkischen Wörter in kyrillischem Alphabet.

4. Didaktisch ausgerichtete Wörterbücher

4.1. Der Siebenbürger Sachse Andreas Clemens ließ 1821 in Ofen ein *Kleines Walachisch-Deutsch und Deutsch-Walachisches Wörterbuch* drucken, das später viele Auflagen verbuchen konnte und den Beginn einer fruchtbaren lexikographischen Aktivität in Transsylvanien bedeutet. Obwohl die Struktur der Artikel nicht einheitlich ist, erkennt man die Bemühung, die Vokabeln nach Wortfamilien zu ordnen und manche Bedeutungen durch Syntagmen genauer zu erfassen. Zusammen mit diesem Werk bildete das in Hermannstadt/Sibiu 1822 gedruckte *Wörterbüchlein — Deutsch und Wallachisches* (HMST.) jahrzehntelang das Übersetzungsinstrumentarium in der Ostprovinz des Habsburgischen Reiches.

4.2. 1850 erschien in Kronstadt/Braşov ein *Walachisch-deutsches Wörterbuch* von Andreas Isser (IS.). Teile davon wurden in die umfangreiche Arbeit von G. Baritz/G. Munteanu *Deutsch-Romänisches Wörterbuch* (B.-M.) übernommen und zu einer gelungenen Synthese umgestaltet, wozu nach Aussage der Autoren ein *Vocabulariu de limba germană şi română* (Iaşi 1852) verwendet wurde. Diese verlassen in ihrem Gesamtkonzept die rigorose puristische Linie der transsylvanischen Lexikographen, berücksichtigen die Sprache aller Provinzen und glänzen durch treffliche fremdsprachliche Äquivalenzen und im Rumänischen mit einer breiten semantischen Fächerung.

4.3. Als Folge der Instaurierung des neuen k. u. k. Schulsystems erscheinen in den nächsten 2 Jahrzehnten 10 Wörterbücher (Seche 1966, 36), an erster Stelle mit Deutsch als Korrespondenzsprache. Zwei von ihnen stechen durch ihre Qualität hervor: G. A. Polizus *Vocabular româno-german* (Braşov 1857) und Sava Barcianus *Dicţionar Român-German* (Sibiu 1868). Das erste (POL.), das Werk eines Arztes, umfaßt etwa 20 000 Titelwörter, darunter viele Neologismen, das zweite (BARC.), ebenso umfangreich, setzt die Tradition der latinistischen Schule bewußt fort und liefert für die Geschichte des rumänischen Wortschatzes wertvolle Materialien zur Ersttestierung.

5. Französische Rezeption

Der steigende kulturelle Einfluß Frankreichs, teils unmittelbar, teils durch zahlreiche russische Besatzungen im 19. Jh., zeigten auch in der Lexikographie Folgen.

5.1. Ein französischer Lehrer in der muntenischen Hauptstadt, Jean Vaillant, gab 1839 ein *Rumänisch-französisch und französisch-rumänisches Wörterbuch* mit einem Anhang von Homonymen (VAIL.) heraus.

5.2. Der explikative Charakter des Werkes von Vaillant als Vorbote enzyklopädischer Lexika wird in *Vocabular franţezo-românesc* von P. Poenar, F. Aaron und G. Hill (POEN.) besonders ausgebaut. Wie die Autoren erwähnen, stammen die Materialien primär aus dem Wörterbuch der Französischen Akademie, wofür in der rumänischen Version analytische Erklärungen und Synonyme zur besseren Orientierung gebraucht werden. Fast 50 000 Titelwörter werden erläutert; der Eifer der Verfasser, Entsprechungen zu liefern, führt dazu, neue Wörter nach französischem Muster zu schaffen. Sie fallen nicht auf, zeigen dafür die überaus große Fähigkeit des Rumänischen, Gallizismen aufzunehmen und zu bewältigen.

5.3. Teodor Codrescu veröffentlichte 1859 sein *Dictionariu franceso-romanu*, fast eine Kopie des Bukarester Wörterbuchs (POEN.), in dem zeitweise auch die lateinischen Äquivalenzen angegeben werden, die manchmal als Etymologien zu verstehen sind.

5.4. Das Projekt des bekannten Lexikographen N. Bălăşescu, ein großes französisch-rumänisches Wörterbuch herauszugeben, ist fehlgeschlagen. Teile davon sind 1859 erschienen, andere sind in der Bibliothek der Rumänischen Akademie bewahrt (Seche 1966, 46 ss.).

5.5. Raoul de Pontbriant ließ 1862 sein *Dicţiunarul românu-francezu* (PTB.) mit etwa 28 000 Vokabeln in einer phonetischen Orthographie und mit etymologischen Ergänzungen erscheinen.

5.6. Ein ähnliches Werk schuf I. Costinescu. Sein rumänisch-französisches *Vokabularium* (COST.) mit etwa 35 000 Titelwörtern, leider in einer italienisierenden Rechtschreibung, zeichnet sich durch weitausholende Erklärungen über die semantischen Felder der rumänischen Lexien aus.

6. Andere zweisprachige Wörterbücher

6.1. Ein umfangreiches und graphisch gelungenes italienisch-rumänisches Wörterbuch erschien 1869 in Pest: *Vocabolario italiano-romanesco* von G. L. Frollo, das von vielen Generationen benutzt wurde.

6.2. In Iaşi veröffentlicht A. Koşula 1851 *Dicţionar de buzunar ruso-român*, ein eher bescheidenes Werk (Seche 1966, 61). Es fällt auf, daß trotz Nachbarschaft und intensiver Beziehungen zwischen den beiden Ländern, die durch wiederholte russische Okkupationen verursacht wurden, hier kaum große Errungenschaften in der Lexikographie zu verzeichnen sind. Die Verkehrssprache der Offiziellen war Französisch und z. T. Deutsch.

6.3. Für das Madjarische sind 2 Werke aus der Zeit, als die Präponderanz der ungarischen Administration in Transsylvanien und Banat anstieg, zu erwähnen: *Dicţionariul ungurescu-romanescu* von George Bariţ (Braşov 1869) und *Dicţionariul portativu maghiaru-romanu* von Octaviu Bariţ (Cluj 1870).

6.4. Auch die lange Epoche der griechischen Domination in den rumänischen Fürstentümern unter den Phanarioten (1711—1821) war für die Lexikographie wenig kreativ. Außer dem bereits erwähnten Ms. von Kloster Neamţu (cf. 3.9.) und dem Fragment eines *Französisch-griechisch-rumänischen Vocabulariums*, das N. Iorga 1931 entdeckte, gibt es nichts Wesentliches zu erwähnen. In den 40er Jahren des 19. Jh. — die griechischen Schulen sollten bald aufgelöst werden — stellt der Gelehrte I. Golescu ein *Griechisch-rumänisches Wörterbuch* zusammen, das nicht gedruckt wurde. Ein monumentales Werk erschien erst 20 Jahre später: G. Ioanid, *Dicţionar elino-românesc* I—III (Bucureşti 1864—69). Es umfaßt über 100 000 Titelwörter mit ausführlichen semantischen Erklärungen in dem kyrillisch-lateinischen Übergangsalphabet der Zeit.

6.5. Für das Lateinische notieren wir die modesten Realisierungen *Dicţionaru de începători latino-romanescu* (Bucureşti 1852) von I. H. Livaditu und *Dictiunarelu latinu-romanu pentru începetori* (Sibiu 1864) von I. Micu Moldovanu, mit einer Neuauflage (1882), sowie *Dicţionariul latinu-romanu* von D. Preda (Bucureşti 1867).

7. Einsprachige Wörterbücher

7.1. Die erste bedeutende einsprachige Arbeit ist *Condica limbii rumâneşti*, zwischen 1800 und 1832 von I. Golescu verfaßt, allerdings bis heute nicht gedruckt. Es ist ein reichhaltiges Inventar von Lexien, in dem Archaismen, Regionalismen und Neologismen gleichermaßen vertreten sind. Die empfohlenen Normen verraten Sprachgefühl, Augenmaß und Bildung; die Erläuterungen sind allgemeinverständlich, mit einem leichten Überschuß an Redseligkeit, was bei einem ausgewiesenen Parömiologen nicht wundernimmt.

7.2. Zahlreiche Projekte für Konversationslexika wurden nicht abgeschlossen. So jenes unter der Leitung von G. Asachi aus Iaşi, wovon 1842 ein Faszikel (A-Alexandru) erschienen ist, oder das von Heliade aus der gleichen Zeit, das es bis zum Lemma abus brachte.

7.3. Der zivilisatorische Fortschritt, die Entdeckung Europas nach 1821, ließ eine besondere Gattung von Wörterbüchern aufblühen, die der Fremdwörter und Fachausdrücke. Diese erschienen entweder als selbständige Bände oder im Anhang von wissenschaftlichen Schriften bzw. Übersetzungen. Die bedeutendsten sind: *Rumänisches Vokabular* (NEGUL.), *Das kleine Wörterbuch für technische und schwer verstehbare Begriffe* von T. Stamati (STAM.), *Das kleine Wörterbuch der Redensarten* (PROT.) von E. Protopopescu und V. Popescu, mit einer erweiterten Auflage 1862, *Das kleine Repertorium* (ANT.) von G. M. Antonescu und *Dicţionaru românu portativu* von I. Bauman (Craiova um 1868). Sie beschränken sich alle nicht nur auf Lexien, die tatsächlich in das Rumänische eingedrungen sind, sondern geben oft Auskunft über Termini exotischer Art, wie Pflanzen, Tiere, Stoffe, Institutionen etc. Mit Ausnahme von Bauman zeigen alle Verfasser Interesse an Etymologien, wofür sie mehr oder weniger zutreffende Erklärungen anbieten. Sie sind für die Geschichte des rumänischen Wortschatzes von unschätzbarer Bedeutung, und die Normierung der modernen Sprache fußt in beträchtlichem Ausmaß auf ihnen.

8. Das Wirken der Rumänischen Akademie

Die Gründung der Rumänischen Akademie nach abendländischen Modellen, die Konsolidierung des Unterrichtswesens in der neuen Monarchie nach 1866, große Schöpfer in der Literatur, die Rezeption europäischer Kultur überhaupt — all das förderte das Entstehen solider linguistischer Schulen. Im Mittelpunkt steht die Persönlichkeit von B. P. Hasdeu (1838—1907), jenes universellen Geistes, der auch in der Lexikographie Maßstäbe setzte, die nach ihm nicht mehr erreicht wurden.

8.1. Gleich nach ihrer Gründung beauftragte Societatea Academică Română A. T. Laurian, I. Massim und I. Heliade-Rădulescu mit der Ausarbeitung eines Wörterbuchs. Nachdem letzterer seine Mitarbeit aufgab, entstand *Dicţionarul limbei române* (L.-M.) mit einem Glossar als Anhang, eine monumentale Realisierung, die gleichzeitig den letzten Gipfel der latinistischen Strömung bedeutet. Gerade dort, wo nichts Besseres entstand, wurde in der Lexikographie Kritik an der Arbeit der beiden Philologen geübt. Doch das Werk spiegelt getreu das ideologische Umfeld der Zeit wider und markiert eine bedeutende Stufe in der Geschichte, wie das immer wieder darauf Rekurrieren aller späteren Lexikaautoren zeigt.

8.2. Der nächste Beauftragte der Akademie war 1884 Hasdeu, der bis 1893 sein *Etymologicum Magnum Romaniae* herausgab, ein Lexikon der „Sprachgeschichte und der Volkssprache der Rumänen", das in 3 gewaltigen Bänden nur bis zur Lexie bărbat kam. Dem Benutzer öffnet sich eine Fundgrube wertvoller Materialien, phantastischer Schlußfolgerungen und allzuoft genialer Ideen, die aber an der eigenen Üppigkeit ersticken. Hasdeu verstand es nicht, das asketische Gewand des Lexikographen anzulegen, das Mäßigung, disziplinierte Kürze und Einkerkerung in Kanons verlangt; seine Artikel sind ausufernde Abhandlungen, die informieren, gefallen und nicht selten verwirren.

8.3. Einen neuen Versuch unternahm ab 1897 der Iaşier Linguist A. Philippide. Dieser sammelte zahlreiche Materialien und begann mit dem Redigieren, konnte aber bis 1906, als die Akademie S. Puşcariu die Leitung der Redaktion übertrug, nicht über den Buchstaben D hinaus gelangen. Als wichtiger Förderer großer lexikographischer Unternehmungen erwies sich König Carol I., der auch mit Geldern aus seiner Privatschatulle derartige Projekte unterstützte, da er Anzahl und Qualität der Lexika — wie er wiederholt äußerte — als maßgebend für den Stand einer Kultur hielt. Puşcariu konnte eine Gruppe von erlesenen Mitarbeitern gewinnen, wie C. Lacea, T. Capidan, C. Diculescu, N. Drăganu, D. Evolceanu, T. Naum, I. A. Rădulescu-Pogoneanu sowie für Übersetzungen ins Französische Y. Augier und H. Lolliot. Noch vor dem Ersten Weltkrieg erscheinen die beiden ersten Buchstaben (1913: A—B), dann folgt eine Pause von 20 Jahren bis F—J gedruckt werden kann (1934). Die vorletzte Lieferung von 1948 endet bei lepăda—lojniţă, ein Jahr später erscheint noch D—de. In einem halben Jahrhundert also nicht mehr als ein Drittel des Wortschatzes! Puşcariu, der bereits 1905 in einem *Etymologischen Wörterbuch* nach Prinzipien, welche die gute alte Schule von Meyer-Lübke verraten, die lateinischen Elemente des Rumänischen behandelt hat (PUŞC.EW.), will Fachleute befriedigen und Nichtspezialisten reichlich informieren. Die Wortliste umfaßt sehr viele Archaismen und Regionalismen, aber auch moderne Termini und Fremdwörter, die Bestandteil der Sprache geworden sind. Die Artikel haben folgende Ordnung: nach dem Titelwort mit Hinweis auf die morphologische Kategorie folgt eine Übersetzung aller Bedeutungen ins Französische; die rumänischen Erläuterungen sind jeweils den semantischen oder auch stilistischen Fächerungen beigegeben, die Belegfolge ist nur dann chronologisch, wenn es Bedeutung oder Form zulassen. Zum Schluß werden die sekundären Ableitungen (auch hier mit Belegen) und die Varianten, an die sich die etymologischen Kommentare anschließen, behandelt. Aus Puşcarius Sicht ist eine lexikologische Arbeit nur dann wissenschaftlich, wenn sie den Wortschatz historisch, soziologisch, stilistisch und geographisch durchleuchtet. Obwohl er und seine Mitarbeiter kein „enzyklopädisches", sondern ein „linguistisches" Werk schaffen wollten, enthalten die Artikel oft instruktive außersprachliche Erklärungen. Man bedauert, daß in der Bibliographie zahlreiche ältere Werke fehlen, und bei den späteren Schriftstellern nicht immer die tatsächlichen Sprachschöpfer ausgewählt wurden.

9. Die großen Lexikographen

9.1. Das erste *Etymologische Wörterbuch* des Rumänischen verdanken wir jedoch A. Cihac (CIH.), das nach der Zählung von Seche (1966, 108) 17 645 Lemmata enthält, eingeteilt nach ihrer Abstammung (lateinisch, slawisch, türkisch, neugriechisch, madjarisch und albanisch). Das wurde mit Recht beanstandet, nicht nur wegen der Exklusivität der Auswahl, sondern auch deswegen, weil etwa in bezug auf die slawischen Sprachen undifferenziert vorgegangen wurde: so sind die altbulgarischen Elemente anders zu betrachten als die ukrainischen, die polnischen anders als die serbischen. Trotz seiner akkuraten Präsentation stieß das Wörterbuch vor allem bei den rumänischen Linguisten, an erster Stelle bei Hasdeu, auf herbe Kritik. Der Anlaß war eine mißverständliche Statistik im Vorwort, die den Anteil der slawischen Elemente im Vergleich zu den lateinischen majorisierte und das romanische Herz der Rumänen arg verletzte. Das trug dazu bei, Cihacs Werk zu popularisieren, wenn auch im negativen Sinn, und bewirkte eine große Anzahl von Studien, statistischen Erhebungen und Stellungnahmen mit gegenteiliger Bilanz.

9.2. Lazăr Şăineanu (1869—1934), Autor einer grundlegenden Studie über *Die orientalischen Elemente im Rumänischen* (Ş.INFL.), von der alle späteren Lexika profitiert haben, sowie zweier Wörterbücher (deutsch-rumänisch und rumänisch-deutsch, 1887—89), gab 1896 in Craiova ein *Dicţionar Universal* (ŞĂIN.) heraus, das bis 1943 9 Auflagen erreichte. Der Erfolg im Buchhandel ist begründet in der gut überschaubaren Einfachheit des Aufbaus, ein Idealwerk für didaktische Zwecke, das an *Petit Larousse* erinnert.

9.3. I. A. Candrea (1872—1950) bereitete zusammen mit O. Densusianu ein *Etymologisches Lexikon des Rumänischen* vor, von dem 1907—14 4 Lieferungen (a—putea) über die lateinischen Elemente mit Rekurs auf alle anderen romanischen Sprachen erschienen sind (CDDE). Sein Name steht in der rumänischen Lexikographie vor allem für *Dicţionarul enciclopedic ilustrat* (CADE), das er unter Mitarbeit von G. Adamescu (für den zweiten, historischen Teil) 1931 herausgab. Es ist bis heute die beste Arbeit über den Wortschatz des Rumänischen, sowohl für die ältere wie auch für die moderne Zeit, mit klaren Erläuterungen, knappen Belegen (Zitate ohne Werk- und Seitenangaben), mit korrekten Etymologien und einem Umfang von etwa 42 000 Artikeln.

9.4. Als Gegenpol zu Şăineanus Wörterbuch schuf A. Resmeriţă, ein Zeichenlehrer, sein *Dicţionar etimologic-semantic al limbei române* (Craiova 1924) mit klaren, ausgezeichneten Definitionen für etwa 35 000 Titelwörter. Leider sind seine Bestrebungen, die Latinität des Rumänischen zu belegen, zu einem skurrilen Parcoursritt durch Etymologien und Sprachgeschichte geworden, das einzige, was dem eifrigen Schulmeister Popularität einbrachte.

9.5. Ein streitbarer Herr, A. Scriban, gelehrt und verbohrt, passioniert und hartnäckig, veröffentlichte 1939 in Iaşi *Dicţionaru limbii româneşti* (SCRIB.) in einer kuriosen (phonetischen) Orthographie, woran er fast 40 Jahre gearbeitet hatte. Vom Volumen her nicht so umfangreich wie CADE, besticht das Werk durch eine bis zum Exzeß geführte Betonung der multiplen Etymologie und befremdet durch die sehr persönlichen, immer ideologisch gebundenen Erläuterungen. Der nicht unkritische Leser wird es aber mit Nutzen konsultieren können.

9.6. F. Damé (1849—1907), ein französischer Journalist und Lehrer, der sich 1872 in Rumänien niedergelassen hatte, schuf ein vierbändiges *Rumänisch-französisches Wörterbuch* (D.), das zwischen 1893 und 1895 in der Hauptstadt erschien. Unter den 40 000 Lexien aus fast 200 Quellen sind wenige Archaismen und Regionalismen; gut ausgesuchte Zitate illustrieren die semantische Streuung, die nicht immer von der französischen Äquivalenz abgedeckt wird. Damé verzichtet auf etymologische Hinweise: „On ne trouvera ici aucune étymologie" kündigt er in dem Vorwort zu Band I an. „Le philologue illustre (gemeint ist Hasdeu) que S. M. le Roi et l'Académie Roumaine ont chargé de dresser le Dictionnaire étymologique de la langue roumaine s'acquitte de cette tâche avec une trop haute compétence et de trop magistrale façon pour que personne puisse hasarder là où, après lui, il n'y aura même plus à glaner".

9.7. Qualitativ bedeutend besser ist das dreibändige *Rumänisch-deutsche Wörterbuch* (1895—1925) von H. Tiktin, eines der klassischen lexikographischen Werke der rumänischen Sprache. Tiktin (1850—1936) kam von Breslau nach Iași, lernte Rumänisch und tauschte den einträglichen Beruf eines Kaufmanns gegen das karge Dasein eines Philologen ein. Er nahm das Angebot des Unterrichtsministers, ein didaktisches Werk (TIKTIN[1]) zu schaffen an, vertiefte sich voll gelehrter Passion in seine Arbeit, so daß die ursprüngliche Absicht weit übertroffen wurde. Die fast 40 000 Lexien werden mit all ihren Varianten und Ableitungen durch solide Belege dokumentiert, die Bibliographie imponiert, die grammatikalischen Erläuterungen sind meisterhaft dargestellt. Tiktin begnügt sich nicht damit, Begriffe zu übersetzen, sondern beschreibt Sachen, Ereignisse und Bräuche mit der Gründlichkeit eines Uhrmachers. Die Inkursionen in die Domäne der Etymologie sind maßvoll, eher vorsichtig und immer umsichtig unterbaut. Eine neue ergänzte und überarbeitete Auflage (TIKTIN[2]) entstand am Romanischen Seminar der Universität Freiburg von 1977—1985 mit Unterstützung der DFG. Die Zahl der Artikel wurde um ein Drittel vergrößert, neue Exzerpte gebracht, Hinweise auf Daten der Sprachatlanten geliefert und zum ersten Mal wurde der gewagte Versuch unternommen, für jedes Lemma die Erstdatierung in der schriftlichen Sprache anzugeben. Das 'neue' Lexikon hat ein Übergewicht des Historischen und beabsichtigt nicht, das zeitgenössische Rumänisch mit dem unsteten, politisch normierten Charakter auszuschöpfen.

10. Wörterbücher nach 1948

Nach einer ideologischen Krise am Ende der Stalin-Ära wurden in Bukarest, Iași und Cluj Kollektive von Linguisten mit lexikographischen Aufgaben gebildet.

10.1. *Dicționarul limbii române literare contemporane* (DLRLC), das unter der federführenden Leitung von D. Macrea 1955—57 vierbändig erschien, wie auch 1958 *Dicționarul limbii române moderne* (DLRM) zeugen noch von den Folgen der schweren Auseinandersetzungen (letzteres, obwohl mit Zitaten reich versehen, verzichtet sogar auf Literaturangaben) und sind eher als ein Torso lexikographischer Bemühungen zu betrachten.

10.2. Nach 1965 erschienen in verschiedenen Lieferungen Teile des umstrukturierten Akademiewörterbuchs (DA) als *Dicționarul limbii române* (DLR), und zwar die Buchstaben M, N, O, P, R, S-sclabuc, Ș, T. Die Leitung des Unternehmens übernahmen I. Iordan, A. Graur und I. Coteanu, von denen Coteanu der aktivere blieb. Im Unterschied zu DA verzichtete man auf die französischen Übersetzungen, wodurch ein wichtiges semantisches Orientierungsinstrument aufgegeben wurde, und verlegte sich statt dessen je nach Thema bei Wörtern des Alltags auf hochgestochene, für das Areal 'Glaube, Mystik, Superstition' auf ideologisch distante oder für die Dinge des Eros und der Geschlechtlichkeit auf verhalten prüde Definitionen und Erläuterungen. Die semantischen Unterteilungen werden immer chronologisch angeführt, die sprachgeographischen Gegebenheiten berücksichtigt. Zu bedauern ist, daß bei dem hohen institutionellen Rang des Wörterbuchs und der großen Anzahl hauptberuflicher Mitarbeiter zu wenig Materialien aus den Werken bedeutender Schriftsteller, wie T. Arghezi, I. Barbu, L. Blaga, G. Bacovia, V. Voiculescu etc. verwendet wurden, handelt es sich dabei doch um die wahren Sprachschöpfer der modernen Zeit. Ebenso unverständlich bleibt es, warum das Kapitel 'Etymologie' so knapp, ja sogar stiefmütterlich behandelt wurde.

10.3. Zwei ausgezeichnete Realisierungen sollen unbedingt erwähnt werden: *Dicționarul explicativ* (DEX) von 1975, das umfangreichste Werk seiner Art, konzis, informationsreich und daher sehr nützlich, sowie *Dicționarul dialectului aromân* von T. Papahagi, ein Meisterwerk der Lexikographie (PAP.).

10.4. Außerhalb Rumäniens ist noch A. Cioranescus *Etymologisches Wörterbuch* von 1968 zu nennen, in dem der bekannte Literaturhistoriker mit einer gründlichen Zusammenfassung der letzten etymologischen Studien für die etwa 25 000 behandelten Lemmata überrascht und eigene Mutmaßungen liefert, die schließlich beweisen, daß der rumänischen Etymologie Grenzen gesetzt sind.

Ein *Scurt dicţionar etimologic* veröffentlichten die fleißigen bessarabischen Linguisten Raevski und Gabinski aus Kischinev (SDE). Es dient didaktischen Zwecken und hat daher nur sukzinte Erklärungen mit Angaben der Etymologie, die meistens korrekt sind; eine sichtbare Amputation bei den Quellenangaben ist bedauerlich.

11. Literatur (in Auswahl)

11.1. Wörterbücher

ANON.CAR.[1] = Anonymus Lugoshiensis (Ed. B. P. Hasdeu). In: Revista pentru istorie, archeologie şi filologie 6. 1981, 1—48.

ANON.CAR.[2] = Anonymus Caransebesiensis (Ed. G. Creţu). In: Tinerimea Română, SN 1/3. 1898, 320—380.

ANT. = G. M. Antonescu: Dicţionar rumân. Mic repertoriu de cunoşcinţe generali, coprinzînd vorbe streine cu etymologia, termeni tehnici, numiri proprie, noţiuni historice ş.c.l. Bucureşti 1863.

B. = Lexicon Valachico-Latino-Hungaro-Germanicum. Buda 1825.

BARC. = S. Barcianu: Dicţionar Român-German. Sibiu 1868 [Ed. 1910: 742 S.].

B.-M. = G. Bariţ/G. Munteanu: Deutsch-Romänisches Wörterbuch I—II. Kronstadt 1853—54.

BOBB = I. Bobb: Dictionariu rumanesc, lateinesc şi unguresc I—II. Cluj 1822—23 [656, 576 S.].

BORZA = A. Borza: Dicţionar etnobotanic. Bucureşti 1968.

BREBAN = Vasile Breban: Dicţionar al limbii Române contemporane de uz curent. Bukarest 1980 [680 S.].

CADE = I. A. Candrea/G. Adamescu: Dicţionarul enciclopedic ilustrat. Bucureşti 1931 [1948 S.; Sprache, 1472 S.].

CDDE = I. A. Candrea/O. Densusianu: Dicţionarul etimologic al limbii române. Elementele latine (A—putea). Bucureşti 1907—14.

CIH. = A. de Cihac: Dictionnaire d'Etymologie Daco-Romane I—II. Frankfurt/M. 1870—79.

CIOR. = A. Cioranescu: Diccionario Etimológico Rumano. Tenerife. Madrid 1966.

CODR. = T. Codrescu: Dictionariu franceso-romanu. Iaşi 1859 [Ed. 1875/76: 941, 48, 982, 23 S.].

D. = F. Damé: Nouveau Dictionnaire Roumain-Français I—IV. Bucureşti 1893—95 [1328 S.].

DA = Dicţionarul limbii române I/1—3 — II/1—3. Bucureşti 1913—49 [3058 S.; A—De, F—Lojn.].

DAL. = I. Dalametra: Dicţionar macedo-român. Bucureşti 1906.

DANT = M. Bucă/O. Vinţeler: Dicţionar de antonime. Bucureşti 1974.

DCR = F. Dimitrescu: Dicţionar de cuvinte recente. Bucureşti 1982 [535 S.].

DER = Dicţionar enciclopedic romîn. 4 Bde. Bukarest 1962, 1964, 1965, 1966 [880, 945, 911, 959 S.].

DERS = Dicţionarul elementelor româneşti din documentele slavo-române 1374—1600. Bucureşti 1981.

DEX = Dicţionarul explicativ al limbii române. Bucureşti 1975 [1049 S.; Neufassung des DLRM].

DEXM = Dicţionar explicativ al limbii moldoveneşti. Chişinau 1977.

DI = Dicţionar invers. Bucureşti 1957.

DLPE = Dicţionarul limbii poetice a lui Eminescu. Bucureşti 1968.

DLR = Dicţionarul limbii române. Serie nouă. VI. 1965—69, VII/1.1971, VII/2.1969, VIII/1. 1972, VIII/2.1974, VIII/3.1977, VIII/4.1980, VIII/5.1984, IX.1975, XI.1982—83, X/1.1986 [M—T, 5075 S. + X, 1].

DLRLC = Dicţionarul limbii române literare contemporane I—IV. Bucureşti 1955—57 [3025 S.].

DLRLV = M. Costinescu/M. Georgescu/F. Zgraon: Dicţionarul limbii române literare vechi. Bucureşti 1987.

DLRM = Dicţionarul limbii române moderne. Bucureşti 1958 [961 S., verkürzte Ausg. von DLRLC].

DLRV = G. Mihăilă: Dicţionar al limbii române vechi. Bucureşti 1974.

DN = F. Marcu/C. Maneca: Dicţionar de neologisme. 2. Aufl. Bucureşti 1966 [759 S.; 1. Aufl. 1961].

DOR = N. A. Constantinescu: Dicţionar onomastic românesc. Bucureşti 1963.

DRE = L. Leviţchi: Dicţionar român-englez. Bucureşti 1960 [2. Aufl. 1965, 600 S.].

DREV = Dicţionaru limbii Române pentru elevi. Bukarest 1983 [896 S.].

DSR = L. Seche/M. Seche: Dicţionarul de sinonime al limbii române. Bucureşti 1982.

ENC. ROM. = Enciclopedia Română. 3 Bde. Sibiu 1898—1904.

HEM = B. P. Hasdeu: Etymologicum Magnum Romaniae. Dicţionarul limbei istorice şi poporane a românilor I—III. Bucureşti 1885—93 [Neuausgabe Ed. G. Brâncuş, Bucureşti 1972—76, 429, 1627 S.].

HMST. = Wörterbüchlein — Deutsch und Wallachisches. Hermannstadt 1822.

IS. = A. Isser: Walachisch-deutsches Wörterbuch. Kronstadt 1850 [Repr. 1971, 274 S.].

ISB. 1958 = M. Isbăşescu u. a.: Dicţionar german-român. Bucureşti 1958 [LXIV, 1183 S.].

ISB. 1963 = M. Isbăşescu u. a.: Dicţionar român-german. Bucureşti 1963 [733 S.].

JUILLAND 1965 = A. Juilland/I. Juilland/ P. M. H. Edwards: Frequency Dictionary of Rumanian Words. London. The Hague. Paris 1965 [513 S.].

KLEIN 1944 = Dictionarium valachico-latinum (Ed. L. Gáldi). Budapest 1944.

LOMB. 1981 = A. Lombard/C. Gâdei: Dictionnaire morphologique de la langue roumaine. Lund. Bucureşti 1981.

LEX.MARS. = C. Tagliavini: Il „Lexicon Marsilianum". Dizionario latino-rumeno-ungherese del sec. XVII. Bucureşti 1930.

L.-M. = A. T. Laurian/I. Massim: Dicţionarul limbei române I—II. Bucureşti 1871—77 [XXVI, 3448 S.].

MARD. = Mardarie Cozianul: Lexicon slavo-românesc şi tîlcuirea numelor din 1649 (Ed. G. Creţu). Bucureşti 1900.

MDE = Mic dicţionar enciclopedic. Bukarest 1972 [1730 S.; Sprache, 1016 S.; aktualis. Kurzfassung von DER].

MDLR = Mic dicţionar al limbii române. Bukarest 1974.

MIRON 1978 = P. Miron: Der Wortschatz Dimitrie Cantemirs. Eine lexikalische Untersuchung von Divanul und Istoria Ieroglifică im Vergleich zu Texten aus dem XVI., XIX. und XX. Jahrhundert. Frankfurt/M. Bern. Las Vegas 1978.

NEGUL. = I. D. Negulici: Vocabularu romanu. Bucureşti 1848.

PAP. = T. Papahagi: Dicţionarul dialectului aromân. 2. Aufl. Bucureşti 1974.

PASCU DEM = G. Pascu: Dictionnaire étymologique macédo-roumain I—II. Bucureşti 1924—25.

POEN. = P. Poenar/F. Aaron/G. Hill: Vocabular franţezo-românesc I—II. Bucureşti 1840—41.

POL. = G. A. Polizu: Vocabular româno-german. Braşov 1857.

PTB. = Raoul de Pontbriant: Dicţionarul româno-francezu. Bucureşti 1862.

PROT. = E. Protopopescu/V. Popescu: Nou dicţionaru portativu de toate zicerile radicale şi streine reintroduse şi introduse în limbă, coprinzînd şi termeni ştiinţifici şi literari. 2. Aufl. Bucureşti 1862.

PUŞC.EW. = S. Puşcariu: Etymologisches Wörterbuch der Rumänischen Sprache I. Heidelberg 1905 [XV, 235 S.].

SCRIB. = A. Scriban: Dicţionaru limbii româneşti. Iaşi 1939 [1447 S.].

SDE = N. Raevski/M. Gabinski: Scurt dicţionar etimologic. Chişinău 1978.

STAM. = T. Stamati: Disionăraşu românesc de cuvinte tehnice şi altele greu de înţeles. Iaşi 1851.

ŞĂIN. = L. Şăineanu: Dicţionar Universal al limbii române. 9. Aufl. Bucureşti 1943 [1. Aufl. 1896, 875 S.].

TAMÁS = L. Tamás: Etymologisch-historisches Wörterbuch der ungarischen Elemente im Rumänischen. London. The Hague. Paris 1967.

TIKTIN[1] = H. Tiktin: Rumänisch-deutsches Wörterbuch I—III. Bucureşti 1903—25 [1834 S.].

TIKTIN[2] = H. Tiktin: Rumänisch-deutsches Wörterbuch, 2., überarbeitete und ergänzte Auflage von P. Miron. 3 Bde. Wiesbaden 1986—89.

VAIL. = J. Vaillant: Vocabular purtăreţ românesc-franţosesc şi franţosesc-rumânesc, urmat de un mic vocabular de omonime. Bucureşti 1839 [190 S.].

11.2. Sonstige Literatur

Adamescu 1938 = G. Adamescu: Adaptarea la mediu a neologismelor. Bucureşti 1938.

Amelio 1719 = Il glossario italiano-moldavo di Silvestro Amelio 1719 (Ed. G. Piccillo). Catania 1982.

Bledy 1942 = G. Bledy: Influenţa limbii române asupra limbii maghiare. Studiu lexicologic. Sibiu 1942.

Bochmann 1979 = K. Bochmann: Der politisch-soziale Wortschatz des Rumänischen von 1821 bis 1850. Berlin 1979.

Bogrea 1971 = V. Bogrea: Pagini istorico-filologice (Ed. M. Borcilă/I. Mării). Cluj 1971.

Brâncuş 1966 = G. Brâncuş: Les éléments lexicaux autochtones dans le dialecte aroumain. In: Revue Roumaine de Linguistique 9/6. 1966, 549—565.

Breban 1964 = V. Breban: Culegerea, studierea şi includerea regionalismelor în Dicţionarul limbii române. In: Limba romînă 13/4. 1964, 331—337.

Byck 1967 = J. Byck: Studii şi articole. Pagini alese (Ed. F. Dimitrescu). Bucureşti 1967.

Cazacu 1964 = B. Cazacu: Sur l'étude du lexique de la langue littéraire roumaine du XIX-e siècle. In: Revue Roumaine de Linguistique 9/2. 1964, 135—147.

Cazacu 1965 = B. Cazacu/R. Todoran: Observaţii asupra lexicului daco-român. In: Studii sj cercetări lingvistice 16. 1965, 185—207.

Cipariu 1866 = T. Cipariu: Principia de limba şi de scriptura. 2. Aufl. Blaj 1866.

Coşeriu 1940 = E. Coşeriu: Material lingvistic basarabean. In: Arhiva 47. 1940, 93—100.

Coseriu 1968 = E. Coseriu: Semantisches und Etymologisches aus dem Rumänischen. In: Verba et Vocabula. Ernst Gamillscheg zum 80. Geburtstag. München 1968, 135—145.

Coteanu 1959 = I. Coteanu: Lexicografia şi lexicologia românească după 23 august 1944. In: Limba romînă 8/4. 1959, 46—57.

Damé 1898 = f. Damé: Încercare de terminologie poporană română. Bucureşti 1898.

Dănăilă 1964 = I. Dănăilă: Sistem, normă şi abatere în Dicţionarul limbii române. In: Limba romînă 13/4. 1964, 338—343.

Densuşianu 1896 = A. Densuşianu: Din istoria Lexiconului de Buda. In: Revista critica—literară 6. 1896, 193—206.

Densusianu 1923 = O. Densusianu: Manuscrisul românesc al lui Silvestro Amelio. In: Grai şi suflet 1. 1923, 286—311.

Densusianu 1925 = O. Densusianu: Semantism anterior despărţirii dialectelor române. In: Grai şi suflet 2/1. 1925, 1—21; 2/2. 310—327.

Dimitrescu 1964 = F. Dimitrescu: Contribuţii la repartizarea regională a lexicului românesc în secolul al XVI-lea. In: Studii şi cercetări lingvistice 15/4. 1964, 539—559.

Dimitrescu 1973 = F. Dimitrescu: Contribuţii la istoria limbii române vechi. Bucureşti 1973.

Drimba 1963 = V. Drimba: Note lexicologice. In: Limba romînă 12/1. 1963, 46—49.

Gáldi 1939 = L. Gáldi: Les mots d'origine néogrecque en roumain à l'époque des Phanariotes. Budapest 1939.

Georgescu 1982 = M. Georgescu: Glosele Bogdan. In: Texte româneşti din secolul al XVI-lea. Bucureşti 1982, 365—461.

Gheţie 1958 = I. Gheţie: I. Budai-Deleanu, teoretician al limbii literare. In: Limba romînă 7/2. 1958, 23—39.

Giuglea 1983 = G. Giuglea: Cuvinte româneşti şi romanice (Ed. F. Sădeanu). Bucureşti 1983.

Graur 1929 = A. Graur: Les mots récents en roumain. In: Bulletin de la Société de Linguistique de Paris 29. 1929, 122—131.

Graur 1936—46 = A. Graur: Notes d'étymologie roumaine. In: Bulletin Linguistique 4. 1936, 64—119, 5. 1937, 56—79, 6. 1938, 139—172, 7. 1939, 105—114, 8. 1940, 211—223, 14. 1946, 106—113.

Graur 1937 = A. Graur: Corrections roumaines au REW. In: Bulletin Linguistique 5. 1937, 80—124.

Graur 1963 = A. Graur: Etimologii româneşti. Bucureşti 1963.

Graur 1957 = A. Graur: Fondul principal al limbii române. Bucureşti 1957.

Graur 1978 = A. Graur: Dicţionar de cuvinte călătoare. Bucureşti 1978.

Hasdeu 1878 = B. P. Hasdeu: Cuvente den bătrîni I—III. Bucureşti 1878—81 (Neuausgabe Ed. G. Mihăilă, Bucureşti 1983—84).

Hristea 1967 = T. Hristea: Probleme de etimologie. Bucureşti 1967.

Iliescu 1979 = M. Iliescu: Grundwortschatz Rumänisch. Frankfurt/M. 1979.

ILR 1978 = Istoria lingvisticii româneşti. Bucureşti 1978.

Iordan 1943 = I. Iordan: Limba română actuală. Iaşi 1943.

Iordan 1949 = I. Iordan: Influenţe ruseşti asupra limbii române. Bucureşti 1949.

Iordan 1964 = I. Iordan: Lexicul limbii române. Bucureşti 1964.

Ivănescu 1956 = G. Ivănescu: Formarea terminologiei filozofice româneşti moderne. In: Contribuţii la istoria limbii române literare 1956, 171—204.

Juilland 1952 = A. Juilland: Le vocabulaire argotique roumain d'origine tsigane. In: Cahiers S. Puşcariu 1. 1952, 151—181.

Lange-Kowal 1982 = E. E. Lange-Kowal: Einsprachige rumänische Wörterbücher und Enzyklopädien. In: Balkan-Archiv N. F. 8. 1982, 189—195.

Macrea 1943 = D. Macrea: Fizionomia lexicală a limbii române. In: Dacoromania 10/2. 1943, 362—373.

Maneca 1969 = C. Maneca: Analiza semică a lexicului. In: Limba română 18/1. 1969, 3—24.

Mélanges 1957 = Mélanges linguistiques publiés à l'occasion du VIII-e congrès international des linguistes (à Oslo du 5 au 9 août 1957). Bucureşti 1957, 201—256.

Mihăescu 1966 = H. Mihăescu: Influenţa grecească asupra limbii române pînă în secolul al XV-lea. Bucureşti 1966.

Mihăilă 1973 = G. Mihăilă: Studii de lexicologie şi istorie a lingvisticii române. Bucureşti 1973.

Murnu 1894 = G. Murnu: Studiu asupra elementului grec ante-fanariot în limbă română. Bucureşti 1894.

Niculescu 1960 = A. Niculescu: Contribuţii lexicale. Din vocabularul limbii române în secolul al XIX-lea. In: Studii şi cercetări lingvistice 11/3. 1960, 581—592.

Niculescu 1965/78 = A. Niculescu: Individualitatea limbii române între limbile romanice. Bucureşti I: 1965, II: 1978.

Papahagi 1939 = T. Papahagi: Contribuţii lexicale. Bucureşti 1939.

Pascu 1910 = G. Pascu: Etimologii româneşti. Iaşi 1910.

Philippide 1907 = A. Philippide: Rumänische Etymologien. In: Zeitschrift für romanische Philologie 31. 1907, 292—309.

Poghirc 1968 = C. Poghirc: Problèmes actuels de l'étymologie roumaine. In: Revue Roumaine de Linguistique 13/3. 1968, 199—214.

Puşcariu 1905 = S. Puşcariu: Studii şi notiţe etimologice. Bucureşti 1905.

Puşcariu 1922 = S. Puşcariu: Din perspectiva Dicţionarului. Cluj 1922.

Rosetti 1947 = A. Rosetti: Mélanges de linguistique et de philologie. Bucureşti 1947, 301—341.

Russu 1970 = I. I. Russu: Elementele autohtone în limba română. Bucureşti 1970.

Seche 1966/69 = M. Seche: Schiţă de istorie a lexicografiei române. 2 Bde. Bucureşti 1966, 1969.

Sfîrlea 1964 = L. Sfîrlea: Variantele cuvintelor în Dicţionarul limbii române. In: Limba română 13/4. 1964, 316—330.

Simonescu 1945 = D. Simonescu: Proiecte de dicționare române, S. Micu și V. Kolosi. In: Ethos 2. 1945, 3—14.

Sîrbu 1977 = R. Sîrbu: Antonimia lexicală în limba română. Timișoara 1977.

Stati 1964 = S. Stati: Cuvinte românești. O poveste a vorbelor. București 1964.

Suciu 1967 = C. Suciu: Dicționar istoric al localităților din Transilvania. București 1967.

Șăineanu 1895 = L. Șăineanu: Privire critică asupra lexicografiei române. In: Istoria filologiei române. 2. Aufl. București 1895, 181— 191.

Ș.INFL. 1900 = L. Șăineanu: Influența orientală asupra limbei și culturei române I—II. București 1900.

Șiadbei 1934 = I. Șiadbei: Problemele vocabularului român comun. Iași 1934.

Șiadbei 1957 = I. Șiadbei: Lexicografia română și istoria cuvintelor. In: Limba romînă 6/6. 1957, 14—70.

Tagliavini 1928 = C. Tagliavini: Un frammento di terminologia italo-rumena ed un dizionarietto geografico dello stolnic Cost. Cantacuzino. Cernăuți 1928.

Ursu 1962 = N. A. Ursu: Formarea terminologiei științifice românești. București 1962.

Wendt 1960 = H. F. Wendt: Die türkischen Elemente im Rumänischen. Berlin 1960.

Paul Miron, Freiburg (Bundesrepublik Deutschland)

190. Die Lexikographie des Provenzalischen, Rätoromanischen, Sardischen und Dalmatischen

1. Provenzalische Wörterbücher
2. Rätoromanische Wörterbücher
3. Sardische Wörterbücher
4. Dalmatische Wörterbücher
5. Literatur (in Auswahl)

1. Provenzalische Wörterbücher

In der Tradition der Romanistik versteht man unter Provenzalisch (fr. *provençal,* it. *provenzale,* sp. *provenzal*) die Gesamtheit der aus dem Volkslatein Galliens südlich der Loire entstandenen romanischen Idiome (vgl. Karte 190.1), wobei „die Grenze zwischen provenzalischen und französischen Mundarten von der Mündung der Garonne in einem Bogen, der die Cevennen einschließt, nach Norden verläuft, dann wieder nach Süden abbiegt, die Rhône südlich von Lyon zwischen Vienne und Valence überschreitet und südlich von Grenoble auf die italienischen Mundarten stößt; im Mittelalter gehörte noch das südliche Poitou zum provenzalischen Gebiet" (Elwert 1979, 62). Im Mittelalter wurde die Sprache als *romans* bzw. *lenga romana,* als *pro(v)ensal* oder als *occitan* bzw. *langue d'oc* bezeichnet, sofern man nicht Namen wählte, die eigentlich nur einen Teil der Sprachlandschaft bezeichneten, z. B. *lemosì, peitavì, alvernhatz, gascon* usw. (Kremnitz 1974, 29). Nach Raynouards Ver-

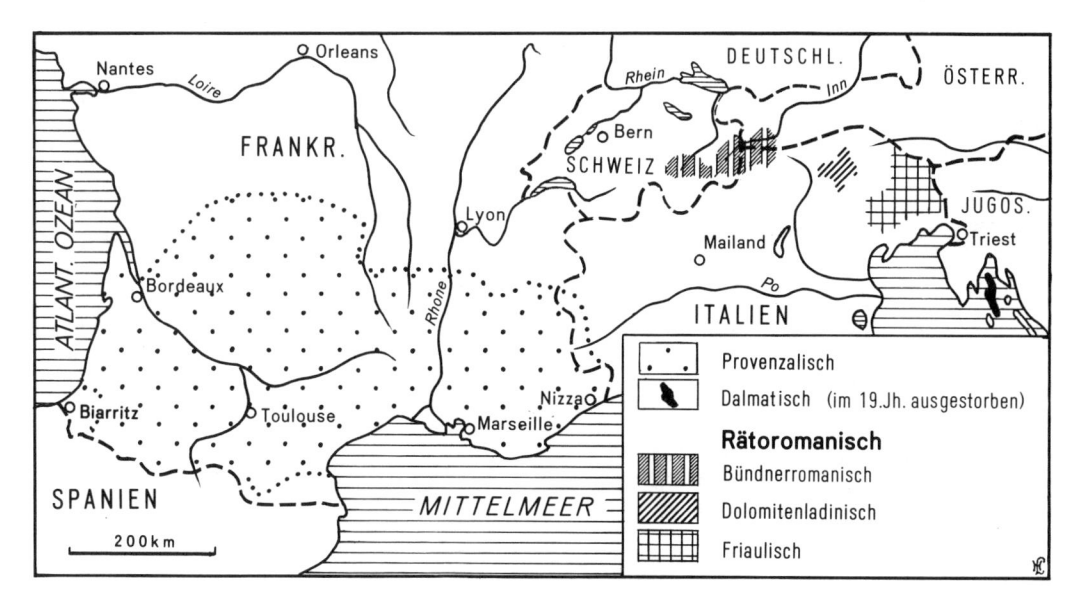

Karte 190.1: Der Sprachraum des Provenzalischen, Rätoromanischen und Dalmatischen

such, die Sprachbezeichnung *langue romane* durchzusetzen, der scheitern mußte, weil Raynouards These, daß alle romanischen Sprachen aus dem Provenzalischen herzuleiten seien, sich als falsch erwies, so daß *langue romane* mißverständlich wurde (Tagliavini 1973, 7), bürgerte sich im 19. Jh. in der Wissenschaft allgemein *provenzalisch* ein, wobei man sich zunächst nicht daran stieß, daß damit ja nicht der Dialekt der Provence im engeren Sinne, also der Gegend um die Rhône-Mündung, gemeint sein sollte. Gegen Ende des 19. Jh. begann man, *occitan* — zunächst als Synonym neben *provençal* — wiedereinzuführen (Kremnitz 1974, 34). Im heftig geführten Streit zwischen den Anhängern der Félibrige um Frédéric Mistral, die für eine eher am Französischen orientierte Orthographie und für eine Ausrichtung der Sprache auf die Dialekte der Bouche du Rhône waren, und den Verfechtern einer an der Schreibung der mittelalterlichen Dichtung orientierten, dialektale Unterschiede möglichst verwischenden „Deckmantelorthographie" entschieden sich die ersteren für *provençal,* die letzteren für *occitan,* und seither bedeutet bereits der Sprachname eine Petitio principii. „Es dürfte wenig andere Sprachen geben, in denen die Auseinandersetzung um den 'richtigen' Namen solche Formen angenommen hat" (Kremnitz 1974, 28). Die Wissenschaftler nahmen zunächst von diesen Querelen keine Notiz und blieben bei *provenzalisch.* Durch einige südfranzösische Romanisten, die in der „Okzitanischen Bewegung" aktiv waren (Lafont, Bec), gelangte *occitan* jedoch in die Wissenschaftsterminologie und wurde besonders nach 1968 als „progressiver" Terminus populär, weil Engagement für die *Occitanie* gleichbedeutend mit Protest gegen die in Paris konzentrierte Zentralmacht wurde. Jüngere deutsche Romanisten (etwa Abel, Kremnitz, Schlieben-Lange) fanden seit Beginn der siebziger Jahre Gefallen an dem Terminus, der seitdem in der Sprachwissenschaft einige Fortune hatte.

Demgegenüber muß festgehalten werden, daß es eigentlich im Deutschen keinen Grund zur Aufgabe der traditionellen Sprachbezeichnung *provenzalisch* gibt, die immerhin — im Gegensatz zu *okzitanisch* — dem Wortschatz gebildeter Laien angehört und auch in der romanischen Literaturwissenschaft beinahe ausschließlich verwendet wird. Eine Gefahr mißverständlichen Gebrauchs (etwa *largo sensu* vs. *stricto sensu*) besteht kaum, und die ideologischen Auseinandersetzungen der verschiedenen Richtungen wirken aus der Distanz doch eher unerheblich.

Im folgenden soll also vom *Provenzalischen* (zu trennen in *Altprovenzalisch* als Bezeichnung für die mittelalterliche Sprache, insbesondere für die Sprache der Troubadourdichtung, und *Neuprovenzalisch,* verwendet für alle sprachlichen Erscheinungen der Neuzeit, unabhängig davon, ob behandelte Autoren selbst *provençal, occitan* oder einen anderen Sprachnamen vorgezogen haben) gesprochen werden, wobei festzuhalten bleibt, daß im sprachwissenschaftlichen Bereich die neuere Bezeichnung *okzitanisch (altokzitanisch, neuokzitanisch)* absolut synonym verwendet zu werden pflegt.

Für die Behandlung der provenzalischen Lexikographie empfiehlt sich eine Dreiteilung, bei der zunächst die altprovenzalischen, dann die ihrer Intention nach ganz Südfrankreich erfassenden neuprovenzalischen und schließlich die nur auf Teile des provenzalischen Sprachgebietes abzielenden regionalen Wörterbücher behandelt werden sollen. Wörterbücher von Ortsmundarten sollen nicht besprochen werden; ihr Material fand, soweit es von Interesse ist, in die regionalen Wörterbücher Eingang.

Innerhalb der neuprovenzalischen Wörterbücher (einschließlich der regionalen Wörterbücher) muß wiederum jeweils unterschieden werden zwischen Werken, die meist in der Félibrige-Tradition stehend eine am französischen Vorbild orientierte Orthographie anwenden, die Dialekteigentümlichkeiten klar hervortreten läßt (im folgenden als „französisierende Schreibung" bezeichnet), und Werken, die meist in der von Alibert ausgehenden Tradition der „renaissença occitana" stehend eine am Altprovenzalischen ausgerichtete Orthographie wählen, die Dialektunterschiede möglichst zugunsten einer Koiné überdecken soll (im folgenden als „historisierende Schreibung" bezeichnet). Es ist klar, daß Werke, die kleinräumige Sprachvarietäten oder gar Ortsmundarten beschreiben, eher auf die französisierende Schreibung zurückgreifen, während die Neigung, zur historisierenden Deckmantelorthographie zu greifen, umso größer ist, je umfangreicher — und damit uneinheitlicher — die zu erfassende Sprachlandschaft ist.

1.1. Altprovenzalische Wörterbücher

François Raynouard (1761—1836), der „in gewisser Weise als Vater der Romanischen Philologie gelten darf" (Tagliavini 1973, 7), verfaßte das erste und bis heute unersetzte Wörterbuch zur Sprache der Troubadours (Raynouard 1838—1844); es ist die Frucht eigenen Ausziehens der Werke der Dichter, entstanden ohne Zuhilfenahme von Indizes zu einzelnen Autoren. Die Belegstellen sind meist ausführlich auszitiert, aber es ist nicht immer einfach, sie in modernen Ausgaben wiederzufinden. Hinderlich ist es, daß das Wörterbuch nicht streng alphabetisch angeordnet ist: Raynouard hat besonders bei den Verben „Stämme" rekonstruiert, die keiner sprachlichen Realität entsprechen und das Auffinden von Wörtern problematisch machen. Die Irrtümer und Lücken in Raynouards Wörterbuch waren zu Ende des 19. Jh. schon Gegenstand mehrerer Abhandlungen geworden (Sternbeck 1887; Stichel 1890), als Emil Levy, damals der beste Kenner der altprovenzalischen Texte, sich entschloß, ein

"Supplement-Wörterbuch" zu erstellen. „So lange noch so manches in den Handschriften ruht, was der Veröffentlichung harrt, so lange die Zahl guter kritischer Ausgaben so gering ist wie bis jetzt, so lange ist auch die Zeit für eine Neubearbeitung des provenzalischen Wörterbuches noch nicht gekommen" (Levy 1894, VI). Levy hatte den Plan zu seiner Raynouard-Ergänzung erst allmählich gefaßt und daher „leider nicht von Anfang an systematisch genug gesammelt" (ib.), so daß vor allem in den ersten Bänden Lücken blieben; im Laufe der Jahre wurde die Arbeit jedoch „immer reicher an Zahl der aufgenommenen Wörter und Belegstellen, entsprechend dem immer größeren Umfang der benutzten Sprachdenkmäler" (Appel ap. Levy 1924, IV). Anders als bei Raynouard sind die Wörter alphabetisch geordnet, und „in der Schreibung der Stichwörter" wurde „eine gewisse Gleichmäßigkeit angestrebt" (Levy 1894, VII), so daß man mit gewissem Recht von einem „normalisierenden Handwörterbuch" (Rohlfs 1966, 178) sprechen kann. Die Belegstellen werden sehr ausführlich zitiert, „mehrfach wurden statt der von Raynouard zitierten ein oder zwei Verse deren sechs bis acht angeführt" (ib.). Erfreulicherweise ist Levy nicht der damals verbreiteten Methode gefolgt, Französismen auszuschließen: „in ein Wörterbuch, das nicht nur die Wörter der Troubadoursprache, sondern den gesamten Wortschatz des Provenzalischen bis zum Ende des 15. Jh. verzeichnen will, gehören derartige Wörter auf das Entschiedenste" (Levy 1894, VIII). Besonders hervorzuheben ist auch die Tatsache, das Levy sich nicht auf die Berücksichtigung literarischer Texte beschränkte, sondern auch zahlreiche Dokumente und Akten auszog.

Die genaue bibliographische Erfassung der zahlreichen von Raynouard und Levy zitierten Quellen und ihre Datierung ist erst möglich geworden durch die Publikation des im Rahmen der Arbeiten zum FEW erstellten „Levy-Schlüssels" (Baldinger 1983).

Ein praktisches Hilfswörterbuch zum Verständnis der Texte (mit kurzen französischen Bedeutungsangaben, ohne Phraseologie und natürlich ohne Stellenangaben) stellt Levy 1909 dar; Wörter, die im Französischen die gleiche Form und die gleiche Bedeutung wie im Provenzalischen haben, sind weggelassen.

Das insgesamt in unserem Jahrhundert zurückgehende Interesse am Altprovenzalischen hat dazu geführt, daß auch die lexikographische Arbeit lange stagnierte. Ein neuer Ansatz wurde erst in den siebziger Jahren mit dem DAO gemacht. Hierbei handelt es sich zum ersten Male bei einem größeren lexikographischen Unternehmen in der Romanistik um ein onomasiologisches Wörterbuch; das Hallig/von Wartburgsche Begriffssystem dient als Ausgangspunkt. Das DAO erfaßt den gesamten Wortschatz, der in den Wörterbüchern von Raynouard und Levy enthalten ist, und bietet darüberhinaus umfangreiches Material, das vor allem durch das Ausziehen publizierter Urkunden gewonnen wurde.

Gleichzeitig mit dem DAO erscheint das DAG, in dem zum ersten Male dem Altgaskognischen, das ja eine sehr individuelle Spielart des Altprovenzalischen darstellt, falls man es nicht sogar als eigene romanische Sprache ansehen will, eine eigenständige lexikographische Behandlung gewährt wird. Im DAG werden — anders als im DAO — alle Belegstellen ausziert, weil ja in diesem Bereich nicht einfach auf ein vorhandenes alphabetisches Wörterbuch zurückgegriffen werden kann. Durch die vollkommene Parallelität zwischen DAO und DAG tritt der eigenständige Charakter des Altgaskognischen im Vergleich zu den übrigen Varietäten des Altprovenzalischen besonders deutlich hervor.

1.2. Neuprovenzalische Wörterbücher für das gesamte Sprachgebiet

Das erste neuprovenzalische Wörterbuch, das sich auf den gesamten Sprachraum beziehen wollte, ist das vierbändige Werk von S. J. Honnorat (1846—1847), das unter einer am Altprovenzalischen ausgerichteten Deckmantelorthographie über einhunderttausend Wörter anführt, die Honnorat in älteren lokalen Wörterbüchern, Dialektdichtungen, Urkunden usw. gefunden hatte bzw., was wichtiger ist, selbst aus dem Munde des Volkes gesammelt hatte. Honnorat war Arzt in Digne, so daß das Alpinprovenzalische in gewisser Weise das Übergewicht über andere Varietäten bekam.

Frédéric Mistral beschäftigte sich zunächst damit, Ergänzungen zu Honnorats Wörterbuch vorzunehmen (Bouvier 1979, 9—13), bis er 1861 daran ging, ein eigenes Wörterbuch unter Verwendung der inzwischen vom Félibrige-Dichterkreis kanonisierten französisierenden Schreibung zu erstellen, das dann zwischen Januar 1879 und Juni 1886 erschien (Bouvier 1979, 18). Honnorats Wörterbuch diente Mistral zweifellos als Vorbild, aber er verzichtete weitgehend darauf, morphologisch-semantische Verweise, die Honnorat so sehr geliebt hatte, in die Worterklärungen einzubauen. Mistral interessierte sich vielmehr in erster Linie für die dialektale Verschiedenheit des Provenzalischen, aus der er die Bausteine einer neuen Literatursprache auf der Basis der Dialekte der Rhonemündung zu gewinnen suchte. Dementsprechend bildet das rhodanische Wort, sofern es nicht allzu sehr von dem abweicht, was in den anderen Dialekten üblich ist, das Lemma; ihm folgen reichlich Belege aus anderen Dialekten, die Mistral aus regionalen Wörterbüchern, aus der Lektüre lokaler Literatur und vor allem aus Gesprächen und aus Korrespondenz mit Félibrige-Dichtern aus den betreffenden Gebieten kannte; natürlich gibt es auch Materialien, die Mistral direkt von Informanten aus dem Volke hatte, aber man darf deren Anteil nicht überschätzen (Bouvier 1979, 31—32). Die französischen Bedeutungsangaben sind sehr detailliert, und der Phraseologie ist breitester Raum gewidmet, wobei man davon ausgehen muß, daß die meisten Beispielsätze ad hoc von Mistral (natürlich in seiner rhodanischen Heimatmundart) konstruiert wurden. In reichem Maße werden Belege aus neuprovenzalischen Dichtern, verständlicherweise vor allem aus solchen, die der Félibrige-Schule angehörten, zitiert, wobei allerdings das Auffinden dieser Zitate an Hand des Wörterbuches allein nicht möglich ist, denn es wird immer nur der Name des Autors und nie das Werk oder gar die Seitenzahl zitiert.

Seit seinem Erscheinen wurde Mistrals Wörterbuch meist als die einzige Quelle zu den Mundarten Südfrankreichs verwendet, wovor mit Recht von W. von Wartburg 1944 und von H. E. Keller 1959 gewarnt wurde. Man darf nicht vergessen, daß Mistral primär ein normatives Ziel verfolgte, nämlich „de fixer la *loi* de la nouvelle école, c'est-à-dire de codifier une langue à base dialectale rhodanienne tout en tenant compte des richesses des autres dialectes" (Bouvier 1979, 34). So hat Mistral oft ausgehend vom Material anderer Dialekte selbst auf Grund seiner Kenntnis der wichtigsten Lautentsprechungen künstliche rhodanische Wörter geschaffen, die dann im „Trésor" das Lemma bilden, und in einigen Fällen hat er auch Formen anderer Dialekte konstruiert, ohne wirklich Belege dafür zu haben. Es wäre allerdings übertrieben, wenn man aus den wenigen Beispielen für ein derartiges Vorgehen daraus schlösse, das ganze Wörterbuch sei unzuverlässig; mindestens 95 % des Materials stimmen, und wenn man neben Mistrals Werk noch weitere Bezeugungen für ein Wort hat, dann kann man sich darauf verlassen.

Wenn es auch das erklärte Ziel der Vertreter der historisierenden Schreibung ist, durch ihre Deckmantelorthographie Dialektunterschiede zu verwischen (Kramer 1978, 156), so gibt es doch nur ein Wörterbuch, das den Anspruch erhebt, wirklich ganz Südfrankreich zu erfassen, nämlich das vom eigentlichen Motor des „Mouvement occitan", Louis Alibert, in den dreißiger Jahren verfaßte Wörterbuch, das allerdings erst postum 1965 erscheinen konnte und daher nicht die Wirkung hatte, die sicherlich von ihm ausgegangen wäre, wenn es zu Anfang der Neuorientierungskampagne erschienen wäre. Das Languedokische ist die Basis des Wörterbuches, wobei die französischen Bedeutungsangaben sehr genau sind; andere Dialektformen werden angeführt, wenn sie ganz und gar nicht unter das Dach der historisierenden Schreibung passen wollen, und auch dann nicht systematisch. Die — offenkundig vom Verfasser konstruierte — Phraseologie ist reichhaltig. Für den Sprachwissenschaftler ist die Benutzung dieses Wörterbuches natürlich noch weit problematischer als bei Mistrals Arbeit, weil der normative Aspekt absolut im Vordergrund steht und regionale Varianten zurücktreten müssen vor dem Willen, eine überregionale Schriftsprache zu kreieren; die Graphie soll ja gerade „möglichst die phonetischen Unterschiede zwischen den einzelnen neuprovenzalischen Mundarten optisch verwischen" (Kramer 1978[a], 156), so daß Alibert in gewisser Weise eine Kunstsprache lexikographisch erfaßt.

1.3. Neuprovenzalische Wörterbücher für einzelne Regionen

In historisierender Orthographie gibt es inzwischen für die meisten Regionen Südfrankreichs stark normativ ausgerichtete kleinere Wörterbücher, die meistens nur provenzalisch-französische Wort-zu-Wort-Entsprechungen und sehr wenig Phraseologie bieten. Das Ziel all dieser Werke ist zuweilen klar ausgedrückt: „Nous n'avons pas cessé, fût-ce un seul instant, de faire prévaloir sur toute autre considération l'unité linguistique panoccitane" (Barthe 1984, 13). Demgegenüber müssen die „particularismes essentiels du dialecte" (Gonfroy 1975, 11) in der Regel zurücktreten.

Derartige Wörterbücher existieren für das Provenzalische im engeren Sinne, d. h. also vor allem für das Rhodanische (Rourret 1981), für das Languedokische (prov.-frz. Barthe 1980; frz.-prov.

Barthe 1984), für das Tolosanische (Lagarda 1981) und für das Limosinische (Gonfroy 1975).

Größere wissenschaftliche Brauchbarkeit weisen die in französisierender Schreibung gehaltenen Regionalwörterbücher auf, weil es ihnen um die Darstellung der typisch regionalen Besonderheiten und nicht um deren Verdrängung zugunsten einer konstruierten Koiné geht. Es soll hier nicht näher auf die Werke eingegangen werden, die vor Mistrals *Tresor* erschienen, weil sie darin verarbeitet wurden und über das Monumentalwerk leicht zu erschließen sind. Es seien vielmehr nur einige jüngere Werke zu den Hauptvarietäten des Neuprovenzalischen (unter Weglassung strikt lokaler Wörterbücher) genannt.

Für das Provenzalische im engeren Sinne gibt es kein neueres Wörterbuch in französisierender Schreibung; man bleibt auf Mistral und auf Achard 1785, der auf der Mundart von Marseille basiert, verwiesen. Das Languedokische hat mit Moulis 1978 ein auf der Mundart von Foix basierendes Wörterbuch, das allerdings leider nur eine sehr knappe Phraseologie neben seinen Wort-zu-Wort-Entsprechungen aufweist; als Besonderheit ist die Berücksichtigung von Personen, die in der Sprach- und Literaturbewegung tätig waren, zu nennen. D'Hombres/Charvet 1884 basieren auf der Mundart von Alais und liefern vor allem sehr detaillierte Bedeutungsumschreibungen, während die Phraseologie eher zu knapp ausgefallen ist. Das Tolosanische wird in der von Visner 1895 veröffentlichten Überarbeitung des 1638 vom Dekan der Rechtsfakultät der Universität Toulouse, Jean Doujat (1606—1688), herausgebrachten Idiotikons greifbar; die etymologischen Verweise auf die Sprache der Troubadours sind allerdings höchst unzuverlässig. Für das Limosinische stehen Dheralde 1969 und Béronie 1971 zur Verfügung, die beide eher knappe Bedeutungsangaben bieten. Für die Auvergne liegt mit Bonnaud 1978 ein großes thesaurusartiges Werk vor, das jedoch nur französisch-provenzalisch gehalten ist: „De nos jours, que cela plaise ou non, tout le monde connaît mieux les ressources du français que celles de notre langue. Même celui qui la parle chaque jour et de préférence a un vocabulaire réduit aux besoins courants. ... C'est donc le français qui donne la liste des notions qu'il faut rendre" (Bonnaud 1978, 2). Diese Auffassung, so richtig sie sein mag, erschwert natürlich die Arbeit auswärtiger Interessenten mit diesem Wörterbuch, das sich ansonsten durch einen außergewöhnlichen Wortreichtum, durch eine skrupulöse Berücksichtigung aller Quellen und durch eine präzise Lokalisierung der Dialektformen auszeichnet. Einen monumentalen Thesaurus der heutigen gaskognischen Mundarten stellt Palay 1974 dar; es werden — oft mit Beispielen aus Werken von dem Félibrige angehörenden gaskognischen Dichtern — reichhaltige phraseologische Angaben, genaue Bedeutungsumschreibungen der Lemmata und zahlreiche regionale Varianten geboten.

Im neuprovenzalischen Bereich fehlt eine Koordinierung der lexikographischen Tätigkeit, wie wir sie etwa beispielhaft im rätoromanischen Bereich finden. Ein neues umfassendes Wörterbuch, das Mistrals und Aliberts Werke ersetzen würde, entsteht nicht, weil die internen Querelen zwischen „Félibrige" und „Mouvement occitan", zwischen Anhängern französisierender und historisierender Graphie, zwischen Befürwortern eines Leitdialektes bei Anerkennung regionaler Abweichungen und Befürwortern einer möglichst alle regionalen Unterschiede überspielenden Deckmantelsprachform zu groß sind. An ein Wörterbuch, das provenzalische Wörter provenzalisch erklärt, wurde bisher noch nicht gedacht; das Bilderwörterbuch de Cantalausa 1979 ist eher eine Kuriosität.

2. Rätoromanische Wörterbücher

Unter „Rätoromanisch" soll hier im Gegensatz zur älteren Auffassung nicht das Konglomerat von „zwei Dutzend merkwürdigen, von einander zum Teil sehr weit abstehenden Volksmundarten" (Gartner 1904, 610) zwischen St. Gotthard und der Adria verstanden werden, das traditionellerweise in die drei Sprachzonen Bündnerromanisch (im Kanton Graubünden in der Schweiz), Dolomitenladinisch (in den italienischen Provinzen Bozen, Trient und Belluno rund um das Sella-Massiv) und Friaulisch (in Friaul) untergliedert wird (Tagliavini 1973, 301—311); unter „Rätoromanisch" sollen vielmehr nur, wie es modernerer Auffassung entspricht, die romanischen Mundarten Graubündens (mit Ausnahme der zum Lombardischen gehörenden Dialekte der südlichen „Valli" Poschiavo/Brusio, Bergell (Bregaglia) und Calanca/Mesocco/Roveredo) verstanden werden (zur Begründung Kramer 1985, 84—90). In dieser Sicht ist also „Rätoromanisch" mit „Bündnerromanisch" identisch, und diese Wortverwendung ist im Schweizer Wortgebrauch, auf den es hier ja ankommt, am häufigsten.

Bei der Behandlung der Wörterbücher empfiehlt sich die hier vorgenommene Definition des Rätoromanischen auch deshalb, weil es kein Wörterbuch gibt, das sowohl die Varietäten Graubündens als auch die des Dolomitenraumes und Friauls einschließen würde; angesichts der Disparatheit des Wortschatzes dieser Zonen (Pfister 1985, 85) wäre ein solches Wörterbuch auch kaum denkbar. Es sollen also nur die Wörterbücher behandelt werden, die sich auf Graubünden beziehen; um aber der Tradition Rechnung zu tragen, werden die wichtigsten lexikographischen Arbeiten zum Dolomitenladinischen und zum Friaulischen in einem Anhang genannt.

Es gibt heute in Graubünden fünf regionale Varietäten mit schriftsprachlicher Geltung: Surselvisch (früher auch Obwaldisch genannt) am Vorderrhein, Sutselvisch und Surmeirisch (unpräzise auch als Oberhalbsteinisch bezeichnet) in Mittelbünden sowie Oberengadinisch (Putér) und Unterengadinisch (Vallader) im Engadin. Surselvisch und die beiden engadinischen Idiome haben eine seit dem 16./17. Jh. ununterbrochene geradlinige Tradition, während die mittelbündnerischen Idiome trotz der Existenz vereinzelter älterer Schriftzeugnisse ihre endgültige Prägung erst in den letzten Jahrzehnten erhielten; folglich setzt auch eine echte lexikographische Überlieferung für Mittelbünden erst in unserem Jahrhundert ein.

2.1. Die erste gedruckte Wortsammlung eines rätoromanischen Idioms erschien im 18. Jahrhundert. Der italienische Kapuzinerpater Flaminio da Sale, der im Zuge der Gegenreformation in Graubünden tätig war und eine Sprachlehre zum Gebrauch durch Italiener, die rätoromanisch predigen mußten, schrieb, fügte dieser ein „vocabolario italiano e reto di due lingue romancie" bei (1729). Es handelt sich um einfache Wort-zu-Wort-Gleichungen, wobei den alphabetisch geordneten italienischen Lemmata jeweils ihre Entsprechung in „romancio di Surselva" und „romancio di Surset" (also Surmeirisch) gegenübersteht (Abdruck von A bis C: Decurtins 1914, 44—90). Die Berücksichtigung von Surselvisch und Surmeirisch erklärt sich aus den Missionsinteressen der Kapuziner; da Sale hatte keineswegs die Absicht, Dialektvergleiche zu treiben oder gar auf eine Sprachvereinheitlichung abzuzielen.

Die ersten auf das Unterengadinische bezüglichen Wortsammlungen waren einfache deutsch-unterengadinische Wort-zu-Wort-Gleichungen, die nach dem deutschen Lemma geordnet waren (Sechia 1744; de Capol 1770) und Schülern das Erlernen des Deutschen erleichtern sollten.

Zu Beginn des 19. Jh. erschienen die ersten wirklich als Wörterbücher konzipierten Werke. Mattli Conrad(i) ließ sein Taschenwörterbuch in zwei Bänden, romanisch-deutsch (1823) und deutsch-romanisch (1828), erscheinen. Obwohl Conrad(i) aus Andeer im sutselvischen Sprachgebiet zu Hause war, geht er von der surselvischen Bibelsprache aus, verweist jedoch auf auffällige Abweichungen, die im Engadinischen auftreten. Die Wörterbücher bieten kaum Phraseologie, weisen jedoch viele Germanismen „und über den Leist des Deutschen geschlagene Neologismen" (Decurtins 1965, 277) auf.

Einen Fortschritt stellt Carischs Taschenwörterbuch von 1848 dar, das ebenfalls auf dem Surselvischen basiert, aber auch die anderen Dialekte berücksichtigen will. Unter dem jeweiligen surselvischen Lemma werden Entsprechungen in anderen Mundarten angeführt, wobei formale Entsprechungen bevorzugt werden, jedoch auch rein bedeutungsmäßige Parallelen vorkommen. Im Surselvischen fehlende Wörter anderer Dialekte stehen an der ihnen zukommenden Stelle im Alphabet. Obwohl keine direkten etymologischen Hinweise gegeben werden, ist Carischs Hauptziel darin zu sehen, zur Erforschung der Herkunft der rätoromanischen Wörter durch die Zusammenstellung zueinandergehöriger Wörter beizutragen. Decurtins (1965, 287) übertreibt vielleicht etwas, wenn er in Carischs Werk „gewissermaßen einen Vorläufer in Miniatur des DRG" sehen will, aber es handelt sich immerhin um den einzigen Versuch vor dem DRG, alle rätoromanischen Dialekte in einem varietätenübergreifenden Wörterbuch zu behandeln. Demgegenüber muß die Tatsache, daß in den Einzelheiten viele Fehler vorkommen (Gartner 1879, IV) und daß die Phraseologie dürftig ist, in den Hintergrund treten.

Basilius Carigiet veröffentlichte 1882 ein Wörterbuch, das das Surselvische der Cadì, also der Gegend um Disentis, darstellt. Das Wörterbuch beruht vor allem auf der gesprochenen Sprache und unterscheidet sich dadurch von Conradis Arbeit. Die Phraseologie ist viel ausführlicher als in den früheren Werken berücksichtigt, und die Bedeutungsangaben sind recht differenziert. Der Romanist Eduard Böhmer stand Carigiet beratend zur Seite und trug sicherlich viel zur Verbesserung des Werkes bei (Gadola 1959 und 1960).

Das erste wirklich modernen lexikographischen Prinzipien verpflichtete rätoromanische Wörterbuch ist das engadinische Wörterbuch von Vater und Sohn Pallioppi (1895/1902). Zaccaria Pallioppi hatte ein thesaurusartiges Werk geplant, das alle rätoromanischen Dialekte berücksichtigen sollte und etymologische Angaben sowie Vergleiche mit anderen romanischen Sprachen enthalten sollte. „Das Ziel, das Z. Pallioppi vorschwebte, deckte sich also ursprünglich mit demjenigen Carischs" (Decurtins 1965, 291), nur daß die Basis eben das Engadinische und nicht das Surselvische sein sollte. Als Zaccaria Pallioppi 1873 starb, waren die Buchstaben P bis T noch völlig unbearbeitet, und erst A war wirklich druckfertig. Emil Pallioppi übernahm die Fertigstellung, änderte aber den ursprünglichen Plan beträchtlich ab, indem er das Werk straffte und mehr auf praktische als auf wissenschaftliche Erfordernisse Rücksicht nahm.

Das Surselvische wurde von der Behandlung ausgeschlossen; die Parallelformen aus den anderen romanischen Sprachen wurden gestrichen; die etymologischen Hinweise wurden auf das Allernotwendigste zusammengefaßt. Dagegen wurden zahlreiche Redewendungen und vor allem Sprichwörter hinzugefügt. Eine vollkommene Neuerung war darin zu sehen, daß mit verifizierbaren Belegen besonders aus der neueren Literatur gearbeitet wurde, zwar keineswegs bei allen Wörtern, aber doch bei den selteneren und bei denen, die eine starke semantische Auffächerung haben. „Der Fortschritt gegenüber den vorangegangenen Wörterbüchern ist offensichtlich. Er besteht in der differenzierten Darstellung des Wortgutes nach seinem semantischen Gehalt, in einer verhältnismäßig reichen, aus volkstümlichen und literarischen Quellen geschöpften Phraseologie und in einer durchdachten typographischen Gestaltung" (Decurtins 1965, 291). Die Schwäche des Wörterbuches ist zunächst darin zu sehen, daß die Wörter nicht sehr sorgfältig lokalisiert sind; die Basis ist das Oberengadinische, aber oft stehen unterengadinische oder gar mittelbündnerische Wörter hinweislos daneben. Die Graphie ist stark italianisierend, was nicht nur die Lautstruktur verschleiern kann, sondern das Wörterbuch in der nach dem Ersten Weltkrieg einsetzenden antiitalienischen Stimmung in den Augen vieler Benutzer kompromittierte und unverdient in Mißkredit geraten ließ. Die etymologischen Angaben (nach Du Cange und Diez, für das Deutsche nach Grimm und für das Schweizerdeutsche nach Tschumpert) sind ziemlich unzuverlässig: die Unterscheidung zwischen Erb- und Lehnwort ist noch unscharf, und in einer gewissen Neigung, bei allen unklaren Fällen keltischen Einfluß zu wittern, zeigt sich noch eine Spätwirkung der vorwissenschaftlichen Wortherkunftsforschung. Der deutsch-romanische Teil ist bis heute das umfangreichste deutsch-romanische Wörterbuch. Die Berücksichtigung der Phraseologie ist musterhaft, und auch die semantische Differenzierung läßt kaum etwas zu wünschen übrig. In diesem Teil macht sich jedoch die fehlende Unterscheidung zwischen ober- und unterengadinisch besonders störend bemerkbar.

Eine neue Epoche für die rätoromanische Lexikographie beginnt mit der Gründung der „Società retorumantscha" im Jahre 1885. Zu den Zielen der Gesellschaft gehörte von Anfang an die Förderung von Wörterbuchunternehmen, wobei zunächst an ein alle Dialekte berücksichtigendes „general idioticon rhaetoroman" (DRG 1, 2) gedacht war. Man wollte also einen Thesaurus schaffen, der über das hinausgehen sollte, was Carisch und Pallioppi begonnen hatten. Zu Anfang unseres Jahrhunderts begann man mit den konkreten Vorarbeiten, wobei zunächst auf die Erfahrungen bei den Arbeiten am schweizerdeutschen „Idioticon" sowie am welschen „Glossaire des patois de la Suisse romande" zurückgegriffen werden konnte. Es wurde also für 16 Gemeinden eine Art Kommunalwörterbuch erstellt, das einen ersten Grundstock bildete; sodann wurde von einem Explorator in 89 Ortschaften ein etwa eintausend Wörter, Formen und kurze Sätze umfassendes Fragebuch bei ausgewählten Gewährsleuten abgefragt, wodurch man besonders im phonetischen Bereich zum ersten Male gesicherte Angaben erhielt. Schließlich wurde die Literatur — zunächst nur die älteren Werke, dann zunehmend auch Zeitgenössisches — ausgezogen, um schriftsprachliche Belege zu erhalten. Der Spiritus rector dieser Vorarbeiten war Robert von Planta, der es auch war, der zu Anfang der zwanziger Jahre dem Unternehmen eine neue Richtung gab. War man zunächst noch davon überzeugt, daß das Rätoromanische eines baldigen Todes sterben würde, so daß also die Aufgabe des Thesaurus vor allem „archäologischer" Art sein mußte („noch ehe die beste Auskunftsquelle, die lebendige romanische Rede, versiegt, wollen wir den von den Vätern ererbten Sprachschatz in möglichster Vollständigkeit sammeln und ihn der Nachwelt überliefern", schrieb F. Melcher 1913, DRG 1,5), bemerkte man bald, daß das Rätoromanische durchaus noch lebenskräftig war und gerade durch das Entstehen großer Werke zur Sprache gefestigt werden konnte. Das „Idioticon retoromontsch", für das Anfang der zwanziger Jahre der neue programmatische Titel „Dicziunari rumantsch grischun" (DRG) — nicht mehr „Idioticon" zur Erfassung sprachlicher Besonderheiten, sondern „Dicziunari" mit dem Anspruch auf vollständige Berücksichtigung des Wortschatzes — geprägt wurde, sollte „ähnlich wie die nationalen Wörterbücher der europäischen Schriftsprachen ... für das Rumantsch von heute und von morgen richtunggebend und normativ sich auswirken" (DRG 1,6). Das DRG sollte also sowohl ein Instrument der wissenschaftlichen Sprachbeschreibung als auch ein Instrument der praktischen Sprachpflege werden. Beide Zielsetzungen bestehen theoretisch bis heute fort, aber es setzte sich glücklicherweise bereits in den zwanziger Jahren die Einsicht durch, daß die schriftsprachliche Normierung der Einzelidiome sowie die dafür unabdingliche Herausgabe von präskriptiven Wörterbüchern zu dringlich war und auch zu viele mit wissenschaftlichen Ansprüchen kaum zu vereinbarende praktische Festlegungen erforderte, als daß man die Gesamtaufgabe dem auf Jahrzehnte, ja Jahrhunderte hin angelegten DRG hätte aufbürden können. So wurde die Erstellung normativer Wörterbücher der Einzelidiome vom DRG abgekoppelt und in die Obhut der 1919 gegründeten Sprachpflegeorganisation „Lia rumantscha/Ligia romontscha" übergeben, während das DRG weiter im Rahmen der „Società retorumantscha", die sich zunehmend zu einer Art wissenschaftlicher Akademie entwickelte, verblieb.

Nach umfangreichen Vorarbeiten erschien der erste Faszikel des DRG zu Anfang des Jahres 1939. Bis heute liegen sieben vollständige Bände (= 104 Faszikel) vor, die die Buchstaben A bis G umfassen, und jährlich erscheinen zwei neue Faszikel. Eine einfache Hochrechnung ergibt, daß nicht vor der Mitte des nächsten Jahrhunderts mit dem Abschluß des Werkes zu rechnen ist. Es handelt sich also beim DRG um einen wirklich monumentalen Thesaurus mit Anspruch auf vollständige Erfassung und Dokumentation des rätoromanischen Wortschatzes.

Als Lemma wurde die unterengadinische Form eines Wortes gewählt, der, sofern vorhanden, die surselvische Form gleichberechtigt folgt. Wörter, die es im Unterengadinischen nicht gibt, treten an die ihnen gebührende alphabetische Stelle. Jedem Lemma folgt eine Angabe darüber, welchem Idiom es angehört („allg.", „engad." [= ober- und unterengad."], „oberengad.", „unterengad.", „surmeir.", „sutselv.", „surselv."), eine deutsche Bedeutungsangabe, fallweise ein Hinweis zu grammatikalischen Besonderheiten, sowie schließlich eine Liste genau lokalisierter und phonetisch transkribierter Formen aus der gesprochenen Sprache. Danach folgen Wörterbuchbelege sowie Bezeugungen aus der Literatur. Der eigentliche Artikel liefert eine feine semantische Ausdifferenzierung, wobei reichliches Material an Belegsätzen, in denen das Lemma eine Rolle spielt, angeführt wird; dieses Material ist stets genau lokalisiert. Den Abschluß des Hauptteils des Artikels bilden Redewendungen und Sprichwörter. Bei Artikeln, die sachlich interessante oder problematische Dinge behandeln, ist darauf geachtet, daß auch die Belange der Volkskunde, der Geschichtswissenschaft, der Rechtslehre usw. berücksichtigt werden; Photographien dienen zur Verdeutlichung. Den Abschluß jedes Artikels bietet der kleingedruckte etymologische Kommentar, der unter Nennung der wichtigsten Literatur (stets REW, FEW, Gloss., DEI, in neueren Bänden auch DELI, LEI) einen Vorschlag zur Wortherkunft macht. Diese etymologischen Artikel haben trotz ihrer Kürze ein sehr großes Gewicht, denn sie werden nicht allein von den (drei) Redaktoren des DRG verantwortet, sondern sind mit der sogenannten „Philologischen Kommission" abgesprochen, die aus vier bis fünf Schweizer Romanisten besteht. Das DRG ist also auch ein vollgültiges etymologisches Wörterbuch des Rätoromanischen. Die Dichte des Belegnetzes, die Vollständigkeit der Erfassung mündlicher und schriftlicher Bezeugungen eines Wortes, die Gründlichkeit der Darstellung und die bei allen Erklärungen zugrundegelegte zurückhaltende, aber nicht entscheidungsscheue Vorsicht haben dem DRG international den Ruf eines vorbildlichen Thesaurus einer Kleinsprache eingetragen.

Während also die Fertigstellung des DRG trotz seiner eigentlich beachtlichen Publikationsgeschwindigkeit noch in weiter Ferne liegt, ist es in den vergangenen Jahrzehnten gelungen, für die Schriftidiome praktische Wörterbücher normativen Charakters herauszubringen.

Man begann mit der Erstellung deutschromanischer Wörterbücher (Vieli 1938 war immer nur als Provisorium gedacht und sollte keineswegs als normgebendes surselvisch-deutsches Wörterbuch der ersten Stunde angesehen werden), weil man glaubte, auf diese Weise die notwendige Anpassung des rätoromanischen Wortschatzes an die Bedürfnisse des 20. Jh. am besten erreichen zu können. Etwa gleichzeitig erschienen im Herbst 1944 das deutsch-surselvische Wörterbuch von Ramun Vieli und das deutsch-engadinische von Reto Bezzola und Rudolf Tönjachen. Diese Wörterbücher „haben zu einem kritischen Zeitpunkt, am Vorabend von technisch-wissenschaftlichen, wirtschaftlichen und sozialen Umwälzungen, mitgeholfen, das Vertrauen der Romanen in die Tragfähigkeit ihrer Sprache in einer modernen Welt zu stärken" (Alexi Decurtins, in: Vieli/Decurtins 1975, VII). Es handelt sich bei beiden Werken um recht umfangreiche Wörterbücher (jeweils über tausend Seiten), die in erster Linie der Sprachlenkung verpflichtet sind: „zahlreiche Ausdrücke der modernen Berufssprachen, vor allem der Technik und der Wissenschaft" wurden neu geprägt, „teils durch Ausnützung des alten romanischen Wortschatzes, teils in Anlehnung an die anderen romanischen Sprachen und an die internationalen Fremdwörter" (Bezzola/Tönjachen 1944, XI). Demgegenüber konnte die behutsame Aufeinanderzuentwicklung der beiden Hauptidiome Surselvisch und Engadinisch nur eine Nebenrolle spielen, obwohl sie den Redaktoren beider Werke durchaus am Herzen lag. Ursprünglich sollten die beiden Wörterbücher das gesamte rätoromanische Sprachgebiet in Graubünden erfassen:

Surselvisch für die eigentliche Surselva und für die Sutselva unter Berücksichtigung einiger surmeirischer Besonderheiten, Engadinisch für „den Sprachschatz des Unter- und des Oberengadins, des Münstertals und des oberen Albulatals (Bravuogn, Latsch, Stugl)" (Bezzola/Tönjachen 1944, X), wobei darauf verzichtet wurde, abgesehen von Ausnahmefällen besondere Kennzeichnungen vorzunehmen, weil man glaubte, so „ein lexikologisches Übergreifen von einer Mundart in die andere, eine Tendenz zur Einigung und dadurch zur Stärkung (Bezzola/Tönjachen 1944, X) fördern zu können. Die beiden 1944 erschienenen Wörterbücher sind als der letzte — schließlich gescheiterte — Versuch anzusehen, das Rätoromanische der Schweiz unter zwei Schriftdächern, Surselvisch und Engadinisch, unterzubringen. Dennoch bleibt die Bedeutung der beiden Werke für die rätoromanische Lexikographie immens; für die Surselva erschien 1975 eine Neubearbeitung, die natürlich auf die Einbeziehung Mittelbündens verzichtete, und für das Engadinische erschien 1976 ein Nachtrag. Jedenfalls bleiben die beiden deutsch-rätoromanischen Wörterbücher bis heute für die Kerngebiete (Surselva einerseits, Unter- und Oberengadin andererseits) maßgeblich.

Seit der Mitte der vierziger Jahre ging die Tendenz der „Lia rumantscha" dahin, neben den beiden starken Schriftidiomen Surselvisch und Engadinisch (mit den Varietäten Ober- und Unterengadinisch, die trotz der Beibehaltung ihrer Eigentümlichkeiten stets als Einheit behandelt wurden) zwei weitere Schriftidiome, Sutselvisch (Domleschg, Heinzenberg, Schams) und Surmeirisch (Oberhalbstein und Albulatal), zu fördern. So waren die mittelbündnerischen Idiome aus dem 1962 erschienenen engadinisch-deutschen (Peer 1962; das Unterengadinische ist die Basissprache, oberengadinische Formen werden stets als solche gekennzeichnet) und aus dem ebenfalls in diesem Jahre erschienenen surselvisch-deutschen (Vieli/Decurtins 1962) Wörterbuch ausgeschlossen. Diese beiden Wörterbücher basierten zunächst auf einer Umkehrung der entsprechenden deutsch-rätoromanischen Werke; eine gründliche Auswertung der DRG-Materialien und vor allem Zeitungsexzerpte sicherten jedoch eine Erweiterung des berücksichtigten Wortschatzes. In beiden Wörterbüchern wurde eine gegenseitige Anpassung des Engadinischen und des Surselvischen angestrebt; diese betraf nicht nur einige orthographische Kleinigkeiten, sondern vor allem die Form, in der Neologismen dargeboten wurden. Beide Wörterbücher bilden bis heute die maßgeblichen normativen Werke für die von ihnen abgedeckten Idiome.

Die beiden mittelbündnerischen Idiome Surmeirisch und Sutselvisch erhielten kleinere Wörterbücher, die jeweils den rätoromanisch-deutschen und deutsch-rätoromanischen Teil in einem Bande umfassen (Sonder/Grisch 1970 für das Surmeirische und Mani 1977 für das Sutselvische). In beiden Wörterbüchern sind „Wortbildungen, die in den übrigen rätoromanischen Idiomen in völlig identischer Form anzutreffen sind, unberücksichtigt geblieben" (Sonder/Grisch 1970, XI). Beide Wörterbücher bieten eine „Deckmantelorthographie", das heißt, hinter der Schreibung verbirgt sich eine je nach Dorf ganz unterschiedliche Aussprache, wobei für Sonder/Grisch 1970 die Ortsmundart von Stierva (stark diphthongierend) und für Mani 1977 die Ortsmundart von Scharans den eigentlichen Ausschlag gab. Anders als im Falle des Engadinischen und anders als im Falle des Surselvischen konnte man eben nicht auf eine alte Tradition zurückgreifen, sondern mußte mit den Wörterbüchern den eigentlichen Sprachnormierungsmaßstab setzen.

Die vier rätoromanisch-deutschen und deutsch-rätoromanischen Wörterbücher, die zwischen 1944 und 1977 im Auftrage der „Lia rumantscha" herausgegeben wurden, stellen in der Tat ein „imponierendes lexikologisches Gesamtwerk" (Mani 1977, V) dar; die Hauptstoßrichtung dieser Werke konnte normierend sein, weil die wissenschaftlich-beschreibende Bestandsaufnahme des rätoromanischen Wortschatzes ja durch das DRG gesichert ist. Dem Rätoromanischen stehen also für die fünf heute schriftsprachlich verwendeten Idiome umfangreiche normative Wörterbücher zur Verfügung. Es bleibt allerdings bedauerlich, daß auf Grund der Tradition und auch der sprachsoziologischen Lage die Bezugssprache immer das Deutsche bleibt; was fehlt (und bisher noch nicht einmal geplant wurde), sind sowohl einsprachig-erklärende Wörterbücher der einzelnen Idiome als auch „zweisprachige" Wörterbücher, die den Zugang von einem Idiom zum anderen ohne den Umweg über das Deutsche vermitteln würde (also etwa Surselvisch-Engadinisch oder Surmeirisch-Sutselvisch).

Zu Beginn der achtziger Jahre machte sich eine bemerkenswerte Umkehr in der Orientierung der Arbeit der „Lia rumantscha" bemerkbar. Seit den vierziger Jahren war eine Tendenz zur Aufsplitterung in mehrere Schriftidiome unverkennbar; man glaubte eben, die gefährdeten Mundarten Mittelbündens nur retten zu können, indem man ihnen eine eigene schriftsprachliche Form gab und sie nicht weiter unter das Dach des Surselvischen oder Engadinischen preßte. Ob diese Ansicht richtig war, ist kaum zu verifizieren; es ist jedenfalls eine Tatsache, daß der Rückgang des Rätoromanischen besonders in Mittelbünden nicht nachhaltig aufgehalten werden konnte, daß das aber andererseits durch die Zersplitterung des Romanischen in fünf Schriftidiome ein überregionaler Gebrauch des Rätoromanischen — auch zu plakativen Zwecken auf Schweizer Bundesebene — enorm erschwert war. Die allmähliche Annäherung der Idiome durch bewußte Lenkung besonders im Bereiche der Neologismen konnte niemals die tiefgreifenden Unterschiede, die sich aus der Verankerung in Lokalmundarten ergaben, überdecken. Zu Beginn der achtziger Jahre wurde nun der Ruf nach einer für alle rätoromanischen Gebiete der Schweiz gemeinsamen Schriftsprache immer lauter; für überregionale Bedürfnisse (Kantons- und Bundesangelegenheiten, Beschriftung von Konsumgütern, Verkehrsschilder usw.) wurde mit dem Fortschreiten der Kommunikationsmittel eine Koiné unumgänglich, weil die Alternative „*ein* Rätoromanisch oder *kein* Rätoromanisch" (Schmid 1982, 1) hieß. Im Auftrage der „Lia Rumantscha" erarbeitete der Zürcher Romanist Heinrich Schmid — als neutraler Fachmann bestellt — eine gesamtbündnerromanische Schriftsprache, die den Namen „Rumantsch Grischun" erhielt und im Prinzip darauf beruht, daß in allen Fällen, in denen das Engadinische und das Surselvische voneinander abweichen, das Surmeirische den Ausschlag für die eine oder die andere Form gibt (Schmid 1982, 3). Dank der massiven Unterstützung durch die „Lia Rumantscha" gelang es trotz einiger Opposition dieser Schriftsprache, die „nicht dazu bestimmt ist, irgendeine der bestehenden Regionalsprachen oder Lokalmundarten in ihrem angestammten Gebiet zu ersetzen, sondern Personen, Institutionen, Amtsstellen, Firmen usw. zur Verfügung stehen soll, die im Prinzip bereit sind, das Rätoromanische zu verwenden, dabei aber nach einer überregionalen Sprachform verlangen, welche ohne größere Schwierigkeiten in ganz Romanischbünden verstanden wird" (Schmid 1982, 1), zu weitgehender Akzeptanz zu verhelfen. Eine erste Wortsammlung Deutsch-Rumantsch Grischun erschien bereits 1983 (Andry 1983), noch im gleichen Jahre folgte ein bereits nicht mehr nur für den internen Gebrauch bestimmter zweiter Versuch (Darms 1983), und bereits 1985 lag ein über 600 Seiten umfassendes Wörterbuch Rumantsch Grischun-Deutsch und Deutsch-Rumantsch Grischun (Darms 1985) vor. Das Wörterbuch erfaßt etwa 22 000 Wörter (Darms 1985, 17); eine beigefügte kurze dreiteilige Liste (R. G.-Engadinisch; R. G.-Surmeirisch; R. G.-Surselvisch) erklärt Wörter, die im Rumantsch Grischun so sehr von den Lokalidiomen abweichen, daß Verständnisschwierigkeiten auftreten könnten (Darms 1985, 280). Das Wörterbuch ist in erster Linie als Nachschlagewerk für Übersetzer konzipiert und richtet sich an Benutzer, deren Muttersprache das Rätoromanische ist (Darms 1985, 17). Die Bedeutungsangaben sind relativ knapp gehalten, weil ja davon ausgegangen wird, daß romanischsprachige Benutzer auf detaillierte Angaben verzichten können (Darms 1985, 17). Dagegen sind grammatische Angaben stets beigefügt, auch da, wo sich das Rumantsch Grischun nicht von den Einzelidiomen unterscheidet, weil die ständige Zweisprachigkeitssituation bei vielen Rätoromanen gerade auf grammatischem Gebiet Unsicherheiten hat entstehen lassen (Darms 1985, 18).

Trotz der Beteuerung aller seiner Verfechter, daß das Rumantsch Grischun die Lokalschriftsprachen nicht verdrängen wolle, sondern vielmehr nur dort überregional zur Anwendung kommen solle, wo sonst unweigerlich das Deutsche gebraucht würde, ist der Entwurf zu dieser rätoromanischen „Kanzleisprache" sicherlich ein erster Schritt auf dem Wege zur Umformung der rätoromanischen Sprachwirklichkeit: Wenn das Experiment gelingt, dann wird über kurz oder lang das Rumantsch Grischun als Dachsprache über den Lokalschriftsprachen stehen und immer mehr Funktionen an sich ziehen. Das neue Wörterbuch ist ein wichtiger Schritt auf diesem Wege.

Die entgegengesetzte Tendenz, Verschriftsprachlichung immer kleinerer Idiome, zeigt sich extrem im „Wörterbuch des Romanischen von Obervaz, Lenzerheide, Valbella" (Ebneter 1981). Dieses umfangreiche Werk (über 600 Seiten) ist sicherlich für wissenschaftliche Zwecke (im Sinne einer ziemlich kompletten Erfassung einer Dorfmundart) musterhaft; ob aber die Tendenz, eine Schriftsprachlichkeit für eine Dorfgemeinschaft von etwa eintausend Sprechern des lokalen Rätoromanischen (Ebneter 1981, VIII) zu schaffen, wirklich der richtige Weg ist, muß bezweifelt werden (Kramer 1982, 187).

2.2. Es seien nun die wichtigsten Wörterbücher des Dolomitenladinischen und des Friaulischen angeführt.

2.2.1. Für das *Dolomitenladinische* gibt es eine Übersicht über alle vorliegenden Wörterbücher der einzelnen Talschaftsdialekte (Kramer 1978, 137—146). Deswegen sei hier nur auf Werke verwiesen, die alle Mundarten (Ennebergisch, Abteitalisch [zusammengenommen auch als Gadertalisch bezeichnet], Buchensteinisch, Grödnerisch, Fassanisch) behandeln. Es gibt keine Koiné, weswegen stets alle Varianten angeführt werden müssen.

Alton 1879 geht vom Abteitalischen aus, bringt aber stets die Formen der anderen Mundarten. Seine deutschen Bedeutungsangaben sind zuweilen recht knapp, dafür ist der Phraseologie (normalerweise nur abteitalisch angegeben) weiter Raum gewährt. Alton, dessen Heimatidiom das Abteitalische war, liefert für diese Varietät zuverlässige Angaben, während man sich auf seine Formen aus den anderen Dialekten nicht immer verlassen kann. Außer den eigentlichen dolomitenladinischen Mundarten ist auch das Ampezzanische berücksichtigt, allerdings in sehr unzuverlässiger Weise.

Kramer 1970—1975 stellt den Versuch eines etymologischen Wörterbuches dar; Ausgangspunkt ist das Abteitalische nach Pizzinini 1966, wobei jedoch nur eine Auswahl des Wortschatzes (Basiswörter, Germanismen; Italianismen sind ausgeschlossen) behandelt ist. Es sind alle dolomitenladinischen Mundarten berücksichtigt, darüber hinaus wird eine Einordnung in die Gesamtromania versucht.

Ein geplantes neues etymologisches Wörterbuch (Darstellung der Prinzipien und Probeartikel Kramer 1986) soll Vollständigkeit anstreben und die in den Mundartwörterbüchern verstreuten Belege zusammenfassen. Als Erläuterungssprache ist das Deutsche vorgesehen, Bedeutungsangaben, die aus italienisch geschriebenen Mundartwörterbüchern zitiert werden, werden jedoch in der Originalsprache belassen. Es ist geplant, dieses Wörterbuch, dessen Ausgangsform wiederum das Abteitalische sein soll (wobei jedoch Wörter, die dort fehlen, aber in den anderen Dialekten vorkommen, in einem Anhang zusammengefaßt werden sollen), bis etwa 1995 zu vollenden; die Bde. 1—3 (A—H) erschienen 1988—1990.

2.2.2. Für das *Friaulische* sind drei Wörterbücher zu nennen. Die Basis für alle neueren Arbeiten wurde 1871 von Jacopo Pirona gelegt; die Überarbeitung dieses Wörterbuches (Pirona 1972; dort XIII—XVI eine Übersicht über die Unterschiede zwischen der alten und der neuen Ausgabe) ist auch heute noch das zuverlässigste lexikographische Hilfsmittel zum Friaulischen. Es werden nicht nur die Formen der literarischen Koiné angeführt, sondern auch viele Dialektformen, jeweils mit Verweis auf die entsprechende Koiné-Form. Besonders reichhaltig ist die Phraseologie. Alle Bedeutungsangaben sind auf italienisch, und es gibt auch ein kleines italienisch-friaulisches Glossar. Obwohl der ganzen Anlage nach als Wörterbuch für friaulische Muttersprachler konzipiert, erfüllt Pirona 1972 durchaus alle Ansprüche, die man an ein wissenschaftliches Wörterbuch stellen muß.

Es ist daher nur konsequent, daß Pirona 1972 die Basis für das großangelegte etymologisch-historische Wörterbuch des Friaulischen (DESF) darstellt; andere Quellen (DESF 1, X—XI) treten demgegenüber an Bedeutung weit zurück. Das DESF bietet nach dem Lemma einen Hinweis zur Wortart, die italienische Bedeutung, eine Angabe zum Erstbeleg, manchmal eine Bemerkung zur Phraseologie sowie schließlich den etymologischen Kommentar, innerhalb dessen auf die sprachwissenschaftliche Literatur zum entsprechenden Worttyp verwiesen wird. Die etymologischen Artikel, größtenteils von Mitarbeitern am DELI verfaßt, sind von großer Zuverlässigkeit und bieten in schwierigen Fragen oftmals völlig neue Lösungen.

Von ganz anderer Art ist das umfangreiche (zwei Bände zu jeweils über 700 Seiten) Wörterbuch Faggin 1985. Hier geht es nicht um eine Erfassung des gesprochenen Friaulischen, auch und gerade in seiner dialektalen Differenziertheit, sondern um „un vocabolario della buona lingua" (Faggin 1985, IX). Es sind die Werke von 144 Schriftstellern hauptsächlich des 20. Jh. auf über 54 000 Fichen ausgezogen worden; die überaus reichhaltigen Belege, die für die Verwendung jedes einzelnen Wortes angeführt werden, basieren darauf, und jeder Beleg ist verifizierbar. Dieses Wörterbuch des literarischen Friaulisch leidet jedoch darunter, daß nicht die übliche, am Italienischen orientierte Graphie (wie im Pirona 1972 oder im DESF) gewählt ist, sondern eine neue Schreibweise, die mit vielen Sonderzeichen (Háček usw.) arbeitet und deren Hauptcharakteristikum ihre „Unitalianität" ist; auf das Prokrustesbett dieser Graphie werden nun alle Schriftstellerbelege gezwängt. Noch schlimmer ist es, daß auch von der Koiné abweichende Formen der Norm angepaßt werden. Will man also Faggin 1985 zu wissenschaftlichen Zwecken verwenden, muß man jeden einzelnen Schriftstellerbeleg prüfen, um herauszufinden, was dort wirklich steht und was nur Anpassung an die Koiné ist. Fazit: Der Kompromiß zwischen normierendem Wörterbuch der „buona lingua" und literarischem Belegwörterbuch ist nicht als gelungen zu bezeichnen.

3. Sardische Wörterbücher

Sardinien ist „ohne Zweifel derjenige Teil Italiens mit dem reichsten und homogensten Ertrag an alten volkssprachlichen Texten" (Tagliavini 1973, 402); es handelt sich dabei allerdings keineswegs um literarische Texte, sondern um Rechtsdokumente (Privilegurkunden, Protokolle, Condaghi usw.), die in einer auf dem logudoresischen Dialekt basierenden Amtskoiné abgefaßt sind. Die Sprache dieser Texte, also das sogenannte Altsardische, wird von Atzori 1975 erfaßt. Allerdings wird dort keineswegs der gesamte altsardische Wortschatz berücksichtigt; „le parole di piena attualità e quelle, di cui è già noto il significato e l'origine" sind zugunsten von „voci estinte e meno comprensibili" (Atzori 1965, 7) weggelassen worden, ein Verfahren, das auf übertrieben scharfe Kritik stieß (Wagner 1960, 1). Im Wörterbuch weist jedes Lemma eine Angabe zur Wortart, die italienische Bedeutung, auszitierte Belegstellen, einen Hinweis auf moderne Dialektformen sowie die Etymologie (unter Verwendung von REW, FEW und natürlich DES) auf.

Nach der häufigen schriftlichen Verwendung des Sardischen in Urkunden des 11. bis 15. Jh. begann man erst wieder im 19. Jh., sich auf die eigene Sprachform der Insel zurückzubesinnen. Das erste Wörterbuch des lebenden Sardischen bezieht sich auf den Dialekt von Cagliari und seiner Umgebung, also auf eine Variante des Kampidanesischen. Porru 1832, ein intimer Kenner seines Heimatdialektes, bietet ein ausgesprochen zuverlässiges Material mit vielen Beispielsätzen; nach dem Urteil von Max Leopold Wagner (1960,2) ist dieses Wörterbuch „uno dei migliori dizionari che si siano pubblicati su una parlata dialettale romanza".

Weit mehr Anklang und Benutzung fand jedoch Spano 1851, weil sich darin Angaben über alle vier sardischen Hauptmundarten (Logudoresisch, Kampidanesisch, außerdem die beiden stark vom Italienischen überlagerten nördlichen Mundarten Galluresisch und Sassaresisch; zur Dialektgliederung vgl. Tagliavini 1973, 311—313) finden. Man muß jedoch wissen, daß nur die Belege aus der Heimat des Autors, Ploaghe (Nordlogudoresisch) wirklich zuverlässig sind; die Angaben über die anderen Mundarten stammen aus brieflichen (!) Mitteilungen von Dorfpfarrern. Die italienischen Bedeutungsangaben sind ziemlich knapp, und es wird kaum Beispielmaterial geboten. — Martelli 1930 ist eine wissenschaftlich wertlose, für den praktischen Gebrauch konzipierte Kompilation aus Porru 1832 und Spano 1851.

Einige kleinere sardisch-italienische Wörterbücher beziehen sich auf die beiden nördlichen Übergangsmundarten. Muzzo 1981 und Lanza 1980 behandeln das Sassaresische, wobei das letztgenannte Wörterbuch zumindest einige Beispiele aufweist und größere Sorgfalt in der Formulierung der Bedeutungsangaben erkennen läßt. Farina 1973 basiert auf dem Nuoresischen; besonderen Wert legt der Autor, der Tierarzt ist, auf die Darstellung des Wortschatzes zu Flora und Fauna. Ansonsten weist das Wörterbuch eine reiche Phraseologie auf, bei der besonders das Landleben Berücksichtigung findet. Bei Lemmata, die sich auf Wörter aus dem Bauernleben beziehen, findet man längere historisch-kulturelle Anmerkungen, die manchmal geradezu zu kleinen volkskundlichen Abhandlungen anwachsen. Usai 1977 ist ein kleines praktisches Wörterbuch, das sardisch-italienische und italienisch-sardische Wort-zu-Wort-Entsprechungen in der Ortsmundart von Tempio Pausania bei Sassari bringt.

Das große Standardwerk zum sardischen Wortschatz, das man sicherlich noch auf lange Zeit vor allen anderen Werken befragen wird, bleibt ohne Zweifel das DES. Entsprechend seiner etymologisch-historischen Zielrichtung bildet die archaischste — also normalerweise dem Lateinischen am nächsten stehende — Form das Lemma, also entweder ein Beleg aus dem Altsardischen oder aus dem Logudoresischen, also aus der altertümlichsten Mundart. Dem Lemma folgen, soweit davon abweichend, logudoresische und kampidanesische Entsprechungen, oftmals mit genauer Lokalisierung auf einen Ort, die in den meisten Fällen aus persönlichen Aufnahmen M. L. Wagners (der ja bekanntlich die AIS-Aufnahmen in Sardinien durchgeführt hat) stammen. Das Galluresische und das Sassaresische, also die nördlichen Mischmundarten, werden nur berücksichtigt, wenn sie altes Wortgut bieten oder Parallelformen zu den eigentlichen sardischen Dialekten aufweisen. Das Wörterbuch ist als vollständiger Thesaurus des logudoresischen und kampidanesischen Sardischen konzipiert; alle lexikographisch erschlossenen Texte und alle zugänglichen Wortsammlungen — auch solche, die nur handschriftlich vorliegen — wurden herangezogen. Die Artikel bieten zu den einzelnen Lemmata jeweils die älteste Bezeugung sowie natürlich die etymologische Diskussion (mit Verweisen auf die einschlägigen romanistischen Standardwerke). Der dritte Band des DES bietet zunächst ein Register der sardischen Dialektformen, die nicht ohne weiteres zu einem Lemma gestellt werden können, dann ein ziemlich umfangreiches italienisch-sardisches Glossar (DES 3, 122—369) sowie schließlich eine Zusammenstellung der im Werke vorkommenden nichtsardischen Wörter, geordnet nach Sprachen; die lateinische Wortliste (DES 3,411—454) bietet die Möglichkeit, den lateinischen Erbwortbestand des Sardischen in den Griff zu bekommen. Mit dem DES ist das Sardische die einzige der kleineren romanischen Sprachen, die über ein der Intention nach vollständiges etymologisch-historisches Wörterbuch verfügt.

4. Dalmatische Wörterbücher

Der letzte Sprecher des Dalmatischen, Antonio Udina, verstarb am 10. Juni 1898, und mit ihm erlosch diese romanische Sprache, die im Mittelalter entlang der Küste Dalmatiens gesprochen wurde. Uns ist das Dalmatische (zu unterscheiden von den slavischen Dialekten, die üblicherweise mit „Dalmatinisch" bezeichnet werden, und von den infolge der langen Herrschaft Venedigs an die Küsten Dalmatiens verpflanzten italienischen Mundarten, die meist als „Kolonialvenezianisch" bezeichnet werden) nur in einigen Dokumenten aus Dubrovnik (Ragusa) greifbar, wo die Sprache zu Beginn des 16. Jh. ausstarb, weiter in — meist schwierig zu beurteilenden — Lehnwörtern im Kroatischen sowie schließlich in den Sprachaufnahmen, die im 19. Jh. im letzten Refugium des Dalmatischen auf der Insel Krk (Veglia) durchgeführt werden konnten (Bartoli 1906, I 5).

Unter diesen Umständen kann von einer eigentlichen Lexikographie im Bereiche des Dalmatischen nicht die Rede sein. Unsere Hauptquelle bleibt das „Vegliotische Wörterverzeichnis", das Bartoli (1906, II 169—236) auf Grund der ihm vorliegenden Sprachaufnahmen zusammengestellt hat. Es handelt sich hierbei um eine einfache Liste der in den Texten vorkommenden Wörter mit einem Verweis auf die Stelle, wo sie auftreten, sowie mit einer italienischen Übersetzung. Nach demselben Schema ist auch die Liste der in den Dokumenten aus Dubrovnik auftretenden Wörter gefertigt (Bartoli 1906, II 265—278).

Einige spätere Wortsammlungen (Soglian 1937; Vinja 1957/1959/1967/1972—3/1974), die sozusagen die Nachlese darstellen, können den Gesamteindruck nicht verändern: Es gibt kein wirkliches Wörterbuch des Dalmatischen, das den uns bekannten Wortschatz in bequemer Weise zugänglich machen würde. Bartoli 1906, II 169—236 und 265—278 kann höchstens als Vorstufe angesehen werden. Der Grund für dieses Fehlen eines Wörterbuches ist wohl darin zu sehen, daß der Akzent der Forschungen zum Dalmatischen bisher im Bereich der Laut- und Formenlehre lag.

5. Literatur (in Auswahl)

5.1. Wörterbücher

Achard 1785 = Claude-François Achard: Vocabulaire français-provençal. 2 Bde. Marseille 1785 [XVIII, 732, VIII, 654 S.; Genf 1983].

Alibert 1966 = Lois Alibert: Dictionnaire occitan-français. Ed. Pierre Bec et Raymond Chabbert. Toulouse 1966 [Neudruck Toulouse 1977, 699 S.].

Alton 1879 = Johann Alton: Die ladinischen Idiome in Ladinien, Fassa, Gröden, Buchenstein, Ampezzo. Innsbruck 1879 [375 S.].

Andry 1983 = Jachen Andry: I. Pledari tudestg — rumantsch-grischun. Cuira 1983.

Atzori 1975 = Maria Teresa Atzori: Glossario di sardo antico. Modena 1975 [Parma 1953; 354 S.].

Barthe 1980 = Roger Barthe: Lexique occitan — français. Paris 1980 [238 S.].

Barthe 1984 = Roger Barthe: Lexique français — occitan. Toulouse 1984 [238 S.].

Béronie 1971 = Nicolas Béronie: Dictionnaire du patois du Bas-Limousin (Corièze). Ed. J.-A. Vialle. Tulle 1823 [XVI, 354 S.; Genf 1971].

Bezzola/Tönjachen 1944 = Reto R. Bezzola/Rudolf O. Tönjachen: Dicziunari tudais-ch — rumantsch ladin. Cuoira 1944 [XXII, 1194 S.].

Bezzola 1976 = Reto R. Bezzola: Supplemaint. Cuoira 1976 [In: Bezzola/Tönjachen 1944, 2 Aufl., 1175—1278; 3. Aufl. 1982].

Bonnaud 1978 = Pierre Bonnaud: Grand Dictionnaire français — auvergnat. 3 vol. Clermont-Ferrand 1978 [324, 326, 377 S.].

Cantalausa 1979 = Joan de Cantalausa: Diccionari fondamental occitan illustrat. Tolosa 1979 [341 S.].

Capol 1770 = Jacomo de Capol: Nomenclatura romanscha e todaischa. Scuol 1770.

Carigiet 1882 = Basilius Carigiet: Rätoromanisches Wörterbuch surselvisch—deutsch. Bonn. Chur 1882 [400 S.].

Carisch 1848 = Otto Carisch: Taschenwörterbuch der rhätoromanischen Sprache in Graubünden, besonders der Oberländer und Engadiner Dialekte. Chur 1848 [XL, 204, 56 S.].

Conradi 1823 = Mattli Conradi: Taschenwörterbuch der romanisch-deutschen Sprache. Zürich 1823 [265 S.].

Conradi 1828 = Mattli Conradi: Taschenwörterbuch der deutsch-romanischen Sprache. Zürich 1828.

DAG = Kurt Baldinger: Dictionnaire onomasiologique de l'ancien gascon. Tübingen 1975—1988 [Bisher 6 Faszikel].

DAO = Kurt Baldinger: Dictionnaire onomasiologique de l'ancien occitan. Tübingen 1975—1986 [Bisher 4 Faszikel und 2 Supplemente].

Darms 1983 = Georges Darms: Vocabulari fundamental tudestg — rumantsch grischun A-D e II. Pledari tudestg — rumantsch grischun. Cuira 1983.

Darms 1985 = Georges Darms: Pledari rumantsch grischun — tudestg/tudestg — rumantsch e grammatica elementara. Cuira 1985.

DEI = Carlo Battisti/Giovanni Alessio: Dizionario etimologico italiano. 5 vol. Firenze 1950—1957.

DELI = Manlio Cortelazzo/Paolo Zolli: Dizionario etimologico della lingua italiana. 5 vol. Bologna 1979—1987.

DES = Max Leopold Wagner: Dizionario etimologico sardo. 3 vol. Heidelberg 1960—1964 [714, 620, 400 S.].

DESF = Dizionario etimologico storico friulano. Udine 1985 [Auf fünf Bände geplant, bisher zwei Bände, A—Ca und Ce—E].

Dheralde 1968—1969 = Louis Dheralde: Diciounari de lo lingo limousino. 2 vol. Limoges 1968—1969 [LXVII, 450 S.].

D'Hombres/Charvet 1884 = Maximien D'Hombres/Gratien Charvet: Dictionnaire languedocien — français. Alais 1884.

Doujat 1895 = Jean Doujat: Dictionnaire de la langue toulousaine. Ed. A. Visner. Toulouse 1895 [Neudruck Genève, Marseille 1974, 254 S.].

DRG = Dicziunari rumantsch grischun. Chur 1939 ff [Bisher 7 Bände, A—G].

Ebneter 1981 = Theodor Ebneter: Wörterbuch des Romanischen von Obervaz/Lenzerheide/Valbella (Romanisch — Deutsch / Deutsch — Romanisch). Tübingen 1981 (Beiheft 187 zur Zeitschrift für romanische Philologie [XL, 686 S.]).

Faggin 1985 = Giorgio Faggin: Vocabulario della lingua friulana. 2 vol. Udine 1985 [1617 S.].

Farina 1973 = Luigi Farina: Vocabulario nuorese — italiano. Sassari 1973 [321 S.].

FEW = Walther von Wartburg: Französisches etymologisches Wörterbuch. Bonn. Leipzig. Basel 1922 ff [Bisher 26 Bände].

Fourvières 1973 = Xavier de Fourvières: Lou pichot tresor. Dictionnaire provençal — français et français — provençal. Avignon 1973 [XXIII, 774, 264 S.].

GPSR = Glossaire des patois de la Suisse romande. Neuchâtel. Paris 1924 ff [Bisher 5 Bände].

Gonfroy 1975 = Gérard Gonfroy: Dictionnaire normatif limousin-français. Tulle 1975 [229 S.].

Honnorat 1846—1847 = S. J. Honnorat: Dictionnaire provençal — français. 4 vol. Digne 1846—1847.

Kramer 1970—1975 = Johannes Kramer: Etymologisches Wörterbuch des Gadertalischen. Köln 1970—1975 [8 Faszikel].

Kramer 1986 = Johannes Kramer: Das Projekt eines etymologischen Wörterbuches des Dolomitenladinischen. In: Mondo ladino 10. 1986.

Laborde 1895 = Robert Laborde: Lexique limousin d'après les œuvres de J. Roux. Brive 1895 [187 S.].

Lagarda 1971 = Andrieu Lagarda: Vocabulaire occitan. Toulouse 1971 [204 S.].

Lanza 1980 = Vito Lanza: Vocabolario sassarese — italiano. Sassari 1980 [264 S.].

LEI = Max Pfister: Lessico etimologico italiano. Wiesbaden 1979 ff [Auf etwa 30 Bände angelegt].

Levy 1894—1924 = Emil Levy: Provenzalisches Supplement-Wörterbuch. Berichtigungen und Ergänzungen zu Raynouards Lexique roman. 8 vol. Leipzig 1894—1924 [Nachdruck Hildesheim, New York 1973].

Mani 1977 = Curo Mani: Pledari sutsilvan (rumantsch—tudestg/tudestg—rumantsch). Cuira 1977 [XXIX, 182, 217 S.].

Martelli 1930 = Vincenzo Martelli: Vocabolario lugodorese — campidanese — italiano. Cagliari 1930 [267 S.].

Mistral 1879—1886 = Frédéric Mistral: Lou tresor dóu Felibrige ou Dictionnaire provençal—français. 2 vol. Aix-en-Provence 1879—1886 [Nachdruck mit Einleitung von Jean-Claude Bouvier. Aix-en-Provence 1979, 2360 S.].

Moulis 1978 = Adelin Moulis: Dictionnaire languedocien—français. Verniolle 1978 [313 S.].

Muzzo 1953 = Giosuè Muzzo: Vocabolario dialettale sassarese — italiano e italiano — sassarese. Sassari 1953.

Palay 1974 = Simin Palay: Dictionnaire du béarnais et du gascon modernes. Paris 1974 [1. Aufl. 1963; 3. Aufl. 1980, 1052 S.].

Pallioppi 1902 = Emil Pallioppi: Wörterbuch der romanischen Mundarten des Ober- und Unterengadins, des Münsterthales, von Bergün und Filisur mit besonderer Berücksichtigung der oberengadinischen Mundart. Samedan 1902 [deutsch-rätoromanisch] [986 S.].

Pallioppi/Pallioppi 1895 = Zaccaria Pallioppi/Emil Pallioppi: Dizionari dels idioms romauntschs d'Engiadin'ota e bassa, delle Val Müstair, da Bravuogn e Filisur con particulera consideraziun del idiom d'Engiadin'ota. Samedan 1895 [rätoromanisch—deutsch] [824 S.].

Peer 1962 = Oscar Peer: Dicziunari rumantsch ladin — tudais-ch. Cuoira 1962 [600 S.].

Pirona 1871 = Jacopo Pirona: Vocabolario friulano. Venezia 1871.

Pirona/Carletti/Corgnali 1972 = G. A. Pirona/E. Carletti/G. B. Corgnali: Il nuovo Pirona. Udine 1972 [Erste Ausgabe 1935] [XXIX, 1534 S.].

Pizzinini 1966 = Antone Pizzinini: Parores ladines. Vokabulare badiot — tudĕsk, ergänzt und überarbeitet von Guntram Plangg. Innsbruck 1966 [LXII, 201 S.].

Porru 1832 = Vincenzo Porru: Nou Dizionariu Universali Sardu — Italianu. Casteddu 1832 [1427 S.].

Raynouard 1838—1844 = François Raynouard: Lexique roman ou dictionnaire de la langue des Troubadours. 6 vol. Paris 1838—1844 [Neudruck Heidelberg 1928—1929].

REW = Wilhelm Meyer-Lübke: Romanisches etymologisches Wörterbuch. 3. Aufl. Heidelberg 1935 [XXXI, 1204 S. Nachdr. 1972].

Rourret 1981 = Robert Rourret: Dictionnaire français — occitan provençal. Nîmes 1981 [487 S.].

Sale 1729 = Flaminio da Sale: Fundamenti principali della lingua retica o griggiona. Disentis 1729.

Sechia 1744 = Bastian Sechia: Der, die, das oder nomenclatura quala contegna in orden alfabetic ils noms substantivs tudaischs. Scuol 1744.

Sonder/Grisch 1970 = Ambros Sonder/Mena Grisch: Vocabulari da Surmeir (rumantsch — tudestg/tudestg — rumantsch). Coira 1970 [XL, 272, 192 S.].

Spano 1851 = Giovanni Spano: Vocabolario sardo — italiano e italiano — sardo. Cagliari 1851.

Usai 1977 = Andrea Usai: Vocabolario tempiese — italiano/italiano — tempiese. Sassari 1977.

Vieli 1938 = Ramun Vieli: Vocabulari scursaniu romontsch — tudestg. Mustér 1938 [280 S.].

Vieli 1944 = Ramun Vieli: Vocabulari romontsch (tudestg — romontsch). Cuera 1944 [915 S.].

Vieli/Decurtins 1962 = Ramun Vieli/Alexi Decurtins: Vocabulari romontsch sursilvan — tudestg. Cuera 1962 [XXXVIII, 831 S.].

Vieli/Decurtins 1975 = Ramun Vieli/Alexi Decurtins: Vocabulari romontsch (tudestg — romontsch). Cuera 1975 [LXXII, 1292 S.].

5.2. Sonstige Literatur

Baldinger 1983 = Kurt Baldinger: Complément bibliographique au Provenzalisches Supplement-Wörterbuch d'Emil Levy: Sources — datations. Genève 1983.

Bartoli 1906 = Matteo Giulio Bartoli: Das Dalmatische. 2 vol. Wien 1906.

Bec 1973 = Pierre Bec: La langue occitane. Paris 1973.

Bouvier 1979 = Jean-Claude Bouvier: Préface zu Mistral 1979.

Decurtins 1888—1919 = Caspar Decurtins: Rätoromanische Chrestomathie. 12 vol. Erlangen 1888—1919 [Nachdruck in 14 Bänden, Chur 1983—1985].

Elwert 1979 = Wilhelm Theodor Elwert: Die romanischen Sprachen und Literaturen. München 1979.

Gadola 1960 = Guilelm Gadola: B. Carigiet. In: Ischi 45. 1959, 5—41; 46. 1960, 70—157.

Gartner 1879 = Theodor Gartner: Die Gredner Mundart. Linz 1879 [Neudruck Walluf 1979].

Gartner 1904 = Theodor Gartner: Die rätoromanischen Mundarten. In: Gustav Gröber (Hrsg.): Grundriß der romanischen Philologie 1. Straßburg 1904, 608—636.

Holtus 1986 = Günter Holtus: Der „Dicziunari rumantsch grischun" im Vergleich. In: Raetia antiqua et moderna. W. Th. Elwert zum 80. Geburtstag. Hg. v. G. Holtus/K. Ringger. Tübingen 1986, 247—262.

Keller 1959 = Hans Erich Keller: La valeur du Tresor dóu Felibrige pour les études lexicologiques occitanes. In: Revue de linguistique romane 23. 1959, 131—143.

Kramer 1978 = Johannes Kramer: Historische Grammatik des Dolomitenladinischen — Formenlehre. Gerbrunn 1978.

Kramer 1979 = Johannes Kramer: Ideologie und Orthographie. In: Balkan-Archiv 3. 1979, 129—158.

Kramer 1982 = Johannes Kramer: Rezension zu Ebneter 1981. In: Romanistisches Jahrbuch 33. 1982, 185—187.

Kramer 1985 = Johannes Kramer: Antike Sprachform und moderne Normsprache. In: Balkan-Archiv 10. 1985, 9—117.

Kremnitz 1974 = Georg Kremnitz: Versuche zur Kodifizierung des Okzitanischen seit dem 19. Jh. und ihre Annahme durch die Sprecher. Tübingen 1974.

Pfister 1985 = Max Pfister: Entstehung, Verbreitung und Charakteristik des Zentral- und Ostalpen-Romanischen vor dem 12. Jh. In: Helmut Beumann/Werner Schröder (Hrsg.): Frühmittelalterliche Ethnogenese im Alpenraum. Sigmaringen 1985.

Rohlfs 1966 = Gerhard Rohlfs: Einführung in das Studium der romanischen Philologie. Heidelberg 1966.

Schmid 1982 = Heinrich Schmid: Richtlinien für die Gestaltung einer gesamtbündnerromanischen Schriftsprache Rumantsch Grischun. Chur 1982.

Soglian 1937 = G. Soglian: Il dalmatico a Cittavecchia di Lesina e sulle isole adiacenti. Zara 1937.

Sternbeck 1887 = Hermann Sternbeck: Unrichtige Wortaufstellungen und Wortdeutungen in Raynouard's Lexique roman. [Diss.] Berlin 1887.

Stichel 1890 = Karl Stichel: Beiträge zur Lexikographie des altprovenzalischen Verbums. Marburg 1890.

Tagliavini 1973 = Carlo Tagliavini: Einführung in die romanische Philologie. München 1973.

Vinja 1959—1967 = Vojmir Vinja: Contributions dalmates au REW de W. Meyer-Lübke. In: Revue de linguistique romane 21. 1957, 249—269; Studia romanica et anglica zagrabiensia 8. 1959, 17—34; 23. 1967, 119—135.

Vinja 1972—1974 = Vojmir Vinja: Romanica et Dalmatica dans le premier dictionnaire étymologique croate ou serbe. In: Studia romanica et anglica zagrabiensia 33—36. 1972—1973, 547—571; 37. 1974, 149—185.

Wartburg 1944 = Walther von Wartburg: Der Tresor dóu Felibrige und die romanische Sprachwissenschaft. In: Zeitschrift für romanische Philologie 64. 1944, 569—572.

Johannes Kramer, Siegen
(Bundesrepublik Deutschland)

191. Judenspanische Lexikographie

1. Vorbemerkung
2. Wörterbücher hebräisch — ladino
3. Wörterbücher judenspanisch — fremdsprachig
4. Wörterbuchmanuskripte
5. Wissenschaftliche Arbeiten
6. Literatur (in Auswahl)

1. Vorbemerkung

Vor nahezu 80 Jahren schrieb Wagner (1909, 496) zur judenspanischen (=jsp) Lexikographie: „Als letztes Ziel stelle ich mir ein vergleichendes Wörterbuch der spaniolischen Dialekte vor." Aus diesem wissenschaftlichen Anliegen ist leider nichts geworden (geringes Interesse der Wissenschaft, Holocaust), aber auch mit Wörterbüchern für praktische Zwecke ist es nicht gerade gut bestellt. Eine Rolle spielt dabei auch das geringe Prestige, das die Sprache bei den meisten Sprechern genoß: für den „konservativen" Spaniolen war von jeher das Hebräische die Kultursprache par excellence, während für den „aufgeklärten" Sprecher seit der Mitte des letzten Jh. das Französische Bildungssprache war (später zusätzlich die Nationalsprache des Gastlandes). — Folgende Arten von Lexika sind also denkbar und erwünscht: (a) hebräisch — „einheimisch" (hier: ladino) und (b) jsp — fremdsprachlich (jsp — französisch; jsp — türkisch; jsp — griechisch usw.).

2. Wörterbücher hebräisch — ladino

Zum Erlernen des Hebräischen bediente man sich einer wortwörtlichen Übersetzung der Sakraltexte (Gebete, Bibel, Talmud) in die jeweilige jüdische Umgangssprache. Die so entstandene Hilfssprache, die — schnell fixiert — sich vor allem syntaktisch, und bis zu einem gewissen Grad morphologisch wie auch lexikalisch, von der sich stetig verändernden Normalsprache unterscheidet, heißt im Falle des Jsp „Ladino" (Sephiha 1979, 17). Aus der Bedeutung des Hebräischen erklärt es sich, daß schon früh Wörterbücher des Typs hebräisch — ladino auftauchen. — Das älteste bekannte Werk ist das *Séfär Ḥéšäq Š·lomoh* [...] („Salomos Lust") [des Jakob Lumbroso?], das zuerst 1588 in Venedig erschien und bis 1646 drei weitere Auflagen erlebte (Grünbaum 1896, 9). In Amsterdam unter portugiesisch-sprachigen Juden, die im Unterricht aber Ladino verwendeten, kam 1682 das Büchlein *Séfär Es Hajjim* [...] („Lebensbaum") des Salomo de Oliveyra heraus (Grünbaum 1896, 9). Ein drittes Ladino-Lexikon wurde unter dem Titel *'Osar divrej l·šon ha-qódäš* [...] („Wortschatz der Heiligen Sprache") 1855 in Konstantinopel durch den Missionar William Gottlieb Schauffler veröffentlicht (Grünbaum 1896, 10; Sephiha 1973, 609).

3. Wörterbücher judenspanisch — fremdsprachig

Der Verbreitung des Französischen diente das zweibändige Lexikon des Salomon Israel Cherezli *Nouveau petit dictionnaire judéo-espagnol — français* mit insgesamt 232 S. in 16°, Jerusalem 1898/99 (Wagner 1909, 499). Für bulgarische Juden gedacht war das Wörterbuch des Albert D. Pipano *Diksionario judeo-espanyol — bulgaro*, Sofia 1913, 160 S. (Markus 1965, 155), während es sich bei Menahem Mošäh *Millon kis j·hudi — s·faradi — 'ivri*, Saloniki 1934, um ein Hilfsmittel zur Erlernung des modernen Hebräisch handelt (Markus 1965, 155; Lazar 1976, 32).

4. Wörterbuchmanuskripte

Die Nachfrage nach jsp — fremdsprachigen Lexika indes kann schon wegen des zahlenmäßig begrenzten Publikums nie sehr groß gewesen sein; daher ist so manches Projekt auf diesem Gebiet Manuskript geblieben. Dies ist der Fall bei dem mehrfach erwähnten jsp-hebräisch-französischen Vokabular des Jakob Kabuli, Ismir 19. Jh. (Lazar 1976, 33; Pascual Recuero 1977, V). Gleichfalls in Ismir, ca. 1900, wurde, wie es bereits bei Wagner (1909, 500) heißt, von Nissim Jehuda Pardo ein Wörterbuch des Spanischen der türkischen Juden vorbereitet (jsp—frz). Beide Manuskripte befinden sich im *Ben-Zvi-Institut* (=BZI) in Jerusalem (Lazar 1976, 32—33). Andere Manuskripte lagern in Madrid beim *Instituto de Estudios Sefardies* (=IES), z. B. ein *Diccionario judeoespañol* von Michael Molho sowie das jsp Wörterbuch von Ovadia Camhy (Hassán 1971, 468). Michael Molho hat dem IES außerdem ein Lexikon der Turkismen wie auch der Hebraismen des Jsp als Manuskript hinterlassen (Molho 1964, 334). Schließlich lagert dort auch das ca. 40 000 Karteikarten umfassende Korpus für ein von C. M. Crews projektiertes jsp-englisches Wörterbuch (Crews 1979, 301 f.). In Zagreb befindet sich das Manuskript einer 1933 von S. Romano verteidigten

Diss. *Dictionnaire judéo-espagnol parlé-français-allemand* (Sala 1976, 12).

5. Wissenschaftliche Arbeiten

Beide Institutionen (BZI und IES) haben sich die Aufgabe gestellt, den Wortschatz des Jsp umfassend zu dokumentieren. Dem IES geht es in erster Linie um die Erfassung der „gesprochenen" Sprache, weswegen Wert darauf gelegt wird, Manuskripte wie die genannten zu erwerben, die von muttersprachlichen Sprechern kompiliert wurden. Die verschiedenen Mss. sollen ediert und Teil einer „Tesoro Lexicográfico Judeoespañol" genannten Reihe bilden. Schließlich ist an die Erstellung eines „definitiven" Wörterbuchs gedacht (Pérez Castro/Hassán 1963, 341). Erschienen ist erst ein Lexikon, nämlich das *Dictionnaire du judéo-espagnol* von Joseph Nehama (Nehama 1977). Dieses Wörterbuch des salonizensischen Jsp ist weit mehr als nur ein Glossar, da es eine Fülle volkskundlicher und religiöser Hinweise zum Leben der ehemaligen jüdischen Metropole Saloniki bietet (Sephiha 1978, 211). — Am BZI ist hingegen geplant, den Wortschatz der jsp Literatur insgesamt auszuwerten. Nach ca. 15jähriger Arbeit erschien 1976 ein von Mošäh Lazar et al. verfaßter Probeband (Lazar 1976), der den Buchstaben „Gimel" mit ca. 800 Einträgen umfaßt. In der hebräischen Einleitung findet man auf S. 24—33 eine Liste der benutzten Quellen; dabei handelt es sich um Grammatiken, Wörterbücher, Periodika, Handschriften usw., die am BZI greifbar sind. — Viel Material zur jsp Lexikographie ist auch in Monographien und Aufsätzen vorhanden. Hier sei nur auf einige ganz wichtige Arbeiten hingewiesen: Wagner (1914; 1950) und Crews (1935; 1955—56; 1957, 61; 1959; 1979), ferner Luria (1930) und Benoliel (1977). Für den Wortschatz des Ladino ist Sephiha (1973) zu beachten.

6. Literatur (in Auswahl)

6.1. Wörterbücher

Lazar 1976 = Mošäh Lazar et al.: Diccionario ladino-hebreo con glosario ladino-español. Fascículo de muestra (Letra guímel). Jerusalem 1976 [LXXII S. in lateinischen Lettern, 111 S. in hebräischen; ladino bedeutet hier jsp!].

Nehama 1977 = Joseph Nehama: Dictionnaire du judéo-espagnol. Madrid 1977 [XV, 7*, 609 S. in 3 Spalten].

Pascual Recuero 1977 = Pascual Pascual Recuero: Diccionario básico ladino-español. Barcelona 1977 [XVIII, 153 S.; ladino bedeutet hier jsp!].

6.2. Sonstige Literatur

Benoliel 1977 = José Benoliel: Dialecto judeo-hispano-marroquí o hakitía. Madrid 1977.

Crews 1935 = Cynthia M. Crews: Recherches sur le judéo-espagnol dans les pays Balkaniques. Paris 1935.

Crews 1955—56 = Cynthia M. Crews: Notes on Judaeo-Spanish. I—III. In: Proceedings of the Leeds Philosophical and Literary Society 7. 1955, 192—199 und 217—230; 8. 1956, 1—18.

Crews 1957, 61 = Cynthia M. Crews: Miscellanea Hispano-Judaica. In: Vox Romanica 16. 1957, 224—245; 20. 1961, 13—38.

Crews 1959 = Cynthia M. Crews: Extracts from the *Meam Loez* (Genesis) with a Translation and a Glossary. In: Proceedings of the Leeds Philosophical and Literary Society 9. 1959, 13—106.

Crews 1979 = "Miscelánea Crews". Estudios Sefardíes. Anejo de Sefarad 2. 1979.

Grünbaum 1896 = Max Grünbaum: Jüdisch-spanische Chrestomathie. Frankfurt a. Main 1896.

Hassán 1971 = Iacob M. Hassán: Ciclo de conferencias sobre léxico sefardí. In: Sefarad 31. 1971, 466—468.

Luria 1930 = Max A. Luria: A Study of the Monastir Dialect of Judeo-Spanish Based on Oral Material Collected in Monastir, Yougo-Slavia. In: Revue Hispanique 79. 1930, 323—583.

Markus 1965 = Šim'on Markus: Ha-śafah ha-s·faradit-j·hudit b·seruf r·šimat ha-pirsumim w·hamähqarim 'al šaf'ah zo. Jerusalem 1965.

Molho 1964 = Michael Molho: Penetración de extranjerismos en el español de Oriente. In: Presente y futuro de la lengua española. Actas de la Asamblea de Filología del I Congreso de Instituciones Hispánicas. Vol. I. Madrid 1964, 325—334.

Pérez Castro/Hassán 1963 = Federico Pérez Castro/Iacob M. Hassán: Actividades del Instituto de Estudios Sefardíes — Tesoro Lexicográfico Judeoespañol. In: Sefarad 23. 1963, 339—342.

Sala 1976 = Marius Sala: Le Judéo-Espagnol. The Hague. Paris 1976.

Sephiha 1973 = Haïm Vidal Sephiha: Le ladino (judéo-espagnol calque): „Deutéronome", version de Constantinople (1547) et de Ferrare (1553). Édition, étude linguistique et lexique. Paris 1973.

Sephiha 1978 = Haïm Vidal Sephiha: Tandis que la langue agonise les dictionnaires se multiplient. In: Revue des Études Juives 137. 1978, 205—214.

Sephiha 1979 = Haïm Vidal Sephiha: L'agonie des Judéo-Espagnols. Paris 1979.

Wagner 1909 = Max Leopold Wagner: Los Judíos de Levante. Ein kritischer Rückblick bis 1907. In: Revue de Dialectologie Romane 1. 1909, 470—506.

Wagner 1914 = Max Leopold Wagner: Beiträge zur Kenntnis des Judenspanischen von Konstantinopel. Wien 1914.

Wagner 1950 = Max Leopold Wagner: Espigueo judeo-español. In: Revista de Filología Española 34. 1950, 9—106.

Heinrich Kohring, Tübingen (Bundesrepublik Deutschland)

XIX. Lexikographie der Einzelsprachen III: Die germanischen Sprachen
Lexicography of Individual Languages III: The Germanic Languages
Lexicographie des langues particulières III: Les langues germaniques

192. Gotische Lexikographie

1. Voraussetzungen
2. Geschichtlicher Überblick über gotische Wörterbücher
3. Folgerungen
4. Literatur (in Auswahl)

1. Voraussetzungen

Mit den Goten ist auch ihre Sprache untergegangen, doch sind mehr als 3000 Wörter in den Überresten der Wulfila-Bibel (und kleinerer Sprachdenkmäler aus kirchlichem Umkreis) in gotischer Schrift bezeugt.

Bibelgotisch ist authentisches Gotisch. Die wenigen außerbiblischen gotischen Wörter in andern Quellen müssen von Fall zu Fall als solche verifiziert werden. Sie sind manchmal in lateinischen Texten (z. B. bei Jordanes *baltha id est audax*), kaum in griechischen überliefert (wohl βάλας, 'Pferd mit Blesse' bei Prokop). Gotische Personennamen, die in griechischer und vor allem lateinischer Transkription zahlreich vorliegen, gestatten bedingt Rückschlüsse auf unbelegte Simplicia (z. B. findet sich die Waffenbezeichnung germanisch **gaiza-*/dt. *Ger* nur als Namenglied vor, wie in *Radagaisus*). Frei nicht bezeugte gotische Wörter lassen sich auch aus Zusammensetzungen und Ableitungen erschließen (z. B. **baurd* 'Brett' aus *fotubaurd* 'Schemel'; **nats* 'naß' aus *natjan* 'netzen'). Schließlich sind gotische Wörter rekonstruierbar auf Grund von nachlebenden Entlehnungen in nichtgotische, hauptsächlich romanische Sprachen; Meyer-Lübke 1935 zählte deren 120. Ein spätes, problemvolles Dokument ist die krimgotische Wortliste aus dem 16. Jh. mit rund 90 Wörtern. Keinen lexikalischen Ertrag bringen spärliche und fragliche Runeninschriften, ausgenommen das Adjektiv *hailag* Neutrum (Pietroassa), welches im Bibeltext, wo *weihs* ἅγιος und für ἱερός steht, nicht vorkommt. Die Lexikographie des Gotischen darf nicht auf methodisch rekonstruierte, sie muß auf dokumentierte Wörter bauen, das heißt: auf das Bibelgotische. Dieses ist lexikalisch in vielem, jedoch nicht in allem repräsentativ für das Gotische schlechthin. Es umfaßt einen Auswahlwortschatz; es spiegelt als Übersetzungstext die griechische Vorlage, im wesentlichen Evangelien und Paulusbriefe; es zeigt neue Wortbildungen und quellenbedingte Bedeutungsverlagerungen bei manchen Erbwörtern. Da die gotischen Codices durchweg fragmentarisch überkommen sind, ist das Wortmaterial der gotischen Version nur partiell bekannt. So fehlen aus dem religiös neutralen Grundwortschatz u. a. gewisse Sach- und Tierbezeichnungen, die in den Evangelien vorkommen, gotischerseits, da sie mit den verschwundenen Blättern des Codex Argenteus Upsaliensis verloren sind (z. B. für *Angel, Tränke, Südwind; Mücke, Rabe, Sperling*). Obwohl also lückenhaft erhalten, vermag doch der gotische Wortschatz Wörterbücher zu füllen. Das reine Textwörterbuch (wie Streitberg 1910) bringt den bibelgotischen Wortbestand. Das etymologische Wörterbuch interessiert sich auch für die außerbiblischen Wörter (wie Feist ab 1920 und Holthausen 1934, beide aber unvollständig, u. a. fehlen die volkssprachigen Begriffe aus den westgot. Legestexten); deren Erforschung ist noch im Gange. — Der sprachwissenschaftliche Zugang zum verstummten gotischen Wort erfolgt auf zwei komplementären Wegen: erstens über das Bibelgriechische, zweitens über inner- und außergermanischen Sprachvergleich. Eine ganzheitliche Lexikographie des Gotischen erfordert beide Blickrichtungen, doch sind die zweierlei Ansätze hinsichtlich ihrer Prämissen und ihres Erkenntniswertes streng zu unterscheiden und nur mit methodischer Sorgfalt zu kombinieren. — Da der Gote die heiligen Bücher gemäß dem zeitüblichen Literalismus in der *verbum-de-verbo*-Praxis übersetzt, ist in der Regel das gotische Einzelwort durch das stellengleiche griechische Einzelwort inhaltlich (und weithin syntaktisch) bestimmbar. Die grundsätzlich gebotene Bedeutungsermittlung durch Befragung der Übersetzungsvorlage hat ihre Grenze dort, wo die griechische Lesart oder der griechische

Wortsinn unsicher ist (z. B. beim Adjektiv *sinteins* in der Brotbitte des Vaterunsers. Es ist zwar etymologisierbar, aber sein begrifflicher Wert an der Stelle ist so ungewiß wie der des mehrdeutigen schwierigen Quellenwortes ἐπιούσιος). Der Gleichlauf Wort für Wort erfährt geringfügige Modifikationen durch grammatisch geforderte Abweichungen (z. B. im Artikelgebrauch) sowie bei Übersetzung eines Einzelwortes durch eine Zweiwort-Einheit (z. B. ἀποκεφαλίζειν/*decollare* gegenüber *haubiþ afmaitan* 'Kopf abschneiden') oder umgekehrt (z. B. *gudaskauni* 'Gottgestalt' für μορφὴ θεοῦ/*forma Dei*). Eins zu eins — das Verhältnis waltet vor von Satz zu Satz, gilt aber infolge der beiderseitigen, je spracheigenen Fälle von Polysemie und Synonymie sowie der Neigung des Goten zu variierender Wortwiedergabe nicht für das gotische Lexikon im ganzen. Einem gotischen Lemma können mehrere griechische Äquivalente, einem griechischen Wort mehrere gotische entsprechen, je nach semantischen Nuancen oder Ambiguitäten. Der Benützer eines gotischen Wörterbuchs muß wissen, daß der Lexikograph nur bibelgotische Bedeutungen nachweisen kann, diese aber nicht allemal übereinstimmen mit den Wortinhalten der unbezeugten gotischen Alltagssprache. So dient das Nomen *kindins*, an Etymon und Suffix kenntlich als Appellativum für den Oberen eines Verbandes, zur Amtsbezeichnung für den kaiserlich-römischen Prokurator Pilatus anstelle von ἡγεμών/*praes*. Da unklar ist, welcherlei Rang und Amt ein gentiler gotischer *kindins* innehatte, entfällt für das gotische Wörterbuch ein geschichtswirkliches Bedeutungsäquivalent. σταυρός bezeichnet im Neuen Testament nur das Kreuz als Exekutionsinstrument (auch metaphorisch), gotisch steht dafür *galga*. Die vor- und außerbiblische Bedeutung von *galga* ist zwar evident (analog der westgermanischen/nordgermanischen Sachlage), aber unbelegt, also muß das Wörterbuch zurückhaltend eintragen: *galga* 'Kreuz'. Das Adjektiv *bleiþs* mit Derivaten gehört bibelgotisch ins Feld 'Güte, Barmherzigkeit'. In anderen alt- und neugermanischen Sprachen bedeutet *blîd-* 'froh, heiter' mit Tendenz zu 'freundlich'. Unbekannt ist, welchen Sinn das gotische Adjektiv im gotischen Alltag hatte. Ist die Bedeutungsverlagerung als Übersetzungsbehelf oder ohnehin erfolgt? Beides ist möglich, verbürgen kann sich das Wörterbuch nur für φιλάγαθος und οἰκτίρμων.

2. Geschichtlicher Überblick über gotische Wörterbücher

Der im 16. Jh. aufgefundene Codex Argenteus weckte das Interesse am gotischen Wort, und zwar zunächst bei niederländischen Humanisten des 16./17. Jhs.

Das erste Lexikon hat 1665 Franciscus Junius, der überragende Germanist des 17. Jhs., zugleich Erstherausgeber des Codex Argenteus, abgefaßt: Lemmata in gotischer Schrift, lateinische Bedeutungsäquivalente (oft Satzglieder), okkasionelle sprachvergleichende Bemerkungen gemäß dem damaligen Stand; eine bewundernswerte Pionierarbeit, obwohl nicht frei von irrtümlichen Lesungen, Worttrennungen und falschen Etymologien. Inhaltlich steht diesem Glossarium das transkribierende von Stiernhielm (1670) recht nahe: wörtliche Übernahme, daneben bessernde sowie fehlgehende Abweichungen. Knittel (1762?) hat seiner Ausgabe der Wolfenbütteler Paulusfragmente ein Textglossar mit lateinischen und griechischen Äquivalenten beigegeben. Die Tendenz zu verstärktem und mehr systematischem Sprachvergleich zeigt sich in zwei nicht eigens gotischen, jedoch das Gotische einschließenden großen Wörterbüchern des 18. Jhs.: der Schwede Ihre (1769) führt das 'Moesogotische' in seinem wortgeschichtlichen schwedischen Glossarium, und der Engländer Lye (1772) läßt in seinem kombinierten Dictionarium angelsächsische und (in gotischen Lettern) gotische Lemmata alphabetisch fortlaufend einander folgen. — Die frühen gotisch-lateinischen Glossare informieren über Bedeutung und (noch oft irrend) Verwandtschaft eines Wortes, ohne dieses auch grammatisch zu kategorisieren. Wortart und Syntax ergaben sich für den damaligen Benützer aus den lateinischen Parallelen, die erforderlichenfalls als Syntagmen bzw. Phrasen und in der vertrauten biblischen Diktion angeführt waren. Stellennachweise erfolgten in Auswahl, bei Knittel vollständig. Das Glossar Reinwalds (1805), des ersten deutschsprachigen gotischen Lexikographen, ist nur Textwörterbuch; es notiert zum Lemma auch die Flexionsklasse. Gleichwohl gehört es noch in die alte Wörterbuch-Ära. Von der gotischen Lexikographie des 17. und 18. Jhs. unterscheidet sich diejenige des 19. und 20. Jhs. mehrfach. Der Quellenbereich ist verdoppelt nach Auffindung der Mailänder Paulus-Fragmente. Ehemalige Lesungen des Codex Argenteus werden korrigiert. Die historische Sprachforschung wird methodisch. Man trennt nach und nach zwischen textbezogenen und vergleichenden Wörterbüchern. Grammatische Bestimmungen bezüglich Wortart, Flexionsklasse und Syntax werden grundsätzlich üblich, aber in verschiedenartiger Auswahl praktiziert. Als wichtige Textwörterbücher sind (ohne die Teilglossare Castigliones und Massmanns) die folgenden zu erwähnen: Gabelentz/Loebe (1843) wiesen den Weg. Zwar führen sie noch in Klammern etymologische Gleichungen (germanisch, lateinisch, griechisch), doch vorrangig richten sie ihr Augenmerk auf die Gegebenheiten von Text und Übersetzung. Zum gotischen Lemma geben sie neben der deutschen Bedeutung alle bibelgriechischen Entsprechungen an. Viele Belege sind zitiert, sämtliche Belegstellen registriert (nach damaliger Textkenntnis). Die grammatische Information bleibt in bedachten Grenzen. Auch Schulze (1848) gibt griechische und deutsche Bedeutungen sowie einen totalen Stellennachweis, dazu verbucht er in einer nie vorher noch seither dagewesenen Fülle die Syntagmen und Phrasen, in welche eingebunden das Lemmawort vorkommt; die mühsame Erhebung macht den Wert des Buches aus. Diese beiden einst bahnbrechenden Lexika sind innerhalb des Alphabets etymologisch geordnet (also *dragk* Neutrum unter **drigkan**). Schulze hat 1867 ein kurzgefaßtes, nicht vorteilhaft umgearbeitetes, leicht etymologisierendes Wörterbuch nachfolgen lassen. — Keine lexikongeschichtliche Bedeutung kommt den editionsbegleitenden Glossaren von Massmann (1857) und Stamm (ab 1858) zu. Auf Massmann und Schulze gründet Skeat (1868) sein kaum weiterführendes gotisch-englisches Wörterbuch (ohne Griechisch) mit einer etymologisch bedingten englisch-gotischen Wortliste. Streitbergs Wörterbuch (ab 1910) begleitet seine neue Ausgabe (ab 1908). Obwohl nun weder seine rekonstruierte griechische „Vorlage" in allem gesichert ist noch die Lesungen der gotischen Palimpseste in jeder Einzelheit zweifelsfrei feststehen, ist doch Streitbergs Wörterbuch das bisher beste und nützlichste: Bedeutungen griechisch und deutsch; formale Bestimmungen und syntaktische Vermerke in meist zureichender Auswahl; Stellenangaben je nach Häufigkeit beschränkt. Was Streitberg nicht bietet, nämlich Vollständigkeit bezüglich des überlieferten Formenbestandes sowie lückenlosen Stellennachweis, das liegt heute bereit bei Tollenaere/Jones (1976), deren (nicht lemmatisierte) an Streitbergs Text gebundene Word-Indices vielfache Auskunft geben. In jeder Hinsicht unzulänglich ist Regan 1974. Vorläufig ist Streitberg das Schlußglied der bibelgotischen Lexikographie. — Mit der historisch-vergleichenden Sprachwissenschaft entfaltete sich im 19. Jh. die gotische Etymologie, Germanistik und Indogermanistik verklammernd. Das erste umfassende, ein mit Materialien fast überbürdetes gotisches etymologisches Wörterbuch brachte Diefenbach 1851 heraus. Schmaler konzipiert, Fortschritte und Irrtümer zeigend, kam 1896 Uhlenbecks etymologisches Wörterbuch. Zu dessen Korrektur und Ergänzung sollten von Grienbergers lexikonähnliche wortkundliche Untersuchungen (1900) dienen. Diese Vorläufer wurden alle überholt von Feist, der sich fünfzig Jahre lang der gotischen Etymologie gewidmet hat. Sein Wörterbuch erreichte drei Auflagen (1909, 1920/23, 1939). Seine Artikel sind exakt und instruktiv aufgebaut: Das Lemma mit Wortfamilie und (ab 1920) griechischen Bedeutungen, dann die germanischen Entsprechungen, schließlich die indogermanischen Gleichungen mit ausgewählter Literatur, auch mit Kontroversen. Feist hat mit der Forschung schrittgehalten bis 1939, eine Fortführung versuchten 1977 Devlamminck/Jucquois. Holthausens etymologisches Wörterbuch (1934) geht in wenigem (u. a. mit nicht-biblischen Eigennamen) über Feist hinaus, im ganzen bietet er weit weniger Information. Eine Weiterführung und zugleich Neufassung von Feists dritter Auflage hat Winfred P. Lehmann vorgenommen. Sein Gothic etymological Dictionary (1986) ist das nunmehr modernste und informativste Arbeitsinstrument für den gotisch interessierten Worthistoriker; die reichhaltige Bibliographie ist nicht ganz ausgewogen, die speziell innergermanische Wort/Sach-Kunde kommt im Verhältnis zur außergermanischen Forschung etwas zu kurz. — Nicht eigentlich auf Etymologie, sondern auf (hauptsächlich innergermanischen) Sprachvergleich angelegt ist das unausgereifte Comparative Glossary von Balg (1887—1889). — Einem etymologischen Wörterbuch nahe steht das Namenbuch von Piel/Kremer (1976), insofern es die hispanogotischen Eigennamen etymologisierend ausgliedert. Schließlich gibt es zweisprachige Wörterbücher in Gegenrichtung: nichtgotisches Lemma mit gotischen Entsprechung(en). Sie beruhen auf Umkehr jenes Lemma + Bedeutung-Schemas, welches im eigentlich gotischen Lexikon zur Interpretation des gotischen Wortes dient. Der scheinbare Ausgangswortschatz spiegelt im Grunde den gotischen Wortbestand nach Umfang und Inhalten. Diese schlichten Wörterbücher haben nur bedingten semasiologischen Wert, da es bei der Umkehrung je nach Feldstruktur zu bedeutungsverlagernden Paraphrasen kommen kann, vielmehr haben sie eine Hilfsfunktion als Einweiser ins direkt gotische Lexikon. Eine Umkehrliste hat fürs Englische Skeat (1868) unter dem Gesichtspunkt etymologischer Relevanz hergestellt. Semantisch orientiert ist das deutsch-gotische Wörterbuch Prieses (zuerst 1890) mit sachgruppierten Wortlisten im Anhang, eher eine Liebhaberarbeit, sowie das lexikologisch weit kompetentere niederländisch-gotische Wörterbuch von Heinsius (1893). Das lateinisch-gotische Wörterbuch Köblers (1972) leidet an allzu vielen unzutreffenden Gleichsetzungen, die semantisch oder formal nicht stimmen, denn es ist nicht aus unmittelbarem gotisch-lateinischem Sprach- und Textvergleich erarbeitet, sondern kompiliert unter Heranziehung einer griechisch-lateinischen Konkordanz. Ein lexikologisch und grammatisch fundiertes griechisch-gotisches Lexikon vermöchte es, die historische Beziehung zwischen der einstigen Ausgangs- und der einstigen Zielsprache analogisch zu vergegenwärtigen. Da Streitberg sein geplantes griechisch-gotisches Wörterbuch nicht herausgebracht hat, ist man vorderhand noch auf Gabelentz/Loebe (1843) oder neuerdings Puryear (1965) angewiesen. Ein problemumfassendes, wort- und begriffskundlich sorgfältiges griechisch-gotisches Wörterbuch, von dem Philologen und Theologen ihren Nutzen hätten, steht noch aus. — Die gotische Lexikographie umspannt 300 Jahre, sie hatte von Anfang an (Niederlande, Schweden, England) übernationale Tragweite. Die Entwicklung führte von der lateinischen Beschreibungssprache zur (jeweils) lebenden; führte von lateinischen Bedeutungsgleichungen zu sowohl nationalsprachlichen wie auch griechischen, mithin bezüglich der Äquivalenteneintragung vom zweisprachigen zum dreisprachigen Wörterbuch. Der gotische Wortlaut, am Beginn mit gotischen Lettern gedruckt, erscheint später in Transkription, wobei der heute verbindliche Standard erst im 20. Jh. voll erreicht worden ist. Die Alphabetisierung erfolgte anfangs in griechischer/gotischer (A—B—G—D), dann allmählich in römischer (A—B—D—E) Ordnung. Die gotischen Sonderzeichen wurden unterschiedlich eingefügt. Langsam ging die Standardisierung der Lemmaformen voran. Mangels einer beschreibenden und konventionschaffenden gotischen Grammatik und bei noch begrenzter Handschriftenkenntnis führte man ablautende Präterita, oblique Kasusformen oder schwache Adjektivformen als Lemmata auf, teils aus Not, teils dem Benützer zu Hilfe. Die grammatische Kategorisierung des Lemma-Wortes beginnt konsequent erst im 19. Jh., Vermerke zur Syntax, z. B. Verbalrektion, folgen allmählich. (Auch heute noch kann in Fällen lükkenhaft bezeugten Formenbestandes die grammatische Klassifizierung entfallen).

3. Folgerungen

Während gotische Lexikographie bis ins 19. Jh. außer in der engeren Gelehrtenwelt auch manchmal bei Allgemeingebildeten, darunter sprachgenealogisch und altertumskundlich Interessierten, eine gewisse Aufmerksamkeit gefunden hat, wird gegenwärtig ein gotisches Wörterbuch nur von sprachwissenschaftlichen, speziell sprachhistorischen Fachleuten konsultiert. Das Fragespektrum ist breit. Dasjenige gotische Wörterbuch, welches die Informationsbedürfnisse der Lexikologen, der Grammatiker, der Sprachvergleicher, der Text- und Bibelphilologen zugleich befriedigen könnte, ist noch nicht in Sicht. — Ein künftiges Textwörterbuch sollte Belegstellen und Formenbestand voll registrieren. Streitberg selbst hatte seinem „Auszug" (laut Vorwort) ein vollständiges Wörterbuch nachschicken wollen, es kam nicht dazu. Sodann müßten die vorliegenden übersetzungsbezogenen Wortuntersuchungen ausgeschöpft werden. Die sicheren oder auch maßgeblichen Lehnbildungen sollten vermehrt als solche gekennzeichnet werden, womöglich unter Hinweis auf Übersetzungsbedingtheit bzw. Bibelunabhängigkeit. Ferner sollte die textinterne Synonymik sichtbar sein, indem konkurrierende Übersetzungsäquivalente gegebenenfalls zum Eintrag kämen. Falls die palimpsestierten Texte mit modernen Techniken nochmals entziffert würden, könnte dies Korrekturen erfordern. — Ein (noch illusionärer) gotischer Thesaurus sollte Wortbildungskategorien einbeziehen. Kompositionsglieder und Ableitungsbasen, die frei nicht dokumentiert sind, sollten (gekennzeichnet als unbelegt) registriert werden. Außerbiblische gotische Wörter müßten Aufnahme finden unter Hinweis auf ihre formale, inhaltliche und Überlieferungsproblematik. Auch sollten gotische Lehnwörter aus nichtgotischen Sprachen verzeichnet werden mit Vermerk zur Beweislage. Kein einzelner, nur ein Collegium aus Vertretern mehrerer Fächer könnte das Riesenpensum bewältigen zum Nutzen der germanistischen und der vergleichenden Sprachforschung.

4. Literatur (in Auswahl)

4.1. Wörterbücher

Balg 1887—1889 = G(erhard) H(ubert) Balg: A Comparative Glossary of the Gothic Language with especial reference to English and German. Mayville, Wisconsin [...] 1887—1889 [XVI, 667 S.].

Devlamminck/Jucquois 1977 = Bernard Devlamminck et Guy Jucquois: Compléments aux dictionnaires étymologiques du gotique, Tome 1 (A—F) (Bibliothèque des Cahiers de l'Institut de linguistique de Louvain 9). Louvain 1977 [123 S.].

Diefenbach 1846 = Lorenz Diefenbach: Vergleichendes Wörterbuch der gothischen Sprache. 2 Bde. Frankfurt a. M. 1846, 1851 [XVI, 488 S., XII, 824 S. Nachdruck Wiesbaden 1967].

Feist 1939 = Sigmund Feist: Vergleichendes Wörterbuch der gotischen Sprache mit Einschluß des Krimgotischen und sonstiger zerstreuter Überreste des Gotischen. 3. Aufl. Leiden 1939 [XXVIII, 710 S.; 1. Aufl. Halle 1909 u. 2. Aufl. 1920/23 mit Titel 'Etymologisches Wb. d. got. Spr.'].

v. d. Gabelentz/Loebe 1843 = H(ans) C(onon) von der Gabelentz und J(ulius) Loebe: Glossarium der gothischen Sprache. Leipzig 1843 (Vol. II, 1 der ‚Ulfilas'-Ausgabe 1843) [XVIII, 244 S.; zuerst Altenburg 1836; zuletzt Paris 1848 u. 1863 = Migne PL Vol. 18. — Darin: Griechisch-gothisches Wörterbuch, 215—241].

von Grienberger 1900 = Theodor von Grienberger: Untersuchungen zur gotischen Wortkunde. In: Sitzungsberichte der Wiener Akad. d. Wiss. Phil.-hist. Kl. 142, Wien 1900 [VIII, [272 S.].

Heinsius 1893 = Jacobus Heinsius: Nederlandsch-Gotische Woordenlijst. Groningen 1893 [8 unbezifferte, 104 S.].

Holthausen 1934 = Ferdinand Holthausen: Gotisches etymologisches Wörterbuch. Mit Einschluß der Eigennamen und der gotischen Lehnwörter im Romanischen. Heidelberg 1934 (Germ. Bibl. I, IV, 8) [XXIV, 133 S.].

Ihre 1769 = Johannes Ihre: Glossarium suiogothicum in quo [...] vocabula [...] ex dialectis cognatis [...] illustrantur. Uppsala 1769 [Tom. prior XLVIII S., 1185 Sp.; Tom. posterior umfaßt de facto 1139 Sp., im Druck zuletzt falsch paginiert].

Junius 1665 = Franciscus Junius: Gothicum Glossarium, Quo pleraque Argentei Codicis Vocabula explicantur, atque ex Linguis cognatis illustrantur [...]. Dordrecht 1665 [24+431 S.; zusammen mit der Editio princeps des Cod. Arg. ebda. 1665; Nachdruck Amsterdam 1684. — Das Wb. teils schon 1664].

Knittel 1762 = [Franciscvs Antonivs Knittel]: Ulphilae Versionem Gothicam nonnvllorvm capitvm Epistolae Pavli ad Romanos... ervit commentatvs est datqve foras F. A. K. Braunschweig o. J. [(10), 32, 532 S.]. — Darin: Glossarivm Codicis Carolini Gothicvm, 323—361.

Köbler 1972 = Gerhard Köbler: Verzeichnis der lateinisch-gotischen und der gotisch-lateinischen Entsprechungen der Bibelübersetzung. Göttingen 1972 [III, 62 S. (Göttinger Studien zur Rechtsgeschichte, Sonderband 16/17)].

Lehmann 1986 = Winfred P. Lehmann: A Gothic etymological Dictionary. Based on the third edition of *Vergleichendes Wörterbuch der Gotischen Sprache* by Sigmund Feist. With bibliography prepared under the direction of Helen-Jo J. Hewitt. Leiden 1986 [XVII, 712 S.].

Lye 1772 = Edward Lye: Dictionarium saxonico et gothico-latinum. [...] Edidit Owen Manning [...] I.II. London 1772 [nicht paginiert].

Massmann 1857 = H(ans) F(erdinand) Massmann: Ulfilas. Die heiligen Schriften Alten und Neuen Bundes in gothischer Sprache. Mit [...] Anmerkungen, Wörterbuch, Sprachlehre und geschichtlicher Einleitung. Stuttgart 1857 [XCII, 812 S.; Wörterbuch: 663—769].

Meyer-Lübke 1935 = Wilhelm Meyer-Lübke: Romanisches Etymologisches Wörterbuch. 3. Aufl. Heidelberg 1935 (neubearb.) [XXXIII, 1204 S.; das Wortverzeichnis 'Germanisch', 1161—1175].

Piel/Kremer 1976 = Joseph M. Piel und Dieter Kremer: Hispano-gotisches Namenbuch. Der Niederschlag des Westgotischen in den alten und heutigen Personen- und Ortsnamen der iberischen Halbinsel. Heidelberg 1976 [399 S.].

Priese 1933 = Oskar Priese: Deutsch-gotisches Wörterbuch nebst einem Anhange enthaltend eine sachlich geordnete Übersicht des gotischen Wortschatzes [...] 3. Aufl. Halle 1933 [VI, 64 S.; zuerst 1890].

Puryear 1965 = Joseph R. Puryear: Greek-Gothic Lexicon and Concordance to the New Testament. (Diss.) Nashville, Tenn. 1965 [Microfilm].

Regan 1974 = Brian T. Regan: Dictionary of the Biblical Gothic Language. Phoenix, Arizona 1974 [XXI, 182 S.].

Reinwald 1805 = W(ilhelm) F(riedrich) H(ermann) Reinwald: Grammatisch-kritisches Glossar über den Ulfilas. In: Ulfilas Gothische Bibelübersetzung [...] samt einer Sprachlehre und einem Glossar, ausgearbeitet von Friedrich Karl Fulda [...] das Glossar umgearbeitet von W. F. H. Reinwald [...] herausgegeben von Johann Christian Zahn. Weissenfels 1805 [XVI, XII, 86, 270 S. (1. Theil), 182 S. (2. Theil); das Glossar im 2. Teil, 71—180].

Schulze 1848 = Ernst Schulze: Gothisches Glossar. Mit einer Vorrede von Jakob Grimm. Magdeburg 1848 [XXII, 456 S.; Nachdruck Hildesheim. New York 1971].

Schulze 1867 = Ernst Schulze: Gothisches Woerterbuch nebst Flexionslehre. Züllichau 1867 [VI, 266 S., davon 232 S. für Wb.].

Skeat 1868 = Walter W. Skeat: A Moeso-Gothic Glossary [...] and a List of Anglo-Saxon and Old and Modern English Words etymologically connected with Moeso-Gothic. London 1868. [Glossary Sp. 1—282, List Sp. 313—340].

Stamm/Heyne/Wrede 1920 = Ferdinand Wrede: Stamm-Heyne's Ulfilas oder die uns erhaltenen Denkmäler der gotischen Sprache. Text, Grammatik, Wörterbuch. 13./14. Aufl. Paderborn 1920 [XXIV, 495 S.; zuerst 1858 durch Friedrich Ludwig Stamm, seit der 3. Aufl. 1865 durch Moritz Heyne, seit der 9. Aufl. 1896 von Wrede herausgegeben. Neuerdings Nachdruck der 5. Aufl. 1872 unter dem absurden Titel „Die Ulfilas", Essen o. J. (1984); Wörterbuch, 395—493].

Stiernhielm 1670 = [Georgius Stiernhielm]: Glossarium Ulphila-Gothicum, Linguis affinibus, per Fr. Junium, nunc etiam Sveo-Gothica auctum & illustratum per G. St. Stockholm 1670 [4+152 S. Zur Edition der got. Evangelien Stockholm 1671].

Streitberg 1971 = Wilhelm Streitberg: Gotisch-Griechisch-Deutsches Wörterbuch. 6. unveränd. Aufl. Heidelberg 1971 [(4)+180 S. — Zusammen mit dem Text 'Die Gotische Bibel' 6. Aufl. 1971. Text zuerst 1908, Wb. zuerst 1910].

Tollenaere/Jones 1976 = Felicien de Tollenaere/Randall L. Jones: Word-Indices and Word-Lists to the Gothic Bible and Minor Fragments. Leiden 1976 [XVI, 583 S.].

Uhlenbeck 1900 = C(hristianus) C(ornelius) Uhlenbeck: Kurzgefaßtes etymologisches Wörterbuch der gotischen Sprache. 2. verb. Aufl. Amsterdam 1900 [IV, 179 S.; 1. Aufl. 1896].

Zahn siehe Reinwald.

4.2. Sonstige Literatur

Ebbinghaus 1983 = Ernst A. Ebbinghaus: Gothic Lexicography. Part I.II. In: General Linguistics 23. 1983, 202—215 u. 25, 1985, 218—235.

Ebbinghaus 1986 = Ernst A. Ebbinghaus: Gothic Etymological Dictionaries, Past — Present — Future. In: General Linguistics 26. 1986, 264—281.

Mossé 1950, 1953 = Fernand Mossé [Fortsetzer folgen unten]: Bibliographia Gotica. [Dictionaries jeweils unter XXV u. XXVI]. In: Mediaeval Studies 12. 1950, 237—324. First Supplement [...] to the Middle of 1953 ebd. 15. 1953, 169—183.

Mossé/Marchand 1957 = Fernand Mossé/James W. Marchand: Dass., Second Suppl. [...] to the Middle of 1957 ebd. 19. 1957, 174—196.

Ebbinghaus 1967, 1974 = Ernst A. Ebbinghaus: Dass., Third Suppl. [...] to the End of 1965 ebd. 29. 1967, 328—343. Fourth Suppl. [...] to the End of 1972 ebd. 36. 1974, 199—214.

Elfriede Stutz (†), Heidelberg
(Bundesrepublik Deutschland)

193. Danish Lexicography

1. Dictionaries of Standard Danish
2. Historical Dictionaries
3. Dialect Dictionaries
4. Dictionaries of Foreign Words and Specialist Dictionaries
5. Tasks for Danish Lexicography
6. Selected Bibliography

1. Dictionaries of Standard Danish

1.1. Moth's Dictionary

The oldest extant Danish (cf. Map 196.1) dictionaries date from the 16th century. They all served as aids to learning Latin. But the lively interest in the national language that made itself felt in the 17th century under the influence of currents of thought from the south had as one of its results the stimulation of lexicographical works whose primary object was Danish. One of these works, that of Matthias Moth, towers high above all other contemporary efforts. Matthias Moth (1649—1719) was a highly-placed, influential public official when he began his dictionary work in 1680 — work that he intensified in 1697 with a nationwide collection of material from priests and teachers. When he was dismissed from public service in 1699 he was able to devote the rest of his life to the dictionary work. The results of his industry are preserved in a good sixty large handwritten folios, representing several different editorial revisions; but his work did not reach the presses either then or later. What he has left us impresses us with its immense wealth of detail. Particularly striking is the fact that he did not stick to the "academic" principle that was the norm for large dictionary projects abroad at the time. He did not confine himself to the literary language, but laid great stress on the coverage of the spoken language in all its aspects — including the vulgar. In the nationwide collection of material he explicitly asked for information on dialect words, specialized words, colloquial phraseology etc.

Each dictionary entry includes information on the part of speech and inflection of the word, to some extent also information on pronunciation, a brief explanation of the meaning and a translation into Latin. In addition there are examples when required of the use of the word in set phrases, with Latin translations; and derivative forms are listed with their simplexes, as well as the compounds into which the simplexes enter.

It can create problems for later use of the work that Moth only exceptionally provides information on a word's place of origin or usage. For example, it is not evident whether a word was used all over the country or only in a particular dialect; whether the words he had excerpted from older written texts were still in current use when he wrote; whether a word actually did exist in the language or had been coined by him; and for that matter it is not even certain that a given word belonged to the Danish language: as a result of the extent of the kingdom then, Norwegian and even Icelandic and Faroese words found a place in the dictionary with no comment on their special status. So Moth's dictionary has to be used with care; but, once this reservation has been made, it is of extraordinary value. It is regrettable that all later efforts to publish it have run aground on economic reefs. It has been used frequently by posterity, but has not been exhausted.

1.2. *Videnskabernes Selskabs Ordbog*

Independently — and in fact unaware of Moth's plans — Frederik Rostgaard (1671—1745) began in 1693 to collect material for a Danish dictionary. This was the prelude to the incredibly complex process that was eventually to lead to the publication of *Dansk Ordbog udgiven under Videnskabernes Selskabs Bestyrelse* I—VIII (1793—1905) 'Danish Dictionary, published under the auspices of The Royal Danish Academy of Sciences and Letters' — normally called *Videnskabernes Selskabs Ordbog* (= VSO). Its depressing history will not be told here. It will suffice to say that it was already obsolete by the time its first volume was in print; and despite various changes of plan in the course of publication, it never managed to catch up with contemporary scholarship. It is not, however, without interest for the light it sheds on the history of lexicography. For example, an early plan for its disposition reveals that it was to observe the academic principle of only including "good, pure, indisputably Danish words in general use"; but in the course of the 19th century its practice in including words became more liberal. It further appears that it was the intention from the outset to have explanations of meaning in Latin, but that shortly before the printing of the first volume began, this policy was changed at the intervention of the minister closest to the King: explanations were now to be in Danish, so that the dictionary would be "cherished alike by learned and unlearned".

To the weaknesses directly attributable to the unreasonably prolonged genesis of the VSO, we may add others due to the fact that its succession of editors, some of whom were in fact fine linguists, had not acquired the necessary skills in lexicographical technique. The following factors in particular, seen with the eyes of posterity, generally provide grounds for criticism of the VSO: it includes no information on pronunciation; its etymological information is often very unreliable; its explanations of meaning lack precision — sometimes verging on the comical; and the semantic subdivisions are characterized by arbitrariness. Worst of all, perhaps, it normally gives no information — except in the case of obsolete linguistic material — on the sources of its examples of the language; it is thus completely unclear which stage of the language it really describes. Its chief value is that it includes a good deal of phraseology that would otherwise be difficult to find evidence for in the available sources; and that it drew to no small extent on Moth's dictionary.

1.3. Molbech's Dictionary

Christian Molbech (1783—1857) was one of the most industrious, and unquestionably the most versatile of the 19th-century Danish lexicographers (cf 2.1 and 3.1). For many years he was one of the firm supports of the VSO and had opportunity enough to experience how troublesome the work was; yet he had enough drive and reserve of strength to compile a contemporary dictionary at the request of a publisher. After twenty years of preparation his *Dansk Ordbog* [...] I—II, running to a good 1400 two-column pages, was finished in 1833. Molbech adhered to the academic principle, so his dictionary did not provide an exhaustive picture of the language of his time; still, within these limitations it has substantial qualities. It should particularly be remarked that his semantic definitions are often excellent, that much is done to clarify phraseology, and that the usage of the words is illustrated not only with editorial examples but also with authentic literary quotations. As for its usefulness at the time, it was a central feature that the spelling of the headwords could be considered exemplary.

Among its more conspicuous weaknesses it must be mentioned that it is very short on information about pronunciation, that its treatment of etymological information lacks consistency and is often quite unreliable, and that its information on the history of the language is full of errors. Yet our overall view of the dictionary must be predominantly positive. Above all, it exhibits the unity that the VSO so conspicuously lacks. It was the result of a single plan, compiled in all its details by a single man, and the task was accomplished within a brief period of years. It was an excellent practical aid to contemporary users of the language, and for posterity it will always stand as an important source of information about what was considered in the early 19th century as the norm for the written and the educated spoken language.

It was not received with any particular warmth by Molbech's contemporaries, but it did establish a foothold with the general public, and in his final years Molbech succeeded in compiling a second, greatly expanded edition, which came out in fascicles and was only finally printed in 1859, i.e. after his death.

1.4. *Ordbog over det danske Sprog*

The most important of all Danish dictionaries, *Ordbog over det danske Sprog* (= ODS), was established by Verner Dahlerup (1859—1938). His original plan was to create a successor to Molbech's dictionary — twice as large, certainly, but still a concise dictionary. But as the work progressed it became clear to him that the demands made on a modern vernacular dictionary could not be met within such narrow limits and the fate of the dictionary hung in the balance for a time. The solution came in 1915, when the administration of the dictionary was taken over by the recently-founded publishing society *Det danske Sprog- og Litteraturselskab* 'The Danish Society for Language and Literature'. It proved possible to increase the allocated funds and expand the projected framework of the dictionary so much that Dahlerup's plan for the form and content could be followed in all essentials, and — not least important — it was made possible to establish a number of permanent editorial posts for the dictionary, which thus became the first major Danish dictionary compiled entirely by experts. Despite a multitude of problems, the work then progressed at a rate that is probably unparalleled: the first half-volume of

Volume I appeared in 1918, and the final Volume, XXVIII, in 1956. For the greater part of the publication period the editorial work was excellently supervised by Harald Juul Jensen (1882—1949).

The ODS clearly differs from its immediate predecessors by being descriptive, not normative. The dictionary embraces the period from c.1700 to the time of editing. It concentrates on Standard Danish but interprets this restriction liberally so that, for example, a number of dialect words that had been used in the written language were admitted. Especially in the first volumes, it is cautious about the inclusion of foreign words, i.e. loanwords not considered to be fully assimilated into Danish.

The entries in the ODS follow a fixed pattern: in the introductory section, the "head", there is information on pronunciation and inflection, on history and etymology, on usage area and style register; the rest of the entry deals with the meaning of the word in a system of delicate distinctions between superordinate and subordinate senses, illustrated with citations from and references to literature, with examples of the use of the word in set phrases, etc. Much has been done to help the user with a fixed arrangement of the material and consistent typography.

It goes without saying that such an extensive and — in the best sense — professional work is not immediately accessible to the untrained user. But a just assessment of the ODS must be based on its own premises, and it is of course not above criticism. For example, it cannot be glossed over (nor has it been by the editors) that the ODS is a rather uneven work in several respects. The first volumes build on too sparse a body of material, and the last ones, for funding reasons, were too sparingly edited, although the material itself by that time was far more sound. Another type of unevenness is due to the fact that the editing and publication, despite the impressive tempo, were to extend over more than a lifetime: the linguistic state represented by the editorial period of the last volumes differed essentially from that of the first volumes. The period cut-off points were established on the basis of the dictionaries that were available when the ODS was started (cf Section 2): the lexical description of Danish could in a way be said to have got as far as the year 1700, and then that date would be a reasonable one to start from. But the editors had fallen between two stools: there would have been more point in having either the dictionary embrace the whole Modern Danish period, i.e. from c.1500 to the present day, or in restricting its scope to the language of the present day. Within the stipulated period, the boundaries set for the lexical material can also be questioned. There now seems to be general agreement that the editors went too far in keeping the foreign words out. On the other hand, they were perhaps too lenient with many specialist terms that hardly ever belonged to the general language; but of course it is valuable in itself that the vocabularies of a number of dead or dying crafts and trades, for example, have now been collected and explained. Other complaints might be mentioned; but they would, as little as the criticisms suggested here, obscure the fact that the ODS is a great lexicographical work, an invaluable practical and scholarly aid whether measured by national or international criteria of excellence.

During its publication there was no overwhelming rush to buy the ODS, despite very favourable conditions of sale. Since then the picture has changed, and now the ODS almost seems to have become a popular work; so far, there have been no fewer than three photographic reprints.

1.5. More Recent Concise Dictionaries

It was not only Dahlerup who felt the need for a successor to Molbech's dictionary; and at the urging of the Gyldendal publishing house, B. T. Dahl and H. Hammer, with the participation of Dahl's elder brother, H. Dahl, compiled a concise dictionary, *Dansk Ordbog for Folket* I—II (1907—14) 'Danish Dictionary for the People'. It was, as the publishers had wanted, an easily accessible dictionary "without too difficult a scholarly apparatus, and not too large", and it appears to have achieved considerable popularity. In contrast to Molbech's dictionary, in the delimitation of its material it gave consideration not only to the dialects, but even included a number of substandard words and phrases. What contributed most to its later reputation, however, was a decidedly purist tendency, as it only included the most common foreign words, featuring instead a large number of "native" substitutes probably never used outside the closed circle of (the few) purists in Denmark. It has no information on pronunciation, its inflectional information is scanty, information on history and etymology is fairly random, and it does not contain literary quotations with chapter and verse. But it does have quite a large body of phraseological material, and in connection with its semantic definitions it often features such a rich store of synonyms that it can actually be used as a dictionary of synonyms.

The most recent popular concise dictionary of Modern Danish is *Nudansk Ordbog I—II* (= NDO) 'A Dictionary of Contemporary Danish', which has been a huge seller by Danish standards. The first edition appeared in 1953, and the publication of the 13th edition (1986) brings the total number of copies printed up to over 500,000. The initiator and chief editor of the first two editions of the NDO was Lis Jacobsen; since then Erik Oxenvad has been chief editor. The NDO was conceived as a dictionary of contemporary Standard Danish. Such a concentration on the contemporary language has clear advantages, but does not solve all the problems of demarcation with one wave of a magic wand; and it did in fact emerge that the editors in the first editions had been rather too precipitate in excluding words they thought were obsolete but which were in fact current. Later editions have compensated for some of the original weaknesses. On the whole, it is the strength of the NDO that it has been reissued so frequently in new, revised, expanded and updated editions, so that those very recent neologisms that are presumably vigorous have also been included.

The headwords follow current standard spelling practice, so the NDO can also serve as a spelling dictionary. Its value in this respect is increased by the fact that it includes a brief guide to spelling. It features inflectional information and simple pronunciation information where required. It places a good deal of emphasis on the origins and history of words (and in a special appendix has a brief, clear overview of the history of the language by Allan Karker). As for explanations of meaning, sometimes it has definitions proper, sometimes only examples of the use of the word — an approach not without its problematical aspects. It does not have authentic citations from literature, but does have a plentiful selection of current phraseology. A special characteristic of the NDO is its many entries (compiled by Kristian Hald) on proper names and place-names; the justification for dealing with this lexical material in a dictionary of this type is not immediately apparent; but the entries are excellent.

2. Historical Dictionaries

2.1. The First Attempts

It was a long time before there was any reasonably adequate lexicographical treatment of the older Danish language, and satisfactory coverage has not yet been achieved. As a first step we could perhaps mention the *Glossarium juridico—danicum* of Christian Ostersen Vejle from 1641, which includes explanations of completely or partially obscure words in the old language of the law. Its aim was thus purely practical. But there may also have been other reasons for the interest in the older lexical material. The literature of the 17th century drew to no small extent on older sources, and when the grammarian and man of letters Peder Syv provided lists of old words in a work from 1663, it was in order to indicate a source for the enrichment of the language in general and the language of poetry in particular. There was nothing remarkable about a word-collector like Moth including a number of old words; it is perhaps more striking that his successors, down to and including Molbech, did the same. It is unlikely that they had a clearly formulated attitude to the antiquarian lexical material, but wherever they make some attempt to justify its inclusion in dictionaries of Standard Danish it is obvious that they are doing so out of the same considerations as can be traced in the 17th century: a practical aim, especially as regards the language of the law, and a concern for the enrichment of the language (which was not, of course, incompatible with the academy principle).

Christian Molbech (cf 1.3.) was the first to make the old lexical material the object of independent lexicographical treatment. He began with a number of editions of old texts, all of which were furnished with glossaries where he explained words or meanings that were now obsolete. This led directly to the lexical work that, more than any of his others, was a labour of love for Molbech — *Dansk Glossarium eller Ordbog over forældede danske Ord*[...] I—II (1857—66), 'Danish Glossary or Dictionary of Antiquated Danish Words'. The main title aptly specifies the type of work this is; it is precisely a glossary, although not of the most rudimentary kind: the explanations of the old words and meanings are often rather detailed, and citations from texts are given to such an extent that the successor of the work (cf 2.2.) did not quite render the glossary superfluous in this respect. Molbech confined himself to sources from "the 13th to the 16th century", without strict observance of the later cut-off point. The lower limit meant that the vocabulary of the old provincial legal texts fell outside the domain of the glossary. This was unfortunate in itself, but in practice it creates fewer problems for the user than the fact that the glossary, within the period it means to cover, exhibits so much of the arbitrariness that is an almost inevitable feature of this type of work. The judgement of posterity — and even of Molbech's immediate posterity — on *Dansk Glossarium* was that it is unsatisfactory.

The area that Molbech had completely neglected was taken up by G. F. V. Lund, who in 1877 published, under the main title *Det ældste danske Skriftsprogs Ordforråd* 'Vocabulary of the oldest Danish Written Language', what he described as a dictionary of the old Danish provincial laws, the municipal laws of Southern Jutland and the linguistic remains of the period in general (from about 1200 until 1300). In reality this little work is not a dictionary, but a glossary. It cannot be denied some usefulness (perhaps rather as a commentary on realia than as an aid to linguistic interpretation); but it must be admitted that it is full of errors and shortcomings, and is of course now quite out of date. But its sorely missed successor has yet to appear.

2.2. Kalkar's Dictionary

Otto Kalkar (1837—1926) was a theologian by education and worked first as a teacher, then as a priest, until failing health forced him to resign in 1898. By then he had already for thirty years been spending his leisure time on the work that was to monopolize most of his retirement years — *Ordbog til det ældre danske Sprog (1300—1700)* I—V (1881—1918), 'Dictionary of the Old Danish Language'. His original plan was to compile a collection of words that could serve more or less as a supplement to Molbech's *Dansk Glossarium*. When he applied for a subsidy for the work, however, he had to agree to a greatly expanded version of the plan — but unfortunately still with the aim of producing a glossary, not a complete dictionary. Although he soon realized himself how unsatisfactory it was only to include what deviated in form or meaning from the modern language, he was obliged to follow this plan. He also had to struggle constantly with economic problems. As a result, from a certain point in the process of publication he was forced to make very drastic reductions: the number and length of his citations were severely cut; source references were abbreviated to the point of unreadability, etc. In the supplementary Volume V he attempted to make up for some of the weaknesses. Here one finds not only additions to the entries in Volumes I—IV and a large number of cross-references that make it rather easier to find one's way around the work, but also completely new lexical material that constitutes an important step on the way towards a real dictionary of the language of the period. But the traces of the initial inappropriate scheme were not to be erased, and Kalkar's work — meritorious enough in its own way — became a problem child of Danish lexicography.

It is beyond dispute that Kalkar made himself thoroughly familiar with the language of the period; but it is equally indisputable that he lacked specialist training. He did not have the knowledge of the history of the language that would have allowed him to make a proper delimitation of the period described, but tried to span what were in reality two very different periods — Late Middle and Early Modern Danish — and was thus forced to operate with standardized versions of headwords that were odd, to say the least; nor did he possess the professional lexicographical skills necessary to find satisfactory solutions to the structure of the entries, the systematic semantic subclassification, or the tailoring of the citations to his needs. What is probably most troublesome in practice is the way the entries are ordered: not alphabetically, but in "etymologically" related groups; experience shows that this poses huge problems even for trained users. Despite all this, there is no doubt that Kalkar's dictionary is a treasure-trove; but it takes imagination and patience to dig up the treasure.

2.3. Dictionaries of Individual Texts and Text Types

The vocabulary of the Runic inscriptions was given exhaustive, up-to-date treatment in the dictionary (by Karl Martin Nielsen) included in Lis Jacobsen and Erik Moltke's *Danmarks Runeindskrifter* (1942) 'Runic Inscriptions of Denmark'. As far as Middle and Early Modern Danish are concerned, a number of word lists and dictionaries have appeared in connection with editions of texts or groups of texts. Special mention can be made of Viggo Såby's dictionary of the Arnamagnæan

Leechbook (1886); Holger Nielsen's dictionary of the *Rimkrønike* or Rhymed Chronicle (1911); Sandfeld's dictionaries for the edition of Hans Mogensen's translation of the Memoirs of Philippe de Commynes (1919) and the edition of *Rævebogen* (1923) (the Danish Book of Reynard the Fox); Skautrup's dictionary for his edition of *Jyske Lov*, the Jutland Law, based on the Ribe Manuscript (1941); Marius Kristensen's dictionary for the edition of *Danske Viser fra Adelsvisebøger og Flyveblade 1530—1630* (1930) 'Danish Ballads from Aristocratic Ballad Books and Broadsheets'; and Ebba Hjorth's word list for Anders Arrebo's collected writings, *Samlede Skrifter* (1984). But much remains to be done.

3. Dialect Dictionaries

3.1. Molbech's Dialect Lexicon

As mentioned above (cf 1.1.) even Moth collected dialect material; but he made little use of it in his dictionary work. The VSO (cf 1.2.) was hesitant, but from Volume III on incorporated some dialect material — which did nothing for the already precarious unity of the dictionary and was not included without protest from some of those involved, especially Christian Molbech (cf 1.3. and 2.1.), who wanted the dialect words to be given separate treatment, and who tackled the job himself with his usual energy: in 1811 he organized a written collection of material which gave quite impressive results, and supplemented this with the help of older collections, from Moth's onward. In 1841 he was able to publish his *Dansk Dialect-Lexikon*. This is an 'idioticon', i.e. it confines itself to words and meanings not found in Standard Danish. Within this undeniably rigorous framework it was meant to cover the whole country, except for the dialect of Bornholm (with the reasonable justification that this dialect should be seen in relation to the Scanian dialects of Southern Sweden). It contains no inflectional information, and only exceptionally has information on pronunciation; and as far as the arrangement of the material is concerned it is seriously flawed by Molbech's inadequate grasp of the history and etymology of the language. In justice it must be said that it appeared at a time when interest in dialects took the form of fascination with curiosities, and before any scholarly science of dialectology had been established. There is hardly a specialist who has ever found it satisfactory; yet it does have its value as the only existing overall registration of a special dialectal vocabulary, and to date it has not been superseded as far as the dialects of the Danish islands are concerned (cf 5.1.).

3.2. *Bornholmsk Ordbog*

In terms of the date and circumstances of its genesis, *Bornholmsk Ordbog*, 'A Dictionary of the Dialect of Bornholm', is the next that should be mentioned, although it was not published until the beginning of the next century.

Its foundations were laid by J. C. S. Espersen (1812—59), born and bred on the island of Bornholm, trained in classical philology, and at the time of his early death the head teacher in Rønne on Bornholm. His motive in compiling a collection of Bornholm words seems to have been that Molbech's *Dialect-Lexikon* had not dealt with the dialect of the island. At his death he left a manuscript collection of words — a fair copy, but not quite ready for printing. This manuscript lay unpublished until another native of the island, Viggo Holm (1846—1927), breathed new life into the project in 1874. He prepared a supplement to Espersen's collection and in 1881 both the collection and the supplement were printed. But actual publication had to wait until a grammatical introduction had been written, and this was not ready until 1907; in the introduction, a classic of Danish dialectology, Vilhelm Thomsen dealt with phonology and Ludvig Wimmer with morphology. *Bornholmsk Ordbog* appeared at last in 1908. The long drawn-out process of publication had of course meant that the dictionary was not up-to-date when it was finally published. Espersen had worked on the idioticon principle, and Holm's fine supplement was not comprehensive enough to make up for this fundamental flaw. The etymological information supplied by Espersen was not reliable and should have been dropped before publication. Only Holm's supplement, not Espersen's collection of words, has pronunciation indications of any use to scholarship. And besides, it can be said that it is somewhat irksome in practice that Holm's supplement was not incorporated in the original word collection. Nevertheless, *Bornholmsk Ordbog* occupies a position of eminence among Danish dialect dictionaries, and it will retain its value, inasmuch as it is based on an archaic stage of the language and contains a wealth of linguistic and cultural information which it would be difficult or impossible to obtain today.

3.3. Feilberg's Dictionary

Henning Frederik Feilberg (1831—1921) came from a family of clerics and public servants. He was born in Hillerød in Zealand, but grew up from 1834 on in Jutland. He became a priest like his father, and in his student years also studied botany and modern languages; but then he found himself drawn to the study of the life, lore and language of the people. His achievements in these areas were great. He became one of the founders of the scholarly study of folklore in Scandinavia, and he created the dictionary of the Jutland dialects which still stands as the most important Danish dialect dictionary. It was crucial to the stimulation of his interest in dialect studies that for a brief spell of his student years he was in the same hall of residence as K. J. Lyngby, who was to become the "father of Danish dialectology"; just as significantly, he became curate, in 1856, to the Rev. Hagerup in Angel and assisted in the collection of material for a revised edition of the latter's book on the Danish language in Angel, the best description of a Danish dialect up till then.

K. J. Lyngby's work on the Jutland dialects, including the preparations for a Jutlandic dictionary, came to an abrupt end with his death in 1871. But a few years later the idea occurred to Feilberg that he could continue where Lyngby had left off. He was aware that his knowledge of the subject was inadequate, and the extent of the task was undeniably awesome; but he overcame his scruples. The plan he worked out agreed with Lyngby's on one quite crucial point: the dictionary was not to be an idioticon but was to include the entire Jutlandic vocabulary. In other respects, too, Lyngby's work was important for Feilberg's: his valuable collections were incorporated in Feilberg's material, and Feilberg used Lyngby's system of phonetic transcription. But Feilberg's plan also included a dimension that Lyngby would hardly have felt the need for: it was Feilberg's aim to demonstrate and explain as far as possible the relics of culture that were latent in the language. This item of his programme came to play a very important role in the realization of the plan.

The work went quickly; but for economic reasons, publication lagged behind. Yet Feilberg did live to see the conclusion of his major work, *Bidrag til en ordbog over jyske almuesmål* I—IV (1886—1914) 'Contributions to a dictionary of the Jutlandic vernaculars'. The title does not express false modesty, but the sober realization that the dictionary, despite its impressive size, was naturally not exhaustive. Feilberg had neither time or money nor the constitution to go on major field trips. He made systematic records in his own parish, and as informants he also used servants from outside the parish and pupils at the nearby Askov Folk High School, for example; otherwise he relied on available dialectological works and on what he could gather from local helpers spread over Jutland. Given these circumstances, the material was most complete and reliable for Western and Southern Jutland and Vendsyssel, weakest for Eastern Jutland. Despite deficiencies and inaccuracies, Feilberg's dictionary has served its purpose excellently, and even if it should be superseded, it will continue to be an indispensable source for research, as it includes much archaic dialect material which it will no longer be possible to obtain information about. It will also have a permanent value as a folklorist's reference work.

3.4. More Recent Dialect Dictionaries

Several large Danish dialect dictionaries dealing with a single dialect or dialect group have appeared, among them: J. Jørgensen's *Lollandsk Ordbog* (1943); M. B. Ottsen's dictionary of the dialect of Hostrup parish near Tønder, published by Ella Jensen and Magda Nyberg under the title *Hostrup-Dansk. II Ordbog* I—V (1963—69); Arne Espegaard's *Vendsysselsk Ordbog* I—IV (1972—74) with a supplementary Volume V (1986); and L. Gotfredsen's *Langelandsk Ordbog* I—III (1972—73). Special mention should be made of two works whose approaches mark innovations in the genre: Peter Skautrup's *Et Hardsysselmål. Ordforråd* I—II (1927—79) does not take the form of a traditional dictionary, but is a review of the vocabulary of a West Jutland dialect, ordered by subject; Marie and Anders Bjerrum's *Ordbog over Fjoldemålet* I—II (1974), dealing with the now extinct Danish dialect from Fjolde (Viöl) parish, north-east of Husum in South Schleswig, stands out, among other reasons, for its entries giving integrated descriptions of subject areas, and especially for its extremely interesting principle of classifying semantic variants on the basis of similarities and dissimilarities — the first Danish attempt at structural lexicography in dictionary form.

4. Dictionaries of Foreign Words and Specialist Dictionaries

Both the dictionaries of Standard Danish and the historical dictionaries have on the whole adopted a rather dismissive attitude towards foreign words. Information about them must often be sought in special "dictionaries of foreign words", but unfortunately the older dictionaries of this type are neither particularly reliable nor particularly exhaustive. As the oldest genuine dictionary of foreign words we can mention Jacob Baden's *Alphabetisk Ordbog over de af fremmede [...] Sprog i det Danske indførte Ord* (1806), 'Alphabetical Dictionary of Words introduced into Danish from Foreign Languages', and among its immediate successors C. F. Primon's *Lexicon* (1807) and J. N. Høst's *Fuldstændig Fremmedordbog* (1837), 'Complete Dictionary of Foreign Words'; these are all modestly sized, partly imitated form German models, but are still of some interest because of their information on pronunciation.

The biggest Danish dictionary of foreign words was established by the German Ludvig Meyer, who published his *Kortfattet Lexicon over fremmede [...] Ord* in 1836—37, called *Fremmedord-bog* in the 2nd edition (1844), and from the 3rd edition (1853) up to and including the 8th and last (1924, photographic reprint 1970) edited by several generations of the Dahl family (cf 1.5.). Meyer's *Fremmedordbog* is an institution, respectable enough in many ways, but very problematical in two respects: it was born with the flaw that it includes lots of foreign words that were probably never used in Danish; and the Dahl family, traditionally very puristically inclined, introduced, as native versions of foreign words, large numbers of substitute words that never had any currency in Danish either. To these failings we can now add that for obvious reasons Meyer's *Fremmedordbog* fails to include the very numerous foreign words that have gained a foothold and found widespread use in Danish in this century. One can usually find information about the most recently adopted foreign words in the many smaller dictionaries of foreign words, among which there is special reason to mention Inger and Jørgen Bang's *Fremmedordbog* (1st ed. 1938) and Sven Brüel's *Gyldendals Fremmedordbog* (1st ed. 1960), both of which have gone through numerous editions. Sven Brüel in particular has made great efforts to cover even the most recent foreign loans, if necessary at the expense of the somewhat older more literary ones, which Bang's *Fremmedordbog* probably feels more of an obligation to include.

There are overwhelming numbers of specialist dictionaries, all the way from unpretentious word lists to voluminous works that are most often on the borderline between dictionaries and encyclopaedias. Space does not permit a discussion of them here, but it can be mentioned that Eva L. Haugen's *A Bibliography of Scandinavian Dictionaries* (1984) lists a plentiful selection of them.

5. Tasks for Danish Lexicography

5.1. Dictionary Work in Progress

Well on its way to completion is the first author-specific Danish dictionary, the Holberg dictionary. *Holberg-Ordbog. Ordbog over Ludvig Holbergs Sprog* is being published by The Danish Society for Language and Literature, edited by Aage Hansen and Sv. Eegholm-Pedersen, and is intended as a work in five large volumes, four of which have appeared so far (1981—86; Vol. 5 is expected to be published in 1988). It is meant to serve a double function — as an aid to readers of Holberg's works, and as a basis for a scholarly description of Holberg's language. Because of the wide scope of the author's works and the high degree of coverage achieved in the collection of the material it will, however, become nothing less than *the* lexicographical work for the elucidation of the Danish language in the 1700—1750 period.

While the Holberg dictionary is thus well in hand, the majority of the other major dictionary works in progress are constantly struggling with great problems — sometimes staffing problems, sometimes economic problems, and often both.

After the ODS was finished (cf 1.4.) The Danish Society for Language and Literature continued excerpting material for a supplement comprising 5—6 volumes with special emphasis on the first letters of the alphabet, which had been edited on the basis of rather meagre material. The supplement is to strengthen the ODS within its delimited period, 1700—1955, but will not bring it up to date. A comprehensive, valuable body of material has been obtained, and the form of publication is now being discussed.

The work of excerpting for a sorely needed dictionary of Old Danish (cf especially 2.2.) began in 1950, also under the aegis of The Danish Society for Language and Literature. In the first instance the aim is a Dictionary of Old Danish, to cover the period from 1100 to 1515; the collection of material for this has in all essentials been completed, and the editorial process is getting under way.

A major dictionary of the island dialects, i.e. the dialects of Funen and Zealand and associated islands, has been in preparation for a couple of generations at what is now the Department of Danish Dialectology at the University of Copenhagen. It is planned that *Ømålsordbogen,* 'A Dictionary of the Danish Island Dialects', will be descriptive not only of the language, but of the objects, circumstances, relations etc. of life in the dialect-speaking areas. As the linguistic description has to span a large number of dialects, some of them with very complex accentual features, work on the actual notation has demanded great effort. As for the other features to be described, one aim is to give a detailed account of the terminology of material culture. A great deal of material has been collected, and editing has begun, but nothing has as yet been published.

A new dictionary of the Jutland dialects is being prepared by the Institute of Jutlandic Linguistic and Cultural Research at Aarhus University. It draws on both printed and other sources, and has attempted, by means of extensive new collections of material, to give special attention to those areas that were inadequately covered in Feilberg's dictionary (cf 3.3.). Under the leadership of Peter Skautrup it has been possible to publish a few fascicles of Volume I of the dictionary, but it seems doubtful whether economic factors will in future permit the comprehensive editing these have had.

A Danish pronouncing dictionary, describing present-day Danish pronunciation, with consideration of social, age-related and regional variants, is ready in manuscript form, and a means of publishing it is being sought.

5.2. Future Needs

Some of the projects described in 5.1. bear within them the seeds of further developments. If the Old Danish Dictionary of the language in the 1100—1515 period is successfully completed, it will be the turn of Early Modern Danish — a period that has in many respects been neglected; a reasonable conclusion of the overall project might then be a concise historical dictionary. And if the Dictionary of the Island Dialects is successful, the next task will be an up-to-date dictionary of the Bornholm dialect.

There is a strongly-felt need for a large dictionary of foreign words that will include the great number of foreign words adopted in the present century. A need that is less strongly felt by the general public, but is no less acute from the point of view of language history is the need for a dictionary that traces the history of foreign words on Danish soil, since the existing dictionaries are extremely reticent on this point.

Finally, among the other tasks which are gradually becoming more urgent, the need for a new large or medium-sized dictionary of Standard Danish must be mentioned — a work that may continue where the ODS leaves off, but which must at any rate concentrate on contemporary Danish.

6. Selected Bibliography

6.1. Dictionaries

Baden 1806 = Jacob Baden: Alphabetisk Ordbog over de af fremmede [...] Sprog i det Danske indførte Ord [...]. Copenhagen 1806 [xii, 439 p.].

Bang/Bang 1938 = Inger and Jørgen Bang: Fremmedordbog. Copenhagen 1938 [420 p.; 11th. rev. ed. 1976, 481 p.].

Bjerrum/Bjerrum 1974 = Marie and Anders Bjerrum: Ordbog over Fjoldemålet. Copenhagen 1974 [2 vols.].

Brüel 1960 = Sven Brüel: Gyldendals Fremmedordbog. Copenhagen 1960 [448 p.; 8th. rev. and enl. ed. 1979, 509 p.].

Dahl/Dahl 1924 = J. P. F. D. Dahl and F. V. Dahl: Ludvig Meyers Fremmedordbog. 8th. ed. Copenhagen 1924 [1187 p.; 1st ed. 1836—37].

Dahl/Hammer/Dahl 1907—14 = Bent Treschow Dahl/H. Hammer/Hans Dahl: Dansk Ordbog for Folket. Copenhagen 1907—14 [2 vols.].

Espegaard 1972—74 = Arne Espegaard: Vendsysselsk Ordbog. Hjørring 1972—74 [4 vols.]. Suppl. 1986.

Espersen 1908 = Johan Christian Subcleff Espersen: Bornholmsk Ordbog. Copenhagen 1908 [xxi, 171, 512 p.].

Feilberg 1886—1914 = Henning Frederik Feilberg: Bidrag til en ordbog over jyske almuesmål. Copenhagen 1886—1914 [4 vols.].

Gotfredsen 1972—73 = L. Gotfredsen: Langelandsk Ordbog. Copenhagen 1972—73 [3 vols.].

Hansen/Eegholm-Pedersen 1981—88 = Aage Hansen/Svend Eegholm-Pedersen: Holberg-Ordbog. Ordbog over Ludvig Holbergs Sprog. Copenhagen/Oslo 1981—88 [5 vols.].

Hjorth 1984 = Ebba Hjorth: Ordbog. In: Vagn Lundgaard Simonsen (ed.): Anders Arrebos Samlede Skrifter. V. Copenhagen 1984, 229—372.

Høst 1837 = Johannes Nicolai Høst: Fuldstændig Fremmedordbog [...]. Copenhagen 1837 [444 p.].

Jensen/Nyberg 1963—69 = Ella Jensen and Magda Nyberg (eds.): Mathias Bendix Ottsen: Hostrup-Dansk. II. Ordbog. Copenhagen 1963—69 [5 vols.].

Jørgensen 1943 = Jørgen Jørgensen: Lollandsk Ordbog (Thoreby-Maalet). Copenhagen 1943 [672 cols.].

Kalkar 1881—1918 = Otto Kalkar: Ordbog til det ældre danske Sprog (1300—1700). Copenhagen 1881—1918 [5 vols. Reprinted in 6 vols. 1976 with rev. bibliography].

Kristensen 1930 = Marius Kristensen: Ordsamling. In: H. Grüner-Nielsen (ed.): Danske Viser fra Adelsvisebøger og Flyveblade 1530—1630. VII. Copenhagen 1930, 59—317.

Lund 1877 = Georg Frederik Wilhelm Lund: Det ældste danske Skriftsprogs Ordforråd [...]. Copenhagen 1877 [vi, 178 p.].

Molbech 1833 = Christian Molbech: Dansk Ordbog [...]. Copenhagen 1833 [2 vols.; 2nd. enl. ed. 1859].

Molbech 1841 = Christian Molbech: Dansk Dialect-Lexikon [...]. Copenhagen 1841 [xxxii, 696 p.].

Molbech 1857—66 = Christian Molbech: Dansk Glossarium eller Ordbog over forældede danske Ord [...]. Copenhagen 1857—66 [2 vols.].

Moth 1680—1719 = Matthias Moth: Udkast til en dansk Glosebog [...] begynt [...] den 16. Mart. 1680 [unpubl. ms., c. 60 vols., Royal Library, Copenhagen].

Nielsen 1895—1911 = Holger Nielsen: Ordbog. In: Holger Nielsen (ed.): Den danske Rimkrønike. Copenhagen 1895—1911, 147—368.

Nielsen 1942 = Karl Martin Nielsen: Ord- og navneforråd. In: Lis Jacobsen and Erik Moltke: Danmarks Runeindskrifter. Text. Copenhagen 1942, 625—748.

NDO = Nudansk Ordbog. Copenhagen 1986 [13th. rev. and enl. ed.; 1st. ed. 1953. 2 vols.].

ODS = Ordbog over det danske Sprog. Grundlagt af Verner Dahlerup. Copenhagen 1918—56 [28 vols.].

Primon 1807 = Carl Friedrich Primon: Lexicon over alle de fremmede Ord og Udtryk, der jevnligen forekomme i det danske Sprog [...]. Copenhagen 1807 [n. p.].

Såby 1886 = Viggo Såby: Ordbog. In: Viggo Såby (ed.): Det arnamagnæanske håndskrift nr. 187 i oktav, indeholdende en dansk lægebog. Copenhagen 1886, 101—94.

Sandfeld 1919 = Kristian Sandfeld: Ordbog. In: Poul Nørlund (ed.): Hans Mogensens Oversættelse af Philip de Commines Memoirer. III. Copenhagen 1919, 137—319.

Sandfeld 1923 = Kristian Sandfeld: Ordbog. In: Niels Møller (ed.): En Ræffue Bog. Herman Weigeres Oversættelse af Reinke de Vos. II: 2. Copenhagen 1923, 1—222.

Skautrup 1927—79 = Peter Skautrup: Et Hardsysselmål. Ordforråd. Copenhagen 1927—79 [2 vols.].

Skautrup 1941 = Peter Skautrup: Ordbog. In: Peter Skautrup: Den jyske Lov. Text med oversættelse, kommentar og ordbog. Copenhagen 1941, 209—386.

Skautrup 1970—79 = Peter Skautrup: Jysk Ordbog. Aarhus 1970—79 [vol. I, part 1—4: a — ankel].

Syv 1663 = Peder Syv: Nogle betenkninger om det Cimbriske Sprog. Copenhagen 1663 [x, 200 p.].

Vejle 1641 = Christen Ostersen Vejle: Glossarium juridico-danicum [...]. Copenhagen 1641.

VSO = Dansk Ordbog udgiven under Videnskabernes Selskabs Bestyrelse. Copenhagen 1793—1905 [8 vols.].

6.2. Other Publications

Bjerrum 1976 = Marie Bjerrum: Otto Kalkar og hans ordbog. Copenhagen 1976. [Also in: Otto Kalkar: Ordbog til det ældre danske Sprog. Reprint 1976, VI, 1—167].

Haugen 1984 = Eva Lund Haugen: A Bibliography of Scandinavian Dictionaries. New York 1984.

Hjorth 1970 = Poul Lindegård Hjorth: Vejledning i brug af Ordbog over det danske Sprog. Copenhagen 1970.

Hjorth 1983 = Poul Lindegård Hjorth: Danske ordbøgers historie. Copenhagen 1983.

Lomholt 1960 = Asger Lomholt: Den danske Ordbog Bind I—VIII. In: Asger Lomholt: Det kongelige danske Videnskabernes Selskab 1742—1942. Samlinger til Selskabets Historie. III. Copenhagen 1960, 217—318.

Skautrup 1944—70 = Peter Skautrup: Det danske sprogs historie. Copenhagen 1944—70 [esp. II, 281—84, III, 87—90, IV, 15—18].

Poul Lindegård Hjorth, Copenhagen (Denmark)

194. Norwegian Lexicography

1. The Language
2. The Vocabulary
3. History of Norwegian Lexicography
4. The Present Situation
5. Selected Bibliography

1. The Language

Norwegian is a West Scandinavian language within the Northern branch of the Germanic language family (cf. map 196.1). Old Norwegian (ca. 1000—ca. 1350) was closely related to Icelandic and Faroese. From the 13th century on it received an important influx of Low German loanwords through the Hanseatic trade. Middle Norwegian (ca. 1350—ca. 1525) through political unions saw some Swedish and a heavy Danish influence. During the 16th century Norwegian was entirely replaced by Danish as a written language, though surviving in the spoken dialects. After the break-up of the union with Denmark in 1814 written Norwegian gradually developed as a separate language, but differed little from Danish until ca. 1900. Ca. 1850 the linguist Ivar Aasen (1813—96) launched a written "Neo-Norwegian" standard based on rural dialects. In 1885 it was given equal standing with the Dano-Norwegian standard by Parliament decree. Hence Norwegian has two written standards. A succession of spelling reforms during the 1900s have modernized the standards and brought them closer together, partly by a system of optional varieties within each. — Modern Norwegian is mutually understandable with Danish and Swedish, but not with Icelandic and Faroese. — Norway has a Lapp (Same) population of ca. 30,000—40,000, speaking five dialects of a Finno-Ugric language, with two written standards (cf. art. 228a). — In recent years work migrants and fugitives have brought in many new minority languages. — Post-war Norway has assimilated a large number of new Anglicisms.

2. The Vocabulary

2.1. General

A vocabulary of primary, non-compound words in Norwegian might be estimated at ca. 100,000. Most neologisms are one-word compounds of known primary words, of up to 15—20 letters. A word length exceeding 25 letters is very rare except in certain terminologies (medicine, chemistry). School spelling lists give a kernel vocabulary of ca. 25,000—40,000 words. — Many ad hoc constructs, hyphenated words, etc., esp. in newspaper language, are not registered, though they are not without interest to the lexicographer. — Distribution in word classes: nouns ca. 60 %, adjectives and verbs ca. 17.5 % each, adverbs ca. 3.4 %, others ca. 1.6 %. Individual counts of spoken vocabulary have shown up to ca. 40,000 words. Vocabulary of some wellknown authors: Ludvig Holberg (1684—1754): ca. 26,500 words; Henrik Ibsen (1828—1906): ca. 29,000; Knut Hamsun (1859—1952): ca. 34,000; Henrik Wergeland (1808—45): ca. 58,000.

2.2. Loanwords

As the language of a small nation Norwegian has always been dependent on loanwords, following import and trade, religion, culture, travel, etc. Of a vocabulary of some 65,000—90,000 words (*Bokmålsordboka* 1986, *Nynorskordboka* 1986) the most important contributions have come from Latin (ca. 4,500), French (ca. 2,300), Low German (ca. 1,920), German (ca. 1,720), Greek (ca. 1,640), British English (ca. 1,540 + American English ca. 30), Italian (ca. 810), Danish (ca. 300), Dutch (ca. 260), Swedish (ca. 240). French words often came through German, German words through Danish; since 1945 most loanwords have come from English, followed by Swedish. To lexicographers this poses two special problems: What criteria change a word of a foreign language into a Norwegian word of foreign origin? What spelling, gender (if a noun) and flection should it be given? Solutions are sought, but not always found, by The Norwegian Language Council (Norsk Språkråd, est. 1972) and other bodies. For Latin and Greek words a fairly fixed pattern of adaptation (e.g., *c* → *k/s*) has developed through the centuries, but for modern Anglicisms five degrees of adaptation coexist: a) none (e.g., *desktop publishing*), b) graphic (*juice* → *jus*), c) derivational or flectional (e.g., *å punche* ← *to punch; et cruise,* neuter), d) a translate, but with foreign structural detail (e.g., two-word instead of one-word compound: *trykknapp betjening* ← *push-button operation*), e) full replacement (*juice* → *saft*).

2.3. Frequencies

In Norwegian, an analytical language (as different from Old Norwegian), function words have the highest frequency. Of the 100 most frequent graph words (i.e., non-lemmatized), totaling ca. 43% of running text, only ca. 10 are content words (Norske språkdata 1). As in related languages function words are important parts of collocations.

2.4. The Alphabet

From ca. 1900 Latin letters have been in near exclusive use. — In 1917 å for older aa was recommended (obligatory from 1938), and the older letter order Aa, A, B, C or A, Aa, B, C, ... had by then been replaced by A, B, C ... Z, Æ, Ø, Å. — The most common letters (in percent) are E (17.43), R (8.98), N (8.74), T (7.66), S (7.20), I (6.17), L (5.55), A (5.12), K (4.51) (Heggstad 1982). More useful to the dictionary editor is a first letter frequency list (based on *Bokmålsordboka*, ca. 65,000 headwords):

S	14.18%	L	4.39	C	0.63
K	7.77%	G	4.25	d	0.54
F	7.61%	D	3.61	Å	0.47
B	6.45%	R	3.42	Y	0.24
T	5.82%	U	3.34	Æ	0.12
H	5.28%	I	2.74	W	0.11
A	5.27%	E	2.68	Z	0.09
M	5.19%	O	2.59	X	0.06
V	4.89%	N	2.42	Q	0.03
P	4.78%	J	1.03		

3. History of Norwegian Lexicography

3.1. Old and Middle Norwegian (Before ca. 1525). The Danish Period (Before 1814)

The oldest lexicographical item preserved is the wax tablets from Hoprekstad (now Hopperstad) church in Sogn, W. Norway (ca. 1200), giving i.a. a few Latin words, mainly names of birds and animals, with Norwegian translation (facsimile in KLNM XIX, 1975, last page, No. 2). From the 14th century onwards a number of cadastres have been preserved (see *Jordebog* in KLNM VII, 1962).

The first Norwegian dictionary was Jens Bjelke's (1580—1659) *Termini Juridici* (Copenhagen 1634), containing i.a. ca. 800 Norwegian legal terms explained in Danish, with law references, Latin editorial comments, some phraseology and occasionally proverbs. Bjelke was Chancellor of Norway under the Danish king, and felt the need of coordinating Norwegian legal tradition and current Danish law. E.g.,

Loug oc Lougvern interdùm idem, ut at **giffue Loug**/lib. 1 cap. 26. v. **1. Oc tage Loug/oc vere i Loug sammen**/ut lib. 1. cap. **1.** Ac pete supra **Lougvern.**

Of greater importance is the second Norwegian dictionary, Jenssøn 1646, the earliest printed Scandinavian collection of dialect words, mainly from Sunnfjord in W. Norway, where Jenssøn (d. 1653) was a minister of the church. It contains ca. 1,000 headwords explained in Danish, with phrases, popular sayings and some anecdotes and folk tradition. Jenssøn's aim was to revive and keep up the old Norwegian tongue, so that it "the more clearly may come to light and be distinguished from the others" (Haugen 1984, 6). It has been taken as an example of the puristic movement originating in Italy and spreading northwards during the early 1600s. Jenssøn's work is also the first among a number of dialect collections by clergymen, whose interest in the local vernacular arose from either a) a wish to make the gospel clear to their parishioners, b) a general interest in the antiquities of their district, or c) the hope of furthering their career. M. Moth (1649—1719), Head of The Royal Chancery and personally an ambitious lexicographer, in 1697 encouraged the clergy of both countries to contribute such collections. A similar initiative was taken by one of his successors in 1743, and both produced numerous results, known and used by later editors, but mostly left unprinted until modern times. The largest one, by Knud Leem (1696—1774), contains between 3,000 and 4,000 words (Hannaas 1923). Leem's major printed work was Norway's first Lapp dictionary (Leem 1768—81). — The first dictionary published in Norway was Erik Pontoppidan's (1698—1764) *Glossarium Norvagicum*, subtitled "An attempt at collecting such rare Norwegian words as are not commonly understood by Danes...". It has been criticized as hastily put together, faulty in detail, and lacking in critical evaluation, but it was of some use to later editors, and among its ca. 850 words contains a good deal of useful material (Hamre 1972). — By far the largest Norwegian dictionary before Aasen was Hallager 1802. Hallager's (1777—1825) aim was to make the vernacular known to (Danish) officials, and to enrich the common written language of Denmark—Norway. Hallager's work was reflected in Norwegian literature of the early 1800s, esp. Henrik Wergeland's writings, and is considered the major source of contemporary Norwegian vocabulary before Aasen 1850.

3.2. The 19th Century

The nationalistic current following the end of the union with Denmark in 1814 aroused an interest in the old Norwegian language from before 1500, remnants of which had survived in the dialects. Major lexicographical works in both fields were published. Johan Fritzner's "Dictionary of the Old Norwegian Language" (Fritzner 1867) appeared, greatly enlarged in a 2nd edition (1886—96). Fritzner was a minister of the church and also active in Lapp linguistics and ethnology. In his dictionary he included both Icelandic and Norwegian sources; not till recent times (Holtsmark 1955) was Old Norwegian treated separately. — Purist ambition reached its summit with Knudsen 1881, subtitled "... or the replacement of foreign words". Although a monumental effort it was of little consequence, as the author a) did not distinguish between replaceable and irreplaceable words, b) was apt to suggest too many choices for any one to succeed, c) often could not suggest a 1:1 replacement, but had to settle for a longer phrase.

The most important and far-reaching individual contribution to Norwegian lexicography and linguistics in the 19th century, and indeed to the contemporary and future development of the language, was Ivar Aasen's (1813—96) creation and introduction of a Neo-Norwegian standard, published in his grammar of 1848 (rev. ed. 1864) and in Aasen 1850 (rev. ed. Aasen 1873). His motives were a) national: a nation should have a language of its own, b) educational/practical: country youths seeking education did not properly understand Dano-Norwegian, c) cultural: the vernacular had a tradition and development through centuries that ought to be preserved. Based on his profound knowledge of the dialects, Old Norwegian and the other Germanic languages of the North he developed a "middle form" which mainly reflected the western and midland dialects which in his view had best preserved the traditional structure. Though mainly, and still, used as an arsenal of dialect vocabulary, his dictionary is in fact bilingual, subtitled "... with Danish explanation". This includes explanations, comments, and, where relevant, direct translation. — Drawing on material from earlier dictionaries and collections in addition to his own, Aasen gives his reasons for excluding certain words (Aasen 1873, 975—976). In doing so, he demonstrates his own criteria of selection, most of which are still generally valid. The omitted word a) is too uncertain, possibly misread or misprinted, b) is too quaint or special, c) is the result of hypernorvagization, d) has been given an overly Danish-looking form, e) is not used seriously. — Ross 1895 was a supplement to Aasen's dictionary and in fact the larger of the two, due mainly to the inclusion of a great number of compounds and variant forms.

3.3. The 20th Century

Above all, this century has seen a great increase in lexicographical work already begun. The first encyclopaedia appeared in 1879—88. Esp. after 1945 encyclopaedias have become a major field in the publishing industry; ca. 30 — from 1 to ca. 30 volumes — have appeared. The first in Braille (43 volumes and in each of the two written standards) came in 1987. The better ones of modern encyclopaedias contain a large dictionary component (foreign words, terminology, name etymologies, registers).

The first spelling list for school use appeared in 1866, edited by Jonathan Aars (1837—1908). In its later editions it served as an outlet for official standardization procedures and changes within the standard. For historical and practical reasons both Dano-Norwegian (*riksmål*, from 1929 *bokmål*) and Neo-Norwegian (*landsmål*, from 1929 *nynorsk*) have a large number of optional forms, but with certain restrictions of use in official administration and in textbooks (called a "textbook norm" *læreboknormal*) which spelling lists have to record in order to receive the necessary official approval. To the spelling list editor today this is a complex system, the consistent presentation of which necessitates modern data processing methods. The lists are edited for each standard separately. Since as much as 70—80 % of the vocabulary is common to the two standards in its basic forms, differing only in flection, some attempts have been made to unite both standards in one list (Haugen 1965, Gundersen 1966). This necessitates a special marker for each standard where it differs from the other one (no marker = common form). So far this system has not met with official approval, being judged as too complicated and at the same time understating structural differences.

The first bilingual dictionaries edited by Norwegians go back to the 18th century and consequently had Danish as either source language or target language (Andreas Berthelson, English—Danish 1754; Hans v. Aphelen, French—Danish 1754 and 1759, Danish—German and German—Danish 1764; Ernst Wolff, Danish—English 1779). — During the 19th century and esp. from ca. 1875 onward the names Norwegian (*Norsk*) and Dano-Norwegian (*Dansk—norsk* or *Norsk—dansk*) came into use in the titles of bilingual dictionaries, signifying that the vocabulary had been selected from a Norwegian, not a Danish, point of view. Neo-Norwegian editors, mainly of the 20th century, partly used *Landsmål* or *Nynorsk,* but preferred *Norsk,* indicating that Neo-Norwegian in their view is the only genuine Norwegian, untainted by Danish. — The first major bilingual dictionaries were the English—Norwegian/Norwegian—English and German—Norwegian/Norwegian—German ones edited by John Brynildsen (1852—1926), one of the most industrious Norwegian lexicographers of all time. Of his aims and principles, mentioned in prefaces or apparent in the dictionaries, some are of interest: a) he aimed at an exhaustive Norwegian word base sufficient for use with different target languages, b) he distinguished between general meanings (*betydninger*), which he found could often not be given in the target language, and functional equivalents ("a collection of suggestions for a certain number of cases", 1902 p. VIII), c) in the choice between "dead" examples (e.g., *to be of the utmost importance to sb.*) and "live" ones (e.g., *it is of the utmost importance to me*) he favoured the latter type (the terms "dead" and "live", see Svensén 1987, 83—84), d) in his English—Norwegian dictionary of 1902 he tried out a space-saving combination of editorial abbreviations (*ad* = adverb), symbols (* = Norwegian, not Danish) and ikons (anchor = "sea language"); in later work he used abbreviations only.

Fig. 194.1 (based on Haugen 1984) shows the output of bilingual dictionaries to/from English, French and German up to ca. 1980. The more recent output largely consists of books for school use, terminological dictionaries (technical, mercantile, administrative), and, esp. from ca. 1980 onwards, minority language dictionaries (e.g., Turkish—Nor-

	19th c.	20th c.	Total
English	9	71	80
French	0	15	15
German	2	32	34
Total	11	118	129

Fig. 194.1: Bilingual dictionaries with Norwegian

wegian 1980, Norwegian—Vietnamese 1983, Norwegian—Serbo-Croatian 1990). A major Lapp (Northern dialect) dictionary is Nielsen and Nesheim 1932—62 (5 vols., 1—3 alphabetical, 4 systematical, 5 supplement).

The only major definition dictionary of Norwegian *riksmål/bokmål* is *Norsk riksmålsordbok (NRO)* and of nynorsk *Norsk Ordbok (NO)* (in progress, *A-forlog* by 1989). *NRO* draws on printed sources, *NO* in addition on archives of dialect material.

4. The Present Situation

4.1. Neologisms

A steady influx of Anglicisms reach the general public and their language through the mass media, often first introduced in terminology (data processing, oil technology, consumer goods industries, sports, entertainment, etc.) or slang. The new minority languages contribute words of food, clothing, etc., often posing new difficulties in the adaptation to the structure of Norwegian. A lexicographer, excerpting and registering such words for an archive or dealing with them in a dictionary, may well be both the first and the final instrument of standardization, thus playing an important role in the development of the language, esp. in a small nation. — A dictionary of neologisms 1945—75 (Norsk språkråd 1982) gives a selection of some 8,000 words (new meanings and usage generally not included).

4.2. Standardization

The two official standards, *bokmål* and *nynorsk,* undergo changes instigated by the authorities. New optional forms may be added; foreign words are Norwegianized (e.g., *ghetto → getto; juice → jus; blitz → blits; yoghurt → jogurt*). After 5 years no Norwegian dictionary is entirely up to date on spelling; school spelling lists are given official approval for 5 years at a time.

4.3. Minority Languages

Dictionaries are urgently needed for a number of the new immigrant languages. No user group exceeds a few thousand members, several only number a few hundred. Publishing firms shy away from such unprofitable projects unless they are externally financed, which means official grants. Such grants are available, but hardly sufficient, dictionary-making being a more costly and time-consuming activity than mostly imagined beforehand.

4.4. Terminology

Norwegian is seldom among the languages included in the multilingual dictionaries published abroad. Various Norwegian organizations, official or private, have published dictionaries of the terminology in their own field. *Rådet for teknisk terminologi* (The Norwegian Council for Technical Terminology) has so far (1990) published ca. 60 multilingual dictionaries. The selection, spelling and definition, and the translation into Norwegian of e.g. oil terms, implies a good deal of standardization. A special problem is therefore the question of acceptability in users' milieux. The reception varies.

4.5. The Study of Lexicography

Until recently there has been no formal study of lexicography at university level in Norway, although well qualified lexicographers have been working part-time on dictionary projects at all the universities and some regional colleges. Since 1986 The Section for Norwegian Lexicography of The Dept. of Scandinavian Studies and General Literature at The University of Oslo has offered a half-year course in theoretical lexicography and practical dictionary work. The emphasis is on Norwegian and Scandinavian lexicography, but with an aim of keeping abreast of current international trends. It is a beginning.

5. Selected Bibliography

5.1. Dictionaries

Aasen 1850 = Ivar Aasen: Ordbog over det norske Folkesprog. Kristiania 1850 [639 p.].

Aasen 1873 = Ivar Aasen: Norsk Ordbog med dansk Forklaring. Kristiania 1873 [976 p., reprinted in facsimile, Kristiania 1918].

Bokmålsordboka 1986 = Boye Wangensteen et al. (eds.): Bokmålsordboka. Definisjons- og rettskrivningsordbok. Oslo 1986 [697 p.].

Bjelke 1634 = Jens Bjelke: Den Danske oc Norske Lougs des Summariske Indhold [...]. Copenhagen 1634. Ed. in facsimile by Sigurd Kolsrud: Jens Bjelke: Termini juridici. Oslo 1952 [158 p.].

Brynildsen 1902 = John Brynildsen: Engelsk-dansk-norsk ordbog/A Dictionary of the English and Dano-Norwegian languages. Copenhagen 1902 [2 vols. 1: 727 p.; 2: 1150 p.].

Fritzner 1867, 1886—96 = Johan Fritzner: Ordbog over det gamle norske Sprog. Kristiania 1867 [874 p.]. 2nd ed. Kristiania 1886—96 [3 vols., 1: 836 p.; 2: 968 p.; 3: 1110 p.] Cf. Hødnebø 1972.

Gundersen 1966 = Dag Gundersen: Norsk ordbok. Bokmål og nynorsk. Oslo 1966 [247 p.].

Hallager 1802 = Laurents Hallager: Norsk Ordsamling [...]. Copenhagen 1802 [198 p.].

Hamre 1972 = Håkon Hamre: Erik Pontoppidan og hans Glossarium Norvagicum. Bergen 1972 [123 p., facsimile of Pontoppidan 1749].

Hannaas 1923 = Torleiv Hannaas (ed.): Professor Knud Leems Norske Maalsamlingar fraa 1740-aari. Kristiania 1923 [354 p.]. Cf. Leem 1768—1781.

Haugen 1965 = Einar Haugen et al. (eds.): Norsk-engelsk ordbok/Norwegian-English Dictionary. Oslo 1965 [500 p.]. Cf. Haugen 1984 under 5.2.

Heggstad 1982 = Kolbjørn Heggstad: Norsk frekvensordbok. Oslo 1982 [160 p.].

Holtsmark 1955 = Anne Holtsmark (ed.): Ordforrådet i de eldste norske håndskrifter til ca. 1250. Oslo 1955 [744 columns].

Hødnebø 1972 = Finn Hødnebø (ed.): Ordbog over Det gamle norske Sprog af Dr. Johan Fritzner. Fjerde bind: Rettelser of tillegg (i.e., vol. 4: Corrigenda et addenda). Oslo 1972 [453 p.]. Cf. Fritzner 1867, 1886—96, and KLNM.

Jenssøn 1646 = Christen Jenssøn: Den Norske dictionarium eller Glosebog [...]. Copenhagen 1646 [135 p.; repr. in facsimile Bergen 1946].

KLNM = Kulturhistorisk leksikon for nordisk middelalder, fra vikingtid til reformasjonstid. Norwegian editor: Finn Hødnebø. Oslo 1956—78 [21 vols.].

Knudsen 1881 = Knud Knudsen: Unorsk og norsk, eller fremmedords avløsning. Kristiania 1881 [994 p.].

Leem 1768—81 = Knud Leem: Lexicon lapponicum bipartitum [...]: Pars I: Lapponico-danico-latina [...], Nidrosiæ 1768 — Pars II: Danico-latino-lapponica [...] (ed. by Gerhard Sandberg). Copenhagen 1768 [2 vols.]. Cf. Hannaas 1923.

Nielsen and Nesheim 1932—62 = Konrad Nielsen and Asbjørn Nesheim: Lappisk (Samisk) ordbok/Lapp Dictionary. Oslo 1932—62 [5 vols., reprinted Oslo 1979].

Norsk Ordbok 1966 = Alf Hellevik et al. (eds.): Norsk Ordbok. Ordbok over det norske folkemålet og det nynorske skriftmålet. Oslo 1966 — [In progress; 2 vols. + 1 fascicle].

Norsk riksmålsordbok 1937—57 = Trygve Knudsen, Alf Sommerfelt, Harald Noreng: Norsk riksmålsordbok. Oslo 1937—57 [2 vols. in 4 parts].

Norsk språkråd 1982 = Norsk språkråd: Nyord i norsk 1945—1975. Oslo 1982 [453 p.].

Norske språkdata 1 = Prosjekt for datamaskinell språkbehandling, Nordisk institutt, Universitetet i Bergen: Norske språkdata, rapport nr. 1. Bergen, no date [ca. 1975].

Nynorskordboka 1986 = Marit Hovdenak et al. (eds.): Nynorskordboka. Definisjons- og rettskrivningsordbok. Oslo 1986 [870 p.].

Pontoppidan 1749 = Erik Pontoppidan: Glossarium Norvagicum [...]. Bergen 1749 [120 p., reprinted in facsimile in Hamre 1972].

Ross 1895 = Hans Ross: Norsk Ordbog: Tillæg til „Norsk Ordbog" af Ivar Aasen. Christiania 1895 [997 p., reprinted in facsimile with addenda I—VI, 1895—1913, Oslo 1971. 1116 p.].

5.2. Other Publications

Haugen 1984 = Eva Lund Haugen: A Bibliography of Scandinavian Dictionaries, with an Introduction by Einar Haugen. New York 1984.

Svensén 1987 = Bo Svensén: Handbok i lexikografi. Stockholm 1987.

Dag Gundersen, Oslo (Norway)

195. Inselnordische Lexikographie

1. Isländisch
2. Färöisch
3. Norn
4. Literatur (in Auswahl)

Die inselnordischen Sprachen gehören innerhalb der germanischen Sprachgruppe zur skandinavischen Sprachfamilie. Sie finden sich in einem zusammenhängenden Gebiet, das durch das Meer, den Nordatlantik, zusammengehalten wird (vgl. Karte 196.1). Die inselnordischen Sprachen sind Einwanderersprachen und weisen einige gemeinsame Züge auf, obwohl sie im übrigen untereinander sehr verschieden sind. Im Gegensatz zu den festlandskandinavischen Sprachen, die Tonakzente bzw. Stoßton besitzen, haben die inselnordischen Sprachen keinerlei Tonakzente. (Über die skandinavischen Wörterbücher vgl. insbesondere Haugen 1984.)

1. Isländisch

Isländisch ist die klassische Sprache des Nordens, die Sprache der berühmten altnordischen Literatur, der Eddas und der isländischen Familiensagas, die zu den berühmtesten Werken der Weltliteratur gehören. Insbesondere in normalisierten Textausgaben wird die Sprache dieser alten Literatur häufig *Altnordisch* genannt. Die Unterscheidung zwischen Isländisch und Altnordisch ist jedoch nicht notwendig, da die Unterschiede gering sind (Einarsson 1967). Der isländischen Tradition folgend werden wir Isländisch und Altnordisch als eine einzige Sprache betrachten, die wir im folgenden *Isländisch* nennen werden.

Isländisch ist ursprünglich eine norwegische Einwanderersprache. Den wichtigsten Bestandteil des Isländischen bilden westnorwegische Dialekte, aber es lassen sich auch Einflüsse der übrigen Dialektgebiete Norwegens nachweisen. Island wurde zwischen 874 und 930 n. Chr. von norwegischen Einwanderern, die größtenteils aus Westnorwegen stammten, besiedelt. Außerdem kam dazu ein hoher Anteil keltischer Sprecher. Man schätzt die Keltischsprechenden auf etwa 30 % der Gesamtzahl der Einwanderer. Außer in einigen Orts- und Eigennamen läßt sich im heutigen Isländischen kein keltischer Einfluß nachweisen. In seiner ganzen Struktur ist Isländisch skandinavisch geblieben.

Altnorwegisch und Altisländisch sind bis etwa 1000 n. Chr. absolut identisch, d. h. die gleiche Sprache. Danach verläuft die Entwicklung getrennt. Heute sind die modernen Sprachen, Isländisch und Norwegisch, voneinander sehr verschieden.

Isländisch wird seit dem Jahr 1117 (Pétursson 1978) mit den Buchstaben des lateinischen Alphabets geschrieben. Über die Probleme der Anpassung der Sprache an dieses fremde Alphabet gibt uns die *Erste Grammatische Abhandlung* Auskunft (Haugen 1972, Benediktsson, 1972, Albano Leoni 1975).

Die Sprachgeschichte des Isländischen wird in vier Perioden eingeteilt:

(1) zwischen 874 und 1150. Es ist die Periode der Besiedlung der Insel und der Konsolidierung der Sprache in der neuen Heimat. In dieser Periode gibt es kaum Unterschiede zum Norwegischen;

(2) zwischen 1150 und 1350. Es ist die Periode der klassischen Sprache (= Altnordisch), in der alle wichtigsten Werke der altisländischen Literatur auf Pergament geschrieben wurden. Norwegisch und

Isländisch unterscheiden sich in dieser Periode deutlich;
(3) zwischen 1350 und 1530 besteht das Mittelisländische. In dieser Periode vollziehen sich die wichtigsten Veränderungen zum modernen Isländischen;
(4) ab 1530 bis heute besteht das moderne Isländisch. Seit 1530 haben kaum nennenswerte Lautveränderungen stattgefunden.

Isländisch ist dank der reichen überlieferten alten Literatur im Vergleich zu vielen anderen Sprachen außerordentlich gut dokumentiert. Es wird gegenwärtig daran gearbeitet, die gesamte Überlieferung von den ältesten Dokumenten bis zum heutigen gesprochenen Isländisch lexikographisch zu erfassen. In diesem Rahmen wird die gesamte Sprachgeschichte in *zwei* Perioden eingeteilt, vor 1540 n. Chr. und danach. Als Trennpunkt wurde 1540 gewählt, weil in jenem Jahr das erste auf Isländisch gedruckte Buch erschien, die Übersetzung des Neuen Testaments von Oddur Gottskálksson. Das Wörterbuch des modernen Isländisch *Orðabók Háskóla Íslands* (ab 1540 bis heute, Orðabók 1984) wird gegenwärtig vom Wörterbuchinstitut der Universität Islands verfaßt. Die Veröffentlichung hat noch nicht begonnen (Benediktsson, J. 1955, 1966/67). Das Wörterbuch des alten Isländisch *Ordbog over det norrøne prosasprog* (1983) wird von der Arnamagneanske Kommission in Kopenhagen verfaßt. In einer besonderen Veröffentlichung (Arnamagneanske 1964) wurde das Projekt, das 1937 angefangen wurde, erläutert. Die Veröffentlichung begann 1983 unter der Leitung von Prof. Dr. Björn Hagström (1983). Das Wörterbuch umfaßt den Zeitraum von 1370 bis 1540. Belege vor 1370 werden jedoch aufgenommen, wenn dazu besonderer Anlaß besteht. Die Zeit vor 1370 wird durch das *Lexicon Poeticum* von Egilsson (1913—16), das den Wortschatz der ältesten Sprache bis etwa 1400 erfaßt, abgedeckt. Andere Wörterbücher der alten Sprache sind Fritzner (1973 samt dem Ergänzungsband von Hødnebø 1972), Baetke (1976) und Möbius (1866). Die ältesten isländischen Wörterbücher sind die isländisch-lateinischen von Andrésson (1683) und Ólafsson (1650). Das 19. Jh. war durch rege Wörterbuchtätigkeit gekennzeichnet (Benediktsson, J. 1969). Das bedeutendste Wörterbuch jener Zeit ist das isländisch-lateinisch-dänische Wörterbuch von Halldórsson (1814, hrsg. v. R. K. Rask).

Mit Ausnahme des isländisch-isländischen Wörterbuches von Böðvarsson (1983;

garður, -s, -ar к 1 hleðsla, girðing: *túng.; til varnar: varnarg., stíflug., virkisg.;* einsett heystæði; hryggur í landslagi, melás; e-ð upphleypt líkt og garður: *rifg. í heyi* á prjónlesi: *g. í sokkfit, rifg. í fiski* hryggurinn; ✴ *ráðast (ríða) á garðinn þar sem hann er lægstur* ráðast á veikasta þáttinn, gera árás þar sem minnst fyrirstaða er; *við sjálfa garða lá* það lá nærri; *hvorugur dregur annan um garð* þeir eru hvor sem annar. 2 svæði afmarkað með garði eða girðingu: *heyg., húsg., kálg., skemmtig.; garð-planta, -skýli.* 3 umgirtur bústaður, hús, heimili (einkum í föstum samböndum), † hús í kaupstað eða borg; † stórbýli í sveit; *góð hjú gera garðinn frægan, gest bar að garði* gestur kom, *ríða úr garði* halda að heiman, halda brott; ✴ *góður (illur) í garð e-s* vinveittur (fjandsamlegur) e-m, *búa í garð(inn)* undirbúa e-ð, *þannig í garð(inn) búið* svo háttað, *ýmsir eiga högg í annars garð(i)* menn eiga sökótt hverir við aðra, *fara fyrir ofan garð og neðan [hjá e-m]* skiljast ekki, fara fram hjá, *ganga (færast) í garð* byrja, koma; *ganga um garð* fara um, vera (einhverstaðar) að verki, eiga þátt í e-u, *um garð gengið* afstaðið, búið, aflokið, *e-ð er allt um garð gert* e-u er alveg lokið, *ganga úr garði* (um tíma) líða, ljúka, *ráðast á garðana í Gröf* hefjast handa, *skilja við (yfirgefa) garðana í Gröf* fara alfarinn, flytja búferlum, *gera (búa) úr garði* útbúa að heiman, gefa heimanmund, *vel úr garði (af) garði gerður (gjör)* vel útbúinn, unninn af vandvirkni, *ekki um auðugan garð að gresja* lítið að hafa. 4 íbúðarhús háskólastúdenta: *garðstjórn, garðvist, hjónag., garðball.* 5 (um veður) stormhviða, roka: *hann rekur á garða;* langvarandi (kaldur) stormur af sömu átt: *norðang.;* langstæður kafaldsbylur eða langvarandi óveður. 6 ғт Garðar sÉRN 1) ísl. bæjarnafn: *Víðar er guð en í Görðum* gæði eða kostir eru ekki bundin við einn stað; 2) bær í Einarsfirði, Eystribyggð, Grænlandi, nú Igaliko; 3) † borgin Novgorod í Rússlandi. 7 viðliður karlanafna: *Þorg.;* svarar til konunafnsins Gerður.

Textbeispiel 195.1: Der Artikel *garður* als Beispiel der Analyse in dem ísl.—ísl. Wörterbuch von Böðvarsson (1983, 270)

vgl. Textbeispiel 195.1), das 86 000 Wörter enthält, sind alle Wörterbücher des Isländischen bilingual. Die wichtigsten sind: Blöndal (1920—24) isländisch-dänisch; Cleasby/Vigfússon (1957) isländisch-englisch; Sörenson 1984 (englisch-isländisch) Berkov (1962) isländisch-russisch; Ófeigsson (1953) deutsch-isländisch; Toorn-Piebenga (1984) isländisch-niederländisch und niederländisch-isländisch; Zoëga (1942) isländisch-englisch; Holm (1982) schwedisch-isländisch; Jónasson (1896) und Gunnarsson (1957) dänisch-isländisch; Widding u. a. (1976) isländisch-dänisch.

Etymologische Wörterbücher sind: Holthausen (1948), Jóhannesson (1956) und Vries (1961). Spezielle Wörterbücher sind: Halldórsson (1953—56) über Neologismen, Guðmundsson (1959) über den Wortschatz technischer Berufe und Árnason u. a. (1982) über Slang.

2. Färöisch

Kurz nach 800 n. Chr. wurden die Färöinseln (Færøer) von vorwiegend westnorwegischen Einwanderern besiedelt. Das Färöische ist daher eine Einwanderersprache auf der Grundlage westnorwegischer Dialekte. Heute wird es als Muttersprache von etwa 43 000 Personen auf den 17 bewohnten Färöinseln gesprochen. Nahezu alle Bewohner der Färöinseln sind bilingual. Obwohl die Inseln seit 1948 eine Regierung für innere Angelegenheiten besitzen, ist wegen der langen Bindung an Dänemark der dänische Einfluß noch stark, und fast alle sprechen Dänisch mit besonderem Akzent.

Wegen der starken dialektalen Unterschiede innerhalb des Färöischen ist die Erfassung des färöischen Wortschatzes sehr schwierig. Die Wörterbuchautoren sind dieser Schwierigkeit teilweise aus dem Wege gegangen, indem sie vorwiegend Wörter aus ge-

> **hunda/bøli** (indvendig) snavset hus **-dagar** -dagarnir (i almanakken) hundedagene (23. juli – 23. aug.) **-gegl** hundehyl **-goyggj** hundes gøen, hundeglam **-gras** hundegræs (Dactylis glomerata) **-hvølpur** hundehvalp **-knúta** et vist ben i helleflynderens hoved **-kroppur** (skældsord) hæst, »svinepels« **-kuldi** hundekulde **-kulla** fordybning (i jordgulve), hvor hunden plejer at ligge **-land** 1) fællesnavn for svampe af gruppen Agaricaceae 2) særlig betændelsesform, oftest på hænderne **-liv** hundeliv **-sjúrður** i udtr koma -s. aftur komme tomhændet (el. med uforrettet sag) tilbage, nú fór eg sum -s. (siges når man går straks efter at man har fået traktement) **-slag** hunderace **-týggi** hundsvot **-vakt** (på skibe) hundevagt (vagten fra midnat til kl. 4 om morgenen) **-vaml** i udtr hann kennir ikki til -v. han er frisk som en fisk
>
> **hund/bardur** [hun-] banket som en hund **-beita** jage ved hjælp af hund, **-beittur** seyður, tarvurin er **-beittur -bit** hundebid **-bitin** bidt af en hund **-dálkaður** tilsølet, gennemblødt **-fiskur** (sjæld navn på) steinbítur **-føri** vejlængde, der svarer til den afstand, en hund behøver for at kunne indhente et får, hann setti seg eitt -f. burturfrá. Se også hunds- **-leggja** ved hjælp af en hund fælde el. bringe et får til at ligge ned, seyðurin er -lagdur

Textbeispiel 195.2: Die Artikel *hundabøli* und *hundbardyr* als Beispiel der Analyse in fär.-dän. Wörterbuch von Jacobsen/Matras (1961, 173)

druckten Texten aufgenommen haben, so daß sich dadurch eine gewisse Normierung des Wortschatzes ergibt.

Das erste färöische Wörterbuch ist das handgeschriebene färöisch-dänisch-lateinische Wörterbuch von Jens Christian Svabo aus den Jahren 1773—1824, das jetzt in der durch Matras betreuten gedruckten Ausgabe vorliegt (Svabo 1966—70).

Das erste im Druck erschienene färöische Wörterbuch ist das färöisch-dänische von Jakobsen (1891), wozu auch das bedeutende Glossar zu den Texten *Færøske Folkesagn og Æventyr* (Jakobsen 1898—1901, S. 443—542) zu rechnen ist. Der Grundstock des Wortschatzes ist der Wortschatz älterer Handschriften. Das Wörterbuch von Evensen (1905—08) blieb unvollständig.

Das erste Wörterbuch, das ein Gesamtbild des färöischen Wortschatzes gibt, ist das färöisch-dänische von Jacobsen und Matras (1961, Supplement 1974, vgl. Textbeispiel 195.2). Das Gegenstück dazu ist das dänisch-färöische Wörterbuch von Skarði (1977). Er ist ebenfalls Verfasser eines kleinen Wörterbuches von Verwaltungsbegriffen (Skarði 1960). Ánna (1961—77) ist ein Wörterbuch der Sprachpflege, das sich zum Ziel gesetzt hat, das Färöische von dänischen und internationalen Wörtern zu reinigen.

3. Norn

Norn (von *norrøn* „nordisch" abgeleitet) ist der Name der skandinavischen Sprache, welche auf den Orkaden und den Shetlandinseln gesprochen wurde. Ab 800 n. Chr. wurden die beiden Inselgruppen durch westnorwegische Einwanderer besiedelt, die ihre Sprache mitbrachten. Die Inseln gehörten zu Norwegen, bis sie 1468 und 1469 an Schottland verpachtet wurden. Danach verlor Norn seine Stellung zunehmend gegenüber dem Englischen. Auf den Shetlandinseln lebte Norn jedoch als gesprochene Sprache bis in das 18. Jh. hinein.

Als schriftsprachliche Zeugnisse in Norn, welches eine intermediäre Stellung zwischen dem westnorwegischen und dem Färöischen einnimmt, sind vier Dokumente und einige Runeninschriften erhalten geblieben. Beinahe alles, was wir über diese ausgestorbene skandinavische Sprache wissen, verdanken wir den Untersuchungen von Jakobsen (1897 a, b). Er bereiste die Shetlandinseln in den Jahren 1892—95 und sammelte alle Reste der alten Sprache, die ältere Personen

> **dorro** [dår(r)o]. s., 1) *dorg, fiskesnøre*, særlig *medesnor som man ved bådfiskeri* (spec. *fiskeri af sej og makrel*) *trækker efter sig under stadig bevægelse frem og tilbage (op og ned), medens båden bliver roet sagte frem*, = on. dorg, f. alm. Tildels også d a r r o [dar(r)o]. I Ai bruges d o r r o om en fiskesnøre med mange kroge på. 2) *træramme, hvorom en dorg el. fiskesnøre vikles;* U (Uⁿ): d o r r o (d a r r o). Hermed jfr. no. dorg. f., i betydn. *fiskeindretning, stang, med kroge som hænge ude natten over* (R). — Se s t ø b a d o r r o, s. — Formen d o r r o, skr. „dorrow", er ikke helt regelmæssigt udviklet af „dorg", men dannet i lighed med eng. ord som „borough, borrow, morrow, sorrow", der svare til on. „borg, borga(v.), morg(inn), sorg". Hos Jam. findes ordet ikke som lavsko., men derimod i et tillæg: „to dorrow" med tilføjelsen „Shetl."
>
> **dorro** [dår(r)o], v., *dørge. drive fiskeri* (spec. *sej- og makrelfiskeri*) *med dorg;* se ovf. d o r r o, s. alm. Tildels også d a r r o [dar(r)o]. Dannet af substantivet og kan ikke direkte udledes af on. dyrgja, v., *dørge.*

Textbeispiel 195.3: Der Artikel *dorro* als Beispiel der Analyse im norn-dänischen Wörterbuch von Jakobsen (1908—1912, 110)

noch in ihrem Gedächtnis bewahrten. Durch Vergleich mit dem Isländischen, Färöischen und Norwegischen gelang es ihm, die meisten Texte zu interpretieren. Das etymologische Wörterbuch Jakobsens (1908—12, vgl. Textbeispiel 195.3), dessen englische Ausgabe 1928—32 posthum erschien, stellt eine einmalige Leistung dar. Es enthält nicht nur den gesamten bekannten Wortschatz des Norn, sondern auch eine grammatische Beschreibung und im Rahmen des Möglichen einen Vergleich mit den anderen skandinavischen Sprachen sowie Ausspracheangaben. Weitere Untersuchungen über das Norn sind: Marwick (1929) und Barnes (1984).

4. Literatur (in Auswahl)

4.1. Isländisch

4.1.1. Wörterbücher

Andrésson 1683 = Guðmundur Andrésson: Lexicon Islandicum Sive Gothicæ Runæ vel Lingvæ Septentrionalis Dictionarium. Havniæ 1683 [(2) + 28 +269 S.].

Árnason u. a. 1982 = Mörður Árnason; Sigmundsson, Svavar og Thorsson, Örnólfur: Orðabók um slangur, slettur, bannorð og annað utangarðsmál. Reykjavík 1982 [XVI + 159 S.].

Baetke 1976 = Walter Baetke: Wörterbuch zur altnordischen Prosaliteratur. 2. Aufl. Berlin 1976 [XVI + 822 S.] (1. Aufl. 1965—68).

Berkov 1962 = V. P. Berkov: Islandsko-russkij slovar'. Moskva 1962 [1032 S.].

Blöndal 1920—24 = Sigfús Blöndal: Íslenzkdönsk orðabók. Reykjavík 1920—24 [XXXII + 1052 S. + 7 Tafeln]. Supplement 1963 [XI + 200 S.].

Böðvarsson 1983 = Árni Böðvarsson: Íslensk orðabók handa skólum og almenningi. 2. Aufl. Reykjavík 1983 [XVI + 1256 S.] (1. Aufl. 1963).

Cleasby/Vigfússon 1957 = Richard Cleasby and Gudbrand Vigfússon: An Icelandic-English Dictionary. 2. Aufl. Oxford 1957 [XLV + 780 S. + Supplement by W. A. Craigie S. 781—833] (1. Aufl. 1874).

Egilsson 1913—16 = Sveinbjörn Egilsson: Lexicon Poeticum Antiquae Linguae Septentrionalis. København 1913—16. 2. Aufl. [XVI + 668 S.] (1. Aufl. 1854—60).

Fritzner 1973 = Johan Fritzner: Ordbog over det gamle norske sprog. 4 Bände. 4. Aufl. Oslo. Bergen. Tromsø 1973 (1. Aufl. 1867; 2. Aufl. 1883—96; 3. Aufl. 1954). Supplementbind ved F. Hødnebø 1972.

Guðmundsson 1959 = Sigurður Guðmundsson: Tækniorðasafn. Reykjavík 1959.

Gunnarsson 1957 = Freysteinn Gunnarsson: Dönsk orðabók með íslenzkum þýðingum. 2. Aufl. Reykjavík 1957 [VIII + 616 S.] (1. Aufl. 1926).

Hagström u. a. 1983 = Björn Hagström/Helle Degnbol/Eva Rode/Christopher Sanders: Ordbog over det norrøne prosasprog. *Prøvehefte.* København 1983 [XL + 39 S.].

Halldórsson 1814 = Björn Halldórsson: Lexicon Islandico-Latino-Danicum. Havniæ 1814 [2 Bände, XXXIV + 488 u. (2) + 520 S.].

Halldórsson 1953—56 = Halldór Halldórsson: Nýyrði I—IV. Reykjavík 1953—56 [110 + 106 + 44 + 123 S.].

Holm 1982 = Gösta Holm: Svensk-isländsk ordbok. Lund. Reykjavík 1982 [XCVIII + 849 S.].

Holthausen 1948 = Ferdinand Holthausen: Vergleichendes etymologisches Wörterbuch des Altwestnordischen. Göttingen 1948 [XX + 368 S.].

Jóhannesson 1956 = Alexander Jóhannesson: Isländisches etymologisches Wörterbuch. Bern 1956 [XXIII + 1406 S.].

Jónasson 1896 = Jónas Jónasson: Ný dönsk orðabók. Reykjavík 1896 [VIII + 749 S.].

Möbius 1866 = Theodor Möbius: Altnordisches Glossar. Leipzig 1866 [XXII + 532 S.] (Nachdruck, Darmstadt 1963).

Ófeigsson 1953 = Jón Ófeigsson: Þýzk-íslenzk orðabók. 2. Aufl. Reykjavík 1953 [768 S.] (1. Aufl. 1935).
Ólafsson 1650 = Magnús Ólafsson: Specimen Lexici Runici. Hafniæ 1650 [(8) + 144 S.].
Sörenson 1984 = Sören Sörenson: Ensk-íslensk orðabók með alfræðilegu ívafi. Reykjavík 1984 [XXVII + 1241 S.].
Toorn-Piebenga 1984 = G. A. van der Toorn-Piebenga: IJslands woordenboek. Amsterdam. Brussel 1984 [VIII + 178 u. 188 S.].
Vries 1961 = Jan de Vries: Altnordisches etymologisches Wörterbuch. Leiden 1961 [L + 689 S.].
Widding u. a. 1976 = Ole Widding/ Haraldur Magnússon/Preben Meulengracht Sørensen: Íslenzkdönsk orðabók. Reykjavík 1976 [948 S.].
Zoëga 1942 = Geir T. Zoëga: Íslenzk-ensk orðabók. 3. Aufl. Reykjavík 1942 [632 S.] (1. Aufl. 1904, 2. Aufl. 1922).

4.1.2. Sonstige Literatur

Albano Leoni 1975 = F. Albano Leoni (ed.): Il Primo Trattato Grammaticale Islandese. Bologna 1975.
Arnamagneanske 1964 = Den Arnamagneanske Kommissions Ordbog: Rapport og Plan. København 1964.
Benediktsson 1972 = Hreinn Benediktsson (ed.): The First Grammatical Treatise. Reykjavík 1972.
Benediktsson, J. 1955 = Jakob Benediktsson: Det islandske ordbogsarbejde ved Islands Universitet. In: Scripta Islandica 6, 7—12 (1955).
Benediktsson, J. 1966—67 = Jakob Benediktsson: Det islandske ordbogsarbejde ved Islands Universitet. In: Nordiske Språkspørsmål, 11—24 (1966—67).
Benediktsson, 1969 = Jakob Benediktsson: Íslenzk orðabókarstörf á 19. öld. In: Andvari (Nýr Flokkur), 96—108 (1969).
Einarsson 1967 = Stefán Einarsson: Icelandic. Artikel in Collier's Encyclopedia, Vol. 12, 469—470 (1967).
Haugen 1972 = Einar Haugen (ed.): First Grammatical Treatise. The Earliest Germanic Phonology. London 1972.
Orðabók 1984 = Orðabók Háskólans. Reykjavík 1984.
Pétursson 1978 = Magnús Pétursson: Isländisch. Hamburg 1978.

4.2. Färöisch

4.2.1. Wörterbücher

Ánna 1961—77 = Jóvgan við Ánna: Føroysk málspilla og málrøkt: óføroysk-føroysk orðabók. Tórshavn 1961—1977. 4 Bände.
Evensen 1905—08 = A. C. Evensen: Føroysk orðabók. Tórshavn 1905—1908 [unvollständig, nur *a-forfumma*].
Jacobsen und Matras 1961 = M. A. Jacobsen og Christian Matras: Føroysk-donsk orðabók. 2. Aufl. Tórshavn 1961 [521 S.] (1. Aufl. 1927/28). Eykabind, latið úr hondum hevur Jóhan Hendrik V. Poulsen. Tórshavn 1974 [IV + 252 S.].
Jakobsen 1891 = Jakob Jakobsen: Færøsk Anthologi II. Ordsamling og Register. København 1891 [472 S.].
Jakobsen 1898—1901 = Jakob Jakobsen [und V. U. Hammershaimb]: Færøske Folkesagn og Æventyr. København 1898—1901 [Wörterverzeichnis S. 443—542].
Skarði 1960 = Jóhannes av Skarði: Føroyskt orðatilfar úr fyristingar- og skrivstovumáli. Tórshavn 1960 [46 S.].
Skarði 1977 = Jóhannes av Skarði: Donsk-føroysk orðabók. 2. Aufl. Torshavn 1977 [XIV + 591 S.] (1. Aufl. 1967).
Svabo 1966—70 = Jens Christian Svabo: Dictionarium Færoense. Færøsk-dansk-latinsk ordbog (Chr. Matras. Hrsg.). 2 Bände. København 1966—70 [994 S. + 123 S.] (1. Aufl. in einigen handgeschriebenen Exemplaren 1773—1824).

4.2.2. Sonstige Literatur

Werner 1964—65 = Otmar Werner: Die Erforschung der färingischen Sprache. Ein Bericht über Stand und Aufgaben. In: Orbis 13. 1964, 481—544 und in: Orbis 14. 1965, 75—87.
Werner 1968 = Otmar Werner: Die Erforschung des Inselnordischen. In: Zeitschrift für Mundartforschung, Beihefte N. F. 5. 1968, 460—519.

4.3. Norn

4.3.1. Wörterbücher

Jakobsen 1908—12 = Jakob Jakobsen: Etymologisk ordbog over det norrøne sprog på Shetland. København 1908—12 [722 + X S.].
Jakobsen 1928—32 = Jakob Jakobsen: An Etymological Dictionary of the Norn Language in Shetland. London. Copenhagen 1928—1932 [CXII + 1076 S.].

4.3.2. Sonstige Literatur

Barnes 1984 = Michael Barnes: Orkney and Shetland Norn. In: P. Trudgill (ed.), *Language in the British Isles,* 352—366. Cambridge 1984.
Jakobsen 1897 a = Jakob Jakobsen: Det Norrøne Sprog på Shetland. København 1897 a.
Jakobsen 1897 b = Jakob Jakobsen: The Dialect and Place Names of Shetland. Two Popular Lectures. Lerwick 1897.
Marwick 1929 = H. Marwick: The Orkney Norn. Oxford 1929.

4.4. Skandinavisch allgemein

Haugen 1984 = Eva L. Haugen: Bibliography of Scandinavian Dictionaries. With an Introduction by Einar Haugen. New York 1984.

Magnús Pétursson,
Hamburg (Bundesrepublik Deutschland)

196. Swedish Lexicography

1. On the History of Swedish Lexicography
2. Old Swedish
3. Modern Swedish Before 1800
4. Swedish in the Nineteenth and Twentieth Centuries
5. Svenska Akademiens Ordbok (SAOB)
6. Selected Bibliography

1. On the History of Swedish Lexicography

1.1. Little has been written on the history of Swedish lexicography. Only one detailed description of all published Swedish dictionaries has been attempted, by Adolf Noreen in his monumental, unfinished work Vårt språk, Lund 1903— (I: 2—3, *passim*). A more recent general survey can be found in Einar Haugen's "Introduction" to A Bibliography of Scandinavian Dictionaries, by Eva Haugen, New York 1984. A brief guide to modern dictionaries is Bengt Sigurd's Svenska ordböcker, Lund 1968.

Certain works describe individual dictionaries in greater detail, or the lexicographical projects attempted by various academies. The most important is by Sture Allén, Bengt Loman and Bengt Sigurd, Svenska Akademien och svenska språket, Stockholm 1986, which outlines the long road which led to the national dictionary SAOB (see 5). There is also a practical guide, Vägledning till Svenska Akademiens ordbok, Stockholm 1965. Only two older Swedish dictionaries have been treated in scholarly monographs. Bengt Hesselman edited the seventeenth-century work by Ericus Johannis Schroderus Upsaliensis, Dictionarium Quadrilingue, Uppsala 1929, with a detailed introduction. Jesper Swedberg's Swensk Ordabok, compiled in the 1720s but still unpublished, is studied in Lars Holm's Jesper Swedbergs Swensk Ordabok — bakgrund och tillkomsthistoria, Uppsala 1986.

1.2. The most comprehensive list of Swedish

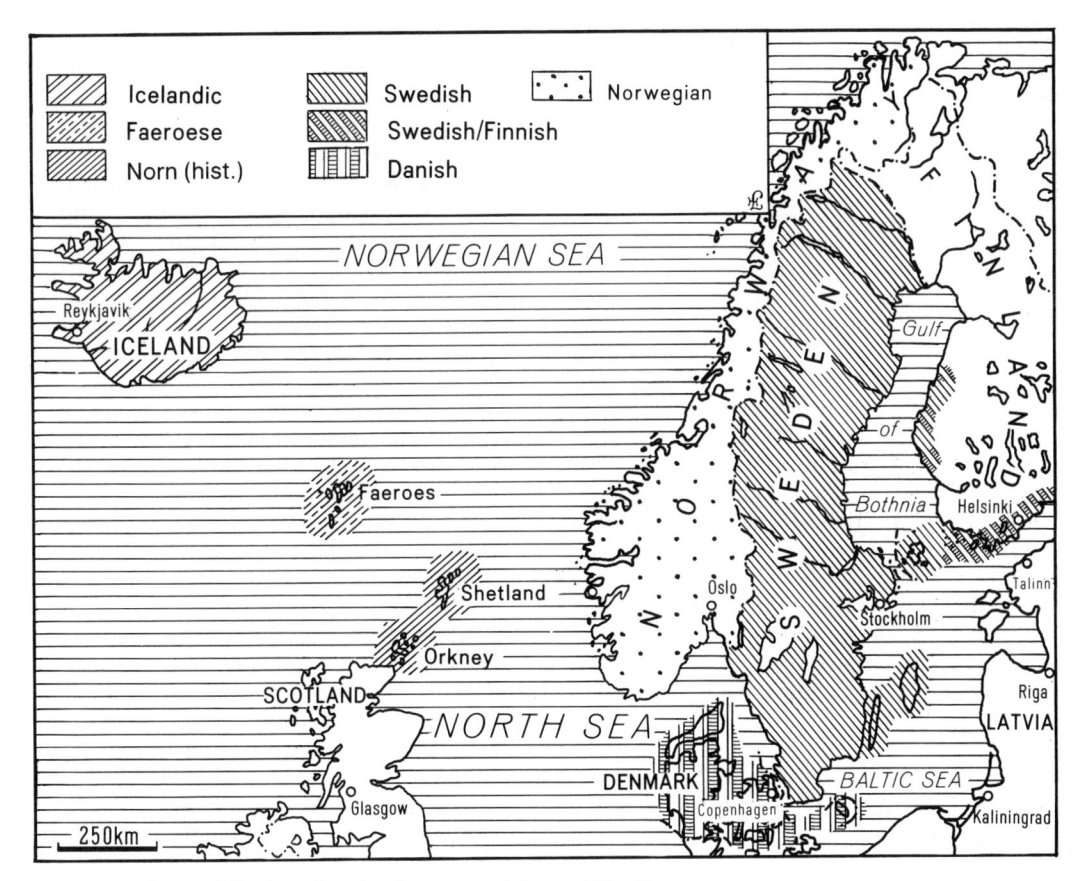

Map 196.1: Areas of the Scandinavian Languages (cf. map 228a.1)

dictionaries — although flawed by omissions and errors — is that by Haugen mentioned above. The time up to 1735 can be supplemented by the table "Kronologisk översikt av ordböcker från äldre nysvensk tid som förtecknar det samtida svenska ordförrådet" in Holm's work on Swedberg. (The table was previously published in Germanistische Linguistik 5—6/82.)

2. Old Swedish

2.1. Older Works

A single medieval attempt at a dictionary has survived, edited with the title Latinsktsvenskt Glossarium efter Cod. Ups. C 20, Uppsala 1918—73.

In the sixteenth and seventeenth centuries Swedish scholars took a great interest in the older stages of the language. There were several attempted dictionaries, none of them particularly successful. Georg Stiernhielm's Gambla swea- och götha-måles fatebvr, Stockholm 1643, did not get beyond the letter *A*. Johannes Bureus' huge work of *c.* 1650 was unpublished and is now largely lost. Olaus Verelius' Index lingvae veteris scythoscandicae, Upsalae 1691, was printed posthumously in an uncorrected form. These dictionaries include Old Icelandic headwords alongside Old Swedish.

2.2. Standard Works

Students of Old Swedish (excluding runic Swedish) find K. F. Söderwall's Ordbok över svenska medeltidsspråket, Lund 1884—1918, a reliable aid. Söderwall (1842—1924) edited the original dictionary single-handed. Because many Old Swedish texts were not made accessible in diplomatic editions until during or after the publication of the dictionary, a Supplement with K. G. Ljunggren as the main editor was added in fascicles between 1925 and 1973. The entire work has over 20,000 headwords, each with orthographical and inflexional variants, brief etymologies, modern Swedish translations, chronologically ordered examples of usage and, for simplex words, cross-references to compounds.

3. Modern Swedish Before 1800

3.1. Contemporary Works

Two dictionaries were published in the sixteenth century, both following German models. The first was the anonymous Variarum rerum vocabula..., Stocholm 1538, which provides in its 58 small pages a series of Latin-Swedish glossaries of various subjects. The work was printed in three versions at least twelve times, the last in 1708. The first alphabetically arranged Swedish dictionary is Elaus Petri Helsingius' Synonymorvm libellvs..., Stockholmiae 1587. The purpose of this Swedish-Latin-Greek work, which comprises 600 pages, was educational.

The seventeenth century saw the publication (sometimes in several editions) of sixteen different dictionaries. Some are based on Swedish, others on other languages, mostly Latin; some are arranged alphabetically, others by subjects. Almost all seek to provide Swedes with knowledge of foreign languages, for school, university or foreign travel. They are thus not true dictionaries of Swedish, and only the most important will be named here: Dictionarium. Latino-sveco-germanicum..., Lincopiae 1640, by Nic. Grubb and Jonas Petri Gothus. The major part, a thousand folio pages, of the dictionary is from Latin to Swedish (and German) and is an outstanding feat of lexicography for its time. It has never been the subject of scholarly study. The Swedish-Latin part is less significant in both quantity and quality. A series of later works plagiarized the Dictionarium.

It is a paradox that much of the history of Swedish lexicography concerns planned rather than published dictionaries. A memorandum from Gustaf II Adolf in 1629 records the plan for a dictionary of the Swedish language, a natural idea for a king who was transforming Sweden into a great power. In 1667 the College of Antiquities was given the task of publishing a dictionary of Old Swedish. In the eighteenth century the initiative came not from the king (no longer an absolute ruler) but from the learned societies. In 1730 the Royal Society of Sciences in Uppsala resolved to try to produce a dictionary; their efforts eventually resulted in Ihre's Glossarium, 1769 (see 3.1.4.). In 1762 the Royal Academy of Sciences in Stockholm entrusted Abraham Sahlstedt with the task of revising a dictionary manuscript by another author, but Sahlstedt preferred to begin his own work, published as Swensk Ordbok in 1773 (see 3.1.5.). The most grandiose expectations were those of the Swedish Academy, founded by Gustaf III in 1786. Plans for a Swedish dictionary were discussed already at the inaugural meeting. For almost a century now, work has been in progress to realize these aspirations.

Many minor dictionary projects were completed in the eighteenth century. In the period 1700—1735 alone, seventeen different works were published. Most of the century's dictionaries were intended to further the study of foreign languages. Latin retained its role as a target language, but aids for the study of living languages also appeared. Lexicographers whose work deserves mention are Jacob Serenius (English), Levin Möller (French) and Olof Lind (German). The few completed dictionaries of the period with the Swedish language as their main interest are presented below in chronological order.

3.1.1. Ericus Upsal. Schroderus, Dictionarium quadrilingue (published 1929)

Bengt Hesselman writes in the introduction to his edition of the dictionary (see 1.1.): "Dictionarium quadrilingue, which must have been compiled in the 1630s, is, as the title indicates, a four-language dictionary, with Swedish words in the first column, followed by German, Latin and Greek. It is thus first and foremost a Swedish dictionary and in fact constitutes the first completed Swedish work in which the main interest has been as extensive a collection as possible of the current Swedish lexicon" (p. vi). The arrangement of the dictionary is highly unusual; it consists of "three main sections: nouns, adjectives and verbs; besides which there are smaller sections for adverbs and particles and for personal names. Within each section the order is grammatical-alphabetical: nouns are ordered beginning with those ending in *a*, first simplex words in *a*, then trisyllabic words in *a*, foreign words in *a*... followed by words ending in *b, d, e, f,* etc., with similar subdivisions" (p. xii). Hesselman estimates the number of headwords at about 14,000.

3.1.2. Haq(vin) Spegel, Glossarium-Sveo-Gothicum Eller Swensk-Ordabok, Lund 1712

Archbishop Spegel (1645—1714) was born in the then Danish province of Blekinge, and saw the need for instruction in Swedish for the people of the provinces which had come under Swedish rule in the mid-seventeenth century. In the foreword to his Glossarium he states his intention as listing all Swedish words from his own time back to the earliest Swedish Bible translation. Yet Spegel also wanted to include the vocabulary of the Icelandic sagas and the medieval Swedish laws. His aim was to compare all these words with German, Danish, English and Dutch equivalents. Finally, he sought to explain the words in Latin, with the addition of forms in French, Italian, Spanish, etc. This ambitious plan is more or less consistently implemented in the dictionary. Occasionally he exceeds his own bounds, allowing some entries to swell to encyclopedic essays with bibliographical references.

Posterity's judgment of Spegel's dictionary has varied. Epithets such as "our first real dictionary" (Elias Wessén) dominate, but the work has also been called "an arbitrary assemblage of 'Swedish' words collected from various sources" (Bengt Hesselman). This criticism hits the mark. It is understandable that Spegel makes etymological mistakes, for all his learning and linguistic ability, but what is more serious is that he omits many common Swedish words in favour of archaic or dialectal curios. The dictionary contains only some 4,500 primary and about 5,000 secondary headwords (articles).

3.1.3. Jesper Swedberg, En fullkomlig och richtig Swensk Ordabok (unpublished)

Swedberg (1653—1735) was an episcopal colleague and friend of Spegel's with whom he corresponded on lexicographical matters. Swedberg's plan was more limited in scope and therefore more realistic than Spegel's. It is ironic that the latter's imperfect work was published and widely used, while the former's dictionary was never authorized for publication. The reasons for this were orthographical (Swedberg wanted a simplified spelling), financial (Sweden was poor) and perhaps political (Swedberg was out of favour with those in power). Swensk Ordabok is preserved in four complete MSS; there are only minor differences between these, but the MS in Uppsala University Library (R 589 e), dated 1724—25, is alone in having some later additions from the author's hand in the 1730s.

Swedberg himself gives the Bible as the main source for Swensk Ordabok. His motives were undoubtedly religious, and Swensk Ordabok could be used as a biblical concordance. Yet the title proclaims that the dictionary was intended as a complete record of the Swedish lexicon, which is confirmed by the fact that over half of the approximately 17,000 primary headwords do not occur in the Bible. Most of these words come from the general usage of the early 18th century, including terms commonly used by scholars, farmers and craftsmen. The late additions mentioned above are mostly vulgar words: insults, obscenities, rhymes. Three types of headwords favoured by Spegel are so rare in Swedberg that they must have been deliberately omitted: dialectal, archaic and foreign words. Swedberg championed the contemporary standard language, having no passion for archaic languages; he was a pragmatic purist.

Swedberg follows with almost total consistency an implicit plan for the articles in his dictionary:

1. headword
2. specifying doublet (often with homonyms)
3. translation(s) into Latin
4. reference(s) to the Bible
5. inflexional form(s)
   5.1 reference(s) to the Bible
6. phrase(s) and/or construction(s)
   6.1 translation(s) into Latin
   6.2 reference(s) to the Bible
7. doublet or related word (often compounds with headword as first or second element)
   7.1 translation(s) into Latin
   7.2 reference(s) to the Bible
8. reference(s) to literature other than the Bible
9. reference to other headword.

The normal dictionary entry, however, is just a headword with Latin translations and references to the Bible for such words as occur there. The other information categories appear in articles where Swedberg considered it justified, mostly in connection with simple, everyday words.

3.1.4. Johan Ihre, Glossarium Suiogothicum, Upsaliae 1769

Professor Johan Ihre (1707—80) was the first Swedish lexicographer with a thorough grounding in language. He worked on his dictionary for over thirty years. It is known that his preliminary work was based on Spegel's Glossarium, and that he refined one aspect of this: the aim of explaining the origin of Swedish words. It was not until the 1920s that Sweden acquired a scientific handbook of this type in Elof Hellquist's Svensk etymologisk ordbok (see 4.1.2). Gösta Holm's entry on Ihre in Svenskt biografiskt lexikon assesses the quality of his work. He emphasizes that no linguist in the eighteenth century had a clear grasp of the mutual relations of the European languages. Holm writes of Ihre's etymological conclusions: "It is in fact remarkable that so many correct and valuable results were nevertheless achieved."

Ihre's Glossarium treats almost 6,000 primary headwords, with about 4,000 secondary words. Many articles swell to the size of essays, written entirely in Latin. The Glossarium can hardly have attracted many readers. Its first major critic was a man who regarded himself as Ihre's rival but whose dictionary cannot be compared: Abraham Sahlstedt.

3.1.5. Abraham Sahlstedt, Swensk Ordbok Med Latinsk Uttolkning, Stockholm 1773

Sahlstedt (1716—76) was a versatile man of the Enlightenment, active as a politician, a literary critic and a linguist. From 1756 he was a royal secretary with a leave of absence to enable him to publish useful writings. The most important of these is his Swedish dictionary, which was a complete success right from the start. This dictionary, which was accepted as a norm, made Swedish lexicography internationally presentable, in the judgment of all later critics.

In an introduction "To the Reader" Sahlstedt states his wish to benefit both foreign and native users of Swedish. He distinguishes a number of different types of special dictionaries from "dictionaries which contain nothing but what serves for the teaching of a language as it is currently used." Swensk Ordbok belongs to the latter type. Like Swedberg before him (Sahlstedt names Swensk Ordabok among his sources), he concentrated on the general vocabulary of the day, avoiding dialectal words, purely technical terms and archaisms, but he was more tolerant than Swedberg towards foreign words. The number of headwords in Sahlstedt's Swensk Ordbok can be estimated at almost 23,000.

Sahlstedt's was the first Swedish dictionary to include a list of abbreviations of linguistic terms employed. He states the parts of speech, along with gender and declension for nouns, voice, conjugation and tense forms for verbs, etc. Words can be labelled as theological, popular, foreign, legal, obsolete, archaic. Under the headwords come compounds, derivatives and phrases. The only feature which strikes a modern reader as unusual is the use of Latin translations.

3.2. Standard Works

Readers of Swedish texts from the sixteenth to the eighteenth centuries can find explanations of obsolete words or meanings in F. A. Dahlgren's Glossarium öfver föråldrade eller ovanliga ord och talesätt i svenska språket från och med 1500-talets andra årtionde, Lund 1914—16, reprinted 1961. The only real standard work for the period is naturally SAOB (see 5).

4. Swedish in the Nineteenth and Twentieth Centuries

Only a selection of the dictionaries published in the last two centuries can be presented here. Note again that the entire period is best covered by SAOB (see 5).

4.1. General Dictionaries

4.1.1. Standard Monolingual Dictionaries

The period's first completed comprehensive dictionary of Swedish with definitions in Swedish is Anders F. Dalin, Ordbok öfver svenska språket, 2 vols., Stockholm 1850—1855. It has around 60,000 headwords, not counting the large number of compounds. A fairly generous selection of technical terms is included, as are dialect words which had gained currency in literature. The author declares in the foreword his liberal attitude to loan-words and consequently includes a large number of these. Abbreviated usage labels mark non-neutral style and technical terms. Dalin's dictionary is in nearly all respects both an impressive and accessible collection of the Swedish lexicon from the end of the eighteenth century to the mid-nineteenth. As regards its definitions, it is in fact still unsurpassed among the dictionaries of Modern Swedish. Circular definitions are almost entirely absent. He defines the words briefly but accurately, showing an astute instinct for shades of meaning in his semantic subdivisions.

A good handbook for the language of the late nineteenth century is Daniel A. Sundén, Ordbok öfver svenska språket, Stockholm 1885—92. It contains about 56,000 words, including the numerous compounds which are listed, often without explanations, under the headwords.

A comprehensive dictionary is Olof Östergren, Nusvensk ordbok, 10 vols., Stockholm 1919—72. It can be described as synchronic, although with some stretching of the term: Östergren includes material from literary sources as far back as the 1830s. The dictionary has about 100,000 headwords, including compounds and derivatives. Numerous provincial words and usages can be found. Technical terms are included if "they have found their way into the general language". With the exception of the last volumes, Östergren does not define words in the strict sense; the work is more like a synonym dictionary. It is frequent, and in longer entries regular, for the synonyms (or short defining phrases) to be given at the end of the article, divided into groups which are numbered as in the article. The general lack of definitions and the comparatively primitive presentation of the senses is offset by the way the usage of the words is illustrated in a rich selection of well-chosen quotations and constructed examples.

The one-volume dictionary of Modern Swedish with the largest number of words is Illustrerad svensk ordbok, edited by Bertil Molde, Stockholm 1955, 3rd ed. 1964. It contains about 110,000 entries (including many compounds). The dictionary is based on the ninth edition of Svenska Akademiens ordlista (see below) but with the addition of many new usages, creations or loans. There is a relatively rich selection of technical terms and a number of provincialisms. Also represented are a fair number of colloquial or slang words and usages, as well as more elevated and exclusive style and literary archaisms.

Stress and accent (acute or grave) are marked for words of two or more syllables which do not have the stress on the first syllable, and words stressed on the first syllable are also marked with the acute accent when it is not self-evident that they are so pronounced. Pronunciation is otherwise shown only in the relatively few cases where it is not obviously deducible from the general rules for Swedish pronunciation.

The sense definitions are rather ambitious, yet there are many cases where only synonyms are given, or circular definitions. Svensk illustrerad ordbok scarcely justifies the epithet "illustrated"; the illustrations are not only relatively small and of poor quality but are also sparsely and unevenly distributed.

The first edition of Svenska Akademiens ordlista (SAOL) appeared in 1874, the tenth and latest in 1973. The eleventh edition is due for publication this year (1986). SAOL lists the central vocabulary of Modern Swedish. The tenth edition has over 140,000 words, including many compounds. SAOL functions as a norm (and was for a period the official norm) in matters of orthography, inflexion and gender. There has also been an increasing tendency towards brief explanations, to the extent that the tenth edition is something half-way between a word list and a concise dictionary. Explanations are provided for foreign words, as well as for words of restricted stylistic usage (provincial, colloquial, etc.). Explanations are also used to distinguish homonyms and for words with many varied senses.

A new Svensk ordbok is scheduled for publication this year, containing about 80,000 headwords. This dictionary is the first practical output of the Lexical Data Base project at the Department of Computational Linguistics at Gothenburg University. It will distinguish itself by the strict consistency with which the entries are arranged. It may also be mentioned that the new dictionary will ignore etymology when setting up headwords. Historically different words will be brought under one head if they agree in form, pronunciation, inflection and (for nouns) gender; thus *hopp* 'hope' and *hopp* 'jump' will be under a single lemma.

4.1.2. Special Monolingual Dictionaries

Nusvensk frekvensordbok (Frequency Dictionary of Present-Day Swedish), 4 vols., Stockholm 1970—80, was edited by Sture Allén (assisted on vol. 4 by Sture Berg, Järker Järborg et al.). It is based on over a million words of running text taken from 1,387 articles in five daily newspapers during 1965. Part 1 deals with the levels of "graphic words" and "homograph components". Part 2 reaches the level of lemmas. Part 3 deals with collocations, understanding this concept in a broad sense. Part 4 is based on an analysis of the lemmas in Part 3 on the following levels: (a) "graphic morphs"; (b) "homomorph components" obtained by separation of the graphic morphs according to certain formal criteria (type and pronunciation); (c) "formal morphemes", where the analysis is concerned only with the base morphs, mainly based on three types of variation (phonological, graphonomic and sublemmatic); (d) "polysemy components", a semantic differentiation of the formal morphemes with a view to distinguishing kernel senses or distinct meanings. In all four parts of the frequency dictionary the material has been processed and listed according to various criteria, generally combining a qualitative aspect (see above) with a quantitative aspect (frequency and distribution over the material).

Svensk baklängesordbok (Swedish Reverse-Order Dictionary), edited by Sture Allén, Mats Eeg-Olofsson, Rolf Gavare and Christian Sjögreen, Nacka 1981, is a reverse-order listing of the words in the tenth edition of SAOL (see 4.1.), with the addition of material from Nusvensk frekvensordbok 2 (see above).

Ord för ord, edited by Johan Palmér and Herbert Friedländer, Stockholm 1960, 2nd enlarged edition in 1977, is an ambitious synonym dictionary, the most comprehensive which exists for Swedish. "Synonym" is used in the widest sense, as is usual in such dictionaries, but the editors explain in the foreword how the term extends from synonymy in the strictest sense (including also stylistic equivalence) to mere semantic likeness. In the list of equivalents under each headword the reader is given some guidance concerning the applicability of the various alternatives with respect to style and areas of use.

Svensk etymologisk ordbok, by Elof Hellquist, 2 vols., 2nd ed., Lund 1939, is a fine etymological dictionary. It treats a large vocabulary, including relatively many words borrowed from classical and Romance languages, a considerable number of dialect words, and many personal and place-names. The articles are often fuller than is usual in etymological dictionaries, in that they do not limit themselves strictly to the word and its relationships: there is often illuminating information about the internal history of Swedish phonology and morphology; when words occur in set phrases or proverbs, these are frequently cited with comments or explanations; details are frequently provided of historical synonyms; and so on. For words which are not attested in Old Swedish, Hellquist states (with few exceptions) the first recorded example in the literature (in so far as this can be correctly stated on the basis of a consultation of the SAOB collections or Hellquist's own excerptions).

Hellquist was a modern etymologist for his day, in that he explained the origins of words where necessary as blends, onomatopoetical or hypocoristic forms. Naturally, his dictionary is now beginning to be somewhat out of date, but it is gratifying to note that a supplement is currently being prepared.

4.1.3. Bilingual Dictionaries

A bilingual dictionary of particular importance for the lexicography of the Swedish language is Erik W. Weste, Svenskt och fransyskt lexicon, 2 vols., Stockholm 1807. It contains about 50,000 entries and a fairly generous selection of phraseology. It is based on Sahlstedt's dictionary of 1773 (see 3.1.5.), with the addition of considerable material from a few earlier French-Swedish dictionaries. Weste consistently indicates grave or acute accent on polysyllabic Swedish words (taking for granted the knowledge that monosyllables have the acute accent). This was new for Swedish lexicography. The pronunciation is given for words where it cannot be deduced from the general principles of Swedish orthography. Swedish words are accompanied throughout by details of word class (indicated for nouns by the gender), while nominal declension and verbal conjugation are indicated by numbers. The introduction has a valuable account of Swedish accent, quantity and pronunciation, together with a list of abbreviations used and illustrations of the flexional classes denoted by the numbers in the dictionary.

Other bilingual dictionaries distinguished by their richness in Swedish words and phrases include Anders Otto Lindfors, Fullständigt svenskt och latinskt lexicon, Lund 1815—24; Christian Cavallin, Svensk-latinsk ordbok, Stockholm 1875—76; Ferdinand Paul Schulthess, Svensk-fransk ordbok, Stockholm 1885. Compared to Weste, however, the presentation of the Swedish material in these dictionaries is more meagre, intended only to help to identify the words; they thus lack details of accent, pronunciation and flexion.

4.2. Dictionaries of Technical Terms

Most specialist fields in Sweden are represented by one or more glossaries and occasionally by collections of technical terms large enough to justify the name dictionary. Certain specialist areas have an impressive collection of terminological literature.

The Swedish Centre for Technical terminology (Tekniska nomenklaturcentralen), founded in 1941, plays a key role in the description and regulation of technical terminology. It has issued over eighty publications in the form of glossaries of specialist areas, with the equivalents of Swedish terms in English (and usually other languages).

Anyone writing on technical matters in Swedish or translating into English has an invaluable aid in Ingvar E. Gullberg, Svensk-engelsk fackordbok, 2nd enlarged edition, Stockholm 1977.

Readers are further referred to the two bibliographies separately published by SAOB, which list the Swedish technical dictionaries and glossaries used by the national dictionary.

4.3. Dialect Dictionaries

The increased interest in dialects in nineteenth-century Sweden had its major scholarly expression in Johan Ernst Rietz, Svenskt dialektlexikon eller Ordbok öfver svenska allmogespråket, Lund 1862—67, reprinted 1962. This is an impressive work for its time. Although it is, as might be expected, in many ways antiquated and inadequate for modern dialectologists — it restricts itself almost exclusively to words which do not occur in Standard Swedish — it is still the only available work to cover all the dialects of the language. It should be noted, however, that work is in progress on the first fascicle of a modern dialect dictionary for all the dialects of Sweden (excluding Swedish dialects in Finland). This will comprise an estimated 6,000 pages, based on 7,000,000 slips. Until this dictionary appears, scholars will have to content themselves with Rietz's work, along with the large number of regional dialect dictionaries and glossaries.

The Swedish dialects of Finland and Estonia are treated in Herman Vendell, Ordbok över de östsvenska dialekterna, Helsinki 1904—7, supplemented by V. E. V. Wessman, Samling av ord ur östsvenska folkmål: Tillägg till H. Vendells Ordbok över de östsvenska dialekterna, Helsinki 1925—32. In addition, a dictionary of Swedish dialects in Finland is currently being published; edited by Olav Ahlbäck and Peter Slotte, Ordbok över Finlands svenska folkmål, Helsinki 1976 —, has reached the word *fårskinn* in Vol. 2.

Special mention may be made of a large dictionary of the distinctive and archaic dialect of Gotland (Gutnic), edited by Herbert Gustavson, Gotländsk ordbok på grundval av C. och P. A. Säves samlingar, Uppsala 1918—45. The equally idiosyncratic and conservative Dalecarlian dialect is the subject of an ambitious dictionary still in the course of publication (now at the word *nät* in Vol. 3): Lars Levander † and Stig Björklund, Ordbok över folkmålen i övre Dalarna, Stockholm

1961 —. Other dictionaries (or glossaries) are smaller in scope and/or cover smaller areas. The reader is referred to the comprehensive bibliography of Swedish dialect dictionaries and glossaries published by Thorsten Andersson in Niederdeutsches Wort 1 (1960), 101—13.

4.4. Slang Dictionaries and Glossaries

A good collection of Swedish slang words can be found in Haldo Gibson, Svensk slangordbok, Stockholm 1969; in an otherwise unchanged second edition (1978) the author has added a small thesaurus of slang translations of standard words. Gibson points out that, apart from the slang vocabulary attested in print, the bulk of the material comes from Stockholm slang, which is in general the best documented and studied. Stockholm slang is in any case to a large extent synonymous with Swedish slang, since the capital has been a centre of innovation and diffusion for slang.

Swedish slang (like slang in general) has its origin in several linguistic spheres. It follows in all essentials the grammar of Standard Swedish, deviating only in lexical respects. Most of the slang words in Gibson's dictionary are metaphorical uses of words found in conventional language, or metaphors created by compounding words in conventional Swedish. Some words chosen almost at random can serve to illustrate the bold, drastic and often vigorous creativity of slang. A car can be called a *gondol,* literally 'gondola', *lok* 'locomotive' and *plåtfrack* 'tailcoat of steel plate'; a boxer can be known as a *benknäckare* 'bone-cracker' or a *golvmopp* 'floor-mop'; the mouth is referred to as *brödkvarn* 'bread-mill' and *gröthål* 'porridge-hole'.

There is no clear boundary between slang and certain cant languages which originated — in part — in the need to protect the secrets of particular groups from outsiders. *Månsing* is the name of the secret language used by itinerant pedlars from the province of Västergötland. It is mainly a mixture of Swedish dialect, German *Rotwelsch,* Scandinavian tramps' cant, along with general slang. Conversely, numerous words from *Månsing* have found their way into general slang usage. There is also a Swedish criminals' cant, with many elements from Romany.

Gibson's dictionary has a useful list of previous dictionaries and glossaries of Swedish slang and cant.

5. Svenska Akademiens Ordbok (SAOB)

5.1. SAOB, the national dictionary published by the Swedish Academy, covers the entire Modern Swedish period, from 1521 onwards. The first volume appeared in 1898, and the latest to date (vol. 29, *solar-spånta*) came out in 1985. These twenty-nine volumes comprise about 26,000 folio pages, each with two columns, and contain around half a million entries, including all compounds and derivatives. The huge scope, the detailed presentation and the rigorous checking routines are among the reasons why SAOB is not expected to be finished for another thirty-five years. Over one fifth of the Swedish lexicon has still to be treated.

5.2. The nearest parallels to SAOB are the Oxford English Dictionary, Grimm's Deutsches Wörterbuch and Woordenboek der nederlandsche Taal, the first-named being the closest equivalent. Like these works, SAOB is a lexical record of a long period of linguistic development down to the present day. All four works could be broadly described as combinations of a contemporary dictionary and a number of dictionaries of earlier stages of the language. SAOB looks back as far as the stage where Swedish becomes recognizably modern, just as the other national dictionaries begin at important watersheds in the historical development of the languages concerned.

Another feature which all these historical dictionaries have in common is that morphological variations and the explanations of the meanings are illustrated by authentic quotations. SAOB has in its collections 7,500,000 quotations on slips. Fifteen to twenty per cent of this material is included in the dictionary.

5.3. There are a few examples of words (almost exclusively compounds) which are included in SAOB although they are not attested in writing, but for simplicity it can be said that the dictionary deals with written Swedish only. Naturally, the general standard language is fully represented, but the reader will scarcely be surprised to find examples from special stylistic spheres: there are, for example, archaic and learned words like *begabba* 'scoff at', *förlossa* 'redeem', *fager* 'fair, beautiful', *skördeande* 'harvest', *sköngördlad* 'beautifully girdled', *röna* 'to experience, learn'; there are also colloquial or slangy words or usages, like *knut* 'kilometres per hour', *röv* 'backside', *skarp* 'good, smashing', *släta* 'to kiss', *spänn* 'krona', *snubbe* 'boy'; and provincial words or usages like *pantoffla* 'potato', *påg* 'boy', *spinka* 'to split (wood)' (all from Southern Swedish speech), or *raning* 'riverside grassland', *skäv* 'sawdust', *snöra* 'to throw' (all from Norrland). What is more striking is that practically every type of technical language is generously represented in SAOB; the dictionary has about 150 abbreviated labels for specialized subject fields, such as *antropol., artill., bibliogr., ekon., kem., tekn.*

5.4. The entries in SAOB are strictly formalized in their manner of presenting phonological, orthographical and morphological details. The most important variations in spelling and form are given in parentheses. The etymology of the words is given in square brackets; SAOB is of intrinsic value as an etymological reference work, since it critically examines the etymologies suggested by Hellquist (see 4.1.2.), as well as providing etymologies for a large number of words not treated there. An important editorial principle is that compounds and derivatives are generally treated in a subsection under the headword which is the first element of the compound or the base of the derivative. This arrangement often interrupts the otherwise strict alphabetical order.

5.5. SAOB devotes more space than perhaps any other dictionary to an explanation of the senses. Many words, of course, are simple in that they have only one meaning, representing a single cognitive unit. Yet many words have acquired a large number of distinct senses in their historical development. This applies in particular to common words like the noun *band* 'tape, string, band; constraint, obligation; company; volume; cover, binding; bond; sheaf; etc.'; the adjective *god* 'favourable; comfortable; solid; ample, round, large; tasty, tasteful; easy; good in a moral sense; etc.'; the verb *gå* 'walk; travel; work, run; carry (of weapons); lead (to); be current, circulate; find a market; succeed; etc.'. Much work is devoted to the subdivision and demarcation of the senses of polysemic words, and to the choice of good literary examples to illustrate the various senses and shades of meaning. There is also a strict chronological ordering of the various senses, in so far as this is known. When necessary, SAOB also gives information on the way the various senses are connected (either in the article or in the etymological parenthesis). SAOB has a more detailed explanation of the meanings than the equivalent dictionaries mentioned above. In the latest volumes at least, there have been increased efforts to provide definitions intended to distinguish lexemes. For example, *socka* 'sock' is defined in a way which explains how it differs from *strumpa* 'stocking'; *slank* and *smärt* are partly synonymous adjectives for 'slender, slim', but are defined so as to bring out the different semantic components. In addition, the definitions frequently contain details of distribution and phraseology, not to mention information of an encyclopedic nature. It has been remarked that it is even possible to cook certain dishes by following the definitions in SAOB!

5.6. The descriptions of the senses in SAOB are necessarily influenced by the duty of treating the modern language at the same time as its historical development over the past five centuries. Most of the words treated (at least the headwords) are of considerable age, many going back to the beginning of the period. These have almost always undergone some semantic change, often profound changes on the level of paradigmatic structure. Thus concepts can have changed name, although this need not complicate the description. More complex descriptions are necessary when a paradigmatic structure has altered because of semantic change in one or more words. For example, the anatomical terms *stjärt* and *svans* could both be used in Early Modern Swedish to denote the entire 'rump' and 'tail' region; only since the start of the nineteenth century have the words ceased to be synonymous, with *stjärt* restricted to 'rump, backside' and *svans* to 'tail'. When a semantic field is restructured in this way, more intricate descriptions may be called for.

6. Selected Bibliography

6.1. Dictionaries

Ahlbäck/Slotte 1976 = Olav Ahlbäck/Peter Slotte: Ordbok över Finlands svenska folkmål. Helsinki 1976 —.

Allén 1970—80 = Sture Allén et al.: Nusvensk frekvensordbok baserad på tidningstext, 1—4. Stockholm 1970—80 [4193 p.].

Allén 1981 = Sture Allén et al.: Svensk baklängesordbok. Nacka 1981 [483 p.].

Cavallin 1875—76 = Christian Cavallin: Svensk-Latinsk Ordbok. Stockholm 1875—76 [1920 p.].

Dahlgren 1914—16 = F. A. Dahlgren: Glossarium öfver föråldrade eller ovanliga ord och talesätt i svenska språket. Från och med 1500—talets andra årtionde. Lund 1914—16, reprinted 1961 [1044 p.].

Dalin 1850—55 = A. F. Dalin: Ordbok öfver svenska språket 1—2. Stockholm 1850—55 [768 p.].

Gibson 1977 = Haldo Gibson: Svensk slangordbok. Stockholm. 2nd edition 1977 [243 p.].

Grubb/Gothus 1640 = Nic. Grubb/Jonas Petri Gothus: Dictionarium. Latino-sveco-germanicum. Lincopiæ 1640 [c 1100 p.].

Gullberg 1977 = Ingvar E. Gullberg: Svensk-engelsk fackordbok för näringsliv, förvaltning, undervisning och forskning. 2nd enlarged edition. Stockholm 1977 [1722].

Gustavson 1918—45 = Herbert Gustavson: Gotländsk ordbok på grundval av C. och P. A. Säves samlingar 1—2. Uppsala 1918—45 [1271 p.].

Hellquist 1939 = Elof Hellquist: Svensk etymologisk ordbok. 2nd edition. Lund 1939 [1484 p.].

Helsingius 1587 = Elaus Petri Helsingius: Synonymorvm libellvs. Stockholmiæ 1587 [600 p.].

Ihre 1769 = Johan Ihre: Glossarium Suiogothicum. Upsaliæ 1769 [1140 col.].

Lat.sv. = Latinskt-svenskt Glossarium efter Cod. Ups. C 20, ed. Uppsala 1918—73.

Levander/Björklund 1961 = Lars Levander/Stig Björklund: Ordbok över folkmålen i övre Dalarna. Stockholm 1961 —.

Lind 1749 = Olof Lind: Teutsch-Schwedisches und Schwedisch-Teutsches Lexicon oder Wörterbuch. Ordabok på Tyska och Swänska och Swänska och Tyska. Stockholm 1749 [2934 col.].

Lindfors 1815—24 = And. Otto Lindfors: Fullständigt Svenskt och Latinskt Lexicon. Lund 1815—24 [2101 p.].

Molde 1955 = Bertil Molde et al.: Illustrerad svensk ordbok. Stockholm 1955. 3rd edition 1964 [1917 p.].

Möller 1745 = Levin Möller: Noveau dictionaire françois-svedois et svedois-françois. Stockholm. Upsala 1745 [1832 col.].

Östergren 1919—72 = Olof Östergren: Nusvensk ordbok, 1—10. Stockholm 1919—72 [12.327 col.].

Palmér 1960 = Johan Palmér et al.: Ord för ord. Svenska synonymer och uttryck. Stockholm 1960. 2nd edition 1977 [775 p.].

Rietz 1862—67 = Johan Ernst Rietz: Svenskt dialektlexikon. Lund 1862—67. Reprinted 1962 [859 p.].

Sahlstedt 1773 = Abraham Sahlstedt: Swensk Ordbok Med Latinsk Uttolkning. Stockholm 1773 [787 p.].

SAOB = Ordbok över svenska språket. Utgiven av Svenska Akademien 1—. Lund 1898—.

Schroderus 1929 = Ericus Johannis Schroderus Upsaliensis: Dictionarium quadrilingue, ed. B. Hesselman. Uppsala 1929 [371 p.].

Schulthess 1885 = Ferdinand Schulthess: Svenskfransk ordbok. Stockholm 1885 [1708 p.].

Serenius 1734 = Jacobus Serenius: Dictionarium anglo-svethico-latinum. Hamburgi 1734 [496 p.].

Söderwall 1884—1973 = K. F. Söderwall: Ordbok öfver svenska medeltids-språket. Lund 1884—1973 [3312 p.].

Spegel 1712 = Haq. Spegel: Glossarium-Sveo-Gothicum Eller Swensk-Ordaboook. Lund 1712 [620 p.].

Stiernhielm 1643 = Georg Stiernhielm: Gambla Swea- och Götha-Måles Fatebvr. Stockholm 1643 [53 p.].

Sundén 1885—92 = D. A. Sundén: Ordbok öfver svenska språket. Stockholm 1885—92 [1107 p.].

Sv. Ordb. = Svensk ordbok.Utarbetad vid Språkdata Göteborgs universitet. Uppsala 1986 [1513 p.].

Sv. Ak. Ordl. = Svenska Akademiens ordlista över svenska språket. 11th edition. Stockholm 1986 [674 p.].

Var. rerum = Variarum rerum vocabula. Stocholm 1538 [58 p.].

Vendell 1904—07 = Herman Vendell: Ordbok över de östsvenska dialekterna. Helsinki 1904—07 [1215 p.].

Verelius 1691 = Olaus Verelius: Index lingvæ veteris scytho-scandicæ sive gothicæ. Upsalæ 1691 [304 p.].

Wessman 1925—32 = V. E. V. Wessman: Samling av ord ur östsvenska folkmål. Tillägg till H. Vendells ordbok över de östsvenska dialekterna. Helsinki 1925—1932 [1291 p.].

Weste 1807 = [Erik W.] Weste: Svenskt och fransyskt lexicon. Stockholm 1807 [3954 col.].

6.2. Other Publications

Allén/Loman/Sigurd 1986 = Sture Allén/Bengt Loman/Bengt Sigurd: Svenska Akademien och svenska språket. Stockholm 1986.

Andersson 1960 = Thorsten Andersson: Nordische Mundartwörterbücher. III. Schwedische Mundarten. In: Niederdeutsches Wort 1. 1960, 101—113.

Ekbo/Loman 1965 = Sven Ekbo/Bengt Loman: Vägledning till Svenska Akademiens ordbok. Stockholm 1965.

Haugen/Haugen 1984 = Eva Haugen/Einar Haugen: A Bibliography of Scandinavian Dictionaries. New York 1984.

Hesselman = Bengt Hesselman — see Schroderus (6.1).

Holm = Gösta Holm: Johan Ihre. In: Svenskt biografiskt lexikon 19, 763—770.

Holm 1983 = Lars Holm: Bericht über das Projekt Swedbergs Swensk Ordabok. In: Germanistische Linguistik 5—6/82. 1983, 211—222.

Holm 1986 = Lars Holm: Jesper Swedbergs Swensk Ordabok — bakgrund och tillkomsthistoria. Uppsala 1986.

Noreen 1903—25 = Adolf Noreen: Vårt språk, 1—5, 7, 9. Lund 1903—1925.

Sigurd 1968 = Bengt Sigurd: Svenska ordböcker. Lund 1968.

Lars Holm, Hässleholm/Hans Jonsson,
Lund (Sweden)

197. English Lexicography From the Beginning Up to and Including Johnson

1. Introduction
2. Macrostructure
2.1. Size
2.2. Alphabetization
2.3. Front Matter
2.4. Nomenclature
3. Microstructure
3.1. Evolution of the Lemma
3.2. Definition
3.3. Typographical Devices
3.4. Illustrations
3.5. Etymology
3.6. Pronunciation
3.7. Grammar, Collocation, Idiom
3.8. Style and Register Labels
3.9. Illustrative Quotations and Reference to Sources
4. Cultural Context
4.1. Audience
4.2. Circulation and Adaptations
5. Historical Context
5.1. Sources
5.2. Influence
6. Selected Bibliography
6.1. Dictionaries
6.2. Other Publications

1. Introduction

The first century and a half of English dictionary making saw the evolution of three main types of work: the compact 40,000-word reference dictionary best typified by Bailey 1721; the more encyclopaedic volume such as Kersey/Phillips 1706, giving a wider range of information for the leisurely and educated user; and in Johnson 1755, the first scholarly inventory of the English language. With the evidently rapid expansion of demand for monolingual works, some 22 different dictionaries came on the market during the period, and others were planned (Alston 1966, Osselton 1986a, Segar 1931). Many of them (Bullokar 1616, Cockeram 1623, Coles 1676, Bailey 1721) were to run to ten or more editions, and there was never a gap of more than a few years between one publication and the next. There were false starts and stops as compilers cast about to find their public and shake themselves free of the bilingual tradition they inherited. But by the end of the period the proper bounds of the dictionary seem to have become pretty well generally accepted, and from men of different professions (schoolmaster, barrister, calligrapher, doctor, mathematician, etc.), there emerged in Kersey, Bailey (and also Johnson) something near to a professional lexicographer. Starnes/Noyes 1946 provides the fullest account of the dictionaries before Johnson, and modern scholarship has been focused especially on the nomenclature, the sources and the inter-relationships of the early dictionaries (Hulbert 1955, Kolb/Sledd 1953, Mathews 1933, Murray 1900, Osselton 1982). The evolution of dictionary structure and of lexicographical techniques (Hayashi 1978) has been the subject of little research so far.

2. Macrostructure

2.1. Size

The English dictionary had small beginnings, even though it evolved in a period when large bilingual models were available. Thus the first English dictionary, that of Cawdrey 1604, has some 2560 entries (Osselton 1986a), Bullokar 1616 about twice as many, and even the enlarged fifth edition of the folio Phillips dictionary (1696) no more than 17,000. The gradual increase thereafter in the size of dictionaries for general use may be judged from the statistics given by Starnes/Noyes 1946, for the editions of Bailey UEED in 1721 (40,000 entries), 1728 (42,500 entries), 1770 (44,000 entries) and 1783 (50,000 entries). The first edition of Johnson (1755) has, with 55,000, rather fewer than Bailey's *Dictionarium Britannicum* (Bailey 1730), upon the second edition of which he is known to have drawn, though the treatment of them is of course far more extensive. In terms of letter-tokens, the corresponding figures are approximately as follows:

Cawdrey	100,000
Bullokar	310,000
Blount	1.5 m
Bailey UEED	4.2 m
Bailey DB	7.25 m
Johnson	26 m

2.2. Alphabetization

Presentation of the nomenclature in a single fully alphabetized list is the norm from the start, though Cawdrey still felt the need to explain this system in his address to the Reader, and in the work itself reveals himself to be less than fully competent in the application of it. In all dictionaries of the period, I/J is treated as a single letter for the purposes of alphabetization, as is also U/V. There was also a tendency to deviate from strict alphabetical order when dealing with derivations, so that Blount 1656, for instance gives *Epidemy* before *Epidemical* and brackets *Nugal* and *Nugatory* before entries for *Nugator* and *Nugation*. Most of the early works reveal an instinct towards *dégroupement*, with separate senses, compounds and idiomatic phrases accorded lemma status: there are for example 50 entries for the word *angle* in Kersey/Phillips 1706. Improvement came only with the imposition of greater semantic discipline by Martin 1749 and Johnson 1755. Cockeram 1623 is experimental in presenting his nomenclature in three separate alphabetical lists, one containing the 'choicest' words explained in everyday language, one of common words with more learned equivalents, and a third list consisting of proper names and other encyclopaedic matter. His example was not followed, and the most that ensuing compilers permit themselves is modest appendices, such as the collection of 189 barbarous words listed at the end of Phillips 1678. William Lloyd 1668 provides the most interesting structural experiment in the dictionaries of the period (Dolezal 1985, Hüllen 1986) if indeed his work is to be classed as a dictionary in the narrow sense: it is often regarded as a precursor of Roget's *Thesaurus*, 1852. Here there are no direct definitions for most monosemous words, and the alphabetical list depends very largely on use in conjunction with the Philosophical Tables in the book by Bishop Wilkins to which it is appended.

2.3. Front Matter

As with books of other kinds in that period, elaborate title-pages must often have done services as a blurb (see Dictionary excerpt 197.1).

The early prefaces, on the other hand, were under-developed in their functions. They may be valuable to us today as evidence for the sociology of early dictionaries, but must have served their readers poorly: in the seventeenth-century works, criticism of predecessors and anecdotal notes on the genesis of the book tend to outweigh practical guidance on contents and use. Here again it is Martin 1749 and Johnson who excel, and Johnson's renowned *Preface* — foreshadowed by his *Plan of an English Dictionary* (Johnson 1747) — must be ranked as a classic, alike as an introduction to a dictionary, and as an exposition of lexicographical theory (Weinbrot 1972). Johnson's inclusion of a history of the English language in his front matter was not unexampled (even Phillips 1658 had a rather sketchy one); it also fitted in well with his historical approach to the English vocabulary, and was followed by some later compilers such as Barclay 1774. Johnson has a grammar, too. Grammars had long been common in bilingual dictionaries, and from Dyche/Pardon 1735 were to become a staple component of front matter throughout the eighteenth century; though whether such grammatical outlines were really functional (or continue to be functional today) must be doubted.

2.4. Nomenclature

There is a steady evolution in the range and types of vocabulary deemed to be appropriate for inclusion in the monolingual dictionary. The early works were (and called themselves) 'hard word' books — serving to expound the new scholarly (especially Latinate) vocabulary of Renaissance English. Thus, nearly all the words in Cawdrey will be found to have entered the English language only in the fifteenth and sixteenth century, and most (though not all) of them are 'hard words' (Noyes 1943). Blount is a classic work in this vein, with the learned (and especially abstract) vocabulary very little relieved by other matter (see Dictionary excerpt 197.2).

It is fair to say that with the exception of Wesley 1753 all monolingual English dictionaries down to and including Johnson belong to the hard-word tradition in some measure:

> An Univerſal Etymological
> # Engliſh Dictionary:
> COMPREHENDING
>
> The Derivations of the Generality of Words in the *Engliſh* Tongue, either Antient or Modern, from the Antient *Britiſh, Saxon, Daniſh, Norman* and Modern *French, Teutonic, Dutch, Spaniſh, Italian, Latin, Greek,* and *Hebrew* Languages, each in their Proper Characters.
>
> AND ALSO
>
> A Brief and clear Explication of all difficult Words derived from any of the aforeſaid Languages; and Terms of Art relating to Anatomy, Botany, Phyſick, Pharmacy, Surgery, Chymiſtry, Philoſophy, Divinity, Mathematicks, Grammar, Logick, Rhetorick, Muſick, Heraldry, Maritime Affairs, Military Diſcipline, Horſemanſhip, Hunting, Hawking, Fowling, Fiſhing, Gardening, Husbandry, Handicrafts, Confectionary, Carving, Cookery, &c.
>
> Together with
>
> A Large Collection and Explication of Words and Phraſes us'd in our Antient Statutes, Charters, Writs, Old Records, and Proceſſes at Law; and the Etymology and Interpretation of the Proper Names of Men, Women, and Remarkable Places in *Great Britain:* Alſo the Dialects of our different Counties.
>
> Containing many Thouſand Words more than either *Harris, Philips, Kerſey,* or any *Engliſh* Dictionary before Extant.
>
> *To which is Added* a Collection of our moſt Common Proverbs, with their Explication and Illuſtration.
>
> The whole WORK compil'd and Methodically digeſted, as well for the Entertainment of the Curious, as the Information of the Ignorant, and for the Benefit of young Students, Artificers, Tradeſmen and Foreigners, who are deſirous thorowly to underſtand what they Speak, Read, or Write.
>
> By N. BAILEY, Φιλολόγῳ.
>
> *LONDON:*
> Printed for E. BELL, J. DARBY, A. BETTESWORTH, F. FAYRAM, J. PEMBERTON, J. HOOKE, C. RIVINGTON, F. CLAY, J. BATLEY, and E. SYMON. 1721.

Dictionary excerpt 197.1: Dictionary title (in: Bailey 1721)

it reflected the great lexicographical need of the age.

In the nature of things a sizeable part of this learned vocabulary consisted of technical terms (or 'Terms of Art' as they are then called), and the list of fields covered forms the centre-piece of many a title-page (see Dictionary excerpt 197.1). Phillips 1658 is particularly rich in them, and claims to have used external consultants, but his list (includ-

> **Macilent**(*macilentus*)lean, thin, barren.
> **Macritude** (*macritudo*) leanness, barrenness.
> **Macrocosmus**, (Gr.) the great world.
> **Macrology** (*macrologia*) prolixity in speaking; long and tedious talk or speech, to little or no purpose. It is a figure among Rhetoricians; As, *Vivat Carolus Augustus, & non moriatur, &c.*
> **Mactator**(Lat.) a killer or murderer.
> **Maculatures**(from *macula*) blotting or waste papers. *Cot.*
> **Maculate** (*maculo*) to stain, spot, or defile; to defame.
> **Madidate** ⎰*madido* ⎱ to
> **Madifie** ⎱*madifacio*⎰ wet or moisten, to make wet, to wash or bath.

Dictionary excerpt 197.2: Part of the nomenclature (in: Blount 1656)

ing Robert Boyle for Chemistry and Izaak Walton for Fishing) must be treated with some reserve. Some of the early works, including especially Kersey/Phillips 1706 and Bailey 1730 tend to include scientific entries of disproportionate length. But with the coming of specialist technical dictionaries such as John Harris's *Lexicon Technicum* (Harris 1704) the pressure to cover a wide range of such terms in general dictionaries can be seen to decline, and Johnson is sparing of them.

Attitudes to encyclopaedic matter varied (Roe 1977) and in particular, the inclusion of geographical and personal names has had a chequered history in the English dictionary: Cawdrey 1604 had none, Blount 1656 eschewed them on the whole, but his rival Phillips in his grander and more encyclopaedic work favoured especially the names of classical, historical or biblical interest. Like many of the bi-lingual dictionaries of the period, his text aimed at helping readers of poetry and polite letters (Starnes 1940). Coles 1676 extended the coverage to personal names, the names of market towns, etc. (see Dictionary excerpt 197.3). Bailey and his reviser Scott (Scott/Bailey 1755) followed suit, but Martin 1749 (more linguistically orientated) omitted them, leaving a delicate balance of decision to Johnson, whose policy of excluding names cast a shadow before it on British dictionaries for two centuries to come.

The focus on learned and technical terms went with a neglect of common words and idioms. The first attempt to include the ordinary words of English systematically in a monolingual English dictionary was by John Kersey (JK 1702) though it seems that an effective source for these may have been hard to come by (Osselton 1979), and certainly for the common phrasal verbs of English (*give up, set down,* etc.) we have to wait until Johnson before any reasonably full coverage is given (Osselton 1986b).

Cant and slang terms on the other hand make an early entry into English dictionary nomenclature with Coles 1676, who explains that they may 'save your Throat from being cut, or, at least, your Pocket from being pick'd.' With the appropriate cautionary labelling, some of these words — such as *booz(e)* — have retained an assured peripheral status in English dictionaries ever since. Dialect comes in at this stage too. In the English tradition, dictionaries appear on the scene too late for there to be any diatopic problems in determining a standard. The convention of including a designated scattering of regional (especially northern) words is established by Coles 1676 and has survived since then. Diachronically the matter was more complex. Because of their excessive resort to the works of predecessors the early dictionaries tend more and more to retain elements of vocabulary no longer current. Dialect and legal terms were often felt to be archaic anyway, and the inclusion of numerous 'old' or Chaucerian words from Bullokar 1616 onwards (see *ifette, ilk* etc. in Dictionary excerpt 197.3) shows that even long before Johnson the dictionary was by some compilers being designed as a help to the reader of earlier as well as current literature (Kerling 1979, Schäfer 1982, Simon 1960). Johnson's own definition of the chronological limits to his nomenclature — in effect, words from writers of the two preceding centuries — had to do especially with the literary function which his dictionary fulfilled.

3. Microstructure
3.1. Evolution of the Lemma

Between Cawdrey 1604 and Johnson 1755 the entry in monolingual English dictionaries evolved pretty well into the form which is generally expected today. In Cawdrey, the average length of the lemma is under five words, and it is very hard to find entries running to more than twenty words. In Johnson, the article for the verb *to set* has 88 sections, and runs to some 5 pages folio. The variety of structural devices used by compilers within the lemma increased correspondingly in the same period.

3.2. Definition

The earliest dictionaries depended largely on single synonymy, often pairing a learned foreign term with a native one as in '*ignify* to burn' (see Dictionary excerpt 197.2). Where multiple equivalents are given, the semicolon is from the start used alongside commas, but accuracy in observing major and minor sense distinctions comes only gradually, and it is not until Martin 1749 that numbered definitions are presented in a predetermined order. Definitions in many of the earlier works are often unhelpful, and may even be misleading to the modern user seeking guidance on seventeenth and eighteenth-century words (Riddell 1974). The definitional metalanguage which evolved generally aimed at (though it often fell short of) logical or even insertible equivalents, as in '*quotidian* done daily, that happens every day, ordinary' (Blount 1656). Some early works break away from the stiffer conventions: Coles 1676 devises concatenated entries for clusters such as *Ignitible, Ignition, Ignited* (see Dictionary excerpt 197.3), and the *Glossographia Anglicana Nova* (GAN 1707) adopts what would now probably be recognized as a user-discourse approach: '*Becalm'd*, is when the water is so

```
         I F                       I L
Ifette, o. fetched.          in Somerset-shire.
Ifretten, o. devoured.         Ilsarcomle, a Town in De-
Ificebed, o. fixed.          vonshire.
Ifounded, o. sunk.             Ilia, Daughter of Numi-
Ignaro, l. a foolish igno-   tor King of the Albanes, a Ve-
rant fellow.                 stal Nun, but Mother of Ro-
Ignifluous, l. running or    mulus and Remus by Mars.
flowing with fire.             Iliades, Homer's books of
Ignific, l. to set on fire.  the destruction of
Ignipotent, l. powerful in     Ilixm, Troy, from
fire.                          Ilus, a King thereof, the
Ignis fatuus,l.(a foolish fire,) Son of Dardanus.
Will with a wisp, a slight ex- Ili.tque,-acal, belonging to the
halation set on fire; it follows Iles, Ilia, g. the flanks or
one that follows it, because three small guts.
the air doth so, also a foolish Iliac passion, wind in the
fancy.                       small guts.
  Ignivomous, l. spitting or   Ilike. o. like.
vomiting fire, as Etna, &c.    Iimed, o. taken, .
  Igniregium, as Curfeu.       Ilk, o. each, the same.
  Ignitible, l. capable of     Ilionæus , a Companion of
  Ignition,a being or making  Æneas into Italy.
  Ignited, set on fire, made   Illaborate, l, without la-
hot or fiery.                bour or pains, plain.
```

Dictionary excerpt 197.3: Extract of the nomenclature (in: Coles 1676)

very smooth, that the Ship has scarce any Motion, or moves but slowly'; '*Mademoiselle*, answering to Mistress in *English*, is a Title given to...'. Johnson was clearly indebted to his predecessors (McCracken 1969) and has been much criticized for the excessive Latinity of his defining metalanguage (Congleton/Congleton 1984). But the disciplined precision of his definitions has been universally admired, and he differed radically from the compilers before him in arranging the senses chronologically so as (in part at least) to illustrate the semantic development of the word.

3.3. Typographical Devices

Italic was available from the start to set off the headword against the definition in roman (or vice versa), and black-letter was used for headwords at least as late as Kersey/Phillips 1706. These type-faces tended to give way to capitals in the eighteenth century (e.g. in the Bailey dictionaries), and Johnson was the first to make use of large and small capitals to distinguish between main and derivative entry-words.

The usefulness of brackets and braces as lexicographical space-savers is realised early, as in Coles (1676) *Cavalry* 'the hors[men] in an army'. Use is however inconsistent, and there were less successful experiments, such as Cawdrey's invention of (k) for 'kind of' as in *crocodile* '(k) beast'. Asterisks to mark 'old' words occur as early as Bullokar in 1616 (Kerling 1979), and before that Cawdrey had prefixed the symbol § to many of his entries of French origin. The extensive use of the obelisk or dagger (†) for words of doubtful acceptability reached a peak in Bailey's 'Vol. II' 1727 but died out in the English tradition with Martin (Osselton 1958). Martin was however the initiator of another and longer-lasting typographical device: that of using italic capitals to pick out unassimilated entry words.

3.4. Illustrations

Two rather crude heraldic woodcuts in the text of Blount 1656 represent the beginnings of dictionary illustration in English. He had few imitators. GAN 1707 went further with heraldic items, and in his larger dictionary Bailey saw the value of the device to support the more technical definitions such as *isosceles* and *orrery* — though he was clearly limited by the range of cuts available to his printers. Johnson set his face against illustrations and sought by verbal dexterity to overcome the need for them.

3.5. Etymology

Given the very mixed character of the English vocabulary we should perhaps expect etymology to be recognised early as a lexicographical need, and indeed the beginnings of it are to be found in Cawdrey 1604: a letter (g) is there placed after some entry words of Greek origin — a technique extended later to a range of other languages in Coles 1676. Blount 1656 goes further, commonly giving the root word ('Tithing Sax. [Teothung] . . .') and adding other useful bits of information — of Tobacco, he says 'sic vocatur in omnibus linguis'. In the anonymous *Gazophylacium Anglicanum* (1689) English received its first explicitly etymological dictionary shortly afterwards, but it is Bailey 1721 who first attempts any systematic statement in a general dictionary of both the immediate source and remoter analogues of English words. For *Clergy* he records French, Latin and Greek for instance, and he devotes much of the introduction of his dictionary to an explanation of the principles adopted. Like his predecessor Edward Phillips 1658 he makes some alarming blunders, but then they and all the compilers of the period (including even Johnson) were unhappily dependent on the existing imperfect reference works such as Somner, Verstegan, Junius and Skinner. But Bailey's work no doubt did much to establish the inclusion of etymology as a valid option for the monolingual dictionary compiler: from his time on the more serious English dictionaries commonly included etymologies (in their title too, in many cases) and the quick reference books did not — and things have stayed that way ever since. For Johnson, however, etymology was an essential prop to the historically structured presentation of words and their meanings.

3.6. Pronunciation

Little was done about pronunciation in English dictionaries before Johnson or indeed by Johnson (Bronstein 1986). No doubt the need for guidance existed in this period of intense interest in the spoken word (Dobson 1957). Coles 1676 even prefixes to his dictionary a traditional list of homophones (such as *sloe — slow — slough,* and *ware — wear — were*). But an effective method of representing the pronunciation of individual words had not yet been devised, and so the dictionaries themselves get no further than a bare indication of word stress — first in Bailey's 'Vol. II' (1727) and later, with added guidance on syllabification, in Dyche/Pardon 1735, followed by Martin, who even says that to teach an accepted pronunciation is 'the principal use of a Dictionary next to the explication of words' (Martin 1749, Introduction, p. 26).

3.7. Grammar, Collocation, Idiom

Though formal grammars came to be prefixed to some of the early works (see 2.3. above), structural information about English was slow to establish a place for itself in the body of the monolingual dictionary. Word class was generally indicated only incidentally through definitions, or in the form of the entry *(fine, a fine, to fine),* until Dyche/Pardon 1735 initiated the modern convention of including a note of word class (*v* for verb, *a* for adjective, etc.) for every entry. Morphology is likewise largely a blank until the eighteenth century. Kersey 1702 seems to be the first compiler to enter noun plurals and verb forms such as *mice* and *rang*. This spreads to later dictionaries such as Bailey 1730 who has *women* in its proper alphabetical sequence and notes it also as 'Ir. Pl' under the main entry for *woman*. Derivations and compounds, when they are entered at all in these early dictionaries of English, generally have lemma status, but coverage of the latter is extremely skimpy compared with what was already on offer in the bilingual dictionaries of the time. Johnson (he has for instance 16 compounds with the word *foot*) is an exception here (Stein 1984), as he is also in the very full coverage of phrasal verbs (Osselton 1986b). English idiomatic phrases are likewise, with the notable exception of proverbs, (Starnes/Noyes 1946, 104—6, 122—3) not well represented, though the large Bailey 1730 finds room for a good number of items such as 'to learn without book' and 'to keep touch with one'. Here again Johnson's dictionary stands apart, and especially through its inclusion of quotations it must always rank as a major record of English idiomatic usage, as well as of the grammatical structures current at the time.

3.8. Style and Register Labels

The monolingual dictionaries in English were from the start strong in 'Terms of Art', and the need to distinguish special technical senses was often satisfied incidentally within the definition: '*Operation* (Lat.) a labouring or working. 'Tis frequently used in Chymistry and Surgery, and signifies...' (GAN 1707). Shorter bracketed notes such as '(in gunnery)', '(in hunting)' were adopted by many compilers, including Martin 1749 and Johnson 1755. As a further stage of compression on his three-column pages Coles 1676 entered '*c*' for 'canting' and '*o*' for 'old word' alongside several dialect indicators (see Dictionary excerpt 197.3). But the major innovator of abbreviated labels was John Kersey, who printed a list of 46 at the beginning of his *Dictionarium Anglo-Britannicum* (Kersey 1708), including items such as

- H.T. = Hunting-Term
- P.T. = A Term in Physick, or Pharmacy
- P.W. = Poetical Word
- Sc. = Scotch
- S.L. = Statute-Law
- S.T. = Sea-Term

The list was taken over largely unchanged by Bailey 1721 and the device has continued in vigorous use down to our own times. The adoption of abbreviated labels for items entered but felt to be marginal may be seen as a refinement upon the use of typographical devices (asterisks and daggers) referred to above (3.3.), and it is to be set against the individual verbal condemnations such as 'a barbarous term in husbandry', favoured by Johnson (Allen 1940).

3.9. Illustrative Quotations and Reference to Sources

Though plagiarism was clearly the norm, and there are even some contemporary accusations of it (Starnes/Noyes 1946, 51—6) there are also early instances of honest acknowledgement: Blount lists Cotgrave, Dasypodius and Hexham among ten source-books, and says disarmingly 'I profess to have done little with my own Pencil' (Blount 1656, sig. A5 recto). Bailey 1721, like Johnson 1755, acknowledges the use of Skinner and Junius for etymologies. Blount is also the first of the English compilers to record non-dictionary sources in the text proper, drawing specially heavily on Lord Bacon and Sir Thomas Browne. From Phillips 1658 onwards a tradition develops of acknowledging words of Chaucerian origin (Kerling 1979), and the anonymous compiler of GAN 1707 lists on his title-page some of the 'best Modern Authors' he claims to have drawn on, including Tillotson, Evelyn and Dryden. Dr. Johnson's acknowledgement of literary and other sources is therefore not unexampled even in the

ERRO'NEOUS. *adj.* [from *erro*, Latin.]
1. Wandering; unsettled.
    They roam
    Erroneous and disconsolate, themselves
    Accusing, and their chiefs improvident
    Of military chance.   *Phillips.*
    This circle, by being placed here, stopped much of the *erroneous* light, which otherwise would have disturbed the vision.   *Newton's Opt.*
    Unblam'd abundance crown'd the royal board,
    What time this done rever'd her prudent lord;
    Who now, so heav'n decrees, is doom'd to mourn,
    Bitter constraint! *erroneous* and forlorn. *Pope's Odyssey, b. i.*
2. Irregular; wandering from the right road.
    If the vessels, instead of breaking, yield, it subjects the person to all the inconveniencies of *erroneous* circulation; that is, when the blood strays into the vessels destined to carry serum or lymph.   *Arbuthnot on Aliments.*
3. Mistaking; misled by errour.
    Thou art far from destroying the innocent with the guilty, and the *erroneous* with the malicious.   *King Charles.*
    There is the *erroneous* as well as the rightly informed conscience.   *South's Sermons.*
4. Mistaken; not conformable to truth.
    Their whole counsel is in this point utterly condemned, as having either proceeded from the blindness of those times, or from negligence, or from desire of honour and glory, or from an *erroneous* opinion that such things might be for a while.
                Hooker, b. iv. f. 14.
    A wonderful *erroneous* observation that walketh about, is commonly received, contrary to all the true account of time and experience.   *Bacon's War with Spain.*
    The phænomena of light have been hitherto explained by supposing that they arise from new modifications of the rays, which is an *erroneous* supposition.   *Newton's Opt.*

Dictionary excerpt 197.4: Article **erroneous** (in: Johnson 1755)

English tradition, though his mode of compiling certainly was. In particular, the practice of providing quotations for all (or nearly all) words has nothing like it in his predecessors, and it underlies the whole principle upon which his dictionary was set up. The process by which he assembled them has received much attention (Clifford 1979, De Maria 1986, Kolb 1972, Read 1935, Stenberg 1944, Wimsatt/Wimsatt 1948, Wimsatt 1951). His quotations are drawn from major writers of the preceding two centuries — with Shakespeare, Dryden, Milton, Addison, Pope and Bacon accounting for almost half of all quotations (Osselton 1958, 133) — and they are arranged chronologically so as to illustrate the semantic development of individual words (see Dictionary excerpt 197.4).

It was through the very presence of the quotations that Johnson's dictionary became elevated into that exemplary compendium of good usage which his contemporaries had long craved.

4. Cultural Context

4.1. Audience

The first English dictionaries professed to cater especially for the semi-educated: 'all Persons that would rightly understand what they discourse, write, or read' (Phillips 1658). There are many early references to women (Cawdrey 1604, Defoe 1735), to young students (Cockeram 1623), artificers, merchants, and 'persons ignorant of the learned languages' (JK 1702). The monolingual dictionary in the seventeenth century was conceived of as a prop to the linguistically insecure, baffled by the highly heterogeneous vocabulary of their native language. The need to cater for this humbler public continues through into the eighteenth century, as is shown by the appearance of the Defoe dictionaries (1735—41), the *Pocket Dictionary* 1753, Wesley 1753 and the numerous editions of JK down to 1772 (Alston 1966 nos. 77—85). Meantime the notion of the dictionary as an instructive and readable work had become established, and the folio volumes of Phillips and Bailey will certainly have served for the 'Entertainment of the Curious' (Bailey 1730). It is known that William Pitt the Elder found Bailey's dictionary profitable reading (Starnes/Noyes 1946, 253), and there can be no doubt that Johnson's dictionary was intended to be both instructive and morally improving among the upper ranks of society (De Maria 1986), even though it was not universally acclaimed in his own time (Noyes 1954—5, Rypins 1925).

4.2. Circulation and Adaptations

The demand for monolingual dictionaries in English was clearly a steady one from the start, though circulation figures are generally lacking. In the case of Johnson, we know that some 6000 copies of the folio were printed by 1778, and the octavo edition, with 40,000 copies produced down to 1786, must be classed as a bestseller (Sledd/Kolb 1955, 113—14). Evidence for the popularity of earlier works must lie in the frequency of reprints and revisions. Bullokar, for instance, went through 19 editions between 1616 and 1775 (by when it must have been completely out of date in its contents), and Bailey's smaller dictionary saw 28 editions from its publication in 1721 down to the end of the eighteenth century (Alston 1966 nos. 5—29, 94—126). The first abridged dictionary of English (Kersey 1708) was no commercial success, but the large number of abridged and miniature versions of Johnson (Alston 1966, 37—41) shows that a new market had been created. Johnson also came to be drawn on heavily for pronouncing and foreign-language dictionaries (Sledd/Kolb 1955, 156—64). As well as his own revisions there were later reworkings such as those of Todd 1818 and Latham 1866. Numerous supplementary vocabularies were also produced, and Johnson has remained a focus of scholarly interest down to our own times (Clifford/Greene 1970, 213—225; Congleton/Congleton 1984).

5. Historical Context

5.1. Sources

The immediate and most important source for the nomenclature of the earliest English dictionaries was unquestionably the Latin-English dictionaries of the late Middle Ages and the Renaissance, most fully described in Starnes 1954 and Stein 1985a. The initial 'hard word' vocabulary derived from them is seen at its fullest in Blount 1656, and because of the plagiarizing habits of the compilers it was slow to die away (Starnes/Noyes, *passim*), so that some purely 'dictionary' words have led their ghost existence right down to our own times. Dependance on Latin-English dictionaries should however not be overstated: there were also direct borrowings from literary works, and especially in technical terms the vocabulary was usefully extended from glossaries appended to learned vernacular publications of the time (Schäfer 1970, 1984), and important additions were made even in the seventeenth century from specialist dictionaries and glossaries of legal terms, cant, and dialect (Bately 1967, Noyes 1941). For their etymologies compilers were also able to turn to outside works such as Skinner 1671. It seems likely that the alphabetical lists of words in spelling books may also have been drawn on, though this is hard to prove, and it has been shown that even for the everyday words of the language JK (1702) may have turned again to the bilingual dictionaries, where the need for them had existed from the start (Osselton 1979). Studies in the defining techniques of bilingual dictionaries (Stein 1985b, 1986) show a line of development to the monolingual works, and it is clear that foreign models must have been a constant source of new lexicographical and typographical techniques, though little research has been done on this so far. The dictionaries of the French Academy and the Italian Academy were constantly admired at the time and we know that Johnson possessed copies of these as well as numerous other foreign dictionaries in his library. Even as late as 1749 we find Martin admitting in his Preface that he found it helpful to confront his amanuensis with Ainsworth's Latin dictionary so as to bring home the semantic complexity of the English words he was to define. The direct input from literary sources begins with Blount and reaches its apogee with Johnson, though it has been shown that even Johnson at times resorted to secondary borrowing (Keast 1957).

5.2. Influence

In structure and content the first 150 years of lexicographical endeavour undoubtedly established a fairly stable pattern for later compilers. Bailey's volume of 1721 would not have looked unduly antiquated even to Victorian users, and of Johnson, Noah Webster said in 1807 that his writings 'had, in Philology, the effect which Newton's discoveries had in Mathematics, to interrupt for a time the progress of this branch of learning' (Wells 1973, 24). His scholarly achievement was such that there were still ideas of revising and supplementing the 1755 Dictionary even in the 1850's (Aarsleff 1967, 247—8) and when the OED did come, the editors did Johnson the honour of taking over many of his definitions.

Whether native-language dictionaries have any long-term effect on the vernacular must always be hard to make out. But in the period down to 1750 it seems almost certain that the dictionaries will have affected English spelling, especially by mediating the printers' conventions and establishing a norm in private use as well as public (Osselton 1963). Though there are large numbers of lexical items in the early dictionaries which never existed outside of them, it has been argued that dictionaries may have contributed also to the establishment of both technical and other uncommon words in the general language (Sledd 1949). Any influence on semantic development must be speculative, but there seems no reason to doubt that then, as now, dictionaries will have been resorted to as arbiters of acceptable meaning, and (in Johnson's case) of good taste in usage.

6. Selected Bibliography

6.1. Dictionaries

Bailey 1721 = Nathaniel Bailey: The Universal Etymological English Dictionary. London 1721 [UEED. 952 p.].

Bailey 1727 = Nathaniel Bailey: The Universal Etymological English Dictionary: in two parts... Vol. II. London 1727.

Bailey 1730 = Nathaniel Bailey: Dictionarium Britannicum. London 1730 [DB. 816 p. 2nd ed. 1736].

Barclay 1774 = James Barclay: A Complete and Universal English Dictionary on a New Plan. London 1774.

Blount 1656 = Thomas Blount: Glossographia. London 1656 [686 p.].

Bullokar 1616 = John Bullokar: An English Expositor. London 1616 [215 p.].

Cawdrey 1604 = Robert Cawdrey: A Table Alphabeticall. London 1604 [122 p.].

Cockeram 1623 = Henry Cockeram: The English Dictionarie: or, an Interpreter of Hard English Words. London 1623 [316 p.].

Coles 1676 = Elisha Coles: An English Dictionary. London 1676 [315 p.].

Defoe 1735 = Benjamin Norton Defoe: A New English Dictionary. London 1735.

Dyche/Pardon 1735 = Thomas Dyche and William Pardon: A New General English Dictionary. London 1735.

GAN 1707 = Glossographia Anglicana nova. London 1707 [630 p.].

Gazophylacium 1689 = Gazophylacium Anglicanum. London 1689 [530 p.].

Harris 1704 = John Harris: Lexicon Technicum: or, An Universal Dictionary of Arts and Sciences. London 1704.

JK 1702 = J[ohn] K[ersey]: A New English Dictionary. London 1702.

Johnson 1755 = Samuel Johnson: A Dictionary of the English Language. London 1755 [2887 p.].

Kersey 1708 = John Kersey: Dictionarium Anglo-Britannicum. London 1708 [693 p.].

Kersey/Phillips 1706 = Edward Phillips: The New World of Words: or, Universal English Dictionary. The Sixth Edition. Revised by J[ohn] K[ersey]. London 1706 [871 p.].

Latham 1866 = Robert Gordon Latham: A Dictionary of the English Language. Founded on that of S. Johnson as edited by H.J. Todd. London 1866.

Lloyd 1668 = [William Lloyd]: An Alphabetical Dictionary. London 1668 [149 p. Appended to John Wilkins: An Essay Towards a Real Character and a Philosophical language. London 1668].

Martin 1749 = Benjamin Martin: Lingua Britannica reformata: or, a New English Dictionary. London 1749 [689 p.].

Phillips 1658 = Edward Phillips: The New World of English Words. London 1658 [355 p. 4th ed. 1678, 5th ed. 1696].

Pocket Dictionary 1753 = A Pocket Dictionary or Complete English Expositor. London 1753.

Roget 1852 = Peter Mark Roget: A Thesaurus of English Words and Phrases. London 1852.

Scott/Bailey = Joseph Nicol Scott: A New Universal Etymological English Dictionary (...). Originally Compiled by N. Bailey. London 1755.

Skinner 1671 = Stephen Skinner: Etymologicon linguae Anglicanae. London 1671 [899 p.].

Todd 1818 = Henry J. Todd: A Dictionary of the English Language by Samuel Johnson. With numerous corrections and additions by H. J. Todd. London 1818.

Wesley 1753 = [John Wesley]: The Complete English Dictionary. London 1753.

6.2. Other Publications

Aarsleff 1967 = Hans Aarsleff: The Study of Language in England, 1780—1860. Princeton 1967.

Allen 1940 = Harold Byron Allen: Samuel Johnson and the Authoritarian Principle in Linguistic Criticism. Unpubl. diss. Univ. of Michigan 1940.

Alston 1966 = Robin Carfrae Alston: A Bibliography of the English Language from the Invention of Printing to the Year 1800. Vol. V: The English Dictionary. Leeds 1966.

Bately 1967 = Janet M. Bately: Ray, Worlidge, and Kersey's Revision of The New World of English Words. In: Anglia 85. 1967, 1—14.

Bronstein 1986 = Arthur J. Bronstein: The History of Pronunciation in English Language Dictionaries. In: R. R. K. Hartmann (ed.): The History of Lexicography. Amsterdam. Philadelphia 1986, 23—33.

Clifford 1979 = James L. Clifford: Dictionary Johnson. New York 1979, 46—57.

Clifford/Greene 1970 = J. L. Clifford and D. J. Greene: Samuel Johnson. A Survey and Bibliography of Critical Studies. Minneapolis 1970.

Congleton/Congleton 1984 = James Edward and Elizabeth C. Congleton: Johnson's Dictionary. Bibliographical Survey 1746—1984. Terre Haute 1984.

De Maria 1986 = Robert De Maria, Jr.: Johnson's Dictionary and the Language of Learning. Oxford 1986.

Dobson 1957 = Eric John Dobson: English Pronunciation 1500—1700. 2 vols. Oxford 1957.

Dolezal 1985 = Fredric Dolezal: Forgotten but Important Lexicographers: John Wilkins and William Lloyd. A Modern Approach to Lexicography before Johnson. Tübingen 1985.

Hayashi 1978 = Tetsuro Hayashi: The Theory of English Lexicography 1530—1791. Amsterdam 1978.

Hulbert 1955 = James Root Hulbert: Dictionaries: British and American. London 1955.

Hüllen 1986 = Werner Hüllen: The Paradigm of John Wilkins' Thesaurus. In: R. R. K. Hartmann (ed.): The History of Lexicography. Amsterdam. Philadelphia 1986, 115—125.

Johnson 1747 = Samuel Johnson: The Plan of a Dictionary of the English Language. London 1747.

Keast 1957 = William Rea Keast: The two Clarissas in Johnson's Dictionary. In: Studies in Philology 54. 1957, 429—439.

Kerling 1979 = Johan Kerling: Chaucer in Early English Dictionaries. Leiden 1979.

Kolb 1972 = Gwin J. and Ruth A. Kolb: The selection and use of the illustrative quotations in Dr. Johnson's Dictionary. In: H. Weinbrot: New Aspects of Lexicography. London. Amsterdam 1972, 61—72.

Kolb/Sledd 1953 = Gwin J. Kolb and James H. Sledd: Johnson's Dictionary and lexicographical tradition. In: Modern Philology 50. 1953, 171—194.

McCracken 1969 = David McCracken: The drudgery of defining: Johnson's debt to Bailey's Dictionarium Britannicum. In: Modern Philology 66. 1969, 338—341.

Mathews 1933 = Mitford McLeod Mathews: A Survey of English Dictionaries. London 1933.

Murray 1900 = James A. H. Murray: The Evolution of English Lexicography. Oxford 1900.

Noyes 1941 = Gertrude E. Noyes: The development of cant lexicography in England. In: Studies in Philology 38. 1941, 462—479.

Noyes 1943 = Gertrude E. Noyes: The first English dictionary, Cawdrey's Table Alphabeticall. In: Modern Language Notes 58. 1943, 600—605.

Noyes 1954—5 = Gertrude E. Noyes: The critical reception of Johnson's Dictionary in the later eighteenth century. In: Modern Philology 52. 1954—55, 175—191.

Osselton 1958 = Noel Edward Osselton: Branded Words in English Dictionaries before Johnson. Groningen 1958.

Osselton 1963 = Noel Edward Osselton: Formal and informal spelling in the eighteenth century. In: English Studies 44. 1963, 267—275.

Osselton 1979 = Noel Edward Osselton: John Kersey and the ordinary words of English. In: English Studies 60. 1979, 555—562.

Osselton 1983 = Noel Edward Osselton: The history of English-language dictionaries. In: R. R. K. Hartmann (ed.): Lexicography: Principles and Practice. London 1983, 13—21.

Osselton 1986a = Noel Edward Osselton: The first English dictionary? A sixteenth-century compiler at work. In: R. R. K. Hartmann (ed.): The History of Lexicography. Amsterdam. Philadelphia 1986, 175—184.

Osselton 1986b = Noel Edward Osselton: Dr. Johnson and the English phrasal verb. In: Robert Ilson (ed.): Lexicography. An Emerging International Profession. London 1986, 7—16.

Read 1935 = Allen Walker Read: The contemporary quotations in Johnson's Dictionary. In: English Literary History 2. 1935, 246—251.

Riddell 1974 = James A. Riddell: The reliability of early English dictionaries. In: Yearbook of English Studies 4. 1974, 1—4.

Roe 1977 = Keith Roe: A survey of the encyclopaedic tradition in English dictionaries. In: Papers of the Dictionary Society of North America. 1977, 16—23.

Rypins 1925 = Stanley Rypins: Johnson's dictionary reviewed by his contemporaries. In: Philological Quarterly 4. 1925, 281—286.

Schäfer 1970 = Jürgen Schäfer: The hard-words dictionaries: a re-assessment. In: Leeds Studies in English 4. 1970, 31—48.

Schäfer 1982 = Jürgen Schäfer: Chaucer in Shakespeare's dictionaries: the beginning. In: Chaucer Review 17. 1982, 182—192.

Schäfer 1984 = Jürgen Schäfer: Glossar, Index, Wörterbuch und Enzyklopädie: der Beginn einsprachiger Lexikographie zur Zeit Shakespeares. In: Dieter Goetz/Thomas Herbst: Theoretische und praktische Probleme der Lexikographie. München 1984, 276—299.

Segar 1931 = Mary Segar: Dictionary making in the eighteenth century. In: Review of English Studies 7. 1931, 210—213.

Simon 1960 = Irène Simon: Saxonism and the hard-words dictionaries. In: Revue des langues vivantes 26. 1960, 411—420.

Sledd 1949 = James Sledd: A footnote on the Inkhorn Controversy. In: University of Texas Studies in English 28. 1949, 49—56.

Sledd/Kolb 1955 = James H. Sledd and Gwin J. Kolb: Dr. Johnson's Dictionary: Essays in the Biography of a Book. Chicago 1955.

Starnes 1940 = De Witt T. Starnes: Literary features of renaissance dictionaries. In: Studies in Philology 37. 1940, 26—50.

Starnes 1954 = De Witt T. Starnes: Renaissance Dictionaries. English-Latin and Latin-English. Austin 1954.

Starnes/Noyes 1946 = De Witt T. Starnes and Gertrude E. Noyes: The English Dictionary from Cawdrey to Johnson 1604—1755. Chapel Hill 1946.

Stein 1984 = Gabriele Stein: Word-formation in Dr. Johnson's Dictionary of the English Language. In: Dictionaries: Journal of the Dictionary Society of North America 6. 1984, 66—112.

Stein 1985a = Gabriele Stein: The English Dictionary before Cawdrey. Tübingen 1985.

Stein 1985b = Gabriele Stein: Forms of definition in Thomas Elyot's *Dictionarie*. In: Kontinuität und Wandel. Aspekte einer praxisoffenen Anglistik. Festschrift für Leonard Alfes. Siegen 1985, 195—205.

Stein 1986 = Gabriele Stein: Definitions and first-person pronoun involvement in Thomas Elyot's Dictionary. In: Dieter Kastovsky/Aleksander Szwedek (ed.): Linguistics across Historical and Geographical Boundaries. Berlin 1986, 1465—1474.

Stenberg 1944 = Theodore Stenberg: Quotations from Pope in Johnson's Dictionary. In: University of Texas Studies in English 23. 1944, 197—210.

Weinbrot 1972 = Howard D. Weinbrot: Johnson's Plan and Preface to the Dictionary: the growth of a lexicographer's mind. In: H. D. Weinbrot: New Aspects of Lexicography. London. Amsterdam 1972, 73—94.

Wells 1973 = Ronald A. Wells: Dictionaries and the Authoritarian Tradition. The Hague 1973.

Wimsatt/Wimsatt 1948 = W. K. and Margaret H. Wimsatt: Self-quotations and anonymous quotations in Johnson's Dictionary. In: English Literary History 15. 1948, 60—68.

Wimsatt 1951 = William Kurtz Wimsatt: Samuel Johnson and Dryden's Du Fresnoy. In: Studies in Philology 48. 1951, 26—39.

Noel Edward Osselton,
Newcastle upon Tyne (Great Britain)

198. English Lexicography After Johnson to 1945

1. The Legacy of Johnson
2. The Eighteenth Century After Johnson
2.1. The Orthoepists
2.2. General Lexicography
3. The Beginnings of a Scientific Approach to Lexicography in the Nineteenth Century
3.1. Charles Richardson
3.2. David Booth
4. The English Dictionary in America
5. The Mid-Nineteenth Century: the Calm Before the Storm
5.1. John Boag
5.2. Hyde Clarke
5.3. John Ogilvie
5.4. Charles Annandale
6. The Oxford English Dictionary
6.1. The Philological Society of London
6.2. Frederick Furnivall
6.3. James Murray
6.4. The Impact of the OED
7. Into the Twentieth Century: Dictionaries for the People

7.1. The Emergence of the Popular, Concise Dictionary
7.2. The Concise Dictionary Comes of Age
8. Conclusion
9. Selected Literature
9.1. Dictionaries
9.2. Other Publications

1. The Legacy of Johnson

Samuel Johnson's *Dictionary* of 1755 marked a watershed for lexicography in England; it set a new standard for subsequent dictionary-makers in most departments of their trade, and in many ways it also elevated English lexicography to the status of an art. This had benefits and drawbacks for his successors. Indeed, for the next half century it tended to restrict new lexicographical work. With Bailey's and Johnson's dictionaries readily available for the growing dictionary-buying public, the development of lexicographical approaches along traditional lines was stifled, and it was not until Charles Richardson's Dictionary (Richardson 1817), which was published serially from 1817 in the *Encyclopaedia Metropolitana,* and Noah Webster's major *American Dictionary of the English Language* (Webster 1828) in America that the grip of Johnson as a direct influence on lexicography began slowly to weaken. This is not to say that his influence died, but rather that during the nineteenth century the achievements of Johnson were merged with the insurgent scientific approach to dictionary-making, to culminate in Britain in the great *Oxford English Dictionary* (= *OED*) of 1884—1928.

In terms of the subsequent development of lexicography, Johnson's achievement was not the production of an authoritative dictionary: its weaknesses are as apparent as its strengths, as his successors were not slow to point out. Rather, he should be noted for drawing together into a single work lexicographical strands which had previously been apparent in only an isolated and disjointed manner in the work of his forerunners. His approach to etymology was amateur, and yet he could build on the foundations laid by Skinner and Junius: he had the sense to be ecumenical in his own choice of authorities in an area where his knowledge was patchy. This commonsensical approach contrasts with the over-adventurous endeavours of Noah Webster, who set himself the burdensome task of becoming his own etymologist *malgré lui*. Johnson also consolidated the concept of labelling by subject, which he took from his predecessors, but extended by searching out new words correctly identified from the growing body of scientific literature of the eighteenth century. His pronunciations were scanty, in an area where scholarship was still weak. He would prescribe where he felt it necessary, but tried not to let this natural tendency in himself override the evidence. Indeed, his realization that the lexicographer must look to the evidence of the language is a hallmark of his achievement. Again, the use of quoted authorities was not his invention, but his thoroughgoing examination of texts for quotable examples to support and decorate his definitions marks perhaps most strongly the emergence of the scientific principle in his work. That the whole dictionary should be the work of a team, while at the same time impressed with the stamp of a celebrated man of letters, indicates forcefully the transformation of the English dictionary from the product of an isolated scholar, as it had been in the seventeenth and early eighteenth centuries, to a generally accepted authority on language based on widely-spread resources and the work of a skilful editor.

The publishing world ensured that the *Dictionary* lived on after Johnson's death in 1773. Prior to that, he had subjected it to several revisions, though the typology of the various editions is confused by the piecemeal nature of the alterations, and by the fact that issues commonly contained ranges of revised material bound together with older pages. From a bibliographer's viewpoint the interrelation of these editions is something of a nightmare. Abridged editions were produced, new editors (notably Todd and subsequently Latham) prepared revisions, and the name of Johnson's *Dictionary* survived as a living work throughout the nineteenth century. Indeed, when Noah Webster turned his own thoughts away from politics and the study of language in general towards lexicography in the early nineteenth century, it was still the stranglehold of Johnson from which he most wished to free the American people. As late as 1891, Dent was publishing a dictionary entitled *Johnson's Pocket Dictionary of the English Language* (Johnson 1891), showing that Johnson's name (as much as Webster's) was still a potent force in the marketing of dictionaries.

2. The Eighteenth Century After Johnson

2.1. The Orthoepists

The late eighteenth century contributed no lexicographer with a grand design of the scale of Bailey or Johnson. This was a time of earnest philosophical debate over the theory of grammar, of etymology, and most particularly of pronunciation — which had received scant attention before this period, being a largely unresearched and unregarded field. As early as 1565, Cooper had determined on a system to indicate stress, Thomas Thomas in 1587 introduced diacritical marks on classical models to show vowel length, but accentuation, syllabification, and the indication of vowel quality became the specific concerns of the late eighteenth century orthoepists, as they were called. The major protagonists were William Kenrick, Thomas Sheridan, and John Walker, whose *Critical Pronouncing Dictionary* (Walker 1791) became a standard and well-used work on the subject. "These typical post-Johnsonian lexicographers embraced the common ideal of setting up a permanent standard of pronunciation on the basis of orthoepical principles" (Hayashi 1978, 118). The reader is referred to T. Hayashi's excellent chapter on the late eighteenth century for a detailed examination of the orthoepist debate. The following observations relate principally to Kenrick's and Walker's dictionaries.

2.1.1. William Kenrick

William Kenrick's work (Kenrick 1773) is marked by several important features: the introduction of a strict system of syllabification, and an attempt to show the living pronunciation of each word — as opposed to a supposed etymological or analogical representation. This had the effect of freeing the study from the trammels of book-learning, and at the same time endowed his dictionary with what must have been seen as an element of modernity beyond that of his predecessors. With the desire for precision came a quasi-symbolic representation: the quality of vowels was indicated by a small superscript number by which the reader was referred to an often complex pronunciation key in the preliminary matter of the work. One wonders at times (given the degree of disregard commonly accorded equivalent features in modern dictionaries) just how much this feature was actually used. Nevertheless, it was a great step towards exact representation, and quickly became a staple feature of the orthoepists' work. It also enabled detailed arguments to rage between the various editors on the evidence presented in their dictionaries.

2.1.2. John Walker

Walker's own *Critical Pronouncing Dictionary* (Walker 1791) stands above Kenrick's for its attempt to apply comparative judgement to the results of phonological observation. He was keenly aware of the variability of pronunciation throughout Britain, and made some attempt to reconcile and explain divergent pronunciations. For *oblige,* he offers both 'o-blìdje'' and 'o-bleédje'', with a reference to the Principles of English Pronunciation in his introduction. His introduction is supplemented with Rules for the Irish, the Scots, and others to obtain a "just pronunciation of English", followed by many pages in which he describes the various pronunciations taken by each of the vowels in different contexts, with a detailed analysis of the opinions of his predecessors. These 'critical' features proliferate throughout the text of the dictionary itself. A single example is enough to illustrate his method:

"MNEMONICKS, ne-mon-niks, *s.* The art of memory. — Mr. Sheridan is the only lexicographer who gives the sounds of the letters, that has inserted this word, except Mr. Barclay. The former spells the word *mne-mon-iks,* and leaves us to pronounce the first syllable as we can; while the latter leaves out the *m*, and spells the word *nemonicks*; which in my opinion, is the way it ought to be pronounced" (Walker 1791, 333).

This academic backchat is very much of the period, and is likely to have endeared Walker to his readers as much as the lengthy dissertations with which the book is prefaced. He also employs a numerical system for referring to the detailed explanatory material found in his introduction. At *Modeller,* for example, the reader is referred to Paragraph 98, at which are discovered notes on the pronunciation of *e* in *her,* 'nearly like short *u*', etc. As a practical consequence of this, the amount of attention given to etymology and definition in these dictionaries is typically scant.

2.2. General Lexicography

2.2.1. John Ash

But the late eighteenth century did not belong entirely to the orthoepists. Two general dictionaries are also worthy of note. The better of the two was Ash's *New and Complete Dictionary of the English Language* (Ash 1775). It did not enjoy the continued success of the major dictionaries of the eighteenth century, but is interesting as an attempt to build upon the foundations laid by Bailey and Johnson. The single-volume dictionary supposedly encompassing the whole range of English vocabulary was by now becoming an accepted and well-tested reference tool. The wide collection of vocabulary items existing in print allowed compilers to select the words for their own dictionaries from a common pool. Pronunciation and etymology were becoming established features, and gradually the work of dictionary editors could turn from the identification of material to its classification and presentation. This is a dominant feature of mid-nineteenth-century English lexicography, but its origins stemmed from the late eighteenth century. Ash saw an opportunity to amalgamate existing features, and to expand them, with what he presented as an exhaustive description of radical, derivative, and compound terms, drawn from the common language, as well as from cant and provincialisms. He also included obsolete words, which marked the vocabulary of the great English writers. In essence, his dictionary foreshadows the trend towards concision in the following century. His etymologies are brief, but supposedly authoritative (*lutum* (s. from the Lat.); *lux* (v.t. from the Lat. luxo *to loosen*); he marked accentuation, but did not attempt a detailed guide to vowel quality; his vocabulary was large for a one-volume dictionary (though this meant that the page had a crammed look to it, stressing usefulness as against usability); and in common with others of his age, he saw advantages in including proper names (a feature which was to develop in the encyclopaedic lexicography of the next century). In all, the dictionary is remarkable for the amount it contains, but seems to have been unsuccessful in establishing for long a dominant place in the market.

2.2.2. James Barclay

It may appear surprising to us today that his peer, the Reverend James Barclay, was able to produce a dictionary on a different scale which — though less notable in itself — was easily extended into several editions into the early part of the nineteenth century. Lexicographers had, in the past, often been schoolmasters. Barclay was one of the first of a line of clergymen who turned their leisure time to the compilation of dictionaries. His *Complete and Universal English Dictionary on a New Plan* (Barclay 1774) was first published one year before Ash. In content, it veered away from the ideal of a 'pure' dictionary containing simply the lexicon of English. In fact, Barclay's work reads (and looks) more like a gazetteer of the words and names of the language. What is most noteworthy is the degree of its encyclopaedic content. This is a function of the dictionary which stemmed from the proliferating cyclopaedias of the eighteenth century, and which — especially in the mid and late nineteenth century — found its way into many works which simply called themselves 'dictionaries'. Barclay appears to have seen the way the wind was blowing, and to have capitalized on this. Furthermore, he reacts against the trend of the orthoepists, providing straightforward spelling-pronunciations. His common vocabulary is solid enough, if not at all adventurous. There are more gaps than remarkable inclusions. But it is the encyclopaedic element which strikes the reader: alongside short lexical entries, we find an extensive descriptive entry for *England,* and for *Spain,* and for *America* (notable for its immediate obsolescence), and fully five columns over four pages for *Henry VIII.* The definition of *boiling* spills over into a detailed physical description of the process, well beyond the scale attempted by the workmanlike Ash. His etymologies are, on the other hand, curt to the point of inconsequence: [Lat.] is typical throughout.

Despite their failings, both of these dictionaries reveal, the one by its concision, and the other by its encyclopaedic content, ways in which the dictionary was set to develop in the nineteenth century.

3. The Beginnings of a Scientific Approach to Lexicography in the Nineteenth Century

The history of lexicography in the nineteenth century mirrors in many ways the general development of scientific studies at that time. Later in the century the work of the German comparative philologists was to have its effect on dictionary compilation, but the significance of these discoveries was at first only slowly accepted in Britain. The signs of the times pointed to empirical research, but to begin with, empirical research was hampered by the misguided zeal of a few men, most notably John Horne Tooke. Tooke's *Diver-*

sions of Purley (Tooke 1786) contained a series of imaginary conversations on the etymology of words, based on Tooke's extraordinary assumption that the etymology of all words could be traced back to a few simple roots. This was subjective empiricism, completely at odds with the careful analytical research of the German philologists. But Horne Tooke amassed a substantial reputation as the philosopher's etymologist, which held back the subsequent comparative study of etymology in Britain for several decades.

3.1. Charles Richardson

Tooke's ideas were taken up by Charles Richardson (1775—1865). Richardson's dictionary (1817) was published serially in volumes of the large *Encyclopaedia Metropolitana* (1817—45), and also enjoyed separate publication as the *New English Dictionary* (1835—37). Whatever the effect of Richardson's etymological persuasions, the dictionary is best remembered for his approach to definition and quotation. Following Johnson's model, and yet seeking to extend this far beyond Johnson's modest start, Richardson set himself the task of collecting an enormous body of illustrative quotations from literature, etc. on which to base his work. His principal theory was that quotations alone should exhibit the various meanings of each word, and to this end his entries contain only a slight definition (hardly more than a general indication of meaning), followed by a long sequence of quotations from which the reader was at liberty to extract the true essence of each term from its use in context.

> DICHO'TOMY.
> DICHO'TOMIST.
> DICHO'TOMIZE.
> Gr. Διχοτυμειν, to cut into parts, (διχα, and τεμν-ειν, to cut.)
>
> Our Saviour said to Pilate, " Sayest thou this thing of thyself, or did others tell thee?" And all things reported are reducible to this *dichotomie*: 1. The fountain of invention ; 2. the channell of relation.
> *Fuller. Worthies*, vol. i. c. 23.
>
> Now according to these two different notions of nature, the four forementioned forms of Atheism may be again *dichotomized* after this manner; into such as derive all things from a mere fortuitous and temerarious nature devoid of all order and methodicalness : and such as deduce the original of things from a certain orderly, regular, and artificial, though senseless nature in matter.
> *Cudworth. Intellectual System*, p. 139.
>
> Certainly a triviall invention, and an infinite prejudice to sciences ; for these *dichotomists* when they would wrest all things to the laws of their method, and whatsoever doth not aptly fall within those *dichotomies* they would either omitt or bow contrarie to their naturall inclination; they bring it so to passe, that the kernels and graines of sciences leape out, and they claspe and inclose onely the drie and empty huskes.—*Bacon. On Learning, by G. Wats*, b. vi. c. 2. s. 1.
>
> The apostolical benediction *dichotomizes* all good things into grace and peace.—*Bp. Hall. Ser. Haggai*, ii. 9.

Dictionary excerpt 198.1: Dictionary article (in: Richardson 1817)

Theoretically, the plan was good: it is the use of words which determines their meaning (though at a higher level, incorrect etymological distinctions imposed on entries will naturally distort the picture). But adopting this procedure to the extremes that Richardson employed had the effect of leading the work into a lexicographical blind alley. His corpus of quotations was never large enough to permit a full description of each item, and his shorthand definitions left the reader woefully short of the factual information which was commonly sought. The picture was further clouded by Richardson's decision (based on his etymological principles) to collapse the entries for derivative words into single entries with the major lemma, mixing the quotations in a single sequence.

But it is not the dictionary itself that is important for an examination of the development of lexicography at this period. Rather, several of Richardson's procedures were pointers to ways in which more enlightened lexicographers might proceed in the future.

Richardson's reading was wide: he sought to cover the early period of English literature as well as that of more recent times. He saw that by doing so, he could show how words developed new meanings over the centuries. He saw, rightly, that the more examples he collected for each item, the more sense distinctions he would be able to identify. He castigated Johnson and others for failing to differentiate between subsenses not only through incorrect analysis, but also because their corpora were too small. He presented the quotations in roughly chronological order, starting with the earliest. Indeed, he sometimes dispensed with definitions entirely, moving straight from detailed etymological description to the block of quotations. His sources were primarily literary, though he also read the modern sciences. In all, the work was flawed by his basic assumptions, but it provided much food for thought and established in embryonic form several of the principles embraced and expanded later in the century by the compilers of the *OED*.

3.2. David Booth

Another lexicographer who fell under the influence of John Horne Tooke was David Booth. Following the tradition of Swift, Pope, and Johnson, Booth published in 1806 an *Introduction to an Analytical Dictionary of the English Language* (Booth 1806). One example is enough to show his tendency towards Tooke's reductive ideas on etymology and word relationships. "The Greek και, *kai*, and the

Latin and French *que,* have originated in a similar manner with our word *the,* and its verbal relatives *to* and *do*" (Booth 1806, 49). The dictionary itself appeared many years later, in 1830. It sought to explain words "in the order of their natural affinity, independent of alphabetical arrangement; and the significance of each is traced from its etymology" (Booth 1830, title-page). The dictionary becomes, therefore, a thematic examination of vocabulary based upon relationships posited by Booth's ideas of etymology. This was as much a blind alley as Richardson's work, but without the mass of quotations from which to wrest some merit.

4. The English Dictionary in America

The development of lexicography in America, not surprisingly, does not at first fit easily into the tradition that we see emerging in Britain. The reader is referred to art. 158 and art. 200 for a comprehensive survey of its genesis in the United States. Nevertheless, it is pertinent here to observe some of these differences of standpoint, as the growth of lexicography in America had repercussions on British work later in the nineteenth century.

In the years following Independence, the literate American had no native American dictionary on which to depend; instead, the standard English dictionaries of Bailey, Johnson, and others were available, but came of course to be seen as productions of the old Empire from which America was attempting to sever many of its cultural links. American lexicography had no home-grown tradition, and sought immediately to highlight those points (of pronunciation, word usage, etc.) which distinguished it from the Old World. Noah Webster himself was filled with the new patriotic enthusiasm of the times, and endeavoured to present American English as a new brand of English, related organically, through the first settlers, to the language as it had existed in the seventeenth century and before. But more importantly, he recognized that a new nation needed a new dictionary, that many of the traditional terms of politics, geography, of society itself, held no meaning in the new America. The idea of the dictionary as a storehouse of language was taken, naturally, from exemplars in Britain, but its content was not. There was little native American literature to scour for evidence of the language; what there was would often slavishly mirror the language of Britain. He was intent, then, not on codifying the language from written sources, but on displaying the true language of America as it was coming to be spoken in the mouths of Americans. The American tradition began, therefore, with an emphasis on contemporary description and definition, rather than on history: even Webster's etymologies were presented as the results of his own personal, original research. Webster was a born definer, but not a born etymologist. His ear for pronunciation was good, but his source material was always in the making, and not presented in bound volumes ready for examination.

Throughout the nineteenth century, the American tradition continued along these lines, growing in strength as the language itself became consolidated and better documented. Subsequent editions of Webster's dictionary (under the professional eyes of Chauncey A. Goodrich and Noah Porter) expanded his vocabulary coverage manyfold, and soon after his death the dictionary underwent a comprehensive etymological review, leading in essence to the beginnings of Webster's dictionaries as we know them today. The original *American Dictionary* (Webster 1828) was published in abridged format in the following year; Goodrich's major revision of 1847 was followed in the same year with his revision of the abridged. Further versions of the period included *Webster's Pocket Dictionary of the English Language* (Webster 1846) (from the *American Dictionary),* and before the end of the century the panoply of titles was extended with *Collegiate, Academic, Concise,* etc., some originating from competitive firms, such as *Webster's Up-to-date Vest-Pocket Dictionary* (Webster 1894) as Webster's name entered the public domain. The dictionaries had to fight off stiff competition, principally from Joseph Worcester (Worcester 1846, Worcester 1860) and the excellent *Century Dictionary* (Whitney 1889), but did not attempt the thoroughgoing historical survey of English such as was presented in the *OED.* Indeed, historical dictionaries of American English followed in the wake of the *OED,* with Sir William Craigie's *Dictionary of American English* (Craigie 1938) and M. M. Mathews' *Dictionary of Americanisms* (Mathews 1951).

5. The Mid-Nineteenth Century: the Calm Before the Storm

5.1. John Boag

The mid-nineteenth century in Britain represents the start of a period largely unexplored by lexicographical historians. The rapid growth of American lexicography in this era has distracted attention from dictionary compilation in Britain. This is unfortunate, and research is further hampered by the incomplete library holdings of dictionaries from this time.

The neglect is partially justified, but not entirely so. The untethered drift of English lexicography is well attested in the work of the Reverend John Boag. His *Popular and Complete English Dictionary* (Boag 1848) marks the insurgence of the American lexicographical tradition in Britain. Webster's dictionaries were renowned on both sides of the Atlantic for their excellent definitions, and for their ever-increasing word-lists. Not surprisingly, when Boag was casting around for an anchor to which he could attach his dictionary, he chose not Johnson, but Webster. The lexicographical content of his *Popular Dictionary,* and of his *Imperial Lexicon of the English Language* (Boag

1852), was taken largely from Webster. However, Boag's own weaknesses as a compiler did little justice to his source. His definitions are lazy ("*clef,* a character in music"), and his approach to sense development cursory ("*gig*: a light carriage with one pair of wheels drawn by one horse; a chair or chaise. A fiddle. A dart or harpoon"). Whilst the lexicographical component comes in outline from Webster, the style of his pronunciations is taken from Walker. Thus: "AIR-BLADDER, āre᷄-blăd-dŭr, *n*. A vesicle or cuticle filled with air; also, the bladder of a fish." We see here the lexicographer as beachcomber, picking what appear to be the best features from his predecessors, but on this occasion without the critical acumen necessary to make best use of his authorities. His reason for choosing the word 'Lexicon' in the title of his second work does, however, at least have the benefit of revealing the signs of the times; "It is called a 'Lexicon', as being strictly an alphabetical arrangement of *words,* rather than a 'Dictionary', by which modern usage expresses also a similar arrangement of *subjects* or portions of subjects, — which sometimes represents an alphabetic distribution of information respecting departments of literature or of science, and sometimes has a meaning so comprehensive as to have become convertible with 'Cyclopaedia'" (Boag 1852, Preface).

5.2. Hyde Clarke

If Boag describes the signs of the times, Hyde Clarke — in his *New and Comprehensive Dictionary of the English Language* (Clarke 1855) — foreshadows the lexicography of the future. Clarke's dictionary has lapsed into undeserved neglect. In this period of transition from the grand, multi-volume dictionary or encyclopaedia to the concise dictionary of the end of the century, Clarke's technique is quite remarkable for its perceptiveness. He claims 100,000 words, extraordinary for his time, and to achieve this figure he claims to have had to extend lexicographical research beyond the limits of Johnson, Richardson, and even Webster. Whatever the truth of this, his observations are pertinent.

"A great merit, and thereby a deficiency in our standard dictionaries... is that they are founded on literary consideration, under which a printed authority is required for a word... It is the growth of the newspaper press which has given this importance to the English oral language... The *Times* ought to be as eligible an authority as some books long since defunct" (Clarke 1855, p. iv).

In retrospect, this is a clear-sighted view. His preface in general is a model of good sense which sets it apart from the ramblings of Richardson, Booth, and others in Britain. To achieve this total of 100,000 words in a single volume, he has to take draconian measures, and in reading his description of these measures we see that he is formulating procedures which will become commonplace fifty years in the future. His dictionary, he says, contains new additional meanings, detailed lists of prepositions commonly used after verbs, partici-

ADMIN'IS-TER, —TRATE, *v* contribute; act as minister or chief agent; govern; direct; give; —TER TO, *vt* take out letters of administration; give medicine; —TERED, *a*; —TRABLE, *a*; —TRATOP, *n* one who acts, &c.; tutor, curator; one who manages the property of an intestate; —TRA'-TRIX, *n* woman do.; —TRA'TORSHIP, *n* office of do.; —TERING, —TRATING, —TRATIVE, *a*; —TRA'-TIVELY, *ad*; —TERING, —TRATING, *n*; —TRA'-TION, *n* administering; executive government; act of do.; cabinet; management of intestate property; —TE'RIAL, *a* relating to do.
AD'MIRAL, *n* leader of a fleet; ship carrying do.; largest ship; a voluta; a butterfly; —SHIP, *n* office of do.; —TY, *n* office of Lord High Admiral, or for managing the navy; building for do.; —TY, *a*; —TY COURT, *n* court for sea offences and sea prizes; —OF THE FLEET, *n* highest class of admiral; — SUPERINTEND'ENT, *n* head of a dockyard.

Dictionary excerpt 198.2: Dictionary article (in: Clarke 1855, 5)

ples, etc., the colloquial forms of imperfect tenses and of past participles; attention is devoted to compound words as a central feature of the vocabulary; abbreviations (especially those found in newspaper journalism) are included; the omission of obsolete vocabulary is emphasized; the presence of the indefinite article is recorded when it is an important linguistic feature of a given term. This is a well-thought-out technique, adumbrating many conventions which will become standard dictionary fare. But more importantly, Clarke describes how he will fit these additional features inside the compass of a single, small volume. The watchword is saving space. Sub-entries are commonly run on, with the root-word replaced by a hyphen in derivatives; the meaning of run-on derivatives is not repeated if it can be deduced logically from the root-form. In addition, the print is necessarily small, and the typographical layout is unadventurous. But an entry of this style is unexpected in a small dictionary of this period:

"DARN, *vt* mend by sewing; — *n,* place darned; —ED, *a*; —ING, *n, a*; —ING NEEDLE, —ER, *n*."

The run-on entries in, for example, *gold* are more reminiscent of subsequent turn-of-the-century works. Unfortunately, Clarke's dictionary appeared in a period when size and encyclopaedic content were thought more important than conciseness. But it deserves a high place in the history of the compact dictionary.

5.3. John Ogilvie

The mid-century is dominated by John Ogilvie's *Imperial Dictionary* (Ogilvie 1850). Multi-volumed, encyclopaedic, based on the authority of Webster (again rather surprisingly at first sight), it represents the ideal of a dictionary as popularly conceived in the period. Ogilvie surveys the field of dictionaries: "The principal dictionaries of the English language in use at present are Johnson's, first published in 1755; Richardson's, commenced in 1826; and that of Webster, of America, first published in this country in 1832" (Ogilvie 1850, Preface). He takes Webster as his main authority, but notes that by now this is becoming dangerous, as Webster leaves out many words which are new to British English, as well as giving less attention than necessary to the sciences. His dictionary was extremely popular; it is monumental, but rather rigid. The lexicographical component is solid, though unimaginative. His real concern is with the sciences and technology. Definitions are often backed up by black-and-white illustrations — a standard feature of encyclopaedias, and growing in popularity as an adjunct to dictionaries, following Webster's lead (cf. Hulbert 1955, 32—33). His etymologies are summary. Each word (however important) is allocated main-entry status. It is a hugely competent work, very well-suited to its times, and one which enjoyed much success in subsequent editions. It marks the flowering of the encyclopaedic dictionary in Britain, establishing a tradition which today still rubs shoulders with the lexicography of the lexicon.

5.4. Charles Annandale

Ogilvie was lucky to be succeeded as editor of the dictionary by Charles Annandale, whose revision first appeared in 1882 (Annandale 1882). Whilst retaining the dictionary's essential encyclopaedic character, Annandale was able to bring an extremely competent and prolific hand to the work of revision.

He chose respelt pronunciations, and was able to raise the standard of Ogilvie's original etymologies, keeping the illustrations, the scientific and technological features, and the popular readability of the book. Annandale managed well to maintain the balance of the times between the lexicon and the encyclopaedia.

His appearance on the scene marks a time when dictionary publishers were looking for a mass market for their product. After losing its way in Britain for several decades, the dictionary was suddenly becoming a very marketable commodity amongst the self-taught new wealth of the end of the century (cf. McArthur 1986, 134ff). Annandale followed his revision of Ogilvie with *A Concise Dictionary of the English Language* (Annandale 1886), based upon the *Imperial Dictionary*. Like Hyde Clarke, Annandale hit upon a formula which was later much recopied, and it produced a remarkably successful dictionary. He grouped derivatives and sub-entries in run-on format, with good use of typefaces (especially bold); the condensed page foreshadowed later concise volumes. Though still holding to the encyclopaedic mould, he gave emphasis to compounds, phrases, illustrative examples, restricting obsolete words to those from the Bible, Shakespeare, Milton, and other major authors. Dictionary publishers were busy establishing themselves in this profitable market, but Annandale stands out for his professional approach to content, layout, and illustration. As Collins, Chambers's, Cassell's, Ward and Lock, Routledge, Nuttall, and many others, had seen, this was the beginning of the era of the smaller dictionary, if only there were authoritative dictionaries on which to base their reductions.

Cloister (klois'tèr), *n.* [O.Fr. *cloistre*, Fr. *cloitre;* from L. *claustrum*, a fastening, that which shuts in, from *claudo, clausum*, to shut up.] 1. An arched way or covered walk running round the walls of certain

Part of the Cloister, Westminster Abbey.

portions of monastic and collegiate buildings. It usually has a plain wall on one side, and a series of windows, with piers and columns, or an open colonnade, adjoining an interior court on the opposite side. The original purpose of cloisters was to afford a place for the monks to meet in for exercise and recreation. — 2. A place of religious retirement; a monastery; a convent. 'To be in shady *cloister* mewed.' *Shak.*
  It was surely good that in an age of ignorance and violence there should be quiet *cloisters* and gardens in which the arts of peace could be safely cultivated, in which gentle and contemplative natures could find an asylum. *Macaulay.*
3. Any arcade or colonnade round an open court; a piazza.

Dictionary excerpt 198.3: Dictionary article (in: Annandale 1882, 492)

6. The Oxford English Dictionary

6.1. The Philological Society of London

It is necessary to move backwards several decades, away from the genesis of the small dictionary, to see the start of what became the most important scholarly development in English lexicography in the nineteenth century, and one which was to give the smaller dictionaries confidence that their content and treatment were based on solid foundations. It also gave English lexicography the chance to re-establish English, rather than American, credentials. By the mid-nineteenth century there was apparent a growing internationalism in lexicography. With the development of historical phonology, new hope arose for the analytical study of etymology. The realization that comparative research among languages could lead to important lexicographical insights broadened the scope of philology in general, and of lexicography in particular. The Philological Society was founded in London in 1842, bringing together a new breed of scholars who were fascinated by the emergent science of comparative philology. There had been talk among Society members for some time about the possibility of preparing a dictionary of English which would be different in kind from its predecessors; there was also an acceptance that such a dictionary would be an enormous undertaking, far more than the work of a single scholar. These feelings were catalysed in Archbishop Richard Chenevix Trench's two papers to the Society (Trench 1857). If this was not a lexicographical Bill of Rights, it was at least a manifesto for dictionary-makers. Trench established that the dictionaries currently available relied too heavily upon the abilities and prejudices of their editors, and had been based upon utterly incomplete evidence improperly used. He identified six major deficiencies: (a) the coverage of obsolete words was fundamentally relevant to lexicography, and yet was handled inconsistently if at all by the dictionaries to date; (b) the analysis and presentation of distinct families or groupings of related words was imperfect; (c) in many cases earlier examples of words and subsenses were clearly findable, which would make a revolutionary difference to the knowledge of the history of vocabulary; (d) lack of evidence had led to many important meanings of words being passed over through ignorance or incomplete analysis; (e) synonyms were treated inconsistently; and (f) dictionaries were often full of redundant information, because of editorial error or mistaken ideas of what a dictionary should contain: he feared that the distinction between dictionaries and encyclopaedias was starting to become blurred. Trench supported his arguments with a mass of detail which showed that his case was incontrovertible, and the Society was galvanized into action.

6.2. Frederick Furnivall

The Dictionary became the Society's single major preoccupation for the rest of the century. Much of the early organization was shouldered by Frederick J. Furnivall, a tirelessly enthusiastic man who cajoled and badgered the Society's willing, but at times tardy, members to involve themselves, their friends, and their futures, in the work of the Dictionary. It is probably true to say that if it had not been for the enthusiasm of Furnivall, the Dictionary would never have got off the ground. The Society, encouraged by Trench's proposals, started to collect materials: an ambitious reading programme was instituted, for the purposes of which the English language was divided into chronological sections, a list of sources drawn up for each period, and members allocated books to read for quotations. The scale of the programme dwarfed the scope of Johnson's reading, and was soon to put even Richardson's achievement into stark perspective. Readers were provided with dictionary slips on which to record their findings, and the batches of slips containing illustrative sentences were returned to Furnivall, where they were housed haphazardly for future use. Furnivall's strength lay in exciting others to produce quotations, but not in handling the materials once they had been collected. He showed scant interest in the editorial aspect of lexicography, realizing that editors might be found to take over this department when there was sufficient material on which to work.

The reading programme reached back to the earliest days of English, but Furnivall and his fellows in the Society knew that many of the primary works on which the Dictionary must rely before the fifteenth century were typically available only in manuscript form. So a reading programme was not enough: critical editions of these early works were also required. Furnivall was a great society man: besides his affiliation to the Philological Society, he was responsible for creating at least a dozen others, including the Chaucer Society, the Shakespeare Society, and the Sunday

Miss F. T. Smith, Wood Lane, Highgate, N. [700.]
  De Quincey *Education*; H. Spencer *Education*.
G. C. Moore Smith, St. John's College, Cambridge. [800.]
  H. Walpole *Catalogue of Royal and Noble Authors*; Penn *Address to Protestants*; Baxter *Peace of Consience*; A. Mundy *Defence of Contraries*; G. Starkey *Nature's Explication*, *Helmont's Defence*; Starkey *England*, *Letters*.
*Rev. J. J. Smith, Penally Abbey, Tenby. [1000.]
  Croke *Fifteen Psalms*; Lever *Sermons*; R. de Brunne *Meditations*; *Alexander and Dindimus* (E.E.T.S.); *Book of Quintessence* (E.E.T.S.); *Warkworth Chronicle*.
Miss L. Toulmin Smith, Wood Lane, Highgate, N. [1750.]
  Cursor Mundi (E.E.T.S.); *York Miracle Plays*. (A large number of references verified, and quotations searched for, at British Museum.)
R. T. Smith [Mill Hill School], The Knoll, Putney, S.W. [2000.]
  Smiles *Life of a Scotch Naturalist*.

Ill. 198.1: Dictionary readers (in: Murray 1884, 101)

Shakespeare Society. With these societies in which Furnivall had an early hand should be included the Early English Text Society, still in existence today. It was the work of the Early English Text Society which brought hitherto unpublished manuscript texts into print, making them more available for the Dictionary, as well as for the scholarly community in general. An interesting comparison can be made with the work of the English Dialect Society in the last quarter of the nineteenth century, which produced regional dialect glossaries, leading to the production of Joseph Wright's monumental *English Dialect Dictionary* (Wright 1898).

6.3. James Murray

The first editor of the *New English Dictionary*, as the *OED* was then known, was Herbert Coleridge, appointed in 1859. Whatever the Society's original intentions, this was too early to begin the task of editing: there was much more collection to be done. Work continued in this vein for the next two decades and beyond, while at the same time detailed publication plans were discussed, first with Macmillan, and subsequently with Oxford University Press. Furnivall again was central to these discussions, which culminated on 1 March 1879 with the signing of an agreement to publish the Dictionary, with Oxford University Press. The editor by this time was James Murray, who had been introduced to the Society in 1868, and who had immediately taken an active interest in the Dictionary project, and had also been invited, under the watchful eye of Furnivall, to edit several texts for the Early English Text Society. Murray was a Lowland Scot who had been initially drawn to the Society through his study of Scottish dialect; but he possessed exceptional editorial skills, and a practical and analytical mind, all of which endeared him to Furnivall and the other Society members interested in the Dictionary. The background to Murray's move from schoolmastering to lexicography, his conflicts with his publishers, and his subsequent work on the Dictionary are admirably described in his biography (Murray 1977), written by his granddaughter Elisabeth Murray, to which the reader should turn for further information.

The words of Richard Chenevix Trench were never far from Murray's heart. As he published the first fascicle of the *OED* in 1884, he released upon the public a dictionary which kept closely to Trench's principles, and yet provided more detailed information than even Trench could have foreseen thirty years before. Here was a dictionary which followed Johnson in using quotations from literary and other sources, but which did so on a scale far surpassing even Richardson's single-handed attempt — though in fairness it should be remembered that Richardson's dictionary acted as a storehouse of quotations, and that from many pages of Richardson's work quotations were taken into the *OED,* where they were at last properly referenced and used to complement rather than displace the definitions. Murray himself was a skilled etymologist, working in the light of the new science of comparative philology, and alongside such distinguished colleagues as Professor Walter Skeat, whose own etymological dictionary of English was published by Oxford University Press in 1882. His staff was large in comparison with those of earlier dictionaries. Indeed, the scale of the work necessitated his working eventually with co-editors: first, with Henry Bradley, whose reviews of the early fascicles had attracted Murray's attention, and subsequently also with William Craigie and C. T. Onions. The work was carried out principally at Oxford, the home both of its publishers and perhaps even more importantly of the Bodleian Library, whose manuscript and printed book collections served as primary research material throughout the life of the Dictionary. Murray was adamant that the Dictionary's definitions should be written to suit the evidence built up in the quotation files, to a style which remained authoritative and largely uniform from the beginning of the Dictionary to the end. His knowledge of pronunciation was sharp: without the advantages of an International Phonetic Alphabet, he was forced to devise his own system to cope with the complexities encountered in the Dictionary, and this he based partially on Melville Bell's system of visible speech, and on the ideas of Alexander Ellis and Henry Sweet (MacMahon 1985). Whatever the peculiarities of Murray's phonetic system (notably its emphasis on phonetic distinction made on etymological grounds), its features admirably suited the Dictionary at the time, though it has now been superseded. His coverage of scientific and technical vocabulary outdistanced that of previous dictionaries, without succumbing to the enticements of encyclopaedic coverage. There is even the suggestion that Murray was by and large satisfied with his work: "It is never possible to forecast the needs and notions of those who shall come after us, but with our present knowledge it is not easy to conceive what new feature can now be added to English lexicography" (Murray 1900, 49). Sadly Murray himself died in 1915 as the Dictionary was almost within sight of completion. It had reached *T*. In 1928 the great work was finally brought to a finish.

6.4. The Impact of the OED

Dictionaries are written to formulae: the composition of any comprehensive dictionary of a language, either living or dead, must satisfy a multitude of needs. Smaller dictionaries are normally geared closely to their intended users: whether the general public in search of concise definitions and interesting etymological detail; or subject specialists, who require complex technical description of a kind beyond that normally contained in a general monolingual dictionary or language learners, who need the similarities and differences between source and target language emphasized and explained, as much as the idiosyncracies of the source language. Murray's highly successful formula for the *OED* was of a different order. It was directed at a scholarly audience, but sought above this to represent the entire language from AD 1150 to his own day in a way which classified every lexicographical aspect objectively and comprehensively. In attempting the complete description of a living language, he was instrumental in preparing a dictionary which was innovative and immediately accepted as the standard. There are, naturally, shortcomings in the *OED*: some chronological areas are better covered than others (the eighteenth century should perhaps have been more closely researched); technical subjects could not have been handled exhaustively through lack of space; the Dictionary is unashamedly Anglocentric in its approach to vocabulary, usage, and definition — though words from other varieties of English were included to the extent that information was available to the Dictionary's editors; and the illustrative quotations have often been criticized with the benefit of hindsight for Murray's predilection for literary sources. Most of these criticisms are based on a twentieth-century feeling for what a truly international historical dictionary should contain. The *OED* is a typical product of the late nineteenth century, sharing all of the advantages and disadvantages that this involved. It would be difficult, if not prohibitively expensive, to institute a reading programme today of the scale mounted for the *OED*. The achievement of the *OED* is perhaps that it accomplished as much as it did. Modern studies, notably Schäfer 1980, have shown that the *OED*'s record of first usages can be improved upon dramatically, even by rescrutinizing texts already scoured a century ago for the *OED*, but nowadays we have the Dictionary itself against which to make comparisons. The original readers were working in a vacuum, and the editors could only rely (except in those cases where they could easily carry out additional research) on the materials presented to them by their readers. Such modern-day criticism is often levelled out of context. The success of Murray's original formula can be better measured by the fact that subsequent historical dictionaries have by and large followed the same model, and even (as is the case with the *Dictionary of American Regional English*, etc.) used a closely similar page-format to present their information. The degree of research and editorial expertise given to each word and its concatenation of subsenses has spilled over from historical dictionaries into principally synchronic dictionaries. Indeed, the editors of *Webster's Third New International Dictionary* of 1961 often had no better place to look for the basic structure of complex entries (at least as a starting-point) than to the *OED*.

7. Into the Twentieth Century: Dictionaries for the People

7.1. The Emergence of the Popular, Concise Dictionary

As the nineteenth century drew to a close, it left behind a group of major dictionaries, completed and in the making, from which abridgements could readily be made. The Philological Society had, many years before, envisaged a 'concise' work derived from the *OED*: this eventually became the *Shorter Oxford English Dictionary* (=SOED). Webster's dictionary had already been abridged and dissected both in America and Britain; Funk and Wagnalls' was also influential, predominantly in the American market. The time was ripe for the proliferation of smaller dictionaries.

Annandale followed his successful *Concise Dictionary of the English Language* with the *Student's English Dictionary* (Annandale 1895). The new and largely rewritten edition published in 1908 ran to 816 pages, again relying strongly on its scientific and technological coverage, and now emphasizing its inclusion of idiomatic expressions. The addition of new vocabulary became a popular advertising feature of such dictionaries: aviation, motoring, foods — all contributed their share to the modernity of works from this genre.

Cassell's *English Dictionary* (Williams 1891), based on the earlier *Encyclopaedic Dictionary* (Hunter 1879), boasted 90,000 entries, with brief etymologies, diacritical marks to show pronunciation, and remarkable hieroglyphic symbols indicating the different subjects covered by each word or sense. Definitions include indefinite articles. Headwords, run-on combinations, and derivatives stand out rather awkwardly in a single size of bold face. It dispensed with several of the redundant features of the *Encyclopaedic Dictionary,* such as the inclusion of double headwords containing both current and obsolete forms, and the curious (though sometimes useful) device of repeating the label *Ordinary Language* throughout the dictionary.

What it is important to realize is that publishers and editors had not settled on a formula, and were busily occupied with experimenting with different conventions. Another such attempt, aiming at complete simplicity and visual impact, were the Collins's dictionaries published in 'Clear-Type'. These dictionaries included the *Graphic English Dictionary* (Williams 1903), the *Home Dictionary* (Collins 1907), and the *Pocket Dictionary* (Collins 1912). Etymologies were grossly abbreviated, in line with an awareness of how the public used the works; pronunciations were simplified; proper names were added (in the *Graphic* as a long, separate section at the end); and most spectacularly, headwords were presented in an extremely large, lower-case type which led, supposedly, to ease of consultation.

7.2. The Concise Dictionary Comes of Age

Many of these features were soon dropped as the first quarter of the century advanced, and the typical small dictionary of the nineteen twenties reverted to the type foreshadowed by Clarke and Annandale. Quick to establish this format was Chambers's *Twentieth Century Dictionary* (Davidson 1901), a model dictionary which enjoyed an established success through to the third quarter of the century and beyond. It was edited by the Reverend Thomas Davidson, whose lexicographical skills had already made their mark on Chambers's *English Dictionary* (Davidson 1898), on which the *Twentieth Century* was largely based. Small illustrations were retained; etymologies placed at the end of entries; the careful use of bold and italic typefaces gave the book an easy readability. Davidson was well aware of the need to cull information

bu·ttock², v.t. Throw by using b. [f. prec.]
bu·tton¹, n. Knob or disk sewn to garment to fasten it by passing through buttonhole, or for ornament (*boy in bb.*, page ; *take by the b.,* detain, see *buttonhole* below) ; bud ; unopened mushroom ; in plant names, as BACHELOR'S *b.* ; knob, handle, catch, as in electric bell (*touch the b.,* produce complicated result by simple action); small bar revolving on pivot as door-fastening ; small rounded body; terminal knob (on foil, making it harmless ; also as ornament) ; *b.- boot,* fastened with bb. ; *buttonhole,* slit made to receive fastening b., (fig.) small mouth, flower(s) worn in buttonhole, (vb) make buttonholes (in), hold by a coat or waistcoat b. detain, (reluctant listener), whence **bu·ttonhol**ER¹ n. [last sense by confusion with earlier *b.-hold*]; *buttonhook,* for pulling b. into place. Hence (-)**button**ED², **bu·tton**LESS, aa., **bu·ttonless**NESS n. [f. OF *boton* bud f. LL **bottonem* nom. *-to* f. *bottare* push, cf. BUTT⁴]

Dictionary excerpt 198.4: Dictionary article (in: Fowler/Fowler 1911, 112)

from Webster's, the *OED,* and other major works — of the *OED* he writes: "the historical method on which it is built alone gives us a sure footing in the study of words, and no successor can ever hope to attain to its splendid collaboration of industry and accuracy" (Davidson 1898, p. iv).

Despite its pre-eminence in the historical field, the *OED* itself was slow to spawn derivatives, partly because the full dictionary was so long in completion, and partly because of the difficulty of finding suitable editors. But in 1911 H. W. and F. G. Fowler published their *Concise Oxford Dictionary* (Fowler/ Fowler 1911), based on the *OED* up to the letter *R,* and subsequently forced to shift for itself to *Z.* In the end, little appreciable reduction in standard is noticeable throughout the dictionary, much to the Fowlers' credit, and the dictionary retained much of its original content until 1934, when a large set of addenda taken from the 1933 *Supplement* was added in the third edition (see Allen 1986). As with Chambers's, the *Concise Oxford Dictionary* manifests the best features of the small dictionaries of the period: authoritative etymologies; this time no illustrations, in line with the 'pure' lexicography of the parent work; illustrative phrases and sentences in italics; compounds and derivatives run on in bold, or in bold and light capitals, respectively. In addition, the dictionary is of course remarkable for the Fowlers' superbly concise style of definition and entry-structure. It was followed by the *Pocket Oxford Dictionary* (Fowler/Fowler 1924), along much the same lines, and by the *Little Oxford Dictionary* (Ostler 1930), which dispensed with etymology and attempted an altogether simpler defining style.

8. Conclusion

By the early nineteen thirties, after many years of uncertainty and gestation, the small dictionary had come of age in Britain. The completion of the *OED* in 1928, of its *Supplement* in 1933, the publication of the *SOED* in 1936, *Webster's Second International Dictionary* in 1934, gave the smaller dictionaries further impetus. New single volumes appeared, notably H. C. Wyld's *Universal English Dictionary* (Wyld 1933). Gaps in these dictionaries' comprehensive coverage were filled by such works as Eric Partridge's *Dictionary of Slang and Unconventional English* (Partridge 1937), and the collection of informal language in Britain received a boost from the active lexicographical observation which took place as a side-light to the war of 1939—45.

The dictionary of the 1930s and 1940s had come a long way from its forerunners in the late eighteenth century. A passage of almost two centuries since Johnson's *Dictionary* of 1755 was marked by several clearly discernible sections: the orthoepists forced upon lexicographers the need to study and record carefully the pronunciation of words; the growth of the study of philology in the early and mid-nineteenth century revolutionized lexicographers' perception of language change, word relationships, and sense development; the cumulative word-lists taken from Webster and other dictionaries gave lexicographers a common pool of material on which to base their own works; the trend towards encyclopaedic coverage on a grand scale entered the lists in the early and mid-nineteenth century as a competitor to the lexicography of the lexicon; historical lexicography gave modern dictionaries a scientific footing; and beyond this, the market for dictionaries in the late nineteenth and early twentieth centuries paved the way for the proliferation of smaller dictionaries which at first sought to establish acceptable entry-structures, and then tended to coalesce towards a common form represented by Annandale, Chambers's, and the *Concise Oxford Dictionary*. As the world settled down to lexicography and its other occupations after the war of 1939—45, dictionary compilation was finally in good shape and awaiting indications of which way scholarship and the marketplace would lead it in the future.

9. Selected Bibliography

9.1. Dictionaries

Annandale 1882 = Charles Annandale: The Imperial Dictionary by J. Ogilvie. New Edition. 4 vol. London 1882 [2991 p.].

Annandale 1886 = Charles Annandale: A Concise Dictionary of the English Language. London 1886 [816 p.;—1913].

Annandale 1895 = Charles Annandale: The Student's English Dictionary. New Edition. London 1895 [revised 1908, 872 p.].

Ash 1775 = John Ash: New and Complete Dictionary of the English Language. 2 vol. London 1775.

Barclay 1774 = James Barclay: A Complete and Universal English Dictionary on a New Plan. London 1774 [no pag.].

Boag 1848 = John Boag: A Popular and Complete English Dictionary. 2 vol. Glasgow 1848.

Boag 1852 = John Boag: The Imperial Lexicon of the English Language. Edinburgh 1852—53.

Booth 1806 = David Booth: Introduction to an Analytical Dictionary of the English Language. Edinburgh 1806.

Booth 1830 = David Booth: An Analytical Dictionary of the English Language. London 1830 [CCXXII, 455 p.; 2. vol. 1836].

Clarke 1855 = Hyde Clarke: A New and Comprehensive Dictionary of the English Language. London 1855 [466 p. 8 ed. 1881].

Collins 1907 = Collins' Home Dictionary of the English Language. London Glasgow 1907 [732 p.].

Collins 1912 = Collins' New Pocket Dictionary of the English Language. London Glasgow 1912 [1058 p.].

Craigie 1938 = William A. Craigie/James R. Hulbert (eds.): A Dictionary of American English. Chicago 1938—44.

Davidson 1898 = Thomas Davidson: Chambers's English Dictionary. London. Edinburgh 1898 [1256 p.].

Davidson 1901 = Thomas Davidson: Chambers's Twentieth Century Dictionary of the English Language. London. Edinburgh 1901 [1207 p.].

Fowler/Fowler 1911 = Henry Watson and Francis George Fowler: The Concise Oxford Dictionary of Current English. Oxford 1911 [1041 p].

Fowler/Fowler 1924 = Henry Watson and Francis George Fowler: The Pocket Oxford Dictionary of Current English. Oxford 1924.

Hunter 1879 = Robert Hunter: Cassell's English Dictionary. 4 vol. London 1891 [5357 p.; original title: The Encyclopaedic Dictionary, London 1879—88].

Johnson 1891 = Samuel Johnson: Pocket Dictionary. New ed. with 2000 additional words. London 1891.

Kenrick 1773 = William Kenrick: A New Dictionary of the English Language. London 1773 [57, 740 p.].

Mathews 1951 = Mitford M. Mathews: A Dictionary of Americanisms. Chicago 1951.

OED = James A. H. Murray/Henry Bradley/William A. Craigie/C. T. Onions (eds.): The Oxford English Dictionary. Oxford 1884—1928.

Ogilvie 1850 = John Ogilvie: The Imperial Dictionary, English, technological, and scientific. 2 vol. Glasgow 1850.

Ostler 1930 = George Ostler: The Little Oxford Dictionary of Current English. Oxford 1930.

Partridge 1937 = Eric Honeywood Partridge: A Dictionary of Slang and Unconventional English. London 1937.

Richardson 1817 = Charles Richardson: The Lexicon. In: H. J. and H. J. Rose: Encyclopaedia Metropolitana. Vol. 14—25. London 1817 [1836: A New Dictionary of the English Language. 2 vol.].

Sheridan 1780 = Thomas Sheridan: A General Dictionary of the English Language. 2 vol. London 1780.

SOED = William Little et al. (eds.): The Shorter Oxford English Dictionary. Oxford 1933.

Walker 1791 = John Walker: A Critical Pronouncing Dictionary and Expositor of the English Language. London 1791 [499 p.].

Webster 1828 = Noah Webster: An American Dictionary of the English Language. 2 vol. New York 1828.

Webster 1846 = Noah Webster: A Pocket Dictionary of the English Language. New York 1846.

Webster 1894 = Noah Webster: Webster's Up-to-date Vest-pocket Dictionary. Chicago 1894.

Whitney 1889 = William Dwight Whitney: The Century Dictionary. 6 vol. New York 1889—91 [7446 p.].

Williams 1891 = John Williams: Cassell's English Dictionary. London 1891 [1100 p.].

Williams 1903 = Alexander Malcolm Williams: Collins' Graphic English Dictionary. London. Glasgow 1903 [1413 p.].

Worcester 1846 = Joseph Emerson Worcester: A Universal and Critical Dictionary of the English Language. Boston 1846 [LXVI, 956 p.].

Worcester 1860 = Joseph Emerson Worcester: A Dictionary of the English Language. 2 vol. Boston 1860 [LXVIII, 1786 p.].

Wright 1898 = Joseph Wright: The English Dialect Dictionary. Oxford 1898—1905.

Wyld 1932 = Henry Cecil Wyld: The Universal Dictionary of the English Language. London 1932 [1952, 1447 p.].

9.2. Other Publications

Aarsleff 1962 = Hans Aarsleff: The Early History of the Oxford English Dictionary. In: Bulletin of the New York Public Library 66. 1962, 417—439.

Allen 1986 = Robert E. Allen: A Concise History of the COD. In: R. R. K. Hartmann (ed.): The History of Lexicography. Papers from the Dictionary Research Centre Seminar at Exeter, March 1986. Amsterdam 1986, 1—11.

Burchfield 1979 = Robert W. Burchfield: The Fowlers: their Achievements in Lexicography and Grammar. London 1979.

Hayashi 1978 = Tetsuro Hayashi: The Theory of English Lexicography 1530—1791. Amsterdam 1978.

Hulbert 1955 = James Root Hulbert: Dictionaries: British and American. London 1955 (rev. ed. 1968).

Kennedy 1927 = Arthur G. Kennedy: A Bibliography of Writings on the English Language from the Beginning of Printing to the End of 1922. New Haven, Conn. 1927.

Learmouth 1986 = T. Learmouth/St. Macwilliam: Historic English Dictionaries 1595—1899. A Union Catalogue of Holdings in Exeter Libraries. Exeter 1986.

Lehnert 1956 = Martin Lehnert: Das englische Wörterbuch in Vergangenheit und Gegenwart. In: Zeitschrift für Anglistik und Amerikanistik 4. 1956, 265—324.

McArthur 1986 = Tom McArthur: Worlds of Reference. Cambridge 1986.

M. K. C. MacMahon 1985 = M. K. C. MacMahon: James Murray and the Phonetic Notation of the *New English Dictionary*. In: Transactions of the Philological Society 1985. Oxford 1985, 72—112.

Murray 1884 = James A. H. Murray: Thirteenth Address of the President to the Philological Society. Oxford 1884.

Murray 1900 = James A. H. Murray: The Evolution of English Lexicography. Oxford 1900.

Murray 1977 = K. M. Elisabeth Murray: Caught in the Web of Words: James A. H. Murray and the "Oxford English Dictionary". New Haven and London 1977.

Schäfer 1980 = Jürgen Schäfer: Documentation in the O.E.D.: Shakespeare and Nashe as test cases. Oxford 1980.

Tooke 1786 = John Horne Tooke: The Diversions of Purley. London 1786.

Trench 1857 = Richard Chenevix Trench: On some deficiencies in our English Dictionaries. London 1857.

Zgusta 1986 = Ladislav Zgusta: Grimm, Littré, *OED*, and Richardson: A Comparison of their Historicity. Cātuskośyam. In: Dictionaries 8. 1986, 74—93.

Zgusta 1987 = Ladislav Zgusta: Derivation and Chronology: Greek Dictionaries and the Oxford English Dictionary (Dvādaśakośyam). In: Theorie und Praxis des lexikographischen Prozesses bei historischen Wörterbüchern. Hg. v. Herbert Ernst Wiegand. Tübingen 1987 (Lexicographica Series Maior 23), 259—281.

John A. Simpson, Oxford (Great Britain)

199. Present-Day British Lexicography

1. Introduction
2. History and Dictionnairique
3. What is on Offer?
4. Contemporary British Lexicography in Contemporary Britain
5. Selected Bibliography

1. Introduction

This survey will make no attempt to list all British dictionaries published since the war — still less to comment on them. I shall limit myself to assessing major projects and significant trends. In doing so, I am aware of the problem presented by circumscribing my subject. What is a British dictionary? Consider, for example, the *Dictionary of Jamaican English* (DJE-1967). This important book pioneered the use of spoken material as lexicographic evidence — a resource hitherto limited to dialect dictionaries and dictionaries of pronunciation, but now used in the description of a national variety of English. It was published by Cambridge University Press, and prepared under the direction of F. Cassidy, a Jamaican working in the USA, and R. LePage, an Englishman associated with the University of York (see art. 158). Are we to consider it a British dictionary, an American dictionary (as does Barnhart 1978), or a Jamaican dictionary? The question is significant because of the increasing extent of international collaboration in dictionary-making, and, in partiuclar, of Anglo-American collaboration. This is in turn yet another instance of the growing internationalisation of our lives: when W. H. Auden was asked whether he was to be classified as a British or an American poet, he is reported to have replied "Whatever Eliot is, I'm the opposite."

Furthermore, there will be no more than passing mention of such major British academic projects, all but the first still in progress, as the *Scottish National Dictionary*, the *Dictionary of the Older Scottish Tongue* (see art. 199a), the *Historical Thesaurus of English* centred in Glasgow, *Geiriadur Prifysgol Cymru/A Dictionary of the Welsh Language* (see art. 221), or the anthropological lexicography carried on under the auspices of the British branch of the Summer Institute of Linguistics. The interested reader is invited to consult the relevant literature already published (e. g. Aitken 1982, Samuels 1985, Hawke 1987, Naden 1977).

I shall, in short, concentrate on dictionaries intended for a larger public — which remain, so far, largely uninfluenced by the academic dictionaries mentioned above. Yet just as it is important to consider the role of international co-operation in such dictionaries, so it is important to consider the role, in their production, of co-operation between commercial publishers and academics, and in particular between British publishers and British universities.

2. History and Dictionnairique

"Pour quelles raisons? D'abord et surtout pour des raisons économiques." (Hausmann 1985, 38)

From 1945 to 1968 (momentous year!) the major achievements of British lexicography seem to have been the continuation, culmination, or extension of work done earlier. Thus there appeared new editions of the *Concise Oxford Dicitionary* (COD), *Chambers Twentieth Century Dictionary* (Chambers), and the indispensable Everyman's *English Pronouncing Dictionary* (EPD), and in 1957 preparations were made for the production of new Supplements to the *Oxford English Dictionary* (OED), which in the event determinedly though controversially replicated the procedures used to compile the original OED and its 1933 Supplement. In 1952 there appeared *An Explaining and Pronouncing Dictionary of Scientific and Technical Words* (subsequently called *An Elementary Scientific and Technical Dictionary* [ELSTD]) and in 1965 *The Science Dictionary in Basic English* (SDBE), both notable attempts to exploit the possibilities of a limited defining vocabulary for the explanation of terminology, especially to the foreign learner of English. But the first used a 2,000-word defining vocabulary akin to Michael West's *General Service List* (GENSL) of 1936, whilst the second used the 850 morphemes of Basic English, previously exploited for lexicography in the *General Basic English Dictionary* (GENBED) of 1940. The most important event of this period was the publication in 1948 of the *Advanced Learner's Dictionary of Current English* (ALD) — from 1974 called the *Oxford Advanced* etc. This learners' dictionary was the heir of the *Idiomatic and Syntactic English Dictionary* (ISED) published (in Japan!) in 1942, which in turn developed the syntactic coding and elementary attention to collocation and idiom of Harold Palmer's *Grammar of English Words* of 1938 (GREW, see Benson/Benson/Ilson 1986 a, Chapter 5).

Modern British lexicography became contemporary British lexicography in 1968. In that year *Longmans English Larousse* (LEL) was published. It was an illustrated encyclopaedic dictionary for the native speaker. True, there had been a magnificent tradition of encyclopaedic dictionaries north of the Border (witness the breath-taking 23-volume *Encyclopaedia Perthensis* of 1806 or earlier).

True, there had been other post-war efforts to revive that tradition (witness the *Collins Double-Book,* also of 1968, the *Oxford Illustrated Dictionary* of 1962 (OID), and Reader's Digest *Great Encyclopaedic Dictionary* of 1964, RDGED). But LEL had several features that were more characteristic of things to come than of things past: (1) It was the result of an international collaboration — between Longmans in Britain and Larousse in France; (2) It was an effort to adapt to British conditions a dictionary model (*Le Petit Larousse*) of proven success elsewhere; (3) It reintroduced the British public to IPA, a pronunciation scheme long used in learners' dictionaries but not in monolingual native-speaker dictionaries since H. C. Wyld's approximation to it in his *Universal Dictionary* (UD) of 1932; (4) It replaced the traditional "nested" macrostructure of British dictionaries with an American-style "open-plan" macro-structure adapted from *Webster's Third New International Dictionary* (W3), in which noun compounds like *blackbird* are main entries rather than sub-entries under one of their components; (5) It used photographic illustrations and hesitantly introduced colour in plates.

After 1968 the rate of change quickened. 1971 saw the publication of both the Hamlyn *Encyclopedic World Dictionary* (Hamlyn) and the Collins dictionary of English and Spanish (COLS). Hamlyn was another illustrated encyclopaedic dictionary, larger than LEL and Anglicised from that most influential of modern English dictionaries, the *American College Dictionary* (ACD) of 1947. It used "Special Consultants" for a number of subjects. It preferred the safety of re-spelling to the challenge of IPA, but introduced organised "paradigmatic" information (see Hausmann 1977, Chapter 7) in the form of "antonyms" and discriminative synonym essays adapted from its source. COLS heralded what may prove to be the most important development in British lexicography: a new kind of bilingual dictionary making use of a whole range of "sense discriminators", eventually in the source language, to guide the user to the appropriate translation equivalent. At last the lessons of Indiana (Householder/Saporta 1962) had begun to be applied.

Round about 1973 two important developments occurred at the level of dictionnairique: the (temporary) acquisition by Collins of the American dictionary publisher World, and the conclusion of an agreement for lexicographic collaboration between G. & C. Merriam of the USA (now Merriam-Webster) and Longman of Britain. These deals marked the transition from licensed Anglicisation of a French or American original to institutionalised international collaboration in commercial dictionaries. Though the Collins-World venture soon collapsed, it suggested that British publishers might try to penetrate the vast and lucrative American dictionary market.

The year 1978 saw the publication of the Collins-Robert dictionary of English and French (COLF). COLF involved some collaboration between Collins in Britain and Robert in France, and was the next in the series of Collins bilinguals, broadly similar to COLS, that would eventually embrace a German-English dictionary (COLG) as well, plus smaller spinoffs. The same year saw the publication of the *Longman Dictionary of Contemporary English* (LDOCE). This EFL dictionary, roughly the same size as ALD, united the two strands of pre-war British EFL lexicography: the Palmer-Hornby strand, emphasising syntagmatic information conveyed by exemplification and coding, and the West-Ogden strand, using a limited vocabulary for explanations and examples. The limited explanatory vocabulary was adapted from West's *General Service List*. The alphanumeric syntactic coding was made mnemonic by the use of letters and numbers with fixed values and was extended from single-word verbs to phrasal verbs and thence to the complementation of nouns and adjectives. The examples included attributed citations falling within the constraints of the explanatory vocabulary, and many of these attributed citations came from The Survey of English Usage, containing spoken as well as manuscript and printed material. Group and composite illustrations were preferred to individual illustrations, and there were tables and diagrams as well. Usage essays were added to explain difficulties. The influence of the Longman-Merriam collaboration (and of the as yet unpublished *Collins English Dictionary,* CED) was apparent in the open-plan macrostructure (with separate entries for compounds and phrasal verbs, and homographing by part of speech) and in the ordering of homographs and other homologues. The use of academic advisers was proclaimed, and pointed the way to future developments. LDOCE was the culmination of the first phase of the evolution of the British learners' dictionary: it was the end of the beginning.

In 1979 appeared the *Collins English Dictionary* (CED), which finally achieved commercial success in Britain for the native-speaker encyclopaedic dictionary. CED used American "college" dictionaries as its model, but was not based directly on any of them. It had a single open-plan macrostructure, with main entries for compounds (like LEL and Hamlyn) and for phrasal and prepositional verbs (like LDOCE). Like LEL and Hamlyn, but unlike LDOCE, CED did not homograph by part of speech. CED introduced orthographic syllabification to the British native speaker — a feature common in its American models, but heretofore unknown in Britain except in the learners' dictionaries ALD and LDOCE. Unlike LEL and Hamlyn, CED had no pictures; unlike Hamlyn, no synonym essays. But it did introduce short usage essays on points disputed by native speakers: a feature of some but not all of its American contemporaries. Among CED's notable features were: the dating of the century of first attestation of many entries, the provision of semantically related adjectives and combining forms for some nouns (like *aqueous* and *hydro-* at *water*), and the use of IPA for pronunciations. The commercial success of CED, together with the realisation that native-speaker dictionaries sell briskly abroad, emboldened other publishers (notably Oxford and Penguin) to use IPA in their native-speaker dictionaries too (see Ilson 1984). Publication of CED was delayed for several years during the ill-fated merger of Collins and World, thus allowing some of the compilers of CED to work on LDOCE: it is worth noting in particular that Paul Procter and Della Summers participated in Hamlyn, CED, and LDOCE, providing these three dictionaries with a link of personnel as well as of theory.

1979 also saw the publication of the *Oxford Paperback Dictionary* (OPD), important metalexicographically for its inclusion of usage notes and geographical (but not biographical) entries, and important at the level of dictionnairique as the source of the *Oxford Senior Dictionary* (OSD 1982) for British secondary pupils, and (expanded) of the *Oxford American Dictionary* (OAD 1980), another tentative British effort to penetrate the American market.

In 1980 came the *Longman Lexicon of Contemporary English* (LLCE), an innovative attempt to combine thesaurus and dictionary for the foreign learner. LLCE was an arrangement of "some 15,000" items (mostly taken from LDOCE, though with significant additions) in a 'real-world'-orientated thesaurus framework akin to that of Hallig/Wartburg 1963. As in other thesauruses, the lexemes represented by polysemous words were displayed in different semantic fields (those of the verb *set,* for example, in five) — but the conjunction of semantically related lexemes encouraged 'set defining' for consistency of presentation and induced significant changes in the original LDOCE explanations. An impressive number of group and composite illustrations were added. Entry to the system was provided in two ways (as in the modern Roget): via the conceptual scheme displayed at the beginning of the book, or via an alphabetical index at the end.

In 1980 OUP tried to penetrate the American market with OAD, Americanised and expanded from OPD to about the size of COD. Despite the overall expansion, most of the British vocabulary in OPD was expunged from OAD. This attempt to interest Americans in a sub-college dictionary with a nested macrostructure seems to have failed: its format, familiar in Britain from COD and Chambers, is one to which Americans had become unused.

In 1981 Longman converted LDOCE into the *Longman New Generation Dictionary* (LNGD) for British 11-to-16-year-olds, by removing such features as grammatical coding, orthographic syllabification — and even pronunciation. The nomenclature was reduced (in particular, most of LDOCE's American vocabulary was expunged), but some items were added (like *atomic mass unit, nuclear family*). In LNGD's explanations some deviations were permitted from LDOCE's limited defining vocabulary. The group and composite illustrations were changed (e. g. *living room* in LDOCE, *armour* in LNGD). A panel of educationalists advised on this conversion of a dictionary for foreign learners into one for native learners (i. e. children) — a project that raises important and as yet uninvestigated questions about the comparability of the needs of the two groups.

In 1982 OUP converted OPD into OSD for British "students in the upper forms of secondary schools". Despite OSD's lack of an advisory panel, its nomenclature was changed far more from OPD than was LNGD's from LDOCE; in particular, OPD's geographical entries were transferred to an appendix, partly to make room for a coverage in OSD of secondary-school science terms that was much greater than LNGD's. The same year saw such an efflorescence of sub-college-sized British monolingual dictionaries for the native speaker that their rivalry in the marketplace was called a "dictionary war" — a description previously used of two earlier bouts of competition among American dictionaries. The contestants in this (comparatively sedate) war were the *Collins Concise English Dictionary* (CCED), the 7th edition of COD, and the *Longman New Universal Dictionary* (LNUD). CCED was cut down from CED, and CED's 'bios and geos' were removed, making CCED a *dictionnaire de langue*. COD7 added to COD6 the labels R "for racially offensive uses" and D "for disputed uses": thus *Nigger* 'Negro' went from "(derog.)" in COD6 to "(derog. *R*)" in COD7, and *enormity* 'enormousness' acquired the marking "(*D*)". LNUD was the first fruit of the Longman-Merriam collaboration. It used work that was to eventuate two years later in the larger *Longman Dictionary of the English Language* (LDEL). LNUD's base was *Webster's* (Eighth) *New Collegiate Dictionary* (W8 1973), which was shortened (in particular, by the excision of W8's biographical and geographical appendices), anglicised, and supplemented by material from an international citation-gathering programme carried out jointly by Merriam and Longman, and including material from The Survey of English Usage (SEU). The result was the first British mass-market native-speaker dictionary to complement invented examples with attributed ones (including some from the SEU's spoken and manuscript sources). LNUD, alone of the three dictionaries, was embellished with tabular, group, and composite illustrations; it also boasted several groups of specialist and celebrity advisers. In these three middle-sized *dictionnaires de langue*, pronunciation was shown in CCED by IPA, in COD7 by diacritics, and in LNUD by respelling without diacritics. The macro-structures of CCED and LNUD were open-plan; that of COD7, nested.

In 1983 there was a dictionary war of a different sort — on the EFL front. Longman brought out the *Longman Active Study Dictionary of English* (LASDE) for learners of British English, and the *Longman Dictionary of American English* (LDAE) for learners of American English. Both were based on LDOCE, but smaller. The LDOCE limited explanatory vocabulary was retained for definitions but relaxed for examples to allow more typical collocations. OUP published the *Oxford Student's Dictionary of American English* (OSDAE), based on the (British) *Oxford Student's Dictionary of Current English* (OSDCE) but supplemented with some material from ALD, itself the source of OSDCE. LDAE and OSDAE were very serious and apparently successful attempts to penetrate a weak point in the American market: the EFL learners' dictionary, an area of undoubted British expertise. Despite the different varietal starting points of LASDE and LDAE, both dictionaries treat both British and American English (though only LASDE shows both varieties' pronunciation); but OSDAE (like OAD before it) treats American English only. All three dictionaries show orthographic syllabification and have a macrostructure intermediate between the American-influenced open plan of LDOCE and the traditionally British nesting of COD/ALD. All three homograph by part of speech, and introduce a special type of 'run-out': a separately indented sub-entry listed under the entry for its first constituent. In LASDE/LDAE the only run-outs are phrasal verbs; in OSDAE run-outs include semantically opaque phrasal verbs formed from "the very common verbs like *go, make, put, take*", compounds semantically related to their first component (main entries in LASDE/LDAE), and semantically transparent suffixed derivatives (undefined run-ons in LASDE/LDAE). Thus in OSDAE *get together* and *get-together* are adjacent run-outs under *get,* while in LASDE/LDAE *get together* is a run-out under *get* but *get-together* a main entry (with cross-reference to its run-out source). For pronunciation LASDE uses the LDOCE 'dialect' of IPA; OSDAE, modified IPA; LDAE, an ingenious combination of IPA with the indigenous American Trager-Smith system ($/^y/$ or $/^w/$ for $/:/$). In OSDAE grammatical coding is limited to [C] und [U] for noun countability; LASDE/LDAE share a coding system more elaborate than OSDAE's but less so than LDOCE's: they do not show the complementation of adjectives and nouns, and for verb complementation (shown erratically) replace the alphanumeric system of LDOCE with a combination of categorial and morphological symbols (*The house wants painting* being analysed as [T + *v-ing*] by contrast with

LDOCE's [T4]. All three dictionaries use group and composite illustrations; OSDAE has individual illustrations too (some photographic). LASDE/LDAE have usage essays (like LDOCE), an introduction incorporating exercises in dictionary skills, and various full-page features, using discussion, exemplification, and illustration to explain problems concerning function words (e. g. prepositions, modal verbs) and grammar (e. g. comparison, countability).

1984 saw the publication of Reader's Digest *Great Illustrated Dictionary* (GID), a two-volume encyclopaedic dictionary anglicised and enlarged from the *American Heritage Dictionary* (AHD 1st edition, 1979 printing). The two-volume GID boasted an open-plan macrostructure; orthographic syllabification; a pronunciation scheme using respelling with diacritics that provided extensive information about English pronunciation around the world together with diaphonic British English transcriptions that could be realised in any of several major accents. There were maps, colour individual illustrations, usage essays, lists of near-synonyms (but not synonym essays), and illustrated encyclopaedic features as well as encyclopaedic entries (thus *escalator* had, besides its dictionary entry, a half-page feature on the history, design, and spread of escalators). GID was a step back towards the combination of dictionary and encylopaedia of which the 18th-century *Encyclopaedia Perthensis* had been such a monumental example.

In the same year appeared the *Longman Dictionary of the English Language* (LDEL), rivalling Chambers as the largest single-volume mass-market British monolingual dictionary. LDEL had the same general design features as LNUD (though phrasal verbs were demoted from main entries to run-outs). It was picture- and diagramless, but had tables (e. g. money, numbers), synonym essays, usage essays, and appendices that included a discussion of "Ten vexed points in English grammar", a guide to punctuation, and Merriam-like appendices of biographical and geographical names. The year 1984 was also notable for the beginning of the New OED, a project that would yield a computerised integration of the OED and its supplements, and raised hopes of the creation of an OUP database that would provide multiple access and be continuously updated.

Perhaps the most important publishing events of 1985 and 1986 were the last volume of the OED Supplements (1985) and a new edition of CED (1986), the latter lacking the orthographic syllabification of its first edition but augmented with new material from an "in-house reading programme". At the level of dictionnairique a significant development was the participation of members of the Dutch Department of University College London and the Institute of Modern Dutch Studies of the University of Hull in the compilation of the Van Dale Dutch-English dictionary (Van Dale 1986), representing a successful collaboration between academics and a commercial publisher (though not a British one!).

Whatever else may happen in 1987 (in particular the new edition of LDOCE), there will be at least two publications of major importance. One is a new edition of the Collins-Robert French and English dictionary (COLF), with a special 72-page section devoted to "A Grammar of Communication in French and English", which "contains thousands of phrases and expressions grouped according to the *function*" they perform in communication: topics include suggestions, apologies, correspondence, telephone calls. The first half of this section gives French expressions for English-speakers to use (with English translations); the second half gives English expressions for French-speakers to use (with French translations). This is perhaps the first time the communicative-functional approach to language teaching has affected a bilingual dictionary — but the influence has required a change of format: "The *design* of this section is entirely different from that of the dictionary proper."

The other significant book is the *Collins COBUILD English Language Dictionary* (CCELD). Preliminary inspection suggests that this learners' dictionary has several interesting features. Its macrostructure has essentially *no* homographs: there is but a single entry for *bear* verb and *bear* 'animal', and for *lead*/'li:d/ and *lead*/'led/. It sometimes follows E. L. Thorndike's principle of grouping semantically related lexemes together regardless of their part of speech (thus senses 9, 10, and 11 of *keep* are verb, noun, and verb). Like COD sometimes, it places runons after the sense(s) of a polysemous headword to which they apply (thus the adverb *extravagantly* is run on to senses 1.1, 2.1, 3, and 5 of *extravagant*, but not to sense 4). It includes explicit paradigmatic information about its lexemes (in the form of synonyms, antonyms, and superordinates). For verbs (but not nouns or adjectives) it shows colligation with a coding system that uses categorial and morphological symbols (*79 minus 14 equals 65* is analysed, at *equal*, as 'V + C'); the coding symbols have been made dictionary entries themselves. CCELD uses the explanatory techniques of exemplification and illustration: though pictureless, it has cross-references to tables (as of number and time). Additionally, it uses the explanatory techniques of definition, discussion, and expansion (as of abbreviations), though the last two of these three techniques are often incorporated into the first. Its definitions (apparently not in a controlled vocabulary) are nonstandard (non-'substitutable'), as for *erect 5* 'If an animal's tail or ears are *erect,* they are . . .'. These definitions comprise one or sometimes two complete sentences, and can include syntagmatic as well as semantic and pragmatic information. Thus CCELD has imported into learners' dictionaries an approach to definition pioneered in modern times by children's dictionaries (especially in America), and has thus reversed the movement from EFL dictionary to children's dictionary represented by LNGD. Furthermore, CCELD is corpus-based, and its examples (though not attributed) are often taken from the COBUILD corpus, which includes a certain amount of American English. COBUILD (the Collins Birmingham University International Language Database) is perhaps the most important example in Britain of co-operation between academics and the publishers of commercial dictionaries.

All in all, the post-war period has seen significant innovations in British learners' dictionaries, bilingual dictionaries, and monolingual dictionaries for the native speaker. British children's dictionaries have developed less, and still lag behind their American counterparts. Native-speaker dictionaries have had some influence on learners' dictionaries (especially in favouring an open macrostructure). Learners' dictionaries have had some influence on native-speaker adult dictionaries (especially in promoting IPA and in some aspects of register labelling — see 3.6. below). Learners' dictionaries and children's dictionaries have influenced each other. Up to now there has been little mutual influence between learners' dictionaries and bilingual dictionaries (except for a few *faux bilingue* market-specific learners' dictionaries with monolingual explanations and bilingual glosses, such as Rosa Kondor's *Longman English Dictionary for Portuguese Speakers,* LOP, of 1982). Such interaction would, however, be very desirable. The several dictionaries like Kondor's offer an interesting development parallel to that of one of the academic dictionaries mentioned previously: *Geiriadur Prifysgol Cymru* "differs from most monolingual dictionaries in that although Welsh is the descriptor language, English synonyms are also given" (Hawke 1987).

The next section will describe the range of choice offered by British commercial dictionaries today. But before saying what is available, it might be appropriate to point out what is not available. Though there are British dictionaries of idioms and phrasal verbs — not discussed here — there are no British dictionaries that do for English collocations what is done for them by Friederich/Canavan 1979 or BBI 1986. There is now no British *dictionnaire analogique* like the French *Petit Robert,* with its panoply of cross-references from a given lexeme to other lexemes in its lexical field; but analogical information was given sporadically by the *Pocket Oxford Dictionary* (POD) until its Sixth Edition (cf. Yamamoto et al. 1987). Neither is there a British dictionary with a morpheme-based macrostructure like that of *Le Robert Méthodique.* Nor is there a family of dictionaries from Britain that includes (as does the Van Dale series) a monolingual dictionary and bilingual dictionaries with the same basic format, allowing users to investigate their own language or learn others with minimal change in the dictionary skills required.

3. What is on Offer?

3.1. *Inclusion and Size:* The names of real people and places are entered and explained in some dictionaries (e. g. CED, LDEL, GID) but not in others (e. g. Chambers, COD, and the learners' dictionaries). The inclusion and explanation of 'real' proper names is the major difference between 'encyclopaedic dictionaries' and 'dictionnaires de langue'; the former, nowadays at least, tend towards the open-plan macrostructure of American dictionaries rather than a nested macrostructure, and tend also towards a relatively rich macrostructure but a relatively poor microstructure; that is, they have a large number of separate entries but give less detailed information about them than do the 'dictionnaires de langue'. What information they do give (other than synonym essays and usage essays) is not generally intended to serve encoding (text production by the user).

Since the 1970s British dictionaries have increased their coverage of technical terms (including technical affixes and combining forms), and of non-British varieties of English: though David Crystal's dream of a Dictionary of the English-Speaking Peoples remains unrealised (Crystal 1986, 72—74), British dictionaries deal with American English far better than American dictionaries deal with British English, and endeavour to take some account of Antipodean, Asian, African, and Caribbean varieties, too.

In such controversial areas as smut (vulgarisms), slurs (offensive words), and trademarks, British dictionaries have also increased their coverage notably, now rivalling the hardiest American dictionaries in the first area and surpassing them in the other two: it appears that the laws of patent and copyright have had a somewhat less inhibiting effect on this side of the Atlantic. Of course British dictionaries for children remain largely untainted by such material.

As for the size of British dictionaries, no reliable figures are available, so various and vague are the criteria used by publishers in proclaiming their products.

3.2. *Macrostructure:* The macrostructure of British dictionaries may be classified according to the following criteria: (1) Is it single (one A—Z list) or multiple (with items of certain types, like names or abbreviations, relegated to alphabetical appendices)? (2) Is it open-plan (e. g. with noun compounds as main entries) or nested (e. g. with noun compounds as sub-entries)? (3) Are phrasal verbs main entries, sub-entries, or run-outs? (4) Is there homographing by part of speech (e. g. ^1cap n ^2cap v)? The wide range of options available in contemporary British dictionaries is shown in the following table of sample dictionaries:

Dictionary	Sing/Mult	Open/Nested
COLG(E-G)	single	nested
CED	single	open
CCELD	single	open
LDOCE	single	open
LDEL	multiple	open
COD	single	nested
ALD	multiple	nested
Chambers	multiple	nested

Dictionary	Phras vbs	POS homos
COLG (E-G)	run-out	no
CED	main	no
CCELD	run-out	no
LDOCE	main	yes
LDEL	run-out	yes
COD	sub	sometimes
ALD	run-out	sometimes
Chambers	sub	no

Ill. 199.1: Table of macrostructure types in British dictionaries

The interaction of all these factors — and others — affects the ordering of items in these books, as can be seen from the table comparing LDOCE with Chambers in Standop 1985, 95, or from the fact that the phrasal verb *set up* and the noun *set-up* are adjacent in CED, LDOCE, COD, ALD, and Chambers, but separated in COLG, CCELD, and LDEL.

One question distressingly hard to answer is how homographs are ordered in these dictionaries. CCELD has essentially none as main entries. Of the other dictionaries, only LDOCE and LDEL (following Merriam-Webster) state their policy, which is basically historical: older before newer. CED's policy *seems* deliberately different, but is not explained. ALD's policy is downright unfathomable. COLG, COD, and Chambers seem to tend towards historical ordering. When a word-form can be used as more than one part of speech, the ordering of those parts of speech seems not to depend on whether they constitute separate homographs: LDEL makes three homographs of *set* as *v, adj,* and *n;* Chambers, in the microstructure of its composite treatment of *set,* orders its three parts of speech in the same way.

3.3. *Syllabification:* Orthographic syllabification of the headword, a standard feature of American monolingual dictionaries, is provided by several contemporary British ones (e. g. ALD, LDOCE, LASDE, CED 1979, GID) but not by most (e. g. the British-made bilinguals, COD, Chambers, *Chambers Universal Learners' Dictionary* — CULD 1980, CED 1986, CCELD). Considered as an aid to spelling, it is of dubious utility: it is unlikely that anyone will be helped to recognise, let alone spell, the word *anachronism* by seeing it fragmented into *a·nach·ro·nism* (LDOCE) or *anach·ron·ism* (ALD) — on morphological grounds it should be *ana/chron/ism*. Considered as an aid to pronunciation, it may be more helpful; but here its value may be vitiated by disregarding the differences between British and American English. Thus ALD has *prog·ress* noun and *so·journ,* syllabified according to their American pronunciations, whereas LDOCE syllabifies both correctly for British English, as *pro·gress* and *soj·ourn*.

3.4. *Pronunciation:* Contemporary British commercial dictionaries offer a choice of respelling with diacritics (COD, Chambers, GID), respelling without diacritics (LDEL, LNUD), or one or other version of IPA (ALD, LDOCE, CED, COLG, CCELD — with CULD using a simpler form). For details of some of these systems, see Wells 1985 and Standop 1985, 93—94. The remarkable change in British lexicography from respelling to IPA parallels a similar change in France some fifteen years earlier. Influenced here as there by the sales of monolingual dictionaries abroad, the change was spearheaded by the EFL and bilingual dictionaries. Its commercial viability was confirmed by the success of CED and institutionalised, so to speak, by the decision of OUP to use IPA in most of its dictionaries published after 1981. American as well as British pronunciation is shown in ALD, LDOCE, and LASDE, while GID, in its diaphonic respelling system designed by John Wells, gives more information about English pronunciations around the world than is available in any other dictionary at present. Many dictionaries include a table showing the different ways in which the phonemes of English can be spelt. Such tables go from sound to spelling, and help people who hear a word and want to look up its written form in the dictionary. Unfortunately, no dictionary includes a table that goes from spelling to sound, which would help people who see a word written to guess at its pronunciation without having to look the word up at its own place in the dictionary. Such a table would have been especially useful in the children's dictionary LNGD, which does not show the pronunciations of individual words.

3.5. *Etymology:* Etymologies are not given in (most) bilingual dictionaries, in general-purpose EFL dictionaries, or (by contrast with their American counterparts) in children's dictionaries. They are a feature of many monolingual dictionaries for the adult native speaker, and of some idioms dictionaries (e. g. *Longman Dictionary of English Idioms* — LDEI 1979, *Oxford Dictionary of Current Idiomatic English II* — ODCIE II 1983). COD is unique in giving, as etymologies, a morphological analysis of most of its headwords: this feature would have been welcome in EFL dictionaries. General dictionaries (unlike idioms dictionaries) are loth to give etymologies that explain the origins of idioms, nor do they give much information about the processes underlying the development of figurative senses from literal ones. Encyclopaedic dictionaries do not etymologise the names of the people and places they enter, by contrast with the American *Webster's New World Dictionary,* (WNWD), which at least etymologises the names of places in the USA.

However, apart from the etymologies they provide overtly, dictionaries give much etymological information covertly, especially in their expansions of initialisms and blends (*VIP* 'Very *I*mportant *P*erson'; *smog* '*sm*oke plus f*og*') and in their definitions of derived words (*civilization '4. . . the act of civilizing or being civilized'* — LDOCE).

3.6. *Diasystematic information (including register marking):* Contemporary British dictionaries give information about the eight types of "diasystematic" markedness identified by Hausmann 1977, Chapter 8. But they do so to varying degrees:

3.6.1. *"Diachronic" Markedness:* All dictionaries indicate obsoleteness or archaism, but none marks neologism overtly. However, recent senses of polysemous items tend to come after older ones, even in those dictionaries (like LDOCE, CED, GID) that do not order senses historically.

3.6.2. *"Diatopic" Markedness:* Regional restrictions are indicated, with such labels as *British English* and *American English* serving as regional superordinates, *AmE* generally subsuming the USA and Canada, and *BrE* the rest of the English-speaking world. The interaction of British and American English is confirmed by the fact that these superordinate labels are often qualified (as in *Chiefly AmE*). An important tendency in contemporary British dictionaries (with Chambers an outstanding exception) is to label the 'home' variety: *lift* is labelled *BrE* just as *elevator* is labelled *AmE*. This tendency is in striking contrast to the prevailing practice in American dictionaries of leaving the 'home' variant (e. g. *elevator*) unlabelled.

3.6.3. *"Diaintegrative" Markedness:* Items still felt to be of foreign origin are so indicated in various ways, as by labels (*French*), typeface (*bel esprit* in bold italic in COD and CED) or relegation to an appendix (Chambers).

3.6.4. *"Diastratic" Markedness:* Levels of formality are indicated, though dictionaries, being themselves relatively formal in style, tend to mark informality and slang more readily than formality. In the marking of formality EFL dictionaries and bilingual dictionaries have blazed a trail that native-speaker monolingual dictionaries are now tentatively essaying (*perambulator* is called formal by COLG, CED, GID, and LDEL). It is interesting that COLG uses a single set of diastratic labels for both English and German, including *form*(al), but adds the extra label *gehob*(en) for German only — glossed as 'elevated' for the benefit of English users.

3.6.5. *"Diaconnotative" Markedness:* indicated for pejorative items more readily than for appreciative ones, though lexicographers rightly prefer to build the connotations of items into their explanations rather than resort to special marking. LDEL, LNUD, and to some extent GID have adopted the Merriam-Webster distinction between intent (". . . used derogatorily/disparagingly") and reaction (". . . taken to be/considered offensive"). Diaconnotative marking is used typically for ethnic slurs, but since the mid-1970s has been used increasingly, in both Britain and America, for sexual slurs as well.

3.6.6. *"Diatechnical" Markedness:* A wide variety of subject-field marking is to be found in dictionaries, but there is now a tendency to reduce their number (LDOCE uses only *law, med,* and the more general *tech*) or to incorporate an indication of the subject field into the definition. The increasing attention to technical terminology has brought with it the need to monitor changes in what is accepted; thus, LDEL, CED, and GID agree that *mongolism* 'Down's syndrome' is not (now) in technical use.

3.6.7. *"Diafrequential" Markedness:* Despite the explicit marking of relative frequency by some dictionaries (notably those of the Van Dale family), British dictionaries tend not to do so, though (for example) GID calls *relict* 'widow' *rare* and LDOCE labels *wireless* 'radio' *becoming rare* and *Esquire* 'Esq.' *rare*. Of course the inclusion of an item in LDOCE's frequency-based defining vocabulary is significant in itself.

3.6.8. *"Dianormative" Markedness:* Items are marked if they are reproved as nonstandard or substandard, or censured as vulgar or obscene. Conversely, *senior citizen* is marked euphemistic by many British dictionaries that enter it. COD 1982 also indicates, with the symbol D, items whose usage is in dispute among educated native speakers; other dictionaries (e. g. GID, LDEL, CED, and LDOCE) devote extended usage essays to the discussion of such items.

About diasystematic information in general it should also be remembered:
(a) that it can apply to a whole entry, or to any part of an entry except the etymology;
(b) that it is given in various ways (by labels, usage notes, typeface, special symbols, or relative position);
(c) that it can be given overtly or covertly, so that the *absence* of a label is as significant as its presence;
(d) that it can be given in qualified as well as unqualified form: diatopic and diaconnotative information is often qualified (*Chiefly AmE, often disparaging*); diastratic information (*informal, formal*) is not usually qualified — despite the considerable disagreement between dictionaries about which items are diastratically marked!
(e) that it can be given negatively as well as positively, so that *not technical* and even *not formal* are coming into use;
(f) that there is considerable overlap between apparently different labels, as between *formal, rare,* and *technical* (or *poetic!*), or between *slang* and *pejorative* or *vulgar: relict* 'widow' is called *rare* by GID but *archaic* by LDEL and CED;
(g) that an item may be marked in more than one respect: *perambulator* is both *formal* and *British English; pinkie* 'little finger' is *American* or *Scottish*.

3.7. *Syntagmatic Information:* This includes information about the selectional restrictions, collocations, and colligations associated with an item entered in a dictionary: about its valency, in short. Such information can be provided by examples, the form of the definition, a part-of-speech label, grammatical coding, or other devices. Syntagmatic information is of particular use in encoding (i. e. text production), though it can be of help in decoding (i. e. text understanding). As monolingual native-speaker dictionaries are intended principally for decoding, they offer relatively little syntagmatic information, though COD deliberately provides much more than other dictionaries of its type, chiefly by means of exemplification. EFL dictionaries and bilingual dictionaries give more attention to the encoding needs of their users.

Here, for example, is how representative British dictionaries treat the pattern *want someone to do something* at their entries for *want*:

GID, LDEL, CED, Chambers: 0
COD: desire, wish for possession or presence of, (*to* do, thing, person); *I want . . . you to try . . .*
ALD: [VP. . .17] wish for; have a desire for . . . *She ~ s me to go with her*
LDOCE: [V3. . .] to have a strong desire to or for; feel a strong desire to have . . . *I want him to rest.*
CCELD: If you *want* to do something or *want* something to happen, you have a desire to do it or for it to happen. EG. . .*What do you want me to do?. . .* (. . .) V+O+*to* -INF (. . .) [code in extra column]
COLG: (*wish, desire*) wollen; (*more polite*) mögen. . .*I ~ you to come here* ich will *or* möchte, daß du herkommst.

Ill. 199.2: Treatment of the pattern *want someone to do something* in British dictionaries

Much has already been written about the syntactic coding systems of EFL dictionaries: see, inter alios, Lemmens and Wekker 1986, Standop 1985, Jackson 1985, Béjoint 1981, Benson/Benson/Ilson 1986 a. However, it is worth adding the following general observations:

(a) Syntactic coding, invented by Harold Palmer in GREW 1938, may well have been developed by analogy with inflexional coding. But the two types of coding are different. Thus a Latin dictionary might provide its entry for *canto* with the number 1, indicating that *canto* is a verb of the first conjugation and has the same inflexional paradigm as, say, *amo*. This traditional inflexional coding was thus a *paradigmatic* coding based on *models* (as *amo* is for *canto*), with each model comprising essentially a single element. By contrast, syntactic coding is *syntagmatic* coding based on *patterns* comprising more than one element.

(b) Coding systems are semiotic systems and as such can be analysed in much the same way as the languages they describe. Thus at one extreme we have codes like the 1 of *canto* or the [VP 17] of ALD's *want,* which are units that behave like single words, and at the other extreme we have codes like CCELD's 'V+O+ *to*-INF', which are strings that behave like phrases each of whose elements is meaningful in its own right and can occur in other combinations. In between are codes in the form of strings like LDOCE's [V3], where [V] means the class of clauses SVOv and [3] characterises the v of SVOv as a *to*-infinitive. Such an LDOCE code may be likened to an analytical dictionary definition, with [V] genus and [3] differentia; both elements are meaningful and independently recombinable.

3.8. *Analogical Information:* For any item it enters, a dictionary may indicate other items related to it. The relation may be paradigmatic or syntagmatic. Thus at *lift* a dictionary might offer *elevator;* at *white-collar, blue-collar;* at *discreet, indiscreet* (an antonym) or *discrete* (a paronym or 'confusible' item); at *horse, stallion, mare, gelding* (co-hyponyms), or *equine* and *hippo-* (adjective and combining form). Paradigmatic relations are often describable precisely in terms of Structural Semantics or Componential Analysis. But at *horse* a dictionary might also give such items as *hock, pastern; canter, gallop; saddle, jockey,* or *gymkhana.* Such items co-occur with *horse* syntagmatically (in a text if not in a clause); their relationship to *horse* is harder to characterise (but see Fillmore 1978, 162—165). The whole range of information of this kind is called analogical information in those dictionaries of the *Robert* family that give it for French. Analogical information of the *Robert* kind is not now given systematically by any reference book in English. But LDEL gives many synonyms and antonyms (following W8) and some confusibles; OPD gives some confusibles; CED gives some adjectives and combining forms related to nouns; GID gives some synonyms and antonyms; LDOCE gives some antonyms and American synonyms of British items; CCELD gives superordinates, synonyms and antonyms; and from McArthur's *Lexicon,* because of its thesaurus-like organisation, much analogical information may be inferred. Analogical information is useful primarily for encoding and 'vocabulary building', so it is curious that except for the *Lexicon,* EFL and bilingual dictionaries actually give *less* analogical information than native-speaker monolingual dictionaries, but there are specialised dictionaries of synonyms (e. g. the alphabetical *New Collins Thesaurus* — 1984) and at least one *Dictionary of Confusibles* (Room 1979). Dictionaries have yet to strike a proper balance between lexeme and lexis.

3.9. *Explanation:* To explain the use, meaning, and reference of the items they enter, dictionaries use at least six techniques, alone or in combination. These are *illustration* (pictures, diagrams, and tables), *exemplification, expansion* (as when *BBC* is expanded to '*B*ritish *B*roadcasting *C*orporation'), *discussion* (as by usage notes or essays), *equivalent translation,* and *definition.*

3.9.1. *Illustration:* Illustrations may take the form of pictures of single items (such as *violin*), pictures of groups of related items (such as *stringed instruments),* composite pictures or diagrams with labelled parts (as of *bicycle*), or tables (as of numbers, weights and measures, or irregular verbs). Here are the types of illustration used in some contemporary British dictionaries:

Type	COLG	CED	CCELD
single pictures	no	no	no
group pictures	no	no	no
composite pictures or diagrams	no	no	no
tables	yes	yes	yes

Type	LDOCE	LDEL	COD
single pictures	no	no	no
group pictures	yes	no	no
composite pictures or diagrams	yes	no	no
tables	yes	yes	yes

Type	ALD	Chamb.	GID
single pictures	yes	no	yes
group pictures	yes	no	yes
composite pictures or diagrams	yes	no	yes
tables	yes	yes	yes

Ill. 199.3: Table of illustration types in British dictionaries

LDOCE uses drawings; ALD, drawings and black-and-white photographs; GID, drawings and colour photographs. GID includes maps for its geographical entries, which may be of single countries (e. g. *France*), or of 'composite' areas (e. g. *Africa*).

LDOCE gives some grammatical information in tables (e. g. at *must* and *say*); this pioneering practice has been greatly expanded in the Study-Note tables in its smaller spinoffs LASDE and LDAE, but no English dictionary can rival the grammatical use of tables in such French dictionaries as the *Dictionnaire du français contemporain* (DFC) or the *Trésor de la langue française* (TLF) (see Lamy 1985).

The fact that a dictionary includes an illustration need not imply that the illustration is an integral part of the text. Thus, there are tables of irregular verbs in COLG, LDOCE, and ALD (all arranged alphabetically rather than by type of irregularity, alas!), but none of these dictionaries cross-refers from the own-place entries of irregular verbs to these tables. By contrast, CCELD, LDOCE, LDEL, and ALD have tables of numbers, and in each dictionary the entry for *fifty*, say, has a cross-reference to the table. There is a table of *ordinary* weights and measures in seven of these nine dictionaries: all except CCELD and Chambers. But there are cross-references to the table (e. g. from *pound* and *yard*) only in LDOCE and ALD. However, all the dictionaries provide a list of their tables in their front matter — with two exceptions. The existence of CED's only table, of weights and measures (on the end papers), is not declared anywhere else in the dictionary. And there is *no* list of the tables in GID — or indeed of any of its special encyclopaedic articles, which include almost all of its wealth of tabular and composite illustrations except the maps.

3.9.2. *Exemplification:* To be found in all nine dictionaries under discussion, though Chambers uses it very sparingly; for example at *aerial* '... using aircraft (as *aerial support*...)'. COLG uses exemplification extensively, but in the form of *unités de traduction*, lexically relevant units that typically cannot be translated word for word. Thus at *nerve* 1(c) COLG offers the translation equivalents 'Frechheit, Unverschämtheit' and also such *unités de traduction* as *he's got a [nerve]!* 'der hat Nerven!' and *what a [nerve]...!* 'so eine Frechheit!' The first translation does not use the general equivalent 'Frechheit'; the second does. The monolingual analogue of the unité de traduction is the glossed example, used by ALD and at times by LDOCE.

3.9.3. *Expansion:* To be found in all nine dictionaries, as shown by the following restricted sample for one sense of the abbreviation *ff*:

COD: *abbr....* following pages etc....
COLG: *abbr of* **following** ff.
LDOCE: *written abbrev. for:* ... and the following (pages, VERSES, etc.): *See pages 17ff.*
CCELD: ...When **ff.** is written after a particular page, line, etc. has been mentioned, it means 'and the following pages, lines, etc.' EG *See p. 28 ff.*

Ill. 199.4: Explanation by expansion in British dictionaries s.v. *ff*

It will be seen that whereas monolingual dictionaries generally content themselves with the expansion proper, COLG may provide a translation equivalent (here the identical 'ff.'), and LDOCE and CCELD exemplification (and sometimes other information).

3.9.4. *Discussion:* Contemporary British monolingual dictionaries typically use discussions to explain the senses of many function words, interjections and bound morphemes. CCELD does this too, extending the technique to the explanation of its special grammatical symbols at their own-place entries. A short discussion may be distinguished from a definition by various devices of punctuation, such as an introductory dash (LDEL, following Merriam-Webster) or enclosure in brackets (ALD and LDOCE); or of language, such as introductory 'used to...', 'You use...' (CCELD), 'forming...', 'expressing...', 'Indicates...', etc.

In addition to shorter discussions, there are longer usage essays in LDEL, CED, OPD, and GID, and synonym essays in LDEL (GID has lists of undiscriminated near-synonyms). LDOCE has usage essays that deal with both grammatical problems and the discrimination of near-synonyms.

In COLG, source-language discussion is used as one type of sense discriminator. As an explanatory technique its use is limited, but it can be found, for instance, as an explanation of certain culture-specific symbols:

A *abbr of...* (b) *(Brit Film) von der Filmkontrolle als nicht ganz jugendfrei gekennzeichneter Film.*
The symbol in question has now been superseded by *PG*.

3.9.5. *Translation:* Though the choice of translation equivalents may not have changed much over the years, significant progress has been made in at least three areas:

(a) choosing what to translate: an ever greater variety of *unités de traduction* is to be found in today's British bilingual dictionaries, as shown previously in the discussion of how COLG uses exemplification (see 3.9.2. above);

(b) indicating the domain of the *unité de traduction* by sense discriminators (see 3.10. below);

(c) indicating the domain of the translation by source-language devices analogous to sense-discriminators, as when COLG indicates that for one sense of *want*, 'mögen' is a *"(more polite)"* translation than 'wollen'.

British publishers have also tried adding to the monolingual explanations of EFL dictionaries translation equivalents in the language of a specific group of learners. An example is the *Longman English Dictionary for Portuguese Speakers* of 1982 (LOP).

3.9.6. *Definition:* Definitional techniques and problems can be surveyed succinctly by a comparison of various treatments of *Scotch egg,* a culture-specific item for which there is no translation equivalent in German and which even COLG must therefore define. All the definitions below are paraphrastic ('substitutable') except CCELD's:

COLG: *hartgekochtes Ei in Wurstbrät, paniert und ausgebacken*
CED: a hard-boiled egg enclosed in a layer of sausage meat, covered in egg and crumbs, and fried
CCELD: A **Scotch egg** is, a hard-boiled egg which is covered with sausage meat and then fried in oil
LDOCE: a dish made from a boiled egg cooked inside a covering of SAUSAGE meat
LDEL: a hard-boiled egg covered with sausage meat, coated with breadcrumbs, deep-fried, and usu eaten cold
COD: hard-boiled egg enclosed in sausage-meat
ALD: (no entry)
Chambers: a hard-boiled egg (often cut in two) enclosed in sausage meat and then fried in oil
GID: A cold snack or savoury consisting of a hard-boiled egg wrapped in sausage meat that is coated with breadcrumbs and deep-fried

Ill. 199.5: Definition of *Scotch egg* in British dictionaries

Noteworthy are the use of italics in COLG to distinguish definition (or discussion) from equivalent translation, the use of small capitals in LDOCE to indicate a word not in its limited explanatory vocabulary, and the absence of an indefinite article (*ein, a*) in COLG or COD — indicative in COD's case of the abbreviated space-saving defining style it calls "telegraphese".

All eight definitions agree on two basic components: the egg and the sausage meat. Four dictionaries add breading. Six dictionaries specify that the coated egg is cooked, fried, or deep-fried (note that *fry* is not in LDOCE's limited vocabulary): this feature may however be inferred from the fact that English-speakers do not eat sausage meat raw (though they may eat mince raw as steak tartare!). Interestingly, only three dictionaries specify that the Scotch egg functions as food (rather than ornament, like the typical Easter egg): this information surfaces as 'genus' in LDOCE and GID and 'differentia' in LDEL. Two of those three add that, though cooked, it is eaten cold (at least "usu"). Chambers alone adds that something is "(often cut in two)". This phrase appears to refer to the boiled egg, in fact probably refers to the whole Scotch egg, and is enclosed in brackets to suggest non-criteriality. GID alone specifies that the Scotch egg is eaten as a "snack or savoury" (rather than as the main course of a whole meal).

The differences between the definitions are largely — but not entirely — due to differences in the size of the dictionaries: the two largest, LDEL and GID, give the most information. But it is noteworthy that all give core 'analytic' information (about the 'essential nature' of the Scotch egg), differing chiefly in the amount of 'synthetic' information provided about its inevitable or typical function (food usu eaten cold) and its status (snack or savoury). The problems of characterising the prototype referent of a definiendum by selecting a judicious mixture of analytic and synthetic information, hierarchically organised and intelligibly displayed, is basic to lexicography in any language (see Neubauer 1980, Geeraerts 1987), transcends the difference between 'substitutable' and 'non-substitutable' defining, and is relevant to bilingual as well as monolingual dictionaries.

Note also that:

(a) At appropriate entries chemical formulae and biological taxa are given only in the larger adult native-speaker monolingual dictionaries (CED, COD, LDEL, Chambers, GID) but not in EFL dictionaries (LDOCE, ALD, CCELD), children's dictionaries (e. g. LNGD, OSD) — or OSD's adult parent OPD — nor such bilingual dictionaries as COLG.

(b) The explanation of biographical and geographical entries (as in encyclopaedic dictionaries) offers special problems the nature and lexicographic resolution of which have yet to be explored.

3.10. *Sense discrimination and ordering:* Dictionaries must show which senses they are explaining, and separate them from each other; within a polysemous entry dictionaries may also show that some senses are related to each other and form sense groups. For these purposes contemporary British dictionaries use various devices, which are chiefly symbolic (punctuation marks like colons or semicolons; special symbols such as numbers and letters) or linguistic. Bilingual dictionaries are especially rich in sense discriminators of both types; thus COLG, at *want,* discriminates as "*2 vt (a) (wish, desire)*" the semantic category that includes the translation unit *I want you to come here.* Contemporary bilingual dictionaries use linguistic sense discriminators increasingly: these may take the form of truncated explanations ('glosses' — as here) or give diasystematic, syntagmatic, or analogical information. Influenced by such scholars as Iannucci (e.g. 1962), bilingual dictionaries now tend to couch their "indicators and collocators" (COLG, vii) in the source language of their entries rather than in the target language of their translations.

Dictionaries must also order the senses or sense groups of polysemous entries. Among contemporary British dictionaries, COLG and LDOCE do not reveal what ordering they use. Chambers's ordering is historical. LDEL orders unlabelled senses historically, and after them puts (in an unspecified order) senses labelled diasystematically. CED starts with either the sense "most common in current usage" or "the core meaning"; "Subsequent senses are arranged so as to give a coherent account of the meaning of a headword." GID orders senses "with the central meaning shown first". COD's "order of senses is normally based on frequency and convenience rather than historical evolution". For ALD, "Definitions are listed in order of meanings from the most common or most simple to the most rare or most complicated." For CCELD, "If a word has several uses, the ordering within the entry has been decided by consideration of several criteria, including frequency, independence of meaning, and concreteness." "Wherever possible the first sense is a common one" provided that it is a "central, core meaning" which is "clear and independent". Given that CCELD has essentially no main-entry homographs, it is hard to see why in the entry for *bear,* say, the 'animal' senses precede the much more frequent verb uses. In any case, it is urgent to investigate how different the actual ordering of senses is in dictionaries that use different ordering principles.

3.11. *Lexicographic evidence:* Citational support is claimed explicitly by LDEL, CCELD, COD, LDOCE (especially for "structural words") and CED 1986 (for its new material). Attributed citations appear as examples (along with invented ones) in LDOCE, LDEL, and GID. Their presence in GID, and the use in Chambers of such diasystematic labels as *Spens*(er) and *Shak*(espeare), suggest that GID and Chambers had access to some citational material, too. For COD, GID, and Chambers, the citations seem to have been of printed matter only; CCELD, LDOCE, and LDEL use spoken citations too, and so, apparently, does CED 1986 (see McLeod 1987, 7). In addition, LDOCE and LDEL use written citations from non-printed sources: these, like their spoken citations, come from the files of The Survey of English Usage at University College London.

Named specialist consultants were used by Hamlyn, CED, and LDEL (and by the teen-agers' LNGD). Hamlyn and CED used specialists in non-British varieties of English; LDOCE and LDEL, a panel of linguists; LDEL, a separate panel of Eminent Persons for "advice, encouragement, and constructive criticism" — but this Longman Advisory Board was not asked to adjudicate on matters of usage after the fashion of the Usage Panel of AHD.

3.12. Text samples

scŏt[1] *n.* **1.** (Hist.) payment corresponding to modern tax, rate, or other assessed contribution (**pay ~ and lot,** share pecuniary burdens of borough etc.). **2.** ~-**free,** unharmed, unpunished, safe. [ME, f. ON *skot* & f. OF *escot,* of Gmc orig.; cf. SHOT[3]]
Scot[1] *n.* **1.** native of Scotland. **2.** (Hist.) member of Gaelic tribe that migrated from Ireland to Scotland about 6th c. [OE *Scottas* pl., f. LL *Scottus*]
Scŏtch[1] *a.* & *n.* **1.** *a.* of Scotland or its inhabitants; in the form of English used in (esp. Lowlands of) Scotland; ~ **broth,** soup made from beef or mutton with pearl barley and vegetables; ~ **cap** (of shapes worn in Highland costume, glengarry, tam-o'-shanter, etc.); ~ **catch,** (Mus.) short note on the beat followed by long one; ~ **collops,** (1) beef cut small and stewed, (2) steak and onions; ~ **egg,** hard-boiled egg enclosed in sausage-meat; *Scotch* FIR (*Pinus sylvestris*), KALE, MIST; ~ **pebble,** agate, jasper, cairngorm, etc., found in Scotland; ~ **pine,** = *Scotch fir*; ~ **snap,** = *Scotch catch*; *~ **tape** (*P), adhesive usu. transparent cellulose or plastic tape; ~ **terrier** (small rough-haired short-legged kind); ~ **whisky,** kind distilled in Scotland esp. from malted barley; ~ **woodcock,** scrambled eggs on anchovy toast. **2.** ~'**man,** ~'**woman,** native of Scotland. **3.** *n.* form of English used in (esp. Lowlands of) Scotland; **the ~,** (*pl.*) the people of Scotland. **4.** Scotch whisky. [contr. of SCOTTISH]
scŏtch[2] *v.t.,* & *n.* **1.** *v.t.* (arch.) make incisions in, score; wound without killing, slightly disable. **2.** decisively put an end to; frustrate (plan etc.). **3.** *n.* slash; line on ground for HOP[3]scotch. [ME; orig. unkn.]
scŏtch[3] *n.,* & *v.t.* **1.** *n.* wedge or block placed against wheel etc. to prevent motion downhill. **2.** *v.t.* hold up (wheel, barrel) with scotch. [17th c., perh. = *scatch* stilt f. OF *escache*]

Dictionary excerpt 199.1: Dictionary articles (in: COD 1982, 941 [monolingual, nested macrostructure])

scot and lot *n* a parish tax formerly levied on British subjects according to their ability to pay
[1]**scotch** /skoch/ *vt* **1** to injure so as to temporarily disable **2a** to stamp out; crush ⟨ ~ *a rebellion*⟩ **b** to repudiate by showing not to be true ⟨ ~ *rumours*⟩ [ME *scocchen* to gash]
[2]**scotch** *n* a slight cut; a score
[3]**scotch** *n* a wedge or block placed behind a wheel to prevent rolling or slipping downhill [origin unknown]

⁴**scotch** vt **1** to block with a scotch ⟨~ed *the back wheels as a precaution*⟩ **2** to hinder, thwart ⟨~ *schemes for sponsorship*⟩
¹**Scotch** *adj* Scottish – often considered incorrect by natives of Scotland *synonyms* see ¹SCOTTISH [contr of *Scottish*]
²**Scotch** *n* **1** Scots **2** *taking pl vb* the people of Scotland **3** *often not cap* SCOTCH WHISKY
Scotch blackface *n* (any of) a hardy breed of long-woolled meat-producing sheep that have a dark-coloured face
Scotch broth *n* a thick soup made with beef or mutton, vegetables, and pearl barley
Scotch egg *n* a hard-boiled egg covered with sausage meat, coated with breadcrumbs, deep-fried, and usu eaten cold
Scotch fir *n* SCOTS PINE
Scotch-'Irish *adj* (characteristic) of the population of N Ireland that is descended from Scottish Protestant settlers; *also* (characteristic) of members of this group who emigrated to the USA before 1846 or of those descended from them
Scotchman /ˈskochmən/, *fem* **Scotchwoman** *n* a Scotsman *synonyms* see ¹SCOTTISH
Scotch mist *n* very fine light drizzle
Scotch pine *n*, *chiefly NAm* SCOTS PINE
Scotch tape *trademark*, *chiefly NAm* – used for any of various adhesive tapes
Scotch terrier *n* SCOTTISH TERRIER
Scotch whisky *n* whisky distilled in Scotland, esp from malted barley
Scotch woodcock *n* buttered toast spread with anchovy paste and scrambled egg
scoter /ˈskohtə/ *n*, *pl* **scoters**, *esp collectively* **scoter** any of several dark-coloured sea ducks (genus *Melanitta*) of N coasts of Europe and N America and also some larger inland waters during the breeding season [origin unknown]
scot-'free *adj* without incurring any penalty, payment, or injury ⟨*got away* ~⟩

Dictionary excerpt 199.2: Dictionary articles (in: LDEL 1984, 1333 [monolingual, open macrostructure])

Scot /skɒt/, **Scots**. **1** A **Scot** is a person who comes from Scotland.   N COUNT
2 Scots is a dialect of the English language that is spoken in Scotland. EG *He speaks broad Scots.*   N UNCOUNT
3 Scots also means the same as Scottish. EG *He chose to call his daughter the Scots name Catriona... Our professor has a strong Scots accent... ...Scots law.*   ADJ CLASSIF : USU ATTRIB = Scottish
scotch /skɒtʃ/. **scotches, scotching, scotched. 1** If you **scotch** a plan, idea, rumour, etc, you put an end to it before it can develop any further. EG *I think that proposal had better be scotched straightaway... Let me first scotch one or two rumours.*   V+O = foil
2 Scotch or **Scotch whisky** is whisky made in Scotland. EG *...a bottle of Scotch.* ▸ used to refer to a glass of Scotch. EG *How about a Scotch before dinner?*   N UNCOUNT ▸ N COUNT ¶ drink
3 Scotch also means the same as Scottish. This use is considered incorrect by many people.   ADJ CLASSIF
Scotch broth is a thick soup made mainly with beef or lamb and vegetables; used mainly in British English.   N UNCOUNT
Scotch egg, Scotch eggs. A **Scotch egg** is, a hard-boiled egg which is covered with sausage meat and then fried in oil; used mainly in British English.   N COUNT
Scotch tape is a trademark for transparent sticky tape that is sold in rolls and that is used for sticking together things such as paper and cardboard; used in American English.   N UNCOUNT
scot-free. If you get away **scot-free**, you get away without being punished at all. EG *Davies managed to get off scot-free... I'm not letting you off scot-free.*   ADV WITH VB
Scotsman /ˈskɒtsmən/, **Scotsmen**. A **Scotsman** is a man who comes from Scotland.   N COUNT
Scotswoman /ˈskɒtswʊmən/, **Scotswomen**. A **Scotswoman** is a woman who comes from Scotland.   N COUNT
Scotticism /ˈskɒtɪsɪzəm/, **Scotticisms**. A **Scotticism** is a Scottish word or expression. EG *His speech was full of Scotticisms.*   N COUNT
Scottish /ˈskɒtɪʃ/. Something that is **Scottish** concerns Scotland, its people and its language. EG *We spent a wonderful holiday in the Scottish mountains...*   ADJ CLASSIF = Scots
...Scottish football. ▸ used as a noun to refer to the Scottish people. EG *The English are rather different from the Scottish in many ways.*   ▸ N PLURAL : the + N = the Scots

Dictionary excerpt 199.3: Dictionary articles (in: CCELD 1987, 1296 [one type of learners' monolingual])

4. Contemporary British Lexicography in Contemporary Britain

"La Grande-Bretagne, futur pays du dictionnaire?" (Hausmann 1985, 37).

Lexicography is flourishing in Britain. Dictionaries, some innovative, proliferate. Research into dictionary use and user preferences goes forward. Books and courses in lexicography abound (see Hartmann 1985); there is a Dictionary Research Centre at the University of Exeter. Lexicographers are asked for advice by AI specialists; the computer tapes of their dictionaries are scrutinised by computational linguists and language teachers (see Lesk 1987). Rival publishers co-operate in the European Association for Lexicography (EURALEX) and even in research projects (see Whitcut 1986). As in France, popular advertisements ape the format of dictionary entries (typically trading on dim racial memories of OED).

But lexicographers are not flourishing in Britain. There are probably fewer full-time lexicographers in Britain in 1987 than there were in 1977. The days of the permanent in-house lexicographic staff are all but over. Revised editions and smaller spin-off dictionaries are produced from older or larger ones at the push of a computer button, or by 'pick-up' teams of free-lancers, of whom some disappear while others float from project to project, publisher to publisher, hoping for something better. Lexicographers are more likely to turn grey with worry about their future than to grow grey in the service of their profession. In this respect, as in so many others, dictionaries are a faithful reflection of the changing society that produces and consumes them.

How can there be great dictionaries without committed lexicographers?

5. Selected Bibliography

5.1. Dictionaries

ALD 1981 = Oxford Advanced Learner's Dictionary of Current English. 3rd Edition. 14th Impression. Oxford 1981 [xli, 1037; 1st Ed. 1948].

ACD 1947 = American College Dictionary. 1970 Printing. New York 1970 [xxviii, 1444; 1st Printing 1947].

AHD 1979 = American Heritage Dictionary of the English Language. Boston 1979 [1,550; 1st Printing 1969].

BBI 1986 = BBI Combinatory Dictionary of English. A Guide to Word Combinations in English. Amsterdam. Philadelphia 1986 [xxxvi, 286].

Chambers 1983 = Chambers 20th Century Dictionary. Edinburgh 1983 [xvi, 1583; 1st Ed. 1906].

CCED 1982 = New Collins Concise English Dictionary. London. Glasgow 1984 [xx, 1388; first published 1982].

CCELD 1987 = Collins COBUILD English Language Dictionary. London. Glasgow 1987 [xxiv, 1703].

CED 1986 = Collins English Dictionary/Collins Dictionary of the English Language. London. Glasgow 1986 [xxvii, 1771; 1st Ed. 1979].

COD 1982 = Concise Oxford Dictionary of Current English. 7th Ed. Oxford 1982 [xxvii, 1264; Earlier Eds. 1911, 1929, 1934, 1951, 1964, 1976].

COLF 1987 = Collins-Robert French-English English-French Dictionary. London. Glasgow.Toronto. Paris 1987 [xxix, 768, 930; 1st Ed. 1978].

COLG 1980 = Collins German-English English German Dictionary. London. Glasgow. Stuttgart 1980 [xvii, 790].

Collins Double-Book 1968 = Collins Double-Book; dictionary and encyclopedia. London 1968 [576, x, 438; encyclopaedia first published 1966; dictionary, 1959].

COLS 1983 = Collins Spanish-English English-Spanish Dictionary. London. Glasgow 1983 [xxxviii, 640; first published 1971].

CULD 1980 = Chambers Universal Learners' Dictionary. Edinburgh 1980 [xx, 907].

DFC 1980 = Nouveau dictionnaire du français contemporain illustré. Paris 1980 [xxxii 1263; first published 1966 as Dictionnaire du français contemporain].

DJE 1967 = Dictionary of Jamaican English. Cambridge 1967.

DOST (in publication) = Dictionary of the older Scottish Tongue. Chicago (in publication).

ELSTD = Elementary Scientific and Technical Dictionary. London 1977 [vii, 413; first published 1952 as Explaining and Pronouncing Dictionary of Scientific and Technical Words].

Encyclopaedia Perthensis 1806(?) = Encyclopaedia Perthensis; or, Universal dictionary of knowledge ... 23 vols. Perth, Scotland 1806(?).

EPD 1977 = English Pronouncing Dictionary. 14th Edition [xxxii, 560; 1st Ed. 1917].

Friederich/Canavan 1979 = Dictionary of English Words in Context. Dortmund 1979 [iii, 379).

Geiriadur 1950— = Geiriadur Prifysgol Cymru/A Dictionary of the Welsh Language. Cardiff 1950—.

GENBED 1977 = General Basic English Dictionary. London 1977 [x, 438; first published 1940].

GENSL 1967 = General Service List of English Words. London 1967 [xiii, 588; first published 1936].

GID 1984 = Reader's Digest Great Illustrated Dictionary. 2 Volumes. London 1984 [1920 pp.].

GREW 1958 = Grammar of English Words. London 1958 [xvi, 300; first published 1938].

Hamlyn 1971 = Hamlyn Encyclopedic World Dictionary. London 1971. [1856 pp.].

Historical Thesaurus of English 1964— = Historical Thesaurus of English. Glasgow 1964—.

ISED 1942 = Idiomatic and Syntactic English Dictionary. Tokyo 1942.

LASDE 1983 = Longman Active Study Dictionary of English. Harlow 1983 [26, 710].

LDAE 1983 = Longman Dictionary of American English. New York 1983 [38, 792].

LDEI 1979 = Longman Dictionary of English Idioms. Harlow. London 1979 [xx, 387].

LDEL 1984 = Longman Dictionary of the English Language. Harlow 1984 [xxviii, 1876. Other title: Longman Webster English College Dictionary].

LDOCE 1978 = Longman Dictionary of Contemporary English. Harlow. London 1978 [xxxix, 1303; New Ed. 1987, 53, 1229, 29].

LEL 1968 = Longmans English Larousse, London. Harlow 1968. [iii, 1348].

LLCE 1980 = Longman Lexicon of Contemporary English. Harlow 1980 [xv, 910].

LNGD 1981 = Longman New Generation Dictionary. Harlow 1981 [15, 798].

LNUD 1982 = Longman New Universal Dictionary. Harlow 1982 [xxvi, 1158; 1985, Longman Concise English Dictionary, xxvi, 1651; also published in other versions].

LOP 1982 = Longman English Dictionary for Portuguese Speakers. London 1982.

New Collins Thesaurus 1984 = New Collins Thesaurus. London. Glasgow 1984 [759 pp.].

New OED 1984 = New Oxford English Dictionary. Oxford 1984—.

OAD 1980 = Oxford American Dictionary. New York. Oxford 1983 [x, 816].

ODCIE II 1983 = Oxford Dictionary of Current Idiomatic English. Vol. 2. Oxford 1983 [lxiii, 685).

OED 1884—1933 = Oxford English Dictionary. Oxford 1884—1933.

OED Supplements 1972—1985 = Supplements to the Oxford English Dictionary. 4 Vols. Oxford 1972—1985.

OID 1962 = Oxford Illustrated Dictionary. Oxford 1976 [XX, 998; 1st Ed. 1962; 2nd Ed. 1975].

OPD 1979 = Oxford Paperback Dictionary. Oxford 1979 [viii, 770; Second Ed. 1983, VIII, 791].

OSD 1982 = Oxford Senior Dictionary. Oxford 1982 [viii, 760].

OSDAE 1983 = Oxford Student's Dictionary of American English. London. New York 1983 [xxi, 710].

OSDCE 1978 = Oxford Student's Dictionary of Current English. Oxford 1978 [v, 774].

Petit Larousse 1958 = Nouveau Petit Larousse illustré, Paris 1958 [iv, 1791; first published 1906, various editions after 1958].

Petit Robert 1970 = Petit Robert/Dictionnaire alphabétique et analogique de la langue française. Paris 1970 [xxxii, 1971; first published 1967, some editions after 1970].

POD = The Pocket Oxford Dictionary of Current English. Oxford 1942 [4th Ed. 1966].

RDGED 1964 = Reader's Digest Great Encyclopaedic Dictionary. 3 vols. London 1964 [vols 1 & 2 published 1962 as Oxford Illustrated Dictionary].

Robert Méthodique 1982 = Robert Méthodique. Paris 1982 [xxiii, 1617].

Roget 1982 = Roget's Thesaurus of English Words and Phrases. Harlow. London 1982 [lii, 1274; first published 1852; new edition in 1987].

Room 1979 = Room's Dictionary of Confusibles. London 1979.

SDBE 1965 = Science Dictionary in Basic English. London 1965.

SND 1931—1976 = Scottish National Dictionary. 10 Vols. Edinburgh 1931—1976.

TLF 1971— = Trésor de la langue française. Paris. Chicago 1971—.

UD 1932 = Universal Dictionary. London 1932.

Van Dale 1986 = Van Dale Groot woordenboek Nederlands-Engels. Utrecht. Antwerpen 1986. [1560 pp.].

W3 1961 = Webster's Third New International Dictionary. Springfield, Mass. 1961 [72, 2662].

W8 1973 = Webster's (Eighth) New Collegiate Dictionary. Springfield, Mass. 1973 [32, 1536].

WNWD 1980 = Webster's New World Dictionary of the American Language. Second College Edition. New York 1980 [xxxvi, 1692; first published 1953].

5.2. Other Publications

Aitken 1982 = A. J. Aitken: *DOST:* How We Make It and What's In It. In: Dictionaries 4. 1982, 42—65.

Barnhart 1978 = C. L. Barnhart: American Lexicography, 1945—1973. In: American Speech 28. 1978, 83—141.

Béjoint 1981 = Henri Béjoint: The Foreign Student's Use of Monolingual English Dictionaries: A Study of Language Needs and Reference Skills. In: Applied Linguistics 2. 1981, 207—223.

Benson/Benson/Ilson 1986 a = Morton Benson/Evelyn Benson/Robert Ilson: Lexicographic Description of English. Amsterdam. Philadelphia 1986.

Crystal 1986 = David Crystal: The ideal dictionary, lexicographer and user. In: *Ilson 1986,* 72—82.

Fillmore 1978 = Charles J. Fillmore: On the Organization of Semantic Information in the Lexicon. In: Farkas/Jacobsen/Todrys eds.: Papers from the Parasession on the Lexicon (Chicago Linguistic Society). Chicago 1978 (14—15 April), 148—174.

Geeraerts 1987 = D. Geeraerts: Types of Semantic Information in Dictionaries: In: *Ilson 1987.*

Hallig/Wartburg 1963 = Rudolf Hallig/W. von Wartburg: Begriffssystem als Grundlage für die Lexikographie. Berlin 1963.

Hartmann 1986 = Reinhard R. K. Hartmann: The Training and professional development of lexicographers in the UK. In: *Ilson 1986,* 89—93.

Hausmann 1977 = Franz Josef Hausmann: Einführung in die Benutzung der neufranzösischen Wörterbücher. Tübingen 1977.

Hausmann 1985 = Franz Josef Hausmann: Trois paysages dictionnairiques: La Grande-Bretagne, la France et l'Allemagne. In: Lexicographica 1. 1985, 24—51.

Hawke 1987 = Andrew Hawke: Geiriadur Prifysgol Cymru/A Dictionary of the Welsh Language. In: EURALEX Bulletin Vol. 4/1 (June 1987), 5—6.

Henke/Pätzold 1985 = Käthe Henke/Kurt-Michael Pätzold: Englische Wörterbücher und Nachschlagewerke. In: Bielefelder Beiträge zur Sprachlehrforschung 14. 1985, 98—180.

Householder/Saporta 1962 = Fred W. Householder/Sol Saporta eds.: Problems in Lexicography. Bloomington, Ind. 1962.

Iannucci 1962 = James E. Iannucci: Meaning discrimination in bilingual dictionaries. In: *Householder/Saporta 1962,* 201—216.

Ilson 1984 = Robert Ilson: Spellbound. In: Times Educational Supplement 17. August 1984, 22.

Ilson 1985 = Robert Ilson ed.: Dictionaries, Lexicography and Language Learning (ELT Documents 120). Oxford 1985.

Ilson 1986 = Robert Ilson ed.: Lexicography: An emerging international profession (Fulbright Papers I). Manchester 1986.

Ilson 1987 = Robert Ilson ed.: A Spectrum of Lexicography: Papers from AILA Brussels 1984. Amsterdam. Philadelphia 1987.

Jackson 1985 = Howard Jackson: Grammar in the Dictionary. In: *Ilson 1985,* 53—61.

Lamy 1985 = Marie-Noëlle Lamy: Innovative Practices in French Monolingual Learners' Dictionaries as Compared with their English Counterparts. In: *Ilson 1985,* 25—35.

Lemmens/Wekker 1986 = Marcel Lemmens/Herman Wekker: Grammar in English Learners' Dictionaries. Tübingen 1986.

Lesk 1987 = Michael Lesk: Automatic Sense Disambiguation: How to Tell a Pine Cone from an Ice Cream Cone. In: Proceedings of the 1986 ACM SIGDOC Conference. Toronto 1987.

McLeod 1987 = William T. McLeod: Is a new Dictionary really necessary? In: Collins Dictionary Diary 1987. Glasgow 1987, 2—12.

Naden 1977 = Tony Naden: Words & Meanings: A guide to practical dictionary work. Institute of Linguistics, Tamale, N. R., Ghana 1977.

Neubauer 1980 = Fritz Neubauer: Die Struktur der Explikationen in deutschen einsprachigen Wörterbüchern. Hamburg 1980.

Samuels 1985 = M. L. Samuels: The Historical Thesaurus of English. In: EURALEX Bulletin Vol. 2/1 (June 1985), 9—11.

Standop 1985 = Ewald Standop: Englische Wörterbücher unter der Lupe. Tübingen 1985.

Wells 1985 = J. C. Wells: English Pronunciation and its Dictionary Representation. In: *Ilson 1985*, 45—53.

Whitcut 1985 = Janet Whitcut: Research Project into Dictionary Use. In: EURALEX Bulletin Vol. 3/2 (December 1986), 1—5.

Yamamoto et al. 1987 = F. Yamamoto et al.: An Analysis of *The Pocket Oxford Dictionary of Current English,* Seventh Edition. In: Lexicon [Japan] 16. 1987.

Robert Ilson, University College London (Great Britain)

199 a. The Lexicography of Scots

1. Introduction
2. Skene
3. Ruddiman
4. Glossaries After Ruddiman
5. "Scotticisms"
6. Abortive and Incomplete Dictionaries
7. Jamieson
8. Other Nineteenth Century Dictionaries
9. OED and EDD
10. DOST and SND
11. One Volume Dictionaries of Scots
12. Scotticisms in Dictionaries of English
13. Selected Bibliography

1. Introduction

Since the sixteenth century, vernacular Lowland Scots has had its own largely independent lexicographical tradition, chiefly of bilingual dictionaries interpreting Scots to Standard English users.

2. Skene

Apart from a number of small Latin-vernacular or vernacular-Latin glossaries for school use, such as Duncan 1595, Blau 1686, the earliest piece of lexicography by a Scot was Skene 1597, which sets out to explain, in Older Scots, the terminology, Latin or vernacular, of the so-called "auld laws" of Scotland. It does this very selectively, but, for many of its relatively few entries, at some length, with brief definitions and etymological speculations followed by quite exhaustive accounts of the relevant legalities. The work owes nothing except the wording of its title to similarly entitled earlier English and Latin works. The author, Sir John Skene (?1543—1617), was Lord Clerk Register and a distinguished legal editor.

3. Ruddiman

Even more important as an early fountainhead of Scottish vernacular lexicography was Ruddiman 1710. Ruddiman (1674—1757), a native of Banffshire, was then Under-keeper of the Advocates' Library, Edinburgh. Ruddiman's etymologies have the weaknesses of his time, haphazardness and prolixity. In all other respects his glossary succeeds, and, since it treats of the Older Scots author with the most extensive and varied vocabulary of any, it to some degree, matches up to the claim advanced by its publisher that it "may serve for a Dictionary of the Old Scottish Language." There are few culpable oversights, the definitions are reliable, many are substantiated from Ruddiman's familiarity with local Scottish dialect and lore, and most of the words entered can be examined in context, thanks to the several references to the source-text provided in many entries.

4. Glossaries After Ruddiman

Following the example of Ruddiman and of the poet Allan Ramsay (1686—1758), it now became all but obligatory to append a glossary to a collection of one's vernacular poems, to an anthology of past or contemporary Scots writing, to an edition of a vernacular classic, to a treatise on a dialect, and so on. Notable examples are Ramsay 1721, all but the earliest, and Sibbald 1802.

5. "Scotticisms"

Designed to "correct" supposed "errors" in the English speech and writing of Scotsmen were the numerous small collections of characteristically Scottish expressions, listed with the corresponding general English expressions alleged to be preferable. Many of these, such as Beattie 1787 and Mackie 1881, were alphabetically ordered, though the earliest known, Hume 1752, and one of the latest, Masson 1929, were not.

6. Abortive and Incomplete Dictionaries

Nothing came of the several projects "to complete a Dictionary of words peculiar to Scotland" (Samuel Johnson, addressing James Boswell, Oct. 19,

1769) around the turn of the 18th and 19th centuries, except for Allan 1807 and Boucher 1807, both fragmentary works. The latter did, however, anticipate Jamieson in the use of "historical principles": see below.

7. Jamieson

The promise of a full Dictionary of Scots was at last realised in Jamieson 1808. John Jamieson (1759—1838), a minister of the Secession Church, had begun collecting for his dictionary twenty years earlier, stimulated by a conversation with the Icelandic philologist, Grim Thorkelin. Except for Boucher 1807, Jamieson's dictionary was the first in Britain to substantiate its definitions with accurately referenced quotations from original texts; more often than not these are placed in chronological order: so Jamieson can claim to be the first ever completed dictionary on historical principles of any variety of English. — Jamieson's 1808 dictionary struck a chord of patriotism among the Scots and stimulated many new offers of help, financial and philological. The latter took the form of contributions of excerpts from written sources and of reports of oral usage, from many helpers, including some distinguished contemporary literary lions, such as Sir Walter Scott. At this time there appeared also numerous new or improved editions of important Older Scots texts, and a plethora of new writing in Scots, such as Scott's Waverley Novels. These and some earlier publications overlooked in the 1808 dictionary were now excerpted, mostly by Jamieson himself, and the outcome was Jamieson 1825, on the same plan as Jamieson 1808, but with greater emphasis on recent usage. — Both the 1808 and the 1825 Jamiesons suffer in various ways from their compiler's credulity: from his espousal, after Thorkelin, of the even then discredited theory of the "Gothic" (i. e. Scandinavian) origin of Scots, which further distorts his often verbose and speculative etymologies; and from his inclusion of too many non-Scottish and not a few spurious words. But the coverage of Jamieson's Dictionary is far fuller than that of anything previous, and his definitions are generally sound and mostly supported by several quotations each. The lists of titles quoted for 1808 and 1825 together number over 1,200.

7.1. Jamieson: Abridgements and Re-Issues

Jamieson 1818 is an abridgement by Jamieson himself of his 1808 Dictionary, without the quotations, in one octavo volume. After Jamieson's death a succession of re-issues and abridgements by various editors was brought out between 1840—1 and 1927. The most useful of these was Longmuir/Donaldson 1879—82, which presents the contents of the 1808 and 1825 Jamiesons in a single list, with supplementary entries added in square brackets. This was splendidly complemented by Donaldson 1887, with quotations derived from Donaldson's own reading in some 400 newly listed titles.

8. Other Nineteenth Century Dictionaries

The nineteenth century also produced several pocket-size dictionaries, without quotations or references and with very brief definitions. The first of these, Picken 1818, by the poet and schoolmaster, Ebenezer Picken (1769—1816), deals, unlike Jamieson, almost exclusively with recent literary and popular usage, and so contains many entries not found in either Jamieson. Motherby 1826, a derivative of Picken, adds definitions in German. Brown 1845 and Cleishbotham 1858 plagiarize Jamieson. Mackay 1888 is an original quotation-dictionary. Nineteenth century dictionaries or glossaries of dialects of particular regions of Scotland are Leslie 1811, Mactaggart 1824, Edmondston 1866, Gregor 1866. For some localised dictionaries of the twentieth century see Aitken 1988. Barrowman 1886 and Pride 1975 are among the several nineteenth and twentieth century glossaries of the Scottish terms of a trade or activity.

9. OED and EDD

The appearance of numerous new and more reliable editions of early texts, the continued production, since Jamieson's time, of new dialect literature, and the copious body of new information on current oral dialect usage amassed by Joseph Wright for his EDD, made possible the great advance over Jamieson achieved by OED and EDD in the coverage and description of Scots, as part of these dictionaries' treatment of English as a whole. The immense strides made in philological theory between the times of Jamieson and Murray enabled the latter's OED to offer single, and, for the first time, reliable, derivations for almost all of its entries, Scottish among the rest.

10. DOST and SND

In OED and EDD the streams of Scottish and English lexicographical tradition, formerly largely separate, converged, only to separate again immediately. The moving spirit behind the further progress of the lexicography of Scots was William A. Craigie (1867—1957), co-editor of OED from 1901, and, like Murray also, a patriotic Scot. In 1907 a suggestion by Craigie in a lecture he gave in Dundee engaged William Grant (1863—1946), Lecturer in Phonetics at Aberdeen Teachers Training Centre, in preparations for a new dictionary of modern Scots which was to become the SND. Then on 4th April, 1919, Craigie delivered to the Philological Society in London his epoch-making paper in which he first proposed publicly the making of what became known as the "period dictionaries" of English, including SND and Craigie's own project, DOST. With the help of over 500 voluntary excerptors, excerpting, in general much more intensively than did OED's and EDD's excerptors and collectors, in more than 6000 titles, these two dictionaries improve on the coverage of Scottish material by OED and EDD by a factor of three or four. They include many words missing from all previous dictionaries and, from their very much more copious supply of examples, identify and display details of meaning, collocation, formal history, chronology and regional and stylistic distribution previously unknowable, and withal offer not a few improvements in etymology also. SND was completed in 1976, thanks especially to the prodigious labour of Grant's successor, from 1946, David D. Murison. At the time of writing work on DOST continues under Harry D. Watson, in succession to Craigie, A. J. Aitken, and J. A. C. Stevenson.

11. One Volume Dictionaries of Scots

For a short critique of the principal one volume dictionaries of Scots of the present century, Warrack 1911 and CSD (1985), see Aitken 1988. CSD has had the greatest cultural and publishing success of any Scottish dictionary. By far the completest one volume dictionary of Scots, its word-articles provide not only definitions but also indicate the chronological span and regional distribution of each sense and each derivative of every word, as well as etymologies and all the principal pronunciations in Modern and also Older Scots. Since 1947 a few English into Scots dictionaries have appeared, notably Jarvie 1947, and, much the fullest, Graham 1977, as an aid to would-be writers in Scots.

12. Scotticisms in Dictionaries of English

Dictionaries of general English vary in the numbers of Scotticisms they record, but all record some. Yet there are many other Scotticisms that are in daily use among middle-class English speaking Scots yet remain unrecorded except in specialist dictionaries of Scots such as SND and CSD.

13. Selected Bibliography

13.1. Dictionaries

Note: The term 'entries' refers to main, not run-on, entries.

Allan 1807 = Robert Allan: Number First of a Dictionary of the Ancient Language of Scotland, with the Etymons [...]. Edinburgh 1807 [folio: 32p.; c.750 entries; A—Bergane only].

Barrowman 1886 = James Barrowman: A Glossary of Scotch Mining Terms. Hamilton 1886 [70 p.; c. 1400 entries].

Beattie 1787 = [James Beattie:] Scoticisms arranged in Alphabetical Order, designed to correct Improprieties of Speech and Writing. Edinburgh 1787 [115p.; c. 500 entries].

Blau 1686 = Robertus Blasius: Fraus Elusa sive Tenebrae depulsae, Continens Vocabularium duplex, Latino-Anglum & Anglo-Latinum [...]. Edinburgh 1686 [38p.; c. 500 Lat.-vernac. entries; c. 1000 vernac.-Lat. entries; enlarged ed. 1698].

Boucher 1807 = Jonathan Boucher: A Supplement to Dr. Johnson's Dictionary of the English Language: or, a Glossary of Obsolete and Provincial Words. London 1807 [folio: 60p.; c. 300 entries; A—Aynd only].

Brown 1845 = Thomas Brown: A Dictionary of the Scottish Language. London. Manchester 1845 [150p.; c. 3500 entries].

CSD = Mairi Robinson: The Concise Scots Dictionary. Aberdeen 1985 [815p.; c. 25,000 entries].

Cleishbotham 1858 = Cleishbotham the Younger: Handbook of the Scottish Language. Edinburgh 1858 [66p.; c. 9000 entries].

Donaldson 1887 = David Donaldson: Supplement to Jamieson's Scottish Dictionary. Paisley. London 1887 [328p.; c. 6000 entries].

DOST = William A. Craigie/Adam J. Aitken/James A. C. Stevenson: A Dictionary of the Older Scottish Tongue from the Twelfth Century to the end of the Seventeenth. Vols. I—IV, A—N, Chicago. London 1931—1973. Vols. V, VI, O—Q, Aberdeen 1983, 1986 [4405p.; over 20,000 entries].

Duncan 1595 = [Andrew Duncan:] Appendix Etymologiae, ad copiam exemplorum vna cvm indice interprete. Edinburgh 1[5]95 [40p.; c. 1200 entries].

EDD = Joseph Wright: The English Dialect Dictionary being the Complete Vocabulary of all dialect words still in use, or known to have been in use during the last two hundred years. Vols. I—VI. London 1898—1905 [4684p.].

Edmondston 1866 = Thomas Edmondston: An Etymological Glossary of the Shetland and Orkney Dialect [...]. Edinburgh 1866. [148p.; c. 3000 entries].

Graham 1977 = William Graham: The Scots Word Book. Edinburgh 1977 [163p.; c. 5000 Eng.-Sc. entries; c. 4500 Sc.-Eng. entries. Enlarged and revised ed. 1980].

Gregor 1866 = Walter Gregor: The Dialect of Banffshire with a Glossary of Words not in Jamieson's Scottish Dictionary. London 1866 [226p.; c. 3000 entries].

Hume 1752 = David Hume: Political Discourses. Edinburgh 1752. Appended: Scoticisms [6p.; c. 80 entries, not in alphabetical order].

Jamieson 1808 = John Jamieson: An Etymological Dictionary of the Scottish Language, illustrating the words in their different significations, by examples from ancient and modern writers. Vols. I and II. Edinburgh 1808 [1412p.; c. 15,000 entries].

Jamieson 1818 = John Jamieson: An etymological Dictionary of the Scottish Language [...] Abridged from the Quarto Edition by the Author. Edinburgh 1818 [465p.; c. 15,000 entries].

Jamieson 1825 = John Jamieson: Supplement to the Etymological Dictionary of the Scottish Language. Vols. I and II. Edinburgh 1825 [1355p.; c. 20,000 entries].

Jarvie 1947 = James Nicol Jarvie: Lallans. A Selection of Scots Words arranged as an English-Scottish Dictionary. London 1947 [135p.; c. 2500 entries].

Leslie 1811 = William Leslie: General view of the agriculture of [...] Nairn and Moray. London 1811, 446—470: The Glossary [c. 400 entries].

Longmuir/Donaldson 1879—82 = John Jamieson: An Etymological Dictionary of the Scottish Language. A new edition [...] with the entire Supplement incorporated. By John Longmuir and David Donaldson. Vols. I—IV. Paisley 1879—82 [2805p.].

Mackay 1888 = Charles Mackay: A Dictionary of Lowland Scotch. London 1888 [294p.; c. 1800 entries].

Mackie 1881 = Alexander Mackie: Scotticisms arranged and corrected. London 1881 [52p.; c. 400 entries].

Mactaggart 1824 = John Mactaggart: The Scottish Gallovidian Encyclopedia. London 1824 [504p.].

Masson 1929 = Rosaline Masson: Use and Abuse of English. Edinburgh 1929 [including: Scotticisms, 40—52, not alphabetised].

Motherby 1826 = Robert Motherby: Taschenwörterbuch des Schottischen Dialekts, or, Pocket Dictionary of the Scottish Idiom, in which the signification of the words is given in English and German. Königsberg 1826 [218p.].

OED = James A. H. Murray/Henry Bradley/William A. Craigie/Charles T. Onions: A New English Dictionary on Historical Principles; later entitled: The Oxford English Dictionary. Vols. I—XII. Oxford 1884—1928 [15,487p.].

Picken 1818 = [Ebenezer Picken:] A Dictionary of the Scottish Language. Edinburgh 1818 [251p.; c. 6000 entries. Re-issues in 1818 and 1827].

Pride 1975 = Glen L. Pride: Glossary of Scottish Building. 1975 [78p.; c. 2500 entries].

Ramsay 1721 = Allan Ramsay: Poems. Edinburgh 1721. Appended, p. 381 f.: A Glossary or Explanation of the Scots Words us'd by the Author, which are rarely or never found in the modern English Writings [16p.; c. 900 entries].

Ruddiman 1710 = [Thomas Ruddiman:] A Glossary or Alphabetical Explanation of The hard and difficult Words in Gavin Douglas's Translation of Virgil's Æneis. Appended to: Virgil's Æneis, Translated into Scottish Verse, by [...] Gavin Douglas. A new edition. Edinburgh 1710 [80p.; c. 3000 entries].

Sibbald 1802 = James Sibbald: Glossary; or An Explanation of Ancient Scottish Words. In Vol. IV of: Chronicle of Scottish Poetry [...]. Edinburgh 1802 [279p.; c. 5500 entries].

Skene 1597 = John Skene: De verborum significatione. The Exposition of the termes and difficill wordes, conteined in the [...] Actes of Parliament, [...]. Edinburgh 1597 [folio: 116p.; 230 entries. Ed. 1 is appended to Skene's edition of: The Lawes and Actes of Parliament [...]. Edinburgh 1597. Later, separately issued, editions 1599, 1641, 1681, and subsequent].

SND = William Grant/David D. Murison: The Scottish National Dictionary, designed partly on regional lines and partly on historical principles, and containing all the Scottish words known to be in use or to have been in use since c. 1700. Vols. I—X. Edinburgh 1931—1976 [4676p.; c. 20,000 entries].

Warrack 1911 = Alexander Warrack: A Scots Dialect Dictionary comprising the words in use from the latter part of the seventeenth century to the present day. London. Edinburgh 1911 [717p.; c. 60,000 entries, but these include many alternative spellings. Also entitled: Chambers Scots Dialect Dictionary. Frequently re-issued].

13.2. Other Publications

Aitken 1964 = A. J. Aitken: Completing the Record of Scots. In: Scottish Studies 8. 1964, 129—140.

Aitken 1981 = A. J. Aitken: Lexicography. In: A Companion to Scottish Culture. Ed. David Daiches. London 1981, 210—211.

Aitken 1988 = A. J. Aitken: The Lexicography of

Scots: the current position. In: Symposium on Lexicography III. Ed. K. Hyldgaard-Jensen/A. Zettersten. Tübingen 1988, 323—333.

Murison 1987 = David D. Murison: Scottish lexicography. In: The Nuttis Schell: essays on the Scots language presented to A. J. Aitken. Ed. Caroline Macafee/Iseabail Macleod. Aberdeen 1987, 17—24.

Murray 1904—6 = David Murray: Some early Grammars and other School Books in use in Scotland [. . .]. In: Transactions of the Royal Philosophical Society of Glasgow 36. 1904—5, 266—297; 37. 1905—6, 142—191.

Read 1937 = Allen Walker Read: Projected English Dictionaries, 1755—1828. In: Journal of English and Germanic Philology 36. 1937, 188—205, 347—366.

Watson 1916 = George Watson: The Story of Scottish Dictionary-making. In: Transactions of the Hawick Archaeological Society. 1916, 7—12.

Adam Jack Aitken, Edinburgh (Great Britain)

200. American Lexicography

1. Introduction
2. British Dictionaries in America
3. Early American Adaptations
4. The Webster Dictionaries
5. Worcester and the Dictionary War
6. End-of-the-Century Dictionaries
7. The Merriam-Webster *International* Series
8. Large Desk Dictionaries
9. College Dictionaries
10. Shorter Dictionaries
11. Scholarly Dictionaries
12. Lines of Development
13. Selected Bibliography

1. Introduction

From early times the dictionary has occupied a central position in American life. In 1751 Benjamin Franklin advised concerning the education of young scholars, "Each boy should have an English dictionary to help him over difficulties" (cited by Read 1979a, 716). American lexicographers have attempted to supply the need, and their success is measured by the respect with which Americans have come to regard the dictionary. It has been said that "no reference book, perhaps no book of any kind except the *Bible,* is so widely used as 'the dictionary'" (Hulbert 1955, 9). It has filled a virile, and in some respects virulent, role in American life (Read 1972), mirroring public attitudes toward language but also helping to form those attitudes (cf. Arts. 3, 4).

1.1. Stages of American Lexicography

American dictionaries, like those of other national standards of international languages that have spread by colonization, went through three stages of historical development. In the first stage, dictionaries from the motherland were used, the distinctive features of the colony being largely ignored. In the second, dictionaries were produced in the new nation, modeled closely on and derived from dictionaries of the motherland, but incorporating some characteristic features of the incipient national standard. In the third stage, dictionaries appeared that were based on and recorded the usage of the new nation, taking it as the norm. The three "stages" are not chronologically exclusive; they overlap, but succeed one another as large-scale movements. American lexicographers reached the third stage with comparative swiftness, perhaps because the political independence of the new nation was established by revolution, rather than by evolution, as in the case of other nations sprung from the British imperium, and consequently cultural independence became a matter of national pride. Most of the history of American dictionaries falls into the third stage of lexicographical development, but the earlier stages set the tone for what was to follow (Burkett 1979, Friend 1967).

1.2. Scope of the Article

In this article, the focus is on major general dictionaries. Many smaller dictionaries of pocket size and modest desk size have been passed over without mention, as have relatively minor revisions of major dictionaries. Despite the fact that many dictionaries claim to be "totally new", most are based on predecessors to a small or large extent, as they should be. Today, as lexicography moves to electronic data bases and computer-generated texts, the interdependence of dictionaries is becoming ever more pronounced and difficult to trace. Also largely ignored here are dictionaries for special purposes, such as for schools, second-language learners, or secretarial practice; dictionaries of restricted scope, such as those limited to pronunciation, usage, synonyms, or etymology; dictionaries of restricted range, such as those limited to dialect, nationalisms, historical periods, slang, neology, foreign words, or technical terminologies; dictionaries with unusual formats, such as thematic order, reverse dictionaries, or chronological dictionaries; and dictionaries dealing with national varieties other than the English of the United States or produced outside the US. Works of those types are dealt with only incidentally to general dictionaries. What remains then is a historical survey of the major dictionaries of American English with observations on the development of American lexicographical practice. Important studies of the history of American lexicography, on which this account draws heavily, are Burkett (1979) and Friend (1967) for the early periods and Barnhart (1978) for part of the later. Barnhart's study is particularly valuable being, as it is, a treatment of dictionaries during the third quarter of the twentieth century by a lexicographer who was concerned with many of them. A comprehensive view of American dictionaries especially as they relate to the wider concerns of language study is that of Allen Walker Read (1973). An extensive bibliography of writings about dictionaries is Gates (1972).

2. British Dictionaries in America

Before the American Revolution and through the first generation of citizens of the new nation, British dictionaries were used exclusively because there was yet no American lexicography. Consequently, at first, the history of dictionaries in the United States is simply an extension of that in the United Kingdom (Starnes/Noyes 1946). Samuel Johnson's magisterial work of 1755, Nathan Bailey's dictionary as revised by Joseph Nicol Scott also in 1755, Thomas Sheridan's pronouncing dictionary of 1780, and John Walker's of 1791 were imported, reprinted, improved, abridged, and combined. A typical example published well into the nineteenth century is *Johnson's English Dictionary, as Improved by Todd, and Abridged by Chalmers, with Walker's Pronouncing Dictionary Combined* (Worcester 1827). In addition, a number of other British works were used through the first part of the nineteenth century (Friend 1967, 24—33; Krapp 1925, 2:351—77). Even much later British works continued to be imported, reprinted, and adapted. Thus an 1883 revised British edition of the *Imperial Dictionary* was published without changes by the Century Company in New York. That dictionary, one of the first to make extensive use of illustrations, had already been involved in British-American lexicographical interrelations and was to play a continuing role later in the making of *The Century Dictionary* (1889—1891). The interrelationships of British and American dictionaries have always been complex and are continuing so, with influence now often flowing from the United States to the United Kingdom. The British firm of Longman and the American Merriam have interacted, with Merriam providing the subtext for Longman dictionaries. Similarly, the *American Heritage Dictionary* (AHD 1969) was the subtext for the British *Reader's Digest Great Illustrated Dictionary* (1984), which in turn influenced *The American Heritage Illustrated Encyclopedic Dictionary* (AHD 1969 [1987]). The British *Hamlyn Encyclopedic World Dictionary* (1971), which was marketed in America, was also derived from the *American College Dictionary* (ACD 1947), and in its turn has influenced Australian lexicography (Ilson 1986, 51—52). In a sense, lexicography of the English language is an international enterprise, albeit with strong national expressions. Those national expressions create problems for the lexicographer trying to appeal to a transnational market (Ilson 1986). In recent times, British works have still been trying to find a place in the American market. The *Oxford American Dictionary* (1980), an adaptation of one of the smaller Oxford dictionaries, had three American editors out of four. Nevertheless, it has not enjoyed widespread use perhaps because it made an imperfect transition from the British to the American standard and perhaps because, in the modern British tradition, it is unyieldingly lexical, with none of the encyclopedic content Americans have come to expect. Another American adaptation of a British work is the *Longman Dictionary of American English* (1983). Today, British dictionaries still appear in the United States, but in the early days of the colonies and the new nation, they were the only works available. In the beginning they were simply imported; later they were reprinted. One of the early British dictionaries to be published in the new world was the appropriately titled *Royal Standard English Dictionary* (Perry 1777), which had originally appeared in London in 1775. It was not until shortly before the end of the eighteenth century that American dictionaries began to be made, the first of which were merely adaptations of British models.

3. Early American Adaptations

The first English dictionary to be written and published in America was the *School Dictionary* of Samuel Johnson, Jr. (1798), now a very rare book. Samuel Johnson, Jr., was a descendant of the Dr. Samuel Johnson who was the first president of King's College (later Columbia University) in New York City, not of the famous British lexicographer. The character of his dictionary can be judged from its subtitle: "Being a compendium of the latest and most improved dictionaries". Just two years after the publication of that first American dictionary, John Elliott collaborated with Johnson in producing a sequel. And in the same year (1800) appeared Caleb Alexander's *Columbian Dictionary*, the first American dictionary to make a point of its inclusion of American words. These and a smattering of later but equally undistinguished works were the first feeble efforts of the new nation to meet the lexicographical demands of its citizenry. As Friend (1967, 23) observes:

"American lexicography had made a beginning, but its achievement at the end of the first quarter of the nineteenth century was not impressive: a few small books derived largely from British predecessors, and only one with some relish of independence and originality."

The qualified exception in the unimpressive catalogue of early American dictionaries was Noah Webster's first work (1806), which foreshadowed a significant change in American lexicography.

4. The Webster Dictionaries

4.1. Noah Webster

Noah Webster (1758—1843) was one of the Founding Fathers of American intellectual life. A teacher, political lobbyist, lecturer, and journalist, he was led by dissatisfaction with existing textbooks to launch upon a career as the author of spelling books, a grammar, a school reader, and eventually dictionaries, with which his name is now synonymous in the minds of many Americans. The declared principles upon which his linguistic works rest were two: fidelity to the realities of language as actually used, in distinction to arbitrary rules; and reliance on American authors, culture, and especially language — which he called "Federal English" — in distinction to British models as a norm for the United States. Although he was not completely successful in carrying out either principle, Webster's pioneering aims today would be taken as self-evident by most grammarians and lexicographers. Among his many activities, including the promotion of uniform copyright laws in the new nation, Webster's lexicographical work is what he is best known for today. Nothing specific of Webster's own work survives in late twentieth-century lexicography, yet he is so powerfully associated with dictionaries that many of them include his name in their titles for the sales benefit it undoubtedly has. The expression "What does Webster's say?" usually means no more than "What is in some dictionary?" In character, Webster was humorless, intense, argumentative, and in his later years increasingly conservative in his social views. He was, however, the American Dr. Johnson, albeit lacking the latter's conviviality; like the British lexicographer, Webster was known in his own day and has been remembered since as a public figure as well as for his literary output. He has inspired both extravagant admiration (Warfel 1936) and sardonic evaluation (Pyles 1952, 93—124).

4.2. *A Compendious Dictionary*

In 1806 Noah Webster published his first dictionary and thereby began an enterprise and a legend. The dictionary was in the tradition of other American adaptations of British works. On its title page it claimed, in a boast that was typical of dictionary merchandising then and has remained so to this day, that within its pages "FIVE THOUSAND Words are added to the number found in the BEST ENGLISH COMPENDS." In a tendency typical of American lexicography, it included encyclopedic information in tables of money, weights and measures, divisions of time, post offices of the United States, population figures, and historical events. The information given for entries in the body of the work was simple. Pronunciation was suggested chiefly by the choice and placement of accent marks in the main entry form. The part of speech and occasionally the usage limitations of a word were indicated by labels. Definitions were stated concisely, seldom running over a single column-width line. Despite this modest format, the dictionary was extensive in the vocabulary it covered and was one of the first to distinguish the letters *j* from *i* and *v* from *u* in alphabetical order.

4.3. *An American Dictionary*

Webster's *Compendious Dictionary* was only a preliminary trial for his main work: *An American Dictionary of the English Language,* published in two volumes in 1828, abridged by Joseph Worcester (who was to become Webster's chief rival) the following year, and revised for a second edition by Webster as the last major project of his life (1841). The book failed to be the commercial success that Webster had hoped for. Although it was widely used during his lifetime, it was only revisions introduced after his death and the improved marketing of the book that made Webster's name posthumously synonymous with dictionaries. Although it has been called "the most significant contribution to the growth of English lexicography" between Dr. Johnson and the *OED* (Krapp 1925, 1:362), *An American Dictionary* is qualitatively a mixed work. Its greatest strengths are Webster's choice of words to enter and his genius at defining. He distinguished senses and framed definitions with a skill that led Sir James Murray (1900, 43) to compliment him as "a born definer of words". On the other hand, his definitions and pronunciations were sometimes provincially focused on his New England home territory and its "yeoman" class rather than on the whole of the United States and a broader range of social groups. That provinciality was a source of negative responses to the dictionary. Undoubtedly the weakest aspect of *An American Dictionary* is its etymology. Webster, following a simplistic interpretation of Judeo-Christian scripture, supposed all human languages to be derived from a single proto-language, the "Chaldee"; his consequent efforts to trace words back to that source can most generously be called naive. Although he might have learned better from comparative philology, a discipline being developed at the time, Webster was inordinately proud of his own etymologies. It was not until twenty-one years after his death that a German scholar, K. A. F. Mahn, replaced Webster's fancies with scholarly etymologies in an edition therefore sometimes called "Webster-Mahn" (Merriam-Webster 1847 [1864]). Webster's *American Dictionary* was on the whole a good work that moved American lexicography onto a level equal with that of the quondam motherland. However, if revisions of Noah Webster's dictionary had come to an end with his death, he might still be remembered as a major figure in American lexicography, but his name would not be the catchword it has become. The transformation of Webster, editor of *An American Dictionary,* into Webster, the Father of American lexicography and archetypal maker of dictionaries, was effected through the subsequent editions published by the Merriam Company.

4.4. Early Merriam-Webster Dictionaries

After Noah Webster's death, the remaining sheets of the 1841 *American Dictionary* were something of a white elephant since the dictionary, priced at $15 for two volumes (a very high price at the time), had little market. A pair of brothers, George and Charles Merriam, who ran a printing and bookselling business in Springfield, Massachusetts, having bought the sheets and the right to publish revisions, set about finding a way to make a profit on them. Their plan was to bring out a one-volume revision at a more affordable price of $6. Their merchandising sense was acute, and the revised edition (Merriam-Webster 1847) under the editorship of Webster's literary executor, Professor Chauncey A. Goodrich of Yale, was a major commercial success, assuring the survival of the Websterian tradition, which "can rightly be called an 'institution', along with other popular forces such as town meetings, the fostering of public libraries, or 'bundling'" (Read 1986, 197). Henceforth the name of Noah Webster was to be linked with that of the Merriam Company, and the history of Webster dictionaries became that of their publisher (Leavitt 1947). The 1859 edition of the Merriam-Webster dictionary was published to compete with and anticipate the 1860 dictionary of Joseph Worcester (cf. 5.). Because the Worcester dictionary was to be illustrated, the 1859 Merriam-Webster was hurriedly given 81 pages of illustrations, many borrowed from *The Imperial Dictionary,* a British derivative of Webster's *American Dictionary*. The resulting book was known as the "Pictorial Edition". Its illustrations, however, were bound in the front of the volume since plates for the dictionary were already set, preventing the pictures from being incorporated into the text where they logically belonged. That hasty bit of merchandising established a tradition of decorative illustrations separated from the text, which has not yet wholly disappeared from American dictionaries. In subsequent editions, the picture section was transferred to the back of the volume, where they stayed until 1934, although after 1864 many illustrations were also added to individual entries. In the most recent large Merriam dictionary, *Webster's Third,* the pictures at first survived as colored plates scattered through the text, but in 1975 all except the one illustrating color were dropped because of increased printing costs. Thus a makeshift solution to a merchandising challenge became a fixture in the American tradition of lexicography for well over a hundred years. In preparation for the next edition of 1864, Prof. Noah Porter of Yale was chosen as successor to Goodrich in the editorship, and a German philologist, Karl Mahn, was commissioned to revise Webster's etymologies. The 1864 edition so far removed the remaining faults of Webster's work that it became for some years clearly the best of the large American dictionaries. It received minor revisions in 1875, 1879, 1882, and 1884, while a major revision was underway that was to launch another era in Merriam-Webster history — that of the *International* series.

5. Worcester and the Dictionary War

Webster's greatest rival was Joseph Emerson Worcester (1784—1865), whose dictionaries appealed to Anglophiles, among whom they enjoyed greater esteem than did Webster's during the mid nineteenth century. Worcester's apprenticeship in lexicography was devoted to editing other men's work — first an American version of Dr. Johnson as improved by the King's Chaplain, the Reverend Henry John Todd, abridged by Alexander Chalmers, and combined with the pronouncing dictionary of John Walker (Worcester 1827); next an abridgment of Webster's *American Dictionary* (Webster 1828 [1829]). Directly after that, however, Worcester struck off on his own with his *Comprehensive Pronouncing and Explanatory Dictionary,* a work that was to enjoy many editions and sequels under a variety of titles through the rest of the nineteenth century and into the beginning of the twentieth (Worcester 1830 [1846, 1853, 1855, 1860, 1906]). Worcester's contributions to American lexicography were the introduction of synonymies into the definitions of words; the recognition of the New England vowel of *half* as intermediate between those of *fat* and *father;* and the inclusion of given names with etymologies. Although today he is much less well known than Noah Webster, scholarly opinion has long given him his due. Krapp (1925, 1:372) says of him:

"If one balances the faults of the Webster of 1828 against the faults of the Worcester of 1830, the totals are greatly in favor of Worcester. One must conclude that the success of Webster has been due largely to judicious editing, manufacturing and selling."

That is only another way of saying that Webster was saved by the revisions and marketing his dictionary received at the hands of the Merriam Company. Those revisions were effected in the course of what has been called "The War of the Dictionaries", which was a fierce competition between publishers for school adoptions, fueled by Webster's dislike of Worcester's abridgment of his *American Dictionary* (Webster 1828 [1829]), and aggravated by charges of plagiarism and a lining up of intellectuals on the side of either the Americanizing, reforming Webster or of the Anglicizing, conservative Worcester. It was also a regional and academic competition pitting Webster's native state of Connecticut and his alma mater, Yale, against Massachusetts and Harvard, which had adopted Worcester's dictionary in preference to that of the uncouth Noah. The antagonism was further exacerbated when a British publisher, Henry G. Bohn, bought the plates of the *Universal* and issued a British edition attributing Worcester's work to Webster (Worcester 1830 [1853]). The War, however, had its benefits, for it motivated a series of revisions in both the Webster and the Worcester dictionaries that steadily improved American lexicography during the mid nineteenth century. It also reflected the attitudes of Americans toward social order. As Allen Walker Read (1979b, 14) has observed:

"It is possible to downgrade the War of the Dictionaries as merely a matter of commercial rivalries, and in part it was. But much evidence indicates that the dictionary was regarded as a civilizing influence, and people took sides out of crusading zeal."

The War effectively ended with the publication of the Webster-Mahn edition (Merriam-Webster 1847 [1864]), correcting Webster's fanciful etymologies. Given this improved edition, the energetic marketing of the G. and C. Merriam Company ultimately won the day for Webster, so his dictionary, albeit transformed beyond all recognition, continues, whereas Worcester's faded from the scene by the end of the century. An effort was made to revise Worcester in the early years of the twentieth century, but it failed because of the expense involved (Read 1973, 146).

6. End-of-the-Century Dictionaries

The end of the nineteenth century saw the appearance of three important American dictionaries: *The Century Dictionary*, edited by the philologist William Dwight Whitney and issued in parts between 1889 and 1891; *Webster's International Dictionary*, launching a new Merriam series in 1890 (cf. 7.); and *A Standard Dictionary of the English Language*, by Isaac Kauffman Funk in 1893.

6.1. *The Century Dictionary*

In 1889 publication began for *The Century Dictionary and Cyclopedia*, whose subtitle was "A Work of Universal Reference in All Departments of Knowledge with a New Atlas of the World". The work was in three parts, the largest being *The Century Dictionary* proper, "An Encyclopedic Lexicon of the English Language". It appeared initially as 6 volumes in 24 parts, but by 1895 was issued in 8 thick volumes of more than 7000 imperial-octavo pages. It was printed and bound in a variety of formats. The second part was a *Cyclopedia of Names*, covering the proper names of persons, places, books, characters, and so on, to supplement the common words of the dictionary; and the third, an *Atlas*, was an extension of the place-name portion of the *Cyclopedia of Names*. The whole comprised a ten-volume general reference work, a combined dictionary and encyclopedia, with the dictionary as the central component. A distinctive feature of the dictionary is the encyclopedic information given in many entries. For example, the lexical definition of *lancet-window* is "A high and narrow window, terminating in an arch acutely pointed or formed of curves of long radius (the center falling outside of the arch), and resembling a lancet in shape." That definition is followed by this encyclopedic information in reduced-sized type:

"Windows of this form are a marked characteristic of the architecture of the first half of the thirteenth century, and are especially common in England and Scotland. They are often double or triple, and sometimes a greater number than three lancets are found together, as in the group called the Five Sisters in the transept of York cathedral [an illustration of the York windows flanks the entry]. Often called simply *lancet*."

dictionary (dik′shon-ā-ri), *n.* and *a.* [= F. *dictionnaire* (> G. *dictionär* = Sw. *diktionär* = Dan. *diktionær*) = Sp. Pg. *diccionario* = It. *dizionario*, ⟨ ML. *dictionarium*, neut., also *dictionarius*, m. (sc. L. *liber*, book), lit. a word-book, ⟨ LL. *dictio(n-)*, a word: see *diction*. First used, it is said, by Joannes de Garlandia (died about A. D. 1250), the compiler of a *dictionarius*, a classified list of words. Exactly equiv. in etymological meaning are *vocabulary*, *lexicon*, and *word-book*.]
I. *n.*; pl. *dictionaries* (-riz). A book containing either all or the principal words of a language, or words of one or more specified classes, arranged in a stated order, usually alphabetical, with definitions or explanations of their meanings and other information concerning them, expressed either in the same or in another language; a word-book; a lexicon; a vocabulary: as, an English *dictionary*; a Greek and Latin *dictionary*; a French-English or an English-French *dictionary*. In the original and most usual sense a dictionary is chiefly linguistic and literary, containing all the common words of the language with information as to their meanings and uses. In addition to definitions, the larger dictionaries include etymologies, pronunciation, and variations of spelling, together with illustrative citations, more or less explanatory information, etc. Special or technical dictionaries supply information on a single subject or branch of a subject: as, a *dictionary* of medicine or of mechanics; a biographical *dictionary*. A dictionary of geography is usually called a *gazetteer*.

What speech esteem you most? The king's, said I.
But the best words? O, Sir, the *dictionary*.
Pope, Donne Versified, iv.

The multiplication and improvement of *dictionaries* is a matter especially important to the general comprehension of English. *G. P. Marsh*, Lects. on Eng. Lang., xxi.
=**Syn.** *Glossary*, *Lexicon*, etc. See *vocabulary*.
II. *a.* Pertaining to or contained in a dictionary.

The word having acquired in common usage a vituperative connotation in addition to its *dictionary* meaning.
J. S. Mill, Logic, v. 7.

Dictionary excerpt 200.1: Dictionary article (in: Century 1889—1891, 1603)

The Century Dictionary has been widely praised for its scholarship and its esthetics. It is typographically and illustratively one of the handsomest dictionaries ever published. Because of its size, it inevitably invites comparison with the *Oxford English Dictionary*, but they are works of radically different kinds. Although informed by comparative philology, especially in its relatively extensive etymologies, *The Century* was not primarily a historical dictionary but a general purpose reference work for intelligent readers used to dictionary format. Its illustrative quotations do not bear the burden of definition, but are taken from literary and other culturally prestigious sources. The main type is large; the margins are generous; the illustrations are pleasing, abundant, and informative.

In all ways, *The Century* is a tastefully elegant dictionary, typical of its times in assuming with quiet confidence that all essential knowledge can be encompassed within the covers of one work, albeit a large multi-volumed one. *The Century* was conceived in 1882 as an adaptation of the British *Imperial Dictionary* to American needs, and that dictionary did form the lexical subtext for *The Century,* which expanded, however, considerably beyond its original base. Use of the *Imperial,* however, occasioned some difficulty for the publishers of *The Century,* who were constrained to add a cryptic disclaimer beneath the copyright notice of the dictionary:

"By permission of Messrs. Blackie & Son, publishers of The Imperial Dictionary by Dr. Ogilvie and Dr. Annandale, material from that English copyright work has been freely used in the preparation of THE CENTURY DICTIONARY, and certain owners of American copyrights having claimed that undue use of matter so protected has been made in the compilation of The Imperial Dictionary, notice is hereby given that arrangement has also been made with the proprietors of such copyright matter for its use in the preparation of THE CENTURY DICTIONARY."

It takes little reading between the lines to see in "certain owners of American copyrights" the Merriam Company, which owned the Webster dictionaries, from which the *Imperial* had in part derived. Thus when *The Century* used material from the *Imperial,* it borrowed at second hand from the Merriam-Webster books with which it was about to enter into competition. Whatever else may have been included in the "arrangement" the Century Company reached with the Merriam Company, it is said that their agreement prohibited *The Century* from spinning off small dictionaries for the school market, long a source of strength and revenue for Merriam. That restriction would have been a factor in preventing *The Century* from becoming a major competitor to the Merriam-Webster books and thereby establishing a comparably long-lasting series, which the inherent quality of the original *Century* would have sustained. As it was, *The Century* endured for a while, a two-volume supplement to the dictionary and cyclopedia of names appearing in 1909. In 1927 a three-volume (later two-volume) abridgment appeared under the title *The New Century Dictionary,* which was reissued for a good many years. Although *The Century* has not survived intact to the present day, it eventually became itself the basis for a number of other dictionaries and thereby entered the infrastructure of American lexicography.

6.2. *A Standard Dictionary*

The name "Funk & Wagnalls" is more often associated with dictionaries in the popular imagination than any other except "Webster", to which all others are distant seconds. Even Noah Webster, familiar though his name may be, today is often confused with his younger contemporary, the statesman Daniel Webster. It is doubtful that the identity of either Funk or Wagnalls is known to those who counsel others to "look that up in your Funk & Wagnalls" (an injunction used as a joke line some years ago on a popular television comedy show, *Laugh-In*). However, the association of "Funk & Wagnalls" with dictionaries is no mistake. The association began with Isaac Kauffman Funk (1839—1912), a Lutheran pastor, Prohibition Party supporter, and publisher. In 1877 he collaborated with Adam Willis Wagnalls (1843—1924) in founding a publishing firm eventually called "Funk & Wagnalls", best known for its dictionaries, of which the first and most basic was *A Standard Dictionary* (Funk/Wagnalls 1893—1895). Several dictionaries from the firm were edited by Isaac Funk's nephew, Charles Earle Funk, for example, *The New College Standard Dictionary*. Another member of the firm was Francis Horace Vizetelly (1864—1938), who later adopted the forename of "Frank". He came from a journalistic and publishing family of Italian descent, but British by adoption. Frank Vizetelly became editor of the Funk & Wagnalls *New Standard Dictionary* (Funk/Wagnalls 1893—1895 [1913]) after Isaac Funk's death. He was the author of a regular column, "The Lexicographer's Easy Chair" in the *Literary Digest,* another publication of the firm, and became a grand panjandrum to the nation on matters of language, usage, and standards. Partly because of the public relations efforts of Vizetelly and partly because of their own merits, the Funk & Wagnalls dictionaries became widely used and respected. They popularized several features in American lexicography that have been widely imitated, for example, placing the etymology at the end of an entry and ordering definitions by commonness rather than chronology. Less widely admired and imitated, though in the Websterian tradition, were their forays into spelling reform (Landau 1984, 65—66), an enthusiasm of Isaac Funk. The Funk & Wagnalls dictionaries tend to be of the encyclopedic tradition, with proper-name entries and information of an encyclopedic nature in many main entries. The publication history of the Funk & Wagnalls dictionaries is, however, a maze of new issues, reissues, changed titles, and altered formats. The only thorough revision the dictionary received was as the *New Standard* of 1913. Since then it has been reissued many times with patchy updating, but there is no continuing editorial staff, and no citation file is maintained. Eventually this series, which had much to recommend it, seems to have ended with a whimper. Unlike the Merriam Company, Funk & Wagnalls did not keep their dictionaries up to date.

7. The Merriam-Webster *International* Series

Noah Porter, who had edited the last *American Dictionary* in 1864, also brought out the first of the new Merriam series: *Webster's International Dictionary* (Merriam-Webster 1890). The series change was motivated by several factors. Copyright on the first of the Merriam dictionaries (Merriam-Webster 1847) was due to expire in 1889, and the publisher correctly foresaw that others would pirate the work as soon as legal restrictions were no longer in effect. The old Webster's dictionary would soon be available for anyone to reprint, with a consequent confusion of name that would adversely affect Merriam sales. The Webster name certainly had to be retained for its historical associations and commercial advantages, but otherwise there was an advantage in changing the series name so as to make clear that the piratable *American Dictionary* was obsolete. Moreover, use of the Merriam dictionaries had spread far beyond the confines of the United States. Even during Noah Webster's lifetime the value of his dictionary had been recognized abroad, and with the improvements made in later versions, it had become one of the most widely used of English language dictionaries around the world. "American Dictionary" implied a more restricted scope than the publishers wanted, so the change of name to "International Dictionary" was a natural and appropriate one. It is ironic that the patriot Noah Webster's efforts to supply a dictionary of the American language (as he called it in an early prospectus of the dictionary) should have eventually produced *Webster's International Dictionary*. That title was succeeded by *Webster's New International* in 1909, prepared under the chief editorship of William T. Harris, United States Commissioner of Education and perhaps the most influential

dic′tion·ar′y (dĭk′shŭn·ĕr′ĭ *or, esp. Brit.,* -ĕr·ĭ, -rĭ; 68), *n.; pl.* -ARIES (-ĭz). [ML. *dictionarium* or *dictionarius* (sc. *liber*), fr. L. *dictio.* See DICTION.] **1.** A work of reference in which the words of a language (or of some part of it) are listed, now usually with their meanings, spelling variants, etymology, pronunciation, etc.; an alphabetized vocabulary with definitions; a lexicon; a wordbook. Dictionaries of English alone were preceded by bilingual or polyglot dictionaries, and date from the 17th century, when they included only learned words. Dr. Johnson's dictionary (1755) attempted to cover and fix the standard language. Specialized dictionaries, as of spelling, pronunciation, etymology, synonyms, archaisms, dialect, slang, or periods of the language, developed further the materials now represented in general English dictionaries. **2.** Vocabulary in use, as by an individual, or in a certain subject; terminology; as, the *dictionary* of literary criticism; also, vocabulary of accepted words; as, not in the *dictionary* of the French Academy. **3. a** A lexicon in which are defined words and phrases used in any system or province of knowledge; as, a *dictionary* of botany. **b** A lexicon giving vocabulary in one language, and definitions in another; as, a Greek-English *dictionary*.

Dictionary excerpt 200.2: Dictionary article (in: Merriam-Webster 1890 [1934], 724)

public school educator and philosopher of his day. The second edition of the *New International* appeared in 1934, with William Allan Neilson as editor in chief and Thomas A. Knott as general editor. The third and current edition of the series, *Webster's Third New International Dictionary,* appeared in 1961 under the editorship of Philip Babcock Gove. Such extensive changes have been made in the *International* dictionaries since their inception in 1890 that one may question whether the books are properly re-editions of the same title or new works in a series. The latter is doubtless a more correct view, for *Webster's Third,* in particular, differs so strikingly from its predecessors in format and style that it seems to be, as its preface asserts, "a completely new work, redesigned, restyled, and reset," in which every line is new (p. 6a). Nevertheless, its discontinuity with past Merriam-Webster dictionaries must not be exaggerated. As Barnhart (1978, 101) observes:

"Actually *Webster's Third* is a successful blend of *Webster's Second* with new material, and, in some cases, the *Third* is a restyling of the language of *Webster's Second.* Such a blending of old and new

dic·tio·nary \′dikshə,nerē, -ri\ *n* -ES *often attrib* [ML *dictionarium,* fr LL *diction-, dictio* word + L *-arium -ary*] **1 : a** reference book containing words usu. alphabetically arranged along with information about their forms, pronunciations, functions, etymologies, meanings, and syntactical and idiomatic uses ⟨a general ~ of the English language⟩ ⟨a monolingual ~⟩ — compare VOCABULARY ENTRY **2 a :** a reference book listing terms or names important to a particular subject or activity along with discussion of their meanings and applications ⟨a law ~⟩ ⟨a ~ of sports⟩; *broadly* **:** an encyclopedic listing ⟨a ~ of dates⟩ **b :** a reference book giving for words of one language equivalents in another ⟨an English-French ~⟩ ⟨a bilingual ~⟩ **c :** a reference book listing terms as commonly spelled together with their equivalents in some specialized system ⟨as of orthography or symbols⟩ ⟨a ~ of shorthand⟩ ⟨a pronouncing ~⟩ **3 a :** a general comprehensive list, collection, or repository ⟨a ~ of biography⟩ ⟨a usage ~⟩ **b :** vocabulary in use (as in a special field) **:** TERMINOLOGY ⟨the ~ of literary criticism⟩ **c :** a vocabulary of accepted terms ⟨in the ~ of the French Academy⟩ **d :** a vocabulary of the written words used by one author ⟨systematic *dictionaries* of individual authors —Hillis Miller⟩ **e :** LEXICON 4

Dictionary excerpt 200.3: Dictionary article (in: Merriam-Webster 1890 [1961], 627)

is obviously desirable, since one of the major purposes of an unabridged dictionary is to describe the entire language — the seventy-five percent that comes from the immediate past and the twenty-five percent that is new."

7.1. *Webster's Third:* Strengths and Weaknesses

At the time of its publication, *Webster's Third* was assailed in the popular press with a barrage of criticism, most of it directed against what critics saw as an "abandonment of standards" — that is, a failure to adopt a sufficiently prescriptive attitude toward language use (Sledd/Ebbitt 1962). Those criticisms told far more about popular attitudes and journalistic impulses than they did about the quality of *Webster's Third* (cf. Arts. 3, 4). It is the most inclusive and accurate record of living American English. It is a work of impeccable scholarship that ranks second only to the *OED* in its scope and prestige. There are, to be sure, aspects of the dictionary that can reasonably be criticized and have been. For example, the cross-references have been found difficult to use when they are to an entry with many senses, only one of which is relevant. The defining style (one-phrase definitions with only restrictive modifiers and minimum punctuation) is turgid and sometimes difficult to understand, for example, the following, which is sense 1 of *osmosis:*

"the flow or diffusion that takes place through a semipermeable membrane (as of a living cell) typically separating either a solvent (as water) and a solution or a dilute solution and a concentrated solution and thus bringing about conditions for equalizing the concentrations of the components on the two sides of the membrane because of the unequal rates of passage in the two directions until equilibrium is reached"

Such a definition may be very accurate, but it is not user-friendly. Definers always have to struggle with the Johnsonian network-paradox: the fact that a word for an everyday thing like a network may have to be defined in terms that are very complicated because simple words will not do the job. However, the defining style of *Webster's Third* makes it harder to achieve definitions that are easy to read, whatever the complexity of the referent. Underlying the question of definition style, moreover, is the purpose of the definition, whether to characterize the referent with efficiency and technical accuracy so as to distinguish it from all other referents, or merely to suggest how the word is used, forcing users to infer fine distinctions or otherwise discover them on their own. Either purpose can be justified, but *Webster's Third* clearly intended the former. Pronunciations were criticized on two grounds. First, the dictionary tries to give all variants; and second, the system for indicating variants is complex. One unsympathetic critic estimated that twenty-six pronunciations were given or implied for *lingerie*. As with definitions, purpose is critical. If a dictionary is trying to account for the language in all its complexity and variation, then the description will of necessity be complex and varied. If the word *lingerie* has twenty-six pronunciations (and it is indeed one of the more phonologically variable words of English), then a thorough dictionary has to give all of them. Users who find more in a dictionary than they want to know would be well advised to use a less informative dictionary. In fact, the pronunciations of *Webster's Third* are one of its strong points. No other dictionary has presented such an accurate and full description of how words sound in American English. The size of the dictionary is another of its strengths. No other dictionary documents present-day American English with equal thoroughness and detail. No other has the number of entries of *Webster's Third*.

7.2. Capitalization of Entries

Other criticized features were editorial decisions of inclusiveness and typography. Entry forms (except for initialisms like *PhD* and *MSG* and the pious exception *God*) are in minuscules only, with comments indicating the probability of capitalization. The result is an odd appearance of some words and a waste of space. So, *roman catholicism* is said to be *"cap R & C"* whereas *roman catholic* is *"usu cap R & C"* and *roman brick* is *"often cap R"* but *roman capital* is only *"sometimes cap R"*. Careful distinctions of orthographical usage are being drawn in a rigorously consistent fashion. Yet the same information could have been conveyed with less rigor but in more familiar form by mixing the capitalization of the entries and adding comments like the following: *Roman Catholicism, Roman Catholic* "also r- c-", *roman brick* "or R-", and *roman capital* "also R-".

7.3. Cultural Bias

Modern lexicographers strive to be impartial and free from the semiconscious biases of their culture, but they can never be perfectly successful. The *Webster's Third* double entry of *god* and *God* has a distinction of sense discrimination in addition to its capitalization. *God* in the monotheistic sense seems to be the only noninitialism to get a capital letter, presumably out of reverence or perhaps fear of scandalizing the pious. *God* in the polytheistic sense is lower-cased, but is also put into a separate entry altogether, as though the two words had no more connection than an *ear* for hearing and an *ear* of corn. The usual practice of *Webster's Third* is to treat a form as polysemous (one word with several senses) unless the sense distinctions correlate with etymological differences, which may be only differences in their parts of speech, in which case the senses are given separate entry as homophonous forms. That is, identical shapes with different origins or belonging to different parts of speech are treated as distinct words (homonyms); identical shapes of the same origin and part of speech, but diverse meanings, are treated as the same word (a polyseme). Thus the dictionary has six main homonymous entries for *ear*: three nouns, two verbs, and one adverb, all with different etymological histories. On the other hand, the single polysemous entry for the noun *eye* has seven main senses, with nineteen subsidiary senses, and two dozen idiomatic combinations. The verb *eye* is a separate entry. The only apparent exception to this policy linking main entries with etymology or parts of speech is the *god/God* pair, treated as a homophonous doublet, whereas it is etymologically a single polysemous form. This inconsistency is of minor importance, but it is of some interest in showing that even a rigorously consistent work will make exceptions when the motivation is strong enough. It is also fitting that however modern and scientific Noah Webster's dictionary has become, the culturally biased point at which it balked was one that would have been dear to Noah's religiously conservative soul.

7.4. Proper Names and Attributive Nouns

As a matter of policy, not the usual one in American lexicography, the dictionary excludes proper names; however, it admits them when they can be defined appellatively. So *thailand ("usu cap")* is entered, not as the name of a nation, but as an adjective meaning "of or from Thailand : of the kind or style prevalent in Thailand" with the etymology "fr. *Thailand,* country in southeast Asia". Such entries, which abound in *Webster's Third,* are consistent with an editorial policy and are admirably clear, but are also faintly comic. The putative adjectival use of place names could just as well be regarded as an attributive use of the place-name noun, with meanings predictable by general rule. However, treating such forms as adjectives allows *Webster's Third* to maintain a principle (no proper names) while still including words that the user will expect to find. It looks prestidigitatorial.

7.5. Usage Labels

Even the popular criticism of *Webster's Third,* namely, that it abandoned standards and abdicated its position as the "supreme authority", while nonsense, did have a basis. That is, usage labels addressing questions of acceptability and style had been reduced in number and frequency. In making such a reduction, the editors were following the best learned opinion of the time, which ran strongly, indeed enthusiastically, against prescriptivism and hence also against labels that might imply a value-judgment by the labeler on the labeled form. In the past, some lexicographers, including Noah Webster, had set themselves up as arbitri elegantiarum, and so there was strong motive to avoid even the appearance of such evil. However, users of a language do make judgments about whether or not a form is "correct"; lexicographers therefore have an obligation to record, though not adopt, such judgments since they are part of the total meaning of a word. Lexicographers have available for study and should report the emotional evaluations that users make about words, just as they study and report word senses, spellings, pronunciations, and the like.

7.6. Overall Assessment

Despite these and other such criticisms that can be arguably leveled against *Webster's Third,* it was by far the best dictionary of its time. It was outstanding in thoroughness and accuracy. *Webster's Third* was also one of the most uncompromisingly lexicographical of American dictionaries. It attempted to apply the best standards of mid-twentieth-century linguistics to dictionary making and showed little of the encyclopedic tradition that is typical of much of American lexicography, including earlier dictionaries in the *International* series. The closest it comes to encyclopedic content are a list of "Forms of Address" in the front matter, two dozen odd color plates and full-page illustrations, and some fifty tables scattered through its more than 2700 pages. If it tells more about the language than some of its users have wanted to know and is less magisterial in tone than they would have liked, that fact is not to the discredit of *Webster's Third*. No dictionary presents a fuller or more reliable picture of the American vocabulary at mid century. Augmented by more recent dictionaries in the Merriam-Webster Collegiate series and by supplements like *12,000 Words* (Merriam-Webster 1890 [1986]), *Webster's Third* remains the greatest dictionary of current American English.

8. Large Desk Dictionaries

Webster's Third is the largest of current American dictionaries and a reference work without peer, but just below it in size are a number of other books belonging to a category which, for lack of a better name, can be called "large desk dictionaries". These works are oversized or multivolume books, too large for some shelves and inconvenient for easy handling. Consequently, they are an intermediate category between the large reference dictionary needing a separate stand and the college dictionary, which can be held in one hand. Despite their intermediate size, the last two works discussed in this section (8.4., 8.5.) are distinguished dictionaries that are well maintained by their publishers.

8.1. *New Century*

A notable earlier example of the large desk size was *The New Century Dictionary*, an abridgment of *The Century* (1889—91 [1927]) which became a source for the later Thorndike school dictionaries (Thorndike/Barnhart 1935), *The American College Dictionary* (ACD 1947), *The World Book Dictionary* (WBD 1963), and through the *ACD* for the Random House series of dictionaries (RHD 1966).

8.2. *Webster's New World*

Another notable example of the large desk dictionary is the encyclopedic edition of *Webster's New World Dictionary of the American Language* (WNW 1951). In the background of this work is the undistinguished *New World Dictionary* (World 1928) and its successor, *Webster's New World* of 1935, both edited by Joseph Devlin. The larger 1951 work was of an altogether higher order in quality; this dictionary was not maintained by its publishers, but became the basis for a smaller college dictionary that has been revised frequently (cf. 9.4.).

8.3. Funk & Wagnalls

The Funk & Wagnalls tradition is responsible for several works that belong in the large desk category by virtue of their total size: *Funk & Wagnalls New Standard Dictionary, New Practical Standard Dictionary,* and *Standard Dictionary,* International Edition (Funk/Wagnalls 1893—1895 [1913, 1955, 1958]). The first was a good work at the time of its original publication, but it was reissued frequently with only minor adjustments and eventually became seriously out of date (Chapman 1977, 145). The second, although bound in two volumes, had only a little over 1500 pages of English entries, plus another 500 pages of a six-language bilingual dictionary. The third, another two-volume work, was sold exclusively by subscription rather than through the trade. Often revised, it was also used as the basis for the *Standard College Dictionary* (Funk/Wagnalls 1893—1895 [1963]).

8.4. *The Random House Dictionary*

The Random House Dictionary of the English Language (*RHD* 1966) used as its base the *American College Dictionary,* supplemented by its own citation files. It in turn was the base for one of the major college dictionaries (cf. 9.5.). The second unabridged edition of *The Random House,* published in 1987, is notable for providing the most extensive collection of neologisms among general dictionaries. It is remarkably thorough in its coverage of words that were new to the English language at the time of its appearance. Although *RHD* is not a historical dictionary, senses being arranged in order of frequency rather than origin, the etymologies of the second edition are noteworthy for including dates for the period of earliest attestation of the entry forms and for labeling words of American provenance. Unlike *Webster's Third,* the unabridged *Random House* is closer to the encyclopedic tradition of *The Century.* It lacks the additional encyclopedic comments within entries that characterized the latter work, but it includes proper names in the main list, and the back matter of the second edition consists of a dozen supplements occupying nearly 300 pages ranging from ten pages of "Signs and Symbols" to a thirty-page "Atlas of the World". The encyclopedic back matter of the first edition was even longer, some of it having been transferred in the second edition to charts and tables scattered through the body of the dictionary.

8.5. The World Book Dictionary

The World Book Dictionary (*WBD* 1963) is a two-volume work sold primarily in conjunction with *The World Book Encyclopedia;* as such it too is in *The Century* tradition of combining lexical and encyclopedic information within a single set of books. Whereas *The Century* made the dictionary the central work in the set, inserting encyclopedic information into its pages as well as supplementing it with additional volumes, *The World Book* makes the encyclopedia the central work, supplementing it with the dictionary. Taken alone, the *WBD* is a lexical rather than an encyclopedic work since neither its entries nor its supplements are encyclopedic in nature. However, because of its linkage to *The World Book* reference set, it can be seen as part of the encyclopedic tradition of dictionaries. The *WBD* was based partly on a series of school dictionaries known as Thorndike-Barnhart (1935) and still carries on its spine the legend "Thorndike/Barnhart". It was also based on *The Century* and *New Century* dictionaries, as well as on the Barnhart citation files. Although the first American lexicographer was Samuel Johnson, Jr. (1798), whose work was *A School Dictionary,* most school dictionaries have been derived from larger general books intended for adult users. Thorndike-Barnhart, however, is notable as a school series that has influenced general dictionaries in several ways, such as the simplification of pronunciation symbols and the ordering of definitions according to frequency on the basis of a semantic count (Thorndike 1931, Lorge/Thorndike 1938, Thorndike/Lorge 1944, Lorge 1949). Those semantic counts of words and meanings were keyed to the definitions of the *OED* and were based on an examination of texts totaling several million words. They became in turn the basis for deciding which words and meanings to include in a dictionary, how to order the meanings, how much space to devote to each, and what words to use as a defining vocabulary. The essential principles are that the dictionary must be relevant to the needs of its users; that definitions should be, not just technically accurate, but in language those users understand; and that the best information from linguistics and psychology should inform the work of the lexicographer (Barnhart 1949). Those principles have spread to many general dictionaries, and the defining principle in particular to the *World Book Dictionary*. Two of the most distinctive features of the *WBD* are its abundant entry of new words and the clarity of its definitions. Within an entry, senses are ordered by frequency rather than chronologically, with the etymology at the end of the entry. Another distinctive feature is the richness of illustrative citations; no other American dictionary except *Webster's Third* provides such full citational evidence for its definitions. Because this dictionary is geared to the "family" and "younger users" market and is sold mainly with an encyclopedia, it is less well known than its quality deserves. It is kept up to date by annual revisions, and the Barnhart lexicographical staff has produced a series of independent works that serve as supplements to their own dictionaries and to others: *The Barnhart Dictionary of New English since 1963, The Second Barnhart Dictionary of New English* (Barnhart 1973), and a periodical, *The Barnhart Dictionary Companion* (Barnhart 1982—).

9. College Dictionaries

College dictionaries are smaller desk dictionaries intended for the use of students; they also have extensive general use. Many late twentieth-century users think of them as the norm for dictionaries. In the last decade of the century there are four prominent titles in this category: *The American Heritage Dictionary* (AHD 1969 [1982]), *The Random House College Dictionary* (RHD 1966 [1975]), *Webster's New World Dictionary* (WNW 1951 [1988]), and *Webster's Ninth New Collegiate Dictionary* (Merriam-Webster Collegiate 1898 [1983]). An earlier title was *The Winston Dictionary,* which began publication in 1919 as a series of general and school dictionaries, and was revised in 1926 as an Advanced Edition, a College Edition, and an Encyclopedic Edition. Significant earlier works were *The American College Dictionary* (ACD 1947) and several books in the "Standard" tradition: *New College Standard Dictionary, College Standard Dictionary,* and *Standard College Dictionary* (Funk/Wagnalls 1893—1895 [1946, 1947, 1963]).

9.1. Merriam-Webster Collegiate Series

The Merriam Company's series of college dictionaries (Merriam-Webster Collegiate 1898 [1910, 1916, 1931, 1936, 1949, 1963, 1973, 1983]) is the longest lasting such series in American lexicographical history and in many ways is the touchstone by which others must be judged. The Collegiate series is derived from the unabridged International series, although because its volumes are shorter works the Collegiate has been revised in new editions more frequently than the source International. The first *Collegiate* (1898) was based on the original *International* (1890); the second, third, and fourth (1910, 1916, 1931) were based on the *New International* (1909); the fifth and sixth (1936, 1949), on the second *New International* (1934); and the seventh, eighth, and ninth (1963, 1973, 1983), on the *Third New International* (1961). There is a strong family resemblance among the *Collegiates*, but also between each *Collegiate* and its corresponding parental *International*. There has been an average of less than eleven years between new editions of the *Collegiate*, compared with about twenty-four years between *Internationals*. A comparison of the fifth *Collegiate* (the first based on the second *New International*) with the ninth *Collegiate* (based on the *Third New International*, but showing features of its own) reveals both the conservativism and the innovations of this series over a 47-year period. In the fifth edition, the definition of *abyss* is

"**1.** The bottomless gulf or chaos of old cosmogonies. **2.** Any deep immeasurable space, chasm, or void; hence, infinite time; a vast intellectual or moral depth."

In the ninth edition, the definition has been somewhat reworded and redivided as

"**1:** the bottomless gulf, pit, or chaos of the old cosmogonies **2 a:** an immeasurably deep gulf or great space **b:** intellectual or spiritual profundity"

Except for the omission of a reference to "infinite time" in the second, these two definitions do not appear to differ substantially in content. *Earthling* is defined as "an inhabitant of the earth" in both editions, although the later adds as a second sense "worldling". On the other hand, the fifth edition's definition of *osmosis* is far more encyclopedic in style than is characteristic of Merriam dictionaries after *Webster's Third:*

"The diffusion which proceeds through a semipermeable membrane, separating two miscible solutions, and tends to equalize their concentrations. The chief movement of solvent toward the denser solution (*endosmosis*) usually masks the slower diffusion (*exosmosis*) in the opposite direction. Living cells have semipermeable membranes and depend for much of their activity upon osmosis."

The corresponding definition of the *Ninth New Collegiate* uses a defining style more like that of *Webster's Third,* though it is more concise and easier to follow than that of the bigger dictionary (cf. 7.1.):

"movement of a solvent through a semipermeable membrane (as of a living cell) into a solution of higher solute concentration that tends to equalize the concentrations of solute on the two sides of the membrane"

The *Ninth New Collegiate* has added, before the definitions, the date of the earliest known use of each form. And, in response to the usage controversy surrounding *Webster's Third,* it has added extended usage notes to forms that have been the subject of controversy. These notes are distinguished by their informativeness and dispassion. Of them, the editor, Frederick C. Mish, says in his preface (p. 6):

"The guidance offered is never based merely on received opinion, though opinions are often noted, but typically on both a review of the historical background and a careful evaluation of what citations reveal about actual contemporary practice."

This college dictionary is a worthy successor in a series of highly respected works.

9.2. *American College Dictionary*

One of the most highly regarded college dictionaries of the twentieth century was *The American College Dictionary* (ACD 1947), edited by Clarence L. Barnhart, the dean of modern American lexicographers. The *ACD,* like other Barnhart dictionaries, was characterized by innovation and common sense in applying the results of linguistic and other scholarship to the practical needs of lexicography. His editorial advisory committee consisted of scholars at the forefront of their disciplines: Bernard Bloch, Leonard Bloomfield, Charles Carpenter Fries, W. Cabell Greet, Irving Lorge, and Kemp Malone. As part of its basis, the *ACD* used *The Century* and *The New Century* dictionaries (1889—1891 [1927]) and Craigie's *Dictionary of American English* (DAE 1938—1944). It followed the lead of the *Thorndike-Century Senior Dictionary* (Thorndike 1935 [1941]) in reforming the system of dictionary pronunciation symbols, in part by introducing the schwa symbol from the IPA in place of a variety of orthographically based symbols which had thitherto been common for unstressed vowels. That school dictionary was one of the Thorndike series, on which Barnhart worked and which helped to transmit *The Century* tradition and to mold subsequent American lexicographical practice beyond the school dictionary. The *ACD* also used contemporary statistical counts of words and word meanings to make decisions about their inclusion in the dictionary and the amount of space to be dedicated to them. Definitions were listed in an order of frequency, rather than historically, and different grammatical uses of the same form were entered as different senses of a single main entry; so the noun and verb uses of *engineer* were combined under the same main entry, as were the adjective and noun uses of *epic*.

9.3. Funk & Wagnalls

The Funk & Wagnalls tradition, derived from the turn-of-the-century *Standard Dictionary* (Funk/Wagnalls 1893—1895) has produced several college dictionaries, notably the *New College Standard Dictionary* of 1947 and the *Standard College Dictionary* of 1963. The former was distinguished by several innovations, including an unusual system of indicating pronunciation; the innovations were, however, not followed by other dictionaries, and so did not enter the mainstream of American lexicography. The latter dictionary had a distinguished supervisory board, consisting of Albert H. Marckwardt, Frederic G. Cassidy, S. I. Hayakawa, and James B. McMillan. It avoided the idiosyncrasies of the 1947 work, but was not adequately supported by a continuing editorial staff (Barnhart 1978, 135). Despite the lack of a continuing staff, the Funk and Wagnalls files have spawned a large number of dictionaries of various sizes.

9.4. *Webster's New World*

The encyclopedic edition of *Webster's New World Dictionary of the American Language* (WNW 1951) was the basis for a shorter college dictionary of the same name published in 1953. Its defining style, to which its foreword called attention, is in the encyclopedic style of *The Century*. For example, the definition of *epic* begins with a purely lexical statement: "a long narrative poem about the deeds of a traditional or historical hero or heroes of high station". In nonencyclopedic dictionaries, such a statement would be the whole of the definition of that sense. In *WNW*, however, the definition continues:

"typically, *a)* a poem like the *Iliad* and *Odyssey*, with a background of warfare and the supernatural, a dignified style, and certain formal characteristics of structure (beginning *in medias res*, catalogue passages, invocations of the muse, etc.); *classical epic. b)* a poem like Milton's *Paradise Lost* or Tasso's *Jerusalem Delivered*, in which such structure and conventions are applied to later or different materials; *art epic; literary epic. c)* a poem like *Beowulf*, the *Nibelungenlied*, and the *Chanson de Roland*, considered as expressing the early ideals, character, and traditions of a people or nation as the *Iliad* and *Odyssey* expressed those of the Greeks; *folk epic; national epic.*"

In keeping with its encyclopedic definitions, *WNW* also includes proper names in its main alphabetical listing. It follows the *ACD* principles of grouping definitions, but there are no run-in entries. So the form *epical*, which in many dictionaries would be an undefined subentry of *epic*, has its own main entry, a short one, but with the essentials of pronunciation, part of speech label, and definition. As a consequence of the decision to treat every form as a main entry, some derivative forms whose shape and meaning are predictable (such as the adverb *epically*) are not entered at all. A partial exception to the rule against run-in entries is the treatment of idiomatic combinations like *enter into* in the sense 'take part in' and *enter on* in the sense 'begin'; they are given, with definitions but no other information, as subentries under the main word of the idiom (in this case, *enter*). The etymology of native words is traced back to an Indo-European root. In the second edition of 1970, undefined run-in entries of words with predictable meanings and pronunciations were introduced. So *epical* and *epically* both appear at the end of the entry for *epic*. Etymologies were revised and the more speculative identifications of Indo-European roots of the first edition (for example, that of *sea*) were omitted. A new feature is the use of an open star to mark words or meanings that developed in the United States, thus helping to justify the title, *Webster's New World Dictionary of the American Language*. Another innovation is to give etymologies for American place names. While the third edition of 1988 preserves most of the characteristic features of earlier editions, some innovations were also made. One of those is the title, which was quietly changed from ... *of the American Language* to ... *of American English*. That change is reminiscent of Noah Webster's change of the projected name of his first great work from "Dictionary of the American Language" to *American Dictionary of the English Language*. However much patriots would like to see in the language of the United States a new species from that of the United Kingdom, students must ultimately recognize the clear unity of English in its many varieties — American, British, and others. Other changes in the third edition are more substantive, if less richly symbolic. The syllabication of written words is shown by two devices: the conventional mid-height period indicating points at which the word might be divided at the end of a line, and a thin vertical line indicating syllable breaks that should be avoided at line end for clarity or esthetics. Thus *tel|e·scop|i·cal|ly* indicates that, although the word has the syllables *tel-e-scop-i-cal-ly,* the only line-end breaks recommended by the dictionary editors are *tele-scopi-cally*. The third edition of this dictionary was the first in its series to include words that used to be considered too obscene to print. The admission of such words to this dictionary was unheralded, probably because most comparable dictionaries had already included them. The comment by the editor, Victoria Neufeldt, on usage labels is a model of good sense:

"This new dictionary has more usage labels to assist the reader in the choice of language to fit the occasion. It must be remembered that these labels reflect not our editorial opinion of the comparative desirability of a given term, but rather our assessment and interpretation of how it is viewed in the speech community as a whole. It is not the lexicographer's mandate to pass editorial judgment, but only to describe as best he can, using innate and acquired linguistic sensitivity and lexicographical skills (plus a good up-to-date citation file), the language as it exists. Language cannot be separated from its environment and a large part of our most common vocabulary cannot be properly used without a knowledge of the way in which individual words are perceived within a given social context."

Descriptions of usage are, to be sure, always open to challenge. So *WNW* (1988) calls the form *momento* an erroneous spelling of *memento; Webster's Ninth New Collegiate* (Merriam-Webster Collegiate 1898 [1983]), on the other hand, calls it only a variant, but *The American Heritage* (AHD 1969 [1982]) does not enter it at all, apparently regarding the form as beneath notice. A similar difference is apparent with the taboo words. *Fuck* is labeled "obscene" in all uses by *The American Heritage; Webster's Ninth New Collegiate* calls it "obscene" in the sense "copulate" but only "vulgar" in the sense "meddle (with)"; *Webster's New World* calls it "vulgar" in the "copulate" sense and "slang" in the "meddle (with)" sense. The latter two dictionaries are certainly correct in their assessment of different emotional values for the word in the two meanings. The relatively greater tolerance implied by the choice of labels in *Webster's New World* may be a consequence of its later admission of the word to dictionary treatment.

9.5. *Random House*

The College Edition of *The Random House Dictionary of the English Language* (RHD 1966 [1968]) appeared just two years after the longer work of which it was an abridgment. In the preface to the College English, Laurence Urdang pointed to the vastly expanded store of information, printed and spoken, that electronic data processing and tape recordings had made possible. The use of such mechanical and electronic aids, first for the accumulation of the lexical base of the dictionary, then for the manipulation of the data of that base, and finally for the actual production of a dictionary, has revolutionized dictionary making. The slip boxes of Sir James Murray belong to another century chronologically, but to another era technologically. Despite technological marvels, however, much about dictionaries remains conservative. The College Edition *Random House* was an abridgment of its larger namesake, but the latter was based on *The American College Dictionary* (ACD 1947), so it is not surprising to find similarities between the two college works, even though twenty-one years separate them. Thus in the *Random House, osmosis* is defined as:

"the passage of a fluid through a semipermeable membrane into a solution where its concentration is lower, thus equalizing the conditions on both sides of the membrane."

In the earlier *ACD,* the definition ran thus:

"the tendency of a fluid to pass through a semipermeable membrane into a solution where its concentration is lower, thus equalizing the conditions on either side of the membrane."

The difference in wording is slight, although the *Random House* version is an improvement in the points in which it differs from the earlier dictionary. The College Edition was eventually renamed *The Random House College Dictionary* (RHD 1966 [1975]). Under this slightly new name it endeavored, as other dictionaries in the series have so successfully done, to include the new words with which the language is constantly being enriched. Otherwise, its editors declined seriously to tamper with a proven product.

9.6. *American Heritage*

The American Heritage Dictionary of the English Language (AHD 1969) was published in part as a response to the controversy over the usage judgments or nonjudgments of *Webster's Third* (Merriam-Webster 1890 [1961]). Its number of entries (about 155,000) puts it in the category of college dictionaries, although its physical size is larger than most such books, being between that of a usual college dictionary and a large desk dictionary. The editorial stance of the dictionary is anomalous. In his introduction (p. vi), the editor, William Morris, wrote,

"This Dictionary of the English language ... has been produced by the American Heritage Publishing Company, publishers of *American Heritage*, the magazine of history; of *Horizon*, a quarterly devoted to culture and the arts; and of a wide spectrum of books. Since these enterprises were established in 1954, their editors have felt a deep sense of responsibility as custodians of the American tradition in language as well as history. Consequently, at a time when the language, already a historical melting pot, is under constant challenge — from the scientist, the bureaucrat, the broadcaster, the innovator of every stripe, even the voyager in space — they undertook to prepare a new dictionary. It would faithfully record our language, the duty of any lexicographer, but it would not, like so many others in these permissive times, rest there. On the contrary, it would add the essential dimension of guidance, that sensible guidance toward grace and precision which intelligent people seek in a dictionary. They will find it here, in a dictionary that is in many respects a notable departure from previous British and American lexicographical practice."

It is a commonplace of dictionary prefaces for the editor to affirm the continuity of his book with the great lexicographical tradition of the preceding two centuries. It is therefore singular for an editor to revert to the aim of fixing the language which Dr. Johnson projected in the Plan for his dictionary, but discovered to be impossible by the time he wrote the preface to that work. The "essential dimension of guidance" in the *AHD* was implemented partly through a "Usage Panel" of slightly over 100 men and women of letters to whom questions were submitted concerning about 600 items of disputed usage. Their responses, summarized in usage notes appended to the words in question, became a focus for the promotion of the dictionary. These usage notes, which are identified as opinions, vary from informed observations of language use to expressions of idiosyncratic prejudice. In practice, their chief value was as an advertising gimmick rather than "sensible guidance" for "intelligent people". Archibald A. Hill (1970) has sympathetically considered the use of jury-testing of language questions by properly constituted usage panels, and a detailed study of recent lexicographical treatments of variable usage and acceptability judgments has been made by Thomas J. Creswell (1975). *The American Heritage* is notable for the merchandising skill of its publishers and for a handsome physical appearance, including wide outside margins containing an abundance of attractive illustrations that are frequently decorative rather than informative. On the whole, however, the content of the dictionary was of a considerably higher quality than its announced editorial stance and its advertising gimmickry would suggest. A notable feature of the work was an appendix listing Indo-European roots keyed to derivative words in the body of the dictionary. This dictionary was also innovative in listing the common vulgar terms for sexual matters, ironically so, however, in view of its publishers' announced "deep sense of responsibility as custodians of the American tradition in language". There is perhaps a general law by which only extremists on one side of an emotionally charged issue can reach an accommodation with the opposite side. A 1976 reissue of the dictionary identified on its spine as a "New College Edition" appears to be only a reprinting in smaller type and page size to bring the book into the normal dimensions of college dictionaries. The Second College Edition of 1982 is a new edition of the work. The Usage Panel was retained and some 400 new usage notes added to the dictionary. Although the handling of the usage notes in the second edition was less contentious than in the first edition, they are still "a marketing gimmick, not a source of serious information about usage" (Creswell/McDavid 1986). The front matter includes a fine set of introductory articles by Lee Pederson, Dwight Bolinger, William F. Buckley, Jr., Geoffrey Nunberg, and Henry Kučera. One of the more useful features of the original work, the list of Indo-European roots, was abandoned. In 1987 an enlarged version of the work was published as *The*

American Heritage Illustrated Encyclopedic Dictionary. Earlier editions were also illustrated, but this more recent one has brightly colored pictures and extensive tabular matter.

9.7. Overview

Because college dictionaries are to some extent the norm of dictionaries for American users and because there have been so many of them, comparing and judging their relative merits is necessary but difficult. It is also a never-ending task as new such dictionaries or new editions of old ones appear with great frequency. Here only a few judicious comparisons will be mentioned. James B. McMillan (1949) compared five titles; Allan Walker Read (1963) compared four; Clarence Barnhart (1978, 114—124) surveyed ten; in an American Library Association publication, Robert M. Pierson (1986) compared seven, including *The World Book Dictionary,* which is too large to be properly a college dictionary. Pierson concluded that, of the works he reviewed, *The World Book Dictionary* is "an outstanding achievement" and that, of the purely college dictionaries, those "highly recommended" were *Webster's New World* and *Webster's Ninth New Collegiate.*

10. Shorter Dictionaries

Shorter than the typical college dictionary is what might be called the small desk dictionary, containing 80,000 to 100,000 entries, with compression in the content or extent of those entries. Many of the college dictionaries have abridged versions that fall into this category. Other books of this size are prepared especially as compact dictionaries for use in the home, school, and office. Two examples of the latter sort are *The Doubleday Dictionary* (1975) and *The New York Times Everyday Dictionary* (Times 1982). *The Doubleday Dictionary* is a relatively conservative work, a compact version of a typical college dictionary. It manages to include a surprising amount of information within its more limited size. The *Times Everyday Dictionary* has several unusual features. Its compressed definitions are supplemented or sometimes replaced by illustrative examples of the word in use; and for pronunciations it uses a respelling system that is supposed to be interpretable without a key and respells only those syllables whose pronunciation is not obvious from conventional orthography.

Shorter than the small desk dictionaries are various pocket dictionaries, ranging from those that require a fairly generous-sized pocket for carrying to those so small that their practical use must be as amulets rather than word books. Although such pocket dictionaries are numerous and widely sold in book stores and markets and thus are a cultural phenomenon whose significance needs to be interpreted by anthropologists, they are of little significance lexicographically and so are not further considered here.

11. Scholarly Dictionaries

The great American dictionaries, like *The Century* (1889—91) and *Webster's Third* (1890 [1961]) have always been scholarly, in the sense that they were based on the scholarship of their day and could be used with confidence by scholars. That is true of many shorter works as well. However, if by "scholarly dictionary" is understood a dictionary directed primarily at scholars, rather than general users, the scholarly dictionaries of America are outside the scope of this article, for they are works of specialized scope, books like *A Dictionary of American English* (DAE 1938—1944), which was intended as a national supplement to the *OED; A Dictionary of Americanisms* (DA 1951), which deals solely with words of American provenance; and the *Dictionary of American Regional English* (DARE 1985—), which treats words that are restricted to particular regions or social groups in the United States. Such dictionaries are described elsewhere (cf. Art. 158), as are those dealing with particular historical periods (cf. Art. 155), so they need only be mentioned here as part of the total lexicographical activity of the United States. American lexicography has been mass-user-oriented; and American lexicographers are not as a rule academics like William Dwight Whitney, the most notable exception among general lexicographers. In the United States, no more than in the United Kingdom, has lexicography been a vigorous academic study. However there are signs that its status may be changing at least in a small way (Gates 1986).

12. Lines of Development

From the approximately two hundred years of American lexicography, certain lines of development clearly emerge.

12.1. Depersonalization of the Dictionary

Like dictionary-making in other lands, American lexicography has ceased to be a solitary, personal activity and has become instead largely a corporate, impersonal one. The days of Dr. Johnson and Noah Webster, isolated lexicographers struggling along with such help as they could find, are past. Today dictionary making is a big business, and the central role of the lexicographer has largely been preempted by that of the business man. As Stuart Berg Flexner observed in a 1988 address to the American Dialect Society, old dictionaries were named after their writers, whereas modern dictionaries are named after their publishers. The watershed seems to have been near the end of the last century. Webster's name continues from the mid nineteenth century as a powerful mantra of lexicography, but *The Century* is seldom thought of as William Dwight Whitney's; and (to point to a British example) "Murray's Dictionary" gave way to *Oxford English Dictionary,* a publisher's name that also replaced the Philological Society's original name for the work, *New English Dictionary*. It is inconceivable that the new *Oxford English Dictionary* will ever be called or thought of as anything else, whoever its editor may be. George Philip Krapp observed this depersonalization of lexicography as long ago as 1925 (1:375) when he looked back on the three great dictionaries of the end of the last century (Century 1889—1891; Funk/Wagnalls 1893—1895; Merriam-Webster 1890 [1909]):

"These three dictionaries illustrate the disappearance of the individual in the making of modern dictionaries, and the emergence of what may be called the syndicate or composite dictionary. The older dictionaries depended for their value upon a name, the name of Johnson, or Sheridan, or Walker, or Webster, or Worcester. The modern dictionary is a large and costly publication, the work of numerous scholars, specialists and compilers whose names are altogether unknown to the persons who use the dictionaries."

Names of lexicographers of the last decade of the twentieth century come readily to mind, including Robert K. Barnhart, Frederic G. Cassidy, Stuart Berg Flexner, David B. Guralnik, Sidney I. Landau, Frederick C. Mish, Victoria Neufeldt, Thomas M. Paikeday, Sol Steinmetz, Laurence Urdang, and especially Clarence L. Barnhart. Of those, only Barnhart's name has appeared in the title of a general dictionary. Although he ran his own business, essentially a family one, he recognizes that today forces beyond the individual lexicographer control dictionary-making (cited in Shenker 1979, 124):

"The hours you put in are just fantastic, and whether you're an editor or an author you're a peon. You have to contribute your own time to make good books, and in today's publishing I miss a drive to get the books just right. What's published is no longer decided by editors — it's decided by salesmen."

Although several dictionaries bear Barnhart's name (Barnhart 1973, Thorndike/ Barnhart 1935, 1951), he has been responsible for a good many others that do not, most notably the widely admired *American College Dictionary* (ACD 1947) and *World Book Dictionary* (WBD 1963). Great lexicographers are still at work, but their dictionaries are no longer person-centered.

12.2. Lexical Versus Encyclopedic Lexicography

American dictionaries show two major lines of development: lexical and encyclopedic. A purely lexical dictionary enters only common nouns and other parts of speech (excluding proper names); its entries are restricted to synchronic or diachronic information about the orthography, phonology, semantics, syntax, and sometimes pragmatics of words; its definitions aim at specifying all and only the characteristics that a referent must have in order to be designated by the word being defined; its supplementary sections (front or back matter) are restricted to information about the construction and use of the dictionary or to linguistic information of the kind appearing in the individual entries but of more general application. An encyclopedic dictionary, on the other hand, includes proper names either in the main word list or in supplements; or its entries and particularly definitions give incidental descriptive information about the referent beyond what is needed to define the term; or its front and back matter include a variety of nonlexical information, such as signs and symbols, locations of colleges and universities, maps, historical documents such as the Declaration of Independence or the Constitution of the United States, historical accounts, charts or surveys of language relationships, editorial advice and style sheets, and so on. The earliest dictionaries were lexical in type, but quickly came to include some encyclopedic information. Noah Webster's *Compendious Dictionary* (1806) is notable for its appendixes, so the encyclopedic tradition can be said to lie at the root of American lexicography. Because dictionaries were, and doubtless still are, the most widely owned and used of all reference works, users were glad to have a variety of information in them. At the same time, dictionary publishers discovered that the inclusion of such information could be used for advertising and marketing their books successfully. The public's taste for encyclopedic information in their dictionaries and the publishers' willingness to cater to that taste created, however, a problem for lexicographers, who are always pushed to keep their dictionaries within bounds that are never adequate to the lexicographer's needs. To devote space to encyclopedic information is to deny that space for lexical use. As a result, a number of solutions and compromises were arrived at. Merriam dictionaries in the early Webster tradition generally tended toward the encyclopedic. However, part of the significant lexicographical change made by the 1961 edition of the large Merriam dictionary was to remove encyclopedic content. The greatest American example of an almost purely lexical dictionary is therefore *Webster's Third New International* (Merriam-Webster 1890 [1961]). The greatest example of a highly encyclopedic dictionary was *The Century* (1889—1891). These two works also have fair claim to being the two best American dictionaries ever made. It is noteworthy that they are opposite extreme examples of their types. Most other American dictionaries fall somewhere between the two extremes and can be roughly sorted into two subtypes: dictionaries with encyclopedic entries, such as proper names, in the main body of the work; and dictionaries with encyclopedic supplements, such as back matter listing geographical and biographical entries in appendixes. Both these subtypes fall short of a fully encyclopedic dictionary, which (like *The Century*) systematically gives encyclopedic information within lexical entries. Many dictionaries overlap the two subtypes by using both devices (encyclopedic entries and supplements) in varying proportions. And some give a measure of encyclopedic information within entries.

12.3. Dictionaries and Usage

American lexicography has always been intimately associated with questions of usage and the standard (Wells 1973). To a considerable extent, the same generalization could be made of early British lexicography. In setting himself up as an authority on language, Noah Webster was following in the footsteps of Samuel Johnson. In both the United Kingdom and the United States, the dictionary tradition came to serve in place of a national academy as a source of authoritative and sometimes authoritarian information about English. In the early United States this academic function of the dictionary was further complicated by the need for cultural, as well as political, independence from the motherland and a consequent admixture of patriotism into lexicography. The Webster-Worcester War of the Dictionaries was, in addition to its commercial aspects, a controversy over standards of usage, and was still at least marginally associated with the question of British versus American models of prestige in language. The journalistic controversy over the publication of *Webster's Third New International Dictionary* (Merriam-Webster 1890 [1961]; Sledd/Ebbitt 1962) was a continuation of that aspect of the War of the Dictionaries relating to standards of usage. It differed from the century-earlier controversy in that there was no competing dictionary, and efforts to create one were futile because a dictionary of the scope and depth of *Webster's Third* cannot be precipitated by journalists or usage-mongers. Nor can such a dictionary be created by lexicographers in a few years. It requires an extensive lexical base, a continuing editorial staff, and the support of a major publisher. The *Webster's Third* controversy differed from the earlier controversy also in that the question of British versus American standards was no longer involved. The argument that Americans should look to Britain for the standard of their language has not been taken seriously in the United States for more than a hundred years and today would seem as incomprehensible as the beliefs of the Flat Earth Society that the planet has an outer edge. Noah Webster posthumously won the commercial War of the Dictionaries, but he also won the struggle to regard American English as having its own standard, independent of that of the mother country. Present-day American dictionaries take American English as the norm they describe, noting as variants only forms from other national varieties. As Arthur Delbridge (1983, 29) notes:

"An American international dictionary such as *W3* is a different sort of book from, say, Webster's

American Dictionary of the English Language precisely because it is not just delineating the American way of life through America's words; neither is it delineating the distinctiveness of American English, so that American English may be accorded its place in world English. Rather, it takes American English as the heart of the language, and it adds information about varying usages elsewhere in the world, signalling the status of the information with regional labels like *Austral, Brit, chiefly Canad, Scot, dial Eng,* etc. Usages which are distinctively American (like *dove* as the preterite of *dive*) are left unlabelled."

That is, American dictionaries take American English as the norm for the language. That is the only reasonable approach within the United States. Considering that the population of the United States is nearly double that of the rest of the native-English-speaking world combined and about four times that of the United Kingdom (the second largest English-speaking nation), American English is the de facto norm for world English. British English maintains a high level of prestige in many parts of the world but is no longer an issue in American usage controversies, which instead are about whether dictionaries should serve as accurate reporters of the language as it is, or as guardians of standards and molders of usage. Linguists have long assumed that the first aim is the only respectable one, and lexicographers have on the whole agreed. Dictionary users on the whole still treat dictionaries as though the second aim were primary. The result is a kind of lexicographical split personality that created the *Webster's Third* controversy and still stirs savage indignation in the breasts of journalists and retired school teachers with time to write letters to the editor of their local newspaper (Wilson 1987 is an intelligent popular treatment of lay attitudes toward language change). The fact is that American dictionaries willy-nilly serve both functions. They must accurately tell how the language is used, or they are useless. But they are also perceived by their users as sources of guidance about how language should be used, and that confers upon them, whatever linguists and lexicographers might prefer, the mantle of authority. A covert question, however, is the nature of the language sample that lexicographers collect and use as evidence for their entries (Willinsky 1988). How accurately a dictionary describes the language and how dependable an authority it is depend in part on how representative of English usage its files are.

12.4. Dictionaries and Society

Today the number of dictionaries available is overpowering. Kenneth F. Kister (1977) surveyed 58 adult general dictionaries, 60 school and children's dictionaries, and 225 special-purpose (but still general-interest) dictionaries and word books — a total of 343 works, all in print in 1977 but doubtless not exhausting the field. They did not include scholarly or technical dictionaries. A bibliography compiled just before 1980 on the basis of records from the Library of Congress lists some 13,000 word books involving the English language (Brewer 1979), and the number of such books increases annually, although they are of variable quality. The impression that comes through Kister's careful description and evaluation of the works he covers is that many dictionary publishers are not overly committed to truth in advertising. Very often "new" dictionaries are simply old ones cut down or padded out, and puffed up. The basic content of a dictionary is pushed into as many shapes and sold under as many variant names as the market will bear. The saving grace in this commercial chameleonism is that the basic content of the best dictionaries is so very good that it survives such manhandling. Three "unsavory" observations have been made about English lexicography in Britain through the middle of the eighteenth century (Starnes/Noyes 1946, 183):

"(1) in this early period lexicography progressed by plagiarism; (2) the best lexicographer was often the most discriminating plagiarist; and (3) a good dictionary was its own justification, whatever the method of compilation."

Today good lexicographers are more sophisticated about plagiarizing the competition, though they are just as aware of it. Moreover, they are no less industrious about reworking whatever sources they have a legal right to. Discrimination is still a virtue of high order in profiting from the model of previous dictionaries, and a good dictionary is still its own justification. Dictionaries, in both their content and their technique of making, mirror the society whose language they record. Ultimately the history of dictionaries is important, not merely as a curiously restricted branch of bibliography or a case study in the copyright law, but for what dictionaries tell about the people who make and use them. And the dictionaries we use tell quite a lot about us. As Sidney Landau remarked at the end of his preface to one of the small desk dictionaries (Doubleday 1975, viii) concerning the relationship between the language we unconsciously use and the prejudices of our society:

"Any dictionary, if it is well done, is one of the best possible examples of that society's manners, its habits of thought, its peculiar genius. It is a token of its age, a telltale, interpretable mark of civilization, however flawed."

Dictionaries, like societies — American and other — are flawed. But they are also marks of our civilization.

13. Selected Bibliography

13.1. Dictionaries

ACD 1947 = The American College Dictionary. Ed. Clarence L. Barnhart/Jess Stein. New York 1947 [xxviii, 1444].

AHD 1969 = The American Heritage Dictionary of the English Language. Ed. William Morris. Boston 1969 [1, 1550] (New College Ed., 1976 [1, 1550]. The American Heritage Dictionary, 2nd College Ed., 1982 [1568]. The American Heritage Illustrated Encyclopedic Dictionary, ed. Pamela DeVinne/David Rattray, 1987 [1920].).

Alexander 1800 = Caleb Alexander: The Columbian Dictionary of the English Language, in Which Many New Words, Peculiar to the United States ... Are Inserted. Boston 1800 [iv, 5, 556].

Barnhart 1973 = Clarence L. Barnhart/Sol Steinmetz/Robert K. Barnhart: The Barnhart Dictionary of New English since 1963. Bronxville, New York, 1973 [512] (The Second Barnhart Dictionary of New English, 1980 [xv, 520].).

Barnhart 1982— = Clarence L. Barnhart/David K. Barnhart, eds.: The Barnhart Dictionary Companion: A Quarterly to Update "the" Dictionary, 1982— [quarterly].

Century 1889—1891 = The Century Dictionary: An Encyclopedic Lexicon of the English Language. 8 vols. Ed. William Dwight Whitney. New York 1901 [xviii, 7046, 30] (The Century Cyclopedia of Names [vol. 9 of The Century Dictionary and Cyclopedia], 1894 [vii, 1085]. Atlas [vol. 10], 1897 [6, xx, xxx, 118 maps, 401]. The Century Dictionary Supplement, 2 vols., ed. Benjamin E. Smith, 1909 [xi, 1467]. The New Century Dictionary, 3 vols., ed. Hubert G. Emery/Katharine G. Brewster, 1927 [viii, 2792].).

DA 1951 = Mitford M. Mathews: A Dictionary of Americanisms on Historical Principles. Chicago 1951 [xvi, 1946].

DAE 1938—1944 = Sir William A. Craigie/James R. Hulbert: A Dictionary of American English on Historical Principles. 4 vols. Chicago 1938—1944 [xiv, x, x, xii, 2552].

DARE 1985— = Dictionary of American Regional English. Vol. 1—. Ed. Frederic G. Cassidy. Cambridge, Massachusetts, 1985— [clviii, 903].

Doubleday 1975 = The Doubleday Dictionary for Home, School, and Office. Ed. Sidney I. Landau/Ronald J. Bogus. Garden City, New York, 1975 [xxx, 906].

Funk/Wagnalls 1893—1895 = A Standard Dictionary of the English Language. 2 vols. Ed. Isaac K. Funk. New York 1893—1895 (Funk & Wagnalls New Standard Dictionary of the English Language, ed. Isaac K. Funk, 1913, 1958 [lxx, 2815]. Funk & Wagnalls College Standard Dictionary of the English Language, 1946 [xxxix, 1309]. Funk & Wagnalls New Practical Standard Dictionary of the English Language, Em·pha·type Ed., ed. Charles Earle Funk, 1946 [xvi, 1560]; Britannica World Language Edition, 2 vols., 1955 [xviii, 2065]. Funk & Wagnalls New Comprehensive Standard Dictionary of the English Language, ed. Frank H. Vizetelly/Charles Earle Funk, 1947 [xiv, 1008]. Funk & Wagnalls New College Standard Dictionary of the English Language, Em-pha-type Ed., ed. Charles Earle Funk, 1947 [xvi, 1404]. Funk & Wagnalls Standard Dictionary of the English Language, International Ed., 2 vols., 1958 [xx, 1506]. Funk & Wagnalls Standard College Dictionary, Text Ed., 1963 [xxvi, 1606].).

Hamlyn 1971 = Hamlyn Encyclopedic World Dictionary. Ed. Patrick Hanks. London. New York 1971 [1856].

Imperial 1883 = The Imperial Dictionary of the English Language: A Complete Encyclopedic Lexicon, Literary, Scientific, and Technical. Ed. John Ogilvie. New Ed., ed. Charles Annandale. 4 vols. London. New York 1882—1883 [xix, 703, 694, 799, 795].

Johnson 1755 = Samuel Johnson: A Dictionary of the English Language. 2 vols. London 1755.

Johnson, Jr. 1798 = Samuel Johnson, Jr.: A School Dictionary, Being a Compendium of the Latest and Most Improved Dictionaries. New Haven n.d. [198] (A Selected, Pronouncing and Accented Dictionary, ed. John Elliott/Samuel Johnson, Jr., 1800 [223].).

Longman 1983 = Longman Dictionary of American English. Ed. Arley Gray. Harlow. New York 1983 [792].

Merriam-Webster 1847 = An American Dictionary of the English Language, revised by Chauncey Allen Goodrich. Springfield 1849 [1367] (Unabridged, revised, "Pictorial Edition", 1859, 1861 [ccxliv, 1512]. Rev. Ed., ed. Noah Porter, with etymologies by Karl August Friedrich Mahn, 1864 [lxxii, 1768]. For further editions, cf. *Merriam-Webster 1890*.).

Merriam-Webster 1890 = Webster's International Dictionary of the English Language. Ed. Noah Porter. Springfield 1890 [cvi, 2011] (Webster's New International Dictionary of the English Language, ed. William T. Harris, 1909 [lxxx, 2620]. 2nd Ed., ed. William Allan Neilson/Thomas A. Knott/Paul W. Carhart, 1934 [xcvi, 3210]. Webster's Third New International Dictionary of the English Language, ed. Philip Babcock Gove, 1961 [56a, 2662]. 12,000

Words: A Supplement to Webster's Third New International Dictionary, ed. Frederick C. Mish, 1986 [24a, 212].).

Merriam-Webster Collegiate 1898 = Webster's Collegiate Dictionary. Springfield 1898 [lvi, 1062] (2nd Ed., 1910 [lvi, 1080]. 3rd Ed., 1916 [xxiv, 1222]. 4th Ed., 1931 [xl, 1222]. 5th Ed., ed. John P. Bethel, 1936 [xxvi, 1275]. Webster's New Collegiate Dictionary, 6th Ed., ed. John P. Bethel, 1949 [xxii, 1209]. Webster's Seventh New Collegiate Dictionary, ed. Philip Babcock Gove, 1963 [22a, 1221]. Webster's New Collegiate Dictionary, 8th Ed., ed. Henry Bosley Woolf, 1973 [32a, 1536]. Webster's Ninth New Collegiate Dictionary, ed. Frederick C. Mish, 1983 [1563].).

Oxford 1980 = Oxford American Dictionary. Ed. Eugene Ehrlich/Stuart Berg Flexner/Gorton Carruth/Joyce M. Hawkins. New York 1980 [xvi, 816].

Perry 1777 = William Perry: Royal Standard English Dictionary. Boston 1777 [486].

Reader's Digest 1984 = Reader's Digest Great Illustrated Dictionary. 2 vols. Ed. Robert Ilson. London 1984 [1920].

RHD 1966 = The Random House Dictionary of the English Language. Ed. Jess Stein/Laurence Urdang. New York 1966 [xxxii, 2059] (2nd Unabridged Ed., ed. Stuart Berg Flexner/Leonore Crary Hauck, 1987 [xlii, 2478, 32]. College Ed., ed. Laurence Urdang/Stuart Berg Flexner, 1968 [xxxii, 1568]. The Random House College Dictionary, Rev. Ed., ed. Jess Stein, 1975 [xxxii, 1568].).

Scott 1755 = Joseph Nicol Scott: A New Universal Etymological English Dictionary ... originally compiled by N. Bailey. London 1755.

Sheridan 1780 = Thomas Sheridan: A General Dictionary of the English Language. 2 vols. London 1780.

Thorndike/Barnhart 1935 = Thorndike-Century Junior Dictionary. Ed. Edward Lee Thorndike. Chicago 1935 [x, 970] (Thorndike-Century Senior Dictionary, 1941 [xxxviii, 1065]. Thorndike Barnhart Advanced Dictionary, 2nd Ed., ed. E. L. Thorndike/Clarence L. Barnhart, 1974 [29, 1186]. Thorndike Barnhart Beginning Dictionary, 8th Ed., 1974 [61, 704]. Thorndike Barnhart Intermediate Dictionary, 2nd Ed., 1974 [38, 985].).

Thorndike/Barnhart 1951 = Thorndike-Barnhart Comprehensive Desk Dictionary. Ed. Clarence L. Barnhart. Garden City, New York, 1951 [896].

Times 1982 = The New York Times Everyday Dictionary. Ed. Thomas M. Paikeday. New York 1982 [xxiv, 808].

Walker 1791 = John Walker: A Critical Pronouncing Dictionary and Expositor of the English Language. London 1791 [xvi, 71, 499].

WBD 1963 = The World Book Encyclopedia Dictionary. 2 vols. Ed. Clarence L. Barnhart. Chicago 1963 [2265] (The World Book Dictionary, ed. Clarence L. Barnhart/Robert K. Barnhart, 1967. 1988 [124, 2430].).

Webster 1806 = Noah Webster: A Compendious Dictionary of the English Language. Hartford. New Haven 1806 [xxiv, 408].

Webster 1828 = Noah Webster: An American Dictionary of the English Language. 2 vols. New York 1828 (Abridged by Joseph E. Worcester, 1829 [xxiii, 1011]. 2nd Unabridged Ed., ed. Noah Webster, 2 vols., 1841. For further editions, cf. *Merriam-Webster 1847*.).

Winston 1919 = The Winston Dictionary for Home, School and Office. Philadelphia 1919 (The Winston Simplified Dictionary, Advanced Ed., College Ed., Encyclopedic Ed., 1926; renamed The Winston Dictionary, 1940.).

WNW 1951 = Webster's New World Dictionary of the American Language. 2 vol. Encyclopedic Ed., ed. Joseph H. Friend/David B. Guralnik. Cleveland 1951 [xxxvii, 2068] (College Ed., ed. David B. Guralnik/Joseph H. Friend, 1953 [xxxvi, 1724]. 2nd College Ed., ed. David B. Guralnik, 1970 [xxxvi, 1692]. Webster's New World Dictionary of American English, 3rd College Ed., ed. Victoria Neufeldt/David B. Guralnik, 1988 [xxvi, 1574].).

Worcester 1827 = Joseph Emerson Worcester: Johnson's English Dictionary, as Improved by Todd and Abridged by Chalmers, with Walker's Pronouncing Dictionary, Combined. Boston 1827.

Worcester 1830 = Joseph Emerson Worcester: A Comprehensive Pronouncing and Explanatory Dictionary of the English Language. Boston 1830 [xix, 400] (Completely revised as: A Universal and Critical Dictionary of the English Language, Boston 1846 [lxxv, 956]. A Universal Critical and Pronouncing Dictionary of the English Language, Including Scientific Terms, Compiled from the Materials of Noah Webster, LL.D., London 1853 [lxxvi, 956]. A Pronouncing, Explanatory, and Synonymous Dictionary of the English Language, Boston 1855 [565]. A Dictionary of the English Language, Boston 1860 [lxviii, 1786]; Philadelphia 1906 [2168].).

World 1928 = New World Dictionary. Ed. Joseph Devlin. Cleveland 1928 [1148] (Webster's New World Dictionary, 1935 [1146].).

13.2. Other Publications

Barnhart 1949 = Clarence L. Barnhart: Contributions of Dr. Thorndike to Lexicography. In: Teachers College Record 51. 1949, 35—42.

Barnhart 1978 = Clarence L. Barnhart: American Lexicography, 1945—1973. In: American Speech 53. 1978, 83—140.

Brewer 1979 = Annie M. Brewer: Dictionaries, Encyclopedias, and Other Word-Related Books. 2nd ed. Detroit 1979.

Burkett 1979 = Eva Mae Burkett: American Dictionaries of the English Language before 1861. Metuchen, New Jersey, 1979 (Originally a 1936 dissertation at George Peabody College for Teachers.).

Chapman 1977 = Robert L. Chapman: Dictionary Reviews and Reviewing, 1900—1975. In: James B. McMillan, Essays in Linguistics by His Friends and Colleagues. Ed. James C. Raymond/I. Willis Russell. University, Alabama, 1977, 143—161.

Creswell 1975 = Thomas J. Creswell: Usage in Dictionaries and Dictionaries of Usage. Publication of the American Dialect Society 63—64. University, Alabama, 1975.

Creswell/McDavid 1986 = Thomas J. Creswell/ Virginia G. McDavid: The Usage Panel in the American Heritage Dictionary, Second College Edition. In: Advances in Lexicography, Part II. Ed. William Frawley/Roger Steiner. Edmonton, Alberta, 1986, 83—96.

Delbridge 1983 = Arthur Delbridge: On National Variants of the English Dictionary. In: Lexicography, Principles and Practice. Ed. R. R. K. Hartmann. London 1983, 23—40.

Friend 1967 = Joseph H. Friend: The Development of American Lexicography 1798—1864. The Hague 1967.

Gates 1972 = Edward Gates: A Bibliography on General and English Lexicography. In: Lexicography in English. Ed. Raven I. McDavid/Audrey R. Duckert. New York 1973, 320—337.

Gates 1986 = Edward Gates: Preparation for Lexicography as a Career in the United States. In: Lexicography, an Emerging International Profession. Ed. Robert Ilson. Manchester 1986, 82—88.

Hill 1970 = Archibald A. Hill: Laymen, Lexicographers, and Linguists. In: Language 46. 1970, 245—258.

Hulbert 1955 = James Root Hulbert: Dictionaries, British and American. New York 1955.

Ilson 1986 = Robert Ilson: British and American Lexicography. In: Lexicography, an Emerging International Profession. Ed. Robert Ilson. Manchester 1986, 51—71.

Kister 1977 = Kenneth F. Kister: Dictionary Buying Guide, a Consumer Guide to General English-Language Wordbooks in Print. New York 1977.

Krapp 1925 = George Philip Krapp: The English Language in America. 2 vols. New York 1960.

Landau 1984 = Sidney I. Landau: Dictionaries, the Art and Craft of Lexicography. New York 1984.

Leavitt 1947 = Robert Keith Leavitt: Noah's Ark; New England Yankees and the Endless Quest. Springfield, Massachusetts, 1947.

Lorge 1949 = Irving Lorge: The Semantic Count of the 570 Commonest English Words. New York 1949.

Lorge/Thorndike 1938 = Irving Lorge/Edward L. Thorndike: A Semantic Count of English Words. New York 1938.

McMillan 1949 = James B. McMillan: Five College Dictionaries. In: College English 10. 1949, 214—221.

Murray 1900 = Sir James A. H. Murray: The Evolution of English Lexicography. Oxford 1900.

Pierson 1986 = Robert M. Pierson: Desk Dic·tio·nar·ies, a Consumer's Guide. Chicago 1986.

Pyles 1952 = Thomas Pyles: Words and Ways of American English. New York 1952.

Read 1963 = Allen Walker Read: Desk Dictionaries. In: Consumer Reports 28. 1963, 547—550.

Read 1972 = Allen Walker Read: The Social Impact of Dictionaries in the United States. In: Lexicography in English. Ed. Raven I. McDavid/Audrey R. Duckert. New York 1973, 69—75.

Read 1973 = Allen Walker Read: Approaches to Lexicography and Semantics. In: Current Trends in Linguistics, vol. 10, Linguistics in North America. Ed. Thomas A. Sebeok. The Hague 1973, 145—205.

Read 1979a = Allen Walker Read: Dictionary. In: The New Encyclopaedia Britannica. Chicago 1979, 5:713—722.

Read 1979b = Allen Walker Read: The War of the Dictionaries in the Middle West. In: Papers on Lexicography in Honor of Warren N. Cordell. Ed. J. E. Congleton/J. Edward Gates/Donald Hobar. Terre Haute, Indiana, 1979, 3—15.

Read 1986 = Allen Walker Read: Competing Lexicographical Traditions in America. In: The History of Lexicography, Papers from the Dictionary Research Centre Seminar at Exeter, March 1986. Ed. R. R. K. Hartmann. Amsterdam 1986, 197—206.

Shenker 1979 = Israel Shenker: Harmless Drudges, Wizards of Language — Ancient, Medieval and Modern. Bronxville, New York, 1979.

Sledd/Ebbitt 1962 = James Sledd/Wilma R. Ebbitt: Dictionaries and THAT Dictionary. Chicago 1962.

Starnes/Noyes 1946 = De Witt T. Starnes/Gertrude E. Noyes: The English Dictionary from Cawdrey to Johnson, 1604—1755. Chapel Hill, North Carolina, 1946.

Thorndike 1931 = Edward L. Thorndike: A Teacher's Word Book of the Twenty Thousand Words Found Most Frequently and Widely in General Reading for Children and Young People. New York 1931.

Thorndike/Lorge 1944 = Edward L. Thorndike/ Irving Lorge: The Teacher's Word Book of 30,000 Words. New York 1944.

Warfel 1936 = Harry R. Warfel: Noah Webster, Schoolmaster to America. New York 1936.

Wells 1973 = Ronald A. Wells: Dictionaries and the Authoritarian Tradition. The Hague 1973.

Willinsky 1988 = John Willinsky: Cutting English on the Bias: Five Lexicographers in Pursuit of the New. In: American Speech 63. 1988, 44—66.

Wilson 1987 = Kenneth G. Wilson: Van Winkle's Return, Change in American English, 1966—1986. Hanover, New Hampshire, 1987.

John Algeo, University of Georgia, Athens, Georgia (USA)

201. Niederländische Lexikographie und Lexikographie des Afrikaans

1. Einführung
2. Sprachgeschichtliche (historisch-diachrone) Wörterbücher
3. Modern-diachrone und modern-synchrone Wörterbücher
4. Etymologische Wörterbücher
5. Dialektwörterbücher
6. Lexikographie des Afrikaans
7. Literatur (in Auswahl)

1. Einführung

Es gibt linguistische und enzyklopädische Wörterbücher. Innerhalb der linguistischen unterscheiden wir a) die akademischen Wörterbücher (wie *OED, DWB* und *WNT*), b) die Bildungswörterbücher, c) die Schulwörterbücher, d) die Taschenwörterbücher. Jeder dieser Typen kann sechs verschiedene Funktionen besitzen, ohne daß diese alle zugleich in einem Wörterbuch nachweisbar sein müssen: a') die Nachschlagefunktion, b') die Dokumentationsfunktion, c') die didaktische Funktion (Kühn 1983, 168 ff), d') die Lesefunktion (Kirkpatrick 1985, 8), e') die Kodifikationsfunktion, f') die gesetzgebende Funktion. Kühn/Püschel 1982, 126 nehmen an: „Gerade die Stufe der Konkretisierung der Wörterbuchzwecke fehlt jedoch bei vielen Lexikographen". Weiterhin kann man nach der in dem Wörterbuch beschriebenen Periode unterscheiden: historisch-diachron (z. B. 1500—1800), historisch-synchron (z. B. 1550—1600), modern-diachron (z. B. 1880—1986), modern-synchron (z. B. 1945—1986).

Im folgenden wird skizzenhaft die Funktion von sechs niederländischen und zwei einsprachigen Wörterbüchern des Afrikaans besprochen und kurz auf etymologische sowie Dialektwörterbücher eingegangen. Dabei wird jeweils — ausgehend von demjenigen, was die Bearbeiter selbst in ihren Vorworten und anderswo darüber sagen — eine Anzahl von Kennzeichen dieser Wörterbücher angegeben. Die Funktionen, die die Bearbeiter (soweit sie sich dazu äußern) ihren Werken zuerkennen, werden genannt und praktisch nachgeprüft. Falls nötig, wird eine kurze historische Skizze des Wörterbuches gegeben und die Abhängigkeit von anderen Wörterbüchern beschrieben. Aus Raumgründen wird von einer Behandlung sondersprachlicher Wörterbücher abgesehen (man vgl. dazu Geeraerts/Janssen 1982).

2. Sprachgeschichtliche (historisch-diachrone) Wörterbücher

2.1. Woordenboek der Nederlandsche Taal (WNT)

Das *WNT (Wörterbuch der Niederländischen Sprache)* ist das erste monolinguale Wörterbuch im niederländischen Sprachgebiet. Den Anlaß zu seiner Herstellung bildete der belgische Aufstand vom Jahre 1830, durch den Belgien sich wieder von den Niederlanden abtrennte. Im Gefolge davon wird das Niederländische in Flandern durch das Französische aus einer Reihe von Domänen verdrängt. Flämische Sprachforscher und Schriftsteller appellieren an ihre Kollegen im Norden, die bedrängte Sprache durch lexikographische Kodifikation zu stützen. Es werden Kongresse veranstaltet, und 1851 fängt Matthias de Vries mit der Materialsammlung an (Heestermans 1983, 72—78). Ihm stand vor Augen: eine normative, synchrone und mit vielen Belegen (auch aus Werken des 17. Jhs., der Zeit der Wiederbelebung der niederländischen Literatur u. a. durch Hooft, Vondel, Huygens) illustrierte Beschreibung der Sprache der Zeit um 1850. Anstößige und veraltete Wörter sowie Fremdwörter (die verhaßten Germanismen und Gallizismen) sollten ausgelassen werden (*WNT* (I) 1882, XXXV—XC). Diese normative Ausrichtung ist kaum verwunderlich, wenn man sich vergegenwärtigt, daß es um die Rettung der niederländischen Sprache in Belgien ging. Die Folge war, daß im *WNT* (I) 1882 Wörter wie z. B. *Alcohol* fehlen. Der erste Band beschreibt also die Sprache der Zeit um 1850, mit einem terminus ante quem non 1637 (dem Jahr, in dem die staatliche Übersetzung der Bibel erscheint), und zwar auf einer Grundlage von ca. 800 Quellen. Noch vor 1882 wird die Grenze auf das Jahr 1580 zurückverlegt, und nach dem Tode von de Vries (1892) auf das Jahr 1500. Das Wörterbuch wird deskriptiv. Um es noch verwickelter zu machen: bis 1976 war der terminus post quem non das Jahr, in dem man lebte, danach wurde diese Grenze endgültig auf 1921 festgelegt (De Tollenaere 1977; De Tollenaere/Heestermans 1979). Somit ist das *WNT* jetzt ein rein deskriptives, historisch-diachrones Wörterbuch mit einer Grundlage von ca. 10 000 Quellen. Es zeichnet sich durch eine sowohl makro-

201. Niederländische und afrikaanse Lexikographie

als auch mikrostrukturell sehr reiche Wortbeschreibung aus, stellt sich aber auch als ein manchmal chaotisches und natürlich pluriformes Buch dar: in jenen 135 Jahren haben ungefähr 60 verschiedene Autoren mitgearbeitet. Heute sind 30 Bände erschienen. Das *WNT* wird vor dem Jahre 2000 vollendet sein. Wegen seines Mangels an Homogenität (sowohl im Quellenbestand wie in der beschriebenen Periode) ist das *WNT* kritisiert worden, zuletzt noch von Van Sterkenburg 1976 passim. Moerdijk 1983 und Geeraerts 1983 widersprechen dieser Kritik, indem sie die große wissenschaftliche Bedeutung des *WNT* nachweisen (vgl. auch Art. 153).

Das *WNT* liefert als ausführliche, semantische Beschreibung die empirischen Fakten, die durch die Bedeutungstheorien verantwortet werden müssen (so Geeraerts 1983, 51). Die heutzutage in Amerika stark emporkommende prototypische (kognitive) semantische Theorie stimmt völlig mit jenen semantischen Fakten überein (Geeraerts 1984 passim). Man könnte dem *WNT* deshalb noch eine siebte Funktion zuerkennen, nämlich als Quelle für semantisch-theoretische Studien zu dienen. Die Mannigfaltigkeit von semantischer, soziokultureller, konnotativer Information ergibt sich aus dem stark vereinfachten Schema des Artikels *Uil* ('Eule') (Abb. 201.1).

Man könnte hieraus auch schließen, daß das *WNT* der Nachschlagfunktion nicht hinreichend gerecht wird: die Artikel sind oft sehr lang und geben eine Fülle an semantischer Auskunft, die den Philologen vielleicht weniger interessiert als den Semantiker. In der Nachschlagefunktion ist das *WNT* deshalb geringer einzuschätzen als das *OED*, das knappere Definitionen und Artikel hat, aber höher als das *DWB*, in dem die lexikographische Auskunft oft in unübersichtlicher Weise dargeboten wird. In seiner Dokumentationsfunktion jedoch (sowohl was die dokumentierten Stichwörter, vor allem auch die große

1. Nachtraubvogel...
   mit kurzem kräftigem, fast unter den Federn verborgenem Schnabel und großen, nach vorne gerichteten, bewegungslosen Augen, um die herum sich ein Kranz von buschigen Federn befindet.

a) [...]
b) Im Zusammenhang mit Eigenschaften. Merkmale, auf die die unter c) und 4) genannten Phraseme bzw. Bedeutungen gegründet sind.

α) Als Nachttier, das → c, β) *Mit der Eule fliegen.*
an dunklen, verfalle-   1. Sich nachts mit erotischen Absichten auf
nen Orten lebt, scheu   den Weg machen;
und einsam ist.   2. Allein weggehen;
    4. Unter einem Pseudonym schreiben.
    4, a) zurückgezogener, einsamer Student
    4, b) lichtscheuer Mensch
    4, c) Hure, die nachts ihren Beruf ausübt.

ε) Die Eule wird von an- → α) *Die Eule sein,* das Opfer, der Ausgestoßene sein
deren Vögeln verhöhnt
c) Die Eule als Symbol → 3, a) Verrückter, Idiot, Irrer
der Dummheit   3, b) Dummkopf, Schafskopf, Trottel
    3, c) Schuft, Schurke, Halunke.

Abb. 201.1: Schema des Artikels *Uil* in WNT

Menge von Derivaten und Komposita als auch was die Belege und die dokumentierten Bedeutungen angeht) übertrifft es beide. Der Artikel *uil* umfaßt im *WNT* 20 Spalten, im *DWB* eine Spalte und im *OED* 2 Spalten. Die jeweils angefügten Komposita und Derivate füllen im *DWB* eine, im *OED* 2,5 und im *WNT* 7 Spalten. Offensichtlich ist das Bestreben, die Bedeutungsübergänge auf Grund relevanter prototypischer Merkmale zu erklären. (Für eine Darlegung der prototypischen Bedeutungsänderungen vgl. Geeraerts 1984).

2.2. Middelnederlandsch Woordenboek (MNW)

Genau wie Murray's *OED* ist das *MNW (Mittelniederländisches Wörterbuch)* zu einem großen Teil die Arbeit einer Einzelperson, Jakob Verdams (1845—1919). Bei seinem Tode hatte er fast 20 000 Spalten ganz allein bearbeitet und korrigiert. Als Nachschlagewerk ist es ein bewundernswertes Riesenwerk, das jedoch kritisch betrachtet werden muß (De Vreese 1933): keine klare Unterscheidung zwischen dem eigentlichen Mittelniederländischen und dem Mittelniederdeutschen der nord-östlichen Bezirke; keine klare zeitliche Abgrenzung (1500—17. Jh.); keine Lokalisierung und Datierung der Belege; zu weitgehende Normalisierung. Das *MNW* beruht auf nur ca. 700 Handschriften, und die gebrauchten Textausgaben sind zu 80 % unzuverlässig (De Tollenaere 1977). Viele Wörter werden durch Synonyme definiert, so daß semantische Feinabstufungen nicht gut zur Geltung kommen. Sachwörter und soziokulturell gebundene Wörter aber werden mit besonders ausführlicher enzyklopädischer Information versehen.

S. v. *vri* ('frei') lesen wir (in Übersetzung): „I. Von Personen. 1. Als Ausdruck für einen der Stände unter den alten Germanen, frei, freigeboren (vgl. lat. ingenuus), im Gegensatz zu den verschiedenen Arten der Unfreien ('horigen, hofhogen, laten, keurmeden'); freigemacht. Sie standen zwischen den Adligen und den Unfreien, so wie sich deutlich zeigt aus *Wap. Mart.* I, 147 (...)". S. v. *vrede* ('Friede') steht: „gesetzlicher Schutz gegen Waffengewalt, Zustand von Rechtssicherheit innerhalb eines Gebietes. Die Bestimmungen und Vorschriften in bezug auf den *Frieden,* zur Beilegung der zahllosen Fehden und Straßenkämpfe nehmen in den städtischen Dokumenten einen wichtigen Platz ein. Die der Rache ausgesetzte Partei wurde dadurch, bis die Versöhnung zustande gebracht worden war, unter besonderen Schutz des Gesetzes gestellt, vgl. Gottesfriede, Reichsfriede".

Als Benutzer, der mit der Interpretation eines mittelalterlichen Textes beschäftigt ist, kann man über diese Darbietung so vieler semantisch relevanter Informationen nur glücklich sein.

3. Modern-diachrone und modern-synchrone Wörterbücher

3.1. Van Dale: *Groot Woordenboek der Nederlandsche Taal (GVD)*

Der *GVD (Großer Van Dale)* ist ein modern-diachrones Wörterbuch, das die Periode von ca. 1850—1986 beschreibt. Für viele Niederländer legt er — gleichsam als Gesetzbuch — den richtigen Sprachgebrauch fest, ist das Bildungswörterbuch schlechthin (ca. 232 000 Stichwörter, ca. 800 000 Bedeutungen, 3730 Seiten, Format 16 × 24,5, Preis Hfl. 250,—) und gründet sich schätzungsweise zu 60 % auf das *WNT*.

Es ist undifferenziert, den *GVD* ein prinzipiell normatives Wörterbuch zu nennen. In der Mikrostruktur gibt es zwar dianormative Markierungen wie: (unrichtiger Gebrauch von —), (deutsch), (Germanismus) u. a. (Siehe ferner die Bemerkungen zu 3.3.) In der Makrostruktur aber ist er, zumindest in der 11. Auflage, deskriptiv: Es wird — unabhängig davon, ob nach Meinung der Puristen falsch oder gegen die niederländische Sprache verstoßend — dasjenige aufgenommen, was im allgemeinen Sprachgebrauch üblich ist. Was geläufig ist, wird nicht nur von der Frequenz, sondern auch von der Verbreitung und der Zeit bestimmt. Ein Wort, das erst einige Monate im Gebrauch ist, gehört zu dem *discours,* nicht zur *langue;* es ist ein *non-mot* (Rey-Debove 1971, 100). Was standardsprachlich ist, wird nicht nur von der Frequenz, der Verbreitung und der Zeit, sondern auch vom sozialen Status der Sprecher bestimmt. Der *GVD* verfährt großzügig bei der Aufnahme von thematischen (vgl. 3.5.2.) Wörtern. Durch seine Entstehung im 19. Jh. finden sich in der Makrostruktur ziemlich viele Termini aus der Schiffahrt und dem handwerklichen Bereich. Die folgenden Bearbeiter zeigen eine außergewöhnliche Vorliebe für die volkstümlichen Benennungen der Bezugsgegenstände aus Flora und Fauna. Ferner enthält das Wörterbuch Ausdrücke gruppenspezifischer Varietäten und Mundartwörter. Hierbei sind vor allem die belgischen Mundartwörter von Interesse, weil sie von Schriftstellern flämischer Herkunft verwendet werden. Dem *GVD* sind die ersten vier der in 1. besprochenen Funktionen zuzuschreiben: die Dokumentationsfunktion, weil er zahllose völlig undurchsichtige Komposita und Derivative aufnimmt (siehe 3.5.); die didaktische Funktion aufgrund der zahllosen enzyklopädischen Stichwörter (*Jakob, Josef, Marshalplan, Vredespaleis* ('Friedenspalast'), der enzyklopädischen Informationen in den Definitionen und Beispielsätzen (vgl. 3.5), der chronologischen Ordnung der Bedeutungen (mit einer, übrigens nicht immer genauen, Angabe der Beziehung zwischen den Bedeutungen: übertragen, metaphorisch, metonymisch, Erweiterung usw.) und der freien Beispiele. Hinsichtlich der Nachschlagefunktion — die einzige Funktion, die allen Wörterbüchern gemeinsam ist — weist der *GVD* durch fehlende etymologische Angaben einen Mangel auf. Er informiert nur über die Herkunft von Lehnwörtern und von Wörtern, die sich nach Personen- oder Ländernamen gebildet haben: „*jacquard,* Gerät an einem Webstuhl zum Weben von Mustern (nach dem Erfinder Jacquard)". Bei „*jacquerie,* großer Bauernaufstand im Jahre 1358", suchen wir vergeblich nach dem Hinweis, daß diese Bezeichnung auf *Jacques (Bonhomme),* den französischen Spottnamen für den Bauern, zurückgeht. Ferner fehlen Aussprache- und Silbentrennungsinformationen. Die Lesefunktion wird einerseits durch die historische Reihenfolge der Bedeutungen und andererseits durch die vielen Beispielsätze und Zitate gewährleistet. Verglichen mit dem *Petit Robert* ist die Anzahl der aufgenommenen Zitate aber gering. Die normative Funktion wird im Wörterbuch selbst bestritten (*GVD* 1984, X).

GVD kennt vier verschiedene Nomenklaturen: (1) die 'normale', alphabetische Liste der Stichwörter. Am Ende des Werks befinden sich (2) eine Liste mit Namen aus dem griechischen und römischen Altertum (40 zweispaltige Seiten), und (3) eine Liste mit gängigen Termini und geflügelten Worten aus den klassischen und den modernen Sprachen (121 zweispaltige Seiten), mit Ausdrükken wie *Zur Liebe will ich dich nicht zwingen* (Zauberflöte), *Zoön politikon* (im *Duden* als Stichwort zu finden) und *There are more things in heaven and earth, Horatio, then are dreamt of in your philosophy* (Hamlet). Wörter wie *wise crack, Witz, pêche melba* und *yellow press* sind in einer Zeit in diese Liste aufgenommen worden, in der aufgrund normativer Kriterien Zurückhaltung bei der Integration von Fremdwörtern in die Nomenklatur (1) geübt wurde. Schließlich gibt es noch (4) eine Liste mit biblischen Namen (18 zweispaltige Seiten). Zu Anfang des Wörterbuchs findet man die Regeln der Rechtschreibung und eine Liste der Titulatur. Ein Kompendium der Grammatik fehlt hingegen.

3.2. Koenen: *Handwoordenboek der Nederlandse Taal*

Koenen (Handwörterbuch der Niederländischen Sprache) ist ein modern-synchrones Schulwörterbuch beschränkten Umfangs. *Modern-synchron* ist insofern nicht ganz wörtlich aufzufassen, als auch Wörter aufgeführt werden, die in den Werken älterer Schriftsteller zu finden sind. Es enthält ca. 90 000 Stichwörter auf 1696 Seiten (Format 19 × 19,5, Preis Hfl. 49,50). Auch *Koenen* basiert schätzungsweise zu 60 % auf dem *WNT*. Das Wörterbuch ist seit der 26. Auflage (1966), in der die Wörter des Sexualbereichs noch nicht aufgenommen wurden, makrostrukturell deskriptiv. Auch in anderer Hinsicht hat sich seit der 26. Auflage vieles geändert: Massenmedien, technische und soziale Neuerungen, Wissenschaft und Forschung, Unterricht und Politik usw. haben im Wortschatz ihre Spuren hinterlassen. Auch Neologismen aus dem Gebiet der Drogen, der Mode und der durchbrochenen Tabus sowie Allerweltswörter einschließlich der Ausrufe, der Interjektionen und Flüche sind aufgenommen worden. Die auf die Schule gerichtete Nachschlagefunktion zeigt sich darin, daß merkwürdigerweise auch die Bibelsprache und die katholische Gruppensprache, die nach Meinung der Bearbeiter in vorigen Auflagen untervertreten waren, ausführlich zur Sprache kommen. Der Bearbeiter macht einige Bemerkungen zu dem makrostrukturellen deskriptiven Ansatz. Die Aufnahme von Neologismen sei eine Sache reiflicher Überlegung. Er führt wohl *maisonette* und *kitchenette,* aber noch nicht *pedalette* und *pantinette* auf. Die gleiche Umsicht gilt der Aufnahme der großen Anzahl englischer Wörter, was jedoch keineswegs ein Plädoyer für deren Gebrauch bedeute. Der Bearbeiter verteidigt ihre Aufnahme durch den Hinweis, daß in bestimmten politischen und kulturhistorischen Situationen Wörter aus vielen Sprachen ins Niederländische übernommen worden seien, Wörter französischer und lateinischer Herkunft, aus dem Deutschen entlehnte (Sprachwissenschaft, Theologie, Gymnastik, Jagd, Armee, Technik, Musik), italienische (Handel, Musik) und englische (Sport, Technik) Wörter. Es gibt seines Erachtens keinen Grund zum Widerspruch, wenn man feststellt, daß die Akkulturation auf dem Gebiet des Wortschatzes in der eigenen Zeit nicht anders als in der Vergangenheit verläuft *(Koenen* 1974 [1982], VII). *Koenen* erkennt nicht, daß das Problem heute insofern anders liegt als früher, als die Zahl der Wörter, die jetzt aus dem Englischen und Amerikanischen ins Niederländische eindringt, durch die größeren Kommunikationsmöglichkeiten viel größer als früher ist. Außerdem stammen viele Wörter aus Bereichen, die nicht zu den Künsten und Wissenschaften gehören. Wie weit soll der Lexikograph bei der Aufnahme dieser neuen Fremdwörter gehen? Man vergleiche dazu Rey-Deboves (1971, 101 ff) Einteilung von Neologismen und die diesbezügliche Reaktion bei Lexikographen und Laien. *Koenen* nimmt, was die mikrostrukturelle Normativität betrifft, eine lockerere Position ein als der *GVD*. Er hat zum Beispiel eine Abwertung wie 'Germanismus' ersetzt durch 'deutsch'. Der Ausdruck 'Anglizismus' hingegen ist als dianormative Warnung oder als wertfreie Angabe der Herkunft aufzufassen. *Koenen* enthält sowohl in der Makrostruktur als auch in der Mikrostruktur viele enzyklopädische Informationen und gibt (allerdings nicht exakt etymologische) Hinweise auf die Herkunft der Wörter, vernachlässigt jedoch die Aussprache weitgehend. (Am Ende findet sich eine Liste über die Aussprache der in der Nomenklatur vorkommenden englischen Wörter.) Er hat eine Titulaturliste, Rechtschreibungsregeln und ein recht ausführliches Vorwort.

3.3. Van Dale: *Groot woordenboek hedendaags Nederlands (GWHN)*

Das jüngste Wörterbuch auf dem niederländischen Markt ist *GWHN (Großes Wörterbuch des modernen Niederländischen):* 1200 Seiten (Format 16×24,5, ca. 90 000 Stichwörter, Preis Hfl. 120,—). Das Wörterbuch soll als Grundlage für eine zweisprachige Wörterbuchreihe dienen und ist rein modernsynchron. Im Vorwort nennt es sich ein fundiertes Inventar des heutigen Niederländisch, ohne jedoch diese Bewertung zu begründen oder nachzuweisen. Geeraerts 1985 stellt hingegen Unausgeglichenheit fest und hält das Prädikat 'fundiert' für unangemessen. Im Vorwort des *GWHN* werden Vergleiche zum *GVD* (auf dem es sowohl mikro- als auch makrostrukturell schätzungsweise zu 90 % basiert) gezogen: (a) Es verzichtet auf Angaben zur chronologischen Abfolge der Bedeutungen (nicht die älteste Bedeutung kommt zuerst, sondern die frequenteste; wie man die Frequenz bestimmt hat, wird nicht angegeben); (b) es bringt mehr Material aus der gesprochenen Sprache; (c) es hat ein zweckmäßigeres Nachschlagesystem; (d) es hat die enzyklopädischen Informationen reduziert; (e) es hat keine dianormativen Markierungen; (f) es nimmt neue Wörter schneller auf. — Es ist insofern fraglich, ob (a) ein Vorteil ist, da viele Benutzer an der Bedeutungsentwicklung interessiert sind. Das Kriterium der Frequenz scheint aus der Funktion des *GWHN* als Grundlage für die bilingualen Wörterbücher hervorzugehen. Geeraerts 1985 zeigt, daß (b) nicht zutrifft. (c) Die Artikelstruktur des *GWHN* beruht auf derjenigen bei Wahrig. Die Bedeutungen werden zu jedem Lemma en bloc angegeben, worauf, ebenfalls en bloc, die Beispielsätze folgen. Diese sind nach syntaktischen Kriterien angeordnet. Geeraerts 1985 greift dieses Einteilungsprinzip in sechs Punkten scharf an. Er weist vor allem auf die Gebrauchsunfreundlichkeit (das Wahrigsystem eignet sich eigentlich nur für lange Artikel) und auf die notwendigerweise aus dem System hervorgehenden Widersprüchlichkeiten hin, weil syntaktische Beziehungen falschen Ebenen zugeordnet werden. (d) Die kognitive Semantik hat den Ausgangspunkt: Kenntnis einer Bedeutung = Kenntnis der Welt. Die Bad Homburger Thesen (vgl. Henne/Mentrup 1978, 281—284) befürworten eine enzyklopädische Definition von thematischen Wörtern. (e) Ein Wörterbuch darf in der Makrostruktur nicht normativ sein: Der Lexikograph sollte ohne Rücksicht auf Korrektheit oder germanische Herkunft die gängigen Wörter aufnehmen. Er läßt die Benutzer seines Wörterbuches aber im Stich, wenn er in der Mikrostruktur keine Markierungen angibt, aus denen sich ablesen läßt, daß ein Wort von der sozioökonomischen, kulturellen Oberschicht (die die Standardsprache 'bestimmt') noch als ein Verstoß gegen die Regeln oder als ein Germanismus betrachtet wird. Der Benutzer, der seine Sprache 'korrekt' schreiben möchte, muß in einem Wörterbuch Orientierungen finden. Punkt (f) ist in seiner Allgemeinheit unnuanciert. *GVD* und *Koenen* nehmen Neologismen auf, wenn diese den Kriterien Frequenz, Verbreitung und Zeit genügen. *GWHN* nimmt aber auch sehr kurzlebige Wörter auf und begründet dies damit, daß sie bei einer Neuauflage mit Hilfe der modernen Elektronik leicht entfernt werden können

(z. B. *kerkmarokkaan, bootvluchteling* 'Bootflüchtling').

3.4. Verschueren: *Modern Woordenboek*

Verschueren (Modernes Wörterbuch) ist das einzige sprachlich-enzyklopädische Wörterbuch im niederländischsprachigen Raum und das einzige große Wörterbuch, das in Belgien gedruckt wird. Es ist modern-synchron und wird erweitert durch die Anzahl veralteter Wörter und Bedeutungen, die in noch gelesenen literarischen Werken vorkommen können.

Der sprachliche Teil enthält schätzungsweise 70 000 Stichwörter, der enzyklopädische etwa 30 000 auf 2500 Seiten (Format 16 × 24), Preis Hfl. 129,50. Der letztgenannte Teil ist vor allem der Kunst, dem Film, der Literatur, den positiven Wissenschaften, der Biologie, der Technik, der Wirtschaft und den Finanzen gewidmet. Makrostrukturell und mikrostrukturell ist es normativer als der *GVD* und *Koenen*.

Bezeichnend ist der Artikel *seks.* (*Verschueren: Seks*, Sexualität bezüglich deren kommerzieller Ausbeutung, wie sie in den USA und den durch sie beeinflußten westlichen Ländern verbreitet ist).

In seinem Artikelaufbau unterscheidet es sich von allen anderen Wörterbüchern. Die Struktur wird konsequent von den semantischen Verhältnissen der Bedeutungen untereinander (metaphorisch, metonymisch, eigentlich, übertragen u. a.) bestimmt und zeigt eine deutlich didaktische Funktion. Z. B.: *jeugd* ('Jugend') A. Eigentlich. 1. Abstrakt: das Jungsein. 2. Konkret: Zeitspanne, in der man jung ist. 3. Figürlich: Erste Zeit des Daseins *(de jeugd der volken)*. B. Metonymisch. 1. Allgemein: jemand jungen, frischen Alters. 2. Insbesondere: Kinder. 3. Bei Erweiterung: Jugendliche.

Das Buch führt als einziges in den Niederlanden konsequent die Ausspracheinformationen und die Etymologie auf. Der linguistische Teil basiert zu etwa 60 % auf dem *WNT*.

3.5. Vergleich zwischen *GVD*, *Koenen*, *GWHN* und *Verschueren*

3.5.1. Zusammensetzungen und Ableitungen

Aus einer Untersuchung von Wörterbüchern ergibt sich, daß der Unterschied zwischen durchsichtigen und lexikalisierten Zusammensetzungen bzw. Ableitungen alles andere als eindeutig ist und daß es schwerfällt, bei der Aufnahme von Zusammensetzungen und Ableitungen konsequent vorzugehen. Welche Zusammensetzungen und Ableitungen ein Wörterbuch aufführt, hängt von der Art und Weise ab, wie es seine Funktion auffaßt (und natürlich von den Forderungen, die ein Verleger stellt). Ein Bildungswörterbuch mit einer Dokumentationsfunktion (wie *GVD*) enthält selbstverständlich mehr Zusammensetzungen und Ableitungen als ein Schulwörterbuch (wie *Koenen*). Der *GVD* führt — oft ohne Umschreibung der Bedeutung und daher rein dokumentarisch — alle gängigen Zusammensetzungen und Ableitungen auf. In einem modern-diachronen Wörterbuch wie dem *GVD* wirkt dies übertrieben, auch weil nicht mehr gängiges weiter aufgeführt wird. Außerdem sind in bestimmten Ableitungsreihen Inkonsequenzen zu finden. Zu *januari* ('Januar') findet man: *januaridag* ('Januartag'), *-maand* ('-monat'), *-nacht* ('-nacht') (ohne Umschreibung); zu *juli* ('Juli'): *-dag* (mit der Umschreibung 'Tag im Juli') und *-maand;* zu *juni* ('Juni'): *-dag, -maand, -avond* ('-abend'), *-ochtend* ('-morgen'). *Koenen* und *Verschueren* geben nicht explizit an, welchen Maßstab sie hier anlegen. Eine Untersuchung der beiden Wörterbücher zeigt, daß die Bearbeiter — um der pädagogisch-dikatischen Funktion willen — jene Zusammensetzungen ausgewählt haben, die von kulturellem Interesse sind. Das *GWHN* geht von dem Kriterium aus, daß Zusammensetzungen und Ableitungen (incl. der durchsichtigen) dann aufgenommen werden, wenn sie in der täglichen modernen Lektüre regelmäßig zu erwarten sind (nicht: wenn man sie regelmäßig gefunden hat).

In der Praxis hat auch das zu Inkonsequenzen geführt. So findet man *tachtigste* ('achtzigster') und *tachtigtal* ('achtzig'; *een tachtigtal mensen* 'eine Anzahl von achtzig Menschen, achtzig Menschen); aber nicht *negentigste* ('neunzigster') und *negentigtal* ('neunzig'). Man findet das veraltete *tafelschel*; aber nicht das normale *tafelbel* ('Tischglocke'); *jaarmis*, aber nicht das übliche *jaardienst* ('Anniversar'); *jaarvergadering* ('Jahresversammlung'); aber nicht *jaarrede* ('Jahrrede'). Das *GWHN* gibt das durchsichtige *jeneverlucht* ('Schnapsgeruch') und *jeneversmaak* ('Schnapsgeschmack') an; dagegen sucht man *tabakslucht* ('Tabaksgeruch') und *tabakssmaak* ('Tabaksgeschmack') und das undurchsichtige *jeneverneus* ('Schnapsnase; Nase, rot vom vielen Trinken') vergebens. Das *GWHN* führt die durchsichtige Ableitung *jatter* ('Stibitzer') auf, das undurchsichtige *jatwerk* ('Diebsgut') ist aber ebensowenig zu finden wie z. B *jodenkerk* ('Judenkirche') und *jodenvolk* ('Judenvolk'), die nicht nur undurchsichtig sind, sondern auch in spezifischen Phrasemen vorkommen. Die hier fehlenden Wörter begegnen aber im *GVD*, bei *Koenen* und *Ver-*

schueren. Koenen hat als erstes Wörterbuch Zusammensetzungen unter den Grundwörtern aufgenommen. Zu *jaar* ('Jahr') findet man *aanvangs-* ('Anfangs-'), *belasting-* ('Steuer-'), *boek-* ('Geschäfts-'), *bouwjaar* ('Baujahr'). Der Bearbeiter schreibt, daß Wörter wie *afscheidsbezoek* ('Abschiedsbesuch'), *-college* ('-vorlesung'), *-groet* ('-gruß'), *-preek* ('-predigt'), *-rede* ('-rede') bei einer Neuauflage wegfallen und als Stichwörter entweder unter dem Grundwort oder unter dem Bestimmungswort integriert werden können. Die Erweiterung des Wortschatzes wird eine solche rationellere Neueinteilung unvermeidlich machen.

GVD und *GWHN* haben das Prinzip von *Koenen* (ohne seine Anwendung explizit zu bestätigen) zum Teil übernommen. Auch hier zeigen sich Inkonsequenzen. *GWHN* nennt unter *jaar* folgende Zusammensetzungen, die *GVD* nicht aufführt: *geboorte-* ('Geburts-'), *bouw-* ('Bau-'), *jubileum-* ('Jubiläums-'), *kalender-* ('Kalender-'), *cursus-* ('Kursus-'), *studiejaar* ('Studienjahr'). Unter *jargon* ('Jargon') findet man *film-* ('Film-') sowie *studentenjargon* ('Studentenjargon') nicht. Und unter *jongens* ('Jungen') vermißt man die Zusammensetzungen *krantenjongens* ('Zeitungsjungen'), *platenjongens* ('Menschen aus der Schallplattenbranche') und *reclamejongens* ('Menschen aus der Reklamebranche'), die wiederum im *GVD* stehen.

3.5.2. Thematische Wörter und Soziolekte

Wie viele Wörterbücher geben auch die niederländischen nicht explizit an, welche thematischen (d. h. fachsprachlichen) und soziolektalen Wörter sie aufnehmen. Eine derartige Angabe sollte aber fester Bestandteil jedes Vorwortes sein, weil thematische Wörter den größten Teil der Makrostruktur eines modernen Wörterbuches ausmachen und vor allem auch weil in bestimmte Arten von Wörterbüchern bestimmte Kategorien von Wörtern hineingehören und eine explizite Angabe dieser Kategorie zu einer besseren Profilierung des Wörterbuches beiträgt.

Eine Stichprobe zeigt, daß im *GWHN* weniger Wörter aus dem Bildungswortschatz behandelt werden als vielmehr alltägliche moderne Wörter (Ad-hoc-Komposita) wie *afstandsbaby* ('zur Adoption freigegebenes Baby'), *belbus* ('Rufsäule'), *knuffelmuur* ('Kuschelwand, beheizte Wand in einem modernen Hallenbad, an der man sich wärmen kann'), *kerkmarokkaan* ('Mitglied einer Gruppe von Marokkanern, die aus Protest gegen eine drohende Ausweisung eine Kirche besetzen') und *dubbelbesluit* ('Doppelbeschluß'). So hat das *GWHN* bei der Übernahme der Makrostruktur des *GVD* u. a. folgende Wörter, die in den anderen Wörterbüchern begegnen und die mancher Benutzer vermissen wird, weggelassen: *jachtgodin* ('Jagdgöttin'), *jaconnet* ('Jaconnet'), *jacquard* ('Jacquard'), *jacquerie* ('Jacquerie'), *jak* ('Jak, tibetanischer Büffel'), *jakobiet* ('Jakobit'), *jakobijn* ('Jako-biner'), *jakobinisme* ('Jakobinertum'), *janitsaar* ('Janitschar'). Ferner fehlen im *GWHN* Wörter aus dem Bereich des jüdischen Glaubens wie zum Beispiel *gebedsriem* ('Gebetsriemen'), *gebedsrol* ('Gebetsmühle'), *slaaplokken* ('Schläfenlocke') und *peies* ('Peies'); man findet die *Sefardim* ('Sephardim'), aber nicht die *Asjkenasim* ('Aschkenasim') Es fehlen die marxistischen Begriffe *onderbouw* ('Basis') und *bovenbouw* ('Überbau'). Man findet *kinetische Kunst* ('kinetische Kunst'), aber nicht *op art* ('Op-art'); *dadaïsme* ('Dadaismus'), aber nicht *constructivisme* ('Konstruktivismus'); *minimal art* ('Minimal art'), aber nicht *zerokunst* ('Zerokunst'). Andererseits enthält das *GWHN* auch nur wenige volkssprachliche Ausdrücke, vor allem solche aus dem Rotwelschen. Von 9 volkssprachlichen Phrasemen zu *scheet* ('Furz') im *GVD* sind im *GWHN* nur 2 zu finden, bei *Koenen* 6 und bei *Verschueren* (der sich auch in diesem Punkt normativ verhält) 2. Durch die fehlende Markierung 'volkssprachlich' im *GWHN* treten auch Markierungsfehler auf. Typisch volkssprachliche Wörter wie *jajem* ('Schnaps') und *majem* ('Wasser'), *jatmoos* ('Ganove') und *jofel* ('dufte') werden deswegen mit 'umgangssprachlich' gekennzeichnet. Am besten markiert Koenen *jofel*, indem er es als 'rotwelsch (= Sprache der Unterwelt) und heute volkssprachlich' charakterisiert.

3.5.3. Beispielsätze und Kollokationen

Ein Wörterbuch ohne Beispielsätze ist ein toter, lebloser Gegenstand; Definitionen müssen mit Beispielen illustriert werden. Außer den lexikalischen Kollokationen und Syntagmen (vor allem Verb + Substantiv, Adjektiv + Substantiv: *een record vestigen* ('einen Rekord aufstellen'), *onverdeelde aandacht* ('ungeteilte Aufmerksamkeit'), den Redensarten, den Sprichwörtern, den idiomatischen Ausdrücken (*leven als god in Frankrijk* 'leben wie Gott in Frankreich') und den Zitaten mit Quellennachweis gibt es die sogenannten freien Beispiele. Diese können 6 wichtige Arten von Informationen vermitteln: (a) soziokulturelle Informationen; (b) sachlich-enzyklopädische Informationen; (c) konnotative Informationen; (d) implizite syntaktische oder morphologische Informationen; (e) stilistisch-diastratische Informationen; und (f) illustrierende Informationen. Der *GVD* ist das einzige nichthistorische niederländische Wörterbuch, das Zitate anführt. Hausmann 1977, 83 ist der Meinung, daß Zitate für den Muttersprachler aufgenommen werden müssen, „der das sprachlich Durchschnittliche und Anspruchslose besitzt und das höhere, literarische Vorbild sucht", aber nicht für denjenigen, der eine Fremdsprache lernt. Dieser suche das Übliche, Unmarkierte in einem Wörterbuch. Deswegen muß ein Wörterbuch wie das *GWHN,* das als Grundlage für zweisprachige Wörterbücher dient, eine Doppelaufgabe haben und läuft dann Gefahr, entweder zuwenig zur Inventarisierung des Niederländischen beizutragen oder zuviel für die bilingualen Wörterbücher zu leisten.

Eine Theorie des Beispiels fehlt zur Zeit noch (vgl. aber Art. 47; 47a). Freie Beispiele können eine semantische und eine pragmatische, „text-dokumentative Erläuterungsfunktion haben, indem sie die Bezugs- und Verwendungsregeln der Lemma-Ausdrücke im Handlungsvollzug selbst vorführen" (Strauß 1982, 39). Zitate werden aufgrund ihres aphoristischen, ästhetischen oder stilistischen Charakters aufgenommen. Der *GVD,* der ein Bildungswörterbuch mit einer 'Lesefunktion' ist, enthält deswegen (jedoch noch zu wenig) Zitate. Im *GWHN,* das eine 'Grundlagenfunktion' hat, fehlen sie völlig. *Koenen* und *Verschueren,* die als Schulwörterbücher beschränktere Zielsetzungen haben, enthalten ebenfalls keine Zitate. Auch die freien Beispiele kommen fast ausschließlich im *GVD* vor; daneben gibt es sie in beschränkterem Maße bei *Koenen.* Soziokulturelle Informationen findet man im *GVD* bspw. unter *maretak* ('Mistel'): „Misteln werden zu Weihnachten als Schmuck im Zimmer aufgehängt"; sachlich-enzyklopädische Informationen u. a. unter *systeem* ('System'): „Ein Ganzes von geordneten Prinzipien heißt ein System, und so sucht die Sprachwissenschaft nach dem Sprachsystem"; illustrierende Informationen bspw. unter *synoniem* ('synonym'): *„Beachtung* und *Aufmerksamkeit* sind synonym".

3.5.4. Morpheme und Wortteile

In den Niederlanden neigt man dazu, auch der derivationellen Morphologie einen Platz im Lexikon einzuräumen. Dies geschieht aus sprachwissenschaftlichen Gesichtspunkten wie aus Gründen der Raumersparnis, indem man sich mit dem Affix und einer Anzahl von Beispielen begnügt. Je größer die Anzahl der Wörter ist, für die das gleiche derivationelle Morphem die gleichen Änderungen in der gleichen lexikalischen Bedeutung zur Folge hat, um so weniger wird der Lexikograph geneigt sein, all diese Wörter aufzunehmen. *Koenen* (1974) hat durch die Aufnahme der Lemmata: *a-,* ('a-'), *bio-* ('bio-'), *macro-* ('makro-'), *maxi-* ('maxi-'), *mini-* ('mini-'), u. a. diese Verfahrensweise eingeführt. Der *GVD* hat dieses System übernommen und fügte obenstehender Liste u. a. *audio-* ('audio-') und *Euro-* ('Euro-') hinzu. *Koenen* erweiterte das System noch durch die Reihe der wissenschaftssprachlichen Suffixe wie *-cide* ('-zid'), *-ciet* ('-zit'), *-droom* ('-drom'), *-ectonomie* ('-ektonomie'), *-faag* ('-phag'), welche bei der Bedeutungsbestimmung von neuen, aber noch nicht aufgenommenen Wörtern als Hilfe dienen können. Diese Suffixe sind im *GVD* noch nicht zu finden, obwohl er die Lemmatisierung von Suffixen, wie sich anhand folgender Beispiele zeigt, keineswegs ausschließt: *-tiek* ('-tik'), *-gebeuren* ('-geschehen'), *-halve* ('-halber'), *vriendelijk* ('-freundlich') und *-vijandig* ('-feindlich'), *in vrouw-* ('Frauen-'), *milieuvriendelijk* ('umweltfreundlich') bzw. *-vijandig* ('-feindlich'). *GWHN* hat fast all diese Morpheme übernommen, nicht aber *-ciet, -vijandig* und *-isme* ('-ismus'). Außerdem fehlen die 'alten' Morpheme wie *be-* ('be-'), *ge-* ('ge-'), *-ing* ('-ing'), *-er* ('-er'), *-heid* ('-heit'), *-ig* ('-ig'), *-dom* ('-tum') und *-isch* ('-isch'), die immer noch produktiv sind. Eine systematischere Beschreibung der produktiven Morpheme oder Wortteile würde allen Wörterbüchern zugutekommen. Im *Verschueren* fehlen die Morpheme völlig.

3.5.5. Homonymie und Polysemie

Es gibt vier Kriterien, die es erlauben, Wörter gleicher Form als homonym zu betrachten: (a) wenn die Etymologie unterschiedlich ist; (b) wenn die Etymologie identisch ist, aber die verschiedenen Bedeutungen nicht mehr in Beziehung zueinander stehen; (c) wenn die derivationellen Möglichkeiten unterschiedlich sind; (d) schließlich kann man eine extreme Position einnehmen und für jede Bedeutung ein eigenes Lemma ansetzen (im Gegensatz dazu steht die extreme Auffassung, derzufolge alle Wörter mit einer gleichen Form, die der gleichen Wortart angehören, polysem sind). Der Maxime eines guten didaktischen Wörterbuches, sein Material in Homonyme zu differenzieren, genügen die meisten niederländischen Wörterbücher und folgen diesbezüglich einem der ersten beiden Kriterien. Das *GWHN* weicht von dieser Tradition ab und legt das extreme Prinzip zugrunde, wonach alle Wörter derselben Wortart, die die gleiche Form haben, polysem sind. Das Substantiv *elf* ('Elfe') ist also unter dem Zahlwort *elf* ('elf') aufgenommen; das Wort *aal,* Soldatenabkürzung für *aalmoezenier ('Militärgeistlicher'),* findet sich unter *aal* ('Aal') und *jap* ('Japs'), die abwertende Benennung für einen Japaner, ist gemeinsam mit dem belgischen Wort *jap* ('Süßholz') beschrieben.

4. Etymologische Wörterbücher

Bereits Kiliaan (1599) widmet der Herkunft

von Wörtern eine gewisse Aufmerksamkeit (vgl. Claes 1972; 1977), auch wenn seine Herleitungen aus heutiger Sicht nicht immer gelungen sind. Claes (1977; 42) weist darauf hin, daß 'Etymologie' für Kiliaan in erster Linie 'Sprachvergleichung' war. Doch gibt er auch Beispiele für Ableitungen:

„Kercke [...] ex Graeco originationem habet, kuriakon ger. kirch [...] angl. churche".

Daran wurde seit Kiliaan nichts Essentielles verändert, vgl. den Art. *kerk* in Franck/van Wijk 1971 (1947) (in deutscher Übersetzung):

Kerk znw., mnl. kerke [...] (nhd. kirche), [...] (eng. church). [...]. Frühe Entlehnung aus gr. kuriakon.

Eine Übersicht über die verschiedenen Drucke findet man bei Claes 1972, 36—38.

Nach Kiliaan ist Ten Kate (1723) zu nennen, der die internen Verwandtschaftsverhältnisse zwischen den germanischen Sprachen bereits kannte und die Erscheinung, die später als *Ablaut* bezeichnet werden sollte, klar durchschaute. Neu bei ihm ist, daß er Wörter erst dann „verwandt" nannte, wenn sie sich einem System von Regeln einfügten (Pijnenburg 1980, 13). Nach der Erkenntnis (19. Jh.) der Bedeutung des Sanskrits für die Sprachwissenschaft wurden die etymologischen Wörterbücher systematischer. Pijnenburg (1980, 14—17) verweist auf Terwen 1844 und Vercoullie 1890, äußert neben Lob aber auch Kritik. Das erste gediegene etymologische Wörterbuch ist Franck 1892. Es enthält reiches germanisches Sprachmaterial, bietet vorgermanische Wörter aber nur sparsam, wobei immer versucht wird, eine gemeinsame Wurzel zu rekonstruieren. Das Werk bildet die Basis für die weitere Entwicklung der niederländischen Etymologie. In der 2. Aufl. (Franck/van Wijk 1912) nahm der Slavist und Indogermanist van Wijk folgende Ergänzungen vor: mittelniederländische Formen, Zusammensetzungen und Ableitungen, Altfriesisch und Altsächsisch, Albanisch und Armenisch. Auch sonst weitete er den indogermanischen Teil aus (Pijnenburg 1980, 18).

Zu Franck/van Wijk erschien 1936 ein von C.B. van Haeringen bearbeitetes Supplement. Van Haeringen hat vor allem einen scharfen Blick für Bedeutungsentwicklungen als wichtigen Teilbereich der Etymologie.

Ein kleines etymologisches Wörterbuch ist De Vries 1958; es bietet nicht viel mehr als verwandte Formen, und zwar ohne Erklärungen und ohne Verweise. Die letzte Auflage bearbeitete F. de Tollenaere (1983), er weitete das Werk erheblich aus und verbesserte es durchgehend.

De Vries 1971 beruht auf de Vries 1958. Der Autor starb 1964 kurz vor Vollendung des Manuskripts; den Druck besorgten F. de Tollenaere und J. Kloosterboer. In diesem Werk begegnen als Neuerungen der Einbezug des Tocharischen und Hethitischen, ausgiebige Literaturhinweise und vor allem kulturhistorische Fakten (oft dargeboten im Lichte der Wortfeldtheorie Jost Triers; vgl. Pijnenburg 1980, 20).

Eine sehr große Anzahl wertvoller Etymologien findet sich auch in einem Werk, das nicht als etymologisches Wörterbuch gemeint ist, im *WNT*. Es ist das einzige Werk, in dem die Herkunft veralteter Wörter, die in den modernen etymologischen Wörterbüchern nicht behandelt werden, beschrieben wird.

Generell kann an den heutigen etymologischen Wörterbüchern des Niederländischen kritisiert werden, daß sie kaum auf die Herkunft einiger gebräuchlicher, echt niederländischer Wörter eingehen. So sucht man vergeblich nach der Etymologie von *ukkie* ('kleines Kerlchen'), *oen* (Schimpfwort), *joetje* (Rotwelsch für einen 10-Gulden-Schein) und vieler anderer mehr. Dies soll sich mit dem Erscheinen des *VDEW* (1989) ändern, einem Wörterbuch, das eine Etymologie aller Einheiten des *GDV* enthält.

5. Dialektwörterbücher

Die ältesten Listen mit Dialektwörtern stammen aus dem auslaufenden 18. Jahrhundert (vgl. dazu: Goossens 1977, 311). Sie waren als Bausteine des *WNT* gedacht, für das ja bereits im Jahr 1762 Pläne gemacht wurden (vgl. *WNT* I; II).

Die erste selbständige Publikation über einen niederländischen Dialekt ist Hoeufft 1836—1838. In Belgien führten im 19. Jh. zwei Gründe zu einer reichen Produktion von Dialektwörterbüchern. Erstens waren es die Bestrebungen der flämischen Bewegung, das Niederländische zu erhalten, und der Widerstand gegen die immer deutlicher sich ausprägende Dominanz des Französischen. Zum zweiten war es das Interesse an der mittelniederländischen Literatur, in der man einen Ausdruck der eigenen glorreichen Vergangenheit sah. Als Voraussetzung, diese Literatur zu verstehen, betrachtete man die Kenntnis der Dialektwortschätze (Goossens 1977, 307). Die wichtigsten Wörterbücher, die damals entstanden, sind: Schuermans

1865—1870, De Bo 1873, Tuerlinck 1886, Rutten 1890, Cornelissen/Vervliet 1899—1938, Joos 1900, Teirlinck 1908—1922.

In den Niederlanden folgten gut 20 Jahre später Molema 1887, Boekenoogen 1897, Endepols 1955, De Bont 1958; eine vollständige Übersicht über die belgischen und niederländischen Dialektwörterbücher enthalten Geeraerts/Jansens 1982, 117—121. Besondere Aufmerksamkeit verdient Ghijsen 1959—1964. Goossens 1977, 309 bezeichnet dieses Werk als die beste dialektlexikographische Publikation des Niederländischen; sie sei unter vielen Aspekten mit den großen Dialektwörterbüchern des Deutschen vergleichbar.

Alle genannten Wörterbücher haben eine alphabetische Ordnung. Neu ist die systematische Gliederung des *WBD* 1967 ff., des *WLD* 1983 ff. und des *WVD* 1979 ff. Jede Lieferung dieser Wörterbücher behandelt einen inhaltlich umrissenen Teil des jeweiligen Wortschatzes. Die 1. Lieferung des *WBD* enthält z. B. 'Haus und Ländereien' (darunter die Bezeichnungen des Wohngebäudes, des Schornsteins, des Hofes, der Scheunen usw.).

6. Zwei Wörterbücher des Afrikaans

6.1. Allgemeines

Das Afrikaans, das noch im vorigen Jahrhundert als 'Kombüsensprache' verachtet wurde, wird erst seit gut 100 Jahren als eine ernstzunehmende Sprache betrachtet. Wissenschaftliches Interesse für das Afrikaans ist seit dem Jahre 1844 festzustellen, als Antoine Changuion (1803—1881), ein Niederländer hugenottischer Herkunft, mit seiner *Proeve van Kaapsch Taaleigen (Versuch über das kaphollländische Sprachgut),* das erste, 400 Wörter und Ausdrücke des Afrikaans enthaltende Wörterbuch dieser Sprache vorlegt. Er hatte aber nicht die Absicht, mit seiner Publikation das Afrikaans als Sprache zu propagieren, sondern wollte vielmehr vor der Verwendung der Wörter, die er als zugehörig zur platten Sprache der unzivilisierten Klasse kennzeichnete, warnen. Allmählich setzt sich bei den Sprechern des Afrikaans, die sich nun organisieren, eine geänderte Haltung zu ihrer eigenen Sprache durch. 1876 erscheint eine Grammatik: *Eerste beginsels van Afrikaans (Erste Grundbegriffe des Afrikaans),* 1902 das erste zweisprachige *Patriot Woordeboek (Patriotisches Wörterbuch) / Patriot Dictionary.* Die Frage, ob sich das Afrikaans oder das Niederländische durchsetzen wird, bleibt jedoch offen. Befürworter und Gegner des Afrikaans führen einen erbitterten Kampf, der im Jahre 1903 durch die Gründung der Südafrikanischen Akademie für Sprache, Literatur und Kunst entschieden wird. 1914 wird das Afrikaans als Schulsprache, 1919 als Verwaltungs- und Kirchensprache anerkannt; 1925 wird die Anerkennung des Afrikaans auch in der Verfassung verankert (cfr. Snijman 1964).

6.2. *Woordenboek van die Afrikaanse Taal (WAT)*

Im Jahre 1926 wird mit der Arbeit am *WAT (Wörterbuch der afrikaansen Sprache)* begonnen. Es hat, wie das meistens bei noch nicht standardisierten oder bei erst kurze Zeit offiziell anerkannten Sprachen der Fall ist, als wichtigste Zielsetzung, den Wortschatz und die Bedeutungen zu inventarisieren und zu kodifizieren. Das sich schnell entwickelnde Afrikaans und das wachsende Sprachbewußtsein benötigten die Unterstützung eines auf die Praxis gerichteten und zugleich möglichst vollständigen Wörterbuchs. Ein Wörterbuch vom Umfang des *GVD* (7. Auflage) sollte innerhalb von drei Jahren vollendet werden. Im Jahre 1930 erscheinen größere Übersetzungswörterbücher, technische Wörterbücher und Wortlisten. Die Bibelübersetzung in Afrikanns wird fertiggestellt, die Literatur erlebt einen Aufschwung. Daher erweist es sich als notwendig, neue Quellen zu exzerpieren. Außerdem entstehen Konflikte über die Rechtschreibung von Fremdwörtern. Das alles hat Verzögerungen zur Folge, durch die Band I (a—c) erst 1951 erscheinen kann (Snijman 1964 passim); jüngst ist Band VIII erschienen.

Das Wörterbuch enthält viele enzyklopädische Elemente, z. B. internationale wissenschaftliche Begriffe wie *Acalypha, Acanthocephale.* Hierbei erhebt sich die Frage, ob ein allgemeines Wörterbuch solche Begriffe enthalten soll. Respekt aber verdient das Maß, in dem die Definitionen enzyklopädische Informationen enthalten. Wenn es — wie Schoonees 1958, 82 sagt — ein Menschenleben kostet, um zu verstehen, was Kalvinismus sei, so muß man sicherlich dem Sachverständigen dankbar sein, der eine komprimierte, aber zuverlässige Definition des Begriffes gibt. Das Problem ist, wie weit man bei einer solchen zuverlässigen Zusammenfassung gehen soll. Das Wort *gebedsriem* ('Gebetsriemen') wird erläutert als : „Riemen, an dem ein Kästchen befestigt ist, das einen Pergamentstreifen enthält mit dem hebräischen Text von Ex. 13: 1—10; 11—16, Deut. 6: 4—9; 13—21. Dieses wird am linken Oberarm gegenüber dem Herzen getragen oder an der Stirn unter den Haaren befestigt: das Stirnband aus Ex. 13—16 wird auch Gedächtnisband genannt, weil es den Träger an das Gesetz erinnern soll. Später wurde es als ein Mittel betrachtet, um böse Geister abzuwehren". Jemandem, der nicht weiß, was ein Gebetsriemen ist, nützt diese Definition zweifellos mehr als die im *GVD:* „Lederriemen, den die Israeliten beim Morgengebet tragen". Es führt aber zu weit, in einem Wörterbuch dem Eintrag *groente* ('Gemüse') — wie im *WAT* — eine Tabelle anzufügen, in der die chemischen Bestandteile, der Vitamin- und der Kaloriengehalt der wichtigsten Gemüsearten angegeben werden.

6.3. Handwoordeboek van die Afrikaanse Taal (HAT)

Das *HAT (Handwörterbuch der afrikaansen Sprache)*, dessen erste Auflage 1965 erschien, befriedigt das durch die Stagnation des *WAT* gesteigerte Bedürfnis nach einem übersichtlichen Wörterbuch des Afrikaans (es enthält ca. 60 000 Wörter, Format 16 × 24,5). Es ist ein Schulwörterbuch, das sich — soweit dieses vollendet ist — auf das *WAT* stützt und sich vom *GVD* hat beeinflussen lassen. In diesem Wörterbuch, dem neben der Nachschlagefunktion sicherlich eine Kodifizierungsfunktion zukommt, wurde das Problem der vielen durchsichtigen Zusammensetzungen dadurch gelöst, daß man diese einfach aufgelistet hat. Z. B.:

Kinema, (-s) ('Kino') *Bioskoopteater* ('Filmtheater'): *Daar is brand in die kinema ontstaan.* ('Im Kino ist ein Brand ausgebrochen'). *Kinema* ('Kino'): ..*bedrijf* (.. 'betrieb'), ..*film* (.. 'film'), ..*gebouw* (.. 'gebäude'), ..*teater* (.. 'theater'), ..*ties* ('kinematisch'), ..*toestel* (.. 'maschine'), ..*vorstelling* (.. 'vorstellung').

Dieses System ist in einer ausgearbeiteten Version unter anderem im *Chambers Twentieth Century Dictionary* zu finden und wäre allen Wörterbüchern mit einer Dokumentations- bzw. Kodifizierungsfunktion zu empfehlen.

7. Literatur (in Auswahl)

7.1. Wörterbücher

De Bo 1873 = L. L. de Bo: Westvlaamsch idioticon. Brugge 1873 [1488 S.].

Boekenoogen 1897 = G. J. Boekenoogen: De Zaansche Volkstaal. Leiden 1897 [CLIII + 1368 S.].

De Bont 1958 = A. P. de Bont: Dialect van Kempenland. Deel II, Vocabularium. Assen 1958 [811 S.].

Chambers 1977 = A. M. Macdonald: Chambers Twentieth Century Dictionary. Edinburgh 1977 [XII + 1652 S.].

Changuion 1844 = Antoine N. E. Changuion: Proeve van Kaapsch Taaleigen. In: A. N. E. Changuion: De Nederduitsche Taal in Zuid-Afrika hersteld. Kaapstad 1844, I—XXVI.

Cornelissen/Vervliet 1899—1903 = P. J. Cornelissen/J. B. Vervliet: Idioticon van het Antwerpsch dialect. Gent 1899—1903 [Aanhangsel. Gent 1906. Bijvoegsel 1. Turnhout 1936, Bijvoegsel II en III, Turnhout 1938] [2272 + XV + 311 + 316 + 254 S.].

Duden 1976—1981 = Duden. Das große Wörterbuch der deutschen Sprache in sechs Bänden. Hrsg. und bearb. v. Wissenschaftlichen Rat und den Mitarbeitern der Dudenredaktion unter Leitung von Günther Drosdowski. Mannheim. Wien. Zürich 1976—1981 [2992 Sp.].

DWB 1854—1971 = Deutsches Wörterbuch von Jacob Grimm und Wilhelm Grimm. 16 Bände (in 32 Bänden) Leipzig 1854—1971 [XCI S. + 67 744 Sp.; Nachdruck München 1984].

Endepols 1955 = H. J. E. Endepols: Woordenboek of diksjenaer van 't Mestreechs. Maastricht 1955 [557 S.].

Franck 1892 = J. Franck: Etymologisch Woordenboek der Nederlandsche Taal. 's-Gravenhage 1892 [XXIII + 1228 S.].

Franck/Van Wijk 1912 = J. Franck/N. van Wijk: Etymologisch Woordenboek der Nederlandsche Taal. 's-Gravenhage 1912 [seit 1936 mit Supplement von C. B. van Haeringen] [897 + 235 S.].

Ghijsen 1959—1964 = H. C. M. Ghijsen: Woordenboek der Zeeuwse dialecten. Den Haag 1959—1964 [XXVIII + 12325 S.].

GVD 1984 = G. Geerts/H. Heestermans: Van Dale Groot Woordenboek der Nederlandse Taal. Utrecht. Antwerpen 1984 [3730 S., Erstauflage 1864, elfte Auflage 1984].

GWHN 1984 = P. G. J. van Sterkenburg/W. J. J. Pijnenburg: Van Dale Groot woordenboek van hedendaags Nederlands. Utrecht. Antwerpen 1984 [1569 S., Erstauflage 1984].

HAT 1965 = P. C. Schoonees e. a.: Verklarende handwoordeboek van die Afrikaanse taal. Kierksdorp. Johannesburg. Pretoria 1965 [1067 S.].

Hoeufft 1836—1838 = J. H. Hoeufft: Proeve van Bredaasch taal-eigen. Met een aanhangsel. Breda 1836—1838 [IV U 728 U 70 S.].

Joos 1900 = Amaat Joos: Waasch Idioticon. Gent. St.-Niklaas 1900 [183 S.].

Ten Kate 1723 = L. ten Kate Hermansz: Aenleiding tot de kennisse van het verhevene deel der Nederduitsche sprake. Amsterdam 1723 [Band I + II, 743 U 748 S.].

Kiliaan 1599 = C. Kiliaan: Etymologicum Teutonicae linguae sive Dictionarium Teutonico-latinum. Antwerpen 1599 [744 S.].

Koenen 1982 = M. J. Koenen/J. B. Drewes: Verklarend Handwoordenboek der Nederlandse Taal. Groningen 1982 [1696 S., Erstauflage 1897, siebenundzwanzigste Auflage 1974 (1982)].

MNW 1864—1929 = J. Verdam/E. Verwijs: Middelnederlandsch Woordenboek. 's-Gravenhage 1864—1929 [Band I—X].
Molema 1887 = H. Molema: Woordenboek der Groningsche Volkstaal in de 19de eeuw. Winsum 1887 [VIII + 583 + XXI + 84 S.].
OED 1884—1928 = A. H. Murray e. a.: Oxford English Dictionary on Historical Principles. Oxford 1884—1928 [Band I—XII].
Rutten 1890 = A. Rutten: Bijdrage tot een Haspengouwsch idioticon. Antwerpen 1890 [XVI + 318 S.]
Schuermans 1865—1870 = L. W. Schuermans: Algemeen Vlaamsch Idioticon. Leuven 1865—1870 (Bijvoegsel aan het Algemeen Vlaamsch Idioticon. Leuven 1883) [XXVII + 902 + 405 + 50 + XIX + 405 S.]
Teirlinck 1908—1922 = I. Teirlinck: Zuid-Oostvlaandersch Idioticon. Gent 1908—1922 [523 + 423 + 392 S.].
Terwen 1844 = J. H. Terwen: Etymologisch Woordenboek der Nederduitsche taal, of een proeve van een geregeld overzigt van de afstamming der Nederduitsche woorden. Gouda 1844 [1050 + XX S.].
Tuerlinckx 1886 = J. F. Tuerlinckx: Bijdrage tot een Hagelandsch idioticon. Gent 1886 [XII + XXVIII + 755 S.].
VDEW 1989 = P. A. F. van Veen: Van Dale Etymologisch Woordenboek. Utrecht. Antwerpen 1989.
Vercoullie 1890 = J. Vercoullie: Beknopt etymologisch Woordenboek Nederlandsche taal. Gent. 's-Gravenhage 1890 [IV + 320 S.].
Verschueren 1979 = F. Claes: Verschueren Modern Woordenboek. Antwerpen. Amsterdam 1979. [2500 S., Erstauflage 1930—1931].
De Vries 1958 = J. de Vries: Etymologisch woordenboek. Utrecht. Antwerpen 1958 [293 S.].
De Vries 1971 = Jan de Vries: Nederlands etymologisch woordenboek. Leiden 1971 [977 S.].
WAT 1950 = P. C. Schoonees/F. J. Snijman e. a.: Woordenboek van die Afrikaanse taal. Pretoria 1950 ff. [Band I—VIII].
WBD 1967 = A. Weijnen/J. van Bakel e. a.: Woordenboek van de Brabantse dialecten. Assen 1967 ff. [Dl. I, 1—7, Dl. II, 1—3].
WLD 1983 = A. Weijnen/P. Goossens e. a.: Woordenboek van de Limburgse dialecten. Assen 1983 [Dl. I, 1, 2].
WNT 1852 = Matthias de Vries e. a.: Woordenboek der Nederlandsche Taal. 's-Gravenhage 1852 ff. [Band I—XXVII^{II}].
WVD 1979 = M. Devos/H. Ryckeboer e. a.: Woordenboek van de Vlaamse dialekten. Gent. Tongeren 1979 ff. [Dl. I, 1, 2, Dl. II, 1]

7.2. Sonstige Literatur

Bakker/Dibbets 1977 = Dick Bakker/Geert Dibbets: Geschiedenis van de Nederlandse taalkunde. 's Hertogenbosch 1977.
Claes 1972 = Frans Claes: Kiliaans Etymologicum van 1599. 's-Gravenhage 1972 (Monumenta Lexicographica Neerlandica, series II, deel 3).
Claes 1977 = Frans Claes: Etymologie in Kiliaans Woordenboek. In: Heestermans 1977, 42—51.
Eerste beginsels van Afrikaans 1876 = Eerste beginsels van Afrikaans, [uitgegeven vanwege het] Genootschap van regte Afrikaners. S.l. 1876.
Geeraerts/Janssens 1982 = Dirk Geeraerts/Guy Janssens: Wegwijs in woordenboeken. Een kritisch overzicht van de lexicografie van het Nederlands. Assen 1982.
Geeraerts 1983 = Dirk Geeraerts: Nederlandse lexicologie in tegenstellingen. In: Leuvense Bijdragen 72. 1983, 37—57.
Geeraerts 1984 = Dirk Geeraerts: Type en prototype. In: Interdisciplinair Tijdschrift voor Teksten Taalwetenschap 4. 1984, 69—86.
Geeraerts 1985 = Dirk Geeraerts: Van Dale Groot woordenboek van hedendaags Nederlands. In: Leuvense Bijdragen 74. 1985, 209—235.
Goossens 1977 = Jan Goossens: Geschiedenis van de Nederlandse dialectstudie. In: Bakker/Dibbets 1977, 285—311.
Hausmann 1977 = Franz Josef Hausmann: Einführung in die Benutzung der neufranzösischen Wörterbücher. Tübingen 1977.
Heestermans 1977 = Hans Heestermans (ed.): Opstellen door vrienden en vakgenoten aangeboden aan Dr. C. H. A. Kruyskamp. 's-Gravenhage 1977.
Heestermans 1983 = Hans Heestermans: Het WNT en de taal- en letterkundige congressen. In: De Negentiende Eeuw 5. 1983, 72—82.
Henne/Mentrup 1978 = Helmut Henne/Wolfgang Mentrup e. a. (Hrsg.): Interdisziplinäres Deutsches Wörterbuch in der Diskussion. Düsseldorf 1978 (Sprache der Gegenwart 45).
Kirkpatrick 1985 = Betty Kirkpatrick: A lexicographical dilemma. Monolingual dictionaries for the native speaker and for the learner. In: Robert Ilson (ed.): Dictionaries, lexicography and language learning. Oxford. New York. Toronto [etc.] 1985, 7—15.
Kühn 1983 = Peter Kühn: Sprachkritik und Wörterbuchbenutzung. In: Herbert Ernst Wiegand (Hrsg.): Studien zur neuhochdeutschen Lexikographie III. Hildesheim. Zürich. New York 1983, 157—179. (Germanistische Linguistik 1—4/82).
Kühn/Püschel 1982 = Peter Kühn/Ulrich Püschel: 'Der Duden reicht mir'; zum Gebrauch allgemeiner einsprachiger und spezieller Wörterbücher des Deutschen. In: Herbert Ernst Wiegand (Hrsg.): Studien zur neuhochdeutschen Lexikographie II. Hildesheim. Zürich. New York 1982, 121—153 (Germanistische Linguistik 3—6/80).
Moerdijk 1983 = Fons Moerdijk: Het WNT, lexicografie en linguïstiek. In: Leuvense Bijdragen 72. 1983, 1—36.

Pijnenburg 1980 = Wilhelm Pijnenburg: Bijdrage tot de etymologie van het oudste Nederlands. Eindhoven 1980.
Rey-Debove 1971 = Josette Rey-Debove: Etude linguistique et sémiotique des dictionnaires français contemporains. The Hague. Paris 1971 (Approaches to semiotics 13).
Schoonees 1958 = P. C. Schoonees: Rondom die woordenbook. Kaapstad. Bloemfontein. Johannesburg 1958.
Snijman 1964 = F. J. Snijman: U woorde, u woordeboek. Wetenswaardighede omtrent Die Afrikaanse Woordeboek. Uitgegee deur die Raad van Beheer oor Die Afrikaanse Woordeboek 1964.
Van Sterkenburg 1976 = Piet van Sterkenburg: Nederlandse lexicologie in stellingen. In: Nieuwe Taalgids 69. 1976, 13—23.
Strauß 1982 = Gerhard Strauß: Aspekte des Sprachausschnitts 'Politik' im einsprachigen Wörterbuch; Politisch-ideologisches Ismen-lexikographisch betrachtet. In: Wolfgang Mentrup (Hrsg.): Konzepte zur Lexikographie; Studien zur Bedeutungserklärungen in einsprachigen Wörterbüchern. Düsseldorf 1982.
De Tollenaere 1977 = Felicien de Tollenaere: De lexicografie in de negentiende en twintigste eeuw. In: Bakker/Dibbets (eds.) 1977, 229—249.
De Tollenaere/Heestermans 1979 = Felicien de Tollenaere/Hans Heestermans: Uw woordenboek. Het Woordenboek der Nederlandsche Taal. Goes 1979 (AO 1752).
De Vreese 1933 = Willem de Vreese: Paradox over den grooten nood der Nederlandsche philologie. In: Handelingen van de Maatschappij der Nederlandsche Letterkunde te Leiden 1932—1933 (1933), 417—592.

Hans Heestermans, Leiden (Niederlande)

202. Friesische Lexikographie

1. Einführung
2. Altfriesisch
3. Mittel(west)friesisch
4. Neuwestfriesisch
5. Ostfriesisch
6. Nordfriesisch
7. Literatur (in Auswahl)

1. Einführung

Der Verfasser einer Übersicht der friesischen Lexikographie sieht sich verglichen mit seinen nationalsprachlichen Kollegen zumindest in zweierlei Hinsicht mit einer besonderen Situation konfrontiert: Zum einen ist die friesische Lexikographie weitgehend Dialektlexikographie, zum anderen — sicher eine Folge des ersteren — waren die Schreiber friesischer Wörterbücher vielfach Laien. Seit dem Zweiten Weltkrieg ist jedoch im Zusammenhang mit der Institutionalisierung der friesischen Lexikographie eine zunehmende Professionalisierung zu verzeichnen, wobei wiederum die Bindung eines unverhältnismäßig großen Teils des ohnehin begrenzten frisistischen Forschungspotentials durch lexikographische Aufgaben Gefahren für die Entwicklung der anderen sprachwissenschaftlichen Disziplinen des Faches in sich birgt.

Nirgends ist das Friesische (vgl. Karte 202.1) die dominierende Schriftsprache und Sprache der höheren Domänen, obwohl sich seit dem 19. Jahrhundert in der niederländischen Provinz Friesland ($3/5$ der 600 000 Einwohner friesischsprachig) eine recht einheitliche Schrift- bzw. Standardsprache herausgebildet hat, die natürlich auch lexikographisch kodifiziert wurde. Verschriftlicht sind allerdings auch die stärker abweichenden westerlauwersschen (= westfriesischen) Dialekte von Hindeloopen, Terschelling und Schiermonnikoog sowie das ostfriesische Saterländisch und die teilweise stark voneinander abweichenden nordfriesischen Dialekte von Helgoland, Föhr-Amrum, Sylt und dem Festland einschließlich der Halligen, die alle jeweils nur wenige tausend oder heute teilweise sogar nur einige hundert oder weniger Sprecher zählen. Sie verfügen größtenteils über mehr oder weniger umfangreiche Wörterbücher, von denen vor allem die rezenteren als Gebrauchswörterbücher mit normierender Funktion gelten können.

Was die älteren Sprachstufen des Friesischen betrifft, so unterscheidet man Altfriesisch (1300—1550) und Mittelfriesisch (1550—1800). Das Altfriesische, das sich aufgrund seiner archaischen Sprachform dem Altenglischen, Altsächsischen usw. vergleicht, ist lediglich aus den Gebieten zwischen dem Flie (= Zuidersee) und der Lauwers westlich von Groningen (Altwestfriesisch) sowie zwischen Lauwers und Weser (Altostfriesisch) überliefert, und zwar in einer größeren Anzahl Rechtshandschriften, Altwestfriesisch auch in Urkunden, Chroniken usw. Die Bezeichnung „Mittelfriesisch" bezieht sich ausschließlich auf die westfriesische, hauptsächlich literarische Überlieferung der obengenannten Periode. Die gleichzeitige ältere neuostfriesische und neunordfriesische Überlieferung ist von recht beschränktem Umfang, umfaßt dafür aber auch einzelne lexikalische Werke. Aneinander anschließende Periodenwörterbücher kommen praktisch nur für das Westfriesische in

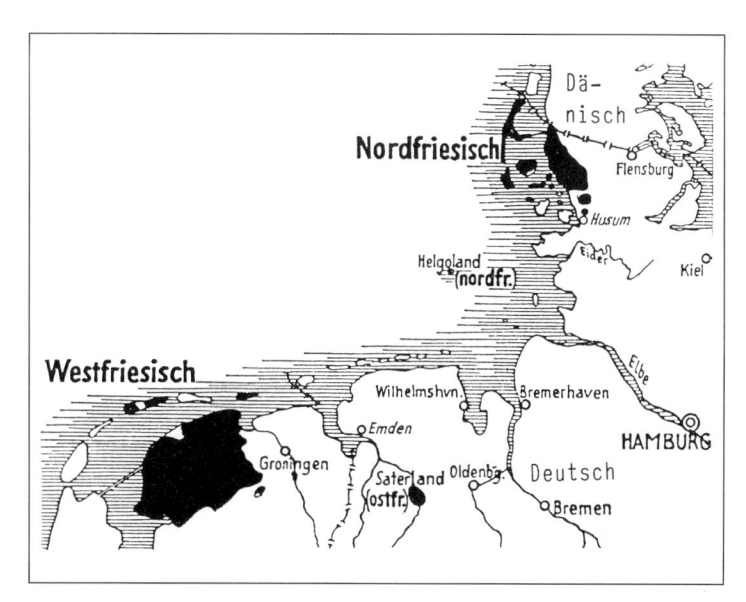

Karte 202.1: Skizze des friesischen Sprachraumes

Frage und sind auch in Vorbereitung bzw. bereits im Erscheinen begriffen (*WFT*, vgl. 4.2.).

Aus den oben skizzierten Rahmenbedingungen ergibt sich die Makrostruktur des Artikels „Friesische Lexikographie", der auf einer Kombination des diachronischen und diatopischen Gliederungsprinzips beruht. Besondere Aufmerksamkeit wird der Erschließung der friesischen Lexik für die Sprachvergleichung gewidmet, da das Friesische — offenbar aus Unkenntnis der friesischen lexikalischen Hilfsmittel — vielfach von dieser vernachlässigt wird.

Eine ursprünglich für die *World Bibliography of Dictionaries* vorgesehene Bibliographie der friesischen Lexikographie haben F. Claes u. a. (1984) zusammengestellt (Addenda von R. H. Bremmer im gleichen Jahrgang der Zeitschrift). Der deutsch-amerikanische Germanist und Frisist G. B. Droege bietet eine unterschiedlich ausführlich kommentierende Übersicht *Friesischer Wörterbücher* im engeren (1974) und weiteren (1975) Sinne.

2. Altfriesisch

2.1. Von Richthofen bis Holthausen

Die altfriesische Lexikographie beginnt mit dem Wörterbuch von Wiarda (1786), das für seine Zeit und in Anbetracht der damals ungenügenden Quellenlage eine beachtliche Leistung darstellt. Dieses erste gedruckte friesische Wörterbuch überhaupt gibt neben Lemma (mit Varianten) und Interpretament reichlich Beispielsätze mit deutscher Übersetzung. Die Etymologien sind — der Zeit gemäß — teilweise spekulativ. Über die altfriesische Periode hinaus berücksichtigt es einerseits die volkssprachlichen Wörter der *Lex Frisionum* (um 800), andererseits das ältere neuostfriesische *Memoriale linguae frisicae* (vgl. 5.2.).

Bereits 1840 erscheint mit dem umfassenden *Altfriesischen Wörterbuch* von K. von Richthofen ein für seine Zeit vorzügliches, heute noch unentbehrliches Werk. Der Savigny- und Grimmschüler verfolgte mit dem Wörterbuch, das die Fortsetzung (S. 581—1165) seiner *Friesischen Rechtsquellen* aus demselben Jahr bildet, zwei Ziele (vgl. Vorrede): vor allem den Nichtspezialisten den Zugang zu diesen zu eröffnen sowie den altertümlichen altfriesischen Wortschatz und Formenbestand der Sprachvergleichung zu erschließen. Beides ist Von Richthofen trefflich gelungen, und das Wörterbuch leistet immer noch, wie die beiden Neudrucke zeigen, dem Philologen und Rechtshistoriker dank der Quellen- und Stellenangaben zu den verschiedenen Graphien und dank der reichhaltigen Beispielsätze zu den unterschiedlichen Wortbedeutungen und -anwendungen vor allem zum Gewinnen eines ersten Überblicks gute Dienste. Bei der Benutzung sind jedoch die philologische Überalterung des Werkes und die unvollständige Auswertung einzelner Quellen (der Codex F und bestimmter altwestfriesischer Handschriften und der Urkunden) zu beachten. Die Anordnung des Wortmaterials ist streng alphabetisch. Auch Lexeme, die nur als Grundwörter vorkommen, erscheinen als besondere Lemmata (z. B. „*bolla* m. in *kne-* und *strotbolla*"), die Komposita werden auch unter dem jeweiligen Simplex genannt. Wortgleichungen (vor allem aus dem Altenglischen, Altsächsischen, Altisländischen und dem Neufriesischen) werden regelmäßig gegeben, Deutungen etymologisch unklarer Wörter versucht.

Gegen Von Richthofens grundlegendes Werk fällt das dilettantische *Idioticon Frisicum* des Juristen de Haan Hettema (1874) vollkommen ab, dem Philologen konnte es allenfalls gewisse Dienste als Supplement zu jenem leisten.

Über die drei bis dahin erschienenen altfriesischen Wörterbücher und die Notwendigkeit neuer, philologisch zuverlässiger Texteditionen handelt Buitenrust Hettema in kompetenter Weise in seiner Dissertation (1888, V ff.). Er referiert die bisherigen Korrekturen (vor allem von Kern) zu Von Richthofens Wörterbuch und steuert eine Reihe eigener lexikologischer Beiträge bei. Weitere umfangreichere Ergänzungen und Verbesserungen brachten Zeitschriftenartikel von Otto Bremer (PBB 17, 1893) und Van Helten (PBB 14, 1889/19, 1894). Die letztgenannten sind inhaltlich komplementär zu den ebenfalls alphabetisch geordneten, an Von Richthofens Wörterbuch anschließenden Monographien Van Heltens (1896 und 1907). Besonders das sehr umfangreiche jüngere Werk *Zur lexicologie des altostfriesischen* bedeutete sowohl in semantischer als auch in etymologischer Hinsicht einen gewaltigen Fortschritt, beide sind heute noch unentbehrlich.

Im Jahr 1925 erschien von der Hand des bekannten Anglisten und Etymologen F. Holthausen ein *Altfriesisches Wörterbuch,* das nach dem damaligen Stand der Forschung und aufgrund eigener Exzerpierung möglichste Vollständigkeit anstrebte. Bei Verzicht auf Quellenangaben (sogar die Markierung „awfr./aofr." fehlt) gibt das Wörterbuch kurze Bedeutungsangaben (in Zweifelsfällen mit Literaturverweisen) sowie etymologische Vergleiche und Literatur. Das bei Komposita angewandte Verweisungssystem erleichtert sprachvergleichende und morphologische Studien. Ungeachtet seiner Mängel (vgl. 2.3. zur 2. Auflage von Hofmann) ist Holthausens *Altfriesisches Wörterbuch* neben und zusammen mit Von Richthofens Wörterbuch bis heute das Standardwerk der altfriesischen Lexikographie geblieben.

Demgegenüber verfolgt die in ihrer Art durchaus verdienstliche *Oudfriesche woordenlijst* von G. A. Nauta (1926), die auch neuwestfriesische Wortgleichungen bringt, als Hilfsmittel beim Studium des „vaterländischen (= niederländischen) Rechts" in erster Linie praktische Ziele. — Neuerdings hat der auf dem Gebiet der altgermanischen Lexikographie aktive Rechtshistoriker G. Köbler (1983) ein altfriesisch-neuhochdeutsches und — ein Novum — neuhochdeutsch-altfriesisches Wörterbuch mit Hilfe der EDV kompiliert.

2.2. Spezialglossare

Solange das geplante große *Altfriesische Wörterbuch* (vgl. 2.3.) nicht vorliegt, kommt den Spezialglossaren, die auch als Vorarbeiten zu jenem zu sehen sind, erhöhte Bedeutung zu. Es lassen sich zwei Haupttypen unterscheiden (vgl. Sjölin 1969, 12 ff.): 1. Glossare zu bestimmten, meist in verschiedenen Handschriften überlieferten Texten, 2. Glossare zu einzelnen Handschriften.

Typus 1 repräsentieren die Glossare in den Dissertationen von W. Steller (1925), J. Hoekstra (1940), K. Nauta (1941), J. (H.) Brouwer (1941), B. W. van Klaarbergen (1947) und H. D. Meijering (1974). Wichtig ist dabei, daß sie (bis auf Nauta) ausschließlich oder auch (Hoekstra) Teile des im Typus 2 kaum vertretenen altwestfriesischen Wortschatzes erschließen. — Typus 2 vertreten die Glossare der von P. Sipma begründeten Reihe *Oudfries(ch)e Taal- en Rechtsbronnen (OTR),* in der bisher eine altwestfriesische und sämtliche altostfriesischen Handschriften herausgegeben wurden (Bd. IV, 1943 — XIII, 1975; vgl. Karte Århammar 1968, 289). Die zwei ältesten Glossare (E1/H) sind reine „Indices verborum" mit morphologischer Bearbeitung, während die anderen acht deutsche (Codex B/F) oder niederländische Interpretamente enthalten, wobei aus Gründen der Ökonomie die einzelnen Graphien bzw. Formen mit Belegstellen auf die verschiedenen Bedeutung(svariant)en verteilt sind, was die Übersicht jener erschwert. Besonders zuverlässig und benutzerfreundlich sind die von W. J. Buma bearbeiteten Glossare, wobei Band V (Diss. 1949) durchweg auch etymologisches Vergleichsmaterial bringt. Von besonderer Wichtigkeit ist das von Buma ausgearbeitete Glossar zu der von ihm herausgegebenen altwestfriesischen Sammelhandschrift *Jus Municipale Frisonum* (Göttingen 1977; Glossar vervielfältigt im Frysk Ynstitút, Groningen 1981). — Gedruckte Glossare bestehen ferner zum *Codex Furmerius* (Reihe Estrikken 33/34, Frysk Ynstitút), zu der Leeuwarder Stedstiole 1502—04 (O. Vries/M. G. Oosterhout; Estrikken 60, 1982), *Thet Freske Riim/Tractatus Alvini* (A. Campbell, 1952), den Altfriesischen Hochzeitsreden (Buma, 1957; mit neuwestfriesischen Interpretamenten) sowie zu Bogermans Reimsprüchen (später nordöstlicher Dialekt; vgl. Spenter 1968, 20 f.), alle altwestfriesisch.

2.3. Arbeiten in Planung und Ausführung

Um 1950 wurde hinsichtlich der friesischen

Periodenwörterbücher eine Arbeitsteilung zwischen dem Frysk Ynstitút der Universität Groningen und der Fryske Akademy in Ljouwert/Leeuwarden vereinbart. Ersteres übernahm unter der Leitung von J. H. Brouwer die Bearbeitung der Alt- und Mittelfriesischen Wörterbücher.

Was die Vorarbeiten für das *Altfriesische Wörterbuch* (AFW) betrifft, so sind diese inzwischen so gut wie abgeschlossen. Im AFW-Archiv des Frysk Ynstitút sind lemmatisierte, größtenteils morphologisch und semantisch bearbeitete Zettelapparate für sämtliche Handschriften sowie für die alt(west)friesischen Urkunden, Briefe usw. vorhanden (1 500 000 bzw. 650 000 Zettel). Eine Zwischenbilanz machte bereits B. Sjölin (1972/73) und diskutierte anhand des zweifach konzipierten Probeartikels *bon* 'Bann' die Vor- und Nachteile des traditionell-semantischen und des syntaktisch-kollokationellen ("System Wahrig") Gliederungsprinzips. Den Vorzug dürfte eine Kombination beider Prinzipien unter Überordnung des semantischen verdienen. Eine rezente, durch die Benachteiligung lexikographischer Langzeitprojekte durch die niederländische Forschungsfinanzierung erzwungene Notplanung sieht eine Zweiteilung des AFW in ein Urkundenwörterbuch und ein Wörterbuch der Rechtshandschriften vor, wobei zur Zeit nur am ersteren gearbeitet werden kann (Planung mit einem Probeartikel *b(i)līva* 'bleiben' von O. Vries erscheint in: R. Bremmer e. a. 1990). In dieser prekären Situation wäre Abhilfe wohl am ehesten von einer internationalen Finanzierung zu erwarten.

Auf kürzere Sicht wird das von dem Kieler Altgermanisten und Frisisten D. Hofmann vorbereitete *Altfriesische Handwörterbuch* den dringend erforderlichen bequemen Zugang zum altfriesischen Wortschatz gewähren können. Was zunächst nur eine Neubearbeitung von Holthausen 1925 werden sollte, ist aufgrund eigener Exzerpierungen des gesamten altfriesischen Textkorpus sowie der friesischen Wörter in mittelniederdeutschen Übersetzungen und Urkunden zu einem eigenständigen lexikographischen Unternehmen ausgewachsen. Bei Verwendung von Quellen- und Textsiglen soll der diatopischen, chronologischen und textsortenspezifischen Differenzierung des altfriesischen Wortschatzes Rechnung getragen werden (Hofmann 1970). Ein willkommenes Provisorium stellt die 2. Auflage von Holthausens seit längerer Zeit vergriffenem Wörterbuch dar, die Hofmann mit zahlreichen Verbesserungen der Holthausenschen Wortformen und Interpretamente besorgte (Holthausen/Hofmann 1985).

Angesichts des relativ begrenzten Umfangs und vor allem der Einseitigkeit der altfriesischen Überlieferung ist neuerdings angeregt worden, den nicht belegten Teil des altfriesischen Lexikons soweit möglich mit Hilfe des neufriesischen Dialektwortschatzes zu rekonstruieren (Århammar 1989). Einen Anfang machte bereits E. Löfstedt mit seiner vom Friesischen ausgehenden Inventarisierung des ingwäonischen und ingwäonisch-nordgermanischen Sonderwortschatzes (1963—69).

3. Mittel(west)friesisch

Wie unter 1. ausgeführt, bezieht sich der Terminus „Mittelfriesisch" nur auf die westfriesische Überlieferung der Periode 1550—1800.

Bereits 1824 erschien — der Bedeutung dieses Renaissance- und Barockdichters für die aufkommende friesische Bewegung entsprechend — ein vollständiges Gysbert-Japicx-Wörterbuch von der Hand des Wassenbergh-Schülers E. Epkema, mit Referenzen zu der von ihm besorgten Ausgabe des Japicxschen Gesamtwerkes. Den Formen, Graphien und (niederländischen) Bedeutungsangaben wird lexikalisches Vergleichsmaterial von den älteren niederländischen Dichtern und dem Neuwestfriesischen beigegeben. In seiner Dissertation (1936; S. 31—218 vollständiges Wörterbuch des Verbums bei Gysbert Japicx) nennt W. L. Brandsma Epkemas Wörterbuch zwar philologisch veraltet, aber mit großer Sorgfalt ausgearbeitet. — Indices verborum sind in einzelnen jüngeren mittelfriesischen Textausgaben enthalten, z. B. in der Magnus-Rige 4 und 6, Estrikken 3 sowie in Chr. Stapelkamps Edition von Althuysens Psalmenübertragung (1957).

Im Frysk Ynstitút der Universität Groningen ist auf der Grundlage der in der Institutsreihe *Estrikken* herausgegebenen mittelfriesischen Texte im Laufe der Jahre ein vollständiger mittelfriesischer Wörterbuchapparat mit über 800 000 Zetteln aufgebaut worden. Wegen der unter 2.3. genannten Finanzierungsprobleme konnte mit der Realisierung der mittelfristig geplanten Herstellung einer Graphienliste (Index verborum) mit nachfolgender Lemmatisierung bisher erst ein Anfang gemacht werden. Unter den gegebenen Umständen dürfte eine Bearbeitung des *Middelfries Woordenboek (MFW)* in Kooperation Frysk Ynstitút/Fryske Akademy (vgl. 4.2.) die besten Perspektiven bieten. Zur Bestandsaufnahme und Planung siehe G. van der Meer 1987 (mit Probeartikel *bliuwe* 'bleiben').

4. Neuwestfriesisch

4.1. J. H. Halbertsma, W. Dijkstra u. a.

Der Pionier der neuwestfriesischen (westerlauwersschen) Lexikographie ist J. H. Halbertsma (1789—1869), Geistlicher, friesischer

Schriftsteller und Sprachforscher mit Beziehungen unter anderem zu J. Grimm. Von seinem umfangreichen lexikographischen Werk ist nur ein Teil *(A—Feer)* des *Lexicon Frisicum* postum erschienen (1872). Dieses ist eigentlich ein allfriesisches Wörterbuch, Wörter sämtlicher friesischer Perioden und (auch ehemals) friesischer Regionen finden Aufnahme. Als Beschreibungs- und Erklärungssprache dient das Latein. Für das folgende lexikographische Werk bildeten die Handschriften Halbertsmas (vgl. Buma 1969) den Grundstock.

Im Auftrage und auf Kosten der Provinz Friesland wurde ein umfassendes *Friesch Woordenboek* (FrW.) in Arbeit genommen. Hauptredakteur wurde der ungemein produktive friesische Volksschriftsteller Waling Dijkstra (1821—1914), dem für den 1. Band (1900: A—H) der Philologe F. Buitenrust Hettema (vgl. 2.1.) als Mitarbeiter zur Seite stand. Wie Y. Poortinga, der sich teilweise auf Miedema 1961 stützt, in der Einleitung des zweibändigen Nachdrucks des FrW. von 1971 ausführt, zeigt die Qualität nach dem Fortgang von Buitenrust Hettema einen „Knick", wie auch nach dem Ausscheiden von S. K. Feitsma nach Band 2 (1903: I—P). Band 3 (1911: R—W + Nachlese) wurde in der Hauptsache von W. Dykstra alleine redigiert, und das ganze Wörterbuch wird gewöhnlich „(der) Waling Dykstra" genannt. Den 4. Band bildet die bereits 1898 erschienene *Friesche Naamlijst (Onomasticon Frisicum)* von J. Winkler.

Das FrW. ist ein Übersetzungswörterbuch mit — in der westfriesischen Sprachsituation natürlich — niederländischer Erklärungssprache. Dialektwörter und -varianten, auch aus den stärker abweichenden friesischen Mundarten (vgl. 4.3.) und den holländischen Mundarten der Provinz Friesland (Städte, Ameland, Het Bildt usw.), wurden weitgehend aufgenommen. Zusätzlich zur Idiomatik sind typische Beispielsätze aus der Literatur (mit Quellenangaben), auch der mittelfriesischen, angeführt. Wo nötig, und das ist bei der damaligen Orthographie recht oft der Fall, wird die Aussprache der Wörter präzisiert. In wissenschaftlicher Hinsicht hat das *FrW.* Generationen von Frisisten (die Lexikographen eingeschlossen) und Germanisten gute Dienste erwiesen und wird (wenn auch nicht in jeder Hinsicht) erst durch das weit größere *WFT* (4.2.) ersetzt. Obwohl von der Zielsetzung her deskriptiv, hat das *FrW.* für die im Entstehen begriffene westfriesische Standardsprache auch eine normierende Funktion erfüllt.

Ausschließlich der friesischen Sprachpraxis wollte das erste niederländisch-friesische Wörterbuch dienen, das der Theologe, friesische Bibelübersetzer und Bewegungsmann G. A. Wumkes zusammen mit A. de Vries schuf (*Nederlandsch-Friesch Woordenboek*, 1918), aber es gewährte auch dem nicht-friesischen Sprachforscher den Zugang zum westfriesischen Wortschatz. Mit derselben Zielsetzung gaben sie 1934 das *Lyts Frysk Wirdboek* (Kleines friesisch[-niederländisch]es Wörterbuch) heraus.

4.2. Lexikographie der Fryske Akademy

Zu den Hauptaufgaben der 1938 gegründeten Fryske Akademy in Ljouwert/Leeuwarden gehört die Lexikographie mit der Schaffung eines westfriesischen „Nationalwörterbuchs" als zentraler Zielsetzung.

Gewissermaßen als Nebenprodukte dieses *Great Wurdboek fan de Fryske tael* (GFW; so der Arbeitstitel) entstanden zunächst Handwörterbücher. P. Sipma und Y. Poortinga besorgten eine stark erweiterte 2. Auflage des *Lyts Frysk Wirdboek* (1944), und später folgte in der revidierten Orthographie das von Buwalda/Meerburg/Poortinga bearbeitete *Frysk Wurdboek* (1952: Nederlânsk-Frysk, 1956: Frysk-Nederlânsk). Das 1971 in einem Band nachgedruckte Wörterbuch hat ausgezeichnete Dienste als normierendes Handwörterbuch geleistet, der niederländisch-friesische Teil auch als subsidiäres Synonymwörterbuch. Ende der 70er Jahre wurde mit der Ausarbeitung eines erweiterten, modernisierten Handwörterbuchs begonnen, das schon wegen der 1980er Orthographiereform, aber vor allem wegen der inzwischen erfolgten Entwicklung des Standardfriesischen zu einer kompletten, modernen Kultursprache notwendig wurde. Der Umfang dieses vollkommen neu konzipierten *Frysk Wurdboek* beträgt über 1200 (1. frysk-nederlânsk, 1984) bzw. 900 Seiten (2. nederlânsk-frysk, 1985).

Der 1., von J. W. Zantema redigierte Teil enthält erstmals phonetische Transkriptionen, der 2., von W. Visser redigierte gibt Markierungen zur Gebrauchssphäre und verfährt mit der semantischen Gliederung der Wortartikel und der Auswahl der friesischen Bedeutungsäquivalente exakter als seine Vorgänger. Als Anhänger der von A. Feitsma inspirierten westfriesischen Normgegnerschule berücksichtigt Visser alle vorkommenden Varianten bestimmter Wörter, statt sich auf die Nennung der (jetzt an erster Stelle stehenden) Standardform zu beschränken. — Auf der Grundlage des *Frysk Wurdboek 1* wurde ein 58 000 Einträge umfassendes retrogrades Wörterbuch erstellt (A. Dykstra/J. Reitsma 1987). — Besonders für den Schulgebrauch bestimmt ist Van Goor's

(Verlag) *Klein Fries Woordenboek,* ein niederländisch-friesisches/friesisch-niederländisches Taschenwörterbuch (Pebesma 1972, ²1976); die 3., stark erweiterte Auflage von A. Zantema ist kontrastiv, nimmt also keine interlingualen (friesisch-niederländischen) Homonyme bzw. Homographe auf. — Die nach dem Zweiten Weltkrieg wiederbelebten interfriesischen Kontakte wollte das kleine *Midfrysk-Noardfrysk Wurdboek/Madfrasch-Nordfrasch Uurdebök* von G. Meerburg befördern (1951; mittelfriesisch hier = westfriesisch, nordfriesisch hauptsächlich = die Mooringer Mundart). Ähnlich dient der westfriesisch-skandinavischen Verständigung das ziemlich umfassende *Deensk-Frysk Wurdboek/Frisisk-Dansk Ordbog* von T. Hoekema/V. Tams Jørgensen (1968; mit einer westfriesischen und dänischen Formenlehre).

Nach über vierzigjähriger Vorbereitungszeit begann 1984 das *Wurdboek fan de Fryske taal/Woordenboek der Friese taal (WFT)* zu erscheinen. Die nunmehr mit staatlicher Finanzierung personell und computertechnisch bestens ausgestattete Wörterbuchabteilung der Fryske Akademy unter der Leitung von K. van der Veen bietet die Gewähr zügigen Erscheinens (bisher ein Band per Jahr). Geplant sind 18 Bände à 400 zweispaltige Lexikonseiten mit insgesamt 125 000 Wortartikeln. Trotz starker frisozentrischer Widerstände ist es glücklicherweise bei der von J. H. Brouwer (†) u. a. befürworteten niederländischen Beschreibungssprache geblieben (vgl. auch hierzu Niebaum 1986). Die Etymologie wird für ein Wörterbuch dieses Zuschnitts — allerdings wohl in weiser Selbstbeschränkung — stiefmütterlich behandelt. Auch die überaus zahlreichen integrierten niederländischen Transferenzen werden — auch bei Nebeneinander niederländischer Lehn-/friesischer Erblautung wie *dak* 'Dach'/*tek* 'Reetdach' — als solche nicht gekennzeichnet. Demgegenüber sind die Markierungen zur Gebrauchssphäre usw. wie auch sonst Mikrostruktur und Typographie vorbildlich. Die Exzerpierung einer Repräsentativauswahl der Textproduktion von 1800—1950 ermöglicht Aussagen über den lexikalischen Aspekt der Entstehung und Entwicklung der neuwestfriesischen Standardsprache; der Beschreibungszeitraum endet mit dem Jahr 1975. Ungleichmäßig sind die Angaben zur Synonymik, onomasiologische Bezüge werden nicht aufgezeigt, Mängel, denen später mittels Spezialwörterbüchern abgeholfen werden kann. Fest geplant sind ein einsprachiges Handwörterbuch und ein friesisch-englisches/englisch-friesisches Wörterbuch (Fisher 1986 ist unzureichend).

4.3. Dialektwörterbücher u. a.

Von den stärker abweichenden westfriesischen Dialekten (vgl. Århammar 1968, 270 ff. mit Karte) erhielt der bereits seit Ende des 17. Jahrhunderts überlieferte Hindelooper als erster ein eigenes Wörterbuch: T. van der Kooy Dz. (1937, 41—177), mit Beispielsätzen und als einziges durch ein niederländisches Wortregister (S. 248—58) erschlossen. Das vortreffliche *Hylper Wurdboek* von G. Blom (1981), das den gesamten im 19. und 20. Jahrhundert überlieferten Hindelooper Wortschatz berücksichtigt, gibt die standardfriesischen Äquivalente und niederländische Interpretamente. Qua Format und Mikrostruktur ähnliche, von der Fryske Akademy herausgegebene Wörterbücher verzeichnen das Lexikon der stark bedrohten Inseldialekte von Schiermonnikoog (Fokkema 1968) und (Ost-)Terschelling (Roggen 1976; ohne standardfriesische Äquivalente); rein auf den praktischen Gebrauch zielen die beiden Terschellinger Wortlisten von Roggen (1980) und M. van Wichen-Schol (1986; auch westterschellingsch-niederländisch). — Von besonderer Bedeutung ist T. Hoekemas *Lânfrysk-Skiermûntseager Wurdlist* (1979), da diese über das Standardfriesische den Zugang zu dem von Spenter (1968) etymologisch behandelten Schiermonnikooger Wortschatz ermöglicht. So kann Spenters umfangreiche Dissertation als subsidiäres etymologisches Wörterbuch des Westfriesischen funktionieren, nachdem W. J. Bumas ambitiöses *Priuwke fan in Frysk Ofliedkundich Wurdboek* (Us Wurk 18, 1969, 1—52), das den Buchstaben *A* behandelt, keine Fortsetzung fand.

Von den holländischen Mundarten mit friesischem Substrat bzw. Adstrat wurde die der Insel Ameland lexikalisch erschlossen durch das *Woa'deboek fan ut Amelands* von A. G. Oud (Fryske Akademy 1987, 271 S. + Personen- und Flurnamen). Wörterbücher der Mundarten von Leeuwarden und Het Bildt sowie der sächsischen Mundart der Stellingwerven sind in Vorbereitung. Wie die meisten anderen unter 4.3. behandelten Wörterbücher verfolgen auch diese sowohl sprachpflegerische wie wissenschaftlich-dokumentarische Ziele. — Den friesischen Reliktwortschatz in den nordholländischen Mundarten erfassen weitgehend die lexikographischen Werke von Boekenoogen (Zaanstreek), G. Karsten (Drechterland), J. de Vries Az. („Westfriesland"), Jo Daan (Wieringerland) und S. Keyser (Texel).

Die west-, ost- und nordfriesischen dialektalen Vogelnamen verzeichnet systematisch *Aves Frisicae (Lyst fen Fryske fûgelnammen)* von Tj. Gs. de Vries (Ljouwert 1928, mit alphabetischen Registern auch anderer germanischer Sprachen); noch vollständiger erfaßt J. Boersma die westfriesischen Bezeichnungen in *Vogels in Friesland* (I—II, 1976—9). Vorbildlich werden die westfriesischen (und andere friesische) Pflanzennamen in ihrer dialektalen Differenzierung dargestellt in D. Franke/D. T. E. van der Ploeg, *Plantennammen yn Fryslân* (Fryske Akademy 1954, 2. verbesserte Aufl. 1984).

5. Ostfriesisch

5.1. Einleitung

Von dem altostfriesischen Sprachgebiet (vgl. Århammar 1968, 289 ff. mit Karte) blieben lediglich kleine Reste übrig, davon bis in jüngere Zeit nur das Wangeroogische (bis 1950) und das Saterländische. Den friesischen Reliktwortschatz im Niederdeutschen auf friesischem Substrat verzeichnen weitgehend (ohne besondere Markierung) die Groninger Wörterbücher von Molema und K. ter Laan, die ostfriesischen von Stürenburg und J. ten Doornkaat Koolman, das (nord)oldenburgische von Böning sowie das an der Universität Göttingen bearbeitete *Niedersächsische Wörterbuch*.

5.2. Harlinger und Wurster Glossare

Jeweils kurz vor dem Abschluß des Sprachwechsels Friesisch-Niederdeutsch entstanden friesische Vocabularia rerum der Dialekte des Harlingerlandes (Nordoldenburg, um 1690) und des Landes Wursten (nördlich der Wesermündung; 1688 bzw. ±1720). Eine vorzügliche Ausgabe des harlinger *Memoriale linguae Frisicae* des Geistlichen Joh. Cadovius Müller, das auch Sprachproben enthält, besorgte E. König (1911). Ebenso vorbildlich ist die Ausgabe der beiden Wurster Glossare von R. Möllencamp (1968), die vollständige Faksimiles enthält und die beiden Glossare in alphabetischer Ordnung nach den deutschen Wörtern zusammenfügt.

5.3. Wangeroogisch und Saterfriesisch

Den sehr altertümlichen wangeroogischen Wortschatz sammelte H. G. Ehrentraut und veröffentlichte ihn, nach Wortarten geordnet, in seinem *Friesischen Archiv* (1, 1849; Nachdruck 1968); die Verzeichnisse von Vogel-, Pflanzennamen etc. ergänzt B. E. Siebs, *Die Wangerooger* (1928, erweiterter Nachdruck 1974; vgl. auch dessen volkskundliches Werk *Die Norderneyer* (1930, Nachdruck 1973).

Gleichermaßen verdienstvoll sind die lexikographischen Arbeiten des Theologen und Philologen J. Fr. Minssen (1846) zum Saterländischen. Das nach Flexionsklassen geordnete Zeitwort erschien in Ehrentrauts *Friesischem Archiv* (2, 1854), während die alphabetischen Verzeichnisse der anderen Wortarten erst von P. Kramer herausgegeben wurden (Fryske Akademy 1965). Dieser, von Beruf Computertechniker, hat sich große Verdienste um die Pflege und Erforschung des Saterländischen erworben. Dem umfangreichen *Seelter Woudebouk* (1961; mit hochdeutschen und westfriesischen Interpretamenten) folgten 1964 zwei kleine westfriesisch- bzw. hochdeutsch-saterländische Wortlisten; ein erschöpfendes saterländisches Wörterbuch mit reichen, einem Tonband- und Textkorpus entnommenen Satzbeispielen wird von Kramer vorbereitet. Ein zweiter gründlicher Kenner des Saterländischen (und des ostfriesischen Niederdeutsch), der amerikanische Sprachforscher M. C. Fort, gab 1980 in etwas abweichender Orthographie ein zuverlässiges, durch einen älteren Informanten „autorisiertes" *Saterfriesisches Wörterbuch* mit hochdeutschen Interpretamenten heraus.

6. Nordfriesisch

6.1. Einleitung

Die starke dialektale Spaltung des Nordfriesischen hat eine entsprechend differenzierte und umfassende Lexikographie erzeugt. Nationalromantisch, sprachpflegerisch und/ oder sprachwissenschaftlich inspirierte Sammelarbeiten, die manchmal Lebenswerke darstellen, konnten (bisher) nur zum Teil zu Wörterbüchern ausgearbeitet werden, die teilweise ungedruckt blieben (so das monumentale Werk M. Nissens, vgl. 6.2.). Eine eingehende Darstellung der nordfriesischen Lexikographie besonders bis 1900 sowie der (institutionalisierten) Arbeit an einem gesamtnordfriesischen Wörterbuch bietet Hofmann 1957. Århammar 1968 (301—5; mit lexikographischer Dialektkarte) ist eine nach Dialekten gegliederte Übersicht mit einem eigenen Abschnitt über die Nordfriesische Wörterbuchstelle (vgl. 6.3.2.). Walker und Wilts (1987) untersuchen die lexikographie-soziologische Fragestellung „Wer schreibt (und schrieb!) ein nordfriesisches Wörterbuch für wen und warum?"; hierzu sind auch Steensen 1986 und 1987 zu vergleichen. Speziell unter dem Aspekt des lexikalischen Ausbaus behandelt Århammar 1988 besonders auch die neuere nordfriesische Lexikographie (mit Bibliographie auch der Sekundärliteratur). — Die Beschreibungssprache der nordfriesischen Lexikographie ist das Hochdeutsche, ausnahmsweise (auch) das Dänische.

6.2. Das 18. und 19. Jahrhundert

Auf gelehrte Anregung entstanden in den 1740er Jahren in Göttingen die ersten nordfriesischen lexikographischen Arbeiten von der Hand des aus der Nordergoesharde stammenden Kaufmanns Boy Jacobsen (1697—1762). Dessen sog. *Göttinger* und *Jenaer Glossare,* die erst im 20. Jahrhundert entdeckt wurden und bisher unveröffentlicht blieben, sind Um- bzw. Übersetzungen von Chr. E. Steinbachs *Deutschem Wörterbuch* (1725; Randglossierungen) bzw. *Vollständigem deutschen Wörterbuch* (1734) in Jacobsens Nordergoesharder Mundart; das Göttinger Glossar besteht aus einem 5000 Wörter umfassenden deutsch-friesischen Teil und dessen Umkehrung. Neben ihrem Wert für die Sprachvergleichung sind die Glossare unter dem Gesichtspunkt des lexikalischen Ausbaus eines Dialekts (L-Sprache) durch Lehnübersetzung aus der übergeordneten H-Sprache auch von grundsätzlichem Interesse (vgl. Århammar 1988, 692 ff.). — Ein 1757 nach dem Idiotikon-Prinzip zusammengestelltes Glossar der Ostföhringer und der abweichenden (festlandnordfriesischen) Wyker Mundart gab Holthausen neu heraus (PBB 45, 1921, 18—30).

Das 19. Jahrhundert brachte eine emsige lexikographische Tätigkeit in Nordfriesland. Die ersten Arbeiten wurden durch eine Kopenhagener Preisfrage im Jahre 1817 ausgelöst. Gedruckt wurde 1837 Outzens *Glossarium der friesischen Sprache,* das lange Zeit meistzitierte nordfriesische Wörterbuch, obwohl es nur für die Mittelgoesharder Festlandmundart zuverlässiges und etwas umfangreicheres Material bietet. Das hervorragende Werk B. Bendsens (1787—1875), das Wortschatz und Grammatik seiner Ostmooringer Muttersprache darstellt, wurde erst 1860 von dem niederländischen Lexikographen M. de Vries herausgegeben. Der reichhaltig dokumentierte Wortschatz ist nach Wortarten geordnet (vgl. 5.3.!) und innerhalb diesen vor allem nach morphologischen Prinzipien. Ein kleineres, von Rasmus Rask (1824) aus Bendsens Werk zusammengestelltes alphabetisches Glossar wurde von Fr. Braun herausgegeben. Ähnlich aufgebaut wie Bendsen 1860 ist das ebenfalls sehr zuverlässige Buch von Chr. Johansen (1862), das einen Großteil des alten Amringer Wortschatzes erfaßte. Sein älterer Amrumer Landsmann, der friesische Nationalist, Schriftsteller und Sprachforscher K. J. Clement (1803—1873), publizierte sprachvergleichende Amringer Wortlisten u. a. in Herrigs Archiv (3, 1848 ff.). Ein dritter Amrumer, Pastor L. Fr. Mechlenburg (1799—1875) entwickelte den Plan eines gesamtnordfriesischen Wörterbuchs, bekam aber kaum Unterstützung; so blieb es bei einer umfangreichen, alphabetisch geordneten Amringer Wortliste mit knappen deutsch-dänischen Interpretamenten, der er das ihm zugängliche (nord)friesische und germanische Vergleichsmaterial zur Seite stellte (abgeschlossen 1854, ungedruckt). Eine gesammelte Ausgabe der älteren Amringer Lexikographie bereitet an der Nordfriesischen Wörterbuchstelle R. Jannen vor.

Den Plan eines gesamtnordfriesischen Wörterbuchs konnte der aus Enge/Karrharde gebürtige Dorfschullehrer Moritz Momme Nissen (1822—1902), glühender friesischer Patriot und Dichter, dann doch noch verwirklichen (bis auf Helgoland und die Halligen). Dieses 1889 abgeschlossene, sechs handschriftliche Foliobände umfassende multidialektale *Nordfrisische Wörterbuch* (vgl. 7.1.) stellt das bis heute unerreichte nordfriesische lexikographische Sammelwerk dar, und es hat der friesischen, aber auch der germanischen Lexikologie irreparablen Schaden zugefügt, daß die damalige preußische Regierung die Drucklegung aufgrund eines teilweise negativen Gutachtens ablehnte. Die Anlage des Wörterbuchs ist durchaus originell. Von der Beobachtung ausgehend, daß die lexikalisch gebundene, regelmäßige Vokalvariation den Schlüssel zu einer Systematisierung der nordfriesischen Dialektvielfalt bilde, gliedert Nissen das Wortmaterial — jeweils alphabetisch — nach dem Stammvokal. Als Lemma fungiert dabei — soweit vorhanden — die Wortform von Nissens eigener Karrharder Mundart. Besonders wertvoll und umfassend ist auch das Wortmaterial aus den sonst nicht bzw. erst spät erschlossenen Südergoesharder und Westföhringer Mundarten; zu beachten sind auch die regelmäßig verzeichneten Entsprechungen des angrenzenden südjütischen Dialekts. Reichlich Beispielsätze (vielfach von kultur- und sozialhistorischem Interesse), Phraseme und Sprichwörter illustrieren den Wortgebrauch einschließlich Kollokationen und Valenzen. Vergleichende phonologische und morphologische Synthesen sowie ein deutsch-nordfriesisches Wortregister vervollkommnen bzw. erschließen dieses rund 3200 Seiten starke, bisher nur in Fotokopien in einigen friesischen Forschungsinstituten zugängliche Hauptwerk der nordfriesischen Lexikographie.

Eher ein Kuriosum, bedingt durch das sprachliche Interesse des Badepublikums, ist das kleine helgoländische Wörter- und Sprachbuch von P. A. Oelrichs (1846; 2. Auflage 1882). Zu erwähnen sind schließlich einige teilweise recht wertvolle, überwiegend ungedruckt gebliebene Wörterverzeichnisse: Helgoland (Hoffmann von Fallersleben, in: Die deutschen Mundarten 3, 1856; J. Fr. Minssen, im Zweiten Weltkrieg vernichtet), Sylt (P. M. Clemens, Ostsyltringer Mundart; P. Saxild; C. P. Hansen, Deutsch-Syltring!; Th. Siebs, in: Sylter Lustspiele, 1898), Karrharde (Fr. Feddersen, die sonst nicht belegte Schnatebüller Mundart), Mittelgoesharde (J. Hansen, Breklumer Mundart; 1938 von P. Jørgensen publiziert).

6.3. Das 20. Jahrhundert

6.3.1. Nicht-institutionalisierte Lexikographie

Bis zum Ersten Weltkrieg konzentriert sich die lexikographische Arbeit einzelner auf die inselnordfriesischen Dialekte. Das erste gedruckte, eigentliche nordfriesische Wörterbuch überhaupt ist *For Sölring Spraak en Wiis* (1909) des Sylter Seemanns und Bauern N. Mungard (1849—1935), von der Konzeption her eine recht reichhaltige Wortliste (ca. 10 000 Lemmata) für den praktischen Gebrauch. Hier und in B. P. Möllers *Söl'ring Leesbok* (1909) kommt erstmals die extreme Orthographie zur Verwendung, die im Anschluß an Th. Siebs' semiphonetische Transkriptionsweise grundsätzlich auf die Doppelschreibung von Konsonanten verzichtet und um 1950 auch für die anderen nordfriesischen Schriftdialekte bestimmend wurde (Århammar 1976, 75 f.). Anspruchsvoller ist das gediegene, etwa 12 000 Lemmata umfassende *Söl'ring Uurterbok* (1916) des aus Keitum gebürtigen Hamburger Schuldirektors B. P. Möller (1843—1922). Es berücksichtigt auch das Werk des Pioniers der nordfriesischen Literatur J. P. Hansen (1809/33) und bringt als bisher einziges nordfriesisches Wörterbuch fachmännisch überprüftes etymologisches Vergleichsmaterial; die phonetische Transkription der Lemmata erscheint allerding angesichts der absolut konsequenten Orthographie überflüssig. — Für das Föhring-Amring schuf der von Osterlandföhr stammende Arzt und Heimatforscher J. Schmidt-Petersen (1860—1950) ein etwa 12 000 Lemmata umfassendes Wörterbuch (1912), das jedoch gewisse Mängel und Lükken aufweist und die wichtige Westföhringer Mundart kaum berücksichtigt. Die durch Aufnahme zahlreicher moderner Lehnwörter und -übersetzungen dokumentierte Praxisbezogenheit wird durch die semiphonetische Wiedergabe der Vokale wiederum beeinträchtigt.

Mit seiner Schrift *Helgoland und seine Sprache* (1909), die neben Verzeichnissen von Vogelnamen etc. ein ziemlich zuverlässiges Wörterbuch (S. 192—305) und eine knappe deutsch-helgoländische Wortliste enthält, schuf Th. Siebs eine Grundlage für die spätere lexikographische Behandlung dieses in vieler Hinsicht bemerkenswerten Inseldialekts (vgl. 6.3.3.). Dem Lesebuch *Van Boppen en Bedeelen* (1937) wurde ein einfaches, aber wertvolles helgoländisch-deutsches Wörterverzeichnis in praktikabler Orthographie beigegeben. — Mit Hilfe von Gewährsleuten von Föhr und Amrum (Helgoländer fanden sich nicht!) stellte N. Mungard (vgl. oben) ein auf die (inter)nordfriesische Sprachförderung zielendes inselnordfriesisches Wörterbuch, *Eilunsfriisk Spraak en Wiis* (1913), nach dem Syltringer Lemma alphabetisch geordnet, zusammen. Wegen Krieg und Inflation gelangte der Druck nicht über den 10. Bogen hinaus (bis *ofkwirke* ,erdrosseln'!); dieser Teil wurde 1974 vom Nordfriisk Instituut herausgegeben.

Auf dem Festland sammelte und bearbeitete als erster der Hamburger Pädagoge und nordfriesische Schriftsteller Peter Jensen (1861—1939) den Wortschatz seiner Wiedingharder Muttersprache. Sein umfangreiches Wörterbuch (1927) kommt durch extensive Berücksichtigung von Komposita auf ca. 27 000 Wörter und besticht durch reichhaltige Beispielsätze. Während die Aufnahme auch moderner Wörter der Sprachpraxis diente, steht die konsequent durchgeführte semiphonetische Orthographie der praktischen Verwendung im Wege. Neben den Wörterbüchern von Schmidt-Petersen und B. P. Möller ist das Jensensche das von der Fachwissenschaft bisher am meisten benutzte nordfriesische Wörterbuch. Das 1937 fertiggestellte Manuskript einer 2., stark erweiterten Auflage wird zur Zeit in der Nordfriesischen Wörterbuchstelle (vgl. 6.3.) zum Zwecke der Herausgabe von Adeline Petersen überarbeitet.

Nach dem Zweiten Weltkrieg entwickelte sich nicht zuletzt durch das moderne sprachplanerische Wirken der Nationalen Friesen (v. a. A. Johannsen, vgl. 6.3.2. und Århammar 1988, 702 ff.) das Mooringer Friesisch (Frasch) zum führenden Schriftdialekt des Festlandes. Den nach der um 1950 durchgeführten einschneidenden Orthographiereform (vgl. oben zu Möller 1909) noch dringender gewordenen Bedarf eines Wörterbuchs dieses festländischen Hauptdialekts befriedigte der in Kopenhagen ausgebildete Philologe V. Tams Jörgensen (1924—1987) mit seinem dreisprachigen *Frasch-Tjüsch-Dånsch Uurdebök* (1955). Trotz seines begrenzten Umfangs (knapp 4500 Stichwörter, wenig Idiomatik) hat dieses kleine handliche Taschenbuch, das auch Neologismen enthält, ganz wesentlich zur Herausbildung einer Art (festland)nordfriesischer Standardsprache beigetragen. Das für die Textproduktion noch wichtigere *Deutsch-friesische Wörterbuch* der (West)Mooringer Mundart schuf der Linguistikstudent E. Petersen (1973). Programmatisch als Ausbauwörterbuch konzipiert, entspricht dieses voll den Bedürfnissen einer sich auf dialektaler Grundlage modernisierenden und emanzipierenden Minderheitensprache, bedarf jedoch mit seinen knapp 4000 Stichwörtern einer erheblichen Erweiterung unter Einbeziehung der Phraseologie.

Demgegenüber bleibt die bescheidene, privat betriebene Lexikographie der Inseldialekte vorerst der traditionellen Sprachpflege verhaftet. So das mit Hilfe des Verfassers entstandene westföhringdeutsche *Fering Wurdenbuk* (1965) des Oldsumer Schulleiters R. Arfsten (1897—1971), das weniger als 3000 Wörter enthält und inzwischen orthographisch veraltet ist (Großschreibung, Markierung der besonderen [inter]dentalen Konsonantenreihe durch -h u. a. m.). Das gleiche gilt auch für die sylterfriesische Wortliste (1969) von Arfstens Amtskollegen H. Schmidt (1901—1979), dem verdienstvollen Pfleger des Syltringer Schrifttums, die neben 2500 Lemmata auch Verzeichnisse der Tier- und Pflanzennamen enthält. Das 1972 erschienene deutsch-friesische Pendant leidet unter der unsystematischen Auswahl und der teilweise unzweckmäßigen alphabetischen Einordnung der rund 3000 Stichwörter.

Der in den 70er Jahren gestartete, groß angelegte Versuch eines Sylter Arbeitskreises, ein deutsch-syltringer Ausbauwörterbuch zu schaffen, dem nur ein Teilerfolg beschieden war, mußte inzwischen aufgegeben werden. Auf Anregung und unter Begleitung des Verfassers schuf der Südföhringer Nickels Hinrichsen (1896—1983) noch im hohen Alter ein sehr umfangreiches deutsch-föhringer Wörterbuch, das ungedruckt blieb, jedoch von Wilts (1980/82/86) benutzt werden konnte. Entsprechendes leistete für seine helgoländische Muttersprache der Hamburger Arzt Eduard Uterharck (1893—1984). Eine Drucklegung seines u. a. durch niederdeutsche Anleihen stark sprachausbauenden Werkes mußte bereits wegen der eigenwilligen Orthographie, aber auch wegen des Autors unzureichender Kenntnisse des tatsächlich existierenden helgoländischen Wortschatzes unterbleiben.

Die Verschriftlichung des aussterbenden Halligdialekts in der Nachkriegsorthographie erfolgte erst 1977 durch die 6000 Wörter umfassende Wortliste *Deutsch-Halligfriesisch* des Wyker Realschullehrers J. Lorenzen (geb. 1921 auf Langeneß). Leider fand darin der althergebrachte, von Löfstedt (vgl. unten) registrierte Wortschatz, soweit dem Autor unbekannt, keine Berücksichtigung. Für den ebenfalls stark bedrohten Nordergoesharder Dialekt schuf V. Tams Jörgensen (vgl. oben) eine 3600 Lemmata umfassende, behutsam sprachausbauende Wortliste der Ockholmer und Langenhorner Dorfmundarten (Nordfriisk Institut 1981). Die innerfriesische Kommunikation wollte derselbe Autor mit seinem *Interfriisk Leksikon „Snaak friisk!"* (1977) fördern. Vom Deutschen ausgehend, verzeichnet dieses 777 ausgewählte Lexeme, die in den vier nordfriesischen Hauptdialekten stärkere lautliche oder lexikale Differenzierung zeigen, synoptisch zusammen mit ihren westfriesischen, dänischen und englischen Entsprechungen, wobei auch über alphabetische Register der beteiligten Sprachen und Dialekte Zugang gewährt wird.

Einen Großteil des traditionellen Wortschatzes der festlandnordfriesischen Mundarten der Halligen und Ockholms (Nordergoesharde) verzeichnet in etymologischer Aufarbeitung die lauthistorische Doppelmonographie E. Löfstedts (1928/31). Eine ähnliche Untersuchung des Föhring-Amringer Wortschatzes durch den Verfasser ist infolge extensiven Sammelns und der Übernahme anderer Aufgaben in der Ausarbeitungsphase steckengeblieben. Den im Niederdeutschen des südlichen Nordfriesland enthaltenen friesischen Substratwortschatz verarbeitet O. Rogby in seiner lauthistorischen Dissertation (1967); vgl. auch Otto Mensings *Schleswig-Holsteinisches Wörterbuch* (I—V, 1927—1935).

6.3.2. Das gesamtnordfriesische Wörterbuch und die Nordfriesische Wörterbuchstelle

Im Jahre 1906, von den gerade angelaufenen Sammelarbeiten für Mensings niederdeutsches Wörterbuch (vgl. oben) angeregt, wurde von dem 1902 gegründeten Nordfriesischen Verein für Heimatkunde und Heimatliebe der Plan eines gesamtnordfriesischen Wörterbuchs auf wissenschaftlicher Grundlage gefaßt (Hofmann 1957, 18 ff.; Århammar 1968, 304 f.; Walker/Wilts 1976). Vorläufig sollte es aber bei Teilsammlungen (Böking- und Nordergoesharde) bleiben. Erst ab 1927, als der philologisch ausgebildete Föhringer J. Tedsen vom Schuldienst beurlaubt wurde, konnte ernsthaft mit der Sammel- und Exzerpierarbeit begonnen werden. Wertvolle lexikographische und volkskundliche Ergebnisse wurden in dem von A. Johannsen redigierten Mitteilungsblatt *Klar Kimming* (1929—1944) veröffentlicht. Nach Tedsens zu frühem Tod übernahm Johannsen 1939 bis auf weiteres die Aufgabe und rettete die Sammlung durch den Krieg. Auf der Wörterbuchkonferenz 1950 in Flensburg-Mürwik wurde der dänische Vorschlag einer Auf(gaben)teilung zugunsten des gesamtnordfriesischen Konzepts verworfen (vgl. aber 6.3.3.) und an der Kieler Universität eine Nordfriesische Wörterbuchstelle unter der Leitung des Altgermanisten Hans Kuhn eingerichtet. Im folgenden Jahrzehnt leistete der erste Assistent der Wörterbuchstelle, D. Hofmann, eine sehr verdienstvolle vorbereitende Redaktionsarbeit (bis *K* außer Vokalanlauten; vgl. auch Hofmann 1955). Im Jahre 1961 erschien ein von H. Kuhn und dem Verfasser ausgearbeiteter Probebogen (die Wortstrecke *gl-*), der die Konzeption des Gesamtwörterbuchs veranschaulicht. Als Lemma funktioniert, soweit vorhanden, die Föhring-Amringer Wortform, wobei von dieser (stärker) abweichende Formen der anderen Dialekte als Verweislemmata erscheinen. Bei der Auswahl der Beispielsätze wird Repräsentativität der verschiedenen Mundarten angestrebt. In der Folgezeit konnte der Wörterbuchstab auf zwei feste wissenschaftliche Mitarbeiter und eine wechselnde Zahl Zeitangestellter erweitert werden.

Nachdem Hofmann 1974 die Leitung übernommen hatte, wurde teils die Errichtung eines friesischen Lehrstuhls, der 1978 besetzt werden konnte, betrieben, teils unter dem zunehmenden Druck der nordfriesischen Sprachbewegung eine (vorübergehende) Verlagerung der Arbeiten auf die Herstellung von Gebrauchswörterbüchern (auch Lehrbüchern) für die wichtigsten Dialekte eingeleitet. Über die Probleme und Aufgaben einer „Lexikographie zwischen Sprachwissenschaft und Sprachpflege" handelt Wilts 1979 (für weitere Literatur vgl. Århammar 1988, eine Evaluierung der nordfriesischen Gebrauchslexikographie unter dem Aspekt des lexikalischen Ausbaus, besonders s. n. Walker et Wilts).

Als erstes erschien das sich am *Kinderduden* und H. Oehlers *Grundwortschatz Deutsch* orientierende sylterfriesische Schulwörterbuch von Anna Gantzel und O. Wilts (1978). Diesem folgte 1980/82 das von Wilts bearbeitete, rund 5000 Stichwörter enthaltende *Tjiisk-Fering* bzw. *Sjiisk-Öömrang Wurdenbuk, Grundwortschatz Deutsch-Friesisch* (Westföhringer bzw. Amringer Mundart). — Daneben wurden für die zwei wichtigsten nordfriesischen Dialekte in jahrelanger Arbeit umfangreiche friesisch-deutsche Gebrauchswörterbücher erstellt, die sich in der Anlage auffallend stark voneinander unterscheiden. Das von Wilts bearbeitete *Wurdenbuk för Feer an Oomram* (1986), das 18 000 Einträge mit 5000 Beispielsätzen umfaßt, zeichnet ein hohes Maß an Explizität und Benutzerfreundlichkeit (auch für den Durchschnittslaien) aus, was sich vor allem in der Lemmagestaltung und Typographie äußert. Die drei Hauptmundarten kommen alle zu ihrem Recht, wenn auch die Westföhringer — vor allem hinsichtlich der Beispielsätze — eine Vorzugsbehandlung erfährt. Bei dialektaler Variation im Stammorphem erscheint jede Form mit Angabe der Mundart(en) als eigenes Lemma; letzteres gilt auch für unregelmäßige Flexionsformen, die mit Übersetzung und Verweis nach der Grundform versehen sind. Die Wortanwendung bzw. -bedeutung wird soweit erforderlich mit alltäglichen (nicht übersetzten) Beispielsätzen illustriert; diese, wie auch zahlreiche Lexeme und die reichhaltige Idiomatik stammen von der Westföhringer Hauptmitarbeiterin E. Braren (geb. 1923). Zu bedauern ist einerseits der Ausschluß mancher brauchbaren, den Wiltsschen Gewährsleuten nicht mehr bekannten Wörter, andererseits ein deutliches Defizit im Ausbaubereich, sowohl hinsichtlich des der Umgangssprache übergeordneten Wortschatzes als auch der vielen neuen Begriffe des modernen Lebens auch im ländlichen Milieu, zumal in einer Fremdenverkehrsregion. — Das von dem Leiter der Wörterbuchstelle, B. Sjölin, zusammen mit Walker (verantwortlich für Materialaktualisierung und Normierung) und Wilts bearbeitete *Frasch Uurdebök* (1988) ist, obwohl ursprünglich (± 1975) ebenfalls für die Sprachpraxis geplant, unter der Hand zu einem multifunktionalen Wörterbuch traditionellen Zuschnitts ausgewachsen. Es verzeichnet den gesamten, auch sachlich veralteten oder ausgestorbenen, im Kieler Wörterbucharchiv gesammelten Bökingharder (namentlich Mooringer) Wortschatz mit reicher Idiomatik und repräsentativen (gewöhnlich nicht übersetzten) Beispielsätzen. Besonderes Augenmerk wird der kontrastiven friesisch-deutschen Semantik gewidmet. Synonyme werden vielfach angeführt, und zwar im Kopf der Wortartikel, leider ohne Differenzierung nach den verschiedenen Bedeutungen. Mit dem Deutschen bildungsgleiche Komposita und Derivationen werden aus Gründen der Ökonomie weggelassen (Idiotikonprinzip), ähnlich wie das Fehlen von Orts- und Ländernamen ein empfindlicher Nachteil für die Sprachpraxis. Für das spürbare Defizit im Ausbaubereich müßte ein größeres (als Petersen 1973) deutsch-friesisches Wörterbuch Abhilfe schaffen. Nachteilig ist auch der Bruch mit der bisher normbildenden Westmooringer Sprachform (vgl. Jörgensen 1955/Petersen 1973) zugunsten der Ostmooringer. Dem impliziten Anspruch (auch) eines wissenschaftlichen Dialektwörterbuchs nicht gerecht wird das im ganzen aber durchaus zuverlässige und verdienstvolle Werk durch Mängel wie das Fehlen diatopischer und diachronischer Markierungen sowie von Quellenangaben, ferner durch die Nichtangabe bestimmter relevanter, in der Orthographie nicht realisierter phonetischer Distinktionen.

Zur Zeit wird die Umstellung der Nordfriesischen Wörterbuchstelle auf EDV eingeleitet. Die von ihr noch zu lösenden Aufgaben sind gewaltig: die Schaffung größerer deutsch-friesischer Gebrauchswörterbücher für die Hauptdialekte sowie zumindest vier (auch die umfangreichen Sprachtexte und Tonbandaufnahmen) erschöpfender wissenschaftlicher Wörterbücher für die Dialekte von Sylt bzw. Föhr-Amrum, für die Dialektbünde der (Wieding-/; vgl. 6.2.1.) Böking-/Karrharde sowie der Goesharden und Halligen. Das Fernziel — oder wegen der größeren Relevanz für die vergleichende germanische Lexikologie wohl vor dem einen oder anderen Teilwörterbuch zu priorisieren — bleibt ein gesamtnordfriesisches Handwörterbuch mit etymologischen Angaben, erschlossen durch ein deutsch-friesisches Register.

6.3.3. Das Helgoländer Wörterbuch

Die Gunst der Stunde — die Anteilnahme der Nation am Schicksal Helgolands und der aufs Festland evakuierten Helgoländer — nutzte die Akademie der Wissenschaften und der Literatur zu Mainz zur Initiierung eines lexikographischen Unternehmens für diesen bisher arg vernachlässigten inselnordfriesischen Dialekt. Mit der Vorbereitung und Ausarbeitung des *Helgoländer Wörterbuchs* wurde 1950 der an der Universität Hamburg lehrende Germanist und Frisist Willy Krogmann (1905—1967) beauftragt. Bereits 1957 konnte die 1. Lieferung mit einer umfangreichen lauthistorischen und morphologischen Einleitung erscheinen; bis zum Tode Krogmanns folgten drei weitere Lieferungen, die 5. erschien postum. Das zweispaltige, im Lexikonformat gedruckte Wörterbuch (*A—L*, S. 69—444) erinnert in Anlage und Typographie an Mensings Schleswig-Holsteinisches Wörterbuch. Obwohl im ganzen relativ zuverlässig, ist es mit verschiedenen Mängeln behaftet (vgl. Århammar 1977, 96 ff.), am schwerwiegendsten seine Lückenhaftigkeit, eine Folge der unzureichenden Sammel- und Exzerpierarbeit.

Im Jahre 1968 mit der Weiterführung betraut, war der Verfasser zunächst bemüht, die Materialbasis durch umfangreiche Aufzeichnungen und Tonbandaufnahmen zu erweitern. Geplant ist ein gänzlich neues Wörterbuch, wobei mit dem Buchstaben *M* begonnen werden soll. Einen Hinweis auf den Umfang geben die 1982 angefertigten Probeartikel *mai* (mögen), *meed* (müde) und *Mit* (Mund) + Derivationen/Komposita mit ca. 15 DIN-A 4-Seiten. Nach der Herstellung eines helgoländischen Lehrbuchs mit Wortlisten (1987) bereiten Ritva und N. Århammar zur Zeit ein helgoländisch-deutsches und ein deutsch-helgoländisches Gebrauchswörterbuch vor. Es steht zu hoffen, daß dann auch die finanziellen Voraussetzungen für die Bearbeitung des neuen wissenschaftlichen *Helgoländischen Wörterbuchs* gegeben sind. Dieses würde den Thesaurus des sprachlichen Niederschlages der wechselvollen Geschichte des in einer extremen maritimen Umwelt situierten kleinen Friesenvolkes und seiner Sitten, Gebräuche und Erwerbsquellen (Fisch- und Vogelfang, Lotsenwesen bis hin zum Fremdenverkehr) bilden, wobei Phraseologie und Grammatikalisches aufgrund der sehr breiten Materialbasis eine erschöpfende Behandlung erfahren könnten.

7. Literatur (in Auswahl)

7.1. Wörterbücher

Arfsten 1965 = Reinhard Arfsten: Fering Wurdenbuk (weesdring). Bi a Wik [Wyk auf Föhr] 1965 [75 S.].

Bendsen 1860 = Bende Bendsen: Die nordfriesische Sprache nach der moringer Mundart zur Vergleichung mit den verwandten Sprachen und Mundarten. Hrsg. von M. de Vries. Leiden 1860 [Nachdruck, Walluf bei Wiesbaden 1973; xxvi + 447 S., S. 448—480: Sprachproben u. a.].

Blom 1981 = Gosse Blom: Hylper Wurdboek. Ljouwert/Leeuwarden 1981 [182 S.].

Buwalda/Meerburg/Poortinga 1952/1956 = Hotze Sytses Buwalda/Govert Alettinus Gezelle Meerburg/Ype Poortinga: Frysk Wurdboek. Nederlânsk-Frysk [396 S.]/Frysk-Nederlânsk [599 S.]. Bolswert 1952/1956 [Nachdruck in einem Band, Boalsert 1971].

Cadovius Müller 1691 = Johannes Cadovius Müllers Memoriale linguae Frisicae. Nach der Jeverschen Originalhandschrift herausgegeben von Erich König. Norden. Leipzig 1911 [136 S.; mit 10 Tafeln].

Dijkstra 1900—1911 = Waling Dijkstra: Friesch Woordenboek (Lexicon Frisicum). Leeuwarden 1900/1903/1911 [Nachdruck, Amsterdam. Leeuwarden 1971; A—H: 545 S./I—P: 398 S./R—W en Nalezing: 524 S.].

Dykstra/Reitsma 1987 = Anne Dykstra en Jogchum Reitsma: Omkearwurdboek fan de Fryske Taal. Ljouwert 1987 [194 S.].

Ehrentraut 1847/9 = H. G. Ehrentraut: Mittheilungen aus der Sprache der Wangeroger. In: Ders. (Hrsg.), Friesisches Archiv 1. 1847/49, 3—109; 338—406 [Nachdruck, Wiesbaden 1968].

Epkema 1824 = Ecco Epkema: Woordenboek op de gedichten en verdere geschriften van Gijsbert Japicx. Leeuwarden 1824 [lxxviii + 572 S.].

Fisher 1986 = Raymond John Fisher: Frisian-English Dictionary. Im Selbstverlag, Denver/Colorado 1986 [viii + 1—116 (Frisian-English)/ 117—215 (English-Frisian)].

Fokkema 1968 = D. Fokkema sr.: Wezzenlist fan it Schiermonnikoogs. Ljouwert/Leeuwarden 1968 [130 S.].

Fort 1980 = Marron Curtis Fort (unter Mitarbeit von Hermann Dumstorf): Saterfriesisches Wörterbuch mit einer grammatischen Übersicht. Hamburg 1980 [229 S.].

Franke/Van der Ploeg 1955/1984 = Douwe Franke/Douwe Teake Engelbertus van der Ploeg: Plantenammen yn Fryslân. Ljouwert 1955 [179 S. mit Karten]; 2., verbesserte Auflage, Ljouwert 1984 [191 S. mit Karten].

Friesch Woordenboek (FrW.) s. Dijkstra 1900—1911.

Frysk Wurdboek s. Buwalda/Meerburg/Poortinga 1952/1956, Visser 1985 und Zantema 1984.

Gantzel/Wilts 1978 = Anna Gantzel/Ommo Wilts: Sölring fuar sölring skuulen. Friesisches Schulwörterbuch (Sylterfriesisch-Deutsch/Deutsch-Sylterfriesisch) mit einer Formenlehre. Keitum 1978 [x + 137 S.].

Haan Hettema, De 1874 = Montanus de Haan Hettema: Idioticon Frisicum. Friesch-Latijnsch-Nederlandsch woordenboek. Uit oude handschriften bijeenverzameld. Leeuwarden 1874 [xii + 300 Sp.].

Halbertsma 1872 = Justus Halbertsma: Lexicon Frisicum. A — Feer. Post auctoris mortem edidit et indices adiecit Tiallingius Halbertsma, Justi filius. Deventer 1872 [xi + 1040 Sp.].

Hoekema 1979 = Teake Hoekema: Lânfrysk-Skiermûntseager Wurdlist, gearstald út Arne Spenter syn Eilânder Stúdzjes. Grins 1979 [Estrik 56; S. 7—65].

Hoekema/Jørgensen 1968 = Teake Hoekema/Vilhelm Tams Jørgensen: Deensk-Frysk Wurdboek mei in koarte Deenske foarmleare/Frisisk-Dansk Ordbog med en kortfattet frisisk formlære. Groningen 1968 [172/179 S.].

Holthausen 1925 = Ferdinand Holthausen: Altfriesisches Wörterbuch. Heidelberg 1925 [xviii + 152 S.].

Holthausen/Hofmann 1985 = Ferdinand Holthausen: Altfriesisches Wörterbuch. Zweite, verbesserte Auflage von Dietrich Hofmann. Heidelberg 1985 [xxv + 191 S.].

Jensen 1927 = Peter Jensen: Wörterbuch der nordfriesischen Sprache der Wiedingharde. Neumünster 1927 [Nachdruck, Wiesbaden 1967; xii + 732 Sp.].

Johansen 1862 = Christian Johansen: Die nordfriesische Sprache nach der Föhringer und Amrumer Mundart. Kiel 1862 [Nachdruck, Wiesbaden 1966; viii + 192 S., S. 193—286: Sprachproben].

Jörgensen 1955/1978 = Vilhelm Tams Jörgensen: Frasch-Tjüsch-Dånsch Uurdebök. Hüsem 1955 [123 S. mit Karte]; 2. Aplååge, Bräist 1978 [116 S.].

Jörgensen 1977 = Vilhelm Tams Jörgensen: Snaak Friisk! Interfriisk Leksikon: Deutsch/Dansk/Mooring/Fering (-Öömrang)/Sölring/Halunder/Frysk/English. Bräist 1977 [131 S.].

Jörgensen 1981 = Vilhelm Tams Jörgensen: Kleines friesisches Wörterbuch der Nordergoesharder Mundart von Ockholm und Langenhorn. Huuchtjüsch-Freesch/Fräisch. Bräist 1981 [144 S.].

Köbler 1983 = Gerhard Köbler: Altfriesisch-neuhochdeutsches und neuhochdeutsch-altfriesisches Wörterbuch. Gießen 1983 (Arbeiten zur Rechts- und Sprachwissenschaft 22) [XLII + 438 S.].

Kooy, Van der 1937 = T. van der Kooy Dz.: De Taal van Hindeloopen. Grammaticaal overzicht en woordenboek met een bloemlezing van Hindelooper proza en poëzie. 's-Gravenhage 1937 [xii + 258 S.].

Kramer 1961 = Pyt Kramer: Seelter Woudebouk. Seeltersk-Düütsk-Wäästfräisk. Ljouwert 1961 [xx + 268 S.].

Krogmann 1957—1968 = Willy Krogmann: Helgoländer Wörterbuch 1.—5. Lieferung [Einleitung, A—L]. Wiesbaden 1957—1968 [444 S.].

Lorenzen 1977 = Jens Lorenzen: Deutsch-Halligfriesisch. Ein Wörterbuch/Tutsk-Freesk. En üürdeböök. Mit Texten aus dem 17. bis 20. Jahrhundert. Bräist/Bredstedt 1977 [ix + 196 S.].

Meerburg 1951 = G. Meerburg: Wurdboek Midfrysk-Noardfrysk/Uurdebök Madfrash-Nordfrash. Ljouwert [1951; 95 S.].

Minssen 1846 = Johann Friedrich Minssen: Mittheilungen aus dem Saterlande. Im Jahre 1846 gesammelt von Dr. Ph. Johann Friedrich Minssen, fersuurged fon P. Kramer ätter de Aarhuser Hondschrift. 2. Beend, Ljouwert 1965 [Fryske Akademy nr. 270; 193 S.]. — 1. Teil in: H. G. Ehrentraut (Hrsg.), Friesisches Archiv 2. 1854, 135—227 [Nachdruck, Wiesbaden 1968].

Möllencamp 1968 = Rudolf Möllencamp: Die friesischen Sprachdenkmale des Landes Wursten. Bremerhaven 1968 [alphabetisches Gesamtverzeichnis: S. 87—130].

Möller 1916 = Boy Peter Möller: Söl'ring Uurterbok. Wörterbuch der Sylter Mundart. Hamburg 1916 [308 S.].

Mungard 1909 = Nann Mungard: For Sölring Spraak en Wiis. Eine Sammlung von Sylter Wörtern, wie sie zu Anfang des zwanzigsten Jahrhunderts auf Sylt gesprochen und vordem gebraucht worden sind. Keitum a. Sylt 1909 [277 S.].

Mungard 1913 = Nann Mungard: Ein Inselnordfriesisches Wörterbuch. I. (Eilunsfriisk Spraak an Wiis. Eine Gegenüberstellung von Sylter, Föhringer und Amrumer Wörtern und Redewendungen. Hamburg 1913) [Hrsg. von V. Tams Jörgensen]. Westerland 1974 [4 + x + 150 S].

Nauta 1926 = Gerrit Anne Nauta: Oudfriesche Woordenlijst. Met de vertaling in het Nederlandsch en vergelijking met Nieuwwestfriesche woorden. Haarlem 1926 [xii + 67 S.].

Nissen 1889 = Moritz Momme Nissen: Nordfrisisches Wörterbuch in mehreren dialekten Nordfrislands und mit belegen aus der altfrisischen, angelsächsischen, englischen und nordischen Sprache nebst forschungen über den alten religiösen cultus der Frisen und über den grammaticalischen bau ihrer Sprache. Stedesand, abgeschlossen 1889. Bd. I — VI. Cod. Ms. S. H. 204, AAA. fol., Universitätsbibliothek Kiel.

Oelrichs 1846/1882 = Peter Andresen Oelrichs: Kleines Wörterbuch zur Erlernung der Helgolander Sprache für Deutsche, Engländer und Holländer [...]. 1846 im Selbstverlag [Glossar 64 S.]. — Zweite, verbesserte Auflage: Snake Jim Hollunder? Kleiner Wörterschatz [...] für Deutsche, Engländer und Franzosen [...]. Leipzig 1882 [Nachdruck, Leer 1976].

Oud 1987 = A. G. Oud: Woa'deboek fan ut Amelands. Benevens Lijst van voornamen en Lijst van streeknamen. Fryske Akademy [Ljouwert] 1987 [xxii + 312 S.; mit 2 Karten].

Outzen 1837 = Nicolaus Outzen: Glossarium der friesischen Sprache, besonders in nordfriesischer Mundart, zur Vergleichung mit den verwandten germanischen und nordischen, auch mit zweckmäßigem Hinblick auf die dänische Sprache. Hrsg. von L. Engelstoft und C. Molbech. Kopenhagen 1837 [Neudruck mit Verbesserungen aufgrund der Originalhandschrift, Wiesbaden 1969; xxxii + 459 S.].

Pebesma 1972/1976/Zantema 1980 = H. Pebesma: Van Goor's klein Fries woordenboek Nederlands-Fries en Fries-Nederlands. [Den Haag] 1972, ²Ljouwert. Den Haag 1976 [323 S.]; 3. druk, herzien en uitgebreid door A. Zantema. Ljouwert — Amsterdam. Brussel 1980 [428 S.].

Petersen 1973 = Erk Petersen: Deutsch-friesisches Wörterbuch. [Risum-Lindholm] 1973 [93 S.].

Rask 1824 = Briefe von R.(asmus) Rask an J. H. Halbertsma. Mit einem nordfriesischen Glossar von R. Rask. Bearbeitet von Fritz Braun. Jena 1927 [77 S.].

Richthofen, Von 1840 = Karl Freiherr von Richthofen: Altfriesisches Wörterbuch. Göttingen 1840 [Nachdruck, Aalen 1961/1970; 584 S.].

Roggen 1976 = Cees Roggen: Woordenboek van het Oosterschellings/Wêdenboek fon et Aasters. Ljouwert/Leeuwarden 1976 [xxv + 128 S.].

Roggen 1980 = Cees Roggen: Woordenlijst Nederlands — Aasters. Leeuwarden/Ljouwert 1980 [1 + 84 + iii S.; vervielfältigt].

Schmidt 1969 = Hermann Schmidt: Wörterbuch der Sylterfriesischen Sprache (Söl'ring Uurterbok). Keitum 1969 [86 S.].

Schmidt 1972 = Hermann Schmidt: Wörterbuch Hochdeutsch/Sylterfriesisch (Dütsk/Söl'ring). Keitum 1972 [63 S.].

Schmidt-Petersen 1912 = Jürgen Schmidt-Petersen: Wörterbuch und Sprachlehre der nordfriesischen Sprache nach der Mundart von Föhr und Amrum. Husum 1912 [Nachdruck, Wiesbaden 1969; xx + 170 (+ 1) S.].

Siebs 1898 = Theodor Siebs: Sylter Lustspiele. Mit Übersetzung, Erläuterungen und Wörterbuch. Greifswald 1898 [Glossar: S. 167—221].

Siebs 1909 = Theodor Siebs: Helgoland und seine Sprache. Beiträge zur Volks- und Sprachkunde. Cuxhaven. Helgoland 1909 [Nachdruck, Wiesbaden 1968; 319 S.].

Sipma/Poortinga 1944 = Pieter Sipma/Ype Poortinga: Lyts Frysk Wirdboek. I. Frysk-Nederlânsk. Boalsert 1944 [ii + 399 S.].

Sjölin/Walker/Wilts 1988 = Bo Sjölin/Alastair G. H. Walker/Ommo Wilts: Friesisches Wörterbuch/Frasch Uurdebök. Wörterbuch der Mooringer Mundart auf der Grundlage alter und neuer Sammlungen und Vorarbeiten [...]. Neumünster 1988 [xi + 276 S.].

Visser 1985 = Willem Visser: Frysk Wurdboek 2: nederlânsk-frysk. Hânwurdboek fan 'e Fryske taal, mei dêryn opnommen list fan Fryske plak- en gemeentenammen. Leeuwarden/Ljouwert 1985 [921 S.].

Vries, De 1928 = Tjeerd Gs. de Vries: Aves Frisicae (Lyst fen Fryske fûgelnammen). Ljouwert 1928 [xv + 167 S.].

WFT = Wurdboek fan de Fryske taal/Woordenboek der Friese taal. 1 ff. Ljouwert/Leeuwarden 1984 ff.

Wiarda 1786 = Tilemann Dothias Wiarda: Altfriesisches Wörterbuch. Aurich 1786 [lxxxiii + 435 S.].

Wichen-Schol, Van 1986 = Martha van Wichen-Schol: Woddenboek fan et Westers. Fryske Akademy [Ljouwert] 1986 [167 S.].

Wilts 1980/1982 = Ommo Wilts: Tjiisk-Fering Wurdenbuk. Grundwortschatz Deutsch-Friesisch (Westerlandföhrer Mundart). Bräist/Bredstedt 1980 [86 S.]. 2., erweiterte Aufl. 1982 [100 S.].

Wilts 1982 = Ommo Wilts: Sjiisk-Öömrang Wurdenbuk. Grundwortschatz Deutsch-Friesisch (Amrumer Mundart). Norddorf — Bräist/Bredstedt 1982 [95 S.].

Wilts 1986 = Ommo Wilts: Wurdenbuk för Feer an Oomram. Wörterbuch der friesischen Gegenwartssprache von Föhr und Amrum. Norddorf/Amrum 1986 [xv + 341 S.].

Wumkes/De Vries 1918 = Geert Aeilco Wumkes/Adzer H. de Vries: Nederlandsch-Friesch Woordenboek. Snits 1918 [2 + 301 S.].

Wumkes/De Vries 1934 = Geert Aeilco Wumkes/Adzer H. de Vries: Lyts Frysk Wirdboek. Mei ynlieding en ûnder tafoarsjuch fen P. Sipma. Boalsert 1934 [173 S.].

Zantema 1984 = J. W. Zantema: Frysk Wurdboek 1: frysk-nederlânsk. Hânwurdboek fan 'e Fryske taal, mei dêryn opnommen list fan Fryske plak- en gemeentenammen. Drachten. Ljouwert 1984 [1220 S.].

7.2. Sonstige Literatur

Århammar 1968 = Nils Århammar: Friesische Dialektologie. In: Ludwig Erich Schmitt (Hrsg.), Germanische Dialektologie. Festschrift für Walther Mitzka zum 80. Geburtstag. Bd. I, Wiesbaden 1968. (Zeitschrift für Mundartforschung, Beihefte N. F. 5), 264—317.

Århammar 1975 = Nils Århammar: Historisch-soziolinguistische Aspekte der nordfriesischen Mehrsprachigkeit. In: Zeitschrift für Dialektologie und Linguistik 42. 1975, 129—145; verb. und erw. Fassung: Friesisches Jahrbuch 1976 (= Nordfriesisches Jahrbuch N. F. 12), 55—76.

Århammar 1977 = Nils Århammar: Die Sprache Helgolands und ihre Erforschung. In: Philologia Frisica anno 1975. Ljouwert 1977, 92—100.

Århammar 1988 = Nils Århammar: Zum lexikalischen Ausbau des Nordfriesischen vom 16. Jahrhundert bis zur Gegenwart. In: H. H. Munske e. a. (Hrsg.), Deutscher Wortschatz. Lexikologische

Studien Ludwig Erich Schmitt zum 80. Geburtstag von seinen Marburger Schülern. Berlin. New York 1988, 687—726.

Århammar 1989 = Nils Århammar: Zur Rekonstruktion des altfriesischen Lexikons mit Hilfe der neufriesischen Dialekte. In: Philologia Frisica anno 1988. Ljouwert 1989, 94—128.

Brandsma 1936 = Wytze Lammert Brandsma: Het werkwoord bij Gysbert Japicx. Assen 1936 (Diss. Groningen).

Bremmer 1990 = Rolf H. Bremmer e. a. (eds): Aspects of Old Frisian Philology. Amsterdam, to appear 1990.

Buitenrust Hettema 1888 = Foeke Buitenrust Hettema: Bijdragen tot het Oudfriesch Woordenboek. Leiden 1888.

Buma 1969 = Wybren Jan Buma: Dr. J. H. Halbertsma as wurdboekman. In: Joast Hiddes Halbertsma 1789—1869. Brekker en bouwer. Drachten 1969 (Fryske Akademy nr. 342), 102—111.

Claes 1984 = F. Claes S. J. (e. a.): A Bibliography of Frisian Dictionaries. In: Us Wurk 35. 1984, 1—24; 100—102 (Additions and corrections by R. H. Bremmer Jr.).

Droege 1974 = Geart B. Droege: Friesische Wörterbücher. In: Nordfriesisches Jahrbuch N. F. 10. 1974, 198—211; N. F. 11. 1975, 179—182 (Nachtrag).

Helten, Van 1896 = Willem Lodewijk van Helten: Zur lexicologie des altwestfriesischen. Amsterdam 1896 [Nachdruck, Wiesbaden 1966].

Helten, Van 1907 = Willem Lodewijk van Helten: Zur lexicologie des altostfriesischen. Amsterdam 1907 [Nachdruck, Wiesbaden 1966].

Hofmann 1955 = Dietrich Hofmann: Die Arbeit am Nordfriesischen Wörterbuch. In: Us Wurk 4. 1955, 46—55 [auch in Hofmann 1989].

Hofmann 1957 = Dietrich Hofmann: Die nordfriesische Lexikographie. In: Estrikken (Frysk Ynstitút, R. U. Groningen) 19. 1957, 1—23 [auch in Hofmann 1989].

Hofmann 1970 = Dietrich Hofmann: Die Erschließung des altfriesischen Wortschatzes. In: Philologica Frisica anno 1969. Grins 1970, 100—114 [auch in Hofmann 1989].

Hofmann 1989 = Dietrich Hofmann: Gesammelte Schriften. Bd. II: Studien zur Friesischen und Niederdeutschen Philologie. Hrsg. von G. Kreutzer/ A. Walker/O. Wilts. Hamburg 1989.

Löfstedt 1928 = Ernst Löfstedt: Die nordfriesische Mundart des Dorfes Ockholm und der Halligen. I. Lund 1928.

Löfstedt 1931 = Ernst Löfstedt: Nordfriesische Dialektstudien. Lund. Leipzig 1931 [= Bd. II von Löfstedt 1928].

Löfstedt 1963—1969 = Ernst Löfstedt: Beiträge zur nordseegermanischen und nordseegermanisch-nordischen Lexikographie: In: Niederdeutsche Mitteilungen 19/21. 1963/65, 281—345; 22. 1966, 39—64; 23. 1967, 11—61; 25. 1969, 25—39.

Meer, Van der 1987 = Geart van der Meer: Het Middelfries Woordenboek. Stand van zaken en toekomstperspectieven. In: Us Wurk 36. 1987, 57—70.

Miedema 1961 = Henricus Theodorus Jacobus Miedema: Paedwizers fan de Fryske filology. Th. Siebs (1862—1941), F. Buitenrust Hettema (1862—1922) en de Fryske filology tusken 1880 en 1940. Ljouwert/Leeuwarden 1961 (Diss. Universiteit van Amsterdam).

Niebaum 1986 = Hermann Niebaum: Rezension WFT, Bd. 1. In: It Beaken (Tydskrift fan de Fryske Akademy) 48. 1986, 127—130.

Rogby 1967 = Ove Rogby: Niederdeutsch auf friesischem Substrat. Die Mundart von Westerhever in Eiderstedt. Die starktonigen Vokale und die Diphthonge. Uppsala 1967.

Sjölin 1969 = Bo Sjölin: Einführung in das Friesische. Stuttgart 1969 (Sammlung Metzler 86).

Sjölin 1972/73 = Bo Sjölin: Het Grote Oudfriese Woordenboek. Terugblik, balans, problematiek. In: Us Wurk 21/22 (= Gedenkschrift M. G. Oosterhout). 1972/73, 193—206.

Spenter 1968 = Arne Spenter: Der Vokalismus der akzentuierten Silben in der Schiermonnikooger Mundart. Eine geschichtliche Studie des autochthonen westfriesischen Inseldialekts. Kopenhagen 1968.

Steensen 1986 = Thomas Steensen: Die friesische Bewegung in Nordfriesland im 19. und 20. Jahrhundert (1879—1945). Neumünster 1986.

Steensen 1987 = Thomas Steensen: Friesische Sprache und friesische Bewegung. Husum 1987 (Schriften des Kreisarchivs Nordfriesland 11).

Walker/Wilts 1976 = Alastair G. H. Walker/ Ommo Wilts: Das Nordfriesische Wörterbuch. In: Dialektlexikographie (Fs. Luise Berthold). Hrsg. von Hans Friebertshäuser. Wiesbaden 1976, 228—237.

Walker/Wilts 1987 = Alastair G. H. Walker/ Ommo Wilts: Who writes a North Frisian dictionary for whom and why? In: International Journal of the Sociology of Language 64. 1987, 107—120.

Wilts 1979 = Ommo Wilts: Lexikographie zwischen Sprachwissenschaft und Sprachpflege. Ein Dilemma der nordfriesischen Wörterbucharbeit. In: Scripta Frisica. Tinkbondel foar Arne Spenter (1926—1977) (= Us Wurk 28). Grins 1979, 197—206.

Nils Århammar,
Pädagogische Hochschule Flensburg
und Nordfriisk Instituut, Bräist/Bredstedt
(Bundesrepublik Deutschland)

203. Die deutsche Lexikographie von den Anfängen bis zum Beginn des 17. Jahrhunderts

1. Vorgeschichte der deutschen Lexikographie
1.1. Die Glossographie des Früh- und Hochmittelalters
1.2. Die Lexikographie des späten Mittelalters
2. Der Beginn einer deutschen Lexikographie im Zeitalter des Humanismus
2.1. Die humanistischen Onomastica
2.2. Die alphabetische Lexikographie
2.3. Die Ansatzstellen für neue Sichtweisen
3. Literatur (in Auswahl)

1. Vorgeschichte der deutschen Lexikographie

Eine deutsche Lexikographie, die sich die Sammlung und Dokumentation des deutschen Wortschatzes zum Ziele setzte, tritt erst im Laufe des 16. Jhs. in Erscheinung (Grubmüller 1986); sie baut allerdings auf einer langen Traditionsreihe auf, der sie die Entwicklung und Einübung von Erschließungs- und Darstellungstechniken verdankt, z. T. auch die Bereitstellung der Materialien. Die Glossierungstechnik, mit der seit ahd. Zeit und das ganze Mittelalter hindurch lateinische Texte auch volkssprachig aufbereitet werden, die Sammlung von lateinisch-deutschen Wortgleichungen, die aus solcher Glossierungstätigkeit entstehen, geordnet nach der Abfolge der Wörter im Bezugstext, nach systematischen oder nach alphabetischen Anordnungsprinzipien, die Glossierung einsprachig lateinischer Wörterbücher und damit ihre Umformung zu zweisprachigen Nachschlagewerken, auch die Anlage mehrsprachiger Wortverzeichnisse, und selbst die aus der Umordnung der Lemma-Interpretament-Folge entstehenden deutsch-lateinischen Wortlisten und Wörterbücher richten sich zwar in ihrer Erklärungsintention ganz auf das Lateinische, üben aber dennoch in einen 'lexikographischen' Umgang mit dem Deutschen ein und sammeln Material für eine Lexikographie des Deutschen an. Sie müssen als deren Vorgeschichte begriffen werden, die den programmatischen Neuansatz im 16. Jh. vorbereitet und ermöglicht.

1.1. Die Glossographie des Früh- und Hochmittelalters

Die Erläuterung lateinischer Werke, besonders der Bibel, durch interlineare, marginale oder in den fortlaufenden Text integrierte volkssprachige Worterklärungen beginnt im Deutschen im Verlauf des 8. Jh.s nach angelsächsischem und irischem Vorbild zu einer verbreiteten Übung zu werden (zur Chronologie vgl. Bergmann 1983: älteste Zeugnisse 'Harburger Evangeliar' aus Echternach, 1. Drittel 8. Jh. [Nr. 275]; Northumbrische Canoneshs. [Nr. 355] mit ahd. Griffelglosse aus der Mitte des 8. Jh.s; umfangreichste frühe Glossierung eines zusammenhängenden Textes: St. Pauler Lukasglossen [Voetz 1985], um 800). Auch die älteste Sammlung von Glossen, also das erste (lateinisch-deutsche) 'Wörterbuch' ist noch unmittelbares Ergebnis von Kontextglossierung, nicht summierender und ordnender Sammeltätigkeit: dem lateinisch-deutschen 'Abrogans' liegt ein alphabetisch geordnetes lateinisches Verzeichnis seltener, durch Synonyma erläuterter Wörter zugrunde, das als Wegweiser zu gewähltem Stil gedacht war. Wörterbuchglossierung steht also mit dem Recht der paradoxen Zufälligkeit am Beginn einer Geschichte des deutschen Wörterbuches, und zugleich ist für diesen Anfang eine Aufgabe von beinahe absurdem Anspruchsniveau gestellt: der deutsche Glossator nimmt sich ja nicht nur vor, gerade die Wortraritäten des Lateinischen zu verdeutschen, sondern auch noch die sie erläuternden Synonyma, verdoppelt also die Mühe der Suche nach Wortgleichungen. Die weitere Geschichte des 'Abrogans' zeigt die generelle Entwicklungsrichtung an: die lateinischen Interpretamente und ihre Glossen werden als Lemmata ins Alphabet eingeordnet, aus dem glossierten spätantiken Stilwörterbuch (dagegen Splett 1987: Bibelglossar) wird eine alphabetische lateinisch-deutsche Vokabelsammlung ('Samanunga worto', Ende 8. Jh., vgl. Splett 1979). Vergleichbare Entwicklungsstufen zeichnen sich etwa auch bei der Erschließung des am meisten glossierten Buches, der Bibel, ab: neben die in die Texthandschrift integrierte Glosse treten Glossensammlungen nach der Abfolge der Wörter im Text und dann schließlich alphabetisch ordnende zweisprachige 'Bibelwörterbücher' (frühestes Beispiel: die Reichenauer Hs. Karlsruhe Aug. IC, 8./9. Jh., die verschiedene textbezogene, alphabetische und auch ein glossiertes lat.-lat. Bibelglossar vereint; vgl. Bergmann 1983). Aber auch textübergreifende alphabetische lateinische Wörterbücher werden weiterhin glossiert ('Affatim-Glossar', 'Liber glossarum') und zu immer umfangreicheren und immer konsequenter alphabetisierten Glossensammlungen ausgebaut ('Glossae Salomonis', 10./11. Jh.; St. Georgenberger Codex, 13. Jh.; vgl. Thoma 1958).

Neben den alphabetischen treten früh sachlich geordnete Wörterverzeichnisse auf; ihr frühester Zeuge ('Vocabularis Sancti Galli', 2. Hälfte 8. Jh.) stellt — trotz der Benützung gelehrter Quellen — den Sonderfall eines auf praktische Zwecke gerichteten 'Sprachführers', vielleicht für angelsächsische Missionare, dar; auch bei zweisprachigen Sachglossaren sind literarischer Ursprung und gelehrter Zweck allerdings die Regel: ihr wirkungsmächtigster Vertreter, das 'Summarium Heinrici' (um 1070 [Hildebrandt 1986 b; anders Wegstein 1985: um 1150], wohl in Lorsch entstanden; in zehn bzw. sechs Sachkapitel geordnet, in einem weiteren Buch alphabetisch umsortiert) baut auf Isidors von Sevilla grundlegenden und das spätantike enzyklopädische Wissen umfassend an das Mittelalter weiterreichenden 'Etymologiae' auf; seine Überlieferung konzentriert sich auf das 12. bis 14. Jh., reicht in einzelnen Exemplaren aber bis ins 15. Jh. (Hildebrandt, Ausgabe 1974/1982).

1.2. Die Lexikographie des späten Mittelalters
1.2.1. Die Neuorientierung an der lateinischen Lexikographie im 14. Jahrhundert: Übergangsformen und neue Muster

Das 'Summarium Heinrici', dessen deutsches Wortmaterial nach Typus, Herkunft und Funktion noch kaum bewertet ist (Hildebrandt 1986a), überspringt so als eines der ganz wenigen Zeugnisse der Glossographie althochdeutschen Ursprungs eine Zeitgrenze, die sonst einen entschiedenen Neuanfang lexikographischer Bemühungen mit Hilfe deutschen Wortmaterials bezeichnet: die Mitte des 14. Jahrhunderts. Zwar wird weiterhin auch interlinear glossiert (vgl. etwa Grubmüller 1983, Schnell 1987, für Späteres Henkel 1979), und es entstehen auch Glossare aus Kontextglossen, z. B. solche zur Grammatik des Donat (Grubmüller 1983), doch bleiben diese zumeist Randerscheinungen ohne traditionsbildenden Impuls. Nur das 'Abstractum-Glossar', ein von 1309 an in immer stärker anschwellender Form überliefertes Fachglossar philosophischer und theologischer Begriffe, besonders solcher der „älteren Franziskanerschule" (Illing 1978), macht eine bedeutende Ausnahme: es zeigt in seiner frühesten Fassung Spuren ursprünglicher Textglossierung, wird zum großen Überlieferungserfolg (mehr als 100 Hss.) aber auch erst in einer Form, in der es sich dem standardisierten Typus in der Formulierung der Glosse, der Alphabetisierung und der Zufügung lateinischer Sacherklärungen angleicht. Ähnlich kommt auch das älteste der 'modernen' Sachglossare des 14. Jhs., der 'Vocabularius optimus' des Johannes Kotmann (um 1328), erst in seiner erweiterten und konsolidierten Neufassung wohl erst des 15. Jhs. zu breiterer Wirkung (Ausgabe Bremer 1989).

Um 1350 und in den Jahrzehnten danach werden die vom 11. Jh. an unter immer deutlicherem Einfluß sprachtheoretischer und sprachphilosophischer Bemühungen neu entstandenen systematischen Darstellungen des lateinischen Wortschatzes, die den Zusammenhang des Sprachsystems über Ableitungsketten und semantische oder lautliche Beziehungen darzustellen bestrebt sind, zum Vehikel der Sammlung deutschen Wortmaterials (Grubmüller 1967, 13—44): das 'Elementarium doctrinae erudimentum' des Papias (um 1050), Osberns von Gloucester 'Panormia' (Mitte 12. Jh.), Hugucios von Pisa 'Magnae derivationes' (um 1192), des Guilelmus Brito 'Exposiciones vocabulorum biblie' (zwischen 1248 und 1267), des Johannes Balbus von Genua 'Catholicon' (1286).

Am undeutlichsten ist der Anschluß an jene Werke noch beim Vokabular des Straßburger Klerikers Fritsche Closener (Mitte 14. Jh.), als dessen Grundgerüst auch die jüngeren lateinisch-deutschen Sachglossare ('Summarium Heinrici', 'Vocabularius optimus') erwogen werden können (Friedrich-Kirchert 1983), der aber das 'Catholicon' doch auch schon benützt haben dürfte. Auch Closeners Werk kommt erst in einer Umarbeitung gegen Ende des Jahrhunderts, der des Jakob Twinger von Königshofen, zur Wirkung, und diese beruht auf dem massiven Einströmen von Sachwissen aus dem Umkreis der lateinischen Lexika, ganz besonders des 'Catholicon'.

In unterschiedlicher Form, aber mit ähnlichen Zielen berufen sich die neuen Wörterbücher aus der 2. Hälfte des 14. Jhs. auf die lateinischen Sach- und Sprachlexika der beiden vorausgehenden Jahrhunderte: allen geht es um die Vereinfachung des Zuganges zum dort niedergelegten Wissen durch Auswahl, Kürzung, formale Alphabetisierung und zumeist auch durch die Einfügung deutscher Elemente in die erläuternden Interpretamente. Von etwa 1350 an konkurrieren so auf diesem Felde vor allem:

— der 'Vocabularius Lucianus', überliefert seit 1375 (zweifelhaft datiert sich eine Göttweiger Handschrift auf 1334), aus Kreisen des Augustinereremiten-Ordens, auf *difficiles dicciones* und das Verständnis lateinischer Schriften konzentriert, Sprach- und Sacherläuterungen verknüpfend, ausdrücklich *verba theutonica* als Erklärungshilfe für *simpliciores* benützend (Grubmüller 1967 und 1981);

— der 'Vocabularius Brevilogus', vom Ende des 14. Jhs. an überliefert (älteste datierte Handschrift v. J. 1401), in drei Abteilungen (Nomina, Verben, Indeclinabilia) aufgeteilt, als Lese- und Verständnishilfe für Kleriker konzipiert, auf *verba rara et inconsueta* ausgerichtet, mit einem zumindest früh in die Überlieferung eingedrungenen, wenn nicht originalen Grundstock deutscher Glossen ausgerüstet (Grubmüller 1978 b). (Für die Umbruchzeit des späten 15. und 16. Jhs. wird eine Neubearbeitung wichtig, die Johannes Reuchlin 1475 für den Druck vorgenommen hat);

— der 'Vocabularius de significacione nominum' des Straßburger Klerikers und Chronisten Jakob Twinger von Königshofen (Ausgabe künftig: Kirchert), in drei vom Autor selbst stammenden Fassungen (um 1380, 1390, 1408) fast ausschließlich am Oberrhein und im Schwäbischen überliefert, ganz auf Nomina (Substantive und Adjektive) konzentriert, auf Fritsche Closeners Wörterbuch aufbauend, aber in großem Umfag Wortmaterial und Sacherklärungen aus der lat. lexikographischen Literatur (v. a. 'Catholicon') und aus grammatischen Werken ergänzend, deutsche Glossierungen ziemlich regelmäßig beifügend und dabei offensichtlich an der landschaftlichen Schreibsprache orientiert (Kirchert 1986 a/b);

— der 'Vocabularius quadriidiomaticus' des Einbecker Chronisten und Schulmeisters Dietrich Engelhus (Berg/Worstbrock 1980); eine von 1394 an in verschiedenen Fassungen (Damme 1985) überlieferte Kombination aus einem lateinischen Wörterbuch mit deutschen Erklärungsbestandteilen, einem hebräisch-lateinischen Teilvokabular, einem griechisch-lateinischen und — erst ab 1437 mitüberliefert — einem deutsch-lateinischen, das einen schon vor 1400 im Oberweserraum entstandenen 'Vocabularius theutonicus' (Damme 1983) fortsetzt: insgesamt ein aus vielfältigen Zusammenhängen aufgebautes Bildungswörterbuch, das grammatisch-sprachliche Sachverhalte in seinen Erklärungen favorisiert und trotz seiner ursprünglichen Bindung an eine niederdeutsche Glossierungssprache wohl vor allem wegen seiner schon in der Anordnung dokumentierten Sprachenvielfalt auch den Weg ins Mittel- und Oberdeutsche gefunden hat.

Daneben wird — gleichfalls gegen Ende des 14. Jhs. — der Typus des Sachglossars wieder aufgegriffen, wie er im 'Summarium Heinrici' schon an die Schwelle des Spätmittelalters herangeführt worden war und im 'Vocabularius optimus' einen etwas isolierten Vertreter in der lexikographischen Schwellenzeit des frühen 14. Jhs. gefunden hatte: mit dem wohl im Ostniederdeutschen (Schmitt 1983) entstandenen 'Liber ordinis rerum' (Esse-Essencia-Glossar) tritt im Jahr 1400 (älteste datierte Handschrift: Berlin, mgq 610) ein Werk auf den Plan, das das Feld in diesem Bereich das ganze 15. Jh. hindurch beherrschen wird (73 Textzeugen, letzte datierte Hs.: 1502). Schon der häufig mitüberlieferte, gelegentlich in einen kurzen Vorspruch *(Incipit liber continens vocabula omnium rerum secundum ordinem communitatis et perfeccionis quem habent inter se)* überführte Titel gibt zu erkennen, daß hier sprachliche Orientierung ganz unmittelbar und zugleich sehr abstrakt mit dem Anspruch zusammentrifft, Welt zu ordnen. Dies zeigt sich nicht nur darin, daß lateinisches Stichwort und deutsche Übersetzung ohne die Vermittlung lateinischer Interpretamente zusammentreffen, also die Anordnung der Lemmata und die deutsche Übersetzung im Zusammenwirken die gesamte Information über die Ordnung der Welt tragen, sondern auch in der Überlagerung von sachlichen Ordnungsprinzipien (von der Kosmologie zu den Konkreta verschiedenster alltäglicher Sachbereiche) und grammatischen Gesichtspunkten (von Substantiven zu den Indeclinabilia, endend in Interjektionen: *At tat tat tat ho hoho*); schließlich fügt sich auch eine spezifische Übersetzungstechnik, die häufig das Lateinische Glied für Glied nachbildet (Grubmüller 1985), dieser Intention einer auf Ordnungsprinzipien hin abgebildeten Welt (Ausgabe: Schmitt 1983). In den Druck ist der 'Liber ordinis rerum' nicht übernommen worden, er wird dafür ersetzt durch eine Überarbeitung, die Wenzelaus Brack vorgenommen hat (Basel: Peter Kollicker 1483 = Claes 1977, Nr. 40; bis 1512 vielfach wiederaufgelegt).

Die Situation um 1400 ist also dadurch gekennzeichnet, daß eine Reihe von neu entstandenen 'lexikographischen' Werken (neben die noch einige kleinere oder nur punktuell überlieferte Sammlungen treten, wie z. B. der 'Niger abbas': 3 Hss., vgl. Kirchert/Miethaner-Vent 1987, oder die Gruppe um das niederrheinische Frenswegener Vokabular, vgl. Grubmüller 1980; Eickmans 1986, 53 f.: 'Vocabularius saxonicus') miteinander kon-

kurrieren oder sich auch gegenseitig ergänzen:
— im Typ (alphabetisches Vokabular vs. Sachglossar),
— in der Dichte der deutschen Glossierung (in aufsteigender Linie von gelegentlichen Einfügungen im 'Brevilogus' und 'Lucianus' zum üblichen deutschen Äquivalent bei Twinger und obligatorisch dann im 'Liber ordinis rerum'),
— in der Lemma-Interpretament-Abfolge (lateinisch-deutsch vs. deutsch-lateinisch),
— in der geographischen Verteilung (Closener, Twinger, 'Niger Abbas' auf den Südwesten beschränkt, 'Lucianus' eher im Südosten, 'Brevilogus' und Engelhus im niederdeutschen Norden konzentriert).

1.2.2. Die alphabetische Lexikographie des 15. Jahrhunderts: 'Vocabularius Ex quo' und einige Sonderfälle

In diese Situation hinein tritt bald nach 1400 (älteste datierte Hs.: 1410) ein Werk, das die meisten von ihnen im erklärenden Anspruch unterbietet und zugleich an Universalität übertrifft: der 'Vocabularius Ex quo' (Grubmüller 1967; Ausgabe: Grubmüller u. a. 1988/89). Er macht sich frei von Beschränkungen wie etwa der Wortartklausel der Nominalglossare oder der Aufgliederung in jeweils nur eine Bezugssprache wie bei Engelhus, komprimiert lateinische Sacherklärungen zu knappen Aussagen, bindet sie nahezu obligatorisch an die deutsche Lemmaübersetzung und kombiniert dies überdies noch mit einem (wohl aus dem 'Brevilogus' übernommenen und konsequent ausgebauten) Siglensystem, das es erlaubt, grammatische Informationen in sparsamster Verkürzung unaufdringlich bereitzustellen; es entsteht so durch Reduktion und Kombination der verschiedensten formalen und inhaltlichen Errungenschaften der voraufgehenden ein- und zweisprachigen Lexikographie ein Informationsgerippe von dichter Fügung der durchschnittlichsten Inhalte mit dem in der Vorrede ausgesprochenen Ziel, ein praktisches Hilfsmittel zum Verständnis der Bibel und anderer lateinischer Texte für diejenigen zu schaffen, die im elementaren Sprachverständnis zur Erschließung des Litteralsinnes auf Hilfe angewiesen sein mochten. Als Quelle diente dem 'Vocabularius Ex quo', den wir uns im Oberwesergebiet entstanden denken, wohl in erster Linie der 'Brevilogus', für die Lemmalisten möglicherweise auch das lateinisch-mittelniederländische 'Glossarium Bernense' von etwa 1300 oder einer seiner Verwandten (Miethaner-Vent 1981), doch stand ihm schon in seiner Ausgangsfassung offenbar ein Großteil der lateinischen lexikographischen Werke seiner Zeit ('Catholicon', Brito, 'Lucianus' etc.) zur Verfügung. Der stete Rückgriff auf diese Vorlagen und auch auf grammatische Memorier- und Nachschlagewerke (wie z. B. den 'Novus Graecismus' des Konrad von Mure) im Verlauf der Überlieferung bewirkt die besonders vielfältige Erscheinungsform dieses Vokabulars: Es präsentiert sich als Summe ganz unterschiedlicher Bearbeitungsformen und Redaktionstypen, die von einer knappen Ausgangsfassung bis zum voluminösen, durch Relatinisierung erreichten Sammelbecken lateinischen Wissens (Stahl 1989; ähnlich das 'Vokabular des Alten Schulmeisters', Grubmüller 1978) reicht: ganz offensichtlich drängen Prestige- und Informationsbedürfnis der Benützer auf repräsentativere Werke, als es das lateinisch-deutsche Grundvokabular sein wollte.

Als Verzeichnis deutscher Wörter kann der 'Vocabularius Ex quo' wie alle lateinisch-deutschen Wörterbücher zwar nur mittelbar gelten — die deutschen Übersetzungen richten sich auf das Verständnis des Lateinischen —, doch zieht das lateinische Grundgerüst durch die Offenheit seiner Überlieferungsform eine solche Fülle an erklärendem — und damit in der Umkehrung auch gedeutetem — Wortmaterial an, daß es als ein Sammelbecken spätmittelalterlichen Übersetzungswortschatzes aufgefaßt werden kann. Da bei handschriftlicher Überlieferung überdies jedem Schreiber die grundsätzliche Möglichkeit offensteht, ein ihm ungebräuchliches Wort durch ein geläufigeres zu ersetzen oder auch zu ergänzen, entsteht von Fall zu Fall eine — zumeist landschaftlich zu interpretierende — Synonymenvielfalt, die uns sonst in dieser vorgeordneten Form nicht zugänglich wird.

Sein Überlieferungserfolg (Ausgabe Bd. 1, S. 52—101) macht den 'Vocabularius Ex quo' somit erst zum ergiebigen Thesaurus frühneuhochdeutschen Wortschatzes: in mehr als 270 Handschriften hat er sich von seiner Entstehungslandschaft, dem Oberwesergebiet, aus über alle deutschen Schreiblandschaften verbreitet, das ganze 15. Jh. hindurch bleibt er in Gebrauch (jüngste Hs. um 1500: München, cgm 657), schon 1467 ist er als erstes zweisprachiges Wörterbuch überhaupt in einer eigens am 'Catholicon' korrigierten Neubearbeitung (Schnell 1986) in den Druck übernommen (Eltville: Heinrich und Nikolaus Bechtermünze = Claes 1977, Nr. 1) und dann bis 1505 in zwei geringfügig variierenden Fassungen 46mal nachgedruckt worden (Ausgabe, Bd. 1, S. 104—109).

Ernsthafte Rivalen sind dem 'Vocabularius Ex quo' bis über die Mitte des 15. Jhs. hinaus nicht entstanden. Andere Vokabulare, z. B. der 'Vocabularius Principaliter' oder der daraus hervorgegangene 'Vocabularius fundamentarius' des Johann von Gablingen (Kirchert/Powitz 1983) erreichen nicht entfernt seine Wirkung.

Von vornherein vereinzelt bleiben einige speziellere Werke, die freilich auf künftige Entwicklungen vorausweisen.

Dazu zählen Spezialglossare zu einzelnen Werken, die zwar als Typ in alter Tradition begründet sein können, z. B. die nicht seltenen Vokabulare zum Missale oder zum Psalter (etwa: Basel, cod. A V 33, vgl. Hänger 1972, 23 f.), die aber der Entwicklung von Spezialglossaren überhaupt den Grund bereiten, wie sie dann im 16. Jh. auch weniger auratische Texte erfassen, z. B. die Schriften des Paracelsus und die dort verwendeten *frembden und unbekanten Wörter, Caracter und Namen* (Leonhard Thurneisser zum Thurn, zuerst Berlin: Graues Kloster 1574 = Claes 1977, Nr. 573). Auch die Einbeziehung anderer Volkssprachen in den mit dem Deutschen verknüpften lexikographischen Prozeß beginnt sich abzuzeichnen: das Böhmische wird offenbar als erstes miteinbezogen (z. B. Diefenbach 1846), im 16. Jh. weiten sich diese sprachvergleichenden Wörterbücher sprunghaft aus. Schließlich hält das Erfordernis der alltäglichen Verständigung auch das Sprachbuch für praktische Erfordernisse am Leben, wie es uns früh schon im 'Vocabularius Sancti Galli' begegnet war und wie es sich im 15. Jh. besonders im Verkehr mit Italien einiger Beliebtheit erfreute (Beispiele bei Pausch 1972; zu Adams von Rottweil 'Introito e porta', Venedig 1477 = Claes 1977, Nr. 9, vgl. Giustiniani 1987).

Das Bild der Lexikographie im 15. Jh. wird von diesen Sonderfällen nicht entscheidend geprägt; es bleibt ganz auf den 'Vocabularius Ex quo' ausgerichtet. Erst in der Inkunabelzeit erwächst ihm Konkurrenz: zuerst mit Gerards van der Schueren niederrheinisch-lateinischem und lateinisch-niederrheinischem 'Theuthonista', dann mit dem 'Vocabularius praedicantium' des Johannes Melber, schließlich mit der Reihe der 'Gemmulae', 'Gemmae' und 'Gemmae gemmarum', die im Niederländischen einsetzt (Antwerpen 1484 = Claes 1974, Nr. 10), sich bei ihrem ersten Erscheinen auf hochdeutschem Sprachgebiet (Straßburg: Johann Prüss, ca. 1493 = Claes 1977, Nr. 96) gleich als Bearbeitung des 'Vocabularius Ex quo' zu erkennen gibt ('Gemmula vocabulorum alias Ex quo. cum addito diligenter revisa et emendata'), in der weiteren Entwicklung als 'Vocabularius optimus Gemma vocabulorum' (Magdeburg: Moritz Brandis 1495 = Claes 1977, Nr. 106) und 'Gemma gemmarum' (so zuerst Köln: Hermann Bungart 1501) diese Nähe aber bis zum Ende der sich in dichter Folge reihenden Nachdrucke (zuletzt: 'Dictionarium Gemmagemmarum', Straßburg: Johann Knoblouch 1520 = Claes 1977, Nr. 280) immer weiter zurückdrängt (genauere Untersuchungen fehlen).

1.2.3. Die Entwicklung neuer Typen: Johannes Melber und Gerd van der Schueren

Anders als die 'Gemmen' setzen Melbers 'Vocabularius' und van der Schuerens 'Teuthonista' neue Akzente: Johannes Melber aus Gerolzhofen, der in Heidelberg studiert, wohl auch dort die Magisterwürde erworben und seinen 'Vocabularius praedicantium' (Speyer: Peter Drach, ca. 1477—80 = Claes 1977, Nr. 14; weitere 27 Druckauflagen bis 1504) am ehesten im Zusammenhang seines Studiums um 1455 verfaßt hat (Kirchert/ Klein 1986), arbeitet nicht nur zumindest teilweise neu aus den Quellen (Predigten und vielleicht auch Vorlesungen des Heidelberger Professors Jodocus Eichmann) und nimmt damit Forderungen des 16. Jhs. vorweg, er räumt den volkssprachlichen Elementen auch einen ganz neuen Rang ein; sie sind nicht mehr nur Verständnishilfe für Lateinisches, sondern zugleich Ziel des Unternehmens: als deutsche, unter rhetorischen Aspekten gereihte Synonyma sollen sie zur Übertragung lateinischer Werke (Predigten) in wohlgeformte deutsche Rede *(populares sermones)* verhelfen: die „*mirifica ydeomatis exaggeratio vulgaris* soll den Redner *(concionator)* in die Lage versetzen, die Aufmerksamkeit seiner Hörer zu erregen *(afficere)*, sie zu begeistern *(inflammare)* und zu überzeugen *(persuadere)*" (Kirchert/Klein 1986, 369). Es müßte genauer untersucht werden, wie weit die frühhumanistischen Bemühungen um die Kultivierung des Schreib- und Redestils ('Artes dictandi' etc.) sich hier ein lexikographisches Hilfsmittel geschaffen haben.

Dem 'Teuthonista vulgariter dicendo der Duytschlender' (Köln: Arnold ter Hoernen 1477 = Claes 1977, Nr. 8; zur zweifelhaften Ausgabe von Verdam 1896 vgl. Eickmans 1986, 26—36) sichert nicht der eher in konventioneller Form aus dem 'Catholicon' (1.2.1.) komprimierte lateinisch-deutsche Teil des 'Teuthonista' besondere Aufmerksamkeit. Das Werk des Gerd van der Schueren, des gebildeten *clericus* und Sekretärs der Herzöge von Cleve zwischen 1447 und 1489, ragt heraus durch den umfassenden, konsequenten und im Impuls auf eine Ideologie der Muttersprache abgestützten Versuch, ein nach deutschen Stichwörtern geordnetes Wörterbuch zu schaffen.

Deutsch-lateinische Wörterverzeichnisse waren nicht neu. Das erste entstand wohl im dritten Viertel des 15. Jhs. im Umkreis Fritsche Closeners (1.2.1.); es gibt sich leicht als bloße Umsortierung von dessen lateinisch-deutschem Vokabular zu erkennen. Der wohl kurz vor 1400 im Oberweserraum entstandene und in 14 Handschriften bis ins Oberdeutsche verbreitete 'Vocabularius theutonicus' (Titel nach Damme 1983), „der einzige Typus eines deutsch-lateinischen Vokabulars, der (im Mittelalter, K. G.) ... eine nennenswerte Verbreitung gefunden hat" (Eickmans 1986, 61), kann dem Verdikt eines „vice-versa-Buches" (Henne 1977, 15) nicht in gleicher Weise ausgesetzt werden; sein volkssprachliches Engagement beschränkt sich nicht darauf, die deutsche Vokabel als Lemma zu setzen und so nach deutschen Stichwörtern alphabetisch zu ordnen, bei ihm dringt das Deutsche auch in einer Weise in die Formulierung des Interpretaments ein, die stellenweise sogar die zweisprachige Grundanlage zu verdunkeln scheint: das deutsche Stichwort kann noch vor dem lateinischen Äquivalent erläutert werden durch deutsche Synonyme und Heteronyme, durch deutsche Beispielsätze und auch durch deutsche Sacherläuterungen (z. B. *Alue hort to demme myssewande unde ys eny lanck wyt cleyt / alba,* vgl. dazu Eickmans 1986, 61).

Van der Schueren legt dem ersten, deutsch-lateinischen Teil des 'Teuthonista' diesen 'Vocabularius theutonicus' zugrunde (Eickmans 1986, 57—90; ebd. 49—52 zu Hugucio als lateinischer Hauptquelle), und damit unterscheidet er sich in Anspruch und Verfahren von seinen etwa gleichzeitigen Konkurrenten, dem 'Rusticanus terminorum' (Nürnberg: Conrad Zeninger 1482 = Claes 1977, Nr. 38; Neudruck 1976) und dem von ca. 1483/84 (Speyer: Peter Drach) an in mehreren Auflagen gedruckten 'Vocabularius incipiens teutonicum ante latinum' (Claes 1977, Nr. 46, 55, 66, 118—121, 146). Beide geben sich durch den Typus ihrer Stichwörter deutlich als Ergebnis eines bloßen Umsetzungsprozesses zu erkennen: *Stat*

oder dorff. dauon aristoteles geporn ist hat als Interpretament zum Ortsnamen *Strageria* seinen Sinn, als deutscher Wortansatz läuft es völlig ins Leere (Grubmüller 1986, 152 f.).

In seiner Quelle und deren andersartigem Zugriff auf das Deutsche (den man nicht durch die Ehre überhöhen muß, er habe „den funken eines deutschen wörterbuches" gezündet [Eickmans 1986, 60 in Abwandlung von J. Grimm, DWb 1, XX]) ist also schon vorweg der Rang des 'Teuthonista' fundiert, er wird bestätigt durch die Konsequenz, mit der die Versammlung deutschen Wortgutes verfolgt wird und durch die Sicherheit, mit der ihr volkssprachiges Selbstbewußtsein zugrundegelegt wird: *Ideo nativam dignificans humum linguagio materno primo loco alamanice deinde latinice id quod occurrit expressi.*

Den entschiedensten und für die Zukunft folgenreichsten Schritt über seine Quelle hinaus hat van der Schueren dadurch getan, daß er die Beschränkung des mittelalterlichen Wörterbuch(ab-)schreibers auf den Wortschatz seiner Landschaft überwunden hat. Zwar deutet sich auch dies wiederum als zeitgenössische Tendenz schon in anderen Vokabularien (z. B. im 'Rusticanus terminorum') an (Grubmüller, Vorwort zum Neudruck 1976, XXI), doch scheint keines die Vielfalt an Wortgut fernerstehender Sprachlandschaften, hier vor allem des Ostfälischen ('Vocabularius theutonicus'), aber auch des Alemannischen, Fränkischen und Bairischen, zu erreichen, die Gerd van der Schueren seinem niederfränkisch-westfälisch-ripuarischen Kern angefügt hat (Eickmans 1986, 281—283).

2. Der Beginn einer deutschen Lexikographie im Zeitalter des Humanismus

„Die Entdeckung und Entwicklung der Buchdruckerkunst, die humanistischen Bestrebungen nach einer Vertiefung der Bildung und nach einer Verbesserung des Lateinunterrichts, die Erneuerung des Schulwesens und in geringerem Maße auch die Liebe zur eigenen Nation sowie der Stolz auf die Muttersprache" (de Smet 1986, 59) lassen mit dem Auslaufen der sporadisch schon neuen Maßstäben sich anpassenden mittelalterlichen Vokabulartradition bis etwa 1520 eine neue Lexikographie aufkommen, die sich vor allem aus dem Anspruch dieser Neuartigkeit begründet: *dergleychen bißhår nie gesåhen,* so preist z. B. Josua Maaler seinen Versuch, *Alle* wörter / namen vñ arten zů reden in Hochteütscher spraach / dem ABC nach ordenlich gestellt / vnnd mit gůtem Latein gantz fleissig vnnd eigentlich vertolmetscht, auf dem Titelblatt seines 'Dictionarium germanicolatinum novum' (Zürich: Christoph Froschauer 1561 = Claes 1977, Nr. 488, Neudruck 1971) an.

'Novum' nennt sich im 16. Jahrhundert fast jedes 'Dictionarium', das auf sich hält, und freizügig verteilen die Historiker Erstgeburtsrechte: van der Schueren sichere als erster „der deutschen sprache ihren alphabetischen auftritt", Dasypodius schreibe „das erste namhafte hochdeutsche wörterbuch", Josua Maaler „das erste wahrhaft deutsche wörterbuch" (jeweils: J. Grimm, DWb I, Vorrede, XXf.). Nicht immer ist dieser Anspruch des Neuen begründet; kaum jemals kann er sich schon auf die veränderte lexikographische Methode oder einen neuartigen Zugang zum deutschen Sprachmaterial beziehen; oft ist er nur deklamatorische Wiederholung des generellen humanistischen Neuerungsbewußtseins und dann aus den ganz selbstverständlich generalisierten lateinischen Erneuerungsparolen übernommen. Der Beginn ist bezeichnend: „Die durch den Humanismus geprägte Lexikographie setzt mit dem Kölner Druck der 'Pappa puerorum' des niederländischen Lehrers Murmellius im Jahre 1513 (= Claes 1977, Nr. 224, K. G.) ein. Dieses maasländisch-niederrheinische systematische Vokabular erfuhr schon 1517 eine hochdeutsche Bearbeitung durch den Breisgauer Lehrer Gervasius Sopher (= Claes 1977, Nr. 255, K. G.). Wie Murmellius betonen die Verfasser der neueren Werke ihre Abkehr vom unreinen und krummen *Latein* der früheren Periode, und sie weisen auf die *boni* und *elegantes authores* als Quellen und nachahmenswerte Muster hin" (de Smet 1986, 60).

Zwar grundsätzlich dem Typus nach geschieden und auch ohne nennenswerte inhaltliche Querbeziehungen, zeigen Sachglossar und alphabetisches Wörterbuch doch ähnliche Entwicklungsbilder: der Nachahmung fremder Muster unter deklamatorischer Beteuerung des Andersartigen und Neuen folgen tastende Versuche, die Deklamationen in der praktischen Arbeit einzuholen, und schließlich die ersten Beispiele tatsächlicher Neuorientierung auf das Deutsche in der Beschaffung und Präsentation des sprachlichen Materials.

2.1. Die humanistischen Onomastica

Von der 'Pappa puerorum' des Niederländers Johannes Murmellius geht eine lange Traditionskette von Nachdrucken und Bearbeitungen aus: die Attraktivität dieses ersten der scheinbar modernen, von ihren mittelalterlichen Vorgängern wie 'Liber ordinis rerum' oder Bracks 'Vocabularius rerum' aber gerade erst im anderen lateinischen Quellenhintergrund unterschiedenen lateinisch-deutschen Sachglossare zeigt schon der Einsatz seiner deutschen Überlieferung mit gleich drei Auflagen desselben Jahres (1513) in zwei verschiedenen Kölner Druckereien (Quentell und Martinus de Werdena); von da an wird die 'Pappa' in dichter Folge (Claes 1977, S. 240, Reg.) bis zum Jahr 1565 immer wieder nachgedruckt: unverändert, als 'Pappa Nova' (z. B. Köln: Quentells Erben 1517 = Claes 1977, Nr. 256) oder auch in ausdrücklichen Überarbeitungen wie etwa der hochdeutschen des Gervasius Sopher oder dem durch polnische Glossen zum dreisprachigen Onomasticon gemachten 'Dictionarius variorum rerum' des Krakauer Druckers Hieronymus Vietor (1526 u. ö.; Claes 1977, Nr. 302).

Konkurrenz erwächst ihr mit zwei stärker regional orientierten Werken: „die 'Nomenclatura rerum domesticarum' des Nürnbergers Sebald Heyden (zuerst Nürnberg: Johannes Petreius 1530 = Claes 1977, Nr. 313) erobert sich den ganzen süddeutschen Raum, während das Magdeburger Glossar 'Vocabula rerum' von Georg Major sich in Niederdeutschland verbreitet" (de Smet 1986, 60), und zwar von Anfang an (Magdeburg: Michael Lotter ca. 1531 = Claes 1977, Nr. 322) immer als Anhang zu Majors Bearbeitung von Martin Luthers 'Kleinem Katechismus' ('Catechismus, Düdesch unde Latinisch'). Bei beiden handelt es sich um Schulvokabulare für den protestantischen Elementarunterricht (de Smet 1980/81; de Smet 1983 a), in denen „lateinische Wörter für die Dinge des alltäglichen Lebens" (de Smet 1983 a, 142) nach didaktisch gemeinten Ordnungsschemata (bei Heyden z. B. aufgeteilt auf die sieben Wochentage) aufbereitet werden.

Erst mit dem 'Nomenclator omnium rerum propria nomina variis linguis explicata indicans' des Hadrianus Junius (zuerst Antwerpen: Christophorus Plantinus 1567 = Claes 1977, Nr. 513; Neudruck 1976) wird wirklich ein neues Kapitel in der Geschichte des Sachwörterbuches aufgeschlagen: Keine größeren Schwierigkeiten gebe es für den Sprecher des Lateinischen als die richtige Verwendung der *nomina propria (nullam maiorum in literis difficultatem expertus esse mihi videor, quam in reddendis propriis rerum nominibus,* Bl. + 2ᵛ), und zwar deswegen, weil dort am häufigsten Volkssprachiges und Fremdes ins Lateinische eingedrungen sei (*barbaris et peregrina e lingua petitis vtuntur vocibus,* ebd.) und man dadurch am guten Ausdruck gehindert werde; Abhilfe sucht er zu schaffen durch den humanistischen Rückgriff auf die *optimi auctores,* aus deren Lektüre er die *nomina propria* gesammelt *(collegi),* in Klassen eingeteilt und in verschiedenen Sprachen erklärt habe (Bl. + 3). Ziel ist also die Verbesserung des lateinischen Sprachgebrauchs, Verfahren nicht mehr die Umordnung von Wörterbuchmaterial (vgl. aber zur Frisius-Benützung de Grauwe 1971), sondern — wenigstens dem Anspruch nach — Quellenlektüre und Exzerption, und dies wohl auch im Griechischen *(optimi auctores vtriusque linguae).* Selbst in der wichtigsten und für die lexikographische Dignität der Volkssprachen und ihre praktische Erfassung folgenreichsten Neuerung des Junius, der regelmäßigen Aufnahme von volkssprachigen Äquivalenten aus allen wichtigen westeuropäischen Sprachen (Deutsch, Niederländisch, Französisch, Italienisch, Spanisch, gelegentlich auch Englisch) spiegelt sich zunächst lateinische Sprachideologie: auf diese Weise wird sein Universalitätsanspruch dokumentiert und gegen die Partialität der Volkssprachen gesetzt. Ganz unabhängig davon aber wird damit gleichzeitig eine Bezugsebene für den Vergleich der Volkssprachen installiert, der so umfassend bis dahin noch kaum und dann jedenfalls nicht mit einem 'wissenschaftlichen' Anspruch wie dem des Junius möglich war.

Des Junius 'Nomenclator omnium rerum' hat Schule gemacht: auch wo er auf das Lateinisch-Deutsche gekürzt wurde wie bei Adam Siber (Leipzig: Johann Rhamba 1570 = Claes 1977, Nr. 539; Neudruck 1984), in der anonymen Schul-Bearbeitung von 1571 (Heidelberg: Johann Maier = Claes 1977, Nr. 551), im Straßburger 'Onomasticon latinogermanicum' des Theophilus Golius von 1579 (= Claes 1977, Nr. 608; Neudruck 1972) oder programmatisch in Matthias Schencks 'Nomenclator Hadriani Junii, ad scholarum usum, praetermissis linguis peregrinis, et mutatis in loco Germanicis' (Augsburg: Michael Manger 1574 = Claes 1977, Nr. 571; Neudruck 1982) bleibt die neuernde Tendenz erhalten und ebenso dort, wo aufs Dreisprachige reduziert wird (lateinisch-französisch-deutsch: Köln: Peter Horst 1588 = Claes 1977, Nr. 718). Wie die von Junius erreichte Öffnung für die Volkssprachen über sein eigenes Werk hinaus fortwirkt, zeigt sich auch darin, daß er zur Grundlage für einen lateinisch-deutsch-tschechischen 'Nomenclator' werden kann (Prag: Daniel Adam von Weleslawin 1586 = Claes 1977, Nr. 692). Auch Nathan Chytraeus, *bonarum litterarum professor* in Rostock, schließt mit seinem 'Nomenclator Latino-Saxonicus' (Rostock: Stephan Möllemann 1582 = Claes 1977, Nr. 643; Neudruck 1974) an das Vorbild des Junius an; auch er, der dazu verhelfen will, das Echte vom Zweifelhaften zu unterscheiden, *Latina a barbaris discernere* (Bl. X 6ʳ), und zu diesem Zweck noch zusätzlich die Namen der guten lateinischen Autoren (*bonorum auctorum,* ebd.) als Belegorte einfügt, zielt auf die Pflege und Reinigung des Lateinischen. Aber der humanistische Impetus auf die Quellen erfaßt auch die Muttersprache: Chytraeus formuliert eine emphatische Rühmung der *saxonica lingua* als *lingua patriae et maioribus nativa* (Bl. A 4ʳ), die allen anderen Sprachen Europas überlegen sei an Eleganz, Schönheit und Reichtum. Wenn Chytraeus auch im sprachlichen Material durch seine Abhängigkeit von dem Junius-Bearbeiter Golius (s. o.), dessen Straßburger Glossen er mehr oder weniger getreu ins Niederdeutsche überträgt, kaum Selbständiges zur Förderung der so gerühmten Muttersprache beiträgt, so bereitet er doch mit anderen ganz entschieden den Bewußtseinswandel vor, der dann im 17. Jh. unmittelbarere Zugänge zum deutschen Wortschatz möglich macht. 'Nomenclator' und 'Onomasticon' werden dann als Instrumente zurücktreten und ihren systematischen Anspruch in anspruchsvollere Ordnungen überführt sehen; der in ihren besten Exemplaren verwirklichte Impuls zu einer die Einzelsprache übergreifenden Sprachpflege mit Hilfe des Wörterbuches bleibt wirksam.

2.2. Die alphabetische Lexikographie

Entwicklungslinien und Grundhaltungen stellen sich für die alphabetischen Wörterbücher des 16 Jhs. ganz ähnlich dar wie für die Sachglossare: auch ihre Geschichte ist geprägt vom humanistischen Engagement für die Reinigung des Lateinischen, dem Übergreifen dieser sprachpflegerischen Begeisterung auf die Bewertung der Volkssprachen und einem ganz allmählichen Schließen der Lücke zwischen solchem Sprachwert-Bewußtsein und einer praktischen Spracharbeit, die wirklich auf die Volkssprache gerichtet wäre. Erst Henisch kommt ihr am Beginn des folgenden Jahrhunderts nahe.

Mit Recht pflegt der entschiedene Bruch mit der mittelalterlichen Vokabulartradition an das 'Dictionarium Latinogermanicum' des Straßburger Schulmeisters Petrus Dasypodius, des Leiters der Schule am Karmeliterkloster geknüpft zu werden (Schirokauer 1987 u. a.). Es erschien in einer ersten Fassung 1535 (Straßburg: Wendelin Rihel = Claes 1977, Nr. 341), in zweiter, endgültiger Form 1536 (ebd., Claes 1977, Nr. 350; Neudruck 1974) und legitimiert sich ausdrücklich aus der Aufgabe, den Schülern die alten *sordidae Gemmae*, die Nachfolgewerke des 'Vocabularius Ex quo', durch solidere Nachschlagewerke überflüssig zu machen. Den Weg dazu bildet auch hier die Fundierung des Wörterbuches auf die *auctores latinae linguae probi,* sie freilich werden nicht unmittelbar exzerpiert, sondern — soweit die Forschungssituation dies erkennen läßt — aus dem frühhumanistischen 'Dictionarium' des Oberitalieners Ambrosius Calepinus (zuerst: Reggio nell' Emilia 1502) übernommen; in Teilen, vor allem in der aus alphabetischen und etymologischen Prinzipien gemischten Anlage, liegt wohl auch das 'Dictionarium seu Linguae Latinae Thesaurus' (Paris 1531) des großen französischen Lexikographen Robert Estienne (Robertus Stephanus) zugrunde. Für die deutschen Übersetzungen hat Dasypodius sich offensichtlich schon bemüht, sich über den engen landschaftsgebundenen Wortschatz hinaus zu orientieren (Schirokauer 1987; Wetekamp 1980); Genaueres über seine Prinzipien ist noch nicht erforscht. Ganz deutlich zeigt sich Dasypodius aber mittelalterlichen Verfahrensweisen verhaftet bei seinem deutsch-lateinischen Teilwörterbuch, das er im Druck von 1537 an das 'Latinogermanicum' komplettierend anfügt: er scheint als bloße Umkehrung des lateinisch-deutschen Teils entstanden zu sein.

Wie in Dasypodius der Beginn der zweisprachigen humanistischen Lexikographie in Deutschland auf die italienischen und französischen Vorbilder zurückzuführen ist, so gilt dies auch für die ganze weitere Geschichte: sie ist bis hin zu Josua Maaler durch ihren Ausgang bei Robertus Stephanus und damit wiederum von den Zielen des klassischen Humanismus geprägt. Robertus Stephanus hat — auch im Verfahren neu — *dictiones* aus den Autoren des klassischen Altertums zwischen Plautus und Claudian selbständig exzerpiert, durch *interpretationes* aus den römischen Grammatikern erläutert und durch *testimonia poetarum* belegt (Grubmüller 1986, 154 f.). Aber auch Robertus Stephanus geht wiederum schon selbst den Weg zur Volkssprache: im 'Dictionarium Latinogallicum' (Paris 1538) hat er die lateinischen Bestandteile reduziert und fast durchgehend französische Interpretamente eingesetzt.

Dies ist der Weg, auf dem die deutschen Bearbeiter fortschreiten: im Prinzip nichts weiter als den Austausch der französischen gegen die deutschen Interpretamente vollziehen der Zürcher Schulmann Johannes Frisius und sein Kompagnon Petrus Cholinus für ihr 'Dictionarium Latino-Germanicum' (Zürich: Christoph Froschauer 1541 = Claes 1977, Nr. 386), das Frisius später in neuer Bearbeitung (Editio nova, ebd. 1556 = Claes 1977, Nr. 459) in alleiniger Verantwortung fortführt: sie schaffen ein im Lateinischen gut fundiertes Wörterbuch des klassischen Wortschatzes, dem in den deutschen Äquivalenten aus zweiter Hand Gearbeitetes entgegensteht.

Dies ist die hybride Ausgangslage, die sich Josua Maaler für seine 'Teütsch spraach' (Zürich: Christoph Froschauer 1661 = Claes 1977, Nr. 488; Neudruck 1971) wählt und auf die sich sein Stolz gründet, *Alle wo̊rter / namen / vnd arten zů reden in Hochteütscher spraach / dem ABC nach ordentlich gestellt* zu haben: *dergleychen bißhår nie gesåhen* (Titel). Maaler ordnet das 'Dictionarium' des Frisius nach den deutschen Übersetzungen um und gibt sie in alphabetischer Folge, und so ist sein Werk auf gleiche Weise entstanden wie die bisherigen deutsch-lateinischen Wörterbücher, nur daß die Folie der mittelalterlichen Latinität durch die der klassischen ersetzt wird: mit dem 'Vorteil' eines in klassischer Autorität begründeten Erklärungsvokabulars und dem großen Nachteil, daß der mit Emphase präsentierte 'vollständige deutsche Wortschatz' *(omnes fere Germanicae dictiones atque locutiones)* im Kern nichts weiter ist als ein durch die französische Zwischenstufe noch distanziertes Abbild des klassischen lateinischen: „dieser liefert die Auswahlprinzipien und Aufnahmekriterien, durch ihn ist er nicht nur gesiebt, sondern sicherlich stellenweise überhaupt erst erzeugt" (Grubmüller 1986, 155).

2.3. Die Ansatzstellen für neue Sichtweisen

2.3.1. Georg Henisch und die deutsche Phraseologie

Daß das im Wörterbuch Besprochene durch

Beispiele zu belegen sei, ist alte lexikographische Tradition: auch die mittelalterlichen Vokabularien verfahren so; sie berufen sich auf biblische Sätze und auf Väterzitate, auch auf Beispiele aus antiken Autoren (oder deren Stellvertreter in Florilegien). Auch diese Belege können im Umkehrverfahren als deutsche Verwendungsbeispiele ausgegeben werden, und selbst bei Steinbach (1734), der doch erstmals in größerem Umfang mit namentlich nachgewiesenen deutschen poetischen Stellen exemplifiziert, ist nicht immer ohne weiteres auszumachen, ob die Priorität beim deutschen oder beim lateinischen Äquivalent eines Satzes oder einer Redensart liegt. Aber notwendig lockert sich an dieser Stelle die Bindung an die Autorität des Lateinischen, und es nimmt auch seine Eignung zu glaubwürdiger Hilfestellung ab: in der Registrierung deutscher Idiotismen und Redensarten ist der Sytemzwang außer Kraft gesetzt und so dem spontanen Sammeln und Notieren Raum gegeben. Maaler hat diese Lücke gelegentlich genützt, Georg Henisch ('Teütsche Sprach und Weißheit'. Augsburg 1616) füllt sie exzessiv aus und schafft so jenseits des auch für ihn noch fixierten Gerüstes von Lemma und Interpretament einen Ort, in dem das Bewußtsein von einem Wörterbuch des Deutschen tatsächlich einen ersten praktischen Niederschlag finden kann.

2.3.2. Die Chance des Volkssprachenvergleichs

Die Ausdehnung der zweisprachigen Lexikographie des hohen und späten Mittelalters auf eine parallele Reihe mehrerer synoptisch dem Lateinischen zugeordneter Sprachen bildet sich rudimentär schon im 15. Jh. heraus. Die gelehrte Lexikographie des 16. Jhs. greift diese Möglichkeit exzessiv auf. Vom anonymen 'Vocabularius quattuor linguarum scilicet Latine, Italice, Gallice, Alimanice' (Augsburg: Philipp Ulhart 1518—1529 = Claes 1977, Nr. 275) reicht eine breite Spur über die sechssprachige, lateinisch-französisch-spanisch-italienisch-deutsche Bearbeitung (Augsburg: Philipp Ulhard ca. 1530 = Claes 1977, Nr. 317 u. ö.) der 'Introductio ... sive Vocabularius quattuor linguarum' (Rom: Jacobus Mazochius 1510 = Claes 1977, Nr. 188), die zahllosen mehrsprachigen Ausgaben des 'Pentaglottos' von Ambrosius Calepinus (Antwerpen: Johann Gymnick 1545 u. ö. = Claes 1977, Nr. 402) bis zu Hadrianus Junius (s. o.)

Daneben nehmen die Wörterbücher für das Erlernen von Sprachen und für den praktischen Umgang mit ihnen sprunghaft zu: italienisch (Bologna 1479 = Claes 1977, Nr. 20), katalanisch (Perpignan 1502 = Claes 1977, Nr. 157), französisch (Augsburg 1516 = Claes 1977, Nr. 249) stehen naturgemäß im Vordergrund. Die Prinzipien, nach denen diese Hilfsmittel verfahren, sind so gut wie unerforscht, aber die Vermutung liegt nahe, daß auch hier die Distanz zum wissenschaftlichen Rang des Lateinischen groß genug ist, um einen selbständigen Neuanfang zu ermöglichen. Spuren in diese Richtung gibt es: Einen unbefangenen und unmittelbaren Zugriff auf das Deutsche hat man am 'Dictionaire françois-alemand et Alemand-françois' des Levinus Hulsius vor allem in seiner dritten Auflage (Frankfurt 1607) an einer Fülle von primären Exzerpten und nachgetragenen Beobachtungsmaterialien ablesen können (Hausmann 1984, 314: „Zum Zeitpunkt des Erscheinens ... gibt es für die deutsche Sprache keine bessere lexikographische Bestandsaufnahme"); und als das modernste Wörterbuch des 17. Jhs. sollte immer noch Matthias Kramers 'Wort-Buch in teutsch-italiänischer sprach' (Nürnberg 1678) gelten: erst hier ist die Chance zur Befreiung aus dem Gerüst der lateinischen Wissenschaftsoptik für das Deutsche genützt.

3. Literatur (in Auswahl)

3.1. Wörterbücher

(Aufgeführt sind neuere wissenschaftliche Ausgaben und Nachdrucke, nicht die Originaldrucke der Inkunabel- und Frühdruckzeit; sie sind im Artikel an Ort und Stelle nachgewiesen.)

Alberus 1540 = Erasmus Alberus: Novum Dictionarii genus. Mit einem Vorwort von Gilbert de Smet. Nachdruck der Ausgabe Frankfurt 1540. Hildesheim. New York 1975 [XII + 821 ungez. S.].

Chytraeus 1582 = Nathan Chytraeus: Nomenclator latinosaxonicus. Mit einem Vorwort von Gilbert de Smet. Nachdruck der Ausgabe Rostock 1582. Hildesheim. New York 1974 [XV + 9 ungez. S. + 626 Sp. + 6 ungez. S.].

Dasypodius 1536 = Petrus Dasypodius: Dictionarium latinogermanicum. Mit einer Einführung von Gilbert de Smet. Nachdruck der Ausgabe Straßburg 1536. Hildesheim. New York 1974 [X ungez. S. + 8 ungez. S. + 974 S.].

Glossarium Bernense = Glossarium Bernense denuo edidit necnon introductione transliterationes commentario exegetico et indicibus alphabetico inversoque auxerunt Louis de Man et Petrus Gijsbertus Jacobus van Sterkenburg. Den Haag 1977 [CXXII S. + 88 S. + 406 S.].

Golius 1579 = Theophilius Golius: Onomasticon Latinogermanicum. Cum praefatione Johannis Sturmii. Mit einem Vorwort von Gilbert de Smet. Nachdruck der Ausgabe Straßburg 1579. Hildesheim. New York 1972 [XX S. + 24 ungez. S. + 251 S. + 19 S.].

Henisch 1616 = Georg Henisch: Teütsche Sprach und Weißheit. Thesaurus linguae et sapientiae Germanicae. (P. 1. A—G, mehr nicht erschienen) Nachdruck der Ausgabe Augsburg 1616. Hildesheim. New York 1973 [11 ungez. S. + 938 S. + 1 S.].

Junius 1567 = Hadrianus Junius: Nomenclator omnium rerum. Nachdruck der Ausgabe Antwerpen 1567. Hildesheim. New York 1976 [16 ungez. S. + 570 S. + 69 ungez. S.].

Kiliaan 1574 = Cornelius Kiliaan: Dictionarium Teutonicolatinum. Mit einer Einführung von Franz Claes. Nachdruck der Ausgabe Antwerpen 1574. Hildesheim. New York 1975 [XII S. + 244 ungez. S.].

Liber ordinis rerum = Peter Schmitt (Hrsg.): 'Liber ordinis rerum' (Esse-Essencia-Glossar). 2 Bde. Tübingen 1983 [CXXIX + 754 S., 616 S.].

Maaler 1561 = Josua Maaler: Die Teütsch spraach. Dictionarium Germanicolatinum novum. Mit einer Einführung von Gilbert de Smet. Nachdruck der Ausgabe Zürich 1561. Hildesheim. New York 1971 [XXV S. + 17 ungez. S. + 1071 S.].

Rusticanus terminorum 1482 = Vocabularius Teutonico-Latinus. Mit einer Einleitung von Klaus Grubmüller. Nachdruck der Ausgabe Nürnberg 1482. Hildesheim. New York 1976 [XXXIV S. + Bog. a—z, aa—qq].

Schenckius 1571 = Matthias Schenckius: Nomenclator Hadriani Junii Medici ad scholarum usum accomodatus. Mit einer Einführung von Franz Claes. Nachdruck der Ausgabe Augsburg 1571. Hildesheim. New York 1982 [XXV + 15 ungez. S. + 288 S.].

van der Schueren 1477 = G. van der Schueren's Teuthonista of Duytschlender. In een nieuwe bewerking vanwege de Maatschappij der Nederlandse Letterkunde uitgegeven door J. Verdam. Leiden 1896 [XX + 512 S.].

Siber 1570 = Adam Siber: Nomenclatoris Hadriani Junii Medici Epitome. Nachdruck der Ausgabe Leipzig 1570. Hildesheim. New York 1986 [227 ungez. S.].

Summarium Heinrici = Reiner Hildebrandt (Hrsg.): Summarium Heinrici. Bd. 1: Textkritische Ausgabe der ersten Fassung Buch I—X. Berlin. New York 1974. Bd. 2: Textkritische Ausgabe der zweiten Fassung Buch I—VI sowie des Buches XI in Kurz- und Langfassung. Berlin. New York 1982 [XLVII S. + 575 S.].

Vocabularius Ex quo = 'Vocabularius Ex quo'. Überlieferungsgeschichtliche Ausgabe. Gemeinsam mit Klaus Grubmüller hrsg. von Bernhard Schnell [u. a.]. 6 Bde. Tübingen 1988 ff. [VIII + 409 S., 2800 S., ca. 700 S.].

Vocabularius optimus = Ernst Bremer (Hrsg.): 'Vocabularius optimus'. 2 Bde. Tübingen 1989.

3.2. Sonstige Literatur

Berg/Worstbrock 1980 = Dieter Berg/Franz Josef Worstbrock: Engelhus, Dietrich. In: VL 2. 1980, 556—561.

Bergmann 1983 = Rolf Bergmann: Die althochdeutsche Glossenüberlieferung des 8. Jahrhunderts. Göttingen 1983 (Nachrichten der Akademie der Wissenschaften in Göttingen. I. Philologisch-historische Klasse. Jahrgang 1983, 1).

Buridant 1986 = Claude Buridant: Lexicographie et glossographie médiévales. Esquisse de bilan et perspectives de recherche. In: Lexique 4. Lille 1986, 9—46.

Claes 1974 = Franz Claes: Lijst van Nederlandse woordenlijsten en woordenboeken gedrukt tot 1600. Nieuwkoop 1974 (Bibliotheca Bibliographica Neerlandica 4).

Claes 1977 = Franz Claes: Bibliographisches Verzeichnis der deutschen Vokabulare und Wörterbücher, gedruckt bis 1600. Hildesheim. New York 1977.

Damme 1983 = Robert Damme: Der 'Vocabularius Theutonicus'. Versuch einer Überlieferungsgliederung. In: Niederdeutsches Wort. Beiträge zur niederdeutschen Philologie 23. 1983, 137—176.

Damme 1985 = Robert Damme: Zum 'Quadriidiomaticus' des Dietrich Engelhus (Vortragsresümee). In: Korrespondenzblatt des Vereins für niederdeutsche Sprachforschung 92. 1985, 44 f.

Diefenbach 1846 = Lorenz Diefenbach: Mittellateinisch-hochdeutsch-böhmisches Wörterbuch nach einer Handschrift vom Jahre 1470. Frankfurt 1846.

Eickmans 1986 = Heinz Eickmans: Gerard van der Schueren: Theutonista. Lexikographische und historisch-wortgeographische Untersuchungen. Köln. Wien 1986 (Niederdeutsche Studien 33).

Friedrich/Kirchert 1983 = Gisela Friedrich/Klaus Kirchert: Klosener, Fritsche. VL 4. 1983, 1225—1235.

Giustiniani 1987 = Vito R. Giustiniani: Adam von Rottweil, Deutsch-Italienischer Sprachführer. Tübingen 1987 (Lingua e Traditio 8).

de Grauwe 1971 = Luc de Grauwe: Frisius 'Dictionarium Latinogermanicum' als Quelle von Hadrianus Junius' 'Nomenclator Omnium Rerum'. In: Theodisca Gandensia 5. Gent 1971, 159—177.

Grubmüller 1967 = Klaus Grubmüller: Vocabularius Ex quo. Untersuchungen zu lateinisch-deutschen Vokabularen des Spätmittelalters. München 1967 (Münchener Texte und Untersuchungen zur deutschen Literatur des Mittelalters 17).

Grubmüller 1978a = Klaus Grubmüller: Alter Schulmeister. In: VL 1. 1978, 271—272.

Grubmüller 1978b = Klaus Grubmüller: Brevilogus. In: VL 1. 1978, 1033—1034.

Grubmüller 1980 = Klaus Grubmüller: Frenswegener Vokabular. In: VL 2. 1980, 910.

Grubmüller 1981 = Klaus Grubmüller: Heinrich von Regensburg. In: VL 3. 1981, 868—869.

Grubmüller 1983 = Klaus Grubmüller: Der Lehrgang des Triviums und die Rolle der Volkssprache im späten Mittelalter. In: Bernd Moeller/Helmut Patze/Karl Stackmann (Hrsg.): Studien zum städtischen Bildungswesen des späten Mittelalters und der frühen Neuzeit. Bericht über Kolloquien der Kommission zur Erforschung der Kultur des Spätmittelalters 1978 bis 1981. Göttingen 1983, 371—397.

Grubmüller 1985 = Klaus Grubmüller: teutonicum subiungitur. Zum Erkenntniswert der Vokabularien für die Literatursituation des 15. Jahrhunderts. In: K. Ruh (Hrsg.): Überlieferungsgeschichtliche Prosaforschung. Beiträge der Würzburger Forschergruppe zur Methode und Auswertung. Tübingen 1985, 246—261 (Texte und Textgeschichte. Würzburger Forschungen 19).

Grubmüller 1986 = Klaus Grubmüller: Vokabular und Wörterbuch. Zum Paradigmawechsel in der Frühgeschichte der deutschen Lexikographie. In: Hildebrandt/Knoop 1986, 148—163.

Hänger 1972 = Heinrich Hänger: Mittelhochdeutsche Glossare und Vokabulare in schweizerischen Bibliotheken bis 1500. Berlin. New York 1972 (Quellen und Forschungen zur Sprach- und Kulturgeschichte der germanischen Völker. N.F. 44).

Hausmann 1984 = Franz Josef Hausmann: Das erste französisch-deutsche Wörterbuch. Levinus Hulsius' 'Dictionaire' von 1596—1607. In: Zeitschrift für romanische Philologie 100. 1984, 306—320.

Henkel 1979 = Nikolaus Henkel: Mittelalterliche Übersetzungen lateinischer Schultexte ins Deutsche. Beobachtungen zum Verhältnis von Formtyp und Leistung. In: Volker Honemann u. a. (Hrsg.): Poesie und Gebrauchsliteratur im deutschen Mittelalter. Würzburger Colloquium 1978. Tübingen 1979, 164—180.

Henne 1977 = Helmut Henne: Nachdenken über Wörterbücher: Historische Erfahrungen. In: Günther Drosdowski/Helmut Henne/Herbert Ernst Wiegand, Nachdenken über Wörterbücher. Mannheim. Wien. Zürich 1977, 7—49.

Hildebrandt 1986a = Reiner Hildebrandt: Der Wort-'Schatz' des Summarium Heinrici. In: Hildebrandt/Knoop 1986, 40—58.

Hildebrandt 1986b = Reiner Hildebrandt: Rezension zu Werner Wegstein: Studien zum 'Summarium Heinrici'. Die Darmstädter Handschrift 6. Tübingen 1985. In: Anzeiger für deutsches Altertum und deutsche Literatur 97. 1986, 120—129.

Hildebrandt/Knoop 1986 = Reiner Hildebrandt/Ulrich Knoop (Hrsg.): Brüder-Grimm-Symposion zur Historischen Wortforschung. Beiträge zu der Marburger Tagung vom Juni 1985. Berlin. New York 1986 (Historische Wortforschung 1).

Illing 1978 = Kurt Illing: Abstractum-Glossar. In: VL 1. 1978, 20—22.

Kirchert 1986 a = Klaus Kirchert: Vocabularium de significacione nominum. Zur Erforschung spätmittelalterlicher Vokabularliteratur. In: Lexique 4. Lille 1986, 47—70.

Kirchert 1986 b = Klaus Kirchert: Text und Kontext. Zu den 'Wörterbüchern' von Fritsche Closener und Jakob Twinger von Königshofen. In: Hildebrandt/Knoop 1986, 222—241.

Kirchert/Klein 1986 = Klaus Kirchert/Dorothea Klein: Melber, Johannes, aus Gerolzhofen. In: VL 6. 1986, 367—371.

Kirchert/Powitz 1983 = Klaus Kirchert/Gerhard Powitz: Johann von Gablingen. In: VL 4. 1983, 611—612.

Kirchert/Miethaner-Vent 1986 = Klaus Kirchert/Karin Miethaner-Vent: Niger abbas. In: VL 6, 1986, 1005—1007.

Miethaner-Vent 1981 = Karin Miethaner-Vent: Glossarium Bernense. In: VL 3. 1981, 63—65.

Pausch 1972 = Oskar Pausch: Das älteste italienisch-deutsche Sprachbuch. Eine Überlieferung aus dem Jahre 1424 nach Georg von Nürnberg. Wien 1972 (Österreichische Akademie der Wissenschaften. Philosophisch-historische Klasse. Denkschriften 111. Veröffentlichungen der Historischen Kommission 1).

Schirokauer 1987 = Arno Schirokauer: Studien zur frühneuhochdeutschen Lexikologie und zur Lexikographie des 16. Jahrhunderts, zum Teil aus dem Nachlaß hrsg. v. Klaus-Peter Wegera. Heidelberg 1987 (Studien zum Frühneuhochdeutschen 8).

Schnell 1986 = Bernhard Schnell: Die Inkunabelfassung des 'Vocabularius Ex quo'. Zur Revision eines Wörterbuchs im 15. Jahrhundert. In: Hildebrandt/Knoop 1986, 179—192.

Schnell 1987 = Bernhard Schnell: Ein Würzburger Bruchstück der mittelhochdeutschen Donat-Übersetzung. Ein Beitrag zu deren Überlieferungsgeschichte. In: Zeitschrift für deutsches Altertum und deutsche Literatur 116. 1987, 204—220.

de Smet 1980/81 = Gilbert A. R. de Smet: Vocabula Rerum. Das lateinisch-niederdeutsche Vokabular von G. Major (1531). In: Studia Germanica Gandensia XXI. Gent 1980/81, 295—326.

de Smet 1981 = Gilbert A. R. de Smet: Die gedruckte niederdeutsche Lexikographie bis 1650. In: Jahrbuch des Vereins für niederdeutsche Sprachforschung 104. 1981, 70—81.

de Smet 1983a = Gilbert A. R. de Smet: Schöffer und die Nomenclatura von S. Heyden. Die Mainzer Bearbeitung von 1534. In: M. A. van den Broek/G. J. Jaspers (Hrsg.): In Diutscher Diute. Festschrift für Anthony van der Lee zum 60. Geburtstag. Amsterdam 1983, 141—154 (Amsterdamer Beiträge zur älteren Germanistik 20).

de Smet 1983b = Gilbert A. R. de Smet: Das erste deutsche Übersetzungswörterbuch. Das Werk eines Niederländers. In: H. Ester/G. van Gemert/J. van

Megen (Hrsg.): Ars & Ingenium. Studien zum Übersetzen. Festgabe für Frans Stoks zum 60. Geburtstag. Amsterdam. Maarssen 1983, 21—25.

de Smet 1984 = Gilbert A. R. de Smet: Wörterbücher. In: Reallexikon der deutschen Literaturgeschichte. 2. Aufl. Bd. 4. Berlin. New York 1984, 930—946.

de Smet 1986 = Gilbert A. R. de Smet: Die frühneuhochdeutsche Lexikographie: Möglichkeiten und Grenzen ihrer Interpretation. In: Hildebrandt/Knoop 1986, 59—80.

Splett 1976 = Jochen Splett: Abrogans-Studien. Kommentar zum ältesten deutschen Wörterbuch. Wiesbaden 1976.

Splett 1979 = Jochen Splett: Samanunga-Studien. Erläuterung und lexikalische Erschließung eines althochdeutschen Wörterbuchs. Göppingen 1979 (Göppinger Arbeiten zur Germanistik 268).

Splett 1987 = Jochen Splett: Arbeo von Freising, der deutsche Abrogans und die bairisch-langobardischen Beziehungen im 8. Jahrhundert. In: Helmut Beumann/Werner Schröder (Hrsg.): Die transalpinen Verbindungen der Bayern, Alemannen und Franken bis zum 10. Jahrhundert. Sigmaringen 1987, 105—124 (Nationes. Historische und philologische Untersuchungen zur Entstehung der europäischen Nationen im Mittelalter 6).

Stahl 1989 = Hans-Jürgen Stahl: Text im Gebrauch. Rezeptionsgeschichtliche Untersuchungen zur Redaktion Me des 'Vocabularius Ex quo' und zum 'Vokabular des alten Schulmeisters'. Tübingen 1989 (Texte und Textgeschichte 30).

Thoma 1958 = Herbert Thoma: Althochdeutsche Glossen. In: Reallexikon der deutschen Literaturgeschichte. 2. Aufl. Bd. 1. Berlin. New York 1958, 579—589.

VL = Die deutsche Literatur des Mittelalters. Verfasserlexikon. [...] hrsg. v. Kurt Ruh [...]. Berlin. New York 1978 ff.

Voetz 1985 = Lothar Voetz: Die St. Pauler Lukasglossen. Untersuchungen, Edition, Faksimile. Studien zu den Anfängen althochdeutscher Textglossierung. Göttingen 1985 (Studien zum Althochdeutschen 7).

Wegstein 1985 = Werner Wegstein: Studien zum 'Summarium Heinrici'. Die Darmstädter Handschrift 6. Tübingen 1985 (Texte und Textgeschichte 9).

Wetekamp 1980 = Sylvia Wetekamp: Petrus Dasypodius, Dictionarium latinogermanicum et vice versa (1535). Untersuchungen zum Wortschatz. Göppingen 1980 (Göppinger Arbeiten zur Germanistik 282).

Klaus Grubmüller, Münster
(Bundesrepublik Deutschland)

204. Die deutsche Lexikographie vom 17. Jahrhundert bis zu den Brüdern Grimm ausschließlich

1. Vorbemerkung
2. Periodisierungen und Periodisierungsprobleme
3. Lexikographie der *teutschen HaubtSprache*
4. Dokumentationslexikographie
5. Synonymenlexikographie
6. Idiotikographie/Mundartlexikographie
7. Sondersprachenlexikographie
8. Fremdwortlexikographie
9. Phraseographie
10. Reimlexikographie
11. Literatur (in Auswahl)

1. Vorbemerkung

Mit der im 17. Jh. einsetzenden lexikographischen Erfassung des Deutschen beginnt sich auch eine reiche Wörterbuchlandschaft zu entfalten. Doch diese Entwicklung verläuft weder kontinuierlich noch geradlinig; zu vielfältig und komplex sind die Faktoren, die die Geschichte der Wörterbücher bestimmen. In einer Geschichte der deutschen Lexikographie im Überblick müssen deshalb neben den Hauptlinien — geprägt vor allem durch die allgemeinen einsprachigen Wörterbücher der Standardvarietät — auch Nebenlinien gezogen werden. Denn die Beschränkung auf die lexikographischen Highlights spiegelt primär die Interessen der Fachgermanistik wider. Sie läßt die Fülle und Vielfalt der Wörterbuchlandschaft außer acht, in der manches kleinere und speziellere Wörterbuch für die Benutzer wie für den über die Benutzer beeinflußten Sprachgebrauch von größerer Bedeutung gewesen ist als das eine oder andere der allgemeinen Wörterbücher. Allerdings sind viele dieser Nebenlinien noch gar nicht oder nur punktuell erforscht. So kann noch Wichtiges, aber auch Bangloses und Kurioses entdeckt werden.

Art. 204 und 205 sind als eine Einheit konzipiert. Die Darstellung der Hauptlinien ist chronologisch auf die beiden Artikel verteilt. Die Nebenlinien werden dagegen jeweils geschlossen im Art. 204 oder im Art. 205 behandelt (mit Ausnahme der Synonymenlexikographie). Deshalb finden sich die Abschnitte über Sprachstadienlexikographie, etymologische Lexikographie, Rechtschreib- und Aussprachelexikographie im Art. 205.

2. Periodisierungen und Periodisierungsprobleme

Bislang existieren nur wenige Hinweise und Darstellungen zur Geschichte der deutschen Lexikographie: Reichard 1747, 293—299; Grimm 1854, XIX—XXVI; von Raumer 1870, 83—88, 185—193, 202—242, 648—654; Hildebrand 1873; Lexer 1890; Henne 1968/1975; Stötzel 1970; Henne 1977; de Smet 1984, 939—946; Stammerjohann 1984; Henne 1980, 783 ff. Vieles findet man verstreut in den Vorworten zu den Nachdrucken älterer Wörterbücher (vgl. z. B. Henne 1975) oder in kompilierenden Darstellungen einzelner Wörterbuchtypen (vgl. z. B. Scholz 1933). Die Zusammenfassungen sind dabei entweder überwiegend chronologisch bzw. biographisch angelegt (vgl. z. B. Grimm 1854, XIX—XXVI; Lexer 1890) oder aber nach Epochen (vgl. z. B. Henne 1980).

Chronologisch-biographische Darstellungen beginnen in der Regel bei Gerhard van der Schueren (1477) und enden mit Jacob Grimm und Wilhelm Grimm (1854 ff.), deren *Deutsches Wörterbuch* „den vorläufigen Abschluß bildet in der Geschichte der neuhochdeutschen Lexikographie" (Lexer 1890, 20). Es sind gerade diese chronologisch biographischen Darstellungen, die die Herausstellung der Brüder Grimm als Höhepunkt in der Geschichte der Lexikographie des Deutschen festigen, wobei Jacob Grimm durch die Kritik an seinen Vorgängern im Vorwort zum *Deutschen Wörterbuch* maßgeblichen Anteil an dieser bis heute anhaltenden lexikographischen Glorifizierung hat. Die chronologisch-biographischen Darstellungen der Geschichte der deutschen Lexikographie haben zudem den Nachteil, daß weder sozial-historische Entstehungsbedingungen und -zusammenhänge einzelner Wörterbücher und Wörterbuchtypen, noch Beziehungslinien zwischen einzelnen Wörterbüchern und Wörterbuchtypen erkennbar werden.

Die Einteilung nach Epochen (vgl. z. B. Henne 1980, 783—785; de Smet 1984, 939—946) erfolgt nach Jahrhunderten bzw. nach Jahrhundertpaketen nebst plakativen Charakterisierungen. So unterscheidet z. B. H. Henne (1980, 784) innerhalb der neuhochdeutschen Lexikographie drei „historische Abschnitte": (a) „die Epoche des 15. und 16. Jhs., in der die dt. Volkssprache erstmals zum Gegenstand gelehrter Wb.arbeit wird;" (b) „die Epoche des 17. und 18. Jhs., die das große deutsche WB. anstrebt, in dem das vorbildliche Hochdeutsch kodifiziert werden soll;" (c) „die Epoche des 19. und der ersten Hälfte des 20. Jhs., die geprägt ist durch das Unternehmen des ‚Deutschen Wörterbuches' von Jacob und Wilhelm Grimm." Die Gliederung der neuhochdeutschen Wörterbuchschreibung nach lexikographischen Zentenarien scheint jedoch nicht unproblematisch:

— In einem Jahrhundert werden Wörterbücher verschiedener lexikographischer Strömungen zusammengefaßt. So sind für G. de Smet (1984, 941) für die Wörterbuchschreibung der Humanisten (16. Jh.) zwei verschiedene lexikographische Zielsetzungen kennzeichnend: Zu Beginn des 16. Jahrhunderts dienen die Vocabularien, Nomenklaturen und Wörterbücher in der Hauptsache als schulische Hilfsmittel der Kenntnis und dem Studium des Latein, während gegen Ende des 16. Jhs. mit Josua Maalers *Teütsch sprach* (1561) ein Wörterbuch entstand, das gewissermaßen als Thesaurus den Umfang und die Vielgestaltigkeit des deutschen Wortschatzes dokumentieren sollte (vgl. Powitz 1959, 75). Die Ausarbeitung weiterer Wörterbuchtypen (z. B. das erste deutsche Fremdwörterbuch, Roths *Teutscher Dictionarius* (1571) oder Leonhard Schwartzenbachs Synonymenwörterbuch (1554, Nachdrucke bis 1580) werden zudem von de Smet (1984, 941) als Anzeichen gewertet, „daß die Pflege der Volkssprache an Bedeutung zugenommen hat".

— Es ist nach dem augenblicklichen Stand der Forschung noch nicht möglich, Konzeptionen und Zielsetzungen einzelner Wörterbücher genau zu bestimmen, so daß sie sich einer eindeutigen Zuordnung und Kennzeichnung entziehen: So bewertet A. Schirokauer (1943, bes. 292, 294—296) die reiche Mundartheteronymik im *Dictionarium Latinogermanicum* von Petrus Dasypodius (1536) als Beleg für das Bemühen, auf lexikographischem Gebiet eine deutsche Gemeinsprache zu fördern. Insofern scheint die Zuordnung dieses Wörterbuchs zu demjenigen Zeitraum, „in dem es um die lexikalische Dokumentation der regionalen Gemeinsprachen geht" (Henne 1980, 784) schlüssig. Vorsichtiger urteilt dagegen de Smet (1974, Bl. 4 r), der die Sprachfülle in Dasypodius' Wörterbuch eher als Reflex der benutzten Quellen wertet und eine endgültige Einschätzung bis nach der genaueren Untersuchung aller damaligen Vokabularien, Diktionarien und Nomenklatoren verschieben möchte.

— Äußerst problematisch erscheinen auch die plakativen Kennzeichnungen der einzelnen Epochenabschnitte. So wird das 17. und 18. Jh. — besonders der *Versuch eines grammatisch-kritischen Wörterbuches* von Johann Christoph Adelung (1774—1786) — als lexikographische Periode bezeichnet, in der die Dokumentation des Wortschatzes „vornehmlich unter synchronisch-normativen Aspekten" erfolgte (Henne 1980, 784), während das *Deutsche Wörterbuch* von Jacob Grimm und Wilhelm Grimm dagegen als „philologisch-historisch deshalb genannt werden muß, weil es aus ‚Liebe zum Wort' in seiner geschichtlichen Entwicklung lebt" (Henne 1977, 20 f.). Solche eindeutigen, sich gegenseitig ausschließenden Kennzeichnungen von Wörterbüchern und lexikographischen Etappen erscheinen heute fragwürdig und zumindest in ihrem Absolutheitsanspruch nicht mehr haltbar. Einerseits läßt sich an den Wörterbüchern selbst nachweisen, daß die sich ausschließenden Etiketten wie „normativ", „präskriptiv", „vorschreibend" vs. „deskriptiv", „be-schreibend", (vgl. Henne 1980; Henne 1977) weder für Adelungs *Wörterbuch der Hochdeutschen Mundart* (vgl. Püschel 1982) noch für das *Deutsche Wörterbuch* von Jacob Grimm und Wilhelm Grimm (vgl. Fleischer 1986; Kühn 1990; Art. 206) zutreffen. Andererseits könnten solche Etikettierungen den Eindruck erwecken, das 17. und 18. Jh. sei die einzige Epoche, in denen Wörterbücher mit normativem Anspruch entstanden seien. Gerade das ausgehende 19. Jh. muß aber als Zeitraum einer zunehmend normensetzenden Wörterbuchschreibung angesehen werden. Zudem wirken nicht nur solche Wörterbücher normativ, die von den Lexikographen so intendiert sind, sondern auch alle Wörterbücher, die von den Benutzern normativ verstanden werden (z. B. Rechtschreibwörterbücher vgl. Wiegand 1986), auch wenn sie eigentlich deskriptiv angelegt sind (vgl. Art. 24).

— Berücksichtigt man schließlich die vielgleisigen lexikographischen Nebenlinien in der Geschichte der deutschen Wörterbuchschreibung (z. B. Mundartlexikographie, Synonymenlexikographie, Fremdwortlexikographie), dann relativiert sich einerseits die bislang herausgestellte Bedeutung einzelner Wörterbücher und Wörterbuchschreiber, und andererseits ergeben sich völlig andere historische Einordnungen und Beziehungen: So läßt sich die Geschichte der deutschen Synoymenlexikographie weder in das bisherige Periodisierungssystem pressen, noch ist sie durch die bisherigen Charakterisierungen nur annähernd beschreibbar.

In der nachfolgenden (in den Art. 204 u. 205 gezeichneten) historischen Skizze der deutschen Lexikographie vom 17. Jh. bis in die Mitte des 20. Jhs. wird versucht, einerseits die Entstehung und Entwicklung einzelner Wörterbücher und Wörterbuchtypen aus ihren spezifischen historischen Bedingungen nachzuzeichnen, andererseits sollen die vielen Verbindungslinien und Abhängigkeiten zwischen einzelnen Wörterbüchern und Wörterbuchtypen aufgezeigt werden.

Für die Geschichte der deutschen Lexikographie ist das 17. Jh. die kritische Phase. Hier beginnt die explizite Diskussion um die lexikographische Kodifikation der deutschen Sprache, die — trotz aller Brüche und Verwerfungen — bis in die Gegenwart fortgewirkt hat. Am Anfang steht die Frage nach dem Wörterbuch der deutschen Sprache, eng verknüpft mit der nach Status und Rolle des Deutschen überhaupt. Auf der Wende zum 18. Jh. wird die Fragestellung erweitert, da man erkennt, daß die Kodifikation des deutschen Wortschatzes nicht gleichzusetzen ist mit der Kodifikation einer bestimmten Varietät. Gefordert wird das mehrschichtige G e s a m t wörterbuch sowie eine differenzierte Lexikographie. Der Keim für eine sich daraus ergebende vielfältige Wörterbuchlandschaft ist gelegt (Art. 204). Mit dem Übergang ins 19. Jh. sind dann im Bereich der Lexikographie in zunehmendem Maße die Ergebnisse der vergleichenden und vor allem der historisch ausgerichteten Sprachwissenschaft bestimmend, die gegen Ende des 19. Jhs. abgelöst wird durch eine auf Sprachpflege und Sprachkritik ausgerichtete, an den Bedürfnissen des Bildungsbürgertums orientierte Wörterbuchschreibung (vgl. Art. 205).

3. Lexikographie der *teutschen HaubtSprache*

3.1. Vorläufer und Wörterbuchprogrammatik der Sprachgesellschaften

Wenn sich auch im Zeitalter des Humanismus erste Zeichen einer deutschen Lexikographie zeigen (vgl. Art. 203), so finden sich doch erst im Ausgang des 17. Jhs. Wörterbücher, die sich mit vollem Recht als deutsche Wörterbücher bezeichnen lassen. Noch nach der Jahrhundertmitte beklagt sich Justus Georg Schottel (1663, 159) darüber, daß es noch kein deutsches Wörterbuch gebe. Am Deutschen interessierte Ausländer etwa müßten lateinische oder französische Lexika aufschlagen, um

„daselbst das Teutsche aufzusuchen; Dadoch die Teutsche Sprache in frömden Lexicis, nur wie eine Magd und Nachsprecherin gehandhabt/auch keine Teutsche Wörter mehr alda befindlich/als durch welche nur hat müssen das frömde erklärt werden."

Die Diagnose Schottels ist klar: Die deutsche *HaubtSprache,* die bisher nur als lexikographische Beschreibungssprache anderer Sprachen verwendet wurde, muß selber zum Gegenstand lexikographischer Bemühung gemacht werden.

Ein Wörterbuch, das schon zu Beginn des 17. Jhs. dem Deutschen breiteren Raum gibt, ist bezeichnenderweise ein zweisprachiges Wörterbuch, nämlich der deutsch-französische Teil des *Dictionaire François-Allemand, & Allemand-François* des Levinus Hulsius in der 3. Auflage von 1607 (vgl. hierzu Hausmann 1984). Das alphabetisch angelegte

Wörterbuch mit ungefähr 25 000 Lemmata berücksichtigt den aktuellen Sprachgebrauch, beruht also nicht nur auf dem Material älterer Wörterbücher und ist auch nicht einfach eine Umsetzung des französisch-deutschen Teils.

1616 erscheint dann die von A—G reichende *Teütsche Sprach und Weißheit* von Georg Henisch, der nach vollständiger Erfassung der deutschen Sprache strebt. Er hat sehr selbständig Wörter und Redensarten gesammelt, wie ihm Gottsched bescheinigt. Da er zudem dem Stammwortprinzip folgt, wird er von den Wörterbuchtheoretikern des 17. Jhs., aber auch von seinen lexikographischen Nachfolgern als Vorläufer akzeptiert (vgl. Henne 1968, 104).

Diese frühen Beispiele dürfen nicht darüber hinwegtäuschen, daß das 17. Jh. weit weniger durch praktische Wörterbucharbeit als durch eine breit angelegte Diskussion von Wörterbuchprogrammen geprägt ist (vgl. Art. 28). Diese Diskussion wurde vor allem von Mitgliedern der „Fruchtbringenden Gesellschaft" geführt. Fürst Ludwig von Anhalt-Köthen („der Nährende"), ein Mitbegründer der Gesellschaft, war seit 1600 Mitglied der Accademia della Crusca in Florenz und hatte die Entstehung des *Vocabulario degli Accademici della Crusca* (1612) mitverfolgt. In der von Aristokraten, bürgerlichen Beamten, Gelehrten und Dichtern geführten Wörterbuchdiskussion drückt sich ein politisch motiviertes wissenschaftliches Interesse an der deutschen Sprache aus: Schon hier wird der politischen Zerrissenheit Deutschlands die Einheit der Sprache gegenübergestellt, verbunden mit der Abwehr des als bedrohlich empfundenen Französischen. Zudem geht es auch um den Rang des Deutschen als *HaubtSprache* (Schottel 1663), der sich in der Zahl der Wurzeln manifestiert. So erklärt sich das Plädoyer für das Stammwörterbuch (vgl. Holly 1986, 197—203) — das Wörterbuch der Crusca ist dagegen alphabetisch —, das bis weit ins 18. Jh. hinein die lexikographische Praxis prägt. Das Streben nach vollständiger Erfassung des Wortschatzes soll den lexikalischen Reichtum der deutschen Sprache belegen, wobei mit deutscher Sprache die sich herausbildende Standardvarietät — manifest in der Sprache der vorbildlichen Autoren — gemeint ist. Außerdem soll die Beschäftigung mit dem Wortschatz zu einem vertieften Verständnis der Muttersprache führen, indem das Wörterbuch der Grundrichtigkeit der Sprache Rechnung trägt. Alle diese Zielsetzungen manifestieren sich in Georg Philipp Harsdörffers (1647/1855, 387) („der Spielende")

„Unvorgreiffliches wolgemeintes Bedencken, Wie ein Teutsches Dictionarium oder wortbuch Zuverabfassen [...] in welchem die Majestetische Deutsche Haubtsprache aus ihren gründen künstfüglich erhoben, nach ihren angebornen Eigenschafften eingerichtet, mit ihren Stammwörtern, Ableitung und verdopplung ausgezieret, und durch lehrreiche Sprüche, Hofreden, Gleichniß und redarten erklärt, Zum erstenmahl an das licht gesetzet wird."

3.2. K. Stieler: *Der Teutschen Sprache Stammbaum und Fortwachs*

Späte Frucht dieser Programmdiskussion, an der sich u. a. Christian Gueintz (1641/1978), Harsdörffer und Schottel beteiligten, ist das Wörterbuch Caspar Stielers („der Spate") *Der Teutschen Sprache Stammbaum und Fortwachs* (1691). In diesem Stammwörterbuch werden auf 2672 Spalten etwa 60 000 Wörter gebucht. Die ca. 400—600 Stammwörter sind alphabetisch geordnet, die zu ihnen gestellten Bildungen nach Wortbildungstypen gruppiert. Ein alphabetisches Register dient der Materialerschließung; ein „Nachschuß" enthält eine Liste fremder Wörter und Nachträge. Die Erklärungen zu den Stammwörtern sind lateinisch. Sie werden außerdem durch Satzbeispiele oder Redensarten illustriert. Auf dem Weg zu einem deutschen Wörterbuch ist Stieler ein gutes Stück vorangekommen, da er gegenüber den Vorläufern einen beträchtlichen Teil des Wortschatzes neu aufgenommen hat. Dies gilt vor allem für die Wortbildungen, bei denen allerdings die Grenze zwischen tatsächlich Gebrauchtem und nach den Regeln Möglichem fließend ist bzw. regelmäßig zugunsten des systematisch Möglichen überschritten wird. Noch findet sich aber auch von den Vorläufern Abgeschriebenes, das veraltet ist, darunter auch ein gewisser Anteil an nur in Wörterbüchern vorkommenden Vokabelübersetzungen. Doch entsprechend der Programmdiskussion kodifiziert Stieler in der Hauptsache den aktuellen und gebräuchlichen Wortschatz. Da er aber — wiederum in Einklang mit den programmatischen Forderungen — sich auf einen gehobenen, standardsprachlichen Wortschatz konzentriert (soweit man überhaupt von standardsprachlich sprechen kann), bucht er zahlreiche poetische Ausdrücke, die keinesfalls usuell sind. Schließlich findet sich auch Umgangssprachliches, zum Teil derb Volkstümliches eingestreut.

Zu Stieler vgl. Ising 1956; Ising 1975.

3.3. M. Kramer: *Das herrlich Grosse Teutsch-Italiänische Dictionarium*

Über Stieler hinaus tut Matthias Kramer (1700/1702) den endgültigen Schritt zum deutschen Wörterbuch mit der zweiten Auflage von *Das herrlich Grosse Teutsch-Italiänische Dictionarium*. Zwar handelt es sich wie bei dem Wörterbuch des Hulsius zu Beginn des Jhs. wiederum um ein zweisprachiges Wörterbuch (vgl. bes. Art. 315, 317), das den praktischen Bedürfnissen des Fremdsprachenunterrichts dient. Dennoch oder vielleicht gerade deshalb wird in ihm die Erfassung des deutschen Wortschatzes zum Hauptanliegen. Kramer reagiert nämlich auf die Hinwendung zur Muttersprache als Basis des Fremdsprachenunterrichts und auf das mit der wirtschaftlichen Entwicklung gewachsene Bedürfnis nach Überwindung von Kommunikationsbarrieren. Der in Köln geborene und lange in Nürnberg lebende Bürger und polyglotte Sprachlehrer ist anders als der in gelehrten Hofkreisen verkehrende Stieler auf Praxisnähe bedacht. Während das Wörterbuch in der 1. Aufl. (1678) 1306 zweispaltige Seiten umfaßte, wurde es in der 2. Aufl. auf 2482 dreispaltige Seiten mit ca. 4700 Stammwörtern erweitert. Trotz dieser erheblichen Ausweitung strebt Kramer keineswegs nach „überschwenglicher Vollständigkeit": So sind ausgeschlossen der veraltete Wortschatz, poetischer Sprachgebrauch und Eigennamen sowie zufällige, nichtusuelle Wortbildungen. Gerade letzteres kritisiert Kramer im „Nothwendigen Vorbericht" (1700) an Stieler:

„[...] wie groß und wie dick dieses Werck jemand vorkommen könte, so kan ich dennoch [...] versichern, daß ich in selbiges nicht ein eintziges teutsches [...] Wort, will geschweigen Redart eingebracht habe, so nicht gäng und geb, das ist, rein teutsch, und das nicht beydes bey hohen, mittern und nidern Standspersonen in täglichem Schwange gehen und Gebrauch wäre."

Der Verzicht auf Exhaustivität bedeutet zugleich die Konzentration auf den aktuellen und gebräuchlichen Wortschatz. Kramer orientiert sich also strikt am Sprachgebrauch, den er durch eine Fülle von Satzbeispielen, „Redarten", illustriert. Außerdem gliedert er seine Wörterbuchartikel nach semasiologischen Gesichtspunkten, wobei er bei den Beispielsätzen von der konkreten zur übertragenen Bedeutung fortschreitet (vgl. später Jablonski 1711/1900, 224). Kramers Bedeutung liegt somit sowohl in der Erfassung der zeitgenössischen deutschen Sprache als auch in einer reflektierten lexikographischen Konzeption.

Zu Kramer vgl. Ising 1956; Ising 1975a.

3.4. Chr. E. Steinbach: *Vollständiges Deutsches Wörter-Buch*

Daß die Programmdiskussion des 17. Jhs. ins 18. Jh. fortwirkt, zeigt das *Vollständige Deutsche Wörter-Buch* des schlesischen Arztes Christoph Ernst Steinbach (1734). Er beruft sich vor allem auf Schottel und kritisch auf Stieler. Schon 1725 hatte Steinbach ein Wörterbuch vorgelegt, das jedoch aus lateinischen Glossaren umgesetzt war. Im Wörterbuch von 1734 arbeitet er jedoch geradezu aus den Quellen, indem er mit Belegsammlungen den gängigen Sprachgebrauch reich dokumentiert, darunter findet sich auch eine Fülle literarischer Belege. In der Tradition der Stammwortlexikographie steht auch die Wortschatzordnung, wobei er Verbwurzeln als Stammwörter ansetzt. Neu ist bei Steinbach das Verfahren, Wörter mit graphischen Mitteln zu markieren, so z. B. für „vocem non ubique usitatam", „vocem obsoletam", „vocem plebejam, quae in scriptis non adhibetur". Diese Markierungspraxis zeigt Steinbachs Bewußtsein von der Heterogenität des Wortschatzes, sie ist auch Ausdruck seiner Normvorstellungen, zeugt aber auch von dem Bemühen, den 'uneinheitlichen Reichtum' zu dokumentieren.

Zu Steinbach vgl. Schröter 1970; Schröter 1975.

4. Dokumentationslexikographie

4.1. Vorläufer und lexikographische Programmdiskussion

Steinbachs *Vollständiges Deutsches Wörter-Buch* steht allerdings schon im Schatten der zweiten lexikographischen Programmdiskussion, die gegen Ende des 17. Jhs. von Johannes Bödiker (1690) und Johann Gottfried Leibniz (1697) und zu Beginn des 18. Jhs. innerhalb der Berliner Societät der Wissenschaften von Daniel Ernst Jablonski (1711) und Johann Leonhard Frisch (1723, 1727) geführt wurde (Jablonskis Entwurf wurde 1738 zudem mit unbedeutenden Änderungen von Gottsched abgedruckt). Trotz mancher konzeptioneller Differenzen und Abweichungen der einzelnen Vorschläge (vgl. Art. 28) kreist die Diskussion um die Frage nach einem einsprachigen, umfassenden, mehrschichtigen Gesamtwörterbuch der deutschen Sprache, wie es Leibniz in seinen „Unvorgreiflichen Gedanken" (1697) in Form von drei getrennten Wörterbüchern gefordert hatte: Ein „Lexicon" für den gemeinsprachlichen Wortschatz, ein „Cornu copiae" als Fachsprachenwörterbuch und ein „Glossarium" als etymologisches Wörterbuch (vgl. Leibniz 1697/1966, § 33). Persönliche Beziehungen und gegenseitiger Gedankenaustausch ergeben dabei eine Verbindungslinie, die von den Theoretikern dieser Programmdiskussion über Frisch und Gottsched letztlich bis zu Adelung reicht: Die Vorschläge für ein mehrschichtiges Gesamtwörterbuch des Deutschen werden in der Praxis ansatzweise realisiert im *Teutsch-Lateinischen Wörter-Buch* von J. L. Frisch (1741) und in Gottscheds Proben eines *Grammatischen Wörterbuchs* (abgedruckt in Adelung I, 1774, III—V), die wiederum Ausgangspunkt für Johann Christoph Adelungs *Versuch eines vollständigen grammatisch-kritischen Wörterbuches Der Hochdeutschen Mundart* (1774—1786) waren.

J. L. Frisch steht denn auch mit seinem Wörterbuch am Übergang zwischen der *HaubtSprache*-Lexikographie des 17. Jhs. und der im 18. Jh. beginnenden Dokumentationslexikographie. Die Anlage des *Teutsch-Lateinischen Wörter-Buchs* ist noch nicht streng alphabetisch, sondern in Grundzügen durch das Stamm-, Derivations- und Kompositionsprinzip der barocken Sprachtheorie bestimmt. In bezug auf die lexikographische Kodifikation beschränkt sich Frisch dagegen nicht auf die Copia aller Stammwörter sowie deren Komposita und Derivata, in der Wortschatzaufnahme nähert er sich vielmehr der von den Wörterbuchprogrammatikern geforderten Dokumentation des gesamten Wortschatzes (vgl. Leibniz 1697/1966, bes. § 32 ff.) — allerdings nicht in drei getrennten Wörterbüchern, wie es noch Leibniz vorschwebte, sondern in einem mehrschichtigen Gesamtwörterbuch. Neben dem „usuale generale", dem gemeinsprachlichen Wortgut, das Frisch vor allem aus den Wörterbüchern Kramers und Steinbachs sowie den lateinisch-deutschen Schulwörterbüchern gewinnt, bucht Frisch auch Fremdwörter, Mundartwörter sowie die Lexik der Berufs- und Fachsprachen, aber auch „Pöbelwörter" oder „Copistenwörter" (Neubildungen der Kanzleisprache), wobei für diese Wortschatzbereiche in der Forschung Frischs umsichtige und breite Berücksichtigung und Auswertung historischer Quellen — vor allem des 15.—17. Jhs. — große Anerkennung gefunden hat: sie reichen vom Innungsartikel der Seifensieder zu Salzwedel bis zu Chroniken oder Rechtsquellen (vgl. zu den Quellen Powitz 1959, 121—179). Jacob Grimm (DWB I, 1854, XXII) bezeichnet Frischs Wörterbuch deshalb auch als das „erste gelehrte deutsche wörterbuch". Frischs Wörterbuch ist somit auch eine interessante Quelle für das Frühneuhochdeutsche. In den Erklärungen geht es Frisch vor allem um die etymologische und semantische Beschreibung und Kennzeichnung veralteter, mundartlicher (vgl. hierzu Kühn/Püschel 1983, 1371) und fachsprachlicher Wörter, allerdings keineswegs zum Zwecke der

„Vermehrung der Wörter unsrer Sprach zum jezigen Gebrauch, sondern sie sind als nun ungebräuchlich mit einem Sternlein gezeichnet, oder es ist sonst dabey bemerkt, daß sie veraltet, und nur vor die, welche sie in alten Büchern finden, daß sie wissen, was sie bedeuten, und nicht eben in der Schulübungen der Übersetzungen aufzuwärmen, oder sonsten einzuführen sind" (Frisch 1741, Vorbericht Bl. 3v- 4 r).

Wegen seiner breit angelegten Dokumentation kann Frischs *Teutsch-Lateinisches Wörter-Buch* lexikographiegeschichtlich durchaus als erster zielstrebiger Versuch gekennzeichnet werden, in deskriptiver Absicht eine Gesamtdarstellung des deutschen Wortschatzes zu liefern (vgl. Powitz 1975, 104).

Zu Frisch vgl. Powitz 1959; Powitz 1975.

4.2. Joh. Chr. Adelung: *Hochdeutsches Wörterbuch*

Auch Adelung geht es in seinem *Versuch eines vollständigen grammatisch-kritischen Wörterbuches Der Hochdeutschen Mundart* (1774—1786) um eine möglichst breite Dokumentation des Wortschatzes, „um den Reichthum unserer Sprache auf eine vollständigere Art darzustellen, als bisher geschehen ist" (Adelung I, 1774, VI). Hierzu schöpft er einerseits bisherige Wörterbücher aus (vgl. Müller 1903, 28—35; Henne 1975, 116 f.), andererseits sieht er sich gezwungen,

„die Wörter aus tausend Schriften allerley Art, aus den verschiedenen Lebensarten und dem täglichen Umgange selbst aufzusuchen" (Adelung I, 1774, VI).

Nach Adelungs eigenen Aussagen ist seine Wortschatzdokumentation dabei sprachgeographisch, sprachsoziologisch und funktional bestimmt: Er behauptet, die „Hochdeutsche Mundart" zu verzeichnen, die areal betrachtet das Ostmitteldeutsche, im engeren Sinne den „Sprachgebrauch der südlichen Chursächsischen Lande" ausmacht, wobei er als Norddeutscher (aus Pommern) im kursächsischen Staatsdienst sich zum letzten Verteidiger der Sprachideologie von der Vorbildlichkeit des „Meißnischen Deutsch" machte. Sozial gesehen gibt er vor, die Sprache der „oberen Classen", des höheren Adels — der allerdings noch immer mehr französisch sprach und schrieb — und des gehobenen Bürgertums zu kodifizieren und funktional gesehen die Sprache „des gesellschaftlichen Umgangs" (vgl. Adelung 1782, I, LVII—LX), weshalb er im Titel seines Wörterbuchs *hoch-* auch als 'gehoben', *Mundart* als 'Sprechsprache' verstand, nach der sprachtheoretischen Priorität gesprochener Oberschichtsprache wie in Frankreich und England (vgl. Nerius 1967; Henne 1968), und zeitlich betrachtet ist das Wörterbuch „nur solchen hochdeutschen Wörtern gewidmet, welche noch jetzt gangbar sind" (Adelung 1774, XIII). Diese Kriterien bestimmen nach Adelung die Lemmaauswahl seines Wörterbuchs und haben ihm in der Forschung auch die Etikettierung als normatives oder präskriptives Wörterbuch eingebracht (vgl. Henne 1977, 20 f.; de Smet 1984, 943).

Unter sprachpragmatischem Aspekt entwirft Adelung für die 1. Aufl. seines Wörterbuchs ein System von „5 Classen", nach dem der Wortschatz in seiner „Würde" bewertet und ausgewählt werden soll:

„Eines der vornehmsten Bedürfnisse schien mir die Bemerkung der Würde, nicht bloß der Wörter, sondern auch ganzer Redensarten zu seyn; ein Umstand, dessen Versäumung den Nutzen so vieler andern Wörterbücher gar sehr einschränkt. Ich habe zu dem Ende fünf Classen angenommen; 1. die höhere oder erhabene Schreibart; 2. die edle; 3. die Sprechart des gemeinen Lebens und vertraulichen Umganges; 4. die niedrige, und 5. die ganz pöbelhafte. Ich habe mich bemühet, in den nöthigsten Fällen (denn in allen konnte es nicht geschehen) die Classe, in welche jedes Wort, oder jede Redensart gehöret, anzuzeigen. Da es hierbey ganz allein auf den Geschmack und die eigene Empfindung ankommt, so kann ich freylich nicht hoffen, daß ich in einzelnen Fällen eines jeden Beyfall erhalten werde" (Adelung I, 1774, XIV).

Obendrein verzichtet Adelung aus Platzgründen auf Fremdwörter und Zusammensetzungen. In der 2. Aufl. seines Wörterbuches verzichtet dann Adelung auf dieses sprachpragmatische „Fünf-Klassen-Schema" und markiert stattdessen durch Sternchen (*) den veralteten und nur in besonderen Fällen den üblichen Wortschatz und durch Kreuze (†) die „niedrigen" Wörter. Gerade diese Klassifizierungen werden immer wieder als Beweis herangezogen, um Adelung als normativ-präskriptiven Lexikographen einzuordnen. Seine Aussage (I, 1774, XIV), er entscheide über die „Würde der Wörter", d. h. über die Abgrenzung zwischen der „höheren, erhabenen, edlen Schreibart" bzw. „Sprechart des gemeinen Lebens und vertraulichen Umgangs" und der „niedrigen" und „pöbelhaften Sprache", gilt als weiterer Beleg. Adelungs Entscheidungen mögen zwar in Einzelfällen subjektiv ausfallen, es darf dennoch angezweifelt werden, daß er die Sprachnorm festlegt, denn in den 50er Jahren des 18. Jhs. existierte bereits eine vielgelesene, poetische Nationalliteratur, die bereits weitgehend einer einheitlichen Sprachnorm folgte (vgl. Henzen 1954, 124; Eibl 1985, 118). Adelung kann sich als Lexikograph folglich schon auf 'klassisch' gewordene Literaten berufen, die — wie der in der Vorrede zur 1. Aufl. genannte Gellert (Adelung I, 1774, XII) — bereits überregionale Anerkennung genossen. Adelung hält in seinem Wörterbuch also vornehmlich eine schon existierende Norm fest. Mehr noch: Mit seiner Ansicht (I, 1774, XI) von der „Unbeständigkeit" der Hochsprache bekennt er sich zu einem deskriptiven Standpunkt:

„Sie figiren und auf alle folgende Zeitalter einschränken wollen, heißt den Lauf aller menschlichen Dinge verkennen. Man müßte zugleich den Künsten und Wissenschaften, den Moden, ja der ganzen Art zu denken und zu handeln auf ewig Grenzen setzen."

Auf der sprachgeographischen Ebene wird Adelung vorgehalten, er beschränke sich in seinem Wörterbuch auf eine bestimmte Regionalsprache, das Ostmitteldeutsche (vgl. Campe I, 1807, III). Diese sprachgeographische Normierungsproblematik kumuliert zusätzlich in Adelungs Sprachenstreit mit Wieland über die Frage „Was ist Hochdeutsch?". Adelung wird in diesem Zusammenhang vorgeworfen, er habe allein die „Hochdeutsche Mundart" chursächsischer Provenienz als die Sprache einer Landschaft kodifiziert und andere Regiolekte allenfalls zu Abgrenzungszwecken herangezogen (vgl. Müller 1903, 77; Sickel 1933, 83; Langen 1957, 1042; Henne 1968). Adelung, als Vertreter der Meißnischen Sprachideologie (vgl. von Polenz 1989, 230), verfährt in seiner lexikographischen Praxis ganz anders: Er lemmatisiert auch niederdeutsche, besonders aber oberdeutsche Wörter zu unterschiedlichsten Zwecken (vgl. hierzu Püschel 1982), vorzugsweise unter dem Aspekt des Bereicherungsgedankens der „Hochdeutschen Mundart" durch Wörter anderer Regionen und unter dem Aspekt der vielfältigen Ausdrucksmöglichkeiten durch regionale Heteronyme (vgl. Kühn/Püschel 1983, 1374—1377; Strohbach 1984, 219). Dies zeigt — neben der selbst reklamierten deskriptiven Einstellung in der Vorrede zur 1. Aufl. („Es ist bisher in der deutschen Sprache nur zu viel entschieden worden; es ist Zeit, daß man einmal anfange, zu prüfen und zu untersuchen" (Adelung I, 1774, XIII; vgl. dazu Hildebrand 1890, 6)) —, daß sich Adelung in der Wörterbuchpraxis wesentlich flexibler und weniger starr verhält als in manchen seiner theoretischen Äußerungen zum Ausdruck kommt und daß er seinem Sammeldrang freien Lauf läßt, wenn es ihm um die Dokumentation des Wortreichtums des Deutschen über die „hochdeutsche Mundart" hinaus geht. Wegen des dokumentarischen Charakters wird Adelungs Wörterbuch allerdings — ob gewollt oder ungewollt — „zum hauptsächlich normbildenden Faktor der neuhochdeutschen Schrift- und Literatursprache" (Strohbach 1984, 219).

Seinen deskriptiven Anspruch kann Adelung allerdings trotzdem nur teilweise einlösen: die Auswahl nach der „Würde" der Lemmata, die Ausscheidung „pöbelhafter" Wörter bedingen eine gewisse normative Immanenz von Adelungs *Hochdeutschem Wörterbuch*. Normative Gesichtspunkte zeigen sich auch immer dort, wo es um die Sprachrichtigkeit geht („grammatisch-kritisches Wörterbuch"). Adelung selbst sieht sich denn auch in der Tradition von Gottscheds *Deutschem grammatischem Wörterbuch*, das nach Adelung in der Vorrede zur 1. Aufl. „ganz Deutschland zum Wegweiser dienen sollte, seine Sprache grammatisch, d. i. richtig zu reden und zu schreiben" (Adelung I, 1774, III). Schon Jablonski (1711/1900, 225) hatte programmatisch ein zukünftiges Wörterbuch als „zuverlässige Richtschnur" gefordert. Mit dem Gesichtspunkt der „Schreibrichtigkeit" und „Reinigkeit" (Jablonski 1711/1900, 223 u. 225) erfüllt Adelung einen weiteren Kernpunkt der vorausgegangenen Wörterbuchdiskussion: Schon Leibniz (1697/1966, § 80) hatte für ein zukünftiges Wörterbuch gefordert:

„Die Reinigkeit der Sprache, Rede und Schrift bestehet darin, daß so wol die Worte und Red-Arten gut Teutsch lauten, als daß die Grammatic oder Sprach-Kunst gebührend beobachtet."

Auch in anderer Hinsicht erfüllt Adelungs Wörterbuch die in der programmatischen Wörterbuchdiskussion aufgestellten Forderungen: Sein Wörterbuch mit 55 181 Artikeln ist erstmals streng alphabetisch angeordnet, wie es Leibniz für ein „Lexicon" oder „Deutungs-Buch" gefordert hatte (Leibniz 1697/1966, § 77). Schließlich ist Adelungs *Hochdeutsches Wörterbuch* vor allem ein Bedeutungswörterbuch, denn er sieht seine zentrale Aufgabe darin,

„den Begriff eines jeden Wortes und einer jeden Bedeutung desselben auf das genaueste zu bestimmen; eine Pflicht, deren Erfüllung mir bey dem ganzen Werke die meiste Mühe verursachte" (Adelung 1793, VI).

Neben dieser Forderung nach einem konsequent semasiologischen Wörterbuch löst Adelung bis in die semantische Struktur der Wörterbuchartikel — zumindest theoretisch — die Forderungen der Wörterbuchprogrammatiker ein. Schon Jablonski (1711/1900, 224) hatte folgendes Postulat:

„Bei einem jeden Wort wird zuforderst dessen eigentliche, hernach auch die entwandte, verblümte, sprüchwortliche, kunstübliche u. d. g. Bedeutungen, so viel deren in bekänntlichem Brauch sind, besonders nacheinander angeführt, und mit Fleiss erläutert werden."

Adelung (I, 1774, XIV) formuliert das so:
„Die Bedeutungen, welche in den meisten Wörterbüchern nur auf gut Glück durch einander geworfen zu werden pflegen, sind der Sache gemäß geordnet, das ist, wie sie vermuthlich aus und auf einander gefolget sind."

Diese „Leiter der Bedeutungen" (Adelung I, 1774, XV) — von der „individuellen" (Adelung 1774, XIV) zur „figürlichen" (vgl. Adelung II, 1796, 150), „sinnlichen" (vgl. Henne 1975, 126) — nennt Adelung (I, 1774, XV) „Linnäisch"; dabei geht es ihm darum, die Bedeutungen und Bedeutungsnuancen („unmerklich kleine Schattierungen in den Bedeutungen" (Adelung I, 1774, XV)) so „genau" als möglich zu bestimmen sowie durch „wirklich aus Schriftstellern gesammelte Beyspiele" zu verdeutlichen (Adelung I, 1774, XV; zu Adelungs Bedeutungsangaben vgl. Müller 1903, 40—48; Henne 1975, 125—127; Strohbach 1984, 222—231). Nach M. Strohbach (1984, 223) läßt sich diese „Linnäische Ordnung" in Adelungs lexikographischen Kommentaren darstellen wie in Abb. 204.1 (vgl. auch Art. 38 a; 39).

Die am Modell der Naturwissenschaften orientierte semantische Artikelstruktur ist also kritisch-rational: Von der allgemeinsten Bedeutung ausgehend werden eigentliche und übertragene Bedeutungen abgeleitet und möglichst exakt, bis hin zu einzelnen Bedeutungsschattierungen bestimmt (vgl. auch

Lemma
1) Mit hochsprachlich normierter Bestimmung von Wortart, Genus und Flexion. Ebenfalls wird — falls nötig — ein schwankender Gebrauch (Genus, Orthographie, Bedeutung) angegeben.
2) Wenn es sich um eine Ableitung handelt, wird das Grundwort angegeben.
↓
Allgemeine Bedeutung;
Definition der Grundbedeutung
↓ ↓
Bedeutung 1 (meist „sinnliche", erfaßbare Bedeutung) | Bedeutung 2 (meist übertragen)
a) Definition (des Wortinhaltes, der eingeschränkten Bedeutung)
   Wertung des Gebrauchs | a) Definition der Bedeutung 2

   Wertung des Gebrauchs
b) synchrone Beispiele; → Redewendungen, Alltagsgebrauch | b) analoges Vorgehen zu Bedeutung 1
   Zitate aus zeitgenössischen Dichtern
c) Sondergebrauch (Bedeutungswandel) mit synchronen und diachronen Beispielen | → c) analoges Vorgehen
d) grammatische und syntaktische Besonderheiten | → d) analoges Vorgehen

Anmerkung:
das Lemma im diachronen Aspekt

In den Anmerkungen versucht Adelung, die Herkunft des Wortes, seine Verwandtschaft und die Analogien zum Griechischen, Lateinischen, Gotischen, Althochdeutschen, Mittelhochdeutschen, Altenglischen und den skandinavischen Sprachen festzustellen.
Ein Wörterbucheintrag ist nur dann sinnvoll, wenn er alle Bedeutungsnuancen eines Wortes wiedergibt, d. h., an welcher Stelle der Ideen-Leiter man auch einsteigt: der Eintrag muß alle „Rundum-Informationen" sofort bieten.

Abb. 204.1: Theorielexikographische Konzeption von Adelungs Wörterbucheinträgen nach Strohbach 1984, 223.

Art. 87). Angaben zum grammatischen, syntaktischen und orthographischen Gebrauch der Wörter dienen dazu, den Sprachgebrauch kritisch danach zu beurteilen, was als üblich oder unüblich, edel oder niedrig, richtig oder falsch zu gelten hat.

Adelung verwirklicht also in vielen Punkten die in der lexikographischen Programmdiskussion aufgestellten Forderungen an ein deutsches Gesamtwörterbuch. In der Geschichte der Lexikographie des Deutschen hat Adelung keinen gleichrangigen Vorgänger, von den Zeitgenossen wurde sein Wörterbuch ebenso hoch eingeschätzt wie von seinen Nachfolgern (vgl. Grimm I, 1854, XXXIII). Diese Wertschätzung bezieht sich sowohl auf die praktische Brauchbarkeit als auch auf die Vorbildfunktion für die allgemeinsprachliche Lexikographie. Durch seine weite Verbreitung (vgl. die lexikographischen Nachfolger bei Strohbach 1984, 34 f.) und bezeugte Benutzung hatte Adelungs Wörterbuch großen Einfluß auf die Festigung und den Ausbau der deutschen Standardvarietät.

Zu Adelung vgl. vor allem die Literatur bei Strohbach 1984.

4.3. J. H. Campe: *Wörterbuch der Deutschen Sprache*

Joachim Heinrich Campe (I, 1807, III) begründet mit einer geschickten Wendung gegen Adelung die Notwendigkeit eines *Wörterbuches der Deutschen Sprache:* Adelungs *Wörterbuch der Hochdeutschen Mundart* sei gewissermaßen nur ein Regionalwörterbuch des Sächsischen und kein genuin deutsches Wörterbuch. Campe schürt die Konkurrenz zu Adelung und will ein „vollständigeres", „sprachrichtigeres" und „der jetzigen Ausbildung unserer Sprache um vieles angemesseneres Wörterbuch" vorlegen (Campe I, 1807, VII). Dazu soll in seinem *Wörterbuch der Deutschen Sprache* der „Aushub aus allen Mundarten" verzeichnet werden, sofern

„die gebildeteren Menschen und die Schriftsteller aller Gegenden das Beste, Edelste und Sprachrichtigste für die allgemeine Deutsche Umgangs- und Schriftsprache ausgehoben haben und noch immer auszuheben rechtmäßig fortfahren" (Campe I, 1807, VIII).

Damit war — wie bei Adelung — eine sprachsoziologische Determination der lexikographischen Bestandsaufnahme gegeben. Unter funktionalen Gesichtspunkten bevorzugt Campe gegenüber Adelung die „Büchersprache" (Campe I, 1807, XVI), besonders den „höheren uneigentlichen Gebrauch" der Dichtersprache (Campe I, 1807, X), so daß in seinem Wörterbuch vor allem die Literatursprache seiner Zeit dokumentiert ist. Durch die Aushub-Theorie entfällt eine sprachgeographische Begrenzung der Wortschatzaufnahme; die verzeichneten regionalen Heteronyme sind zudem besonders gekennzeichnet: (+) für „landschaftliche" Wörter, die empfohlen werden, (=) für „landschaftliche" Wörter, die „fehlerhaft" sind (vgl. Campe I,

1807, XXI). Im erklärten Gegensatz zu Adelung erweitert Campe allerdings seinen Wortbestand durch die exhaustive Aufnahme von Zusammensetzungen und Ableitungen auf 141 277 Artikel. Diese „Fülle des Zuwachses" (Voss, zitiert nach Leyser 1877, 123) kritisiert J. Grimm als „überschwemmung [...] hervorgerufen durch die begierde, die bei ADELUNG fehlenden, jetzt in der alphabetischen anordnung leicht erkennbaren wörter nachzutragen" (Grimm I, 1854, XXIV). Mit seiner Materialfülle übertrifft Campe zwar bei weitem seinen lexikographischen Konkurrenten Adelung; hinsichtlich der Belege, der grammatischen Angaben und besonders im Hinblick auf die Bedeutungserklärungen schlachtet Campe Adelungs Wörterbuch skrupellos aus (vgl. Henne 1975, 155—161).

4.4. Lexikographie nach Adelung

Die „Lexikographie nach Adelung" bringt weder in der Theorie noch in der Praxis neue Aspekte. Adelungs Wörterbuch bildet in der Geschichte der deutschen Lexikographie einen ersten Fixpunkt, auf den alle nachfolgenden Wörterbücher bis auf das *Deutsche Wörterbuch* von J. Grimm und W. Grimm (1854 ff.) mehr oder weniger stark bezogen bleiben: Schon Campes *Wörterbuch der Deutschen Sprache* entsteht als bewußt angelegtes Konkurrenzunternehmen zum „Adelung". Die Wörterbücher von Theodor Heinsius (*Volksthümliches Wörterbuch* 1818—1822) oder Christian Friedrich Traugott Voigt (*Vollständiges deutsches Handwörterbuch für die Geschäftsführung, den Umgang und die Lectüre* 1805—1807) können als flankierende lexikographische Unternehmungen betrachtet werden, die sich zwar auf Adelung und Campe stützen, sich von diesen jedoch durch eine stärkere Praxisorientierung abheben wollen und daher weitgehend auf wissenschaftliche Erklärungen verzichten. Schließlich entstehen nach Adelung einige, meist einbändige Wörterbücher, in denen Adelungs lexikographisches Konzept für sprachpädagogische Zwecke umgesetzt wird (vgl. z. B. Holzmann 1814; Schmiedel 1820—1827; Aurbacher 1828), oder die unter bestimmten Aspekten den „Adelung" ergänzen wollen (vgl. z. B. Braun 1793; Soltau 1806; Wörterbuch 1821).

5. Synonymenlexikographie

Die ersten Synonymiken des Deutschen (Synonima 1522; Schöpper 1550; Schwartzenbach 1554) sind im Hinblick auf den praktischen Gebrauch in Schreibstuben, Kanzleien und Rhetorikschulen entstanden (vgl. Haß 1986). Als leitendes Stilideal gilt dabei die „geminierende Synonymik" der „Hoffkunstrhetoriken". Aus dem 17. Jahrhundert sind keine Synonymiken des Deutschen bekannt; die Geschichte der Synonymenlexikographie beginnt wieder in der Mitte des 18. Jhs. Sie ist motiviert von der Frage nach der Vollkommenheit der Sprache. Denn die vollkommene Sprache darf weder zu wenige noch zu viele Wörter haben, außerdem nicht „unterschiedene Wörter [für] einerley Begriff" (Anonymus 1742, §§ 3—4; vgl. schon Gottsched 1732 und 1733). Es macht den Reichtum einer Sprache aus, wenn sie für jedes Ding oder jeden Begriff ein Wort besitzt. Synonymenscheidung trägt also dazu bei, die Genauigkeit des Ausdrucks zu schärfen, sie mündet aber auch ein in das philosophische Geschäft der Begriffsbildung. Die Antworten auf die Preisfrage der Kurfürstlichen Deutschen Gesellschaft in Mannheim (Fischer, Petersen, Sander, Schlueter; vgl. auch Teller 1794) sind keine Beiträge zur Synonymenlexikographie, sondern dienen der Begriffsbestimmung im rationalistisch-aufklärerischen Geist.

Die Synonymenlexikographie im 18. Jh. sollte eigentlich mit Gottscheds *Beobachtungen über den Gebrauch und Misbrauch vieler deutscher Wörter und Redensarten* (1758) eingeleitet werden — allerdings mit veränderten Zielvorstellungen. Gottscheds *Beobachtungen* genügen nur in Teilen den Anforderungen einer echten Synonymik. Sie sind eher eine Versammlung von semasiologischen und onomasiologischen Artikeln, vermehrt um allerlei sonstige Bemerkungen (vgl. Püschel 1978) und dies mit sprachnormerischen Zielsetzungen. Gottsched wendet sich mit seinem Werk an alle „guten Patrioten", „die ihre Muttersprache lieber recht, und regelmässig, als pöbelhaft und unrichtig reden wollen" (B. 41).

Nach Gottsched war es Samuel Johann Ernst Stosch (1785—1786), der die Synonymenlexikographie weiter voranbrachte. Stosch nahm sich die französischen Synonymiken zum Vorbild und übertrug deren Konzeption auf das Deutsche. Sein *Versuch in richtiger Bestimmung einiger gleichbedeutender Wörter* ist den Arbeiten des Franzosen Abbé Girard verpflichtet; in der 2. Aufl. seines *Versuches* berücksichtigt er auch — teilweise kritisch — Adelungs Bedeutungsdifferenzierungen im *Hochdeutschen Wörterbuch*.

Gegen Ende des 18. Jhs. legte Johann August Eberhard (1795—1802) seinen *Versuch einer allgemeinen deutschen Synonymik* vor, nach Henne (1977, 22—26) ein Höhepunkt der deutschen Synonymenlexikographie. Eberhards *Versuch* war — entgegen vielfacher Rezipientenauffassung — nicht für den praktischen Gebrauch bestimmt, sondern im „philosophisch-kritischen Wörterbuch" sollten Begriffe und deren sprachliche Bezeichnungsmöglichkeiten exakt voneinander geschieden sowie ihre Beziehungen untereinander beschrieben werden (vgl. kritisch Püschel 1986 a). Die von Eberhard genannten Gebrauchsmöglichkeiten seiner Synonymik sind geknüpft an ein gehobenes Sprachniveau und an eine kulturell ausgeprägte Sprachsensibilität: Nach Eberhard dient die Fähigkeit zur genauen Unterscheidung der sinnverwandten Wörter der „Entwicklung des Verstandes" durch „Erweiterung der Sprachkenntnis", sie bewirkt

„Übung des Scharfsinnes, Deutlichkeit der Begriffe, Erweiterung der Kenntnisse, Verbreitung von Licht und Klarheit in der ganzen Verkettung derselben" (Eberhard I, 1795, XXXII; vgl. auch Art. 101).

All dies soll den Ausschluß von Irrtümern garantieren, die sich immer aus der Verwechslung der Begriffe ergeben. Schließlich soll seine Synonymik auch zur „Verminderung der Anzahl gelehrter Streitigkeiten" führen. „Denn wie oft sind diese nicht bloße Wortstreitigkeiten?" (Eberhard I, 1795, XXXIII), womit Eberhard auch auf seine leidvollen Erfahrungen in seiner Auseinandersetzung mit Kant anspielt. Kurze Zeit später legte C. L. Reinhold (1812) eine *Synonymik für den allgemeinen Sprachgebrauch in den philosophischen Wissenschaften* vor. Es handelt sich dabei jedoch eher um eine philosophische Sammlung mit beigefügten Synonymenartikeln. Der Antrieb für Reinholds Abhandlung ist ein ähnlicher wie bei Eberhard:

„Es fehlt an einer Critik der Sprache" (Reinhold 1812, X), besonders in der Philosophie bestehe „jene Vieldeutigkeit und Willkürlichkeit des Ausdruckes [...], durch welche das Fundament und die Wissenschaftlichkeit derselben bis auf den heutigen Tag streitig ist" (Reinhold 1812, XIII).

Ähnliche Zielsetzungen verfolgt Delbrück (1796) auf dem Gebiete der Seelenlehre und Moral.

Eberhards *Versuch* galt bis ins 19. Jh. als die Synonymik schlechthin und wurde mehrfach bearbeitet, einerseits um die Materialbasis zu verbreitern, andererseits um in stärkerem Maße die aufkommenden sprachhistorischen Interessen einzuarbeiten (vgl. Eberhard/Maaß 1819—1821; Eberhard/Maaß/Gruber 1826—1830; Eberhard/Maaß/Gruber/Meyer 1855²—1853). Die theoretische Konzeption und praktische Ausarbeitung dieses Wörterbuchs gilt als vorbildhaft für die gesamte spätere distinktive und teildistinktive Synonymik des Deutschen. Eberhards Verleger G. Ruff destillierte für den praktischen Gebrauch aus der sechsbändigen Synonymik ein *Synonymisches Handwörterbuch,* das 1802 erstmals erschien und bis 1910 in 17. Aufl. gedruckt wurde. Eberhards *Synonymisches Handwörterbuch* wurde auch für den muttersprachlichen Unterricht als nützlich angesehen, und so entstanden eine Reihe kleinerer Synonymiken, als Hilfsbücher für Lehrer und Schüler „in der deutschen Sprache und für Alle, welche richtig und genau bezeichnend sprechen und schreiben wollen" (Genthe 1834; vgl. Jahn 1806; Schmitt 1809). Damit verbanden sich im Bereich der sprachlichen (Aus)Bildung der aufklärerische Gedanke von der Denkschulung durch Begriffsbildung und -scheidung mit dem Stilideal des treffenden, passenden, richtigen Ausdrucks (vgl. zu diesem Stilideal gegen Ende des 19. Jhs. Art. 205, Absch. 3).

Mit dem *Wörterbuch der deutschen Synonyme* von Friedrich Ludwig Karl Weigand (1852) wurden erstmals systematisch historisch-vergleichende Gesichtspunkte der Sprachbetrachtung in die Synonymik eingebracht. Sein Ziel ist es, all diejenigen Synonyme zu verzeichnen, die

„in der Sprache der Gebrauch, vornehmlich der mustergiltige in der Schrift, entwickelt und festgestellt hat und wie dies seinen historischen Grund findet" (Weigand I, 1852, X; vgl. auch Meyer 1849).

Zur Geschichte der Synonymenlexikographie vgl.: Eberhard 1795, L—LII; Weigand 1852, V—X; Henne 1977, 21—26; Püschel 1978; Kühn 1979; Kühn 1985 a; Püschel 1986 b.

6. Idiotikographie/ Mundartlexikographie

Sowohl der Bereicherungsgedanke als auch der Gedanke der regionalsprachlichen Ausdrucksvielfalt müssen auch als Ausgangspunkte für die Mitte des 18. Jhs. einsetzende Idiotikographie angesehen werden.

Die ersten Idiotika des Deutschen entstehen im niederdeutschen Sprachraum in der Mitte des 18. Jhs.; das erste oberdeutsche

Idiotikon von Andreas Zaupser erscheint erst 1789. Zwei Gründe lassen sich für das allgemein steigende Interesse an der Kodifikation der Mundarten seit dieser Zeit anführen: (1) Die Idiotikographie bzw. Mundartlexikographie steht in der Tradition der Wörterbuchprogrammatik. Leibniz (1697, § 32) forderte „eine Musterung und Untersuchung aller Teutschen Worte, welche, dafern sie vollkommen, nicht nur auf diejenige gehen soll, so jederman brauchet, sondern auch auf die, so gewissen Lebens-Arten und Künsten eigen; und nicht nur auf die, so man Hochteutsch nennt, und die im Schreiben anitzo allein herrschen, sondern auch auf Platt-Teutsch, Märkisch, Ober-Sächsisch, Fränkisch, Bäyrisch, Oesterreichisch, Schwäbisch, oder was sonst hin und wieder bey dem Landmann mehr als in den Städten bräuchlich."

Er fordert „vor alte und Land-Worte" sogar ein eigenständiges Wörterbuch, das er „Glossarium oder Sprachquell" nennt (vgl. Leibniz 1697, § 34). Leibniz verband damit worthistorische Interessen, die dann in Johann Andreas Schmellers (1872—1877) *Bayerischem Wörterbuch* erstmals deutlich hervortreten (vgl. vorher im Ansatz schon Stalder 1806). Praktische Wirkung hatte Leibniz schon 1693 mit seinem Aufruf „peculiares suae regionis voces" niederzuschreiben; nach Schulenburg (1937, 11 ff.) hatte er, wie das *Idioticon Hambvrgense* von Michael Richey (1755, X) zeigt, besonders im niederdeutschen Raum großen Erfolg. Für Kaiser (1930, 72) beginnt denn auch die Geschichte der Dialektforschung mit Leibniz. (2) Die aufstrebende Idiotikographie/Mundartlexikographie (vor allem im Oberdeutschen) steht im Zusammenhang mit der Herausbildung der Standardsprache, denn nach von Raumer (1870, 242) kann nur da von Volksmundarten die Rede sein, „wo sich eine Gemeinsprache gebildet hat". Verurteilung und Bekämpfung der Dialekte schlagen mit der Ausbildung und Ausbreitung der Standardvarietät in Wertschätzung um (vgl. hierzu Knoop 1982, 3—5).

Ein wesentliches Motiv für die Idiotikographie des 18. Jhs. ist der Bereicherungsgedanke, denn „das Wesen der Haupt-Sprache lieget ja in allen Mund-Arten zum Grunde, und muß darin anerkannt und aufgesucht werden" (Richey 1755, IV); das Mundartwörterbuch ist ein „Werk, worin man das Seinige zur Erleichterung eines so lange sehnlich gewuenschten allgemeinen deutschen Woerterbuches beytragen wollte" (Tiling 1, 1767, 5I.). Den Nutzen der Mundarten anerkennt auch Adelung (I, 1774, XIV), wenn er von jedem Wörterbuchschreiber eine „gehoerige Kenntnis der uebrigen Mundarten" fordert und ausdrücklich betont,
„wie vieles Licht die Rechtschreibung, Bedeutung und Wortfuegung der hochdeutschen Woerter aus diesen Mundarten erhaelt. Ueberdies habe ich gesucht, bey jedem hochdeutschen Worte dessen Synonima aus den uebrigen Mundarten beyzufügen, wenn sie anders Ausdruecke haben, die von den uebrigen verschieden sind."

Der Bereicherungsgedanke liegt auch den *Versuchen* zugrunde, in einer Idiotikensammlung möglichst alle Mundarten miteinander zu verzeichnen, gewissermaßen als *Vereinigung der Mundarten von Teutschland* (Popowitsch 1780; hierzu Kühn 1987; vgl. auch Fulda 1788; hierzu Püschel 1987). In ihnen sollen
„nicht nur alle Hochteutschen Wörter, sondern auch, die gleichbedeutenden Benennungen der Mundarten mit gehöriger Bestimmtheit gesammlet erscheinen" (Popowitsch 1780), (2 v).

Diese dialektlexikographischen Zielsetzungen trafen sich mit der gegen Ende des 18. Jhs. aufkommenden vergleichenden Sprachforschung, nach der große Sprachsammlungen der vorhandenen Idiome angelegt werden sollten (vgl. die Hinweise bei Knoop 1982, 11).

Wegen der zunehmenden Dominanz der Standardvarietät schienen die Mundarten zudem vom Aussterben bedroht: J. H. Voß schreibt 1773 über das Mecklenburgische (zitiert nach Langen 1957, 1106):
„Die [Wörter und Redensarten] sollten billig alle gesammelt werden. In hundert Jahren ist alles von dem weichen Hochdeutschen verdrängt."

Damit wurden die Mundarten zu einem schätzenswerten Gut, das man wenigstens dokumentarisch festhalten müsse, wenn man es schon nicht vor dem Aussterben retten könne.

Neben solchen ideellen Zielsetzungen verfolgen die Verfasser der ersten Idiotika ganz praktische Zwecke. Das Idiotikon wird in den Dienst dialektal bedingter Verständigungsschwierigkeiten und -probleme gestellt: Nach Richey (1755, V) soll sein *Idioticon* der „Erläuterung der Geschichte" und dem „Verständnis der Urkunden" dienen. Dähnert (1781, 2 v) war Jurist und sammelte „vom Land- und Stadt-Mann, Handwerker und Bauren" und versuchte seine Sammeltätigkeit des mundartlichen Wortschatzes durch speziell juristische als auch alltagssprachliche Verständigungsprobleme in den verschiedensten Kommunikationsbereichen zu legitimieren:

„Nicht selten sind Landes-Eingesessene zu mir gekommen, und haben in den Briefen und Siegeln auf ihre Besitze und Gerechtsame ein altes Wörtchen oder Redensart erkläret wissen wollen, deren Dunkelheit ihnen Unruhe machte, und Verlust drohete. Ich habe befunden daß ein Misverstand bey alten Wörtern und Partikeln in Rechts-Sachen einen ganz unrechten Ausgang, und in historischen Sätzen sonderbare Unwahrheiten veranlassen könne. Aber auch im gemeinen Leben unter uns thut man keinen Schritt mit Sicherheit, wenn man die heutige platte Sprache, wie sie sich überall, wenigstens als eine häusliche Sprache der Vornehmern, als die verständlichste in Handthierungen und Gewerben, und als die geläufigste des gemeinen Mannes erhalten hat, nicht versteht, und mit dem, was sie besonderes hat, nicht bekannt ist."

Strodtmann (1756, XI) gibt Hinweise, wozu seine Sammlungen nützlich sein sollten, wenn er über die Nöte der obersächsischen Rechtsgelehrten berichtet,

„die ofters übel daran sind, wenn ihnen Acten, um Responsa darüber auszufertigen, aus Westphalen zugeschicket werden, weil darinn Wörter vorkommen, die ihnen schlechterdings unbekannt sind. Ja, man weiß Fälle, daß die Urteile himmelweit von dem Rechtshandel entfernt und bloße Nullitäten gewesen; blos, weil man die hier in foro aufgenommene und im Lande übliche Wörter und Sachen nicht verstanden hat."

Idiotika dienen Pfarrern als Nachschlagehilfe zur Anfertigung „populärer Predigten" (vgl. Siegert 1978, 1263) oder aber auch den Reisenden zur Erleichterung der Konversation (vgl. Trümpy 1955, 145 f.). Unter den Verfassern der ersten Idiotikensammlungen waren daher vor allem Ärzte, Juristen, Pfarrer usw.

Daß Leibniz mit seinem Aufruf gerade im niederdeutschen Sprachraum so erfolgreich war, hängt mit der speziellen Rolle des Niederdeutschen zusammen (vgl. Stellmacher 1981, 41; Knoop 1982, 6). Trotz der Vormachtstellung des Hochdeutschen behielt es seinen Platz bis weit ins 18. Jh. hinein, wurde aber stark bedrängt: beispielsweise hörte der niederdeutsche Buchdruck im wesentlichen im 17. Jh. auf. Daran liegt es wohl auch, daß manche niederdeutsche Idiotika/Mundartwörterbücher geradezu restaurative Züge tragen. Viele niederdeutsche Idiotika/Mundartwörterbücher sind als Reaktion auf die Ausbreitung des Hochdeutschen entstanden (vgl. auch Richey 1755, XLIV). Schütze (1, 1800, XIV) bezweckte mit dem *Holsteinischen Idiotikon,* daß man das Holsteinische

„sich reiner und richtiger zu sprechen gewöhnte [...], daß man die mit Unrecht vernachlässigte niederdeutsche Sprache zur Büchersprache, was sie ja ehmals auch in unserm Holstein war, wieder hinanhöbe."

Gegen Ende des 18. Jhs., als die Mundarten nicht mehr als Störfaktoren der sich konsolidierten Standardsprache galten, verschwindet oder verschiebt sich der den ersten Idiotiken zugrundegelegene Bereicherungsgedanke. Die Mundartlexikographie wird nun vor allem in den Dienst der Volkskunde gestellt: das Mundartwörterbuch wird als „Sprach- und Sittenbuch" verstanden, in dem „die Erläuterung und Aufklärung vieler einheimischer Sitten und Gebräuche" nachgeschlagen werden können (Schütze 1, 1800, III). Schon Schmid (1795, 113) geht davon aus, daß „die Kenntnis der provinziellen Dialekte" uns in den Stand versetzt, „den Charakter des Volkes zu betrachten". Neben diese, der Romantik nahestehenden volkskundlichen Mundartlexikographie tritt im 19. Jh. die mit Stalder und Schmeller beginnende sprachhistorische, wissenschaftliche Mundartlexikographie.

Um die Wende vom 19. zum 20. Jh. erschienen dann auch die ersten Lieferungen und Bände der großlandschaftlichen Territorialwörterbücher/Raumwörterbücher (vgl. Friebertshäuser 1983, 1286—1295), die sich von den traditionellen Idiotika und Mundartwörterbüchern dadurch unterscheiden, daß sie (a) den gesamten Wortschatz eines größeren Sprachgebietes erfassen und (b) bei der Sammlung und Interpretation des Materials nach dialektgeographischen und dialektlexikographischen Prinzipien verfahren.

Zur Geschichte der Idiotikographie/Mundartlexikographie vgl. Richey 1755, XIV—XXIX; von Raumer 1870, 242—247; Socin 1888, 439—444; Scholz 1933; Mensing 1939; Straßner 1965; Brunner 1971, 32—41; Schophaus 1973, 193—198; Knoop 1982; Kühn 1982; Friebertshäuser 1983.

7. Sondersprachenlexikographie

Während das Aufkommen der Mundartlexikographie im 18. Jh. auf den Aspekt des Bereicherungsgedankens zurückgeführt werden kann, entstehen Wörterbücher zu Standes-, Berufs- und anderen gesellschaftlichen Gruppensprachen aufgrund eines besonderen Interesses an diesen Sondersprachen: Schon Leibniz (1697, § 33) forderte in seiner Programmdiskussion einen „Sprach-Schatz" für alle „Kunst-Worte" oder „Technica" (Leibniz 1697, § 39; vgl. auch Jablonski 1711, 224), da

„keine Sprache in der Welt sey, die (zum Exempel) von Erz und Bergwerken reicher und nachdrücklicher rede, als die Teutsche. Dergleichen kann man von allen anderen gemeinen Lebens-Arten und Professionen sagen, als von Jagt- und Waid-Werk, von der Schiffahrt und dergleichen" (Leibniz 1697, § 9).

Durch die Erklärung der „Kunst-Worte" werden nach Leibniz einerseits

„die Wissenschaften" selbst erläutert und befördert (Leibniz 1697, § 36), andererseits „ist auch bekannt, daß viele Worte in gemeinen Gebrauch kommen seyn, die von den Künsten entlehnet oder doch eine gewisse Bedeutung von ihnen bekommen, deren Ursach diejenigen nicht verstehen, so von solcher Kunst oder Profession nichts wissen" (Leibniz 1697, § 54).

Leibnizens programmatische Ansichten spiegeln sich in der im 18. Jh. beginnenden Sondersprachenlexikographie wider. Dabei sind es besonders die 'klassischen' Standes- und Berufssprachen, für die Wörterbücher verfaßt werden, und zwar einmal unter dem Aspekt der jeweils gruppenspezifischen Identitätsbildung sowie als Hilfsmittel zum Erlernen der gruppeneigenen Sprache und den damit verbundenen standes- und berufsspezifischen Inhalten und zum anderen unter dem Aspekt der Dokumentation eines herausgehobenen, besonderen Sprachgebrauchs, den es festzustellen und festzuhalten gilt — nicht zuletzt zum besseren Verständnis des allgemeinen Sprachgebrauchs. So entstehen seit Beginn des 18. Jhs. eine Vielzahl von Wörterbüchern zur Jägersprache (z. B. Großkopf 1759), Bergmannssprache (Minerophilus 1730/1742), Kaufmannssprache (Hübner 1712) und Seemannssprache (Groeben 1774).

Auffällig ist auch die große Zahl von Wörterbüchern der Studentensprache, der aufgrund ihrer Überregionalität und ihres Bezugs auf die großen mitteldeutschen Universitäten Halle, Jena, Leipzig und Göttingen (vgl. Objartel 1984, 48 f.) ein relativ großer Einfluß auf die Standardsprache zugesprochen wird (vgl. Hirt 1909, 245; von Polenz 1978, 66 f.) — nicht zuletzt wegen des allgemeinen Prestigewerts als Sprache der Privilegierten und Gelehrten. Allerdings sahen sich die Verfasser der Studentenwörterbücher unter sprachsoziologischen Gesichtspunkten im 18. Jh. einer wachsamen Kritik und Zensur ausgesetzt (vgl. die Hinweise bei Objartel 1984, 49 f.), die sie zuweilen dazu veranlaßten, auf pöbelhafte und derb-obszöne Ausdrücke zu verzichten (so z. B. Augustin 1795).

Diese Schranken der Selbstzensur fallen allerdings spätestens mit dem von J. Grimm (1854, XXXIV) aufgestellten Postulat: „Das wörterbuch ist kein sittenbuch, sondern ein wissenschaftliches, allen zwecken gerechtes unternehmen" (vgl. Vollmann 1846, dessen Wörterbuch eine der Quellen für Bornemann 1971 wird). Mit der historischen Sprachwissenschaft beginnt denn auch ein neuer Abschnitt der Sondersprachenlexikographie, deren Zielsetzung zum einen in der möglichst umfassenden Aufnahme des älteren, natürlichen Wortschatzes und zum anderen in dessen historischer Herleitung, Einordnung und Beschreibung bestand. Das neuerliche Interesse an den Sondersprachen (vgl. Grimm 1854, XXX ff.) führte zur Entstehung weiterer Sondersprachenwörterbücher. Diese waren allerdings wissenschaftlich ausgerichtet, d. h., man versuchte — teilweise unter Berufung auf J. Grimm (vgl. Kehrein 1898, III) —, den sondersprachlichen Wortschatz aus den Quellen bearbeitet historisch in seiner Entstehung und Verbindung zur Standardsprache zu beschreiben: vgl. zur Jägersprache z. B. Kehrein (1898), zur Bergmannssprache Veith (1871), zur Seemannssprache Kluge (1911), zur Studentensprache Kluge (1895) oder zur Kaufmannssprache Schirmer (1911). Die Wertschätzung der Standes- und Berufssprachen als Volkssprachen (vgl. schon Leibniz 1697, § 9) machte auch noch andere gesellschaftliche Gruppensprachen 'wörterbuchwürdig': Es entstehen Wörterbücher der Umgangssprache (z. B. Genthe 1892), der Gaunersprache (Rotwelsch) (z. B. Train 1832), der „Kundensprache" (z. B. Fuchs 1907) oder der „Rinnsteinsprache" (Ostwald 1906), Schimpfwörterbücher (z. B. Klenz 1910), „Modewörterbücher" (Brennert 1898) oder „Schlagwörterbücher" (z. B. Ladendorf 1906).

Zur Geschichte der Sondersprachenlexikographie vgl. Hirt 1909, 238—289; Objartel 1984; Seibicke 1985; Art. 121—123, 161 und 162.

8. Fremdwortlexikographie

Da der Sprachpurismus in Deutschland auf eine lange, im 17. Jh. beginnende Tradition zurückblicken kann, liegt die Vermutung nahe, daß die Fremdwortlexikographie in Form von Verdeutschungswörterbüchern und der Sprachpurismus eine Einheit bilden. Dies ist jedoch nicht der Fall. Das erste bekannte deutsche Fremdwörterbuch ist Simon Roths *Teutscher Dictionarius* von 1571. In ihm werden vor allem lateinische Wörter erklärt und ihr Gebrauch kommentiert. Roth nimmt gegenüber den Fremdwörtern eine ausgesprochen positive, späthumanistische

Haltung ein, gereichen sie doch der deutschen Sprache zur Zier, denn sie bieten das Material für die „geminierende Synonymie", d. h., das rhetorische Stilideal der Doppel- und Dreifachformen. Am Anfang steht also ein Werk, das stilistisch-rhetorischen Zielen dient. Den Beginn einer eigenen Tradition markiert es jedoch nicht. Zwar erscheint 1602, in enger Anlehnung an Roth, Bernhard Heupolds *Teutsches Dictionarium,* eine eigenständige Fremdwortlexikographie bildet sich im 17. Jh. aber nicht heraus. Bezeichnenderweise spielt die Fremdwortfrage auch in den Wörterbuchprogrammen und Diskussionen des 17. Jhs. keine Rolle — eine Stammwortlexikographie scheidet sie automatisch aus.

Aber trotz der starken puristischen Strömungen geht es da, wo man sich lexikographisch mit Fremdwörtern beschäftigt, keineswegs ausschließlich um die „Reinigkeit" der deutschen Sprache. Man verfolgt vielmehr auch informierend-erklärende Ziele. Fremdwortlisten sind in der Regel in umfangreichere Werke eingebettet; außerdem werden Spezial- und Fachwortschätze erfaßt, z. B. in Militärhandbüchern, in Anleitungen für Buchhaltung und Kaufmannsangelegenheiten wie Caspar Stielers *Teutsche Sekretariatkunst* (1673—1674) und in Briefstellern (vgl. Jones 1977). Informierend-erklärende Funktion haben auch die Fremdwortlisten in den Zeitungslexika. So enthält Caspar Stielers *Zeitungs-Lust und Nutz* (1695) ein Glossar von über 2000 Ausdrücken. Im ausgehenden 17. und beginnenden 18. Jh. werden die Grenzen der Spezial- und Fachwortschätze zunehmend überschritten zugunsten eines allgemeinsprachlichen Wortschatzes, so z. B. im *Manuale Juridico-Politicum* des Johann Christoph Nehring (1684), das als erstes selbständiges Fremdwörterbuch des 17. Jhs. gilt. Einen breitgestreuten Wortschatz aus vielen Fachgebieten erfaßt dann Sperander in seiner *A la Mode-Sprach der Teutschen* (1727). In der zweiten Hälfte des 18. Jhs. setzt dann geradezu eine Flut von Fremdwörterbüchern ein. Mit ihrer informierend-erklärenden Zielsetzung haben sie deutlich einen pädagogisch-aufklärerischen Impetus, der auf die Bildung breiter Volksschichten zielt. Titel wie *Gemeinnütziges Lexicon für Leser aller Klassen, besonders für Unstudirte* (Roth 1788) oder *Enzyklopädisches Wörterbuch, oder alphabetische Erklärung aller Wörter aus fremden Sprachen, die im Deutschen angenommen sind* (Heinse 1793) sind zugleich Programm.

Parallel hierzu entstehen aber auch Fremdwörterbücher mit sprachpuristischen Zielsetzungen. Sie scheinen die späte Frucht Leibnizscher, Gottschedscher und Adelungscher Vorstellungen von der „Reinigkeit" des Deutschen zu sein. Titel wie *Über die Reinigkeit der deutschen Sprache* (Kinderling 1795, eine Abhandlung über Sprachreinigung mit einer Liste von 180 Verdeutschungen), *Wörterbuch zur Beförderung der Reinigung der deutschen Sprache von fremden Wörtern* (Mosqua 1812) oder *Kurzgefasstes Verdeutschungs-Wörterbuch* (Heyse 1807) zeugen hiervon. Alle diese Wörterbücher haben sich zum Ziel gesetzt,

„die deutsche Sprache von unnöthigem fremden Zusatze zu säubern, und sie in ihrer ursprünglichen Kraft und Reinheit aufzustellen" (Moritz 1793, IV).

Als ein Höhepunkt der deutschen Fremdwortlexikographie gilt Joachim Heinrich Campes *Wörterbuch zur Erklärung und Verdeutschung der unserer Sprache aufgedrungenen fremden Ausdrücke* (1801). Zwar soll auch dieses Werk informieren und erklären, mit ihm werden aber auch klar sprachpuristische Ziele verfolgt. Es wird ausdrücklich als Ergänzungswörterbuch zu Adelungs Wörterbuch bezeichnet, da Adelung es an Verdeutschungen hat fehlen lassen. Campe äußert sich zu seinen puristischen Zielsetzungen sehr ausführlich in der Vorrede zur ersten Ausgabe: Sein Sprachpurismus ist sprachpädagogisch-aufklärerisch motiviert:

„Ohne Reinheit der Sprache [...] findet keine allgemeine Belehrung, keine Volksaufklärung oder Volksausbildung in irgend einem beträchtlichen Grade der Allgemeinheit statt" (1813, VI).

Im weiteren Verlauf des 19. Jhs. werden beide Linien — die informierend-aufklärerische und die puristische — fortgeführt, wobei die zweite schubweise auftritt und ein gewisses Übergewicht erhält. Beredtes Beispiel für das Nebeneinanderlaufen dieser beiden Linien der Fremdwortlexikographie ist Daniel Sanders, der 1871 ein *Fremdwörterbuch* veröffentlicht mit dem Zweck, „die in deutscher Rede und Schrift vorkommenden fremden Ausdrücke [...] aufzuführen und mit den für das Verständnis und den Gebrauch nöthigen Bemerkungen zu begleiten" (Sanders 1871, III), und im gleichen Verlag 13 Jahre später ein *Verdeutschungswörterbuch* publiziert, das dem damaligen Staatssekretär des Reichs-Postamts, Heinrich Stephan, („dem thatkräftigen Förderer der Reinheit unserer Muttersprache") gewidmet ist und mit dem er „in weiten Kreisen den Sinn und das Gefühl für Einheit und Reinheit der Sprache" wecken möchte (Sanders 1884, VIII). Zudem ändert sich das grundsätzliche Ziel der Fremdwortlexikographie: Übermäßiger fremder Spracheinfluß wurde als mangelndes Nationalbewußtsein interpretiert, die Fremdwort- und Verdeutschungslexikographie in den Dienst kulturpolitischer nationaler Bestrebungen gestellt. Während es vor der Reichsgründung im Bereich der puristischen Verdeutschungslexikographie nur vereinzelt Ansätze mit national-politischer Zielsetzung gab (vgl. Brugger 1855), schwillt die Woge an Verdeutschungswörterbüchern nach 1871 bis zum Zweiten Weltkrieg (mit einem sprachchauvinistischen Höhepunkt bei Ausbruch des Ersten Weltkriegs) enorm an — besonders unter dem Einfluß des Allgemeinen deutschen Sprachvereins (gegr. 1885) und verschiedener staatlicher Institutionen in Schule und Verwaltung (vgl. die entsprechenden Wörterbücher bei Kirkness 1984). In den dreißiger Jahren des 20. Jhs. gerät die Fremdwort- und Verdeutschungslexikographie zwangsläufig ins nationalsozialistische Fahrwasser (vgl. Erlitz 1934; Teichert 1934).

Im 19. Jh. tritt noch eine weitere fremdwortlexikographische Zielsetzung in Erscheinung, die an die informierend-aufklärerische Linie der Fremdwortlexikographie anknüpft: das normative Fremdwörterbuch, das eine Anleitung zum richtigen Fremdwortgebrauch, so z. B. zur Schreibung und Aussprache geben will (vgl. z. B. Bührer 1812). Gegen Ende des 19. Jhs. fließt diese Zielsetzung zum Teil zusammen mit bildungsbürgerlichen Idealen von Sprachreinheit, Sprachrichtigkeit und Sprachbildung. Es entstehen Fremdwörterbücher „zum Gebrauche und zur Belehrung für Schulen, sowie für den Geschäfts- und Landmann" (Grübel 1874; Baum 1872; Sanders 1884).

Schließlich entsteht ab der Mitte des 19. Jhs. der Typus des historischen Fremdwörterbuchs (vgl. z. B. Erklärendes Fremdwörterbuch 1878; Kaltschmidt 1852; Loof 1870). Diese Fremdwörterbücher stehen in der Tradition der historischen Lexikographie und berufen sich teilweise explizit auf das *Deutsche Wörterbuch* von J. Grimm und W. Grimm (1854 ff.). In der Vorrede zu seinem *Fremdwörterbuch* führt Joseph Kehrein (1876) aus, daß im *Deutschen Wörterbuch* die Fremdwörter weithin ausgeklammert sind, in Weigand (1852) zwar Fremdwörter aufgenommen und mit historischen Erklärungen versehen sind, jedoch die Belege fehlen und im Sanders (1860—1865) die Fremdwörter zwar mit Belegen versehen, jedoch nicht historisch-etymologisch erklärt sind. Kehrein will diese Lücke schließen und so eine Art von Ergänzungswörterbuch zum DWB schaffen (vgl. Kehrein 1876, III).

In diese historisch-wissenschaftliche Linie der Fremdwortlexikographie gehört auch Hans Schulz, *Deutsches Fremdwörterbuch*, das — von Otto Basler fortgesetzt — von 1913 bis 1983 erschien:

„Das vorliegende Werk versucht eine lexikalische Behandlung der in der deutschen Sprache aufgenommenen Fremdwörter nach den Grundsätzen der historischen Wortforschung" (Deutsches Fremdwörterbuch I, 1913—1983, VI).

Dieses umfangreiche, wissenschaftlich-dokumentierende Fremdwörterbuch behandelt den allgemeinsprachlichen Wortschatz, Fachwörter wie Veraltetes bleiben ausgespart. Es will die Geschichte der Fremdwörter aus den Quellen von dem Zeitpunkt an nachzeichnen, an dem sie ins Deutsche übernommen wurden, nicht aber die „außerordentliche Vorgeschichte". Bei den Fremdwörtern lateinischer Herkunft werden nur die aus dem mittleren und neueren Latein aufgenommen. Die alten Lehnwörter aus dem Lateinischen bleiben unberücksichtigt. Das *Deutsche Fremdwörterbuch* ist bedeutungsgeschichtlich orientiert und geht somit über die Linie der historisch-etymologischen Fremdwörterbücher (z. B. Kehrein 1898) hinaus. Nach dem Vorbild des *Deutschen Wörterbuchs* (1854 ff.) ist das *Deutsche Fremdwörterbuch* ein streng wissenschaftliches, aus den Quellen gearbeitetes Werk. Vor allem in der zweiten Hälfte des Werkes werden genaue Angaben zum Entlehnungsmodus gemacht, früheste Belege gegeben und die Geschichte der Verwendung ausführlich dokumentiert. Behandelt werden außerdem die Bedeutungsgeschichte, Wortbildung und der heutige Gebrauch.

Zur Geschichte der Fremdwortlexikographie vgl. Jones 1977; Kirkness 1975; Kirkness 1984; Art. 118.

9. Phraseographie

Spri(ü)chwörter und (sprichwörtliche) Redensarten werden in der lexikographischen Praxis meist in einem Wörterbuch zusammen behandelt, teilweise ohne (vgl. z. B. Eiselein 1840), teilweise mit expliziter Unterscheidung und Kennzeichnung (vgl. z. B. Wander 1867—1880).

In den Wörterbuchprogrammen der Sprachgesellschaften war — besonders unter dem Aspekt der vollständigen Erfassung des Wortschatzes sowie der Reichtumsidee gegenüber anderen Nationalsprachen — die Aufnahme „lehrreicher Sprüche" ausdrücklich vorgesehen (Harsdörffer 1647, § 49). So erklärt sich, daß es im 17. Jh. gerade Sprachgesellschafter waren, die Sprichwörtersammlungen anlegten (z. B. Schottel 1663). Sie konnten sich dabei einerseits auf schon vorhandene Sammlungen aus dem 15. und 16. Jh. (z. B. Agricola 1529) und andererseits auf das steigende Interesse der Volksprediger und Schriftsteller an Sprich- und Sprüchwörtern stützen: Schottel (1663, 1099—1147) baute in seine *Ausführliche Arbeit von der deutschen Haubt-Sprache* ein Traktat „Von den Teutschen Sprichwoerteren Und anderen Teutschen sprichwortlichen Redarten" ein und fügte eine Sammlung von 1230 Sprichwörtern und 560 sprichwörtlichen Redensarten (1663, 1112—1147) bei. P. Winkler — ebenfalls Mitglied der Fruchtbringenden Gesellschaft („der Geübte") — verfaßte 1685 ebenfalls „Gute Gedanken, oder 2000 deutsche Sprichwörter". Daneben sind es vor allem Petri (1604/1605/1983; 21 643 streng alphabetisierte Sprichwörter), Lehmann (1630; 22 922 Sprichwörter „unter 286 Tituln in locos communes zusammengetragen"), Eyering (1601—1603), Gruterus (1611), Henisch (1616), Zingref (1626) und Seybold (1677), die als Massensammlungen die reformatorisch ausgerichteten und teilweise moralisch kommentierenden Sprichwörtersammlungen ablösen.

Im 18. Jh. spielen Sprichwörter als vorgedachte Versatzstücke nur noch eine untergeordnete Rolle. Dies dokumentiert sich in einem deutlich abnehmenden lexikographischen Interesse (vgl. Mieder 1984, 321—323). Zum großen Teil sind die wenigen Sprichwörtersammlungen dieses Jhs. aufklärerisch-pädagogisch ausgerichtet (Mejsner 1705; Bücking 1797). Lediglich im Bereich des Rechtswesens, wo das „Sprichwort den Rechtsgedanken in möglichst knappem Rahmen vorführt" (Graf/Dietherr 1898, V), entstehen juristische Sprichwörterlexika (vgl. z. B. Pistorius 1714—1721; Eisenhart 1759), die gegen Mitte des 19. Jhs. durch Grimms Forschungen zu den deutschen Rechtsaltertümern eine neue Blüte erfahren (vgl. z. B. Hillebrand 1858; Graf/Dietherr 1864/1869), um durch die Ablösung vom lateinischen Recht den volkstümlichen Rechtsprinzipien verstärkte Geltung zu verschaffen.

In den ersten Sammlungen des 19. Jhs. spiegeln sich denn auch deutlich romantische Zielvorstellungen: In der Sprichwörterlexikographie zeigt sich dies konkret einmal an der Wertschätzung mittelhochdeutscher Sprichwörter (vgl. z. B. Zingerle 1864). Zum anderen geht es vor allem um die Dokumentation des „Volksgeistes" im Sprichwort. Das erste Sprichwörterbuch heißt denn auch bezeichnenderweise *Die Weisheit auf der Gasse* (Sailer 1810), die verzeichneten Sprichwörter geben „Kenntnis des Charakters und Grades der jedesmaligen Volksbildung" (Körte 1837, XVIII; vgl. auch Eiselein 1840, Simrock 1846; Marbach 1847). Die meisten dieser Sprichwörtersammlungen waren als „Hausschatz" weit verbreitet, die volkskundlich-kulturgeschichtliche Ausrichtung der Sprichwörtersammlung erstreckte sich bis in die erste Hälfte des 20. Jhs. (vgl. z. B. Leineweber 1922; F. Seiler 1922).

Mit der romantischen Ausrichtung der Sprichwörtersammlungen war auch eine Verbindung zwischen den Mundarten und Sprichwörtern vorgezeichnet, die — besonders gegen Ende des 19. Jhs. — zur Ausarbeitung vieler mundartlicher Sprichwörtersammlungen geführt hat (vgl. die entsprechenden Wörterbücher bei Kühn 1978, 59 ff.).

Der Kerngedanke der volkskundlich-kulturgeschichtlich orientierten Sprichwörtersammlungen lag auch dem auf umfassende Dokumentation ausgerichteten *Sprichwörter-Lexikon* Wilhelm Wanders (1867—1880) zugrunde (250 000 Sprichwörter und Redensarten nach alphabetisierten Hauptbegriffen geordnet). Ähnlich wie J. Grimm im *Deutschen Wörterbuch*, so verstand auch Wander (I, 1867, XXX) sein Sprichwörterlexikon als „nationales Werk", in dem die Sprichwörter als „wesentlicher Teil des Sprachschatzes" unter Einschluß der Mundarten und anderer Nationalsprachen aus den Quellen belegt und oft historisch beschrieben werden (vgl. zu Wander Mieder 1984, 329 ff. und die dort angeführte Literatur).

Im Anschluß an Wanders Monumentalwerk ebbt die Produktion an Sprichwörtersammlungen wieder ab. Gegen Ende des 19. Jhs. zeigen sich neben einigen kleineren erklärenden, kulturkundlich ausgerichteten Sammlungen (vgl. z. B. Borchardt/ Wustmann 1894) mit meist populärem Charakter, drei Nebenlinien: Zum einen eine vergleichende Sprichwörterlexikographie (z. B. Düringsfeld/von Reinsberg-Düringsfeld 1872—1875) als Vorläufer für die sich anbahnende mehrsprachige Sprichwörterlexikographie (vgl. Kühn 1978, 65 ff.), zum anderen eine didaktisch-präskriptive Sprichwortlexikographie bildungsbürgerlicher Provenienz (vgl. z. B. Wunderlich 1881). Schließlich hat sich aus der Linie der Sprichwörterlexikographie eine Sonderlinie abgespaltet: Das Zitaten- oder Spruchwörterbuch (vgl. Art. 98) erfüllte gegen Ende des 19. Jhs. die sprachkulturellen Bedürfnisse des aufstrebenden Bürgertums nach gesunkenem Kulturgut und literarischer Bildung (vgl. z. B. Büchmann 1864; Zeuschner 1884; Sanders 1899).

Zur Geschichte der Sprichwörterlexikographie vgl. Nopitsch 1822; Zacher 1852; Seiler 1918, 16—30; Seiler 1922, 66—149; Taylor 1967; Röhrich/Mieder 1977, 41—51; Mieder 1984; Art. 96 u. 97.

10. Reimlexikographie

Das erste Wörterbuch des Deutschen, das sich als Reimwörterbuch benutzen läßt, ist Erasmus Alberus' *Novum Dictionarii genus* von 1540. Die rückläufige Anordnung der Stichwörter soll zwar vor allem der Reimsuche dienen, die einzelnen Artikel zeigen jedoch, daß semasiologische und onomasiologische Zwecke überwiegen.

Die eigentliche Geschichte der Reimlexikographie beginnt im 17. Jh. und zerfällt in zwei Stränge, die lexikographiegeschichtlich nicht miteinander verwandt sind: Im 17. Jh. entstehen Reimwörterbücher als Hilfsmittel der Dichtkunst, im 19. Jh. werden Reimwörterbücher zu philologischen Zwecken angelegt; gelegentlich spricht man — terminologisch differenzierend — im ersten Fall vom Reimlexikon und im zweiten vom Reimwörterbuch (vgl. Leclercq 1975, 3).

Die Sprachgesellschaften des 17. Jhs. traten nicht allein durch die Wörterbuchprogramm-Diskussion hervor, sondern waren mit der Ausarbeitung verschiedener Poetiken (z. B. von Opitz, Harsdörffer) auch Vorreiter einer auf Sprach- und Formkunst ausgerichteten Dichtung. Als Hilfsmittel der auf Sprachvirtuosität abzielenden Dichtkunst entstand das Reimlexikon, ein Wörterbuchtyp, der auch heute noch für „Gelegenheitsdichtungen" herangezogen wird. Es war denn auch Philipp von Zesen („der Wohlsetzende"), der 1656 als Anhang zu seinem *Hochdeutschen Helikon* einen „Richtigen Anzeiger der deutschen gleich-lautenden und rein-stimmigen mänlichen oder steigenden wörter nach dem abc reim-weise gesetzt" veröffentlichte (vgl. auch Harsdörffer 1628 und Titz 1642). Ihm folgten rasch weitere Reimlexika von Grünwald (1695), Hübner (1696), oder Männling (1715). Mit der im „Sturm und Drang" aufkommenden Gefühls- und Erlebnisdichtung des Originalgenies versiegt zunächst der Strom der Reimlexika. Ein neuer Anfang stellt dann erst wieder das 300 000 Reime umfassende *Allgemeine deutsche Reimlexikon* von Peregrinus Syntax (1826) dar. Als Folge der bildungsbürgerlichen Literaturpädagogik des deutschen Gymnasiums erschienen gegen Ende des 19. Jhs. weitere Reimlexika (vgl. z. B. Müller 1870, Jung 1885, Steputat 1891, Poeticus 1921).

Neben diesen Reimlexika entstehen in der Gründerzeit der deutschen Philologie ebenfalls Reimwörterbücher bzw. Reimindices, in denen die Reime und Reimwörter eines bestimmten literarischen Werkes oder mehrerer Werke eines bestimmten Dichters zusammengestellt sind. Sie dienen in der Philologie als Mittel zur Klärung form-, literatur- und sprachgeschichtlicher Fragen. Diese Reimwörterbücher existieren allerdings oft nur handschriftlich, später dann als maschinenschriftliche Dissertationen und sind daher häufig nur schwer zugänglich. Robert Leclercq (1975, 131—249) erfaßt und kommentiert die wichtigsten Reimwörterbücher des Deutschen von ihren Anfängen bei Lachmann und den Brüdern Grimm bis in die 70er Jahre des 20. Jhs. Reimindices finden sich gelegentlich auch in Indices und Konkordanzen (vgl. Gärtner/Kühn 1984, 623 f.).

Zur Geschichte der Reimlexikographie vgl.: Ebert 1826, Vorwort; Jandebeur 1926, 13—26; Leclercq 1975, 131—249; Art. 111.

11. Literatur in Auswahl

11.1. Wörterbücher

Adelung 1774—1786 = Johann Christoph Adelung: Versuch eines vollständigen grammatisch=kritischen Wörterbuches Der Hochdeutschen Mundart, mit beständiger Vergleichung der übrigen Mundarten, besonders aber der oberdeutschen. 5 Theile. Erster Theil, von A—E. Dem noch beygefüget ist des Herrn M. Fulda Preisschrift über die beyden deutschen Haupt=Dialecte. Leipzig 1774 [XVI, 1840 Sp.]; Zweyther Theil, von F—K. Leipzig 1775 [VIII, 1856 Sp.]; Dritter Theil, von L—Scha. Leipzig 1777 [VI, 1716 Sp.]; Vierter Theil, von Sche—V. Leipzig 1780 [VIII, 1704 Sp.]; Fünften und letzten Theils Erste Hälft, von W—Z. Leipzig 1786 [IV, 476 Sp.].

Adelung 1793—1801 = Johann Christoph Adelung: Grammatisch-kritisches Wörterbuch der Hochdeutschen Mundart, mit beständiger Vergleichung der übrigen Mundarten, besonders aber der Oberdeutschen. Zweyte vermehrte und verbesserte Ausgabe. Erster Theil, von A—E. Leipzig 1793 [VIII, 1992 Sp.]; Zweyter Theil, von F—L. Leipzig 1796 [2140 Sp.]; Dritter Theil, von M—Scr. Leipzig 1798 [1762 Sp.]; Vierter Theil, von Seb—Z. Leipzig 1801 [IV, 1796 Sp.] (Nachdruck. Mit einer Einführung und Bibliographie von Helmut Henne. Hildesheim. New York 1970).

Agricola 1529 = Johann Agricola: Drey hundert Gemeyner Sprichwörter der wir Deutschen uns gebrauchen und doch nicht wissen woher sie kommen. Hagenau 1529 [132 S.].

Alberus 1540 = Erasmus Alberus: Novum Dictionarii genus, in quo vltimis seu terminalibus Germanicarum uocum syllabis obseruatis, Latina vuocabula, cum suis quaecumque synonymis, additis loquendi etiam figuris ac modis protinus sese offerunt, Ex nariis authoribus collectum. Frankfurt 1540 (Nachdruck mit einem Vorwort von Gilbert de Smet. Hildesheim. New York 1975 [XII*, o. S.].

Anonymus 1742 = Von den gleichgültigen Wörtern überhaupt, und besonders in der deutschen Sprache. In: Critische Versuche zur Aufnahme der deutschen Sprache. Bd. 1. Greifswald 1742, 49—76; 175—184; 494—509; 604—616.

Augustin 1795 = [Christian Friedrich Bernhard Augustin]: Idiotikon der Burschensprache. In: Bemerkungen eines Akademikers über Halle und dessen Bewohner, in Briefen, nebst einem Anhange, enthaltend die Statuten und Gesetze der Friedrichsuniversität, ein Idiotikon der Burschensprache, und den sogenannten Burschenkomment. Germanien [Quedlinburg] 1795, 343—438. Neudruck in: Wörterbücher des 18. Jahrhunderts zur deutschen Studentensprache. Hrsg. von Helmut Henne und Georg Objartel. Berlin. New York 1984 (Bibliothek zur historischen deutschen Studenten- und Schülersprache 2), 315—443.

Aurbacher 1828 = Ludwig Aurbacher: Kleines Wörterbuch der deutschen Sprache, nach Joh. Christ. Adelung's größerem Wörterbuche mit bes. Rücksicht auf die oberdeutsche Mundart. Sulzbach 1828 [VIII, 645 S.].

Baermann 1810 = Nikolaus Georg Baermann: Homonymicon der Deutschen. Oder vollständiges Verzeichniß aller gleichlautenden, dem Sinne nach aber verschiedenen Wörter der deutschen Sprache. Ein nothwendiges und bequemes Handbuch für Jeden, der diese Sprache studiren will; so wie ein nothwendiger Anhang zu jeder deutschen Sprachlehre, besonders aber zum Schulgebrauche lexikographisch dargestellt. Hamburg. Altona 1810 [XV, 128 S.].

Baum 1872 = J. Baum: Neues und vollständiges Fremdwörterbuch, enthaltend mehr als 27 000 fremde Wörter, die im gewerblichen Verkehr, in der Schrift- und Umgangssprache, in den Zeitungen etc. vorkommen und hier mit ihrer Aussprache und Rechtschreibung verdeutscht erklärt werden. Ein bequemes und unentbehrliches Handbuch für jedes Alter und jeden Stand, besonders für Kaufleute, Fabrikanten, Gewerbetreibende etc. Mülheim a. d. R. 1872 [XII, 318 S.].

Borchardt/Wustmann 1894 = Wilhelm Gustav Borchardt und Georg Wustmann: Die sprichwörtlichen Redensarten im deutschen Volksmund. 2. Auflage Leipzig 1894 [X, 534 S.] (1. Auflage von W. G. Borchardt verfaßt. Leipzig 1888 [XVI, 478 S.]).

Borneman 1971 = Ernest Borneman: Der obszöne Wortschatz der Deutschen. Reinbek bei Hamburg 1971.

Braun 1793 = Heinrich Braun: Deutsches orthographisch-grammatisches Wörterbuch, mit einem Verzeichnisse ausländischer Wörter und Redensarten, welche im gemeinen Leben am öftesten vorkommen, und lieber deutsch gegeben werden sollen. Auf kurfürstlichen höchsten Befehl zum Gebrauche der deutschen Schulen herausgegeben. Nun nach J. Ch. Adelungs grossem Wörterbuche und andern guten Sprachlehrern um die Hälfte vermehrt, durchaus verbessert, und mit einigen kritisch- und etymologischen Anmerkungen versehen von V. v. P. [Vincent von Pallhausen]. München 1793 [XVIII, 326 S.; 1. Auflage München 1767].

Brennert 1898 = Hans Brennert: Modeworte. Aus dem Mitteleuropäischen. Berlin 1898 [VII, 75 S.].

Brugger 1855 = Joseph Dominik Carl Brugger: Fremdwörterbuch für das deutsche Volk mit 140 000 Fremdwörtern, worunter sehr viele neue sich befinden, mit neuen Übersetzungen, die nicht blos zum Verständniß der in Zeitungen und Büchern aller Art vorkommenden Fremdwörter dienen, sondern auch zum Verdrängen derselben durch deutsche Wörter im Leben geeignet sind. Heidelberg 1855 [VIII, 217 S.].

Büchmann 1864 = Georg Büchmann: Geflügelte Worte. Berlin 1864 [543 S.].

Bücking 1797 = Johann Jacob Heinrich Bücking: Versuch einer medicinischen und physikalischen Erklärung deutscher Sprichwörter und sprichwörtlicher Redensarten. Stendal 1797 [560 S.] (Nachdruck Leipzig 1976).

Bührer 1812 = Victor Matthias Bührer: Hülfswörterbuch für Deutsche, oder Anweisung zu richtigem Aussprechen, Schreiben und Verstehen fremder Wörter, welche in deutscher Schrift und Sprache am häufigsten vorkommen. Stuttgart 1812.

Campe 1801 = Joachim Heinrich Campe: Wörterbuch zur Erklärung und Verdeutschung der unserer Sprache aufgedrungenen fremden Ausdrücke. Ein Ergänzungsband zu Adelung's Wörterbuche. Braunschweig 1801 (Nachdruck der neuen stark vermehrten und durchgängig verbesserten Ausgabe Braunschweig 1813 [XIV, 76 S., 673 S.] Hildesheim. New York 1970).

Campe 1807—1811 = Joachim Heinrich Campe: Wörterbuch der Deutschen Sprache. 5 Theile. Erster Theil. A — E. Braunschweig 1807 [XXIV, 1023]; Zweiter Theil F — K. Braunschweig 1808 [VI, 1116]; Dritter Theil L — R. Braunschweig 1809 [IV, 908]; Vierter Theil S und T (Nebst einer Beilage). Braunschweig 1810 [IV, 940]; Fünfter und letzter Theil U — Z. Braunschweig 1811 [IV, 977] (Nachdruck. Mit einer Einführung und Bibliographie von Helmut Henne. Hildesheim. New York 1969).

Dähnert 1781 = Johann Carl Dähnert: Platt-Deutsches-Wörter-Buch nach der alten und neuen Pommerschen und Ruegischen Mundart. Stralsund 1781 [562 S.] (Neudruck Wiesbaden 1967).

Dasypodius 1536 = Petrus Dasypodius: Dictionarium Latinogermanicum, Voces Propemodum universas in autoribus Latinae probatis, ac vulgo receptis occurrentes Germanice explicans, Germanicae Dictiones iuxta Seriem literarum digestae, expositaeque vocabulis Latinis. Straßburg 1536 [490 S.] (Nachdruck. Mit einer Einführung von Gilbert de Smet. Hildesheim. New York 1974).

Delbrück 1796 = Friedrich Delbrück: Deutsche Sinnverwandte Wörter verglichen in Hinsicht auf Sprache, Seelenlehre und Moral. Erste Sammlung. Leipzig 1796.

Deutsches Fremdwörterbuch 1913—1983 = Deutsches Fremdwörterbuch. Begonnen von Hans Schulz, fortgeführt von Otto Basler, weitergeführt am Institut für deutsche Sprache. 7 Bde. Straßburg. Berlin. New York 1913—1983.

von Düringsfeld/von Reinsberg-Düringsfeld 1872— 1875 = Ida von Düringsfeld und Otto von Reinsberg-Düringsfeld: Sprichwörter der germanischen und romanischen Sprachen vergleichend zusammengestellt. 2 Bde. 1. Bd. Leipzig 1872 [XVI, 522 S.]. 2. Bd. Leipzig 1875 [VIII, 638 S.] Leipzig 1872—1875 (Nachdruck Hildesheim 1973).

Eberhard 1795—1802 = Johann August Eberhard: Versuch einer allgemeinen deutschen Synonymik in einem kritisch-philosophischen Wörterbuche der sinnverwandten Wörter der hochdeutschen Mundart. 6 Theile. 1. Theil A—C. Nebst einem Versuch einer Theorie der Synonymik. Halle. Leipzig 1795; 2. Theil D—E. Halle. Leipzig 1797; 3. Theil F—G. Halle. Leipzig 1798; 4. Theil G—J. Halle. Leipzig 1799; 5. Theil L—R. Halle. Leipzig 1800; 6. Theil S—Z. Nebst einem vollständigen Register über alle sechs Theile. Halle. Leipzig 1802.

Eberhard/Maaß 1819—1821 = Johann August Eberhard's Versuch einer allgemeinen deutschen Synonymik in einem Kritisch-philosophischen Wörterbuch der sinnverwandten Wörter der hochdeutschen Mundart. 2. vermehrte und wohlfeilere Auflage herausgegeben von Joh. Gebh. Ehrenr. Maaß. 12 Theile in 6 Bdn. Halle, Leipzig 1819—1821.

Eberhard/Maaß/Gruber 1826—1830 = Versuch einer allgemeinen teutschen Synonymik in einem Kritisch-philosophischen Wörterbuch der sinnverwandten Wörter der hochdeutschen Mundart von Joh. Aug. Eberhard und Joh. Gebh. Ehrenr. Maaß. 3. Ausgabe, fortgesetzt und herausgegeben von Johann G. Gruber. 6 Bde. Halle, Leipzig 1826—1830.

Eberhard/Maaß/Gruber/Meyer 1852—1853 = Deutsche Synonymik von Eberhard, Maaß und J. G. Gruber. 4. Auflage durchgesehen, ergänzt und vollendet von Carl Hermann Meyer. 2 Bde. Leipzig 1852—1853. [IV, 1111 S.; Neudruck Hildesheim, New York 1971].

Eiselein 1840 = Josua Eiselein: Die Sprichwörter und Sinnreden des deutschen Volkes in alter und neuer Zeit, zum erstenmal aus den Quellen geschöpft, erläutert und mit einer Einleitung versehen. 2. Auflage Freiburg 1840 [674 S.; 1. Auflage. Donaueschingen 1838] (Nachdruck Leipzig 1980).

Eisenhart 1759 = Johann Friedrich Eisenhart: Deutsches Recht in Sprichwörtern. Nach seinem Werk „Grundsätze der deutschen Rechte in Sprüchwörtern". Helmstädt 1759, neu bearbeitet und mit Anmerkungen sowie mit einem Vor- und Nachwort versehen von Kurt Waldmann. Berlin 1935 [274 S.].

Erklärendes Fremdwörterbuch 1878 = Erklärendes Fremdwörterbuch der in der Schrift- und Umgangssprache vorkommenden fremdländischen Ausdrücke und Redensarten, nebst Angabe ihrer richtigen Aussprache, Betonung und Abstammung. 7. Auflage Leipzig 1878.

Erlitz 1934 = William Erlitz: Fremdwörter r-r-raus! Sprecht und schreibt endlich deutsch! Hier sind 1200 Fremdwörter übersetzt. Caputh-Potsdam 1934.

Eyering 1601—1603 = Eucharius Eyering: Proverbiorum Copia. Etlich viel hundert Lateinischer und Teutscher schöner und lieblicher Sprüchwörter, wie die Teutschen auff Latein und die Lateinischen auff Teutsch ausgesprochen, mit schönen Historien, Apologis, Fabeln und Gedichten geziert. 3 Bde. Eisleben 1601—1603.

Frisch 1741 = Johann Leonhard Frisch: Teutsch-Lateinisches Wörter-Buch, Darinnen Nicht nur die ursprünglichen, nebst denen davon hergeleiteten und zusammengesetzten allgemein gebräuchlichen Wörter, sondern die bey den meisten Künsten und Handwerken, bey Berg- und Salzwerken, Fischereyen, Jagd- Forst- und Hauß-Wesen u. a. m. gewöhnliche Teutsche Benennungen befindlich, Vor allen, was noch in keinem Wörter-Buch geschehen. Denen Einheimischen und Ausländern, so die in den mittleren Zeiten geschriebenen Historien, Chroniken, Ubersetzungen, Reimen u. d. g. mit ihren veralteten Wörtern und Ausdrücken verstehe wollen, möglichst zu dienen. Mit überall beygesetzter Anführung der Stellen, wo dergleichen in den Büchern zu finden, Samt angehängter Theils versicherten, theils muthmaßlichen Etymologie und critischen Anmerkungen; Mit allem Fleiß viel Jahr über zusammengetragen, Und jetzt den Gelehrten zur beliebigen Vermehrung und Verbesserung überlassen. Nebst einem Register der Lateinischen Woerter. 2 Theile. Berlin 1741 [zus. 1285 S.] (Neudruck. Mit einer Einführung und Bibliographie von Gerhardt Powitz. Hildesheim. New York 1977).

Fuchs 1907 = Rudolf Fuchs. Die Kundensprache. Spalt 1907.

Fulda 1788 = Friedrich Carl Fulda: Versuch einer allgemeinen teutschen Idiotikensammlung, Sammlern und Liebhabern zur Ersparung vergeblicher Mühe bey bereits schon aufgefundenen Wörtern, und zu leichterer Fortsetzung gegeben. Berlin. Stettin 1788.

Genthe 1834 = Friedrich Wilhelm Genthe: Handwörterbuch deutscher Synonymen, oder Erklärung der in der deutschen Sprache vorkommenden ähnlich- und gleichbedeutenden (sinnverwandten) Wörter. Ein Hilfsbuch für Lehrer in der deutschen Sprache und für Alle, welche richtig und genau bezeichnend sprechen und schreiben wollen. Eisleben. Leipzig 1834 [VI, 375 S.].

Genthe 1892 = Arnold Genthe: Deutsches Slang. Eine Sammlung familiärer Ausdrücke und Redensarten. Straßburg 1892.

Gottsched 1758 = Johann Christoph Gottsched: Beobachtungen über den Gebrauch und Misbrauch vieler deutscher Wörter und Redensarten. Straßburg. Leipzig 1758.

Gottsched 1762 = Johann Christoph Gottsched: Orthographisches Verzeichniß gewisser zweifelhafter Wörter. In: Vollständigere und Neuerläuterte Deutsche Sprachkunst, Nach den Mustern der besten Schriftsteller des vorigen und itzigen Jahrhunderts abgefasset, und bey dieser fünften Auflage merklich verbessert. Leipzig 1762 (Abgedruckt in: Johann Christoph Gottsched: Ausgewählte Werke. Hrsg. v. P. M. Mitchell. Bd. 8.1: Deutsche Sprachkunst. Bearbeitet von Herbert Penzl. Berlin. New York 1978, 153—190).

Graf/Dietherr 1869 = Deutsche Rechtssprichwörter. Gesammelt und erklärt von Eduard Graf und Mathias Dietherr unter Mitwirkung von Johann Caspar Bluntschli und Karl Maurer. Auf Veranlassung und mit Unterstützung Sr. Majestät des Königs von Bayern Maximilian II. herausgegeben durch die historische Commission bei der königl. Academie der Wissenschaften. Zweite Ausgabe Nördlingen 1869 [XVI, 603 S.; 1. Auflage Nördlingen 1864] (Neudruck München 1975).

Grimm 1854 = Jacob Grimm und Wilhelm Grimm: Deutsches Wörterbuch. Erster Band: A—Biermolke. Leipzig 1854 [XCII, 1824 Sp.].

Groeben 1774 = Georg Friedrich von der Groeben: Erläuterungen zum Verstand der Schiffahrt und des Seekriegs nach alphabetischer Ordnung. Breslau 1774.

Großkopf 1759 = Johann August Großkopf: Neues und wohl eingerichtetes Forst-, Jagd- und Weidewercks-Lexicon, worinnen fast alle und jede, bey dem Forst- und Jagd-Wesen vorkommende Wörter und Benennungen, nach rechter Jäger-Manier und Weidmännischer Mund-Art ausgedrückt, auch deren Verstand und Inhalt deutlich beschreiben, alles aus selbst eigner Erfahrung zusammen getragen, und der Jägerey-lernenden Jugend zum Besten in alphabetischer Ordnung gebracht. Langensaltza 1759 [352 S.].

Grübel 1874 = Valentin Grübel: Taschen-Fremdwörter-Büchlein. (Erklärung der in den deutschen Schriften und Zeitungen, sowie in gerichtlichen Angelegenheiten am häufigsten vorkommenden Fremdwörter.) Zum Gebrauche und zur Belehrung für Schulen, sowie für den Geschäfts- und Landmann. Ansbach 1874 [32 S.].

Grünwald 1695 = Martin Grünwald: Reicher und ordentlicher Vorrath der männlichen und weiblichen Reime. Seinen Untergebenen und allen Liebhabern der edlen Poesie zum Besten, auff solche Art, dass man ohne die geringste Mühe und ohne hinderliches Nachdencken die nöthigen Reime finden kan, mit Fleiss zusammen getragen. Budissin 1695 [224 S.].

Gruterus 1611 = Janus Gruterus: Florilegii ethicopolitici. Accedunt gnomae paroemiaeque Graecorum: Item proverbia Germanica, Belgica, Britannica, Italica, Gallica. Frankfurt/M. 1611 [471 S.].

Harsdörffer 1628 = Georg Philipp Harsdörffer: Pindus poeticus, d. i.: Poetisches Lexicon. Nürnberg 1628.

Harsdörffer 1718 = Georg Philipp Harsdörffer: Compendieuses lexicon apophtegmaticum, oder starck fliessende Quelle künstlicher Redens-Arten und sinnreicher Lehren. Herausgegeben nebst einer Zugabe von dreyssig schertzhafften Briefen durch Harpagiandern. Nürnberg 1718 [679 S.].

Heinse 1825 = Gottlieb Heinrich Heinse: Encyklopädisches Wörterbuch, oder alphabetische Erklärung aller Wörter aus fremden Sprachen, die im Deutschen angenommen sind, wie auch aller in den Wissenschaften, bei den Künsten und Handwerken üblichen Kunstausdrücke. 2. Auflage in 3 Bdn. Zeitz 1825 [1. Auflage in 11 Bdn. Zeitz 1793—1805].

Heinsius 1818—1822 = Theodor Heinsius: Volksthümliches Wörterbuch der Deutschen Sprache mit Bezeichnung der Aussprache und Betonung für die Geschäfts- und Lesewelt. 4 Bde. Hannover 1818—1822.

Henisch 1616 = Georg Henisch: Teütsche Sprach und Weißheit. Thesaurus linguae et sapientiae Germanicae. Augsburg 1616 [1873 S.] (Nachdruck. Hildesheim. New York 1973).

Heupold 1602 = Bernhard Heupold: Teutsches Dictionariolum, welches außlegt unnd erklärt etliche schwere unbekände Teutsche Grichische Lateinische Hebraisch, Welsche und Frantzösische auch anderer Nation Wörter so mit der weil in Teutsche Sprach kommen seind [...] beschrieben, sampt etlichen zierlichen zu allerley Welt-werck schönen Wörtern, beneben einem kurtzen Extract der fürnemsten allegationen in beiden Rechten, Wörter. Frankfurt 1602 [357 S.].

Heyse 1807 = Johann Christian August Heyse: Kurzgefaßtes Verdeutschungs-Wörterbuch zum Verstehen und Vermeiden der in unserer Sprache mehr oder minder gebräuchlichen fremden Ausdrücke. Nordhausen 1807.

Hillebrand 1858 = Julius Hubert Hillebrand: Deutsche Rechtssprichwörter. Gesammelt und erläutert. Zürich 1858 [XXIII, 247 S.].

Holzmann 1814 = A. Holzmann: Neues vollständiges Wörterbuch, nach den besten bis jetzt erschienenen Wörterbüchern und vorzüglich nach Adelung und Campe bearbeitet. Augsburg 1814.

Hübner 1696 = Johann Hübner: Poetisches Handbuch. Das ist ein vollständiges Reim-Registern nebst einem ausführlichen Unterricht von den deutschen Reimen, allen Anfängern in der deutschen Poesie zu großen Nutzen mit höchstem Fleisse zusammen getragen. Leipzig 1696 [1003 S.].

Hübner 1712 = Johann Hübner: Curieuses und reales Natur- Kunst- Berg- Gewerck- und Handlungs-Lexicon. Leipzig 1712 [2144 S.].

Hulsius 1607 = Levinus Hulsius: Dictionaire francois alemand & Alemand françois. Non paravant veu, ni imprimé. Dictionarium Teutsch Frantzösisch unnd Frantzösisch Teutsch. Vor disem niemals gesehen noch gedruckt. Frankfurt 1607.

Jahn 1806 = Johann Friedrich Ludwig Christoph Jahn: Bereicherung des Hochdeutschen Sprachschatzes versucht im Gebiethe der Sinnverwantschaft, ein Nachtrag zu Adelung's und eine Nachlese zu Eberhard's Wörterbuch. Leipzig 1806.

Jung 1885 = Friedrich Wilhelm Jung: Handbuch der Dichtkunst oder Reimlexicon. Neu bearbeitet von August Hager. Chemnitz 1885.

Kaltschmidt 1852 = Jakob Heinrich Kaltschmidt: Allgemeines Fremdwörterbuch nebst Erklärung der in der deutschen Sprache vorkommenden fremden Wörter und landschaftlichen Ausdrücke mit Angabe ihrer Abstammung. Zum praktischen Nutzen für alle Stände bearbeitet. Stereotypausgabe. 2. Abdruck Nördlingen 1852.

Kehrein 1876 = Joseph Kehrein: Fremdwörterbuch mit etymologischen Erklärungen und zahlreichen Belegen aus Deutschen Schriftstellern. Stuttgart 1876 [XII, 772 S.].

Kehrein 1898 = Joseph Kehrein und Franz Kehrein: Wörterbuch der Weidmannssprache für Jagd- und Sprachfreunde aus den Quellen bearbeitet [IX, 338 S.] (Neudruck. Wiesbaden 1969).

Kinderling 1795 = Johann Friedrich August Kinderling: Über die Reinigkeit der deutschen Sprache und die Beförderungsmittel derselben mit einer Musterung der fremden Wörter und anderen Wörterverzeichnissen. Berlin 1795 (Neudruck. Leipzig 1977).

Klenz 1910 = Heinrich Klenz: Schelten-Wörterbuch. Die Berufs- besonders Handwerksschelten und Verwandtes. Straßburg 1910.

Kluge 1895 = Friedrich Kluge: Deutsche Studentensprache. Straßburg 1895.

Kluge 1911 = Friedrich Kluge: Seemannssprache. Wortgeschichtliches Handbuch deutscher Schiffahrtsausdrücke älterer und neuerer Zeit auf Veranlassung des Königlich Preußischen Ministeriums der geistlichen, Unterrichts- und Medizinalangelegenheiten. Halle (Saale) 1911 [XII, 847 S.] (Nachdruck Kassel 1973).

Körte 1837 = Wilhelm Körte: Die Sprichwörter und sprichwörtlichen Redensarten der Deutschen. Nebst den Redensarten der Deutschen Zech-Brüder und Aller Praktik Großmutter, d. i. der Sprichwörter ewigem Wetter-Kalender. Gesammelt und mit vielen schönen Versen, Sprüchen und Historien in ein Buch verfasst. Leipzig 1837 [XL, 567 S.] (Neudruck Hildesheim 1974).

Kramer 1700—1702 = Matthias Kramer: Das herrlich Grosse Teutsch-Italiänische Dictionarium, oder Wort- und Red-Arten-Schatz der unvergleichlichen Hoch-teutschen Grund- und Haupt-Sprache. 2 Theile. Erster Theil: A—L. Nürnberg 1700 [980 S.]. Anderer Theil: M—Z. Nürnberg 1702 [1502 S.] (Nachdruck. Mit einer Einführung und Bibliographie von Gerhard Ising. Hildesheim. Zürich. New York 1982).

Kunitsch 1803 = Michael Kunitsch: Grammatisch-orthographisches Wörterbuch der Homonyme der Deutschen Sprache. Ein Handbuch für Kanzelleyen und Schulen nach Adelungs Grundsätzen. 2 Bde. Grätz 1803.

Ladendorf 1906 = Otto Ladendorf: Historisches Schlagwörterbuch. Straßburg 1906.

Lehmann 1630 = Christoph Lehmann: Florilegium Politicum oder politischer Blumengarten, darin auserlesene politische Sentenz, Lehren, Regulä und Sprichwörter aus Jurisconsultis, Politicis, Historicis, Philosophis, Poeten und eigener Erfahrung unter 286 Tituln zu sonderem Nutzen und Lust Hohen und Nidern im Reden, rathen und schreiben, das Gut zu brauchen, und das Böss zu meiden in locos communes zusammengetragen. Frankfurt 1630 [947 S.].

Leineweber 1922 = Heinrich Leineweber: Die Weisheit auf der Gasse. Zusammenstellung und Erklärung von Sprichwörtern und sprichwörtlicher Redensarten. Für Schule und Haus bearbeitet. 3., verbesserte Auflage besorgt von Anselm Leineweber. Paderborn 1922 [XVI, 255 S.; 1. Auflage Paderborn 1897].

Loof 1870 = Friedrich Wilhelm Loof: Allgemeines Fremdwörterbuch enthaltend die Verdeutschung und Erklärung der in der deutschen Schrift und Umgangssprache, sowie in den einzelnen Künsten und Wissenschaften vorkommenden fremden oder nicht allgemein bekannten deutschen Wörter und Ausdrücke mit der Bezeichnung der Abstammung, Aussprache und Betonung. Langensalza 1870.

Maaler 1561 = Josua Maaler: Die Teütsch spraach. Alle wörter namen un arten zu reden in Hochteütscher spraach dem ABC nach ordenlich gestellt unnd mit guotem Latein gantz fleissig unnd eigentlich vertolmetscht dergleychen bißhär nie gesähen. Dictionarium Germanicolatinum novum. Zürich 1561 [536 S.] (Neudruck mit einer Einführung von Gilbert de Smet. Hildesheim. New York 1971).

Männling 1715 = Johann Christoph Männling: Teutsches Poetisches Lexicon der auserlesensten Phrasiologi, aus Opitz, Tscherning, Flemming, Hoffmannswaldau, Lohenstein, Gryphiis und andern hellen Sternen Schlesiens. Frankfurt/M. Leipzig 1715 [310 S.; Reimlexikon 63 S.].

Marbach 1847 = Gotthard Oswald Marbach: Sprichwörter und Spruchreden der Deutschen. Leipzig 1847 [131 S.] (Nachdruck Wiesbaden 1977).

Mejsner 1705 = Ernst Mejsner [recte: Johann Erhard Michaelis]: Ein Hundert Dreyundreyßig Gotteslästerliche, gottlose, schändliche und schädliche, auch unanständige, und theils falsche teutsche Sprüch-Wörter, höchst-sträffliche eingeschlichene Redens-Arten, ungeziemende Reime und grobe Gewohnheiten, samt derselbigen Schrifft- und rechtmäßigen Wiederlegung, dem Unverstande der Welt zu begegnen, und zu bessern Verstande zu bewegen. Eisenberg 1705 (Nachdruck Leipzig 1976).

Meyer 1849 = Christian Friedrich Meyer: Handwörterbuch deutscher sinnverwandter Ausdrücke. Leipzig 1849.

Minerophilus 1730/1742 = Minerophilus Freibergensis: Neues und Curieuses Bergwercks-Lexicon, Worinnen nicht nur Alle und jede beym Bergwerck, Schmeltz-Hütten, Brenn-Hause, Saiger-Hütten, Blau-Farben-Mühlen, Hammerwercken etc. vorkommende Benennungen, sondern auch derer Materien, Gefäße, Instrumenten, und Arbeits-Arten Beschreibung enthalten. Alles nach dem gebräuchlichen Bergmännischen Stylo, so wohl aus eigener Erfahrung, als aus bewehrtesten Scribenten mit besonderm Fleiß zusammen getragen und in alphabetische Ordnung zu sehr beqvehmen Nachschlagen gebracht. Chemnitz 1730 und 1742 [742 S.].

Moritz 1793–1800 = Philipp Moritz: Grammatisches Wörterbuch der deutschen Sprache. 1. Band: A–C. Berlin 1793. [300 S.] 2. Band: D–M. Fortgesetzt von Johann Ernst Stutz. Berlin 1794. [390 S.] 3. Band: N–S. Fortgesetzt von Balthasar Stenzel. Berlin 1797. [454 S.] 4. Band: S–Z. Fortgesetzt von Johann Christoph Vollbeding. Berlin 1800 [454 S.] (Nachdruck Hildesheim. New York 1970).

Mosqua 1812 = Friedrich Wilhelm Mosqua: Wörterbuch zur Beförderung der teutschen Sprachreinigung. Königsberg 1812.

Müller 1870 = Otto Müller: Die Kunst der Beredtsamkeit. Eine auf Erfahrung begründete Anleitung, die Kunst der Poesie in Bezug auf Form, Versmaß und Reim durch Selbstunterricht sich anzueignen. Mit Musterbeispielen und einem vollständigen Reimlexikon. Wien 1870 [XV, 217 S.].

Nehring 1687 = Johann Christoph Nehring: Manuale Juridico-Politicum, Diversorum Terminorum, Vocabulorum. Oder Hand-Buch. Frankfurt 1687 [7. Aufl. Gotha 1717].

Ostwald 1906 = Hans Ostwald: Rinnsteinsprache. Berlin 1906.

Petri 1604/1605 = Friedrich Petri: Der Teutschen Weissheit Das ist: Außerlesen kurtze sinnreiche lehrhaffte und sittige Sprüche und Sprichwörter in schönen Reimen oder schlecht ohn Reim. Hamburg 1604/1605 (Nachdruck herausgegeben und eingeleitet von Wolfgang Mieder. Bern 1983).

Petri 1805 = Friedrich Erdmann Petri: Versuch einer deutschen Homoeophonik, oder Sammlung und Erläuterung gleich- und ähnlich-lautender wörter. Nebst einem Anhange der gewöhnlichsten Schriftverkürzungen. Ein Hülfsbüchlein zum Jugendunterrichte und zur Selbstbelehrung. Pirna 1805.

Pistorius 1716 = Georg Tobias Pistorius: Thesaurus paroemiarum Germanico-juridicarum, Teutsch-Juristischer Sprichwörter-Schatz, in quo mille et quod excurrit Germanorum dicteria, cumprimis iuris, recensentur. Leipzig 1716.

Poeticus 1921 = Poeticus [recte: Friedrich Josef Pesendorfer]: Wie werde ich ein Dichter? Neues deutsches Reimwörterbuch. Linz a. D. 1921 [37 S.].

Popowitsch 1780 = Johann Siegmund Valentin Popowitsch: Versuch einer Vereinigung der Mundarten von Teutschland als eine Einleitung zu einem vollständigen Teutschen Wörterbuche mit Bestimmungen der Wörter und beträchtlichen Beiträgen zur Naturgeschichte aus den hinterlassenen Schriften des berühmten Herrn Prof. Joh. Siegm. Val. Popowitsch. Wien 1780 [649 S.].

Reinhold 1812 = Carl Leonhard Reinhold: Grundlegung einer Synonymik für den allgemeinen Sprachgebrauch in den philosophischen Wissenschaften. Kiel 1812 [XXXII, 320 S.].

Richey 1755 = Michael Richey: Idioticon Hamburgense oder Wörter-Buch, Zur Erklärung der eigenen, in und um Hamburg gebräuchlichen, Nieder-Sächsischen Mund-Art. Jetzo vielfältig vermehret, und mit Anmerckungen und Zusätzen Zweener berühmter Männer, nebst einem Vierfachen Anhange. Hamburg 1755 [480 S.] (Neudruck Leipzig 1976).

Roth 1571 = Simon Roth: Ein Teutscher Dictionarius, dz. ist ein außleger schwerer unbekanter Teutscher Griechischer Lateinischer Hebraischer Wälscher und Frantzösischer auch andrer Nationen wörter so mit der weil inn Teutsche sprach kommen seind und offt mancherley irrung bringen: hin und wiider auß manicherley geschrifften und gemainer Red zusamen gelesen außgelegt und also allen Teutschen sonderlich aber denen so zu Schreibereien kommen und Ampts verwaltung haben aber des Lateins unerfarn seind zu gutem. Augsburg 1571 [132 Bl.] (Neu herausgegeben von E. Öhmann in: Mémoires de la Société Néophilologique de Helsingfors 11. 1936, 225–370).

Roth 1788 = Johann Friedrich Roth: Gemeinnütziges Lexikon für Leser aller Klassen, besonders für Unstudirte, oder Erklärung der gebräuchlichen Redensarten und Kunstwörter. Nürnberg 1788.

Sailer 1810 = Johann Michael Sailer: Die Weisheit auf der Gasse, oder Sinn und Geist deutscher Sprichwörter. Ein Lehrbuch für uns Deutsche, mitunter auch eine Ruhebank für Gelehrte, die von ihren Forschungen ausruhen möchten. Augsburg 1810.

Sanders 1860—1865 = Daniel Sanders: Wörterbuch der Deutschen Sprache. Mit Belegen von Luther bis auf die Gegenwart. 3 Bde. Erster Band: A—K. Leipzig 1860 [1065 S.]; Zweiter Band. Erste Hälfte: L—R. Leipzig 1863 [825 S.]; Zweiter Band. Zweite Hälfte: S—Z. Leipzig 1865 [1828 S.].

Sanders 1871 = Daniel Sanders: Fremdwörterbuch. 2 Bde. Bd. 1: A—K. Leipzig 1871 [XIV, 730 S.]; Bd. 2: L—Z. Leipzig 1871 [616 S.].

Sanders 1884 = Daniel Sanders: Verdeutschungswörterbuch. Leipzig 1884 [XII, 255 S.].

Sanders 1899 = Daniel Sanders: Citatenlexikon. Sammlung von Citaten, Sprichwörtern, sprichwörtlichen Redensarten und Sentenzen. Mit einem Bildnis des Verfassers. Leipzig 1899 [VI, 712 S.].

Schirmer 1911 = Alfred Schirmer: Wörterbuch der deutschen Kaufmannssprache. Auf geschichtlichen Grundlagen. Mit einer systematischen Einteilung. Straßburg 1911 [IL, 218 S.].

Schmeller 1827—1837 = Johann Andreas Schmeller: Bayerisches Wörterbuch. Stuttgart. Tübingen 1827—1837 (3. Neudruck der von G. Karl Frommann bearbeiteten 2. Ausgabe München 1872—1877. Mit der wissenschaftlichen Einleitung zur Ausgabe Leipzig 1939 von Otto Mausser und mit einem Vorwort von 1961 von Otto Basler. 2 Bde. Bd. 1, enthaltend Theil I und II der ersten Ausgabe. Aalen 1973 [61 S., XV, 1784 Sp.]. Bd. 2, enthaltend Theil III und IV der ersten Ausgabe. Aalen 1973 [XXIV, 1264 Sp.]).

Schmid 1795 = Johann Christoph Schmid: Versuch eines schwäbischen Idiotikon, oder Sammlung der in verschiedenen schwäbischen Ländern und Städten gebräuchlichen Idiotismen. Mit etymologischen Anmerkungen. Berlin. Stettin 1795 [142 S.].

Schmiedel 1820—1827 = Friedrich Leopold Schmiedel: Handwörterbuch der deutschen Sprache, nach J. Chr. Adelung's großem Wörterbuche, mit Rücksicht auf die Sprachlehre der k.-k. Normal- und Hauptschulen bearbeitet. 3 Theile in 4 Bänden. Wien 1820—1827.

Schmitt 1809 = Joseph Schmitt: Handbuch der Synonymik zum Gebrauche für Schulen. Frankfurt/M. 1809.

Schöpper 1550 = Jacob Schöpper: Synonyma. Das ist Mancherley gattungen Deutscher worter so im Grund einerley bedeutung haben. Allen Predigern, Schreibern und Rednern zuo dienste colligiert und zusammen getragen. Dörtmünd 1550 [118 S.].

van der Schueren = Gherard van der Schueren: Vocabularius qui intitulatur Teuthonista vulgariter dicendo der Duytschlender. Köln 1477 [405 Bl.] (Gherard van der Schueren's Teuthonista of Duytschlender. In een nieuwe bewerking vanwege de Maatschappij der Nederlands Letterkunde uitgegeven door J. Verdam. Leiden 1896).

Schütze 1800—1806 = Johann Friedrich Schütze: Holsteinisches Idiotikon, ein Beitrag zur Volkssittengeschichte; oder Sammlung plattdeutscher, alter und neugebildeter Worte, Wortformen, Redensarten, Volkswitzes, Sprichwörter, Spruchreime, Wiegenlieder, Anekdoten und aus dem Sprachschatze erklärter Sitten, Gebräuche, Spiele, Fest der alten und neuen Holsteiner. Mit Holzschnitten. 4 Theile. Hamburg 1800—1806 [zus. 1448 S.] (Neudruck Osnabrück 1973).

Schwartzenbach 1554 = Leonhardus Schwartzenbach: Synonyma. Formular, Wie man ainerley rede und mainung mit andern mehr worten auff mancherley art und weise zierlich reden schreiben und außsprechen sol. Item Bericht und Außlegung etlich Lateinischer wörter so täglich inn und ausserhalb Gerichts gebraucht und zum theil im Teutschen corrumpiert werden. Auch underschied derselben daneben vermeldet und angezeigt. Für die jungen noch ungeübeten Schreiber gestellet. Nürnberg 1554 (Nachdruck der Ausgabe Frankfurt/M. 1564 als Anhang in: Ulrike Haß: Leonhard Schwartzenbachs „Synonyma". Tübingen 1986 [XCIX, F]).

Seybold 1677 = Johann Georg Seybold: Viridarium selectissimis paroemiarum et sententiarum Latino-Germanicarum flosculis amoenissimis, ex optimis quibusque tam vetustissimis quam recentissimis auctoribus ita adornatum. Lustgarten von auserlesenen Sprüchwörtern, auch schönen und denckwürdigen Sitten- und Lehrsprüchen. Nürnberg 1677.

Simrock 1846 = Karl Joseph Simrock: Die deutschen Sprichwörter. Frankfurt 1846 [V, 591 S.] (Nachdruck Dortmund 1978).

Soltau 1806 = Dietrich Wilhelm Soltau: Beyträge zur Berichtigung des Adelung'schen grammatischkritischen Wörterbuchs. Nebst einem alphabetischen Verzeichniss derjenigen russischen und altslavonischen Wörter, welche mit der deutschen Sprache und mit ihren verschwisterten Mundarten verwandt sind. Leipzig. Lüneburg 1806 [104 S.].

Sperander 1727 = Sperander [recte: F. Gladow]: A la Mode-Sprach der Teutschen. Nürnberg 1727.

Stalder 1806 = Franz Josef Stalder: Versuch eines Schweizerischen Idiotikon mit etymologischen Bemerkungen untermischt, samt einer Skizze einer Schweizerischen Dialektologie. 2 Bde. Aarau. Basel 1806—1812.

Steinbach 1725 = Christoph Ernst Steinbach: Deutsches Wörterbuch. Breslau 1725.

Steinbach 1734 = Christoph Ernst Steinbach: Vollständiges Deutsches Wörter-Buch. Vel lexicon Germanico-Latinum. 2 Bde. Breslau 1734 [zus. 2220 S.] (Neudruck. Mit einer Einführung von Walther Schröter. Hildesheim. New York 1973).

Steputat 1891 = Willy Steputat: Deutsches Reimlexikon. Leipzig 1891 [256 S.].

Stieler 1691 = Caspar Stieler: Der Teutschen Sprache Stammbaum und Fortwachs oder Teutscher Sprachschatz. Worinnen alle und iede teutsche Wurzeln oder Stammwörter so viel deren annoch bekant und ietzo im Gebrauch seyn nebst ihrer Ankunft abgeleiteten duppelungen und vornemsten Redarten mit guter lateinischer Tolmetschung und Kunstgegründeten Anmerkungen befindlich. Samt einer Hochteutschen Letterkunst Nachschuß und teutschen Register. So Lehrenden als Lernenden zu beider Sprachen Kundigkeit nötig und nützlich. 2 Bde. Nürnberg 1691 [zus. 2672 Sp.] (Neudruck. Mit einer Einführung und Bibliographie von Gerhard Ising. Hildesheim. New York 1968).

Stosch 1785—1786 = Samuel Johann Ernst Stosch: Versuch in richtiger Bestimmung einiger gleichbedeutenden Wörter der deutschen Sprache. Neueste Auflage. 3 Theile. Erster Theil Wien 1785; Zweiter Theil Wien 1786; Dritter Theil Wien 1786. (1. Auflage Frankfurt/M. 1770—1773).

Strodtmann 1756 = Johann Christoph Strodtmann: Idioticon Osnabrugense. Leipzig. Altona 1756 [XVI, 391 S.] (Neudruck Osnabrück 1973).

Synonima 1522 = Hie heben an die synonima die man nent gezierte geblümte/und colores der schonen hoffkunstrethoricken formieren. s. L. 1522.

Syntax 1826 = Peregrinus Syntax [d. i.: Friedrich Ferdinand Hempel]: Allgemeines deutsches Reimlexikon. 2 Bde. Leipzig 1826.

Teichert 1934 = Friedrich Teichert: Artfremd oder deutsch? Wörterbuch als Führer durch den Fremdwörterwust des öffentlichen Lebens. Berlin. Bonn 1934.

Teller 1794 = Wilhelm Abraham Teller: Über die Preiss-Aufgabe der Churfürstl. deutschen Gesellschaft in Mannheim einige Synonymen betreffend. In: Beiträge zur Deutschen Sprachkunde. 1. Sammlung. Berlin 1794, 333—393.

Tiling 1767—1771 = Eberhard Tiling: Versuch eines bremisch-niedersächsischen Wörterbuchs, worin nicht nur die in und um Bremen, sondern auch fast in ganz Niedersachsen gebräuchliche eigenthümliche Mundart nebst den schon veralteten Wörtern und Redensarten in bremischen Gesetzen, Urkunden und Diplomen gesammelt, zugleich auch nach einer behutsamen Sprachforschung, und aus Vergleichung alter und neuer verwandter Dialekte erkläret sind. Hrsg. von der Bremischen deutschen Gesellschaft. 5 Theile. Bremen 1767—1771 [zus. 3540 S.] (Neudruck. Osnabrück 1975).

Titz 1642 = Johann Peter Titz: Zwey Bücher von der Kunst Hochdeutsche Verse und Lieder zu machen. Danzig 1642 [349 S.].

Train 1832 = Josef Karl von Train: Chochemer Loschen. Wörterbuch der Gauner- und Diebs-, vulgo Jenischen Sprache, nach Criminalacten und den vorzüglichsten Hülfsquellen für die königl. bayr. Gendarmerie bearbeitet. Regensburg 1832 [XIV, 294 S.].

Veith 1871 = Heinrich Veith: Deutsches Bergwörterbuch. Mit Belegen. Breslau 1871 [XX, 601 S.] (Neudruck Wiesbaden 1968).

Versuch 1810 = Versuch einer vollständigen, alphabetisch geordneten Sammlung der ähnlich lautenden Wörter der Teutschen Sprache. Ein bewährtes Hülfsmittel beym orthographischen Unterricht in Bürger- und Landschulen und für diejenigen, welche in der Rechtschreibekunst noch nicht fest sind. Wiesbaden 1810.

Voigt 1805—1807 = Christian Friedrich Traugott Voigt: Vollständiges deutsches Handwörterbuch für die Geschäftsführung, den Umgang und die Lectüre. 2 Bde. Leipzig 1805—1807.

Vollmann 1846 = Vollmann [recte: Johannes Gräßli]: Burschicoses Wörterbuch oder Erklärung aller im Studentenleben vorkommenden Sitten, Ausdrüke, Wörter, Redensarten und des Comments, nebst Angabe der auf allen Universitäten bestehenden Corps, ihrer Farben und der Kneipen. Ein unentbehrliches Hand- und Hilfsbuch für Lyceisten, Gymnasiasten, Penäler, Polytechniker, Forstpolaken, Cantons- und Realschüler. 2 Teile. Ragaz 1846 [XII, 520 S.] (Nachdruck in: Wörterbücher des 19. Jahrhunderts zur deutschen Studentensprache II. Hrsg. von Helmut Henne und Georg Objartel. Berlin. New York 1984 (Bibliothek zur historischen deutschen Studenten- und Schülersprache 4)).

von Wächter 1883 = Oscar Eberhard Siegfried von Wächter: Altes Gold in Deutschen Sprichwörtern. Stuttgart 1883 [216 S.].

Wander 1867—1880 = Karl Friedrich Wilhelm Wander: Deutsches Sprichwörter-Lexikon. Ein Hausschatz für das deutsche Volk. 5 Bde. Erster Band: A bis Gothen. Leipzig 1867 [LIV, 1802 Sp.]. Zweiter Band: Gott bis lehren. Leipzig 1870 [XVI, 1884 Sp.]. Dritter Band: Lehrer bis Satte. Leipzig 1873 [XXIV, 1870 Sp.]. Vierter Band: Sattel bis Wei. Leipzig 1876 [XV, 1874 Sp.]. Fünfter Band: Weib bis Zwug. Leipzig 1880 (XXIV, 1824 Sp.] (Neudruck Aalen 1963).

Weigand 1852 = Friedrich Ludwig Karl Weigand: Wörterbuch der Deutschen Synonymen. Zweite Ausgabe, mit Verbesserungen und neuen Artikeln. 3 Bde. Mainz 1852 (1. Auflage Mainz 1840—1843).

Wörterbuch 1821 = Wörterbuch der deutschen Sprache. Zur näheren Kenntnis derselben, durch eine Anzahl von fast 3000 Wörtern bereichert, die in Adelungs Wörterbuche nicht stehen. Prag 1821.

Wunderlich 1881 = G. Wunderlich: Deutsche Sprichwörter, volkstümlich erklärt und gruppiert. Zur Pflege nationaler Bildung in unseren Volksschulen. 3 Bde. Langensalza 1881 [VIII, 72 S.].

Zaupser 1789 = Andreas Zaupser: Versuch eines baierischen und oberpfälzischen Idioticons, nebst grammatikalischen Bemerkungen über diese zwo Mundarten, und einer kleinen Sammlung von

Sprüchwörtern und Volksliedern. München 1789 [105 S.].

Zesen 1656 = Philipp von Zesen: Richtiger Anzeiger der deutschen gleich-lautenden und ein-stimmigen mänlichen oder steigenden wörter nach dem abc reim-weise gesetzt und wieder vermehret. In: Hoch-Deutscher Helikon (1656). In: Philipp von Zesen: Sämtliche Werke. Bd. 10/1. Unter Mitwirkung von Ulrich Mache und Volker Maid herausgegeben von Ferdinand van Ingen, bearbeitet von Ulrich Mache. Berlin. New York 1877, 185—231.

Zeuschner 1884 = Otto Zeuschner: Internationaler Citatenschatz. Leipzig 1884 [470 S.].

Zingerle 1864 = Ignaz Zingerle: Die deutschen Sprichwörter im Mittelalter. Wien 1864 [199 S.] (Neudruck Wiesbaden 1972).

Zingref 1626 = Julius Wilhelm Zingref: Der Teutschen scharpfsinnige kluge Sprüch. Straßburg 1626 [452 S.].

11.2. Sonstige Literatur

Adelung 1782 = Johann Christoph Adelung: Umständliches Lehrgebäude der Deutschen Sprache zur Erläuterung der Deutschen Sprachlehre für Schulen. 2 Bde. Leipzig 1782 (Neudruck Hildesheim. New York 1971).

Bödiker 1746 = Johann Bödikers Grundsätze Der Teutschen Sprache. Mit Dessen eigenen und Johann Leonhard Frischens vollständigen Anmerkungen. Durch neue Zusätze vermehret von Johann Jacob Wippel. Nebst nöthigen Registern. Berlin 1746, 57—70 (Neudruck Leipzig 1977).

Brunner 1971 = Richard J. Brunner: Johann Andreas Schmeller. Sprachwissenschaftler und Philologe. Innsbruck 1971 (Innsbrucker Beiträge zur Sprachwissenschaft 4).

Deutsche Synonymen 1794 = Deutsche Synonymen oder Sinnverwandte Wörter. Erster Band Frankfurt. Leipzig 1794; Zweyter Band Frankfurt. Leipzig 1794 (Schriften der Kurfürstlichen deutschen Gesellschaft in Mannheim 9, 10).

Ebert 1826 = Friedrich A. Ebert: Allgemeines Vorwort über Reimlexika. In: Syntax 1826, Vorwort.

Eibl 1985 = Karl Eibl: Sprachkultur im 18. Jahrhundert. Über die Erzeugung von Gesellschaft durch Literatur. In: Sprachkultur. Jahrbuch 1984 des Instituts für deutsche Sprache. Hrsg. von Rainer Wimmer. Düsseldorf 1985 (Sprache der Gegenwart 63), 108—124.

Fleischer 1986 = Wolfgang Fleischer: Das „Deutsche Wörterbuch von Jacob und Wilhelm Grimm". Vorträge anläßlich der 200. Wiederkehr ihrer Geburtstage (4. Januar 1785/24. Februar 1786). Hrsg. im Auftrage des Präsidenten der Akademie der Wissenschaften der DDR von Heinz Stiller. Berlin 1986 (Sitzungsberichte der Akademie der Wissenschaften der DDR 6 G), 69—78.

Friebertshäuser 1983 = Hans Friebertshäuser: Die großlandschaftlichen Wörterbücher der deutschen Dialekte. Areale und lexikologische Beschreibung. In: Dialektologie. Ein Handbuch zur deutschen und allgemeinen Dialektforschung. Hrsg. von Werner Besch, Ulrich Knoop, Wolfgang Putschke, Herbert Ernst Wiegand. Zweiter Halbband. Berlin. New York 1983 (Handbücher zur Sprach- und Kommunikationswissenschaft 1.2), 1283—1295.

Frisch 1723 = Johann Leonhard Frisch: Specimen lexici Germanici oder ein Entwurff samt einem Exempel, wie er sein Teutsches Wörter-Buch einrichtet. Wobey er verspricht, den Zusatz, den etwan ein Gelehrter hierinnen machen und ihm auch nur bey diesem Wort mittheilen würde, allzeit gebührlich zu melden; auch die Verbesserungen mit Danck anzunehmen und zu rühmen. Berlin 1723.

Frisch 1727 = Johann Leonhard Frisch: Specimen lexici Germanici secundum oder das andere Exempel, wie er sein Teutsches Wörter-Buch einrichtet. Wobey er verspricht, den Zusatz, den etwa ein Gelehrter darinnen machen würde wie bey dem vorigen zu bemercken und zu seiner Zeit samt denen Verbesserungen gebührlich zu melden. Berlin 1727.

Gärtner/Kühn 1984 = Kurt Gärtner und Peter Kühn: Indices und Konkordanzen zu historischen Texten des Deutschen: Bestandsaufnahme, Typen, Herstellungsprobleme, Benutzungsmöglichkeiten. In: Sprachgeschichte. Ein Handbuch zur Geschichte der deutschen Sprache und ihrer Erforschung. Hrsg. von Werner Besch, Oskar Reichmann, Stefan Sonderegger. Berlin. New York 1984 (Handbücher zur Sprach- und Kommunikationswissenschaft 2.1), 620—641.

Gottsched 1732/33 = Johann Christoph Gottsched: Abhandlung von den Vortheilen, so die deutsche Sprache haben würde, wenn man den Unterscheid der deutschen Wörter im Absehen auf ihre Bedeutung untersuchte/Von den gleichgültigen Wörtern (Synonymis) in der deutschen Sprache. In: Beyträge zur Kritischen Historie der Deutschen Sprache (...) 1,1,3. 1732 und 2,5,1. 1733.

Gueintz 1641 = Christian Gueintz: Deutsche Sprachlehre. Cöthen 1641 [Repr. 1978].

Harsdörffer 1647 = Georg Philipp Harsdörffer: Des Spielenden Unvorgreiffliches wolgemeintes Bedencken, wie ein Teutsches Dictionarium oder wortbuch Zuverfassen. In: Der Fruchtbringenden Gesellschaft ältester Ertzschrein. Briefe, Devisen und anderweitige Schriftstücke. Hrsg. von Gottlieb Krause. Leipzig 1855, 387—392 (Neudruck Hildesheim. New York 1973).

Haß 1986 = Ulrike Haß: Leonhard Schwartzenbachs „Synonyma". Beschreibung und Nachdruck der Ausgabe Frankfurt/M. 1564. Lexikographie und Textsortenzusammenhänge im Frühneuhochdeutschen. Tübingen 1986 (Lexicographica. Series Maior 11).

Hausmann 1984 = Franz Josef Hausmann: Das erste französisch-deutsche Wörterbuch. Levinus Hulsius' „Dictionaire" von 1596—1607. In: Zeitschrift für romanische Philologie 100. 1984, 306—320.

Henne 1968 = Helmut Henne: Deutsche Lexikographie und Sprachnorm im 17. und 18. Jh. In: Walther Mitzka (Hrsg.): Wortgeographie und Gesellschaft. Festgabe für Ludwig Erich Schmitt. Berlin 1968, 80—114.

Henne 1968 a = Helmut Henne: Das Problem des Meißnischen Deutsch oder ‚Was ist Hochdeutsch' im 18. Jahrhundert. In: Zeitschrift für Mundartforschung 35. 1968, 109—129.

Henne 1975 = Deutsche Wörterbücher des 17. und 18. Jahrhunderts. Einführung und Bibliographie. Hrsg. v. Helmut Henne. Hildesheim. New York 1975.

Henne 1977 = Helmut Henne: Nachdenken über Wörterbücher: Historische Erfahrungen. In: Günther Drosdowski, Helmut Henne, Herbert Ernst Wiegand: Nachdenken über Wörterbücher. Mannheim. Wien. Zürich 1977, 7—49.

Henne 1980 = Helmut Henne: Lexikographie. In: Lexikon der germanistischen Linguistik. Hrsg. v. Hans Peter Althaus, Helmut Henne, Herbert Ernst Wiegand. 2., vollständig neu bearbeitete und erweiterte Auflage. Tübingen 1980, 778—787.

Henzen 1954 = Walter Henzen: Schriftsprache und Mundarten. Ein Überblick über ihr Verhältnis und ihre Zwischenstufen im Deutschen. 2., neu bearbeitete Auflage Bern 1954.

Hildebrand 1873 = Rudolf Hildebrand: Vorwort. In: Deutsches Wörterbuch. Von Jacob Grimm und Wilhelm Grimm. 5. Band: K. Bearbeitet von Rudolf Hildebrand. Leipzig 1873, I—LI [LI, 2616 Sp.].

Hirt 1909 = Herman Hirt: Etymologie der neuhochdeutschen Sprache. Darstellung des deutschen Wortschatzes in seiner geschichtlichen Entwicklung. München 1909 (Handbuch des deutschen Unterrichts an höheren Schulen IV.2).

Holly 1986 = Werner Holly: Wortbildung und Wörterbuch. In: Lexicographica 2. 1986, 195—213.

Ising 1956 = Gerhard Ising: Die Erfassung der deutschen Sprache des ausgehenden 17. Jahrhunderts in den Wörterbüchern Matthias Kramers und Kaspar Stielers. Berlin 1956 (Veröffentlichungen des Institutes für deutsche Sprache und Literatur der Deutschen Akademie der Wissenschaften zu Berlin VII).

Ising 1975 = Gerhard Ising: Einführung und Bibliographie zu Kaspar Stieler, Der Teutschen Sprache Stammbaum und Fortwachs oder Teutscher Sprachschatz (1691). In: Henne 1975, 39—57.

Ising 1975 a = Gerhard Ising: Einführung und Bibliographie zu Matthias Kramer, Das herrlich grosse Teutsch-Italiänische Dictionarium (1700—1702). In: Henne 1975, 59—69.

Jablonski 1711 = Daniel Ernst Jablonski: Entwurf eines deutschen, von der Preussischen Societät der Wissenschaften herauszugebenden Wörterbuchs. In: Geschichte der königlich Preussischen Akademie der Wissenschaften zu Berlin im Auftrage der Akademie bearbeitet von Adolf Harnack. Zweiter Band. Berlin 1900, 223—225.

Jandebeur 1926 = Franz Jandebeur: Reimwörterbücher und Reimwortverzeichnisse zum „Ersten Büchlein", „Erec", „Gregorius", „Armen Heinrich", den Liedern von Hartmann von Aue und dem sog. „Zweiten Büchlein". München 1926.

Jones 1977 = William Jones: German Foreign-Word Dictionaries from 1571 to 1728. In: The Modern Language Review 72. 1977, 93—111.

Kaiser 1930 = Kare Kaiser: Mundart und Schriftsprache. Versuch einer Wesensbestimmung in der Zeit zwischen Leibniz und Gottsched. Leipzig 1930 (Form und Geist. Arbeiten zur germanischen Philologie 18).

Kirkness 1975 = Alan Kirkness: Zur Sprachreinigung im Deutschen 1789—1871. Eine historische Dokumentation. 2 Teile. Tübingen 1975 (Forschungsberichte des Instituts für deutsche Sprache 26.1 u. 26.2).

Kirkness 1984 = Alan Kirkness: Zur germanistischen Fremdwortlexikographie im 19./20. Jh.: Bibliographie der Fremd- und Verdeutschungswörterbücher 1800—1945. In: Studien zur neuhochdeutschen Lexikographie IV. Hrsg. von Herbert Ernst Wiegand. Hildesheim. Zürich. New York 1984 (Germanistische Linguistik 1—3/83), 113—174.

Knoop 1982 = Ulrich Knoop: Das Interesse an den Mundarten und die Grundlegung der Dialektologie. In: Dialektologie. Ein Handbuch zur deutschen und allgemeinen Dialektforschung. Hrsg. von Werner Besch, Ulrich Knoop, Wolfgang Putschke, Herbert Ernst Wiegand. Erster Halbband. Berlin. New York 1982 (Handbücher zur Sprach- und Kommunikationswissenschaft 1.1), 1—23.

Kühn 1978 = Peter Kühn: Deutsche Wörterbücher. Eine systematische Bibliographie. Tübingen 1978 (Reihe germanistische Linguistik 15).

Kühn 1979 = Peter Kühn: Daniel Sanders' Beiträge zur lexikographischen Synonymik des Deutschen. In: Muttersprache 89. 1979, 187—200.

Kühn 1982 = Peter Kühn: Typen lexikographischer Ergebnisdarstellung. In: Dialektologie. Ein Handbuch zur deutschen und allgemeinen Dialektforschung. Hrsg. von Werner Besch, Ulrich Knoop, Wolfgang Putschke, Herbert Ernst Wiegand. Erster Halbband. Berlin. New York 1982 (Handbücher zur Sprach- und Kommunikationswissenschaft 1.1), 702—723.

Kühn 1985 = Peter Kühn: „Wegweiser zum treffenden Ausdruck" oder gibt es sinnvollere Zielsetzungen für Synonymenwörterbücher? In: Wirkendes Wort 35. 1985, 39—52.

Kühn 1985 a = Peter Kühn: Gegenwartsbezogene Synonymenwörterbücher des Deutschen: Konzept und Aufbau. In: Lexicographica 1. 1985, 51—82.

Kühn 1987 = Peter Kühn: Johann Siegmund Valentin Popowitschs „Versuch einer Vereinigung der Mundarten von Teutschland". Ein Beitrag zur Mundartlexikographie im 18. Jahrhundert. In: Studien zur Dialektologie I. Hrsg. von Ulrich Knoop.

Hildesheim. Zürich. New York 1987 (Germanistische Linguistik 91—92), 81—148.

Kühn 1990 = Peter Kühn: „... wir wollen kein Gesetzbuch machen". Die normativen Kommentare Jacob Grimms im Deutschen Wörterbuch. In: Alan Kirkness, Peter Kühn, Herbert Ernst Wiegand (Hrsg.): Studien zum Deutschen Wörterbuch von Jacob Grimm und Wilhelm Grimm. Tübingen 1990 (Lexicographica. Series Maior).

Kühn/Püschel 1983 = Peter Kühn und Ulrich Püschel: Die Rolle des mundartlichen Wortschatzes in den standardsprachlichen Wörterbüchern des 17. bis 20. Jahrhunderts. In: Dialektologie. Ein Handbuch zur deutschen und allgemeinen Dialektforschung. Hrsg. v. Werner Besch, Ulrich Knoop, Wolfgang Putschke, Herbert Ernst Wiegand. Zweiter Halbband. Berlin. New York 1983 (Handbücher zur Sprach- und Kommunikationswissenschaft 1.2), 1367—1398.

Langen 1957 = August Langen: Deutsche Sprachgeschichte vom Barock bis zur Gegenwart. In: Deutsche Philologie im Aufriß. Bd. I. Hrsg. von Wolfgang Stammler. 2. Auflage Berlin 1957, 931—1396.

Leclercq 1975 = Robert Leclercq: Aufgaben, Methode und Geschichte der wissenschaftlichen Reimlexikographie. Amsterdam 1975 (Amsterdamer Publikationen zur Sprache und Literatur 23).

Leibniz 1697 = Gottfried Wilhelm Leibniz: Unvorgreifliche Gedanken, betreffend die Ausübung und Verbesserung der teutschen Sprache. In: Gottfried Wilhelm Leibniz: Deutsche Schriften. Herausgegeben von G. E. Guhrauer. Bd. 1. Berlin 1838, 449—486 (Neudruck Hildesheim 1966).

Lexer 1890 = Matthias von Lexer: Zur Geschichte der neuhochdeutschen Lexikographie. Festrede zur Feier des dreihundert und achten Stiftungstages der Königl. Julius-Maximilians-Universität, gehalten am 2ten Januar 1890. Würzburg 1890.

Leyser 1877 = Jakob Anton Leyser: Joachim Heinrich Campe. Ein Lebensbild aus dem Zeitalter der Aufklärung. 2 Bde. Braunschweig 1877.

Mensing 1939 = Otto Mensing: Zur Geschichte der älteren niederdeutschen Wörterbücher. In: Volkskundliche Beiträge. Rudolf Wossidlo am 26. 1. 1939 zum Dank dargebracht. Neumünster 1939, 88—96.

Mieder 1984 = Wolfgang Mieder: Geschichte und Probleme der neuhochdeutschen Sprichwörterlexikographie. In: Studien zur neuhochdeutschen Lexikographie V. Hrsg. von Herbert Ernst Wiegand. Hildesheim. Zürich. New York 1984 (Germanistische Linguistik 3—6), 307—358.

Müller 1903 = Max Müller: Wortkritik und Sprachbereicherung in Adelungs Wörterbuch. Berlin 1903 (Palaestra 14).

Nerius 1967 = Dieter Nerius: Untersuchungen zur Herausbildung einer nationalen Norm der deutschen Literatursprache im 18. Jahrhundert. Halle 1967.

Nopitsch 1822 = Christian Conrad Nopitsch: Literatur der Sprichwörter. Ein Handbuch für Literaturhistoriker, Bibliographen und Bibliothekare. Nürnberg 1822.

Objartel 1984 = Georg Objartel: Die Wörterbücher der Studentensprache 1749—1888. In: Helmut Henne, Heidrun Kämper-Jensen, Georg Objartel: Historische deutsche Studenten- und Schülersprache. Bd. 1: Einführung, Bibliographie und Wortregister. Berlin. New York 1984 (Bibliothek zur historischen deutschen Studenten- und Schülersprache 1), 32—72.

von Polenz 1978 = Peter von Polenz: Geschichte der deutschen Sprache. 9., überarbeitete Auflage. Berlin. New York 1978 (Sammlung Göschen 4015).

von Polenz 1989 = Peter von Polenz: Glanz und Elend der sächsischen Sprachkultur. In: 900-Jahr-Feier des Hauses Wettin. Regensburg 26. 4.—1. 5. 1989. 1089—1989. Festschrift des Vereins zur Vorbereitung der 900-Jahr-Feier des Hauses Wettin e.V. Hrsg. von Assa von Polenz und Gabriele von Seydewitz. Bamberg 1989, 225—232.

Powitz 1959 = Gerhard Powitz: Das deutsche Wörterbuch Johann Leonhard Frischs. Berlin 1959.

Powitz 1975 = Gerhard Powitz: Einführung und Bibliographie zu Johann Leonhard Frisch, Teutsch-Lateinisches Wörter-Buch (1741). In: Henne 1975, 93—108.

Püschel 1978 = Ulrich Püschel: Von mehrdeutigen und gleichgültigen Wörtern. Gottscheds Beitrag zur einsprachigen Lexikographie. In: Germanistische Linguistik 2—5. 1978, 285—321.

Püschel 1982 = Ulrich Püschel: Die Berücksichtigung mundartlicher Lexik in J. Chr. Adelungs „Wörterbuch der Hochdeutschen Mundart". In: Zeitschrift für Dialektologie und Linguistik 49. 1982, 28—51.

Püschel 1986 a = Ulrich Püschel: Joh. August Eberhards Synonymik — bloß historisches Dokument oder auch Vorbild für heute? In: Textlinguistik contra Stilistik? Wortschatz und Wörterbuch. Grammatische oder pragmatische Organisation von Rede?. Hrsg. von Walter Weiss, Herbert Ernst Wiegand, Marga Reis. Tübingen 1986 (Akten des VII. Internationalen Germanisten-Kongresses 3), 242—247.

Püschel 1986 b = Ulrich Püschel: Vom Nutzen synonymisch und sachlich gegliederter Wörterbücher des Deutschen. Überlegungen zu ausgewählten Beispielen. In: Lexicographica 2. 1986, 223—243.

Püschel 1987 = Ulrich Püschel: Friedrich Carl Fuldas „Idiotiken-Sammlung". Zur Rolle der Mundart-Lexikographie im 18. Jahrhundert. In: Studien zur Dialektologie I. Hrsg. von Ulrich Knoop. Hildesheim. Zürich. New York 1987 (Germanistische Linguistik 91—92), 43—79.

Raumer 1870 = Rudolf von Raumer: Geschichte der germanischen Philologie vorzugsweise in Deutschland. München 1870.

Reichard 1747/1978 = Elias Caspar Reichard: Versuch einer Historie der deutschen Sprachkunst. Hamburg 1747 [Nachdruck Hildesheim. New York 1978].

Röhrich/Mieder 1977 = Lutz Röhrich und Wolfgang Mieder: Sprichwort. Stuttgart 1977 (Sammlung Metzler 154).

Schirokauer 1943 = Arno Schirokauer: Das Werden der Gemeinsprache im Wörterbuch des Dasypodius. In: The Germanic Review 18. 1943, 287—303.

Scholz 1933 = Adolf Scholz: Deutsche Mundarten-Wörterbücher. Versuch einer Darstellung ihres systematisch-historischen Werdeganges von Anbeginn bis zum Ende des achtzehnten Jahrhunderts. Leipzig 1933.

Schophaus 1973 = Renate Schophaus: Zur Wortgeographie und zu den Wörterbüchern. In: Niederdeutsch. Sprache und Literatur. Eine Einführung. Hrsg. von Jan Goossens. Bd. 1: Sprache. Neumünster 1973, 175—198.

Schottel 1663 = Justus Georg Schottelius: Ausführliche Arbeit Von der Teutschen HaubtSprache. Braunschweig 1663. (Neudruck. I. Teil, herausgeben von Wolfgang Hecht. Tübingen 1967).

Schröter 1970 = Walther Schröter: Steinbach als Lexikograph. Hamburg 1970.

Schröter 1975 = Walther Schröter: Einführung und Bibliographie zu Christoph Ernst Steinbach, Vollständiges Deutsches Wörter-Buch (1734). In: Henne 1975, 71—91.

Schulenburg 1937 = Sigrid von der Schulenburg: Leibnizens Gedanken und Vorschläge zur Erforschung der deutschen Mundarten. Berlin 1937.

Seibicke 1985 = Wilfried Seibicke: Deutsche Schimpfwörterbücher. In: Lexicographica 1. 1985, 125—133.

Seiler 1918 = Friedrich Seiler: Das deutsche Sprichwort. Straßburg 1918.

Seiler 1922 = Friedrich Seiler: Deutsche Sprichwörterkunde. München 1922 (Handbuch des deutschen Unterrichts 4.3) [unveränd. Nachdruck. München 1967].

Sickel 1933 = Karl Ernst Sickel: Johann Christoph Adelung. Seine Persönlichkeit und seine Geschichtsauffassung. Leipzig 1933.

Siegert 1978 = Reinhart Siegert: Aufklärung und Volkslektüre. Exemplarisch dargestellt an Rudolph Zacharias Becker und seinem „Noth- und Hülfsbüchlein". Mit einer Bibliographie zum Gesamtthema. Frankfurt/M. 1978 (Sonderdruck aus: Archiv für Geschichte des Buchwesens 19. 1978, 565—1348).

de Smet 1974 = Gilbert de Smet: Einführung [zu: Petrus Dasypodius: Dictionarium Latinogermanicum]. In: Petrus Dasypodius: Dictionarium Latinogermanicum. Neudruck der Ausgabe Straßburg 1536. Hildesheim. New York 1974 [ohne Seitenzählung].

de Smet 1984 = Gilbert de Smet: Wörterbücher. In: Reallexikon der deutschen Literaturgeschichte. Bd. 4. Hrsg. von Klaus Konzog und Achim Masser. Berlin. New York 1984, 930—946.

Socin 1888 = Adolf Socin: Schriftsprache und Dialekte im Deutschen nach Zeugnissen alter und neuer Zeit. Heilbronn 1888 (Neudruck Hildesheim. New York 1970).

Stammerjohann 1984 = Harro Stammerjohann: Das Wörterbuch der Crusca und die Lexikographie des Deutschen. In: Italienisch 11. 1984, 28—44.

Stellmacher 1981 = Dieter Stellmacher: Niederdeutsch. Formen und Forschungen. Tübingen 1981 (Reihe Germanistische Linguistik 31).

Stieler 1673—1674 = Kaspar Stieler: Des Spaten Teutsche Sekretariat-Kunst. Was sie sey, wovon sie handele, was dazu gehöre [...] in vier Theile gesondert und [...] heraus gegeben von dem Spahten. 2 Bde. Nürnberg 1673—1674.

Stieler 1695 = Kaspar Stieler: Zeitungs-Lust und Nutz: Oder Derer so genanten Novellen oder Zeitungen wirkende Ergetzlichkeit. Samt einem Anhang Bestehend: In Erklärung derer in den Zeitungen vorkommenden fremden Wörter. Entworfen von dem Spaten. Hamburg 1695 [Anhang S. 481—679] [Neudruck Bremen 1969].

Stötzel 1970 = Georg Stötzel: Das Abbild des Wortschatzes. Zur lexikographischen Methode in Deutschland von 1617—1967. In: Poetica. Zeitschrift für Sprach- und Literaturwissenschaft 3. 1970, 1—23.

Straßner 1965 = Erich Straßner: Die Wortforschung in Franken seit dem 18. Jahrhundert. Ein Beitrag zur Geschichte der ostfränkischen Mundartforschung. In: Jahrbuch für fränkische Landesforschung 25. 1965, 463—530.

Strohbach 1984 = Margit Strohbach: Johann Christoph Adelung. Ein Beitrag zu seinem germanistischen Schaffen mit einer Bibliographie seines Gesamtwerkes. Berlin. New York 1984 (Studia Linguistica Germanica 21).

Taylor 1967 = Archer Taylor: The Collection and Study of Proverbs. In: Proverbium 8. 1967, 161—176.

Trümpy 1955 = Hans Trümpy: Schweizerdeutsche Sprache und Literatur im 17. und 18. Jahrhundert (auf Grund der gedruckten Quellen). Basel 1955 (Schriften der Schweizerischen Gesellschaft für Volkskunde 36).

Wiegand 1986 = Herbert Ernst Wiegand: Von der Normativität deskriptiver Wörterbücher. Zugleich ein Versuch zur Unterscheidung von Normen und Regeln. In: Sprachnormen in der Diskussion. Beiträge vorgelegt von Sprachfreunden. Berlin. New York 1986, 72—101.

Zacher 1852 = Julius Zacher: Die deutschen Sprichwörtersammlungen nebst Beiträgen zur Charakteristik der Meusebachschen Bibliothek. Eine bibliographische Skizze. Leipzig 1852.

Peter Kühn/Ulrich Püschel, Trier
(Bundesrepublik Deutschland)

205. Die deutsche Lexikographie von den Brüdern Grimm bis Trübner

1. Vorbemerkung
2. Das historische Prinzip in der Lexikographie
2.1. Anfänge historischer Lexikographie in Heyses „Handwörterbuch der deutschen Sprache"
2.2. Das „Deutsche Wörterbuch" von Jacob Grimm und Wilhelm Grimm
2.3. Der lexikographische Kontrapunkt: Die deutschen Wörterbücher von Wurm und Sanders
2.4. Historische Lexikographie nach den Brüdern Grimm (Heyne, Paul, Trübner)
3. Synonymen- und Thesauruslexikographie
4. Sprachstadienlexikographie
5. Etymologische Lexikographie
6. Rechtschreib- und Ausprachelexikographie
6.1. Homonymenlexikographie
6.2. Rechtschreiblexikographie
6.3. Aussprachelexikographie
7. Die Lexikographie im Dienst von Sprachreinheit, Sprachrichtigkeit und Sprachbildung
8. Literatur (in Auswahl)

1. Vorbemerkung

Die Art. 204 und 205, die die Geschichte der deutschen Lexikographie vom 17. Jh. bis 1945 zum Gegenstand haben, sind als eine Einheit konzipiert. Die Darstellung der Hauptlinien — vertreten durch die allgemeinen einsprachigen Wörterbücher der deutschen Standardvarietät und ihrer Vorstadien — erfolgt chronologisch in beiden Artikeln. Die Nebenlinien werden dagegen jeweils geschlossen im Art. 204 oder 205 behandelt. So finden sich im Art. 204 die Abschnitte über „Idiotikographie/Mundartlexikographie", „Sondersprachenlexikographie", „Phraseographie", „Fremdwortlexikographie" und „Reimlexikographie"; lediglich der Abschnitt über „Synonymenlexikographie" findet eine Fortsetzung im Art. 205 („Synonymen- und Thesauruslexikographie").

2. Das historische Prinzip in der Lexikographie

Das Erscheinen der 1. Lieferung des „Deutschen Wörterbuchs" (DWB) von Jacob Grimm und Wilhelm Grimm 1852 bedeutet keinen totalen Bruch und Neuanfang in der Geschichte der deutschen Lexikographie. Dennoch wird mit dem DWB ein neues Kapitel aufgeschlagen:

(a) Mit ihm setzt sich das historische Prinzip, d. h. die geschichtliche Behandlung des deutschen Wortschatzes, in der Lexikographie des Deutschen voll durch. Es dominiert nicht nur in der allgemeinen einsprachigen Lexikographie, sondern entfacht beispielsweise in der Mitte des 19. Jhs. eine breite Orthographiediskussion, die sich auch in der Rechtschreiblexikographie niederschlägt (vgl. Abschnitt 6); es hat auch Auswirkungen auf andere Bereiche der Speziallexikographie.

(b) Mit dem Namen Grimm und dem DWB verbindet sich die Vorstellung eines nationalen Werks, dem eine weit über germanistische Fachwissenschaft und Lexikographie hinausreichende Bedeutung zukommt. Ursprünglich gedacht als Symbol der zwar nicht politisch, aber doch in der Sprache geeinten Nation, wird es mit der Gründung des Deutschen Reichs 1871 zum nationalen Unternehmen.

(c) Das DWB bindet über ein Jahrhundert das lexikographische Interesse der Sprachgermanistik, so daß für andere allgemeine einsprachige Wörterbuchunternehmen wenig Spielraum bleibt; und da auch nur für solche, die sich dem historischen Prinzip verpflichtet fühlen. Mit Ausnahme der Wörterbücher der unmittelbaren Grimm-Antipoden Wurm und Sanders (vgl. Absch. 2.3.) entsteht eine allgemeine einsprachige Lexikographie, die nicht vom historischen Prinzip bestimmt ist, erst wieder nach 1945 (vgl. Art. 206).

Neben der historischen Lexikographie setzen sich aber auch schon bestehende Traditionen fort, und es bilden sich neue Traditionen heraus. Das gilt besonders von der distinktiven Synonymik in der Nachfolge Eberhards (vgl. Art. 204, Absch. 5.), neben die die neu aufkommende kumulative Synonymik tritt (vgl. Absch. 3.). Auch die meisten anderen Nebenlinien weisen Traditionen auf, deren Zäsuren keineswegs vom historischen Prinzip bestimmt sind, auch wenn sie von seinem Einfluß nicht unberührt bleiben. Dabei sollte nicht übersehen werden, daß mit sprachwissenschaftlich-lexikographischen Kategorien wie dem historischen Prinzip die Ausdifferenzierung der deutschen Wörterbuchlandschaft nur zum Teil erklärt werden kann. Politisch-soziale Faktoren müssen gleichermaßen berücksichtigt werden, wie sich exemplarisch an der Rechtschreiblexikographie (vgl. Absch. 6.2.) und an der Rolle zeigt, die die Lexikographie für sprachkritische und sprachpflegerische Zielsetzungen im letzten Drittel des 19. Jhs. spielt (vgl. Absch. 7.).

2.1. Anfänge historischer Lexikographie in Heyses „Handwörterbuch der deutschen Sprache"

Obwohl Adelungs Wörterbuch in zahlreichen Nachdrucken bis weit ins 19. Jh. weiterwirkt und sein lexikographisches Konzept Nachfolger findet (vgl. Art. 204, Absch. 3.4.), artikuliert sich schon im ersten Viertel des 19. Jhs. der Wunsch nach einem neuen deutschen Wörterbuch. Schon 1823 schlägt der Verleger Cotta den Brüdern Grimm ein Wörterbuchprojekt vor, und 1830 wendet sich dann Karl Reimer von der Weidmannschen Buchhandlung zum erstenmal mit dem Vorschlag eines Wörterbuchs an die Grimms (Kirkness 1980, 55). Als Herausgeber der „Kinder- und Hausmärchen" besitzen die Grimms in den gebildeten Schichten große Popularität, ebenso haben sie sich als Sprachwissenschaftler und Philologen in Fachkreisen einen Namen gemacht. Von ihnen konnte man sich also das moderne, das historische Wörterbuch des Deutschen erwarten. Doch das erste Wörterbuch, das sich unter dem Einfluß der modernen historisch-vergleichenden Sprachwissenschaft deutlich um eine diachrone Behandlung des gegenwartssprachlichen Wortschatzes bemüht, ist das „Handwörterbuch der deutschen Sprache" von Johann Christoph August Heyse (1833—1849), ausgeführt von seinem Sohn Karl Wilhelm Ludwig. Für Heyse ist es fraglos, daß das wissenschaftliche, für den Gelehrten bestimmte Wörterbuch den „Wortschatz in seinem organischen Zusammenhang und seiner organischen Entwicklung" darzulegen hat (Heyse 1833—1849, Bd. 1, Vorrede V), aber auch das praktische, „für die ganze Nation berechnete" soll historisch sein:

„Als praktisches und populäres Wörterbuch hat es ... den gegenwärtig vorhandenen Wortvorrath alphabetisch geordnet darzulegen, die Wörter auf ihre Ursprünge zurückzuführen, ihre sprachlichen und logischen Zusammenhänge nachzuweisen, ihre Biegungsformen und Fügungsverhältnisse, so wie alle Bedeutungen und Anwendungsweisen in genetischer Folge geordnet anzuführen ..." (ebd. X)

Nicht auf „äußere" Vollständigkeit wird gezielt (so werden Fremdwörter und Wortbildungen restriktiv behandelt), sondern auf „innere" und dabei vor allem bei den historischen Worterklärungen:

„Es musste also ... vor Allem der Urbegriff des Wortes festgestellt, sodann die daraus entspringenden Bedeutungen in genetischer Folge nach einander aufgeführt werden ..." (ebd. XIII)

Dies ist eine Forderung, die auch von Jacob Grimm hätte so formuliert werden können. Wie sich zeigt, setzt die historische Lexikographie nicht schlagartig mit dem DWB ein, sondern hat ihre Vorläufer — zumindest was die Programmatik betrifft. Denn der Kritiker und lexikographische Konkurrent Weigand befindet: Heyse „fördert nicht, trotzdem daß bereits seit 1822 durch Jacob Grimm eine deutsche Philologie sich entfaltet hatte und blühte". (Weigand 1857—1871, Bd. 1, Vorwort XII)

Zu den Vorläufern in der historischen Behandlung des Wortschatzes läßt sich auch Friedrich Schmitthenners „Kurzes deutsches Wörterbuch" von 1834 stellen, speziell in der Bearbeitung von Friedrich Ludwig Karl Weigand unter dem Titel „Deutsches Wörterbuch" (1857—1871). Weigand, der nach dem Tod seines Lehrers Schmitthenner die Neubearbeitung übernommen hat, macht ein völlig neues Wörterbuch daraus, da „nach dem gegenwärtigen Stand der deutschen Philologie" (Weigand 1857—1871, Bd. 1, Vorwort V) Schmitthenners Etymologien nicht mehr genügen. Weigand steht dabei ganz im Banne Jacob Grimms wie der ersten Bände des DWB; sein eigenes Wörterbuch erfährt auch Jacobs Beifall, so daß er nach dessen Tod im DWB die Wortstrecke F von Frucht an übernehmen kann. Weigand 1857—1871 ist ein Auswahlwörterbuch, in dem „gegenwärtig gangbare Wörter des neuhochdeutschen Sprachschatzes", aber auch weniger Übliches aus Luther und den Klassikern und sogar Mundartliches verzeichnet wird. Wortbildungen werden restriktiv aufgenommen; Eigennamen bleiben ausgeschlossen; Fremdwörter werden trotz Weigands Abneigung aufgenommen (nicht geläufige mit † versehen). Die „Wortforschung und mit ihr gleichsam die Naturgeschichte der Wörter" (ebd. VIII) wird in Form von Anmerkungen gegeben, aber nur da, wo sichere Ergebnisse vorliegen. Im Hauptteil finden sich Bezeichnung der Betonung, die Biegung, Rechtschreibung und Erklärung der Hauptbegriffe. Anders als im DWB liegt bei Weigand das Hauptgewicht noch nicht auf der Geschichte der Wörter, aber durch die ausführlicheren Anmerkungen wird dem historischen Prinzip verstärkt Rechnung getragen (zu Weigand 1909—1910 vgl. Absch. 2.4.).

2.2. Das „Deutsche Wörterbuch" von Jacob Grimm und Wilhelm Grimm

Das „Deutsche Wörterbuch" (DWB) der Brü-

Buch-binder-band	Band-bezeich-nung	Zahl der Liefe-rungen	Bearbeiter	Wortgrenzen	Spalten	Erschei-nungs-jahre**	Band-reihen-folge
1	I	8	J. Grimm	A–Biermolke	1–1824	1852–1854	1
2	II	7	J. Grimm, W. Grimm	Biermörder–D	1–1776	1854–1860	2
3	III	8	J. Grimm	E–Forsche	1–1904	1859–1862	3
4	IV,1,1	10	J. Grimm, K. Weigand, R. Hildebrand	Forschel–Gefolgsmann	1–2152	1863–1878	6
5	IV,1,2	12	R. Hildebrand, H. Wunderlich	Gefoppe–Getreibs	2153–4452	1879–1897	10
6	IV,1,3	12	H. Wunderlich	Getreide–Gewöhnlich	4453–6596	1898–1911	13
7	IV,1,4	11	H. Wunderlich, DWb Berlin*	Gewöhnlich–Gleve	6597–8342	1912–1949	22
8	IV,1,5	14	DWb Berlin & Göttingen	Glibber–Gräzist	1–2254	1936–1958	30
9	IV,1,6	9	A. Hübner, H. Neumann, DWb Berlin	Greander–Gymnastik	1–1496	1914–1935	16
10	IV,II	11	M. Heyne	H, I, J	1–2408	1868–1877	5
11	V	12	R. Hildebrand	K	1–2916	1864–1873	4
12	VI	15	M. Heyne	L, M	1–2848	1877–1885	7
13	VII	12	M. Lexer	N, O, P, Q	1–2386	1881–1889	8
14	VIII	14	M. Heyne u. a. (R. Meißner, H. Meyer, H. Seedorf, B. Crome)	R–Schiefe	1–2684	1886–1893	9
15	IX	15	M. Heyne u. a.	Schiefeln–Seele	1–2926	1894–1899	11
16	X,I	15	M. Heyne u. a.	Seeleben–Sprechen	1–2848	1899–1905	12
17	X,II,1	10	M. Heyne u. a., H. Meyer, B. Crome	Sprecher–Stehuhr	1–1776	1905–1919	14
18	X,II,2	10	DWb Berlin	Stehung–Stitzig	1777–3214	1919–1941	20
19	X,III	11	B. Crome, DWb Berlin	Stob–Strollen	1–1688	1914–1957	29
20	X,IV	9	DWb Berlin	Strom–Szische	1–1448	1931–1942	21
21	XI,1,1	10	M. Lexer, D. Kralik, DWb Berlin	T–Treftig	1–1702	1890–1935	17
22	XI,1,2	13	DWb Berlin	Treib–Tz	1–1998	1932–1952	24
23	XI,II	9	V. Dollmayr, DWb Berlin	U–Umzwingen	1–1312	1913–1936	18
24	XI,III	17	K. Euling	Un–Uzvogel	1–2620	1912–1936	19
25	XII,I	16	E. Wülcker, R. Meißner, M. Leopold u. a.	V–Verzwunzen	1–2722	1886–1956	27
26	XII,II	13	R. Meißner, J. Erben	Vesche–Vulkanisch	1–2026	1913–1951	23
27	XIII	18	K. v. Bahder, H. Sickel	W–Wegzwitschern	1–3160	1901–1922	15
28	XIV,I,1	12	A. Götze, DWb Berlin	Weh–Wendunmut	1–1824	1911–1955	26
29	XIV,I,2	10	DWb Berlin	Wenig–Wiking	1–1640	1958–1960	31
30	XIV,II	16	L. Sütterlin, DWb Berlin & Göttingen	Wilb–Ysop	1–2578	1913–1960	32
31	XV	11	M. Heyne, H. Seedorf, H. Teuchert	Z–Zmasche	1–1740	1913–1956	28
32	XVI	10	G. Rosenhagen, DWb Berlin	Zobel–Zypressenzweig	1–1440	1914–1954	25
33		7	DWb Berlin & Göttingen	Quellenverzeichnis	1–1066	1966–1971	33

* DWb = Arbeitsstelle des DWB
** Das zweite Datum ist das Erscheinungsjahr des vollendeten Bandes

Abb. 205.1: Bearbeitungsgeschichte des DWB (aus: Kirkness 1985, 75)

der Grimm — erschienen 1854 bis 1960 — umfaßt 32 gezählte Bände von *A* bis *Zypressenzweig* und einen Quellenband. Ursprünglich war der Umfang auf 6 bis 7 Bände geplant und die Arbeitszeit auf 6 bis 10 Jahre angelegt. Die Geschichte des DWB beginnt 1838, als Karl Reimer, gemeinsam mit Salomon Hirzel Eigentümer der Verlagsbuchhandlung Weidmann in Leipzig, den 1837 aus dem Göttinger Universitätsdienst entfernten Brüdern erneut den Vorschlag zu einem deutschen Wörterbuch unterbreitet. Wie schon die Wörterbücher von Adelung und Campe ist das DWB ein auf private Initiative gegründetes kommerzielles Unternehmen. Die 1792 erneuerte Anregung, daß die Preußische Akademie der Wissenschaften ein Akademie-Wörterbuch erarbeiten solle (Harnack 1900, 322 f.), war wiederum folgenlos geblieben. Nach langwierigen Vorarbeiten (vgl. Kirkness 1980) erscheint die erste Lieferung des DWB *(A—Allverein)* 1852; 1854 liegt der erste Band mit der programmatischen Vorrede Jacob Grimms vor. Jacob Grimm bearbeitet bis zu seinem Tod 1863 die Buchstaben *A* bis *C* und *F* bis *Frucht;* Wilhelm bearbeitet den Buchstaben *D*. Damit haben die Brüder 28 % des Wortschatzes behandelt, was aufgrund der ungleichmäßigen Ausarbeitung des DWB aber weniger als 9 % des Gesamtwerks ausmacht. Nach dem Tod der Grimms wird die Arbeit von Einzelpersönlichkeiten wie von dem schon genannten Weigand, Rudolf Hildebrand, Moriz Heyne, Matthias Lexer oder Hermann Wunderlich fortgeführt, die durch Privatverträge an den Verlag gebunden werden. Dabei erfolgt die Ausarbeitung der weiteren Lieferungen und Bände nicht chronologisch (vgl. Abb. 205.1); eine Koordinierung der Arbeiten findet nicht statt. Öffentliche Unterstützung erfährt das Unternehmen ab 1868 durch den Norddeutschen Bund, später durch das Reichsamt des Inneren. Mit der Übernahme durch die Preußische Akademie der Wissenschaften — unter Aufsicht der Deutschen Kommission — 1908 wird das Unternehmen aus einer tiefen Krise geführt. In Göttingen wird eine zentrale Sammelstelle begründet, in der zum erstenmal die Exzerption von Belegen zentral organisiert wird. Und 1930 wird schließlich die Arbeitsstelle in Berlin eingerichtet, so daß das DWB zum erstenmal festangestellte, hauptamtliche Mitarbeiter und damit eine Wörterbuchredaktion erhält. Wiederum zum erstenmal werden jetzt auch verbindliche Richtlinien für die Erarbeitung der Wortartikel festgelegt. Nach 1945 werden dann die Arbeiten an der Akademie der Wissenschaften der DDR und an der Akademie der Wissenschaften in Göttingen abgeschlossen. Was als privates Unternehmen begonnen hatte, endet also als Akademie-Wörterbuch.

Das DWB mit seinen 67 744 Druckspalten ist ein außerordentlich uneinheitliches Werk. Schuld daran tragen die lange Bearbeitungszeit und die fehlende Wörterbuch-Infrastruktur. So gibt es von Beginn an keine Richtlinien für die Ausarbeitung der Wortartikel, da Jacob und Wilhelm auf „natürlichen Tact" anstatt auf Systematik setzen (vgl. Püschel 1990, Absch. 3.2.). Damit öffnen sie sich den Weg zu einer flexiblen, am Material orientierten Artikelgestaltung, zugleich aber auch für sich selbst und die nachfolgenden Bearbeiter die Möglichkeit, eigenen Vorlieben und Interessen nachgehen zu können. Neben individuellen Vorstellungen machen sich aufgrund der langen Bearbeitungszeit aber auch neue sprachwissenschaftliche Einflüsse bemerkbar wie z. B. die vermehrte Einarbeitung dialektologischer Forschungsergebnisse. Daß der einzelne Bearbeiter — zwar vertraglich an den Verlag gebunden — eigenverantwortlich, ohne übergeordnete Kontrollinstanz arbeitet, verstärkt zwangsläufig die Uneinheitlichkeit. Diese manifestiert sich in unterschiedlichen Wörterbuchstilen, die die globale Artikelgestaltung bis hin zu den Formulierungsmustern betreffen, aber auch den Stichwortansatz, die Berücksichtigung der Etymologie und Formengeschichte, die Erklärungen von Bedeutung und Gebrauch, die Präsentation und Verarbeitung der Belege, die Quellen und die Heranziehung weiterer Materialien wie z. B. Mundartwörterbücher (zu den verschiedenen Bearbeitungsphasen vgl. Bahr 1984 a, b; Braun 1987; Dückert 1987 b; Huber 1987; Schröter 1987; Bahr 1990; Püschel 1990).

Das DWB ist ein alphabetisches Wörterbuch des Neuhochdeutschen (das Niederdeutsche bleibt gemäß Jacob Grimms Verdikt weitgehend ausgespart), das den Wortschatz von der Mitte des 15. Jhs. bis in die Gegenwart der Bearbeiter erfaßt. Es ist also zugleich historisch und gegenwartsbezogen ausgerichtet, auch wenn die ersten Kritiker die unzureichende Verarbeitung zeitgenössischer Quellen ankreiden (vgl. Sanders 1852; Wurm 1852). Der Tendenz nach ist es ein gesamtsprachliches Wörterbuch (vgl. Art. 153). Kodifiziert wird der schriftsprachliche Wortschatz, der vor allem aus literarischen Quellen erarbeitet wird. Daneben findet sich Mundartliches und Umgangssprachliches bis hin zu „unzüchtigen wörtern" (DWB Bd. 1, Vorrede Sp. XXXIII) besonders aus dem älteren Neuhochdeutschen. Berücksichtigt werden auch ältere Berufssprachen wie die der Jäger, Hirten und Fischer; moderne Fach- und Wissenschaftssprachen fehlen dagegen ebenso wie der politisch-soziale Wortschatz (vgl. Holly 1990). Ausgeschlossen bleiben auch Eigennamen und Fremdwörter, sofern diese nicht voll in das Deutsche integriert oder unentbehrlich sind. Restriktiv behandelt werden Wortbildungen, vor allem die Zusammensetzungen. Das DWB ist ein semasiologisches Wörterbuch, auch wenn es für Jacob Grimm nicht darum geht, die Teilbedeutungen eines Worts systematisch darzustellen. Die auf Scheidung der Begriffe beruhende Darstellung der Teilbedeutungen eines Wortes, wie sie in der aufklärerischen Lexikographie Adelungs praktiziert wurde, lehnt Jacob ab und stellt das historische Prinzip dagegen. Ihm kommt es darauf an, die Bedeutung genetisch zu erklären, d. h., die Geschichte der Wortbedeutung soll ausgehend von einem Urbegriff entfaltet werden (vgl. Reichmann 1990):

„Hinter allen abgezogenen bedeutungen des worts liegt eine sinnliche und anschauliche auf dem grund, die bei seiner findung die erste und ursprüngliche war. es ist sein leiblicher bestandtheil, oft geistig überdeckt, erstreckt und verflüchtigt, alle worterklärung, wenn sie gedeihen soll, musz ihn ermitteln und entfalten." (DWB Bd. 1, Vorrede Sp. XLV)

Eine zentrale Rolle spielen dabei die Textbelege, mit denen Bedeutung und Gebrauch der Wörter dokumentiert werden. Als allgemeines einsprachiges Wörterbuch (wenn auch teilweise mit lateinischen und anderen fremdsprachlichen Interpretamenten versehen) enthält das DWB weitere Typen von Informationen wie zur Wortklassenzugehörigkeit, zur Flexion, zur Syntax usw. Das DWB ist prinzipiell deskriptiv ausgerichtet, auch wenn Jacob Grimm mit seiner Hilfe eine eigene Orthographie durchsetzen will und zudem mit normativen Kommentaren nicht spart (vgl. Kühn 1990).

Nach den Vorstellungen Jacob Grimms soll das DWB ein Nachschlagebuch sein, aus dem Gelehrte wie Laienbenutzer Sprachinformationen entnehmen können:

„'wie heiszt doch das wort, dessen ich mich nicht mehr recht erinnern kann?' 'der mann führt ein seltsames wort im munde, was mag es eigentlich sagen wollen?' 'zu dem ausdruck musz noch es bessere beispiele geben, lasz uns nachschlagen.'" (DWB Bd. 1, Vorrede Sp. XII)

Zugleich und vor allem verfolgt Jacob Grimm mit dem DWB nationalpädagogische und nationalpolitische Absichten:

„Es soll ein heiligthum der sprache gründen, ihren ganzen schatz bewahren, allen zu ihm den eingang offen halten. das niedergelegte gut wächst wie die wabe und wird ein hehres denkmal des volks, dessen vergangenheit und gegenwart in ihm sich verknüpfen." (DWB Bd. 1, Vorrede Sp. XII)

Das Wörterbuch soll den Deutschen den Geist und Reichtum ihrer Sprache nahebringen, und es soll Ausdruck nationaler Einheit und Selbständigkeit sein (Kirkness 1980, 39 ff.). Das nationalpädagogische Programm Jacob Grimms ist mit seinem Tod gescheitert. Doch daß das Wörterbuch nicht Fragment bleibt, sondern gerade im ausgehenden 19. Jahrhundert mit staatlicher Hilfe fortgeführt werden kann, verdankt es wohl seinem Ruf als nationalem Prestigeobjekt. Unumstritten war seine Fortführung jedenfalls nicht, wie der um die Jahrhundertwende aufkommende Plan eines „Thesaurus linguae germanicae" ausweist (vgl. Schröter 1987, 116 f.). Die Hoffnung schließlich, mit dem DWB als einem „zum hausbedarf" gehörenden Wörterbuch (DWB Bd. 1, Vorrede Sp. XIII) in die Breite wirken zu können, hat sich schnell zerschlagen. Schon Wurm (1852, 33) bezeichnet das Wörterbuch als ein Werk für Gelehrte und für den praktischen Bedarf untauglich. Und bald fällt die Auflage von 5000 Exemplaren auf unter 2000, schließlich auf 1300 (Bahr 1984b, 494).

Bei Erscheinen der ersten Lieferung wird das DWB mit großer Begeisterung aufgenommen; daneben erfährt es aber auch herbe Kritik, die nicht nur aus persönlichen Animositäten der Kritiker gegen die Grimms gespeist ist, sondern auch berechtigte Fragen aufwirft (vgl. Kirkness 1980, 168 ff.; Huber 1987, 50 ff.). Die beiden bekanntesten Kritiker, Wurm (1852) und Sanders (1852) — von Jacob Grimm als zwei giftige Spinnen verunglimpft (vgl. DWB Bd. 1, Vorrede Sp. LXIII) —, nehmen neben der Stichwortauswahl, dem Artikelaufbau, der Systemlosigkeit in der Ausarbeitung usw. vor allem Anstoß an den Bedeutungserklärungen. Sie selbst stehen in der synchron ausgerichteten, rationalistisch-aufklärerischen, sauber Begriffe und Bedeutungen scheidenden lexikographischen Tradition, so daß sie das historische Prinzip des DWB und speziell Jacob Grimms Interesse am Urbegriff nicht erkennen können. Insofern werden sie dem Konzept vor allem Jacob Grimms nicht gerecht. Andererseits vertreten sie eine legitime lexikographische Position, was die Verteidiger des DWB wiederum nicht anerkennen wollen (die Verteidiger sehen in den Angriffen nur ein Sakrileg). Wurm wie Sanders plädieren gegen ein Gelehrten-Wörterbuch und für ein Wörterbuch für praktische Nachschlagebedürfnisse, und beide konkretisieren ihre Konzepte in eigenen Wörterbüchern. (Literatur zum DWB in Kirkness 1980, 279—287 und Dükkert 1987a, 181—195).

2.3. Der lexikographische Kontrapunkt: Die deutschen Wörterbücher von Wurm und Sanders

Neben dem DWB erscheinen auch andere allgemeine Wörterbücher des Deutschen, die nicht dem historischen Prinzip verpflichtet sind, so das „Vollständige Wörterbuch der deutschen Sprache" von Wilhelm Hoffmann (1852—1861). Hoffmann will nicht nur den literatursprachlichen Wortschatz, sondern auch den wissenschaftssprachlichen erfassen. Zwar verspricht er auch die „Angabe der Abstammung", jedoch ist das für ihn kein übergeordneter Gesichtspunkt, sondern lediglich ein Aspekt neben anderen. Entsprechend harsch fällt auch die Kritik Weigands aus, der Hoffmann attestiert, daß sein Wörterbuch „nicht ohne Fleiß" gemacht sei, aber „schülerhafte Verstöße im Althochdeutschen" aufweise, so „daß auch jeder Gedanke an eignen klaren Blick des Verfassers und damit an Gründlichkeit schwindet" (Weigand 1857—1871, Bd. 1, Vorwort XIII). Während Hoffmann eher modisch dem Trend folgend die „Angabe der Abstammung" verspricht, legen Wurm und Sanders dezidiert nicht dem historischen Prinzip folgende Wörterbücher vor.

Nach Erscheinen der 1. Lieferung des DWB 1852 hat Christian Friedrich Ludwig Wurm den Grimms seine Wort- und Belegsammlungen zur weiteren Verwendung angeboten. Jacob Grimm stimmt diesem Angebot — wenn auch zurückhaltend — zu (vgl. Kirkness 1980, 140 f.). Möglicherweise durch diese Zurückhaltung vor den Kopf gestoßen, wechselt Wurm die Front und zeigt sich in seiner Schrift „Zur Beurtheilung des deutschen Wörterbuchs von Jacob und Wilhelm Grimm" als erbitterter Gegner (Wurm 1852). Wichtig ist die Fortsetzung des Titels: „Zugleich ein Beitrag zur deutschen Lexikographie". Tatsächlich setzt sich Wurm — anders als Sanders — außerordentlich systematisch mit dem DWB auseinander, so daß seine Kritik zugleich das Programm eines anderen Wörterbuchs enthält. Dieses gruppiert sich um drei Hauptpunkte: (a) die Benutzerfrage, (b) die Frage nach der Form, d. h. „der Anordnung des Werkes im Ganzen wie im Einzelnen", damit das Wörterbuch die Funktion „eines allzeit bereiten Rathgebers" (Wurm 1852, 1) erfüllen kann, (c) die Frage nach dem Inhalt, deren Beantwortung naturgemäß den größten Raum einnimmt. Offenbar durch den Tod Wurms bedingt, erscheinen 1858 und 1859 nur sechs Lieferungen, die den ersten Band des „Wörterbuchs der deutschen Sprache von der Druckerfindung bis zum heutigen Tag" (Wurm 1859) ausmachen. Das gesamte Material für das auf etwa zwölf Bände konzipierte Werk liegt anscheinend bei Wurms Tod ausgearbeitet vor (Hinderling 1988, 72). Wie die „Ankündigung" zeigt, die auf den Rückseiten der einzelnen Lieferungen abgedruckt ist, verfolgt Wurm mit seinem Wörterbuch ein hochgestecktes und ehrgeiziges Ziel:

„Dieses Wörterbuch stellt sich die Aufgabe, auf einem freien und höhern Gesichtspunkte bei dem Abschlusse einer großen Literaturperiode dem deutschen Volke dasjenige zu werden, was Adelungs Sprachwerk bei dem Beginne derselben war."

Bewußt schlägt Wurm den Bogen zurück zu Adelung, dem er es nicht nur gleichtun will, sondern dem er sich auch in der Wörterbuchprogrammatik verpflichtet weiß. Wie auch das DWB ist Wurm 1859 nicht strikt gegenwartsbezogen, sondern will das Neuhochdeutsche in seiner Gesamtheit erfassen. Dabei strebt Wurm nach „Vollständigkeit und Genauigkeit des Ganzen wie der einzelnen Artikel" („Ankündigung"). Bei strikter Einhaltung des Alphabets werden deshalb extensiv Wortbildungen aufgenommen, so daß die sechste und letzte Lieferung auf S. 960 mit *Aushauer* endet. Im semasiologischen Zugriff werden die Wortbedeutungen erklärt und mit Belegen versehen. Oberstes Ziel ist dabei:

„In allgemein zugänglicher Sprache soll es [das Wörterbuch] dem gebildeten Publikum einen fortlaufenden Kommentar der Erzeugnisse der deutschen Literatur, wie eine Anleitung zur Bildung der Darstellungskunst bieten; es soll den praktischen wie den wissenschaftlichen Anforderungen der Neuzeit gleichmäßig Rechnung tragen ..." („Ankündigung")

Dabei bekennt sich Wurm offen zur „lexikographischen Spicksituation", zu der auch das gescholtene DWB gehört: „die anerkennende Ausbeutung der vorhergehenden Werke von Adelung, Campe, Grimm" (ebd.).

Erheblich später folgt dann Daniel Sanders „Wörterbuch der Deutschen Sprache" (1860—1865/1876), dem schon 1854 ein „Programm eines neuen Wörterbuches der deutschen Sprache" (Sanders 1854) vorausgegangen ist. Schon in seiner Kritik am DWB hatte Sanders das alphabetische Prinzip zugunsten des Stammwortprinzips verworfen. Dementsprechend finden sich Komposita und Präfixableitungen unter den Grundwörtern, jedoch nicht konsequent, was das Nachschlagen erheblich erschwert. Neben erschöpfenden synchronen Bedeutungserklärungen zeichnet sich das Wörterbuch durch die reichliche Aufnahme von Fachwörtern sowie sondersprachlichem Wortschatz aus. Der Schwerpunkt liegt dabei auf dem „heutigen Sprachgebrauch", auch wenn Sanders bis auf Luther zurückgeht. Die Wörterbücher von Wurm und Sanders setzen die Tradition des allgemeinen einsprachigen Wörterbuchs fort, das mit jeweils spezifischen Ausweitungen den Wortschatz der Standardvarietät kodifiziert und synchron erklärt. Wie die Beispiele Wurm und Sanders zeigen, müssen solche Wörterbücher bei der Kodifikation des Wortschatzes nicht unbedingt rein gegenwartsbezogen sein. Allerdings wäre noch genauer zu prüfen, ob die Rückwendung bis zur „Druckerfindung" oder bis Luther nicht ein modisches Zugeständnis an das DWB ist. Heißt es doch im „Ergänzungs-Wörterbuch der deutschen Sprache" von Sanders (1885):

„Begreiflicherweise die reichste und ergiebigste Ernte haben mir die letzten 25 Jahre geliefert. ... Wie viele neue Wörter und Ausdrücke sind seit jener Zeit [dem Erscheinen von Sanders 1860—1865/1876] mit dem Aufschwunge und den Fortschritten unseres Staats-, Verfassungs- und Rechtslebens, unseres Heer- und unseres Verkehrswesens, und auf den Gebieten der Erfindungen und Entdeckungen entstanden!" (Sanders 1885, Vorwort)

Dementsprechend nennt Sanders auch Zeitschriften und Zeitungen neben literarischen Werken als Quellen. Der Übermacht der historischen Wortschatzbehandlung kann die Tradition der synchronen allerdings nicht standhalten; an sie wird erst nach 1945 wieder angeknüpft (vgl. Art. 206).

Die Orientierung am historischen Prinzip gilt auch für die kleinen, vor allem für den Schulgebrauch bestimmten Wörterbücher, die vom Ende des 19. Jhs. bis 1945 erscheinen, auch wenn sich Ausnahmen finden wie Gottfried Veiths „Wörterbuch für die Deutschen aller Länder" (1913). Er will dem Wunsch nach einem „umfassenden Schlagwörterbuch für alle gängigen Begriffe, nach einem zuverlässigen Nachschlagewerk für alle Stände und für alle Zwecke" entsprechen (Veith 1913, Bd. 1, Vorwort VIII). Informiert wird über die Schreibung, Geschlecht und Bedeutung der Wörter; außerdem wird die Herkunft der Fremdwörter und der Eigennamen angegeben; auf Etymologie wird dagegen verzichtet. Die Auswahl des Wortschatzes erfolgt nach dem bemerkenswerten Prinzip: „Im allgemeinen befolgte ich den Grundsatz: Was nicht gesucht wird, braucht nicht darin zu stehen." (ebd. IX). Lexikographisch sind solche Wörterbücher unbedeutend; sie zeigen aber, daß ein Bedürfnis nach handlichen Nachschlagewerken besteht, die handfestes Sprachwissen vermitteln, dabei auch enzyklopädisches Wissen mit einbeziehen.

2.4. Historische Lexikographie nach den Brüdern Grimm (Heyne, Paul, Trübner)

Die anderen, gegen Ende des 19. Jhs. erscheinenden Wörterbücher, die der historischen Lexikographie verpflichtet sind, stehen in jeweils spezifischem Abhängigkeits- und Spannungsverhältnis zum DWB. Ganz auf dieses hin orientiert ist Diefenbach/Wülcker (1885), das als ein Ergänzungswörterbuch angelegt ist (die im DWB fehlenden Stichwörter werden mit * markiert). Neben der Erfassung von niederdeutschem und niederländischem Wortschatz werden in ihm vor allem im DWB noch nicht berücksichtigte frühneuhochdeutsche Quellen (Glossare) aufgearbeitet; so tritt der Gegenwartsbezug ganz in den Hintergrund.

Ein selbständiges Unternehmen ist dagegen das dreibändige „Deutsche Wörterbuch" von Moriz Heyne (1890—1895/1905—1906). Obwohl Heyne selbst intensiv am DWB arbeitet, bringt er aus zwei Gründen ein eigenes Wörterbuch heraus:

„Die Erwägungen, die diesen Gedanken zum Plane förderten, fußten auf der Wahrnehmung, daß das große von den Gebrüdern Grimm begonnene Werk noch geraume Zeit zu seiner Vollendung bedürfe, daß es aber auch, wenn fertig, niemals die Dienste leisten würde, die JGrimm in seiner Vorrede zum 1. Bande in Aussicht stellte, daß nämlich „das Wörterbuch zum Hausbedarf und mit Verlangen, oft mit Andacht gelesen werden könnte"." (Heyne 1890—1895/1905—1906, Bd. 1, Vorwort Sp. V)

Zwar richtet sich Heyne mit seinem Wörterbuch auch an die Gebildeten, aber anders als das DWB nicht ausschließlich an die philologisch Geschulten. Aus Gründen der Handlichkeit ist es ein gegenwartsbezogenes Auswahlwörterbuch, das den „heutigen Bestand unserer Schriftsprache" verzeichnet; daneben bietet es noch bekannteren fach- und gruppensprachlichen Wortschatz. Doch soll es nicht „hastigem Nachschlagen" dienen, sondern es soll zeigen,

„wie heutige Form und Bedeutung unserer Wörter von alten Zeiten her geworden, gewachsen und geändert sind, und so jedem Gebildeten eine geschichtliche Unterlage für den Gebrauch seiner Sprache ... und Winke in bezug auf die vielfach verkannte und zu enge gefaßte Sprachrichtigkeit geben." (ebd. Sp. VI)

Fast gleichzeitig mit der 1. Aufl. von Heynes Wörterbuch erscheint das „Deutsche Wörterbuch" (1897) von Hermann Paul, das ebenfalls „nicht bloß zum Nachschlagen bestimmt [ist], sondern auch zum fortlaufenden Lesen" (Paul 1897, Vorwort V). Adressaten sind wiederum die Gebildeten, unter diesen vor allem die Deutschlehrer:

„Das Werk wendet sich an alle Gebildeten, die ein Verlangen empfinden, ernsthaft über ihre Muttersprache nachzudenken. In erster Linie habe ich an die Lehrer gedacht, die Unterricht im Deutschen zu erteilen haben." (ebd.)

Für diesen Adressatenkreis soll nur das wirklich Erklärungsbedürftige geboten werden, wobei die „einzelnen Tatsachen des Wortgebrauches möglichst in einen historischen und psychologischen Zusammenhang einzureihen" sind (ebd.). An dieser Vorgabe orientiert sich die Auswahl und Behandlung der 9000 bis 10 000 Stichwörter (Wiegand 1983, 304). Verzichtet wird auf die selbstverständlichen Wortbildungen, auf die exhaustive Darbietung aller Wortbedeutungen und auf die Erklärung des allgemein Verständlichen. Schon Meißner (1899) konstatierte, daß Kürze kein Wert an sich sei, und Wiegand 1983 zeigt, wie das Wörterbuch in seinem Aufbau und in den Wortartikeln von Heterogenität und Willkür geprägt ist. (Zur weiteren Geschichte vgl. Art. 206.)

Kurz nach der Jahrhundertwende erscheint eine weitere Auflage von Weigand 1857—1871. Wie schon Weigand selbst Schmitthenner 1834 völlig neu bearbeitet hatte, legen auch die jüngsten Herausgeber — Karl von Bahder, Hermann Hirt und Karl Kant — eine völlige Neubearbeitung vor. In Weigand 1909—1910 sind gemäß den Fortschritten in der etymologischen Forschung vor allem die Etymologien auf den neuesten Stand gebracht worden. Verstärkt berücksichtigt wird auch die mundartliche Lexik ebenso wie die Fremdwörter:

„Die Zeiten sind ja glücklicherweise vorüber, in denen man die Fremdwörter in der Geschichte der deutschen Sprache ungestraft zu vernachlässigen können glaubte." (Weigand 1909—1910, Bd. 1, Vorwort VII)

Besonderes Gewicht wird auch auf die Bedeutungserklärungen gelegt, auf die Darstellung von Bedeutungsentwicklungen wird dagegen verzichtet. Hirt, der Verfasser des Vorworts, sieht in dieser Frage durchaus Bewegung, hält den Zeitpunkt für die Einbeziehung der Bedeutungsentwicklung jedoch noch nicht für gekommen (ebd. IX—X). Diesen Schritt vollzieht erst Trübner 1939—1957.

Auch „Trübners Deutsches Wörterbuch" (1939—1957) — von 1939 bis 1944 von Alfred Götze, nach 1945 von Walther Mitzka herausgegeben — knüpft ausdrücklich an das DWB an. Mit ihm soll nun endlich das „Haus- und Handbuch aller Deutschen" geschaffen werden (Trübner 1939—1957, Bd. 1, V). Deshalb sollen in diesem Auswahlwörterbuch „die sprachgeschichtlich anziehenden und kulturgeschichtlich bedeutsamen Wortgeschichten" (ebd.) erzählt werden. Wort- und Kulturgeschichte werden also aufeinander bezogen, wobei die Auswahl der Belegquellen und ihre Verarbeitung teilweise nationalsozialistisch geprägt sind. Die Bearbeiter sind um eine wissenschaftlich begründete, aber dennoch volkstümliche und ansprechende Darstellung bemüht. Da die „Erzählungen" der Wortgeschichten breiten Raum einnehmen, erwächst aus diesem Konzept der Umfang des Trübners von 8 Bänden mit 9700 Seiten und etwa 8000 bis 9000 Stichwörtern. Bei dieser Zahl ist zu beachten, daß unter den einzelnen Stichwörtern reichlich Wortbildungen angeführt werden. Trotz der diachronen Ausrichtung liegt der Schwerpunkt auf dem zeitgenössischen Sprachgebrauch, für den die meisten Belege geboten werden. Die Stichwortauswahl beschränkt sich nicht auf die Standardsprache, denn:

„Der bunte Reichtum unserer Volkssprache soll mit all seiner Pracht und Fülle in das Werk einströmen, sowohl die ländlichen Mundarten ... als auch die mancherlei Mischformen, die den städtischen Alltag von heute beherrschen." (Trübner 1939—1957, Bd. 1, V—VI)

Daß Wörterbücher den Geist wie Ungeist ihrer Entstehungszeit widerspiegeln, gilt ganz besonders für den Trübner (vgl. Wiegand 1984, 589 f.). So zeigt sich beispielsweise im

4. Band unter dem Stichwort **möglich** ganz offen die Verherrlichung von Nationalsozialismus und Krieg, wenn es zu *unmöglich* heißt:

„Für Adolf Hitler und seine kämpferische und tatenfrohe Bewegung gibt es dieses u n m ö g l i c h nicht; der gegenwärtige große Krieg beweist es eindringlich." (ebd. Bd. 4, 662)

Die kleineren Wörterbücher im ausgehenden 19. und beginnenden 20. Jh. stehen insgesamt unter dem deutlichen Einfluß des historischen Prinzips. So nennt Bergmann 1912 schon im Titel seines für den Schulgebrauch bestimmten Wörterbuchs Weigand als Grundlage. In anderen Wörterbüchern wie Detter 1897 und Loewe 1910 dominieren die etymologischen Informationen in einem Maß, daß sie zu den etymologischen Wörterbüchern gerechnet werden können (vgl. Absch. 5.), auch wenn sie sich einfach „Deutsches Wörterbuch" nennen. Dies ist geradezu ein Beleg dafür, wie weit Lexikographie des Deutschen und historische Wortforschung gleichgesetzt werden. Dies gilt auch für das auf Popularisierung zielende „Deutsche Wörterbuch" von Franz Tetzner (1894), das bei Reclam erscheint:

„Dies deutsche Wörterbuch will die sprachgeschichtlichen Forschungen über unsere Muttersprache möglichst vielen zugänglich machen, und bisher nur den Reichen und Gelehrten offenstehende Wissensquellen weiteren Kreisen erschließen." (Tetzner 1894, 3)

Gebildeten, Lehrern, Schülern und Studenten „soll das Werk ein lieber Gast sein" (ebd. 4). Allerdings enthalten diese Werkchen weniger Wortgeschichten, als daß sie die Belege für frühere Sprachstufen des Deutschen und urverwandte Sprache auflisten.

3. Synonymen- und Thesauruslexikographie

Die mit dem Namen Eberhards verknüpfte Tradition der distinktiven Synonymik wirkt über die Mitte des 19. Jhs. fort, auch wenn sich hier ebenfalls der Einfluß des historischen Prinzips bemerkbar macht (vgl. Art. 204, Absch. 5.). So erscheint 1859 das „Volkstümliche Wörterbuch der Synonymen" von Peter Friedrich Ludwig Hoffmann (10. Aufl. 1936). Schon im Titel wird als Doppelziel genannt, Begriffe zu scheiden und so zum „leichten, richtigen und bestimmten" Ausdruck zu führen. Stilistische Eleganz, Richtigkeit und Genauigkeit in der Wortwahl sind damit angesprochen. Bewußt an Eberhard anknüpfend und mit kritischer Distanz zu den Bearbeitern Maß und Gruber motiviert Daniel Sanders sein „Wörterbuch Deutscher Synonymen" (1871; dazu auch Sanders 1881, 1889, 1896) mit der Feststellung:

„Das Gebiet der deutschen Synonymik liegt seit Eberhard's Zeit brach oder vielmehr schlimmer als brach. Schon seine nächsten Nachfolger und Ergänzer, Maß und Gruber, waren ihm durchaus nicht ebenbürtig in Dem, worauf es hauptsächlich ankommt, nämlich in der scharfen Begriffsbestimmung der einzelnen Wörter ..." (Sanders 1871, III).

Statt dessen hätten sie sich auf die Etymologie geworfen. Da es Sanders auf die „scharfe ... Begriffsbestimmung der einzelnen Wörter, woraus die Unterschiede in der Bedeutung und Anwendung der sinnverwandten sich ergeben" (ebd. III) ankommt, geht er rein synchron vor und verzichtet auf historische Argumentation. Sanders wählt vor allem den Wortschatz aus, der bei Eberhard und dessen Bearbeitern nicht berücksichtigt wurde, versteht seine Synonymik also als Ergänzungswörterbuch.

Im letzten Viertel des 19. Jhs. erfährt die Synonymenlexikographie eine entscheidende Wende. Wurde bislang ausschließlich distinktive Synonymik betrieben (auch da, wo sie sich der historischen Betrachtungsweise zuwendet), entstehen jetzt die ersten kumulativen Synonymiken, die Thesauri, Sprach- oder Wortschätze (vgl. Art. 101, 102 und 103). In diesen wird der Wortschatz zwar systematisch geordnet, aber es werden keine Bedeutungsgemeinsamkeiten und -unterschiede erklärt. Als Ordnungsprinzip dienen Sachgruppen, deren Einteilung auf ontologisch-begrifflichen Klassifikationen beruhen. Nach dem Vorbild von Peter Mark Rogets „Thesaurus of English Words and Phrases" (1852) legt Sanders 1873—1877 seinen „Deutschen Sprachschatz" vor. August Schlessing folgt dann 1881 mit seinem „Deutschen Wortschatz". Kumulative Synonymiken haben in der Regel zwei Teile, zum einen den systematischen, nach Sachgruppen eingerichteten Teil, zum andern den alphabetischen Teil, mit dessen Hilfe das Wortmaterial des systematischen Teils erschlossen werden kann. Ein allgemeiner Zug solcher Synonymiken besteht darin, daß sie zumindest tendenziell gesamtsprachbezogen sind, d. h., sie gehen in der Regel über den standardsprachlichen Wortschatz hinaus. Insofern haben sie thesaurierenden Charakter, was schon Rogets Titel „Thesaurus" andeutet. So besticht an Sanders „Sprachschatz" gerade die Fülle des

Materials (er konnte auf die Zettelkästen seines „Wörterbuchs der Deutschen Sprache" zurückgreifen) und sein methodisches Vorgehen. Die einzelnen Artikel weisen eine außerordentlich feine und konsequente Untergliederung auf (Kühn 1985, XXXVII). Sanders wie Schlessing verbinden mit ihren kumulativen Synonymiken praktische Zielsetzungen. Findet sich schon in der Eberhardschen Synonymik — wenn auch nicht an prominenter Stelle — der Gedanke, den Sprachgebrauch durch die saubere begriffliche Scheidung der Wortbedeutungen zu fördern (Püschel 1986 a, 244 Anm. 12), so tritt dieser Gesichtspunkt bei den kumulativen ganz in den Vordergrund. Wie schon die Titel ausweisen, sollen sie „als stilistisches Hülfsbuch für jeden Deutsch Schreibenden" „zur leichten Auffindung des passenden Ausdrucks" (Sanders 1873—1877) oder als „Hilfs- und Nachschlagebuch in allen Verlegenheiten der schriftlichen und mündlichen Darstellung" (Schlessing 1881) dienen — ein Versprechen, das nicht eingelöst werden kann (vgl. Püschel 1986b, 236 ff.). Der Erfolg dieser Thesauri läßt sich damit erklären, daß sie mit dem von ihnen propagierten Ideal des richtigen Ausdrucks als Beitrag im Kampf für Richtigkeit und Reinheit der deutschen Sprache verstanden werden (Püschel 1986b, 234 ff.; vgl. Absch. 7.). Allerdings haben die Thesauri von Sanders und Schlessing ganz unterschiedliche Entwicklungen genommen. Offenbar wegen der Unhandlichkeit des zweibändigen Sanders bleibt diesem eine zweite Aufl. versagt, während Schlessing mehrere Auflagen erlebt und von Bearbeitern fortgeführt wird (Schlessing/Wehrle 1914; Wehrle 1940; Wehrle/Eggers 1967). Vielleicht trägt zu diesem Erfolg mit bei, daß Schlessing den Umfang seines Thesaurus begrenzt und damit den Fehler vermeidet, den er bei anderen Thesauri beobachtet:

„bemüht, möglichst vollständige Inventarien des Sprachschatzes ihrer Nation zu schaffen, haben die Verfasser sehr dickleibige, schwerfällige Werke zu Tage gefördert, die für den großen Kreis der Gebildeten schon wegen ihres hohen Preises unzugänglich sind." (Schlessing 1881, Vorwort)

Wesentlich vorsichtiger und differenzierter äußert sich dann Franz Dornseiff zum praktischen Nutzen seines „Deutschen Wortschatzes nach Sachgruppen" (1933/1970). Eigentlich auf sprachwissenschaftliche Ziele gerichtet, nämlich die Grundlage für eine altgriechische Synonymik zu schaffen (Dornseiff 1933/1970, 5, 29, 61), wird der Dornseiff zum zweiten erfolgreichen Thesaurus des Deutschen. Zu den praktischen Zielsetzungen zählt auch, daß er bei der Wortwahl Hilfestellung geben will, doch warnt Dornseiff, „daß doch nur wer die deutsche Sprache durchaus beherrscht, hier gefahrlos schöpfen kann" (Dornseiff 1933/1970, 5). Denn die kumulative Synonymik stellt die Wörter aus den verschiedenen Stilbereichen ohne Erklärungen nebeneinander. Für Dornseiff ist sie deshalb weniger Wegweiser zum treffenden, d. h. sprachrichtigen Ausdruck, als Anreger, die wortstilistische Vielfalt und Bandbreite des Deutschen für den Variationsstil zu nutzen:

„Unter diesen Gesichtspunkten praktisch unmittelbarer Anwendbarkeit gesehen, stellt sich das vorliegende Buch unter die rhetorischen Hilfsbücher, die ihren Benutzern eine reiche Abwechslung im Ausdruck ermöglichen wollen." (ebd. 6)

4. Sprachstadienlexikographie

Wörterbücher, in denen frühere Sprachstadien des Deutschen kodifiziert werden, kommen erst gegen Ende des 18. Jhs. auf. Sie dienen vor allem praktischen Zwecken, nämlich der sprachlichen Erschließung mittelalterlicher deutschsprachiger Urkunden (vgl. Art. 204, Abschn. 6), wie schon einige Titel ausweisen: „Entwurf eines Wörterbuchs für Praktiker zur Erklärung deutscher Urkunden aus dem Mittelalter in einem Handbuche" (Wittek 1796) oder „Diplomatische Erklärung althochdeutscher Wörter vom 12.—17. Jahrhundert" (Stocker 1798). Und Anton Joseph Wallraf schreibt:

„Ich bin überzeugt, daß diese Sammlung den Archivarn und Alterthumsforschern bei Entzifferung der dunkeln und zweifelhaften Stellen die deutlichsten und sichersten Aufklärungen gewähren wird, wodurch die schwierige Lesart erleichtert, und die Arbeit in richtiger Verdeutschung der veralteten Wörter, ohne den Faden zu verlieren, fortgesetzt werden kann." (Wallraf 1827, Vorrede)

Erst die philologische Beschäftigung mit Sprache und Literatur des deutschen Mittelalters seit dem Beginn des 19. Jhs. führt konsequenterweise zur Erarbeitung altdeutscher Wörterbücher, die zum Teil aus Sammlungen und Glossaren hervorgehen, die in Verbindung mit Texteditionen entstehen. Diese Wörterbücher sind deshalb in der Hauptsache synchron angelegt (vgl. Art. 154). Das erste Wörterbuch einer älteren Sprachstufe des Deutschen — der „Althochdeutsche Sprachschatz oder Wörterbuch der althochdeutschen Sprache" von Eberhard G.

Graff (1834—1842) — ist jedoch ein diachrones Wörterbuch, das nicht primär aus textphilologischer Arbeit entsprungen und auch nicht für die Lektüre und Edition ahd. Texte gedacht ist. Zwar will Graff „einem dringenden Bedürfnisse der Wissenschaft" (Graff 1834—1842, Bd. 1, Vorrede I) abhelfen, indem er das verstreute lexikalische Material in einem Hilfsbuch für Lehrzwecke versammelt; vor allem will er aber den ahd. Sprachschatz für die vergleichende Sprachwissenschaft aufbereiten. Deshalb ist der ahd. Wortschatz nach Wurzeln geordnet. Noch weit mehr will Graff aber „dem deutschen Volke die ursprüngliche Bedeutung der Wörter seiner Sprache zu Bewußtsein bringen" (ebd.), da diese „todte Zeichen geworden, die die Bedeutung, die wir damit verknüpfen, nicht in sich tragen":

„Wollen wir diese starre Masse der Sprache wieder beleben, so müssen wir zu den Tiefen unseres Sprachalterthums hinabsteigen, wo sich ... für viele Wörter noch das sie erklärende Etymon vorfindet." (ebd. III)

Mit dem Wörterbuch soll die als tot und abstrakt betrachtete Gegenwartssprache wieder lebendig und sinnlich gemacht werden.

Erst 1854 bis 1866 erscheint das große „Mittelhochdeutsche Wörterbuch", basierend auf Georg Beneckes Vorarbeiten und ausgearbeitet von Wilhelm Müller und Friedrich Zarncke. Es ist bei allem Streben nach Vollständigkeit auf den Sprachgebrauch der Dichter orientiert und will ausreichend Belegstellen anführen, so daß der Leser die Bedeutungserklärungen zu überprüfen vermag (Benecke/Müller/Zarncke 1854—1866, Bd. 1, Vorrede VIII). Hervorgegangen aus textphilologischer Arbeit wird es zur Grundlage der wissenschaftlichen Textbehandlung. Nicht zuletzt die Verwendung des Stammwortprinzips macht es für schnelle Nachschlagezwecke unhandlich, so daß schon 1872 das Anschlußwerk als „Mittelhochdeutsches Handwörterbuch" von Matthias Lexer (1872—1878) zu erscheinen beginnt. Die dreifache Aufgabe — nämlich ein Handwörterbuch zu schaffen, das zugleich alphabetischer Index und Supplement zum Benecke/Müller/Zarncke ist — kann Lexer nicht lösen; vor allem gerät der Umfang weit über ein Handwörterbuch hinaus, so daß Lexer zu diesem wiederum ein „Mittelhochdeutsches Taschenwörterbuch" (1879) erstellt. Der „Kleine Lexer" ist bis heute das unentbehrliche Nachschlagewerk für jeden Germanistikstudierenden.

Von vornherein für den akademischen Unterricht gedacht sind das „Altdeutsche Handwörterbuch" von Wilhelm Wackernagel (1861/1878) und Oskar Schades „Altdeutsches Wörterbuch" (1866/1872). Während Wackernagel sein Wörterbuch ausdrücklich als Auswahlwörterbuch charakterisiert, das ganz auf die Texte in seinem „Deutschen Lesebuch" ausgerichtet ist, zielt Schade eher auf Vollständigkeit. Neben den Universitätslehrern betätigen sich auch Gymnasiallehrer als Lexikographen wie Schiller/Lübben (1875—1881), Lübben (1888) oder Jelinek (1911). Während der ahd., mhd. und mnd. Wortschatz in umfangreichen Wörterbüchern kodifiziert wird, findet das Frühneuhochdeutsche weniger Aufmerksamkeit, so in Kehrein 1865, dem Ergänzungswörterbuch zum DWB von Diefenbach/Wülcker 1885 und Götze 1912.

Die Sprachstadienlexikographie ist insgesamt gesehen auf wissenschaftspraktische Zwecke ausgerichtet. Die Sprachstadienwörterbücher sind für die Hand des Wissenschaftlers und Studierenden gemacht; sie dienen der Lektüre und der textphilologischen Arbeit, auch wenn einzelne Lexikographen wie Graff weiterreichende, ideologische Zielsetzungen mit ihnen verbinden.

5. Etymologische Lexikographie

Die Forderung nach einem etymologischen Wörterbuch hatte schon Leibniz aufgestellt, und sie war Bestandteil der programmatischen Äußerungen im Kreis der Berliner Societät. Ihren ersten Niederschlag findet sie in Johann Georg Wachters „Glossarium Germanicum" (1737), das den Wissensstand der damaligen etymologischen Erforschung des deutschen Wortschatzes widerspiegelt (Powitz 1959, 39). Zu den etymologischen Wörterbüchern ist auch Friedrich Carl Fuldas „Sammlung und Abstammung germanischer Wurzelwörter" (1776) zu stellen, mit der Fulda auf höchst spekulative Weise seine These von den allen Sprachen gemeinsamen Urwurzeln und ihren Grundbedeutungen belegen will. In der ersten Hälfte des 19. Jhs. finden sich dann vermehrt sich etymologisch nennende Wörterbücher, die jedoch keiner einheitlichen Linie folgen. Gerade die Etymologie scheint in der Zeit, in der sich die historisch-vergleichende Sprachwissenschaft etabliert, ein Tummelfeld von Ideologie und Wissenschaft zu sein. So ist beispielsweise Johann Evangelist Kaindls „Die Teutsche

Sprache aus ihren Wurzen [sic!]" (1815—1826) ein Nachhutgefecht in der Diskussion um den Ursprung der Sprache und in der Frage nach der ursprünglichen Sprache. Denn Kaindl verteidigt die These vom göttlichen Ursprung der Sprache und vom Hebräischen als der einen ursprünglichen Sprache, auf die sich auch die deutschen „Wurzen" zurückführen lassen.

Ganz anders liest sich dagegen Johann Friedrich Kremsier, der mit „Die Urteutsche Sprache nach Stammwörtern" (1822) auf nationale Selbstbesinnung zielt. Mit seinen Etymologien am damaligen Wissensstand orientiert, verfolgt er eine ideologische Zielsetzung. Das Wörterbuch ist dazu geschaffen,

„um das schlummernde Gefühl der Teutschen für Volksehre und Volkswohl zu erwecken. Nur der träge Deutsche läßt es unbeachtet vorübergehen. Der Ehrliebende Germane aufnimmt es mit Liebe — mit Billichkeit." (Kremsier 1822, Inleitung [sic!] 5)

Mit Hilfe der Etymologie soll der Ursinn der Wörter erschlossen werden, so daß der Geist der Sprache durchschaut und sie vernunftmäßig erfaßt werden kann: „Soll unsere Muttersprache noch immer vom Gedächtnis, nicht vom Verstande gefaßt werden?" (ebd.) Vergleichbare Zielsetzungen verfolgt noch Graff 1834—1842 (vgl. Absch. 4.).

Nachdem Jacob Grimm mit der „Deutschen Grammatik" die Etymologie vom Kopf auf die Füße gestellt hat, hält die wissenschaftliche Etymologie auch Einzug in die Lexikographie. So beschreibt Konrad Schwenck als den Zweck seines „Wörterbuchs der deutschen Sprache in Beziehung auf Abstammung und Begriffsbildung" (1834/1836),

„die Ergebnisse deutscher Wortforschung (an deren Spitze der nie genug zu lobende Jacob Grimm steht) in der Kürze und so allgemein faßlich, als es der Gegenstand zuläßt, darzustellen" (Schwenck 1834, Vorrede III).

Das Wörterbuch ist „nicht für die sogenannte gelehrte Welt bestimmt ..., welche des Lehrens, nicht des Lernens bedarf" (ebd.); zu welchem Zweck aus diesem Wörterbuch gelernt werden soll, bleibt unerörtert.

Seit dem Ende des 19. Jhs. bis 1945 erscheinen eine ganze Reihe von Wörterbüchern, die jedoch teilweise nur in einem sehr weiten Sinn zu den etymologischen gerechnet werden können. Hier sind vor allem Wörterbücher zu nennen, die das Attribut „etymologisch" deshalb verdienen, weil „alle Wörter ... unter dem Stamm oder Stammwort untergebracht [sind], von dem sie herkommen" (Pinloche 1922/1931, Vorwort VII). Während Pinloche zu den Lemmata Bedeutungserklärungen stellt, beschränkt sich Bruno Liebich mit „Die Wortfamilien der lebenden hochdeutschen Sprache" (1899/1905) ganz auf das Auflisten von Wortbildungen unter den alphabetisch angeordneten Stämmen. Eine bemerkenswerte Variante bietet Adolf Modest mit „Der geordnete Wortschatz — die vollendete Anschauung vom Ding und seinem Wesen" (1925). Es ist eine Mischung von nach Sachgruppen geordnetem Thesaurus und onomasiologischem Wörterbuch, in dem zu jedem Wort die Wortbildungen aufgelistet werden. Auch wenn Liebich 1899/1905 behauptet, daß der praktische Nutzen seiner Wortlisten in der Denkschulung liegen könne (Liebich 1899/1905, Vorwort VII), betrachtet er sie in erster Linie doch wohl „als Grundlage für ein System der Bedeutungslehre" (ebd. Untertitel), deren Ausarbeitung er dann nicht geliefert hat. Möglicherweise ist auch Modest 1925 die Vorstufe für eine noch auszuarbeitende Synonymik.

Den Gegenpol zu solchen Werken, in denen Etymologie zuerst einmal soviel heißt wie „nach Wortfamilien geordnet" (vgl. Art. 114), bilden die wissenschaftlichen etymologischen Wörterbücher, allen voran Kluge 1883/1884, dann Faulmann 1893. Hierher können auch die umfangmäßig kleinen „Deutschen Wörterbücher" Detter 1897 und Loewe 1910 (beide in der Sammlung Göschen) sowie Tetzner 1894 (bei Reclam) gestellt werden (vgl. Absch. 2.5.). Friedrich Kluge wendet sich mit seinem „Etymologischen Wörterbuch der deutschen Sprache" an den Gebildeten, aber auch den „praktischen Schulmann", für den ein Register die Benutzung des Wörterbuchs erleichtern soll. Der Grund, warum sich die Gebildeten mit Etymologie beschäftigen, liest sich ganz hedonistisch:

„Und welche Freude gewährt es, bekannte Worte mittelst der Etymologie in einem neuen Lichte zu sehen!" (Kluge 1883/1884, Einleitung XI)

Allerdings hat man es mit dem Deutschen schwerer als mit dem Französischen, da man dort nur bis auf das Latein zurückgehen muß, hier aber bis in die urverwandten Sprachen vorzudringen hat, weshalb der Etymologe, „wofern er überzeugen will, eine allgemeine Kenntnis der Hauptwendepunkte in der Geschichte unserer Muttersprache voraussetzen" muß (ebd. Einleitung XII). Dementsprechend wird dem gebildeten Benutzer ein Abriß der Geschichte und Vorgeschichte des Deutschen geboten, die ihm ermöglichen soll, sich auf wissenschaftlich-akademischer Basis mit der Geschichte seiner Sprache zu beschäftigen. Außerdem sind aus dem Wörterbuch alle später in das Deutsche übernommenen Lehnelemente ausgeschlossen, so daß allein der Wortschatz mit eigenständiger, deutscher Geschichte behandelt wird. Auf diese Weise kann der Benutzer zu den Wurzeln seiner Sprache vordringen. Unausgesprochen findet er — akademisch-bildungsbürgerliche Ideologie — die deutsche Nation in der Sprachgeschichte konstituiert.

Eine Reihe von etymologischen Wörterbüchern sind — wie die schon genannten Wortlisten — nach dem Stammwortprinzip angelegt (so auch Detter 1897), gehen jedoch über die bloße Auflistung von Wortbildungen hinaus und erklären die Verwandtschaftsbeziehungen zwischen den Wörtern wie beispielsweise Georg Stucke:

„Die vorhandenen bloßen Sammlungen von Wörtern zu Familien ohne Berührung des Laut- und Bedeutungsverhältnisses sind unzulänglich, weil in dieser Darstellungsweise das Verwandtschaftsverhältnis der Wörter nicht von jedem ohne weiteres erkannt werden kann." (Stucke 1912, Vorwort III)

Trotz Jacob Grimms apodiktischer Parteinahme für das alphabetische Prinzip ist das Stammwortprinzip keineswegs vergessen. Schon Benecke/Müller/Zarncke (1854—1866) bevorzugen ja die *„etymologische ordnung"* (Bd. 1, Vorrede VIII).

Vor und nach der Wende zum 20. Jh. wird mit dem Aufsteigen von etymologischem Wissen zum Bildungswissen auch das Wissen von den Verwandtschaftsverhältnissen der Wörter zum Schulstoff. Im Rahmen der nationalen Aufgabe, die dem Deutschunterricht im Kaiserreich zufiel, sollte die Sprachkunde in der Volksschule nicht nur die Erklärung von Wortbedeutungen leisten, sondern vor allem den Rückgang auf den nationalen Ursprung der Sprache (Franck 1973, 498). Beredtes Zeugnis dafür legt der Volksschulrektor Paul Immanuel Fuchs mit seinem „Etymologischen deutschen Wörterbuch" (1898/1904) ab:

„Seine Entstehung verdankt das vorliegende Buch dem von mir schon lange gehegten Wunsche, für den deutschen Unterricht eine gedrängte Zusammenstellung der wichtigsten deutschen und Fremd-Wörter in Hinsicht auf ihre Abstammung und Verwandtschaft in den Händen zu haben." (Fuchs 1898/1904, Vorwort V)

Karl Bergmann, der die 3. Aufl. (1923) bearbeitet, ergänzt den schulpraktischen Zweck um den Gedanken, daß die Sprache „der Spiegel des geschichtlichen und kulturgeschichtlichen Werdegangs eines Volkes" sei (Bergmann 1923, VII), in den zu schauen Pflicht sei.

Etymologisches Bildungswissen, das nationale Identität schaffen soll, wird aber nicht nur in der Schule vermittelt, sondern auch auf dem freien Wörterbuchmarkt angeboten. Exemplarisch leistet dies Ernst Wasserzieher (1918/1974) mit der bohrenden Frage „Woher? Ableitendes Wörterbuch der deutschen Sprache". Hier wird das etymologische Wörterbuch Teil der sprachlichen Kampf- und Ratgeberliteratur, für die paradigmatisch der Name Wustmann steht (Henne 1965), zu der aber auch Wasserzieher mit Titeln wie „Schlechtes Deutsch: Der Kampf gegen das Falsche, Schwerfällige, Geschmacklose und Undeutsche" (Wasserzieher 1930) und „Führer durch die deutsche Sprache: Praktisches Hand- und Hilfsbuch für jedermann" (Wasserzieher 1964) beigetragen hat.

6. Rechtschreib- und Aussprachelexikographie

6.1. Homonymenlexikographie

Die deutsche Homonymenlexikographie kann als spezieller Fall der Rechtschreiblexikographie betrachtet werden (vgl. Art. 110). Im 17. und 18. Jh. sind viele Sprachtheoretiker und Grammatiker darum bemüht, für gleichlautende Wörter (verba equisonantia) differenzierende Schreibungen einzuführen. Die Propagierung des orthographischen Prinzips „Wörter verschiedener Bedeutung, und die nicht voneinander abstammen, unterscheide man, so viel wie möglich ist, durch die Buchstaben" (Gottsched 1762, 116) ist wohl Resultat der zunehmenden Schreibtätigkeit und ihrer Reflexion. Es ist gegründet auf semantische und etymologische Kriterien. Seine Befolgung erfordert — so meint man — eigenständige Homonymenlisten als „beständige Ratgeber", denn solche Wörter sucht man „in den vollständigsten Wörterbüchern, z. B. Frischens seinem, vergeblich" (Gottsched 1762, 190). Die besonders im 18. Jh. entstandenen Homonymenlisten sind in der Regel Anhänge zu theoretisch oder praktisch angelegten Sprachlehren (z. B. Bödiker 1746). Die ersten selbständigen Sammlungen um 1800 stammen von Lehrern und sind konzipiert als „Vervollkommnung vorhandener deutscher Sprachlehren" (Baermann 1810, III). Sie sind Hilfsmittel für den schulischen Unterricht und stehen im Dienst der „Reinigung und Ausbildung" der deutschen Sprache (Petri 1805, V). Grundlage und Orientierungspunkt ist der „allgemeine Sprachgebrauch", so wie er „von den besten Deutschen Schriftstellern angenommen worden" ist (Kunitsch 1803, Bd. 1, XVII). Über die Schule hinaus werden aber weitere Zielgruppen anvisiert:

„Angesehene Kaufleute, Männer in bedeutenden Staatsämtern, sogar Mitglieder des Gelehrtenstandes schreiben nicht selten fremde Sprachen richtiger, als ihre schöne, reiche und kraftvolle Muttersprache, und wie traurig siehts erst in dieser Hinsicht um einen großen Theil unserer Künstler, Handwerker, Landschullehrer, Schulzen, Dorfrichter usw. aus, die alle besonders in unserm papiernen Zeitalter, so oft und so viel schreiben müssen und wegen Mangel an Fertigkeiten im Rechtschreiben manchmal lächerlich werden und zu Schaden kommen" (Versuch 1810, II).

Die Beherrschung der Orthographie wird bereits früh als Gradmesser für sprachliche Fähigkeiten und Bildung angesehen. Den Anstoß für Homonymenwörterbücher geben vor allem sprachstrukturelle und normative Gründe, nicht jedoch besondere Verstehensschwierigkeiten und Kommunikationsbedürfnisse.

6.2. Rechtschreiblexikographie

Abgesehen von wenigen Vorläufern wie die „Teutsche Orthographey" von Johann Rudolf Sattler (1617/1658) beginnt die Rechtschreiblexikographie in der zweiten Hälfte des 18. Jhs. Dies entspricht der verstärkt einsetzenden Orthographiediskussion. Vor allem in den orthographischen Regelbüchern und Wörterverzeichnissen von Gottsched (1762) und Adelung (1788) manifestiert sich der orthographische Grundsatz des 18. Jhs., den Adelung (1788, 17) in seiner „Vollständigen Anweisung zur Deutschen Orthographie" formuliert:

„Schreib das Deutsche und was als Deutsch betrachtet wird, mit den eingeführten Schriftzeichen, so wie du sprichst, der allgemeinen besten Aussprache gemäß, mit Beobachtung der erweislichen nächsten Abstammung, und, wo diese aufhöret, des allgemeinen Gebrauches."

Die orthographischen Normvorstellungen sind sprachsoziologisch an der allgemeinen und besten Aussprache „der vornehmern und Hofleute" (Gottsched 1762, 38, 105) orientiert, die der „Meißnischen und Obersächsischen Aussprache am allerähnlichsten" ist (Freyer 1722/1735, 3), womit nicht einfach eine regionale oder dialektale Sprache gemeint ist, sondern die Leseaussprache der Gebildeten und „Vornehmen" in Kursachsen. Gegen Ende des 18. Jhs. steht damit eine Norm fest, die im Grundsatz unserer heutigen Orthographie entspricht (vgl. Veith 1985, 1484). Bis zur Mitte des 19. Jhs. folgen die Lexikographen Adelungs orthographischen Vorschlägen und machen sie auch zur Grundlage der Rechtschreibwörterbücher (vgl. Braun 1767; Vollbeding 1789). Auch das häufig aufgelegte „Handwörterbuch der deutschen Sprache" von Heyse (1833—1849), das „mit Hinsicht auf Rechtschreibung" gearbeitet ist, trägt dazu bei, der Adelungschen Orthographie bis weit ins 19. Jh. hinein in Schule und Alltag Geltung zu verschaffen.

In der Mitte des 19. Jhs. propagieren Jacob Grimm und Karl Weinhold eine etymologisch-historische Orthographie. Mit dem DWB versucht Jacob Grimm, seine Orthographie-Vorstellungen durchzusetzen, muß allerdings aus Rücksicht auf den Verleger Abstriche machen (Kirkness 1980); die Ideologie hat vor den am Markt orientierten Interessen zurückzuweichen. Der Versuch, das DWB als Instrument zur Normendurchsetzung zu nutzen, scheitert, da Grimms Orthographie akademisch-praxisfern ist und den realen Sprachgebrauch völlig vernachlässigt (vgl. Scherer 1921, 285, der sie als reaktionär bewertet). Zwischen 1852 und 1876 — dem Jahr der Berliner Konferenz zur Vereinheitlichung der Orthographie — erscheint eine Vielzahl von Rechtschreibwörterbüchern, die „mit Rücksicht auf die nationale Einigung entworfen" werden (vgl. Lange 1871; List 1874). Diese orientieren sich zum Teil am Grimmschen etymologisch-historischen Prinzip (wie Strackerjan 1869), zum Teil am phonetischen Prinzip (wie Högg 1858), das von Rudolf von Raumer (1863) propagiert und dann auch von Konrad Duden mitgetragen wird.

Nach dem Scheitern der Berliner Konferenz entstehen in den deutschen Ländern separate und zum Teil recht unterschiedliche orthographische Regelwerke und Wörterverzeichnisse (vgl. Schlaefer 1980, 196—218); man bemüht sich aber auch, die Berliner Vorschläge in Wörterbüchern zu konkretisieren (vgl. Mensch 1876; Heinrich 1877). Schließlich erscheinen — wohl nicht zuletzt aus Verlegerinteressen — Rechtschreibwörterbücher nach „der amtlich festgestellten Rechtschreibung" einzelner Länder (vgl. Kienle/

Schwabe 1886; Huth/Brunner 1894). Daß Rechtschreibwörterbücher einen ökonomisch interessanten Markt haben, zeigt beispielhaft das „orthographische Hilfsbuch" von Sanders (1879), das vom Leipziger Verlag Breitkopf und Härtel initiiert wurde und dessen Verwendung mit zahlreichen Druckereien abgesprochen war (vgl. Veith 1985, 1488). Zwischen 1800 und 1901 erscheinen an die 80 Rechtschreibwörterbücher, einige davon in mehreren Auflagen. Die Mehrzahl fällt in die zweite Hälfte des 19. Jhs. Während die frühen Wörterbücher weiterhin der Adelungschen Orthographie folgen, spiegeln die nach der Jahrhundertmitte erscheinenden den Streit um die richtigen orthographischen Grundsätze wider, die nach der Reichsgründung erscheinenden stehen dann ganz im Zeichen der Vereinheitlichungsdiskussion.

Nach der erfolgreichen Berliner Rechtschreibkonferenz von 1901 setzt Konrad Duden mit der 7. Auflage seines „Orthographischen Wörterbuchs" (Duden 1902) die Reformbeschlüsse in die Praxis um. Dies war nur folgerichtig, da Duden auf dem Markt der Rechtschreibwörterbücher schon eine starke Stellung hatte. Bereits in der 1. Aufl. — mit dem Titel „Vollständiges Orthographisches Wörterbuch der deutschen Sprache" — hat Duden die von Wilhelm Wilmanns erarbeitete preußische Schulorthographie (unter Heranziehung der bayrischen von 1879) zugrunde gelegt. Außerdem spricht er einen breiten, über die Schule hinausreichenden Benutzerkreis an. Sein Ziel ist, allen denen Hilfe zu bieten, die,

„ohne den langsamen und schwierigen Weg der allgemeinen Regeln zu betreten, mitten in der Arbeit des Schreibens, Korrigierens oder Setzens schnell und zuverlässig über ein bestimmtes Wort, dessen Schreibung ihnen im Augenblick unsicher ist, Aufschluß haben wollen" (Duden 1880, VI).

Während die konkurrierenden Rechtschreibwörterbücher für die einzelnen deutschen Länder — aufgrund ihrer quantitativen und thematischen Beschränkung — nur in den Schulen wirken, orientieren sich zunehmend Verleger und Drucker an Dudens Wörterbuch, dem er 1882 noch den „Orthographischen Wegweiser" (Duden 1882) — Vorläufer des „Buchdruckerdudens" — an die Seite stellt. Da die Rechtschreibbeschlüsse von 1901 jedoch zu viele Unzulänglichkeiten aufweisen, legt Duden dann 1903 auf Wunsch der Buchdruckvereine Deutschlands, Österreichs und der Schweiz die „Rechtschreibung der Buchdruckereien deutscher Sprache" (Buchdruckerduden 1903) vor, in dem nicht nur die große Zahl möglicher Schreibvarianten reduziert wird, sondern auch amtlich nicht geregelte Fragen der Getrennt- und Zusammenschreibung und der Interpunktion einbezogen werden. Durch diese Fortentwicklung der Orthographie-Regeln leistet Duden einen entscheidenden Beitrag zur Vereinheitlichung der Schreibung im deutschsprachigen Raum. 1915 werden dann das „Orthographische Wörterbuch" und der „Buchdruckerduden" unter dem Namen „Duden. Rechtschreibung der deutschen Sprache und der Fremdwörter" miteinander vereinigt (Duden 1915) — ein Markenname ist geboren. Bis heute hat die „Duden-Rechtschreibung" eine unerschütterbare Stellung im Markt und genießt unanfechtbare Autorität in Sprachfragen. Sie wurde zum „Volkswörterbuch" (Sauer 1988), wozu auch die inhaltliche Ausweitung über reine Rechtschreibinformationen hinaus beigetragen hat. Schon in der 2. Aufl. hatte Konrad Duden die ursprünglich reine Wortliste um Bedeutungserklärungen und Angaben zur Herkunft der Wörter erweitert. Die Einarbeitung ausgewählter zusätzlicher Informationen hat dazu geführt, daß viele Wörterbuchbesitzer sagen: „Der Duden reicht mir" (vgl. Kühn/Püschel 1982; zur Geschichte des Dudens vgl. Drosdowski 1987; Deutsche Orthographie 1987, 251 ff.).

Nach den Berliner Beschlüssen und ihrer Übernahme durch Österreich und die Schweiz schießen Rechtschreibwörterbücher „nach den für Deutschland gültigen amtlichen Regeln zusammengestellt" (Kobmann 1902) wie Pilze aus dem Boden, zum Teil mit hohen Auflagen. Sie verstehen sich als „Ratgeber für alle Fälle schwankenden Sprach- und Schreibgebrauchs" (Erbe 1902), besonders auch als „praktische Schulwörterbücher" für die verschiedenen Schultypen (vgl. Franke 1903), aber auch für „Kaufleute" und „kaufm. Schriftführer" (Franke 1903) oder aber für „Lehrlinge der Hoteliers, Gastwirte und Kaffeesieder" (Mager 1904) mit Betonung der Fremdwörter oder spezieller (Fach)Wortschätze (vgl. Jansen 1907). Es wird das Rechtschreibwörterbuch für jedermann geboten, wie dies im Titel des Not-Wörterbuchs 1903 anklingt:

„Ein für jedermann unentbehrlicher Ratgeber in der Brieftasche für schnell auftauchende Fragen, die Aenderungen und Schwierigkeiten der neuen deutschen Rechtschreibung betreffend".

Rechtschreibwörterbücher wurden zu lexikographischen Bestsellern, vor allem weil der Beherrschung der orthographischen Normen (bis heute) ein hohes gesellschaftliches Prestige zukommt. Bis 1945 profitieren eine große Zahl von Rechtschreibwörterbüchern für Schule und Alltag von dieser gesellschaftlichen Wertschätzung; allerdings reicht keines an die Stellung der „Duden-Rechtschreibung" heran. Zwischen 1901 und 1945 sind über 100 Rechtschreibwörterbücher für Alltag, Beruf und Schule erschienen (einige in hohen Auflagen). Mit teilweise barock anmutenden Titeln preisen sie ihre Dienstleistungen an, wobei viele den Zeitströmungen entsprechend noch weitere, über die Orthographie hinausgehende Leistungen versprechen wie beispielsweise Verdeutschungen von Fremdwörtern.

6.3. Aussprachelexikographie

Vergleichbar mit den Bemühungen um eine Normierung der Rechtschreibung sind die um eine Normierung der Aussprache, auch wenn diese keineswegs den gleichen Erfolg aufweisen konnten. Daß Orthographie und Orthoepie in engem Zusammenhang gesehen werden (schon Adelung 1788 bringt Orthographie und Aussprache zusammen), zeigen Titel wie „Regeln und Wörterverzeichnis für die Aussprache und Rechtschreibung" (Ortmann 1931), aber auch Viëtor (1885/1934), dessen ursprünglicher Titel lautet: „Die Aussprache der in dem Wörterverzeichnis für die deutsche Rechtschreibung zum Gebrauch in den preussischen Schulen enthaltenen Wörter". Im Anschluß an die „Beratungen zur ausgleichenden Regelung der deutschen Bühnenaussprache" (April 1898 in Berlin) bringt Theodor Siebs das bekannteste deutsche Aussprachewörterbuch „Deutsche Bühnenaussprache" (1898) heraus. Nicht staatliche Lenkung wie bei der Rechtschreibreform, sondern die Initiative von Sprachwissenschaftlern und Theaterleuten (vertreten durch den Deutschen Bühnenverein) haben zur Ausspracheregelung geführt. Trotz des durchaus vorhandenen staatlichen und gesellschaftlichen Interesses an einer möglichst hohen bildungssprachlichen Lautnorm ist die Durchsetzung der Orthoepie auch nicht annähernd so erfolgreich wie die der Orthographie. Dies verwundert insofern, als die Aussprachenorm in Deutschland bis in die Gegenwart ein besonders starkes soziales Diskriminierungsmittel ist. Der relative Mißerfolg der Aussprachregelung, der sich ganz unmittelbar in der geringen Zahl von Aussprachewörterbüchern niederschlägt, ist u. a. damit zu erklären, daß die Phonetik und die typographische Beherrschung phonetischer Umschriften eine Angelegenheit von Fachleuten ist.

7. Die Lexikographie im Dienst von Sprachreinheit, Sprachrichtigkeit und Sprachbildung

Das Streben nach Sprachreinheit und -richtigkeit ist mit der Lexikographie schon immer eine enge Verbindung eingegangen. Diese läßt sich zurückverfolgen bis in die Wörterbuchprogramme des 18. Jhs. (vgl. Leibniz 1697, § 80: „Reinigkeit der Sprache"; Jablonski 1711, 223: „Erhaltung unser teutschen Haubtsprache in ... anständiger Reinigkeit"). 1758 legt dann Gottsched seine „Beobachtungen zum Gebrauch und Misbrauch vieler deutscher Wörter und Redensarten" vor (vgl. Püschel 1978), und Adelung (1774) nennt sein „Wörterbuch der Hochdeutschen Mundart" ausdrücklich „grammatisch-kritisch". Gegen Ende des 17. Jhs. erscheint der „Antibarbarus" von Heynatz (1796—1797). In den Wörterbuchprogrammen und Wörterbüchern des 18. Jhs. geht es um die Frage, was Hochdeutsch ist — eine Frage, mit der sich nur ein relativ kleiner Kreis von Gebildeten beschäftigt. Nach der Festigung der deutschen Standardvarietät geht es dann der historischen Lexikographie des 19. Jhs. nicht mehr in einem äußerlichen Sinn um Sprachreinheit und Sprachrichtigkeit, sondern um eine Rückbesinnung auf die Wurzeln des Deutschen, aus denen die Nation Kraft und Identität ziehen kann. Fragen nach dem richtigen Wortgebrauch beantworten die dem historischen Prinzip folgenden allgemeinen einsprachigen Wörterbücher nicht; sie sind primär deskriptiv. Mit der zunehmenden Industrialisierung, verbunden mit sozialen Umwälzungen, gewinnen auch Fragen der Bildung und damit Sprachfragen unmittelbare Relevanz für das aufsteigende Bürgertum, aber auch für nichtbürgerliche Schichten (Arbeiterbildung). Dies verschärft sich in der Identitätskrise, in die das aufgestiegene Bildungsbürgertum nach der Reichsgründung gerät, da es unvorbereitet zur Teilhabe an der Machtausübung kommt. Diese Krise manifestiert sich als Sprachkrise (Henne 1965; v. Polenz 1983; Cherubim 1983). Die Frage nach Reinheit und Richtigkeit der Sprache wird zum Identifikations- und Abgrenzungsmittel. Da es in Deutschland keine Akademie oder sonstige höchste Sprachinstitution gibt, schlüpfen verschiedene Gruppen in die Rolle des Sprachrichters wie der Allgemeine Deutsche Sprachverein, der in seiner Zeitschrift Auskunft auf Sprachanfragen gibt, oder „Schulmänner" und Sprachfreunde. Unter diesen befinden sich auch Lexikographen, die mit ihren Produkten dem Bedürfnis nach Sprachreinheit und Sprachrichtigkeit Rechnung tragen wollen. So entsteht besonders seit 1871 eine Vielzahl von Wörterbüchern der unterschiedlichsten Typen mit zum Teil hohen Auflagenzahlen, die — im Verein mit anderen sprachpflegerischen und -kämpferischen Schriften (eine Auswahl gibt Cherubim 1983, 180 ff.) — das Interesse an Sprachfragen zu befriedigen suchen:

(1) Wörterbücher, die „schnelle und sichere Auskunft erteilen" in „Zweifelsfällen und überall da, wo für gebildete Deutsche in dem Gebrauch ihrer Muttersprache sich grammatische Schwierigkeiten herausstellen dürften" (Sanders 1882). Andere versprechen mögliche Defizite und Unsicherheiten zu decken: „Taschenwörterbuch der Aussprache geographischer und historischer Namen für das allgemeine Bildungsbedürfnis" (Voelkel/Thomas 1895) oder: „Ein Hilfsbuch zur Vermeidung falscher Aussprache bei Fremdwörtern und Eigennamen" (Grunow 1930/1941).

(2) Wörterbücher, die als Verdeutschungsbücher „den Freunden eines möglichst reinen Ausdrucks zu dienen bestimmt sind" (Sanders 1884, XI). Verdeutschungsbücher mit ihrer sprachchauvinistischen Komponente erscheinen in erheblicher Zahl und erleben dann mit Ausbruch des 1. Weltkriegs eine Hochkonjunktur: „Sprich deutsch. Ein Hilfsbuch zur Reinigung der deutschen Sprache von den überflüssigen Fremdwörtern. Im Kriegsjahr 1914" (Sprich deutsch 1914) oder „Los vom Fremdwort!" (Eichhorn 1915).

(3) Wörterbücher in Form kumulativer und distinktiver Synonymiken, die für diejenigen bestimmt sind, „welche die Pflege, Reinigung und Reinhaltung, die Ehre und den Ruhm unserer theuren Muttersprache hoch halten und desshalb auch die sorgfältig abwägende Wahl des treffenden Ausdrucks als heilige Pflicht anerkennen" (Sanders 1881, IV). (Hierher gehören auch Sanders 1873—1877 und Schlessing 1881; vgl. Kühn 1985).

(4) Wörterbücher, in denen Sprichwörter und sprichwörtliche Redensarten gesammelt und erklärt sind „als Musterbeispiele zu deutschen Aufsätzen" (Wagner 1892) oder: „Deutsche Redensarten. Zur Pflege vaterländischer Sprachkenntnisse in der Volksschule" (Wunderlich 1882). Nicht speziell pädagogische Zwecke verfolgt Lipperheide 1907/1969.

(5) Wörterbücher, in denen Bildungsflitter — popularisierte/vulgarisierte Rhetorik für den Ornatus von Festreden — vermittelt wird wie in Georg Büchmanns „Geflügelte Worte. Der Citatenschatz des deutschen Volkes" (1864/1898) oder Sanders „Citatenlexikon" von 1899.

(6) Wörterbücher, mit denen wortgeschichtliches Bildungswissen vermittelt wird; über die Etymologie der Wörter versucht man

„tiefere Erkenntnis und Einsicht in unsere reiche Muttersprache zu verbreiten", weil selbst „gebildete Deutsche" oft nicht imstande sind, „sich bei landläufigen, alltäglichen Wörtern ... irgendeine stichhaltige Erklärung zu geben und in ihren eigentlichen Sinn einzudringen" (Wasserzieher 1918, Vorwort).

Wörterbücher dieser Art wenden sich ausdrücklich nicht an „den engen Kreis der Gelehrten", sondern „an alle Volksgenossen, denen das Leben, Werden, Wesen und Gedeihen unserer Muttersprache am Herzen liegt", sowie an reifere „Schüler und Schülerinnen unserer Lehranstalten" (Wasserzieher 1918, Vorwort). Damit wird eine Ideologie nationaler Identität in der Sprachgeschichte und ein sprachliches Bildungsideal propagiert (vgl. auch Art. 129; 154); außerdem wird der weitverbreitete Irrtum perpetuiert, man könne die genaue Bedeutung von Wörtern aus ihrer Etymologie entnehmen.

8. Literatur (in Auswahl)

8.1. Wörterbücher

Adelung 1774 = Johann Christoph Adelung: Versuch eines vollständigen grammatisch-kritischen Wörterbuchs der Hochdeutschen Mundart. Bd. 1. A—E. Leipzig 1774 [1840 Sp.].

Baermann 1810 = Nikolaus Georg Baermann: Homonymicon der Deutschen. Oder vollständiges Verzeichnis aller gleichlautenden, dem Sinn nach aber verschiedenen Wörter der deutschen Sprache. Hamburg, Altona 1810 [128 S.].

Benecke/Müller/Zarncke 1854—1866 = Mittelhochdeutsches Wörterbuch. Mit Benutzung des Nachlasses von Georg Benecke ausgearbeitet von Wilhelm Müller und Friedrich Zarncke. 4 Bde. Leipzig 1854—1866 [3662 S.; Neudruck Hildesheim 1963].

Bergmann 1912 = Karl Bergmann: Der deutsche Wortschatz. Auf Grund des Deutschen Wörterbuchs von Weigand dargestellt. Ein Hilfsbuch für den deutschen Sprachunterricht auf höheren Schulen wie zum Selbststudium. Gießen 1912 [156 S.].

Bergmann 1923 = Karl Bergmann: Deutsches Wörterbuch mit besonderer Berücksichtigung der Mundarten und Fremdwörter und des kulturgeschichtlichen Inhalts des Sprachschatzes alphabetisch und nach Wortfamilien geordnet sowie mit zahlreichen Zusammenstellungen für den praktischen Gebrauch. Leipzig 1923 [399 S.; zugleich 3. Aufl. von Fuchs 1898].

Braun 1767 = Heinrich Braun: Deutsches orthographisch-grammatisches Wörterbuch nach Adelung. München 1767.

Buchdruckerduden 1903 = Konrad Duden: Rechtschreibung der Buchdruckereien deutscher Sprache. Leipzig. Wien 1903 [341 S.].

Büchmann 1864/1898 = Georg Büchmann: Geflügelte Worte. Der Citatenschatz des deutschen Volkes. 19. vermehrte und verb. Aufl. Berlin 1898 [761 S.; 1. Aufl. Berlin 1864].

Detter 1897 = Ferdinand Detter. Deutsches Wörterbuch. Leipzig 1897 [145 S.].

Diefenbach/Wülcker 1885 = Lorenz Diefenbach und Ernst Wülcker: Hoch- und niederdeutsches Wörterbuch der mittleren und neueren Zeit. Zur Ergänzung der vorhandenen Wörterbücher, insbesondere des der Brüder Grimm. Basel 1885 [930 Sp.; Neudruck Hildesheim 1965].

Dornseiff 1933/1970 = Franz Dornseiff: Der deutsche Wortschatz in Sachgruppen. Siebente, unveränderte Aufl. Berlin 1970 [922 S.; 1. Aufl. Berlin 1933].

Duden 1880 = Konrad Duden: Vollständiges Orthographisches Wörterbuch der deutschen Sprache. Leipzig 1880 [187 S.; Neudruck Mannheim 1962].

Duden 1882 = Konrad Duden: Orthographischer Wegweiser für das praktische Leben. Leipzig 1882 [245 S.].

Duden 1902 = Konrad Duden: Orthographisches Wörterbuch der deutschen Sprache. Nach den für Deutschland, Österreich und die Schweiz gültigen amtlichen Regeln. Leipzig. Wien 1902 [388 S.; = 7. Aufl. von Duden 1880].

Duden 1915 = Duden — Rechtschreibung der deutschen Sprache und der Fremdwörter. Leipzig. Wien 1915 [= 9. Aufl. von Duden 1880].

DWB = Jacob Grimm und Wilhelm Grimm: Deutsches Wörterbuch. 33 Bde. Leipzig 1854—1960 [67 744 Sp.; Neudruck München 1984].

Eichhorn 1915 = Otto Eichhorn: Los vom Fremdwort! Kleines Verdeutschungs-Wörterbuch. Emmishofen 1915 [79 S.].

Erbe 1902 = Karl Erbe: Wörterbuch der deutschen Rechtschreibung. Nebst einer eingehenden Darstellung der neuen Rechtschreibregeln und der Lehre von den Satzzeichen. Zugleich ein Handbüchlein der deutschen Wortkunde und der Fremdwortverdeutschung, sowie ein Ratgeber für alle Fälle schwankenden Sprach- und Schreibgebrauchs. Stuttgart. Berlin. Leipzig 1902 [288 S.].

Faulmann 1893 = Karl Faulmann: Etymologisches Wörterbuch der deutschen Sprache nach eigenen neuen Forschungen. Halle/Saale 1893 [421 S.].

Franke 1903 = Theodor Franke: *richtig* Deutsch! Ein Führer durch die Schwierigkeiten unserer Muttersprache sowie ein Ratgeber für alle Fälle schwankender Sprech- und Schreibweise unter besonderer Berücksichtigung kaufmännischer Sprachsünden, nebst einem mit vielen wortgeschichtlichen Erklärungen versehenen Verdeutschungsbuche und einem Verzeichnis der fremden Abkürzungen, Neuerungen der Rechtschreibung. Als Hilfs- und Nachschlagebuch für Kaufleute und kaufmännische Schriftführer. Leipzig 1903 [154 S.].

Fuchs 1898/1904 = Paul Immanuel Fuchs: Etymologisches deutsches Wörterbuch mit Berücksichtigung wichtiger Mundart- und Fremdwörter. 2. Aufl. Stuttgart 1904 [350 S.; 1. Aufl. Stuttgart 1898].

Fulda 1776 = Friedrich Carl Fulda: Sammlung und Abstammung germanischer Wurzel = Wörter, nach der Reihe menschlicher Begriffe, zum Erweis der Tabelle, die der Preisschrift über die zwen Hauptdialecte der Teutschen Sprache angefügt worden ist. Hrsg. von Johann Georg Mensel. Halle/Saale 1776 [436 S.; Neudruck Hildesheim. New York 1977].

Gottsched 1758 = Johann Christoph Gottsched: Beobachtungen zum Gebrauch und Misbrauch vieler deutscher Wörter und Redensarten. Straßburg. Leipzig 1758 [450 S.].

Götze 1912/1967 = Alfred Götze: Frühneuhochdeutsches Glossar. 7. Aufl. Berlin 1967 [224 S.; 1. Aufl. Berlin 1912].

Graff 1834—1842 = Eberhard G. Graff: Althochdeutscher Sprachschatz oder Wörterbuch der althochdeutschen Sprache. 6 Theile. Berlin 1834—1842 [6202 Sp. Neudruck Hildesheim 1963].

Grunow 1930/1941 = Paul Grunow: Das kleine Aussprachewörterbuch. Ein Hilfsbuch zur Vermeidung falscher Aussprache bei Fremdwörtern und Eigennamen. 7. Aufl. Berlin 1941 [2. Aufl. Berlin 1930].

Heinrich 1877 = Anton Heinrich: Die deutsche Schreibung nach den Beschlüssen der Berliner Konferenz, die in den österreichischen Volksschulbüchern beobachtete, die Zukunftsorthografie von Duden, die Schreibung nach Bezzenberger, nach Saur u. a. m. in Regeln und Wörterverzeichnis behufs Gewinnung einer vernünftigen Rechtschreibung der Gegenwart übersichtlich nebeneinander gestellt. Laibach. Bamberg 1877 [88 S.].

Heynatz 1796—1797 = Johann Friedrich Heynatz: Versuch eines deutschen Antibarbarus. 2 Bde. Berlin 1796—1797.

Heyne 1890—1895/1905—1906 = Moriz Heyne:

Deutsches Wörterbuch. 3 Bde. 2. Aufl. Leipzig 1905—1906 [3984 Sp.; Neudruck Stuttgart 1981].

Heyse 1833—1849 = Johann Christian August Heyse: Handwörterbuch der deutschen Sprache mit Hinsicht auf Rechtschreibung, Abstammung und Bildung, Biegung und Fügung der Wörter, sowie auf deren Sinnverwandtschaft. Nach den Grundsätzen seiner Sprachlehre angelegt; ausgeführt von Karl Wilhelm Ludwig Heyse. 3 Bde. Magdeburg 1833—1849 [4215 S.; Neudruck Hildesheim 1968].

Hoffmann 1859 = Peter Friedrich Ludwig Hoffmann: Volkstümliches Wörterbuch der deutschen Synonymen, nach alphabetischer Ordnung, oder Erklärung der in der deutschen Sprache vorkommenden sinnverwandten Wörter für alle, welche die feinen Unterschiede der Begriffe kennen lernen, und die Fertigkeiten eines leichten, richtigen und bestimmten Ausdrucks sich erwerben wollen. Leipzig 1859 [351 S.].

Hoffmann 1852—1861 = Wilhelm Hoffmann: Vollständiges Wörterbuch der deutschen Sprache, wie sie in der allgemeinen Literatur, der Poesie, den Wissenschaften, Künsten etc. gebräuchlich ist, mit Angabe der Abstammung, der Rechtschreibung, der Wortformen etc. nebst einer kurzen Sprachlehre und einer besonderen vollständigen Übersichtstafel aller unregelmäßigen Zeitwörter mit den gebräuchlichen und veralteten Zeitformen. 6 Bde. Jüterborg 1852—1861 [5149 S.].

Högg 1858 = Gebhard Hil. Högg: Deutsche Rechtschreibung nach Rudolf von Raumer. Regeln und Wörterbüchlein. Ellwangen 1858 [26 S.].

Hohnerlein 1935 = Max Hohnerlein: Deutscher Sprachschatz. Abstammung, Verwandtschaft und Bedeutungswandel der deutschen Wörter. Paderborn 1935 [157 S.].

Huth/Brunner 1894 = Julius Huth/Philipp Brunner: Ausführliches orthographisches Wörterbuch der deutschen Sprache nach der vom k. k. Ministerium für Cultus und Unterricht für die österreichischen Schulen festgestellten Rechtschreibung. Wien 1894 [148 S.].

Jansen 1907 = Hubert Jansen: Rechtschreibung der naturwissenschaftlichen und technischen Fremdwörter. Unter Mitwirkung von Fachmännern hrsg. vom Verein deutscher Ingenieure. Berlin 1907 [122 S.].

Jelinek 1911 = Franz Jelinek: Mittelhochdeutsches Wörterbuch zu den Sprachdenkmälern Böhmens und der mährischen Städte Brünn, Iglau und Olmütz. 13. bis 16. Jahrhundert. Heidelberg 1911 [1028 S.].

Kaindl 1815—1826 = Johann Evangelist Kaindl: Die Teutsche Sprache aus ihren Wurzen mit Paragraphen über den Ursprung der Sprache. 5 Bde. Sulzbach 1815—1826 [2567 S.].

Kehrein 1865 = Josef Kehrein: Älterneuhochdeutsches Wörterbuch. Würzburg 1865.

Kienle/Schwabe 1886 = Karl Kienle/Benno Schwabe: Schweizerisches Rechtschreibbüchlein. Regeln und Wörterverzeichnis. Mit steter Berücksichtigung der Abweichungen der preussisch-deutschen Orthographie. Basel 1866.

Kluge 1883/1884 = Friedrich Kluge. Etymologisches Wörterbuch der deutschen Sprache. 3. Aufl. Berlin 1884 [428 S.; 1. Aufl. Berlin 1883].

Kobmann 1902 = Georg Kobmann: Regeln nebst Wörterverzeichnis und Stoff zu Übungen in der neuen deutschen Rechtschreibung. Nach den für Deutschland gültigen amtlichen Regeln zusammengestellt. Nürnberg 1902 [56 S.].

Kremsier 1822 = Johann Friedrich Kremsier: Die Urteutsche Sprache nach ihren Stammwörtern. Weimar 1822 [452 S.].

Kunitsch 1803 = Michael Kunitsch: Grammatisch-orthographisches Wörterbuch der Homonyme der Deutschen Sprache. Ein Handbuch für Kanzelleyen und Schulen nach Adelungs Grundsätzen. 2 Bde. Grätz 1803.

Lange 1871 = Otto Lange: Deutsche Rechtschreiblehre mit Rücksicht auf nationale Einigung entworfen und in der 1. Auflage von dem Lehrer-Kollegium des königlichen Lehrerinnen-Seminars und der Augusta-Schule zu Berlin berathen. Als Leitfaden für Schulen. 2. Aufl. Berlin 1871 [64 S.].

Lexer 1872—1878 = Matthias Lexer: Mittelhochdeutsches Handwörterbuch. Zugleich als Supplement und alphabetischer Index zum Mittelhochdeutschen Wörterbuch von Benecke-Müller-Zarncke. 3 Bde. Leipzig 1872—1878 [5538 Sp., Nachträge 406 Sp.; Neudruck Stuttgart 1974].

Lexer 1879/1972 = Matthias Lexer: Mittelhochdeutsches Taschenwörterbuch. 33. Aufl. Stuttgart 1972 [415 S.; 1. Aufl. Leipzig 1879].

Liebich 1899/1905 = Bruno Liebich: Die Wortfamilien der lebenden hochdeutschen Sprache als Grundlage für ein System der Bedeutungslehre. 1. Die Wortfamilien in alphabetischer Ordnung. 2., unveränderte Aufl. Breslau 1905 [519 S.; 1. Aufl. Breslau 1899].

Lipperheide 1907/1969 = Franz Freiherr von Lipperheide: Spruchwörterbuch. 6., unveränderter Abdruck der Originalausgabe 1907. Berlin 1969 [1069 S.; 1. Aufl. Berlin 1907].

List 1874 = Friedrich List: Regeln und Wörterverzeichniß für die deutsche Rechtschreibung. Zur Anbahnung einer gleichmäßigen Schreibweise in den k. b. Lehranstalten. 4. vermehrte und verbesserte Aufl. München 1874 [V, 101 S. 2. Aufl. München 1868].

Loewe 1910 = Richard Loewe: Deutsches Wörterbuch. Leipzig 1910 [177 S.].

Lübben 1888 = August Lübben: Mittelniederdeutsches Handwörterbuch. Nach dem Tode des Verf. vollendet von Christoph Walther. Norden 1888 [599 S.].

Mager 1904 = Adolf Mager: Regeln und Wörterverzeichnis für die deutsche Rechtschreibung. Mit besonderer Berücksichtigung der in der Küche und im Gasthofwesen üblichen Fremdwörter zum Gebrauch an fachlichen Fortbildungsschulen für

Lehrlinge der Hoteliers, Gastwirte und Kaffeesieder, sowie an verwandten Lehranstalten. 2., verb. Aufl. Wien 1904.
Mensch 1876 = G. Mensch: Wörterbuch der Rechtschreibung für alle Schreibenden und Lernenden. Nach den Grundsätzen der Berliner „Orthographischen Conferenz". Colberg 1876 [143 S.].
Modest 1925 = Adolf Modest: Der geordnete Wortschatz — die vollendete Anschauung vom Ding und seinem Wesen. 1. Teil. Insterburg 1925 [194 S.].
Not-Wörterbuch 1903 = Not-Wörterbuch der neuen deutschen Rechtschreibung. Auf Grund der für Deutschland, Oesterreich und die Schweiz amtlich festgelegten Regeln. Ein für jedermann unentbehrlicher Ratgeber in der Brieftasche für schnell auftauchende Fragen, die Aenderungen und Schwierigkeiten der neuen deutschen Rechtschreibung betreffen. Leipzig 1903 [31 S.].
Ortmann 1931 = Rudolf Ortmann: Regeln und Wörterverzeichnis für die Aussprache und Rechtschreibung. 2. Aufl. Wien 1931 [265 S.].
Paul 1897 = Hermann Paul: Deutsches Wörterbuch. Halle 1897 [576 S.].
Petri 1805 = Friedrich Erdmann Petri: Versuch einer deutschen Homoeophonik, oder Sammlung und Erläuterung gleich- und ähnlich-lautender Wörter. Pirna 1805.
Pinloche 1922/1931 = Auguste Pinloche: Etymologisches Wörterbuch der deutschen Sprache enthaltend: Ein Verzeichnis der Eigennamen und eine grammatische Übersicht. Unter Mitwirkung von Theodor Matthias. 2., verb. Aufl. Wien [1931] [805 S.; 1. Aufl. Paris 1922].
Roget 1852 = Peter Mark Roget: Thesaurus of English Words and Phrases. Classified and Arranged so as to Facilitate the Expression of Ideas and Assist in Literary Composition. London 1852.
Sanders 1860—1865/1876 = Daniel Sanders: Wörterbuch der deutschen Sprache. Mit Belegen von Luther bis auf die Gegenwart. 3 Bde. 2., unv. Aufl. Leipzig 1876 [3718 S.; Neudruck Hildesheim 1969].
Sanders 1871 = Daniel Sanders: Wörterbuch Deutscher Synonymen. Hamburg 1871 [743 S.].
Sanders 1873—1877 = Daniel Sanders: Deutscher Sprachschatz geordnet nach Begriffen zur leichten Auffindung und Auswahl des passenden Ausdrucks. Ein stilistisches Hülfsbuch für jeden Deutsch Schreibenden. 2 Bde. Hamburg 1873—1877 [3176 S.; Neudruck Tübingen 1985].
Sanders 1879 = Daniel Sanders: Orthographisches Hilfsbuch als Norm für Schriftsetzer und Druckberichtiger. Leipzig 1879 [178 S.].
Sanders 1881 = Daniel Sanders: Neue Beiträge zur Deutschen Synonymik. Berlin 1881 [230 S.].
Sanders 1882 = Daniel Sanders: Wörterbuch der Hauptschwierigkeiten in der deutschen Sprache. 13. Aufl. Berlin 1882 [422 S., 1. Aufl. Berlin 1872].

Sanders 1884 = Daniel Sanders: Verdeutschungswörterbuch. Leipzig 1884 [255 S.].
Sanders 1885 = Daniel Sanders: Ergänzungs-Wörterbuch der deutschen Sprache. Vervollständigung und Erweiterung aller bisher erschienenen deutsch-sprachlichen Wörterbücher (einschließlich des Grimmschen). Berlin 1885 [691 S.; Neudruck Hildesheim 1969].
Sanders 1889 = Daniel Sanders: Bausteine zu einem Wörterbuch der sinnverwandten Ausdrücke im Deutschen. Ein Vermächtnis an das deutsche Volk. Berlin 1889 [375 S.].
Sanders 1896 = Daniel Sanders: Deutsche Synonymen. Gesamt-Ausgabe der Neuen Beiträge zur Deutschen Synonymik und der Bausteine zu einem Wörterbuch der sinnverwandten Ausdrücke im Deutschen. 2 Bde. Berlin. Weimar 1896 [614 S.].
Sanders 1899 = Daniel Sanders: Citatenlexikon. Sammlung von Citaten, Sprichwörtern, sprichwörtlichen Redensarten und Sentenzen. Mit dem Bildnis des Verfassers. Leipzig 1899 [712 S.].
Sattler 1617/1658 = Johann Rudolf Sattler: Teutsche Orthographey und phraseology. 5. Aufl. Basel 1658 [Neudruck Hildesheim. New York 1975; 1. Aufl. Basel 1617].
Schade 1866/1872 = Oskar Schade: Altdeutsches Wörterbuch. 2 Bde. 2. Aufl. Halle/Saale 1872—1882 [1446 S.; 1. Aufl. Halle/Saale 1866. Neudruck Hildesheim 1969].
Schiller/Lübben 1875—1881 = Karl Schiller und August Lübben: Mittelniederdeutsches Wörterbuch. 5 Bde. und 1 Nachtragsbd. Bremen. Norden 1875—1881 [4011 S.; Neudruck Wiesbaden. Münster 1969].
Schlessing 1881 = Anton Schlessing: Deutscher Wortschatz oder Der passende Ausdruck. Praktisches Hilfs- und Nachschlagebuch in allen Verlegenheiten der schriftlichen und mündlichen Darstellung. Für Gebildete aller Stände und Ausländer, welche einer korrekten Wiedergabe ihrer Gedanken in deutscher Sprache sich befleißigen. Mit einem den Gebrauch ungemein erleichternden Hilfswörterbuch. Stuttgart 1881 [433 S.].
Schlessing/Wehrle 1914 = Anton Schlessing und Hugo Wehrle: Deutscher Wortschatz. Ein Hilfs- und Nachschlagebuch sinnverwandter Wörter und Ausdrücke der deutschen Sprache. Mit einem ausführlichen Wort- und Sachverzeichnis. Eßlingen 1914 [544 S.; = 5. Aufl. von Schlessing 1881].
Schmitthenner 1834 = Friedrich Schmitthenner: Kurzes deutsches Wörterbuch für Etymologie, Synonymik und Orthographie. Darmstadt 1834 [392 S.].
Schwenck 1834/1836 = Konrad Schwenck: Wörterbuch der deutschen Sprache in Beziehung auf Abstammung und Begriffsbildung. 2., verb. Aufl. Frankfurt/Main 1836 [750 S.; 1. Aufl. Frankfurt/Main 1834].
Siebs 1898/1915 = Theodor Siebs: Deutsche Bühnenaussprache. 11. Aufl. Köln 1915 [Wörterbuch S. 97—250; 1. Aufl. Köln 1898; 19. Aufl. unter dem

Titel: Siebs. Deutsche Aussprache. Reine und gemäßigte Hochlautung mit Aussprache-Wörterbuch. Berlin 1969].

Sprich deutsch 1914 = „Sprich deutsch". Ein Hilfsbuch zur Reinigung der deutschen Sprache von den überflüssigen Fremdwörtern. Im Kriegsjahr 1914. Leipzig 1914 [24 S.].

Stocker 1798 = Bernhard Stocker: Diplomatische Erklärungen althochdeutscher Wörter vom 12.—17. Jahrhundert. Donauwerth 1798.

Strackerjan 1869 = Karl Strackerjan: Regeln für die deutsche Rechtschreibung, etymologisch-orthographisches Wörterverzeichniß mit Berücksichtigung landschaftlicher Eigenthümlichkeiten und falscher Gewöhnungen und kurze Interpunctionslehre. Oldenburg 1869 [160 S.].

Stucke 1912 = Georg Stucke: Deutsche Wortsippen. Ein Blick in den Verwandtschaftszusammenhang des deutschen Wortschatzes. Ansbach 1912 [306 S.].

Tetzner 1894 = Franz Tetzner: Deutsches Wörterbuch. Leipzig 1894 [331 S.].

Trübner 1939—1957 = Trübners Deutsches Wörterbuch. Im Auftrag der Arbeitsgemeinschaft für deutsche Wortforschung hrsg. von Alfred Götze. Fortgeführt von Walther Mitzka. 8 Bde. Berlin 1939—1957 [9700 S.].

Versuch 1810 = Versuch einer vollständigen, alphabetisch geordneten Sammlung der ähnlich lautenden Wörter der Teutschen Sprache. Ein bewährtes Hülfsmittel beym orthographischen Unterricht in Bürger- und Landschulen und für diejenigen, welche in der Rechtschreibkunst noch nicht fest sind. Wiesbaden 1810.

Viëtor 1885/1934 = Wilhelm Viëtor: Die Aussprache des Schriftdeutschen. Mit dem Wörterverzeichnis der amtlichen „Regeln für die deutsche Rechtschreibung" in phonetischer Umschrift sowie phonetischen Texten. 12. Aufl. Leipzig 1934 [137 S.; 1. Aufl. Heilbronn 1885].

Voelkel/Thomas 1895 = Max J. A. Voelkel und Alfred Thomas: Taschenwörterbuch der Aussprache geographischer und historischer Namen. 2. Aufl. Heidelberg 1895 [188 S.].

Vollbeding 1789 = Johann Christoph Vollbeding: Kurze Anleitung zur deutschen Rechtschreibung und Sprachrichtigkeit nebst einem alphabetischen Verzeichnis von Wörtern nach einer Schreibart. Magdeburg 1789.

Wachter 1737 = Johann Georg Wachter: Glossarium Germanicum. 2 Bde. Leipzig 1737 [1999 S.; Neudruck in 1 Bd.: Hildesheim. New York 1975].

Wackernagel 1861/1878 = Wilhelm Wackernagel: Altdeutsches Handwörterbuch. 5. Aufl. Basel 1878 [409 S.; Neudruck Hildesheim. New York 1971; 1. Aufl. Basel 1861].

Wagner 1892 = Johann Wagner: Sprichwörter, deren Erklärung als Musterbeispiele zu deutschen Aufsätzen. Paderborn 1892 [61 S.].

Wallraf 1827 = Anton Joseph Wallraf: Altdeutsches historisch-diplomatisches Wörterbuch, worin die richtigen Verdeutschungen der veralteten, bisher in Druck noch nicht erschienenen deutschen Wörter aus dem 12ten bis im 16ten Jahrhundert enthalten sind, als sehr wichtige Beiträge zum deutschen Glossarium, allen Verehrern der Diplomatik und Freunden der Alterthumskunde zum nöthigen Gebrauche mitgetheilt. Köln [1827] [87 S.].

Wasserzieher 1918/1974 = Ernst Wasserzieher: Woher? Ableitendes Wörterbuch der deutschen Sprache. 18. Aufl. von Werner Betz. Bonn 1974 [458 S.; 1. Aufl. Berlin 1918].

Wehrle 1940 = Hugo Wehrle: Deutscher Wortschatz. Ein Wegweiser zum treffenden Ausdruck. Stuttgart 1940 [516 S.; = 7. Aufl. von Schlessing 1881].

Wehrle/Eggers 1967 = Hugo Wehrle/Hans Eggers: Deutscher Wortschatz. Ein Wegweiser zum treffenden Ausdruck. Stuttgart 1967 [821 S.; = 13. Aufl. von Schlessing 1881].

Weigand 1857—1871 = Friedrich Ludwig Karl Weigand: Deutsches Wörterbuch. 3., völlig umgearb. Aufl. von Friedrich Schmitthenners kurzem deutschen Wörterbuche. 3 Bde. Gießen 1857—1871 [2480 S.].

Weigand 1909—1910 = Friedrich Ludwig Karl Weigand: Deutsches Wörterbuch. Nach des Verf. Tode vollst. neu bearb. von Karl von Bahder, Hermann Hirt und Karl Kant. 5. Aufl. Gießen 1909—1910 [2544 Sp.; Neudruck Berlin 1968].

Wittek 1796 = Josef Wittek: Entwurf eines Wörterbuchs für Praktiker zur Erklärung deutscher Urkunden aus dem Mittelalter in einem Handbuche. Prag 1796.

Wunderlich 1882 = Gottlob Wunderlich: Deutsche Redensarten. Zur Pflege vaterländischer Sprachkenntnisse in der Volksschule. Langensalza 1882 [155 S.].

Wurm 1859 = Christian Friedrich Ludwig Wurm: Wörterbuch der deutschen Sprache von der Druckerfindung bis zum heutigen Tag. 1. Bd. Freiburg/Breisgau 1859 [960 S.].

8.2. Sonstige Literatur

Adelung 1788 = Johann Christoph Adelung: Vollständige Anweisung zur Deutschen Orthographie, nebst einem kleinen Wörterbuche für die Aussprache, Orthographie, Biegung und Ableitung. Leipzig 1788 [Neudruck Hildesheim. New York 1978].

Bahr 1984a = Joachim Bahr: Das Deutsche Wörterbuch von Jacob Grimm und Wilhelm Grimm. Stationen seiner inneren Geschichte. In: Sprachwissenschaft 9. 1984, 387—455.

Bahr 1984b = Joachim Bahr: Eine Jahrhundertleistung historischer Lexikographie: Das Deutsche Wörterbuch von J. und W. Grimm. In: Werner Besch, Oskar Reichmann und Stefan Sonderegger (Hrsg.): Sprachgeschichte. Ein Handbuch zur Geschichte der deutschen Sprache und ihrer Erforschung. 1. Halbbd. Berlin. New York 1984 (Handbücher zur Sprach- und Kommunikationswissenschaft 2.1.), 492—501.

Bahr 1990 = Joachim Bahr: Periodik der Wörterbuchbearbeitung: Veränderungen von Wörterbuchkonzeption und -praxis. In: Kirkness/Kühn/Wiegand 1990.

Bödiker 1746 = Johan Bödikers Grundsätze der Teutschen Sprache. Mit dessen eigenen und Johann Frischens vollständigen Anmerkungen. Durch neue Zusätze vermehret von Johann Jacob Wippel. Nebst nöthigen Registern. Berlin 1746, 57—70 [Neudruck Leipzig 1977].

Braun 1987 = Wilhelm Braun: Das Deutsche Wörterbuch seit seiner Übernahme durch die Akademie der Wissenschaften zu Berlin 1908 bis zu seinem Abschluß 1960. In: Dückert 1987a, 125—152.

Cherubim 1983 = Dieter Cherubim: Sprachentwicklung und Sprachkritik im 19. Jahrhundert. Beiträge zur Konstitution einer pragmatischen Sprachgeschichte. In: Thomas Cramer (Hrsg.): Literatur und Sprache im historischen Prozeß. Vorträge des deutschen Germanistentags in Aachen 1982. Bd. 2. Tübingen 1983, 170—188.

Deutsche Orthographie 1987 = Autorenkollektiv unter Leitung von Dieter Nerius: Deutsche Orthographie. Leipzig 1987.

Drosdowski 1987 = Günther Drosdowski: Rechtschreibung und Rechtschreibreform aus der Sicht des Dudens. Mannheim. Wien. Zürich 1987.

Dückert 1987a = Joachim Dückert (Hrsg.): Das Grimmsche Wörterbuch. Untersuchungen zur lexikographischen Methodologie. Stuttgart 1987.

Dückert 1987b = Joachim Dückert: Jacob und Wilhelm Grimm. In: Dückert 1987a, 7—48.

Frank 1973 = Hans Joachim Frank: Geschichte des Deutschunterrichts. Von den Anfängen bis 1945. München 1973.

Freyer 1722/1735 = Hieronymus Freyer: Der Anweisung zur Teutschen Orthographie Erster Theil. 3. Aufl. Halle 1735 [1. Aufl. Halle 1722].

Gottsched 1762 = Johann Christoph Gottsched: Vollständigere und Neuerläuterte Deutsche Sprachkunst. Nach den Mustern der besten Schriftsteller des vorigen und itzigen Jahrhunderts abgefasset. In: Johann Christoph Gottsched, Ausgewählte Werke. Bd. 8.1. Hrsg. von P. M. Mitchell. Berlin. New York 1978.

Harnack 1900 = Adolf Harnack: Geschichte der königlich preussischen Akademie der Wissenschaften zu Berlin. Bd. 2. Berlin 1900.

Henne 1965 = Helmut Henne: Punktuelle und politische Sprachlenkung. Zu 13 Auflagen von Gustav Wustmann „Sprachdummheiten". In: Zeitschrift für deutsche Sprache 21. 1965, 175—184.

Hinderling 1988 = Robert Hinderling: Spinnen im Wortgarten. Christian Friedrich Ludwig Wurm als Kritiker Grimms und als Lexikograph. In: Germanistik und Deutschunterricht im Zeitalter der Technologie, Selbstbesinnung und Anpassung. Vorträge des Germanistentags Berlin 1987. Bd. 1. Das Selbstverständnis der Germanistik. Hrsg. von Norbert Oellers. Tübingen 1988, 66—77.

Holly 1990 = Werner Holly: „Wilde Pflanzen ohne nährende Frucht". Die Behandlung des politisch-sozialen Wortschatzes durch Jacob und Wilhelm Grimm. In: Kirkness/Kühn/Wiegand 1990.

Huber 1987 = Anna Huber: Kritiker und Konkurrenten, erste Mitarbeiter und Fortsetzer der Brüder Grimm am Deutschen Wörterbuch. In: Dückert 1987a, 49—90.

Jablonski 1711 = D. E. Jablonski: Entwurf eines deutschen, von der Preussischen Societät der Wissenschaften herauszugebenden Wörterbuchs. In: Harnack 1900, 223—225.

Kirkness 1980 = Alan Kirkness: Geschichte des Deutschen Wörterbuchs 1838—1863. Dokumente zu den Lexikographen Grimm. Stuttgart 1980.

Kirkness 1985 = Alan Kirkness: Jacob und Wilhelm Grimm als Lexikographen. Zur Geschichte und Bedeutung des Deutschen Wörterbuchs 1838—1863. In: 200 Jahre Brüder Grimm. Die Brüder Grimm. Dokumente ihres Lebens und Wirkens. Hrsg. von Dieter Hennig und Bernhard Lauer. Kassel 1985, 63—75.

Kirkness/Kühn/Wiegand 1990 = Alan Kirkness/Peter Kühn/Herbert Ernst Wiegand (Hrsg.): Studien zum Deutschen Wörterbuch von Jacob Grimm und Wilhelm Grimm. 2 Bde. Tübingen 1990 (Lexicographica Series Maior 33, 34).

Kühn 1978 = Peter Kühn: Deutsche Wörterbücher. Eine systematische Bibliographie. Tübingen 1978 (Reihe Germanistische Linguistik 15).

Kühn 1985 = Peter Kühn: Der „Deutsche Sprachschatz" von Daniel Sanders. In: Neudruck von Sanders 1873—1877. Tübingen 1985, V—LXXVII.

Kühn 1990 = Peter Kühn: „... wir wollen kein Gesetzbuch machen". Die normativen Kommentare Jacob Grimms im Deutschen Wörterbuch. In: Kirkness/Kühn/Wiegand 1990.

Kühn/Püschel 1982 = Peter Kühn und Ulrich Püschel: „Der Duden reicht mir". Zum Gebrauch allgemeiner einsprachiger und spezieller Wörterbücher des Deutschen. In: Herbert Ernst Wiegand (Hrsg.): Studien zur neuhochdeutschen Lexikographie II. Hildesheim. New York 1982 (Germanistische Linguistik 3—6/80), 121—151.

Leibniz 1697 = Gottfried Wilhelm Leibniz: Unvorgreifliche Gedanken, betreffend die Ausübung und Verbesserung der teutschen Sprache. In: Gottfried Wilhelm Leibniz: Deutsche Schriften. Hrsg. von G. E. Guhrauer. Bd. 1. Berlin 1838, 449—486 [Neudruck Hildesheim 1966].

Meißner 1899 = Rudolf Meißner: Deutsches Wörterbuch von Hermann Paul 1897. In: Anzeiger für deutsches Altertum und deutsche Litteratur 25. 1899, 255—266.

v. Polenz 1983 = Peter von Polenz: Sozialgeschichtliche Aspekte der neueren Sprachgeschichte. In: Thomas Cramer (Hrsg.): Literatur und Sprache im historischen Prozeß. Vorträge des deutschen Germanistentages in Aachen 1982. Bd. 2, Tübingen 1983, 3—21.

Powitz 1959 = Gerhardt Powitz: Das deutsche Wörterbuch Johann Leonhard Frischs. Berlin 1959.

Püschel 1978 = Ulrich Püschel: Von mehrdeutigen und gleichgültigen Wörtern. Gottscheds Beitrag zur einsprachigen Lexikographie. In: Germanistische Linguistik H. 2—5. 1978, 285—321.

Püschel 1986a = Ulrich Püschel: Joh. August Eberhards Synonymik — bloß historisches Dokument oder auch Vorbild für heute? In: Albrecht Schöne (Hrsg.): Akten des VII. Internationalen Germanisten-Kongresses Göttingen 1985. Bd. 3. Tübingen 1986, 242—247.

Püschel 1986b = Ulrich Püschel: Vom Nutzen synonymisch und sachlich gegliederter Wörterbücher des Deutschen. Überlegungen zu ausgewählten historischen Beispielen. In: Lexicographica 2. 1986, 223—243.

Püschel 1990 = Ulrich Püschel: Zwischen Erörterung und Ergebnisdarstellung. Zu Wörterbuchstilen im Deutschen Wörterbuch. In: Kirkness/Kühn/Wiegand 1990.

Raumer 1863 = Rudolf von Raumer: Gesammelte sprachwissenschaftliche Schriften. Frankfurt/Main. Erlangen 1863.

Reichmann 1990 = Oskar Reichmann: Zum Urbegriff in den Bedeutungserläuterungen von Jacob Grimm, auch im Unterschied zur Bedeutungsdefinition bei Daniel Sanders. In: Kirkness/Kühn/Wiegand 1990.

Sanders 1852—1853 = Daniel Sanders: Das deutsche Wörterbuch von Jacob Grimm und Wilhelm Grimm kritisch beleuchtet. Hamburg 1852—1853.

Sanders 1854 = Daniel Sanders: Programm eines neuen Wörterbuches der deutschen Sprache. Leipzig 1854.

Sauer 1988 = Wolfgang Werner Sauer: Der „Duden". Geschichte und Aktualität eines „Volkswörterbuchs". Stuttgart 1988.

Scherer 1921 = Wilhelm Scherer: Jacob Grimm. Neudruck der 2. Aufl. Berlin 1921.

Schlaefer 1980 = Michael Schlaefer: Kommentierte Bibliographie zur deutschen Orthographietheorie und Orthographiegeschichte im 19. Jahrhundert. Heidelberg 1980.

Schröter 1987 = Ulrich Schröter: Von Moriz Heyne zur Deutschen Kommission. Zur Bearbeitung des Deutschen Wörterbuchs von 1867 bis 1908. In: Dückert 1987a, 91—124.

Veith 1985 = Werner H. Veith: Die Bestrebungen der Orthographiereform im 18., 19. und 20. Jahrhundert. In: Werner Besch, Oskar Reichmann und Stefan Sonderegger (Hrsg.): Sprachgeschichte. Ein Handbuch zur Geschichte der deutschen Sprache und ihrer Erforschung. 2. Halbbd. Berlin. New York 1985 (Handbücher zur Sprach- und Kommunikationswissenschaft 2.2.), 1482—1495.

Wasserzieher 1930 = Ernst Wasserzieher: Schlechtes Deutsch: Der Kampf gegen das Falsche, Schwerfällige, Geschmacklose und Undeutsche. 5. Aufl. Berlin 1930.

Wasserzieher 1964 = Ernst Wasserzieher: Führer durch die deutsche Sprache: Praktisches Hand- und Hilfsbuch für jedermann. 6. Aufl. Berlin 1964.

Wiegand 1983 = Herbert Ernst Wiegand: Zur Geschichte des Deutschen Wörterbuchs von Hermann Paul. In: Zeitschrift für germanistische Linguistik 11. 1983, 301—320.

Wiegand 1984 = Herbert Ernst Wiegand: Prinzipien und Methoden der historischen Lexikographie. In: Werner Besch, Oskar Reichmann und Stefan Sonderegger (Hrsg.): Sprachgeschichte. Ein Handbuch zur Geschichte der deutschen Sprache und ihrer Erforschung. 1. Halbbd. Berlin. New York 1984 (Handbücher zur Sprach- und Kommunikationswissenschaft 2.1.), 557—620.

Wurm 1852 = Christian Friedrich Ludwig Wurm: Zur Beurteilung des deutschen Wörterbuches von Jacob und Wilhelm Grimm. Zugleich ein Beitrag zur deutschen Lexikographie. München 1852.

*Peter Kühn/Ulrich Püschel, Trier
(Bundesrepublik Deutschland)*

206. Die deutsche Lexikographie der Gegenwart

1. Zur Historischen Wörterbuchforschung: Vorüberlegungen und Abgrenzungen
2. Lexikographie des gegenwärtigen Deutsch I: die Standardsprache als Leitvarietät
2.1. Die allgemeinen einsprachigen Wörterbücher
2.2. Syntagmatische Spezialwörterbücher
2.3. Paradigmatische Spezialwörterbücher
2.4. Spezialwörterbücher zu markierten Lemmata
2.5. Hinweise zu Wörterbüchern zu weiteren Lemmatypen
2.6. Spezialwörterbücher mit bestimmten Informationstypen
2.7. Übersicht zum lexikographischen Gesamtprozeß bei den einsprachigen Wörterbüchern zur deutschen Standardsprache der Gegenwart
3. Lexikographie des gegenwärtigen Deutsch II: andere Varietäten
3.1. Zur Dialektlexikographie
3.2. Zur Lexikographie der Umgangssprache
3.3. Zur Fachlexikographie
4. Wörterbuchpflege nach 1945
5. Literatur (in Auswahl)

1. Zur Historischen Wörterbuchforschung: Vorüberlegungen und Abgrenzungen

Das Thema verlangt eine Darstellung des jüngsten Abschnittes der Geschichte der Lexikographie des Deutschen, welche der Historischen Wörterbuchforschung als einem der vier Forschungsgebiete der Wörterbuchforschung (i. S. v. Art. 29, 262) zugerechnet werden kann. Bei der Themabearbeitung kann zwar auf eine stattliche Reihe von Arbeiten zu kleineren Ausschnitten aus der Geschichte der deutschen Lexikographie der Gegenwart und zu bestimmten lexikographischen Sachverhalten zurückgegriffen werden, nicht aber auf eine zusammenhängende historische Darstellung, da eine Geschichte der Lexikographie des Deutschen (für welche die Art. 203—206 als Vorarbeiten gewertet werden können) bisher nicht geschrieben wurde.

Sieht man von dem knappen Kap. „Die Lexikographie — historisch betrachtet" (in Schaeder 1987, 48—62) ab, dann muß es wohl als bemerkenswert gelten, daß bisher m. W. kaum zusammenhängend und intensiver darüber nachgedacht wurde, was eigentlich in einer historischen Darstellung der Geschichte der Lexikographie einer historischen Einzelsprache oder eines ihrer Abschnitte theoretisch und methodisch zu bedenken und stofflich zu berücksichtigen ist. Es fehlt — anders gesagt — eine Theorie und Methodik der metalexikographischen Geschichtsschreibung; somit ist es eine zentrale Aufgabe der zukünftigen Historischen Wörterbuchforschung, in Kenntnis der neueren Entwürfe zur Theorie und Methodik der Historiographie (vgl. einführend hierzu Faber 1978; Schieder 1968), Theorieentwürfe anzubieten. Bei dieser Forschungslage können in diesem einleitenden Abschnitt nur einige allgemeine Überlegungen vorgetragen werden, die wahrscheinlich zu berücksichtigen sind, wenn in Zukunft Konzepte zur metalexikographischen Historiographie erarbeitet werden.

Die Sprachlexikographie ist der Historischen Wörterbuchforschung empirisch gegeben entweder in abgeschlossenen lexikographischen Prozessen oder in solchen, die derzeit noch im Gange sind. Ein abgeschlossener lexikographischer Prozeß ist hierbei gedacht als die Menge derjenigen lexikographischen Tätigkeiten, welche ausgeführt wurden, damit ein bestimmtes Wörterbuch entsteht. Teile eines lexikographischen Prozesses sind auch die Zwischenprodukte und die Begleitdokumente wie z. B. Lemmalisten, Zettelkarteien, Arbeitsrichtlinien, Sitzungsprotokolle, Probeartikel, Fahnenkorrekturen etc. und vor allem das Endprodukt, das auf einem Datenträger fixierte, z. B. auf Papier geschriebene oder gedruckte Wörterbuch. Jeder lexikographische Prozeß ist eingebettet in andere historische Prozesse. Abstrahiert man zunächst von letzteren und damit von den unterschiedlichen Umgebungssektoren eines lexikographischen Prozesses und stellt diesen isoliert dar, dann erhält man als metalexikographisches Ergebnis eine (notwendigerweise verkürzte) historische Darstellung, und zwar eine lexikographiezentrierte Geschichte gerade eines Wörterbuches. Liegt hierbei die Perspektive überwiegend auf den äußeren Fakten des lexikographischen Prozesses, handelt es sich um eine äußere Wörterbuchgeschichte. Insbesondere bei größeren Wörterbuchunternehmungen (und hierfür wäre das Grimmsche Wörterbuch ein markantes Beispiel) verändern sich u. a. auch die lexikographischen Prinzipien und Methoden und damit u. a. die Wörterbuchbasis, die äußere und innere Selektion, Eigenschaften der Wörterbuchform und der Wörterbuchstil bevor der lexikographische Prozeß abgeschlossen ist. Liegt die Darstellungsperspektive überwiegend auf solchen prozeßinternen Veränderungen, entsteht eine innere Wörterbuchgeschichte. Die Quellen für eine lexikographiezentrierte Geschichte eines Wörterbuches sind im wesentlichen das Wörterbuch selbst sowie die oben genannten Zwischenprodukte und Begleitdokumente.

Abgeschlossene lexikographische Prozesse können — mit sehr unterschiedlichen Motiven — wieder in Gang gesetzt werden. Hierzu gibt es verschiedene Möglichkeiten (wie z. B. Neuauflagen der verschiedensten Art, kommentierte Nachdrucke etc.), die kurz im Abschnitt 4 behandelt werden. Die Geschichte eines Wörterbuches, besonders die eines bedeutenden Werkes, ist daher nicht notwendigerweise etwas Abgeschlossenes, so daß auch bereits erarbeitete Darstellungen einer Wörterbuchgeschichte oder einer partiellen Geschichte eines Wörterbuches — wie z. B. die von Sauer 1988 — u. U. fortgeschrieben werden müssen.

Das Absehen von den Umgebungssektoren eines lexikographischen Prozesses ist vor allem bei der Reflexion auf die metalexikographische Historiographie nützlich. Bereits bei der Erarbeitung einer inneren Geschichte eines Wörterbuches wird man jedoch feststellen, daß die prozeßzugehörigen Quellen Eigenschaften aufweisen, die zu solchen historischen Fragen Anlaß geben, die nicht durch Auswertung anderer prozeßzugehöriger Quellen beantwortet werden können, so daß man auf prozeßexterne Quellen zurückgreifen muß, wenn man solche Fragen nicht unterdrücken und damit auf historische Herleitungen verzichten will. Solche prozeßexternen Quellen der metalexikographischen Historiographie erlauben dann in der Regel die Feststellung einer oder mehrerer Beziehungen zu einem der folgenden vier, relativ deutlich separierbaren Umgebungssektoren eines lexikographischen Prozesses:

(i) Beziehungen zu einem oder mehreren anderen lexikographischen Prozessen. Die wenigsten lexikographischen Prozesse sind von allen anderen unabhängig. Vielmehr greifen meistens mehrere ineinander. Der häufigste Fall ist der, daß ein älteres Wörterbuch zu den sekundären Quellen der Wörterbuchbasis eines jüngeren Wörterbuches gehört, was man auch feststellen kann, wenn Lexikographen hierüber selbst keine Auskunft geben.

(ii) Beziehungen zu einer oder mehreren der informationsspendenden akademischen Disziplinen (i. S. v. Art. 29, 263 ff.). Die lexikographischen Prozesse, die zu wissenschaftlichen Wörterbüchern führen, sind (wie in Wiegand 1989a gezeigt wird) — beginnend mit der Wörterbuchplanung — von einer selbstreflexiven Komponente durchzogen, über die prozeßexterne wissenschaftliche Ergebnisse, Theorien und Methoden in einen lexikographischen Prozeß gelangen und dort berücksichtigt bzw. verwertet werden.

(iii) Beziehungen zu sozialen, politischen und kulturellen Tendenzen während der Zeit der Wörterbuchplanung. Diese können u. a. aus solchen Quellen rekonstruiert werden, welche zu demjenigen Bereich des Gegenstandes der Wörterbuchforschung gehören, der (i. S. v. Art. 29, 258) unter der Bezeichnung *nichtwissenschaftlicher Metabereich zur Sprachlexikographie* zusammengefaßt werden kann.

Daß Wörterbücher geplant und erarbeitet werden, hat meistens Gründe, welche außerhalb von lexikographischen Prozessen zu suchen sind. Sie liegen entweder in den unter (ii) genannten wissenschaftlichen oder aber in außerwissenschaftlichen Bereichen der Gesellschaft (vgl. Art. 1).

(iv) Beziehungen zum Wörterbuchgegenstandsbereich, also zu der Sprache (oder den Sprachen bzw. der Varietät oder den Varietäten), aus welcher der Wörterbuchgegenstand (i. S. v. Wiegand 1989) stammt. Letzterer ist als eine durch das Informationsprogramm des Wörterbuches spezifizierte Menge von Eigenschaften von sprachlichen Ausdrücken aus dem Wörterbuchgegenstandsbereich zu bestimmen.

Stellt man mehrere, historisch miteinander verzahnte lexikographische Prozesse (wie z. B. die, welche zum WDG, Wahrig-$^{1-5}$DW, Duden-GW, BW, DUW 1983, HWDG, DUW 1989 geführt haben) relativ isoliert von den anderen Umgebungssektoren dar, dann erhält man eine lexikographiezentrierte Darstellung eines zusammenhängenden Ausschnittes aus der Geschichte der Lexikographie des Deutschen. In einer solchen Darstellung wird man — um nur einige zentrale Themenbereiche zu nennen — z. B. herausarbeiten, in welchen Hinsichten das WDG als Leitwörterbuch (i. S. v. Wolski 1986, 254) zu gelten hat, wie die Gestaltung der Außentexte (i. S. v. Art. 36) sich entwickelt hat, wie die Mikrostrukturprogramme (i. S. v. Wiegand 1989) sich verändert und welche Arten von Mikrostrukturen (i. S. v. Art. 39) sich durchgesetzt haben, wie die Standardisierungskonzepte und die Textverdichtungsprogramme beschaffen sind und wie sie sich verändert haben, wie der Wörterbuchstil (i. S. v. Wiegand 1986a) bzw. die Wörterbuchstile (i. S. v. Püschel 1990) sich entwickelt haben, wie die Makrostrukturen und die äußeren Zugriffsstrukturen (i. S. v. Art. 38) sich gewandelt haben und insgesamt, wie die Abhängigkeitsbeziehungen der betrachteten Wörterbücher sind.

Legt man bei der Betrachtung das Schwergewicht auf die Beziehungen unter (ii) und untersucht demgemäß, wie die untereinander zusammenhängenden lexikographischen Prozesse durch die bereichsabdeckenden, bereichsverwandten und gegenstandsspezifischen Disziplinen (i. S. v. Art. 29) beeinflußt wurden und umgekehrt wie die Wörterbücher die Arbeit in den akademischen Disziplinen beeinflußt haben, dann erhält man keine lexikographiezentrierte, sondern eine **wissenschaftshistorisch** orientierte Darstellung der Wörterbuchgeschichte, die stets auch als ein Kapitel aus der Geschichte der bereichsabdeckenden Disziplinen zu gelten hat. In einer derart ausgerichteten Darstellung wird man — um nur einige zu nennen — Fragen der folgenden Art nachgehen: Wie wurden die lexikologischen Untersuchungen, die zum Wörterbuchgegenstandsbereich vorliegen, bei den einzelnen Wörterbüchern ausgewertet? Wurde bei den entsprechenden Lemmatypen die neuere Partikelforschung berücksichtigt? Welche linguistische Bedeutungsauffassung wurde privilegiert? Sind in dieser Hinsicht Veränderungen eingetreten? Entspricht die lexikographische Bearbeitung der Phraseme dem Stand der linguistischen Forschung? Welche Ergebnisse der Wörterbuchforschung wurden einbezogen? Ist hier eine zunehmende Tendenz festzustellen? Welche Syntaxauffassungen wurden wie berücksichtigt? Wie haben die Wörterbücher die lexikologische Forschung beeinflußt? Welche Aufgaben ergeben sich für die zukünftige Wörterbuchforschung?

Einen wieder anders ausgerichteten Typ von lexikographiehistorischer Darstellung, nämlich eine soziokulturell orientierte, erhält man dann, wenn man die Beziehungen der lexikographischen Prozesse zur Gesellschaft ins Zentrum der Untersuchung rückt (vgl. (iii)). In einer Darstellung dieses Typs fragt man z. B.: Wer übt direkten Einfluß auf die Lexikographen und ihre Geldgeber aus? Die katholische Kirche? Die Staatspartei? Der sog. Stasi? Haben sich solche Einflußnahmen geändert? Wie sind die Motive für die Erarbeitung des Wörterbuches? Wurde auf gesellschaftliche Bedürfnisse reagiert? Wie ist der politisch-soziale Wortschatz behandelt und ändert sich seine Bearbeitung mit den politischen Konstellationen? Wie ist das Bild der Wörterbücher in der Öffentlichkeit und wie hat es sich entwickelt? (vgl. Art. 2—5). Wer hat welchen Nutzen (i. S. v. Wiegand 1987) von welchen Wörterbüchern?

Schließlich kann man in einer lexikographiehistorischen Darstellung die Beziehungen der betrachteten Wörterbücher zu ihren Wörterbuchgegenstandsbereichen in den Vordergrund stellen (vgl. (iv)). Dann erhält man eine sprachwissenschaftlich (bzw. sprachhistorisch) orientierte Lexikographiegeschichte. Man fragt dann z. B.: Wie wurden die primären Quellen zusammengestellt? Wie ist das makrostrukturelle Profil (i. S. v. Wiegand 1989)? Welche Lexikbereiche sind über-, welche unterrepräsentiert? Wurde der lexikalische Wandel berücksichtigt? Sind die Bedeutungsangaben inhaltlich adäquat?

Die hier unterschiedenen Arten, wie man eine lexikographiehistorische Darstellung unterschiedlich anlegen kann, treten — und dies spricht keineswegs gegen die getroffenen Unterscheidungen — in den bisher vorliegenden Untersuchungen, die zur Historischen Wörterbuchforschung zählen, meistens in einer spezifischen Mischung auf, die u. a. von den Sorten der lexikographischen Prozesse (die wesentlich von den Wörterbuchtypen bestimmt werden), von der Forschungslage, dem erkenntnisleitenden Interesse sowie dem Adressatenkreis bestimmt sind. Für eine historiographisch reflektierte Darstellung der Geschichte der Lexikographie einer historischen Einzelsprache oder eines Abschnitts dieser Geschichte wäre daher zu fordern, daß sie eine ausgewogene und am Darstellungsgegenstand und -ziel kontrollierte Integration der lexikographiezentrierten, wissenschaftshistorischen, soziokulturellen und sprachwissenschaftlichen Perspektive anstrebt.

Nachfolgend kann eine (im genannten Sinne) wirklich ausgewogene Darstellung nicht gegeben werden. Zu viele Beschränkungen unterschiedlicher Art ergeben sich durch die Forschungslage (einschließlich der bibliographischen Lage); einige sind auch bedingt durch den locus publicandi. Der Art. 206 schließt zeitlich notwendigerweise an die Darstellung im Art. 205 an; er beginnt demnach lediglich aus praktisch-pragmatischen Gründen mit 1945.

„Ab 1960, dem Jahr der Fertigstellung des 'Grimm', beginnt die Gegenwart der deutschen Lexikographie" stellt Henne (1977 [84], 15) fest. Ohne daß hier methodologische bzw. metatheoretische Überlegungen zum historischen Problem der Periodisierung überhaupt vorgetragen werden können, kann festgestellt werden: weder im Jahre 1945 noch während 1960 kann eine abrupte Grenze zur vorhergehenden Epoche der deutschen Lexikographie gezogen werden. 1945 ist zu früh; eine lexikographiezentrierte Betrachtung könnte kein Ereignis nennen, welches eine solche Grenzziehung rechtfertigen würde, denn das Erscheinen der 14. und letzten Aufl. von Hoffmann (Hoffmann/Block 1945) wird man nicht als periodenbildendes Ereignis einschätzen wollen. 1960 dagegen ist zu spät. Denn die Arbeit am WDG begann 1952 (vgl. Malige-Klappenbach 1986, 3 ff.), und zwischen 1945 und 1960 erschienen z. B. auch die 13.- und 15. Aufl. des Rechtschreib-Dudens (vgl. Sauer 1988, 68 ff.), um nur einige lexikographische Prozesse bzw. Prozeßabschnitte vor 1960 zu nennen, welche zur deutschen Lexikographie der Gegenwart gezählt werden sollten. Es wird daher vorgeschlagen, den Beginn der deutschen Lexikographie der Gegenwart dem Zeitabschnitt 1945—1960 zuzuordnen.

Wie in den Art. 204 und 205 so wird auch nachfolgend die zwei- und mehrsprachige Lexikographie mit Deutsch nicht behandelt (vgl. hierzu bes. Art. 310, 313, 315, 317, 321a sowie weitere Art. im Kap. XXXVI). Aus dieser, durch die Handbuchkonzeption bedingten, Einschränkung des Gegenstandsbereiches kann aber nicht abgeleitet werden, daß die entsprechenden zeitlichen Abschnitte dieser Arten der Sprachlexikographie nicht zur deutschen Lexikographie der Gegenwart gerechnet werden können. Eine zukünftige Geschichte der deutschen Lexikographie muß auch für die Neuzeit die einsprachige und die zweisprachige Lexikographie mit Deutsch im Zusammenhang darstellen. Es gibt viele Gründe für diese Forderung. Einige davon sind genannt in Wiegand (1988b, bes. 616 ff.; vgl. auch Wiegand 1985b).

Von der nach 1945 betriebenen historischen Lexikographie des Deutschen wird in diesem Artikel nur die etymologische Lexikographie zum gegenwärtigen Standarddeutschen näher betrachtet (vgl. 2.6.2.). Daher folgen hier einige orientierende und bibliographische Hinweise.

Eine knappe Übersicht über wichtige Teile der historischen Lexikographie ist Reichmann 1984. Neueste Sammelbände sind: Historical Lexicography of the German Language (2 Bde 1990); Schützeichel/Seidensticker 1990 und die „Studien zum Deutschen Wörterbuch von Jacob Grimm und Wilhelm Grimm" (2 Bde; vgl. Kirkness/Kühn/Wiegand 1990). — Die historischen Autoren-Bedeutungswörterbücher (wie z. B. Dill 1987 u. das Goethe-Wb.) sind in Art. 164 behandelt (vgl. auch Wiegand 1984); zu den historischen Formwörterbüchern (i. S. v. Wiegand 1986) vgl. man Gärtner/Kühn 1984 sowie Art. 165—166.

Die Lexikographie des Althochdeutschen hat nach 1945 große Fortschritte gemacht. Zum Ahd. Wb. vgl. man Große 1980, Blum 1990 und Art. 154; zum EWA vgl. man Lloyd 1990; zu Starck/Wells 1972 ff. vgl. man Tiefenbach 1972. Weitere Wörterbücher, die nach 1945 erarbeitet wurden, sind: Schützeichel 1989 (1. Aufl. 1969; vgl. Art. 154), Raven 1963/1967 sowie Köbler 1971, 1971a und 1974. Im Satz ist ein Althochdeutsches Wortfamilienwörterbuch (vgl. hierzu Splett 1990). Gerade erschienen ist ein Wortindex zu Otfrieds Evangelienbuch (vgl. Shimbo 1990). Geplant ist ein rückläufiges Wörterbuch des Ahd. (vgl. Bergmann 1984). Das im Sonderforschungsbereich 7 'Mittelalterforschung' begonnene Allegorische Otfrid-Wörterbuch ist m. W. bisher nicht erschienen (vgl. Hartmann 1974).

Im Vergleich mit der ahd. sind die Fortschritte in der mittelhochdeutschen Lexikographie nach 1945 gering. Seit 1986 erscheint das WMU; vgl. hierzu Schulze 1990 sowie dieselbe und Schmitt in Bachofer 1988. Neben einigen Produkten der Textlexikographie — wie z. B. Wießner 1989 (1. Aufl. 1954; vgl. dazu Wiegand 1984) und zahlreiche Formwörterbücher (vgl. Gärtner/Kühn 1984) — sind als Spezialwörterbücher u. a. Dalby 1965 und Bachofer/v. Hahn/Möhn 1984 erschienen. Lexers Mittelhochdeutsches Taschenwörterbuch (1. Aufl. 1879, 37. Aufl. 1984) haben die Verantwortlichen nach 1945 nicht angemessen gepflegt. Zum Stand der Arbeiten an einem neuen mhd. Sprachstadienwörterbuch sowie zu weiteren Plänen vgl. man die einschlägigen Arbeiten in Bachofer 1988 sowie Bachofer/Hennig 1990. —

Mit dem Erscheinen des 1. Bandes des Frühneuhochdeutschen Wörterbuches (FWB 1989, 1. Lief. 1986) ist ein erster Anfang für die lexikographische Erschließung des Frühneuhochdeutschen gemacht. Zum FWB vgl. man vor allem Reichmann 1986. Weitere Lit. findet man im Vorwort zum FWB 1989 (VIII ff.); zur Wörterbuchform des FWB 1989 vgl. man Wiegand 1990. — Ein Wörterbuch des Frühneuhochdeutschen in Ungarn ist in Vorbereitung (vgl. Mollay in Bachofer 1988).

Seit 1965 erscheint die partielle Neubearbeitung des Grimmschen Wörterbuches (^{2}DWB). Man vgl. hierzu: Schlaefer 1987 und 1990, Strauß 1990, Steinbock 1990, Wiegand 1990a und Kirkness/Kühn/Wiegand 1990; weitere Lit. zum DWB und zum ^{2}DWB findet man in der Bibliographie von Kirkness/Wiegand 1990. —

Schließlich sei noch Spalding/Brooke 1959 ff. (vgl. Spalding 1969) erwähnt, ein Spezialwörterbuch, welches bisher nicht näher untersucht wurde. Weitere Lit. zur historischen Lexikographie findet man in Wiegand 1988 d.

2. Lexikographie des gegenwärtigen Deutsch I: die Standardsprache als Leitvarietät

Die deutsche Standardsprache wird hier — im Anschluß an die Diskussion in Wiegand (1986c, 185—190) und unter Berücksichtigung der deutschen Sprachsituation nach 1945 — wie folgt charakterisiert: Sie ist — beginnend im 19. Jh. — aus der deutschen Schriftsprache entstanden. Sie überdacht heute den weitaus größeren Teil der deutschen Dialekte regional, und zwar auf allen sprachlichen Ebenen (einschließlich der lexikalischen). Lexik und Grammatik sind kodifiziert. Gesehen auf das gesamte deutsche Sprachgebiet besteht im grammatischen und lexikalischen Bereich eine geregelte Heterogenität. Als Standardschreibsprache ist sie vollständig (orthographisch) normiert, als Standardsprechsprache nur partiell. Regional gesehen, sind die Sprechnormen von unterschiedlicher Färbung. Die Sprechnormvarianz ist insgesamt relativ hoch; es zeigt sich eine zunehmende Öffnung zum Neuen Substandard auf allen sprachlichen Ebenen. Die für die deutsche Standardsprache der Gegenwart geltenden Schreib- und Sprechnormen werden durch die Medien, öffentliche Institutionen sowie das Bildungswesen (einschließlich großer Teile der Sprachlexikographie) ständig reproduziert. Ein Rückgriff auf diese Normen erlaubt soziale Kontrolle. Hinsichtlich der Domänenverteilung ist besonders die Standardsprechsprache expansiv. Sie wird beim informellen Sprechen bevorzugt; der Typ des informellen Sprechens findet sich nicht nur in der privaten, sondern auch in der öffentlichen und institutionellen Kommunikation. Die Standardsprache ist in beiden Ausprägungen das Medium zur Vermittlung überregionaler Politik und Wissenschaft, besonders in der fachexternen Kommunikation. Sie muß als Trägerin aller überregional relevanten kulturellen Objektivationen betrachtet werden und auch als Basis der Literatursprache. Sie steht daher im Varietätenkontakt insbesondere mit den deutschen Fach- und Wissenschaftssprachen. Sie erweitert ihren lexikalischen Bestand im Kontakt mit anderen Sprachen, besonders dem britischen und amerikanischen Englisch. Sowohl als Standardsprech- als auch als Standardschreibsprache ist sie Leitvarietät. Sie hat damit eine Prestigefunktion, da sie in den meisten Kommunikationssituationen und damit insgesamt eine größere Reichweite als die Dialekte aufweist. Relativ zu Sprechergruppen hat sie nach innen eine einigende, integrative Funktion und nach außen eine separierende. Die Standardsprache ist der normative Bezugsrahmen. Ihre Beherrschung ist das wichtigste Ziel aller sprachdidaktischen Bemühungen besonders im Bereich Deutsch als Fremdsprache.

Die vorstehende Charakterisierung der gegenwärtigen deutschen Standardsprache verdeutlicht wohl auch, daß ihre lexikographische Bearbeitung nicht nur eine (stets erneut zu bewältigende) komplexe Aufgabe darstellt, sondern daß es sich um eine der zentralen Aufgaben der wissenschaftlichen Lexikographie des Deutschen handelt, die (auch an den Universitäten) nicht länger — verglichen mit den Aufgaben der historischen Lexikographie — unterschätzt und zurückgestellt werden sollte.

Die Lexik der deutschen Standardsprache der Gegenwart (und hierzu gehören auch die Phraseme) ist nach 1945 in Wörterbüchern lexikographisch bearbeitet worden, die zu recht unterschiedlichen Typen gehören. Die in diesem Artikel getroffene Stoffauswahl und vorgenommenen Gewichtungen sind mitbestimmt von der Handbuchkonzeption und von der durch sie bedingte Berücksichtigung der deutschen Lexikographie in den Artikeln zu den Wörterbuchtypen (vgl. Kap. VI—XV). Dadurch ergab sich u. a., daß ein deutliches Schwergewicht auf den allgemeinen einsprachigen Wörterbüchern liegt. Die Darstellungsweise ist bewußt unterschiedlich gehalten: weniger bekannte Ausschnitte des Phänomenbereichs wurden etwas eingehender betrachtet, während die Darstellung bekannterer Bereiche eher knapp gehalten wurde. Insgesamt ging das Bemühen dahin, einen ersten Zugang — und nur in manchen Abschnitten einen etwas tiefer gehenden Einblick — zu den allermeisten wichtigen lexikographischen Prozessen zu vermitteln, die zur einsprachigen deutschen Lexikographie der Gegenwart gerechnet werden können, wobei hier die Einschränkungen unter 1. zu berücksichtigen sind.

2.1. Die allgemeinen einsprachigen Wörterbücher

Der Ausdruck *allgemeines einsprachiges Wörterbuch* ist innerhalb der Wörterbuchforschung lediglich ein pragmatisch eingespielter Fachausdruck. Er wird mit anderen deutschen Fachausdrücken synonym verwendet, z. B. mit *Sprachstadienwörterbuch* (hierzu vgl. Art. 154, 1.1.), mit *Definitionswörterbuch* (vgl. Art. 92) oder mit *Bedeutungswörterbuch* (vgl. z. B. Müller 1970; Wellmann 1984). Terminologische und wörterbuchtypologische Erörterungen müssen hier beiseite bleiben (vgl. hierzu Wiegand 1989). Nachfolgend wird der in der Abschnittsüberschrift verwendete Ausdruck bevorzugt.

2.1.1. Die Lage im Jahre 1945

Im Jahre 1945 gab es kein allgemeines einsprachiges Wörterbuch, welches die Standardsprache der damaligen Gegenwart einigermaßen hinreichend erfaßte. Wer ein solches konsultieren wollte, war auf stark veraltete Wörterbücher angewiesen — man vgl. hierzu Wiegand (1985d, 173 f.) —, und bei vielen Suchfragen mußte er mit einer erfolglosen Wörterbuchbenutzung (i. S. v. Wiegand 1987 a, 215 f.) rechnen. Es wäre historisch nicht korrekt, wollte man den desolaten Zustand der gegenwartsbezogenen Sprachstadienlexikographie um 1945 allein auf den verlorenen Zweiten Weltkrieg zurückführen. Ein zentraler Grund für den einer Kulturnation unwürdigen Mißstand, daß ein gegenwartsbezogenes allgemeines einsprachiges Wörterbuch nicht zur Verfügung stand, war die überaus einseitige Ausrichtung der Deutschen Philologie auf alles Sprachhistorische und die überwiegende Orientierung am sog. historischen Prinzip. Hinzu kam, daß fast alle einflußreichen Germanisten, die Interesse an lexikographischer Arbeit zeigten, während der über hundertjährigen Bearbeitungszeit des Grimmschen Wörterbuchs entweder an diesem Werk mitgearbeitet haben oder sich in ihren lexikographischen Projekten, die überwiegend historisch ausgerichtet waren, am Deutschen Wörterbuch orientierten (vgl. Kirkness/Kühn/Wiegand 1990). Daher hatten deutsche Philologen damals auch kaum Kriterien zur Verfügung, um die nicht an den Universitäten oder Akademien erarbeiteten Wörterbücher zur deutschen Gegenwartssprache angemessen einzuschätzen.

So bewertet z. B. Stroh (1952, 416) die (angeblich) 10. Aufl. des Sprach-Brockhaus von 1949 unter den sog. praktischen Wörterbüchern, die nach seiner Charakterisierung diejenigen „für den jetzt geltenden Sprachgebrauch sind" als „Sehr brauchbar". Zwar hatte der Sprach-Brockhaus (vgl. 2.1.2.1.) einerseits einige durchaus bedenkenswerte Neuerungen eingeführt, darunter auch solche, die von späteren Werken nicht berücksichtigt wurden und andererseits gute lexikographische Traditionen (wie z. B. die Beschreibungsmethode der Integration) bewahrt; dennoch muß Strohs Bewertung als krasses Fehlurteil gelten, denn der vor und um 1949 „geltende Sprachgebrauch" ist in diesem Einbänder gerade nicht derart lexikographisch bearbeitet, daß das Prädikat *sehr brauchbar* gerechtfertigt ist. Hinzu kommt, daß der Gebrauch von Prädikaten wie *sehr brauchbar* so lange nichts weiter als eine arrogante Attitüde bleibt, solange ihr Gebrauch nicht wissenschaftlich geregelt ist. Dies jedoch ist eine eigene — nicht ganz einfache — Aufgabe (vgl. Wiegand 1985 c, 88 ff.). Zur pauschalen „Notenvergabe" vgl. auch Bergenholtz/Mugdan (1986, 2 ff.).

2.1.2. Die frühe Nachkriegslexikographie von 1945 bis um 1960

In der Zeit von 1945 bis um 1960 erschienen folgende Einbänder, die als allgemeine einsprachige Wörterbücher zu gelten haben:

Hoffmann-[14]WdS (1945), Sprach-Brockhaus 1947, 1948, 1949, 1956 u. 1962, Brenner-N[1]DW (1949), Brenner-[2]DW (1951), Mackensen-[1]NDW (1952), Pekrun-[2]DW (1953), Matthias/Frenzel-[9]NDW (1954), Langenscheidts-[1]DW (1955), Langescheidts-[2]DW (1955), Langenscheidts-[3]DW (1957), Pekrun-[2]DW (1953), Pekrun-[3]DW (1959), Herders Sprachbuch (1960), Mackensen-[3 u. 4]DW (1961). Alle aufgezählten Wörterbücher sind Einbänder (vgl. auch Abb. 206.9).

Ob die vorstehende Aufzählung (relativ zum Wörterbuchtyp) vollständig ist, kann nicht garantiert werden, da eine Bibliographie deutscher Wörterbücher, die Vollständigkeit anstrebt, fehlt. Zur bibliographischen Lage vgl. auch Kirkness (1985, 44). Kühn 1978 bietet nur eine Auswahl. Die Lage wird entschieden besser, falls Hilgendorf 1990 publiziert wird.

Sieht man von Brenner-[2]DW ab, dessen textuelle Rahmen- und Binnenstruktur (i. S. v. Wiegand 1989) im Art. 36, 2 u. 3 (dort übers. als *textual book structure* und *textual word list structure*) dargestellt wurden und dessen Mikrostruktur und äußere Zugriffsstrukturen im Art. 38,4. als Beispiel dienten, dann sind die (oder einige der) aufgeführten Wörterbücher in der Wörterbuchforschung zwar hier und da erwähnt und knapp ad hoc beurteilt worden (vgl. vor allem Müller 1970; Seebold 1982; Wiegand 1985 d, 190 f.; Bergenholtz/Mugdan 1986, 4 ff.; Pawlowski 1986; Schaeder 1987, 87 f.), es fehlen jedoch eingehende historische und systematische Untersuchungen der frühen Nachkriegslexikographie. Daher wird zwar auf einige dieser Einbänder nachfolgend etwas näher eingegangen, die gerade angedeutete Forschungslücke kann hier aber nicht geschlossen werden; vielmehr fallen auch die anschließenden Charakterisierungen der Wörterbücher und besonders die der historischen Zusammenhänge der lexikographischen Prozesse relativ pauschal aus.

„Der Sprach-Brockhaus [...] nimmt eine besondere Stellung unter den Wörterbüchern ein." schreibt Müller (1970, 13). Da diese Feststellung in mehreren Hinsichten zutrifft, wird dieses Wörterbuch als erstes und separat betrachtet.

2.1.2.1. Der Sprach-Brockhaus von 1947

Es kann als charakteristisch gelten, daß das erste allgemeine einsprachige Wörterbuch nach 1945, der Sprach-Brockhaus von 1947, als entnazifizierte Neuauflage eines älteren Werkes aus einem erfolgreichen Verlag für Nachschlagewerke kommt. Die Auflagenhöhe ist nicht angegeben, und bereits 1948 erscheint eine Sonderausgabe für das Hessische Ministerium für Kultus und Unterricht. Der Untertitel lautet: „Deutsches Bildwörterbuch für jedermann". Im Sinne der modernen Wörterbuchtypologie ist es jedoch kein onomasiologisch angelegtes Bildwörterbuch, sondern ein illustriertes Wörterbuch (vgl. Art. 108, 1). Es handelt sich um die Neubearbeitung der letzten Kriegsauflage, die nicht nur, aber vor allem in der lexikographischen Entnazifizierung bestand, zu deren Durchführung (ähnlich wie in anderen Wörterbüchern) verschiedene Methoden angewandt wurden. Die wichtigsten drei sind die folgenden:

(i) Tilgung von Artikeln bzw. Subartikeln,
(ii) Tilgung von Bedeutungsangaben zu als polysem interpretierten Lemmazeichen,
(iii) Tilgung von Bildern in den Bildergruppen.

Beispiele für die Methodenanwendung sind:

zu (i): Im Sprach-Brockhaus 1944 findet sich folgender Artikel:
der **Nationalsozialismus,** — die von Adolf Hitler begründete und geführte Bewegung, die auf völkisch-sozialistischer Grundlage die Erneuerung des deutschen Menschen und des gesamten politischen, wirtschaftlichen und kulturellen Lebens des deutschen Volkes durchführt.
Dieser Artikel ist in der Aufl. von 1947 getilgt.
zu (ii): Im Sprachbrockhaus 1947 ist folgende Bedeutungsangabe s.v. *Führer* aus der Aufl. von 1944 gestrichen: „Adolf Hitler in seiner Stellung an der Spitze der NSDAP und als Oberhaupt des Deutschen Reiches".
zu (iii): hierzu vgl. man Textbeispiel 206.1 u. 2

Die Makrostruktur (i. S. v. Art. 38) des Sprach-Brockhaus kann grob wie unter (i) und (ii) charakterisiert werden:
(i) qualitativer Aspekt der äußeren Selek-

206. Die deutsche Lexikographie der Gegenwart

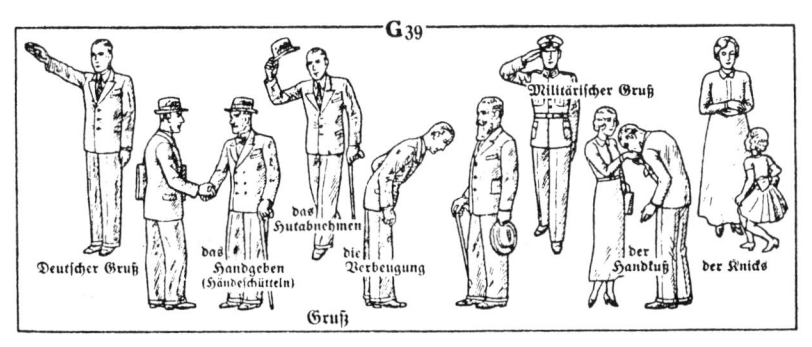

Textbeispiel 206.1: Bildergruppe G$_{39}$ aus Sprach-Brockhaus 1944

Textbeispiel 206.2: Bildergruppe G$_{39}$ aus Sprach-Brockhaus 1948; Die Abb. zum Deutschen Gruß wurde 1948 weggelassen; die Abb. zum Knicks ist seit der 8. Aufl. von 1972 weggelassen (ein Beispiel für Wörterbuchgeschichte als Kulturgeschichte)

tion: es wurden als Lemmata angesetzt: überwiegend standardsprachliche Wörter (einschließlich Fremdwörter) aus allen Wortarten sowie z. T. fachsprachliche und relativ viele aus der mundartlichen Lexik; Vornamen, Städte-, Länder-, Kontinent- und Gewässernamen; lat. Pflanzennamen, deutsche und entlehnte Wortbildungsmittel (Prä- u. Suffixe), Abkürzungen und lat., frz. und ital. Ausdrücke (wie: *ad rem!*, *à bas!* und *piangendo*). Über die Auswahlkriterien findet sich in den Außentexten nichts.

(ii) quantitativer Aspekt der äußeren Selektion: zu diesem können (und dies gilt auch für die nachfolgend in 2.1.2.2. betrachteten Einbänder) lediglich auf eigenen Zählungen beruhende Schätzungen der Lemmataanzahl (= der Mächtigkeit der Trägermenge der Makrostruktur) angeboten werden. Diese sind in der Abb. 206.9 zusammengestellt, und die Schätzmethode ist dort erläutert (vgl. 2.1.2.2.5.). Der Sprach-Brockhaus 1947 u. 1948 enthalten beide ca. 63 000 Lemmata. Nachfolgend werden Zahlen, welche nicht auf eigenen Schätzungen beruhen, mit einem Sternchen versehen.

Daß weitere nachprüfbare und solide Aussagen zum makrostrukturellen Profil nicht gemacht werden können, liegt vor allem daran, daß über den Wörterbuchgegenstandsbereich des Sprach-Brockhaus (und der anderen Wörterbücher), d. h. über die Standardsprache der ersten Hälfte des 20. Jhs., keine quantitativen Daten vorliegen. Wie man möglicherweise hier weiterkommen kann, wird in Wiegand 1989 diskutiert.

(iii) Als Außentexte, die nach Inhalt und Stil deutlich an den Laienbenutzer mit einem mittleren Bildungsgrad gerichtet sind, finden sich neben dem zweiseitigen Vorwort und den darauf folgenden Benutzungshinweisen, insgesamt 626 Einschübe als Elemente der Trägermenge der textuellen Rahmenstruktur (vgl. Art. 36). Der größere Teil dieser Einschübe ins Wörterverzeichnis sind Bildergruppen wie die Gruppe G$_{39}$ (= 39. Einschub in der Artikelstrecke *G*) im Textbeispiel 206.1 u. 2; bei dem kleineren Teil handelt es sich um Übersichtstafeln z. B. zu den chemischen Elementen (vgl. C$_1$) und um Texte. 28 davon sind solche zur „Sprachlehre", so daß also auch eine rudimentäre Wörterbuchgrammatik (vgl. Art. 64) vorliegt, zu der in den Benutzungshinweisen (S. VI) eine eigene Zugriffsstruktur definiert ist. Die Texte zur Sprachlehre tragen folgende Überschriften:

Ablaut; Beiwort; Das Grundgesetz der deutschen Betonung; bin (sein); Bühnensprache; der, die, das — dieser, diese, dieses; Stammbaum der deutschen Sprache; Fürwort; Geschlecht; Großschreibung; Hauptwort; Mehrzahl; Möglichkeitsform; Mundarten; Namen; Redefiguren; Reim; Satzlehre; Satzzeichen; Silbentrennung; Sprachlehre; Verhältniswort; Vers und Strophe; Die Entwicklung des deutschen Wortschatzes; Zahl; Zeitwort; Zusammenschreibung und Zusammenziehung.

Obwohl sich die 36 Rahmenartikel von Herders Sprachbuch 1960 inhaltlich von diesen Texten unterscheiden, können letztere — was die Wörterbuchform betrifft — als Vorbilder für Herders Sprachbuch betrachtet werden.

(iv) Das äußere Zugriffsprofil kann wie folgt angegeben werden: Der Sprach-Brockhaus ist ein monoakzessives Wörterbuch mit zwei aufeinanderfolgenden registerexternen Zugriffsstrukturen, wobei die erste, alphanumerische für die Texte zur „Sprachlehre" keine Teilstruktur der Makrostruktur ist, und die zweite, nestalphabetische mit der Makrostruktur identisch ist (zur Terminologie vgl. Art. 38).

(v) Der Sprach-Brockhaus 1947 ist ein stark standardisiertes, textuell hochverdichtetes Wörterbuch. Sein Mikrostrukturenprogramm (i. S. v. Wiegand 1989) ist relativ reich. Eine genauere Analyse zeigt, daß die Angaben zu über 70 Klassen von Angaben mit gleichem allgemeinem genuinem Zweck (i. S. v. Art. 38 a u. 39) gehören. Diese Angaben beziehen sich u. a. auf folgende Eigenschaften der Lemmazeichen: die Konstituentenstruktur von Wortbildungen, die Rechtschreibung, die Betonung und Aussprache, das Genus, die Flexionsmorphologie, die unregelmäßige Steigerung bei Adj., die Zugehörigkeit zu „Sprachschichten" (realisiert durch Angabesymbole wie „D" für „dichterische und gehobene Sprache"), die Zugehörigkeit zu „Wissensgebieten und Sondersprachen" (realisiert durch ikonische Angabesymbole, vgl. Textbeispiel 38 a. 2), den „Wortgehalt" (vgl. Vorwort, III), in wenigen Fällen auch Antonyme zum Lemmazeichen (z. B. s. v. *Bästling*), die Verwendung in sehr kurzen Beispielen (die häufig Phraseme sind) und die Herkunft. Über die in den Bildergruppen aufgeführten Bezeichnungen (die nicht zusätzlich als Lemmata oder Verweislemmata angesetzt sind) werden z. T. Ausschnitte aus der semantischen Vernetzung des Wortschatzes dargestellt, z. B. Hyponymie- und Hyperonymie-Beziehungen, Teil-Ganzes-Beziehungen und häufig auch lexikalische Teilfelder; oder man findet auch Bildgruppen, die sich als Frames auffassen lassen. In vielen Bildergruppen wird dabei die Grenze zur fachsprachlichen Lexik hin überschritten, ohne daß dies gekennzeichnet wird. Die Bilder selbst sollen nach dem Vorwort „worterklärend" sein (vgl. u. a. zur Funktion der Bebilderung Art. 62).

(vi) Die Mikrostrukturen der Artikel sind meistens (i. S. v. Art. 39, 5.) einfache integrierte Mikrostrukturen (vgl. Textbeispiel 206.4). Innerhalb der Sprachstadienlexikographie der frühen Nachkriegszeit sind die Lexikographen aus dem Hause Brockhaus die einzigen, welche die Beschreibungsmethode der Integration durchgehend anwenden und ausreichend beherrschen. Werden Angaben zur Herkunft gemacht, geschieht dies (wie z. B. auch im Knaurs-GW und im BW; vgl. Textbeispiel 206.31) in einem etymologischen Postkommentar, so daß solche Artikel rechtserweiterte Mikrostrukturen (i. S. v. Art. 39, 6.1.2.) aufweisen wie z. B. wa$_1$ im Textbeispiel 206.3. Dies wurde in den späteren Auflagen geändert. Hier steht die Etymologieangabe im linken Zwischenkommentar (vgl. Textbeispiel 39.21).

die **Ab|rüstung,** -/-en. 1) ⚔ Verminderung der Kriegsrüstung. 2) 🏠 Wegnahme des Gerüstes. [Bedeutung 1 seit 1866]

Textbeispiel 206.3: wa$_1$ aus Sprach-Brockhaus 1947

Wie in wa$_1$, so fehlen in der größeren Zahl der Artikel Beispielangaben. Wenn solche (nach der BPA im Hinterintegrat) auftreten, dann als Kompetenzbeispielangaben. Belegangaben mit Belegbeispielangaben (als Teilangaben) finden sich nicht, was darauf schließen läßt, daß die Wörterbuchbasis wahrscheinlich vor allem aus anderen Sprach- und Sachwörterbüchern und der Kompetenz der Bearbeiter bestanden haben muß. Ein Teil der Kompetenzbeispielangaben sind Phrasemangaben, ein anderer Teil Kompositaangaben! Ganze Sätze kommen so gut wie nicht vor; man vgl. wa$_2$ (Textbeispiel 206.4). Die Kompetenzbeispielangaben sind gesperrt gedruckt.

Bei den qualitativ besonders von der Wörterbuchbasis mitbestimmten Angaben, insonderheit bei den Beispiel- und bei den Bedeu-

der **Ab|bruch,** -s/⸚e, 1) jähe Beendigung: A. der Beziehungen (zwischen Ländern). 2) Schaden: das tut der Liebe keinen A., schadet nichts. 3) 🏠 Niederreißen: auf A. verkaufen; abbruchreif. 4) Trümmer: Gletscherabbruch.

Textbeispiel 206.4: wa$_2$ aus Sprach-Brockhaus 1947 (vgl. Textbeispiel 39.13)

206. Die deutsche Lexikographie der Gegenwart

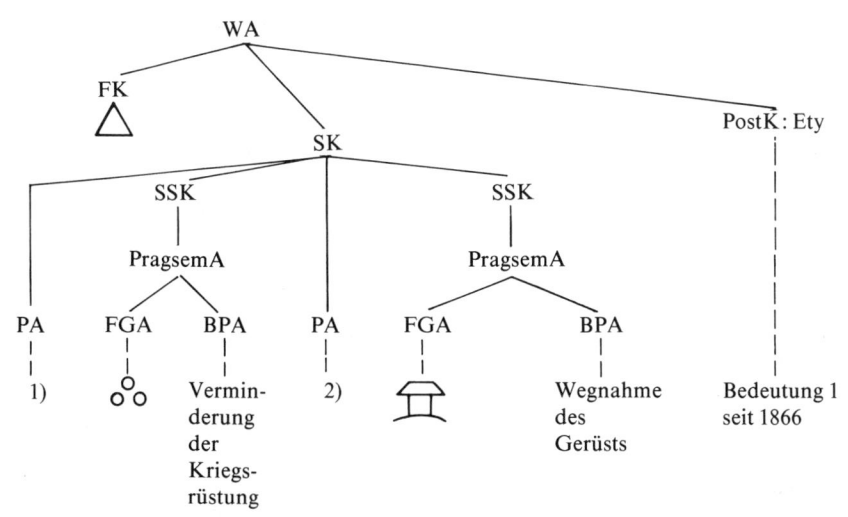

```
                              WA
                ┌──────────────┼────────────────────────┐
               FK              SK                   PostK: Ety
               △      ┌────────┼────────┐               │
                     SSK               SSK              │
                      │                 │               │
                   PragsemA          PragsemA           │
                ┌─────┼─────┐    ┌─────┼─────┐          │
               PA   FGA   BPA   PA   FGA   BPA          │
                │    │     │     │    │     │           │
               1)   o o  Vermin- 2)  ⊓    Wegnahme   Bedeutung 1
                    o    derung            des        seit 1866
                         der              Gerüsts
                         Kriegs-
                         rüstung
```

Abb. 206.1: Partiell ausgeführter Strukturgraph zur rechtserweiterten integrierten Mikrostruktur von wa$_1$; Abkürzungen: WA = Wörterbuchartikel; FK = Formkommentar; PostK:Ety = Postkommentar zur Etymologie (vgl. auch Abb. 206.15); SSK = semantischer Subkommentar; PragsemA = pragmatisch-semantische Angabe; PA = Polysemieangabe; FGA = Fachgebietsangabe; BPA = Bedeutungsparaphrasenangabe (vgl. auch Abb. 39.3).

tungsangaben, zeigen sich die empfindlichsten Schwachstellen dieses Einbänders. Insgesamt ist die Wörterbuchform des Sprach-Brockhaus für die damalige Zeit als fortschrittlich und gut durchdacht zu bewerten. Verschiedene (durchaus interessante) Abweichungen von Wörterbuchgewohnheiten (wie z. B. die Lemmatisierung der Verben, vgl. hierzu Müller 1970, 13) haben keinen Eingang in die späteren allgemeinen einsprachigen Wörterbücher des Deutschen gefunden. Auch die Bebilderung hat sich (sieht man vom Duden-10 ab, in welchem sie allerdings anders und sparsamer eingesetzt wird) in den allgemeinen einsprachigen Wörterbüchern der deutschen Standardsprache nicht durchgesetzt; dies wäre bei zukünftigen Projekten (insbesondere bei solchen, die dem Ausländer nützlich sein sollen) zu überdenken, da der Kommunikation mittels Bildern inzwischen ein höherer Stellenwert in unserer Gesellschaft zukommt, was Küpper berücksichtigt hat (vgl. 3.2.). Anders als die Wörterbuchform ist die lexikographische Bearbeitung des Wörterbuchgegenstandes im Rahmen dieser Form zu beurteilen: sie ist uneinheitlich und läßt viele Wünsche offen; insbesondere wurde die neuere Sprache seit ca. 1920 nicht angemessen berücksichtigt, und zwar sowohl bei der äußeren Selektion als auch bei der inneren (insb. bei der Beispielwahl). Der Sprach-Brockhaus ist damit ein charakteristisches Beispiel für ein einbändiges Wörterbuch, welches mit relativ großem Know-how hinsichtlich der Wörterbuchform, aber ohne ausreichende Kenntnis des Wörterbuchgegenstandsbereiches, der deutschen Standardsprache der damaligen Gegenwart, gearbeitet ist. Diese Kenntnis erlangt man nicht in ausreichendem Maße durch die Auswertung anderer Nachschlagewerke und durch Ergänzungen aus der Kompetenz der Bearbeiter, sondern nur durch Exzerption geschickt ausgewählter primärer Quellen und durch den Aufbau eines Belegarchivs (vgl. auch Müller 1966).

2.1.2.2. Zu den anderen Einbändern bis um 1960

Nachfolgend werden die Wörterbücher nicht durchgehend chronologisch vorgestellt, sondern so, daß ihre Unterschiede und Gemeinsamkeiten hervortreten und weiterhin in der Weise, daß die Fort- (und Rückschritte) bei den allgemeinen einsprachigen Wörterbüchern, die nach 1962 erschienen sind, wenigstens in Umrissen erkennbar werden.

2.1.2.2.1. Ältere und mehrmals überarbeitete Werke: die Wörterbücher von Hoffmann und Matthias als Beispiel

Es gibt neuhochdeutsche Wörterbücher, die fast ein ganzes Jahrhundert lang immer wieder Neuauflagen erlebt haben. Ihre Außentexte zeigen häufig deutlich, ob und wie sich die Lexikographen an die jeweils maßgeblichen sprachwissenschaftlichen Auffassungen, an den jeweils neuesten Stand der Orthographiereform, an die kulturpolitischen Entwicklungen in der Fremdwortfrage sowie an die politischen Verhältnisse angepaßt haben, und in den Veränderungen der Wörterverzeichnisse zeigt sich der lexikalische Wandel im Spiegel des lexikographischen Urteils.

Der Quellenwert solcher Wörterbücher für die Sprachgeschichtsforschung und die Historische Wörterbuchforschung ist erheblich, bisher aber wenig genutzt worden. Es ist im übrigen charakteristisch, daß auch die älteren deutschen akademischen Bibliotheken kaum jemals über alle Aufl. der kleineren allgemeinen einsprachigen Wörterbücher verfügen. Auch hierin spiegelt sich das Desinteresse der deutschen Philologie an der Gebrauchslexikographie und an der alltäglichen Gegenwartssprache.

Das „Wörterbuch der deutschen Sprache..." von P. F. L. Hoffmann, der auch mehrere andere Wörterbücher verfaßt hat (vgl. Kühn 1978, Nr. 40, 165, 904 u. 1570), erschien zum ersten Mal 1860 unter dem Titel „Neuestes Wörterbuch der deutschen Sprache, nach dem Standpunkte ihrer heutigen Ausbildung". Die letzte, 14. Aufl. erlebte es 1945. Es wurde in den späteren Auflagen (mindestens seit der 10. Aufl.) von Martin Block bearbeitet, der es recht gut verstanden hat, die veralteten Lemmazeichen zu tilgen und durch gegenwärtige standardsprachliche zu ersetzen, so daß Hoffmann/Block-[10-15]WdS — was die aufgenommene Lexik angeht — keineswegs sofort erkennen läßt, daß die 1. Aufl. bereits 1860 erschienen ist. Zur 10. Aufl. hat Block im August 1936 eine Einführung geschrieben, die auch heute (nicht nur aus historischem Interesse) noch lesenswert ist. So schreibt er z. B. zu seiner Bearbeitung:

„Mit allem, was von Wörterbuch zu Wörterbuch, von Auflage zu Auflage mit kleinlicher Ängstlichkeit und rückschauender Lehrhaftigkeit immer und immer wieder mitgeschleppt wurde, ist in diesem Wörterbuch aufgeräumt worden. Nicht wie man gesprochen hat oder wie man sprechen sollte, war für die Bearbeitung dieses Buches maßgebend, sondern wie heute gesprochen und wie die deutsche Sprache gebraucht wird, ohne gegen grammatische Eigenheiten zu verstoßen. Es hält nicht krampfhaft fest, was längst gestorben ist, es vermeidet auch, Vorschriften zu machen, die darauf abzielen, irgendein Wort wieder zu beleben." (Block in Hoffmann/Block-[11]WdS, IV).

Letzteres findet sich ja in der Lexikographie Jacob Grimms (vgl. Kirkness/Kühn/Wiegand 1990). Oder es heißt:

„Ein Vergleich mit der alten Auflage dieses Wörterbuchs zeigt, wie sich eine Sprache in Wortschatz und Bedeutung in einer verhältnismäßig kurzen Zeit ändern und in mancher Hinsicht völlig umgestalten kann. Wenn auch stets der Kern einer Sprache sich gleich bleibt und die Zeit allen Umwandlungen zum Trotz diesen fast unverändert läßt, so legt sich doch um diesen festen Bestand oder Sprachkörper ein anderes deutsches Kleid in dem gleichen Maße, wie das deutsche Volk große Ereignisse, den Weltkrieg u. ä. erlebt, wie es in der Technik fortschreitet und wie es nach neuen Idealen sucht" (Block in Hoffmann/Block-[11]WdS, IV f.).

Hier findet sich bereits die These vom fast unveränderlichen Kern einer Sprache; letzterer gilt heute als eine wichtige definitorische Eigenschaft der Alltagssprache (vgl. Steger 1990). —

Die Anordnung der Hauptzugriffsstruktur ist nestalphabetisch. Die Anzahl der Lemmata beträgt ca. 40 000. Zur Berechnung lag die 11. Aufl. vor. Die Lemmataanzahl hat sich jedoch bis zur 14. Aufl. kaum verändert. Die Artikeltexte sind hochverdichtet und weitgehend standardisiert; sie weisen überwiegend einfache integrierte Mikrostrukturen auf. Die semantischen Kommentare sind relativ reich; auch Kompetenzbeispielangaben finden sich zahlreich. Illustrationen in einem Sprachwörterbuch (und dies ist in Richtung Sprach-Brockhaus gesagt) lehnt Block ausdrücklich ab:

„[...] es [das Wörterbuch] verzichtet auf die Erklärung durch das Bild und arbeitet mit den Mitteln des Gegensatzes, der Sinnverwandtschaft und der Anwendung, es bleibt als sprachliches Buch stets bei sprachlichen Mitteln, um sich verständlich zu machen" (Block in Hoffmann/Block-[11]WdS, IX).

Während man dem Wörterbuch an den Ergebnissen der äußeren Selektion sein Alter kaum ansieht, erkennt man dieses an manchen Stilzügen, z. B. daran, wie die grammatischen Angaben gemacht werden. Dabei wird reichlich von Angabesymbolen Gebrauch gemacht, für die — positionsbedingt — unterschiedliche Skopusregelungen gelten. In den Hinweisen für die Benutzung heißt es z. B.:

„9. * bedeutet, daß ein Zeitwort stark (wie finde, fand, gefunden), ** daß es (wie denken, dachte, gedacht, also Ablaut und Kennzeichen der schwachen Biegung) stark und schwach zugleich gebeugt (konjugiert) wird. Befinden sich * oder ** unmittelbar hinter dem Stichwort, so beziehen sie sich auch auf die nachfolgenden *tr* od. *itr*, *r* u. übertragenen Anwendungen und Bedeutungen; befinden sie sich jedoch hinter *tr*, *itr* od. *r*, so will dies sagen, daß die so bezeichneten Zeitwörter nur in dieser Verwendung stark oder gemischt abgewandelt werden. Ist der Stern in Klammer (*) gesetzt, so heißt dies, daß das Zeitwort neuerdings neben der seltener werdenden starken Biegung auch schwach gebeugt (konjugiert) werden kann; [...]" (Hoffmann/Block-[11]WdS, XI).

Die Formkommentare zu Verblemmata sehen entsprechend z. B. wie folgt aus (s = sein):

ab·senden ** *tr*   **ab·steigen** * *itr* s
ab·singen * *tr*   **ab·weben** (*) *tr*
                      bewerben * *r*

Eine entsprechende Vertextung, die dem Benutzer ein relativ hohes Maß an wörterbuchspezifischem Benutzungs-know-how abverlangt, findet sich m. W. in keinem anderen allgemeinen einsprachigen Wörterbuch nach 1945. Sieht man von Fröhlich 1989 ab, in dem auch mit den Angaben *A* (für Akkusativ) und *D* (für Dativ) gearbeitet wird, dann gilt dies auch für die folgenden Regelungen, in denen man Vorläufer von Satzmuster- bzw. Valenzangaben erkennt.

„Der Fall, den das einzelne Zeitwort regiert, ist bei *tr* nicht angegeben, wenn es nur den Wenfall (Akkusativ) nach sich hat; wenn es den Wemfall (Dativ) und Wenfall (Akkusativ) meistens bei sich hat, dann ist *DA* gesetzt, (*DA*) jedoch dann, wenn das betreffende Zeitwort sowohl nur den Akkusativ als auch den Akkusativ mit Dativ bei sich führen kann; ebenso wurde unterschieden, wenn ein Zeitwort, gleichviel ob *tr* oder *itr*, den Wesfall (Genitiv) *G* oder den Wen- und Wesfall (Akkusativ und Genitiv) *AG* regiert; die gleiche Unterscheidung findet man bei den rückbezüglichen (*r*) Zeitwörtern. Zu beachten ist, daß stets derjenige Fall zuerst angeführt wurde, der auch im Satz stets vor dem anderen zu stehen kommt, z. B. sich erinnern *AG* mich eines Ereignisses, abbetteln *DA* ihm die Erlaubnis." (Hoffmann/Block-[11]WdS, XII).

ab·erkennen ** *tr* u. *r DA*   **erkämpfen** *tr* u. *r DA*
ab·faulen *itr* s. (D)   **entrinnen** * *itr* s. *D*
ab·fressen * *tr* (DA)   **entledigen** *tr* mst. *r AG*

Neben den gezeigten gibt es noch weitere Stilzüge, die dem heutigen Wörterbuchstil nicht mehr entsprechen.

Während der Einbänder von Hoffmann auch und besonders in seinen späteren Auflagen relativ angemessen gepflegt wurde, und so bis zum Ende des Zweiten Weltkrieges ein brauchbares Nachschlagewerk für bescheidene Ansprüche blieb, ist dies im Falle des Einbänders von Matthias weniger der Fall.

Aus dem „Wörterbuch der deutschen Rechtschreibung" wurde durch die Bearbeitung von Joseph Lammertz, der durch Arbeiten zur Rechtschreibung und Interpunktion bekannt geworden ist, und durch die von Karl Quenzel „Das neue deutsche Wörterbuch" von 1930. Quenzel, der die These vom Sprachzerfall vertritt (vgl. ders. in der Einführung „Der Zweck des Buches", 4. Aufl. VII—X), stellt den Einbänder in den Dienst einer vornehmlich auf die Formseite der Sprache gerichteten Sprachpflege und verfolgt vor allem normative Zwecke: „Falsche Formen und Wendungen werden in diesem Buche immer als solche gekennzeichnet" (Matthias/Lammertz/Quenzel-[4]NDW). So findet man z. B. im Artikel zu *jung* folgende Angaben: „Jungmenschen (besser als: Jugendliche)" oder ganze Artikel lauten wie folgt:

In-den-Tag-hinein-Leben, das (nicht zu empfehlende Wortbildung)
Ichsucht, die: unschöne Neubildung statt: Selbstsucht.

In der 7. Aufl. von 1935, die ca. 19 000 Lemmata aufweist, wird das Wörterbuch nazifiziert. Als Bearbeiter tritt Karl Volz hinzu. Im Wörterbuchvorspann schreibt er eine Abhandlung unter dem Titel „Der Sprachschatz der Bewegung und des Dritten Reiches" (vgl. Matthias/Quenzel/Volz-[7]NDW, VII—X). Dort heißt es z. B.:

„Werfen wir nun noch einen Blick auf die Neubildung von Worten, die nach der Machtübernahme durch den Nationalsozialismus infolge der Regierungsarbeit des Kabinetts Hitler im Dritten Reich entstanden sind. Meist setzen sich diese Wortbildungen ebenso wie die der Partei aus zwei oder drei Begriffen zusammen. Sie erstrecken sich auf alle Zweige sowohl der Staatsverwaltung wie auch des gesamten öffentlichen Lebens. Aus dem politischen Gebiet entstammen Worte wie „Reichsstatthalter", „Reichspropagandaminister(ium)", „Gleichschaltung" und „Ausbürgerung". Weiter wurden ganz neue Organisationen mit einem gewaltigen dazugehörigen Apparat geschaffen („Deutsche Arbeitsfront", „Reichsnährstand", „Reichskulturkammer"). Das Rechtsleben erfuhr eine Umgestaltung im nationalsozialistischen Sinne („Sicherheitsverwahrung", „Erbgesundheitsgericht", „Erbhofgericht" usw.); wieder andere Begriffe entsprangen der Fürsorge für den Bauernstand und die Landwirtschaft („Erbhof", „Erzeugungsschlacht", „Marktordnung") oder der Neugestaltung und Belebung des Wirtschaftslebens („Reichsautobahn", „Ehestandsdarlehen"). Einer völligen Neuordnung wurde das Verhältnis von Arbeitgeber und -nehmer unterzogen („Betriebsführer", „Gefolgschaft", „Vertrauensmann, -rat", „soziale Gerichtsbarkeit" usw.). Auch diese Liste von einigen wenigen willkürlich herausgegriffenen Beispielen ließe sich noch um das Vielfache erweitern." (Matthias/Quenzel/Volz-[7]NDW, X)

Elisabeth und Herbert A. Frenzel entnazifizieren die 8. Aufl. von 1941 und schildern dies den Benutzern im Vorwort von 1954 so:

„In dem uns übergebenen Band der vergriffenen Auflage hatten wir zunächst unter dem Zwang der veränderten sprachlichen Zustände und einer neuen Bildungslage viel zu streichen und noch viel mehr hinzuzufügen. Ein großer Teil des humanistischen Sprachgutes, dem wir persönlich uns sehr verpflichtet fühlen, und des offenbar schon aus früheren Ausgaben übernommenen französischen Sprachgutes war von neuen Wellen hinweggespült, und der Benutzer der neuen Auflage hat ein Recht darauf, daß ihm aus den Seiten seines Wörterbuches ein gegenwärtig gültiges Bild entgegentritt." (Frenzel/Frenzel im Vorwort von Matthias/Frenzel-[9]NDW, 3)

Trotz der zahlreichen Bearbeitungen sieht man auch der letzten Auflage die Herkunft aus einem Rechtschreibwörterbuch immer noch an. Matthias/Frenzel-[9]NDW enthält ca. 21 000 Lemmata. Die äußere Selektion ist ohne erkennbares Konzept vorgenommen. Die semantischen Kommentare sind uneinheitlich und meistens unzureichend. Häufig sind die Artikel rudimentär und bestehen nur aus einer LZGA (z. B. s. v. *bekleben, beizeiten, belassen, entseelt*). Die Standardisierung ist nicht durchgehend. Die Artikel weisen auflistende Mikrostrukturen auf (vgl. unten). Der Vorspann enthält die Regeln für die deutsche Rechtschreibung. Von allen Einbändern, die zwischen 1945 und 1961 erschienen sind, ist Matthias/Frenzel-[9]NDW wahrscheinlich dasjenige Wörterbuch, das am wenigsten brauchbar ist. Es ist ein durch viele Bearbeiterhände verpfuschtes Rechtschreibwörterbuch, das auch als „verstecktes" Wörterbuch in den Band „Rede, schreibe, rechne richtig!" (Peters 1956) eingebunden ist und damit ein älteres Rechtschreibwörterbuch ablöst, das Teil der älteren Auflage war (Rohr o. J.).

2.1.2.2.2. Zwei mittlere Einbänder: Brenner-DW und Langenscheidts-DW

Das erste allgemeine einsprachige Wörterbuch, das nach 1945 erscheint und wahrscheinlich keine Neuauflage eines älteren Werkes darstellt, ist Brenner-[1]DW (1949). Die nachfolgende Charakterisierung erfolgt anhand der 2. Aufl. von 1951. Die textuelle Rahmenstruktur sowie das äußere Zugriffsprofil sind in Art. 38 behandelt (vgl. Abb. 38.7 u. Textbeispiel 38.11—38.13). Zählt man nur die halbfett gesetzten Lemmata, dann beträgt die Lemmataanzahl ca. 19 000; zählt man die in den Nestern (zur Terminologie vgl. Art. 37,3. u. Wiegand 1983) hinter einem Doppelstrich „||" aufgezählten Wortbildungen (vgl. Textbeispiel 38.11 und 206.5) als Sublemmata, dann ist die Lemmataanzahl ca. 56 000 (vgl. auch Abb. 206.9). Im Hauptwörterverzeichnis werden auch solche geographischen Namen als Lemmata angesetzt, bei deren Schreibung und Aussprache Schwierigkeiten vermutet werden. In vergleichbaren älteren Wörterbüchern — wie z. B. Vogel-[8]NSB — ist für diese Eigennamen eine eigene Zugriffsstruktur vorgesehen.

Das Mikrostrukturenprogramm ist relativ schmal. Die Angaben beziehen sich auf die Aussprache von Fremdwörtern und seltenen Wörtern, auf die Betonung und auf die üblichen grammatischen Eigenschaften. Die Bedeutungsangaben sind nicht hinreichend voneinander getrennt, da die Artikel vor allem a u f l i s t e n d e Mikrostrukturen aufweisen (vgl. unten). Textsegmente, die als Kompetenzbeispielangaben gewertet werden können, treten nicht auf, was dieses Wörterbuch z. B. von den späteren Bearbeitungen des Wörterbuches von P. F. L. Hoffmann durch Martin Block (vgl. z. B. Hoffmann/Block-[11-13]WdS), den späteren Bearbeitungen des Wörterbuchs von Theodor Matthias (vgl. z. B. Matthias/Quenzel/Volz-[7]NDW u. Matthias/Frenzel-[9]NDW; vgl. 2.1.2.2.1.), vom Sprach-Brockhaus, von Langenscheidts-DW und von Herders Sprachbuch 1960 deutlich unterscheidet. Die Wörterbuchbasis besteht (neben der Kompetenz des Bearbeiters) aus anderen Wörterbüchern, insbesondere dem Duden-[12]RS (vgl. Textbeispiel 206.5 u. 6).

Neben deskriptiven zeigen sich normative Züge:

„Mundartliche Ausdrücke, die man zwar verstehen soll, aber im guten Sprachgebrauch nicht verwenden darf, sind durch ein Sternchen gekennzeichnet: *Ballawatsch, *begrunzen usw." (Brenner-[2]DW, 5)

> **jung**, jünger, jüngste
> K l e i n s c h r e i b u n g : von jung auf; alt und jung (alle); jung gewohnt; jungenhaft
> G r o ß s c h r e i b u n g : die Jungen und Alten; Junge wie Alte; Jung Siegfried; das Junge Deutschland der Junggeselle || das Jungmädchen || die Jungmannschaft || der Junge, —n, —n (Knabe) || der Dummejungenstreich || der Jünger (Schüler, Gefolgsmann, Anhänger); Jünger der Kunst || die Jüngerschaft || die Jungfer (Jungfrau, unverheiratete weibl. Person: alte Jungfer; Zofe) || die Jungfernfahrt (erste Fahrt eines Schiffes) || die Jungfernrede (erste Rede) || der Jungfernkranz (Brautkranz) || die Jungfernschaft Jungfräulichkeit) || die Jungfrau (unberührtes Mädchen; Sternbild; Berg) || die allerheiligste Jungfrau (Maria) || jungfräulich (rein, unberührt) || der Junggeselle (jüngster Handwerksgeselle; unverheirateter Mann) || der Junglehrer || der Jüngling (junger Mann, unberührter Mann) || das Jünglingsalter

Textbeispiel 206.5: wa₃ aus Brenner-[2]DW

jung; jünger, jüngs
ste. I. *Kleinschrei-
bung:* von jung auf
(R. I, 27); jung und
alt R. I, 28 (jeder-
mann). II. *Groß-
schreibung:* a) R.
I, 7: Junge und
Alte; b) R. I, 18:
der Jüngere (Abk.
[bei Eigennamen]:
d. J.); Jung Sieg-
fried; c) R. I, 19:
das Junge Deutsch-
land (Dichtergruppe
des 19. Jh.) ‖ Jung-
⁃bann ‖ Jungbann-
führer ‖ Jung-
deutsche m. u. w.;
⁃n, ⁃n (R. II, 5)
‖ Junge m.; ⁃n, ⁃n
(umg. auch: Jungs
u. ⁃ns) ‖ Junge
s.; ⁃n, ⁃n (R. II,
5) ‖ Jüngelchen,
Jünglein ‖ jungen
(Junge werfen; dicht.
für: jung werden)
‖ jungenhaft ‖ Jun-
genhaftigkeit w.; —
‖ Jungenschaft
(kurz: Schaft),
⁃streich ‖ Jünger
m.; ⁃s, — ‖ Jünger-
schaft ‖ Jungfer w.;
—, ⁃n ‖ jüngferlich
‖ Jungfern⁃kranz,
⁃rede, ⁃schaft (w.;
—) ‖ Jung⁃flieger,
⁃frau ‖ jungfräulich
‖ Jungfräulich-
keit w.; — ‖ Jung-
frauschaft (selten
für: Jungfernschaft)
‖ Jung⁃gesell[e]¹
‖ Junggesellin w.;
—, ⁃nen

Textbeispiel 206.6: wa$_4$ aus Duden-^{12}RS

Für den Benutzer mit Rechtschreibunsicherheiten wurden Textsegmente, wie sie sich ähnlich im Duden-^{12}RS (und auch in früheren Auflagen) finden, vorgesehen. Man vgl. wa$_3$ mit wa$_4$.

Brenner-DW ist ein an der Sprachform orientiertes Wörterbuch für den Gebrauch „in Schule und Büro" (vgl. Vorwort der 3. Aufl. 1963). Zur Semantik der Lemmazeichen und ihrem Gebrauch erfährt der Benutzer wenig. Brenner-^{3}DW ist um 1100 Wörter erweitert, und der Abriß der Sprachlehre wird durch die Regeln für Rechtschreibung und Zeichensetzung ersetzt.

Wie das Brennersche Wörterbuch, so ist auch Langenscheidts-DW ein **mittlerer Einbänder** mit ca. 38.000 Lemmata; (ein kleiner Einbänder ist z. B. kl. Duden-DW, der ca. 30.000* hat). Es handelt sich um eine Neubearbeitung von August Vogels „Ausführlichen grammatisch-orthographischen Nachschlagebuch der deutschen Spra-

che..." (Vogel-NSB). Die Neubearbeitung bezieht sich vor allem auf die Einarbeitung eines semantischen Kommentars (i. S. v. Art. 38 a u. 39).

„Besonderer Wert wurde auf zahlreiche Anwendungsbeispiele gelegt, vor allem bei Wörtern mit verschiedener Bedeutung." (Langenscheidts-^{1}DW, Vorwort).

Dabei entstehen Artikel, welche weder integrierte noch nichtintegrierte Mikrostrukturen (i. S. v. Art. 39, 5.2. und 5.3.) aufweisen, sondern (nach Wiegand 1989) **auflistende Mikrostrukturen**; vgl. wa$_5$ und wa$_6$.

a'b|füt|tern *v/t.:* Der Mantel ist mit Pelz abgefüttert. Die hungrige Schar wurde abgefüttert.

ab·sor|bie'ren *lat. v/t.* [25] (*aufsaugen, restlos in Anspruch nehmen*); ❤ptio'n *f* [16]; ⁃pti'v *adj.*

Textbeispiel 206.7 u. 8: wa$_5$ und wa$_6$ aus Langenscheidts-^{3}DW

Eine einfache hierarchische Mikrostruktur heißt **auflistend** genau dann, wenn einer der folgenden Fälle vorliegt:

(i) Im semantischen Kommentar (SK) stehen nur eine oder mehrere Beispielangaben (wie in wa$_5$ und im Vogel-NSB).

(ii) Im SK stehen nur mehrere Bedeutungsangaben (wie in wa$_6$: eine SynA und eine BPA), und das Wörterbuch ist nicht überwiegend nach der Methode der Integration gearbeitet.

(iii) Im SK steht nur eine Bedeutungsangabe, und das Wörterbuch ist nicht überwiegend nach der Methode der Integration gearbeitet (vgl. z. B. Langenscheidts-^{3}DW s. v. *Biwak,* s. v. *Bizeps,* s. v. *blekken*).

(iv) Der SK hat wenigstens zwei semantische Subkommentare (SSK), der erste SSK besteht nur aus einer oder mehreren Bedeutungsangaben, und der Artikel weist keine nichtintegrierten Mikrostrukturen auf (wie in wa$_{11}$; vgl. auch Abb. 206.3).

Ist ein Wörterbuch überwiegend nach der Methode der Integration gearbeitet, dann können die Fälle (ii) und (iii) als rudimentäre Ausprägungen von integrierten Mikrostrukturen gedeutet werden (vgl. Wiegand 1989 u. Abb. 206.6). Es gibt jedoch auch Wörterbücher, welche aufgrund des Sortiments ihrer Angabeklassen und — wenn das Mikrostrukturenprogramm keine nichtintegrierten Mikrostrukturen vorsieht — aufgrund der Gegebenheiten des Wörterbuchgegenstandsbereiches (bzw. der Wörterbuchbasis) gezwungen sind, sowohl die Beschreibungsmethode der Auflistung als auch die der Integration zu verwenden. Dies gilt z. B. für Mackensen-TW, Mackensen-NDW und Mackensen-DW (vgl. unten). —

Da die Fälle (ii) und (iii) auch als rudimentäre Ausprägungen von integrierten Mikrostrukturen

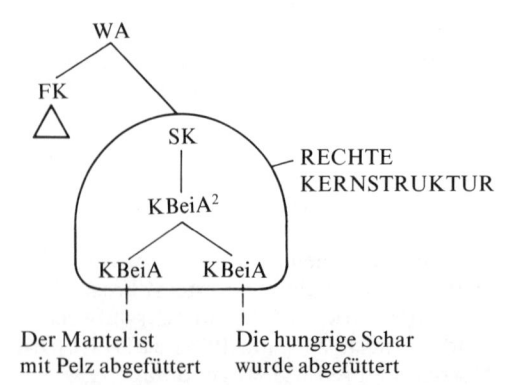

Abb. 206.2: Partiell ausgeführter Strukturgraph zur einfachen auflistenden Mikrostruktur, die wa₅ aufweist; KBeiA = Kompetenzbeispielangabe; KBeiA² = Kompetenzbeispielangabe, die aus zwei KBeiA besteht. Zur Terminologie von Teilstrukturen von Mikrostrukturen vgl. Art. 39

gedeutet werden können, müssen die Fälle (i) und (iv) als die charakteristischen für auflistende Mikrostrukturen angesehen werden.

Abb. 206.2 zeigt den hier interessierenden Ausschnitt aus der Mikrostruktur von wa₅.

Liegen in einem Wörterbuch nur Artikel mit auflistenden Mikrostrukturen vor, ist dies meistens ein Zeichen für mangelhaftes lexikographisches Know-how bei der Gestaltung des SK. Es handelt sich sozusagen um „Anfängerstrukturen" (weswegen sie auch im Art. 39 nicht berücksichtigt werden). Damit ist auf dem Wege der Analyse von Aspekten der Wörterbuchform das bestätigt, was Müller (1970, 12) aufgrund einer inhaltlichen Prüfung wie folgt formuliert: „[...] Fehler werden nie ganz auszuschließen sein, doch darf die Anzahl der Fehler und Ungenauigkeiten ein bestimmtes Maß nicht übersteigen. Hier scheint die Toleranzgrenze jedoch überschritten zu sein". Diese Feststellungen beziehen sich auf Busse/Pekrun 1967. Da dieses Wörterbuch jedoch mit den frühen Auflagen von Langenscheidts-DW sehr weitgehend — im Wörterverzeichnis fast vollständig — identisch ist, gilt Müllers Feststellung auch für letztere.

Textbeispiel 206.9 u. 10: wa₇ und wa₈ aus Langenscheidts-³DW

Neben Artikeln mit auflistenden finden sich in Langenscheidts-DW auch solche mit partiell auflistenden Mikrostrukturen. Beispiele sind wa₇ und wa₈.

Eine einfache hierarchische Mikrostruktur heißt partiell auflistend genau dann, wenn im SK nur eine oder mehrere Beispielangaben stehen sowie wenigstens eine Angabe aus einer anderen Angabeklasse, die an eine SK-interne Beispielangabe adressiert ist. In wa₉ finden sich drei an die jeweilige vorausgehende Kompetenzbeispielangabe adressierte Bedeutungsparaphrasenangaben, in wa₁₀ zwei Markierungsangaben, und zwar Fachgebietsangaben, realisiert durch ein ikonisches Angabesymbol; die gekreuzten Säbel bedeuten soviel wie *militärisch*. Weiterhin treten im SK von wa₈ zwei Genusangaben auf („n"). Ähnlich wie im Sprach-Brockhaus gelten auch in Langenscheidts-DW Kompositaangaben — wie z. B. in wa₈ „Getreide ⚬" und „Sport ⚬" —, aus denen der Benutzer-in-actu die Komposita *Getreidefeld* und *Sportfeld* erschließen kann, in denen das Lemmazeichen als 2. Konstituente auftritt, als sog. „Anwendungsbeispiele"; „~ '**arbeit**" dagegen gilt als Lemma. Ähnlich wie im Sprach-Brockhaus werden Beispiele mit Phrasemen von solchen ohne Phraseme nicht unterschieden. Das Auftreten der nichtlemmatisch adressierten Bedeutungsangaben ist jedoch kein sicheres Zeichen für den ersteren Fall, so daß das Formulieren von Bedeutungsangaben offensichtlich nicht standardisiert ist.

Vom Brenner-DW und vom Sprach-Brockhaus unterscheidet sich Langenscheidts-DW durch einen höheren Grad der Textverdichtung. Neben unnatürlichen Abkürzungen (wie z. B. *d-e, d-m, d-n, d-r, d-s* für *deine, deinem* usw. und entsprechend bei *keine, meine, seine* u. a.) und neben dem Ansetzen von Teillemmata (i. S. v. Wiegand 1983), werden anstelle von morphologischen Angaben (ähnlich wie später im Wahrig-DW) Ziffern als spezielle Verweisangaben verwendet (vgl. wa₈). Sie verweisen den kundigen Benutzer (i. S. v. Wiegand 1985 c, 44) auf die Wörterbuchgrammatik im Nachspann, und zwar auf die Tabellen zur Deklination, Konjugation und Steigerung.

Das Ergebnis der äußeren Selektion ist — wenn man die Wortbildungen im Brenner-²DW, welche hinter dem Doppelstrich „||" aufgeführt sind, als Sublemmata zählt — im Brenner-²DW und in Langenscheidts-¹⁻³DW etwa zu 70 % gleich. Das äußere Zugriffsprofil von Langenscheidts-[1-3]DW kann wie folgt angegeben werden: monoakzessiver mittlerer Einbänder mit fünf aufeinanderfolgenden, registerexternen Zugriffsstrukturen, wobei die Hauptzugriffsstruktur nischenalphabetisch und die vier nachgestellten Zugriffsstrukturen glattalphabetisch sind. Die Elemente der Trägermengen der vier nachgestellten Zugriffsstrukturen gehören zu folgenden Klassen: geographische Namen, Personennamen, Abkürzungen, fremdsprachige Zitate. In den späteren Auflagen hat sich das Zugriffsprofil geändert, weil die Personennamen — entgegen den Aussagen in den Vorworten — herausgenommen wurden (vgl. Langenscheidts-[7]DW u. Busse/Pekrun 1967).

Daß bei dem Versuch, das überwiegend formorientierte Werk von Vogel zu einem Wörterbuch auszubauen, welches die lexikographische Beschreibung der Bedeutungen stärker berücksichtigt, die Beschreibungsmethode der Auflistung angewandt wurde und nicht die z. B. schon von Adelung angewandte Beschreibungsmethode der Integration, die auch in der Langenscheidtschen Verlagsbuchhandlung bekannt war, (vgl. z. B. Kohler 1912) muß u. a. darauf zurückgeführt werden, daß der ehemalige Studienrat am Berliner Lessing-Gymnasium und spätere Dozent für deutsche Sprache an der Staatlichen Akademie für angewandte Technik in Nürnberg, Richard Pekrun, der die Wörterbuchstrecke *A—R* bearbeitet hat, sich an seinem Wörterbuch orientierte, dessen Artikel auflistende und z. T. partiell auflistende Mikrostrukturen aufweisen. Hier hat man also eine personale Verflechtung lexikographischer Prozesse, was im übrigen in der Geschichte der deutschen Lexikographie häufig vorkommt.

2.1.2.2.3. Das Wörterbuch von Pekrun und die Wörterbücher von Mackensen

Die 1. Aufl. des Pekrunschen Wörterbuches „Das Deutsche Wort" ist 1933 erschienen und hat insgesamt bisher (wahrscheinlich) zwölf Auflagen erlebt. Die Auflagenhöhe der 1. Aufl. war mindestens 210.000. Seit 1985 erscheint es unter anderem Titel als „Deutsches Wörterbuch". Der Text des Vorwortes vom 1. Januar 1933 endet mit der Feststellung:

„Von den Wörterbüchern, die neben anderen bei der Bearbeitung des Stoffes mit herangezogen wurden, seien als wesentlichste folgende genannt:"

Dann folgen die Titel von 25 Wörterbüchern. Ein solches Quellenverzeichnis muß als vorbildlich gelten. In den meisten späteren allgemeinen einsprachigen Wörterbüchern fehlt eine solche Dokumentation zu den sekundären Quellen der Wörterbuchbasis. Im Mackensen-NDW findet sich wenigstens noch folgender Hinweis:

„Die Sammlung der Wörter wurde an Hand bewährter älterer Wörterbücher (bes. Duden, Hoffmann-Bloch, [recte: Block], Pekrun, Sprachbrockhaus, Volksherder, Volksbrockhaus, ABC der Naturwissenschaften vorgenommen;" (Vorwort, 6)

Dieser Satz ist in den späteren Aufl. (Mackensen-DW) gestrichen.

Verzeichnisse der sekundären Quellen erhöhen den Quellenwert eines Wörterbuches für die historische Lexikologie und Wörterbuchforschung. Gegenüber der mühsamen Arbeit anderer Lexikographen sind sie ein Gebot der Fairneß. Unter wissenschaftlichen Gesichtspunkten ist ihr Fehlen ein Makel. Dies gilt auch dann, wenn Lexikographen neuerdings feststellen, die Angabe sekundärer Quellen sei nicht üblich.

Zählt man nur die Hauptlemmata, dann hat Pekrun-[1]DW ca. 77.000 und Pekrun-[2]DW ca. 66.000 Lemmata.

Zählt man die halbfett gesetzten „vom Stichwort abgeleiteten Wörter" (Pekrun-DW, XIII) als Sublemmata mit, dann hat Pekrun-[1]DW (1933) ca. 115.000 und Pekrun-[2]DW (1953) ca. 103.000 Lemmata.

Baſtei (it.), die; -, -en: Bollwerk : Felſengruppe in der Sächſ. Schweiz * **Baſtille** (fr.) [baſtije], die; -, -en: feſtes Schloß : Pariſer Staatsgefängnis * **Baſtion** (it.), die; -, -en: Bollwerk * **baſtioniſieren** (..iert) tr.: mit Bollwerk(en) verſehen [it. bastia von ml. bastire bauen]
baſteln, bäſteln (baſſeln, boſſeln) tr., intr.: kleine Hand- und Flickarbeit machen : etwas zuſammenſtellen; Öſtr. nur baſteln

Bastei (it.), die; -, -en: Bollwerk : Felsen * **Bastille** (fr.) [bastije], die; -, -en: festes Schloß : Pariser Staatsgefängnis * **Bastion** (it.), die; -, -en: Bollwerk : Schutzwehr * **bastionisieren** (..iert) tr.: mit Bollwerk(en) versehen [it. bastia von ml. bastire bauen]
basteln, bästeln (basseln, bosseln) tr., intr.: kleine Hand- und Flickarbeit machen : etwas zusammenstellen; Östr. nur basteln

Textbeispiel 206.11 u. 12: $\overline{wa}_9$ aus Pekrun-[1]DW und $\overline{wa}_{10}$ aus Pekrun-[12]DW; $\overline{wa}$ = Folge von Wörterbuchartikeln

Der „Artikelaufbau" wird in allen Auflagen in den „Anweisungen zum Gebrauch des Wörterbuches" wie folgt beschrieben:

„Zur Anordnung der Wörter: Die Wörter sind nach der Buchstabenfolge eingereiht.

Hinter dem Stichwort folgen: In runden Klammern die Angabe der Herkunft, in eckigen Klammern die Aussprache; der Artikel; die Biegung und gegebenenfalls die Verkleinerungsform; die Bedeutungen; Redensarten; Wendungen, die der Rechtschreibung wegen aufgeführt werden müssen; Zusammensetzungen; sodann die vom Stichwort abgeleiteten Wörter." (Pekrun-DW, XIII)

Daß die Wörter nach der Buchstabenfolge eingereiht sind, stimmt (in allen Auflagen) nicht, denn die Anordnungsform ist nestalphabetisch (i. S. v. Art. 38, 3.4.). Man vgl. Textbeispiel 206.11. u. 12.

Sowohl in $\overline{wa}_9$ als auch in $\overline{wa}_{10}$ ist die Teillemmareihe **Bastei, Bastille, Bastion, bastionisieren, basteln** nicht striktalphabetisch geordnet; vielmehr sind die drei Lemmata, die nicht in der vertikalen Lemmareihe stehen, Nestlemmata, und zwar Vollemmata, mit denen die striktalphabetische Ordnung durchbrochen wird.

Verglichen mit den bisher betrachteten Einbändern, ist nicht nur die größere Zahl der Lemmata ein Vorteil, sondern Pekrun-$^{1-3}$DW bieten auch eine relativ hohe Anzahl von Komposita (vgl. wa$_{11}$), in denen das Lemmazeichen 1. Konstituente ist (Rechtserweiterungen relativ zum Lemmazeichen). Die Auswahl der Komposita ist akzeptabel, weil ein großer Teil innere Idiomatisierung aufweist und daher wörterbuchwürdig ist. In diesem Angebot ist das Pekrunsche Wörterbuch Mackensen-TW sehr ähnlich (vgl. $\overline{wa}_{13}$ in Textbeispiel 206.16).

Baß (it.-dtsch.), der; ..sses, Bässe; Bäßchen: tiefe Männerstimme : Grundstimme eines mehrstimmigen Satzes : Baßsänger : Baßgeige * Baßbläser: Bläser eines tiefen Blaswerkzeugs; Baßbuffo; Baßgeige, -flöte, -horn; Baßinstrument; Baßklarinette; Baßlade: zu den Baßpfeifen gehörige Windlade in der Orgel; Baßnote; Baßpfeife, -pommer: eine Orgelstimme; Baßschlüssel: Notenschlüssel für die tiefe Tonlage; Baßstimme

Textbeispiel 206.13: wa$_{11}$ aus Pekrun-^{1}DW; wa$_{11}$ ist in Pekrun-$^{1\,u.\,2}$DW unverändert.

Nach Pekrun (vgl. das Zitat oben) folgen die Zusammensetzungen dem Stichwort und sind damit selbst keine Stichwörter; diese Auffassung wird auch dadurch unterstützt, daß die Angabeform der Lemmazeichengestaltangabe typographisch anders gestaltet ist als die der Kompositaangaben. Nach Pekrun folgen jedoch auch die Ableitungsangaben dem Stichwort; ihre Angabeform ist jedoch typographisch wie die der Lemmazeichengestaltangabe gestaltet, so daß die Auffassung nahegelegt wird, **Bastille** usw. (vgl. $\overline{wa}_9$) als Sub- und zwar als Nestlemmata aufzufassen. Faßt man die Kompositaangaben nicht als Sublemmata auf (so daß sie nicht als Elemente der Trägermenge der Makrostruktur zählen), dann kann der hier interessierende Ausschnitt der hierarchischen auflistenden Mikrostruktur von wa$_{11}$ (Fall iv) wie in den Abb. 206.3 a und 206.3 b dargestellt werden.

Die Abb. 206.3 b verdeutlicht, daß die Artikel von Pekrun-$^{1-12}$DW Teilstrukturen auf-

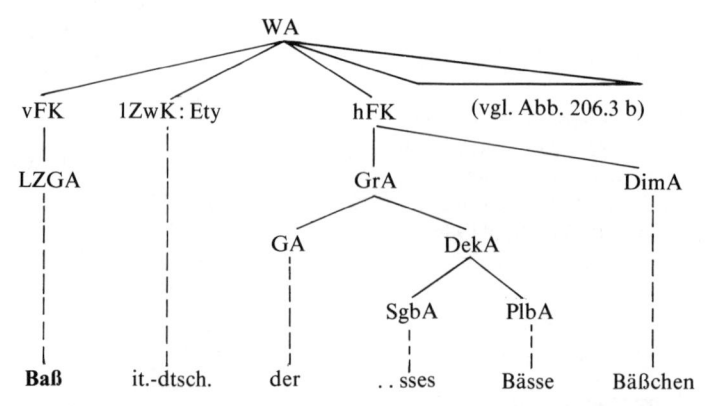

```
                        WA
         ┌───────┬──────┼──────┐
       vFK   1ZwK:Ety  hFK    (vgl. Abb. 206.3 b)
        │       │    ┌──┴──┐
      LZGA     │   GrA   DimA
                │   ┌──┴──┐
                │  GA    DekA
                │   │   ┌──┴──┐
                │   │  SgbA  PlbA
                │   │   │     │
       Baß   it.-dtsch. der ..sses Bässe Bäßchen
```

Abb. 206.3 a: Erster Teilstrukturbaum zur auflistenden Mikrostruktur mit linkserweiterter Basisstruktur von wa$_{11}$; vFK = vorderer Formkommentar; 1ZwK: Ety = linker Zwischenkommentar zur Etymologie; hFK = hinterer Formkommentar; GrA = Grammatikangabe; DimA = Diminutivangabe; GA = Genusangabe; DekA = Deklinationsangabe; SgbA = Singularbildungsangabe; PlbA = Pluralbildungsangabe

206. Die deutsche Lexikographie der Gegenwart

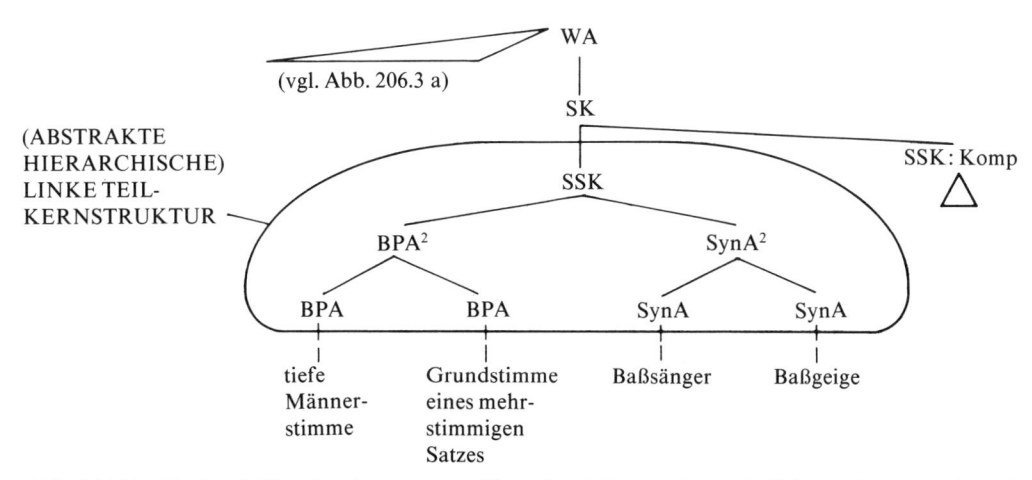

```
                                              WA
              (vgl. Abb. 206.3 a)              │
                                              SK
(ABSTRAKTE                                     │                    SSK: Komp
HIERARCHISCHE)                                SSK                      △
LINKE TEIL-
KERNSTRUKTUR
                              BPA²                    SynA²
                         ┌──────┴──────┐         ┌──────┴──────┐
                        BPA           BPA       SynA          SynA
                         │             │         │             │
                       tiefe      Grundstimme  Baßsänger    Baßgeige
                       Männer-    eines mehr-
                       stimme     stimmigen
                                  Satzes
```

Abb. 206.3 b: Zweiter Teilstrukturbaum zur auflistenden Mikrostruktur mit linkserweiterter Basisstruktur von wa_{11}; SSK:Komp = semantischer Subkommentar zur Komposition; BPA² = Bedeutungsparaphrasenangabe, die aus zwei Bedeutungsparaphrasenangaben besteht; SynA² = Synonymenangabe, die aus zwei Synonymenangaben besteht.

weisen, die sich in Artikeln mit nichtintegrierten Mikrostrukturen wiederfinden. Der SSK von wa_{11} könnte auch im Wahrig-DW als Kommentar zur lexikalischen Bedeutung (KLB) stehen (vgl. Textbeispiel 39.13 u. 39.26 a sowie Abb. 206.17 a und 17 b). Auch der erste SSK von wa_{11} kann als KLB gelten, und die ihm zugeordnete Teilstruktur der Mikrostruktur wird daher auch mit dem Terminus *linke Teilkernstruktur* bezeichnet (vgl. Art. 39, 5.3.).

Die in den Abb. 206.3 a und 206.3 b wiedergegebene Auffassung, zu welcher Art von Mikrostruktur die von wa_{11} (und mit ihr Tausende von anderen Artikeln aus dem Pekrun-DW) zu rechnen ist, führt dazu, daß bei einer Zählung oder Schätzung der Anzahl der Lemmata des Pekrun-DW die Kompositaangaben im SSK:Komp nicht berücksichtigt werden, während in fast allen anderen allgemeinen einsprachigen Wörterbüchern des gegenwärtigen Standarddeutschen die Kompositaangaben als Sublemmata ausgezeichnet sind und daher berücksichtigt werden. Daß z. B. die Teillemmata von Artikeln mit überdachenden Mikrostrukturen (i. S. v. Art. 39, 4. 3.), wie sie sich im Duden-GW (vgl. Textbeispiel 39.7) oder im WDG finden (vgl. wa_{12}), bei jeder Berechnung der Lemmataanzahl in Betracht gezogen werden, ist opinio communis. Die Anzahl der Lemmata in wa_{12} wird man mit 10 angeben.

Daß die von Pekrun nahegelegte Auffassung in der frühen Nachkriegslexikographie nicht selbstverständlich ist, zeigt z. B. Makkensen-⁴TW. Auf dem Vorsatzblatt versucht Mackensen bereits früh mit modernen Darstellungsmitteln (vgl. Art. 66 u. Art. 92), seinen „Ratsuchenden" unter der Überschrift „Wie lese ich mein Wörterbuch?" die Struktur seiner Artikel zu vermitteln. Er benutzt dazu — wie bereits ähnlich in Mackensen-DRS — drei Übersichten. Eine davon ist im Textbeispiel 206.15 (etwas verkleinert und einfarbig) wiedergegeben.

In der Übersicht im Textbeispiel 206.15 nennt Mackensen die Kompositumangabe *Begräbniskasse* „Stichwort der Ableitung" [Sic!]. Daß Mackensen von „Ableitung" spricht, ist sicher ziemlich ungewöhnlich, aber hier nicht von Interesse; vielmehr geht es darum, daß *Begräbniskasse* als „Stichwort" gilt. Zählt man nur die „Hauptstichwörter", dann hat Mackensen-TW ca. 25.000 Lemmata und wäre ein kleiner Einbänder,

Baß- Mus.: **-buffo,** der *Buffo mit einer Baßstimme*; **-geige,** die veralt. *Kontrabaß*; salopp derb *ein Aas auf der B. (ein Teufelskerl)*; **-klarinette,** die *Klarinette, die eine Oktave tiefer steht als die Klarinette in B oder A*; **-lage,** die; **-note,** die; **-partie,** die: *die B. sang heute ein Gast*; **-saite,** die: *seine B. war gesprungen*; **-saxophon,** das *tiefes Saxophon*; **-schlüssel,** der; **-stimme,** die *1. tiefe Männerstimme*: *seine kräftige, sonore, wohltönende, tiefe, rauhe B. übertönte alle anderen*; *er wollte seine B. dämpfen 2. Notenvorlage für die Baßpartie*: *die Baßstimmen austeilen*

Textbeispiel 206.14: wa_{12} aus WDG

Hauptstichwort	Geschlechtsbezeichnung	Beugung
im *Fettdruck*	(f = sächlich, neutral, mit dem Geschlechtswort *das*)	(Flexion): Der Genetiv (2. Fall) heißt *des Begräbnisses*, der Plural (die Mehrzahl) die *Begräbnisse*

Betonungspunkt		Redewendungen
unter dem *betonten* *Buchstaben*	Bedeutung	und Redensarten

Begräbnis f (-ffes; -ffe) Beerdigung (ein ehrliches B. [1. Mof. 23, 6]; B. 1. Klaffe); *Begräbniskaffe* w (~; ~n) Sterbegeldverficherung.

Stichwort der Ableitung
im *Kursivdruck*

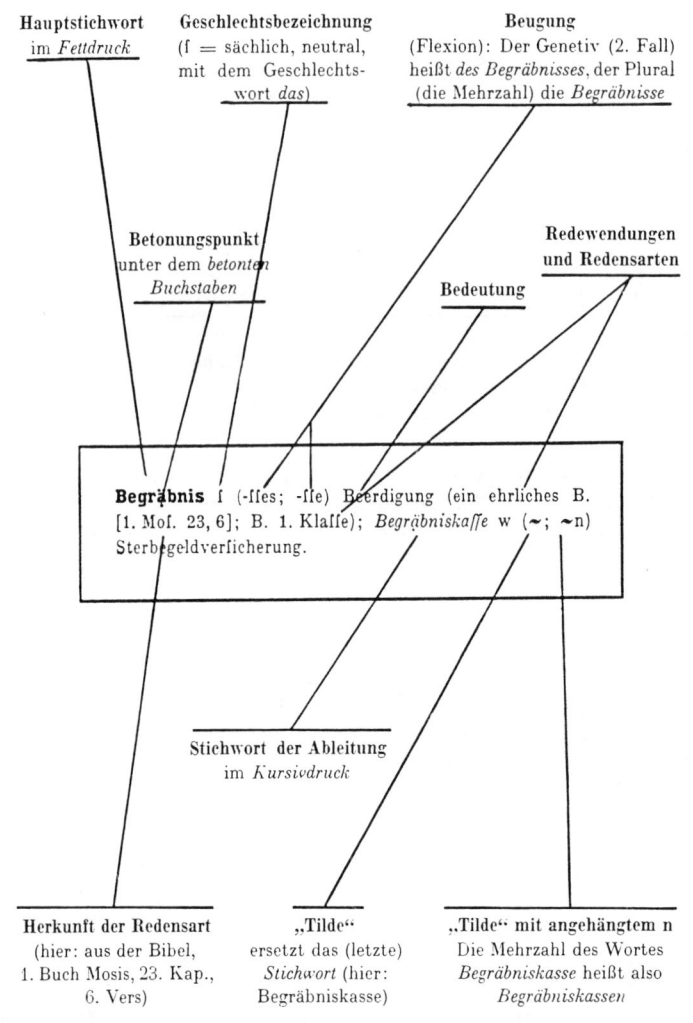

Herkunft der Redensart	„Tilde"	„Tilde" mit angehängtem n
(hier: aus der Bibel, 1. Buch Mosis, 23. Kap., 6. Vers)	ersetzt das (letzte) Stichwort (hier: Begräbniskasse)	Die Mehrzahl des Wortes *Begräbniskasse* heißt also *Begräbniskassen*

Textbeispiel 206.15: Auszug aus den Benutzungshinweisen von Mackensen-⁴TW

zählt man die „Stichwörter der Ableitung" mit, die dann als Nischenlemmata (i. S. v. Wiegand 1983; vgl. Art. 37) zu gelten haben, ist die Lemmataanzahl ca. 80.000 und nicht — wie im Vorwort angegeben — ca. 100.000*, und das Wörterbuch wäre ein großer Einbänder. Wer also Wörterbücher quantitativ vergleichen will, muß genau angeben, was er gezählt hat bzw. was bei den Schätzungen berücksichtigt wurde (vgl. 2.1.2.2.5.). So wäre offenbar ein quantitativer Vergleich zwischen Pekrun-DW und Mackensen-TW nicht angemessen, welcher in ersterem die Kompositaangaben nicht berücksichtigt, in letzterem diese aber mitzählt.

Während man bei quantitativen Betrachtungen von Wörterbüchern von einem objektiven (extra-prozessualen) Aspekt ausgehen muß, ist dies bei der Analyse der Wörter-

Schurz m (~es; ~e) Hüftbekleidung; Schiedsgericht beider Parteien; Teil der Geflügelhaut; *Schürze* w (~; ~n) Schutzkleidungsstück; Frau, Mädchen (den S.en nachlaufen); Teil der Geflügelhaut; *fchürzen* ZW (-zte, gefchürzt) ↗ hochraffen, -ziehen; knoten (den Knoten f. = binden); *Schürzenjäger* m (~s; ~) Weiberheld, *Schurzfell* f (~[e]s; ~e) Lederfchurz; *Schurzholz* f (~es; -hölzer) Minierrahmen; *Schürzung* w (~; ~en) Raffung, Knotung. **Schuß** m (-ffes; Schüffe) Auslöfung eines Gefchoffes (jmdm. vor den S. kommen = unentweichbar begegnen; weit vom S. = nicht in Gefahr); Wurf [Schleuderung] eines Balls (S. ins Tor; etw. im S. haben = in Ordnung); Ladung einer Feuerwaffe (keinen S. Pulver wert = nichts; mit jmdm. S. fein = fich verzankt haben); Sprengung; Sprengladung; Schwung (in S. fein, kommen); rafches Wachstum; Querfäden; kleine Zutat, Zufatz (Weiße mit S. = mit etwas Himbeerfaft); *Schußbereich* m (~[e]s; ~e) Schußfeld; *Schußbolzen* m (~s; ~) Teil der Schußmarke (Schlachtergerät); *Schußbremfe* w (~; ~n) Rücklaufbremfe der Lafette; *Schußdublee* f (~s; ~e) verftärktes Gewebe. **Schüffel** m (~s; ~) fahriger Menfch. **Schüffel** w (~; ~n) < lat. Gefchirrfchale; Gericht, Speife; *Schüffelbrett* f (~[e]s; ~er) „Tablett"; *Schüffelflechte* w (~; ~n) Flechtenart. **fchufflelig** EW fahrig; *fchuffeln* ZW (-lte, gefchuffelt) ↗ fahrig fein. arbeiten; auf dem Eis glitfchen. **Schuffenried** (~s; -) Stadt in Württemberg.

Textbeispiel 206.16: w̄ā₁₃ aus Mackensen-TW

buchform und des Wörterbuchgegenstandes insofern einzuschränken als die Intentionen der Wörterbuchmacher (wenn sie ermittelbar sind) zu berücksichtigen sind (vgl. hierzu Wiegand 1988 a, 751). Daher ist z. B. die Anordnungsform von Mackensen-TW (vgl. $\overline{wa}_{13}$) nicht als glatt- sondern als nischenalphabetisch anzusetzen, weil z. B. im Artikel zu *Schurz* die kursiv gesetzten Wortbildungen *Schürze, schürzen, Schürzenjäger, Schurzfell, Schurzholz* und *Schürzung* „Stichwörter der Ableitung" sind und damit als Nischenlemmata zu gelten haben.

Da alle Nischenlemmata in $\overline{wa}_{13}$ Vollemmata sind (und nicht wie in wa_{12} Teillemmata), beginnt mit *Schürze, schürzen* usw. ein jeweils neuer Wörterbuchartikel; ein Nischenartikel, wie z. B. „*Schürzenjäger* m. (s; ~) Weiberheld" (vgl. $\overline{wa}_{13}$ s. v. *Schurz*), ist ein inhaltlich selbständiger lexikographischer Teiltext (vgl. Art. 38 a, 3.2.), der ohne die Kenntnis des Artikels zu *Schurz* verständlich ist; er ist ein Subartikel nur insofern, als der Suchpfad zum Nischenlemma über das Lemma **Schurz** läuft. Die Nestartikel in wa_{12} — wie z. B „**-saite**, die: seine B. war gesprungen;" — sind darüber hinaus auch deswegen Subartikel, weil sie keine inhaltlich selbständigen Texte sind; da zu ihrem Verständnis **Baß-** erforderlich ist. Hierin liegt der Grund, warum wa_{12} als eine textuelle Einheit zu analysieren ist, während das für die Nische in $\overline{wa}_{13}$ nicht gilt. Der Wörterbuchartikel zu *Schurz* endet also mit der BPA „Teil der Geflügelhaut".

Vergleicht man ihn mit dem Artikel zu *Schuß* (vgl. $\overline{wa}_{13}$), dann erkennt man, daß ersterer eine einfache auflistende Mikrostruktur aufweist, während letzterem eine einfache integrierte Mikrostruktur zukommt, was nur deswegen schwer erkennbar ist, weil Mackensen nicht mit Polysemieangaben gearbeitet hat, z. B. mit 1., 2., 3., ..., n. wie bereits Adelung oder mit 1), 2), ... wie der Sprach-Brockhaus (vgl. wa_1 in Textbeispiel 206.3). Allerdings ist das Auftreten von Polysemieangaben keine Bedingung dafür, daß ein Artikel integrierte Mikrostrukturen aufweist (vgl. Art. 39, 5.2.).

Die Abb. 206.4 u. 206.5 verdeutlichen den Unterschied zwischen auflistenden und integrierten Mikrostrukturen.

Bei der in der Abb. 206.4 repräsentierten Auffassung hat der SK keine semantischen Subkommentare, und daher treten Integrate als Teilstrukturen der Mikrostrukturen nicht auf.

Bem. zur Abb. 206.5: Das Gleichheitszeichen „=", das — wie im Küpper-WdU (Pons) — zwischen einer PhrasA und einer BPA.Ph steht, wurde als typographischer Strukturanzeiger aufgefaßt und gehört daher nicht zur Trägermenge konkreter Integrate. Man kann es auch als Angabe zur Bedeutungsgleichsetzung (A-BGS) auffassen (vgl. hierzu Wiegand 1989). Dann hätte z. B. das erste abstrakte präzedentive Integrat folgende Struktur: BPA < PhrasA < BPA.Ph < PhrasA < A-BGS < BPA.Ph.

„Schuß ins Tor" wurde hier nur deshalb als Phrasemangabe aufgefaßt, weil nach Mackensen (vgl. Textbeispiel 206.15) nur „Redewendungen und Redensarten" im Hinterintegrat stehen, was (vom Standpunkt der heutigen Phraseologieforschung aus gesehen) häufig — ähnlich wie im Wahrig-DW — nicht korrekt ist.

Faßt man den Artikel zu *Schurz* so auf, daß er eine rudimentär ausgeprägte einfache integrierte Mikrostruktur aufweist, dann ergibt sich die Darstellung in der Abb. 206.6.

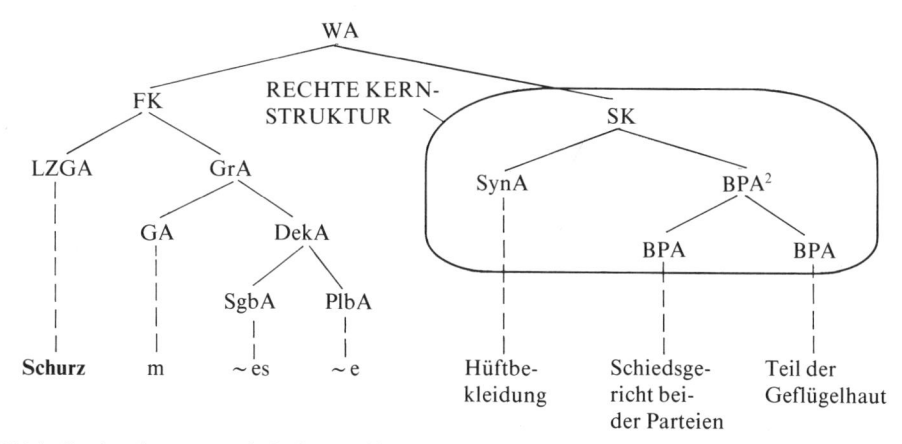

Abb. 206.4: Strukturbaum zur einfachen auflistenden hierarchischen Mikrostruktur zum Artikel zu *Schurz* aus $\overline{wa}_{13}$

Abb. 206.5: Partiell ausgeführter Strukturgraph zur einfachen integrierten hierarchischen Mikrostruktur zum Artikel zu *Schuß* aus wāi₃; h ¨= hierarichisch; p = präzedentiv; PhrasA = Phrasemangabe; BPA.Ph = an die Phrasemangabe adressierte Bedeutungsparaphrasenangabe. Die Terminologie für die Teilstrukturen von Mikrostrukturen ist im Art. 39 erklärt; vgl. Abb. 39.23

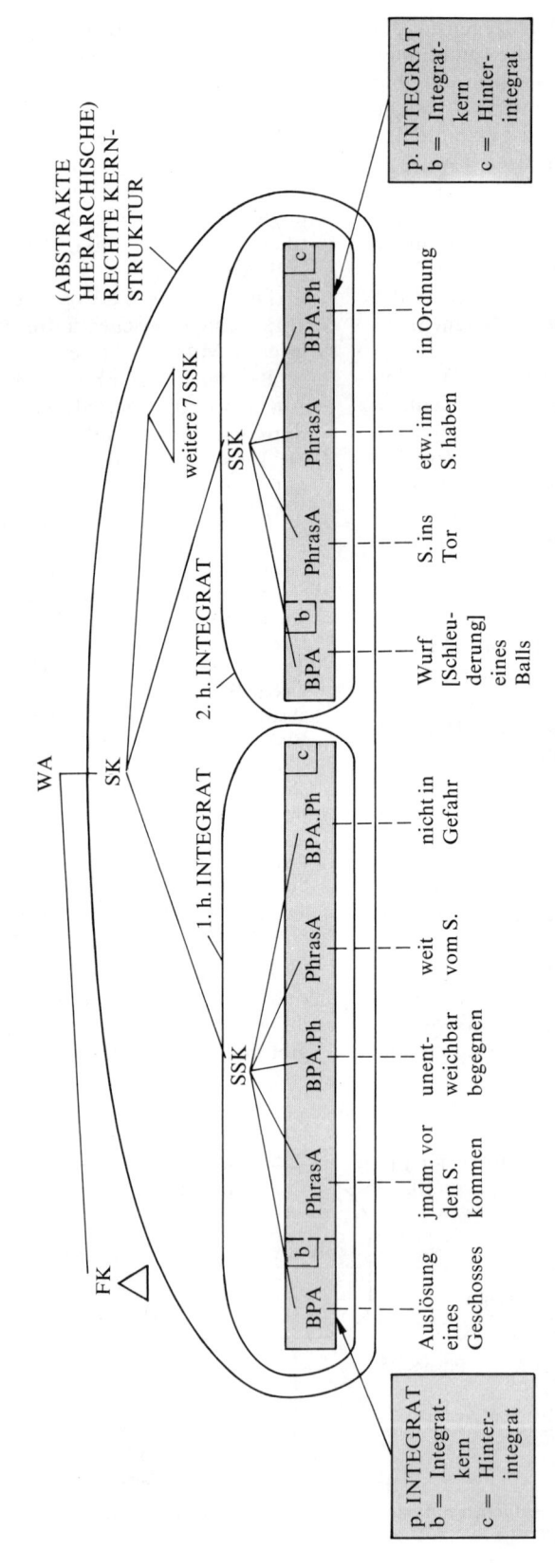

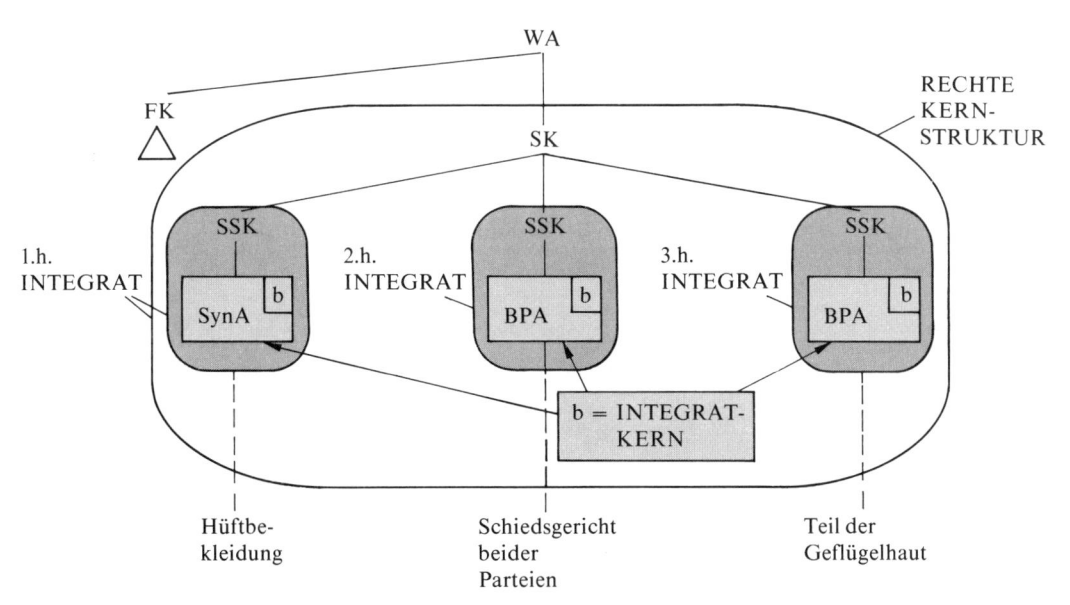

Abb. 206.6: Partiell ausgeführter Strukturgraph zum Artikel zu *Schurz,* wenn diesem eine rudimentär ausgeprägte einfache integrierte Mikrostruktur zugewiesen wird.

Die rudimentäre Ausprägung der einfachen integrierten Mikrostruktur besteht u. a. darin, daß — im Unterschied zu der Mikrostruktur, die der Artikel zu *Schuß* aufweist — kein Hinterintegrat gegeben ist, weil eine innere Selektion von „Redewendungen und Redensarten" aus der Wörterbuchbasis offenbar nicht erfolgen konnte. Untersucht man die Elemente der Trägermengen der Hinterintegrate im Mackensen-TW näher, findet man neben Phrasem- vor allen Dingen Kollokationsangaben, und viele Artikel in diesem Einbänder stellen gegenüber den Vorgängerwörterbüchern (z. T. mit Ausnahme des Sprach-Brockhaus) einen erheblichen Fortschritt dar. Man vgl. wa$_{14}$ aus Langenscheidts-³DW und wa$_{15}$ aus Mackensen-TW.

Insgesamt gesehen, liegen die Schwachstellen auch im Pekrun-DW und im Mackensen-TW wiederum in dem Bereich, der nicht allein kompetenzgestützt und anhand anderer Wörterbücher angemessen bearbeitet werden kann: bei den Bedeutungsangaben, bei den pragmatischen Angaben (i. S. v. Wiegand 1981), bei den Beispielangaben der verschiedensten Art sowie bei der äußeren Selektion. Wie in den Vorgängerwörterbüchern zeigt sich — bedingt durch unzureichende Theoriebildung in der Sprachwissenschaft — weiterhin die „Phraseologiemisere" (vgl. Wiegand 1989 u. 1989 c; vgl. auch Art. 46). Zwar deckt insbesondere Mackensen-TW einen größeren Bereich des damaligen Standarddeutschen ab, aber in beiden Wörterbüchern ist die Lexik der deutschen Leitvarietät bis ca. 1950 nicht angemessen abgebildet.

Mackensen-TW kann als eine veränderte Version von Mackensen-NDW (bzw. Mackensen-DW) gelten. Die inhaltlichen Veränderungen bestehen im wesentlichen in einer Korrektur der äußeren Selektion. Mackensen-TW hat ca. 30 000 Lemmata weniger als Mackensen-NDW, dessen Lemmataanzahl nach dem Vorwort 128 000* beträgt und nach eigener Schätzung 112 000 (vgl. Abb. 206.9). Neben Wörterbuchartikeln, die gestrichen wurden, nämlich solche zu veralteten, fachsprachlichen und dialektalen Lemmazeichen

schwach *adj.:* Ich bin noch ~ auf den Beinen. Das ist ein ~er *(geringer)* Trost. Das Kartenspiel ist s-e ~e Seite *(dafür ist er leicht zu haben).* Auf der Schule war das Rechnen s-e ~e Seite *(darin waren s-e Leistungen ~).*

ſchwach EW (ſchwächer, am ſchwächſten) kraftlos (auſ ſ.en Füßen = nicht haltbar; ſ.e Seite = Punkt, an dem man nachgibt; ſ.e Stunde = in der man ſich verführen läßt; das ſ.e Geſchlecht = die Frauen); nicht voll (eine ſ.e halbe Stunde; ſ. beſucht); kränklich, nicht geſund (ſ. auſ der Bruſt = ohne Geld); ungenau (ſich ſ. erinnern); nicht ſchlagkräftig, klein (ſ.e Truppe); ſchlecht (eine ſ.e Leiſtung; ſ.er Kaffee); Bezeichnung für Endungsbeugung (beim Zeitwort: lege — legte — gelegt), für Beugung der n-Stämme (beim Hauptwort: der Hirte, des Hirten, die Hirten); /ſchwạch|atmig EW mit kraftloſem Atem;

Textbeispielbeispiel 206.17 u. 18: wa$_{14}$ aus Langenscheidts-³DW und wa$_{15}$ aus Mackensen-TW

2122   XIX. Lexikographie der Einzelsprachen III: Die germanischen Sprachen

Schurz m (~es; ~e) Hüftbekleidung; Schiedsgericht beider Parteien; Teil der Geflügelhaut; S″;e w (~; ~n) Schutzkleidungsſtück; Frau, Mädchen (den ~en nachlaufen); Teil der Geflügelhaut; ſ″;en ZW (-zte, geſchürzt) ↗ hochraffen, = ziehen; knoten (den Knoten ~ = binden); S″;enjäger m (~s; ~) Weiberheld; S;fell f (~[e]s; ~e) Lederſchurz; S;holz f (~es; -hölzer) Minierrahmen; S″;ung w (~; ~en) Raffung; Knotung.
Schuß m (-ſſes; Schüſſe) Auslöſung eines Geſchoſſes (jmdm. vor den ~ kommen = unentweichbar begegnen; weit vom ~ = nicht in. Gefahr); Wurf, Schleuderung eines Balls (~ ins Tor); Ladung einer Feuerwaffe (kein ~ Pulver wert = nichts); Sprengung, Sprengladung; Schwung (in ~ ſein, kommen); raſches Wachstum; Zutat, Zufatz (Weiße mit ~ = mit etwas Himbeerſaft); S;abgabe w (~; ~n) Abfeuern der Schußwaffe; S;bändig EW an Schießen gewöhnt (Pferd); S;bartel m (~s; ~) fahriger Menſch; S;bereich m (~[e]s; ~e) Schußfeld; S;bolzen m (~s; ~) Teil der Schußmarke (Schlachtergerät); S;bremſe w (~; ~n) Rücklaufbremſe der Lafette; S;dubleg f (~s; ~e) verſtärktes Gewebe.
Schuſſel m (~s; ~) fahriger Menſch.
Schüſſel w (~; ~n) < l. Geſchirrſchale; Gericht, Speiſe; S;brett f (~[e]s; ~er) „Tablett"; S;flechte w (~; ~n) Flechtenart.
ſchuſſelig EW fahrig; ſ;n ZW (-lte, geſchuſſelt) ↙ fahrig ſein, arbeiten; auf dem Eis glitſchen.

w̄a₁₆
aus Mackensen-NDW

Schurz m (~es; ~e) Hüftbekleidung; Schiedsgericht beider Parteien; Teil der Geflügelhaut; S″;e w (~; ~n) Schutzkleidungsſtück; Frau, Mädchen (den ~en nachlaufen); Teil der Geflügelhaut; ſ″;en ZW (-zte, geſchürzt) ↗ hochraffen, —ziehen; knoten (den Knoten ≠ = binden); S″;enjäger m (~s; ~) Weiberheld; S;fell f (~[e]s; ~e) Lederſchurz; S;holz f (~es; -hölzer) Minierrahmen; S″;ung w (~; ~en) Raffung; Knotung.
Schuß m (-ſſes; Schüſſe) Auslöſung eines Geſchoſſes (jmdm. vor den ♯ kommen = unentweichbar begegnen; weit vom ♯ = nicht in Gefahr); Wurf, Schleuderung eines Balls (♯ ins Tor); Ladung einer Feuerwaffe (kein ♯ Pulver wert = nichts); Sprengung, Sprengladung; Schwung (in ♯ ſein, kommen); raſches Wachstum; Zutat, Zufatz (Weiße mit ♯ = mit etwas Himbeerſaft); S;abgabe w (~; ~n) Abfeuern der Schußwaffe; S;bändig EW an Schießen gewöhnt (Pferd); S;bartel m (~s; ~) fahriger Menſch; S;bereich m (~[e]s; ~e) Schußfeld; S;bolzen m (~s; ~) Teil der Schußmarke (Schlachtergerät); S;bremſe w (~; ~n) Rücklaufbremſe der Lafette; S;dubleg f (~s; ~e) verſtärktes Gewebe.
Schuſſel m (~s; ~) fahriger Menſch.
Schüſſel w (~; ~n) < l. Geſchirrſchale; Gericht, Speiſe; S;brett f (~[e]s; ~er) „Tablett"; S;flechte w (~; ~n) Flechtenart.
ſchuſſelig EW fahrig; ſ;n ZW (-lte, geſchuſſelt) ↙ fahrig ſein, arbeiten; auf dem Eis glitſchen.

<

Neusatz ergibt w̄a₁₃
aus Mackensen-TW

Abb. 206.7 mit Textbeispiel 206.19: Veranschaulichung der Verflechtung eines lexikographischen Prozesses mit einem anderen: Bearbeitung von Mackensen-NDW. Herstellung einer Druckvorlage für Mackensen-TW.

wurden auch neue geschrieben, und zwar u. a. kurze Artikel zu Orts-, Völker- und Gebirgsnamen sowie solche zu Wörtern des Kernwortschatzes, die im NDW vergessen worden waren (z. B. zu bewillkommnen). Die übernommenen Artikel wurden inhaltlich nur leicht bearbeitet. Durchgehend wurden dagegen bestimmte (sehr unnatürliche) Textverdichtungsergebnisse (vgl. Wiegand 1989g u. Art. 90a), die in Mackensen-NDW auftreten, rückgängig gemacht und statt einem drei- findet sich ein zweispaltiger Satz.
Wie eine Artikelbearbeitung aussieht, zeigt die Abb. 206.7. In ihr sind rechts neben w̄a₁₆ (= Textbeispiel 206.19) die Korrekturen angeführt, die ein Setzer ausführen muß, wenn er w̄a₁₃ drucken muß.

Bem. zur Abb. 206.7: Mit dem Beispiel soll nicht gesagt sein, daß L. Mackensen und/oder seine Mitarbeiter tatsächlich genauso vorgegangen sind, weil viele Varianten denkbar sind (z. B. Einrichtung eines Korrekturfließbandes durch Verteilung der Korrekturarbeiten nach Korrekturtypen auf mehrere Mitarbeiter). Es ist aber mit guten Gründen anzunehmen, daß im Prinzip so vorgegangen wurde. Hat man ein Wörterbuch im PC, dann führt man solche Korrekturen direkt am Bildschirm aus.
Gezählt wurde die Korrektureinheit am rechten Rand, nicht die Korrekturzeichen im Text, deren Zahl bekanntlich größer sein kann.
Betrachtet man die 25 Korrekturen, dann ergeben sich:

— 2 Druckfehlerkorrekturen (Nr. 5. und Nr. 21.); im Mackensen-NDW ist die Druckfehlerquote

206. Die deutsche Lexikographie der Gegenwart

relativ hoch. In einer Art Nachwort (S. 838, unpaginiert) wird versucht, hierfür eine Erklärung (bzw. eine Entschuldigung) zu finden.
— 2 sachlich unverständliche Korrekturen (Nr. 14.—15.) (sie wurden in späteren Aufl. wieder rückgängig gemacht, vgl. z. B. Mackensen-⁴DW, 816).
— 16 Korrekturen zur Wörterbuchform, und zwar Ersetzung der Tilde als Platzhaltersymbol durch die Abkürzungen für die Lemmazeichen sowie zur Entdichtung des Wörterbuchtextes (vgl. Wiegand 1989g) durch Rückgängigmachung der Ergebnisse der Textverdichtung bei den Lemmata und Sublemmata (Nr. 1.—4.; 6.—13.; 19.—20.; 22.—24.). Diese Korrekturen machen Mackensen-TW gegenüber Mackensen-NDW erheblich benutzerfreundlicher.
— 3 inhaltliche Korrekturen, und zwar Tilgung von drei Wörterbuchartikeln (Nr. 18.), Einarbeitung von zwei Bearbeitungseinheiten entweder aus einer alphabetisierten Kartei oder direkt aus den Wörterbüchern der Wörterbuchbasis (Nr. 16. u. 17.) und Einfügung eines neuen kurzen Artikels zu einem Ortsnamen, z. B. nach Telephonbüchern (Nr. 25).

Das oben geschilderte Verfahren führt nur dann zu einigermaßen brauchbaren Wörterbüchern für den Laienbenutzer, wenn das Ausgangswörterbuch eine bestimmte Qualitätsstufe hat (was bei Mackensen-NDW der Fall ist), die Tilgungen sowie Einarbeitungen nach einem einheitlichen, durch den Zweck des Wörterbuches bestimmten Konzept erfolgen und vor allen Dingen, wenn die eingearbeiteten Texte oder Textteile nicht überwiegend oder gar ausschließlich aus anderen Nachschlagewerken stammen, so daß das Formulieren von Wörterbuchartikeln vor allem darin besteht, Textversatzstücke aus verschiedenen Nachschlagewerken so zu bearbeiten, daß sie in das Artikelformat passen. Die Bearbeitung von allgemeinen einsprachigen Wörterbüchern verfehlt dann ihren eigentlichen Zweck; der lexikographische Prozeß entfernt sich zunehmend von der Sprache, die in ihm bearbeitet werden soll.

Die Sprache, die in den Texten rund um die Wörterbuchwerkstatt lebt und sich wandelt, bleibt vor deren Türen, erscheint in den Wörterbüchern wie erstarrt, als solle sie dort beerdigt werden und zugleich entfaltet sich efeuhaft — besonders in den Bedeutungsangaben — ein merkwürdiger Lexikographenjargon (z. B. *Schutzkleidungsstück* als Synonym für *Schürze* in $\overline{wa}_{13}$ und $\overline{wa}_{16}$). Die Wörterbuchpflege degeneriert. Die Artikeltexte werden nicht mehr richtig durchgearbeitet. Neue Wörter werden — meistens aus anderen Nachschlagewerken — übernommen und hastig und oberflächlich lexikographisch bearbeitet. Man zielt auf möglichst hohe Stichwortzahlen, in der Hoffnung, keine Marktanteile zu verlieren. „Mit fast 150 000 Stichwörtern bleiben wir das reichhaltigste Wörterbuch der deutschen Gegenwartssprache, das es zur Zeit gibt" schreibt Mackensen zum Beginn des Vorwortes zur 6. Aufl. von 1970, und natürlich ist Wahrig-³DW von 1968 das Wörterbuch, dem der implizite Vergleich gilt.

Nach einem beachtenswerten Beginn 1954 wurde Mackensen-NDW als Mackensen-DW zu einem makrostrukturlastigen Einbänder entwickelt, der viel Ballast mitschleppt und die Lemmazeichen nicht sorgfältig beschreibt. Zur äußeren Selektion schreibt Müller (1970, 10):

„Was den Wortschatz angeht, so hat man ziemlich unbesehen und unkritisch alles, was sich finden ließ, aufgenommen."

Die Aussage bezieht sich auf die 5. verb. u. erw. Aufl. von 1967, die — unter Marktgesichtspunkten betrachtet — deswegen nötig wurde, weil 1966 Wahrigs „Das Große Deutsche Wörterbuch" (Wahrig-¹DW) erschienen war (vgl. 2.1.3.3.). Müllers Feststellung trifft jedoch bereits auf die 1. Aufl., auf Mackensen-NDW, zu. Man vgl. z. B. die folgenden ununterbrochenen Teile der vertikalen Lemmareihe (i. S. v. Art. 38); wiedergegeben werden die Lemmazeichengestaltangaben, die teils (i. S. v. Wiegand 1990) binnen- und rechtserweitert sind.

A̲ ⫶ i	Maka̲ssaröl
A̲ i de	Ma̲kats
A̲ i ger	Mäkel ⫶ ei
Aigre̲tte	ma̲kel ⫶ los
Aigulette	Ma̲ker
Aila̲nt(h)us	Ma̲ki
Aino	Makimo̲no
Air	Makiye̲
A · iredal ⫶ er	Makkabä̲er
Airo̲l	Makkaro̲n ⫶ i
a · is ⫶	Ma̲kker
A̲ ⫶ ⇐	Ma̲kler
A̲ · i tel	Mä̲kler
A̲ja	Ma̲kler ⫶ amt
a · jour	mä̲klig
A · jour ⫶ arbeit	Ma̲ko
Akadem ⫶ ie	Makrame̲e̲
Akadiolith	Makre̲le
aka̲disch	Makro ⫶ ästhesie
Aka̲ja	

Man kann leicht ein paar Hundert Teillemmatareihen von 20 Lemmata angeben, in welchen die gleiche Selektionspolitik sichtbar wird. Der doppelte Linkspfeil rechts der LZGA „A ⫶ " zeigt an die Stelle, an der die Alphabetisierung nicht stimmt. Das ist jedoch kein Versehen. Vielmehr heißt es im Vorwort (Mackensen-NDW, 5):

„Die Wörter sind nach dem Abece geordnet: Sie finden leicht, was Sie suchen" (nur ganz selten ist ein Wort im Abece um einen Platz verrückt, um Raum zu sparen)".

Die richtige Fortsetzung dieses Textes wäre: „Natürlich können Sie das verrückte Wort nicht finden". Mackensen hat damit eine neue Anordnungsform in die deutsche Lexikographie eingeführt: Nischenalphabetisch mit einigen nichtalphabetisierten Lemmata. Diese wurde (wegen ihrer Absurdität) im Art. 38 nicht berücksichtigt.

Von den oben wiedergegebenen Teillemmareihen finden sich im Mackensen-TW nur „a|is" (Tonart), **Akademie, Makassaröl, Makel, Mäkelei** und **makellos**. Der hier bei der Selektion beschrittene Weg wäre der richtige gewesen, um Mackensen-DW zu einem weniger makrostrukturlastigen Wörterbuch zu entwickeln. Es wurde der entgegengesetzte Weg gewählt, so daß die Werbung bereits 1961 wie im Textbeispiel 206.20 aussah:

scher Erfolg wurden. „Die Gesamtauflage aller Mackensenschen Werke [...] beträgt über drei Millionen" (Ramseger 1981, 1634). Darunter sind auch einige Bücher, die keine Nachschlagewerke sind, sowie mehrere andere Wörterbücher von Mackensen, die alle Auszüge aus dem Mackensen-DW sind, vornehmlich ergänzt durch Sprachmaterial aus anderen Nachschlagewerken. Manchmal werden auch zwei Wörterbücher mit leicht veränderten und ergänzten Außentexten zu einem Buch zusammengebunden. Ein Beispiel ist Mackensen/Hollander 1989. Darüber, wer wie und zu welchen Zwecken Mackensen-NDW (bzw. Mackensen-DW) usuell als Nachschlagewerk (i. S. v. Wiegand 1987a, 197 ff.) benutzt hat, ist in der wiss. Literatur nichts bekannt. Es kann nur der Benutzerkreis in Frage kommen, den Mackensen in

DAS VOLLSTÄNDIGSTE NACHSCHLAGEWERK SEINER ART

1046 Seiten im Lexikonformat — 160 000 Stichwörter

4. Auflage / 113. — 132. Tausend

Und so urteilen Leser und Presse über die bisherigen Ausgaben:

„Professor Mackensen hat hier ein Werk geschaffen, das bewundernswert ist. Es ist ein Werk für den praktischen Gebrauch. Ob Wissenschaftler oder Schüler, Kaufmann oder Facharbeiter, allen hat dieses Buch etwas zu geben." Der Druckspiegel

„Dieses Handbuch ist unerschöpflich. Übertroffen kann es nicht werden."

Stuttgarter Nachrichten

Textbeispiel 206.20: Bildunterschrift unter einer ca. 7 × 13 cm großen Abb. von Mackensen-⁴DW (eingebunden nach dem Wörterverzeichnis im Mackensen-TW, S. 653 unpaginiert)

Der erste Satz des Werbetextes ist korrekt. Denn in Laienkreisen wird das Prädikat *vollständig* vor allem auf die „Stichwortzahl" bezogen. Daß Vollständigkeit bei Wörterbüchern zu großen Informantensprachen nicht erreichbar ist und daß man zwischen relativer äußerer und innerer Vollständigkeit (i. S. v. Wiegand 1984, 4.3.3. und 1989) unbedingt unterscheiden muß, ist hier so gut wie nicht bekannt. Die innere Vollständigkeit relativ zum Mikrostrukturenprogramm ist in den Wörterbüchern von Mackensen relativ niedrig, insbesondere bei den Bedeutungsangaben.

Käufer orientieren sich jedoch häufig an der Stichwortzahl. Deswegen ist sie in dem Werbetext auch mit ca. 270 000 zu hoch angegeben. Nach eigener Schätzung beträgt die Anzahl der Lemmata ca. 133 000. Die Orientierung der Käufer an der „Stichwortzahl" ist einer der entscheidenden Gründe, warum Mackensens Wörterbücher ein ökono-

einem seiner vielen Außentexte z. B. wie folgt anspricht:

„Ein Wörterbuch ist ein guter Freund, zur Stelle, wenn man ihn braucht, um guten Rat nicht verlegen, mitteilsam nur zum Vertrauten, aber verschwiegen gegen den Fremden. Auch dieses Buch möchte Ihr Freund werden. Es hat sich bemüht, Ihren Ansprüchen zu genügen; in seinen 128 000 Wörtern glaubt es alle Möglichkeiten erfaßt zu haben, die der deutsche Alltag in Haus und Beruf unserer Sprache abverlangt." (Mackensen-NDW, Beginn des Vorwortes, 5)

Es kommen nur Benutzungssituationen „in Haus und Beruf" in Frage, in denen sehr anspruchslose Suchfragen gestellt werden. Wie anspruchslos die in solchen Situationen gestellten Fragen sind, weiß man inzwischen indirekt durch die empirisch gut abgesicherte Arbeit von Höhne (1990).

2.1.2.2.4. Herders Sprachbuch

Die 1. Aufl. von Herders Sprachbuch erscheint 1960. Obwohl darüber in den Rahmentexten nichts zu finden ist, kann man u. a. das Pekrunsche Wörterbuch, die Wörterbücher von Mackensen sowie Matthias/ Frenzel-[9]NDW zur Wörterbuchbasis von Herders Sprachbuch 1960 rechnen. Die Lexikographen, die dieses Wörterbuch erarbeitet haben, hatten es mithin in manchen Hinsichten einfacher. Sie haben einen mittleren Einbänder geschaffen, welcher (ähnlich wie neun Jahre später Ullstein-LdS) ein relativ ausgewogenes Verhältnis von Lemmataanzahl und Angabeklassen hat. Auch bei diesem Wörterbuch gibt es ein Zählproblem, da die Kompositaangaben (vgl. Textbeispiel 38.9), die meistens Adressen sind, (also bearbeitet wurden) nicht halbfett, sondern kursiv gesetzt sind und nach der „Anleitung zum Benützen des Herder-Sprachbuchs" (VII) nicht als „Stichwörter" zählen. Berücksichtigt man nur die halbfett gesetzten Lemmata, beträgt die Lemmataanzahl ca. 35 000; berücksichtigt man zusätzlich die Kompositaangaben, hat Herders Sprachbuch 1960 ca. 58 000 Lemmata.

Das äußere Zugriffsprofil kann grob wie folgt charakterisiert werden: es handelt sich um ein monoakzessives Wörterbuch mit fünf aufeinanderfolgenden (äußeren) registerexternen Zugriffsstrukturen: Allgemein gebräuchliche Abkürzungen (S. IX—XII), Verzeichnis der Rahmenartikel, Hauptwörterverzeichnis, Männliche Vornamen, Weibliche Vornamen. Die beiden voran- und die beiden nachgestellten Zugriffsstrukturen sind glattalphabetisch, die mittlere ist nestalphabetisch. Nicht alle Trägermengen der Zugriffsstrukturen sind disjunkt, da manche Abkürzungen auch im Hauptwörterverzeichnis stehen (z. B. **NATO** ↗ Abkürzungen). Das Zugriffsalphabet (i. S. v. Art. 38, 2.2.) stimmt nicht mit dem lat. Alphabet, wie es innerhalb des deutschen Schriftsystems verwendet wird, überein: „I und J sind im Abc nicht auseinandergehalten" (Herders Sprachbuch 1960, V).

Als Lemmata aufgenommen sind neben den Wörtern, die zum Kernwortschatz zählen, relativ viele Ausdrücke der Bildungssprache wie *c'est la guerre, ceterum censeo, comme il faut,* vereinzelt geographische und mythologische Namen und lat. Krankheitsbezeichnungen sowie z. T. Fachsprache.

Das Werk aus dem Herderverlag will — wie der Titel zeigt — mehr sein als ein Wörterbuch. In 36 (als Einschübe ins Hauptwörterverzeichnis realisierten) Rah-

BINDEWÖRTER

Die Aufgabe zu verbinden, nämlich Wörter, Satzteile oder Sätze, ist keineswegs das einzige, im geschriebenen oder gesprochenen Fluß der Sätze oft nicht einmal das wichtigste Amt des Bindeworts (lat. Konjunktion): indem es den Sinn auf die Art der Verbindung richtet, schafft es Spannung, Erwartung und stellt die verbundenen Teile in ein gefühlsmäßiges oder logisches Verhältnis. Im Satzgefüge (□ Satz) leistet es gliedernde Dienste und fördert die Überschaubarkeit des Ganzen. Wo es, etwa in der Satzreihe, eine ohnehin gegebene innere Beziehung der Teile nur verdeutlicht oder hervorhebt, kann es ohne weiteres fehlen (↗ asyndetisch): *Der Mensch denkt,* (und, aber) *Gott lenkt.* Die wenigsten Bindewörter sind alt *(und, aber, oder),* die meisten in jüngerer Zeit aus andern Wortarten entstanden.

Beiordnende Bindewörter sind entweder a) anreihend (kopulativ): *und, auch, außerdem, zudem, überdies* u. a., b) entgegensetzend (adversativ): *aber, sondern, vielmehr, oder (aber), sonst, andernfalls; allein, hingegen, jedoch, nur, trotzdem;* c) begründend (kausativ): *denn, doch, nämlich;* d) folgernd (konsekutiv): *daher, deshalb, darum, deswegen, somit, mithin, folglich.* Unterordnende Bindewörter (subordinierende) leiten □ Nebensätze ein. Das zeitliche Verhältnis von Haupt- und Nebensatz (Temporalsatz) zeigen an: *als, während, indes, sobald, sooft, solange, seit, seitdem* (Gleichzeitigkeit); *als, nachdem, sobald, seit, seitdem* (Vorzeitigkeit) und *bevor, ehe, bis* (Nachzeitigkeit). Ein begründendes (kausales) Verhältnis zeigen an: *da, weil;* ein bedingendes (konditionales): *wenn, falls, gesetzt (ohne, im Falle) daß;* einen nicht zureichenden Gegengrund (konzessives Verhältnis): *obgleich, obwohl, obschon, wie auch (immer), wenn... auch* usw.; ein gegensätzliches (adversatives) Verhältnis: *während;* ein folgerndes (konsekutives): *daß, so daß, ohne daß;* das Zweckverhältnis (final): *damit* oder (in Verbindung mit einer Nennform): *um (ohne) — zu;* ein modales (Art-und-Weise-Verhältnis): *indem, dadurch daß, ohne daß.*

Näheres s. unter den Einzelstichwörtern!

Textbeispiel 206.21: Rahmenartikel aus Herders Sprachbuch 1960

menartikeln, wird daher zu folgenden „Stichwörtern" ein im Durchschnitt ca. zwei Seiten langer Text angeboten:

Anrede; Bedeutungswandel; Beiwörter; Bild-Vergleich-Gleichnis; Bindewörter (vgl. Textbeispiel 206.21); Brief; Ergänzungen; Familiennamen; Fürwörter; Getrennt- oder Zusammenschreibung?; Groß oder klein geschrieben?; Hauptwörter; Hilfszeitwörter; Hochsprache; Jägersprache; Konjunktiv; Laut; Mundarten; Nebensatz; Ortsnamen; Redensarten; Satz; Satzzeichen; Silbe; Sprache; Sprichwörter; Steigerung; Stil; Umgangssprache; Umstandswörter; Verhältniswörter; Wort; Wortbildung; Wortschatz; Zahlwörter; Zeitwörter.

Eine solche auf das Wörterverzeichnis verteilte „Sprachlehre" beinhaltet eine rudimentäre Wörterbuchgrammatik, praktische Anleitungen, z. B. wie man Anreden in Briefen formuliert, sowie Bildungswissen über die Sprache, das nicht zur Grammatik zählt. Die Vorstellung des 19. Jhs., daß Wörterbücher nicht nur punktuell mit Suchfragen benutzt werden, lebt in dieser Konzeption weiter.

Das Mikrostrukturenprogramm entspricht dem damals in deutschen Einbändern üblichen; allerdings wird zum ersten Mal in einem allgemeinen einsprachigen Wörterbuch durchgehend die Silbentrennung vollständig angegeben. Die Artikelstrukturen werden im Metatext unzureichend erklärt, und zwar sowohl was die Angabeklassen als auch die artikelinterne Reihenfolge der Angaben betrifft. Während der Formkommentar relativ einheitlich gestaltet ist (vgl. wa$_{17}$, wa$_{18}$ und wa$_{19}$), ist die Formulierung des semantischen Kommentars nicht ausreichend standardisiert. Man kann daher auch nicht sagen, daß die Artikel in Herders Sprachbuch durchgehend nach der Methode der Integration gearbeitet sind. Was die artikelinternen Strukturen, die typographischen und nichttypographischen Strukturanzeiger betrifft, ist Herders Sprachbuch schlampig bearbeitet (vgl. wa$_{17}$, wa$_{18}$ und wa$_{19}$).

Man erkennt, daß die drei Formkommentare von wa$_{17}$, wa$_{18}$ und wa$_{19}$ standardisiert gearbeitet sind. Die konkreten hierarchischen Mikrostrukturen von wa$_{18}$ und wa$_{19}$ sind untereinander und zu der zugehörigen abstrakten hierarchischen Mikrostruktur (i. S. v. Art. 38 a) sogar isomorph, und die Isomorphie besteht auch noch zu weiteren entsprechenden Strukturen (vgl. Abb. 206.8).

Rad, das (Erbw.) -es/Rä|der: 1) *Rollkörper, Getriebeteil;* übtr.: *was sich dauernd fortbewegt:* das ~ der Zeit. Rw. bei ihm fehlt ein Rädchen: *er ist dumm;* er hat ein Rädchen zuviel, bei ihm ist ein Rädchen locker: *er ist im Kopf nicht ganz richtig;* das fünfte ~ am Wagen: *überflüssig;* unter die Räder kommen: *(sittlich) zugrunde gehen;* 2) Kf. für *Fahr-, Mühl-, Treibrad;* 3) *gespreizter Schwanz des Pfaues:* der Pfau schlägt ein ~; *Überschlag* (Turnübung): ein ~ drehen, schlagen; *Hinrichtungswerkzeug im MA:* einen aufs ~ flechten.

Decke, die (Erbw.)-/-n: 1) *oberer Abschluß eines Raumes;* 2) *Auflage* (Tisch-, Bett-, Schneedecke); 3) *Fell* (v. Hirsch, Reh, Wolf, Bär); 4) *überlagernde Gesteinsmasse.* Rw. unter einer ~ stecken: *mit jem. heiml. gemeinsame Sache machen;* sich nach der ~ strecken: *sich anpassen, haushalten;* an die ~ gehen: *sich erbosen* (ugs.).

Arm, der (Erbw.)-s/-e: *Glied des menschl. Körpers; Kraft, Verzweigung, Seitenstange, Fangglied.* Rw. mit offenen ~en aufnehmen; jem. mit Geld unter die ~e greifen: *helfen;* die Beine unter die ~e nehmen: *laufen;* jem. in die ~e, den ~ fallen: *ihm Einhalt gebieten;* mit verschränkten ~en *(untätig)* zusehen; einen langen ~ haben: *viel Einfluß haben;* jem. auf den ~ nehmen: *necken, veralbern* (ugs.).

Textbeispiel 206.22: wa$_{17}$, wa$_{18}$ und wa$_{19}$ aus Herders Sprachbuch 1960

FK			
LZGA.sR mit WAkA/VQA	vFK	lZwK:Ety	hFK
	GA	A-Herk	DekA
			SgbA PlbA
Decke	die	Erbw.	- -n
Arm	der	Erbw.	-s -e
Aal	der	Erbw.	-s -e
Asche	die	Erbw.	- -n
Grat	der	Erbw.	-es -e
Joch	das	Erbw.	-s -e

Abb. 206.8: Darstellung von abstrakten und konkreten Teilstrukturen von Mikrostrukturen in tabellarischer Form; A-Herk = Angabe zur Herkunft; WAkA = Wortakzentangabe; VQA = Vokalquantitätsangabe

Bem. zur Abb. 206.8: Eine Tabelle wie die in der Abb. 206.8 ist die „Übersetzung" von mehreren Strukturbäumen, die isomorphe Teilstrukturen von Mikrostrukturen darstellen. Der Tabellenkopf „entspricht" der Darstellung einer abstrakten hierarchischen Mikrostruktur im Strukturbaum. Die Zeilen der Tabelle "entsprechen" den konkreten präzedentiven Mikrostrukturen. Ausführlich hierzu Wiegand 1989 und in der Anwendung auf das FWB 1989 Wiegand 1990. Die Tabellenköpfe können auch als Formulierungsmuster für Artikelteile aufgefaßt werden, die ihren Platz in einem expliziten Instruktionsbuch für ein großes Wörterbuch haben.

Will man explizit zeigen (was hier nicht möglich ist), daß der SK in Herders Sprachbuch nicht standardisiert gearbeitet ist, dann kann dies u. a. dadurch geschehen, daß man zeigt, daß für gleiche Fälle vollkommen unterschiedliche Tabellen angegeben werden müssen.

Vergleicht man die drei semantischen Kommentare in wa_{17}, wa_{18} und wa_{19} grob, dann ergibt sich: wa_{17} ist nach der Methode der Integration gearbeitet. Die Methodenanwendung ist aber nicht korrekt, da auf die Polysemieangabe „3)" drei Bedeutungsangaben zu ganz verschiedenen Bedeutungen folgen, so daß „4)" und „5)" fehlen. Auch ist „Rw" mehrmals nicht gesetzt. Während in wa_{17} die „Redewendungen" im Hinterintegrat stehen, ist das in wa_{19} (ohne Grund) nicht der Fall; hier stehen sie im Annex (i. S. v. Art. 39, 5.) und sind somit Elemente des Postintegrates. Während wa_{17} und wa_{18} integrierte Mikrostrukturen mit linkserweiterter Basisstruktur aufweisen, kommt wa_{19} eine auflistende Mikrostruktur zu: im ersten SSK werden die Bedeutungsangaben hintereinander aufgelistet, dann die Redewendungen. Auch in Herders Sprachbuch zeigt sich wieder die „Phraseologiemisere": weder wird im Metatext angegeben, wie die Phraseme auffindbar sind, noch hat man ein Konzept, welche Arten ins Hinterintegrat und damit in den Skopus einer Bedeutungsangabe gestellt werden können und für welche Arten das nicht geht (vgl. hierzu Wiegand 1989 c).

Auch in Herders Sprachbuch 1960 wird die Standardsprache der damaligen Zeit nicht ausgewogen selektiv abgebildet. Wie in allen anderen Einbändern, die zwischen 1945 und ca. 1960 erschienen sind, wird die Standardschreibsprache und besonders die Standardsprechsprache der damaligen Zeit nicht ausreichend berücksichtigt, und zwar weder bei den Lemmata, noch in den Bedeutungs- und Beispielangaben der verschiedensten Art.

2.1.2.2.5. Zu den Größenklassen von Einbändern zur deutschen Standardsprache

Die Abb. 206.9 gibt eine Übersicht über die Anzahl der Lemmata der Einbänder der frühen Nachkriegslexikographie. Zum Vergleich stehen vier Wörterbücher, die vor 1945 erschienen sind, in den ersten vier Zeilen der Tabelle. Die Zahlen zur Mächtigkeit der Trägermenge der Makrostruktur in der dritten Spalte beruhen auf Schätzungen. Sie wurden wie folgt ermittelt:

Bei den „kleineren" Einbändern wurden die Lemmata auf 30, bei den „größeren" die auf 50 Seiten gezählt. Bei den Sechsbändern (vgl. 2.1.3.2.3.) wurden pro Bd. 30 Seiten gezählt. Pro Buchstabe wurden entweder eine oder zwei beliebige Seiten gezählt; die fehlenden Seiten bis zu 30 bzw. 50 Seiten konnten bei irgendeinem Buchstaben gezählt werden. Weitere Einschränkungen bei der Beliebigkeit waren: wurden zwei Seiten pro Buchstabe gezählt, durften die zu zählenden Seiten nicht im Bereich eines Präfixes liegen (z. B. nicht im ab-Bereich). Beim Sprach-Brockhaus mußten 40 Seiten eine Bildergruppe aufweisen. Alle gezählten Lemmata wurden arithmetisch gemittelt, der Mittelwert mit der Seitenzahl multipliziert und das Ergebnis nach unten oder oben auf einen Tausender abgerundet.

Da bei allen Wörterbüchern das Schätzverfahren gleichartig angewandt wurde, sind die Zahlen vergleichbar. Die eingeklammerten Zahlen sind das Ergebnis einer zweiten Zählung, in welcher nur die Hauptlemmata berücksichtigt wurden.

Die Größenklassen wurden wie folgt festgelegt:

bis 35.000: kleiner Einbänder,
35.000 — 70.000: mittlerer Einbänder,
70.000 — 100.000: großer Einbänder,
deutlich über 100.000: sehr großer Einbänder.

Die Größenklassen können für andere Zwecke anders festgelegt werden.

Bei diesen Größenklassen ist zu beachten, daß ausschließlich die Zahl der Lemmata (einschließlich der Sublemmata) berücksichtigt wurde. Ein mittlerer Einbänder (wie z. B. Brenner-^{2}DW) kann daher — nach dem intuitiven Laiensachverstand — durchaus als „kleines" Wörterbuch gelten, oder auch — wenn es sich z. B. um den Sprach-Brockhaus handelt — als „mittelgroßes" oder „größeres" Wörterbuch. Bei solchen Einschätzungen werden dann die Prädikate nicht gemäß den hier getroffenen Festlegungen verwendet.

Zur lexikologischen Fundierung der vier Größenklassen kann dies angeführt werden: Vorausgesetzt, es liegen angemessene Selektionskriterien vor, dann gilt:

Ein kleiner Einbänder von ca. 35.000 Lemmata kann die Lexik der standardsprachlichen deutschen Alltagssprache (etwa i. S. v. Steger 1990) als diejenige Sprache, für welche u. a. gilt, daß sie über mehr als vier Generationen lexikalsemantisch stabil bleibt, relativ vollständig erfassen. Ein mittlerer

Erschei-nungsjahr	EINBÄNDER	Lemmataanzahl (Mächtigkeit der Trägermenge der Makrostruktur)	Größen-klassen
1933	Pekrun-¹DW	(77.000) 115.000	(groß) sehr groß
1935	Matthias/Quenzel/Volz	ca. 19.000	klein
1942	Hoffmann/Block	ca. 40.000	mittel
1944	Sprach-Brockhaus 1944	ca. 60.000	mittel
1947	Sprach-Brockhaus 1947	ca. 63.000	mittel
1948	Sprach-Brockhaus 1948	ca. 63.000	mittel
1949	Brenner-¹DW	(ca. 19.000) ca. 56.000	(klein) mittel
1949	Sprach-Brockhaus 1949	ca. 63.000	mittel
1950			
1951	Brenner-²DW	(ca. 19.000) ca. 56.000	(klein) mittel
1952	Mackensen-¹NDW	(ca. 46.000) ca. 112.000	(mittel) sehr groß
1953	Pekrun-²DW	ca. 103.000 (ca. 66.000)	sehr groß (mittel)
1954	Matthias/Frenzel-⁹NDW	ca. 21.000	klein
1955	Langenscheidts-¹ u. ²DW	ca. 38.000 [beide]	mittel
1956	Sprach-Brockhaus⁷	ca. 67.000	mittel
1957	Langenscheidts-³DW	ca. 38.000	mittel
1958			
1959	Pekrun-³DW	ca. 103.000 (ca. 66.000)	sehr groß (mittel)
1960	Herders Sprachbuch	(ca. 35.000) ca. 58.000	(mittel) mittel
1961	Mackensen-³ u. ⁴TW	(ca. 25.000) [beide] ca. 80.000 [beide]	klein groß
1961	Mackensen-³DW	(ca. 115.000)	sehr groß
1962	Sprach-Brockhaus⁷	ca. 67.000	mittel

Abb. 206.9: Übersicht über die Lemmataanzahl der von 1945 bis 1962 erschienenen Einbänder zur deutschen Standardsprache der Gegenwart; vgl. die Fortsetzung in der Abb. 206.25; der Sprach-Brockhaus existiert in einer 7. Aufl. von 1956 u. in einer 7. Aufl. von 1962!

Einbänder von ca. 70.000 Lemmata kann die Kernlexik der deutschen Standardsprache relativ vollständig erfassen. Ein großer Einbänder von ca. 100.000 Lemmata kann die weitere Kernlexik, die die zentrumsnahe Peripherie besonders zu den dialektalen, fachsprachlichen und diachronen Varietäten des Deutschen einschließt, relativ vollständig erfassen. Und ein sehr großer Einbänder kann (je nach Zwecksetzung) beliebig weit in Sektoren der Lexikperipherie vordringen.

Für weitergehende Zwecke sind Größenklassen, die nur auf der Anzahl der Lemmata basieren, ungeeignet. Bei quantitativ-qualitativ fundierten Größenklassen ist die Lemmaanzahl nur ein Faktor bei der Konstitution von Größenklassen.

2.1.2.3. Resümee zur frühen Nachkriegslexikographie der deutschen Standardsprache

In der frühen Nachkriegszeit wird die Bindung der Lexikographie — soweit sie allgemeine einsprachige Wörterbücher erarbeitet — an institutionalisierte Sprachpflegeorganisationen lockerer (vgl. auch Art. 205, 7.) Die Einbänder wenden sich — wie z. T. auch die entsprechenden Vorgänger in der 1. Hälfte des 20. Jhs. — in erster Linie an den „gebildeten Mittelstand", wie sich August Vogel ausdrückt (Vogel-[8]NSB, V), wenn in der Schule, im Haus und im Büro Fragen auftauchen. Sie sind überwiegend deskriptiv, weisen jedoch auch (insbesondere hinsichtlich der Rechtschreibung) normative Züge auf. Obwohl manche Vorwörter viel mehr versprechen, können alle Einbänder nur mit einfachen Suchfragen zur Rechtschreibung, z. T. zur Aussprache und zur Morphologie und nur in sehr bescheidenem Umfang mit einfachen Suchfragen zur Bedeutung der Lemmazeichen (besonders der Fremdwörter) erfolgreich benutzt werden. Einige enthalten auch bescheidene Herkunftsangaben und vereinzelt pragmatische Angaben. Die meisten zeigen in Nestern und Nischen Wortbildungszusammenhänge. Die Sprache der 20er—50er Jahre wird nicht in abgewogener und ausreichender Weise zum Wörterbuchgegenstand, da die Wörterbuchbasis aller Einbänder fast ausschließlich aus anderen Nachschlagewerken besteht, in welchen die Standardsprache der damaligen Gegenwart ebenfalls nicht ausreichend lexikographisch bearbeitet wurde. Der lexikographische Gesamtprozeß von 1945—1962 ist weitgehend von der sprachlichen Wirklichkeit isoliert, da keiner der Lexikographen systematisch aus den primären Quellen arbeitet. Die Lexik, welche sich — je nach der Mächtigkeit der Trägermenge der Makrostruktur unterschiedlich — in den Nachkriegseinbändern findet, ist die seit der 2. Hälfte des 19. Jhs. weitgehend unveränderte Kernlexik, die unterschiedlich stark mit neueren Fremdwörtern, technischen Fachausdrücken und besonders auffälligen, entlehnten Ausdrücken sowie mit Abkürzungen und Namen der verschiedensten Art angereichert wird. Ein wissenschaftlich abgestütztes Konzept für die äußere Selektion liegt keinem der behandelten Einbänder zugrunde.

Zwar zeigt sich in den Außentexten, bes. den Vorwörtern, eine stärkere Hinwendung zu semantischen Aspekten. Die Umsetzung dieser Hinwendung in den Artikeltexten gelingt jedoch insgesamt nicht, auch wenn im Einzelfall manche gelungene Bedeutungsparaphrasenangabe zu finden ist. Für die Gestaltung des semantischen Kommentars gibt es nur vereinzelt brauchbare Ansätze. Allerdings finden sich fast alle wichtigen Teilstrukturen von Mikrostrukturen; nur nichtintegrierte Mikrostrukturen sind in keinem der betrachteten Wörterbücher vorgesehen. Alle Einbänder sind mehr oder weniger hochverdichtet, aber im semantischen Kommentar nicht ausreichend standardisiert, so daß die Einführung in den „Artikelaufbau" im Metatext sehr häufig nicht mit den Strukturen der Artikeltexte übereinstimmt; daher können diese Wörterbücher z. T. nicht als benutzerfreundlich gelten. Da alle Wörterbücher mehrere Auflagen (mit z. T. großer Auflagenhöhe) erlebt haben, muß davon ausgegangen werden, daß für sie ein Bedarf vorhanden war.

2.1.3. Die Entwicklung von ca. 1960 bis 1990

Im Unterschied zu den Einbändern der frühen Nachkriegslexikographie sind die nun zu betrachtenden maßgeblichen allgemeinen einsprachigen Wörterbücher in der einschlägigen Literatur bereits relativ gründlich — wenn auch mit unterschiedlichen Gewichtungen — betrachtet worden. Es wird daher ein knapperer Darstellungsstil gewählt.

2.1.3.1. Neue Maßstäbe mit dem Beginn eines Akademiewörterbuchs: das WDG

Am 17. 4. 1952 gab Wolfgang Steinitz während der Eröffnungsfeierlichkeiten des Instituts für deutsche Sprache und Literatur, der Nachfolgeorganisation der Deutschen Kommission, den Plan für die Erarbeitung eines

Wörterbuchs der deutschen Gegenwartssprache bekannt. Am 1. 9. 1952 begann die verantwortliche Leiterin, Ruth Klappenbach, mit der Arbeit. Nachdem im Juli 1956 500 gedruckte Probeartikel auf einer internationalen Arbeitstagung in Berlin (DDR) diskutiert worden waren, erschien nach einer neunjährigen Vorbereitungszeit 1961 die erste Doppellieferung (*a—annehmen*). Die 57. und letzte Lieferung erschien Ende 1977. Damit waren 6 Bände in rund 25 Jahren erarbeitet.

Über die Geschichte, besonders die Frühgeschichte des WDG, ist die Wörterbuchforschung besonders gründlich informiert dank der folgenden Arbeiten: Klappenbach et al. 1980, Malige-Klappenbach 1986, 1986a, 1986b, 1987, 1988, 1989, 1990 sowie Malige-Klappenbach/Hausmann 1986. Es ist ein Glücksfall für die Historische Wörterbuchforschung, daß anhand dieser Arbeiten und der in ihnen zugänglichen Dokumente der lexikographische Prozeß, der zu einem mehrbändigen, allgemeinen einsprachigen Wörterbuch geführt hat, genau studiert werden kann.

In den neun Jahren der Vorbereitung (1952—1961) — innerhalb derer der Einbänder von Mackensen bereits vier hastig produzierte Auflagen erlebte — wurden in der Werkstatt des WDG, ohne den ökonomischen Druck des Marktes, neue Maßstäbe für die einsprachige Lexikographie der deutschen Gegenwartssprache gesetzt, und zwar insonderheit in den folgenden Bereichen:

(i) bei der Wörterbuchbasis: nach anfänglichem Zögern wird zum ersten Mal bei der Erarbeitung eines allgemeinen einsprachigen Wörterbuches nach 1945 nicht nur aus anderen Nachschlagewerken geschöpft. Vielmehr wird ein „Wortarchiv" systematisch aufgebaut, das am Ende der Arbeit 1977 ca. 2,5 Millionen Belege aufweist. (Vgl. Malige-Klappenbach 1986 a). Damit wird zum ersten Mal nach 1945 die Isolierung des lexikographischen Prozesses von den Texten durchbrochen.

(ii) Es wird ein, an den Zielen des Wörterbuches orientiertes, relativ ausgewogenes, linguistisch fundiertes Konzept für die äußere Selektion entworfen.

(iii) Es wird ein, hinsichtlich Form und Bedeutung der Lemmazeichen ausgewogenes, Mikrostrukturenprogramm erarbeitet. Damit wird die zu starke Orientierung der frühen Nachkriegslexikographie an der Formseite der Sprache aufgegeben und das Schwergewicht auf die lexikalische Bedeutung gelegt.

(iv) Es wird eine übersichtliche Artikelstruktur mit integrierten Mikrostrukturen entwickelt, eine mittelstarke Textverdichtung vorgenommen und eine weitgehende Standardisierung erreicht, so daß insgesamt ein gepflegter Wörterbuchstil durchgehalten wird.

(v) Zum ersten Mal werden in der deutschen Lexikographie ein System von Angaben zum Stil durchgehend angewandt sowie Komposita berücksichtigt, in denen das Lemmazeichen letzte Konstituente ist.

(vi) Zum ersten Mal in der deutschen Lexikographie werden Neologismen entweder als Neuwörter, Neuprägungen oder Neubedeutungen durchgehend gekennzeichnet (vgl. auch 2.4.1.).

Natürlich haben die Lexikographen des WDG nicht vollständig am Punkte Null begonnen, denn ein Teil des Kernwortschatzes war bereits vor dem Start des WDG lexikographisch bearbeitet, wenn auch keineswegs mit den Qualitätsmaßstäben, die für das WDG gesetzt waren, und während der 25jährigen Bearbeitungszeit erschienen weitere Wörterbücher (vgl. Abb. 206.28). Auch die meisten Elemente der Wörterbuchform lassen sich in den früheren Wörterbüchern nachweisen. Dies ändert aber nichts daran, daß das WDG als die Pionierleistung der germanistischen Lexikographie im Bereich der großen mehrbändigen, einsprachigen Wörterbücher der deutschen Standardsprache der Gegenwart zu gelten hat. Die einmal in der Berliner Akademie gesetzten Maßstäbe wirkten sich auch auf die Verlagslexikographie aus, was z. T. für die Erarbeitung weiterer Wörterbücher sehr förderlich war.

2.1.3.2. Die drei Sechsbänder

Zur deutschen Standardsprache der Gegenwart gibt es derzeit drei sechsbändige Wörterbücher: das WDG (1961—1977), „Das große Wörterbuch der deutschen Sprache in sechs Bänden" (= Duden-GW, 1976—1981) und der „Brockhaus-Wahrig Deutsches Wörterbuch in sechs Bänden" (= BW, 1980—1984).

Außer den bereits zum WDG genannten Titeln ist die wichtigste Literatur zu diesen Wörterbüchern die folgende:

Agricola et al. 1983; Bergenholtz 1984, 1984 a; Besch 1986; Braun 1981, 1981 a; Buck 1982; Burger 1983, 1988; Courdier 1984; Drosdowski 1968, 1977 [84]; 1985, 1986; Engel 1972; Fenske 1973; Good 1988; Hausmann 1983, 1985, 1985 b, 1986; Herberg 1985, 1986, 1987, 1988, 1989; Holly 1984; Käge 1982; Kempcke 1980; Kirkness 1985; Kjær 1987; Knobloch 1984; Kühn 1984, 1986,

1989; Kühn/Püschel 1982; Lang 1982; Latour 1980; Lepinoy 1966; Lerchner 1986; Ludwig 1986; Mattausch 1979; Mugdan 1984; Müller 1970, 1982; 1984; Nemoto 1977; Nerius 1985; Neubauer 1980; Niebaum 1984; Olšanski 1979; Pawlowski 1986; Richter 1985; Ripfel 1989; Sands 1980/81; Schaeder 1983, 1984, 1985, 1987; Seebold 1982; Storrer 1990; Viehweger 1982; Wellmann 1984; Wiegand 1977 [84], 1981, 1983 a, 1984 b, 1985 d, 1989 c; Wiegand/Kučera 1981, 1982; Wolski 1986; Woetzel 1988. — Weitere Lit. findet man in Wiegand 1988 d unter den einschlägigen Stichwörtern im Sachregister. — Die Rezensionen zu den Wörterbüchern findet man über Malige-Klappenbach/Hausmann 1986, 149—160 sowie über Ripfel 1989, 330—357. Man vgl. weiterhin die Art. in den Kap. IV. u. V., in denen die drei Sechsbänder meistens berücksichtigt sind.

Im folgenden wird eine knappe, vergleichende Charakteristik gegeben, und zwar nach Aspekten der Wörterbuchbasis, der Makrostruktur, des Wörterbuchgegenstandes und der Mikrostrukturen.

2.1.3.2.1. Zur Wörterbuchbasis

Die Wörterbuchbasis des WDG, besteht zunächst aus ca. 820 primären Quellen, wenn man die im Quellenverzeichnis, das nur die zitierten Quellen enthält, aufgeführten Titel zählt, (6. Bd., 4557—4579), wobei zu berücksichtigen ist, daß sog. „Gesammelte Werke" und Zeitschriften als ein Titel aufgeführt sind. Zur Wörterbuchbasis zählen weiterhin die nicht zitierten Primärquellen sowie als sekundäre Quellen andere Wörterbücher. In den Hinweisen zur Benutzung des Quellenverzeichnisses heißt es:

„Die zahlreichen Werke, Zeitschriften, Zeitungen, die exzerpiert und ausgewertet, aber nicht zitiert wurden, sowie alle benutzten einschlägigen ein- und zweisprachigen Wörterbücher, besonders des deutschsprachigen Raumes, sind nicht im Quellenverzeichnis genannt" (Bd. 6., 4557).

Das tatsächliche Volumen der Wörterbuchbasis bei den primären Quellen kann daher nur durch ein Studium des Berliner Wortarchivs rekonstruiert werden. Zu den benutzten Wörterbüchern vgl. man Malige-Klappenbach 1986, 10 ff.

Die Wörterbuchbasis des Duden-GW besteht ebenfalls z. T. aus primären Quellen. Das Quellenverzeichnis im 1. Bd. (25—32) und die Nachträge zum Quellenverzeichnis im 6. Bd. (2991—2992) umfassen ca. 540 Titel. Zeitungen und Zeitschriften werden als ein Titel geführt. Im WDG und Duden-GW hat man sich an das Korpus-, das Quellennachweis- und an das Belegprinzip gehalten (vgl. dazu Wiegand/Kučera 1981, 101). Dies gilt nicht für den BW. Hier heißt es in den Benutzungshinweisen unter „Anwendungsbeispiele":

„Auf Literaturbelege wird im Rahmen dieses Vorhabens bewußt verzichtet. Um den Eindruck der Zufälligkeit zu vermeiden, müßte eine angemessene Berücksichtigung entsprechender Belege weit über den Rahmen eines sechsbändigen allgemeinen Wörterbuches der deutschen Sprache hinausgehen" (Bd. 1, 15).

Wiegand/Kučera (1981, 102) schreiben zu diesem Zitat:

„Diese Formulierungen sind offensichtlich keine Benutzungshinweise! Sie wurden zu denjenigen Ausführungen, die aus Wahrigs „dtv-Wörterbuch der deutschen Sprache" (= Wahrig-dtv) übernommen wurden, hinzugefügt (vgl. Wahrig-dtv, 12). Es handelt sich um Rechtfertigungsversuche bzw. um die Vertuschung eines in der Fachwelt bekannten schweren Mangels (vgl. Drosdowski 1977, 112 ff.); die Wahrig-Wörterbücher — einschließlich Wahrig-^{3}DW — sind ohne (ausreichendes) lexikographisches Korpus entstanden".

Im BW setzt sich die in der frühen Nachkriegslexikographie angewandte falsche Methode der Lexikerfassung fort: die äußere Selektion erfolgt fast ausschließlich aufgrund anderer Nachschlagewerke, welche die Wörterbuchbasis bilden.

Vergleicht man die primären Quellen des WDG und des Duden-GW, die in den Quellenverzeichnissen aufgeführt sind, dann sind sie außerordentlich unterschiedlich; die Schnittmenge der beiden Wörterbüchern gemeinsamen Quellen ist gering. Im WDG finden sich sehr viel mehr Quellen aus dem bildungsbürgerlichen Literaturkanon (angefangen etwa bei Lessing) und aus dem „gehobenen" Schrifttum, z. B.:

Ernst Moritz Arndt, Bettina von Arnim, Ludwig Achim von Arnim, Gottfried Benn, Heinrich Böll, Berthold Brecht, Clemens Brentano, Georg Büchner, Wilhelm Busch, Adelbert von Chamisso, Anette von Droste-Hülshoff, Friedrich Dürrenmatt, Lion Feuchtwanger, Theodor Fontane, Ferdinand Freiligrath, Max Frisch, Stefan George, J. Wolfgang von Goethe, Günter Grass, Franz Grillparzer, Gerhard Hauptmann, Manfred Hausmann, Heinrich Heine, Hermann Hesse, August Heinrich Hoffmann von Fallersleben, Hugo von Hofmannsthal usw.

Es gibt nur wenige Autoren der großen deutschen Literatur, die nicht vertreten sind. Namen, die im Quellenverzeichnis des Duden-GW auch auftreten, sind: Böll, Brecht, Dürrenmatt, Feuchtwanger, Frisch, Grass, Hauptmann, Hausmann, Hesse, Hofmannsthal, also alles Autoren, die nur oder auch noch im 20. Jahrhundert publiziert haben.

Insgesamt repräsentieren die Quellen im

Duden-GW ein erheblich größeres Textsortenspektrum. Dadurch wird die innere lexikalische Differenzierung der deutschen Standardsprache deutlicher berücksichtigt. Fragt man sich, wieso z. B. Bettina von Arnims sämtliche Werke, die poetischen Werke Goethes oder Lessings sämtliche Schriften zu den primären Quellen eines Wörterbuchs der deutschen Gegenwartssprache gehören, das ab 1952 bearbeitet wurde, dann muß die Antwort wie folgt lauten:

Nach dem Wörterbuchplan von Steinitz (vgl. ders. 1954) war diese Quellenwahl notwendig. Denn in diesem Plan, (der im übrigen ein krauses Gemisch von SED-Ideologie, sprachwissenschaftlichem Wissen, besonders Kenntnissen von Stalin und Halbwissen über deutsche Wörterbücher darstellt), heißt es u. a.: „Ich verstehe unter 'deutscher Sprache der Gegenwart' die deutsche Sprache der bildungstragenden Schicht von heute, in ihrer schriftlichen und mündlichen Form. [...] Die bildungstragende Schicht sind nicht etwa nur die in Wissenschaft und Kunst tätigen Menschen, sondern selbstverständlich in gleichem Grade die in Technik, Wirtschaft und Verwaltung, in den gesellschaftlichen Organisationen und Parteien verantwortlich tätigen Menschen. Die soziale Zusammensetzung dieses Personenkreises hat sich in der Deutschen Demokratischen Republik gegenüber der Weimarer Zeit oder gegenüber Westdeutschland weitgehend geändert: Arbeiter und Bauern stehen in Verwaltung und Wirtschaft in führenden Stellungen, ihre Kinder lernen in früher nicht gekanntem Umfang an den Universitäten und Hochschulen" (Steinitz 1954, 66).

Nachdem Steinitz (1954, 67) festgestellt hat, daß die Sprache der bildungstragenden Schicht in zwei Hauptformen erscheint: „der geschriebenen oder Schriftsprache und der gesprochenen oder Umgangssprache", die Unterarten aufweisen, und nachdem er diese Erscheinungsformen als solche eines Ganzen aufgefaßt hat, die zusammen einen äußerst vielseitigen und lebendigen Komplex darstellen, und nachdem er sich (1954, 68 f.) mit der Fringschen Terminologie auseinandergesetzt hat, stellt er fest: „Ich verwende im folgenden, freilich auch mit Vorbehalt, als Terminus für den ganzen Komplex *Literatursprache*, da für die diese Sprache tragende Schicht eben die Bildung, d. h. die Teilnahme an der Literatur, das kennzeichnende Merkmal ist" (Steinitz 1954, 68).

Schließlich heißt es:

„[...] ein Wörterbuch der deutschen Sprache der Gegenwart, das die heute in Wort und Schrift üblichen sowie die in der heute noch gelesenen älteren Literatur vorkommenden, jetzt ungebräuchlichen, aber noch verständlichen Wörter enthalten würde, also *den ganzen lebendigen Reichtum der heutigen deutschen Sprache* umfaßt — ein solches Wörterbuch gibt es nicht" (Steinitz 1954, 76).

Daß es das charakterisierte Werk damals nicht gab, trifft zu. Es ist aber entweder ein schwerwiegender Irrtum oder eine bewußt falsche Behauptung, daß die jetzt ungebräuchlichen, aber noch verständlichen Wörter der noch gelesenen älteren Literatur zur heutigen deutschen Sprache gehören! Denn diese Behauptung steht auch in diesem Zitat. Aber nicht dieser Irrtum (so soll angenommen werden) ist der Grund dafür, daß die Wörterbuchbasis so viele große literarische Werke enthält, sondern ein ideologischer. STEINITZ (1954, 78) führt aus:

„Die heute noch im Original gelesene ältere Literatur, aus der heute nicht mehr übliche Wörter aufgenommen werden sollen (mit dem entsprechenden stilistischen Vermerk), umfaßt selbstverständlich außer der Literatur des 19. auch die klassische Literatur des 18. Jahrhunderts, etwa von LESSING an. Theodor STECHE hat in seinem 1931 erschienenen Aufsatz über die Entwicklung der deutschen Hochsprache gesagt, die Tatsache, daß die Jugend nicht mehr unsere Klassiker lesen wolle, bedeute den Wegfall des bisher anerkannten und respektierten sprachlichen Vorbildes und gebe der Entwicklung zu neuen, stark abweichenden Sprech- und Schreibnormen große Möglichkeiten. STECHE glaubte sehr objektiv zu sein, wenn er schreibt: 'Man kann dies bedauern oder auch begrüßen. Die Linke wird es nur begrüßen.'

Mit dieser Prophezeiung hat sich STECHE gründlich geirrt. Unsere klassische Dichtung wird von der deutschen 'Linken', der deutschen Arbeiterklasse und ihrer Partei, der Sozialistischen Einheitspartei Deutschlands, als unvergänglicher Bestandteil der deutschen Kultur geliebt und gepflegt, und wir tun alles, um die Sünden der vergangenen Jahrzehnte, der Weimarer wie der Nazizeit, wieder gutzumachen. Unsere Jugend wird ein lebendiges Verhältnis zu unserem klassischen Erbe haben."

Aus den gegebenen Zitaten (und aus zahlreichen weiteren Textstellen) ergibt sich nun folgender Zusammenhang: Ein Wörterbuch der deutschen Gegenwartssprache fehlt und wird gebraucht, was sachlich korrekt ist. Die deutsche Gegenwartssprache wird aber einseitig als die Sprache der bildungstragenden Schicht, zu der damals angeblich auch viele Arbeiter und Bauern gehören, aufgefaßt. Da die deutsche Arbeiterklasse und die SED die klassische Dichtung liebten und pflegten, muß etwas für sie getan werden und da ja angeblich ohnehin die noch verständlichen Wörter aus dieser Literatur, obwohl sie ungebräuchlich (nicht mehr üblich) sind, zur heutigen deutschen Sprache gehören [!], gehören sie ins WDG. Das ist von oben verordnete, normative SED-Sprachkultur. Es ist also nicht korrekt, wenn stets behauptet wurde, erst mit der Kurskorrektur bei der Behandlung des politisch-ideologischen Wortschatzes, die in der Vorbemerkung zum 4. Bd. begründet wird, hätte die SED Einfluß auf das WDG genommen. Der Einfluß schon im Wörterbuchplan ist nur deshalb bisher weniger aufgefallen, weil sich die normativen Bestrebungen von

Steinitz (die sich auch noch an zahlreichen anderen Textstellen nachweisen lassen), an die deutsche Lexikographietradition anschließen ließen: „Das ‚Wörterbuch der deutschen Gegenwartssprache' knüpft an ältere Bestrebungen in der deutschen Lexikographie an, in ein Wörterbuch — im wesentlichen jedenfalls — den Wortschatz der Hochsprache, den durch die Literatur legitimierten Sprachbesitz einer Bildungsschicht aufzunehmen" (Drosdowski 1977 [84], 116.).

2.1.3.2.2. Zur Makrostruktur: qualitative Aspekte

Ein Wörterbuchplan bestimmt nicht nur die Zusammenstellung der Wörterbuchbasis, sondern auch die äußere Selektion aus dieser. Hätte sich Ruth Klappenbach bei der äußeren Selektion tatsächlich an die in diesem Punkte verfehlten Vorstellungen von Steinitz (1954) gehalten, dann hätten sehr viel mehr Lemmata aus der Literatur von Lessing an angesetzt werden müssen. Daß dies nicht der Fall ist, ist wahrscheinlich dem lexikographischen Augenmaß von R. Klappenbach zu verdanken.

Das WDG strebt keine äußere Vollständigkeit an:

„Es soll das allgemein verbreitete typische Wortgut unseres Jahrhunderts möglichst vollständig bringen [...]. Fachsprachliche und landschaftlich gebundene Wörter und Redewendungen können nur unter stark einschränkenden Bedingungen aufgenommen werden" (WDG, Vorwort 018).

Im Duden-GW dagegen findet sich folgende Absichtserklärung: „Das Wörterbuch will den Wortschatz der deutschen Gegenwartssprache vollständig erfassen." (Duden-DW, 3). Im BW fehlt eine Stellungnahme zur Frage der makrostrukturellen Abdeckung. Im WDG sind die Fachsprachen weniger berücksichtigt als im Duden-GW, in dem eine „starke Berücksichtigung der Fachsprachen" (Vorwort, 2) vorliegt. Während man der Auswahl der fachsprachlichen Lexik im Duden-GW durchaus anmerkt, daß sie durch eine umfangreiche Sprachkartei gestützt ist, ist die noch stärkere Berücksichtigung der Fachlexik im BW (ähnlich wie in den späteren Auflagen des Mackensen-DW) insgesamt ohne erkennbares Selektionskonzept. Zwar klingt es plausibel, wenn es heißt:

„Um dem Umstand Rechnung zu tragen, daß die technische und wissenschaftliche Entwicklung immer rascher voranschreitet und in wachsendem Maße ins tägliche Leben eingreift, so daß eine Auseinandersetzung mit ihr fast zwangsläufig erfolgt, werden Fremdwörter besonders ausführlich erläutert und der Aufnahme von Fachwortgut breiter Raum gewährt." (BW, Vorwort 5).

Es fehlt aber an Kriterien für die Aufnahme von fachsprachlicher Lexik, so daß die Selektion letztlich beliebig ist (vgl. auch Wiegand/Kučera 1981, 106 ff.), und die Mächtigkeit der Trägermenge der Makrostruktur leicht z. B. auf 500.000 Elemente und mehr erweitert werden kann.

Alle drei Sechsbänder berücksichtigen gleichmäßig die standardsprachlichen Wörter aller traditionellen Wortklassen. Während im WDG und im Duden-GW Personennamen nur als Lemmata angesetzt werden, wenn eine Gebrauchsweise belegbar ist, welche nicht namenspezifisch ist, werden im BW, der damit u. a., wie die frühe Nachkriegslexikographie, an ältere Traditionen anknüpft, auch generell Personennamen aufgenommen. Das WDG nimmt einige Ländernamen in das Hauptstichwortverzeichnis auf. Im 6. Bd. findet man vor dem Quellenverzeichnis ein „Verzeichnis der heute selbständigen Staaten mit ihren Ableitungen" (4552—4556). Einen Ausschnitt daraus bildet das Textbeispiel 206.23.

1	2	3	4
Im Deutschen gebräuchliche Kurzform(en)	Offizielle Vollform in deutscher Sprache	Bezeichnung des Staatsbürgers	Vom Staatennamen abgeleitete adjektivische Form
Chile	Republik Chile	Chilene	chilenisch
China / VR China	Volksrepublik China	Chinese	chinesisch
Dänemark	Königreich Dänemark	Däne	dänisch
DDR, die	Deutsche Demokratische Republik	DDR-Bürger	DDR-
BRD, die	Bundesrepublik Deutschland	BRD-Bürger	BRD-
Dominikanische Republik, die	Dominikanische Republik	Dominikaner	dominikanisch

Textbeispiel 206.23: Auszug aus dem „Verzeichnis der heute selbständigen Staaten mit ihren Ableitungen" aus dem WDG (Bd. 6, 4553)

Man sieht: Es gibt Chilenen, Chinesen, Dänen und Dominikaner aber keine Deutschen. Zur Erklärung heißt es in einer Anmerkung:

„Die Formen in den Spalten 3 und 4 gelten nicht als offiziell. Während die Bezeichnung für den Staatsangehörigen und die adjektivische Ableitung bei manchen Staaten nur jeweils in einer einzigen Form fest geworden ist, schwankt der Gebrauch bei anderen Formen oft noch zwischen mehreren Varianten, von denen wir aber jeweils nur die uns z. Z. als die am gebräuchlichsten erscheinende anführen"

Hier liegt natürlich ein punktueller Sprachlenkungsversuch vor. Eine lexikographische Antwort auf derartige ideologische Albernheiten findet man im Knaurs-GW:

„Interessant ist auch, daß für die DDR kein eigentlicher Einwohnername existiert. Man gebraucht offiziell Bürger der DDR, in Österreich oft Ostdeutscher und in der Bundesrepublik meist DDRler — wobei die beiden letztgenannten als umgangssprachlich zu werten sind." (Knaurs-GW, 25)

Im folgenden wird auf das Ideologieproblem nicht weiter eingegangen. Nach Schaeder (1987, 69, Anm. 8) sind ohnehin nur 2601 Lemmazeichen davon betroffen. Zur Erläuterung der ideologiegebundenen Lexik im WDG vgl. man: Malige-Klappenbach 1986, 50 ff; 1989, 1990 passim und allgemein Art. 76 sowie Richter 1985.

Im Unterschied zum WDG kommt im Duden-GW und deswegen auch im BW die innere Differenzierung der deutschen Standardsprache auch in der äußeren Selektion — insonderheit aber im Bedeutungsspektrum der Lemmazeichen — mehr zur Geltung. Insbesondere der Wortschatz der inoffiziellen Standardsprechsprache und der in der Übergangszone zum Neuen Substandard werden im Duden-GW extensiver berücksichtigt (wobei auch zu berücksichtigen ist, daß Küpper-A, Küpper-¹HWDA, Küpper-dtv, Küpper/Küpper 1972 und Küpper-WdU bereits erschienen waren; vgl. Abb. 206.28).

Eine gut begründete und im Ganzen relativ ausgewogene Selektion wird im WDG bei den Komposita vorgenommen (vgl. Vorwort 018 f.). Um die nahezu unbegrenzte Kompositionsbildungsmöglichkeiten lexikographisch anzudeuten, werden einerseits mehr Komposita aufgenommen als in den vergleichbaren älteren Wörterbüchern, andererseits wird aber durch das Kriterium der inneren Idiomatisierung und ein (allerdings fragwürdiges) Häufigkeitskriterium die Aufnahme der Komposita kontrollierbar beschränkt. Im Duden-GW und im BW steigt die Anzahl der aufgenommenen Komposita. An einem kleinen Ausschnitt zeigt dies die Tabelle in der Abb. 206.10.

1. Konstituente	WDG	Duden-GW	BW
arbeiter-	67	72	77
arbeits-	242	318	309
breit-	30	21	53
dreh-	31	50	75
einzel-	59	135	168
fremd-	16	33	56
gewerkschafts-	23	24	16
hart-	32	62	86
klein-	37	159	186
lern-	9	32	42
meinungs-	12	26	28
nacht-	84	100	102

Abb. 206.10: Aufnahme von nominalen Komposita im WDG, Duden-GW und BW (modifiziert nach Latour 1980, 8 und um die BW-Spalte erweitert)

Die Tabelle in Abb. 206.10 zeigt deutlich die steigende Tendenz in der Berücksichtigung der Komposita. Diese ist nur teilweise durch die Entwicklung innerhalb der deutschen Standardsprache der Gegenwart als dem Wörterbuchgegenstandsbereich zu erklären. Vielmehr ändert sich, insbesondere beim BW, die Selektionspolitik. Es werden mehr Komposita aufgenommen, die nach dem Frege-Prinzip analysierbar sind, sowie erheblich mehr Komposita aus den Fachsprachen.

Latour (1980, 8 f.) hat gezeigt, daß der Überschneidungsbereich bei den Lemmata des WDG und Duden-GW, die nominale Komposita sind, z. T. auffallend klein ist; er hat dies darauf zurückgeführt, daß das WDG — neben einer etwas stärkeren Berücksichtigung veralteter und individualsprachlicher Wörter — vor allem Neubildungen in der DDR berücksichtigt. Das Verhältnis des BW zum Duden-GW ist dagegen in zahlreichen Fällen so, daß die Menge der Kompositalemmata mit der gleichen ersten Konstituente K_1 im Duden-GW eine echte Teilmenge der Kompositalemmata mit K_1 im BW ist oder daß die Durchschnittsmenge relativ groß ist, woraus hervorgeht, daß der Duden-GW die Vorlage für den BW war. Für K_1 = *lern-* ergibt sich z. B. dies:

Im Duden-GW finden sich folgende 32 Komposita:

lernaktiv, Lernbegier, Lernbegierde, lernbegierig, lernbehindert, Lernbehinderte, Lernbehindertenpäd-

agogik, Lerneifer, lerneifrig, lernfähig, Lernfähigkeit, Lernfrage, lerngestört, Lernhilfe, Lerninhalt, Lernmaschine, Lernmittel, Lernmittelfreiheit, Lernmotivation, Lernprogramm, Lernprozeß, Lernpsychologie, Lernschritt, Lernschule, Lernschwester, Lernspiel, Lernstoff, Lernvermögen, Lernvorgang, lernwillig, Lernzeit, Lernziel.

Außer *Lernzeit* finden sich alle Komposita auch im BW, so daß die Mächtigkeit der Durchschnittsmenge gleich 31 ist. Im BW kommen folgende 12 Komposita hinzu:

Lernbehinderter, Lernbehinderung, Lernbereitschaft, Lernerfolg, Lernerfolgskontrolle, Lerngruppe, lernintensiv, Lernschwierigkeit, Lernstörung, Lernwille, Lernzielbestimmung, Lernzielkontrolle.

Die Fachsprache der Pädagogik und Psychologie wird also weitergehend berücksichtigt. Hinzu kommen Komposita ohne innere Idiomatisierung (z. B. *Lerngruppe)*.

Zu speziellen Problemen, welche mit den Komposita verbunden sind, vgl. man u. a. Holly 1984, Mugdan 1984, Müller 1982; vgl. Art. 52; weitere Lit. in Wiegand 1988 d.

Schon der Sprach-Brockhaus 1948 hatte vereinzelt Wortbildungsmittel als Lemmata angesetzt (vgl. 2.1.2.1.). Die Aufnahme von Affixen und Affixoiden ist in allen drei Sechsbändern mehr oder weniger unsystematisch. Die Menge der aufgenommenen Wortbildungsmittel ist im BW am größten. Vgl. hierzu Art. 81.

Während die äußere Selektion im WDG und Duden-GW insgesamt als angemessen relativ zu den gesteckten Zielen gelten kann, zeugt das Selektionsergebnis im BW von lexikographischer Konzeptlosigkeit. Diese ist vorgeführt in Wiegand/Kučera (1981, 106—116). Man vgl. auch Seibicke 1983.

2.1.3.2.3. Zur Makrostruktur: quantitative Aspekte

Zählprobleme ähnlicher Art, wie sie bei den Einbändern der frühen Nachkriegslexikographie sich ergaben, treten bei den drei Sechsbändern nicht auf.

Das WDG hat nach Mattausch (1979, 214) ca. 95 000*, nach Drosdowski (1977 [84], 107) ca. 85 000*, nach Herberg (1985, 33) „annähernd 100 000*" und nach eigener Schätzung ca. 99 000 Lemmata. Der Anteil an fachsprachlicher Lexik liegt wohl nicht höher als 15 %.

Nach Drosdowski (1970 [84], 107) hat der Duden-GW ca. 160 000* Lemmata; nach eigener Schätzung beträgt die Lemmatazahl 168 000. Der Anteil der Fachlexik ist mindestens 35 %. Zählt man die mit einem Sternchen angekündigten „Redewendungen" als Sublemmata, dann hat der Duden-GW 177 000 Lemmata.

Nach dem Vorwort hat der BW ca. 220 000* Lemmata. Nach den Angaben im Klappentext im 1. Bd. und verschiedenen Prospekten sind davon ca. 6000* Vornamen (nach Seibicke 1983 ca. 2000* Vornamenartikel), 85 000* Fachausdrücke und 85 000* sog. Fremdwörter. Der Rest von ca. 49 000* (vgl. dazu näher Wiegand/Kučera 1981, 111) müßte dann weitgehend aus standardsprachlichen Lemmata bestehen, was einen relativ geringen Anteil darstellt. Nach eigener Schätzung hat der BW ca. 225 000 Lemmata.

Die vorstehenden quantitativen Angaben zu den Lemmata sind sämtlich mit Vorbehalten zu betrachten. Methodisch hinreichend abgesicherte Aussagen zur lexikographischen Abdeckung und damit indirekt solche zum Umfang der standardsprachlichen Lexik sind aus ihnen allein nicht ableitbar. Doch gewinnt man aus den drei Sechsbändern durchaus einen ungefähren Eindruck vom Umfang und der Zusammensetzung der standardsprachlichen Lexik in der Mitte des 20. Jahrhunderts.

2.1.3.2.4. Zur Makrostruktur: Anordnungsformen

Das WDG und der Duden-GW weisen nichtstriktalphabetische Makrostrukturen mit Gruppierung auf, und zwar sind in beiden Wörterbüchern die Lemmata nestalphabetisch angeordnet (vgl. Art. 38, 3.4.). In beiden Wörterbüchern sind die Komposita gruppiert, deren erste Konstituente das Lemmazeichen ist (vgl. Abb. 38.8 für den Duden-GW und 206.14). In beiden Wörterbüchern sind die Nestlemmata Teillemmata (vgl. Art. 37). Da der einzige hier relevante Unterschied der beiden Wörterbücher darin besteht, daß im Duden-GW erst gruppiert wird, wenn drei oder mehr Komposita mit gleicher erster Konstituente als Lemmata angesetzt werden (vgl. Duden-GW, 4), kann davon ausgegangen werden, daß das WDG Vorbild für den Duden-GW war. — Der BW weist eine striktalphabetische Anordnungsform ohne Gruppierung auf, ist also ein glattalphabetisches Wörterbuch (vgl. Textbeispiel 38.4). Alle drei Sechsbänder sind monoakzessiv. Vgl. weiterhin Art. 38.

2.1.3.2.5. Zum Wörterbuchgegenstand

Der Wörterbuchgegenstand der drei Sechsbänder (der mit Wiegand 1989 vom Wörterbuchgegenstandsbereich unterschieden werden muß) ist nicht gleich, denn nicht in allen drei Werken werden die gleichen Mengen von Eigenschaften der Lemmazeichen lexikographisch bearbeitet, und Eigenschaften bestimmter Klassen werden nur bei jeweils unterschiedlichen Lemmazeichentypen berücksichtigt (z. B. die Aussprache nur bei sog. Fremdwörtern).

Folgende Lemmazeicheneigenschaften werden bei allen 3 Wörterbüchern durchgängig berücksichtigt: die Rechtschreibung, die Wortart (bei allen Lemmazeichen, die Wörter sind; vgl. hierzu Bergenholtz 1984), die Flexion, (vgl. Bergenholtz/Mugdan 1982 u. Art. 42), die unregelmäßige Steigerung, die lexikalische Bedeutung (vgl. Wiegand 1989), die sog. Stilebene bzw. Stilfärbung (vgl. Wiegand 1981; Art. 53), die zeitliche und räumliche Zugehörigkeit (vgl. Besch 1986, Niebaum 1984, Art. 54 u. 55), die Zugehörigkeit zu Fachgebieten (vgl. Art. 58), das Auftreten der Lemmazeichen bzw. ihrer Form in sog. Redewendungen (vgl. Burger 1983, 1988; Wiegand 1989 c u. Art. 46).

Nicht durchgängig berücksichtigt ist die Verwendung der Lemmazeichen in größeren sprachlichen Einheiten, so daß es nicht zu jedem Lemmazeichen in einer seiner Bedeutungen Verwendungsbeispiele gibt. Das gilt besonders für den BW.

Nicht durchgängig und in den drei Werken unterschiedlich werden die paradigmatischen Beziehungen berücksichtigt. Die Silbentrennung wird nur im Duden-GW und BW angegeben. Nur im Duden-GW wird die Aussprache (vgl. Art. 41 u. Benware 1988) durchgängig behandelt, während im WDG und BW — jeweils unterschiedlich — nur besondere Fälle berücksichtigt werden. Nur im Duden-GW und im BW finden sich durchgängig bei Adjektiven Angaben zu Restriktionen bei der Graduierung und in der Syntax (vgl. Bergenholtz 1984 a), die nach 1945 zum ersten Mal im Ullstein-LdS auftreten (vgl. 2.1.3.4.). Im BW sind diese Angaben besonders häufig fehlerhaft (vgl. Wiegand/Kučera 1981, 125 ff. u. 1982, 320 ff.). Nur im BW finden sich Satzmusterangaben, so daß dieses Werk die Grammatik insgesamt am meisten berücksichtigt. Nur im WDG werden (wenn auch nicht durchgängig und gleichmäßig) die Komposita, in welchen das Lemmazeichen letzte Konstituente ist, aufgeführt, was zum Vorbild für den Duden-10 von 1985 wird (vgl. 2.1.3.4.). Im WDG findet man nur in erklärten Ausnahmen kurze Angaben zur Herkunft. Im Duden-GW und im BW wird die Etymologie eingehender und relativ durchgängig berücksichtigt (vgl. hierzu Seebold 1982, 192 ff; vgl. Art. 43).

Die bisher betrachteten Gemeinsamkeiten und Unterschiede bei den Wörterbuchbasen und den -gegenständen führen dazu, daß — neben gleichartigen — auch lexikographische Informationen aus den drei Sechsbändern gewonnen werden können, die zu unterschiedlichen Klassen gehören.

Die Qualität dieser lexikographischen Informationen ist abhängig von der lexikographischen Beschreibung. Beurteilt man diese bei mehrbändigen großen Wörterbüchern relativ pauschal vergleichend (wie z. B. Latour 1980, Hausmann 1983 und Wellmann 1984), kann man nicht sicher sein, ob die Ergebnisse zutreffend sind. Ein methodisch sauberes Verfahren wäre dies: Anhand einer ausreichend hohen Zahl von Lemmazeichen, die zu verschiedenen Lemmazeichentypen gehören (z. B. zu den Modalpartikeln, zu den sprachhandlungsbezeichnenden Verben usw.) wird die lexikographische Beschreibung pro derjenigen Menge von Angaben mit gleichem allgemeinen genuinen Zweck geprüft, die sich auf die gleichen Eigenschaften der ausgewählten Lemmazeichen beziehen. Die Prüfung geschieht anhand konstanter Beurteilungskriterien, die linguistisch und metalexikographisch zu begründen sind. Danach können zwei lexikographische Qualitätsprofile erarbeitet werden, und zwar eines relativ zur usuellen Benutzung als Nachschlagewerk (i. S. v. Wiegand 1987 a) und ein anderes relativ zur Benutzung als lexikologisches Arbeitsinstrument. Die Durchführung von solchen Untersuchungen ist ein Desiderat der Kritischen Wörterbuchforschung (i. S. v. Art. 29).

Wie unterschiedlich die bearbeiteten Sprachausschnitte zu Teilen von Artikeltexten verarbeitet werden und wie unterschiedlich letztere innerhalb eines einheitlichen — durch die Methode der Integration festgelegten — Beschreibungsrahmens dennoch sind, zeigen die Textbeispiele 206. 24—26.

Bem. zu wa_{20}—wa_{25} : wa_{20} ist relativ arm an

abkochen /Vb./

1. Kartoffeln a. (gar kochen)

2. etw. durch Kochen keimfrei, steril machen: wegen der Typhusgefahr ist nur abgekochtes Trinkwasser oder abgekochte Milch zu verwenden; Med. Instrumente, Geschirr a.

3. im Freien kochen: die Jungen kochten auf ihrer Wanderung ab

4. Chem. etw. auskochen, ausziehen: Kräuter a.

Abkochung, die; -, -en Chem. durch Auskochen bereitete Lösung: Abkochungen von Pflanzen, Heilkräutern

Textbeispiel 206.24: wa_{20} und wa_{21} aus WDG

a̱bkochen ⟨sw. V.; hat⟩: **1. a)** (selten) *gar kochen, fertigkochen:* Futterkartoffeln, Eier für den Salat a.; **b)** *durch Kochen keimfrei machen:* wir mußten das Trinkwasser a.; **c)** *im Freien kochen:* die Pfadfinder kochen ab; Um vier Uhr früh, als sie abkochen, ist klarer Sternenhimmel (Trenker, Helden 158); **d)** *durch Kochen ausziehen:* (Heil)kräuter a. **2.** (salopp) *zermürben, erledigen, fertigmachen:* sich nicht a. lassen; sie sperrten ihn in eine Einzelzelle und versuchten ihn abzukochen. **3.** (salopp, landsch.) *schröpfen, ausnehmen:* sie haben ihn beim Skat ganz gehörig abgekocht; Sie taten nur schön mit ihm, wenn es bei ihm etwas abzukochen gab (Apitz, Wölfe 104). **4.** (Boxen Jargon) *vor einem Kampf durch Training sein Körpergewicht in kurzer Zeit verringern, um für eine bestimmte Klasse zugelassen zu werden:* eine Woche vor dem Fight mußte er noch 5 Pfund a.; ⟨Abl. zu 1 c:⟩ A̱bkochung, die; -, -en: *Lösung, Absud, Dekokt.*

Textbeispiel 206.25: wa$_{22}$ und wa$_{23}$ aus Duden-GW

ˈabǀkoˑchen ⟨V.⟩ **1**⟨500⟩ e t w a s ∼ *kochen:* Eier, Kartoffeln ∼ **1.1** *durch Kochen keimfrei machen;* bitte nur abgekochtes Wasser trinken!; Instrumente ∼ **1.2** H e i l k r ä u t e r ∼ *aus Heilkräutern durch Kochen einen Extrakt gewinnen* **2**⟨400⟩ *im Freien kochen;* beim Camping, auf der Wanderung, im Biwak wird abgekocht **3**⟨500⟩ j m d n . ∼ ⟨fig.; umg.⟩ **3.1** *fertigmachen(4), körperlich od. psychisch peinigen, zermürben* **3.2** *schröpfen(2), übervorteilen* **4**⟨500⟩ G e w i c h t , P f u n d e ∼ ⟨sportlerspr.⟩ *vor einem Boxkampf das Körpergewicht verringern, um in einer bestimmten Klasse kämpfen zu dürfen* **5**⟨500⟩ R o h s e i d e ∼ ⟨Text.⟩ *R. mittels heißer Lösungen aus Seife od. Alkalien od. enzymatischer Produkte entbasten, um das Gewebe glänzend u. griffig zu machen*
ˈAbǀkoˑchung ⟨f.; -, -en⟩ **1**⟨unz.⟩ *das Abkochen* **2**⟨Pharm.⟩ *durch Kochen gewonnener wäßriger Auszug aus Heilkräutern;* Sy *Absud(1.1), Dekokt*

Textbeispiel 206.26: wa$_{24}$ und wa$_{25}$ aus BW

Beispielangaben. Daraus darf nicht geschlossen werden, dies sei charakteristisch für das WDG. Im Gegenteil: häufig ist im WDG die Zahl an Beispielangaben erheblich größer als im Duden-GW und im BW. Dabei fällt eine sorgfältige Auswahl an Kollokationsangaben auf, und häufig sind die syntaktischen Anschlußmöglichkeiten im WDG vollständiger dokumentiert (vgl. Latour 1980, 12 f.). Die Ziffern 500 und 400 in den Vorderintegraten von wa$_{24}$ funktionieren für den kundigen Benutzer auch wie Verweisangaben; sie verweisen ihn auf die Wörterbuchgrammatik im Wörterbuchvorspann: dort findet er unter 500: „S + Vb + AkkO", d. h. *abkochen* ist in der — im 1., 3., 4. und 5. SSK erläuterten Bedeutung — ein Verb mit obligatorischem Akkusativobjekt. Im Knaurs-GW steht hier einfach die Angabe „mit Akk." Unter 500 erfährt er, daß *abkochen* in der im 2. SSK erläuterten Bedeutung zu den Verben ohne oder mit fakultativem Objekt gehört. Das hier angewandte lexikographische Beschreibungsverfahren stammt aus dem Wahrig-dtv (vgl. dazu Wiegand/Kučera 1982, 287 ff.).

2.1.3.2.6. Zu den Mikrostrukturen der Wörterbuchartikel

Die Artikel der drei Sechsbänder sind unter Anwendung der lexikographischen Beschreibungsmethode der Integration abgefaßt, so daß sie entweder integrierte oder partiell integrierte Mikrostrukturen (i. S. v. Art. 39, 5.1 u. 5.2) aufweisen. In allen drei Wörterbüchern sind die Angaben stark standardisiert (vgl. Art. 38 a, 3.2.2.4.4.; und Wiegand 1988, 35 ff.). Die Verdichtung der Artikeltexte ist gleichmäßig; der Verdichtungsgrad ist relativ hoch; im BW ist der Textverdichtungsgrad i n n e r h a l b d e r A r t i k e l am höchsten. Dies gilt — wegen der glattalphabetischen Anordnungsform — nicht für das gesamte Wörterverzeichnis (vgl. Art. 38, 3.3.1.). Betrachtet man letzteres insgesamt, dann weist der Duden-GW mit Abstand den höchsten Textverdichtungsgrad auf. Ab einem bestimmten Wert wirkt sich der Textverdichtungsgrad negativ auf die Benutzungsfreundlichkeit aus. Dieser Wert ist im Duden-GW überschritten.

Vor allem weil der Wörterbuchgegenstand der drei Sechsbänder im Detail unterschiedlich ist, aber auch weil die Textgestaltung sich z. T. unterscheidet, ist die Zahl der Angabeklassen, deren Elemente Angaben mit gleichem allgemeinen genuinen Zweck sind, unterschiedlich. Zusammen finden sich in den drei Sechsbändern Angaben, welche zu über 200 Angabeklassen gehören (vgl. Wiegand 1989). Die Anwendung der Methode der Integration wird von den Lexikographen der drei Werke — verglichen mit denen der frühen Nachkriegslexikographie — auch in ihren komplizierteren Spielarten souverän beherrscht. Abstriche sind hier nur bei der Vertextung der Skopusbeziehungen (vgl. Art. 38 a, 4. 4.) zu machen, die besonders im BW öfters nicht gelingt, weil u. a. der artikelinterne Skopus der Ziffern nicht beschränkt wird (vgl. Wiegand/Kučera 1982, 339 ff.).

Die unterschiedlichen Möglichkeiten der Artikelstrukturierung, welche innerhalb des Anwendungsrahmens der Methode der Integration gegeben sind, werden in den drei Sechsbändern unterschiedlich genutzt. Im WDG überwiegen die Artikel mit einfachen integrierten Mikrostrukturen (i. S. v. Art. 39, 5. 2.); wa$_{20}$ und wa$_{21}$ weisen Mikrostrukturen dieser Art auf; auch Artikel mit überdachenden Mikrostrukturen (vgl. unten wa$_{27}$ u. wa$_{28}$) sind relativ häufig. Kommt — wie im WDG — zu Artikeln mit einfachen Mikrostrukturen ein relativ großzügiger Umgang mit dem Druckraum, so daß z. B. bei Artikeln zu polysemen Lemmazeichen jedem semantischen Subkommentar ein eigener Textblock zugewiesen wird (vgl. wa$_{20}$ und Textbeispiel

39.8) und ist weiterhin — wie im WDG — die Wahl der typographischen Mittel sehr geschickt, dann liegt ein klarer, ausgewogener und gefälliger Wörterbuchstil (i. S. v. Wiegand 1986 a) vor.

Neben Artikeln mit einfachen integrierten Mikrostrukturen finden sich im WDG Artikel mit einfachen partiell integrierten Mikrostrukturen. Dies ist u. a. immer dann der Fall, wenn am Ende des Artikels Kompositaangaben stehen, aus denen man Komposita erschließen kann, die das Lemmazeichen (bzw. dessen Formativ) als letzte Konstituente enthalten. Diese Kompositaangaben stehen in einem SK-intern nach rechts ausgelagerten semantischen Subkommentar, der Annex heißt (vgl. Art. 39, 5.1. u. Abb. 39.18). Der Annex ist vom Postkommentar dadurch unterschieden, daß letzterer eine unmittelbare Textkonstituente des Artikeltextes ist. Da Artikel, die einen nach rechts ausgelagerten semantischen Subkommentar (raSSK) haben, relativ selten auch einen nach

Anwurf, der; -(e)s, Anwürfe

1. *Mauerbewurf, Putz*: ein frischer A.; der ... rötliche Anwurf der Mauern STORM 2,138

2. abwertend *ungerechtfertigte, grundlose Anschuldigung*: heftige, häßliche, scharfe, schwere Anwürfe gegen jmdn. richten; einen A. zurückweisen; Der Verteidiger protestierte gegen den Anwurf FALLADA *Jeder stirbt* 508

3. Ballspiele *erster Wurf*

zu 1 Kalk-, Mörtelanwurf

Textbeispiel 206.27: wa_{26} aus WDG

links ausgelagerten (laSSK) aufweisen, sind die *annexierten Mikrostrukturen* — neben den verschiedenen Formen der überdachenden Mikrostrukturen — diejenigen, die für das WDG charakteristisch sind und es von den beiden anderen Sechsbändern unterscheiden; wa_{26} weist die in der Abb. 206.11 a und 11 b dargestellte annexierte Mikrostruktur auf.

Bem. zu den Abb. 206.11 a und 11 b: Im Unterschied zur Behandlung im Art. 39 (vgl. Abb. 39.18) werden Kompositagruppenangaben

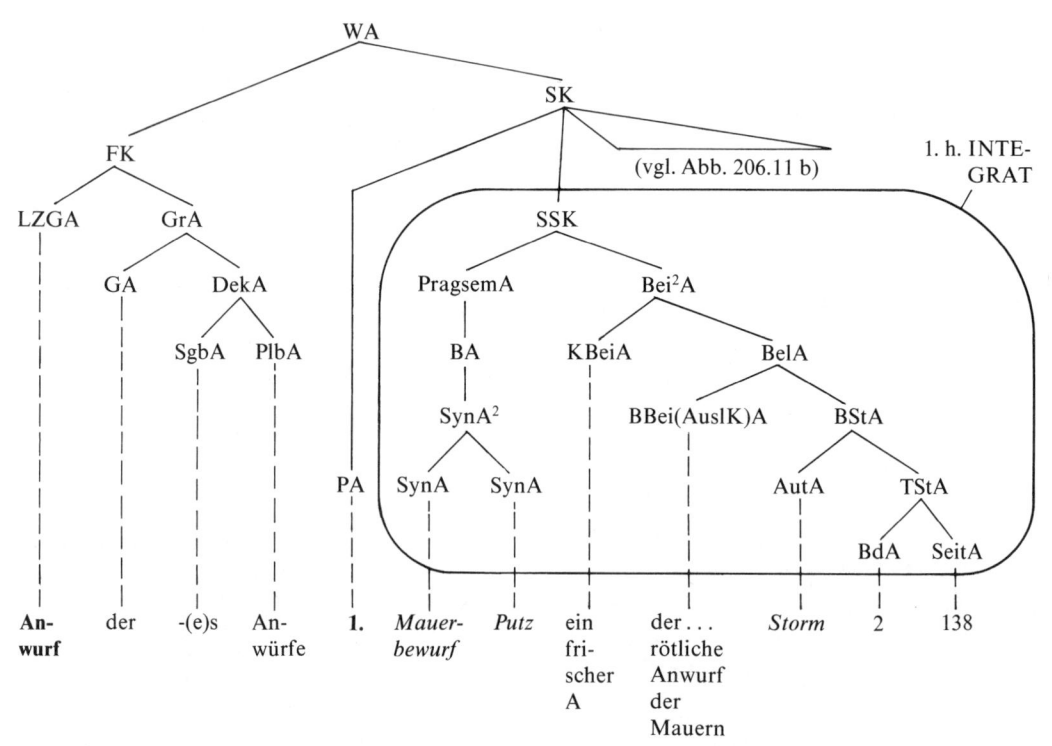

Abb. 206.11 a: Annexierte hierarchische Mikrostruktur zu wa_{26} (Erster Teilbaum); PA = Polysemieangabe; PragsemA = pragmatisch-semantische Angabe; Bei^nA (n ≥ 2) = Beispielangabe, aus der n Beispiele erschlossen werden können; BelA = Belegangabe; BBei (AuslK) A = um eine Auslassungskennzeichnung binnenerweiterte Belegbeispielangabe (vgl. dazu Wiegand 1990); BStA = Belegstellenangabe; AutA = Autorenangabe; TStA = Textstellenangabe; BdA = Bandangabe; SeitA = Seitenangabe; $SynA^n$(n ≥ 2) = Synonymengruppenangabe, die aus n Synonymenangaben besteht und aus der n Synonyme erschließbar sind (Bei^2A ist eine verkürzte Notation von Bei^2gA; entsprechend ist $SynA^2$ eine Kurzform für $SyngA^2$; vgl. Art. 38 a)

206. Die deutsche Lexikographie der Gegenwart

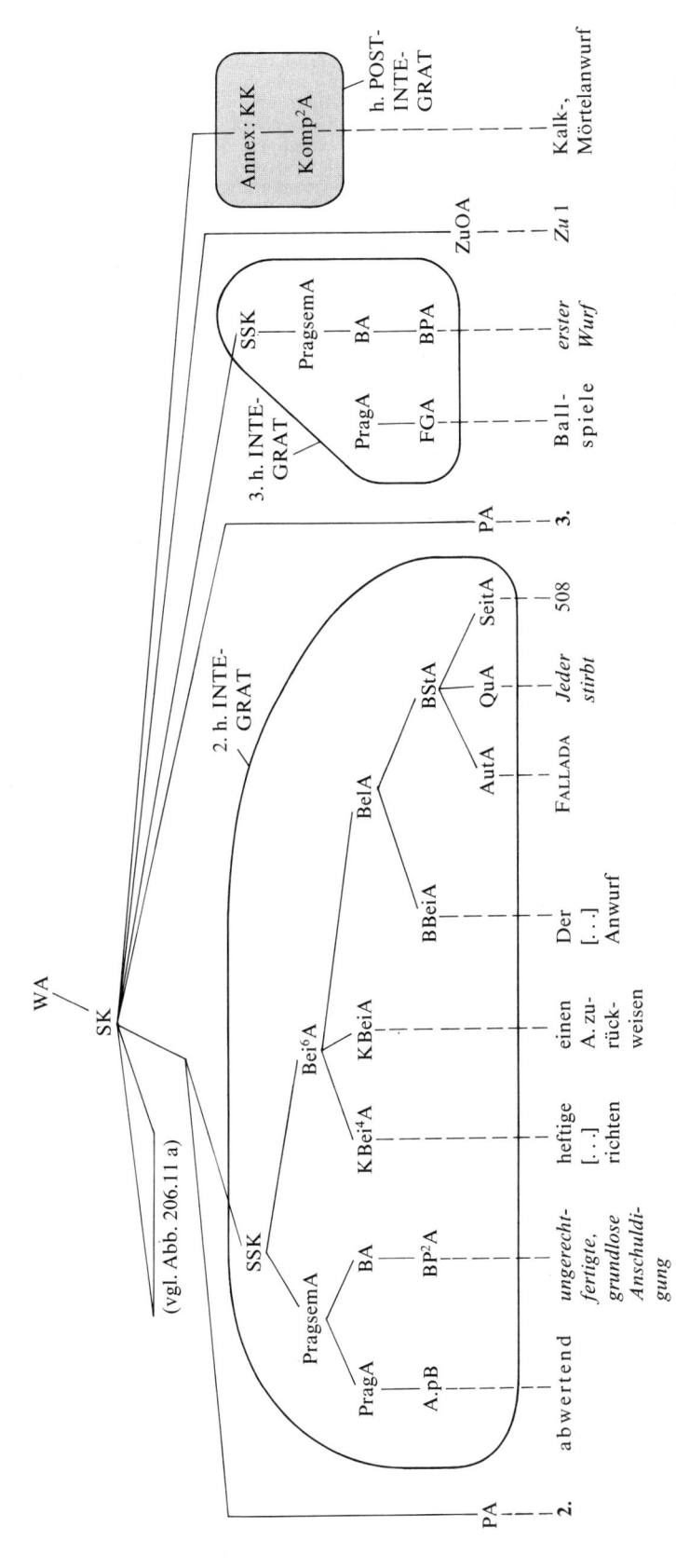

Abb. 206.11 b: Annexierte hierarchische Mikrostruktur zu wa₂₆ (zweiter Teilbaum); A.pB = Angabe der pejorativen Bedeutung; BPⁿA (n ≥ 2) = Bedeutungsparaphrasenangabe, aus der n Bedeutungsparaphrasen erschließbar sind; QuA = Quellenangabe; PragA = pragmatische Angabe; ZuOA = Zuordnungsangabe; FGA = Fachgebietsangabe; KK = Kommentar zur Komposition

wie z. B. „Atom-, Dampf-, Dreh-, Gas-, Turbo-, Wechselstromgenerator" (vgl. wa$_8$ im Textbeispiel 39.8) — das hat sich bei der Weiterarbeit aus theorieinternen Gründen als zweckmäßig erwiesen — nur als analysierbar und nicht mehr als funktional-positional segmentierbar betrachtet (denn z. B. „Gas-" alleine ist keine Angabe im Sinne der Theorie; vgl. Wiegand 1990). —

Ob die ZuOA als unmittelbare Textkonstituente des SK oder als unmittelbare Textkonstituente des thematisch homogenen Annex: KK gilt, ist eine Frage der Festsetzung (vgl. Wiegand 1989).

Haben WDG-Artikel eine kurze Herkunftsangabe wie z. B. „lat." in wa$_8$ (vgl. Textbeispiel 39.8), dann steht diese im mittleren Zwischenkommentar (mZwK), und der zugehörige Artikel weist eine Mikrostruktur mit binnenerweiterter Basisstruktur auf (vgl. das allgemeine Strukturbild in Abb. 39.30). Auch im Duden-GW steht die etymologische Angabe im mZwK (vgl. wa$_{19}$ zu *Kartusche* im Textbeispiel 39.19) während sie im BW im Postkommentar steht (vgl. wa$_{16}$ zu *Kamp* im Textbeispiel 39.16).

Neben Wörterbuchartikeln mit einfachen und intern erweiterten Mikrostrukturen finden sich im WDG auch Artikel mit zusammengesetzten Mikrostrukturen (i. S. v. Art. 39, 4.3.), und zwar in allen Artikeln, die Nestartikel zu rechtserweiterten Komposita als Subartikel haben wie z. B. wa$_{12}$ im Textbeispiel 206.14. Den entsprechenden

Bretter- *zu* Brett 1: **-bank,** die; **-baracke,** die; **-bau,** der; **-boden,** der; **-bude,** die; **-bühne,** die; **-dach,** das; **-fußboden,** der; **-gerüst,** das; **-häuschen,** das; **-hütte,** die; **-kiste,** die; **-lager,** das; **-planke,** die; **-sarg,** der; **-scheune,** die; **-schuppen,** der; **-stapel,** der; **-steg,** der; **-stoß,** der; **-tisch,** der; **-tür,** die; **-verkleidung,** die; **-verschalung,** die; **-verschlag,** der; **-wand,** die; **-zaun,** der

Bridge-: **-karte,** die; **-nachmittag,** der; **-partie,** die; **-runde,** die; **-tisch,** der

Textbeispiel 206.28: wa$_{27}$ und wa$_{28}$ aus dem WDG

Artikeln im Duden-GW kommen ebenfalls zusammengesetzte Mikrostrukturen zu, und zwar überdachende Mikrostrukturen (vgl. Textbeispiel 39.7). Auch in diesem Aspekt der Textkonstitution war das WDG für den Duden-GW Leitwörterbuch. Während sich jedoch im Duden-GW fast nur Artikel mit überdachenden nichtrudimentären Mikrostrukturen oder solche mit überdachenden partiell rudimentären (und zwar meistens schwach rudimentären) Mikrostrukturen finden, und Artikel mit vollständig rudimentären Mikrostrukturen selten sind, treten letztere im WDG häufiger auf, und die Artikel mit partiell rudimentären Mikrostrukturen sind im WDG häufig stärker rudimentär als im Duden-GW. In diesen Unterschieden bei den

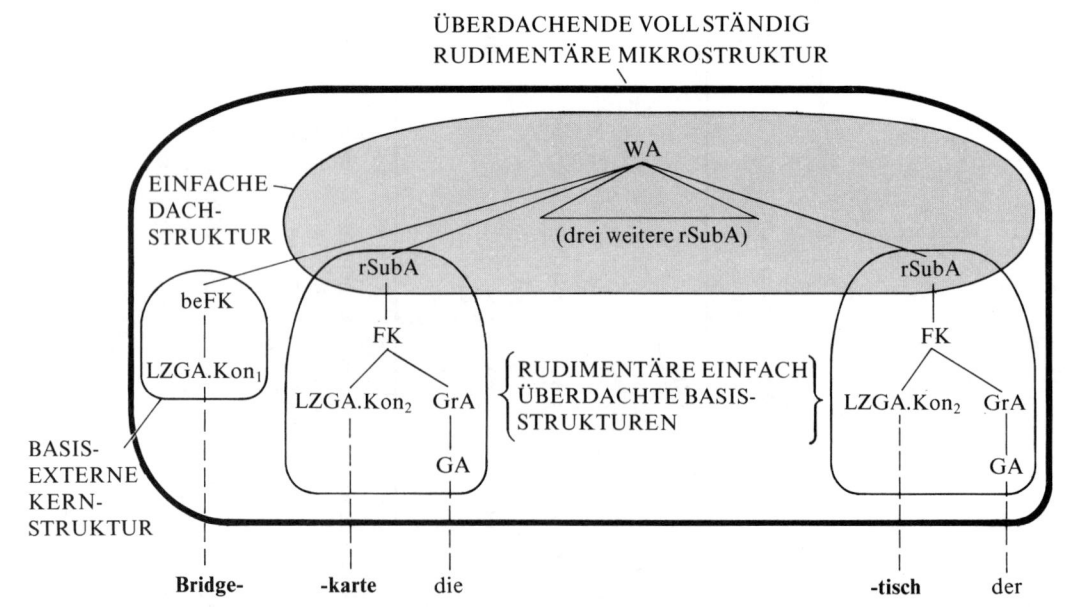

Abb. 206.12: Partiell ausgeführter, kommentierter Strukturgraph zur überdachenden vollständig rudimentären Mikrostruktur von wa$_{28}$; beFK = basisexterner Formkommentar; LZGA.Kon$_n$ = Zeichengestaltangabe zur n-ten Konstituente des Lemmazeichens; rSubA = rudimentärer Subartikel

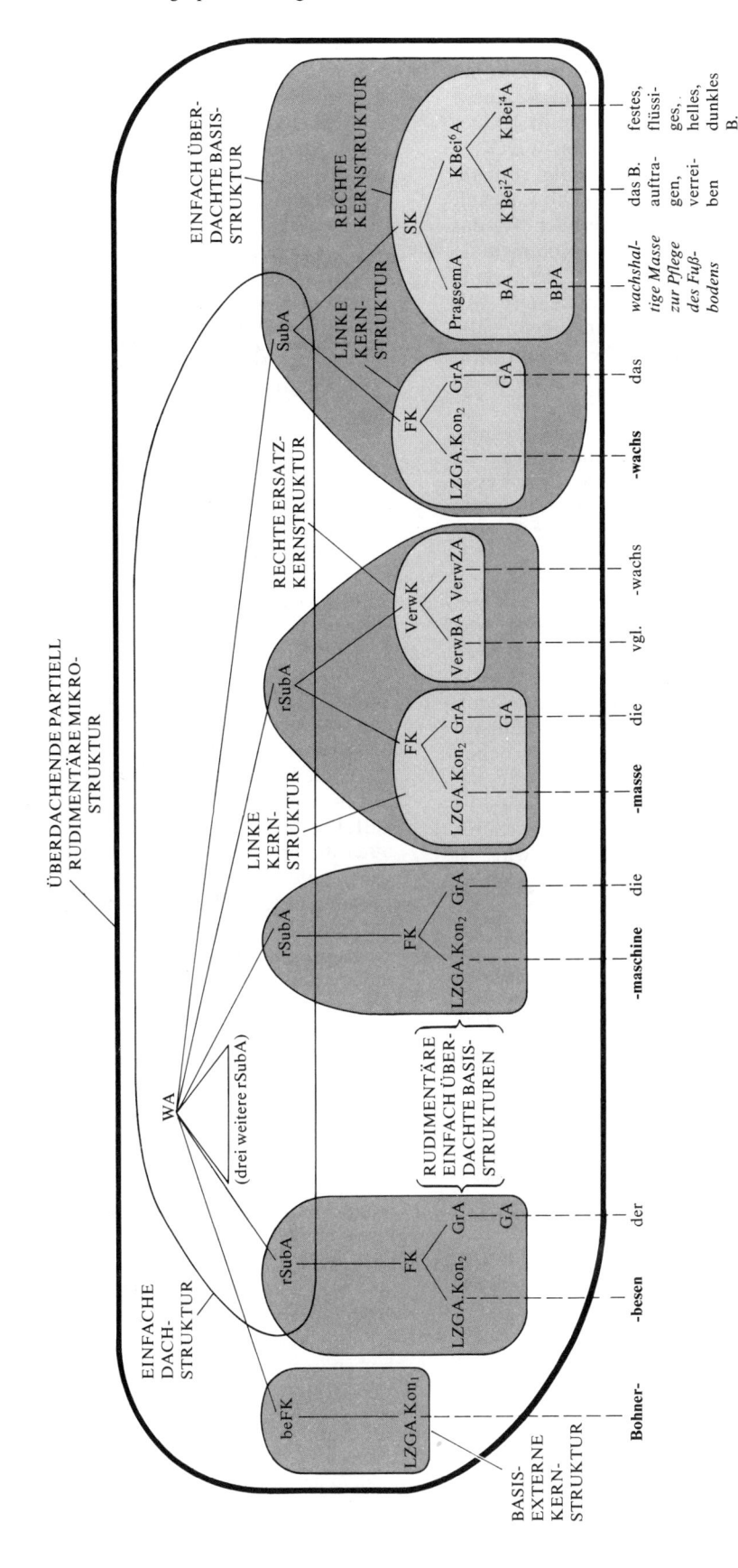

Abb. 206.13: Partiell ausgeführter, kommentierter Strukturgraph zur überdachenden partiell rudimentären Mikrostruktur von wa₂₉; VerwK = Verweiskommentar; VerwBA = Verweisbeziehungsangabe; VerwZA = Verweiszielangabe; SubA = Subartikel

überdachenden Mikrostrukturen spiegelt sich der Sachverhalt, daß im Duden-GW ein höherer Prozentsatz der rechtserweiterten Komposita hinsichtlich der Semantik lexikographisch bearbeitet wurde als im WDG.

Eine überdachende vollständig rudimetäre Mikrostruktur weisen wa$_{27}$ und wa$_{28}$ auf.

Ein Artikel in einem Wörterbuch, für das das Prinzip des semantischen Kommentars (i. S. v. Wiegand 1984) gilt, weist eine überdachende vollständig rudimentäre Mikrostruktur auf genau dann, wenn alle Subartikel keinen semantischen Kommentar haben. Die Mikrostruktur von wa$_{28}$ ist in Abb. 206.12 dargestellt.

Weitere Artikel mit überdachenden vollständig rudimentären Mikrostrukturen findet man im WDG z. B. s. v. *Boden-²*, s. v. *Bor-*, s. v. *Böschungs-*, s. v. *Böttcher-*, s. v. *Brombeer-*, s. v. *Einleitungs-*, s. v. *Einlösungs-*, s. v. *Einkreisungs-*, s. v. *Einigungs-*, s. v. *Harems-*, s. v. *Grill-*, s. v. *Grat-* und s. v. *Golf²-*; im Duden-GW z. B. s. v. *Anstalts-*, s. v. *Auslade-* und s. v. *Auswanderer-*.

Im Textbeispiel 206.29 finden sich zwei Artikel, welchen überdachende, partiell rudimentäre Mikrostrukturen zukommen. Artikel weisen Mikrostrukturen dieser Form auf, wenn nur einige Subartikel einen semantischen Kommentar haben, so daß es neben Subartikeln mit Basisstrukturen solche mit rudimentären Basisstrukturen gibt; wa$_{29}$ ist stark rudimentär, weil die Anzahl der rSubA größer ist als die der SubA, und wa$_{30}$ ist schwach rudimentär, weil das Umgekehrte gilt.

Bohner-: **-besen,** der; **-bürste,** die; **-lappen,** der; **-maschine,** die; **-masse,** die *vgl. -wachs*; **-wachs,** das *wachshaltige Masse zur Pflege des Fußbodens*: das B. auftragen, verreiben; festes, flüssiges, helles, dunkles B.

Blinden- (Blinde): ~anstalt, die: svw. †~heim; ~brille, die; ~führer, der: *jmd., der einen Blinden führt*; ~fürsorge, die; ~heim, das: *Haus, in dem Blinde versorgt u. ausgebildet werden*; ~hund, der: *Hund, der darauf abgerichtet ist, einen Blinden zu führen*; ~lehrer, der; ~schrift, die: *Schrift, deren Buchstaben aus je sechs erhabenen Punkten in verschiedener Kombination bestehen u. die von dem Blinden über den Tastsinn erfaßt wird (Brailleschrift)*; ~schule, die; ~stock, der: *Stock, mit dessen Hilfe sich der Blinde an Gegenständen orientieren kann*.

Textbeispiel 206.29: wa$_{29}$ aus dem WDG, wa$_{30}$ aus dem Duden-GW

Die Mikrostruktur von wa$_{29}$ ist in der Abb. 206.13 partiell dargestellt.

Weitere Artikel mit überdachenden partiell rudimentären Mikrostrukturen findet man im WDG z. B. s. v. *Abend-, abend-*; s. v. *Abfall-*, s. v. *Abfluß-*, s. v. *Abgangs-*, s. v. *Ausflugs-*, s. v. *Ausfuhr-*, s. v. *Ausgeh-, ausgeh-* und im Duden-GW z. B. s. v. *ansteckungs- Ansteckungs-*; s. v. *archiv, Archiv-* und s. v. *besitz-, Besitz-*.

Artikel mit überdachenden nichtrudimentären Mikrostrukturen liegen genau dann vor, wenn alle Subartikel einen semantischen Kommentar haben wie z. B. wa$_{31}$.

Beatmungs- Neupräg. Med.: **-anlage,** die *Anlage zur Beatmung*: eine eingebaute B.; **-gerät,** das *Gerät zur Beatmung*: ein transportables B.; ein B. einsetzen; **-störung,** die: die B. der Lunge; **-zentrum,** das *Abteilung im Krankenhaus zur Heilbehandlung mit Beatmungsgeräten*

Textbeispiel 206.30: wa$_{31}$ aus dem WDG

Die Mikrostruktur von wa$_{31}$ ist in der Abb. 206.14 wiedergegeben.

Weitere Artikel mit überdachenden nichtrudimentären Mikrostrukturen findet man im WDG z. B. s. v. *Schläfen-*, s. v. *Schlag-, schlag-*; s. v. *Schlaraffen-*, s. v. *Sol(e)-*, s. v. *Späh-* und im Duden-GW z. B. s. v. *strich-, Strich-* und *trocken-, Trocken-*.

Der BW unterscheidet sich von den beiden anderen Sechsbändern u. a. dadurch, daß es keine Artikel mit überdachenden Mikrostrukturen gibt und daß alle Artikel mit einer Etymologieangabe rechtserweiterte Mikrostrukturen aufweisen (vgl. wa$_{31}$). Eine auffällige strukturelle Eigenschaft des BW ist auch die erheblich stärkere Untergliederung der semantischen Subkommentare (vgl. Textbeispiel 39.12 u. Abb. 39.24 sowie wa$_{32}$), die auf eine — wohl kaum angemessene — Bedeutungsauffassung zurückzuführen ist, nach welcher es sog. Hauptbedeutungen und diesen untergeordnete Bedeutungen gibt (vgl. BW I, 10; Art. 39., 5.2. und Wiegand 1989). Was die Klassen der Angaben mit gleichem allgemeinen genuinen Zweck betrifft, so unterscheidet sich der BW in erheblich stärkerem Maße vom WDG als der Duden-GW, weil das System der syntaktischen Angaben aus dem Wahrig-dtv übernommen wurde und weil mit dem sog. semantisch relevanten Kontext (vgl. BW, I, 14) gearbeitet wird, wobei es sich — wie in Wiegand/Kučera (1981, 162—168) gezeigt wird — um ein verunglücktes Konzept handelt.

Auffällig ist auch, daß im BW — wie in einigen Einbändern der frühen Nachkriegslexikographie — als Beispielangaben Kompositaangaben im Hinterintegrat stehen, wobei es im BW aber nur diejenigen sind, die im WDG im Annex stehen, also solche, aus denen Komposita erschließbar sind, in denen das Lemmazeichen letzte Konstitu-

206. Die deutsche Lexikographie der Gegenwart

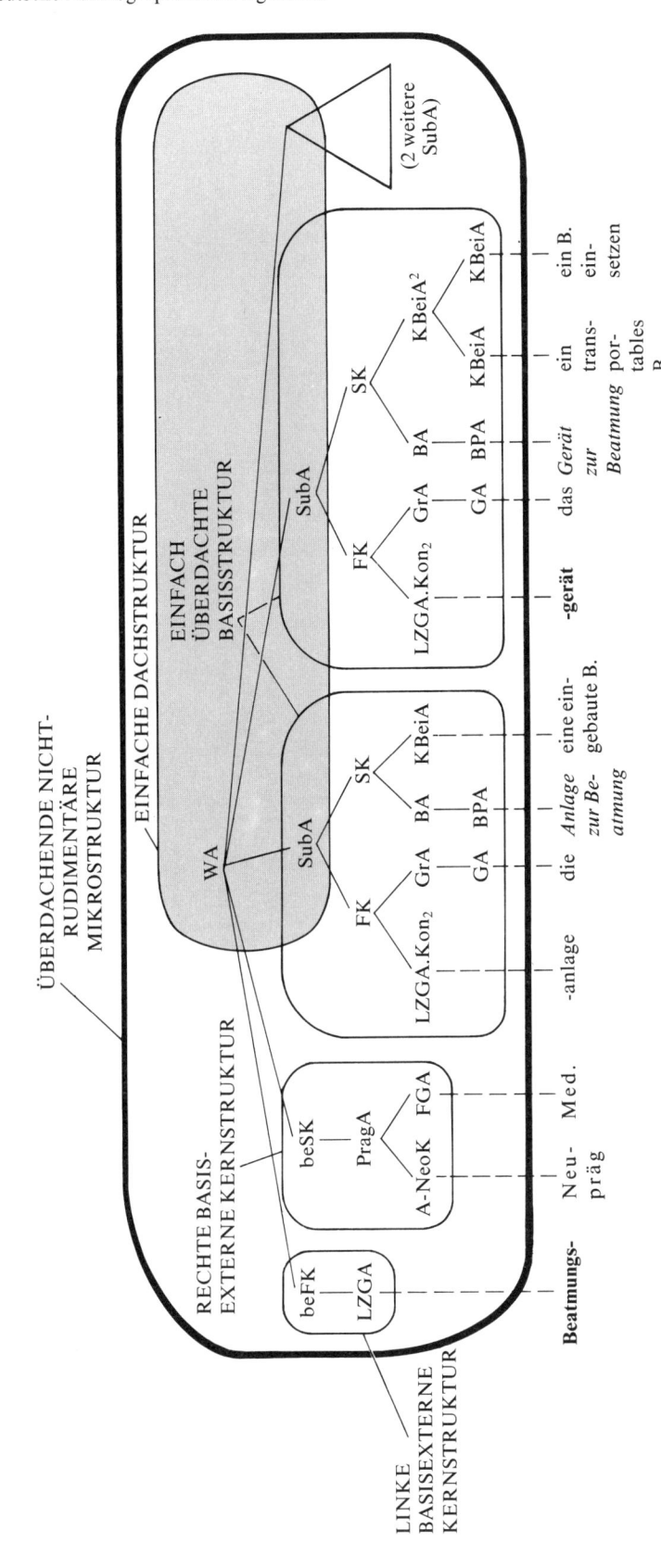

Abb. 206.14: Partiell ausgeführter, kommentierter Strukturgraph zur überdachenden nichtrudimentären Mikrostruktur von wa₃₁; beSK = basisexterner semantischer Kommentar; A-NeoK = Angabe zur Neologismenkennzeichnung

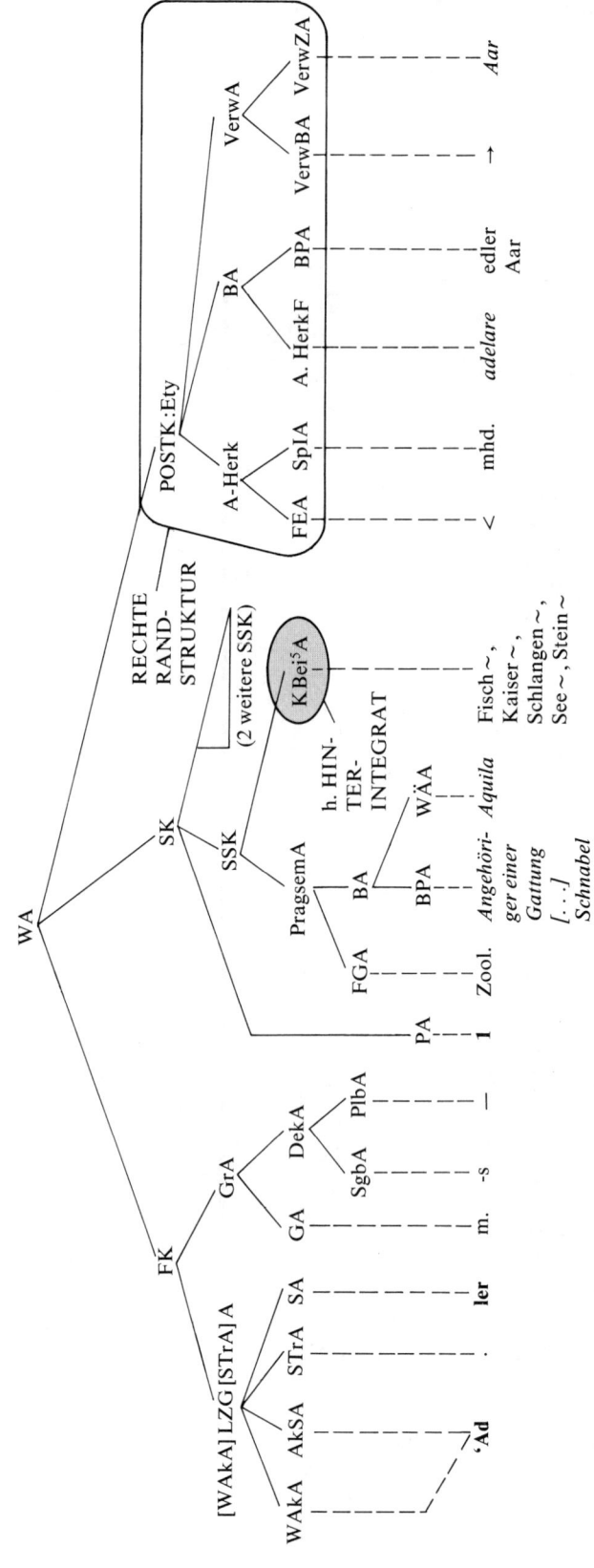

Abb. 206.15: Partiell ausgeführter, kommentierter Strukturgraph zur rechtserweiterten Mikrostruktur von wa₃₁; WAkA = Wortakzentangabe; AkSA = Akzentsilbenangabe; STrA = Silbentrennungsangabe; SA = Silbenangabe; IWÄA = lateinische Wortäquivalentangabe; PostK:Ety = thematisch homogener Postkommentar zur Etymologie; A-Herk = Angabe zur Herkunft; FEA = Formativentsprechungsangabe; SpIA = Sprachenidentifizierungsangabe; A.HerkF = Angabe der Herkunftsform; VerwA = Verweisangabe

206. Die deutsche Lexikographie der Gegenwart

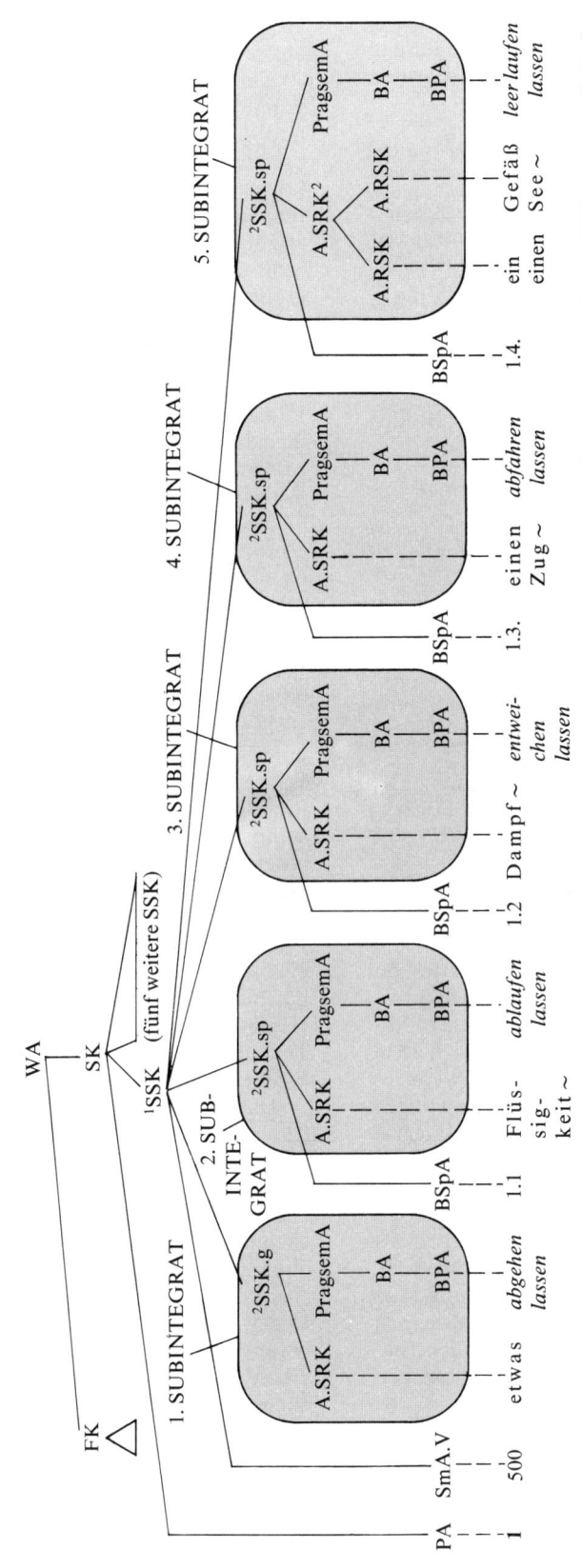

Abb. 206.16: Partiell ausgeführter, kommentierter Strukturgraph zur einfach subintegrierten Mikrostruktur von wa₃₂; ²SSK.g = semantischer Subkommentar 2. Stufe zur generischen (g) Bedeutung; ²SSK.sp = semantischer Subkommentar 2. Stufe zur spezifizierten (sp) Bedeutung; BSpA = Bedeutungsspezifizierungsangabe; A.SRK = Angabe des semantisch relevanten Kontextes; A.SRK² = Angabe, die aus zwei A.SRK besteht; SmA.V = Satzmusterangabe für Verben (realisiert als VerwA)

ente ist (vgl. wa$_{31}$). Im Duden-10 stehen diese Angaben im letzten Hinterintegratausschnitt und sind hier korrekt als Kompositaangaben deklariert (vgl. wa$_{45}$ in Textbeispiel 206.45).

'**Ad·ler** ⟨m.; -s, -⟩ **1** ⟨Zool.⟩ *Angehöriger einer Gattung großer Taggreifvögel mit rings befiederten Läufen, starken Krallen u. kräftigem Schnabel: Aquila:* Fisch~, Kaiser~, Schlangen~, See~, Stein~ **2** *Sinnbild für Stärke u. Kühnheit;* Sy *Aar* ⟨poet.⟩: kühn wie ein ~ **3** *Wappentier;* Reichs~; der österreichische ~ **4** ⟨Astr.⟩ *Sternbild der Äquatorzone des Himmels: Aquila* [< mhd. *adelare* „edler Aar"; → *Aar*]

Textbeispiel 206.31: wa$_{31}$ aus dem BW

Ein Mikrostrukturausschnitt ist in der Abb. 206.15 dargestellt.

'**ab**‖**las·sen** ⟨V. 175⟩ **1** ⟨500⟩ *etwas ~ abgehen lassen* 1.1 F l ü s s i g k e i t ~ *ablaufen lassen* 1.2 D a m p f ~ *entweichen lassen* 1.3 *einen* Z u g ~ *abfahren lassen* 1.4 *ein* G e f ä ß, *einen* S e e ~ *leerlaufen lassen;* die Badewanne, das Waschbecken, einen Teich ~ **2** ⟨530⟩ j m d m. *etwas ~ überlassen, abgeben, verkaufen;* er ließ uns ein paar Möbel billig ab **3** ⟨550⟩ *etwas* v o m P r e i s ~ *nachlassen, den P. senken* **4** ⟨800⟩ v o n j m d m. od *etwas* ~ ⟨geh.⟩ *Abstand nehmen, jmdn. od. etwas aufgeben;* von seinem Vorhaben ~; von seinem Glauben, einer Gewohnheit nicht ~; sie konnte trotz allem einfach nicht von ihm ~ **5** ⟨500⟩ *etwas* A b g e g a n g e n e s, A b g e n o m m e n e s ~ ⟨umg.⟩ *nicht wieder anbringen* 5.1 *den* K n o p f ~ *nicht wieder annähen* 5.2 *den* H u t ~ *nicht wieder aufsetzen* **6** ⟨530⟩ j m d m. *eine* S ü n d e ~ *(durch Ablaß(3)) erlassen*

Textbeispiel 206.32: wa$_{32}$ aus dem BW; vgl. wa$_{44}$ in Textbeispiel 206.44

Ein Ausschnitt aus der Mikrostruktur von wa$_{32}$ ist in der Abb. 206.16 dargestellt; wa$_{32}$ weist eine **einfach subintegrierte Mikrostruktur** auf. Mikrostrukturen heißen einfach subintegriert genau dann, wenn es sich um solche integrierten Mikrostrukturen handelt, in welchen mindestens ein Integrat (also diejenige Teilstruktur, die der SSK aufweist) mindestens zwei Subintegrate aufweist. Im BW erkennt man die semantischen Subkommentare zweiter Stufe, welchen als Teilstruktur der Mikrostruktur Subintegrate zukommen, an der Dezimalgliederung (1.1, 1.2, 1.3, ...). Wenn es sich um **zweifach subintegrierte Mikrostrukturen** handelt, haben die Bedeutungsspezifizierungsangaben die Form 1.1.1, 1.1.2, 1.1.3, ...; vgl. z. B. s. v. *Ansatz,* s. v. *anfangen,* s. v. *absaugen* und s. v. *an*¹. Die ein- und zweifach subintegrierten Mikrostrukturen sind für den BW charakteristisch. Sie dürfen nicht mit Mikrostrukturen verwechselt werden, in denen Teilintegrate als Teilstrukturen der rechten Kernstruktur auftreten (vgl. Abb. 206.20).

Vergleicht man das Mikrostrukturenprogramm (also die Menge der Angabeklassen und das Repertoire an Formen von Mikrostrukturen) der Einbänder der frühen Nachkriegslexikographie mit dem Mikrostrukturenprogramm der drei Sechsbänder, dann ergibt sich insgesamt, daß bei diesen zentralen Aspekten der Wörterbuchform ein großer Fortschritt erzielt wurde.

2.1.3.3. Die beiden maßgeblichen Einbänder und das HWDG

Für die deutsche Standardsprache gibt es — da man das HWDG rein äußerlich nicht dazu zählen kann — nur zwei große Einbänder: Wahrig-DW und DUW.

Allerdings war auch das HWDG als Einbänder geplant, doch konnte in der DDR keine Druckerei (bzw. Binderei) gefunden werden, die in der Lage gewesen wäre, den Buchblock in einem Band zu binden! Dies ist im übrigen auch der Grund, warum das EtyWb 1989 drei Bände hat (vgl. Pfeifer 1990, 338). Nachfolgend wird das HWDG so behandelt, als sei es ein Einbänder.

Der Wahrig-¹DW erschien 1966, zunächst unter dem Titel „Das Große Deutsche Wörterbuch". In einem Prozeß, den das Bibliographische Institut in Mannheim gewann, wurde die Führung dieses Titels untersagt (vgl. Wiegand 1985 d, 192 f.). Das „Deutsche Wörterbuch" von Wahrig wurde ein lexikographischer Bestseller (2. Aufl. 1968, 3. Aufl. 1975, 4. Aufl. 1980, 5. Aufl. 1986). Das „Deutsche Universalwörterbuch" hat bisher zwei Auflagen (1983, 1989), das HWDG nur eine Auflage (1984) erlebt. Nach Tellenbach (1985, 244) wird seit 1985 an einer Neubearbeitung des HWDG gearbeitet.

Das Wörterbuch von Wahrig ist in den frühen Auflagen vor allem von ausländischen Studenten, die Deutsch lernen, gekauft worden. Der Grund hierfür war u. a. vor allem der, daß dieser Einbänder — verglichen mit den bis ca. 1980 erhältlichen anderen Einbändern, — weniger veraltete Ausdrücke enthält und ein von Walter Ludewig erarbeitetes, dem Wörterverzeichnis vorangestelltes, alphabetisch geordnetes „Lexikon der deutschen Sprachlehre", welches auch als selbständiges Werk erschienen ist (vgl. Ludewig 1969 und 3.3.). Die 1. Aufl. des Wahrig-DW enthält ca. 100 000 Lemmata, die letzte Aufl. ca. 98 000. Bis zur 3. Aufl. ist die Anordnung stark nischenalphabetisch, und die Nischenlemmata sind Teillemmata (vgl. Textbeispiel 38.6 aus dem Wahrig-²DW). Ab der 4. Aufl. wurde zur glattalphabetischen Anordnungsform übergegangen. Die Wörterbuchbasis besteht im wesentlichen aus anderen Nachschlagewerken. Daher kommt es, daß relativ viele Wörter des Kernwortschatzes der deutschen Standardsprache der Gegenwart fehlen und das semasiologische Paradigma öfters unvollständig ist (vgl. hierzu Drosdowski 1977 [84], 112 ff.). Zur äußeren Selektion heißt es im Vorwort u. a.:

„Großer Wert wurde auf die Aufnahme österreichischer, schweizerischer sowie landschaftlicher Besonderheiten gelegt, soweit sie nicht nur lokale Bedeutung besitzen. Fremdwörter sind ebenso zahlreich vertreten wie der Fachwortschatz aus Wissenschaft, Technik, Handel, Gewerbe und den verschiedenen Bereichen des täglichen Lebens. Dagegen wurden geographische und Eigennamen nicht aufgenommen, weil sie nur in Atlanten und allgemeinen Lexika deutlich und ausführlich genug erfaßt und behandelt werden können."

Zwar ist der Wahrig-¹DW das erste allgemeine einsprachige Wörterbuch nach 1945, das wenigstens einen ungefähren Eindruck vom Sprachstand in den 50er und 60er Jahren vermittelt, doch bleibt die Erfassung des Wortschatzes zu ungleichmäßig.

Was den Wörterbuchgegenstand betrifft, so wird das damals in den Einbändern übliche Repertoire an Eigenschaften lexikographisch beschrieben. Dies geschieht jedoch mittels einer Beschreibungsmethode, die — relativ zur germanistischen Tradition — als neu zu gelten hat. Gemeint ist nicht die den Formkommentar betreffende Methode, daß die morphologischen Angaben als Verweisangaben in Form von Ziffern gemacht werden, die den Benutzer zu Tabellen der Wörterbuchgrammatik führen; diese Beschreibungsmethode wurde bereits in Langenscheidts-DW angewandt (vgl. 2.1.2.2.2.). Gemeint ist vielmehr die Methode, deren Anwendung zur Gestaltung des semantischen Kommentars und dazu führt, daß die Wörterbuchartikel nichtintegrierte Mikrostrukturen aufweisen (vgl. das allgemeine Strukturbild in Abb. 39.25).

In einem ersten semantischen Subkommentar werden alle Bedeutungen der Lemmazeichen beschrieben; es handelt sich daher um einen Kommentar zur lexikalischen Bedeutung (KLB). Die darauf folgenden SSK sind nach Kotextpartnern geordnet: erst folgen Redewendungen (die häufig keine sind) mit Substantiven in der Umgebung des Lemmazeichens, dann solche mit Verben usw. (vgl. Wahrig-¹DW, Sp. 23 f.). Berechtigte Kritik an diesem Verfahren haben u. a. Müller (1970, 6 f.) und Stötzel (1970, 20 ff.) geübt: die Bedeutungsangaben im ersten SSK sind vom Benutzer nicht mehr mit hinreichender Sicherheit auf die Phrasem- und Beispielangaben in den folgenden SSK beziehbar. Wie man diesem Mangel abhelfen kann, ist in Wiegand (1989 c) erklärt, wo auch dargelegt wird, daß — wenn die „Wahrig-Methode" verbessert wird — Artikel mit nichtintegrierten Mikrostrukturen, verglichen mit solchen, die integrierte Mikrostrukturen aufweisen, für ausländische Benutzer Vorteile aufweisen können.

Im folgenden wird ein Beispiel für rechtserweiterte nichtintegrierte Mikrostrukturen gegeben (vgl. auch Abb. 39.26 a und 39.26 b).

¹**Ader** ⟨f. 21⟩ **1** ⟨Anat.⟩ = *Blutgefäß*; ⟨Bot.⟩ *Blattnerv, Rippe* (Blatt ∼); ⟨Geol.⟩ *Mineralllagerstätte, Gang* (Erz ∼); *Linie der Maserung* (Marmor ∼); ⟨Tech.⟩ *stromführender Teil eines Kabels* **2 goldene** ∼ **n** *Hämorrhoiden*; sie läßt keine **gute** ∼ an ihm *sie spricht nur negativ über ihn*; **poetische** ∼ *dichter. Veranlagung* **3** eine ∼ **für** oder **zu** etwas haben *Veranlagung; Neigung*; mir erstarrte vor Schreck das Blut **in** den ∼ n; jmdn. **zur** ∼ **lassen** ⟨Med.⟩ *jmdm. Blut abnehmen, abzapfen* [< ahd. *ad(a)ra* "Ader, Sehne, Muskel, Darm, Eingeweide" < germ. **eb-*]

Textbeispiel 206.33: wa₃₃ aus Wahrig-⁵DW

Bem zur Abb. 206.17 a und 17 b: Da für Wahrig alle seine Beispiele „Redewendungen" sind, wurden sie alle zur Klasse der Phrasemangaben (PhrasA) gezählt, auch wenn es sich nach der neueren Phraseologieforschung nicht um Phraseme handelt.

Bei den Bedeutungsangaben und den Beispielangaben weist der Wahrig-DW in allen Auflagen relativ große Schwächen auf. Man vgl. hierzu Müller 1969, 1970, 1984; Knobloch 1984 und Wiegand 1977. Relativ zum Mackensen-DW ist jedoch das „Deutsche Wörterbuch" von Gerhard Wahrig selbst in diesen Bereichen insgesamt als ein Fortschritt anzusehen. Die Stärken des Wahrig-DW liegen in der Integration von Grammatik und Lexik (vgl. auch Knobloch 1984, 107). Daher ist Knaurs-GW in diesem Aspekt Wahrig gefolgt (vgl. 2.1.3.4.).

Bereits sieben Jahre nach Erscheinen des letzten Bandes des WDG erscheint 1984 das HWDG, das ebenfalls im Zentralinstitut für Sprachwissenschaft der Akademie der Wissenschaften der DDR erarbeitet wurde. Es

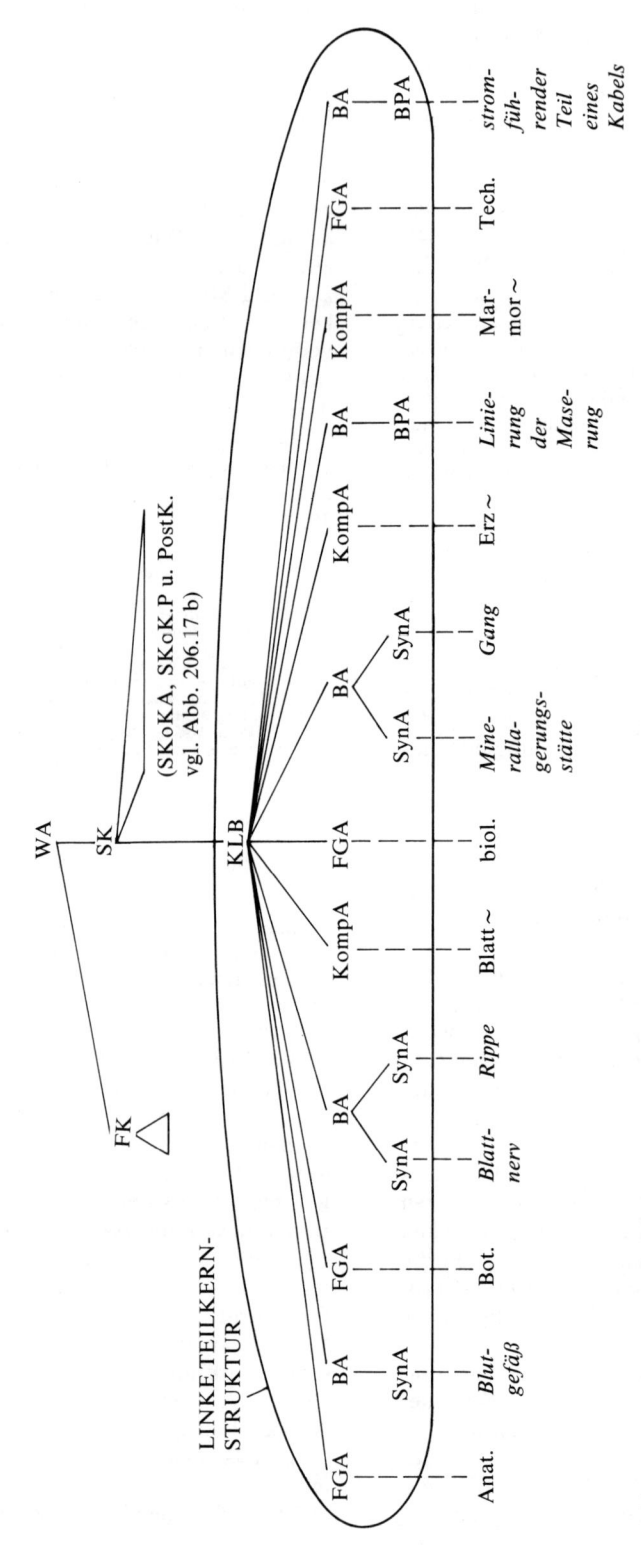

Abb. 206.17 a: Kommentierter Teilstrukturgraph zur rechtserweiterten nichtintegrierten Mikrostruktur von wa₃₃; KLB = Kommentar zur lexikalischen Bedeutung; KompA = Kompositumangabe

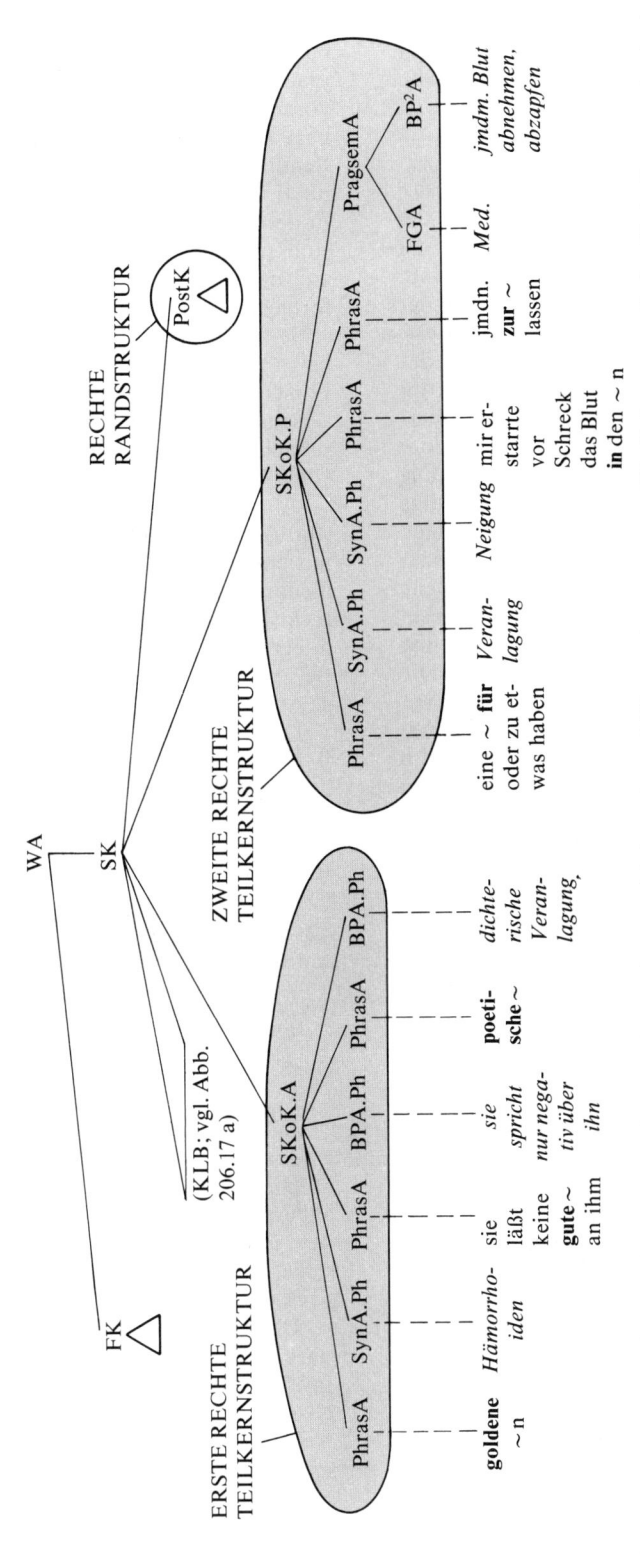

Abb. 206.17b: Kommentierter Teilstrukturgraph zur rechtserweiterten nichtintegrierten Mikrostruktur von wa₃₃; SKoK.A = semantischer Kotextkommentar, in dem die Kotextpartner Adjektive sind; SKoK.P = SKoK, in dem die Kotextpartner Partikel sind; PhrasA = Phrasemangabe; SynA.Ph = an die Phrasemangabe adressierte Synonymenangabe

fußt auf dem WDG, geht aber in mehreren Hinsichten eigene Wege. Einen Vergleich von WDG und HWDG findet man in Tellenbach 1985 (vgl. auch Kempcke 1980).

Weitere Arbeiten zum HWDG sind: Herberg 1985, 1986; HWDG-Grundsätze; Kempcke 1980; Sands 1980/81; Schumann 1986; Spyrka 1987; Viehweger 1986 und Wiegand 1989 c (vgl. auch Art. 38 a u. 39).

Das HWDG hat ca. 60 000 Lemmata, die stark nischenalphabetisch angeordnet sind. Die äußere Selektion ist auf das Zentrum der Lexik der letzten 30 Jahre (seit 1984) konzentriert und berücksichtigt aus der Peripherie bes. die Fachgebiete, welche im Alltag eine besondere Rolle spielen. Kurz- und Initialwörter werden nur in einer beschränkten Auswahl aufgenommen. Die Aufnahme von Komposita als selbständige Lemmata ist weitgehend auf diejenigen beschränkt, die nicht nach dem Frege-Prinzip analysierbar sind. Die ideologiegebundene Lexik wird bearbeitet, wie es offiziell angeordnet war und in der Vorbemerkung zum 4. Bd. des WDG dargelegt ist. Die äußere Selektion kann zwar nicht in allen Details, aber insgesamt als gelungen angesehen werden, wenn auch der Wortschatz des informellen Sprechens deutlich zu kurz kommt.

Der Wörterbuchgegenstand ist im wesentlichen so konstituiert, wie es sich bis Ende der 70er Jahre in der europäischen Sprachstadienlexikographie mehr oder weniger eingespielt hat: die Eigenschaften der Lemmazeichen, die berücksichtigt werden, gehören meistens zu einem festgelegten Repertoire von Eigenschaftsklassen. Manchmal fehlt eine Eigenschaft und eine andere kommt hinzu. Im HWDG z. B. wird die Silbentrennung nicht berücksichtigt. Auch gibt es keine Belegangaben, sondern nur Kompetenzbeispielangaben, allerdings durchschnittlich doppelt so viele wie in anderen vergleichbaren Wörterbüchern (vgl. Bergenholtz/Mugdan 1986, 125 f.).

Das HWDG ist das einzige allgemeine einsprachige Wörterbuch der deutschen Standardsprache der Gegenwart, welches eine Bearbeitung der Phraseologismen aufweist, die an die neuere Phraseologieforschung anschließbar ist (vgl. auch Art. 46). Es zeigt einen Ausweg aus der „Phraseologiemisere" (i. S. v. Wiegand 1989 c) wenigstens für eine Unterklasse der Phraseme, die sog. phraseologischen Ganzheiten (z. B. *jmdm aufs Dach steigen)*, die nicht mehr im Skopus einer Bedeutungsangabe zum Lemmazeichen *(Dach)* stehen, sondern im Postkommentar bearbeitet sind, der durch einen nichttypographischen Strukturanzeiger („+") vom vorausgehenden semantischen Kommentar abgetrennt ist, so daß für den kundigen Benutzer zugleich eine Schnellzugriffsstruktur (i. S. v. Art. 36) definiert ist. Im HWDG findet er die Phraseme relativ schnell, im BW sind sie nicht systematisch auffindbar. Wie auf dem im HWDG begonnenen Weg so fortgeschritten werden kann, daß die Phraseme insgesamt derart lexikographisch bearbeitet werden, daß dies einerseits der neueren Forschung weitgehend entspricht und andererseits für den Benutzer alle Phraseme schnell auffindbar sind, wird in Wiegand (1989 c) gezeigt.

Aufgrund der Behandlung der Phraseme sind für das HWDG Artikel charakteristisch mit einem thematisch homogenen Postkommentar zur Phraseologie (PostK:Ph), die eine rechtserweiterte integrierte (oder partiell integrierte) Mikrostruktur aufweisen. Ein Beispiel ist wa$_{34}$ (vgl. auch Textbeispiel 39.17 u. Abb. 39.28).

Maul, das; -(e)s, Mäuler **1.** *bes. der Nahrungsaufnahme dienende Mundöffnung mancher Tiere:* das M. des Pferdes, der Kuh, eines Karpfens; das weitaufgerissene M. des Löwen — **2.** salopp *Mund:* der hat ein schiefes M. — **3.** */nur im Pl./* salopp er hat zehn (hungrige) Mäuler *(Kinder 1.1)* zu ernähren
÷ salopp ein loses, ungewaschenes M. haben *(frech reden)*; das M. halten *(nicht reden, sprechen)*; jmdm. das M. stopfen *(jmdn. zum Schweigen bringen)*; sich über jmdn., etw. das M. zerreißen *(schlecht über jmdn., etw. sprechen)*; — jmdm.
↗ Honig ums M. schmieren

Textbeispiel 206.34: wa$_{34}$ aus HWDG

Ein Ausschnitt aus der Mikrostruktur von wa$_{34}$ ist in der Abb. 206.18 dargestellt.

Die Arbeit am HWDG war früher abgeschlossen als die am DUW. Die 1. Aufl. des Deutschen Universalwörterbuches erschien jedoch früher (1983), also vier Jahre nach dem letzten Bd. des Duden-GW.

DUW 1983 hat ca. 120 000 Lemmata, die stark nischenalphabetisch angeordnet sind. Im Unterschied zum HWDG sind die Nischenlemmata Vollemmata (vgl. Art. 37). Neben dem standardsprachlichen Kernwortschatz ist die Lexikperipherie stark berücksichtigt, insbesondere fach- und sondersprachliche Lemmazeichen, die auch in der fachexternen Kommunikation verwendet werden, sowie vor allem die Lexik des Neuen

206. Die deutsche Lexikographie der Gegenwart

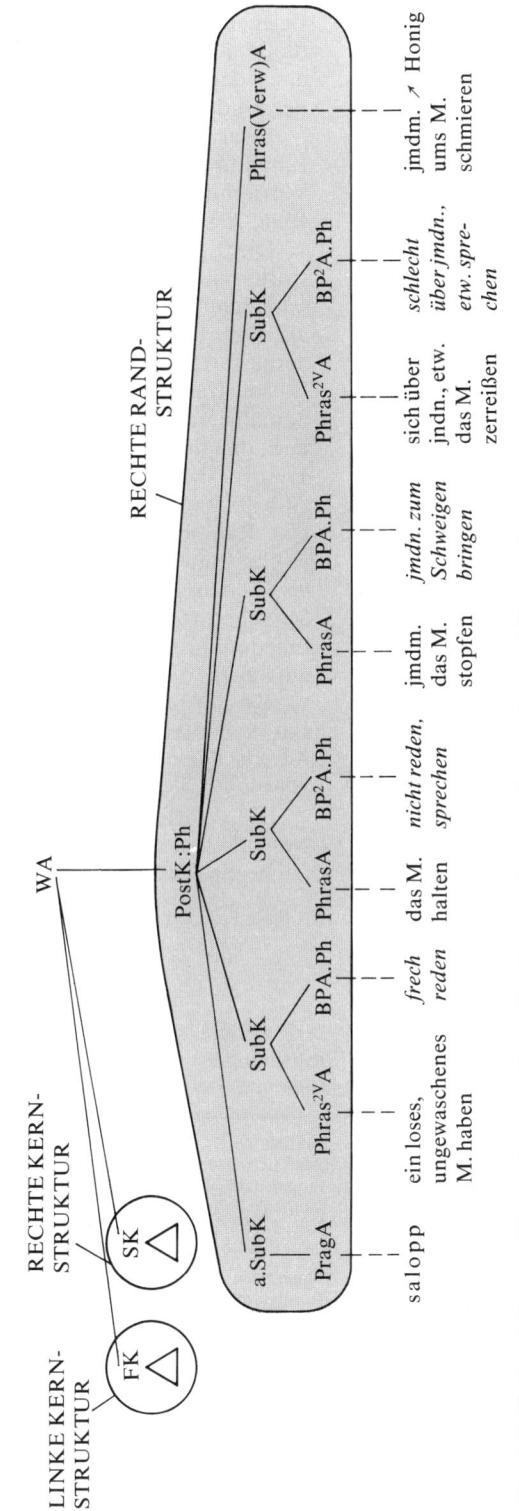

Abb. 206.18: Partiell ausgeführter, kommentierter Strukturgraph zur rechtserweiterten Mikrostruktur von wa₃₄; PostK:Ph = thematisch homogener Postkommentar zur Phraseologie; a.SubK = ausgelagerter Subkommentar; Phras²ᵛA = Phrasemangabe, aus der zwei Phrasemvarianten erschließbar sind; BP²A.Ph = an eine Phrasemangabe adressierte Bedeutungsparaphrasenangabe, aus der zwei Bedeutungsparaphrasen erschließbar sind; Phras(Verw)A = um einen Verweis binnenerweiterte Phrasemangabe

Substandard und des informellen Umgangs („Wörter, die nicht der normalsprachlichen Stilschicht angehören", DUW 1983, 7). Aufgenommen wurden weiterhin: gängige Abkürzungen und Kurzwörter, vereinzelt Wortbildungsmittel (vgl. dazu Art. 81 u. Abb. 206.19) sowie Namen verschiedener Klassen wie geographische Namen, Stern-, Götter-, Stammesnamen u. a.; Personennamen wurden nur dann berücksichtigt, wenn sie als Appellativa oder wortartig gebraucht werden. Insgesamt muß die äußere Selektion als ausgewogen und auch an der Lexikperipherie als gelungen betrachtet werden. Das Deutsche Universalwörterbuch ist von allen Einbändern dasjenige Werk, das den lexikalischen Sprachstand von 1945 bis zum Erscheinungsjahr am angemessensten wiedergibt. Es ist zugleich dasjenige einbändige Wörterbuch, aus welchem die größte Menge an Information entnommen werden kann (vgl. auch Bergenholtz/Mugdan 1986, 130).

Die Angaben beziehen sich vor allem auf folgende Eigenschaften der Lemmazeichen: Rechtschreibung, Silbentrennung, Betonung, Aussprache (nur bei Wörtern und Wortteilen, bei denen sie Schwierigkeiten macht), die üblichen grammatischen Angaben (ohne die Angaben zur Restriktion der Graduierung wie im Duden-GW), Bedeutung, pragmatische Eigenschaften (wie Zugehörigkeit zu einen Sprachraum, „Stilebene" etc.) sowie den Gebrauch, der durch Kompetenzbeispielangaben dokumentiert wird. Wie im Wahrig-DW und im HWDG fehlen Belegangaben. Ebenso wie das HWDG keine bloße Kürzung des WDG darstellt, so ist auch das DUW 1983 keine bloße Kürzung des Duden-GW.

Zwar gibt es Übereinstimmungen, der Einbänder ist jedoch ein eigenständiges Wörterbuch (vgl. auch Bergenholtz/Mugdan 1986, 32).

Die 2. Auflage des „Deutschen Universalwörterbuches" (DUW 1989) wurde in verschiedenen Hinsichten sowohl konzeptionell als auch im Detail bei einzelnen Lemmata verbessert. Die aufgenommene Lexik wurde — im Rahmen von 120 000 Lemmata — aktualisiert. Das Druckbild wurde so verändert, daß die Artikel leserlicher sind als in der 1. Aufl. Man vgl. Textbeispiel 38.5 in Abb. 38.4 mit Textbeispiel 206.37. Die textuelle Rahmenstruktur (i. S. v. Art. 36,2.) ist reicher geworden. DUW 1989 enthält nun eine „Kurze Grammatik der deutschen Sprache" (S. 15—48), die auf der obersten Gliederungsebene folgende Überschriften aufweist:

Wörter und Wortarten (vgl. Textbeispiel 206.35), Das Verb, Das Substantiv, Das Adjektiv, Das Adverb, Präpositionen, Konjunktionen, Interjektionen, Der Satz.

Die Wörterbuchgrammatik ist also im wesentlichen nach den traditionellen Wortarten gegliedert. Aus dem Kapitel „Wörter und

Wörter und Wortarten

Die Form der Wörter

Neben unveränderlichen Wörtern *(und, auf, über, bis ...)* gibt es eine große Anzahl von Wörtern, die sich in ihrer Form verändern können. Diese Formveränderung nennt man **Flexion** (Beugung). Die Flexion wird unterteilt in **Deklination, Konjugation** und **Steigerung (Komparation).**

das alte Schloß des alten Schlosses dem alten Schloß das alte Schloß	die alten Schlösser der alten Schlösser den alten Schlössern die alten Schlösser	**Deklination:** Dekliniert werden Substantive, Adjektive, Artikel, Pronomen nach Geschlecht (Genus: männlich, weiblich, sächlich), Zahl (Numerus: Einzahl, Mehrzahl) und Fall (Kasus: Nominativ, Genitiv, Dativ, Akkusativ).
ich sage du sagst er/sie/es sagte	wir werden sagen ihr sagtet sie hätten gesagt es wird gesagt	**Konjugation:** Konjugiert werden Verben nach Person, Zahl, Zeit, Aussageweise und Handlungsart (Aktiv, Passiv).
kühl kühler der kühlste	viel mehr am meisten	**Steigerung:** Die Steigerung ist eine besondere Art der Formveränderung bei Adjektiven (und einigen Adverbien). Es gibt drei Steigerungsstufen: Grundstufe, Höherstufe, Höchststufe.

Textbeispiel 206.35: Auszug aus der Wörterbuchgrammatik des DUW 1989

Wortarten" ist der erste Abschnitt im Textbeispiel 206.35 wiedergegeben; die weiteren Abschnitte des Kapitels heißen: Der Bau der Wörter, Wortbildung, Wortarten. Mit der Wörterbuchgrammatik ist der Nutzwert des DUW — insonderheit für Benutzer, deren Muttersprache nicht das Deutsche ist — deutlich gestiegen, auch wenn für die Wörterbuchgrammatik keine Zugriffsstruktur definiert ist.

Eine weitere Ergänzung der textuellen Rahmenstruktur sind die kurzgefaßten „Hinweise für die Wörterbuchbenutzung" auf dem vorderen und hinteren Vorsatzblatt. Das entspricht der Praxis im Wahrig-$^{4\text{ u. }5}$DW (vgl. auch Textbeispiel 206.15 sowie Art. 66 u. 92).

Bei der äußeren Selektion wurden die produktiven Wortbildungsmittel etwa in dem Umfange berücksichtigt wie im Duden-10 (2. Aufl. 1985). Man vgl. dort die „Liste der Wortbildungsmittel, die innerhalb der alphabetischen Abfolge als Stichwörter erscheinen" (S. 16—18), bei der es sich um eine vorangestellte Teilstruktur der Makrostruktur handelt. Einen Vergleich der Wortbildungsmittel innerhalb der a/A-Teillemmareihe, die den Fortschritt im DUW 1989 gegenüber dem DUW 1983 deutlich zeigt, enthält die Abb. 206.19.

Bem. zur Abb. 206.19: Es wurde von der vorangestellten Liste im Duden-10 ausgegangen, so daß es möglich ist, daß DUW 1989 weitere Wortbildungsmittel als Lemmata aufgenommen hat, die in der Übersicht nicht enthalten sind.

Wortbildungsmittel (Affixe und Affixoide)	DUW 1983	Duden-10 (1985)	DUW 1989
a-	−	+	+
ab-	−	+	−
-abel	−	+	+
-abhängig	−	+	+
-ade	−	+	+
Affen-	−	+	+
-al/-ell	−	+	+
Alibi-	−	+	+
Allerwelts-	−	+	+
Amateur-	−	+	+
Amok-	−	+	−
an-	−	+	−
-and	−	+	+
-anfällig	−	+	+
-ant	−	+	+
anti-, Anti-	+	+	+
-arm	−	+	+
-artig	−	+	+
-ation/-ierung	−	+	+
auf-	−	+	−
-aufkommen	−	+	+
aus-	−	+	−
außer-	−	+	+

Abb. 206.19: Übersicht zur äußeren Selektion bei den Wortbildungsmitteln im DUW 1983, Duden-10 (1985) und DUW 1989; „+" = als Lemma aufgenommen; „−" = nicht als Lemma aufgenommen

an|ti-, An|ti- [anti-; griech. anti] ⟨produktive Vorsilbe mit der Bed.⟩: *gegen, entgegen, wider, nicht* (z. B. Antibiotikum, antifaschistisch, Antiheld).

an|ti-, An|ti- ⟨adjektivisches und substantivisches Präfix⟩: I. *gegen, wider.* 1. */drückt einen ausschließenden Gegensatz, eine gegnerische Einstellung zu dem im Basiswort Genannten aus/:* a) ⟨adjektivisch⟩: antiamerikanisch (Ggs. proamerikanisch), -autoritär, -bürgerlich, -demokratisch, -homosexuell, -human, -kirchlich, -klerikal, -kommunistisch, -national, -schwul. b) ⟨substantivisch⟩: Antialkoholiker *(Gegner des Alkohols),* -bolschewismus, -faschist, -gaullist, -militarismus, -nazi *(jmd., der gegen die Nazis ist),* -semitismus, -sozialismus, -spießer. 2. */drückt aus, daß dem im Basiswort Genannten entgegengewirkt wird, daß es verhindert wird/:* a) ⟨adjektivisch⟩: antiallergisch, -bakteriell, -konzeptionell. b) ⟨substantivisch⟩ */oft dreigliedrig, wobei das dritte Glied in Verbindung mit Anti- das als zweites Glied Genannte verhindern o. ä. soll/:* Anti-Ausländer-Parole *(Parole gegen Ausländer),* Antibabypille *(Pille, die verhindern soll, daß ein Baby kommt),* -drogensong *(Song gegen Drogen),* -dröhnwirkung, -einbruchtür *(Tür, die einen Einbruch verhindern soll),* -Hitler-Koalition, -inflationspolitik *(Politik, die einer Inflation entgegenwirken soll),* -klopfmittel, -krebsmittel, -kriegsfilm, -krisenplan *(Plan, der Maßnahmen zur Verhinderung einer Krise vorsieht),* -lärmfenster, -transpirant. 3. */bildet einen komplementären, ergänzenden Gegensatz, stellt den Widerpart des im Basiswort Genannten, etwas Entgegengesetztes dar; z. B.: eine Antirakete ist auch eine Rakete; eine Antikritik ist eine Kritik gegen eine Kritik/:* Antihappening, -kathode, -materie, -schnulze, -theater, -waffe, -witz (zum Beispiel: Warum bauen Ostfriesen Luftverschmutzer in ihre Katen? Damit sich die Leute aus dem Ruhrgebiet heimisch fühlen). II. *eigentlich nicht* */drückt aus, daß jmd./etwas alles andere oder ganz anders ist als das, was man mit dem Basiswort üblicherweise inhaltlich verbindet/:* Antifußball (es war ein schlechtes Spiel, ein Antifußball), -held, -künstler, -romantiker, -schwimmer (Heinz war eigentlich ein Antischwimmer = schwamm nicht gern), -star, -sweetfan, -trost, -typ. **sinnv.**: a-, in-, nicht-, pseudo-, un-.

an|ti-, An|ti- [anti-; griech. antí]: **1.** drückt in Bildungen mit Substantiven oder Adjektiven eine gegnerische Einstellung gegenüber einer Person oder Sache, eine ablehnende Haltung gegen jmdn. oder etw. aus: antiautoritär, -bürgerlich, -demokratisch; Antifaschist, -kommunismus, -sozialismus. **2.** drückt in Bildungen mit Adjektiven oder – in Verbindung mit einem Substantiv – in Bildungen mit Substantiven aus, daß etw. verhindert wird oder werden soll, daß einer Sache entgegengewirkt wird: antiallergisch; Antiinflationspolitik, Antikrebsmittel, Antikriegsfilm. **3.** drückt in Bildungen mit Substantiven einen [ergänzenden] Gegensatz zu etw. oder etw. Entgegengesetztes aus: Antirakete, -schnulze, -teilchen. **4.** drückt in Bildungen mit Substantiven aus, daß jmd. oder etw. nicht das ist, was man üblicherweise darunter versteht: Antifußball, -held, -star.

Textbeispiel 206.36: wa$_{35}$ aus DUW 1983, wa$_{36}$ aus Duden-10 und wa$_{37}$ aus DUW 1989

Was die Angaben in den Artikeln zu den Wortbildungsmitteln betrifft, so hat DUW 1989 vor allem von Duden-10 profitiert; der letztere Einbänder ist das erste allgemeine einsprachige Wörterbuch des Deutschen nach 1945, welches die Wortbildungsmittel relativ systematisch berücksichtigt. Ein Artikelvergleich zwischen den drei Duden-Wörterbüchern erlaubt Textbeispiel 206.36.

Wie im DUW 1983, so weisen auch die Artikel im DUW 1989 integrierte Mikrostrukturen auf, und zwar haben die meisten Artikel einfache integrierte Mikrostrukturen. Tritt eine Etymologieangabe auf, bildet sie den mittleren Zwischenkommentar (vgl. wa$_{37}$), so daß diese Artikel integrierte Mikrostrukturen mit binnenerweiterter Basisstruktur aufweisen. Bei relativ umfangreichen Artikeln (vgl. z. B. s. v. *auf*, s. v. *ab*) treten auch ein- und zweifach subintegrierte Mikrostrukturen auf. Wie im Duden-GW (vgl. wa$_{22}$) und im Duden-10 (vgl. wa$_{36}$), so wird auch im DUW 1989 mit Bedeutungsnuancierungsangaben gearbeitet, die durch Kleinbuchstaben realisiert werden wie in wa$_{38}$.

Ein Ausschnitt aus der Mikrostruktur von wa$_{38}$ ist in der Abb. 206.20 dargestellt.

Bem. zur Abb. 206.20: Teilintegrate müssen von Subintegraten unterschieden werden. Erstere sind die Teilstrukturen von Mikrostrukturen, die

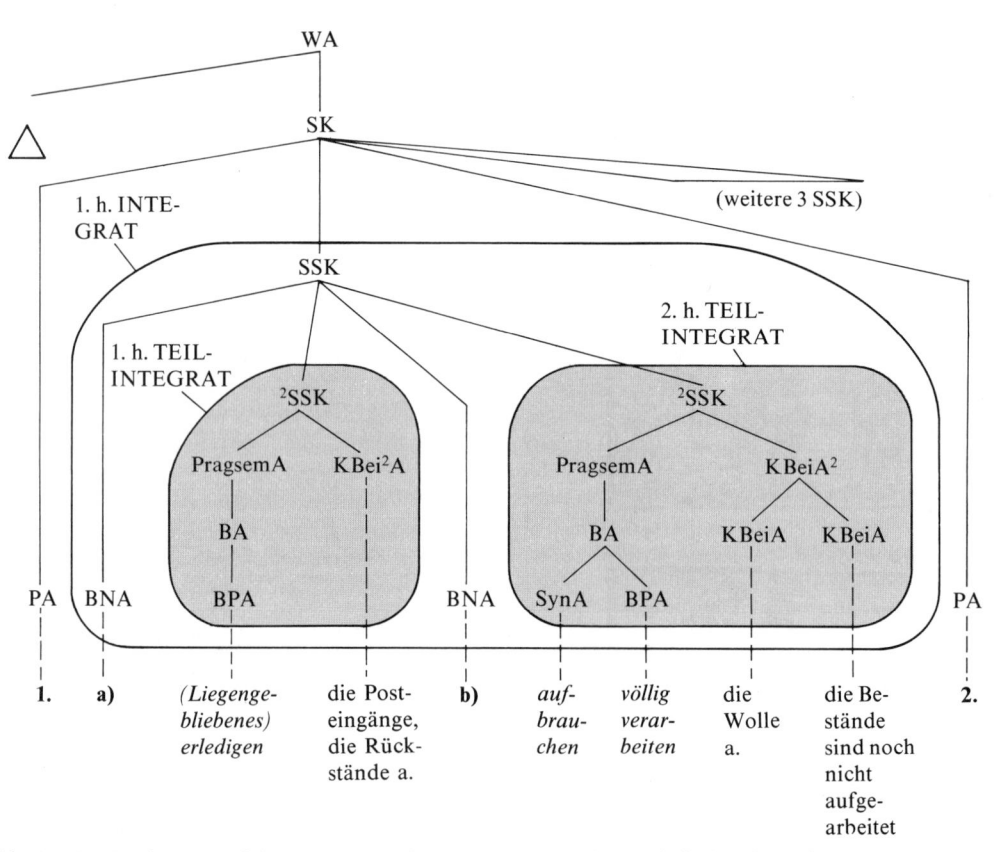

Abb. 206.20: Partiell ausgeführter, kommentierter Strukturgraph zur einfachen integrierten Mikrostruktur von wa$_{38}$; BNA = Bedeutungsnuancierungsangabe

auf|ar|bei|ten (sw. V.; hat): **1. a)** *(Liegengebliebenes)* erledigen: die Posteingänge, die Rückstände a.; **b)** *aufbrauchen, völlig verarbeiten:* die Wolle a.; die Bestände sind noch nicht aufgearbeitet. **2.** *zusammenfassend betrachten; weitere Schlüsse aus etw. ziehen:* er hat die jüngsten Forschungsergebnisse [kritisch] aufgearbeitet. **3.** *(alt u. unansehnlich Gewordenes)* erneuern, überholen, auffrischen: Polstermöbel, einen alten Schrank a. [lassen]. **4.** (a. + sich) *sich aufraffen, sich unter Anstrengung langsam erheben:* der gestrauchelte Gegner konnte sich nur mühsam a.; **Auf|ar|bei|tung**, die; -, -en: *das Aufarbeiten* (1-3).

Textbeispiel 206.37: wa$_{38}$ und wa$_{39}$ aus DUW 1989

semantische Subkommentare zweiter Stufe aufweisen, in denen weder eine generische noch eine spezifizierte Bedeutung (wie in den Artikeln des BW, vgl. Abb. 206.16), sondern Bedeutungen beschrieben werden, die „enger zusammengehören" (vgl. Duden-GW, I., 17); vgl. hierzu näher Wiegand 1989.

Was die Behandlung der Phraseme angeht, wurde gegenüber der 1. Aufl. im DUW 1989 konzeptionell nichts geändert. Während die Selektion der Phraseme als gelungen gelten kann und ihre Anzahl für einen Einbänder beachtlich ist, entspricht ihre lexikographische Bearbeitung nicht dem neueren Stand der Phraseologie- und Wörterbuchforschung.

„Idiomatische Ausdrücke (feste Verbindungen und Wendungen; Phraseologismen) werden bei der Bedeutung aufgeführt, zu der sie gehören und stehen dort immer am Ende aller Beispiele. Nur wenn sie sich keiner Bedeutung zuordnen lassen, erscheinen sie unter einer eigenen Gliederungszahl" (DUW 1989, 11).

Diese Regelung hat mehr Nach- als Vorteile. In langen Artikeln sind die Phraseme schwer auffindbar (vgl. z. B. s. v. *Hand*). Es ist nicht klar, was es heißt, daß ein idiomatischer Ausdruck zu einer Bedeutung gehört. In diachronischer Hinsicht? Historisch-etymologisch? Synchronisch? Im Artikel zu **Hand** stehen alle Phraseme im Hinterintegrat des ersten semantischen Subkommentars und damit im Skopus folgender Bedeutungsangabe „*von Handwurzel, Mittelhand u. fünf Fingern gebildeter unterster Teil des Armes bei Menschen u. Affen, der die Funktion des Haltens, Greifens usw. hat*". In welchem Sinne gehören z. B. **die öffentliche Hand, die öffentlichen Hände** und **H. und Fuß haben** zu der mit der zitierten BA beschriebenen Bedeutung? In Wiegand 1989 c wurde ein Verfahren vorgeschlagen, daß sowohl dem Wörterbuchgegenstandsbereich angemessener als auch benutzungsfreundlicher ist.

Sieht man von dieser konzeptionellen Schwäche (und von manchen verbesserungsfähigen Details) ab, dann muß das „Deutsche Universalwörterbuch" in seiner zweiten Auflage als das derzeit empfehlenswerteste einbändige allgemeine einsprachige Wörterbuch zur deutschen Standardsprache der Gegenwart angesehen werden.

2.1.3.4. Zu den anderen Einbändern im Zeitraum von ca. 1960—1990

Neben den behandelten maßgeblichen Einbändern und dem HWDG erschienen im Zeitraum von ca. 1960—1990 zahlreiche weitere Einbänder, die als allgemeine einsprachige Wörterbücher zu gelten haben; die wichtigsten sind die folgenden:

Busse/Pekrun 1967; Duden-10 (1. Aufl. 1970, 2. Aufl. 1985); DWFL 1988 (frühere Aufl. 1984); Fröhlich 1989; Heinz/Wolter 1974 u. 1975; Hübner 1984; Knaurs-GW; Kraemer 1980 u. 1983; KWDS 1988; NDW; Pekrun-NDW (1. Aufl. 1964); Splettstößer 1975; Strub 1981; Ullstein-LdS; Wahrig-dtv (1. Aufl. 1978); Witte 1974.

Folgende Wörterbücher, welche bereits vor 1960 verfügbar waren, erlebten eine oder mehrere Neuauflagen: Brenner-DW, Herders Sprachbuch, Langenscheidts-DW, Mackensen-TW (auch innerhalb von Mackensen/Hollander 1989), Mackensen-DW, Pekrun-DW und der Sprach-Brockhaus. Soweit sie zu ermitteln waren, sind diese Auflagen im Literaturverzeichnis aufgeführt (vgl. auch Abb. 206.25 u. 28). Keines dieser Wörterbücher wurde mit den Neuauflagen angemessen gepflegt, so daß die späteren Auflagen dieser Wörterbücher hier nicht weiter behandelt werden. Wörterbuchkritische Studien zum lexikographischen Prozeß von der 1. bis zur letzten Auflage dieser Einbänder im Vergleich zum Sprachstand und der Sprachentwicklung sind ein Desiderat.

„Versteckte" allgemeine einsprachige Wörterbücher finden sich z. B. im Sprachenhausbuch und Duden-Ratgeber 1987. Ein Teil der genannten Wörterbücher steht auf der Grenze zum Rechtschreibwörterbuch; dies gilt etwa für DWFL 1988 (ca. 30 000 Lemmata), Fröhlich 1989 (ca. 30 000 Lemmata), Heinz/Wolter 1975 (ca. 26 000 Lemmata) und Kraemer 1980 (ca. 34 000 Lemmata). Bei diesen Wörterbüchern muß auch als zweifelhaft gelten, ob sie zur wissenschaftlichen Lexikographie (i. S. v. Art. 29) gerechnet werden können.

Bei anderen tritt der semantische Kommentar häufiger auf, ist aber mehr oder weniger rudimentär ausgeprägt, so daß sich meistens nur eine kurze Bedeutungsangabe findet. Dies gilt z. B. für NDW, Hübner 1984 (ca. 39 000 Lemmata) und Witte 1974 (vgl. Textbeispiel 38.3).

Manche dieser Wörterbücher kann bzw. konnte man in Kaufhäusern, Kaffeegeschäften und auf Wochenmärkten kaufen. So z. B. das NDW: Dies wurde im August 1980 in einer „Eduscho-Aktion"

Bei den Hauptwörtern ist das Geschlecht (*m* = männlich, *w* = weiblich, *s* = sächlich), der Wesfall (Genitiv) in der Einzahl (im Singular) und der Werfall (Nominativ) in der Mehrzahl (im Plural) angegeben, z. B.:

männlich:

Lehrer *m, -s, -*	der Lehrer, des Lehrers, die Lehrer
Preis *m, -es, -e*	der Preis, des Preises, die Preise
Beruf *m, -(e)s, -e*	der Beruf, des Berufes (*od.* Berufs), die Berufe
Libanon *m, -(s)*	der Libanon, des Libanon (*od.* Libanons)
Mut *m, -(e)s*	der Mut, des Mutes (*od.* Muts)
Mast *m, -(e)s, -en*	der Mast, des Mastes (*od.* Masts), die Masten
Student *m, -en, -en*	der Student, des Studenten, die Studenten
Hase *m, -n, -n*	der Hase, des Hasen, die Hasen
Beamte(r) *m, -n, -n*	der Beamte (ein Beamter), des Beamten, die Beamten
Bekannte(r) *m/w, -n, -n*	der Bekannte (ein Bekannter), des Bekannten, die Bekannten / die Bekannte, der Bekannten, die Bekannten
Materialismus *m, -*	der Materialismus, des Materialismus
Passus *m, -, -*	der Passus, des Passus, die Passus
Harem *m, -s, -s*	der Harem, des Harems, die Harems

Textbeispiel 206.38: Ausschnitt aus der Erklärung der grammatischen Angaben im Wörterbuchvorspann (aus: Fröhlich 1989)

für DM 6,95 und 1982 in Kaufhäusern für DM 10,95 angeboten. Zu solchen und ähnlichen Praktiken vgl. man Art. 11.

Außer Duden-²10, Knaurs-GW, Ullstein-LdS und Wahrig-dtv sind alle anderen Einbänder drittklassig (wenn man drei Güteklassen ansetzt). Dennoch weisen alle — was die Wörterbuchform angeht — eine oder mehrere (z. T. interessante) Besonderheiten auf; nur einige davon können nachfolgend erwähnt werden.

Fröhlich 1989 erklärt die Textverdichtung bei den grammatischen Angaben auf einfache, aber effektive Weise wie im Textbeispiel 206.38.

Im NDS, das (nach eigenen Vorstellungen) nicht Einzelwörter, sondern Wortfamilien alphabetisiert (!) (vgl. NDS, 9 u. 11), werden — ähnlich wie im Duden-1 — im Artikel Verweisangaben auf Vorschriftenformulierungen zur Orthographie gegeben und die Beispielangaben sind teilweise als Ant-

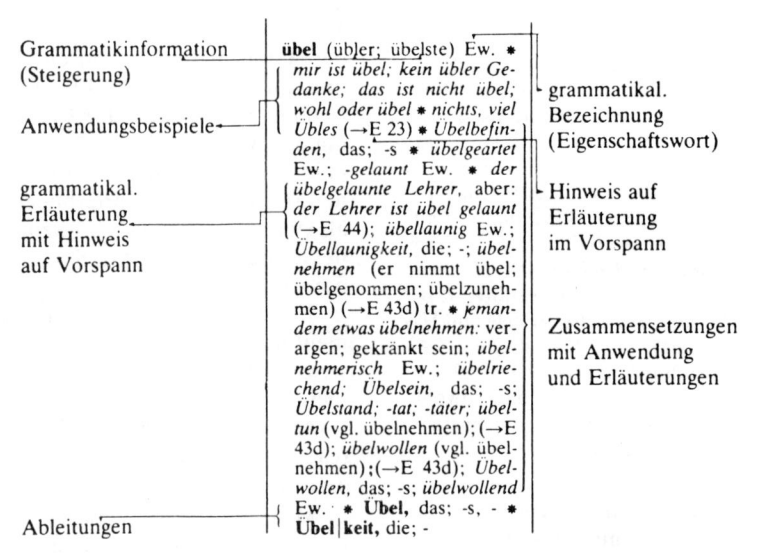

Textbeispiel 206.39: Ausschnitt aus dem NDW-Vorspann: Erklärung des „Aufbaus" von drei Wörterbuchartikeln

206. Die deutsche Lexikographie der Gegenwart

worten auf Suchfragen zur Rechtschreibung konzipiert. Die Artikel, die solche und andere Angaben aufweisen, werden im Vorspann wie im Textbeispiel 206.39 erklärt.

Mit der Angabe „→ 23" wird der kundige Benutzer auf folgende Vorschriftenformulierung (i. S. v. Wiegand 1986 d, 93) verwiesen:
„**E 23** Eigenschaftswörter in Verbindung **mit unbestimmten Zahlwörtern** (z. B. etwas, viel, manches, genug, nichts, einiges, wenig) schreibt man groß" (NDW, 26).

Wenn Wörterbücher — wie das NDW — solche Eigenschaften aufweisen, heißt dies noch nicht, daß sie als Rechtschreibwörterbücher zu gelten haben (vgl. dazu Wiegand 1989). Ähnlich wie bei überwiegend sprachformorientierten Wörterbüchern der frühen Nachkriegslexikographie treten auch im NDW auflistende Mikrostrukturen auf wie z. B. in wa$_{40}$.

> **Se|nat** (l.), der; -(e)s, -e: (im alten Rom) Rat der Alten; Richterkollegium bei Obergerichten; Hochschulleitung; die Erste Kammer in vielen Staaten; Regierung der Hansestädte * *Senatsbeschluß; -präsident; -sitzung; -sprecher; -vorlage* * **Se|na|tor**, der; -s, -toren: Senatsmitglied; Ratsherr

Textbeispiel 206.40: wa$_{40}$ aus NDW

Die Vorlage für diesen Artikel ist der Artikel zu *Senat* aus einer der zwölf Auflagen von Pekrun-DW; man vgl. w̄a$_{41}$.

> **Senat** (l.), der; -(e)s, -e: im Römischen Reich Rat „der Alten" : Regierung der Hansestädte : Richterkollegium beim Oberlandesgericht : in einigen Staaten Name der Ersten Kammer : Vorstand einer Hochschule * *Senatsbeschluß; Senatspräsident; -sitzung; -sprecher; -verwaltung* * **Senator**, der; -s, ..toren: Mitglied eines Senates : Ratsherr * **senatorisch** Ew.: Senat(or)..

Textbeispiel 206.41: w̄a$_{41}$ aus Pekrun-^{12}DW

Wegen der fast vollständigen Gleichheit der Wörterbuchform treten bei einer Lemmatazählung die gleichen Probleme auf, die anhand von wa$_{11}$ (vgl. Textbeispiel 206.13) erläutert wurden.

Wie bei dem Artikel zu *Schurz* (vgl. w̄a$_{13}$), so kann auch dem Artikel zu *Senat* entweder eine auflistende oder eine rudimentär ausgeprägte integrierte Mikrostruktur zugewiesen werden. Die Abb. 206.21 zeigt die Ergebnisse der ersteren Deutung.

Bem. zur Abb. 206.21: Der Terminus *rechte Teilkernstruktur* für diejenige Teilstruktur der Mikrostruktur, welche der semantische Subkommentar zur Komposition (SSK: Komp) aufweist, rechtfertigt sich hier dadurch, daß die rechtserweiterten Komposita sich als spezielle Kotextklasse für das Lemmazeichen auffassen lassen (vgl. Art. 39, 5.3.). — Interpretiert man den Artikel zu *Senat* so, daß er eine rudimentär ausgeprägte integrierte Mikrostruktur aufweist, dann wäre SSK:Komp als ein nach rechts ausgelagerter semantischer Subkommentar (raSSK), also als Annex, aufzufassen und die zugehörige Teilstruktur der Mikrostruktur wäre ein Postintegrat (i. S. v. Art. 39, 5.1.).

In dem Wörterbuch, das in den Duden-Ratgeber 1987 eingearbeitet ist, gibt es ein „Wörterverzeichnis mit Formulierungshilfen" (vgl. S. 469 ff). In den „Erläuterungen zum Wörterverzeichnis" findet sich hinter dem nichttypographischen Strukturanzeiger „◊" die Erklärung:

„Hinter diesem Zeichen stehen sinnverwandte Ausdrücke, die andere Formulierungen ermöglichen sollen" (Duden-Ratgeber 1987, 815).

Ein Beispiel ist wa$_{42}$.

> **Tod**, der; -[e]s, (selten:) -e; zu -e fallen, hetzen, erschrecken
> ◊ Sterben, Ende, Heimgang, Hinscheiden, Exitus (Med.) · Knochenmann, Sensenmann, Freund Hein

Textbeispiel 206.42: wa$_{42}$ aus Duden-Ratgeber 1987

Bei dem Textsegment, das auf „◊" folgt, handelt es sich um ein Element aus einer Angabeklasse, die charakteristisch ist für kumulative Synonymiken, und zwar um eine Angabe zur Formulierungsvariation (A-F-Var), die aus Teilangaben besteht, die meistens Wortsynonymangaben (SynA) oder Angaben von Formulierungsvarianten (A.F-Vari) sind. Natürlich läßt sich jedes allgemeine einsprachige Wörterbuch durch A-F-Var in Richtung auf ein Produktionswörterbuch ausbauen.

Im Vorwort von Splettstößer (1975, 7) findet sich der erstaunliche Satz „Maßgebend für den Gebrauch der deutschen Sprache ist der Duden." Daraufhin wird erklärt, daß der Verfasser nicht mit allen Regelungen im Duden (gemeint ist Duden-1) einverstanden ist. Wenn Splettstößer eigene Auffassungen vertritt, hat er dies in der Form von normativen Angaben gemacht, z. B. s. v. *andere, ebensolange,* s. v. *ein* und s. v. *eichen,* wo es heißt:

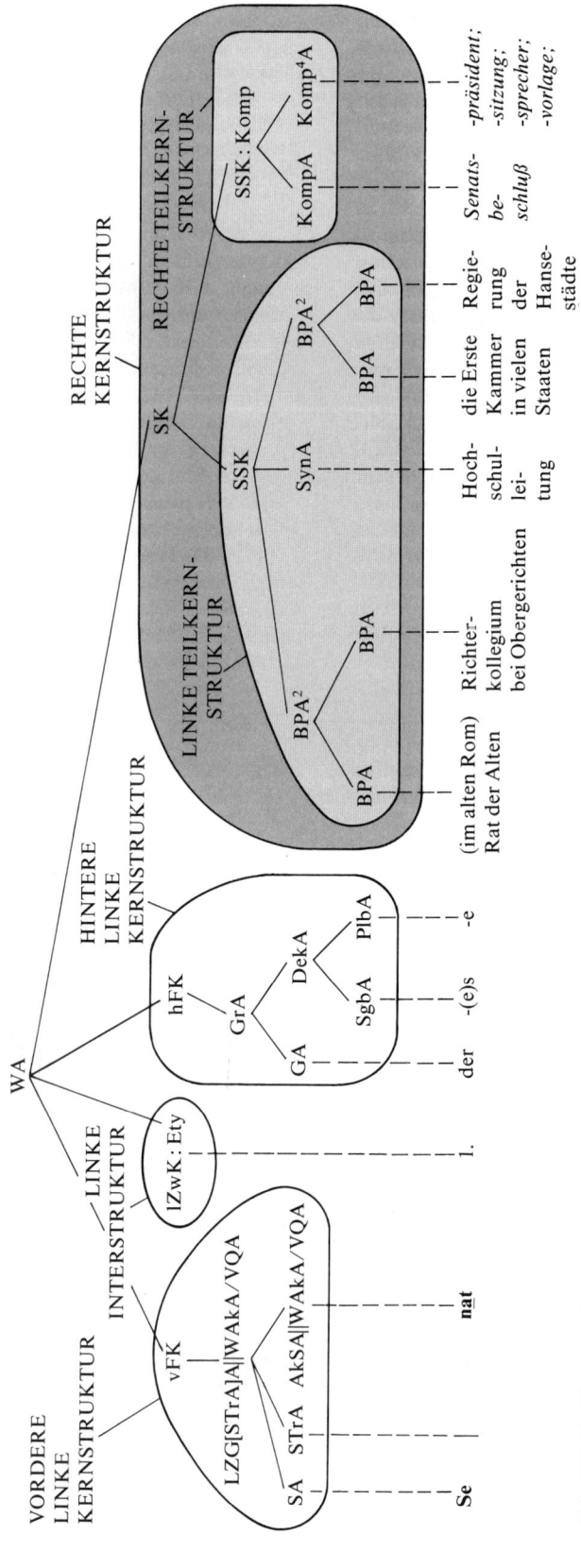

Abb. 206.21: Kommentierter Strukturgraph zur hierarchischen auflistenden Mikrostruktur mit linkserweiterter Basisstruktur; LZG[STrA]A||WAkA/VQA = um eine STrA binnenerweiterte und um eine Wortakzentangabe, die zugleich Vokalquantitätsangabe ist, unten erweiterte Lemmazeichengestaltangabe

„(*zu lat.* aequare, gleichmachen *gehörig:* das Maß setzen, *wäre richtiger* „aichen" *zu schreiben*)."

Im folgenden seien die — neben den beiden maßgeblichen Einbändern und dem HWDG (vgl. 2.1.3.3.) — wichtigsten Einbänder aus dem Zeitraum 1960—1990 betrachtet, und zwar: Ullstein-LdS von 1969, Wahrig-dtv von 1978 (10. [unveränd.] Aufl. 1989, 206. bis 225. Tausend), Duden-²10 von 1985 und Knaurs-GW, erschienen 1985.

Drei Jahre nach Erscheinen des Wahrig-DW und im gleichen Jahr wie der 3. Bd. des WDG erscheint Ullstein-LdS. Es handelt sich um ein durchgehend sehr sorgfältig gearbeitetes Wörterbuch, dessen Gegenstandsbereich die engere standardsprachliche Kernlexik ist („deutscher Grundwortschatz einschließlich aller häufig gebrauchten Fremdwörter"; Ullstein-LdS, 5). Das Wörterbuch weist ein ausgeglichenes Verhältnis zwischen der Anzahl der schwach nischenalphabetisch geordneten Lemmata, die ca. 22 000 beträgt, und der Anzahl der Menge der berücksichtigten Eigenschaften der Lemmazeichen und damit der berücksichtigten Angabeklassen auf. Die äußere Selektion wird in den Benutzungshinweisen genau erläutert. Was die innere Selektion betrifft, weisen die Bearbeiter darauf hin, daß die „Methode der summierten Information beim Einzelstichwort" (Ullstein-LdS, 5) in der germanistischen Sprachlexikographie noch neu ist. Diese Methode, deren Anwendung zu genuin polyinformativen Wörterbüchern (i. S. v. Wiegand 1989) führt, wurde zwar bereits vom WDG teilweise praktiziert und auch im Wahrig-DW angewandt, doch finden sich im Ullstein-LdS eine ganze Reihe von „Informationen", die als neuartig zu gelten haben. Beispielsweise werden Wortformen einer „Stilschicht" zugeordnet (z. B. **Bistum** [...], das, -s (geh. -es) Bistümer); zum ersten Mal werden Schwankungen und Restriktionen bei der Adjektivgraduierung berücksichtigt, und auch die später im Duden-GW auftretenden Angaben zur syntaktischen Restriktion der Adjektive wie z. B. „nur prädikativ", „nur attributiv" u. a. finden sich in der Lexikographie der deutschen Standardsprache der Gegenwart m. W. zum ersten Mal im Ullstein-LdS. Auch ist bereits gesehen, daß Synonymenangaben dem Benutzer „die Mittel in die Hand geben, den Ausdruck zu variieren" (Ullstein-LdS, 7). Aus diesem Wörterbuch stammt aber auch der — gemessen an dem Sprachgebrauch der neueren Phraseologieforschung — irreführende Gebrauch von *Phraseologie,* der sich auch noch in allen Dudenwörterbüchern findet (vgl. auch Burger 1983) und der im übrigen durch das DFW und auch durch den Artikel zu *Phraseologie* im Ullstein-LdS nicht abgedeckt ist. Für die Bearbeiter des Ullstein-LdS ist der phraseologische Teil eines Wörterbuchartikels derjenige, in welchem die Beispielangaben stehen. Unter der Überschrift „Phraseologie" heißt es:

„Im folgenden phraseologischen Teil bringen wir Beispiele für den syntaktischen Gebrauch des Stichwortes, d. h. für den Gebrauch des Stichwortes innerhalb von Sätzen, wobei die Sätze auch verkürzt als Wortgruppe auftreten [...]" (Ullstein-LdS, 7).

Wenn Phraseme behandelt werden, dann im letzten Abschnitt des phraseologischen Teils hinter dem Strukturanzeiger „B", der in Abkürzungsverzeichnis so erklärt ist: „bildlicher bzw. übertragener Gebrauch, Bild, Metapher, Übertragung" (Ullstein-LdS, 8).

Besonders sorgfältig ist die Etymologie vieler Lemmazeichen bearbeitet. Bei der von Seebold (1982) durchgeführten, testartigen Analyse hat Ullstein-LdS in seiner Gruppe deutlich am besten abgeschnitten (vgl. auch Müller 1970, 8 f.).

Weiterhin enthält dieser Einbänder eine über die Orthographie hinausgehende normative Komponente, die in verschiedenen Arten von normativen Angaben greifbar wird. So wird z. B. im Artikel zum Lemmazeichen *Anzahl* dessen Bedeutung mit der BPA *unbestimmte Menge* paraphrasiert, und dann heißt es: „weniger gut für *bestimmte Menge, Zahl:* die Anzahl der Fachärzte ist gleich geblieben".

Die Artikel sind nach der Methode der Integration gearbeitet. Die meisten Artikel weisen rechtserweiterte Mikrostrukturen auf, da die Etymologieangabe — wie im Wahrig-DW — im Postkommentar steht. Dieser ist meistens thematisch homogen, es sei denn, es findet sich nach dem SK eine Diminutivangabe wie in wa₄₃.

Kof·fer [ˈkɔfər], der, -s / -: *mit Deckel verschließbares [rechteckiges] Behältnis zum Transport von Kleidung bes. auf Reisen:* der K. sprang auf und ergoß seinen Inhalt über den Bahnsteig; **B** du kannst deine K. packen (umg. *fortgehen, du bist entlassen*). Verkl.: **Köf·fer·chen** [ˈkœfərçən], das, -s / -. [mhd. koffer = Truhe < gleichbed. mittelniederl. coffer < gleichbed. altfrz. coffre, wahrscheinlich < spätlat. cophinus = großer Tragkorb < griech. kophinos = Korb]

Textbeispiel 206.43: wa₄₃ aus Ullstein-LdS

Mit dem Wahrig-dtv, der ca. 16 000 glattalphabetisch geordnete Lemmata hat, hat Wahrig versucht, über die im Wahrig-$^{1\text{ u. }2}$DW praktizierte Lexikographie hinauszukommen. Der Wahrig-dtv kann sozusagen als ein „Experimentierwörterbuch" betrachtet werden, in dem u. a. ausprobiert wird, wie das lexikographische Verfahren funktioniert — das Wahrig selbst „integrierte grammatisch-semantische Methode" nennt (vgl. Wahrig-dtv, 6 u. Wahrig 1983) — wenn man keine Artikel mit nichtintegrierten Mikrostrukturen (wie im Wahrig-DW) verfaßt, sondern zur Methode der Integration übergeht. Der Wahrig-dtv ist eine „Vorpublikation" zum BW, die bereits die zahlreichen Schwächen und die wenigen Stärken aufweist, die der BW hat. Daß die Artikel im Wahrig-dtv Vorläufer der entsprechenden Artikel im BW sind (und daher hier nicht mehr näher behandelt werden müssen) zeigt ein Vergleich von wa$_{32}$ mit wa$_{44}$.

'ab||las·sen (V. 175) 1 (500) etwas ~ abgehen lassen 1.1 Flüssigkeit ~ ablaufen lassen 1.2 Dampf ~ entweichen lassen 1.3 einen Zug ~ abfahren lassen 1.4 leerlaufen lassen; einen Teich ~ 2 (530) jmdm. etwas ~ überlassen, abgeben, verkaufen 3 (550) etwas vom Preis ~ den P. senken 4 (800) von etwas ~ etwas aufgeben, mit etwas aufhören; von seinem Vorhaben ~

Textbeispiel 206.44: wa$_{44}$ aus Wahrig-dtv

Der BW-Artikel wa$_{32}$ hat zwei SSK mehr und ist z. T. ausführlicher gehalten. Es handelt sich jedoch bei der Mikrostruktur von wa$_{44}$ um die gleiche Art wie bei der, die wa$_{32}$ aufweist. Insbesondere gilt alles, was in Wiegand/Kučera (1981, 162 ff.) zur Angabe des semantisch relevanten Kontextes (A.SRK) ausgeführt wurde, auch für den Wahrig-dtv. — Im Vorwort heißt es:

„Es wurde besonderer Wert darauf gelegt, daß Wörter, die der Erklärung (Definition) dienen, selbst als Stichwörter vorkommen und ihrerseits erklärt werden" (Wahrig-dtv, 6).

Daß genau dies in einem erschreckend hohen Maße nicht der Fall ist, wird in Schierholz 1988 gezeigt. —

Der Duden-10 von 1985 ist gegenüber der 1. Aufl. neu konzipiert. Nach dem Vorwort will er nicht nur ein Wörterbuch zum Nachschlagen, sondern auch ein Lern- oder Arbeitswörterbuch sein (vgl. Vorwort, 5). Als „Grundwortbestand" enthält er ca. 16 000 glattalphabetisch angeordnete Lemmata; davon sind über 400 Wortbildungsmittel (vgl. Abb. 206.19 u. wa$_{45}$). Hinzu kommt ein ca. 75 000* Ausdrücke umfassender „Ergän-

zungs- oder Erweiterungswortschatz" (vgl. Vorwort des Herausgebers, 7). Hierbei handelt es sich um sog. sinn- und sachverwandte Wörter sowie um Komposita. Das Wörterbuch macht — verglichen mit dem Sprach-Brockhaus — sparsam von einfarbigen Illustrationen Gebrauch und ist — besonders, was die Bedeutungsangaben betrifft — sorgfältig gearbeitet. Ein richtiges Lernwörterbuch ist es aber wohl kaum. Hierzu müßte in den Außentexten z. B. stehen, was man wie mit dem Wörterbuch lernen kann. Die Artikel sind nach der Methode der Integration abgefaßt und weisen überwiegend einfache integrierte Mikrostrukturen auf (vgl. wa$_{45}$ und Abb. 206.22).

No|te, die; -, -n: **1. a)** *(in der Musik)* graphisches Zeichen für einen bestimmten Ton, der zu singen oder auf einem bestimmten Instrument zu spielen ist: Noten lesen können; eine halbe, ganze N. **sinnv.:** Neume, Notenzeichen. **Zus.:** Achtel-, Sechzehntel-, Viertelnote. **b)** ⟨Plural⟩ *einzelnes Blatt, Heft o. ä. mit einer oder mehreren in Noten (1 a) aufgezeichneten Kompositionen:* die Noten der Lieder liegen auf dem Klavier. **sinnv.:** Notenblatt, -heft, -text, Partitur. **Zus.:** Klavier-, Orchesternoten. **2.** *(durch eine Ziffer oder ein Wort ausgedrückte) Bewertung:* er hat die Prüfung mit der N. „gut" bestanden. **sinnv.:** ↑Zensur. **Zus.:** Aufsatz-, Zeugnisnote. **3.** *diplomatisches Schriftstück:* der Botschafter überreichte eine N. **sinnv.:** ↑Denkschrift. **Zus.:** Protest-, Verbalnote. **4.** *persönliche Eigenart:* eine besondere N. **sinnv.:** Anstrich; ↑Look. **Zus.:** Geschmacksnote.

Textbeispiel 206.45: wa$_{45}$ aus Duden-10 von 1985

Bem. zur Abb. 206.22: Im Duden-10 sind die Positionen für sinnverwandte Wörter und Zusammensetzungen fest, und zwar folgen sie immer auf die Beispielangaben im Hinterintegrat. In solchen durchgehend standardisierten Fällen kann das Hinterintegrat in Teilstrukturen zerlegt werden, die Hinterintegratausschnitte heißen (vgl. Wiegand 1990). Die funktionalen Textsegmente „**sinnv.**" und „**Zus.**" wurden als nichttypographische Strukturanzeiger (i. S. v. Art. 38 a, 3.2.2.2.) aufgefaßt. Damit gehören sie nicht zur Trägermenge einer Mikrostruktur und tauchen daher in der Abb. 22 nicht auf.

Duden-10 ist nach dem WDG das erste Wörterbuch, welches systematisch (relativ zum Lemmazeichen) linkserweiterte Komposita aufführt. Während sie jedoch im WDG — nach einer SK-internen Auslagerung — im Annex stehen, was eine Zuordnungsangabe (zu dem Integrat, aus dem sie ausgelagert

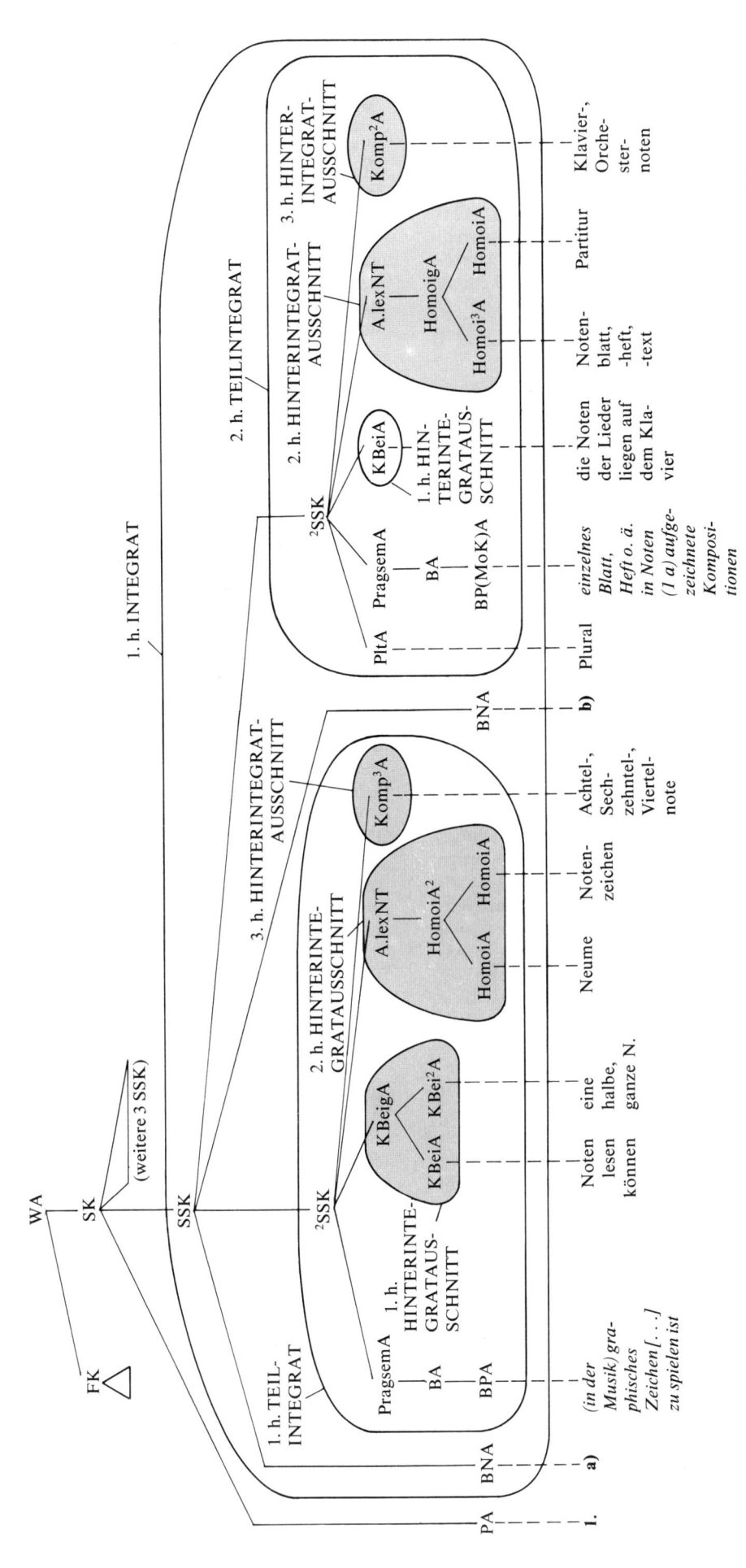

Abb. 206.22: Partiell ausgeführter, kommentierter Strukturgraph zur einfachen integrierten Mikrostruktur eines lexikalsemantischen Netzteils von wa45 (vgl. dazu Wiegand 1990, 4.4.); HomoiA^n (n ≥ 2) = Homoionymengruppenangabe, die aus n Homoionymenangaben besteht; HomoiA = Homoionymenangabe; BP(MoK)A = um eine Monosemierungskennzeichnung binnenerweiterte Bedeutungsparaphrasenangabe; Homoi^{n}A (n ≥ 2) = Homoionymenangabe, aus der n Homoionyme erschließbar sind; PltA = Pluraletantumangabe

sind) erforderlich macht (vgl. Abb. 39.18 und Abb. 206.11 b), stehen sie im Duden-10 im letzten Hinterintegratausschnitt. Lagert man die Kompositaangaben von dort nach rechts aus und führt Zuordnungsangaben ein, erhält man einen Artikel mit annexierter Mikrostruktur; der Annex eines zu denkenden Artikels wa$_{45a}$ hätte — bei einer Verwendung des Strukturanzeigercodes des WDG — die folgende Gestalt:

zu 1a Achtel-, Baß-, Sechzehntel-, Viertelnote
zu 1b Klavier-, Orchesternoten
zu 2   Aufsatz-, Zeugnisnote
zu 3   Protest-, Verbalnote
zu 4   Geschmacksnote

Der Vergleich mit dem WDG-Annex zum Lemmazeichen *Note* im Textbeispiel 206.46 zeigt, daß das WDG offenbar zu den Vorlagen des Duden-10 gehört.

zu 1a Achtel-, Baß-, Sechzehntel-, Viertelnote
zu 1b Klavier-, Orchesternoten
zu 2 Antwort-, Protest-, Verbal-, Zirkularnote
zu 3 Fußnote
zu 4 Bank-, Pfundnote
zu 5 Haltungs-, Punktnote; benoten
zu 6 Duft-, Geruchs-, Geschmacksnote

Textbeispiel 206.46: Annex aus dem Artikel zu *Note* aus dem WDG

Wer zu Beginn der 80er Jahre einen Einbänder plante, hatte — wie die Übersichten in den Abb. 206.9, 206.25 und 206.28 zeigen — eine vielseitige und vielschichtige Wörterbuchbasis bei den sekundären Quellen. Er konnte, was den Wörterbuchgegenstand, die Wörterbuchform und damit auch die Angabeklassen angeht, aus einem inzwischen recht umfangreichen Reservoir von erprobten Möglichkeiten wählen und diese gegebenenfalls durch neuartige Möglichkeiten ergänzen. Die Bearbeiter von Knaurs-GW waren in dieser Lage. Eine neue, systematisch angelegte Exzerption primärer Quellen haben sie nicht vorgenommen. Dieses Urteil beruht auf einem Vergleich mit der *a/A*-Teillemmata-Reihe von Wahrig-^{4}DW und DUW 1983. Mehrere nennenswerte neue Lemmata konnten in der *a/A*- Teillemmata-Reihe des Knaurs-GW nicht entdeckt werden. Bei den funktionalen Textsegmenten finden sich ebenfalls keine, die nicht bereits vorher in der germanistischen Sprachlexikographie verwendet wurden, und auch bei den Mikrostrukturen lassen sich keine Besonderheiten entdecken. Das Knaurs-GW schöpft vollständig aus der Substanz des lexikographischen Prozesses im Bereich der germanistischen Sprachstadienlexikographie nach 1945, was keineswegs bereits heißt, daß dieser Einbänder keine besonderen Qualitäten hätte; denn diese können auch dadurch entstehen, daß bereits bewährte lexikographische Form- und Stilmittel angemessen ausgewählt und z. B. zu einem besonders benutzerfreundlichen Text arrangiert werden; was die Auswahl der Ausschnitte aus der Wörterbuchform früherer Wörterbücher angeht, haben die Bearbeiter des Knaurs-GW in vielen Fällen eine durchaus glückliche Hand bewiesen. Aus dem Wahrig-DW wurde das Modell zur Integration eines Grammatikausschnittes in das Wörterbuch übernommen: Von Deklinations- und Konjugationsmusterangaben im Formkommentar, die beim kundigen Benutzer als Verweise funktionieren, wird dieser zu den Konjugationsbzw. Deklinationstabellen im Vorspann geführt, die im Detail anders gestaltet sind als im Wahrig-DW. Alle Erweiterungen der Lemmazeichengestaltangabe, nämlich die, welche sich auf die Silbentrennung, auf den Wortakzent und auf die Vokal- bzw. Diphthongquantität beziehen, sind genau so wie im DUW 1983 gestaltet (z. B. **Boxer, boy|kot|tie|ren**). Alle Angaben im Formkommentar, welche keine Erweiterungen der LZGA darstellen, folgen — wie im Wahrig-DW — in einer spitzen Klammer der LZGA. Das hat zur Folge, daß Tausende konkrete hierarchische linke Kernstrukturen im Wahrig-DW und im Knaurs-GW zur gleichen (abstrakten hierarchischen) linken Kernstruktur isomorph sind; man vgl. die Abb. 206.23.

Die Etymologieangabe steht — wie im Wahrig-DW und im BW — im Postkommentar und findet sich vor allem bei Wörtern, die nicht als Erbwörter gelten. Im Knaurs-GW, der durchgehend nach der Methode der Integration gearbeitet ist, weisen daher viele Artikel rechtserweiterte Mikrostrukturen auf. Ähnlich wie im Ullstein-LdS — aber etwas differenzierter — ist das Gliederungsverfahren bei Artikeln zu Lemmazeichen, die Verben sind. Als oberstes Gliederungsprinzip wird ein Aspekt des syntaktischen Verhaltens herangezogen. Erst dann wird nach semantischen Aspekten gegliedert. Im Ullstein-LdS heißt es:

„Beim Verb wird die Angabe der transitiven, intransitiven oder reflexiven Gebrauchsweise gleichzeitig als Einteilungsprinzip benutzt" (Ullstein-LdS, 7).

Im Knaurs-GW heißt es:

„Die Vielfalt der möglichen Ergänzungen zum

206. Die deutsche Lexikographie der Gegenwart

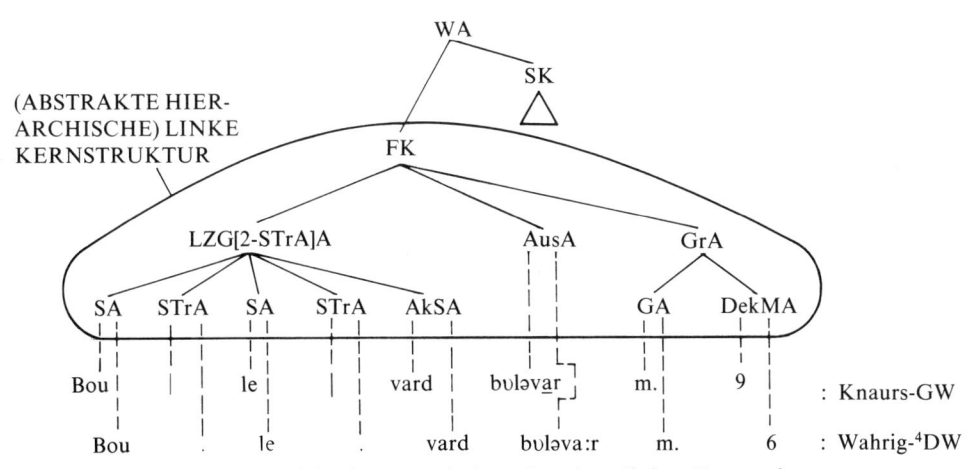

```
                              WA
                                 SK
                                  △
      (ABSTRAKTE HIER-
      ARCHISCHE) LINKE       FK
      KERNSTRUKTUR
                    LZG[2-STrA]A        AusA      GrA
               SA  STrA  SA  STrA  AkSA    |    GA   DekMA
                |    |    |    |    |      |     |     |
               Bou  le       vard  bʊləvar  m.    9        : Knaurs-GW
                                   bʊləvaːr

               Bou   le        vard  bʊləvaːr m.   6       : Wahrig-⁴DW
```

Abb. 206.23: Isomorphie von zwei konkreten und einer abstrakten linken Kernstruktur

Verb ist im Deutschen groß, und häufig ändert sich mit dem Hinzutreten oder Wechsel eines Objekts auch die Bedeutung des Verbs. Deshalb haben wir in diesem Wörterbuch die Unterschiede in den Ergänzungen des Verbs zum obersten Gliederungsprinzip gemacht; dann erst folgen die Bedeutungsunterschiede.
   Kann das Verb ohne Objekt gebraucht werden, dann ist vermerkt (o. Obj.); fordert es ein Objekt, dann ist dieses angegeben: (mit Akk.), (mit Präp. Obj.) usw. Sind verschiedene Ergänzungen möglich, dann wird mit römischen Ziffern untergliedert, z. B. I (o. Obj.), II (mit Akk.), III (refl.)." (Knaurs-GW, 15).
   Ein Verbartikel, der nach diesem Verfahren gegliedert ist, ist wa₄₆.

auf|schnap|pen ⟨V.1⟩ **1** ⟨mit Akk.; hat aufgeschnappt⟩ **1** *mit dem Maul auffangen:* eine Fliege, ein Stück Wurst a. **2** *zufällig hören, erfahren;* eine Neuigkeit a.; von einem Gespräch ein paar Brocken a. **II** ⟨o.Obj.: ist aufgeschnappt⟩ *sich mit einem Knack öffnen;* das Schloß schnappte auf

Textbeispiel 206.47. wa₄₆ aus Knaurs-GW

Bei der Zuweisung einer Mikrostruktur zu wa₄₆ treten eine Reihe von grundsätzlichen linguistischen Fragen auf, die hier nicht diskutiert werden können (vgl. Wiegand 1989). Zu dem Zitat aus Knaurs-GW ist zu bemerken, daß nur in künstlichen Analysesituationen mit dem Hinzutreten oder Wechsel eines Objektes auch die Bedeutung des Verbs sich ändert. Geht man davon aus, daß (außerhalb solcher Situationen) und damit in normalen Sprachproduktionssituationen das Verb in einer seiner Bedeutungen die Ergänzungen determiniert, dann kann die Mikrostruktur von wa₄₆ wie in den Abb. 206.24 a und 206.24 b angegeben werden.
   Bem zu den Abb. 206.24 a und 24 b: Die Auffassung, daß die Bedeutung des Verbs seine Rektion bestimmt, „spiegelt" sich darin, daß die beiden A-Gr als SK-intern ausgelagert interpretiert werden, so daß sie zu einem links ausgelagerten semantischen Subkommentar (laSSK) gehören, der Teil des SK ist (der Knoten „SK" dominiert mittelbar beide mit „laSSK" etikettierten Knoten). Polyrektionsangaben geben an, daß das Lemmazeichen mehrere Rektionen aufweist und sind

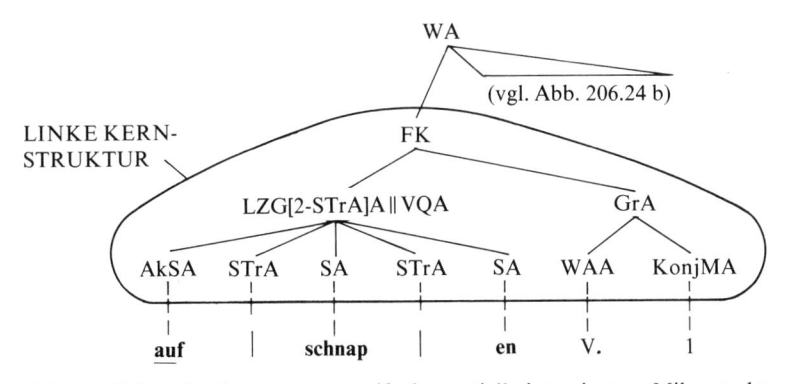

```
                                WA
                                        (vgl. Abb. 206.24 b)
      LINKE KERN-             FK
      STRUKTUR
                    LZG[2-STrA]A∥VQA              GrA
               AkSA  STrA  SA  STrA  SA     WAA   KonjMA
                |    |    |    |    |       |       |
               auf       schnap      en      V.      1
```

Abb. 206.24 a: Erster Teilstrukturbaum zur zweifach partiell integrierten Mikrostruktur von wa₄₆; LZG[2-STrA]A∥VQA = um 2 STrA binnenerweiterte und um eine VQA unten erweiterte LZGA; WAA = Wortartangabe; KonjMA = Konjugationsmusterangabe

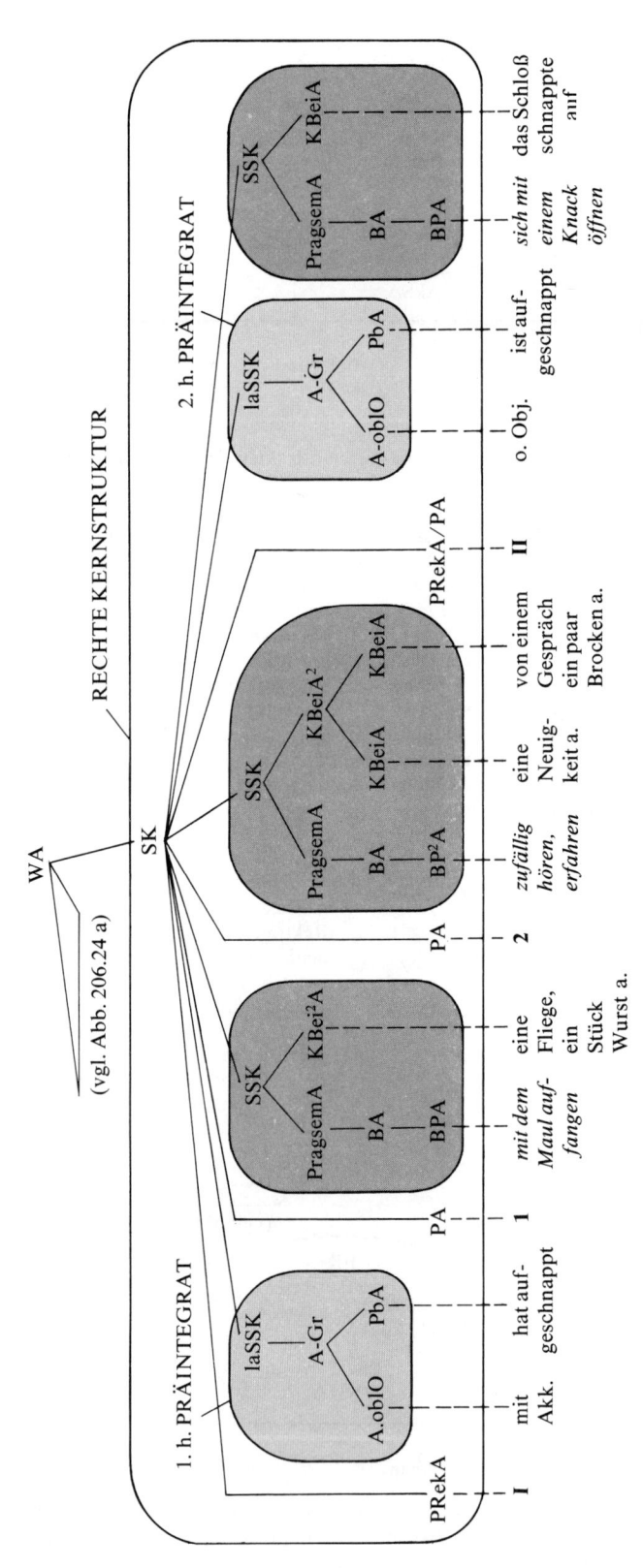

Abb. 206.24 b: Zweiter Teilstrukturbaum zur zweifach partiell integrierten Mikrostruktur von wa₄₆; A.oblO = Angabe des obligatorischen Objektes; A-oblO = Angabe zum obligatorischen Objekt; PbA = Perfektbildungsangabe; A-Gr = Angabe zur Grammatik; PRekA = Polyrektionsangabe

skopuseröffnende Angaben. — Zweifach partiell integrierte Mikrostrukturen liegen vor, genau dann, wenn die rechte Kernstruktur zwei Präintegrate als Teilstrukturen aufweist (vgl. Wiegand 1989).

Knaurs-GW weist eine reiche textuelle Rahmenstruktur auf. Der Teil „Regeln zur Rechtschreibung, Zeichensetzung und Grammatik" (S. 30—78) entspricht funktional dem „Lexikon der deutschen Sprachlehre" im Wahrig-DW. Der Metatext „Einführung und Hinweise für den Benutzer" (S. 8—16) ist den entsprechenden Metatexten in vergleichbaren Wörterbüchern überlegen (vgl. auch Art. 36, dictionary excerpt 36.4). — Die äußere Selektion ist relativ ausgewogen; ihr Ergebnis sind ca. 70 000 Lemmata, die schwach nischenalphabetisch geordnet sind. Es wird die in den 80er Jahren mehr oder weniger festgelegte Anzahl von Eigenschaften der Lemmazeichen in Artikeltexten bearbeitet, die stark standardisiert und hochverdichtet sind. Knaurs-GW macht erneute Neuauflagen der Wörterbücher von Pekrun und Mackensen überflüssig, und wenn es richtig gepflegt wird, kann dieses Werk so weiterentwickelt werden, daß man es zu den maßgeblichen Einbändern rechnen kann.

Es folgt — als Fortsetzung der Tabelle in Abb. 206.9 — eine Übersicht über die Lemmataanzahl der seit 1962 erschienenen Einbänder (vgl. Abb. 206.25).

Erscheinungs-jahr	EINBÄNDER	Lemmataanzahl (Mächtigkeit der Trägermenge der Makrostruktur)	Größenklassen
1962	Mackensen-4DW	(160 000* laut Vorwort) ca. 133 000	sehr groß
1963	Langenscheidts-5DW	ca. 38 000	mittel
1964	Pekrun-1NDW	(ca. 38 000) ca. 67 000	(mittel) mittel
1965	Herders Sprachbuch4	ca. 35 000	mittel
1966	Langenscheidts-6DW	ca. 38 000	mittel
1966	Wahrig-1DW	ca. 100 000	groß
1967	Busse/Pekrun 1967	ca. 38 000	mittel
1967	Pekrun-10DW	(ca. 64 000) ca. 102 000)	(mittel) sehr groß
1967	Mackensen-5DW	ca. 134 000	sehr groß
1968	Wahrig-2DW	ca. 100 000	groß
1969	Ullstein-LdS	ca. 22 000	klein
1970	Duden-110	ca. 16 000	klein
1970	Mackensen-5TW	(126 000* laut Vorwort) (ca. 25 000) ca. 80 000	klein groß
1970	Mackensen-6DW	ca. 135 000	sehr groß
1971			
1972	Herders Sprachbuch8	ca. 35 000	mittel
1972	Mackensen-7DW	ca. 138 000	sehr groß
1973	Herders Sprachbuch 1973	ca. 35 000	mittel
1973 [?]	Pekrun-NDW	(ca. 38 000) ca. 67 000	(mittel) mittel

Erscheinungs-jahr	EINBÄNDER	Lemmataanzahl (Mächtigkeit der Trägermenge der Makrostruktur)	Größenklassen
1974	Heinz/Wolter-[1]DW	ca. 26 000	klein
1974	Witte 1974	ca. 53 000	mittel
1975	Heinz/Wolter-[2]DW	ca. 26 000	klein
1975	Splettstößer 1975	ca. 42 000	mittel
1975	Wahrig-[3]DW	ca. 100 000	groß
1975	Pekrun-[11]DW	(ca. 64 000) ca. 102 000	(mittel) sehr groß
1976			
1977			
1978	Wahrig-[1]dtv	ca. 16 000	klein
1979	Wahrig-[2]dtv	ca. 16 000	klein
1979	Mackensen-[9]DW	ca. 144 000	sehr groß
1980	Kraemer 1980	ca. 34 000	klein
1980	NDW	ca. 48 000	mittel
1980	Wahrig-[4]DW	ca. 100 000	groß
1980 [?]	Pekrun-[12]DW	(ca. 64 000) ca. 102 000	sehr groß
1981	Sprach-Brockhaus[8]	ca. 62 000	mittel
1981	Strub 1981	ca. 24 000	klein
1982	Sprach-Brockhaus 1982	ca. 65 000	mittel
1982	Mackensen-[10]DW	ca. 150 000	sehr groß
1983	Kraemer 1983	ca. 34 000	klein
1983	DUW 1983	ca. 120 000	sehr groß
1984	DWFL 1984	ca. 34 000	klein
1984	Hübner 1984	ca. 39 000	mittel
1984	HWDG	ca. 60 000	mittel
1984	Sprach-Brockhaus[9]	ca. 65 000	mittel
1985	Duden-[2]10	ca. 16 000	klein
1985	Knaurs-GW	ca. 70 000	groß
1985	Pekrun (Neuaufl. der 12. Aufl.)	ca. 104 000	sehr groß
1986	Wahrig-[5]DW	ca. 98 000	groß
1986	Mackensen-[12]DW	ca. 161 000	sehr groß
1986	Mackensen/Hollander 1986	ca. 73 000	groß
1987	Duden-Ratgeber 1987	ca. 36 000	mittel
1988	DWFL 1988	ca. 34 000	klein

Erscheinungs-jahr	EINBÄNDER	Lemmataanzahl (Mächtigkeit der Trägermenge der Makrostruktur)	Größenklassen
1988	KWDS 1988	ca. 35 000	klein
1989	Wahrig-[10]dtv	ca. 16 000	klein
1989	Fröhlich 1989	ca. 32 000	klein
1989	DUW 1989	ca. 120 000	sehr groß
1989	Mackensen/Hollander 1989	ca. 75 000	groß
1990			

Abb. 206.25: Übersicht über die Lemmataanzahl der von 1962 bis 1990 erschienenen Einbänder zur deutschen Standardsprache der Gegenwart (Fortsetzung von Abb. 206.9)

2.1.3.6. Übersicht zum lexikographischen Gesamtprozeß bei den allgemeinen einsprachigen Wörterbüchern von 1945—1990

Die Abb. 206.26 enthält eine tabellarische Übersicht über die Erscheinungsdaten, der — nach Größenklassen geordneten — allgemeinen einsprachigen Wörterbücher der deutschen Standardsprache der Gegenwart. Sie ist bei einigen Wörterbüchern, was die Aufl. angeht, nicht vollständig. Beim WDG wurde nur die erste und letzte Auflage der einzelnen Bände berücksichtigt. Beim Duden-GW wurde die 2. Ausgabe, die als Teil von Meyers Enzyklopädischem Lexikon erschienen ist, nicht eingetragen. Wenn das Erscheinungsjahr im Wörterbuch nicht angegeben ist und die Ermittlungen nicht ganz sicher sind, steht „[?]".

Die Tabelle erlaubt eine schnelle Zusammenstellung aller sekundären Quellen der Wörterbuchbasis eines Wörterbuches, die zum gleichen Wörterbuchtyp gehören. Die Tabelle in der Abb. 206.28 stellt eine Erweiterung auf andere Wörterbuchtypen dar. Die Tabelle in der Abb. 206.26 gibt außerdem einen gewissen Einblick, wie sich die maßgeblichen Wörterbuchverlage den Markt aufteilen, und weiterhin Hinweise auf die Konkurrenzsituation.

Größen-klassen / Erscheinungsjahr	kleine Einbänder (bis 35 000)	mittlere Einbänder (35 000—70 000)	große Einbänder (70 000— 100 000)	sehr große Einbänder (deutlich über 100 000)	Sechs-bänder
1946					
1947		Sprach-Brockhaus 1947			
1948		Sprach-Brockhaus 1948			
1949		Sprach-Brockhaus 1949; Brenner-[1]DW			
1950					
1951		Brenner-[2]DW			
1952				Mackensen-[1]NDW	
1953				Pekrun-[2]DW	

Größenklassen / Erscheinungsjahr	kleine Einbänder (bis 35 000)	mittlere Einbänder (35 000—70 000)	große Einbänder (70 000—100 000)	sehr große Einbänder (deutlich über 100 000)	Sechsbänder
1954	Matthias/Frenzel-^{9}NDW				
1955		Langenscheidts-^{1} u. ^{2}DW			
1956		Sprach-Brockhaus^7			
1957		Langenscheidts-^{3}DW			
1958					
1959				Pekrun-^{3}DW	
1960		Herders Sprachbuch 1960			
1961			Mackensen-^{3} u. ^{4}TW	Mackensen-^{3}DW	WDG, 1 Bd^1.
1962		Sprach-Brockhaus^7		Mackensen-^{4}DW	
1963		Langenscheidts-^{5}DW			
1964					
1965		Herders Sprachbuch^4			
1966		Langenscheidts-^{6}DW	Wahrig-^{1}DW		
1967		Busse/Pekrun 1967		Mackensen-^{5}DW; Pekrun-^{10}DW	WDG, 2. Bd^1.
1968			Wahrig-^{2}DW		
1969	Ullstein-LdS				WDG, 3. Bd^1.
1970	Duden-^{1}10		Mackensen-^{5}TW	Mackensen-^{6}DW	
1971					
1972		Herders Sprachbuch^8		Mackensen-^{7}DW	
1973		Herders Sprachbuch 1973	Pekrun-NDW [?]		
1974		Heinz/Wolter-^{1}DW; Witte 1974			
1975		Heinz/Wolter-^{2}DW; Splettstößer 1975	Wahrig-^{3}DW	Pekrun-^{11}DW; Mackensen-^{8}DW	WDG, 4. Bd^1.
1976					Duden-GW, 1. Bd. u. 2. Bd.; WDG, 5. Bd^1.

206. Die deutsche Lexikographie der Gegenwart

Erscheinungsjahr	Größenklassen kleine Einbänder (bis 35 000)	mittlere Einbänder (35 000—70 000)	große Einbänder (70 000—100 000)	sehr große Einbänder (deutlich über 100 000)	Sechsbänder
1977				Mackensen-^{9}DW	Duden-GW, 3. Bd.; WDG, 6. Bd[1].
1978	Wahrig-^{1}dtv				Duden-GW, 4. Bd.
1979	Wahrig-^{2}dtv			Mackensen-^{9}DW (rororo)	
1980	Kraemer 1980; NDW		Wahrig-^{4}DW	Pekrun-^{12}DW [?]	BW, 1. Bd.; Duden-GW, 5. Bd.; WDG, 1. Bd[10] u. 5. Bd[4].
1981		Sprach-Brockhaus[8]; Strub 1981			BW, 2. Bd. u. 3. Bd.; WDG, 2. Bd[7]. 3. Bd[5]. u. 4. Bd[4].; Duden-GW, 6. Bd.
1982		Sprach-Brockhaus 1982 (15. Bd. des GB)		Mackensen-^{10}DW	BW, 4. Bd.; WDG, 6. Bd[3].
1983	Kraemer 1983			DUW 1983	BW, 5. Bd.
1984	DWFL 1984	Hübner 1984; HWDG; Sprach-Brockhaus[9]			BW, 6. Bd.
1985	Duden-^{2}10		Knaurs-GW	Pekrun (Neuaufl. der 12. Aufl.)	
1986			Wahrig-^{5}DW	Mackensen-^{12}DW; Mackensen/Hollander 1986	
1987		Duden-Ratgeber 1987			
1988	DWFL 1988; KWDS 1988				
1989	Wahrig-^{10}dtv; Fröhlich 1989			DUW 1989; Mackensen/Hollander 1989	
1990					

Abb. 206.26: Übersicht zum lexikographischen Gesamtprozeß bei den allgemeinen einsprachigen Wörterbüchern nach 1945; GB = Großer Brockhaus

So kann man bei den Sechsbändern z. B. erkennen: Ein neues Wörterbuchprojekt wird zeitlich jeweils so geplant, daß das vorhergehende Wörterbuch als Vorlage bei der Bearbeitung des geplanten zwar vollständig vorliegt, das geplante aber möglichst bald auf das bereits vorliegende folgt. Ein Jahr nach dem Erscheinen des 4. Bandes des WDG erscheinen 1976 der 1. und 2. Bd. des Duden-GW und der 5. Bd. des WDG. Im Jahr darauf erscheint der 3. Bd. des Duden-GW und der 6. Bd. des WDG, so daß alle WDG-Bände, die bei den drei letzten Bänden des Duden-GW als Vorlage dienen können, rechtzeitig vorliegen. Ganz Entsprechendes gilt für die zeitliche Überschneidung der lexikographischen Prozesse, die zum Duden-GW und zum BW führten (vgl. hierzu auch Wiegand/Kučera 1981, 98 f.).

Nachdem Wahrig-DW zunächst mit Mackensen-DW konkurrierte, sind jetzt vor allem das DUW und Wahrig-DW Konkurrenten. Nach dem aus der Tabelle ablesbaren Erscheinungsrhythmus ist mit dem Erscheinen von Wahrig-⁶DW bald zu rechnen.

2.1.3.6.1. Resümee zur Entwicklung von ca. 1960 bis 1990

Mit der Erarbeitung des WDG werden für die allgemeine einsprachige Lexikographie der deutschen Standardsprache der Gegenwart neue Maßstäbe gesetzt. Das WDG stellt die lexikographische Pionierleistung nach dem Zweiten Weltkrieg dar und ist in mehreren Hinsichten, welche die Wörterbuchform, den Wörterbuchstil und die philologische Akribie betreffen, für die germanistische Sprachstadienlexikographie bis in die späten 80er Jahre das Leitwörterbuch. Zum ersten Mal nach 1945 wird mit dem WDG ein allgemeines einsprachiges deutsches Wörterbuch nicht fast ausschließlich aus anderen Nachschlagewerken erarbeitet, sondern es werden primäre Quellen exzerpiert. Durch ein falsches, von Steinitz und Frings zu verantwortendes Konzept davon, was zum heutigen Deutsch gehört und damit davon, was der Gegenstandsbereich eines allgemeinen einsprachigen deutschen Wörterbuches ist, ist jedoch die Quellenwahl nicht ausgewogen genug. Daher werden zwar wichtige Bereiche des gegenwärtigen Standarddeutschen zum ersten Mal nach 1945 lexikographisch sorgfältig bearbeitet, und deswegen nähert sich der lexikographische Gesamtprozeß durch die offene Wörterbuchbasis des WDG in erheblich größerem Maße der Sprachwirklichkeit als in der frühen Nachkriegslexikographie, so daß man anhand des WDG erstmals in der deutschen Lexikographie des 20. Jhs. einen relativ angemessenen Einblick in das Zentrum der standardsprachlichen Lexik gewinnt; dennoch bildet das WDG den lexikalischen Sprachstand des Deutschen in der 1. Hälfte des 20. Jahrhunderts überwiegend aus bildungsbürgerlicher Perspektive und beim politisch-sozialen Wortschatz z. T. stalinistisch verzerrt ab. Die im WDG fehlenden Lexikbereiche werden dann durch den Duden-GW als dem zweiten Sechsbänder, der nach 1945 erscheint, weitgehend abgedeckt. Durch diese beiden Werke hat die germanistische Lexikographie einen wichtigen Teil ihrer Dokumentationsaufgaben erfüllt. Der BW war im Grunde ein überflüssiges Wörterbuch. Mit dem Duden-GW und dem BW wird der Wörterbuchgegenstand umfangreicher. Dies war durch den Einbänder von Wahrig von 1966 erforderlich geworden, in dem als erstem Wörterbuch die sog. Methode der summierten Information beim Einzelstichwort extensiv angewandt wurde. Inzwischen ist das Repertoire der sprachlichen Eigenschaften, die in einem anspruchsvollen allgemeinen einsprachigen Wörterbuch des Deutschen üblicherweise berücksichtigt werden, relativ fest eingespielt, nur die durchgehende Berücksichtigung und die Gewichtungen sind z. T. unterschiedlich. — Außer dem Wahrig-DW, dessen Artikel nichtintegrierte Mikrostrukturen aufweisen, sind alle wichtigen Wörterbücher nach 1960 nach der Methode der Integration gearbeitet. Im Einzelnen weisen sie bei den Angabeklassen und Arten von Mikrostrukturen die gezeigten charakteristischen Unterschiede auf. — Die maßgeblichen Einbänder sind Wahrig-DW, DUW und HWDG. Knaurs-GW kann vor allem deswegen nicht dazu gerechnet werden, weil es (relativ zu den anderen) keine zusätzliche Lexik systematisch erfaßt hat. Nur das HWDG hat für einen Teil der Phraseme eine z. T. angemessene Form der Bearbeitung und der Positionierung der Phraseme gefunden. Von den maßgeblichen Einbändern ist das „Deutsche Universalwörterbuch" in seiner 2. Aufl. z. Zt. dasjenige Werk, welches man am meisten empfehlen kann. Die größeren Einbänder — wie Mackensen-DW und Pekrun-DW — die bereits zur frühen Nachkriegslexikographie gehören, wurden nicht angemessen gepflegt und sind inzwischen verkommen; von Neuauflagen sollte abgesehen werden. Bei den kleinen und mittleren Wörterbüchern sind nach 1960 keine herausragenden Werke entstanden. Die meisten enthalten jedoch interessante Details, was die Wörterbuchform angeht. Viele jedoch sind drittklassig und im Wörterverzeichnis inhaltlich lediglich Auszüge aus anderen Wörterbüchern. Da die Grenze zwischen Rechtschreibwörterbüchern und allgemeinen Wörterbüchern in der Praxis fließend ist, lassen sich einige der kleinen und mittleren Einbänder auch zu ersteren zählen.

Insgesamt kann gesagt werden, daß die deutsche Standardsprache der Gegenwart Ende der 80er Jahre im Rahmen der Sprachstadienlexikographie befriedigend bearbeitet ist. Von einem lexikographischen Entwicklungsland kann auf jeden Fall nicht (mehr) die Rede sein, allerdings auch nicht von einem Schlaraffenland der Lexikographie. Was jetzt besonders fehlt, ist ein großes polyakzessives zehn- bis zwölfbändiges („gesamtdeutsches") Wörterbuch der deutschen Standardsprache im 20. Jh. von wenigstens 230 000 Lemmata.

2.2. Syntagmatische Spezialwörterbücher

Die syntagmatischen Spezialwörterbücher werden nachfolgend (wie später auch alle anderen Typen von Spezialwörterbüchern zur gegenwärtigen deutschen Standardsprache) nur relativ pauschal behandelt. Auf ihre typspezifischen Eigenschaften wird nicht näher eingegangen, da diese im Kap. VII dargestellt sind.

2.2.1. Valenzwörterbücher

Die Valenzwörterbücher gehören zu den Konstruktionswörterbüchern (vgl. Art. 94). Zur deutschen Standardsprache der Gegenwart gibt es folgende einsprachige Valenzwörterbücher:

Helbig/Schenkel 1980 (1. Aufl. 1969; 2. erw. Aufl. 1972); Engel/Schumacher 1978 (1. Aufl. 1976); Sommerfeldt/Schreiber 1980 (1. Aufl. 1977); Sommerfeldt/Schreiber 1983 (1. Aufl. 1974, 2. überarb. Aufl. 1977) und ViF (1986).

Alle germanistischen Valenzwörterbücher sind sehr stark selektiv und wortklassenbezogen. Auf dem jeweiligen Stand der Valenztheorie werden relativ kleine Gruppen von Verben, Substantiven oder Adjektiven lexikographisch bearbeitet. Den Adressatenkreis bilden vor allem die Studierenden und Dozenten im Fach Deutsch als Fremdsprache. Die Wiege der germanistischen Valenzlexikographie ist das Herder-Institut in Leipzig. Hier wurde ab 1965 das „Wörterbuch zur Valenz und Distribution deutscher Verben" erarbeitet und erschien 1969 (Helbig/Schenkel[1] 1969). Die 1. Aufl. hat 341, die zweite hat 488 Verblemmata. Bearbeitet sind damit weniger als 2% der standardsprachlichen Verben! Die Lemmata sind nach einem (unbefriedigenden) Verfahren angeordnet (vgl. auch Projektgruppe Verbvalenz 1981, 9), welches formale und inhaltliche Aspekte der Zusammengehörigkeit berücksichtigt, was zu Auffindungsproblemen führt. Der schnelle und sichere Zugriff muß daher durch ein alphabetisches Register im Nachspann sichergestellt werden. Das Kriterium für die äußere Selektion ist mit der schwer nachprüfbaren Behauptung gegeben, daß „die gebräuchlichsten und schwierigsten deutschen Verben" im Wörterbuch enthalten sind (vgl. Vorwort zur 1. Aufl., 5). Ein Wörterbuchartikel zu einem Verb, für welches nur eine Variante angesetzt ist, so daß es als monosem gilt, hat folgende Form (vgl. Textbeispiel 206.48).

Jedes Verb (bzw. jede Verbvariante) wird auf drei „Stufen" (I., II., III.) lexikographisch beschrieben. Hinter „I." folgt als Beschreibung der Valenz die Angabe der Mitspieleranzahl als Index zum Verb. Da der Index 2 nicht eingeklammert ist, hat das Lemmazeichen *beenden* zwei obligatorische Mitspieler. Hinter „II." werden die obligatorischen und fakultativen Mitspieler als syntaktische Umgebung des Verbs angegeben. Da die An-

beenden

   I. beenden$_2$
  II. beenden → Sn, Sa
 III. Sn →   1. Hum (*Der Student* beendet die Lektüre.)
                  2. Abstr (als Hum) (*Der Betrieb* beendet die Entwicklungsarbeiten.)
                  3. Abstr (*Ein Lied* beendete die Feier.)
                  4. Act (*Das Schwimmen* beendete den Tag.)
       Sa →   1. Abstr (Er beendet *die Feier*.)
                  2. Act (Sie beendeten *das Schwimmen*.)

Textbeispiel 206.48: wa$_{47}$ aus Helbig/Schenkel[5] 1980

gaben „Sn" und „Sa" (= Substantiv im Nom. bzw. im Akk.) nicht eingeklammert sind, hat *beenden* als obligatorische Mitspieler ein Sn und ein Sa. Hinter „III." schließlich werden mittels Abkürzungen für Subkategorisierungsmerkmale (Hum = menschliches Wesen; Abstr = Abstraktbezeichnung; Act = Handlung) die Mitspieler als semantische Umgebungen fixiert, und es folgen Sätze als Kompetenzbeispielangaben. In der Artikelstruktur spiegelt sich damit deutlich die zugrundeliegende (inzwischen natürlich überholte) Theorieversion wie sie im Vorspann dargelegt ist.

Wichtige Literatur zu Helbig/Schenkel ist u. a.: Tarvainen 1973 (mit Vorschlägen zur Umgestaltung der Artikel), Schumacher 1986 (der u. a. besonders die semantische Beschreibung kritisiert), Hyvärinen 1983, Ickler 1985 sowie Storrer 1990. Weitere Literatur zur Valenzlexikographie ist erschließbar über Wiegand 1988d und Schumacher/Hagspihl 1988.

Die beiden Wörterbücher von Sommerfeldt und Schreiber zur Valenz und Distribution der Substantive bzw. der Adjektive sind im fast gleichen Beschreibungsrahmen angelegt wie Helbig/Schenkel, und entsprechend haben die Artikel eine vergleichbare Struktur (vgl. Schumacher 1986, 360ff.). Dagegen ist die Anordnungsform bei beiden Wörterbüchern striktalphabetisch. — Vollständig anders aufgebaut sind die Artikel in Engel/Schumacher 1978, da der lexikographischen Beschreibung eine andere Grammatik und ein anderes Valenzkonzept zugrunde liegt (vgl. Schumacher 1986, 337ff.); u. a. werden angegeben: Anzahl und Art der Ergänzungen, Satzbaupläne (die auf der Kombination von zehn Ergänzungsklassen beruhen), mögliche Satzergänzungen und Passivfähigkeit. Im Unterschied zu Helbig/Schenkel werden keine Angaben zur semantischen Restriktion gemacht. Die äußere Selektion ist lernzielorientiert, weil die 461 Verben aus der Wortliste des Zertifikats „Deutsch als Fremdsprache" ausgewählt wurden.

Während die frühe germanistische Valenzlexikographie vornehmlich syntaktisch orientiert war, ist das zuletzt erschienene Valenzwörterbuch „Verben in Feldern" (ViF) überwiegend semantisch orientiert.

Die Konzeption von ViF ist in Projektgruppe Verbvalenz 1981 dargestellt sowie im Teil I: Einleitung (ViF, 1—67); man vgl. auch Schumacher (1986, 348ff.). Eine „ZGL-Doppelrezension" zu ViF haben Helbig und Heringer verfaßt: vgl. Helbig 1987 u. Heringer 1987; vgl. auch Zöfgen 1989.

Im Vorspann findet sich eine informative Einleitung, deren Kenntnis — wie bei den anderen Valenzwörterbüchern auch — eine der Voraussetzungen dafür ist, daß das Wörterbuch erfolgreich benutzt werden kann. Im Anschluß an die neuere Wörterbuchforschung werden die Adressatengruppen und Benutzungssituationen relativ genau angegeben. Auch über Kriterien der lernzielorientierten äußeren Selektion wird Rechenschaft abgelegt. Im Nachspann findet man: eine Bibliographie, ein alphabetisch geordnetes Wörterbuch des Beschreibungsvokabulars, ein Verbfeld-Register, ein Satzbauplan-Register, ein Passiv-Register, ein alphabetisches Register sowie ein sinnvollerweise ausklappbares Abkürzungsverzeichnis. Wegen der Register ist ViF ein polyakzessives Wörterbuch. Das Wörterverzeichnis ist nach onomasiologischen Aspekten geordnet. 7 Makrofelder werden unterschieden: Verben der allgemeinen Existenz, der speziellen Existenz, der Differenz, der Relation und des geistigen Handelns, des Handlungsspielraums, des sprachlichen Ausdrucks sowie Verben der vitalen Bedürfnisse. Alle Makrofelder sind mehrfach hierarchisch untergliedert. An der Spitze der Hierarchie steht jeweils das Verb mit der allgemeinsten Bedeutung, z. B. bei den Verben der Differenz *unterscheiden*. Im Wörterverzeichnis werden ca. 1000* Verben und verbale Ausdrücke bearbeitet. Allerdings haben nur weniger als die Hälfte davon einen eigenen Wörterbuchartikel. Vor der Beschreibung der jeweils feldinternen Verben in Artikeln steht ein Vorspann zur Mediostruktur, in dem der onomasiologische Ansatz erläutert wird. Einen besonders übersichtlichen Artikel zu dem Verb *aufkommen,* das — wie u. a. *sich konstituieren, sich ausbilden, vergehen, sich auflösen* und *ausbleiben* — zu den Vorgangsverben der allgemeinen Existenz gehört, zeigt das Textbeispiel 206.49; wa$_{48}$ wurde deswegen „besonders übersichtlich" genannt (relativ zu anderen Artikeln in ViF), weil nicht aus allen Angabeklassen, die nach dem Mikrostrukturenprogramm vorgesehen sind, eine Angabe in wa$_{48}$ auftritt.

Wenn Wörterbuchartikel in Spezialwörterbüchern relativ zu einer linguistischen Theorie explizite Angaben enthalten, ergeben sich meistens schwierige Gestaltungsaufgaben, damit eine innere Zugriffsstruktur (i. S. v. Art. 36) etabliert wird, welche die schnelle und sichere Auffindbarkeit der gesuchten Daten garantiert. Dies ist mit der linken Randleiste, den Umkastelungen und ei-

```
        AUFKOMMEN

        kommt auf - kam auf - ist aufgekommen

SBP     aufkommen                    NomE

S+P     ┌─────────────────────┐      ┌──────────────────────────────┐
        │ Der x_NomE kommt auf.│      │ ↑es kommt dazu, daß es x gibt│
        └─────────────────────┘      └──────────────────────────────┘

Bel↑    NomE                         x: abstraktes Individuum [außer
                                         individuelles Ereignis/Menge]

passK   kein Passiv möglich

TextB   Einzig und alleine der Eiffelturm ließ in mir Heimweh aufkommen. (Grass,
        Blechtrommel, S. 273)

        Es wollte kein Gespräch aufkommen. (Grass, Blechtrommel, S. 248)

        Sie lasse die Vermutung aufkommen, daß sich vor der Landung um 18.48 Uhr an
        Bord ein unbekanntes Ereignis abgespielt haben müsse. (Welt, 4.2.1966, S. 1)

        Wie im Gespräch mit Industrieminister Marcellin kam wieder das Thema der ge-
        meinsamen Energiepolitik auf sowie, nach Auskunft eines deutschen Sprechers,
        die Harmonisierung in den weiten Bereichen der Steuern im Rahmen der EWG.
        (FAZ, 8.2.1966, S. 4)

        Als wir auf See waren, kam eine frische Brise auf.

        Plötzlich kam starker Nebel auf.

and     (1)  *aufkommen* i.S.v. *sich verbreiten; üblich, Mode werden*: Der Pferde-
Bed          schwanz kam in den 50er Jahren auf.

        (2)  *aufkommen für jmdn./etw.* i.S.v. *einstehen für jmdn./etw.*: Er mußte für
             den gesamten Schaden aufkommen.

        (3)  *aufkommen* [sportsprachlich] i.S.v. *stärker werden*: Auf den letzten
             200 m kam das Pferd aus dem Gestüt Schlenderhahn mächtig auf.
```

Textbeispiel 206.49: wa$_{48}$ aus ViF; SBP = Satzbauplan; NomE = Nominativergänzung; S + P = Strukturbeispiel + Paraphrase; Bel = Belegung; ↑ = Verweis auf das Beschreibungsvokabular; TextB = Textbeispiele; and Bed = andere Bedeutungen

ner übersichtlichen Textblockbildung relativ ansprechend gelöst.

Bem.: Auch die Artikel der allermeisten Spezialwörterbücher lassen sich mit der in Art. 39 ausschnittsweise für die allgemeinen einsprachigen Wörterbücher dargestellten Theorie lexikographischer Texte systematisch darstellen, so daß sie u. a. untereinander und mit denen anderer Wörterbücher explizit vergleichbar werden. Solche Strukturdarstellungen müssen hier jedoch unterbleiben; vgl. dazu Wiegand 1989.

Die erfolgreiche Benutzung aller Valenzwörterbücher setzt Kenntnisse der jeweiligen Version der Valenztheorie voraus und ist insbesondere ohne ein wörterbuchspezifisches Benutzungs-know-how, welches durch das Studium der Metatexte erworben werden muß, nicht möglich. Darüber, wer wie mit ViF arbeitet, ist m. W. bisher nichts bekannt. Die benutzerbezogenen Untersuchungen zu den frühen germanistischen Valenzwörterbüchern sprechen eher dafür, daß Valenzwörterbücher wenig benutzt werden, und eine DAAD-Lektorengruppe kam zu dem Ergebnis, daß die Valenzwörterbücher die an sie geknüpften Erwartungen nicht erfüllen (vgl. Wegener 1981). Bräunling (1989) hat an den europäischen Goethe-Instituten eine kleine Untersuchung durchgeführt. Ihre Ergebnisse (die allerdings nicht repräsentativ sind und ViF nicht betreffen) weisen ebenfalls darauf hin, daß die Valenzwörterbücher wenig benutzt werden und ihr tatsächlicher Nutzen (i. S. v. Wiegand 1987) relativ gering ist. In Storrer 1990 werden auf der Basis einer kritischen Analyse von Helbig/Schenkel, ViF und dem BW und deren theoretischen Voraussetzungen, neue Lösungswege für die lexikographische Beschreibung der Verbvalenz diskutiert.

Die Zukunft der germanistischen Valenzlexikographie ist derzeit offen. Eine weitere Linguistisierung der Valenzwörterbücher, die sich direkt auf die Artikeltextgestaltung auswirkt, ist kaum zu empfehlen, und auch die Frage, ob es nicht für die potentiellen Benutzer als angemessener gelten muß, eher die Angaben zur Valenz in den allgemeinen einsprachigen Wörterbüchern oder in neuartigen Lern- und Lernerwörterbüchern genauer und expliziter zu gestalten, muß derzeit als offen gelten.

2.2.2. Phraseologische Wörterbücher

Welche deutschen Wörterbücher zu den phraseologischen gezählt werden sollen, ist nicht von vornherein klar (vgl. dazu Art. 96,1.). Im folgenden werden reine Sprichwörterbücher wie z. B. Beyer 1985, Marbach o. J. und Meyer-Pfaller 1986 nicht berücksichtigt (vgl. aber die Übersicht in Abb. 206.28, Sp. 4). Weiterhin werden die „versteckten" kleinen phraseologischen Wörterbücher nicht betrachtet, die sich in Übungsbüchern für das Fach „Deutsch als Fremdsprache" finden oder — wie etwa Frey et al. 1988 — ausdrücklich als solche konzipiert sind (vgl. hierzu Kühn 1987). Nach diesen Einschränkungen können die folgenden als die wichtigsten phraseologischen Wörterbücher zur deutschen Standardsprache der Gegenwart gelten:

Dittrich 1975; Friederich 1966 u. 1976; Göock o. J.; Görner 1986; Griesbach/Schulz 1990; Krack 1961; Krüger-Lorenzen 1960, 1966, 1973 u. 1979; Mackensen-ZRS (1. Aufl. 1973, 2. Aufl. 1981); Raab 1964 (1. Aufl. 1952); Röhrich 1973; Schemann 1989; Sillner 1973 und Weber 1961.

„Der Zustand der deutschen Phraseographie ist [...] desolat" (Pilz 1987, 136). Dieses Urteil ist aus linguistischer Perspektive gesprochen und aus diesem engen Blickwinkel korrekt. Eine metalexikographische Betrachtung muß allerdings einen weiteren Horizont eröffnen; sie wird zu bedenken haben, daß gerade die Ergebnisse einer überwiegend kulturhistorischen Herangehensweise, wie sie besonders in Röhrich 1973 präsentiert werden, bei den Benutzern auf Interesse stoßen, und sie muß außerdem die Intentionen der Lexikographen bei der Beurteilung berücksichtigen. Im folgenden werden einige der genannten Wörterbücher kurz charakterisiert.

Aus metalexikographischer Perspektive betrachtet, ist das „Lexikon der sprichwörtlichen Redensarten" von Lutz Röhrich ein (zwar nicht in allen Details aber insgesamt)

Ei. *Etw. beim Ei anfangen:* von vorne anfangen, von Grund auf lernen; geht schon auf lat. Wndgn. zurück: ‚ab ovo incipere'; ‚Omne vivum ex ovo'. In Martin Wielands ‚Oberon' heißt es (5, 14): „Die gute Mutter fängt beim Ey die Sache an / Und läßt es nicht am kleinsten Umstand fehlen".
Sich gleichen wie ein Ei dem andern: sich völlig ähnl. sein, bereits 1513 in der Sprichwörtersammlung des Tunnicius (als Nr. 474) angeführt: „Eier sint eieren gelyk"; auch diese Rda. läßt sich bis in die röm. Antike zurückverfolgen (Cicero, ‚Quaestiones academicae' 4, 18: „Non tam ovo ovum simile"). Abraham a Sancta Clara hat die Wndg. in ‚Gehab dich wohl' benutzt: „Entschuldigungen, welche denen Lugen so gleich sehen, wie ein Ey dem andern".
Sich um ungelegte Eier kümmern: sich um Dinge sorgen, die noch nicht spruchreif sind oder einen nichts angehen; diese Rda. ist in Luthers ‚Sprichwörtersammlung' belegt: „Sorgest für ungelegte eyer", dann 1583 in Sibers ‚Gemma gemmarum' als Übers. von lat. curiosus: „der sich umb ungelegte Eier bekümmert". Bei Lehmann ist 1639 S. 834 (‚Ungewiß' 1) bezeugt: „Vngelegte Eier sind ungewisse Hüner. Die Eyer sind nicht gelegt, darauß die Hüner gebrüt werden sollen". Ähnl. ist die Rda. *Das sind ungelegte Eier für mich:* das sind im Werden begriffene Dinge, um die ich mich nicht kümmere.
Er kackt (scheißt) Eier ohne Schalen: der Narr produziert immer Unvollkommenes.
Auf das Ei sehen und das Huhn laufen lassen: für die ungewisse Zukunft sorgen und dabei vergessen, Gegenwärtiges zu genießen, aber auch: die Grundlagen für Zukünftiges vernachlässigen. Im Ndd. heißt die Rda. ‚Du wardst das ey vnd lessest die Henne lauffen' (Henisch, 964).

‚Er kackt Eier ohne Schalen'

‚Auf das Ei sehen und das Huhn laufen lassen'

Textbeispiel 206.50: Erster Teil eines Artikels (= wa₄₉) aus Röhrich 1973 (Taschenbuchausgabe)

gelungenes Standardwerk einer sprach- und kulturhistorischen Lexikographie. Das Werk erläutert vor allem die sog. sprichwörtlichen Redensarten des gegenwärtigen Standarddeutschen historisch, wenn auch der gegenwärtige Sprachgebrauch nicht systematisch erfaßt ist (vgl. Hausmann 1985 c, 106) und in den Bedeutungsgeschichten häufig die Bezüge zu anderen Varietäten, und zwar insonderheit die zu den Dialekten, dargelegt werden. Das Werk hat 2200 glattalphabetisch angeordnete Lemmata. In 2200 Artikeln, die nur leicht standardisiert sind (z. B.: wenn Literaturangaben auftreten, dann immer am Ende) und die so verfaßt sind, daß sie fortlaufend gelesen werden können, werden über 10 000 sprichwörtliche Redensarten (von denen die meisten Phraseme sind) lexikographisch bearbeitet. Ein Register (mit Verweisen) am Schluß gewährleistet, daß die bearbeiteten Redensarten aufgefunden werden können. Der Stil der Artikel ist so gehalten, daß auch gebildete Laien keine größeren Verständnisschwierigkeiten haben dürften, und es ist Röhrich und seiner Mitarbeiterin G. Meinel gelungen, als Wörterbuchartikel getarnte Wortmonographien zu vermeiden. Das Wörterbuch enthält weiterhin über 600 zeitgenössische Abbildungen (vgl. Textbeispiel 206.50).

Röhrich 1973 ist das einzige phraseologische Wörterbuch, welches Belegbeispielangaben enthält. Allerdings sind diese meistens aus älteren Sprachstufen. Für die historische Phraseologieforschung ist es ein unentbehrliches Hilfsmittel.

Im Unterschied zu Röhrich will W. Friederich den gegenwärtigen Sprachgebrauch lexikographisch darstellen; ca. 8000* Phraseme sind bearbeitet. In der 1. Aufl. von 1966 sind die Lemmata zunächst nach 29 Sachgruppen und einer Restklasse („Allgemeine Ausdrücke") geordnet und innerhalb der Sachgruppen „alphabetisch", wobei die Leitelementträger über die Wortklassenzugehörigkeit ermittelt werden (vgl. hierzu Wiegand 1989 c), so daß z. B. Phraseme, die ein Substantivformativ enthalten, unter diesem eingeordnet sind (vgl. Friederich 1966, 11). Der jeweilige Leitelementträger fungiert dann als Stichwort im alphabetischen Register im Nachspann.

Die Anordnung nach Sachgebieten begründet Friederich mit pädagogischen Zwecken. M. E. ist sie wenig nützlich und schafft nur unnötige Probleme, was Friederich z. T. auch selbst gesehen hat. So gehört z. B. das Phrasem *durch die Lappen gehen* — diachronisch gesehen — zum Sachgebiet der Jagd, eingeordnet ist es aber „sinngemäß" (Friederich 1966, 10) im Sachgebiet „Haus und Wohnungseinrichtung" (Man könnte hier von einer synchronisch bestimmten, „volksetymologischen" Einordnung sprechen). Derartige Fälle sind relativ zahlreich (vgl. dazu Müller 1969, 37). In der 2. Aufl. von 1976 ist diese Anordnung aufgegeben. Man hätte sie allerdings leicht integrieren können, z. B. dadurch, daß man alle alphabetisch geordneten Phraseme durchnumeriert und ein Register angelegt hätte, in welchem die Registereingänge (i. S. v. Art. 38, 4.1.) die Bezeichnungen der Sachgebiete sind und als Registerinformationen die Zahlen fungieren, so daß z. B. ein Registereintrag hätte lauten können „Familie 35, 117, 206, ..."; unter 35 hätte man dann z. B. das Lemma **nicht von schlechten Eltern sein** gefunden.

Wie die Artikel in Friederich 1976 gestaltet sind, zeigt das Textbeispiel 206.51.

„U" ist ein Angabesymbol und bedeutet soviel wie *umgangssprachlicher Sprachgebrauch*. Neben dieser sog. Stilebene unterscheidet Friederich literarischen (L) und saloppen Sprachgebrauch (S). Er arbeitet auch mit Unterlassungsangaben: „Das Fehlen der Hinweise L, U, S bedeutet, daß die Wendung neutral ist, also in keinem Stilbereich störend wirkt" (Friederich 1976, 9). Gelegentlich finden sich auch Raumvarietätenangaben wie „süddt." und „nordd." Phrasemvarianten werden durch Klammerungen kenntlich gemacht.

Der entsprechende Artikel aus Görner 1986, in welchem etwa 1000* Phraseme als Lemmata angesetzt sind, findet sich im Textbeispiel 206.52.

Ein Vergleich von wa$_{50}$ und wa$_{51}$ zeigt, daß die Bedeutungsdifferenzierung verschieden

in die **Binsen** gehen   1) *nicht zustandekommen, mißglücken*
U   2) *verloren gehen; kaputtgehen*
    1) Nachdem der Staat die Zuschüsse gestrichen hatte, ging das ganze Projekt in die Binsen.
    2) Auf der Wanderung sind meine Schuhe völlig in die Binsen gegangen.

e-e dicke **Birne** (*od.*   = *j-m brummt der* Kopf
so e-e **Birne**) haben

Textbeispiel 206.51: wa$_{50}$ aus Friederich 1976

in die **Binsen** gehen (*umg*)   *entzweigehen; unbrauchbar werden; verlorengehen*

»Dieses Jahr hatten wir im Urlaub ziemliches Pech. Nach zwei Autopannen sind wir noch mit dem Boot gekentert. Bei dieser Gelegenheit ist auch Dieters neue Kamera in die Binsen gegangen.«

⟨*Vernichtung*⟩

Textbeispiel 206.52: wa₅₁ aus Görner 1986

ist und auch die Bedeutungsangaben unterschiedlich sind; außerdem fehlt in beiden Wörterbüchern die bei Thomas Mann belegte Bedeutung 'sterben' (vgl. Hausmann 1985c, 105f.). In beiden Werken sind die Bedeutungsangaben häufig unzureichend (vgl. auch Müller 1969, 37f.), und dies zusammen mit dem Faktum, daß nur Kompetenzbeispielangaben und keine Belegbeispielangaben zu finden sind, ist Grund genug für die Feststellung, daß diese Werke keine guten phraseologischen Wörterbücher sind. Mit der Angabe „Vernichtung" als artikelabschließende Angabe in wa₅₁ wird der sog. Leitbegriff angegeben; er dient dazu, die angesetzten Phraseme nach der Bedeutungsähnlichkeit zu gruppieren. In einem alphabetischen Register, das in dieser Form (aus Druckraumgründen) nur bei stark selektiven phraseologischen Wörterbüchern möglich ist, werden alle bearbeiteten Phraseme als Registerinformationen dem sog. Leitbegriff, der als Registereingang fungiert, zugeordnet, so daß z. B. ein Registereintrag die folgende Form hat (vgl. Textbeispiel 206.53).

Das Register erhöht die Benutzungsmöglichkeiten der „Kleinen Idiomatik" insofern, als in Situationen der Textproduktion Fragen auftreten können, die eine Wahl bedeutungsähnlicher Phraseme betreffen.

Zu den Problemen, die durch das Verfahren der Reduktion von Redensarten auf Leitbegriffe entstehen, vgl. man Hausmann 1985c mit weiterer Lit.

Das Register in Görner 1986 kann auch als eine kleine Synonymik der Phraseme aufgefaßt werden. So finden sich die Phraseme *in die Binsen gehen, in die Wicken gehen, im Arsch sein, im Eimer sein, zum Teufel sein* bei Schemann 1989 im gleichen „Wortfeld" 'ganz—kaputt' (vgl. Schemann 1989, 30); diese Synonymik wird unter 2.3. betrachtet (vgl. Textbeispiel 206.56).

Die Nachschlagewerke von Krüger-Lorenzen können als populärwissenschaftliche, unterhaltsame Plaudereien über die Herkunft und Bedeutungsgeschichte von Redensarten in lexikographischer Form aufgefaßt werden. Entsprechendes gilt von Sillner 1973, in dem nicht nur Redensarten als Lemmata angesetzt werden, was sich aus seiner Entstehungsgeschichte aus Sprachglossen erklärt. Ebenfalls überwiegend historisch orientiert sind Raab 1964 und Dittrich 1975. Das letztgenannte Wörterbuch will ausdrücklich eine „populärwissenschaftliche" Darstellung sein, ein „sprachkundliches und kulturgeschichtliches Lesebuch" (Dittrich 1975, Nachwort 286). Mißt man dieses Werk an diesem Anspruch, dann ist es ein ansprechendes Buch.

Insgesamt ist die Lage bei den phraseologischen Wörterbüchern so, daß Friederich 1976 als das einzige Werk, das sich bemüht, den Sprachgebrauch der Gegenwart lexikographisch zu beschreiben, weniger bietet als die besseren allgemeinen einsprachigen Wörterbücher. Was daher gebraucht wird, ist zunächst ein überwiegend synchronisch orientierter Einbänder mit wenigstens 10 000 Lemmata, der die Ergebnisse der neuen Phraseologieforschung ausreichend beachtet, sowie ein größeres Werk, das das Korpus- und Belegprinzip berücksichtigt und in erster Linie den gegenwärtigen Gebrauch der Phraseme explizit behandelt sowie erst in zweiter Linie ihre Geschichte.

Vernichtung

etw. zur **Katze** machen (*umg*) · etw. zur ***Sau** machen (*derb*) · jmdn. in die **Pfanne** hauen (*salopp*) · in die **Binsen** gehen (*umg*) · in die ***Wicken** gehen (*umg*) · vor die **Hunde** gehen (*salopp*) · im **Arsch** sein (*derb*) · im ***Eimer** sein (*salopp*) · zum/beim ***Teufel** sein (*umg*) · der **Zahn** der Zeit

Textbeispiel 206.53: Registereintrag aus Görner 1986; vgl. Textbeispiel 206.73

2.2.3. Hinweise auf andere syntagmatische Spezialwörterbücher

Nach 1945 sind neben den Valenzwörterbüchern und den phraseologischen weitere syntagmatische Spezialwörterbücher erschienen, die z. T. in die Übersicht in der Abb. 206.28, Sp. 4 aufgenommen wurden. Zu den Sprichwörterbüchern vgl. Art. 97, zu den zahlreichen (ca. 30) Zitatenwörterbüchern vgl. Art. 98, zu den wenigen Satzwörterbüchern vgl. Art. 99. Die Kollokationswörterbücher (vgl. Art. 95) tragen sehr unterschiedliche Titel (vgl. Art. 91, 8). Sie verstehen sich selbst als Stilwörterbücher. Die wichtigsten zur deutschen Standardsprache der Gegenwart sind: Wörter und Wendungen (= WW; 1. Aufl. 1962, 14. unv. Aufl. 1990), Becker 1966 und Duden-2 (1. Aufl. 1934, 7. Aufl. 1988; vgl. Textbeispiel 95.3 aus der 6. Aufl. von 1970). Eine gründliche Untersuchung dieser drei Werke, die zu praktikablen Vorschlägen für die Verbesserung von Kollokationswörterbüchern des Deutschen führt, ist ein Desiderat der Wörterbuchforschung und könnte dazu beitragen, daß allmählich eine niveauvolle pädagogische Lexikographie für fortgeschrittene Deutschlerner in Gang kommt. Neben den in Art. 100 erwähnten Anekdotenwörterbüchern gibt es weitere syntagmatische Spezialwörterbücher im Bereich der nichtwissenschaftlichen Lexikographie wie z. B. Knorr/Witt 1983. In diesem „Lexikon der Vorurteile" werden Sätze, die (nach Auffassung der Autoren) Vorurteile ausdrücken, kommentarlos aufgelistet (z. B. *Abgeordnete werden immer geschmiert, Adel verpflichtet, Am Rhein ist es schön, Arbeit hat noch keinem geschadet*).

2.3. Paradigmatische Spezialwörterbücher

Unter typologischen Aspekten sind die paradigmatischen Spezialwörterbücher im Kap. VIII dargestellt. Nachfolgend werden die nach 1945 erschienenen Synonymen- und Antonymenwörterbücher betrachtet.

2.3.1. Synonymen- und Antonymenwörterbücher

Zum gegenwärtigen Standarddeutsch gibt es folgende nach ontologischen Aspekten (onomasiologisch) gegliederte kumulative Synonymiken: Dornseiff 1970 (1. Aufl. 1934); Wehrle/Eggers 1967, Slaby 1965 und Mackensen-ABC.

Hingewiesen sei auch auf das „Lexikon der Sünde" (Weiss 1989). Dieses ist zwar kein Sprachwörterbuch, jeder Lexikonartikel beginnt jedoch mit einer Aufzählung von Synonymen, so daß man davon sprechen kann, daß Weiss eine kumulative Synonymik integriert hat. Der Artikel zu *Sittenlosigkeit* z. B. beginnt mit folgender Aufzählung: *Lasterhaftigkeit, Unkeuschheit, Obszönität, Liederlichkeit, Zuchtlosigkeit, Unsittlichkeit, Unmoral, Unzüchtigkeit, Verdorbenheit, Verruchtheit, Verworfenheit, Anstößigkeit*.

Die Begriffswörterbücher von Dornseiff und Wehrle/Eggers sind im Art. 101 behandelt (vgl. Textbeispiel 101.2; vgl. auch Kühn 1985, 58ff. u. Art. 205, 3). Eine Kritik aller großen onomasiologischen Wörterbücher findet sich in Ballmer/Brennenstuhl (1986, 112—126).

Slaby 1965 ist ein kleines, unbedeutendes Wörterbuch. Es ist für den Ausländerunterricht und den „Unterstufen- und Mittelstufenunterricht an einer Höheren Schule" (Slaby 1965, 5) gedacht.

Daß das Mackensen-ABC eine nach ontologischen Aspekten geordnete, kumulative Synonymik enthält (S. 491—642), ist der Wörterbuchforschung bisher entgangen. Die zugrunde gelegte Systematik arbeitet mit 60 gegensätzlichen Begriffspaaren. Die ersten 10 Paare lauten:

1. Existenz/1a. Nichtexistenz; 2. Sein/2a. Nichtsein; 3. Wahrheit/3a. Unwahrheit; 4. Relation/4a. keine Relation; 5. Wesen/5a. Wesenlosigkeit; 6. Beziehung/6a. Beziehungslosigkeit; 7. Quantität/7a. Minimum; 8. Menge/8a. Mangel; 9. Größe/9a. Kleinheit; 10. Qualität/10a. Wertlosigkeit.

Innerhalb der so etablierten Ordnung, die weder erklärt noch gerechtfertigt wird, werden die Synonyme unter relativ wenigen Lemmata, geordnet nach ihrer semantischen Nähe, aufgezählt. Innerhalb des Begriffsbereiches 3/3a gibt es z. B. folgende Lemmata: **Wahrheit, Unwahrheit, wahr, unwahr, wahr sein, unwahr sein.** Die aufgezählten Synonyme gehören meistens zur gleichen Wortart. Der Wörterbuchartikel vereinigt in sich eine Synonymengruppe (vgl. Textbeispiel 206.54).

8. Wahrheit: (ewiges) **Sein** 2, Wirklichkeit, Tatsache, Realität, Echtheit, **Leben**sechtheit 18, **Natur**treue 27, Richtigkeit, **Rechts**beständigkeit 42, Gültigkeit, Verität, Gewißheit, Bestimmtheit, Sicherheit, Genauigkeit, Unwiderlegbarkeit, Beweis, Zuverlässigkeit, Stichhaltigkeit; Gediegenheit, Fehlerlosigkeit, Fehlerfreiheit, Klarheit, Nüchternheit; Treue, **Glaube** 59, Glaubwürdigkeit, Glaubhaftigkeit, Offenbarung, Verheißung, Evangelium, frohe Botschaft, Verkündigung; Bestätigung, Überzeugung, Überzeugungskraft, Überzeugungstreue, Übereinstimmung; Begründung, Anschaulichkeit, Vernunft, Wahrhaftigkeit, Aufrichtigkeit, Unverfälschtheit, Gewissen, Gewissenhaftigkeit, Skrupel, Unumstößlichkeit, Beglaubigung; Wahrnehmung, Erleben, Erfüllung, Wesentlichkeit, **Sinn** 50, Lösung, Erlösung, Vollkommenheit, Unbedingtheit, Unumschränktheit, Ganzheit, Absolutheit, Notwendigkeit, ewiges Ziel, Ewigkeit, **Religion** 58.

Textbeispiel 206.54: wa$_{52}$ aus Mackensen-ABC

● Unterscheide:

Wahrheit und Dichtung, aber auch Wahrheit und Lüge.
Sein und Schein, aber auch Sein und Nichtsein.
Wirklichkeit und Traum, aber auch Wirklichkeit und Einbildung.
Tatsachen und Phantastereien, aber auch Tatsachen und Entstellungen.
Echtheit und Fälschung, aber auch Echtheit und Verlogenheit.
Eine Behauptung hat ihre *Richtigkeit*; ein kluges Wort behält seine *Gültigkeit*.
Das Merkmal eines *Beweises* ist seine *Unwiderlegbarkeit*.

Textbeispiel 206.55: Einschub in das Wörterverzeichnis aus Mackensen-ABC

Die Verweisangaben *2, 18, 27* usw. in wa$_{52}$ verweisen den Benutzer in die anderen Begriffsbereiche. Da es artikelinterne Synonymenunterscheidungsangaben irgendeiner Art nicht gibt, werden Einschübe ins Wörterverzeichnis gemacht, in denen Unterscheidungshilfen angeboten werden. Solche Einschübe sind Elemente der Trägermenge der textuellen Rahmenstruktur (vgl. Wiegand 1989 u. Art. 36). Auf wa$_{52}$ z. B. folgt der Einschub im Textbeispiel 206.55.

Den Abschluß der Synonymik bildet ein „Wortweiser". Die Einträge in diesem Register bestehen aus den Ausdrücken, die im Wörterverzeichnis als Synonyme aufgeführt sind, als Registereingängen und den Numerierungen von einem oder mehreren Begriffsbereichen (z. B. Wahrheit 1, 3, 29, 53, 42, 54, 57, 69). Bei jedem Registereintrag, der n Registerinformationen aufweist (mit n > 1), wird die Suche nach einem Synonym, die ihren Weg über das Register nimmt, mühsam. Insgesamt sind ca. 7000 Ausdrücke auf die 60 Begriffsbereiche verteilt und als Synonyme sortiert.

Mit Schemann 1989 liegt das erste „Synonymenwörterbuch der deutschen Redensarten" vor. Es ist ein anspruchsvolles Wörterbuch, das die synonymischen Phraseme zunächst ontologisch ordnet. Dieser Ordnung liegt kein „durchgehend-einheitliches Weltbild" (vgl. Schemann 1989, XXVIII) zugrunde, sondern der Autor hat es als „Wortfeld-System" (was bei Phrasemen allerdings etwas merkwürdig ist) aus dem Material herausgearbeitet. Es haben sich folgende Großfelder ergeben:

A Zeit, Raum, Bewegung, Sinnesdaten
B Leben — Tod
C Physiognomie des Menschen
D Stellung zur Welt
E Haltung zum Mitmenschen
F Einfluß, Macht, Verfügung, Besitz
G Kritische Lage, Gefahr, Auseinandersetzung
H Präferenzen
I Quantitäten, Qualitäten, Relationen

Diese Großfelder werden unterteilt; beispielsweise C in:

C a äußeres Erscheinungsbild
C b seelisches Erscheinungsbild
C c moralisches Erscheinungsbild
C d geistiges Erscheinungsbild

Auf der nächsten Gliederungsebene gelangt Schemann dann zu „Feldern". Die Untergliederung von C a hat dann folgende Form:

C a 1 aussehen
C a 2 groß — klein
C a 3 stark, kräftig
C a 4 dick — dünn
C a 5 Haltung: steif, krumm

Diese Felder werden nach Blöcken gegliedert. Über diese schreibt Schemann in der Einleitung:

„Die Einheiten, die in verschiedenen Blöcken stehen, sind also in ihrer Bedeutung deutlich voneinander verschieden, gehören aber trotzdem unter denselben Oberbegriff. Diese doppelte Perspektive erkennt der Wörterbuchbenutzer sofort, da die Blöcke im selben Feld unter demselben „Titel" stehen und zugleich durch Abstände voneinander abgehoben sind.

Je nach dem Grad der Bedeutungsdifferenzierung wurden ein- bis vierfache Abstände von Block zu Block gewählt. Der geringste, einfache Abstand drückt aus, daß der Bedeutungsunterschied verhältnismäßig gering, der größte, vierfache Abstand, daß er beträchtlich ist. Diese Druckanordnung der Synonymik der deutschen Redensarten in Blöcken ist ebenfalls neu. Es knüpft sich daran die Erwartung, die Übersicht über die semantischen Relationen innerhalb der Wortfelder substantiell zu verbessern." (Schemann 1989, XXV)

Bereits im 19. Jh. hat z. B. Sanders fest positionierten Blancs eine Bedeutung zugeordnet und dadurch mit diesen artikelinterne Angaben gemacht. Dieses Verfahren findet sich auch im FWB 1989 (vgl. dazu Wiegand 1990). Daß jedoch mit Zeilenabständen Angaben, und zwar Bedeutungsnäheangaben gemacht werden, ist m. W. in der Tat neu (vgl. Textbeispiel 206.56).

Auch für die Anordnung der Phraseme innerhalb der Blöcke und für die Anordnung ganzer Blöcke hat Schemann Kriterien formuliert. Ein Benutzer, der über den Systematischen Teil zugreifen will, muß daher ein sehr hohes Maß an wörterbuchspezifischem Benutzungs-know-how haben. Auch der Zugriff über den alphabetischen Teil (251—419)

Ac 11 ganz – kaputt

1. etw. in **Ordnung** haben
   etw. (gut/glänzend/...) in **Schuß** haben

2. etw. in **Ordnung** halten
   etw. in **Schuß** halten

3. gut/schlecht im **Stand** sein

4. noch seinen **Dienst** tun

5. es nicht mehr lange **tun**
   es nicht mehr lange **machen**
   es nicht mehr lange **mitmachen**
   in den letzten **Zügen** liegen

6. an allen **Ecken** und Enden/(Kanten) auseinanderfallen/auseinandergehen/...
   an allen **Ecken** und Kanten auseinanderfallen/auseinandergehen/(entzweigehen)

7. in allen **Fugen** krachen

8. nur noch ein **Fetzen** sein *(Kleidung)*

9. **kaputtgehen**

10. in die **Brüche** gehen
    in die **Binsen** gehen *ugs*
    in die **Wicken** gehen *ugs*
    zum **Teufel** gehen *ugs*
    hops gehen *ugs*
    zum **Kuckuck** gehen *ugs*

11. den/(seinen) **Geist** aufgeben
    den **Weg** alles Irdischen gehen *geh*
    sein **Leben** aushauchen *selten*

12. **zuschanden** werden

13. aus den **Fugen** gehen/geraten
    aus dem **Leim** gehen

14. sich in seine **Bestandteile** auflösen
    aus allen **Fugen** gehen/geraten

15. jm. unter den **Händen** zerbrechen *(Gläser)*
    zu **Bruch** gehen
    in **Scherben** gehen
    in **Trümmer** gehen
    in **Stücke** gehen
    in **Stücke** fliegen
    in 1000 **Stücke** zerspringen/zerplatzen/...

16. in/zu **Staub** zerfallen
    zu **Staub** und Asche werden *geh*

17. (fast/...) zu **Mus** zerdrückt/gedrückt werden *ugs*

18. eine **Kartoffel** im Strumpf haben *ugs*

19. eine **Masche** läuft an js. Strumpf

20. dran/(daran) **glauben** müssen *ugs*

21. **hin** sein
    hops sein *ugs*
    im **Eimer** sein *vulg*
    zum **Kuckuck** sein *ugs*
    zum **Teufel** sein *ugs*
    dahin sein
    im **Arsch** sein *vulg*

22. das/den Besen/... kannst du/kann der Maier/... **wegwerfen**
    das/den Besen/... kannst du/kann der Maier/... auf den **Mist** werfen *ugs*

23. etw. (wieder) instand **setzen**

24. etw. (wieder) in **Schuß** kriegen/(bekommen) *ugs*

25. etw. (wieder) in **Schuß** bringen *ugs*

Textbeispiel 206.56: Aus 25 Blöcken bestehendes „Wortfeld" ‚ganz–kaputt' aus dem Systematischen Teil von Schemann 1989

ist nicht immer leicht möglich. Der Benutzer muß 14 verschiedene Kriterien kennen (vgl. Schemann 1989, XX—XXIII). Der alphabetische Teil ist ein Register. Die Redensarten bilden die Registereingänge, und ihr Leitelementträger ist halbfett gesetzt. Eine Registerinformation besteht wenigstens aus einem alphanumerischen Eintrag, der zum „Wortfeld" und zur Block-Nr. führt (z. B. in die **Binsen** gehen Ac 11.10). Schließlich findet sich als 3. Teil noch ein sog. Such- und Stichwortregister (m. E. von zweifelhaftem Wert). Das Wörterbuch hat eine anspruchsvolle Einleitung, die erkennen läßt, daß mindestens ein sprachwissenschaftlich gebildeter Benutzer vorausgesetzt ist. Ein anderer Benutzer versteht wahrscheinlich z. B. die folgende Anordnungsbeschreibung nicht:

„Lassen sich mehrere Ausdrücke nach Phasen ordnen, gilt die Reihenfolge: *ingressiv — inzeptiv — progressiv — kontinuativ — regressiv — konklusiv — egressiv*" (Schemann 1989, XXVI).

Die wichtigsten kumulativen Synonymiken sind die folgenden:

Bauer 1975 (Neuaufl. 1990), Dostal 1966 (1. Aufl. 1957), Hübner 1984a, Kloosterziel/Löwi 1985,

Oesch 1950 (1. Aufl. 1942), Peltzer/Normann 1988 (1. Aufl. 1955 von Peltzer), Synonyme o. J. und Textor 1989.
Schulsynonymiken in anderen Sprachen — wie z. B. Frösell 1967 — sind hierbei nicht berücksichtigt.

Peltzer/Normann 1988 und Textor 1989 sind ausgesprochene Erfolgsbücher. Bei ersterem ist die Auflagenhöhe bei der 20. Aufl. mit 113.—117. Tausend angegeben; bei letzterem mit 612.—631. Tausend bei der letzten ungekürzten Ausgabe (Mai 1989) der 11. überarb. u. erw. Aufl. von 1984.
Dieser Verkaufserfolg der kumulativen Synonymiken steht in einem merkwürdigen (und durchaus erklärungsbedürftigen) „Widerspruch" zu der Einschätzung ihrer Benutzbarkeit und ihrer Nützlichkeit in der neueren Wörterbuchforschung (vgl. Kühn 1985, 74ff.; 1985a, 41ff. u. Püschel 1986, 240f.). Zur Erklärung des Sachverhaltes, daß solche vielgekauften Wörterbücher nicht gemäß ihrer genuinen Zwecke benutzbar sind (bzw. sein sollen), kann die empirische Wörterbuchbenutzungsforschung beitragen. Solange keine empirischen Ergebnisse vorliegen, muß m. E. die Frage der Benutzbarkeit der kumulativen Synonymiken noch als offen gelten. Man kann kumulative Synonymenwörterbücher als exteriorisierte Wortgedächtnisse auffassen. Wer sie als kompetenter Sprecher des gegenwärtigen Standarddeutsch benutzt, findet dabei die Wörter in seinem Gedächtnis, die er ohne die Wörterbuchbenutzung dort nicht finden kann. Im übrigen findet man in einem wissenschaftlichen Sinne in keinem Wörterbuch Wörter, sondern immer Daten, aus denen man sie rekonstruieren muß, so daß eine lexikographische Information immer eine kognitive Entität ist (vgl. dazu Wiegand 1989).
Kumulative Synonymiken sind „Wortfindebücher". Aber das ist nicht so zu verstehen, daß man in ihnen Wörter findet, sondern in dem Sinne, daß man sie in seinem Gedächtnis „findet", daß man sich mithin mit ihrer Hilfe an sie erinnert, wenn man Wortfindungsschwierigkeiten beim bewußten Formulierungsprozeß hat. Müller (1965, 95) schreibt: „Da sie [Peltzer, Textor, Bauer, Dostal] nur Wortzusammenstellungen enthalten, bieten sie im Grunde nicht das treffende Wort, sondern nur mehr oder weniger viele Wörter zur Auswahl, dienen also der Variation." Diese Auffassung ist in verschiedenen Hinsichten problematisch. Kein Wörterbuch kann ein treffendes Wort anbieten. Vielmehr entscheidet der kompetente Benutzer relativ zu seinen Formulierungsabsichten, ob aus der jeweils angegebenen Menge sinnverwandter Ausdrücke ein oder mehrere „treffende" erschlossen werden können (z. B. stilistisch, semantisch etc. treffend). Falsch ist, daß aus einer angebotenen Auswahl von Synonymen folgt, daß ein solcher lexikographischer Text nur der Variation dient. Wer eine kumulative Synonymik benutzt, um einen anderen Ausdruck in eine Formulierung einzusetzen, muß das nicht deswegen tun, um die Wiederholung dieses Ausdrucks zu vermeiden, sondern er kann die Benutzungshandlung auch deswegen ausführen, weil ihm die Formulierung nicht zusagt. Aus dem gleichen Grunde sind m. E. auch die Überlegungen von Kühn (1985, 78f.) zu einseitig.

Die umfangreichste kumulative Synonymik ist Peltzer/Normann 1988. Seit der 19. Aufl. enthält sie nach dem Vorwort ca. 38 000* glattalphabetisch angeordnete Lemmata. Wieviel Ausdrücke insgesamt bearbeitet wurden, ist nicht bekannt. Seit der 10. Aufl. werden auch Antonyme hinter einem nichttypographischen Strukturanzeiger „▶" aufgenommen (vgl. Textbeispiel 206.57); seit dieser Aufl. enthält das Wörterbuch zusätzlich ein Fremdwörterverzeichnis, hat also zwei aufeinanderfolgende Zugriffsstrukturen, zwischen denen das Quellenverzeichnis steht.

Zwar spricht Karl Peltzer im Vorwort zur 10. Aufl. selbst von einem Synonymenwörterbuch (vgl. Peltzer/Normann 1988, 8), und die Wörterbuchforschung spricht z. B. vom Synonymenwörterbuch und von kumulativen Synonymiken. Der Untertitel von Peltzer/Normann, „Wörterbuch sinnverwandter Ausdrücke", ist jedoch genauer, denn die Artikel enthalten neben Antonymen auch Hyponyme (z. B. *Laubbaum, Nadelbaum, Obstbaum, Zierbaum,* s. v. *Baum*), Hyperonyme und Heteronyme; dies erklärt sich dadurch, daß der lexikographische Synonymenbegriff in der Regel von dem linguistischen erheblich abweicht (vgl. auch Kühn 1985, 66ff.).

Peltzer/Normann ist monoakzessiv, hat also kein Register, so daß es zahlreiche Verweisartikel gibt (vgl. Textbeispiel 206.57).

Im Unterschied zu Peltzer/Normann 1988 arbeitet Textor 1989 (wie z. B. auch Bauer 1975 und Dostal 1966) mit einem alphabeti-

abführen → ausgeben, entfernen, verhaften.
abführend → verdauungsfördernd.
abfüllen → abziehen, ausstoßen.
Abgabe Abstrich, Abzug, Ausgabe, Auslieferung, Ausscheidung, Steuer, Taxe, Überweisung, Verkauf, Vermittlung, Zahlung, Zoll, Zuweisung. → Beitrag, Entrichtung. ▶ Einnahme.
Abgang → Abnahme, Abschied, Abzug, Kloake, Verbrauch, Verlust ● Fehlgeburt.
abgängig → ab.
Abgas → Abzug.
abgaunern → bestehlen, beschwindeln.
abgearbeitet → erholungsbedürftig.

Textbeispiel 206.57: $\overline{wa}_{53}$ Peltzer/Normann 1988

schen Register. Die Artikel sind von 1—1603 durchnumeriert, und diese Zahlen erscheinen als Registerinformationen. Im Unterschied zu Mackensen-ABC und Synonyme o. J. ist jedoch jeder Registereintrag ein geordnetes Paar (z. B. Köcher 173), so daß nur ein Suchpfad festgelegt ist. In Textor 1989 oder auch in Bauer 1975 und in Kloosterziel/Löwi 1985 bilden die alphabetischen Register den letzten Teil des Wörterbuches. Es ist aber zu vermuten, daß die Zugriffsmöglichkeit über die Register öfter als die andere genutzt wird, so daß das Register die privilegierte Zugriffsstruktur darstellt. Daher ist es besser, wenn auf den Vorspann erst das Register folgt und dann das Wörterverzeichnis wie in Synonyme o. J. —

Das Register in Kloosterziel/Löwi 1985 weist eine besondere Organisation auf. Es gibt zwei Klassen von Registereinträgen. Zur ersten Klasse gehören alle Einträge, deren Registereingang ein Ausdruck ist, der im 1. Teil als Lemma angesetzt ist; daß dies so ist, besagt ein Blanc als Registerinformation, was der kundige Benutzer aus dem Metatext weiß. Zur zweiten Klasse gehören Registereinträge der Form „aalen → räkeln". Diese könnten auch als Verweisartikel — wie in Peltzer/Normann 1988 — im 1. Teil des Wörterbuches stehen, so daß das Register überflüssig ist. Da in dem Register alle Lemma noch einmal stehen, wurde hier eine Methode gefunden, eine kumulative Synonymik besonders umfangreich werden zu lassen, ohne daß ein bit an Information mehr entnommen werden kann und ohne daß der Benutzer einen Vorteil durch diese Anlage hat!

Die wichtigsten teildistinktiven Synonymiken sind die folgenden:
Duden-8, Görner-Kempcke 1982, Görner-Kempcke-KS, Knaurs-LsW, Müller 1968.
Auch Ballmer/Brennenstuhl 1986 kann man als eine neue Art einer wortklassenbezogenen, teildistinktiven Synonymik auffassen (vgl. 2.5. u. Textbeispiel 206.66).

Für genauere Untersuchungen kann man die teildistinktiven Synonymiken in die schwach teildistinktiven und die stark teildistinktiven einteilen, je nachdem, aus welchen Angabeklassen wie häufig Angaben als Synonymenunterscheidungsangaben fungieren. So ist z. B. Knaurs-LsW relativ zu Görner/Kempcke 1982 schwach teildistinktiv, weil nur Angaben aus drei Klassen von Markierungsangaben als Synonymenunterscheidungsangaben fungieren, und zwar in der

Auto, das: 1. ⟨*Motorfahrzeug*⟩ Wagen · Kraftwagen · Personenkraftwagen · PKW · Fahrzeug; Gefährt (*scherzh*); Automobil (*veraltend*) ♦ *umg*: Vehikel · Karre[te] · Kutsche (*abwert*); Benzindroschke · Benzinkutsche · Chausseewanze · Chausseefloh · Moppel (*scherzh*) ♦ *salopp*: Kiste; Ofen · Klapperkasten · Nuckelpinne (*abwert*); ↗ *auch* Lastkraftwagen – 2. wie ein A. gucken: ↗ staunen (1)

Textbeispiel 206.58: wa$_{54}$ aus Görner/Kempcke 1982

Terminologie von Knaurs-LsW: Kennzeichnung durch Stilbewertungen, durch Zuordnung von Fachsprachen, durch das Verbreitungsgebiet. In Görner/Kempcke 1982 finden sich jedoch u. a. zusätzlich kurze Bedeutungsangaben in Spitzklammern besonders zu Monosemierungszwecken (vgl. Textbeispiel 206.58).

In Görner/Kempcke 1982 sind die Synonymenangaben nach den angenommenen stilistischen Bereichen *normalsprachlich, dichterisch, gehoben, umgangssprachlich, salopp* und *derb* geordnet, und innerhalb dieser Untergruppen von Synonymenangaben können weitere Markierungsangaben wie *veraltend, abwert[end]* und die unsinnige Angabe *scherzh[aft]* (vgl. dazu Wiegand 1981, 181 ff.) auftreten (vgl. wa$_{54}$).

Die wichtigsten distinktiven Synonymiken sind:
Arsen'eva et al. 1963, Duden-8 a, Farrell 1977, Meldau 1978 und Müller 1977.

Da distinktive Synonymiken sich bemühen, die Bedeutung der Synonyme möglichst genau zu unterscheiden, können in ihnen Angaben aus allen Angabeklassen auftreten, zu denen Angaben zu irgendeinem Aspekt der lexikalischen Bedeutung gehören. Kennzeichnend ist, daß Bedeutungsangaben gemacht werden. Daß die distinktiven Synonymiken im deutschen Sprachgebiet nicht gefragt sind, ist eine bisher nicht hinreichend erklärte Tatsache. Meldau 1978 enthält 300* Lemmata mit ca. 1600* Synonymen und ist für den schulischen Sprachunterricht gedacht. Müller 1977 ist eine verkürzte Version von Duden-8a, der nicht mehr aufgelegt und durch Duden-8 ersetzt wurde, was charakteristisch ist. Farrell 1977 ist vor allem für Benutzer mit der Muttersprache Englisch, die Deutsch lernen, konzipiert. Im Detail unterscheiden sich diese vier Wörterbücher relativ stark (vgl. Kühn 1985). Auch bei den distinktiven Synonymiken sind die beiden Anordnungsformen realisiert (vgl. Abb. 206.27). Die Abb. 206.27 gibt eine Übersicht über die

Anordnung / Beschreibungsverfahren	begrifflich-ontologisch (onomasiologisch)		alphabetisch	
	monoakzessiv: ohne Verweissystem	polyakzessiv: mit alphabetischem Register	monoakzessiv: mit Verweissystem	polyakzessiv: mit alphabetischem Register
kumulativ	Slaby 1965	Dornseiff 1970; Wehrle/Eggers 1967; Mackensen-ABC; Schemann 1989	Peltzer/Normann 1988	Bauer 1975; Dostal 1966; Hübner 1984a; Kloosterziel/Löwi 1985 Synonyme o. J.; Textor 1989
teildistinktiv			Duden-8; Görner/Kempcke 1982; Görner/Kempcke-KS; Knaurs-LsW; Müller 1968	
distinktiv			Arsen'eva et al. 1963; Duden-8a; Farrell 1977; Meldau 1978; Müller 1977	

Abb. 206.27: Matrix zur Typologie der Synonymenwörterbücher zur deutschen Standardsprache nach 1945

Synonymiken zur deutschen Standardsprache der Gegenwart, und zwar durch Zuordnung zu den Anordnungstypen und den Typen, die nach dem lexikographischen Beschreibungsverfahren unterschieden werden.

Betrachtet man die Kriterien für die äußere Selektion, die Kühn (1985, 63—66) zusammengestellt hat, dann gilt: alle Kriterien sind so gewählt, daß die Auswahl aus der Lexik des Deutschen zu einer reinen Ermessensfrage der Lexikographen wird. So heißt es z. B. in Görner/Kempcke 1982 in den Hinweisen für den Benutzer:

„Das Synonymenwörterbuch enthält die zum allgemeinen Wortschatz der deutschen Gegenwartssprache gehörenden Wörter und Wendungen, soweit sie Synonyme haben." (Görner/Kempcke 1982, 9).

Die äußere Selektion ist hier davon abhängig, wie man den allgemeinen Wortschatz der deutschen Gegenwartssprache bestimmt und davon, wie der Synonymenbegriff gefaßt ist. Im Vorwort heißt es:

„Auf regionalen Gebrauch beschränkte Wörter und Wendungen [...] sind trotzdem in reichlichem Maße berücksichtigt worden, weil sie vor allem wichtiges Material für die schriftstellerische Arbeit darstellen." (Görner/Kempcke 1982, 7).

Der Inhalt des zweiten Zitates verträgt sich mit dem des ersten nur schlecht, denn wenn die äußere Selektion Regionalismen „in reichlichem Maße" berücksichtigt, dann enthält eben Görner/Kempcke 1982 auch viele Regionalismen, soweit sie „Synonyme" im allgemeinen Wortschatz der deutschen Gegenwartssprache haben!

Aus lexikologischer Perspektive gesehen, vermitteln die Synonymenwörterbücher ein uneinheitliches und relativ heterogenes Bild ihres Wörterbuchgegenstandsbereiches. Dieser besteht — in einem linguistischen Sinne — nicht nur in den Synonymiebeziehungen, sondern in der semantischen Vernetzung der Lexik. Daher sind gute Synonymenwörterbücher, und zwar insbesondere die kumulativen, im lexikographischen Prozeß, der zu allgemeinen einsprachigen Wörterbüchern führt, wichtig, da sie gute Hilfsmittel der Formulierung der Bedeutungsangaben sind.

Antonyme wurden z. T. immer schon in Synonymiken berücksichtigt (vgl. Art. 104). Bulitta 1983 ist das erste nhd. Wörterbuch, das eine Antonymik und eine Synonymik in einem Wörterbuch vereinigt. Nach dem äußeren Zugriffsprofil charakterisiert, handelt es sich um eines der wenigen deutschen mo-

206. Die deutsche Lexikographie der Gegenwart

Abfindung: Entschädigung, Pauschale, Belohnung, Nachzahlung
abflauen: abnehmen, (dahin)schwinden, im Schwinden begriffen sein, nachlassen, abklingen, zurückgehen, aussterben, (ab)sinken, abebben, verebben, einschlafen, erkalten, s. verringern / verkleinern / vermindern, zusammenschrumpfen, schwächer / geringer / weniger werden, s. dem Ende zuneigen, zu Ende gehen, s. beruhigen
abfliegen: davonfliegen, auffliegen, fortfliegen, wegfliegen

abfließen: abströmen, abtropfen, ablaufen, absickern, abrinnen, abrieseln, abtröpfeln
Abflug: Start, Departure

Abfolge: Folge, Turnus, Aufeinanderfolge, Sequenz, Ablauf, Zyklus, Kreislauf, Reihenfolge, das Aufeinanderfolgen
abfragen: (über)prüfen, abhören, examinieren
abfrottieren: abtrocknen, abrubbeln, abreiben
Abfuhr: Abtransport *Tadel, Maßregelung, Vorwurf, Rüffel, Vorhaltung,

Abfindung:

abflauen: zunehmen, anschwellen, stärker werden (Wind, Lärm) *vermehren, zunehmen *zunehmen, ansteigen (Spannung)

abfliegen: ankommen *anfliegen, ansteuern *(da)bleiben *verpassen (Verkehrsmittel)
abfließen: stehenbleiben, s. stauen *verstopft sein (Badewanne) *zufließen, her(bei)fließen
Abflug: Landung *Anflug (Flugzeug) *Ankunft, Eintreffen, Arrival (Passagiere, Schiff, Flugzeug)
Abfolge:

abfragen: aufgeben (Hausaufgabe) *lernen (Lernstoff)
abfrottieren:

Abfuhr: Zustimmung, Übereinstimmung, Identifikation, Entgegenkom-

Textbeispiel 206.59: untere Hälfte einer Wörterbuchseite (= $\overline{wa}_{55}$) aus Bulitta 1983

noakzessiven Wörterbücher mit zwei vertikal parallellaufenden Zugriffsstrukturen, die Teil der Makrostruktur sind (vgl. Art. 38, 4.2.). Die Elemente der Trägermenge der ersten, in der jeweils linken Spalte der Wörterbuchseite präsentierten Zugriffsstruktur, sind ca. 18 000* glattalphabetisch angeordnete Lemmata, und die Mächtigkeit der Trägermenge der ersten ist mit der Mächtigkeit der Trägermenge der zweiten, auf der jeweils rechten Spalte der Wörterbuchseite präsentierten Zugriffsstruktur, gleich. Zu jedem Lemma in der linken vertikalen Lemmareihe werden die Synonyme, zu jedem Lemma in der rechten vertikalen Lemmareihe werden die Antonyme angegeben (vgl. Textbeispiel 206.59).
Wenn keine Antonymenangabe gemacht werden kann (was nicht notwendigerweise bedeutet, daß im Wörterbuchgegenstandsbereich kein Antonym existiert, wie die Verfasser meinen), bleibt der Platz hinter dem Lemma frei (vgl. **Abfindung, Abfolge, abfrottieren** in $\overline{wa}_{55}$); entsprechend wird in der linken Spalte verfahren (vgl. s. v. *Abendkasse*). Da dieses Verfahren in den Benutzungshinweisen, die mit „Zur Arbeit mit dem Buch" überschrieben sind (vgl. Bulitta 1983, 9), erklärt wird, ist z. B. der nicht bedruckte Raum zwischen **Abfolge** und **abfragen** (vgl. $\overline{wa}_{55}$) die Angabeform einer Angabe, die (nach Auffassung der beiden Lexikographen) besagt, daß es keine Antonyme gibt. Metalexikographisch betrachtet, besagt die Angabe allerdings, daß die Lexikographen kein Wort kennen, das als lexikalisches Antonym zu *Abfolge* gelten kann, so daß *Abfolge* zu keinem ihnen bekannten Paar gehört, welches Element der Antonymenrelation des gegenwärtigen Standarddeutsch ist.
Für das gegenwärtige Standarddeutsch gibt es zwei Antonymenwörterbücher: Agricola 1984 und Petasch-Molling 1989. Ersteres ist in Art. 104 behandelt (vgl. Textbeispiel 104.1). Der lexikographische Prozeß, der zu Agricola 1984 (1. Aufl. 1977), Bulitta 1983 und Petasch-Molling 1989 geführt hat, ist, sowohl was den Wörterbuchgegenstand als auch die Wörterbuchform angeht, sehr eng miteinander verknüpft. Man vgl. Textbeispiel 206.60.
Man erkennt leicht, daß die Artikelgestaltung von wa_{56}, wa_{57} und wa_{58}, was die Artikelstruktur angeht, gleich ist: Auf die Lemmazeichengestaltangabe folgen mehrere Antonymengruppenangaben. Diese können durch Bezugsbereichshinweise in runden Klammern rechtserweitert sein. Die Bezugsbereichshinweise ermöglichen eine grobe Unterscheidung der Antonyme, so daß alle drei

Abbruch: Bau, Aufbau (Zelt; Gebäude) ⇔ Anknüpfung, Förderung, Ausbau (Beziehungen) ⇔ Beginn, Wiederaufnahme, Weiterführung, Fortführung, Fortsetzung (Beziehungen; Tätigkeit) ⇔ Einsatz (Ton)

Abbruch: Aufbau, Errichtung, Bau, Erstellung (Gebäude, Zelt) *Beginn, Wiederaufnahme, Fortsetzung, Weiterführung (Tätigkeit) *Anknüpfung, Beginn, Wiederaufnahme, Förderung, Ausbau, Fortführung, Fortsetzung, Weiterführung (Beziehungen) *Einsatz (Orchester)

Abbruch: Bau, Errichtung, Erstellung, Aufbau (Zelt; Gebäude) * Anknüpfung, Förderung, Beginn, Wiederaufnahme, Fortführung, Ausbau (Beziehungen) * Beginn, Wiederaufnahme, Weiterführung, Fortführung, Fortsetzung (Beziehungen; Tätigkeit) * Einsatz (Ton) * Unterstützung, Bestärkung

Textbeispiel 206.60: wa$_{56}$ aus Agricola 1984 (1. Aufl. 1977), wa$_{57}$ aus Bulitta 1983 und wa$_{58}$ aus Petasch-Molling 1989

Antonymiken als schwach teildistinktiv einzuordnen sind. Die Antonymengruppenangaben werden durch einen nichttypographischen Strukturanzeiger (die verschiedenen „Sternchen") voneinander derart getrennt, daß jeweils die Antonymenangaben, die Teilangaben einer Antonymengruppenangabe sind, sich jeweils auf eine der Bedeutungen des polysemen Lemmazeichens beziehen. Auch der Wörterbuchgegenstand ist weitgehend gleich. Agricola 1984 hat *Abbruch* als dreifach polysem interpretiert; Bulitta folgt dieser Interpretation und vermehrt die Antonymenangaben. So wird aus der ersten Antonymengruppenangabe (AntA^2 = *Bau, Aufbau*) eine AntA^4, die aus vier Antonymenangaben besteht. Hinzu kommen: *Errichtung* und *Erstellung*. Auf diese Weise kann man die Verzahnung der lexikographischen Prozesse pro Antonymenbeziehung durch alle drei Wörterbücher genau verfolgen, wobei die Abänderung der Reihenfolge der Antonymenangaben innerhalb der Antonymengruppenangabe sowie die Veränderung der Reihenfolge der Antonymengruppenangaben nicht als eine Veränderung des Wörterbuchgegenstandes zählt, sondern nur die Vermehrung oder Verminderung der Antonymenangaben und/oder der Antonymengruppenangaben. So ist z. B. in wa$_{58}$ eine Antonymengruppenangabe hinzugekommen, so daß Petasch-Molling *Abbruch* als vierfach polysem interpretiert. Vergleicht man eine bestimmte Menge von Lemmazeichen, dann gewinnt man über den Wörterbuchgegenstand vorläufige Einblicke in den Wörterbuchgegenstandsbereich, und es ergeben sich Forschungsperspektiven für die lexikologische Forschung. An einem Beispiel ist damit angedeutet, daß alle paradigmatischen Spezialwörterbücher einen Quellenwert für die lexikologische Forschung haben, was nichts mit ihren genuinen Zwecken zu tun hat, denn sie wurden nicht gemacht, um der lexikologischen Forschung zu dienen, und dürfen daher nicht allein mit lexikologischen Maßstäben gemessen werden. Allerdings wird der Quellenwert aller behandelten Synonymen- und Antonymenwörterbücher dadurch geschmälert, daß keines der Wörterbücher angemessene Auskunft über seine Wörterbuchbasis gibt. Ein größeres Synonymen-, besonders aber ein Antonymenwörterbuch, welche das Korpus- und Belegprinzip berücksichtigen und auf dem neuen Stand der lexikalsemantischen und metalexikographischen Forschung konzipiert sind, sind Desiderata der germanistischen Speziallexikographie.

2.3.2. Hinweise auf andere paradigmatische Spezialwörterbücher

Bildwörterbücher zum gegenwärtigen Standarddeutsch sind Meyer/Ehrich 1981 (1. Aufl. 1973) und Duden-3 (1977, 1. Aufl. 1935). Vgl. Art. 108. — Brückner/Sauter 1984, Mater 1983 (1. Aufl. 1965) und Muthmann 1988 sind die wichtigsten rückläufigen Wörterbücher zur gegenwärtigen deutschen Standardsprache; zu diesen und weiteren vgl. Art. 112. Nach 1945 sind auch mehrere Reimwörterbücher erschienen, z. B. Steputat/Schiller 1963 und Peltzer 1988 (vgl. Art. 111) sowie mehrere Homophonenwörterbücher, z. B. Müller 1973, Riehme 1990 (vgl. Art. 110 u. bes. Textbeispiel 110.2). — Nach 1975 ist für die deutsche Standardsprache nur ein einsprachiges Wortfamilienwörterbuch erschienen: Keller 1973 (vgl. Art. 114). Ein weiteres wird von G. Augst vorbereitet (vgl. Müller 1990). Auch Umkehrwörterbücher (i. S. v. Art. 107) gibt es zum gegenwärtigen Standarddeutsch, z. B. Ahlheim 1970 u. Meyer 1988. Zu weiteren paradigmatischen Spezialwörterbüchern vgl. man die Art. 109 und 113.

2.4. Spezialwörterbücher zu markierten Lemmata

Die Spezialwörterbücher zu markierten Lemmata sind in Kap. IX unter typologischen Gesichtspunkten behandelt. Nachfolgend wird die Neologismenlexikographie nach 1945 betrachtet.

2.4.1. Neologismenwörterbücher

Die allgemeinen einsprachigen Wörterbücher von Informantensprachen beginnen mit ihrem Erscheinen zu veralten. Der Prozeß des Veraltens der Wörterbücher kann in den verschiedenen Phasen der Geschichte einer Sprache unterschiedlich schnell ablaufen. Die deutsche Standardsprache hat sich nach 1945 im lexikalischen Bereich besonders stark verändert, so daß die Wörterbücher, die sie kodifizieren, besonders schnell veralten. Trotz (oder möglicherweise gerade wegen) des ausgeprägten lexikalischen Wandels innerhalb des Wörterbuchgegenstandsbereiches sind die Lexikographen, was die Neologismen und Neosemantismen angeht, ihren Dokumentationsaufgaben bisher nicht gerecht geworden. Während in den anderen Kulturnationen insonderheit seit den 70er Jahren (vgl. Art. 16 und bes. das Kap. „Zur internationalen Neologismenlexikographie" in Heller et al. 1988, 16—69) Neologismenwörterbücher erarbeitet wurden, stellt Hausmann (1985a, 390) zu Recht fest, daß die deutsche Neographie unterentwickelt ist (vgl. auch Herberg 1988, 265). Zwar findet man in den 2.1. behandelten allgemeinen einsprachigen Wörterbüchern, und zwar bes. in den drei Sechsbändern und den maßgeblichen Einbändern, aber auch im Mackensen-DW und in den Wörterbüchern von Küpper Neologismen. Wie Müller (1987) jedoch exemplarisch gezeigt hat, ist die äußere Selektion bei den Neologismen unsystematisch und lückenhaft (zum BW vgl. man auch Wiegand/Kučera 1981, 113—116). Wer also in den allgemeinen einsprachigen Wörterbüchern nach Neologismen sucht, stößt häufig auf Lemmalücken, und das Auffinden von Neologismen und Neosemantismen wird zusätzlich dadurch erschwert, daß nur das WDG die lexikalischen Innovationen ausdrücklich mit Markierungsangaben versieht (vgl. dazu Herberg 1987). Wer sich in der neueren deutschen Wörterbuchlandschaft wirklich gut auskennt (und meistens sind das nur Lexikographen und/oder Wörterbuchforscher), der findet auch in kleineren Wörterbüchern von speziellen Gruppensprachen Neologismen oder aber Ausdrücke, die Neologismenkandidaten sind. Es folgt eine kleine Auswahl solcher Wörterbücher.

Ahrends 1986 u. 1989; Boehncke/Stubenrauch 1983; Burnadz 1970; Dummdeutsch 1985 u. 1986; Harfst 1986; Heinemann 1990; Hoppe 1985, 1986 u. 1986a; Kellow/Westkolle 1986; Kreuzer 1986; Küpper-ABC; Küpper-A; Küpper/Küpper 1972; Lukoschick 1980; Mangoldt 1966; Müller-Thurau 1983, 1985; Neske 1972; Probst 1989; Prosinger 1984; Rittendorf et al. 1983; Schieke 1980; Schmidt-Joos/Graves 1975; Schober 1973; Silvester 1968; Taschenlexikon 1983 u. 1985; Teenagerlexikon 1960; Weiss 1989.

Natürlich sind in den genannten Wörterbüchern nicht alle Lemmazeichen Neologismen, und in metalexikographischen oder lexikographischen Benutzungssituationen ist weiterhin zu berücksichtigen, daß auch in den Artikeltexten öfters Neologismen verwendet werden. Obwohl einige der genannten Wörterbücher nur von belletristischem Wert sind, sind sie nicht nur potentielle Teile der Wörterbuchbasis eines zu erarbeitenden Neologismenwörterbuches, sondern auch als Quellen für die Sprachforschung überhaupt von Interesse. Das Textbeispiel 206.61 enthält drei Beispiele.

Neben den Wörterbüchern sind auch folgende Zusammenstellungen von Neuwörtern und Neubedeutungen von Interesse: Braun 1975—1980, Sparmann 1964—1979 und Müller 1975—1983. Weiterhin gibt es Bücher von Feuilletonisten, die gute Quellen für Neologismen sind: z. B. Johann 1981. Auch in Fremdwörterbüchern, die nach 1945 neu er- oder bearbeitet wurden, findet man Neologismen, z. B. in: Ahlheim 1970, Duden-5, Dultz 1965, GFW (1980), Herders-⁴FW, Kienle 1965, Knaurs-FL, Mackensen-NFL, Mackensen/Hollander 1989, Meyer 1988 und Wahrig-FWL.

Da Deutschland das Land der Fremdwörterbücher ist und das mittelgroße Fremdwörterbuch (wie z. B. das von Richard von Kienle) beim Laien nach wie vor beliebt ist (vgl. Art. 118), kann es sein, daß die Marktanalysen von größeren Wörterbuchverlagen dazu geführt haben, daß für ein Neologismenwörterbuch keine Marktlücke gegeben ist, so daß hier der Grund dafür zu suchen ist, daß die Neologismenlexikographie in der BRD unterentwickelt ist.

Schließlich kommen als sekundäre Quellen noch wissenschaftliche Arbeiten zu den Varietäten des Deutschen infrage, die ein Wortregister aufweisen (wie z. B. Henne 1986) oder Arbeiten zu Anglizismen, Amerikanismen usw.

Die vorstehenden Hinweise wurden u. a. vor allem deswegen gegeben, weil alle Neologismenwörterbücher, nämlich Constantin 1988 (1. Aufl. 1982), Heberth 1977 u. 1982, Hellwig 1983 (1. Aufl. 1970), Kinne/Strube-Edelmann 1981 (1. Aufl. 1980) und Probst 1989 stark selektiv sind. Nach Herberg (1988, 271) hat Hellwig (in einer Aufl. von 1972) ca. 5000*, Kinne/Strube-Edelmann ca. 900*, Constantin 1982 ca. 500* und Heberth 1977/1982 zus. ca. 4500* Lemmata; Probst 1989 hat nach eigener Zählung ca. 610 Lemmata. Man kann — wie Heller et al. (1988, 75) — auch Arendts 1986 (u. 1989) (ersterer

flippen Dieser Shooting-Star und Dauer-Hit der Sub-Sprache ist mittlerweile sogar bei den Jahrgängen angekommen, die noch den Ersten Weltkrieg mitgemacht haben. Und alle Welt weiß, daß dieser flotte Zwei-Silber von den Schwanzbewegungen des Fernseh-Tierchens Delphin (»Flipper«, schwarzweiß) herstammt, die sich wiederum in die Mechanik der Flipperautomaten niederschlugen. Hier die flippigen Variationen. Ausflippen: Yeah, da flippst du aus: so schön kann das Leben sein, aber – das flippt mich tierisch: das nörvt mich, ausgeflippt: irre, völlig ausgeflippt: total irre. Tja, sogar die Flippigkeit gibt's. Flip: unerwartete Wende (Nee, nicht die!). Die Ausgeflippten: Spontis, Freaks und andere Subs. Flipper: Typ, auf den kein Verlaß ist. Flipper-Fraktion: Mitmenschen, die flippen und flippern und Löcher in den Jeans haben. Flippi: Hallodri. Jemandem einen abflippen: zu stürmisches Petting im Autokino. Usw.

Kombine Aus dem Russischen übernommenes englisches Wort, das sowohl englisch (»Kombain«) als auch eingedeutscht ausgesprochen wird und Maschinen bezeichnet, die mehrere Arbeitsgänge gleichzeitig ausführen, wie etwa Mähdrescher oder Kartoffelvollerntemaschinen. So spricht man von einer Kartoffelk., einer Rübenk., einer Getreidek., aber auch von einer Braunkohlenk.

Power

(1) Die Frau versucht wenigstens Power über die Bühne zu bringen.
(2) In dem Titel steckt doch Power drin!
▷ Ausstrahlungskraft, Gefühl (1); positive Wertung für etwas, das ganz einfach gefällt (2); *Power* ist mehr als positive Wertung, es enthält einen Verweis auf Überdurchschnittlichkeit und Gefühlsstärke; die ursprüngliche englische Bedeutung ‚Macht', ‚Kraft' ist noch deutlich erhalten geblieben.

Textbeispiel 206.61: wa$_{59}$ aus Hoppe 1985, wa$_{60}$ aus Ahrends 1989 und wa$_{61}$ aus Heinemann 1990

hat ca. 1000* Lemmata nach Heller et al. 1988, 77) zu den Neologismenwörterbüchern rechnen. Allerdings sind in diesem Wörterbuch nicht nur Neologismen als Lemmata angesetzt (bei einer angemessenen Neologismusgrenze von 1945). Das gilt z. B. für **dialektischer Materialismus, Lehrling** und **sozialistisch.**

Alle genannten Neologismenwörterbücher sind in Herberg 1988 und Heller et al. 1988 gründlich beschrieben; zu Kinne/Strube-Edelmann vgl. man auch Wiegand (1988 a, 766 f.).

Nur die beiden Wörterbücher von Heberth und Kinne/Strube-Edelmann können zur wissenschaftlichen Lexikographie gezählt werden. Allerdings ist Heberth eher ein „Rohwörterbuch". Für ein Neologismenwörterbuch muß es als relativ schwerer Mangel gelten, wenn keine Angaben zur Neologismenart gemacht werden. Dies ist nur in Kinne/Strube-Edelmann der Fall. Bei lexikalischen Innovationen nach 1945 (bzw. 1949) wird — nach dem Vorbild des WDG — zwischen Neuwort, Neuprägung und Neubedeutung unterschieden. Lemmazeichen, die bis 1945 allgemein gebräuchlich waren, danach aber nur noch in der SBZ bzw. später in der DDR, erhalten die Angabe „*schon vor 1945*"; solche, die bis 1933 nur im Umkreis der KPD geläufig waren, und nach 1945 nur in der SBZ bzw. später in der DDR weite Verbreitung fanden, erhalten die Angabe „*schon vor 1933*" (vgl. Vorwort, 9). Beispiele sind:

Gestaltungsproduktion [...]/Neuprägung/
Grundorganisation [...]/Schon vor 1933/
Hausgemeinschaft [...]/Neubedeutung/
Nationalpreis [...]/Schon vor 1945/
Subbotnik [...]/Neuwort nach russ. Vorbild/

Ein Artikel aus Kinne/Strube-Edelmann 1981 ist wa$_{62}$ (vgl. Textbeispiel 206.62):

Wie wa$_{62}$, so enthalten auch alle anderen Artikel keine Belegbeispielangaben. Das ist

Hausbuch, das / Neubedeutung nach russ. Vorbild / : Heft mit Personalangaben über alle ständigen und zeitweiligen Bewohner eines Hauses. * Das H. registriert alle An- und Abmeldungen von Dauerbewohnern sowie den mehrtägigen Aufenthalt von Gästen. Alle diesbezügl. Eintragungen sind dem zuständigen Polizeirevier mitzuteilen. Ein H. (standardisierter Vordruck) muß in jedem Haus geführt werden. Zuständig ist der jeweilige Hausverwalter od. -besitzer od. der →Hausvertrauensmann. ** Neben der hier angegebenen Neubedeutung ist H. auch in der üblichen Bedeutung in der DDR weiterhin gebräuchlich.

Textbeispiel 206.62: wa$_{62}$ aus Kinne/Strube-Edelmann 1981

gerade für ein Neologismenwörterbuch eine empfindliche Lücke im Mikrostrukturenprogramm. Besonders wünschenswert in einem Neologismenwörterbuch sind Angaben von Frühbelegen. Hinweise auf solche finden sich nur in Heberth 1977/1982. Das einzige deutsche Neologismenwörterbuch, das selbst ausdrücklich keinen wissenschaftlichen Anspruch erhebt, aber in fast jedem Artikel eine Belegstellenangabe enthält, ist Probst 1989 (vgl. Textbeispiel 206.63).

Die meisten Beispiele stammen aus Wochen- und Tageszeitungen; im Unterschied zu wa$_{63}$ haben viele Belegstellenangaben als Teilangabe sogar eine Seitenangabe.

hardliner *(haadleiner)*
Befürworter eines harten (politischen) Kurses

»Niemand, auch kein Hardliner, nährt die Illusion, die Vietnamesen auf dem Schlachtfeld zu besiegen.«
(SPIEGEL 11/85, über den Krieg zwischen Vietnam und Kambodscha)

Unterscheidet sich nicht wesentlich vom Scharfmacher. In poetisch-heroischer Überhöhung auch als »Falke« apostrophiert.

Textbeispiel 206.63: wa$_{63}$ aus Probst 1989

Die für die DDR spezifische Lexik ist bisher in Spezialwörterbüchern nur aus bundesdeutscher Sicht lexikographisch bearbeitet worden. Auch das wird einer der Gründe gewesen sein, warum am Zentralinstitut für Sprachwissenschaft unter der Leitung von Dieter Herberg das erste größere Neologismenwörterbuch geplant wird. Der Wörterbuchplan ist in Heller et al. (1988, 79 ff.) publiziert. Bis auf den Abschnitt über die Bedeutungserklärungen (Heller et al. 1988, 103), der nicht dem neueren Forschungsstand entspricht (vgl. Art. 44), ist der Plan umsichtig. In einem Neologismenwörterbuch reichen bei manchen Lemmazeichentypen Bedeutungsangaben herkömmlicher Art nicht aus. Mit gutem Grund haben daher Kinne/Strube-Edelmann enzyklopädische Angaben vorgesehen. In wa$_{62}$ findet man eine solche Angabe hinter dem einfachen Stern. Aus ihr kann der Benutzer-in-actu Informationen zu derjenigen Sache erschließen, auf die mit *Hausbuch* usuell Bezug genommen wird, sowie Informationen zu Ausschnitten des gesellschaftlichen Kontextes, in der diese Sache ihren Zweck erfüllt. Wer die Informationen, welche aus der enzyklopädischen Angabe erschließbar sind, nicht hat, kann nicht alle usuellen Texte für *Hausbuch* verstehen. Denn die Bedeutungsangabe (vor dem einfachen Stern) vermittelt ein semantisches Wissen, das nicht ausreicht, weil das Textverstehen nicht nur bedeutungswissensbasiert ist. Inzwischen dürften enzyklopädische Angaben, ohne daß sie ihrem Verfasser politische Schwierigkeiten bereiten, möglich sein. Es sollte hier also erneut nachgedacht werden, und zwar gleich auch darüber, ob das schöne Projekt nicht zu einem „gesamtdeutschen" weiterentwickelt werden kann.

Eine germanistische Neologismenlexikographie von wissenschaftlichem Rang wird sich als Verlagslexikographie in Kürze wohl kaum entwickeln. Sie ist aber notwendig, und zwar u. a. auch deswegen, weil ihre Ergebnisse im lexikographischen Gesamtprozeß, der zu zweisprachigen Wörterbüchern mit Deutsch führt, dringend benötigt werden.

2.4.2. Hinweise auf weitere Spezialwörterbücher zu markierten Lemmata

Die Wörterbücher, welche die regional gebundene Lexik überregional erfassen, nämlich Seibicke 1983 und Kretschmer 1969, sind im Art. 117 behandelt. — Neben dem DFW, das nach 1945 fertiggestellt wurde, sind nach 1945 zahlreiche neue

Fremdwörterbücher erschienen. Die wichtigsten sind: Ahlheim 1970, Duden-5, Dultz 1965, GFW, Herders-⁴FW, Kienle 1965, Knaurs-FL, Mackensen-NFL, Peltzer 1971 und Wahrig-FWL. Manche kleinere Fremdwörterbücher sind mit allgemeinen einsprachigen zu einem Buch gebunden: z. B. DWFL 1988, Mackensen/Hollander 1989 und Strub 1981. Auch in das Sprachenhausbuch ist ein Fremdwörterbuch eingebunden (S. 281—583). Weiterhin gibt es zahlreiche kleinere Fremdwörterbücher: z. B. Drosdowski 1975; Engel/Mackensen 1955; kl. Duden-FWB; Hellwig-HMF; kl. FWB 1974; Lux 1969; Leisering 1988; darunter sind auch mehrere ohne Autor (in unbekannten Verlagen), z. B.: FSB 1977. Ein Übergangstyp zwischen einem Fachwörterbuch für den Laien und einem Fremdwörterbuch ist Mackensen-FtG. Als einzelsprachenspezifisches Fremdwörterbuch (oder Lehnwörterbuch) kann Neske 1972 eingestuft werden; man kann dieses Wörterbuch jedoch auch zu den etymologischen zählen (vgl. 2.6.2.). Meyer 1988 setzt „deutsche" Wörter als Lemmata an und ordnet Fremdwörter zu, ist also so gearbeitet wie der 1. Teil von Dultz 1965 (vgl. S. 13—218). In manchen Fremdwörterbüchern ist der Anhang ein kleines Zitatenwörterbuch fremdsprachlicher Zitate, z. B. in Hollander 1989 und 1990 und Hollander-FL (die drei Wörterbücher von Hollander sind weitgehend identisch); in anderen findet sich im Nachspann ein kleines Abkürzungswörterbuch, z. B. in Peltzer 1971 und Küpper-FW. Die Fremdwörterbücher werden in Art. 118 behandelt. — Das einzige Schlagwörterbuch, das nach 1944 entstanden ist und sich auf die deutsche Gegenwartssprache bezieht, ist Nunn 1974 (vgl. dazu Art. 123). — Berning 1964 und Brackmann/Birkenhauer 1988 sind zwar keine Wörterbücher zum gegenwärtigen Standarddeutsch, aber nützlich bei der Interpretation rechtsradikaler Texte der Gegenwart, in denen Teile des Nazideutschen fortleben. Nur ein Teil der deutschen Schimpfwörterbücher (die in Art. 121 behandelt werden) bezieht sich auf die Standardsprache, z. B. Schnitzler/Hirte 1977 und der 4. Bd. von Küpper-WdU zum Teil. Nur ein Teil der in Bornemann 1974 und Hunold 1972 erfaßten Lexik gehört zur Standardsprache; zu diesen Wörterbüchern des sexuellen Wortschatzes vgl. man Art. 122. Schließlich sei noch auf die Wörterbücher der Sprachschwierigkeiten hingewiesen; die wichtigsten sind: Duden-9 und Dückert/Kempcke 1986 (vgl. Art. 125). Zu den Wörterbüchern von Küpper vgl. man unten 3.2. Brisante Wörter 1989 wird in Art. 124 behandelt.

2.5. Hinweise auf Wörterbücher zu weiteren Lemmatypen

In Kap. X werden Wörterbücher zu verschiedenen Lemmatypen betrachtet. Neben den in Artikel 135 behandelten Abkürzungswörterbüchern — wie z. B. Koblischke 1980, Koblischke-K 1990, Schubert 1978 und Werlin 1987 — und neben den Wörterbüchern der Berufs-, Tier- und Pflanzenbezeichnungen (vgl. Art. 132 u. 133) werden auch Wörterbücher der Wortbildungsmittel (vgl. Art. 128), wozu man auch Augst 1975 rechnen kann, und Onomatopöienwörterbücher, wie z. B. Havlik 1981 (vgl. Art. 131) sowie Flexionswörterbücher behandelt.

Für die vertiefte lexikographische Erschließung der deutschen Standardsprache der Gegenwart sind besonders die neueren wortartenbezogenen Wörterbücher wichtig (vgl. Art. 127). Neben den Valenzwörterbüchern (vgl. 2.2.1. u. Art. 94) sind folgende Wörterbücher von besonderem Interesse:

Ballmer/Brennenstuhl 1986, Buscha 1989, Grimm 1987, Helbig 1988, Mater-DV 1966—1972 und Schröder 1986.

Die Wörterbücher von Buscha, Grimm, Helbig und Schröder sind kleine „lexikographische Perlen"; nicht nur in der Hand des Sprachlehrers sind

zumal (da)

kausal

Die subordinierende Konjunktion *zumal (da)* kommt als einfache Konjunktion *zumal* oder (seltener) als zusammengesetzte Konjunktion *zumal da* vor. Sie hat kausale Bedeutung. Mit ihr wird zusätzlich zu einem im Kontext — gewöhnlich implizit — enthaltenen Grund für den Sachverhalt im HS ein zweiter Grund angefügt, der als ausschlaggebend angesehen wird. *zumal (da)* ist stilistisch leicht gehoben. Der NS ist immer Nachsatz.

> Er gewann immer mehr Vorsprung, zumal (da) die Kräfte seines Verfolgers offensichtlich nachließen.
> Er stellte sich nahe der bewunderten Frau auf, zumal er niemanden anderen kannte ...
> (R. Musil)
> Die kleine Person hatte von Anfang an Eindruck auf ihn gemacht, zumal da er ... ihre gesellschaftliche Stellung überschätzte.
> (R. Musil)

Die Konjunktion *zumal (da)* steht zu den mit *besonders, vor allem* u. ä. erweiterten Konjunktionen *da* und *weil* und zu den zusammengesetzten Konjunktionen *um so mehr als* und *um so weniger als* in einem synonymischen Verhältnis.

zu'mal[1] ⟨Konj.⟩ *vor allem da, besonders weil, um so mehr als;* er hat immer eine etwas belegte Stimme, ~ wenn er lange geredet hat; ich muß jetzt lernen, ~ ich in letzter Zeit viel versäumt habe [< mhd. *ze male* „in dem Zeitpunkt", auch „in demselben Zeitpunkt, zugleich"; → *Mal*]

Textbeispiel 206.64: wa$_{64}$ (um 15 % verkleinert) aus Buscha 1989 und wa$_{65}$ aus BW; HS, NS in wa$_{64}$ sind Abkürzungen für Haupt- und Nebensatz.

DIE WICHTIGSTEN WÖRTERBÜCHER ZUR DEUTSCHEN STANDARDSPRACHE DER GEGENWART (1945–1990)

Wb.-Typen / Ersch.-jahr	ALLGEMEINE EINSPRACHIGE WÖRTERBÜCHER	SPEZIALWÖRTERBÜCHER — Syntagmatische Spezialwörterbücher			SPEZIALWÖRTERBÜCHER — Paradigmatische Spezialwörterbücher		Spezialwörterbücher zu markierten Lemmata		Spezialwörterbücher zu anderen Lemmatypen	Spezialwörterbücher mit bestimmten Informationstypen und Grundwortschatzwörterbücher		
		Valenzwörterbücher	Phraseologische Wörterbücher	andere Wb. (Zitatenwb., Sprichwb., Satzwb., Anekdotenwb., Stilwb.)	Synonymen- und Antonymenwörterbücher	andere Wb. (Bildwb., rückläufige Wb., Reimwb., Wortfamilienwb., Homophonenwb., Umkehrwb.)	Neologismenwörterbücher	andere Wb. (Fremdwb., Schimpfwb., Schlagwb., Wb. der Sprechsprache, Wb. des sexuellen Wortschatzes, Wb. der schweren Wörter, Wb. der Sprachschwierigkeiten)	(Wortklassenbezogene Wb., Wb. der Wortbildungsmittel, Abkürzungswb., Wb. der Berufsbezeichnungen, Wb. der Tier- und Pflanzenbezeichnungen, Onomatopöienwb., Flexionswb.)	Rechtschreibwörterbücher	Etymologische Wörterbücher	andere Wb. (Aussprachewb., Frequenzwb., „humoristische" Wb.) / Grundwortschatzwb.
	1	2	3	4	5	6	7	8	9	10	11	12
1945												
1946										DW-R 1946		
1947	Sprach-Brockhaus 1947									Duden-[13]1		
1948	Sprach-Brockhaus 1948									Basler[1]	Kluge[14]; Wasserzieher[11]	
1949	Sprach-Brockhaus 1949; Brenner-[1]DW									Wiechmann[1]		
1950					Oesch[15]				Kienle[1]			
1951	Brenner-[2]DW									GD[14]	Kluge[15] (Kluge/Götze)	
1952	Mackensen-[1]NDW		Raab[1]						Göttling/Spillner 1952 [135]		Birnbaum 1952; Wasserzieher[13]	
1953	Pekrun-[2]DW; Mackensen-[3]NDW			Farrell[1]		Harbeck 1953 [111]				Basler 1953; Gottschald 1953		
1954	Matthias/Frenzel-[9]NDW			Borchardt-Wustmann-Schoppe 1954	Dornseiff[4]			Klien[1] [118]		Duden-[14]1; Mackensen-DRS		
1955	Langenscheidts-[1 u. 2]DW			Peltzer[1]	Textor[1]			Engel/Mackensen 1955; (Küpper-WdU, Bd. 1)				
1956	Sprach-Brockhaus[7]				Mackensen-ABC	Harbeck[2] [111]				Mackensen-ABC; Peters 1956		
1957	Langenscheidts-[3]DW				Dostal[1]					GD[15]	Kluge[17] (Kluge/Mitzka)	Siebs 1969[16] [141]
1958	Pekrun-[3]DW					Duden-[2]3		Textor-[1]FL				
1959									Kemper/Kemper 1959 [133]	Jansen/Mackensen 1959		Wasserzieher[14]
1960	Herders Sprachbuch 1960		Krüger-Lorenzen		Bauer[1]			Duden-[1]5		Basler[14]	Kluge[18] (Kluge/Mitzka)	
1961	Mackensen-[3]DW; Mackensen-[3 u. 4]TW; WDG, 1. Bd.[1]; Langenscheidts-[4]DW	Griesbach/Schulz[1]; Krack[1]; Weber[1]								Duden-[15]1; RDS 1961		
1962	Sprach-Brockhaus[7]; Mackensen-[4]DW				WW[1]			Kapeller 1962 [121]		Meier 1962		Duden-[1]6
1963	Langenscheidts-[5]DW				Duden-[5]2	Arsen'eva et al. 1963	Steputat/Schiller 1963		(Küpper-WdU, Bd. 1[3]); (Küpper-WdU, Bd. 2)	Wissmann 1963 (1. Lief.) [133]	Kluge[19] (Kluge/Mitzka); Duden-[1]7	Wängler 1963 [143]
1964	Pekrun-[1]NDW		Raab[2]		Duden-8 a			Klien 1964 [118]; Berning 1964; Kapeller[3] [118]; (Küpper-WdU, Bd. 3)				Krech et al. 1964 [141]; Meier 1964 [143]

Ersch.-jahr	1	2	3	4	5	6	7	8	9	10	11	12
1965	Herders Sprachbuch[4]			Puntsch[1] 1965 [98]	Slaby[1]	Mater[1]		Dultz 1965; Kienle 1965; Duden-[1]9; (Küpper-WdU, Bd. 3[2])		Meier 1965		Ibel 1965
1966	Langenscheidts-[6]DW; Wahrig-[1]DW		Friederich[1]; Krüger-Lorenzen	Becker 1966	Dostal[3]	Peltzer[1]		(Küpper-WdU, 4. Bd.); (Küpper-WdU, Bd. 2[2]); (Küpper-WdU, Bd. 4)	Mater-DV, 1. Bd.; Grun 1966 [135]	GD[16]		Oehler[1] [148]
1967	Busse/Pekrun 1967; Mackensen-[5]DW; Pekrun-[10]DW; WDG, 2. Bd.[1]				Wehrle/Eggers[13]			(Küpper-WdU, Bd. 5)	Spillner 1967 [135]		Kluge[20] (Kluge/Mitzka)	Meier[2] [143]; Tappert 1967
1968	Wahrig-[2]DW			Dobel 1968 [98]; Ermann 1968 [98]; Hauschka 1968 [98]; Schiff 1968 [98]	Müller 1968; Slaby[2]			(Küpper-[1]HWDA)	Wissmann 1968 (6. Lief.) [133]	Duden-[16]1		
1969	Ullstein-LdS; WDG, 3. Bd.[1]	Helbig/Schenkel[1]		Dühmer 1969 [98]; Mattutat [99]		Harbeck[3] [111]		Kretschmer[2]; Borneman[1]; Lux 1969		Mentrup[1]		Krech et al.[2] [141]; Siebs[19] [141]; Wohlgemuth-Berglund 1969 [148]; Friederich 1969 [148]; Mattutat 1969 [148]
1970	Duden-[1]10; Mackensen-[6]DW; Mackensen-[5]TW		Dittrich[1]; Frey et al.[1]	Duden-[6]2; Meyer-Pfaller[1]	Dornseiff[7]	Olsen 1970 [111]; Ahlheim 1970	Hellwig[1]	Ahlheim 1970; (Küpper-WdU, Bd. 6); Hellwig-HMF				Pfeffer 1970 [148]; Lembke 1970
1971				Schmidt 1971 [98]	Farrell[2]	Mentrup 1971 [110]		(Küpper-dtv); Peltzer 1971; Mackensen-NFL	Werlin[1]			
1972	Herders Sprachbuch[8]; Mackensen-[7]DW	Helbig/Schenkel[2]	Gööck o. J. [?]	Dobel 1972 [98]	Duden-[1]8; Meldau 1972	Rosengren 1972 (1. Bd.) [112]		Duden-[2]9; Seibicke[1]; Hunold 1972	Spillner 1970—72 [135]; Strutz 1972 [142]			Rosengren 1972 (1. Bd.) [112]; Strutz 1972 [142]
1973	Herders Sprachbuch 1973; Pekrun-NDW [?]		Krüger-Lorenzen; Mackensen-[1]ZRS; Röhrich[1]; Sillner[1]		Görner/Kempcke[1]	Meyer/Ehrich[1]; Keller 1973; Müller 1973; Winkler 1973 [107]				Duden-[17]1; Knaurs-[1]RS; Kratschmer/Schmidt[1]		Strich[1] [147]
1974	Heinz/Wolter-[1]DW; Witte 1974	Sommerfeldt/Schreiber[1] 1974		Puntsch[6] 1974 [98]; Ronner[3] 1974 [98]				Herders-[4]FW; Wahrig-[1]FWL; kl. FWB 1974; Nunn 1974; Borneman 1974		Mackensen-DRS; Wiechmann 1974	Wasserzieher 1974	Duden-[2]6; Steger 1974 [148]; Weigel 1974
1975	Heinz/Wolter-[2]DW; Splettstößer 1975; Wahrig-[3]DW; Pekrun-[11]DW; WDG, 4. Bd.[1]; Pekrun-NDW 1975 [?]; Mackensen-[8]DW		Dittrich[2]		Bauer 1975	Peltzer 1975; Ortmann 1975 [112]; Rätsel 1975 [107]			Molle 1975 [132]; Augst 1975	Kratschmer/Schmidt 1975	Lokotsch 1975	Ortmann 1975 [112]
1976	Duden-GW, 1. Bd. u. 2. Bd.; WDG, 5. Bd.[1]	Engel/Schumacher[1]	Friederich[2]	Wortig 1976 [98]						GD[17]		
1977	Duden-GW, 3. Bd.; WDG, 6. Bd.[1]	Sommerfeldt/Schreiber 1977; Sommerfeldt/Schreiber[2] 1977		Kirchberger[1] 1977 [98]	Farrell[3]; Müller 1977; Agricola[1]	Duden-[3]3; Rosengren 1977 [112]	Heberth 1977	DFW, 3. Bd.; Knaurs-FL; FSB 1977; Schnitzler/Hirte 1977		WdtR 1977		Rosengren 1972 (2. Bd.) [143]; Zertifikat DaF 1977 [148]
1978	Wahrig-[1]dtv.; Mackensen-[9]DW	Engel/Schumacher[2]		Ronner[1] 1978 [98]	Meldau 1978			DFW, 4. Bd.; (Küpper-[2]HWDA); Hunold 1978	Koblischke[1]; Schubert 1978			Drews 1978

Ersch.-jahr	1	2	3	4	5	6	7	8	9	10	11	12
1979	Wahrig-[2]dtv.; Mackensen-[9]DW (rororo)		Görner[1]; Krüger-Lorenzen[2]; Röhrich[2]	WW[9]	Agricola[2]	Meyer/Ehrich[4]			Werlin[2]; Stepanova 1979 [128]		Wasserzieher-K 1979	
1980	Kraemer 1980; NDW; Wahrig-[4]DW; Pekrun-[12]DW [?]; BW, 1. Bd.; Duden-GW, 5. Bd.; WDG, 1. Bd.[10] u. 5. Bd.[4]	Helbig/Schenkel[5]; Sommerfeldt/Schreiber[2] 1980		Uhlenbruck/Skupy 1980 [98]			Kinne/Strube-Edelmann[1]	GFW[3]	Koblischke 1980; Verzeichnis 1980 [132]	Duden-[18]1; Mackensen-DRS		Kosaras 1980 [148]; Plickat 1980 [148]; Köpf 1980 [147]; Lukoschick 1980; Schieke 1980
1981	Sprach-Brockhaus[8]; Strub 1981; BW, 2. Bd. u. 3. Bd.; WDG, 2. Bd.[7], 3. Bd.[5] u. 4. Bd.[4]; Duden-GW, 6. Bd.		Mackensen-[2]ZRS; Raab[3]; Frey et al.[6]	Bieler 1981 [99]; Böttcher 1981 [98]; Brüllmann 1981 [98]; Eichelberg 1981 [98]; Hellwig 1981 [98]; Kirchberger[2] 1981 [98]; Werner 1981 [98]	Ruoff 1981 [112]	Steputat/Schiller[2]; Neues Großes Rätselwb. 1981 [107]	Kinne/Strube-Edelmann 1981	DFW, 6. Bd.; Strub 1981; Mackensen-FtG	Havlik 1981	Knaurs-[4]RS; Mentrup 1981		Ruoff 1981 [143]
1982	Sprach-Brockhaus 1982 (15. Bd. des GB); Mackensen-[10]DW; BW, 4. Bd.; WDG, 6. Bd.[3]			Frey 1982 [98]; Mieder, 1. Bd. 1982 [97]	Görner/Kempcke; Knaurs-LsW	Niemann/Zeller 1982 [107]; Schiefelbein 1982 [107]	Heberth 1982	Duden-[4]5; (Küpper-ILDUS, Bd. 1)				Krech et al. (Neubearbeitung) [141]; Ochler 1982 [148]; Strich 1982 [147]
1983	Boehncke 1983; DUW 1983; BW, 5. Bd.	Sommerfeldt/Schreiber[3] 1983		Knorr/Witt; Lesser 1983 [98]; Frey 1983 [100]	Bulitta 1983	Mater[4]; Ortmann 1983 u. 1983 a [112]	Hellwig 1983; Constantin[1]	Seibicke 1983; DFW, 6. Bd.; Wahrig-[2]FWL; kl. Duden-FWB 1983; (Küpper-ILDUS, Bd. 2, Bd. 3 u. Bd. 4)	Heuer 1983 [195]	WRB 1983	Knaurs-EL 1983	Boehncke/Stubenrauch 1983; Rittendorf et al. 1983
1984	DWFL 1984; Hübner 1984; HWDG; Sprach-Brockhaus[9]			Brüllmann 1984 [98]	Hübner 1984a; Agricola[5]	Brückner/Sauter 1984		Dückert/Kempcke[1]; DWFL 1984; (Küpper-ILDUS, Bd. 5—8)	Berufsverzeichnis 1984 [132]; Lexikon 1984 [132]			Müller 1984 [147]; Prosinger 1984
1985	Duden-[2]10; Knaurs-GW; Pekrun (Neuaufl. der 12. Aufl.)			Beyer[1]; Mieder, 2. Bd. [97]	Kloosterziel/Löwi 1985	Ortmann 1985 [112]		Duden-[3]9; GFW[5]		GD 1985		Dummdeutsch 1985; Hoppe 1985; Tange 1985 [147]
1986	Kreuzer 1986; Wahrig-[5]DW; Mackensen-[12]DW; Mackensen/Hollander 1986	ViF	Görner[15]	Meyer-Pfaller[2]	Duden-[2]8	Hazuka 1986 [107]	(Ahrends 1986)	Dückert/Kempcke 1986	Ballmer/Brennenstuhl 1986; Schröder 1986		Hiersche 1986ff. (1. u. 2. Lief.)	Kreuzer 1986; Dummdeutsch 1986; Hoppe 1986 u. 1986 a; Kellow/Westkolle 1986
1987	Duden-Ratgeber 1987				Görner/Kempcke-KS			(Küpper-WdU (Pons))	Grimm 1987; Werlin 1987	Duden-[19]1		Flaubert 1987
1988	DWFL 1988; KWDS 1988			Duden-[7]2	Peltzer/Normann[20]	Muthmann 1988; Meyer 1988; Normann 1988 [107]; Peltzer 1988	Constantin 1988	Brackmann/Birkenhauer 1988; DFW, 7. Bd.; DWFL 1988; Meyer 1988; Leisering 1988	Helbig 1988	Binder/Weinmaier 1988	Mackensen-UW; Wittstock/Kauczor 1988	
1989	Fröhlich 1989; DUW 1989; Mackensen/Hollander 1989				Petasch-Molling 1989; Synonyme [?]; Textor 1989; Schemann 1989		Probst 1989; (Ahrends 1989)	Brisante Wörter 1989; Hollander 1989; Hollander-FL; Textor-FL	Buscha 1989		EtyWb 1989; Kluge 1989 (Kluge/Seebold); Duden-[2]7	Röhl 1989
1990			Griesbach/Schulz (Neubearb.)	Bartels 1990; WW[14]	Bauer 1990	Riehme 1990		Duden-[5]5 Hollander 1990	Koblischke-K			

Abb. 206.28: Übersicht zum lexikographischen Gesamtprozeß bei den Wörterbüchern zur deutschen Standardsprache der Gegenwart. In die Tabellenfelder sind entweder die Wörterbuchmarken eingetragen (d. h. die Kürzel, welche im Literaturverzeichnis vor dem Gleichheitszeichen stehen) oder Wörterbuchmarken, die um die Jahreszahl gekürzt sind. Es wurden auch einige Wörterbuchmarken aus den Literaturverzeichnissen der Artikel zu den Wörterbuchtypen eingetragen. In diesem Falle steht die Artikelnummer in eckigen Klammern hinter der Wörterbuchmarke, so daß der vollständige Titel leicht auffindbar ist. Ein Fragezeichen in eckigen Klammern bedeutet, daß die Zeilenzuordnung nicht sicher ist.

sie sehr nützlich, sondern es ist auch zu erwarten, daß sie sich auf den über die Gegenwart hinausreichenden lexikographischen Gesamtprozeß, in dem die deutsche Standardsprache der Gegenwart bearbeitet wird, positiv auswirken; denn wenn die Lexikographen der allgemeinen einsprachigen Wörterbücher diese Spezialwörterbücher systematisch auswerten, werden die Artikel zu den Lemmazeichen, welche nicht zur Nennlexik gehören, an Qualität gewinnen. Es wäre sehr zu begrüßen, wenn diese Serie fortgesetzt würde. Denkbar wäre z. B. u. a. ein Wörterbuch deutscher Satzadverbien (vgl. dazu Wiegand 1982); die Serie könnte auch auf die Nennlexik ausgedehnt werden, wobei kleinere linguistisch bereits näher erforschte Adjektiv-, Verb- oder Substantivbereiche auszugliedern wären (z. B. Wörterbuch deutscher Funktionsverben oder Wörterbuch der sprachhandlungsbezeichnenden Ausdrücke oder Wörterbuch der Dimensionsadjektive).

Daß z. B. Buscha 1989 eine Grundlage sein kann, auf der die Artikel zu den deutschen Konjunktionen in den allgemeinen einsprachigen Wörterbüchern verbessert werden können, zeigt der Vergleich von wa_{64} und wa_{65} im Textbeispiel 206.64.

Man erkennt u. a., daß in wa_{65} die „zusammengesetzte" Konjunktion *zumal da* nicht erwähnt ist, und sie hat auch keinen eigenen Artikel. Auch erfährt man in wa_{65} nicht, daß *zumal* eine subordinierende Konjunktion mit kausaler Bedeutung ist.

Was hier an einem sehr einfachen Artikel gezeigt wurde, gilt erst recht für die umfangreicheren Artikel (z. B. zu *als (ob), denn*). —

In Helbig 1988 wird eine Binnengliederung der Partikel vorgeschlagen, die sich auch für die allgemeinen einsprachigen Wörterbücher gut eignet (vgl. Helbig 1988, 31 ff.). Eine Subklasse bilden die Steigerungspartikeln; in einem der kleinsten Artikel des Wörterbuchs wird *richtig* bearbeitet (vgl. wa_{66}).
Vergleicht man wa_{66} mit den entsprechenden Teilen in den Artikeln zum Lemmazeichen *richtig* in

richtig

richtig (Steigerungspartikel)
1. vor Bezugswort (Adjektiv); unbetont
2. Verstärkt die im Bezugswort ausgedrückte Eigenschaft (= *geradezu, wirklich, sehr, in hohem Maße*) (umgangssprachlich).
3. Der Film war richtig aufregend.
Er war richtig erschrocken.
Wir waren richtig zufrieden mit dem Ergebnis.

Homonym als
Adjektiv:
   der *richtige* Weg, die *richtigen* Zähne (angemessen, echt)

Textbeispiel 206.65: wa_{66} aus Helbig 1988 (um 15 % verkleinert)

den allgemeinen einsprachigen Wörterbüchern, dann erkennt man, daß sie anhand von wa_{66} verbessert werden können. Im BW z. B. wird im sechsten semantischen Subkommentar zu *richtig* — wie an den Kompetenzbeispielangaben zu erkennen ist — die adverbiale Verwendung mit der Verwendung als Steigerungspartikel vermengt (du hast es nicht r i c h t i g gelernt vs es war r i c h t i g nett).

Ein beeindruckender Versuch, einen großen Teil des Verbwortschatzes der deutschen Standardsprache der Gegenwart (ca. 13 000 Verben auf der Basis von Mater-DV 1966—1972) nach einheitlichen Kriterien zu beschreiben, ist Ballmer/Brennenstuhl 1986. Metalexikographische Untersuchungen zu dem Verbwörterbuch (S. 129—411) liegen bisher m. W. nicht vor. Nach herkömmlichen Kategorien ist es onomasiologisch geordnet, und zwar nach Verbmodellen und Verbkategorien. Angesetzt sind 40 Modelle, z. B. Lebensmodell für soziale Gruppen, Passives Wahrnehmungsmodell, Handlungsmodell, Fortbewegungsmodell, Fortpflanzungsmodell und Besuchsmodell. Die Modelle sind zu 11 Modellgruppen geordnet. Das Fortbewegungsmodell besteht (in seiner Grundstruktur) aus den Verbkategorien 'Ruhen', 'Aufbrechen', 'Sich Fortbewegen', 'Eintreffen' und 'Rasten' (vgl. Ballmer/Brennenstuhl 1986, 56 ff.). Eine Verbkategorie ist eine Klasse von Verbschemata, die eine Kategorienbezeichnung haben. Diese Bezeichnung (z. B. *Ruhen jd 1*, vgl. Textbeispiel 206.66) ist dasjenige Verbschema der Klasse, das die Bedeutungsgemeinsamkeit aller Klassenmitglieder am stärksten ausschöpft. Die Verbkategorien, die zu einem Modell gehören, sollen einen ganzen Prozeßablauf in seinen sequentiell und alternativ ablaufenden Teilprozessen erfassen. Die Verbkategorien 'Ruhen' usw. charakterisieren im Fortbewegungsmodell die einzelnen Prozeßphasen. Sie stehen in Voraussetzungs- und Implikationsbeziehungen (nicht logischer Natur), z. B. setzt 'Rasten' 'Eintreffen' voraus und 'Ruhen' ermöglicht erst 'Aufbrechen'. Für Prozeßabläufe, die nicht standardgemäß ablaufen, können weitere Verbkategorien in das Modell integriert werden, z. B. für die Unterbrechung von Bewegungen. Das Textbeispiel 206.66 zeigt die lexikographische Darstellung der beiden ersten Verbkategorien im Fortbewegungsmodell.

Die Angabe „FB_0^R" ist der sog. Kategorienlabel. FB ist die Abkürzung für den Modellnamen. Der rechte obere Index gibt die Modellphase an; R ist eine Abkürzung für *Ruhepause*. Der rechte untere Index gibt die Subphase der Modellphase oder eine Alternative in derselben Phase an. Eine Phase beginnt immer mit dem Index o. Auf „FB_0^R" folgt in der gleichen Zeile die Kategorienbezeichnung, sodann pro Zeile ein Verbschema. Dieses besteht aus einer Angabe des Verbs oder einer Verbalphrase im Infinitiv und den Angaben zu den Aktanten, die für die gemeinte Verblesart typisch sind. Man kann also aus einer Zeile syntaktische Informationen entnehmen. Zu den Informationen, die das semantisch geordnete Verblexikon seinen Be-

FORTBEWEGUNGSMODELL   FB

FB_0^R Sich Befinden jd 1/etw 1 an ort

sich befinden	jd 1/etw 1 an ort
daliegen	jd 1/etw 1 an ort
dasitzen	jd 1/etw 1 an ort
dastehen	jd 1/etw 1 an ort
hocken	jd 1/etw 1 an ort
liegen	jd 1/etw 1 an ort
schwimmen	jd 1/etw 1 an ort
sein	jd 1/etw 1 an ort
sitzen	jd 1/etw 1 an ort
stehen	jd 1/etw 1 an ort

FB_1^R Ruhen jd 1/etw 1

bereitsein	jd 1/etw 1
bereitstehen	jd 1/etw 1
bereitliegen	jd 1/etw 1
sich nicht bewegen	jd 1/etw 1
daniederliegen	jd 1/etw 1
freistehen	jd 1/etw 1
lehnen	jd 1/etw 1 präp ort
liegen	jd 1/etw 1
ruhen	jd 1/etw 1
sich nicht rühren	jd 1/etw 1
schweben	jd 1/etw 1
sitzen	jd 1/etw 1
stehen	jd 1/etw 1
warten	jd 1/etw 1
weilen	jd 1/etw 1
schwimmen	jd 1/etw 1 auf etw 3
sich aalen	jd 1
an Ort treten	jd 1
auf der Stelle treten	jd 1
aufrechtstehen	jd 1
dasitzen	jd 1
dastehen	jd 1
geradestehen	jd 1
zu Hause sein	jd 1
hocken	jd 1
kauern	jd 1
knien	jd 1
kniestehen	jd 1
stilliegen	jd 1
stillsitzen	jd 1
stillstehen	jd 1
strammstehen	jd 1
gegenüberstehen	jd 1 etw 3
gegenübersitzen	jd 1 jd 3
leerlaufen	etw 1

Textbeispiel 206.66: lexikographische Darstellung von Verbkategorien aus Ballmer/Brennenstuhl 1986

nutzern anbietet, heißt es in den Benutzungshinweisen:
„Dem semantisch geordneten Verblexikon lassen sich folgende Informationen entnehmen:
Ausgehend von einem Verbalausdruck mit einer bestimmten Bedeutung
1. welche anderen Verbalausdrücke sind damit annähernd synonym oder bedeutungsähnlich?
2. welche Art von Prozeß wird ausgedrückt?
   siehe den Kategorienamen (und dessen Paraphrase im Paraphrasenverzeichnis)
3. welche anderen Prozesse gehen voraus oder folgen?
   siehe die Nachbarphasen im Modell
4. welche alternativen Prozesse kommen in derselben Phase vor?
   siehe die Subphasen derselben Modellphase
5. zu welchem größeren semantischen Feld gehört der Prozeß oder die Aktivität, um die es geht?
   siehe den Modellnamen und die Modellgruppe." (Ballmer/Brennenstuhl 1986, 131)

Mit der vorstehenden Charakteristik ist Ballmer/Brennenstuhl 1986 nur sehr grob dargestellt. Es sollte nur dargelegt werden, daß ein Werk vorliegt, das zahlreiche fruchtbare lexikologische und lexikographische Anschlußarbeiten ermöglicht. Sinnvoll benutzbar ist es nur vom Benutzer mit sprachwissenschaftlichen Kenntnissen und bei genauer Kenntnis des lexikologischen Konzeptes, das dem Verbwörterbuch zugrunde liegt.

Wörterbücher zu einem besonderen Lemmatyp sind auch alle Namenwörterbücher. Die Personennamen-, Ortsnamen- und Gewässernamenwörterbücher werden in den Art. 136—138 dargestellt; weitere Typen von Namenwörterbüchern behandelt Art. 139; sie sind in der Übersicht in Abb. 206.28 nicht berücksichtigt.

2.6. Spezialwörterbücher mit bestimmten Informationstypen

Die Spezialwörterbücher, deren genuiner Zweck darin besteht, daß aus ihnen bestimmte Informationen erschlossen werden können, werden im Kap. XII (Art. 140—147) hinsichtlich ihrer typologischen Aspekte behandelt. Nachfolgend wird zunächst auf die Rechtschreibwörterbücher und daraufhin auf die etymologischen Wörterbücher kurz eingegangen, die nach 1945 erschienen sind.

2.6.1. Rechtschreibwörterbücher

Es ist charakteristisch für die Rolle, die Rechtschreibwörterbücher innerhalb des deutschen Sprachgebietes spielen (vgl. Art. 205, 6.), daß es sich bei den ersten Sprachwörterbüchern, welche recht schnell nach dem Ende des Zweiten Weltkrieges erschienen sind, um kleinere Rechtschreibwörterbücher handelt, die entweder Neuauflagen von Kriegsausgaben sind oder sich stark an diese oder ältere Ausgaben anlehnen (vgl.

z. B. DW-R 1946). Auch einen Teil der in 2.1. unter den allgemeinen einsprachigen Wörterbüchern behandelten kleinen Wörterbücher kann man als Wörterbücher betrachten, deren genuiner Zweck darin besteht, überwiegend auf die Orthographie bezogene Suchfragen zu beantworten. Das erste der sog. „amtlichen" Rechtschreibwörterbücher, das nach 1945 erscheint, ist die 13. Aufl. des Duden-1. Dieses Wörterbuch ist — wie Sauer (1988 a, 115) feststellt — „ein Kuriosum"; es ist eine entnazifizierte Version der 12. Aufl. von 1941, die durch Tilgung des nationalsozialistischen Sprachgebrauchs und Ersetzung der dadurch entstandenen freien Druckräume durch passende Ausdrücke entstanden ist; ansonsten wurde nach dem gleichen Stehsatz gedruckt, so daß die beiden Auflagen auch die gleiche Seitenzahl haben (768 S.).

Seit der zweiten Hälfte des 19. Jhs. ist die Geschichte und Gestaltung der Rechtschreibwörterbücher mit der Entwicklung der deutschen Orthographie und den Reformbestrebungen relativ eng verknüpft (vgl. Art. 205, 6. u. z. B. Augst 1987, 86 ff.). Dies setzt sich nach 1945 fort (vgl. Art. 140, 5.). Aufgrund der besonderen Situation im deutschen Sprachgebiet ist die Verflechtung der lexikographischen Prozesse, die zu Rechtschreibwörterbüchern führen, mit den soziokulturellen und bürokratischen Prozessen, von besonderem Interesse. Trotzdem sind erst in der jüngsten Zeit Untersuchungen erschienen, die z. T. auch diesen Bereich zum Gegenstand haben. Man vgl. folgende Arbeiten zum Duden-1 und zum ÖW:

Augst 1987, 1989; Augst/Strunk 1988; Dressler/ Wodak 1983; Drosdowski 1968, 1974 [80], 1985 a; Fröhler 1982; Hatherall 1986; Kühn/Püschel 1982; Möcker 1980; Muhr 1983; Schaeder 1985 a, 1986; Siegl 1986; Wiesinger 1980 und Wollmann 1952.

Aufgrund der Rolle, welche die Beherrschung der deutschen Rechtschreibung bei der Bewertung von Personen und Leistungen (z. T. fälschlicherweise) spielt, bemühen sich viele Deutsche, im Sinne der sog. amtlichen Regeln bzw. ihrer nachträglich vorgenommenen Spezifizierungen richtig zu schreiben. Da diese sog. Regeln, die keine Regeln im Sinne eines sprachwissenschaftlichen Regelbegriffes sind, sondern Vorschriften (vgl. Wiegand 1986 d; andere Auffassung bei Kohrt 1987), z. T. widersprüchlich, z. T. überflüssig und zu einem anderen Teil ungeschickt formuliert und im Wörterbuch umständlich angeordnet sind (vgl. z. B. Standop 1980), kann sie nur jemand behalten, der sich dauernd damit als Fachmann beschäftigt. Auch nur Experten können alle Rechtschreibvorschriften explizit befolgen. Daher können stets Rechtschreibunsicherheiten auftreten, und zwar auch bei geübten Schreibern und nicht nur bei Rechtschreibschwächlingen. Die unnötige Kompliziertheit der Vorschriften zusammen mit der sozialen Kontrolle, die über die orthographischen Fehler ausgeübt wird, führen dazu, daß Rechtschreibwörterbücher sehr große Auflagehöhen erzielen und z. T. Bestseller sind, so daß hohe Gewinne damit erzielt werden. Daher setzte nach 1945 ein Ringen einiger Verlage um das Recht ein, die offizielle Orthographienormen zu verwalten. In diesem Rennen blieb das Bibliographische Institut Sieger (vgl. dazu Augst/Strunk 1988 und Sauer 1988). Daß Rechtschreibwörterbücher viel gekauft werden, zeigt sich auch darin, daß neben dem Duden-1 (der nach 1945 wahrscheinlich in über 10 Mill. Exemplaren verkauft wurde) besonders in der BRD mehrere andere Rechtschreibwörterbücher sich lange auf dem Markt halten konnten und ebenfalls relativ hohe Auflageziffern erzielten, z. B. Mackensen-DRS (seit 1954 in zahlreichen Auflagen und verschiedenen Versionen) und Knaurs-RS (seit 1973; Gesamtaufl.: 181 000). Der lexikographische Gesamtprozeß, welcher zu Rechtschreibwörterbüchern führt, ist sehr eng verflochten. In der BRD verläuft er in bestimmten Rhythmen, und zwar so, daß stets dann, wenn eine neue Duden-1-Auflage erscheint, sehr bald andere Rechtschreibwörterbücher (wie z. B. Wiechmann 1974, WdtR 1977, Meier 1962 u. zahlreiche andere) erscheinen, die z. T. dann in veränderter Form wieder erscheinen, wenn die nächste Duden-1-Auflage erschienen ist, wobei meistens eine Anpassung an den jeweils neuesten Duden-1 vorliegt und stets versichert wird, daß diese Rechtschreibwörterbücher nach den amtlichen (offiziellen) etc.) Regeln verfaßt sind. So heißt es z. B. in Binder/Weinmaier (1988, 5):

„Dieses Wörterbuch ist mit über 100 000 sprachlichen Angaben ein absolut zuverlässiges Nachschlagewerk der modernen deutschen Rechtschreibung. Es wurde nach den offiziellen Regeln der deutschen Rechtschreibung völlig neu erstellt."

Rechnet man die sog. Rechtschreibgrundwortschätze hinzu (vgl. Kühn 1984 a) sowie die versteckten, die in andere Bücher eingebunden sind (vgl. z. B. Mackensen-ABC, Sprachenhausbuch oder Peters 1956), dann sind nach 1945 über 100 Rechtschreibwörterbücher erschienen. In die Übersicht in der Abb. 206.28 konnten nur die wichtigsten in der Spalte 10 aufgenommen werden, sowie solche, die spezielle Typen vertreten, wie z. B. Jansen/Mackensen 1959, Mentrup 1981 und Kratschmer/Schmidt 1975. Eine zusammenhängende historisch-systematische Beschreibung aller deutschen Rechtschreibwörterbücher ist ein Desiderat.

Mit der sog. „Teilung" Deutschlands entwickelten sich auch zwei offizielle Rechtschreibwörterbücher. Die 13. Auflage ist die letzte „gesamtdeutsche". Ab der 14. Auflage gibt es Parallelausgaben (vgl. GD 1985). Die Unterschiede des „West-" und des „Ost-Dudens" sind unter einigen wichtigen Aspekten in Sauer 1988 dargestellt. Da die beiden Wörterbücher in den Ergebnissen der äußeren Selektion — u. a. besonders im Bereich des politisch-sozialen Wortschatzes — voneinander abweichen, entwickelt sich eine wissenschaftliche und nichtwissenschaftliche Literatur, die die Lexikerfassung in den einzelnen Auflagen vergleicht. Man vgl. z. B. Betz 1960; Braun 1981, 1981a und Schubert/Hellmann 1968. Charakteristisch sind etwa Titel wie „'Meinungsfreiheit' und 'Weltreise' fehlen im DDR-Duden" (vgl. Ullmann 1972). Auch in den öffentlichen Medien sind solche Vergleiche beliebt. Für die Zeit vor 1976 ist ein Teil dieser Literatur in Hellmann 1976 dokumentiert; zum Schlagwort „Dudenuntersuchungen" findet man dort 54 Titel (vgl. auch Sauer 1988, 180f., Gutjahr 1988 und Poethe 1978).

Da auch die Schweiz den Duden-1 als offizielles Rechtschreibwörterbuch akzeptiert, gibt es auch Untersuchungen über die schweizerischen Besonderheiten im Lemmabestand, wobei z. T. auch andere deutsche Wörterbücher sowie die österreichischen Besonderheiten berücksichtigt werden. Man vgl. z. B. Fenske 1973, Müller-Marzohl 1961/62, Schubert 1969 u. Steiger 1941. Auch gibt es Rechtschreibwörterbücher, die die schweizerische Lexik besonders berücksichtigen, wie z. B. Meier 1962.

Im Laufe seiner Geschichte hat sich der Rechtschreib-Duden von einem monoinformativen zu einem polyinformativen Wörterbuch entwickelt; das Mikrostrukturenprogramm wurde erweitert, so daß sich viele Angaben finden, die nicht in ein genuines Rechtschreibwörterbuch gehören (vgl. u. a. Sauer 1988, 91 ff. u. August 1987, 89 ff. sowie einige Arbeiten in Augst/Schaeder 1990) Entsprechendes gilt in ähnlicher Weise auch für die größeren anderen Rechtschreibwörterbücher. Diese Entwicklung kann weder durch Eigenschaften der deutschen Sprache, noch mit genuin lexikographischen Notwendigkeiten gerechtfertigt werden. Dafür verantwortlich sind allein ökonomische Erwägungen, die durch Pseudoargumente verschleiert werden. Dies gilt auch für die Erhöhung des Lemmabestandes. Daß z. B. der Duden-^{18}1 — nach August (1987, 111) — ca. 125 000* Lemmata hat, kann durch kein sachliches Argument begründet werden. Insbesondere die drei sog. amtlichen Rechtschreibwörterbücher, der Duden-1, der GD und das ÖW, haben sich zu einem Mischtyp entwickelt, dessen soziale Funktion auch darin besteht, das rudimentäre Sprachbewußtsein von Teilen der nicht-akademischen Bevölkerungsschichten zu bestätigen. Die große Verbreitung der Rechtschreibwörterbücher nach 1945 — so kann zumindest als fruchtbare Forschungshypothese formuliert werden — hat wahrscheinlich erheblich dazu beigetragen, daß eine gehobene Wörterbuchkultur im deutschen Sprachgebiet kaum existiert, weil man sich in breiten Kreisen mit den relativ preiswerten Rechtschreibwörterbüchern begnügt (vgl. Kühn/Püschel 1982). Wörterbuchkritisch betrachtet muß festgestellt werden, daß die gegenwärtigen Rechtschreibwörterbücher für die deutsche Standardsprache der Gegenwart, was die äußere Selektion, das Mikrostrukturenprogramm, die Präsentation der Rechtschreibvorschriften in den Außentexten und insbesondere, was die allgemeine und punktuelle Verzahnung des sog. Regelteils mit dem Wörterverzeichnis angeht, ohne eine hinreichend brauchbare Konzeption sind. In vielen Benutzungssituationen, die Rechtschreibprobleme betreffen, sind sie nicht erfolgreich und schnell benutzbar (vgl. z. B. August 1989). Es bleibt eine dringende Aufgabe der Wörterbuchforschung herauszuarbeiten, daß Rechtschreibwörterbücher eine andere Wörterbuchform haben müssen, wenn sie benutzerfreundlich sein wollen (vgl. hierzu auch die einschlägigen Arbeiten in Augst/Schaeder 1990).

Über die Art und Weise, wie in den beiden Duden-Wörterbüchern die Rechtschreibvorschriften „entwickelt" oder auf neue Fälle angewandt wurden, gehen die Meinungen auseinander. Man vgl. hierzu die in Sauer (1988, 181 ff.) aufgeführten Arbeiten. Die negativen Stimmen überwiegen. Schon 1946 bezeichnete Hermann Hesse den Duden als „Popanz und Gott der eisernen Regeln, der möglichst vollkommenen Normierung", und 1977 nannte Ernst Klett den Duden-1 einen „Perfektions-Terroristen" (vgl. Schaeder 1986,

227). Unabhängig von solchen Meinungen kann exakt nachgewiesen werden, daß die Vorschriften — insgesamt gesehen — zunehmend rigider wurden. Dies bedeutet, daß die Möglichkeiten, einen Rechtschreibfehler zu machen, — insgesamt gesehen — gestiegen sind. Dies wiederum heißt, daß — bei gleichbleibender sozialer Bewertung der Orthographiebeherrschung — die Zahl derjenigen wächst, bei denen ein Nachschlagebedürfnis entsteht, und dies bedeutet, daß der Absatz der Rechtschreibwörterbücher steigt. Was die Rechtschreibung angeht, sind die Deutschen Wörterbuchuntertanen. Sie sollten sich von diesem unwürdigen Zustand befreien und in Rechtschreibfragen mündige Bürger werden. Die Aussichten hierfür sind derzeit freilich nicht besonders günstig, weil es bei den Kultusministern durchweg an Sachverstand, Handlungsfähigkeit, Würde und Mut fehlt.

2.6.2. Etymologische Wörterbücher

Welche von den Wörterbüchern zur deutschen Standardsprache der Gegenwart, die nach 1945 erschienen sind, zu den etymologischen gerechnet werden sollen, ist nicht von vornherein klar. Konsens dürfte darüber bestehen, daß folgende Wörterbücher dazu gehören:
Birnbaum 1952; Duden-7; EtyWb 1989; Hiersche 1986 ff.; Kluge 1989 (1. Aufl. 1883; 14. Aufl. 1948); Knaurs-EL; Mackensen-ABC (253—491); Lokotsch 1975; Mackensen-UW; Walshe 1952; Wasserzieher 1974 (1. Aufl. 1918) und Wasserzieher-K 1979.

Ob z. B. Dornseiff 1950, Neske 1972, Osman 1982, Richter 1981, Telling 1988 und Wittstock/Kauczor 1988 zu den etymologischen Wörterbüchern gehören, ist bereits weniger klar. Diese Wörterbücher könnte man auch als Lehnwörterbücher betrachten oder als einzelsprachenspezifische Fremdwörterbücher (vgl. Art. 118). In der älteren Literatur heißen sie auch Einflußwörterbücher. Auf Probleme der Typologiebildung wird hier nicht weiter eingegangen (vgl. dazu Art. 144; Wiegand 1984, 569—577).
Die Entscheidung darüber, welche Wörterbücher zu den etymologischen zählen sollen, hängt vor allem davon ab, was unter Etymologie verstanden wird; hierzu sind die Auffassungen bis heute unterschiedlich (vgl. Wiegand 1984, 570 ff.). Im folgenden werden einige der genannten Wörterbücher kurz betrachtet.

Bis zur 11., von Götze betreuten Aufl. von 1934 war das „Etymologische Wörterbuch der deutschen Sprache" das beste etymologische Wörterbuch einer modernen Informantensprache. Als 1948 die (relativ zur 11. Aufl.) unveränderte 14. Aufl. erschien, war sie nicht mehr auf dem Stand der etymologischen Forschung; das änderte sich nicht bis zur 21. Aufl. von 1975 (vgl. Seebold 1982, 218 f.). Der „Kluge" war von Anfang an eine alphabetische Sammlung vorgebrachter Etymologien und keine systematische Etymologisierung der Lexik des Deutschen. Die Ergebnisse der äußeren Selektion waren ausschließlich forschungsabhängig und dadurch vor allem auf den Erbwortschatz bezogen (vgl. Art. 129, 2.); außerdem fanden sich beliebige Lemmata aus verschiedenen Bereichen der peripheren Lexik.

Zur Geschichte des Kluge bis zur 21. Aufl. von 1975 vgl. man Objartel 1983. Dort sind auch wesentliche Rezensionen aufgelistet; zu den Selektionsmethoden vgl. man auch Seebold (1987, 159 f.) und Wiegand (1984, 572 f.). Weitere Literatur zu den etymologischen Wörterbüchern findet sich in Wiegand 1988 d.

Die 22. Aufl. von 1989 wurde (unter Mithilfe von Bürgisser und Gregor) von Seebold völlig neu bearbeitet. Der Vorspann enthält — neben dem Vorwort und den Benutzungshinweisen — eine Einführung in die Terminologie, zu der es ein alphabetisches Register gibt, ein Kap. zur Transkription sowie Abkürzungs- und Literaturverzeichnis. Geplant ist ein Zusatzband mit Registern und Auswertungen der Angaben. Die Neubearbeitung ist „ein völlig neues Buch, insofern als der Lemma-Bestand grundlegend systematisiert worden ist und alle Artikel nach einem festen Schema aufgebaut und neu geschrieben sind" (Seebold 1990, 311). Die sog. Systematisierung des Lemmabestandes besteht vor allem darin, daß der standardsprachliche Fremdwortschatz neu erarbeitet wurde und die größten Ungleichmäßigkeiten bei der Selektion im peripheren Lexikbereich ausgeglichen wurden. Einige Selektionskriterien werden nur verständlich, wenn man berücksichtigt, daß die Neubearbeitung des Kluge mit der des Wörterbuches von H. Paul abgestimmt wurde. Zu letzteren vergleiche man: Henne/Objartel 1988 und Kämper-Jensen 1990 u. 1990 a. Nach dem Schutzumschlag hat die Neubearbeitung ca. 14 000* Lemmata. Neuere Forschungen wurden eingearbeitet, ohne daß bei den Literaturangaben Vollständigkeit angestrebt wurde. Ungesichertes wurde häufig gestrichen. Teilweise ist man hier relativ weit gegangen. Als Adressatenkreise gelten nach wie vor der Fachmann und der gebildete Laie. Entsprechend ist der Wörterbuchstil gehalten. Die Artikeltexte sind meistens nur schwach verdichtet und z. T. durchgehend lesbar; letzteres gilt auf jeden Fall für den, der gewohnt ist, wissenschaftliche Abhandlungen zu lesen. Der Standardisierungsgrad ist so gewählt, daß genügend Formulierungsspielraum gegeben ist, um Besonderheiten zu berücksichtigen (vgl. z. B. 2e), XIII). Als Lemmazeichentypen werden unterschieden: Erbwörter aus älterer Zeit, solche aus jüngerer Zeit und Entlehnungen. Dies entspricht z. T. den Vorschlägen in Wiegand (1984, 577). Ein neuer Artikel zu einem Lemmazeichen, welches zum letzten Typ gehört, findet sich im Textbeispiel 206.67.

flambieren *swV.* 'mit Alkohol übergießen und anzünden'. Entlehnt aus gleichbedeutend frz. *flamber*, einer Ableitung von frz. *flambe* 'Flamme', dieses aus l. *flammula* 'Flämmchen', einem Diminutivum zu l. *flamma* 'Flamme, Feuer', über *flagma* zu l. *flagrāre* 'flammen, lodern, brennen'. Aus dem adjektivischen PPräs. l. *flagrāns* 'flammend, erregt' d. *flagrant*.
Etymologisch verwandt: s. *Flamme*.

Textbeispiel 206.67: wa$_{67}$ aus Kluge 1989

Unter der Überschrift „Aufbau der einzelnen Lemmata" (XII) wird die Artikelstruktur (ziemlich ungenau) erklärt. Nach dem Mikrostrukturenprogramm für Entlehnungen (unter 4., XIII) müßte in wa$_{67}$ die „Zeit der Entlehnung" angegeben sein. Da darüber nichts mitgeteilt wird, weiß man nicht, was das Fehlen besagt. Hier hätte z. B. in den Benutzungshinweisen stehen müssen: Fehlt eine hier genannte Angabe im Artikeltext, dann konnte sie aufgrund der Beleg- und/oder Forschungslage nicht formuliert werden. Ein Teil eines „Lemmas" (vgl. zu brauchbaren Auffassungen vom Lemma Art. 37) ist der „Verweisteil", der — wenn vorhanden — den Schluß eines Wörterbuchartikels bildet. Über diesen heißt es u. a.:
„b) Mit *vgl.* wird auf semantisch oder sachlich zugehörige Einträge verwiesen; mit *s.* auf etymologisch zugehörige. Ein (+) weist darauf hin, daß unter dem betreffenden Lemma weitere Verweise zu finden sind." (Kluge 1989, XIII).
Im letzten Zitat wird entweder *Lemma* anders verwendet als in der gerade wiedergegebenen Überschrift zu den Benutzungshinweisen, denn nach dem dortigen Gebrauch müßte es heißen *in dem betreffenden Lemma*, oder aber man muß annehmen, die Zeile „Etymologisch verwandt: *s. Flamme*" in wa$_{67}$ steht tatsächlich „unter dem Lemma" (i. S. v. *hinter dem Artikel*), was heißt, daß sie nicht zu wa$_{67}$ gehört, sondern als Einschub in das Wörterverzeichnis zu gelten hat! Sieht man s. v. *Flamme* nach, findet man: „Etymologisch verwandt: *flambieren, flimmern*" (S. 218). Offenbar fehlt hier das „s." direkt vor *flambieren*. Außerdem müßte wohl hinter *Flamme* in wa$_{67}$ die Angabe „(+)" stehen. Geht man weiter zum Lemma **flimmern,** findet man zwar eine Verweisangabe, nämlich „(s. d.)" i. S. v. *siehe dort;* diese erfüllt gut ihren Zweck, steht aber nicht im Verweisteil, was in den Hinweisen zur Benutzung nicht erklärt ist. Überprüft man, ob *Diminutivum* aus wa$_{67}$ im Register zur „Einführung in die Terminologie" steht, findet man *Diminutiv;* s. v. *flimmern* wird *lautmalerisch* verwendet; im Register findet man nur *Lautmalerei.* Obwohl sich zu den kleinen Schönheitsfehlern des aufgezeigten Typs weitere andere Typen gesellen, ist insgesamt der Kluge 1989 handwerklich relativ solide gearbeitet, und der Standard, den das Werk in der 11. Aufl. inhaltlich hatte, ist nicht nur wieder hergestellt, sondern bes. durch Ergänzungen im Lemmabestand verbessert worden.

Noch zu Beginn des 20. Jhs. soll etymologisches Bildungswissen zur Herausbildung einer nationalen Identität und eines deutschen historischen Bewußtseins beitragen (vgl. Art. 205, 5.). Deutlich und mit nationalem Pathos ausgesprochen wird das in den Außentexten der frühen Auflagen des „Ableitenden Wörterbuchs der deutschen Sprache" von Ernst Wasserzieher, einem Schüler Kluges. Der „Wasserzieher" war seit seinem ersten Erscheinen 1918 ein ausgesprochenes Erfolgsbuch (Auflagenhöhe 189 000 in der 18. Aufl. von 1974).

Die erste Auflage, die nach 1945 erschien, nämlich die 11. Auflage von 1948, „stellt einen im wesentlichen unveränderten Nachdruck der vorhergehenden dar" (Vorwort, 10). Ab der 13. Aufl. von 1952 wurde das Wörterbuch von Werner Betz betreut. Aufgrund seiner besonderen Anlage und insbesondere wegen des einleitenden Teils „Gliederung des Wortschatzes" (S. 23—104 in der 18. Aufl.) ist dieses Werk auch heute noch — z. B. zur Vorbereitung von Unterrichtsstunden — gut benutzbar. Eine Frage wie z. B.: Welche Wörter gehören zum Erbgut? beantwortet — ohne daß man das gesamte Wörterbuch durcharbeiten muß — bis heute nur der Wasserzieher. Sein Wörterverzeichnis ist inzwischen allerdings — vor allem durch die drei neuen, 1989 erschienenen etymologischen Wörterbücher (Kluge 1989, Duden-7 und EtyWb 1989) — in vielen Artikeln überholt. Der „kleine Wasserzieher" (Wasserzieher-K 1979) ist eine mißglückte Lizenzausgabe der 18., von Betz bearb. Aufl. von 1974, in welcher der Teil, der für das Wörterbuch charakteristisch war, weggelassen wurde!

Schon in seiner 1. Aufl. von 1963 war der Duden-7 ein gelungenes etymologisches

Wörterbuch vom „benutzerfreundlichen Typ" (i. S. v. Seebold 1983, 263 ff.), welches hinsichtlich der äußeren Auswahl als relativ ausgewogen gelten konnte (vgl. Wiegand 1984, 573 u. Seebold 1987, 160) und dessen Gebrauchswert für den Laienbenutzer daher höher lag als der des Kluge (vgl. Hoffmann 1978). Daß die Etymologien des Duden „ganz unselbständig sind" (Seebold 1987, 160) ist für den Spezialisten von Interesse, interessiert jedoch den Laien nicht. Wichtig ist für diesen, daß sie zuverlässig sind.

Nach Hoffmann (1978, 33) hat der Duden-1[7] ca. 7310* Lemmata. Hinzu kommen jedoch ca. 8770* gesperrt gedruckte Ableitungen und Komposita (vgl. in wa$_{68}$ Kandidatur, kandidieren, Heiratskandidat, Todeskandidat) sowie ca. 3820* bearbeitete Ausdrücke, die nicht alphabetisch eingeordnet sind, sondern auf die über eine eigene Zugriffsstruktur, ein alphabetisches Register im Nachspann, direkt zugegriffen werden kann. Im Duden-1[7] sind mithin ca. 16 000* Ausdrücke bearbeitet. Im Duden-2[7] von 1989 finden sich — nach dem Vorwort — ca. 8000* Artikel, in denen ca. 20 000* Ausdrücke bearbeitet sind. Das Register im Nachspann wurde im Duden-2[7] in die Hauptzugriffsstruktur eingearbeitet, so daß sich nun zahlreiche Verweislemmata finden (z. B. **Heiratskandidat** ↑ Kandidat u. **Todeskandidat** ↑ Kandidat). In der 1. Aufl. stehen *Heiratskandidat* und

> **Kandidat** *m* „[Amts]bewerber; Anwärter": Das seit dem 16. Jh. bezeugte FW geht auf gleichbed. *lat.* candidātus zurück, das eigtl. ein von *lat.* candidus „glänzend, weiß" abgeleitetes Adjektiv mit der Bed. „weiß gekleidet" ist. Substantiviert bezeichnete es den Amtsbewerber, der sich dem Volk in der ‚toga candida', in der glänzend weißen Toga vorzustellen pflegte. Formal zugrunde liegt das *lat.* Verb candēre „glänzen, schimmern, hellglühen" — dazu auch *lat.* candēla „Kerze", candēlābrum „Leuchter" (s. Kandelaber) —, dessen *idg.* Zusammenhänge nicht gesichert sind. Abl.: Kandidatur *w* „Bewerbung um ein [polit.] Amt" (19. Jh.; nach *frz.* candidature); kandidieren „sich [um ein Amt] bewerben". — Die übertragene, allgemeinere Geltung des Wortes Kandidat zeigt sich besonders in Zus. wie Heiratskandidat und Todeskandidat (beide im 19. Jh. bezeugt).

> **foul** „regelwidrig": Aus England, dem Mutterland des Fußballsports, wurde im 20. Jh. eine Reihe von Ausdrücken der Fußballersprache entlehnt. Die meisten davon wurden allerdings später durch Lehnübersetzungen ersetzt (beachte z. B. ↑ Aus für *engl.* out, ↑ abseits für offside oder ↑ Halbzeit für half-time), andere wiederum leben nur noch in der Schweiz oder in Österreich (wie ↑ Goal für „Tor" oder Back für „Verteidiger"). Durchgesetzt haben sich neben foul — dazu **Foul** „regelwidriges, unfaires Spiel" (< *engl.* foul) und **foulen** „regelwidrig, unfair spielen" (< *engl.* to foul) — nur noch ↑ dribbeln, Dribbling, ↑ kicken usw. und ↑ stoppen, Stopper. *Engl.* foul bedeutet eigentlich „schmutzig, unrein; häßlich; übel" und ist identisch mit *dt.* ↑ *faul*.

Textbeispiel 206.68: wa$_{68}$ aus Duden-1[7], wa$_{69}$ aus Duden-2[7]

Todeskandidat als Registereingänge im Register, und die Registerinformation lautet: s. Kandidat 306. Beide Lösungen haben Vor- und Nachteile (vgl. dazu Wiegand 1989 e). Artikelbeispiele aus der 1. und 2. Aufl. finden sich im Textbeispiel 68.

Im Duden-7 stehen die semantischen Aspekte einer Etymologie im Vordergrund, und die Bedeutungsgeschichte wird häufig an die Kulturgeschichte angebunden. Erfahrungsgemäß ist gerade dies für den Laienbenutzer von Interesse. Die Artikeltexte sind — besonders in der 2. Aufl. — diskursiv gehalten und nicht nur zusammenhängend lesbar, sondern auch in einem gefälligen Stil abgefaßt. Die Terminologie wird im Vorspann erklärt, und im Nachspann findet man ein Literaturverzeichnis. —

Nach dem Titel des Knaurs-EL erwartet man ein etymologisches Wörterbuch des Deutschen von 10 000 Lemmata. Nichts in der Titelei deutet darauf hin, daß es sich tatsächlich um ein etymologisches Fremdwörterbuch handelt, in dessen Lemmareihe sich einige Erbwörter (weniger als 5 %) verirrt haben. Wie die Fremdwörter ausgewählt wurden, wird nicht gesagt (vgl. Wiegand 1984, 572). Und auch die Kriterien, nach denen die wenigen Erbwörter als Lemmata selektiert wurden, werden nicht genannt. Nach Seebold (1987, 158) besteht die *D*-Lemmareihe aus ca. 550* Lemmata; vier davon — nämlich *Distelfink, doof, Drude* und *Duckmäuser* — sind Erbwörter. Einen Grund für dieses Auswahlverfahren gibt es nicht; es ist völlig willkürlich. Das Knaurs-EL kann allerdings als Ergänzungswörterbuch zu den anderen etymologischen Wörterbüchern benutzt werden, da es viele Lemmata enthält, welche sich in letzteren nicht finden.

Von den folgenden 25 ersten Lemmata des Knaurs-EL **Abakus, Abaton, Abbé, Abbreviatur, Abdiktion, abdizieren, Abdomen, Abduktion, Abelmoschus, Abenteuer, Aberglaube, Aberration, Aberwitz, abgefeimt, Abgott, Abiogenese, Abitur, Adjudikation, Ablaktation, Ablation, Ablativ, abnorm, Abolition, abonnieren, Abort** finden sich im Duden-2[7] nur die folgenden zehn: **Abenteuer, Aberglaube, Aberwitz, abgefeimt, Abgott, Abitur** als Sublemma zu **Abiturient, Ablativ, abnorm, abonnieren, Abort**. Im Kluge 1989 kommt zu diesen zehn **Abakus** hinzu. Im EtyWb 1989 finden sich die gleichen zehn wie im Duden-2[7], nur daß **Aberglaube** und **Aberwitz** als Sublemmata zu **aber** stehen. —

Das dritte der drei 1989 erschienenen etymologischen Wörterbücher, das EtyWb 1989, war bereits 1986 fertiggestellt (vgl. Pfeifer 1990). Es hat nach dem Vorwort 8054* Artikel, in welchen ca. 21 600* Ausdrücke bear-

Bad n. 'das Baden im Wasser, Örtlichkeit, wo gebadet wird', ahd. *bad* 'Wasserbad, Badehaus' (8. Jh.), auch 'Taufe', mhd. *bat*, asächs. *bađ*, mnd. mnl. *bat*, aengl. *bæþ*, engl. *bath*, anord. *bađ*, dän. schwed. *bad* gehören zu ahd. *bāen* 'durch Umschläge wärmen, in feuchte Wärme bringen' (9./10. Jh.), südd. öst. *bähen* 'rösten', führen also auf eine Verbalwurzel ie. *bhē-, *bhō-* 'wärmen, rösten', aus der mit ie. *to*-Suffix *Bad*, eigentl. 'das Gewärmte, Erhitzte', entwickelt ist. An eine *g*-Erweiterung ie. *bhōg-* schließen sich griech. *phōgein* (φώγειν) 'rösten, braten', dt. *backen* (s. d.) an. Als Ortsname ist *Baden* Übersetzung von lat. *Aquae*, das im Dt. dativisch *(ze den) Baden* 'zu den Bädern' wiedergegeben wird. — **baden** Vb. 'zur Reinigung, Erfrischung ins Wasser tauchen', ahd. *badōn* 'baden, taufen' (8. Jh.), mhd. *baden*, mnd. *bāden*, mnl. *baden*, aengl. *baþian*, engl. *to bathe*, anord. (refl.) *bađast*, schwed. *bada*. Dazu **ausbaden** Vb., oft in der Wendung *etw. ausbaden müssen* 'die Folgen (der Schuld eines anderen) auf sich nehmen müssen' (Ende 16. Jh.), zuvor 'zu Ende baden' (2. Hälfte 15. Jh.). — **Bader** m. veraltet 'Barbier und Wundarzt', mhd. *badære*, asächs. *bađeri* ist der Inhaber einer Badestube, der die Badenden bedient, sie zur Ader läßt und ihnen die Haare schneidet.

Textbeispiel 206.69: wa$_{70}$ aus EtyWb 1989

beitet sind. Im Unterschied zu Kluge 1989 und Duden-7 finden sich in allen Artikeln Bedeutungsangaben zum Lemmazeichen. Sehr viel häufiger werden indogermanische Wurzelansätze angegeben. Während in Kluge 1989 (XIV) ausdrücklich formuliert wird, daß das Wörterbuch auch wissenschaftlichen Ansprüchen genügen will, heißt es im Vorwort des EtyWb 1989, das Wörterbuch sei für den „praktischen Gebrauch bestimmt" (Vorwort, V). Man kann hier allerdings feststellen: Wenn der Kluge 1989 wissenschaftlichen Ansprüchen genügen sollte, dann gilt dies auch für das EtyWb 1989. Ein Artikel aus letzterem findet sich im Textbeispiel 206.69.

wa$_{70}$ zeigt, daß die Druckqualität dem heute üblichen Standard nicht entspricht. Mit drei ähnlichen etymologischen Wörterbüchern zum gegenwärtigen Standarddeutsch (die im Detail jedoch größere Unterschiede aufweisen als die vorstehende grobe Charakteristik zeigen kann) ist das unterstellte Fragebedürfnis des akademisch gebildeten Laien wohl weitgehend abgedeckt. Was jetzt benötigt wird, ist ein großes etymologisches Wörterbuch zur deutschen Standardsprache für die Benutzungsbedürfnisse der Spezialisten. Ob Hiersche 1986 ff. ein solches Wörterbuch sein wird, kann nach dem Erscheinen von zwei relativ schmalen Lieferungen noch nicht mit Sicherheit festgestellt werden.

Die Konzeption ist vorgestellt in Hiersche 1982 und Hiersche/Job 1986. Vergleicht man

Aceton (graph. Variante Azeton) n. 'Dimethylketon'; häufig verwendetes Lösungsmittel. – Das Wort wurde 1833 von A. A. Bussy zu lat. *acētum* 'Essig, saurer Wein' aus der Wz. *acet-*, die bereits in der 2. H. d. 18. Jhs. in der chem. Nomenklatur erscheint, und dem gr. Suffix -ων *(-ōn)* 'mit dem Grundwort als Eigenschaft' abgeleitet. Benennungsmerkmal ist der charakteristische säuerlich-aromatische Duft. – *Aceton* wurde wahrscheinlich schon im MA entdeckt: es war im 17. Jh. als 'Spiritus saturni' gut bekannt und wurde medizinisch verwendet (z. B. bei Glauber, Furni Novi Philosophici I, Amsterdam (1648) 99). Der analog zu anderen chem. Termini gebildete heutige Begriff löste den Anf. d. 19. Jhs. durch R. Chenevix eingeführten Terminus *esprit pyro-acétique* ab, der allgemeine Verbreitung gefunden hatte. Im 20. Jh. wurde das Wort durch die zunehmende Anwendung von *Aceton* in der Kosmetik auch in die Standardsprache übernommen. – Bussy Annales de Chimie et de Physique 53 (1833) 408, Chenevix Annales de Chimie 69 (1809) 5–58, Gorman Chymia 8 (1962) 97 ff.

Acetat: Die Bezeichnung für das Salz der Essigsäure gehört mit **Aceton** „farblose, stark riechende Flüssigkeit, die v. a. als Lösungsmittel verwendet wird" zu chemisch fachsprachlich **Acetum** „Essig". Dies stammt aus *lat.* acetum „saurer Wein, Weinessig" (vgl. *Essig*); vgl. auch *lat.* acidus „scharf, sauer", auf das chemisch fachsprachlich **Acid...** (Azid...) zurückgeht.

Azeton n. flüssiges, stark riechendes, farbloses Lösungsmittel, auch Propanon, (1. Hälfte 19. Jh.), zu lat. *acētum* 'saurer Wein, Weinessig' (s. *Essig*), woran der typische säuerliche Geruch erinnert.

Textbeispiel 206.70: wa$_{71}$ aus Hiersche 1986ff., wa$_{72}$ aus Duden-^{27} und wa$_{73}$ aus EtyWb 1989

die bisher erschienenen Artikel mit denen im Kluge 1989, Duden-7 und EtyWb 1989, dann stellen sie — was das Datenangebot (insbesondere die Literaturangaben) betrifft — für die wissenschaftliche Benutzung einen erheblichen Fortschritt dar. Allerdings benötigt Hiersche das fünf- bis sechsfache an Druckraum, und die Bearbeitungszeiten sind erheblich größer. Das Textbeispiel 206.70 enthält den Art. zu *Aceton*. Zum Vergleich sind die entsprechenden Artikel aus dem EtyWb 1989 und Duden-²7 dazugestellt. Kluge 1989 hat kein Lemma **Aceton**.

Für die Erarbeitung eines großen etymologischen Wörterbuches für die wissenschaftliche Benutzung liegen die Schwierigkeiten weniger darin, Vergleichsformen aus anderen Sprachen zu ermitteln, sondern sie treten dann auf, wenn es gilt, Frühbelege zu finden, die Benennungsmotive zu ermitteln und die innerdeutsche Wortgeschichte zu verfolgen. Störend wirkt sich hier aus, daß der lexikographische Gesamtprozeß bei den historischen Wörterbüchern zur deutschen Sprache noch nicht weit genug fortgeschritten ist. Zu nennen ist hier besonders die „katastrophale Situation der mhd. Lexikographie" (EtyWb 1989, Vorwort VIII) sowie die zu späte Inangriffnahme (vgl. Hiersche 1982, 444) und das viel zu langsame Fortschreiten der Bearbeitung des ²DWB (vgl. Kirkness/Kühn/Wiegand 1990).

Senioren Ein Musterexemplar von neuer Verschleierungs-, ja Verhöhnungssprache. Die → Betroffenen wollen aber, wie man inzwischen weiß, weder Senioren sein noch in eine »Seniorenwohnanlage« noch gar in eine »Seniorenwohnsitzgemeinde« noch demnächst in einen »Seniorenentsorgungspark« – sondern fühlen sich als Alte oft gar nicht so schlecht.
Freilich, die Zeiten werden härter jetzt auch für 40–50jährige. Die kursieren neuerdings auch schon als »Vorsenioren«.
Bisher noch nicht angetroffen wurde analog zur → Saisonbereinigung die doch sehr naheliegende Seniorenbereinigung (ehedem: Tod, Euthanasie etc.).
Leiderleider.

Textbeispiel 206.71: wa₇₄ aus Dummdeutsch 1985

2.6.3. Hinweise auf weitere Spezialwörterbücher mit bestimmten Informationstypen

Neben den Rechtschreibwörterbüchern (vgl. 2.6.1.) und den etymologischen Wörterbüchern gibt es — als Spezialwörterbücher mit bestimmten Informationstypen — für die deutsche Standardsprache der Gegenwart vor allem die Aussprachewörterbücher und die Frequenzwörterbücher; erstere werden in Art. 141., letztere in Art. 143 behandelt. Eine weniger homogene Gruppe bilden die in Art. 147 betrachteten humoristischen Wörterbücher, zu denen z. B. Boehncke/Stubenrauch 1983, Dummdeutsch 1985 u. 1986, Flaubert 1987, Hoppe 1985 u. 1986, Prosinger 1984, Rittendorf et al. 1983 und Tappert 1967 gezählt werden können (vgl. Sp. 12 in Abb. 206.28). In manchen dieser kleinen Wörterbücher wird eine besondere Form der Sprachkritik geübt, z. B. in Dummdeutsch 1985; wa₇₄ ist aus diesem Wörterbuch.

2.7. Übersicht zum lexikographischen Gesamtprozeß bei den einsprachigen Wörterbüchern zur deutschen Standardsprache der Gegenwart

In der Abb. 206.28 (s. nach S. 2198) wird eine Übersicht zum lexikographischen Gesamtprozeß gegeben, wie er nach 1945 bei den einsprachigen Wörterbüchern zur deutschen Standardsprache der Gegenwart abgelaufen ist. Die Übersicht enthält nur die äußeren Fakten des Prozesses, nämlich die Erscheinungstermine der — nach Typen geordneten — Wörterbücher. Eine solche chronologische Übersicht erlaubt die rasche Ortung aller Wörterbücher, welche im erfaßten Zeitraum und in der Menge der berücksichtigten Wörterbuchtypen als potentielle sekundäre Quellen und damit als Element der Wörterbuchbasis eines Wörterbuches in Frage kommen. Übersichten dieser Art sind daher die Voraussetzungen, um die Verflechtung der lexikographischen Einzelprozesse und damit die Abhängigkeiten der Wörterbücher untereinander historisch-systematisch zu rekonstruieren. Eine genaue Vorstellung von den Abhängigkeitsverhältnissen ist besonders dann notwendig, wenn man mit Hilfe von Wörterbüchern zu quantitativen und statistischen Aussagen über die Lexik der deutschen Standardsprache der Gegenwart gelangen will oder zu Aussagen über den lexikalsemantischen Wandel insgesamt. Begründbare Aussagen dieser Art sind für die Lexikologie des Deutschen wichtig.

Nicht zu jedem Wörterbuch, das in den Tabellenfeldern aufgeführt ist, sind alle potentiellen bzw. tatsächlichen Wörterbücher, die zu seiner Wörterbuchbasis gehören, aus der Übersicht zu ermitteln. Dies kommt daher, daß nicht alle Wörterbuchtypen und nur die Wörterbücher der deutschen Standardsprache berücksichtigt wurden. Es ist klar, daß — neben zahlreichen etymologischen Wörterbüchern zu anderen Sprachen — z. B. das DWB zur Wörterbuchbasis aller etymologischen Wörterbücher gehört, die in der Spalte 11 aufgeführt sind. Oder es ist nachweisbar, daß z. B. das Ahd.-Wb., Dalby 1965, DFW, DRW, ²DWB, EWA und Lloyd et al. 1988 zur Wörterbuchbasis des Kluge 1989 gehören. Auch große zweisprachige Wörterbücher gehören (etwa zur Kontrolle der äußeren Selektion) z. B. zu den drei (in der Spalte 1 aufgeführten) Sechsbändern. Für spezielle Untersuchungen kann die Übersicht jederzeit ergänzt werden.

Bem. zur Abb. 206.28: Die Übersicht ist die vollständigste ihrer Art, aber nicht vollständig; dies bezieht sich sowohl auf die Wörterbücher als auch auf die Auflagen. Einige Wörterbücher von Küpper wurden in der Tabelle berücksichtigt, obwohl sie keine Wörterbücher der Standardsprache sind (vgl. 3.2.). Sie enthalten aber vieles, was m. E. zur Standardsprechsprache zu rechnen ist, und außerdem muß die Standardsprache als zum Substandard hin offen betrachtet werden; die Wörterbuchmarken sind in runde Klammern gesetzt. In einigen Fällen sind andere Wörterbuchmarken in runde Klammern gesetzt, was besagt, daß die Zuordnung des Wörterbuches zum Typ fraglich ist.

3. Lexikographie des gegenwärtigen Deutsch II: andere Varietäten

Die anderen Varietäten des Deutschen können nachfolgend nur ausschnittsweise berücksichtigt werden. Entsprechendes gilt für die Wörterbücher zu diesen Varietäten. Gruppensprachliche Wörterbücher wie z. B. Burnadz 1970, Harfst 1986, Küpper-A, Küpper-ABC, Küpper/Küpper 1972, Müller-Thurau 1983 u. 1985 und Teenagerlexikon 1960, Welter 1968 u. a. werden in Art. 161 behandelt.

3.1. Zur Dialektlexikographie

Zu den deutschen Dialekten gibt es m. W. weit über 400 Wörterbücher; über ein Drittel davon sind nach 1945 erschienen. Eine neuere Bibliographie deutscher Dialektwörterbücher, die Vollständigkeit anstrebt, existiert nicht.

Das zusammenhängende deutsche Sprachgebiet ist in Areale eingeteilt. Für jedes Areal ist ein großlandschaftliches wissenschaftliches Dialektwörterbuch zuständig (vgl. die Karte 79.3 in Friebertshäuser 1983, 1287). Für diesen Wörterbuchtyp ist auch der Terminus *Territorialwörterbuch* (vgl. Kühn 1982, 704 u. Wiegand 1986c, 202 f.) oder *diatopisches Gebietswörterbuch* (vgl. Stellmacher 1986, 40) üblich.

Acht Wörterbücher dieses Typs sind bereits vollständig erschienen, und zwar: das Vorarlbergische Wörterbuch mit Einschluß des Fürstentums Liechtenstein, das Schwäbische Wörterbuch, das Wörterbuch der elsässischen Mundarten, das Wörterbuch der deutsch-lothringischen Mundart, das Luxemburger Wörterbuch, das Rheinische Wörterbuch, das Schleswig-Holsteinische Wörterbuch und das Schlesische Wörterbuch. Weitere zwölf Wörterbücher sind im Erscheinen begriffen, und zwar: das Schweizerische Idiotikon, das Bayerisch-Österreichische Wörterbuch, das Badische Wörterbuch, das Pfälzische Wörterbuch, das Südhessische Wörterbuch, das Hessen-Nassauische Volkswörterbuch, das Niedersächsische Wörterbuch, das Thüringische Wörterbuch, das Brandenburg-Berlinische Wörterbuch, das Westfälische Wörterbuch, das Mecklenburgische Wörterbuch und das Preußische Wörterbuch. Die genauen bibliographischen Angaben zu diesen 20 Wörterbüchern und zu weiteren, die noch in der Vorbereitungsphase sind, findet man in Friebertshäuser 1976 u. 1983.

Da in der HSK-Reihe die Territorialwörterbücher der deutschen Dialekte bereits unter verschiedenen Aspekten beschrieben wurden, und zwar u. a. in Friebertshäuser 1983, Kühn 1982 und Reichmann 1984, werden sie hier nicht weiter berücksichtigt. Vgl. weiter: Friebertshäuser/Dingeldein 1986, Dialektlexikographie 1988 sowie die in Wiegand 1988d angeführte Literatur.

Neben den Territorialwörterbüchern existieren Großstadtwörterbücher (wie das Hamburger und das Frankfurter Wörterbuch) und syntopische Lokalwörterbücher. Zwischen diesen beiden Raumtypen liegt ein Übergangstyp, das Regionalwörterbuch (vgl. Kühn 1982, 704).

Bei den Lokal- und Regionalwörterbüchern gibt es (a) solche, die von Wissenschaftlern erarbeitet sind und nicht ausschließlich, aber doch in erster Linie für die wissenschaftliche Benutzung gedacht sind, z. B. Bischoff 1977, Conrath 1977, Schleef 1967 u. a.; weiter gibt es (b) solche, die von Wissenschaftlern geschrieben wurden und vor allem für die Laienbenutzung bestimmt sind, z. B.:

Bergmann 1987, Bergmann/Hellfritzsch 1990, Braun/Mangold 1984, Lorez-Brunold 1987, Friebertshäuser 1990, Greyerz/Bietenhard 1976, Lindow 1987, Suter 1984, Weber/Bächtold 1983 u. a.

Es existieren (c) auch einige Wörterbücher, die von Laien zusammengestellt und von Wissenschaftlern überarbeitet wurden und vor allem für den Laien bestimmt sind, z. B. Ludewig 1987 und Rosenfeld 1975. Schließlich gibt es (d) zahlreiche von Laien für Laien verfaßte Dialektwörterbücher wie z. B.:

Baum 1978, Becker 1975, Bräutigam 1979, Buss/ Westermann 1978, Cürvers 1983, Dang 1953, Diener 1971, Garbe 1974, Heinrichs 1978, Heckmann 1973, Hermanns 1970, Knapp 1985, Lehr 1983, Lins 1974, Sauvagerd 1975, Schmitt 1981, Schlobinski 1986, Schramm 1966, Stoll 1984, Toll/Hollmann 1980, Widmann 1983, Winter 1985 und Witte 1978.

Ca. 50 weitere Wörterbücher dieses Typs, die nach 1945 erarbeitet wurden, findet man bei Kühn (1978, 125 ff.). Vgl. auch die Bibliographie in Eickmans 1980 sowie die von Schmitt (1988), in welcher der größere Teil von insgesamt 116 Titeln zur Kategorie (d) zählt.

Im folgenden werden exemplarisch Wörterbücher der Kategorien (b) und (d) kurz betrachtet, da sie bisher kaum untersucht wurden. Ausnahmen bilden die Arbeiten von Baur 1983, Cornelissen 1988, 1988 a, Eickmans 1980 u. Stellmacher 1986 sowie die „Erfahrungsberichte" in Cornelissen/Honnen (1986, 16—37).

Aus der Kategorie (b) seien Bergmann/ Hellfritzsch 1990 und Friebertshäuser 1990 kurz vorgestellt. Das „Kleine vogtländische Wörterbuch" ordnet seine ca. 1000* Lemmata striktalphabetisch. Zur textuellen Rahmenstruktur gehören: im Vorspann ein Vorwort, Benutzungshinweise und ein Abkürzungsverzeichnis und im Nachspann Mundartproben sowie ein Literaturverzeichnis. Auf dem vorderen Vorsatzblatt ist eine Sprachkarte abgedruckt, welche die Dialektlandschaften im Wörterbuchareal wiedergibt. Auf dem hinteren Vorsatzblatt findet man eine Sprachkarte, in das Wörterbuchareal in die großen Dialekträume der Gegenwart eingebettet ist.

Das Vorwort (5—11) ist eine gut verständliche dialektologische und dialektlexikographische Einführung. In dem Abschnitt „Zur Materialgrundlage" (6—8) werden die Wörterbuchbasis und der lexikographische Entstehungsprozeß sorgfältig dargestellt: auch die dialektgeographische Gliederung des Wörterbuchareals wird verständlich erläutert. In den Benutzungshinweisen (12 ff.) wird der sog. Ansatz der „Stichwörter in dialektaler Lautgestalt" (12; gemeint ist: der Ansatz der „Stichwörter" in einer Schriftgestalt, die das Alphabet der überdachenden Standardsprache — also das lateinische — verwendet, um die dialektale Lautgestalt abzubilden!) nicht nur gründlich erklärt, sondern es werden auch die Kriterien für die äußere Selektion genannt und gerechtfertigt. Die beiden Bearbeiter erklären ausdrücklich:

„Für einen Nicht-Vogtländer ist dieses Wörterbuch schwer zu benutzen. Er muß die Präfixe 'ab-' und 'an-' bei oh- bzw. ah- suchen, er findet 'reinmachen, Reinigung' bei raamachen, Raaning oder 'Moos' bei Mues[d]."

Um der angesprochenen Benutzergruppe die Benutzung zu erleichtern, werden Verweislemmata in standardsprachlicher Schriftgestalt angesetzt, so daß sich Verweisartikel finden wie z. B. **Schütter** → *Schieter*, **Mond** → *Manden* und **Rodehaue** → *Ruhhaa*. Dies ist nur ein Beispiel für viele andere ansprechende lexikographische Regelungen wie z. B. auch die, daß die verwendete Lautschrift sich eng an die Schreibweise der vogtländischen Mundartschriftsteller hält.

Auch der Aufbau der Wörterbuchartikel — von denen sich zwei im Textbeispiel 206.71 a finden — wird in den Benutzungshinweisen genau erklärt.

becken sw. V., eigtl. *pecken* **1.** ‚auf dem Feld mit der Hacke jäten, Erde auflockern' *af de Woch* (nächste Woche) *missen mer de Erdäpfel* (Kartoffeln) *becken*. – **2.** ‚Reisig zu Streu hacken' scherzh. von einem Dickkopf: *af den san' Nischel koa mer Straa* (Streu) *becken*. – Etym. wohl eine ältere Nebenform zu *picken*.

Boß m., eigtl. *Posse* ‚unverheirateter junger Mann, Bursche; Sohn' söVgtld. – Runda:

Ach Motter, ach Motter,
iech erwet (arbeite) *net gern,*
will lieber, will lieber
mit de Bossen remschern (sich mit den Burschen abgeben).

Textbeispiel 206.71 a: wa$_{74\,a}$ und wa$_{75}$ aus Bergmann/Hellfritzsch 1990

Wie man an wa₇₄ₐ erkennt, sind die Artikel nach der Methode der Integration gearbeitet: wa₇₄ₐ weist eine rechtserweiterte Mikrostruktur auf. Im Postkommentar steht eine etymologische Angabe. Wie im ersten SSK von wa₇₄ₐ, so sind die Beispielangaben öfters um Bedeutungshinweise binnenerweitert, offensichtlich mit Blick auf den nicht einheimischen Benutzer. Im zweiten SSK ist die Beispielangabe nicht nur um *Streu* binnenerweitert, sondern zusätzlich um einen pragmatischen Zusatz „scherzh. von einem Dickkopf" linkserweitert. Da „scherzhaft" hier nicht auf ein Lemmazeichen, sondern auf einen Typ von Äußerungssituation bezogen ist, ist die Verwendung dieses Prädikats in diesem Falle sinnvoll. Als Bedeutungsangaben finden sich eine oder mehrere Bedeutungsparaphrasenangaben, ergänzt um Synonymenangaben. Wenn es die Beleglage erlaubt, werden als Beispielangaben Verse angegeben, die im vogtländischen Dialekt Runda heißen (vgl. auch s. v. *Dalken* u. s. v. *Schatz*). An solchen Stellen erfüllt das Wörterbuch die heimatkundlichen Erwartungen wie auch bei einigen Lemmata, die offenbar ebenfalls mit Rücksicht auf solche Benutzerinteressen aufgenommen wurden, wie z. B. **Besenbrennen** oder **Pfafferumpel**, und entsprechend vornehmlich enzyklopädisch erklärt werden. Wie in wa₇₅ so findet sich hinter der BA häufig eine Angabe zur Verbreitung des Lemmazeichens (z. B. söVgtld. in wa₇₅).

Wie diese sprachgeographischen Begrenzungsangaben zu lesen sind, wird dem Benutzer in den Benutzungshinweisen genau erklärt. Er erfährt auch, daß — wenn diese Angaben fehlen — e n t w e d e r die Belegdichte für solche Angaben nicht ausgereicht hat o d e r das Lemmazeichen im gesamten Wörterbuchareal belegt ist. Hier liegt ein Schönheitsfehler vor, da der Benutzer nicht entscheiden kann, ob das eine oder das andere der Fall ist, d. h. der Angabeblanc ist mehrdeutig.

Auch in der diachronischen Dimension wird öfter markiert *(veraltet)*. „Das Wörterbuch erfüllt dann eine Museumspflicht" (15).

In vielen Artikeln endet der Formkommentar mit einem Textsegment „eigtl. x", wobei x die „lautgesetzliche Verhochdeutschung des dialektalen Stichwortansatzes" (Bergmann/Hellfritzsch 1990, 15) ist, also in wa₇₄ₐ „eigtl. *pecken*" und in wa₇₅ „eigtl. *Posse*". Was der Sprachwissenschaftler weiß, nämlich warum diese Angabe gemacht wird, wird dem Laienbenutzer nicht erklärt. Insgesamt betrachtet, ist das Vogtländische Wörterbuch ein gelungenes kleines Dialektwörterbuch.

Während im Falle von Bergmann/Hellfritzsch 1990 das zugehörige Territorialwörterbuch (Wörterbuch der obersächsischen Mundarten) noch in der Vorbereitungsphase ist und die beiden Autoren die Kartei von ca. einer Million Belegzettel auf vogtländische Wörter hin durchsehen mußten, konnte Frie-

---

Blunze f. 1. ‚dicke Wurst', oft ‚Blutwurst' (meist ohne oder mit wenig Grieben) S-Hess., Rhein-Main. *So ee Plunse eß ich fier mei Leewe gean.* – 2. ‚dickes, rundes Mädchen' S-Hess., m Rhein-Main. – 3. ‚Troddel an der Zipfelmütze' ö und m N-Hess. – 4. ‚Geld' N-Hess. *Der hot Blonze.* – Lautf.: *Pluns, Blundse, Blonze.* – Etym.: Bed. 1 wohl slaw. Ursprungs, Bed. 2 und 3 wohl bildl. Anwendung von Bed. 1.

Blunze f. m. *blun(d)s* wt St Rhh; *-ə* oSt, Wimpf Hohst; meist f.; m. Er-Sandb, nach MzWb 32 auch in Mainz (unsere Belege kennen nur f.): **1.** Blutwurst ohne oder mit wenigen Grieben, in den Magen oder einen weiten Darm gefüllt Allg; dicke (runde) Blutwurst Mz-Finth Hechtsh, Bi-GAlg; mit Kartoffeln und Brot gestreckte Blutwurst Be-Birk. FalkL 1, 67. Vgl. *Blut-magen.* **2.** dickes, rundes Mädchen GG-Crumst, Bi-Drom, Az-Wahlh. – dicke Person beiderlei Geschlechts Mainz. Syn. → *Mutsch; Quampes.* **3.** die Gummiblase im Fußball Hohst. — Syn. *Plauz(e).* S. die folg. — HNass. 2, 666f. Rhein. 1, 805. Bad. 1, 272.

Textbeispiel 206.72: wa₇₆ aus Friebertshäuser 1990 und wa₇₇ aus Südh. Wb./2. L. 1966; Abkürzungen in wa₇₆: S-Hess. = Südhessisch; ö = östlich; m = mittleres; N-Hess. = Niederhessisch

bertshäuser u. a. auch auf die fertigen Bände des Südhessischen Wörterbuches und des Hessen-Nassauischen Volkswörterbuches zurückgreifen, was der Autor auch ausdrücklich erwähnt. Die Außentexte sind denen in Bergmann/Hellfritzsch 1990 ähnlich. Allerdings vermißt man Ausführungen zu den Auswahlkriterien für die äußere Selektion. Hinzu kommt im Vorspann eine verständliche Hinführung unter dem Thema „Mundarten und Mundartforschung in Hessen" (11—16). Das Textbeispiel 206.72 enthält einen Artikel (wa$_{76}$) aus Friebertshäuser 1990; zum Vergleich ist wa$_{77}$ hinzugestellt, ein Artikel aus der 2. Lief. des Südhessischen Wörterbuches (Südh. Wb./2. L. 1966).

Vergleicht man wa$_{76}$ und wa$_{77}$, dann erkennt man — besonders an den Bedeutungsangaben — in wa$_{77}$ einerseits die Vorlage für wa$_{76}$; andererseits sind in wa$_{76}$ neue Angaben hinzugekommen. Auch die Artikel des Kleinen Hessischen Wörterbuches sind nach der Methode der Integration gestaltet; wa$_{76}$ weist eine rechtserweiterte Mikrostruktur auf. Im Postkommentar stehen Lautformenangaben; auf diese folgt eine etymologische Angabe.

Sowohl Bergmann/Hellfritzsch 1990 als auch Friebertshäuser 1990 sind als kleine Nachschlagewerke zugleich kulturhistorische Dokumente von Regionen; sie spiegeln den Sprachgebrauch, die Lebens- und Arbeitswelt in dieser Region auch hinsichtlich der inneren Differenzierung. Sie können u. a. auch als ein Beitrag zur sozialen, heimatbezogenen Identitätsbildung verstanden werden; sie haben eine bessere Chance, von Laien benutzt zu werden, als die Territorialwörterbücher.

Das letztere gilt auch für die Wörterbücher der Kategorie (d), die von Laien zusammengestellt sind. Diese Wörterbücher sind in ihrer Qualität und Anlage außerordentlich unterschiedlich (vgl. auch Eickmans 1980), so daß Cornelissen und Honnen Richtlinien für ihre Erarbeitung aufgestellt haben (vgl. Cornelissen/Honnen 1986). Sie reichen von der einfachen Wortliste über das kontrastive Lokalwörterbuch (Idiotikon) bis zu größeren Regionalwörterbüchern mit reichhaltiger textueller Rahmenstruktur. Neben den alphabetischen, die weitaus überwiegen, gibt es auch wenige onomasiologisch geordnete Laienwörterbücher. Soweit ihre Zwecke explizit angegeben sind, wollen sie (a) den gesprochenen Dialektwortschatz registrieren, häufig mit der Begründung, daß er vom Aussterben bedroht sei (vgl. z. B. W. Halbach in Cornelissen/Honnen 1986, 18) weiterhin wollen sie (b) ein Hilfsmittel bei der Lektüre von Dialektliteratur sein (vgl. z. B. Baum 1978, 5), oder es werden (c) sprachpflegerische Zwecke verfolgt, und schließlich wollen sie (d) als Lernhilfe bei der Erlernung eines Dialektes dienen (z. B. Sauvagerd 1975). Bei vielen dieser Laienwörterbücher spielt zusätzlich das Motiv der Heimatpflege eine entscheidende Rolle. Viele sind in Selbst- oder Eigenverlagen erschienen (z. B. Knapp 1985) und mit Unterstützung von Sparkassen, Heimat- oder Karnevalvereinen oder der ländlichen Industrie gedruckt, manche sogar als Faksimile-Druck von einer handschriftlichen Vorlage (z. B. Stoll 1984). Zahlreiche dieser Wörterbücher sind illustriert (z. B. Knapp 1985, Lehr 1983). Die Illustrationen stehen z. T. im Dienste des heimatkundlichen Zweckes. So lauten Bildunterschriften in Knapp 1985 z. B.: „Der 'Volkschor' eröffnet den 'Viernheimer Abend' 1984" (125) oder: „Erntedankfest in der 'Burg Windeck'; Die Akteure sind Leute aus dem dortigen 'Gaaßevertl'" (171). Viele der Laienwörterbücher haben mehrere Auflagen erlebt, und öfters wird die identitäts- und gemeinschaftsbildende Funktion dieser Wörterbücher durch ein Vorwort des Bürgermeisters oder durch ein Geleitwort anderer Würdenträger oder durch beide Arten von Außentexten unterstützt. Nicht nur die Wörterverzeichnisse sondern auch die Außentexte dieser weit über hundert Wörterbücher können als Quellen (von unterschiedlichem Wert) für die Dialektologie, Dialektlexikographie und Soziolinguistik gelten. Eine flächendeckende Untersuchung der Laienwörterbücher ist sowohl für die Dialektologie als auch die Wörterbuchforschung ein Desiderat.

Das Spektrum der deutschen Dialektwörterbücher ist vielseitig und reich. Hier konnten nur Hinweise gegeben werden, die einen Einstieg in den Bereich der deutschen Dialektlexikographie erlauben. Manche der hier nur genannten Territorialwörterbücher gehören zum Besten, was germanistische Lexikographen erarbeitet haben.

3.2. Zur Lexikographie der Umgangssprache

Die Meinungen darüber, was unter Umgangssprache(n) — relativ zur Sprachsituation im deutschen Sprachgebiet im 20. Jh. — genau zu verstehen ist, gehen relativ weit auseinander. Einig ist man sich darüber, daß Umgangssprachen Sprechsprachen sind, und meistens werden sie in der neueren germanistischen Tradition als Interferenzvarietäten aufgefaßt, die auf allen sprachlichen Ebenen Elemente aus anderen Varietäten (wie Fachsprachen, Berufssprachen, speziellen Gruppensprachen und Dialekten) und aus der zugehörigen Leitvarietät übernehmen. Ob nur eine, nämlich „die" deutsche Umgangssprache, angesetzt werden muß oder mehrere oder nur eine Umgangssprache mit regionalen und sozialen Subvarietäten ist unklar.

Heinz Küpper hat seine lexikographischen Arbeiten mit einem weiten intuitiven Begriff von Umgangssprache durchgeführt. Als er Ende der 30er Jahre mit der Sammelarbeit begann, war das kaum anders möglich. Sieht man von einzelnen Fragebogenaktionen ab, welche im Rahmen der deutschen Dialektlexikographie durchgeführt wurden (vgl. hierzu Wiegand/Harras 1971, 107 ff.), dann ist Küpper der erste deutsche Lexikograph, der im großen Stil (z. T. mit Unterstützung der DFG) schriftliche Fragebogen verschickte und Frageaktionen über den Rundfunk und über das Fernsehen durchführte; vgl. hierzu: Küpper in Küpper-ILDUS (Bd. 2, 408—415), Küpper in Küpper-WdU (Pons) (V—XII).

Der erste Programmentwurf für ein Wörterbuch der Umgangssprache erschien 1940 (vgl. Küpper 1955 u. 1982). 1955 erschien der erste Bd. von Küpper-WdU (der zwei weitere Aufl. erlebte); seine Lemmata sind glattalphabetisch angeordnet. Ihm folgte 1963 ein zweiter Bd. von ca. 10 000* Lemmata, die ebenfalls alphabetisch angeordnet waren; man mußte nun in zwei Bänden nachschla-

    Ablehnung *f* Korb
      Stehende Ausdrücke: ich werde den Teufel tun – das fällt mir nicht im Traum ein – so siehst du aus – blas' mir auf den Kopf – ich kann mich bremsen – er kann mir den Buckel herunterrutschen – ich denke nicht daran – das hat noch gefehlt – ja Flötepfeifen – gepfiffen – er kann mich gern haben – er kann mir gewogen bleiben – Götz – Götz von Berlichingen – hat sich was – Hustekuchen – er kann mich – ja Kuchen – lieber scheintot im Massengrab – Pustekuchen – Scheiße – das wäre ja noch schöner – er kann mir gestohlen werden – ja von wegen ‖ s. auch: abweisen; ausgeschlossen

Textbeispiel 206.73: wa$_{78}$ aus Küpper-WdU, Bd. 1, II. Tl.

gen, so daß der 3. Bd. von 1964 ein Gesamtstichwortverzeichnis enthält und daneben einen Teil „Hochdeutsch-Umgangssprache", der eine Erweiterung des entsprechenden Teils im Bd. 1 darstellt, aus welchem wa$_{78}$ im Textbeispiel 206.73 stammt.

Man sieht: wa$_{78}$ antwortet etwa auf eine Frage wie: Wie drückt man sich in der Umgangssprache aus, wenn man etwas ablehnt? An einem Artikel wie wa$_{78}$ kann sicherlich Kritik geübt werden. Nirgends in der deutschen Lexikographie findet man jedoch ein solches Material zusammengestellt.

Bis 1970 folgten drei weitere Bände mit Berufsschelten, Sachschelten und Jugenddeutsch. Dadurch wurde das Gesamtwerk (Küpper-WdU) zunächst relativ uneinheitlich, was den Wörterbuchgegenstandsbereich betrifft. Allerdings gewinnt man beim Studium des Küpper-WdU zum ersten Mal in der deutschen Lexikographie nach 1945 einen Eindruck davon, wie die Deutschen aller Schichten — was die Verwendung der lexikalischen Mittel angeht — sprechen: farbig, witzig, vulgär, ungeheuer roh, erfinderisch, phantasievoll, bösartig und parteiisch. In der Umgangssprache Küppers heißt die Impotenz Ladehemmung, der Tod Totalschaden, der Penis Aal, der Schenkel einer Frau Kotflügel, der Vollbart Gesichtsmatratze und die Nutte, die heute noch keinen Kunden hatte, Eintagsjungfer. Der Küpper-WdU wird sowohl in den journalistischen als auch in den Fachrezensionen überwiegend positiv aufgenommen (vgl. Ripfel 1989, 189—237). — Das „Handliche Wörterbuch der deutschen Alltagssprache" (Küpper-HWDA), das 1968 erscheint (auch zweibändig als dtv-Bd.), ist ein Auswahlband aus Küpper-WdU. Dieses Wörterbuch von ca. 7000* Stichwörtern wird für den lexikographischen Gesamtprozeß nach 1945 wichtig. Denn zahlreiche lexikalische Teilbedeutungen, die hier gebucht sind, finden sich später in den allgemeinen einsprachigen Wörterbüchern. Von 1982 bis 1984 erscheint dann das achtbändige „Illustrierte Lexikon der deutschen Umgangssprache" (Küpper-ILDUS), in welchem — nach dem Schutzumschlag — 120 000* „Stichwortartikel" und über 1200* farbige Abbildungen zu finden sind. Die Ausstattung und der Druck des Wörterbuches sind außerordentlich großzügig. Da die Lemmata glattalphabetisch geordnet sind und im Falle polysemer Lemmazeichen — außer dem ersten — alle semantischen Subkommentare (sowie bei Artikeln mit rechtserweiterten Mikrostrukturen alle anderen Subkommentare) einen eigenen Textblock haben, so daß ab der zweiten alle Polysemieangaben untereinander linksbündig stehen (vgl. wa$_{79}$), ist die Lesbarkeit der Wörterbuchartikel, die meistens einfache (seltener auch binnen- oder rechtserweiterte) integrierte Mikrostrukturen aufweisen, optimal, da auch von Textverdichtungsmethoden nur relativ sparsam Gebrauch gemacht wird. Die Kriterien der äußeren Selektion sind relativ uneinheitlich; das ist einerseits ein Nachteil, weil dadurch keine abgrenzbare Sprachvarietät lexikographisch bearbeitet wurde; andererseits ist es — mit Rücksicht auf die deutsche Lexikographie insgesamt — ein Vorteil, weil dadurch ein Eindruck davon vermittelt wird, wie heterogen und vielseitig gesprochene Sprache lexikalisch sein kann und wie wenig ihre lexikalischen Mittel (Lexeme und Phraseme) in anderen Wörterbüchern berücksichtigt sind.

Textbeispiel 206.74 vermittelt einen Eindruck, wie die Bilder die Erläuterung der Benennungsmotivik

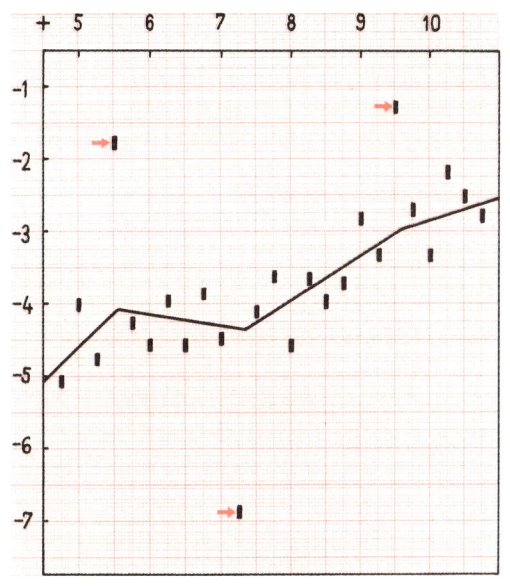

*Vom höfischen Kratzfuß (17. Jahrhundert), einer leichten Einwärtsbewegung des linken Fußes beim Abschiednehmen, leitet sich der umgangssprachliche Ausdruck „abkratzen" für das Weggehen (**abkratzen 1.**) sowie in verengter Bedeutung für das Sterben (**abkratzen 2.**) ab, wobei dem Sprecher der Bedeutungsursprung und die Zugehörigkeit des Ausdrucks zu den zahlreichen Gleichsetzungen von „weggehen = sterben" heute meist unbekannt sein dürften.*

abkratzen *v* **1.** *intr* = weggehen. Beruht auf der höfischen Anstandslehre des 17. Jhs, wonach die Verbeugung beim Abschiednehmen von leichtem Auskratzen des linken Fußes nach hinten begleitet sein mußte. Etwa seit 1800.
2. *intr* = sterben. Bedeutungsverengung des Vorhergehenden zu „mit dem Tode abgehen". 1800 *ff*.
3. *intr* = einen Jungen abweisen. Gemeint ist, daß das Mädchen mit seinem „kratzigen" Wesen den Jungen abschreckt. *Halbw* 1960 *ff*.
4. *etw* ~ (abkratzeln) = vom Mitschüler, aus einer Übersetzung abschreiben. Anspielung auf die kratzende Feder. 1900 *ff*.
5. *refl* = sich rasieren. 19. Jh. Parallel zu „schaben".

Textbeispiel 206.74: wa$_{79}$ aus Küpper-ILDUS sowie die dazugehörige Abbildung (im Original mehrfarbig)

*Ein Beispiel für die Übernahme umgangssprachlicher Ausdrücke in das wissenschaftliche, fachspezifische Vokabular ist **Ausreißer**. Es bezeichnet in der Statistik einen Wert, der deutlich von anderen, etwa in einer regelmäßigen Kurve darstellbaren Werten abweicht. Die Sprache des Wissenschaftlers, der in diesem Fall von einem „Ausreißer" spricht, gewinnt damit eine Bildhaftigkeit, die zugleich ein gewisses Maß an gefühlsmäßiger Beteiligung vermuten läßt.*

Ausreißer *m* **1.** Flüchtender, Geflohener, Deserteur. ↗ausreißen 1. 1800 *ff*.
2. Minderjähriger, der Elternhaus, Schule oder Arbeitsstätte verläßt oder bereits (heimlich) verlassen hat. 1900 *ff*.
3. Radsportler, der einen Vorsprung erringt. 1920 *ff*.
4. fehlerhaftes Stück in der Produktionsserie. 1950 *ff*.
5. Mensch, der sich gegen die Ehre seines Berufsstandes vergeht. 1960 *ff*.

Textbeispiel 206.75: wa$_{80}$ aus Küpper-ILDUS sowie die dazugehörige Abbildung

in der etymologischen Angabe (bzw. in der Angabe zur Benennungsmotivik) unterstützen.

Aus der Umgangssprache werden auch Ausdrücke in die Fachsprache übernommen. Auch dies verdeutlicht Küpper z. T. mittels Illustrationen (vgl. Textbeispiel 206.75).

Küpper-ILDUS ist ein polyakzessives Wörterbuch. Die einzelnen Bände enthalten (als Elemente der Trägermenge der textuellen Rahmenstruktur) Register zu Orten, Regionen, Ländern, zu Personen und zu Sachbegriffen. Damit wird der „lexikographischen Datentarnung" (i. S. v. Wiegand 1983, 442) wenigstens teilweise entgegengewirkt. Allerdings sind die Registerinformationen Seitenangaben, so daß man bei einem Registereintrag wie „Nürnberg 614" die ganze Wörterbuchseite 614 durchlesen muß. Aufgrund des Sachregisters kann man aber immerhin solche Fragen stellen wie z. B. Wieviel und welche Euphemismen sind gebucht? Wieviel und welche Schimpfwörter? Wieviel und welche Redensarten? u. a. und erhält eine Antwort, ohne das Wörterbuch Artikel für Artikel durcharbeiten zu müssen. Dies ist z. B. bei allen allgemeinen einsprachigen Wörterbüchern zur deutschen Standardsprache nicht der Fall.

1987 erscheint schließlich (als mittelgroßer Einbänder) der Küpper-WdU (Pons). Viele Artikel aus diesem Einbänder wurden aus dem Achtbänder übernommen, andere wurden gekürzt. Dabei hat sich Küpper bemüht, insbesondere weniger verbreitete und veraltete Verwendungen eines Lemmazeichens auszusortieren. So wurden z. B. in wa$_{79}$ der 4. und 5. und in wa$_{80}$ ebenfalls der 4. und 5. semantische Subkommentar gestrichen. Ein Artikel aus Küpper-WdU (Pons) ist wa$_{81}$ (vgl. Textbeispiel 206.76).

In den äußerst knapp gehaltenen Benutzerhinweisen heißt es:

„Dieses Wörterbuch registriert alle Wörter und Redewendungen der deutschen Sprache, die im weitesten Sinne dem Bereich der Umgangssprache zuzurechnen ist. Da die deutsche Umgangssprache ihren Wortbestand im wesentlichen aus anderen Sprachbereichen bezieht (Hochsprache, Dialekte, Gruppensprachen, Sondersprachen, Fachsprachen etc.), ist der jeweilige regionale oder soziale Herkunftsbereich (*bad* = badisch; *ärztl* = Ärztesprache) vermerkt. Ebenfalls vermerkt ist der Zeitpunkt, zu dem ein Ausdruck umgangssprachlichen Charakter angenommen hat oder von der Umgangssprache eigens geprägt ist (**Blei** Bleistift. 1800 ff., **Bleispritze** Gewehr. 1960 ff.)" (Küpper-WdU (Pons), XII)

Außer über die Verwendung der typographischen Strukturanzeiger ist (über das Zitat hinaus) zum „Artikelaufbau" nichts Näheres gesagt. Von einigen Ausnahmen abgesehen (z. B.: der Verwendung des Gleichheitszeichens, die auch nicht erklärt ist), sind die Artikel stark standardisiert. Ihre Struktur und ihr Stil wurden bisher nicht untersucht; dies gilt auch für die anderen Wörterbücher von Küpper; wa$_{81}$ ist ein Artikel, der für den Küpper-WdU (Pons) charakteristisch ist. Auf den kurzen Formkommentar (**Aal** *m*) folgt der semantische Kommentar, welcher in wa$_{81}$ drei Subkommentare hat. In diesen drei SSK werden drei umgangssprachliche Bedeutungen von *Aal* bearbeitet, und zwar folgt auf die Bedeutungsangabe jeweils die Angabe zur Benennungsmotivik (A-Bmot) und auf diese die Angabe zum Varietätenkontakt (A-VarKont), welche (i. S. v. Art. 38 a) funktional-positional segmentierbar ist in die Angabe der Kontaktvarietät (A.KontVar) und die Kontaktdatierungsangabe (KontDA). Die A-Bmot und die A-VarKont stehen jeweils im Hinterintegrat. Es ergibt sich demnach der in der Abb. 206.29 dargestellte Ausschnitt aus der Mikrostruktur von wa$_{81}$.

Die Struktur der Hinterintegrate (vgl. Abb. 206.29) ist das erste Charakteristikum der Artikel im Küpper-WdU (Pons). Das zweite wichtige Charakteristikum besteht darin, daß jedes aufgenommene Phrasem, welches das Formativ des Lemmazeichens enthält (vgl. z. B. *glatt wie ein Aal* hinter **4.**), bzw. jede aufgenommene Kollokation mit

Aal *m* 1. Torpedo, Lufttorpedo. Mit dem Aal hat der Torpedo die Glätte und die längliche Form gemeinsam. *Sold seit dem frühen 20. Jh bis heute.*
2. Penis. Wegen der Formähnlichkeit. *Schül* und *sold 1900 ff.*
3. Mensch, der sich einer Arbeit (Verpflichtung, Schwierigkeit) listig entzieht. Hergenommen von der Wendigkeit des Aals. *Sold 1939 ff.*
4. glatt wie ein ~ = charakterlich geschmeidig; überfreundlich; schlau, ohne überführt werden zu können. Der Aal ist schwierig festzuhalten. *19. Jh.*
5. einen ~ erwischen (schnappen) = Glück haben; einen leichten Sieg davontragen. Soll auf dem orientalischen Rechtsbrauch beruhen, wonach der zum Tode verurteilte Verbrecher als letztes in einen Sack greifen durfte, in dem sich 99 Schlangen und 1 Aal befanden; ergriff er den Aal, wurde er begnadigt. *1920 ff.*
6. einen ~ haben, a) = bezecht sein. Anspielung auf den Torkelgang des Betrunkenen. Seit dem späten 19. Jh. – b) = nicht ganz bei Verstand sein. Bezechte benehmen sich oft wie Geistesverwirrte. *1900 ff.*
7. einen ~ machen = sich listig einer Verpflichtung entwinden. *Sold 1939 ff.* Gleichbedeutend im Ersten Weltkrieg „Aalemann machen".
8. den ~ pellen = onanieren. ↗ Aal 2. *Jug 1910 ff.*
9. zittern wie ein ~ = sehr furchtsam sein; übertriebene Angst haben. ↗ Zitteraal. *1900 ff.*

Textbeispiel 206.76: wa$_{81}$ aus Küpper-WdU (Pons)

206. Die deutsche Lexikographie der Gegenwart

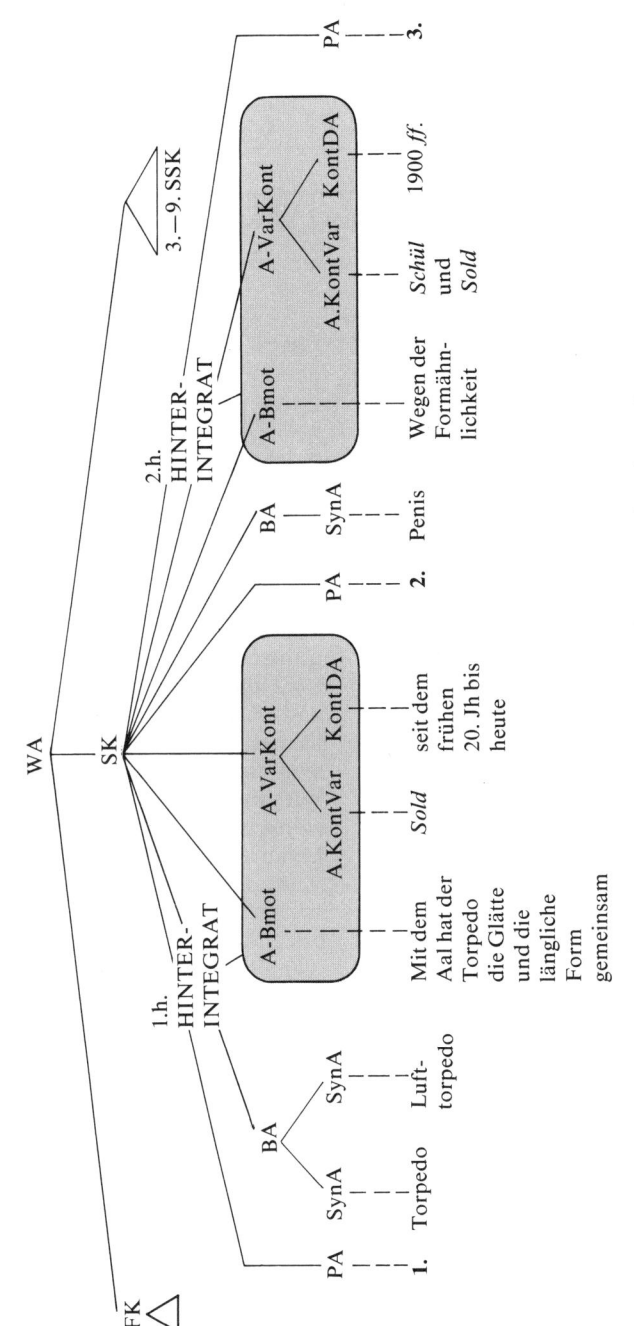

Abb. 206.29: Ausschnitt aus der hierarchischen Mikrostruktur von wa₈₁; A-Bmot = Angabe zur Benennungsmotivik; A-VarKont = Angabe zum Varietätenkontakt; A.KontVar = Angabe der Kontaktvarietät; KontDA = Kontaktdatierungsangabe; h = hierarchisch

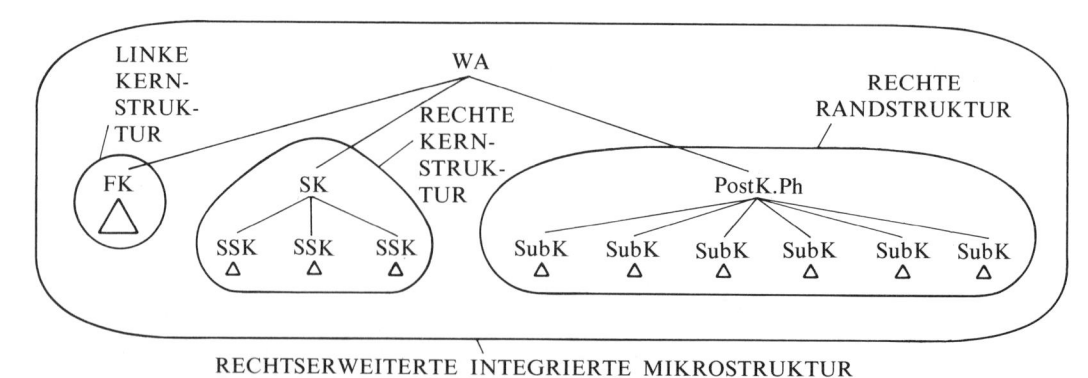

Abb. 206.30: Allgemeines Strukturbild für eine rechtserweiterte integrierte Mikrostruktur (wenn — wie bei wa$_{81}$ — der SK drei SSK und der PostK sechs SubK hat)

dem Lemmazeichen (vgl. z. B. s. v. *Aas*) einen eigenen Textabschnitt erhält, welcher stets gerade einen Textblock (i. S. v. Art. 38) ausfüllt. Man erkennt nun, daß die Ziffern **1.**, **2.**, ..., **9.** Textblöcke zählen und nur **1.**, **2.** und **3.** Polysemieangaben sind (was wenigstens einen „Schönheitsfehler" darstellt). Die Ziffern **4.** bis **9.** sind nichttypographische Strukturanzeiger! Es empfiehlt sich demnach, wa$_{81}$ so zu analysieren, daß mit **4.** ein thematisch homogener Postkommentar (i. S. v. Art. 39) beginnt, und zwar ein phraseologischer Postkommentar mit sechs Subkommentaren, so daß wa$_{81}$ eine rechtserweiterte integrierte Mikrostruktur aufweist.

Das allgemeine Strukturbild für wa$_{81}$ hat dann die folgende Form (vgl. Abb. 206.30).

Im Küpper-WdU (Pons) kann der Postkommentar auch thematisch inhomogen sein, weil neben einigen Subkommentaren, in denen Phraseme bearbeitet sind, auch solche auftreten, in welchen Kollokationen lexikographisch beschrieben werden. Man vgl. hierzu die Artikel zu den Lemmazeichen *Aas, Abend, Briefkasten, Eimer* und *Nase*. Der Artikel zu *Nase* z. B. besteht aus 148 durchgezählten Textblöcken, für die keine spezielle Zugriffsstruktur definiert ist, so daß bei langen Artikeln die Benutzungsdauer groß ist.

Insbesondere mit den Mikrostrukturausschnitten, die in der Abb. 206.29 abgebildet sind, hat Küpper einen eigenen Wörterbuchstil entwickelt. Obwohl im Detail manches kritisiert werden könnte, sind die Küpperschen Wörterbücher eine wertvolle Ergänzung zu den großen allgemeinen einsprachigen Wörterbüchern und den großen Dialektwörterbüchern des Deutschen.

3.3. Zur Fachlexikographie

Zu jedem Fach, fast zu jedem Teilfach und fast zu jeder akademischen Disziplin und zu den meisten beruflichen Disziplinen gibt es heute Fachwörterbücher. Niemand weiß, wieviele deutsche Fachwörterbücher und welche nach 1945 erschienen sind; entsprechendes gilt für die zwei- und mehrsprachigen Fachwörterbücher mit Deutsch. Obwohl es mehrere Auswahlbibliographien gibt (vgl. Art. 335), ist der Überblick über den Fachwörterbuchbestand und damit auch über die Typenentwicklung mangelhaft. Man muß wahrscheinlich davon ausgehen, daß nach 1945 mehr als 3000 einsprachige deutsche und zwei- und mehrsprachige Fachwörterbücher mit Deutsch erschienen sind, wenn man die fachlichen Sachwörterbücher (i.S. v. Wiegand 1988 a, 761) und die sog. Normenwörterbücher (i. S. v. Felber/Nedobity/Manu 1982) nicht berücksichtigt. — Angesichts der großen Zahl von fachlichen Nachschlagewerken und der Bedeutung, welche diesen im Prozeß der Wissensaneignung und -vermittlung zukommt, liegen hier ausgedehnte Aufgabenfelder für die germanistische Fachsprachen- und Wörterbuchforschung brach, weswegen mit dem „Thematic Part" in Lexicographica 5. 1989 auch versucht wurde, wenigstens ein bescheidenes Signal zu setzen (vgl. Wiegand 1989).

Sieht man ab von der philosophischen Lexikographie (Lit. hierzu über Wiegand 1988 a, 732), der rechtshistorischen Lexikographie (vgl. Speer 1989 u. 1990) und der terminologischen Lexikographie (oder Terminographie, vgl. Wüster 1979; weitere Lit. hierzu über Wiegand 1988 a, 732), dann gibt es nur sehr wenige theoretisch orientierte (vgl. Art. 159, 160 u. 307; Gerzymisch-Arbogast 1989, Wiegand 1988 a, Neubert 1990) und zusammenhängende historische, auf die neuere Neuzeit bezogene Untersuchungen zur germanistischen und allgemeinen Fachlexikographie. Ein Blick in Wiegand 1988 d und Zgusta 1988 zeigt, daß die wenigen metalexikographischen Arbeiten überwiegend auf die Probleme spezieller Projekte, auf Einzelfragen (wie z. B. die Computerunterstützung) und auf fachdidaktische Fragestellungen gerichtet sind. Der derzeitige Forschungsstand erlaubt daher keinen Überblick über die deutsche Fachlexikographie der Gegenwart.

Stattdessen wird die sprachwissenschaftliche Fachlexikographie der akademischen Disziplinen (i. S. v. Art. 29,5.) ‚Sprachwissenschaft,' ‚Linguistik' und ‚germanistische Linguistik' und die für die zugehörigen beruflichen Disziplinen exemplarisch betrachtet, und zwar diejenigen Fachwörterbücher, in denen in erster Linie die sprachwissenschaftliche Terminologie(n) sprach- und/oder sachlexikographisch bearbeitet sind.

Nachschlagewerke wie z. B. ²LGL, König 1981 und ²KE werden nicht berücksichtigt, da es sich nicht um Endprodukte eines lexikographischen Prozesses handelt, sondern (i. S. v. Wiegand 1989) um nichtlexikographische Nachschlagewerke. Auch Einführungen in die linguistische Terminologie — wie etwa Vermeer 1971 — werden aus dem gleichen Grund nicht betrachtet. Ausgeschlossen werden auch die Fachwörterbücher von benachbarten Disziplinen wie z. B. die zur Semiotik (z. B. Bense/Walther 1973) und die zur Fremdsprachendidaktik (z. B.: Köhring/Beilharz 1973), obwohl in ihnen zahlreiche Artikel zu solchen Lemmazeichen zu finden sind, die auch Fachausdrücke in den sprachwissenschaftlichen Disziplinen sind. — Zur Berücksichtigung linguistischer Fachausdrücke in deutschen und englischen Wörterbüchern, die keine Fachwörterbücher sind, vgl. man Bergenholtz/Mugdan 1985.

Die wichtigsten alphabetisch geordneten einsprachigen Fachwörterbücher — nachfolgend als sprachwissenschaftliche Fachwörterbücher bezeichnet — sind die folgenden (in alphabetischer Reihenfolge nach den Wörterbuchmarken):

Abraham 1988 (1. Aufl. 1974); Bohusch 1972; Bünting/Eichler 1989 (1. Aufl. 1982); Bußmann 1983 (Neuaufl. für Herbst 1990 angekündigt); Conrad 1981 (1. Aufl. 1975, 2. durchges. Aufl. 1978); Conrad 1985; HdL 1975; Helbig 1969; Heupel 1978 (1. Aufl. 1973); Hofmann/Rubenbauer 1963 (1. Aufl. 1950); Homberger 1989; Knobloch-SpWb (1. Lief. 1961); Krahl/Kurz 1977 (1. Aufl. 1970); Lang 1967 (T); Lewandowski 1990 (1. Aufl. 1973/75); Ludewig 1969; LuD-Lexikon 1971 ff.; Newald/Ristow 1954; Scholz/Eckert 1978; Sommerfeldt/Spiewok 1989; Spiewok 1976; Spiewok 1977 (S); Ulrich 1987 (1. Aufl. 1972; 2. neub. u. erw. Aufl. 1975) und Welte 1974.

Die Lexikographie eines akademischen Faches (eines Teilfaches, einer inhaltlich und institutionell zusammengehörigen Gruppe von Fächern) wird von verschiedenen lexikographieexternen Faktoren gesteuert, insbesondere von der Forschungsentwicklung und den fachinternen Ansichten, wie das Verhältnis zu den beruflichen Disziplinen bestimmt wird, die dem Fach in seiner institutionalisierten Form als akademische Disziplin zugeordnet sind. In einer Phase der Forschungsentwicklung, in der eine akademische Disziplin z. T. mit ihren Traditionen bricht, Themen, Perspektiven, Methoden, Theorien, Theoriefragmente und damit Sprechweisen, Benennungsmoden und Terminologien aus anderen (und z. T. in anderen Sprachen formulierten) Traditionen und aus Nachbarwissenschaften übernimmt — wie das besonders stark seit etwa Mitte der 60er Jahre bis Anfang der 80er Jahre in der Linguistik und germanistischen Linguistik der BRD und DDR der Fall war —, wird die Fachlexikographie anders aussehen (müssen) als in einer Phase der Forschungsentwicklung, in welcher man sich auf die Traditionen besinnt, das Fach sich konsolidiert, die zentralen Themen sich herausbilden etc. In den verschiedenen Phasen der Entwicklung von akademischen Disziplinen hat die Fachlexikographie — und das gilt keineswegs nur für die sprachwissenschaftlichen Fachwörterbücher — durchaus unterschiedliche Aufgaben zu erfüllen, was bei ihrer Konzipierung ebenso wie bei ihrer Beurteilung zu berücksichtigen ist.

Allerdings bestehen über diese Aufgaben — soweit man überhaupt über sie nachgedacht hat — wiederum unterschiedliche Auffassungen. So kann man z. B. m. E. keineswegs kommentarlos zustimmen, wenn Bußmann (1974, 47) meint, der Lexikograph habe innerhalb der eigenen Disziplin die Spreu vom neologischen Weizen zu trennen. Hinter solchen Ansichten verbirgt sich ein naiver Objektivismus. Vorausgesetzt wird ein Fachlexikograph, der in der Lage ist, mit objektiven Kriterien zu entscheiden, welche Lemmata aufgenommen werden und welche nicht. In einem Fach, in welchem unterschiedliche Schulen agieren und vier Generationen lehren und forschen, kann es keine lexikographischen Superhirsche geben, welche die äußere und innere Selektion aus den Texten des ganzen Fachs so gestalten, daß sie nicht mehr oder weniger einseitig und damit in einem bestimmten Sinne normativ ist. Das Ergebnis einer z. B. äußeren Selektion, die eine(r) alleine zu verantworten hat, kann bei der Heterogenität der Terminologie, die aus ganz unterschiedlichen Theoriezusammenhängen und Methodologien stammt, und bei der Spezialisierung in jedem Forschungsfeld nur unzureichend sein. Bei größeren Werken wird sie zum wissenschaftspolitischen Ärgernis (vgl. hierzu Wolski 1989 über Abraham 1988).

Die genannten sprachwissenschaftlichen Fachwörterbücher lassen sich, relativ zur jüngeren Geschichte der drei genannten akademischen Disziplinen, grob zu vier (chronologisch-fachhistorisch bestimmten) Gruppen ordnen, die allerdings angesichts des „buntscheckigen Wildwuchs linguistischer Lexika" (Bußmann 1974, 44) in sich relativ inhomogen sind, insbesondere hinsichtlich ihres typologischen Ortes.

Zu einer ersten Gruppe von Fachwörterbüchern zur „traditionellen" Sprachwissenschaft können gerechnet werden:

Bohusch 1972; Hofmann/Rubenbauer 1963; Krahl/Kurz 1977; Ludewig 1969 und Newald/Ristow 1954. Auch die frühen Lieferungen von Knobloch-SpWb können zu dieser Gruppe gezählt werden.

Das zuletzt genannte Wörterbuch nimmt unter den sprachwissenschaftlichen Wörterbüchern eine Sonderstellung ein. Die Bemühungen um ein „Wörterbuch der sprachwissenschaftlichen Terminologie" gehen auf Initiativen von Karl Brugmann zurück (vgl. Bußmann 1974, 43 f.). Über Leo Weisgerber kam die Zettelkartei an Johann Knobloch, den jetzigen Herausgeber, der im Vorwort ein nicht einmal annähernd erreichbares und angesichts der heutigen Forschungssituation völlig unrealistisches Ziel formuliert, denn das in Lieferungen erscheinende Werk soll „die gesamte Terminologie der Sprachwissenschaft und übergreifend auch ihrer Nachbarwissenschaften, soweit sich hier Arbeitsgebiete überschneiden, [...] erläutern" (Vorwort, V). Knobloch-SpWb ist ausdrücklich sach- und sprachlexikographisch ausgerichtet und daher (i. S. v. Wiegand 1988 a) ein fachliches Allbuch. Es ist partiell terminologiehistorisch (begriffsgeschichtlich) orientiert und überwiegend für die Experten geschrieben. Entsprechend werden Angaben zu Erst- (und wenn dies nicht möglich war) zu Frühbelegen gemacht. Die Artikel sind nicht durchgehend standardisiert. Wenn das Werk (vielleicht in fünfzig Jahren?) vollständig erschienen ist, wird es stark veraltet sein; nach Koerner (1972, 33) ist es „a typical work for the university library reference desk and — the museum"! Es kann dann vor allem als Hilfsmittel beim Studium älterer Fachtexte dienen oder denen nützlich sein, die begriffs- oder terminologiegeschichtliche Studien zur Sprachwissenschaft treiben. Es kann auch als ein Beitrag zur Geschichte der Sprachwissenschaft gelten. Zur diachronisch orientierten Lexikographie der Terminologie der Sprachwissenschaft vgl. man auch Hiersche/Ising/Ginsel 1955.

Aus dem gleichen Kreis lexikographischer Bemühungen, aus dem Knobloch-SpWb stammt, ging auch Hofmann/Rubenbauer 1963 hervor, in welchem sich ca. 900* glattalphabetisch geordnete Lemmata finden. Im Vorwort findet man kein Wort über die Wörterbuchbasis, die Kriterien der äußeren Selektion, den Adressatenkreis und das Mikrostrukturenprogramm. Wie auch in anderen sprachwissenschaftlichen Fachwörterbüchern vermißt man jede Spur von fachlexikographischem Know-how. Das Wörterbuch ist heute nur noch von historischem Wert und spiegelt im übrigen (wie auch Newald/Ristow 1954) „die verzögerte Rezeption der internationalen strukturalistischen Linguistik in Deutschland" (Bußmann 1974, 51). Auch der Quellenwert dieses Werkes für die terminologiegeschichtliche Forschung ist relativ gering, weil es nicht mittels entsprechender Angaben (wie z. B. Belegbeispielangaben, Literaturangaben u. a.) mit der Fachliteratur verbunden ist. Dies ist überhaupt eine bemerkenswerte Unsitte zahlreicher sprachwissenschaftlicher Fachwörterbücher, die sich an die Studierenden im Fach und an die Lehrer wenden (z. B. Conrad 1981, Conrad 1985, Heupel 1973 u. 1978).

In Krahl/Kurz 1977 wird (ähnlich wie in Spiewok 1977 (S)) ein schwer abgrenzbares Gebiet, zu dem auch die Sprachwissenschaft etwas beiträgt, die Stilistik, lexikographisch bearbeitet. Beabsichtigt ist eine „klärende Bestandsaufnahme" der Terminologie der „Stilkunde", welche bei der Beschäftigung mit publizistischen und literarischen Texten nützlich sein soll. Die Lemmata entstammen den verschiedensten Teilbereichen wie Rhetorik, Literaturwissenschaft, Textlinguistik, Phraseologie, traditioneller Grammatik u. a. Ein lexikographisches Konzept, welches mehr beinhaltet, als zu einigen Fachausdrücken, welche man (ebenso mutig wie willkürlich) der sog. Stilkunde zuweist, einen „Kurztext im Telegrammstil" zu verfassen, läßt sich nur in sehr geringem Maße erkennen (vgl. das Vorwort und die Hinweise zur Benutzung).

Ludewig 1969 ist ein fachliches Sachwörterbuch für den Laien. Während es als Wörterbuchgrammatik im Rahmen von Wörterbuchbenutzungssituationen eine nützliche Funktion hat (vgl. Wiegand 1985 c, 59 ff.), ist es als selbständiges Werk überflüssig. Die ca. 250* Lemmata gehören zu den sog. Sachgebieten Rechtschreibung, Silbentrennung,

Zeichensetzung, Aussprachregeln, Lautlehre, Wortarten und Satzlehre (vgl. Vorwort, 5). Die Artikeltexte basieren auf den vor 1968 erhältlichen inhaltsbezogenen Grammatiken, weisen keine durchgehende Gliederung (auch keine je Lemmatyp) auf, sind nicht standardisiert und nicht mittels entsprechender Angaben mit dem unzureichenden Literaturverzeichnis verbunden. Benutzungshinweise fehlen. Positiv an diesem Fachwörterbuch ist lediglich, daß zu fast allen behandelten Phänomenen Beispiele gegeben werden.

Auch Newald/Ristow 1954 — ursprünglich als Beilage für Newalds „Einführung in die Wissenschaft der deutschen Sprache und Literatur" geplant — ist heute nur noch von historischem Interesse. Das (geradezu rührende) Beieinander literatur- und sprachwissenschaftlicher Termini in der vertikalen Lemmareihe (z. B. **Kentumsprachen** neben **Kinderlied, Lokalstück** neben **Lokativ** und **Sondersprache** neben **Sonett**) ist auch ein Spiegel, wie sehr sich heute ein Fach „Deutsche Philologie" überlebt hat (auch wenn es diese Fächerbezeichnung immer noch gibt).

Bohusch 1972 ist in einigen Hinsichten ein bemerkenswertes Fachwörterbuch. Der Verf. bestimmt deutlich seinen Adressatenkreis: vor allem die Deutschlehrer. Entsprechend kann er auch Selektionskriterien angeben: aufgenommen werden alle grammatischen Termini, die in die Schule sowie in die Werke „eingedrungen" sind, die der Lehrer kennen sollte, wenn er einen modernen Sprachunterricht geben will (vgl. Vorwort, 7). Nach diesem Kriterium werden zunächst ca. 1830* deutsche Lemmata selektiert. Diese werden auf zwei Zugriffsstrukturen verteilt, die aufeinanderfolgen; ca. 1400* gehören zur Trägermenge der ersten. Fragt man nach dem Verteilungskriterium, nach welchem die Lemmata den beiden Mengen zugewiesen wurden, dann ist dies zwar nicht explizit angegeben, aus dem Duktus des Vorwortes ist es aber erschließbar: Bohusch konstatiert ein „Überangebot" an grammatischer Terminologie (Vorwort, 7). Das Ergebnis der Zuweisung zur zweiten Zugriffsstruktur (und damit zum Teil B des Wörterbuches) kann als die Antwort auf folgende Frage gelten: „Welcher von parallelen Bezeichnungen gebührt der erste, gleichsam der offizielle Rang, welche sollen auf zweiten und dritten Plätzen geduldet werden [...]?" (Vorwort, 7).

Der Teil B kann daher auch z. T. als eine Liste der synonymen (oder z. T. angeblich synonymen) grammatischen Termini betrachtet werden. Man vgl. die folgenden Beispiele (S. 275 ff.).

Stichwort	**zu finden unter**
Abhängigkeits-Struktur-Grammatik	Dependenzgrammatik
Ableitungssuffix	Ableitungsmorphem
Absichtssatz	Finalsatz
Additionswort	Kopulativ
Adverbiale der Art	Artangabe
⋮	⋮
Bedeutungsstruktur	Tiefenstruktur
Bedeutungsverhüllung	Euphemismus
⋮	⋮
Beifügesatz	Attributsatz
Beifügung	Attribut
Beisatz	Apposition
⋮	⋮
Ergänzung im Wemfall	Zuwendgröße
Ergänzung im Wenfall	Zielgröße
⋮	⋮
IPA	Lautschrift
⋮	⋮
Zeitwort	Verb

Der kleine Auszug zeigt bereits mehrere Aspekte, die inhaltlich problematisch, hier aber nicht zu diskutieren sind (z. B. die Rolle der Glinzschen Terminologie).

Der Teil B ist relativ zum Teil A nicht vollständig. So findet sich z. B. im Artikel zu *Zuwendgröße* in der ersten Artikelposition, in der „andere Bezeichnungen" (also wohl terminologische Synonyme) genannt werden (vgl. Textbeispiel 206.77), der Terminus *Dativobjekt*. Also müßte es im Teil B einen Eintrag geben: „Dativobjekt Zuwendgröße". Dies ist aber nicht der Fall. Insgesamt wäre es benutzerfreundlicher gewesen, die Einträge im Teil B als Verweisartikel (z. B. **Beisatz** → Apposition) in den Teil A einzuarbeiten, und außerdem kann man in einem Verweisartikel (in unterschiedlicher Weise) die Bedeutungsbeziehung gleich angeben (z. B. **Beifügesatz** = Attributsatz ↑). Im Metatext muß dann erklärt werden, daß das Gleichheitszeichen „=" zwischen Termini steht, die als synonym interpretiert wurden.

Die Artikel in Bohusch 1972 sind durchgehend standardisiert: es wird — um es in der lexikographischen Werkstattsprache (i. S. v. Art. 34, 3.2.) zu sagen — ein festes „Artikelschema" abgearbeitet. Dieses lineare Schema — eine Folge von 10 Artikelpositionen — wird (als Einschub ins Wörterverzeichnis) auf jeder mit einer ungeraden Zahl paginierten Seite (= rechten einer Doppelseite) am Fuß der Seite abgedruckt, so daß der Benutzer-in-actu es stets im Blickfeld hat, was die rasche Orientierung sehr fördert, zumal auch

Subjekt

1. Satzgegenstand; Substantiv im unabhängigen Nominativ; Grundgröße
2. *Die Rose* blüht
3. Träger der Aussage; bestimmt das Prädikat nach Person und Zahl; Fragewort: Wer? oder Was? Bei Erben wird das Subjekt mit E_1 bezeichnet; Unterschied zwischen wirklichem (Die *Sonne* scheint) und scheinbarem S. (*Es* scheint die Sonne); in Ellipsen kann das Subjekt fehlen (Danke schön)
4. 1. subiectum = das Daruntergeworfene, Untergelegte
5g. Objekt
7. subject
8. sujet (m)
9. Grundgröße

Subjekt, grammatisches

1. Vorsubjekt
2. Es war einmal ein armes Mädchen
3. „es" als Vorläufer des wirklichen Subjekts; sprachliches S. im Gegensatz zum gedanklichen

---

1. andere Bezeichnungen 2. Beispiele 3. Erklärungen 4. Herkunft 5g. entgegengesetzte Erscheinungen 5ä. ähnliche Erscheinungen 6. Name in der lateinischen Grammatik 7. englischer Name 8. französischer Name 9. Hinweise

Textbeispiel 206.77: Halbe Wörterbuchseite aus Bohusch 1972

jede Artikelposition einen eigenen Textblock erhält. Die Numerierung bleibt erhalten, wenn Artikelpositionen leer sind. Für ein Fachwörterbuch, das ähnliche Ziele verfolgt, ist diese Art der Gestaltung des Wörterverzeichnisses empfehlenswert (man vgl. Textbeispiel 206.77); allerdings müssen die Positionen inhaltlich nicht nur genauer bestimmt, sondern auch ergänzt werden; z. B. fehlt eine Position, in welcher auf andere, systematisch zusammengehörige Termini verwiesen wird, so daß die isolierte Bearbeitung der Termini wenigstens teilweise rückgängig gemacht wird. Diesbezügliche Systematisierungsforderungen bei Lang 1967 sind jedoch überzogen, weil sie die Möglichkeiten eines Wörterbuches auf dem Datenträger 'Papier' falsch einschätzen.

Auf den Teil B folgen fünf weitere Teile (C bis G), und zwar handelt es sich um fünf nützliche alphabetische Listen, in welchen den englischen, französischen, lateinischen, italienischen und spanischen grammatischen Termini ihre deutschen terminologischen Äquivalente zugeordnet werden.

In der ersten Gruppe der linguistischen Fachwörterbücher ist Bohusch 1972 das einzige Wörterbuch, das wenigstens einige metalexikographisch interessante und für den Benutzer nützliche Aspekte der Wörterbuchform aufweist sowie eine wenigstens partiell nachvollziehbare äußere Selektion. Inhaltlich jedoch gilt das Urteil von Bußmann (1974, 60):

„Die Erläuterungen traditioneller Begriffe können als elementar bis banal bezeichnet werden, die neueren linguistischen Termini sind fast ausnahmslos irreführend, wenn nicht verfälschend dargestellt."

Als Resümee kann festgestellt werden: zur „traditionellen" Sprachwissenschaft insgesamt gibt es kein heute noch gut brauchbares selektives Fachwörterbuch; auch die inhaltsbezogene Sprachforschung hat ihren Lexikographen bis heute nicht gefunden. Die Gründe hierfür sind zahlreich; zu nennen wären vor allem die folgenden:

— ausreichende Kenntnisse darüber fehlen, in welchen fachlichen Handlungszusammenhängen sprachwissenschaftliche Fachwörterbücher überhaupt benötigt und tatsächlich benutzt werden;
— es fehlen metalexikographische Kenntnisse zur Fachlexikographie, insbesondere entwickelte Vorstellungen darüber, wie eine Typologie linguistischer Fachwörterbücher aussehen müßte und wie die Wörterbuchform über die traditionellen Ausprägungen hinaus zu entwickeln ist;
— es gibt zu wenig explizite (nicht nur selbst erlebte) Kenntnisse über die Fachkommunikation und die Rolle der sprachwissenschaftlichen Fachausdrücke innerhalb dieser;
— ein ausgeprägtes Bewußtsein für die Notwendigkeit jener Arbeiten (nämlich z. B.

fachlexikographische und bibliographische), die innerhalb einer akademischen Disziplin bzw. einer Gruppe von Fächern und der ihr bzw. ihnen zugeordneten beruflichen Disziplinen eine integrative Funktion erfüllen, findet sich relativ selten;
— dagegen begegnet zu oft ein verstaubter Stubengelehrtengeist ohne Organisationstalent, der wissenschaftliche Teamarbeit nicht kennt und sie daher scheut und in Zettelkästen fast erstickt.

Neben der ersten kann eine zweite Gruppe von sprachwissenschaftlichen Fachwörterbüchern unterschieden werden. Sie besteht aus der ersten Generation der Wörterbücher, welche die strukturellen und generativen Ansätze zu berücksichtigen versuchen; zu ihr gehören:
Abraham 1974, Helbig 1969, Heupel 1973, Lang 1967 (T), Lewandowski 1973/75, LuD-Lexikon 1971 ff., Ulrich 1972 und Welte 1974.

Die meisten dieser Wörterbücher sind relativ ausführlich behandelt in: Bußmann 1974 (zu Ulrich 1972 u. Heupel 1973 und zu den ersten 30 Artikeln von LuD-Lexikon 1971 ff.), in Bußmann/Altmann/Lauffer 1975 (zu Lewandowski 1973, Welte 1974 und Abraham 1974), Kreuder 1973 (zu Helbig 1969, zu Ulrich 1972; zu LuD-Lexikon 1971 ff.), Kreuder 1978 (zu Heupel 1973, Lewandowski 1973/75, Welte 1974 und HdL 1975). Vgl. auch Hartmann 1976 sowie Beckers/Schmitter 1973, 7—21.

Alle genannten Wörterbücher (mit Ausnahme des LuD-Lexikons) wurden hastig produziert, weil lexikographische Hilfsmittel in der damaligen diffusen Lehr- und Forschungssituation fehlten. Obwohl diese Fachwörterbücher in den 70er Jahren eine gewisse didaktische Funktion hatten, sind sie im Fach — ganz zu recht — überwiegend negativ beurteilt worden (vgl. die genannten Arbeiten), so daß man feststellen kann, daß wenigstens die fachinterne Wörterbuchkritik einigermaßen funktioniert hat; eine eingehendere Betrachtung ist daher hier überflüssig.

Für die Wörterbuchforschung sind diese Wörterbücher in verschiedener Hinsicht interessante Studienobjekte. Insbesondere kann man an ihnen zeigen, welche Eigenschaften sprachwissenschaftliche Fachwörterbücher n i c h t haben sollten, und so ex negativo versuchen, verschiedene Typcharakteristiken von linguistischen Fachwörterbüchern zu erarbeiten, wobei auch die positiven Ansätze der jüngeren Werke (insbes. Bußmann 1983, aber z. T. auch andere) zu berücksichtigen sind.

Ein besonderes Wörterbuch ist Scholz/Eckert 1978, das hier kurz betrachtet wird, weil seine Wörterbuchform interessante Eigenschaften aufweist. Den Wörterbuchgegenstandsbereich bilden die wissenschaftlichen Texte zum Sprechstörungskomplex „Stottern und Poltern" aus den Bereichen Ätiologie, Genese, Diagnostik und Therapie. Die Wörterbuchbasis ist durch ein alphabetisches Quellenverzeichnis (S. 147—177), in welchem alle Arbeiten aufgeführt sind, aus denen Fachausdrücke selektiert wurden, extensional festgelegt und direkt zugänglich. Die ca. 500* Wörterbuchartikel sind standardisiert: Auf das Lemma folgen Synonymenangaben und/oder Äquivalentangaben, dann eine Literaturangabe, und auf diese folgt eine enzyklopädische Angabe, die dasjenige Phänomen im Sinne der angegebenen Literatur charakterisiert, auf welches mit dem Lemmazeichen Bezug genommen wird. Die enzyklopädische Angabe kann um einen Verweis binnenerweitert sein (vgl. wa$_{82}$). Den Abschluß bildet eine Verweisangabe oder mehrere. Ist das Lemmazeichen n-fach polysem, gibt es n Literaturangaben, jeweils gefolgt von enzyklopädischen Angaben. Ein kleiner Artikel zu einem monosemen Lemmazeichen aus Scholz/Eckert 1978 hat dann folgende Form:

wa$_{82}$: ANGSTSTOTTERN
 syn.: balbuties asthenica
 SANDOW 1898: Form des *motorischen Stotterns,* hervorgerufen durch Angst, Schreck, Befangenheit und jeden asthenischen Affekt.

Im Quellenverzeichnis findet man dann den folgenden Eintrag:

SANDOW, L. (1898) Mechanik des Stotterns. Gründliche Selbstheilung ohne Atem-, Artikulations-, Stimmbildungs- und Sprechübungen. Nordhausen.

Angststottern (balbuties asthenica); Angstwiederholungen (repetitio syllabarum asthenica); Echowiederholungen; Stottern; Stottern, motorisches; Stottern, sensorisches (Echostottern; repetitio syliabarum resonans); Willensdruckstottern; balbuties asthenica

Die hier angewandte lexikograpische Methode (die erheblich verfeinert und auch mit in Bohusch 1972 angewandten Darstellungsmethoden kombiniert werden kann) eignet sich gut für kleine teilbereichsspezifische sprachwissenschaftliche Wörterbücher (z. B. Wörterbuch zur neueren Textlinguistik). Gute sach- und sprachlexikographisch orientierte sprachwissenschaftliche Fachwörterbücher zu kleinen Bereichen, die als Produkte der Textlexikographie verstanden werden müssen und ihre extensional genau festgelegte Wörterbuchbasis offenlegen, sind die Desiderata in den sprachwissenschaftlichen Disziplinen.

Eine dritte Gruppe von sprachwissenschaftlichen Fachwörterbüchern bildet die zweite Generation von Wörterbüchern, welche strukturelle und generative Ansätze berücksichtigen; zu ihr gehören: Conrad 1975, HdL 1975, Heupel 1978, Lewandowski 1976 und Ulrich 1975.

Die Neuauflagen, die nur teilweise auf die vorgetragene Fachkritik reagieren, werden nachfolgend nicht berücksichtigt. Conrad 1975 ist das erste selbständig erscheinende linguistische Fachwörterbuch in der DDR. Es ist didaktisch orientiert und will zwischen der in der Forschung verwendeten Terminologie und der Lehre in Universitäten, Hochschule und Schulen vermitteln. Von insgesamt sechs Sprachwissenschaftlern bearbeitet, ist es das erste sprachwissenschaftliche Fachwörterbuch nach 1945, welches eine einigermaßen ausgewogene äußere Selektion aus den wichtigsten Bereichen der Sprachwissenschaft aufweist. Die Wörterbuchform ist traditionell, und seine Eigenschaften werden im Metatext relativ genau erklärt. Die technischen Mängel, welche in der Fachkritik bes. bei Heupel, aber auch Ulrich und Lewandowski aufgezeigt wurden, hat dieses Wörterbuch nicht. Seine Schwäche ist die starke Makrostrukturlastigkeit. Häufig sind die Artikel zu kurz und fallen daher trivial und z. T. komisch aus, insbesondere, wenn man an den ins Auge gefaßten Adressatenkreis denkt. So heißt z. B. ein Artikel:

wa$_{83}$: **Mundartwörterbuch,** auch **Idiotikon:** Wörterbuch, das den Wortschatz einer Mundart oder eines Dialektes mit seinen Bedeutungen und Verwendungsweisen verzeichnet.

Ein nichtssagender (und z. T. falscher) Artikel wie wa$_{83}$ nützt wahrscheinlich niemandem etwas. Neben derart (auch sprachlich) mißlungenen Artikeln finden sich andere, die — bei aller Kürze — das Wichtigste enthalten, vgl. z. B. s. v. *Motion* und s. v. *Rückumlaut*. Literaturhinweise fehlen durchweg, was bei der vorgenommenen Bestimmung des Adressatenkreises unverständlich ist.

Eine Sonderstellung unter den alphabetischen Fachwörterbüchern nimmt das HdL 1975 ein. Kreuder (1987, 80) stellt fest, das HdL 1975 sei „weder ein Lexikon noch ein Handbuch im üblichen Sinne". Was jedoch ein Lexikon oder ein Handbuch im üblichen Sinne ist, ist nirgends genau festgelegt (vgl. Wiegand 1988 a, 734 ff). Das HdL 1975 weist zahlreiche Züge auf, die ein auch für Fachleute brauchbares größeres sprachwissenschaftliches Fachwörterbuch (egal ob es sich Handbuch oder Lexikon nennt), das sowohl sach- als auch sprachlexikographische Ziele verfolgt, haben sollte, nämlich u. a.:

— es wurde von mehreren Wissenschaftlern erarbeitet (20 Autoren für 17 unterschiedene Teilbereiche, eine wissenschaftliche Redaktion)
— es läßt den Versuch erkennen, verschiedene Artikeltypen relativ zu Typen von Fachausdrücken zu unterscheiden
— es gibt ein Namenregister
— das Verweissystem ist nicht nur schematisch konzipiert (wie etwa bei Lewandowski).

Die beiden ersten Punkte sind dabei die wichtigsten. Ein größeres, niveauvolles linguistisches Wörterbuch für den universitären Gebrauch, welches nicht teilbereichspezifisch ist, kann in den Grundzügen von einem Wissenschaftler hinsichtlich der Makro- und Mikrostruktur sowie hinsichtlich der textuellen Binnen- und Rahmenstruktur entworfen, aber nicht in einem angemessenen Zeitraum von einem alleine geschrieben und durch mehrere Auflagen geführt werden. Hier ist disziplinierte Teamarbeit angesagt. Gelingt sie, dann hat man Fachwörterbuchartikel, die für eine längere Zeit mit Nutzen konsultiert werden können. Solche finden sich im HdL 1975 zahlreich; vgl. z. B. s. v. *Abbildung,* s. v. *Äquivalenzrelation,* s. v. *Akustische Phonetik,* s. v. *Glossematik,* s. v. *Konstituentenanalyse,* s. v. *Kontextfreie Sprache,* s. v. *Morphem* und s. v. *Transkription.*

Genau so wenig wie bisher über die Typologie linguistischer Fachwörterbücher relativ zur Lage in der/den akademischen Disziplin(en) nachgedacht wurde, genau so wenig wurde bisher darüber nachgedacht, wieviel Arten von linguistischen Fachausdrücken es gibt. Eine Typologie solcher Fachausdrücke (oder mehrere) ist aber die wichtigste Voraussetzung dafür, daß — relativ zum Wörterbuchtyp und zum Adressatenkreis — angemessene Artikeltypen entworfen werden können; hier kann eine metalexikographische Analyse des HdL 1975 anregend sein. Daß ausgerechnet Sprachwissenschaftler fast alle ihre Fachwörterbücher mehr oder weniger ad hoc (= ohne metalexikographische Theoriebildung) schreiben, ist eigentlich unverständlich.

Eine vierte Gruppe von sprachwissenschaftlichen Fachwörterbüchern bildet die jüngste Generation, zu der folgende Werke gezählt werden können: Conrad 1985, Bünting/Eichler 1989, Bußmann 1983, Lewandowski 1990, Homberger 1989, Sommerfeldt/Spiewok 1989 und Ulrich 1987.

Die Bearbeiter der Wörterbücher dieser Gruppe hatten den Vorteil, auf eine inzwischen recht umfangreiche Zahl von vergleichbaren Vorgängerwörterbüchern und die Kritik an diesen zurückgreifen zu können. Die genannten Wörterbücher sind daher alle solider gearbeitet als die vergleichbaren Werke in der zweiten und dritten Gruppe. Hinsichtlich der Adressatenkreise unterscheiden sie sich wie folgt: Der privilegierte Adressatenkreis von Bußmann 1983 und Lewandowski 1990 sind die Wissenschaftler im Fach und die Studenten. Der Adressatenkreis von Conrad 1985 ist relativ unspezifisch: das Wörterbuch will den „Interessen und Bedürfnissen unterschiedlichster Benutzerkreise gerecht werden" (Vorwort, 5). Ulrich 1987 hat als Benutzer vor allem *Studenten der Linguistik, speziell der Germanistik*" (Vorwort) und „Deutschlehrer, die schon vor Jahren die Hochschulen verlassen haben" (Vorwort) im Auge. Dieser Adressatenkreis hat sich seit 1972 (1. Aufl.) nicht geändert! Bünting/Eichler 1989 ist ein Schülerwörterbuch. Sommerfeldt/Spiewok 1989 ist vor allem „für Lehrer der deutschen Sprache, für Studenten des Fachlehrerstudiums und für Schüler höherer Klassen der allgemeinbildenden polytechnischen Oberschulen" (Vorwort, 5) gedacht, und die Selektion ist zusätzlich curriculumorientiert. Schließlich wendet sich Homberger 1989 „an Lehrende und Lernende, die sich mit deutscher Grammatik und Themen zur deutschen Sprache beschäftigen, sowie an jeden, der sich über einen Fachbegriff oder ein Sachthema zur deutschen Sprache präzise und in angemessener Kürze informieren möchte" (Vorbemerkung).

Die jüngste Generation der linguistischen Fachwörterbücher deckt also — nach den Intentionen der Lexikographen geurteilt — das gesamte Adressatenfeld ab, das zu den akademischen und den ihnen zugeordneten beruflichen Disziplinen gehört.

Mit Bußmann 1983 und Lewandowski 1990 sind ein großer Teil der zentralen Termini der neueren diachronen und synchronen Sprachwissenschaft (sog. „Grundbegriffe"), die in der akademischen Lehre erfahrungsgemäß von Bedeutung sind, lexikographisch erreichbar und über die Literaturangaben z. T. an die Forschungsliteratur angebunden. Beide sprachwissenschaftlichen Fachwörterbücher sind sach- und sprachlexikographisch orientierte Nachschlagewerke allenfalls mittlerer Reichweite mit geringer historischer Tiefe (und stellen sehr beachtliche fachlexikographische Einzelleistungen dar).

Es sind die beiden einzigen der bereits fertig vorliegenden sprachwissenschaftlichen Wörterbücher, die Studenten der sprachwissenschaftlichen Fächer und Wissenschaftlern von Nachbardisziplinen (z. B. Literaturwissenschaftlern und Sprachphilosophen) empfohlen werden können, obwohl beide Werke prinzipielle Schwächen aufweisen. Ein relativ schwerwiegender systematischer Defekt besteht darin, daß beide Wörterbücher ihre Wörterbuchbasis nicht offenlegen. Während dies bei den überwiegend auf die beruflichen Disziplinen hin angelegten Wörterbüchern (zwar auch nicht zu begrüßen ist) aber doch weniger ins Gewicht fällt, ist dies bei Wörterbüchern, welche überwiegend zur Benutzung im universitären Bereich konzipiert wurden, nicht zu vertreten. Auch Lewandowski 1990 und Bußmann 1983 sind daher — besonders was die äußere Selektion angeht — in einem bestimmten Sinne normativ. Außerdem mischen sie sich in ihren Artikeln in den Forschungsprozeß (mehr oder weniger parteiisch) ein, und es ist die Frage, ob dies für ein Fachwörterbuch angemessen ist.

Es kann wohl als eine kaum verständliche und insgesamt unbefriedigende Situation gelten, daß eine akademische Disziplin bzw. eine zusammengehörige Gruppe von Disziplinen die sach- und sprachlexikographische Aufarbeitung ihrer wissenschaftlichen Gegenstände und ihrer Fachterminologie einzelnen Wissenschaftlern überläßt. Denn jede(r) einzelne ist hier letztlich stets überfordert, wenn er nicht ein kleineres bereichsspezifisches Fachwörterbuch zu dem Bereich erarbeitet, zu dem er hauptsächlich geforscht hat. Es bleibt also eine Aufgabe, die Lexikographie z. B. der Disziplin 'germanistische Linguistik' insgesamt zu entwickeln, wobei die Fachlexikographien anderer Fächer zu berücksichtigen sind.

4. Wörterbuchpflege nach 1945

Wörterbuchpflege ist eine kulturelle Praxis, in welcher vor allem Verleger, Wissenschaftler (insbesondere Wörterbuchforscher) und Lexikographen mit dem Ziel zusammenarbeiten, eine andere kulturelle Praxis, nämlich die der Wörterbuchbenutzung, zu fördern. Es lassen sich verschiedene Arten der Wörterbuchpflege unterscheiden. Die wichtigsten sind die verlegerische, die lexikographische und die metalexikographische Wörterbuchpflege. Verlegerische Wörterbuchpflege liegt vor, wenn ein Verlag ein früher erschienenes Wörterbuch ohne zusätzliche Außentexte und damit inhaltlich unverändert lediglich nachdruckt. Die Gründe hierfür können verschieden sein, z. B. kann das Wörterbuch vergriffen oder schwer zugänglich sein, oder die wenigen noch erhältlichen Exemplare können vom chemolytischen Verfall des Papiers bedroht sein. Daß ein Wörterbuch vergriffen ist, ist zwar in der Regel der Fall, aber keine notwendige Voraussetzung dafür, daß es nachgedruckt wird. Das beste Beispiel hierfür ist der Nachdruck des Grimmschen Wörterbuches. Mit der verlegerischen Wörterbuchpflege wird der lexikographische Prozeß, welcher früher zu dem nachzudruckenden Wörterbuch geführt hat, nicht wieder in Gang gesetzt. Dies unterscheidet sie von der lexikographischen Wörterbuchpflege; letztere besteht darin, daß auf Veränderungen im Wörterbuchgegenstandsbereich (z. B. auf den lexikalischen Wandel im Falle von Informantensprachen) und/oder auf den Wissenszuwachs aufgrund von Forschungen über den Wörterbuchgegenstandsbereich (z. B. bei der Textlexikographie auf die Funde neuer Quellen und ihrer Analyse) und/oder auf den Zuwachs an Kenntnissen über Eigenschaften von Wörterbüchern durch Veränderungen des Wörterbuches reagiert wird, was entweder durch veränderte Neuauflagen, Neubearbeitungen, Nachträge oder durch Ergänzungsbände geschieht, wodurch der lexikographische Prozeß in unterschiedlicher Weise wieder in Gang gesetzt wird. Der Sinn der lexikographischen Wörterbuchpflege besteht vor allem darin, angesichts der Veränderungen im Wörterbuchgegenstandsbereich und gegebenenfalls dem Wissenszuwachs über ihn und über Wörterbücher den Nutzwert des Wörterbuches zu erhalten oder zu erhöhen. Dieser Sinn kann — wenn ein Wörterbuch direkt über den Markt finanziert werden muß — aus dem Auge verloren werden, und eine wichtige Aufgabe der Kritischen Wörterbuchforschung (i. S. v. Art. 29) besteht darin, dies zu zeigen.

Ein gutes Beispiel für erfolgreiche lexikographische Wörterbuchpflege nach 1945 ist der Übergang von DUW 1983 zu DUW 1989. Mit der 2. Aufl. wurde deutlich auf den raschen lexikalischen Wandel der Standardsprache reagiert und auch auf den Wissenszuwachs über einzelne Wortgruppen (z. B. die Partikeln) sowie auf die Wörterbuchkritik am DUW 1983 und auf Vorschläge der Wörterbuchforschung. —

Besteht die lexikographische Wörterbuchpflege in der Neubearbeitung älterer, für ein Fach wichtiger Wörterbücher, dann verfehlt sie ihre Zwecke, wenn die Bearbeitungszeiten zu lange sind, weil u. a. dadurch der lexikographische Gesamtprozeß behindert wird (vgl. z. B. das Vorwort in Hiersche 1986 ff). Das ist beim ^{2}DWB der Fall. Die interessante Kritik in von Steinbock 1990 geht daher gerade in die falsche Richtung.

Die metalexikographische Wörterbuchpflege kann in sehr unterschiedlichen Formen auftreten. Während die verlegerische Wörterbuchpflege vor allem dafür Sorge trägt, daß Wörterbücher, die noch gebraucht werden, als Ware und Gebrauchsgegenstand verfügbar sind, und während die erfolgreiche lexikographische Wörterbuchpflege durch Wiederaufnahme und Fortsetzung des lexikographischen Prozesses den Nutzwert für die usuelle Benutzung als Nachschlagewerk erhält und erhöht, zielt die metalexikographische Wörterbuchpflege vor allem darauf ab, für die angemessene Benutzung von Wörterbüchern im Forschungsprozeß, insbesondere in der sprachhistorischen Forschung, die wissenschaftlichen Voraussetzungen zu schaffen. Dies geschieht durch Untersuchungen, die vor allem den Status eines lexikographischen Werkes relativ zum Wörterbuchgegenstandsbereich und innerhalb des lexikographischen Gesamtprozesses charakterisieren, um seinen Quellenwert einschätzen zu können. Bei Nachdrucken von Wörterbüchern werden solche Untersuchungen oder ihre Ergebnisse häufig in Form von Vorworten, Nachworten, Einführungen mit Bibliographien oder Beibänden veröffentlicht.

Nach 1945 wurden über 500 deutsche Wörterbücher nachgedruckt. Dieses Ergebnis des Zusammenwirkens der drei unterschiedenen Arten von Wörterbuchpflege muß als eine wichtige kulturelle Leistung eingeschätzt werden. Die Pflege älterer deutscher Wörterbücher begann Mitte der 60er Jahre im Forschungsinstitut für deutsche Sprache, als L. E. Schmitt die Reihe „Documenta Linguistica. Quellen zur Geschichte der deutschen Sprache des 15. bis 20. Jahrhunderts" gründete. In drei Unterreihen wurden (bzw. werden) die wichtigsten Wörterbücher des 15. und 16. Jhs. von G. de Smet, die des 17. und 18. Jhs. von H. Henne und die des 19. und 20. Jhs. von H. P. Althaus herausgegeben. Die Nachdrucke der einzelnen Werke (z. B. der von Dasypodius, Adelung, Campe und Heyne) sind fast alle mit Einführungen und Bibliographien versehen, so daß ihr Status als Quelle eingeschätzt werden kann und dadurch ihre angemessene Benutzung gefördert

206. Die deutsche Lexikographie der Gegenwart

wird. Die Einführungen (z. B. die von W. Betz, K. Grubmüller, H. Henne, G. Ising, G. Powitz, G. de Smet und G. Wahrig) können als wichtige Bausteine für eine Geschichte der deutschen Lexikographie gelten (vgl. Art. 203—205).

Nicht nur die älteren Wörterbücher, in denen die verschiedenen Ausprägungen und Stadien der deutschen Standardsprache bearbeitet sind, sind und waren Gegenstand der germanistischen Wörterbuchpflege (wie z. B. die von Henisch, Stieler, Steinbach, Adelung, Campe, Heyse und Sanders), sondern auch die Wörterbücher zu anderen Varietäten des Deutschen wurden berücksichtigt. Auch die wichtigsten Typen von Spezialwörterbüchern sind vertreten. Auch Ausschnitte aus der frühen zweisprachigen Lexikographie mit Deutsch sind berücksichtigt. Man vgl. z. B. Hederich/Hausmann 1988; in diesem Band werden drei Wörterbücher als Mikrofiches verfügbar gemacht.

Im folgenden werden für einige Typen von Spezialwörterbüchern einige ausgewählte Beispiele genannt:

Onomasiologische Wörterbücher: Sanders/Kühn 1985
Synonymenwörterbücher: Eberhard et al. 1971
Fremdwörterbücher und Verdeutschungswörterbücher: Campe 1970, Dunger 1989; Heyse 1978; Kehrein 1969; Schweizer 1978
Zitaten- und Sprichwörterbücher: Agricola/Hain 1970; Franck 1970; Lipperheide 1982
Idiomatische Wörterbücher: Queri 1970
Anekdotenwörterbücher: Anekdotenlexikon 1969
Reimwörterbücher: Syntax 1982
Abkürzungswörterbücher: Apianus 1968
Rechtschreibwörterbücher: Bellin 1973; Duden-1980
Etymologische Wörterbücher und Einflußwörterbücher: Egli 1970; Fulda 1977; Hemme 1979
Namenwörterbücher: Förstemann 1967 u. 1983; Kehrein 1970; Luther 1974
Dialektwörterbücher: (a) niederdt.: Dähnert 1967; Damköhler 1970; Frischbier 1971; Richey 1977; (b) mitteldt.: Albrecht 1965; Authenrieth 1968; Bauer 1969; Follmann 1971; Hertel 1966; Müller-Fraureuth; Vilmar 1969; (c) oberdt.: Birlinger 1968; Hügel 1972; Lexer 1965; Sartorius 1968
Gruppensprachliche Wörterbücher: Eilenberger 1981; Henne/Objartel 1984

Auch Wörterbücher zu älteren deutschen Sprachstufen wurden nachgedruckt (z. B. Lübben 1989 u. Wackernagel 1971) sowie Werkwörterbücher (z. B. Wießner 1989 und Benecke 1965), und schließlich ist das älteste deutsche Buch, wie es in Handschrift der Stiftsbibliothek St. Gallen überliefert ist, inzwischen als Faksimile-Druck verfügbar (Abrogans 1977).

Die germanistische Wörterbuchpflege im 20. Jh. ist ein Kapitel einer noch zu schreibenden Geschichte der neueren Lexikographie des Deutschen, das nicht vergessen werden darf.

5. Literatur (in Auswahl)

5.1. Wörterbücher

Abraham 1988 = Terminologie zur neueren Linguistik. Verfaßt und zusammengestellt v. Werner Abraham. 2., völlig neu bearb. und erw. Aufl. Tübingen 1988 (Germanistische Arbeitshefte. Ergänzungsreihe 1) [CX, 1059 S.; 1. Aufl. 1974].

Abrogans 1977 = Die Abrogans-Handschrift der Stiftsbibliothek St. Gallen. Das älteste Buch. In Faksimile hrsg. v. Bernhard Bischoff, Johannes Duft, Stefan Sonderegger mit Transkription des Glossars und des althochdeutschen Anhangs v. Stefan Sonderegger. 2 Bde. St. Gallen 1977.

Agricola 1984 = Christiane Agricola/Erhard Agricola: Wörter und Gegenwörter. Antonyme der deutschen Sprache. 5. unveränd. Aufl. Leipzig 1984 [280 S.; 1. Aufl. Leipzig 1977; 2. durchges. Aufl. Leipzig 1979].

Agricola/Hain 1970 = Johannes Agricola: Sybenhundert und fünfftzig Teütscher Sprichwörter verneüwert und gebessert. Mit einem Vorwort von Mathilde Hain. Hildesheim. New York 1970 (Volkskundliche Quellen. Neudrucke europäischer Texte und Untersuchungen. VII. Sprichwort. Hrsg. v. Mathilde Hain) [XI* S, Original unpaginiert].

Ahd.-Wb. = Althochdeutsches Wörterbuch. Auf Grund der von Elias von Steinmeier hinterlassenen Sammlungen im Auftrag der Sächsischen Akademie der Wissenschaften zu Leipzig bearb. u. hrsg. v. Elisabeth Karg-Gasterstädt und Theodor Frings [ab Bd. 2 von Rudolf Grosse]. Berlin [DDR]. Bd. I. *A* und *B*. Bearb.: Siegfried Blum, Theodor Frings, Heinrich Götz, Sybille Habermann, Elisabeth Karg-Gasterstädt, Gertraud Müller, Elfriede Ulbricht, Gerhard Wolfrum, 1968; Bd. II: *C* und *D*. Bearb. v. Siegfried Blum, Heinrich Götz, Sybille Habermann, Rolf Heller, Ingeborg Köppe, Gertraud Müller, Elfriede Ulbricht, Gerhard Wolfrum, 1970; Bd. III *E* und *F*. Bearb. v. Siegfried Blum, Sybille Blum, Heinrich Götz, Rolf Heller, Ingeborg Köppe, Bernhard Langer, Gertraud Müller, Ernst Otto 1971—1985 [bisher zus. XXXVI S., 3156 Sp.].

Ahlheim 1970 = Karl-Heinz Ahlheim: Duden. Wie gebraucht man Fremdwörter richtig? Ein Wörterbuch mit mehr als 30 000 Anwendungsbeispielen. Mannheim. Wien. Zürich 1970 (Duden-Taschenbücher 9) [368 S.].

Ahlheim 1970a = Karl-Heinz Ahlheim: Duden. Wie sagt der Arzt? Kleines Synonymenwörterbuch der Medizin [...]. Mannheim. Wien. Zürich 1970 (Duden-Taschenbücher 10) [176 S.].

Ahrends 1986 = Trabbi, Telespargel und Tränenpavillon. Das Wörterbuch der DDR-Sprache. Hrsg. v. Martin Ahrends. München 1986 (Heyne Allgemeine Reihe 01/6754) [218 S.].

Ahrends 1989 = Martin Ahrends: Allseitig gefestigt. Stichwörter zum Sprachgebrauch der DDR. München 1989 (dtv-Sachbuch) [198 S.; überarb. u. aktualis. Ausgabe von Ahrends 1986].

Albrecht 1965 = Karl Albrecht: Die Leipziger Mundart. Grammatik und Wörterbuch der Leipziger Volkssprache. Zugleich ein Beitrag zur Schilderung der Volkssprache im Allgemeinen. Mit einem Vorwort v. Rudolf Hildebrand. Leipzig 1881 [Nachdruck Leipzig 1965; XVIII, 243 S.].

Anekdotenlexikon 1969 = Das Große deutsche Anekdotenlexikon. Erfurt 1843 [44. Nachdruck München 1969; VIII, 462 S.].

Apianus 1968 = Peter Apianus: Abbreviationes Vetustorum Monumentorum in Ordinem Alphabeticum Digestae. Verzeichnis der im Mittelalter gebräuchlichen Abkürzungen. Nachdruck der Ausg. Ingolstadt 1534. Nachwort v. Johannes Müller. München-Pullach 1968 [26 S.].

Arsen'eva et al. 1963 = M. G. Arsen'eva/A. P. Chazanovič/D. B. Zamčuk: Lehrbuch zur Synonymie der deutschen Gegenwartssprache. Für Studenten pädagogischer Institute (in deutscher Sprache). Leningrad 1963.

Augst 1975 = Gerhard Augst: Lexikon zur Wortbildung. Bd. 1: Morpheminventar *A—G;* Bd. 2: Morpheminventar *H—R;* Bd. 3: Morpheminventar *S—Z.* Tübingen 1975 (Forschungsberichte des Instituts für deutsche Sprache 24.1, 24.2, 24.3) [zus. 1306 S.].

Autenrieth 1968 = Georg Autenrieth: Pfälzisches Idiotikon. Ein Versuch. 1899 [Nachdruck Wiesbaden 1968; 187 S.].

Bachofer/v. Hahn/Möhn 1984 = Rückläufiges Wörterbuch der Mittelhochdeutschen Sprache. Auf der Grundlage von Matthias Lexers Mittelhochdeutschem Handwörterbuch und Taschenwörterbuch bearb. u. hrsg. v. Wolfgang Bachofer, Walther von Hahn, Dieter Möhn. Stuttgart 1984 [XII, 585 S.].

Ballmer/Brennenstuhl 1986 = Thomas T. Ballmer/Waltraud Brennenstuhl: Deutsche Verben. Eine sprachanalytische Untersuchung des Deutschen Verbwortschatzes. Tübingen 1986 (Ergebnisse und Methoden moderner Sprachwissenschaft 19) [XII, 413 S.].

Bartels 1990 = Veni, vidi, vici. Geflügelte Worte aus dem Griechischen und Lateinischen. Ausgewählt und erläutert von Klaus Bartels. 8. Aufl. Zürich 1990 [216 S.; 1. Aufl. 1966].

Basler 1953 = Otto Basler: Deutsche Rechtschreibung. Regeln und Wörterverzeichnis. Bearb. v. Otto Basler. 10. Aufl. München. Düsseldorf 1953 [110 S.; 1. Aufl. 1948; 14. Aufl. 1960].

Bauer 1969 = Waldeckisches Wörterbuch nebst Dialektproben, gesammelt v. Karl Bauer. Hrsg. v. Herrmann Colitz. Norden 1902 [Nachdruck Wiesbaden 1969; XXV, 320 S.].

Bauer 1975 = Bernhard Bauer: Synonymen-Lexikon. Deutsches Wahlwörterbuch. Frankfurt 1975 (Ullstein Buch 4075) [193 S.; 1. Aufl. 1960; Neuaufl. mit anderem Vorspann. Frankfurt/M. Berlin 1990 (Ullstein-Buch Nr. 34633)].

Baum 1978 = Hubert Baum: Alemanisches Taschenwörterbuch für Baden. 3. Aufl. Freiburg 1978 [247 S.; 1. Aufl. 1972].

Becker 1966 = Stilwörterbuch. (Verfaßt in einem Forschungsauftrag des Staatssekretariats für das Hoch- und Fachschulwesen der Deutschen Demokratischen Republik von den Germanisten des Instituts für Sprachpflege und Wortforschung der Friedrich-Schiller-Universität Jena, geleitet von Henrik Becker unter Mitarbeit von Richard Rothe †). 1. Bd. *A—N,* 2. Bd. *M—Z.* Leipzig 1966 [zus. XVI, 1286 S.].

Becker 1989 = Rudolf K. Becker: So schabberten wir to Hus. Ein kleines Wörterbuch. Mit Scherenschnitten von Hannelore Uhse. 3. überarb. Aufl. Leer 1989 (Ostpreußisches Mosaik IV) [176 S.]; 1. Aufl. 1975 mit dem UT.: Ein ostpreußisches Wörterbuch; 2. Aufl. 1980].

Bellin 1973 = Johann Bellin: Hochdeutsche Rechtschreibung (darinnen die insgemein, gebräuchliche Schreibart/und derselben/in vielen stücken/grundrichtige Verbäsßerung/unforgreiflich gezeiget würd.). Lübeck 1657 [Nachdruck Hildesheim 1973; XLVI, 140 (39) S.].

Benecke 1965 = Georg Friedrich Benecke: Wörterbuch zu Hartmanns Iwein. 2. Ausg. besorgt v. E. Wilken. Göttingen 1874 [Nachdruck Wiesbaden 1965; VIII, 391 S.].

Bense/Walther 1973 = Wörterbuch der Semiotik. Hrsg. v. Max Bense und Elisabeth Walther. Köln 1973 [138 S.].

Bergmann 1987 = Gunter Bergmann: Kleines sächsisches Wörterbuch. München 1987 [235 S.; 1. Aufl. Leipzig 1986].

Bergmann/Hellfritzsch 1990 = Gunter Bergmann/Volkmar Hellfritzsch: Kleines vogtländisches Wörterbuch. Leipzig 1990 [148 S.].

Berning 1964 = Cornelia Berning: Vom 'Abstammungsnachweis' zum 'Zuchtwart'. Vokabular des Nationalsozialismus. Mit einem Vorwort von Werner Betz. Berlin 1964 (Die kleinen de Gruyter Bände 6) [VI, 225 S.].

Beyer 1985 = Horst und Annelies Beyer: Sprichwörterlexikon. Sprichwörter und sprichwörtliche Ausdrücke aus deutschen Sammlungen vom 16. Jahrhundert bis zur Gegenwart. München 1985 [712 S.].

Binder/Weinmaier 1988 = Binder/Weinmaier: Compact Wörterbuch: Rechtschreibung. München 1988 [445 S.].

Birlinger 1968 = Anton Birlinger: Schwäbisch-Augsburgisches Wörterbuch. München 1864 [Nachdruck Wiesbaden 1968; VIII, 490 S.].

Birnbaum 1952 = Hugo Birnbaum: Etymologisches Wörterbuch. Über 2000 Wörter des deutschen Sprachschatzes, ihre Abstammung und Ableitung. Hildesheim 1952.

Bischoff 1977 = Karl Bischoff: Akener Wörterbuch. Köln 1977 (Mitteldeutsche Forschungen. 82) [XVII, 189 S.].

Boehncke/Stubenrauch 1983 = Klasse, Körper, Kopfarbeit. Lexikon linker Gemeinplätze. Bearb. v. Heiner Boehncke und Herbert Stubenrauch. Reinbek bei Hamburg 1983 (rororo 7760) [170 S.].

Bohusch 1972 = Otmar Bohusch: Lexikon der grammatischen Terminologie. Zusammenstellung und Erklärung des deutschen, englischen, französischen und lateinischen Vokabulars zur Sprachlehre und Sprachkunde. Donauwörth 1972 [336 S.].

Borchardt-Wustmann-Schoppe 1954 = Borchardt-Wustmann-Schoppe: Die sprichwörtlichen Redensarten im deutschen Volksmund nach Sinn und Ursprung erläutert. 7. Aufl., neu bearb. von Alfred Schirmer. Leipzig 1954 [539 S.; 1. Aufl. 1888].

Borneman 1974 = Ernest Borneman: Sex im Volksmund. Der obszöne Wortschatz der Deutschen. Bd. 1: Wörterbuch von *A—Z*. Bd. 2: Wörterbuch nach Sachgruppen. Reinbek bei Hamburg 1974 (rororo 6852, 6853) [Bd. 1 u. 2: ohne Paginierung; 1. Aufl. 1969; österr. Lizenzausgabe mit dem Untertitel: Die sexuelle Umgangssprache des deutschen Volkes. Herrsching 1984].

Brackmann/Birkenhauer 1988 = Karl-Heinz Brackmann/Renate Birkenhauer: NS-Deutsch. „Selbstverständliche" Begriffe und Schlagwörter aus der Zeit des Nationalsozialismus. Straelen/Niederrhein 1988 (Europäisches Übersetzer-Kollegium Straelen, Glossar Nr. 4) [223 S.].

Braun/Mangold 1984 = Edith Braun/Max Mangold: Saarbrücker Wörterbuch. Saarbrücken 1984 (Beiträge zur Sprache im Saarland 5) [303 S.].

Bräutigam 1979 = Kurt Bräutigam: So werd bei uns geredd. Eine Mannheimer Wortschatzauslese. 2. erw. u. überarb. Aufl. Mannheim 1979 [168 S.; 1. Aufl. 1977].

Brenner-²DW = Deutsches Wörterbuch. Bearb. von Emil Brenner. 2. Aufl. Wunsiedel 1951 [488 S.; 1. Aufl. 1949; 3. Aufl. neu bearb. v. Artur Schwarz. Wels 1963; auch als Sonderausgabe für Verlag Heinrich Kapp m. d. T.: Deutsches Wörterbuch für Schule und Beruf mit Rechtschreibung, Zeichensetzung, Fremdsprachlichen Ausdrücken, Abkürzungen. Bensheim o. J.].

Brisante Wörter 1989 = Gerhard Strauß/Ulrike Haß/Gisela Harras: Brisante Wörter von *Agitation* bis *Zeitgeist*. Ein Lexikon zum öffentlichen Sprachgebrauch. Berlin. New York 1989 (Schriften des Instituts für deutsche Sprache 2) [778 S.].

Brückner/Sauter 1984 = Rückläufige Wortliste zum heutigen Deutsch. Bearb. v. Tobias Brückner und Christa Sauter: 1. Bd.: *Judäa—Saman*, 2. Bd. *Ataman—Jazz*. Mannheim 1984 [zus. VIII, 856 S.].

Bulitta 1983 = Erich und Hildegard Bulitta: Wörterbuch der Synonyme und Antonyme. 18 000 Stichwörter mit 175 000 Worterklärungen. Sinn- und sachverwandte Wörter und Begriffe sowie deren Gegenteil und Bedeutungsvarianten. Frankfurt 1983 [795 S.].

Bünting/Eichler 1989 = Karl-Dieter Bünting/Wolfgang Eichler: Grammatik-Lexikon. Kompaktwissen für Schule, Ausbildung, Beruf. Frankfurt a. M. 1989 [207 S.; 1. Aufl. u. d. T.: ABC der deutschen Grammatik. Mit Stichwörtern zur Rechtschreibung und zur Zeichensetzung. Königstein 1982].

Burnadz 1970 = J. M. Burnadz: Die Gaunersprache der Wiener Galerie. Mit einem Geleitwort von Franz Meinert. 2. erw. Aufl. Lübeck 1970 [1. Aufl. Lübeck 1966].

Buscha 1989 = Joachim Buscha: Lexikon deutscher Konjunktionen. Leipzig 1989 [159 S.].

Buss/Westermann 1978 = Karl M. Buss/Karl Westermann: So redd merr in Zelemochum. Mehr als Tausend Wörter und Redewendungen der Bad Kreuznacher Mundart und ihre Deutung. 2. verb. u. erg. Aufl. Bad Kreuznach 1979 [XV, 116 S. Anh. 1 21 S. Anh. 2 20 S.; 1. Aufl. 1978].

Busse/Pekrun 1967 = Deutsches Wörterbuch. Rechtschreibung und Grammatik von Arthur Busse unter Mitarbeit von Richard Pekrun. München 1967 (Heyne-Buch 4809/10) [334 S.; weitgehend identisch mit Langenscheidts-DW].

Bußmann 1983 = Hadumod Bußmann: Lexikon der Sprachwissenschaft. Stuttgart 1983 (Kröners Taschenausgabe 452) [XXXIII, 603 S.].

BW = Brockhaus-Wahrig: Deutsches Wörterbuch in sechs Bänden. Hrsg. v. Gerhard Wahrig †, Hildegard Krämer, Harald Zimmermann. Wiesbaden. Stuttgart. 1. Bd. *A—BT*, 1980; 2. Bd. *BU—FZ*, 1981; 3. Bd. *G—JZ*, 1981; 4. Bd. *K—OZ*, 1982; 5. Bd. *P—STD*, 1983; 6. Bd. *STE—ZZ*, 1984 [zus. 5310 S.].

Campe 1970 = Joachim Heinrich Campe: Wörterbuch zur Erklärung und Verdeutschung der unserer Sprache aufgedrungenen fremden Ausdrücke. Ein Ergänzungsband zu Adelungs und Campes Wörterbüchern. Neue stark verm. u. durchgängig verb. Ausg. Braunschweig 1813 [Nachdruck Hildesheim 1970; XIV, 673 S.].

Conrad 1981 = Kleines Wörterbuch sprachwissenschaftlicher Termini. Hrsg. v. Rudi Conrad [Autoren: Brigitte Bartschat, Rudi Conrad, Wolfgang Heinemann, Gerlinde Richter, Anita Steube]. 3., durchges. Aufl. Leipzig 1981 [306 S.; 1. Aufl. 1975; 2. durchges. Aufl. 1978].

Conrad 1985 = Lexikon sprachwissenschaftlicher Termini. Hrsg. v. Rudi Conrad [Autoren: Brigitte Bartschat, Rudi Conrad, Wolfgang Heinemann, Gerlinde Pfeifer, Anita Steube]. Leipzig 1985 [281 S.].

Conrath 1977 = Karl Conrath: Die Volkssprache der unteren Saar und der Obermosel. Ein moselfränkisches Wörterbuch. Gießen 1977 (Beiträge zur deutschen Philologie 41) [XIX, 308 S.].

Constantin 1988 = Theodor Constantin: Plaste

und Elaste. Ein deutsch-deutsches Wörterbuch. 2. Aufl. 1988. Mit 10 Cartoons von Erich Rauschenbach. Berlin 1988 [98 S.; 1. Aufl. 1982].

Cürvers 1983 = Herbert Cürvers: Kevelaerer Mundart-Wörterbuch. Kävels von A bis Z. Mit einer Einführung und Gebrauchsanweisung von Georg Cornelissen. Kevelaer 1983 (Land und Leute zwischen Rhein und Maas 1) [66 S.].

Dähnert 1967 = Johann Carl Dähnert: Platt-Deutsches Wörterbuch nach der alten und neuen Pommerschen und Rügischen Mundart. Stralsund 1781 [Nachdruck Wiesbaden 1970; 526 S.].

Dalby 1965 = David Dalby: Lexicon of the Mediaeval German Hunt. A Lexicon of Middle High German terms (1050—1500), associated with the case, Hunting with Bows, Falconry, Trapping and Fowling. Berlin 1965 [LXII, 323 S.].

Damköhler 1970 = Eduard Damköhler: Nordharzer Wörterbuch. Auf Grund der Cattenstedter Mundart. Hrsg. v. Harzverein für Geschichte und Altertumskunde. Wernigerode 1927 [Nachdruck Wiesbaden 1970; XIII, 232 S.].

Dang 1953 = Johann Sebastian Dang: Darmstädter Wörterbuch. Mit 13 Originalen aus dem Darmstädter Skizzenbuch von Hermann Müller. 2. Aufl. Darmstadt 1953 [270 S.].

DFW = Deutsches Fremdwörterbuch. Begonnen von Hans Schulz, fortgeführt von Otto Basler, weitergeführt im Institut für deutsche Sprache. 1. Bd. *A—K* v. Hans Schulz. Straßburg 1913 [1. Lief. *A-Batterie* 1910] [IX, 416 S.]; 2. Bd. *L—P* v. Otto Basler. Berlin 1942 [II, 748 S.]; 3. Bd. *O—R. Q* bearb. v. Otto Basler, *R* bearb. v. Alan Kirkness, Elisabeth Link, Isolde Nortmeyer, Gerhard Strauß unter Mitwirkung von Paul Grebe. Berlin. New York 1977 [VIII, 506 S.]; 4. Bd. *S*, bearb. v. Alan Kirkness, Elisabeth Link, Isolde Nortmeyer, Gerhard Strauß unter Mitwirkung von Paul Grebe. Berlin. New York 1978 [VI, 7045 S.]; 5. Bd. *T*, bearb. v. Alan Kirkness, Elisabeth Link, Isolde Nortmeyer, Gerhard Strauß unter Mitwirkung von Paul Grebe. Berlin. New York 1981 [VI, 580 S.]; 6. Bd. *U—Z*, bearb. v. Gabriele Hoppe, Alan Kirkness, Elisabeth Link, Isolde Nortmeyer, Gerhard Strauß unter Mitwirkung von Paul Grebe. Berlin. New York 1983 [VIII, 444 S.]; 7. Bd. Quellenverzeichnis, Wortregister, Nachwort hrsg. v. Alan Kirkness. Berlin. New York 1988 [840 S.].

Diener 1971 = G. Walter Diener: Hunsrücker Wörterbuch. Niederwalluf 1971 [273 S.].

Dill 1987 = Christa Dill: Wörterbuch zu Goethes West-Östlichem Divan. Tübingen 1987 [LIV, 488 S.].

Dittrich 1975 = Hans Dittrich: Redensarten auf der Goldwaage. Herkunft und Bedeutung in einem bunten ABC erklärt. 2. ergänzte Aufl. mit 50 Abbildungen. Bonn 1975 (Dümmlerbuch 8315) [286 S.; 1. Aufl. mit anderem UT, Bonn 1970].

Dornseiff 1950 = Franz Dornseiff: Die griechischen Wörter im Deutschen. Berlin 1950 [157 S.].

Dornseiff 1970 = Franz Dornseiff: Der deutsche Wortschatz nach Sachgruppen. 7. unveränderte Aufl. [= 2. unveränd. Nachdruck der 5. Aufl. 1959]. Berlin 1970 [922 S.; 1. Aufl. Berlin. Leipzig 1934; 2., unveränd. mit einem Register versehene Aufl. Berlin 1940; 3. neubearb. Aufl. Berlin 1943; 4. Aufl. Berlin 1954].

Dostal 1966 = Karl A. Dostal: Das richtige Wort. Taschenlexikon der Synonyme. 3. Aufl. Berlin. München 1966 (Humboldt Taschenbuch 86) [264 S.; 1. Aufl. 1957 mit dem UT.: Synonymisches Wörterbuch].

Drews 1978 = Das zynische Wörterbuch. Ein Alphabet harter Wahrheiten zugemutet von Jörg Drews u. Co. 2. Aufl. Zürich 1978 (Diogenes Taschenbuch 20588) [163 S.].

Drosdowski 1975 = Schülerduden. Fremdwörterbuch. Herkunft und Bedeutung der Fremdwörter. Hrsg. u. bearb. v. Günther Drosdowski. Mitarbeiter: Dieter Berger und Friedrich Wurms. Mannheim. Wien. Zürich 1975 [466 S.].

DRW = Deutsches Rechtswörterbuch (Wörterbuch der älteren deutschen Rechtssprache). Weimar. Hrsg. v. der Preußischen Akademie der Wissenschaften [bis 3. Bd.]. 1. Bd.: *Aachenfahrt* bis *Bergkasten*. Bearb. v. Richard Schröder u. Eberhard Freih. von Künssberg, 1914—1932; 2. Bd.: *Bergkaue* bis *entschulden*. Bearb. v. Eberhard Freih. von Künssberg, 1932—1938; 3. Bd.: *entschuldigen* bis *Geleitleute*. Bearb. v. Eberhard Freih. von Künssberg, 1935—1938; 4. Bd.: *geleitlich* bis *Handangelobung*, hrsg. v. der Deutschen Akademie der Wissenschaften zu Berlin, 1939—1951; 5. Bd.: *Handanlegen* bis *Hufenweizen*. Unter Mitwirkung v. Hans Blesken bearb. v. Otto Gönnenwein und Wilhelm Weizsäcker, 1953—1960; 6. Bd.: *Hufenwirt* bis *Kanzelzehnt*. In Verbindung mit der Akademie der Wissenschaften der DDR, hrsg. von der Heidelberger Akademie der Wissenschaften. Bearb. v. Hans Blesken, Otto Gönnenwein, Siegfried Reicke u. Wilhelm Weizsäcker, 1961—1972; 7. Bd.: *Kanzlei* bis *Krönung*. Bearb. v. Günther Dickel und Heino Speer, 1974—1983; 8. Bd. bis Heft 7/8: *Lehnsmann* bis *Leutnant*, 1989.

Dückert/Kempcke 1986 = Wörterbuch der Sprachschwierigkeiten. Zweifelsfälle, Normen und Varianten im gegenwärtigen deutschen Sprachgebrauch. Hrsg. v. Joachim Dückert und Günter Kempcke. Leipzig 1986 [543 S.; Lizenzausgabe bei Otto Thun 1986].

Duden-1 = Duden. Rechtschreibung der deutschen Sprache und der Fremdwörter. 19., völlig neu bearb. und erw. Aufl. Hrsg. von der Dudenredaktion. Auf der Grundlage der amtlichen Rechtschreibregeln. Duden. Bd. 1. Mannheim. Wien. Zürich 1986 (Der Duden in 10 Bänden) [792 S.; 1. Aufl. Leipzig 1880; Reprint der 1. Aufl. Mannheim 1980 (vgl. Duden 1980); 3. Aufl. Leipzig 1887; 4. Aufl. Leipzig u. Wien 1893; 5. Aufl. Leipzig u. Wien 1897; 6. Aufl. Leipzig u. Wien 1900; 7. Aufl. Leipzig u. Wien 1902; 8. Aufl. Leipzig u. Wien 1905; 9. Aufl. o. O. 1915; 10. Aufl. Leipzig

1929; 11. Aufl. Leipzig 1934; 12. Aufl. Leipzig 1941; 13. Aufl. Leipzig 1947; 14. Aufl. Mannheim 1954; 15. Aufl. Mannheim 1961; 16. Aufl. Mannheim 1968; 17. Aufl. Mannheim 1973; 18. Aufl. Mannheim. Wien. Zürich 1980].

Duden-2 = Duden. Stilwörterbuch der deutschen Sprache. Die Verwendung der Wörter im Satz. 7., völlig neu bearb. u. erw. Aufl. v. Günther Drosdowski unter Mitwirkung folgender Mitarbeiter der Dudenredaktion: Wolfgang Eckey, Dieter Mang, Charlotte Schrupp, Marion Trunk-Nußbaumer. Duden. Bd. 2. Mannheim. Wien. Zürich 1990 (Der Duden in 10 Bänden) [864 S.; 1. Aufl. 1934; 5. Aufl. Mannheim 1963; 6. völlig neu bearb. u. erw. Aufl. Mannheim 1970].

Duden-3 = Duden. Bildwörterbuch der deutschen Sprache. 3., vollst. neu bearb. Aufl. Bearb. v. Kurt Dieter Solf u. Joachim Schmidt in Zusammenarbeit mit den Fachredaktionen des Bibliographischen Instituts. Duden. Bd. 3. Mannheim. Wien. Zürich 1977 (Der Duden in 10 Bänden) [672 S.; 112 S. Register; 1. Aufl. 1935; 2., vollständig neu bearb. Aufl. 1958].

Duden-5 = Duden. Fremdwörterbuch. 5., neu bearb. u. erw. Aufl. bearb. v. Wiss. Rat der Dudenredaktion unter Mitwirkung von Maria Dose, Jürgen Folz, Dieter Mang, Charlotte Schrupp, Marion Trunk-Nußbaumer sowie zahlreichen Fachwissenschaftlern. Duden. Bd. 5. Mannheim. Wien. Zürich 1990 (Der Duden in 10 Bänden) [832 S.; 1. Aufl. 1960; 4. Aufl. 1982].

Duden-6 = Duden. Aussprachewörterbuch. Wörterbuch der deutschen Standardaussprache. 2., völlig neu bearb. u. erw. Aufl. Bearb. v. Max Mangold in Zusammenarbeit mit der Dudenredaktion. Duden. Bd. 6. Mannheim. Wien. Zürich 1974 (Der Große Duden in 10 Bänden) [791 S.; 1. Aufl. 1962].

Duden-7 = Duden. Etymologie. Herkunftswörterbuch der deutschen Sprache. 2., völlig neu bearb. u. erw. Aufl. v. Günther Drosdowski. Duden. Bd. 7. Mannheim. Wien. Zürich 1989 (Der Duden in 10 Bänden) [839 S. + 4 S. Literaturverzeichnis; 1. Aufl. 1963].

Duden-8 = Duden. Sinn- und sachverwandte Wörter. Wörterbuch der treffenden Ausdrücke. 2., neu bearb., erw. und aktualis. Aufl. Hrsg. u. bearb. v. Wolfgang Müller. Duden. Bd. 8. Mannheim. Wien. Zürich 1986 (Der Duden in 10 Bänden) [801 S.; 1. Aufl. 1972 u. d. T.: Sinn- und sachverwandte Wörter und Wendungen].

Duden-8a = Duden. Vergleichendes Synonymwörterbuch. Sinnverwandte Wörter und Wendungen. Bearb. v. Paul Grebe u. Wolfgang Müller und weiteren Mitarbeitern der Dudenredaktion. Mannheim 1964 (Der Große Duden 8) [792 S.].

Duden-9 = Duden. Richtiges und gutes Deutsch. Wörterbuch der sprachlichen Zweifelsfälle. 3., neu bearb. u. erw. Aufl. Bearb. v. Dieter Berger und Günther Drosdowski unter Mitwirkung v. Otmar Käge und weiteren Mitarbeitern der Dudenredaktion. Duden. Bd. 9. Mannheim. Wien. Zürich 1985 (Der Duden in 10 Bänden) [803 S.; 2. Aufl. 1972 u. d. T.: Zweifelsfälle der deutschen Sprache; 1. Aufl. 1965 u. d. T.: Hauptschwierigkeiten der deutschen Sprache].

Duden-10 = Duden. Bedeutungswörterbuch. 2., völlig neu bearb. u. erw. Aufl. Hrsg. u. bearb. v. Wolfgang Müller unter Mitwirkung folgender Mitarbeiter der Dudenredaktion: Wolfgang Eckey, Jürgen Folz, Heribert Hartmann, Rudolf Köster, Dieter Mang, Charlotte Schrupp, Marion Trunk-Nußbaumer. Mannheim. Wien. Zürich 1985 (Der Duden in 10 Bänden) [797 S.; 1. Aufl. 1970].

Duden 1980 = Konrad Duden: Vollständiges Orthographisches Wörterbuch der deutschen Sprache. Nach den neuen preußischen und bayerischen Regeln. Leipzig 1880. Faksimiledruck. Mannheim 1980 [XX, 187 S.].

Duden-GW = Duden. Das große Wörterbuch der deutschen Sprache in sechs Bänden. Hrsg. und bearb. v. Wissenschaftlichen Rat und den Mitarbeitern der Dudenredaktion unter Leitung von Günther Drosdowski. Mannheim. Wien. Zürich. Bd. 1: *A—Ci* 1976; Bd. 2: *Ci—F* 1976; Bd. 3: *G—Kal* 1977; Bd. 4.: *Kam—N* 1978; Bd. 5: *O—So* 1980; Bd. 6: *Sp—Z* 1981 [zus. 2992 S.; 2. Ausg. als Bd. 30, 1979; Bd. 31, 1980; Bd. 32, 1981 von Meyers Enzyklopädischem Lexikon. Mannheim. Wien. Zürich, zus. 2992 S.].

Duden-Ratgeber 1987 = Duden. Einfach richtig schreiben! Ratgeber für richtiges und modernes Schreiben. Bearb. v. der Dudenredaktion. Mannheim. Wien. Zürich 1987 [Wörterverzeichnis mit Formulierungshilfen, S. 469—818].

Duden-12RS = Der Große Duden. Rechtschreibung der deutschen Sprache und der Fremdwörter. Mit Unterstützung des Deutschen Sprachvereins und des Deutschen Sprachpflegeamtes, des Fachamtes Druck und Papier der Deutschen Arbeitsfront, des Deutschschweizerischen Sprachvereins und des Schweizerischen Buchdruckervereins nach den für das Deutsche Reich und die Schweiz gültigen amtlichen Regeln bearb. v. der Fachschriftleitung des Bibliographischen Instituts. 12., neu bearb. u. erw. Aufl. Leipzig 1941 [S. 1*—64* Vorspann; 693 S. Wörterverz. S. 64*—74 Nachspann].

Dultz 1965 = Wilhelm Dultz: Fremdwörterbuch. Gebrauch und Bedeutung von Fremdwörtern. Berlin. Frankfurt/M. Wien 1965 [512 S.; spätere Aufl. 1973 u. d. T.: Ullstein Fremdwörterlexikon].

Dummdeutsch 1985 = Dummdeutsch. Ein satirisch-polemisches Wörterbuch unter Federführung v. Eckhard Henscheid und Mitwirkung v. Carl Lierow und Elsemarie Maletzke mit Zeichnungen von Chlodwig Poth. Frankfurt 1985 [85 S.].

Dummdeutsch 1986 = Dummdeutsch Zwo. Ein satirisch-polemisches Wörterbuch v. Carl Lierow und Elsemarie Maletzke. Mit Zeichnungen von Chlodwig Poth. Frankfurt 1986 [103 S.].

Dunger 1989 = Hermann Dunger: Wörterbuch von Verdeutschungen entbehrlicher Fremdwörter. — Engländerei in der deutschen Sprache. Mit einem Vorwort von Wolfgang Viereck. Hildesheim Zürich. New York 1989 [12*, VI, 194 S.; VII, 99 S.].

DUW 1983 = Duden. Deutsches Universalwörterbuch. Hrsg. und bearb. v. Wissenschaftlichen Rat und den Mitarbeitern der Dudenredaktion unter Leitung v. Günther Drosdowski. Mannheim. Wien. Zürich 1983 [1504 S.].

DUW 1989 = Duden. Deutsches Universalwörterbuch. 2., völlig neu berarb. u. stark erweiterte Aufl. Hrsg. und bearb. v. Wissenschaftlichen Rat und den Mitarbeitern der Dudenredaktion unter der Leitung v. Günther Drosdowski. Mannheim. Wien. Zürich 1989 [1816 S.; 2. Aufl. v. DUW 1983].

DWB = Deutsches Wörterbuch von Jacob Grimm und Wilhelm Grimm. 16 Bände [in 32 Buchbinderbänden]. Leipzig 1854—1961 [zus. 67744 Sp., dazu Vorreden bzw. Vorworte in mehreren Bänden; Quellenverzeichnis 1971; Nachdruck als Taschenbuchausgabe. München 1984].

²*DWB* = Deutsches Wörterbuch von Jacob Grimm und Wilhelm Grimm. Neubearbeitung. Hrsg. v. der Akademie der Wissenschaften der DDR in Zusammenarbeit mit der Akademie der Wissenschaften zu Göttingen. Leipzig. 1. Bd.: *A—AFFRIKATA*. Bearb. in der Arbeitsstelle Berlin v. E. Adelberg, W. Braun, J. Dückert (Leitung), U. Fratzke, A. Huber, J. Mantey (Leitung bis 1968), G. Pfeifer (Richter), H. Schmidt, U. Schröter u. a., 1983 [10 Lief. von 1965—1983, 14 S., 1600 Sp.]; 2. Bd., 1. Lief.: *AFFRONT—AKTIONSZENTRUM*, 1986; 6. Bd.: *D—D-ZUG*. Bearb. in der Arbeitsstelle Göttingen v. H. Albrand, J. Bahr, B. Garbe, B. Hilgendorf, B. Herlitz, U. Horn †, G. Klecha, Th. Kochs, H.-G. Maak, H. Piper-Andresen, H. Rahnenführer, S. Roth, V. Zimmermann, 1983; [12 Lief. von 1970—1983, 6 S., 1834 Sp.]; 7. Bd.: 1. Lief. *E—EHRBARKEIT*, 1984; 2. Lief. *EHRBARKEIT—EICHEL*, 1985; 3. Lief. *EICHEL—EIN*, 1987; 4. Lief. *EIN—EINFORDERN*, 1988; 5. Lief. *EINFORDERN—EINLADEND*, 1989.

DWFL 1988 = Deutsches Wörterbuch. Fremdwörterlexikon. Über 30 000 Stichwörter mit Bedeutungserklärung, Aussprache und Silbentrennung. Die wichtigsten Regeln für Rechtschreibung und Zeichensetzung. Herrsching 1988 [XLII, 564 S.; (ohne Autor, ohne Hrsg.!); frühere Aufl. Vaduz 1984].

DW-R 1946 = Das Deutsche Wörterbuch. Rechtschreibung der deutschen Sprache. Hamburg 1946.

Eberhard et al. 1971 = Johann August Eberhard/ Johann Gebhard Ehrenreich Maass/Johann Gottfried Gruber: Deutsche Synonymik. Darges., ergänzt u. vollendet v. Carl Hermann Meyer. 2 Bde. Leipzig 1852—53 [Nachdruck Hildesheim 1971 (Documenta Linguistica, Reihe III) [zus. IV, 1111 S.].

Ebner 1980 = Jakob Ebner: Duden. Wie sagt man in Österreich? Wörterbuch der österreichischen Besonderheiten. 2. vollständig überarb. Aufl. Mannheim. Wien. Zürich 1980 (Duden-Taschenbücher 8) [252 S.; 1. Aufl. 1969].

Egli 1970 = Johann Jacob Egli: Etymologisch-geographisches Lexikon. Separat-Ausg. des lexikalischen Theils der Nomina Geographica. 1880 [Nachdruck Wiesbaden 1970; IV, 544 S.].

Endres 1979 = Edmund Endres: Moselfränkische Mundart. Die Volkssprache im Raum Waxweiler, Eifel. Köln 1979 [94 S.].

Engel/Mackensen 1955 = Eduard Engel/Lutz Mackensen: Verdeutschungsbuch. Ein Fremdwörterbuch. Neubearbeitung. Hrsg. v. der Gesellschaft für deutsche Sprache. Lüneburg 1955 [301 S.].

Engel/Schumacher 1978 = Ulrich Engel/Helmut Schumacher: Kleines Valenzlexikon deutscher Verben. 2. durchges. Aufl. Tübingen 1978 (Forschungsberichte des Instituts für deutsche Sprache 31) [306 S.; 1. Aufl. 1976].

Erk 1972—1982 = Heinrich Erk: Zur Lexik wissenschaftlicher Fachtexte. Bd. 1: Verben — Frequenz und Verwendungsweise, 1972; Bd. 2: Substantive — Frequenz und Verwendungsweise, 1975; Bd. 3: Adjektive, Adverbien und andere Wortarten. Frequenz und Verwendungsweise, 1982. München (Schriften der Arbeitsstelle für wissenschaftliche Didaktik des Goethe-Instituts, Bde 4—6) [zus. 1326 S.].

EtyWb 1989 = Etymologisches Wörterbuch des Deutschen. Erarb. v. einem Autorenkollektiv des Zentralinstituts für Sprachwissenschaft unter der Leitung v. Wolfgang Pfeifer. Bd. 1: *A—G;* Bd. 2: *H—P;* Bd. 3: *Q—Z*. Autoren: Wilhelm Braun (zeitweilig), Gunhild Ginschel, Gustav Hagen, Anna Huber (zeitweilig), Klaus Müller, Heinrich Petermann, Gerlinde Pfeifer, Wolfgang Pfeifer, Dorothee Schröter, Ulrich Schröter (zeitweilig). Berlin [DDR] 1989 [zus.: XXXIV, 2093 S.].

EWA = Albert L. Lloyd u. Otto Springer: Etymologisches Wörterbuch des Althochdeutschen. Bd. 1: *-a—bezzisto*. Göttingen. Zürich 1988 [IL S., 578 Sp.]

Farrell 1977 = Ralph B. Farrell: Dictionary of German Synonyms. 3rd ed. Cambridge [usw.] 1977 [X, 414 S.; 1. Aufl. New York 1953; 2. Aufl. Cambridge [usw.] 1971].

Flaubert 1987 = Gustave Flaubert: Das Wörterbuch der übernommenen Ideen. Deutsch v. Gisbert Haefs, Irene Riesen, Thomas Bodmer und Gerd Haffmans. Mit einem Nachwort von Julian Barnes. Zürich 1987 [126 S.].

Follmann 1971 = Michael Ferdinand Follmann: Wörterbuch der deutsch-lothringischen Mundarten. Leipzig 1909 [Nachdruck Wiesbaden 1971; XVI, 571 S.].

Förstemann 1967 = Ernst Förstemann: Altdeutsches Namenbuch. Bd. 1: Personennamen. 2. völlig umgearb. Aufl. Bonn 1901 [Nachdruck Hildesheim 1967, XII S., 1700 Sp.]; Bd. 2: Orts- und sonstige geographische Namen. 2 Bde. 3., v. H. Jellinghaus besorgte Aufl. Bonn 1915 [2. Nachdruck Hildesheim 1983; XXXVI S., 3708 Sp.].

Franck 1970 = Sebastian Franck: Erste namenlose Sprichwörtersammlung vom Jahre 1532 mit Erläuterungen und cultur- und literargeschichtlichen Beilagen hrsg. v. Friedrich Latendorf. Hildesheim.

New York 1970 (Volkskundliche Quellen. Neudrucke europäischer Texte und Untersuchungen. VII Sprichwort. Hrsg. von Mathilde Hain) [VII, 368 S.].

Frey et al. 1988 = Christa Frey/Annelies Herzog/Arthur Michel/Ruth Schütze: Deutsche Sprichwörter für Ausländer. Eine Auswahl mit Beispielen. 9. unv. Aufl. Leipzig 1988 (1. Aufl. 1970) [123 S.].

Friebertshäuser 1990 = Hans Friebertshäuser: Kleines hessisches Wörterbuch. München 1990 [227 S.].

Friederich 1966 = Wolf Friederich: Moderne deutsche Idiomatik. Systematisches Wörterbuch mit Definitionen und Beispielen. München 1966 [824 S.; 2. neubearb. Aufl. Mit dem UT.: Alphabetisches Wörterbuch mit Definitionen und Beispielen. München 1976].

Frischbier 1971 = Hermann Frischbier: Preußisches Wörterbuch. Ost- und westpreußische Provinzialismen in alphabetischer Folge. 2 Bde. Berlin 1882—83 [Nachdruck Hildesheim 1971; XVI, 1007 S.].

Fröhlich 1989 = Eberhard Fröhlich: Deutsches Wörterbuch. München 1989 (Humboldt-Taschenbuch 600) [271 S.].

Frösell 1967 = E. Frösell: Tyska synonymer för skolbruk. 2. uppl. Stockholm 1967 [128 S.].

FSB 1977 = A—Z. Fremdwörter für Schule und Beruf. Mit Aussprachebezeichnung und Betonungsangaben. Wolfenbüttel 1977 [655 S.].

Fulda 1977 = Friedrich Carl Fulda: Sammlung und Abstammung Germanischer Wurzelwörter, nach der Reihe menschlicher Begriffe. Hrsg. v. J. G. Meusel. Halle 1776 [Nachdruck Hildesheim 1977 (Documenta Linguistica), 436 [4] S.].

FWB 1989 = Frühneuhochdeutsches Wörterbuch. Hrsg. v. Robert R. Anderson, Ulrich Goebel, Oskar Reichmann. Bd. 1: Einführung, *a—äpfelkern*. Bearb. v. Oskar Reichmann. Berlin. New York 1989 [XIX, 224 S. + 1632 Sp.; 1. Lief. 1986].

Garbe 1974 = Horst Garbe: Berlinisch auf deutsch. Herkunft und Bedeutung berlinischer Wörter. München 1974 [80 S.].

GD 1985 = Der Große Duden. Wörterbuch und Leitfaden der deutschen Rechtschreibung; mit einem Anhang: Vorschriften für den Schriftsatz, Korrekturvorschriften und Hinweise für das Maschinenschreiben. 18. Aufl. Leipzig 1985 [768 S.; 14. Aufl. = 1. DDR-Aufl. Leipzig 1951 u. d. T.: Duden. Rechtschreibung mit Berücksichtigung der häufigsten Fremdwörter. Ratgeber bei rechtschreiblichen und grammatischen Schwierigkeiten der deutschen Sprache; 15. Aufl. Leipzig 1957 ohne U.T.; 16. Aufl. Leipzig 1966; 17. Aufl. Leipzig 1976].

Gehle 1977 = Wörterbuch westfälischer Mundarten. Hochdeutsch — Plattdeutsch. Zusammengestellt und bearb. v. Heinrich Gehle. Münster 1977 [VIII, 232 S.; Anhg. XVI S.].

GFW = Großes Fremdwörterbuch. 5. Aufl. Leipzig 1984 [829 S.; 3. durchges. Aufl. Leipzig 1980].

Gleiss 1981 = Alfred Gleiss: Unwörterbuch. Sprachsünden und wie man sie vermeidet. Durchges. u. erw. Aufl. Frankfurt 1981 [239 S.].

Görner 1986 = Herbert Görner: Redensarten. Kleine Idiomatik der deutschen Sprache. 5. unveränd. Aufl. Leipzig 1986 [262 S.; 1. Aufl. 1979].

Görner/Kempcke 1982 = Synonymwörterbuch. Sinnverwandte Ausdrücke der deutschen Sprache. Hrsg. v. Herbert Görner und Günter Kempcke. 7. unveränd. Aufl. Leipzig 1982 [643 S.; 1. Aufl. 1973; Lizenzausgabe u. d. T.: Das große Lexikon der Synonyme. München 1978 (Heyne Buch 4451)].

Görner/Kempcke-KS = Herbert Görner/Günter Kempcke: Kleines Synonymwörterbuch. Leipzig 1987 [430 S.].

Goethe-Wb. = Goethe-Wörterbuch. Hrsg. v. der Deutschen Akademie der Wissenschaften zu Berlin, der Akademie der Wissenschaften zu Göttingen und der Heidelberger Akademie der Wissenschaften. Stuttgart. Berlin. Köln. Mainz. 1. Bd. *A—azura* 1978 [28* Sp., XVI Sp., 1308 Sp.; 1. Lief. *A—abrufen,* 1966]; 2. Bd.: *B—einweisen* [10 S. (unpaginiert), 1536 Sp.].

Gööck o.J. = Alexandra Gööck: Das sagt man so... Kleines Lexikon der Redensarten. Gütersloh o. J. [1972].

Gottschald 1953 = Max Gottschald: Deutsches Rechtschreibungswörterbuch. 2., verb. Aufl. Berlin 1953 (Sammlung Göschen 200/200 a) [269 S.].

Greyerz/Bietenhard 1976 = Otto von Greyerz/Ruth Bietenhard: Berndeutsches Wörterbuch. Bern 1976 [352 S.].

Griesbach/Schulz 1990 = 1000 deutsche Redensarten. Mit Erklärungen und Anwendungsbeispielen. Von Heinz Griesbach und Dora Schulz. Neubearbeitung. Berlin. München. Wien [usw.] 1990 [248 S.; 1. Aufl. 1961].

Grimm 1987 = Hans-Jürgen Grimm: Lexikon zum Artikelgebrauch. Leipzig 1987 [236 S.].

Gruhle 1983 = Das andere Sprichwörter-Lexikon, derb, aufmüpfig, unverblümt. Hrsg. v. Uwe Gruhle und Dö Van Volxem. Frankfurt/M. 1983 [124 S.].

Harfst 1986 = Gerold Harfst: Rauschgift. Szenen-Jargon von *A—Z*. Damit auch wir im Bilde sind. Eine Begriffsammlung als Hilfe für Eltern, Erzieher und andere. Würzburg 1986 [229 S.].

Harte/Harte 1989 = Günter Harte/Johanna Harte: Hochdeutsch Plattdeutsches Wörterbuch. 2. Aufl. Neumünster 1989 (Schriften des Instituts für niederdeutsche Sprache. Reihe: Dokumentation 13) [247 S.; 1. Aufl. 1986].

Havlik 1981 = E. J. Havlik: Lexikon der Onomatopöien. Die lautimitierenden Wörter im Comic. Frankfurt/Main 1981 [263 S.].

HdL 1975 = Handbuch der Linguistik. Allgemeine und angewandte Sprachwissenschaft. Aus Beiträgen von Hans Arens, Joseph M. Barone,

Werner Betz, Stephan Braun, Norbert Dittmar, Reinhold Freudenstein, Carl Friedrich Graumann, Elisabeth Gülich, Harald Gutschow, Georg Heike, Karl-Hermann Körner, Heinz Dieter Maas, Willy Martin, Gerhard Nickel, Christoph Schwarze, Gerhard Stickel, Eike Thürmann, Harald Weinrich, Wolfram Wilß, Harald Zimmermann unter Mitarbeit v. Hildegard Jansen zusammengestellt v. Harro Stammerjohann. München 1975 [584 S.].

Heberth 1977 = Alfred Heberth: Neue Wörter. Neologismen in der deutschen Sprache seit 1945. Wien 1977 [240 S.].

Heberth 1982 = Alfred Heberth: Neue Wörter 2. Neologismen in der deutschen Sprache seit 1945. Wien 1982 [75 S.].

Heckmann 1973 = Herbert Heckmann: Hessisch auf deutsch. Herkunft und Bedeutung hessischer Wörter. München 1973 [80 S.].

Hederich/Hausmann 1988 = Benjamin Hederich: Lexicon manuale latino-germanicum. Leipzig 1739. — Promtuarium latinitatis probatae et exercitae, oder vollständiges Teutsch-Lateinisches Lexicon. Leipzig 1729. — Lexicon manuale graecum. Leipzig 1722 auf Mikrofiches. Einleitung von Franz Josef Hausmann: Altsprachliche Lexikographie im Zeitalter des Barock. Die Wörterbücher des Benjamin Hederich (1675—1748). Erlangen 1988 [40 S. + Mikrofiches der drei Wörterbücher].

Heinemann 1990 = Margot Heinemann: Kleines Wörterbuch der Jugendsprache. 2. unveränd. Aufl. Leipzig 1990 [122 S.].

Heinrichs 1978 = Werner Heinrichs: Bergisch Platt. Versuch einer Bestandsaufnahme. Burscheid 1978 [162 S.].

Heinz/Wolter-DW = Willi Heinz/I. Wolter: Neues Deutsches Wörterbuch mit Silbentrennung. 2. überarb. Aufl. Mannheim 1975 [XXII, 394 S.; 1. Aufl. 1974].

Helbig 1969 = Gerhard Helbig: Kleines Wörterbuch linguistischer Termini. Leipzig 1969 (Deutsch als Fremdsprache 2, Beilage) [22 S.].

Helbig 1988 = Gerhard Helbig: Lexikon deutscher Partikeln. Leipzig 1988 [258 S.].

Helbig/Schenkel 1980 = Gerhard Helbig/Wolfgang Schenkel: Wörterbuch zur Valenz und Distribution deutscher Verben. 5. unveränd. Aufl. Leipzig 1980 [458 S.; 1. Aufl. 1969; 2. erw. Aufl. Leipzig 1972].

Hellwig 1983 = Gerhard Hellwig: Kennen Sie die neuesten Wörter? 3. Aufl. München 1983 (Humboldt-Taschenbuch 187) [159 S.; 1. Aufl. München. Zürich. Wien 1970 unter dem Titel: Schlagwort — aktuell. Redewendungen, Fremdwörter, Begriffe].

Hellwig-HMF = Gerhard Hellwig: Handlexikon moderner Fremdwörter. Mit Bezeichnung der Aussprache und Angabe der Betonung. München. Zürich. Wien 1970 [656 S.].

Hemme 1979 = Adolf Hemme: Das lateinische Sprachmaterial im Wortschatz der deutschen, französischen und englischen Sprache. Leipzig 1904 [Nachdruck Hildesheim 1979; 1236 Sp.].

Herders-[4]FW = Herders Fremdwörterbuch. Begriffe unserer Zeit richtig verstehen, sicher anwenden. Herkunft und Bedeutung, Aussprache und Betonung, Schreibweise mit sämtlichen Trennstellen, Umschreibung und Anwendungsbeispiele, Verzeichnis internationaler Abkürzungen und interessante Sonderkapitel. [Verfaßt u. zusammengestellt von Eugen F. Kuri.] 4. Aufl. Freiburg. Basel. Wien 1974 [626 S.; 1. Aufl. Freiburg 1969].

Herders Sprachbuch 1973 = Herders Sprachbuch. Ein neuer Weg zu gutem Deutsch. Rechtschreibung. Trennung. Aussprache. Bedeutung. Herkunft von rund 60 000 Wörtern. 36 Rahmenartikel zu Sprachlehre, Sprachkunde, Sprachgebrauch neu bearb. v. Kurt Abels [Neubearbeitung]. Freiburg i. Br. 1973 (Herderbücherei 470) [XXVIII, 803 S.; 1. Aufl., Freiburg. Basel. Wien 1960 mit anderem UT.: Rechtschreibung. Trennung. Betonung. Aussprache. Umschreibung von Fremdwörtern. Bedeutung. Herkunft von rund 60 000 Wörtern. 36 Rahmenartikel über richtigen Sprachgebrauch, Sprachstil und Sprachregeln sowie ein Verzeichnis von über 1000 Vornamen mit Angabe der Namensherkunft, der Bedeutung und des Kalendertages des Namensfestes; 4. Aufl. Freiburg 1965; 8. Aufl. Freiburg. Basel. Wien 1972].

Hermanns 1970 = Will Hermanns: Aachener Sprachschatz. Wörterbuch der Aachener Mundart. Im Auftrag des Vereins 'Öchner Platt' für den Druck überarb. u. hrsg. v. Rudolf Lautin. Aachen 1970 (Beiträge zur Kultur- und Wirtschafts-Geschichte Aachens und seiner Umgebung 1) [II, 596 S.].

Hertel 1966 = Ludwig Hertel: Thüringer Sprachschatz. Sammlung mundartlicher Ausdrücke aus Thüringen, nebst Einleitung, Sprachkarte und Sprachproben. Weimar 1895 [Nachdruck Wiesbaden 1966; VII, 268 S.].

Heupel 1978 = Carl Heupel: Linguistisches Wörterbuch. 3. völlig neu bearb. Aufl. München 1978 [162 S.; 1. Aufl. u. d. T.: Taschenwörterbuch der Linguistik. München 1973].

Heyse 1978 = Johann Christian August Heyse: Allgemeines verdeutschendes und erklärendes Fremdwörterbuch mit Bezeichnung der Aussprache und Betonung der Wörter nebst genauer Angabe ihrer Abstammung und Bildung. Neu bearb., vielfach berichtigt u. verm. v. Otto Lyon. 21. Original-Ausg. mit Nachträgen, besorgt durch Willy Scheel. Hannover 1922 [Nachdruck Hildesheim 1978; VIII, 942 S.].

Hiersche 1986 ff. = Rolf Hiersche: Deutsches etymologisches Wörterbuch. Heidelberg 1986 ff. 1. Lief. [XXXV, 44 S.] 2. Lief. S. 45—124 (Germanische Bibliothek. NF. 2. Reihe Wörterbücher).

Hilgendorf 1990 = Brigitte Hilgendorf: Wörterbuchbibliographie [als Datenbank]. Stand: Beginn 1990 [ca. 21 000 Titel; vorhanden im Institut für deutsche Sprache. Mannheim].

Hoffmann/Block-[11]WdS = Peter Friedrich Ludwig Hoffmann: Wörterbuch der deutschen Sprache in ihrer heutigen Ausbildung. Mit besonderer

Berücksichtigung der Schwierigkeiten in der Bedeutung, Beugung, Fügung und Schreibart der Wörter und mit vielen erläuternden Beispielen aus dem praktischen Leben. Bearb. v. Martin Block. 11., verb. Aufl. Leipzig 1942 [X, 702 S.; 1. Aufl. Leipzig 1860 mit anderen T.].

Hofmann/Rubenbauer 1963 = J. B. Hofmann †/ H. Rubenbauer: Wörterbuch der grammatischen und metrischen Terminologie. 2. erw. Aufl. Heidelberg 1963 [78 S.; 1. Aufl. Heidelberg 1950].

Hollander 1989 = Eva von Hollander: Das tägliche Fremdwort. (Völlig neu überarb. Ausgabe) Stuttgart 1989 [480 S.; aktualisierte Ausg. Stuttgart 1990].

Hollander-FL = Eva von Hollander: Fremdwörterlexikon. Hamburg 1989 [480 S.].

Homberger 1989 = Dietrich Homberger: Sachwörterbuch zur deutschen Sprache und Grammatik. Frankfurt a. M. 1989 [203 S.].

Hoppe 1985 = Ulrich Hoppe: Von *Anmache* bis *Zoff*. Ein Wörterbuch der Szene-Sprache. München 1985 [157 S.].

Hoppe 1986 = Ulrich Hoppe: Bös-Deutsch. Das Wörterbuch für Zyniker(innen). München 1986 (Heyne Allgemeine Reihe 01/6727) [175 S.].

Hoppe 1986a = Ulrich Hoppe: Jubel-Deutsch. Das Wörterbuch für Schönfärber(innen). München 1986 (Heyne Allgemeine Reihe 01/6726) [218 S.].

Hübner 1984 = Friedhelm Hübner: Das neue Wörterbuch der deutschen Gegenwartssprache. Unser Wortschatz von *A* bis *Z*. Niedernhausen/TS 1984 (Mehr Erfolg in Schule und Beruf) [475 S.].

Hübner 1984a = Friedhelm Hübner: Wie sagt man noch? Bedeutungsähnliche, sinnverwandte, gleichsetzbare Wörter. Köln 1984 [160 S.].

Hügel 1972 = Franz S. Hügel: Die Wiener Dialekt. Lexikon der Wiener Volkssprache (Idioticon Viennense). Wien 1873 [Nachdruck Wiesbaden; 220 S.].

Hunold 1972 = Günther Hunold: Lexikon des pornographischen Wortschatzes. München 1972 [223 S.; Neuaufl. u. d. T.: Sexualität in der Sprache. Lexikon des obszönen Wortschatzes. München 1978].

HWDG = Handwörterbuch der deutschen Gegenwartssprache. In zwei Bänden. Von einem Autorenkollektiv unter der Leitung von Günter Kempcke. Bd. 1: *A−K* [...]. Bd. 2: *L−Z* [...]. Berlin [DDR] 1984 [zus. XXXI, 1399 S.].

Ibel 1965 = Rudolf Ibel: Kurzweiliges Glossarium zur deutschen Sprache. Passau 1965 [136 S.].

Jansen/Mackensen 1958 = Rechtschreibung der technischen und chemischen Fremdwörter. Hrsg. v. Verein Deutscher Ingenieure und der Gesellschaft Deutscher Chemiker. 2., neugestaltete Aufl. v. Hubert Jansens „Rechtschreibung der naturwissenschaftlichen und technischen Fremdwörter" besorgt durch L. Mackensen. Düsseldorf. Weinheim 1958 [267 S.].

Jungmair/Etz 1978 = Wörterbuch zur oberösterreichischen Volksmundart. Gesammelt v. Otto Jungmair †, für die Drucklegung bearb. v. Albrecht Etz. Linz 1978 (Aus dá Hoamat 33) [349 S.].

Kehrein 1969 = Josef Kehrein: Fremdwörterbuch mit etymologischen Erklärungen und zahlreichen Belegen aus deutschen Schriftstellern. 1876 [Nachdruck Wiesbaden 1969; XII, 772 S.].

Kehrein 1970 = Josef Kehrein: Nassauisches Namenbuch enthaltend alle Personen-, Orts- und Gemarkungsnamen. 1872 [Nachdruck Wiesbaden 1970; VIII, 644 S.].

Keller 1973 = Howard H. Keller: German Root Lexicon. Florida 1973 [149 S.].

Kellow/Westkolle 1986 = S. E. Kellow/Peer Westkolle: Wörterbuch wider die rhetorische Unzucht. Von *abartig* bis *Zeitgeist*. Mit einem Nachwort und mehreren Einreden von Peter R. Drach-Eiswollke. Frankfurt 1986 [116 S.].

Kienle 1965 = Richard von Kienle: Fremdwörterlexikon. [10. Aufl.] München o. J. (1965) [511 S.; 1. Aufl. Heidelberg 1950; auch u. d. T.: Keyers Fremdwörterlexikon].

Kinne/Strube-Edelmann 1981 = Michael Kinne/ Birgit Strube-Edelmann: Kleines Wörterbuch des DDR-Wortschatzes. 2. Aufl. Düsseldorf 1981 [250 S.; 1. Aufl. 1980].

kl. Duden-DW 1982 = Der kleine Duden. Deutsches Wörterbuch. Bearb. v. der Dudenredaktion. 2. Aufl. Mannheim. Wien. Zürich 1982 [445 S.].

kl. Duden-FWB 1983 = Der kleine Duden. Fremdwörterbuch. Bearb. v. der Dudenredaktion. 2. Aufl. Mannheim 1983 [448 S.].

kl. FWB = Kleines Fremdwörterbuch (Bearb.: Roselore Ehrlich, Günter Gurst, Herbert Küstner). 3. unv. Aufl. Leipzig 1974 [393 S.; 6., neubearb. Aufl. Leipzig 1981].

Kloosterziel/Löwi 1985 = Ute Kloosterziel/Margret Löwi: Sag's genauer. Das Wörterbuch der treffenden Ausdrücke. Wiesbaden 1985 [344 S.].

Kluge 1989 = Friedrich Kluge: Etymologisches Wörterbuch der deutschen Sprache. 22. Aufl. unter Mithilfe von Max Bürgisser und Bernd Gregor völlig neu bearb. v. Elmar Seebold. Berlin. New York 1989 [LXV, 822 S.; 1. u. 2. Aufl. 1883; 3. unv. Aufl. 1884; 4. verb. Aufl. 1889; 5. verb. Aufl. 1894; 6. verb. u. vermehrte Aufl. 1899, davon 2. Abdruck 1905; 7. verb. u. vermehrte Aufl. (seitdem mit Alfred Götze) 1910; 8. verb. u. vermehrte Aufl. 1915; 9. durchges. Aufl. 1921; 10. vermehrte u. verb. Aufl. 1924; 11. Aufl., mit Unterstützung von Wolfgang Krause bearb. v. Alfred Götze 1934 (unveränd. bis zur 14. Aufl., 1948); 15. Aufl., 1951 als Friedrich Kluge/Alfred Götze: Etym. Wb. der dt. Sprache unter Mithilfe v. Hans Krahe besorgt von Alfred Schirmer; 16. Aufl. als unveränd. Nachd. 1953; 17. Aufl. unter Mithilfe v. Alfred Schirmer bearb. v. Walther Mitzka, 1957; 18. Aufl., bearb. v. W. Mitzka 1960; 19. Aufl., bearb. v. W. Mitzka 1963; 20. Aufl., bearb. v. W. Mitzka 1967; 21., unveränd. Aufl. 1975].

Knapp 1985 = Hans Knapp: Wie gered't sou gebabblt. Viernheimer Wörterbuch. Etymologie. Redensarten. Glossen. Anekdoten [...] (2. Aufl.). Hemsbach 1985 [256 S.].

Knaurs-EL = Knaurs etymologisches Lexikon. 10 000 Wörter unserer Gegenwartssprache. Herkunft und Geschichte. Von Ursula Hermann. München 1983 [520 S.].

Knaurs-FL = Knaurs Fremdwörter-Lexikon v. Ursula Hermann. München 1977 [448 S.].

Knaurs-GW = Knaurs Großes Wörterbuch der deutschen Sprache. Der große Störig. Erarb. v. Ursula Hermann unter Mitarbeit v. Horst Leisering und Heinz Hellerer. München 1985 [1120 S.].

Knaurs-LsW = Siegrid Radszuweit/Martha Spalier: Knaurs Lexikon der sinnverwandten Wörter. 20 000 Stichwörter mit ihren Synonymen. München 1982 [560 S.].

Knaurs-RS = Knaurs Rechtschreibung. Rechtschreibung. Fremdwörter. Grammatik. Völlig neu bearb. [...] (v. Ursula Hermann). 4. Aufl. 1981 [919 S.; 1. Aufl. 1973].

Knobloch-SpWb = Sprachwissenschaftliches Wörterbuch. Hrsg. v. Johann Knobloch in Verbindung mit Olga S. Akhmanova, Eugenio Coseriu, Siegfried Heinimann, Gunther Ipsen, Friedrich Kainz, Jerzy Kurylowicz, Ferdinand Liewehr, Johannes Lohmann, Miroslav Novotný, Moritz Regula, Anton Reichling, Alfred Schmitt, Edite Hauzenberga-Šturma, J. Leo Weisgerber und anderen Linguisten. 1. Bd.: A—E. Heidelberg 1986 [VII, 895 S.]; 2. Bd.: [bisher erschienen] Lief. 1, 1988].

Knorr/Witt 1983 = Stefan Knorr/Rainer Witt: Das Lexikon der Vorurteile. Frankfurt 1983 [128 S.].

Köbler 1971 = Gerhard Köbler: Verzeichnis der Übersetzungsgleichungen der kleineren althochdeutschen Sprachdenkmäler. Göttingen. Zürich. Frankfurt 1971 (Göttinger Studien zur Rechtsgeschichte) [IV, 71 S.].

Köbler 1971a = Gerhard Köbler: Lateinisch-Althochdeutsches Wörterbuch. Göttingen. Zürich. Frankfurt 1971 (Göttinger Studien zur Rechtsgeschichte) [IX, 221 S.].

Köbler 1974 = Gerhard Köbler: Althochdeutsch-lateinisches Wörterbuch. Göttingen. Zürich. Frankfurt 1974 (Göttinger Studien zur Rechtsgeschichte) [VI, 250 S.].

Koblischke 1980 = Heinz Koblischke: Großes Abkürzungsbuch. Abkürzungen — Kurzwörter — Zeichen — Symbole. 2. durchges. Aufl. Leipzig 1980 [508 S.; 1. Aufl. 1978].

Koblischke-K 1990 = Heinz Koblischke: Kleines Abkürzungsbuch. 6. durchges. Aufl. Leipzig 1990 [144 S.].

Kohler 1912 = Enzyklopädisches Wörterbuch für den deutschen Sprach- und Schreibgebrauch mit Angabe der Aussprache nach dem phonetischen System der Methode Toussaint-Langenscheidt. Verfaßt v. Wilhelm Kohler. Berlin-Schöneberg 1912.

Köhring/Beilharz 1973 = Klaus H. Köhring/Richard Beilharz: Begriffswörterbuch Fremdsprachendidaktik und -methodik. München 1973 [272 S.].

König 1978 = Werner König: dtv-Atlas zur deutschen Sprache. Tafeln und Texte. 4. Aufl. München 1981 [248 S.].

Krack 1961 = Karl Erich Krack: 1000 Redensarten unter die Lupe genommen. Vom Ursprung und Sinn vielgebrauchter Redewendungen und Begriffe. Berlin-Charlottenburg 1961 [239 S.].

Krahl/Kurz 1977 = Siegfried Krahl/Josef Kurz: Kleines Wörterbuch der Stilkunde. 4. durchges. Aufl. Leipzig 1977 [141 S.; 1. Aufl. 1970].

Krämer 1979 = Julius Krämer: Unser Sprachschatz. Wörterbuch der galizischen Pfälzer in Schwaben. Stuttgart—Bad Cannstatt 1979 [XX S., 276 Sp.].

Kraemer 1983 = Deutsches Wörterbuch. Mit Silbentrennung und Phonetik. Hrsg. v. Rolf Kraemer unter Mitarbeit v. Helga Hahn, Jürgen R. Braun und J. Reichenberg. Wiesbaden 1983 [392 S.; frühere Aufl. Wiesbaden 1980].

Kratschmer/Schmidt 1975 = Komma-Lexikon. Nachschlagewerk zur Zeichensetzung. Hrsg. v. Theofried Kratschmer und Albrecht Schmidt. 2. Aufl. München 1975 (Humboldt-Taschenbuch 259) [208 S.; 1. Aufl. Bad Homburg 1973].

Krauss 1970 = Friedrich Krauss: Treppener Wörterbuch. Ein Beitrag zum Nordsiebenbürgischen Wörterbuch. Marburg 1970 [XXV S., 1226 Sp.].

Kretschmer 1969 = Paul Kretschmer: Wortgeographie der hochdeutschen Umgangssprache. 2. Aufl. mit Nachträgen. Göttingen 1969 [XVI, 641 S.; 1. Aufl. 1918].

Kreuzer 1986 = Peter Kreuzer: Das Graffiti-Lexikon. Wand-Kunst von *A* bis *Z*. München 1986 [494 S.].

Krüger-Lorenzen 1960 = Kurt Krüger-Lorenzen: Das geht auf keine Kuhhaut. Deutsche Redensarten und was dahinter steckt. Düsseldorf 1960 [298 S.].

Krüger-Lorenzen 1966 = Kurt Krüger-Lorenzen: Aus der Pistole geschossen. Deutsche Redensarten und was dahinter steckt. Bd. 2. Düsseldorf. Wien 1966 [304 S.].

Krüger-Lorenzen 1973 = Kurt Krüger-Lorenzen: Der lachende Dritte. Deutsche Redensarten und was dahinter steckt. Bd. 3. Düsseldorf. Wien 1973 [283 S.].

Krüger-Lorenzen o. J. = Kurt Krüger-Lorenzen: Deutsche Redensarten und was dahinter steckt. Das geht auf keine Kuhhaut. Aus der Pistole geschossen. Der lachende Dritte. Mit Zeichnungen von Franziska Bilek. Ungekürzte Sonderausgabe in einem Bd. Wiesbaden o. J. [1979] [871 S.].

Küpper-A = Heinz Küpper: Am A... der Welt. Landserdeutsch 1939—1945. Hamburg. Düsseldorf 1970 [217 S.].

Küpper-ABC = Heinz Küpper: ABC-Komiker bis Zwitschergemüse. Das Bundessoldatendeutsch.

Wiesbaden 1978 (Beihefte zur Muttersprache 3) [XXIV, 229 S. identisch mit: Von *Anschiß* bis *Zwitschergemüse*. München 1986].

Küpper-dtv = Heinz Küpper: dtv-Wörterbuch der deutschen Alltagssprache. Bd. 1 *A—Pep*, Bd. 2 *Per—Z*. München 1971 [zus. 484 S.; ungekürzte Ausgabe des Handlichen Wörterbuchs der deutschen Alltagssprache, Hamburg. Düsseldorf 1968].

Küpper-FW = Heinz Küpper: Reclams Fremdwörterbuch nebst Verzeichnis gebräuchlicher Abkürzungen. 3. Aufl. Stuttgart 1987 [240 S.; 1. Aufl. 1958].

Küpper-²HWDA = Heinz Küpper: Handliches Wörterbuch der deutschen Alltagssprache. 2. Aufl. Wiesbaden 1978 [484 S.; 1. Aufl. Hamburg. Düsseldorf 1968].

Küpper-ILDUS = Heinz Küpper: Illustriertes Lexikon der deutschen Umgangssprache in 8 Bänden. Stuttgart. Bd. 1: *A—Blatt* [mit einer Einführung: „Zur Bebilderung von Sprachlexika" von Christoph Wetzel u. Gerhard Weise, S. 12—23], 1982; Bd. 2: *Blau—faul* [mit einer Einführung „Zur Methodik der Bestandsaufnahme" von Heinz Küpper, S. 408—415], 1983; Bd. 3: *Faust—Haus* [mit einer Einführung „Erlebte Umgangssprache" von Heinz Küpper, S. 816—819], 1983; Bd. 4 *Haut—Kost* [mit einer Einführung „Umgangssprache und Werbung" von Heinz Küpper, S. 1212—1221], 1983; Bd. 5: *Kot—Naschzahn* [mit einer Einführung „Umgangssprachlicher Bildstreifzug durch fünf Jahrhunderte", S. 1606—1616], 1984; Bd. 6: *Nase—Saras*, 1984; Bd. 7: *Sardelle—Susi*, 1984; Bd. 8: *Susig-Zypresse*, 1984 [zus. 3216 S.; alle Bände mit Register].

Küpper/Küpper 1972 = Marianne Küpper/ Heinz Küpper: Schülerdeutsch. Hamburg. Düsseldorf 1972 [134 S.].

Küpper-WdU = Heinz Küpper: Wörterbuch der deutschen Umgangssprache. Bd. 1, 3. neubearb. u. erw. Aufl. Hamburg 1963 (1. Aufl. 1955) [533 S.]; Bd. 2: 10 000 neue Ausdrücke von *A—Z*. 2. unveränd. Aufl. 1966 (1. Aufl. 1963) [326 S.]; Bd. 3: Hochdeutsch-Umgangsdeutsch. Gesamtstichwortverzeichnis. 2. Aufl. Hamburg 1965 (1. Aufl. 1964) [273 S.]; Bd. 4: Berufsschelten und Verwandtes. Hamburg 1966 [291 S.]; Bd. 5: 10 000 neue Ausdrücke von *A—Z* (Sachschelten). Hamburg 1967 [377 S.]; Bd. 6: Jugenddeutsch von *A* bis *Z*. Hamburg 1970 [438 S.].

Küpper-WdU (Pons) = Wörterbuch der deutschen Umgangssprache. Stuttgart 1987 [XII, 959 S.].

Kurth 1975 = Lexikon der modernen Konversation. Zusammengestellt und bearb. v. Hanns Kurth. Genf 1975 [250 S.].

KWDS 1988 = Kleines Wörterbuch der deutschen Sprache (erarb. v. Michael Herfurth, Pia Fritzsche u. Dieter Baer). Leipzig 1988 [365 S.].

KWL 1985 = Kleines Weiberlexikon. Von *Abenteuerin* bis *Zyklus*. Mit einem Anhang (Chroniken, Statistiken, Tabellen und Adressen). Hrsg. v. Florence Hervé, Elly Steinmann, Renate Wurms. Dortmund 1985 [571 S.].

Lang 1967 (T) = Ewald Lang: Terminologie der generativen Grammatik (Vorläufige Zusammenstellung). Hektographiert. Berlin [DDR] 1967.

Langenscheidts-DW 1968 = Langenscheidts Deutsches Wörterbuch. Rechtschreibung und Grammatik. Begründet v. August Vogel. Neubearb. von Arthur Busse unter Mitarbeit v. Richard Pekrun. 7. Aufl. Berlin. München. Zürich 1968 [334 S.; 1. und 2. Aufl. Berlin-Schöneberg 1955; 3. Aufl. 1957; diese ist weitestgehend identisch mit Busse/ Pekrun 1967; 4. Aufl. 1961; 5. Aufl. 1963; 6. Aufl. 1966].

Lehr 1983 = Rudolf Lehr: Kurpfälzer Wortschatz in der Mundart von Sandhausen bei Heidelberg. Illustriert von Bruno Kröll. Heidelberg 1983 [144 S.].

Leisering 1988 = Horst Leisering: Compact Wörterbuch: Fremdwörter. München 1988 [446 S.].

Lembke 1970 = Robert Lembke: Zynisches Wörterbuch. Mit Zeichnungen von Franziska Bilek. München 1970 [96 S.].

Lewandowski 1990 = Theodor Lewandowski: Linguistisches Wörterbuch, Bd. 1: *A—H*, 1990; Bd. 2: *I—R*, 1990; Bd. 3: *S—Z*, 1990. 5., überarb. Aufl. 1990. Heidelberg. Wiesbaden 1990 (Uni-Taschenbücher 1518) [zus. 1287 S.; 1. Aufl. 1973—1975; 3. verb. u. erw. Aufl. Heidelberg 1979; 4. neubearb. Aufl. Heidelberg 1984—1985].

Lexer 1965 = Matthias Lexer: Kärntisches Wörterbuch. Mit einem Anhang: Weihnachtliche Spiele und Lieder aus Kärnten. Leipzig 1862 [Nachdruck Wiesbaden 1965; XVI, 340 Sp.].

Lexer 1983 = Matthias Lexers Mittelhochdeutsches Taschenwörterbuch. Stuttgart 1983 [IV, 504 S. ab S. 349: Nachträge zum Mittelhochdeutschen Taschenwörterbuch. Unter Mithilfe von Dorothea Hannover und Rena Leppin neubearb. u. aus den Quellen ergänzt von Ulrich Pretzel. — 1. Aufl. 1879].

Lindow 1987 = Plattdeutsch-Hochdeutsches Wörterbuch. Bearb. v. Wolfgang Lindow. 3. überarb. Aufl. Bremen 1987 (Schriften des Instituts für niederdeutsche Sprache. Reihe: Dokumentation 8) [273 S.].

Lins 1974 = Eberhard Lins: Sächsisch auf deutsch. Herkunft und Bedeutung sächsischer Wörter. München 1974 [80 S.].

Lipperheide 1982 = Spruchwörterbuch. Sammlung deutscher und fremder Sinnsprüche, Wahlsprüche, Inschriften an Haus und Gerät, Grabsprüche, Sprichwörter, Aphorismen, Epigramme, von Bibelstellen, Liederanfängen, von Zitaten aus älteren und neueren Klassikern, sowie aus den Werken moderner Schriftsteller, von Schnaderhüpfln, Wetter- und Bauernregeln, Redensarten usw., nach den Leitworten, sowie geschichtlich geordnet und unter Mitwirkung deutscher Gelehrter und Schriftsteller hrsg. v. Franz Freiherrn v. Lipperheide. Berlin 1907 [9. unveränd. Nachdruck Berlin 1982; VIII, 1069 S.].

Lloyd et al. 1988 = Albert L. Lloyd/Karen K.

Purdy/Otto Springer: Wörterverzeichnisse zu dem Etymologischen Wörterbuch des Althochdeutschen von Albert L. Lloyd und Otto Springer (Bd. 1.: -*a*—*bezzisto*). Göttingen. Zürich 1988 [115 S.].

Lokotsch 1975 = Karl Lokotsch: Etymologisches Wörterbuch der europäischen (germanischen, romanischen und slavischen) Wörter orientalischen Ursprungs. 2. unv. Aufl. Heidelberg 1975 [XVII, 242 S.].

Lorez-Brunold 1987 = Christian und Tilly Lorez-Brunold: Rheinwalder Mundartwörterbuch. Der Wortschatz einer Bündner Walsermundart. Chur 1987 (Grammatiken und Wörterbücher des Schweizerdeutschen in allgemeinverständlicher Darstellung betreut vom Bund Schwyzertütsch XI) [280 S.].

Lübben 1989 = August Lübben: Mittelniederdeutsches Handwörterbuch. Nach dem Tode des Verfassers vollendet v. Christoph Walther. 1888 [Nachdruck Darmstad 1989; X, 599 S.].

Ludewig 1969 = Walter Ludewig: Lexikon der deutschen Sprachlehre. Gütersloh 1969 [254 S.; überarbeitete Sonderausgabe des „Lexikon der deutschen Sprachlehre" im Wahrig-²DW].

Ludewig 1987 = Georg Ludewig: Stadt-Hannoverisches Wörterbuch. Bearb. u. hrsg. von Dieter Stellmacher. Neumünster 1987 [128 S.].

LuD-Lexikon 1971 ff. = Kleines Lexikon der Linguistik. In: Linguistik und Didaktik 2. 1971 ff. [Jedes Heft vier heraustrennbare Karteikarten].

Lukoschick 1986 = Ganz schön shaky. Die Schicki-Micki-Sprache. Hrsg. v. Andreas Lukoschick [Sic!]. München 1986 (Heyne Allgemeine Reihe 01/6688) [140 S.].

Luther 1974 = Martin Luther: Vielfältig verlangtes Namen-Büchlein. Hrsg. v. Gottfried Wegener. Leipzig 1674 [Nachdruck Leipzig 1974; 250 S.].

Lux 1969 = Fremdwörterlexikon. 10 000 Begriffe und Redewendungen unserer Zeit mit Aussprache, Betonung sowie einem Lexikon aller wichtigen Abkürzungen. Zusammengestellt von Antonius Lux. München 1969 (Heyne-Buch Nr. 4814/15/16) [400 S.].

Mackensen-ABC = Das große ABC: Ein Lexikon zur deutschen Sprache. Bearb. u. hrsg. v. Lutz Makkensen in Verbindung mit Robert Müller-Sternberg u. Wolf Seidl. Düsseldorf 1956 [792 S.].

Mackensen-DRS = Deutsche Rechtschreibung nach den für die Schule verbindlichen Regeln. Hrsg. v. Lutz Mackensen. Völlig neu bearb. Aufl. Gütersloh 1974 [736 S.; 1. Aufl. 1954; 50. Aufl. 1964; auch als Buchgemeinschaftsausgabe 1967; spätere Aufl. 1980 (rororo 6034)].

Mackensen-⁹DW = Deutsches Wörterbuch. Rechtschreibung. Grammatik. Stil. Worterklärung. Fremdwörterbuch. Geschichte des deutschen Wortschatzes. 9. völlig neubearb. u. stark erw. Aufl. München 1977 [XLIV, 1212 S.; S. 1213—1200: Geschichte des deutschen Wortschatzes; 1. Aufl. = Mackensen-NDW; 3. verb. Aufl. Laupheim 1961; 4. verb. u. erw. Aufl. Baden-Baden 1962; 5. verb. u. erw. Aufl. München 1967; 6. verb. u. erw. Aufl. München 1970; 7. Aufl. 1972; 8. Aufl. 1975 [non vidi]; 9. Aufl. auch als dreibändiges Taschenbuch 1979 (rororo 6245—6247); 10. erw. Aufl. Köln. Wien. Zürich 1982.

Mackensen-¹²DW = Lutz Mackensen: Deutsches Wörterbuch. Rechtschreibung. Grammatik. Stil. Worterklärungen. Abkürzungen. Aussprache. Fremdwörterlexikon. Geschichte des deutschen Wortschatzes. 12. völlig neu bearb. u. stark erw. Aufl. unter Mitarbeit von Gesine Schwarz-Mackensen. München 1986.

Mackensen-FtG = Lutz Mackensen: Das Fachwort im täglichen Gebrauch. Das aktuelle Wörterbuch mit über 25 000 Begriffen. Unter Mitarbeit von B. Brassat, C. Frost, P. Krey u. H. Tendahl. München 1981 [360 S.].

Mackensen-NDW = Neues Deutsches Wörterbuch. Rechtschreibung. Grammatik. Stil. Worterklärung. Fremdwörterbuch. Bearb. u. hrsg. v. Lutz Mackensen. Laupheim 1952 [838 S.; gilt als 1. Aufl. v. Mackensen-DW; unveränd. Nachdruck 1953].

Mackensen-NFL = Lutz Mackensen: Das neue Fremdwörter-Lexikon. Über 32 000 Stichwörter. Bedeutung. Herkunft. Aussprache. Beugung. Wortverbindungen. Köln o. J. [464 S.; vorher u. d. T.: Das moderne Fremdwörter-Lexikon. München 1979].

Mackensen-⁴TW = Lutz Mackensen: Der tägliche Wortschatz. Ein Wörterbuch für Büro, Schule und Haus. Wortgebrauch, Wortbedeutung, Wortbeugung, Rechtschreibung, Satzzeichen, Fremdwörter, Redensarten, Namen, Regelteil. 4. Aufl. Baden-Baden 1961 [652 S.; 1. Aufl. 1956; (veränd.) Aufl. Stuttgart. Salzburg 1970].

Mackensen-UW = Lutz Mackensen: Ursprung der Wörter. Etymologisches Wörterbuch der deutschen Sprache. Frankfurt. Berlin 1988 (Ullstein Sachbuch 34442) [446 S.; 1. Aufl. als Reclams etymologisches Wörterbuch der deutschen Sprache. Stuttgart 1966].

Mackensen-ZRS = Lutz Mackensen: Zitate, Redensarten, Sprichwörter. Brug. Stuttgart. Salzburg 1973 [887 S.; 2. verb. Aufl. Wiesbaden 1981].

Mackensen/Hollander 1986 = Lutz Mackensen/Eva von Hollander: Das neue Wörter- und Fremdwörterbuch. Rechtschreibung. Grammatik. Stil. Worterklärungen. Geschichte des deutschen Wortschatzes. Hamburg 1986 [XLVI, 2514 Sp.; frühere Aufl. 1982].

Mackensen/Hollander 1989 = Lutz Mackensen/Eva v. Hollander: Der tägliche Wortschatz. Das tägliche Fremdwort. (Völlig neu überarb. Ausg.). Stuttgart 1989 [L S. Vorspann; Der tägl. W. = 699 S.; Das tägl. Fw. = S. 701—1136; Fremdsprachige Zitate = S. 1137—1182].

Mangoldt 1966 = Kleines Wörterbuch zum Verständnis asiatischer Weltanschauung. Erklärungen von Worten und Begriffen. (Zusammengestellt von Ursula von Mangoldt). Weilheim 1966 [88 S.].

Marbach o. J. = G. O. Marbach: Sprichwörter und Spruchreden. Wiesbaden o. J. [221 S.].

Mater-DV 1966—1972 = Erich Mater: Deutsche Verben. 1. Alphabetisches Gesamtverzeichnis. 2. Grundwörter und deren Zusammensetzung. 3. Gesamtverzeichnis der Grundwörter. Stellung der Kompositionsglieder. 4. Art der Zusammensetzung. 5. Flexionsklassen. 6. Rektionsarten. 7. Verhältnis zum Reflexivpronomen. Kompositionsbildung zu Grundwörtern. 8. Perfektbildung mit *haben* oder *sein*. 9. Trennung der Kompositionsglieder. Wortlänge der Grundwörter. 10. Ableitungen. Silben. Umlaute. 10 Bde. Leipzig 1966—1972 [zus. 1131 S.].

Mater 1983 = Erich Mater: Rückläufiges Wörterbuch der deutschen Gegenwartssprache. 4., unveränd. Aufl. Oberursel 1983 [V, 692 S.; 1. Aufl. Leipzig 1965; 2. Aufl. Leipzig 1967; 3. Aufl. Leipzig 1970].

Matthias/Frenzel-9NDW = Theodor Matthias: Das neue deutsche Wörterbuch, unter besonderer Berücksichtigung der Rechtschreibung sowie der Herkunft, Bedeutung und Fügung der Wörter, auch der Lehn- und Fremdwörter. 9. Aufl. bearb. v. Elisabeth und Herbert A. Frenzel. Berlin 1954 [413 S., auch als Sonderausgabe für Burda Buchclub sowie als unveränderter Teil von Peters 1956; vgl. Matthias/Quenzel/Volz-7NDW].

Matthias/Quenzel/Volz-7NDW = Theodor Matthias: Das neue deutsche Wörterbuch. Unter besonderer Berücksichtigung der Rechtschreibung sowie der Herkunft, Bedeutung und Fügung der Wörter, auch der Lehn- und Fremdwörter. Mit Unterstützung des Deutschen Sprachvereins und des ehemaligen Oberkorrektors der Reichsdruckerei Paul Grunow. Bearb. v. Karl Quenzel u. Hans Volz. 7., neubearb. Aufl. Leipzig 1935 [XXIV, 432 S.; 4. neu bearb. u. erhebl. verm. Aufl. bearb. v. Joseph Lammertz und Karl Quenzel. Leipzig 1930; 5. verm. Aufl. Leipzig 1931; 6. Aufl. Leipzig 1932; 8. neubearb. Aufl. Leipzig 1941; 9. Aufl. s. Matthias/Frenzel-9NDW].

Meier 1965 = Hans Meier: Schweizer Rechtschreibebuch für Schule und Praxis. Nach „Dudens Rechtschreibung der deutschen Sprache" unter besonderer Berücksichtigung des schweizerischen Wortgutes. 9. Aufl. Wabern 1965 [132 S.; 7. Aufl. 1962].

Meldau 1972 = Rudolf Meldau: Schulsynonymik der deutschen Sprache. Heidelberg 1972 [327 S.].

Meldau 1978 = Rudolf Meldau: Sinnverwandte Wörter und Wortfelder der deutschen Sprache. Ein Handbuch für den Deutschunterricht mit einer Einführung von Wolfhard Kluge. Paderborn 1978 [XXIV S. + o. Seitenzählung; 1. Aufl. als Schulsynonymik der deutschen Sprache. Heidelberg 1972].

Melzer 1951 = Friso Melzer: Der christliche Wortschatz der deutschen Sprache. Eine evang. Darstellung. Lahr/Baden 1951 [528 S.].

Melzer 1965 = Friso Melzer: Das Wort in den Wörtern. Die deutsche Sprache im Dienste der Christus-Nachfolge. Ein theophilologisches Wörterbuch. Tübingen 1965 [XVI, 372 S.].

Meng 1986 = Heinrich Meng: Mundartwörterbuch der Landschaft Baden im Aargau nach Sachgruppen. Baden 1986 (Grammatiken und Wörterbücher des Schweizerdeutschen in allgemeinverständlicher Darstellung X) [XXXVIII, 269 S.].

Mentrup 1981 = Duden. Wann schreibt man groß, wann schreibt man klein? Regeln und ausführliches Wörterverzeichnis von Wolfgang Mentrup. 2. neubearb. u. erw. Aufl. Mannheim. Wien. Zürich 1981 (Duden-Taschenbücher 6) [252 S.; 1. Aufl. 1969].

Meyer 1988 = Willy Meyer: Fremdwort gesucht? Wörterbuch Deutsch-Fremd. Frankfurt/M. 1988 [203 S.].

Meyer 1989 = Kurt Meyer: Duden. Wie sagt man in der Schweiz? Wörterbuch der schweizerischen Besonderheiten. Mannheim. Wien. Zürich 1989 (Duden-Taschenbücher 22) [380 S.].

Meyer/Ehrich 1981 = Bildwörterbuch Deutsch mit 200 Text- und Bildtafeln, davon 8 mehrfarbig sowie alphabetischen Verzeichnissen der Substantive und Verben. 4. Aufl. Leipzig 1981 [unveränderter Nachdruck der 2. durchges. Aufl.]. Erarbeitet von Hans Meyer und Sigrid Ehrich [524 S.; 1. Aufl. 1973].

Meyer-Pfaller 1986 = Hans-Josef Meyer-Pfaller (Hrsg.): Das große Buch der Sprichwörter. 2. verb. u. erg. Aufl. Esslingen 1986 [304 S.; 1. Aufl. Esslingen 1970].

Müller 1968 = Wolfgang Müller: Duden. Wie sagt man noch? Sinn- und sachverwandte Wörter und Wendungen. Mannheim. Wien. Zürich 1968 (Duden-Taschenbücher 2) [219 S.].

Müller 1973 = Wolfgang Müller: Duden. Leicht verwechselbare Wörter. Mannheim. Wien. Zürich 1973 (Duden-Taschenbücher 17) [334 S.].

Müller 1977 = Wolfgang Müller: Schülerduden. Die richtige Wortwahl. Ein vergleichendes Wörterbuch sinnverwandter Ausdrücke. Mannheim. Wien. Zürich 1977 (Duden für den Schüler 10) [480 S.].

Müller-Fraureuth 1968 = Karl Müller-Fraureuth: Wörterbuch der obersächsischen und erzgebirgischen Mundarten. 2 Bde. Dresden 1911—1914 [Nachdruck Leipzig 1968].

Müller-Thurau 1983 = Claus Peter Müller-Thurau: Laßt uns mal 'ne Schnecke angraben. Sprache und Sprüche der Jugendszene. 3. Aufl. Düsseldorf. Wien 1983 [Wörterbuch 98—172].

Müller-Thurau 1985 = Claus Peter Müller-Thurau: Lexikon der Jugendsprache. Mit Zeichnungen von Marie Marcks. 3. Aufl. Düsseldorf. Wien 1985 [198 S.].

Muthmann 1988 = Gustav Muthmann: Rückläufiges deutsches Wörterbuch. Handbuch der Wortausgänge im Deutschen, mit Beachtung der Wort- und Lautstruktur. Tübingen 1988 (Reihe Germanistische Linguistik 78) [998 S.].

NDW = Neues Deutsches Wörterbuch. Die deutsche Rechtschreibung. Grammatik. Fremdwörter. Aussprache. Bedeutung [Redaktionelle Leitung: Isolde Steiner]. Köln o. J. [1980, 600 S.].

Neske 1972 = Fritz und Ingeborg Neske: dtv-Wörterbuch englischer und amerikanischer Ausdrücke in der deutschen Sprache. 2. Aufl. München 1972 [314 S.; 1. Aufl. 1970].

Newald/Ristow 1954 = Richard Newald/Brigitte Ristow: Sachwörterbuch zur Deutschen Philologie. Lahr/Baden 1954 [144 S.].

Nunn 1974 = A. David Nunn: Politische Schlagwörter in Deutschland seit 1945. Ein lexikographischer und kritischer Beitrag zur Politik. Gießen 1974 [234 S.].

Oesch 1950 = Emil Oesch: Das richtige Wort zur rechten Zeit. Ein kleiner Führer der Schlagfertigkeit in Form einer Auslese sinnverwandter Wörter. Vollständige Neuausgabe. 15. Aufl. Thalwil. Zürich 1950 [224 S.; 1. Aufl. Thalwil. Zürich 1942].

Osman 1982 = Kleines Lexikon deutscher Wörter arabischer Herkunft. Hrsg. v. Nabil Osman. München 1982 [123 S.].

ÖW = Österreichisches Wörterbuch. Hrsg. im Auftrag des Bundesministeriums für Unterricht, Kunst und Sport. 36., überarb. Aufl. Wien 1985 [446 S.; 1. Aufl. 1951; 35., völlig neu bearb. u. erw. Aufl. Wien 1979].

Pekrun-[12]DW = Richard Pekrun: Das deutsche Wort. Ein umfassendes Nachschlagewerk des deutschen und eingedeutschten Sprachschatzes. 12. Aufl. Bearb. von Franz Planatscher. Bayreuth o. J. [XX, 907 S.; 1. Aufl. Leipzig 1933 m. d. UT.: Rechtschreibung und Erklärung des deutschen Wortschatzes sowie der Fremdwörter. Nach den amtlichen Regeln...; 2. Aufl. mit verändertem Untertitel: Rechtschreibung, Sprachlehre, Erklärung des deutschen Wortschatzes und der Fremdwörter. Nach den amtlichen Regeln bearb.... 1953; 3. unveränd. Aufl. Heidelberg. München 1959; 4. unveränd. Aufl. Stuttgart o. J.; 5. neubearb. Aufl. Heidelberg. München o. J.; 10. überarb. u. verm. Aufl. München 1967; 11. Aufl. bearb. v. Franz Planatscher. Frankfurt. Innsbruck. Paris [u. a.] 1976. Neuaufl. der 12. Aufl. u. d. T.: Deutsches Wörterbuch. Köln 1985 [XX, 907 S.].

Pekrun-NDW = Neues Deutsches Wörterbuch von Richard Pekrun. Rechtschreibung — Sprachlehre. Erklärung des deutschen Wortschatzes und der Fremdwörter. Köln o. J. [XIX, 444 S.; andere Ausgabe. Herrsching 1975: non vidi. 1. Aufl. als Keyers Neues Deutsches Wörterbuch. Heidelberg. München 1964].

Peltzer 1971 = Karl Peltzer: Treffend verdeutscht. Ein aktuelles Fremdwörterbuch unter besonderer Berücksichtigung des fremdsprachlichen Wortgutes in Politik, Technik und Wirtschaft, mit einer neuartigen Wertklassifizierung. Im Anhang eine umfangreiche Zusammenstellung der Vor- und Nachsilben sowie der gebräuchlichsten Abkürzungen. Thun. München 1971 [480 S.].

Peltzer 1988 = Karl Peltzer: Der treffende Reim. Ein Wörterbuch der Endreime mit einem Anhang über deutsche Metrik. 6. Aufl. Thun 1988 [148 S.; 1. Aufl. Thun 1966].

Peltzer/Normann 1988 = Karl Peltzer/Reinhard von Normann: Das treffende Wort. Wörterbuch sinnverwandter Ausdrücke. Zu den meisten Stichwörtern Gegenbegriffe und mit Fremdwörter-Verzeichnis. 20. Aufl. Thun 1988 [695 S.; 1. Aufl. 1955 von Peltzer].

Petasch-Molling 1989 = Antonyme. Wörter und Gegenwörter der deutschen Sprache. (Hrsg. v. Gudrun Petasch-Molling). Eltville am Rhein 1989 [311 S.].

Peters 1956 = F. W. Peters: Große Ausgabe. Tl. I: Rede, schreibe, rechne richtig. Ein Lehr- und Nachschlagewerk für Jedermann. Tl. II: Das Neue Deutsche Wörterbuch [...] [= Matthias/Frenzel-[9]NDW]. Berlin 1956 [in den Band eingebundenes Wörterbuch = 143 S.].

Probst 1989 = Alfred Probst: Amideutsch. Ein kritisch-polemisches Wörterbuch der anglodeutschen Sprache. Frankfurt/M. 1989 [176 S.].

Prosinger 1984 = Wolfgang Prosinger: Das rabenstarke Lexikon der Scene-Sprache. Der große Durchblick für alle Freaks, Spontis, Schlaffis, Softies, Flipper und Hänger sowie deren Verwandte und sonstige Fuzzis. Illustriert von Peter Gaymann. Frankfurt 1984 [90 S.].

Queri 1970 = Georg Queri: Kraftbayrisch. Ein Wörterbuch der erotischen und skatologischen Redensarten der Altbayern. Mit Belegen aus dem Volkslied, der bäuerlichen Erzählung und dem Volkswitz. München 1912 [224 S.; Faksimile-Druck. München 1970].

Raab 1964 = Heinrich Raab: Deutsche Redewendungen. Von *Abblitzen* bis *Zügel schießen lassen*. 2. Aufl. Wien. Köln 1964 [160 S.; 1. Aufl. St.Pölten. Wien 1952; Lizenzausgabe. Wiesbaden 1981].

Raven 1963/1967 = Frithjof Raven: Die schwachen Verben des Althochdeutschen. 2 Bde. Gießen 1963 u. 1967 [1. Bd.: CV, 333 S.; 2. Bd.: 351 S.].

RDS 1961 = Rechtschreibung der deutschen Sprache mit kleinem Abc der Rechtschreiblehre, Zeichensetzung und Grammatik und mit Anhang: Hinweise für das Maschinenschreiben, Korrekturvorschriften. Leipzig 1961 [XVIII, 525 S.].

Richey 1974 = Michael Richey: Idioticon Hamburgense oder Wörter-Buch zur Erklärung der eigenen, in und um Hamburg gebräuchlichen Nieder-Sächsischen Mund-Art. Jetzo vielfältig verm. u. mit Anmerckungen u. Zusätzen zweener berühmter Männer, nebst einem vierfachen Anhange. Hamburg 1755 [Nachdruck Hamburg 1974; 5, LII, 480 S.].

Richter 1981 = Friedrich Richter: Unser tägliches Griechisch. Deutsche Wörter griechischer Herkunft. Mit einem archäologischen Beitrag von Wilhelm Hornbostel. Mainz 1981 (Kulturgeschichte der antiken Welt 8) [246 S.].

Riehme 1990 = Joachim Riehme: Gleich gesprochen — verschieden geschrieben. Zum Verwechseln ähnliche Wörter und ihre richtige Schreibung. 2. Aufl. Leipzig 1990 [118 S.].

Rittendorf et al. 1983 = Michael Rittendorf, Jochen Schäfer und Heipe Weiss: angesagt: scenedeutsch. Ein Wörterbuch. Illustriert von Chlodwig Poth. Mit einem Nachwort von Eckhard Henscheid. Frankfurt 1983 (Extrabuch 8) [69 S.].

Röhl 1989 = Wörtliche Betäubung: Neudeutscher Mindestwortschatz. Beinhaltet eine breite Palette von Schlag-, Hieb- und Stichwörtern, zielgerichtet untersetzt mit einer Vielzahl von Anwenderbeispielen, Denkanstößen und und und. Kreativ aufgelistet von Ernst Röhl. 3. erw. Aufl. Berlin 1989 [127 S.].

Rohr o. J. = J. Rohr: Rede, schreibe, rechne richtig! Berlin o. J. [Wörterbuch S. 99—234].

Röhrich 1973 = Lutz Röhrich: Lexikon der sprichwörtlichen Redensarten. 1. Bd. *Aal—man;* 2. Bd. *Maul—zwölf;* Freiburg. Basel. Wien 1973 [1255 S.; auch als vierbändiges Taschenbuch. Freiburg. Basel. Wien 1973; 2. Aufl. 1979].

Rosenfeld 1975 = Hans-Friedrich Rosenfeld: Wernigroder Wörterbuch. Auf Grund der Sammlungen von Adolf Friedrich (1812—1892) bearbeitet und durch einen Nachtrag nach Sammlungen von Wilhelm Zimmermann aus der heutigen Mundart ergänzt von Hans-Friedrich Rosenfeld. Neumünster 1975 (Forschungen und Quellen zur Geschichte des Harzgebietes X) [XIV, 266 S.].

Sanders/Kühn 1985 = Daniel Sanders: Deutscher Sprachschatz geordnet nach Begriffen zur leichten Auffindung und Auswahl des passenden Ausdrucks. Ein stilistisches Hülfsbuch für jeden Deutsch Schreibenden. Nachdruck der Ausgabe Hamburg 1873—1877. Bd. 1: Systematischer Teil, Bd. 2: Alphabetischer Teil. Mit einer ausführlichen Einleitung und Bibliographie von Peter Kühn. Tübingen 1985 (Lexicographica. Series Maior 6 u. 7) [zus. LXXVII, 3 S. unpag., XXXI, 2136 S.].

Sartorius 1968 = Johann Baptist Sartorius: Die Mundart der Stadt Würzburg. Würzburg 1862 [Nachdruck Wiesbaden 1968; IV, 234 S.].

Sauvagerd 1975 = K. Sauvagerd: Unser Grafschafter Platt. Bentheim 1975 [190 S.].

Schemann 1989 = Hans Schemann: Synonymenwörterbuch der deutschen Redensarten. Unter Mitarbeit von Renate Birkenhauer. Straelen 1989 [XXXVI, 428 S.].

Schieke 1980 = Heinz Schieke: Unmögliches Wörterbuch. Politchinesisch für Normalverbraucher. München 1980 [205 S.; 2. Ausgabe 1982 als Playboy-Taschenbuch].

Schleef 1967 = Wilhelm Schleef: Dortmunder Wörterbuch. Köln 1967 (Niederdeutsche Studien. Bd. 15) [XXI, 298 S.].

Schlobinski 1986 = Peter Schlobinski: Berliner Wörterbuch. Mit Zeichnungen von Frauke Trojahn. Berlin 1986 (Edition Marhold) [XX, 281 S.].

Schmidt/Issler 1982 = Davoserdeutsches Wörterbuch. Der Wortschatz einer Bündner Walsermundart. [von] Martin Schmid, Gaudenz Issler. Mitarbeiter: Christian und Tilly Lorez. Zeichnungen von Fridolin Taverna. Graubünden 1982 (Grammatiken und Wörterbücher des Schweizerdeutschen in allgemein verständlicher Darstellung. VII) [XX, 261 S.].

Schmidt-Joos/Graves 1975 = Siegfried Schmidt-Joos/Barry Graves: Rock-Lexikon. Mit Discographien von Bernie Sigg. Reinbek 1975 [445 S.].

Schmitt 1981 = Heinz Schmitt: Weinheimer Wortschatz. Ein Mundartwörterbuch. 2. Sonderbd. des Weinheimer Geschichtsblattes. 2., stark erw. Aufl. Hrsg. von der Karnevalsgesellschaft 'Weinheimer Blüten'. Weinheim 1981 [139 S.; 1. Aufl. 1970].

Schnitzler/Hirte 1977 = Sonja Schnitzler/Werner Hirte: Verflucht und zugenäht. Schimpfwörter aus unserer Muttersprache. Berlin [DDR] 1977 [302 S.].

Schober 1973 = J. Schober: Rock dreams. Rock Lexikon. 20 Jahre Popmusik von *A—Z*. München 1973 [185 S.].

Scholz/Eckert 1978 = Hans-Joachim Scholz/Renate Eckert: Sachwörterbuch: Stottern und Poltern. Unter Berücksichtigung internationaler Terminologie. München 1978 (Patholinguistica 6) [VIII, 177 S.].

Schramm 1966 = Karl Schramm: Mainzer Wörterbuch. 3., vermehrte u. völlig neu bearb. Aufl. Mainz 1966 [287 S.; 1. Aufl. 1957].

Schröder 1986 = Jochen Schröder: Lexikon deutscher Präpositionen. Leipzig 1986 [268 S.].

Schubert 1978 = Klaus Schubert: Internationales Abkürzungslexikon. Politik — Wirtschaft — Gesellschaft. München 1978 (Kritische Information) [315 S.].

Schulz/Griesbach 1961 = Dora Schulz/Heinz Griesbach: 1000 idiomatische Redensarten Deutsch. Mit Erklärungen und Beispielen. Neubearb. Berlin-Schöneberg 1977 [240 S.; 1. Aufl. 1961].

Schützeichel 1989 = Rudolf Schützeichel: Althochdeutsches Wörterbuch. 4., überarb. u. erg. Aufl. Tübingen 1989 [309 S.; 1. Aufl. 1969, 2. Aufl. 1974, 3. Aufl. 1981].

Schweizer 1978 = Johann Conrad Schweizer: Wörterbuch zur Erklärung fremder, aus anderen Sprachen in die Deutsche aufgenommener Wörter und Redensarten. Mit beygefügten Beyspielen und mit Anzeige ihrer Abstammung und richtigen Aussprache. 2 Bde. Zürich 1811 [Nachdruck Hildesheim 1978].

Seibicke 1983 = Wilfried Seibicke: Duden. Wie sagt man anderswo? Landschaftliche Unterschiede im deutschen Sprachgebrauch. 2., neu bearb. u. erw. Aufl. Mannheim. Wien. Zürich 1983 (Duden-Taschenbücher 15) [190 S.; 1. Aufl. 1972].

Shimbo 1990 = Masahiro Shimbo: Wortindex zu Otfrids Evangelienbuch. Mit alphabetischem und rückläufigen Wortregister. Tübingen 1990 (Indices zur deutschen Literatur 23) [XI, 348 S.].

Sillner 1973 = Leo Sillner: Gewußt woher. Ursprungshandbuch deutschsprachiger Wörter und Redensarten. Frankfurt/M. 1973 [372 S.].

Silvester 1968 = Günther Silvester: Nachtjargon von *A—Z*. Hamburg 1968 [108 S.].

Slaby 1968 = Helmut Slaby: Deutscher Wortschatz in Sachgebieten. Unter Mitarbeit von Ena Erdmann. 2. Aufl. Frankfurt/M. Berlin. Bonn. München 1968 [95 S.; 1. Aufl. 1965].

Sommerfeldt/Schreiber 1980 = Karl-Ernst Sommerfeldt/Herbert Schreiber: Wörterbuch zur Valenz und Distribution der Substantive. 2. unveränd. Aufl. Leipzig 1980 [432 S.; 1. Aufl. Leipzig 1977].

Sommerfeldt/Schreiber 1983 = Karl-Ernst Sommerfeldt/Herbert Schreiber: Wörterbuch zur Valenz und Distribution deutscher Adjektive. 3. unveränd. Aufl. Leipzig 1983 [435 S.; 1. Aufl. 1974; 2. vollständig überarb. Aufl. 1977].

Sommerfeldt/Spiewok 1989 = Sachwörterbuch für die deutsche Sprache. Von einem Autorenkollektiv unter Leitung von Karl-Ernst Sommerfeldt und Wolfgang Spiewok. Leipzig 1989 [284 S.].

Spalding/Brooke 1959 ff. = An Historical Dictionary of German Figurative Usage by Keith Spalding with the assistance of Kenneth Brooke. Oxford. Bd. 1 *A* to *DICK*, 1959; Bd. 2 *DICKICHT* to *GEHEN*, 1967; Bd. 3 *GEHEN* to *KANDIDAT* 1968 f.; Bd. 4 *KANINCHEN* to *PRÜGEL* 1984 [bisher zus. IV, 1912 S.].

Spiewok 1976 = Wörterbuch grammatischer Termini von einem Kollektiv unter Leitung von Wolfgang Spiewok. Greifswald 1976 [227 S.].

Spiewok 1977 (s) = Wörterbuch stilistischer Termini. Rostock 1977 [109 S.].

Splettstößer 1975 = Willy Splettstößer: Deutsches Wörterbuch. Rechtschreibung und Grammatik. Köln 1975 [608 S.].

Sprach-Brockhaus 1944 = Sprach-Brockhaus. Deutsches Bildwörterbuch für jedermann. 4., verb. Aufl. Leipzig 1944 [VI, 762 S.; 1. Aufl. 1935].

Sprach-Brockhaus 1947 = Sprach-Brockhaus. Deutsches Bildwörterbuch für jedermann. Wiesbaden 1947 [VI, 762 S.; 1. Aufl. 1935; 6., verb. Aufl. Wiesbaden 1955; 7. durchges. Aufl. 1956 u. 1962 (!)].

Sprach-Brockhaus 1948 = Der Sprach-Brockhaus. Deutsches Bildwörterbuch für jedermann. Wiesbaden 1948 [VI, 762 S.; Sonderausgabe für das Hessische Ministerium für Kultus und Unterricht; 1. Aufl. 1935; identisch mit Sprach-Brockhaus 1947].

Sprach-Brockhaus 1949 = Der Sprach-Brockhaus. Deutsches Bildwörterbuch für jedermann. Wiesbaden. Lörrach 1949 [VI, 762 S.; identisch mit Sprach-Brockhaus 1947 u. 1948].

Sprach-Brockhaus 1981 = Der Sprach-Brockhaus. Deutsches Bildwörterbuch mit über 62 000 Stichwörtern sowie 572 Bildgruppen und Übersichten mit etwa 15 000 Einzelbegriffen. 8. völlig neubearb. u. erw. Aufl. Wiesbaden 1981 [835 S.].

Sprach-Brockhaus 1982 = Sprach-Brockhaus. Bildwörterbuch der deutschen Sprache. Wiesbaden 1982 [15. Bd. der 18., völlig neubearb. Aufl. des Großen Brockhaus; 836 S.].

Sprach-Brockhaus 1984 = Der Sprach-Brockhaus. Deutsches Bildwörterbuch von *A—Z*. 9., neubearb. u. erw. Aufl. Wiesbaden 1984 [971 S.].

Sprachenhausbuch = Das große Sprachenhausbuch. Deutsches Wörterbuch. Fremdwörterbuch. Englisches Wörterbuch. Französisches Wörterbuch. In Zusammenarbeit mit Langenscheidt. Gütersloh o. J. [Teil I: Dt.Wb S. 9—280; Teil II: Fremd-Wb., S. 281—583; Teil III: Wb. Engl.-Dt., S. 569—752; Wb. Dt.-Engl., S. 753—915; Teil IV: Wb. Franz.-Dt., S. 917—1073; Wb. Dt.-Franz. 1075—1248].

Starck/Wells 1971 ff. = Althochdeutsches Glossenwörterbuch [...] zus. getr., bearb. und hrsg. v. Taylor Starck und J. C. Wells. Heidelberg 1971 ff. [800 S.].

Steputat/Schiller 1963 = Willy Steputat: Reimlexikon. Neu bearb. von Karl Martin Schiller. Stuttgart 1963 [367 S.; 2. Aufl. 1981; 1. Aufl. Leipzig 1891 von W. Steputat].

Stoll 1984 = Joseph Stoll: Bensheimer Idiotikon. Eine Sammlung von Wörtern und Ausdrücken der Bensheimer Mundart. Mit Nachweisungen ihres Ursprungs und lokalgeschichtlichen Anmerkungen zusammengestellt von Joseph Stoll, durchgesehen und ergänzt von Werner Fillauer und Rudolf Köster mit Zeichnungen von Joseph Stoll. Bensheim 1984 [329 S.].

Strub 1981 = Strubs Wörterbuch der deutschen Sprache. Sonderausgabe. Chur 1981 [XLII, 564 S.].

Südh. Wb./2. L. 1966 = Südhessisches Wörterbuch. Begründet v. Friedrich Maurer, bearb. v. Rudolf Mulch. Lief. 2: *Axt(en)—Bock* I. Marburg 1966 [XII S., Sp. 513—Sp. 976 u. Karte 16—47].

Suter 1984 = Rudolf Suter: Baseldeutsch-Wörterbuch. Basel 1984 (Grammatiken und Wörterbücher des Schweizerdeutschen in allgemeinverständlicher Darstellung, betreut vom Bund Schwyzertütsch, IX) [367 S.].

Synonyme o. J. = Synonyme. Sinnverwandte Ausdrücke der deutschen Sprache. Erlangen o. J. [1989; Sonderausgabe für Nebel-Verlag, 304 S.].

Syntax 1982 = Allgemeines deutsches Reimlexikon. Hrsg. v. Peregrinus Syntax Leipzig 1826 [Nachdruck Frankfurt 1982. Mit einer Gebrauchsanweisung von Hans Magnus Enzensberger. 2 Bde., Bd. 1: XXXII, 941 S.; Bd. 2: 828 S.].

Tappert 1967 = Wörterbuch der Unhöflichkeit. Richard Wagner im Spiegel der zeitgenössischen Kritik. Hrsg. von Wilhelm Tappert. Mit einem Vorwort von Heinz Friedrich. München 1967 [134 S.; Neudruck von: Richard Wagner im Spiegel der Kritik. Wörterbuch der Unhöflichkeit, gesammelt von Wilhelm Tappert. 2. vermehrte Aufl. Leipzig 1903].

Taschenlexikon 1985 = Taschenlexikon für Zeitungsleser (Zusammengestellt u. hrsg. von einem Kollektiv des Dietz Verlages Berlin und des Instituts für Internationale Politik und Wirtschaft der DDR). 2. Aufl. Berlin 1985 [Non vidi; 1. Aufl. Berlin 1983, 256 S.].

Teenagerlexikon 1960 = Teenagerlexikon. Steiler Zahn und Zickendraht. Das Wörterbuch der Teenager- und Twensprache. Schmiden bei Stuttgart 1960.
Telling 1988 = Rudolf Telling: Französisch im deutschen Wortschatz. Lehn- und Fremdwörter aus acht Jahrhunderten. Berlin [DDR] 1988 [119 S.; 1. Aufl. 1987].
Textor 1989 = A. M. Textor [d. i.: Annemarie Weber]: Sag es treffender. Ein Handbuch mit 25 000 sinnverwandten Wörtern und Ausdrücken für den täglichen Gebrauch in Büro, Schule und Haus. Mit einem Geleitwort von Gerhard Storz. Ungekürzte Ausgabe der 11. überarb. u. erw. Aufl. 1984. Reinbek bei Hamburg 1989 (rororo 6031) [441 S.; 1. Aufl. Stuttgart 1955 mit dem UT.: Ein Wörterbuch für alle die täglich diktieren und schreiben. Mit einem Geleitwort von Gerhard Storz].
Textor-FL = A. M. Textor: Auf deutsch. Das Fremdwörterlexikon. Handbuch mit über 20 000 Fremdwörtern aus allen Lebensgebieten mit knappen und zuverlässigen Erklärungen sowie Angabe der richtigen Aussprache und des grammatischen Geschlechts. (Lizenzausg. nach der 2. verb. Aufl. von 1981). Reinbek bei Hamburg 1989 [347 S.; 1. Aufl. 1958].
Toll/Hollmann 1980 = Hannoverisches Wörterbuch. Zusammengestellt von Hans J. Toll und hrsg. v. R. Hollmann. Hannover 1980 [201 S.].
Ullstein-LdS = Ullstein Lexikon der deutschen Sprache. Wörterbuch für Rechtschreibung, Silbentrennung, Aussprache, Bedeutungen, Synonyme, Phraseologie, Etymologie. Hrsg. und bearb. von Rudolf Köster unter Mitarbeit von Harald Hahmann, Heribert Hartmann und Franz Mehling. Frankfurt a. M. 1969 [1024 S.; identisch mit DBG Lexikon der deutschen Sprache. Berlin. Darmstadt. Wien 1969; DBG = Deutsche Buchgemeinschaft].
Ulrich 1987 = Winfried Ulrich: Wörterbuch. Linguistische Grundbegriffe. 4. erneut bearb. u. erw. Aufl. Unterägeri 1987 (Hirts Stichwortbücher) [217 S.; 1. Aufl. Kiel 1972; 2. neubearb. u. erw. Aufl. Kiel 1975].
ViF = Verben in Feldern. Valenzwörterbuch zur Syntax und Semantik deutscher Verben. Hrsg. von Helmut Schumacher. Berlin. New York 1986 (Schriften des Instituts für deutsche Sprache I) [XIV, 882 S. + ein Faltblatt mit Abkürzungsverzeichnis].
Vilmar 1969 = August Friedrich Christian Vilmar: Idiotikon von Kurhessen. Marburg 1868 [Nachdruck Wiesbaden 1969; VIII, 479 S.].
Vogel-8 NSB = Ausführliches grammatisch-orthographisches Nachschlagebuch der deutschen Sprache unter steter Berücksichtigung der neuesten orthographischen Spezial-Wörterverzeichnisse der einzelnen deutschen Bundesstaaten, Österreichs und der Schweiz. Mit Einschluß der gebräuchlichen Fremdwörter nebst deren Aussprache, Angabe der Silbentrennung und der Interpunktionsregeln. Bearb. von August Vogel. 8., revidierte Aufl. Mit einem Verzeichnis geschichtlicher und geographischer Eigennamen. Berlin-Schöneberg 1912 [XXXIV, 508 S.; 1. Aufl. Berlin 1902; letzte Aufl. 1939].
Wackernagel 1971 = Wilhelm Wackernagel: Altdeutsches Handwörterbuch. Basel 1878 [Nachdruck Hildesheim 1971; VIII, 409 S.].
Wahrig-dtv = dtv-Wörterbuch der deutschen Sprache. Hrsg. von Gerhard Wahrig in Zusammenarbeit mit zahlreichen Wissenschaftlern und anderen Fachleuten. München 1978 [943 S.; identisch mit: Der kleine Wahrig. Wörterbuch der deutschen Sprache. Hrsg. von Gerhard Wahrig in Zusammenarbeit mit zahlreichen Wissenschaftlern und anderen Fachleuten. München 1982. 943 S.; 2. Aufl. 1979; 10. Aufl. 1989].
Wahrig-¹DW = Gerhard Wahrig: Das Große Deutsche Wörterbuch. Hrsg. in Zusammenarbeit mit zahlreichen Wissenschaftlern und Fachleuten. Mit einem „Lexikon der deutschen Sprachlehre". Gütersloh 1966 (Die große Bertelsmann Lexikon-Bibliothek) [4. S.; 4184 Sp.].
Wahrig-²DW = Gerhard Wahrig: Deutsches Wörterbuch. Hrsg. in Zusammenarbeit mit zahlreichen Wissenschaftlern und anderen Fachleuten. Mit einem „Lexikon der deutschen Sprachlehre". Einmalige Sonderausgabe. Ungekürzt. Gütersloh 1968 [4185 Sp.].
Wahrig-³DW = Gerhard Wahrig: Deutsches Wörterbuch. Mit einem „Lexikon der deutschen Sprachlehre". Hrsg. in Zusammenarbeit mit zahlreichen Wissenschaftlern und anderen Fachleuten. Völlig überarb. Neuaufl. München 1975 [4322 Sp.].
Wahrig-⁴DW = Gerhard Wahrig: Deutsches Wörterbuch. Mit einem „Lexikon der deutschen Sprachlehre". Völlig überarb. Neuausgabe [von Ursula Hermann]. München 1980 [4358 Sp.].
Wahrig-⁵DW = Gerhard Wahrig: Deutsches Wörterbuch. Mit einem „Lexikon der deutschen Sprachlehre". Hrsg. in Zusammenarbeit mit zahlreichen Wissenschaftlern und anderen Fachleuten. Völlig überarb. Neuausgabe [von Ursula Hermann, Renate Wahrig-Burfeind, Klaus Rühme und Norbert Raum]. München 1986 [1493 S.].
Wahrig-FWL = Gerhard Wahrig: Fremdwörter-Lexikon. 2. Aufl. Gütersloh. Berlin. München. Wien 1983 [699 S.; 1. Aufl. 1974; Sonderausgabe. München 1987, 828 S.].
Walshe 1952 = Maurice O'Connell Walshe: Concise German etymological dictionary. With a supplement of the etymology of some middle high German words extinct in modern German by Marianne Winder. London 1952 [XXIV, 275 S.].
Wasserzieher 1974 = Ernst Wasserzieher: Woher? Ableitendes Wörterbuch der deutschen Sprache. 18., durchges. Aufl., besorgt von Werner Betz. Bonn 1974 (Dümmlerbuch 8301) [458 S.; 1. Aufl. Berlin 1918 4. stark verm. u. verb. Aufl. Berlin 1920; 5. stark verm. u. verb. Aufl. Berlin 1922; 10. abermals verm. u. verb. Aufl., besorgt v. Paul Her-

thum, Bonn 1941; 9. stark vermehrte u. umgearb. Aufl., besorgt v. Paul Herthum mit einem Geleitwort von M. Löpelmann. Berlin. Bonn 1935; 11. verb. Aufl., besorgt v. Paul Herthum Bonn 1948; 13. neubearb. Aufl., besorgt v. Werner Betz. Bonn 1952; 14., neubearb. Aufl., besorgt v. Werner Betz. Bonn. Hannover. Hamburg. München 1959].

Wasserzieher-K 1979 = Ernst Wasserzieher: Kleines etymologisches Wörterbuch der deutschen Sprache. 4. unveränder. Aufl. Leipzig 1979 [262 S.; gekürzte Lizenzausgabe von: „Woher?" Ableitendes Wörterbuch der deutschen Sprache. 17. von W. Betz bearb. Aufl. Bonn 1966].

WDG = Wörterbuch der deutschen Gegenwartssprache. Hrsg. v. Ruth Klappenbach † und Wolfgang Steinitz †. Berlin. 1. Bd.: *A—deutsch* [...]. 1. Aufl. 1961, 10. bearb. Aufl. 1980: 2. Bd.: *Deutsch—Glauben* [...]. 1. Aufl. 1967, 7. Aufl. 1981; 3. Bd.: *glauben—Lyzeum* [...]. 1. Aufl. 1969, 5. Aufl. 1981; 4. Bd.: *M—Schinken* [...]. 1. Aufl. 1975, 4. durchges. Aufl. 1981; 5. Bd.: *Schinken—Vater, vater-* [...]. 1. Aufl. 1976, 4. Aufl. 1980; 6. Bd.: *väterlich—Zytologie* [...]. 1. Aufl. 1977, 3. Aufl. 1982 [zus. 38, 4579 S.].

WdtR 1977 = Wörterbuch der deutschen Rechtschreibung für Schule, Beruf und Haus. Gütersloh 1977 [735 S.].

Weber 1961 = Paul Fr. Weber: Woher der Ausdruck? Deutsche Redensarten und ihre Erklärung. Heidelberg 1961 [159 S.].

Weber/Bächtold 1983 = Albert Weber/Jacques M. Bächtold: Zürichdeutsches Wörterbuch. 3. überarb. u. stark verm. Aufl., besorgt v. Jacques M. Bächtold, Johannes Jakob Sturzenegger und Rudolf Trüb. Zürich 1983 (Grammatiken und Wörterbücher des Schweizerdeutschen in allgemeinverständlicher Darstellung, betreut vom Bund Schwyzertütsch III) [476 S.; 1. Aufl. Zürich 1961].

Wehrle/Eggers 1967 = Hugo Wehrle/Hans Eggers: Deutscher Wortschatz. Ein Wegweiser zum treffenden Ausdruck. 13. Aufl. Stuttgart 1967 [XIV, 821 S.; 1.—4. Aufl. von Anton Schlessing, Eßlingen 1881—1907; 5.—6. Aufl. v. Anton Schlessing und Hugo Wehrle, Stuttgart 1914—1927; 7.—10. Aufl. von Hugo Wehrle, Stuttgart 1940—1946; auch als zweibändiges Fischer-Handbuch Bd. 953 u. 954. Frankfurt/M. München 1968].

Weigel 1974 = Hans Weigel: Die Leiden der jungen Wörter. Ein Antiwörterbuch. 2. Aufl. Zürich. München 1974 [175 S.; 8. Aufl. 1983].

Weiss 1989 = Heipe Weiss: Das Lexikon der Sünde. Frankfurt 1989 [280 S.].

Welte 1974 = Werner Welte: Moderne Linguistik: Terminologie/Bibliographie. Ein Handbuch und Nachschlagewerk auf der Basis der generativ-transformationellen Sprachtheorie. Teilbd. 1: *A—M*, Teilbd. 2: *N—Z*. München 1974 (Hueber Hochschulreihe 17. I. u. II.) [zus. 767 S.].

Welter 1968 = Ernst Günther Welter: Die Sprache der Teenager und Twens. 3. durchges. u. erw. Aufl. Frankfurt/Main 1968 (Schriftenreihe zur Jugendnot 5) [76 S.].

Werlin 1987 = Josef Werlin: Duden. Wörterbuch der Abkürzungen und was sie bedeuten. 3., neubearb. u. erw. Aufl. Mannheim. Wien. Zürich 1987 (Duden-Taschenbücher 11) [300 S.; 1. Aufl. 1971; 2. Aufl. 1979].

Widmann 1983 = Schwäbisch vom Blatt für Schwaben und andere. Wörter und Sprüch' gesammelt von Gerhard Widmann. 3. Aufl. Stuttgart 1987 [320 S.; 1. Aufl. 1983].

Wiechmann 1974 = Hermann Adolf Wiechmann: Kleines Wörterbuch deutscher Rechtschreibung. Schülerwörterbuch mit einer Einführung in die Grundzüge der Rechtschreibung, der Zeichensetzung und der Sprachlehre sowie Wörtergruppen für Rechtschreibungen. 38. Aufl. Hamburg 1974 [128 S.; 1. Aufl. Hamburg 1949].

Wießner 1989 = Vollständiges Wörterbuch zu Neidharts Liedern. Hrsg. v. Edmund Wießner †. Mit einem Nachwort von Ingrid Bennewitz-Behr und Ulrich Müller. Stuttgart 1989 [379 S.].

Winter 1985 = Mittelhessisches Wörterbuch. Auf Grund der Mundart des Gießener Landes zusammengestellt von Emil Winter. Henchelheim 1985 [519 S.].

Witte 1974 = Witte: Schülerbildungswerk. Deutsches Wörterbuch. Bearb. durch die Redaktion des Schülerlexikons. Leitung: Georg Specht. 7. Aufl. Freiburg i. Br. 1974 [1072 S.; Anhang 69 S.].

Witte 1978 = Hedwig Witte: Wie uns de Schnawwel steht... Ein Wörterbuch rheingau-nassauischer Mundart mit Redensarten, Mundart-Gedichten und „Verzeehlcher". 2. überarb. u. erw. Aufl. Frankfurt a. M. 1978 [152 S.].

Wittstock/Kauczor 1988 = Otto Wittstock/Johannes Kauczor: Latein und Griechisch im deutschen Wortschatz. Lehn- und Fremdwörter altsprachlicher Herkunft. 5. Aufl. Berlin [DDR] 1988 [223 S.; 1. Aufl. 1979].

WMU = Wörterbuch der mittelhochdeutschen Urkundensprache auf der Grundlage des „Corpus der altdeutschen Originalurkunden bis zum Jahr 1300". Unter Leitung von Bettina Kirschstein und Ursula Schulze erarb. v. Sibylle Ohly und Peter Schmitt. Berlin. Bielefeld. München 1986 [bisher 4. Lief. *ab — dingen* einschließlich Titelbogen zum I. Bd.]

WRB 1983 = Die deutsche Sprache. Wörterbuch, Rechtschreibkunde und Briefratgeber. Bad Homburg 1983 [416 S.].

WW = Wörter und Wendungen. Wörterbuch zum deutschen Sprachgebrauch. Hrsg. von Erhard Agricola unter Mitwirkung von Herbert Görner und Ruth Küfner. 14. unveränd. Aufl. Leipzig 1990 [818 S.; 1. Aufl. 1962; unverändert auch u. d. T. Lexikon der Wörter und Wendungen. Ein Wörterbuch der Formulierungskunst. München 1976 (Heyne-Buch 4487)].

5.2. Sonstige Literatur

Agricola et al. 1983 = Erhard Agricola/Ursula Brausse/Dieter Herberg/Günter Kempcke/Klaus-

Dieter Ludwig/Doris Steffens/Elke Tellenbach/Karl Wunsch: Deutschsprachige Bedeutungswörterbücher — theoretische Probleme und praktische Ergebnisse. Ein Literaturbericht. In: Sprachwissenschaftliche Informationen 6. 1983, 49—110.
Augst 1987 = Gerhard Augst: Zum Wortbestand der amtlichen Rechtschreibwörterbücher: Duden—Leipzig, Duden—Mannheim, Osterreichisches Wörterbuch. In: Hugo Aust (Hrsg.): Wörter, Schätze, Fugen und Fächer des Wissens. Festgabe für Theodor Lewandowski zum 60. Geburtstag. Tübingen 1987 (Tübinger Beiträge zur Linguistik 316), 85—114.
Augst 1989 = Gerhard Augst: Rechtschreibfähigkeit, Rechtschreibwissen und Rechtschreibwörterbuch. In: Wörterbücher in der Diskussion. Vorträge aus dem Heidelberger Lexikographischen Kolloquium. Hrsg. v. Herbert Ernst Wiegand. Tübingen 1989 (Lexicographica. Series Maior 27), 1—38.
Augst/Schaeder 1990 = Reader zum Internationalen Expertenkolloquium am 6. 6. u. 7. 6. 1990 an der Universität-Gesamthochschule-Siegen [...] 'Das Rechtschreibwörterbuch aus der Sicht der Lexikographie und Graphematik. Kritische Analysen und Leitlinien zur Neugestaltung'. Hektographiert. Siegen 1990.
Augst/Strunk 1988 = Gerhard Augst/Hiltraud Strunk: Wie der Rechtschreibduden quasi amtlich wurde. Zur Genese und zur Kritik des „Stillhaltebeschlusses" der Kultusministerkonferenz vom 18./19. November 1955. In: Muttersprache 98. 1988, 329—344.
Bachofer 1982 = Wolfgang Bachofer: Geschichte und Aufgabe der mittelhochdeutschen Lexikographie. In: Gedenkreden auf Ulrich Pretzel (1898—1981). Hamburg 1982 (Hamburger Universitätsreden 37), 25—38.
Bachofer/Henning 1990 = Wolfgang Bachofer/Beate Henning: Das Textkorpus für das neue „kleine mittelhochdeutsche Wörterbuch". In: Historical Lexicography of the German Language, 107—129.
Baur 1983 = Gerhard W. Baur: Zur Sammlung und Aufbereitung von mundartlichem Wortschatz durch Laien. In: Wortschatzprobleme im Alemannischen. 7. Arbeitstagung alemannischer Dialektologen. Freiburg i. Ü., 1.—3. Oktober 1981. Hrsg. v. Walter Haas u. Anton Näf. Freiburg/Schweiz 1983 (Germanistica Friburgensia 7), 33—44.
Beckers/Schmitter 1978 = Kommentierte Übersicht über sprachwissenschaftliche Wörterbücher und allgemeine Einführungen von einer Arbeitsgruppe unter der Leitung von Hartmut Beckers und Peter Schmitter. Münster 1978 (Studium Sprachwissenschaft 1).
Benware 1988 = Wilbur A. Benware: Die Betonung im Wörterbucheintrag. Ein Plädoyer für Präzisierung. In: Wirkendes Wort 38. 1988, 274—278.
Bergenholtz 1984 = Henning Bergenholtz: Grammatik im Wörterbuch: Wortarten. In: Studien zur neuhochdeutschen Lexikographie IV. Hrsg. v. Herbert Ernst Wiegand. Hildesheim. Zürich. New York 1984 (Germanistische Linguistik 1—3/83), 19—72.
Bergenholtz 1984a = Henning Bergenholtz: Grammatik im Wörterbuch: Syntax. In: Studien zur neuhochdeutschen Lexikographie V. Hrsg. v. Herbert Ernst Wiegand. Hildesheim. Zürich. New York 1984 (Germanistische Linguistik 3—6/84), 1—46.
Bergenholtz/Mugdan 1982 = Henning Bergenholtz/Joachim Mugdan: Grammatik im Wörterbuch. Probleme und Aufgaben. In: Studien zur neuhochdeutschen Lexikographie II. Hrsg. v. Herbert Ernst Wiegand. Hildesheim. New York 1982 (Germanistische Linguistik 3—6/80), 17—36.
Bergenholtz/Mugdan 1985 = Linguistic Terms in German and English Dictionaries. In: Lexicographica 1. 1985, 3—23.
Bergenholtz/Mugdan 1986 = Henning Bergenholtz/Joachim Mugdan: Der neue „Super-Duden". Die authentische Darstellung des deutschen Wortschatzes? In: Studien zur neuhochdeutschen Lexikographie VI., 1. Teilbd. Hrsg. v. Herbert Ernst Wiegand. Hildesheim. Zürich. New York 1986 (Germanistische Linguistik 84—86), 1—149.
Bergmann 1984 = Rolf Bergmann: Prolegomena zu einem Rückläufigen Morphologischen Wörterbuch des Althochdeutschen. Göttingen 1984 (Studien zum Althochdeutschen 4).
Besch 1986 = Werner Besch: Zur Kennzeichnung sprachlandschaftlicher Wortvarianten im Duden-Wörterbuch und im Brockhaus-Wahrig. In: Wortes anst. verbi gratia donum natilicium Gilbert A. R. de Smet. H. L. Cox, V. F. Vanacker u. E. Verhofstadt (eds.). Leuven 1986, 47—64.
Betz 1960 = Werner Betz: Der zweigeteilte Duden. In: Der Deutschunterricht XII. 1960, 82—98.
Blum 1990 = Siegfried Blum: Althochdeutsches Wörterbuch: Charakteristik, Geschichte, Aspekte der Bedeutung und ihrer Darstellung. In: Historical Lexicography of the German Language, 1—57.
Braun 1975ff. = Wilhelm Braun: Neuwörter und Neubedeutungen in der Literatursprache der Gegenwart. In: Sprachpflege. Zeitschrift für gutes Deutsch [Leipzig], 24. 1975, 143—144; 1. Forts.: 25. 1976, 21—22; 2. Forts.: 25. 1976, 246—248; 3. Forts.: 26. 1977, 100—102; 4. Forts.: 26. 1977, 230—232; 5. Forts.: 27. 1978, 53—55; 6. Forts.: 28. 1979, 164—166; 7. Forts.: 28. 1979, 16—18; 8. Forts.: 28. 1979, 143—145; 9. Fortsetzung 29. 1980, 101—104.
Braun 1981 = Peter Braun: Vergleichende Untersuchungen zu deutsch-deutschen Wörterbüchern. In: Muttersprache 91. 1981, 157—168.
Braun 1981a = Peter Braun: Zur Praxis der Stilkennzeichnungen in deutsch-deutschen Wörterbüchern. In: Muttersprache 91. 1981, 169—177.
Bräunling 1989 = Petra Bräunling: Umfrage zum Thema Valenzwörterbücher. In: Lexicographica 5. 1989, 168—177.
Brustkern/Heß 1983 = Jan Brustkern/Klaus-Die-

ter Heß: Ein Vergleich von Verbvalenzen in ausgewählten maschinenlesbaren Lexika des Deutschen. In: Deutsche Sprache 11. 1983, 322—340.

Buck 1982 = Timothy Buck: Duden's 'Großes Wörterbuch der deutschen Sprache' and the East German 'Wörterbuch der deutschen Gegenwartssprache'. A Critical Comparison. In: The Modern Language Review 80. 1982, 372—386.

Burger 1983 = Harald Burger: Phraseologie in den Wörterbüchern des heutigen Deutsch. In: Studien zur neuhochdeutschen Lexikographie III. Hrsg. v. Herbert Ernst Wiegand. Hildesheim. Zürich. New York 1983 (Germanistische Linguistik 1—4/82), 13—66.

Burger 1988 = Harald Burger: Die Semantik des Phraseologismus: Ihre Darstellung im Wörterbuch. In: Beiträge zur Phraseologie des Ungarischen und des Deutschen. Hrsg. v. Regina Hessky. Budapest 1988 (Budapester Beiträge zur Germanistik 16), 69—97.

Bußmann 1974 = Hadumod Bußmann: Lexika der sprachwissenschaftlichen Terminologie. Bericht über eine vernachlässigte Gattung. Tl. 1. In: Deutsche Sprache 2. 1974, 43—66.

Bußmann/Altmann/Lauffer 1975 = Hadumod Bußmann/Hans Altmann/Hartmut Lauffer: Lexika der sprachwissenschaftlichen Terminologie. Tl. 2. In: Deutsche Sprache 3. 1975, 147—172. Tl. 2, Fortsetzung 255—269.

Cornelissen 1988 = Georg Cornelissen: Bergische Dialektwörterbücher. In: Romerike Berge 1988. H. 4, 8—14.

Cornelissen 1988a = Georg Cornelissen: Mundartwörterbücher und Wörterbucharbeit am Rhein und Maas. Dialektologie außerhalb der Universitäten. In: Rheinische Heimatpflege 25. NF. 1988, 188—193.

Cornelissen/Honnen 1986 = Anlage einer Wortsammlung. Mundartdokumentation in Rheinland bearb. v. Georg Cornelissen und Peter Honnen. Köln/Bonn 1986.

Courdier 1984 = Gilbert Courdier: Le gWdS. In: Nouveaux cahiers d'allemand 2. 1984, 255—268.

Dialektlexikographie 1988 = Dialektlexikographie. Berichte und Analysen zur Arbeit an Dialektwörterbüchern. [Wiss. Bearbeitung Wolfgang Fahning und Karl Spangenberg] Jena 1988 (Wissenschaftliche Beiträge der Friedrich-Schiller-Universität Jena).

Dressler/Wodak 1983 = Wolfgang U. Dressler/ Ruth Wodak: Soziolinguistische Überlegungen zum „Österreichischen Wörterbuch". In: Parallela: Akten des 2. Österreichisch-italienischen Linguistentreffens, Roma 1.—4. 2. 1982. Hrsg v. M. Dardano, W. U. Dressler, G. Held. Tübingen 1983 (Tübinger Beiträge zur Linguistik 216), 247—260.

Drosdowski 1968 = Günther Drosdowski: Die Dudenredaktion in der zweiten Hälfte des 20. Jahrhunderts. In: Geschichte und Leistung des Dudens. Mit Beiträgen von Dieter Berger, Günther Drosdowski, Paul Grebe, Wolfgang Müller. Hrsg. v. Bibliographischen Institut. Mannheim. Zürich 1968, 23—29.

Drosdowski 1974 [80] = Günther Drosdowski: Der Duden — Geschichte und Aufgabe eines ungewöhnlichen Buches. In: Almanach 1974. Zusammengestellt v. Klaus W. Frohn. Köln [etc.] 1974, 117—128 [erweiterte Fassung: Mannheim. Wien. Zürich 1980].

Drosdowski 1977 [84] = Günther Drosdowski: Nachdenken über Wörterbücher: Theorie und Praxis. In: Günther Drosdowski, Helmut Henne, Herbert E. Wiegand: Nachdenken über Wörterbücher. Mannheim. Wien. Zürich 1977 [korrigierte Ausgabe 1984], 103—143.

Drosdowski 1985 = Günther Drosdowski: Einige Anmerkungen zur heutigen Lexikographie. In: Germanistik — Forschungsstand und Perspektiven. Vorträge des Deutschen Germanistentages 1984. Hrsg. v. Georg Stötzel. 1. Teil: Germanistische Sprachwissenschaft. Didaktik der Deutschen Sprache und Literatur. Berlin. New York 1985, 63—68.

Drosdowski 1985a = Günther Drosdowski: Die Dudenredaktion. In: Sprachkultur. Jahrbuch 1984 des Instituts für deutsche Sprache. Hrsg. v. Rainer Wimmer. Düsseldorf 1985 (Sprache der Gegenwart LXIII), 85—92.

Drosdowski 1986 = Günther Drosdowski: Wörterbuchkritik und Wahrheit. In: Zeitschrift für germanistische Linguistik 14. 1986, 356—361.

Eickmans 1980 = Heinz Eickmans: Zur Gestaltung lokaler Mundartwörterbücher. Überlegungen anhand niederrheinischer Beispiele. In: Niederdeutsches Wort 20. 1980, 33—55.

Engel 1972 = Ulrich Engel: Deutsche Gebrauchswörterbücher. Kritik und Anregungen. In: Festschrift für Hans Eggers zum 65. Geburtstag. Hrsg. v. Herbert Backes. Tübingen 1972 (Beiträge zur Geschichte der deutschen Sprache und Literatur 94), 253—283.

Engel 1982 = Ulrich Engel: Valenz in Gebrauchswörterbüchern. In: Wolfgang Kühlwein/Albrecht Raasch (Hrsg.): Stil: Komponenten — Wirkungen. Kongreßberichte der 12. Jahrestagung der Gesellschaft für Angewandte Linguistik GAL e. V., Mainz 1981, Bd. II. Tübingen 1982, 49—54.

Faber 1978 = Karl-Georg Faber: Theorie der Geschichtswissenschaft. 4. erw. Aufl. München 1978 (Beck'sche Schwarze Reihe 78).

Felber/Nedobity/Manu 1982 = Helmut Felber/ Wolfgang Nedobity/Adrian Manu: Normwörterbücher. Erstellung — Aufbau — Funktion. In: Studien zur neuhochdeutschen Lexikographie II. Hrsg. v. Herbert Ernst Wiegand. Hildesheim. New York 1982 (Germanistische Linguistik 3—6/80), 37—72.

Fenske 1973 = Hannelore Fenske: Schweizerische und österreichische Besonderheiten in deutschen Wörterbüchern. Mannheim. Tübingen 1973 (Forschungsberichte des Instituts für deutsche Sprache 10).

Friebertshäuser 1976 = Dialektlexikographie. Hrsg. v. Hans Friebertshäuser. Wiesbaden 1976 (Zeitschrift für Dialektologie und Linguistik. Beih. NF 17).

Friebertshäuser 1983 = Hans Friebertshäuser: Die großlandschaftlichen Wörterbücher der deutschen Dialekte. Areale und lexikologische Beschreibung. In: Dialektologie. Ein Handbuch zur deutschen und allgemeinen Dialektforschung. Hrsg. v. Werner Besch, Ulrich Knoop, Wolfgang Putschke, Herbert Ernst Wiegand. 2. Halbbd. Berlin. New York 1983 (Handbücher zur Sprach- und Kommunikationswissenschaft 1.2), 1283—1293.

Friebertshäuser/Dingeldein 1986 = Hans Friebertshäuser (Hrsg.) unter Mitarbeit v. Heinrich J. Dingeldein: Lexikographie der Dialekte. Beiträge zu Geschichte, Theorie und Praxis. Tübingen 1986 (Reihe Germanistische Linguistik 59).

Fröhler 1982 = Horst Fröhler: Zum neuen Österreichischen Wörterbuch (35. Aufl. 1979). Acht Thesen über seine Mängel und über deren Beseitigung. In: Österreich in Geschichte und Literatur 26. 1982, 152—183.

Gärtner/Kühn 1984 = Kurt Gärtner/Peter Kühn: Indices und Konkordanzen zu historischen Texten des Deutschen: Bestandsaufnahme, Typen, Herstellungsprobleme, Benutzungsmöglichkeiten. In: Sprachgeschichte. Ein Handbuch zur Geschichte der deutschen Sprache und ihrer Erforschung. Hrsg. v. Werner Besch, Oskar Reichmann, Stefan Sonderegger. 1. Halbbd. Berlin. New York (Handbücher zur Sprach- und Kommunikationswissenschaft 2.1), 620—641.

Gerzymisch-Arbogast 1989 = Heidrun Gerzymisch-Arbogast: Fachlexikonartikel und ihre Thema-Rhema-Strukturen. In: Lexicographica 5. 1989, 18—51.

Goebel 1990 = Ulrich Goebel: Frühneuhochdeutsches Wörterbuch. An Overview of Some Practical Problems. In: Historical Lexicography of the German Language, 207—230.

Good 1988 = Colin Good: Lexikographie und linguistische Theorie. Mit besonderer Berücksichtigung der deutschen Sprache. In: Deutsche Sprache 16. 1988, 34—51.

Große 1980 = Rudolf Große: Entwicklungen und Aufgaben des Althochdeutschen Wörterbuches. In: Zeitschrift für Germanistik 1. 1980, 37—47.

Gutjahr 1988 = Sylvia Gutjahr: Untersuchungen zur Entwicklung der Kodifizierung der deutschen Ortographie im orthographischen Wörterbuch Duden. Diss [masch.]. Rostock 1988.

Hartmann 1976 = Dietrich Hartmann: Neuere linguistische Wörterbücher. In: Studium Linguistik 2. 1976, 54—65.

Hartmann 1974 = Reinildis Hartmann: Zur Anlage eines allegorischen Otfried-Wörterbuchs. Einführung in die Methode und ausgewählte Artikel. In: Zeitschrift für deutsches Altertum 103. 1974, 20—36.

Hatherall 1986 = Glyn Hatherall: The Duden Rechtschreibung 1880—1986. In: The History of Lexicography. Papers from the Dictionary Research Centre Seminar at Exeter, March 1986. Ed. by R. R. K. Hartmann. Amsterdam/Philadelphia 1986 (Amsterdam Studies in the Theory and History of Linguistic Science. Series III. — Studies in the History of the Language Sciences 40), 85—96.

Hausmann 1983 = Franz Josef Hausmann: Was taugen die Wörterbücher des heutigen Deutsch? In: Wortschatz und Verständigungsprobleme. Jahrbuch 1982 des Instituts für deutsche Sprache. Hrsg. v. Helmut Henne und Wolfgang Mentrup. Düsseldorf 1983 (Sprache der Gegenwart LVII), 195—219.

Hausmann 1985 = Franz Josef Hausmann: Trois paysages dictionnairiques: la Grande-Bretagne, la France et l'Allemagne. Comparaisons et connexions. In: Lexicographica 1. 1985, 24—41.

Hausmann 1985a = Franz Josef Hausmann: Lexikographie. In: Christoph Schwarze/Dieter Wunderlich (Hrsg.): Handbuch der Lexikologie. Königstein 1985, 367—411.

Hausmann 1985b = Franz Josef Hausmann: Kollokationen im deutschen Wörterbuch. Ein Beitrag zur Theorie des lexikographischen Beispiels. In: Lexikographie und Grammatik. Akten des Essener Kolloquiums zur Grammatik im Wörterbuch 28.—30. 6. 1984. Hrsg. v. Henning Bergenholtz und Joachim Mugdan. Tübingen 1985 (Lexicographica. Series Maior 3), 118—129.

Hausmann 1985c = Franz Josef Hausmann: Phraseologische Wörterbücher des Deutschen. In: Sprache und Literatur in Wissenschaft und Unterricht 16. 1985, 105—109.

Hausmann 1986 = Franz Josef Hausmann: Wörterbuch und Wahrheit. Zur Rezeption des „Wörterbuchs der deutschen Gegenwartssprache" in der Bundesrepublik. In: Malige-Klappenbach/Hausmann 1986, 175—192.

Hausmann 1986a = Franz Josef Hausmann: Für und Wider einer distinktiven Synonymik des Deutschen. In: Textlinguistik contra Stilistik? — Wortschatz und Wörterbuch — Grammatische oder pragmatische Organisation von Rede? Hrsg. v. Walter Weiss, Herbert Ernst Wiegand, Marga Reis. Tübingen 1986 (Akten des VII. Internationalen Germanisten-Kongresses. Göttingen 1985: Kontroversen, alte und neue. Hrsg. v. Albrecht Schöne. Bd. 3), 237—241.

Helbig 1987 = Gerhard Helbig: Zwischen Wort- und Satzsemantik. In: Zeitschrift für germanistische Linguistik 15. 1987, 303—310 [Rezensionsaufsatz zu ViF].

Heller et al. 1988 = Klaus Heller/Dieter Herberg/Christina Lange/Rosemarie Schnerrer/Doris Steffens: Theoretische und praktische Probleme der Neologismenlexikographie. Überlegungen und Materialien zu einem Wörterbuch der in der Allgemeinsprache der DDR gebräuchlichen Neologismen. Berlin [DDR] 1988 (Linguistische Studien. Reihe A. Arbeitsberichte 184).

Hellmann 1976 = Bibliographie zum öffentlichen Sprachgebrauch in der Bundesrepublik Deutschland und in der DDR. Zusammengestellt und kommentiert von einer Arbeitsgruppe unter Leitung von Manfred W. Hellmann. Düsseldorf 1976 (Sprache der Gegenwart XVI).

Henne 1977 = Helmut Henne: Was die Valenzlexikographie bedenken sollte. In: Kolloquium über Lexikographie. Kopenhagen 1976. Beiträge von Helmut Henne, Helmut Schumacher, Angelika Ballweg-Schramm, Herbert Ernst Wiegand, Elisabeth Møller und Hans-Peder Kromann. Hrsg. v. Karl Hyldgaard-Jensen. Kopenhagen 1977 (Kopenhagener Beiträge zur germanistischen Linguistik 12), 5—18.

Henne 1977 [84] = Helmut Henne: Nachdenken über Wörterbücher: Historische Erfahrungen. In: Günther Drosdowski, Helmut Henne, Herbert E. Wiegand: Nachdenken über Wörterbücher. Mannheim. Wien. Zürich 1977, 7—49 [Korrigierter Nachdruck 1984].

Henne 1986 = Helmut Henne: Jugend und ihre Sprache. Darstellung. Materialien. Kritik. Berlin. New York 1986.

Henne et al. 1978 = Helmut Henne/Wolfgang Mentrup/Dieter Möhn/Harald Weinrich (Hrsg.): Interdisziplinäres deutsches Wörterbuch in der Diskussion. Düsseldorf 1978 (Sprache der Gegenwart XLV).

Henne/Objartel 1984 = Bibliothek zur historischen deutschen Studenten- und Schülersprache. Hrsg. v. Helmut Henne, Georg Objartel. Bd. 1: Historische deutsche Studenten- und Schülersprache. Einführung, Bibliographie und Wortregister von Helmut Henne, Heidrun Kämper-Jensen, Georg Objartel; Bd. 2: Wörterbücher des 18. Jahrhunderts zur deutschen Studentensprache; Bd. 3: Wörterbücher des 19. Jahrhunderts zur deutschen Studentensprache I; Bd. 4: Wörterbücher des 19. Jahrhunderts zur deutschen Studentensprache II; Bd. 5: Wissenschaftliche Monographien zur historischen deutschen Studenten- und Schülersprache; Bd. 6: Kleinere wissenschaftliche Beiträge zur historischen deutschen Studenten- und Schülersprache. Anhang: Verdeutschungswörterbücher; Bd. 2—6 hrsg. von Helmut Henne und Georg Objartel. Berlin. New York 1984.

Henne/Objartel 1988 = Helmut Henne/Georg Objartel: Der neue 'Paul'. Ziele, Methoden, Beispiele. In: Zeitschrift für germanistische Linguistik 16. 1988, 219—227.

Herberg 1985 = Dieter Herberg: Muttersprachliche Wörterbücher. Der deutsche Gegenwartswortschatz im Spiegel der Sprachlexikographie der DDR. In: Sprachpflege 34. 1985, H. 3, 32—37.

Herberg 1986 = Dieter Herberg: Zur Einleitung des Handwörterbuchs der deutschen Gegenwartssprache (HDG). In: Zeitschrift für Phonetik, Sprachwissenschaft und Kommunikationsforschung 39. 1986, 195—206.

Herberg 1988 = Dieter Herberg: Zur Praxis diachroner Markierungen in allgemeinen einsprachigen Wörterbüchern. In: Symposium on Lexicography III. Proceedings of the Third International Symposium on Lexicography May 14—16, 1986 at the University of Copenhagen ed. by Karl Hyldgaard-Jensen and Arne Zettersten. Tübingen 1988 (Lexicographica. Series Maior 19), 445—468.

Herberg 1988 a = Dieter Herberg: Stand und Aufgaben der Neologismenlexikographie des Deutschen. In: Das Wörterbuch. Artikel und Verweisstrukturen. Jahrbuch 1987 des Instituts für deutsche Sprache. Hrsg. v. Gisela Harras. Düsseldorf 1988 (Sprache der Gegenwart LXXIV), 265—283.

Herberg 1989 = Synonymische Beziehungen im Wortschatz und Wörterbucheinträge. Möglichkeiten und Grenzen allgemeiner einsprachiger Wörterbücher. In: Hermes 3. 1989, 143—160.

Heringer 1987 = Hans Jürgen Heringer: Was lange währt. Gedanken zum Mannheimer Valenzwörterbuch. In: Zeitschrift für germanistische Linguistik 15. 1987, 311—317 [Rezensionsaufsatz zu ViF].

Heß/Brustkern/Lenders 1983 = Klaus Heß/Jan Brustkern/Winfried Lenders: Maschinenlesbare deutsche Wörterbücher. Dokumentation, Vergleich, Integration. Tübingen 1983 (Sprache und Information 6).

Hiersche 1982 = Rolf Hiersche: Deutsche Wortforschung in Gießen. Über ein Forschungsunternehmen zur deutschen Etymologie und Wortgeschichte. In: Sprachwissenschaft 7. 1982, 438—445.

Hiersche/Ising/Ginschel 1955 = Rolf Hiersche/Erika Ising/Gunhild Ginschel: Aus der Arbeit an einem historischen Wörterbuch der sprachwissenschaftlichen Terminologie. Berlin [DDR] 1956 (Sitzungsberichte der Deutschen Akademie der Wissenschaften zu Berlin. Klasse für Sprachen, Literatur und Kunst 1955, Nr. 3).

Hiersche/Job 1986 = Rolf Hiersche/Manfred Job: Konzeption und Gestaltung der Wortartikel im Gießener Deutschen Etymologischen Wörterbuch. In: Lexicographica 2. 1986, 185—194.

Historical Lexicography of the German Language = Vol. 1. Ed. by Ulrich Goebel and Oskar Reichmann in collaboration with Peter I. Barta. Lewiston. Queenston. Lampeter 1990 (Studies in Russian and German 2). [Bd. 2 im Druck].

Hoffmann 1978 = Wolfgang Hoffmann: Zum gebrauchswert etymologischer wörterbücher. Der lemma-bestand von Kluge-Mitzka und Duden und eine umfrage unter ihren benutzern. In: Zeitschrift für germanistische Linguistik 6. 1978, 31—46.

Höhne 1990 = Steffen Höhne: Deutsche Wörterbücher. Eine empirische Studie zur Benutzerforschung. Typoskript [Erscheint in ZGL].

Holly 1984 = Werner Holly: Sprachhandlungen im Wörterbuch. Zur lexikographischen Beschreibung sprachhandlungsbezeichnender Ausdrücke. In: Studien zur neuhochdeutschen Lexikographie IV. Hrsg. v. Herbert Ernst Wiegand. Hildesheim. Zürich. New York 1984 (Germanistische Linguistik 1—3/83), 73—111.

HWDG-Grundsätze = Handwörterbuch der deutschen Gegenwartssprache. Grundsätze und Probeartikel. Berlin [DDR] 1977 (Linguistische Studien. Reihe A. Arbeitsberichte 39).

Hyvärinen 1983 = Irma Hyvärinen: Zu den semantischen Selektionsbeschränkungen des Mitspielers SN (Subjekt) im „Wörterbuch zur Valenz und Distribution deutscher Verben" von Helbig/Schenkel (1975). In: Wiss. Konferenz „Aspekte und Probleme semasiologischer Sprachbetrachtung in synchronischer und diachronischer Sicht", 31. August — 4. Sept. 1982 in Neubrandenburg [DDR]. Berlin [DDR] 1983 (Linguistische Studien. Reihe A. Arbeitsberichte 107/II.) 1—22.

Ickler 1985 = Theodor Ickler: Valenz und Bedeutung: Beobachtungen zur Lexikographie des Deutschen als Fremdsprache. In: Lexikographie und Grammatik. Akten des Essener Kolloquiums zur Grammatik im Wörterbuch 28.—30. 6. 1984. Hrsg. v. Henning Bergenholtz und Joachim Mugdan. Tübingen 1985 (Lexicographica. Series Maior 3), 358—377.

Johann 1981 = Ernst Johann: Deutsch wie es nicht im Wörterbuch steht. 2. Aufl. 1981 (Fischer-Taschenbuch 5159).

Käge 1982 = Otmar Käge: Noch „ugs." oder doch schon „derb"? Bemerkungen und Vorschläge zur Praxis der stilistischen Markierung in deutschen einsprachigen Wörterbüchern. In: Studien zur neuhochdeutschen Lexikographie II. Hrsg. v. Herbert Ernst Wiegand. Hildesheim. New York 1982 (Germanistische Linguistik 3—6/80), 109—120.

Kämper-Jensen 1990 = Heidrun Kämper-Jensen: Semantische Strukturen im Wortschatz — Wortfelder und Verweissystem im neuen 'Paul'. In: Zeitschrift für germanistische Linguistik 18. 1990, 185—200.

Kämper-Jensen 1990a = Heidrun Kämper-Jensen: Der neue Paul. Strecken- und Feldarbeit. In: Historical Lexicography of the German Language. Vol. 2, [im Druck].

²KE = Kleine Enzyklopädie. Deutsche Sprache. Hrsg.: Wolfgang Fleischer, Wolfdietrich Hartung, Joachim Schildt (Federführung), Peter Suchsland. Leipzig 1983.

Kempcke 1980 = Günter Kempcke: Handwörterbuch der deutschen Gegenwartssprache. Ein Arbeitsbericht. In: Zeitschrift für Germanistik 3. 1980, 347—356.

Kempcke 1986 = Günter Kempcke: *Kopf, Schädel, Haupt* und *Dez.* Zur Darstellung der Substituierbarkeit synonymer lexikalischer Einheiten in einem Synonymenwörterbuch. In: Beiträge zur Erforschung der deutschen Sprache 6. 1986, 263—279.

Kinne 1989 = Michael Kinne: Endlich ein deutsches Neologismenwörterbuch. In: Sprachdienst 33. 1989, 115—117.

Kirkness 1985 = Alan Kirkness: Deutsche Wörterbücher — ihre Geschichte und Zukunft. In: Germanistik — Forschungsstand und Perspektiven. Vorträge des Deutschen Germanistentages 1984. Hrsg. v. Georg Stötzel. 1. Teil: Germanistische Sprachwissenschaft. Didaktik der deutschen Sprache und Literatur. Berlin. New York 1985, 44—54.

Kirkness/Kühn/Wiegand 1990 = Zur Einführung: Von der philologischen zur metalexikographischen Beschreibung und Beurteilung des Deutschen Wörterbuches. In: Studien zum Deutschen Wörterbuch von Jacob Grimm und Wilhelm Grimm. Hrsg. v. Alan Kirkness, Peter Kühn, Herbert Ernst Wiegand. 1. Bd. Tübingen 1990 (Lexicographica. Series Maior 33), VII—LXI.

Kirkness/Wiegand 1990 = Alan Kirkness/Herbert Ernst Wiegand: Ausgewählte Bibliographie zu den Lexikographen Jacob Grimm und Wilhelm Grimm, zum Deutschen Wörterbuch und seiner Neubearbeitung. In: Studien zum Deutschen Wörterbuch von Jacob Grimm und Wilhelm Grimm. Hrsg. v. Alan Kirkness, Peter Kühn, Herbert Ernst Wiegand. 2. Bd. Tübingen 1990 (Lexicographica. Series Maior 34) [im Druck].

Kjaar 1987 = Anne Lise Kjaar: Zur Darstellung von Phraseologismen in einsprachigen Wörterbüchern des Deutschen aus der Sicht ausländischer Textproduzenten. In: Beiträge zur allgemeinen und germanistischen Phraseologieforschung. Internationales Symposium in Oulu, 13.—15. Juni 1986. Hrsg. v. Jarmo Korhonen. Oulu 1987 (Veröffentlichungen des Germanistischen Instituts 7), 165—181.

Klappenbach et al. 1980 = Studien zur modernen deutschen Lexikographie. Ruth Klappenbach (1911—1977). Auswahl aus den lexikographischen Arbeiten, erweitert um drei Beiträge von Helene Malige-Klappenbach. Hrsg. v. Werner Abraham unter Mitwirkung v. Jan F. Brand. Amsterdam 1980 (Linguistik aktuell 1).

Knobloch 1984 = Clemens Knobloch: Duden kontra Wahrig. Zwei einbändige Wörterbücher der deutschen Gegenwartssprache im Vergleich. In: Der Deutschunterricht 36. 1984, H. 5, 101—107.

Kohrt 1987 = Manfred Kohrt: Theoretische Aspekte der deutschen Orthographie. Tübingen 1987 (Reihe Germanistische Linguistik 70).

Korlén 1981 = Gustav Korlén: Bemerkungen zum DDR-Wortschatz anläßlich eines empfehlenswerten Wörterbuchs. In: Moderna Språk 75. 1981, 251—257.

Koerner 1972 = E. F. K. Koerner: Glossaries of linguistic Terminology, 1951—1971: An Overview. In: Linguistische Berichte 18. 1972, 30—38.

Köster 1971 = Rudolf Köster: Zum Bedeutungswörterbuch des Großen Duden. In: Die wissenschaftliche Redaktion 6. 1971, 25—31.

Kreuder 1973 = Hans-Dieter Kreuder: Lexika der modernen linguistischen Terminologie anläßlich des Erscheinens von W. Ulrichs 'Wörterbuch — linguistische Grundbegriffe'. In: Zeitschrift für Dialektologie und Linguistik 40. 1973, 175—184.

Kreuder 1978 = Hans-Dieter Kreuder: Neue Lexika der modernen linguistischen Terminologie:

eine Bilanz der 1973—1976 erschienenen sprachwissenschaftlichen Nachschlagewerke aus der Bundesrepublik Deutschland. In: Zeitschrift für Dialektologie und Linguistik 45. 1978, 68—94.

Kühn 1978 = Peter Kühn: Deutsche Wörterbücher. Eine systematische Bibliographie. Tübingen 1978 (Reihe Germanistische Linguistik 15).

Kühn 1982 = Peter Kühn: Typen lexikographischer Ergebnisdarstellung. In: Dialektologie. Ein Handbuch zur deutschen und allgemeinen Dialektforschung. Hrsg. v. Werner Besch, Ulrich Knoop, Wolfgang Putschke, Herbert Ernst Wiegand. 1. Halbbd. Berlin. New York 1982 (Handbücher zur Sprach- und Kommunikationswissenschaft 1.1), 702—723.

Kühn 1984 = Peter Kühn: Pragmatische und lexikographische Beschreibung phraseologischer Einheiten: Phraseologismen und Routineformeln. In: Studien zur neuhochdeutschen Lexikographie IV. Hrsg. v. Herbert Ernst Wiegand. Hildesheim. Zürich. New York 1984 (Germanistische Linguistik 1—3/83), 175—235.

Kühn 1984a = Peter Kühn: Primär- und sekundärsprachliche Grundwortschatzlexikographie: Probleme, Ergebnisse und Perspektiven. In: Studien zur neuhochdeutschen Lexikographie V. Hrsg. v. Herbert Ernst Wiegand. Hildesheim. Zürich. New York 1984 (Germanistische Linguistik 3—6/84), 239—306.

Kühn 1985 = Peter Kühn: Gegenwartsbezogene Synonymenwörterbücher des Deutschen: Konzept und Aufbau. In: Lexicographica 1. 1985, 51—82.

Kühn 1985a = Peter Kühn: „Wegweiser zum treffenden Ausdruck" oder: Gibt es sinnvollere Zielsetzungen für Synonymenwörterbücher? In: Wirkendes Wort 35. 1985, 39—52.

Kühn 1986 = Peter Kühn: Zur Bedeutungsbeschreibung von Routineformeln in Wörterbüchern. In: Textlinguistik contra Stilistik? Wortschatz und Wörterbuch — Grammatische oder pragmatische Organisation von Rede? Hrsg. v. Walter Weiss, Herbert Ernst Wiegand, Marga Reis. Tübingen 1986 (Akten des VII. Internationalen Germanisten-Kongresses Göttingen 1985: Kontroversen, alte und neue. Hrsg. v. Albrecht Schöne. Bd. 3), 223—227.

Kühn 1987 = Peter Kühn: Deutsch als Fremdsprache im phraseodidaktischen Dornröschenschlaf. Vorschläge für eine Neukonzeption phraseodidaktischer Hilfsmittel. In: Fremdsprachen lehren und lernen 16. 1987, 62—79.

Kühn 1989 = Peter Kühn: Phraseologie und Lexikographie: Zur semantischen Kommentierung phraseologischer Einheiten im Wörterbuch. In: Wörterbücher in der Diskussion. Vorträge aus dem Heidelberger Lexikographischen Kolloquium. Hrsg. v. Herbert Ernst Wiegand. Tübingen 1989 (Lexicographica. Series Maior 27), 133—154.

Kühn/Püschel 1982 = Peter Kühn/Ulrich Püschel: „Der Duden reicht mir". Zum Gebrauch allgemeiner einsprachiger und spezieller Wörterbücher des Deutschen. In: Studien zur neuhochdeutschen Lexikographie II. Hrsg. v. Herbert Ernst Wiegand. Hildesheim. New York 1982 (Germanistische Linguistik 3—6/80), 121—151.

Küpper 1955 = Heinz Küpper: Werdegeschichte eines Wörterbuchs. In: Muttersprache 65. 1955, 350—353.

Küpper 1982 = Heinz Küpper: Bestandsaufnahme der deutschen Umgangssprache. In: Muttersprache 92. 1982, 15—26.

Lang 1967 = Ewald Lang: Vorschläge für ein linguistisches Wörterbuch. In: Linguistics 37. 1967, 52—57.

Lang 1982 = Ewald Lang: Die Konjunktionen im einsprachigen Wörterbuch. In: Wortschatzforschung heute. Aktuelle Probleme der Lexikologie und Lexikographie. Hrsg. v. E. Agricola, J. Schildt, D. Viehweger. Leipzig 1982 (Linguistische Studien), 72—106.

Latour 1980 = Bernd Latour: Zur lexikographischen Erfassung der deutschen Gegenwartssprache. In: Germanistische Mitteilungen 11. 1980, 3—20.

Lejeune 1975 = Joseph Lejeune: Möglichst vollständig: In: Revue des Langues Vivantes 41. 1975, 68—84.

Lenschen 1987 = Walter Lenschen: [Rezension zu Wahrig-^{5}DW] Ein deutsch-deutsches Lexikon. Zur Neuausgabe von Wahrigs Wörterbuch. In: Neue Zürcher Zeitung v. 30. Juli 1987, Fernausgabe-Nr. 173, 29.

Lepinoy 1966 = P. Lepinoy: A propos de deux dictionnaires de la langue allemande contemporaine. In: Études germaniques 21. 1966, 34—44.

Lerchner 1986 = Gotthard Lerchner: Semantische Struktur, pragmatische Markiertheit und (stilistische) Gebrauchspräferenz lexikalisch-semantischer Einheiten: Zur Kritik des „Handwörterbuchs der deutschen Gegenwartssprache" unter soziolinguistisch-pragmatischem Aspekt. In: Zeitschrift für Phonetik, Sprachwissenschaft und Kommunikationsforschung 39. 1986, 169—181.

Lewandowski 1989 = Theodor Lewandowski: Methoden der Terminologiearbeit. In: Zeitschrift für germanistische Linguistik 17. 1989, 315—321. [Rezensionsaufsatz zu Abraham 1988].

^{2}*LGL* = Lexikon der Germanistischen Linguistik. Hrsg. v. Hans Peter Althaus, Helmut Henne, Herbert Ernst Wiegand. 2., vollständig neu bearb. u. erw. Aufl. Tübingen 1980.

Lloyd 1990 = Albert L. Lloyd: Das etymologische Wörterbuch des Althochdeutschen: Theory and Practice. In: Historical Lexicography of the German Language, 59—80.

Ludwig 1986 = Klaus-Dieter Ludwig: Nicht-denotative Informationen lexikalischer Einheiten als Wörterbucheinträge. In: Zeitschrift für Phonetik, Sprachwissenschaft und Kommunikationsforschung 39. 1986, 182—194.

Malige-Klappenbach 1986 = Helene Malige-Klappenbach: Das „Wörterbuch der deutschen Gegenwartssprache". Ein Bericht. In: Malige-Klappenbach/Hausmann 1986, 1—55 [ohne Dokumentationsanhang].

Malige-Klappenbach 1986a = Helene Malige-Klappenbach: Das Wortarchiv des WDG in chronologischer Sicht. Eine Klarstellung. In: Malige-Klappenbach/Hausmann 1986, 193—198.

Malige-Klappenbach 1986b = Helene Malige-Klappenbach: Die neue Ära gegenwartssprachlicher Lexikographie um die Jahrhundertmitte mit dem Start des Wörterbuches der deutschen Gegenwartssprache. In: Energeia 12. 1986, 1—17.

Malige-Klappenbach 1987 = Helene Malige-Klappenbach: Ausgewählte Problemkreise zum „Wörterbuch der deutschen Gegenwartssprache" (WDG). In: Festschrift für Karl Hyldgaard-Jensen: Zum 70. Geburtstag am 3. Februar 1987. Hrsg.: Mogens Dyhr und Jørgen Olsen. Kopenhagen 1987 (Kopenhagener Beiträge zur Germanistischen Linguistik. Sonderbd. 3), 199—206.

Malige-Klappenbach 1988 = Helene Malige-Klappenbach: Das erste Jahr des Wörterbuches der deutschen Gegenwartssprache (1952/1953). In: Zeitschrift für Germanistik 9. 1988, 603—612.

Malige-Klappenbach 1989 = Helene Malige-Klappenbach: Sprache und Ideologie, insbesondere bei der Wörterbucharbeit. In: Muttersprache 99. 1989, 153—159.

Malige-Klappenbach/Hausmann 1986 = Helene Malige-Klappenbach: Das „Wörterbuch der deutschen Gegenwartssprache". Bericht, Dokumentation und Diskussion. Hrsg. v. Franz Josef Hausmann. Tübingen 1986 (Lexicographica. Series Maior 12).

Mattausch 1979 = Josef Mattausch: Das Wörterbuch der deutschen Gegenwartssprache. Versuch einer Bilanz. Ruth Klappenbach zum Gedächtnis. In: Deutsch als Fremdsprache 16. 1979, 213—219.

Mentrup 1984 = Wolfgang Mentrup: Vom Schreibgebrauch zur totalen Schreibnormierung im Deutschen. In: Wirkendes Wort 34. 1984, 190—216.

Metrich 1986 = René Metrich: Le „Lernwörterbuch" de Duden ou qu'est-ce qu'un „Lernwörterbuch"? (exercice de lecture critique d'un dictionnaire). In: Nouveaux cahiers d'allemand 4. 1986, 127—146.

Mieder 1984 = Wolfgang Mieder: Geschichte und Probleme der neuhochdeutschen Sprichwörterlexikographie. In: Studien zur neuhochdeutschen Lexikographie V. Hrsg. v. Herbert Ernst Wiegand. Hildesheim. Zürich. New York 1984 (Germanistische Linguistik 3—6/84), 307—358.

Möcker 1980 = Hermann Möcker: „Fahren Sie schon rad, oder fahren sie noch Rad?" Grammatische oder orthographische Beobachtungen am neuen Österreichischen Wörterbuch. In: Österreich in Geschichte und Literatur 24. 1980, 416—445.

Mugdan 1983 = Joachim Mugdan: Grammatik im Wörterbuch: Flexion. In: Studien zur neuhochdeutschen Lexikographie III. Hrs. v. Herbert Ernst Wiegand. Hildesheim. Zürich. New York 1983 (Germanistische Linguistik 1—4/82), 179—237.

Mugdan 1984 = Joachim Mugdan: Grammatik im Wörterbuch: Wortbildung. In: Studien zur neuhochdeutschen Lexikographie IV. Hrsg. v. Herbert Ernst Wiegand. Hildesheim. Zürich. New York 1984 (Germanistische Linguistik 1—2/83), 237—308.

Muhr 1983 = Rudolf Muhr: Über das Für und Wider der Kritik am Österreichischen Wörterbuch. In: Informationen zur Deutschdidaktik 4. 1983, 134—138.

Müller 1965 = Wolfgang Müller: Probleme und Aufgaben deutscher Synonymik. In: Die wissenschaftliche Redaktion. Aufsätze. Vorträge. Berichte 1. 1965, 80—101.

Müller 1966 = Wolfgang Müller: Die Sprachkartei als Grundlage für die sprachwissenschaftliche und sprachpflegerische Arbeit. In: Die Wissenschaftliche Redaktion 2. 1966, 13—26.

Müller 1969 = Wolfgang Müller: Gedanken zur Lexikographie. Über Wörterbucharbeit und Wörterbücher. In: Muttersprache 79. 1969, 33—42.

Müller 1970 = Wolfgang Müller: Deutsche Bedeutungswörterbücher der Gegenwart. In: Deutsch für Ausländer. Sonderh. 11. 1970, 1—15.

Müller 1972 = Wolfgang Müller: Wandlungen in Sprache und Gesellschaft im Spiegel des Dudens. In: Die wissenschaftliche Redaktion 8. 1972, 9—30.

Müller 1975—1983 = Wolfgang Müller: Neue Wörter und ihre Bedeutungen. In: Meyers Großes Jahreslexikon 1975, 279—299; 1977, 299—303; 1978, 290—292; 1979, 307—309; 1980, 308—310; 1981, 291—293; 1982, 282—284; 1983, 280—283.

Müller 1982 = Wolfgang Müller: Wortbildung und Lexikographie. In: Studien zur neuhochdeutschen Lexikographie II. Hrsg. v. Herbert Ernst Wiegand. Hildesheim. New York 1982 (Germanistische Linguistik 3—6/80), 153—188.

Müller 1984 = Wolfgang Müller: Zur Praxis der Bedeutungserklärung (BE) in einsprachigen deutschen Wörterbüchern und die semantische Umkehrprobe. In: Studien zur neuhochdeutschen Lexikographie V. Hrsg. v. Herbert Ernst Wiegand. Hildesheim. Zürich. New York 1984 (Germanistische Linguistik 3—6/84), 359—461.

Müller 1987 = Wolfgang Müller: „Schlammschlacht". Schon gehört? Ein Desiderat: Das deutsche Neologismenwörterbuch. In: Sprache und Literatur in Wissenschaft und Unterricht 60. 1987, 82—90.

Müller 1990 = Karin Müller: Kolloquium Wortfamilienwörterbuch (16. 2. 1990 an der Universität-GH Siegen). Ein Tagungsbericht. [Erscheint in Lexicographica].

Müller-Marzohl 1961/62 = Alfons Müller-Marzohl: Das schweizerische Wortgut im Jubiläums-

Duden. In: Sprachspiegel 17. 1961, H. 4, 97—103, 129—132, 162—170 u. 18. 1962, H. 1, 16—18.

Nemoto 1977 = Michiya Nemoto: Eine vergleichende Untersuchung der neuen großen Wörterbücher aus den beiden deutschen Staaten. In: Kairos 15. 1977, 27—64.

Nerius 1985 = Dieter Nerius: Zur Stellung der Eigennamen in Wörterbüchern der deutschen Gegenwartssprache. In: Symposium on Lexicography II. Proceedings of the Second International Symposium on Lexicography May 16—17, 1984 at the University of Copenhagen. Ed. by Karl Hyldgaard-Jensen and Arne Zettersten. Tübingen 1985 (Lexicographica. Series Maior 5), 287—301.

Neubauer 1980 = Fritz Neubauer: Die Struktur der Explikationen in deutschen einsprachigen Wörterbüchern. Eine vergleichende lexikosemantische Analyse. Hamburg 1980 (Papiere zur Textlinguistik 27).

Neubert 1990 = Gunter Neubert: Fachlexikographie — Probleme, Aufgaben, Konzepte. In: Hermes 1. 1990, H. 4, 67—83.

Niebaum 1979 = Hermann Niebaum: Deutsche Dialektwörterbücher. In: Deutsche Sprache 4. 1979, 345—373.

Niebaum 1984 = Hermann Niebaum: Zur lexikographischen Behandlung des landschaftsgebundenen Wortschatzes in den Wörterbüchern der deutschen Gegenwartssprache. In: Studien zur neuhochdeutschen Lexikographie IV. Hrsg. v. Herbert Ernst Wiegand. Hildesheim. Zürich. New York 1984 (Germanistische Linguistik 1—3/83), 309—360.

Objartel 1983 = Georg Objartel: Zur Geschichte des „Kluge": Probleme eines etymologischen Wörterbuchs der deutschen Sprache. In: Zeitschrift für germanistische Linguistik 11. 1983, 268—289.

Objartel 1987 = Georg Objartel: Das Konzept für die Neubearbeitung des Deutschen Wörterbuchs von Hermann Paul. Ein Werkstattbericht. In: Theorie und Praxis des lexikographischen Prozesses. Akten der Internationalen Fachkonferenz Heidelberg, 3. 6.—5. 6. 1986. Im Auftrag des Forschungsschwerpunktes Lexikographie an der Neuphilologischen Fakultät der Universität Heidelberg hrsg. v. Herbert Ernst Wiegand. Tübingen 1987 (Lexicographica. Series Maior 23), 89—112 [Diskussion, 112—115].

Olšanski 1979 = I. G. Olšanski: Moderne deutsche Lexikographie. Ein Hilfsbuch zur deutschen Lexik. Moskau 1979.

Pawlowski 1986 = Klaus Pawlowski: Die phonetischen Angaben in einsprachigen Wörterbüchern der deutschen Gegenwartssprache. In: Studien zur neuhochdeutschen Lexikographie VI., 1. Teilbd. Hrsg. v. Herbert Ernst Wiegand. Hildesheim. Zürich. New York 1986 (Germanistische Linguistik 84—86. 1986), 279—326.

Pfeifer 1977 = Wolfgang Pfeifer: Historisch-etymologisches Wörterbuch der deutschen Sprache. Vorbemerkung und Probeartikel. Berlin [DDR] 1977 (Linguistische Studien. Reihe A. Arbeitsberichte 38).

Pfeifer 1990 = Wolfgang Pfeifer: Das Berliner Etymologische Wörterbuch des Deutschen. In: Historical Lexicography of the German Language, 327—339.

Pilz 1987 = Klaus Dieter Pilz: Allgemeine und phraseologische Wörterbücher. Brauchen wir überhaupt phraseologische Wörterbücher? In: Beiträge zur allgemeinen und germanistischen Phraseologieforschung. Internationales Symposium in Oulu, 13.—15. Juni 1986. Hrsg. v. Jarmo Korhonen. Oulu 1987 (Universität Oulu. Veröffentlichungen des Germanistischen Instituts 7), 129—144.

Poethe 1978 = Hannelore Poethe: Die Behandlung von Sprachnorm und Sprachentwicklung im Duden unter besonderer Berücksichtigung des divergierenden Sprachgebrauchs in der DDR und in der BRD. Diss [masch.] Leipzig 1978.

Projektgruppe Verbvalenz 1981 = Projektgruppe Verbvalenz: Konzeption eines Wörterbuchs deutscher Verben. Zu Theorie und Praxis einer semantisch orientierten Valenzlexikographie. Tübingen 1981 (Forschungsberichte des Instituts für deutsche Sprache 45).

Pusch 1983 = Luise F. Pusch: „Sie sah zu ihm auf wie zu einem Gott". Das Duden-Bedeutungswörterbuch als Trivialroman. In: Sprachdienst 27. 1983, 135—142.

Püschel 1986 = Ulrich Püschel: Vom Nutzen synonymisch und sachlich gegliederter Wörterbücher des Deutschen. Überlegungen zu ausgewählten historischen Beispielen. In: Lexicographica 2. 1986, 223—243.

Püschel 1990 = Ulrich Püschel: Zwischen Erörterung und Ergebnisdarstellung. Zu Wörterbuchstilen im Deutschen Wörterbuch. In: Studien zum Deutschen Wörterbuch von Jacob Grimm und Wilhelm Grimm. Hrsg. v. Alan Kirkness, Peter Kühn, Herbert Ernst Wiegand. 1. Bd. Tübingen 1990 (Lexicographica. Series Maior 33), 51—103.

Ramseger 1981 = Georg Ramseger: Neben dem legendären Duden haben wir noch einen anderen Sprachzuchtmeister. Dr. Lutz Mackensen; er wurde in diesen Tagen 80 Jahre alt. In: Börsenblatt 52. 1981 [v. 16. 6. 81], 1633—1634.

Reichmann 1984 = Oskar Reichmann: Historische Lexikographie. In: Sprachgeschichte. Ein Handbuch zur Geschichte der deutschen Sprache und ihrer Erforschung. Hrsg. v. Werner Besch, Oskar Reichmann, Stefan Sonderegger. 1. Halbbd. Berlin. New York 1984 (Handbücher zur Sprach- und Kommunikationswissenschaft 2.1), 460—492.

Reichmann 1986 = Oskar Reichmann: Lexikographische Einleitung. In: Frühneuhochdeutsches Wörterbuch. Hrsg. v. Robert R. Anderson, Ulrich Goebel, Oskar Reichmann. Bd. 1, Lieferung 1: Einleitung, Quellenverzeichnis. Literaturverzeichnis, *a—abfal* bearb. v. Oskar Reichmann. Berlin. New York 1986, 10—164.

Richter 1985 = Margot Richter: Bedeutungsexplikationen im einsprachigen synchronischen Bedeutungswörterbuch im Bereich des ideologierelevanten Wortschatzes: In: Beiträge zu theoretischen und praktischen Problemen in der Lexikographie der deutschen Gegenwartssprache. Berlin [DDR] 1985 (Linguistische Studien. Reihe A. Arbeitsberichte 122), 97—134.

Ripfel 1989 = Martha Ripfel: Wörterbuchkritik. Eine empirische Analyse von Wörterbuchrezensionen. Tübingen 1989 (Lexicographica. Series Maior 29).

Ripfel/Wiegand 1988 = Martha Ripfel/Herbert Ernst Wiegand: Wörterbuchbenutzungsforschung. Ein kritischer Bericht. In: Studien zur neuhochdeutschen Lexikographie VI, 2. Teilbd. Mit einem Namen- und Sachregister zu den Bänden I—VI sowie einer Bibliographie zur Wörterbuchforschung. Hrsg. v. Herbert Ernst Wiegand. Hildesheim. Zürich. New York 1988 (Germanistische Linguistik 87—90), 491—520.

Sands 1980/81 = D. B. Sands: Engaged Lexicography: Comment to an East German Dictionary. In: Dictionaries 2—3. 1980/81, 39—51.

Sauer 1988 = Wolfgang Werner Sauer: Der „Duden". Geschichte und Aktualität eines „Volkswörterbuchs". Stuttgart 1988.

Sauer 1988a = Wolfgang Werner Sauer: Der Duden im Dritten Reich. In: Sprache im Faschismus. Hrsg. v. Konrad Ehlich. Frankfurt am Main 1988, 104—119.

Schaeder 1983 = Burkhard Schaeder: Häufigkeiten und Häufigkeitsangaben in neuhochdeutschen Wörterbüchern. Zur Rolle von Frequenzuntersuchungen in der Lexikographie. In: Studien zur neuhochdeutschen Lexikographie III. Hrsg. v. Herbert Ernst Wiegand. Hildesheim. Zürich. New York 1983 (Germanistische Linguistik 1—4/82), 239—274.

Schaeder 1984 = Burkhard Schaeder: Anleitung zur Benutzung einsprachiger neuhochdeutscher Wörterbücher. In: Der Deutschunterricht 36. 1984, H. 5, 81—95.

Schaeder 1985 = Burkhard Schaeder: Die Beschreibung der Präpositionen im einsprachigen deutschen Wörterbuch. In: Lexikographie und Grammatik. Akten des Essener Kolloquiums zur Grammatik im Wörterbuch 28.—30. 6. 1984. Hrsg. v. Henning Bergenholtz und Joachim Mugdan. Tübingen 1985 (Lexicographica. Series Maior 3), 278—307.

Schaeder 1985a = Burkhard Schaeder: Die Regulierung der Getrennt- oder Zusammenschreibung im Rechtschreib-Duden 1880 bis 1980. Ein Beitrag zur Geschichte und Theorie der deutschen Orthographie. In: Gerhard Augst (Hrsg.): Graphematik und Orthographie. Neuere Forschungen der Linguistik, Psychologie und Didaktik in der Bundesrepublik Deutschland. Frankfurt/M. Bern. New York 1985 (Theorie und Vermittlung der Sprache 2), 129—194.

Schaeder 1986 = Burkhard Schaeder: Das letzte Wort hat immer der Duden. Zu Geschichte, Inhalt und Funktion der Rechtschreib-Wörterbücher des Deutschen. In: Studien zur neuhochdeutschen Lexikographie VI., 1. Teilbd. Hrsg. v. Herbert Ernst Wiegand. Hildesheim. Zürich. New York 1986 (Germanistische Linguistik 84—86), 197—241.

Schaeder 1987 = Burkhard Schaeder: Germanistische Lexikographie. Tübingen 1987 (Lexicographica. Series Maior 21).

Schieder 1968 = Theodor Schieder: Geschichte als Wissenschaft. Eine Einführung. 2., überarb. Aufl. München. Wien 1968.

Schierholz 1988 = Stefan Schierholz: Bedeutungswörterbücher als Grundlage empirischer Wortschatzuntersuchungen. In: Studien zur neuhochdeutschen Lexikographie VI., 2. Teilbd. Mit einem Namen- und Sachregister zu den Bänden I.—VI. sowie einer Bibliographie zur Wörterbuchforschung. Hrsg. v. Herbert Ernst Wiegand. Hildesheim. Zürich. New Yok 1988 (Germanistische Linguistik 87—90/1986), 463—478.

Schlaefer 1987 = Michael Schlaefer: Materialsammlung und Materialbereitstellung für die Neubearbeitung des Deutschen Wörterbuchs. In: Theorie und Praxis des lexikographischen Prozesses bei historischen Wörterbüchern. Akten der Internationalen Fachkonferenz Heidelberg, 3. 6. —5. 6. 1986. Im Auftrag des Forschungsschwerpunktes Lexikographie an der Neuphilologischen Fakultat der Universität Heidelberg hrsg. v. Herbert Ernst Wiegand. Tübingen 1987 (Lexicographica. Series Maior 23), 71—83 [Diskussion 84—87].

Schlaefer 1990 = Michael Schlaefer: Bedeutungsbeschreibung in der Neubearbeitung des Deutschen Wörterbuchs. In: Ja muz ich sunder riuwe sin. Festschrift für Karl Stackmann zum 15. Februar 1990. Hrsg. v. Wolfgang Dinkelacker, Ludger Grenzmann, Werner Höfer. Göttingen 1990, 261—272.

Schmidt 1975 = Günter Dietrich Schmidt: DDR-Lexeme in bundesdeutschen Rechtschreibwörterbüchern. Eine kritische Betrachtung des Duden und des Knaur. In: Deutsche Sprache 3. 1975, 314—331.

Schmidt 1986 = Hartmut Schmidt: Wörterbuchprobleme. Untersuchungen zu konzeptionellen Fragen der historischen Lexikographie. Tübingen 1986 (Reihe Germanistische Linguistik 65).

Schmitt 1988 = Eva-Maria Schmitt: Mundart-Wörterbücher des Rheinlandes. Eine Bibliographie. Köln/Bonn 1988.

Schubert 1969 = Arne Schubert: Zur Behandlung des Schweizerischen in der deutschen Lexikographie der 60er Jahre. In: Sprachspiegel 25. 1969, 164—172.

Schubert/Hellmann 1968 = Arne Schubert/Manfred Hellmann: Daten aus Leipzig und Mannheim. In: Deutsche Studien 6. 1968. H. 23, 248—263.

Schulze 1990 = Ursula Schulze: Das Wörterbuch der mittelhochdeutschen Urkundensprache. Materialgrundlage — Konzeption — Bearbeitungsprobleme. In: Historical Lexicography of the German Language, 131—169.

Schumacher 1986 = Helmut Schumacher: Stand und Aufgaben der germanistischen Valenzlexikographie. In: Studien zur neuhochdeutschen Lexikographie VI., 1. Teilbd. Hrsg. v. Herbert Ernst Wiegand. Hildesheim. Zürich. New York 1986 (Germanistische Linguistik 84—86/1986), 327—389.

Schumacher/Hagspihl 1988 = Helmut Schumacher unter Mitarbeit v. Aloys Hagspihl. Valenzbibliographie (Stand: Juni 1988). 2., erw. u. verb. Aufl. Mannheim 1988.

Schumann 1986 = Brigitte Schumann: Wie im „Handwörterbuch der deutschen Gegenwartssprache" Konnotationen dargestellt werden. In: Deutsch als Fremdsprache 23. 1986, 53—58.

Schützeichel/Seidensticker 1990 = Wörter und Namen. Aktuelle Probleme der Lexikographie. Symposium Schloß Rauischholzhausen September 1987 Hrsg. v. Rudolf Schützeichel und Peter Seidensticker. Marburg 1990 (Marburger Studien zur Germanistik 13).

Seebold 1982 = Elmar Seebold: Die Erläuterung der Etymologie in den Wörterbüchern der deutschen Gegenwartssprache. In: Studien zur nhd. Lexikographie II. Hrsg. v. Herbert Ernst Wiegand. Hildesheim. New York 1982 (Germanistische Linguistik 3—6/80), 189—223.

Seebold 1983 = Elmar Seebold: Etymologien und Wortzusammenstellungen. In: Das etymologische Wörterbuch. Fragen der Konzeption und Gestaltung. Hrsg. v. Alfred Bammesberger. Regensburg 1983 (Eichstätter Beiträge 8), 261—272.

Seebold 1987 = Elmar Seebold: Die Lemma-Auswahl bei einem etymologischen Wörterbuch. In: Theorie und Praxis des lexikographischen Prozesses. Akten der Internationalen Fachkonferenz Heidelberg, 3. 6.—5. 6. 1986. Im Auftrag des Forschungsschwerpunktes Lexikographie an der Neuphilologischen Fakultät der Universität Heidelberg hrsg. v. Herbert Ernst Wiegand. Tübingen 1987 (Lexicographica. Series Maior 23), 157—169, [Diskussion] 169—171.

Seebold 1990 = Elmar Seebold: Etymologisches Wörterbuch und Geschichte des Wortschatzes. Einige Überlegungen zur Neu-Bearbeitung von Friedrich Kluges „Etymologisches Wörterbuch der deutschen Sprache" und zu ihrer Auswertung. In: Historical Lexicography of the German Language, 309—326.

Seibicke 1983 = Wilfried Seibicke: [Rezension zum BW, Bd. 1—3]. In: Muttersprache 93. 1983, 243—246.

Siegl 1986 = Elke A. Siegl: Der Duden als Normierungsinstrument in der DDR und in der Bundesrepublik Deutschland. In: Sprachliche Normen und Normierungsfolgen in der DDR. Hrsg. v. Friedhelm Debus, Manfred W. Hellmann, Horst Dieter Schlosser. Mitwirkung: Michael Kinne. Hildesheim. Zürich. New York 1986 (Germanistische Linguistik 82—83/1985), 75—88. [Mit Diskussion 85—88].

Sommerfeldt/Schreiber 1975 = Karl Ernst Sommerfeldt/Herbert Schreiber: Zu einem Wörterbuch der Valenz und Distribution der Substantive. In: Deutsch als Fremdsprache 12. 1975, 112—119.

Spalding 1969 = Keith Spalding: An Historical Dictionary of German Figurative Usage. Bericht über ein Wörterbuch. In: Jahrbuch für Internationale Germanistik 1. 1969, 141—151.

Sparmann 1964—1979 = H. Sparmann: Neues im deutschen Wortschatz unserer Gegenwart. In: Sprachpflege [Leipzig] 13. 1964, 16 ff.; 14. 1965, 52 ff. u. 204 ff.; 15. 1966, 139 ff. u. 208 ff.; 16. 1967, 101 ff.; 17. 1968, 38 ff. u. 229 ff.; 18. 1969, 39 ff. u. 115 ff. u. 231 ff.; 19. 1970, 147—150 u. 209—212; 22. 1973, 52—55 u. 228—231; 23. 1974, 143—147; 24. 1975, 83—86 u. 245—248; 25. 1976, 52—54; 26. 1977, 141—144; 27. 1978, 18—21, 76—78, 142—143, 204—205 u. 243—245; 28. 1979, 36—37 u. 103—105.

Speer 1989 = Heino Speer: Das Deutsche Rechtswörterbuch. Historische Lexikographie einer Fachsprache. In: Lexicographica 5. 1989, 85—128.

Speer 1990 = Heino Speer: Das Deutsche Rechtswörterbuch: Historische Lexikographie der Sprache des Rechtslebens. In: Historical Lexicography of the German Language. Vol. 2. Ed. by Ulrich Goebel and Oskar Reichmann in collaboration with Peter I. Barta. Lewiston. Queenston. Lampeter 1990 (Studies in Russian and German 2) [im Druck].

Splett 1990 = Jochen Splett: Zur Strukturierung des Wortschatzes im Rahmen eines althochdeutschen Wortfamilienwörterbuchs. In: Historical Lexicography of the German Language, 81—105.

Spyrka 1987 = Ines Spyrka: Die stilistischen Markierungen 'ironisch' und 'scherzhaft' im 'Handwörterbuch der deutschen Gegenwartssprache'. In: Sprachpflege 36. 1987, 5—8.

Standop 1982 = Ewald Standop: Duden 1980. In: Linguistische Berichte 77. 1982, 80—88.

Steger 1990 = Hugo Steger: Alltagssprache. Zur Frage ihres besonderen Status in medialer und semantischer Hinsicht. In: Script-Oralia. Schriftenreihe des Sonderforschungsbereiches Mündlichkeit und Schriftlichkeit der Albert-Ludwig-Universität. Jahrbuch 89. Tübingen 1990 [im Druck].

Steiger 1941 = August Steiger: Schweizerisches Wortgut im Duden. In: Jährliche Rundschau des Deutschschweizerischen Sprachvereins. 1941, 62—88.

Steinacker 1969 = Eberhard Steinacker: Kulturrevolution im Wörterbuch. In: Merkur 23. 1969, 867—871.

Steinbock 1990 = Ursula Steinbock: Studien zur Quellen- und Belegbasis der Neubearbeitung des Deutschen Wörterbuchs von Jacob und Wilhelm Grimm. In: Sprachwissenschaft 15. 1990, 65—117.

Steinitz 1954 = Wolfgang Steinitz: Über die Aufgaben der Abteilung „Deutsche Sprache der Gegenwart". In: Das Institut für deutsche Sprache und Literatur. Vorträge gehalten auf der Eröffnungstagung. Berlin [DDR] 1954 (Dt. Akad. der Wissenschaften zu Berlin. Veröffentlichungen des Instituts für Deutsche Sprache und Literatur 1), 65—96.

Stellmacher 1986 = Dieter Stellmacher: Der Benutzer des Dialektwörterbuchs. Gibt es eine Antwort auf die ungeklärte Frage der Wörterbuchforschung (Metalexikographie)? In: Friebertshäuser/ Dingeldein 1986, 35—45.

Storrer 1990 = Angelika Storrer: Lexikographische Beschreibung der Verbvalenz: Probleme und Lösungsvorschläge. Diss. [masch.] Heidelberg 1990.

Stötzel 1970 = Georg Stötzel: Das Abbild des Wortschatzes. Zur lexikographischen Methode in Deutschland von 1617—1967. In: Poetica 3. 1970, 1—23.

Strauß 1982 = Gerhard Strauß: Aspekte des Sprachausschnitts 'Politik' im einsprachigen Wörterbuch. Politisch-ideologische Ismen — lexikographisch betrachtet. In: Wolfgang Mentrup (Hrsg.): Konzepte zur Lexikographie. Studien zur Bedeutungserklärung in einsprachigen Wörterbüchern. Tübingen 1982 (Reihe Germanistische Linguistik 38), 34—64.

Strauß 1988 = Gerhard Strauß: Neue Wege in der Lexikographie des politisch-ideologischen Wortschatzes. In: Symposium on Lexicography III. Proceedings of the Third International Symposium on Lexicography May 14—16, 1986 at the University of Copenhagen. Ed. by Karl Hyldgaard-Jensen and Arne Zettersten. Tübingen 1988 (Lexicographica. Series Maior 19), 183—213.

Strauß 1990 = Gerhard Strauß: Die Bände I. und VI. der Neubearbeitung des Deutschen Wörterbuches von Jacob Grimm und Wilhelm Grimm: Unterschiede in der lexikographischen Bearbeitung. In: Studien zum Deutschen Wörterbuch von Jacob Grimm und Wilhelm Grimm. Hrsg. v. Alan Kirkness, Peter Kühn, Herbert Ernst Wiegand. 2. Bd. Tübingen 1990 (Lexicographica. Series Maior 34), [im Druck].

Tarvainen 1973 = Kalevi Tarvainen: Zur Valenztheorie und ihrer praktischen Anwendung im Valenzwörterbuch von Helbig/Schenkel. In: Neuphilologische Mitteilungen 74. 1973, 9—49.

Tellenbach 1985 = Elke Tellenbach: Das Handwörterbuch der deutschen Gegenwartssprache. In: Sprachwissenschaftliche Arbeiten der Germanistenkommission Deutsche Demokratische Republik — Volksrepublik Polen. 5. Forschungen zur deutschen Grammatik — Ergebnisse und Perspektiven. Referate der Arbeitstagung der Sektion Grammatik der Germanistenkommission DDR-VRP vom 6. bis 8. 11. 1985 in Berlin [DDR] 1985. Berlin [DDR] 1985 (Linguistische Studien. Reihe A. Arbeitsberichte 127), 239—244.

Tiefenbach 1972 = Heinrich Tiefenbach: Zum Erscheinen des althochdeutschen Glossenwörterbuchs von T. Stark und J. C. Wells. In: Beiträge zur Namenforschung. N. F. 7. 1972, 349—359.

Ullmann 1972 = Christian Ullmann: „Meinungsfreiheit" und „Weltreise" fehlen im DDR-Duden. Ein Vergleich des Mannheimer und des Leipziger Duden. In: Sprachspiegel 28. 1972, 163—166.

Vermeer 1971 = Hans J. Vermeer: Einführung in die linguistische Terminologie. Darmstadt 1971 (Sammlung Dialog 53).

Viehweger 1982 = Dieter Viehweger: Die Darstellung semantischer Vereinbarkeitsbeziehungen zwischen lexikalischen Elementen im einsprachigen Wörterbuch des Deutschen. In: Wortschatzforschung heute. Aktuelle Probleme der Lexikologie und Lexikographie. Hrsg. v. E. Agricola, J. Schildt, D. Viehweger. Leipzig 1982 (Linguistische Studien), 23—41.

Viehweger 1986 = Dieter Viehweger: Grammatik im Wörterbuch. Eine Analyse grammatischer Informationen im „Handwörterbuch der deutschen Gegenwartssprache". In: Zeitschrift für Phonetik, Sprachwissenschaft und Kommunikationsforschung 39. 1986, 161—168.

Wahrig 1973 = Gerhard Wahrig: Anleitung zur grammatisch-semantischen Beschreibung lexikalischer Einheiten. Versuch eines Modells. Tübingen 1973 (Linguistische Arbeiten 8).

Wahrig 1983 = Gerhard Wahrig: Neue Wege in der Wörterbucharbeit. Gleichzeitig ein Beitrag zu einer strukturalistischen Bedeutungslehre. In: Gerhard Wahrig: Gesammelte Schriften. Hrsg. und zusammengestellt v. Eva Wahrig. Redaktion: Renate Wahrig. Mit einem Geleitwort v. Hans Eggers. Tübingen 1983, 1—80 [Zuerst Hamburg 1967, 2. Aufl. 1968].

Wegener 1981 = Heide Wegener: Zur Bedeutung von Verbwörterbüchern und Grammatiken im Deutschunterricht für Ausländer. Bericht der Linguistik-Arbeitsgruppe der DAAD-Lektoren in Frankreich — synchron und diachron. In: Jahrbuch Deutsch als Fremdsprache. Hrsg. v. Alois Wierlacher [et. al.]. Bd. 7, 1981, 233—239.

Wellmann 1984 = Hans Wellmann: Stand und Aufgaben der wissenschaftlichen Lexikographie des heutigen Deutsch — einsprachige Wörterbücher. In: Dieter Götz, Thomas Herbst: Theoretische und praktische Probleme der Lexikographie. 1. Augsburger Kolloquium. München 1984, 350—381.

Wiegand 1976 = Herbert Ernst Wiegand: Synonymie und ihre Bedeutung in der einsprachigen Lexikographie. In: Probleme der Lexikologie und Lexikographie. Jahrbuch des Instituts für Deutsche Sprache. Düsseldorf 1976 (Sprache der Gegenwart XXXIX), 118—180.

Wiegand 1977 = Herbert Ernst Wiegand: Einige grundlegende semantisch-pragmatische Aspekte von Wörterbucheinträgen. Ein Beitrag zur praktischen Lexikologie. In: Kolloquium über Lexikographie. Kopenhagen 1976. Beiträge von Helmut Henne, Helmut Schumacher, Angelika Ballweg-

Schramm, Herbert Ernst Wiegand, Elisabeth Møller und Hans-Peder Kromann. Hrsg. v. Karl Hyldgaard-Jensen. Kopenhagen 1977 (Kopenhagener Beiträge zur germanistischen Linguistik 12), 59—149 [Teilabdruck mit einem „Nachtrag 1981" in: Probleme des Wörterbuchs. Hrsg. v. Ladislav Zgusta. Darmstadt 1985 (Wege der Forschung 612), 342—377].

Wiegand 1977a = Herbert Ernst Wiegand: Fachsprachen im einsprachigen Wörterbuch. Kritik, Provokationen und praktisch-pragmatische Vorschläge. In: Kongreßberichte der 7. Jahrestagung der Gesellschaft für Angewandte Linguistik GAL e. V. Trier 1976. Bd. III: Linguistik: Beschreibung der Gegenwartssprache. Hrsg. v. Helmut Schumacher und Burkhard Leuschner. Stuttgart 1977, 39—65.

Wiegand 1977 [84] = Herbert Ernst Wiegand: Nachdenken über Wörterbücher: Aktuelle Probleme. In: Günther Drosdowski, Helmut Henne, Herbert Ernst Wiegand: Nachdenken über Wörterbücher. Mannheim. Zürich 1977, 51—102 [Korrigierter Nachdruck 1984].

Wiegand 1981 = Herbert Ernst Wiegand: Pragmatische Informationen in neuhochdeutschen Wörterbüchern. In: Studien zur neuhochdeutschen Lexikographie I. Hrsg. v. Herbert Ernst Wiegand. Hildesheim. New York 1981 (Germanistische Linguistik 3—4/79), 139—271.

Wiegand 1982 = Herbert Ernst Wiegand: Zur Bedeutungserläuterung von Satzadverbien in einsprachigen Wörterbüchern. Ein Beitrag zur praktischen Lexikologie. In: Wolfgang Mentrup (Hg.): Konzepte zur Lexikographie. Studien zur Bedeutungserklärung in einsprachigen Wörterbüchern. Tübingen 1982 (Reihe Germanistische Linguistik 38), 103—132.

Wiegand 1983 = Herbert Ernst Wiegand: Was ist eigentlich ein Lemma? Ein Beitrag zur Theorie der lexikographischen Sprachbeschreibung. In: Studien zur neuhochdeutschen Lexikographie III. Hrsg. v. Herbert Ernst Wiegand. Hildesheim, Zürich. New York 1983 (Germanistische Linguistik 1—4/82), 401—474.

Wiegand 1983a = Herbert Ernst Wiegand: Synonyme in den großen alphabetischen Wörterbüchern der deutschen Gegenwartssprache. In: Festschrift für Laurits Saltveit zum 70. Geburtstag am 31. Dezember 1983. Hrsg. v. John Ole Askedal, Christen Christensen, Ådne Findreng, Oddleif Leirbukt. Oslo. Bergen. Tromsö 1983, 215—231.

Wiegand 1984 = Herbert Ernst Wiegand: Prinzipien und Methoden historischer Lexikographie. In: Sprachgeschichte. Ein Handbuch zur Geschichte der deutschen Sprache und ihrer Erforschung. Hrsg. v. Werner Besch, Oskar Reichmann, Stefan Sonderegger. 1. Halbbd. Berlin. New York 1984 (Handbücher zur Sprach- und Kommunikationswissenschaft 2.1), 557—620.

Wiegand 1984a = Herbert Ernst Wiegand: Aufgaben eines bedeutungsgeschichtlichen Wörterbuches heute. In: Mitteilungen der Technischen Universität Carola Wilhelmina zu Braunschweig XIX. 1984, 41—48.

Wiegand 1984b = Herbert Ernst Wiegand: Germanistische Wörterbuchforschung nach 1945. Eine einführende Übersicht für Deutschlehrer. In: Der Deutschunterricht 36. 1984, 10—26.

Wiegand 1985 = Herbert Ernst Wiegand: Eine neue Auffassung der sog. lexikographischen Definition. In: Symposium on Lexicography II. Proceedings of the Second International Symposium on Lexicography May 16—17, 1984 at the University of Copenhagen. Ed. by Karl Hyldgaard-Jensen and Arne Zettersten. Tübingen 1985 (Lexicographica. Series Maior 5), 15—100.

Wiegand 1985a = Herbert Ernst Wiegand: Zum Verhältnis von germanistischer Lexikologie und Lexikographie. In: Germanistik — Forschungsstand und Perspektiven. Vorträge des Deutschen Germanistentages 1984. Hrsg. v. Georg Stötzel. 1. Teil: Germanistische Sprachwissenschaft. Didaktik der Deutschen Sprache und Literatur. Berlin. New York 1985, 69—73.

Wiegand 1985b = Herbert Ernst Wiegand: Zur Einführung [in den thematischen Teil des 1. Bandes von Lexicographica]. In: Lexicographica 1. 1985, 1—2.

Wiegand 1985c = Herbert Ernst Wiegand: Fragen zur Grammatik in Wörterbuchbenutzungsprotokollen. Ein Beitrag zur empirischen Erforschung der Benutzung einsprachiger Wörterbücher. In: Lexikographie und Grammatik. Akten des Essener Kolloquiums zur Grammatik im Wörterbuch 28.—30. 6. 1984. Hrsg. v. Henning Bergenholtz und Joachim Mugdan. Tübingen 1985 (Lexicographica. Series Maior 3), 20—98.

Wiegand 1985d = Herbert Ernst Wiegand: German Dictionaries and Research on the Lexicography of German from 1945 to the Present. With a Select Bibliography. In: Lexicographica 1. 1985, 172—224.

Wiegand 1986 = Herbert Ernst Wiegand: Bedeutungswörterbücher oder sogenannte Indices in der Autorenlexikographie? Die Eröffnung einer Kontroverse. In: Textlinguistik contra Stilistik? — Wortschatz und Wörterbuch — Grammatische oder pragmatische Organisation von Rede? Hrsg. v. Walter Weiss, Herbert Ernst Wiegand, Marga Reis. Tübingen 1986 (Akten des VII. Internationalen Germanisten-Kongresses. Göttingen 1985: Kontroversen, alte und neue. Hrsg. v. Albrecht Schöne. Bd. 3), 163—169.

Wiegand 1986a = Herbert Ernst Wiegand: Der frühe Wörterbuchstil Jacob Grimms. In: Deutsche Sprache 14. 1986, 302—322.

Wiegand 1986b = Herbert Ernst Wiegand: Metalexicography. A Data Bank for Contemporary German. In: Interdisciplinary Science Review 11. 1986, 122—131 [Number 2 (600 Years University of Heidelberg 1386—1986)].

Wiegand 1986c = Herbert Ernst Wiegand: Dialekt

und Standardsprache im Dialektwörterbuch und standardsprachlichen Wörterbuch. In: Hans Friebertshäuser (Hg.) unter Mitarbeit v. Heinrich J. Dingeldein: Lexikographie der Dialekte. Beiträge zu Geschichte, Theorie und Praxis. Tübingen 1986 (Reihe Germanistische Linguistik 59), 185—210.

Wiegand 1986d = Herbert Ernst Wiegand: Von der Normativität deskriptiver Wörterbücher. Zugleich ein Versuch zur Unterscheidung von Normen und Regeln. In: Sprachnormen in der Diskussion. Beiträge vorgelegt von Sprachfreunden. Berlin. New York 1986, 72—101.

Wiegand 1987 = Herbert Ernst Wiegand: Über den Nutzen von Wörterbüchern. In: Festschrift für Karl Hyldgaard-Jensen. Zum 70. Geburtstag am 3. Februar 1987. Hrsg.: Mogens Dyhr und Jørgen Olsen. Kopenhagen 1987 (Kopenhagener Beiträge zur Germanistischen Linguistik. Sonderbd. 3), 307—318.

Wiegand 1987a = Herbert Ernst Wiegand: Zur handlungstheoretischen Grundlegung der Wörterbuchbenutzungsforschung. In: Lexicographica 3. 1987, 178—227.

Wiegand 1988 = Herbert Ernst Wiegand: Wörterbuchartikel als Text. In: Das Wörterbuch. Artikel und Verweisstrukturen. Jahrbuch 1987 des Instituts für deutsche Sprache. Hrsg. v. Gisela Harras. Düsseldorf 1988 (Sprache der Gegenwart LXXIV), 30—120.

Wiegand 1988a = Herbert Ernst Wiegand: Was eigentlich ist Fachlexikographie? Mit Hinweisen zum Verhältnis von sprachlichem und enzyklopädischem Wissen. In: Deutscher Wortschatz. Lexikologische Studien. Ludwig Erich Schmitt zum 80. Geburtstag von seinen Marburger Schülern. Hrsg. v. Horst Haider Munske, Peter von Polenz, Oskar Reichmann, Reiner Hildebrandt. Berlin. New York 1988, 729—790.

Wiegand 1988b = Herbert Ernst Wiegand: „Shanghai bei Nacht". Auszüge aus einem metalexikographischen Tagebuch zur Arbeit am Großen Deutsch-Chinesischen Wörterbuch. In: Studien zur neuhochdeutschen Lexikographie VI, 2. Teilbd. Mit einem Namen- und Sachregister zu den Bänden I—VI sowie einer Bibliographie zur Wörterbuchforschung. Hrsg. v. Herbert Ernst Wiegand. Hildesheim. Zürich. New York 1988 (Germanistische Linguistik 87—90), 522—626.

Wiegand 1988c = Herbert Ernst Wiegand: Vorüberlegungen zur Wörterbuchtypologie: Teil I. In: Symposium on Lexicography III. Proceedings of the Third International Symposium on Lexicography May 14—16, 1986 at the University of Copenhagen. Ed. by Karl Hyldgaard-Jensen and Arne Zettersten. Tübingen 1988 (Lexicographica. Series Maior 19), 3—105.

Wiegand 1988d = Herbert Ernst Wiegand: Bibliographie zur Wörterbuchforschung von 1945 bis auf die Gegenwart. 2200 Titel. Ausgewählt aus germanistischer Perspektive. In: Studien zur neuhochdeutschen Lexikographie VI, 2. Teilbd. Mit einem Namen- und Sachregister zu den Bänden I—VI sowie einer Bibliographie zur Wörterbuchforschung. Hrsg. v. Herbert Ernst Wiegand. Hildesheim. Zürich. New York 1988 (Germanistische Linguistik 87—90), 627—821.

Wiegand 1989 = Herbert Ernst Wiegand: Wörterbuchforschung. Kapitel III: Studien zur Theorie der Lexikographie. Typoskript. 1. Fassung. Heidelberg 1989.

Wiegand 1989a = Herbert Ernst Wiegand: Wörterbuchforschung. Kapitel I: Studien zur Strukturierung eines Forschungsfeldes. Typoskript. 1. Fassung. Heidelberg 1989.

Wiegand 1989b = Herbert Ernst Wiegand: Wörterbuchstile: das Wörterbuch von Jacob Grimm und Wilhelm Grimm und seine Neubearbeitung im Vergleich. In: Wörterbücher in der Diskussion. Vorträge aus dem Heidelberger Lexikographischen Kolloquium. Hrsg. v. Herbert Ernst Wiegand. Tübingen 1989 (Lexicographica. Series Maior 27), 227—278.

Wiegand 1989c = Herbert Ernst Wiegand: Die äußere und innere Anordnung der Phraseme im allgemeinen einsprachigen Wörterbuch. Typoskript. Heidelberg 1989 [vorgetragen in Oulu 1989; erscheint voraussichtlich 1990 in Lexicographica].

Wiegand 1989d = Herbert Ernst Wiegand: Einsprachige Gebrauchswörterbücher — Verlagslexikographie — akademische Wörterbuchforschung. Plädoyer für einen Diplom-Studiengang zur Lexikographie. Podiumsreferat für die AnGeRo-Tagung, 8.—10. 3. 1989. Typoskript. Heidelberg 1989 [im Druck].

Wiegand 1989e = Herbert Ernst Wiegand: Strukturen von standardisierten Wörterbuchartikeln und Wörterbuchbenutzung. Typoskript. 1. Fassung. Heidelberg 1989.

Wiegand 1989f = Herbert Ernst Wiegand: Deutsches Klassikerwörterbuch. Kolloquium vom 15. bis 17. Dezember 1988. In: Zeitschrift für germanistische Linguistik 17. 1989, 229—243.

Wiegand 1989g = Herbert Ernst Wiegand: Textverdichtung und Textauflockerung. Ein Beitrag zur Theorie lexikographischer Texte. Typoskript. 1. Fassung. Heidelberg 1989.

Wiegand 1989h = Herbert Ernst Wiegand: Zur Einführung [in den "Thematic Part. Lexicography for Special Purposes in Germany"]. In Lexicographica 5. 1989, 1—4.

Wiegand 1990 = Herbert Ernst Wiegand: Über die Strukturen der Artikeltexte im Frühneuhochdeutschen Wörterbuch. Zugleich ein Versuch zur Weiterentwicklung einer Theorie lexikographischer Texte. In: Historical Lexicography of the German Language. Vol. 2 Ed. by Ulrich Goebel and Oskar Reichmann in collaboration with Peter I. Barta. Lewiston, Queenstone. Lampeter 1990 (Studies in Russian and German] [im Druck].

Wiegand 1990a = Herbert Ernst Wiegand: Dictionary Styles: A Comparison between the Dictionary of Jacob Grimm and Wilhelm Grimm and the Revised Edition. In: The Grimm Brothers and the Germanic Past. Ed. by Elmer H. Antonsen with James W. Marchand and Ladislav Zgusta. Amsterdam. Philadelphia 1990 (Amsterdam Studies in the Theory and History of Linguistic Science 54), 115—139.

Wiegand/Harras 1971 = Herbert Ernst Wiegand unter Mitarbeit v. Gisela Harras: Zur wissenschaftshistorischen Einordnung und linguistischen Beurteilung des Deutschen Wortatlas. Hildesheim 1971 (Germanistische Linguistik 1—2/71).

Wiegand/Kučera 1981 = Herbert Ernst Wiegand/ Antonín Kučera: Brockhaus-Wahrig: Deutsches Wörterbuch auf dem Prüfstand der praktischen Lexikologie. I. Teil: 1. Band (A—BT), 2. Band (BU—FZ). In: Kopenhagener Beiträge zur Germanistischen Linguistik 18. 1981, 94—206.

Wiegand/Kučera 1982 = Herbert Ernst Wiegand/ Antonín Kučera: Brockhaus-Wahrig: Deutsches Wörterbuch auf dem Prüfstand der praktischen Lexikologie. II. Teil: 1. Band (A—BT), 2. Band (BU—FZ), 3. Band (G—JZ). In: Studien zur neuhochdeutschen Lexikographie II. Hrsg. v. Herbert Ernst Wiegand. Hildesheim. New York 1982 (Germanistische Linguistik 3—6/80), 285—373.

Wiesinger 1980 = Peter Wiesinger: Zum Wortschatz im „Österreichischen Wörterbuch". In: Österreich in Geschichte und Literatur 24. Beih. 1980, 367—397.

Wollmann 1952 = Franz Wollmann: Das Österreichische Wörterbuch und die Sprache des Österreichers. In: Muttersprache 62. 1952, 300—307.

Wolski 1986 = Werner Wolski: Partikellexikographie. Ein Beitrag zur praktischen Lexikologie. With an English Summary. Tübingen 1986 (Lexicographica. Series Maior 14).

Wolski 1989 = Werner Wolski: Linguistik — selektiv wahrgenommen. In: Zeitschrift für germanistische Linguistik 17. 1989, 323—341. [Rezensionsaufsatz zu Abraham 1988].

Woetzel 1988 = Harold Woetzel: Uneigentliche Bedeutung und Wörterbuch oder Die Markierung Ü/⟨Fig.⟩ als Stein des Anstoßes für die Lexikographie. In: Studien zur neuhochdeutschen Lexikographie VI., 2. Teilbd. Mit einem Namen- und Sachregister zu den Bänden I—VI sowie einer Bibliographie zur Wörterbuchforschung. Hrsg. v. Herbert Ernst Wiegand. Hildesheim. Zürich. New York 1988 (Germanistische Linguistik 87—90. 1986), 391—461.

Wüster 1979 = Eugen Wüster: Einführung in die allgemeine Terminologielehre und terminologische Lexikographie. Tl. 1: Textteil. Tl. 2: Bildteil. Hrsg. v. L. Bauer. Wien. New York 1979 (Schriftenreihe der Technischen Universität Wien, Bd. 8/Tl. 1 u. Tl. 2).

Zgusta 1988 = Ladislav Zgusta with the assistance of Donna M. T. Cr. Farina: Lexicography Today. An annotated bibliography of the theory of lexicography. Tübingen 1988 (Lexicographica. Series Maior 18).

Zöfgen 1989 = Ekkehard Zöfgen: Valenzlexikographie auf neuen Wegen. Anmerkungen zu Verben in Feldern. Valenzwörterbuch zur Syntax und Semantik deutscher Verben [...]. In: Lexicographica 5. 1989, 209—220.

Herbert Ernst Wiegand, Heidelberg (Bundesrepublik Deutschland)

207. The Lexicography of Yiddish

1. Yiddish Among the Jewish Languages
2. Typology of Yiddish Dictionaries
3. Multilingual General Dictionaries
4. Multilingual Specialized Dictionaries
5. Monolingual Dictionaries
6. Selected Bibliography

1. Yiddish Among the Jewish Languages

During the course of recorded Jewish history a large number of languages (hereinafter also referred to as "varieties", in order to avoid the dialect vs. language issue which has intellectual and ideological complexities of its own) have come to be designated as "Jewish", either by Jews themselves or by non-Jewish observers. Various criteria have been involved in this designation (Birnbaum 1979, Fishman 1985a, Wexler 1981), sometimes: linguistic, at other times: sociological and at yet other times: psychological. Not infrequently, two or three of these criteria are used simultaneously. Linguistic criteria commonly pertain to the differentiating phonological, grammatical and/or lexical characteristics of any particular purported Jewish variety vis-a-vis the variety/ies of co-territorial non-Jews. In accord with these criteria a variety is designated as Jewish if it differs from the co-territorial varieties of non-Jews on at least one of the above-mentioned linguistic parameters. Sociological criteria commonly pertain to the differentiating socio-cultural functions of any particular purported Jewish variety. In accord with such criteria a variety is designated as Jewish if it is functionally related to sociocultural behaviors that are characteristically different from those of co-territorial non-Jews. Psychological criteria commonly pertain to whether users or observers of any particular purported Jewish variety believe it to be or have the attitude that it is distinctively Jewish.

Needless to say, these various criteria do not necessarily agree with each other, particularly since Jews as well as non-Jews, on the one hand, and specialists as well as non-specialists, on the other hand, are commonly involved in applying them both to varieties in their vicinity as well as to others with which they are personally far less familiar. Jews and non-Jews sometimes indicate that they consider a particular variety to be Jewish by giving it a name that implies this status (viz.: Yehudit, Yiddish, Judezmo, Chaudit, Yahudic, etc.). Yiddish, in the view of almost all current observers, is a post-exilic Jewish variety, according to all of the above criteria. It came into being roughly in the 11th century (Weinreich 1973 [1980]) among Jews crossing over into a Germanic language environment from a Romance language environment and still speaking a Romance-related variety of their own known as Laaz. It is in this new environment that a new Germanic Jewish variety came into being, later to be known as Yiddish. With subsequent Jewish migrations, Yiddish spread eastward throughout Central Europe and into Eastern Europe and it is in the latter locale that the name Yiddish itself is first attested (1649), various other names having been in vogue before and even much later as well. By the mid-16th century it had attained the major dialectal subdivision (between Western and Eastern) indicated on the map. Prior to the Nazi-led Holocaust (1939—1945) Yiddish had attained over 12 million speakers and had spread to centers of immigration on other continents and in Western Europe, particularly the United States, Palestine (now Israel), France, Argentina, Canada, Mexico, South Africa and Australia. The number of mother-tongue claimants today is estimated to be roughly 3 million (Fishman 1985b), most of whom are bilingual. Even given its major losses, due, primarily, to the Holocaust and, secondarily, the linguistic assimilation in the West (Fishman 1965), to punitive governmental policies in the Soviet Union (Peltz and Kiel 1985) and to Zionist ideological opposition, particularly in Palestine/Israel (Pilowsky 1986), Yiddish remains, to this very day, the most widely known and understood Jewish variety on a worldwide basis.

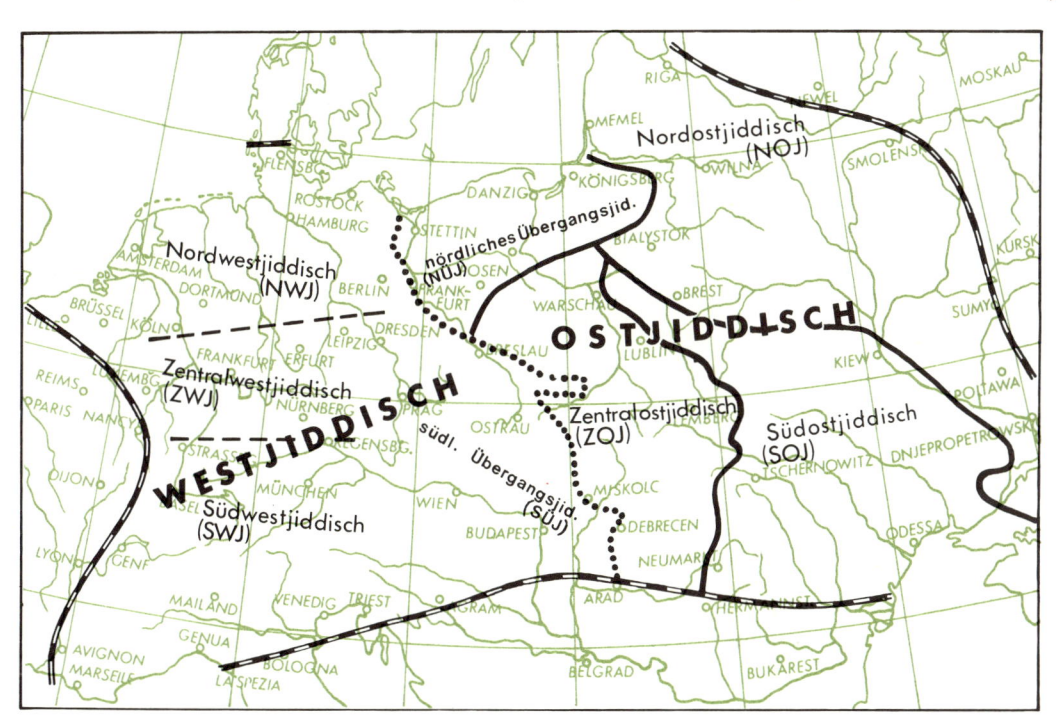

▬▬▬ Outer bounderies of Yiddism

▬▬▬ Regional dialect bounderies within Eastern Yiddish

— — — Regional dialect bounderies within Western Yiddish

•••••• Boundery between Western and Eastern Yiddish

Map 207.1: Historical areas of the Yiddish Language (from: Katz 1983, 1023)

Country	Jewish Pop(1)	Yiddish MT(2)
1. (Europe)		
Austria	8,200	2,050
Belgium	40,500	10,125
Czechoslovakia	14,000	3,500
Denmark	6,000	1,500
Finnland	1,450	350
France	535,000	75,000
Germany	30,000	7,500
Great Britain	410,000	40,000
Hungary	80,000	27,000
Ireland	5,400	500
Italy	30,000	3,000
Netherlands	30,000	7,500
Poland	15,000	5,000
Rumania	100,000	33,000
Sweden	15,000	3,500
Switzerland	20,000	5,000
USSR	260,000	900,000
Other Europe	—	2,500
Total Europe		1,127,025
2. (America)		
Canada	280,000	93,000
Mexico	36,000	12,000
United States	5,870,000	1,500,000
Argentina	500,000	170,000
Bolivia	4,000	1,000
Brazil	150,000	50,000
Chile	35,000	12,000
Columbia	10,000	3,300
Ecuador	2,000	700
Peru	4,000	1,300
Uruguay	54,000	18,000
Venezuela	12,000	4,000
Other Americas	—	3,000
Total Americas		1,868,300
Total Europe and Americas		2,995,325
3. (Asia)		
Israel	2,500,00	450,000
Other Asia	—	50,000
Total Asia		500,000
4. (Australia and New Zealand		
Australia	72,000	24,000
New Zealand	5,000	1,000
Total ANZ		25,000
5. (Africa)		
Republic of South Africa	114,750	38,000
Other Africa	—	2,500
		40,000
6. **Worldwide Total:**	**Jewish Pop**(1)	**Yiddish MT**(2)
	14,000,000	3,560,325 (=25%)

(1) From American Jewish Yearbook 1969

(2) Based on 33% estimates in Eastern Europe and in countries of predominantly **post**-World War I immigration-settlement, 25% in most other places, and lower estimates in USA (based on Language Loyalty computations), France (due to recent African Jewish influx), Britain (pre-World War I migr.) and Israel (due to recent Sephardic influx and based on Israeli census data)

Ill. 207.1: Estimated Yiddish mother-tongue/claimants 1970

2. Typology of Yiddish Dictionaries

Three major dimensions are recognizable in conjunction with classifying Yiddish dictionaries. The first dimension is concerned with whether a particular dictionary is monolingual (Yiddish-Yiddish) or whether it involves one or more additional languages. Another dimension is concerned with whether a particular dictionary is of a general nature, attempting to cover as much of the lexicon of the language as its space limitations permit, or whether it is a specialized/topical dictionary focusing upon a particular segment of the entire lexicon. A third dimension is concerned with whether the dictionary has a supra-dialectal purpose, attempting to reflect (or foster) the standard language above and beyond any particular dialect, or whether it is consciously or unconsciously focused only on a particular dialect of the language. Yet other dimensions are possibly of interest, but even the interactions between the three mentioned above would provide us with eight cells, if the variables are all considered dichotomous, which, relative to the number and diversity of Yiddish dictionaries that have been prepared, is quite excessive for the purposes of a brief review such as this. Accordingly, we will concentrate only on two dimensions (monolingual/multilingual and general/specialized), merely referring to others briefly and in passing. — It should be pointed out, at the very beginning, that Yiddish is customarily written in the Hebrew alphabet (including a number of letter combinations and letter-diacritic combinations that are specific to Yiddish and not found in the orthographic conventions for other Jewish languages) and, therefore, multilingual dictionaries have the additional problem of accommodating different writing systems when, as is actually commonly the case, they also involve languages that utilize the Cyrillic or Latin alphabets. Finally, it should be added that for many centuries (into the 18th) Yiddish was printed in a Hebrew font of its own. In this way it was visually identifiable and distinct from Loshn-koydesh (= the "holy tongue" or the traditional post-Second Commonwealth amalgam of Hebrew and Aramic [= Judeo-Aramaic]).

3. Multilingual General Dictionaries

This is the largest category of Yiddish dictionaries and reflects the fact that Yiddish speakers have, on the one hand, always lived in the midst of a co-territorial population whose language(s) they sought to learn for a variety of inter-group purposes, and, on the other hand, the fact that Jews have traditionally been the bearers of an internal bilingualism indigenous to their own diglossic culture, thereby providing yet another reason why dictionaries involving Yiddish have most commonly been bilingual. On occasion, bilingual Yiddish dictionaries were also of interest to co-territorial populations that utilized them for the purpose of learning Yiddish, whether for missionary or more normal interactional purposes. — Apparently the earliest multilingual dictionary that includes Yiddish is a quadralingual work by E'lye bo'kher [more formally and completely referred to as Elye ben o'sher haley'vi ashkena'zi levi'ta habo'kher] (1472−1549) popularly referred to as *shmoys dvo'rim* [...] (Isny [Northern Italy], 1542). The other languages utilized in this dictionary, in addition to Yiddish, are Loshn-koydesh, Latin and German, with Yiddish being the first listed language and, therefore, the language that needed to be known as the point of entry for the user of the dictionary. This dictionary arranged its 985 words in four separate columns (see illustration in M. Weinreich 1923, 85) and, therefore, presented no particular typographic problems, either to the type-setter or to the reader. Elye bokher's dictionary deserves to be noted not only because it may very well have been the first of its genre (appearing less than a century after Gutenberg's invention of moveable type), but because it provides an early comparison between a variety of Yiddish and German (thereby permitting us some understanding of the extent to which the two were, by that time, different "in print"), and, also, because the author occupies an extremely important niche in the history of Yiddish literature (*Bove-bukh* [1507?] and *Pariz un viene* [1508/09?]) and in Hebrew grammar and lexicography as well. The differentiation between Western and Eastern Yiddish had already become established by Elye bokher's days and his dictionary is also noteworthy for its attempts to appeal to the speakers of both via a supra-dialectal standard of sorts. Another noteworthy early dictionary involving Yiddish is No'sn no'ta ha'nover's *So'fe bru're* (Prague, 1660). Whereas Bokher had been born in Germany (Neustadt) and lived most of his life in Italy, Hanover (early 1620's [?]−1683) was born in Eastern Europe and lived there and in closely adjacent Central European areas most of his life. His dictionary is usually regarded as a Hebrew dictionary but the three languages into which each item is translated are Yiddish, Italian and Latin. His work was also intended to function as a text and as a conversational guidebook for Jewish travellers. This may help explain why all four languages are set in Hebrew type since most Jews were unfamiliar with ga'lkhes (= tonsured, i.e., Christian, letters) until centuries later. Hanover's Yiddish reveals a mixture of (rather than a standardizing compromise between) Eastern and Central Yiddish traits. Although he does not utilize German as one of the four languages of his dictionary he clearly differentiates in his preface between the Loshn ashkenaz [language of ashkenaz; Ashkenaz is the traditional Jewish term, borrowed from a biblical place name, for the German lands] of the Jews and the Loshn ashkenaz of the Gentiles. Hanover, too, presents a famous name in Judaica because of his *Yevn mitsule* (Venice 1653), a chronicle of the Cossak pogroms, under Bohdan Chmielnicki, in the Ukraine, 1648−1649.

Skipping over many lesser known but often linguistically interesting dictionaries published during the following two centuries, including some prepared by non-Jews for non-Jews, we come to a true milestone in Yiddish lexicography, the Russian-Yiddish (*Rusish-yidisher verter bikh;* Zhitomir, 1869) and Yiddish-Russian (*Yidish-rusisher verter bikh;* Zhitomir, 1876) dictionaries of Yehoyshu'a [shi'ye] mo'rdkhe Li'fshits (1829−1878). These works remain highly regarded by Yiddish lexicographers to this very day (Schaechter 1984/86). Max Weinreich, agreeing with and going beyond a slightly earlier positive evaluation by another Yiddish linguist (Noy'ekh Prilu'tski) states that "... anyone who wants to study the Yiddish language in general or its individual dialects today cannot begin to do so without Lifshits' dictionaries" (M. Weinreich 1923, 30). Even more recently, the Yiddish linguist Mordkhe Schaechter opined that "Lifshits' lexicographic achievements are, to a large extent, unsurpassed in their quality and reliability, especially in depicting the South-Eastern (Volhynian) Yiddish dialect" (Schaechter 1972, 237). Lifshits was also the first Yiddish lexicographer to be an active proponent and advocate of Yiddish, rather than either of German, Russian or Hebrew, the languages favored by most other Eastern European Jewish intellectuals of his time. In his defense of Yiddish he chides his colleagues, the "enlightened" writers whose mother tongue was Yiddish, for preferring to write "in modern, European languages, even though they become as unnoteworthy there as a drop in the ocean. It is not the fiddle that is unworthy; it is the fiddlers" (quoted in M. Weinreich 1923, 29). Lifshits was an innovator in many ways. He adopted his own spelling conventions, setting aside the German-influenced orthography then still current. He also completely rejected the use of New High Germanisms in his lexicon and utilized popular folk speech, rather than an archaic Western Yiddish and pseudo-German written style, as the model for his word selection and word definitions. Above all, he was a corpus-planner, vastly expanding Yiddish vocabulary in order to deal with modern technological and socio-political phenomena (D. E. Fishman 1984/86). Unfortunately, he died before publishing his Yiddish-German, German-Yiddish dictionary, the manuscript of which has been lost. In his Russian-Yiddish and Yiddish-Russian dictionaries he utilized the modern typographic convention of splitting the lines between Cyrillic and Hebrew type (particularly in connection with the first line of every entry but also, as necessary, elsewhere as well), even though the former is written from left to right and the latter, from right to left. Although his was probably not the first Yiddish dictionary to adopt this convention, his may well have been definitive in this connection since modern type-setting technology had become sufficiently advanced that subsequent dictionaries have generally not reverted to the rigid columnar style of Bokher and Hanover.

The New World entered upon the stage of Yiddish lexicography with the dictionaries of Aleksa'nder Harka'vy (1863—1939). His early works (English-Yiddish, Yiddish-English; New York, 1891; 1898) were technically poor, revealing many German and Russian (and also North-Eastern Yiddish dialectal) influences and preferences, but these works were regularly improved upon in later editions. His bilingual dictionaries went through at least 22 editions and reprints, being used by masses of adult Eastern European immigrants in their efforts to acquire English. His technically most accomplished work was his trilingual *Yiddish-English-Hebrew Dictionary* (New York, 1925; fifth reprint, 1988), which indicated parts of speech, irregular plurals and alternative meanings for the Yiddish entries and was strongly influenced by Lifshits' prior work in many respects. Harkavy's works typically contain some 40,000 words. A much more ambitious effort is Abelson's *English-Yiddish Encyclopedic Dictionary* (New York, 1924) with its 120,000 words (including technical and scientific terms) and frequent illustrations. It went through only one printing, however, perhaps because of its higher price, unwieldy size (1749 triple-columned pages), frequent Germanisms and Slavicisms, and, finally, excessive attention to uncommon terms (in-so-far as the needs or interests of typical immigrant users were concerned). Two generations later, one of the perceived drawbacks of Abelson's work came to be looked upon as an asset in connection with Uriel Weinreich's *Modern English-Yiddish, Yiddish-English Dictionary* (1968). The latter work is eager to bring (and

וווי'לטוער (ס) דער ⬜ benefactor
יווילטעטיק יש װוי ל ט וי ק
וווי'ל-טעמיק אדי [TAMIK] tasteful
וווי'לער-יו'נג דער (וווילע'יו'נגען) playboy
וווי'לעריש אדי mischievous
וווי'ל-קע'נעוודיק אדי learned, erudite
וווין (ען) דער habitat, abode
וווי'נ... ‖ וווי'נגעגנט residential
⊢ וווי'דבא'דינגונגען neighborhood hous-
ing conditions
וווינא'רט דער (...ערטער) residence, domicile
וווינונג ד (ען) dwelling, residence, apartment
וווינ|ען װ ◊ live, dwell, reside
וווינער דער (ס) ⬜ inmate
וווי'נצימער דער (ן) living room
וויע|ן װ ◊ howl
יוווכער יש ו ו אָ כ ע ר
וווּלגא'ר אדי vulgar
וווּלגא'רקייט ד (ן) vulgarity

Dictionary excerpt 207.1: Weinreich's Dictionary

even to coin) Yiddish equivalents for modern, everyday technology. However, in stark contrast to Abelson, it is consciously prescriptive, starring New High Germanism in the Yiddish-English section (so that the reader can more easily eliminate them from use) and eliminating them entirely from the English-Yiddish section. Finally, although the author may well have had a personal bias toward North-Eastern Yiddish, his work represents a conscious effort to be supra-dialectal and to adhere meticulously to the rules of modern, Unified Yiddish Spelling (often referred to as "Yivo spelling"). This dictionary has now also appeared in paperback, has gone through several printings and is the admitted point of departure for Spanish (Lerman/Niborski 1979; Yiddish-Spanish only) and French (Gris/Kerner 1982; Yiddish-French only) counterparts. An unrelated and much more ambitious undertaking is the recent Russian-Yiddish dictionary (Shapiro/Spivak/Shulman 1984) which had been politically proscribed for over thirty years and most of whose initial compilers had died (Spivak, its initial major contributor, having been executed in 1952, together with dozens of other Yiddish writers and intellectuals) by the time it was considered propagandistically advantageous to release it. Yet another bilingual dictionary only indirectly influenced by Weinreich is the Yiddish-Hebrew effort of Tsanin, the latest edition of which (1982) represents a major improvement over its earlier, quite primitive version.

4. Multilingual Specialized Dictionaries

The tradition of multilingual specialized Yiddish dictionaries, i.e., of dictionaries that do not aim at sampling the language as a whole, but, rather, at presenting only a particular segment thereof, is certainly older than and has been as frequently cultivated as the tradition of multilingual general Yiddish dictionaries. Although this genre includes dictionaries of terms and expressions unique to various regional varieties of Yiddish (i.e., dialectological dictionaries), dictionaries of Yiddish names, dictionaries of underworld Yiddish, dictionaries of proscribed New High Germanisms (and, of interest to linguists, even dictionaries of Germanisms as a whole), and dictionaries of internationalisms in Yiddish, space limitations permit only the discussion of two representatives of this genre, neither of which has been enumerated above. Certainly the oldest dictionaries pertaining to Yiddish (perhaps they should be called quasi-dictionaries or "dictionaries", in quotation marks) were the glosses of rare, difficult or ambiguous Loshn-koydesh terms of Biblical (or, usually, of Pentateuchal) textual usage. Since the very earliest examples of this culturally specific type of "dictionary" generally bring only a few Yiddish glosses or are very brief all in all, perhaps it would be best to start with Moy'she ben yiso'kher Shertl's *sey'fer be'er moy'she* (Prague, 1605), even though this means skipping over several works that are centuries older (e.g., the *O'rekh kotn* of 1290, analized by Trim 1977). Shertl's work provides a Yiddish equivalent for every Pentateuchal word, an approach still followed by current counterparts such as Mogilnitski 1904 (in conjunction with every word of the daily Prayer-Book) and Lipshits 1980 (in conjunction with every word of the summer lections of the Pentateuch), both of which still arrange their Loshn-koydesh originals and their Yiddish equivalents in two separate columns. Even closer to the generally accepted definition of dictionaries, but still very definitely culturally encumbered works, are the Biblical concordances which not only enabled readers to locate all of the texts in which any Loshn-koydesh word appeared but which also immediately translated that word into Yiddish. Perhaps the earliest work of this kind is R'osher anshl of Cracow's *Mirke'ves hami'shne* (Cracow 1534). This work, which predates Elye bokher's (with which we began our discussion in section 3, above), is not only well known to modern Yiddish linguists, many of whom have discussed its ample evidence of early departures from German and of Western Yiddish/Eastern Yiddish dialect differentiation, but is also often cited among pro-Yiddish protagonists eager to locate the earliest examples of printed and prestigious use of Yiddish. Indeed, R'osher anshl's work has the additional distinction of being the earliest book published in Yiddish of which a copy is still extant (although if Elye bokher's "Judaized" versions of courtly tales were actually initially published in 1507 and 1508/09, as some believe [rather than in 1548 and 1594, the dates of the copies extant today], and if those editions had survived to his day, *they* would have earned this particular distinction). "Dictionaries" such as *Seyfer be'er moyshe* and *Mirkeves hamishne* also deserve the particular attention of linguists because they reflect an extremely conservative translation-style in studying Loshn-koydesh texts, a style which changes far more slowly than does the ordinary spoken or written language, thereby preserving characteristics of Yiddish that are often centuries older than the "dictionaries" themselves. Thus *Mirkeves hamishne,* a 16th century text, probably gives us our best glimpse of 15th century (or even earlier) Yiddish and, as such, may be of interest to Germanists and Yiddishists alike. The modern linguistic study of such "dictionaries" has, as yet, received only a modicum of the attention that is warranted (see, e.g., Noble 1943 for a discussion of 410 Yiddish equivalents for Pentateuchal terms utilized in traditional elementary schools). — From such "dictionaries" there also ultimately developed specialized dictionaries that sought to present the entire Loshn-koydesh component of Yiddish, without any interest in glossing one or another Loshn-koydesh text. Such dictionaries are oriented toward Yiddish in print and Yiddish in speech, i.e., to the extent of incorporation into Yiddish of terms and expressions that doubtlessly had Loshn-koydesh textual origins and that flowed into Yiddish proper as a result of the intergenerational cultural practice of intensive textual study. Perhaps the most famous and still highly useful work of this type is Spivak-Blumgartn's *Yidish Verterbukh* (New York 1911). This volume contains, as the English title page announces, "all the Hebrew and Chaldaic elements of the Yiddish language, illustrated with proverbs and idiomatic expressions", but also (as the Yiddish title page indicates) lists of Hebrew personal names, family names and organizational names. Although strongly criticized by Max Weinreich (1923, p. 26) for its marked tendency toward New-High Germanism, this dictionary has yet to be equaled in terms of variety of coverage by any of its more modern successors. — If dictionaries of Loshn-koydeshisms in Yiddish constitute a by-product of centuries of co-occurrence between Yiddish and the most traditional type of Jewish study, then terminologies of modern technical and scientific usage represent the other extreme of the spectrum, namely, the interest of certain networks of Yiddish speakers and writers in functioning in topical contexts almost entirely uninfluenced by Jewish ethnocultural tradition. Such terminologies have most frequently been prepared by individuals or committees associated with modern Yiddish scholarly, educational or (quasi-)governmental agencies or organizations. A rather full listing of these is presented in Kahn 1972 and 1973, and covers the gamut from applied arts and sciences to academic humanistic, natural science and social science efforts. Issue no. 2, volume 31, 1972, of *Yidishe shprakh,* the Yivo Institute for Jewish Research's journal devoted to the problems of standard Yiddish, is entirely devoted to the topic of modern Yiddish terminologies and exhaustively lists the agencies, fields and publications of terminological activity as well as the terminologies already prepared or in process of preparation. The most ambitious and accomplished specialized dictionary of this type now nearing completion is M. Schaechter's *Yiddish Plant Names* which will give equivalent terms in English and in Latin.

5. Monolingual Dictionaries

Although several partially published efforts preceded them years earlier, the major dictionaries of this type are doubtlessly the *Oy'tser fun der yidisher shprakh* (Stutshkov 1950) and the *Groyser verterbukh fun der yidisher shprakh* [= *Gvys,* below]. The *Oytser* is a thesaurus that divides its more than 150 thousand words, proverbs, idiomatic phrases and expressions into 620 major categories and a goodly number of sub-categories. This work consciously pursues a supra-dialectal standard language goal, characterizing and visually keying dialectal items that have not (or not yet) attained recognition as part of the standard. Also visually keyed are New-High Germanisms and vulgarisms. Other characterizations are also included, e.g., jocular, specialized-group usage [e.g., children, tailors, musicians, butchers, barbers, etc.], grammatical category, etc. This nearly 1000 page work concludes with an index of over 25,000 individual words, in order to assist the user in finding the proper category or categories for the words or expressions that interest him/her. As one would expect in connection with a work published by the Yivo Institute for Jewish Research, the Unified Yiddish Spelling is scrupulously observed throughout. — As for the *Gvys,* the first volume of this work appeared in 1961, under the editorship of Yude Yofe [= Judah A. Joffe] and Yudl Mark. As of 1986 four volumes had appeared, the most recent of which (vol. 4, 1980) completed the first letter of the Hebrew alphabet. Other volumes are in preparation in New York and in Jerusalem. The four volumes published thus far encompass some 80,000 words. Since the most frequently encountered Yiddish prefixes begin with the first letter of the alphabet, it is estimated that the completed dictionary will consist of only ten volumes, rather than several times that number, and include roughly a quarter million words. Although not a historical dictionary, the *Gvys* gives many citations for each entry. It defines its field of coverage as all words in the Yiddish language, from the very oldest written records (12th century) to the present day. After the demise of Yudl Mark, the last surviving founding editor of *Gvys*, it was taken over by a younger generation of linguists, some of whom are experienced lexicographers. Among the innovations introduced into their preparatory work for future volumes are the computerization of the data, English and modern Hebrew glosses for all Yiddish entries (detailed definitions and citations will remain in Yiddish) and purportedly more advanced lexicographic principles. These innovations may explain why no new volumes have appeared during the past decade.

Acknowledgement

I am indebted to the Rabbi J. Schwarzbard, Yiddish Bibliographer of the Jewish Theological Seminary of America Library (New York) and Ms. Dina Abramowicz, Head Librarian of the Yivo Institute for Jewish Research (New York), for providing me with the numbers of pages in rare dictionaries that are not only not in my personal collection but that are not commonly available in libraries elsewhere. The transliteration system used in this article is that of The Yivo Institute and the Library of Congress, with the minor Exception of a small number of personal names that have come to be accepted in other transliterations.

6. Selected Bibliography

6.1. Dictionaries

Abelson 1924 = Paul Abelson et al: English-Yiddish Encyclopedic Dictionary; A Complete Lexicon and Work of Reference in all Departments of Knowledge. New York 1924 [x, 1749 pp.].

Anshl 1534 = R' (Osher) Anshl (of Cracow): Mirkeves hamishne. Cracow 1534 [90 pp.] (Second and better known edition: Seyfer shel R'Anshl. Cracow 1584 [113 pp.]).

Bokher 1542 = Elye ben osher haleyvi ashkenazi levita habokher: Shmoys dvorim [...] Isny 1542 [31 pp.].

Gris/Kerner 1982 = Noyekh Gris/Shmuel Kerner: Verterbukh yidish-frantseyzish. Paris 1982 [xvii + xxiv, 371 pp.].

Hanover 1660 = Nosn note hanover: Sofe brure. Prague 1660 [31 pp. {Amsterdam 1701 edition}].

Harkavy 1891 = Alexander Harkavy: Complete English-Jewish [sic!] Dictionary. New York 1891 [pp. viii, 359].

Harkavy 1898 = Aleksander Harkavy: Dictionary of Yiddish Language: Yiddish-English. New York 1898 [pp. xvi, 352].

Harkavy 1925 = Aleksander Harkavy: Yidish-english-hebreyish verterbukh. New York 1925 [pp. 530]. Second revised and enlarged edition: New York 1928 [vi, 583 pp.].

Lavita = see Bokher, 1542.

Lerman/Niborski 1979 = Yankev-Yehoyshua Lerman and Yitskhok Niborski: Yidish-shpanish verterbukh. Buenos Aires 1979 [viii + xvi, 344].

Lifshits 1869 = Yehoyshua [shiye] mordkhe Lifshits: Rusish-yidisher verter bikh. Zhitomir 1869 [426 pp.].

Lifshits 1876 = Yehoyshua [shiye] mordkhe Lifshits: Der yidish-rusisher verter bikh. Zhitomir 1876 [iv, 223 pp.].

Lipshits 1980 = Khumesh hameturgem letinoykes shel beys rabn. Brooklyn 1980 [xx, 363 pp.].

Mogilnitski 1904 = Yoysef Mogilnitski: Fulshtendiger liniyen-sider levotey-seyfer veloom New York 1904 [vi, 176 pp.].

Mark 1980 = Yudl Mark, ed.: Groyser verterbukh fun der yidisher shprakh, vol. IV. New York and Jerusalem 1980 [xxviii + vii, 624 pp.].

Nobl 1943 = Shloyme Nobl: Khumesh-taytsh. [...] vegn der traditsiye fun taytshn khumesh in khedorem. New York 1943 [87 pp.].

Shapiro/Spivak/Shulman 1984 = Moyshe Shapiro/Elye Spivak/M. Shulman. Rusko-evreyski (idish) slovar. Rusish-yidisher verterbukh. Moscow 1984 [720 pp.].

Shertl 1605 = Moyshe ben yesokher shertl: Seyfer be'er moyshe. Prague 1605 [104 pp.].

Spivak/Blumgartn 1911 = Khayem Spivak/Sh. Blumgartn [= Yehoyesh]: Yidish verterbukh [...]. New York 1911 [xxxi, 340 pp.].

Stutshkov 1950 = Nokhem Stutshkov: Der oytser fun der yidisher shprakh; edited by Max Weinreich. New York 1950 [lvi, 933 pp.].

Tsanin 1982 = Mordkhe Tsanin: Fuler yidish-hebreyisher verterbukh. Tel Aviv 1982 [xii, 473 pp.].

Weinreich 1968 = Uriel Weinreich: Modern English-Yiddish, Yiddish-English Dictionary. New York 1968 [xlii + xvii, 790 pp.].

Yofe/Mark 1961 = Yude A. Yofe/Yudl Mark, eds.: Groyser verterbukh fun der yidisher shprakh, vol. I. New York 1961 [xxxii, 508].

6.2. Other Publications

Birnbaum 1979 = Solomon A. Birnbaum: Yiddish. A Survey and a Grammar. Toronto 1979.

Fishman, D. E. 1984/86 = David E. Fishman: Di dray penemer fun y. m. lifshits (an analiz fun "di fir klasn"). In: Yidishe shprakh 38. 1984/86, 1—3, 47—58.

Fishman 1965 = Joshua A. Fishman: Yiddish in America; Socio-linguistic Description and Analysis. Bloomington. The Hague 1965.

Fishman 1985 a = Joshua A. Fishman: The Sociology of Jewish Languages from a general sociolinguistic point of view. In: Joshua A. Fishman, ed.: Readings in the Sociology of Jewish Languages. Leiden 1985, 3—21.

Fishman 1985 b = Joshua A. Fishman: The lively life of a "dead" language (or "everyone knows that Yiddish died long ago"). In: Nessa Wolfson and Joan Manes, eds.: Language of Inequality. Berlin 1985, 207—222.

Hanover 1653 = Nosn note hanover: Yevn metsule. Venice 1653.

Kahn 1972 = Leybl Kahn: Yidishe terminologishe komisiyes — an iberblik. In: Yidishe sprakh 31. 1972, 35—42.

Kahn 1973 = Leybl Kahn: Yidishe terminologishe komisiyes — an iberblik (sof). In: Yidishe shprakh 1973, 1—3, 1—8.

Katz 1983 = Dovid Katz: Dialektologie des Jiddischen. In: W. Besch et al. (eds.), Dialektologie. Ein Handbuch zur deutschen und allgemeinen Dialektforschung. Berlin. New York 1983, 1018—1041.

Peltz/Kiel 1985 = Rakhmiel Peltz/Mark W. Kiel: Di yidish-imperye: the dashed hopes for a Yiddish cultural empire in the Soviet Union. In: Isabelle T. Kreindler, ed.: Sociolinguistic Perspectives on Soviet National Languages: Their Past, Present, and Future. Berlin 1985, 277—309.

Pilovsky 1986 = Arye Leyb Pilovsky: Tsvishn yo un neyn; yidish un yidish-literatur in erets-yisroel, 1907—1948. Tel-Aviv 1986.

Schaechter 1972 = Mordkhe Schaechter: Shiyemordkhe Lifshits. Encyclopaedia Judaica, vol. XI. Jerusalem 1972, 237.

Schaechter 1984/86 = Mordkhe Schaechter: Lifshits, harkavy un "harkavy-lifshits". (N. B. This issue is largely devoted to reprinted and new studies about Y. M. Lifshits.)

Trima 1977 = Erika Trima: Jiddische Sprachmaterialien aus dem Jahre 1290 [. . .]. In: Trierer Beiträge [. . .], Sonderheft 2 [= Fragen des "alteren Jiddisch"] 1977: Oktober, 16—34.

Weinreich 1923 = Max Weinreich: Shtaplen; fir etyuden tsu der yidisher shprakh-visnshaft un literatur-geshikhte. Berlin 1923.

Weinreich 1980 = Max Weinreich: History of the Yiddish Language. Translated by Shlomo Noble with the assistance of Joshua A. Fishman. First appeared in: Yiddish as Geshikhte fun der yidisher shprakh, 1973. Chicago 1980.

Wexler 1981 = Paul Wexler: Jewish interlinguistics. In: Language 57.1981, 99—149.

Joshua A. Fishman, Yeshiva University, New York, New York (USA) [1986]

XX. Lexikographie der Einzelsprachen IV: Die slavischen Sprachen
Lexicography of Individual Languages IV: The Slavic Languages
Lexicographie des langues particulières IV: Les langues slaves

208. Altkirchenslavische Lexikographie

1. Die altkirchenslavische Sprache
2. Die Funktionen der altkirchenslavischen Wörterbücher
3. Wörterbücher des kanonischen Altkirchenslavisch
4. Kirchenslavische Wörterbücher
5. Zur Geschichte der altkirchenslavischen Lexikographie
6. Literatur (in Auswahl)

1. Die altkirchenslavische Sprache

Die altkirchenslavische Sprache ist die fünftälteste Schriftsprache (im vollen Sinn des Wortes) Europas — nach dem Griechischen, Lateinischen, Angelsächsischen (= Altenglischen) und Althochdeutschen. Als solche wurde sie aufgrund der slavischen Dialekte um Thessaloniki herum in der zweiten Hälfte des 9. Jahrhunderts erarbeitet — im engen Zusammenhang mit der byzantinischen Mission im mitteleuropäischen Großmährischen Reich (i. J. 863). Zum Verbreitungsgebiet vgl. Karte 208.1.

Die Schöpfer dieser Schriftsprache waren die heiligen Brüder Konstantin-Kyrill († 869) und Method († 885). Der byzantinische Kaiser Michael III. hatte, einem Wunsch des großmährischen Fürsten Rostislav entsprechend, die mährische Mission in Angriff genommen und dazu die beiden Brüder ausersehen. Nach dem Tod Methods wurden die Jünger der Slavenapostel von Svatopluk (dem Nachfolger Rostislavs) des Landes verwiesen; einige begaben sich nach Böhmen, andere nach Ochrid (in der jetzigen jugoslavischen Teilrepublik Makedonien), etliche an die kroatische Adriaküste. Aus diesen Gebieten verbreitete sich die altkirchenslavische Schriftsprache zu allen Slaven der byzantinischen Kultursphäre (also des byzantinischen Ritus) und zu den nichtslavischen Rumänen; bei den Slaven der abendländischen Kultursphäre (also des römischen Ritus) spielt sie eine wichtige Rolle in der Kulturgeschichte der Kroaten und in Böhmen.

Altkirchenslavisch war von Anfang an eine übernationale Schriftsprache: Sie war

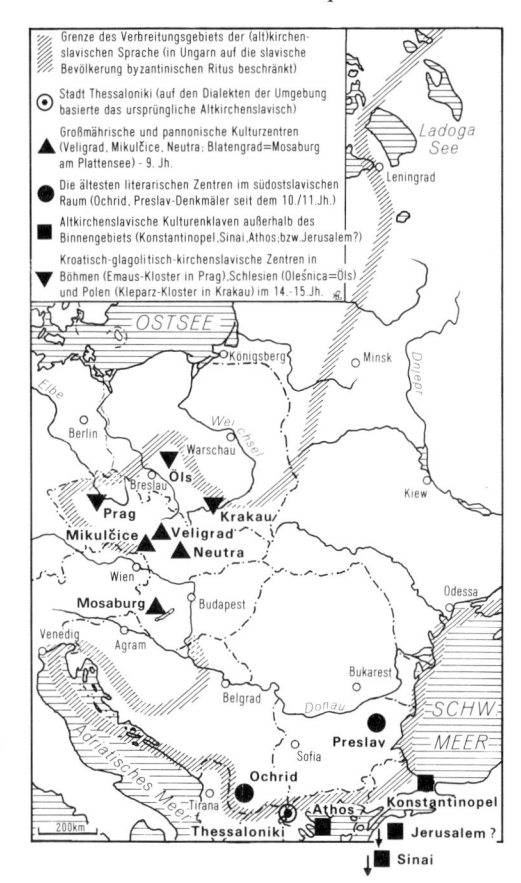

Karte 208.1: Das Verbreitungsgebiet der (alt-)kirchenslavischen Sprache

auf allen einzelsprachlichen (damals: dialektalen) Gebieten für die Adaptierung an die lokale Volkssprache offen (vgl. Mareš 1961). In der Sprachgeschichte des Altkirchenslavischen sind drei Epochen zu unterscheiden: (1) kanonisches („klassisches") Altkirchenslavisch — ungefähr bis 1100, mit territorialen Varianten (für die Denkmäler vgl. Mareš/Reinhart 1985 und Mošin 1985); (2) Kirchenslavisch, in tiefer differenzierte territoriale Redaktionen gegliedert — bis zur Formierung der lokalen slavischen Schriftsprachen; (3) Neukirchenslavisch, das neben den lokalen Schriftsprachen als sakrale Sprache fungiert (im Gottesdienst, bzw. auch im weiteren Bereich des religiösen Lebens) und bis auf unsere Tage in drei normierten territorialen Typen vorhanden ist. (Für die Periodisierung vgl. Mareš 1979, 11—13, und Mareš 1986). Nach diesen drei Etappen (1), (2) und (3) sind auch die Wörterbücher zu klassifizieren.

2. Die Funktionen der altkirchenslavischen Wörterbücher

Die Funktionen der altkirchenslavischen Wörterbücher sind mannigfaltig. Wie jedes Wörterbuch soll auch ein modernes altkirchenslavisches Wörterbuch zum Verständnis der Texte verhelfen. Ein wichtiger Schwerpunkt liegt jedoch in der Aufgabe, den Wortschatz der Sprache für wissenschaftliche lexikologische Studien geeignet zu präsentieren, sowohl auf synchroner Ebene als auch diachron und mit Rücksicht auf die territorialspezifischen Erscheinungen. Da das altkirchenslavische Schrifttum größtenteils aus übersetzten Texten besteht (vor allem aus dem Griechischen, dann auch aus dem Lateinischen), soll ein Wörterbuch auch die Untersuchung der Übersetzungstechnik und deren Entwicklung in der Zeit und auf verschiedenen Gebieten ermöglichen. Den spezifischen Zwecken der Wortbildungsstudien dienen vor allem die rückläufigen (retrograden) Wörterverzeichnisse. Auch für die Grammatik kann ein Wörterbuch wertvolle Angaben bieten, was allerdings nicht zu den Hauptaufgaben eines lexikographischen Werkes zählt. Dagegen trägt das Wörterbuch einer historischen („toten") Sprache zur Erörterung der Problematik der Etymologie, der Altertumskunde und der Kulturgeschichte schlechthin wesentlich bei; so ist ein altkirchenslavisches Wörterbuch für eine ganze Reihe von Disziplinen unentbehrlich (z. B. für Geschichte, Archäologie, Rechtsgeschichte, verschiedene theologische Fächer, Folklore usw.). In besonderen Fällen dienen gewisse Wörterbücher als Textkonkordanzen.

3. Wörterbücher des kanonischen Altkirchenslavisch

3.1. Das altkirchenslavische Wörterbuch der Tschechoslowakischen Akademie der Wissenschaften (Slovník 1966—)

Ein monumentales Opus stellt der Prager (-Brünner) Slovník 1966— dar, ein typisch kollektives Werk der Tschechoslowakischen Akademie der Wissenschaften. Es versucht, all den vielseitigen Anforderungen, die an ein heutiges altkirchenslavisches Wörterbuch gestellt werden, gerecht zu werden. Die Exzerptionsbasis weist drei Schichten auf: (1) kanonische Denkmäler; (2) Texte, die erst in späteren (kirchenslavischen, vgl. 1) Abschriften erhalten sind, deren Archetypen auf die kyrillo-methodianische Schule oder auf die unmittelbar darauffolgende literarische Tätigkeit zurückgehen (in Zweifelsfällen gilt, daß der Text aufgenommen wird); (3) tschechisch-kirchenslavische Denkmäler und Texte anderer kirchenslavischer Redaktionen, die den tschechisch-kirchenslavischen Archetypen entstammen. Diese Dreischichtigkeit ist wohlbegründet: Das Wöterbuch soll den Wortschatz der ältesten, der kanonischen Sprachentwicklungsetappe erfassen. Es gibt jedoch eine beträchtliche Anzahl von Texten der ältesten Epoche, die nur in späteren Abschriften erhalten sind. Es besteht zwar die „Gefahr", daß in das Wörterbuch hie und da auch „nicht-klassische", jüngere oder gebietsmäßig heterogene Ausdrücke eindringen; zugleich steht jedoch erfahrungsgemäß fest, daß eben der Wortschatz beim Abschreiben und Redigieren der Texte die konservativste Sprachebene ist. Daneben wird der Forscher durch die genaue Angabe, in welchen Kodizes das betreffende Lexem vorkommt, auf diese „Gefahr" klar aufmerksam gemacht. Dagegen muß man annehmen, daß zahlreiche Wörter der ältesten Periode gerade nur in diesen kirchenslavischen Abschriften vorliegen; z. B. wichtige Teile des Wortschatzes des Apostolos und des Alten Testaments sind nur in jüngeren (kirchenslavischen) Abschriften belegt. Es wäre nicht zu verantworten, daß man diese wichtige Quelle einer strengen und ja doch nur fiktiven Zeitgrenze opfert. Die dritte Schicht, die tschechisch-kirchenslavische, wurde aus zwei

208. Altkirchenslavische Lexikographie

Gründen ins Wörterbuch aufgenommen: Man konnte auf diese Weise die Aufgabe, die Wörterbücher der einzelnen kirchenslavischen Redaktionen zu verfassen (vgl. 4.2. und 5.), für die tschechische Redaktion unter den gegebenen Umständen und Arbeitsmöglichkeiten in absehbarer Zeit erfüllen; zugleich hielten die tschechischen Herausgeber eine solche Lösung für ein angemessenes Privileg der wissenschaftlichen Zentren in Prag und Brünn, die seit Jahrzehnten an dieser schwierigen, langwierigen und international bedeutsamen Aufgabe arbeiten.

Thematisch umfassen die exzerpierten Denkmäler praktisch das ganze Spektrum des damaligen slavischen Kulturlebens: Bibel (Neues und Altes Testament), Apokryphen, liturgische Texte (des byzantinischen und des römischen Ritus) samt Teilen des Stundengebets und des Rituals sowie etlichen paraliturgischen Gebeten, weiters homiletische Texte und Lobreden, theologische Traktate, einen Traktat über die Übersetzungskunst und einen über die slavische Schrift, historische Texte und Viten (Heiligenleben), Rechtstexte, Originalpoesie und eine Inschrift — insgesamt über 90 Denkmäler. Die Texte sind zumeist Übersetzungen aus dem Griechischen, viel seltener aus dem Lateinischen, ausnahmsweise aus dem Althochdeutschen; nicht allzu zahlreich sind Originalwerke. Exzerpiert wurde jedes Wort (auch z. B. jede Konjunktion *i* = 'und, *et*'), so daß die Prager Kartothek eine vollständige Konkordanz zu den exzerpierten Texten darstellt (bei jedem Beleg ist auch die grammatische Form genau registriert). Zu den übersetzten Texten besteht eine vollständige griechisch-altkirchenslavische, lateinisch-altkirchenslavische und althochdeutsch-altkirchenslavische Kartei. — Gemäß der Tradition der Slavistik und einer noch immer weitverbreiteten Praxis wird das Altkirchenslavische im Wörterbuch in altkyrillischen Lettern gedruckt; auch die Belege aus den glagolitischen Denkmälern werden kyrillisch transliteriert (nur die Freisinger Denkmäler und die St.-Emmeram-Glossen werden in ihrer Originalschrift, d. h. lateinschriftlich, zitiert). Das Stichwort wird im Kopf des Artikels in normalisierter Form angeführt und nach Wortart und Flexion bestimmt. Es folgt die Angabe, in welchen Denkmälern das Stichwort vorkommt *(occurrit in ...),* was für die Charakteristik mancher Lexeme hinsichtlich der Zeit, des Gebiets, des Stils und der Zugehörigkeit zu literarischen Gattungen sehr wichtig ist. Im Bedarfsfall werden Angaben über variierende Wortgestalten angeschlossen. In Ausnahmefällen findet man da auch Hinweise über die wichtigsten grammatischen Besonderheiten; dies geschieht allerdings nur spärlich, weil die Autoren der Meinung waren, daß derartige Informationen eigentlich nicht dem Zweck eines Wörterbuchs entsprechen. Das altkirchenslavische Wort wird ins Tschechische, Russische und Deutsche übersetzt. Die jeweiligen Äquivalente werden aufgrund des altkirchenslavischen Kontextes festgelegt, unabhängig von der griechischen oder lateinischen Vorlage der übersetzten Texte (Beispiel: aksl. *Gospodь* wird sinngemäß mit *Pán, Hospodin; Gospod'; Herr* auch in denjenigen Fällen übersetzt, wo der griechische und/oder lateinische Paralleltext Θεός *Deus,* d. h. 'Gott' aufweisen). Es folgt die griechische und lateinische (in seltenen Fällen auch althochdeutsche) Parallele, die im jeweiligen Text durch den betreffenden altkirchenslavischen Ausdruck übersetzt wird, wenn das Wort in Übersetzungen aus diesen Sprachen vorkommt. Die lateinische Parallele wird auch dann angeführt, wenn zum griechischen Original auch eine alte lateinische Version besteht, z. B. in biblischen Texten. Wo die lateinische Parallele fehlt, wird das altkirchenslavische Wort von den Autoren des Wörterbuchs auch ins Lateinische übersetzt (wie ins Tschechische, Russische und Deutsche); eine solche Neuübersetzung unterscheidet sich durch Kursivschrift klar von einer alten Parallele. Dieses Äquivalentensystem soll sowohl zu der genauen Interpretierung des altkirchenslavischen Wortes verhelfen als auch den Bedürfnissen der Forschung auf dem Gebiet der Übersetzungstechnik und ihrer Entwicklung entgegenkommen. Bei den Eigennamen (Personen-, Orts-, Flußnamen u. ä.), bei den Realien und Fachausdrücken wird immer auch eine konzise enzyklopädische Erklärung in lateinischer Sprache beigefügt (auch alle übrigen Erklärungen werden nur lateinisch geboten, um die internationale Verwendung des Wörterbuchs ohne Überlastung des Umfangs zu ermöglichen; nur die Einleitungskapitel am Anfang sind viersprachig: tschechisch, russisch, deutsch und lateinisch). Diese kurzgefaßte Information ist für das Verständnis des Textes oft unentbehrlich (z. B. für die richtige Identifizierung von Personen und Orten — so kommen in den altkirchenslavischen Texten 24 verschiedene Personen mit dem Namen *Johannes* vor); sie berücksichtigt auch den vielfältigen Benutzerkreis, dessen Angehörige nicht in allen paläoslovenistischen Hilfsdisziplinen gleichmäßig bewandert sind (z. B. in der Liturgie, im Recht usw.). Es werden da die notwendigsten Auskünfte geboten, die sonst nur anhand einer umfangreichen Fachbibliothek zu erlangen wären. — Die Einteilung innerhalb des Stichwortartikels erfolgt nach der Bedeutung. Auf die semantische Gliederung wird besonderer Nachdruck gelegt. Das Wörterbuch soll weder eine bloße Reihe von gleichwertigen Übersetzungen in mechanischer Folge anführen, noch das Stichwort durch eine zu tiefgehende Aufspaltung (die eher nur logisch als sprachlich orientiert wäre) unübersichtlich darstellen. Es werden möglichst geschlossene semantische Einheiten aufgestellt. Feinere Schattierungen im spezifischen, bildlichen, fachlichen usw. Gebrauch werden von der Grundbedeutung nicht getrennt; sie werden lediglich mit der Anmerkung *spec., fig., term. techn.* versehen. Die Bedeutungen sind numeriert, für Unterabteilungen werden die typographischen Zeichen Rhombus (◆) und Gedankenstrich (—) verwendet. Jede Bedeutung wird durch Belege aus den Denkmälern erläutert. Sie werden im erforderlichen Ausmaß angeführt. Es werden solche und so viele Belege gewählt, daß man eine möglichst klare Übersicht des betreffenden Lexems erzielt: Es soll die Bedeutungsskala ausreichend illustriert werden, weiters das Vorkommen der Ausdrücke in den Denkmälern unterschiedlicher territorialer Provenienz und verschiedenen Alters und Genres; auch die syntaktischen Eigenschaften (Rektion) und die Phraseologie sind stets berücksichtigt. Wo mehrere Handschriften denselben Text bieten, werden bei den Belegen alle lexikalischen Varianten angeführt, von den morphologischen nur die wichtigeren (dieser Apparatus dient sprach- und textgeschichtlichen Studien). Biblische Texte werden nach der biblischen Stelle (Buch, Kapitel, Vers) zitiert und weder nach der Handschriftenfoliation noch nach der Seite und Zeile der Ausgabe, wie es bei den übrigen Denkmälern geschieht; dies soll die Orientierung beim Textvergleich (auch mit anderssprachigen Texten) erleichtern. Die Belege werden in der Originalorthographie wiedergegeben (d. h. nicht normalisiert). Allen Zitaten aus der Übersetzungsliteratur wird immer die (möglichst gekürzte) griechische, lateinische oder althochdeutsche Parallele angeschlossen, neben der griechischen manchmal (nach Bedarf) auch die lateinische. Bei biblischen Zitaten und Paraphrasen in nichtbiblischen Texten wird auf die jeweilige biblische Stelle verwiesen, soweit dies den Autoren der Lemmata bekannt war. — Am Ende der Stichwortartikel werden Synonyme angeführt (mit dem Vermerk *Cf.* = *confer*, 'vgl.'). Die Auswahl ist weitgehend von der Erfahrung der Bearbeiter subjektiv abhängig; auf Vollständigkeit kann dabei kein Anspruch erhoben werden. Weil diese Information für lexikologische Studien wichtig ist, hielt man es für sinnvoller, das Mögliche zu bieten, als um einer nicht erreichbaren Konsequenz willen auf das bescheidenere Realisierbare zu verzichten. — Vgl. Mareš 1959.

Hinsichtlich der Stichwörter ist das Wörterbuch vollständig: Jeder Ausdruck, der in den Denkmälern vorkommt, ist bearbeitet. Die Auswahl der Belege ist, wie erwähnt, zweckmäßigerweise eingeschränkt. Wenn jedoch ein Lexem in den Quellen nicht mehr als zehn- bis fünfzehnmal belegt ist, sind alle vorhandenen Beispiele (oder wenigstens die betreffenden Textstellen) angeführt. In solchen Fällen steht am Schluß des Stichwortartikels die Anmerkung *Exh.* (= *exhaustum*, 'erschöpft'). Eine Stichprobe zeigt, daß von 1000 Stichwörtern der nacheinander folgenden Buchstaben *b* und *v* (**b—vъvějati**) 763 den Vermerk *Exh.* aufweisen, also ein beträchtlicher Teil (76 %). Über das übrige nichtveröffentlichte Material kann man bei der Akademie in Prag unter üblichen Bedingungen Auskunft einholen (Anschrift: Staroslověnský slovník ČSAV, Valentinská 1, CS-116 46 Praha 1). Das bisher letzte veröffentlichte Lemma ist **terentii,** das Manuskript liegt bis zum Ende des (kyrillischen) Alphabets in der Redaktion bereits druckfertig vor. Noch gearbeitet wird an einem griechisch-, lateinisch- und althochdeutsch-altkirchenslavischen Glossar und an einem rückläufigen Wortindex; diese beiden Indizes sollen an das Ende des Werkes (zugleich mit Ergänzungen und Berichtigungen) gestellt werden. — Gegenwärtig wird an den Ergänzungen des Wortschatzes aus den neuentdeckten kanonischen Sinai-Handschriften gearbeitet (vgl. Tarnanidis 1988).

3.2. Das altkirchenslavische Wörterbuch
der Bulgarischen Akademie der
Wissenschaften

An einem Wörterbuch, das sich strikt an den Kanon der ältesten Denkmäler hält, wird in der Bulgarischen Akademie der Wissenschaften gearbeitet. Bisher ist ein Probeheft (Ivanova-Mirčeva u. a. 1984) erschienen, das neben der ausführlichen Einleitung eine Auswahl von Stichwörtern *A—I* (kyrillisch) enthält. Die Sprache selbst wird nach dem bulgarischen Usus *Altbulgarisch* genannt. Die Exzerptionsbasis stellen 19 altkirchenslavische kanonische Denkmäler dar, die auch Slovník 1966— erfaßt; bereichert wird der Wortschatz dieser ältesten Sprachperiode durch eine Reihe alter Inschriften aus dem Balkanraum und um drei alte Fragmente (zwei davon Palimpseste). Auch dieses Wörterbuch führt alle Stichwörter an, die in den exzerpierten Denkmälern vorkommen; auch da ist der Druck altkyrillisch. Die Sprache der Übersetzungen und Erklärungen ist Bulgarisch. Bei jedem Wort wird angeführt, in welchen Denkmälern es belegt ist, bei den Einzelbedeutungen sind die griechischen Entsprechungen der Originaltexte summarisch angegeben, bei Lehnwörtern wird auch das Herkunftswort zitiert (z. B. **brъnь** 'Brünne, Harnisch': ahd. *brunja*). Die Eigennamen werden kurz enzyklopädisch erklärt. Die semantische Gliederung und die Auswahl von Beispielen werden ähnlich wie in Slovník 1966— behandelt, ebenso die Rektion, die Wortverbindungen und die Phraseologie. Die Beispiele werden in ausreichendem Ausmaß zitiert, obwohl etwas sparsamer als in Slovník 1966—; die vollständige Veröffentlichung des Materials im Stichwortartikel (*Izč.* = *izčerpano*, 'exhaustum', erschöpft') kommt relativ selten vor. Etwaige Varianten der Paralleltexte (z. B. der Bibeltexte) werden nicht vermerkt. Auch auf griechische Parallelen bei den Einzelbelegen wird verzichtet. Auf die Synonyme wird nicht hingewiesen. Dagegen findet man am Ende jedes Stichwortartikels reichliche Auskunft über das Vorkommen des Lexems im Bulgarischen (Dialekte, Sprachgeschichte, Onomastik und Etymologie inbegriffen). — Sowohl nach der Quellenauswahl als auch nach der Bearbeitung verlagert sich der Schwerpunkt dieses Wörterbuches (im Vergleich mit Slovník 1966—) in Richtung zur linguistischen Bulgaristik: Der philologische Aspekt (z. B. Übersetzungstechnik und Textkritik) wird etwas entlastet; infolge der Einschränkung des Denkmälerkorpus auf die Handschriften und Inschriften aus der ältesten Zeit (die „kanonischen" Denkmäler, ohne Rücksicht auf jüngere Abschriften der ältesten Texte) und aus dem südostslavischen Gebiet wird das kulturelle Bild der kyrillo-methodianischen Literatur, ihrer thematischen Weite und ihrer allgemein-slavischen Bedeutung weniger vollständig erfaßt.

3.3. Kleinere altkirchenslavische Wörterbücher

Das Wörterbuch Sadnik/Aitzetmüller 1955 ist dreiteilig: (1) Altkirchenslavisches Glossar, (2) rückläufiges Glossar, (3) etymologische Angaben. Altkirchenslavisch wird lateinschriftlich transliteriert; die Lautung des Stichwortes wird etymologisch normalisiert. Der erste Teil (S. 1—170) bietet den Wortschatz aus 19 kanonischen Denkmälern; die meisten davon stammen aus dem Balkanraum, aber auch die Kiewer Blätter (großmährischen oder böhmischen Ursprungs?) und die tschechisch-kirchenslavischen Prager Fragmente sind aufgenommen. Das Stichwort wird grammatisch bestimmt (beim Verb keine Angaben über den Verbalaspekt). Die griechische Originalparallele wird nur in spezifischen Fällen angeführt. Dann folgen deutsche Äquivalente ohne semantische Gliederung und ohne besondere Rücksicht auf feinere Bedeutungsschattierungen; den engen Wortverbindungen wird Rechnung getragen. Die Eigennamen werden kurz identifiziert. Belege aus den Texten werden nicht angeführt. Am Schluß stehen die Aufzählung der Denkmäler, in denen das Lexem vorkommt, und ein Zahlenhinweis auf den dritten (etymologischen) Wörterbuchteil. — Im zweiten Teil (S. 171—207) sind alle Stichwörter in retrograder Alphabetordnung angeführt, mit Ausnahme der Eigennamen und der Fremdwörter. — Der dritte Teil (S. 209—341) bietet eine Zusammenfassung der Wortsippen, verbunden mit elementarster etymologischer Information. — Dieses Wörterbuch soll vor allem didaktischen und praktischen Zwecken dienen, sowie dem Verständnis der klassischen Texte (die beim Studium am meisten verwendet werden); es ist bewußt primär auf die sprachliche Seite orientiert, der philologische Aspekt kommt eigentlich nur in der Aufzählung der Denkmäler, in denen das Wort belegt ist, teilweise zur Geltung. Der gestellten und im Vorwort (S. VII—X) klar definierten Zielsetzung entspricht das Werk sehr gut. Solange der Slovník 1966— nicht bis zum Ende veröffentlicht ist, ist dieses Handwörterbuch das einzige altkirchenslavische Glossar mit deutschen Äquivalenten und mit einem rückläufigen Wörterverzeichnis.

Ein ähnliches Ziel verfolgt Lysaght 1983, allerdings mit Rücksicht auf den englischsprachigen Benutzer. Auch sein Wörterbuch beruht auf dem Wortschatz der kanonischen Denkmäler (und einiger neuentdeckter alter Inschriften), den er aufgrund der den Ausgaben beigefügten Wortindizes und der Wörterbücher Sadnik/Aitzetmüller 1955, Meyer 1935 (vgl. 3.4.) und Slovník 1966— (bis zum Lemma **pustynьnъ**) gesammelt hat. Die Stichwörter werden kyrillisch und normalisiert gedruckt. Es folgt die grammatische Bestimmung des Wortes (beim Verb auch die Aspektangabe mit Querverweis zur jeweils anderen Aspektform), dann alle griechischen Originalparallelen nebeneinander und die englische Übersetzung — ohne spezifischen Aufbau nach der Bedeutung (nur durch die alternative Verwendung des Beistrichs und des Strichpunktes wird eine gewisse semantische Gliederung erzielt; im Bedarfsfall wird die Hauptbedeutung unterstrichen). Die Eigennamen werden oft historisch oder geographisch kurz erklärt. Beispiele werden zwar nicht zitiert, aber es werden die Evangelien- und Psalterstellen angeführt, wo das Wort belegt ist; ist die Frequenz des Wortes in diesen Texten allzu hoch, dann sind lediglich die ersten 25 Vorkommensfälle aufgezählt. Zum Schluß kommt die Angabe, in welchen (nach der Erwägung des Autors) wichtigen Denkmälern das Wort auftritt. Dies ist bisher das einzige altkirchenslavische Wörterbuch mit englischen Äquivalenten.

In Zusammenarbeit der Tschechoslowakischen Akademie der Wissenschaften und der Akademie der Wissenschaften der UdSSR wird ein kurzgefaßtes altkirchenslavisches Wörterbuch vorbereitet. An der Arbeit sind hauptsächlich Emilie Bláhová, Stanislav Herodes, Ludmila Pacnerová, Radoslav Večerka, Samuil Borisovič Bernštejn und Ralja Michajlovna Cejtlin beteiligt; vgl. Hauptová 1968. Der Wortschatz beruht auf der Prager Wörterbuchkartei (Slovník 1966—), er beschränkt sich jedoch auf die kanonischen Denkmäler. Das Werk soll in der nächsten Zukunft im Druck erscheinen.

3.4. Spezialisierte altkirchenslavische Wörterbücher

Solange es kein komplettes Wörterbuch zu den kanonischen Denkmälern gab, waren die (mehr oder weniger vollständigen) Wörterverzeichnisse zu den Editionen der einzelnen Kodizes für die Paläoslovenisten unentbehrlich. Unter diesen zahlreichen Glossaren ist das Wörterbuch zum Codex Suprasliensis (Meyer 1935) von besonderer Bedeutung. Es enthält alle Wörter des größten, thematisch und an Wortschatz reichsten kanonischen Denkmals. Überdies werden alle grammatischen Formen und alle griechischen Parallelen aus den Originaltexten angeführt. Dabei sind alle Stellen, wo das Wort vorkommt, nach Seite und Zeile der Edition vermerkt — mit Ausnahme der besonders häufigen Ausdrücke *bo* ('denn'), *že* (griech. δέ), *i* ('und') und *ne* ('nein, nicht'), wo nur eine ausreichende Anzahl von Stellen zitiert und die Gesamtfrequenz angegeben sind (z. B. *i*: 3422mal, *ne*: 821mal). Eine Normalisierung wird nicht vorgenommen, auch erfolgt keine Rekonstruktion der Grundform des Lemmas, wenn sie im Kodex nicht belegt ist. Der Genitiv-Akkusativ der belebten Maskulina wird konsequent als Genitiv deklariert. Die griechischen Parallelen sind auch aus der Bezeichnung bei jeder Belegstelle ersichtlich.

Die Stellen, wo sich die griechische Parallele mit der Bedeutung des altkirchenslavischen Übersetzungswortes nicht deckt, sind mit Sternchen (*) bezeichnet; wo das griechische Original fehlt, steht ein Kreuz (†). In den verhältnismäßig seltenen Fällen, in denen für ein Stichwort überhaupt keine griechische Entsprechung belegt ist (zu einem Teil des Codex Suprasliensis sind die griechischen Vorlagen unbekannt), wird das griechische Äquivalent einem anderen Text oder Miklosich 1862—1865 (vgl. 4.1.) entnommen und steht dann in Klammern; in den seltenen Fällen, wo auch diese Quellen nicht helfen können, wird die deutsche Übersetzung in Klammern angeführt (sonst werden neusprachliche Übersetzungen nie verwendet). All dies verrät eine extrem junggrammatische Methode, die jede Rekonstruktion und jeden subjektiven Eingriff meidet.

Ein nützliches „Halbfabrikat" für lexikologische und philologische (textologische) Studien stellt die elektronisch bearbeitete Übersicht des altkirchenslavischen kanonischen Wortschatzes im Werk des italienischen Slavisten Radovich 1974 dar. Es bearbeitet den kanonischen Wortschatz (aufgrund von Sadnik/Aitzetmüller 1955, insgesamt 8119 Einheiten) in 71 Tabellen. Dadurch wird sowohl die Frequenz der Lexeme als auch die konkordanzmäßige Querverbindung zwischen den einzelnen Denkmälern geboten; in den statistischen Angaben werden neben den absoluten Zahlen immer auch die Prozentzahlen angeführt. Dies ist eine gute Ausgangsbasis z. B. für das Studium der zeitlichen und territorialen Wortschatzentwicklung, für das Feststellen der Zentren und Schulen, für die Filiation und für die Erörterung der inneren lexikalischen Verwandtschaft der Einzeldenkmäler. Die Lemmata werden lateinschriftlich in computergerechter Transliteration angeführt; Übersetzungen werden keine angeschlossen. Unseres Erachtens wurde dieses Werk von den Paläoslovenisten bisher allzu wenig zur Kenntnis genommen; die Möglichkeiten, die es bietet, wurden noch kaum entdeckt.

Für die Forschung auf dem Gebiet des altkirchenslavischen Verbs dient das komplette Verzeichnis der Verbalformen von Aitzetmüller 1977. Exzerpiert wurden die kanonischen Denkmäler (wie bei Sadnik/Aitzetmüller 1955, nur die Prager Fragmente wurden ausgelassen und die Mostič-Inschrift aufgenommen). Im Hauptteil des Buches sind die Infinitive (altkyrillisch gedruckt) alphabetisch angeordnet und dann (auch bei den Verben mit größter Frequenz) alle Belegstellen nach der grammatischen Form angeführt (S. 1—705). Die Spezifizierung der Formen erfolgt ausführlich (z. B.: Ptz. Präs. act. Sg. m. G.), die Belegstellen sind nach den Denkmälern gereiht (keine Übersetzungen der altkirchenslavischen Wörter). Es folgen zwei Indizes mit Reihung nach den grundlegenden Verbalkategorien (Zeit, Modus, Partizipien, Infinitiv und Supin). Das erste Verzeichnis (S. 707—739) ist alphabetisch, das zweite (S. 741—772) nach Wortstämmen geordnet.

4. Kirchenslavische Wörterbücher

4.1. Das Wörterbuch von Miklosich

Das Wörterbuch von Miklosich 1862—1865 (der der erste Slavistik-Professor in Wien war, gebürtiger Slowene, † 1891) war bis vor kurzem das Hauptwerk der paläoslovenistischen Lexikographie. Es stellt den Übergang von den kanonisch-altkirchenslavischen Wörterbüchern zu den kirchenslavischen (vgl. 1.) dar. In der Zeit seiner Entstehung erfolgte noch keine genaue Differenzierung zwischen „Kanonisch-Altkirchenslavisch" und „Kirchenslavisch". Von den ungefähr zwanzig Denkmälern, die heutzutage üblicherweise zum Kanon gerechnet werden (vgl. Mareš/Reinhart 1985 und Mošin 1985), waren zwar zu der Zeit acht schon bekannt, aber nur zwei davon ediert (Glagolita Clozianus und Codex Suprasliensis, den Miklosich selber herausgegeben hatte); zwei andere waren Miklosich nur in veröffentlichten Textproben und zufälligen Exzerpten zugänglich oder aus dem Wörterbuch von Vostokov 1858/1861 (vgl. 4.3.) bekannt (Codex Assemanianus; Codex Marianus, bei Miklosich: Ev.-Grig. = Evangelium, codex glagoliticus Victoris Iv. Grigorovič). Alles übrige umfangreiche Material entstammt den Denkmälern der kirchenslavischen Periode. Miklosich exzerpierte — nicht vollständig, aber in einer gut getroffenen Wörterauswahl — Handschriften, Anthologien, Handschriftenkataloge, alte Drucke, Abhandlungen und Aufsätze lexikologischen Inhalts, ältere Wörterbücher (vgl. 4.3.), und überhaupt alle Quellen, die ihm kirchenslavisches Wortmaterial liefern konnten. Diese bemerkenswerte Leistung eines einzelnen Gelehrten (dessen Gesamtopus sich weit über dieses Lexikon hinaus erstreckt) ist erstaunlich. Bis auf unsere Tage ist sein Wörterbuch das einzige, das (neben dem beschränkten Material aus den zwei bis vier kanonischen Kodizes) alle kirchenslavischen Redaktionen umfaßt. In seinem Quellenverzeichnis führt er über 280 Titel an. Da dies sowohl Einzeldenkmäler als auch Anthologien, Kataloge usw. sind, ist es praktisch unmöglich, eine genauere Statistik darüber zu erstellen. Wir können nur sehr approximative Zahlen anführen: Am stärksten ist die russische Redaktion vertreten (139 Titel), dann folgen die serbische (86), die bulgarische (38), die kroatisch-glagolitische (10), die slowenische (Freisinger Denkmäler) und die tschechische (Prager Fragmente). Dazu kommen noch drei Denkmäler gemischter bulgarisch-serbischer Redaktion und ein serbisch-russisches Denkmal; drei Denkmäler rumänischer Herkunft werden als russisch- und bulgarisch-kirchenslavisch deklariert. Neben den spärlichen Quellen aus dem 10. und 11. Jh. (den erwähnten kanonischen Denkmälern, den Freisinger Denkmälern und einigen wenigen ältesten Kodizes der russischen Redaktion) erstreckt sich die Zeitspanne der Quellen vom 12. bis ins 17. Jh., in einem vereinzelten Fall sogar ins 18. Jh. Das Kirchenslavische wird altkyrillisch gedruckt, die Stichwörter (nicht die Belege) sind lautlich und graphisch normalisiert. Die Wortart wird bestimmt (der Verbalaspekt wird nicht angegeben). Es folgen die Parallelen aus den griechischen Texten, soweit sie bekannt waren. Bei allen Wörtern wird das lateinische Äquivalent angegeben, wobei nicht unterschieden wird, ob es sich um eine alte Parallele oder aber um eine neulateinische Übersetzung von Miklosich handelt. Offensichtlich war der Hauptzweck der Parallelen, das Verstehen des (alt)kirchenslavischen Wortes zu vermitteln und nicht, dem Studium der Übersetzungstechnik zu dienen. Die Eigennamen und die Realienbenennungen werden übersetzt, aber weder erklärt noch näher bestimmt. Positiv ist zu bewerten, daß Miklosich in seltenen undurchsichtigen Fällen die bescheidenen Formulierungen wie „sensus nobis ignotus", „vox obscura" u. ä. verwendet. Die Erklärungssprache ist Latein. Das illustrative Belegmaterial aus den Texten ist fast auf ein Minimum reduziert, bei vielen Stichwörtern fehlt es überhaupt. Die Quellen werden sehr restriktiv vermerkt, oft wird nur ein einziges Denkmal erwähnt, und bei sehr vielen Denkmälern muß man sich mit einem bloßen Sigel begnügen (ohne nähere Stellenangabe). Am Ende der Stichwortartikel werden verhältnismäßig oft vergleichbare Lexeme aus anderen Slavinen, aus dem Litauischen, seltener aus anderen indogermanischen Sprachen sowie gegebenenfalls Lehnwörter aus dem Slavischen im Ungarischen und Rumänischen angeführt. Wie ersichtlich, entspricht diese Methode kaum den heutigen Anforderungen an ein derartiges Wörterbuch. Trotz all dem war es als das zweifellos beste vorhandene (alt)kirchenslavische Wörterbuch ein gutes Jahrhundert lang ein klassisches Standardwerk der Paläoslovenistik und war für die Slavisten von großer Bedeutung und einfach unentbehrlich. Darüber hinaus wird dieses Opus als ein abgeschlossenes (bis zum Ende des Alphabets geführtes) lexikographisches Werk und als das einzige Wörterbuch, das alle kirchenslavischen Redaktionen berücksichtigt, noch lange seinen Wert behalten und der Wissenschaft gute Dienste leisten.

4.2. Koordinierte Wörterbücher der einzelnen kirchenslavischen Redaktionen

Der IV. Slavistenkongreß in Moskau (i. J. 1958) hat die Abfassung eines modernen kirchenslavischen Wörterbuchs empfohlen. Es wurde zu diesem Zweck eine ständige Kommission des Internationalen Slavistenkomitees ins Leben gerufen, um die Arbeit in verschiedenen wissenschaftlichen Zentren zu koordinieren. Nach der vielseitigen und gründlichen Erörterung des ersten konkreten Arbeitsvorschlages (vgl. Mareš 1966 und Mareš 1968) kam die Kommission zur Ansicht, daß es zweckmäßig sei, anstatt des einen kirchenslavischen Wörterbuches Wörterbücher der einzelnen Redaktionen koordiniert zu erarbeiten. Dabei werden einige Sprachvarietäten, die auch als Subredaktionen angesehen werden könnten, als selbständige Redaktionen bearbeitet (z. B. die bosnische Redaktion). Im allgemeinen befolgen die einzelnen Zentren die Methode und Praxis des Slovník 1966— (vgl. 3.1.) — mit zweckmäßigen, für die Einzelredaktionen geeigneten Modifizierungen. Wegen des großen Umfangs der Denkmälerkreise wird fast überall die Exzerptionsbasis aus der vollständigen Exzerption einiger grundlegender Denkmäler und aus einer Auswahlexzerption („Netzexzerption") eines weiten, repräsentativen Denkmälerkorpus kombiniert. Die Überschriften werden überall in altkyrillischen Lettern angeführt, aber redaktionsspezifisch normalisiert (so kommen z. B. die Grapheme für Nasalvokale und für den harten Jer-Laut in der serbischen, bosnischen und kroatisch-glagolitischen Redaktion nicht vor), nur im Slovník 1966— werden auch die tschechisch-kirchenslavischen Lexeme — im Einklang mit dem ganzen Werk — kanonisch normalisiert. Das Wörterbuch der kroatisch-glagolitischen Redaktion beruht ausschließlich auf glagolitischen Denkmälern; trotzdem werden die Überschriften der Stichwortartikel kyrillisch angeführt. Die lateinschriftliche Transliteration wird nicht verwendet: Sie erfordert eine andere Alphabetordnung, die von der Struktur der übrigen Redaktionswörterbücher wesentlich abweichen würde; nicht zuletzt setzt die kyrillische Wiedergabe die alte slavistische Transliterationsüberlieferung fort (die glagolitische Schrift wird in der Fachliteratur fast nie verwendet). Die Textbelege sollen in allen Zentren kyrillisch zitiert werden, nur im kroatisch-glagolitischen Wörterbuch werden sie lateinschriftlich wiedergegeben, um den Computer-Satz nicht allzu stark zu komplizieren. — Zur allgemeinen Problematik der kirchenslavischen Wörterbücher vgl. auch Moszyński 1966.

Der Wortschatz der tschechischen Redaktion ist in den Slovník 1966— aufgenommen worden (vgl. 3.1.; Hauptová 1968). Alle Denkmäler dieser Redaktion wurden vollständig exzerpiert. Es sind insgesamt 14—17 Kodizes und Fragmente; die tschechische Herkunft ist nicht in allen Fällen gleich sicher (vgl. Mareš 1979, 11—13).

Die Arbeit am kroatisch-glagolitisch-kirchenslavischen Wörterbuch in Agram (Zagreb) ist weit fortgeschritten; sie wird im Staroslavenski institut „Svetozar Ritig" durchgeführt. Die Hauptherausgeber sind derzeit Biserka Grabar († 1986), Ivana Mulc und der Autor dieses Aufsatzes. (Über die Entstehungsgeschichte vgl. Nazor 1966 und Nazor 1968). Die Lemmata der Buchstaben *A* und *B* liegen druckfertig vor; das Erscheinen des ersten Heftes hängt nur noch von den praktischen Möglichkeiten ab. Es wurde der Wortschatz aus 56 kroatisch-glagolitischen Denkmälern exzerpiert. Viele davon sind umfangreiche Kodizes, das thematische Spektrum ist sehr mannigfaltig; die meisten Quellen entstammen dem 12.—15. Jh., nur fünf Handschriften des 16. und eine einzige aus d. J. 1617 wurden noch aus guten Gründen aufgenommen. Im Vergleich mit dem Slovník 1966— sind folgende Besonderheiten zu erwähnen: Anstatt der tschechischen, russischen und deutschen Äquivalente wird jedes Wort ins Serbokroatische und ins Englische

208. Altkirchenslavische Lexikographie

übersetzt (als Erklärungssprache bleibt Latein). In den Belegen aus denjenigen biblischen Texten, die aus einem lateinischen Original übersetzt sind, wird die lateinische Parallele vor der griechischen angeführt. Die Bezeichnung *Exh.* (= *exhaustum*, 'erschöpft') hat die eingeschränktere Bedeutung „alle Belege aus dem vorhandenen Karteimaterial sind angegeben", was nicht unbedingt bedeutet, daß es in den Texten keine weiteren Belege gibt (die „Netzexzerption"!). Unterhalb jedes Stichwortartikels sind die Wörterbücher angegeben, in denen das gleiche Lexem auftritt: Slovník 1966—, Miklosich 1862—1865 und Rječnik 1880—1976 (serbokroatisch; vgl. Art. 213). Falls das betreffende Wort nur im letztgenannten Werk oder in keinem der eben erwähnten Wörterbücher belegt ist, ist es mit hoher Wahrscheinlichkeit für die kroatischglagolitische Redaktion typisch.

Das makedonische Arbeitszentrum in Skopje (am Institut za makedonski jazik „Krste Misirkov") exzerpiert für das Wörterbuch der makedonischen Redaktion 37 Denkmäler; dies sind biblische und liturgische Texte des byzantinischen Ritus und Werke der mittelalterlichen Bildungsliteratur. Die Exzerption der biblischen Handschriften ist bereits abgeschlossen. Das erste Ergebnis dieser Arbeit ist der Indeks 1985, ein Wörterverzeichnis zum Vokabular der 19 makedonisch-kirchenslavischen biblischen Denkmäler (des Neuen und Alten Testaments, gegebenenfalls auch mit liturgischen Anweisungen) des 12.—14. Jahrhunderts. Nach der Einleitung (S. 3—29) folgt das Verzeichnis der Appellativa (S. 31—383). Die Stichwörter werden in normalisierter Zitationsform (Nom., Inf. usw.) angeführt, mit der unumgänglichsten grammatischen Charakteristik in lateinischer Terminologie (der Verbalaspekt wird angegeben). Im Bedarfsfall (selten) ist die entsprechende griechische Parallele angeschlossen, sonst gibt es weder Übersetzungen noch Erklärungen. Nachher werden die Denkmäler aufgezählt, in denen das Wort belegt ist. Nur bei den Hapaxlegomena wird die Stelle genau präzisiert. Das vollständige Glossar der Eigennamen folgt nachher (S. 385—460); bei diesen wird immer die griechische Parallele zitiert. Am Schluß stehen synoptische Übersichten der biblischen Texte in verschiedenen Handschriften (S. 461—600).

Über das künftige vollständige makedonisch-kirchenslavische Wörterbuch sind wir im allgemeinen aus dem Probeheft (Despodova/Ribarova/Ugrinova-Skalovska 1978) informiert. Im Vergleich mit Slovník 1966— sind folgende Besonderheiten zu erwähnen: Neusprachliche Äquivalente werden makedonisch und russisch angegeben. Die griechischen Parallelen werden angeführt, die lateinischen nur in Sonderfällen (selten); lateinische Neuübersetzung der Stichwörter ist nicht vorgesehen. Die grammatische Terminologie und die stereotypen Formeln (z. B. *occurrit in . . ., scriptum etiam . . .*) sind lateinisch, sonst ist die Erklärungssprache makedonisch; auch die Eigennamen sind makedonisch erklärt. Den Einzelbelegen sind keine griechischen Parallelen angeschlossen. Auf Verweise auf Synonyme wird verzichtet. Dagegen findet man am Ende der Stichwortartikel die Angabe, ob das jeweilige Wort im Slovník 1966—, bei Sadnik/Aitzetmüller 1955 und bei Miklosich 1862—1865 vorkommt. Hauptherausgeber war zunächst Radmila Ugrinova-Skalovska, jetzt ist es Zdenka Ribarova-Kurzova.

Das Belgrader Zentrum (Serbische Akademie der Wissenschaften und Künste, Staroslovenistički odsek = Paläoslovenistische Abteilung) hat sich als erste Aufgabe gestellt, ein vollständiges Wörterbuch zu den Evangelientexten der serbischen Redaktion zu erarbeiten (vgl. Pešikan/Rodić 1977 und Jovanović 1977). Die Stichwortüberschrift wird grundsätzlich nach der Orthographie der Schule von Ras (raška škola) normalisiert (vgl. Pešikan 1977). Viel Nachdruck soll auf die Synonymik und auf die Frequenz der sinnverwandten Wörter gelegt werden.

In Sarajewo wird das Wörterbuch der zahlenmäßig etwas bescheidener vertretenen bosnischen Redaktion vorbereitet. Die Arbeit führt Herta Kuna. — Etwas anders soll das historische Wörterbuch der bulgarischen Sprache gestaltet werden, an dem in Sofia gearbeitet wird (vgl. Velčeva 1968); es vertritt das kirchenslavische Wörterbuch der bulgarischen Redaktion. — In Moskau, Kiew und Minsk wird z. Z. die Exzerption der russisch-kirchenslavischen Denkmäler durchgeführt. — In Danzig (Gdańsk) initiiert Leszek Moszyński die Exzerption der kirchenslavischen Denkmäler, die auf polnischem Staatsgebiet aufbewahrt werden. — Das paläoslovenistische Zentrum in Bukarest hat ein Wörterbuch der rumänischen Ausdrücke in den kirchenslavischen Texten rumänischer Redaktion veröffentlicht: Bolocan u. a. 1981. Daneben soll ein dreibändiges Wörterbuch als druckfertiges Manuskript vorliegen. Die Arbeiten führte Gheorghe Mihailă, dann Gheorghe Bolocan. (Vgl. Mihailă 1966.)

Die Erfüllung der Aufgabe, der wissenschaftlichen Öffentlichkeit kirchenslavische Wörterbücher der einzelnen Redaktionen zur Verfügung zu stellen, wird noch viel Zeit und Energie in Anspruch nehmen; eine solide Grundlage dafür ist jedoch — wenigstens auf Teilgebieten — schon gelegt worden.

4.3. Sonstige ältere kirchenslavische Wörterbücher

Zunächst wären die „Materialien" zum Wörterbuch der altrussischen Sprache von Sreznevskij 1893—1912 zu nennen. Dieses klassische Werk beruht auf überreichem Material altrussischer und russisch-kirchenslavischer Denkmäler des 11.—17. Jh., wobei die letzteren überwiegen; das russisch-kirchenslavische Schrifttum galt mit Recht für einen integralen Bestandteil nicht nur der russischen Kultur, sondern auch der russischen Sprachgeschichte. Es wird die (neu)kyrillische Schrift (graždanka, „Zivilschrift") verwendet, mit zusätzlichen Graphemen für die alte Sprache. Die Überschriften der Stichwortartikel sind altrussisch normalisiert. Das Wort ist russisch wiedergegeben, bzw. erklärt, aber auch den griechischen und lateinischen Äquivalenten (Parallelen?, teilweise Neuübersetzungen?) wird Rechnung getragen, obwohl nicht immer konsequent; botanische und zoologische Benennungen werden einfach mit den entsprechenden lateinischen Fachtermini erklärt. Eigennamen enthält das Wörterbuch keine. Die semantische Gliederung der Stichwörter wird ausreichend berücksichtigt. Jedes Wort und jede Wortbedeutung wird mit Belegen aus den Denkmälern illustriert; ältere Belege haben in der Regel Vorrang. Zum Schluß findet man hie und da vergleichendes Wortmaterial aus anderen indogermanischen Sprachen. Polnische Slavisten haben zu diesem Werk ein rückläufiges Glossar zusammengestellt (Dulewicz/Grek-Pabisowa/Maryniak 1968). Das Wörterbuch Sreznevskijs behandelt den kirchenslavischen und den „echt" altrussischen Wortschatz ungetrennt (eine eindeutige Trennung der beiden Schichten ist übrigens in vielen Denkmälern wissenschaftlich kaum möglich). Sowohl die Exzerption als auch die Bearbeitung ist nicht immer konsequent und ideal systematisch durchgeführt (weswegen Sreznevskij den Titel „Materialien zum Wörterbuch..." wählte). Auch die Darstellungsmethode entspricht in mancher Hinsicht den jetzigen Anforderungen nicht mehr vollständig. Trotz all dem ist dieses Werk ein klassisches Opus der slavischen Lexikographie, und für das Studium des russisch-kirchenslavischen Wortschatzes wird es noch lange eine unentbehrliche Quelle bleiben.

In Rußland bestand eine alte Tradition der russisch-kirchenslavischen Lexikographie. In diesem Zusammenhang sind besonders Slovar' 1847 (der Akademie) und Vostokov 1858/1861 zu erwähnen. Das erste Werk will den russischen Wortschatz gemeinsam mit dem russisch-kirchenslavischen in seinem ganzen Reichtum und in seiner jahrhundertelangen Geschichte darstellen (insgesamt 114 749 Wörter), auch mit dem Ziel, die Stabilisierung des neurussischen Vokabulars zu unterstützen. Im bewußten Auslassen von Fremdwörtern, die „nicht vom Volk eingeführt wurden", kommt die damalige puristische Tendenz zum Vorschein. — Das Wörterbuch Vostokovs ist dagegen ein rein kirchenslavisches Lexikon (nicht nur russischer Redaktion). Heutzutage haben diese beiden Werke eher historische Bedeutung. Noch mehr gilt dies vom Wörterbuch von Alekseev 1817—1819. — Das Wörterbuch von Starčevskij 1899 ist kein wissenschaftliches Werk im eigentlichen Sinn des Wortes: Das kirchenslavische Stichwort wird lediglich russisch übersetzt, ohne weitere Bearbeitung. Dieses Buch ist jedoch ein nützliches Register aller Lexeme, die bei Miklosich 1862—1865, im Slovar' 1847 und bei Vostokov 1858/1861 vorkommen.

Vieles aus dem serbisch-kirchenslavischen Wortschatz beinhaltet das Wörterbuch von Daničić 1863—1864, das sowohl aufgrund altserbischer als auch serbisch-kirchenslavischer Texte erarbeitet ist. Die Stichwörter sind serbisch-kirchenslavisch (altserbisch) normalisiert (altkyrillische Schrift), ins Lateinische übersetzt, die Eigennamen serbokroatisch erklärt. Überall folgt eine oft nicht allzu reiche Dokumentation durch Belege aus den Denkmälern. (Vgl. Art. 213.)

Als ein repräsentatives Werk der kirchenslavischen Lexikographie aus der Zeit der „vorwissenschaftlichen" Slavistik ist vor allem das russisch-kirchenslavische Wörterbuch von Berynda 1627 zu erwähnen. Die kirchenslavischen Lexeme sind volkssprachlich, d. h. ukrainisch interpretiert. Die Wörter fremden Ursprungs (samt den Eigennamen) werden in einem separaten Teil geboten. — Als Beispiel eines kirchenslavisch-nichtslavischen alten Wörterbuches kann das kirchenslavisch-rumänische Lexikon von Cozianul 1649 genannt werden.

4.4. Neukirchenslavische Wörterbücher

Die jüngste Periode der kirchenslavischen Sprache — die standardisierte Liturgiesprache (vgl. 1.) ist bisher nur bescheiden lexikographisch erfaßt. Für den kroatischen und tschechischen Typus (im römischen Ritus) verfügen wir über keine echten Wörterbücher. Für den russischen Typus (im byzantinischen Ritus der Orthodoxen und Unierten) seien folgende Werke angeführt: Petković 1935, Gil'tebrandt 1883—1885 und 1898, Deschler 1987.

Das Wörterbuch von Petković 1935 erinnert methodologisch an gute lateinische und griechische Wörterbücher für den Gymnasialgebrauch; eine wissenschaftlich fundierte Behandlung des Materials kann ihm nicht abgesprochen werden. Der Autor hat die ganze Bibel, viele liturgische Texte, den Nomokanon (einen Rechtskodex der Ostkirche), teilweise den Prolog (kurze Heiligenleben) u. a. m. exzerpiert. Vor allem konzentriert er sich auf diejenigen Lexeme, die dem serbischen Leser nicht immer verständlich oder klar sind. Die Stichwörter und Beispiele sind altkyrillisch (ohne Akzente), die serbokroatische Übersetzung und die Anmerkungen neukyrillisch gedruckt. Bei den meisten Stichwörterüberschriften folgen die altkirchenslavische Lautung und die grammatische Bestimmung (der Verbalaspekt wird angegeben), die griechische Parallele aus dem Originaltext, die serbokroatische Übersetzung, dann das jeweils kürzeste, noch klare Kontextbeispiel zu jeder Bedeutung (selten mehrere) und eine Auswahl von Stellenangaben für Vorkommensfälle des betreffenden Wortes (wobei die neutestamentlichen Belegstellen etwas bevorzugt zu sein scheinen).

Das Werk von Gil'tebrandt 1883—1885 ist eine perfekte und vermutlich bis jetzt die einzige vollständige Konkordanz zum neukirchenslavischen Neuen Testament. Der Autor ist mit maximaler Akribie vorgegangen, so daß das Handbuch wirklich verläßlich ist. Es werden alle Wörter und alle Stellen des Neuen Testaments angeführt, mit Ausnahme ganz weniger „kleiner" und außerordentlich häufiger Lexeme, wie *a, i* 'und', *že* (= griech. δέ), *ne* 'nein, nicht' (aber z. B. schon *bo* 'γάρ, enim' oder *byti* und *esmь* 'sein, esse' werden vollständig berücksichtigt). Neukirchenslavisch wird altkyrillisch gedruckt (mit allen diakritischen Zeichen). Grammatisch wird das Stichwort nicht charakterisiert. Der Überschrift folgen alle griechischen und lateinischen Parallelen, dann die russischen Äquivalente; auch bei deren Festlegung geht der Autor primär von der russischen Bibelübersetzung aus. Eigennamen und einige, vor allem theologische Begriffe werden kurz erklärt (russisch), manchmal mit dem Hinweis auf die Fachliteratur. Danach werden alle Belegstellen in der biblischen Reihenfolge angeführt, immer in einem Minimalkontext; die griechische oder lateinische Parallele und/oder eine nähere russische Erklärung wird den Einzelbelegen nur im besonderen Bedarfsfall angeschlossen.

Derselbe Autor verfaßte auch eine Konkordanz zum neukirchenslavischen Psalter (Gil'tebrandt 1898).

Vor kurzem erschien ein gutes und reichhaltiges russisch-neukirchenslavisches Wörterbuch von Deschler 1987. Die Lemmata sind mit grammatischer Bestimmung versehen und mittels dt. Äquivalente erklärt (keine Kontextbeispiele); ein ausführliches Abkürzungenverzeichnis ist für praktische Zwecke gut geeignet. — Laut mündlicher Mitteilung von Prof. P. Dinekov und Prof. D. Mirčeva (Sofia) liegt in der Bulg. Akademie d. Wiss. ein neukirchenslavisches Wörterbuch vom verstorbenen Archim. Atanasij Bončev im Manuskript vor.

5. Zur Geschichte der altkirchenslavischen Lexikographie

Die Entwicklungslinien der altkirchenslavischen Lexikographie sind z. T. schon aus den obigen Erörterungen ersichtlich. Zusammenfassend ließe sich etwa noch folgendes kurz feststellen: In der „vorwissenschaftlichen" Zeit der Slavistik dienten die Wörterbücher ausschließlich dem Verständnis der Sprache (z. B. Berynda 1627, Cozianul 1649, vgl. 4.3.). Das 19. Jh. ging in zweierlei Richtung vor: (1) Wie ist das umfangreiche und sowohl territorial als auch sprachlich weite und vielfältige Material zu bewältigen? (2) Wie sind die Stichwortartikel eines Wörterbuches zu gestalten, damit es nicht nur zum Verständnis und zur genauen Übersetzung der altkirchenslavischen Lexeme dient, sondern auch der wissenschaftlichen Linguistik und Philologie, bzw. auch benachbarten Disziplinen nützen kann? (Vgl. 4.1., 4.3.) Um die Jahrhundertwende und zu Anfang des 20. Jahrhunderts kristallisierte sich der Begriff des kanonischen („klassischen") Altkirchenslavischen endgültig heraus. Demzufolge wandte sich die Aufmerksamkeit der Paläoslovenisten primär, ja fast ausschließlich dieser ältesten Sprachperiode zu, nicht ohne Einfluß des Ideals der Junggrammatiker, möglichst alte Sprachstufen zu untersuchen. In dieser Zeit dachten die tschechischen Slavisten Wenzel Vondrák (Wien-Brünn, † 1925) und Miloš Weingart (Preßburg-Prag, † 1939) an die Erarbeitung eines neuen altkirchenslavischen Wörterbuchs der kanonischen Texte (vgl. Weingart 1928); beide legten — unabhängig voneinander — beachtliche Exzerptionskarteien an. 1942 machte Josef Kurz den Vorschlag, das altkirchenslavische Wörterbuch unter den Auspizien der damaligen Tschechischen Akademie der Wissenschaften und Künste (später: Tschechoslowakische

Akademie der Wissenschaften) zu erarbeiten. Sein Vorschlag wurde angenommen, und Kurz war bis zu seinem Tod († 1972) die Seele des Unternehmens. An der Gestaltung des Werkes waren hervorragende tschechische Slavisten aktiv und intensiv beteiligt, und so hat sich auch die ursprüngliche Konzeption erweitert, modifiziert und präzisiert. (Näheres über Geschichte und Vorgeschichte dieses Wörterbuches bei Kurz 1948 und in seiner Einleitung zum Slovník 1966—, S. I—XXVIII — tschechisch, russisch, deutsch und lateinisch). Mit der Zeit ging man auch von dem junggrammatischen Ideal der „Reinheit" und Alleinberechtigung der kanonischen Denkmäler ab, und die Wissenschaft entdeckte wieder den Wert der kirchenslavischen Kodizes, besonders wenn diese auf kanonische Archetypen zurückgehen; auch dieses Faktum spielte dann im Slovník 1966— eine wichtige Rolle. Die neuen Wörterbücher Sadnik/Aitzetmüller 1955, Lysaght 1982, Ivanova-Mirčeva u. a. 1984 und das noch nicht veröffentlichte kleine Prager-Moskauer Wörterbuch (vgl. 3.3. am Schluß) bezeugen jedoch, daß die Idee eines „rein kanonischen" Wörterbuchs noch nicht veraltet ist. — Schon Josef Kurz hatte Sinn für die Bedeutung der kirchenslavischen („nachklassischen") Epoche der Sprache und des Schrifttums. Seine Idee war es, nach dem Slovník 1966— die Vorbereitung zu einem kirchenslavischen Wörterbuch zu beginnen; bereits i. J. 1943 teilte er mir diesen seinen Plan mündlich mit. Eine solche Aufgabe überstieg jedoch sowohl seine Kräfte als auch die Möglichkeiten der tschechischen Slavistik allein. Auf den Vorschlag des russischen Slavisten Viktor Vladimirovič Vinogradov bekam dieser Plan durch die Einbeziehung in die weltweit koordinierten Aufgaben des Internationalen Slavistenkomitees eine feste Basis und gewann konkrete Umrisse (vgl. 4.2.). Der Vorsitzende der zuständigen internationalen Kommission war Josef Kurz, nach seinem Tod wurde der Autor dieses Aufsatzes auf seine Stelle gewählt (Vizevorstände: Lidija Petrovna Žukovskaja, Moskau, und der 1986 unerwartet verstorbene Dimitrije Bogdanović, Belgrad; nach seinem Ableben erfüllt diese Funktion Anica Nazor, Agram). — Betont sei, daß es an der Zeit ist, auch der jüngsten Sprachperiode, dem Neukirchenslavischen, auf dem Gebiet der Lexikographie die gebührende Aufmerksamkeit zuzuwenden. Auch diese Periode gehört zum Sprach- und Kulturgut der Paläoslovenistik.

Für die lexikographische Erfassung und Darstellung des altkirchenslavischen Wortschatzes in seiner Gesamtheit sind bereits feste und solide Fundamente gelegt: Um die älteste Epoche ist es gut bestellt; die Arbeiten zu einer modernen Darstellung des Wortschatzes der jüngeren Denkmäler sind in vollem Gange. Dies dient nicht nur den aktuellen Bedürfnissen der Linguistik und Philologie im weiten Sinn, sondern trägt zugleich auch bei zu einer besseren Kenntnis des reichen Gedankengutes der slavischen Komponente der europäischen Kultur.

6. Literatur (in Auswahl)

6.1. Wörterbücher

Aitzetmüller 1977 = Rudolf Aitzetmüller: Belegstellenverzeichnis der altkirchenslavischen Verbalformen. Würzburg 1977 [VIII, 773 S.].

Alekseev 1817—1819 = Petr Alekseev: Cerkovnyj slovar' [. . .]. 5 Bde. Sankt Petersburg. Bd. 1: *A—D* 1817 [XV, 279 S.]; Bd. 2: *E—L* 1818 [235 S.]; Bd. 3: *M—P* 1818 [368 S.]; Bd. 4: *R—S* 1819 [208 S.]; Bd. 5: *T—Y* (Buchstabe *ižica*) 1819 [173, 17, IV S.].

Berynda 1627 = Pamvo Berynda: Lexikonъ slavenorosskij, i imenъ tlъkovanie. Kiew 1627 [3, 240 S.; auch spätere alte Versionen; letzter Neudruck: Leksykon slovenoros'kyj Pamvy Beryndy. Hrsg. Vasyl' Vasyljovyč Nimčuk. Kiew 1961. XL, 272 S.].

Bolocan u. a. 1981 = Gheorghe Bolocan u. a.: Dicţionarul elementelor româneşti din documentele slavo-române 1374—1600. Bukarest 1981 [XXXVI, 369 S.].

Cozianul 1649 = Mardarie Cozianul: Lexicon slavo-românesc şi tîlcuirea numelor din 1649. Hrsg. Grigorie Creţu. Bukarest 1900 [396 S., 3 Tafeln].

Daničić 1863—1864 = Đura Daničić: Rječnik iz književnih starina srpskih. 3 Bde. Belgrad. Bd. 1: *A—K* 1863 XI, 521 S.; Bd. 2: *L— P* 1863 519 S.; Bd. 3: *R—Ć* (und Ergänzungen) 1864 [598 S.; Neudruck: Belgrad, Laibach 1975].

Deschler 1987 = Jean-Paul Deschler: Kleines Wörterbuch der kirchenslavischen Sprache. München 1987 [260 S., 2. Aufl. 1988].

Despodova/Ribarova/Ugrinova-Skalovska 1978 = Vangelica Despodova/Zdenka Ribarova/Radmila Ugrinova-Skalovska: Rečnik na makedonskite crkovnoslovenski tekstovi. Probna sveska. Skopje 1978 [XXXVII, 48 S.].

Dulewicz/Grek-Pabisowa/Maryniak 1968 = Irena Dulewicz/Iryda Grek-Pabisowa/Irena Maryniak: Indeks a tergo do Materiałów do słownika języka staroruskiego I. I. Sreznievskiego. Hrsg. Antonina Obrębska-Jabłońska. Warschau 1968 [387 S.].

Gil'tebrandt 1883—1885 = Petr Andreevič Gil'tebrandt: Spravočnyj i ob"jasnitel'nyj slovar' k Novomu Zavetu. 2 Bde. Petersburg. Bd. 1: *A—O* 1883—1884; Bd. 2: *P—Y* (Buchstabe *ižica*)

1884—1885 [XX, 2448 S. (durchgehend paginiert); Neudruck: München 1988—1989].

Gil'tebrandt 1898 = Petr Andreevič Gil'tebrandt: Spravočnyj i ob"jasnitel'nyj slovar' k Psaltiri. Petersburg 1898 [VI, 550 S.].

Havlová 1989 = Eva Havlová u. Herausgeberkreis: Etymologický slovník jazyka staroslověnského. Heft 1: Einleitung, Abkürzungen, *A—blagъ.* Prag 1989 [64 S.].

Indeks 1985 = Indeks kon rečnikot na makedonskite bibliski rakopisi. Skopje 1985 [601 S.; = Zeitschrift „Makedonistika", Bd. 4].

Ivanova-Mirčeva u. a. 1984 = Dora Ivanova-Mirčeva u. a.: Starobălgarski rečnik. Vstăpitelen tom. Sofia 1984 [229 S.].

Lysaght 1983 = Thomas A. Lysaght: Old Church Slavonic (Old Bulgarian)-Middle Greek-Modern English Dictionary. Wien 1983 [480 S.].

Meyer 1935 = Karl Heinrich Meyer: Altkirchenslavisch-griechisches Wörterbuch des Codex Suprasliensis. Glückstadt/Hamburg 1935 [XII, 302 S.].

Miklosich 1862—1865 = Franz Miklosich: Lexicon palaeoslovenico-graeco-latinum emendatum auctum. Wien 1862—1865 [XXII, 1171 S.; Neudruck: Aalen 1963].

Petković 1935 = Sava Petković: Rečnik crkvenoslovenskoga jezika. Sremski Karlovci (= Karlowitz) 1935 [X, 352 S.].

Radovich 1974 = Natalino Radovich: Analisi insiemistica del lessico slavo-ecclesiastico antico. Padova 1974 [XXIX, 213 S.].

Rječnik 1880—1976 = s. im Art. 213.

Sadnik/Aitzetmüller 1955 = Linda Sadnik/Rudolf Aitzetmüller: Handwörterbuch zu den altkirchenslavischen Texten. 'S-Gravenhage 1955 [XX, 341 S.].

Slovar' 1847 = Slovar' cerkovnoslavjanskogo i russkogo jazyka, sostavlennyj vtorym otdeleniem Imperatorskoj akademii nauk. 4 Bde. Sankt Petersburg 1847. Bd. 1: *A—Ž* [XXII, 417 S.]; Bd. 2: *DZ* (Buchstabe *dzělo*)—*N* [473 S.]; Bd. 3: *O—P* [591 S.]; Bd. 4: *R—Y* (Buchstabe *ižica*) [489 S.].

Slovník 1966— = Slovník jazyka staroslověnského — Lexicon linguae palaeoslovenicae. Bisher 3 Bde und ein Teil des 4. Haupthrsg. Josef Kurz (Bd. 1—3), Zoe Hauptová (ab Bd. 4). Prag. Bd. 1: *A—Ģ* (Buchstabe *d'erv*) 1966 (das erste Heft war ursprünglich mit 1958 datiert) [LXXXIV, 853 S.]; Bd. 2: *K—O* 1973 [638 S.]; Bd. 3: *P—R* 1982 [671 S.]; Bd. 4: bisher sieben Hefte: *S—terentii* 1989 (= provisorische Datierung des letzten Heftes) [bisher 448 S.].

Sreznevskij 1893—1912 = Izmail Ivanovič Sreznevskij: Materialy dlja slovarja drevnerusskogo jazyka. 3 Bde + Ergänzungen. Sankt Petersburg. Bd. 1: *A—K* 1893 [IX S., 1420 Spalten, 49 S.]; Bd. 2: *L—P* 1895 [1802 Spalten]; Bd. 3: *R—Y*/ω 1903 [1684 Spalten]; Ergänzungen: 1912 [272 Spalten, 13 S.; Neudrucke: Moskau 1958—1959; Graz 1955—1956; Graz 1971].

Starčevskij 1899 = Adal'bert Vikent'evič Starčevskij: Slovar' drevnego slavjanskogo jazyka sostavlennyj po Ostromirovu evangeliju, F. Miklošiču, A. Ch. Vostokovu, Ja. I. Berednikovu i I. S. Kočetovu. Sankt Petersburg 1899 [II, 946 S.; Hrsg.: Aleksej Sergeevič Suvorin].

Vostokov 1858/1861 = Aleksandr Christoforovič Vostokov: Slovar' cerkovnoslavjanskogo jazyka. 2 Bde. Sankt Petersburg. Bd. 1: *A—N* 1858 [510 Spalten]; Bd. 2: *O—JĘ* (und Ergänzungen) 1861 [590 Spalten, Ergänzungen: 104 Spalten].

6.2. Sonstige Literatur

Hauptová 1968 = Zoe Hauptová: Stan prac nad Słownikiem języka staro-cerkiewno-słowiańskiego i niektóre poblemy związane z opracowaniem Małego słownika języka staro-cerkiewno-słowiańskiego. In: Sprawozdania z Posiedzeń Komisji Naukowych PAN—Kraków (styczeń-czerwiec 1967 r.) 11/1. 1968, 173—176.

Jovanović 1977 = Gordana Jovanović: Sinonimika zamenice *jeterъ* u jevanđeljima srpske redacije. In: Južnoslovenski filolog 33. 1977, 173—178.

Kurz 1948 = Josef Kurz: Můj návrh na pokračování v přípravných pracích o staroslověnském slovníku. In: Pocta Fr. Trávníčkovi a F. Wollmanovi. Brünn 1948, 286—309.

Mareš 1959 = František Václav Mareš: Úprava a stavba hesla — Oformlenie i postroenie slovarnoj stat'i — Form und Bau des Stichwortes — De lemmatum forma, schemate, structura. In: Slovník 1966—, XXIX—XXXV (tschechisch), XXXVI—XLIV (russisch), XLV—LII (deutsch), LIII—LXI (lateinisch).

Mareš 1961 = Vjačeslav Francevič Mareš: Drevneslavjanskij literaturnyj jazyk v Velikomoravskom gosudarstve. In: Voprosy jazykoznanija 10/2. 1961, 12—23.

Mareš 1966 = Vjačeslav Francevič Mareš: Proekt podgotovki slovarja cerkovnoslavjanskogo jazyka. In: Voprosy jazykoznanija 15/5. 1966, 86—99.

Mareš 1968 = František Václav Mareš: Słownik cerkiewnosłowiański. In: Sprawozdania [...] (s. Hauptová 1968), 171—173.

Mareš 1979 = Francis Wenceslas Mareš: An Anthology of Church Slavonic Texts of Western (Czech) Origin. München 1979.

Mareš 1986 = František Václav Mareš: Altkirchenslavisch, Kirchenslavisch. In: Einführung in die slavischen Sprachen. Hrsg. Peter Rehder. Darmstadt 1986, 13—19.

Mareš/Reinhart 1985 = Francesco Venceslao Mareš/Johannes Michael Reinhart: I cimeli glagolitici della letteratura paleoslava. In: Tre alfabeti per gli Slavi [...]. Biblioteca Apostolica Vaticana 1985, 23—35.

Mihăilă 1966 = Gheorghe Mihăilă: O rabote nad sobiraniem materiala dlja sostavlenija slovarja knižnoslavjanskogo jazyka rumynskoj redakcii. In: Voprosy jazykoznanija 15/5. 1966, 105—109.

Mošin 1985 = Vladimir Alekseevič Mošin: I più antichi manoscritti cirilliani. In: Tre alfabeti [...] (s. Mareš/Reinhart 1985), 37—53.

Moszyński 1966 = Leszek Moszyński: Otnošenie slovarja cerkovnoslavjanskogo jazyka k slovarjam otdel'nych slavjanskich jazykov. In: Voprosy jazykoznanija 15/5. 1966, 81—85.

Nazor 1966 = Anica Nazor: O slovare chorvatsko-glagoličeskoj redakcii obščeslavjanskogo literaturnogo (cerkovnoslavjanskogo) jazyka. In: Voprosy jazykoznanija 15/5. 1966, 99—104.

Nazor 1968 = Anica Nazor: Praca nad Słownikiem języka cerkiewnosłowiańskiego redakcji chorwackiej w Instytucie Starosłowiańskim im. Svetozara Ritiga w Zagrzebiu. In: Sprawozdania [...] (s. Hauptová 1968), 176—179.

Pešikan 1977 = Mitar Pešikan: Pitanja ortografske standardizacije i metoda rečničke obrade građe srpske redakcije staroslovenskog jezika. In: Južnoslovenski filolog 33. 1977, 157—164.

Pešikan/Rodić 1977 = Mitar Pešikan/Nikola Rodić: Ogledi obrade reči u jevanđeljskom rečniku srpske redakcije. In: ibid., 165—171.

Tarnanidis 1988 = Ioannis C. Tarnanidis: The Slavonic Manuscripts Discovered in 1975 at St Catherine's Monastery on Mount Sinai. Thessaloniki 1988 [mit Illustrationen].

Velčeva 1968 = Boriana Wełczewa: Informacja o pracy nad Bułgarskim słownikiem historycznym. In: Sprawozdania [...] (s. Hauptová 1968), 184—186.

Weingart 1928 = Miloš Weingart: O slovníku jazyka staroslověnského. In: Symbolae grammaticae in honorem Ioannis Rozwadowski. Vol. 2. Krakau 1928, 227—246.

Franz Wenzel Mareš, Wien (Österreich)

209. Polnische Lexikographie. Polabische Lexikographie

1. Polnische Lexikographie (einschließlich der kaschubischen)
2. Polabische Lexikographie
3. Literatur (in Auswahl)

1. Polnische Lexikographie (einschließlich der kaschubischen)

1.1. Wörterbücher der polnischen Schriftsprache

1.1.1. Die Entstehung älterer, in Polen (vgl. Karte 209.1) erschienener Wörterbücher, die stets lateinisch-polnisch angelegt waren, verbindet man mit der Erneuerung der Krakauer Universität im Jahre 1400 (Plezia 1959). Unter diesen Werken ist zunächst das lateinisch-polnische Wörterbuch von Jan Mączyński (1564) zu nennen. Die in ihm enthaltenen ca. 20 000 polnischen Wörter sind in einem von W. Kuraszkiewicz (1962), der auch einen Index polnischer Wörter und einen Index a tergo erstellte, herausgegebenen alphabetischen Verzeichnis erfaßt. — Mit seinem *Thesaurus Polono-Latino-Graecus,* der bei reichstem Wortmaterial ein hohes Niveau bietet und auf den besten damaligen polnischen Autoren basiert, war G. Knapiusz (1621) bestrebt, den Wortschatz eines musterhaften Polnisch zu sammeln. Der 2. Band des Wörterbuchs ist lateinisch-griechisch-polnisch geordnet und der 3. enthält Sprichwörter. — Als nächstes Werk von größerer Bedeutung kann das Wörterbuch von M. Troc (1764) gelten, in dem die Bedeutungen mit französischen und deutschen Synonymen erläutert sind. Zu seinen lexikographischen Errungenschaften gehören reiche phraseologische und qualifizierende Angaben sowie die Numerierung der Bedeutungen polysemischer Wörter.

Das von S. B. Linde (1807) bearbeitete Wörterbuch stellt insofern eine revolutionäre Neuerung dar, als es sich nicht um ein übersetzendes, sondern um ein einsprachiges Wörterbuch handelt. Die mit polnischen Synonymen oder mit einer polnischen Definition arbeitenden Bedeutungserläuterungen werden — unter exakter Stellenangabe — mit Zitaten aus schöngeistiger bzw. wissenschaftlicher Literatur belegt. Das Wörterbuch, das die Jahre zwischen ca. 1550 und ca. 1800 erfaßt, ca. 60 000 Wörter enthält und nach dem jeweiligen polnischen Lemma verwandte slavische Wörter (und teilweise deutsche Synonyme) verzeichnet, ermöglichte nachfolgende Forschungen zur Geschichte des polnischen Wortschatzes, zur Etymologie, zu phonetischen und zu morphologischen Prozessen. Einen Index a tergo zu diesem Werk, das zum Muster für künftige polnische (und anderssprachige) Wörterbücher wurde, gaben R. Grzegorczykowa u. a. heraus.

Dem in der Zeit der Wende vom 19. zum 20. Jh. bearbeiteten großen Wörterbuch von J. Karłowicz (1900a) kann der Charakter eines Thesaurus zugesprochen werden, da es neben dem gesamten Linde bekannten Wort-

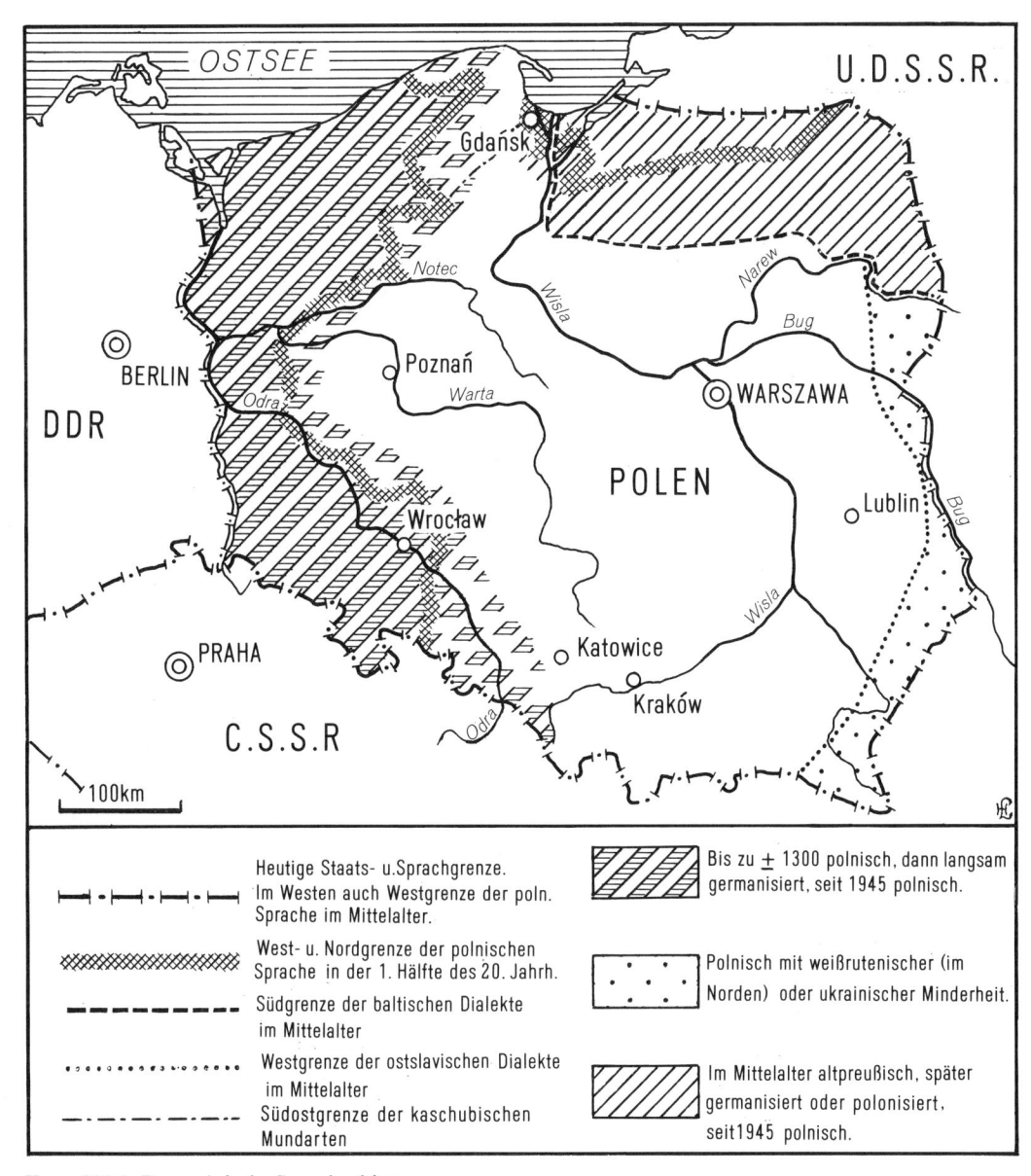

Karte 209.1: Das polnische Sprachgebiet

schatz Ergänzungen aus dem 15., 16. und 20. Jh. enthält, den Mundartwortschatz berücksichtigt und das Material exemplarisch in (leider nicht hinlänglich genau nachgewiesenen) Belegstellen zitiert. Mit seinen ca. 250 000 Wörtern ist dieses Werk das wortreichste Wörterbuch der polnischen Sprache.

Nach dem 2. Weltkrieg erschien das elfbändige Wörterbuch der polnischen Sprache (SJPDor.). Es erfaßt den Wortschatz der Zeit von 1801 bis 1955 (und in Auswahl denjenigen von 1750 bis 1800) und hat, indem es qualitativ wertet und obszöne Ausdrücke ausläßt, normativen Charakter. Daneben werden Angaben zur Flexion, zur Phraseologie und — in jedoch geringem Maße — zur Rektion gemacht. Auf der Grundlage dieses Wörterbuchs wurden zwei kleinere Werke erstellt: das kleine Wörterbuch der polnischen Sprache (Skorupka) mit ca. 35 000 Wörtern und das von Szymczak (1981) bearbeitete, das 80 000 Wörter beschreibt. — R. Grzegorczykowa und J. Puzynina veröffentlichten einen Index a tergo zum SJPDor.

1.1.2. Seit 1953 erscheinen Hefte des altpolnischen Wörterbuchs, das den in polnischen und lateinischen Texten bis 1500 belegten Wortschatz erschließt (Urbańczyk 1953). Jeder Artikel besteht aus einem Lemma in der heutigen Rechtschreibung, Angaben grammatischer Formen und dem semantischen Teil, in dem die Bedeutungen mit Definitionen, mit zeitgenössischen polnischen und mit lateinischen Synonymen erläutert werden. Ferner werden datierte und bibliographisch exakt nachgewiesene Belegstellen in originaler Rechtschreibung wiedergegeben. — An dieses Werk schließt sich (hinsichtlich der behandelten Epoche) chronologisch das Wörterbuch des Polnischen im 16. Jh. an (Mayenowa 1966). Außer den grammatischen Formen, den Bedeutungsdefinitionen und zahlreichen Zitaten wird hier die allgemeine Frequenz der Formen und Bedeutungen angegeben, wobei die funktional unterschiedlichen Verwendungsarten eines Wortes berücksichtigt sind.

Bisher sind nur zwei Wörterbücher zu den Sprachen einzelner Autoren erschienen. Das Wörterbuch der Sprache von J. Ch. Pasek, einem Memoirenautor aus der 2. Hälfte des 17. Jh. (Koneczna 1965), enthält alle polnischen Appellativa und einige Kategorien der Nomina propria, wobei die Frequenz des Wortgebrauchs und seiner grammatischen Formen angegeben wird. Den zugehörigen Index a tergo gaben Pasoń und Żelazko heraus. — Das Wörterbuch der Sprache von Adam Mickiewicz (Górski 1962), das alle Wörter aus den Texten des Autors enthält, gibt die Zahl der Wortverwendungen an, belegt die Bedeutungsdefinitionen reich mit Zitaten und erläutert Phraseologie sowie poetischen Gebrauch. Ein Wörterbuch der von Mickiewicz verwendeten Reime veröffentlichte J. Budkowska (1970).

1.1.3. Anhand des SJPDor. bearbeitete S. Skorupka (1967) ein phraseologisches Wörterbuch, das ca. 80 000 nach Stammwörtern geordnete Lemmata enthält. Er gab weiterhin ein Wörterbuch sinnverwandter Wörter heraus. — Ein Wörterbuch homonymischer Formen wurde von D. Buttler u. a. bearbeitet. — Nach Sprachstilen differenzierende Wortfrequenzlisten, die sich auf Stichproben von jeweils 100 000 Wörtern für jeden Stil stützen, wurden von Kurcz u. a. (1974) erstellt. Auf der Grundlage von Angaben zur allgemeinen Frequenz eines Wortes und seiner Flexionsformen werden Ranglisten zusammengestellt. — Ein Frequenzwörterbuch zu gesprochenen polnischen Texten veröffentlichte M. Zgółkowa (1983).

1.1.4. Während normative Wörterbücher des 19. Jh. vor allem Germanismen und Russizismen bekämpften, verstärkte sich in diesem Wörterbuchtyp seit 1918 die Tendenz zur Beseitigung von Archaismen und Regionalismen, also zur Unifizierung der Schriftsprache. Beachtenswert sind hierbei die Wörterbücher von S. Szober (1937) und von W. Doroszewski/H. Kurkowska (1973). — Ein Wörterbuch der richtigen polnischen Aussprache, das auf der internationalen Lautschrift basiert, wurde von einem Kollektiv (Karaś 1977) fertiggestellt. — Auf der Grundlage der Vorschriften der polnischen Akademie der Wissenschaften erarbeitete man einige Wörterbücher zur Rechtschreibung, von denen das mit 100 000 Wörtern umfangreichste von Szymczak (1975) stammt.

1.1.5. Die vor dem Zweiten Weltkrieg veröffentlichen Fremdwörterbücher sind mittlerweile veraltet. Von den neueren sind vor allem folgende zu nennen: eines von Z. Rysiewicz mit 17 000 Wörtern und eines von J. Tokarski mit 27 000 Wörtern.

1.2. Wörterbücher der polnischen Mundarten

1.2.1. Die insgesamt nicht sehr zahlreichen kaschubischen Wörter, die im 19. Jh. u. a. bei den Autoren A. Hilferding und Pobłocki erschienen, wurden zunächst in dem ca. 14 000 Wörter umfassenden Wörterbuch der kaschubischen Sprache von S. Ramułt (1893) gesammelt, das die in verschiedenen Gegenden aufgezeichneten Wörter in einer nach der mittelkaschubischen Aussprache normalisierten Rechtschreibung angibt. — Ein Wörterbuch der kaschubischen Slovinzen bearbeitete F. Lorentz (1908), der eine komplizierte phonetische Umschrift verwendete, viele phonetische Varianten als eigenständige Wörter betrachtete und relativ viele eigene Neubildungen aufnahm (Popowska-Taborska 1980). Sein Wörterbuch, das M. Rudnicki (1913) ergänzte, führte F. Hintze mit den Materialien von Lorentz, die er mit Wörtern aus verschiedenen neueren Quellen und Neubildungen kaschubischer Schriftsteller vervollständigte, fort und veröffentlichte es (Lorentz/Hintze 1965). Eine ausgezeichnete Quelle ist ferner das Wörterbuch kaschubischer Mundarten von B. Sychta (1967), das eine leichte phonetische Umschrift anwendet.

1.2.2. Im Zuge der nach 1870 beginnenden Entwicklung der Dialektologie erschienen einige kleinere Mundartwörterbücher. Den in ihnen enthaltenen und den aus mundartlichen Texten gewonnenen Wortschatz stellte J. Karłowicz zusammen und publizierte ihn in seinem Wörterbuch der polnischen Mundarten (1900), das in der slawischen Lexikographie für lange Zeit das einzige Wörterbuch blieb, das alle Dialekte einer Sprache umfaßte, und noch heute von großem Wert ist. Seit 1977 erscheint ein neues Wörterbuch der polnischen Mundarten (Karaś/Reichan 1977), das mehr Wörter als das SJPDor. enthalten wird, besonderen Wert auf die Phraseologie legt und alle kaschubischen Wörter berücksichtigt. — Neben diesen Hauptwerken existieren zahlreiche Wörterbücher zum speziellen Wortschatz einzelner Dörfer und Regionen (Strutyński 1981). — Der Wortschatz der Verbrecher, in den viele Wörter aus dem Jiddischen und aus deutschen und russischen Mundarten eingegangen sind, erweckte großes Interesse (Horbatsch 1979). Wenig Aufmerksamkeit schenkte man dagegen — mit Ausnahme von Warszawa (B. Wieczorkiewicz) und Lwów (Z. Kurzowa) — dem Wortschatz der Städte. — Lexikographische Arbeiten über gruppenspezifische Sprachen legten ferner L. Kaczmarek/T. Skubalanka/S. Grabias (1974) zum Studentenwortschatz und S. Hoppe zum Wortschatz der Jäger vor.

1.3. Onomatologische Wörterbücher

In diesem Bereich der polnischen Lexikographie ist an erster Stelle das Wörterbuch der altpolnischen Personennamen (Taszycki 1955) zu nennen, das die in Polen bis zum Ende des 15. Jh. aufgezeichneten Personennamen erfaßt. Heutige polnische Ortsnamen findet man in den Veröffentlichungen von Wykaz (1980) und Taszycki (1963), wobei im letztgenannten Werk auch physiographische Namen aufgenommen sind. Die Ortsnamen West- und Nordpolens sammelte S. Rospond (1951). Zahlreiche historisch-etymologische Regionalmonographien (von W. Lubaś, K. Rymut, K. Zierhoffer, M. Kamińska u. a.; vgl. BiblOnom. 1960) enthalten mittelalterliche Ortsnamen.

1.4. Etymologische Wörterbücher

Das erste etymologische Wörterbuch der polnischen Sprache bearbeitete A. Brückner (1927). Trotz seines Alters und obwohl es immer nur eine Etymologie und keine weiterführende Literatur angibt, ist es unersetzbar. Unter der Leitung von F. Sławski, der 1952 ein kritisches, auf breiter gesamtslawischer Basis stehendes polnisches Wörterbuch mit zahlreichen Literaturhinweisen veröffentlichte, arbeitet man derzeit an dem Wörterbuch der urslawischen Sprache (Sławski/Boryś (1974).

2. Polabische Lexikographie

Fast das gesamte Wissen über die polabische Sprache, die in der zweiten Hälfte des 18. Jh. ausgestorben ist, verdanken wir den in dieser Zeit angefertigten Wörterbüchern. Das wichtigste dieser Werke ist das von dem Pastor Hennig von Jessen bearbeitete Wörterbuch, das in zwei autographen Fassungen erhalten ist. Zu den bekannten Quellen gehören weiterhin das *Vocabulaire Vandale* von Pfeffinger und die *Bauernchronik* von Johann Parum Schulze. Diese und andere Quellen hat R. Olesch (1959) in drei Bänden herausgegeben. Der gleiche Lexikograph erstellte außerdem den *Thesaurus linguae Dravaenopolabicae* (1983), in dem als Lemma jeweils die in der Quelle auftretende Form angesetzt und mit Varianten aus anderen Quellen ergänzt wird. Daneben gilt der Rekonstruktion der richtigen phonetischen Gestalt und der Etymologie sowie Literaturzitaten die besondere Aufmerksamkeit. In der Einleitung zum ersten Band werden die Quellen beschrieben, das phonologische System des Polabischen erläutert und Hinweise auf wichtige Sekundärliteratur gegeben. Besonders wertvoll sind außerdem das *Polabian-English Dictionary* von Polański/Sehnert (1967) und das *Etymologische Wörterbuch* von Polański (1962).

3. Literatur (in Auswahl)

3.1. Wörterbücher der polnischen Sprache

Auderska 1968 = Mały słownik języka polskiego. Red. Halina Auderska/Zofia Łempicka. Warszawa 1968 [1038 S.].

Borek 1983 = Hydronimia Odry. Wykaz nazw w układzie hydrograficznym. Bearb. von Henryk Borek u. a. Opole 1983 [350 S.].

Brückner 1927 = Aleksander Brückner: Słownik etymologiczny języka polskiego. Kraków 1927 [XIV, 805 S., 8. Aufl. Warszawa 1985].

Budkowska 1970 = Janina Budkowska: Słownik rymów Adama Mickiewicza. Wrocław 1970 [XXII, 226 S.].

Buttler 1984 = Słownik polskich form homofonicznych. Bearb. von Danuta Buttler u. a. Wrocław usw. 1984 [(417 S.]).

Doroszewski 1980 = Słownik poprawnej polszczyzny PWN. Bearb. von Witold Doroszewski/

Halina Kurkowska u. a. 4. Aufl. Warszawa 1980 [XL, 1052 S., 1. Aufl. 1973].

Górnowicz 1985 = Gewässernamen im Flußgebiet der unteren Weichsel. Nazwy wodne dorzecza dolnej Wisły. Bearb. von Henryk Górnowicz, Stuttgart 1985 (Hydronymia Europae hrsg. von W. P. Schmidt) [173 S.].

Górski 1962 = Słownik języka Adama Mickiewicza. Red. Konrad Górski/Stefan Hrabec. Wrocław etc. Bd. 1: A—C, 1962 [656, XLV S.], Bd. 2: D—G, 1964 [581 S.], Bd. 3: H—K, 1968, [607 S.], Bd. 4: L—M, 1965 [505 S.], Bd. 5: N—Ó, 1967 [678 S.], Bd. 6: P—Pre, 1969, [619 S.], Bd. 7: Prę—R, 1971 [577 S.], Bd. 8: S—Ś, 1974 [626 S.], Bd. 9: T—Wie, 1977 (727 S.), Bd. 10: Więc—Zęb, 1980, [661 S.], Bd. 11: Zgad—Żyż, Errata A—Ż, 1983 [448 S.].

Grzegorczykowa 1965 = Renata Grzegorczykowa/Zofia Kurzowa/Jadwiga Puzynina: Indeks a tergo do Słownika języka Polskiego S. B. Lindego. Warszawa 1965 [392 S.].

Grzegorczykowa/Puzynina 1973 = Indeks a tergo do Słownika języka polskiego pod redakcją Witolda Doroszewskiego. Bearb. von Renata Grzegorczykowa/Jadwiga Puzynina u. a. Warszawa 1973 [558 S.].

Hoppe 1966 = Stanisław Hoppe: Słownik języka łowieckiego. Warszawa 1966 [167 S., vermehrte Aufl. 1969, 1981].

Horbatsch 1979 = Polnische Gaunersprache. 1. Stanisław Estreicher: Szwargot więzienny. Kraków 1903 [192 S.] 2. Antoni Kurka: Słownik mowy złodziejskiej. 3. Aufl. Lwów 1907 [92 S.] 3. W. Ludwikowski/W. Walczak: Żargon mowy przestępców „blatna muzyka". Warszawa 1922 [126 S.] Hrsg. [in Facs.] von Olexa Horbatsch. Frankfurt a. M. 1979.

Kaczmarek 1974 = Leon Kaczmarek/Teresa Skubalanka/Stanisław Grabias: Słownik gwary studenckiej. Wrocław 1974 [328 S., unverkäuflich].

Karaś 1977 = Słownik wymowy polskiej PWN. Bearb. von Mieczysław Karaś u. a. Warszawa 1977 [LXXXIII, 564 S.].

Karaś/Reichan 1977 = Słownik gwar polskich. Źródła. Bearb. von Mieczysław Karaś u. a. Wrocław usw. 1977 [250 S.],Bd. 1: A—Bąga, bearb. von Mieczysław Karaś/Jerzy Reichan. Wrocław usw. 1982 [LXXXI, 463 S., 6 Karten], Bd. 2: Bąk—Brzód, bearb. von Jerzy Reichan/Stanisław Urbańczyk. 1983—1986 [X, 620 S.].

Karłowicz 1900 = Jan Karłowicz: Słownik gwar polskich. Kraków. Bd. 1: A—E, 1900 [454 S.], Bd. 2: F—K, 1901 [562 S.], Bd. 3: L—O, 1903 [502 S.], Bd. 4: P, 1906 [466 S.], Bd. 5: R—T, 1907 [462 S.], Bd. 6: U—Z, 1911 [470 S.].

Karłowicz 1900a = Słownik języka polskiego, bearb. von Jan Karłowicz/Adam A. Kryński/Władysław Niedźwiedzki. Warszawa. Bd. 1: A—G, 1900 [XII, 944 S.], Bd. 2: H—M, 1902 [XIII, 1099 S.], Bd. 3: N—O, 1904 [XIV, 936 S.], Bd. 4: P—Prożyszcze, 1908 [XV, 1036 S.], Bd. 5: Próba—R, 1912 [XV, 827 S.], Bd. 6: S—Ś, 1915 [XVI, 494 S.], Bd. 7: T—Y, 1919 [XVII, 1161 S.], Bd. 8: Z—Ż [XVIII, 744 S.].

Knapiusz 1621 = Thesaurus Polono-Latino-Graecus opera Gregorii Cnapii [...], Cracoviae 1621 [9 Karten, 1540 S., editio II: Cracoviae 1643], Th. II: Latino-Polonicus. Cracoviae 1626 [840, 20 S. Neue Aufl. 1644, 1652, 1668], Th. III: Continens Adagia Polonica selecta [...]. Cracoviae 1632 [11, 1388 S.].

Koneczna/Doroszewski 1965 = Słownik języka Jana Chryzostoma Paska. Red. Halina Koneczna/Witold Doroszewski. Wrocław usw. Bd. 1: A—N, 1965 [XXIV, 515 S.], Bd. 2: O—Z, 1973 [795 S.].

Kuraszkiewicz 1963 = Kuraszkiewicz Wyrazy polskie w słowniku polskim [!], Jana Mączyńskiego. Wrocław 1963, Teil 1: A—O [290 S.], Teil 2: T—Ż [321 S.].

Kurcz 1974 = Słownictwo współczesnego języka polskiego. Listy frekwencyjne. Bearb. von Ida Kurcz u. a. Warszawa. Bd. 1, Teil 1, 2: Teksty popularno-naukowe, 1974 [858 S.], Bd. 2, Teil 1, 2: Drobne wiadomości prasowe, 1974 [792 S.], Bd. 3: Publicystyka, 1975 [684 S.], Bd. 4, Teil 1—3: Proza artystyczna, 1976 [885 S.], Bd. 5, Teil 1, 2: Dramat artystyczny, 1977 [631 S.].

Linde 1807 = Samuel Bogumił Linde: Słownik języka polskiego. Warszawa. Bd. 1, Teil 1: A—F, 1807 [12, XVIII, 62, 668 S.], Teil 2: G—L, 1808 [8, 669—1322 S.], Bd. 2, Teil 1: M—O, 1809 [8, 602 S.], Teil 2: P, 1811 [10, 603—1286 S.], Bd. 5 [!]: R—T, 1812 [10, 704 S.], Bd. 6: U—Ż, 1814 [LXL, 1080 S.]. — 2. Aufl. mit kleinen Ergänzungen, Lwów 1854—1860. Dasselbe photomechanisch, Warszawa 1951].

Lorentz 1908 = Friedrich Lorentz: Slovenzisches Wörterbuch. St. Petersburg. Bd. 1: A—O, 1908 [IV, 738 S.], Bd. 2: P—Ž, 1912 [IV, 739—1554 S.].

Lorentz/Hinze 1965 = Friedrich Lorentz: Pomoranisches Wörterbuch. Berlin. Bd. 1: A—P, 1965 [XXIII, 691 S.], Bd. 2: **pana—transpuortirovac,** 1970 [XVIII, 592 S., fortgeführt von F. Hintze], Bd. 3: **transpuortovac—žvœk.** Nachträge: **aa—čaprina,** 1973 [593—816 S.], Bd. 4: **čaprovina—prezebleckc,** 1974 [819—1656 S.].

Mączyński 1564 = Jan Mączyński: Lexicon Latino-Polonicum [...]. Regiomonti Borussiae 1564 [15 K., n. num., 515 K.]. — Photomechanischer Nachdruck von Reinhold Olesch. Böhlau Verlag, Köln. Wien 1973.

Mayenowa 1966 = Słownik polszczyzny XVI wieku. Red. Maria Renata Mayenowa/Franciszek Pepłowski. Wrocław etc. Bd. 1: **A—Bany,** 1966 [CXLII, 303 S.], Bd. 2: **Bańczysty—Butynkować,** 1967 [XI, 526 S.), Bd. 3: **By—Cyzjojanus,** 1968 [XI, 729 S.], Bd. 4: **Cz—Dężysty,** 1969 [IX, 610 S.], Bd. 5: **Diabelski—Dożywotny,** 1971 [IX, 564 S.], Bd. 6: **Dra—Eżby,** 1972 [XI, 583 S.], Bd. 7: **F—Gończy,** 1973 [XI, 542 S.], Bd. 8: **Gore—Irzyk,** 1974 [XI, 595 S.], Bd. 9: **Iskać—Jużyna,** 1975 [VIII, 560 S.], Bd. 10: **K—Korzyść,** 1976 [XVI, 674 S.], Bd. 11: **Kos—Kyryje,** 1978 [XI, 632 S.], Bd. 12: **L—Łzywy,** 1979

[XII, 644 S.], Bd. 13: **M—Miegotny,** 1981 [IX, 591 S.], Bd. 14: **Miejsce—Monument,** 1982 [XIII, 628 S.], Bd. 15: **Mor—Nałysion,** 1984 [XI, 647 S.], Bd. 16: **Namazać—Nić",** 1985 [X, 558 S.]. — [In jedem Band Einlagen mit Quellenverzeichnis.]

Pasoń/Żelazko 1976 = Anna Pasoń/Kazimierz Żelazko: Indeks a tergo do Słownika Jana Chryzostoma Paska. Wrocław usw. 1976 [70 S.].

Polański 1980 = Słownik syntaktyczno-generatywny czasowników polskich. Bearb. von Kazimierz Polański u. a. Wrocław usw. Bd. 1: A—M, 1980 [406 S.], Bd. 2: N—Pla, 1984 [372 S.].

Ramułt 1893 = Stefan Ramułt: Słownik języka pomorskiego czyli kaszubskiego. Kraków 1893 [XLVIII, 298 S.].

Rieger/Pawłowska 1975 = Janusz Rieger/Ewa Wolnicz-Pawłowska: Nazwy rzeczne w dorzeczu Warty. Wrocław usw. 1975 [305 S.].

Rospond 1951 = Stanisław Rospond: Słownik nazw geograficznych Polski zachodniej i północnej. Wrocław 1951. Część 1: polskaniemiecka [LII, 418 S.], Część 2: Niemiecko-polska [793 S.].

Rospond 1967 = Słownik etymologiczny nazw geograficznych Śląska. Warszawa/Wrocław. Bd. 1: A—B, 1970 [LI, 136 S.], bearb. von Stanisław Rospond u. a., Bd. 2: C—E, 1985 [172 S.], bearb. von Henryk Borek u. a.

Rysiewicz 1954 = Słownik wyrazów obcych. 17 000 wyrazów. Bearb. von Zygmunt Rysiewicz/Edward Tryjarski u. a. 12 Aufl. Warszawa 1967 [720 S.,1. Aufl., 1954].

Rzetelska-Feleszko/Duma 1977 = Nazwy rzeczne Pomorza między dolną Wisłą a dolną Odrą. Bearb. von Ewa Rzetelska-Feleszko/Jerzy Duma. Wrocław usw. 1977 [256 S., 1 K.].

SJPDor 1958 = Słownik języka polskiego. Red. Witold Doroszewski. Warszawa. Bd. 1: A—C, 1958 [CLIX, 1206 S.], Bd. 2: D—G, 1960 [VIII, 1394 S.], Bd. 3: H—K, 1961 [1361 S.], Bd. 4: L—**Nić**, 1962 [8, 1331 S.], Bd. 5: **Nie**—Ó, 1963 [8, 1265 S.], Bd. 6: P—**Prę**, 1964 [8, 1477 S.], Bd. 7: **Pri**—R, 1965 [8, 1499 S.], Bd. 8: S—Ś, 1966 [8, 1970 S.], Bd. 9: T—**Wyf,** 1967 [8, 1495 S.], Bd. 10: **Wyg**—Ż, 1969 [8, 1495 S.], Bd. 11: Supplement A—Ż, 1969 [XIX, 566 S.].

Skorupka 1957 = Słownik wyrazów bliskoznacznych. Bearb. von Stanisław Skorupka u. a. Warszawa 1957 [XIII, 448 S., zuletzt 10 Aufl.].

Skorupka 1967 = Stanisław Skorupka: Słownik frazeologiczny języka polskiego. Warszawa 1967 Bd. 1: A—P, 1967 [905 S.], Bd. 2: R—Ż, 1968 [905 S., zuletzt 4. Aufl., 1985].

Sławski 1952 = Franciszek Sławski: Słownik etymologiczny języka polskiego. Kraków. Bd. 1: A—J, 1952—1956 [4, 599 S.], Bd. 2: K—Kot, 1958—1965 [500 S.], Bd. 3: **Kotar—Kysz,** 1966—1969 [4, 502 S.], Bd. 4: La—**Łapucha,** 1970—1974 [4, 480 S.], Bd. 5: **Łasia—Łżywy,** 1975—1982 [4, 462 S.].

Sławski/Boryś 1974 = Słownik prasłowiański. Bearb. von Franciszek Sławski u. a., Wrocław usw. Bd. 1: A—B, 1974 [484 S.], Bd. 2: **C—Dav'nota,** 1976 [367 S.], Bd. 3: **Dav'n"—Dob'rati,** 1979 [332 S.], Bd. 4: **Dob'lest'—Druž'stvo,** 1981 [267 S.], Bd. 5: **Dr"gati—D'rav",** 1984 [235 S. Im Bd. 1—3 befindet sich auch Zarys słowotwórstwa słowiańskiego von F. Sławski].

Sychta 1967 = Bernard Sychta: Słownik gwar kaszubskich na tle kultury ludowej. Wrocław usw. Bd. 1: A—C, 1967 [XXVIII, 2, 443 S.], Bd. 2: H—L, 1968 [412 S.], Bd. 3: Ł—C, 1969 [386 S.], Bd. 4: P—R, 1970 [443 S.], Bd. 5: S—T, 1972 [455 S.], Bd. 6: U—Ż, 1973 [348 S.], Bd. 7: Supplement, 1976 [VII, 444, 3 S.].

Sychta 1980 = Bernard Sychta: Słownictwo kociewskie na tle kultury ludowej. Wrocław usw. Bd. 1: A—F, 1980 [XII, 134 S.], Bd. 2: G—N, 1980 [146 S.], Bd. 3: O—Ż, 1985 [143 S.].

Szober 1937 = Słownik ortoepiczny. Warszawa 1937 [XVI, 662 S. Seit 1948 unter dem Titel: Słownik poprawnej polszczyzny. bearb. von W. Doroszewski. 8. Aufl., 1971].

Szymczak 1975 = Słownik ortograficzny języka polskiego wraz z zasadami pisowni i interpunkcji. Bearb. von Mieczysław Szymczak u. a. Warszawa 1975 [892 S.].

Szymczak 1978 = Słownik języka polskiego. Bearb. von Mieczysław Szymczak/Hipolit Szkiłądź u. a. Warszawa. Bd. 1: A—K, 1978 [XXXIX,1103 S.], Bd. 2: L—P, 1979 [1087 S.], Bd. 3: R—Ż, 1981 [826 S.].

Taszycki 1963 = Urzędowe nazwy miejscowości i obiektów fizjograficznych. Red. Witold Taszycki. Hefte 1—197. Urząd Rady Ministrów, Warszawa 1963—1972 [Unverkäuflich].

Taszycki 1965 = Słownik staropolskich nazw osobowych. Red. Witold Taszycki. Wrocław usw. Bd. 1: A—D, 1965—1967 [LI, 580 S.], Bd. 2: E—Ki, 1968—1970 [597 S.], Bd. 3: **Klamąt**—M, 1971—1972 [408 S.], Bd. 4: N—R, 1974—1976 [547 S.], Bd. 5: S—U, 1977—1978 [558 S.], Bd. 6: V—Ż, 1981—1983 [454 S.], Bd. 7: Supplement A—Ż, 1984—1987 [312 S.].

Tokarski 1971 = Słownik wyrazów obcych PWN. Red. Jan Tokarski/Hipolit Szkiłądź. Warszawa 1971 [VIII, 828 S., letzte Aufl. 1985].

Troc 1764 = Michał Abraham Troc (Trotz): Nowy dykcjonarz to jest mownik polsko-francusko-niemiecki [...] Nouveau dictionnaire polonais-allemand et francois [...]. Lipsk 1764 [3077 Sp.].

Urbańczyk 1953 = Słownik staropolski. Red. Stanisław Urbańczyk u. a. Wrocław usw. Bd. 1: A—C, 1953—1955 [XXXI, 443 S.], Bd. 2: D—H, 1956 [4, 552 S.], Bd. 3: I—K, 1960—1961 [4, 484 S.], Bd. 4: L—M, 1962—1963 [4, 382 S.], Bd. 5: N—O, 1965—1969 [721 S.], Bd. 6: Pacha—Pożżenie, 1970—1973 [574 S.], Bd. 7: Póc-Rozprószyć, 1973—1977 [560 S.], Bd. 8: Rozprochnieć—Szyszka, 1977—1981 [596 S.], Bd. 9, Ś—Używowanie 1982—1987 [512 S.], Bd. 10, H 1: W—Wesele, 1988 [80 S.].

Wieczorkiewicz 1966 = Bronisław Wieczorkiewicz: Słownik gwary warszawskiej 19. wieku. Warszawa 1966 [487 S.].

Zgółkowa 1983 = Maria Zgółkowa: Słownictwo współczesnej polszczyzny mówionej. Lista frekwencyjna i rangowa. Poznań 1983 [365 S.].

3.2. Polabische Wörterbücher

Olesch 1959 = Vocabularium Venedicum von Christian Hennig von Jessen. Nachdruck besorgt von Reinhold Olesch. Köln 1959 [412 S.].

Olesch 1962 = Juglers Lüneburgisch-Wendisches Wörterbuch. Hrsg. von Reinhold Olesch. Köln 1962 [VIII, 359 S., 1 Karte].

Olesch 1967 = Fontes linguae Dravaenopolabicae minores et Chronica Venedica J. P. Schultzii. Hrsg. von Reinhold Olesch. Köln. Graz [353 S., 5, 8 Abb., 2 Karten].

Olesch 1983 = Thesaurus linguae Dravaenopolabicae von Reinhold Olesch. Köln. Wien. T. I: A—O, 1983 [LXIII, 707 S.], T. II: P—S, 1984 [709—1135 S.], T. III: T—Z, 1984 [1136—1583 S.]. Anhang: Zusätzliche Belege in Veröffentlichungen des 18. u. 19. Jahrh., Corrigenda [1584—1648]. T. IV: Indices. Köln. Wien 1987 [VIII, 360 S., 1 Landkarte].

Polański 1962 = Kazimierz Polański: Słownik etymologiczny języka Drzewian połabskich. Wrocław etc. H. 1: A—Dŭzd, 1962, bearb. von Tadeusz Lehr-Spławiński/Kazimierz Polański [XVIII, 142 S.], H. 2—4: D'üzd—R'ott'ə, 1971—1976, bearb. von Kazimierz Polański [143—504 S.].

Polański/Sehnert 1967 = Kazimierz Polański/James A. Sehnert: Polabian-English Dictionary. Den Haag. Paris 1967 [239 S.].

3.3. Sonstige Literatur zum Polnischen

Bukowcowa/Kucała = Zofia Bukowcowa/Marian Kucała: Bibliografia podręczna gramatyki historycznej i historii języka polskiego. Teil 2: Słownictwo. Kontakty językowe. Instytut Języka Polskiego PAN. Kraków 1981.

Grzegorczyk 1967 = Piotr Grzegorczyk: Index lexicorum Poloniae. Warszawa 1967.

Kurzowa 1985 = Zofia Kurzowa: Polszczyzna Lwowa i kresów południowo-wschodnich do 1939 roku. 2. vermehrte Ausgabe. Warszawa. Kraków 1985.

Plezia 1959 = Marian Plezia: Dzieje leksykografii łacińskiej w Polsce. [In:] Słownik łacińsko-polski. Bearb. von Marian Plezia. Bd. 1, Warszawa 1959, V—XXXIX.

Popowska-Taborska 1980 = Hanna Popowska-Taborska: Kaszubszczyzna. Zarys dziejów. Warszawa 1980.

Rudnicki 1913 = Mikołaj Rudnicki: Przyczynki do gramatyki i słownika narzecza słowińskiego. [In:] Materiały i Prace Komisji Językowej Akademii Umiejętności w Krakowie. Bd. 6. 1913, 1—245.

Strutyński 1981 = Janusz Strutyński: Bibliografia dialektologii polskiej (do r. 1975 włącznie). Uniwersytet Jagielloński. Kraków 1981.

BiblOnom 1960 = Bibliografia onomastyki polskiej do r. 1958 włącznie, bearb. von Witold Taszycki, Kraków 1960 [...] od. r. 1959 do r. 1970 włącznie, 1972 [...] od. r. 1971 do r. 1980 włącznie, bearb. von Kazimierz Rymut u. a., Wrocław etc. 1984.

Urbańczyk 1967 = Stanisław Urbańczyk: Słowniki, ich rodzaje i użyteczność. 2. vermehrte Aufl. Wrocław etc. 1967.

3.4. Sonstige Literatur zum Polabischen

Olesch 1968 = Reinhold Olesch: Bibliographie zum Dravaenopolabischen. Köln. Graz 1968.

Stanisław Urbańczyk, Kraków (Polen)

210. Sorbische Lexikographie

1. Charakteristika der sorbischen Lexikographie
2. Die Wörterbuchtypen in der sorbischen Lexikographie
3. Die Entwicklung der sorbischen Lexikographie
4. Desiderata der sorbischen Lexikographie
5. Literatur (in Auswahl)

1. Charakteristika der sorbischen Lexikographie

Die Anfänge der sorbischen Lexikographie (im weiteren: s. L.) sind etwa ein Jh. nach der Reformation zu verzeichnen und stehen mit dieser insofern in Zusammenhang, als es erst im Kontext der Reformation und der durch sie hervorgerufenen gegenreformatorischen Bestrebungen im katholisch gebliebenen Teil der Oberlausitz zur Ausbildung (zunächst konfessioneller Varietäten) der sorbischen (im weiteren: s.) Schriftsprache kam. Deren Schöpfer waren Geistliche ev.-luth. bzw. röm.-kath. Konfession, die an Bildungseinrichtungen Sachsens, Brandenburg-Preußens bzw. Böhmens studiert hatten und sich in ihrer fachlichen Kommunikation des Lateinischen und Deutschen bedienten. Das letztere blieb bis in die Gegenwart hinein die dominante schulische und akademische Bildungssprache aller Träger und Benutzer der s. Schriftsprache einschließlich ihrer Lexikographen. Dieser

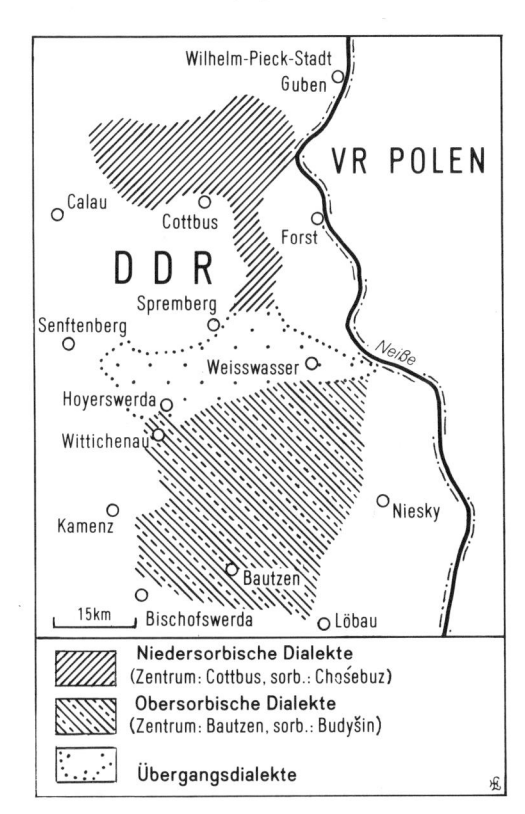

Karte 210.1: Das sorbische Sprachgebiet (nach Faßke/Jentsch/Michalk 1986)

Umstand erklärt das Fehlen einer einsprachigen s. L. — Funktional entsprechen die Wörterbücher mit s. Lemma jedoch nahezu den einsprachigen semasiologischen oder semasiologisch-wortbildungsbezüglichen Lexika elaborierterer Sprachen. Diejenigen mit deutschem (im weiteren: dt.) oder lateinischem (im weiteren: lat.) Lemma können entsprechend als alphabetisch geordnete onomasiologische oder als Synonymwörterbücher angesehen werden. — Das in seiner Überlieferung bis ins 9. Jh. zurückreichende s. onomastische Material aus dem gesamten ursprünglichen Geltungsbereich des Sorbischen, der im Laufe der Geschichte einer ständigen Verkleinerung unterlag (vgl. Karte 210.1), ist gleichfalls Gegenstand der s. L. Dieser sind ferner diejenigen Arbeiten zuzurechnen, die die gegenseitige Beeinflussung der beiden Kontaktsprachen Sorbisch und Deutsch sowie den Einfluß des Tschechischen auf die Lexik der s. Schriftsprache übersichtlich darstellen.

2. Die Wörterbuchtypen in der sorbischen Lexikographie

Die insgesamt 14 gedruckten obersorbischen (im weiteren: os.) Wörterbücher, deren Gegenstand die Schriftsprache als Ganzes ist (vgl. 1.), verteilen sich quantitativ wie folgt: Sieben sind os.-dt., sechs dt.-os., eines ist lat.-os. angelegt. Für die niedersorbische (im weiteren: ns.) Varietät existieren zwar nur vier ns.-dt. und zwei dt.-ns. Wörterbücher, unter denen sich jedoch das bedeutendste Werk der s. L. (Muka 1911/1928) befindet. — Unter den fachterminologischen Wörterbüchern erlangten diejenigen von Jenč (1966) und Lajnert (1954) größere Bedeutung. Die os. und ns. sprachwissenschaftliche Terminologie wurde auch in ein internationales Wörterbuch aufgenommen (Slovník 1977/1979). In einem dt.-os. und einem dt.-ns. Wörterbuch (Terminologiski słownik 1957, 1960) fanden die s. Fachterminologien eine zusammenfassende Darstellung. — Auf dem Gebiet der autoren-, text- oder mundartspezifischen s. L. sind vor allem das Wörterbuch zur ersten s. Übersetzung des Neuen Testaments (Muka 1898/1899), Handriks Wörterbuch des Schleifer Dialekts (Handrik 1905), die Wörterverzeichnisse in den nach dem 2. Weltkrieg erschienenen Dialektmonographien (Michalk 1962, Faßke 1964, Jentsch 1980) und die lexikalische Reihe des 'Sorbischen Sprachatlasses' (Faßke/Jentsch/Michalk 1965/1986) zu erwähnen. — Größere phraseologische und parömiologische Sammlungen wurden erst zu Beginn des 20. Jh. publiziert (Wjela 1901, 1902, 1905, 1908). — Als erstes s. etymologisches Wörterbuch kann das Werk Frencels (1693/1696) bezeichnet werden. Der Autor, der — ganz im Geiste seiner Zeit — primär die nahe Verwandtschaft der s. Sprache mit der hebräischen nachzuweisen sucht, zeigt jedoch zugleich ihre Verwandtschaft mit dem Tschechischen und Polnischen, z. T. sogar mit anderen slawischen und einigen weiteren indogermanischen Sprachen auf. Eine zu einem einheitlichen, alphabetisch geordneten semasiologisch-wortbildungsbezüglichen Wörterbuch umgearbeitete und erweiterte Variante dieses Werks liegt in handschriftlicher Form vor (Frencel 1730). Das gegenwärtige Projekt auf dem Gebiet der Etymologie, das im Erscheinen begriffene historisch-etymologische Wörterbuch der os. und ns. Sprache (Schuster-Šewc 1978 ff.), kann an vielen Stellen an Muka (1911/1928) anknüpfen. — S. Orts-, Flur- und Personennamensammlungen wurden in vielen Jahrgängen des *Časopis Maćicy Serbskeje* (ČMS) und anderenorts veröffentlicht (Rostok 1887/1888, Mucke 1984). Sorbische Namen, die schon frühzeitig auf das Interesse dt. Sprachwissenschaftler (Hey

1893, Kühnel 1890/1899) gestoßen sind, gehören zum zentralen Forschungsanliegen der Leipziger Arbeitsgruppe „Deutsch-Slawische Forschungen zur Namenkunde und Siedlungsgeschichte" (Eichler 1985, Eichler/Walther 1975). Ein historisch-etymologisches Wörterbuch s. Personennamen (Wenzel 1986) befindet sich derzeit im Druck. — Kontaktlinguistische s. L. wird in beachtenswertem Ausmaß erst im 20. Jh. betrieben. Hervorzuheben sind hierbei vor allem die Arbeiten von Bielfeldt (1933, 1972, 1975), Eichler (1965) und Stone (1971).

3. Die Entwicklung der sorbischen Lexikographie

Die Entwicklung der gesamtsprachlichen s. L. läßt sich wie folgt periodisieren: (1) Ende 17. bis Anfang 19. Jh. — (2) Mitte 19. bis Anfang 20. Jh. — (3) Zwischen den Weltkriegen — (4) Gegenwart. — Charakteristisch für die erste Periode ist die nach der ev. und der kath. Varietät der os. Schriftsprache getrennt verfahrende Registrierung des Wortschatzes religiöser Schriften, insbesondere der von der Obrigkeit approbierten Bibelübersetzungen aus dem Deutschen bzw. dem Lateinischen (Frencel 1693/1696, Swótlik 1721). Die ersten Versuche einer Zusammenfassung beider Varietäten in einem Wörterbuch blieben unveröffentlicht (Schmutz 1748, Körner 1979/1980). Die ns. Schriftsprache wurde in dieser Zeitspanne noch nicht in einem gedruckten Wörterbuch festgehalten. — Die Periode (2) zeichnet sich durch folgende von der Tätigkeit des s. Bildungsvereins Maćica Serbska geprägte Besonderheiten aus: (a) Aufgabe der konfessionellen Trennung in der os. L., (b) puristische Tendenzen in der os. L., (c) Ausbildung wissenschaftlicher Terminologien, (d) dokumentarische Beschreibung des Wortschatzes der ns. Sprache und ihrer Dialekte (Muka 1911/1928). — Während der dritten Periode steigern sich die puristischen Tendenzen in der os. L. (Rězak 1920, Kral 1927/1931), stoßen aber bereits auf Kritik, die auch in dem konstanten Wunsch nach einem deskriptiven Wörterbuch deutlich wird. So wurde 1932 an der Preußischen Akademie der Wissenschaften die Arbeit an einem „Wendischen" (d. h. os.) und an einem „Altwendischen Wörterbuch" aufgenommen (Müller 1967). Der gewaltsame Abbruch aller Bemühungen auf dem Gebiet der s. L. bildet das Ende dieser Periode. — Nach dem 2. Weltkrieg führte der Neuaufbau des s. kulturellen Lebens zu einem großen und auf rasche Befriedigung zielenden Bedürfnis nach praktisch verwendbaren s. Wörterbüchern, die das Eindringen der s. Sprache in neue kommunikative Sphären und vor allem ihren breiten Einsatz im Schulunterricht ermöglichen sollten. So entstanden os. und ns. Taschenwörterbücher (Mitaš 1950, 1952, Šwjela 1953, 1961), terminologische Wörterbücher (siehe unter 2.), das os. orthographische Wörterbuch (Völkel 1962, 1970, 1981), ein mittleres os.-dt. Wörterbuch (Jakubaš 1954) und Schulwörterbücher (Rachel/Gärtner 1976, Starosta 1985, Jenč 1986). Träger dieser lexikographischen Arbeiten sind der VEB Domowina-Verlag Bautzen und das Institut für s. Volksforschung der Akademie der Wissenschaften. Obwohl für die s. L. der Gegenwart eine immer stärkere Abkehr von dem unmittelbar nach dem 2. Weltkrieg neu belebten Purismus charakteristisch ist, muß dennoch konstatiert werden, daß eine bedeutende Anzahl puristischer Wortschöpfungen in die s. Sprache eingedrungen ist. Im Rahmen der Deutschen Akademie der Wissenschaften zu Berlin begann in der Mitte der fünfziger Jahre die Arbeit an zwei größeren Projekten der s. L.: (1) 'Thesaurus linguae sorabicae' (Müller 1967) und (2) 'Dt.-os. Wörterbuch der Gegenwartssprache' (Jenč 1961). Während Projekt (1) gegen Ende der sechziger Jahre eingestellt wurde, hält die Arbeit an Projekt (2) noch an. Von den beabsichtigten zwei Bänden wird der erste voraussichtlich 1989 erscheinen (Jenč/Michałk/Šěrakowa 1983).

4. Desiderata der sorbischen Lexikographie

In der s. L. fehlt noch heute insbesondere ein os. deskriptives Wörterbuch, das mit dem ns. von E. Muka (1911/1928) vergleichbar wäre. Ein wichtiges Desideratum bleibt daneben, obwohl das Projekt von Schuster-Šewc (1978 ff.) als historisch-etymologisches Wörterbuch konzipiert ist, ein 'Thesaurus linguae sorabicae'. Diesem sollten Wörterbücher zu Sprachen einzelner Autoren und bestimmter Epochen sowie ein Wörterbuch der s. Mundarten vorangehen. Auf dem Gebiet der Spezialwörterbücher wäre ein modernes phraseologisches Wörterbuch eine bedeutende Bereicherung der s. L.

5. Literatur (in Auswahl)

5.1. Wörterbücher

Bielfeldt 1933 = Hans Holm Bielfeldt: Die deutschen Lehnwörter im Obersorbischen. Leipzig 1933 [XXXVIII, 309 S.].

Eichler 1965 = Ernst Eichler: Etymologisches Wörterbuch der slawischen Elemente im Ostmitteldeutschen. Bautzen 1965 [189 S.].

Eichler 1985 = Ernst Eichler: Slawische Ortsnamen zwischen Saale und Neiße. Ein Kompendium. Bd. 1: A—J. Bautzen 1985 [206 S.; 2. Aufl. 1987]; Bd. 2: K—M. 1987 [204 S.].

Eichler/Walther 1975 = Ernst Eichler/Hans Walther: Ortsnamenbuch der Oberlausitz I. Namenbuch. Berlin 1975 [432 S.].

Frencel 1693/1696 = Abraham Frencel: De originibus linguae sorabicae [...], Liber primus [...]. Budissinae MDCXCIII. Libri secundi caput primum — caput quartum [...] Sittaviae MDCXCIV—MDCXCVI.

Frencel 1730 = Abraham Frencel: Lexicon Harmonico-Etymologicum Slavicum in quo linguae praecipue Sorabicae nec non Polonicae ac Bohemicae [...] Vocabula quot-quot fere in iis sunt, occurruntque in Sacris Bibliis, librisque aliis Sorabicis atque [...] accinunt in Idioticis [...] Georgii Cnapii, et Danielis Adami a Weleslavin [...] ordine recensentur, [...] illustrantur, [...], et origo eorum [...] ostenditur [...]. [Hs. in der Oberlausitzischen Bibliothek der Wissenschaften in Görlitz; 88, 4534 S.].

Hey 1893 = Karl Friedrich Gustav Hey: Die slavischen Siedelungen im Königreich Sachsen mit Erklärungen ihrer Namen. Dresden 1893 [335 S.; Reprint der Originalausgabe. Leipzig 1981].

Jakubaš 1954 = Filip Jakubaš: Hornjoserbsko-němski słownik. Budyšin 1954 [XVI, 534 S.].

Jenč 1966 = Rudolf Jenč: Ratarska terminologija. Budyšin 1966 [236 S.].

Jenč 1986 = Hemut Jenč u. a.: Němsko-hornjoserbski přiručny słownik. Budyšin 1986 [339 S.].

Körner 1979/1980 = Georg Körner: Wendisches oder slavonisch-deutsches ausführliches und vollständiges Wörterbuch. Eine Hs. des 18. Jh. Hrsg. v. Reinhold Olesch. Köln. Wien 1979—1980 [XIX, 1185 S.].

Kral 1927/1931 = Jurij Kral: Serbsko-němski słownik hornjołužiskeje rěče. Budyšin 1927—1931 [XXXII, 968 S.; Fotomechanischer Neudruck 1986].

Kühnel 1890/1899 = Paul Clemens Joseph Kühnel: Die slavischen Orts- und Flurnamen der Oberlausitz. In: Neues Lausitzisches Magazin LXVI (1890)—LXXV (1899) [529 S.; Fotomechanischer Neudruck. Leipzig 1982].

Lajnert 1954 = Jan Lajnert: Rostlinske mjena. Serbske, němske, łaćanske. Berlin 1954 [136 S.].

Mitaš 1950 = Alfred Mitaš: 10 000 Worte Deutsch-Sorbisch. Deutsch-Obersorbisch Taschenwb. Bautzen 1950 [6, 190 S.; 2. Aufl. 1953].

Mitaš 1952 = Alfred Mitaš: 10 000 słowow serbsko-němski. Přiručny słownik. Budyšin 1952 [223 S.].

Muka 1911/1928 = Ernst Muka: Słownik dolnoserbskeje rěcy a jeje narěcow I, II, III. St. Petersburg, Prag 1911—1928 [XXIV, 1064, 1202, 246 S.; Anastatischer Neudruck I. A—N. Bautzen 1966].

Pfuhl 1866 = Christian Traugott Pfuhl: Lausitzisch Wendisches Wörterbuch. Budissin 1866 [XXX, 1210 S.; Fotomechanischer Neudruck. Bautzen 1968].

Rachel/Gärtner 1976 = Bernhard Rachel/Ludwig Gärtner: Deutsch-Obersorbisches Wörterbuch. Bautzen 1976 [204 S.].

Rězak 1920 = Filip Rězak: Němsko-serbski wšowědny słownik hornjoserbskeje rěče. Budyšin 1920 [1150 S.].

Schmutz 1748 = Johann Friedrich Schmutz: Probe eines Oberlausitzisch Wendischen Woerterbuchs [Hs., Abschrift von 1780 im Sorbischen Kulturarchiv in Bautzen].

Schuster-Šewc 1978 ff. = Heinz Schuster-Šewc: Historisch-etymologisches Wörterbuch der ober- und niedersorbischen Sprache. Bautzen 1978—[1986 bis Heft 18; XXXI, 1408 S.].

Slovník 1977/1979 = Slovník slovanské lingvistické terminologie. Praha 1977—1979 [XXXVIII, 553, XIII, 483 S.].

Starosta 1985 = Manfred Starosta: Dolnoserbsko-němski słownik. Šulski słownik dolnoserbskeje rěcy. Bautzen 1985 [336 S.].

Stone 1971 = Gerald Stone: Lexical Changes in the Upper Sorbian Literary Language during and following the National Awakening. In: Lětopis A 18 (1971), 1—127.

Šwjela 1953 = Bogumił Šwjela: Deutsch-niedersorbisches Taschenwörterbuch. Bearbeitet v. Alfred Mitaš. Bautzen 1953 [371 S.].

Šwjela 1961 = Bogumił Šwjela: Dolnoserbsko-němski słownik. Bautzen 1961 [628 S.; 2. Aufl. 1963].

Swótlik 1721 = Yuriy Haužtén Swótlik: Vocabularium latino-serbicum [...]. w Budéschňe [...] 1721 [516 S.; Fotomechanischer Neudruck mit e. Vorwort von Frido Michałk. Bautzen 1988].

Terminologiski słownik 1957 = Pomocny terminologiski słownik německo-serbski. Berlin 1957 [352 S.].

Terminologiski słownik 1960 = Pomocny terminologiski słownik německo-dolnoserbski. Berlin 1960 [353 S.].

Völkel 1962 = Pawoł Völkel: Hornjoserbski prawopisny słownik. Budyšin 1962 [917 S.].

Völkel 1970 = Pawoł Völkel: Hornjoserbsko-němski słownik. Prawopisny słownik hornjoserbskeje rěče. Budyšin 1970 [934 S.; 4. Aufl. 1981, 651 S.].

Wjela 1902 = Jan Wjela-Radyserb: Přisłowa a přisłowne hrónčka a wusłowa Hornjołužiskich Serbow. Budyšin 1902 [314 S.].

Zwahr 1847 = Johann Georg Zwahr: Niederlausitz-wendisch-deutsches Handwb. Spremberg 1847 [XIV, 476 S.].

5.2. Sonstige Literatur

Bielfeldt 1972 = Hans Holm Bielfeldt: Die Entlehnungen des Niedersorbischen aus dem Niederdeutschen. In: Zeitschrift für Slawistik (= ZfSl.) 17. 1972, 329—345.

Bielfeldt 1975 = Hans Holm Bielfeldt: Die Entlehnungen des Sorbischen aus dem Deutschen im 16. Jh. In: ZfSl. 20. 1975, 303—363.

Faßke 1964 = Helmut Faßke: Die Vetschauer Mundart. Bautzen 1964.

Faßke/Jentsch/Michalk 1965/1986 = Helmut Faßke/Helmut Jentsch/Siegfried Michalk: Sorbischer Sprachatlas 1—10. Bautzen 1965—1986 [241, 311, 341, 309, 373, 293, 271, 229, 303, 433 S.].

Handrik 1905 = Matej Handrik: Słownik Slepjanskeje narěče. In: (= Časopis Maćicy Serbskeje ČMS) LVIII. 1905, 81—103; LIX. 1906, 41—58.

Jenč 1961 = Rudolf Jenč: Wo leksikografiskich a terminologiskich dźěłach Instituta za serbski ludospyt. In: Lětopis (= Lp.) A 8. 1961, 150—155.

Jentsch 1980 = Helmut Jentsch: Die sorbische Mundart von Rodewitz/Spree. Bautzen 1980.

Jenč/Michałk/Šěrakowa 1983 = Helmut Jenč/Frido Michałk/Irena Šěrakowa: Probne hesła němsko-hornjoserbskeho słownika. In: Lp. A 30. 1983, 148—152.

Michalk 1962 = Siegfried Michalk: Der obersorbische Dialekt von Neustadt. Bautzen 1962.

Mucke 1984 = Ernst Mucke: Abhandlungen und Beiträge zur sorbischen Namenkunde (1881—1929). Fotomechanischer Neudruck. Leipzig 1984.

Muka 1898/1899 = Ernst Muka: Słownik Jakubicoweho Noweho Zakonja [...]. In: ČMS LI. 1898, 88—108; LII (1899), 3—42.

Müller 1967 = Klaus Müller: Die Bedeutung des sorbischen Thesaurus. In: Forschungen und Fortschritte 41. 1967, 283—285.

Rostok 1848 = Michał Rostok: Pokazka ze serbskeho rostlinopisa. In: ČMS I. 1848, 149—178, 205—217.

Rostok 1865 = Michał Rostok: Chemiske wurazy. In: ČMS XVIII. 1865, 319—336.

Rostok 1887/1888 = Michał Rostok: Leźownostne mjena. In: ČMS XL. 1887, 3—50; XLI. 1888, 32—33.

Wenzel 1986 = Walter Wenzel: Prinzipien der Ausarbeitung des Historisch-etymologischen Wörterbuchs sorbischer Personennamen. In: Lp. A 33. 1986, 41—45.

Wjela 1901 = Jan Wjela-Radyserb: Tři sta metaforiskich hronow serbskeje ludoweje rěče. In: ČMS LIV. 1901, 5—15.

Wjela 1905 = Jan Wjela-Radyserb: Metaforiske hrona serbskeje ludoweje rěče. Druha zběrka. In: ČMS LVIII. 1905, 3—32, 106—137.

Wjela 1908 = Jan Wjela-Radyserb: Serbske metaforiske hrona. In: ČMS LXI. 1908, 88—122.

*Siegfried Michalk, Bautzen
(Deutsche Demokratische Republik)*

211. Tschechische Lexikographie

1. Die Entwicklung der tschechischen Lexikographie in Grundzügen
2. Die Anfänge der tschechischen Lexikographie (Glossarien im 14. Jh.)
3. Tschechische Lexikographie in der Epoche des Humanismus (im 15. und 16. Jh.)
4. J. A. Komenský (Comenius) als Lexikograph und das Wörterbuch von V. Rosa (17. Jh.)
5. Die Bedeutung des Wörterbuches von J. Jungmann für die tschechisch-nationale Erneuerung
6. Tschechische Lexikographie der Gegenwart. I. Einsprachige erklärende und spezielle Wörterbücher
7. Tschechische Lexikographie der Gegenwart. II. Mehrsprachige Wörterbücher
8. Literatur (in Auswahl)

1. Die Entwicklung der tschechischen Lexikographie in Grundzügen

Die reiche Tradition der tschechischen Lexikographie, die in der zweiten Hälfte des 14. Jh. mit den Glossarien von Klaret (Flajšhans 1926, 1928) beginnt, ist in ihrer weiteren Entwicklung eng mit der Kulturgeschichte des tschechischen Volkes und der Geschichte der tschechischen Schriftsprache verbunden. Bezüglich ihrer formalen Ausprägungen halten die Werke der tschechischen Lexikographie Schritt mit den zeitgenössischen lexikographischen Werken in den alten europäischen Schriftsprachen. Die als musterhaft geltenden fremdsprachigen Wörterbücher dienten stets als Anregungen, die selbständig und unter Berücksichtigung der spezifischen gesellschaftlichen und kulturellen Bedingungen und Bedürfnisse aufgegriffen wurden. In den genannten frühen Wörterbüchern wird das vorgefundene lexikalische Material einerseits registriert und fixiert, andererseits in unterschiedlichem Maße durch Neologismen bereichert.

Seit dem 16. Jh. beschäftigte sich die tschechische Lexikographie mit dem Gedanken, einen Thesaurus zu erstellen. Weitreichenden Vorbereitungen zur Realisierung eines solchen Plans hat zunächst Jan Amos Komenský (Comenius) getroffen. Nach ihm beschäftigte sich J. Dobrovský, der die Pläne von Veleslavín und Komenský vor Augen hatte, mit dem Projekt eines umfassenden Wörterbuchs. J. Jungmann, der herausragende Lexikograph der ersten Hälfte des 19. Jh., bezeichnete sein Wörterbuch zwar nicht als Thesaurus, schuf jedoch ein Werk, das den für diesen Typ aufgestellten Forderungen entsprach. Der Gedanke an einen Thesaurus wurde gegen Ende des 19. Jh. neuerlich aktuell und führte später (1911) zur Gründung der sog. Kanzlei des Wörterbuchs der tschechischen Sprache, wo von Anfang an auch die Exzerpierungshauptkartei bzw. das lexikalische Archiv errichtet wurde.

In der letzten Periode der Entwicklung der tschechischen Lexikographie wurde — meist in Kollektiven — an großen Wörterbüchern aller Typen intensiv gearbeitet. Dabei wurden grundlegende theoretische lexikographische Probleme geklärt und Grundlagen zum Aufbau einer Theorie der Lexikographie gelegt. Auf diese Weise hat die tschechische Lexikographie zum Fortschritt und zur Bereicherung der gegenwärtigen Theorie der Lexikographie beigetragen.

2. Die Anfänge der tschechischen Lexikographie (Glossarien im 14. Jh.)

Im 14. Jh., das für die tschechische Kultursprache (Schriftsprache) die erste Epoche ihrer reichen Entfaltung darstellte, entstanden außer dichterischen Denkmälern auch tschechisch geschriebene philosophische und juristische Werke. Der Zustand des damaligen Wortschatzes findet sein Abbild in den handschriftlichen, lateinisch-tschechischen Wörterbüchern des sog. Klaret (Flajšhans 1926, 1928), der von B. Ryba 1943 als Bartolomeus von Chlumec identifiziert wurde. Die bedeutendsten seiner Werke *(Bohemarius maior, Glossarius* und grammatischer *Vocabularius)* sind nach Begriffsgruppen gegliedert und in Versform verfaßt. Die Tatsache, daß manche der tschechischen Äquivalente Neologismen sind, ist symptomatisch für das Streben nach dem Aufbau einer tschechischen Terminologie für diejenigen Fächer, die an der im Jahre 1348 gegründeten Prager Universität gepflegt wurden.

3. Tschechische Lexikographie in der Epoche des Humanismus (im 15. und 16. Jh.)

Die Entwicklung der tschechischen Lexikographie im 15. und 16. Jh. wurde einerseits durch die Entfaltung des zeitgenössischen politischen und kulturellen Lebens und andererseits auch durch eher äußere Umstände, wie vor allem die Erfindung und Verbreitung des Buchdrucks, entscheidend geprägt. Der zuletzt genannte Zusammenhang wird etwa in dem Faktum greifbar, daß die große Persönlichkeit des kulturellen Lebens in der zweiten Hälfte des 16. Jh., der Lexikograph Daniel Adam aus Veleslavín, Buchdrucker war. In Übereinstimmung mit den in anderen Ländern erschienenen Typen von Wörterbüchern hat Veleslavín 1598 das sachlich angeordnete Wörterbuch *Nomenclator quadrilinguis* und das alphabetische *Silva quadrilinguis* bearbeitet. Der *Nomenclator* enthält, gegliedert in Abschnitte zu den Bereichen Gott, Natur, Mensch und Kunst, Sachbezeichnungen, die *Silva* daneben auch Wortverbindungen; jeweils werden Äquivalente in lateinischer, griechischer und deutscher Sprache aufgeführt. Die Bedeutung dieser Wörterbücher besteht in der Sammlung und Registrierung des zeitgenössischen tschechischen Wortschatzes.

Außer diesen Hauptwerken sind noch Wörterbücher geringeren Umfangs zu erwähnen: die lateinisch-tschechischen Wörterbücher von Vodňanský 1511 und Reschelius 1560, 1562 (das nach dem Muster des deutschen Wörterbuchs von Dasypodius 1536 zusammengestellt wurde) und das viersprachige Wörterbuch von Zikmund z Jelení (Gelenius) 1537.

4. J. A. Komenský (Comenius) als Lexikograph und das Wörterbuch von V. Rosa (17. Jh.)

Der Pädagoge J. A. Komenský (Comenius), die herausragende Persönlichkeit seiner Zeit, hat der Sprache im allgemeinen, speziell jedoch der tschechischen Nationalsprache großes Interesse entgegengebracht. Für einen *Thesaurus linguae bohemicae,* in dem seine Sprachanschauung ihren Niederschlag finden sollte, hat Komenský lexikalisches Material gesammelt und grundlegende Prinzipien durchdacht. Das Material, das Komenský für diesen Thesaurus, der sowohl den schrift- als auch den umgangssprachlichen Wortschatz des Tschechischen vollständig beschreiben sollte, vorbereitet hatte, fiel jedoch weitgehend dem Feuer in Leszno zum Opfer. Auf den wenigen erhalten gebliebenen Beständen hat später V. Rosa in seinem Wörterbuch *Thesaurus linguae bohemicae,* das im Manuskript überliefert ist, aufgebaut. Dieses Wörterbuch zeichnet sich unter anderem durch die Aufnahme einiger Neologismen aus, die eine für diese Periode charakteristische puristische Tendenz erkennen lassen. In noch weitergehendem Maße ist das dreisprachige Wörterbuch von Vusin 1700 von der gleichen Tendenz getragen.

5. Die Bedeutung des Wörterbuchs von J. Jungmann für die tschechisch-nationale Erneuerung

Das große fünfbändige tschechisch-deutsche Wörterbuch von Josef Jungmann 1835—1839, dem als lexikographischem Werk eine herausragende Bedeutung zukommt, gilt es insbesondere auch aufgrund der Rolle, die es im Proze der tschechisch-nationalen Erneuerung gespielt hat, zu bewerten. Jungmanns monumentales Werk verfolgte auf dem Gebiet des Wortschatzes das Ziel, die tschechische Sprache in ihrer gesellschaftlich-kommunikativen Leistungsfähigkeit anderen modernen, vollentwickelten Schriftsprachen gleichzustellen. Lexikographisch betrachtet repräsentiert das Wörterbuch einen Thesaurus, in dem der gesamte tschechische Wortschatz in seiner historischen Entwicklung und seinem zeitgenössischen Zustand (einschließlich der Neologismen, die zum Teil Entlehnungen aus anderen slawischen Sprachen sind) zusammengestellt und beschrieben ist. In den Wörterbuchartikeln, in denen die Anordnung und die — teilweise mittels deutscher Äquivalente verfahrende — Erläuterung der Bedeutungen hervorzuheben ist, werden Belege aus älteren Wörterbüchern (besonders aus demjenigen von Veleslavín), aus literarischen Werken und aus dem Usus zitiert. Als Vorbild diente Jungmann, dessen lexikographische Arbeit in den kleineren Wörterbüchern von Tomsa 1791 und Dobrovský 1802 unmittelbare Vorläufer hatte, insbesondere das Wörterbuch der polnischen Sprache des polnischen Lexikographen Linde 1807—1814. Auf Jungmanns Werk stützt sich das nachfolgende Wörterbuch von Kott (sieben Bände mit Ergänzungen 1878—1893 und drei weitere Bände 1896—1906), das zwar neues Material bietet, aber in der lexikographischen Bearbeitung viele Mängel aufweist.

Als Zeugnisse eines breiten Strebens nach kommunikativer Belebung in Bildung und Wissenschaft können ferner zwei kollektive terminologische Wörterbücher angeführt werden, die zum Aufbau und zur Stabilisierung der tschechischen Terminologie beitragen sollten: das für die Bedürfnisse des Schulunterrichts bestimmte deutsch-tschechische Wörterbuch der wissenschaftlichen Terminologie (unter Leitung von Šafařík 1853) und das Wörterbuch der juristisch-politischen Terminologie (unter Leitung von Erben 1850). Von diesen Werken führt in den folgenden Epochen der Weg über Fachwörterbücher, die in einzelnen Gebieten die Terminologie ergänzen und stabilisieren sollten, zu den großen mehrsprachigen terminologischen Wörterbüchern der Gegenwart.

6. Tschechische Lexikographie der Gegenwart. I. Einsprachige erklärende und spezielle Wörterbücher

6.1. Im Jahre 1935, einhundert Jahre nachdem der 1. Band des Wörterbuchs von Jungmann erschienen war, lag das 1. Heft des neuen großen erklärenden Wörterbuchs der tschechischen Sprache vor (*Příruční slovník jazyka českého* 1935—1957). Das bis zum Jahre 1770 zurückreichende lexikalische Material für dieses Werk wurde in der Kanzlei des Wörterbuchs der tschechischen Sprache (s. o.) gesammelt. Bei Abschluß der Exzerption, die sich Erfahrungen aus der Arbeit an anderen Thesauri (z. B. des Lateinischen in München) zunutze machte, verfügte man über mehr als neun Millionen Einzelbelege. Bei der Auswahl der Lemmata für das Wörterbuch konzentrierte man sich auf die Zeit nach 1880, deren Vokabular auf breiter historischer Basis behandelt wurde. Der lexikographische Wert liegt besonders in der Erarbeitung eines lexikalisch-semantischen Aufbaus der Wörterbuchartikel, in der Anordnung und Erklärung der Bedeutungen sowie in der Erarbeitung der stilistischen Charakteristiken. Puristisch-wertende Tendenzen wurden mittels sachbezogen-objektivierender Untersuchungsmethoden vermieden.

Gleich nach der Vollendung dieses großen Wörterbuchs begann ein vierbändiges mittleren Umfangs (*Slovník spisovného jazyka českého* 1958—1971) zu erscheinen, in dem in höherem Maße normative Aspekte zur Geltung kommen. Dieses Werk, das orthographische und orthoepische, grammatische, stilistische und etymologische Informationen enthält, erfüllt durch die Angabe von Phrasemen zugleich die Funktion eines phraseologischen Wörterbuchs; indem die Bedeutungen auch durch Synonyme und Antonyme erläutert werden, ersetzt es partiell ein synonymisches und antonymisches Wörterbuch.

Aufgrund der Erfahrungen mit diesen Wörterbüchern wurde (unter Redaktion von Filipec und Daneš 1978) der Typ eines kleinen Wörterbuchs für Schule und Öffentlichkeit erarbeitet. Vorausgegangen war ein praktisches Wörterbuch von Váša und Trávníček 1937, das gleichzeitig mit dem ersten Band des großen akademischen Wörterbuchs erschienen ist.

6.2. Als aktuelle Aufgaben der gegenwärtigen Lexikographie in Sprachgemeinschaften mit entwickelten oder sich rasch entwickelnden Schriftsprachen sind phraseologische und synonymische Wörterbücher anzusehen. Sie gehören zu denjenigen speziellen Wörterbüchern, die nicht nur sprachwissenschaftlich, sondern auch praktisch von Bedeutung sind. In der tschechischen Lexikographie wird derzeit an einem dreibändigen phraseologischen Wörterbuch gearbeitet (*Slovník české frazeologie a idiomatiky*, unter Leitung von Čermák, Hronek und Machač); der 1. Band enthält Vergleiche, der 2. nominale und grammatische Phraseme, der 3. wird verbale Phraseme beinhalten. Für die Sprachvermittlung werden ferner englische, deutsche, französische und russische Äquivalente aufgeführt. In dem vierbändigen synonymischen Wörterbuch von Haller 1969—1987, das sich vor allem als Handbuch für Übersetzer, Publizisten und Schriftsteller versteht, wurde in Orientierung an der Arbeit 'Begriffssystem als Grundlage für die Lexikographie' von R. Hallig und W. von Wartburg 1963 eine sachliche Anordnung der Lemmata gewählt.

Die nach 1918 und insbesondere nach 1945 intensivierte Arbeit an den Fachwörterbüchern knüpft an die ältere Tradition der tschechischen terminologischen Wörterbücher an (s. 5.). Während sich zunächst die hervorragenden tschechischen Linguisten (wie E. Smetánka, Vl. Šmilauer und B. Havránek) auf diesem Gebiet engagierten, obliegt die Pflege der Terminologie — als Bestandteil der Sprachkultur — in jüngerer Zeit den speziell geschulten Linguisten in den Instituten der Akademie der Wissenschaften.

Nach 1945 wurden große einsprachige und mehrsprachige terminologische Wörterbücher für die wichtigsten Fachbereiche der Industrie und Wirtschaft erarbeitet; zu nennen sind u. a. das Wörterbuch der Bergmannsprache, der Hüttenarbeitersprache, der Landwirtschaft und — für eine sich neu konstituierende Disziplin — das Astronautische Wörterbuch. Hinsichtlich der Anzahl der konfrontierten Sprachen und der Bearbeitungsmethode nimmt das zweibändige Wörterbuch der slawischen linguistischen Terminologie (unter Leitung von Jedlička 1977, 1979, in Zusammenarbeit mit Linguisten aller slawischen Sprachen sowie der Äquivalenzsprachen [des Englischen, Französischen und Deutschen]) eine besondere Stellung ein. Im ersten Band werden Termini nach Begriffsgruppen systematisch angeordnet, der zweite Band enthält Register.

Das durch den Internationalisierungsprozeß im gegenwärtigen schriftsprachlichen Wortschatz gesteigerte Bedürfnis nach Fremdwörterbüchern wurde im neuen tschechischen Wörterbuch von Klimeš 1981 berücksichtigt.

Das tschechische Häufigkeitswörterbuch, das — wie auch die folgenden rückläufigen Wörterbücher — vorwiegend wissenschaftlichen Zwecken dient, bearbeiteten Jelínek, Bečka, Těšitelová 1961. Nach dem rückläufigen morphematischen Wörterbuch von Slavíčková 1975 gaben Těšitelová, Petr, Králík 1986 auf der Basis von gegenwärtigen Sachtexten ein mit Hilfe von elektronischer Datenverarbeitung erstelltes rückläufiges Wörterbuch heraus, das außer dem lexikalischen Abschnitt zwei morphologische Teile (zu den Formen der Substantive und der Verben) enthält.

6.3. Den Typ des historischen Wörterbuchs repräsentiert das seit 1968 in Heften erscheinende altschechische Wörterbuch (Stč. slov. 1968 ff.), das an das unvollendete altschechische Wörterbuch von Gebauer 1903, 1916 anknüpft. Das Alttschechische, das von Anfang des 14. bis zum Ende des 15. Jh. reicht, wird hierin nach modernen Prinzipien für die Erarbeitung historischer Wörterbücher gründlich beschrieben. — Ein lexikographisches Werk von großer wissenschaftlicher und kulturhistorischer Bedeutung stellt das seit 1958 in Heften erscheinende Wörterbuch der altkirchenslawischen Sprache (Slov. jaz. stsl. 1958 ff.) dar. Es hat die Aufgabe, das gesamte lexikalische Material aus den Denkmälern der zyrillomethodischen Epoche und aus den Denkmälern der tschechischen Redaktion zu erfassen. Neben den Bedeutungserläuterungen in tschechischer, in russischer und — zum Teil — in lateinischer Sprache werden Parallelen aus dem Griechischen, Lateinischen und Althochdeutschen zitiert (s. auch Art. 208).

Unter den etymologischen Wörterbüchern ist dasjenige von Machek 1957 hervorzuheben, dem ein knapperes, von Holub, Kopečný 1952 bearbeitetes Wörterbuch gleichen Typs voranging. Mit der speziellen akademischen Arbeitsstelle in Brno ist die Arbeit an einem nach grammatischen Gesichtspunkten geordneten etymologischen Wörterbuch verbunden (Kopečný 1973, 1980).

Zu den historisch orientierten Spezialwörterbüchern, in denen sich das fortschrittliche Niveau der tschechischen Onomastik widerspiegelt, gehören die Wörterbücher der Ortsnamen in Böhmen, Mähren und Schlesien (Profous 1947—1957, Hosák, Šrámek 1970, 1980) und der Personennamen (Svoboda 1964).

7. Tschechische Lexikographie der Gegenwart. II. Mehrsprachige Wörterbücher

Die großen zweisprachigen Übersetzungswörterbücher jüngerer Zeit werden — wie schon die einsprachigen erklärenden Wörterbücher — meist durch teilweise von den Sprachinstituten der tschechoslowakischen Akademie der Wissenschaften getragene Kollektive realisiert. Während der Arbeit an diesen Wörterbüchern sind spezifische Probleme der zweisprachigen Lexikographie geklärt und entsprechende Prinzipien erarbeitet worden. Manche dieser Werke, die Übersetzungsäquivalente in der jeweiligen Zielsprache bieten und damit auch den aktuellen Bedürfnissen der praktischen Sprachvermittlung dienen, zeigen daneben hinsichtlich ihrer Beschreibung des ausgangssprachlichen Wortschatzes ein hohes wissenschaftliches Niveau.

Zentrale Aufmerksamkeit wurde nach 1945 besonders der Bearbeitung der russisch-tschechischen und tschechisch-russischen Wörterbücher gewidmet: Unter den Redaktionen von Kopeckij, Havránek, Horálek 1952—1964 und Kopeckij, Filipec, Leška 1976 erschienen das große sechsbändige russisch-tschechische Wörterbuch und das zweibändige, am lexikalischen Standard der Gegenwart orientierte tschechisch-russische Wörterbuch. Im Hinblick auf die gegenwärtige, vom intensiven Kontakt zweier engverwandter Sprachen bestimmte Sprachsituation der Tschechoslowakei kommt dem slowakisch-tschechischen Wörterbuch von Gašparíková, Kamiš 1967 eine wichtige Funktion zu. Daneben wurden gleichfalls größere Wörterbücher erstellt, die dem Sprachkontakt mit anderen slawischen Sprachen, z. B. dem Serbokroatischen (Sedláček u. Koll. 1982), dienen.

Weiteres Interesse galt der Bearbeitung von zweisprachigen Wörterbüchern mit nichtverwandten Fremdsprachen (besonders den Weltsprachen). Auf dem Gebiet der tschechisch-englischen Lexikographie hat I. Poldauf 1959 sowohl in der Theorie als auch in der praktischen lexikographischen Tätigkeit Wichtiges vollbracht: er ist Autor des tschechisch-englischen Wörterbuchs und Redakteur des neuen dreibändigen englisch-tschechischen Wörterbuchs von Hais, Hodek 1984, 1985. Neue Wörterbücher wurden ferner für das Französische (Neumann, Hořejší 1974) und das Spanische (Dubský 1977, 1978) herausgegeben. Im Bereich der deutsch-tschechischen Lexikographie, in dem derzeit an neuen Wörterbüchern gearbeitet wird, sind die älteren, unter der Leitung und Redaktion von Siebenschein 1970 entstandenen Wörterbücher zu nennen. Das aktuelle Interesse für die Sprachen Asiens und Afrikas zeigt sich in der Erarbeitung entsprechender lexikographischer Werke: so wurden in den letzten Jahren beispielsweise Wörterbücher zum Chinesischen (*Česko-čínský slovník* 1974—1984; zum Aufbau und Ausarbeitung dieses Wörterbuches s. Art. 327, Abt. 3.4), zum Arabischen (Kropáček 1972—1984) und zum Vietnamesischen (*Česko-vietnamský slovník* 1976—1983) fertiggestellt.

Die extensive und intensive Betätigung der gegenwärtigen tschechischen Linguistik auf dem Gebiet der Lexikographie, die in der Erarbeitung verschiedener Wörterbuchtypen ihren Ausdruck findet, geht einher mit der Klärung grundsätzlicher lexikographischer Probleme und mit der theoretischen Erörterung grundlegender Prinzipien der lexikographischen Arbeit. Dies belegen unter anderem die Beiträge in einschlägigen Sammelbänden (*Lexikografický sborník,* Bratislava 1953, *Slovo a slovník,* ibid. 1973 und *Obsah a forma v slovnej zásobe,* ibid. 1984), die in Zusammenarbeit von tschechischen und slowakischen Linguisten entstanden sind (vgl. auch Art. 212).

8. Literatur (in Auswahl)

8.1. Wörterbücher

Čermák 1983, 1988 = František Čermák u. Koll.: Slovník české frazeologie a idiomatiky, I. Přirovnání. Praha 1983 [492 S.], II. Frazémy jmenné a gramatické, Praha 1988 [512 S.].

Dasypodius 1536 = Peter Dasypodius: Dictionarium Latino-germanicum. Strassburg 1536.

Dobrovský 1802 = Josef Dobrovský: Deutsch-böhmisches Wörterbuch, Bd. I, A—K, Prag 1802 [344 S.]; Bd. 2, Prag 1821 [von A. Puchmajer und V. Hanka bearbeitet und beendet, 482 S.].

Dubský 1977, 1978 = Josef Dubský u. Koll.: Velký španělsko-český slovník, Bd. I, A—H. Praha 1977 [960 S.], II, J—Ž. Praha 1978 [846 S.].

Erben 1850 = K. J. Erben: Juridisch-politische Terminologie für die slavischen Sprachen Österreichs, deutsch-böhmische Separatsausgabe. Wien 1850 [XIII + 263 S.].

Filipec/Daneš 1978 = Josef Filipec/František Daneš: Slovník spisovné češtiny. Praha 1978 [800 S.].

Flajšhans 1926, 1928 = Václav Flajšhans: Klaret a jeho družina, Bd. 1, Slovníky veršované. Praha 1926; Bd. 2, Texty glosované. Praha 1928.

Gašparíková/Kamiš 1967 = Želmíra Gašparíková/Adolf Kamiš: Slovensko-český slovník. Praha 1967 [XLIV + 812 S.; 2. Aufl. 1986].

Gebauer 1903, 1916 = Jan Gebauer: Slovník staročeský. Bd. I, A—J. Praha 1903 [674 S.], Bd. II [hrsg. von E. Smetánka], K—N, Praha 1916 [632 S.].

Hais/Hodek 1984, 1985 = Karel Hais/Břetislav Hodek/Red. I. Poldauf: Velký anglicko-český slovník. Praha 1984—1985. I, A—G, 1984 [960 S.], II, H—R, 1985, [960 S.], III, S—Z, 1985 [928 S.].

Haller 1969—1987 = Jiří Haller: Český slovník věcný a synonymický. Bd. 1, Praha 1969 [348 S.], Bd. 2, Praha 1974 [594 S.], Bd. 3, Praha 1977 [709 S.], Bd. 4, Register, zusammengestellt von Ladislav Hradský u. Vladimír Šmilauer, Praha 1987 [983 S.].

Holub/Kopečný 1952 = Josef Holub/František Kopečný: Etymologický slovník jazyka českého. Praha 1952 [575 S.].

Hosák/Šrámek 1970, 1980 = Ladislav Hosák/Rudolf Šrámek: Místní jména na Moravě a ve Slezsku. Bd. I. A—L, Praha 1970 [576 S.], Bd. II. M—Ž, Praha 1980 [962 S.].

Jedlička 1977, 1979 = Alois Jedlička u. Koll.: Slovník slovanské lingvistické terminologie, Bd. 1, Praha 1977 [XXXVIII + 549 S.], Bd. 2, Praha 1979 [XIII + 480 S.].

Jelínek/Bečka/Těšitelová 1961 = Jaroslav Jelínek/Josef V. Bečka/Marie Těšitelová: Frekvence slov, slovních spojení a tvarů v českém jazyce. Praha 1961 [586 S.].

Jungmann 1835—1839 = Josef Jungmann: Slovník česko-německý, Bd. 1, A—J, Praha 1835 [852 S.], Bd. 2, K—O, Praha 1836 [1032 S.], Bd. 3, P—R, Praha 1837 [976 S.], Bd. 4, S—U, Praha 1838 [846 S.], Bd. 5, V—Ž, Praha 1839 [990 S.].

Klimeš 1981 = Lumír Klimeš: Slovník cizích slov. Praha 1981 [790 S.; 3. Aufl. 1986].

Kopeckij/Filipec/Leška 1976 = Leontij Kopeckij/Josef Filipec/Oldřich Leška: Česko-ruský slovník, Praha. Moskva 1976, Bd. I, A—O [580 S.], Bd. II, P—Ž [864 S.].

Kopeckij/Havránek/Horálek 1952—1964 = Leontij Kopeckij/Bohuslav Havránek/Karel Horálek: Velký rusko-český slovník. Bd. I, A—J, Praha 1952 [XXIII + 645 S.], Bd. II, K—O, Praha 1953 [XV + 740 S.], Bd. III, P, Praha 1956 [XV + 733 S.], Bd. IV, R—S, Praha 1959 [XV + 735 S.], Bd. V, T—Ja, Praha 1962 [XV + 780 S.], Bd. VI, Dodatky A—Ja, Praha 1964 [538 S.].

Kopečný 1973, 1980 = František Kopečný: Etymologický slovník slovanských jazyků. Slova gramatická a zájmena. Bd. 1: Předložky; koncové partikule. Praha 1973 [344 S.]; Bd. 2: Spojky, částice, zájmena a zájmenná adverbia [mit Vladimír Šaur u. Václav Polák]. Praha 1980 [783 S.].

Kott 1878—1893, 1896—1906 = František Štěpán Kott: Česko-německý slovník, zvláště gramaticko-frazeologický, Bd. I, A—M, Praha 1878 [1097 S.], II, N—P, 1880 [1269 S.], III, Q—Š, 1882 [992 S.], IV, T—Y, 1884 [1255 S.], V, Z—Č [mit Ergänzungen], 1887 [1233 S.], VI, Dodatky: D—N, 1890 [1220 S.], VII, O—Ž, 1893 [1401 + XXII S.]; Příspěvky k česko-německému slovníku ... Bd. 1, Praha 1896 [583 S.], Bd. 2, 1901 [469 S.], Bd. 3, 1906 [689 S.].

Kropáček 1972—1984 = Ladislav Kropáček: Arabsko-český a česko-arabský slovník. Praha 1972—1984 [532 S.].

Linde 1807—1814 = Samuel Bogumił Linde: Słownik języka polskiego. Warszawa 1807—1814 [2. Aufl. Lwów 1854—1860].

Machek 1957 = Václav Machek: Etymologický slovník jazyka českého a slovenského. Praha 1957 [627 S.].

Neumann/Hořejší 1974 = Josef Neumann/Vladimír Hořejší u. Koll.: Velký fracouzsko-český slovník. Praha 1974. (Bd. 1, A—K, 833 S., Bd. 2, L—Z, 927 S.].

Poldauf 1959 = Ivan Poldauf: Česko-anglický slovník. Praha 1959 [3. Aufl. 1968, 1240 S.].

Profous 1947—1957 = Antonín Profous: Místní jména v Čechách, Bd. I, A—H, Praha 1947 [IV + 726 S.], Bd. II, Ch—L, 1949 [IV + 705 S.], Bd. III, M—Ř, 1951 [630 S.], Bd. IV, S—Ž [Mitverfasser Jan Svoboda], 1957 [864 S.].

Reschelius 1560, 1562 = Thomas Reschelius: Dictionarium latino-bohemicum. Olomuc 1560; Dictionarium bohemico-latinum. Ib. 1562.

Sedláček 1982 = Jan Sedláček u. Koll.: Srbocharvátsko-český slovník. Praha 1982 [987 S.].

Siebenschein 1970 = Hugo Siebenschein [Leitung u. Redaktion]: Česko-německý slovník. Praha 1968. Bd. I, A—O [641 S.], Bd. II, P—Ž [882 S.]; Německo-český slovník. Praha 1970. Bd. I, A—L [754 S.], II. M—Z [688 S.] [1. Aufl. 1964].

Slavíčková 1975 = Eleonora Slavíčková: Retrográdní morfematický slovník češtiny. Praha 1975 [648 S.].

Svoboda 1974 = Jan Svoboda: Staročeská osobní jména a naše příjmení. Praha 1964 [317 S.].

Šafařík 1853 = Pavel Josef Šafařík: Německo-český slovník vědeckého názvosloví pro gymnasia a reální školy. Deutsch-böhmische wissenschaftliche Terminologie. Praha 1853 [XVII + 342 S.].

Těšitelová/Petr/Králík 1986 = Marie Těšitelová/ Jan Petr/Jiří Králík: Retrográdní slovník současné češtiny. Praha 1986 [502 S.].

Tomsa 1791 = František Tomsa: Vollständiges Wörterbuch der böhmischen, deutschen und lateinischen Sprache. Prag 1791 [32 + 1240 S.].

Váša/Trávníček 1937 = Pavel Váša/František Trávníček: Slovník jazyka českého. Praha 1937 [1747 S.; 4. Aufl. 1952].

Veleslavín 1598 = Daniel Adam z Veleslavína: Nomenclator quadrilinguis. Praha 1598; Silva quadrilinguis, ib. 1598.

Vodňanský 1511 = Johannes Aquensis: Vocabularium cui nomen Lactifer. Plzeň 1511.

Vusin 1700 = Kašpar Vusin: Dictionarium von dreien Sprachen, deutsch, lateinisch und böhmisch. Prag 1700 [3. Aufl. unter dem Titel Lexicon Tripartitum 1742, 1746].

Zikmund z Jelení 1537 = Zikmund Hrubý z Jelení: Lexicon symphonum. Basileae 1537.

Čes.-čín. slov. 1974—1984 = D. Heroldová/Zd. Heřmanová/D. Khestlová/Li Taj-ťün Hejzlarová: Česko-čínský slovník, Bd. 1—9, Praha 1974—1984.

Čes.-vietn. slov. 1976—1983 = Ngyen Xuan Chuan/Tran Xuan Dam/Bui Duc Lai: Česko-vietnamský slovník, Bd. 1—3, Praha 1976, 1977, 1983.

Přír. slov. jaz. čes. 1935—1957 = Příruční slovník jazyka českého. Bd. I, A—J, Praha 1935—1937, II, K—M, 1937—1938, III, N—O, 1938—1940, IV,1, P — průsvitněti, 1941—1943, IV,2, průsvitněti — Ř 1944—1948, V, S—Š, 1948—1951, VI, T — vůzek, 1951—1953, VII, Vy — zapytlačiti, 1953—1955, VIII, Zaráběti — žžonka, 1955—1957.

Slov. jaz. stsl. 1958ff = Slovník jazyka staroslověnského. Lexicon linguae palaeo-slovenicae. Bd. 1, Praha 1966 [LXXIX + 853 S.], Bd. 2, 1973 [638 S.], Bd. 3, 1982 [671 S.].

SSJČ 1958—1971 = Slovník spisovného jazyka českého. Unter Leitung von B. Havránek, J. Bělič, M. Helcl, A. Jedlička [im Bd. I, II auch V. Křístek u. Fr. Trávníček]: Bd. I, A—M. Praha 1960 [1311 S.], Bd. II, N—Q, 1964 [1191 S.], Bd. III, R—U, 1966 [1079 S.], Bd. IV, V—Ž, 1971 [1011 + XX S.].

Stč. slov. 1968ff = Staročeský slovník. Bd. 1. Praha 1979 [1126 S.], Bd. 2, 1984 [1084 S.].

8.2. Sonstige Literatur

Filipec 1957 = Josef Filipec: Lexikálně sémantická výstavba hesla — ústřední otázka lexikografické práce. In: Slovo a slovesnost 18. 1957, 129—150.

Páta 1911 = Josef Páta: Česká lexikografie. In: Časopis pro moderní filologii 1. 1911, 6 f., 103 f., 198 f., 296 f.

Ryba 1943 = Bohumil Ryba: Nové jméno mistra Klareta. In: Věstník Královské české společnosti nauk, roč. 1943. V, 1—13.

Šmilauer 1975 = Vladimír Šmilauer: Jungmannův slovník česko-německý. In: Slavica Pragensia XVII. 1975, 43—56.

Alois Jedlička, Praha (Tschechoslowakei)

212. Slowakische Lexikographie

1. Das Slowakische
2. Ältere zweisprachige Wörterbücher
3. Zweisprachige Wörterbücher der vorliterarischen Periode
4. Einsprachige erklärende Wörterbücher
5. Moderne zweisprachige Wörterbücher
6. Spezialwörterbücher
7. Theorie und Geschichte der slowakischen Lexikographie
8. Literatur (in Auswahl)

1. Das Slowakische

Die slowakische Schriftsprache, die zu den jüngeren slawischen Schriftsprachen gehört, wurde erst in der Mitte des 19. Jhs. konstituiert. Dies spiegelt sich in der lexikographischen Aufarbeitung ihres Wortschatzes wider.

2. Ältere zweisprachige Wörterbücher

Unter den größeren Wörterbüchern des Slowakischen, die anfänglich stets als zwei- oder mehrsprachige Übersetzungswörterbücher bearbeitet wurden, ist zunächst das sog. *Kamalduler Wörterbuch* aus dem Jahre 1763 zu nennen, das unter dem Titel *Syllabus Dictionarii Latino Slovenicus* im Manuskript erhalten ist. Der Wortschatz der damaligen westslowakischen Kultursprache ist hier durch

Äquivalente zu den lateinischen Lemmata und durch Synonyme erläutert.

Das grundlegende lexikographische Werk der vorliterarischen Periode (in der die Schriftsprache aufgrund der westslowakischen Kultursprache und der westslowakischen Dialekte kodifiziert wurde), das von Anton Bernolák (1762—1813) ausgearbeitete, sechsbändige *Slowár Slowenskí, Česko-Laťinsko-Ňemecko-Uherskí* (Buda 1825—1827) enthält tendenziell den gesamten Wortschatz des Slowakischen. Neben der gehobenen Kultursprache erfaßt es auch einige Wörter aus tieferstehenden Soziolekten und Dialekten. Indem die nicht-schriftsprachlichen Vokabeln gekennzeichnet sind, kommt diesem Wörterbuch zugleich normativer Charakter zu. Die einzelnen Bedeutungen eines Wortes, die deutlich voneinander unterschieden sind, werden durch lateinische, deutsche und ungarische Äquivalente, durch feste Wortverbindungen, Phraseme und zitierte Sprichwörter beschrieben und belegt. Obwohl im Titel des Werkes auch vom Tschechischen die Rede ist, sind Äquivalente in dieser Sprache nicht aufgeführt. Tschechische Lemmata werden vielmehr markiert und damit als — aus slowakischer Sicht — nicht zulässig charakterisiert.

3. Zweisprachige Wörterbücher der vorliterarischen Periode

In der ersten Periode der Gültigkeit der neuen, von Ľ. Štúr aufgrund der mittelslowakischen Dialekte, die dem tschechischen ferner als die westslowakischen Dialekte stehen, normierten Schriftsprache gelang es noch nicht, ein ausführliches einsprachiges Wörterbuch zu erstellen. Der fortwirkenden Tradition der Übersetzungswörterbücher ist es jedoch zu verdanken, daß — kurz nach Einführung der Štúrschen Schriftsprache — das *Noví-slovensko-maďarskí a maďarsko-slovenskí slovník* (Buda 1848/63) von Š. Jančovič und — zwei Jahrzehnte später — das umfangreichere, von J. Loos bearbeitete *Slovník slovenskej, maďarskej a nemeckej reči* (Pest 1871) entstanden. Das Letztgenannte bildet den dritten Teil eines dreisprachigen Wörterbuches, indem es die zuvor fertiggestellten Bände mit den Titeln *A magyar, német és tót szótára* (Pest 1869) und *Wörterbuch der deutschen, ungarischen und slowakischen Sprache* (Pest 1870) ergänzt und komplettiert. Zu den älteren Übersetzungswörterbüchern zählen schließlich das *Diferenciálny slovensko-ruský slovník* von L. A. Mičátek (Martin 1900) und das *Slovenskočeský a československý slovník* von K. Kálal und K. Salva (Ružomberok 1896).

4. Einsprachige erklärende Wörterbücher

Die Tradition der erklärenden Wörterbücher wurde erst durch Peter Tvrdý begründet, der nach einigen vorangegangenen Wörterbüchern verschiedenen Charakters — *Československý diferenciálny slovník* (Trnava 1927), *Slovník inojazyčný* (Bratislava 1921/Žilina 1932) und *Slovník latinsko-slovenský* (Ružomberok 1923) — das *Slovenský frazeologický slovník* (Praha 1933) bearbeitete. Dieses Werk stellt nicht eigentlich ein phraseologisches, sondern vielmehr ein erklärendes Wörterbuch dar, in dem die einzelnen Lemmata nach Bedeutungen untergliedert und durch feste Wortverbindungen sowie Parömien beschrieben werden. — In dem von K. Kálal und M. Kálal gemeinsam erarbeiteten *Slovenský slovník z literatúry aj nárečí* (Banská Bystrica 1923) ist sowohl der Wortschatz der damaligen Schriftsprache als auch der der zentralen slowakischen Dialekte zusammen mit tschechischen Äquivalenten recht zuverlässig erfaßt.

Das erste Projekt eines erklärenden und mit Zitaten belegten Wörterbuchs des Slowakischen fand im ersten, in Heften erschienenen Teil des *Slovník súčasnej spisovnej slovenčiny* (Martin 1946—1949), der im damaligen Matica slovenská von A. Jánošík und E. Jóna erstellt wurde, seine allerdings fragmentarische Realisation. Auf die für dieses Torso gebliebene Wörterbuch geleistete Arbeit stützt sich das *Slovník slovenského jazyka,* das von einem durch Š. Peciar geführten Kollektiv im Sprachwissenschaftlichen Institut der Slowakischen Akademie der Wissenschaften bearbeitet wurde. Dieses in den Jahren 1959 bis 1968 in Bratislava erschienene Wörterbuch besteht aus 5 Teilen und einem Ergänzungsband.

Slovník slovenského jazyka, das Texte aus einer Zeitspanne von ca. einhundert Jahren (1860—1960) erfaßt, stellt die erste vollständige Beschreibung des Wortschatzes der normierten slowakischen Schriftsprache dar. Die erklärenden, knapp paraphrasierenden Bedeutungsangaben werden hier mittels Zitaten aus literarischer Prosa und Versdichtung belegt, die durch Syntagmen aus anderen Textsorten, zu einem kleinen Teil auch aus der

Umgangssprache ergänzt werden. Die Berücksichtigung von Texten aus einem längeren Zeitraum kann als Indiz dafür gelten, daß dieses Wörterbuch vor allem eine wissenschaftlich-informative und registrative Funktion erfüllt, dergegenüber die in geringem Maße beigefügten normativen Hinweise für den modernen Sprachgebrauch stark zurücktreten.

Eine wesentlich größere Rolle spielt eine solche normative Absicht im *Krátky slovník slovenského jazyka,* das unter der Leitung von J. Kačala entstanden und im Jahre 1987 erschienen ist. In diesem Wörterbuch, das den Wortschatz des gegenwärtigen Slowakischen (ungefähr von 1960 an) beinhaltet, werden die Bedeutungen nur knapp erklärt, sehr oft aber durch Synonyme und feste Wortverbindungen näher bestimmt. Breiten Raum nehmen hierbei die Fachsprachen und die Sprache der Publizistik ein. — Der moderne Wortschatz der slowakischen Schriftsprache ist ferner in den beiden folgenden Werken bearbeitet: *Malý synonymický slovník* von Š. Michalus und M. Pisárčiková (Bratislava 1973) und *Malý frazeologický slovník* von E. Smiešková (Bratislava 1974).

Eine Reihe von fachsprachlich-terminologischen Wörterbüchern, die z. B. das spezifische Vokabular aus dem Gebiet des Eisenbahnverkehrs, des Bergbaus, des Fernsehens, der Gymnastik erschließen, sind gleichfalls von normativer Absicht getragen. Die Terminologie des Verkehrswesens ist in dem von A. Petrovský bearbeiteten *Dopravný slovník* (Bratislava 1983), das neben den slowakischen Termini und ihrer Definition auch tschechische Äquivalente anführt, zentral zusammengestellt.

5. Moderne zweisprachige Wörterbücher

Für die lexikographische Erforschung der heutigen slowakischen Schriftsprache spielt daneben eine Reihe von Übersetzungswörterbüchern, vor allem diejenigen, die vom Slowakischen ausgehen und damit primär dessen Wortschatz erfassen, eine wichtige Rolle. Während unter den fertiggestellten Werken das *Slovensko-ruský prekladový slovník* von A. V. Isačenko (Bratislava I/1950, II/1958) führend ist, stellt das im Erscheinen begriffene *Veľký slovensko-ruský slovník* (Bratislava I/1979, II/1982, III/1987, IV u. V in Vorbereitung), das durch ein von E. Sekaninová geleitetes Autorenkollektiv in der Abteilung für slawische Sprachen des Sprachwissenschaftlichen Instituts der Slowakischen Akademie der Wissenschaften bearbeitet wird, das monumentale Projekt der neueren slowakisch-fremdsprachlichen Übersetzungswörterbücher dar. Zu diesen zählt ferner das *Slovensko-ukrajinský slovník* von P. Bunganič (Bratislava 1985).

Aus der Gruppe der fremdsprachlich-slowakischen Übersetzungswörterbücher, die — auf einer anderen Ausgangssprache basierend — gleichfalls den Wortschatz der slowakischen Schriftsprache bearbeiten, ist insbesondere das sich zum oben genannten *Veľký slovensko-ruský slovník* komplementär verhaltende und vom gleichen Kollektiv erstellte Werk zu erwähnen. Wie jenes widmet auch das fünfbändige *Veľký rusko-slovenský slovník* (Bratislava 1960—1970) dem sog. Übersetzungsäquivalent eine besondere Aufmerksamkeit. — Die in der Tschechoslowakei herrschende Zweisprachigkeit weist außerdem den tschechisch-slowakischen Wörterbüchern wichtige Funktionen zu. In dem hervorzuhebenden *Česko-slovenský slovník* (Bratislava 1979) werden slowakische Äquivalente sehr sorgfältig und stilistisch differenziert aufgeführt.

6. Spezialwörterbücher

Übersetzender Charakter kommt weiterhin einigen terminologischen Wörterbüchern zu, die eine stark von Internationalismen oder von lateinischer Nomenklatur geprägte Fachsprache behandeln, wie z. B. *Nomina anatomica* und *Slovenská botanická nomenklatúra.* — Technische Übersetzungswörterbücher erfassen ebenfalls einen wesentlichen Teil des Wortschatzes. Hierzu zählen u. a.: *Anglicko-slovenský technický slovník* (Bratislava 1975), *Anglicko-nemecko-francúzsko-rusko-poľsko-maďarsko-slovenský slovník zváracej techniky* (Bratislava 1974), *Anglicko-nemecko-francúzsko-rusko-poľsko-maďarsko-slovenský slovník lekárskej techniky* (Bratislava 1979), *Slovensko-maďarsko-český textilný slovník* (Bratislava 1980).

Innerhalb der kürzeren Tradition auf dem Gebiet der Fremdwörterbücher ist an erster Stelle das *Slovník cudzích slov* von M. Ivanová-Šalingová und Z. Maníková (Bratislava 1979/1983) zu nennen, das den gegenwärtigen Fremdwortbestand im slowakischen Wortschatz beschreibt. Wichtig sind daneben: *Frekvencia slov v slovenčine* (Bratislava

1969) und das von J. Mistrík bearbeitete *Retrográdny slovník* (Bratislava 1976).

Im Sprachwissenschaftlichen Institut der Slowakischen Akademie der Wissenschaften werden — neben den oben angeführten Projekten — Forschungen über den Wortschatz der slowakischen Dialekte (*Slovník slovenských nárečí. Ukážkový zväzok*, Bratislava 1980) und über die Entwicklung des slowakischen Wortschatzes in der ältesten Periode *Slovenský historický slovník. Ukážkový zošit*, Bratislava 1973) betrieben.

7. Theorie und Geschichte der slowakischen Lexikographie

Die theoretischen Grundlagen der Lexikographie, die parallel zur lexikographischen Praxis ausgebildet wurden und werden, sind gemeinsam mit tschechischen Lexikographen bislang in einigen Sammelbänden — *Lexikografický zborník* (1953), *Slovo a slovník* (1973) und insbesondere in dem Band *Obsah a forma v slovnej zásobe* (Bratislava 1984) — dargestellt worden.

M. Hayeková behandelt in ihrem Buch *Dejiny slovenských slovníkov do r. 1945* (Bratislava 1979) die Geschichte der slowakischen Lexikographie.

8. Literatur (in Auswahl)

8.1. Wörterbücher

Bernolák 1825 = Anton Bernolák: Slowár Slovenskí, Česko-Laťinsko-Ňemecko-Uherskí I—V. Buda 1825 [4446 S.].

Bernolák 1827 = Anton Bernolák: Repertorium Lexici Slavici-Bohemico-Latino-Germanico-Ungarici. Buda 1827 [321 S.].

Bunganič 1985 = Peter Bunganič: Slovensko-ukrajinský slovník. Bratislava 1985 [674 S.].

Česko-slovenský slovník 1981 = Česko-slovenský slovník. Red. Gejza Horák. Bratislava 1981 [700 S.].

Isačenko 1950 = Alexander V. Isačenko: Slovensko-ruský prekladový slovník. Bratislava I. 1950 [591 S.], II. 1958 [822 S.].

Ivanová/Maníková 1983 = Mária Ivanová-Šalingová/Zuzana Maníková: Slovník cudzích slov. Bratislava 1983. [942 S.; 1. Aufl. 1979].

Jančovič 1848 = Štefan Jančovič: Noví slovensko-maďarskí a maďarsko-slovenskí slovník. Sarvaš 1848 [I. 448 S., II. 417 S.; 2. Aufl. Prešporok 1863].

Krátky slovník 1987 = Krátky slovník slovenského jazyka. Red. Ján Kačala. Bratislava 1987 [592 S.].

Kálal/Kálal 1923 = Miroslav Kálal/Karol Kálal: Slovenský slovník z literatúry aj nárečí. Banská Bystrica 1923 [1104 S.].

Kálal/Salva 1896 = Karol Kálal/Karol Salva: Slovník slovenskočeský a československý. Ružomberok 1896 [290 S.].

Loos 1871 = Jozef Loos: Slovník slovenskej, maďarskej a nemeckej reči. Pest 1871 [652 S.].

Mičátek 1900 = L. A. Mičátek: Differenciálny slovensko-ruský slovník. Turčiansky Sv. Martin 1900 [322 S.].

Michalus/Pisárčiková 1973 = Štefan Michalus/Mária Pisárčiková: Malý synonymický slovník. Bratislava 1973 [317 S.].

Mistrík 1969 = Jozef Mistrík: Frekvencia slov v slovenčine. Bratislava 1969 [726 S.].

Mistrík 1976 = Jozef Mistrík: Retrográdny slovník slovenčiny. Bratislava 1976 [735 S.].

Petrovský 1983 = Alexander Petrovský: Dopravný slovník. Bratislava 1983 [938 S.].

Slovník slovenského jazyka. Red. Štefan Peciar. Bratislava, I. A—K 1959 [811 S.], II. L—O 1960 [647 S.], III. P—R 1963 [759 S.], IV. S—U 1964 [759 S.], V. V—Ž 1965 [836 S.], VI. Dodatky, Doplnky 1968 [333 S.].

Smiešková 1974 = Elena Smiešková: Malý frazeologický slovník. Bratislava 1974 [296 S.].

Tvrdý 1922 = Peter Tvrdý: Česko-slovenský slovník differenciálny. Trnava 1922 [160 S.].

Tvrdý 1922 = Peter Tvrdý: Slovník inojazyčný. Bratislava 1922 [123 S.].

Tvrdý 1923 = Peter Tvrdý: Slovník latinsko-slovenský. Ružomberok 1923 [331 S.].

Tvrdý 1933 = Peter Tvrdý: Slovenský frazeologický slovník. Praha 1933 [241 S., Doplnky 1937, 241 S.].

Veľký rusko-slovenský slovník. Bratislava I. A—J 1960 [762 S.], II. K—O 1963 [1009 S.], III. P 1965 [1028 S.], IV. R—S 1968 [792 S.], V. Š—Ja 1970 [789 S.].

Veľký slovensko-ruský slovník. Bratislava I. A—L 1979 [845 S.], II. L—O 1982 [839 S.], III. P—Q 1986 [808 S.].

8.2. Sonstige Literatur

Hayeková 1979 = Matilda Hayeková: Dejiny slovenských slovníkov do r. 1945. Bratislava 1979.

Jóna 1964 = Eugen Jóna: Slovenská lexikológia a lexikografia v rokoch 1945—60. In: Slovenská reč 25. 1964, 242—253.

Lex. zborník 1953 = Lexikografický zborník. Red. Š. Peciar. Bratislava 1953.

Obsah 1984 = Obsah a forma v slovnej zásobe. Red. J. Kačala. Bratislava 1984.

Slovo 1973 = Slovo a slovník. Red. J. Ružička — I. Poldauf. Bratislava 1973.

Ján Horecký, Bratislava (Tschechoslowakei)

213. Serbokroatische Lexikographie

1. Einleitung
2. Ältere kroatische Wörterbücher
3. Ältere serbische Wörterbücher
4. Wörterbücher der bosnischen Moslems
5. Die Grundlagen der gegenwärtigen Lexikographie
6. Die Lexikographie der Gegenwart
7. Literatur (in Auswahl)

1. Einleitung

1.1. Die Sprache, deren Lexikographie hier dargestellt wird, gehört mit dem Slowenischen zur westlichen Gruppe des Südslawischen (zum Sprachraum vgl. Karte 213.1). Sie weist eine mundartliche Vielfalt auf, deren Verschiedenheiten tiefer reichen, als dies sonst bei slawischen (= slaw.) Sprachen der Fall ist. Dennoch sind die großen Mundarten, deren Gebiete aneinander grenzen, genetisch so nahe verbunden, daß zwischen ihnen keine Sprachgrenze gezogen werden kann. Im Lauf der Geschichte haben Migrationen und Verschiebungen zur Schaffung eines verhältnismäßig einheitlichen Gebietes im zentralen Bereich geführt. An den Rändern ist es zu kontaktbedingten Angleichungen an die benachbarten südslaw. Sprachen gekommen. So ist das zentrale Štokavische (= štokav.) entstanden, dem das durch seine vorverlegte Betonung charakteristische Neuštokavische sprachlich und gebietsmäßig eine besonders ausgeprägte Einheitlichkeit verleiht. Die štokavischen Mundarten werden nach dem Reflex des urslaw. Lautes Jat (ě) in ekavische, ikavische und ijekavische Untermundarten (= ekav., ikav., ijekav.) eingeteilt. Im Westen liegt das Gebiet der čakavischen und der kajkavischen Mundartengruppe (= čakav., kajkav.), die wie die štokavische nach charakteristischen Fragewörtern benannt sind. Im Südosten erstreckt sich das Gebiet der torlakischen (= torlak.) Mundarten. Čakavisch und kajkavisch sprechen nur Kroaten, torlakisch nur Serben, štokavisch hingegen sowohl Serben und Montenegriner als auch Kroaten und die bosnischen Moslems. Auf dem Štokavischen beruht somit nicht nur der Zusammenhang der Mundartengruppen in einer Sprache, sondern es zeigt sich gerade in ihm die kulturelle und ethnische Vielfalt, die von dieser Sprache abgedeckt wird, und in der sie als Ganzes allein existiert.

1.2. Diese Vielfalt hat bewirkt, daß die schriftsprachliche Entwicklung und die Standardisierungsprozesse nicht einheitlich waren, sondern sich gesondert, vor allem in einem serbischen und in einem kroatischen Kulturraum abspielten. Daß es dabei dennoch, besonders in neuerer Zeit, zu Interferenzerscheinungen gekommen ist und das Ergebnis im wesentlichen übereinstimmend war, geht darauf zurück, daß in allen betroffenen Kulturgemeinschaften das soziolinguistische Kraftfeld die Entwicklung auf ein Standardneuštokavisch lenkte, das trotz seiner grundsätzlichen Einheitlichkeit verschiedene Gewichtungen der stilistischen Werte aufweist und durch Unterschiede in Sprachgebrauch und Wortschatz verschiedene kulturelle und ethnische Individualitäten zum Ausdruck bringt, hauptsächlich eben die serbische und die kroatische (vgl. Katičić 1984). Auch die Lexikographie dieser Sprache kann nur im Rahmen dieser eigenständigen Standardisierungsprozesse verstanden werden.

1.3. Es ist verständlich, daß eine Sprache wie diese als Ganzes keinen organisch entstandenen Namen hat. Die Serben nennen ihre Mundarten serbisch, die Kroaten die ihrigen kroatisch. Für das Ganze haben sich in der Sprachwissenschaft zusammengesetzte Benennungen eingebürgert. International ist „serbokroatisch" am üblichsten. Daneben werden noch „kroatoserbisch", „serbisch-kroatisch" oder umgekehrt, „kroatisch oder serbisch" oder umgekehrt verwendet. In der Vergangenheit wurde die Sprache, insbesondere im kroatischen Bereich, oft „illyrisch" oder schlechthin „slawisch" genannt. Das heutige Standardneuštokavische kroatischer Physiognomie mitsamt seinem ganzen historischen Hintergrund, unter Einschluß aller mundartlichen Färbungen, wird öfters „kroatische Schriftsprache" genannt. Dem würde eine „serbische Schriftsprache" entsprechen, was jedoch gerade in Serbien selten verwendet wird.

Karte 213.1: Das Verbreitungsgebiet der serbokroatischen Sprache

2. Ältere kroatische Wörterbücher

2.1. Die Lexikographie im kroatischen (= kroat.) Kulturraum beginnt mit Scholien in mittelalt. Handschriften und ist lange mit dem Lateinunterricht verbunden geblieben. Die ältesten lexikographischen Werke: ein arabisch-griechisch-lateinisch-kroat. botanisches Bilderwörterbuch, geschrieben in Zadar, und ein lateinisch-kroat. Wörterbuch, das im nordčakav. Raum entstanden ist, stammen aus der Mitte des 15. Jh. und sind nur in Handschriften erhalten (vgl. Minio 1953 und Rešetar 1904). Die kroat. Lexikographie im eigentlichen Sinn beginnt mit dem Humanismus. Das erste Werk ist ein kleines kroat. (ikav. štokav.)-lateinisches Wörterbuch, das Đurđević 1544 seiner Beschreibung des Osmanenreiches beigefügt hat. In Übersetzungen ist der latein. Teil auch französisch, niederländisch und englisch wiedergegeben worden. Das erste selbständig gedruckte Wörterbuch ist Vrančić 1595, noch vor 1590 verfaßt, in dem der lateinische, italienische, deutsche, kroatische und ungarische Wortschatz parallel aufgestellt wird. Dies bildet die Grundlage aller späteren kroatischen Lexikographie und war in der čakav.-štokav. Zusammensetzung des kroat. Teiles für die Entwicklung einer überregionalen Schriftsprache wegweisend. Spätere Bearbeitungen finden sich bei Loderecker 1605 (Nachdruck Török 1834) und aus dem 17. Jh. handschriftlich in Perugia (vgl. Cronia 1953). Ein italienisch-kroat. Glossar aus der zweiten Hälfte des 16. Jh. ist in einer Oxforder Handschrift bewahrt (vgl. Pohl 1976).

genüber Vrančić die štokav. Färbung verstärkt. Dagegen hat Habdelić 1670 den kajkav. Wortschatz gesammelt. Zur gleichen Zeit hat Belostenec eine großartige Sammlung des kajkav. Wortschatzes und der Phraseologie angelegt und im Sinne einer überregionalen Orientierung mit čakav. und štokav. Gut angereichert. Sein Werk ist aber erst 1740 gedruckt worden. Hierher gehört noch das italien.-kroat.-latein. Wörterbuch Tanzlinger-Zanotti 1679, seine Neubearbeitungen 1704 und 1732, und ein italien.-kroat. Wörterbuch desselben Autors 1699, alles in Zadar geschrieben und nur in handschriftlichen Versionen erhalten. Tanzlinger hat ältere Wörterbücher insbesondere das von Habdelić ausgeschöpft, ansonsten sich an die Umgangssprache Norddalmatiens gehalten (vgl. Lewanski 1962, 232; Stankiewicz 1984, 85; Franolić 1985, 91 und 111). Diese Arbeit wurde auf štokav.-ijekav. Grundlage von Della Bella 1728 (Neubearbeitung Bašić 1782) fortgesetzt, der als erster Belege aus literarischen Werken bringt. Darauf folgen Belostenec 1740 und Jambrešić 1742, der sich ebenfalls auf das Kajk. konzentriert, aber auch eine bemerkenswerte Offenheit gegenüber dem čakav. und štokav. Wortschatz zeigt. Im 18. Jh. erscheinen schon mehrere

Pœnitentia	Penitenza	Reü, Buß	Pokora	Bannaas
Pœnitere	Pentirsi	Reuhaben	Kayatisze	Banni
Poeta	Poeta	Poet,	Pisznik	Enekes
Poema	Canzone	Eingedicht	Pissan	Enek
Pollex	Detto grosso	Daum	Palacz	Heüvelk
Polliceri	Promettere	Verheißen, (tüg	Obechyati	Fogadni
Pollicitatio	Promessa	Verheißüg, erbie	Obitovanye	Fogadas

Textbeispiel 213.1: Wörterbuchausschnitt (aus: Vrančić 1595)

2.2. Die barocke Lexikographie ist auf die Zielsetzungen der katholischen Erneuerung ausgerichtet und arbeitet schon bewußt auf die Sammlung des Wortschatzes für eine weiträumige Schriftsprache hin. Das handschriftlich erhaltene Wörterbuch von Kašić (ca. 1599) hat an Vrančić anknüpfend hier die Grundlagen geschaffen (vgl. Horvat 1988). Mikalja 1649—51 hat auf Kašić gestützt ge-

handliche Wörterbücher. Zwei größere Werke sind nur handschriftlich bewahrt: Vitezović und Patačić (vgl. Musulin 1958, 53 und Jonke 1949).

2.3. Die Aufklärung hat viel zum Ausbau der neuzeitlichen Zivilisationsterminologie beigetragen. Besonders grundlegend ist Stulli 1801, 1806 und 1810, der seine Arbeit schon um 1782 abgeschlossen hatte. In štok. ijek. Form stellt er den Wortschatz für die neuzeitliche Schriftsprache zusammen. Sein Einfluß auf die spätere Lexikographie war bedeutend. Ein weiterer beträchtlicher Beitrag ist Voltić 1803. Groß ist die Zahl der am Anfang des 19. Jh. erschienenen Handwörterbücher, deren Rolle beim Ausbau des Wortschatzes nicht zu unterschätzen ist. Ein großes Wörterbuch von Katančić ist unvollendet im Manuskript geblieben (vgl. Hamm 1942—43). Im Manuskript ist auch das lateinisch-kroat.-italien. Wörterbuch von Jurin erhalten (vgl. Musulin 1959, 54—56).

3. Ältere serbische Wörterbücher

Die serbische Schriftsprache und Sprachkultur war ursprünglich fest im ostkirchlichen Slawentum verwurzelt. Sie pflegte somit vornehmlich den kirchenslawischen Wortschatz (vgl. Art. 208, 217). Ein am Ende des 15. Jh. im orientalischen Kulturkontext entstandenes und handschriftlich erhaltenes persisch-arabisch-griechisch-serbisches phraseologisches Wörterbuch ist im serb. Teil ebenfalls wesentlich vom kirchenslaw. Wortschatz geprägt (vgl. Lehfeldt 1988). Das erste selbständig gedruckte serb. Wörterbuch ist Avramović 1791. In ihm ist der Wortschatz für eine neuzeitliche Schriftsprache nach deutschen Stichwörtern aufgestellt. Viel ist dem Kirchenslawischen und auch dem Russischen entnommen, aber auch der Wortschatz der neuštok. Volkssprache und ihre Phraseologie sind gut vertreten. Die Terminologie der serbischen Aufklärung ist voll aufgenommen (vgl. Pavić 1979, 135—138). Ein weiteres Wörterbuch aus der gleichen Zeit von Temler ist nur handschriftlich erhalten (vgl. Putanec 1962, 505). Die gleiche Orientierung im Entwurf einer serbischen Schriftsprache ist in den Handwörterbüchern *Rěčnik malyj* 1793, dem griechisch-serbischen Papazahariu 1803, dem *Rečnik nemeckij i serbskij* 1814 und 1837 vertreten.

4. Wörterbücher der bosnischen Moslems

Die Moslems serbokroatischer Muttersprache in Bosnien, der Herzegowina und dem Sandžak haben im Rahmen der Literatur des Osmanenreiches eine rege lexikographische Tätigkeit entfaltet. So ist eine Reihe bosnisch-türkischer Wörterbücher entstanden, deren bedeutendstes von Muhammed Huvājī Uskūfī in der ersten Hälfte des 17. Jh. verfaßt worden ist (vgl. Blau 1868, Drljić 1947 und Nametak 1968).

5. Die Grundlagen der gegenwärtigen Lexikographie

5.1. Das Erscheinen von Karadžić 1818 war zunächst ein völliger Neubeginn in der serbischen Lexikographie. Es war dies eine ganz an der Volkssprache und Folklore orientierte Grundlage für den Wortschatz einer neuen serb. Schriftsprache, die es damals auszubauen galt. Das Werk war von B. Kopitar angeregt, der auch die deutschen und lateinischen Übersetzungen lieferte und auch die großen Werke der kroat. Lexikographie zugänglich machte (vgl. Horvat 1988); er wurde somit zu einem der Grundpfeiler für die noch im Entstehen begriffene Slawistik. Es war streng auf in der Volkssprache belegbare Wörter beschränkt. Belege werden reichlich angeführt und geben einen tiefen Einblick in Syntax und Phraseologie. In zwei erweiterten Fassungen (1852 und 1898) hat dieses Wörterbuch die Grundlage für den Wortschatz des Standardserbischen abgegeben.

5.2. Im kroatischen Kulturraum war seit 1835 die „illyrische" Wiedergeburtsbewegung in vollem Gange. Die Schriftsprache auf neuštokav. Grundlage wurde auch auf das kajkav. Gebiet ausgeweitet und erfaßte neue Lebensbereiche. Dies erforderte die schleunige Schaffung einer entsprechenden Zivilisationsterminologie. An dieser Aufgabe arbeitete eine Reihe von Autoren, die dabei vom Deutschen und vom Italienischen ausgingen. Den ersten Anlauf haben Richter/Ballmann 1839 unternommen. Das große Unternehmen ist von Richter/Ballmann/Veselić 1840 zu Ende geführt worden. Nach-

Ма̏ртин, m. Martin, der gewöhnliche Name des Tanzbären, Martinus (ita vocant ursum saltare edoctum): дед' поиграј мој мартине!
Ма̏сан, сна, но, vide мастан.
Ма̏сла (gen. масâла), n. pl. das geweihte Oel, die letzte Oelung: светили (свјештали) му масла.
Ма̏слен, на, но, schmalzig, fett, pinguis, pinguedine imbutus, н. п. руке.
Ма̏слени, на, но, н. п. лонац, Schmalz-, butyri.
Ма̏слењак, m. m. ј. лонац, или ћуп, der Schmalztopf, olla, in qua butyrum liquatum.
Ма̏слина, f. der Oelbaum, olea.
Ма̏слинка, f. die Olive, olea, oliva.
Ма̏сло, n. 1) das Schmalz, butyrum liquatum. 2) vide цицвара. 3) све је то његово масло, Veranlassung, ille autor est: и ту има његова масла; ни то није без његова масла.
Ма̏сница, f. eine Strieme, blauer Flecken, vibex.

Textbeispiel 213.2: Wörterbuchausschnitt (aus: Karadžić 1818)

träglich dazu noch Veselić 1853—54. Besonders bedeutend ist Mažuranić/Užarević 1842, weil dieses Wörterbuch mit tiefer Sprachkenntnis und gediegenem Stilempfinden verfaßt worden ist. Ein wichtiger Beitrag ist Drobnić/Mažuranić 1846—49. Diese Wörterbücher haben einen wesentlichen Beitrag zum Zivilisationswortschatz des Standardkroatischen gegeben. Sie haben viel aus den älteren Wörterbüchern, insbesondere aus Stulli, geschöpft. Für die organische neuštokav. Grundlage haben sie Karadžić benutzt. Vornehmlich über sie hat er anfänglich seinen Einfluß auf den Wortschatz des Schriftkroatischen ausgeübt. — In Serbien wurde die Reform Karadžićs bis 1868 offiziell abgelehnt. Für den Ausbau des serb. Zivilisationswortschatzes spielten jedoch Isajlović 1846, 1847, 1850 und Lazić 1849 trotz ihrer traditionellen Orientierung eine bedeutende Rolle. Einen wichtigen Schritt in diesem Ausbau bei Kroaten und Serben bedeutet *Terminologija* 1853, an der die besten Kenner der Sprache von beiden Seiten mitgewirkt haben. — Die Grundlegung der kroatischen neuzeitlichen Zivilisationsterminologie ist in den groß angelegten Werken Šulek 1860, 1874—75 und 1879 zu Ende geführt worden. Der Autor, ein gebürtiger Slowake, hat die älteren Wörterbücher voll ausgeschöpft, vieles dem Volksmund abgelauscht, einiges selber gebildet, aber auch auf den tschechischen Zivilisationswortschatz zurückgegriffen. Obwohl nicht alles, was er eingeführt hat, angenommen worden ist, bleibt sein lexikographisches Werk für die kroatische Schriftsprache von überragender Bedeutung; ihr Einfluß im serbischen Bereich darf aber ebenfalls nicht unterschätzt werden. Im selben Zusammenhang ist auch Parčić 1858, 1869, 1874, 1887 und 1901 zu erwähnen. — Im serbischen Bereich hat, gestützt auf Karadžićs Auffassungen und Šulek gegenüber aufgeschlossen, Popović 1879—81 und 1886—95 einen bedeutenden Fortschritt in derselben Richtung gebracht. Daničić 1863—64 ist ein hervorragender Beitrag zur historischen Lexikographie. In ihm ist der Wortschatz der kyrillischen, meist serbischen, mittelalterlichen Sprachdenkmäler gesammelt.

6. Die Lexikographie der Gegenwart

6.1. Die gegenwärtig verfügbaren Standardwerke sind seit der endgültigen Stabilisierung des Standardneuštokav. in seiner serb. und kroat. Spielart entstanden. Sie entsprechen den gegebenen Möglichkeiten, spiegeln auch einflußreiche Auffassungen von dieser Schriftsprache wider. Grundlegend ist Rječnik 1880—1976 (Akademie von Zagreb), ein historisches Wörterbuch, das bis an die Schwelle der vollen Standardisierung geleitet. Diese äußerst wertvolle Sammlung von Stichwörtern und Belegen ist nur schwer zu übertreffen. Wesentliche Schwächen sind eine ungenügend durchdachte und wenig konsequente lexikographische Konzeption, die Nichtbeachtung der kajkav. Schriftsprache und der kroat. Literatur des 19. Jh. Ein Gegenstück zu diesem Werk ist das schon seit den neunziger Jahren des vorigen Jh. vorbereitete Rečnik 1959— (Akademie von Belgrad). Es soll die gesamte serbokroat. Schriftsprache des 19. und 20. Jh. erfassen. Die lexikographische Bearbeitung ist hier besser, eine Schwäche besteht darin, daß der Wortschatz gar nicht nach seinem Stellenwert in der serb. bzw. kroat. Stilistik gewichtet wird. — Für die Stabilisierung des kroat. Standardwortschatzes in strengerer Anlehnung an die neuštokav. Volksliteratur war Broz-Iveković 1901 von großer Bedeutung. Es ist das eine erweiterte Fassung von Karadžić 1818 mit reichem Belegmaterial und Synonymik. Bei all seiner bewußten Einseitigkeit bleibt das auch heute noch ein unschätzbares Nachschlagewerk. Ganz im Sinne von Rečnik 1959— ist Rečnik 1967—76 abgefaßt. Wegen seiner abgeschlossenen Vollständigkeit ist dieses Wörterbuch von allergrößtem Wert.

6.2. Der Wortschatz der kroat. Rechtsgeschichte wurde von Mažuranić 1908— 22 zusammengestellt. Der Gegenstand wird dabei sehr weit aufgefaßt, wodurch Daničić 1863—64 eine wichtige Ergänzung bekommen hat. An der Serbischen Akademie in Belgrad, der Akademie Bosniens und der Herzegowina in Sarajevo sowie im Altslawischen Institut „Svetozar Ritig" in Zagreb wird derzeit an Wörterbüchern der jeweiligen Rezension des Kirchenslaw. gearbeitet. — Der Wortschatz der kroat. Schriftsprache wird in zwei weiteren Werken dargestellt, mit deren Veröffentlichung die Südslawische Akademie in Zagreb unlängst begonnen hat. Rječnik 1984— ist ein Lexikon der kajkav. Schriftsprache, die vom 16. bis zum Anfang des 19. Jh. im Nordwesten Kroatiens in Gebrauch war. Dies ist eine wesentliche Ergänzung zu Rječnik 1880—1976, das gerade hinsichtlich der kajkav. Schriftsprache mangelhaft geblieben ist. Der Wortschatz der kroat.

Literatur vom Illyrismus bis zum zweiten Weltkrieg wird in Benešić 1985— vorgelegt und sein Gebrauch durch stilistisch einprägsame Beispiele illustriert. Eine solche stilistisch und literarisch konzipierte Bearbeitung des Lexikons ist gerade für das Serbokroat. wegen der Vielfalt seiner Wertigkeit und der Verschiedenheit seiner Ausdrucksprägung von besonderer Bedeutung. Eine entsprechende Erfassung wäre auch für andere Kulturkontexte innerhalb dieser Sprache wünschenswert. Eine Reihe von Ergänzungsbänden zu Rječnik 1880—1976 wird ebenfalls von der Südslawischen Akademie in Zagreb vorbereitet. Im Jugoslawischen Lexikographischen Institut in Zagreb wird zur Zeit der Entwurf eines enzyklopädischen Wörterbuches des Serbokroat. erwogen und begutachtet.

6.3. Seit dem ersten Weltkrieg und noch intensiver nach dem zweiten ist es zu einer immer reicheren Entfaltung der zweisprachigen Lexikographie gekommen. Ihre Bibliographie kann in dem hier gesteckten Rahmen nicht erfaßt werden. Es muß jedoch jenes hervorgehoben werden, das nicht nur der Überwindung von Sprachbarrieren dienlich war, sondern auch für die Lexikographie des Serbokroat. einen wesentlichen Beitrag geleistet hat. An die reiche Tradition der serbokroat.-deutschen Lexikographie knüpften Ristić/Kangrga 1928 und 1936 an. Es ist das eine große Leistung, die alles auf diesem Gebiet Vorhandene übertroffen hat. Daneben kommt Hurm 1954 und 1958, sowie Šamšalović 1960 nur eine untergeordnete Bedeutung zu. In diesem Zusammenhang muß Bencsics et al. 1982 ganz besonders hervorgehoben werden. In diesem deutsch-burgenländischkroat.-mutterlandkroat. Wörterbuch ist der heutige schriftsprachliche Wortschatz der Burgenländer Kroaten festgehalten. An einem vollständigeren burgenländischkroat.-mutterlandkroat.-deutschen Wörterbuch wird im Burgenland und in Zagreb gearbeitet. — Das serbokroat.-polnische Wörterbuch Benešić 1949 war auch ein wichtiger Beitrag zur serbokroat. Lexikographie. Tolstoj 1957 (serbokroat.-russisch) hat ebenfalls in diesem Sinn etwas erbracht. Die Tradition der italienisch-kroat. Wörterbücher wurde von Deanović 1942 fortgesetzt. Besonders wichtig ist Deanović/Jernej 1956 (serbokroat.-italienisch), das in seiner Bedeutung für die serbokroat. Lexikographie Benešić 1949 fast gleich kommt. Auch Dayre/Deanović/Maixner 1956 (serbokroat.-französisch) und Putanec 1957 (französisch-serbokroat.) sind in dieser Hinsicht nicht ohne eigenen Wert. Ein unübertroffenes Standardwerk bleibt Filipović 1955 (englisch-serbokroat.). Bujas 1983 (serbokroat.-englisch) ist modern entworfen und bezieht neue Schichten des Wortschatzes mit ein. Für den serb. Sprachgebrauch ist Benson 1978 (serbokroat.-englisch) wichtig. Drvodelić 1953 (serbokroat.-englisch) und 1954 (englisch-serbokroat.) hat erst durch häufige Neubearbeitungen an Gewicht gewonnen. Eine neue Sprachwelt wird von Vinja/Musanić 1971 (spanisch-serbokroat.) erschlossen, wobei auch der serbokroat. Lexikographie einiges zugute kommt. In gleichem Sinne sind auch Barić 1950 (serbokroat.-albanisch) und Zaimi et al. 1981 (albanisch-serbokroat.) zu erwähnen. Papasteriju 1935 (serbokroat.-neugriech.) hat den Wortschatz des gebildeten serb. Bürgertums besonders charakteristisch erfaßt. Das Lexikographische Institut in Zagreb kommt mit der Arbeit an einem achtsprachigen Wörterbuch (serbokroat.-russisch-englisch-deutsch-französisch-italienisch-spanisch-lateinisch) gut voran (vgl. Osmojezični 1987). Der Zweck dieses Wörterbuches ist, das Serbokroatische aus der Sicht seiner kroatischen Physiognomie in die semantischen Bezüge des Wortschatzes der wichtigsten Sprachen der Kultur, der es angehört, einzuordnen und dadurch sozusagen als europäische Sprache darzustellen und implizit zu definieren.

6.4. Erst in neuester Zeit begannen spezielle Wörterbücher zu erscheinen. Den Anfang machte das rückläufige Wörterbuch Matešić 1966—67. Daran schließt das synonymische Lalević 1974 an. Den Sprachgebrauch im serb. Jargon erfaßt Andrić 1976. Ein systematisches Wörterbuch im Sinne von Rogets Thesaurus stellt Jovanović/Atanacković 1980 dar. Von phraseologischen Wörterbüchern ist zuerst das russ.-serbokroat. Menac 1979—80 und dann das deutsch-serbokroat. Mrazović/Primorac 1981 erschienen. Das erste einsprachige phraseologische Wörterbuch des Serbokroat. ist Matešić 1982.

6.5. Zur lexikographischen Erfassung des Serbokroat. tragen auch Mundartwörterbücher bei. Unter ihnen sind Elezović 1932—35 (Kosovo-Methohija), Jurišić 1966—73 (Insel Vrgada), Turina/Šepić 1977 (čakav. Ausdrücke), Hraste/Šimunović/Olesch 1979 bis

1983 (čakav. Mundarten der mitteldalmatinischen Inseln), Mitrović 1984 (Mundart von Leskovac in Serbien) besonders zu erwähnen. Die Südslawische Akademie in Zagreb bereitet die Ausarbeitung eines umfassenden Wörterbuches der čakav. und eines weiteren der kajkav. Mundarten vor.

6.6. In einer Reihe von Werken wird der Wortschatz nach seiner Herkunft gesichtet und erklärt. Hier muß das monumentale etymologische Wörterbuch Skok 1971—74 an erster Stelle genannt werden. In ihm ist die für das Serbokroat. besonders wichtige romanistische und balkanistische Komponente herausgearbeitet. Die Etymologie der Benennungen der adriatischen Fauna wird in Vinja 1986 eingehend behandelt. In diesem Zusammenhang sind auch die Fremdwörterbücher Vujaklija 1937 sowie Klaić 1951 und 1978 zu erwähnen. Dazu kommt noch Aleksić 1978. Die Fremdwörter in der serb. Schriftsprache aus der Zeit vor der Reform Karadžićs hat Mihajlović 1972—74 gesammelt. Der serbokroat. Wortschatz orientalischer Herkunft wurde maßgeblich von Knežević 1962 und insbesondere von Škaljić 1966 gesammelt und erklärt.

6.7. Die terminologischen Wörterbücher einzelner Fachbereiche bilden ein weites Feld. Insbesondere in neuerer und neuester Zeit erscheinen immer mehr Wörterbücher dieser Art. Im knapp bemessenen Umfang dieses Artikels können sie nicht einzeln aufgezählt werden. Nur eine Auswahl von jenen, die für die Philologie und Kulturgeschichte von besonderer Bedeutung sind, soll genannt werden und so alle vertreten. Die christliche Terminologie griechischer Herkunft ist bei Šetka 1940 gesammelt, die lateinischer Herkunft bei Šetka 1964 und die slawischer bei Šetka 1965, und dann alles in einem Band 1976. Simeon 1969 ist ein enzyklopädisches Wörterbuch der sprachwissenschaftlichen Terminologie. Ein ebensolches der literaturwissenschaftlichen befindet sich in Vorbereitung und ist schon weit gediehen. Tanocki 1983 hat die Benennungen für Verwandtschaftsverhältnisse gesammelt, Vidović 1984 den Wortschatz der Seefahrt.

7. Literatur (in Auswahl)

7.1. Wörterbücher

Aleksić 1978 = Radomir Aleksić: Rečnik stranih reči i izraza. Beograd 1978 [793 S.].

Avramović 1790 = Theodor Avramović: Něméckij i sérbskij slovarь na potrebu sérbskago naroda vъ kraljevskixъ deržavaxъ. 2 Bde. Beč (Wien) 1790 [719, 326 S.].

Andrić 1976 = Dragoslav Andrić: Dvosmerni rečnik srpskog žargona i žargonu srodnih reči i izraza. Beograd 1976 [XVII, 466 S.].

Barić 1950 = Henrik Barić: Rečnik srpskoga ili hrvatskoga i arbanaskoga jezika. Zagreb 1950 [1 Bd. (A—O), XXIX, 672 S.].

Belostenec 1740 = Joannes Belostenec: Gazophylacium seu latino-illyricorum onomatum aerarium. 2 Bde. Zagreb 1740 [1288, 650 S., Nachdruck Zagreb 1973].

Bencsics et al. 1982 = Nikolaus Bencsics, Božidar Finka, Antun Šojat, Josef Vlasits, Stefan Zvonarich: Nimško-gradišćanskohrvasko-hrvatski rječnik. Eisenstadt. Zagreb 1982 [637 S.].

Benešić 1949 = Julije Benešić: Hrvatsko-poljski rječnik. Zagreb 1949 [XVI, 1314 S.].

Benešić 1985 = Julije Benešić: Rječnik hrvatskoga književnoga jezika od preporoda do I. G. Kovačića. Zum Druck vorbereitet von Josip Hamm. Jugoslavenska akademija znanosti i umjetnosti. Bisher 8 Hefte, Zagreb 1985— [XLII, 1848 S.].

Benson 1978 = Morton Benson: Srpskohrvatsko-engleski rečnik. Beograd 1978 [LIII, 807 S.].

Bujas 1983 = Željko Bujas: Hrvatski ili srpsko-engleski enciklopedijski rječnik. Zagreb 1983 [1 Bd. (A—Lj), 665 S.].

Daničić 1863—64 = Đuro Daničić: Rječnik iz književnih starina srpskih. 3 Bde. Beograd 1863—1864 [XI, 521, 519, 598 S., Nachdruck Beograd 1975].

Dayre/Deanović/Maixner 1956 = Jean Dayre, Mirko Deanović, Rudolf Maixner: Hrvatsko-srpsko-francuski rječnik. Zagreb 1956 [XII, 947 S., 2. erweiterte Aufl. Zagreb 1960].

Deanović/Jernej 1956 = Mirko Deanović, Josip Jernej: Hrvatsko-talijanski (Hrvatsko ili srpsko-talijanski) rječnik. Zagreb 1956 [XI, 1164 S., 4. erweiterte Aufl. Zagreb 1975].

Della Bella 1728 = Ardelio Della Bella: Dizionario italiano-latino-illirico. Venezia 1728 [VIII, 785 S., erweiterte Ausgabe Ragusa 1785].

Drobnić 1846—49 = Josip D. Drobnić: Ilirsko-němačko-taljanski mali rěčnik sa osnovom gramatike ilirske od V. Babukića. Beč 1846—1849 [XVI, 812 S.].

Drvodelić 1953 = Milan Drvodelić: Hrvatsko-srpsko-engleski rječnik. Zagreb 1953 [VIII, 912 S., 4. von Ž. Bujas überarbeitete Aufl. Zagreb 1978].

Drvodelić 1954 = Milan Drvodelić: Englesko-hrvatsko-srpski rječnik. Zagreb 1954 [1104 S., 5. von Ž. Bujas überarbeitete Aufl. Zagreb 1982].

Đurđević 1544 = Bartholomaeus Georgievich: De Turcarum ritu et caeremoniis. Antverpiae 1544 [20 S.].

Elezović 1932—35 = Gliša Elezović: Rečnik kosovsko-metohiskog dijalekta. Srpski dijalektološki zbornik Nr. 4 u. 5, 2 Bde. Beograd 1932 u. 1935 [XVIII, 477, 587 S.].

Filipović 1955 = Rudolf Filipović, Berislav Grgić: Englesko-hrvatski rječnik. Zagreb 1955 [XVII, 1430 S., 2. erweiterte Aufl. Zagreb 1961].

Habdelić = Georgius Habdelich: Dikcionar ili reči slovenske z vekšega vkup zebrane, v red postavljene i diačkemi zlehkotene. Graz 1670 [Seiten nicht numeriert].

Hraste/Šimunović/Olesch 1979—83 = Mate Hraste/Petar Šimunović/Reinhold Olesch: Čakavisch-deutsches Lexikon. Drei Teile. Teil II: Deutsches Wortregister. Teil III: Čakavische Texte. Wien 1979—1983 [LX, 1416, 253, XXXIX, 620 S.].

Hurm 1954 = Antun Hurm: Njemačko-hrvatskosrpski rječnik. Zagreb 1954 [698 S., 5. überarbeitete Aufl. Zagreb 1978].

Hurm 1958 = Antun Hurm: Hrvatskosrpsko-njemački rječnik. Zagreb 1958 [712 S., 2. überarbeitete Aufl. Zagreb 1968].

Isailović 1846 = Dimitrije Isailović: Francusko-srbskij rečnik. Beograd 1846 [1484 S.].

Isailović 1847 = Dimitrije Isailović: Nemačko-srbskij rečnik. Beograd 1847 [1860 S.].

Isailović 1850 = Dimitrije Isailović: Latinsko-srbskij rečnik. 2 Bde. Beograd 1850 [2206 S.].

Iveković/Broz 1901 = Franjo Iveković/Ivan Broz: Rječnik hrvatskoga jezika. 2 Bde. Zagreb 1901 [VII, 951, 884 S.].

Jambrešić 1742 = Andreas Jambressich: Lexicon Latinum interpretatione Illyrica, Germanica et Hungarica locuples. Zagreb 1742 [1068 S.].

Jovanović/Atanacković 1980 = Ranko Jovanović/Laza Atanacković: Sistematski rečnik srpskohrvatskoga jezika. Novi Sad 1980 [1417 S.].

Jurišić 1966—73 = Blaž Jurišić: Rječnik govora otoka Vrgade. 2 Bde. Zagreb 1966 u. 1973 [127, 255 S.].

Karadžić 1818 = Vuk Stefanović Karadžić: Srpski rječnik istolkovan njemačkim i latinskim riječma. Beč 1818 [LXXI, 927 S., 2. Aufl. Srpski rječnik istumačen njemačkijem i latinskijem riječma, Beč 1852, 3. Aufl. Beograd 1898, 4. Aufl. Beograd 1935].

Klaić 1951 = Bratoljub Klaić: Rječnik stranih riječi, izraza i kratica. Zagreb 1951 [VII, 714 S., weitere Ausgabe Zagreb 1958].

Klaić 1978 = Bratoljub Klaić: Rječnik stranih riječi. Zagreb 1978 [XV, 1456 S.].

Knežević 1962 = Anton Knežević: Die Turzismen in der Sprache der Kroaten und Serben. Meisenheim am Glan 1962 [506 S.].

Lalević 1974 = Miodrag S. Lalević: Sinonimi i srodne reči srpskohrvatskoga jezika. Beograd 1974 [XV, 1112 S.].

Lazić 1849 = Grigorie Lazić: Rečnik srbsko-nemačko-latinskij. Beograd 1849 [420 S.].

Loderecker 1605 = Petrus Lodereckerus: Dictionarium septem diversarum linguarum. Videlicet latinae, italicae, dalmaticae, bohemicae, polonicae, germanicae et ungaricae. 2 Bde. Prag 1605 [Nachdruck Török 1834].

Matešić 1966—67 = Josip Matešić: Rückläufiges Wörterbuch des Serbokroatischen. Giessener Beiträge zur Slavistik Bd. 1, 2 Bde. Wiesbaden 1967 [492, 464 S.].

Matešić 1982 = Josip Matešić: Frazeološki rječnik hrvatskoga ili srpskoga jezika. Zagreb 1982 [XX, 808 S.].

Mažuranić 1908—1922 = Vladimir Mažuranić: Prinosi za hrvatski pravno-povjestni rječnik. 2 Bde. Zagreb 1908—1922 [XIX, 1756 S., Nachdruck 1975 mit Ergänzungen von V. Mažuranić aus dem Jahr 1923].

Mažuranić/Užarević 1842 = Ivan Mažuranić/Josip Užarević: Německo-ilirski slovar. Zagreb 1842.

Menac 1979—80 = Antica Menac mit Tatjana Korać, Milenko Popović, Miho Skljarov, Radomir Venturin, Renata Volos: Rusko-hrvatski ili srpski frazeološki rječnik I—II, Zagreb 1979—1980 [748, 792 S.].

Mihajlović 1972—74 = Velimir Mihajlović: Građa za rečnik stranih reči u predvukovskom periodu. 2 Bde. Novi Sad 1972—74 [XXI, 838 S.].

Mikalja 1649—51 = Jacobus Mikalia: Blago jezika slovinskoga ili slovnik u komu izgovaraju se riječi slovinske latinski i dijački. Loreto-Ancona 1649—51 [XIII, 862 S.].

Mitrović 1984 = Brana Mitrović: Rečnik leskovačkog govora. Leskovac 1984 [384 S.].

Mrazović/Primorac 1981 = Pavica Mrazović/Ružica Primorac: Nemačko-srpsko-hrvatski frazeološki rečnik. Beograd 1981 [1004 S.].

Osmojezični 1987 = Osmojezični enciklopedijski rječnik, hrvatski ili srpski-ruski-engleski-njemački-francuski-talijanski-španjolski-latinski, bisher Bd. 1, Zagreb 1987 [826 S.].

Papasteriju 1935 = Nikola Papasteriju: Srpsko-grčki rečnik. Athen 1935 [663 S.].

Papazahariu 1803 = Georgie papa Zaharie: Rěčnikъ grečesko-slavenskij vъ polzu slaveno-serbskago junošestva. Buda 1803 [VIII, 136 S.].

Parčić 1858 = Dragutin A. Parčić: Riečnik ilirsko-talijanski. Zadar 1858 [XIV, 847 S., 2. Ausgabe: Rječnik slovinsko-talijanski. Zadar 1874, VIII, 1059 S., 3. Ausgabe: Rječnik hrvatsko-talijanski. Zara 1901, XII, 1237 S.].

Popović 1879—81 = Đorđe Popović: Rečnik srpskoga i nemačkoga jezika. 2 Bde. Pančevo 1879—81 [385, 439 S.; 2. Aufl.: 1886—95; 3. Aufl. Beograd 1926].

Putanec 1957 = Valentin Putanec: Francusko-hrvatskosrpski rječnik. Zagreb 1957 [959 S.; 2. erweiterte und überarbeitete Aufl. Zagreb 1974].

Rečnik 1959— = Rečnik srpskohrvatskog književnog i narodnog jezika. Srpska akademija nauka. Bisher 12 Bde. Beograd 1959—.

Rečnik 1967—1976 = Rečnik srpskohrvatskoga

književnog jezika. Matica srpska. 6 Bde. Novi Sad 1967—76 [Die ersten 2 Bde. auch Matica hrvatska. Zagreb 1967].

Richter/Ballmann 1840 = Adolf Richter/Adolf Ballmann/Rudolf Veselić: Ilirsko-nemački i nemačko-ilirski rukoslovnik. 2 Bde. Beč (Wien) 1839—40 [351, 400 S.].

Ristić/Kangrga 1928 = Svetomir Ristić/Jovan Kangrga: Rečnik srpskohrvatskog i nemačkog jezika. Beograd 1928 [1263 S.].

Ristić/Kangrga 1936 = Svetomir Ristić/Jovan Kangrga: Enciklopediski nemačko-srpskohrvatski rečnik... Beograd 1936 [LIII, 1794 S.; 2. erweiterte Aufl. 2 Bde. Beograd 1963].

Rječnik 1880—1976 = Rječnik hrvatskoga ili srpskoga jezika. Jugoslavenska akademija znanosti i umjetnosti. 23 Bde. Zagreb 1880—1976.

Rječnik 1984 = Rječnik hrvatskoga kajkavskoga književnog jezika. Jugoslavenska akademija znanosti i umjetnosti. Bisher 5 Hefte. Zagreb 1984— [70 S.].

Šamšalović 1960 = Gustav Šamšalović: Njemačko-hrvatski ili srpski rječnik. Zagreb 1960 [XI, 1288 S., 7. Aufl. Zagreb 1978].

Šetka 1940 = Jeronim Šetka: Hrvatska kršćanska terminologija. Prvi dio: Hrvatski kršćanski termini grčkoga porijekla. Šibenik 1940 [X, 207 S.].

Šetka 1964 = Jeronim Šetka: Hrvatska kršćanska terminologija. Drugi dio: Hrvatski kršćanski termini latinskoga porijekla. Makarska 1964 [233 S.].

Šetka 1965 = Jeronim Šetka: Hrvatska kršćanska terminologija. Treći dio: Hrvatski kršćanski termini slavenskoga porijekla. Makarska 1965 [286 S.].

Šetka 1976 = Jeronim Šetka: Hrvatska kršćanska terminologija. 2. überarbeitete und verbesserte Aufl. Split 1976 [366 S.].

Simeon 1969 = Rikard Simeon: Enciklopedijski rječnik lingvističkih naziva na 8 jezika. 2 Bde. Zagreb 1969 [LXIV, 1010 S., XIII, 926 S.].

Škaljić 1966 = Abdulah Škaljić: Turcizmi u srpskohrvatskom jeziku. Sarajevo 1966 [662 S.].

Skok 1971—74 = Petar Skok: Etimologijski rječnik hrvatskoga ili srpskoga jezika. 4 Bde. Zagreb 1971—74 [XXXIII, 788, 700, 703, 837 S.].

Šulek 1860 = Bogoslav Šulek: Němačko-hrvatski rěčnik. 2 Bde. Agram 1860 [VII, 1712 S.].

Šulek 1874—75 = Bogoslav Šulek: Hrvatsko-njemačko-talijanski rječnik znanstvenog nazivlja. Zagreb 1874—75 [XXVI, 1372 S.].

Šulek 1879 = Bogoslav Šulek: Jugoslavenski imenik bilja. Zagreb 1879 [XXIII, 564 S.].

Stulli 1801 = Joachim Stulli: Lexicon latino-italico illyricum. 2 Bde. Budae 1801 [800, 810 S.].

Stulli 1806 = Joakim Stulli: Rječosložje slovinsko-italijansko-latinsko /.../ 2 Bde. Ragusa 1806 [XXXII, 727, 674 S.].

Stulli 1810 = Joakim Stulli: Vocabolario italiano-illirico-latino. 2 Bde. Ragusa 1810 [XL, 838, 862 S.].

Tanocki 1983 = Franjo Tanocki: Rječnik rodbinskih naziva. Osijek 1983 [193 S.].

Terminologija 1850 = Juridisch-politische Terminologie für die slavischen Sprachen Österreichs. Wien 1850 [694 S.].

Tolstoj 1957 = Il'ja Tolstoj: Serbskochorvatskij russkij slovar'. Moskau 1958 [1168 S.].

Turina-Šepić 1977 = Zvonimir Turina, Anton Šepić-Tomin: Rječnik čakavskih izraza. Područje Bakarca i Škrljeva. Rijeka 1977 [240 S.].

Veselić 1853—54 = Rudolf Veselić. Rěčnik ilirskoga i nemačkoga jezika. 2 Bde. Wien 1853—54 [VIII, 570, XVIII, 776 S.].

Vidović 1984 = Radovan Vidović: Pomorski rječnik. Split 1984 [XXXIII, 589 S.].

Vinja-Musanić 1971 = Vojmir Vinja, Ratibor Musanić: Spanjolsko-hrvatskosrpski rječnik. Zagreb 1971 [XVI, 1132 S., 2. erweiterte Aufl. Zagreb 1985].

Vinja 1986 = Vojmir Vinja: Jadranska fauna. Etimologija i struktura naziva. Opera Academiae scientiarum et artium Slavorum meridionalium 65. 2 Bde. Split 1986 [504, 558 S.].

Voltić 1803 = Joso Voltić (Voltiggi): Ričoslovnik iliričkoga, italianskoga i nimačkoga jezika. Beč 1803 [LIX, 610 S.].

Vrančić 1595 = Faustus Verantius: Dictionarium quinque nobilissimarum Europae linguarum latinae, italicae, germanicae, dalmaticae et ungaricae. Venecija 1595 [135 S., Nachdruck Zagreb 1971].

Vujaklija 1937 = Milan Vujaklija, Svetomir Ristić, Radomir Aleksić: Leksikon stranih reči i izraza. Beograd 1937 [1299 S., weitere Aufl. Beograd 1954 u. 1958].

Zajmi et al. 1981 = Abdullah Zajmi, Mehdi Bardhi, Sulejman Drini, Latif Mulaku, Gani Luboteni, Sitki Imami: Albansko-srpskohrvatski rečnik. Priština 1981 [XV, 1065 S.].

7.2. Sonstige Literatur

Bibliografija 1980 = Školska knjiga — Zagreb. Bibliografija 1950—1980. Zagreb 1980.

Blau 1858 = Otto Blau: Bosnisch-türkische Sprachdenkmäler. Abhandlungen für die Kunde des Morgenlandes. Bd. 5, Nr. 2 Leipzig 1868.

Cronia 1953 = Arturo Cronia: Contributo alla lessicografia serbo-croata, un'inedita redazione trilingue del „Dictionarium quinque nobilissimarum Europae linguarum" di Fausto Veranzio. In: Richerche Slavistiche, vol. II, 1953, 117—130.

Drljić 1947 = Rastislav Drljić: Jedan neobjavljeni rječnik jezika iz Bosne. In: Glasnik Zemaljskog muzeja, Sarajevo 1947, 241—243.

Franolić 1985 = Branko Franolić: A Bibliography of Croatian Dictionaries. Paris 1985.

Hamm 1942—1943 = Josip Hamm: Etymologicum illyricum. Nastavni vjesnik 51. Zagreb 1942/43, 12—36.

Horvat 1988 = Vladimir Horvat: Vukov „Srpski

rječnik" (1918) prema rječnicima isusovaca leksikografa. In: Naučni sastanak slavista u Vukove dane 17. Beograd 1988, 439—448.

Jonke 1949 = Ljudevit Jonke: „Dikcionar" Adama Patačića. In: Rad Jugoslavenske akademije znanosti i umjetnosti 275. 1949, 71—175.

Katičić 1984 = Radoslav Katičić: The Making of Standard Serbo-Croat. In: Aspects of the Slavonic Language Question 1. New Haven 1984, 261—295.

Lehfeldt 1988 = Werner Lehfeldt: Ein arabisch-persisch-griechisch-serbisches Gesprächslehrbuch aus dem 15. Jahrhundert als für die Geschichte des Serbischen. In: Slavistische Studien zum X. Internationalen Slavistenkongreß in Sofia 1988, Köln. Wien 1988, 97—111.

Lewanski 1962 = Richard C. Lewanski: A Bibliography of Slavic Dictionaries. Bd. II, New York 1962 [XV, 366 S.].

Minio 1953 = Michelangelo Minio: Il Quattrocentesco codice „Rinio" integralmente rivendicato al medico Nicolò Roccabonella. Atti dell Istituto veneto di scienze, letere ed arti, 1953, 49—64.

Musulin 1959 = Stjepan Musulin: Hrvatska ili srpska leksikografija. In: Filologija 2. 1959, 41—63.

Nametak 1968 = Alija Nametak: Rukopisni tursko-hrvatskosrpski rječnici. In: Grada za povijest književnosti hrvatske. Knijiga 29. Zagreb 1968, 231—380.

Pavić 1979 = Milorad Pavić: Istorija srpske književnosti klasicizma i predromantizma. Klasicizam. Beograd 1979.

Pohl 1976 = Heinz Dieter Pohl: Das italienisch-kroatische Glossary Ms Selden Supra 95. Edition des Textes und linguistischer Kommentar. Schriften der Balkankommission. Linguistische Abteilung XXIX/1. Wien 1976.

Putanec 1962 = Valentin Putanec: Leksikografija kod Hrvata, Srba i Crnogoraca. Stichwort Leksikografija. Enciklopedija Jugoslavije 5. Zagreb 1962, 503—508. [Bibliographie zusammengestellt von Valentin Putanec und Kruno Krstić, 508—511].

Rešetar 1904 = Milan Rešetar: Ein serbokroatisches Wörterverzeichniß aus der Mitte des XV. Jahrhunderts. In: Archiv für Slavische Philologie 1904. 26, 358—366.

Stankiewicz 1984 = Edward Stankiewicz: Grammars and Dictionaries of the Slavic Languages from the Middle Ages up to 1850. An Annotated Bibliography. Berlin u. a. 1984.

Radoslav Katičić, Wien (Österreich)

214. Slowenische Lexikographie

1. Einleitung
2. Die Lexikographie bis zur Aufklärung
3. Die Lexikographie im 19. Jahrhundert
4. Die Lexikographie im 20. Jahrhundert
5. Literatur (in Auswahl)

1. Einleitung

1.1. Das slowenische Sprachgebiet liegt am nordwestlichen Rand der südslavischen Sprachgruppe und grenzt dort unmittelbar an den italienisch/friulanischen, deutschen und magyarischen Sprachraum (vgl. Karte 214.1). Es war seit dem Verlust der Eigenstaatlichkeit im 8. Jahrhundert auf verschiedene, verwaltungspolitische Einheiten aufgesplittert, in denen die slowenische Sprache keine Öffentlichkeitsfunktion hatte, was die Entwicklung einer Schriftsprache bis zur Reformation verhinderte. Zu einer ethnopolitischen Vereinigung kam es erst nach dem 1. Weltkrieg. Doch blieben Teile des autochtonen ethnischen Territoriums außerhalb der Grenzen des slowenischen Nationalstaates, nämlich in Italien, Österreich und Ungarn (siehe Karte 214.1). Die Nachbarschaft zu den nichtslavischen Sprachmedien wirkte sich auf das Slowenische sowohl in der Lexik (Lehnwortgut) als auch durch phonetische und grammatikalische Interferenzen aus. Die Nachbarschaft zu den Kroaten hatte kulturpolitische Auswirkungen, wie z. B. die enge Zusammenarbeit der kroatischen und slowenischen Träger der Reformation (Matija Vlačić Ilirik/Matthias Flaccus Illyricus, Primož Trubar, Sebastijan Krelj u. a.) oder die Bestrebungen nach einer gemeinsamen Schriftsprache im 19. Jahrhundert (s. Petré 1939); in der Lexikographie der Slowenen wurden die kroatischen Lexikographen wie Vrančić, Habdelić, Belostenec und Jambrešić (vgl. Art. 213) ausgewertet.

1.2. Das Slowenische ist geprägt durch eine starke dialektale Differenzierung. Es werden 7 Dialektbasen mit jeweils mehreren Untergruppen unterschieden: Kärnten, Steiermark, Oberkrain, Unterkrain, Innerkrain, das Küstenland und Pannonien (s. Ramovš 1935). Sie alle brachten ihre regionalen lexikalischen Eigenheiten in die slowenische Schriftsprache ein. Bereits Primož Trubar (1508—1586), der Initiator der slowenischen Schriftsprache, hatte diese überregional konzipiert (s. Rigler 1968).

2. Die Lexikographie bis zur Aufklärung

2.1. Mit der protestantischen Buchproduktion eines Trubar, Sebastijan Krelj

Karte 214.1: Das slowenische Sprachgebiet

(1538—1567), Adam Bohorič (2./3. Jahrzehnt d. 16. Jhs.—1598) und Jurij Dalmatin (1547—1589) sind die ersten lexikographischen Versuche bei den Slowenen verbunden. Das Register 1584 in Dalmatins Bibelübersetzung kann bereits als ein erster Höhepunkt angesehen werden. Es enthält 755 Stichwörter und ist eine Art Synonym- oder Differenzialwörterbuch (s. Gjurin 1984). Als ebenbürtige Sprache erscheint das Slowenische bei Hieronymus Megiser (1554/55—1619), in dessen *Dictionarium quattuor linguarum* (Megiser 1592) bereits 8575 slowenische Wörter enthalten sind (s. Lägreid 1967). In seinem *Thesaurus 1603* erweiterte er den slowenischen Wortanteil aus der lebendigen Volkssprache in Kärnten und Steiermark. Beide Werke blieben in den folgenden Epochen für die slowenische Lexikographie und Sprache relevant (s. Breznik 1926). Der Italiener Fra Alasia da Sommaripa (1578—1628) schließt mit seinem vocabolario (Alasia 1607) an die protestantische Tradition an und bringt dialektal das Küstenland in den Fonds der slowenischen Schriftsprache ein (s. Oblak 1891).

2.2. Die Zeit der Gegenreformation brachte den Druck slowenischer Bücher zum Stillstand, die lexikographischen Arbeiten aber entwickelten sich weiter und sicherten so den Fortgang der slowenischen Lexikographie bis weit ins 18. Jh.; die Ergebnisse dieser Arbeiten sind jedoch weitgehend unveröffentlicht in Manuskriptform geblieben. Autoren dieser handschriftlich überlieferten Wörterbücher sind vor allem: Matija Kastelec (1620—1688) mit seinem 20 000 Wörter umfassenden *Dictionarium latino-carniolium* (s. Breznik 1929, Breznik 1938, Lukan 1978, 195), Gregorij Vorenc (um 1660—1730) mit dem *Dictionarium latino-carnilicum* (s. Kidrič 1924), der Kapuziner P. Hippolytus (Janez Adam Gaiger, 1667—1722) mit seinem deutsch-slowenisch-lateinischen *Dictionarium trilingue* (s. Breznik 1926, Lukan 1978, 195 f.) und Anton Apostel (1711—1784) mit einem *Dictionarium germanico-slavicum* (s. Breznik 1926, Lukan 1978, 196).

2.3. Die Aufklärung bewirkte einen neuen Aufschwung, nicht nur als nationale Wiedergeburtsbewegung, sondern auch für die Lexikographie. Janez Žiga Popovič (1705—1774) verfaßte ein *Specimen vocabolarii vindocarniolici*, eine etymologisch angelegte Materialsammlung, die ungedruckt blieb (s. Breznik 1927). Die Jesuiten in Klagenfurt gaben eine erweiterte Auflage von Megiser 1592 heraus

(Megiser 1744), die der Kärntner Anton Miklauz (1700—1743) bearbeitet hatte. Der dem Discalceaten Orden angehörige Marko Pohlin (1735—1801) verfaßte auf Grundlage der protestantischen Schriften und Wortregister, ebenso wie der handschriftlich überlieferten Wörterbücher das erste gedruckte, nach slowenischen Stichwörtern geordnete, slowenisch-deutsch-lateinische Wörterbuch (Pohlin 1781). Neben eigenen Wortschöpfungen zog er auch die verwandten slavischen Sprachen, vor allem das Tschechische und Kroatische zur Wortbildung heran (s. Stabéj 1972). Sein Glossarium (Pohlin 1792/93) enthält so manche eigenwillige Etymologie, es hat uns aber das Popovič-Material überliefert (s. Stabéj 1973). Pohlins Wörterbücher sind in der gesamten vorausgehenden Lexikographie verankert und wirkten auf die nachfolgende ein. Der Kärntner Oswald Gutsmann (1727—1790) baut sein deutsch-slowenisches Wörterbuch (Gutsmann 1789) auf Pohlin auf und bringt dazu sehr viel regionale Lexik in die slowenische Schriftsprache ein (s. Grafenauer 1935). Neben einigen anderen kleineren lexikalischen Arbeiten bringt die Aufklärung mit Blaž Kumerdej (1738—1805) das erste Konzept für ein wissenschaftlich angelegtes slowenisch-deutsches Wörterbuch, das schließlich vom Dichter und Publizisten Valentin Vodnik (1758—1819) bis 1806 fertiggestellt wurde. Der Druck verzögerte sich, Vodnik fiel nach der Abschaffung der Illyrischen Provinzen bei den österreichischen Behörden in Ungnade, und das 140 000 slowenische Wörter enthaltende Manuskript blieb ungedruckt. Schließlich wurde es für Cigale 1860 ausgewertet (s. Stabéj 1966).

3. Die Lexikographie im 19. Jahrhundert

3.1. Nach 1815, in der Zeit des österreichischen Vormärz, plante Jernej Kopitar (1780—1844) die Erfassung der lebendigen Volkssprache mit einem Netz von Informanten, um auf dieser Grundlage die Schriftsprache und Lexik zu normieren, wie es Karadžić mit seiner Unterstützung für das Serbokroatische getan hatte (vgl. Art. 213). Dieses Projekt ließ sich nicht verwirklichen. Die Lexikographie dieser Epoche haben vor allem der Kärntner Urban Jarnik (1784—1844) und der Steirer Anton Murko (1809—1871) mit ihren Werken fortentwickelt. Es entstanden aber auch Wortsammlungen aus der lebendigen Volkssprache, die zunächst ungedruckt blieben.

3.2. Das Revolutionsjahr 1848 brachte der slowenischen Sprache die teilweise Anerkennung als Schul- und Amtssprache, was auch die lexikographischen Bestrebungen beflügelte. Der Kärntner Anton Janežič (1828—1869) verfaßte das erste slowenisch-deutsche Handwörterbuch (Janežič 1850) nach Murko 1833. Janežič verwendete bereits die neue Orthographie (— *Gajica* — die über das Kroatische übernommene tschechische Schreibweise, deren Normierung der Grapheme *s z c* und *š ž č* bis heute relevant blieb), exzerpierte die Literatur und Publizistik seiner Zeit und ließ als Anhänger des Illyrismus viel kroatische Lexik einfließen (s. Lukan 1978, 201). Janez Bleiweis (1808—1881) griff das Projekt eines wissenschaftlichen deutsch-slowenischen und slowenisch-deutschen Wörterbuches wieder auf und erwirkte beim Fürstbischof Anton Alois Wolf die Sicherung der finanziellen Grundlage. Der deutsch-slowenische Teil (Cigale 1860), in den das gesamte Vodnik-Manuskript einfloß (s. Stabéj 1966), erschien in der Redaktion von Matej Cigale (1819—1889). Die Herausgabe des slowenisch-deutschen Teils verzögerte sich, 1880 wurde Maks Pleteršnik (1840—1923) mit der Redaktion betraut (Pleteršnik 1894/95). Mit den handschriftlichen Materialsammlungen von Janez Zalokar (1792—1872), Oroslav Caf (1814—1874) und Franz Miklosich (1813—1891), der Einarbeitung der gedruckten Wörterbücher, dem Einbeziehen von Informatoren aus verschiedenen Gebieten, sowie dem Exzerpieren der slowenischen Literatur und nicht zuletzt durch die Bezeichnung des Akzentes und einer genormten Orthographie wurde dieses Werk mit seinen 110 000 Stichwörtern das erste große slowenische zweisprachige Wörterbuch, das auf Jahrzehnte hinaus als Nachschlagewerk ein einsprachiges Wörterbuch ersetzen sollte (s. Stabéj 1963/64; Lukan 1978, 202—205).

3.3. Zugleich erforderte die gesellschaftspolitische Situation auch terminologische und andere zweisprachige Wörterbücher. Cigale hatte bereits an der Juridischen Terminologie 1853 mitgearbeitet. Eine erweiterte, selbständige Ausgabe erschien von Babnik 1894. Cigale gab 1880 ein Wörterbuch der wissenschaftlichen Terminologie heraus (Cigale 1880).

4. Die Lexikographie im 20. Jahrhundert

4.1. In der 1. Hälfte des 20. Jahrhunderts kam es zunächst zu keinem kollektiven Projekt in der Lexikographie der Sprachwörterbücher. Dem Bedarf entsprechend entstanden aber viele zweisprachige Wörterbücher und auch terminologische Wörterbücher, die aber alle von der Initiative der einzelnen Autoren getragen wurden. Auch das erste slowenische einsprachige Wörterbuch von Glonar 1936 konnte als Arbeit eines einzelnen Autors nicht die Ansprüche an ein solches Wörterbuch erfüllen (s. Ahlin 1982).

4.2. Einen großen Aufschwung nahm die Lexikographie der Sprachwörterbücher erst nach 1945. Vor allem kamen neue Sprachen hinzu, und die bereits bestehenden Wörterbücher wurden erweitert, neu bearbeitet und neu aufgelegt. Dabei teilen sich heute drei Verlage die Herausgabe der zweisprachigen Wörterbücher nach deren Umfang und Funktion: Der Verlag *Državna založba Slovenije* betreut die großen Handwörterbücher, der Verlag *Obzorja Maribor* verlegt in seiner Reihe *Glotta* kleinere, für den allgemeinen Gebrauch bestimmte zweisprachige Rechtschreib- und auch Fremdwörterbücher. Der Verlag *Cankarjeva založba* in Ljubljana gibt die kleinen zweisprachigen Taschenwörterbücher heraus. Die Autoren sind zum Großteil bei allen drei Verlagen dieselben. Nunmehr stehen an zweisprachigen Wörterbüchern die Sprachen Tschechisch, Deutsch, Englisch, Esperanto, Französisch, Italienisch, Makedonisch, Polnisch, Russisch, Serbokroatisch, Slowakisch, Spanisch, Ungarisch zur Verfügung. In Tokio erschien ein 1500 Stichwörter umfassendes japanisch-slowenisches Wörterbuch von Kayoko Yamasaki Vuković (Yamasaki 1984).

4.3. Auch der Bedarf an terminologischen Wörterbüchern schlug sich in einer Vielfalt von Ausgaben nieder, die zunächst von den jeweiligen Fachinstitutionen getragen wurden. Eine Koordination der Lexikographie der Sprachwörterbücher erfolgt nunmehr im Rahmen des ZRC SAZU (Znanstveno raziskovalni center/ZRC, Slovenska akademija znanosti in umetnosti/SAZU [Wissenschaftliches Forschungszentrum der slowenischen Akademie der Wissenschaften und Künste]) am Institut für die slowenische Sprache (Inštitut za slovenski jezik). Zu diesem Zwecke wurde im Rahmen des ZRC SAZU am Institut für die slowenische Sprache ein besonderes Organisationsschema erstellt. Es umfaßt die Sektionen Lexikologie, Etymologie, Dialektologie, eine Kommission für historische Wörterbücher und eine terminologische Kommission. Letztere betreut die Sektionen Recht, Technik, Medizin, Veterinärmedizin, Naturwissenschaften und Kunst. Die Kunstsektion teilt sich wiederum in die Untersektionen Musikologie, Ethnomusikologie, Kunstgeschichte, Theater, Film und Ethnologie. Ein allgemeines, technisches, einsprachiges Wörterbuch *(Tehniški slovar 1963/64)* erschien im Rahmen der technischen Sektion der terminologischen Kommission. Das 6sprachige, elektrotechnische Wörterbuch *(Elektrotehniški slovar 1957 f.)* erschien zunächst noch beim Fachverband der Elektrotechniker Sloweniens und wird nunmehr ebenfalls durch das ZRC SAZU betreut. Weiter erschienen bisher in den einzelnen Sektionen der terminologischen Kommission eine große Anzahl ein-, zwei- oder mehrsprachiger Wörterbücher (s. Žitnik 1984). Erwähnt seien auch die durch die föderative Staatsordnung Jugoslawiens bedingten zwei- oder mehrsprachigen terminologischen Wörterbücher in den Sprachen der Völker Jugoslawiens (z. B. Avramović 1982, *Geodetski rečnik 1980*, Golias 1976, *Vojaški slovar 1977*). Für die spezifischen Bedürfnisse der slowenischen Minderheit in Österreich wurde in Klagenfurt von Paul Apovnik et al. ein deutsch-slowenisches und slowenisch-deutsches Wörterbuch der Rechts- und Wirtschaftssprache zum Druck vorbereitet.

4.4. Ebenfalls im Rahmen des ZRC SAZU am Inštitut za slovenski jezik wurde das große Desideratum eines einsprachigen wissenschaftlichen Wörterbuches der slowenischen Standardsprache *(SSKJ 1970 f.)* nach 1945 als Projekt in Angriff genommen (s. Ahlin 1982). Bis zur Ausarbeitung eines umfassenden Konzeptes wurde der Bedarf nach einem Nachschlagewerk zur slowenischen Standardsprache durch ein Rechtschreibwörterbuch Pravopis 1950 gedeckt. Im Rahmen des ZRC SAZU erscheint das erste wissenschaftliche etymologische Wörterbuch der slowenischen Sprache (Bezlaj 1976 f.).

4.5. An dialektologischen Wörterbüchern sind erschienen: Tominc 1964 und Novak 1985 sowie in Österreich der *Thesaurus 1982*. Weiters verfügt das Slowenische über Fremdwörterbücher von Verbinc 1968 und Bunc 1984. Ein fünfsprachiges phraseologisches Wörterbuch verfaßte Pavlica 1960. An Autorenwörterbüchern erschien Scherber 1977, eine Konkordanz zu Trubars Katechismus von Neweklowsky 1984. Nunmehr wird im Rahmen des ZRC SAZU ein umfassendes Wörterbuch des großen romantischen Dichters F. Prešern vorbereitet (s. Suhadolnik 1985; Suhadolnik 1988). In Österreich erschien ein rückläufiges Wörterbuch von Mader 1981.

5. Literatur (in Auswahl)

5.1. Wörterbücher

Alasia 1607 = Gregorio Alasia da Sommaripa: Vocabolario Italiano e Schiauo. [...] Raccolta da Fra Gregorio Alasia da Sommaripa dell'ordine de' Serni della B. V. Maria. In Udine MDCVII [Nachdruck und sprachliche Auswertung in: *Oblak 1891*; Faksimile der ersten Ausgabe: Red. Bogomil Gerlanc. Ljubljana — Devin Nabrežina — Trst/Lubiana — Duino Aurisina — Trieste 1979].

Avramović 1982 = Uporedni rečnik vojnih pojmova: srpskohrvatski, slovenački, albanski, madarski. Glavni i odgovorni urednik Dušan Avramović. Beograd 1982 [1013 S.].

Babnik 1894 = Janko Babnik: Nemško-slovenska pravna terminologija. V imenu društva „Pravnika" vredil Dr. Janko Babnik [...], Na Dunaju 1894 [833 S.].

Bezlaj 1976 f. = France Bezlaj: etimološki slovar slovenskega jezika. Ljubljana Bd. A—J 1976, Bd. K—O 1982 [XXX, 235 S. + 265 S.] (Hrsg. SAZU inštitut za slovenski jezik).

Bunc 1984 = Stanko Bunc: Slovar tujk. Glotta 1. Maribor 1984 [471 S.].

Cigale 1860 = Matej Cigale: Deutsch-slowenisches Wörterbuch. Herausgegeben auf Kosten des Hochwürdigsten Herrn Fürstbischofs von Laibach, Anton Alois Wolf. 2 Bde. Laibach 1860 [XVI, 2012 S.].

Cigale 1880 = Matej Cigale: Znastvena terminologija s posebnim ozirom na srednja učilišča. Spisal M. Cigale. [...] V Ljubljani 1880 [171 S.].

Elektrotehniški slovar 1957 f. = Slovenski elektrotehniški slovar. 6-jezični slovar z definicijami. Elektrotehniška zveza Slovenije. Ljubljana 1957—1986 [15 Bde.].

Geodetski rečnik 1980 = Višjejezični geodetski rečnik: osmojezično izdanje na srpskohrvatskom/hrvatskosrpskom, slovenačkom, makedonskom, albanskom, francuskom, engleskom, nemačkom i ruskom jeziku. Glavni urednik Milutin Stefanović; Savez geodetskih inženjera. Beograd 1980 [979 S.].

Glonar 1936 = Joža Glonar: Slovar slovenkega jezika. V Ljubljani 1936 [XVI, 496 S.].

Golias 1976 = Janko Golias: Petjezični slovar ustave in samoupravljana SFRJ. Hrsg.: Društvo znanstvenih in tehničnih prevajalcev Slovenije. Ljubljana 1976 [93 S.].

Gutsmann 1789 = Oswald Gutsmann: Deutschwindisches Wörterbuch mit einer Sammlung der verdeutschten windischen Stammwörter, und einiger vorzüglichern abstammenden Wörter. Verfasset von Oswald Gutsmann, Weltpriester. Klagenfurt 1789 [568 S.].

Janežič 1850 = Anton Janežič: Vollständiges Taschen-Wörterbuch der slovenischen und deutschen Sprache. Von Anton Janežić [...] Deutsch-slovenischer Theil. Klagenfurt 1850 630 S. [2. verb. Aufl. 1867, 923 S.; 3. Aufl. 1889, 4. Aufl. 1905, 5. Aufl. 1921 bearbeitet von Anton Bartel].

Janežič 1851 = Anton Janežič: Popolni ročni slovar slovenskega in nemškega jezika. Spisal Anton Janežić, [...] U Cělóvcu 1851 [554 S.; 2. Aufl. bearb. von Julij Kleinmayr; 3. Aufl. 1893; 4. Aufl. 1908 bearb. von France Hubad].

Mader 1981 = Elfriede Mader: Rückläufiges Wörterbuch des Slowenischen. In: Klagenfurter Beiträge zur Sprachwissenschaft. Slawistische Reihe 5. Klagenfurt 1981 [244 S.].

Megiser 1592 = Hieronymus Megiser: Dictionarium quattuor linguarum, videlicet Germanicae, Latinae, Illricae (quae vulgo Sclavonica appelatur) et Italicae sive Hetruscae. Auctore Hieronymo Megisero. Impressum Graecii [...] M. D. LXXXXII (Auszug *Lägreid 1967*).

Megiser 1744 = Megiser 1592 [...] Nunc vero Auspiciis Exc. D. D. Supremi Carinthiae Capitanei, Opera et Studio [...] Societ. Jesu Collegii Clagenfurtenis correctum [...] 1744.

Murko 1833 = Anton Murko: Deutsch-Slovenisches und Slowenisch-Deutsches Handwörterbuch. Nach den Volkssprecharten der Slowenen in Steiermark, Kärnten, Krain und Ungarn's westlichen Distrikten [...]. Deutsch-Slowenischer Theil. Grätz 1833 [788 Spalten]. Slovénsko-Némshki in Némshko-Slovénski rózhni besednik. [...] Slovénsko-Némshki Del. V Gradzi 1833 [862 Spalten].

Neweklowsky 1984 = Gerhard Neweklowsky: Trubarjev Katekizem 1550. Konkordanca, Indeks besed, pogostnostni spiski. Ljubljana 1984 [429 S.].

Novak 1985 = Franc Novak: Slovar beltinskega prekmurskega govora. Dopolnil in uredil Vilko Novak. Murska Sobota 1985 [VII, 138 S.].

Pavlica 1960 = Josip Pavlica: Frazeološki slovar v petih jezikih. Rječnik slovenačkih, hrvatskosrpskih, latinskih, njemačkih, francuskih i engleskih fraza. Ljubljana 1960 [686 S.].

Pleteršnik 1894/95 = Maks Pleteršnik: Slovensko-nemški slovar. Izdan na troške rajnega knezoškofa ljubljanskega Antona Alojzija Wolfa. Uredil M. Pleteršnik. 2 Bde. Ljubljana 1894/95 [Nachdruck Ljubljana 1974; XVI, 883 + 978, IX S.].

Pohlin 1781 = Marko Pohlin: Tu malu besedishe treh jezikov. Das ist: das kleine Wörterbuch in dreyen Sprachen. [...] Laibach [...] 1781 [Faksimile der ersten Ausgabe in: Geschichte, Kultur und Geisteswelt der Slowenen Bd. IX. München 1972. Red. Jože Stabéj].

Pohlin 1792/93 = Marko Pohlin: Glossarium slavicum in supplementum ad primam partem Dictionarii Carniolici. Viennae [...] 1792 [2. unveränderte Aufl. 1792; 3. unveränd. Aufl. 1793; Faksimile der ersten Ausgabe in: Geschichte, Kultur und Geisteswelt der Slowenen Bd. XI. München 1973. Red. Jože Stabéj].

Pravopis 1950 = Slovenski pravopis izdala slovenska akademija znanosti in umetnosti (2. bearb. Aufl. Ljubljana 1962) [1054 S.].

Scherber 1977 = Peter Scherber: Slovar Prešernovega pesniškega jezika. Maribor 1977 [XXI, 403 S.].

SSKJ 1970 f. = Slovar slovenskega knjižnega jezika. Izdala slovenska akademija znanosti in umetnosti, inštitut za slovenski jezik (bisher 4 Bde.). Ljubljana A—H 1970, I—Na 1975, Ne—Pren 1979, Preo—S 1985 [844 + 1030 + 1076 + 1125 S.].

Šink 1974 = Fran Šink: Pravni izrazi primerjalni z decimalno klasifikacijo slovensko — srbohrvaško — francosko — nemško. Ljubljana 1974 (Uradni list) [579 S.].

Tehniški slovar 1963/64 = Splošni tehniški slovar (Tehniška sekcija terminološke komisije pri Slovenski akademiji znanosti in umetnosti). Ljubljana 2 Bde. 1963—1964 (2. erw. Auflage 1978—1981) [1595 S.].

Thesaurus 1603 = Hieronymus Megiser: Thesaurus Polyglottus: vel Dictionarium multilingue ex quadrigentis circiter tam veteris quam novi [...] linguis, dialectis, idiomatibus et idiotismis constans [...] ab Hieronymo Megisero [...] Francofurti ad Moenum, M.D.C.III [Auszug = Jože Stabéj: slovensko-latinsko-nemški slovar izpisal in uredil Jože Stabéj Ljubljana 1977 SAZU Philologica et litterae opera 32].

Thesaurus 1982 = Thesaurus der slowenischen Volkssprache in Kärnten Bd. 1 A—B. Hrsg.: Stanislaus Hafner und Erich Prunč. In: Schriften der Balkankommission Linguistische Abt. d. österr. Akad. d. Wissenschaften. Sonderpublikation. Wien 1982 [221 S.].

Tominc 1964 = Ivan Tominc: Crnovrški dialekt. Kratka monografija in slovar. Ljubljana 1964 (SAZU Philologicae et litterae opera 20) [266 S.].

Verbinc 1968 = France Verbinc: Slovar tujk. Ljubljana 1968 (2. Aufl. 1970, 5. Aufl. 1976) [770 S.].

Vojaški slovar 1977 = Vojaški slovar. Ljubljana 1977 (Hrsg. Partizanska knjiga) [523 S.].

Yamasaki 1984 = Kayoko Yamasaki: Slovensko japonski slovar 1510. Tokio 1984 (Daigaku Syorin) [150 S.].

5.2. Sonstige Literatur

Ahlin 1982 = Martin Ahlin: Povojna slovenska leksikografija. In: Drago Ćupić (Hrsg.): Leksikografija i leksikologija. Zbornik referata. Beograd. Novi Sad 1982, 3—8.

Breznik 1926 = Anton Breznik: Slovenski slovarji. In: Razprave. Izdaja znastvenega društva za humanistične vede v Ljubljani 3. 1926, 110—174.

Breznik 1927 = Anton Breznik: Popovičev Specimen vocabularii vindocarnilici ter Pohlinov Glossarium slavicum. In: Časopis za slovenski jezik. 1927, 91—99.

Breznik 1938 = Anton Breznik: Kastelčev latinsko-slovenski slovar. In: Slovenski jezik 1. 1938, 290—292.

Gjurin 1984 = Velimir Gjurin: Register 1584 kot slovaropisni dosežek. In: Slavistična revija. Časopis za jezikoslovje in literarne vede 32/3. 1984, 183—208.

Grafenauer 1935 = Ivan Grafenauer: Gutsmannov besednjak in njegova zbirka pregovorov, rekov in prilik. In: Časopis za zgodovino in narodopisje 30. 1935, 1—29.

Kidrič 1924 = France Kidrič: Gregor Vorenc. Discalceat pater Franciscus Xaverius a. S. Ignatio. In: Časopis za jezik književnost in zgodovino 4. 1924, 136—146.

Kidrič 1949 = France Kidrič: Janez Sigmund Popovič. In: Slovenski biografski leksikon 2 (1949) 443—455.

Lägreid 1967 = Anneliese Lägreid: Hieronymus Megiser: slovenisch-deutsch-lateinisches Wörterbuch. Neugestaltung und Faksimile der ersten Ausgabe aus dem Jahre 1592. [...] Wiesbaden 1967 (Monumenta linguae slavicae dialecti veteris. Fontes et dissertationes VII).

Leder 1976 = Zvonka Leder: Razvoj slovenskega strokovnega izrazja. In: XII. seminar slovenskega jezika, literature in kulture. Zbornik predavanj. Ljubljana 1976, 47—57.

Lewanski 1962 = Richard C. Lewanski: A Bibliography of Slave Dictionaries. Volume II [...]. New York 1962, 271—295.

Lukan 1978 = Walter Lukan: Die slowenischen Wörterbücher. In: Österreichische Osthefte XX/1. 1978, 193—216.

Oblak 1891 = Vatroslav Oblak: Doneski k historični slovenski dialektologiji. In: Letopis Matice Slovenske. Ljubljana 1891, 66—134.

Petré 1939 = Fran Petré: Poizkus ilirizma pri Slovencih (1835—1849). Ljubljana 1939.

Premk 1980 = Franca Premk: Dictionnaire de la langue slovène au 16e siècle. In: W. Pijnenburg/ F. de Tollenaere (Hrsg.): Proceedings of the Second International Round Table Conference on Historical Lexicography. Dordrecht, Cinnaminson, N. J., 1980.

Ramovš 1935 = Fran Ramovš: Historična gramatika slovenskega jezika VII. Dialekti. Ljubljana 1935.

Rigler 1968 = Jakob Rigler: Začetki slovenskega knjižnega jezika (SAZU [...] dela 22), Ljubljana 1968.

Stabéj 1963/64 = Jože Stabéj: Iz zgodovine slovenskih slovarjev. In: Jezik in Slovsto 1963/64, 68—72.

Stabéj 1966 = Jože Stabéj: Nekaj ugotovitev ob popolnem izpisu Vodnikovega rokopisnega slovarja. In: Jezik in Slovstvo 9. 1966, 42—44.

Stabéj 1968 = Jože Stabéj: Über die Anfänge der slowenischen Lexikographie. In: Rudolf Trofenik (Hrsg.): Abhandlungen über die slowenische Reformation. München 1968, 124—134.

Stabéj 1972 = Jože Stabéj: Vorwort zur Faksimile Ausgabe von *Pohlin 1781*. München 1972, 1—10.

Stabéj 1973 = Jože Stabéj: Vorwort zur Faksimile Ausgabe von *Pohlin 1792*. München 1973, I—XVII.

Stankiewicz 1984 = Edward Stankiewicz: Grammars and Dictionaries of the Slavic Languages from the Middle Ages up to 1850. An Annotated Bibliography. Berlin. New York. Amsterdam 1984, 103—109.

Suhadolnik 1962 = Stane Suhadolnik: leksikografija kod Slovenace. In: Enciklopedija Jugoslavije 5. 1962, 511—513.

Suhadolnik 1985 = Stane Suhadolnik: Gradivo za Prešernov slovar. ZRC SAZU. Inštitut za slovenski jezik. Ljubljana 1985, 5—7.

Suhadolnik 1988 = Stane Suhadolnik: Prizadevanja za Prešernov slovar. In: Obdobja 8/Sodobnost. Ljubljana 1988, 325—336.

Šafařík 1864 = Paul Josef Šafařík: Geschichte der südslavischen Literatur. Aus dessen handschriftlichem Nachlasse herausgegeben von Josef Jireček. Prag 1864, 63—71.

Žitnik 1984 = Janja Žitnik: Pregled slovenskih terminoloških prizadevanj na področju prava tehnike, medicine, veterine, naravoslovja in umetnosti. In: Zbornik terminologija v znanosti. [...] Ljubljana 1984, 151—160.

Katja Sturm-Schnabl, Wien (Österreich)

215. Makedonische Lexikographie

1. Vorbemerkungen. Die Anfänge lexikographischer Produktion
2. Lexikographische Produktion in der SR Makedonien
3. Literatur (in Auswahl)

1. Vorbemerkungen. Die Anfänge lexikographischer Produktion

Die makedonische Sprache gehört zur Gruppe der südslawischen Sprachen (vgl. Karte 215.1). Daher sollte sie nicht — wie der Name vermuten lassen könnte — mit der Sprache der alten Makedonen in Verbindung gebracht werden. Die literarische Form des Makedonischen ist erst 1945 endgültig kodifiziert worden. Vorher herrschte in der Slawistik — unabhängig von Ereignissen in Makedonien selbst — eine Auseinandersetzung darüber, ob die makedonischen Dialekte der serbischen oder der bulgarischen Sprache zugeordnet werden sollten.

Lexikographische Versuche sind zeitweilig im 19. Jh. festzustellen. So hat Djordje Pulevski zwei Wörterbücher mit makedonischen Entsprechungen veröffentlicht. Im ersten (Pulěvski 1873) werden makedonische (und serbische) Wörter und Wendungen ins Albanische, Türkische und Griechische übersetzt. Das zweite stellt ein Gesprächsbuch dar, das in Form von Antworten auf Fragen geschrieben ist. Neben dem Makedonischen enthält es noch albanische und türkische Entsprechungen. Für alle Entsprechungen wird das kyrillische Alphabet benutzt. Diese Wörterbücher enthalten interessantes Sprachmaterial zum sprachlichen Substandard im Balkangebiet. In seinem Programm für die makedonische nationale Entwicklung hat Dimitrija Čupovski in den zwanziger Jahren dieses Jahrhunderts auf der Notwendigkeit der Erstellung eines Wörterbuches insistiert, wobei er selbst schon an einem makedonisch-russischen Wörterbuch arbeitete (Ristovski 1978).

2. Lexikographische Produktion in der SR Makedonien

Durch die Konstituierung der SR Makedonien (1944) als föderale Einheit innerhalb Jugoslawiens und die Kodifizierung der makedonischen Literatursprache waren die Voraussetzungen für systematische lexikographische Arbeit geschaffen. Fragen zur Lexik der Literatursprache werden derzeit unter mehreren Gesichtspunkten untersucht (Koneski 1974).

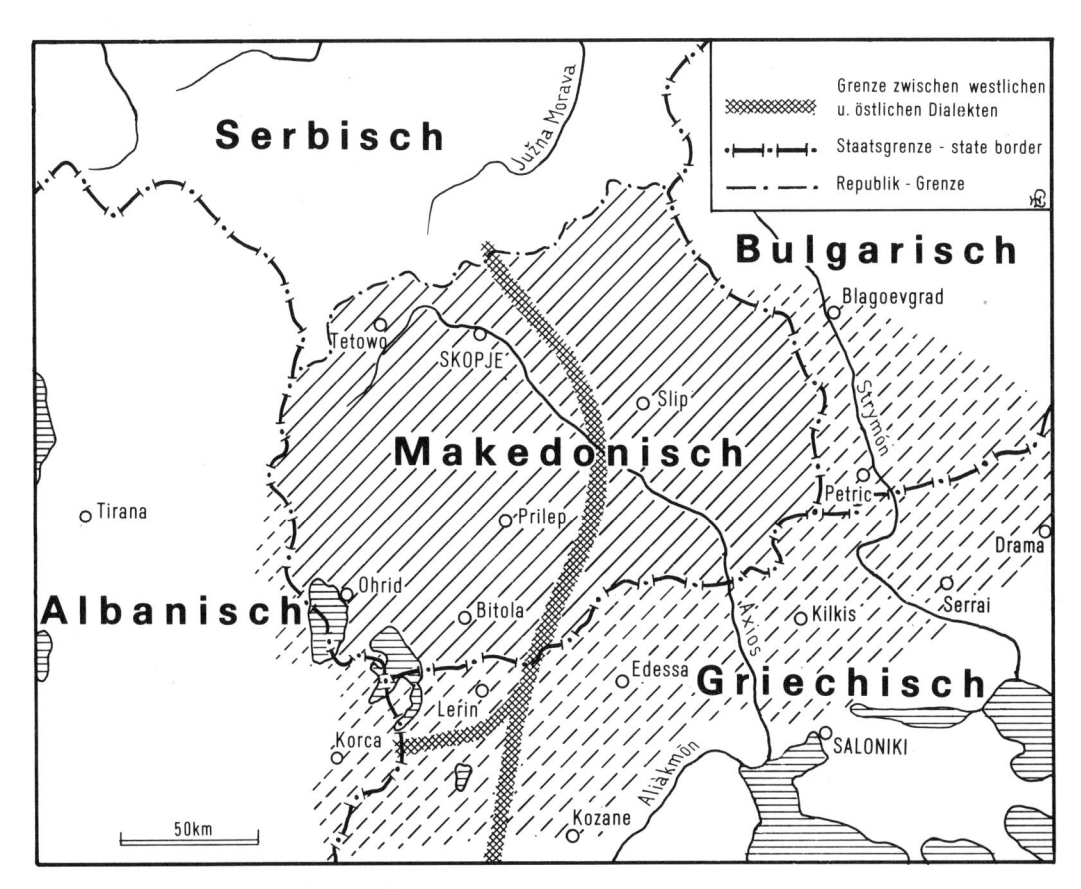

Karte 215.1: Der makedonische Sprachraum

2.1. Eine besondere Kommission, die 1951 gebildet wurde, gab Anweisungen über die Erstellung eines Wörterbuchs der makedonischen Sprache aus und organisierte die Exzerpierung. Ab 1953 wurde die Arbeit dem neugegründeten Institut für makedonische Sprache übertragen (Koneski 1974). Das Wörterbuch wurde in den sechziger Jahren in drei Bänden veröffentlicht (Koneski 1961—1966). Es enthält 64 522 Lemmata, die mit serbokroatischen Äquivalenten und gelegentlich auch mit makedonischen Erklärungen versehen sind. Die zweite fotomechanische Ausgabe dieses Wörterbuchs erschien Anfang 1986 in einem Band.

2.2. Dieses Wörterbuch diente als Basis für mehrere kleine zweisprachige Wörterbücher für den praktischen und für den Schulgebrauch (Koneski 1974) und für das rückläufige Wörterbuch der makedonischen Sprache (Miličik 1967).

2.3. Am Institut für makedonische Sprache in Skopje sind mehrere bedeutende lexikographische Projekte in Arbeit. Bereits erschienen sind der erste Band eines Wörterbuchs der makedonischen Volksdichtung (Dimitrovski 1983) und ein Index zum Wörterbuch der altkirchenslawischen biblischen Texte makedonischer Provenienz (Despodova 1985). Es bestehen reichhaltige Kartotheken für das einsprachige makedonische Wörterbuch und für die makedonische Onomastik und Toponymik. Seit 1970 beschäftigt sich eine besondere Kommission an der makedonischen Akademie für Kunst und Wissenschaft mit der makedonischen Terminologie; viermal jährlich gibt sie ein Mitteilungsblatt heraus.

2.4. In der makedonischen Rechtschreibung von 1950 (Koneski/Tošev 1950) ist ein kurzes Rechtschreibwörterbuch mit circa 6000 Wörtern enthalten. In der erweiterten Auflage der Rechtschreibung wurde der Wortbestand auf 30 000 Einträge erweitert (Tošev 1970).

3. Literatur (in Auswahl)

3.1. Wörterbücher

Despodova 1985 = Vangelija Despodova/Zdenka Ribarova (Hrsg.): Indeks kon rečnikot na makedonskite bibliski rakopisi. Skopje 1985 (Makedonistika 4) [600 S.].

Dimitrovski 1983 = Todor Dimitrovski (Hrsg.): Rečnik na makedonskata narodna poezija. Skopje 1983 [452 S.; bisher Bd. I: A—G].

Koneski 1950 = Blaže Koneski/Krum Tošev: Makedonski pravopis so pravopisen rečnik. Skopje 1950 [175 S.].

Koneski 1961—1966 = Blaže Koneski (Hrsg.)/Todor Dimitrovski/Blagoja Korubin/Trajko Stamatoski (Mitarb.): Rečnik na makedonskiot jazik so srpskohrvatski tolkuvanja. III Bde. Skopje 1961—1966. Bd. I: A—N, 1961 [xii, 510 S.], Bd. II: O—P, 1965 [595 S.], Bd. III: P—Š, 1966 [606 S.].

Miličik 1967 = Vladimir Miličik: Obraten rečnik na makedonskiot jazik. Skopje 1967 [388 S.].

Pulěvski 1873 = Djordje M. Pulěvski: Rečnik ot četiri jezika. I. Srpsko-Albanski. II. Arbanski-Arnautski. III. Turski. IV. Grčki. [...] Beograd 1863 [98I, XII S.].

Pulěvski 1875 = Djordje M. Pulěvski: Rečnik od tri jezika. S Makedonski, Arbanski i Turski. [...] Beograd 1875 [162I, V S.].

Tošev 1970 = Krum Tošev (Vorsitzender der redaktionellen Kommission): Pravopis na makedonskiot literaturen jazik so pravopisen rečnik. Skopje 1970 [607 S.].

3.2. Sonstige Literatur

Bilten 1971 ff = Bilten na Odborot za makedonskata terminologija. Skopje 1971 ff.

Koneski 1974 = Blaže Koneski: The Macedonian Dictionary. In: Review of National Literatures, V, 1. 1974, 25—36.

Ristovski 1978 = Blaže Ristovski: Dimitrija Čupovski (1878—1940), II. Skopje 1978, 353—366.

Blaže Koneski, Skopje (Jugoslawien)

216. Bulgarische Lexikographie

1. Einleitung
2. Wiedergeburt (1762—1878)
3. 1878—1944
4. Ab 1944
5. Wörterbuchtypen
6. Literatur (in Auswahl)

1. Einleitung

1.1. Die Anfänge des slavischen Schrifttums und der slavischen Lexikographie sind eng mit dem Bulgarischen verknüpft. Nach dem Scheitern der mährischen Mission (885) fanden die Schüler der Slavenlehrer Kyrill und Method im Bulgarischen Reich — damals die wichtigste Macht nach Byzanz und dessen Rivale auf der Balkanhalbinsel — Zuflucht und günstige Voraussetzungen für die Fortführung ihres Werks. Die ersten überlieferten slavischen Schriftdenkmäler stammen aus diesem Umkreis und sind in einer Sprachform aufgezeichnet, die als *Altbulgarisch* oder *Altkirchenslavisch* (neuerdings auch: *Altslavisch)* bezeichnet wird. Diese wurde von den anderen orthodoxen Slaven zunächst bei der Christianisierung übernommen, aber allmählich durch die Integration regionaler Elemente modifiziert (*Russisch-Kirchenslavisch* usw.). Wegen der Bedeutung dieser Sprachform für die Slavistik wurde sie Gegenstand einer gesonderten Disziplin (vgl. Art. 208).

1.2. Mit der völligen Vernichtung des Bulgarischen Reichs (Ende 14. Jh.) durch die Türken setzt der Niedergang der frühen bulgarischen Schriftkultur ein. Erst mit dem Erwachen des Nationalbewußtseins im 18. Jh. beginnt unter dem Einfluß der westeuropäischen Aufklärung und Romantik, insbesondere Herderscher Ideen, die Herausbildung der neuen bulgarischen Schriftsprache *(bălgarski knižoven ezik)*. Der Prozeß der Kodifizierung gestaltet sich schwierig, da das Bulgarische inzwischen seine grammatische Struktur (Kasus-, Infinitivverlust, nachgestellter Artikel) und die Lexik *(Turzismen, Gräzismen)* im Vergleich zum Altbulgarischen und zu den anderen Slavinen erheblich verändert hat *(Balkanisierung; Balkansprachbund, Balkanismen)*. Bei der Kontroverse um die Form der neuen Schriftsprache setzen sich im 19. Jh. die Anhänger der Volkssprache (Aprilov, Bogorov, Neofit Rilski u. a) gegen die konservativen Verteidiger des Kirchenslavischen (Fotinov, Ognjanovič, Pavlovič) durch. Im Zusammenhang mit dem Bemühen um die Konsolidierung der neuen Schriftsprache entstehen die ersten bedeutenden lexikographischen Arbeiten zum Neubulgarischen. Die Entwicklung der bulgarischen Lexikographie läßt sich in drei Phasen einteilen: 1. Wiedergeburt (1762—1878), 2. 1878—1944, 3. ab 1944.

2. Wiedergeburt (1762—1878)

2.1. Im letzten Drittel der bulgarischen Wiedergeburt *(Văzraždane)*, deren Beginn meist mit Paisij Chilendarskijs *Istorija slavjanobolgarskaja* (1762 beendet) angesetzt wird, erscheinen im Laufe der

Auseinandersetzungen um die neubulgarische Schriftsprache die ersten lexikographischen Arbeiten. Für die Kodifizierung der neuen Schriftsprache waren nicht nur orthographische und grammatische, sondern auch die lexikalischen Probleme des mundartlich zersplitterten Gebiets zu lösen. Das besondere Gewicht des ostbulgarischen Raums in der Anfangsphase der Normierung zeigt sich u. a. deutlich in der Übernahme folgender Formen: *krak, stan, riza, kotka, iskam, nedej, gorešt, kăs, az, toj,..* (statt: *noga, razboj, košula, mačka, sakam, nemoj, žežăk, krap, ja, on,..*).

2.2. Unabhängig von der sich nach der Gründung der 1. weltlichen Schule (1835 in Gabrovo) verstärkenden Diskussion um die schriftsprachliche Norm des Bulgarischen entstehen die kurzen Glossare in den Berichten von Balkanreisenden sowie in anderen Werken, wie bereits im 16. Jh. das handschriftlich überlieferte bulgarisch-griechische Wörterverzeichnis aus Kastoria (Ničev 1987), das sogenannte *Lexikon tetraglosson* 1802 des Daniil aus Moschopolis und schließlich der *Dodatak* 1822 von Vuk Karadžić. Diese Werke blieben freilich ohne Einfluß auf die Entwicklung in Bulgarien

2.3. In den bulgarischen Grammatiken und Schulbüchern dieser Periode sind häufig alphabetische Wortlisten zur Erklärung bzw. auch schon zur Vermeidung von Turzismen und Gräzismen zu finden (Neofit Rilski 1835, Bogorov 1844). Trotz der sich um diese Zeit abzeichnenden Notwendigkeit zur systematischen Sammlung und Normierung des Wortschatzes gelangt man zunächst nicht über fragmentarische Ansätze hinaus (Gerov 1856, Bogorov 1871, Neofit Rilski 1875, Slavejkov u. a.). Die wichtigsten dieser in einigen Fällen noch unveröffentlichten Fragmente sollen demnächst in einer neuen Reihe unter dem Titel *Bălgarsko leksikografsko nasledstvo* von der Akademie herausgegeben werden.

2.4. Während man bei einsprachigen normativen oder erklärenden Wörterbüchern nicht über bescheidene Ansätze hinauskommt, gibt es auf dem Gebiet der zweisprachigen Lexika, welche für die wachsende Zahl von Übersetzungen in allen Bereichen erforderlich werden, umfangreichere und auch selbständige Werke: darunter das bulgarisch-deutsche Wörterbuch im Anhang der Grammatik der Brüder Cankov 1852, ferner das *English and Bulgarian Vocabulary* von Morse 1860, ein dreisprachiges französisch-bulgarisch-türkisches Wörterbuch von Iliev 1868 und schließlich das bedeutendste unter ihnen von Bogorov 1869 für das Französische mit 35 000 französischen Lemmata, für die er z. T. erst bulgarische Äquivalente bilden mußte.

3. 1878—1944

3.1. Für den mit dem Friedensschluß von San Stefano (zwischen Rußland und der Türkei, 1878) wiedererstandenen bulgarischen Staat stellt sich als eine dringliche Aufgabe, die sprachlichen Probleme im Schulwesen und in der Verwaltung auf befriedigende Weise zu lösen; mit der Einrichtung des Kultusministeriums wird eine wichtige Voraussetzung für ihre Lösung geschaffen. Nach ausländischen Vorbildern werden in der Folge das Bildungswesen neu organisiert, Hochschulen gegründet (Universität Sofia 1888), und außerdem wird die Vorläuferin der späteren Akademie der Wissenschaften, das *Bălgarsko knižovno družestvo*, von Brăila nach Sofia verlegt. Für Fragen der Rechtschreibung und der sprachlichen Normierung wird eine Kommission im Ministerium gebildet.

3.2. Die Ausgabe des bis dahin größten Wörterbuchs der bulgarischen Sprache, basierend auf Denkmälern der Volksdichtung und der neuesten Literatur, beginnt noch Djuvernua 1885, sie wird von Lavrov und Ščepkin unter Mitwirkung des bulgarischen Schriftstellers Vlajkov fortgeführt und von Ljapunov abgeschlossen; dank der Angabe russischer Äquivalente ist das Werk gleichzeitig als zweisprachiges Wörterbuch zu betrachten. Übertroffen wird es jedoch bald von Gerov 1895, mit der Ergänzung von Pančev, welcher die Ausgabe ab dem 4. Band übernimmt.

3.3. Von grundlegender Bedeutung für die weitere Entwicklung der bulgarischen Lexikographie erweist sich der Vorschlag von Teodorov-Balan und Conev (1914), ein Akademiewörterbuch zu schaffen. Beschlossen wird aber nur die Ausarbeitung eines *Bălgarski naračen rečnik* (1917) von 100 bis 130 Bogen Umfang nach dem Vorbild des Werks von Littré. Beteiligt sind an diesem Projekt zunächst Argirov, Mladenov, Teodorov-Balan und Conev. Nach vielen Schwierigkeiten gelingt es Mladenov 1926—1951 nur die 12 Faszikel vom 1. Band des inzwischen umbenannten *Bălgarski tălkoven rečnik s ogled kăm narodnite govori* (A—K) herauszubringen. Das Manuskript der unvollständig gebliebenen Fortsetzung befindet sich im Archiv der Akademie. Mladenov 1941 gibt ferner das erste etymologische Wörterbuch heraus, welches gleichzeitig die Orthographie festlegt.

4. Ab 1944

Eine Zäsur in der Entwicklung der bulgarischen Lexikographie stellt zweifellos das Ende des 2. Weltkriegs dar. Nach der strukturellen Angleichung der Bulgarischen Akademie der Wissenschaften an das sowjetische Vorbild wurden zahlreiche neue Forschungsinstitute eingerichtet. Die von Romanski bereits 1942 innerhalb der Akademie geschaffene Einrichtung *Služba za bǎlgarski rečnik* wird 1947 in *Institut za bǎlgarski rečnik* umgewandelt und geht dann in das 1949 geschaffene *Institut za bǎlgarski ezik* ein. 1951 wird dies ein Akademieinstitut, und ab 1972 besteht dort die Sektion für bulgarische Lexikologie und Lexikographie, zu der die verschiedenen Archive gehören und von der alle gegenwärtig laufenden Projekte der Akademie betreut werden. Unabhängig davon werden wie schon früher in den Universitäten und Hochschulen sowie von einzelnen Lexikographen oder Gruppen Wörterbücher zusammengestellt.

5. Wörterbuchtypen

5.1. Nach den bescheidenen Ansätzen während der Wiedergeburt entfaltet sich die bulgarische Lexikographie dann sehr rasch, und sie hat inzwischen eine Vielzahl von unterschiedlichen Werken hervorgebracht. Eine repräsentative Übersicht mit 216 Titeln bis 1960 gibt Lewanski 1962, die sich für die folgenden Jahre leicht anhand der fortlaufenden Bibliographie in der Zeitschrift „Bǎlgarski ezik" ergänzen läßt. In seiner Typologie unterscheidet Bojadžiev 1986 als erstes zwischen enzyklopädischen sowie Fachwörterbüchern einerseits und linguistischen Werken andererseits. Die letzte, hier in erster Linie interessierende Kategorie wird weiter nach ein- und mehrsprachigen Lexika unterschieden.

5.2. Das vorwiegend einsprachige, erklärende Wörterbuch *(tǎlkoven rečnik)* erfaßt den Wortschatz vollständig (Thesaurus) oder spezielle Teile davon; je nach Umfang und Betrachtungsweise wird dabei unterschieden zwischen: *exhaustiven, ideographischen, komplexen, thematischen, normativen, historischen* und *Dialektwörterbüchern*.

5.3. Die ersten großen erklärenden Wörterbücher von Djuvernua 1885 und Gerov 1895 ergänzen ihre Erläuterungen noch um die russische Übersetzung des Lexems, was in den späteren Werken dieses Typs wegfällt: Mladenov 1926—51, *Bǎlgarski tǎlkoven rečnik* 1955, *Rečnik na sǎvremennija bǎlgarski knižoven ezik* 1955 sowie das im Erscheinen begriffene, auf 15 Bände angelegte Akademiewörterbuch (*Rečnik na bǎlgarskija ezik* 1977). Spezialwörterbücher erfassen den Wortschatz des Dichters Botev (das einzige dieser Art bisher), die seltenen, veralteten und dialektalen Wörter in der Literatur des 19. und 20. Jhs. (*Rečnik na redki dumi* 1974), die bulgarische Phraseologie (*Frazeologičen rečnik* 1974), die Synonymie (Nanov 1936, *Sinonimen rečnik* 1980), die zahlreichen Abkürzungen (*Rečnik na sǎkraštenija* 1983), die Fremdwörter (*Rečnik na čuždite dumi* 1958, — 1982), ferner gibt es ein rückläufiges (*Obraten rečnik* 1975), ein Frequenz- (Nikolova 1987) und ein Valenzwörterbuch (Popova 1987). Der Normierung des Bulgarischen dienen die Wörterbücher zur Aussprache (*Pravogovoren rečnik* 1975) und zur Orthographie (*Pravopisen rečnik* 1945, — 1983). — Generell ist festzustellen, daß viele der alten Spezialwörterbücher durch entsprechende Ausgaben der Akademie ersetzt werden bzw. mit ihnen konkurrieren. — Nach dem ersten etymologischen Wörterbuch von Mladenov 1941 ist ein neues der Akademie (*Bǎlgarski etimologičen rečnik* 1962) im Entstehen begriffen. Der mundartliche Wortschatz wird in neuerer Zeit überwiegend in den Bänden der Reihen *Trudove po bǎlgarska dialektologija* (z. B. Stojkov 1968) und *Bǎlgarska dialektologija. Proučvanija i materiali* veröffentlicht; ein vollständiges Dialektwörterbuch plant die Akademie und ein ideographisches Dialektwörterbuch die Universität Sofia. In der Planung bzw. in Arbeit befinden sich ferner ein Jargon-, ein Derivations- und ein Antonymenwörterbuch.

5.4 Schon früh haben den Bulgaren mehrsprachige Wörterbücher den Zugang zu den internationalen Verkehrssprachen gebahnt: für das Englische Morse 1860, das Französische Bogorov 1869, das Russische zunächst Djuvernua 1885, dann Čukalov 1938 und Bernštejn 1966, aber auch die Nachbarsprachen: Griechisch, Türkisch, Rumänisch usw.

wurden nicht vergessen (Lewanski 1962). Für das Deutsche ist nach dem ersten Ansatz der Brüder Cankov 1852 aus der Zwischenkriegszeit vor allem das bekannte Werk von Weigand/Doritsch 1913 zu nennen. Mittlerweile gibt es neben den zahlreichen Taschenwörterbüchern folgende größere Wörterbücher für das Deutsche: von Arnaudov 1965, Sugareva/Atanasova 1986 und Endler/Walter 1980, und zu ergänzen ist die Übersicht mit dem Hinweis auf die beiden phraseologischen (Gălăbov 1958; 1967), ein thematisches (*Nemsko-bălgarski tematičen rečnik* 1966) und ein Bildwörterbuch (Enzyklopädie 1971). Eine besondere Hervorhebung verdient in diesem Zusammenhang das Lexikon von Endler/Walter 1980, weil es jeweils außer der Übersetzung auch Angaben zu Akzent, Flexion und Aspekt im Bulgarischen macht und regelmäßig den Aspektpartner sowie häufig Synonyme verzeichnet. Diese für den deutschen Benutzer der Lexika wichtigen Angaben werden neuerdings auch in den bulgarischen Werken gemacht (vgl. Sugareva/Atanasova 1986).

6. Literatur (in Auswahl)

6.1. Wörterbücher

Arnaudov 1965 = Jan. Arnaudov (Red.)/Ang. Dimova/G. Minkova/L. Andreeva/M. Naumova: Nemsko-bălgarski rečnik. Deutsch-bulgarisches Wörterbuch. 2 Bde. 3. Aufl. Sofija 1984 [XIV, 799, 819 S.; 1. Aufl. 1965, XIV, 878, 806].

Bălgarski etimologičen rečnik 1962 = Bălgarski etimologičen rečnik. Bisher 3 Bde. Red. Vladimir Georgiev. Sofija. Bd. 1: *A—Z* 1971 (das erste Heft war mit 1962 datiert) [XCV, 679 S.]; Bd. 2: *I—Krepja* 1979 [740 S.]; Bd. 3: *Kres¹— Mingo¹* 1986 [800 S.].

Bălgarski tălkoven rečnik 1955 = Ljubomir Andrejčin/Ljubomir Georgiev/Stefan Ilčev/Nikola Kostov/Ivan Lekov/Stojko Stojkov/Cvetan Todorov: Bălgarski tălkoven rečnik. 3. Aufl. Sofija 1976 [1077 S.; 1. Aufl. 1955; 2. Aufl. 1963].

Bernštejn 1966 = Samuil Borisovič Bernštejn: Bulgarsko-russkij slovar'. 2. Aufl. Moskva 1975 [768 S.; 1. Aufl. 1966].

Bogorov 1844 = Ivan Andreev Bogorov: Părvička bălgarska grammatika. 1. Aufl. Bukurešt 1844 [130 S., XVIII Reprint: Sofija 1986].

Bogorov 1869 = Ivan Andreev Bogorov: Frensko-bălgarski i bălgarsko-frenski rečnik. Dictionnaire bulgare-français et français-bulgare. 2 Bde. 3. Aufl. Wien 1884 [924 S.; 1. Aufl. 1869—71, VII, 513, VII 506 S.].

Bogorov 1871 = Ivan Andreev Bogorov: Bălgarski rečnik s tălkuvane i primeri. Wien 1871. Listak 1: *A—vdlăbnat* [48 S.].

Botev = Stojan Božkov/Zafirka Genadieva: Rečnik na ezika na Christo Botev. Sofija. Bd. 1: *A—K* 1960 [621 S.].

Cankov 1852 = Anton u. Dragan Kiriakov Cankov: Grammatik der bulgarischen Sprache. Wien 1852 [216 S.; Wörterbuch S. 155—216].

Chrulev 1863 = Teodor T. Chrulev: Kratki rečnik za čuždestrannite reči. Brăila 1863 [926 S.].

Čukalov 1938 = Sava Konstantinov Čukalov: Pălen rusko-bălgarski rečnik. Russko-bolgarskij slovar'. 5. Aufl. Sofija 1951 [1231 S.; 1. Aufl. 1938].

Dabeva 1930 = Mariana Evfimova Dabeva: Rečnik na bălgarskite sinonimi. Sofija 1930—34 [II, 718 S.].

Djuvernua 1885 = Aleksandr L'vovič Djuvernua: Slovar' bolgarskogo jazyka po pamjatnikam narodnoj slovesnosti i proizvedenijam novejšej pečati. 2 Bde. Moskva 1885—89 [XXXIV, 2622 S., 115 S.].

Dodatak 1822 = Vuk Stepanović Karadžić: Dodatak k Sanktpeterburgskim svravniteljnim rječnicima [...]. Wien 1822 [54 S. Zuletzt erschienen in Sabrana dela Vuka Karadžiča. Bd. 13. Beograd 1986].

Endler/Walter 1980 = Dietmar Endler/Hilmar Walter: Wörterbuch Bulgarisch-Deutsch. Bălgarsko-nemski rečnik. Leipzig 1980 [931 S.].

Enzyklopädie 1971 = Bildwörterbuch Deutsch-Bulgarisch. Iljustrovan rečnik na nemski i bălgarski ezik. Hg. v. Enzyklopädie-Verlag. Leipzig 1971 [515 S.].

Frazeologičen rečnik 1974 = Keti Ničeva/Sijka Spasova-Michajlova/Kristalina Čolakova: Frazeologičen rečnik na bălgarskija ezik. 2 Bde. Sofija. Bd. 1: *A—N* 1974 [759 S.]; Bd. 2: *O—Ja* 1975 [779 S.].

Gălăbov 1958 = Žana Nikolova-Gălăbova/Konstantin Gălăbov: Nemsko-bălgarski frazeologičen rečnik. Sofija 1958 [V, 931 S.].

Gălăbov 1967 = Žana Nikolova-Gălăbova/Konstantin Gălăbov: Bălgarsko-nemski frazeologičen rečnik. Bulgarisch-deutsches phraseologisches Wörterbuch. 2. Aufl. Sofija 1977 [1088 S.; 1. Aufl. 1967].

Gerov 1856 = Najden Gerov: Bălgarski rečnik. Sanktpeterburg 1856. Bd. 1: *A—Vykam* [127 S.].

Gerov 1895 = Najden Gerov: Rečnik na bălgarski ezik s tlăkuvanie rečiti na bălgarski i na ruski. 5 Bde. Plovdiv. Bd. 1: *A—D* 1895 [LII, 396 S.]; Bd. 2; *E—K* 1897 [IV, 448 S.]; Bd. 3: *L—O* 1899 [IV, 439 S.]; Bd. 4: *P* 1901, hg. v. Teodor Pančev [VIII, 416 S.]; Bd. 5: *R—JA* 1904 [VII, 637 S.]; Dopălnenie 1908 [V, 336 S. i. Reprint: Sofija 1975—78].

Iliev 1868 = Stefan P. Iliev/Dima V. Chranov: Slovar' francuzko-bălgarsko-turski. Rusčjuk 1868 [294 S.].

Lexikon tetraglosson 1802 = Aleksandăr Ničev (Hg.): Četiriezičnijat rečnik na Daniil. Grăcka i bălgarska čast. Sofija 1977 [183 S.].

Mladenov 1932 = Stefan Mladenov: Rečnik na čuždite dumi v bălgarskija ezik. 3. Aufl. Sofija 1947 [491 S.; 1. Aufl. 1932].

Mladenov 1941 = Stefan Mladenov: Etimologičeski i pravopisen rečnik na bălgarskija knižoven ezik. Sofija 1941 [XX, 704 S.].

Mladenov 1926—51 = Stefan Mladenov: Bălgarski tălkoven rečnik s ogled kăm narodnite govori. Sofija. Bd. 1: *A—K* 1951 [1126 S.; 1. Heft erschien 1926].

Morse 1860 = C. F. Morse/Constantine Vasilev: An English and Bulgarian Vocabulary in two parts. Constantinople 1860 [252 S.].

Nanov 1936 = Ljuben Nanov: Bălgarski sinonimen rečnik. 4. Aufl. Sofija 1963. [628 S.; 1. Aufl. 1936] In überarbeiteter Form 1987 von Ani Nanova erneut herausgegeben [262 S.].

Nemsko-bălgarski tematičen rečnik 1966 = Cv. Chesapčieva-Maleškova/Anna Dejanova-Makedonska/Gerda Minkova/Boris Dimitrov: Nemsko-bălgarski tematičen rečnik. Sofija 1966 [XLVIII, 663 S.].

Neofit Rilski 1835 = Neofit Rilski: Bolgarska grammatika. Kragujevać 1835. [211 S.; Reprint: Sofija 1984 (Glossar S. 204—211)].

Neofit Rilski 1875 = Neofit Rilski: Slovar na bălgarskija ezik, iztălkuvan na cărkovnoslavjanski i grăcki ezik. Carigrad 1875. [Fragment A—B].

Ničev 1987 = Aleksandăr Ničev (Hg.): Kosturskijat bălgaro-grăcki rečnik ot XVI vek. Sofija 1987 [81 S.].

Nikolova 1987 = Cvetanka Nikolova: Čestoten rečnik na bălgarskata razgovorna reč. Sofija 1987 [236 S.].

Obraten rečnik 1975 = Ljubomir Andrejčin (Red.): Obraten rečnik na săvremennija bălgarski ezik. Sofija 1975 [665 S.].

Popova 1987 = Marija Popova: Kratăk valenten rečnik na glagolite v săvremennija bălgarski knižoven ezik. Sofija 1987 [544 S.].

Pravogovoren rečnik 1975 = Petăr Pašov/Christo Părvev: Pravogovoren rečnik na bălgarskija ezik. 2. Aufl. Sofija 1979 [1022 S.; 1. Aufl. 1975].

Pravopisen rečnik 1945 = Ljubomir Andrejčin/Vladimir Georgiev/Ivan Lekov/Stojko Stojkov: Pravopisen rečnik na bălgarskija knižoven ezik. 10. Aufl. Sofija 1984 [424 S.; 1. Aufl. 1945].

Pravopisen rečnik 1983 = Pravopisen rečnik na săvremennija bălgarski knižoven ezik. Red.: Elena Georgieva/Valentin Stankov. Sofija 1983 [930 S.].

Rečnik na bălgarskija ezik 1977 = Rečnik na bălgarskija ezik, Bisher 5 Bde. Sofija. Hauptred.: Kristalina Čolakova. Bd. 1: *A—B* 1977 [910 S.]; Bd. 2: *V* 1979 [672 S.]; Bd. 3: *G—Dejatel* 1981 [770 S.]; Bd. 4: *Dejatelen—E* 1984 [868 S.]; Bd. 5: *Ž—Zjapnuvane* 1987 [1029 S.].

Rečnik na čuždite dumi 1958 = Aleksandăr Milev/Jordan Bratkov/Božil Nikolov: Rečnik na čuždite dumi v bălgarskija ezik. 3. Aufl. Sofija 1970 [880 S.; 1. Aufl. 1958].

Rečnik na čuždite dumi 1982 = Rečnik na čuždite dumi v bălgarskija ezik. Hauptred.: Stefan Ilčev. Sofija 1982 [1015 S.].

Rečnik na redki dumi 1974 = Rečnik na redki, ostareli i dialektni dumi v literaturata ni ot XIX i XX vek. Red.: Stefan Ilčev. Sofija 1974 [606 S.].

Rečnik na săkrăštenija 1983 = Lilija Krumova/Marija Čoroleeva: Rečnik na săkraštenijata v bălgarskija ezik. Sofija 1983 [189 S.].

Rečnik na săvremennija bălgarski knižoven ezik 1955 = Rečnik na săvremennija bălgarski knižoven ezik. Hauptred.: Stojan Romanski. 3. Bde. Sofija. Bd. 1: *A—K* 1955 [XIV, 682 S.]; Bd. 2: *L—P* 1957 [940 S.]; Bd. 3: *R—JA* 1959 [692 S.].

Sinonimen rečnik 1980 = Milka Dimitrova/Ana Spasova: Sinonimen rečnik na săvremennija bălgarski knižoven ezik. Sofija 1980 [734 S.].

Stojkov 1968 = Stojko Stojkov: Leksikata na Banatskija govor. Sofija 1968. (Trudove po bălgarska dialektologija, 4) [325 S.].

Sugareva/Atanasova 1986 = Tekla Sugareva/Vera Atanasova: Nemsko-bălgarski rečnik. Deutsch-bulgarisches Wörterbuch. Sofija 1986 [1053 S.].

Weigand/Doritsch 1913 = Gustav Weigand/Aleksandăr Doritsch: Bulgarisch-deutsches Wörterbuch. Bălgarsko-nemski rečnik. 6. Aufl. Leipzig 1943 [520 S.; 1. Aufl. 1913].

6.2. Sonstige Literatur

Bojadžiev 1986 = Todor Bojadžiev: Bălgarska leksikologija. Sofija 1986.

Čolakova 1978 = Kristalina Čolakova: Bălgarskata leksikografija v minaloto i dnes. In: Văprosi na bălgarskata leksikologija 1978, 159—179.

Lewanski 1962 = Richard C. Lewanski: A Bibliography of Slavic Dictionaries. Vol. II. New York 1962 [S. 28—59].

Ničeva 1987 = Keti Ničeva: Bălgarska frazeologija. Sofija 1987.

Pomagalo 1979 = Pomagalo po bălgarska leksikologija. Hg.: Christo Părvev. Sofija 1979 [enthält 34 Aufsätze].

Văprosi 1978 = Văprosi na bălgarskata leksikologija. Hg. Petăr Pašov. Sofija 1978 [enthält 13 Aufsätze].

Văprosi 1986 = Văprosi na săvremennata bălgarska leksikologija i leksikografija. Red.: Kristalina Čolakova. Sofija 1986 [enthält 23 Aufsätze].

Klaus Steinke, Heidelberg
(Bundesrepublik Deutschland)

217. Russische Lexikographie

1. Wörterbuchschreibung als Kulturleistung
2. Geschichte und Bestand der einsprachigen Wörterbuchschreibung in Rußland und der UdSSR
3. Lexikographische Theorie und Methode in Rußland und der UdSSR
4. Institutionen der russischen Wörterbuchschreibung
5. Literatur (in Auswahl)

1. Wörterbuchschreibung als Kulturleistung

Nach einer oft in der sowjet. sprachwissenschaftlichen Literatur geäußerten Meinung ist die Wörterbuchkultur einer Nation sowohl Indiz für den Stand von Schriftsprachenentwicklung und -verständnis als auch Spiegelbild des sprachwissenschaflichen Interesses und Standards der gegebenen Gesellschaft. Mithin gilt die Geschichte der Lexikographie als ein nicht unwesentlicher Teil der Kulturgeschichte einer Nation und das lexikographische Spektrum selbst als integraler Bestandteil ihrer kommunikativen Kultur. Während beispielsweise deskriptive Wörterbücher (Wb.) in der Art von Dialektwb., historischen Wb., Frequenzwb. etc. eher als Reflexphänomene eines bestimmten Sprachzeitgeistes gelten können, seien präskriptive Werke wie normativ-erklärende Wb., orthographische Wb., Synonymiewb. etc. aktive Instrumentarien zur Förderung der Sprachkultur einer Gesellschaft und damit Mittel zur Hebung ihrer kulturellen Leistungsfähigkeit allgemein. Gleichzeitig würden Wb. und Wb.schreibung mit ihren praktischen und theoretischen Implikationen seit jeher den weiteren Fortgang der Sprachwissenschaft in spezifischer Weise fördern. Die hier skizzierte hohe gesellschaftliche und wissenschaftliche Bewertung der Wb.schreibung artikuliert sich in Rußland (Rßl.) bereits ansatzweise im 19. Jh. So schreibt der berühmte Lexikograph Sreznevskij im Jahre 1854:

„... Wo die Kenntnis der Muttersprache für unabdingbar gehalten wird und folglich gute Wörterbücher existieren, die auch häufig von Schriftstellern benutzt werden, dort ist der Status von Literatur und Kunst ein höherer..." (nach Vinogradov 1956, 81).

Noch dezidierter wird diese Position nach 1917 vertreten, als im Sinne einer Demokratisierung des Bildungszuganges normative Wb. unterschiedlicher Art zum dringenden Desiderat der sowjet. Gesellschaft wurden. Es ist für diese Zeit symptomatisch, daß die Staatsadministration selbst, vornehmlich in der Person Lenins, den Auftrag für ein umfangreiches und zeitgemäßes normatives Wb. in russ. Sprache (vgl. dazu Sorokoletov 1978) und so die Initialinitiative für eine ganze Reihe von später folgenden einsprachigen Wb. mit unterschiedlichen Zielstellungen gab (dazu unter 2.4.). Nach wie vor gilt der Satz von V. V. Vinogradov, nach dem eine erfolgreiche Wb.arbeit von größter Relevanz nicht nur für die Wissenschaft, sondern vor allem für die kommunizierende Gesellschaft sei (vgl. Vinogradov 1966, 3). Die heutige Lexikographie in der Sowjetunion (SU) genießt also ein hohes utilitaristisches Ansehen, weil mit ihrer Hilfe die Sprachkultur und zugleich damit die allgemeine Volksbildung nachhaltig gesteigert werden können. Dies gilt für die deskriptive, besonders aber für die präskriptive Lexikographie. Wichtig war auch der Umstand, daß in den schwierigen dreißiger bis fünfziger Jahren die Lexikographie als eine politisch wichtige, aber mit der Ideologie nicht unmittelbar verbundene Tätigkeit eine gewisse Sicherheit in dem Hin und Her des Marrismus und dann des Antimarrismus und Antistrukturalismus bot.

2. Geschichte und Bestand der einsprachigen Wörterbuchschreibung in Rußland und der UdSSR

Bedingt durch die heute vorliegende Fülle der russ. Wb.literatur muß sich die nachfolgende Darstellung auf das Wesentlichste beschränken. Die im Textteil erwähnten Wb. werden unter 5.1. genau bibliographiert. Dabei können aus Platzgründen in der Regel nur die Erstausgaben berücksichtigt werden.

2.1. Die Anfänge

Die Anfänge der Wb.schreibung in Rßl. sind — wie allgemein üblich — mit dem Aufkommen und der Verbreitung einer Schriftsprachlichkeit verbunden. Vorformen von Wb. wie beispielsweise *Glossare* oder *Listen onomastischer Erläuterungen* sind meist Zusammenstellungen zuvor praktizierter Randglossen und dienen dem Benutzer zum besseren Verständnis geschriebener Texte. Da die erste und lange dominierende Schriftsprache in Rßl. das mit der Christianisierung (988) aus dem südslavischen Raum eingeführte und dem Russ. genetisch sehr nahestehende Kirchenslavische war, beziehen sich die Frühformen der ostslavischen Lexikographie auch vornehmlich auf diese exoglossische Variante des diglossischen Schriftsprachenspektrums im hier zur Diskussion stehenden Sprachgebiet. Dessenungeachtet sind diese Vorläufer der Wb.schreibung fester Bestandteil der Lexikographiegeschichte Rßl.s, da sie am Anfang einer spezifischen Tradition stehen und die Ausgangsposition für die in späteren Jahrhunderten aufkommende Wb.schreibung mit russ. Objektsprache bilden. Die durch eine kirchenslavische Objektsprache gekennzeichnete Frühphase der ostslavischen Lexikographie ist im Zeitraum vom 13. bis zum 17. Jh. angesiedelt. Sie setzt ein mit der Anfertigung von kurzen Listen, in denen schwer verständliche nichtslavische und kirchenslavische Wörter sowie Eigennamen, aber auch die rhetorische Symbolik vorwiegend des kirchlichen Schrifttums erläutert wurden, und endet im 17. Jh. mit dem Erscheinen der ersten gedruckten Wb. im ostslavischen Raum. Letztere sind der Erklärung kirchenslavischer Lexeme vermittels des muttersprachlichen ostslav. Idioms gewidmet. Als ältestes der überkommenen (und an griech. Vorbildern orientierten) Glossare mit der oben genannten Zielstellung gilt die der sog. „Kormčaja kniga" beigefügte Wortliste aus dem Jahre 1282, die insgesamt 174 Wörter umfaßt. Glossare dieser Art erfreuen sich im russ. Mittelalter einer langen Lebensdauer, sie werden in modifizierter Form immer wieder weitergeschrieben. Als qualitative Innovation in der frühen ostslavischen Lexikographie können die im 16. Jh. aufkommenden sog. *azbukovniki* angesehen werden. Es handelt sich dabei um eine Art (meist alphabetisch geordneter) Wort- und Begriffssammlungen, in denen zum Zwecke der breiteren Wissensvermittlung schwerverständliche und fremde Wörter erklärt, zugleich aber auch Erläuterungen enzyklopädischen Charakters (d. h. gegenstandsbeschreibender Natur) gegeben und der Unterhaltung dienende Passagen vorgeführt wurden. Die große Beliebtheit der *azbukovniki,* insbesondere im 17. Jh., berechtigt zu der Annahme, daß diese nunmehr auch in größeren Leserkreisen ein „lexikographisches Bewußtsein" wecken. Sie bereiten so den Boden für die ersten Wörterbücher vor, die die handschriftliche Wb.schreibung ablösen. Die *ersten gedruckten Wb. mit kirchenslavischer Objektsprache* und muttersprachlicher (vornehmlich ukrainischer und weißrussischer) Metasprache sind die dem Südwesten des ostslavischen Sprachraumes entstammenden Arbeiten von Lavrentij Zizanij und Pamva Berynda (s. Artikel 218). Sowohl die *Leksis* ... von Zizanij (erschienen 1596 in Wilna; 1061 Worterläuterungen) als auch das *Leksikon Slaveno-rosskij* von Berynda (erschienen 1627 in Kiev; ca. 7000 Worterläuterungen) dokumentieren einerseits die in dieser Zeit zunehmende Leseaktivität in bestimmten sozialen Kreisen der (west)russ. Gesellschaft, andererseits zeigen sie die wachsende Esoterik des Kirchenslavischen, die die Benutzung erklärender Wb. in steigendem Maße notwendig machte. Zugleich wird auch das Bestreben der Orthodoxie deutlich, dem polnisch-katholischen Kultureinfluß in Westrßl. eine eigene Kultursprachlichkeit entgegenzusetzen. — Die Arbeiten von Zizanij und Berynda leiten die Lexikonschreibung im eigentlich philologischen Sinne im ostslavischen Bereich ein und gewinnen vor allem Bedeutung auch für die dortige zwei- und mehrsprachige Lexikographie, die sich vom 17. Jh. an allmählich etabliert. Hinsichtlich der lexikographischen Methode Beryndas ist anzumerken, daß sein Wb. bereits über eine durchdachte, wenngleich nicht konsequente interne Gliederung und über stilistische Indikatoren verfügt (zu 2.1. s. Bulič 1904, 948 ff.; Vinogradov 1941, 211 ff.; Cejtlin 1958, 6 ff.; Kovtun 1960, 1963, 390 ff., 1975 (jeweils mit Primärtexten); Vasilevskaja 1970; Sorokoletov 1980; Stankiewicz 1984, 127 f., 151 f.; Jachnow 1984, 711 ff.).

2.2. Wörterbuchschreibung im 18. Jh.

Die Geschichte der erklärenden Wb. der russischen Sprache beginnt praktisch erst zweihundert Jahre nach dem Erscheinen des kirchenslavischen Wb. von Zizanij. Damit findet die sich seit der 1. Hälfte des 18. Jh. vollziehende Herausbildung einer russ. Schrift- und Literatursprache ihren lexikographischen Niederschlag in Form eines umfangreicheren einsprachigen Wb. erst fast 50 Jahre nach den Versuchen Adodurovs und Lomonosovs, die russ. Sprache einer grammatischen Kodifikation zu unterziehen. Planung und Vorarbeiten zu diesem Wb. liefen allerdings seit den 30er Jahren des 18. Jhs., wobei Kulturenthusiasten im Umfeld der 1725 im Petrinischen Geist gegründeten *Petersburger Akademie* wie Trediakovskij, Taubert und Kondratovič das Projekt besonders förderten (zu den einzelnen Mitarbeitern an diesem Wb. vgl. Vomperskij 1986, 83 f.). Das Resultat dieser Bemühungen war das erste sog. Akademiewörterbuch (Akwb.) *Slovar' Akademii Rossijskoj,* 1789/1794, das als das erste im eigentlich sprachwissenschaftlichen Sinne geplante und ausgeführte Wb. in RBl. betrachtet werden kann. Es enthält ca 43 000 Wörter, die nach wortderivativem Prinzip und mit normativer Intention aufbereitet sind. Obwohl das Werk als Wb. der russischen Sprache gilt, darf nicht übersehen werden, daß die in ihm enthaltene Objektsprache außerordentlich stark kirchenslavisch geprägt ist und das eigentlich russ. Idiom noch weitgehend vernachlässigt wird. Somit stellt dieses erste russische Akademiewörterbuch eher ein Wb. spezifischer „gehobener" Textsorten *(toržestvennyj slog)* dar als ein Wb. des praktischen russ. Sprachgebrauchs, wie er dem ausgehenden 18. Jh. entspricht. Mit anderen Worten, das erste kodifizierende russ. Akademiewb. ist zum Zeitpunkt seines Erscheinens unter usuellem Aspekt bereits veraltet. Dennoch stellt es als erstes umfangreiches wissenschaftliches Wb. in einer langen Reihe einsprachiger Akademiewörterbücher ein bedeutendes lexikographisches Ereignis dar. In ihm werden erstmals konsequente Ansätze zur Bedeutungsexplikation eines bestimmten Wortkorpus und ein halbwegs stringentes System stilistischer Markierungen praktiziert. Sein Zustandekommen ist nicht zuletzt auch den Erfahrungen zu verdanken, die im 18. Jh. in Rßl. auf dem Gebiet der mehrsprachigen Lexikographie gesammelt wurden (vgl. Art. 324; Stankiewicz 1984, 128 ff.; Vomperskij 1986). Als unmittelbare Vorlage für die Abfassung des Wb. diente das *Dictionnaire de l'Académie Française*.

Unter dem Gesichtspunkt der aktuellen Sprachgebrauchsverhältnisse im 18. Jh. erweist sich das kirchenslavische Wb. *Cerkovnyj slovar'*... von P. A. Alekseev (1773) als völlig antiquiert. Es erhob freilich keinen Anspruch auf lexikographische Kodifikation der russ. Schriftsprache, sondern war eher als Hilfsmittel für die Lektüre kirchenslavisch geprägter Texte gedacht und diente zugleich in der Auseinandersetzung mit den Fürsprechern einer russischen Schriftsprache dem Nachweis des hohen kulturellen Wertes des Kirchenslavischen (Cejtlin 1958, 24 f.). Die Übernahme zahlreicher Explikationen aus diesem Wb. in das erste Akademiewörterbuch weist übrigens den *Cerkovnyj slovar'* als eine seiner Vorläuferarbeiten aus. — Neben den allgemeinen erklärenden Wb. finden sich vom 18. Jh. an bereits erste Ansätze zu spezielleren Wb. wie Fremdwb. oder etymologischen Wb. (s. 2.4.1.3., 2.4.2.2.), (zu 2.2 vgl. Bulič 1904, 956 ff.; Vinogradov 1941, 213 ff.; Cejtlin 1958, 15 ff.; Filin 1963, 177; Sorokoletov 1974b; Stankiewicz 1984, 128 ff.; Vomperskij 1986).

2.3. Wörterbuchschreibung im 19. Jh.

Nach der endgültigen Durchsetzung des Russ. mit den ihm eigenen adaptierten kirchenslavischen Elementen als polyvalente Schriftsprache wurde die Bereitstellung neuer zeitgemäßer Wb. notwendig. In der 1. Hälfte des 19. Jhs. wollte oder konnte die russ. Lexikographie diesem Desiderat jedoch noch nicht folgen. Die Wb.schreibung blieb noch immer in übermäßigem Grade auf das Kirchenslavische fixiert und ist so stärker an den Schriftsprachenverhältnissen des 18. als an denen des 19. Jhs. orientiert. Ein Fortschritt in der Wb.schreibung dieser Zeit vollzieht sich zunächst eher im quantitativen als im qualitativen Bereich. Ab 1806 erscheint die 2. Auflage des ersten Akademiewörterbuchs unter dem Titel *Slovar' Akademii Rossijskoj, po azbučnomu porjadku raspoložennyj* (1806/1822). Wie der Titel bereits andeutet, wird in dieser Auflage mit dem zahlreiche Mängel aufweisenden derivativen Ordnungsprinzip der 1. Auflage zugunsten des alphabetischen Prinzips gebrochen. Außerdem wurde die Zahl der Einträge auf über 51 000 erhöht. Ansonsten zeigt das Wb. keine durchgreifenden Innovationen. Es fällt aufgrund der sich in dieser Zeit schnell verändernden Schriftsprachenverhältnisse hinsichtlich der Erfassung des aktuellen Wortgebrauchs sogar noch hinter die 1. Auflage zurück. — Einen antiquierten Sprachverwendungsusus repräsentiert auch der 63 482 Einträge umfassende, seiner Konzeption nach stark an den *Slovar'*... 1806 angelehnte *Obščij cerkovnoslavjano-rossijskij slovar'* 1834 von P. Sokolov. Dieses Wb. gewinnt zwar durch die Berücksichtigung zahlreicher zeitgenössischer Fremdwörter im Russ. eine gewisse Aktualität, erfaßt jedoch andererseits eine Fülle kirchenslavischer Archaismen, die sich selbst in den Akwb. nicht mehr finden. Auch dieses Wb. kann seinen normativen Anspruch nicht mehr einlösen. — Das 1847 in Petersburg erschienene neue vierbändige Akwb. *Slovar' cerkovnoslavjanskago i russkago jazyka* (114 749 Einträge, erarbeitet von der *Zweiten Abteilung für Literatur der Akademie der Wissenschaften* als Nachfolgeinstitution der Russischen Akademie) stellt bis zu einem gewissen Grade ein Novum dar. Dieses Wb. versteht sich von vornherein nicht mehr als normatives Wb. für den modernen Sprachgebrauch, sondern als Überblickswerk über das Lexikon Rßl. von den Schriftsprachenanfängen bis zur Gegenwart. So wird mit dem zweiten Akademiewörterbuch also der (auch in Akademiekreisen nicht unumstritten gebliebene) Versuch unternommen, die lexikographische Beschreibung historischer und rezenter Gegenstände zu vereinen, was freilich die zeitgegebene notwendige lexikalische Kodifikation der Schriftsprache nicht eben voranbrachte, zumal das Wb. „in seinen Hauptbestandteilen auf die ferne Vergangenheit gerichtet war" (Vinogradov 1941, 220). Die Betonung des historischen Momentes war zweifellos ein Reflex des herrschenden romantischen Zeitgeistes und der expandierenden historischen Sprachwissenschaft in der 1. Hälfte des 19. Jhs. Entsprechend dem Charakter des Wb. findet sich hier ein bislang nicht bekanntes System stilistischer Markierungen. Die zu den lexikalischen Einträgen gegebenen grammatischen Informationen basieren im wesentlichen auf den Vorgaben der Grammatik von A. Ch. Vostokov (1831), das lexikographische Erklärungsprinzip lautete: „Die Bedeutungsbestimmungen der Wörter sind mit größter logischer Exaktheit und Kürze zu geben". (XII) Die Bedeutung des zweiten Akademiewörterbuchs liegt nicht in der Auswahl des Materials, sondern in der Art der explikativen, stilistischen und grammatischen Aufbereitung des Materials, die nunmehr eine gründliche sprachwissenschaftliche Reflexion erkennen läßt. — Eine ganz andere Konzeption als das Akademiewörterbuch von 1847 vertritt V. I. Dal' mit seinem 1863—1866 herausgegebenen vierbändigen Wb. *Tolkovyj slovar' živago velikorusskago jazyka.* Der Verfasser ist bestrebt, möglichst vollständig den rezenten lexikalischen Fundus zu erfassen, wobei auch eine Fülle nichtschriftsprachlicher Lexeme berücksichtigt wird. Es befindet sich so in einem bewußten Gegensatz zu den Akademiewörterbüchern mit ihrer retrospektiven schriftsprachlichen Grundausrichtung. Erstmals wird hier im großen Maßstab lexikalisches Material auch aus der mündlichen Kommunikationssphäre erfaßt, so daß — wenigstens im Ansatz — ein erster Schritt in Richtung auf einen modernen russ. Thesaurus getan wird. Aufgrund des Umstandes, daß Dal' auch uneingeschränkt dialektales und soziolektales Material berücksichtigt, konnte dieses Wb. freilich nur sehr bedingt normative Instruktionen für den Schriftsprachengebrauch geben. Dal's Intention liegt denn auch vielmehr in der Vermittlung des „russ. Sprachgeistes" und der Propagierung russ. Volkssprachgutes als in der strikten Reglementierung sprachlichen Verhaltens. Dieser Intention entsprechen vor allem die Anordnung des Materials nach dem (nicht immer korrekt realisierten) morphologischen Nestprinzip sowie die Bedeutungsexplikationen, die in ihrer Ausführlichkeit und teils enzyklopädieartigen Sachbeschreibung im scharfen Kontrast zu den lapidaren Explikationen im zweiten Akademiewörterbuch stehen. Letztere Eigenschaft hat dem Wb., insbesondere wegen seines umfangreichen dialektalen Materials, den Ruf eines quasiethnographischen Werkes eingebracht (vgl. Vinogradov 1941, 229; Kalinin 1978, 204 ff.). Bemerkenswert ist auch die Fülle von Sprichwörtern und Idiomatismen, die das Wb. in sich birgt.

Das Dal'sche Wb. erlebte bislang sechs Auflagen, wovon die dritte (1903) einer gründlichen Überarbeitung durch J. Baudouin de Courtenay unterzogen wurde. Die mit dieser Neuauflage verbundenen wesentlichsten Veränderungen sind eine erhebliche Verbesserung der nesthaften Darbietung des Materials, zahlreiche Ergänzungen und Korrekturen in den lexikalischen Explikationen und grammatikalischen Spezifikationen sowie eine Erweiterung des Lexemkorpus um weitere 20 000 Einheiten (s. auch Babkin 1965, 399 f.).

Das letzte umfangreiche russ. erklärende Wb. des 19. Jhs. ist das seit den 50er Jahren konzipierte dritte Akademiewörterbuch *Slovar' russkogo jazyka.* Es erschien ab 1891 unter der Leitung von Ja. K. Grot wiederum an der sog. Zweiten Abteilung der Akademie der Wissenschaften. Diesem Wb. lag die Idee zugrunde, nur den Wortschatz zu berücksichtigen, „der in Rßl. allgemein in Literatur- und Geschäftssprache benutzt wird, so wie er sich seit der Zeit Lomonosovs herausgebildet hat" (Grot 1891, 6). Damit konzentriert sich ein russ. Wb. erstmals wirklich auf jenes lexikalische Korpus, das für die Kodifikation der Schriftsprache ausschlaggebend ist, und wird so zum ersten zeitadäquaten präskriptiven Wb. des Russ. überhaupt. Zu den Charakteristika dieses nach alphabetischem Prinzip geordneten Wb. gehören eine nuancierte Bedeutungsexplikation des Materials, ausführliche grammatikalische Informationen (darunter auch Angaben zu den Aspektkorrelaten und der Verbalrektion) und eine ausführliche Belegung des Materials durch Zitate aus der Belletristik. Da es dezidiert normative Intentionen hat, ist es ferner mit einem detaillierten Apparat stilistischer Marker ausgestattet. Grots Arbeit wurde durch dessen Tod 1893 unterbrochen, so daß sein Konzept lediglich

ЗАГРУБИ́ТЬ, загруба́нить, начать грубить, стать грубіянить. —ся, забыться въ грубостяхъ, грубить безъ мѣры. *Загруби́ть, загру́бнуть,* зачерствѣть, ожеснуть, сдѣлаться грубымъ, черствымъ, суровымъ; закоснѣть, заматорѣть нравственно, закоснѣть въ чемъ. *Загрубѣнье* ср. окн. состояніе по знач. гл. *Ручки призагрубли, позагрубли, попризагрубли. Загру́блый* или *загрубѣ́лый,* загрубѣвшій, заскорблый, заскорузлый, огрубѣвшій. *Загрубѣ́лость, загрубѣ́лость* ж. свойство загрубѣлаго. *Загруба́ть, загруба́ть,* грубнуть, твердѣть и пухнуть, гов. особ. о грудяхъ и выменн; *загруба́нье вымени, загрубло́е вымя,* воспаленіе, опухоль и твердость, болѣзнь.

Textbeispiel 217.1: Artikel (aus: Dal' 1863 ff., 571)

im 1. Band (A—D, 1891/95) voll verwirklicht werden konnte.

Das grammatikalische Deskriptionssystem des Grotschen Wb. erwies sich als leitliniengebend auch für nachfolgende erklärende Wb. Grot selbst schuf die Grundlage jener russ. Wortkartothek, die später die Ausgangsbasis für die Akademiewörterbücher des 20. Jhs. (s. 2.4.) darstellte.

(Zu 2.3. s. Bulič 1904, 952 ff.; Vinogradov 1941, 218 ff.; Cejtlin 1958, 27—101; Babkin 1965; Karpjuk 1967; Sorokoletov 1974; Kalinin 1978, 200 ff.; Stankiewicz 1984, 135 ff.).

2.4. Wörterbuchschreibung im 20. Jh. und ihre Vorgeschichte

Im 20. Jh., insbesondere in seiner 2. Hälfte, ist im russ.sprachigen Raum — bedingt durch praktische Bedürfnisse verschiedener Art und eine zunehmende theoretische, methodische und empirische Leistungsfähigkeit auf lexikographischem Gebiet — eine äußerst rege Wb.arbeit zu beobachten. Es kommt nun zu einem umfangreichen Paradigma unterschiedlicher Wb.typen. Die Ausweitung dieses Paradigmas hält an. Zu den einzelnen Typen und ihren konkreten Realisierungen vgl. unter 2.4.1.1.—2.4.3.2. In die jeweiligen Darstellungen sind gegebenenfalls kurze Exkurse zur Vorgeschichte der entsprechenden Wb.schreibung aufgenommen. Zu den historischen Voraussetzungen der unter 2.4.1.1. abgehandelten Wb.schreibung s. 2.1.—2.3. Die erklärenden Wb. werden wegen ihrer besonderen gesellschaftlichen und wissenschaftlichen Bedeutung besonders ausführlich behandelt. — Die einzelnen Wb.typen sind untergliedert in *präskriptive, deskriptive* und dezidiert *sprachpädagogische Wb*. Aus Gründen der Darstellungsökonomie wird in Kauf genommen, daß eine strikte funktionale Trennung der Typen nicht immer möglich ist (von allem im Bereich der präskriptiven Wb., bei denen der Übergang zu deskriptiven Intentionen oftmals fließend ist). — Terminologische Wb. bleiben unberücksichtigt.

2.4.1. Präskriptive Wörterbücher
2.4.1.1. Erklärende Wörterbücher

Das erste größere russ. erklärende Wb. des 20. Jhs. stellt eine Erbschaft aus dem 19. Jh. dar. Es handelt sich um die Weiterführung des Wb. von Grot (s. 2.3.) durch A. A. Šachmatov, der die Arbeiten daran bis zu seinem Tode 1920 fortsetzte. Die Übergabe der Arbeit an Šachmatov durch die Akademie bedeutete einen scharfen Einschnitt in die Konzeption von Grot: wollte dieser ein normatives Wb. für den modernen Schriftsprachengebrauch schaffen, so strebte Šachmatov nunmehr ein thesaurusartiges deskriptives Wb. an, das neben dem rezenten schriftsprachlichen auch archaisches sowie dialektales Material und dessen lokale Herkunft berücksichtigt. Damit nähert sich das Wb. den Wb.intentionen Dal's an (vgl. 2.3.). Das Schwergewicht der Arbeit wird auf die erschöpfende Materialsammlung verlegt, semantische Explikation und stilistische Einordnung rücken in den Hintergrund. Auch der von Grot noch fertiggestellte 1. Band wurde in diesem Sinne umgearbeitet. Nach dem Tode Šachmatovs wurde die Konzeption erneut verändert, diesmal wieder im Sinne eines mehr normativen Wb. Nach einer längeren, durch die Revolutionsereignisse bedingten Unterbrechung der Arbeit erschienen von 1922—1936 weitere Lieferungen, die von einer eigens gebildeten Wb.kommission der Akademie betreut wurden. Seit 1925 wirkte auch L. V. Ščerba an der Wb.arbeit mit, der für die Bedeutungsexplikationen im verstärkten Maße das syntaktische Umfeld des Lexems berücksichtigt (s. Sorokoletov 1974b, 26). Als gravierende Mängel der neuen Lieferungen wurden die Verwendung der vorrevolutionären Orthographie und die weitgehende Ignorierung der nachrevolutionären Entwicklungen im russ. Schriftsprachenlexikon empfunden. Der 1928 beschlossenen Modernisierung des Wb. wurde in der Folge jedoch nur unsystematisch entsprochen, so daß die innere Heterogenität von Material und Darstellung noch zunahm. Als mit wachsender Politisierung der Sprachwissenschaft in der Stalinzeit im Wb.text auch „politische Fehler" entdeckt wurden, wurde 1937 die Einstellung seines Erscheinens verfügt (zu den ausgelieferten Teilen s. Cejtlin 1958, 101 ff.). — Die nahezu 20 Jahre währende „Wb.losigkeit" der nachrevolutionären Phase Sowjetrußlands muß als erhebliches Manko der frühen sowjet. Kulturpolitik gewertet werden. Gerade wegen der sozialen Umschichtungen in Kreisen der Schriftsprachenbenutzer und der lexikalischen Veränderungen unter dem Einfluß der soziokulturellen Geschehnisse wurde jetzt ein normatives Wb. notwendig, das einerseits das Lexikon stabilisiert, andererseits aber auch lexikalischen Neuerungen gegenüber offen ist. Die Bedeutung eines solchen, die Schriftsprache festigenden und demokratisierenden Wb. wurde von Lenin bereits früh erkannt. 1920 schrieb er in Briefen an Lunačarskij und Pokrovskij, daß nunmehr ein Wb. nötig sei, das Wörter berücksichtige, die jetzt benutzt werden und von den Klassikern benutzt wurden, ein Wb., das den Zeitraum von Puškin bis Gorkij erfaßt und allen zugänglich ist (s. Levašov/Petuškov 1970, 165 ff.). Die Realisierung eines solchen Wb. wurde jedoch — aus heute schwer zu beurteilenden wissenschaftspolitischen Gründen — erst ab 1928 ernsthaft in Angriff genommen. Das Resultat war das seit 1935 erscheinende vierbändige Wb. von Ušakov (rund 85 000 Wörter). Dieses Wb. gilt als *das erste russ. Wb. sowjet. Provenienz*. Es ist streng normativ, benutzt als erstes Lexikon die nachrevolutionäre Orthographie und gibt u. a. exakte Anweisungen zum orthoepischen, grammatikalischen und vor allem stilistischen Gebrauch der Lexeme (dazu s. Cejtlin 1958, 117 ff.; Sorokoletov 1974a, 6). Als der Normvorgabe würdig wird vornehmlich das lexikalische Material der Schriftsteller seit Puškin, im begrenzten Maßstabe aber auch gängiges Material aus der öffentlichen nichtbelletristischen Sprache befunden. So reflektieren sich in ihm erstmals auch spezifische Neologismen der Sowjetzeit. Die Materialdarbietung erfolgt alphabetisch.

Mit dem Wb. von Ušakov beginnt „der Kampf um die Reinheit und Kultur der russischen Sprache", d. h. die strenge Reglementierung des russ. schriftsprachlichen Usus (s. Vinogradov 1941, 238), die bis heute im wesentlichen anhält. Allerdings löste das Wb. die Forderung Lenins nur partiell ein, da es allein wegen seines Umfanges niemals ein „Volkswb." wurde (zu weiterer Kritik s. Vinogradov 1941, 238 f.). Hinsichtlich der Materialauswahl, der Lexikonartikel und der Belegangaben wurde es für die nichtruss. Wb.schreibung in der SU musterwertig.

Erst auf seiner Basis entsteht ein einbändiges erklärendes Wb., der *Slovar' russkogo jazyka* (50 000 Wörter) von S. I. Ožegov, dessen Zielgruppe „breite Kreise des Volkes" sind. Der Erstauflage von 1949 sind allein bis 1982 13 weitere, teils erweiterte und aktualisierte Auflagen gefolgt. Dieses Wb. gleicht in Materialauswahl und Materialdarbietung dem von Ušakov. Das Material ist jedoch unter dem Gesichtspunkt der Gebrauchsfrequenz erheblich reduziert und zugleich aktualisiert. Belegstellen aus dem Schrifttum werden nicht angeführt. Die Materialanordnung erfolgt nach begrenztem Nestprinzip. Das Wb. gilt noch heute als das russ. Standardwb. für den täglichen Gebrauch. — Als eigentliche Fortschreibung des Wb. von Ušakov kann der von 1957—1961 von der Akademie herausgegebene vierbändige *Slovar' russkogo jazyka* („Kleines Akwb.") betrachtet werden. Dieses rund 82 000 alphabetisch geordnete Einträge enthaltende Wb. entspricht in seiner normativen Anlage, seinen lexikalischen Erklärungsprinzipien und stilistischen Markierungen im wesentlichen dem Vorläufer von 1935 (zu gewissen Unterschieden s. Kalinin 1978, 213 ff.). Allerdings erfaßt es vollständiger als dieses die russ. Lexik der Sowjetzeit, und zwar bis zu den 50er Jahren. Die Differenz im Materialangebot zwischen beiden Wb. liegt um 30 % (Filin 1963, 179). Kleines wie Großes Akademiewörterbuch (s. unten) basieren auf der Kartothek des *Instituts für russ. Sprache* (IRJa) *der Akademie der Wissenschaften*. — Als wichtiges Ereignis in der europäischen Wb.schreibung muß die Erarbeitung des 17bändigen Akademiewörterbuchs *Slovar' sovremennogo russkogo literaturnogo jazyka* („Großes Akademiewb.") gewertet werden (1948—1965). Dieses durch sein Materialangebot (120 000 Einträge) und seinen Belegreichtum imponierende Wb. erfaßt nach dem Plan seines Autorenkollektivs den „ganzen lexikalischen Reichtum der russ. Schriftsprache von Puškin bis zur Gegenwart" (Bd. I, S. III). Als Adressatenkreis wird die russ. Intelligenz verstanden. Das Wb. begreift sich zugleich als normativ und als historisch-erklärend. Gerade aber diese intendierte Doppelfunktion hat ihm z. T. heftige Kritik eingetragen (Vinogradov 1956, 1966; Sorokin 1967, 24): Als histor. Wb. sei es nicht ausreichend vollständig und exakt, als normatives Wb. sei es in den Bewertungen und Empfehlungen unentschlossen, hinsichtlich beider Intentionen gäbe es in den einzelnen Bänden zudem Unterschiede. Unterschiede finden sich auch in den Materialdarbietungsverfahren: Bis zum 3. Band wird das (in vieler Hinsicht mangelhaft durchgeführte) Wortnestverfahren praktiziert, vom 4. Band an die alphabetische Anordnung. Mit dieser Strukturveränderung geht eine stärkere Konzentration auf das Normative einher. Während die grammatikalische, semantische und stilistische Normierung im Grunde den traditionellen Prinzipien entspricht, geht es hinsichtlich der Angabe grammatikalischer und orthoepischer Varianten sowie stabiler Wortverbindungen über diese hinaus.

Das Werk stellt die bisher größte russ. Lexemsammlung in Buchform dar. Die Arbeit an ihm, die bereits vor Kriegsausbruch begonnen wurde, dauerte mehr als 20 Jahre. 1970 wurde das Verfasserkollektiv mit dem Leninpreis ausgezeichnet (zur reichen Rezensionsliteratur s. Sorokoletov 1974b, 28).

Die drei zuletzt genannten Wb. sind die heute am meisten gebrauchten erklärenden russ. Wb. in der SU. Hinsichtlich ihres lexikalischen Informationswertes stehen sie im großen und ganzen in einem Implikationsverhältnis zueinander (Ožegov

⊂ Kleines Akademiewb. ⊂ Großes Akademiewb.), wobei sich das Große Akademiewb. durch breite worthistorische Informationen und Variantennennung auszeichnet. Alle drei gelten in der UdSSR als wichtige Instrumente der Vermittlung von Sprachkultur, jedem einzelnen Wb. sind jeweils spezifische Verwendungsdomänen zugeordnet.

(Zu 2.4.1.1. s. Vinogradov 1941, 1956, 1966; Ožegov 1952; Filin 1957, 1963; Cejtlin 1958; Babkin 1960, 1965; Sorokin 1967; Sorokoletov 1974a, 1974b, 1980; Kalinin 1978).

2.4.1.2. Neologismenwörterbücher

Unmittelbare Zuarbeit für die Aktualisierung der normativen erklärenden Wb. leisten die Neuwb. Eine spezielle Arbeitsgruppe am *IRJa* in Moskau hat in den letzten Jahrzehnten in kontinuierlicher Arbeit eine Neologismenbank angelegt, die im Jahre 1983 15 000 Einheiten umfaßte. Ihre Kollektion ist mit Erklärungsdaten versehen, die in etwa den Ansprüchen der großen erklärenden Wb. entsprechen. Die Arbeitsgruppe gibt laufend ein Bulletin „Novoe v russkoj leksike" heraus. Bis 1986 waren mehrere Neuwb. erschienen (vgl. z. B. Kotelova/Sorokin 1971; Kotelova 1984). Die kontinuierliche Beobachtung der Veränderungen im Lexikon hat große empirische Relevanz für die Sprachwandelforschung (zu 2.4.1.2. s. Kotelova 1982; Gak 1983; Kotelova 1983, 158 ff. und passim).

2.4.1.3. Fremdwörterbücher

Die Fremdwb. haben in RBl. — zunächst als Lesehilfen des gebildeten Publikums — eine verhältnismäßig lange Geschichte. Sie erscheinen in der Folge der petrinischen Aufklärung bereits im 18. Jh. in größerer Zahl (s. Cejtlin 1958, 17 ff.). Eines der bedeutenderen ist das im Anhang der Grammatik von Kurganov (Kurganov 1769), das vornehmlich Wörter griechischen, lateinischen und westeuropäischen Ursprungs erklärt. Die Abgrenzung der Fremdwb. von terminologischen Wb. ist zu dieser Zeit schwierig, da sich das Objektmaterial in hohem Maße überschneidet. Im 19. Jh. wird dem zunehmenden Eindringen fremder Lexeme ins Russ. mit umfangreicheren Fremdwb. entsprochen (z. B. Janovskij 1803—1806), die in ihrem Explikationsteil nicht selten eher enzyklopädisch als philologisch operieren. Besondere Bedeutung erlangen die Fremdwb. im 20. Jh. unter dem schon erwähnten Aspekt der Volksbildung und Wissensdemokratisierung. Eine hohe Anzahl von Neuauflagen erlebte der *Slovar' inostrannych slov* von Lechin/Petrov (erste Ausgabe 1939, in jüngeren Auflagen rund 23 000 Wörter). Nur bedingt als Fremdwb. kann die zweibändige Arbeit von Babkin und Šendecov (1966) gelten, da in sie vornehmlich nichtadaptierte Fremdwörter und -ausdrücke der Gebildeten aufgenommen sind, die nicht zum Bestandteil des Russ. selbst gehören (zu 2.4.1.3. s. Cejtlin 1958, 17 ff.; Kalinin 1978, 221; Kozyrev 1979, 55 f.).

2.4.1.4. Phraseologische Wörterbücher

Phraseologische Einheiten der russ. Sprache werden traditionellerweise in RBl. im breiteren Umfang auch von den größeren erklärenden Wb. erfaßt, zuerst von Dal' (s. 2.3.). Doch gibt es schon um die Jh.wende umfangreiche Spezialarbeiten mit gutem Illustrationsmaterial (Michel'son 1903). Obwohl die sowjet. Phraseologie als Teildisziplin der Sprachwissenschaft auf theoretischem und methodischem Gebiet Erhebliches geleistet hat, mußte auf einem zentralen Phraseologiesymposium 1961 noch über das Fehlen eines brauchbaren erklärenden Phraseolog.wb. geklagt werden. Inzwischen liegen mehrere Wb. dieses Typs vor, von denen das von Molotkov einen konsequenten Phraseologiebegriff praktiziert und mit 4000 Einträgen am informativsten ist. Ein ausführliches phraseologisches Akademiewörterbuch, in dem auch auf die histor. Dimension der Phraseologismen eingegangen wird, ist z. Z. in Arbeit (Kozyrev 1979, 83; Bogatova 1984, 84). Ein erster bescheidener Versuch für ein etymologisches phraseologisches Wb. liegt in Šanskij/Zimin/Filippov 1987 vor. Beachtenswert sind das erste phraseologische Synonymiewb. des Russ., in dem die Synonyme auch mit detaillierten Stilmerkmalen versehen sind (Žukov/Sidorenko/Škljarov 1987), und das Wb. zur Phraseologie des 18. Jhs. von Palevskaja 1980 (zu 2.4.1.4. s. Sergeev 1963, 216 f.; Babkin 1964, 3 ff.; Karpjuk 1967, 27 f.; Kozyrev 1979, 83; Kalinin 1978, 223).

2.4.1.5. Onomastische Wörterbücher

Systematische Zusammenstellungen von russ. Namenmaterial in größerem Umfange liegen seit dem 19. Jh. vor. Dabei handelt es sich zunächst um bloße nichterläuterte Sammlungen von Anthroponymen und Toponymen (z. B. Moroškin 1867; Tupikov 1903; Barsov 1865). Die Erfassung des Orts- und Gewässernamenbestandes wird im 20. Jh. intensiver fortgesetzt, wobei sich insbesondere M. Vasmer große Verdienste erworben hat (Vasmer 1960—1973; Bräuer 1960—1981). Historische Analysen und Erläuterungen von älterem und rezentem Material aus dem Bereich der Anthropo-, Topo-, Hydro- und Ethnonymie werden erst im fortgeschrittenen 20. Jh. angestrengt (Volostnova 1962; Babkin 1964; Alektorova 1975; Nikonov 1966; Petrovskij 1966). Gängige volkstümliche toponymische respektive anthroponymische Wb. sind nach wie vor Nikonov 1966 (mit Berücksichtigung auch nichtruss. Materials) und Petrovskij 1966. Benson 1964 stellt die häufigsten russ. Familiennamen mit Angabe der Akzentstelle zusammen (zu 2.4.1.5. s. Skopina/Sosenko 1969, 156; Kalinin 1978, 228 f.; Horbatsch 1984).

2.4.1.6. Orthographische Wörterbücher

Eine wichtige kodifizierende Aufgabe haben die orthographischen Wb. Orthographische Information kann zwar auch den erklärenden Wb. entnommen werden; in der Regel schenken diese jedoch der reinen Ausdruckseite geringere Beachtung. Eine stringente orthographische Reglementierung wurde in RBl. insbesondere nach Einführung der neuen Orthographie von 1918 nötig. „Nach der Reform erschienen Dutzende von Handbüchern und Hilfsmitteln" (Karpjuk 1967, 28). Heute liegen für das Russ. mehrere orthographische Wb. vor, von denen Ožegov/Šapiro 1956 mit zahlreichen Neuauflagen das populärste Nachschlagewerk ist (110 000 Wörter, unter Angabe von grammatikalischen Formationen und Akzentstelle), seit 1972 steht ein Spezialwb. zu Zusammen- bzw. Getrenntschreibung und zur Bindewortschreibung zur Verfügung (Bukčina/Kalakuckaja/Čel'cova 1972) (zu 2.4.1.6. s. Karpjuk 1967, 28; Veselitskij 1969, 71; Kozyrev 1979, 77).

2.4.1.7. Orthoepische Wörterbücher

Orthoepische Wb. als Anleitung zur „gebildeten Aussprache" für Muttersprachler scheinen ein bereits fortgeschrittenes Niveau der Sprachpflege zu repräsentieren. Sie finden sich im russ. Sprachgebiet erst seit den 50er Jahren. Als Standardwerk gilt hier Avanesov/Ožegov 1955 (52 000 Wörter). Speziell der korrekten Setzung des im Russ. freien Akzentes ist das Wb. von Ageenko/Zarva 1960 gewidmet (zu 2.4.1.7. s. Skopina/Sosenko 1969, 149; Veselitskij 1969; Kalinin 1978, 226; Kozyrev 1979, 76 f.).

2.4.1.8. Grammatische Wörterbücher

Eine Zwischenposition zwischen normativen und deskriptiv-linguistischen Wb. nehmen die grammatischen Wb. ein, in denen die Flexionsparadigmatik des Russ. erfaßt wird. An Wb. dieser Art wird erst seit den letzten zwei Jahrzehnten gearbeitet. Ein erstes, beeindrukkendes Ergebnis ist Zaliznjak 1977, der in Korrespondenz mit den Beschreibungsprinzipien der Akademiegrammatik von 1970 die gesamte Deklinations- und Konjugationsparadigmatik unter Verwendung eines differenzierten Kodesystems darstellt. Die rund 100 000 erfaßten Wörter sind a tergo geordnet, da der Finalteil des Wortes für seine grammatikalisch-paradigmatischen Eigenschaften wesentlich sei, nicht der Initialteil. Das Wb. erfüllt so gleichzeitig die Funktion eines rückläufigen Wb. (vgl. 2.4.2.7.) (zu 2.4.1.8. s. Zaliznjak 1977 [Vorwort zum Wb.; Denisov 1980, 313 ff.]).

2.4.1.9. Syntagmatische Wörterbücher

Wie grammatikalische Wb. geben auch syntagmatische Wb. Informationen zu dem Verhalten lexikalischer Einheiten im Text, wobei zwischen deren formalen und semantischen syntagmatischen Eigenschaften unterschieden werden muß. Am *IRJa* wird seit längerer Zeit ein Wb. vorbereitet, das — nach Wortklassen geordnet — die minimalen syntaktischen Elemente (Syntaxeme) des Russ. „in ihrer syntagmatischen Potenz" erfassen soll (Zolotova 1980, 1986). Formal orientiert sind auch *Rektionswb.* wie Prokopovič 1981, in denen verbale und nominale Rektionen angegeben werden. Lexikalische Kombinationsregeln des Grundwortschatzes stehen im Mittelpunkt von sog. *slovari sočetaemosti* wie Denisov/Morkovkin 1978 und Deribas 1979. Sie sind von großem Wert vor allem für Russischlerner auf höherem Niveau. — Stabile lexikalische Verbindungen, vornehmlich aus dem Bereich der Belletristik, erfassen die *Epithetawb.* (Gorbačevič/Chablo 1979). Sie sind als praktische Stilwb. konzipiert. — Im Rahmen der Erarbeitung umfassender Sprachmodelle sind schließlich Wb.entwürfe vorgelegt worden, die vor allem auf die *semantische Kombinierbarkeit* lexikalischer Einheiten abheben (Mel'čuk/Žolkovskij 1984) (zu 2.4.1.9. s. Denisov/Morkovkin/Novikov 1971; Denisov 1980, 205 ff.; Zolotova 1980, 1986; Hartenstein 1981).

2.4.1.10. Wortbildungs- und Morphemwörterbücher

Syntagmabezogene Wb. sind auch die die Wortstruktur abbildenden Wortbildungs- und Morphemwb. Das Interesse für eine wörterbuchmäßige Darstellung dieser Strukturen des hochgradig affixalisch konstruierten russ. Wortes geht ins 19. Jh. zurück (vgl. Efremova 1976, 87). Leistungsstarke Wb. dieses Typs liegen jedoch erst seit einigen Jahren vor, wobei den *Nestwörterbüchern* aus systematischen Gründen der Vorzug gegeben wird. Als kapitale Arbeit kann Tichonov 1985 mit rund 145 000 Einträgen genannt werden, deren einzelne Bildungsnester in äußerst übersichtlicher Form geordnet sind. Für Lehr- und Lernzwecke sind allerdings kleinere Wb. zu empfehlen (Amirova 1975; Kuznecova/Efremova 1986) (zu 2.4.1.10. s. Efremova 1976; Kozyrev 1979, 66 f.).

2.4.1.11. Abbreviaturwörterbücher

Dieser Wb.typ kann in einem gewissen Sinne als präskriptives Wortbildungswb. angesehen werden, da in ihm Wortbildungsmodelle spezifischer Natur erfaßt werden. Aufgabe dieser Wb. ist es, Buchstaben- oder Silbenabbreviaturen mit ihrem lexikalischen Ausgangsstand in Korrespondenz zu bringen und sie so bedeutungsmäßig aufzulösen. Einschlägige Wb. wurden mit der massenhaften Einführung von Kurzwörtern im politischen und wissenschaftlichen Leben der nachrevolutionären Zeit notwendig. Schon in den 20er Jahren wurden mehrere Arbeiten verfaßt (s. D. I. Alekseev 1963). Im westlichen Ausland gibt es entsprechende Zusammenstellungen vor allem seit den 40er Jahren. Heute ist ein vielbenutztes Wb. Alekseev/Gozman/Sacharov 1963, das in jüngeren Auflagen 15 000 Einträge hat, die partiell auch grammatisch und orthoepisch erläutert werden (zu 2.4.1.11. s. D. I. Alekseev 1963; Kalinin 1978, 227).

Die in der 2. Hälfte des 20. Jhs. ständig zunehmende linguistische Durchdringung der semantischen und formalen paradigmatischen Beziehungen im Lexikon spiegelt sich auch in der Bereitstellung zahlreicher Wb. des Russ. wider, in denen diesem Gesichtspunkt in unterschiedlicher Weise Rechnung getragen wird (vgl. 2.4.1.12.—2.4.1.15.). Entsprechende Wb. haben sowohl linguistische Intention als auch den Zweck, der systematischen Vermittlung des Russ. im mutter- und fremdsprachigen Bereich zuzuarbeiten.

2.4.1.12. Synonymiewörterbücher

Synonymiewb. haben als stilistisches Hilfsmittel in RSl. eine lange Tradition (vgl. Fonvizin 1783; Kalajdovič 1818; Abramov 1900). Auch in sowjet. Zeit werden sie als wichtige Instrumente der Sprachkultur betrachtet, die in der muttersprachlichen Ausbildung einzusetzen sind (z. B. Kljueva 1956); heute gewinnen sie jedoch auf dem Hintergrund semantikorientierter Sprachtheorien auch zunehmend sprachwissenschaftliche Relevanz. Der nunmehr durch theoretische Arbeiten fest konturierte Synonymiebegriff findet praktische Verwendung in den einschlägigen Wörterbüchern. Als annähernd vollständiges Synonymiewb. gilt Evgen'eva 1970—1971 (über 4000 synonymische Reihen). Neben der stilistischen und konnotativen Einordnung des Materials gibt es auch Auskunft über Kompatibilitäten und Verwendungsmodalitäten in belletristischen, journalistischen und wissenschaftlichen Texten (zu 2.4.1.12. s. Gorbačevič 1960; Aleksandrov 1963; Aleksandrova 1968, 1; Kozyrev 1979, 58 ff.).

2.4.1.13. Antonymiewörterbücher

Diese Wb. haben eine relativ kurze Geschichte in RSl. Erst in den 70er Jahren erscheinen erste Arbeiten, die freilich noch erhebliche Mängel in der systematischen Erfassung des Materials aufweisen (Vvedenskaja 1971; Kolesnikov 1972). Eine sehr positive Resonanz hat L'vov 1978 gefunden. Dieses Wb. umfaßt 2000 teils mit Homonymen versehene antonyme Paare, die mit reichem Zitatenmaterial belegt werden. Das Wb. enthält eine Liste von antonymen Wortbildungsmitteln (zu 2.4.1.13. s. Ivanova 1972; Kozyrev 1979, 65 f.).

2.4.1.14. Paronymiewörterbücher

Die starke sprachpflegerische und sprachbildende Inanspruchnahme der sowjet. Lexikographie erhellt aus der vergleichsweise hohen Zahl von Wb.publikationen in einem sprachlichen Randbereich, der Paronymie. In einschlägigen Wb. werden wurzelidentische formähnliche Lexempaare mit ähnlicher Bedeutung erfaßt und semantisch expliziert. Sie haben vorrangig die Funktion eines Hilfsmittels für den korrekten Sprachgebrauch. Als jüngstes Paronymiewb. ist Rozental'/Višnjakova 1987 zu empfehlen. Kolesnikovs (1971) Prinzip, auch wurzeldivergente Wortpaare ohne Bedeutungsnähe (z. B. *pagoda* „Pagode"/*pogoda* „Wetter") aufzunehmen, ist problematisch (zu 2.4.1.14. s. Kalinin 1978, 226; Kozyrev 1979, 61 f.).

2.4.1.15. Homonymiewörterbücher

Stärker linguistische Intentionen verfolgen jene Wb., die formidentische, aber bedeutungsverschiedene Wörter erfassen. Dabei werden in der sowjet. Wb.schreibung differenzierte Homonymieklassen und -subklassen berücksichtigt (vgl. absolute und relative Homonyme und ihre Unterklassen bei Kolesnikov 1976, 5 ff., primär- und sekundärdivergente [polysemiebedingte] Homonyme etc. bei Achmanova 1974, 1 ff.). Am Material indiziert werden Klassifizierungen aber nur von Achmanova 1974. Dieses Wb. ist das erste russ. Homonymiewb. überhaupt (2300 homonyme Gruppen). Umfangreicher ist das Wb. von Kolesnikov 1976 mit ca. 4000 Homonymienestern, sein Explikationsteil ist jedoch dürftig, da es im Grunde nur Bedeutungserläuterungen, im Falle von Fremdwörtern auch Herkunftserläuterungen gibt (zu 2.4.1.15. s. Achmanova 1974, 1 ff.; Kolesnikov 1976, 5 ff.; Kozyrev 1979, 63 f.).

2.4.2. Deskriptive Wörterbücher

2.4.2.1. Historische Wörterbücher

Wie unter 2.2 und 2.3 berichtet, tragen die ersten erklärenden russ. Wb. oftmals historisierenden Charakter, da sie in ausgeprägt retrospektiver Weise das kirchenslavische Element berücksichtigen. Dies geschieht meist mit der unzeitgemäßen Absicht, dieses bereits veraltete lexikalische Material weiterhin schriftsprachenfähig zu halten, so daß der historische Charakter dieser Wb. unbeabsichtigt ist. Die im 19. Jh. auch in Rßl. Fuß fassende historische Sprachwissenschaft hat jedoch bereits Arbeiten hervorgebracht, die eigens der Erfassung des historischen Schriftsprachenlexikons in Rßl. gewidmet sind, sei dies nun kirchenslavischer oder ostslavischer Herkunft. So legte der eigentliche Begründer der russ. historisch-vergleichenden Sprachwissenschaft, A. Ch. Vostokov 1856/1861, ein zweibändiges Wb. des Kirchenslavischen vor, das gezielt dem Zwecke philologischer Forschung diente. Mit seinen rund 22 000 (130 Sprachdenkmälern des 11.—18. Jhs. entnommenen) Wörtern stellt es das erste größere sprachhistorische Wb. in Rßl. dar. Bedeutender als das genannte kirchenslavische Wb. ist das seit Ende des 19. Jhs. posthum erschienene altruss. Wb. von I. I. Sreznevskij (1893—1912), das sowohl kirchenslavisches als auch altruss. Wortgut erfaßt (120 000 Einträge). Das Material entstammt vornehmlich Denkmälern des 11.—14. Jhs., die so gut wie lückenlos ausgewertet werden. Die Tradition der historischen Wb.schreibung wird im 20. Jh. mit der Ausarbeitung verschiedener, teils schon recht spezifischer Wb. fortgesetzt. Als wichtigste Arbeiten sind zu nennen der *Slovar' russkogo jazyka XI—XVII vv.*, der seit 1975 erscheint (1987 lag die 11. Lieferung (*ot'*) vor), und der *Slovar' russkogo jazyka XVIII v.*, dessen erste Lieferung (a—bez) 1984 herauskam. Nach Ankündigung des *IRJa* wird derzeit ein altruss. Wb. des 11.—14. Jhs. vorbereitet. Bogatova 1984, 84 berichtet, daß A. M. Babkin an einem „Wb. der veralteten Ausdrücke und Wörter" arbeite. Zu altsprachlichen Textwb. vgl. unter 2.4.2.6. (zu 2.4.2.1. s. Cejtlin 1958, 67 ff.; Sorokoletov 1974, 1980; Gel'gardt 1978; Bogatova 1981, 1984; Vinogradova 1983; Filin 1984; Bondarčuk/Kuznecova 1985; Kozyrev 1985).

2.4.2.2. Etymologische Wörterbücher

Das Interesse an historisch-vergleichenden Fragestellungen der Sprachwissenschaft manifestiert sich besonders in der etymologischen Forschung. Ein solches kündigt sich bereits Ende des 18. Jhs. in Rßl. an. Aber erst hundert Jahre später ist die Forschung so weit gediehen, daß es zu zahlreichen kleineren Publikationen auf diesem Gebiet kommt (Cejtlin 1958, 90 f.). Aufbauend auf den vorliegenden Ergebnissen, erscheint 1910—1918 das erste russ. etymologische Wb. von A. Preobraženskij. Dies bleibt bis zur Veröffentlichung der bis heute unübertroffenen Arbeit von M. Vasmer im Jahre 1950 das einzige seiner Art. Das in deutscher Metasprache verfaßte Vasmersche Wb. wurde wegen seiner hohen Informativität ab 1964 auch ins Russ. übersetzt. Seit 1963 erscheint ein weiteres, auf acht Bände konzipiertes etymologisches Wb. unter der Leitung von N. M. Šanskij, das auch Eigennamen berücksichtigt. Die Arbeit ist bis *K* fortgeschritten. Als etymologische Hilfsmittel für Lehrer und Studenten können die Wb. von Šanskij et al. 1961 und Cyganenko 1970 gelten (zu 2.4.2.2. s. Cejtlin 1958, 90 ff.; Karpjuk 1967; Kalinin 1978, 223; Kozyrev 1979, 69 ff.).

2.4.2.3. Dialektwörterbücher

Eine bis in das 19. Jh. zurückreichende Tradition hat die russ. Dialektwb.schreibung. Auch sie ist letzlich ein Ergebnis der sprachhistorischen Orientierung des genannten Jh. Ein erster Höhepunkt war die unter Mitwirkung von Sreznevskij und Vostokov vollzogene

Fertigstellung des umfangreichen Dialektwb. *Opyt* ... aus dem Jahre 1852 (rund 18 000 Wörter aus dem gesamten großruss. Sprachgebiet) und des 1858 folgenden Ergänzungsbandes (knapp 23 000 Wörter). Die alphabet. geordneten Lemmata werden mit hoher Präzision lokalisiert und in russ. Standardsprache expliziert. Von dieser Zeit an wurden kontinuierlich bis in die Mitte des 20. Jhs. (teils durch die eigens gebildete *Moskauer Dialektkommission*) Einzeluntersuchungen zum Dialektlexikon angestellt (s. Karpjuk 1967, 25 f.), so daß in den 60er Jahren unter Leitung von F. P. Filin am *IRJa* ein gesamtruss. Dialektwb. in Angriff genommen werden konnte. Der *Slovar' russkich narodnych govorov* (der erste Band erschien 1965) ist inzwischen etwa zur Hälfte fertiggestellt. Er erfaßt auch dialektale Phraseologismen. — In jüngerer Zeit werden spezielle Dialektwb. erarbeitet, u. a. ein rückläufiges und ein Motivationswb. (Janceneckaja 1973; Binova 1982/83) (zu 2.4.2.3. s. Filin 1957; Cejtlin 1958, 64 ff.; Karpjuk 1967; Kalinin 1978, 222).

2.4.2.4. Soziolektwörterbücher

Die Anfänge der russ. Soziolektlexikographie liegen ebenfalls in vorrevolutionärer Zeit. Kleinere, noch recht dilettantische Kompilationen entsprechender Lexeme sind vornehmlich den Soziolekten gesellschaftlicher Randgruppen gewidmet (vgl. in Horbatsch 1978). Forschungen dieser Art wurden in der SU spätestens in den 30er Jahren aus ideologischen Gründen eingestellt und sind auf lexikographischem Gebiet bis heute nicht wieder aufgenommen worden. Hingegen sind in den 70er und 80er Jahren mehrere russ. Soziolektwb. im westlichen Ausland erschienen (u. a. Skačinskij 1982; Kozlovskij 1983), die jedoch meist vom Material her fragmentarisch und von der Materialaufbereitung her unbefriedigend sind. Ein dringendes Desiderat ist heute die lexikographische Erfassung des sowjet. *prostorečie* („niedere Umgangssprache").

2.4.2.5. Zitat- und Sprichwörterbücher

Dieser, nicht zuletzt der Erbauung dienende, Wb.typ erfreut sich in RBl. seit Jahrhunderten großer Beliebtheit. Die erste größere Sammlung von Sprichwörtern trug A. A. Barsov 1787 zusammen. Seitdem ist die Zusammenstellung von Sprichwörterb. nicht mehr abgerissen, wobei im 19. Jh. die Arbeit von V. I. Dal' (1862) besondere Aufmerksamkeit verdient. Im 20. Jh. sind mehrere Sprichwb. entstanden (vgl. unter 5.1.). Es ist auffällig, daß diese Wb. in der Rezensionslit. kaum beachtet werden.

2.4.2.6. Textwörterbücher

Als erste Textwörterbücher in RBl. müssen die Bibelkonkordanzen gelten. Auf ihre Bedeutung auch für die Erarbeitung der frühen erklärenden Wb. hat vor kurzem Keipert 1988 hingewiesen. Die entsprechende Literatur beginnt mit einer Psalterkonkordanz von Kantemir 1727 und endete vorerst mit einer umfassenden Arbeit von Gil'tebrandt 1882—85 zum Neuen Testament. — Sodann können die Glossare von Sreznevskij als Vorformen von Textwb. gewertet werden, die dieser Mitte des 19. Jhs. zu altruss. Texten anfertigte. Von Textwb. im größeren Stile ist jedoch erst seit den 50er Jahren des 20. Jhs. zu sprechen. Von 1956—1961 erschien der *Slovar' jazyka Puškina* mit 21 000 Einträgen, Bedeutungserklärungen und Frequenzangaben. 1974—1981 folgte ein glossarisches Wb., das sich auf Teilwerke Gorkijs bezieht (Larin et al. 1974—1984). Weitere Textwb. zu russ. und sowjet. Autoren sind in Arbeit, darunter auch eine komplette Konkordanz zu den Werken Lenins (Denisov 1980, 3 ff.). Hervorhebung verdient das mit vielen Parallelbelegen arbeitende Textwb. zu dem altostslavischen Epos *Slovo o polku Igoreve* von Vinogradova 1965 ff. — Textwb. werden in der sowjet. Lexikographie vornehmlich als Ergänzungen zu erklärenden Wb. verstanden, deren Material mit ihrer Hilfe verfeinerter dokumentiert und nuancierter beschrieben werden kann (zu 2.4.2.6. s. Cejtlin 1958, 69; Babkin 1960; Kozyrev 1979, 54; Sorokoletov 1980, 64; Denisov 1985, 3 ff.).

2.4.2.7. Rückläufige Wörterbücher

Unmittelbaren Bezug zu Wort- und Formenbildungsphänomenen haben die Wb. a tergo. Sie ermöglichen es, schnelle Informationen zu morphemkombinatorischen und quantitativen Eigenschaften von Suffixen zu gewinnen. Es ist auffällig, daß heute gleich mehrere umfangreiche rückläufige Wb. des Russ. existieren, von denen zwei der ersten in Deutschland erstellt wurden (Bielfeldt 1958; Greve/Kroesche 1958). Jüngeren Datums sind die sowjet. Arbeiten Ševeleva 1974 und Zaliznjak 1977 (s. unter 5.1.8.). Bedeutsam für altsprachliche Forschungen ist der rückläufige Index von Dulewicz et al. 1968 zu Sreznevskij 1893—1912 (vgl. unter 2.4.2.1.)

(zu 2.4.2.7. s. Kalinin 1978, 227; Kozyrev 1979, 74).

2.4.2.8. Semantische Wörterbücher

Ein ausschließlich der semantischen Erforschung des russ. Lexikons dienendes Wb. ist das unter EDV-Verwendung erarbeitete und vom idiograph. Ordnungsprinzip ausgehende Wb. der *semant. Multiplikatoren* (Seme) von Karaulov 1982. Die semant. Informationen für dieses Wb. sind aus traditionellen erklärenden Wb. des Russ. genommen. Im strengen Sinne handelt es sich dabei nicht um ein Wörterbuch, sondern um ein Verzeichnis sprachlicher Entitäten, die unterhalb der Bedeutungskomplexität des Lexems angesiedelt sind. Die Frequenz der einzelnen Multiplikatoren ist 1980 von Karaulov in einem Semhäufigkeitswb. (vgl. 2.4.2.10.) erfaßt worden (Karaulov 1980) (zu 2.4.2.8. s. Karaulov 1980 (Einleitung z. Wb.); Karaulov 1982 (Einleitung z. Wb.); Gorodeckij 1983; Hartenstein 1984, 626 ff.; Tichonov 1984a).

2.4.2.9. Assoziationswörterbücher

Auskunft über die im Sprecherbewußtsein eingespeicherten paradigmatischen und syntagmatischen Beziehungen von Lexemen geben die auf psycholinguistisch-empirischer Basis erarbeiteten Assoziationswb., die vor allem für Lehrzwecke erstellt werden, aber auch der psycho-, sozio- und kulturlinguistischen Forschung zuarbeiten (s. Leont'ev 1977 (Vorwort z. Wb.)). Es existiert bisher ein Wb. dieser Art, das 500 besonders häufige Stimuluswörter enthält, für die die nach Frequenz geordneten Reaktionswörter (Synonyme, Antonyme, bedeutungsaffine Wörter, vornehmlich aber freie und gebundene Kontextlexeme) genannt werden (Leont'ev 1977) (zu 2.4.2.9. s. Leont'ev 1977; Ljubimov 1977).

2.4.2.10. Frequenzwörterbücher

Für die Erarbeitung lexikalischer Minima und die Arbeit in der fachspezifischen Fremdsprachenvermittlung, aber auch für die Erforschung funktionaler Stile und Textsorten erweisen sich Frequenzwb. von größter Bedeutung. Ein erstes russ. Frequenzwb. wurde 1953 in den USA von Josselson vorgelegt. Nach der Intensivierung der quantitativstatist. Sprachwissenschaft in der SU in den letzten Jahrzehnten ist in manuellen und maschinellen Verfahren nunmehr eine ganze Reihe solcher Wb. erstellt worden, wobei zwischen allgemeinen (unterschiedliche Textsorten berücksichtigenden) und speziellen (*eine* Textsorte berücksichtigenden) Frequenzwb. zu unterscheiden ist. Zu ersteren zählen Štejnfel'd 1963 und Zasorina 1977, zu letzteren Levitskij 1966, Poljakova/Solganik 1971, Saf'jan 1971. Das umfassendste allgemeine russ. Frequenzwb. ist derzeit das von Zasorina 1977 mit 40 000 Wörtern, für die jeweils die generelle Häufigkeit, aber auch die Häufigkeit in vier unterschiedlichen Textsorten angegeben wird. — Mit Gruzberg 1974 wurde ein histor. Frequenzwb. vorgelegt. Einen neuen Typus stellt auch Karaulovs EDV-gestützte Erhebung zu der Häufigkeit semantischer Multiplikatoren dar (1980, s. dazu auch 2.4.2.8.) (zu 2.4.2.10. s. Zasorina 1966; Andrjuščenko 1986; Kozyrev 1979, 73 f.; Denisov 1980, 82; Gorodeckij 1983).

2.4.3. Sprachpädagogische Wörterbücher

2.4.3.1. Schwierigkeits- und Lehrwörterbücher

Diese Wb. haben die Funktion, Mutter- und/oder Nichtmuttersprachlern bei der Vermeidung von Fehlern, die aufgrund ihrer beobachtbaren Häufigkeit antizipierbar sind, zu helfen. Schwierigkeitswb. erfassen also jeweils nur „lernkritisches Material", das aus den verschiedensten Sprachbereichen (Orthographie, Morphologie, Syntax, Wortgebrauch, Stilistik etc.) entnommen sein kann. Obgleich Wb. dieser Art bereits seit dem 19. Jh. in Rßl. bekannt sind (Ogienko 1914; Černyšev 1914/1915; vgl. auch Wb. Ižakevič 1987 [Vorwort]), ist dieser Zweig der Wb.schreibung *(Učebnaja leksikografija)* unter den oben genannten Aspekten erst in den letzten Jahrzehnten zu einer starken eigenständigen lexikographischen Richtung geworden. Seit 1970 sind in diesem Bereich mehr als zehn Wb. erschienen (zu den wichtigsten s. unter 5.1.). Für Ausländer verfaßt sind das kurze erklärende Wb. von Rozanova 1978, das in Wortauswahl und Explikationsmodus den Bedürfnissen dieser Adressatengruppe angepaßt ist, und vor allem Morkovkin 1984, der den russischen Grundwortschatz alphabetisch und ideographisch erfaßt und dessen wichtigste formale paradigmatische und kollokative Eigenschaften für Lernzwecke aufbereitet (zu 2.4.3.1. s. Kalinin 1978, 226 f.; Kozyrev 1979, 79 f.; Morkovkin 1977; Denison 1977a, 1977b).

2.4.3.2. Landeskundliche Wörterbücher

Als spezielle Variante der Lehrwb. für Ausländer sind die landeskundlichen Wb. zu betrachten. Es handelt sich hier allerdings um enzyklopädisch konzipierte Arbeiten, nicht um Sprachwb., da ihr Ziel in der Beschreibung von landes- und kulturspezifischen Gegenständen besteht, nicht aber in der Bedeutungserklärung lexikal. Zeichen (Denisova 1978; Černjavskaja 1984).

3. Lexikographische Theorie und Methode in Rußland und der UdSSR

Mit den seit Jahrzehnten in der UdSSR sehr lebhaften Aktivitäten auf dem Gebiet der praktischen Wb.schreibung korrespondiert eine rege Auseinandersetzung mit theoretisch-methodischen Problemen der Lexikographie (s. Freidhof 1984). Diese manifestiert sich besonders in Form zahlreicher Spezialsymposien, den Forschungsstand reflektierender Sammelbände (s. Wolski 1982, 270 ff. und unter 5.) und einer reichen, oftmals sehr kritischen Rezensionsliteratur zu den jeweils erschienenen Wb. (vgl. z. B. Vinogradov 1956; Sorokin 1967 zum Großen Akademiewörterbuch, Gak 1977 zu Lehrwb.). Wenngleich sich in Rßl. bereits im 19. Jh. eine durchaus beachtliche lexikographische Tradition herausgebildet hatte, beginnt die metalexikographische Tätigkeit doch erst im 20. Jh. und dies mit einer wohl vornehmlich durch den *Marrismus* (Jachnow 1984, 749 ff.) bedingten Verzögerung (Babkin 1960, 9; Denisov 1978). Als Beginn der eigentlichen lexikographischen Theorie gilt das Erscheinen eines Aufsatzes von L. V. Ščerba (1940), in dem eine umfassende, auch heute noch beachtete Wb.typologie entworfen wird. Eine weitere Arbeit von initiierendem und grundsätzlichem theoretischen Wert ist der sich mit Problemen der semantischen Beschreibung in erklärenden Wb. befassende Artikel von Vinogradov 1956. Wichtige gegenwärtige Objekte der lexikographischen Theorie- und Methodendiskussion sind Lexikontypologie, qualitative und quantitative Gestaltung von Wb.einträgen, metasprachliche Fragen, Probleme der Relation von Wb.anlage und Wb.adressat, Materialquellen, Materialgewinnung und Materialselektionsprinzipien (s. Petuškov/Sergeev 1976; Cyvin 1978; Denisov 1980, 213 ff.; Karaulov 1974, 1981b, 135 ff., 152 f.; Wolski 1982; Andrjuščenko 1986; Apresjan 1986; Vinokur 1986). In jüngerer Zeit verstärkt sich das Interesse an der maschinellen, insbesondere EDV-gestützten, Materialaufbereitung (Vertel'/Vertel'/Rogožnikova 1978; Petuškov 1981; Rogožni-

kova 1985; Andrjuščenko 1986; Asinovskij 1986). Eine Fülle von Spezialarbeiten befaßt sich mit der Erarbeitung und effektiven Darbietung des lexikalischen Materials einzelner Wb.typen (*histor. Wb.*: Vinogradova 1983; Gel'gardt 1978; Bogatova 1984; Filin 1984; *Dialektwb.*: Filin 1957, 1966; *Phraseolog. Wb.*: Babkin 1964, 1981; *Synonymiewb.*: Aleksandrov 1963; Aleksandrova 1968; *Lehrwb.*: Denisov/Novikov 1969; Denisov 1974; 1977b; *ideographische Wb.*: Karaulov 1976; *Frequenzwb.*: Alekseev 1975 etc.). Die Geschichte der russ. und sowjet. Wb.schreibung ist — mit Ausnahme der frühen Phase (bis zum Beginn des 17. Jhs.) — bisher nur sehr dürftig aufgearbeitet worden (Bulič 1904; Cejtlin 1958; zur frühen Geschichte Kovtun 1960, 1963, 1975).

4. Institutionen der russischen Wörterbuchschreibung

Zentrum der russ. Wb.schreibung ist traditionsgemäß die *Akademie der Wissenschaften*. Die Arbeit beginnt hier bereits im letzten Viertel des 18. Jhs. im Rahmen der Petersburger *Akademija Rossijskaja,* setzt sich nach deren Auflösung 1841 in der sog. Zweiten Ab-

Автомоби́ль, я, *м.* Экипаж, приводимый в движение двигателем внутреннего сгорания. *Легковой автомобиль. Грузовой автомобиль.* **Автомоби́льчик**, уменьш. **Автомоби́льный**, прил. *Автомобильная промышленность. Автомобильные шины.* **Автомобили́зм**, а, *м.* Автомобильное дело. ♦ Автомобильный спорт. **Автомоби́лист**, а, *м.* Специалист по автомобильному делу. ♦ Человек, занимающийся автомобильным спортом. **Автомобилиза́ция**, и, *ж.* Развитие автомобилизма. *Мы становимся страной металлической, страной автомобилизации, страной тракторизации.* Сталин, Год великого перелома (Вопр. ленинизма, 298).
— Нов. энц. слов. Брокг.-Ефр.: а в т о м о б и л ь. — От греч. αυτός — сам и лат. mobilis — подвижной.

Textbeispiel 217.2: Artikel (aus: *Slovar'... 1948 ff.* (Großes Akwb.), 35)

Обмерка́ть, а́ю, а́ешь, *несов.*; **обме́ркнуть**, ну, нешь, *сов., неперех.* 1. Покрываться мраком, сильно темнеть. *В затменье земля обмеркла.* Ряз., Тул., Тамб., Даль. ‖ *Безл.* Потемнеть, наступать потемкам (утром и вечером). *Ноне под утро резко обмеркает.* Морш. Тамб., 1849. Ряз., Тамб., Тул., Южн. Урал.

Textbeispiel 217.3: Artikel (aus: Filin 1965 (Dialektwb.), Bd. 22, 125)

teilung der Akademie für Sprache und Literatur fort und konzentriert sich heute im Institut für russ. Sprache der Akademie der Wissenschaften der UdSSR in Moskau und Leningrad. Nach der Revolution wurde die Wb.arbeit erheblich erweitert und zugleich stärker organisiert und reglementiert. Es wurden ständige Arbeitskommissionen mit teils erheblichen Mitarbeiterstäben gebildet, die im Laufe der Zeit umfangreiche Materialkorpora anlegten. Heute spielt der *Slovarnyj sektor* („Wörterbuchabteilung") des Institutes mit Sitz in Leningrad eine wesentliche Rolle. Weitere Wb. erstellende Institutionen sind das *Institut für Sprachwissenschaft* der Akademie in Moskau, das *Puškininstitut* (Lehrinstitut für russ. Sprache) in Moskau sowie die Moskauer Universität und einige Provinzhochschulen.

5. Literatur (in Auswahl)

5.1. Wörterbücher

Abramov 1900 = N. A. Abramov: Slovar' russkich sinonimov i schodnych po smyslu vyraženij. St. Peterburg 1900.

Achmanova 1974 = Ol'ga S. Achmanova: Slovar' omonimov russkogo jazyka. Moskva 1974.

Ageenko/Zarva 1960 = Florencija L. Ageenko/Majja V. Zarva: Slovar' udarenij dlja rabotnikov radio i televidenija. Moskva 1960.

Aleksandrova 1968 = Zinaida E. Aleksandrova: Slovar' sinonimov russkogo jazyka. Moskva 1968.

Alekseev 1773 = Petr A. Alekseev: Cerkovnyj slovar' ... Moskva 1773.

Alekseev/Gozman/Sacharov 1963 = Dmitrij I. Alekseev/Isaak G. Gozman/Geral'd V. Sacharov: Slovar' sokraščenij russkogo jazyka. Moskva 1963.

Alektorova 1975 = L. P. Alektorova et al.: Slovar' nazvanij žitelej SSSR. Moskva 1975.

Amirova 1975 = G. S. Amirova: Slovar'-spravočnik po slovoobrazovaniju. Alma-Ata 1975.

Ašukin/Ašukina 1960 = Nikolaj S. Ašukin/Marija G. Ašukina: Krylatye slova. Moskva 1960.

Avanesov 1950 = Ruben I. Avanesov: Russkoe literaturnoe proiznošenie. Moskva 1950.

Avanesov 1983 = Ruben I. Avanesov (Hg.): Orfoėpičeskij slovar' russkogo jazyka. Proiznošenie, udarenie, grammatičeskie formy. Moskva 1983.

Avanesov/Ožegov 1955 = Ruben I. Avanesov/Sergej I. Ožegov (Hg.): Russkoe literaturnoe udarenie i proiznošenie. Moskva 1955.

Babkin 1964 = Aleksandr M. Babkin (Hg.): Slovar' nazvanij žitelej (RSFSR). Moskva 1964.

Babkin/Šendecov 1966 = Aleksandr M. Babkin/Valentin V. Šendecov: Slovar' inojazyčnych vyraženij i slov. I—II. Leningrad 1966.

Barsov 1787 = Anton A. Barsov: Sobranie 4291 drevnich russkich poslovic. Moskva 1787.

Barsov 1865 = N. P. Barsov: Geografičeskij slovar' russkoj zemli (IX—XIV st.). Vil'na 1865.

Bel'čikov/Panjuševa 1968 = Jurij A. Bel'čikov/Marija S. Panjuševa: Trudnye slučai upotreblenija odnokorennych slov russkogo jazyka. Moskva 1968.

Benson 1964 = Morton Benson: Dictionary of Russian Personal Names. Philadelphia 1964.

Berynda 1627 = Pamva Berynda: Leksikon slavenorosskij i imen tl-kovanie. Kiev 1627.

Bielfeldt 1958 = Hans H. Bielfeldt: Rückläufiges Wörterbuch der russischen Sprache der Gegenwart. Berlin 1958.

Blinova 1982 = C. I. Blinova: Motivacionnyj dialektnyj slovar'. (Govory srednego Priob'ja). 2 Bde. Tomsk 1982—1983.

Bochnarskij 1954 = M. S. Bochnarskij: Slovar' geografičeskich nazvanij. Moskva 1954.

Bräuer 1960 = Herbert Bräuer (Hg.): Russisches geografisches Namenbuch. 1—10. Wiesbaden 1960—1981.

Bukčina/Kalakuckaja/Čel'cova 1972 = B. Z. Bukčina/L. P. Kalakuckaja/L. K. Čel'cova: Slitno ili razdel'no? (Opyt slovarja-spravočnika). Moskva 1972.

Černjavskaja 1984 = Tat'jana N. Černjavskaja: Chudožestvennaja kul'tura SSSR. Moskva 1984.

Černyšev 1914 = Vasilij I. Černyšev: Pravil'nost' i čistota russkoj reči. I—II. Petrograd 1914—1915.

Charakoz 1971 = Petr I. Charakoz: Častotnyj slovar' sovremennogo russkogo jazyka. Frunze 1971.

Chomutov 1927 = D. S. Chomutov: Novyj spravočnyj orfografičeskij slovar' dlja korrektorov, vypuskajuščich i literaturnych rabotnikov. Moskva 1927.

Cyganenko 1970 = Galina P. Cyganenko: Ėtimologičeskij slovar' russkogo jazyka. Kiev 1970.

Dal' 1862 = Vladimir I. Dal': Poslovicy russkogo naroda. Moskva 1862.

Dal' 1863 = Vladimir I. Dal': Tolkovyj slovar' živago velikorusskago jazyka. 4 Bd. St. Peterburg 1863—1866.

Daum/Schenk 1954 = E. Daum/W. Schenk: Die russischen Verben. Leipzig 1954.

Denisov/Morkovkin 1978 = Petr N. Denisov/Valerij V. Morkovkin: Učebnyj slovar' sočetaemosti slov russkogo jazyka. Moskva 1978.

Denisov/Morkovkin/Saf'jan 1978 = Petr N. Denisov/Valerij V. Morkovkin/Jurij A. Saf'jan: Kompleksnyj častotnyj slovar' russkoj naučnoj i techničeskoj leksiki. Moskva 1978.

Denisova 1978 = M. A. Denisova: Lingvostranovedčeskij slovar'. Narodnoe obrazovanie v SSSR. Moskva 1978.

Deribas 1979 = Vasilij M. Deribas: Ustojčivye glanol'no-imennye slovosočetanija russkogo jazyka. Moskva 1979.

Drummond/Perkins 1971 = D. A. Drummond/G. Perkins: Dictionary of Russian Obscenities. Berkeley 1971.

Dulewicz/Grek-Pabisowa/Maryniak 1968 = Irena Dulewicz/Iryda Grek-Pabisowa/Irena Maryniak: Indeks a tergo do Materiałów do słownika języka staroruskiego I. I. Srezniewskiego. Warszawa 1968.

Evgen'eva 1970 = Anastasija P. Evgen'eva: Slovar' sinonimov russkogo jazyka. 2 Bde. Leningrad 1970—1971.

Evgen'eva 1975 = Anastasija P. Evgen'eva: Slovar' sinonimov. Leningrad 1975.

Felicyna/Prochorov 1979 = Vera P. Felicyna/Jurij E. Prochorov: Russkie poslovicy, pogovorki i krylatye vyraženija. Moskva 1979.

Filin 1965 = Fedot P. Filin: Slovar' russkich narodnych govorov. 1—24. Leningrad 1965—1988 (mit ausführlicher lexikographischer Bibliographie im 1. Band, S. 21—160).

Flegon 1979 = A. Flegon: Za predelami russkich slovarej. London 1979.

Fonvizin 1783 = Denis I. Fonvizin: Opyt rossijskago soslovnika. In: Sobesědnik ljubitelej rossijskago slova. St. Peterburg 1783.

Galler/Marquess 1972 = Meyer Galler/Harlan E. Marquess: Soviet Prison Camp Speech. Wisconsin 1972 (Dazu Supplementband Hayward 1977).

Gil'tebrandt 1882 = Petr Gil'tebrandt: Spravočnyj i ob-jasnitel'nyj slovar' k Novomu Zavetu. St. Peterburg 1882—85.

Gorbačevič 1973 = Kirill S. Gorbačevič: Trudnosti slovoupotreblenija i varianty norm russkogo literaturnogo jazyka. Slovar'-spravočnik. Leningrad 1973.

Gorbačevič/Chablo 1979 = Kirill S. Gorbačevič/Evgenij P. Chablo: Slovar' ėpitetov russkogo literaturnogo jazyka. Leningrad 1979.

Graudina/Ickovič/Katlinskaja 1976 = Ljudmila K. Graudina/Viktor A. Ickovič/Lija P. Katlinskaja: Grammatičeskaja pravil'nost' russkoj reči. Moskva 1976.

Greve/Kroesche 1958 = R. Greve/B. Kroesche: Russisches rückläufiges Wörterbuch. Berlin. Wiesbaden 1958.

Gribble 1976 = Charles E. Gribble: A Short Dictionary of 18th Century Russian. Columbus, OH, 1976.

Großes Akwb. 1948 = Slovar' sovremennogo russkogo literaturnogo jazyka. 17 Bde. (hg. von einem Arbeitskollegium). Moskva 1948—1965.

Grot 1891 = Jakov K. Grot: Slovar' russkago jazyka. 1. Bd. A—D. St. Peterburg 1891, zu den weiteren geplanten bzw. erschienenen Lieferungen s. Lewanski 1963, 15.

Gruzberg 1974 = A. A. Gruzberg: Častotnyj slovar' russkogo jazyka vtoroj poloviny XVI — načala XVII veka. Perm 1974.

Horbatsch 1978 = Olexa Horbatsch (Hg.): Russische Gaunersprache I. Van'ka Bec: Bosjackij slovar'. Odessa 1903; N. Vinogradov: Uslovnyj jazyk zaključennych Soloveckich Lagerej. Solovki 1927; V. M. Popov: Slovar' vorovskogo i arestantskogo jazyka. Kiev 1912. Frankfurt/M. 1978.

Ivanova 1969 = A. F. Ivanova: Slovar' govorov Podmoskov'ja. Moskva 1969.

Ižakevič 1987 = G. P. Ižakevič (Hg.): Slovar' russkogo literaturnogo slovoupotreblenija. Kiev 1987.

Janceneckaja 1973 = M. N. Janceneckaja: Opyt obratnogo dialektnogo slovarja. Tomsk 1973.

Janovskij 1803 = M. Janovskij: Novyj slovotolkovatel'. 3 Bde. St. Peterburg 1803—1806.

Jarancev 1985 = R. I. Jarancev: Slovar'-spravočnik po russkoj frazeologii. Okolo 800 frazeologizmov. Moskva 1985.

Josselson 1953 = Harry H. Josselson: The Russian Word Count. Detroit 1953.

Kalajdovič 1818 = Petr Kalajdovič: Opyt slovarja russkich sinonimov. Moskva 1818.

Kantemir 1727 = Antioch Kantemir: Simfonija, ili Soglasie na bogoduchovennuju knigu psalmov ... St. Peterburg 1727.

Karaulov 1980 = Jurij N. Karaulov: Častotnyj slovar' semantičeskich množitelej russkogo jazyka. Moskva 1980.

Karaulov 1982 = Jurij N. Karaulov et al.: Russkij semantičeskij slovar'. Moskva 1982.

Kleines Akwb. 1957 = Slovar' russkogo jazyka v četyrech tomach (AN SSSR). Moskva 1957—1961.

Kljueva 1956 = Vera N. Kljueva: Kratkij slovar' sinonimov russkogo jazyka. Moskva 1956.

Kolesnikov 1971 = Nikolaj P. Kolesnikov: Slovar' paronimov russkogo jazyka. Tbilisi 1971.

Kolesnikov 1972 = Nikolaj P. Kolesnikov: Slovar' paronimov russkogo jazyka. Tbilisi 1972.

Kolesnikov 1976 = Nikolaj P. Kolesnikov: Slovar' paronimov russkogo jazyka. Tbilisi 1976.

Kolesnikov 1978 = Nikolaj P. Kolesnikov: Slovar' nesklonjaemych slov. Tbilisi 1978.

Kotelova 1980—1986 = Nadežda Z. Kotelova: Novoe v russkoj leksike. Slovarnye materialy 77, 78, 79, 80, 81, 82. Moskva 1980—1986.

Kotelova 1984 = Nadežda Z. Kotelova: Novye slova i značenija. Slovar'-spravočnik po materialam pressy i literatury 70-ch godov. Moskva 1984.

Kotelova/Sorokin 1971 = Nadežda Z. Kotelova/Jurij S. Sorokin: Novye slova i značenija. Moskva 1971.

Kotelova/Sorokin 1973 = Nadežda Z. Kotelova/Jurij S. Sorokin: Novye slova i značenija. Slovar'-spravočnik po materialam pressy i literatury 60-ch godov. Moskva 1973.

Kozlovskij 1983 = Vladimir Kozlovskij (Hg.): Sobranie russkich vorovskich slovarej v četyrech tomach. New York 1983.

Krysin/Skvorcov 1962 = Leonid P. Krysin/Lev I. Skvorcov: Pravil'nost' russkoj reči. Moskva 1962.

Kurganov 1769 = Nikolaj G. Kurganov: Slovar'

raznojazyčnyj, ili tolkovatel' ... In: Nikolaj G. Kurganov: Rossijskaja universal'naja grammatika. St. Peterburg 1769.

Kuznecova/Evremova 1986 = Ariadna I. Kuznecova/Tat'jana F. Evremova: Slovar' morfem russkogo jazyka. Moskva 1986.

Larin 1967 = Boris A. Larin et al.: Pskovskij oblastnoj slovar' s istoričeskimi dannymi. 1—6 (gluš—). Leningrad 1967—1984.

Larin 1974 = Boris A. Larin et al. (Hg.): Slovar' avtobiografičeskoj trilogii M. Gor'kogo. 1—4. Leningrad 1974—1984.

Lechin/Petrov 1939 = I. V. Lechin/F. N. Petrov: Slovar' inostrannych slov. Moskva 1939 [weitergeführt unter I. V. Lechin/S. M. Lokšina/F. P. Petrov (Moskva 1980[7])].

Leont'ev 1977 = Aleksej A. Leont'ev (Hg.): Slovar' associativnych norm russkogo jazyka. Moskva 1977.

Levitskij 1966 = V. V. Levitskij: Častotnyj slovar' jazyka učebnych posobij medinstituta. Moskva 1966.

Lokšina 1966 = S. M. Lokšina: Kratkij slovar' inostrannych slov. Moskva 1966.

L'vov 1978 = Michail R. L'vov: Slovar' antonimov russkogo jazyka. Okolo 2000 antonimičeskich par. Moskva 1978.

Maksimov 1891 = S. Maksimov: Krylatye slova. St. Peterburg 1891.

Markov/Višnjakova 1965 = Ju. Markov/T. Višnjakova: Russkaja razgovornaja reč'. 1200 naibolee upotrebitel'nych slov. In: Russkij jazyk v nacional'noj škole 1965. Nr. 6. 27—34.

Mel'čuk/Žolkovskij 1984 = Igor' A. Mel'čuk/ Aleksandr K. Žolkovskij: Tolkovo-kombinatornyj slovar' sovremennogo russkogo jazyka: opyty semantiko-sintaksičeskogo opisanija russkoj leksiki. Wien 1984.

Michel'son 1903 = M. I. Michel'son: Russkaja mysl' i reč'. Svoe i čužoe. Opyt russkoj frazeologii. I—II. St. Peterburg 1903—1904.

Molotkov 1967 = Aleksandr I. Molotkov: Frazeologičeskij slovar' russkogo jazyka. Moskva 1967.

Morkovkin 1984 = Valerij V. Morkovkin: Leksičeskaja osnova russkogo jazyka — kompleksnyj učebnyj slovar'. Moskva 1984.

Moroškin 1867 = M. Moroškin: Slavjanskij imenoslov ili sobranie slavjanskich ličnych imen v alfavitnom porjadke. St. Peterburg 1867.

Nikonov 1966 = Vladimir A. Nikonov: Kratkij toponimičeskij slovar'. Moskva 1966.

Ogienko 1914 = I. I. Ogienko: Slovar' nepravil'nych, trudnych i somnitel'nych slov, sinonimov i vyraženij v russkoj reči. Kiev 1914.

Opyt 1852 = Opyt oblastnogo velikorusskogo slovarja. St. Peterburg 1852. Dazu: Dopolnenija k Opytu oblastnogo velikorusskogo slovarja. St. Peterburg 1858.

Ossoveckij 1969 = I. A. Ossoveckij: Slovar' sovremennogo russkogo narodnogo govora. Moskva 1969 („Totalwb.", in dem das Gesamtlexikon einer Ortschaft erfaßt wird).

Ožegov 1949 = Sergej I. Ožegov: Slovar' russkogo jazyka. Moskva 1949.

Ožegov/Šapiro 1956 = Sergej I. Ožegov/Abram B. Šapiro: Orfografičeskij slovar' russkogo jazyka. Moskva 1956 (14. Auflage 1977 hg. von Stepan G. Barchudarov).

Palevskaja 1980 = Marija F. Palevskaja: Materialy dlja frazeologičeskogo slovarja russkogo jazyka XVIII veka. Kišinev 1980.

Pavlov-Šiškin/Stefanovskij 1930 = V. D. Pavlov-Šiškin/P. A. Stefanovskij: Učebnyj slovar' sinonimov russkogo literaturnogo jazyka. Moskva 1930.

Petrovskij 1966 = Nikandr A. Petrovskij: Slovar' russkich ličnych imen. Moskva 1966.

Poljakova/Solganik 1971 = G. P. Poljakova/G. Ja. Solganik: Častotnyj slovar' jazyka gazety. Moskva 1971.

Poticha 1961 = Z. A. Poticha: Škol'nyj slovoobrazovatel'nyj slovar'. Moskva 1961.

Preobraženskij 1910 = Aleksandr Preobraženskij: Etimologičeskij slovar' russkogo jazyka. Moskva 1910—1918, letzter Band Moskva. Leningrad 1949.

Prokopovič 1981 = Nikolaj N. Prokopovič et al.: Imennoe i glagol'noe upravlenie v sovremennom russkom jazyke. Moskva 1981.

Rachmanova 1981 = L. I. Rachmanova: Trudnosti russkogo jazyka. Moskva 1981.

Reginina/Tjurina/Širokova 1976 = Kira V. Reginina/Galina P. Tjurina/Ljuksena I. Širokova: Ustojčivye slovosočetanija russkogo jazyka. Moskva 1976.

Rozanova 1978 = V. V. Rozanova (Hg.): Kratkij tolkovyj slovar' russkogo jazyka (dlja inostrancev). Moskva 1978.

Rozental'/Telenkova 1976 = Ditmar E. Rozental'/Margarita A. Telenkova: Slovar' trudnostej russkogo jazyka. Moskva 1976.

Rozental'/Višnjakova 1987 = D. E. Rozental'/Ol'ga V. Višnjakova: Paronimy sovremennogo russkogo jazyka. Moskva 1987.

Rybnikova 1961 = Marija A. Rybnikova: Russkie poslovicy i pogovorki. Moskva 1961.

Saf'jan 1971 = Jurij A. Saf'jan: Častotnyj slovar' russkoj tehničeskoj leksiki. Erevan 1971.

Šanskij 1963 = Nikolaj M. Šanskij (Hg.): Etimologičeskij slovar' russkogo jazyka. I—II (k). Moskva 1963—1982.

Šanskij/Ivanov/Šanskaja 1961 = Nikolaj M. Šanskij/Valerij V. Ivanov/Tamara V. Šanskaja: Kratkij etimologičeskij slovar' russkogo jazyka. Moskva 1961.

Šanskij/Zimin/Filippov 1987 = Nikolaj M. Šanskij/V. I. Zimin/A. V. Filippov: Opyt etimologičeskogo slovarja russkoj frazeologii. Moskva 1987.

Sazonova 1989 = I. Sazonova: Russkij glagol i ego pričastnye formy. Moskva 1989.

Sergievsky 1967 = Nicholas N. Sergievsky: Idiomatic Russian. New York 1967.

Ševeleva 1974 = M. S. Ševeleva: Obratnyj slovar' russkogo jazyka. Moskva 1974.

Skačinskij 1982 = A. Skačinskij: Slovar' blatnogo žargona v SSSR. New York 1982.

Slovar' = Slovar' drevnerusskogo jazyka XI—XIV vv. (angekündigt vom Institut russkogo jazyka AN SSSR, Moskva).

Slovar' 1789 = Slovar' Akademii Rossijskoj. I—VI. St. Peterburg 1789—1794.

Slovar' 1806 = Slovar' Akademii Rossijskoj, po azbučnomu porjadku raspoložennyj. St. Peterburg 1806—1822.

Slovar' 1847 = Slovar' cerkovnoslavjanskago i russkago jazyka. I—IV. St. Peterburg 1847.

Slovar' 1975 = Slovar' russkogo jazyka XI—XVII vv. 1—15 (pod—) (hg. von einem Redaktionskollegium). Moskva 1975—1989.

Slovar' 1984 = Slovar' russkogo jazyka XVIII veka. Vyp. 1 (A—bezpristrastie) (hg. von einem Redaktionskollegium). Leningrad 1984.

Slovar' 1989 = Frazeologičeskij slovar' russkogo literaturnogo jazyka konca XVIII—XX vv. 1—2. Moskva (angekündigt für 1989).

Snegirev 1848 = M. I. Snegirev: Russkie narodnye poslovicy i pritči. Moskva 1848.

Sokolov 1834 = Petr I. Sokolov: Obščij cerkovnoslavjano-russkij slovar', 1—2. St. Peterburg 1834.

Sreznevskij 1893 = Izmail I. Sreznevskij: Materialy dlja slovarja drevnerusskogo jazyka. St. Peterburg 1893—1912.

Štejnfel'd 1963 = Ėvi A. Štejnfel'd: Častotnyj slovar' sovremennogo russkogo literaturnogo jazyka. Tallin 1963 (deutsch: E. Štejnfeld: Häufigkeitswörterbuch der russischen Sprache. Moskva ohne Jahr).

Stepanova 1970 = E. M. Stepanova (Hg.): Častotnyj slovar' obščenaučnoj leksiki. Moskva 1970.

Tichonov 1978 = Aleksandr N. Tichonov: Škol'nyj slovoobrazovatel'nyj slovar' russkogo jazyka. Moskva 1978.

Tichonov 1985 = Aleksandr N. Tichonov: Slovoobrazovatel'nyj slovar' russkogo jazyka. I—II. Moskva 1985.

Tupikov 1903 = N. M. Tupikov: Slovar' drevnerusskich ličnych sobstvennych imen. St. Peterburg 1903.

Ušakov 1935 = Dmitrij N. Ušakov: Tolkovyj slovar' russkogo jazyka. I—IV. Moskva 1935—1940.

Ušakov/Krjučkov 1935 = Dmitrij N. Ušakov/Sergej E. Krjučkov: Orfografičeskij slovar' dlja učaščichsja načal'noj i srednej školy. Char'kov 1935.

Ušakov 1982 = V. E. Ušakov: Akcentologičeskij slovar' drevnerusskogo jazyka serediny XIV v. Moskva 1982.

Vasmer 1950 = Max Vasmer: Russisches etymologisches Wörterbuch. 3 Bde. Heidelberg 1950—1958. (in russischer Übersetzung: M. Fasmer: Ėtimologičeskij slovar' russkogo jazyka. 4 Bde. Moskva 1964—1973).

Vasmer 1960 = Max Vasmer: Wörterbuch der russischen Gewässernamen. I—VI. Wiesbaden 1960—1973.

Vedernikov 1975 = N. V. Vedernikov: Kratkij slovar' ėpitetov russkogo jazyka. Leningrad 1975.

Vinogradov 1956 = Viktor V. Vinogradov et al. (Hg.): Slovar' jazyka A. S. Puškina. 4 Bde. Moskva 1956—1961.

Vinogradova 1965 = V. L. Vinogradova: Slovar'-spravočnik „Slova o polku Igoreve". 1—6. Leningrad 1965—1984.

Višnjakova 1984 = Ol'ga V. Višnjakova: Slovar' paronimov russkogo jazyka. Moskva 1984.

Volostnova 1962 = M. B. Volostnova (Hg.): Slovar' geografičeskich nazvanij SSSR. Moskva 1962.

Vostokov 1856 = Aleksandr Ch. Vostokov: Slovar' cerkovnoslavjanskago jazyka. 2 Bde. St. Peterburg 1856—1861.

Vvedenskaja 1971 = Ljudmila A. Vvedenskaja: Slovar' antonimov russkogo jazyka. Rostov 1971.

Worth/Kozak/Johnson 1970 = Dean S. Worth/Andrew S. Kozak/Donald B. Johnson: Russian Derivational Dictionary. New York etc. 1970.

Zaliznjak 1977 = Andrej A. Zaliznjak: Grammatičeskij slovar' russkogo jazyka. Moskva 1977.

Zasorina 1977 = Lidija N. Zasorina (Hg.): Častotnyj slovar' russkogo jazyka. Moskva 1977.

Zimin 1968 = I. Zimin: Kratkij frazeologičeskij slovar' russkogo jazyka. Moskva 1968.

Zizanij 1596 = Lavrentij Zizanij: Leksis sirěč' rečenija ... Vilnius 1596.

Žukov 1966 = Vlas P. Žukov: Slovar' russkich poslovic i pogovorok. Moskva 1966.

Žukov 1980 = Vlas P. Žukov: Škol'nyj frazeologičeskij slovar' russkogo jazyka. Moskva 1980.

Žukov/Sidorenko/Škljarov 1987 = Vlas P. Žukov/Michail I. Sidorenko/Vladimir T. Škljarov: Slovar' frazeologičeskich sinonimov russkogo jazyka. Moskva 1987.

5.2. Sonstige Literatur

Aav 1977 = Yrjö Aav: Russian Dictionaries: dictionaries and glossaries printed in Russia, 1627—1917. Zug 1977.

Achmanova 1957 = Ol'ga S. Achmanova: Očerki po obščej i russkoj leksikografii. Moskva 1957.

Achmanova 1974 = Ol'ga S. Achmanova: Vorwort in Ol'ga S. Achmanova: Slovar' omonimov russkogo jazyka. Moskva 1974, 1—12.

Aleksandrov 1963 = P. S. Aleksandrov: O principach sostavlenija slovarja sinonimov russkogo jazyka. In: Leksikografičeskij sbornik 1963, 6, 30—44.

Aleksandrova 1968 = Zinaida E. Aleksandrova: O sinonimach i slovare sinonimov russkogo jazyka.

In: Zinaida E. Aleksandrova: Slovar' sinonimov russkogo jazyka. Moskva 1968, 1—17.

Alekseev 1963 = Dmitrij I. Alekseev: O slovare sokraščenij russkogo jazyka. In: Leksikografičeskij sbornik 1963, 6, 45—52.

Alekseev 1975 = P. M. Alekseev: Statističeskaja leksikografija (tipologija, sostavlenie i primenenie častotnych slovarej). Leningrad 1975 (deutsch: Statistische Lexikographie. Bochum 1984).

Andrjuščenko 1967 = V. M. Andrjuščenko: Častotnye slovari i ich parametry: In: Inostrannye jazyki v škole 1967, 3, 34—42.

Andrjuščenko 1986 = V. M. Andrjuščenko: Vyčislitel'naja leksikografija, ee vozmožnosti i perspektivy. In: Voprosy jazykoznanija 1986, 3, 42—53.

Apresjan 1986 = Jurij D. Apresjan: Integral'noe opisanie jazyka i tolkovyj solvar'. In: Voprosy jazykoznanija 1986, 2, 57—70.

Arbatskij 1977 = D. I. Arbatskij: Otsyločnye opredelenija v filologičeskom slovare. In: Babkin 1977, 180—186 (deutsch in: Wolski 1982, 183—191).

Asinovskij 1986 = A. S. Asinovskij et al.: K voprosu ob avtomatizacii lingvističeskich issledovanij. In: Voprosy jazykoznanija 1986, 4, 82—85.

Avilova/Čerkasova/Švedova 1954 = Natal'ja S. Avilova/Evdokija T. Čerkasova/Natal'ja Ju. Švedova: Bibliografičeskij ukazatel' literatury po russkomu jazykoznaniju s 1825 po 1880 god. Vypusk II. Moskva 1954, 59—111.

Babkin 1960 = Aleksandr M. Babkin: Po voprosam russkoj leksikologii i leksikografii. In: Leksikografičeskij sbornik 1960, 4, 3—14.

Babkin 1964 = Aleksandr M. Babkin: Leksikografičeskaja razrabotka russkoj frazeologii. Leningrad 1964.

Babkin 1965 = Aleksandr M. Babkin: Leksikografičeskaja tradicija i puti ee obnovlenija. Novoe v starych i staroe v novych slovarjach. In: Izvestija AN SSSR OLJa 1965, 5, 396—404.

Babkin 1975 = Aleksandr M. Babkin (Hg.): Sovremennaja russkaja leksikografija 1974. Leningrad 1975.

Babkin 1977 = Aleksandr M. Babkin (Hg.): Sovremennaja russkaja leksikografija 1976. Leningrad 1977.

Babkin 1981 = Aleksandr M. Babkin (Hg.): Sovremennaja russkaja leksikografija 1980. Leningrad 1981.

Babkin 1981 a = Aleksandr M. Babkin: Idiomatika i grammatika v slovare. In: Babkin 1981, 5—43.

Bogatova 1981 = Galina A. Bogatova: Istoričeskaja leksikografija kak žanr. In: Voprosy jazykoznanija 1981, 1, 80—89.

Bogatova 1984 = Galina A. Bogatova: Istorija slova kak ob-ekt russkoj istoričeskoj leksikografii. Moskva 1984.

Bogatova/Romanova 1984 = G. A. Bogatova/G. Ja. Romanova (Hg.): Teorija i praktika russkoj istoričeskoj leksikografii. Moskva 1984.

Bondarčuk/Kuznecova 1985 = N. S. Bondarčuk/R. D. Kuznecova: „Slovar' russkogo jazyka XI—XVIII vv." i ego značenie dlja izučenija istorii russkogo jazyka. In: Voprosy jazykoznanija 1985, 1, 80—88.

Bulič 1904 = Sergej K. Bulič: Očerk istorii jazykoznanija v Rossii. St. Peterburg 1904 (vornehmlich 947—1003).

Cejtlin 1958 = Ralja M. Cejtlin: Kratkij očerk istorii russkoj leksikografii. Moskva 1958.

Cyvin 1978 = A. M. Cyvin: K voprosu o klassifikacii russkich slovarej. In: Voprosy jazykoznanija 1978, 1, 100—108 (deutsch in: Wolski 1982, 112—126).

Čirkova 1975 = E. K. Čirkova: O kriterijach otgraničenija okkazional'nych slov ot novych slov literaturnogo jazyka. In: Babkin 1975, 91—101.

Denisov 1972 = Petr N. Denisov (Hg.): Leksičeskie minimumy russkogo jazyka. Moskva 1972.

Denisov 1974 = Petr N. Denisov: Očerki po russkoj leksikologii i učebnoj leksikografii. Moskva 1974.

Denisov 1977 a = Petr N. Denisov: Učebnaja leksikografija: Itogi i perspektivy. In: Denisov/Morkovkin 1977, 4—23.

Denisov 1977 b = Petr N. Denisov: Tipologija učebnych slovarej. In: Denisov/Morkovkin 1977, 23—42.

Denisov 1977 c = Petr N. Denisov: Ob universal'noj strukture slovarnoj stat'i. In: Red'kin 1977, 205—225.

Denisov 1978 = Petr N. Denisov: Praktika, istorija i teorija leksikografii v ich edinstve i vzaimoobuslovlennosti. In: Petr N. Denisov/Valerij V. Morkovkin (Hg.): Problemy učebnoj leksikografii i obučenija leksike. Moskva 1978, 25—33.

Denisov 1980 = Petr N. Denisov: Leksika russkogo jazyka i principy ee opisanija. Moskva 1980.

Denisov/Morkovkin 1977 = Petr N. Denisov/Valerij V. Morkovkin (Hg.): Problemy učebnoj leksikografii. Moskva 1977.

Denisov/Morkovkin/Novikov 1971 = Petr N. Denisov/Valerij V. Morkovkin/Lev A. Novikov: Prospekt učebnogo slovarja sočetaemosti slov. Moskva 1971.

Denisov/Novikov 1969 = Petr N. Denisov/Lev A. Novikov (Hg.): Voprosy učebnoj leksikografii. Moskva 1969.

Efremova 1976 = Tat'jana F. Efremova: O vozmožnych tipach tak nazyvaemych morfemnych slovarej russkogo jazyka. In: Russkij jazyk v škole 1976, 2, 86—93.

Evgen'eva 1957 = Anastasija P. Evgen'eva: O nekotorych leksikografičeskich voprosach, svjazannych s izdaniem BAS AN SSSR. In: Leksikografičeskij sbornik 1957, 2, 167—177.

Filin 1957 = Fedot P. Filin: Ob oblastnom slovare russkogo jazyka. In: Leksikografičeskij sbornik 1957, 2, 3—19.

Filin 1963 = Fedot P. Filin: O novom tolkovom slovare russkogo jazyka. In: Izvestija AN SSSR OLJa 1963, 177—189.

Filin 1966 = Fedot P. Filin: Nekotorye problemy dialektnoj leksikografii. In: Izvestija AN SSSR OLJa 1966, 1, 3—12.

Filin 1984 = Fedot P. Filin: Istoričeskaja leksikologija i leksikografija. In: Bogatova/Romanova 1984, 9—22.

Freidhof 1984 = Gerd Freidhof: Sowjetische Lexikologie und Lexikographie. In: Helmut Jachnow (Hg.): Handbuch des Russisten. Wiesbaden 1984, 143—175.

Gak 1977 = Vladimir G. Gak: O nekotorych zakonomernostjach razvitija leksikografii. In: Red'kin 1977, 11—27.

Gak 1983 = Vladimir G. Gak: Novye slova i novye slovari. In: Kotelova 1983, 15—29.

Gel'gardt 1978 = R. R. Gel'gardt: Teoretičeskie principy razrabotki istoričeskogo slovarja russkogo jazyka. In: Voprosy jazykoznanija 1978, 6, 25—35.

Girke/Jachnow/Schrenk 1974 = Wolfgang Girke/Helmut Jachnow/Josef Schrenk: Handbibliographie zur neueren Linguistik in Osteuropa. I (1963—1965). München 1974, 182—191.

Girke/Jachnow/Schrenk 1980 = Wolfgang Girke/Helmut Jachnow/Josef Schrenk: Handbibliographie zur slavistischen und allgemeinen Linguistik in Osteuropa. II (1966—1971). Tübingen 1980, 309—334.

Girke/Jachnow 1988 = Wolfgang Girke/Helmut Jachnow: Handbibliographie zur slavistischen und allgemeinen Linguistik in Osteuropa. III (1972—1977). Tübingen 1988, 435—478.

Gorbačevič 1960 = Kirill S. Gorbačevič (Rez.): V. N. Kljueva: Kratkij slovar' sinonimov russkogo jazyka. M. 1956. In: Leksikografičeskij sbornik 1960, 4, 166—171.

Gorbačevič 1978 = Kirill S. Gorbačevič: Slovar' i citata. In: Voprosy jazykoznanija 1978, 5, 14—24 (deutsch in: Wolski 1982, 148—182).

Gorodeckij 1983 = B. Ju. Gorodeckij (Rez.): Ju. N. Karaulov: Častotnyj slovar' semantičeskich množitelej russkogo jazyka. In: Voprosy jazykoznanija 1983, 6, 136—140.

Günther 1986 = Erika Günther: Zu einigen Aspekten der Entwicklung und der Leistungen der sowjetischen Lexikographie. In: Linguistische Studien (AdW der DDR), Reihe A 147. 1986, 1—8.

Hartenstein 1981 = Klaus Hartenstein: Das erklärend-kombinatorische Wörterbuch im „Smysl-Tekst"-Modell. München 1981.

Hartenstein 1984 = Klaus Hartenstein: Konzeptionen der sowjetischen Semantik. In: Helmut Jachnow (Hg.): Handbuch des Russisten. Wiesbaden 1984, 622—680.

Horbatsch 1984 = Olexa Horbatsch: Russische Namenforschung. In: Helmut Jachnow (Hg.): Handbuch des Russisten. Wiesbaden 1984, 176—205.

Hüttl-Folter 1985 = Gerda Hüttl-Folter (Rez.): Slovar' russkogo jazyka XVIII veka. In: Russian Linguistics 1985, 1, 97—103.

Ivanova 1972 = V. A. Ivanova: Slovari antonimov russkogo jazyka. In: Russkij jazyk v škole 1972, 5, 106—111.

Jachnow 1984 = Helmut Jachnow: Zur Geschichte der Sprachwissenschaft in Rußland und der UdSSR. In: Helmut Jachnow (Hg.): Handbuch des Russisten. Wiesbaden 1984, 708—758.

Kalinin 1978 = Aleksandr V. Kalinin: Leksika russkogo jazyka. Moskva 1978, 200—229.

Kalnyn' 1966 = Ljudmila E. Kalnyn' (Hg.): Slavjanskaja leksikografija i leksikologija. Moskva 1966.

Karaulov 1974 = Jurij N. Karaulov: O nekotorych leksikografičeskich zakonomernostjach. In: Voprosy jazykoznanija 1974, 4, 48—56 (deutsch in: Wolski 1982, 127—140).

Karaulov 1976 = Jurij N. Karaulov: Obščaja i russkaja ideografija. Moskva 1976.

Karaulov 1981 a = Jurij N. Karaulov: Lingvističeskoe konstruirovanie i tezaurus literaturnogo jazyka. Moskva 1981.

Karaulov 1981 b = Jurij N. Karaulov: Ob odnoj tendencii v sovremennoj leksikografičeskoj praktike. In: Natal'ja Ju. Švedova (Hg.): Russkij jazyk. Problemy chudožestvennoj reči. Vinogradovskie čtenija IX—X. Moskva 1981, 135—153.

Karpjuk 1967 = G. V. Karpjuk: Russkaja leksikografija v sovetskuju epochu. In: Russkij jazyk v škole 1967, 5, 19—29.

Karpovič 1984 = A. Karpovič (Rez.): Vladimir Kozlovskij (Hg.): Sobranie russkich vorovskich slovarej. New York 1983. In: Russian Language Journal 1984, 38 (131), 275—277.

Keipert 1988 = Helmut Keipert: Zur Geschichte der ksl. Bibelkonkordanzen. In: P. A. Gil'tebrandt: Spravočnyj i ob-jasnitel'nyj slovar' k Novomu Zavetu. I. München 1988, 5—19.

Kiselevskij 1977 = Anatolij I. Kiselevskij: Jazyki i metajazyki ènciklopedij i tolkovych slovarej. Minsk 1977.

Kogotkova 1979 = Tamara S. Kogotkova: Russkaja dialektnaja leksikologija. Moskva 1979, 31—35.

Kogotkova 1986 = Tamara S. Kogotkova: Sovremennye oblastnye slovari v ich retrospekcii i perspektive dlja leksikologičeskich issledovanij. In: Voprosy jazykoznanija 1986, 3, 96—102.

Kolesnikov 1976 = Nikolaj P. Kolesnikov: Ob omonimii i slovare omonimov. In: Nikolaj P. Kolesnikov: Slovar' omonimov russkogo jazyka. Tbilisi 1976, 5—16.

Kotelova 1978 = Nadežda Z. Kotelova (Hg.): Novye slova i slovari novych slov. Leningrad 1978.

Kotelova 1982 = Nadežda Z. Kotelova (Hg.): Proekt Slovarja novych slov russkogo jazyka. Leningrad 1982.

Kotelova 1983 = Nadežda Z. Kotelova (Hg.): Novye slova i slovari novych slov. Leningrad 1983.

Kotelova 1983 a = Nadežda Z. Kotelova: Bank russkich neologizmov. In: Kotelova 1983, 158—222.

Kovtun 1960 = Ljudmila S. Kovtun: Drevnie slavjano-russkie slovari. In: Učenye zapiski LGU 1960, Nr. 267, 36—54.

Kovtun 1963 = Ljudmila S. Kovtun: Russkaja leksikografija epochi srednevekov'ja. Moskva. Leningrad 1963.

Kovtun 1975 = Ljudmila S. Kovtun: Leksikografija v Moskovskoj Rusi XVI — načala XVII v. Leningrad 1975.

Kozyrev 1979 = Ivan S. Kozyrev: Sovremennyj russkij jazyk. Frazeologija. Leksikografija. Minsk 1979.

Kozyrev 1985 = V. A. Kozyrev: Sopostavlenie istoričeskogo i dialektnogo slovarej. In: Voprosy jazykoznanija 1985, 3, 83—89.

Larin 1963 = Boris A. Larin (Hg.): Iz istorii slov i slovarej — očerki po leksikologii i leksikografii. Leningrad 1963.

Leont'ev 1977 = Aleksej A. Leont'ev: Obščie svedenija ob associacijach i associativnych normach. In: Aleksej A. Leont'ev: Slovar' associativnych norm russkogo jazyka. Moskva 1977, 5—16.

Levašov/Petuškov 1970 = E. A. Levašov/V. P. Petuškov: U istokov sovetskoj leksikografii. In: Izvestija AN SSSR OLJa, 1970, 2, 165—172.

Lewanski 1963 = Richard C. Lewanski: A Bibliography of Slavic Dictionaries. III. Russian. New York 1963 (Monolinguale Wörterbücher: 9—57).

Ljubimov 1977 = Ju. V. Ljubimov: Priroda associacii; struktura slovesnoj pamjati i ponjatie associativnogo značenija. In: Aleksej A. Leont'ev: Slovar' associativnych norm russkogo jazyka. Moskva 1977, 25—32.

Marčuk 1976 = Jurij N. Marčuk: Vyčislitel'naja leksikografija. Moskva 1976.

Mel'ničenko 1985 = G. G. Mel'ničenko: Chrestomatija po russkoj dialektologii. Moskva 1985, 183—185.

Molotkov 1967 = Aleksandr I. Molotkov: Frazeologizmy russko jazyka i principy ich leksikografičeskogo opisanija. In: Aleksandr I. Molotkov: Frazeologičeskij slovar' russkogo jazyka. Moskva 1967, 7—23.

Morkovkin 1970 = Valerij V. Morkovkin: Ideografičeskie slovari. Moskva 1970.

Morkovkin 1977 = Valerij V. Morkovkin: Učebnaja leksikografija kak osobaja lingvometodičeskaja disciplina. In: Red'kin 1977, 28—37.

Ožegov 1952 = Sergej I. Ožegov: O trech tipach tolkovych slovarej sovremennogo russkogo jazyka. In: Voprosy jazykoznanija 1952, 2, 85—103.

Perelmuter 1974 = J. Perelmuter: Russian Substandard Usage and the Attitude of Soviet Lexicography. In: Canadian Slavonic Papers 1974, 16, 3, 436—447.

Petuškov 1981 = V. P. Petuškov: O vozmožnych predelach mechanizacii leksikografičeskich rabot. In: Voprosy jazykoznanija 1981, 5, 17—24.

Petuškov/Sergeev 1976 = V. P. Petuškov/V. N. Sergeev: O klassifikacii slovarej. In: S. G. Barchudarov et al.: Problematika opredelenij terminov v slovarjach raznych tipov. Leningrad 1976, 13—19.

Potapova 1977 = M. D. Potapova (Hg.): Problemy učebnoj leksikografii. Moskva 1977.

Red'kin 1977 = Vitalij A. Red'kin (Hg.): Aktual'nye problemy učebnoj leksikografii. Moskva 1977.

Rogožnikova 1984 = Roza P. Rogožnikova (Hg.): Teorija i praktika sovremennoj leksikografii. Leningrad 1984.

Rogožnikova 1985 = Roza P. Rogožnikova: Mašinnyj fond russkogo jazyka i slovarnoe delo. In: Voprosy jazykoznanija 1985, 4, 54—60.

Sergeev 1963 = Vladimir N. Sergeev: Soveščanie po problemam frazeologii i zadačam sostavlenija frazeologičeskogo slovarja russkogo jazyka. In: Leksikografičeskij sbornik 1963, 6, 216—219.

Sergeev 1981 = Vladimir N. Sergeev: Professionalizmy kak ob-ekt leksikografii. In: Babkin 1981, 97—105.

Skopina/Sosenko 1969 = M. A. Skopina/Ė. Ju. Sosenko: Annotirovannyj spisok slovarej. In: Denisov/Novikov 1969, 147—162.

Sorokin 1967 = Jurij S. Sorokin: O normativno-stilističeskom slovare sovremennogo russkogo jazyka. In: Voprosy jazykoznanija 1967, 5, 22—32.

Sorokoletov 1974 a = Fedor P. Sorokoletov: Russkaja akademičeskaja leksikografija sovetskogo vremeni. In: Russkaja reč' 1974, 5, 3—11.

Sorokoletov 1974 b = Fedor P. Sorokoletov: Russkaja leksikografija v Akademii nauk. In: Voprosy jazykoznanija 1974, 6, 19—31.

Sorokoletov 1978 = Fedor P. Sorokoletov: Tradicii russkoj leksikografii. In: Voprosy jazykoznanija 1978, 3, 26—42 (deutsch in: Wolski 1982, 63—88).

Sorokoletov 1980 = Fedor P. Sorokoletov: Slovari russkogo jazyka. In: Russkaja reč' 1980, 5, 60—66.

Ščerba 1940 = Lev V. Ščerba: Opyt obščej teorii leksikografii. In: Izvestija AN SSSR OLJa 1940, 3, 89—117 (deutsch in: Wolski 1982, 17—62).

Stankiewicz 1984 = Edward Stankiewicz: Grammars and Dictionaries of the Slavic Languages from the Middle Ages up to 1850. An Annotated Bibliography. Berlin. New York. Amsterdam 1984.

Tichonov 1984 a = Aleksandr N. Tichonov: Obsuždenie knigi „Russkij semantičeskij slovar'". In: Izvestija AN SSSR OLJa 1984, 4, 378—383.

Tichonov 1984 b = Aleksandr N. Tichonov: Problemy sopostavlenija tolkovogo gnezdovogo slovarja sovremennogo russkogo jazyka. In: Viktorija N. Jarceva (Hg.): Slovo v grammatike i slovare. Moskva 1984, 194—200.

Vasilevskaja 1970 = I. A. Vasilevskaja: U istokov russkogo jazykoznanija. In: Russkij jazyk za rubežom 1970, 3, 70—74.

Vertel'/Vertel'/Rogožnikova 1978 = V. A. Vertel'/E. V. Vertel'/R. P. Rogožnikova: K voprosu ob avtomatizacii leksikografičeskich rabot. In: Voprosy jazykoznanija 1978, 2, 104—110.

Veselitskij 1969 = Vladimir Veselitskij: Slovari russkogo jazyka sovetskogo vremeni. In: Russkij jazyk za rubežom 1969, 69—73.

Vinogradov 1941 = Viktor V. Vinogradov: Tolkovye slovari russkogo jazyka (1941). In: Viktor V. Vinogradov: Izbrannye trudy — leksikologija i leksikografija. Moskva 1977, 206—242.

Vinogradov 1956 = Viktor V. Vinogradov: O nekotorych voprosach teorii russkoj leksikografii. In: Voprosy jazykoznanija 1956, 5, 80—94.

Vinogradov 1966 a = Viktor V. Vinogradov: Semnadcatitomnyj akademičeskij slovar' sovremennogo russkogo literaturnogo jazyka i ego značenie dlja sovetskogo jazykoznanija. In: Voprosy jazykoznanija 1966, 6, 3—26.

Vinogradov 1966 b = Viktor V. Vinogradov: Slovari, izdannye v SSSR. Bibliografičeskij ukazatel' 1918—1962. Moskva 1966.

Vinogradova 1983 = V. L. Vinogradova: Ob opisanii značenij slov v istoričeskom slovare. In: Voprosy jazykoznanija 1983, 3, 80—91.

Vinokur 1986 = T. G. Vinokur: Tolkovyj slovar' i jazykovoe upotreblenie. In: Voprosy jazykoznanija 1986, 4, 16—26.

Volkov 1985 = S. S. Volkov: Obščerusskie i regional'nye istoričeskie slovari kak baza dlja istoričeskoj leksikologii russkogo jazyka. In: Voprosy jazykoznanija 1985, 5, 68—75.

Vomperskij 1986 = Valentin P. Vomperskij: Slovari XVIII veka. Moskva 1986.

Wolski 1982 = Werner Wolski: Aspekte der sowjetrussischen Lexikographie. Tübingen 1982.

Zasorina 1966 = Lidija N. Zasorina: Avtomatizacija i statistika v leksikografii. Leningrad 1966.

Zolotova 1980 = Galina A. Zolotova: O „sintaksičeskom slovare russkogo jazyka". In: Voprosy jazykoznanija 1980, 4, 71—83.

Zolotova 1986 = Galina A. Zolotova: O nekotorych teoretičeskich rezul'tatach raboty nad „Sintaksičeskim slovarem russkogo jazyka". In: Voprosy jazykoznanija 1986, 1, 26—34.

Helmut Jachnow, Bochum
(Bundesrepublik Deutschland)

218. Ukrainian Lexicography

1. The Earliest Dictionaries
2. The 19th and Early 20th Century
3. The Period Between the World Wars
4. The Post-World War II Period
5. Selected Bibliography

1. The Earliest Dictionaries

The beginning of Ukrainian (cf. Map 218.1) lexicography goes back to the end of the sixteenth century. It was in 1581 that the first *Lexis* [vocabulary] of Ukrainian words was added to the *Ostroh Bible;* it was followed by another *Lexis* of Lavrentij Zyzanij of 1596. The latter served as a basis for the *Lexicon* by Pamvo Berynda 1627/53. (See also articles 217, 219.) The seventeenth century witnessed the compilation of *Synonima slavenorosskaja* and the Ukrainian ("Slavonice") part of the *Heptaglot Lexicon* (now in the Bodleian Library at Oxford). The most extensive lexicographical works of that time were *Dictionarium Latino-Sclavonicum* and *Lexikon slovenolatynskij* by A. Korec'kyj-Satanovskyj and E. Slavynec'kyj (now preserved in the Bibliothèque nationale in Paris). Moreover,

Ill. 218.1: The first separate reprint of Zyzanij's Lexysь by J. B. Rudnyckyj, Augsburg 1946

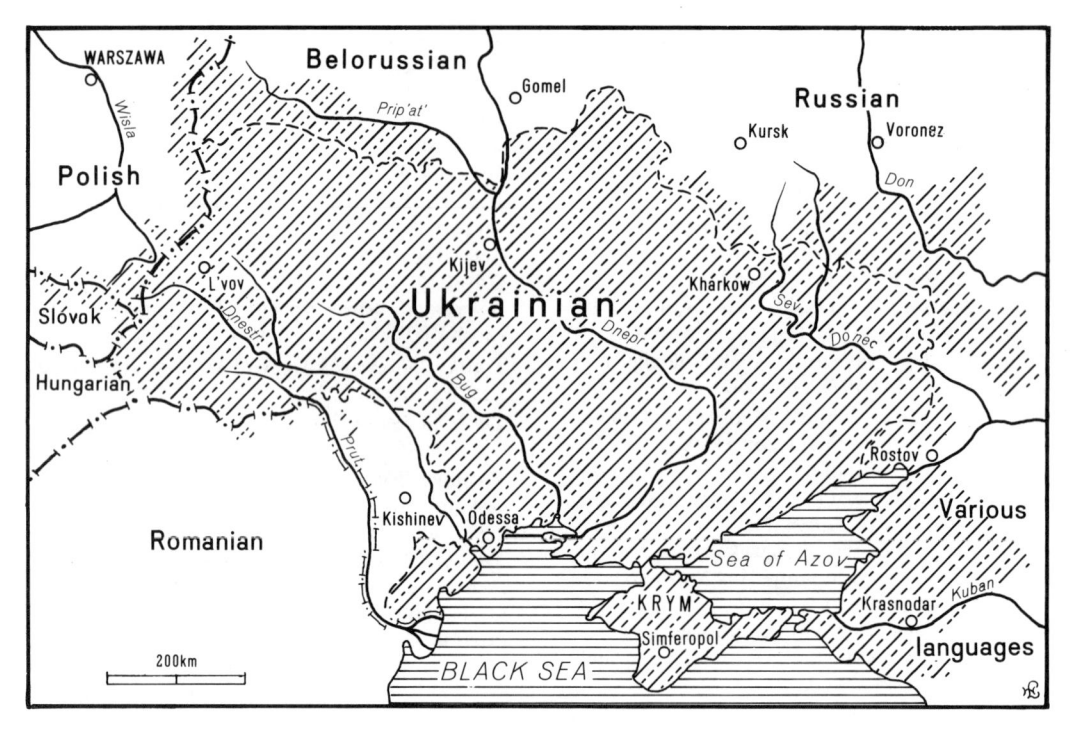

Map 218.1: The area of the Ukrainian language in Eastern Europe (adapted from Rudnyckyj 1977, 61)

the latter was also compiler of *Dictionarium latinorutenicum* (preserved in the Franciscan monastery in Dubrovnik). Reaching the number of more than twenty thousand words each, those dictionaries dealt particularly with the Ukrainian literary language of that time; in fact, with the local vernacular version of Church Slavic that reflected the contemporaneous Ukrainian indirectly. The eighteenth century saw Tumanskij's supplement to the *Letopisec Malyja Rossii* [Annals of Little Russia-Ukraine] in form of a vocabulary of Ukrainian folk expressions, and Ivan Kotlarevs'kyj's collection of words, added to the first edition of his *Eneida* 1798. At the end of the century P. S. Pallas published his *Vocabularia Comparativa;* it contained an important, though limited, collection of 285 Ukrainian ("Little Russian") vernacular lexemes of that time. Yet the compiler's statement that "the Little Russian dialect differs very little and in its substance is often nothing else than Russian, changed according to the Polish sample" (1786, III) initiated a century-long discriminatory attitude towards Ukrainian in the Tsarist Russia and in the West (Rudnyckyj 1984, 8—9).

2. The 19th and Early 20th Century

At the beginning of the nineteenth century A. Pavlovskij compiled a short Ukrainian dictionary, appended to his Ukrainian grammar (1818). He was followed by a pleiad of amateur lexicographers, collecting and publishing dialectological and terminological materials. Attempts at large general dictionaries, usually unfinished, were connected with names of I. Verkhrats'kyj (1877), K. Shejkovs'kyj (1861), a. o. More successful were completed bilingual dictionaries, German-Ukrainian (Partyc'kyj 1867), Russian-Ukrainian (Levchenko 1874), Ukrainian-Russian (Piskunov 1973/82), Ukrainian-Polish (Pauli-Żegota 1839/40), and others.

2.1. With the linguicidal restrictions of the Ukrainian language in the Russian empire of 1863 (Valuev's decree) and 1876 (Ukaz of Ems) the lexicographic work and publishing activities moved to Western Ukraine (Galicia; part of Austria-Hungary in that time). It was in L'viv in 1896/98 that the first four-volume Russian-Ukrainian dictionary by M. Umanec' et al. made its appearance. It was paralleled by another lexicographic masterpiece — the Ukrainian-German dictionary by E. Żelechovs'kyj and S. Nedil's'kyj (1882/86). Both works were a significant contribution to modern Ukrainian lexicography and at the same time a scholarly protest against the ban of publications in the Ukrainian language in Russia, where such dictionaries as that by P. Bilec'kyj-Nosenko, A. Potebnia and others had to be hidden in manuscripts. — The only linguist who overcame the official language restrictions was K. P. Mykhal'chuk; he made a unique contribution to Ukrainian dialectology, including dialectal lexicography, by his monumental volume regarding Ukrainian dialects in Russia and Galicia (1872).

2.2. After the revolution of 1905, when the restrictions of the Ukrainian language fell, a new epoch of the Ukrainian lexicography emerged. After a long preparatory work and many-sided collaboration of Ukrainian intellectuals of that time B. Hrinchenko produced a four-volume dictionary of the Ukrainian language (1907/9), which comprized about 68,000 lemmata based on dialectological and literary materials of the nineteenth century.

2.3. Meanwhile the lexicographic activities in Western Ukraine continued. In particular the Chernivci group of Ukrainian lexicographers was very prolific in this respect: Ju. Kobyljans'kyj produced a Latin-Ukrainian dictionary (1909/10), B. Kmicykevych a German-Ukrainian vocabulary (1912), Z. Kuzela a dictionary of foreign words (1912), all those works being prepared primarily for a practical (school) usage.

3. The Period Between the World Wars

Rapid growth of Ukrainian lexicography in the period of Ukrainian national statehood and during the so called "Ukrainianization of Ukraine" (1917—27) resulted in a prolific production of Ukrainian-Russian and Russian-Ukrainian dictionaries, the most valuable amongst them being the Rosijs'ko-ukrajins'kyj slovnyk compiled at the Ukrainian Academy of Sciences in Kiev under the direction of S. Jefremov, A. Kryms'kyj et al.; it was abruptly stopped by the Russian party censorship on letter "P" in 1931. A similar fate was allotted to the historical dictionary of the Ukrainian language by Je. Tymchenko confiscated on letter "Zh" (seventh letter in the Cyrillic alphabet) in 1932. A real pogrom of Ukrainian lexicography ensued in Ukraine in the 1930s by the Soviet Russian purges of the Ukrainian Academy of Sciences, particularly in its Institute of the Ukrainian Scientific Language in Kiev. Many Ukrainian experienced lexicographers were tried and liquidated, including S. Jefremov, O. Izjumov, H. Holoskevych and others. Hard times of a linguicidal policy of Russification ensued (cf. Rudnyckyj 1938). It was not until the 1940's that the campaign of "unmasking the enemies of the people" in the field of lexicography and linguistics in general subsided. Yet the deadlock lasted approximately until 1950s. A new generation of lexicographers had grown up and began their work again with bilingual dictionaries (e.g. Kyrychenko 1953/63).

3.1. Meanwhile the Ukrainian lexicography was successfully carried on in Czechoslovakia, Italy, Germany. Several terminological dictionaries appeared in Prague (e.g. Ukrainian Medical Dictionary by M. Halyn; Ukrainian-Italian vocabularion by Je. Onatsky in Rome, Ukrainian-German dictionary by Z. Kuzela and J. B. Rudnyckyj in Leipzig, etc.).

3.2. Overseas scholars also contributed to Ukrainian lexicography. After many years of hard work J. N. Krett with C. H. Andrusyshen produced an extensive Ukrainian-English lexicon in Canada. The first etymological dictionary was also published in Canada by J. B. Rudnyckyj. While it was a bilingual, Ukrainian-English work, the subsequent etymological semantic lexicon was published in Canada by Metropolitan Ilarion (I. Ohienko). Stimulated by those two works a new Ukrainian etymological dictionary — a collective undertaking under the chief editor O. S. Mel'nychuk made its appearance in Ukraine in 1982. Originally planned as a four-volume dictionary, it is now (1987) scheduled to appear in seven volumes.

4. The Post-World War II Period

Though under continuing Soviet Russian pressure the post-World War II generation of linguists in Ukraine displayed a remarkable lexicographic activity. One of the best historical dictionaries in the whole Soviet Union is the two-volume middle Ukrainian lexicon of the XIV—XV c. under the editorship of L. L.

Humec'ka and I. M. Kernyc'kyj (Kiev 1977/78). Other important works in the field of historical lexicography are valuable reprints of L. Zyzanij (1596), P. Berynda (1627), etc. They appeared under the editorship of V. V. Nimchuk with lengthy introductions.

4.1. Lexicographic output of the Soviet Ukrainian linguists was topped by publication of the first "academic" explicative (i.e., monolingual) dictionary in eleven volumes — a collective work under the general editorship of I. K. Bilodid (Beloded) in 1970—80. Factual shortcomings, as e.g. confiscation of the letter "G" and of all the words commencing with it, incomplete and biased documentation (e.g. total silence about emigré lexis), omission of entry words used even by Ukrainian classical writers (e.g. *verys'ko* by L. Ukrainka) — all that diminishes the objective value of this work. Its appearance had a negative influence on other explicative dictionaries as e.g. on A. Bahmet's dictionary of synonyms, abruptly stopped on letter "N", in 1971.

4.2. Despite several useful dialectological vocabularies from various regions of Ukraine (e.g. P. Lysenko from Polissia), and dialectological atlases (e.g. F. T. Zhylko) there is no general dialectological dictionary of Ukrainian, nor is one in preparation. Moreover, some collections, as e.g. I. Pankevych from Transcarpathia, J. Janow from the Huculregion, J. B. Rudnyckyj from the diaspora, a.o., remain in unpublished, thus inaccessible, state.

4.3. Underdeveloped is also the onomastic lexicography. Ukrainian surname dictionaries in Canada (Bogdan 1974) and Australia (Radion 1980/81) have no equivalents in Ukraine. The only scholarly publication in the field of hydronymy was the dictionary by A. P. Nepokupnyj, O. S. Stryzhak and K. K. Cilujko (Kiev 1979). A matching dictionary of Ukrainian toponymy is wanting.

4.4. The Ukrainian lexicographers both in Ukraine and abroad compiled several useful orthographic dictionaries, bilingual Ukrainian-English, Ukrainian-German, French, Polish, Hungarian, and other dictionaries, all being of practical orientation. There are two reverse-running dictionaries, those by Nin'ovs'kyj (Edmonton—Munich 1969) and a collective work, published in Odessa in 1971/76. Also dictionaries of foreign words in Ukrainian appeared both in Ukraine and in the West (e.g. L'okhin and Petrov; Orel 1963/66). Yet there are some exile publications that do not have any corresponding "home"editions, as e.g. the nautical dictionary by W. J. Stepankowsky (New York 1953), air-pilot dictionary by I. Il'nyc'kyj-Zankovych (Berlin 1939), exile lexis by J. B. Rudnyckyj (Ottawa 1981), and similar.

5. Selected Bibliography

5.1. Dictionaries

Andrusyshen cf. Krett

Bahmet 1982 = Andrij Bahmet: Slovnyk synonimiv ukrajins'koji movy [Dictionary of synonyms of the Ukrainian language]. Originally printed in installments in Vitchyzna (1959/62) and Ukrajina (1969/71), Kiev; reprinted in book form by Shevchenko Scientific Society. New York. Paris. Sydney. Toronto 1982 [465 pp.].

Berynda 1627 = Pamvo Berynda: Lexikon slavenorosskij y ymen tlъkovanie... Kiev 1627; second edition: Kutein 1653 [271 pp.] Photo-reprint by V. V. Nimchuk: Leksykon slovenoros'kyj Pamvy Beryndy [Lexicon slavorossic by Pamvo Berynda]. Kiev 1961.

Bilec'kyj-Nosenko 1838/43 = Pavlo Bilec'kyj-Nosenko: Slovnyk ukrajins'koji movy — Slovar' malorossijskago ili jugo-vostochnorusskago jazyka... [Dictionary of the ukrainian language]. From manuscript of 1838/43 published by V. V. Nimchuk. Kiev 1966 [424 pp.].

Bilodid et al. 1970/80 = I. K. Bilodid et al.: Slovnyk ukrajins'koji movy. Vol. 1—11. Kiev 1970/80.

Bogdan 1974 = F. Bogdan: Dictionary of Ukrainian Surnames in Canada. Winnipeg. Vancouver 1974 [354 pp.].

Cilujko et al. 1979 = K. K. Cilujko et al.: Slovnyk hidronimiv Ukrajiny [A dictionary of hydronyms of Ukraine]. Kiev 1979 [780 pp.].

Halyn 1926 = M. Halyn: Medychnyj latyns'ko-ukrajins'kyj slovnyk [Medical Latin-Ukrainian dictionary]. Prague 1926 [432 pp.].

Heptaglot Lexicon = Manuscript of the XVII c. Ukrainian part was excerpted by V. Svoboda and published by J. B. Rudnyckyj in Slavistica 25 as: The "Slavonice" Part of the Oxford Heptaglot Lexicon — A Ukrainian-Latin Vocabulary of the First Half of the 17th Century. Winnipeg 1956 [60 pp.].

Holoskevych 1914 = H. Holoskevych: Pravopysnyj slovnyk [Orthographic dictionary]. First edition Petersburg 1914 — last, the eight one. New York 1955 [451 pp.].

Hrinchenko 1907/9 = Borys Hrinchenko: Slovar' ukrajins'koji movy [Dictionary of the Ukrainian language]. Vol. 1—4, Kiev 1907/9 [Reprints: Berlin. Leipzig 1922; Kiev 1958/59].

Ilarion = Metropolitan Ilarion (Ivan Ohienko): Etymological and Semantic Dictionary of the Ukrainian Language. Vol. 1—2. Winnipeg 1979/82 [365 and 400 pp. each.].

Ilnytzkyj-Zankowytsch 1939 = J. Jlnytzkyj-Zankowytsch: Deutsches und Ukrainisches Fliegerwörterbuch [German and Ukrainian air-pilot dictionary]. Berlin 1939 [286 pp.].

Izjumov 1931 = O. Izjumov: Pravopysnyj slovnyk [Orthographic dictionary], Kiev 1931; second edition by O. Panejko, L'viv 1941, 784 pp.; third edition by J. B. Rudnyckyj and K. Cerkevich. Montreal. New York [795 pp.].

Jefremov/Kryms'kyj et al. 1924/28 = S. Jefremov/ A. Kryms'kyj et al.: Rosijs'ko-ukrajins'kyj slovnyk [Russian-Ukrainian dictionary] Vol. 1—3. Kiev 1924/28 (letters A—P only).

Kernyc'kyj/Humec'ka et al. 1977/8 = I. M. Kernyc'kyj/L. L. Humec'ka et al.: Slovnyk staroukrajins'koji movy XIX—XV st. [Dictionary of Old Ukrainian of the XIV—XV c. actually dealing with vocabulary of the Middle Ukrainian period]. Vol. 1—2. Kiev 1977/8 [630 and 592 pp. each.].

Kmicykevych et al. 1912 = B. Kmicykevych et al.: Deutsch-ukrainisches Wörterbuch [German-Ukrainian Dictionary]. Chernivici 1912 [672 pp.].

Kobyljans'kyj 1909/10 = Ju. Kobyljanskyj: Latyns'ko-ukrajins'kyj slovnyk [Latin-Ukrainian dictionary]. Chernivci 1909/10 [660 pp.].

Korec'kyj-Satanovs'kyj cf. Slavynec'kyj.

Kotljarev'skyj 1798 = J. Kotljarev'skyj: "Sobranie malorossij-skix rechenij...", — a supplement to this Enejida. St. Petersburg 1798 [972 words.].

Krett/Andrusyshen 1957 = J. N. Krett/C. H. Andrusyshen: Ukrainian-English Dictionary. Published for the University of Saskatchewan by University of Toronto Press 1957 [1163 pp.] (The orginal authors' order was changed to "Andrusyshen-Krett", JBR's copy points to Krett on the first place).

Kuzela, 1910 = Zenon Kuzela: Slovar chuzhykh sliv [Dictionary of foreign words]. Chernivci 1910 [268 pp.].

Kuzela/Rudnyckyj 1943 = Z. Kuzela/J. B. Rudnyckyj: Ukrainisch-deutsches Wörterbuch [Ukrainian-German Dictionary]. Leipzig 1943 [1494 pp.]; second edition: Wiesbaden 1983 [1500 pp.]; third edition; Wiesbaden 1987 [1500 pp.].

Kyrychenko 1953/63 = I. M. Kyrychenko: Ukrajins'ko-rosijs'kyj slovnyk [Ukrainian-Russian dictionary], Vol. 1—6. Kiev 1953/63.

Levchenko 1874 = M. Levchenko: Opyt russko-ukrainskogo slovarja [Russian-Ukrainian dictionary]. Kiev 1874 [342 pp.].

Lexysъ = Lexysъ sъ tolkovaniemъ *slovenskikh movъ* (sic! = slov) prosto [Vocabulary with simple explanations of words] — manuscript of 1570/80s. Facsimile reproduced by V. V. Nimchuk in Kiev 1964 [146 pp.].

L'okhin/Petrov 1951 = I. V. L'okhin/F. M. Petrov: Slovnyk inshomovnykh sliv [Dictionary of foreign words]. Kiev 1951 [766 pp.].

Lysenko 1974 = P. S. Lysenko: Slovnyk polis'kykh hovoriv [Dictionary of Polissia dialects]. Kiev 1974 [260 pp.].

Mel'nychuk et al. 1982/5 = O. S. Mel'nychuk et al.: Etymolohichnyj slovnyk ukrajins'koji movy [Etymological dictionary of the Ukrainian language]. Vol. 1—2. Kiev 1982/5 [632 and 572 pp. each.].

Mykhal'chuk 1877 = K. Mykhal'chuk: Narěchija, podnarěchija i govory Juzhnoj Rossiji v svjazi s narěcijami Galichiny — Trudy etnograficheskostatisticheskoj ekspedicii v Zapadno-Russkij kraj, edited by P. Chubinskij, Vol. 7. St. Petersburg 1877.

Nedils'kyj cf. Zelechows'kyj

Nepokupnyj cf. Cilujko

Nimchuk, V. V. cf. Berynda, Zyzanij, Bilec'kyj-Nosenko.

Nin'ovs'kyj 1969 = V. Nin'ov'skyj: Ukrajins'kyj zvorotnyj slovnyk [Ukrainian a tergo dictionary]. Edmonton. Munich 1969 [482 pp.].

Ohienko cf. Ilarion, Metropolitan

Onatsky 1977 = E. Onatsky: Vocabulario italiano-ukraino — Vocabulario ukraino-italiano [Italian-Ukrainian and Ukrainian-Italian dictionary]. Rome. 1977 [631 and 1741 pp. each.].

Orel 1963/66 = A. Orel: Slovnyk chuzhomovnykh sliv [Dictionary of foreign words]. Vol. 1—3. New York 1963/66.

Pallas 1787/89 = P. S. Pallas (ed.): Linguarum totius orbis Vocabularia Comparativa... [Comparative dictionary of the whole world...] Vol. 1—2. St. Petersburg 1787/89 [411 and 487 pp. each.].

Partyc'kyj 1867 = O. Partyc'kyj: Deutsch-ruthenisches Handwörterbuch [German-Ukrainian dictionary]. L'viv 1867 [684 pp.].

Pauli-Żegota 1839/40 = Ignacy Pauli-Żegota: Słownik mniej zrozumialych słów ruskich, added to: Pieśni ludu ruskiego w Galicyi. Lwów 1839/40.

Pavlowskij, 1818 = A. Pavlowskij: Kratkij malorossijskij slovar' included in his Grammatika... St. Petersburg 1818. Reprinted by O. Horbach. Munich 1978 [pp. 24—88].

Petrov cf. L'okhin.

Piskunov 1873 = F. Piskunov: Slovnycja ukrajins'koji abo juhovo-rus'koji movy [Vocabulary of Ukrainian language]. Kiev 1873. Second edition: 1882.

Radion 1981 = Stepan Radion: Dictionary of Ukrainian Surnames in Australia. Melbourne 1981 [176 pp.].

Rudnyckyj 1942 = J. B. Rudnyckyj: Ukrajins'kyj pravopys i pravopysnyj slovnyk [Ukrainian orthography and orthographic dictionary]. Prag 1942 [182 pp.].

Rudnyckyj 1962/82 = J. B. Rudnyckyj: An etymological Dictionary of the Ukrainian Language.

Vol. 1—2. Winnipeg. Ottawa 1962/82 [968 and 1129 pp. each.].

Rudnyckyj 1981 = J. B. Rudnyckyj: Ukrainian Exile Idiolect. Selected Entries. Ukrainica Exiliana 7. Ottawa 1981 [24 pp.].

Shejkovs'kyj 1861 = K. Shejkovs'kyj: Опытъ juzhno-russkago slovarja (A—B). [An Outline of South-Rus' dictionary]. Letters A—B only. Kiev 1861 [186 pp.].

Stepankowsky 1953 = W. J. Stepankowsky: American-Ukrainian Nautical Dictionary. New York 1953 [229 pp.].

Stryzhak cf. Cilujko.

Slavynec'kyj/Korec'kyj Satanovs'kyj ca. 1640 = Jepifanij Slavynec'kyj/Arsenij Korec'kyj Satanovs'kyj: Dictionarium Latino-sclauonicum Operis Ambrosii Calepini seruata Verborum integra serie ... (ca. 1640) — manuscripts published by O. Horbach: Pershyj rukopysnyj ukrajins'ko-latyns'kyj slovnyk [The first manuscript Ukrainian-Latin dictionary], Rome 1968 and (later) by V. V. Nimchuk. Kiev 1973 [542 pp.].

Synonima = Synonima slavenorosskaja [Slovenorossic (Ukrainian) synonyms]. Manuscript, late XVII c. published by P. Zhytec'kyj: Ocherk literaturnoj istorii malorusskago narěchia v XVIII věkě s prilozheniem slovarja knizhnoj malorusskoj rěchi po rukopisi XVII veka [A sketch of the history of the Ukrainian language with appended dictionary of the XVII c.]. Kiev 1889; reprinted in Ukrainian translation Cracow 1941; and (the text only) by V. V. Nimchuk, cf. Zyzanij.

Tumans'kyj 1793 = Fedor Tumans'kyj: Izъjasnenie malo-rossijskikhъ rechenij [Explanation of Ukrainian lexemes], published in Russkij magazin II—III (1793) [pp. 97—108, 289—290, 388].

Tymchenko 1930 = Je. Tymchenko: Istorychnyj slovnyk ukrajins'koho jazyka [Historical dictionary of the Ukrainian language]. Vol. 1. Kiev. Kharkiv 1930 [947 pp.].

Umanec' et al. 1893/98 = M. Umanec' et al.: Slovar' rosijs'ko-ukrajins'kyj [Russian-Ukrainian dictionary]. Vol. 1—4. L'viv 1893/98 [1149 pp.]; reprint: Berlin 1924.

Verkhrats'kyj 1877 = I. Verkhrats'kyj: Znadoby do slovarja juzhno-rus'koho [Materials for a South Rus' dictionary], L'viv 1877 [364 pp.].

Żelechovs'kij 1882 = E. Żelechovs'kij: Ruthenisch-deutsches Wörterbuch [Ukrainian-German dictionary] Vol. 1. L'viv 1882; Vol. 2 in collaboration with S. Nedil's'kyj. L'viv 1886; reprinted in three parts by O. Horbach in Munich under a modernized title: Ukrainisch-deutsches Wörterbuch I—II. Lemberg 1882/86. München 1982 [1122 pp.].

Zyzanij 1596 = Lavrentij Zyzanij: Lexysъ syrěchъ rechenija, vъkratъcě sъbranny i iz slovenskago jazyka na prosty russkij dijalektъ istol'kovany [Lexis or words briefly collected and translated into simple Rus' language]. Vilnius 1596. Reprinted by J. B. Rudnyckyj in Augsburg in 1946 and Ottawa in 1987 (later) by V. V. Nimchuk in Kiev 1964, 89 pp. (together with Synonima slavenorosskaja, pp. 98—201).

5.2. Other Publications

Hrinchenko 1905 = B. Hrinchenko: Ohljad ukrajins'koji leksykohrafiji [Survey of Ukrainian lexicography], Memoirs of the Shevchenko Scientific Society, Vol. 66. L'viv 1905, 1—30.

Hryhorovych 1957 = A. Hryhorovych (Gregorovich): The Ukrainian Academy of Sciences in Kiev: A List of Dictionaries 1918/33. Toronto 1957.

Kuzela/Shevelov 1963 = Z. Kuzela/G. Y. Shevelov: "Lexicography". Ukraine: A Concise Encyclopedia, Vol. 1, Toronto 1963, 441—444.

Moskalenko 1961 = A. Moskalenko: Narys istoriji ukrajins'koji leksykohrafiji [A sketch of the history of the Ukrainian lexicography] Kiev 1961.

Palamarchuk 1978 = L. S. Palamarchuk: Ukrajins'ka radjans'ka leksykohrafija [Ukrainian Soviet lexicography] Kiev 1978.

Rudnyckyj 1938 = J. B. Rudnyckyj: Die Lage der ukrainischen Sprache in der Sowjetunion [Status of Ukrainian in the USSR]. In: Wörter und Sachen. 19, 284—297.

Rudnyckyj 1938 = J. B. Rudnyckyj: Die ukrainische Sprachwissenschaft in der Nachkriegszeit [Ukrainian linguistics after WWI]. In: Zeitschrift für slavische Philologie 15. 1938, 375—86 and ibidem 16, 151—68.

Rudnyckyj 1984 = J. B. Rudnyckyj: LC Ukrainica. Ukrainica Exiliana 17, Washington 1984.

Rudnyckyj = J. B. Rudnyckyi: Ukrainian Linguistics in Exile: 1918—1988. Winnipeg. Ottawa. Montreal 1989.

Shevelov 1963 = G. Y. Shevelov: Belorussian and Ukrainian. In: Current Trends in Linguistics. Vol. 1. The Hague 1963, 234/37.

Smal'-Stoc'kyj 1936 = R. Smal'-Stoc'kyj: Ukrajins'ka mova v Sovjets'kij Ukrajini [Urainian in the Soviet Ukraine]. Praci Ukrajins'koho Naukovoho Instytutu Vol. 34, Warsaw 1936; reprint: New York 1969.

Stankiewicz 1984 = E. Stankiewicz: Grammars and Dictionaries of the Slavic Languages from Middle Ages up to 1850. An Annotated Bibliography. Berlin. New York. Amsterdam 1984.

J. B. Rudnyckyj, University of Manitoba, Winnipeg (Canada)

219. Belorussian Lexicography

1. To 1917
2. Post-1917
3. Selected Bibliography

1. To 1917

Although the first Belorussian (cf. Map 219.1) lexicographers were Lavrentij *Zizanij* (late 16 c.) and Pamva *Berynda* (early 17 c.), their concern was with Church Slavonic and we have to wait until the late 18 c. for the earliest attempt at recording specifically Belorussian lexis. (See also articles 217, 218.) A more strictly linguistic approach had its beginnings in the early 19 c. under the auspices of the *Obščestvo ljubitelej rossijskoj slovesnosti*, although at this time and indeed throughout the century the Belorussian language was referred to by most scholars only as a dialect. In the first half of the 19 c. Belorussian lexicography suffered from being based on limited, often arbitrarily collected and unsystematised material; much of it, too, was never published. Nevertheless, this period can be seen as the time when the foundations of the serious study of the subject were laid and it showed a gradual move away from the mere chance collection of words and explanatory footnotes to the first small dictionaries. Two main lexicographical tasks became defined: the compilation of a dictionary of the living language and of a dictionary of Old Belorussian. Lexicographical methods were elaborated: there was a shift from grouping in word families to alphabetical ordering; philological description was adopted as the preferred method of explanation; some grammatical characterisation, stylistic indication and the limited use of illustrative

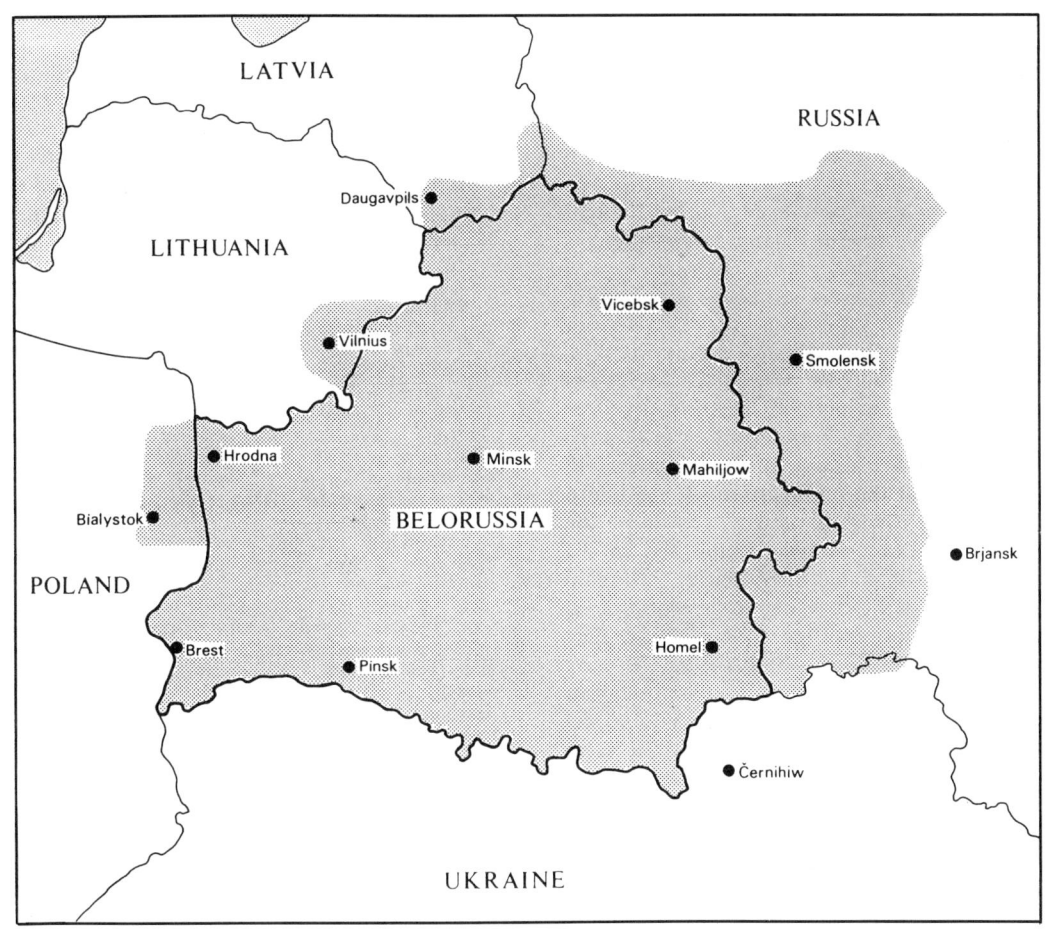

Map 219.1: The Belorussian language area

examples was introduced. At the same time a fondness for etymological information and comparison with other languages remained.

Work continued on a larger scale during the second half of the 19 c. and the early years of the 20 c., despite this being in general a period of intense repression of the Belorussian language by the tsarist authorities. Major lexicographical scholars of the period include S. P. Mikuckij, M. Nikifarowski and Je. F. Karskij, but the single most important figure was undoubtedly I. I. Nosovič. His *Slovar' belorusskago narečija,* 1870, with some 30,000 words, was a milestone in the development of Belorussian lexicography. Based on the Mahiljow dialect, drawing on previous dictionaries and other material from folklore and ethnographical publications, this was the first Belorussian dictionary in which words were consistently given detailed grammatical characterisation, though the explanations were in Russian and the entries themselves appeared in a modified form of the Russian alphabet with no reflection of *akańnie* (there were as yet no codified Belorussian orthographical norms). The dictionary has its weaknesses — it does not, for example, include basic vocabulary common to all three East Slavonic languages — but it provided a legacy of systematised factual material of crucial importance to the subsequent development of Belorussian lexicography.

2. Post-1917

In the aftermath of the Revolution, with Belorussian officially recognised as a language in its own right, Belorussian lexicography entered a period of intense activity. The 1920s was a decade of lively, unfettered concern with the codification of a modern Belorussian standard language and in the sphere of lexicography this resulted in the production of dialect dictionaries, bilingual dictionaries with Russian and the elaboration of scientific terminology. A Smolensk dialect dictionary (Dobrovol'skij 1914) had already appeared and to this were added a number of others based on the contemporary administrative divisions of the BSSR, Western Belorussia and the Smolensk region (Kaspjarovič 1927, Šatèrnik 1928 et al.). The bilingual dictionaries with Russian, often hastily produced, varied both in quality and compass, but the best of them (Bajkow/Nekraševič 1927, Nekraševič/Bajkow 1928) stood the test of time and provided a valuable (though not always acknowledged) input into later lexicographical work. Work on terminology was less successful: much of the newly-created terminology published in 23 issues of *Belaruskaja navukovaja terminalohija* 1921—1930 exhibited a strong, somewhat puristic preference for neologisms over borrowings which boded ill for its survival. Much more damaging to modern Belorussian as a whole, however, was the onset of the Stalin era with its drive to russify Belorussian, which effectively retarded the development of Belorussian lexicography for a quarter of a century. Apart from *Ruska-belaruski slownik* 1937 — notable chiefly for the absence from it of many common Belorussian words and expressions, a lack of grammatical characterisation and a tendency simply to transcribe Russian words into Belorussian — it was not until *Russko-belorusskij slovar'* 1953 (c. 86,000 words) that Belorussian lexicography again started to come to life. (Its cause had not been helped, either, by the destruction during the Second World War of a two-volume dictionary prepared for the press and a card index of some two million forms.) A decade later *Belorussko-russkij slovar'* 1962 (c. 90,000 words) appeared. Like its 1953 counterpart it had a strongly normative function, only recently superseded with the completion of the much-delayed five-volume *Tlumačal'ny slownik belaruskaj movy*

БА́ЦЬКА, -і; *мн.* ба́цькі, -аў; *м.* **1.** Мужчына ў адносінах да сваіх дзяцей; тата. *Зачуўшы татаў ход знаёмы, Малыя з хаты высыпалі, За брамай бацьку сустракалі.* Колас. // Вядомая і паважаная ў пэўных колах асоба. [*Гарун:*] — *Павел Сцяпанавіч! Добрай раніцы, добрага здароўечка. Бацька ты наш родны!* Шамякін. // *Разм.* Зварот да старога чалавека. *Пераехаўшы* [*церaз рэчку*], *знаёмы партызан падзякаваў Грысю і зноў назваў яго бацькам.* Кулакоўскі.
  2. Самец у адносінах да свайго патомства.
  3. *чаго. Кніжн.* Заснавальнік, пачынальнік якой-н. навукі, вучэння. *Акадэмік Карскі — бацька беларускай філалогіі.*
  ◊ **Вы́літы ба́цька, ко́пія ба́цька** — пра дзіця, з твару вельмі падобнае на бацьку. **Гадзі́цца ў ба́цькі** *каму гл.* гадзіцца. **І́мя па ба́цьку** *гл.* імя. **Па́йсці па ба́цьку** *гл.* пайсці. **Паса́джоны ба́цька** — пры адсутнасці бацькі той з родзічаў, што выконвае на вяселлі ролю бацькі жаніха або нявесты. **Прыёмны ба́цька** — чалавек, які прыняў дзіця ў сваю сям'ю на правах сына (дачкі). **Ро́дны ба́цька, кро́ўны ба́цька** — аднаго роду, адной крыві па бацькоўскай лініі. **Увесь у ба́цьку** — пра дзіця, якое з твару і характарам падобнае на бацьку.

Dictionary excerpt 219.1: Sample entry for Tlumačal'ny slownik belaruskaj movy 1977—1984, vol. 1

1977—1984, the most comprehensive dictionary of modern Belorussian to date.

In the meantime a resurgence in scholarly interest in Belorussian lexicography has manifested itself in the publication of a wider range of dictionaries, too numerous to cite individually but including: a two-volume Russian-Belorussian dictionary (*Ruska-belaruski slownik* 1982); a much-republished orthographical dictionary (Loban/Sudnik 1961); a dictionary of synonyms (Klyška 1976); a morpheme dictionary (Bardovič/Šakun 1975); a frequency dictionary (Mažejka/Suprun 1976/1979); specialist dictionaries in such fields as botany (Kiselevskij 1967) and linguistics (Jurevič 1962). The tradition of dialectal lexicography has been revived with a number of publications, most notably Mackevič 1979—. Finally, the past has not been forgotten and ongoing are *Histaryčny slownik belaruskaj movy* 1982— and the first etymological dictionary of Belorussian (Martynaw 1978 —).

3. Selected Bibliography

Bajkow/Nekraševič 1927 = M. Bajkow/S. Nekraševič: Belaruska-rasijski slownik. Minsk 1927 [356 pp.].

Bardovič/Šakun 1975 = A. M. Bardovič/L. M. Šakun: Marfemny slownik belaruskaj mowy. Minsk 1975 [781 pp.].

Belorussko-russkij slovar' 1962 = Belorussko-russkij slovar'. Ed. by K. K. Krapiva. Moscow 1962 [1048 pp.].

Dobrovol'skij 1914 = V. N. Dobrovol'skij: Smolenskij oblastnoj slovar'. Smolensk 1914 [1022 pp.].

Historyčny slownik belaruskaj movy 1982 = Historyčny slownik belaruskaj movy. Minsk 1982 —. Vol. 1 А—Биенъе, 1982 [296 pp.]; vol. 2 Биецъ—Варивный, 1983 [320 pp.]; vol. 3 Вариво-Вскупе, 1983 [310 pp.]; vol. 4. Вкупитися-Вспение, 1984 [296 pp.].

Jurevič 1962 = A. L. Jurevič: Slownik linhvistyčnykh terminaw. Minsk 1962 [246 pp.].

Kaspjarovič 1927 = M. I. Kas`pjarovič: Vicebski krajovy slownik. Vicebsk 1927 [371 pp.].

Kiselevskij 1967 = A. I. Kiselevskij: Latinorussko-belorusskij botaničeskij slovar'. Minsk 1967 [160 pp.].

Klyška 1976 = M. K. Klyška: Slownik sinonimaw i blizkaznačnykh slow. Minsk 1976 [592 pp.].

Loban/Sudnik 1961 = M. P. Loban/M. R. Sudnik: Arfahrafičny slownik. Minsk 1961 [310 pp.; 5th edn 1982, 239 pp.].

Mackevič 1979— = Ju. F. Mackevič: Slownik belaruskikh havorak pawnočna-zakhodnjaj Belarusi i jae pahranična. Minsk 1979— Vol. 1 *А—Г,* 1979 [512 pp.]; vol. 2 *Д—Л,* 1980 [728 pp.]; vol. 3 *М—П,* 1982 [536 pp.]; vol. 4 *П—С,* 1984 [616 pp.].

Martynaw 1978— = V. U. Martynaw: Ètymalahičny slownik belaruskaj movy. Minsk 1978— Vol 1. *А—Б,* 1978 [460 pp.]; vol. 2 *В,* 1980 [344 pp.].

Mažèjka/Suprun 1976/1979 = N. S. Mažèjka/A. Ja. Suprun: Častotny slownik belaruskaj movy. Minsk 1976/1979 Mastackaja proza, 1976 [232 pp.]. Publicystyka, 1979 [216 pp.]. Minsk 1976/1979.

Nekraševič/Bajkow 1928 = S. Nekraševič/M. Bajkow: Rasijska-belaruski slownik. Minsk 1928 [356 pp.].

Nosovič 1870 = I. I. Nosovič: Slovar' belorusskago narěčija. St Petersburg 1870 [756 pp.] Facsimile reprint Minsk 1983.

Ruska-belaruski slownik 1937 = Ruska-belaruski slownik. Ed. by A. A. Aleksandrovič. Minsk 1937 [494 pp.].

Ruska-belaruski slownik 1953 = Ruska-belaruski slownik. Ed. by Ja. Kolas/K. K. Krapiva/P. Hlebka. Moscow 1953 [787 pp.].

Ruska-belaruski slownik 1982 = Ruska-belaruski slownik. Ed. by K. K. Atrakhovič. Minsk 1982. Vol. 1 *А—О* [648 pp].; vol. 2 *П—Я* [634 pp.].

Šatèrnik 1929 = M. V. Šatèrnik: Kraiovy slownik Červenščyny. Minsk 1929 [317 pp.].

Tlumačal'ny slownik belaruskaj movy 1977—1984 = Tlumačal'ny slownik belaruskaj movy. Minsk 1977—1984. Vol. 1 *А—В,* 1977 [608 pp.]; vol. 2 *Г—К,* 1978 [768 pp.]; vol. 3 *Л—П,* 1979 [672 pp.]; vol. 4 *П—Р,* 1980 [768 pp.]; vol. 5 (1) *С—У,* 1983 [663 pp.]; vol. 5 (2) *У—Я,* 1984 [608 pp.].

Peter J. Mayo, Sheffield (Great Britain)